U0754048

上海地區館藏未刊中醫鈔本提要 1

段逸山 主編

上海科學技術文獻出版社

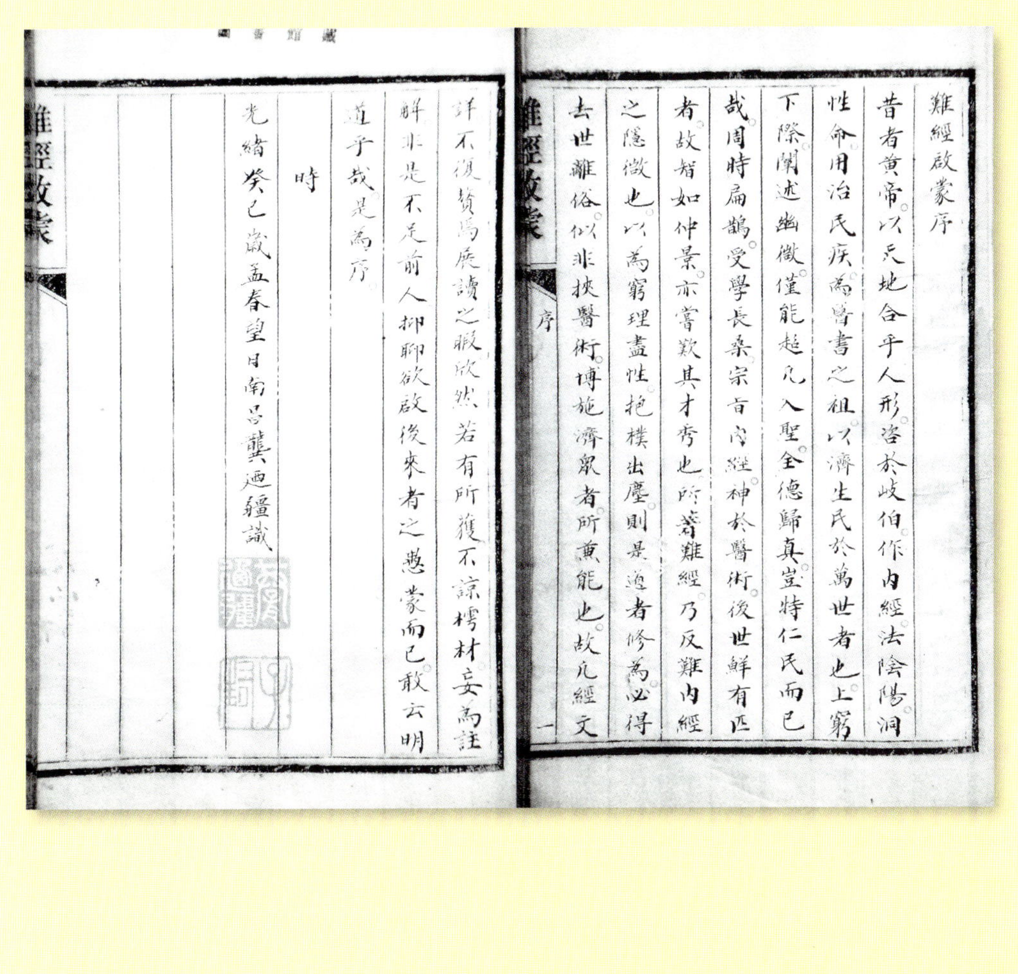

難經啟蒙序

昔者黃帝以天地合乎人形咨於岐伯作内經法陰陽洞性命用治民疾為醫書之祖以濟生民於萬世者也上窮下際闡述幽微僅能超凡入聖全德歸真豈特仁民而已哉周時扁鵲受學長桑宗旨内經神於醫術後世鮮有匹者故猶如仲景亦嘗歎其才秀也所著難經乃反難内經之隱微也以為窮理盡性抱樸出塵則是道者修為必得去世離俗似非挾醫術博施濟眾者所兼能也故凡經文詳不復贅為疾讀之暇欣然若有所獲不諒樗材妄為註解非是不足前人抑聊欲啟後來者之愚蒙而已敢云明道乎哉是為序

時

光緒癸巳歲孟春望日南昌龔迺疆識

難經啟蒙　序　一

《難經啓蒙》

清光緒十九年龔乃疆稿本，上海交通大學醫學院圖書館藏

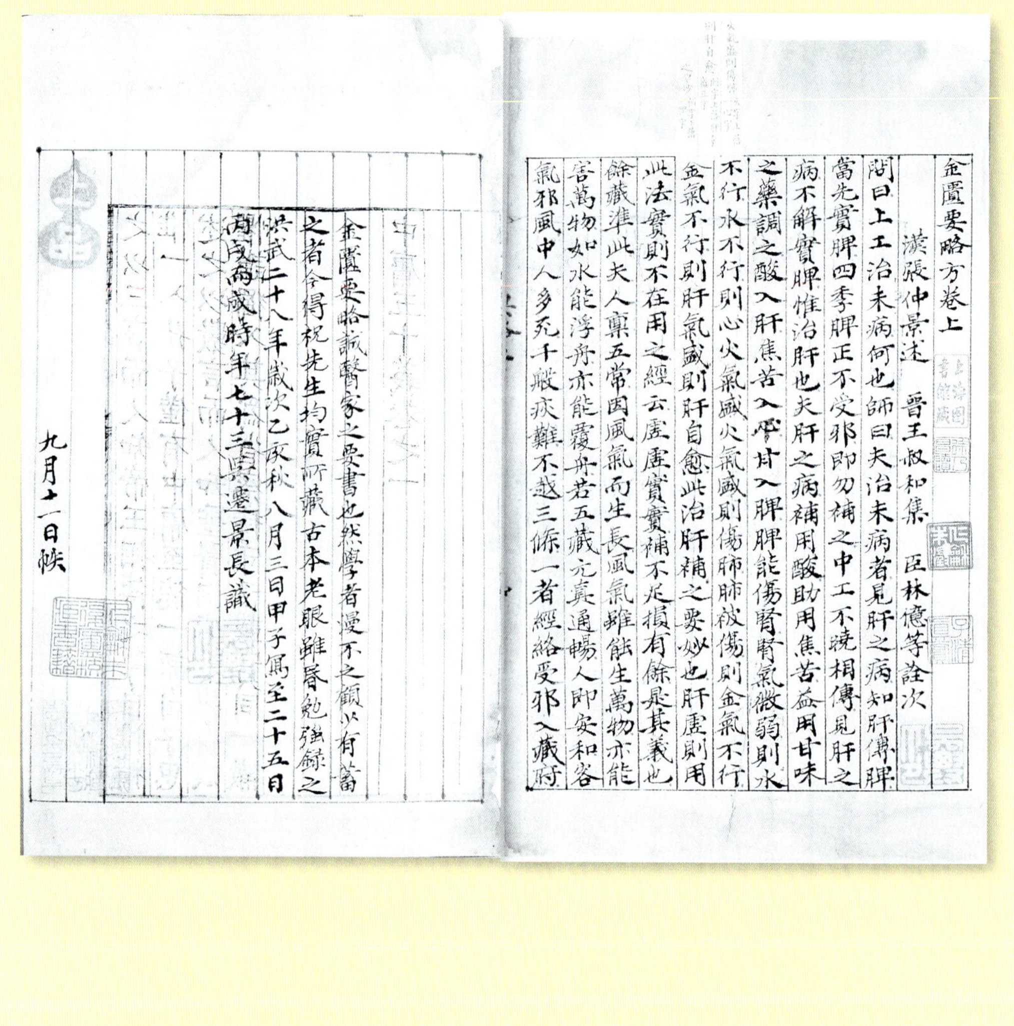

《金匱要略方》
明洪武二十八年吳遷鈔本，上海圖書館藏

登高捷乎遂以授珠删繁去複簡邃選玄僅得十之二而竟無漏義矣顏曰金丹謂理真義詳而詞簡也及門之諳其義而能嘘枯振槁者獨有許名子一見領之且汲汲于壽世乃捐金付諸剞劂或謂傷寒多緒易于舛訛是刻帙不盈寸遂足指南乎余應之曰擬登泰岱非徑奚為欲指扶桑無舟莫適非謂執此可以盡應百家謂諳此可以抑衷千古也夫病機繁賾變遷無窮如珠之走盤縱橫不可測雖縱橫不可測而終不出此盤也是帙者其珠之走盤審是帙者其持盤者乎操通靈之法以應無 人之變惟變所適而不膠于法也斯善讀金丹者矣

傷寒金丹

李中梓士材著

傷寒總論

冬令嚴寒萬類閉藏君子固密則不傷於寒觸犯其邪名曰傷寒夫四時之氣皆能為病而傷寒獨甚者以其殺厲之氣也冬月感而即病者為正傷寒冬不即病寒邪藏于肌膚至春而發名為溫病至夏而發名為熱病獨不言至秋為涼病者何也寒水之氣與火為仇遇仇不發已為火勝而長夏濕土又制水邪況逢金令金得寒而愈堅故秋月無傷寒也秋病之似傷寒者皆夏月納涼之

《傷寒金丹》

清順治六年李中梓稿本，中國科學院上海生命科學信息中心生命科學圖書館藏

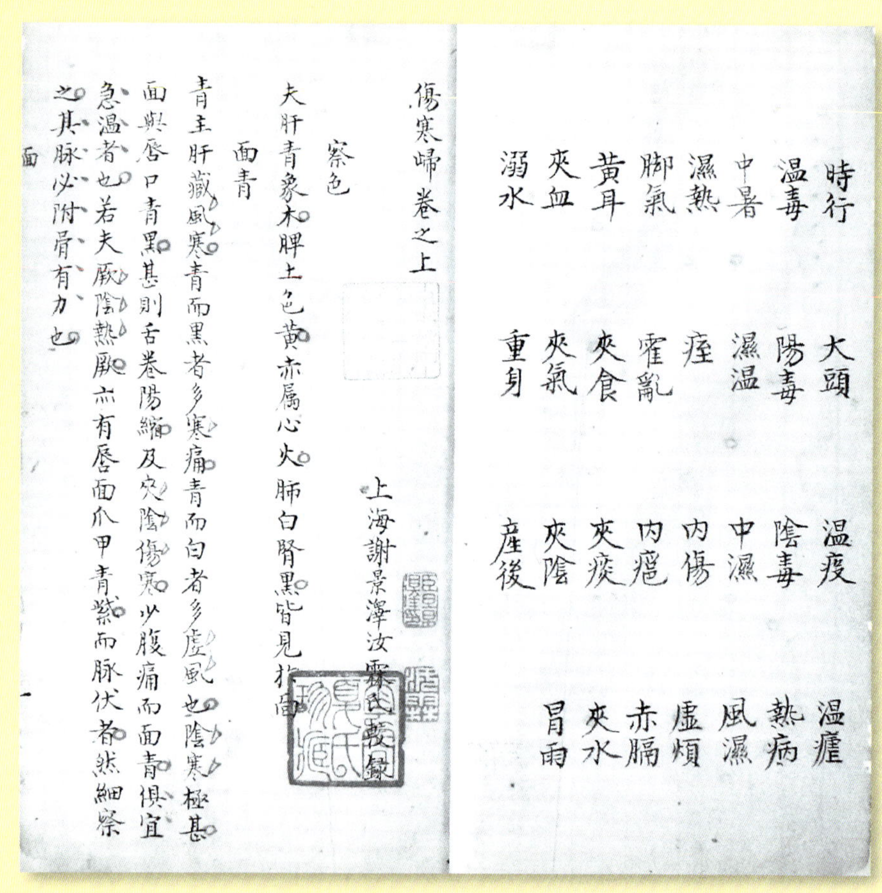

時行　大頭　溫疫　溫瘧
溫毒　陽毒　陰毒　熱病
中暑　濕溫　中濕　風濕
濕熱　痓　內傷　虛煩
脚氣　霍亂　內癰　赤膈
黃耳　夾食　夾痰　夾水
夾血　夾氣　夾陰　冒雨
溺水　重身　產後

傷寒歸卷之上
上海謝景澤汝霖氏輯錄
察色
夫肝青象木脾土色黃赤屬心火肺白腎黑皆見於面
面青
青主肝藏風寒青而黑者多寒痛青而白者多虛風也陰寒極甚面與唇口青黑甚則舌卷陽縮及夾陰傷寒少腹痛而面青俱宜急溫者也若夫厥陰熱厥亦有唇面爪甲青紫而脉伏者然細察之其脉必附骨有力也

《傷寒歸》
清乾隆十四年謝景澤稿本，上海中醫藥大學圖書館藏

其所為秘本者、卽是此書歟、抑或者更有善本否
也、但披覽之餘、見其分别五色、既已挈領提綱、亦
復條分縷析、種種胎色、種種治法、特為指出、任傷
寒千萬化變、總不出此數種、不禁欣喜之至、故書
此以誌之、後之覽者、慎勿忽諸
乾隆十六年辛未仲春頓邱葛駿集生氏識

辨舌

舌胎之名、始於長沙、以其邪氣結裏、若有所懷、故謂
之胎、傷寒之邪、在表則胎不生、熱邪在裏則胎漸生、
由白而黄、由黄而黑、黑甚則燥裂矣、要知滑潤而白
為表邪、灰黑濕潤無胎為陰寒、灰黑薄滑為夾冷食、
皆不可用寒涼攻下之劑、然中暑夾血多有中心黑
潤者、又不可拘於上説也、若黄黑灰色、而乾燥紋裂為
熱極、萬無虛寒夾血之理、惟屢經汗下、舌雖乾而有

《舌辨要略》
清乾隆十六年葛駿鈔本，上海中醫藥大學圖書館藏

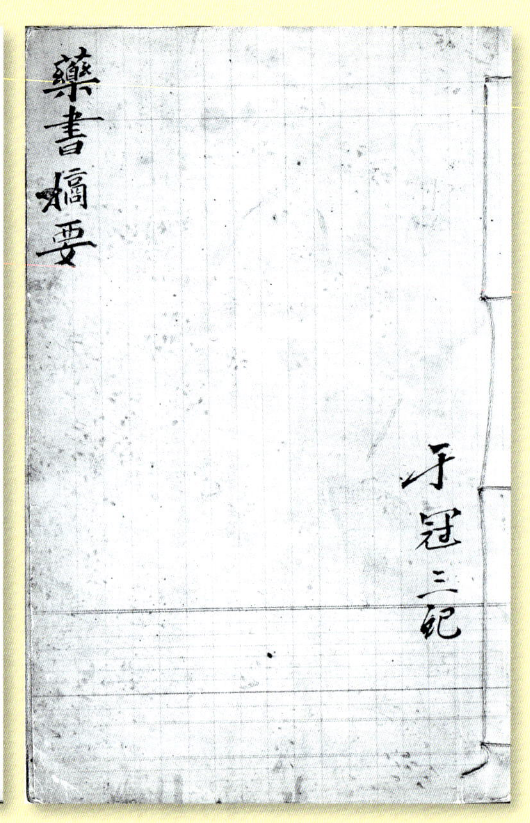

《傷寒玉液辨舌色法》

清道光十年葉氏稿本，上海中醫藥大學圖書館藏

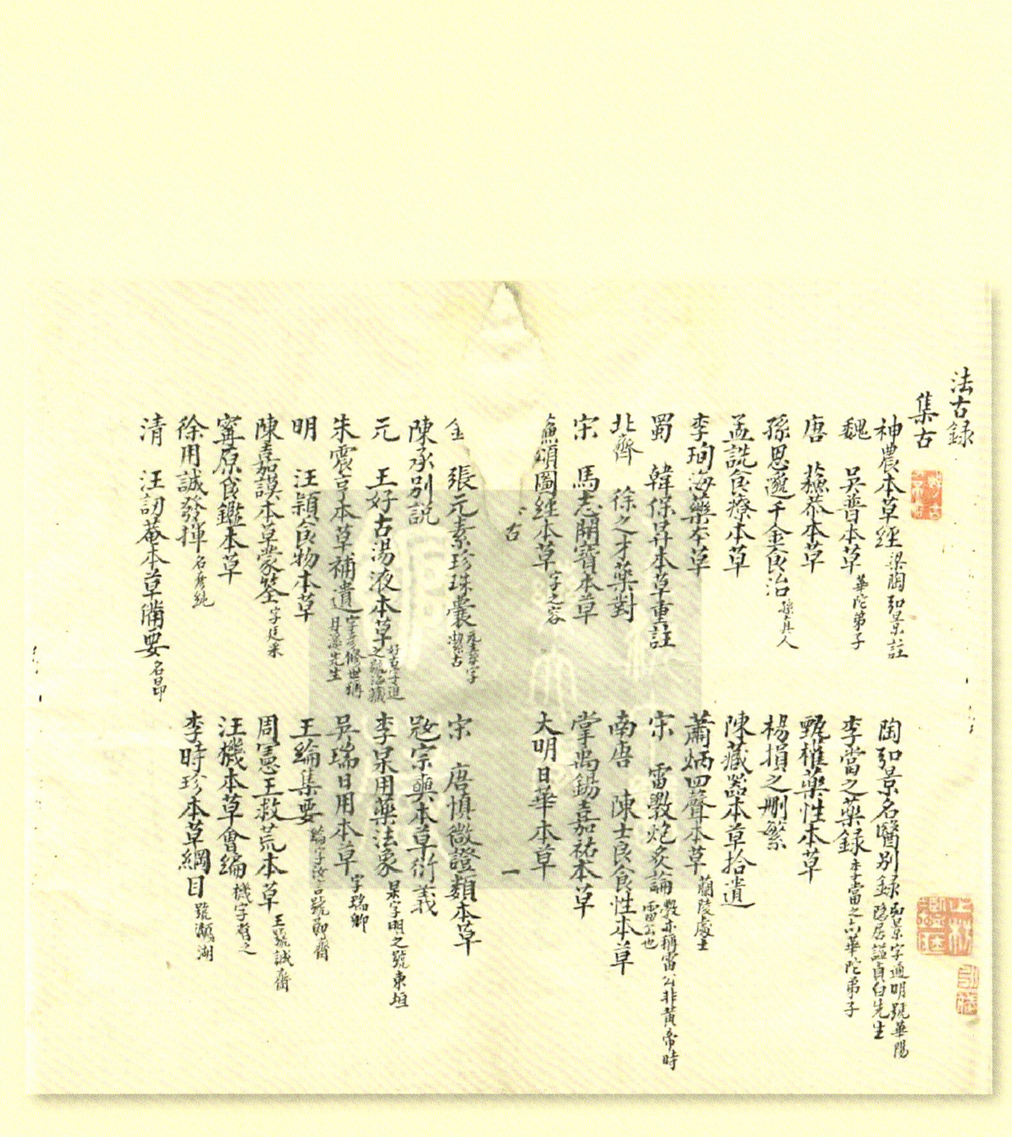

法古録

集古

神農本草經 梁陶弘景註　　陶弘景名醫別録 弘景字通明，號華陽隱居，謚貞白先生

魏　吴普本草 華陀弟子　　李當之藥録 李當之亦華陀弟子

唐　蘇恭本草　　甄權藥性本草

孫思邈千金食治 孫真人　　楊損之删繁

孟詵食療本草　　陳藏器本草拾遺

李珣海藥本草　　蕭炳四聲本草 蘭陵處士

蜀　韓保昇本草重註　　宋　雷斅炮炙論 斅亦稱雷公，非黄帝時雷公也

北齊　徐之才藥對　　南唐　陳士良食性本草

宋　馬志開寶本草　　掌禹錫嘉祐本草

蘇頌圖經本草 字子容　　大明日華本草

古　一

金　張元素珍珠囊 元素字潔古　　宋　唐慎微證類本草

陳承別説　　寇宗奭本草衍義

元　王好古湯液本草 好古字進之，號海藏　　李杲用藥法象 杲字明之，號東垣

朱震亨本草補遺 字彦修，世稱丹溪先生　　吴瑞日用本草 字瑞卿

明　汪頴食物本草　　王綸集要 綸字汝言，號節齋

陳嘉謨本草蒙筌 字廷采　　周憲王救荒本草 王號誠齋

寧原食鑑本草　　汪機本草會編 機字省之

徐用誠發揮 名彦純　　李時珍本草綱目 號瀕湖

清　汪訒菴本草備要 名昂

《法古録》

清乾隆四十五年魯永斌稿本，上海中醫藥大學圖書館藏

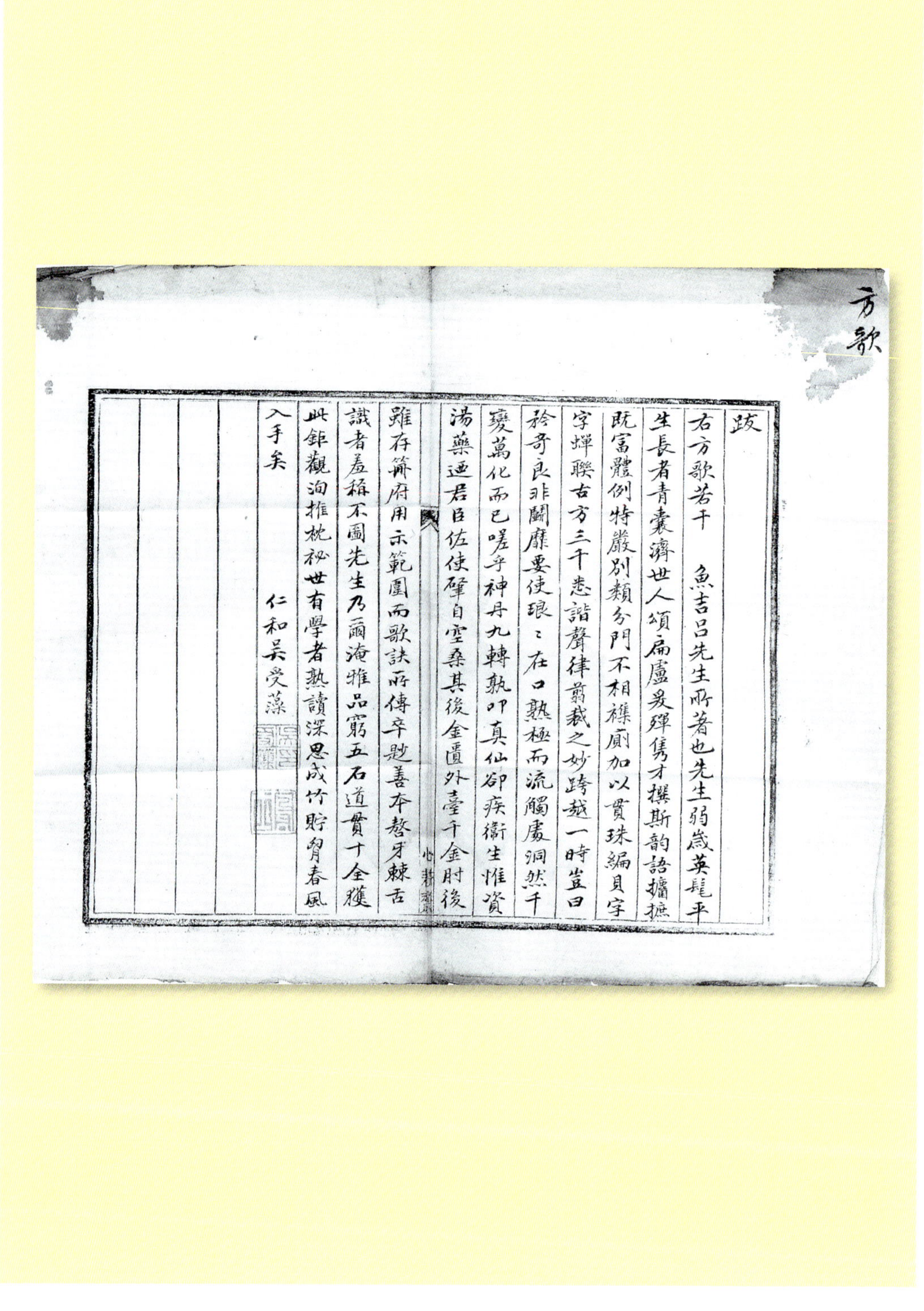

方歌

跋

右方歌若干　魚吉呂先生所著也先生弱歲英髦平生長者青囊濟世人頌扁盧爰殫雋才撰斯韻語攟摭既富體例特嚴别類分門不相襍廁加以貫珠編貝字字嬋聯古方三千悉諧聲律翦裁之妙跨越一時豈曰矜奇良非闘靡要使琅琅在口熟極而流觸處洞然千變萬化而已嗟乎神丹九轉孰叩真仙卻疾衛生惟資湯藥迺君臣佐使肇自空桑其後金匱外臺千金肘後雖存篇府用示範圍而歌訣所傳率尟善本聱牙棘舌識者羞稱不圖先生乃爾淹雅品窮五石道貫十全獲此鉅觀洵推枕祕世有學者熟讀深思成竹貯胸春風入手矣

仁和吳受藻

《魚吉方歌》

清道光二十一年呂立誠稿本，上海圖書館藏

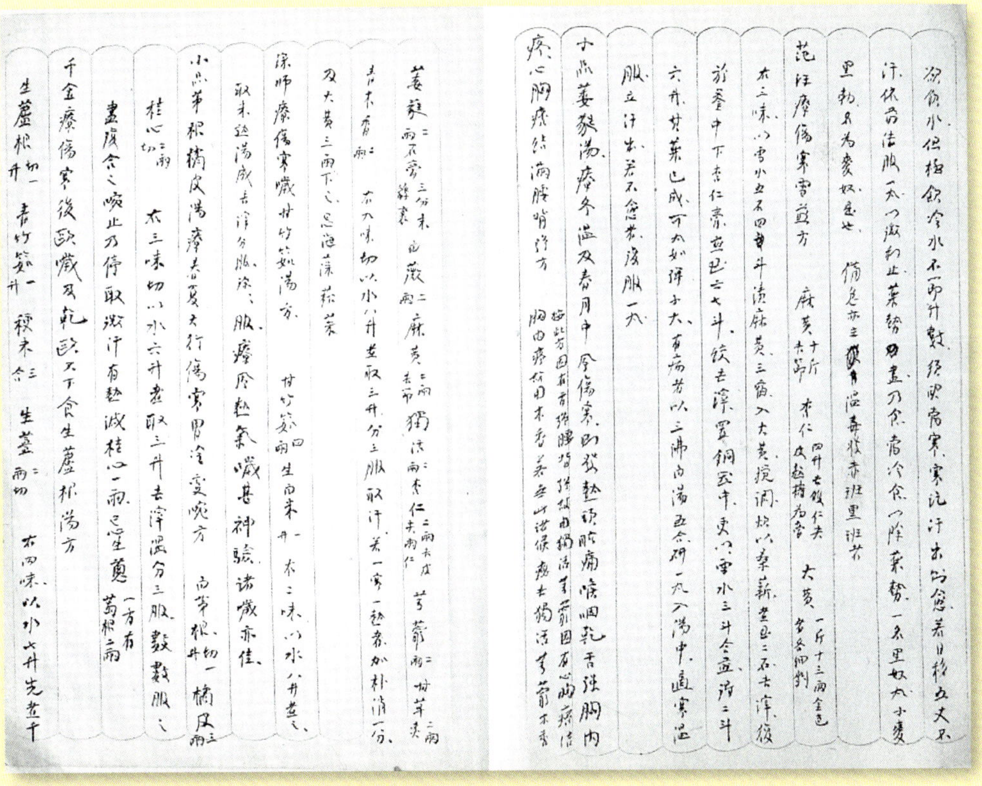

《章太炎先生手寫古醫方》

宣統二年稿本，上海中醫藥大學圖書館藏

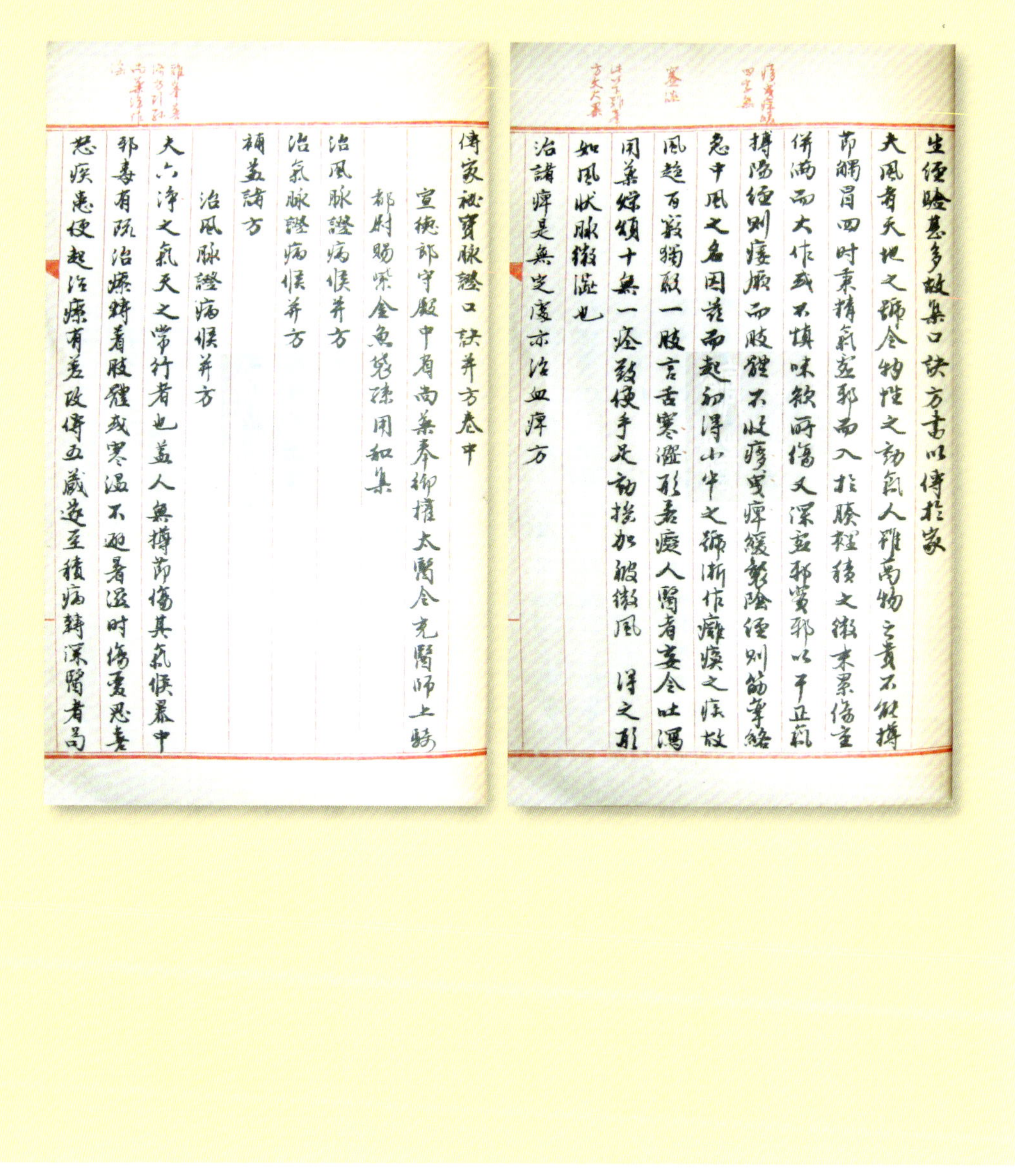

《傳家秘寶脈證口訣并方》

日本天保十三年影宋鈔本，上海中醫藥大學圖書館藏案宋藝文志朱端章衛生家寶方六卷又衛生家寶產科方八卷衛生家寶小兒方二卷衛生家寶湯方三卷今此本全闕第一第六二卷及湯方二卷無婦人小兒二科存者僅五卷舊釘為十二冊乃延享中望鹿門先生桉和劑局方時從秘府而借鈔者也此書世尠流傳李瀕湖修綱目蒐羅薈粹殆盡矣而以瓊玉膏為出于臞仙珠不知此書已具其方蓋瀕湖之博猶亦不覩實罕世之秘笈為古方書學者不可不珍惜也前年借抄先生門人向氏本自秋及冬始成嗚呼斷錦殘璣無補完之日予書以俟焉

天明己酉春正月初三日　丹波元簡廉夫

《衛生家寶方》

南宋朱端章輯、徐安國補訂，日本天明九年丹波元簡鈔本，上海中醫藥大學圖書館藏

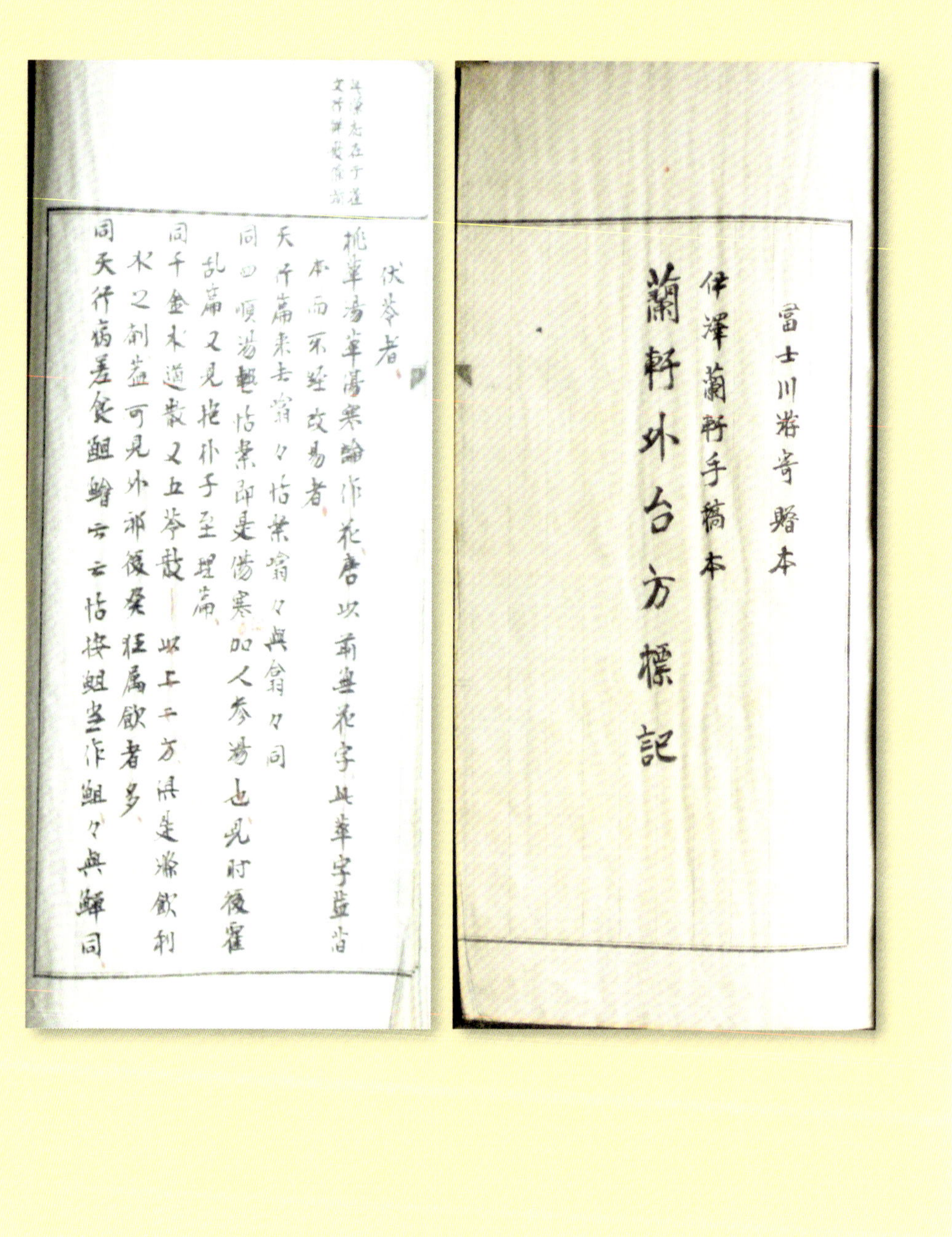

《蘭軒外台方標記》
日本伊澤蘭軒稿本，中華醫學會上海分會圖書館藏

痘經序

舜升江先生。金馬才也自天地星曆以迄名法緝象蒐不苞之胸中吐詞則宏肆瑰錯莫可測究亦既鉅矣麗矣極才人之致矣乃其原本六籍而宗之孝經其一段懇至藹惻之真更可摹繪焉前鐫孝經疏義。孝經翼。二種。夫已上徹

宸聰。下開良覺昏人生大道昭乎揭日月而行。近又出痘經相示。尤其恒爲嬰赤不惜數年之力彙南北岐黄手自編成者前後三卷。不下十餘萬言嗟乎江先生之蒂念于幼。何若是殷殷哉。蓋先生宏

痘經卷上

原本第一　　新安江旭奇舜升甫編

敬天之威。造民之命。與其已現而順導之。毋使毒置爲害。善也。曷若詳其所自始。而預解之。或使毒潛而消。尤善之善者也

天以大生爲德然氣數所限痘以汰之其威可畏然天之心終是好生故當其威如人子逢父母之怒苟能敬慎和順或可回其嗔而爲喜也

痘者禀於父氣蘊于母血發于天時分于地土四

《痘經》

明江旭奇編，明崇禎五年鈔本，上海中醫藥大學圖書館藏

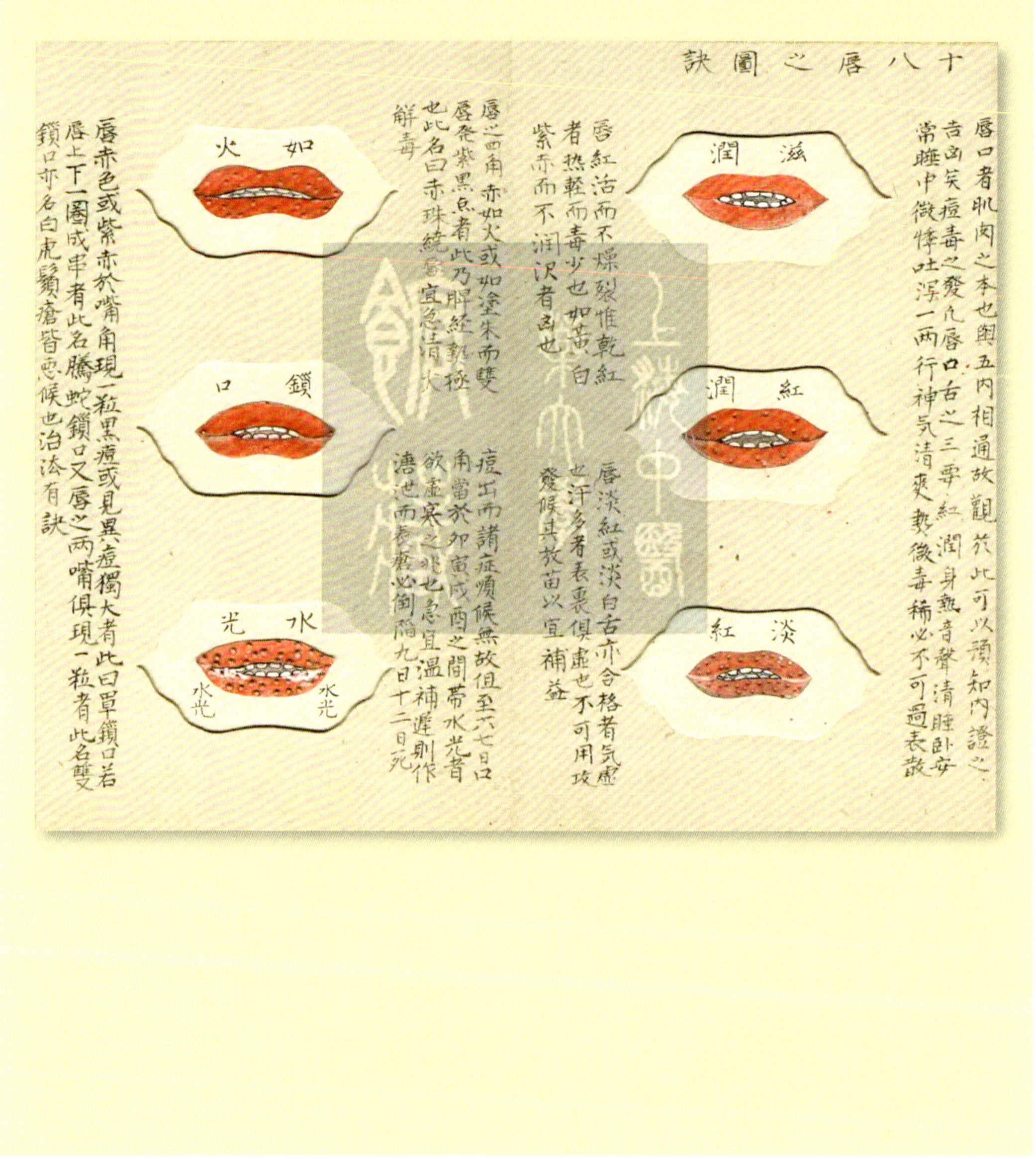

《痘瘡唇色圖》

清戴笠傳、日本池田瑞仙繪製，日本天明八本稿本，上海中醫藥大學圖書館藏

秘傳劉青田先生家藏禁方序
體仁子曰是書何以稱禁書也
蓋捧出自禁中故有禁書之名
非禁而不傳也至
太祖高皇帝應運而興正吴滅
漢掃蕩醒羶惟是武臣不惜身

予何幸得此當世之寶守之勿
替也恐將來子孫不知而或有
遺棄者特叙其自出之源流於
首云
正統元年正月陸子綱書

《秘傳劉青田先生家藏禁方》
明正統元年陸子綱鈔本，上海圖書館藏

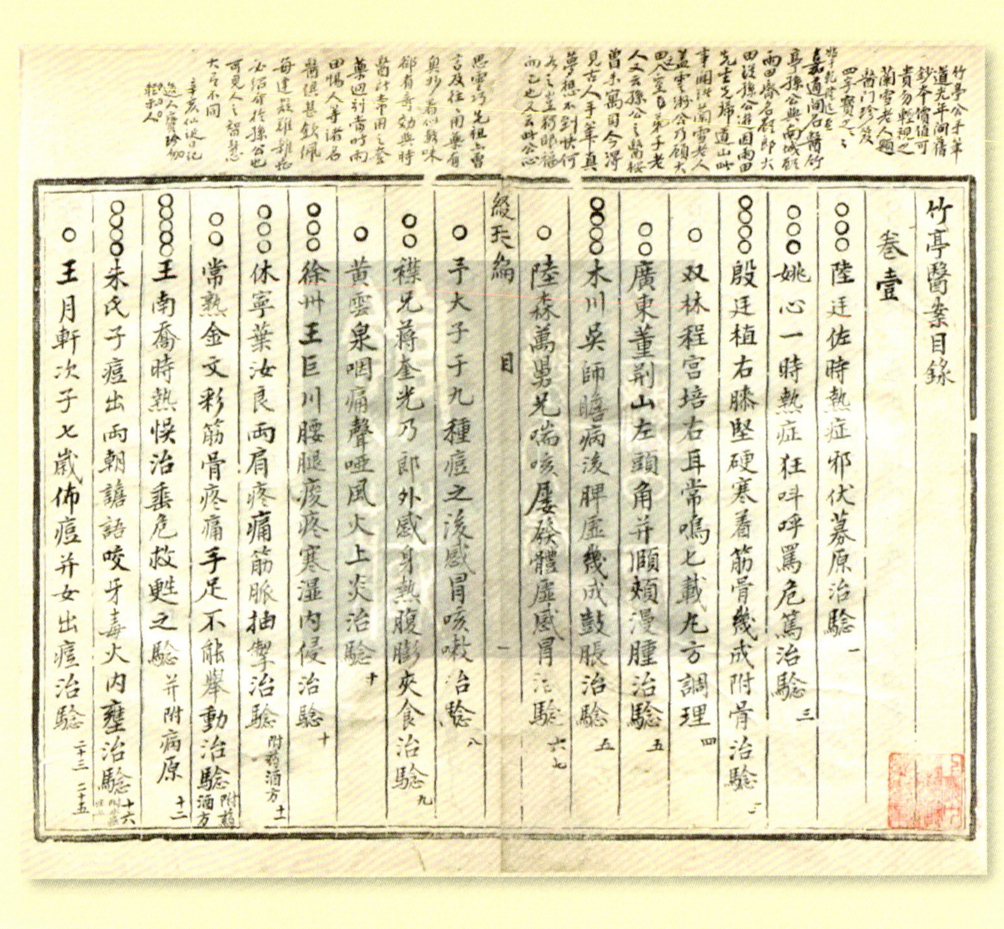
竹亭醫案目錄

卷壹

○○○陸廷佐時熱症邪伏募原治驗 一

○○○姚心一時熱症狂呌呼罵危篤治驗 三

○○○○殷廷楨右膝堅硬寒着筋骨幾成附骨治驗 三

○雙林程宮培右耳常鳴七載尤方調理 四

○○廣東董荊山左頭角并顋頰漫腫治驗 五

○○○○木川吳師瞻病後脾虛幾成鼓脹治驗 五

○陸森萬男光瑞咳嗽屢發體虛感冒治驗 六七

○吾大子子九種痘之後感冒咳嗽治驗 八

○○襍兒蔣奎光乃郎外感身熱腹膨夾食治驗 九

○黃雲泉咽痛聲啞風火上炎治驗 十

○○○徐州王巨川腰腿痠疼寒濕內侵治驗 十

○○○休寧葉汝良兩肩疼痛筋脈抽掣治驗 附藥酒方 十一

○○常熟金文彩筋骨疼痛手足不能舉動治驗 附藥酒方

○○○○王南喬時熱悞治垂危救甦之驗 并附病原 十二

○○○○朱氏子痘出兩朝譫語咬牙毒火內壅治驗 十六

○王月軒次子七歲佈痘并女出痘治驗 二十三 二十五

綏天編 目 一

《竹亭醫案》

清道光二十四年孫采鄰稿本，上海中醫藥大學圖書館藏

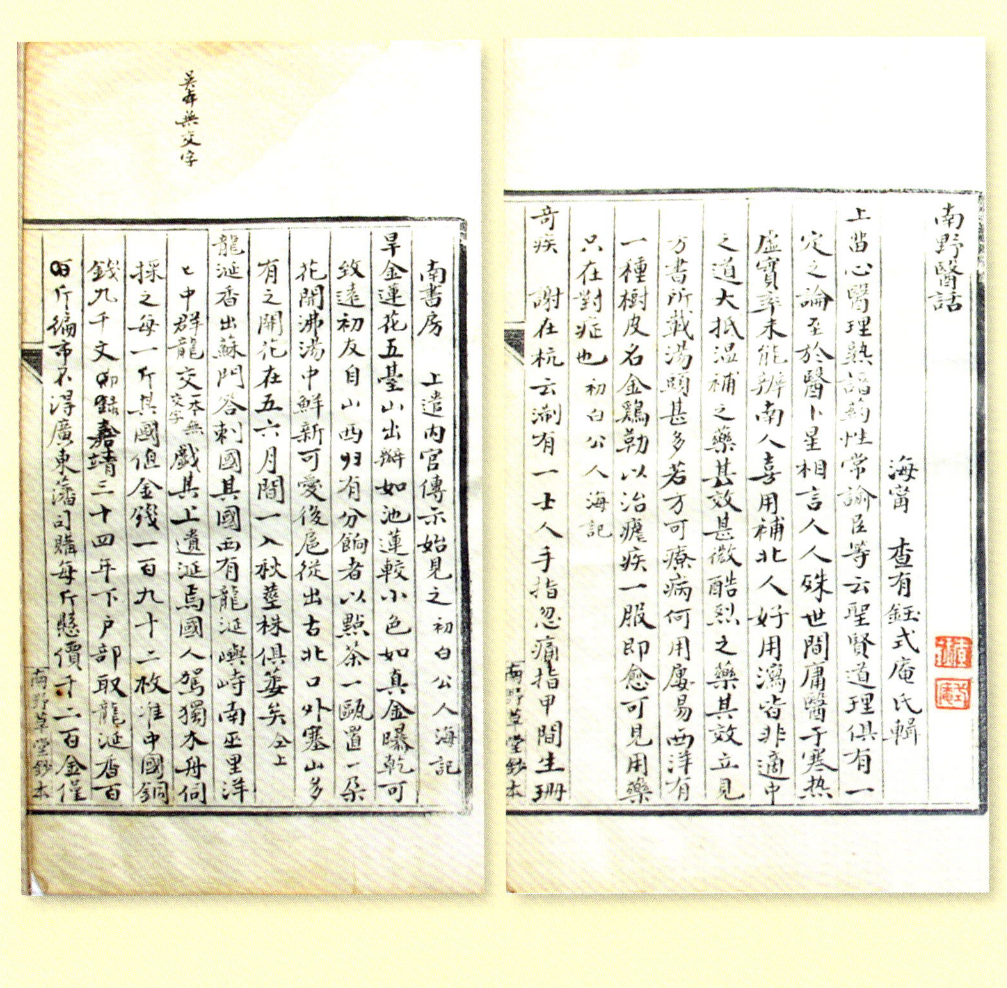

《南野醫話》

清查有鈺稿本，中華醫學會上海分會圖書館藏

海上種榆山人胡仁壽悅彭甫艸稿

夏病說

浙東司人客居滬上已十五易寒暑矣每當夏月見四方遊士相率而來滬者此地此日爲最衆疾病之生亦此日爲最繁而藥肆之銷售此日爲最盛余怪夫疾病之多於他時而獨多於此夏此必有故耶爰向之海上種榆山人胡君悅彭曰子素諳醫請爲夏病之說而一究其理可乎種榆山人曰善哉言也夫春溫夏熱秋涼冬寒四時錯次此天之常道也春秋冬各主一氣惟夏也以少陰君火少陽相火太陽陽明濕土三氣合形生政於是天之熱氣下地之濕氣上雜以穢氣不正之

《種榆山人醫論》
清胡仁壽稿本，中華醫學會上海分會圖書館藏

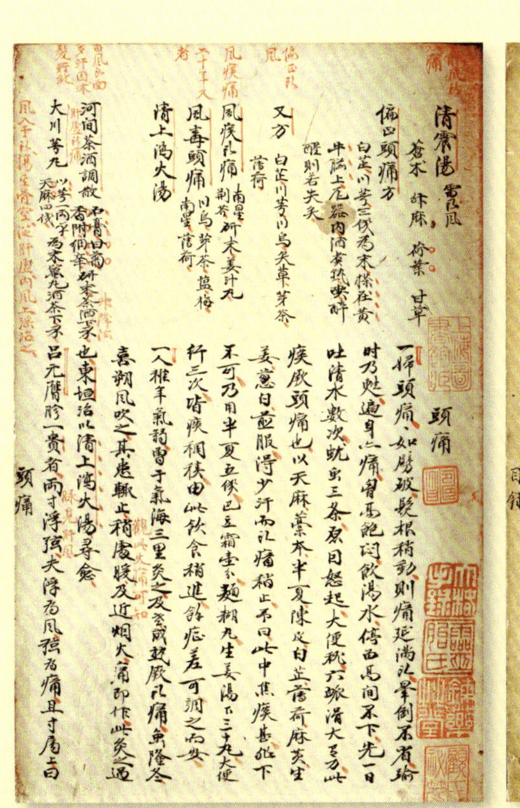

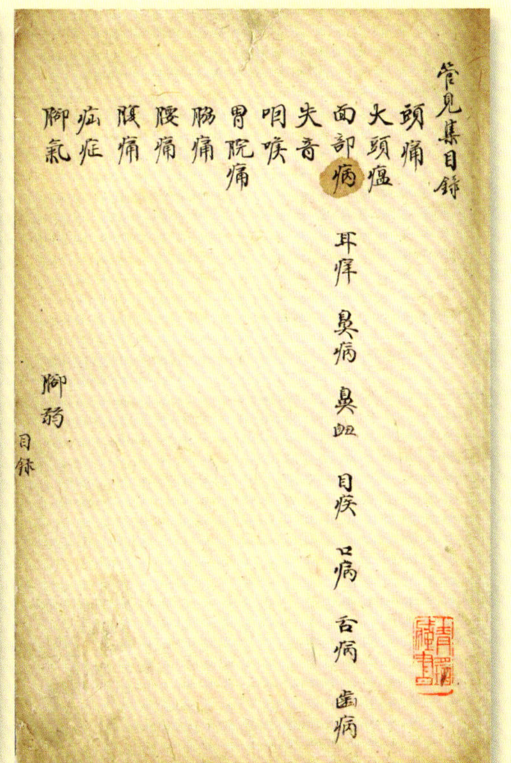

管見集目錄

目錄

《管見集》

清徐大椿稿本，上海圖書館藏

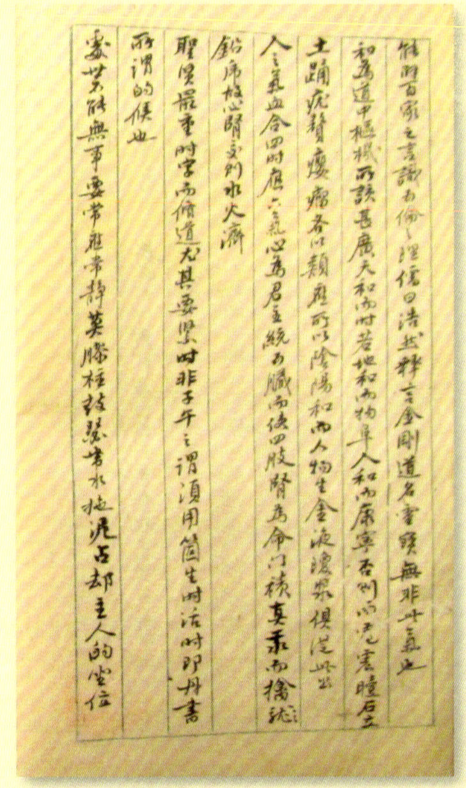

《玄功近指》

清李汝均稿本，上海辭書出版社圖書館藏

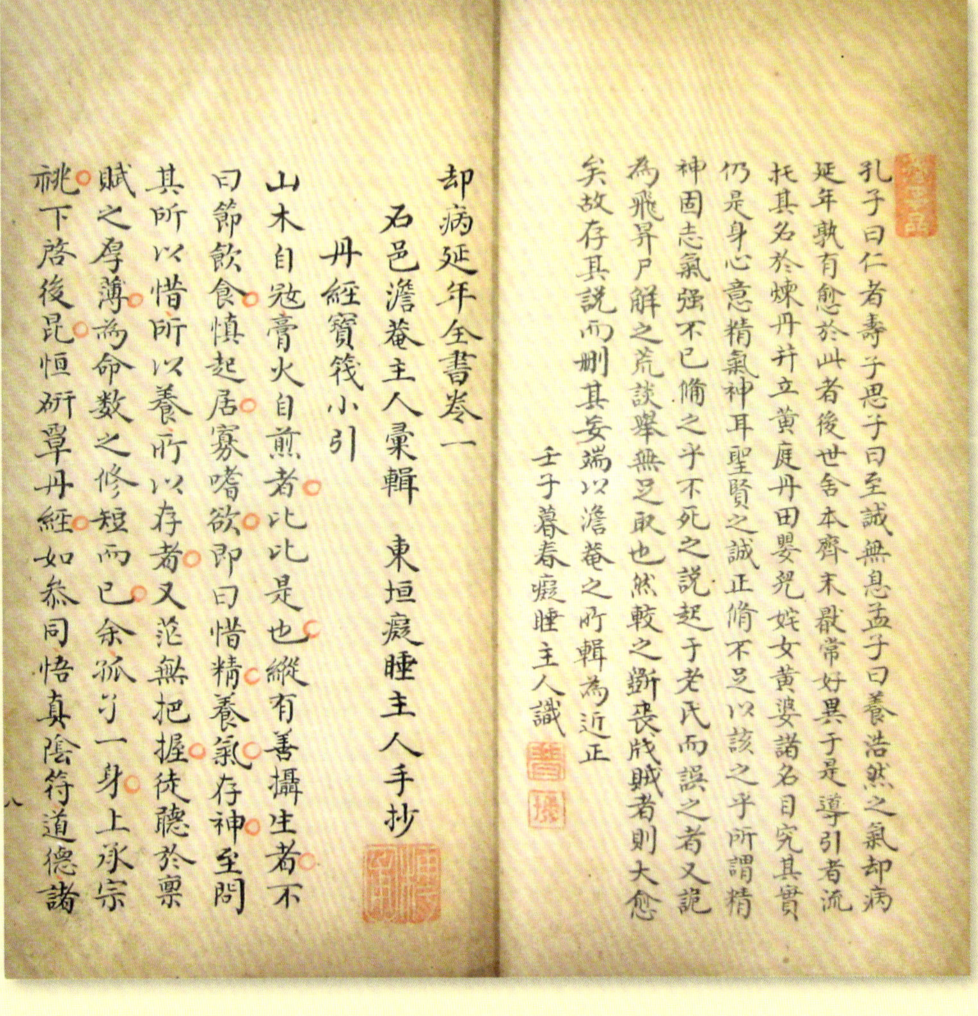
孔子曰仁者壽子思子曰至誠無息孟子曰養浩然之氣却病延年孰有愈於此者後世舍本齊末獵常好異于是導引者流托其名於煉丹并立黄庭丹田嬰兒姹女黄婆諸名目究其實仍是身心意精氣神耳聖賢之誠正脩不足以該之乎所謂精神固志氣强不已脩之乎不死之說起于老氏而誤之者又詑為飛昇尸解之荒談舉無足取也然較之斲喪戕賊者則大愈矣故存其說而删其妄端以澹菴之所輯為近正

壬子暮春癡睡主人識

却病延年全書卷一

石邑澹菴主人彙輯　東垣癡睡主人手抄

丹經寶筏小引

山木自寇膏火自煎者比比是也縱有善攝生者不曰節飲食慎起居寡嗜欲即曰惜精養氣存神至問其所以惜所以養所以存者又茫無把握徒聽於稟賦之厚薄為命數之修短而已余孤子一身上承宗祧下啓後昆恒衍覃丹經如參同悟真陰符道德諸

八

《却病延年全書》

清康熙二十八年崔澹菴彙集、乾隆五十七年癡睡主人鈔本，上海中醫藥大學圖書館藏

本書屬

國家出版基金資助項目

上海市科學技術委員會重大項目（07DZ19725）

國家重點（培育）學科

上海高校一流學科建設科技史（醫學）學科項目

上海中醫藥大學名師傳承研究工程

上海地區館藏未刊中醫鈔本提要

編委會名單

前言

提要屬于説明文，又稱“書録”“解題”“書目提要”等。提要發端于西漢劉向、劉歆父子的《别録》。《别録》係叙録體提要，主旨是“條其篇目，撮其指意”，記載作者事迹，考證版本源流，評價内容得失，説明編寫體例，重點突出，簡明扼要，有助于讀者瞭解該書的概况。另有傳録體提要與輯録體提要。前者注重介紹作者生平事迹，南朝齊王儉之《七志》即屬此例；後者廣泛輯録原書序、跋以及諸史、筆記、詩話、文集等相關資料，宋元之際馬端臨的《文獻通考・經籍考》即屬此例。本書所撰提要屬于叙録體，除了簡要介紹鈔本的撰著者與抄録者外，着重闡述其内容，説明其體例，揭示其特色。

清末前的中醫鈔本是中醫古籍的重要組成部分，保存着諸多已經亡佚的資料，藴含着歷代醫家的學術理論與臨證經驗，有助于後人理清學術的傳承，增强思辨的能力，豐富治療的方法，具有重要的文獻價值與臨證價值。但是，長期以來，中醫鈔本并未引起業内人士的足夠重視。有一種觀點認爲，有價值的醫書，古人自會刻印，缺乏價值的醫書，才會停留在鈔本層面。這話説對了一半。中醫鈔本質量參差不齊，固然每見東抄西録之砂礫、殘瓦，亦復有自出機杼之散珠、遺珍。反過來説，正因爲有價值，古人才會抄寫。明代鈔本《藥性主病便覽》的著者深得個中三昧，其自序云：“書之難得者莫如録本，以其爲前人精神之所薈萃，非有獨到之處，誰録之者？此世之所以重視之也。”説鈔本難得，其中多有精華，備受前人青睞。前哲有云：購書讀不如借書讀，借書讀不如抄書讀。著名中醫學家裘沛然先生分析其中的原因説：“因抄録之際，每能殫精竭慮，加深領悟，此與泛泛閲覽者，其收效迥不相侔。”并謙遜而感慨地説：“予于傷寒温病之學能略識梗概者，蓋得力于當年之抄讀。”抄録的書也很珍貴，裘老早年就讀醫校時所抄録誦讀的書稿約有十餘種，幾經離亂，大都已成劫灰，所存程門雪的《婦科學》、費通甫的《舌苔學》，而今也殆絶迹（裘沛然《讀醫抄本拾遺・前記》，上海中醫藥大學出版社2006年版）。清代吴壽暘《拜經樓藏書題跋記》："《元珠密語》，唐王砯著，影宋寫本，每葉十六行，行十六字。前有自序，後滬城成孚氏跋。"成孚的跋文有下述文字："歲乙亥，偶于茸城張氏得見宋刻本，一時驚喜，如覩至寶。詢之，云：'以重價購得。'余懇借再四，始獲攜歸，即命子弟力疾鈔之。近聞張氏本已充進御物矣。余獲借鈔，不勝幸甚，爰識其始末如此，後人其世守之勿替。"茸城爲上海松江的別稱。成孚于乙亥（1755）年借抄《元珠密語》的欣喜若狂之情溢于言表，并囑其後人世代保存。順便補充説明一二：根據這兩則文字，可知《元珠密語》原爲宋刻本，爲松江張氏所有，成孚借來抄録，後又據此鈔本影寫，故稱影宋寫本，清人吴騫曾藏有此影宋寫本。現在不僅宋刻本早已亡佚，而且連影宋寫本也不見蹤影，幸賴此鈔本得以保存。古代醫書鈔本之珍貴于此可見一斑。以上所指，還純屬前人著作之録本。此外，前人還多有因各種原因而未加刊刻之稿本。或因生恐輕傳而不願刊刻，如《茅氏女科秘方》《薛氏濟陰萬金書》；或因旨在自娱而不想刊刻，如《醫學彙鈔》。另有因家貧乏資而無力刊刻者、屬大内所藏而不允刊刻者等。其中每有訴自胸臆之佳什。

上海地區在中醫學術發展史上具有重要的地位。自近代開埠以來，因其獨特的地理位置與經濟文化環境，逐步形成海納百川、包容兼收的特色。清中葉以後，全國各地名醫匯聚海上，流派紛呈，使上海成爲人文薈萃和學術交流的中心，出現了大量記録各派醫家經驗的中醫鈔本。其中一部分刊刻出版，但也有相當數量的鈔本未能刻印流傳。此外，上海地區圖書館還藏有清代早期、甚至明代的中醫鈔本，有的還是作者的稿本，也有數量可觀的孤鈔。

上海地區館藏清末前未刻中醫鈔本，經查閲，有823種。或有所遺漏，恐難避免。此八百餘種分藏于上海中醫藥大學圖書館、上海圖書館、中華醫學會上海分會圖書館、上海辭書出版社圖書館、中國科學院上海生命科學信息中心生命科學圖書館、上海交通大學醫學院圖書館、復旦大學圖書館。

當初着手此項工作時，存有避難就易之想：撰寫全國的，談何容易；撰寫本地的，或如反掌。事非親歷不知難。豈料撰寫中醫鈔本提要，哪怕祇是一地的，也實非等閑之事。鈔本的作者與抄者的生平往往難以尋覓，成書與抄録的年代每每載録欠明，諸多鈔本殘缺不全，字體難辨，字迹漫漶，印章模糊。有同書异名者，有同名异書者，復有同書而内容參差者，有异名而内容交互者。有先抄録而後刊刻者，也有先刊刻而後抄録者。凡此種種，皆需百計千方地搜尋，費時耗神地求索。雖然窮心劇力，但是“不詳”“欠明”之處依然不少。再者文出多手，高下長短參差，書影多寡不一，甚至有因多種原因而付諸闕如者。除此而外，尚待補正處宜有多多，祈盼方家雅正、諒宥。

本書主要參考了《中國中醫古籍總目》《中國醫籍大辭典》《中醫方劑大辭典》《中醫古籍珍稀抄本精選》。本書的編撰人員大多來自上海中醫藥大學的中醫文獻研究所、基礎醫學院、圖書館以及上海市中醫文獻館。编撰後期，我的在讀博士于業禮協助做了諸多整理工作。此外，李海峰、張玉萍、季雷娟、蘇麗娜等同人曾參與其事。在整個編撰過程中，得到上述八家圖書館的領導與工作人員的支持，尤其是上海中醫藥大學圖書館古籍部的王楓女士提供諸多方便。借此一并謹致謝忱。

段逸山

2015年5月

凡例

一、 收録範圍

1. 本書收録上海地區館藏1911年之前未經刊刻的中文中醫鈔本的提要。酌收1911年之後所抄録1911年之前已佚之鈔本。

2. 爲方便讀者參考,1911年之前未刻鈔本于其後又進行刻印、石印、影印、縮微複製者,本書一并收入。

3. 凡同書有多種鈔本,選擇成書年代在前者撰寫提要。

二、 著録内容

提要正文一般包括三方面内容:一爲該鈔本的作者與抄寫者簡介,該鈔本的特徵及其收藏處;二爲該鈔本的内容與體例;三爲該鈔本的特色所在。每則提要一般附書影若干。每則提要通常在三百字以上。

三、 編排體例

1. 分類。按學科内容分類,設醫經與基礎理論、傷寒金匱、診法、本草、方書、針灸推拿、臨證綜合、内科(含温病)、女科、幼科、外傷科、眼耳鼻咽喉口齒科、醫案、醫話醫論、其他(含養生、醫史、叢書等),共十五類,不設二級類目。

2. 排序。同一學科類書,按筆畫筆順編排。

四、 索引

設書名筆畫索引。按書名首字筆畫、筆順排列。筆畫少的在前,筆畫多的在後;同筆畫的按起筆筆順横(一)、豎(丨)、撇(丿)、點(丶)、折(乛)排列;起筆筆順相同,則按次筆筆順排列,以此類推。首字相同者,按次字筆畫排列,以此類推。書名後注明鈔本的序號。

目録

三、診法

四、本草

第二册

五、方書

六、針灸推拿

七、臨證綜合

八、内科(含温病)

第三册

九、女科

十、幼科

十一、外傷科

第四册

十二、眼耳鼻咽喉口齒科

十三、醫案

十四、醫話醫論

十五、其他（含養生、醫史、叢書等）

一、醫經與基礎理論

001 内經必讀

《内經必讀》，上下兩卷，一函四册。書中有"古吴鄭道煌春山氏輯"字樣，表明作者爲清代鄭道煌（春山）。據書中"伊序"落款"時康熙庚寅孟夏櫟園伊文光書於筆疇之竹梧軒"，可知成書于清康熙四十九年（1710）。書後有抄者季彦之跋，有"光緒丙戌歲仲春從業師陶保蓀先生處借得此卷遂即手抄"與"己丑夏日句讀後隨筆記"字樣，説明該書從光緒丙戌（1886）抄完并句讀至光緒己丑（1889）。另有清代顧時田鈔本，藏于中國中醫科學院圖書館。是本封面于書名右下角分别標有元、亨、利、貞以别次序。全書墨筆抄，以硃筆批注點校。開篇爲《重廣補注黄帝内經素問序》，説明該書所據底本爲宋本《重廣補注黄帝内經素問》。現藏于中國科學院上海生命科學信息中心生命科學圖書館。

該書將《素問》《靈樞》按節要歸類重編，共十門。上卷爲醫論類，包括攝生、陰陽、藏象、經絡、脈色等五門。"攝生"門有《上古之人春秋百歲今時之人半百而衰》《四氣調神》等五篇，"陰陽"門有《陰陽應象》《陰陽偏勝》等五篇，"藏象"門有《人身應天地》《十二官》《藏象》等十四篇，"經絡"門有《十二經脈》《任衝督脈爲病》等七篇，"脈色"門有《診法常以平旦》等二十篇。下卷爲疾病類，包括疾病、標本、氣味、論治、運氣等五門。其中"疾病"門四十六篇，"標本"門兩篇，"氣味"門兩篇，"論治"門七篇，"運氣"門六篇。

是書將《内經》原文按不同主題重新歸類編次，節選精要，從訓詁、醫理等方面予以詮釋闡發，語言簡練通俗，對研讀《内經》有參考價值，可作導讀之用。

多遺尿甚則陽痿是其徵也
思勝恐思為脾土之志故勝腎水寒之恐深思見理恐可却也
寒傷血寒則血凝故傷血
燥勝寒燥則水涸故勝寒
鹹傷血鹹從水化故勝心血
食鹹則渴傷血可知水勝火也
甘勝鹹甘為土味故勝水之鹹
脾不主時素問太陰陽明論
脾者土也治中央常以四時長四藏各十八日寄治不得獨主於時也脾土畜養萬物位居中央寄王四時各一十八日為四藏之長不得獨主於時也當立春立夏立秋立冬之前各土王用事十八日一歲共計七十二日
脾藏者常著胃土之精也土者生萬物而法天地故上下至頭足不得主時也脾胃為表裏脾附于胃以膜相連為之行其津液皆屬土能生成萬物故至足無所不及故不獨主一時而已也

本神 靈樞本神篇

天之在我者德也地之在我者氣也德流氣薄而生者也人生于地懸命于天天覆生之德本乎天成形之氣本乎地故天之在我者德也地之在我者氣也德流氣薄而生者言理賦形全而生形之道備矣
故生之來謂之精有生之初陰陽二氣各有其精精者水也為五行之先故萬物初生其來皆水易曰男女搆精萬物化生是也
兩精相搏謂之神兩精者陰陽也相搏者交搆也萬物生成必合陰陽交而後神明見故人之生也必合陰陽之氣搆父母之精兩精相搏形神乃成所謂天地合氣命之曰人也
隨神往來者謂之魂並精而出入者謂之魄精對神而言則神為陽而精為陰魄對魂

內經必讀 上卷 二十

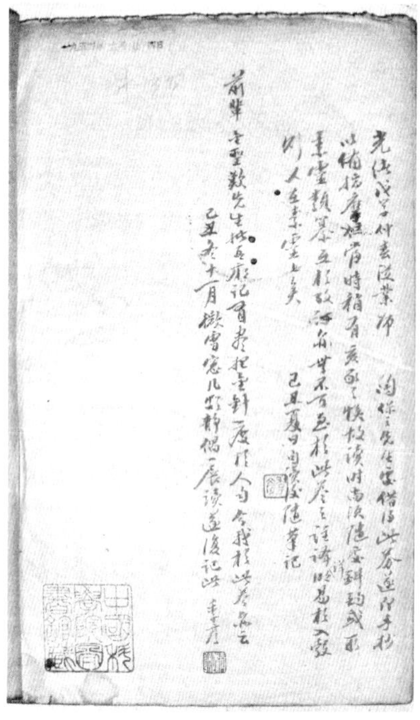

002 内經要論

《内經要論》，不分卷。清吕茶邨著。吕茶邨（1797–1852），名震名（《清史稿》作“吕震”），字建勳，號茶邨。先世自徽遷杭。道光五年（1825）舉人，官湖北荆門州判，晚寓吴。生平酷嗜醫書，“深入仲景之竇而寢饋於《内經》者久矣”（管慶祺《内經要論·前言》），謂《傷寒論》實爲羽翼《内經》之書，因而不論傷寒、雜證，均以六經辨證爲要。另著有《傷寒尋源》三編（1850年），未見傳世。該書成于1850年，清咸豐五年（1855）管慶祺抄録，有管慶祺所撰前言。現藏于上海圖書館。

本書共計醫論三十三篇，重在綜合《内經》主要學術内容，結合著者研究心得。專題發揮陰陽五行、五運六气、臟腑、三陰三陽、六經辨證、奇經八脉以及衝病論、維病論、帶病論等經絡理論。在研究方法上摒弃以經解經、隨義詮釋及輯注等傳統研究方式，采取以《内經》理論體系爲框架，按專題闡發經旨，使其研究心得与《内經》經典理論相互滲透。其中對《内經》運氣學説、三陰三陽説、奇經八脉諸理論，注重結合臨證體驗而加以貫穿會通，每發前人所未發。“如其論天道陰陽之變，則有氣交外感主病之疏，强調外有運氣之感，原各有内氣之應，非可止以外邪治”等，可爲研究《内經》陰陽五行、六經辨證等學術理論者所借鑒。

疑是僞字

呂茶邨內經要論

天地陰陽大論

或問于余曰軒岐述天地之道明陰陽之本終以三合為治帝臣若鬼臾區猶曰上候而已未能明其事也今學者如衆盲摸象紛紛以運氣治病卒無一驗而粗心守陋之儔謂此且置之高閣不知乾坤鼓鑄萬類人在氣交如魚在水民知所生而不知所以生今予沈潛內經盡孥其要領而為後學一明之余曰唯唯經曰其生五其氣三三而成天三而成地三而成人三而三之合為九氣九氣具而三才之體用備矣夫所謂其生五者合天地人萬類皆生於五行之氣也乃不曰其氣五而曰其氣三則所謂一陰一陽之謂道以一陰一陽而運行鼓舞於其間陰陽各一而所以能運行鼓舞者則又一一合二以成三而始布五行於陰陽剛柔之間人在氣交而兩交之此所以三而成天三而成地三而成人也三

陽位君火居之而又總為三陰者蓋巳午未皆長氣也有生則必有長長者實氣也陰也非陰無以實長故三陰亦聚於南所謂天以陽生陰長者此也西為揫收正位燥金居之故西為陰方而三陽又居之者蓋藏物必自下收物必自上生物必自下殺物必自上且自暑而涼自秀而實皆自上而下上者陽也而其時之肅殺者亦陽也申酉戌為肅殺之方故三陽亦聚於此所謂地以陽殺陰藏者此也蓋天之二氣分為四象北為陰西為陰中之陽此地之二象東為陽南為陽中之陰此天之二象而生長收藏之理備著於此矣

天道或問五則

問曰五行各有正氣天道所合干支所同而陰陽之用各有變遷又叅錯不同何也曰此正所謂三合之治也三合而治必當合氣以為主用或從本氣或從標氣或回乎其盛或由乎其化要皆取用以崇體而不以體變物也如五運以土為首而加甲自甲為土以下皆不用干矣而甲丙戊庚壬值年仍為氣太過乙丁己辛癸值年仍為氣不及其于雖變而陰陽不變則原非不用干也司天亦變支矣而火當午土當丑未金當酉與歲為會則為當其位而合其氣是皆不變本位亦不廢本支也大約陰陽之用合兩而成以三為用故陰陽之行雖一體而動則各由其道各由其道所以妙陰陽之用也一切三合變氣皆如此知其用則不疑其變矣

問曰司天運氣合用而有天符歲會乃有小五運復叅於司天在泉運氣之間則又何也曰五行三合之治無往而不用亦無往而不合也如辰戌太陽司天矣而辰戌備歷甲丙戊庚壬之五位則五運亦盡寒水之一位矣寒水唯一而有五變五變之中所運行以周一歲者亦各有五運猶司天之間位歷步也既以大五運與司天為乘臨則亦有小五運與間步為乘臨此亦陰陽自然之道

003 内經素問

《内經素問》,不分卷,一册。清俞樾撰。俞樾(1821-1907),字蔭甫,自號曲園居士,浙江德清人,清末著名經學家。他一生撰著頗豐,主要著述輯爲《春在堂全書》,凡四百九十卷,包括《群經平議》《諸子平議》《曲園雜纂》《俞樓雜纂》《春在堂雜文》《春在堂詩編》《小浮梅閒話》《右臺仙館筆記》《茶香室叢鈔》等等。本書首頁題"讀書餘録　第一樓叢書之七,德清俞樾",另題業經删削之"内經素問四十八條",可知係抄録于《春在堂全書》者,其中有硃筆修正痕迹。《鬼谷子》部分有"以下不是"的説明。該書後經俞鑒泉抄録,更名爲《内經辨言》,由裘慶元收録于《三三醫書》第一輯内。《中國中醫古籍總目》載録爲清鈔本。該書版式爲半葉十二行,首頁有"中華書局圖書館藏書"章。現藏于上海辭書出版社圖書館。

是書爲讀書札記,分爲兩部分,其一爲"内經素問四十八條",其二爲"鬼谷子五十五條",皆爲俞氏讀書考證之識。共涉《上古天真論》《四氣調神大論》《生氣通天論》《陰陽應象大論》《陰陽離合論》《陰陽别論》等十九篇,凡四十八條,乃俞氏據王冰注本及林億新校正本所作勘誤或批注之語。《鬼谷子》部分略。

此書係俞氏依據文理,參以字書、古籍注疏等,對《素問》所作批注多具學術價值,爲學習《内經》的重要參考書。

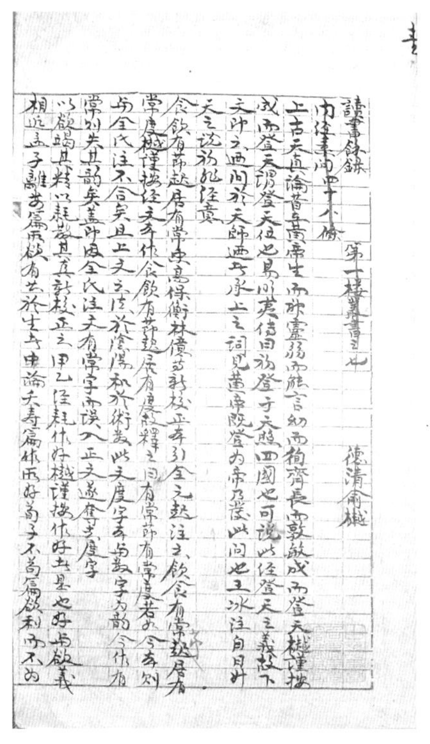

讀書餘錄　第一樓叢書之七　德清俞樾

內經素問四十八條

上古天真論昔在黃帝生而神靈弱而能言幼而徇齊長而敦敏成而登天樾謹按成而登天謂登天位也易明夷傳曰初登于天照四國也可證此經登天之義故下文即云乃問於天師乃承上之詞見黃帝既登為帝乃發此問也王冰注自日升天之說殊非經意

食飲有節起居有常不妄作勞林億等新校正本引全元起注云飲食有常節起居有常度樾謹按經文本作飲食有節起居有度故釋之曰有常節有常度若如今本則與全氏注不合矣且上文云法於陰陽和於術數此文度字本與數字為韻今作有常則失其韻矣蓋即因全氏注文有常字而誤入正文遂奪去度字

以欲竭其精以耗散其真新校正云甲乙經耗作好樾謹按作好者是也好與欲義相近孟子離婁篇所欲有甚於生者中論夭壽篇作所好荀子不苟篇欲利而不為

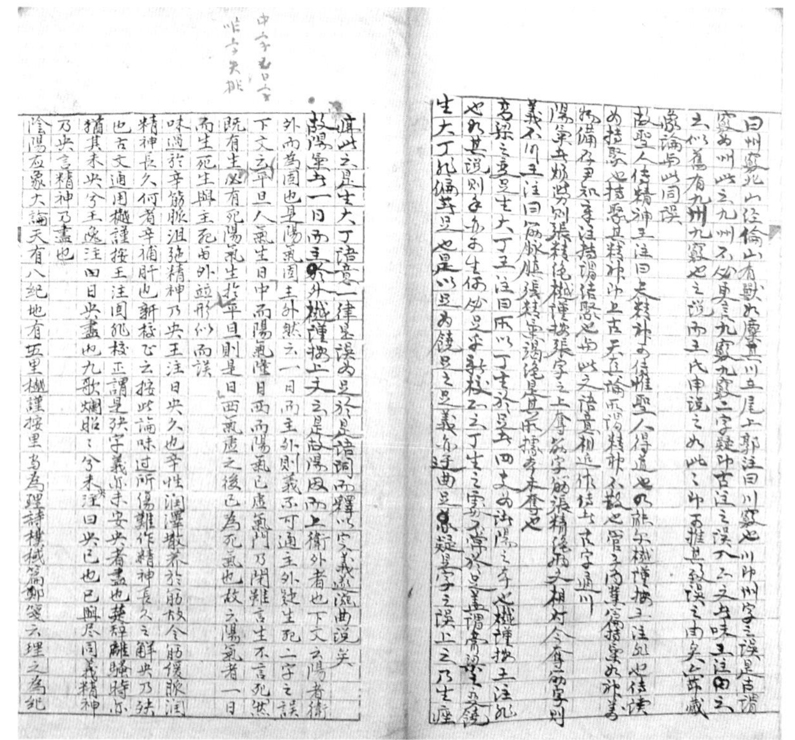

曰州竅也山經倫山有獸如麋其川在尾上郭注曰川竅也川即州字之誤是古謂竅為州此云九州不必更言九竅九竅二字疑即古注之誤入正文者味王注曰云之似舊有九州九竅也之說而王氏申說之如此之即不推其致誤之由矣六節藏象論與此同誤

故聖人傳精神王注曰夫精神可傳惟聖人得道者乃能尔樾謹按王注曰也傳讀為搏聚也搏聚其精神即上古天真論所謂精神不散也管子內業篇搏氣如神萬物備存尹知章注搏謂結聚也與此之語意相近作傳者古字通用

陽氣者煩勞則張精絕樾謹按張字之上奪筋字筋張精絕兩文相對今奪筋字則義不明王注曰筋脈䐜張精氣竭絕是其所據本未奪也

高梁之變足生大丁王注曰所以丁生於足者四支為諸陽之本也樾謹按王注非也如其說則手亦可生何必足乎新校正云丁生之處不常於足蓋謂膏粱之變饒生大丁非偏著足也是以足為饒足之足義亦迂曲足疑是字之誤上云乃生痤痤此云足生大丁語意一律足誤為足於是語詞而釋以實義遂滋曲說矣

故陽氣者一日而主外樾謹按上文云是故陽因而上衛外者也下文云陽者衛外而為固也是陽氣固主外然云一日而主外則義不可通主外疑生死二字之誤下文云平旦人氣生日中而陽氣隆日西而陽氣已虛氣門乃閉雖言生不言死然既有生必有死陽氣生於平旦則是日西氣虛之後已為死氣也故云陽氣者一日而生死生與主死與外並形似而誤

味過於辛筋脈沮弛精神乃央王注曰央久也辛性潤澤散養於筋故令筋緩脈潤精神長久何者辛補肝也新校正云按此論味過所傷難作精神長久之解央乃殃也古文通用樾謹按王注固非校正謂是殃字義亦未安央者盡也楚辭離騷時亦猶其未央兮王逸注曰央盡也九歌爛昭昭兮未央注曰央已也已與盡同義精神乃央言精神乃盡也

陰陽應象大論天有八紀地有五里樾謹按里當為理詩樸棫篇毛傳云理之為紀

004 内經博議

《内經博議》，上下兩卷，一函四册。清羅美撰著。羅美，字澹生，别字東美，號東逸，新安（今安徽徽州地區）人，僑居虞山（今江蘇常熟），爲康熙（1662–1722）年間名儒，兼習岐黄術。著有《古今名醫方論》四卷、《古今名醫匯粹》八卷。《内經博議》成書于清康熙十四年（1675）。每册首頁都有兩枚相同印章“費印子棋”和“丹林詩興之軒”。是書現藏于上海中醫藥大學圖書館。

是本内容較《珍本醫書集成》本有殘缺。《内經博議》一書完整内容分天道、人道、脈法、針刺、病能、述病六部，載録其專題發揮醫論五十九篇。是書僅存述病、人道、脈法、針刺四部，其中人道部内容較爲完整，其餘三部内容不全。人道部包括人道大陰陽疏、心腎論、六府説、太衝三焦論、君相二火論、衛氣論、奇經八脈原、五臟五主論、五臟苦欲論、二十七氣總疏、十二經不併拈説。述病部僅存陰陽、虚實、寒熱順逆、風寒邪氣熱病四篇。脈法部僅存脈原、脈診總論、胃脈論、陽密乃固論、氣歸權衡論五篇。針刺部僅存辨十干納藏府之謬、十二原兩篇。

《内經博議》一書係羅氏綜合《内經》主要學術内容，并結合個人研究心得而撰寫的醫論集。主要特點有二：其一，在研究方法上摒弃以經解經、隨文詮釋及輯注類纂等傳統研究方式，采取以《内經》學術理論體系爲框架的分部類從方式，專題闡發經旨奥義，使其研究心得與《内經》旨意相互滲透而渾然一體；其二，對《内經》運氣學説、臟腑病機、奇經八脈諸理論的闡發，特别注重結合臨證體驗而加以貫穿會通，每多發前人所未發者。清代醫家葉霖稱“運氣之學白首難窮，全元起以下數十家皆隨文詮釋，未能實有指歸，惟羅東逸之《博議》差强人意”，可見其對《内經博議》一書贊譽有加。

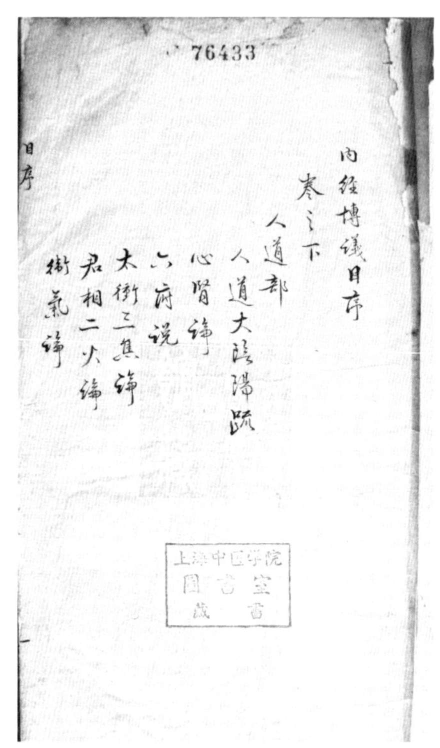

内經博議目序

卷之下

人道部

人道大陰陽論

心腎論

六府説

太衝三焦論

君相二火論

衝氣論

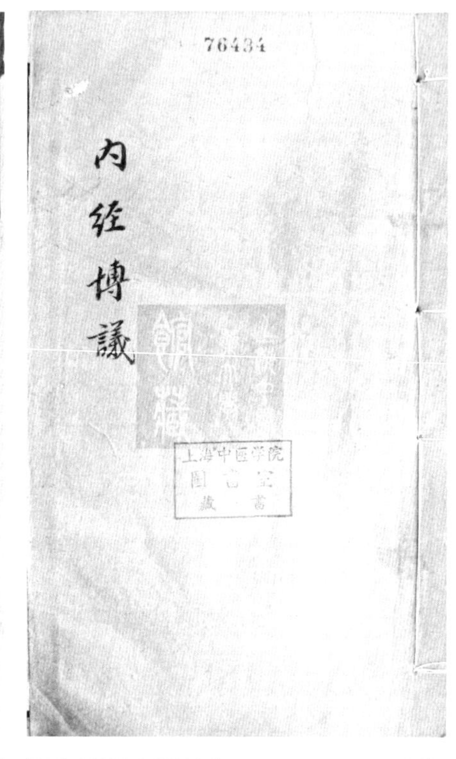

△二十七氣總論

十二經　十五絡　經正六合　五腧六原四關

十二經筋

所謂經絡者直行為經旁行為絡直行而通繞內外左右上下通行無滯如江河之流而為日椄五十營者斯為經其因行交絡互屬藏府不當通行者為絡靈樞曰手之三陰從腹走手手之三陽從手走頭足之三陽從頭走足足之三陰從足走腹腹為陰之會頭為陽之府以陰接陰手腹以陽接陽手頭三陰轉而入陽手手之指三陽轉而入陰手足之指此以陰入陽以陽入陰

二十七氣總論

○五藏苦欲論

肝苦急急食甘以緩之欲散急食辛以散之用辛補之酸寫之　心苦緩急食酸以收之欲耎急食鹹以軟之用鹹補之甘寫之　脾苦濕急食苦以燥之欲緩急食甘以緩之用苦寫之甘補之　肺苦氣上逆急食苦以泄之欲收急食酸以收之用酸補之辛寫之　腎苦燥急食辛以潤之欲堅急食苦以堅之用苦補之鹹寫之

五藏苦欲藥味補寫前人王好古有論然其鑿任藥味膠柱鼓瑟以印板印定後人眼目豈知五藏之性情五味之即寫即補乎故復為論以著之夫肝為少陽木其性踈以達而不能屈抑故嘗過中而苦急急則以剛柔剛其發暴怒故不可鬱而欲散苦急欲散者肝之本性情也甘味性和而

五藏苦欲論

內經博議卷之下

新安後學羅美東逸甫著

人道部

人道太陰陽疏

人道太陰陽有六，以立人紀，其一為先天奠位立体之陰陽。經曰：聖人南面而立，前曰廣明，後曰太衝，太衝之地名曰少陰。少陰之上名曰太陽。廣明之下名曰太陰。太陰之前名曰陽明。少陰之前名曰厥陰。厥陰之表名曰少陽。夫人以神立，以精存，而行之以氣。是以神為大君，精為儲養，氣充以輔

人道太陰陽疏

足之三陽從頭走足，此六陽皆從外以次相接，手頭上腹中者，以陰接陰，頭上者以陽接陽，其至手手諸指則以內陰接外陽，其至手足則以外陽接內陰，所謂隧道也，而各經並行者，在手則太陰肺出臂內上廉，手陽明大腸即出臂外上廉；少陰心出臂內下廉，大腸小腸即出臂外下廉；厥陰心胞出臂內中道，少陽三焦即出臂外中道。手足三陰三陽亦然，蓋則以其隧道並行，所謂表裏也。此叔和不識藏府陰陽体用，又不知經絡之表裏，妄著脉經，謬引內經仲景之文，而設其上以候上，尺內以候腹中二章，妄以二腸

人道太陰陽疏

005 内經運氣表

《内經運氣表》，不分卷，一册。封面題“光緒甲申春”“江左下工輯”，可見是書作者爲陸懋修，成書于清光緒十年甲申（1884）。上海交通大學醫學院圖書館館藏目録及《中國中醫古籍總目》均記載該本爲清稿本，成于1866年，似有未妥。陸懋修（1818-1886），又名勉旃，字九芝，號江左下工、林屋山人，江蘇元和縣（今江蘇吴縣）人，清代著名儒醫，《清史稿》有其傳。其著述合刊爲《世補齋醫書》六種，有稿本和清光緒十年甲申（1884）刻本傳世，共三十三卷，《内經運氣表》即其中一卷。是本抄録在四邊雙欄的紅格稿紙上，白口，單魚尾，書口下部題有頁碼。有目録一葉，鈐有“國立暨南大學圕（即“圖書館”三字的合寫）珍藏”朱方及“上海第二醫學院圖書館藏”藍印；正文二十葉，每半葉十行，每行二十三格。葉中襯有同類型稿紙，上有潦草塗改字迹，當爲他文的草稿。書後有序一葉，字迹與前不同，用紙爲印有“松竹齋”的紅格稿紙，與《補張機傳》一書用紙相同。書中有蠹孔。該鈔本現藏于上海交通大學醫學院圖書館。

該本正文前題“元和陸懋修九芝甫撰”，其後六行爲後來粘補，以不同字迹題有“子潤庠鳳石參校”及作《内經運氣表》之源由：“運氣之學，非圖不明……且有不能圖而宜於表者。余故易圖爲表，但期於民病之因乎氣交，及氣交之所以爲治，便於檢查而止。”陸氏根據《内經》“七篇大論”的内容，以列表形式展示了“五運六氣”的運行規律，具體包括：五氣經天表第一，五行化爲六氣表第二，五運合五音太少相生表第三，司天在泉左右間氣表第四，陰陽五行中運年表第五，六政六紀上中下年表第六，客氣加臨主氣年表第七，五運齊化兼化表第八，天符歲會年表第九，運氣中上順逆年表第十，六氣本標中氣治法表第十一，五行勝復表第十二，司天在泉勝復補瀉合表第十三。每表之前均依據《内經》理論作詳細説明。

陸懋修精于《内經》運氣之學，其《世補齋醫書》共三十三卷，其中三分之一與《内經》運氣學説相關。其曾對《内經》中的運氣内容作逐字逐句的訓解，而成《内經運氣病釋》九卷；又爲使運氣的内容更加條理明晰，便于檢索，而作《内經運氣表》，以資補充。該鈔本書末所附之序，實爲《世補齋醫書》中《内經運氣病釋》前的序文，爲其同里好友劉廷枚在光緒十年甲申（1884）春所作，稱“所以知病所由生者，則盡在《内經・天元紀》七篇陰陽五行中”，贊陸氏“所釋雖止七篇，直不啻舉一部《内經》而盡釋之，厥功偉矣！”該鈔本作爲陸氏闡釋《内經》運氣學説的代表著作，可與傳世本互參。

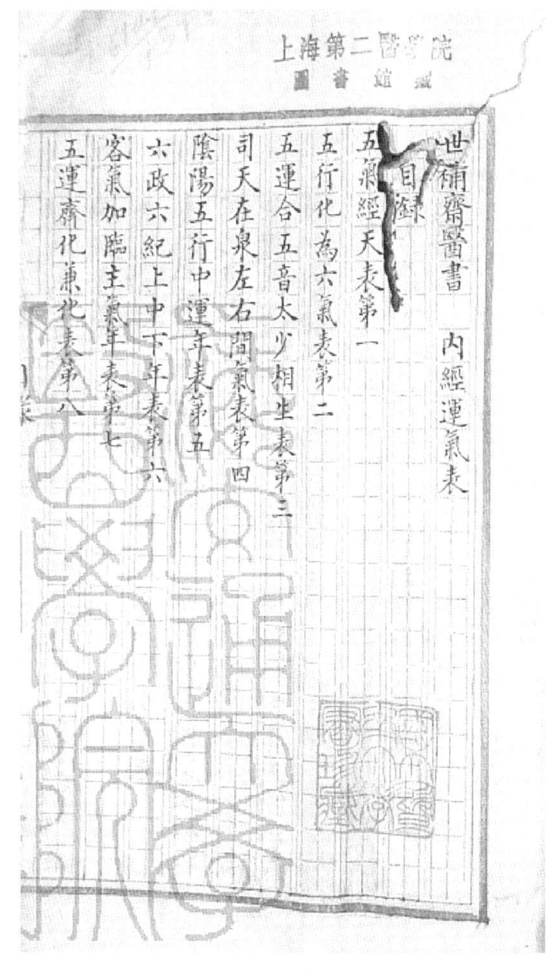

世補齋醫書　内經運氣表

目録

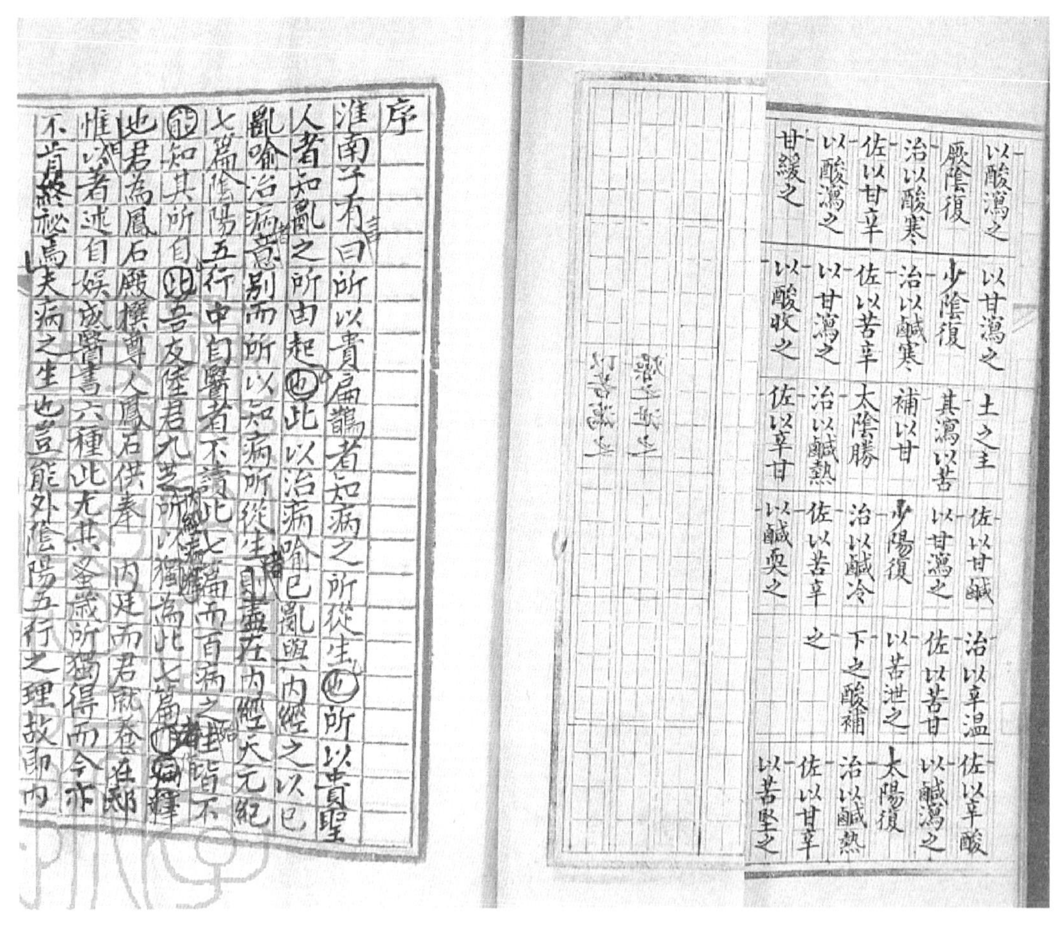

序

淮南子有曰：所以貴扁鵲者，知病之所從生也；所以貴聖人者，知亂之所由起也。此以治病喻已亂，與內經之以已亂喻治病，意則而所以知病所從生，自盡在內經天元紀七篇陰陽五行中。自醫者不讀此七篇，而百病之生，皆不能知其所自。此吾友陸君九芝所以獨爲此七篇闡釋也。君爲鳳石殿撰尊人，鳳石供奉內廷，而君亦奉母在邸，惟以著述自娛，成醫書六種，此尤其畢歲所獨得，而今亦不肯終秘焉。夫病之生也，豈能外陰陽五行之理，故即內

以酸瀉之
厥陰復
治以酸寒
佐以甘辛
以酸瀉之
甘緩之

以甘瀉之
少陰復
治以鹹寒
佐以苦辛
以甘瀉之
以酸收之

土之主
其瀉以苦
補以甘
太陰勝
治以鹹熱
佐以辛甘

佐以甘鹹
以甘瀉之
少陽復
治以鹹冷
佐以苦辛
以鹹耎之

治以辛溫
佐以苦甘
以苦泄之
下之酸補
之

佐以辛酸
以鹹瀉之
太陽復
治以鹹熱
佐以甘辛
以苦堅之

006 内經摘要

《内經摘要》，不分卷，一册。無目録、序跋與凡例。不著撰者及抄録者。《中國中醫古籍總目》載録爲清代費伯雄撰于1863年。現存鈔本，藏于上海圖書館。

是本摘録《素問》《靈樞》中部分内容，分《藏象》《空竅》《經絡》《脈要》《診候》《運氣》《審治》《生死》《雜》九篇，不加注釋，稍加按語。如《藏象》篇中，摘録《素問》及《靈樞》中有關心、肝、脾、肺、腎五臟及氣、血、津液等的生理功能等，如“心者君主之官，神明出焉……”“目者，心使也；心者，神之舍也”，文旁加按語“瞳子黑眼法于陰，白眼赤脈法于陽”“人之血氣精神者，所以奉生而周於性命者也……”等。在《經絡》篇中，不僅摘録《素問》《靈樞》中有關經絡、腧穴等論述，而且摘録六淫、七情致病的病因病機及熱病、瘧病、咳病、厥證等病證在《内經》中的相關論述，如摘録《素問》“腸澼便血，身熱則死，身寒則生”，後加按語：“按吴注：腸澼，滯下也；便血，赤痢也。身熱則血敗而孤陽獨存，故死；寒則營氣未絶，故生。”在《審治》篇中，集中摘録《素問》《靈樞》中相關治則治法方面的内容，如“風淫於内，治以辛涼……”“陰精所奉，其人壽；陽精所降，其人夭”“病在上取之下，病在下取之上……”。在《雜》篇中，將《素問》《靈樞》中一些人體生理、病理等對臨床有一定指導價值且不能歸屬于其餘八類的内容歸于此類，如《素問》中天癸、婦人爲何無鬚等相關論述。

是本雖僅摘録《素問》《靈樞》中相關原文，而無注釋，但摘録《内經》中相關對臨床有指導價值的人體生理、病理、病因病機、病證、脈象、經絡、治則治法及預後等方面内容，并分别歸類，對于《内經》理論指導臨床有一定的參考價值。

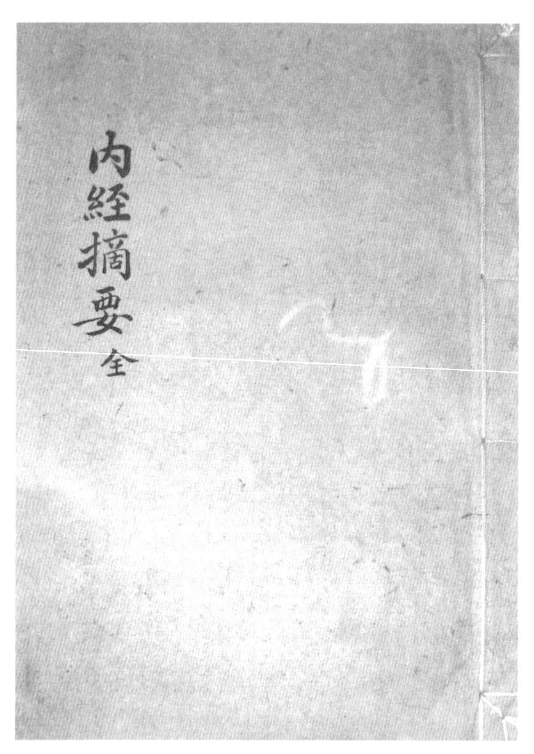

故其耳目不聰明而手足便也故俱感于邪其在上則右甚在下則左甚此天地陰陽所不能全也

素 言人身之陰陽則背爲陽腹爲陰言藏府中陰陽五藏皆爲陰六府皆爲陽陽中之陽心也陽中之陰肺也腹爲陰陰中之陰腎也陰中之陽肝也陰中之至陰脾也

靈 胃欲寒飲腸欲熱飲

經絡

靈 脾之大絡名曰大包出淵液下三寸布胸脇實則身盡痛虚則百節盡皆縱

素 胃之大絡名曰虚里貫膈絡肺出于左乳下其動應衣宗氣泄也

素 太陽太陰爲開陽明厥陰爲闔少陽少陰爲樞

素 陽明者兩陽合明也厥陰者兩陰交盡也

素 三陽爲父二陽爲衛一陽爲紀三陰爲母二陰爲雌一陰爲獨使

靈 人受氣于穀穀入于胃以傳于肺五藏六府皆以受氣其清者爲營濁者爲衛營行脈中衛行脈外周營不休五十而復大會陰陽相貫如環無端

靈 營出于中焦衛出于下焦上焦出于胃上口中焦

007 内經類要纂注

《内經類要纂注》，三十九卷。清葉霖撰。葉霖，字子雨，號石林舊隱，江蘇揚州人，清同治、光緒年間名醫，著有《伏氣解》《難經正義》《脈學》《痧疹輯要》等。《内經類要纂注》約成書于清光緒二十四年（1898）。是本前有"江都葉霖子雨甫述，門人張慶恩茝畬甫校"字樣。現存鈔本，缺卷二、卷三，藏于上海中醫藥大學圖書館。

是本將《靈樞》《素問》篇章重新類纂，卷一爲攝生、陰陽類，卷二、三缺，卷四爲藏象類，卷五至七爲經絡類，卷八至十一爲脈色類，卷十二、十三爲切脈餘義，卷十四爲察色餘義，卷十五爲標本類，卷十六、十七爲論治類，卷十八至二十九爲疾病類，卷三十至三十四爲疾病餘義，卷三十五至三十九爲針刺類。在《内經》原文下纂集諸家之説以爲闡注，既輯選王冰、林億、吴崑、張介賓、張志聰等醫家之文，亦薈萃歷代名醫要説，以發明經旨餘義，并直抒己見，評説各家之得失。

是本是一部以類相從、纂注精當的《内經》研究專著，有其他醫經研究著作所不及的顯著特點：其一，在闡釋經文時，除了集輯自唐代以來諸家之注解切要者之外，還博采衆家之説以爲佐證，使研習者拓展思路，加深對經文的理解。其二，類編纂要及對原文的剖析注重結合臨床實際。其三，凡諸家之説有意猶未盡處，則别撰專論以闡發之，如"切脈餘義""疾病餘義"等。并增補傷寒、中風、温病、風温、濕温、温疫諸病細目，援引葉天士、吴又可、魏荔彤、戴麟郊、徐靈胎諸家論述錯綜爲文，以申明餘義。

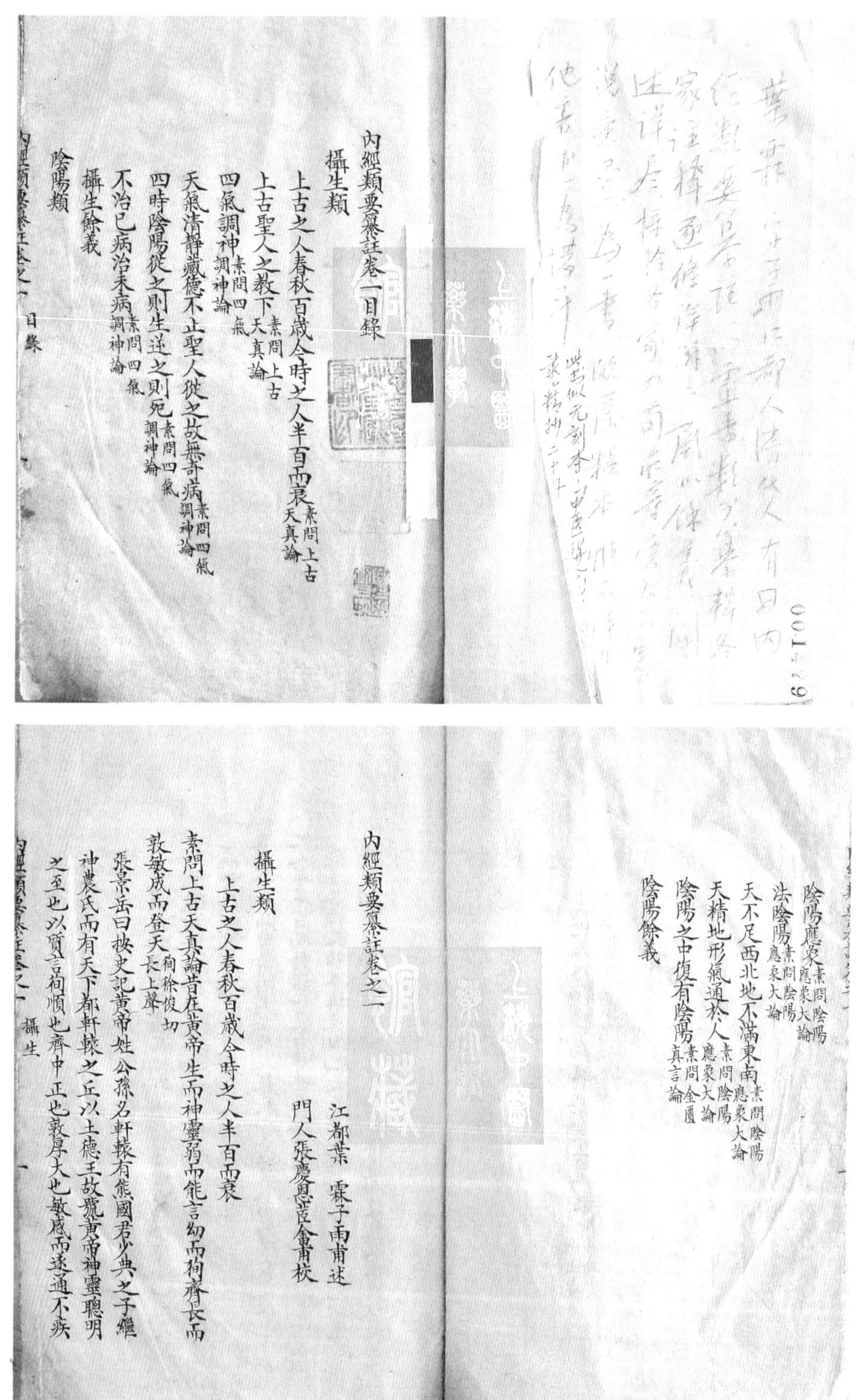

內經類要纂註卷一目錄

攝生類

陰陽類

內經類要纂註卷之一 目錄

內經類要纂註卷之一

江都葉 霖子雨甫述
門人張慶恩芑舍甫校

攝生類

上古之人春秋百歲今時之人半百而衰

素問上古天真論昔在黃帝生而神靈弱而能言幼而徇齊長而敦敏成而登天長上聲 徇徐俊切

張景岳曰按史記黃帝姓公孫名軒轅有熊國君少典之子繼神農氏而有天下都軒轅之丘以土德王故號黃帝神靈聰明之至也以質言徇順也齊中正也敦厚大也敏感而遂通不疾

內經類要纂註卷之一 攝生 一

008 六氣論

《六氣論》，不分卷，一册。清王之政撰。王之政（1753-1815），字獻廷，號九峰，江蘇丹徒人，乾嘉年間名醫，曾被徵爲太醫院院監，因此又稱“王徵君”。曾著有《痘痧匯評》，其後裔碩如將其醫案整理編爲《王九峰醫案》，又名《王九峰臨證醫案》。另著有《醫林寶鑒》《六氣論》《筆隨醫案》《王九峰心法》等。該書無目録及序跋。每半葉九行，每行約二十三字，書口處題有書名。首頁題“王九峰先生六氣論”，并有印章三枚，從上至下分别爲陽文“國立暨南大學圕珍藏”、陰文“錢氏珍藏”、陽文“少青過眼”。是書現僅存鈔本，藏于上海交通大學醫學院圖書館。按《中國中醫古籍總目》載其成書于1934年，但依據館藏目録當爲清代鈔本。

該書首列六氣獨重燥濕論，從自然界現象推演，認爲“雖有六氣之名，然不外燥濕兩氣所化”。繼之詳論濕、燥兩氣的性質、主病和治法。指出“濕之爲病最多”，且“爲害最緩最隱而難覺察”，辨證重視苔、脈，治療必用苦辛之品，其中對于濕熱證治法的論述尤詳。認爲燥氣致病多見肺家之證，治燥之法可參照喻嘉言、繆仲淳、劉河間、柯韻伯、葉天士之論，治燥及温熱風暑之邪推崇蘆根一藥。作者在此强調“如今時之痘疹痢證最多燥病”，并舉庚子年間噤口痢之流行爲例，指出以芩連治之無效，而用石膏清燥救肺，南北沙參、知母、麥冬養陰助胃，配合瓜蔞、薤白滑利通氣止痛，細辛、芥子辛潤行水外達而取效。繼之爲風無定體論、暑病論、寒與燥同治論、五行异體同源論、内傷大要論、察脈神氣論，後附抄痧喉論。總之，提出六氣以燥濕二氣爲綱領，而燥濕二氣亦爲“先天真一之氣”借升降之機所分化，人與天地萬物皆“内濕外燥”，内傷病亦然，即血虚生内燥，氣虚生内濕，因此治療用藥上反對濫投寒凉傷正之品。

該書以燥濕爲綱，對六氣理論有所發揮，尤其提出“痘疹痢證最多燥病”之説，并舉臨床實例證之，頗有創見，對研究外感内傷疾病和運氣學説皆有一定指導意義。

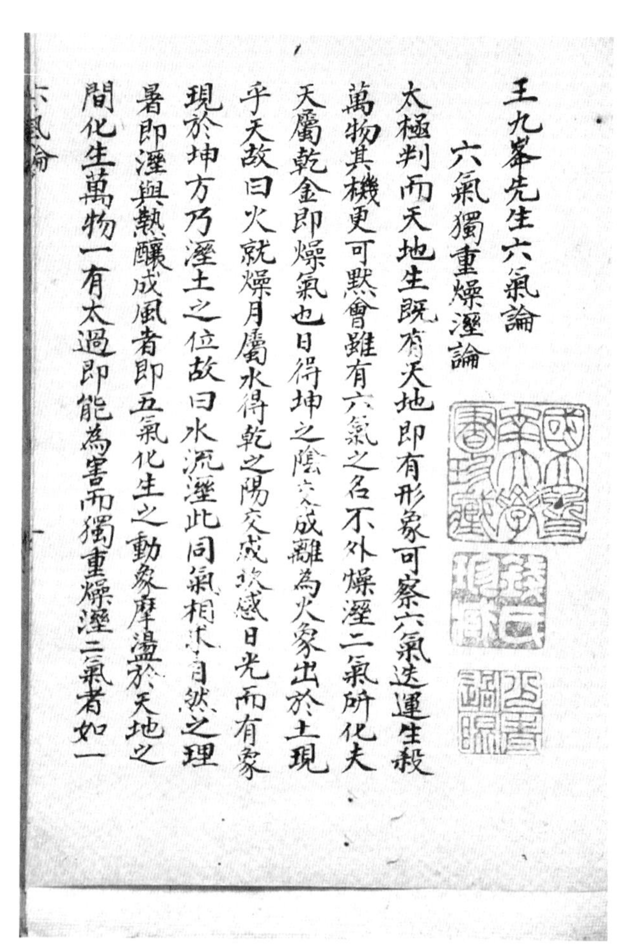

王九峯先生六氣論

六氣獨重燥溼論

太極判而天地生既有天地即有形象可察六氣迭運生殺萬物其機更可默會雖有六氣之名不外燥溼二氣所化夫天屬乾金即燥氣也日得坤之陰交成離為火象出於土現乎天故曰火就燥月屬水得乾之陽交成坎感日光而有象現於坤方乃溼土之位故曰水流溼此同氣相求自然之理暑即溼與熱釀成風者即五氣化生之動象摩盪於天地之間化生萬物一有太過即能為害而獨重燥溼二氣者如一

六氣論

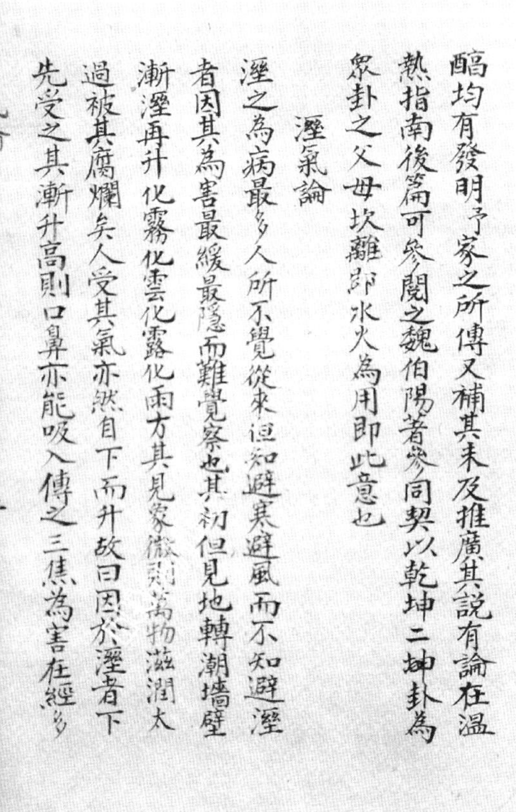

醑均有發明予家之所傳又補其未及推廣其說有論在溫熱指南後篇可參閱之魏伯陽著參同契以乾坤二坤卦為衆卦之父母坎離即水火為用即此意也

溼氣論

溼之為病最多人所不覺從來但知避寒避風而不知避溼者因其為害最緩最隱而難覺察也其初但見地轉潮墻壁漸溼再升化霧化雲化露化雨方其見象微則萬物滋潤太過被其腐爛矣人受其氣亦然自下而升故曰因於溼者下先受之其漸升高則口鼻亦能吸入傳之三焦為害在經多

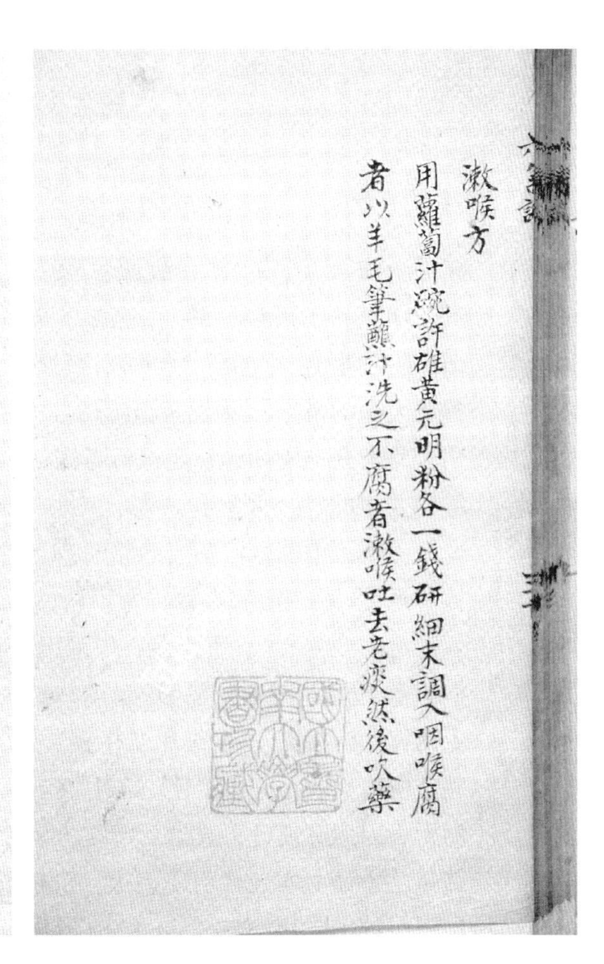

漱喉方

用蘿蔔汁碗許雄黃元明粉各一錢研細末調入咽喉腐者以羊毛筆蘸汁洗之不腐者漱喉吐去老痰然後吹藥

009 考證病源

《考證病源》，不分卷。明劉全德著。劉全德，字一仁，號完甫，明代萬曆年間上海人，著有《考證病源》《傷寒神鏡》《鉤玄秘集》等。《考證病源》成書于明萬曆丁酉年（1597），祝多抄于嘉慶元年（1796）。該書有目録及姚永濟序。姚永濟，字通所，上海人，萬曆二十六年進士。現存鈔本，藏于上海中醫藥大學圖書館。《中醫古籍珍稀抄本精選》第五册收録該書。

是書對七十四種病源進行考證，每一病源條下列有治法，大多列方劑及經驗方、加減法，并附有驗案十三則。本書有機地將理、法、方、藥統一起來，充分體現了中醫審因論治的原則，可直接指導臨床應用。如"健忘之病其因憂思過度，損傷心腦以致神舍不清，故令人轉盼遺忘，宜養心安神，歸脾湯、八物定志丸主之"。劉氏在書中采用歌賦形式闡述，如治病主藥訣、引經藥，病因賦、方詩等，通俗易懂，易讀易記。如"引經藥"云："手足太陽經，藁本羌活行。少陰厥陰地，總用柴胡去。手足陽明經，白芷升葛根。肺芷升葱用，脾升白芍應。心經獨活使，腎獨加桂靈。分經用此藥，愈病即通神。"本書重點對病因病源進行了詳盡而精闢的闡述，如"咳逆者，胃氣之不順。咳嗽者，肺氣之不清。噯氣皆由于痰火，咽酸盡爲乎食停"。此外，在分析病因時匯集歷代諸家之説，如"中風之病，其因有四：古人主乎風，河間主乎火，東垣主乎氣，丹溪主乎濕，各有所見，臨證推察則得其因矣"。劉氏對病因病機的分析十分透徹，爲臨床辨證施治奠定了基礎。

《醫學傳心録》與本書内容相近。《醫學傳心録》爲錢樂天所得秘本，原書寫于清道光年間，封面上載有"上海劉一仁"五字。可見《醫學傳心録》應爲《考證病源》的别傳鈔本。

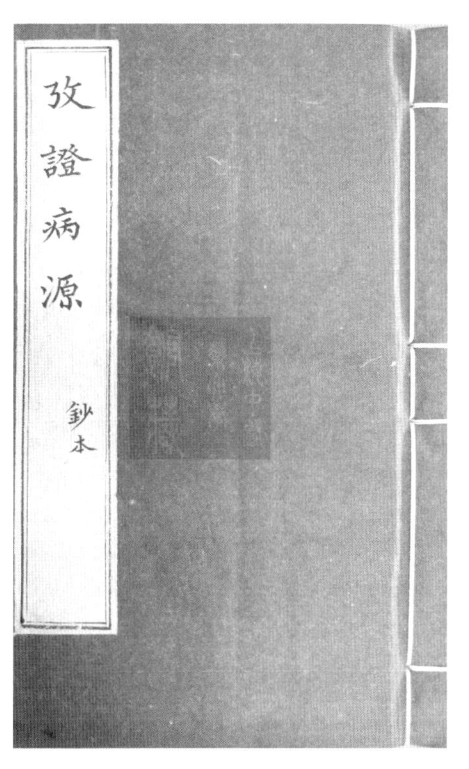

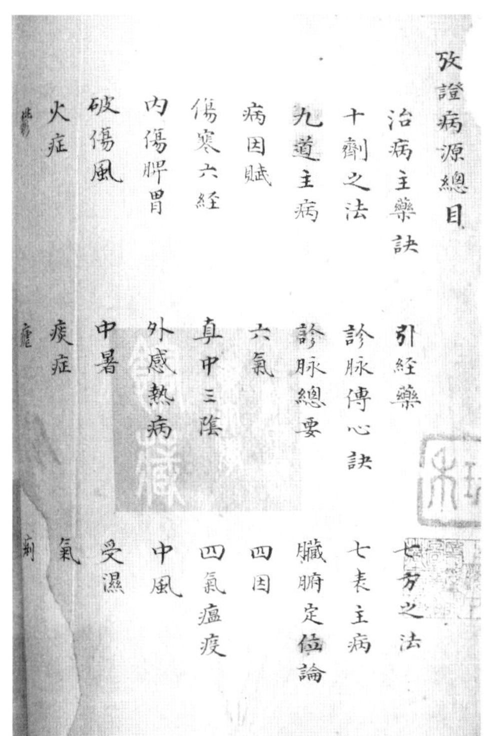

攷證病源總目

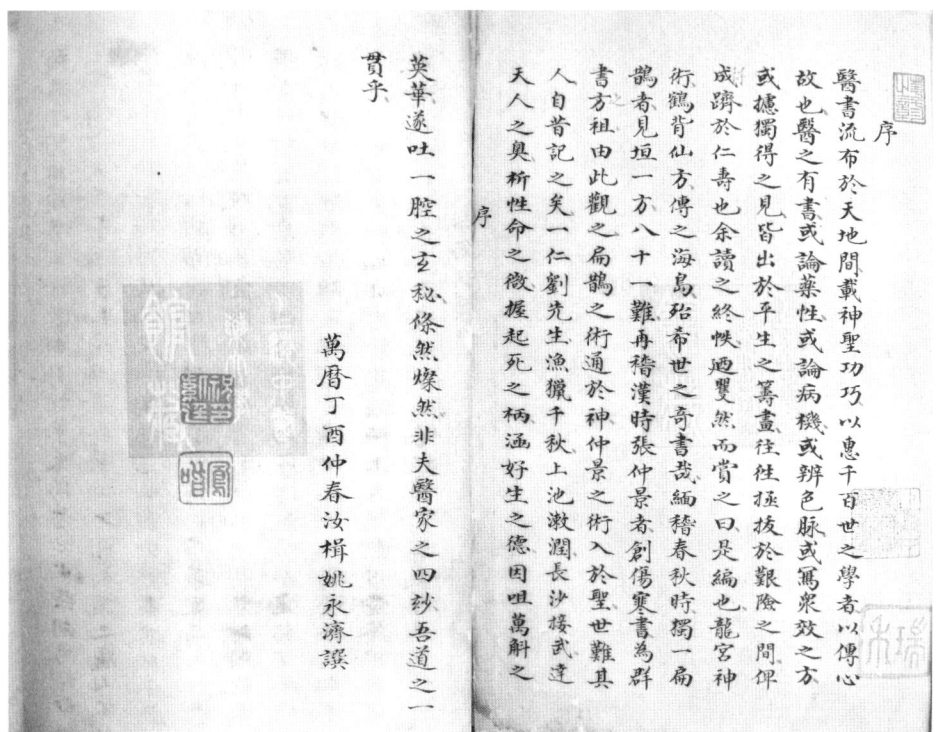

序

醫書流布於天地間載神聖功巧以惠千百世之學者以傳心故也醫之有書或論藥性或論病機或辨色脉或篤衆效之方或攄獨得之見皆出於平生之籌畫往往拯拔於艱險之間俾成躋於仁壽也余讀之終帙廼翼然而賞之曰是編也龍宮神術鶴背仙方傳之海島殆希世之奇書哉緬稽春秋時獨一扁鵲者見垣一方八十一難再稽漢時張仲景者創傷寒書為群書方祖由此觀之扁鵲之術通於神仲景之術入於聖世難其人自昔記之矣一仁劉先生漁獵千秋上池漱潤長沙接武達天人之奥析性命之微握起死之柄涵好生之德因咀萬斛之英華遂吐一腔之玄秘條然燦然非夫醫家之四紗吾道之一貫乎

萬曆丁酉仲春汝楫姚永濟譔

治病主藥訣

頭痛必須用川芎不愈還加引經藥太陽羌活少柴胡陽明白芷還須着太陰蒼术少細辛厥陰吳茱用無錯巔頂之痛又不同藁本須用去川芎肢節之痛用羌活去風去濕亦其功小腹痛用青皮治心痞黄連枳寔從腹痛須用白芍藥寒痛加桂熱黄柏腹中窄狹蒼术宜腹脹厚朴姜製法腹中寔熱何所施大黄芒硝功有力虛熱虛汗用黄芪肌膚浮熱黄芩宜脇下疼痛往來熱日晡潮熱柴胡宜脾胃受湿困無力怠惰嗜卧用白术下焦湿腫有火邪知母防龍并酒栢上焦湿熱用黄芩中焦湿熱黄連釋渴用乾姜白茯苓半夏燥脾當禁華嗽用五味喘阿

引經藥

手足太陽經藁本羌活行少陰厥陰地総用柴胡去手足陽明經白芷升葛根肺芷升葱用脾升白芍應心經獨活使腎獨加桂靈分經用此藥愈病即神通

七方之法

大方謂病有兼症邪不專一不可以一二味治之宜君一臣二佐九之大方

小方謂病無兼症邪氣專一可以君一臣二之小方治之

急方謂病在下部宜氣味厚之急方蓋藥之氣味厚則直趋於下而力不衰為補下治下之法也

010 秦越人難經剪錦

《秦越人難經剪錦》，不分卷，兩册合訂。無目録與序跋，原題"雲間施麟昌卓人父纂注"。現存鈔本，藏于上海交通大學醫學院圖書館。《中國中醫古籍總目》載其成書于1930年，經查無據。而館藏目録記爲"清鈔本"，且其中"玄"字避清諱缺末筆，當從之。另外，《中國中醫古籍總目》及館藏目録均認爲作者爲施麟，但據原題，纂注者之名似爲施麟昌，字卓人，"父"同"甫"，爲男子的美稱，係雲間（今上海松江）地區醫家，事迹不可考。首頁有印章兩方，陰文爲"王祖慶印"，陽文爲"賡雲"，并有"上海第二醫學院圖書館藏"藍印；末頁有陽文印章一方，爲"慶餘書室主人"。

該書上册包括"秦越人難經剪錦"與"李士材脈訣剪錦"兩部分，摘録《難經》與李中梓《醫宗必讀》卷二的相關内容，重新編排并加以注釋。"秦越人難經剪錦"包括難脈、難病、難發病根本、難癲狂頭心痛、難奇經、難虚實、難傳經等内容。天頭處亦有批注，包括字音字義、總結性言論及補充資料。注釋均有黑紅二色，字體有异，可見非一人所寫。"李士材脈訣剪錦"包括寸關尺、内經分配藏府定位、人迎氣口、呼吸浮沉、反關脈、衝陽太谿、老少异脈、脈無根有兩説、持脈有道、脈分四時六氣、脈分五臟、七診、决死生、脈以胃氣爲本、五臟平脈、五臟病脈、五臟死脈、五臟真脈、怪脈、脈決死期、諸病宜忌、女人脈法、小兒脈法及政運不應之脈等内容。下册爲"脈法總論"，依據清康熙年間醫家李延昰《脈訣匯辨》及嘉慶年間醫家蔡貽績《醫學指南》卷三的體例和内容，分述二十八種脈象的體象、主病、兼脈，并加按語作具體闡釋，最後加以總結，摘録蔡貽績《醫學指南·脈法總論》之首段，認爲脈狀雖繁多，但可用表裏陰陽氣血虚實之義括其綱要，强調脈證合參，指出"陰陽不可不分而剖，色脈不可不合而稽，尺膚不可不詳而考，主病不可不諳而識，四者得，而持脈之道思過半矣”。後有紅色批語“此言三十二脈之總論而前等一失之辨也”。書末載一醫案，爲以驗方“浮萍一粒丹”治療“遍身風熱如癩”，後有紅色批語“屢驗如神”。

該書主要爲脈診專輯，内容編排有序，語句簡明，重點突出，有一定參考價值。

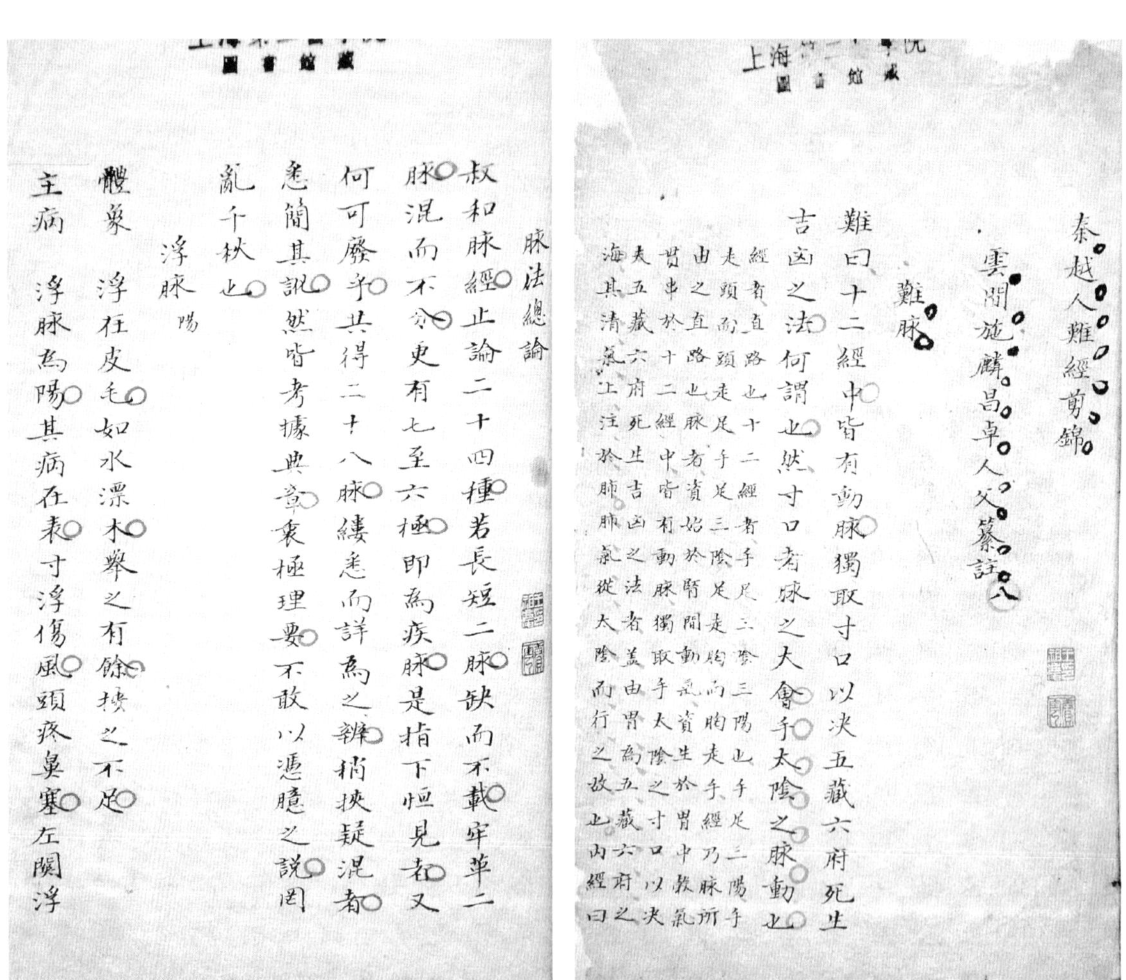

秦越人難經剪錦

雲間施麟昌卓人父纂註

難脈

難曰十二經中皆有動脈獨取寸口以決五藏六府死生吉凶之法何謂也然寸口者脈之大會手太陰之脈動也

經者直路也十二經者手足三陰手足三陽手走頭而頭走足手足走胸而胸走手經乃脈所由之直路也脈者資始於腎間動氣資生於胃中敷氣貫串於十二經中皆有動脈獨取手太陰之寸口以決夫五藏六府死生吉凶之法者蓋由胃為五藏六府之海其清氣上注於肺肺氣從太陰而行之故也由經曰之

脈法總論

叔和脈經止論二十四種若長短二脈缺而不載牢革二脈混而不分更有七至六極即為疾脈是指下恒見者又何可廢乎其得二十八脈縷悉而詳為之辨稍挾疑混者悉簡其訛然皆考據典章裒極理要不敢以憑臆之說固亂千秋也

浮脈 陽

體象 浮在皮毛如水漂木舉之有餘按之不足

主病 浮脈為陽其病在表寸浮傷風頭疼鼻塞左關浮

011 素問六氣玄珠密語

《素問六氣玄珠密語》，十六卷。正文首頁載“唐啓玄子王冰述”。前無序言，僅録有“滬城成孚氏識”一篇，言獲此書之機缘：“歲乙亥，偶于葺城張氏得見宋刻本，一時驚喜，如覩至寶。詢之，云：‘以重價購得。’余懇借再四，始獲擕歸，即命子弟力疾鈔之。近聞張氏本已充進御物矣。余獲借鈔，不勝幸甚，爰識其始末如此，後人其世守之勿替。滬城成孚氏識。”可知此書抄于1755年，書中“玄”字或缺末筆避諱，或以“元”字代之。首頁有印章五枚，其中一枚在裝訂時嵌入書脊，僅留一角，無法辨識，兩枚不清，另兩枚分别爲“范行准印”“湯溪范氏棲芬室圖籍”。此鈔本現藏于中華醫學會上海分會圖書館。

該書爲論述五運六氣之專著，凡二十四篇，包括《五氣元通紀篇》《迎隨補瀉紀篇》《運符天地紀篇》等。如開篇《五氣元通紀篇》闡明“運”之意義、作用以及與“氣”的關係：“夫運者，司氣也，故居中位也。在天之下，地之上，當氣交之内，萬化之中，人物生化之間也。故運者，動也，轉動也，即輪流運動往來不歇也。於是太極始判，横五運於中，輪流至今，終而復始，聖人望而詳之。自開闢乾坤，望見青氣横於丁壬，故丁壬爲木運也；赤氣横於戊癸，故戊癸爲火運也；黄氣横於甲己，故甲己爲土運也；白氣横於乙庚，故乙庚爲金運也；黑氣横於丙辛，故丙辛爲水運也。”闡釋五行、五氣與五運之聯繫。

本書内容深奥艱澀，世人難明，故流傳不廣。“滬城成孚氏識”中亦載：“元密一書，除宋版外，更無二刻。又其書微渺難測，世醫亦不欲深究其理，是以所傳不甚廣。”本書正文首頁書“唐啓玄子王冰述”，然《四庫全書總目》對此提出疑義，其云：“考王冰所注《素問》，義藴宏深，文詞典雅，不似此書之迂怪。”故此書之作者與成書年代尚待考證。然此本爲清代鈔本當無疑。

元竅一書除宋版外更無二刻又其書微渺難測世醫亦不欲深究其理是以所傳不甚廣迨今日已成絶無而僅有矣余購之廿年即鈔本未獲一遇歲乙亥偶於菅城張氏得見宋刻本一時驚喜如覩至寶詢之云以重價購得余懇借再四始獲攜歸即命子弟力疾鈔之近聞張氏本已充進御物矣余獲借鈔不勝幸甚爰識其始末如此後人其世守之勿替

滬城成孚氏識

素問六氣玄珠密語卷之一

唐啓玄子王冰述

五氣元通紀篇

夫運者司氣也。故居中位也。在天之下。地之上。當氣交之內。萬化之中。人物生化之間也。故運者動也。轉動也。即輪流運動往來不歇也。于是太極始判。橫五運於中。輪流至今。終而復始。聖人望而詳之。自開闢乾坤。望見青氣橫于丁壬。故丁壬為木運也。赤氣橫于戊癸。故戊癸為火運也。黃氣橫于甲己。故甲己為土運也。白氣橫于乙庚。故乙庚為金運也。黑氣橫于

卷一　一

012 素問玄機歌訣（附《補遺》《脈體捷法》《脈訣撮要》）

《素問玄機歌訣》，不分卷，一册。不著撰者，無目録、序跋。書末另附《補遺》《脈體捷法》《脈訣撮要》。《脈體捷法》篇首頁有印章兩枚，分别爲“吴止有定”“寸馬豆人”。《中國中醫古籍總目》載録爲清鈔本，書中“弦”字缺最後一筆，從此諱字也可推測爲清鈔本。現藏于上海中醫藥大學圖書館。

是書大多以尋、候、遂、順、得、失、新、久、緩、急、清、濁等單字爲標題，計載八十餘首歌訣，某些單字重複出現。每首歌訣之下均有詳盡闡釋，内容包括脈診、病機、治法等。與清人王應震《王應震要訣》之“王應震先生四十四字要訣”有部分雷同，但本書内容更豐富。如“固”字歌訣二書相同：“一點真陽寄坎宫，固根須用味甘温，甘温有益寒無補，堪笑庸醫錯用功。”其後本書另有文字解釋，具體内容不盡相同。書末還用歌訣形式論述藥物功效，如“詩云：启峻参芪白术歸，陳甘山藥茯苓爲，肉桂乾薑沉附豆，真元虚脱細詳推”。所附《脈體捷法》主要描述浮、芤、滑、實、弦等二十四種脈象，并説明其病機。《脈訣撮要》載原脱説、人迎氣口、分人迎氣口脈訣、内因脈、外因脈、脈有相似宜辨、辨脈法等内容。

是書文字淺顯，通俗易懂，又以歌訣形式闡述，讀來朗朗上口。特别强調脈診的重要性，認爲“生死旨貴從此得，診家到此要留心”。對學習診脈有參考價值。

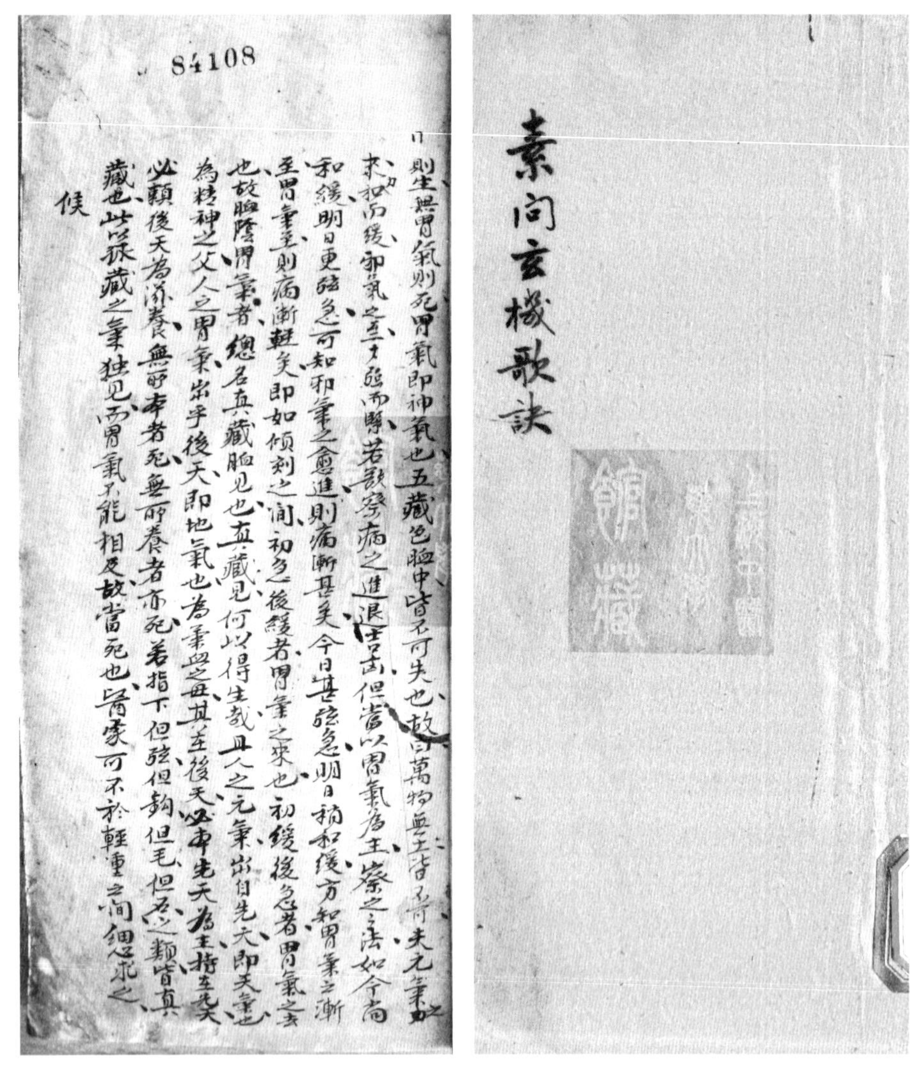

則生無胃氣則死胃氣即神氣也五藏之脉中皆不可失也故曰萬物無土皆不可夫元氣也
來和而緩邪氣之至也弦而勁若欲察病之進退吉凶但當以胃氣為主察之之法如今尚
和緩明日更弦急可知邪氣之愈進則病漸甚矣今日甚弦急明日稍和緩方知胃氣之漸
至胃氣至則病漸輕矣即如頃刻之間初急後緩者胃氣之來也初緩後急者胃氣之去
也故脉除胃氣者總名真藏脉見也真藏見何以得生哉且人之元氣出自先天即天氣也
為精神之父人之胃氣出乎後天即地氣也為氣血之母其在後天必本先天為主持在先天
必賴後天為滋養無所本者死無所養者亦死若指下但弦但鉤但毛但石之類皆真
藏也此以藏之氣獨見而胃氣不能相及故當死也醫家可不於輕重之間細思求之

候

素問玄機歌訣

寒而火愈熾者，此冒故也、要非芩連梔柏生地玄參等药、正治之法、所能降之矣。不可寒凉水湿折之是也、惟有引火归经之药、投之立瘥、盖離經之火不畏苦寒、當用大剂補陰之药、加以桂附故紙之屬、性類甘温、使丹室陽和、火自退藏、此據其宅而招其入也、易曰、水流濕、火就燥、同氣相求、其机自相入也、古人立法甚詳、豈待予贅、然千慮一失、偶不能詳、予今歷試不訛、乃敢僭述以補古人所未備、好道之賢幸毋曰迂、

攝

見痰用药、此消痰古法、今方人所着、豈知水泛為痰、俟攝水歸源、痰病始安。

[illegible]

紅腸脹、及至咽喉痰声猶如拽鋸、久服消痰之药、痰反愈多、醫者無術、袖手又更醫不脫前法、念念消痰、而痰卒不可消、亦付之無奈何、噫、孰知痰之為物、有實有虛、醫之治痰、有瀉有補、乃若水泛為痰、非比實痰之症、星半等药所能療也、惟有攝水歸源法、用之如神、盖人身之腎、所主者水、腎虛不能納氣归腎源、不能制水、泛溢於上、故所吐者白涎、惟用金匱腎氣丸、多大劑地黄、柏、制腎水、則水即归源、上行之痰、倏然而下、予見立癒、而治數神、或有不明理者、反难之曰、據爾云然、似有真见、則然既所下之痰、畜于何處、予解之曰、此理易明、如豆腐成腐漿、白沫皆浮上面、以火油洒之、白沫陡化、後來何曾有沫迹、况于腐底耶、即常觀、不可問可知

之初、沉短而濇、病之久虚、沉微与弱、失血之候、沉弦粗濇、濇因氣咽、沉与蒸見脾部、臓腑之虛、六為多候、腹中之診、須分左右。

七表脉

浮如指下捻葱葉、芤則中空有兩頭、滑似如珠往來利、實向浮中取次求、弦若弓弦[illegible]其状琴弦、洪於留洪樂有餘、來極大、七陽為表是為日

八裏脉

沉若爛綿不至骨、微如指下细如絲、緩小於遲來往慢、濇則如刀刮竹皮、遲重若尋伏隱、伏皆骨重似來遲、濡奏指、濡遲悽悽、濡按輕綿重不知

七表八裏候病歌

浮風芤血滑多痰、實熱弦當緊痛閒、洪熱微寒臍下積、沉因冷痛緩虛頑、濇則傷精瘀敗血、遲是冷、伏相于濡多虚冷、偏宜老弱是精虚骨体酸

九道脉訣

長脉似将竿鞭、短其中不及、間虚則舉尋指不足、伴居寸口往無覓、結脉來時緩一止、代來中指不能还、实[illegible]九道現多般、外有數脉來往頻、明大脉似洪者

脈體捷法

浮　浮脉按之不足、輕举有餘、滿指浮上曰浮、為虚風運動之候、為病在表、為風、在人迎氣為氣、在氣口、為热、為痛、為嘔、為脹、為痞、為滿不食、浮大為傷風鼻塞、浮滑疾為宿食、浮大長為風眩癲疾、浮细而滑為飲

芤脉浮大而軟、按之中空、傍實、如按葱葉、中心空虛曰芤、為失血之候、大抵氣有餘、血不足、血不能充氣、故虛而大、若芤之伏

滑脉往來流利、應指圓滑、如珠曰滑、為血實氣壅之候、盖不勝於氣也、為嘔吐、為痰逆為宿食、為經閉、滑而短、斷绝者、經不閉、有斷绝者、經閉也、上為吐逆、下為氣结、滑數為热结

013 素問糾略全集

《素問糾略全集》，不分卷，兩册。清王掞編撰。王掞（1644–1728），字藻儒，一作藻如，婁東（今江蘇太倉）人，明大學士王錫爵孫，康熙九年（1670）進士，官至文淵閣大學士，旁涉醫學，著有《西田集》等。該書抄録于康熙庚子年（1720）。序言後有"金華朱震亨彦修纂，琴川周木近仁校正，寓古吴錢傳健庵恭注"字樣，後世各家亦均著録該書爲朱丹溪作。現存上册，藏于中國科學院上海生命科學信息中心生命科學圖書館。

全書共九篇，分别爲《天地陰陽四時略一》《運氣略二》《形體臟腑性情略三》《疾病略四》《經隧略五》《診察略六》《平治略七》《湯液醪醴藥食氣味略八》《調攝略九》。其中上册爲略一至略四。略一論述天地、陰陽、氣分等中醫理論的基本概念；略二針對《至真要大論》中五候、六氣、四時的概念作出論述；略三以黄帝和岐伯對話的形式，針對《上古天真論》中的藏府學説進行論述，提出"五悪"的概念；略四闡述外感病中寒温概念，論述"五勞所傷"，并以對話的形式，對喘證的傳變和預後進行闡述。

該書内容殘缺，對《素問》的闡述引用原文較多，個人觀點相對較少。

業有指到春回之妙自應年來心慕其
書百計購求始得一見而墨跡已非竄格矣
折書之餘深加護惜手錄新本加以參校深
奧者抉其義疑貳者遂其辭小〻舛訛〻越
五寒暑而工竣特付梓人索序於予〻展卷
卒讀歎為精醇他日良醫傳中詳載
始未謂成丹谿之志抵介賓之前而廣黃
帝之傳功在濟人名在千古與棗梨而同
壽者其錢子也夫
時
康熙歲次庚子仲春花辰吉旦
婁東王掞藻儒甫撰

014 素問紹識

《素問紹識》，四卷，合訂爲一册。原題“江户侍醫法印副尚藥兼醫學教諭丹波元堅撰”。丹波元堅（1795–1857）與其父丹波元簡（1755–1810）、其兄丹波元胤（1789–1827）并爲日本江户時代漢方醫學名家，父子三人的醫著共二十餘種，其中十二種曾合刊爲《聿修堂醫學叢書》。該鈔本前有序言，頁下鈐有陽文朱方“東叡侍醫柴田藏書”，上有“上海第二醫學院圖書館藏”藍印，又有“上海交通大學醫學院圖書館藏”藏書印。無目録。正文頁下有陰文印章“丁福保鑑藏經籍圖書”。紙張爲四邊雙欄，烏絲欄，白口，單魚尾，書口下部題“觀養齋藏”四字，《中國中醫古籍總目》稱爲“日本觀養齋抄本”。每半葉十一行，每行二十四字左右，字迹整齊清晰，卷一、卷二以朱筆標出句讀及人名、書名。書末有一印，文字爲“文淵甲五號三百八十四番”。是本成于日本弘化三年（1846），現藏于上海交通大學醫學院圖書館。據《中國中醫古籍總目》，該書另有日本文久一年（1861）鈔本，藏于中國國家圖書館，并收録于《皇漢醫學叢書》。

據《素問紹識》序中所言，該書爲“紹先君子《素問》之識而作也”，即補其父丹波元簡所著《素問識》而作，具體包括：（一）仁和寺本《太素》之出，可補闕訂誤《素問》新校正本頗多；（二）其兄柳沜先生（即丹波元胤）中歲謝世，借此書存其遺言餘論以傳世；（三）近日有張琦（宛鄰）新著《素問釋義》一編，以及尤在涇等原《素問識》未及引用之説，未可全沒其善；（四）補録乾隆以來治小學者著述中可藉以證明《素問》經義之處。全書四卷，從“上古天真論篇第一”至“診要經終論篇第十六”爲卷一，其中“湯液醪醴論篇第十四”的頁眉有朱批，爲以“開鬼門潔净府”爲指導治療水腫的闡釋；“脈要精微論篇第十七”至“陽明脈解篇第三十”爲卷二，卷二末頁朱筆題有“己酉仲冬下旬三更燈下校畢　純琢”字樣;“熱論篇第三十一”至“厥論篇第四十五”爲卷三;“病能論篇第四十六”至“解精微論篇第八十一”爲卷四。每篇先與《太素》作比對,再録經文詞句,采擇諸家之言,其中最多引其“先兄”之言,其次爲楊上善、王冰、馬蒔、張琦等,同時多據《説文》等字書及經史釋文,作進一步考訂訓詁,并予以評述説明。如對“虚邪”的注釋:“先兄曰:馬云虚邪,據指風言。王注非,此説爲佳。宜参‘八正神明論’及‘歲露篇’‘九宫八風篇’。”層次分明,觀點清晰,有較大的參考價值。

《素問紹識》一書繼承了《素問識》重視小學訓詁及文字校勘的特點,對《素問》中許多古詞僻語的訓解較爲全面準確,亦糾正了不少衍文錯字,其所提出的觀點引證充分,可信度高,充分體現了日本漢方醫家研究中醫經典的治學特色。二書相合互參,是研究《素問》的重要參考書。

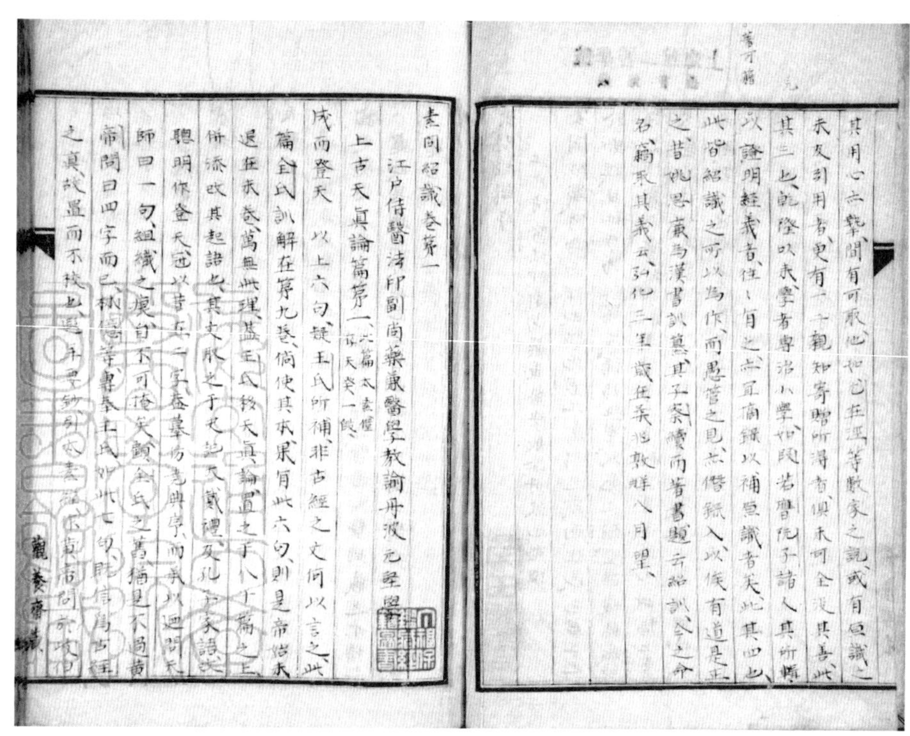

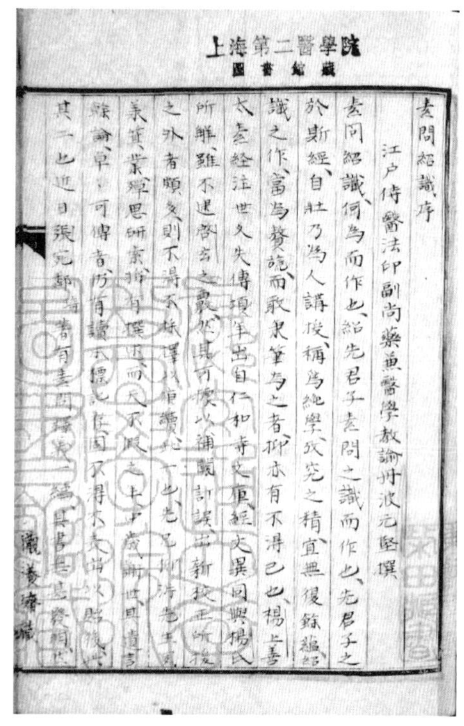

015 素問劄記

《素問劄記》，三卷，一册。日本喜多村直寬編撰。喜多村直寬（1804-1876），字士栗，通稱安齋，後襲用其父醫官槐園的"安正"之稱。栲窗爲其號，晚年號香城。喜多村直寬是與多紀元堅、澀江抽齋、森立之等同時代的醫學考證派名家。先後撰寫或刊行了《金匱要略疏義》《醫學典刊》《醫學啓蒙》及《續編》等。《素問劄記》成書于日本嘉永四年（1851）。書前有喜多村直寬自序，之後載其兩篇醫論《素問名義考》和《讀素問説》。現存鈔本，藏于上海中醫藥大學圖書館。

是書卷一爲《素問》第一至第十八篇，卷二爲第十九至第三十篇，卷三爲第三十一至第八十一篇，其中無"七篇大論"。是書係在研究日本仁和寺所藏楊上善《太素》古鈔本之基礎上編撰而成。將古鈔本與今本《太素》及《素問》逐一比照，凡相异者均出校語，并詳加考證，擇善而從。其注文則以王冰注爲本，旁參楊上善注，以按語形式對兩家注釋加以評議，附以考證心得。喜多村直寬承繼了因聲求義、據文生義等訓詁方法，運用《太素》作爲參考，對《素問》進行訓詁和校勘。例如《痿論》"痿躄"條下："《太素》'躄'作'辟'。寬按：躄、辟，古字通用。《荀子》：'不能以辟馬毁輿致遠。'賈誼曰：'類辟且病痱。'師古曰：'躄，足病。'"又如《調經論》"煩惋"條："《太素》'惋'作'悗'，《甲乙》作'悶'。楊曰：'血盛上衝心，故心煩悶而喜怒。悗則悶，同也。'寬按：惋、悗、悶並同。"是書還指出了經文以及王冰注文多處錯誤。如《生氣通天論》"留連肉腠"條："《太素》'留'作'流'。楊曰：'寒邪久客不散，寒熱陷脈以爲膿血，流連在肉腠之間，故爲瘻。'寬按：留連二字連讀，王注誤。"

是書對于《素問》訓詁和校勘研究有一定參考價值。

内經素問劄記

日本喜多村直寬士栗著

傳鈔北京圖書館藏抄本

素問劄記序

注素問之家梁有全元起訓解唐有楊上善太素而迨宋嘉祐閣臣校正此書則顓以王注為定本全楊二家遂廢是以金元而還諸家惟得見王本故注此經者皆據王氏若甲乙脈經等文字間有同異然此亦經宋人校訂者未可據以為引徵吾邦和氣奕世所傳真本千金方僅存序例一卷未經宋人校訂者而其文與今本大異是以知甲乙脈經已非二王之舊而元明人所刻則又非宋校之舊矣益王氏於素問究畢世之力故其訓義精暢該備殆非全楊二家可及此乃宋臣之所以表章而傳于世歟近時我管窺蠡測何曾有闡發唯一得之愚姑記所見以就正有道若天幸假年白首講經亦將有潤削矣

嘉永四年辛亥孟人日　喜多村直寬士栗篋

心氣通於舌〻非竅也其通於竅者寄在於耳

口主迎糧注 師傅篇脾者主為衛使之迎糧

其畜牛 易曰坤為牛

開竅於二陰 楊曰二陰謂前後陰也

其畜彘 太素彘作豕六書通彘豚奇字

陰陽應象論第五

陰陽者天地之道也 淮南子以天為父以地為母

陰陽為綱四時為紀

變化之父母 天元紀論物生謂之化物極謂之變

張云朱子曰變者化之漸化者變之極

病之逆從也 馬云此其陰陽相反而作此病〻之

素問名義考

素問名義宋林億等新校正以為問太素之義太素質之始也出列子乾鑿度則其來古矣元明以還諸家更無異詞然以素為太素之義其說近迂按素問名昉見張仲景傷寒論序而皇甫謐甲乙經序素問論病精辨王叔和脉經云出素問鍼經隋經籍志黃帝素問九卷全元起注云素者本也按素本也出廣雅 問者黃帝問岐伯也方陳性情之源五行之本故曰素問新校正所引 此隋以上說似以素為本解者迨唐高宋朝楊上善作太素三十卷此迺以素為太素之始而宋

016 素靈彙萃

《素靈彙萃》，不分卷，一册。汪宗淦編撰。汪宗淦，字稚琢，古吴（今江蘇蘇州）人，生卒年代不詳。《中國中醫古籍總目》載録爲清鈔本。現藏于上海中醫藥大學圖書館。

本書内容分爲攝生、陰陽、藏象三類，是抄輯明代張景岳《類經》前四卷的部分篇章而成。包括《類經》卷一“攝生”:《上古之人春秋百歲今時之人半百而衰》《上古聖人之教下》《四氣調神》《四時陰陽從之則生逆之則死》四篇，卷二“陰陽”:《陰陽應象》《法陰陽》《天不足西北地不滿東南》《天地之氣通於人》《陰陽之中復有陰陽》五篇，卷三、卷四“藏象”:《十二官》《藏象》《藏府有相合三焦曰孤府》《五臟之應各有收受》《四時陰陽外内之應》《五氣之合人萬物之生化》等二十一篇。汪宗淦從這三十篇中擇要抄録，輯成本書。

本書對《類經》篇章選擇抄録，體現了滑壽“删去繁蕪、撮其樞要”的風格，即將重要内容保留，其餘略去。如攝生類《上古之人春秋百歲今時之人半百而衰》篇，將黄帝生平的内容略去，直接抄録與主題相關的内容；藏象類《本神》篇，將黄帝詢問岐伯之辭略去，直奔主題。本書存在少量錯誤，如經文“起居有常不妄作勞”的“妄”誤抄爲“忘”等。概括言之，本書是對《類經》中攝生、陰陽、藏象三部分的内容進行篩選抄録輯成，可作爲速閲《類經》前四卷之選本。

素靈彙萃

古吳汪宗淦稚琢手輯

攝生類

上古之人春秋百歲今時之人半百而衰素問上古天真論一〇

上古之人其知道者法於陰陽和於術數上古太古也道造化之名也法取法也和調也術數修身養性之法也天以陰陽而化生萬物人以陰陽而榮養一身陰陽之道順之則生逆之則死故知道者必法則於天地和於調術數也食飲有節起居有常不忘作勞節飲食以養內慎起居以養外不忘作勞以保其天真故能形與神俱而盡

攝生 一

終其天年度百歲乃去形與神俱同臻壽分謹於修養以奉天真故得盡終其天年去謂神氣皆去離於形骸而終矣今時之人不然也不同於古也以酒為漿溺於飲也以妄為常肆乎行也醉以入房酒色並行也以欲竭其精以耗散其真欲不可縱縱則精竭精不可竭竭則真散蓋精能生氣氣能生神營衛一身莫此大乎故善養生者必寶其精精盈則氣盛氣盛則神全神全則身健身健則病少神氣堅強老而益壯皆本乎精也廣成子曰必靜必清無勞女形無搖女精乃可以長生正此之謂不知持滿不時御神持執持也御統御也不知持滿滿必傾覆不時御神神必外馳務快其心逆於生樂快心事過終必為殃是逆於養生之樂也起居無節故半百而衰也起居無節半百而衰皆以斲喪精神事事違道故不能如上古之盡其天年也

上古聖人之教下素問上古天真論〇二

夫上古聖人之教下也皆謂之虛邪賊風避之有時此上古聖人之教民遠害也虛邪謂風從衝後來者主殺主害故聖人之畏虛邪如避矢石此治外之道也〇夫音扶恬淡虛無真氣從之精氣內守病安從來恬安靜也惔朴素也虛無者漠然無動於中也精氣自持故邪之不能為害此治內之道也〇恬音甜惔音淡是以志閑而少欲心安而不懼形勞而不倦志閑而無貪何欲之有心安而無慮何懼之有形勞而神逸何倦之有高下不相慕其民故曰朴高忘其貴下安其分而無相慕皆歸於朴知止所以不殆也嗜欲不能勞其目淫邪不能惑其心嗜欲人欲也目者精神之所注心神既朴則嗜欲不能勞其目目視不忘則淫邪焉能惑其心所以能

攝生 二

017 素靈類纂注釋

《素靈類纂注釋》，十七卷，六册。無序跋，著者佚名。《中國中醫古籍總目》載録爲清鈔本。現藏于上海中醫藥大學圖書館。

本書是對《素問》《靈樞》的注釋，内容涉及攝生、藏象、經絡、病機、審治、生死、診要、運氣八類。目録分别列于每册卷首，正文總計五百三十六葉，約三十六萬字。

全書將《素問》《靈樞》的重要段落以類劃分，分别列于上述八大類之中，并加以注釋。如《攝生類》選取并注釋《素問》之《上古天真論》《四氣調神大論》《生氣通天論》以及《靈樞・本神》等文中的相應段落，一般先解釋篇名。如《上古天真論》："上古，太古。天真，天乙所生之真元。上古以保養精氣神爲主，故名曰天真論。" 正文中先録原文："以酒爲漿，以妄爲常，醉以入房，以欲竭其精，以耗散其真。" 其下注釋道："溺於飲，肆於行，沉湎冒色，皆縱欲之甚。縱欲則傷精，精竭則真散，廣成子曰：'必静必清，無勞汝形，無摇汝精。' 正此之謂。真即天真之元氣也。" 此書注釋《素問》《靈樞》，有的是選擇經典文句，上文即是；有的則幾乎是通篇注釋，如《四氣調神大論》從 "春三月" 始，直至 "是爲得道"，几乎遍及全篇。作者于注文中多引用歷代名家注釋，其中有王冰、張介賓、張志聰、高世栻等人。如 "秋三月，此爲容平" 下注云："張（介賓）注：陰升陽降，大火西行，秋容平定，故曰容平。" 又如 "天地氣交，萬物華實" 下注："王（冰）注：《脈要精微論》云，夏至四十五日，陰氣漸上，陽氣漸下，故天地氣交，陽化氣，陰成形，成化相合，故萬物華實。" 此外，本書所注，除《素問》《靈樞》外，也有《難經》的内容，如《經絡類》，就把《難經》之二十八難、二十九難列入注釋範圍。

綜觀全書，字迹清楚，語言流暢，然少有獨到之處。

素靈類纂註釋卷一目錄

攝生類

上古天真論

四氣調神論

生氣通天論

陰陽應象大論

上古天真論

靈樞本神篇

卷二

陰陽應象大論

素靈類纂註釋　目錄　一

臟象類上

素問靈蘭秘典論

陰陽應象大論

素問金匱真言論

素問六節臟象論

靈樞本輸篇

素問五臟生成篇

素問太陰陽明篇

刺禁論

素靈類纂註釋卷一

攝生 攝總也攝生謂總攝其生也黃帝與岐伯鬼臾區伯高少師少俞雷公六臣察五氣立五運紀陰陽而作內經冀望天下後世民無夭札其保長生此不治已病治未病之旨也攝生治病首重脈息以醫者之息調病人之脈必先自攝其生然後能攝人之生此以不病調病人之旨也首列攝生業醫者當知所重矣

上古天真論 上古太古天真天乙所生之真元上古以保養精氣神為主故名曰天真論

黃帝問曰余聞上古之人春秋皆度百歲而動作不衰今時之人年半百而動作皆衰者時世異耶人將失之耶將失謂夫將養之道岐伯對曰上古之人其知道者法於陰陽和於術

素靈類纂註釋　攝生　一

數陰陽者天真之本故當傚法術數者人事之宜故貴調和陰陽包天地四時五行六氣而言術數如四氣調神論養生養長養收養藏之道生氣通天論陰平陽秘陰陽應象大論七損八益靈樞本神篇長生久視本篇下文飲食起居之類及散見各篇中呼吸按蹻皆是食飲有節起居有常不妄作勞故能形與神俱而盡終其天年度百歲乃去痺論曰飲食自倍腸胃乃傷生氣通天論曰起居如驚神氣乃浮又曰煩勞則張精絕是節飲食以養形慎起居不妄作勞以養精氣神故能天真內守形體不敝度百歲乃去度越也按形為虛器神為主宰形與神俱虛器中有所主宰也經文獨提神字却包得精氣在內今時之人不然也不同于古以酒為漿以妄為常醉以入房以欲竭其精以耗散其真溺於飲卸於行沉湎冒色皆縱欲之甚縱欲則傷精精竭則真散廣成子曰必靜必清無勞汝形無搖汝精正此之謂真即天真之元氣也不知持滿不

018 病機考

《病機考》，不分卷，一册。不著撰者，成書年代不詳。《中國中醫古籍總目》載録爲清鈔本。現藏于上海中醫藥大學圖書館。是書首頁有一枚印章"飲芳"，最後一頁有兩枚印章，一爲"潘濤一印"，一爲"飲芳文字"。

是書内容包括《病因賦》《百病皆因乎六氣》《諸症莫逃乎四因》《傷寒症傳遍六經必須熟認》《直中三陰經真寒症》《瘟疫病感冒四氣務要先明》以及《中暑有動静之異》《受濕有内外之分》《火有七説》《痰有十因》《氣有九論》《鬱有六名》等。對每種疾病的病因病機進行考證，有的還列舉治療方劑及經驗方及其加减法，有的還附有驗案，充分體現了中醫審因論治的原則，將因（理）、法、方、藥有機地統一起來，可用以指導臨床。如"健忘之病其因憂思過度，損傷心腦以致神舍不清，故令人轉盼遺忘，宜養心安神，歸脾湯、八物定志丸主之"。

值得指出的是，是書節選了明代劉全德《考證病源》（藏于上海中醫藥大學圖書館）一書的部分内容，對《考證病源》有校勘學意義。如《考證病源》中"病因賦"章節内容最後有缺文，是書則可用于填補。

病因賦

夫百病之生也各有其因因有所感則顯其症症者病之標因者病之本内經曰知標本者萬舉萬當不知標本是謂妄行蓋百病皆生於六氣諸症莫逃乎四因傷寒症傳遍六經必須熟認瘟疫病感冒四氣務必先明内傷脾胃者辨有餘與不足外感熱病者知夏熱與春溫卒中風因有四端治分三中破傷風原有二種治則三經中

飽或感風寒或着風膨以致填塞胸中胃氣不行陰陽痞膈升降不通虚人多有之其狀忽然厥逆昏迷口不能言肢不能舉

總論

夫類中風而實非中風者共計八証此為後學立一準繩也或七情不齊六氣互挟虚實既分新久又别富貴

牡蠣鹿角霜赤石脂之類

吐血出於胃腑

吐血嘔血出于胃也其因有飲食過傷者有負重損傷者有房勞損傷者有勞心過多者有大怒氣逆者種種不同必須診脉問因方可施治犀角地黄湯為主　酒傷加葛根黄連茅根藕汁　内傷加當歸桃仁紅花韭汁　房

犀角生地黄湯

犀角生地丹皮

白芍

019 病機摘要

《病機摘要》，不分卷，一册。不著撰者，《中國中醫古籍總目》載録爲清鈔本。從書法上看，爲多人合抄而成，疑爲各種醫學文章的合集，前後體例無固定章法可循。現藏于上海圖書館。

是本大致可以分爲三個部分。第一部分從人體部位出發，稱各部位（頭、面、胸、背、脅、腹、手、足）皆有“所屬之部”及“所主之位”。作者認爲各種病症皆有所屬。其後從陰陽機理上對太陽、陽明、少陽、太陰、厥陰等病症加以注釋。其間多次引用張仲景的理論，如“陽明提綱，以裏症爲主，雖有表症，仲景意不在表，謂有諸於中而形諸外也”“或兼經病，仲景意不在經而根於胃也”。第二部分收録多篇專題論述，如《汗有六要五忌論》《乙癸同源論》《水火論》等。其中《東垣脾胃論合仲景法》論述東垣、仲景二人對于脾胃病症在成因認識與方藥上的區别，如仲景方大而簡，東垣方小而雜，認爲其中“必有至道存焉”。《腎爲先天本脾爲後天本論》從“澄其源而流自清，灌其根而枝乃茂”的自然之理入手，認爲“善爲醫者，必責根本，而本有先天後天之辨”“先天之本在腎”“後天之本在脾”，體現了中醫辨證施治的思想。第三部分列三十餘内科病症，包括温熱、風温、濕温、暑中、暑濕、吊脚痧等，分别論述其概要、症狀、病因、類證鑒别、治法、方藥等内容，并以《内經》《金匱要略》經文詳析症狀與機理。

此書涵蓋病症範圍較廣，重在探討病機，可供臨證參考。

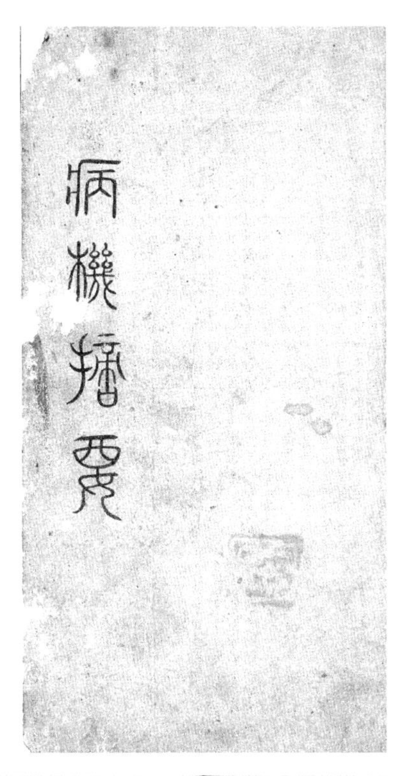

吞酸反胃或水泛為疫皆中焦之陽虛也清濁不分腸鳴滑泄脐腹作痛皆下焦之陽虛也畏寒洒洒者以火藏之陽虛不能禦寒也肌肉鼓脹者土藏之陽虛不能制水也拘挛痛痺木藏之陽虛不能榮筋也寒嗽虛喘身凉自汗金藏之陽虛不能保肺也遺精泄二便失禁腰骨如折水藏之陽虛精髓內竭也凡此之類皆陽不足以勝病在陰中之火也寒之不寒責其无水熱之不熱責其无火无水无火皆在命门蓋五藏之本本在命门神炁之本本在元精寒邪中人本為表症而汗化必由乎陰中風為病身多偏枯而筋脉之敗必由乎陰虛勞生火非壯水何以救其燎源瀉利亡陰非補腎何以固其门户鼓脹由水邪关格从陰虛欲強陽全陰審証而已

氣血以并陰陽相傾氣乱于衛血逆于經血氣離居一实一虛血并于陰氣并于陽為驚狂血并于陽氣并于陰為炅中血并于上氣并于下心煩惋善怒 血并于下炁并于上乱而善忘

〇腎為先天本脾為後天本論

經曰治病必求于本本之為言根也源也世未有無源之流無根之木澄其源而流自清灌其根而枝乃茂自然之理也故善為醫者必責根本而本有先天後天之辨先天之本在腎腎應北方之水水為天一之源後天之本在脾脾為中宮之土土為萬物之母腎何以為先天之本蓋嬰兒未成先結胞胎其象中空一莖透起形如蓮蕊一莖即臍帶蓮蕊即兩腎也而命寓焉水生木而後肝成木生火而後心成火生土而後脾成土生金而後肺成五臟既成六腑隨之四肢乃具百骸乃全夫嬰兒初生先兩腎未有此身先有兩北故腎為藏府之本十二脉之根呼吸之本三焦之源而人資之以為始者也故曰先天之本在腎脾何以為後天之本蓋嬰兒既生一日不再食則飢七日不食則腸胃涸絕經云安穀則昌絕谷則亡猶兵家之餉道也餉

先天後天論

020 病機賦

《病機賦》,不分卷,一册。著者佚名,封面有“病機賦”三字,首頁載“乙酉八月廿七日讀”八字。書中論及《病機賦》、吴又可《瘟疫論》、王夢祖《傷寒撮要》、方中行《傷寒論條辨》等醫籍,故推測此書成于1825年或1885年,爲清代鈔本。本書無序跋,無目録,無印章。現藏于上海中醫藥大學圖書館。

從内容可知,本書爲作者的讀書筆記,條文大多抄録他書,内容偏重傷寒,主要包括:《明醫指掌》之《病機賦》,《辨症》(即《仁齋直指方論》所附《病機賦》),《傷寒賦》,《傷寒全生集》之《六經見症論》《辨治傷寒傳經證治脈要指法》《辨持脈手法例》《論浮脈形狀指法主病》《論中脈形狀指法主病》《論沉脈形狀指法主病》,《讀吴又可〈瘟疫論〉》《湯頭病機賦》《讀〈傷寒撮要〉、方中行〈仲景條辨〉》。其中引《傷寒全生集》内容較多,又以《六經見症論》所占篇幅較大。本書所引《明醫指掌》《仁齋直指方論》《傷寒全生集》内容與原書基本相同。《讀吴又可〈瘟疫論〉》《讀〈傷寒撮要〉、方中行〈仲景條辨〉》兩篇爲作者學習心得。如《讀吴又可〈瘟疫論〉》,作者言“序因崇禎辛巳,疫氣流行。讀仲景者,屠龍之藝而無所施,乃静心窮理,格其所感之氣,所入之門,所受之處,傳變之體,詳述成書”,總結了吴又可編著《瘟疫論》的原因。《讀〈傷寒撮要〉、方中行〈仲景條辨〉》總結了六經病證用藥之法,如“太陽解表,用九味羌活湯、大羌活湯;陽明解肌,用柴葛解肌湯;通調水濕,用五苓散;去痛除硬,清熱散結,用大小陷胸湯……”《傷寒賦》《湯頭病機賦》兩篇未見傳世,其中《傷寒賦》分上下兩篇,從病因、病機、傳變等方面簡要闡述傷寒之旨。言“人生疾苦,首重傷寒,岐伯陳傳變之經,仲景詳方法之治。濕温暑暍宜分,類似傷寒有别。將行三法,明察六經”。《湯頭病機賦》篇簡要介紹《傷寒論》中二十首方的功效,如“麻黄湯,發臘月寒傷榮;桂枝湯,散冬天風傷衛；九味羌活湯,發三時之表；六神通解散,理晚發之邪”。

本書内容多引録他書,以傷寒條文爲多,可爲讀者學習傷寒提供入門參考。其中《傷寒賦》《湯頭病機賦》兩篇未見傳世,且内容簡明扼要,可仔細研讀。

乙酉八月廿七日讀

病機賦

病機玄蘊，脉理幽深，雖聖經之備載，匪師授而罔明。處百病而決死生，須探陰陽脉候；訂七方而施藥石，當推苦樂志形。七方者，大小緩急奇偶復也。方所以因病而訂，人有形志俱苦俱樂者，有形苦志樂，有志樂有志形苦，用藥訂方，當推此理。邪之所客，標本莫逃乎六氣。客者，外邪之所客也。病始受曰標，病原根曰本。然客邪標本，不外乎風寒暑濕燥火六氣而成也。病之所起，樞機不越乎四因。經云：有始因氣動而内有所成者，如積聚癥瘕痼瘤結核、顛病之類；有始因氣動而外有所成者，如癰疽瘡疥痛癢之類；不因氣動而病生于内者，如飢飽勞碌宿食霍亂之類；不因氣而病生于外者，如瘴氣邪魅刺割撞撲之類。四者乃百病所生之因也一辨色二辨音迺醫家神聖妙用察五色辨五音能知病之所主者非神圣而何三折肱九折臂原病者感受與情能窮浮沉遲數滑澀緩大八脈之奧便知表裡虛實寒熱邪正八要之名八脈為諸脈綱領八要是察病權衡澀為血少精傷責責然往来流滯如刀刮竹之狀滑為痰多氣少盛替替然應指圓滑似珠流動之形遲寒數熱紀至數多少四至為平浮表沉裡在舉按重輕緩則正復和若春風柳舞大則病進勢如秋水潮生緩則胃氣復如春柳之和故邪退正復也病進而危脉洪大如秋水潮生六脈同等者喜其勿藥六脈偏勝者憂其採薪表宜汗解裡即下平救表則桂枝芪芎救裡則姜附參苓救虛病有虛實之分虛者補而實者瀉邪有寒熱之異寒者温而熱者清外邪是風寒暑濕燥火之所客此六淫之邪從外而入者故曰外邪也內邪則同第五十难參詳虛實賊微正之相乘難經云從前来者為實邪從後来者為虛邪從所不勝来者為微邪從所不勝者来為賊者邪本經自病為正邪此五藏互相乘剋之邪故曰内邪正乃胃之真氣良猶相傳也國之鯁臣梗正直也驅邪如逐寇盜必亟攻而盡戮養正如待小人在修己而正心地土厚薄究有餘不足之稟賦運氣勝復

021 家傳醫中求正録

《家傳醫中求正録》，十六卷，八册。有序及目録，無跋。序有兩篇，前爲嘉慶庚申年(1800)"慠吾徐獻"撰，後爲"男貞裕"作。觀二序可知，是書爲曹貞裕父親奕周公述其師徐德一公之意而作，編纂未成，而其人已逝，貞裕見先人"手澤所存，不忍廢棄"，于是"彙其全編，間有散失者，悉爲搜羅而採録之"。曹貞裕，名忠部，生平無考。又徐德一即徐獻從祖。鈔本版式：四周文武邊，單魚尾，版心題書名、卷數、頁數及"怡和堂"字樣。現藏于上海中醫藥大學圖書館。

是書第一册兩卷及第二册卷一録太極、陰陽、五行、四季、星宿、運氣、九宫、八卦、河洛、鍾吕等圖説，以圖附議，以議解圖。第二册卷二後始爲醫學論著，卷二論臟腑，卷三論經絡，卷四、五、六論脈法，卷七論五運六氣，卷八續論經脈，卷九、十、十一總論疾病生成、陰陽藏氣法時等，卷十二、十三、十四各論疾病，所論疾病含臨床内、外、婦、兒各科，越五十餘種。乃徐序"中採本草《内經》之義，融會貫通，自成一則"所指。

古代言醫者，須上窮天文，下通地理，中知人事；又《經》言：生之本，本于陰陽。天地之間，六合之内，其氣九州、九竅、五臟、十二節，皆通乎天氣；又孫真人言"不知易不足以言太醫"，曹氏著書，于醫之外，别録天文、地理圖説，正合古人意也。而曹氏論醫之説，多是摘録《靈樞》《素問》《難經》《傷寒》《千金》及劉、張、李、朱諸氏的文章。或曰：《靈》《素》《難》猶儒之六經，劉張李朱四集猶儒之四書。曹氏摘録如此，正是得醫學之正宗。書名"醫中求正"，概如此也。然是書内容多是摘録前人，除稍有注釋外，幾無個人見解，雖然在保存文獻，尤其是醫學圖譜方面有所貢獻，然于醫學著作而言，價值不高。

曹氏求正錄序

醫之為用大矣哉順乎寒暖燥濕之宜察乎天地陰陽之理以審乎人身腠理血脉之微其為道也精而其為功也鉅蓋自古迄今未有如醫之遠且久也昔范文正公嘗曰吾不能為良相必為良醫信乎治人之病與治人之身道理相通源流合一兩者不可偏廢然則著書以垂後世其功詎可量歟歲庚申余課子暇閒閱曹氏醫書曹子貞裕手出求正錄一編具道先人手澤所存奈先人有志未逮不獲假年以卒其業爰取其生平所蒐輯者并其師所採錄者薈萃

取利也哉嗟乎味此数言而其為人亦概可知矣余因皇考逝後見其手泽所存不忍廢棄于是彙其全編間有散失者悉為蒐羅而採録之録成將求正於

當代諸名醫以為訂蒙不棄可以公之海内自當付之剞劂以發潛德之幽光也詎料家計益煩諸凡匆迫志不從心徒增怏悒乎雖然人苟不至湮滅弗彰而猶有所著述以藏之名山傳之其人亦未必非垂裕後昆之一道也故於簡端弁数語以書其畧并以誌余之悦云、

男貞裕謹跋

習醫訣

習醫有四要法一經絡二病机三脉訣四藥性學者均宜精熟不可缺一

醫書知所重

醫之靈素難猶儒之六經醫之張劉朱李四集猶儒之四書其言簡奧其理精微學者最宜潛玩

療疾祖前賢

外感法張仲景内傷祖李東垣熱病用劉河間雜病遵朱丹溪富貴貧賤壽夭法太素

看病兼四法

十一月

大雪　初候鶡鴠不鳴（鶡鴠音曷旦夜鳴求旦之鳥亦名寒號虫乃陰類而求陽者茲得一陽之生故不鳴矣）　二候虎始交（虎本陰類感一陽而交也）　三候荔挺出（荔一名馬蘭葉似蒲而小根可為刷）

冬至　初候蚯蚓結（陽氣未動屈首下向陽氣已動回首上向故屈曲而結）　二候麋角解（陰首也得陽氣而解）　三候水泉動（天一之陽生也）

十二月

小寒　初候鴈北鄉（一歲之氣鴈凡四候如十二月鴈北鄉者乃大鴈〻之父母也正月候鴈北者乃小鴈〻之子也八月鴻鴈來亦大鴈〻之父母九月鴻鴈來賓亦小鴈〻之子也盖先行者其大隨後者其小也此說出晋干寶宋人述之以為的論）　二候鵲始巢（鵲知氣至故為來歲之巢）　三候雉雊（雊句姤二音雉鳴也雉火畜感於陽而後有聲）

大寒　初候鷄乳（鷄音雞〻木畜也得陽氣而卵育故云乳）　二候征鳥厲疾（征鳥鷹隼之屬殺氣盛極故猛厲迅疾而善於擊也）　三候水澤腹堅（陽氣未達東風未至若東風不至故水泽正結而堅）

斗綱解

一歲四時之候皆統於十二辰十二辰者以斗綱所指之地即節氣所在之處也正月指寅二月指卯三月指辰四月指巳五月指午六月指未七月指申八月指酉九月指戌十月指亥十一月指子十二月指

022 黄帝内經素問指歸

《黄帝内經素問指歸》，五卷，五册。戈頌平撰。戈頌平，字直哉，江蘇泰州人，清末醫家。早年習文，研讀四書五經，致力探求格致之理。後其子女患痙病、痘病不治，先後故去，其兄、母亦患病不治而終，于是發奮研究醫學，對《傷寒論》等經典醫籍"逐字逐句，推理窮原"歷年，漸有心得。經二十餘年，易十三稿，乃纂成《戈氏醫學叢書》。該叢書包括《神農本草經指歸》四卷、《傷寒指歸》六卷、《金匱指歸》十卷及此《黄帝内經素問指歸》九卷。其自序云："原名下增'指歸'二字，俟門下士有所指歸焉。"意思是使學者能"由此而求之己誤知改，如倦遊之歸家，如改邪之歸正。末學者知慕，如行人之歸市，百川之歸海，使天下殊途而同歸"。此外，戈氏還著有《戈門雜録》一書。《黄帝内經素問指歸》成于光緒十一年(1885)前後。今存鈔本三種，分别藏于北京中醫藥大學圖書館、長春中醫藥大學圖書館和上海中醫藥大學圖書館。上海中醫藥大學圖書館藏本一函，無後記，無目録，計約五萬兩千字。

此書是一部《素問》訓詁書，將《素問》原文分段或分句注釋。如《上古天真論第一篇》所云"昔在黄帝，生而神靈，弱而能言，幼而徇齊，長而敦敏，成而登天"，作者認爲這是記述歷史的大臣叙述《黄帝素問》而寫的開篇語，進而注釋説："黄帝，姓公孫，有熊國君，少典之子，繼神農而有天下。生於軒轅之邱，故名軒轅；以土德王天下，故號黄帝。在，察也，史官追述而稽察之，故曰昔在黄帝。天授之聖人，生而知之，弱年即能立言也，曰'生而神靈，弱而能言'。徇，順也；齊，正也。年雖幼能順其正也，曰'幼而徇齊'。敦，誠信也；敏，通達也。長則誠信通達，垂拱致治，教化大行，曰'長而敦敏'。黄帝鑄鼎於鼎湖之山，鼎成登天，群臣攀龍髯而莫及也，曰'成而登天'。"又如《靈蘭秘典論》："心者，君主之官也，神明出焉。"作者解釋説：心是主火的臟器，官是管理，出是生出。火是人身之主，火爲陽，陽爲氣。得半裏下陰液掌管於表，陰液得半表上陽氣掌管於裏，則産生神明。所以説心者，君主之官，神明出焉。同篇解釋“肝者，將軍之官，謀略出焉”時則説：肝是主木的臟器，“將”是壯的意思，“謀略”是心氣之意。肝爲木之陰，陰得陽掌管而生，得陽而長，得陽而壯，得陽而運，陰陽升降和利表裏，心氣生焉。所以説肝者，將軍之官，謀慮出焉。

是本共注《素問》十一篇，從《上古天真論第一篇》始，到《五藏別論第十一篇》“所以然者，水穀入口，則胃實而腸虚”止，顯然全書未完，恐爲散佚。其中《陰陽離合論第六篇》《陰陽別論第七篇》于卷三、卷四重複出現。

《素問指歸》反復强調陽氣的重要性，“人爲萬物之靈，稟五行之氣，無不依附天之一陽大氣以生”。注文中多用氣化學説闡釋，所論有自家見解，值得深入研究。

狥循同長上声
敘叙序同

黃帝内經素問指歸卷之一

上古天真論第一篇

昔在黃帝、生而神靈、弱而能言、幼而狥齊、長而敦敏、成而登天、

史臣、敘黃帝素問而先為紀述之、黃帝姓公孫有熊國君、少典之子、繼神農而有天下、生於軒

上古

023 虛邪論

《虛邪論》,兩卷,不分册。費涵撰。費涵,字養莊,歸安(今浙江吴興)人,晚清醫家。編著有《幼科金鑒評》《急救痧疫指迷》《温熱論》《診學匯考》《批正傷寒論》等。《虛邪論》成書于清光緒八年(1882),扉頁有光緒十二年(1886)李齡壽及光緒十五年(1889)莫文泉的短評,現藏于上海中醫藥大學圖書館。

該鈔本所列十三篇,按内容分爲三類。一爲考求太一斗曆,有《太一圖》《斗曆圖》《太一斗曆考》《太一移宫考》《太一宫天必應之風雨所關百病論》;二爲論述虛邪傷人及避邪延壽,有《虛邪傷人必挾雨氣論》《治百病必宗開鬼門潔净府論》《八正虛邪傷人臟腑考》《風爲六氣之源論》《虛邪留在一脈可生數十病考》《謹避虛風爲却病延年論》;三爲辨識真氣、正氣、邪氣,有《辨真氣正氣邪氣行於寸口各有分别論》《辨真氣正氣邪氣見於面色論》。

是本據《黄帝内經》有關虛邪賊風之論述,詳盡闡釋其要旨。指出虛邪賊風乃萬病之總綱。認爲四時之氣循序而來,謂之實風,爲天地之正氣;若逆天違令,謂之賊風,亦名虛風,即虛邪。而虛邪侵入人體的傳變途徑,即爲"始於皮毛,次傳脈絡,次傳於大經,次傳於伏沖之脈,而抵募原,息而成積"。旁徵博引古醫籍中有關虛邪賊風所致病症,如《靈樞》所載腸覃之屬,《肘後方》之癭瘤,《諸病源候論》之附骨疽,《千金方》之九漏等,認爲虛邪留于一脈即可生數十病。對虛邪賊風與温熱病的關係也有進一步的論述,于虛邪賊風所致病症的診斷治療有自己的見解,以麻黄爲治虛邪賊風的主藥,推崇《傷寒論》麻黄湯、桂枝湯、葛根湯、小柴胡湯以及《千金方》大小續命湯等。同時作者在書中也論述了斗曆即斗勺按十二月建所旋之方位,實與《靈樞》太一移宫若出一轍。并論八方之風,主天下水旱,化四時寒暑燥濕之氣,而一歲生長收藏之令，皆稟命于此；天必應以風雨，其風雨有實有虛。論及虛邪的兼症，指出虛邪傷人多挾雨氣，故治療中須宗開鬼門、潔净府之旨。該本對研究《内經》有關虛邪賊風致病的論述具有重要的參考價值。

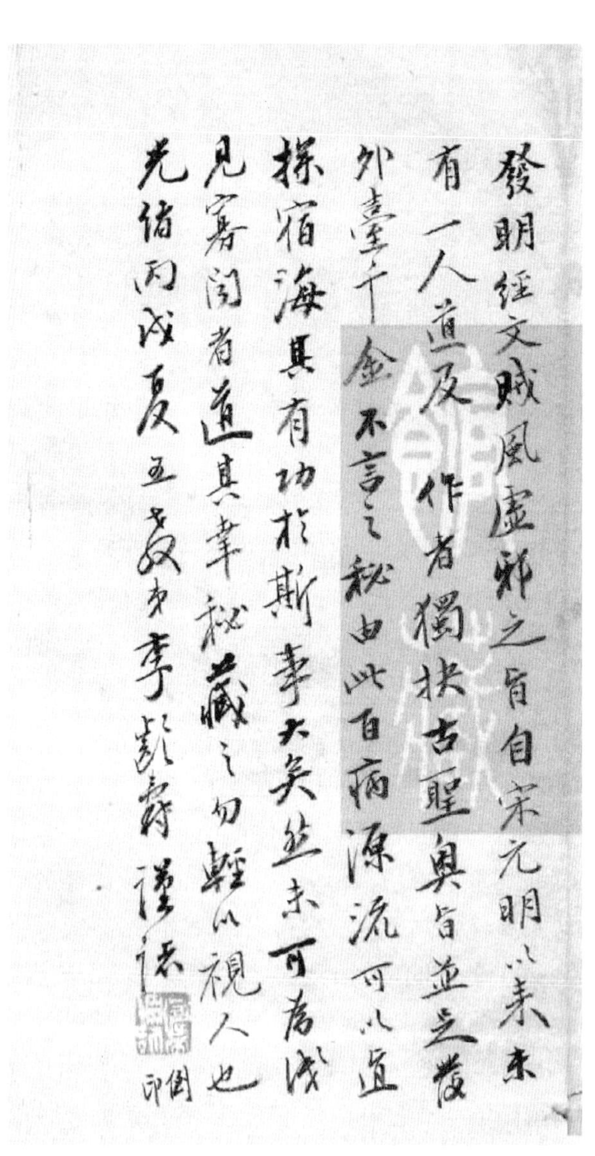

發明經文賊風虛邪之旨自宋元明以來未有一人道及作者獨抉古聖奧旨並足發外臺千金不言之秘由此百病源流可以直探宿海其有功於斯事大矣並未可為淺見寡聞者道其幸秘藏之勿輕以視人也

光緒丙戌夏五友弟李彭壽謹識

虛邪論自序

舉世之論莫不嘆乎用藥之難而尤嘆識病之難也而不知靈素為識病之書實要領畧書中之旨為尤難也蓋人與天地相參六氣相應故天地之氣通乎人身之氣天以風寒暑溼燥火為六淫之氣人以喜怒悲憂恐為七情之氣故曰百病皆生於氣誠哉斯言也然六淫七情之氣而不得虛邪之氣亦不能獨傷人也此聖訓煌煌其誰曰不然邪所以經言虛邪之氣中人者深其氣至骨入則傷五臟必留而為病故軒岐垂範必用毒藥攻而去之不可一瞬之留其嚴若此於是冥心推求虛邪之義恍有所悟不啻發石室之鐍動鬼神之驚始知古人制方之理必用峻厲之品者皆治虛邪留而不去之病也奈何虛邪之說雖軒岐言之屢矣而患在有法無方即傷寒千金等書治各病皆備虛邪之成法而患不言乎治虛邪之理迄至今世之醫已有其法并有其方可謂大備於世而又患不知虛邪為何物於是嘆古今之醫理上下相隔四千餘年不相通問以故軒岐之微言奧旨不明於世者久矣雖有名賢輩出各自為說都是舍本求末徒自矜新有何益哉故論醫道不明虛邪之理終其身則醫理莫覩其源噫何其之難失傳故也乃至今世膚淺之醫而

虛邪論目錄

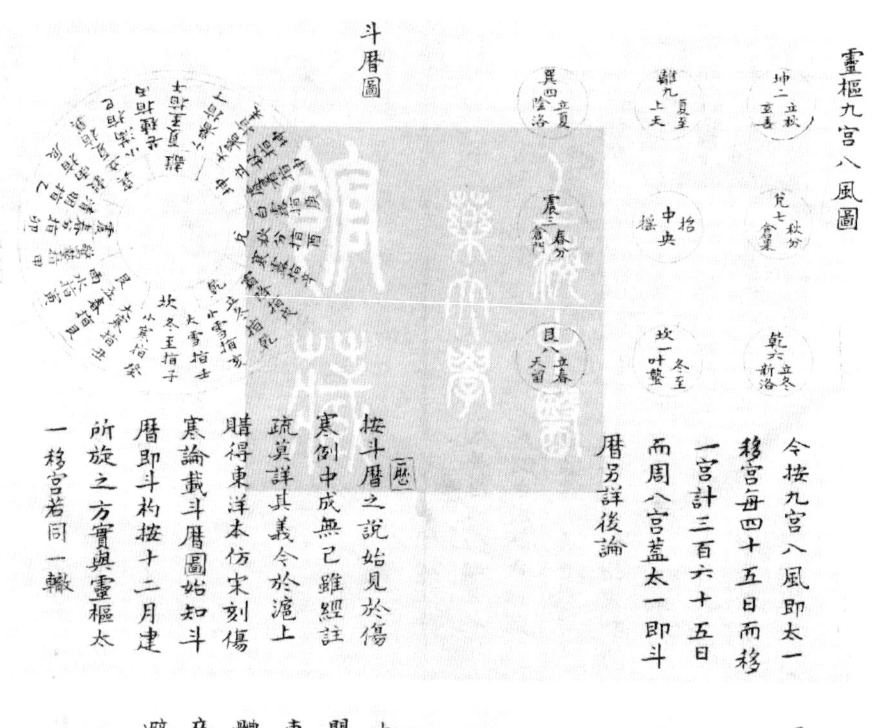
靈樞九宮八風圖

今按九宮八風即太一移宮每四十五日而移一宮計三百六十五日而周八宮蓋太一即斗曆另詳後論

斗曆圖

按斗曆之說始見於傷寒例中成無已雖經註疏莫詳其義令於滬上購得東洋本仿宋刻傷寒論載斗曆圖始知斗曆即斗杓按十二月建所旋之方實與靈樞太一移宮若同一轍

八正虛邪傷人藏府攷

靈樞九宮八風篇曰是故太一入徙立於中宮乃朝八風以占吉凶也風從南方來名曰大弱風其傷人也內舍於心外在於脉氣主熱風從西南方來名曰謀風其傷人也內舍於脾外在於肌其氣主為弱風從西方來名曰剛風其傷人也內舍於肺外在於皮膚其氣主為燥風從西北方來名曰折風其傷人也內傷於小腸外在於手太陽脉脉絕則溢脉閉則結不通善暴死風從北方來名曰大剛風其傷人也內舍於腎外在於骨與肩背之膂筋其氣主為寒也風從東北方來名曰凶風其傷人也內舍於大腸外在於兩脅腋骨下及肢節風從東方來名曰嬰兒風其傷人也內舍於肝外在於筋紐其氣主為身溼風從東南方來名曰弱風其傷人也內舍於胃外在於肌肉其氣主體重此八風皆從其虛之鄉來乃能病人三虛相搏則為暴病卒死兩實一虛則為淋露寒熱犯其雨溼之地則為痿故聖人避風如避矢石焉其有三虛而偏中於邪風則為擊仆偏枯矣

按太一移宮而風有虛實所關吉凶之理判然兩途上文言常以冬至之日太一居叶蟄之宮即言八正之風皆從太一所居之鄉來者謂之實風主生長而養萬物然此條言八

024 張注内經抄

《張注内經抄》，不分卷，一册。未著撰者，成書年代不詳，《中國中醫古籍總目》及藏館載録爲清鈔本。是本書名見于藏書標籤，封面題"張注内經"，并載目録，抄書紙四邊文武邊欄，雙魚尾，象鼻處刻有"寶勅堂楊"，設置爲兩節本，下層爲鈔本正文及注文，上層較窄，空出用以標注或修改，但唯有補缺遺漏一條。現存鈔本，藏于上海圖書館。

是本選抄《内經》十四篇醫論，包括《著至教論》《解精微論》《刺志論》《示從容論》《陽明脈解》《腹中論》《瘧論》《水熱穴論》《骨空論》《玉機真藏論》《至真要大論》《痿論》《宣明五氣篇》《厥論》，其注解來源于明代醫家張景岳所著《類經》。《類經》是對《内經》分類注解的著作，張氏將《内經》原篇拆散，依照滑壽《讀素問鈔》的體例，重新歸類《素問》《靈樞》的原文句段，歸納爲攝生、陰陽、藏象、疾病、針刺等十二大類。分類後的經文，皆注明其出處篇名，以便查找。是本并非按張氏《類經》的體例編排，其正文遵從《内經》原篇的章句，在章句後引入《類經》的注解。如《腹中論》的注解分别摘自《類經》的七個篇章，《骨空論》的注解來源于《類經》的二十一個篇章。是本唯《玉機真藏論》篇内有題名曰"張注黄帝内經素問"，并注明"會稽通一子景岳張介賓注"。

是本爲《類經》的選抄本，注釋較爲詳實，文字暢達而意義深刻，對《内經》中的一些重要問題能附意闡發，較深刻地發掘經文内藴。抄書者擯弃《類經》體例，還《内經》原貌，便于後學者參閲其他注本。全本字體俊秀，排列整齊，堪比精美刻本。但是本所見篇目與目録對比，少載十一篇，故疑有殘缺，且封面目録字迹潦草，與内文字體不同，應爲後人所加。

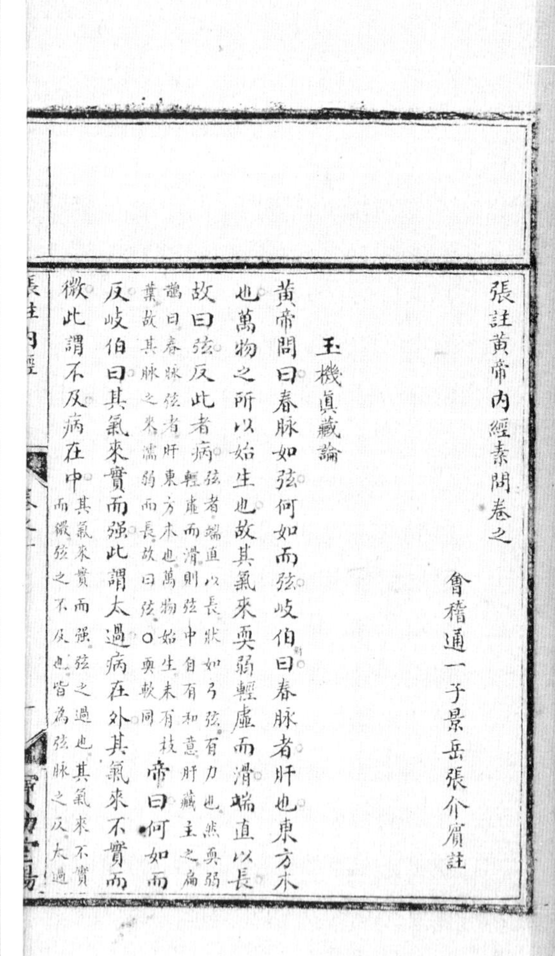

張註黃帝內經素問卷之

會稽通一子景岳張介賓註

玉機眞藏論

黃帝問曰春脉如弦何如而弦岐伯曰春脉者肝也東方木也萬物之所以始生也故其氣來耎弱輕虛而滑端直以長故曰弦反此者病弦者端直以長狀如弓弦有力也然耎弱輕虛而滑則弦中自有和意肝藏主之扁鵲曰春脉弦者肝東方木也萬物始生未有枝葉故其脉之來濡弱而長故曰弦○耎軟同帝曰何如而反岐伯曰其氣來實而強此謂太過病在外其氣來不實而微此謂不及病在中其氣來實而強弦之過也其氣來不實而微弦之不及也皆為弦脉之反太過

土體重實故脉沉沉者行於肌肉之下也少陽之至大而浮少陽之至相火氣也火勢盛長於外故脉來洪大而浮於肌膚之上也陽明之至短而濇陽明之至燥金氣也金性收斂故脉來短而濇也太陽之至大而長太陽之至寒水氣也水源長而生意廣故其脉至大而且長至而和則平以上六脉之至各無太過不及是為和平之脉不平則為病矣至而甚則病甚為過甚而失其中和之氣如但弦無胃氣之類至而反者病反者反見勝己之脉如應弦反濇應大反小之類是也至而不至者病時已至而脉不應來氣不足也故病未至而至者病時未至而脉先至來氣太過也故病凡南北政之歲脉象變易皆然陰陽易者危陰陽易即五運行大論陰陽交之義陰陽錯亂故謂之危詳見素問五運行大論帝曰六氣標本所從不同柰何六氣者風寒暑濕火燥天之令也標末也本原也猶樹木之有根枝也分言之則根枝異形合言之則標出乎本○此篇當與六微旨大論少陽之上火氣治之中見厥陰之義叅看詳六微旨大論岐伯曰氣有從本者有從標本者有不從標本者也帝曰願卒聞之不從標本者從中氣也岐伯曰少陽太陰從本六氣少陽為相火是少陽從火而化故火為本少陽為標太陰為濕

025 運氣指明

《運氣指明》，又名《醫學至要運氣指明》，上下兩卷。明王三樂撰。王三樂，字存齋，高郵（今屬江蘇）人。據《高郵縣誌》，明神宗時人，精于醫，今無傳。論者但傳其"因年省病，因人定藥，因時立方，因地投劑"數語。又著《治閩粤蠱毒諸方》尤爲奇驗，書無見。書首有明代科學家李之藻于萬曆四十六年（1618）所作序文，繼爲"自叙"，寫于萬曆四十二年（1614）。現存鈔本，藏于上海中醫藥大學圖書館，署名"史悠鴻録"。全書有硃筆句讀。

上卷分"五運六氣總論""太過不及平氣之年""十干五運太過之紀"三部分。下卷分"五天五運""南北政""九宫八風"三部分。繪圖九幅：各年起六氣指掌圖、六氣正對化圖、手足經圖、十干化氣圖、五色天氣勝復之圖、五氣鬱發之圖、天符步會之圖、五天五運之圖、九宫八風圖。此外，"南政脈圖、北政脈圖"有名無圖。書末附"名公紀贈"，載被治愈患者所贈詩文，計三十八首。

是本采用圖説、歌訣形式，圖文并茂，形象地闡述運氣學説以及人體疾病與五運六氣的相互關係。所編歌訣朗朗上口，有助于研習者記憶領會。其中"五氣鬱發"之圖闡述該年易生疾病及症狀治療大法，以闡明運氣學説與疾病發生的特殊關聯，較有新意，對臨床實踐和研究亦有指導意義。是本抄寫品質較差，錯漏之處較多，學習者需細心辨别。

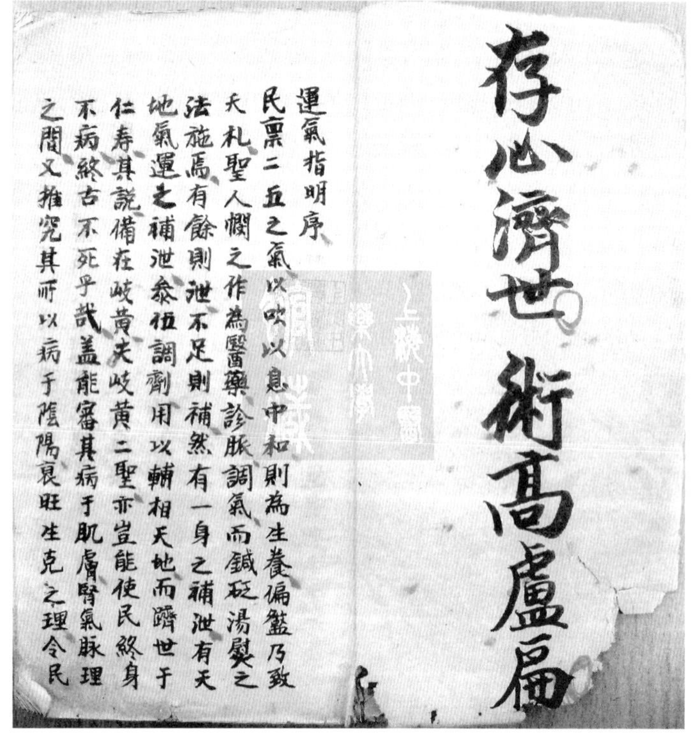

運氣指明序

民稟二五之氣以吹以息中和則為生養偏盭乃致
夭札聖人憫之作為醫藥診脈調氣而鍼砭湯熨之
法施焉有餘則泄不足則補然有一身之補泄有天
地氣運之補泄參伍調劑用以輔相天地而濟世于
仁壽其說備在岐黃夫岐黃二聖亦豈能使民終身
不病終古不死乎哉蓋能審其病于肌膚腎氣脉理
之間又推究其所以病于陰陽衰旺生克之理令民

運氣指明目錄

卷之上

運氣指明目錄終

醫學至要運氣指明卷之上

秦郵後學存齋三樂

五運六氣總論

夫醫者理而已矣明於理則安祥無所疑氣候不能違而解若迎歸矣蓋天以陰陽五行化生萬物氣以成形而理其所賦者也乃天道有旺衰臟腑有虛實旺則恃之為太過衰則衰之為不及然有五行相為勝復氣運迭為貞勝則旺者制之不肆衰者助之無

026 增補病機提要

《增補病機提要》，不分卷，一册。封面題“增補病機提要”，并有“周國霖印”陽文印章一枚。内頁題“秦景明先生手授增補病機提要”。秦景明，名昌遇，字景明，號廣埜山道人，雲間（今上海松江）人，明末醫家，傳世著作有《症因脈治》《幼科折衷》《幼科金針》《痘疹折衷》等。現存鈔本，藏于上海圖書館。《中國中醫古籍總目》題作《病機提要》。

該本以病爲綱，集録歷代各家論述，分門别類，羅列而成。計有中風、中寒（附陰毒）、暑病、濕病、燥病、火病、氣病、血病、痰病、鬱病、傷寒、傷風、瘟病、内傷、傷食、傷飲、瘧病、痢疾、霍亂、咳嗽（附肺痿）、嘔吐、泄瀉、喘症、哮症、呃逆、吞酸吐酸、嘈雜噯氣、惡氣、噎膈（附關格）、鼓脹、痞病、水腫、黄疸和積聚等，共三十八章，每章列有“大意”（即概述）“内因”“外候”“治法”“脈法”等，對中風、中暑、霍亂等急病，還介紹了一些簡易的急救法，最後是附方。全書共載方一百四十九首。收録條文均注明出處，自《内經》而下，宋金元有代表性的醫家，如龐安常、嚴用和、劉完素、張潔古、李東垣、朱丹溪等，尤以明代醫家著作引用較多，如《正傳》《入門》《古今醫鑒》《奇效良方》《玉機微義》《明醫玉策》《三因方》《醫學發明》《醫林繩墨》《活法機要》等，此外還有戴原禮、吴球、趙以德、劉宗厚等人的論述及經驗。間或夾雜著作者自己的經驗，如“痢疾章”後有小字注文：“甲辰夏，人多赤痢。司治者以川連丸加減，十死六七。余用消暑劑中加順氣之劑，無不應手而愈，不知是何意也。”反映了明代以前對這些疾病的認識和證治水平。

該本字迹較工整，品相較佳，保存亦完好。

增補病機提要

增補病機提要　　秦景明先生手撰

中風章

中風大意

内經曰風者百病之始善行數變丹溪云中風者大率主血虛與痰或挾火與濕也河間曰肥人多中風者肥則腠理緻密而多拂滯氣血難以通利若陽熱又甚而鬱結甚故卒中也瘦人而反中風者由暴然陽熱火甚而鬱結不通故也

中風内因

嚴用和曰人之元氣壯盛榮衛和平腠理緻密外邪焉能爲害或因七情飲食勞役致使真氣先虛榮衛空踈邪氣乘虛而入故致此疾發明云中風者、、風邪乃本氣自病也手鏡云熱甚生風血虛有痰

027 藏經

《藏經》，不分卷。原題漢張伯祖撰，門弟子張機校訂，成書于魏青龍二年(234)。張伯祖，東漢醫學家，南陽郡(今河南省南陽市)人。封面鈐有印章"萬壑松"，内頁有"神農遺業""松農"等印章。書首"原叙"叙述本書的由來和沿革，"自序"言寫作本書原因，皆無落款。此書顯爲後人托作。現藏于上海中醫藥大學圖書館。

是本分"藏經論例""藏經鉤玄""藏經方"三部分。"藏經論例"論述五臟六腑的生理、病理及其與五情、五味、五色的相互關係。"藏經鉤玄"分肝藏症治、心藏症治、脾藏症治、肺藏症治、腎藏症治五部分。"藏經方"部分設有肝藏方四道(薏苡阿膠湯、牡丹知母穀蘖湯、柴胡青皮芍藥湯、牡桂木香湯)、心藏方三道(當歸薯蕷圓、黄連枳實木香圓、格正散)、脾藏方四道(葆液膏、廣生圓、温脾飲、熱鬱湯)、肺藏方四道(人參茯苓阿膠湯、厚朴杏子湯、百部橘皮湯、玉露飲)、腎藏方三道(桂附龍蠣湯、桂附乾薑湯、導注湯)。書後附有《運氣略》一卷，由"搜采素難靈經之要言"而成，爲"嶺南陳子性藏書"，分爲五運起例訣、每年交運日時法、五運君餘臣三部分。

是本以五臟爲綱，闡述人體生理病理，綱舉而目張，以使後學"視病知原，考方知治"。所載十八首方劑，組成簡潔明瞭，是一部理論聯繫臨床的專著，對經典理論學習和臨床實踐均有借鑒意義。

原叙

藏經本少槩見而宋張文定
公序藏經中言注自然和
者名藏經類以病之相似者
則萃聚之書共三十六卷成
帙已仍類而注者名類傳以
類而加傳者也書共八十六卷
狄梁公因時以類傳而刪注
之名三傳注宗熹宗使合三

注而去繁就簡增入凡名
傳可採者名彙解書共一
百二十卷成而未刊文定值
閣時日袖宗箋錄出內有
唐陸宣公所校原藏經條
目注明今第幾條乃原第
幾條余所見為文定手筆
因就宣公目錄歸正錄之

自序

五藏乃人之本靈素為醫之原古君臣諮諏極博惟
以五藏為闡明〻其好惡抉其苦欲明其所病晰其
所治至矣哉其歸於是而莫越此準繩也上古之士
精研於此故望色知病施治中竅稱聖稱神良非無
謂三代以降人趨末務群去本原豈醫一藝反古處
耶承家技以為捷徑秘似是以為得傳對者何病發
由何藏罔然莫辨而唯尚口滕說欺人以言蚩〻昧
昧以蠱庸愚世於所以求富貴者知之卻貧賤者知

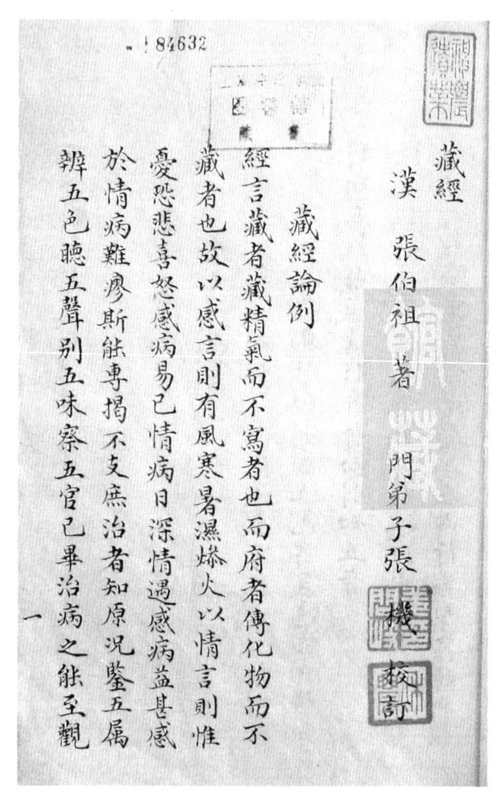

藏經

漢 張伯祖著 門弟子張機校訂

藏經論例

經言藏者藏精氣而不寫者也而府者傳化物而不藏者也故以感言則有風寒暑濕燥火以情言則惟憂恐悲喜怒感病易已情病日深情過感病益甚感於情病難瘳斯能專揭不支庶治者知原況鑒五屬辨五色聽五聲别五味察五官已畢治病之能至觀

一

藏經鈎玄

漢 張伯祖著

肝藏症治第一

肝屬木其色青其聲呼其味酸其液泣其志怒面青者肝色也喜呼者肝鬱也喜酸者肝虚也泣自墮者肝竦也易怒者肝旺也

所主者筋所藏者魂與血所惡者風所工應者目所外應者爪甲係於肝者失其常則知肝病也

六

傷腎端正則和利難傷腎偏傾則若腰尻痛也

凡相五色之奇脉面黄目赤面黄目白面黄目青面黄目黑者皆不死面青目赤面赤目白面青目黑面黑目白面赤目青皆死也

028 醫學門徑圖説

《醫學門徑圖説》，不分卷，兩册。不著撰者，書首有弁言，首頁除“上海中醫學院圖書館藏書章”外，還有兩枚印章，字迹模糊，無法辨識。《中國中醫古籍總目》載録爲清稿本。現藏于上海中醫藥大學圖書館。

上册首先論述太極、陰陽五行之理，其次討論胎元、逐月養胎、小兒變蒸、新生兒辨五臟强弱法、人體生長發育與陰陽氣血關係、脾胃生理病機等，最後列舉身體外門和身體内門。書中觀點大都承襲舊説，并無新意。如認爲胎元的産生是因“人在母腹中，賴血氣滋長，漸次而成。其所以分男女者，由率於乾道坤道之異也。故頭圓象天，足方象地，兩目以象日月，四肢以象四時，五臟以象五行，六腑以象六氣……”又如關于逐月養胎的論述，也承襲北齊徐之才的逐月分經養胎法。身體外門和内門是指人身外在體表和内在臟腑之區别。下册内容較成系統，主要記載五臟圖和十二經脈走行及穴位圖。每條經脈有本經諸穴歌、諸穴分寸歌、本經經脈歌、本臟（腑）補瀉温凉藥及本臟（腑）引經藥等。

是書對研究中醫陰陽五行學説、胎元與兒科理論、十二經脈理論等有一定的參考價值。

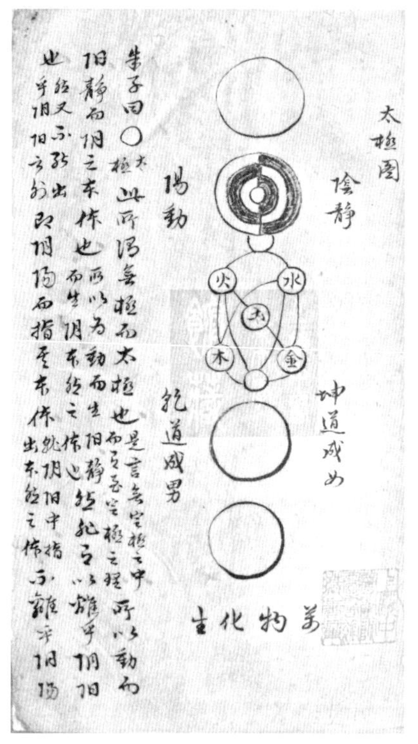
太極圖
陰靜
陽動
火
水
土
木
金
乾道成男
坤道成女
萬物化生

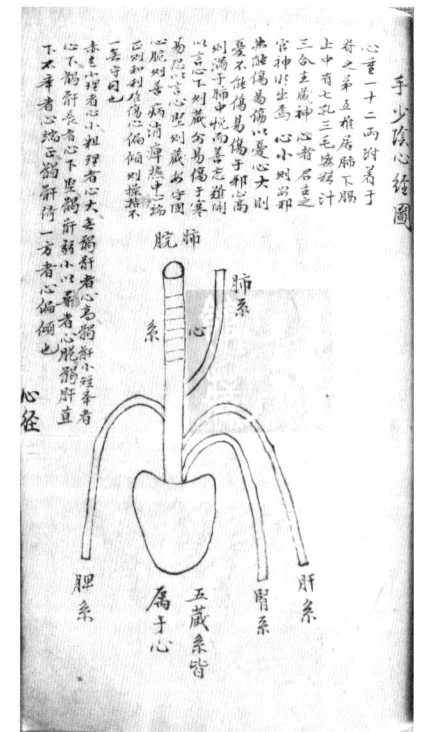
手少陰心經圖
肺
脘
肺系
心
脾系
屬于心
五藏系皆
腎系
肝系
心經

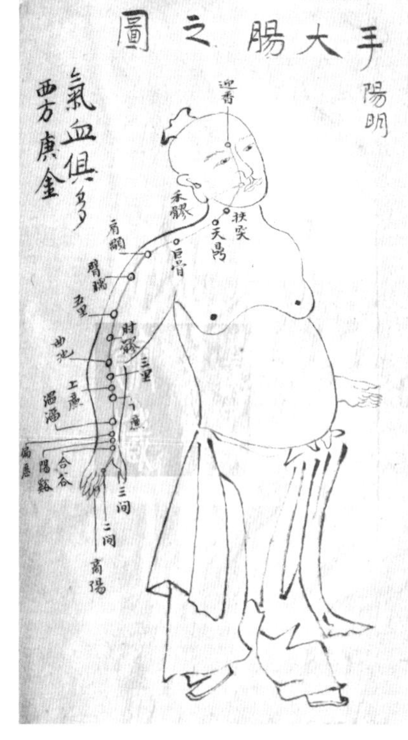
手大腸之圖
陽明
氣血俱多
西方庚金

029 醫藥傳心録

《醫藥傳心録》,上下兩卷,一册。明劉全德撰。劉全德介紹見本書“009考證病源”。是本卷首有姚汝楫(永濟)所撰之序,但首页残缺,後題“萬曆丁酉仲春”,知此本成書時間約在1597年前後,但抄寫時間不詳。姚汝楫生平無考。此本現藏于上海圖書館。

是本上卷爲用藥傳心賦、治病主藥訣、引經藥、七方、十劑、診脈傳心訣、七表主病、八裏主病、九道主病、診脈總要、臓腑定位論等十一篇醫論;下卷爲病因賦、百病皆生于氣、諸症莫外乎四因、傷寒症傳變六經必須熟認、方詩、瘟疫病感冒四氣務要先明、内傷脾胃者辨有餘與不足、外感熱者知夏熱與春温、卒中風因有四端治分三種、破傷風原有二種治别三經、受濕有内外之分、火有七説、痰有十因、氣有九論、鬱有六名、瘧犯暑風更加痰食、痢因濕熱及受積停、嘔吐者逆而不下、泄瀉者脾氣傷而不平、霍亂者脾寒傷食所致等。内容包括多種疾病的病因病機、立法方藥以及用藥之道,所論“頗有見地,對臨床有一定參考價值”(《中醫醫籍大辭典》),且多用七言、五言等歌賦形式,讀來上口,易懂易記。

考此本實是劉氏《考證病源》一書的删節本,較之《考證病源》缺“痞滿脾倦積濕而成”以下五十餘種病證的内容。同類本還有現藏于上海中醫藥大學圖書館的《傳心訣》,亦爲《考證病源》的節鈔本。另,嘉慶十九年《上海縣誌》中載明劉全德著有《醫學傳心録》一書,亦即此本。

終帙乃矍然嘆而賞之曰是編也龍頭神術寉背仙方傳之海島殆希世之奇書哉緬稽春秋时獨一扁鵲者見垣一方八十一難稽漢特獨一張仲景者欲傷寒書為羣方祖由此觀之扁鵲之術通於神仲景之術入於聖世雖真人自昔祀之矣一代劉先生漁獵千秋上泄微洞本源播武逮天人之奥析性命之微提起死之柄濟好生之德目埋藹謝之英華遂吐一腔之玄秘係然燦然非大翼家之四妙吾道之一貫乎

萬曆丁酉春三月穀旦

汝楫姚永濟撰

用藥傳心賦　上海一仁劉先生著

用藥之妙如將用兵兵不貴多獨選其能藥不貴繁惟取其要要知黄連清心經之客熱黄栢降相火之遊行黄芩瀉肺火而最妙梔子清胃熱而如神芒硝通大腸之結燥大黄乃蕩滌之将軍犀角解乎心熱牛黄（羚羊清乎肺肝）定其胆驚連翹瀉六經之火菊花明兩目之昏滑石利小腸之滯結石膏瀉胃火之炎蒸山豆根解熱毒而治喉痺桑白皮降肺邪而利水停龍胆治肝家之熱瞿麦利膀胱之淋鱉甲療瘡

030 難經正義

《難經正義》,六卷,上下兩册。清葉霖撰。葉霖介紹見本書“007内經類要纂注”。《難經正義》成書于1895年,後收入《珍本醫書集成》。該本鈐有紹興裘氏章、讀有用書樓藏書章、中華書局圖書館藏書章,現藏于上海辭書出版社圖書館。《中國中醫古籍總目》載録該書鈔本唯藏于中華醫學會上海分會圖書館。

是書卷一爲一難至二十二難,主要論述脈學;卷二爲二十三難至二十九難,主要叙述經絡;卷三爲三十難至四十七難,主要闡述臟腑;卷四爲四十八難至六十一難,主要討論疾病;卷五爲六十二難至六十八難,主要記述腧穴;卷六爲六十九難至八十一難,主要論説針法。

《難經》本以闡發《内經》爲主,然辭意有與《靈樞》《素問》違异者。是書取《内經》經文,一一排比,尋其旨趣,探賾索隱,核其异同而予會通,同時雜采西醫學説,議論精要,考證周詳,每發前人未發之論,可稱注疏《難經》之善本。

金之氣一則以制火之亢若補土則一於助金而已不可施於
兩用此所以不補土而補水也或又問母能令子實子能令
母虛五行之道也今越人乃謂子能令母實母能令子虛何
哉曰是各有其說也母能令子實子能令母虛者五行之生
化子能令母實母能令子虛者鍼家之予奪固不相侔也四
明陳氏曰仲景云木行乘金名曰橫內經曰氣有餘則制己
所勝而侮所不勝木實金虛是木橫而凌金侮所不勝也木
實本以金平之然以其氣正強而橫金平之則兩不相伏而
戰戰則實者亦傷虛者亦敗金虛本資氣於土然其時土亦
受制未足以資之故取水為金之子又為木之母於是瀉火
補水使水勝火則火餒而取氣於木木乃減而不復實水為
木母此母能令子虛也木既不實其氣乃平平則金免木凌
而不復虛水為金子此子能令母實也所謂金不得平木不得淩
徑以金平其木必瀉火補水而旁治之使木金之氣自然兩
平耳今按陳氏此說亦自有理但為不之一字所纏未免牽
強費辭不若直以不字為衍文尔觀八十一篇中當知金平
木一語可見矣滑氏註于釋子令母實母令子虛未能明顯
不若陳氏之說較為曉暢也然以木為火之母水為金之子
為言其義雖通於越人之旨究隔一間
又按王氏曰余每讀至此難未嘗不歎夫越人之得經旨而

悼夫後世之失經旨也先哲有言凡讀書不可先看註解且
將經文反覆而詳味之得自家有新意却以註解參校庶
乎經旨昭然而不為他說所蔽若先看註解則被其說橫吾
胸中自家却無新意矣余平生所循服此訓所益甚多且如
難經此篇其言周備純正足為萬世法後人紛紛之論其可
憑乎夫實則瀉之虛則補之此常道也人皆知之今肝實肺
虛乃不瀉肝而瀉心此則人亦知之至於不補肺補脾而
補腎此則人不能知惟越人知之耳夫子能令母實母能令子
虛以常情觀之則曰心火實致肝木亦實此子能令母實也
脾土虛致肺金亦虛此母能令子虛也心火實固由自旺脾
土虛乃由肝木制之法當瀉心補脾則肝肺皆平矣越人則
不然其子能令母實子謂火母謂木固與常情無異其能令
子虛母謂水子謂木則與常情不同矣故曰水者木之母也
子能令母實一句言病因也母能令子虛一句言治法也其
意蓋曰火為木之子子助其母使之過分而為病矣今將何
以處之惟有補水瀉火之治而已夫補水者何謂也蓋水謂
木之母若補水之虛使力可勝火火勢退而木勢亦退此則
母能虛子之義所謂不治之治也若曰不然則母能令子虛一
句將歸之脾肺乎既歸於脾肺今何不補脾乎夫五行之道
其所畏者畏所剋耳今火大旺水大虧火何畏乎惟其無畏

031 難經啓蒙

《難經啓蒙》，上下兩卷，兩册合訂。原題鄭扁鵲著，龔廼疆釋。龔廼疆，清末醫家，南昌人，字子封，事迹不可考。書前有其自序，序後題“光緒癸巳歲孟春望日南昌龔廼疆識”，可知本書成于1893年。抄于四邊雙欄綫黑格紙上，白口單邊黑魚尾，書口有刻印的書名“難經啓蒙”，上方注卷數，下方注頁數。并有朱方兩枚，陰文爲“龔廼疆”，陽文爲“子封”，反映是本爲稿本。該書又鈐有“上海第二醫學院圖書館藏”藍印，現藏于上海交通大學醫學院圖書館。

龔氏于序中認爲《難經》爲周代扁鵲所作，目的是“反難《内經》之隱微”，後經葛洪編訂成問答體八十一篇，自己曾從友人周潤辰處得到丁履中所注古本《難經》兩帙，與坊本有异，于是抄録并加以注釋。可見該書依據的《難經》版本爲乾嘉年間醫家丁錦（字履中）整理的《古本難經闡注》。書前無目録，上卷爲“一難”至“三十難”，下卷由“三十一難”至“八十一難”。先抄録《難經》原文，後爲釋文，并用硃筆添加句讀及着重號，天頭另有少量批注。龔氏的注釋多本自丁氏的注釋，而更爲簡明通俗，并且注意引證相關内容，時時强調《難經》與《内經》的相互聯繫。如“一難”的注釋後附有詳細的“營衛生會解”，天頭上批語“以便初學者得知營衛生化之義”；“二十五難”注釋後附録《金匱要略直解》中的“五臟六腑合五行六氣説”，輔助説明十二經與臟腑的對應關係；“三十七難”後引《素問・陰陽應象大論》内容爲注，詳釋五臟之氣通于九竅，并在天頭上指出“三十七難”較之《素問》增三焦之氣通于喉的原因。部分注釋較丁氏更詳明，如“四十七難”後對厥頭痛、真頭痛、厥心痛、真心痛之解釋，認爲厥者爲陰陽不相順接，真者爲純一不雜，因此，厥頭痛爲他臟疾病相兼而導致，真頭痛爲血虚而逆氣上礙所致；厥心痛由五臟不和、逆氣干于心所致，真心痛爲胸陽竭絶、氣敗血瘀所致。但部分注釋以經解經，缺乏實際意義。

是書主要爲初學者而設，層次清晰，對《難經》原文作了逐條注釋，并注意循序漸進，可供初學者參考。

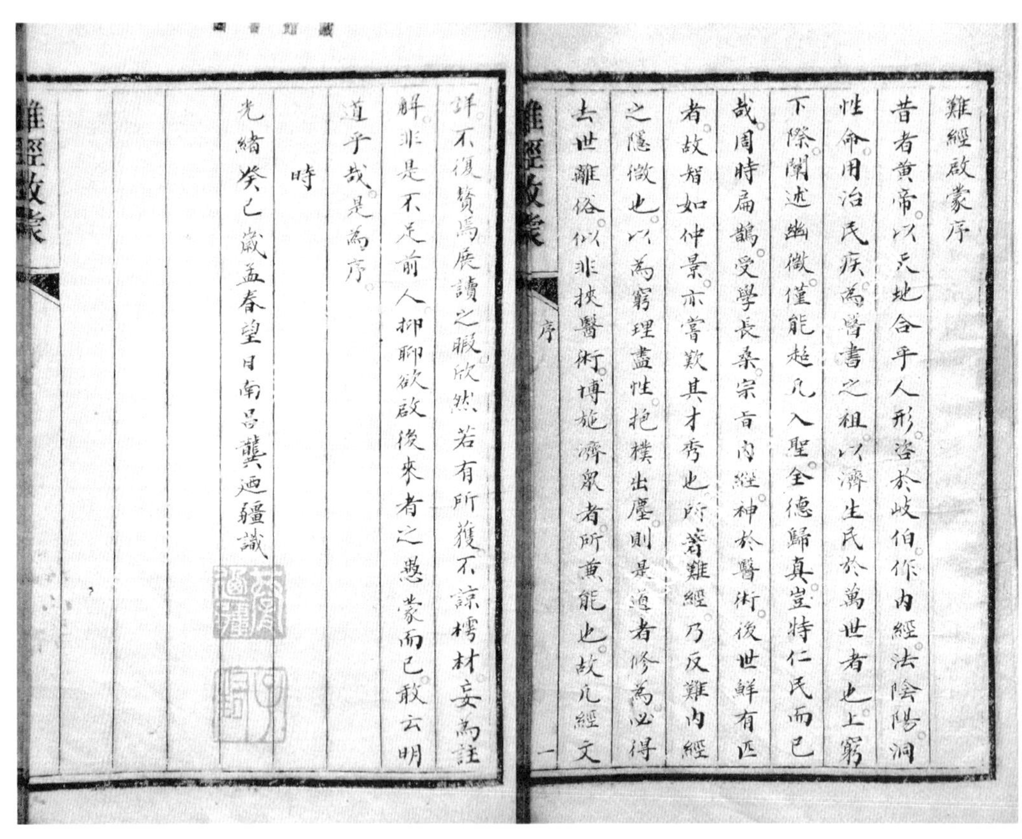

難經啟蒙序

昔者黃帝以天地合乎人形咨於岐伯作內經法陰陽洞性命用治民疾爲醫書之祖以濟生民於萬世者也上窮下際闡述幽微僅能超凡入聖全德歸真豈特仁民而已哉周時扁鵲受學長桑宗旨內經神於醫術後世鮮有匹者故賢如仲景亦嘗歎其才秀也所著難經乃反難內經之隱微也以爲窮理盡性抱樸出塵則是道者修爲必得去世離俗似非挾醫術博施濟衆者所兼能也故凡經文詳不復贅焉展讀之暇欣然若有所獲不諒樗材妄爲註解非是不足前人抑聊欲啟後來者之愚蒙而已敢云明道乎哉是爲序

時

光緒癸巳歲孟春望日南昌龔廼疆識

難經啟蒙卷上

鄭　扁鵲著　　南昌龔廼疆子封甫釋

一難

一難曰：十二經中皆有動脈，獨取寸口以決五臟六腑死生吉凶之法，何謂也？然：寸口者，脈之大會，手太陰之脈動也。

診脈獨取寸口者，以寸口為肺手太陰之動脈也。蓋臟腑諸氣皆上朝於胸，肺為相傅，節治營衛，外行經

難經啟蒙卷下

鄭　扁鵲著　　南昌龔廼疆子封甫釋

三十一難

三十一難曰：營氣之行，常與衛氣相隨不？然：經言人受氣於穀，穀入於胃，乃傳於五臟六腑，五臟六腑皆受於氣。其清者為營，濁者為衛，營行脈中，衛行脈外，營周不息，五十而復大會，陰陽相貫，如環之無端，故知營衛相隨也。

人禀父母之精靈而有身，為之體，體含生氣，謂之性

032 證治古言

《證治古言》，上下兩卷。日本醫家江友益撰，西岡元泰大來、田中亮世功、動有慶子善、孟雅堯風合校。江友益（亦稱江上友益），日本寬政年間佐嘉府醫官，任醫藥局醫正，世醫出身，生卒年代不詳。此本約成書于日本寬政紀元己酉年（1789）。撰者、校書者生平不詳。據書内“袁永幕堂圖記”印章，知爲袁永幕堂藏本。是本書法字體恭正俊美，字迹清晰，品相上佳。現藏于上海圖書館。

本書乃江上友益爲教授醫藥局醫學生所編寫的教材，選擇茂卿所注《素問》《靈樞》兩書中有關治療的篇目、章節，匯集成册，并對某些字句加以旁注，以便初習醫者參照學習。正文前有古賀樸、房苔峨、寉山石有等人題寫的序以及江上氏的附言。古賀樸序述曾受撰者醫治之恩，稱撰者乃“造益深而效益神”，故是本“得古言之意者可知也”。房苔峨序肯定撰者搜集《素問》《靈樞》證治之淵源，稱“江友益有憂之，抄《素》《靈》證治之要言，題曰《證治古言》，預授之封内醫生，使其溯證治之淵源而知病機之活法，其功亦勤矣”。寉山石則自稱“榮城後學”。江上友益在附言開首述其編撰目的：“《素》《靈》非岐黄之書也固矣，然古昔治療之言存在其間者不尠，而運氣五行過其半，象數曆術無關治療者亦多疣焉。諸注家率爲之眩曜，回護牽强不一而足，通於此而壅於彼，是以處方膠柱刻舟。今取其有關治療者輯爲二卷，名曰《證治古言》，聊以充蒙學者之初筮耳。”

是書上卷擇《素問》三十篇，下卷擇《靈樞》四十九篇有關治療之語。江上氏認爲《素問》《靈樞》兩書中有關陰陽五行運氣等方面的内容與治療無關，在編撰時加以摒弃，而僅選擇病理、病機、診斷、治則等方面的條文，同時將有關針灸内容另作他編。所選條文的原文之下均有茂卿、友益等人的批注。大凡茂卿原書注釋清楚者，撰者只摘出其注釋之文，有疑慮或另有感悟之處再另加注釋。如評價《素問・脈要精微論》，茂卿曰“診法之祖”，肯定該篇的極高價值；評《素問・移精變氣論》，茂卿曰：“全篇淺陋甚，且其論‘古今’豈黄帝時語？”從批注看，茂卿、友益等人對《内經》并非盲目追捧，而是有褒有貶，如在《調經論》的“志有餘則腹脹”文下，友益注：“何其妄。”又如《上古天真論》的“中古之時以下”，茂卿注曰：“是他書之文，與上文意義大不相蒙也。蓋‘聖人’上别立‘至人’‘真人’，是莊列一家議論，自有真意，此乃模仿其説而不知其意，所在淺陋殊甚，實於醫家之言無何干涉。”

是本篇目清晰，所作注釋簡明扼要，保留了經書之要旨，非盲目推崇。有衍文等可疑之處，乃削去字句以旁注攙入，爲入門者研讀《素問》《靈樞》提供指導，爲臨床診療疾病提供理論參考，對研究《内經》與日本東洋醫學的關係也有一定的參考價值。

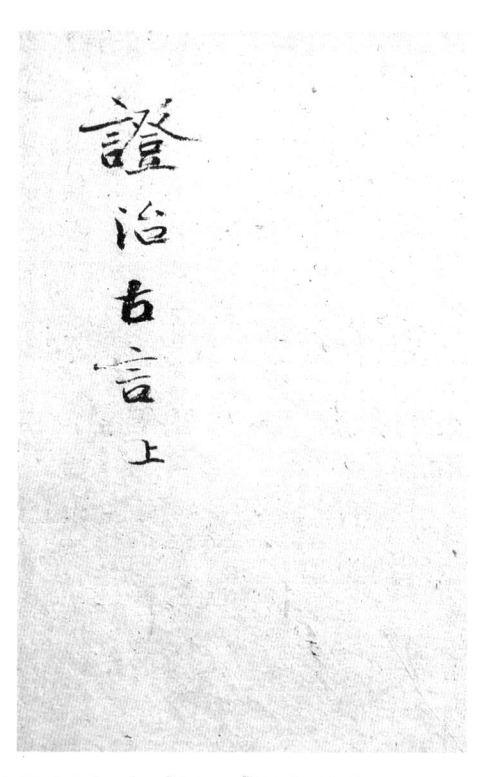

證治古言序

公閔民之夭昏叔置局以教醫生以施藥困窮使江上友益等掌其事於是友益擇素靈二書之語著證治古言獻之

公曰有司其録布明醫療之道汝樸具序之臣樸固辭以末學軒岐之言不獲允旨退而竊惟

公濟民之美意在人臣所當將順且憶先是二十年家大人將幹吏務於阪邸方併衰而遘疾潮熱自汗不思食餌藥之轉篤一夕痰咳大發胸膈如割證殊危恶闔家憂惶樸奔請江上君至診之曰疾可為也乃處一方

腐腐則為膿然不能陷骨髓不為焦枯五藏不為傷故命曰癰熱氣淳盛下陷肌膚筋髓枯內連五藏血氣竭當其癰下筋骨良肉皆無餘故命曰疽疽者上之皮夭以堅上如牛領之皮癰者其皮上薄以澤此其候也友益曰癰疽之證候盡于此矣

靈樞終

後學　西岡元泰大來
後學　田中　亮世功　仝校
門人　動　有慶子善
男　孟雅堯風

033 蠢子醫

《蠢子醫》，不分卷，一册。清龍之章撰。龍之章，字繪堂，約生于十九世紀初，卒于1883年後。原籍河南太康，後遷于河南項城。清末貢生。本書前有序兩篇，首篇爲自序，于光緒八年（1882）歲次壬午書于芸香書屋。次篇爲其侄龍金門于宣統三年（1911）所作。序後有龍之章以七言體例所作題辭一篇。題辭後有凡例十則。凡例後爲目録，目録末書“民國十八年暢月念日古項李大輅書於集宅”。書末有跋兩篇，前篇爲“甲寅仲冬項城後張三寶謹書於周濱張氏别墅縣誌局”，後篇爲“宣統元年孫鎮川謹識”。跋後附張紹修所撰“專治時疫白喉嚨症論”，然所録不全。此論與本書其他字體不同，疑爲後來者增補。本書目録頁有印章兩枚，模糊難辨。本書現藏于上海中醫藥大學圖書館。“學醫真詮”爲《蠢子醫》第一篇，因該館所藏本封面，并部分序言頁殘缺，登記者誤以首篇“學醫真詮”之名代書名，《中國中醫古籍總目》遂誤載爲《學醫真詮》。本書正文首頁有《蠢子醫》之書名，并載“陽夏龍繪堂先生著”。卷次下以及張三寶“書後”也并有“右蠢子醫”字樣。《蠢子醫》作爲龍氏自家用書，當時并未刊行。後其侄龍金門、孫龍鎮川等于宣統元年（1909）集資刊印，五年後石印本問世，但流傳不廣，散失民間。1936年，裘吉生將此書編入《珍本醫書集成》。1993年，人民衛生出版社出版了李維賢、劉萬山的點校本。

《蠢子醫》之名由宋朝邵康節教授子孫的課本《蠢子數》化裁而來，用以授自家子孫醫學知識。龍氏爲便于子孫誦讀，以平日治愈之症，選得驗之方，編成詩歌三十七則，朗朗上口，便于記憶。龍氏爲使深奥醫理通俗易懂，深入淺出，常廣徵博引經史典故，如《叙補診脈下藥詩》篇，龍氏爲闡明臨證加减，不能拘泥某方，以岳飛、楚霸王典故爲喻，“岳夫子不泥宗澤意，自足馳騁古戰場。楚霸王不拘項梁法，自可立掃秦邊疆”。由于作者既飽讀文史，且又深究醫理，故其所引經史典故多十分恰當貼切，體現了文理與醫理的連貫統一。書中多處將方藥擬人化，使所言醫理藥性更加形象生動。如“欲上昆侖去報捷，必使前胡元參爲先鋒。中間胸膛路已塞，全靠全蔞天冬爲親兵”。所載醫案涉及内外婦兒等科，用藥靈活，效果頗佳。如治寒咳，認爲“尺部熱甚非知柏不解”。治案云：“有一寒嗽甚非常，大用胡椒炸生薑。陷入内裹尺數甚，連進知柏始平康。”時人贊其“奇而能中，險而實夷；簡要以攝煩，警透以化障；用毒而反劑其平，師古而妙用其創”。

其偏於清利全無溫補也如今氣運又以降風利氣為主化痰清熱為輔目下甚行過此以往吾不敢知也是又異又可瘟疫論之類耳然補偏救弊亦古人所不禁也易窮則變變則通義文之所以終於未濟也

目錄

例言

一學醫須知醫之所以然是編有正論有翻論有從治有逆治有外治有內治皆理之所以然也果能爛熟於胸中自下手其無弊若拘拘於成方則末矣

一蒙醫入手要使脈理分明病症雖有變化而脈理之虛實寒熱故確有可據也綫索在手奏刀砉然何往而不可乎

一是編就所見所治之症言之其所未見者尚多也然脈理在我雖所未見之症其虛實寒熱亦在於我矣未有學養子而後嫁者也治病者亦當如是耳

一是編脈病藥味同在數句之中一診脈即知病一治病即知藥取其易於成方耳本為蒙醫而設不得不然也

一是編重重疊疊處甚多閱之令人噴飯然為蒙醫而設不得不然也即反覆告誡猶

古人質證古人望我如飢渴安得對面談一談眼前大道盡放着若祇依湯頭歌則是不論脈理鈔古人之方治今人之病安得恰相合乎何如師古人之意不泥於古之為得焉

胞姪金門謹誌

診脈下藥詩

驅使群藥猶韓信將兵多多益善用藥味之靈活又如常山之蛇擊中則首尾俱動

診脈下藥心內裁手未立方眼已開肺實有力宜大瀉前胡枳實橘紅借肺虛無力宜大補党參五味百合輔肺實有力夾風火酒芩全蔞元參佐也肺虛無力夾風寒款冬紫菀麻黃添心實有力宜大瀉菖蒲鬱金麥冬借心虛無力宜大補棗仁遠志柏子輔也心實有力夾風火黃連連翹梔子佐心虛無力夾風寒白附天麻蓽茇添胃實有力宜大瀉大黃枳殼檳榔借胃虛無力宜大補白朮雲苓炙甙輔胃實有力夾風火知母石膏乾葛佐胃虛無力夾風寒乾薑白芷藁本添肝實

蠢子醫卷一

學醫真詮

陽夏龍繪堂先生著

學醫第一看藥性看了藥性心有定某藥入某經某藥治某病或是溫或是涼與某症相稱或是補或是瀉與某症相應各藥各有溫涼補瀉理各經各有寒熱虛實症看得到時藥分明此中早已有把柄學了藥性學脈理學了脈理方有用某經是虛某經是真實用某藥相應某經是真寒某經是真熱用某藥相稱各經各有虛實寒熱理各藥各有溫涼補瀉性看得到時脈分明任憑病來如明鏡有了明鏡有把柄一下筆時便入聖不靠湯頭歌不任人家命病端雖夾雜病脈總清淨藥方雖更寬藥性總周正君臣佐使無參差便是醫中之捷徑即有天師再臨凡亦難尋方中病

學醫者每多藥性不熟脈理不精果能心如明鏡洞悉某藥與某病相稱某脈

和緩原是土之性人稟胃氣也為政六脈以胃為主有時過細與過小有時過粗與過盛有時過遲與
過乘有時過疾與過勁皆非胃氣之本然失了和緩便為病過則為病即從此處去治況且頭上寸口脈出有到中指之顛者況且腳下蹬脈出尺部纖至尺澤之上今日又有這毛病此會已極方有此家古書無有此說尤須急救正
久病脈竄下焦虛寒宜引氣歸元　廿二
脈氣飛空火上天除風降火並金丹牛黃散亦可若是空中脈微細風藥猶可丹金丹少研況乎久病
氣血虛不可大開大瀉仍如前雲苓薏苡宜酌用川椒故紙小茴添間有海底虛寒孔肉肉桂
附子附吳萸往下牽上熱下寒亦不少不可泥住脈竄是大端
治病治上下以覆花赭石湯為例　廿三
覆花赭石治虛呃本是傷寒真妙訣我嘗治病治上下即會此意為圭臬病氣上真多是自然銅與陽起石
風覆花之類往上搗荊芥防風柴胡前胡羌活獨活之類病流下焦氣不通金石之類往下剬子石滑石礞石之類若

伐木必求其本治病必尋其源先將經絡臟腑一以貫通無怪人望之若
不然今檢書中藥明讀肘後方愈看愈大雜愈讀愈茫唐胸中毫無真是非
紙上總是妄講張用心格物固然好陽明致知亦甚良我無上池水我無古錦囊秘
是心中有把握手裡有提綱一看這人是甚人便知這人用甚湯藥味就在人身上更從
何處尋藥王
醫道亦從一貫得來
讀書不得一貫理不知聖學真心傳治病不得一貫理不知醫道真機緘
欲知醫道真機緘必從周身去貫穿周身骨節三百有六十周身毛竅八萬
有四千果能周身皆貫穿便是平地小神仙吾嘗治病治上頭便從下頭去貫
穿吾嘗治病治下頭便從上頭去貫穿吾嘗治病治左邊便從右邊去貫
穿吾嘗治病治右邊便從左邊去貫穿此皆翻覆去貫穿不免內中多曲彎

補中益氣湯治中氣下陷以此升之黃芪白朮人參當歸陳皮柴胡升麻甘草姜棗引
凡治久病祗論當下不必細問來由所謂君子而時中也
治病總要論當下不論當下便大差陽症傷寒症也日久必變陰陽必變陰火極似水也汗吐下後邪寒邪
易侵手足未冷鼻先寒元氣虛弱好盤礞脈雖洪數實無根斷續不盤
疾無倫無次序也一似疾行無善步不躓山兮不躓垤縱有便結譫言症元氣太虛不能運行所致
桂附參薑細細斟有因溫補而下者有俟數日再加湯藥而愈者又有陰症日久時變陽陰症虛極症也壯火食氣
實難當本因脾弱好溫煖桂附連進並參薑熱從骨髓油入麵真陰失守臨
膏肓一人虛寒食桂附日久臨入陰分一人虛弱食生薑胡椒太多臨入陰分較熱如油入麵清之甚難多致不救凡中此病若老年人不惟無損而且有益
咯血盜汗並遺精猶謂虛熱不可清豈知滋陰降火方正為此症續命湯臨危陰必變陽水極似火也
勒馬善收拾撲滅相火滋元陽知柏地黃湯最善守住身体無走洩邪熾陰分最易走洩少年人多死於此

二、傷寒金匱

034 二經類纂

《二經類纂》，三卷。題爲源淳氏鈔，日本椿庭山田編。考編者即日本江户時代著名漢方醫學家、考據學家山田業廣（1808—1881），字子勤，通稱昌榮，號椿庭。生于江户本鄉春木町，其號椿庭中的“椿”字，即由地名春木合成。森立之曾撰《椿庭山田先生墓偈》，從中可知山田氏幼承家學，曾拜日本著名考據學家朝川善庵爲師，學習儒學，繼拜伊澤蘭軒習漢方醫，與森立之、澀江抽齋等五人號稱“蘭門五哲”。後又向多紀元堅、池田京水等名醫請教學習。一生致力于醫學經典考據、臨床濟世救人、督辦醫學教育等，晚年曾爲皇子明宫（即後來的大正天皇）治病。在經典研究方面，山田氏致力于《素問》《傷寒論》《金匱要略》等經典，著作頗豐，森立之説他“著書三十八部，一百六十三卷，醫經、經方皆有注釋”。代表作有《金匱要略提要》《傷寒雜病論類纂》《醫經訓詁》等。真柳誠曾對現存山田氏著作進行初步整理，認爲其現存著作尚有八十三種，以稿本、鈔本居多，藏于日本和中國多處圖書館。上海中醫藥大學圖書館所藏該鈔本是山田氏弟子源淳氏于安政二年（1855）按《傷寒雜病論類纂》節略而成（按《傷寒雜病論類纂》成書于嘉永二年，即1849年），爲伊澤酌源堂舊藏本。書末有抄寫者源淳氏跋，稱本書原爲三十三卷，抄寫者勒爲三卷，并記録抄寫時間。

本書取張仲景《傷寒論》與《金匱要略》二書，據其内容將原文重新類分編纂，分爲六經、氣血、身體、九竅、飲食、兩便、疾病、諸證、寒熱、汗吐下、治法、方藥、脈法，凡十三門，諸門之中再細分若干類目，共八十一類。卷上列六經門、氣血門、身體門、九竅門、飲食門、兩便門。其中六經門分列冒頭類、三陰三陽類、傳經類、邪解類、日程類、俞穴類，凡六類；氣血門分列陰陽類、諸氣類、諸血類、津液類，凡四類；身體門分列表裏類、肌膚筋骨類、面部類、心胸類、腹中類、臟腑類、脾胃類、痛癢類、厥冷類、四肢類，凡十類；九竅門分列耳類、目類、鼻類、口舌類、咽喉類、二陰類，凡六類；飲食門分列飲食類、諸渴類，凡二類；兩便門分別爲大便類、小便類，凡二類。卷中列疾病門、諸證門、寒熱門。其中疾病門分列風寒暑濕類、瘧病類、勞極類、諸黄類、水氣類、諸飲類、雜病類、客忤類、瘡癰類、婦人諸證類、生死類、病人類，凡十二類；諸證門分列言語類、眠卧類、眩冒類、驚悸類、煩躁類、上冲類、諸汗類、氣息類、嘔吐類、虚實類、情志類、相搏類、正邪類，凡十三類；寒熱門分列發熱類、惡寒類、寒熱類，凡三類。卷下列汗吐下門、治法門、方法門、脈法門。其中汗吐下門分列汗類、吐類、下類，凡三類；治法門分列針灸類、補瀉類、逆治類，凡三類；方法門分列主方類、藥方類、藥功類、服法類、煮法類、藥製類、銖兩類，凡七類；脈法門分列三部類、脈位類、諸脈類、怪脈類、脈相搏類、虚實寒熱諸脈類，凡六類。八十一類中，每一類又有詳細的劃分，如邪解類按意思相近分爲解、欲解、未欲解、不解四大類關鍵字，其中每個關鍵字皆用紅綫標出，同時附有相關的仲景條文及其出處。

本書將《傷寒論》《金匱要略》内容重新編纂排列，從多種角度整理研究仲景學説，可爲學習研究之參考。

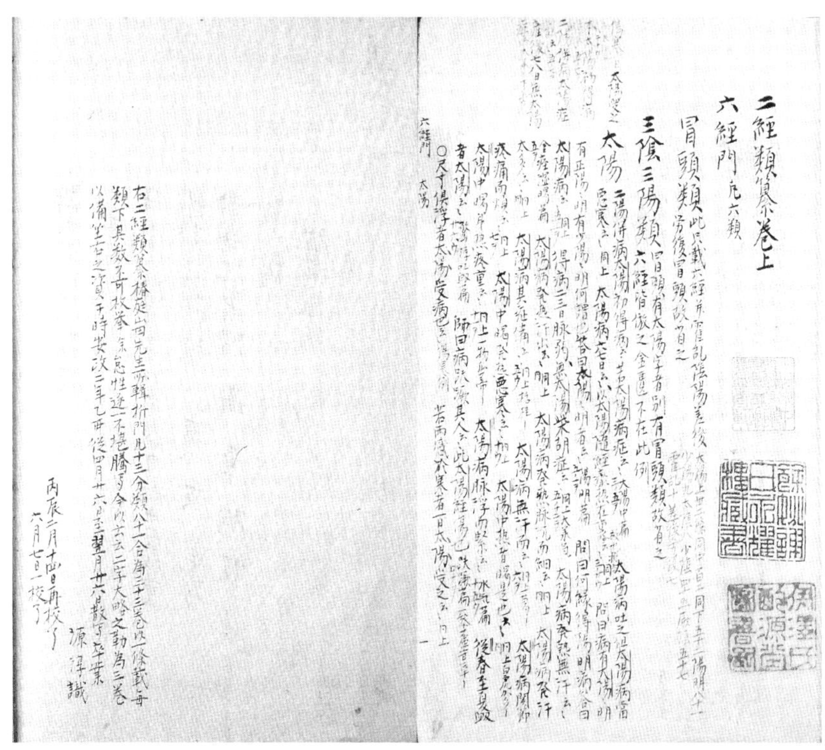

035 太陽正治法

《太陽正治法》,不分卷,一册。不著撰者,成書年代不詳。無序言、目録。内文首頁題“太陽正治法”。全書四十七葉,約二萬字。現存鈔本,藏于上海圖書館,該館載録爲清鈔本。《中國中醫古籍總目》未見收載。

本書以分條的形式注釋《傷寒論》。首列太陽病脈症三條:“太陽經病,脈自浮,頭項强痛而惡寒,身熱汗出并惡風。其脈緩者名中風,如或發熱及未熱惡寒,體痛并嘔逆。其脈陰陽俱緊者,是則名曰傷寒症。”桂枝麻黄各半湯脈症一條,作者認爲:太陽經病八九日,發熱多惡寒少,有類于瘧疾之狀,小便清,不嘔吐,一日發作二三次,如脈微緩者爲疾病向愈,如果脈微細又惡寒,這是陰陽俱虚症,不宜用汗、吐、下法,應用新加湯温養。如果面色反見熱狀,皮膚發癢,是外邪在皮膚,應用桂枝麻黄各半湯。又如大青龍湯脈症兩條:“太陽中風脈浮緊,發熱惡寒身疼痛,不汗出而煩躁者,宜大青龍湯主之。如或惡風脈微弱,表虚服之,致厥逆筋惕肉瞤,是亡陽。”“傷寒脈浮緊變而爲浮緩,此寒欲化熱,經脈不拘急,故身不疼痛,但重,乍有輕,并無少陰汗出厥逆症,洵宜大青龍發之。”

本書名爲《太陽正治法》,似乎是談傷寒病太陽症,然書中對陽明、厥陰、少陰病亦有論及。全書詞語不夠暢達,多有語焉不詳者,醫理少有獨到見地,且多有不通之處,如將大承氣湯列入少陰病中,臨床使用價值有限。

182

太陽正治法

太陽病脉症三條

太陽經病脉自浮頭項强痛而惡寒身熱汗出併惡風其脉緩者名中風
如或發熱及未熱惡寒體痛併嘔逆其脉陰陽俱緊者是則名曰傷寒症

桂枝湯脉症四條

太陽中風脉陽浮而陰弱故汗出鼻鳴併乾嘔嗇嗇而
惡風淅淅而惡[illegible]之
太陽病頭痛發熱汗病常自汗出此為營弱衛强

同須分曉亡陽陽外亡宜固陽無陽陰內竭不用其源
在胃宜通陽

桂枝麻黄各半湯脉症一條

太陽經病八九日熱多寒少如瘧狀清便自可并不嘔一日二三度間
發脉微緩者為欲愈若或脉微而惡寒此屬陰陽俱虛症汗吐下
法莫更施當與温養如新加（新加湯名見後）又若面色反形熱緣緣正赤陽
怫鬱身癢邪微遊皮膚宜投桂麻各半湯助正散邪法最妙

大青龍湯脉症二條

太陽中風脉浮緊發熱惡寒身疼痛不汗出而煩躁者宜大青龍湯
主之如或惡風脉微弱表虛服之致厥逆筋惕肉瞤是亡陽
傷寒脉浮緊變而為浮緩此寒欲化熱經脉不拘急故身不疼痛
但重乍有輕並無少陰汗出厥逆症洵宜大青龍發之

小青龍湯脉症二條

傷寒表寒邪不解心下水飲與寒搏直上逆於肺胃間乾嘔發熱而
喘欬或渴或噎腹滿是宜小青龍主之
傷寒心下有水氣欬而口不渴小青龍主之若服此湯

036 仁壽堂傷寒定本

《仁壽堂傷寒定本》,不分卷,一册。部分紙張殘缺。封面書"傷寒定本"四字,首頁載"西泠陶鴻賓羽逵氏手訂"。陶鴻賓(《中國醫籍大辭典》誤作陶宏賓),字羽逵,浙江杭州人,生平不詳。本書無序跋與目録。首頁有"上海中醫學院圖書館藏書"印章一方。《中國中醫古籍總目》載録爲清鈔本,該書中"弦"字缺末筆,可證爲清代鈔本。現藏于上海中醫藥大學圖書館。

本書與趙開美本《傷寒論》相較,條目順序及内容均存在較大差异。本書按編排順序分别爲《辨脈法》《平脈法》《傷寒例》《辨痓濕暍脈症》《辨太陽病脈證并治法》《辨陽明病脈證并治法》《辨少陽病脈證并治法》《辨太陰病脈證并治法》《辨少陰病脈證并治法》《辨厥陰病脈證并治法》《辨霍亂病脈證并治法》《辨陰陽易差後勞復病證并治法》《入門辨發熱外感内傷證》《雜著》《附方》《音釋》十六篇。其中《雜著》又分爲"六經病外見""不可汗""不可下""陽症似陰""陰症似陽""喘""短氣""小便不利""舌胎"等二十八條,較趙開美本《傷寒論》增加《入門辨發熱外感内傷證》《音釋》兩篇,趙開美本《傷寒論》之《辨不可發汗病脈證并治》《辨可發汗病脈證并治》《辨發汗後病脈證并治》《辨不可吐》《辨可吐》《辨不可下病脈證并治》《辨可下病脈證并治》《辨發汗吐下後病脈證并治》等八篇,本書歸入"雜著"部分。

本書内容與趙開美本《傷寒論》出入較大,如《辨陰陽易差後勞復病證并治法》篇,本書篇幅較長,較趙開美本增"傷寒陰陽易之爲病者,因大病新差,血氣未復,餘熱未盡,强合陰陽得病者,名曰易……"其他篇章亦是如此。本書中組方均載于《附方》篇,部分藥物未載劑量。《音釋》篇注釋了本書四十三個字詞,如"濡,音柔,軟也","劇,音竭,甚也"等。

本書内容與現存《傷寒論》版本有很大不同,值得深入研究。

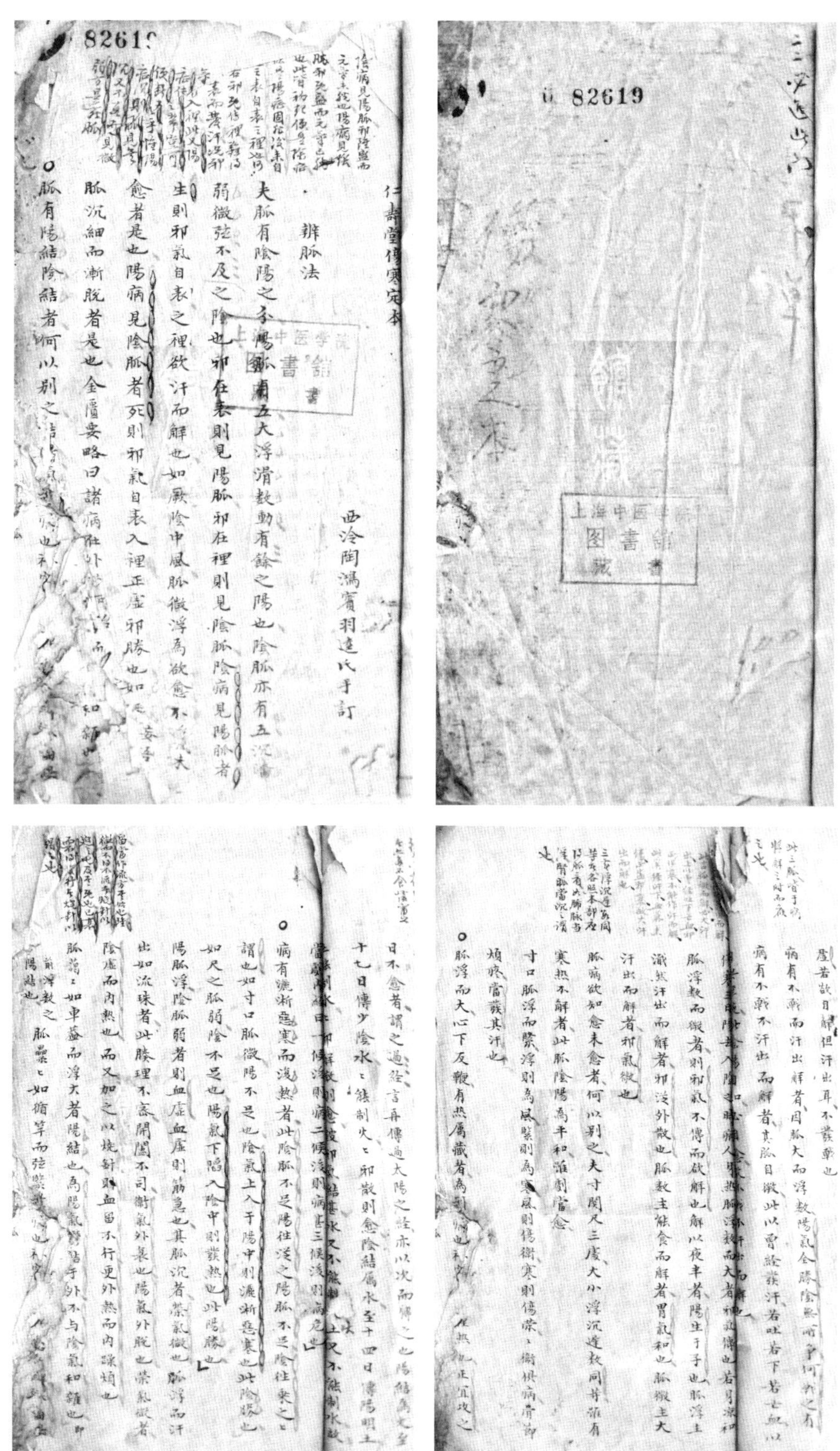

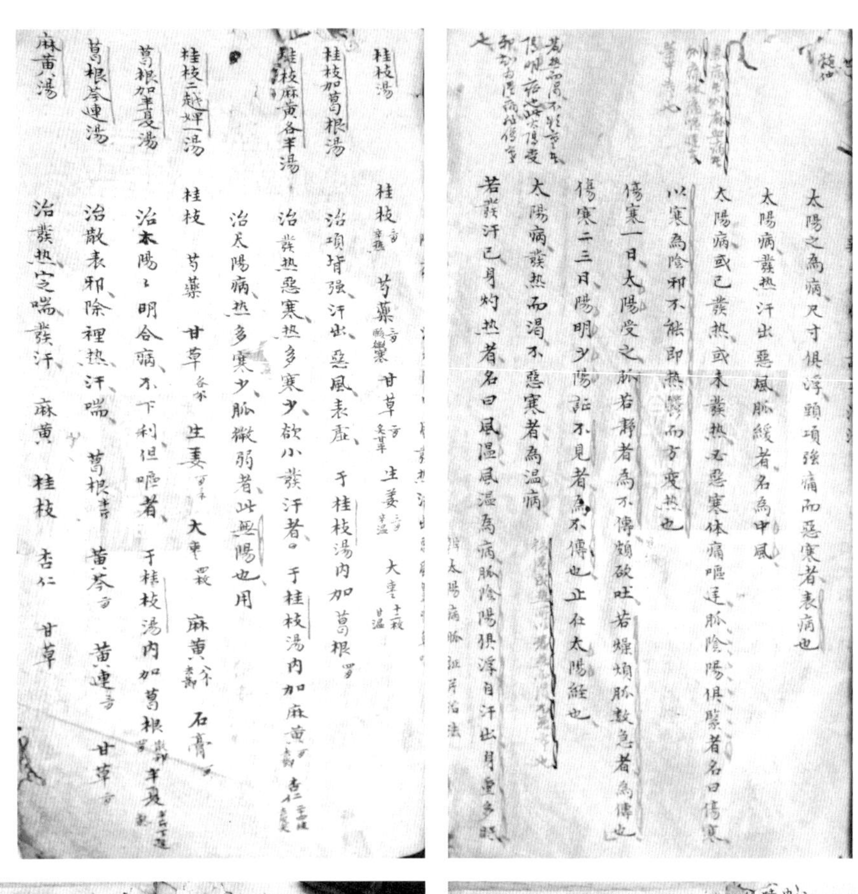

太陽之為病尺寸俱浮頭項強痛而惡寒者表病也
太陽病發热汗出惡風脈緩者名為中風
太陽病或已發热或未發热必惡寒体痛嘔逆脈陰陽俱緊者名曰傷寒
以寒為陰邪不能即热鬱而方變热也
傷寒一日太陽受之脈若靜者為不傳頗欲吐若燥煩脈數急者為傳也
傷寒二三日陽明少陽証不見者為不傳也止在太陽經也
太陽病發热而渴不惡寒者為温病
若發汗已身灼热者名曰風温風温為病脈陰陽俱浮自汗出身重多眠

桂枝湯　桂枝 芍藥 甘草 生姜 大棗十二枚
桂枝加葛根湯　治項背強汗出惡風表虛　于桂枝湯内加葛根
桂枝麻黄各半湯　治發热惡寒热多寒少欲小發汗者　于桂枝湯内加麻黄 杏仁
桂枝二越婢一湯　治太陽病热多寒少脈微弱者此無陽也用　桂枝 芍藥 甘草 生姜 大棗 麻黄 石膏
葛根加半夏湯　治太陽陽明合病不下利但嘔者　于桂枝湯内加葛根 半夏
葛根芩連湯　治散表邪除裡热汗喘　葛根 黄芩 黄連 甘草
麻黄湯　治發热定喘發汗　麻黄 桂枝 杏仁 甘草

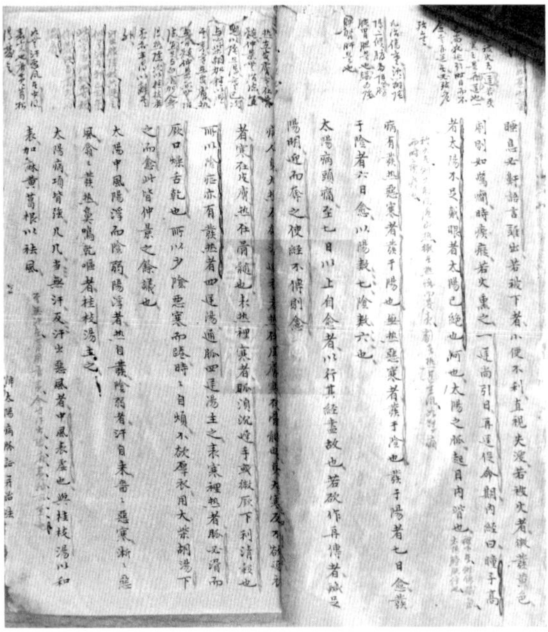

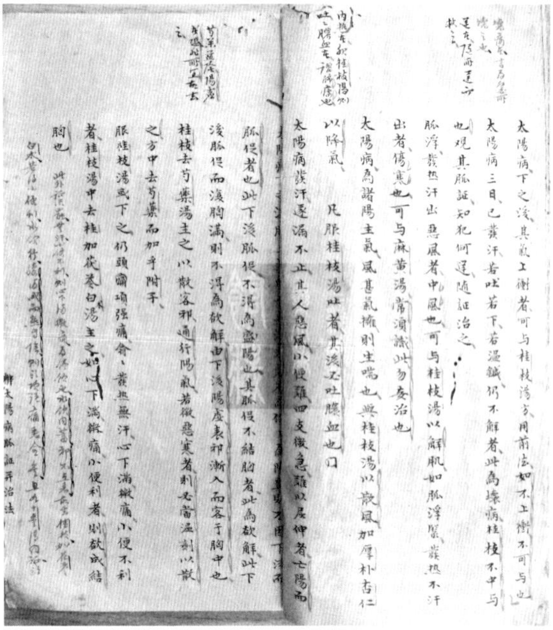

037 玉函廣義

《玉函廣義》，不分卷，二十册。清祝補齋輯。祝補齋，別號西溪外史，古瀛（今河北河間）人，另著有《衛生鴻寶》六卷。是本抄書紙四周雙邊，單魚尾，版心上方刻書名，版心注章節名稱。成書年代不詳，現藏于上海圖書館，藏館定爲清鈔本。

是本輯《素問》《靈樞》《傷寒論》《金匱玉函》《河間六書》《東垣十書》《丹溪全書》等歷代諸家著書及各書傳注精論，擇其精言，分其門徑，分類匯編而成。卷首有林端與龔其偉所作之序。前三册總述“綱領”，論運氣、標本、臟腑、陰陽、表裏、辨症、合病、并病、合并、兩感、傳變、愈解、脈法等人體生理病理特點及疾病的辨證要點。第四册論“六經”，分述太陽、陽明、少陽、太陰、少陰、厥陰六經主症及相關名論。第五册至第八册論“分症”，列各類症狀，如風寒、發熱、結胸、腹滿、渴、飢不欲食等共九十症。第九册至第十四册論“治法”“列方”“附方”及“藥性”，詳析病證治法方藥。“治法”首引名論，再論古方權量考，後述汗吐下治法，即可汗、可吐、可下、不可汗、不可吐、不可下六種。“列方”共列桂枝湯類、麻黄湯類、葛根湯類、雜方類等十二類方共一百一十首。“藥性”論藥分爲風升生、熱浮長、濕化成、燥降收、寒沉藏五類，共八十四味。第十五册至第二十册論具體病證，包括“濕”“痙”“温熱”“瘧”“痢”“暑”“霍亂”“瘟疫”“痧脹”“陰陽毒”“發斑”“疹”“爛喉痧”十三證。每證論述皆頗爲詳實。如論濕，僅述其經旨“仲景十條”一則，接着引用程郊倩、喻嘉言、徐忠可等十三位醫家的注釋。如論暑，以經旨七條論證，并引入十七家注釋，分述各家格言二十三論，列方二十六首，可謂廣徵博引。

是本引經據典，運氣、經脈、臟腑之辨，廣采古論；而温、暑、濕、熱、痧、疹之類，則博取近言。首述辨證綱要，統領治病總則，而後分證論治，遣方用藥，有條不紊，便于臨床參閱。

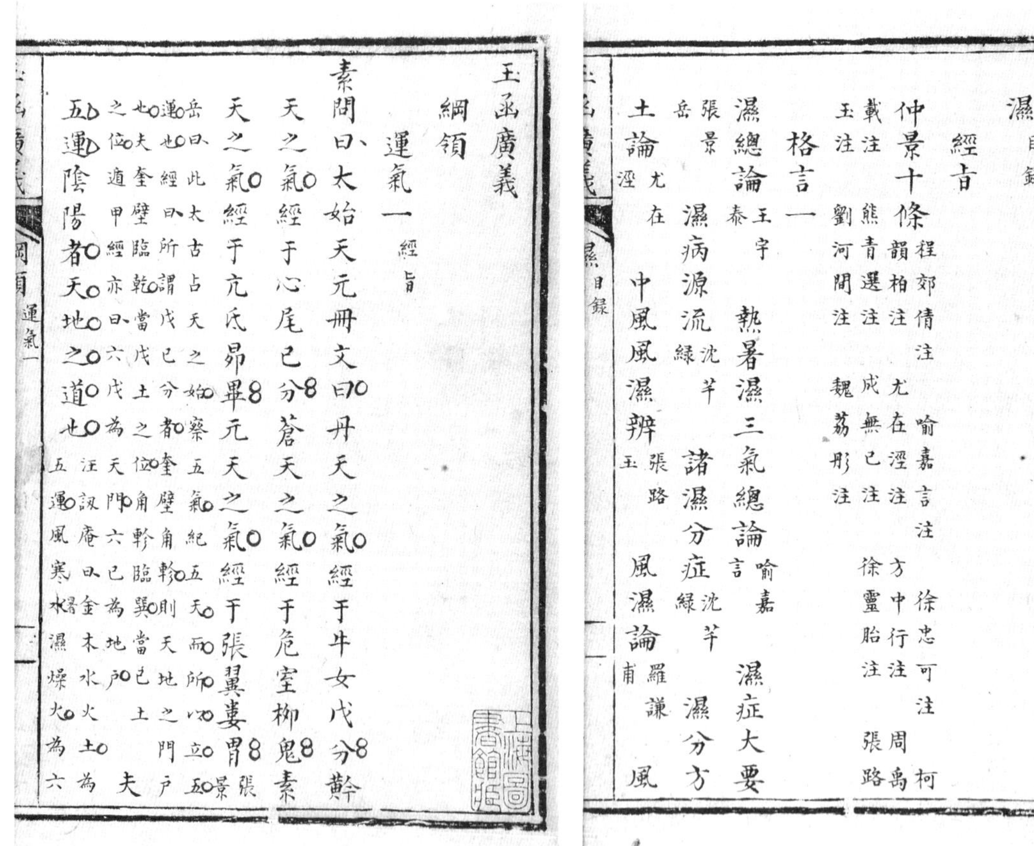

038 仲景傷寒論指歸小注

《仲景傷寒論指歸小注》，十一卷，四册。清陳桂林撰。陳桂林（1807-1873），字孔授，號心齋，天台妙山里（今屬浙江）人，著有《傷寒匯參補正》十四卷。本書封面題“傷寒論指歸小注”。扉頁書“舊寫本”“巢念修珍藏”。首頁有“文瀾學報季刊第二卷第三四期合刊，浙江省文獻展覽會專號。鄉賢遺書四”字樣，并附著者小傳，録自《妙山陳氏譜》傳。正文首頁有“巢念修藏”印。巢念修，武進孟河醫家巢崇山之族孫，巢鳳初之子，係民國時期醫家。現存鈔本，藏于上海中醫藥大學圖書館。

本書内容包括傷寒辨脈法、六經病脈諸證及兼證。書前有巢念修所補目録，其言“原本卷數分至十一陽明病，後尚未編定，今仍之編成此目，便省覽也”。陳氏對《傷寒論》逐條解析，并調整條文篇屬及次序，每篇前撰有本篇體例大略、條文增減情況。如《補遺例》篇，陳氏言：“此即程氏以利嘔噦不厥者，作遺波者是也。愚復於三症中，辨其可匯入上諸篇者，已採去數條。兹屬難以類集者，仍匯此爲補遺云。”陳氏以“愚按”闡發己見，并詳辨方有執、程應旄、徐大椿、喻嘉言等傷寒注家之醫論得失，探究仲景《傷寒論》之真義。如“桃核抵當方”條下，陳氏云：“愚按：仲景原文首條書傷寒後三條，書太陽病，并不書中風。則喻、徐二氏之説不如方、程二説爲當。”又如“真武湯”條下陳氏注云：“因汗後亡陽，如何不用乾薑之温補而反用生薑之辛散乎？曰乾薑守而不走，但能温補而不逐水。兹症心悸已極，水勢泛濫，除生薑之走而不守，誰能散之？况白芍之收，非此莫濟也乎！”論述真武湯用生薑而非乾薑之藥性醫理。

除闡釋《傷寒論》條文外，陳氏亦根據病證情况增補方劑。如“并病證治”篇“汗出不徹，以脈澀故知”條下，陳氏補秦越人熏蒸之法予以治療，以補仲景未備。觀陳氏之言，多崇方、程二家之論，而黜喻氏之説。對部分條文，亦有個人獨到見解。此書可爲《傷寒論》研究者提供參考。

文瀾學報季刊第二卷第三四期合刊浙江省文獻展覽會專號
鄉賢遺書 四 校本 子部 頁二八七
陳心齋校傷寒論 四冊 批校本 後漢南陽張機原著
天台縣政府徵集
陳桂林字孔授、號心齋、天台妙山里人、讀書未就、去而學醫、著傷寒滙參補正十四卷、多發前人所未發、遠近聞名、求治者踵相接、工詩、嘗有自嘶詩棹等漁舟、泛遍江湖未有休之句、晚入貲爲國學生、同治十二年卒于家、壽六十六。妙山陳氏譜傳

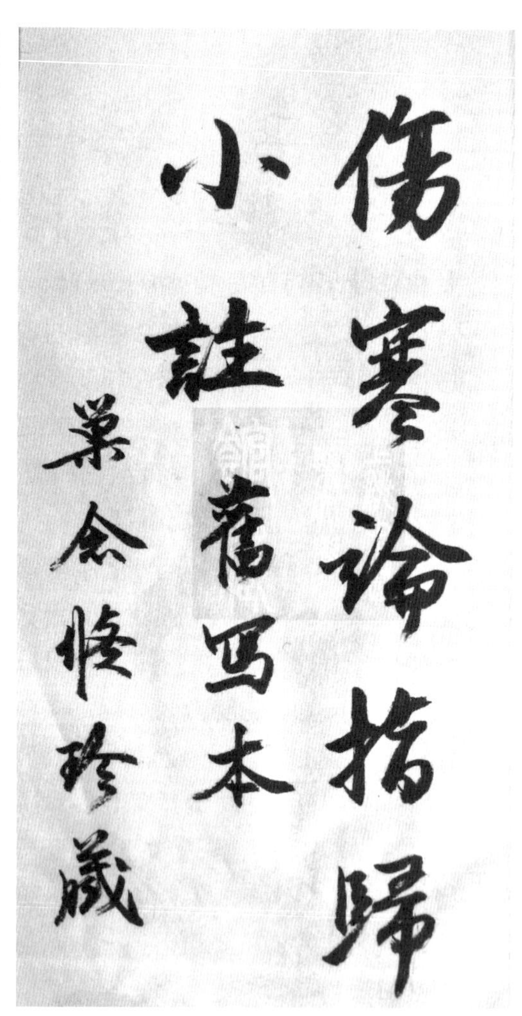
傷寒論指歸小註
舊寫本
巢念修珍藏

傷寒論指歸小註目次

原本卷數分至十一陽明病後尚未編定今仍之編成此目便省覽也 棠余修識

仲景傷寒論指歸小註

心齋集註

辨脈法第一

第一條以陰陽立案為本篇之綱第二條至第十六條止辨陰陽真偽見不可拘陰陽之名第十七條以表裏府藏為日亦立本篇之後案第十八條至末條止辨表裏府藏真偽見亦不可拘表裏府藏之名除第一條篇中之第十七條外皆屬辨明陰陽表裏府藏故曰辨脈法云

問曰：脈有陰陽，何謂也？答曰：凡脈（所該者廣）大（粗大）浮（湧上）數（注來疾）動（躁動）滑（流利）此名陽也（脈道充足故統名陽）脈沉（不湧上）濇（不流利）弱（耎）弦（拘束）微（不大）此名陰也（脈道不足故統名陰）凡（所該亦廣）陰病（該諸不足而言）

039 何氏傷寒纂要

《何氏傷寒纂要》(一名《傷寒鈔》),不分卷,二册。清何汝闞撰。何汝闞(1616–1693),字宗臺,何應宰之長子,何天祥十世孫,奉賢(今屬上海)人,明末清初名醫。本書首頁載"雲間何嗣宗先生集",何嗣宗(1662–1722),何汝闞之孫,名炫,字令昭,清代康熙年間名醫。此鈔本共八十一葉,無序無跋。現藏于上海中醫藥大學圖書館。

本書包括《傷寒賦》《十六證論歌》《熱論》《傷寒歌》《發熱方略》《發熱辨》《用藥法》《傷寒三十六苔》等二十篇。其中《十六證論歌》載"傷寒""傷風""傷寒見風""傷風見寒""風濕"等類傷寒病十六證歌訣。《傷寒歌》載歌訣三十二首,内容涉及傷寒病證總論、表裏、陰陽、温濕、合病、并病、可灸不可灸、可汗不可汗等多方面。《傷寒三十六苔》載傷寒舌象圖三十六幅,圖下附傷寒舌診。如"二十七舌"圖下載:"舌黄而尖白者,表少裏多,宜天水散一服、涼膈散一服,合進之。脈弦者宜防風通聖散。"本書雖以傷寒爲名,但大體從温熱立論,除首篇《傷寒賦》外,其他所論發熱、發斑、發狂、陰陽二厥、陰陽二毒等證候以及辨症、用藥、方略,幾乎全屬温熱範疇。部分篇章載臨證病案,後附診療方藥。如《發熱發散兼補治驗》載"陰氣有餘"病案,何氏以《素問》"陰氣有餘,爲多汗身寒"條爲據,投消陰助陽表劑,又以清明、芒種爲界,分投六物麻黄湯、七物柴胡湯、發表湯治療,很具特色。所附七十四首方,大都爲今治療温熱病少用之方,可增廣思路。

學林出版社于1985年據何時希家藏本出版《傷寒纂要》一書,此鈔本較何時希家藏本增《傷寒十六苔》一篇,其他篇章的部分文字亦有出入,如何時希家藏本《傷寒五臟絶》篇,此鈔本名《傷寒五臟死絶》等。又此鈔本中"玄"字避諱改"元","弦"字避諱缺末筆,可知爲清鈔本。本書與吴又可《温疫論》俱是開温熱學説先河之作,值得研讀。

傷寒纂要

雲間何嗣宗先生集

傷寒賦

傷寒為病反復變遷太陽則身熱頭疼脊強陽明則目痛
鼻乾不眠少陽耳聾脇痛寒熱嘔而口為之苦太陰腹滿
自利尺寸沈而津不到咽少陰舌乾口燥厥陰煩滿囊縮
一二日可發表而散三四日宜和解而痊五六日便實方
可議下七八日不解人復再傳日傳二經病名兩感經傳

傷寒纂要　傷寒賦　一

六日病應無痊太陽無汗麻黃為最太陽有汗桂枝可先
小柴胡為之要領大柴胡行陽明秘堅三陰則難拘定法
或可温而或可下為其如陽證下之早者乃為結胸陰證
下之早者乃成痞氣發狂為血蓄於內又大便之極實發
黃乃熱積於中兼小便之不利微喘緣表之未解喘滿而
不惡寒者當下而痊微煩為陽之相勝煩極而反厥者乃
陰所致狐惑蓋緣失汗蟲食臟及食肛蚘厥卻緣多肌蟲
攻咽及攻胃渴乃煩多斑為熱熾陽明內實則為寒熱往

舌上白苔者可為小柴胡湯正謂邪在半表半裏也太陽
病若下之則胃中亦虛空客氣動膈心中懊憹舌生苔者
梔子豉湯主之是邪客胸中也若苔白而滑者可知是邪
未全成熱猶帶表寒故也及其邪傳為熱則舌上之苔不
滑而澀矣經云傷寒七八日不解熱結在裏表裏俱熱時
時惡風大渴舌上乾燥而煩欲飲水數升者白虎加人參
湯主之是熱耗津液而滑者已乾也若熱聚於胃則舌黃
是已深矣下之黃自去至於舌上黑苔如芒刺熱毒入深

傷寒纂要　辨舌法　附治法　主

腎水上剋心火故知其必死也

附治法　凡傷寒舌上生苔不拘滑白黃黑用井水浸青
布片洗淨後用生薑片時時浸刮擦之其苔自退
凡舌燥澀如楊梅刺者用生薑切厚片蘸蜜揩之其刺立
消又云舌上白苔乾澀語言不正者先用生薑切厚片蘸
蜜揩洗次薄荷自然汁與白蜜等分調勻敷之至或舌吐
不收用冰片少許摻上與有不效

傷寒三十六苔

040 金匱方歌

《金匱方歌》,不分卷,一册。不著撰者,無序跋,有目録,成書年代不詳。《中國中醫古籍總目》載録爲清鈔本。現藏于上海中醫藥大學圖書館。

是書抄録《金匱要略》之《痓濕暍病脈證篇》至《婦人雜病脈證篇》所載方劑二百零二首(包括附方)。其中三十六首注明"方歌在傷寒"而不予重複。末附有"周揚俊先生《温熱暑疫全書》方歌",分冬温、春温、風温、温瘧、温毒發斑五門,凡三十一首。每首方劑先録有相關的《金匱要略》原文、藥物組成、劑量、煎服法、加減法等,凡小半夏湯、八味腎氣丸等一方治多病者,亦將有關原文羅列其後,後按方劑所主脈證、藥物組成、功用與加減法等編成方歌。如"麻黄加术湯:濕家身煩疼,可與麻黄加术湯發其汗,慎不可以火攻之。麻黄二兩,去節,甘草一兩,炙,杏仁七十個,去皮、尖,白术四兩,右五味,以水九升,先煮麻黄,減二升,去上沫,内諸藥,煮取二升,去渣,温服八合,覆取微似汗。麻黄加术麻杏遣,桂甘白术寒濕辨。身體煩疼發汗宜,加术去濕意亦顯"。

方歌是中醫傳承和教學的重要内容之一,這種歌訣形式,便于讀者記住方劑的組成、功用、主治、加減等。是書所編方歌七言一句,或四句或六句,讀來琅琅上口,便于初學方劑者誦記。

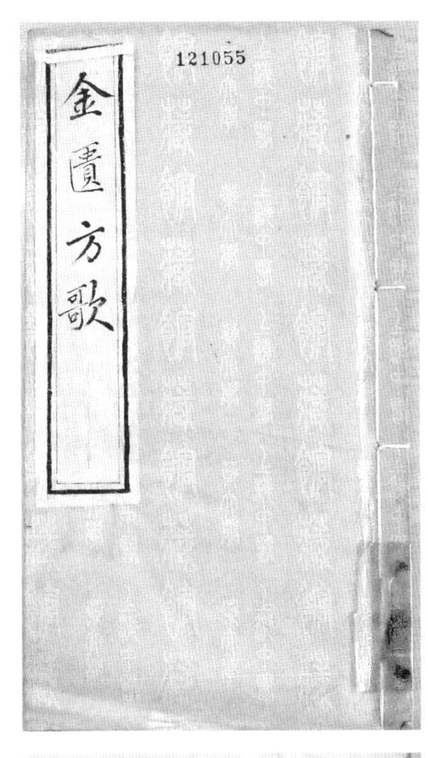

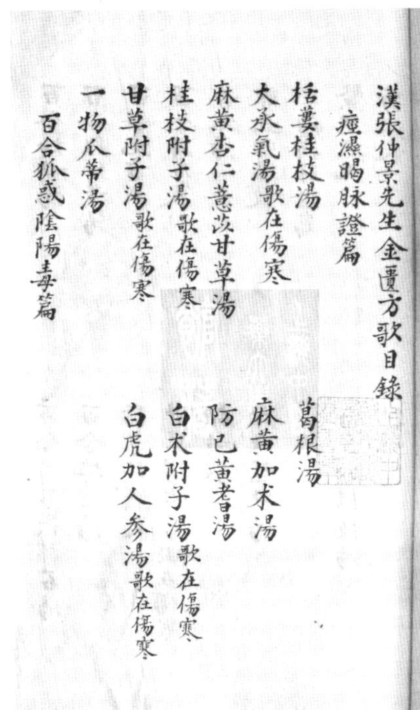

漢張仲景先生金匱方歌目錄

痙濕暍脉證篇

栝蔞桂枝湯　葛根湯
大承氣湯歌在傷寒　麻黄加朮湯
麻黄杏仁薏苡甘草湯　防已黄耆湯
桂枝附子湯歌在傷寒　白朮附子湯歌在傷寒
甘草附子湯歌在傷寒　白虎加人參湯歌在傷寒
一物瓜蒂湯

百合狐惑陰陽毒篇

升麻鱉甲湯　陽毒之為病，面赤斑斑如錦紋，咽喉痛，吐膿血。五日可治，七日不可治，升麻鱉甲湯主之。陰毒之為病，面目青，身痛如被杖，咽喉痛。五日可治，七日不可治，升麻鱉甲湯去雄黄、蜀椒主之。

升麻二兩　當歸一兩　蜀椒一兩炒去汗　甘草二兩　鱉甲手指大一片炙　雄黄半兩研

右六味，以水四升，煮取一升，頓服之，老小再服，汗。時後千金方：陽毒用升麻湯，無鱉甲，有桂；陰毒用甘草湯，無雄黄。

張仲景先生金匱方歌

痙濕暍病脉證篇

栝蔞桂枝湯　太陽病，其證備，身體强，几几然，脉反沉遲，此為痙，栝蔞桂枝湯主之。

栝蔞根二兩　桂枝三兩　芍藥三兩　甘草三兩　生姜三兩　大枣十三枚

右六味，以水九升，煮取三升，分温三服，取微汗。汗不出，食頃，啜熱粥發。

栝蔞桂枝痙症造，太陽脉反沉遲考，項背几几身體强，芍藥

几音殊

041 金匱指歸

《金匱指歸》，又名《傷寒雜病論金匱指歸》，十卷，每卷一册，共十册（缺第十册）。封面題書名《金匱指歸》，右上角寫有該册的篇名。清戈頌平撰。戈頌平介紹見本書“022黄帝内經素問指歸”。《金匱指歸》與戈氏另行所著《傷寒指歸》并非是完全割裂的兩部書，有互相參見的内容。現存鈔本，藏于上海圖書館。

該書是對張仲景《金匱要略》的詮注，原文用大字書寫，注文低一格，爲單行小字。無《臟腑經絡先後病脈證》篇。卷一爲《霍亂》《陰陽易差後勞復》《痙濕暍》，卷二爲《百合狐惑陰陽毒》《瘧病》，卷三爲《中風歷節》《血痹虚勞》，卷四爲《肺痿肺癰咳嗽上氣》《奔豚》，卷五爲《胸痹心痛短氣》《腹滿寒疝宿食》，卷六爲《五臟風寒積聚》《痰飲咳嗽》，卷七爲《消渴小便不利淋病》《水氣》，卷八爲《黄疸》《驚悸吐衄下血胸滿瘀血》，卷九爲《嘔吐噦下利》《瘡癰腸癰浸淫》《趺蹶手指臂腫轉筋》，卷十未見（當爲《婦人妊娠》《婦人産後》和《婦人雜病》）。本書對醫理闡述頗爲另類，如在解釋胸痹“人參湯亦主之”的機理時，其云：“表裏氣液俱虚，樞合樞關機滯，以人參湯增液固陽，利樞機。”與他人所注不同。有些名詞術語及内涵似爲戈氏所獨有，不易讀懂。本書還有多處參見文字，如卷一“白虎加人參湯”方後出注云“方解見太陽篇”，卷八“烏梅丸主之”後出注爲“論注方注見厥陰篇”等，凡十餘處。故閱讀本書時尚須參閱《傷寒指歸》。此外，此書頁眉處有多處眉批，疑爲抄者所寫，有些批語頗類戈氏所言，如：“剛痙是半表經道之筋失陽氣陰液柔和，强而急。”“柔痙是陰液外出毛竅多，半表經道之筋不柔而急。”有些眉批則十分淺顯，如“整栝蔞爲實，非謂栝蔞仁爲實也”，“敗醬，草名，非醬坊之敗醬也”等。也有一些屬誤注，顯示眉批者的學術水平不高。

指歸，是指宗旨或意向之所在。以“指歸”命名的書籍，多爲對經典著作的解釋，如唐代有《道德真經指歸》等。本書以戈氏個人見解對張仲景《金匱要略》逐詞逐句作詮釋，其所述醫理與其他解經之作，如徐忠可《論注》、程雲來《直解》、尤在涇《心典》、黄元御《懸解》頗不相同，可稱獨樹一幟。而後世對戈氏之書的引用、評價亦不多見，這可能與本書中所述醫理及名詞術語難以理解有關，值得研究。

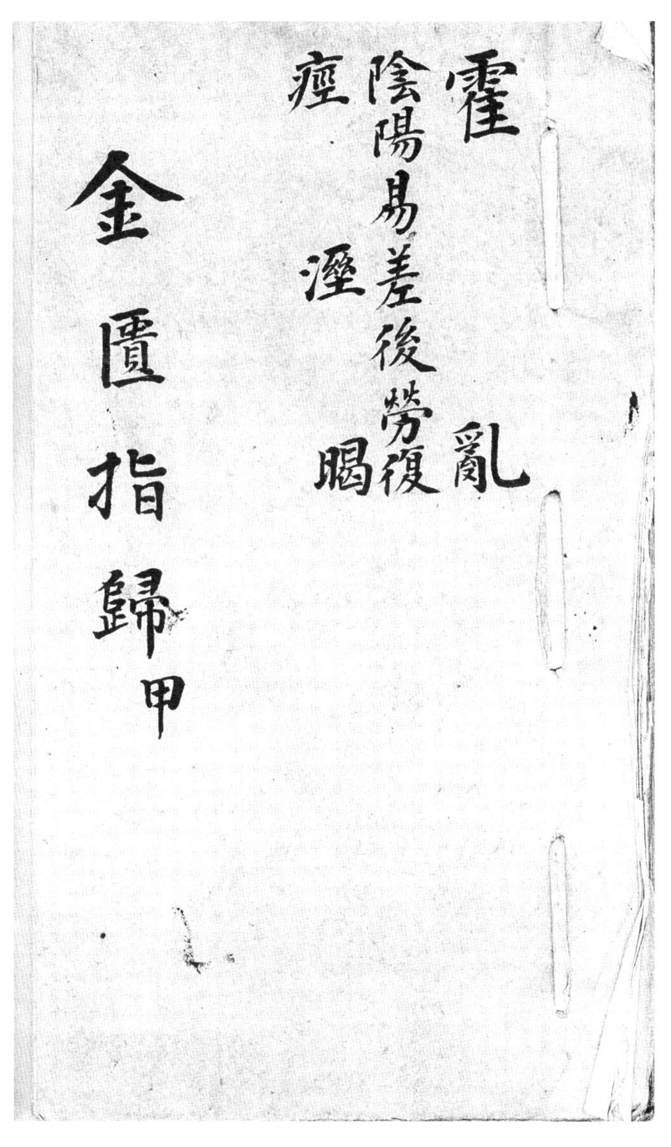

半表上亥水之陰居半裏上陰失陽運而化濁證口唾濁沫陰勝於裏陰失陽温證時時發寒曰多唾濁沫時時振寒陽數半表上所陽失陰和陰居半裏上所陰失陽運陰液及血為之凝滯蓄結之陰壅塞成膿其膿吐出如米粥形曰熱之所過血為之凝滯蓄結癰膿吐如米粥陰液及血始壅塞者可以救藥久壅膿成血敗則死曰始萌可救膿成則死

上氣面浮腫肩息其脈浮大不治又加利尤甚上氣喘而躁者此為肺脹欲作風水發汗則愈

上半表上也面屬半裏上也半表上陽氣不闔於午半裏上肌肉中陰氣逆而不降面部肌浮曰上氣面浮腫陽氣不闔於午其氣升而不降外證擡肩曰肩息加上也尤從乙乙屈也脈道

說文尤異也從乙乙十幹名東方木行也京房易傳乙屈也

042 金匱要略方

《金匱要略方》，三卷，兩册。東漢張仲景著，明代吴遷抄録。吴遷（1323-？），字景長，蘇州（今屬江蘇）人。據該本自跋與所附《北宋國子監牒文》，係吴遷抄于明洪武二十八年（1395），所據底本爲北宋紹聖三年（1096）國子監所刻小字本。有印記多枚，除"吴遷印""吴景長""吴遷景長蘭室秘藏醫書藥方志此印章"外，尚有"安樂堂藏書""明善堂覽書畫印記""仁龢朱澂""子清真賞""結一廬藏書印""仁龢朱復廬校藏書籍""徐乃昌讀"等，據此可推知此鈔本之流傳過程。每半葉版框，縱十四點八厘米，横十點四厘米，每半葉十二行，每行二十四字。第一册爲卷上，凡三十一葉，前有扉紙一葉，題爲"明鈔本金匱要略方二卷仲炤先生世守秘笈徐乃昌題"，後附印章一方。其中"叙"一葉，目録與正文三十葉。第二册爲卷中、卷下，共五十一葉。其中卷中三十葉半，卷中與卷下之間空半葉，卷下十八葉，牒文一葉半，識半葉。第二册第九葉與第十一葉、第十八葉與第五十葉分别誤裝。背紙爲平湖陳堯道《中庸五十義》，目録與正文用《中庸會要》與《大學會要》卷二。陳堯道係南宋人，有《春日田園雜興詩》傳世。《宋史·藝文志》載"陳堯道《中庸説》十三卷，又《大學説》十一卷"。此外，此本有粘貼于天頭的三十四條附箋，有的附箋已經脱落，夾在書内，筆勢與正文相仿，内容概屬文字校勘。現藏于上海圖書館。

吴遷鈔本的價值至少表現在三個方面：其一，該鈔本問世于六百多年前，本身已屬于珍貴的孤本文物。其二，如前所述，該本抄録于陳堯道《中庸五十義》《大學會要》等的背面，留存了宋刻本的真貌。其三，宋以前《金匱要略》業已亡佚，該本是目前所能見到的《金匱要略》的最早版本，從中可略窺宋版《金匱要略》之舊貌。爲此，該本已被列入《國家珍貴古籍名録》。

吴遷鈔本的文獻價值主要表現爲與現今通行的鄧珍本、趙開美本等有較多的差异，因而可用以糾正現行傳本的諸多錯誤。如鄧珍本《腹滿寒疝宿食病脉證治第十》："病者腹滿，按之不痛爲虚，實者爲實，可下之。"其中"實者爲實"，吴本作"痛者爲實"，與上文"不痛爲虚"相反而言，當是。再如鄧珍本《果實菜穀禁忌并治第二十五》："蓼和生魚食之，令人奪氣，陰欬疼痛。"其中"欬"爲"咳"的異體字。"陰咳"不辭。吴本作"陰核"，指睾丸，《備急千金要方》卷二十六《菜蔬第三》同，可據。又如鄧珍本《禽獸魚蟲禁忌并治第二十四》："鳥獸有中毒箭死者，其肉有毒，解之方：大豆煮汁及鹽汁，服之，解。"其中"大豆煮汁及鹽汁，服之，解"，吴本爲"煮大豆及藍汁，服之，解"。"鹽"作藍。《備急千金要方》卷二十五《火瘡第四》"治卒被毒矢方"謂"擣藍汁一升飲之"，《外臺秘要》卷三十一《解飲食相害成病百件》"又禽獸有中毒箭死者，其肉有毒，可以藍汁、大豆解射罔也"，并作"藍汁"。《肘後備急方》卷七有多篇講到解毒用藍汁，而無一條説用鹽汁。藍，《神農本草經》名藍實，功用"主解諸毒"。趙開美本等一并誤作"鹽汁"。

據上而言，《金匱要略方》具有極高的學術價值，可供中醫工作者與版本愛好者參考。

方臣奇嘗讀魏志華佗傳云出書一卷曰此書可以活人每觀華佗凡所療病多尚奇怪不合聖人之經臣奇謂活人者必仲景書也大抵炎農聖法屬　我國家恭惟
主上丕承大統　撫育元元　頒行方書　拯濟疾苦使和氣盈溢而萬物莫不盡和矣太子右贊善大夫臣高保衡尚書都官員外郎臣孫奇尚書司封郎中充祕閣校理臣林億等謹上

金匱要略方敘

仲景金匱錄岐黃難素之方近將千卷患其混雜煩重有求難得故周流華裔九州之內收合奇異捃拾遺逸揀選諸經筋髓以為要略一編其諸救療暴病使知其次第凡此藥石者是諸神仙之所造服之將之固無夭橫或治療不早或被師誤幸具詳焉

金匱要略方卷上

漢張仲景述　晉王叔和集　臣林億等詮次

問曰上工治未病何也師曰夫治未病者見肝之病知肝傳脾當先實脾四季脾正不受邪即勿補之中工不曉相傳見肝之病不解實脾惟治肝也夫肝之病補用酸助用焦苦益用甘味之藥調之酸入肝焦苦入心甘入脾脾能傷腎腎氣微弱則水不行水不行則心火氣盛火氣盛則傷肺肺被傷則金氣不行金氣不行則肝氣盛則肝自愈此治肝補之要妙也肝虛則用此法實則不在用之經云虛虛實實補不足損有餘是其義也餘藏準此夫人稟五常因風氣而生長風氣雖能生萬物亦能害萬物如水能浮舟亦能覆舟若五藏元真通暢人即安和客氣邪風中人多死千般疢難不越三條一者經絡受邪入藏府

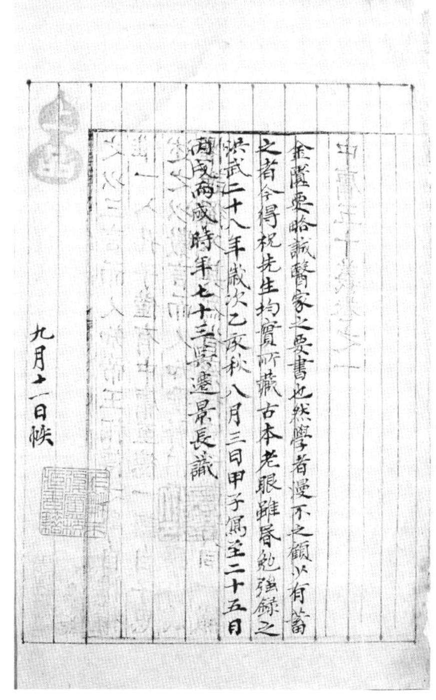
金匱要略誠醫家之要書也然學者憂不之覩以有箇之者今得祝先生均實所藏古本老眼雖昏勉強錄之
洪武二十八年歲次乙亥秋八月三日甲子寫至二十五日
丙戌而成時年七十三吳遷景長識

九月十一日校

為內所因也二者四肢九竅血脉相傳壅塞不通為外皮膚所中也三者房室金刃蟲獸所傷以此詳之病由都盡若人能養慎莫令邪風干忤經絡適中經絡未流傳府藏即醫治之四肢亦覺重滯即導引吐納針灸膏摩勿令九竅閉塞更能無犯王法禽獸災傷房室勿令竭之服食節其冷熱苦酸辛甘不遺形體有衰病則無由入其腠理腠者是三焦通會元真之處為血氣所注理者是皮膚藏府之文理也

藏府經絡先後病脉證第一
痓濕暍病脉證并治第二
百合狐惑陰陽毒病脉證并治第三
瘧病脉證并治第四
中風歷節病脉證并治第五
血痺虛勞病脉證并治第六
肺痿肺癰欬嗽上氣病脉證并治第七
奔肫氣病脉證并治第八
胷痺心痛短氣病脉證并治第九
腹滿寒疝宿食病脉證并治第十

藏府經絡先後病脉證第一

問曰病人有氣色見於面部願聞其說師曰鼻頭青色腹中痛苦冷者死（一云腹中冷苦痛者死）鼻頭色微黑者有水氣色黃者胷上有寒色白者亡血色設微赤非時者死其目正圓者痓不治又色青為痛色黑為勞色赤為風色黃者便難色鮮明者有留飲

師曰病人語聲寂寂然喜驚呼者骨節間病語聲喑喑然不徹

行仍關屬去處主者一依
勑命指揮施行
紹聖三年六月　日雕
集慶軍節度推官監國子監書庫向　宗愬
承務郎監國子監書庫曾　緷
延安府臨真縣令監國子監書庫鄧　平
潁州萬壽縣令監國子監書庫郭　直卿
宣義郎國子監主簿王　仲薿
通直郎國子監丞武騎尉檀　宏益
朝散郎守國子監司業上輕車都尉賜緋魚袋趙　挺之
朝奉郎守國子司業兼侍講雲騎尉龔　原

治平三年三月十九日
進呈奉
聖旨鏤板施行
朝奉郎守太子右贊善大夫同校正醫書騎都尉賜緋魚袋臣高　保衡
朝奉郎守尚書都官員外郎同校正醫書騎都尉臣孫　奇
朝奉郎守尚書司封郎中充秘閣校理判登聞檢院上護軍賜緋魚袋臣林　億
龍圖閣直學士朝散大夫守尚書工部侍郎兼侍講知審刑院事兼判少府監提舉醫書校正醫書上柱國彭城郡開國公食邑二千一百戶食實封二百戶賜紫金魚袋臣錢　象先

043 金匱要略正義

《金匱要略正義》，上下兩卷。清朱光被著。朱光被，字峻明，生平不詳。1805年，柳沜散人元胤（丹波元胤）命門徒整理抄録。本書有目録，無序，有“文化乙丑仲秋識于蒼雪山房南軒柳沜散人元胤”跋一篇。“余姚謝氏永耀樓藏書”“上海中醫學院圖書館藏書章”印章兩枚。封面題“金匱正義”，首頁書“張長沙仲景氏著，後學朱光被峻明氏注”。現藏于上海中醫藥大學圖書館。

書末丹波元胤跋云：“朱峻明所著鈔本二卷……其編第與目次不合，行墨間塗乙點圈，加以硃筆，無序及跋文，其潦草牽率，似未全脱稿者。”可知丹波元胤所獲鈔本爲朱氏未定稿本，無序及跋文，編第及目次不合。現所見丹波元胤鈔本，篇目次第與林億校本《金匱要略方論》相同，可知原書稿已經丹波元胤重新整理。

觀本書内容，知朱氏對《金匱要略》頗有研究，造詣甚深。本書將《金匱要略》原文逐條辨析注釋，審其旨趣，窮其幽隱，多有心得。如《臟腑經絡先後病脈證第一》條：“問曰：上工治未病，何也？師曰，夫治未病者，見肝之病，知肝傳脾，當先實脾，四季脾王不受邪，即勿補之。”朱氏注此條云：“此章示人知病邪有傳變，補瀉有定法，爲治百病之權衡也。蓋五行之氣，子母相生而亦乘勝相加，故經言七傳者死，間藏者生。七傳者，《難經》所云傳其所勝也。則肝病實脾之旨，實開千古治病之法門。但一臟有一臟之體用，相乘有相乘之虚實，故即肝臟以例其餘。如肝病而虚者，其病氣復欲傳脾，則本氣愈虚而脾臟復傷。當此之時，何以調治，故仲景於病氣未傳之先，而立委曲綢繆之法。”朱氏注解不但從文字上對《金匱要略》内容加以分析解釋，而且還運用五行生克理論，詳細闡明病之傳變過程、治療原則。

本書間附《千金方》《外臺秘要》等名方，補《金匱要略》之未備，可看出朱氏崇"經"而不拘于"經"的治學態度。本書對學習和研究《金匱要略》頗有參考價值。

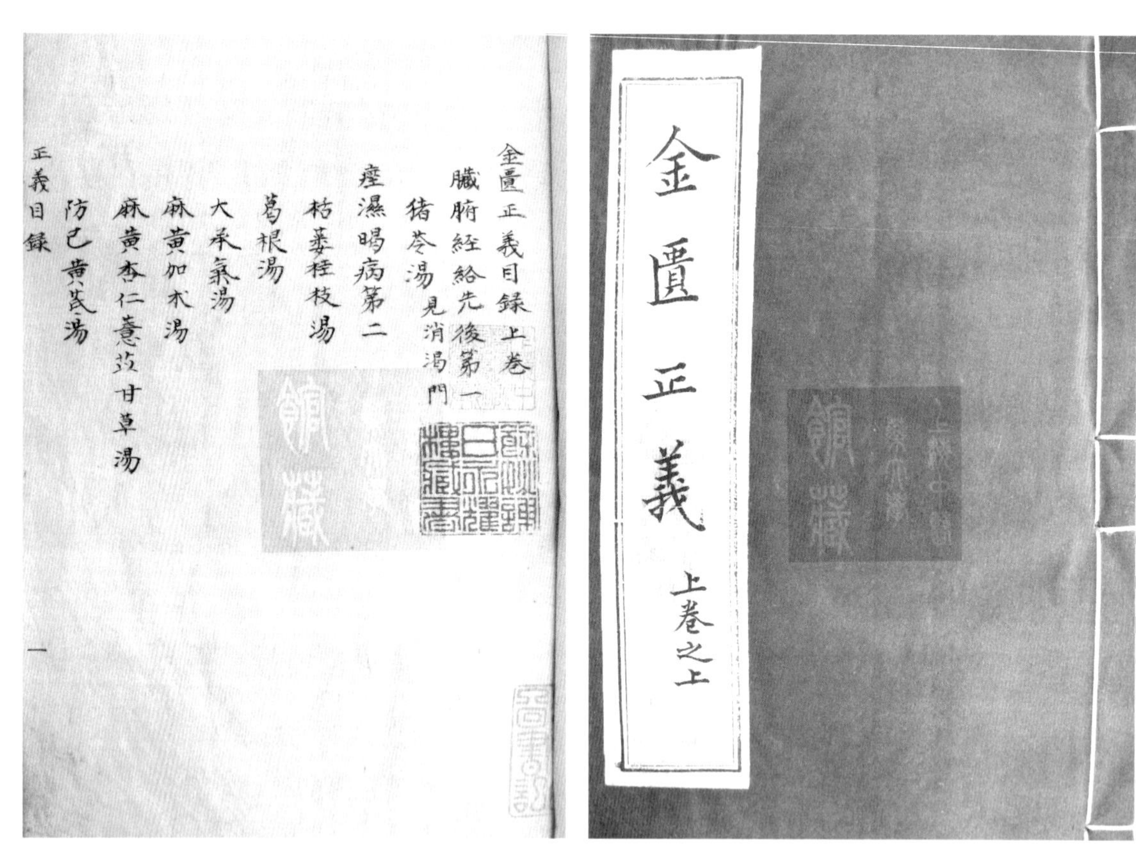

金匱正義
上卷之上

金匱正義目録上卷
臟腑經絡先後第一
猪苓湯見消渴門
痓濕暍病第二
栝蔞桂枝湯
葛根湯
大承氣湯
麻黄加朮湯
麻黄杏仁薏苡甘草湯
防己黄芪湯

正義目録　一

金匱要畧正義上卷

張長沙仲景氏著　後学朱光被峻明氏註

臟腑經絡先後病脉證第一

問曰上工治未病何也師曰夫治未病者見肝之病知肝傳脾當先實脾四季脾王不受邪即勿補之中工不曉相傳見肝之病不解實脾惟治肝也夫肝之病補用酸助用焦苦益用甘味之藥調之酸入肝焦苦入心甘入脾脾能傷腎腎氣微弱則水不行水不行則心火氣盛則傷肺肺被傷則金氣不行金氣不行則肝氣盛則肝自愈此治肝補脾之要妙也肝虚則用此法實則不在用之經曰虚虚

在表者宜梔子栢皮湯在裡者茵陳蒿湯寒濕在裏朮附湯濕熱在表麻黄加朮湯可也

脉也故曰此名中濕以濕性沉着痺其清陽氣不宣化使然清肅不行故小便不利濕走濁道故大便反快惟一利其小便使膀胱之氣化行濕自祛而諸證自已矣利小便即是開太陽法此太陽中濕之正治

濕家之為病一身盡疼發熱身色如熏黄也

前條關節疼痛而煩尚兼表邪故開太陽可解若濕邪浸淫不解鬱蒸為熱中州坐困勢必濕遍周身不止僅流關節矣濕甚則熱深身色如熏黄矣濕家之為病若此不可不細分表裏寒熱而施治也

濕家其人但頭汗出背強欲得覆被向火若下之早則噦

044 金匱要略纂要

《金匱要略纂要》，不分卷，一册。清雪漁抄。抄者生平不詳。成書于清乾隆元年（1736）。有目録，無序跋、凡例。現存鈔本，藏于上海圖書館。

是本摘録《金匱要略》原文二十五篇。原文旁有小字注釋，内容爲引用《素問》《靈樞》《脈經》《諸病源候論》等詳述原文，充實《金匱要略》未備之文，詳釋或補充其治療方藥，引《外臺秘要》、劉河間方等治《金匱要略》中諸證。如《痙濕暍病脈證第二》“葛根湯”條注釋曰:“此上該補傷寒經二條則完備。一條:太陽病，項背强几几，反汗出惡風者，桂枝加葛根湯主之;一條:太陽病，項背强几几，無汗惡風，葛根湯主之。”《臟腑經絡先後病脈證第一》篇“猪苓湯”條後，注釋曰:“渴屬上焦燥熱，宜花粉;渴在胃，宜葛根;渴在陽分，宜白虎湯;渴屬太陽餘邪，宜五苓散。今渴在臟，不專在腑，則以猪苓湯爲攻其所得也。”《瘧病脈證并治第四》篇蜀漆散方後補充《外臺》牡蠣湯,《外臺》柴胡去半夏加栝蔞根湯,《外臺》柴胡桂薑湯三方治療牡瘧、勞瘧等瘧證，引朱丹溪病案説明“少陰瘧”“厥陰瘧”“太陰瘧”有晝夜之分，立新方“黄芪、白术、當歸、何首烏、橘紅等分，以生薑自然汁爲丸”，治療貧而無力服參之久病者。是本不僅發揮補充了《金匱要略》諸證、諸法及諸方藥，而且補充了諸證飲食禁忌及解毒諸方藥。如在《禽獸魚蟲禁忌并治第二十四》篇中提出“所食之味，有與病相宜，有與身爲害，若得宜則益體，害則成疾”的飲食指導原則。在《禽獸魚蟲禁忌》及《果實菜穀禁忌》篇中列舉了不當飲食所致人體諸病證及解毒方法與方藥等。

是本對《金匱要略》原文加以注釋，并補充其不足之處，對于研讀《金匱要略》與臨證應用諸方均有一定參考價值。

金匱要畧目

瘧

瘧病脈證并治第四

師曰：瘧脈自弦，弦數者多熱，弦遲者多寒，弦小緊者下之差，弦遲者可溫之，弦緊者可發汗針灸也，浮大者可吐之，弦數者風發也，以飲食消息止之。

病瘧以月一日發，當以十五日愈，設不差，當月盡解，如其不解，當云何？師曰：此結為癥瘕，名曰瘧母，急治之，宜鱉甲煎丸。

師曰：陰氣孤絕，陽氣獨發，則熱而少氣煩冤，手足熱而欲嘔，名曰癉瘧。若但熱不寒者，邪氣內藏于心，外舍分肉之間，令人消爍脫肉。

溫瘧者，其脈如平，身無寒但熱，骨節疼煩，時嘔，白虎加桂枝湯主之。

瘧多寒者，名曰牡瘧，蜀漆散主之。

鱉甲煎丸方

鱉甲 烏扇 黃芩 柴胡 鼠婦 乾薑 大黃 芍藥 桂枝 葶藶 石葦 厚朴 牡丹 瞿麥 紫葳 半夏 人參 䗪虫 阿膠 蜂窠 赤硝 蜣螂 桃仁

白虎加桂枝湯方

知母 石膏 甘草 粳米 桂

蜀漆散方

蜀漆 雲母 龍骨

凡水及酒照見人影動者，不可飲之。

醋合酪食之，令人血瘕。

食白粥勿食生蒼耳，成走疰。

食甜粥已，食鹽即吐。

犀角筯攪飲食沫出，及澆地墳起者，食之殺人。

飲食中毒煩滿治之方 苦參三兩 苦酒一升半 右二味煮三沸，三上三下，服之吐食出即差，或以水煮亦得。又犀角湯亦佳。

貪食食多不消，心腹堅滿痛治之方 鹽一升 水三升 右二味煮令鹽消，分三服，當吐食出便差。

礬石生入腹，破人心肝，亦禁水。

商陸以水服殺人。

葶藶子傅頭瘡，藥成入腦殺人。

水銀入人耳及六畜等皆死，以金銀着耳邊，水銀則吐。

苦楝無子者殺人。

凡諸毒多是假毒以損元，知時宜煮甘草薺苨汁飲之，通治諸毒藥。

言諸藥解毒不若此味之精當，亦可悟解毒之藥概取甘涼矣。

昔乾隆丙辰荷月抄錄於禾之補堂中　雪漁記

045 修補傷寒金鏡録辨舌世驗精法

《修補傷寒金鏡録辨舌世驗精法》，不分卷，一册。明張吾仁著。張吾仁，號春臺，河東古芮（今山西芮城）人。《修補傷寒金鏡録辨舌世驗精法》成書于萬曆庚申年（1620），是在元代敖氏《傷寒金鏡録》的基礎上，結合自己的臨床經驗體會加工而成。卷首有芮城知縣王鳳來序，序中盛贊張氏之醫術，又爲"環晋之人，猶有未之知者"而感到惋惜。該書于清康熙五年（1666）由張氏之孫張于喬（字孟遷）復刻。該本即根據康熙復刻本抄録，現藏于上海圖書館。《中國中醫古籍總目》未收載。

此本可分兩部分，前半部分爲《傷寒舌書世驗精法》。首載《舌法論治》和《治胎捷法》，爲驗舌療症的理論闡述和簡易的去苔方法，其後抄録傷寒病全部三十六種舌象及治法，頁眉上繪有舌象圖，每種舌象後間有張吾仁按語。另外，張于喬刻本後又附百解丹一首，并稱"此丹雖係异人口授，深合張長沙之旨也。祖施此藥救活者，不可勝數"，可知此藥對時疫是有療效的。後半部分是與治療傷寒病相關的理論闡述。包括《論傷寒脈與雜病不同》《論仲景立方主意微妙》《論陰症有傳經直中之不同》等篇。另外，鈔本中還收録有關傷寒的一些歌訣，如"傷寒宜知十款"，從温補宜戒、發表宜先、攻裏宜急、表裏宜明、和解宜用、吐法宜行、温經宜酌、厥逆宜便、邪去宜止、脈理宜詳十個方面闡述傷寒治療要點，每款前有詩歌四句，然後再詳細論述。又有"看症""察色""聽聲""診脈"的"傷寒要訣"各一首，均爲五言或七言歌訣。最後是新撰的《西江月》三首，分别論述"認病""辨經"和"六經脈症"。

敖氏《傷寒金鏡録》原著已佚，而由杜本（原父、清碧先生）增訂的傳本及翻刻本不少。該鈔本以敖氏《傷寒金鏡録》爲基礎，加上張氏自己的臨床經驗而成，以驗舌療症，在臨床上有一定的意義。其可貴之處還在于張氏并不强調單憑舌象療症，還從其他各方面進行參合辨證。鈔本後記説："業此者，臨症用心處之，觀形色，聽聲音，審端的，診脈息，更參氣運而施治，可奏效於萬全矣。"有一定的臨床參考意義和文獻學價值。

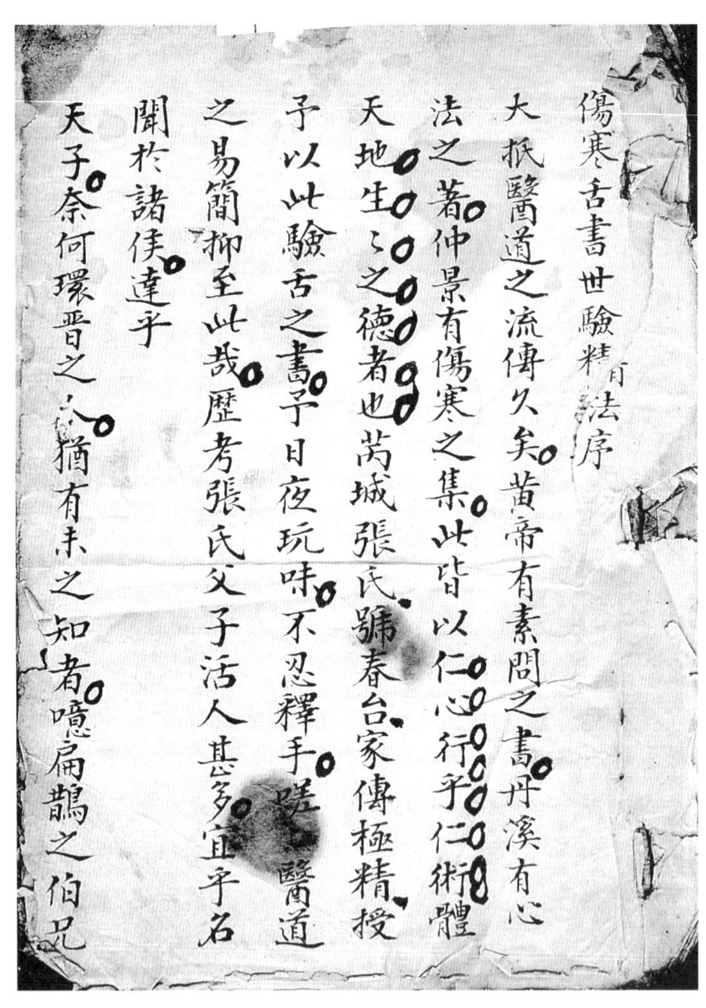

傷寒舌書世驗精法序
大抵醫道之流傳久矣黄帝有素問之書丹溪有心
法之著仲景有傷寒之集此皆以仁心行乎仁術體
天地生生之德者也芮城張氏號春台家傳極精授
予以此驗舌之書予日夜玩味不忍釋手嗟醫道
之易簡抑至此哉歷考張氏父子活人甚多宜乎名
聞於諸侯達乎
天子奈何環晉之猶有未之知者噫扁鵲之伯兄

視色而名不出家仲足視毫毛而名不出門醫愈精
而名愈闇者亦自古皆然也又何患乎張氏之不以
名顯也雖然醫在心而不在名也春台諱以仁名行
乎吾仁足矣元敖氏傳此書明張氏行此書謂與扁
鵲爭衡可矣亦可謂名之至矣予又何為贅言哉是
爲序
旹
萬曆庚申歲仲春吉旦文林郎知蔿城縣事滇南舉
人王鳳來頓首書

脩補傷寒金鏡錄辨舌世驗精法
天中保和堂重梓河東古蔿春台張吾仁纂著
孫庠生孟遷于喬手錄　　邑後學姚廷鳳　李芸
評王者佐　趙景星叅閱張呈祥　李國儒校正

舌法論治乃王氏祖自仲景者翼敖氏之未竟也因集之可以備叅

或問傷寒舌生胎者何也然手少陰心與足少陰腎
同經腎之脉絡於舌本舌乃心之苗腎為津液之府

046 陳修園金匱要略淺注摘要

《陳修園金匱要略淺注摘要》，不分卷，一册。清黄子言編集。黄子言，活躍于嘉慶年間，生平不詳，另有稿本《醫學日評》、鈔本《傷寒論淺注條論摘要》等傳世。是書成于清嘉慶八年(1803)。無序跋。現存稿本，藏于上海中醫藥大學圖書館。

本書輯録陳修園《金匱要略淺注》的注釋内容，包括《臟腑經絡先後病脈證》《百合狐惑陰陽毒病證治》《瘧病脈證并治》《中風歷節病脈證并治》《血痹虚勞病脈證并治》等前二十二篇。其後《雜療方》《禽獸魚蟲禁忌并治》《果實菜穀禁忌并治》三篇，因陳修園僅"刻録其原文，不加一字注解"，因而無所輯録。

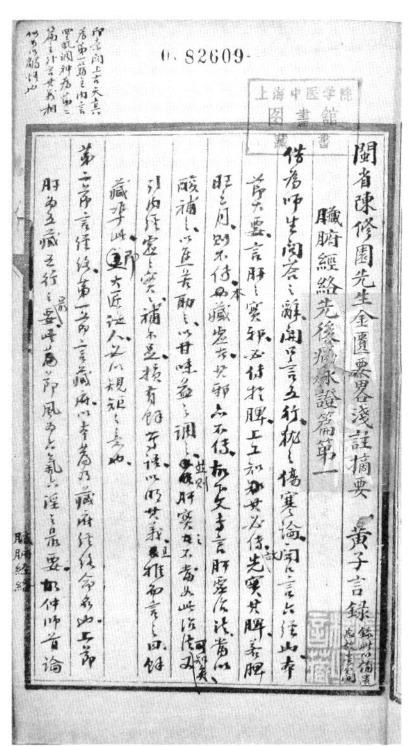

閩省陳修園先生金匱要畧淺註摘要　黄子言録

臟腑經絡先後病脉證篇第一

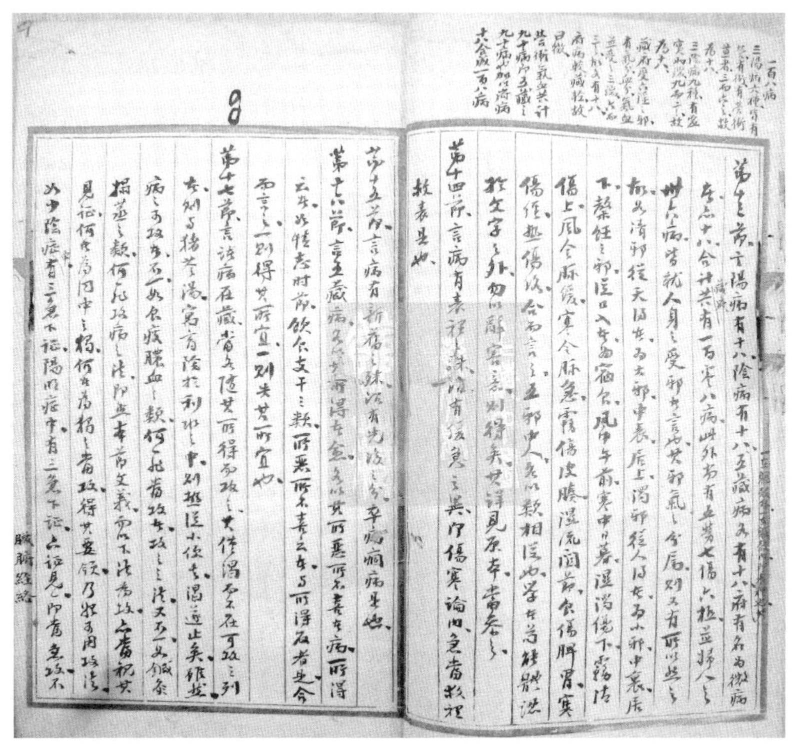

047 陳修園傷寒論淺注條論摘要

《陳修園傷寒論淺注條論摘要》，五卷，三册。清黄子言編著。此書約成于清嘉慶八年（1803）。書首曰："恐遺忘，故摘而備覽。"可見本書爲摘録陳修園《傷寒論淺注》主要内容而成。現存稿本，藏于上海中醫藥大學圖書館。

是書卷一爲辨太陽病脈證篇，載太陽中風證、太陽傷寒證、太陽温病、傷寒傳經、桂枝湯證、桂枝加附子湯證、桂枝麻黄各半湯證、葛根湯證等。卷二載麻黄湯證、表邪誤下後之桂枝加厚朴杏子湯證，汗吐下太過後之乾薑附子湯證、桂枝新加湯證、桂枝甘草湯證、茯苓桂枝甘草大棗湯證、梔子豉湯證、真武湯證，及不可發汗證、小柴胡湯證、小建中湯證、桃核承氣湯證、火逆證等。卷三列抵當湯證、結胸證、熱入血室證、柴胡桂枝乾薑湯證、痞證、赤石脂禹餘糧湯證、臟結證等。卷四爲辨陽明病脈證，載陽明胃家實、承氣湯證、白虎加人参湯證、黄疸等。卷五爲辨少陽脈證、太陰脈證、少陰脈證，載少陽半表半裏證、太陰病脈證治法、少陰寒證、少陰熱化證、附子湯證、桃花湯證、咽痛證、四逆湯證等；另有厥陰病證、厥證、不治之證、茯苓甘草湯證、圊膿血證、白頭翁湯證、吴茱萸湯證等；後爲辨霍亂病脈證并治法，載五苓散證、理中丸證等；辨陰陽易差後勞復脈證，載牡蠣澤瀉散證、竹葉石膏湯證等。書末爲辨痙濕暍脈證，載甘草附子湯證、麻黄杏仁薏苡甘草湯證等。

本書體例内容大致按原著，但有摘録者的個人見解。如論太陽病，"太陽氣爲病，脈浮，惡寒，經爲病，頸項强痛，此太陽病之提綱大要也。"若干條論後有章節小結，歸納主要内容。天頭有眉批，間有作者之見，如認爲"太陽傷寒中風之外，别有温病"等。本書對加深理解《傷寒論》原文有參考價值。

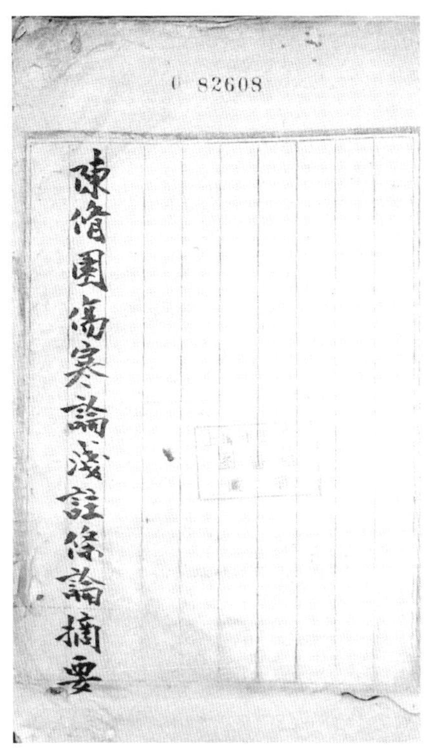
0 82608

陳修園傷寒論淺註條論摘要

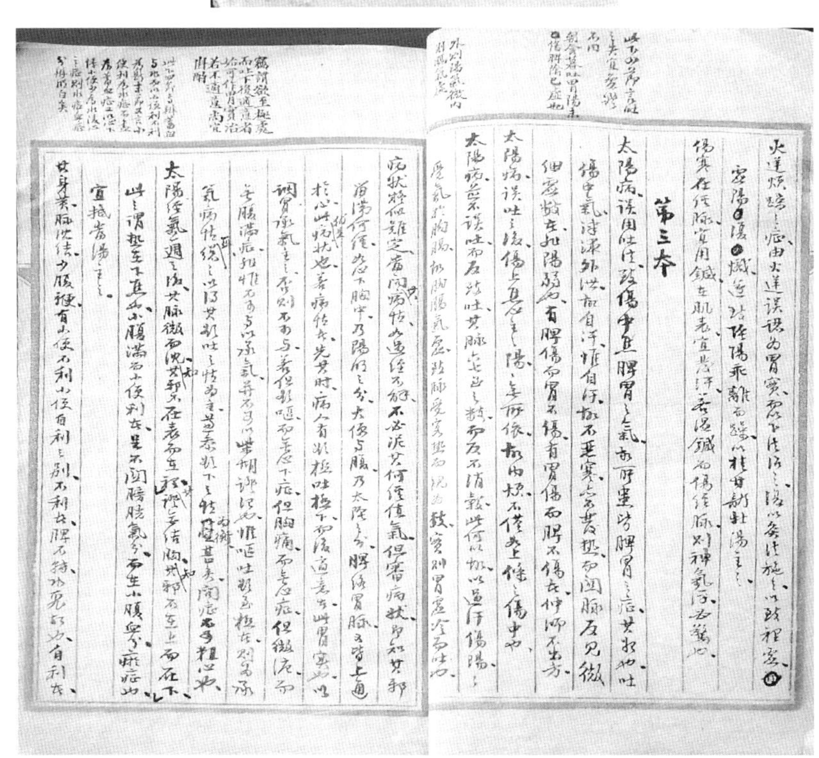

048 寄夢廬傷寒述注

《寄夢廬傷寒述注》，八卷。清秦冠瑞撰。秦冠瑞，字倜松，古疁（今上海嘉定）人。李鴻章于同治元年十一月《奏請獎叙上海商船捐輸各户折》所附清單中對他有所提及。是書約成于清光緒十六年（1890）。現存稿本，藏于上海中醫藥大學圖書館。

卷首有《傷寒雜病論》原序、諸家之序及著者自序。卷一列傷寒例、辨痙濕暍病脈證、辨脈法、平脈法；卷二列太陽病篇；卷三列陽明病篇；卷四列少陽、太陰病篇；卷五列少陰、厥陰病篇；卷六列可汗吐下證、不可汗吐下證及傷寒類證，如温病、痙病、濕病、霍亂、差後勞復陰陽易等；卷七至卷八爲方解。

本書《傷寒論》經文悉遵王叔和原文，經文圈點悉依徐靈胎先生批本。經文章節仿包誠《傷寒審證表》，將原文按本病、經病、臟病、腑病、壞病及傳腑、傳臟、入陽、入陰等分類編排，使初學者知某條經病、某條腑病、某條症已傳腑、某條症已傳臟、宜汗、宜下、宜和，不致妄爲。條文下注釋悉録前人要語，較少著者之見；即便著者之語，亦參照《内經》《外臺秘要》《千金方》諸書。并將《傷寒審證表》中未纂入之《傷寒論》原文另立一册，按六經分法附于卷末，包括太陽方藥解、陽明方解、少陽方解、太陰方解、少陰方解、厥陰方解、濕病方解、霍亂方解、差後勞復陰陽易方解等内容。本書對學習《傷寒論》有參考價值。

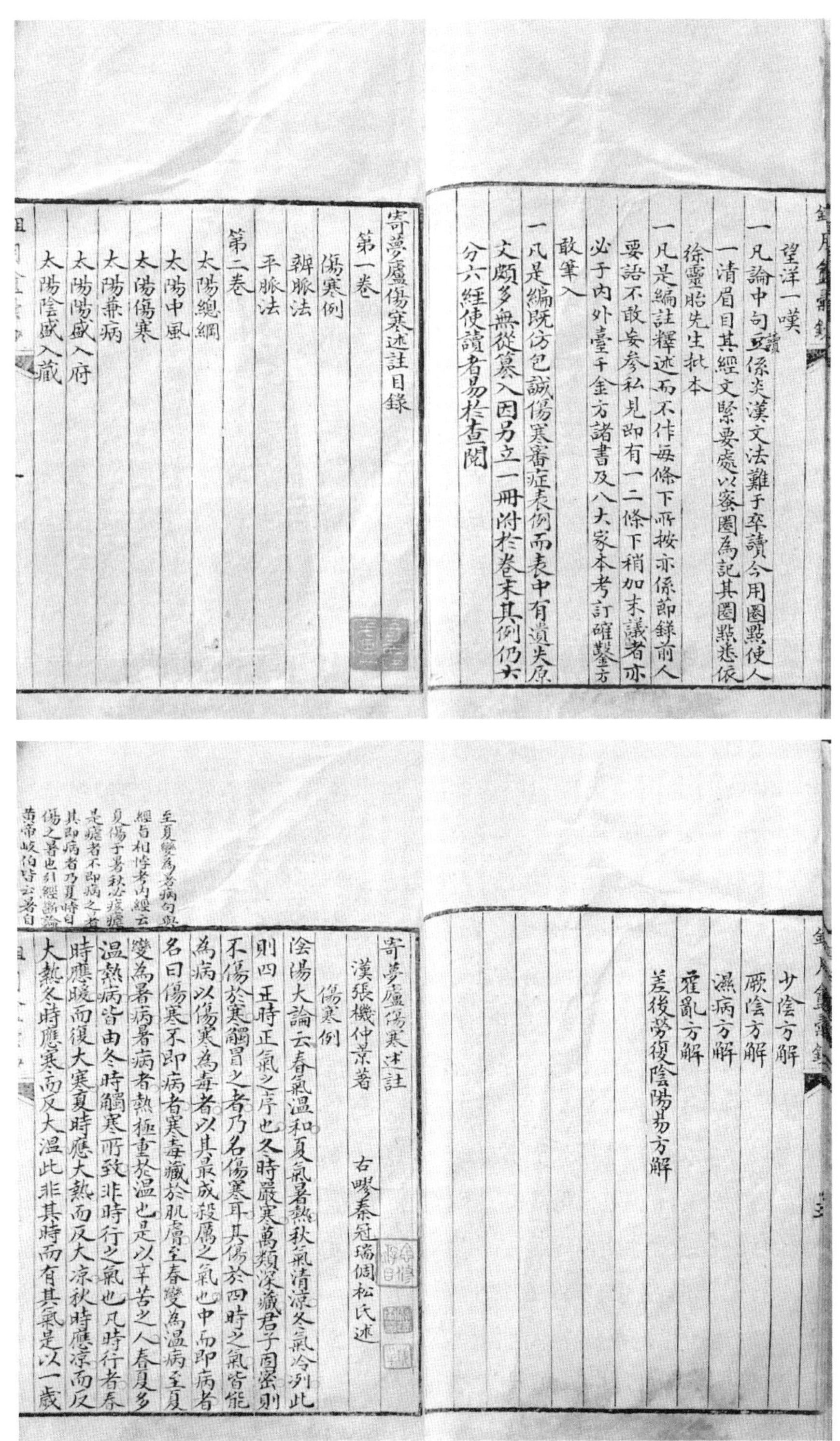
望洋一嘆

一凡論中句豆讀係炎漢文法難于卒讀今用圈點使人

一清眉目其經文緊要處以密圈爲記其圈點悉依

徐靈胎先生批本

一凡是編註釋述而不作每條下所按亦係節錄前人要語不敢妄參私見間有一二條下稍加末議者亦必于內外臺千金方諸書及八大家本考訂確鑿方敢筆入

一凡是編既仿包誠傷寒審症表例而表中有遺失原文頗多無從纂入因另立一冊附於卷末其例仍以分六經使讀者易於查閱

寄夢廬傷寒述註目錄

第一卷

傷寒例

辨脈法

平脈法

第二卷

太陽總綱

太陽中風

太陽傷寒

太陽兼病

太陽陽盛入府

太陽陰盛入藏

少陰方解

厥陰方解

濕病方解

霍亂方解

差後勞復陰陽易方解

至夏變爲暑病句與經旨相悖考內經云夏傷于暑秋必痎瘧是瘧者不即病之者其即病者乃夏時日傷之暑也引經斷論黃帝岐伯皆云暑自

寄夢廬傷寒述註

漢張機仲景著　右暍秦冠瑞侗松氏述

傷寒例

陰陽大論云春氣溫和夏氣暑熱秋氣清涼冬氣冷冽此則四時正氣之序也冬時嚴寒萬類深藏君子固密則不傷於寒觸冒之者乃名傷寒耳其傷於四時之氣皆能爲病以傷寒爲毒者以其最成殺厲之氣也中而即病者名曰傷寒不即病者寒毒藏於肌膚至春變爲溫病至夏變爲暑病暑病者熱極重於溫也是以辛苦之人春夏多溫熱病皆由冬時觸寒所致非時行之氣也凡時行者春時應暖而復大寒夏時應大熱而反大涼秋時應涼而反大熱冬時應寒而反大溫此非其時而有其氣是以一歲

049 葉氏傷寒家秘

《葉氏傷寒家秘》，四卷。題葉桂天士撰。葉桂（1667-1746），字天士，號香巖，又號上津老人、南陽先生，吴縣（今屬江蘇）人，清代著名醫家。繼承發展金元諸家學説，以衛氣營血爲温熱病辨證的綱領，明確劃分温熱與傷寒治療界綫，奠定温病學派的基礎。著有《臨證指南醫案》《温熱論》等。書前載論一篇曰：因《仲景全書》歷年已久，遺失頗多，"而王叔和以斷簡殘編補遺方造論，陳（成）無己則論文注釋，集成全書，所以遺禍至今而未已也"。"今因老邁，恐後業是者不得其傳，遂將傷寒分經著症，傳變、經絡、察脈、觀形、問因、用藥，逐一開後論注症而症注脈，脈鈐法而法鈐方"。現存清鈔本，藏于上海中醫藥大學圖書館。

卷一列《辨傷寒温病熱病論》《傷寒審病問因察形正名總論》《傷寒傳經症治脈法要旨》《傷寒相關脈法》《傷寒陰陽症論》《傷寒合病併病論》《標本論》《傷寒至病所察各法》《傷寒諸禁忌法》《辨温病熱病時氣例》《辨類傷寒例》《可或不可汗吐下例》等六十一篇，并附方論四十九首。如《辨傷寒温病熱病論》作爲總論，分別闡述傷寒、寒疫、温病、熱病之别及其轉化，認爲"温熱二病"乃冬月伏寒之所變也，强調"傷寒乃病之總名，識其名則其效，雖有速遲，亦無失矣。不識其名而妄治者，中暑做熱病治之，亂投湯藥，濕温作風温治之，復加發汗，豈不死哉？今將各條明開于後，以便覽焉"。《傷寒審病問因察形正名總論》開篇明確指出審症問因、察形正名與脈對疾病診治的重要性，認爲"凡至病家，未診先問最爲有準"。後區别傷寒之輕重，并舉六經之形證，以證所生病症脈相同而藥無不靈。卷二列論傷寒發熱、惡寒、煩躁、汗、吐血例，辨傷寒無表裏症或表裏俱見等三十一篇，附方論六十首。卷三列辨傷寒呃逆、胸脅滿、咳喘、心下痞、發黄、發斑、結胸、譫語鄭聲、小便難或自利、大便不解等二十七篇，附方論一百二十首。卷四辨傷寒陰陽二症不可誤治論、陽證似陰、陰證似陽、除中、寒熱厥、狐惑、百合、痙痓、婦人傷寒、小兒傷寒等證，并詳列瘥後諸症，涉及遺毒、發豌豆瘡、勞復、食復、女勞復、陰陽易、虚弱、昏沉等，共五十二篇，附方論七十二首。如《小兒傷寒治例》闡述小兒傷寒六經治例皆同，但熱又各异，有膽熱、血熱、痰食熱等，强調雖發熱狀皆似傷寒，但需明辨。囑咐看小兒察面色爲先，并詳細介紹小兒虎口脈紋及食指絡脈顔色所主疾病、不同年齡兒童脈診方法及脈象所對應的疾病。列舉傷寒發熱兒童用藥“必以六君子湯主之，或加神麯、麥芽、山楂、砂仁、香附之類，如内實者加枳實、青皮，如不解加柴胡、黄連或黄芩之屬，若無熱宜服香砂保和丸亦佳”。强調兒童藥劑宜輕減，亦需注意審辨夾驚夾食傷寒皆在之病情。

是書内容豐富，注重病證的鑒别診治，尤其對温熱病的證治論説較詳，所論方劑，除仲景方外，增入後世驗方，對文獻研究及臨床均有一定參考價值。

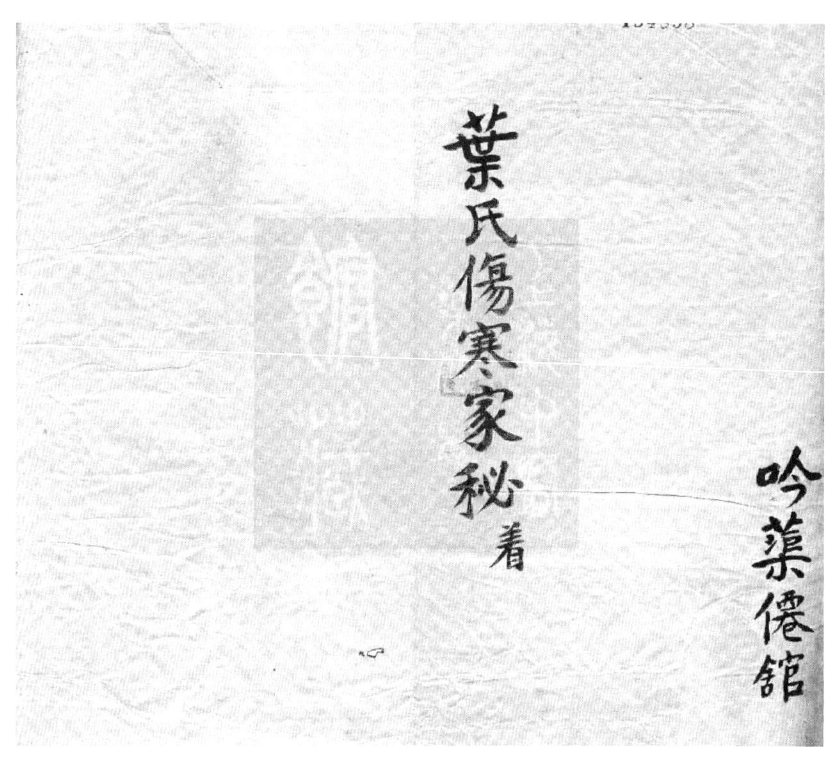

葉氏傷寒家秘

論

夫傷寒業擅專門者誠為重寄生死易如反掌雜病緩可取方傷寒全在活法原夫傷寒有傷寒論明理論活人書指掌圖其中有論缺方者有方缺論者有症無脉者有脉無法者悉非仲景全書原其歷年已久遺失頗多而王叔和以斷簡殘編補遺方造論陳無已則論文注釋集成全書所以遺禍至今而未已也當今庸醫治傷寒者一二日不問屬虛屬寔便用麻黄桂枝之類汗之三四日不問在經在腑便用柴胡葛根之類和之五六日不問在表在裏便用承氣之類下之以致內外俱虛變症蜂起大抵病人表裏虛實不同邪之傳變有異豈可以日數為準耶蓋風寒乃天之客邪其人中無常或入于陰或入于陽原無定體非但始太陽而終厥陰也或有自太陽始日傳一經六日傳至厥陰其邪氣衰不傳而愈者或有不罷再傳者或有即傳者或有間經而傳者或有傳一二經而止者或有始終止在一經者或有越經而傳者或有初入太陽不作鬱熱便入少陰而成真寒症者或有直中陰經而成真陰

論　一

卷一目錄

葉氏傷寒家秘全書卷一

蘇州葉　桂天士譔

辨傷寒温病熱病論

夫傷寒者自霜降後至春分之前天令嚴寒水氷地凍而成殺厲之氣人觸犯之即時病者為正傷寒若雖冬月而天令温暖人或感之則為冬温如至春分節後天令温暖人感壯熱而病者則為春温若雖至春分而天令尚寒氷雪未解人感其寒而病者亦傷寒也若三四五六七八月之間天道忽有暴寒感之為此此時行寒疫即為感冒傷寒也如夏至後人感壯熱脉洪大者則為熱病若四時天令不正感而為病者長幼相似互相傳染此名時氣又曰時疫蓋受天令疫癘之氣而為病乃非傷寒比也然又有温瘧風温濕温温毒温疫中風中濕中暑中暍等症一皆發熱狀似傷寒故醫以傷寒稱之其通稱傷寒者因發熱傳變皆相類也至用藥則不同矣但發表解肌略有分別且冬月為正傷寒者人之著寒而即病也壯者氣行則愈怯者著而成病若不即病至春變為温病至夏變為熱病夫温熱二病乃冬月伏寒之所變也既變之後不得復言

050 發明張仲景傷寒論方法正傳

《發明張仲景傷寒論方法正傳》，六卷。清程綬繩撰。程綬繩，字玉甫，生平不詳。本書約成于宣統三年（1911）。卷首有自序及凡例。現存鈔本，藏于上海中醫藥大學圖書館。

是本否定王叔和編次仲景書之序例，宗柯韻伯之意，將仲景三百九十七法重新加以編次。卷一爲重編傷寒論太陽經，先列中風傷寒提綱五條，後分列中風與傷寒。其中太陽經中風計五十四法，太陽經傷寒計七十五法，附過經不解計四法、壞病計二法。卷二爲重編傷寒論陽明經。其中正陽陽明計六十一法，太陽陽明計十三法，少陽陽明計三法。卷三爲重編傷寒論少陽經，計二十法，附合病計九法、併病計五法。卷四爲重編傷寒論太陰經，計九法。卷五爲重編傷寒論少陰經，計四十五法。卷六爲重編傷寒論厥陰經，計五十五法，附差後勞復病計六法、陰陽易病計一法、補遺計二十六法。

綜觀全書，有以下特點：一是將傷寒六經重新編次。如太陽經分中風與傷寒，陽明經分三陽明，而以正陽陽明爲主，太少兩陽明列後，少陽經分陽邪陰邪，厥陰經分寒厥熱厥，使後學者有層次可循。二是重新編排序列。先列原文，每條條文必究因析理，逐條細辨，雖深奥之醫理，俱能明晰無遺；次列原方，再列方論及其禁忌症，以釋其精微。如太陽中風篇首列桂枝湯，依次列出“桂枝湯主之”或“宜桂枝湯”的六條條文、桂枝湯的方藥組成及煎服法、桂枝湯方論、小兒用桂枝湯一則及何琳友《外感不可謬斷穀食》一則、禁用桂枝湯三條，并且逐一進行解釋，從而使讀者全面、深入瞭解桂枝湯。三是書中句讀處加以圈點標明，使讀者一目瞭然。四是宗柯琴《傷寒論翼》之説，以探討仲景之旨。凡柯韵伯所已言者，無不注明于各條之中；即使柯氏所未言者，如太陽之風寒兩途、少陰之陰邪陽邪、水火二氣與厥陰之陰厥陽厥等，作者也無不推廣其意而發明于各條之下。

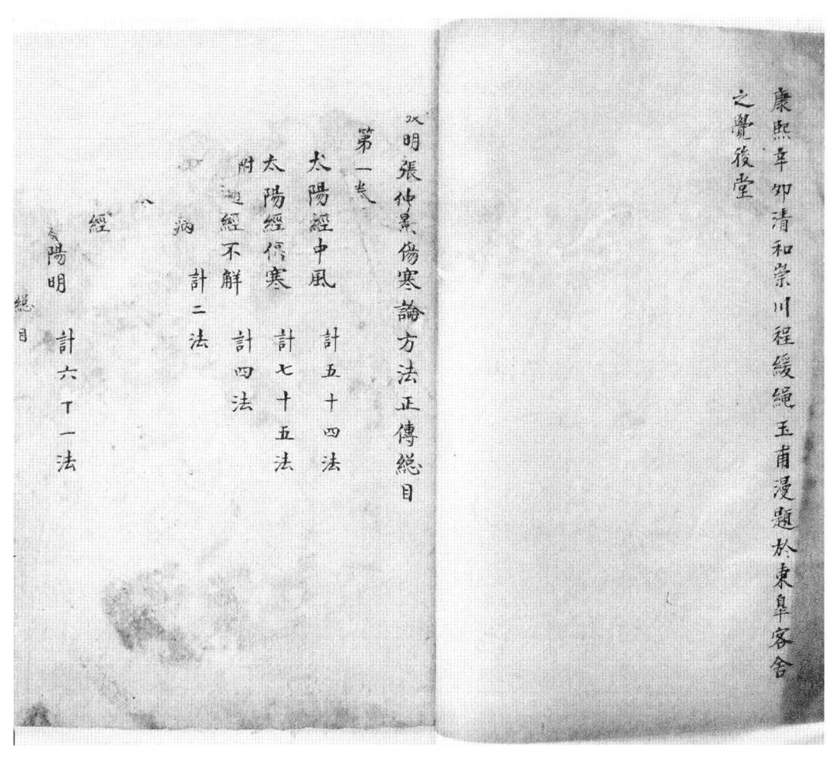

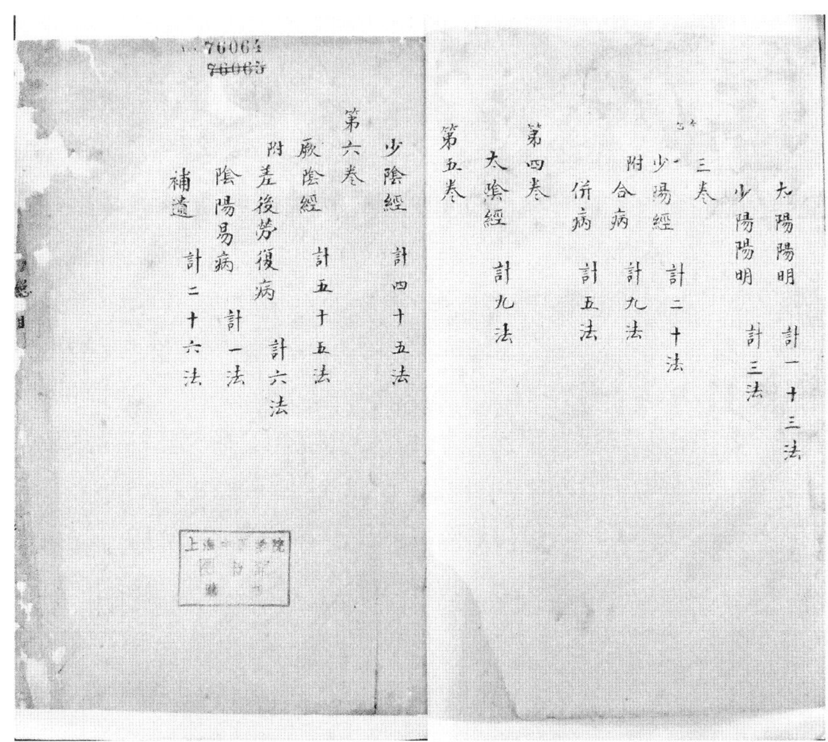

051 傷寒一掌經

《傷寒一掌經》，不分卷，不分篇。未著撰者。《中國中醫古籍總目》載録爲清鈔本。現藏于上海中醫藥大學圖書館。

是本正文起始部分以歌訣的形式，對痓、濕、暍、百合、狐惑、陰陽毒、發熱、嘔吐、咳嗽、下利、臟結、陰陽易、差後勞復等六十餘種病證進行歸納，命曰"傷寒要領"。接着以每句歌訣爲要領，對其進行演繹，此爲全書主體部分。最後又以歌訣的形式，重申如何辨别表、裏、中三證，如何辨别内、外傷，如何辨别兩感、温病、中暑、時疫，以及如何辨别與傷寒相類的虚煩、痰氣、食積、脚氣四證等。此書還對五苓散、白虎湯、大承氣湯、麻黄湯、桂枝湯等方劑加以單論。其中對"傷寒要領"每句歌訣的演繹内容，大致可分三個方面：先是以歌訣的形式對該要領進行擴展，并多在前面加上"經云"二字；接着對擴展内容進行論述，指出此病證的臨床表現、病因病機、治法方藥等；最後給所用方劑加上注解或方歌。

書中所用方劑多來源于《傷寒論》與《金匱要略》，某些方劑則隨病證需要有所加減。值得一提的是，書中論及多種外治法。如在治"臟結死症，舌上胎白者"時，用灸、刺關元法；又如在治"陽毒結熱，逾垣上屋"時，用水漬法，"叠布數重，新水漬之，稍捩去水，搭於患人胸上，須臾蒸熱，又以别布换之，又换新水，待熱稍退，可進陽毒藥"；而在治"陰毒困重，汗出身疼"時，則用葱熨法、灼艾法、熏法等，值得借鑒。

傷寒一掌經

窃惟雜症之有方，惟傷寒之尤難。死生係反掌之間，性命于頃刻之際。非至高之士孰能起死回生哉。凡我同輩必須先明歲氣，次察天時，審外症有陰陽之別，察脈理有傳变之分，內外相合，方可議方施治。要臨机應变，以意消息，更須量人虛实，分疾之輕重，于口相同，心無疑惑，方可下藥。毫有差，如抱薪救火，去冷加冰。余幼讀傷寒諸書，索穷奥理，未得精微。今受此書，深得軒岐之旨，分陰中有陽，陽中有陰，陰経有上，陽經有下，明虛虛實實。立法議方，百發百中，萬無差誤，誠起死回生之奧典，諸家之魁元，仲景之心法，李公之秘訣也。学者味而誦之，久則自登先賢之室，無不精矣。

乾嘔循衣摸床兮滑生濇死，男婦新瘥兮交之為易，壞症不極兮陰陽乖乱，大便膿血兮協熱協寒，太陽自汗兮當緩而緊，太陽無汗兮當急而緩，太陽禁忌兮犯之則逆，當汗則汗兮汗之即愈，未汗強汗兮邪氣不盡。

傷寒要領　經云

陽為表兮陰為裏，陰陽交界少陽經。表惡寒兮裏發熱，往來寒熱辯分明。脈來弦數口多苦，耳聾脇痛嘔煩煩。法宜和解遵三禁，小柴施之最有靈。

半表半裏兮小柴可施

三四日之內，陽經將罷，陰經未受，陰陽交界之間，法當和解，故曰半表半裏。盖太陽為陽中之陽，在身之後也；陽明為陽中之陰，在身之前也。陽為表，陰為裏，是為陰陽之半表半裏也。但有惡寒則知在表，但身發熱則知將近裏也，故有寒熱往來是知半表半裏也。但以小柴胡湯主之。

小柴胡湯主傷寒四五日，寒熱往來，胸滿心煩，嘔，風湿身熱，少陽發汗。見湯名

風寒別辯兮緊濇浮緩　經云

脈浮緊濇如何断，緊是傷寒濇無汗。若然有汗是傷風，其脈必定浮而緩。傷寒惡寒不惡風，傷風如此不相同。傷風面色光不惨，若是傷寒惨在容。

脉浮緊者傷寒也，濇主無汗；傷風脈浮而緩，故風寒知不同也。傷寒惡寒不惡風，手足厥冷；傷風惡風不惡寒，手足微溫，自汗。脈濡緊而汗出者不可服桂枝，用小建中湯主之。

小建中湯 即桂枝芍藥湯　主少陰惡寒，手足踡而溫，傷寒三日心中悸而煩

桂枝　甘草各一兩　芍藥二兩　大棗十二枚　餳三合半，微火烊微　生姜六錢二字半　寒濇或嘔者去之

寒又見風兮手足微厥　經云

外症寒多还少熱，不煩手足微微厥。此是傷寒復見風，脈緩而浮無別說。

寒則傷榮，風則傷衛。傷寒見風，榮衛俱傷。煩躁者大青龍湯，不躁者用各半湯

052 傷寒六經辨證

《傷寒六經辨證》,不分卷,一函一册,綫裝。未著撰者。封面題有書名,無序跋,有目録。藏館載爲"清鈔本",無版心、版框及欄綫,每半葉八行,每行字數不等。有墨筆句讀及硃筆圈點。卷首鈐有"國立同濟大學藏書"和"復旦大學圖書館藏"兩枚陽文印章。現藏于復旦大學圖書館。

該書對《傷寒論》内容進行重新分類整理,每類疾病下標明辨證條數和録方數目。具體分爲太陽病(辨證九條録方四),陽明病(辨證二條録方三),少陽病(辨證九條録方一),太陰病(辨證二條録方一),少陰病(辨證三條録方三),厥陰病(辨證四條),太陽府病(録方一),陽明府病(辨證七條),陽明府兼三陽病(辨證三條),三陽合病,直中病(辨證十一條録方四),兩感傷寒,傷寒兼證(辨證十一條録方十二),傷寒痙證(録方二),傷寒發斑(録方一),傷寒結胸痞氣(録方五),傷寒雜治要摘(十七條録方四)和承氣八禁(目録中該兩部分順序顛倒)。辨證與録方先後位置不定,所録内容亦不嚴格遵循原文。如"太陽病"一篇,先并列對照叙述桂枝湯證與麻黄湯證的證治特點,再録桂枝湯、麻黄湯、加味香蘇散、柴葛解肌湯四方,有藥物劑量,但并非原書劑量,而爲當時常用劑量;後"辨證九條"包括太陽病出現頭痛、項强、身痛、拘急、發熱、惡寒、喘、脈浮、脈伏不出的條文,并有辨證分析和大略治法。又如最後"承氣八禁",包括"一者表不解""二者心下鞕(鞕)滿""三者合面赤色""四者平素食少""五者嘔多""六者脈遲""七者津液内竭""八者小便少",每條下又有小字對其病機治法作詳細闡釋。該書卷末有"附舌驗法",共録白胎舌、純紅舌、純紅内有黑形、純紅有裂紋如人字、淡紅色中有紅暈沿純黑、黑舌、舌弦白心黑、舌尖白根黄、舌微黄、舌灰黑尖黄等可在傷寒病中出現的舌象共三十五種,每種舌象均繪有示意圖,標明舌的顔色及出現部位、形態等，并説明其兼症、辨證、治法、所用方藥。

該書内容以《傷寒論》六經爲綱，重在具體症狀的辨證和常用方劑的選録，不拘泥于經方或時方，條理清晰，簡明扼要，重點突出，實用性强，尤其便于初學者理解和應用，亦體現了傷寒辨證論治派的特點，對《傷寒論》的臨證和教學均有一定參考價值。

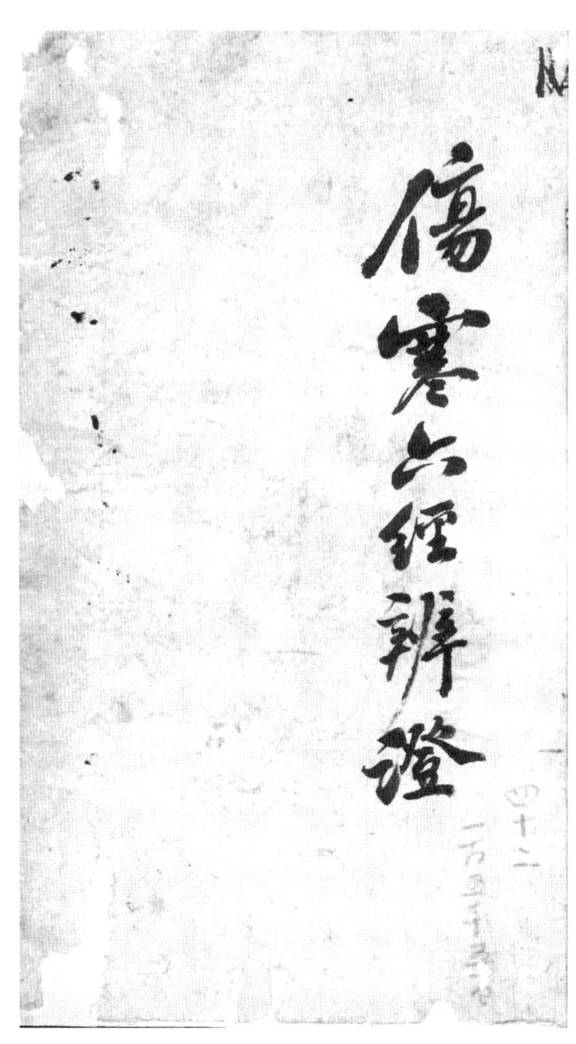

太陽病 辨證九條 錄方四

頭痛發熱項脊強身體痛鼻鳴乾嘔惡風自汗脈浮緩者名中風宜解肌桂枝湯主之若有前證而惡寒無汗脈浮緊或喘嗽者名傷寒宜發表麻黃湯主之

桂枝湯

[illegible] 桂枝[illegible] 芍藥[illegible] 甘草[illegible] 生姜[illegible] 大棗四枚去核 取汗為止

麻黃湯

[illegible] 麻黃四錢 桂枝[illegible] 甘草[illegible] 杏仁[illegible]枚去皮尖

太陽病 辨證九條 錄方四

陽明病 辨證二條 錄方三

少陽病 辨證九條 錄方一

太陰病 辨證六條 錄方一

少陰病 辨證三條 錄方三

厥陰病 辨證四條

太陽府病 [illegible] 錄方一

陽明府病 辨證七條

陽明府兼三陽病 辨證三條

三陽合病

直中病 辨證十二條 錄方五

兩感傷寒

傷寒兼證 辨證十一條 錄方[illegible]十二

傷寒痙證 錄方二

傷寒發斑 錄方一

傷寒結胸痞氣 錄方五

053 傷寒伐洗十二稿

《傷寒伐洗十二稿》，上中下三卷。清錢座書撰。錢座書，暨陽（今江蘇江陰）人，生平不詳，該書朱扆序中稱“錢子爲暨陽鼎族，烏衣門第，翩翩佳公子也”。封面題“傷寒伐洗”，前有序言一篇，落款爲“康熙庚寅新秋廣陵朱扆盼陶氏撰於暨陽江東之春暉堂”，是知此書成于1710年。朱扆，字勖孺，號盼陶，寶應（今屬江蘇）人，康熙三十六年進士。序中言：（錢座書）“潛心體認，極力講求者三十年，原本于仲景，參酌于元素、東垣、丹溪而彙纂之，得三卷，取平日攻苦之意，而名曰《傷寒伐洗》。”“伐洗”從“伐毛洗髓”化裁而來，旨在還仲景《傷寒論》之本義。據目録，本書下卷末有《愈解》《短氣》兩篇，前者殘缺，後者亡失，故此書爲殘本。首頁及目録頁有“上海中醫學院圖書館藏書章”，現藏于上海中醫藥大學圖書館。

上卷載脈法、六經總綱、傳經、表裏辨、風寒辨、麻桂傷中辨、陽證陰證辨、舌色辨、風傷外感辨、傷寒治法等三十九篇；中卷有六經提綱、六經標本及六經病主證等六十三篇；下卷論傷寒雜證，包括結胸、臟結、厥、蓄血、壞病、心悸等三十九種病證。錢氏逐條考釋《傷寒論》原文，如“少陰脈弱而澀，弱者微煩，澀者厥逆”條注云：“煩，熱也。少陰脈弱者，陰虛也，陰虛當煩。厥者，手足逆冷也，少陰脈澀者，陰氣澀，不能與陽相接順，故厥逆也。”并根據文義調整條文次第，如“脈浮緊者，法當身疼痛，宜以汗解之……”條，錢氏按語云：“此條叔和敘入太陽篇中，今改正。”錢氏認爲仲景書多半爲叔和改易，其言“辨脈、平脈篇，其文尚多，餘第録其有關傷寒，筆法古奥，如論文者也。若四字成句，如叶韵然者，筆意殊不類仲景，且傳於賢人等語，鄙俚不堪，皆叔和腐筆也”。

錢氏對傷寒病證的辨證論治論述較詳，遵仲景之旨而有所發揮，可爲《傷寒論》研究者提供參考。

傷寒伐髓十二稿

序

天地間有正氣有害氣害氣作而人于是不能無病矣古人憂之療以醫藥凡以生民也而又恐人之誤用之也著之于書使人按部而求循其法以治雖千百世可無病癘之患古聖人生民之心何無已也黃帝內經凡十八卷詳哉言之惟是旨義深遠文辭古奧不知者不解知者亦不易解而强以為知者又往往至于誤解嗟乎醫何如事而可誤乎張仲景起而憂之以為人之有病有緩有急病之最急者莫如傷寒治病之最難者亦莫如傷寒判生死于俄頃急矣陰陽虛實之間介于疑似微於毫芒難矣不加審慎率意妄投無知者固不自責苟泥古方苟執己見而不知變誤矣挺與及無異也嗟乎治傷寒又何如事而可誤乎於是著為傷寒論寒方論以發內經不盡之秘為法三百九十有七為方一百一十有三南車之指庶無誤乎第其間有顯言者有隱言者有言在言中者有言在言外而俟人微悟者有此症之論不係

傷寒伐髓十二稿　序　一

於此篇而旁見于他篇者有論此症而兼及他症者錯綜參互非苦心明眼人極其深研其義猶不免於誤劉元素李東垣朱丹溪諸先輩亦多闡發乃議愈多篇帙愈繁學者拘文牽義從此失彼而錯誤愈甚錢子產書又起而憂之謂前輩之論本無不明人自誤耳人之所誤者亦以其簡筆為之無伐毛洗髓之功稍知藥性賦王叔和脈訣而遂以為知醫耳于是潛心體認極力講求者三十年原本于仲景參酌於元素東垣丹溪而稟纂之得三卷取平日攻苦之意而名曰傷寒伐洗博採群書歸於一是闡抒獨得自成一家明而晰約而該誠洵岐黃功臣張劉朱李諸先輩之後勁庶演夏余大兒以沫適病瘧之甚劇錢子後至視之曰誤矣其症與某症合其論與某症是似而非如是則生不如是則死手持是編往復辨論不狥于眾亦不撓于眾卒得收功蓋其洞垣之定識然也錢子為益陽邑族烏衣門第翩翩佳公子也天才既擎意氣飛揚博青紫如拾芥而留心方書者何也亦以嫉夫世之醫者誤用藥誤解古人之書以致草菅人命而以聖人憂世之心集為諸說大成欲其一覽盡徹

傷寒脈法

凡脈浮大動數滑此名陽也沉濇弱微弦此名陰也凡陰病見陽脈者生陽病見陰脈者死○其脈浮而數能食不大便者此為實名曰陽結也期十七日當劇其脈沉而遲不能食身體重大便反硬名曰陰結也期十四日當劇陰不足陽往從之陽不足陰往乘之假令寸口脈微名曰陽不足陰氣上入陽中則洒淅惡寒也陰勝故寒也假令尺脈弱名曰陰不足陽氣下陷入陰中則發熱也陽勝故熱也○陽脈浮陰脈弱者則血虛血虛則筋急也陽浮者衛氣強陰弱者營血虛○其脈沉者營氣微也其脈浮而汗出如流珠者衛氣衰也○脈藹藹如車蓋者名曰陽結也車蓋言浮大為陽氣鬱于外不與陰氣和諧故也○脈纍纍如循長竿者名曰陰結也長竿者緊弦之象為陰氣鬱結于內不與陽氣和諧也○脈瞥瞥如羹上肥者陽氣微也脈縈縈如蜘蛛絲者陽氣衰也縈縈滯也不利之意按縈字說文曰收卷有迴旋之義○脈綿綿如瀉漆之絕者亡其血也瀉漆之絕已絕而急收亡血之脈如之成注謂前大而後細也○脈來緩時一止復來者名曰結脈來數時一止復來者名曰促陽盛則促陰盛則結此皆病脈脈來動而中止不能自還因而復動名

傷寒伐洗　脈法　一

曰代陰也得此脈者必難治○陰陽相搏名曰動陽動則汗出陰動則發熱形冷惡寒者此三焦傷也方其陰陽相搏而虛者則動陽虛故汗出陰虛故發熱也如不汗出發熱而反形冷惡寒者三焦傷也三焦既傷則不能行氣于陽致身冷而惡寒也○若數脈見于關上上下無頭尾如豆大厥厥動搖者名曰動也入陽出陰以關為界關為陰陽之中也夫惟陽欲降而陰逆之陰欲升而陽抑之兩者相搏不得上下鼓擊之勢隴然高起而動脈之形見于關上矣學者不可不知也○陽脈浮大而濡陰脈浮大而濡陰脈與陽脈同等者名曰緩也此陽脈寸口也陰脈尺中也此和緩之緩非若遲緩之有邪也陰陽偏勝者為結為促陰陽相搏者為動此脈陰陽相和故曰緩緩脈不主病也○脈浮而緊者名曰弦也弦者狀如弓弦按之不移也脈緊者如轉索無常也素問曰脈來耎弱輕虛以滑端直以長曰弦以陰中有陽也此曰浮而緊名曰弦浮者陽也緊者陰也陽而未離乎陰也浮字當以軟弱輕虛四字體會之弦緊之狀並如引繩此說以緊釋弦又恐混而無別故又別之曰指下不移如弓弦者弦脈也無常如轉索者緊脈也按之不移即端直以長也端直者不轉也轉索無常者不端也凡弦而軟者易治弦而硬者難治也○緊脈從何而來假令亡汗若吐若下以肺裏寒故令脈緊也假令欬者坐飲冷水故令脈緊也假令下利以胃中虛冷故令脈緊也金匱要略曰寒令脈緊急經曰諸緊為寒○脈弦而大弦則為減大則為芤減則為寒芤則為虛虛寒相搏此名曰革婦人則半產漏下男子則亡血失精革易曰革故也有故從新之意

054 傷寒折中

《傷寒折中》，不分卷，兩册。不著撰者及抄録者，共五篇，有目録，目録缺第一、二篇，無序跋。《中國中醫古籍總目》載録爲清鈔本。現藏于上海圖書館。

是本五篇分别爲《太陽脈症》《太陽權變法》《太陽斡旋（法）》《太陽救逆法》《太陽類病法》，係據《傷寒論》中《太陽病脈證并治》篇所分，主要論述傷寒太陽病證。《太陽脈症》篇包括太陽病脈證三條、桂枝湯脈證七條、桂枝湯禁三條、麻黄湯脈證七條、合病證治六條、辨傷寒受病陰陽不同一條；《太陽權變法》篇包括不可發汗例十條、表實裏虚四逆湯先救裏一條、傷寒裏虚法先補裏二條、結陰代陰脈法一條等；《太陽斡旋法》篇包括服桂枝湯後證治六條、發汗後脈證治法十五條、發汗吐下解後病脈證治三條等，所謂“斡旋者，非救治之誤，因病有相夾，或治有太過不及而然”；《太陽救逆法》篇包括論結胸臟結之異三條、結胸證治十條、痞證七條、火逆十條等；《太陽類病法》篇論述温病、風温熱、痙病、濕病、風濕、霍亂、飲證等病證的病因病機、證候表現、治療方藥及臨證加減等。是本以湯證、病證爲依據，歸類論述《傷寒論》相關内容，并附釋文，如“桂枝湯脈證七條”，認爲“太陽病頭痛、發熱、惡風者”“太陽病外證未解，脈浮弱者”“太陽病外證未解，不可下者”“病常自汗出者”“太陽病發熱汗出者”等七種情況，宜用桂枝湯治之。對《傷寒論》有獨到的見解，如認爲“凡服桂枝湯吐者，其後必吐膿血也”，是“言凡服桂枝湯吐者，不必盡是酒客，必其人素有濕熱蘊蓄脾胃可知，設誤服致吐，素積之濕熱上攻於肺，與在表之邪風相得，蒸鬱不解，發爲肺癰，咳吐膿血，勢有必至者矣”。

是本對于正確理解《傷寒論》太陽病證的相關内容及臨證治療傷寒太陽病，有一定的參考價值。

太陽下
傷寒折中 亨

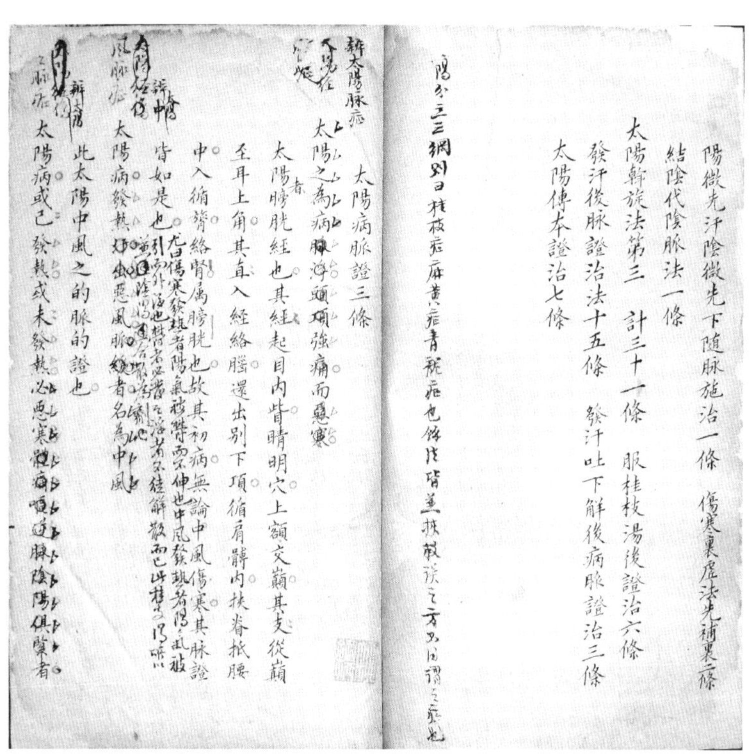

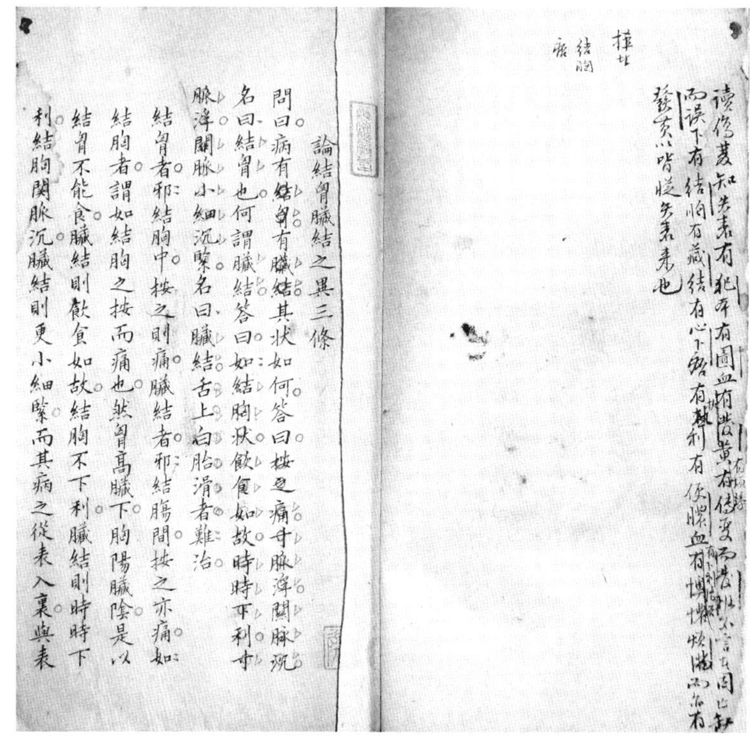

055 傷寒直指

《傷寒直指》，十六卷。清强健撰。强健，原名行健，字順之，號易窗，清乾隆年間上海縣名醫。史載其“精繪，工篆隸，尤擅長醫學”。其人“推崇朱震亨之説，臨證善用石膏，人稱强石膏”。嘉慶《上海縣誌》、同治《上海縣誌》《上海縣誌劄記》等均有其傳。此本係清乾隆二十七年（1761）作者稿本影鈔本，藏于上海中醫藥大學圖書館。

《傷寒直指》認爲《傷寒論》爲中醫“立法制方之祖”，“惜其書值喪亂散佚，至晋王叔和搜輯成編，失其次第……歷代名醫參互考訂，是是非非，大抵隨文釋義者多，抉微補漏者少”。撰者以林瀾（觀子）之《傷寒折衷》爲主，精選成無己以下歷代醫家各論，仍按王叔和編次，對《傷寒論》逐章逐句予以詮釋，“究其根柢，直指是非”。凡有疑竇處，撰者均一一加以補偏救弊，“悉發前賢未盡之藴”。著者認爲“不患道之不明，而患人之不自悟爾”。“病情傳變，乃所患之經也，不可不循理推求；治法方藥，乃救病之權也，不可不隨機活變”。因此，主張讀仲景書，應取孟子“以意逆志”的方法，重在領會揣摩其道理，防止膠柱鼓瑟，不明變通。

全書卷一至卷七爲《傷寒論》原文及各家論注和著者析疑，卷八爲傷寒原方分析，卷九至卷十六爲望色篇、舌法圖、類證、變通方等。一本《傷寒折衷》，匯輯《内經》與各家有關四診之論述和各家之方論，書前附有著者總論，指明《傷寒論》審證處方的規矩、法則。全書規模宏大，編排有序，輯録完備，分析精詳，對今人研習《傷寒論》具有較大的學術參考價值和臨證指導意義。

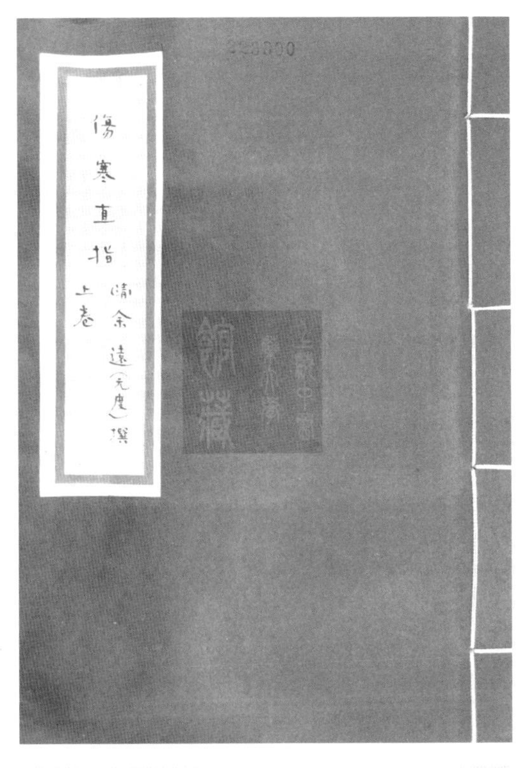

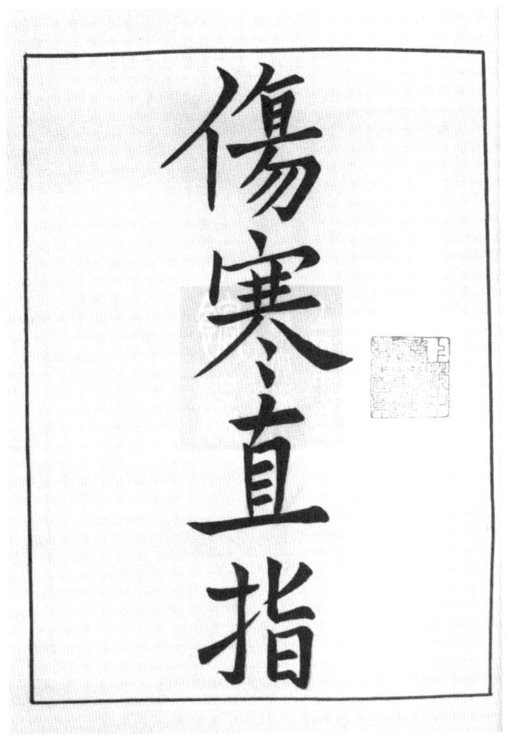

伤寒直指上卷目录

伤寒脉法　伤寒　论风伤卫寒伤荣

用药寒温辨　正伤寒及温暑暴寒劳力感冒时疫论

少陰症似太陽太陽症似少陰为反

辨陰陽寒熱二厥　伏陰脉用药之误

伤寒言症不言病　急下急温论

标本论　发热　头痛

项强　恶寒　恶风

背恶寒　寒热　潮热

伤寒直指卷上目录　一

伤寒直指上卷

锡山余遠元度父著

男　配龙是祺

婿华玄旂在升　叅校

龙城戴蓄嵩潜菴父

同邑钱焜慎轩父　同订

伤寒脉法

脉陽浮而陰弱。谓之伤风。陽与陰当作左与右看

脉浮紧而无汗。谓之伤寒。

脉浮头项痛。骨脊痛。腰脊强。病在太陽。

伤寒直指卷上　一

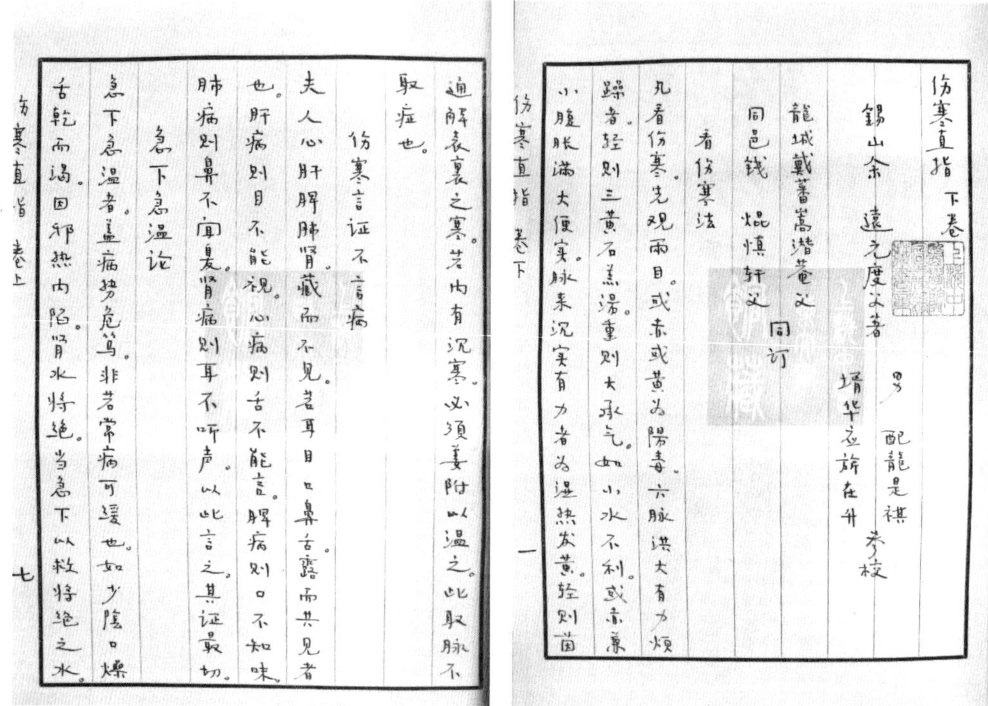

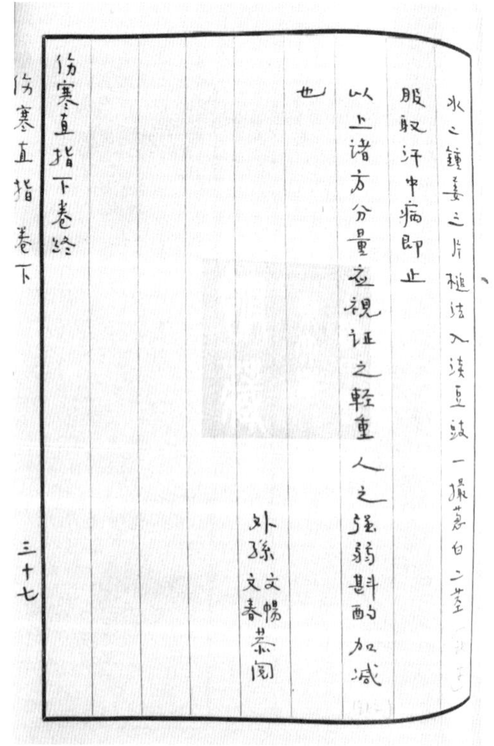

056 傷寒的秘珠璣

《傷寒的秘珠璣》，上下兩卷，兩册。不著撰者。正文題有"吴邑顧士魁介標氏鑒定，男兆熊渭南氏校"。顧兆熊，字嘯峰，民國《吴縣誌》載其傳曰："清吴縣光福鎮人。父介標，精瘍科。兆熊以諸生世其業，治症多出新意。"是書目録頁有三枚印章，分别是"上海中醫學院圖書館藏書章""曹氏家藏秘本""中林蘭蕙"。下卷首頁有四枚印章，先後是"上海中醫學院圖書館藏書章""曹氏家藏秘本""兆熊""南氏渭兆熊校"。無序跋，有目録。是書"弦"字有缺筆，《中國中醫古籍總目》載録爲清鈔本。現藏于上海中醫藥大學圖書館。

是書上卷載《論傷寒脈證大旨》《論傷寒脈與雜證脈不同》《傷寒診脈要略歌》《傷寒症名賦》《論傷寒治法提綱》《風温》等二十二篇，對濕温、風濕、中濕、温毒、温病、熱病、感冒時行、痓、中暑、中熱中暍、類傷寒、傷寒兩感等病證的辨證論治作了詳細論述。下卷載發熱、頭痛、項强、身體痛、各種汗出、結胸、痞、腹滿、心悸、咳喘、狐惑、百合、陰陽易、撮空症、無陽症、戴陽症、大頭傷寒等七十九證，對其病因、症狀、治法及方劑等均加闡述。如"撮空症"云："熱症有以手捫心尋衣、譫語昏沉者，此肝熱乘于肺金，元氣虚不能主持，以致如此，名曰撮空症。小便利，可治。若誤爲風症，以風藥治之，遂致不救。宜用升陽散火湯(即清金散火湯)。"

是書對于《傷寒論》的研究以及臨床辨證用藥有一定的參考價值。

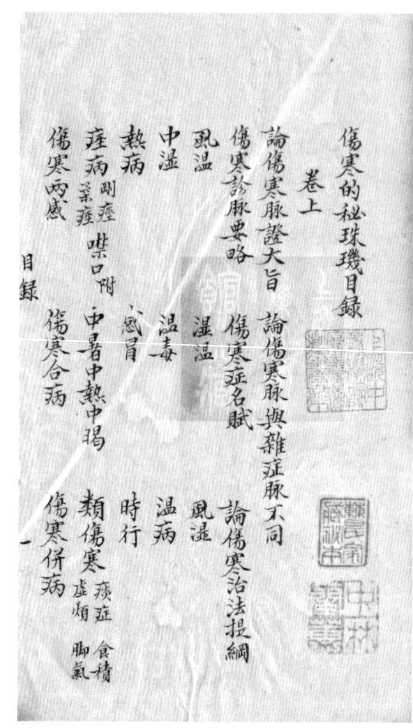

傷寒的秘珠璣目録

卷上

論傷寒脉證大旨　論傷寒脉與雜症脉不同

傷寒診脉要略　傷寒症名賦　論傷寒治法提綱

風温　濕温　風濕

中濕　温毒　温病

熱病　感冒　時行

痓病 剛痓 柔痓 附噤口　中暑中熱中暍　類傷寒 痰症 食積 虚煩 脚氣

傷寒兩感　傷寒合病　傷寒併病

目録

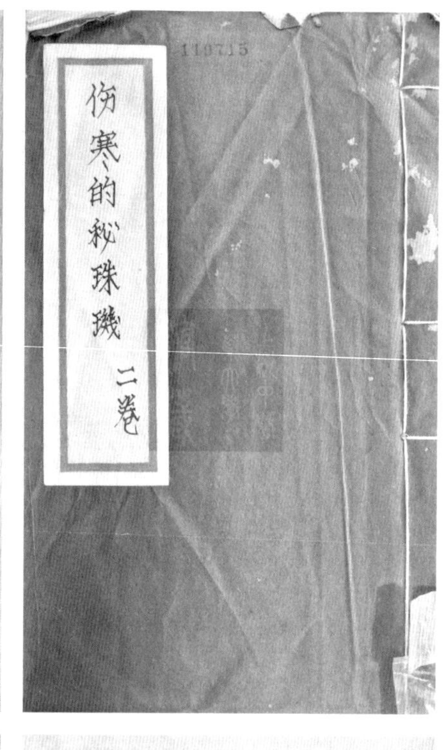

110715

傷寒的秘珠璣　二卷

傷寒的秘珠璣卷上

吳邑顧士魁介標氏鑒定　男兆熊渭南氏訂

論傷寒脉證大旨

治傷寒以脉證為主較之脉尤為要焉盖陰陽表裏之見證常因火極似水陽極似陰所謂亢則害承乃制熱極反兼寒化也然脉之浮沉遲數大小洪微有力無力緊緩虚實等狀自不能遁于指下者醫者誠詳審外之顯證又熟察脉之情狀用藥自無誤矣

論傷寒脉與雜症脉不同

脉証大旨　論脉

惡寒、傷寒自無而脛逆冷或疼自汗倦怠之候切不可汗則令人不言耳聾不知痛處身青面色變必死名曰重暍宜蒼朮白虎湯藏虚自利附子理中湯朮附湯茯苓白朮湯

風濕先傷濕而後傷風也　陽脉浮滑陰脉濡弱病在少陰外証肢體腫痛不能轉側額上微汗惡寒不欲去衣大便難小便利熱至日晡而劇　與傷寒異者無頭疼項強發熱脉緊之候與中濕異者反大便堅小便利　治法微解肌濈濈然而潤則風與濕皆去矣若大汗之風雖去而濕在反為害矣用羌活沖和湯不熱不渴小便利用朮附湯熱而煩者小柴胡湯咽渴

張仲景白虎加蒼朮湯　石膏 知母 甘草 粳米 蒼朮

仲景附子理中湯　白朮 附子 人參 干姜 甘草

金匱朮附湯　附子 干姜 白朮 甘草 大棗

仲景茯苓白朮湯　茯苓 白朮

張元素羌活沖和湯　羌活 防風 細辛 蒼朮 黃芩 白芷 川芎 生地 甘草 加生姜 葱白

風濕　中濕　温毒

七

057 傷寒金丹

《傷寒金丹》，上下兩卷，兩册。李中梓著。李中梓（1588—1655），字士材，號念莪，華亭（今屬上海松江）人，明末清初著名医家。主要著作有《内經知要》《本草通玄》《醫宗必讀》等。成書于順治六年己丑（1649）上元。有序言、凡例與目録，書中有硃筆句讀。序言落款有"盡凡居士李□識"字樣。考李中梓又號盡凡居士。現存稿本，藏于中國科學院上海生命科學信息中心生命科學圖書館。

是本共載文一百三十五篇，載方一百六十九首。卷上一百零一篇，首載《傷寒總論》，論述傷寒、温病、熱病的概念及其發病季節、病因病機等，指出"秋月無傷寒"，認爲仲景方法爲冬月即病之正傷寒而設，不能通治春夏温熱之病。另載《兩感論》《時行疫症》《傷寒十六症》《類傷寒六症》《内傷外感辨》《錯認十六條》等篇以及"察色法""察目法""察鼻法""察口脣法"等診病方法。如《傷寒十六症》詳盡論述諸病證的病因病機及症狀表現等，其中有傷寒、傷風、傷寒見風、傷風見寒等傷寒四症，温病、温瘧、風温、温疫、温毒等温病五症，還有熱病、傷暑、傷濕、風濕、剛痓、柔痓等。由此可見，此處"傷寒"爲廣義概念之傷寒，即凡外感六淫致病皆爲傷寒。所述病證有六經病症治、惡寒、惡風、潮熱、頭痛、手足汗、乾嘔、衄血、咳嗽、厥逆、奔豚等，治療方法上分别論述"可下""不可下""可吐""不可吐""可温""不可温"以及"急下五症""急温二症"等。卷下載病證三十四篇，包括百合病、狐惑、陽毒、陰毒、勞復、傷濕、濕温、温瘧等，載方藥一百六十九首，包括六經方藥一百零六首，霍亂方藥三首，陰陽易瘥後勞復方藥四首，雜方五十六首，詳盡論述諸方的藥物組成、煎服法、主治、加減及方義等。六經方藥主要爲仲景《傷寒論》中方藥，如太陽篇的桂枝湯、麻黄湯、大青龍湯、桂枝葛根湯、四逆湯等，陽明篇的大承氣湯、小承氣湯、猪苓湯等；少陽篇的小柴胡湯，少陰篇的麻黄附子細辛湯、麻黄附子甘草湯、桔梗湯等，太陰篇的桂枝加芍藥湯、桂枝加大黄湯，厥陰篇的烏梅圓、當歸四逆湯、麻黄升麻湯等。霍亂篇三方及陰陽易瘥後勞復篇四方與《傷寒論》相同。雜方五十六首多爲撰者補充，有三因加味羌活散、犀角玄參湯、大青四物湯等。

是本内容詳盡，在仲景《傷寒論》的基礎上作了補充和發揮，簡明扼要地論述了傷寒諸病及相關雜證的診治，并補充了大量方藥，可供研讀《傷寒論》及臨床診療參考。

登高捷乎遂以掇珠刪繁去複簡邃選玄僅得十之二而竟無漏義矣顏曰金丹謂理真義詳而詞簡也及門之請其義而能嘘枯振槁者獨有許名予一見領之且汲汲于壽世乃捐金付諸剞劂或謂傷寒多緒易于舛訛是刻帙不盈寸遂足指南乎余應之曰擬登泰岱非徑奚為欲指扶桑無舟莫適非謂執此可以盡廢百家謂讀此可以折衷千古也夫病機繁賾變遷無窮如珠之走盤縱横不可測雖縱横不可測而終不出此盤也是帙者其珠之走盤審是帙者其持盤者乎操通靈之法以應無[illegible]變惟變所適而不膠于法也斯善讀金丹者矣

順治六年歲次己丑上元日盡凡居士李 用識

麻黄湯之類不可枚舉而仲景之微奥隱矣殊不知有是病則服是藥鑰如鑰之配鎖不可移易者也其禍人者皆藥不對症耳彼易以輕劑者是欲以柔士任强予安望其中的哉兹刻悉遵古法第詳别脉症自無妄投之失矣

一仲景傷寒論暨金匱要畧誠為千古醫宗但文辭簡古義味深玄非孰讀深思未易明了不揣膚俚將以註疏暢其言外之旨開其晦蝕之光客嗣布之以就正有道

傷寒金丹上卷目錄

傷寒金丹

李中梓士材著

傷寒總論

冬令嚴寒萬類閉藏君子固密則不傷於寒觸犯其邪名曰傷寒夫四時之氣皆能為病而傷寒獨甚者以其殺厲之氣也冬月感而即病者為正傷寒冬不即病寒邪藏于肌膚至春而發名為溫病至夏而發名為熱病獨不言至秋為涼病者何也寒水之氣與火為仇遇仇不發已為火勝而長夏濕土又制水邪況逢金令金得寒而愈堅故秋月無傷寒也秋病之似傷寒者皆夏月納涼之

058 傷寒法祖

《傷寒法祖》，上下兩卷，一册。清任越庵撰。任越庵，一作任越安，浙江紹興人，乾隆年間名醫，精于傷寒，尤對傷寒名家柯韵伯所撰《傷寒論翼》研究頗深，積累心得，手抄而成此書祖本。其後人傷寒名家任鳳波于清嘉慶、道光年間出示此書給弟子陶觀永，陶氏于1842年抄録而成本書。任越庵另曾集輯《發藻堂纂輯靈素類言》三卷鈔本。本書無封面與目録，首頁爲序，有圖章四枚，序後有圖章兩枚，正文首頁有圖章三枚。本書曾爲裘吉生所藏，録入《珍本醫書集成》。現存鈔本，藏于上海辭書出版社圖書館。

任越庵將柯韵伯所撰《傷寒論翼》仔細抄録，對傷寒之分經立論完全遵從柯氏。卷上論述傷寒之全論大法、六經正義、合病併病以及辨析因證脈治等。卷下逐一剖析傷寒六經證治，并對張仲景的製方要義作了總的探索。全書縱貫"仲景之六經，爲百病立法，不專爲傷寒一科"之旨，認爲"傷寒、雜病，治無二理，咸歸六經之節制"，"六經各有傷寒，非傷寒中獨有六經"。

陶氏序言對本書學術價值作了較高的評價，認爲"柯氏爲仲景功臣，任氏于柯氏之功亦豈少哉，爰書以誌之"。然經筆者校對，本書僅是任氏研讀《傷寒論翼》時抄録之本，與《傷寒論翼》内容幾乎完全相同，陶氏之序言過其實。

序

嘗思著書立說必胸羅萬卷筆無點塵方能成一家言後之人讀古人書亦必與古人心心相印乃能言之不謬慈溪柯韻伯先生註張仲景傷寒論六卷復自著傷寒論翼二卷闡未發之藏探獨得之秘其明辨詳晰使仲景千古不明之案一旦豁然而後世觀柯氏之註論知仲景之精微其功德為何如也但流傳已廣翻刻既多其文義字句類多魚豕觀者未得洞明咸置高閣吾師任鳳波先生出其先祖越菴公

手鈔傷寒法祖一編視之即柯氏之論翼惟於錯訛之處細加校正去繁從簡悉已正定無瑕予因抄而讀之見其分經立論並遵柯氏凡業此者當細心領會得其精義庶涇渭區分自有定見可無搔頭篋裏之嘆矣嗚呼柯氏為仲景功臣任氏于柯氏之功亦豈少哉爰書以誌之

道光貳拾二年歲在壬寅仲春上澣識于鋤經山房

後學清四園觀永謹識

傷寒法祖卷上

經任越菴遺著

全論大法第一篇

按仲景自序言作傷寒雜病論合十六卷則傷寒雜病未嘗分為兩書也凡條中不貫傷寒者即與雜病同義如太陽之頭項強痛陽明之胃實少陽之口苦咽乾目眩太陰之腹滿吐利少陰之欲寐厥陰之氣上撞心等症是六經之為病不是六經之傷寒乃是六經分司諸病之提綱非專為傷寒一症立法也觀五經提綱皆指內症惟太陽提綱為寒邪傷表立五

全論大法

059 傷寒宗正全書

《傷寒宗正全書》，殘稿本，存第四、五卷，一册。共四十三葉，每半葉九行，每行二十二字。墨筆句讀。紅格正楷抄寫，字體工整。每卷首行題書名卷數，繼題"錢塘陸經正文定父纂述 門人吕慎心安父參考 江津周長應伯二父裁定"字樣，知作者當是陸經正。查陸經正，西湖陸氏後人，陸世科孫，字復古，康熙十二年（1673）癸丑科進士，官山東利津知縣，陞蘭州知州。《中國古籍版刻辭典》有周長應，四川江津人，字伯二，萬曆四十七年（1618）進士，曾任南通守，刻印過湯有光《湯慈明詩集》三十二卷。二者年代似有不符，今且存疑。現存鈔本，藏于上海中醫藥大學圖書館。

原書卷數已無從知曉，現存兩卷均爲方論，卷四題"選方評斷上"，卷五題"諸方備覽"，詳并無"選方評斷下"，知二卷内容實一。但卷四每條下有方有論，論述詳細，卷五每條下多僅存方無論，或論亦簡，故得"備覽"名。兩卷共選方一百七十一首，按序號編排清楚。但每方加減方劑并不算在此數，如"第五白虎湯"條下，又附有"如神白虎湯""白虎加人參湯""白虎加蒼术湯"等。所選方劑，除經方外，又多有後人所製驗方，如六乙順氣湯、玄參升麻湯、加味導痰湯、陽毒升麻湯等。

自吴鶴皋《醫方考》倡方論，一時間紛紛效仿者無算，優者如羅東逸《古今名醫方論》等，解方論藥，條辨清晰，爲後學入門，助力不少。本書論方，每方下先列歸經、主治功用，再録方、藥、煎服宜忌，後引經文，并諸家名醫論述，雜以己見。若是方加減變化，又成他方者，則羅列于後。所引諸家論述，以成無己解傷寒文最多，題作"成云"。作者己見則簡介明瞭，雖多述前人語，創見者少，但解方明藥，亦爲功不小。如"第四十三人參六和湯"條下，作者云："傷寒日久，正氣虚矣；重感于寒，邪氣盛矣。正不勝邪，痰垢結積，是以寒熱交爭，變爲温瘧也。變瘧已正，法當截之，故用人參、茯苓、甘草、大棗以扶正氣，常山、貝母、生薑以散結痰，草果、鰲骨消積垢也，陳皮、檳榔行滯氣也。少用青皮，厥陰之氣以疎；多用柴胡，寒熱往來自退。"

是書雖爲傷寒一類著述，難能可貴的是作者在論方時，又多載温病方，亦多引彼時温病學家語，并不囿于一見。後世習傷寒、温病方者，可以一觀。

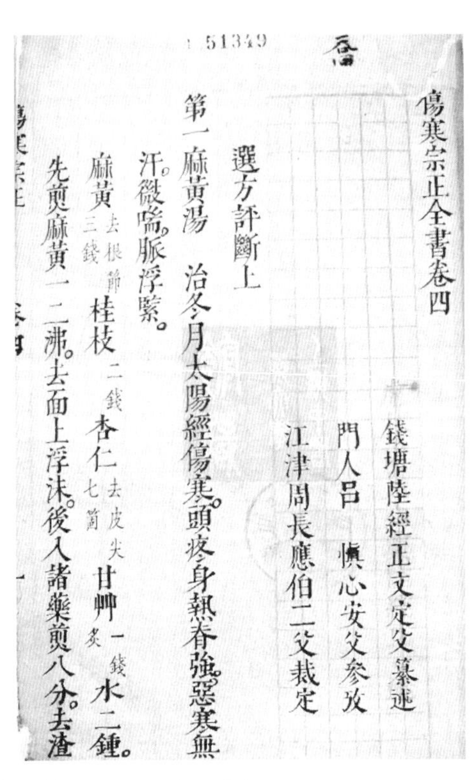

傷寒宗正全書卷四

錢塘陸經正文定父纂述

門人呂　愼心安父參攷

江津周長應伯二父裁定

選方評斷上

第一麻黃湯　治冬月太陽經傷寒。頭疼身熱脊強。惡寒無汗。微喘。脈浮緊。

麻黃去根節三錢　桂枝二錢　杏仁去皮尖七箇　甘艸炙一錢　水二鍾。

先煎麻黃一二沸。去面上浮沫。後入諸藥煎八分。去渣

傷寒發斑。邪熱極矣。經云。熱淫于內。治以鹹寒。佐以甘苦。玄參犀角。苦鹹而性寒。能解熱毒。黃連山梔柴胡知母。味苦而性寒。能瀉實火。生地黃。甘苦之劑也。涼血清熱。石膏青黛。甘寒之劑也。解熱消斑。又用人參甘艸。取其甘補。以和中。而使邪毒不得以肆害也。

第二十八正氣香蘇散　治疫癘初發。頭疼惡寒。發熱無汗。長幼傳染者。先用此發散。

藿香　蒼朮　厚朴　陳皮　半夏　茯苓　甘艸　香附　紫蘇　川芎　白芷

蒼朮厚朴陳皮甘艸。乃平胃散也。所以平胃氣而除濕。加以藿香半夏茯苓。即爲不換金正氣散。所以扶正氣而祛邪。紫蘇香附陳皮甘艸。香蘇散也。所以散寒邪而理氣。加以川芎白芷。即爲芎芷香蘇散。所以治頭痛而散寒。二方相合。故名正氣香蘇散。乃去邪扶正之劑也。

第三十九東坡先生聖散方　治大水之後。及卑下之地。天時濕氣流行。人感其氣。致成疫癘。長幼傳染。病皆相似者。宜服此方。

厚朴去粗皮薑汁製　白朮炒　防風　吳茱萸湯泡七次

060 傷寒指歸

《傷寒指歸》，十六卷，二十册。清戈頌平編著。戈頌平介紹見本書“022 黄帝内經素問指歸”。《傷寒指歸》約成稿于光緒十一年（1885）。現存鈔本，藏于上海圖書館。

《傷寒指歸》根據六經病證分爲六卷，分别爲《太陽篇指歸》《陽明篇》《少陽篇》《太陰篇》《少陰篇》《厥陰篇》，《金匱指歸》則將《金匱要略》原文分爲十卷。《傷寒指歸》甲册《表裏陰陽六經圖説》篇以圖釋的方法詳細闡述六經病證傳遍的規律及時間，《今之分兩升尺與漢异同考》篇論述清代與東漢時期度量的异同等，《讀法十五則》篇認爲《傷寒論》《金匱要略》是一書，非兩書，《金匱要略》前十六條與《傷寒論》前兩條爲陰陽大論，共十八條冠于首，説明閲讀和理解本書的一些指導思想和原則等。是本摘録《傷寒論》與《金匱要略》原文，加以注釋，闡述對《傷寒論》《金匱要略》相關理論及治療方藥等的理解，并有所發揮。如以“半表上”“半表下”“半裏上”“半裏下”爲基本概念，闡述六經病證表裏陰陽不同的病機和傳變，認爲“小便”“大便”的含義不能拘泥于“小便爲尿，大便爲屎”的概念，提出“小，半裏也；大，半表也；便，順也、利也。半裏下，陰出之液，得太陽陽氣温之，則順利半表以生陽；半表上，陽土之氣得太陰陰液和之，則順利半裏以生陰。表裏陰陽相得，上下相和，屎與尿才得順利前後二陰”。

是本對《傷寒雜病論》辨證理論體系及方藥應用提出一些新的觀點，有一定的參考價值。

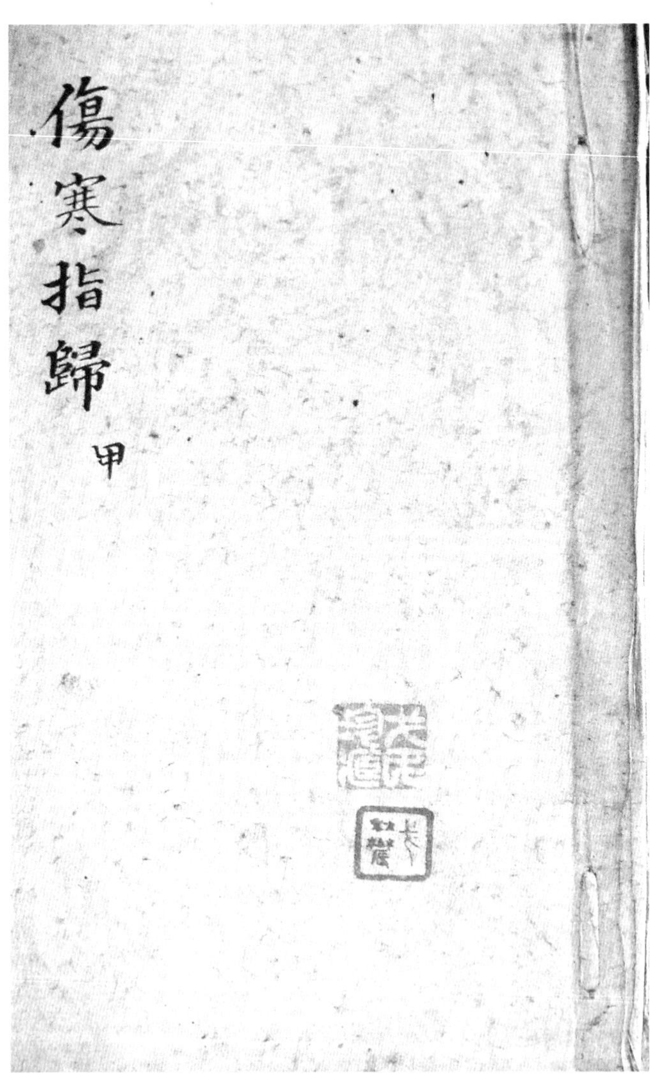
傷寒指歸
甲

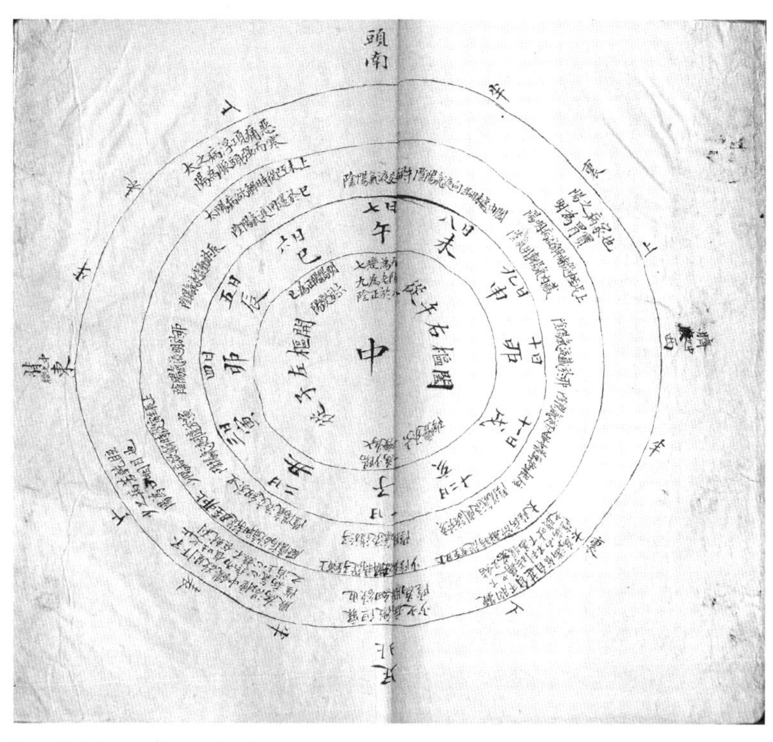

陰得陽生不至半裏陽得陰生不至半表陽不藏邪半裏陰虛半裏陰在半表之陽亦虛也故曰此陰陽俱虛不可更發汗更下更吐也

脈微而惡寒亦上條桂枝麻黃湯藥加附子湯主之

陰半水半也水陽於土當用辛溫法行水半以從陽

者為欲愈也下降也吐舒也如半裏上陽氣不從邪內藏半裏上下脈道陽微陰失陽温而惡寒此陰陽氣液俱虛半裏下切不可起半裏陰液外出半表為汗又不可見陽氣不藏於邪而降之如發汗如降之陽氣更不藏邪從子上吐曰脈微而惡寒者此陰陽氣液俱虛不可更發汗更下更吐也面屬半裏上也熱色陽氣也未未土也欲之為言續也解緩也未土陽氣繼續從邪內藏於半裏下陰氣閉之陽氣怫鬱於邪曰面色反有熱色者未欲解也小半裏也汗陰土液也出進也癢者未其開也合同闔半裏下陰氣閉之適桂枝麻黃開半裏下之陰闔半裏上之陽土中之木外達毛竅陽無

傷寒指歸　太陽篇　卷之一　五十六

061 傷寒要言

《傷寒要言》,不分卷,一册。不著撰者,無目録、序跋。此書由後人重訂,書寫了封面、目録,并留言:"《傷寒要言》一卷,不知何人所輯……宗陶氏之説,雖有破損,尚屬舊鈔,因留之備檢。"《中國中醫古籍總目》載録爲清鈔本。現藏于上海中醫藥大學圖書館。

是書内容包括《六經傳變説》《傷寒病後勞復有八變》《用藥引治之法》《傷寒金口訣》《傷寒至捷法》《傷寒指掌賦》《治病通論》《傷寒奇湯》等篇。對外感病有關病證、治療、方藥等進行論述。其論雖宗陶節庵之説,但并非盲從,而是有個人見解。如"陶節庵泄漏方,不問陰陽兩感傷,通用沖和靈寶飲",作者認爲"表病急裹病微,麻黄葛根湯最奇。表緩裹急宜攻裹,調胃承氣急通之"。是書也有不少作者闡發,如《傷寒病後勞復有八變》篇列舉具體八變:"一變中滿不飲食,二變形瘦如勞怯,三變肝火陰囊腫,四變變成休息痢,五變脾火成瘧疾,六變小便成淋血,七變火嗽傷肺經,八變骨痿癱瘓症。"每一變都羅列了具體的治療藥物。《傷寒奇湯》末有殘缺,從現存文字看,共列舉了三十五首傷寒方劑。書末又有四物湯論、二陳湯論、小柴胡湯加減法等内容。

是書對于《傷寒論》的學習與研究有一定的參考價值。

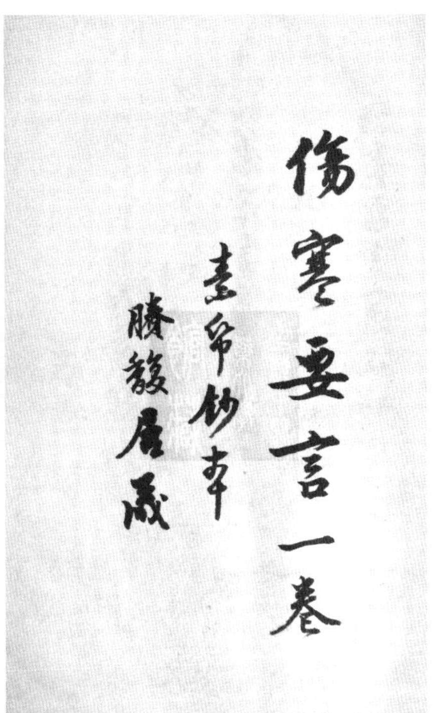

傷寒要言一卷不知何人所輯蓋
從檢物格學之用也晚翻一過
似宗陶氏之說甚雅有破損
而屬舊鈔因留之備檢
丙申中秋重裝後綴
志

傷寒要言目次

傷寒要言　六經傳變說

太陽

太陽經症其脉起目内眥從頭後連項風府行身之背終于足故病症頭疼項强脊疼腰痛發熱悪寒悪也
發于陽則太陽為首受病最多

見症法

頭痛身熱悪寒脊强体痛是太陽膀胱經此為表症悪寒者本症發熱者標病如有一毫頭痛身熱悪寒不拘日數多少便宜發散自然熱退身凉有何変症但見太陽症直攻太陽是也

辨症法

有汗為傷風是表虚宜實之無汗為傷寒是表實宜發散之

胗脉法

傷寒浮緩無力為傷風

桂枝湯

本經發汗不出脉弱者為無陽及不至足者亦為難治木附湯禁用將回陽反本湯

桂枝　赤芍各　甘草

本經發汗不止者曰亡陽又曰漏風黄芪建中湯即秘用調榮養衛湯内去升麻如冷汗出綴珠不流曰絶汗难治

五苓散

豬苓　澤瀉　白术　茯苓各　肉桂

本經發渴小便赤色脉浮者此為太陽傳本經熱結膀胱其人如狂者桂枝湯秘用踈邪實表湯水短者五苓散秘用加味五苓

桃仁承氣湯

桃仁　肉桂　甘草各　大黄　芒硝

小便自利大便黑小腹硬痛或身黄此為畜血症如狂以桃仁承氣湯秘用桃仁承氣對子下盡黑物自愈

本經大汗後身熱不退脉愈燥者為难治若頭痛悪寒尚在還宜發汗表藥用羌活冲和湯無頭痛悪寒身有熱未除小柴胡

大柴胡湯

柴胡　黄芩

實者大柴胡湯即秘用六一順氣湯去芒硝下

062 傷寒要法十三章

《傷寒要法十三章》,不分卷,一册。未著撰者,無序跋。書末有大朱方一枚,漫漶不可辨,上題"光緒十八年分"六字,據此推測該鈔本當成于1892年前。前有目録,頁右下方有印章兩枚,上方爲陰文"維城",下方爲陽文"紹宗"。按:"維城"爲明末醫家戈存橘之名;"紹宗",推測爲吴寄塵于1933年在鎮江雲臺山建立的"紹宗國學藏書樓"。該鈔本是否曾屬戈存橘,又經"紹宗國學藏書樓"收藏,還需進一步考證。是本抄寫清晰,字體端正,但邊緣殘破,蠹處甚多,似經重新裝訂,并有殘缺。書末有殘頁兩張,當爲從此書中脱落者。現藏于中華醫學會上海分會圖書館。

該書目録共五十一節,但未分層次,亦不完整,并有錯訛。目録首節爲"正傷寒論",即正文開篇"治傷寒第一要認得題目清楚",包括正傷寒、三時傷寒、温病、熱病、秋温、冬温、時疫、温疫、寒疫、時毒發疹、時毒大頭病的發病時令、症狀特點、治療宜忌及代表方劑;風温、濕温、中暍、中濕、風濕、寒濕、濕痺、痓證、温瘧、霍亂等十種與傷寒相似病證的鑒别要點及治法選方;感冒、傷食、勞役内傷、陰虚内傷、虚煩、痰症、勞役、脚氣、畜血、瘡毒、内癰(包括腸癰、胃癰、肺癰)及痘疹初起等十二種内傷雜病與傷寒發熱的鑒别要點,其中引東垣辨外感内傷之論述與烏沙脹的辨治方法。著者稱"正傷寒題目既定,便當用仲景法",并推崇許叔微"吾讀仲景書,用仲景法,不執仲景方"之説。繼而各章節分别爲"受病""治傷寒須要辨表裏、陰陽、虚實、寒熱八字""治傷寒須知六經表裏脈法""治傷寒須辨人迎氣口""治傷寒須知三陽標本發熱不同""表症未罷裏證又急""傷寒病以及温熱病""直中陰經寒證""治傷寒須知病欲愈者可解症""治傷寒善用小柴胡一湯"以及傷寒初愈當節飲食、防勞復,傷寒用藥當中病即止等内容。又復强調辨傷寒須分表裏、陰陽寒熱，須知傳經熱症與直中陰經寒症。再辨水氣、口渴、小便不利、惡寒、身體疼、脈沉身熱、頭疼諸症以及傷寒之脈。後記述《傷寒論》中可汗、不可汗，可吐、不可吐、可下、不可下的内容，并加以發揮，又補充論述緩下、急下、急温、誤下變證診治及下瘀血諸法。最後爲斑疹、傷寒壞病、婦人經帶胎產期復感傷寒的診治。

全書對《傷寒論》進行了較爲全面的闡發，在傷寒與相似病證的鑒别上着力尤著，在辨證上緊扣八綱，强調對《傷寒論》的理解和靈活應用。雖然論述層次稍嫌紊亂，前後亦有重複之處，但對《傷寒論》研究仍有較大的參考價值。

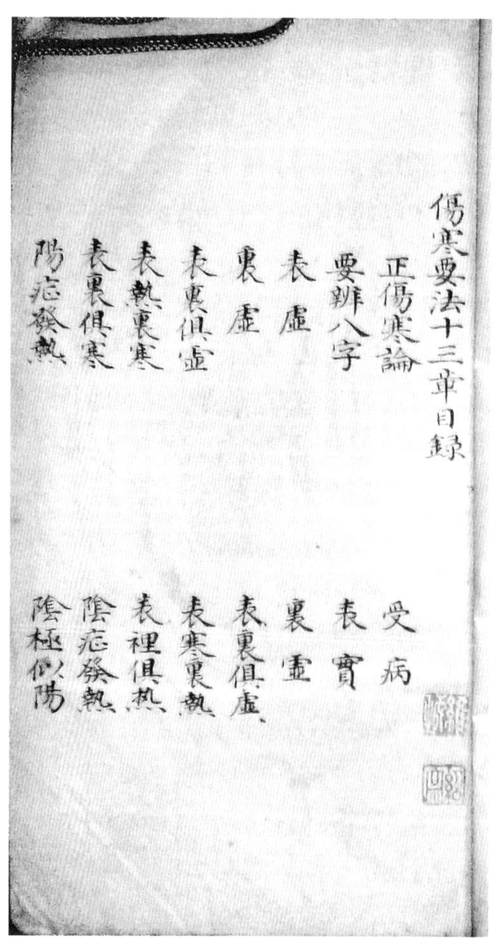

傷寒要法十三章目録

正傷寒論　受病
要辨八字　表實
表虚　裏實
裏虚　表裏俱虚
表裏俱虚　表寒裏熱
表熱裏寒　表裏俱熱
表裏俱寒　陰症發熱
陽症發熱　陰極似陽

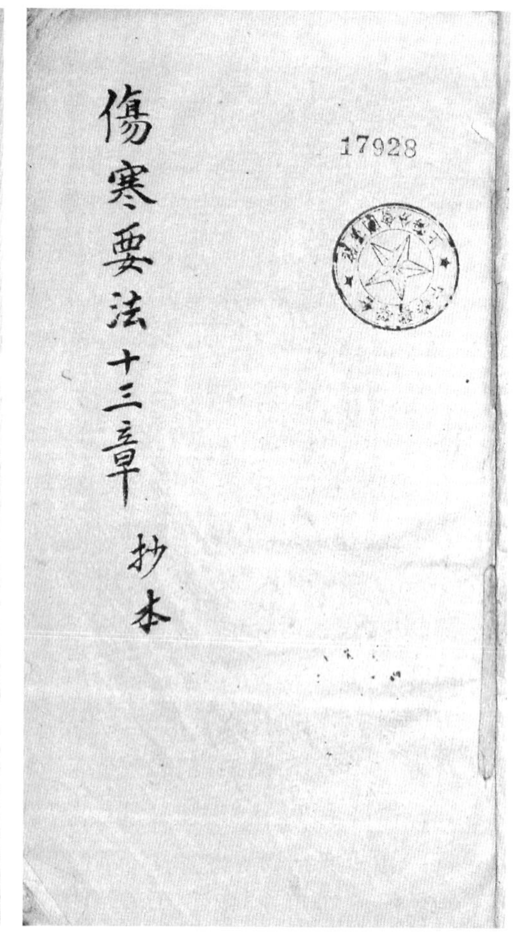

傷寒要法十三章　抄本

陽極似陰
太陽
少陽
三陰
辨脉之陰陽有力無力
三陽標本發熱不同
足陽明
傳經熱症
陽明症

六經表裏脉法
陽明
正陽、明胃腑
直中陰經寒症
人迎氣口
足太陽
足少陽
陽明在經
少陽症

傷寒要法

治傷寒第一要認得題目清楚。看(是)正傷寒，或三時傷寒，或冬温，或温病，或熱病，或時行疫病。而時疫中又要辨是温疫，是寒疫，或挾疹，或兼大頭病。題目既定，便當分六經傳變，隨症治之。

按正傷寒當從仲景法。或三時傷寒，以及冬温、温病、熱病、時行諸变，其入裏傳經，俱同傷寒，獨表症用藥大有不同。傷寒當發汗，藥用辛熱；諸症宜解肌，藥用辛凉。而医家通以傷寒稱之，名實既紊，治法安得不誤，故首辨之。

正傷寒者，霜降以後，春分以前，凡有觸冒冰雪，体中風寒而即病，

063 傷寒便讀

《傷寒便讀》，兩卷。不著撰者。無序跋與目録。扉頁有“王永福讀本”字様。《中國中醫古籍總目》載録爲清鈔本。現藏于上海圖書館。

卷一内容爲太陽病脈證三條、桂枝湯脈證七條、不可發汗例十條、大青龍湯脈證二條、十棗湯證治一條、五苓散證治一條、發汗後脈證法十五條、論結胸證治十條、温病五條、風濕四條、飲症一條等。卷二内容爲陽明府病證二條、小承氣湯證九條、大承氣湯證九條、陽明經病脉因證治十一條、陽明病風寒不同證八條、表裹虚實生死之辨九條、發黄證治七條、少陽證一條、小柴胡湯證九條、辨少陽邪氣進退之機四條、柴胡加芒硝湯證一條、太陰藏病脈證治六條、太陰經藏俱病一條、少陰脉證四條、少陰温法十五條、少陰病禁四條、厥陰清法五條、厥病禁二條、簡誤二條等。

是本将《傷寒論》以特有的理解方式按病、證、方、禁忌、辨證、醫理等分别重新編排，未加注釋，想必爲方便閲讀、記憶、查考之用。可供閲讀《傷寒論》參考。

渴欲得水者，加朮足前成四兩半。
腹中痛者，加人參足前成四兩半。
寒者，加乾姜足前成四兩半。
腹滿者，去朮加附子一枚。服湯後如食頃，飲熱粥一升許，微自溫，發揭衣被。
吐利止而身痛不休者，當消息和解其外，宜桂枝湯小利之。
吐利汗出，發熱惡寒，四肢拘急，手足厥逆者，四逆湯主之。
既吐且利，小便復利而大汗出，下利清穀，內寒外熱，脈微欲絕者，四逆湯主之。
吐下已斷，汗出而厥，四肢拘急，脈微欲絕者，通脈四逆湯主之。
吐利發汗，脈平，小煩者，以新虛不勝穀氣故也。

飲症一條

病如桂枝症，頭不痛，項不強，寸脈微浮，胸中痞鞕，氣上衝咽喉，不得息者，此為胸中有寒也，當吐之，宜蒂散。

064 傷寒起景集

《傷寒起景集》,不分卷,一册。清吴殳撰。吴殳(1611-1695),本名吴喬,字修齡,號滄塵子,太倉(今屬江蘇)人,後改籍昆山。吴殳係明代遺民,文武雙修,才氣過人。精詩律,曉天文、地理、音韵、醫藥、筮卜、煉丹、服食等。著述頗豐,武學諸書如《手臂録》《無隱録》,詩文集《圍爐詩話》《舒拂集》《吞鳥集》《息機草》等。本書無目録。首頁有"栗齋"等印章。有序言兩篇,首篇爲"順治戊戌冬十月既望柏鄉魏裔介撰"。魏裔介(1616-1686),字石生,號貞庵,又號昆林,直隸柏鄉(今屬河北)人,清初大臣。次篇爲吴氏自序,"丁酉春三月滄塵子古婁吴殳修齡氏撰",可知成書于1658年。現藏于上海中醫藥大學圖書館。

本書主要對張仲景《傷寒論》的部分條文作了詳細分析及闡述,并駁斥陶節庵的醫學觀點。内容主要包括陽明、少陽自受風寒之論各一篇,六經傳變論一篇,手經傷寒論一篇,兩感論五篇,突犯一篇,太陰補出承氣湯一篇及"發明仲景、排擊邪説諸論若干篇"。如《仲景兩派治法論》"篇,吴氏認爲仲景之書,以"兩派"爲大本大綱,"一者六經各是傷於風寒,各是發病;一者陽經傷於風寒,變熱而傳於餘經"。并以"兩派"病因病機爲基礎,製定治療大法,言"自傷之與傳變,病之大本,自傷用温,傳變用凉,治之大綱"。又《仲景六經傳變論》篇,吴氏以問答形式擬"六經傳變"七問。如:"問曰:不變有傳者乎?答曰:不變則寒也。寒何能傳,火則燎原,未見水之襄陵也。"以自然之法闡釋,形象生動。吴氏有云:"二李盛而古文以廢,陶書行而仲景以戾。"認爲陶節庵對《傷寒論》的闡釋與仲景原義相距甚遠,如其言:"陽明有自受之寒邪,有傳來之熱病,而二者又皆種種不同,是以遇之者易誤。節庵所謂内傷寒,即陽明中寒也,以其不讀仲景,故不能發明也。"

本書末附吴殳《正陶録》一册，撰于甲午(1654)八月。吴氏認爲陶節庵《傷寒全生集》中的部分醫論有誤，失仲景《傷寒論》之本義，故從《傷寒全生集》中節取五十七條，詳辨其失，名《正陶録》，其言“讀此者知陶氏非傷寒之至極，庶於仲景深心以求之也”。

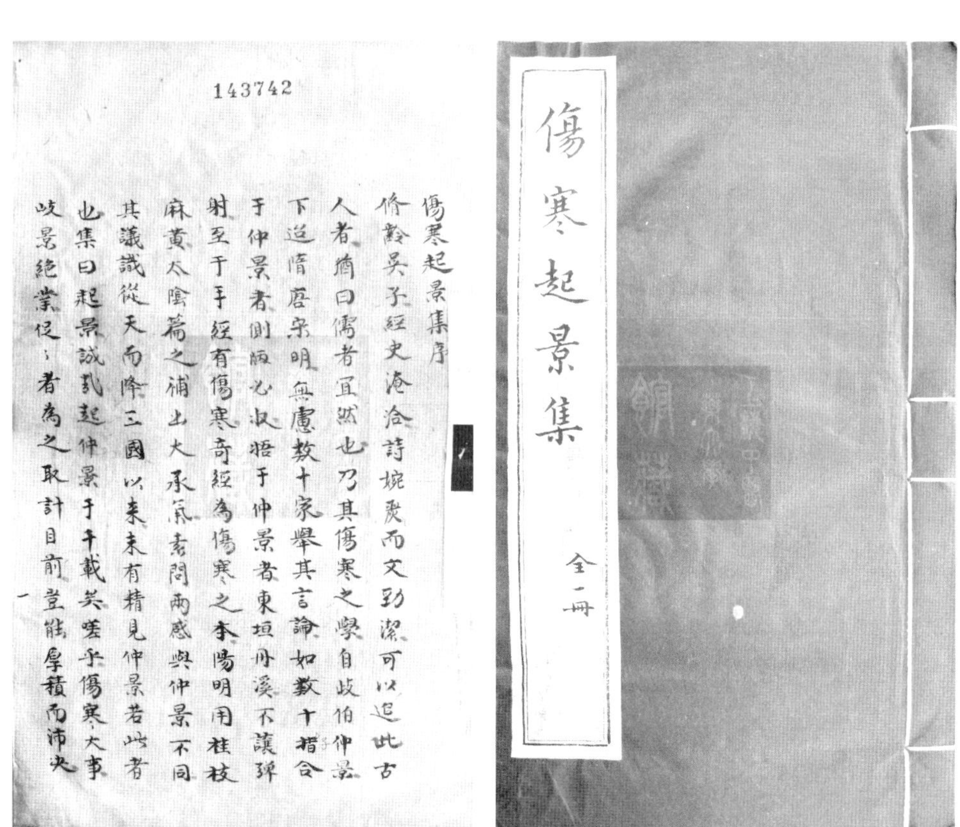

傷寒起景集序

脩齡吳子經史淹洽詩婉爽而文勁潔可以追此古人者猶曰儒者宜然也乃其傷寒之學自岐伯仲景下迨隋唐宋明無慮數十家舉其言論如數十指合于仲景者則殊必抵牾于仲景者東垣丹溪不讓彈射至于手經有傷寒奇經為傷寒之本陽明用桂枝麻黃太陰篇之補出大承氣素問兩感與仲景不同其議識從天而降三國以來未有精見仲景若此者也集曰起景誠哉起仲景于千載矣嗟乎傷寒大事岐景絕業促促者為之取計目前豈能學積而沛決

一

傷寒起景集

全一冊

修齡于百家書無所不讀左右逢源宜其得仲景之
深者如此推倒一世之智勇開拓萬古之心胸起景
集有之矣哉修齡嘗曰二李盛而古文以衰陶書行而
仲景以汨言之慨然良有當也修齡既不得于時其
學問無以表見于事功而起景之作仁者之用心也
余既序其詩文矣於斯集尤樂得而叙之
順治戊戌冬十月既望栢鄉魏裔介譔

起景集

仲景兩派治法論

仲景之書古今解者如林然有大本大綱曾未言及
者兩派治法是也兩派云何一者六經各是傷于風
寒各是發病一者陽經傷于風寒變熱而傳于餘經
自傷自發寒病也不問何經俱治之温藥麻黄湯表
寒桂枝湯表風四逆湯裏寒之類是也仲景所謂發
熱惡寒發于陽無熱惡寒發于陰者是也變熱傳經
者熱病也不問何經俱治之以凉藥大柴胡湯小柴
胡湯白虎湯承氣湯之類是也内經所謂人傷于寒
一

仲景太陽發熱無凉藥而白虎用于既汗之後則可知
矣

手經有傷寒論

手經傷寒仲景不言以其非大病耳然求之軒岐則
手經誠有傷寒焉靈樞曰中陰經者手經必始于臂足
經必始于胻以其皮薄肉淖澤也此雖言之不詳而
其故可知矣何也足經長手經短長則傷多短則傷
少足經行于身傷經則傷身手經不行于身傷經而
與身無涉凡感冒之病一二日不藥而已者即手經
傷寒也仲景既輕之而不列于其書後人亦不求之
六

三經并病合病仲景于其中或取多者責之或取重
者責之或先責表或先責裏或責其實或責其虛或
兼責而平行或兼責而偏重讀者能窺其引而不發
者而不發者而有得焉則全書割然而冰解若先置
陶氏定法于胸中雖孰讀仲景無益也嘗直曰俗不
可醫謂此類耳

陽明自受風寒論

陽經為表陰經為裏陽明固陽經也以其有承氣湯
治裏之法口語習呼為裏經既呼裏經而仲景自受
風寒發汗之法置之不講其誤何極夫太陽有中風
二

065 傷寒條例解釋（附《半亝醫學小識》《幼科條解》）

《傷寒條例解釋》，不分卷，一册。不著撰者。有目録，無序跋。書末附《半亝醫學小識》《幼科條解》。亝，同“齋”。《中國中醫古籍總目》載録爲清鈔本。現藏于上海中醫藥大學圖書館。

是書以六經病分篇，對《傷寒論》條文逐條注釋。如第六條“太陽病，發熱而渴，不惡寒者，爲温病”，其下注釋有三條，一爲發熱不渴，惡寒者，太陽證也；發熱而渴，不惡寒者，陽明證也。今太陽病不俟寒邪變熱轉屬陽明，而即熱渴不惡寒者，乃太陽温病也。二爲見證之初，以大青龍湯之凉解爲治病首劑，然無汗者宜之耳。發熱而渴，不惡寒，而汗自出者，則有桂二越婢一湯。無表證，但熱而渴，不惡寒者，爲已入陽明，又有白虎湯可用。三爲温病渴而不惡寒者，主以竹葉石膏湯。又錢氏主用石膏，實者可從。程氏主用地黄，虚者可從。《半亝醫學小識》僅簡單論述吐血、血崩、失眠三證。其中關于血崩的論述尤爲簡略，僅七十餘字，但已涵蓋了血崩的病因、症狀、治法、方藥。《幼科條解》主要論述天花、鼻苗、痧子，最初三逆證、三逆證治法，以及驚風等病證。

是書對《傷寒論》條文逐一講解，通俗易懂，有助于《傷寒論》學習。《半亝醫學小識》《幼科條解》所載内容對臨床有參考價值。

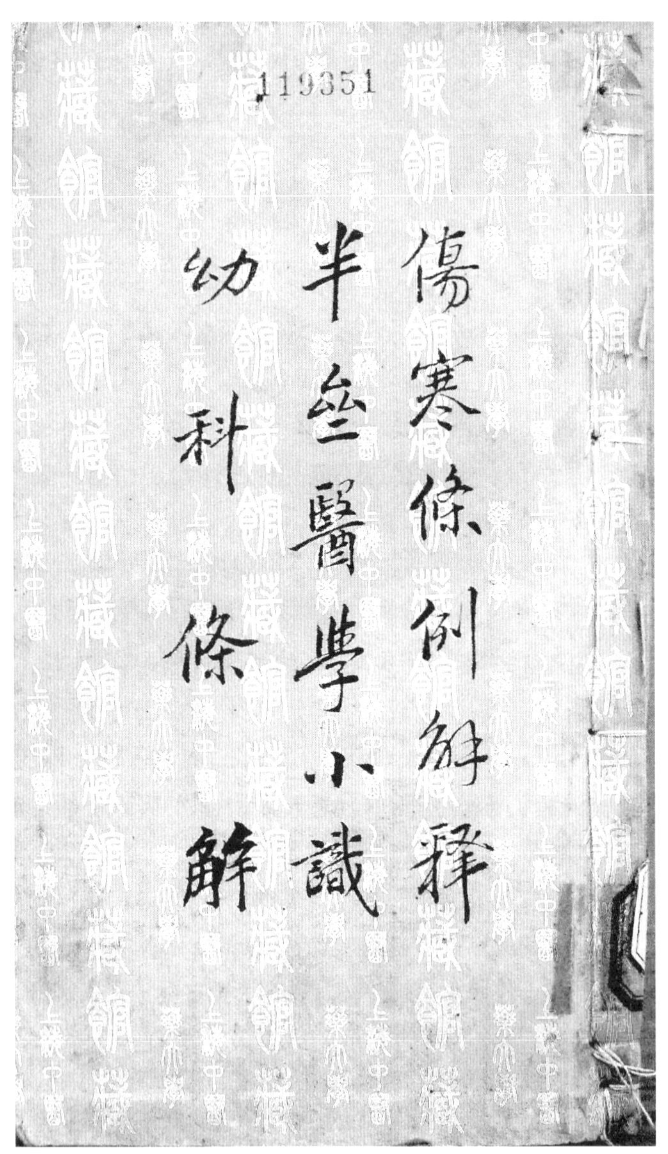
119351
傷寒條例解釋
半坐醫學小識
幼科條解

傷寒條例解釋目次

太陽 一至[illegible] 陽明 [illegible]至[illegible]

少陽 [illegible]至[illegible] 太陰 [illegible]至[illegible]

少陰 [illegible]至[illegible] 厥陰 [illegible]至[illegible]

半齋醫学小識目次

吐血症之原因与治法 1

血崩有二種 失眠症 2

幼科條解目録

天花 鼻苗 1

痧子病狀与初起三大時期 最初三逆證 2

3 若脉但浮而細而有頭痛發熱惡寒無汗等證更但是太陽之外邪未解 当与麻黃湯汗之

4 脉浮細太陽少陽脉也 脉弦細少陽脉也 脉沉細少陰脉也

5 脉浮細身嗜臥者陰也 脉沉細身無熱嗜臥者陰也 脉緩細身和嗜臥者已解也

6 胸滿脅痛是柴胡證 若胸滿脅痛即該寒熱往來口苦咽乾在內云外已解 則此是少陽不和与太陽無干之意 脉但浮者是之外未解 外未解当解其外 故曰与麻黃湯

四一 太陽中風脉浮緊發熱惡寒身疼痛不汗出而煩躁者大青龍湯主之 若脉微弱汗出惡風者不可服之 服之則厥逆筋惕肉瞤

太陽篇

傷寒條例解釋

一 太陽之為病脉浮頭項強痛而惡寒 小腸 膀胱

1 脉見尺寸俱浮知病在太陽診也

2 及其过表入裡則不復惡寒

3 凡云太陽便知皮膚受邪病在腠理榮衛之間而未涉於府藏也

4 太陽之見證莫確於頭痛惡寒

5 雖病已多日不問其过經已否但尚見此脉此證仍可作太陽病处治

6 如脉反沉頭不痛項不強不惡寒是太陽之变局矣

幼科條解

一天花

1 天花第一步發熱咳嗽耳後有靜脉一條名為痘紋但不甚靠得住 蓋痘紋与指紋一樣 就發熱就見 凡表層壯熱無論是否天花均不冷 若熱聚于裏 非天花也 冷只有一件極靠得住 發熱第二天小孩胸部見紅点隱隱似痧疹的這点子見後不过五六时再看則无 凡如此可斷定是天花 此外發熱时目瞼含潤兩眼帶赤并有呵欠或噴嚏 亦是見前兆 但痧子亦有此 若在天花流行时小孩發熱而見此前兆 又小孩没有種牛痘 就有八九分可以斷定是天花

2 咳嗽不爽舌苔黃厚大便不通小便短赤口渴煩燥如全見是重證

066 傷寒症治海底眼秘法

《傷寒症治海底眼秘法》，上下兩卷，一册。不著撰者，無序跋，有目録，成書年代不詳。《中國中醫古籍總目》載録爲清鈔本。現藏于上海中醫藥大學圖書館。書名中的"海底眼"，義爲隱秘。

是書上卷載録篇文主要有：《傷寒海底眼病機論》《六經症治》(包括足太陽膀胱經、足陽明胃經、足少陽膽經、足太陰脾經、足少陰腎經、足厥陰肝經)《傷寒兩感互見脈論》《傷寒兩經脈相似論》《傷寒首尾一經症治》《傷寒過經不解》等；下卷重點闡述内容爲：三法失宜，夾病症治，傷寒同症誤治，傷寒類症治法，諸經症應藥(包括心經、肝經、膽經、脾經、胃經、心包經、肺經、大腸經、腎經、膀胱經、三焦經)，藥引略等。其中，目録最後之"十三方加減歌訣"和"十三方加減主藥"，爲正文所無。是書對引經藥有所發揮，如肝經引經藥中指出："氣痛兩脅，君枳實以佐人參芎芍；痰攻雙臂，施术草更兼半橘香苓；右脅脹痛，桂心枳殼草薑黄；左脅刺疼，粉草川芎和枳實；悲怒傷肝雙脅痛，芎辛枳殼桔防風……"是書還强調服藥時的飲食禁忌，如"心虚辛辣不宜，咳嗽酸鹹必禁，霍亂勿可施米飲，滿脹安得用甘甜醇酒炙煿，有痰火者切忌蕎麵魚腥，服蒼厚朴奚容地黄忌蘿蔔……"

是書對于臨床辨證用藥有一定的指導意義。

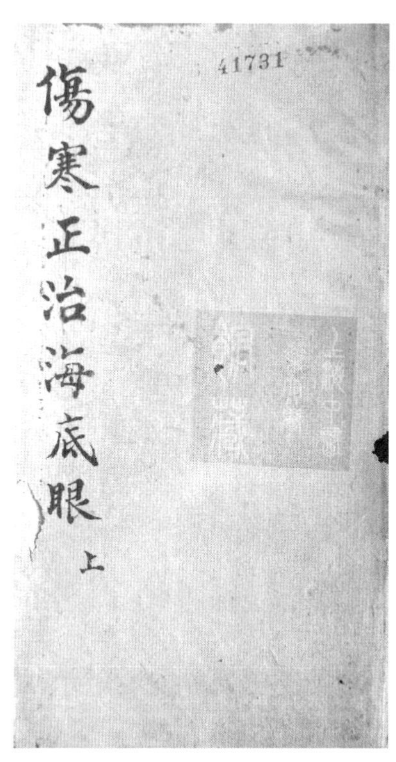

傷寒正治海底眼 上

傷寒症治海底眼秘法上卷目録

傷寒症治海底眼秘法上卷

傷寒海底眼病機論

首段提病之由起

夫傷寒何由而起也經曰邪之所（破的）凑其氣必虚故元氣充寔表裡固密則邪不易入而内不受傷所謂藩籬固密而賊邪難攻内有備而外難侮也若使（此下言致病之由）元氣衰於嗜慾之不節脾胃衰于飲食之不調肌表衰于起居之不慎則風寒易于感冒或坐卧當風或遠行勞役或空腹勤動因而感受寒邪或從肩背由督脉（督脉行身之後）三陽經分入客於肌膚之間而

不嘔者其病自愈以柴胡桂枝湯和之　至於本病頭疼
發熱之症已除而有腹脹消渴四肢厥逆乍温乍冷舌卷
囊縮譫語躁乱大便不通者熱邪入厥陰之本病也脉沉
有力法當大承氣湯下之　初起身不惡寒不頭疼即便
倦卧蜷腹連陰器絞痛或瀉痢嘔噦口吐涎沫爪甲青暝
口黑冷過肘膝舌捲囊縮筋急身重六脉沉遲無力或微
或伏者茱萸四逆湯回陽返本湯温服之若六脉伏絶
發躁並與少陰經不異而治法則比少陰為急耳如此病
隨經轉藥隨病用而治症之法盡矣　然又有三陽合病
而不傳者如太陽與陽明合病則頭疼發熱而又口乾鼻
塞者宜冲和解肌湯主之太陽與少陽合病則頭疼發熱
而又胸脇滿口苦冲和合小柴胡湯主之陽明與少陽合
病則咽乾鼻塞而又胸脇滿而口苦小柴胡湯合葛根湯
主之若頭痛發熱而又見咽乾鼻塞胸滿口苦者此三陽
經合發而為病也又當冲和靈寶湯通解三陽之邪若一

為陽熱之症或從胸腹由衝任二脉客于三陰經分或從
口鼻經入臟腑而為直中陰寒之症此傷寒之症所由得
也故有是因則有是病有是病必有是症是以知因者病
之機于先者也症者病之行于外者也見症以究病見病
以究因此之謂病機是故善治者必先究其所因飲食居
處房室動靜之間逐一審問復察其所見之症或發熱不
發熱或惡寒不惡寒或頭痛不頭痛既得其因又得其症
然後診其脉人迎氣口或浮或沉或遲或數脉症相
符病機燎然隨症立方應手取効假如傷寒先因坐臥當
風起居不慎而得發熱惡寒頭痛惡心拘急腰脊強身体
痛則知因於外感而為太陽之標病也無汗而脉浮緊有
力者為傷寒乃寒傷於榮治宜發散寒邪冬月麻黄湯三
時羌活冲和湯芎蘇散選用以發表也有汗而脉浮緩無
力者為傷風乃風傷于衛治宜發散風邪冬月桂枝湯三
時加减冲和湯神术散順其時令選用以實表也前症未
除而即煩渴小便不利為熱結膀胱傳裡之本經為太陽

067 傷寒海底眼

《傷寒海底眼》，上中下三卷，兩册。明何彦澄撰。何彦澄（1372–1432），江蘇丹徒人，名淵，字彦澄，以字行，并有澂齋、皆春堂、慈濟堂諸號，曾拜朱丹溪弟子戴原禮爲師，學數年，盡得其奧。《鎮江府誌》載其“博通六經諸子史，尤精於醫，醫不專名一科，洞理徹微，於諸症悉見毫髮”。此本封面有“席珍手録”字樣。席珍生平與此書抄録時間不詳。書中“玄”字無避諱，推測應抄于1416–1662年間。上卷首頁載“京江何氏秘業海底眼皆春堂原本”“明彦澄公著”，下卷首頁載“仁壽堂原本”。據該書楊士奇序，可知《傷寒海底眼》原書成于1416年。現藏于上海中醫藥大學圖書館。兩册首頁均有“上海中醫學院圖書館藏書章”。

學苑出版社已據何時希家藏本出版《傷寒海底眼》，有學者據出版本作了詳細研究。何時希對此書的綜合評價主要包括四個方面：一、博采衆方，活用方藥。張仲景《傷寒論》載方一百十三首，何氏在運用仲景原方的基礎上，根據自己多年的臨床經驗，臨證活用方藥，并補入後人許多方劑，增補至約五百首，隨症加減的藥味也有數百種。如常用方平胃散，消各種食積有十四法；補中益氣湯加減有三十三法；二陳湯化痰，有二十四種加減法等。二、分類詳細，指出某些治法之誤。此書分類頗細，如何氏在六經辨證的基礎上，增補《傷寒得傷風脈傷風得傷寒脈》《少陰症似太陽太陽脈似少陰》等篇。除完善仲景之論，何氏亦指出仲景某些治法之誤。如《三法失宜》篇，何氏認爲汗、吐、下三法的運用應靈活變通，因時因地、因人因證而用，要重于辨證，有的放矢。“傷寒有同症而病异者，寒熱虚實之變爲之也。彼寒而此熱，此實而彼虚，相去懸運，辨證不真，治或少差，鮮有不誤。”何氏論述了傷寒同症之誤治四十七種。三、談温熱、傷寒之异，辨類證之診治。何氏早于首創“温疫論”的吴又可約二百年,而大談温熱與傷寒之異治。如“手經惟肺經受邪多”,正是葉天士“温邪上受,首先犯肺”之先聲。并涉及暑疫、温熱的症治很多。四、精于鑒别診斷。對類似傷寒諸症,如陰虚、陽虚、水飲、食物、温熱、濕温等,逐條分析,列出症狀,并附以加減方劑和藥味。

《傷寒海底眼》無論是辨證还是立法選方,都具有鮮明的特點,是學習運用《傷寒論》不可忽視的專著。在傷寒病的治療方面擴大了《傷寒論》方藥的運用範圍,對後世温病學的創立和發展也有深刻的影響。

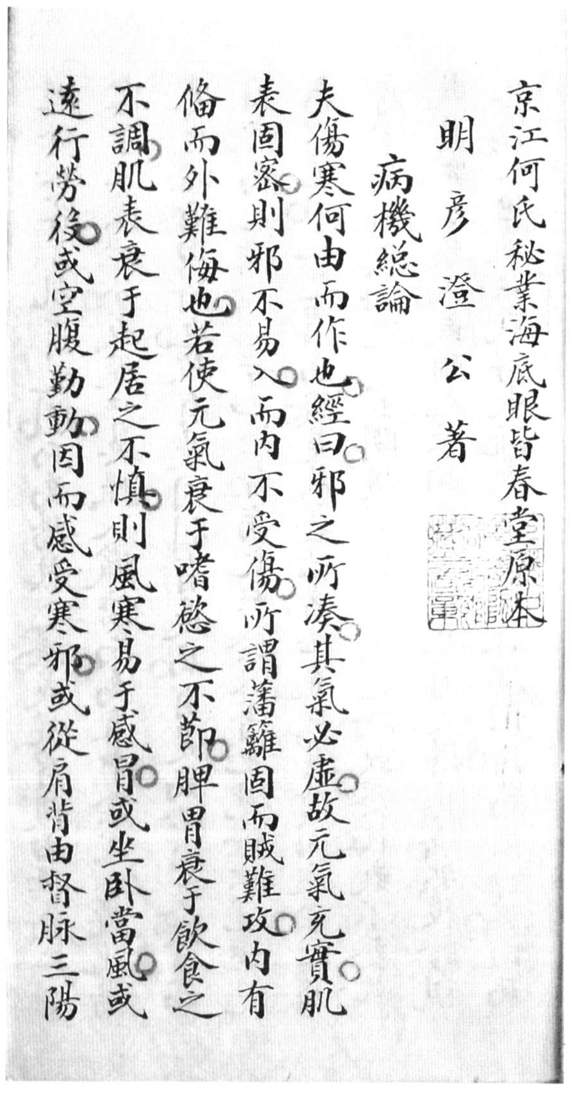
京江何氏秘業海底眼皆春堂原本

明 彦 澄 公 著

病機總論

夫傷寒何由而作也經曰邪之所湊其氣必虛故元氣充實肌表固密則邪不易入而內不受傷所謂藩籬固而賊難攻內有偹而外難侮也若使元氣衰于嗜慾之不節脾胃衰于飲食之不調肌表衰于起居之不慎則風寒易于感冒或坐卧當風或遠行勞役或空腹勤動因而感受寒邪或從肩背由督脉三陽

經分入客于肌膚之間而為陽熱之證或從胃腹由任衝二脉客于三陰經分或從口鼻經入臟腑而為直中陰寒之證此傷寒之證所由得也故有是因則有是病有是病必有是證是知因者病之機於先者也證者病之形於外者也見證以究病見病以究因此之謂病機是故善治者必先究其所因飲食起居房室動靜之間逐一審問復察其所見之證或發熱或不發熱或惡寒不惡寒或頭疼不頭疼既得其因又得其證然後診視其脉人迎氣口或浮或沉或遲或數脉證相符病機燎然隨病主方應手取效假如傷寒先因坐卧當風起居不慎而得發熱惡寒頭疼惡心拘急腰脊强身體疼則知因于外感而為太陽之標病也無汗而脉浮緊有力者為傷寒乃寒傷于榮治宜發散寒邪冬月麻黄湯三時羌活冲和湯芎蘇散選用以發表也有汗而脉浮緩有力者為傷風乃風傷於衛治宜發散風邪冬月桂枝湯三時加減冲和湯神术湯順其時令選用以塞表也前證未除而即煩渴小便不利為熱結膀胱傳裏之本病經為太陽之本病也五苓散可用若夫燥渴而自汗者忌之恐重耗

068 傷寒捷要

《傷寒捷要》,不分卷,一册。部分紙張殘缺,著者佚名。《中國中醫古籍總目》載録爲清鈔本。本書引明代醫家萬密齋《萬氏婦人科》《保嬰全書》内容,兩書成書時間約1550年,則此鈔本應成于1550年之後。又本書抄録《萬氏婦人科》"濟陰通玄賦" 條,"玄" 字未避清康熙玄燁之諱,推測此書應成于1662年以前。據此本書應抄于1550–1662年間。封面書 "神仙傷寒捷要" 六字,無序跋,無目録。首頁有印章兩方,一方爲 "上海中醫學院圖書館藏書",另一方爲 "愚齋圖書館藏"。説明此書曾經盛宣懷收藏盛宣懷(1844–1916),字杏蓀,江蘇武進人,清末官員,官至郵傳部大臣。後人輯有《愚齋圖書及館藏醫籍見聞》一書。現藏于上海中醫藥大學圖書館。

本書内容可分爲三部分。第一部分名 "傷寒捷要看法",爲傷寒用方歌訣,共二十四句七言歌訣,簡要闡述香蘇散、加減敗毒散、大小柴胡湯、承氣湯、六一順氣湯、理中附子湯七方的功效及應用。如:"發熱惡寒身頭痛,脈浮無汗怎生醫? 四時加減香蘇記,内外兩感並治宜。" 後附此七方主治症狀、藥物組成、煎服方法及臨證加減應用等。如香蘇散由紫蘇、香附、陳皮、甘草組成,薑葱水煎服,"頭痛加川芎、白芷、細辛;身痛加羌活、烏藥;發汗加蒼术;咳嗽加杏仁、桑白皮……" 第二部分引録《萬氏婦人科》條文,包括 "立科大概" "濟陰通玄賦" "調經章" 等。第三部分名 "保嬰全書",書名下書 "古羅田萬全著",内容同《幼科全書》,包括 "原痘賦" "西江月" 等七言、五言歌訣,文字淺顯通俗。如鑒别五臟各痘症狀歌訣取《西江月》詞牌:"五臟各有一證,其間治法難同。肝爲水皰肺爲膿,大小瘡形異種。脾證發爲疹子,心經見作斑紅。腎爲黑陷病多凶,縱有靈丹何用!" 本書初爲萬氏教授子弟用書,經萬氏校勘增補後刊行。

傷寒捷要看法

發熱惡寒身頭痛脉浮無汗怎生醫四时加减香蘇記内外兩感並治宜四五日来口舌乾發熱身痛卧不安宜服加減敗毒散小柴胡湯在後卷七八日来熱在内口渴心煩腹脹小便赤少大便难大柴胡湯通利大便不通舌乾燥發熱承氣下之好傷寒傳裏大便结口燥咽乾怕熱極斑黄狂叫手足擲潮熱自汗胸膈滿遶臍疼痛俱已急六一順氣湯並吃汗吐下後心煩燥大熱不止解毒好若中陰經脉沉細理中附子服宜

草。治四时傷寒頭疼身痛瘟疫寒熱往来及治内外兩感之症並宜照病加減先服

香蘇散 紫蘇葉二錢 香附米三錢 廣陳皮三錢 甘草五分

右剉姜葱水煎熱服

頭痛加川芎白芷細辛。身痛加羌活烏藥。發汗加蒼术。咳嗽加杏仁桑白皮。有痰加半夏。胸滿飽悶加桔梗只殼。心下痞加只實黄連姜炒 嘔吐加藿香半下。口渴加干姜。夹食加山查神曲。瘧疾加兵郎草菓。泄泄加白术茯苓。痢疾加只殼黄連。脚膝拘挛加木香兵郎羌活木瓜

治四时傷寒頭疼身痛壮熱惡寒傷風痰涎鼻塞聲重四时瘟疫熱毒頭面腫痛發熱并小兒驚風喘嗽瘡疹时行痢疾一切惡毒諸般瘡毒並治

加減敗毒散 氣虚加人参 即人参敗毒散 風熱加防風荆芥 名荆防敗毒散

羌活 独活 只殼 桔梗 茯苓 川芎 薄荷 甘草 柴胡 前胡

右剉生姜一二片煎服 咳嗽有痰加半夏。熱毒加芩

069 傷寒捷訣

《傷寒捷訣》,不分卷。清嚴宫方编。嚴宫方,號則庵,桐城(今屬安徽)人。《江南通誌》及《桐城縣誌》載嚴氏業醫,方書靡不窺覽,榮衛虛實,辨析微芒,善治奇病,多人所不解者。該書前有其孫(佚名)所作序言云:“《傷寒捷訣》者,予祖宫方則庵公之所著也……予祖上自《黄帝素問》,下及仲景、河澗(間)、東垣、丹溪諸書無不研究,沉潛之久,恍然自得。”該書成于1908年,後收入《珍本醫書集成》。鈔本上鈐有中華書局、紹興裘氏、讀有用書樓三枚藏書章。現藏于上海辭書出版社圖書館。

是書仿許叔微《傷寒百證歌》,將《傷寒論》及部分雜病證候編成七言歌訣,載傷寒總訣治法,太陽經傷風、陽明經腑病、少陰經直中寒證、厥陰經傳經熱證、結胸、陽毒、狐惑、百合、不得眠等病證歌訣九十七首。每歌文字多寡不一,大部分歌訣後有注文,詳細闡述該證之臨床表現、病因病機、辨證要點、宜用方藥等。凡仲景未出方者,從《千金要方》等擇而補之。誠如作者所云:“予茲略陳其要,學人自宜變通。”

紹興裘氏曰:“讀書難,讀醫書尤難,讀醫書中之《傷寒論》,尤爲難上之難。此宋許叔微所以撰《傷寒百證歌》也。”本書將《傷寒論》編成歌訣,使學者易讀易記,與許氏之用心相似,有益于後世學習者作臨證參考之用。

傷寒捷訣序

傷寒捷訣者予祖宮方則菴公之所著也自古以來傷寒之書何啻充棟而或失則泥或失則雜矣且其間各執所見是詞立論徃徃不同問津者恒苦之予祖上自黃帝素問下及仲景河澗東垣丹溪諸書無不研究沉潛之久恍然自得蓋素問以足六經分經論治然未嘗不通乎義也仲景立三百九十七法並一百一十三方可詢而訣也河澗以傷寒為熱病經曰熱病者皆傷寒之類是也東垣以內傷寒悉類傷寒而丹溪之書則云傷寒屬內傷寒者十居八九是皆殊途而同歸百慮而一致者也於是

釀花為蜜集腋成裘不漏不支作歌者成訣斯誠後學之津梁矣獨惜註釋未詳而祖淺者流或第奉行故事未審證之源妄立方之分寸是猶吾祖之深憂也予不自揣因其耳熟更參前賢章疏節解務使分證立方之妙瞭如指掌非敢祖作而孫述之冀不負吾祖之苦心焉爾

按仲景訣未免汗漫初學讀之如涉海問津以三陽三陰編訣捷簡一誦了然矣且各加註釋庶各經不混脈絡分明不毋小補于萬一云爾讀註全集更有深心知者鑒之

桐城嚴宮方則菴氏纂輯　[illegible]

欲治傷寒先須識症診脈定名處方必應日[illegible]傷榮傷衛之分陽明有在經在腑之痛少陽但主乎中故日膽為清淨至三陰有傳經直中之不常須究脈理而推詳傳經者脈沉數而煩熱直中者脈沉細而清涼當詳而下為結胸痞氣當下而汗為厥譫亡陽腸垢鶩溏須辨惕寒惕熱瘀熱畜血可知發黃發狂癰疹斑爛起于溫熱二毒筋惕肉瞤由于汗下而傷若夫風溫濕溫風濕中濕風溫則喘息多眠濕溫則妄言不食風濕肢體重而額汗流中濕肌膚黃而小便赤溫病發於春時熱病生於夏

070 傷寒會要

《傷寒會要》,僅存下卷。明江原岷編著。江原岷,婺源縣旃坑(今屬江西省上饒市婺源縣)人,名醫江德泮之曾孫。江德泮,據《婺源縣誌》載:"字文育,旃坑人。讀書屏風山中,適有異僧在山禪定,謂曰:子道味瀟清,功名分薄,因以外科秘術授之。戒曰:以此濟人,無罔利也!自是内外針灸諸科,洞灼玄微,怪證應手而蘇,全活甚衆。遵僧訓,施藥濟貧。其子天元、孫震亨、曾孫原岷,醫治世人,迄今杏成林焉。"此鈔本成于明崇禎十年(1637),現藏于上海中醫藥大學圖書館。

是本下卷列劫病法、製藥法、煎藥法、解藥法、秘用湯方五部分。"劫病法"十三條,分别爲辨治躁狂症、痛症、直中陰經真寒症、辨治舌胎、鼻衄成流、熱邪傳裏之症、吐血不止之症、直中陰經真寒症或陰毒症、熱極症、服藥不納症、中風痰厥昏迷症、乾霍亂不得吐症、中寒卒倒不省症等。介紹簡單實用的治法,如傷寒鼻衄成流,久不止者,將山梔炒黑色,爲細末,吹入鼻内,外將水紙搭與鼻沖穴,其血自止。若點滴不成流者,其邪在經未解,照後秘方用藥,不在此法。"製藥法"四條,介紹去除附子、大黄、麻黄、茱萸毒性的炮製方法。如將麻黄去結,先滚醋湯,略浸片刻,使不致發汗太過。如果冬月嚴寒,腠理緻密,當生用,不須製之。"解藥法"三條,包括消解附子的毒性、治療用大黄後瀉利不止與用麻黄後汗出不止的方法。"煎藥法"二十條,分列發汗藥、止汗藥、和解藥、下藥、温藥、行血藥、利水藥、止瀉藥、消渴藥、止痛藥、發黄藥、發斑藥、發狂藥、嘔吐藥、勞力感寒藥、感冒傷寒藥、暑症藥、痙病藥、腹如雷鳴藥、濕證藥的煎服方法。遵循的原則爲:根據方劑的功效,先煎方劑中相應的主藥。如温藥先煎乾薑一二沸,後入餘藥同煎;和解藥,先煎柴胡一二沸,後入餘藥同煎。"秘用湯方"三十七首,所録之方多由仲景方加減變化而成，亦包括導赤散、羌活沖和湯、升陽散火湯、黃龍湯等後世驗方，多爲臨證經驗之談。此部分主要論述這些方劑的主治、組成及加減。如柴胡雙解散，即小柴胡湯加減，主治足少陽膽經受邪，出現耳聾、脅痛、寒熱往來、嘔而口苦、脈弦數等，由柴胡、黃芩、半夏、人參、陳皮、芍藥組成。如果少陽膽經證出現小便不利，原方加茯苓；嘔者，加薑汁、竹茹；脅痛者，加青皮。

是本上卷散佚，令今人無法研究和借鑒，實乃一憾事。所存下卷，具有重要的臨床指導意義。雖無大篇醫論，但所論診斷方法、治法和方藥，切合臨證應用。

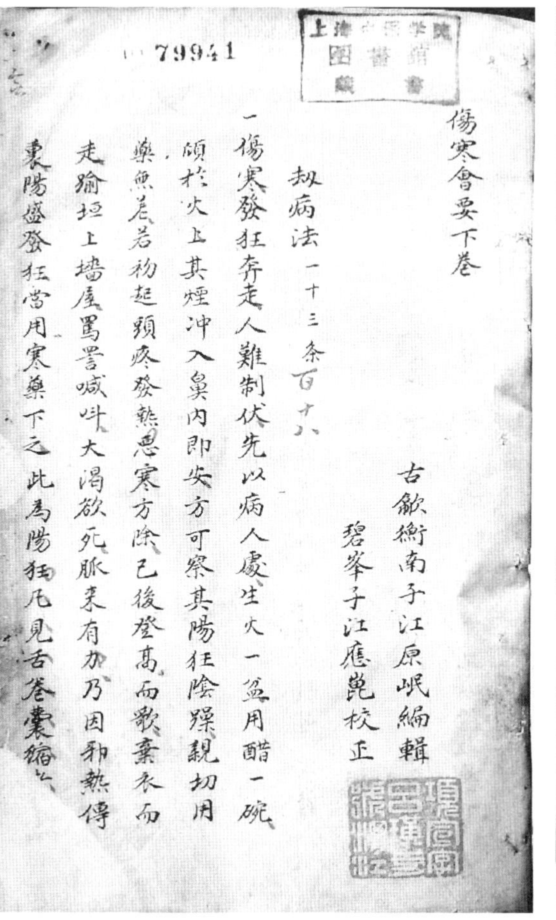

傷寒會要下卷

古歙衛南子江原岷編輯

碧峯子江應㢸校正

劫病法 一十三条

一傷寒發狂奔走人難制伏先以病人處生火一盆用醋一碗傾於火上其煙沖入鼻内即安方可察其陽狂陰躁覩切用藥無差若初起頭疼發熱惡寒方除已後登高而歌棄衣而走踰垣上墻屋罵詈喊叫大渇欲死脉來有力乃因邪熱傳裏陽盛發狂當用寒藥下之此為陽狂凡見舌卷囊縮

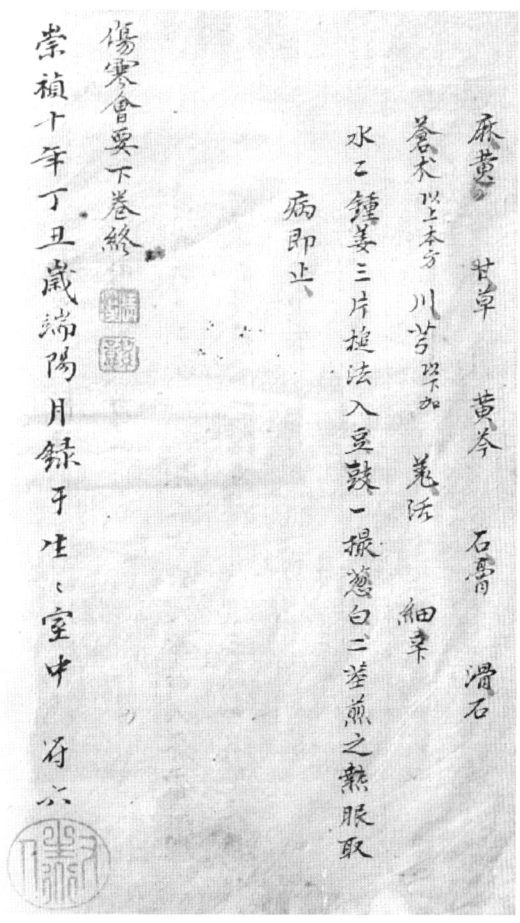

麻黄 甘草 黄芩 石膏 滑石 蒼朮以上本方 川芎以下加 羌活 細辛

水二鍾薑三片槌法入豆鼓一撮葱白二茎煎之熱服取病即止

傷寒會要下卷終

崇禎十年丁丑歲端陽月録于生生室中 符六

071 傷寒瑣屑附翼

《傷寒瑣屑附翼》,不分卷,一册。清吴開業編。吴開業,字勳臣,江蘇儀徵人,生平事迹不詳。此本有目録,無序跋。目録頁有"上海中醫學院圖書館藏書"印章一方。《中國中醫古籍總目》載録爲清鈔本。現藏于上海中醫藥大學圖書館。

該書將傷寒類病證分爲八門,根據寒熱、疼痛、氣血、二便、嘔吐、頭面部等症狀分爲"寒熱門""諸痛門""諸氣門""諸血門""諸府門""呃逆門""汗卧門""七竅門"。各門下又分成三至十餘個小專題,闡釋傷寒各病症的病因病機和治則方藥。"寒熱門"載十八個小專題,如"惡寒""發熱""往來寒熱""寒熱多少""瘧狀"等。"諸痛門"載傷寒頭痛、項强、胸脅痛、腹痛、心下痛、諸濕痛證等傷寒痛證。"諸氣門"載傷寒喘、咳、腫、腹中雷鳴四種病證。"諸血門"載傷寒出血諸證,如吐衄、便血等。"諸府門"主要闡釋傷寒病與二便相關的病證,如自利、下利、下重、下後不解等。"呃逆門"主要闡述傷寒呃逆、嘔吐類病證。"汗卧門"載傷寒汗證和卧寐方面的病證。"七竅門"記述口、鼻、咽喉、舌苔等方面病症。各門所述醫理,多據《傷寒論》,治方以傷寒方爲主,亦引録他書之方。

該書内容似著者在研習《傷寒論》及臨證運用過程中的感悟與發揮。將紛繁的傷寒症狀進行分類,爲其特色。論述詳實,内容完備,是一部從症狀角度解讀、闡釋《傷寒論》的醫著,對于學習《傷寒論》有參考價值。

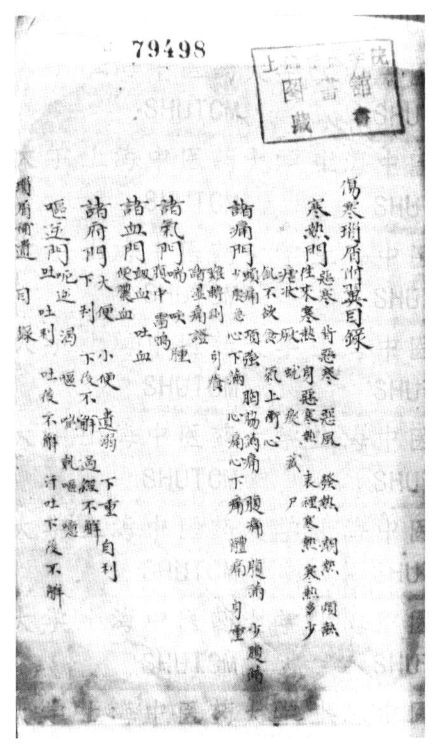

傷寒瑣屑附翼目録

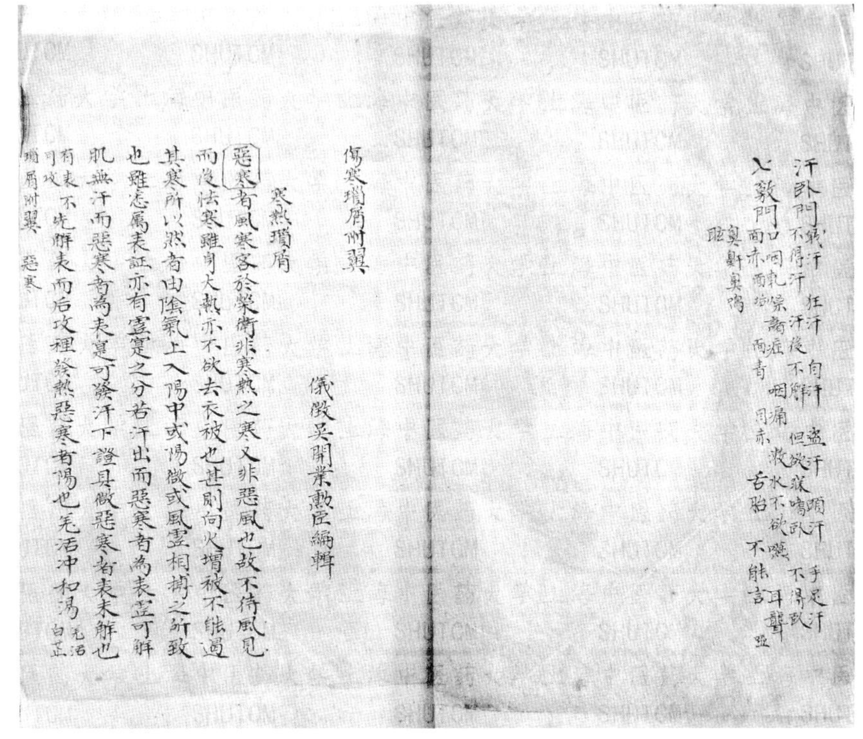

傷寒瑣屑附翼

儀徵吳開業勲臣編輯

寒熱瑣屑

惡寒者，風寒客於榮衛，非寒熱之寒，又非惡風也，故不待風見而後怯寒，雖身大熱，亦不欲去衣被也，甚則向火增被，不能遏其寒。所以然者，由陰氣上入陽中，或陽微，或風虛相搏之所致也。雖悉屬表證，亦有虛實之分，若汗出而惡寒者為表虛，可解肌；無汗而惡寒者為表實，可發汗。下證具，微惡寒者，表未解也，有表不先解表而后攻裡。發熱惡寒者，陽也，羌活冲和湯羌活 白芷可攻

瑣屑附翼　惡寒

072 傷寒遺書

《傷寒遺書》，六卷，兩函十四册。原題“星源李璋襄文輯著”。李璋，字襄文，清代醫家，具體事迹不詳。根據抄本中“玄”字皆缺筆作“玄”或變形作“竑”，可推測該書抄寫于清代。全書封面與封底曾以褐色紙重新裝訂，并題有“傷寒”二字及“太陽”“陽明”等卷名，下側有陽文印章兩方，上方爲“伍連德藏書記”，下方爲“戟眉氏藏”。首頁右下角亦有印章兩方，上方爲陽文“怡興”二字，下方爲陽文“伍連德藏書記”。但此褐色紙質地極脆而易碎裂，第一册封面已不存，餘册翻動即有毁損。而内部紙質尚好，字迹清晰，字體優美。現藏于中華醫學會上海分會圖書館。

全書總論及太陽四册，陽明二册，少陽三册，太陰一册，少陰二册，厥陰二册。總論内容包括“傷寒六經陰陽表裏寒熱虚實證辨”，對“傷寒傳足不傳手”之説的闡發，對六經病傳變順序及性質的認識，以及傷寒辨證應脈證并重。引述成無己、朱肱、李士材、張隱庵、方有執、陶節庵等諸家之説，并提出自己的看法，如認爲六經病傳變當兼有“六氣感召”和“六經淺深傳遞”，指出“經無氣不病，氣非類不從，此《易》所謂方以類聚、物以群分之義也”。并在分卷時强調“自一至六，以卷帙先後言，非傳經之次第也”。對每一經病證的具體論述包括證綱、總論、具體症狀辨治三部分内容（但陽明卷前有空白四頁，未見證綱、總論兩部分，直接爲症狀辨治）。證綱引述《傷寒論》六經病提綱及本病條文而作分類。陽經病分爲實熱證，包括在經證（表證）、在腑證（裏證），以及虚寒證，即直中證；陰經病分爲陰經之陽證（實證），包括傳經之熱證（裏證）、兼表證，以及陰經之陰證（虚證），即寒中證。總論闡述該經的循行部位、生理病理特點、病證分類及治療宜忌等内容。太陽經症狀辨治包括頭痛、身痛、拘急、發熱、惡寒、惡風、口渴、小便不利、小腹脹滿、如狂等；陽明經症狀包括蒸蒸發熱、日晡潮熱、多汗、手足心汗出、煩躁、譫語等；少陽經症狀包括往來寒熱、胸脅苦滿、脅下硬滿、默默不欲食、心煩喜嘔等；太陰經症狀包括腹滿、吐、自利、時腹自痛、發黄等；少陰經症狀包括口燥咽乾、渴、但欲寐、咽痛、脈沉微、惡寒、手足逆冷、下利清穀、不煩而躁等；厥陰經症狀包括消渴、氣上撞心、心中疼熱、飢不欲食、口唇青紫、舌卷囊縮、厥、便膿血、遺尿等。對每一症狀的論述一般先録《傷寒論》原文，繼之引諸家之論以及案例詳加闡釋，并提出自己的觀點。

該書層次清晰，觀點明確，闡述精詳。尤其以六經爲綱，對《傷寒論》中的症狀進行了詳細分析，爲《傷寒論》的研究提供了豐富的資料，具有較大的參考價值。

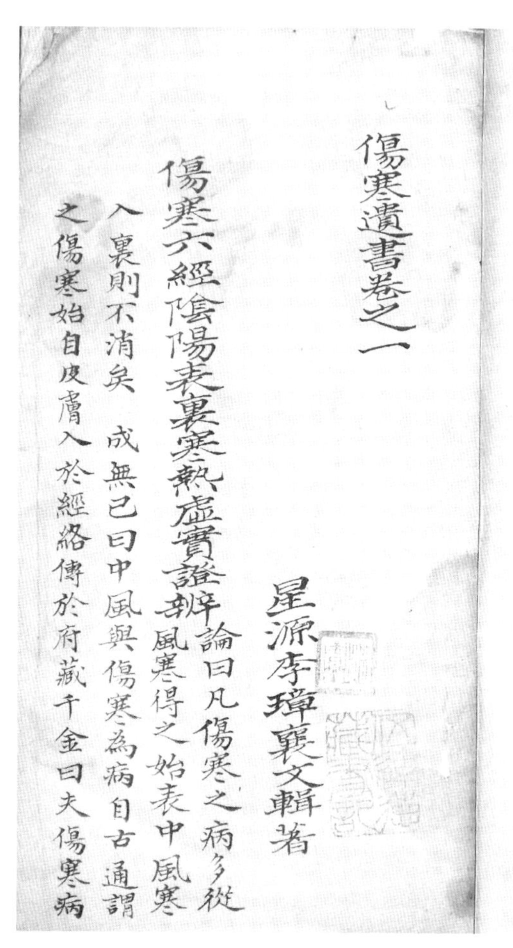
傷寒遺書卷之一
星源李璋襄文輯著
傷寒六經陰陽表裏寒熱虚實證辨論曰凡傷寒之病多從風寒得之始表中風寒入裏則不消矣　成無己曰中風與傷寒爲病自古通謂之傷寒始自皮膚入於經絡傳於府藏千金曰夫傷寒病

氣升浮在表且我正氣甚虛足以感之身或微熱或不熱六脈無力神氣困倦當溫以調之而病自愈也至於中寒者由人中氣元陽虧極又遇強暴之寒邪直中於裏手足厥冷息微體倦六脈沉細語言無力身不發熱即微熱而口不渴此時不急峻用溫補以保之則幾希之元陽失散殘滅乃易易耳書云宜急溫之遲則不救故亦附參附理中四逆皆為此等設也 ○六經者足六經也 或問曰風邪之中人固無定體然手足各有六經何故只傳足之六經而不及於手之六經劉草窗謂足六經屬水土木水得寒則氷土得寒則坼木得寒則葉落而枝枯手六經屬金與火火勝水而能敵寒金得寒而愈堅剛其說為不易歟虞天民曰斯

陽明少陽以及三陰之經皆從足經始而漸及於手之六經而已此人身配合天地之理不期然而然者也何疑之有哉 陶節庵曰傷寒傳足經不傳手經者俗醫之謬論也夫人之氣自平旦會於膻中朝行手太陰肺以次分布諸經行三百六十五骨節明日寅時復會於手太陰也血亦隨氣流布運行不息營衛一身所以一脈愆和則百脈皆病理固然也彼云傳足不傳手者何所據乎夫傷寒者乃冬時感寒即病之名也冬月坎水用事寒氣凛冽足太

073 傷寒論句解

《傷寒論句解》(殘鈔本),不分卷,一册。作者管侃,字孝直,婁東(今江蘇太倉)人,事迹無考。據鈔本形制,當爲清鈔本。前兩葉已缺,書前與書後各有印兩方,皆爲"周盼之印"與"明德",書後有"辯脈篇只存此十三條其餘已失無從考得惜哉西亭識之"字樣,當爲藏書者所記。現藏于中華醫學會上海分會圖書館。

原書僅存"辨厥陰病脈證并治"與"辨脈法"兩篇,且"厥陰篇"在前,"辨脈法"後訂有"厥陰篇",首頁殘,不可辨。"辨厥陰病脈證并治"共存五十四條句解。開篇始于"凡厥者,陰陽氣不相順接,便爲厥。厥者,手足逆冷者是也",終于"厥陰病,欲解時,從丑至卯上"。可見作者對條文排列順序有所調整,對個别條文進行了歸并。"辨脈法"篇僅存十三條句解,終于"問曰:傷寒三日……脈微而解者,必大汗出也"一條,爲"辨脈法"全篇的五分之二。

是書雖殘,但對《傷寒論》條文的諸條注解頗有精當之處,尤其注意對病證寒熱虚實性質的闡釋。如對"厥陰病,渴欲飲水者,少少與之愈"一條,注爲"下焦虚寒,固宜温補;上焦實熱,又取清涼,故可濟之以水",點出厥陰病病機本爲下寒上熱,虚實夾雜。釋烏梅丸"又主久利方者,能解陰陽錯雜之邪故也",爲承續喻嘉言之説。對麻黄升麻湯的分析較爲詳細,認爲從症狀看,"似屬純陰無陽,生機絶少,不知此皆陽氣陷陰,而非死症",認爲此方可用治肺痿。在"辨脈法"篇中,認爲脈法對傷寒和雜病的辨證皆至關重要,當脈證合參,治療時不可混淆傷寒與雜病。如陰結、陽結之辨中,"傷寒之結恒有餘,雜病之結多不足",指出應重視雜病之結,治以"壯水益火",不可盲目使用"導法下例"。作者在注解時雖仍偏重理論闡述,但注重條文的前後聯繫和病證的動態發展,對細究《傷寒論》原文有一定啓發。

此書《中國中醫古籍總目》未載。《上海中華醫學會圖書館目録》中記爲"《傷寒附醫案》二卷",經核對不確。函中儲書兩本,一本即《傷寒論句解》,另一本爲醫案,二書紙張字迹皆異。《醫案》亦爲殘卷,抄寫粗糙,目録與内容不符,包括三消、哮喘、嘔吐、痰飲、肺癰、咳嗽等病。其中一案後有"乙卯無錫鄒宅初秋診"之字樣,爲1915年的醫案,可見該書成于民國。二書并無聯繫,收藏者或整理者誤訂爲一書兩卷,當正之。

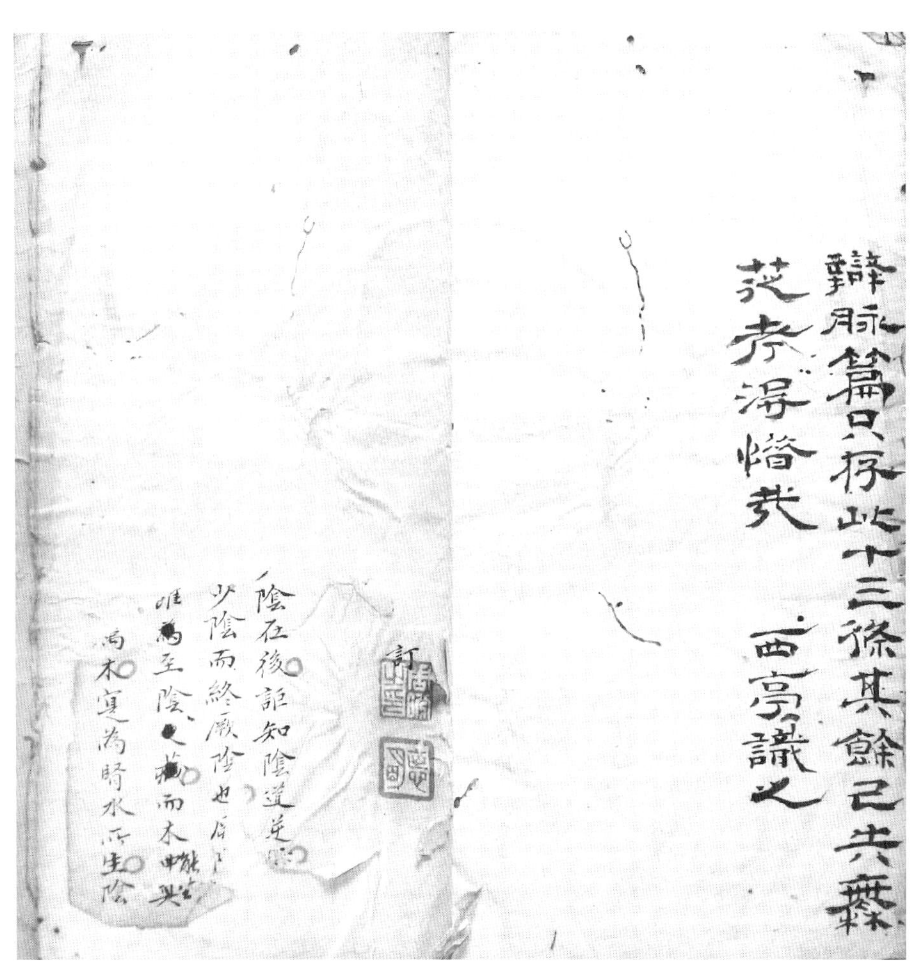

074 傷寒論尚論辨似

《傷寒論尚論辨似》，又作《傷寒尚論辨似》，不分卷。清高學山著，陳錫朋抄録。高學山，字漢峙，浙江紹興人，生平不詳，另著有《高注金匱要略》。陳錫朋，字勉亭，紹興人，生平不詳。此鈔本載“光緒七年七月浙江督學使者太和張澐卿序”“同治壬申年嘉平月望前三日會稽後學勉亭陳錫朋叙於亦愛廬之東軒下”兩篇，無王邈達先生序（上海衛生出版社本有王邈達序）。“張澐卿序”用紅格稿紙謄寫。“陳錫朋序”無板框，内容删减、增補、乙轉等修訂之處較多。書中天頭多載有校勘記。疑此鈔本即陳氏所得高氏之原稿。現藏于上海中醫藥大學圖書館。上海衛生出版社曾于1956年出版過此書，底本據王邈達先生1909年所得鈔本。除有張澐卿序、陳錫朋叙外，另有王邈達序。上海中醫藥大學圖書館所藏鈔本與王邈達本相較，内容存在差异。另上海中醫藥大學圖書館藏有《傷寒論尚論辨似》“讀書有用樓”鈔本，書名爲《傷寒辨似發明》。封面載“傷寒論辨似”，扉頁有“喻嘉言論列編次”“傷寒論辨似”“陳存仁署端”字樣，首頁有“陳存仁”印，無序無跋。較陳錫朋、王邈達本增《仲景傷寒方》篇，其餘内容大多相同。

本書書首有“江西嘉言喻昌論列編次”“古越漢峙高學山校正發明”“古越勉亭陳錫朋重校補”字樣。首載“凡例”共十八條，説明本全書通例，并闡述高氏對傷寒病的臨證思想，如：“三陽有用針處，少厥二陰有用灸處，注家俱不細究。不知針灸二者，乃傷寒中一要法，何可略過？今按《内經》及《甲乙經》補入。且余嘗用之，效如谷應，讀者勿視爲多事。”全書内容包括“六經總説”“過經不解”“差後勞復陰陽易病”等九個部分。在“六經總説”中，“太陽經總説”“陽明經總説”均分爲上、中、下三篇，“少陽經總説”包括合病、并病、壞病、痰病四部分，“少陰經總説”包括前後兩篇。本書是高氏對六經的共性、個性的探討，認爲六經證均有表證和裏證，并從體質、症狀、傳變等方面注釋《傷寒論》。高氏對《傷寒論》方藥作了專門研究，認爲臨證須依據天氣、地域、體質等因素的不同，適當加减《傷寒論》方，才能取得較好的療效。

傷寒論尚論辨似序

書之有傳有不傳人之有幸有不幸也而書之真有益於世者傳固傳不傳亦傳不傳於當時而傳於數十百年之後且傳於素不相識之人而其人之傳是書者亦與俱傳傷寒論尚論辨似一編會稽高氏學山所著陳君勉亭序而將刊之學山此書海内無梓行者學山之事蹟勉亭亦不之諗而勉亭序其書且不欲秘而藏之而將傳其書因介褚君鏡湖囑余為

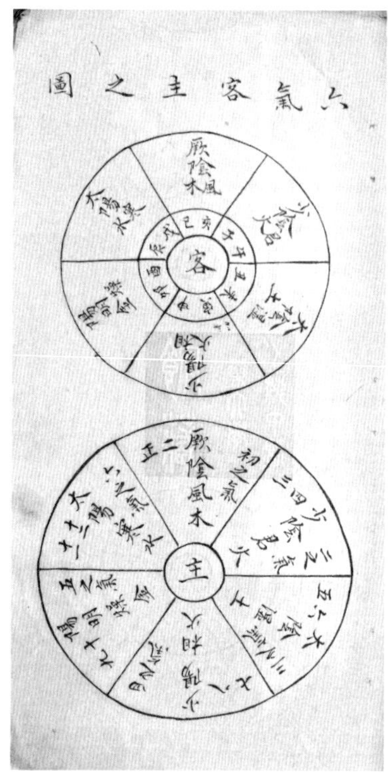

傷寒論尚論辨似序

醫（以仁）術（道）也自伊耆有本草之經軒岐垂問答之訓古今相傳已久雖不盡上古之文而辭句朴古義理精奧有非皆後人所能撰托者漢季長沙太守張仲景様受同郡張伯祖之術以醫名世靈素[illegible]宗[illegible]雜病[illegible]傷寒六經傳變詭測尤難作傷寒論書守往聖之規模為後學之楷式思深而功大[illegible]當时竟無稱而述之者[illegible]所言[illegible]為覆說[illegible]及晋太醫令王叔和編次其書始得成為完帙越十餘世至宋有成無已者見斯書之難讀恐致散失不傳從而[illegible]之註解自後英賢輩出踵事者代不乏人惟喻嘉言其名最著讀其書探其意儼然以為登仲景之堂[illegible]入仲景之室[illegible]矣然偏執一見炫說新奇[illegible]採厥旨歸豈有與經文相背謬者後曰人不無遺議[illegible]余心尤疑之今家[illegible]紹城[illegible]西北偶遺雜後世傳遺籍蕩為無存偶遊書肆見有抄本傷寒論尚論辨似一書購[illegible]歸[illegible]閱之見其文氣[illegible]疎朗辨駁[illegible]明晰既

傷寒論辨似條例

始下、當有自字、

一 仲景傷寒論原書必不從六經分篇當只是零金碎玉挨次論去耳分從六經者其始王叔和之臆見而後人承其陋也蓋病雖不能逃六經而六經亦何能限病哉既從六經分篇則一病而界於兩經之間及一條而有二三經之變症者將何所收受乎且不必逐條冠之曰太陽病陽明病等之字樣矣今於各條下有安插未是者俱詳明宜入某處而仍存尚論之名及依其分篇編次者以便與尚論對讀免翻閱之勞耳

傷寒論尚論篇辨似

漢長沙太守仲景張機

江西嘉言喻昌論列編次

古越漢峙高學山校正發明

太陽經總說

按太陽本氣從腎中之真陽溫胃貯胸稟肺德而外托於周身之表以禦冬氣而腎陽之分貫於其他藏府者各另開門而自出其經絡與本太陽之表氣相會以分禦三時

075 傷寒論注釋

《傷寒論注釋》，四卷。清王元濟集注，成書于清嘉慶二十三年（1818）。王元濟，字汝川，清代新安（今安徽黄山地區）醫家，生平不詳。書首有自序。現存鈔本，藏于上海中醫藥大學圖書館。

卷首凡例分析三陰三陽之臟腑經絡與表裏大概之規模，并將歷傳次第常法以及陽證陰證之不同逐一闡發；卷一列太陽病篇；卷二至卷三列陽明、少陽、太陰、少陰、厥陰病篇；卷四列霍亂、陰陽易、差後勞復病篇，辨不可發汗吐、不可下、可吐下脈證篇及辨脈法、平脈法。旨在使讀者可"因證以察脈，因脈而知證"。諸章節之首概立章旨節義，復于各章首加一圈以别之。注文對《傷寒論》原文逐條注釋，先列按語，簡述大意，後詳于解析，或集諸家大義，或參以諸經之旨，觸類旁推，悉心闡發，以期詞明義晰。無論發熱之微、頭痛之細，必舉傷寒、雜證爲喻，抉出其所以然。如對"太陽病，下之後，脈促，胸滿者，桂枝去芍藥湯主之"的闡釋："促，數止而復來之貌，脈促爲表陽獨盛。胸者，太陽之氣所出入。滿，壅逆之貌。胸滿則邪氣留于太陽。始于太陽之表病，下之後，病氣如果入裏，則表陽當衰。今脈促、胸滿皆表示邪仍留于太陽，爲陽未下于陰。故用桂枝湯引營過衛以解其表。去芍藥，不獨以其酸降，驅邪入裏。蓋胸下兩脅即屬少陽，芍藥爲厥陰之正品，厥陰與少陽相爲表裏，且恐以之引入内轉，即歸裏矣。"對于證同脈異、脈是證非、一脈數見而表裏各分、一證數見而陰陽互别的病證，每于正注之外逐一引證考辨。如對陽明外證與太陽外證，主要對發熱、汗出等症狀的鑒别。陽明爲病已離乎外，太陽之病，病氣居于其外。陽明身熱，熱在肌肉，其熱蒸蒸，非若太陽發熱，熱于皮膚而近之肌肉，其熱翕翕也；陽明自汗，汗從胃腸以出，遇動作而愈甚，非若太陽之自汗，遇動作而不甚。

本書對所治病證立方之精奥，增減之微妙，俱縷析條分，窮原竟委，更可就症知方，由方以知法。雖爲傷寒立論，然雜病亦不外乎陰陽表裏。本書可作爲學習《傷寒論》的參考書。

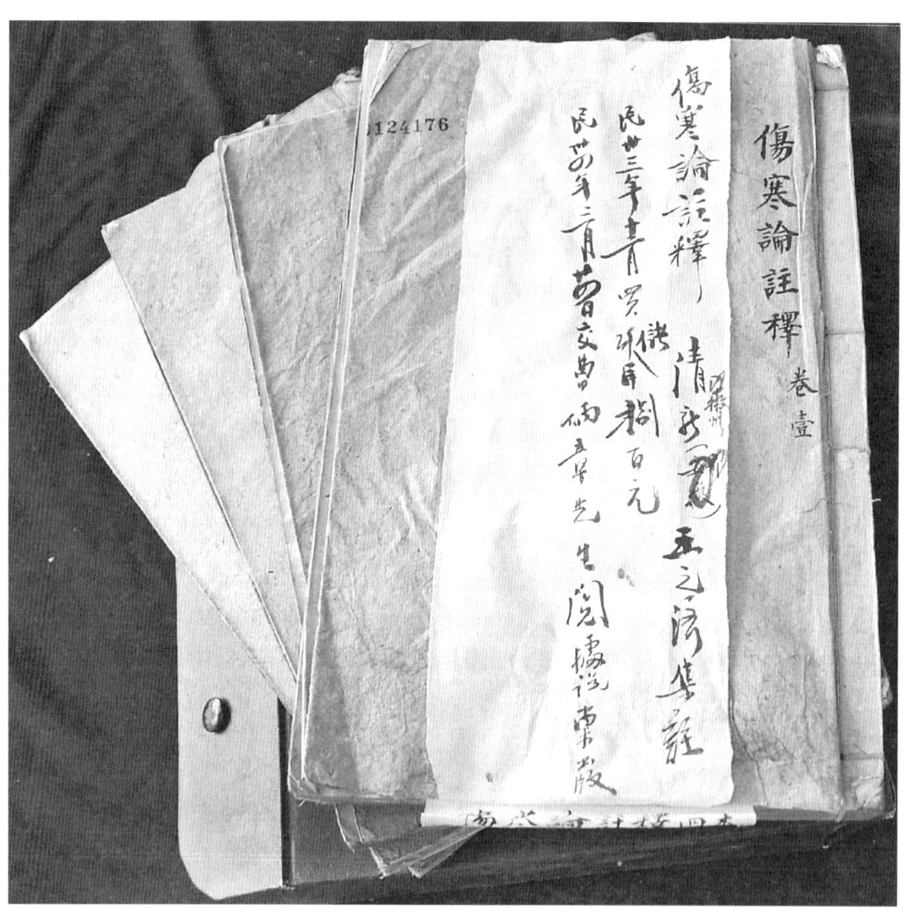

傷寒論註釋

漢南陽張　機仲景纂著

清新安王元濟汝川集註

男王良瀫霞艸　哭融六　沖韻和　桓雲林　濩松果　校

辨傷寒太陽病脉證篇卷上

○太陽之爲病脉浮頭項强痛而惡寒强惡並去聲

一註中於論内諸證所以立方之精奥以及增減之微妙俱爲縷晰條分窮源竟委更可就證以知方由方以知法

一註中於論内諸章節之首概立章旨節義復於各章首加一圈以别之便於循覽

一是書固爲傷寒立論然雜病亦不外乎陰陽表裏精乎此則可通乎彼是以註中詳爲疏釋非好爲辭費識者諒之

丹舟王元濟識

傷寒論註釋

凡例

一傷寒論舊本以辨脉平脉爲首並以痓濕暍三證列於病後諸證之後按辨脉平脉二篇並不專爲傷寒立法且診病之道當以證憑脉未有以脉憑證是固不可以脉而冠證也至痓濕暍雖同係六經究不若寒之傷人爲甚况是書本爲傷寒立論更不宜混淆故先以六經列於卷首次以霍亂痓濕暍又次以病後諸證又次以汗吐下三法以明病後諸證以及汗吐下不獨於傷寒

076 傷寒論遥問

《傷寒論遥問》，十四卷，六册。清徐行編著。約成書于清康熙十七年(1678)。徐行，明末清初醫家，字周道，號還園，歸安(今浙江吴興)人。嘗患吐血症十年，病中自學醫經、經方。後居鄉間，賣藥行醫。精脈診，善治傷寒。取前賢注解張仲景醫書之精論，間附己意，纂《傷寒論遥問》十四卷、《傷寒續論遥問》四卷，後附《張仲景傷寒原方遥問》。另著有《脈經直指碎金集》，今未見。現存鈔本，藏于上海中醫藥大學圖書館。

卷首有傷寒論遥問紀略，六經篇篇首分列各經證治大旨。卷一至卷三論太陽證治，編排方法以方爲目，將此篇中有關該方條文悉歸其後。卷一爲太陽上篇，載統論太陽病、太陽中風脈證、桂枝湯證、桂枝湯加法、禁用桂枝湯、誤用桂枝湯、用桂枝湯不如法、桂枝湯證誤用火劫、桂枝湯誤下、桂枝湯證誤汗下、太陽病停水、太陽中風蓄血證、附風濕證、太陽病將解證、太陽中風自愈證。卷二爲太陽中篇，載太陽傷寒脈證、麻黄湯證、加减麻黄湯證、太陽傷寒兼水氣證、太陽傷寒不可發汗證、傷寒汗後變證、傷寒汗下後變證、傷寒汗吐下後變證、傷寒吐下後變證、傷寒噦因陽邪、傷寒誤用温針、傷寒誤用火攻、傷寒誤用冷水潠灌、傷寒誤下變證、傷寒下利後虚煩、傷寒陽衰不可下、傷寒上熱中寒證、傷寒發黄、傷寒蓄血證、傷寒重感風濕證、傷寒心悸煩、傷寒誤用桂枝變證、傷寒脈代結。卷三爲太陽下篇，載太陽風寒兩傷青龍湯脈證、傷寒似瘧、桂枝湯證、火劫變證。卷四至卷六爲陽明病篇，以陽明經表病爲陽明上篇，陽明經半表半裏病爲陽明中篇，陽明經腑病爲陽明下篇。卷七、卷八爲少陽病篇，以本經自受風寒之證爲少陽前篇，以傳邪爲少陽後篇。卷九、卷十爲太陰病篇，以太陰直入風寒爲前篇，自陽經傳來熱邪爲後篇。卷十一、卷十二爲少陰病篇，以本經或本臟自受風寒證爲少陰前篇，以傳經熱邪及本經風寒變爲熱邪爲少陰後篇。卷十三、卷十四論厥陰病，以厥陰寒證爲前篇，厥陰熱證爲後篇，後附論厥陰亦有下法及論三陽三陰各有表裏證等。

是本將《傷寒論》原文重新編製并逐條辨析，輯集歷代醫家對《傷寒論》的注解，附以己意，推求病因，深探病機，剖其疑似，究方藥之微奥，評前賢之得失，可以作爲學習《傷寒論》的參考書。

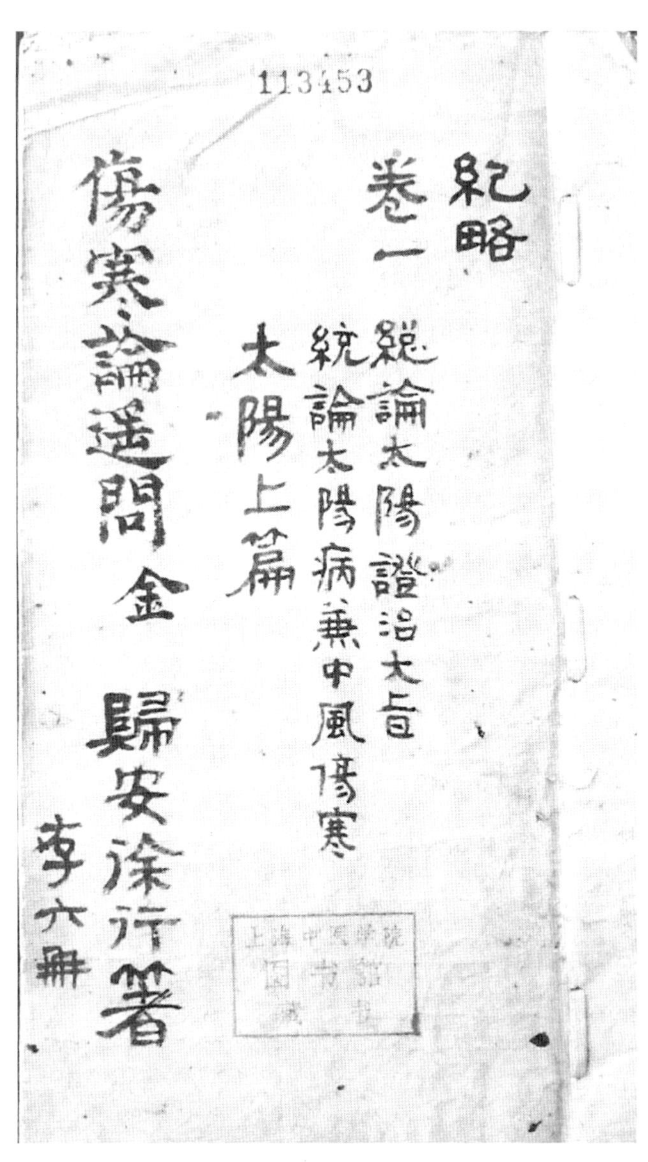

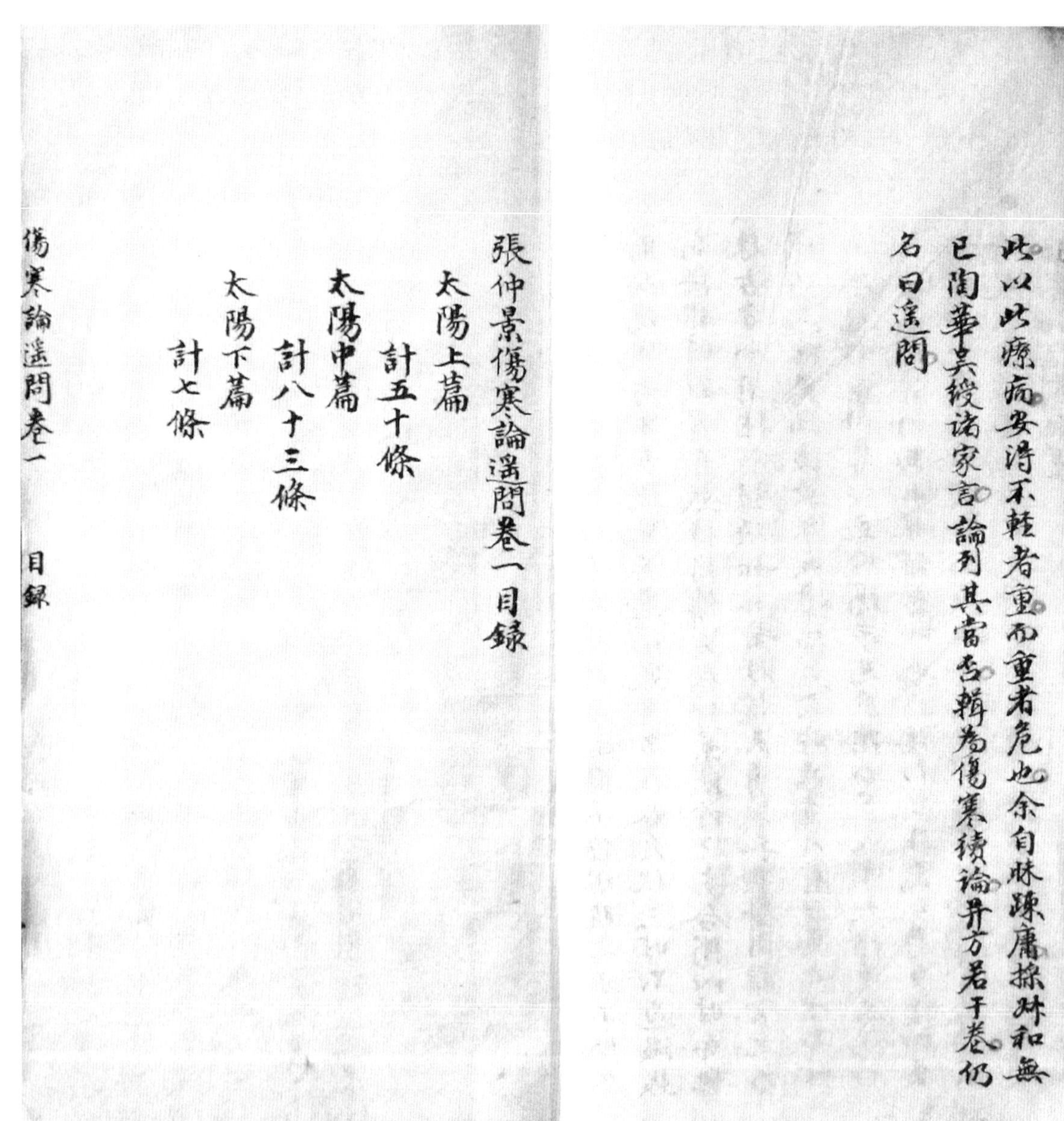

此以此療病安得不輕者重而重者危也余自昧疎庸採摭和無
已閲華吳綴諸家言論列其當否輯為傷寒續論并方若干卷仍
名曰遙問

張仲景傷寒論遙問卷一目録

傷寒論遙問卷一　目録

077 傷寒論選注

《傷寒論選注》，十卷。清臧應詹撰。臧應詹，字枚吉，山東諸城人。乾隆年間名醫。幼習岐黄之術，潛心攻讀，醫業大進，邑内享有盛名，医界素有"南臧（枚吉）北黄（元御）"之稱。另撰有《脈訣》《傷寒婦幼三科》《外科大成》《類方十全》等。此書成于清乾隆三十七年（1772），作者時年七十五歲。現存鈔本，藏于上海圖書館。

著者自序中闡述本書宗旨曰："自古有經必有傳，傳所以解經也，經言約義深，隱而難明，故立傳以暢發也。止欲辭達，無求支蔓。若漫求博洽，經義反晦。故余選注，止求經之中無剩義，不敢於經之外忝浮詞……讀余選注，可於本條字句訓明，再讀各家宏博之注，更迎刃而解，則此注即作初學啓蒙觀可也。"本書前載"傷寒論選注瑣言"篇，著者自述："傷寒一書，前人言者屢矣，然有未及言者，有言之未詳者，亦有言之近謬者，故重言之，命曰瑣言。"瑣言後列十八篇論著，如"《傷寒論》全書論"曰："謂《傷寒論》非全書，傳之概。""冬月爲正傷寒論"曰："有謂冬月感者謂之傷寒，餘三時感者爲温病、熱病等，未可作傷寒治。余認爲四時所感，皆謂傷寒，即治一切雜症，而以傷寒論之法求之。"後續有太陽篇、陽明篇、少陽篇、太陰篇、少陰篇、厥陰篇、合病并病、濕病、可汗篇、平脉法、辨脉法等。

本書每部先列總論，後列病候病證，每一病證下列舊注或前人所述，再列作者注釋，最後附方或據病證加減。其中每有質疑前人注釋而闡發己之經驗者，有一定參考價值。

傷寒論選註卷首

諸城臧應詹枚吉甫著

序例一

自古有經必有傳。傳所以解經也。經言約義深隱而難明。故立傳以暢發也。止欲辭達。無求支蔓。若漫求博洽。經義反晦。故余選註。止求經之中無剩義。不敢於經之外添浮詞。

序例二

成無已為傷寒論註鼻祖。後人謂其隨文註釋。常自矛盾。及閱諸家註。率不能出成氏範圍。亦醇疵各半。余選舊註之穩貼者錄之。必填明舊註。不敢竊前人之功。妄為己有也。其不合經義。或牽强曲解者。參以己意註之。非敢謂管窺能過前人也。只問心求是而已矣。

序例三

078 傷寒論類編

《傷寒論類編》，十卷。清虞鏞編注，子虞長源參訂。書約成于清代乾隆元年（1736）。現存鈔本，藏于上海中醫藥大學圖書館。

此本卷一有《傷寒論原序》《傷寒論類編・序》《凡例》《太陽經全旨》，正文《太陽上篇》論太陽病不同證型，如風、寒、濕、温、暍等，附《脈經》引《醫律》濕温、風温律二條及《温病論》《扶陽論》《氣水同原説》三則，載桂枝湯、麻黄湯、炙甘草湯、小建中湯、防己黄芪湯、梔子柏皮湯、白虎湯等方。卷二爲《太陽中篇》，論壞病，載桂枝二麻黄一湯、桂枝加附子湯、桂枝新加湯、茯苓四逆湯、桂枝加桂湯等方。卷三爲《太陽下篇》，論結胸、痞證，載大陷胸湯、小陷胸湯、生薑瀉心湯、十棗湯、栝蔞桂枝湯等方，并論痓病。卷四爲《陽明上篇》，論陽明經證，列《陽明全旨論》，載黄連湯、茵陳蒿湯、猪苓湯等方。卷五爲《陽明下篇》，論陽明腑證，載調胃承氣湯、麻仁丸、大柴胡湯、大承氣湯等方，後附削例。卷六爲《少陽篇》，列《少陽全旨論》，載小柴胡湯、柴胡桂枝湯、柴胡加芒硝湯、柴胡桂枝乾薑湯等方，又論合病、并病，并載合病、并病條文中相關方劑，如葛根湯、黄芩湯等。卷七爲《太陰篇》，列《太陰全旨論》，載桂枝加芍藥湯、桂枝加大黄湯等方。卷八爲《少陰篇》，列《少陰全旨論》，載麻黄細辛附子湯、四逆湯、白通湯、黄連阿膠湯等方。卷九爲《厥陰篇》，列《厥陰全旨論》，載吴茱萸湯、烏梅丸、白頭翁湯、四逆加人參湯等方。卷十上篇論差後勞復、霍亂，載竹葉石膏湯、牡蠣澤瀉散等方；卷十下篇載平脈、辨脈、削例、叔和序等。書末有其弟虞蓉峰跋，稱本書“將五種傷寒之文比其類而注之”。

本書認爲《傷寒論》本《内經》“熱病皆傷寒之類”及《難經》“傷寒有五”而作，其旨以風寒爲兩大綱，濕熱温互相比論其中。王叔和輩輯原文使節次混淆，以紫亂朱。方有執削其序例，條辨原文，僅以風寒對論而分爲三，將濕熱温摘取數條，另立篇名，致薰蕕同器，涇渭不分。故考正諸家之説，參以管見所及，文義不洽者略加次序，分經不清者稍爲移動，删去假托之條，希合仲景之旨。如太陽病篇首揭脈症爲總綱，繼提風、寒、温爲綱中之目，移《痙濕暍病》篇濕病、暍病條文入太陽病篇，分太陽病爲風、寒、濕、温、暍等不同證型。又論温病病因，一因感乎時氣，一因逆乎時令，繼則同歸一轍；痙病爲傷寒中之變證；凡經誤治俱爲壞病；三陰三陽無合病、併病等。注家中推崇方有執、喻昌、周學海、程應旄之説，多加評論，又有發揮，從而自成一家，對《傷寒論》理論研究有參考價值。

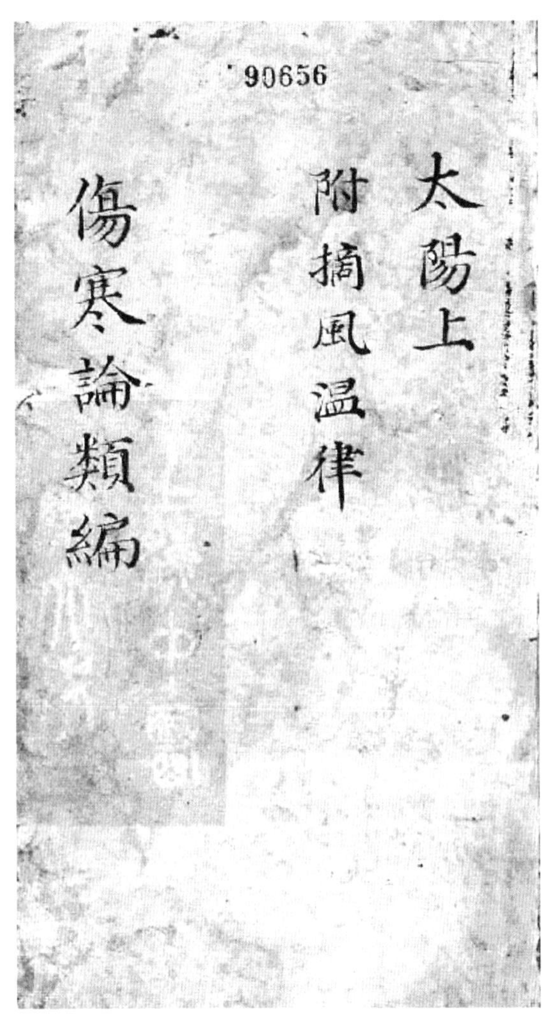

傷寒論類編目録

巻之一

原序　類編序　凡例

太陽全旨

太陽上　太陽五篇　法　方二十六　內闕一附生白朮補方

風　寒　湿　溫　暍　不可汗

後附湿溫風溫律二條

溫病論　扶陽論　氣水同原説

目　一

方目

桂枝湯　麻黄湯

炙甘草湯　小建中湯

大青龍湯　真武湯

小青龍湯　桂枝麻黄各半湯

桂枝二越婢一湯　麻黄加朮湯

麻黄杏仁苡仁甘草湯

桂枝附子湯　去桂枝加白朮附子湯

仲景傷寒論類編序

嘗究漢仲景傷寒論，讀其原序，會其條目，蓋本夫内經熱病皆傷寒之類，及難經傷寒有五而作，其旨以風寒為兩大綱，而湿熱溫互相比論於其中。論之云者，論其是與不是之間也。闡素難之精微，章六經之表裏，盡四季更遷，六淫交錯，陰陽傳變，府藏相乘，其分條立法，靡不權衡而適中，亘古今而不易，是誠上接軒岐之統，下開醫道之傳，不惟高出東垣丹溪之上，且遠邁扁鵲倉公，如節菴海藏輩，豈能擬其毫髮哉。慨自西晉王叔和僭輯原文，使節次混淆，雜入己説，以紫亂朱，更綑羅難經素問仲景語，雜俚言鄙詞，著序例平脉辨脉等篇，列於本經之首，越理背經，不足發明其蘊，抑且塵蒙其旨，霞光碧彩，遂為湮沒。成氏註釋，又以風寒二氣分屬，不識仲景作論辨乎風寒湿熱溫之不同，於是傷寒一論，益至不明。所以古來醫士，議南陽諸法，行於古不可例於今，宜於冬寒不合於春溫夏熱，詳於傳經之病，畧於中陰諸症，紛紛其説，異同不一，乃法海藏，師節菴，而聖經賢訓，反委棄於塵簡之中，寧非斯道之大變斷人之厄運耶

079 傷寒論類證發揮

《傷寒論類證發揮》，又名《傷寒論發揮》，八卷，四册。清余謙牧編釋，門人張嵩峻校閲，成書于清康熙五十九年（1720）。余謙牧，字心恭，平江（今屬湖南岳陽）人，曾重校《金匱玉函經》。是書無序跋與目録。現存鈔本，藏于上海中醫藥大學圖書館。

此本卷一太陽篇，首頁缺失，載發于陽者有傳經、不傳經之异，太陽爲病脈證，中風證治，傷寒證治，熱邪隨經入腑證等；卷二陽明篇，列陽明屬胃實、陽明外證、陽明表裏熱證治、陽明不可下證等；卷三少陽、太陰、少陰、厥陰病，列少陽爲病之證治、太陰裏寒證治、少陰表裏俱寒證治、厥陰經證等；卷四通治病證，列表證、裏證、半表半裏證、藏厥、蛔厥等；卷五相類病，列發熱、自汗、下利、解後餘證等；卷六治禁，列大青龍湯、白虎湯等湯方禁忌及不可汗吐下等；卷七治誤；卷八瘥後勞復病，并論温病、暑病，附時行瘟疫。書中除宗仲景之論外，載有多位醫家之見解。如著者分析"太陽頭痛，發熱，汗出，惡風者，桂枝湯主之"條："此詳言中風之證，而示主治之法也。頭疼已見首章，重申之，以明中風者之頭必痛也。桂枝湯散風邪、和營衛之劑也。主之者，以此方主此病，一定不易者也，後倣此。""張兼善曰：經言某湯主之，乃對證施治也；云宜某湯，此臨證審决也；言可與某湯或言不可與者，此設法禦病也。此三者方法之大例，包藏深理，非一言可以俱述。"

是書内容豐富，分類較細，論述亦詳，對《傷寒論》學習與研究有參考價值。

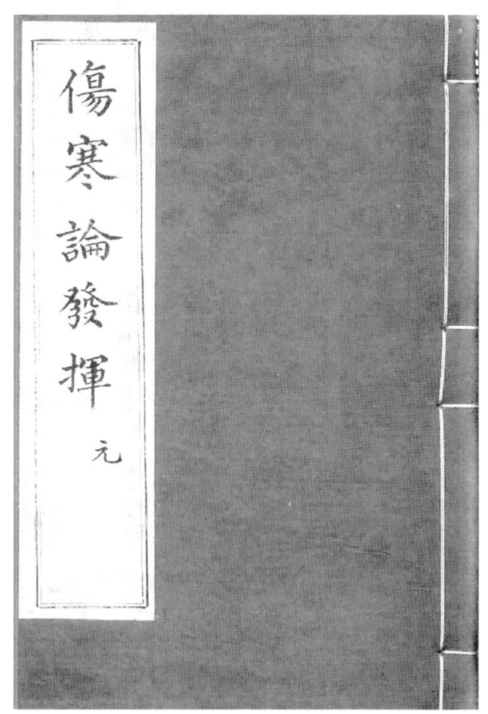

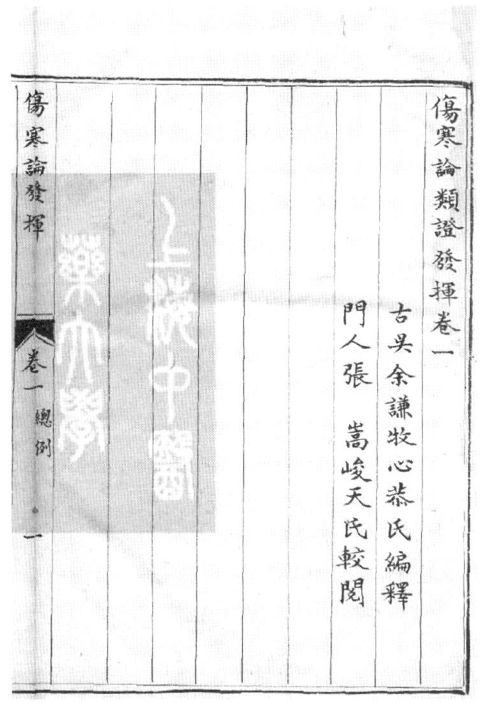

傷寒論類證發揮卷一

古吳余謙牧心恭氏編釋

門人張　嵩峻天氏較閱

傷寒論發揮　卷一　總例　一

而不通寒氣獨留於外則惡寒然發於陰者亦惡寒故必有發熱而惡寒者為發於陽也發於陽者熱證也病之發也無發熱但惡寒者邪溜於陰病從陰經發出也蓋陰經受病則陰氣勝而陽氣衰陽氣衰則不發熱無陽以溫其外則但惡寒然發於陽者亦惡寒故必無熱而惡寒者為發於陰也發於陰者寒證也是惡寒為陰陽所同有發熱惟陽證有之而愈期復有不同發於陽者七日愈發於陰者六日愈以少陽之數七老陰之數六也夫陽數九老而七少陰數六老而八少發於陽者不愈於九而愈於七發於陰者不愈於八而愈於六所以然者陽病由一日至七日為陽數已足欲愈者即愈不必踰八以至九陰病由一日至六日為陰數已足欲愈者即愈不必踰七以至八故不曰少陽老陰而直曰陽數陰數也其所以分陰陽辨寒熱者如此若夫陽動陰靜動者多傳靜者不傳又太極自然之理也○此一節乃全經之綱領三陽篇皆發於陽之條目三陰篇皆發於陰之條目劉守真不知發於陰陽之義故以三陰寒證為

傷寒論發揮　卷一　總例　二

雜病朱奉議而後皆知有直中陰經矣然於三陰諸證未敢盡信為直中又未知孰為直中孰為傳邪疑信相參總由未明發字之意耳內經曰陰之與陽也異名同類上下相會經絡之相貫如環無端邪之中人或中於陰或中於陽上下左右無有恒常是言初中之時隨陰陽上下左右皆可中但既中之後則溜其經之虛者乃入客而發焉其中於陽而發於陽中於陰而發於陰者常也然有中於陰而發於陽者有中於陽而發於陰者故仲景不曰中而曰發也姑畧擧而証之靈樞曰邪入於陰經其藏氣實邪氣入而不能客則還之於府是中於陰而發於陽也溯洄集曰有從太陽始不及鬱熱即入少陰而獨見少陰證者是中於陽而發於陰也此不曰中而曰發之義也成註曰發熱而惡寒寒傷陽也無熱而惡寒寒傷陰也竟以發字作傷字解殊失經旨然亦知傷寒有直傷陰經者矣及註三陰知有寒證但順文註釋而不知寒之所從來蓋由不知此節為六經之大綱且方氏條辨并不知傷陽傷陰之意謬以營衛陰陽為釋

080 傷寒歸

《傷寒歸》，兩卷，四册。清謝景澤編著，成書于清乾隆十四年（1749）。謝景澤，字汝霖，號曙林居士，清代上海縣（今上海市）人，據《上海縣誌》記載，著有《春草堂詩》。書首序言記載，謝氏隨師誦讀之餘，好閑覽方書，因屢困名場，所志不酬，遂弃制舉業而息影江皋，以醫爲業。"竊思人病疾多而醫病道少，莫傷寒若矣"，故博采群言，集《内經》《金匱》、王叔和、成無己、陶節庵等醫論，删繁存要，取前哲之長，歸爲全璧，名《傷寒歸》，使後學得會歸之源。目録頁有"十硯千墨人家"等印章。現存乾隆年間稿本，藏于上海中醫藥大學圖書館。

本書上卷爲總論、類證，下卷爲辨證。總論叙述察色、面、目、唇、口、舌、耳、身、手足、聲和辨舌、辨脈等診法以及治法和劫法，注重各種相似證之間的鑒别診斷。如論"弦脈分陰陽二用之理"，示人不可拘泥于一法。尤其注重對察舌、脈診的論述。如列舉白苔舌、黄苔舌、黑苔舌、灰苔舌、紅苔舌、微醬色苔舌和藍苔舌七種舌，每一種舌又根據不同病機所表現的具體舌象列舉相應的方劑。如白舌根據不同的舌象所應用的方劑有達原飲、大柴胡湯、凉膈散、白虎湯、小柴胡加芒硝湯、枳實理中湯、小陷胸湯、黄連解毒湯、連理湯、備急丸等十餘首方劑。其中有的白舌苔雖然衹有具體舌象，而没有相應的方劑，但對其病機也進行詳細論述。脈診部分將脈象分爲浮、中、沉三種。指出：浮脈爲太陽之脈；中脈部分爲陽明、少陽二經之脈，尺寸俱長爲陽明之脈，尺寸俱弦爲少陽之脈；沉脈爲三陰之脈，其中尺寸俱沉細爲太陰之脈，尺寸俱沉爲少陰之脈，俱沉弦爲厥陰之脈。對每一種具體的脈象及其病機進行了分析。類證部分叙述傷寒、兩感、合病、并病、六經傳變及温病、濕病、温疫、温毒、中暑、濕温、内傷等三十七種病證。每種病證在叙述主症的基礎上，注重各種兼證和變證的辨證論治。下卷論辨證，列發熱、頭痛、煩躁、結胸、痞、發黄、下利、嘔吐、噦、喘、蓄血、心悸等一百種病證。每一證按證、因、脈、藥依次論述，簡明切要，條理清晰。全書的方藥不拘于《傷寒論》，每因證而加減變化，或用解毒湯、三黄石膏湯、補中益氣湯等後世驗方，對温熱病的辨治尤詳。

本書以《傷寒論》爲綱，采《内經》《金匱要略》以及温病著作等相關論述，博集諸家之精研，佐以謝氏臨證經驗，針對古書論多方雜、未易抉擇之特點，進行整理、歸納、補充，對臨床有參考價值。

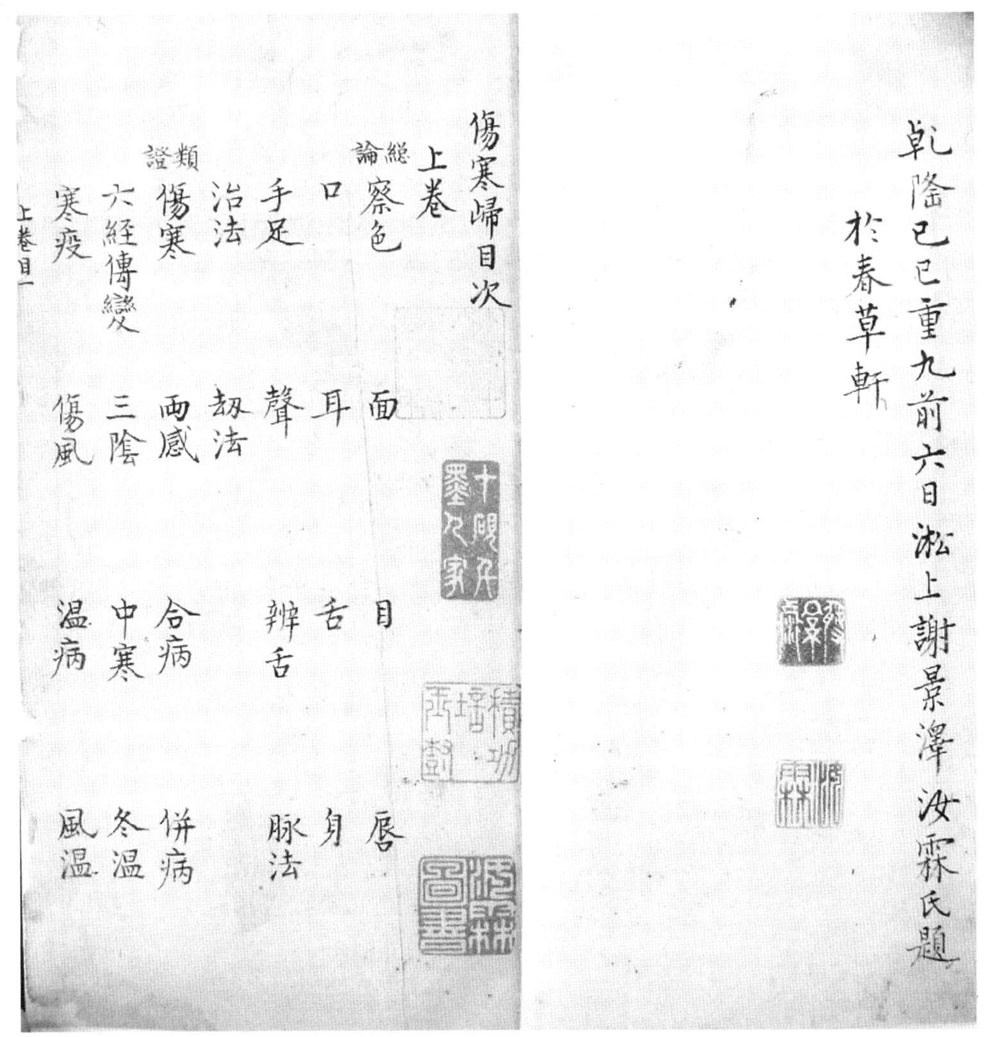

乾隆己巳重九前六日淞上謝景澤汝霖氏題
於春草軒

傷寒歸目次

上卷

總論　察色　面　目　唇
口　耳　舌　身
手足　聲　辨舌　脉法
治法　刼法

類證　傷寒　兩感　合病　併病
六經傳變　三陰　中寒　冬温
寒疫　傷風　温病　風温

上卷目一

時行　温毒　中暑　濕熱　脚氣　黄耳　夾血　溺水

大頭　陽毒　濕温　痓　霍亂　夾食　夾氣　重身

温疫　陰毒　中濕　内傷　内癰　夾痰　夾陰　産後

温瘧　熱病　風濕　虚煩　赤膈　夾水　冒雨

傷寒幃卷之上

上海謝景澤汝霖氏輯録

察色

夫肝青象木脾土色黄赤屬心火肺白腎黑皆見於面

面青

青主肝藏風寒青而黑者多寒痛青而白者多虚風也陰寒極甚面與唇口青黑甚則舌卷陽縮及夾陰傷寒少腹痛而面青俱宜急温者也若夫厥陰熱厥亦有唇面爪甲青紫而脉伏者然細察之其脉必附骨有力也

面

081 傷寒雜記

《傷寒雜記》,不分卷,六册。不著撰者。《中國中醫古籍總目》載録爲清鈔本,且屬孤本。第一、三兩册之前兩頁以及其他各册首頁右下角均印有"中華書局圖書館藏書"印章,第一册首頁還印有"小李山房圖籍"印章。現藏于上海辭書出版社圖書館。

是書匯集歷代諸多傷寒類醫著而成,選録書籍達十餘種之多,如《傷寒活人指掌賦》《傷寒百症歌》《傷寒六書》《素問玄機原病式》《醫學入門》《丹溪心法》《名論醫方》等諸多名家醫書,或全部録用,或部分節選,或改换書名,集結成此書。該書除第一册開篇《傷寒活人指掌賦》標有撰者外,其餘都未標示撰者姓名。其中《傷寒百症歌》即爲宋代許叔微所撰《傷寒百症歌》,二者稍有差异,該書將第四十四證《惡寒歌》和第四十五證《背惡寒歌》合爲一證,而在最後另加一首《合病并病歌》。書中另有一篇《傷寒彙言》,而明代醫家倪洙龍曾著有《傷寒彙言》,然已亡佚。《劉河間先生温暑纂要》一篇,即由劉河間《素問玄機原病式》精簡而成。《陶節庵秘用三十七方》則節取自陶節庵《傷寒六書》,但次序和内容均稍有出入。此外還有《本草必讀》,以及瘧、暑、内傷雜病等各家論述等,抄自《醫學入門》《丹溪心法》《名論醫方》醫書。

該書輯集古代衆多傷寒類醫書,保存了一些亡佚古醫書的資料,爲這些醫書的輯佚和校勘提供了素材。又集衆多醫家的傷寒著作于一書,且多爲歌賦、口訣,不唯使後學者能更全面的理解學習傷寒,且便于記憶。

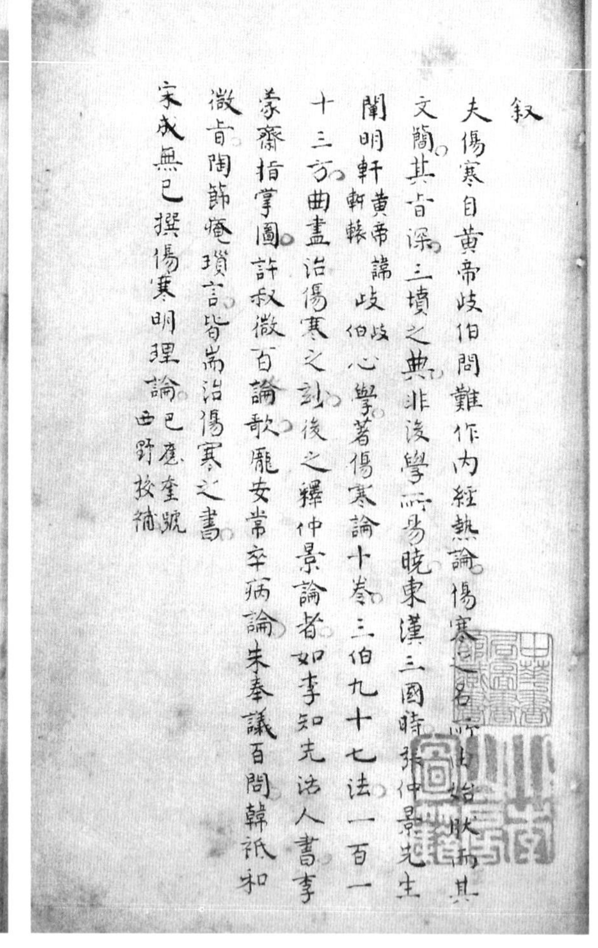

叙

夫傷寒自黄帝岐伯問難作内經熱論傷寒一名所由始然揣其
文簡其旨深三墳之典非後學所易曉東漢三國時張仲景先生
闡明黄帝軒轅岐伯心學著傷寒論十卷三伯九十七法一百一
十三方曲盡治傷寒之訣後之釋仲景論者如李知先活人書李
蒙齋指掌圖許叔微百論歌龐安常卒病論朱奉議百問韓祇和
微旨陶節庵瑣言皆嵩治傷寒之書
宋成無已撰傷寒明理論已虔奎號西野按補

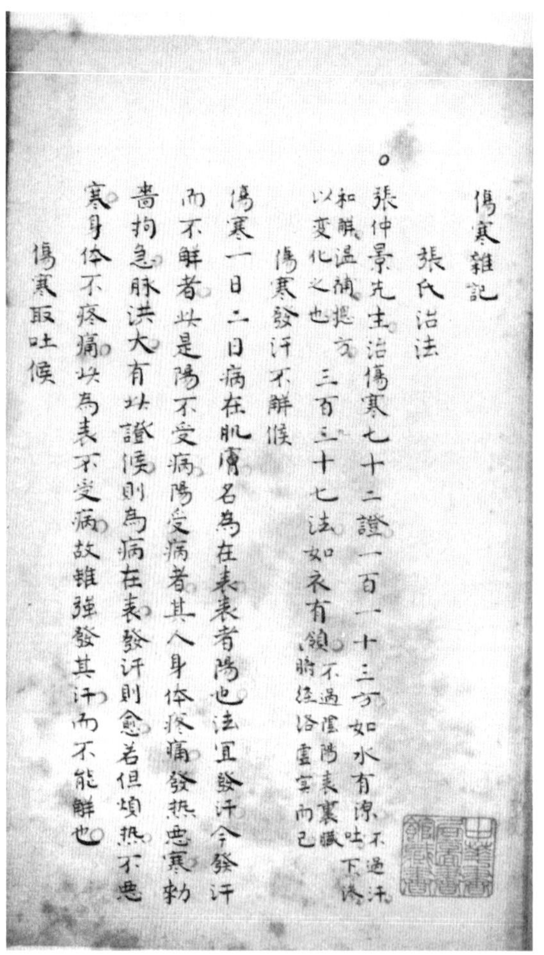

傷寒雜記

張氏治法

○張仲景先生治傷寒七十二證一百一十三方如水有源不過汗吐下溫和解温補提方以变化之也 三百三十七法如衣有領不過陰陽表裏臟腑經絡盡實而已

傷寒發汗不解候

傷寒一日二日病在肌膚名為在表表者陽也法宜發汗今發汗而不解者此是陽不受病陽受病者其人身体疼痛發热惡寒勅嗇拘急脉洪大有此證候則為病在表發汗則愈若但煩热不惡寒身体不疼痛此為表不受病故雖強發其汗而不能解也

傷寒取吐候

082 傷寒雜病全論解

《傷寒雜病全論解》，十八卷，八册，孤鈔本。首頁題"武江練塀杉本法橋、武江練塀杉本厄迫政朕"。《中國中醫古籍總目》載本書著者爲日本德内常矩，然遍查本書，未見此名。杉本法橋、杉本厄迫、德内常矩，均生平不詳。首頁有印章四枚，從上至下依次爲"上海中醫學院圖書館藏書""愚齋圖書館藏""岡氏藏書"，餘一枚模糊難辨。書末載"寬政十二庚申閏四月九日"，即1800年。《中國中醫古籍總目》載此書成于1880年，有誤。本書現藏于上海中醫藥大學圖書館。

是本從醫理、文理角度對宋版《傷寒論》《金匱要略》共二百八十二條逐一進行考證，以成無己宋版諸本、《玉函》本等參校。書内多引方有執、喻嘉言、張志聰、王肯堂、中西惟忠、内藤希哲、山田宗俊等人論述。如太陽證之提綱"太陽之爲病，脈浮，頭項强痛而惡寒"條下，引山田宗俊言："頭項强痛謂頭痛項强，此蓋文之一體，猶稱車馬羸敗。"從文理角度釋"頭項强痛"之義。亦有較多作者個人之學術見解，如考證《金匱要略·婦人妊娠病脈證并治第二十》："婦人傷胎，懷身腹滿，不得小便，從腰以下重，如有水氣狀。懷身七月，太陰當養不養，此心氣實，當刺瀉勞宫及關元，小便微利則愈。"著者言"此一條蓋錯亂之條"，認爲"懷身七月"以下，皆後人上節之注文。又"噦逆者，橘皮竹茹湯主之"，著者認爲此條非仲景所撰，其言"具方六味，總計五十兩許，以水一斗，煮取三升，誰不怪乎？夫六府之條以下總二十餘條，皆後人之所加也，或藏府、或脈之二部、或六經中之重出也"。其他細微之處，如"温服""須臾""者""也"等，亦作詳細考證。

書内天頭按語繁多，有硃、墨兩種批注，亦有按語書于紙片，再黏附于天頭。本書著者爲日本醫家，故和漢名家釋仲景之論之法皆予收録，無偏缺之弊，可拓展《傷寒論》研究者之視野，值得參閲。

傷寒雜病全論解卷之一

武江 練㩲 杉本法橋 武江練㩲 杉本龙迪政映

辨太陽病脉證并治上

人身之熯是即陽也，人身之濕是即陰也。傷於陽則為惡寒發熱疼痛也，傷於陰則為下利腫脹厥逆也。病之陰陽是醫術之雌雄也。此篇者陽病中之最初而名曰太陽，其陽病中之最中者名曰少陽，其陽病中之最末者名曰陽明也。其最初則在于頭面項背，其最中則在于胸脇脘中，其最末則在腹中胃腸。總三等折中之名曰表裡也。

第一 ○太陽之為病，脉浮，頭項強痛而惡寒。

方有執曰：項，頸後也。喻昌曰：統中風傷寒為言也。宗俊曰：頭項強痛，謂頭痛項強。此蓋文之一體，猶馬融敗。

大陽之 大陽病之大綱領，故曰之也。是太陽篇中獨此一條耳矣。按第五條曰發於陽，三十九條曰陰陽自和，百二條曰病在陽，或曰亡陽，皆指人身中之陽而言之。後世取諸經脉，其說皆非古義也。先輩已辨之，亦詳矣。雖然，乃知甲乙記號者亦過矣。宗俊曰：此書以六經立名，猶數家者流以甲乙為記號。夫甲乙記號者無由以命之，今陽字有見證所由而名，是亦此書之

此耳。劉棟、宗俊各亦刪之。

第三 ○太陽病，或已發熱，或未發熱，必惡寒，體痛，嘔逆，脉緊者，名為傷寒。

方有執曰：或者未定之辭，必者定然之謂。曰或曰必者，言發熱早晚不一，而惡寒則定然即見也。

劉棟曰：惡寒，惡風深劇者也。

宗俊曰：嘔逆與吐逆同，逆亦嘔也。

又曰：緊乃緩之反，所謂數急者是也。脉經諸書多與弦對說，非也。

太陽病 承首條言之。或已發熱，或未發熱，必惡寒，有執之說得之矣。未發熱先惡寒之時，包體痛嘔逆者，固其病根之深也。體痛 劉棟曰：身体痛者，惡寒之甚也。是為惡寒之客證，不可從也。惡寒一候，体痛一候，不可混同矣。或有惡寒躰痛相兼者，或有惡寒而不體痛者，但体痛者尤緊也。嘔逆 宗俊之說得之矣。劉棟曰：乾嘔之甚者也，非也。若乾嘔之甚，自乾嘔甚也。嘔逆即吐逆也。按八十八條曰欲吐而胸中痛，下文曰欲嘔胸中痛，其下文者後人之所加也，若王叔和之所為，則晉時嘔吐未分為二也。脉緊者 冒首太陽病，故浮而緊，亦可知矣。

○諸本緊字上有陰陽俱三字。宗俊曰：陰陽俱三字，王叔和所插入，宜刪而從之。名為傷寒 名為已辨于上。傷寒者，比於中風則一等緊，故不舉頭項強痛，而舉体痛。不

083 傷寒雜病論正義

《傷寒雜病論正義》，十六卷，一函五册。清孫楨編注。孫楨，字均文，號松濤，會稽（今浙江紹興）人，具體事迹無考。書前有他序兩則，分别爲同邑王文瀾、同研沈傳泗撰于道光五年（1825）孟夏，皆贊孫氏通經稽古，能詳參仲景之論。自序一則，撰于道光甲申年（即道光四年，1824）六月，叙述因先君及舅氏之病被醫所誤而從醫，以及編注此書、力求恢復仲景本意的目的。可見是書之成不晚于道光四年。該書封面爲褐色，有印章兩方，皆模糊不可辨，邊緣殘破，有蟲蠹鼠齧痕迹。現藏于中華醫學會上海分會圖書館。此書爲完整的十六卷本，《中國中醫古籍總目》等目録書均稱殘存十二卷，信息有誤。

該書有目録，卷一爲總括病機、時令、脈色、陰陽十八病、望色、聞聲、治未病、五臟喜惡、救逆、切脈、厥、喘息；卷二爲太陽桂枝證、太陽麻黄證、太陽青龍證；卷三爲陽明經證、陽明腑證；卷四爲少陽證、合病、并病；卷五爲太陰證、少陰證；卷六爲厥陰證；卷七爲臟結證、結胸證、痞證、温熱症；卷八爲痙濕暍、痰宿食動氣霍亂諸復、陰陽易；卷九爲脈法；卷十爲百合病、狐惑、陰陽毒、瘧、中風、歷節、脚氣、血痹；卷十一爲虚勞、肺痿、肺癰、肺脹、賁豚、胸痹、心痛、短氣、腹滿、腹痛；卷十二爲寒疝、五臟風寒、積聚、痰飲、咳嗽；卷十三爲消渴、小便不利、淋、水氣；卷十四爲黄汗、黄癉、驚悸、吐血、下血、胸滿瘀血、嘔、吐胃反、噦、下利、瘡瘍腸癰、金瘡、浸淫瘡、趺蹶手指臂腫轉筋、狐疝、蛔蟲；卷十五爲婦人雜證；卷十六爲婦人妊娠、産後。

該書按病因病機、診斷、治療原則、外感、内傷的順序，將《傷寒》《金匱》的内容重新整理編排，并加以引證注釋。仲景原文均頂格抄録，己注低兩格撰寫。注釋中所引尤在涇、張路玉、沈明宗語爲多，并作自注發揮。如注“治未病者，見肝之病，知肝傳脾，當先實脾”條，即拓展爲五臟均有所得及喜惡，不喜者即爲病；但如出現暴思其禁忌之味，是由于所宜藥食用之太過，以致出現逆象，而必有發熱之症。其對《傷寒雜病論》的重新整理編排，以及論傷寒太陽病遵循孫思邈的“三綱鼎立説”，以桂枝、麻黄、青龍爲分類大綱，亦是方有執、喻嘉言等傷寒錯簡重訂派觀點的延續。雖然在注釋中亦存在不少以經解經、隨經敷衍的現象，但其力求整合傷寒與雜病，恢復仲景書之全貌，因而具有相當的參考價值。

序
夫人必貫通乎衆理而後一藝亦可
成巫卜之屬類然刱醫之爲業
將以造萬人之[illegible]乎學爲醫
者參乎天時驗乎地氣察乎
民情辨乎物性四者咸備於是

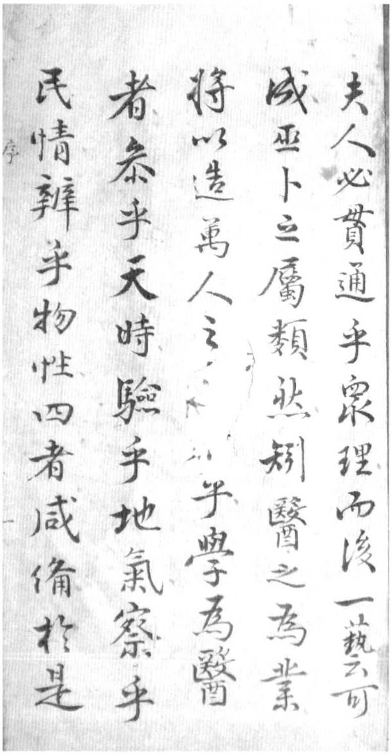

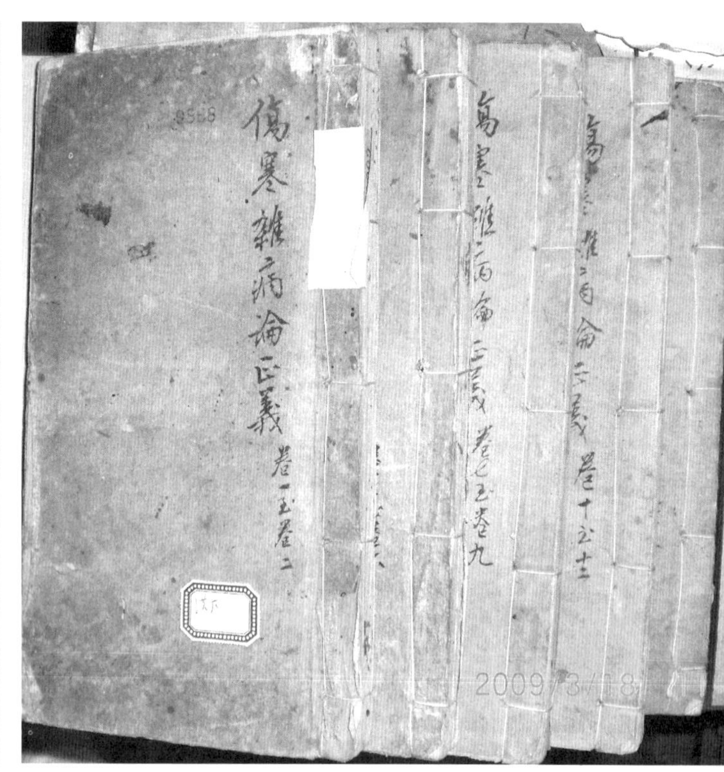

傳於後無疑也爰欣然濡筆而
爲之序
道光五年孟夏之月同邑愚弟
王文瀾拜撰

軒皇生知之聖人法天以合乎人者也仲景
學知之聖人盡人以合乎天者也天生
仲景而不生軒皇學雖篤而弗彰生軒
皇而不復生仲景道雖盛而不傳皇古
迄漢多歷年所和緩扁倉諸公经史

序　四

傳繼神聖天人合一之源凝宇宙物我同春之
盛用是媲美先登嘉惠後進豈曰小補之哉
孫君引予爲同好囑爲序予讀孫君之書
於斯乃克有獲焉故畧附數言以誌道脉
相傳後先一貫之意云爾
道光五年孟夏之月同研弟沈傳泗拜撰

084 傷寒證治

《傷寒證治》,不分卷,一册。封面未題書名。無序跋、目録,故撰者或抄者均不可考。原題清張璐撰。本書在《石室叢抄醫書十七種》中題爲《傷寒證治》,而上海圖書館藏本題簽爲《傷寒諸病雜論》。此本頁面爲緑色單絲欄框,字迹工整,其中有硃筆圈點痕迹,但已有蟲蠹現象,部分字迹已滅失。現藏于上海圖書館。

本書爲清以前及清前期醫家的醫論集鈔本,其主要内容并非著録書名中所題的傷寒,而是以温病爲主。起首爲張璐的《傷寒六經總論》、李念莪删定的《傷寒約法》,體現了傷寒與温病的傳承和發展關係。《考訂〈傷寒論〉中錙銖分兩與今不同辨》引述明代醫家王丙(字繩林)《考正古方權量説》觀點。其後專題論述熱病、風濕、濕温、濕熱、暑濕熱、温疫(時疫)、秋燥等内容,以張璐的醫論爲主,兼收元代杜清碧,明代盧復、喻嘉言、馬元儀、吴又可,清代張梅岑、張飛疇等人的論述,如張璐的《時疫大義》《治疫捷法》,喻嘉言的《秋燥論》,吴又可的《温疫論》,張梅岑的《續補秋燥論》《秋後晚發感症似瘧新論》和張飛疇的《宿食兼傷寒論》等。此外還有其他雜論,内容較散,如刺少商穴法、刺喉法,以及張梅岑的《瘧疾總論》《咳嗽辨》,李東垣的《瀉痢腸澼合論》,李士材的《發斑有六症論》,張三錫《醫學六要》中的《運氣略小序》,萬密齋的《痧疹説》,張景岳的《痙病論》《察神氣存亡辨》,卧龍老人(即馬元儀)的《頭痛辨》《心下痞説》,吴又可的《四損不可正治論》《老少异治論》等。最後是《新産後有九禁論》和《新産後先宜三審説》。

明末清初爲温病學説發端、發展之際,此書集該時期諸名醫之論,是爲温病學説發展初期的階段性總結,有較高的學術價值,同時也佐證此書當成于清代前期或中期。鈔本還體現了張璐不僅對傷寒有深入的研究,而且對温病、時疫也頗有經驗和見解，可作爲研究温病學説發展沿革及張璐的學術思想的參考。

石頑老人温熱論
石頑云傷寒之兼溼熱者甚多惜乎古所未詳近亦
罕講丹溪雖大闡溼熱法門然其所論皆外淫之溼
而未及本身之溼熱也嘗論仲景書有論寒溼者有
論風溼者以其兼外感之邪故列之太陽例中其但
言溼者則與痓暍同列當知痓暍亦不離乎溫熱也
及觀痞論中則治本身中溼熱之方具在祇恨無人
道破以致蒙昧千秋也蓋傷寒誤下則有痞滿之變
然亦有不經攻下而痞者皆由其人素多痰溼因外

暑有暍暑傷暑中暑當分輕重表裏治各不同
亦
張梅岑論
暑為六淫之一太陽主表故先中之然亦頗多陽明
夫中暍陽邪也乃其症反身重疼痛其脉反弦細芤
遲雖名中暍而實兼溼邪也小便已灑灑然毛聳太
陽主表內合膀胱故便已而氣餒也小有勞身即熱
者緣夏月人身之陽以汗而外泄人身之陰以熱而
內耗陰陽兩俱不足與春月之風溫無異口開前板
齒燥故溼于內開口以泄其熱氣出而內熱薰灼其

085 傷寒證論傳經驗舌圖

《傷寒證論傳經驗舌圖》,不分卷,一册。封面署“葑溪藥農雜纂之一”。卷首爲《傷寒症名要領賦》,其後爲目録。無序跋,成書年代不詳。《中國中醫古籍總目》載録爲清鈔本。現藏于上海中醫藥大學圖書館。

卷首《傷寒症名要領賦》中大字部分内容係清代嚴宫方(字則庵)《傷寒捷訣・總論》,小字則爲作者的注釋。如“太陽有傷營傷衛之分”,小字注釋道:“寒傷營,無汗宜發汗;風傷衛,有汗宜實表。”是書正文載《傷寒症論》《傷寒症》《寒邪侵逼圖》《六經圖》《治傷寒症察病人舌法》《驗症舌法》等二十九篇。其中《治傷寒症察病人舌法》摘自《傷寒全生集》。是書最具特色的是《驗證症法》,全篇列有白胎舌、將瘟舌、中焙舌、生斑舌、紅星舌、黑尖舌、裏圈舌、人裂舌、蟲碎舌、裏黑舌、厥陰舌、死現舌、黄胎舌、黑心舌等三十六幅彩色舌圖,每一幅舌圖下列有文字説明、形成病因、治療方法等。如:“紅星舌,舌見淡紅,中有大紅星者,乃少陽君火熱之盛也。假火勢以侮脾土,將欲發黄之候也。宜用茵陳五苓散治之。”作者認爲此“三十六舌,乃傷寒驗證之捷,臨症用心處之,百無一失也”。

是書對于《傷寒論》的研究以及臨床舌診有一定的參考價值。

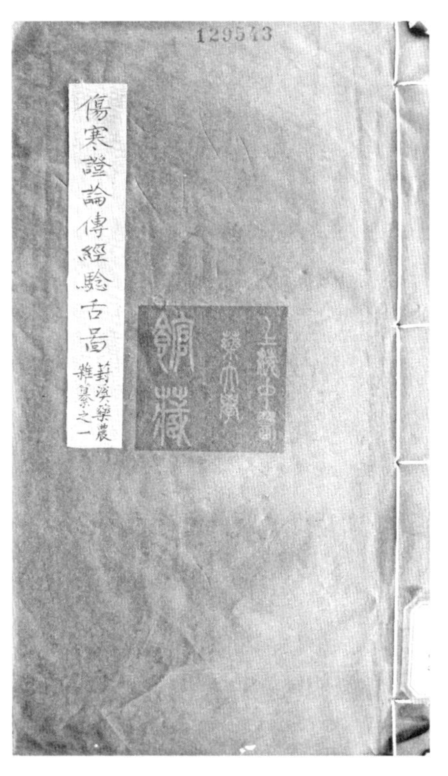
傷寒證論傳經驗舌畵
葑溪藥農雜纂之一

傷寒症名要領賦

欲治傷寒先須認症識症定名處方必應且如太陽有傷營傷衛之分寒傷營無汗宜發汗風傷衛有汗宜實表陽明有經在府之別在經解肌在腑攻裡少陽主乎中治膽經號為清淨足少陽膽清淨府也忌汗吐下宜和解至於三陰太陰少陰厥陰有傳經直中之不常須認脉審病而推詳傳經者脉沉數而煩熱直中者脉沉細而清涼當汗而下為結胸痞氣陽症下早為結胸陰症下早為痞氣當下而汗為厥竭亡陽誤發陰汗陽證鶩溏須辨挾寒挾熱溏挾寒為鴨溏挾熱為腸垢瘀熱蓄血可知發黃發狂瘀熱發黃蓄血

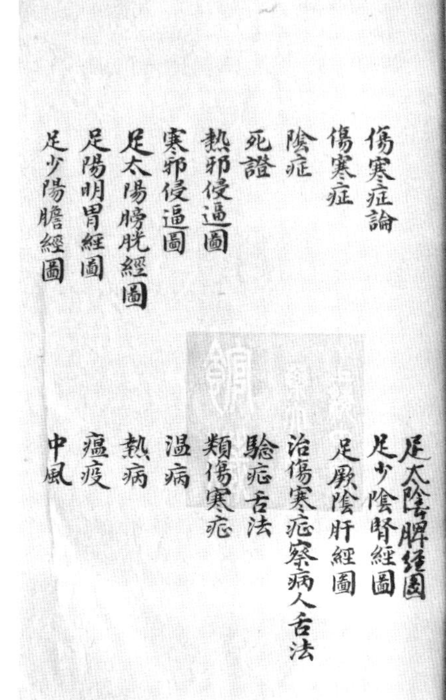

傷寒症論

傷寒發於大寒以後春分以前者是時冬令嚴寒萬類潛藏君子固密則不傷於寒一有不謹觸犯其邪乘於肌體而即病者名曰正傷寒耳自仲景以來名賢代起立言不患不詳患其多而惑也陶節菴曰得其要領易於拾芥脉證與理而已脉證者表裏陰陽虛實寒熱也理者知其常通其變也余約六法以盡之曰汗吐下溫清補汗者治在表也而汗法有三一曰溫散寒勝之時陰勝之藏陽氣不充則表不解雖身有大熱必用辛溫一曰涼解炎熱熾盛表裏枯涸陰氣不營亦不能汗宜用辛涼一曰平解病在

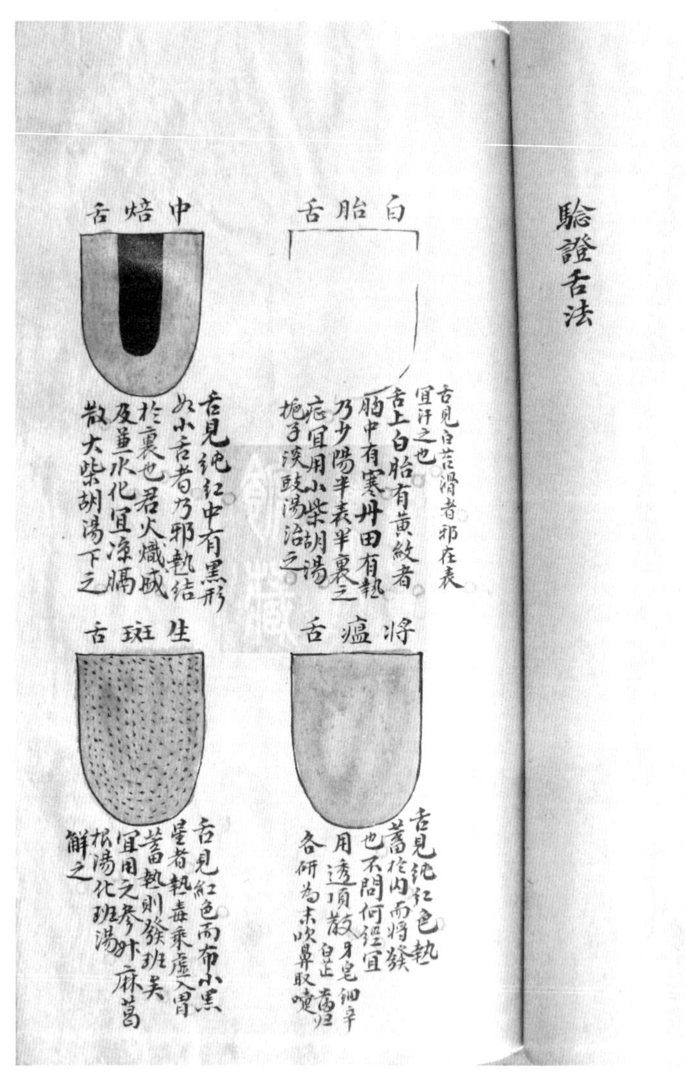

驗證舌法

白胎舌

舌見白苔滑者邪在表宜汗之也

舌上白胎有黄紋者胸中有寒丹田有熱乃少陽半表半裏之症宜用小柴胡湯梔子淡豉湯治之

中焙舌

舌見純紅中有黑形如小舌者乃邪熱結於裏也君火熾盛反兼水化宜涼膈散大柴胡湯下之

將瘟舌

舌見純紅色熱蓄於内而將發也不問何經宜用透頂散牙皂 細辛 白芷 當歸各研為末吹鼻取嚏

生斑舌

舌見紅色而布小黑暈者熱毒乘虛入胃蓄熱則發班矣宜用元參升麻葛根湯化班湯解之

086 傷寒類經

《傷寒類經》,不分卷,六册。清王祖光撰,成書于清光緒二十一年(1895)。王祖光,青浦縣(今屬上海)人。書首有序言,名"傷寒類經緣起",叙著書之由及意圖。現存稿本,藏于上海中醫藥大學圖書館。

全書分三部分:第一部分列《經氣要語熟讀》《經氣表裏臟腑表裏》《審證施治關鍵語熟讀》《經病提綱熟讀》《病情喜惡》《三陽三陰發熱之差别》《惡寒發熱》《傳經大關目》《直中非寒症》《寒邪非不傳》等,内容出自歷代醫家或作者之箴言。第二部分爲《傷寒類經》目録,首先以六經爲綱,分列出相應的提綱、來路、出路及去路等目。如太陽經列提綱、太陽來路、太陽出路、太陽現陽明去路、太陽現三陰去路、太陽入陽明去路、太陽入少陽去路、太陽入太陰去路、太陽入少陰去路、太陽入厥陰去路、太陽入腑去路;太陰經部分包括提綱、太陰來路、太陰出路、太陰去路。其次對各目進行具體闡述。六經提綱主要爲其來路、出路及去路做鋪墊。如太陽經提綱部分,强調病在太陽,如果出現傳變,不管傳于陽明、少陽或是三陰,于將傳未傳之際,必先露其端倪,所舉太陽經的治法,除了本經自病的治法外,還包括預截、專攻其去路的治法。來路、出路及去路部分,采用類方的方式,重編仲景《傷寒論》原文,將理、法、方、藥融會貫通。如桂枝湯治療太陽中風證,先解釋太陽中風證及其症狀的病機,再列出桂枝湯的組成及煎服法,并詳細辨述其用法,最後將《傷寒論》中涉及桂枝湯的條文悉數列出。六經證治之後,對霍亂證治、陰陽易證治、差後勞復證治、痙濕暍證治及温病證治作辨析。第三部分爲訂正病名,包括病名提綱、各病脈證、諸病證治三方面内容。病名提綱中,引經據典,將吴鞠通《温病條辨》九種温病病名重新劃分,如風温包括冬温、春温、温毒,熱病包括中暑、温毒,濕温包括暑濕、痢疾、瘧疾等，燥病包括氣鬱、痿證、喘、嘔、痰飲，伏氣包括温病、熱病、濕温等。各病脈證中，以三焦辨證論述諸温病。諸病證治中，列舉治療外感風温的方劑四十一首，如葱豉湯、銀翹散等。

綜觀全書，綱舉目張、條分縷析。傷寒部分以類經、類方的方式重辨《傷寒論》條文，取黄坤載之法，于各經指出來路去路，以示經氣之連貫，病氣之出入，且于每經交换處指出綫索；并采陳修園之説，使章節上下有序連接，前後呼應，妙用虚字會出精奥，尤于無字處悟出至理名言，又以諸家之言及作者之見，細爲推衍，以見萬病之來各有繫屬，兼見之證各有根由。温病部分，綜合吴鞠通《温病條辨》、王孟英《温熱經緯》，將温病病名重新訂正，精者仍之，訛者正之，衍者删之，缺者補之，判别精細。此書誠爲臨證之指南。

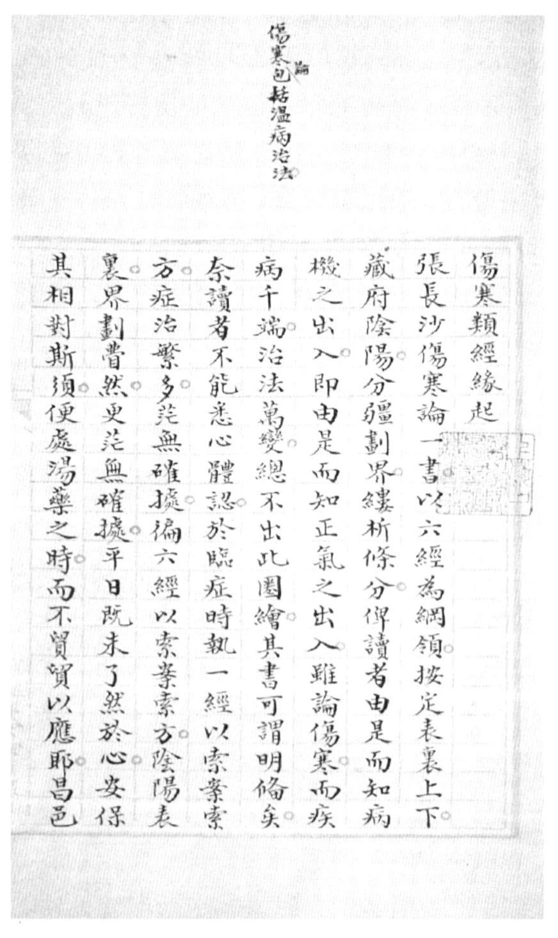
傷寒論包括温病治法

傷寒類經緣起

張長沙傷寒論一書以六經爲綱領按定表裏上下藏府陰陽分疆劃界縷析條分俾讀者由是而知病機之出入即由是而知正氣之出入雖論傷寒而疾病千端治法萬變總不出此圈繪其書可謂明備矣奈讀者不能悉心體認於臨症時執一經以索案索方症治繁多茫無確據徧六經以索案索方陰陽表裏界劃曹然更茫無確據平日既未了然於心安保其相對斯須便處湯藥之時而不貿貿以應耶邑

外熱。汗出而厥者。通脈四逆湯主之。此少陰寒邪傳入厥陰之寒症也。誰謂陽不相傳。無陽從陰化之理乎。陳氏採吳氏說

傷寒類經目錄

太陽經　提綱

太陽來路

太陽出路

太陽現陽明去路

太陽現三陰去路

太陽入陽明去路

太陽入少陽去路

太陽入太陰去路

087 傷寒纂要

《傷寒纂要》，不分卷，一册。無序跋、目録。抄録于光緒五年(1879)，抄録者不詳。是本有句讀，天頭上有抄録者硃筆或墨筆釋文。現存鈔本，藏于中國科學院上海生命科學信息中心生命科學圖書館。

是本由《傷寒纂要》《河間心法》《温熱全書》(葉香巖一派傳授)《伏氣温病篇》(山陰孫夢蘭編)《葉香巖先生時氣温熱論注》《葉天士先生伏氣時邪篇》《外感温病篇》(陳平伯著)《薛生白先生濕熱病篇》《邵步青先生集伏暑篇》《邵新甫伏暑説》《吴東陽伏暑贅言》《李純修爛流痧論》《祖鴻範爛流丹痧治宜論》《周思哲瘟疫贅言》《舌辨》(黄壽南集)等十餘部著作輯録而成，輯録内容主要爲傷寒、温熱、瘟疫、丹痧的證治。

《傷寒纂要》首頁載有"近日考核知是葉氏天士所集"字樣，可知該書托名爲葉天士所集。首篇《古今時地不同治法宜異》指出：仲景所處漢末時代，人多壯實，藥爲北方感寒而設；而今風氣薄，人之體質脆弱，江南氣候與北方不同，故傷寒病治法和用藥不可不變。次篇《辨傷寒輕重法》指出：凡外感病必有頭疼、咽乾、煩躁等，不煩躁則爲輕症，若不頭疼而發熱、不發熱而頭疼、口乾而舌不燥、骨疼而頭不疼，或渴而不欲飲等皆非傷寒。後載《三陽治法》《三陰症治》兩篇，簡要論述六經病證的症狀及治療方藥。輯録《河間心法》中有關傷寒、傷暑、冬温、痧疹等二十餘首治療方藥，包括雙解散、凉膈散、小柴胡湯、黄連解毒湯、甘露飲等。輯録《温熱全書》中有關頭痛、惡風、胸脅滿、斑疹、吐血、衄血、便血等病證的病因病機、症狀及治療方藥等。《伏氣温病篇》論述伏氣温病的概念、病因、症狀與治療方藥。《葉天士伏氣時邪篇》論述伏氣春温、風温、夏熱、暑厥、暑瘧、暑痢、秋燥、小兒疳積等證治内容。《李純修爛流痧論》與《祖鴻範爛流丹痧治宜論》論述痧證證治。《舌辨》論述通過辨舌診斷傷寒、温病等諸病證的表裏、虚實、寒熱以及臟腑屬性等。

是本内容豐富，方論兼備，可爲臨證提供參考。

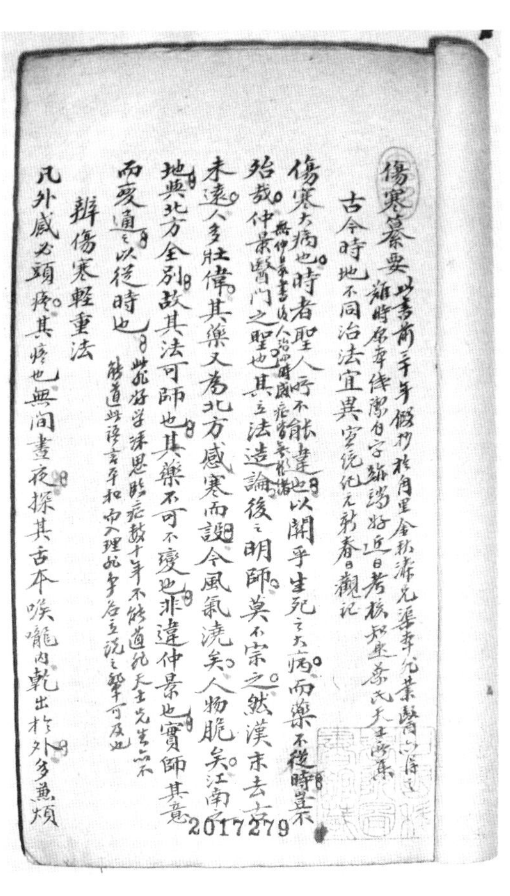

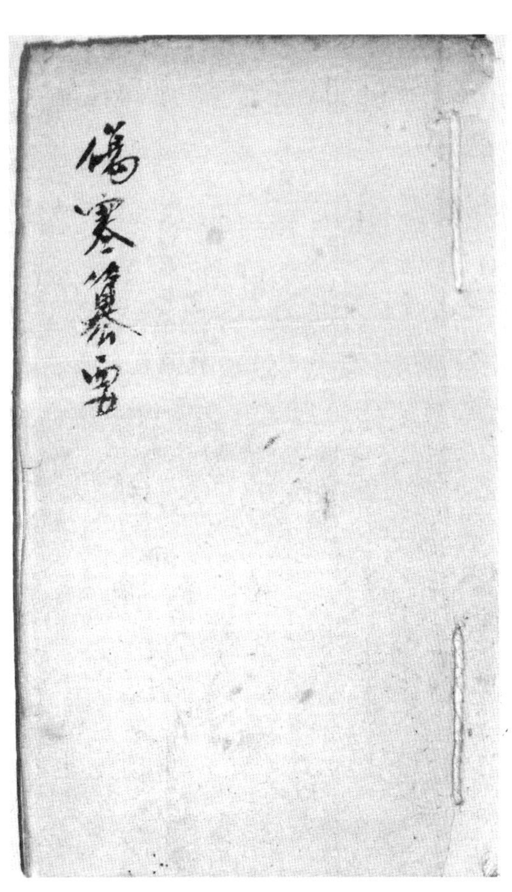

躁不煩躁者即輕症也。不頭疼而發熱，不發熱而頭疼，頭雖疼而有時暫止，口雖乾而舌本不燥，骨雖疼而頭不疼，口雖渴而不欲引飲，至夜或偶得寐，遇食不好亦不惡，居處雖若畏怯而神氣安靜，凡若此者，皆非傷寒也。

三陽治法

太陽病頭痛發熱，身疼腰痛，骨節疼痛，惡寒無汗而喘者，羌活湯主之。

仲景用麻黃湯

寒主陰凝，入太陽營分，凝滯經絡，營衛不利，故發身熱頭疼，脊痛骨節疼痛，惡風畏寒，無汗而為傷寒。若太陽之氣與肺之母氣相合，邪從皮毛而入，鬱遏肺氣，以致作喘，用羌活湯辛溫散邪。

羌活湯

羌活　前胡　葛根　杏仁　甘草　生姜

深秋加紫蘇　冬月加麻黃

脈若浮洪而不數，則不傳經；若煩躁脈數急者，欲傳經也。

脈浮而洪，是太陽正脈，適靜而不傳；若煩躁而脈數急，則邪機向裏，已著，勢必傳入他經。

太陽病發熱汗出，惡風脈緩者，此為營弱衛強，桂枝湯主之。

衛分受邪，擾亂營氣，故發熱而自汗，用桂枝行陽化氣，白芍收陰斂汗，姜棗得桂則宣和營衛，得甘草補中而散邪，一陰一陽，相合成方，調和

若因外邪先受，引動在裏伏熱，必先辛涼以解新邪，蔥豉主之，繼進苦寒以清裏熱。

蔥豉湯

連鬚蔥白頭　淡豆豉

風溫

風溫，春月受風，其氣已溫，此證發熱喘嗽，首用辛涼清肅上焦。夫肺位最高，邪必先傷，此手太陰氣分先病，失治則入手厥陰心包血分，亦傷蓋逆經順傳，如太陽傳陽明，人皆知之，肺病失治，逆傳心包絡，人多不知者。初宜

薄荷葉　牛蒡　桑葉　梔皮　蔞皮

大連翹　象貝　南沙參　花粉

淡豆豉　前胡　生草　杏仁亦可採用

若色蒼熱勝，煩渴，用石膏、竹葉辛涼清散；痧疹亦當宗此。若日數漸多，邪不得解，芩連涼膈亦可用。至邪熱逆傳膻中，神昏目瞑，鼻竅無涕洟，諸竅欲閉，其勢危急，必用至寶丹、牛黃清心丸。病減後餘熱，只用甘寒清養胃陰足矣。

淡音冫宜夜

時氣風溫

088 新編傷寒指南詳解

《新編傷寒指南詳解》，十卷，六册。清倪大成撰。倪大成，字焕章，號復初居士。《清代官員履歷檔案全編》有“臣倪大成，浙江紹興府餘姚縣人，年三十六歲，由俊秀于康熙四十八年遵常平積貯事，例在陝西凉州衛捐納監生，雍正五年考取州同奉”等記載，可略知其生平。序中又有“因將平日所得高賢講疏，摘其精華，彙集融一”等述，篇尾題“大清乾隆甲子春王武林復初居士倪大成焕章書於清溪草堂”字樣，可知倪大成即爲該書著者，書成于乾隆甲子(1744)春。每册封頁均鈐有上海中醫學院圖書館藏書章，第一册首頁另鈐方形印章兩枚，其一内容爲“愚齋圖書館藏”，另一枚内容被挖去。該鈔本現藏于上海中醫藥大學圖書館。

是本除自序外，另有仲景《傷寒卒病論集序》、凡例及傷寒序例。是書重在論述卒病傳經，以六經首叙傳經，次附變證，末言兼證，其三陰直中，則編于各經之後。雜病痓濕暍，則另編附末卷。“凡例”對傷寒與三時之感冒進行辨别，提出“真傷寒”之説。認爲“傷寒乃冬時嚴寒之證，非比三時之感冒。六經傳邪，乃真傷寒之證”。該書對仲景之方予以高度肯定，説李東垣之建中湯由仲景理中、建中之方所化；朱丹溪之補陰、四物之劑，由仲景之雞子黄諸劑所化；劉河間自製之三一承氣湯、通聖散，皆由仲景之青龍、白虎、承氣湯所化；張子和之攻下劑亦是由仲景之瓜蒂散、梔子豉湯、十棗湯所化。《傷寒序例》篇首先對四時之正氣、時行之氣、温病、暑病進行論述，其次闡明六經傳變方式，而後辨别傷寒、冬温與寒疫之异同，最後明確指出兩感治療有先後，反對汗下并施。是書卷一、卷二爲太陽篇，卷三、卷四爲陽明篇，卷五爲少陽篇，卷六爲太陰篇，卷七爲少陰篇，卷八爲厥陰篇，卷九爲傷寒差後、風温、霍亂、痓濕暍篇，卷十列脈法、辨脈、平脈篇。

是書在《本經》《難經》《神農本草經》《湯液本草》《金匱玉函經》《傷寒卒病論》等基礎上旁徵博引，廣采先賢諸家之言，并參以己見，論述精闢而全面，無論是對于《傷寒論》之學術思想的研究，還是外感熱病之臨床施治，均具有較高的學術價值和重要的參考意義。

清楚臨證不致混淆。顏曰傷寒指南解。以作來學之梯航。不致有陰陽偏失之咎也。古人謂疑義相與析。幸高明照正。同為仲景濟世功臣。不識以為然否。是為序。

大清乾隆甲子春王武林復初居士倪大成煥章書於清溪草堂

傷寒卒病論集

論曰。予每覽越人入虢之診。望齊侯之色。未嘗不慨然嘆其才秀也。怪當今居世之士。曾不留神醫藥。精究方術。上以療君親之疾。下以救貧賤之厄。中以保身長全。以養其生。但競逐榮勢。企踵權豪。孜孜汲汲。惟名利是務。崇飾其末。忽棄其本。華其外而悴其內。皮之不存。毛將安附焉。卒然遭邪風之氣。嬰非常之疾。患及禍至。而方震慄。降志屈節。欽望巫祝。告窮歸天。束手受敗。賫百年之壽命。持省疾問病。務在口給。相對斯須。便處湯藥。按寸不及尺。握手不及足。人迎趺陽。三部不參。動數發息。不滿五十。短期未知決診。九候曾無髣髴。明堂闕庭。盡不見察。所謂管窺而已。夫欲視死別生。實為難矣。孔子云。生而知之者上。學則亞之。多聞博識。知之次也。余宿尚方術。請事斯語。

漢長沙太守南陽仲景張機序

張夫子。總角時。何顒謂之曰。君用思精密。而韻不能高。將為良醫矣。後舉孝廉。官至長沙太守。憫宗族。論喪於傷寒者。十居其七。因受業於同郡張伯祖。善於治療。尤精經方。著論為諸方之祖。[illegible]

凡例

一傷寒集註。創自宋聊攝成無己。鉤深索隱。細大畢詮。允為仲景功臣。後賢因其隨編次類釋三陰篇首。不行分析。緊註傳郛。恣行指摘。王損菴訐之。雖竊白璧微瑕。然無損於連城。自當棄其短而集其長。何近世棄置勿道。試問捨此明燭而夜行可乎。林觀子詞釋經詳洽。無踰聊攝。用法該通。必推奉議。乃二賢往往亦有錯解之處。乃緣經文高古。義復精深。後學要得洞悉無遺。既知其悞。宜從刪削。

089 雜病六氣分治辨

《雜病六氣分治辨》，十卷，三册，稿本。清洪瞻陛著。洪瞻陛（？-約1860），字子升，號雨薌，浙江臨海人。道光六年（1826）優貢，二十年舉順天鄉試，由官學教習補四川雙流知縣，護理龍安知府，工詩善書，精于岐黄。該書卷首自序殘缺严重，未知具體成書年代。洪氏《存我堂詩集》自序中提及“近尚撰有《仲景兩論正解》一書”，《雜病六氣分治辨》係其中一論，落款“咸豐四年”。據此推測，此稿本約成于1854年。現藏于上海圖書館。《中國中醫古籍總目》未收載。

是本卷一爲《藏府經絡先後病脈證論》《痓濕暍病脈證論》，卷二爲《百合狐惑陰陽毒病脈證論》《瘧疾病脈證論》，卷三爲《中風歷節病脈證論》《血痹虚勞病脈證論》，卷四爲《肺痿肺癰咳嗽上氣病脈證論》《奔豚氣病脈證論》，卷五爲《辨風》，卷六爲《辨熱》，卷七爲《辨濕》《辨火》，卷八爲《辨燥》，卷九爲《辨寒》，卷十爲《本草藥味類抄》，附《五味分治五臟表》。

洪氏倡導仲景學説，但鑒于《金匱要略》詞精義奥，不易理解，歷代醫家每有誤解，故選取《金匱》中的前八篇加以闡發，“以求正解”。體例上每兩篇成一卷，每卷首先闡述本篇大意。如：“外受之邪，經絡爲先，藏府爲後，内受之邪，又以藏府爲先，經絡爲後，且藏府經絡又各自先後，受病亦各有先後，故治病當有先後。受病之根源與治病之次序不可混亂。”以下先列經文，後加注釋。是本特點是“以經解論”，以《内經》等爲據，并涉及陰陽五行制化之理。卷五至卷九爲辨六淫，先辨致病特點，後附主治方論。卷十本草類抄，以“苦”“鹹”“淡”“辛”“甘”五味爲目，下又分若干子目，如“苦下”“酸收”“酸淡”“甘寒”等。除收入各類本草中的内容，還集各家學術。如“甘苦……味多養陰清熱之品，甘寒亦相類，而甘寒中味淡者，兼相火本性，於治濕温熱尤相宜。葉氏開此派，足補仲景所未備，可與濕淫淡滲同參”。語言簡練，通俗易懂，可供臨床參考。

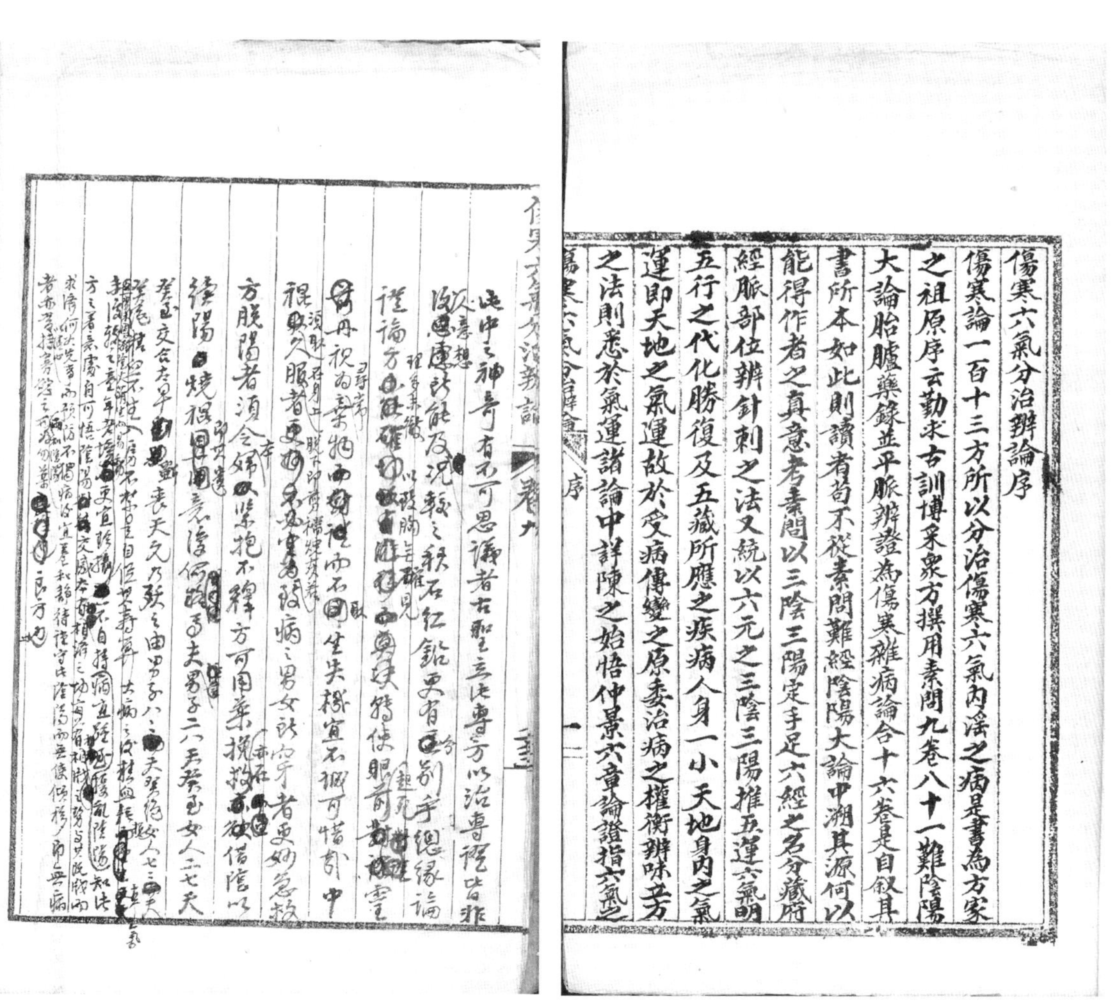

傷寒六氣分治辨論序

傷寒論一百十三方所以分治傷寒六氣內淫之病是書為方家之祖原序云勤求古訓博采衆方撰用素問九卷八十一難陰陽大論胎臚藥錄並平脈辨證為傷寒雜病論合十六卷是自叙其書所本如此則讀者茍不從素問難經陰陽大論中溯其源何以能得作者之真意考素問以三陰三陽定手足六經之名分藏府經脈部位辨針刺之法又統以六元之三陰三陽推五運六氣明五行之代化勝復及五藏所應之疾病人身一小天地身內之氣運即天地之氣運故於受病傳變之原委治病之權衡辨味辛方之法則悉於氣運諸論中詳陳之始悟仲景六章論證指六氣之

傷寒六氣分治辨論 序

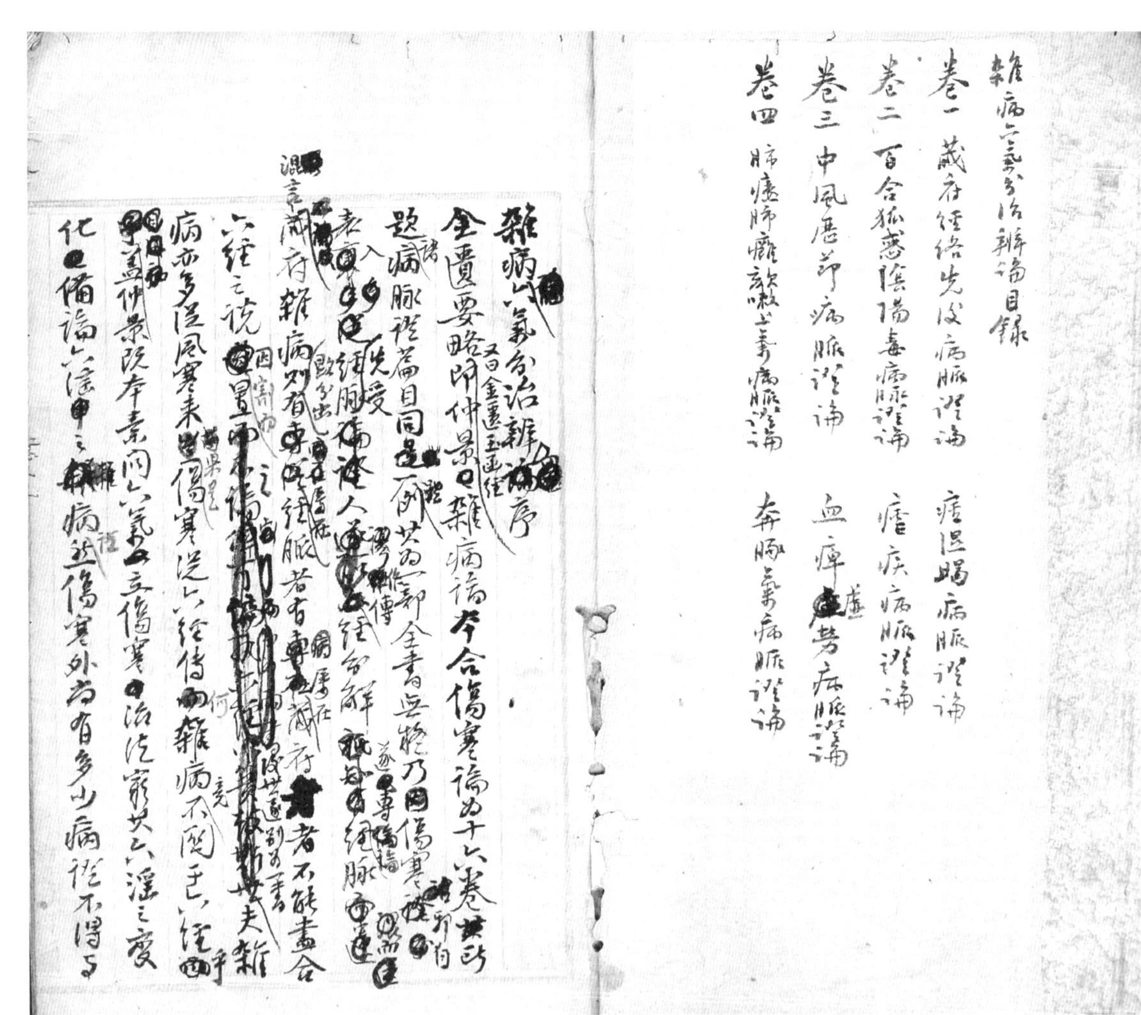

雜病六氣分治辨論目錄

卷一 藏府經絡先後病脈證論 痙濕暍病脈證論

卷二 百合狐惑陰陽毒病脈證論 瘧疾病脈證論

卷三 中風歷節病脈證論 血痺虛勞病脈證論

卷四 肺痿肺癰欬嗽上氣病脈證論 奔豚氣病脈證論

雜病六氣分治辨論序

金匱要略乃仲景雜病論，本合傷寒論為十六卷，其

題病脈證篇目同是一例，共為一部全書無疑，乃因傷寒……

三、診　法

090 七言脈訣

《七言脈訣》，不分卷，一册。清丁承柏輯，丁承棣抄于清宣統三年（1911）秋。丁承柏，字少鶴，山東濟陽人。首頁有手繪方形硃砂印兩枚，爲"福""緣"兩字。現存鈔本，藏于上海圖書館。

該本爲輯鈔本，約由四部分組成：一是五運六氣，有"五運化法""五運六氣奥渺説""逐年五運六氣全圖""每年司天在泉正化對化之圖"等内容。二是《七言脈訣》，共述二十八脈，每一脈均由三段構成，分别爲脈之體狀、主病和各部之症，每段七言四句，無注釋。每一脈訣後還附有作者認爲錯誤的脈訣（稱爲"偽訣"），"以辨是非"。另外還有"十怪脈""代脈死期訣"及奇經八脈歌訣等内容。三是《病機賦》，題爲"金壇宇泰王肯堂訂補"。四是《新編湯頭歌訣》，爲輯者丁承柏編于"宣統三年孟夏之月"。

該本以歌賦、歌訣爲主，便于記誦。其中《新編湯頭歌訣》未見流傳。從歌訣的叙言可知，丁氏對吴鞠通的《温病條辨》甚爲膺服，認爲《條辨》"綱舉目張，次序井井，正其名而指其迷，洵可爲後學之津梁，渡世之寶筏……故倣汪訒庵《湯頭歌訣》之法，將各方編成俚語，以便記誦"。《新編湯頭歌訣》共載方一百零八首，附方二十四首，分上焦十六方（附八方），中焦四十六方（附九方），下焦三十四方（附七方）及雜方十二首，概括了暑温、濕温、温瘧、秋燥、伏暑、寒濕等各類温病的代表方，如銀翹散、桑菊飲、清絡飲、三化湯、清燥救肺湯等。雜方則采自《温病條辨》以外的常用方，如七寶美髯丹、天王補心丹等。

七言脉訣目錄

浮七 沉五 遲四 數五 滑數 濇遲

虛浮 實沉 長 短 洪浮 微浮

細沉 濡浮 弱沉 緊數 緩遲 牢沉

動數 促數 結遲 代遲 革浮 弦

散浮 芤浮 伏沉 疾數 共二十八脉

但浮而不數○阳虛也○補中益氣湯主之○浮而數○阴虛也○黑逍遙散主之○不應用疏肝益腎湯○少间六味飲主之○逍遙加大熟地即是○黑

沉而不數○阴中之阳虛也○八味丸主之○沉

温補○為恐阴傷氣獨強○ 寸數咱喉口舌瘡○吐紅咳嗽肺生瘍○

当関胃火并肝火○尺屬滋阴降火湯○

滑脉 滑者阳也，指下尋之，三関如珠動、按之即伏、不進不退。滑主肢体困憊，手脚酸疼，小便赤濇。

滑脉須知替替然○往來流利似珠圓○滑濇常將相反看○便是岐黄心秘傳○

滑脉為阳元氣衰○痰生百病食生災○上為吐逆下蓄血○女脉調時定有胎○

寸滑膈痰生嘔吐○舌強咳嗽或吞酸○当関痰食肝脾熱○濁痢癲淋尺部看○

滑脉如珠号曰阳○腰中生氣透前腸○脛瘦即為生寒熱○大鴻三焦必溽康○

滑脉居寸多嘔逆○関滑胃寒不下食○尺部見之脉似氷○飲水下焦声漉漉○

濇脉 濇者阴也，指下尋之似有、举之全無、前虛後寔、無復次序。濇主腹痛，女子有孕胎動，無孕敗血為痛。

細遲短濇往來難○散止依稀應指间○輕刀刮竹沽汝雨○病蚕食葉慢而艰○

濇緣血少或傷精○嘔吐亡阳汗雨淋○寒湿入營為血痺○女人非孕即無經○

寸濇心虛痛對胸○胃虛脇脹察関中○尺為精血俱傷候○腸結溲淋或下紅○

濇脉如刀刮竹行○丈夫有此号傷精○婦人有孕胎中痛○無孕

091 四診心法要訣

《四診心法要訣》,不分卷,一册。清吴謙等編著,李念慈輯。吴謙(1689–1748),歙縣(今屬安徽)人,清代名醫,曾任太醫院院判,受命編纂《醫宗金鑒》十五種九十卷,于1742年刊行。《四診心法要訣》即其中之一。是本無序跋,扉頁題有"江南野客李念慈編輯"。李念慈,一名念兹,字屺瞻,號劬庵,陝西涇陽人。順治十五年(1658)進士,官景陵知縣,詩畫皆擅時名,善山水。此本抄録年代無記録,現藏于上海圖書館。據《中國中醫古籍總目》載,江西中醫學院圖書館和廣東省中山圖書館也藏有《四診心法要訣》鈔本。

此本内容主要分爲兩部分,前半部分爲吴謙《四診心法要訣》,後半部分爲奇經八脈、足三陽三陰脈、手三陰三陽脈、訂正素問脈象圖、周身名位,以及十二經起止歌、地支十二經流注歌、診脈賦等二十三條歌賦。其中奇經八脈、周身名位、十二經起止歌、地支十二經流注歌等均取録于《醫宗金鑒·刺灸心法要訣》。

綜觀此本内容大多從《醫宗金鑒》輯取,而無輯録者自己的經驗體會,且吴氏《四診心法要訣》已有刊行本,故此本學術價值不高。

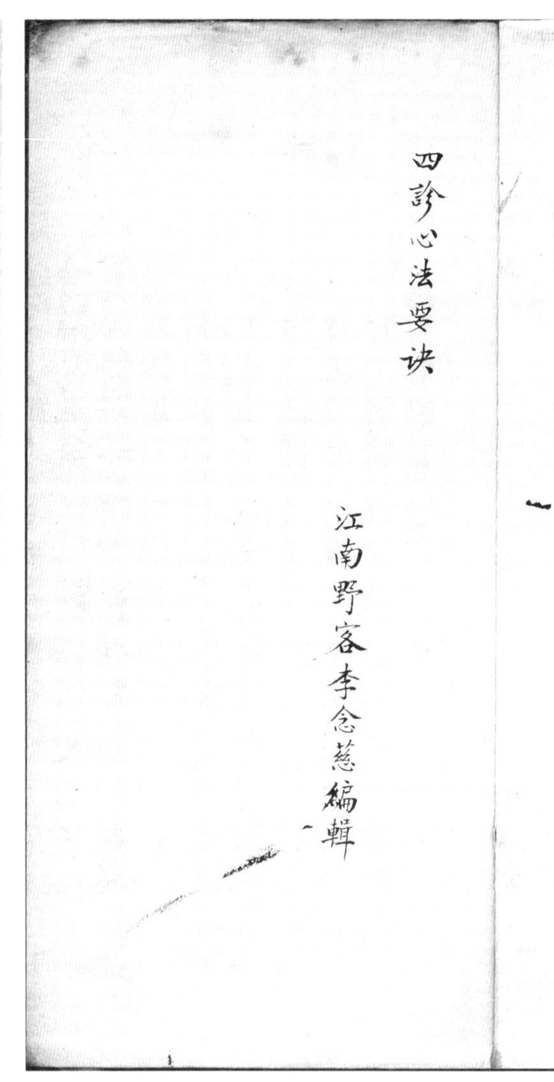

四診心法要訣

江南野客李念慈編輯

編輯四診心法要訣下

四言脉訣始自漢張仲景平脉法宋崔嘉彥衍之明李時珍刪補及李中梓又補其缺皆刪其差謬復加註釋固已文簡義該矣然猶有與經義不合者今皆刪去其未備者補之

脈為血府百體貫通寸口動脉大會朝宗

經曰脉者血之府也周身血脉運行莫不由此貫通故曰百體貫通也難經曰十二經中皆有動脉獨取寸口以決死生寸口者左右寸關尺手太陰肺經動脉也為脉之大要會也故曰寸口動脉大會朝宗也

092 舌苔賦

《舌苔賦》，不分卷，一册。不著撰者。現存鈔本，藏于中國科學院上海生命科學信息中心生命科學圖書館。館藏目録與《中國中醫古籍總目》載録爲清鈔本。

該書首頁鈐有朱方多枚，分别爲陽文"養和齋""精業勤求"，陰文"周氏藏書""周氏珍藏金石圖書"等，書首及書末均有"中國科學院圖書館藏"印鑒。是書内容分爲兩部分，第一部分爲"舌苔賦"，總論首先闡述舌之生理、病理，舌苔産生原因與大致用藥等，指出"凡診病當看舌之形色，分别手經足經、衛分營分、在表在裏，再參診脈施治"。後有七言歌訣約三十七首，分别論述舌、苔形色的辨證大要，并有注解闡發。該内容多抄録自清代醫家吴坤安《傷寒指掌》中"察舌辨症歌"及邵仙根評注，但稍有不完整，并且將原書中"診傷寒"替换爲"診病"，拓展了辨舌的應用範圍。第二部分爲各色舌苔示意圖及證治法，分别爲白苔舌圖及論治十九條、黄苔舌圖及論治十七條、黑苔舌圖及論治十四條、灰色舌圖及論治十一條、紅色舌圖及論治二十六條、紫色舌圖及論治十二條、霉醬色舌圖及論治三條、藍色舌圖及論治二條，并孕婦傷寒白、黄、黑、純赤、紫青、卷短舌圖六幅及妊娠傷寒舌論。該内容主要録自清初醫家張登（張璐之子）《傷寒舌鑒》一書，僅有個别文字不同。

該書集合抄録清代醫書中有關舌診辨證的代表性内容，反映出當時舌診已經得到臨床足夠重視并且被普遍應用，且範圍不僅限于傷寒病的診治，具有一定實用性，可與原書對照參考。

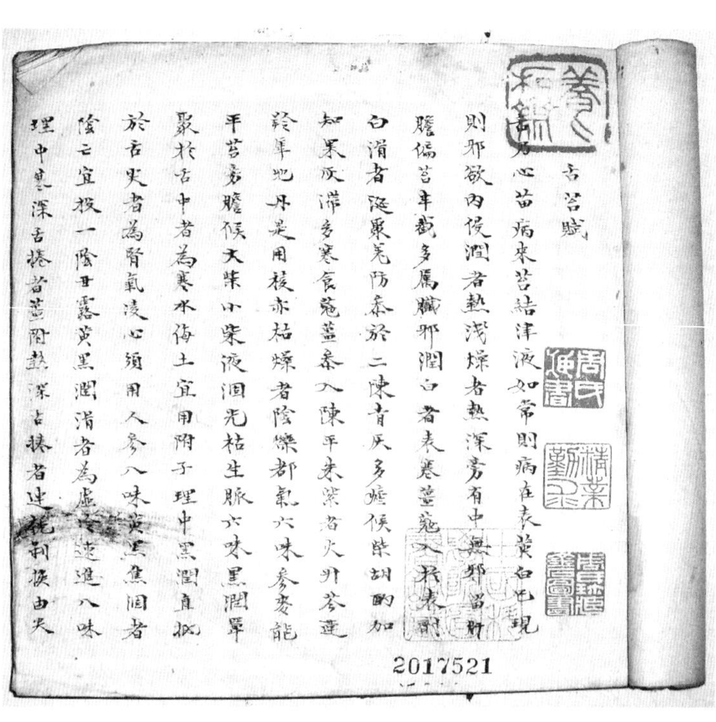

舌苔賦

舌為心苗病來苔結津液如常則病在表黄白也現
則邪欲内侵潤者熱淺燥者熱深旁有中無邪留肝
膽偏苔半截多屬臟邪潤白者表寒薑蔻入於表劑
白滑者涎聚羌防參於二陳青灰多瘧候柴胡酌加
知果灰滑多寒食蔻薑參入陳平朱紫者火升芩連
羚羊地丹是用絳赤枯燥者陰鑠都氣六味參麥能
平苔多膽候大柴小柴液涸光枯生脈六味黑潤罩
聚於舌中者為寒水侮土宜用附子理中黑潤直抵
於舌尖者為腎氣凌心須用人參八味黄黑焦涸者
陰亡宜救一陰甘露黄黑潤滑者為虛寒速進八味
理中黑深舌捲者蓋陰熱深舌捲者速施劑援由尖

解上焦氣分之邪若得邪從外達而瘀疹疹再試
清火清瘀漸養陰之品
苔白粉白四邊紅瘀入膜原勢最雄急用達原加引
藥一服黄黑下緩緩
凡病初起見苔形粉白而厚四邊紅絳者此疫症
屬氣之邪在於膜原其勢最雄頃刻傳變醫家不
可輕視急用吴又可達原引加引經表裏透之達
之如太陽見症加羌活瘧見陽明加葛根症見少
陽加柴胡如舌變黄燥乃疫邪入胃加大黄下之
其舌一日三變由白變黄由黄變黑總當數數下
之瘟疫屬氣其邪若自表傳裏可從足經用藥見
表治表見裏治裏

若見鮮紅純絳舌疫傳胞絡及營中清邪解毒銀犀
妙菖鬱黄金温暑通
瘟疫一症治分兩途但看舌苔白而黄黄而黑者
此疫邪自表傳裏汗之下之可也如見舌苔鮮紅
絳色此疫入於營中及胞絡之間禁汗禁下惟宜
清營解毒逐穢開閉如犀角銀花菖蒲鬱金西牛
黄人中黄金汁之類與温熱暑症之邪入營分及
胞絡者治法相合疫邪由衛入營當從手經用藥
温邪時疫多痴疹臨證須知提透宜疹屬肺家風與
熱症因胃熱發如斑
疹屬肺經風熱痴是胃為伏熱温暑痴疹與傷寒
發痴不同時疫痴疹兼有毒氣均宜提透清解熱

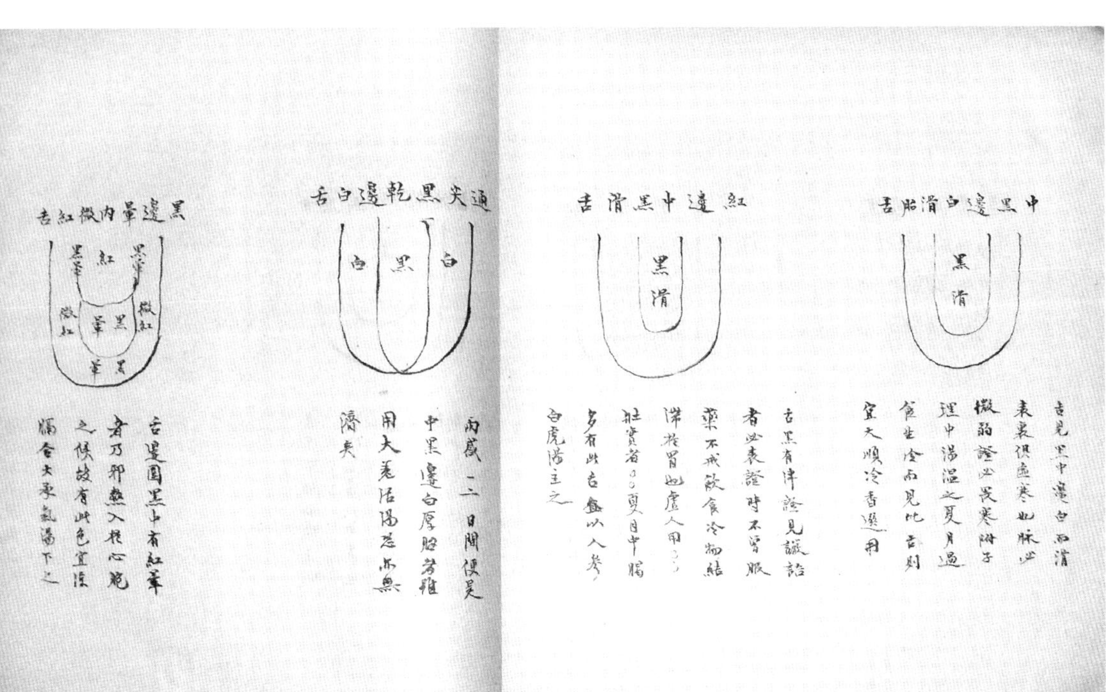

中黑邊白滑胎舌

舌見黑中邊白而滑
表裏俱虛寒也脈必
微弱證必畏寒附子
理中湯溫之夏月過
食生冷而見此舌則
宜大順冷香選用

紅邊中黑滑舌

舌黑有津證見譫語
者必表證時不曾服
藥不戒飲食冷物結
滯於胃也虛人用〇〇
壯實者〇〇夏月中暍
多有此舌盛以人參
白虎湯主之

通尖黑乾邊白舌

兩感一二日間便見
中黑邊白厚胎者難
用大羌活湯恐亦無
濟矣

黑邊暈內微紅舌

舌邊圍黑中有紅暈
者乃邪熱入於心胞
之候故有此色宜涼
膈合大承氣湯下之

093 舌辨要略

《舌辨要略》,不分卷。清葛駿抄輯。葛駿,字集生。前有葛駿序文,落款爲"乾隆十六年辛未仲春",可知成書于公元1751年。書首無目録,以"舌胎序"開篇,曰:"凡看傷寒,診視之際,必舌胎爲主。""歲在丁卯,館天水趙氏,素知其家有舌胎秘本,比《金鏡録》尤加詳細。至庚午秋,見是書而録之。不識其所爲秘本者,即是此書歟?抑或者更有善本否也?但披覽之餘,見其分别五色,既已挈領提綱,亦復條分縷析,種種胎色,種種治法,特爲指出,任傷寒千萬化變,總不出此數種,不禁欣喜之至,故書此以誌之。後之覽者,慎勿忽諸!"現存鈔本,藏于上海中醫藥大學圖書館。

首篇爲《辨舌》,認爲"舌胎之名始于長沙,以其邪氣結裏,若有所懷,故謂之胎",但"使人無提綱挈領處",故"撮其括要,分條辨論"。接着分别論述各種舌胎的主病、傳變、病機、治則及用藥。如"白胎者,邪傷氣分";"黄胎者,陽明胃實也";"黑胎者,少陰腎色也";"灰黑胎,足三陰互病,以青黄和入黑中,則爲灰黑也";"紅者,心治正色";"紫胎者,酒後傷寒也";"藍胎者,肝臟純色"。用藥注意隨症加減,如"紅極而紋裂者,燥熱入肝也,大承氣加柴胡、白芍,甚者加芩連"。

是書條理清晰,提綱挈領,對把握舌象理論以及從舌診治有參考價值。

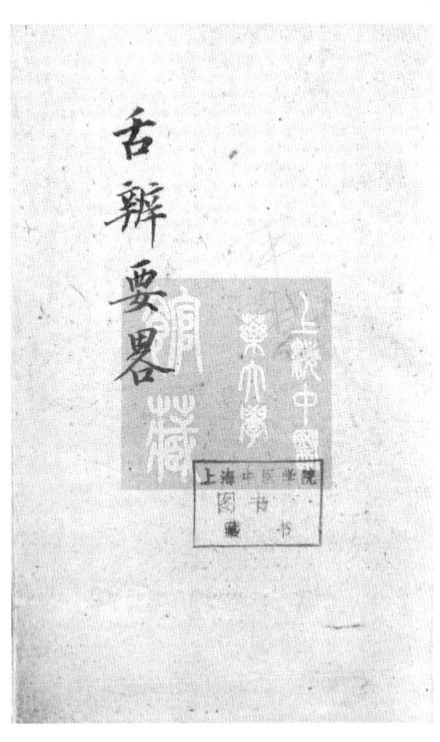

舌胎序

凡看傷寒、診視之際、必舌胎為主、蓋心者君主之官、神明出焉、心不可見、而開竅於舌、故即是以觀可以知五臟受病、何經傳變、屬陰屬陽、在表在裏、或寒或熱、或虛或實、燭照之下、胸有定識、雖議論紛紛、切弗粗莽、此誠醫家之急務、治病之大要也歲在丁卯館天水趙氏、素知其家有舌胎秘本、比金鏡録尤加詳細、至庚午秋、見是書而録之、不識其所為秘本者、即是此書歟、抑或者更有善本否也、但披覽之餘、見其分别五色、既已挈領提綱、亦復條分縷析、種種胎色、種種治法、特為指出、任傷寒千萬化變、總不出此數種、不禁欣喜之至、故書此以誌之、後之覽者、慎勿忽諸

乾隆十六年辛未仲春頓邱葛駿集生氏識

辨舌

舌胎之名、始於長沙、以其邪氣結裏、若有所懷、故謂之胎、傷寒之邪在表、則胎不生、熱邪在裏、則胎漸生、由白而黄、由黄而黑、黑甚則燥裂矣、要知滑潤而白為表邪、灰黑濕潤無胎、為陰寒、灰黑薄滑、為夾冷食、皆不可用寒涼攻下之劑、然中暑夾血、多有中心黑潤者、又不可拘於上說也、若黄黑灰色而乾燥紋裂為熱極、萬無虛寒夾血之理、惟屢經汗下、舌雖乾而有

094 舌鑑新書

《舌鑑新書》,不分卷。清詹恩整理。成書于清同治五年(1866)。書首詹恩序稱:"甲寅仲春,余于郵邑道中偶得《舌鑑》,展而讀之,兼觀圖辨形,一一精求,無不合法,於是繕寫其書,而名之曰《舌鑑新書》。"又曰:"立方論症,辨圖繪形,雖不泥乎陳法,更不出乎新奇。彼汗彼攻,乃吐乃瀉,大有精參,殊無杜撰,乃其所繪數色,余曾驗之,果不孚焉,誠爲後學之津梁也哉。"現存清鈔本,藏于上海中醫藥大學圖書館。

是書以"辨"開篇,載《傷寒舌胎辨》《瘟疫舌胎辨》,分别闡述傷寒、瘟疫的舌胎特點。《傷寒舌胎辨》還載有臨證用藥,如:"凡胎白而滑,表邪猶未解也,宜葛根湯解之。若寒熱往來,口苦而渴,脈弦,舌上白胎者,屬少陽也,小柴胡加知母、葛根、花粉,去半夏。若舌黄而濇,此邪傳裏漸深也,宜小柴胡去半夏加花粉、黄連、知母……"并將舌絳紫、舌黑、白瘖、婦人温熱病等舌象立專條論述。次爲目録,次爲《觀舌法序》《白舌總論》《紅舌總論》《黄舌總論》《紫舌總論》等,并附舌圖六十八幅(白舌圖七幅、紅色圖三十二幅、黄色圖十八幅、紫色圖十一幅)。《觀舌法序》開篇載有:"夫觀舌者非觀舌也,乃觀人之心也。"認爲:"夫白色者,非白舌也,乃傷寒邪居於表,伏留皮毛肌膚之間。""紅舌者,瘟舌也。瘟舌者,瘟氣内傳於心,自裏而達表也。""黄舌苔者,乃裏症舌苔也。""紫舌者,乃酒後傷寒是也。"又對各種舌象分别論述,如:"白潤滑舌圖,少陽症。歌曰:舌色滑而潤,病屬少陽症。方宜小柴胡,捨此皆不穩。凡傷寒邪入太陽,而傳入少陽者,其舌色多潤而滑,似乎無津液之象,方宜小柴胡湯主之。"

是書所附舌圖圖形單一,僅有一幅"白泡舌圖"與别圖有异,故所附舌圖本身參考價值不大。但因是書對各種舌象描述詳盡,條理清晰,且内容豐富,對舌診的文獻研究與臨床仍有一定的參考價值。

舌鑑新書序

甲寅仲春余於鄉邑道中偶得舌鑑展而讀之兼觀圖辨形一一精求無不合法於是繕寫其書而名之曰舌鑑新書夫舌鑑一書不知始於何許人也既不知姓氏更不述其諱名是則但究其書而不究其人也但立方論症辨圖繪形雖不泥乎陳法更不出乎新奇彼汗彼攻乃吐乃瀉大有精參殊無杜撰乃其所繪數色余曾驗之果不孚焉誠為徙後李之津梯梁也哉

時

同治五年甲寅仲春甘泉棠湖巨齡少卿氏詹愚撰序

舌鑑新書目錄

傷寒舌胎辨

舌胎者若邪熱在表而未入裏則無胎也邪熱在裏則生胎刺舌上津液結摶或黃或白或黑或澀或滑或生芒刺之壯凡胎白而滑表邪猶未解也宜葛根湯解之若寒熱往來口苦而渴脈弦舌上白胎者屬少陽也小柴胡加知母葛根花粉去半夏若舌黃而濇此邪傳裏漸深也宜小柴胡去半夏加花粉黃連知母若熱聚于胃舌上黃胎而燥渴飲水表裏俱熱人參白虎湯加黃連花粉山梔竹茹內實不大便者調胃承氣湯下之若胎黃而薄者又為中虛之候忌用寒藥若舌上黑胎而燥飲水不止譫語大便不通者急用大承氣湯下之此火熱亢極反兼水化故有此象若症未全猶未可下只用小柴胡湯去半夏合白虎湯加黃連若見熱極飲水不止舌上黑胎生芒

095 重訂症脈治辨

《重訂症脈治辨》,兩卷,缺上卷。卷首題"王鴻緒著"。王鴻緒即王維德(1669—1749),吴縣(今屬江蘇)人,著有《外科證治全生集》,祖輩世業外科,是中醫外科"全生派"(即"内治派")的代表,創製著名的陽和湯,爲陰疽治療另辟新路。是本書末有硃筆題辭:"王鴻緒先生擅岐黄,著有醫書多種,此兩卷,有見諸古籍者,有參以己見者,皆醫學中之精粹,臨診者不可不讀。惜無梓本耳。乙丑(1865)夏五月既望。蓮舫拜讀。"下有印章"陳"。陳蓮舫(1840—1914),乃清末名醫。是本無凡例、目録。現存鈔本殘缺,藏于上海圖書館。《中國中醫古籍總目》未收載。

是本内容首列《五運主病》《六氣主病》《主運歌》《客運歌》《主氣歌》《客氣歌》《天氣之變所治》《六氣先取化元》《司天勝復不治》《五臟衛氣周迤》《十二經周迤十二時》。次爲《藥性賦》,如:"人參補元氣,瀉虚熱而止渴,色蒼肺實休憑;黄芪補三焦,斂盜汗而抵瘡,肥白衛虚宜准。"次列各病證治法,包括瘟疫、内傷、中暑、濕症、燥症、火症等。如:"瘟疫,衆人病一般者,此天行時疫也。治有三法,宜補,宜散,宜降。用大黄、芩、連、人參、桔梗、蒼术、防風、滑石、香附、人中黄、神麯,糊爲丸,每服五七十丸。氣虚以四君子湯下,血虚以四物湯下,痰多以二陳湯下。熱甚加童便,仍以發散退熱爲主,用香蘇飲水煎,不拘時服。初感一二日,九味羌活湯取汗而愈。若初看未端的,且以敗毒散治之,看歸在何經,再隨經施治,無不效者。"末句體現作者的經驗。次爲《太素脈》《南北司天在泉尺寸不應》《奇經八脈歌》《奇經主病》《診婦人脈要訣》。次爲《病機篇》,有《雜病賦》《病機賦》《病機略》。《病機賦》論四診、藥性、藥味、脈法、方劑、治法等内容,《雜病賦》和《病機略》論病機與治法。

是本所論證治包含作者經驗,陳蓮舫的評價亦爲客觀,可供參考。其中不少中醫歌賦達到一定文學水準。

重訂症脉治辨卷下

王鴻緒著

○五運主病

諸風掉眩皆屬肝木　諸痛痒瘡瘍皆屬心火　諸濕腫滿皆屬脾土　諸氣膹鬱病痿皆屬肺金　諸寒收引皆屬腎水

○六氣為病

風

諸暴強直支痛緛戾裏急筋縮皆屬于風厥陰風木乃肝胆之氣也

熱

諸病喘嘔吐酸暴注下迫轉筋小便渾濁腹脹大鼓之如鼓癰疽瘡疹瘤氣結核吐下霍乱瞀鬱腫脹鼻塞鼽衄血溢血泄淋閉身熱惡寒戰慄驚惑悲笑譫妄衄衊血汚皆屬于熱少陰君火之熱乃其心小腸之氣也

濕

病機

○雜病賦

病机玄蘊脉理幽深雖聖經之備載匪師授而罔明處百病而決死生須探陰陽脉候訂七方而施藥石當推苦樂志形邪之所客標本莫逃乎六氣病之所起枢机不越乎四因一辨色二辨因乃醫家神聖妙用三折肱九折臂原病者感受與情性窮浮沉遲數滑濇大緩八脉之與便知表裏虛実寒熱邪正八要之名八脉為諸脉綱領八要是衆病权衡濇為血少精傷責責然往来濇滞如刀割竹之状滑為痰多氣盛替替然應指圓滑似珠流動之形遲寒數熱紀至數多少浮表沉実在舉按重輕緩則正復和若春風舞柳大則病進势如秋水潮生六脉同等者喜其勿藥六脉偏盛者憂其採薪表宜汗解裏則下平救表則桂枝茂芍救裏則姜附参苓病有虛実之殊虛者補而実者瀉邪有寒熱之異寒者温而熱者清外邪是風寒暑濕燥之所客内邪則虛実賊微正之相乘正乃胃之真氣良由國之鯁臣驅邪如逐寇盜丸亟

為病女人崩漏中部左右彈手者帶脉也若小腹痛引腰男子失精女子絶經令人無子從少陽斜至太陽者陽維也顛仆羊鳴或失音不能言從少陽斜至厥陰者陰維也若顛癇肌肉痿痒痺汗出惡風陰絡来大時小苦肉痺應時自發身洗洗也陽絡来小時大皮膚不仁且痛汗出而寒凡見奇經之病而後有奇經之脉

奇經主病 奇經病非自生蓋因諸經溢出而流入之也

陽維之病苦寒熱陰維之病苦心痛陽蹻之病陽急而狂奔陰蹻病陰急而足直衝病則氣逆而裏急督病則脊強而折厥任病則男疝而女帶瘕帶病則腹脹滿而腰溶溶其衝任二經是又婦人乳血月候之所從出 男女之異正在此処 奇經之脉其如是乎

診婦人脉要訣

婦人之脉命門一訣濡滑白帶濡數敗血　虛脉崩漏伏脉胎悅洪數血臭成塊死血血道微沉經水過期血道洪數經不及期若是胎漏六脉虛遲若是經閉命門沉遲

096 重訂瀕湖脈學

《重訂瀕湖脈學》，不分卷。清邁龕居士編。成書于光緒癸未年（1883）。書首有李時珍《瀕湖脈學》序與邁龕居士自序。邁龕居士自序認爲"瀕湖所撰頗能酌古通今，然字欠諦當，語多重複，晦澀龐雜處亦正不少"，遂集諸家脈法，删潤增補，加入疾脈，共成二十八脈。仿箋疏之體加以旁注，其中所采輯者以滑氏《診家樞要》之説居多，偶有心得則附案語以發明之。現存鈔本，藏于上海中醫藥大學圖書館。

本書將脈分爲陰陽兩類，記載陽脈九種（浮、數、實、長、洪、緊、動、促、疾），陰脈十五種（沉、遲、澀、虚、短、微、緩、革、濡、弱、散、細、伏、結、代），陽中陰脈三種（滑、芤、弦），陰中陽脈一種（牢）。扼要闡述脈象的體狀、鑒别與主病。後附《内景綜要》和《擬張令韶傷寒直解辨症歌》。前者主要涉及藏象、經絡等内容，"言簡而賅，有條不紊，可作盈尺書讀"；後者内容包括辨寒熱，辨渴，辨舌，辨頭痛骨痛腹痛，辨大便不利小便不通，辨嘔，辨汗，辨吐蛔，辨譫妄，辨面目赤，辨下利，辨厥，辨脈脱等。

是書内容豐富，提綱挈領，對脈學文獻研究及臨床診斷有參考價值。

重訂瀕湖脉學　　邁龕刪潤增補

李時珍曰宋有俗子杜撰脉訣鄙陋紕繆醫學習誦以為權輿逮臻頒白脉理竟昧戴同父嘗刊其誤先考月池翁著四診發明八卷皆精詣奧室淺學未能窺造珍因撮粹擷華僭撰此書以便習讀為脉指南世之醫病两家咸以脉為首務不知脉乃四診之末謂之巧者爾上士欲會其全非講四診不可

明嘉靖甲子上元日謹書于瀕湖邁所

高陽生脉訣固多紕繆第其分配部位之法實本脉經與内經之旨脗合後人因其誤而一概抹撥不啻以五十步笑百步矣瀕湖所撰頗能酌古通今然字欠諦當語多重複晦澀龐雜處亦正不少今不揣狂妄彚集諸家脉法折衷一是僭為刪潤增補復宗正眼彚辨加入疾脉共成二十八脉仿箋疏之體加以旁註其中所採輯者滑氏診家樞要之說居多偶有心得則附案語以發明之但求理明

二

辭達有裨初學誦習世有精於脈學者其或許我乎

光緒癸未邁龕居士誌于靈蘭館

浮 陽

浮脈舉之有餘按之不足（脈經）如微風吹鳥背上毛厭厭聶聶（輕汎貌）如循榆莢（素問）如水漂木（崔氏）如捻葱葉（黎氏）

黎氏浮脈法天有輕清在上之象在卦為乾在時為秋在人為肺又謂之毛太過則中堅旁虛如循雞羽病在外也不及則氣來毛微病在內也蓋輕虛以浮秋之平脈若如物之浮如風吹毛如以毛羽中人膚則但浮無胃之死脈也

體狀浮脈惟從肉上行如循榆莢似毛輕三秋得令無知恙久病逢之却可驚（有表無裏久病所忌）

三

内景綜要

自天以氣煦地以形煦生其間者陽化氣而陰成形喉以通天和咽以納地産（喉前咽後）受穀者濁受氣者清清者注肺濁者走胃濁則為衛清則為營營陰衛陽營行脈中衛行脈外陰陽相貫如環無端宗氣出上焦營氣出中焦衛氣出下焦皆水穀之精悍（水穀之精氣為營水穀之悍氣為衛）流布於臟腑者也藏有五心藏神肺藏魄肝藏魂脾藏意腎藏志也腑有

一

097 活潑齋經旨心解

《活潑齋經旨心解》,不分卷,一册。扉頁署"清嘉興沈朝楨古村氏著,同里馮霖霽園氏訂"。作者沈朝楨,一名紹楨,字古村,清代醫家,生平事迹不詳。是書爲孤鈔本,現藏于中華醫學會上海分會圖書館。

是書依據《素問》之《玉機真藏論》《三部九候論》《宣明五氣篇》《平人氣象論》《脈要精微論》諸篇的脈學理論,闡釋脈象,結合臨證實際,間有增益發揮。計有虚、實、遲、數、洪、微、浮、沉、旺、散、滑、澀、弦、搏、緊、緩、伏、滯、鉤、毛、平、芤、結、堅、石、革、啄、漏、魚翔、蝦游、脱、代共三十二種脈象。有的脈象下附有言簡意賅的脈形描摹或診脈者指下感覺的注語。如滯脈"往來若有所待",鉤脈"形如偃月",石脈"指下忽如彈起,急尋不得",革脈"形圓而勁,如指觸鼓",漏脈"如雨淋屋壁,曲曲驟下",魚翔脈"久候不見,忽然浮出,幾吸復隱",蝦游"久候不見,一躍而過"。注語形象生動,且含有個人的診脈體驗,非一般襲常守舊套用前人脈訣者所能同日而語。尤其值得注意是對結、代脈的注解,其言結脈"圓硬而澀",代脈"五十至一歇爲無病脈,不及五十至爲病脈,三五至或六七至歇謂之隙脈",與傳統的結、代脈闡述不同。

作者十分重視脈診,論曰:"病有可憑者,脈也;醫有可憑者,藥也。若狃於望問聞切之言,覩氣色,詢病由,聽音聲,然後下指,是胸中先據成見,指下轉覺混淆……往往似是而非,落筆成刀,殺人無算。畢竟現象未必盡彰,脈中自然全具。故憑脈則識病真確,庶可宗陳法而奏功也。"作者主張脈診的理論方法須遵從《内經》,而不應專習後世脈學。指出:"脈宗《太素》,訣宗《内經》,足矣。後人論脈紛紛,極尚形容,徒亂心曲。至《内經》矛盾處,實非矛盾。如實邪在中,脈不可虚;虚邪在中,脈不可實。陽邪在表,須滑軟,忌堅澀；外邪方盛，須實大，忌虛小。一隅三反，此爲心得。”脈診以外，作者又從臨床角度論治怔忡、癲癇、中風、勞瘵、鼓證、噎膈、血症、頭痛、五痹、呃逆、消渴、疝氣、積聚、哮喘、陽痿、脱肛、癃閉、黄疸、霍亂、瘧痢、月信不調、帶濁、崩漏等五十五種病症。論語每每獨出新見，不落他人窠臼。如論治血症云：“諸家總看得重，我偏看得輕。蓋血爲生化之物，旋去旋生，非如滄海東注，一往不復。倘病人神志不亂，自恃斷不即死，雖重可救。”又揭其要，列爲六條附于後：一爲脈有似是，不可錯認；二爲外感兼内證先去其外；三爲血病所重者，惟肺、胃、肝、腎耳；四爲嘔血由胃出咽，當和降、補降，勿逐勿攻。咯血從肺出喉，當用清降，勿補勿升；五爲嘔血大半由肝火侮土，載血上奔，脈軟，或空或細小；六爲積勞，血妄上行，雖從肺出，根實在腎。是書亦有差誤，如將《内經》“乳子病熱，脈懸小者”中的“乳子”誤解爲幼兒，還引發一段對《水鏡訣》與《全幼科心鑒》的批評。

經旨心解

病有可憑者脉也、醫有可憑者藥也、若狃于望問聞切之言、觀氣色、詢病由、聽音聲、然後下指、是胸中先據成見、指下轉覺混淆、而又不審一藥異性、兩藥相制之義、濫信方書、依稀揣症、襲用湯頭、往往似是而非、落筆成刀、殺人無算、畢竟現象未必盡彰、脉中自然全具、故憑脉則識病真確、庶可宗陳法而奏功也、至于藥、殊産種名同性異、即如當歸一味、産豫者身重稍粗、名佛手、能活心血、川産身瘦稍細、名馬尾、能敗心血、此藥同性異之據、佐以川芎調經、佐蘄艾安胎、佐白芍補肝血、佐丹參養心血、佐白芷祛頭風、佐牛膝舒兩足、佐杜仲壯腰腎、類皆相制之義、不審藥産、不明相制、雖有良方、亦足誤事、而況病有内外之分、醫有先後之要、失之毫釐、轉關匪易否故以切脉為主、審脉為治、或可不負死生之托云、

活溪齋經旨心解

嘉興沈朝楨古村氏著

同里馮　霖齋園氏訂

治病大關鍵、先審脉、審其富貴貧賤福壽夭及内勞内逸、外勞外逸、素養素暴、體陰體陽之别、富脉渾厚欠秀、貴脉清厚有神、貧脉似濇而混、賤脉似弦而亂、福脉圓而有根、壽脉長而歛、夭脉短而脆、此先天脉、驗于無病時也、内勞心脉細濇、腎脉弦軟、内逸心脉歟而大、肺脉厚而有神、外勞肝腎脉弦、外逸心脉大而無神、脾脉旺

098 脈法摘要

《脈法摘要》，不分卷，一册。杏林居士（名佚）編輯，其生平不詳。現存清宣統元年（1909）鈔本，藏于上海中醫藥大學圖書館。

本書先將二十八部脈進行分類。其中按陰陽分爲陽脈、陰脈、陽中之陰脈、陰中之陽脈四類，如浮、數、實、長、洪、動、促、疾爲陽脈；沉、遲、虚、短、微、細、弱、緩、代、伏爲陰脈；滑、弦、革、散、芤爲陽中之陰脈；濡、緊、牢、結爲陰中之陽脈。按脈體與脈率分爲浮、沉、遲、數四類，如虚、洪、微、濡、革、散、芤皆浮類；實、細、弱、牢、伏皆沉類；澀、短、緩、結、代皆遲類；滑、長、緊、弦、動、促、疾皆數類。次論浮、沉、遲、數、虚、實、弦、滑等二十八脈的體象、主病、兼脈、脈義及部分脈的鑒别診斷。如緊脈，體象爲脈緊有力，左右彈人，如絞轉索，如切緊繩；主病爲緊主寒邪，亦主諸痛。又分列雙手寸關尺三部見緊脈的主病，如左寸逢緊，心滿急痛，右寸逢緊，傷寒喘嗽等；兼脈，如浮緊爲傷寒，沉緊爲傷食等；緊脈及其兼脈脈義，如緊數之脈，主表，爲傷寒發熱，同時見有渾身筋骨疼痛、頭疼項强、咳嗽鼻塞等，亦爲瘴爲瘧。最後論述脈之胃氣解、真假辯、從捨辯、順逆、脈要歌、宜忌歌及死脈歌。此外，還載録《難經脈義》，包括獨取尺寸、脈有輕重、陰陽呼吸、陰陽虚實、脈分臟腑、根本枝葉七部分;《仲景脈義》，包括辨脈法、平脈法、《金匱》脈法;《滑氏脈義》，包括持脈、表裏虚實、脈貴有神。此外還有“諸病凶吉脈歌”“真藏脈見乃决死期”“陰絶陽絶”“一歲之中脈象不可再見”“老少异脈”“沖陽太溪太沖”及“奇經八脈”等内容。

本書論述脈象的體象、主病、兼脈等，條理清晰，言簡意賅，適宜初學者習讀。

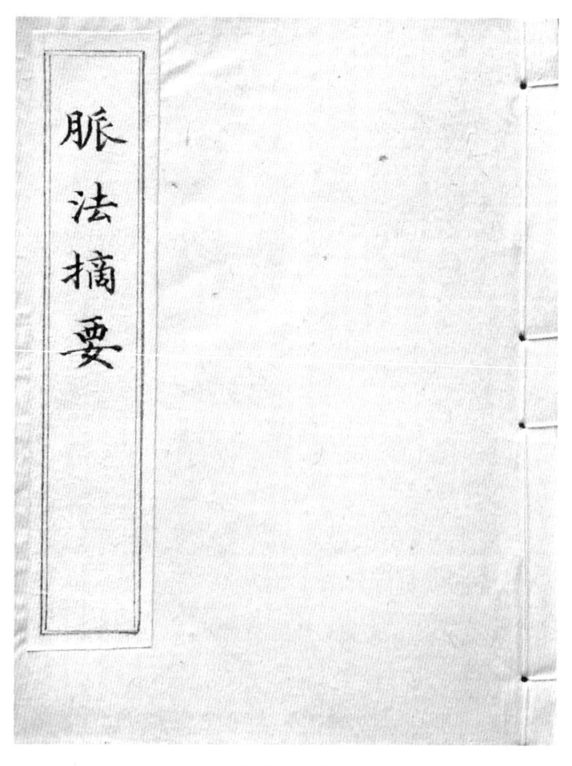

脉法摘要

浮脉 属陽

杏林居士編輯

體象浮在皮毛如水漂木舉之有餘按之不足

主病浮脉為陽其病在表寸浮傷風頭痛鼻塞左關浮者風在中焦右關浮者風痰在膈尺部浮之下焦風客小便不利大便秘濇

兼脉無力血虛有力為風浮緊風寒浮緩濕滯浮遲中風浮数風熱浮芤失血浮短氣病浮洪虛火浮虛傷風浮濇血傷浮濡陰虛浮微勞極浮散極虛浮弦痰飲浮滑熱痰

按六府屬陽其應在表故浮主府病也浮而有力

浮数實長洪動促疾八者是為陽脉也

沉遲虛短微細弱緩代伏十一者是為陰脉也

滑弦革散芤五者是為陽中之陰脉也

濡緊牢結四者是為陰中之陽脉也

虛洪微濡革散芤七者皆浮類也

實細弱牢伏五者皆沉類也

濇短緩結代五者皆遲類也

滑長緊弦動促疾七者皆数類也

099 脈法增注釋疑

《脈法增注釋疑》，不分卷，一册。陸士虞撰。作者生平不詳。書首叙末載有“道光丙午”，可知是書成于清道光二十六年(1846)。書首叙稱“迄晋以後，叔和之真訣断殘，高陽之僞編流毒”，“二十四脈後賢皆擇焉弗精，語焉弗詳”，“左右三部内外臟腑之位置，亦顛傾錯亂，而人各爲解”，故著書以補脈要諸書。現存鈔本，藏于上海中醫藥大學圖書館。

開篇載有“金鑑訂正脈位圖”一幅，對寸口脈所主進行闡釋：左寸候膻中，左關候肝膽，左尺候膀胱小腸腎；右寸候胸中肺，右關候胃脾，右尺候大腸腎。寸候上焦，關候中焦，尺候下焦。并對六經平脈進行描述：左寸之心浮大而散，右寸之肺浮澀而短。肝在左關，沉而浮弦長；腎在左尺，沉石而濡。右關屬脾，其性和緩；右尺屬腎，與心同斷。又對浮、沉、遲、數、大、小、滑、澀、洪、細、虚、實、緩、緊、弦、芤、長、短、濡、弱、微、動、伏、散、促、結、代、疾、革、牢等三十種脈的體象、主病、兼脈、脈理進行扼要闡述。

是書不拘舊説，以相對脈爲一組論述脈象，頗多闡發，對脈學文獻研究及臨床診斷有參考價值。

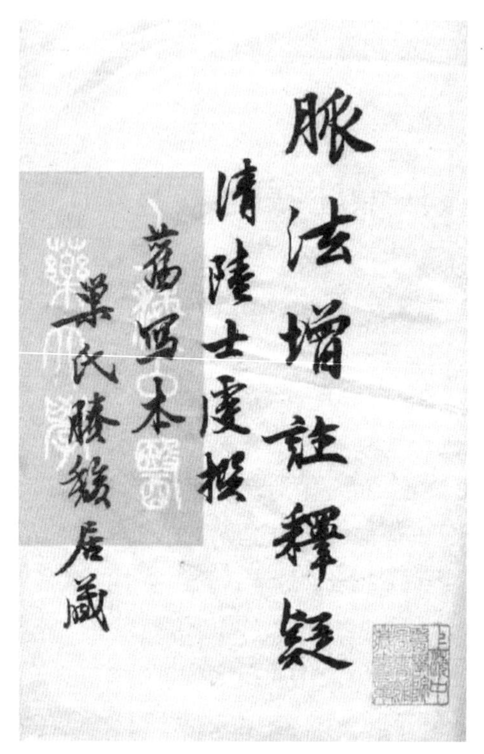

脈法增註釋疑

清陸士虔擬

舊寫本

巢氏勝餘居藏

徵　91965

叙

脈之理幽而難明而究其難明之故半由岐黃脈要年湮多字句之訛半由倉扁薪傳歷代分異同之號迨晉以後叔和之真訣断残高陽之偽編流毒自是先聖精微愈差愈晦矣不但二十四脈後賢皆擇焉弗精語焉弗詳有家自為書之憾即左右三部內外臟腑之位置亦顛倒錯亂而人各為解嗟呼寸関尺澤即不分內外高低而消息盈虛何以徵陰陽向背猶幸後賢輩出如婺西山戴同父滑伯仁辨晰二腸候於尺中三焦分管上下迨吳草廬李子郁李瀕湖李士材蔣士吉張景岳何靜思諸子相繼而起闡幽發微而後數千百年之晦者以彰內中間有数脈如沉不必着骨遲不拘三至芤云中空不可謂上下俱有散泥紛亂何平脈亦應肺心種種疑竇惜前此未及發明余於四診之際加意揣摩五十餘年稍有窺測終不附半解於論後以為讀書而不能疑疑而不

金鑑訂正脈位圖

右手　左手

右手：天部寸　上焦　外胸中　內肺；人部關　中焦　外胃　內脾；地部尺　下焦　外大腸　內腎

左手：天部寸　上焦　外膻中　內心；人部關　中焦　外肝　內膽；地部尺　下焦　外小腸膀胱　內腎

左寸候膻中心肝膽小腸膀胱腎水寒右胸肺胃脾同氣大腸陽水命參觀膻中即包絡也寸候上焦關候中焦尺候下焦

六經平脈

左寸之心浮大而散右寸之肺浮濇而短肝在左關沉而浮弦長腎在左尺沉石而濡右關屬脾其性和緩右尺屬腎與心同斷

100 脈理

《脈理》,六册,不分卷。未載著者,《中國中醫古籍總目》載約成書于清宣統三年(1911)。現存鈔本,藏于上海中醫藥大學圖書館。

第一册詳述二十八種脈象的陰陽屬性、體象、主病、兼脈以及脈義。如有關遲脈脈義,先説明遲脈的成因,由于陰性多滯,故陰寒之證多見遲脈;後述遲脈的鑒别診斷,如遲而不流利爲澀脈,遲而有歇止爲結脈,遲而浮大且軟爲虚脈等。後附《脈訣至數歌》《汗温下三法緊要脈象》《神農八要訣》《十二經絡所屬》。第二册論述婦人諸病及其證治,如妊娠胎動,用硃砂末一錢,和雞子白三枚,攪勾燉服,治胎死即出,不死即安。又述治療方藥,共計二百十三種。第三册列舉八十九首方劑,説明其主治,編制其方歌。如左歸飲爲壯水之劑,治療命門陰衰陽盛。方歌爲:"左歸飲與熟地黄,懷藥枸杞炙草良,茯苓前半棗皮用,此是壯水之主方。"第四册列舉具有理氣、行血、清補心、健脾、補肺等功效的藥物十二種。第五册論述内科、外科、兒科等病證及治療方藥,如治咳嗽門,列舉止咳化痰、久咳氣急等十八證,治雜症方,列舉暑濕癱瘓、痰結胸中、内熱遺精等二百二十三證。第六册爲丸丹門,列蒼术丸、固真丹、固元丹等約一百十首,以及適宜用丸丹治療的内科病證。

綜觀全書,除了辨脈以外,内、外、婦、兒各科病證以及方劑、藥物皆有涉及,涵蓋範圍較廣。論脈部分,每脈之後列出前人對此脈的錯誤認識,闡明晦澀之意,爲今人識脈開闢了快捷方式。對于臨床各科病證的論述,提綱挈領,言簡意賅。方劑部分,附以方歌,便于記誦。此書雖然以"脈理"冠名,但不僅僅爲脈學專著,還是一部較爲實用的臨床醫書。

叔和脉經止論二十四種若夫長短二脉缺而不載牢革二脉混而不分更有七至名極即為疾脉是指下恒見者又何可廢乎其得二十八脉縷析而詳為之辨稍挟疑涸者悉簡其訛從來晦蝕之義今始得而昭明然皆考據典章衷極理要終不敢以憑臆之說罔亂千秋也

(1) 浮脉 属陽

体象 浮在皮毛如水漂木舉之有餘按之不足 細心揣摩則無遺蘊矣

婦人總論

凡經病有不調不通之說或趲前或退後也趲前者属熱宜清退後者血虛宜補也不通之中有血滯者有血枯者滯者宜破枯者宜補也經前痛者氣滯經後痛者血虛也蓋人之氣血周流忽因忿怒之所觸飲冷以致傷氣則鬱結不行此經後不調不通作痛發熱之所由也大抵氣行則血行氣滯則血止故治血病者當以行氣為先也

101 脈理圖

《脈理圖》,不分卷。清代蔭德堂葉金寶撰,封面題道光十四年(1834)□某吉抄,抄書者姓氏被墨迹覆蓋,未能辨識。葉金寶,又名槐林,生平不詳。現存鈔本,藏于上海圖書館。

是本撮録歷代醫籍有關脈學的理論,加以闡發,并附圖注。篇首總論"人之身體分上中下三焦,陰陽之氣灌通三焦,統領手足十二經、臟腑,陰陽表裏配相生相剋,八卦干支運布,日夜流行不息,如天地一體耳",分述上中下三焦、五臟六腑、三海(腦髓海、膻中氣海、水穀海)、七門(飛門、户門、咽門、賁門、幽門、闌門、魄門)、十二經臟腑形圖、命名圖、臟腑十二時流行圖、五行相生應脈圖、膻中包絡辨、十四穴動脈圖等十二經脈與五臟六腑的關係圖例;次述"脈訣纂要",闡述左右兩手脈所屬部位,述七表脈、八重脈、九道脈及七怪不治脈的形狀主病,編成脈法捷要訣;再論"内經三部九候脈法""診脈三要""診家三要"等脈論,區分反關脈、無脈候、男女异脈、老少异脈等;末載五臟六腑歌,以生動的歌訣形式表現五臟六腑、十二經脈及奇經八脈的生理特點。

是本所載脈學理論全面,論述詳盡,所附人體經絡圖例及注釋清晰明瞭。所論脈象的形狀主病及脈學醫論多源于歷代醫家經驗,是一部内容實用、通俗易明的脈學專著,可供臨床參閲。

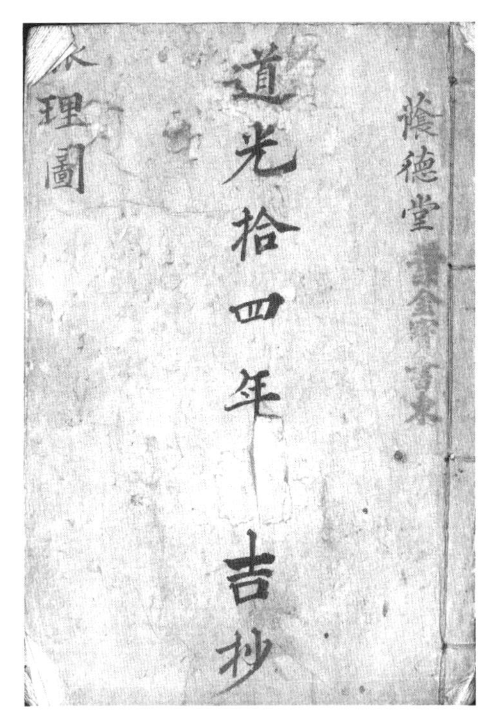

道光貳拾玖年歲次戊申葉槐林撮録先聖醫道脈理秘

三焦如天地三元也 總統領分三焦

訣人身之全體上中下三焦五臟六腑三泌七門

十二經臟腑手足陰陽表裏詳明 初學便覽

曰三焦者（焦乾也 心焦） 上焦出胃主納而不出 中焦當胃中脘（音碗 胃府也）

主腐熟水穀（腐爛也） 蒸津液化精微上注於肺以奉生身

下焦起闌門之下主出而不納運布轉送二便（二便屎尿也）

此為三焦

轉篇繪三焦圖詳明

養德堂 人之身

如天地之體 初太乙生兩儀（一陰一陽）乃兩儀也 兩儀生

四象（少陰 少陽 太陰 太陽）乃四象也 四象兩分八卦（乾 坤 離 坎 震 兌 艮 巽）

乃八卦也 化五行（水火木金土）乃五行也 又配十干（甲乙丙丁戊己庚辛壬癸）乃

十干也 又配地支十二時（子丑寅卯辰巳午未申酉戌亥）乃地支也 相生相剋

陰陽之氣運布灌通日夜潛行不息 人之身體分

上中下三焦（上焦天 中焦人 下焦地） 陰陽之氣灌通三焦 統領手足十二經臟腑陰

陽表裏配相生相剋八卦干支運布日夜流行不息（人之氣運）

如天地一體耳

五行相生相剋

金生水 水生木 木生火

火生土 土生金

金剋木 木剋土 土剋水

水剋火 火剋金

五臟者 心肝肺脾腎（火木金土水）

心 屬丁火臟 居南方離位 色赤 手少陰經

102 脈訣

《脈訣》，不分卷，一册。原無書名，不著撰者，無序跋、凡例、目録，有印章“錦春”。現藏于上海圖書館，藏館載名爲“脈訣”，并定爲清鈔本，

是本首列《編輯四診心法要訣》，見于清代吴謙等所編《醫宗金鑒》，以四言歌訣闡述四診。如：“望以目睹，聞以耳占，問以言審，切以指參，明斯診道，識病根源，能合色脈，可以萬全。”文中闡述聲色的生理病理表現：“五聲之變，變則病生。”“好言者熱，懶言者寒，言壯爲實，言輕爲虚，言微難復，奪氣可知，譫妄無倫，神明已失。”“聲色既詳，問亦當知，視其五入，以知起止。”闡明問診的重要。“望以觀色，問以測情，召醫至榻，不盼不驚，或告之痛，并無苦容，色脈皆和，詐病欺蒙。”通過四診合參，發現詐病。“胃之大絡，名曰虚里，動左乳下，有過不及，其動應手，宗氣外泄，促結積聚，不至則死。”爲虚里診。“脈尺相應，尺寒虚瀉，尺熱病温，陰虚寒熱，風病尺滑，痹病尺熱，尺大豐盛，尺小虧竭。”爲尺膚診。“診腹上下，上胃下腸，腹皮寒熱，腸胃相當，胃喜冷飲，腸喜熱湯。”爲腹診。又分析木火土金水五種體質的人，如：“木形之人，其色必蒼，身直五小，五瘦五長，多才勞心，多憂勞事，軟弱曲短，一有非良。”分析太陽、少陽、太陰、少陰四種體質的人：“太陽情狀，自大軒昂，仰胸挺腹，足高氣揚，志大虚説，作事好强，雖敗無悔，自用如常。”闡述脈診的基本知識：“脈爲血府，百體貫通，寸口動脈，大會朝宗，診人之脈，高骨上取，因何名關，界乎尺寸，至魚一寸，至澤一尺，因此命名，陽寸陰尺，右寸肺胸，左寸心膻，右關脾胃，左肝膈膽，三部三焦，兩尺兩腎，左小膀胱，右大腸認。”對二十七種脈的脈形及所主病證，以及各種病證可能出現的脈象作了説明，内容來自《四言脈訣》。《醫宗金鑒》説：“《四言脈訣》始自張仲景平脈法，宋崔嘉彦衍之。”最後，抄録李時珍的《瀕湖脈學》。

是本用歌訣形式闡述四診，朗朗上口，便于記憶。

寡和無親行如伏鼠易懼易欣

太陽情狀自軒大昂仰胸挺腹足高氣揚志大虛說

作事好強雖敗無悔自用如常

少陽情狀諟諦自貴志小易盈好外不內立則好仰

行則好搖兩臂兩肘常出於背待陰陽正平和之人

無爲懼懼无爲忻忻婉然從物肅然自新謙謙君子

藹藹吉人

編輯四診心法要訣下

脈爲血府百體貫通寸口動脈大會朝宗

診人之脈高骨上取因何名關界乎寸尺

至魚一寸至澤一尺因此命名陽寸陰尺

右寸肺胸左寸心膻右關脾胃左肝膈膽三部三焦

兩尺兩腎左小膀胱右大腸認

命門屬腎生氣之原人無兩尺必死不痊

關脈一分右食左風右爲氣口左爲人迎

脈有七診曰浮中沉上竟下竟左右推尋

手少陰心經　手太陰肺經　足厥陰肝經　足少陽膽經

手厥陰中心經　足太陰脾經　足陽明胃經　手陽明大腸

手太陽小腸　腎經足少陰　手少陽三焦　足太陽膀胱

此詩十二經脈屬法

瀕湖脈學

李時珍曰宋有俗子杜撰脉訣鄙陋紕繆醫學習誦以爲權輿逮臻須白脉理竟昧戴同父常刊其誤先考月池翁著四診發明八卷皆精詣奧室淺學未能窺造珍因撮粹擷華僭撰此書以便習讀爲脉指南世之醫病兩家咸以脉爲首務不知脉乃四診之末謂之巧者爾上士欲會其全非備四診不可　明嘉靖甲子上元日謹書於瀕湖邁所

103 脈訣真傳

《脈訣真傳》，不分卷。清代陳念祖編集。約成書于清道光十年（1830）。無序跋與目録。陳念祖（1753–约1823），字修園，又字良有，號慎修。福建長樂人，乾隆五十七年（1792）舉人，晚歸田，以醫學教授門弟子甚衆。其學識淵博，醫理精湛，著書凡十餘種，并行于世，有《靈樞素問箋注》《神農本草經讀》《傷寒論淺註》《金匱要略淺注》《女科要旨》《長沙方歌括》《醫學三字經》等。是書現存清鈔本，藏于上海中醫藥大學圖書館。

開篇載五臟爲陰，六腑爲陽，分述左右脈所候，即左候心、膻中、肝、膽、腎水、小腸、膀胱，右候肺、胸中、脾、胃、相火、大腸。書引"滑氏脈論""滑氏六字論"，并述浮、沉、遲、數、滑、澀等十六正脈及散、細、動、促、代等十一脈，按相似脈形歸類，闡述各脈主病、脈體、兼脈等。如"浮脈舉之有餘，按之不足，浮脈爲陽，凡洪大芤革之屬，皆其類也。爲中氣虚，爲陰不足，爲風，爲暑，爲脹滿，爲不食，爲表熱，爲喘急。浮大傷風，浮緊傷寒，浮滑宿食，浮緩濕滯，浮芤失血，浮數風熱，浮洪狂躁，但其緊數而略兼浮者便有表邪"。末附"四言脈訣""死脈歌"，記載雀啄、屋漏、魚翔等六脈。

全書言簡意賅，對現代脈學文獻研究與臨床脈診實踐有參考價值。

脈決真傳節錄家藏心典原名家藏蒙筌

心肝脾肺腎五臟為陰胆胃大小腸三焦膀胱六腑為陽

左心膻中即包絡　肝胆　腎水小腸膀胱

右肺胸中　脾胃　相火大腸

右尺為相火由心火而生蓋以此火能生脾土則生此火滅不能生脾土則死故呼之曰命門按內經以兩尺均屬腎又曰命門在兩腎之中今脈訣以命門配在右尺似與經旨不合切思腎有兩枚左屬腎水右屬相火相火即少火乃腎間動氣為人生氣根源蓋以右尺專候腎之生氣並大腸後陰之病然無差謬矣若脈訣以命門配在右尺者亦因右尺候腎之生氣故耳○滑氏以左尺候小腸膀胱前陰之病極

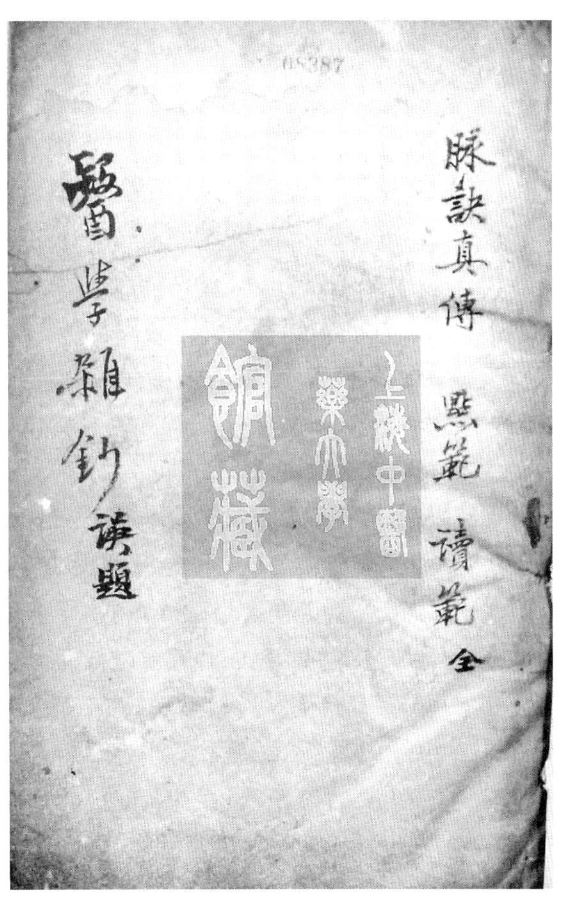

104 脈訣條辨

《脈訣條辨》，上下兩卷，四册。清夏政著。夏政，字秉鈞，號拙齋，古歙蘇坡（今屬安徽黄山歙縣）人。鈔本題“鴻飛馮（仁俗）庭波氏抄”。前有嘉慶十七年（1812）歙西鄭清巖序和道光二十八年（1848）績溪邵伯營跋。現藏于中華醫學會上海分會圖書館。

是書卷上、卷下後各有附篇。首爲作者小引，記述本書寫作目的主要是爲駁斥高陽生僞托王叔和之名所作《脈訣》一書。上卷以《脈訣》所分“七表”“八裏”“九道”脈爲框架，引其文字，并作點評。卷上附篇爲《〈脈訣條辨〉撮餘》，指摘《脈訣》“文詞鄙野，語意荒唐之處頗多”，不堪爲憑。下卷先引《瀕湖脈學》二十七脈的體狀、相類、主病詩，再引述諸醫書中的呼吸定息歌、六腑所屬部位歌、奇經八脈歌、死脈歌、持脈有道、因形定診、三部九候、脈貴有神、胃之平脈、四時五行以胃爲本、肺朝百脈、四順四塞、診法有别、五行勝復、生克制化、四傳、人迎氣口，又引李士材書中的診貴提綱、脈有相似、脈有相反、重陰重陽、脱陰脱陽、陰陽相乘相伏、脈無根有兩説、尺寸分經絡、從證不從脈、從脈不從證、舉按輕重、藏府絶脈、稽古、十二經絡等節，最後引張路玉書中的傷寒脈、調經脈法、妊娠脈、産後脈、司天在泉不應之脈等内容。作者的注釋與評論均以小字記于引述内容旁。卷下附篇包括察色、辨舌、聞聲、問病，可與脈診相參而用。

此書主旨正如邵伯營跋所言，“袪高陽之僞説，申瀕湖之精言”，有破有立，故認爲書名中“條辨當爲辨正，上卷辨也，下卷正也”。作者立于經旨，引證臨床，反復以《脈訣》與經旨不符之處證明其并非王叔和之作。其中對《脈訣》所記診脈大綱頗多贊同，但亦指出這些理論缺乏實際意義。對《脈訣》中脈與臟腑的關係及脈象的臨床辨證意義頗多異議。如不贊同“左心小腸肝膽腎，右肺大腸脾胃命”的診脈部位之説，認爲根據《素問・脈要精微論》“前以候前，後以候後”的原則，《脈訣》“以大小腸診於寸，心胞絡附於尺”實是大謬；指摘《脈訣》中“女人反此背看之”“女子尺脈滑者爲不調”“尺脈第三同斷病”等語句皆表達不確，易致誤導；言浮脈“主咳嗽氣促冷汗自出”不符合臨床實際，認爲“其有冷汗，必兼浮濡浮虚之類，若風傷衛，必兼浮緩，并無無故自汗之理”；又基于人體的整體性，對《脈訣》中憑脈動數目機械推算五臟疾病及預後轉歸等内容提出異議。類似之處，不一而足。在此基礎上，立《瀕湖脈學》爲“醫門規範，濟世津梁”，又參諸家脈診之説，配合望、聞、問診的要點，使得其觀點更加全面、可靠，對中醫診斷有一定的參考價值。

歙西鄭清巖先生序

蓋聞三才定而六淫至，淫氣至而醫道出。古遺典則非不班班可考，但理精義奥，蓄而不露，藴而不彰，苟非上智之資，未有能洞悉其淵微也。溯自歷代以來，名賢疊出，繼其志而申明其旨者不少，然旨是非互見，得失相參，不能精一而無瑕疵者。至[illegible]脉訣諸家辨别，非不精詳，然其中語多牽强，濛混難明，更未有一定而不可移之理。清少習詩書，[illegible]心歧術，今雖業此，恨未得其精微，不意今春餘於武林邂逅同得

見

夏君號東鈞者接談之下議論風生若河決
下流而東注釋辨經絡若四馬駕輕車而就熟
路非先生之天資穎異博覽羣书曷克臻此後
示以脉訣條辨與義果彰捧誦之下頓使積久
疑城一旦豁然開朗惜乎相見之晚云如老之將至雖
欲奉為金科玉律奮力揣摩而時有不待何細恭
先生著作云不之於焉究之於天而其所言之理
非岐伯復生誰能踰其規而超乎其上者以此即可
見先生之心領神会能獨得乎古聖之心傳故其

所議辨各条不離不雜允為後世模範精一之道若
先生者可以當之矣夫以先生之如是宏博宜其
四方則傚斯道大行而猶栖遲於林下者誠令人有
所不解也得毋曲高和寡道遠忌深天不欲使斯
世同躋於仁壽之域哉吾今者一以嘆先生時遇之
不偶一以哀生人運行之不会也嗟乎先生斯作
條分縷晰洞悉淵微發前人之所未發補先人之
所未及一片苦心精神殫瘁纖不能得志於當時
是必遺蔭於後世繼往聖而開来学者其功豈

105 脈訣精選

《脈訣精選》,兩卷,一册。封面題“脈訣精選”,但主體内容實爲吴崑的《脈語》。在正文上下卷卷首的下方,分别署有“山人吴崑述”和“徽歙澄塘鶴皋山人吴崑述”。吴崑(1551–1620),字山甫,號鶴皋山人,又號參黄子,安徽歙縣人。著有《醫方考》六卷、《脈語》兩卷、《黄帝内經素問吴注》二十四卷、《針方六集》六卷,另有《十三科證治》《參黄論》《藥纂》《砭考》,已佚。《脈語》一名《脈訣精華》,是吴氏“以孤陋之聞,集成語録二篇”(《序》),鈔本封面題爲“脈訣精選”,恐爲筆誤。末頁文尾有陳修園識:“此種脈訣皆見《醫宗必讀》,學者取《醫宗必讀》熟玩之,思過半矣。”可能爲陳修園讀後所記批語。現存鈔本,藏于上海圖書館。

鈔本約分兩部分,前爲脈訣圖像及歌訣,圖及表框爲硃紅描摹,文字則爲墨色。脈圖有“左手脈圖”“右手脈圖”“三部九候之圖”“十二脈形狀相類圖”“十六脈形狀相反圖”,並有“七表脈”“八裏脈”“九道脈”的脈圖及其歌訣各一首。此外還有“七表八裏候病歌”和“七死脈圖”等内容。其後的《脈語》是主體部分,抄録吴崑的自序(鈔本誤爲《脈語歌》)及目録。上卷爲《下學篇》,内容包括取脈入式、寸關尺義、六部所生、五臟浮沉、取脈有權、五臟經脈、五臟死脈、諸脈狀主病、怪脈類、婦人脈法、小兒脈法、諸病宜忌脈。下卷爲《上達篇》,内容爲脈位法天論、大小腸脈在兩寸間、三焦脈在右尺辨、寸口者脈之大會、脈有神機、三部九候、七診、六殘、反關脈、上魚脈等。末三篇“太素脈論”“太素之脈可采之句”“脈按格式”僅存目録,正文缺如。

此本抄録的《脈語》内容相對較完整,前面的脈圖可作爲《脈語》的補充,有一定的學術價值。但其中錯字較多,又缺《脈語》的後三篇内容,是爲缺憾。

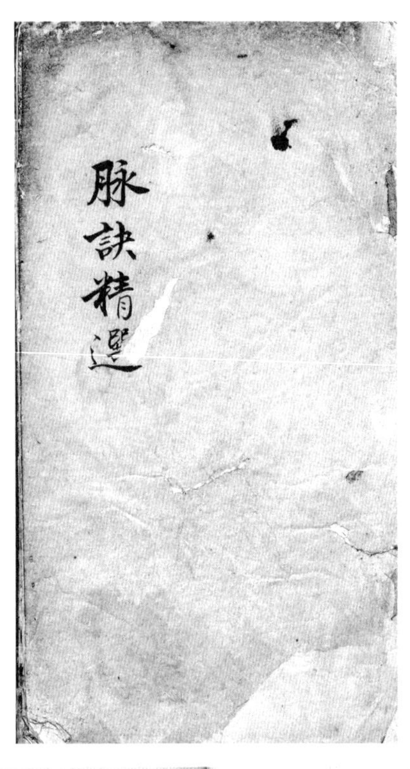

脉訣精選

然童而習之白首不達者又不可以枚舉而數計矣嗚呼一指之下千萬人命脉所關医家於此而懵焉是以人為試耳世之疲癃殘疾將安賴之於是以孤陋之聞集成語録二篇以告同志雖未敢以為可傳然楊園之道倚於此亦是亦行遠升高之一助云爾

脈語目録

上卷

下學篇目録

寸関尺義　六部所主
取脉入式　取脉有權　五臟經脉
五臟浮沉　五臟死脉　諸脉狀主病
怪脉類　婦人脉法　小兒脉法
諸病宜忌脈

下卷

上達篇

脉位法天論　大小腸脉在兩寸间　三焦脉在右尺辨
寸口者脉之大會　脉有神機　三部九候
七診　六殘　反關脉　上魚脉　上下来去至止
陰陽大法　陰陽相乘相伏　重陰重陽　脱陰脱陽
陰陽絶　分析臟府陰陽盛衰　脉無根
上部有脉下部無脉下部有脉上部無脉　經絡虛實
有力無力　傷寒脉大法脉不再見　胃氣為本

106 脈經

《脈經》，不分卷，一册。無序跋及目録。成書及抄寫年代不詳，藏館著録爲清鈔本。扉頁有一朱方陽文印章，印迹辨别不清，可能是收藏者所鈐。内頁有“録上□劉公原鷗手授二十八脈，門人符金式謹述”句，可知抄者爲符金式，此本是在其師劉原鷗所授二十八脈的基礎上，加以闡述而成。雖題爲《脈經》，但顯然不是王叔和之《脈經》。其中《診脈總要》最後言“此言散載古人書，余今纂作傳心式”，且二十八脈歌訣中的小字注文引録了朱丹溪、戴同父等人的言論，説明該書總結了諸多前人的經驗。字迹工整，但由于收藏不善，蟲蠹現象嚴重，部分字迹已漶漫，難以辨認。現藏于上海圖書館。《中國中醫古籍總目》未收載。

此本是脈診專著。首録《五臟六腑所屬》《脈屬部位解》等篇，闡述脈象的基本内容。主體部分詳述各種脈象，有：浮、沉、遲、數、滑、澀、虚、實、長、短、洪、微、緊、緩、芤、弦、革、牢、濡、弱、散、細、伏、動、促、結、代、大、小。雖言二十八脈，實有二十九脈。均以七言歌訣寫成，四句爲一段，大多分爲三段，第一段爲脈象體狀的描寫，第二段爲該脈象的主病，第三段爲分見于各部之症。每段之後均有雙行小字注文，對歌訣的内容進行闡釋。其中長脈、短脈、代脈爲兩段式，分别爲脈象體狀和主病，大脈、小脈各僅一段。後載《脈經七表屬陽歌》《八裏屬陰歌》《診脈傳心訣》《診脈總要》等内容。《諸病□□脈》詳述各種病症的脈象變化及預後凶吉。《新著四言脈訣》也是該書的主要内容，其中有一段説明：“《四言脈訣》，從來久矣。兹者補其缺略，正其差誤，仍舊者十之二三，新改者十之七八。復加注釋，字字精確，文極簡便，義極詳明，使讀者既無繁多之苦，亦無遺漏之憾也。”是作者根據自己的臨床體會重新改寫過。又有《察色觀病生死候歌》《脈法心參》《人迎氣口之説》

《因形氣以定診之説》《診貴提綱之説》《脈有相似宜辨》《脈有相反宜參》《重陰重陽》《脱陰脱陽》《陰陽相乘相伏》《陰絶陽絶》《脈象無根有二説》《尺寸分經與絡》《老少脈异》《脈有亢制》等篇，并繪有“《内經》分配藏府診候”圖一幅。

此本在前人所傳授脈學理論的基礎上，加上作者自己的經驗，綜合而成，内容豐富而翔實，具有自己的學術觀點。如《脈屬部位解》論述左右寸、關、尺六脈的候診對應臟腑的問題，與今所述略有不同，如右尺部候腎（命門），而鈔本爲三焦。認爲《難經》《脈訣》“以左尺候腎水，右尺候命門相火，誤矣”。尤其是《新著四言脈訣》，對舊版“脈訣”進行了改寫，如作者認爲“關前一分，左風右食”中的“左風右食”不合理：“豈有左寸之心可以辨風，右寸之肺可以辨食乎？”遂改爲“關前一分，人命之主”，此應是作者的臨床體會與經驗，有一定的參考價值。

新著四言脉訣

曰言脉訣從来久矣𢽾者補其鈌畧正其差悮仍舊者十之二三新攺者十之七八復加註釋字〻精確文極簡便義極詳明使讀者既無繁多之苦亦無遺漏之憾也

脉為血脉百骸貫通大會之地寸口朝宗

脉者血脉也血脉之中氣道行焉五藏六府以及奇經各有經脉氣血流行周而復始循環無端百骸之間莫不貫通而總會之處則在寸口夫寸口左右手六部皆肺之經脉也何以各經之脉皆於此取乎肺如華蓋居于至高而諸藏府皆處其下各經之氣無不上薰於肺故曰肺朝百脉而寸口為脉之大會也

診人之脉令仰其掌〻後高骨是名關上

凡診人脉者令病人仰手醫者覆手診之掌後有高骨隆起者即是関部也先將中指取定関部方下前後二指于尺寸之上也病人長則下指宜踈病人短則下指宜密

関前為陽関後為陰陽寸陰尺先後推尋

從魚際至高骨卻有一寸從尺澤至高骨有一尺曰名曰尺界乎尺寸之間曰名曰関〻前寸為陽関後尺為陰寸候上焦関候中焦尺候下焦經曰身半以上同天之陽身半以下同地之陰也先後謂先候寸部次候関部又次候尺部也推

107 脈論

《脈論》,不分卷,一册。清代醫家歐陽輯瑞撰于清道光八年(1828),清光緒四年(1878)許治頑于奉天岫巖官舍之西齋所抄。歐陽輯瑞,書中又有"南坡居士"之雅號,湖南舉人,曾任上猶(今江西贛州西部)縣令,道光二年(1822)主修《上猶縣誌》,曾評注過周學霆所撰《三指禪》。是本封面無題名,據藏館書簽著録爲《脈論》。是本後有一段總批,内云:"是書未刻之先,夜夢一道人談禪精奥……一笠一鉢外,袖中止藏《三指禪》三卷。"《三指禪》爲清代名醫周學霆所撰脈學專著,分三卷,論脈以緩脈爲準,暗藏浮、沉、遲、數四綱,共列二十七脈,脈證診療結合,切于臨床實用。是本主要評注《三指禪》卷三。現存鈔本,藏于上海圖書館。《中國中醫古籍總目》未收載。

是本分《温病脈論》《暑熱脈論》《温疫脈論》《室女脈數反吉論》《月經論》《胎前全憑脈論》《小兒疳脈論》《疑病詐病脈論》《平人脈歇止無妨論》《内外癰疽先變脈論》等十六篇。所摘醫論,《三指禪》序中賦予極高評價:"論症自春温至温疫篇,所有外感諸症,率根據于四序乘除、五行衰旺之理,經經緯史,抉漢分章,是儒家吐屬,是醫家經論,是草元家用,令人把玩不盡。一論症自室女以後,凡雜症亦略見一斑,可引伸而觸類,無得以掛漏議之。"是本除摘録以上各論外,其獨到之處爲各家書評。如評《傷風脈論》曰:"借傷風一症,闡明貞元會合、天運循環之理。皆由一部二十一史爛熟胸中,故説來鑿鑿可據。"評《温疫脈論》曰:"拈一'毒'字詮題,設方以活生靈。"評《小兒疳脈論》曰:"論症如文淵聚米,立方如與可畫竹。"他如評《暑熱脈論》乃"涇渭攸分",評《摘平脈三不治症論》乃"心細于髮,力大于身,井井有條,不至喧客奪主"。是本除各家書評外,又摘出難解之字一一注解,如"欵""鐍""骶""窔""攟"等。

是本摘脈學醫論，每則醫論後引衆家書評或讀後感言，并注釋醫論中生僻難解之字，實爲一部醫著導讀。醫論之經典，點評之精妙，引人入勝，便于學醫之人參閱。

龍飛道光八年歲在戊子季春月南坡居士歐陽輯瑞聘侯甫

藉作總枇

是書未刻之先夜夢一道人談禪精奥問其姓名曰吉祥順明日遇夢覺道人於貢院西街行止異常與夢中所見適合一笠一鉢外袖中止藏三指禪三卷因請而梓之道人周姓始悟不言周而言吉者乃仙家隱語省一圍也名吉祥順者道人本慈祥之念順天地好生之德以濟人也梓成因録數語以誌其異

換鵞堂穀嶺王佐藎誌

時光緒四年戊寅夏六月己未之吉許治禎氏抄於奉天岫巖官舍之西齋

鐍 集韻炔古穴切音厥 固扃鐍註古穴反緄也 又扃鐍箱篋前鎖匙也 又玉鐍 前漢天文志 背穴註皆日旁氣也背形如背字也穴多作鐍其形如玉鐍也如淳曰向外為背有氣刺日為鐍鐍抉傷也

茫然總於五運六氣未能細心體認余因參互考訂力為剖別驗之於症實有毫髮不差者　雲程郴驥評涇渭攸分

痢症脈論

痢有不與世相遞嬗而名則因時而變易方策所傳其來有自不容不據古以準今素問謂之腸澼難經謂之裏急後重漢謂之滯下晉謂之秋燥至唐方謂之痢即其名而繹其義便與曰澼痛甚曰急壅塞曰滯皺裂曰燥不利曰痢痢之情形已顯示於稱名之表歷代以來揚推指陳不啻以暮鼓晨鐘發人（登高一呼萬山皆應）深省治是症者顧可孟浪從事翻欲緘縢扃鐍（莊子將為胠篋探囊發匱之盜而為守備則必攝緘縢固扃鐍此世俗之所謂知也然而巨盜至則負匱揭篋擔囊而趨唯恐緘縢扃鐍之不固也註胠開也）而置之死地乎當此暑炎方退金飈初起土間其中（土旺於四季五六得天地之中）

108 脈學類編

《脈學類編》,不分卷。清玄庵山人輯著,成書于清咸豐八年(1858)。玄庵山人生平不詳,另著有《玄庵山人類注》。書首有序。現存鈔本,藏于上海中醫藥大學圖書館。《中醫古籍珍稀抄本精選》第一册收録該本。

是書係作者據《四言舉要》重加編次并註釋而成,匯集《崔紫虚脈學》與《李瀕湖脈學》之精粹,依據《素問》《靈樞》《扁鵲脈經》《傷寒雜病論》《圖注難經》、朱丹溪《脈訣圖説》、戴同父《脈訣刊誤》《聖濟經》《巢氏病源》等二十四種醫著相關内容予以注解。先述脈學理論之概要,繼而詳細論述常見二十七脈(浮、洪、虚、散、芤、濡、微、沉、伏、牢、實、弱、細、遲、革、澀、結、代、數、滑、緊、促、動、長、弦、短),載有體壯詩、相類詩、主病詩以及婦兒脈象、奇經脈、真藏脈等。脈證相合,從脈論治。書末還附難字釋音,便于學者習誦。

是書爲研究和學習脈學理論、指導從脈診斷論治的專著,對脈學文獻研究及臨床實踐均有參考價值。

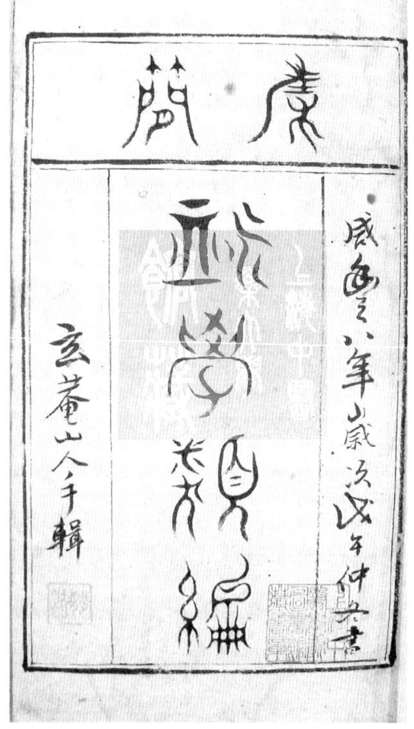

四言舉要類編註序

蓋夫四言舉要者其名出乎月池翁而其論原乎崔真人紫虛分別兩手三部十二經之正脈合詳二十八脈中曰體狀曰相類曰主病而又奇經八脈之所統也可謂脈法盡矣脈要精微論曰微妙在脈不可不察龍玉曰神存乎心手之間蓋其難也易氏曰九竅皆見於外者細其證之變而有通塞之二候九藏皆藏於內者察其脈之動靜而有浮中沉之三部嗚呼其要微矣余念古良醫治疾未有不先診脈者自軒岐已然雖人鬼別男女特其纍尔微芒呼吸之間而生死輕重係焉如診病人之色

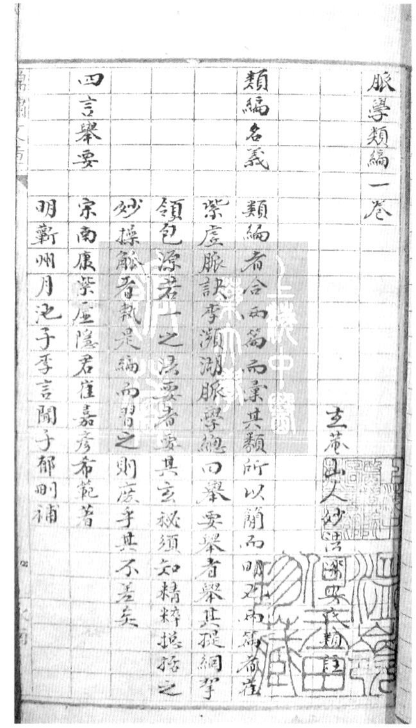
脈學類編一卷

玄菴山人抄

類編名義

類編者合兩篇而彙其類所以簡而明也兩篇崔紫虛脈訣李瀕湖脈學總曰舉要舉者舉其提綱挈領包源若一之法要者要其玄秘須知精粹總括之妙操觚者執是編而習之則庶乎其不差矣

四言舉要

宋南康紫虛隱君崔嘉彥希範著

明蘄州月池子李言聞子郁刪補

109 脈鏡

《脈鏡》,兩卷。明許兆禎編著。許兆禎,明醫家,字培元,烏程(今浙江吴興)人,生活于萬曆(1573–1620)年間。初習舉子業,後改習醫。潛心醫理,勤于著述。博采諸家醫書,審脈論症,辨名察經。又將用藥君臣佐使、寒熱温平緩急之方備著于書。主要著作有《診翼》《醫辨》《藥經》《素問評林》等,均佚,有《方紀》存世。《脈鏡》約成書于明萬曆十二年(1584)。卷首有劉世延序,另附有左右手部位經脈圖、五臟外見之圖、五臟外應之圖。書末有許兆禎跋。現存鈔本,藏于上海中醫藥大學圖書館。

上卷分十部分。第一部分爲診病先觀形色,然後切脈問診論病,强調合診相參乃診死生之理,同時對望、聞、問、切四診的凶吉之象詳加辨述。如對五色中青色的論述:青爲肝色,肝主怒,怒氣傷肝,氣極者,色必青,不爲大逆;如面色忽若烏肝,望之如青,近之如黑,此爲大逆。又如聞診中對心聲、心音的診斷:心聲笑,音應徵,和而長,音聲相應,則無病,徵亂則病在心。第二部分爲論脈,統論脈象與胃氣的關係,并對三部九候脈、持寸口脈、損至脈加以闡述。其餘部分有脈貴有神、五臟動止脈、四時平脈、辨反關脈等。下卷分七部分。第一部分爲脈法樞要,對浮、沉、遲、數等二十八種脈的體象進行描述,并結合雙手的寸關尺三部對其病因與主症逐一論述。如沉脈的脈象不浮,輕手不見,重手乃得,沉于肌肉之下,爲陰逆陽鬱之候。如果左寸沉,爲心内寒邪爲痛,胸中痰飲脅痛;左關沉,伏寒在經,兩脅刺痛;左尺沉,腎臟患寒,腰背冷痛,小便濁而頻;右寸沉,肺冷寒,痰停蓄,虚喘少氣;右關沉,胃中寒積,中滿吞酸;右尺沉,病水,腰脚冷。第二部分爲相類脈辨,如浮、芤、洪皆爲在上之脈,滿指浮上曰浮,浮而無力曰芤,浮而有力曰洪。其餘部分分别爲診家宗法、死絶脈、諸病宜忌脈、太素脈、南北政司天在泉尺寸脈不應説等。

是本取《素問》《難經》《脈經》《脈訣》《脈粹》《脈倫》《脈説》《脈歌》等，略闡微論。采滑伯仁、蔡西山、戴起宗等人之書，挈其要領，復增以望聞問三法、三部十二經諸病宜忌與獨取寸口決臟腑生死之候。所論辨脈部分，收羅内容廣泛，以綱挈領其要，每加按語闡秘發微，説明脈象之精義，且詳而不繁，足可供臨診參閲。

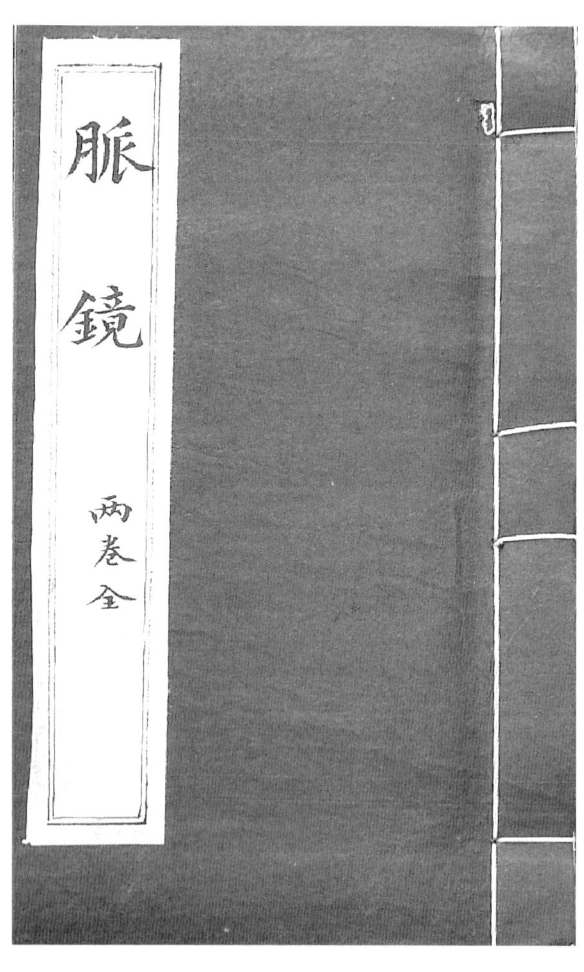

五藏外應之圖

	所主者	所藏者	所惡者	上應	外應
肝	筋	魂血	風	眼	爪甲
心	血脈	神	熱	舌	掌
脾	肌肉	意智	濕	口	四肢
肺	氣	魄	燥	鼻	皮毛
腎	骨	精志	寒	耳	腰背

脈鏡上卷

吳興培元許兆禎編著

甚哉醫之難言也甚哉脈之尤難言也粵自岐黄
開其源和緩弘其流扁鵲倉公仲景華陀衍其緒
而脈道始大著矣然猶各明一義漫無統紀晉太
醫令王叔和集群聖之大成撰類脈經九十七篇
凡一千六百四十一條俾覽者足以占外以知内
視死而別生誠衣者之布帛食者之菽粟宋自晉

110 家秘脈訣

《家秘脈訣》,不分卷,一册。有殘損,現存自目録頁始。是書口題葉數,共五十三葉,每半葉八行,每行二十字,行書抄寫,硃筆句讀。目録首頁鈐印章四枚,但因殘損,除"中國科學院圖書館藏"圓形硃印外,其餘三枚已不可識。正文首頁亦鈐有印章三枚,除一枚無法識别外,其餘兩枚分别爲"中國科學院圖書館藏""昭倫藏印"。無序跋,然詳正文第一篇《原論》,性質實與序同,其中"張君佐臣,四明寧邑人也,編輯秘書,合先聖王叔和《脈訣》,參爲一例,略表其理,實訣望聞問切之功,使後之爲醫,由是而學,必先熟讀習玩,仔細揣摩,後可以爲醫"等句,可窺知該書係由張佐臣編輯而成。張佐臣,四明寧邑(今浙江寧波)人,生平無考。《中國中醫古籍總目》載録爲清鈔本,現藏于中國科學院上海生命科學信息中心生命科學圖書館。

該書主要以歌訣形式匯編中醫脈學相關知識,涉及内容有:脈學總論,五臟積氣、五臟中風、五臟行血等内科疾病,心腹急痛、跌撲損傷等外科疾病,婦女妊娠、産後等婦科疾病,小兒新産、死候等兒科疾病。是編者在參考歷代流傳脈學著作的基礎上,有所發揮而成。從内容上來看,編者的目的在便于臨證檢用,故詳于臨床疾病的脈象知識,從這一點上來説,或仍有一定的臨床參考價值。

該書在書前還收録《司天在泉圖》《合五運圖》《六氣圖》《五運六氣總會圖》等四幅圖譜,在書後收録《九宫合九道》《五行生克歌》等相關内容,可見受到"運氣"學説影響的時代特徵。

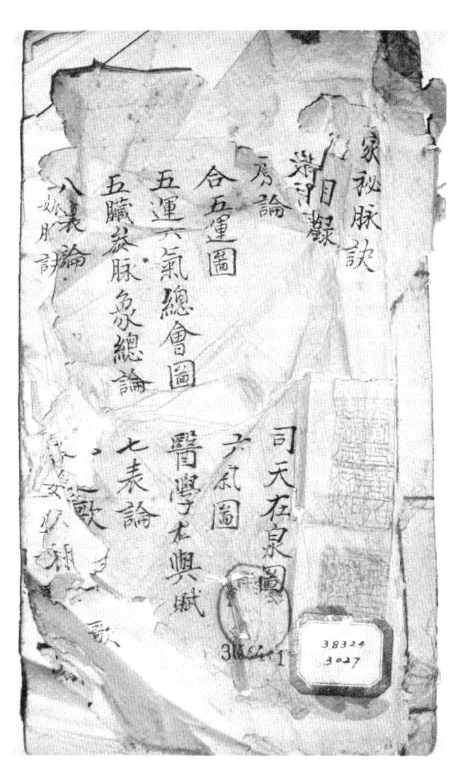

家秘脉訣

總目録

序論

合五運圖

五運六氣總會圖

五臟叅脉象總論

八裏論

妊娠脉訣

司天在泉圖

六氣圖

醫學本輿賦

七表論

歌

原論

學醫之道考其精微通其幽顯未有不先望而得之者近世惟事切巧不事望神大失古賢人之旨今採擇醫经論色診之文確然可者張君佐臣四明寧邑人也編輯秘書合先聖王叔和脉訣恭為一例畧表其理實訣望聞問切之功使後之為醫由是而學无先熟讀習玩仔細

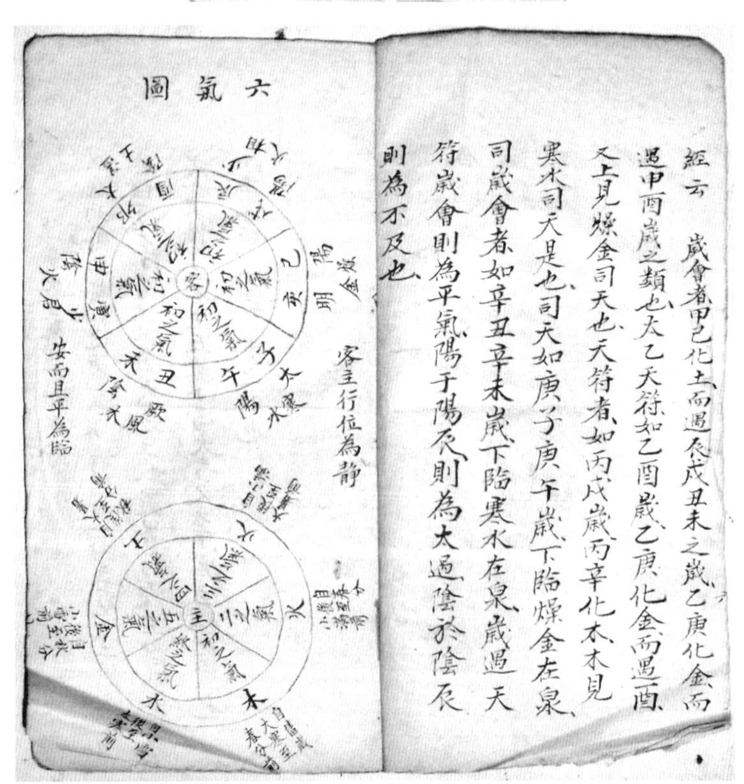

經云　歲會者甲己化土而遇辰戌丑未之歲乙庚化金而遇申酉歲之類也太乙天符如乙酉歲乙庚化金而遇酉又上見燥金司天也天符者如丙戌歲丙辛化水水見寒水司天是也司天如庚子庚午歲下臨燥金左泉司歲會者如辛丑辛未歲下臨寒水在泉歲遇天符歲會則為平氣陽于陽辰則為太過陰於陰辰則為不及也

111 景岳脈神章

《景岳脈神章》,不分卷,一册。封面題"乙亥孫步瀛記"。作者生平不詳。是本無序跋、目録。現藏于上海圖書館,藏館定爲清鈔本。中國社會科學院經濟研究所藏有一鈔本地租簿,封面亦題有"孫步瀛記",并有"光緒庚寅年春月吉日立"字樣,由此知孫步瀛生活在光緒年間,該書成于1875年。

是本首先抄録《景岳全書》卷五十《新方八陣》之《新方八略》部分内容。開頭殘缺。"……之屬是也。陰虛于上,而肺熱乾咳者,忌用辛燥,如半夏、蒼朮、細辛、香附、歸、芎、白朮之屬是也。陽虛于上,忌消耗,如陳皮、砂仁、木香、檳榔之屬是也。"接着抄録"攻略""散略""寒略""熱略""固略"等内容。次抄録《景岳全書》卷五《脈神章》内容,"正脈十六部",包括浮、沉、遲、數、洪、微、滑、澀、弦、芤、緊、緩、結、代、虛、實等脈。再下抄録"常變""四診""獨論""胃氣解""從合辨""順逆""死脈歌"等内容。次抄録《景岳全書》卷一《傳忠録》上《陰陽篇》《表證篇》《虛實篇》《寒熱篇》《寒熱真假篇》《十問篇》《論治篇》《氣味篇》,卷二《傳忠録》中《反佐論》《求本論》《治形論》《升陽散火論》《神氣存亡論》,卷三《傳忠録》下、《命門餘義》。

是本乃閲讀《景岳全書》的摘抄筆記。摘抄時選擇的内容爲診斷、治則、治法等對臨床實踐有直接指導意義的理論知識。

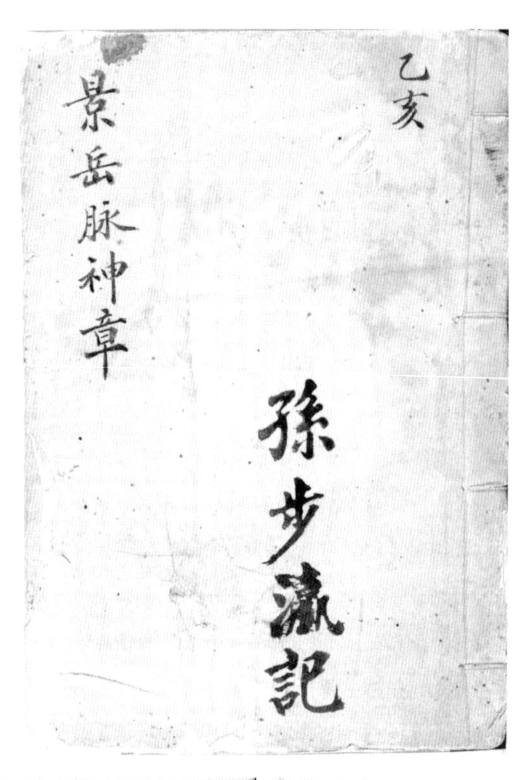

陽辨於晝夜不可爲病之所忌然而尚不可拘於此也或晝重而夜亦重或晝輕而夜亦輕或有時重有時不重此陰陽之無定而晝夜之難拘又不可泥於補陽之説當峻補其陰而少佐其補陽之品則陰陽有養而邪氣不戰自退矣附

一病人卧須看其向裏向外睡仰睡覆睡伸脚踡脚睡向裏者陰也向外者陽也仰者多熱覆者多寒伸脚者爲熱踡脚者爲寒附

六變辨

六變者表裏寒熱虚實也是即醫中之關鍵明此六者萬病皆指諸掌矣以表言之則風寒暑濕火燥感於外者是也以裏言之則七情勞慾飲食傷於内者是也寒者陰之類也或爲内寒或爲外寒寒者多虚熱者陽之類也或爲内熱或爲外熱熱者多實虚者正氣不足也内出之病多不足實者邪氣有餘也外入之病多有餘六者之詳條列如左

表證篇

表證者邪氣自外而入者也凡風寒暑濕燥火氣有不正

112 診治圓機歌括

《診治圓機歌括》，上中下三卷，兩册。末有附方一卷。不著撰者，無序跋與目録，有殘損，成書年代不詳，《中國中醫古籍總目》載録爲清鈔本。現藏于上海中醫藥大學圖書館。

是書以歌括形式介紹八十餘種常見病症之診治，内容涉及臨床各科。上卷主要是内科之内傷病症，如中風、肝風、眩暈、頭風、虚勞、咳嗽、吐血、失音、肺痿、遺精、淋濁、陽痿、汗症、脱症、脾胃、木乘土、腫脹、積聚等；中卷包括内科之外感和内傷病症，如風寒、暑、燥、飲、三消、泄瀉、脱肛、痿、痹、痙厥、驚、癲狂癇等；下卷包括内科、外科、五官科、婦科病症，如衄、疝、諸痛、耳、目、鼻、牙、咽喉、瘡瘍、經候先期、經候後期、經閉、崩漏、帶下、惡阻、胎腫、胎暈、轉胎、胎不長、胎滑、難産、胞衣不下、乳汁不行、乳癰乳巖、癥瘕等。附方一卷，介紹方劑如復脈湯、玉屏風散、六君子湯等三十五首。是書將諸痛按部位分爲頭痛、心痛、胃脘痛、脅痛、腹痛、肩臂痛、背痛、腰痛、腿痛、足痛，并加總結："血絡瘀痹兮香蔻罔效，不明治法兮愈治愈棼。鹿角上升兮葱管下達，桃仁桂木兮辛散横行。絡脈屈曲兮無處不到，一切痹阻兮立見宣通。陰分熱伏兮晝夜痛甚，痛必熱腫兮資腎丸靈。"

是書内容包括内、外、婦、五官等臨床各科，對于臨床診斷、辨證、用藥有一定的參考意義。

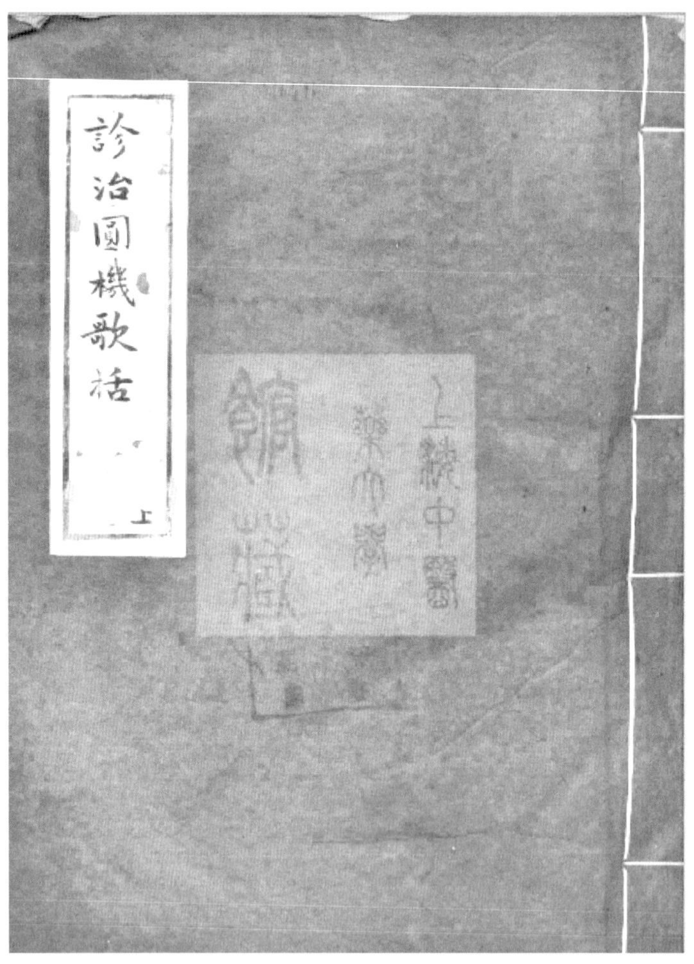
診治圓機歌括
上
上海中醫
藥大學
館藏

診治圓機歌括上卷

中風

中風一症兮風由內致變動百出兮昏身陽氣痰涎壅盛兮竅用開閉
神昏語蹇兮芳香繼治肢體緩縱兮例用参芪經脉拘攣兮法兼宣利
此是入手兮第一劑頭其中要領兮證分脫閉陰虛風動兮昏眩偏枯
首烏穭豆兮天麻枸杞黃菊川斛兮牛膝歸身三角胡麻兮或增白蒺
若還舌瘖兮足痿難行地黃飲子兮宗河間意熟地萸肉兮杞菊蓯蓉
斛味牛膝兮茯神遠志或兼宣竅兮星附六君晚服相佐兮標本均治
脉細而數兮舌強肢枯合用復脉兮桂姜母使氣火如併兮唇舌俱麻
肢節似瘓兮足膝無力金斛橘紅兮白芍冬桑秦皮草決兮鈞藤白蒺
若或神呆兮夜不得眠陽弗下交兮脉濇是識熱地龜板兮黃柏天冬
霓[illegible]兮[illegible]枸杞陰虛陽逆兮顛疾蓋生上實下虛兮脫潛宜飼
或片羌犀兮玄地桑丹或投陽黃兮冬連芍地奇陽交虛兮足不能行
言蹇肢麻兮膝針刺沙苑枸杞兮巴戟蓯蓉歸身虎骨兮天麻桑寄生
或用羊肉兮牛膝小茴或用枸子兮菖蒲遠志真陽暴脫兮汗泄神昏
參附五味兮龍骨牡蠣胃虛風動兮口眼歪斜肢麻不收兮肉脫麻痺
參芪白術兮炙草歸身廣皮天麻兮姜棗為使胃虛陽逆兮面熱噯乾
心中填塞兮不飢不食人參半夏兮白茯陳皮生芍烏梅兮川連枳實
衛虛風動兮汗泄肌麻人參白術兮黃芪附子衛虛絡痺兮麻冷肢頹
片姜羌活兮生芪附桂風陽蒙竅兮麻木神昏語言難出兮舌腫喉痺
宣竅解毒兮合用芳香至寶靈丹兮每服四粒痰火阻絡兮形盛氣衰
舌歪言蹇兮四肢麻痺半夏胆星兮枳實菖蒲茯苓廣橘兮姜汁竹瀝

肝風

[illegible]一症兮主動主升緣陰不足兮血燥熱生熱則風動兮竅絡阻塞

熱傷胃液兮寒熱瘧悶桂枝白虎兮急救真津若或痺熱兮舌紫渴飲
氣分熱劇兮漸漸入營石羔知母兮生草粳米更加地芍兮竹葉取心
熱灼心營兮夜煩無寐舌乾色絳兮湯飯不欣犀角生地兮菖蒲遠志
連翹竹葉兮丹皮元參若或心悸兮茯神金箔如兼脘悶兮橘杏鬱金
倘更陽升兮心頭震動復脉加兮兮去桂姜參熱傳心胞兮煩渴譫語
驅熱利竅兮麝兔神昏翹心竹葉兮犀角生地元參菖蒲兮牛黃丸灵
月兮胎黃舌絳天竺銀花兮竹瀝還增倘更喉腫兮舌心灰滯
勃杏仁姜皮梔皮兮花粉花露夏枯金汁兮共祛上焚
膜舌縮痰涌肢掣兮清竅俱蒙至宝灵丹兮冷水調服
兮再議淋清頭面浮腫兮痰潮昏寐舌刺卷縮兮小便濁渾
雪神丹兮溫水調服少涩無濟兮每服三分熱伏血分兮早凉夜熱
汗兮其來自陰青蒿鱉甲兮生地知母丹皮竹葉兮血熱自平
疹兮更加犀角元參菖斛兮亦可偕行熱伏陰分兮舌強音縮
板兮小便製痛蛋黃膠地兮麦冬炙草人參白芍兮更佐麻仁
焦兮面頷腫脹牙閉緊閉兮邪正交凝連翹旁子兮射干馬勃
兮花露用銀熱結胸腹兮短氣胸滿煩燥擾亂兮湯用瀉心
寒清上桑沙玉竹兮粉草杏仁或用膠地兮麦冬兮草
蔗汁煎熏胃氣不和兮食変生味竹茹橘半兮山梔鬱金

暑

暑之一症兮必兼乎濕天暑一動兮濕騰正氣稍虛兮邪從鼻吸
氣分先阻兮清肅不行水谷精微兮亦蘊為 兩以二候兮並見相同
脉色必滯兮口舌必膩脘痞氣窒兮渴悶煩蒸午後則熱兮入暮更劇
及至天明兮渴汗稍平日日如是兮經久不解調治非法兮变症叢生
暑熱上熏兮傷陰化燥舌干齦血兮神昏耳聾濕熱下沉兮傷陽変濁

113 診脈要覽

《診脈要覽》,不分卷,兩册合訂。無序跋與目録。每册首頁有印章兩方,分别爲陰文“王祖慶”和陽文“賡雲”,末頁有陽文印章“慶餘書室主人”。現存鈔本,藏于上海交通大學醫學院圖書館。《中國中醫古籍總目》載録該書成于1949年,但據該書版式、内容及“玄”字缺末筆等情況,當依據館藏目録作清鈔本爲是。

是書内容主要爲明清時流行脈學要籍的摘抄。上册首先爲“脈訣”,記載二十七種脈象。先引《内經》《脈經》《脈訣》及諸家之説,描述脈象形態,後有小字注釋,然後爲各脈的體狀詩、相類詩、主病詩。其次爲以脈率判斷疾病預後,以脈象决女人胎孕、决孕男女、論生産遠近、論童男童女、論已破體,上中下三部之候,七診,六經脈體,辨頭額上虚汗部位法等内容。再次全文抄録宋代崔嘉彦著、明代醫家李言聞(字子郁,號月池,即李時珍之父)删補的《四言舉要》。後録吴崑、彭用光所言“《太素》可采之句”“《太素》大要”以及《子華子》中部分内容。最後爲“痼症所屬”及“産難生死訣”。下册包括“司天在泉訣”“《素問》六氣主合至脈”“《内經》分配藏府診候”並圖示以及“診脈要覽”。“診脈要覽”中首先爲“樞要元言”,指出脈與氣血性格的關係、男女脈象特點、診脈注意點等;其次爲左右手配藏府并十二經絡部位,五臟平脈,四時平脈,《内經》三部脈法,呼吸浮沉定五臟法,因指下輕重定五臟法,三部所主,持脈手法,脈貴有神,脈陰陽類成,兼見脈類,諸脈宜忌類,驗諸死證類,死絶脈類,五臟動止脈等;最後爲婦人脈法及小兒脈法。其部分内容和“《内經》脈位配藏府診候圖”大都録自李士材《醫宗必讀》卷二,并將李士材駁“左右手配藏府并十二經絡部位”爲僞謬的觀點記于天頭。另外在天頭處還補録“析骨分經”及婦人調經法等内容。

該書雖爲摘抄之作，但層次清晰，内容也較爲豐富，對脈學的主要方面均有涉及。雖因時代限制，亦録有不少妄謬之説，如以脈判貴賤吉凶等，但仍不失其資料性價值。

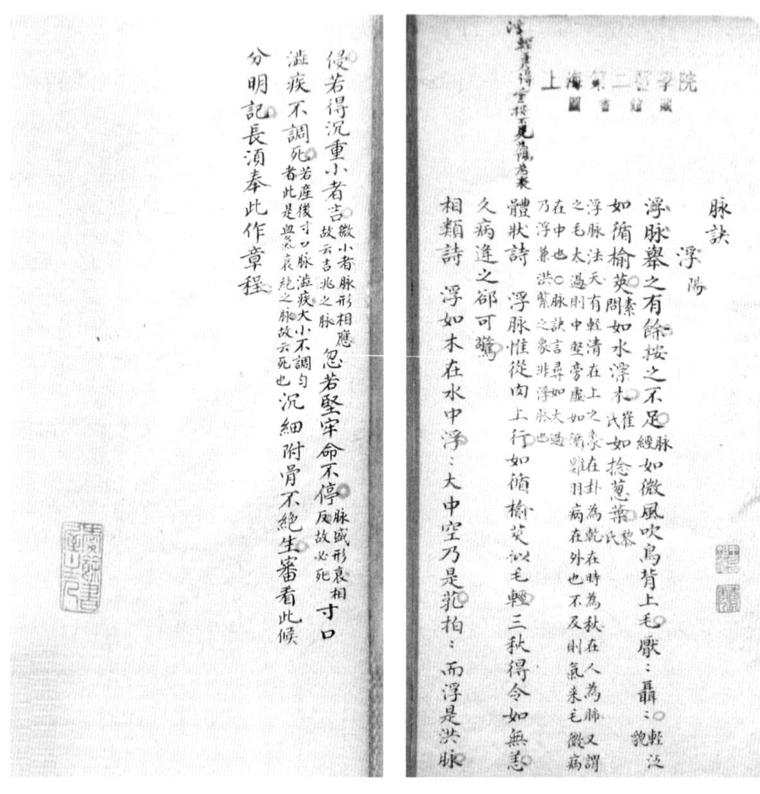

脉訣

浮 陽

浮脉舉之有餘按之不足經脉如微風吹鳥背上毛厭厭聶聶輕泛貌如循榆莢素問如水漂木崔氏如捻葱葉黎氏

浮脉法天有輕清在上之象在卦為乾在時為秋在人為肺又謂之毛太過則中堅旁虛如循雞羽病在外也不及則氣來毛微病在中也○脉訣言尋之如太過乃浮兼洪緊之象非浮脉也

體狀詩 浮脉惟從肉上行如循榆莢似毛輕三秋得令知無恙久病逢之卻可驚

相類詩 浮如木在水中浮浮大中空乃是芤拍拍而浮是洪脉

侵若得沉重小者吉微小者脉形相應故云吉兆之脉忽若堅牢命不停脉盛形衰相反故必死寸口

溢疾不調死若產後寸口脉溢疾大小不調勻者此是血氣衰絶之脉故云死也沉細附骨不絶生審看此候

分明記長須奉此作章程

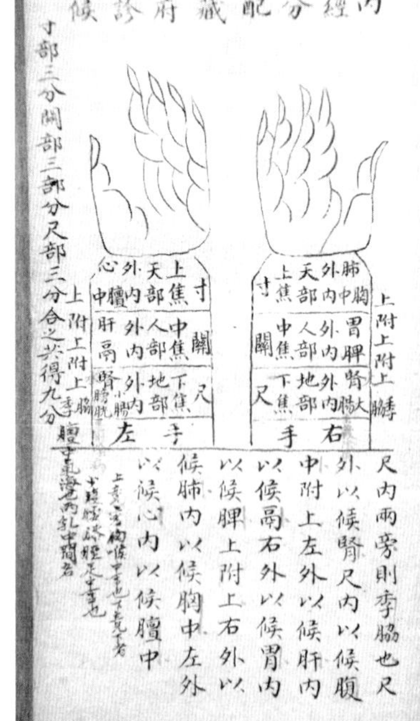

司天在泉訣

子午年少陰君火司天宜鹹軟苦發酸收苦泄　陽明燥金在泉熱毒不生

丑未年太陰濕土司天宜苦燥溫發之泄之　太陽寒水在泉熱毒不生

寅申年少陽相火司天宜鹹辛酸泄漬發滲　厥陰風木在泉

卯酉年陽明燥金司天宜苦辛汗清又發散　少陰君火在泉寒毒不生

辰戌年太陽寒水司天宜苦燥以燥之溫之　太陰濕土在泉燥毒不生

巳亥年厥陰風木司天宜辛調之鹹潤　少陽相火在泉寒毒不生

素問六氣主合至脉

大寒至二月春分厥陰風木主令 厥陰之至其脉弦 一云沉短而散

114 診家正眼　脈法心參　石室秘録　醫通診宗三昧

《診家正眼》《脈法心參》《石室秘録》《醫通診宗三昧》，不分卷，一册。封面未注書名，未著抄寫者，成書年代不詳，現存鈔本，藏于上海圖書館。藏館載録爲清鈔本，并注記書名爲前三書。《中國中醫古籍總目》未收載。

《診家正眼》分上下兩卷，未著撰者，察其内容基本摘自明代醫家李中梓的《診家正眼》。卷上述"脈之名義""氣口獨爲五臟主""寸關尺之義"等脈學理論，另有"持脈有道""先問後診""診死生"等脈學的臨床運用。卷下論二十八種脈象，以供學醫之人鑒别診病。

《脈法心參》未著撰者，由十一篇脈法醫論組成，如"尺寸分經絡""一歲之中脈象不可再現""真臟脈見乃决死期"等，其中對于脈之陰陽有多處闡述，如"重陰重陽""脱陰脱陽""陰陽相乘相伏""陰絶陽絶"等。

《石室秘録》未著撰者，與清代醫家陳士鐸撰寫的《石室秘録》同名异書。該篇分"氣色部位""脈要歌""宜忌歌""諸脈體狀""諸脈相類"五部分。"氣色部位"描述面部所候五臟六腑及面色候病，"脈要歌"用歌訣的形式叙述脈症相參，如"脈有浮沉遲數，診有提綱大端"，"脈有七情之傷而爲九氣之列"。"宜忌歌"述各症脈象所示凶吉宜忌，如"傷寒病熱若洪大易治而沉細難醫，傷風咳嗽若浮濡可攻而沉牢當避"。"諸脈體狀""諸脈相類"，對各類脈象進行描繪，并對相似脈象予以鑒别。

《醫通診宗三昧》，張璐撰。張璐，清初醫學家，字路玉，晚號石頑老人。長洲（今江蘇蘇州）人。著有《傷寒纘論》《傷寒續論》《診宗三昧》《張氏醫通》《本經逢原》等。該篇首論浮、沉、遲、數、滑、澀等三十二種脈象的體狀、主病、類脈鑒别等，這部分摘録自《診宗三昧》之"師傳三十二則"篇。後列"女科脈訣""婦人妊娠歌""嬰兒脈法""五臟虚實寒熱"等醫論。各論叙述清晰易懂,"婦人妊娠歌" 所編歌訣琅琅上口,便于記識。

是本爲四本書的選摘合編本,因其皆爲脈學資料,合爲一本,可供臨床切脈診病參閱。

診家正眼

脉之名義

內經曰人受氣于穀穀入于胃以傳於肺五臟六腑皆以受氣清者為營濁者為衛營行脉中衛行脉外

此明胃氣為脉道之根臟腑之本氣血之所自出也凡人之生皆受氣于穀穀為萬物資生之本也凡穀之入必先至于胃萬物歸土之義也坤土又最向專精微上輸于肺蓋地道卑而上行也肺為乾金所受精微下溉臟腑蓋天道下濟而光明也金土互輸地天交泰清而上升者為營營血陰生于陽也濁而下降者為衛衛氣陽根乎陰也營為血陰故行脉中衛氣為陽故行脉外也

揣審察病狀以決死生非指下瞭然時安所洸精乎深

此世醫不知脉為何物若以為氣乎而氣為衛衛行脉外則知非氣矣若以為血乎而血為營營行脉中則知非血矣若以為經隧乎則經隧實繫則知非經隧矣然則脉果何物耶余嘗于此深思之久而始悟其微古之脉字從血從𠂢謂氣血流行各有分派而循經絡也今之脉字從肉從永謂胃主肌肉氣血資生而永保天年也夫人之生也惟是精與氣與神而已

脉法心參

重陰重陽

寸脉浮大陽也又兼疾脉此陽中之陽也名曰重陽尺內沉細陰也又兼遲脉此陰中之陰也名曰重陰上部重陽下部重陰陽亢陰隔癲狂乃成

脫陰脫陽

六脉有表無裏如濡脉之類此名脫陰六脉有裏無表謂之陰下如弱脉之類此名脫陽六脉暴絕此陰陽俱脫也經曰脫陰者目盲脫陽者見鬼陽陰俱脫者危

老少異脉

老人脉宜衰弱若過旺者病也壯者脉宜充實若衰弱者病也雖然老人脉旺而非躁此天禀之厚壽之徵也如其躁疾有表無裏此名孤陽死期近矣壯者脉細而和緩三部同等此禀之靜養之定也若細而勁直前後不等死期至矣

衝陽者胃脈也在足跗（即脚面）上五寸骨間動脈上去陷骨三寸太谿者腎脈也在内踝後跟骨上（即足跗後兩旁圓骨俗名脚拐骨）動脈陷中二脈不衰病雖危尚可生也太衝者肝脈也在足大指後本節二寸陷中女人專以此脈為主

石室秘録

氣色部位

眉心（即印堂）候肺兩眼之中為明堂乃心之部位明堂之下在鼻之中候肝（肝位兩旁）候胆鼻之尖上候脾鼻尖兩旁（即鼻翼）以候胃兩顴之上候腎腎位之上以候大腸肝胆位之下鼻之兩旁以候小腸肺位之上為額角以候咽喉額之上以候頭面心位之上以候膻中鼻之下人中為承漿以候膀胱三焦無部位上焦寄于肺中焦寄于肝下焦寄于膀胱　色紅則火青則風黄則濕黑則痛白則寒

脈要歌

寸口多弦頭面何曾舒泰關前若緊胸中定是癥瘕急則風上攻而頭痛後

醫通診宗三昧

長洲張璐玉著

浮

浮脈者下指即顯浮象按之稍減而不空舉之泛泛而流利不似虛脈之按之不振芤脈之尋之中空濡脈之綿軟無力也浮為經絡肌表之應良由邪襲三陽經中鼓搏脈氣于外所以應指浮滿在暴病得之皆為合脈然必人迎浮盛乃為確候若氣口反盛又為痰氣逆滿之徵否則其人平素右手偏旺之故有始病不浮病久而脈反浮者此中氣虧乏不能內守反見虛痞之兆若浮而按之漸衰不能無假象發見之虞傷寒以尺寸俱浮為太陽受病故凡浮脈主病皆屬于表但須指下有力即屬有餘客邪其太陽本經風寒營衛之辨全以浮緩浮緊分別而為處治其有寸關俱浮尺中遲弱者南陽謂之陽浮陰弱營氣不足血少之故故見太陽一經咸以浮為本脈一部不逮虛實懸殊亦有六脈浮遲而表熱裏寒下利清穀者

115 診家正眼録要

《診家正眼録要》，兩卷。未著撰者。成書年代不詳，藏館載録爲清代。書中内容基本摘自明代醫家李中梓《診家正眼》。現存鈔本，藏于上海圖書館。

是本卷一統述中醫脈學的各種醫論，以《内經》《難經》爲宗，引王叔和、李東垣等著名醫家之言，闡述"脈之名義""寸關尺之義""人迎氣口""反關脈"以及冲陽、太溪、太冲等脈學的基本理論，更有"男女脈異""老小脈异""辨七表八裏九道之非"等脈法的臨床運用。卷二分述浮、沉、遲、數、滑、澀等二十八種脈象，主要從脈的體象、主病、兼脈三方面進行論述，以便于讀者鑒别各種相似脈象。

是本與《診家正眼》的章節基本一致，僅順序調换，或篇名有所改變，但《診家正眼録要》中所加注釋與按語没有《診家正眼》那麽詳盡，可視爲《診家正眼》的簡編本，是一部内容實用、通俗易明的脈學參考書。

診家正眼録要卷一

脉之名義

内經曰。人受氣於穀。穀入於胃。以傳於肺。五藏六腑。皆以受氣。清者為營。濁者為衛。營行脉中。衛行脉外。

凡人之生。皆受氣於穀。萬物資生之本也。凡穀之入咽。必先至于胃。萬物歸土之義也。坤土不敢自專。精微上輸于肺。蓋地道卑而上行也。肺為乾金。所受精微。下溉藏腑。蓋天道下濟而光明也。金土互輸。地天交泰。營血為陰。故行脉中。衛氣為陽。故行

診家正眼録要卷二

叔和脉經止論二十四種。若夫長短二脉。缺而不載。牢革二脉。混而不分。更有七至名極即為疾脉。是指下恒見者。又何可廢乎。共得二十八脉。縷析而詳為之辨。稍拯疑淵者。悉闡其訛。從來晦蝕之義。今始得而昭明。然皆攷據典章。衷極理要。終不敢以憑臆之説。罔亂千秋也。

浮脉陽

體象 浮在皮毛。如水漂木。舉之有餘。按之不足。

116 傷寒玉液辨舌色法

《傷寒玉液辨舌色法》,不分卷,一册。清葉氏(佚名)撰。書末有其子葉鑒跋,言其父葉氏在常熟虞山行醫逸事,稱本書爲其父集一生心血所著,成書于清道光十年(1830)。末頁有"葉鑒""白豸山房"陰文印章等。現存稿本,藏于上海中醫藥大學圖書館。

本書分上、下兩篇。上篇繪三十五幅舌圖,并以七言歌訣叙述舌象的病機、治則。下篇論述一百三十五種舌象并附舌圖:白舌苔論述白苔爲傷寒邪在表,計三十種病證之舌圖;紅舌總論,論述紅舌爲瘟舌,瘟氣自裏達外,又感四時不正之氣而發,計三十三種證之舌圖;紫舌總論,論述紫舌乃酒穀傷寒舌,或酒毒未盡,計十一種病證之舌圖;黄苔總論,論述黄苔爲裏證,計十八種病證之舌圖;黑苔總論,論述黑苔爲傷寒之危證,計十一種病證之舌圖;霉醬衣色舌苔總論,論述霉醬衣色舌苔爲傷寒傷食,計二死證之舌圖;藍色舌總論,論述藍色舌苔者爲肝木病,計二死證之舌圖;灰色舌總論,論述灰色舌爲三陰經之色,多見于蓄血證,下之見血爲愈,計十二種病證之舌圖;妊娠面色舌色總論,論述面以候母,舌以候子,色澤則安,色敗則斃,計十六種病證之舌圖。

本書每幅舌圖附以相應的舌象,簡明形象,使人一目瞭然。上篇辨色,將理、法、方、藥融于七言絶句之中,琅琅上口,精簡明瞭。如白滑苔:"寒邪入裏白滑苔,少陽表裏熱往來。丹田有熱胸有寒,嘔吐耳聾兩脅疼。小柴胡湯半夏芩,更須甘草加人參。半表半裏和解藥,薑棗同煎妙若神。"下篇辨舌,詳述各色舌象的治法、病因、病機以及方藥,有的舌象亦附有歌訣。辨舌過程中,强調細察舌之繩、根、中、尖各部,以辨凶吉之形。除八種舌色之外,同時更要注意屑、瘰、塹、爛、腫、裂、長、短、乾、滑、厚等舌形舌態,以確定相應的病機。注重治法,隨舌象而立,方藥根據治法而設,條理清晰,可供臨床參考。

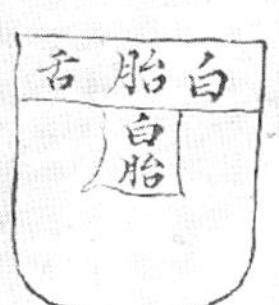

将瘟舌
純紅

傷寒玉液辨舌色法

舌色純紅熱未深　不須籌度辨何經
先施透頂清神散　吹鼻能防不染蒸
清神散用猪牙皂　白芷當歸及細辛
口含清水鼻吹藥　免致時行病氣侵
寒邪入裏白滑胎　少陽表裡熱往來
丹田有熱胸有寒　嘔吐耳聾兩脇疼
小柴胡湯半夏芩　更須甘艸及人参
半表半裏和解藥　姜枣同煎妙若神

症之在表在裏感冒之淺深則必究人事兢兢業業無怠無荒念夫人之死生寄之於我我之治病必兼綜其全而按脉予方皆得之先君疇昔之教也嗣以先君年踰花甲束裝歸里侍奉晨昏壬午春值先君古稀初度喜愛日之方長稱觥誌慶不意是年秋遽膺錮疾易簀前数日正襟危坐而命之曰傷寒玉液一書是余一生心血所著前蒙午橋林公祖奬許久擬付梓因循未果汝其參校成編以公同志涕泣受命爰於讀禮之餘細為讐校集成上下兩篇辨舌色一百有奇繪圖附載於後豈敢云能讀父書而挈其綱領晰其條目展卷之下層次井然豈僅於臨症握其樞機用藥遵其繩墨當年手澤耶存亦得以彷彿見之爾時維

道光十年歲次上章攝提格陽月中浣男鑾百拜敬跋於白𣈆山房

117 傷寒舌鑑

《傷寒舌鑑》，不分卷，一册。首頁題“長洲張登誕先彙纂，同邑邵之鵬三山校”，可知該本即張登的《傷寒舌鑒》。張登，爲明末清初著名醫家張璐之子，所著《傷寒舌鑒》一書被《四庫全書》收録。該書《提要》云：“登以己所閲歷，參證於二書之間（指《金鏡録》和《觀舌心法》二書），削繁正舛，以成是編，較之脈候隱微，尤易考驗，固論傷寒者，所宜參取也。”現存鈔本，藏于上海圖書館。

該本抄録《傷寒舌鑒》的全部内容，有白胎舌、黄胎舌、黑胎舌、灰色舌、紅色舌、紫色舌、霉醬色胎舌、藍色胎舌和妊娠傷寒舌等九個部分。每部分之前有一篇總論，共繪有舌圖一百二十幅，圖下有簡略的文字説明。然而與《四庫全書》本仔細校對，鈔本共有一百二十二幅舌圖，比《四庫》本多出二圖，如“黄胎舌”末鈔本多出一幅“黄根白尖舌”圖，“霉醬色胎舌”第四圖重複第三圖，且文字亦有差異。此本中有不少錯訛，如：“黄胎舌”中的第七圖“老黄隔瓣舌”，《四庫》本爲“大陷胸湯”，此本爲“大解胸湯”；“灰色舌”第十一圖應爲“邊灰中紫舌”，此本爲“淡灰中紫舌”；“黑胎舌總論”中，漏抄“紅瓣黑底者”五字；“縱神丹亦難救療”，此本誤爲“總神丹方難救療”；“黑胎舌”第八圖，漏抄“湯或枳實理中丸加大黄”十字；第十一圖應爲“中焙舌”，此本誤爲“中黑厚心舌”；“白胎舌”中的第二十七圖，《四庫》本爲“純白舌”，此本則根據圖中“純熟白”，改爲“純熟白舌”，而圖中文字却誤爲“純熟舌”。

《傷寒舌鑒》已有多種刻本流傳，現代也有影印本出版，且該鈔本錯訛較多，文獻價值不高。

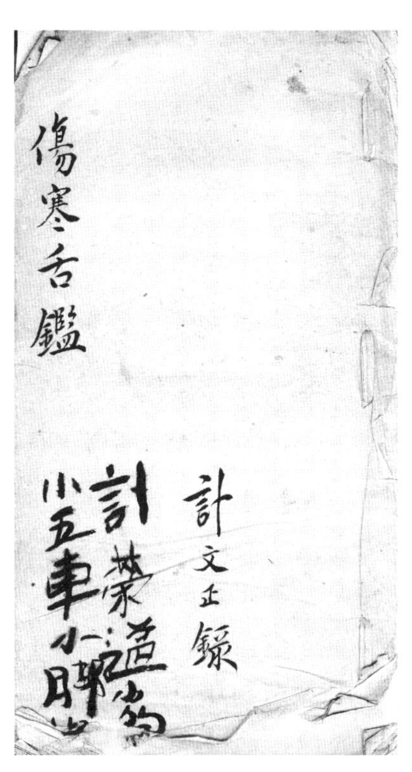

傷寒舌鑑

許文正録

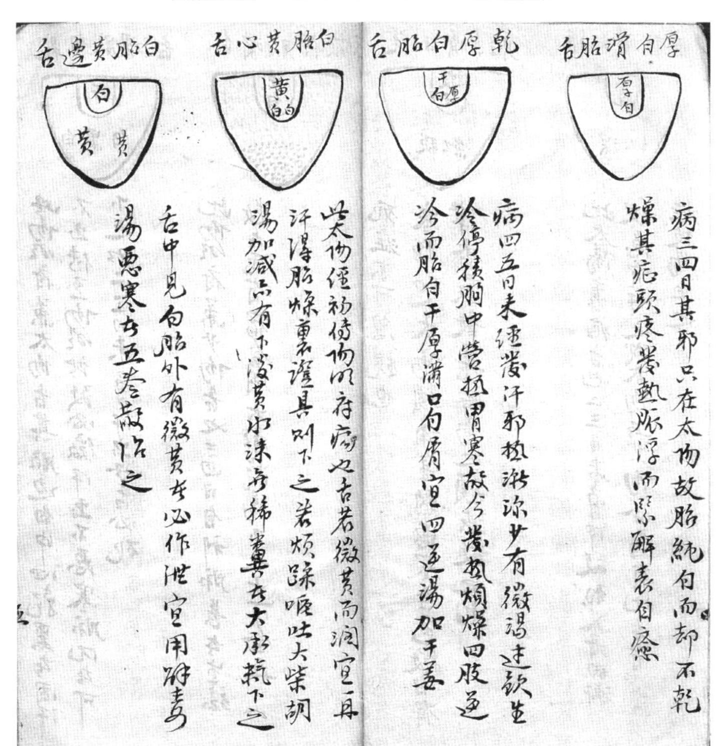

厚白滑胎舌

病三四日其邪只在太陽故胎純白而却不乾燥其症頭疼發熱脈浮而緊解表自愈

乾厚白胎舌

病四五日未經發汗邪熱漸深少有微渴過飲生冷停積胸中營熱胃寒故令發熱煩燥四肢逆冷而胎白干厚滿口白屑宜四逆湯加干姜

白胎黄心舌

此太陽經初傳陽明府病也舌若微黄而潤宜再汗渴胎燥裏證具則下之若煩躁嘔吐大柴胡湯加減亦有下淡黄水沫者稀糞者大承氣下之

白胎黄邊舌

舌中見白胎外有微黄者必作泄宜用解毒湯惡寒者五苓散治之

118 辨症録

《辨症録》，上下兩卷。未著撰者，成書年代不詳。書前有序，認爲“治病不知辨症，猶作文不知認題”，强調辨症的重要性。《中國中醫古籍總目》載録爲清鈔本，現藏于上海中醫藥大學圖書館。

上卷載録總辨，辨天時，辨地利，辨形，辨色，辨息，辨傷寒温熱之異，辨惡寒，辨發熱，辨頭痛，辨項强，辨肩背脊痛，辨腰腿足膝痛，辨周身痛，辨胸滿痛，辨脇滿痛，辨胃痛，辨腹滿痛，辨少腹滿痛，辨汗，辨嘔吐吞酸噎膈反胃，辨渴，辨咳；下卷載辨口唇諸證，辨耳目鼻齒諸證，辨舌各證，辨喉證，辨肺痿肺癰肺痹，辨吐衄便血，辨中風，辨遺精淋濁，辨大便秘結泄瀉，辨小便癃閉不禁，辨痢，辨瘧，辨痞脹，辨腫，辨積聚癥瘕痃癖，辨痰與飲，辨痿，辨痹，辨轉筋筋惕瘛瘲，辨癉，辨厥痙，辨呃噯噫，辨不食不寐，辨狂癲癇驚悸怔忡，辨内癰，辨女子經帶胎産，辨斑疹痧痘等。書末附“辨傳尸”“温病非傷寒論”“急救時證驗方”等。

本書爲闡述中醫辨症的專著，選擇臨床常見病症，廣輯歷代中醫典籍及醫家有關辨證的論述。所選書目上自《素問》《靈樞》《傷寒論》《金匱要略》，下逮明清醫家醫著、醫論、醫案達十餘種。輯録常見病症的特點及辨證方法。如“傷寒温熱之異”一節，輯録《素問・熱論》《難經・五十八難》、葉桂《臨證指南醫案》《温熱論》、戴天章《廣瘟疫論》等有關傷寒温病的内容，從病程、病邪、脈象、病邪入侵途徑、治法等方面辨傷寒温病之不同。“辨色”一節，輯録《素問》《靈樞》《臨證指南醫案》《廣瘟疫論》等有關内容，如摘録《素問・五藏生成論》“青如草兹者死，黄如枳實者死，黑如炲者死，赤如衃血者死，白如枯骨者死；青如翠羽者生，赤如鷄冠者生，黄如蟹腹者生，白如豕膏者生，黑如烏羽者生”等内容，通過色澤辨生死。本書有關辨證的文獻資料較爲詳盡，内容豐富，對于病症的源流研究及中醫臨床辨證有參考價值與借鑒意義。

序

治病不知辨症猶作文不知認題也認題不真則
可恨辨證不真誤藥滿紙豈不更可誅乎故是書以辨
皆有所本且必綴以某書某册一則不敢掠美一則矢[illegible]
所以起衆信從也凡空言病原雖極精粹之語皆有所畧亦[illegible]
敢雜也但分門別病而不立方何也蓋方者臨機應變往往有
同一證而不能同一方者呆訂藥方總非法也又辨形色氣息
而不及脈者何也脈所以驗證空中論脈每從辨起必分傷有

此弦脉内傷亦有此弦脉必以証对之而後有據故脉象或見或隐於各証下則有之不能独立篇名也

辨証錄目錄

上卷

總辨　辨天時

辨地利　辨形

辨色　辨息 胎息短氣少氣

辨傷寒温熱之異　辨惡寒

辨發熱　辨頭痛

辨項強　辨肩背脊痛

辨腰腿足膝痛　辨周身痛

辨胸滿痛　辨脇滿痛

辨胃痛　辨腹滿痛

辨少腹滿痛　辨汗

辨嘔吐呑酸噎膈反胃　辨渴

辨欬

總辨

臨病人問所便○（灵樞師傳篇。此撮治病以問為要務，即此一語，於辨證之理思過半矣。）乙治病必求於本（素問陰陽應象大論）乙治有取標而得者○有取本而得者○有逆取而得者○有從取而得者○治反為逆○治得為從也○（此謂因寒反用為逆反熱，因熱用為逆反寒，餘可類推）乙病發而有餘○本而標之○先治其本○後治其標○病發而不足○標而本之○先治其標○後治其本○（素問標本病傳論二條，此撮古為辨證第一要務。然辨標本，然後先後緩急之間立法方然一點不亂）乙知標與本○用之不殆○明知順逆○正行無問○不知是者○不足以言診○故大要曰○粗工嘻嘻以為可知○言熱未已○中寒復起○此之謂也○（素問至真要大論。乙粗工之謬）

辨痞脹　辨腫
辨積聚癥瘕痃癖　辨痰与飲
辨痿　辨痹
辨瞤筋〻惕瘛瘲　辨癉
辨厥痓附　辨呃噯噫
辨不食不寐　辨狂癲癇驚悸怔忡
辨內癰　辨女子經帶胎產
辨斑疹痧痘　附辨傳尸癆法
辨病外傷寒論

辨口唇諸證

弓病口甘者○名曰脾癉○此多食肥甘之所致也○治之以蘭○有病口苦者○名曰膽癉○此人者○數謀慮不決○故膽虛○氣上溢而口為之苦○治之以膽募俞○（素問奇病論）口唇赤而燥○為內熱○白為血亡○上唇燥而倦○人中短縮者○為熱極而欲絕○口開不合○為胃絕○口收如荷包而不能閉○為脾欲絕○名曰繭唇○凡口多開者○為不足○多閉者○為有餘○口中穢臭○為熱壅○作辣者○胃火上逆○作苦者○膽火上逆○作酸者○痰濕滯○作甜者○胃家溼熱○作鹹者○為陰虛○為吐血○作

119 藥書摘要

《藥書摘要》，不分卷，一册。無目録及序跋，作者、抄録者及抄録時間均無考。現藏于上海圖書館。封面題“藥書摘要”，下有“于冠三記”字樣，但字迹鄙陋，與正文中工整的字迹迥异，且封面用紙顯然爲後人所加。藏館著録爲“（清）于冠三輯”恐有誤。《中國中醫古籍總目》載録爲清鈔本。現藏于上海圖書館。

是本爲輯抄本，内容以診法爲主，與本草無涉。認爲“看病必須望色、聞聲、問由、辨舌，與脈合參，庶幾可也”。首列“望色”“聞聲”“問症”“辨舌”内容，論述較爲簡略，每一節均有歌訣，如“問症”即《景岳全書》中的“十問歌”。而後大量篇幅論述脈診，羅列歷代醫家的脈診之論，内容甚詳。自《内》《難》而下，舉凡《甲乙》、仲景、叔和、巢氏《病源》、《千金》、金元四家，及明代一些著名醫家，如張景岳、李時珍、劉宗厚等均有涉及。遵從經典，對各家言論也有所評判，如“徐靈胎先生《診脈論》亦明白簡便，俾人易曉……然《素問・脈要精微論》亦不可不讀，故録出一節以便學者可以類推。各家分配臟腑説亦録於後，以資顧問也。《傷寒論》中有載平脈、辨脈二篇，則又爲叔和所增，亦難盡信”。首先對《素問·脈要精微論》作了闡釋和補注，然後在“脈法統論”中對無病之脈、病脈、七怪脈、婦女幼兒脈象逐一叙述，對脈象的闡述主張以“浮沉遲數細大短長”八脈爲提綱，并重視寸口九道脈。此本另一重要内容是奇經八脈及其病症，同樣廣集諸家之説，如“帶脈爲病”一節中，在引巢氏《病源》論述腎著病的症狀和病因病機後，在治療上“《千金》用腎著湯，《三因》用滲濕湯，東垣用獨活湯主之”，顯示了對該病治療的一個發展過程。此外，對“男女脈位”和“臟腑部位”等一般性問題也有論述。最後是“經絡説”“内景説”，較爲簡單。還須一提的是，此本最後有一句：“張隱庵與其徒朱濟公問於《内經》之旨，甚爲曉暢，今全録於後。”但文後不見張志聰的相關内容，疑未抄全。

綜觀全書，引述醫家大多爲明代及明以前，提及的清代醫家僅徐靈胎和張隱庵，徐氏晚于張氏約五十年。對張隱庵，作者直呼其名字，而對徐靈胎，則稱其爲先生，語氣較爲尊敬，故推測成書應與徐氏生活年代較爲接近。另外，此本所涉某些醫家及醫籍，雖然現已不常見或已佚，如張紫陽的《八脈經》、趙繼宗的《儒醫精要》，但相關内容多可見于李時珍《瀕湖脈訣》或《奇經八脈考》，本書可能衹是轉引而來，故文獻價值一般。

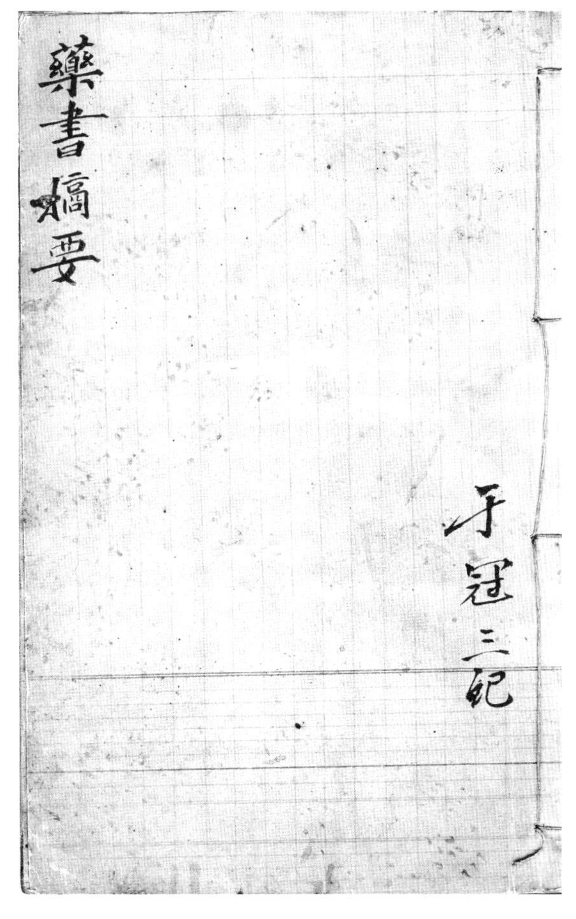

120 醫級脈訣

《醫級脈訣》，不分卷，一册。卷首題“錢塘董西園魏如纂述”。無序跋，有目録。董西園，字魏如，清代錢塘（今浙江杭州）人，業醫，著有《醫級》。董氏宣導：“夫學問之道，不外行遠登高之義，進一步有一步之優遊，歷一級有一級之憑眺。”故書其名爲“醫級”。是書封面題生甫手録，察其内容，知是從董氏《醫級》中録出。現存鈔本，藏于上海圖書館。

全書分十五個部分。“脈學源流”介紹脈的基本知識，如“脈爲氣血先機，憑察盛衰”。“部位”論脈有定位，診有部分，左右寸關尺所可以診察的臟腑。“疑似機理”論脈之機理，闡述老者、少壯者、肥盛之人、瘦小之人、性急之人、性緩之人、身長之人、身短之人、北方之人、南方之人、室女尼姑、孩提襁褓等人的脈象及其産生的機理。“歲運”論歲運與疾病和脈象的關係。“生尅常變”論脈象隨四時生克而變化。“脈形”論脈之形態。《三部要略》論寸關尺三部主病。《主病篇》論脈象所主之疾病，如：“浮爲表證，法當表汗，此其常也，然亦有宜上宜下者。仲景云，若脈浮大，心下硬，有熱，屬臟者，攻之，不令發汗者也。”《九氣篇》論氣逆、氣亂、氣緩、氣怯、氣結、氣消、氣收、氣泄、氣沉等出現的脈象。《宜忌篇》論脈之宜現與不宜現，如：“勞宜虚軟，怕逢左右雙弦。”《常變篇》論脈之常與變，如：“遲爲寒脈，而遲偏盛大，亦爲伏熱。”

是本注重在具體情況中探討脈理，有實踐意義，可供參考。

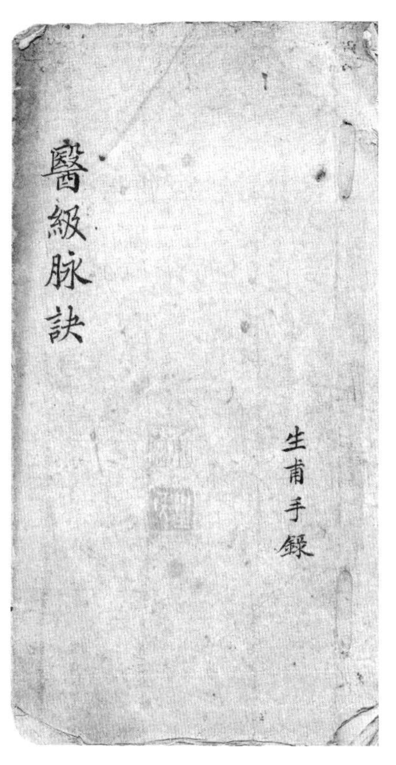

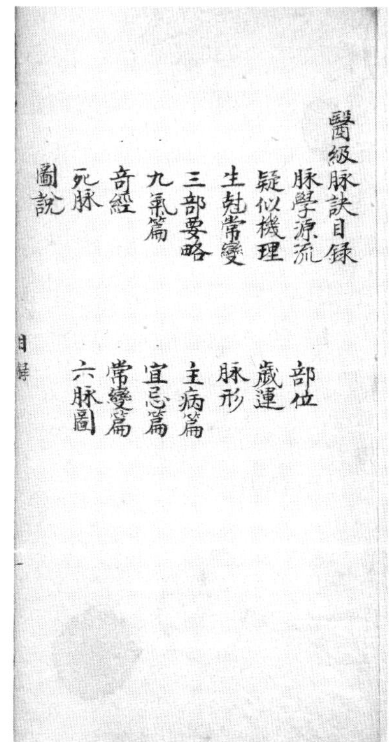
醫級脉訣目録

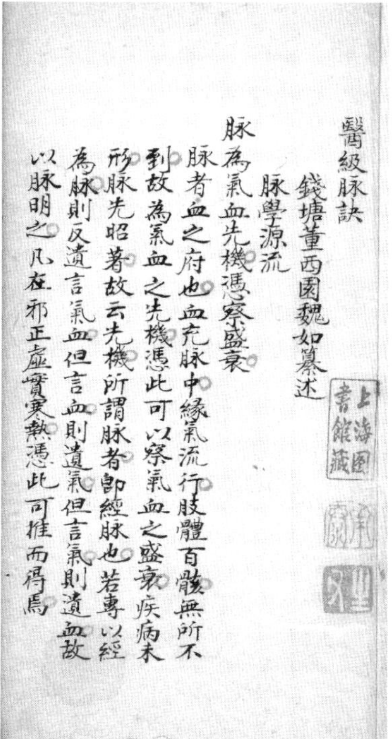
醫級脉訣

錢塘董西園魏如纂述

脉學源流

脉爲氣血先機憑察盛衰

脉者血之府也血充脉中緣氣流行肢體百骸無所不到故爲氣血之先機憑此可以察氣血之盛衰疾病未形脉先昭著故云先機所謂脉者即經脉也若専以經爲脉則反遺言氣血但言血則遺氣但言氣則遺血故以脉明之凡在邪正虛實寒熱憑此可推而得焉

121 醫辨透宗

《醫辨透宗》，不分卷。首卷載楚水楊鈖壬錫忍仙著，疑作者爲楊鈖，字壬錫，號忍仙，然查閲相關辭書與方志均無記載。《中國中醫古籍總目》載録爲清鈔本，現藏于上海中醫藥大學圖書館。首頁有上海中醫學院圖書館藏書章。

是書分四部分，第一部分記載"四診條貫"，以望色、切脈爲主。其中切脈包括脈原、脈體、脈用、《靈樞》六脈候五臟、奇經八脈、三部九候七診等，其後記載胃氣動應、膚部寒熱、變脈形期、内科脈證、幼科診法、痘科診法、婦科脈證、胎産脈證、《淮南子》論人生質、瘍科脈證等辨脈證治。第二部分記載"治痛"，包括《靈樞》厥心痛、《外臺》九種心痛、增訂高士宗按部治痛等。就高士宗治痛而言，抄録者按："先生著《醫學真傳》，足補昔賢所未逮，但遺漏甚多，并部署亦欠清，兹加詳析。"第三部分以本草爲主，按藥物五味之辛、苦、甘、辛苦、辛甘、甘苦、鹹等分類記載。第四部分記載"中風證治"，包括中風辨證歌、中風證治八法、肝陽痰中、脾陰痰中、脱中、鬱中、火中、食中、麻木不仁等，并選載葉天士治中風方案，附治方同病异案。

是本抄録字迹優美清晰，保存精良，是爲鈔本中較爲優良的診斷學專著之一。于四診後略附醫案及選方用藥，如新製平緩湯、新製清震湯等。唯抄録次序略顯煩亂，先後不甚明瞭，可供學習診斷者借鑒。

醫辨透宗卷四　四診條貫

楚水楊鈞壬錫忍仙著

望色

木青火赤土黃金白水黑行色連生隔尅生合化順尅兼化逆

青赤化紅兼青石青赤黃化紅兼黃雄黃黃白化黃兼白淡黃

白黑化黑兼白淡黑黑青化黑兼青深碧白青化青兼白淺碧

青黃化青兼黃綠色黃黑化黃兼黑黧色黑赤化黑兼赤紫色

赤白化白兼赤紅色　縞白羅裹藍赤石青蒼璧忌如藍靛縞裹

痺

素問風寒濕三氣雜至合而為痺也其風氣勝者為行痺寒氣勝者為痛痺濕氣勝者為著痺也風痛浮散不定無常或上或下四肢遊行後世曰流火亦曰走注俗曰鬼箭寒痛沉凝有定不腫後曰痛風濕痛重著有定而腫金匱謂經熱則痺劉河間謂熱痺脣口反縱皮膚色變肌熱皮裏忽如鼠竄嚴氏謂痺脈大而濇濇而緊脈來急急即緊也

熱痺

濕熱單鬱經絡寒戰熱蒸骨骱煩疼舌色灰滯面目痿黃宣痺

虛癆汗喘純熱不兼濕者蘆根亦滲液而致亢薄荷開毛竅而極燥多則劫津牛子散喉痺而過宣多反助腫但用三分足矣

痺癃大渴引飲大汗如蒸熱迫不安陽明熱宜白虎湯主之再肢節煩疼兼太陽中風桂枝白虎身肢重著兼太陰中濕蒼朮生用白虎獨背微惡寒者人參白虎癃非胃熱消水者勿用石膏癃至正虛邪乘乃於逐邪方中加參五六分不得擅用獨參癃忌攻下縱有陽明熱結一服大黃芒硝枳實表邪陷裡必至虛脫如兼脹痛實證可加厚朴五分檳榔錢半

肺癃寒從背起咳嗽頻仍渴飲舌白脈濡伏暑尚淺導肺湯主之杏滑茯三梨皮二桑葉翹苓錢半均蔻殼八分肺癃淺寒從

史國公酒治中風癱瘓半身不遂皮膚麻木身肢鬆懈手足顫蠕亦治風濕自汗寒濕無汗筋緩弛長臥難轉側

史國公酒虎脛骨生鼈甲炙蠶沙歸松節側栢節非游松也游松名瘟山柳大毒為棺令尸青紫如服毒然萆薢羌防光各二杞子五茄根鈑工蒸八酒斗潔

新製舒筋透骨湯治前症濕膩筋柔痺似痿躄

追地風錢半千年建海楓藤各二錢安闊子一錢腰痛硬加茴草痠軟加生杜仲各一錢有汗加桂枝八分生白朮二錢無汗身肢重著加生蒼朮一錢無汗身骨痠疼加羌活八分

四、本草

122 十二經湯液分注

《十二經湯液分注》，不分卷，兩册。不著撰者。封面分别題爲“太陰經方（太）”“厥少陰方”。藍格鈔本，單魚尾。《中國中醫古籍總目》載録爲清鈔本，誤題作“十二經湯液分經”。現藏于中華醫學會上海分會圖書館。

本書將太陰、厥陰、少陰三經方劑按補、攻、氣、風、寒、暑、濕、燥、火、痰、消、清、殺蟲、目疾、瘍、産、經、吐、表裏、和解二十類分列。每類載方數首，如厥陰經“補”篇載方五首：六味地黄丸、七寶美髯丹、參乳丸、秦艽鱉甲散、益氣聰明湯。太陰經“補”篇載方二十首：還少丹、黑地黄丸、天真丸、三才封髓丹、大造丸、人參固本丸、參乳丸、唐相國方、參苓白术散等。每方下首注是方爲某經方或某經某經方，次載病證症狀、脈象及病因病機，再列方藥組成及配伍分析，末爲集解，引許學士、嚴用和、李東垣、喻嘉言、吴崑、汪昂、周揚俊等醫家相關論述，所引汪氏醫論最多。部分方後列此方之類方，如四物湯後列類方十九首，包括知柏四物湯、二連四物湯、三黄四物湯、三黄補血湯、治風六合湯、治氣六合湯、艾附暖宫丸等。是書方解，常以二味爲解，若藥味甚少，則單味爲解。如三才封髓丹，藥共六味，分三對解：“天冬、熟地，補肺生水，補腎滋陰；人參、黄柏，補脾益氣，入腎滋陰；砂仁、炙草，入脾行滯，變苦立中。”後列類方：“三才湯，去柏、砂、草後三味，治虚勞咳嗽。鳳髓丹，去天地人前三（味），（治）心火旺而精滑。”又如天真丸：“羊肉、蓯蓉，補可去弱；人參、羊肉是也，補形氣；山藥、當歸，男子佳珍，養榮以益血；天冬、黄芪，保肺固衛；人參、白术，補氣健脾；糯米，暖胃生津。”後引喻嘉言醫論：“此方可謂長於用補，而製法尤精，允爲補方之首。”

是書體例、内容與《醫方集解》相類，其特色在于按經分類，更加細化，然有部分方劑出現重複著録情况，如還少丹、六味地黄丸既録入厥陰經中，又收入少陰經中，黑地黄丸既入太陰經中，又載少陰經中等。書中“玄參”作“元參”，“弦”字避諱不規範。是書題名“十二經”，然所見僅太陰、厥陰、少陰三經，似有散佚。本書所載均屬臨證常用方劑，方解擷采名家論述，以藥對形式解析方義是其特色，可供研讀。

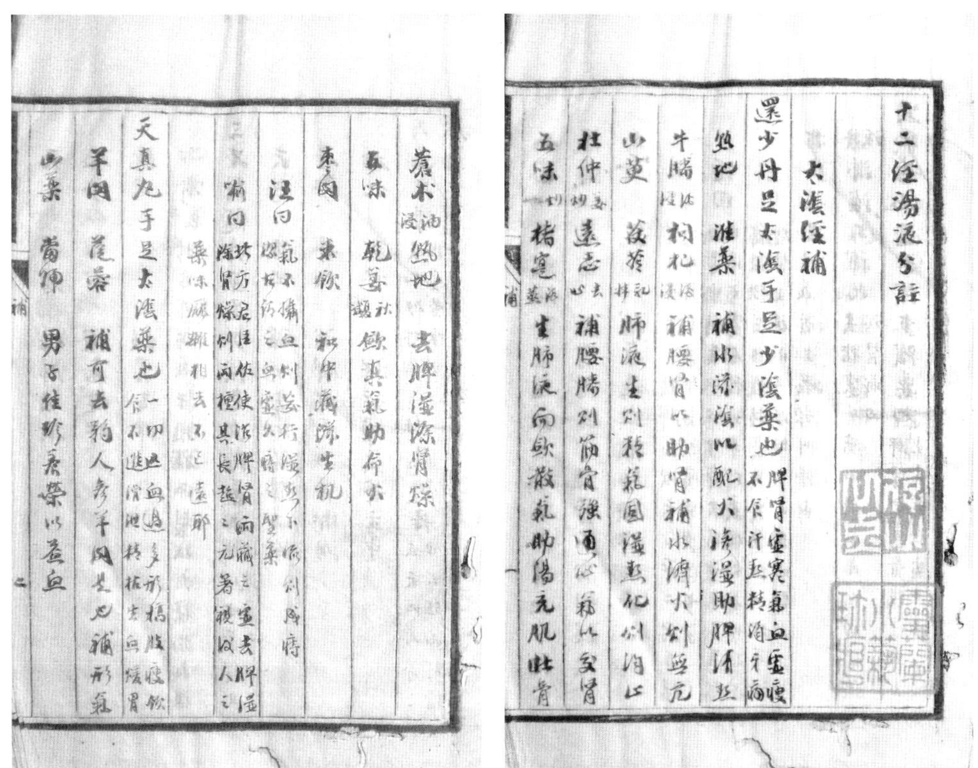

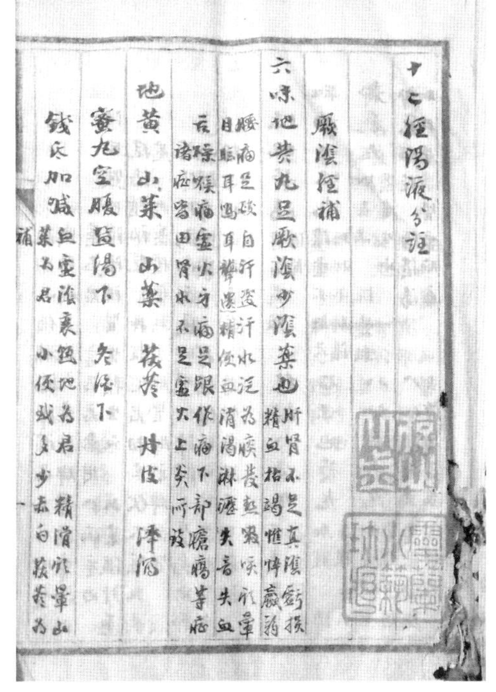

123 王宇泰藥性賦

《王宇泰藥性賦》,不分卷,一册。明王肯堂撰。王肯堂(1549–1613),字宇泰,號損庵,又號念西居士,明代官吏、醫家,金壇(今屬江蘇)人。世業醫,嘗博集醫書,結合長期臨證心得,歷十一年編成《證治準繩》四十四卷,另著有《肯堂醫論》《鬱岡齋筆麈》等,并輯有《古今醫統正脈全書》。《王宇泰藥性賦》成書年代未詳,《中國中醫古籍總目》載録爲明萬曆三十年(1602)。現存鈔本,封面題“紫芝仙館”,藏于上海中醫藥大學圖書館。

是本首載藥物,後附脈訣。全書共載藥物二百六十五味,概述各藥功用、適應症、禁忌、用法、炮製等。如:“天花粉,治熱痰止渴,消煩獨任”,“白豆蔻,炒香,木翳胸膨可覓”。脈訣部分有《五運主病》《歸空十法》《驗諸死症脈》《内因脈》《外因脈》《不内不外因脈》《諸脈宜忌類》《死絶脈》《動止脈》《止脈》《分人迎氣口脈訣》共十一篇。如《諸脈宜忌類》列傷寒、咳嗽、腹脹、下痢、霍亂、狂疾、消渴等三十一種病證的脈象宜忌,如“傷寒熱病宜洪大忌沉細”,“咳嗽宜浮濡忌沉伏”。

本書以歌賦體概述各藥功用,内容簡單明瞭,條理清晰,可供臨床參考。

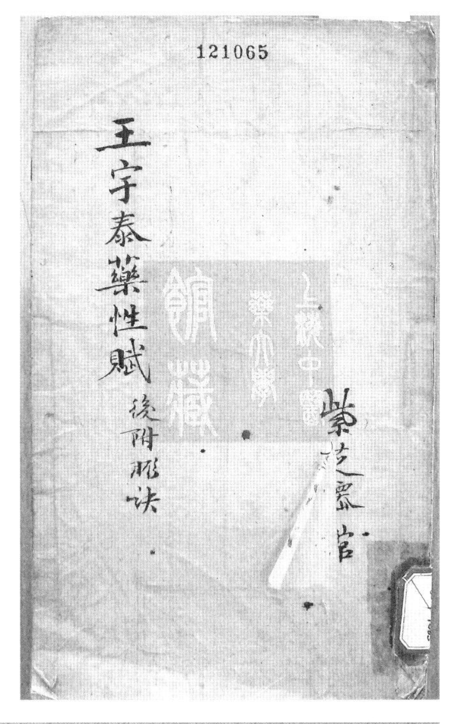

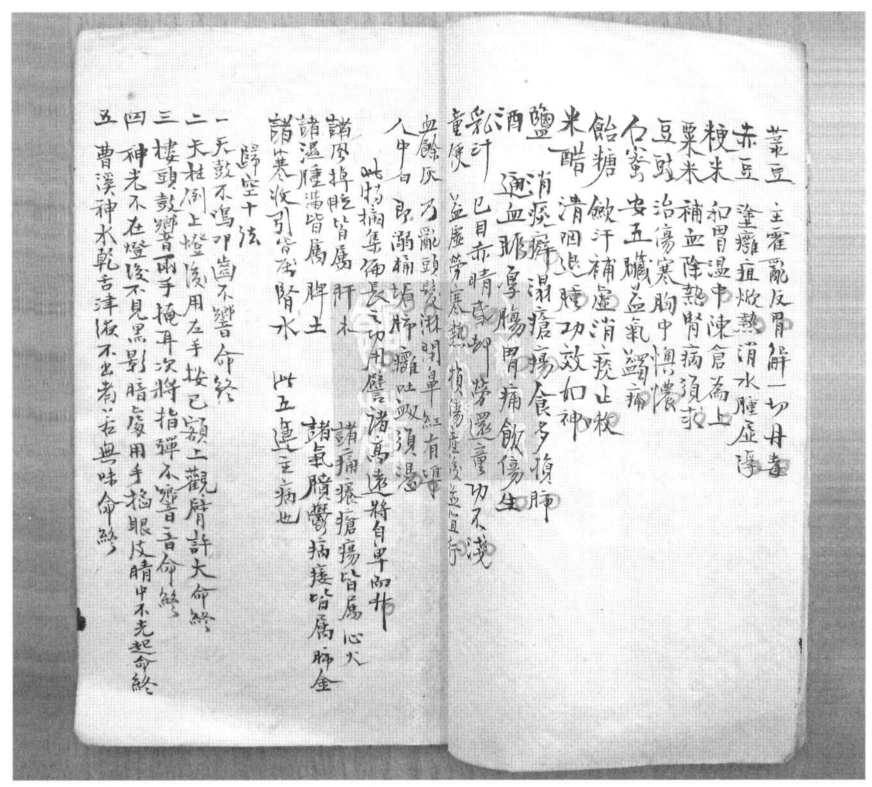

124 本草抄

《本草抄》,不分卷,一册。封面未題書名。此本首尾均已破損,雖經修補,但缺字較多。無序跋、印鑒及其他可供判斷的綫索,故抄寫的時間和抄寫者的姓氏均不詳。但從紙質的破損程度來看,抄寫時間應該較早,且抄寫内容均爲明李時珍的《本草綱目》,未見其他明清醫家的著作,故推斷,可能爲明末或清初時抄録。《中國中醫古籍總目》載録爲清鈔本。現藏于上海圖書館,著録爲《本草抄》。

此本大致可分爲兩部分。前爲理論部分,抄録"七方十劑""標本陰陽""升降沉浮""四時用藥例"和"東垣用藥報使"等。除"東垣用藥報使"外,其餘均抄録自《本草綱目》。後爲具體藥物,按風門、熱門、火門、氣門、濕門、燥門、寒門、血門及雜集九大類分類,約一百四十味藥。内容主要是《本草綱目》的"氣味"及"發明"兩部分。唯有"紫菀"一藥僅抄録"主治"和"附方"内容,而無"發明"。"發明"内容幾乎是全文抄録,"氣味"却常爲摘抄。少數藥物在藥名下旁注《本草綱目》的分類出處,如木香、肉豆蔻下旁注"芳草門",蘇木、槐實下旁注"喬木門"等。還有部分藥物在"氣味"下抄有"修治"内容,但一般比較簡略,如蒺藜,注有"入藥不計丸散,并炒去刺用"等。

此本所録藥物雖然不多,内容也比較簡單,但有兩點值得注意:一是藥物分類,此本并不按藥性、藥物功效或自然屬性等常見的分類法分類,而是按病機分類,或許反映了抄者的臨床思路與用藥習慣。但藥物的歸類與一般的中藥藥理認識有出入,有些歸類不盡合理,如天南星、半夏歸入"氣門",何首烏、蒺藜歸入"風門",枸杞子歸入"火門"等。二是所録絶大多數是無毒藥物,"有小毒"的藥唯有桔梗、皂莢、桑葉、杏、桂、吴茱萸六味。"有毒"或"有大毒"的僅有天南星和半夏兩味,他如烏頭、附子、巴豆、商陸、甘遂等剛烈藥物均未入選,反映了抄者對處方用藥的謹慎態度。

序例下

十劑

徐之才曰藥有宣通補瀉輕重澁滑燥濕十種是藥之大本而本經不言後人未述凡用藥者審而詳之則靡所遺失矣

宣劑

之才曰宣可去壅生姜橘皮之屬是也

杲曰外感六淫之邪欲傳入裡三陰實而不受逆于胸中天分氣分窒塞不通而或噦或嘔所謂壅也三陰者脾也故必破氣藥如姜橘藿香半夏之類瀉其壅塞

從正曰俚人以宣為瀉又以宣為通不知十劑之中已有瀉與通矣仲景曰春病在頭大法宜吐是宣劑即涌劑也經曰高者因而越之木鬱則達之宣者升而上也以君召臣曰宣是矣凡風癎中風胸中諸實痰飲寒結胸中熱鬱上而不下久則嗽喘滿脹水腫之病生焉非宣劑莫能愈也吐中有汗如引涎追淚嚏鼻凡上行者皆吐法也

完素曰鬱而不散為壅必宣以散之如痞滿不通之類是也攻其裏則宣者上也泄者下也涌劑則瓜蒂梔子之屬是矣發汗通表亦用

附方 小便淋痛（石膏滑石等分為末每服刀圭最駃）小便轉脬（石膏末毛車前子各二錢半水一中盞煎食前服）崩中漏下（石膏為末每服三錢溫酒服甚良）便前有血（石皮為末茄子煎湯下二錢 普濟方）氣熱欬嗽（石膏[illegible]柳等分為末姜湯服二錢 聖濟錄）

滑石 氣味甘寒無毒

別錄曰大寒 之才曰石膏為之使惡曾青制雄黃

發明 頌曰古方治淋瀝多單使滑石又與石膏同搗末飲服刀圭更駃又主石淋取十二分研粉分作兩服水調下煩熱定停後服 權曰滑石療五淋主產難服其服末又末與丹參蜜猪脂為膏入其月即空心酒下彈丸大臨產倍服令胎滑易生除煩熱心燥 元素曰滑石氣溫味甘治前陰竅澁不利性沉重能泄上氣

125 本草拔萃

《本草拔萃》,上下兩卷。清陸仲德撰,清譚淡庵抄。陸仲德,字太純,號貞陽子,常熟人,好學深思,精于醫,尤長本草。譚淡庵,字位坤,湖南人,書内載其"康熙七年歲入見科名録"。首頁書"東吴陸太純貞陽子輯,湖南譚位坤淡庵氏校寫",象鼻處題"博聞録""媚獨齋"字樣,内有"佟德園遺書"印。據卷上末所題"雍正歲次乙巳正月初三日晴窗呵凍",或抄成于1725年。此書爲孤鈔本,現藏于中國科學院上海生命科學信息中心生命科學圖書館。

此書目録殘缺。藥物分類、内容體例仿繆氏《本草經疏》,每味藥物大體按藥名性味、主治、參治、簡治、修治的順序記録。"主治"部分記載藥物的主要功效及闡釋藥性;"參治"部分引述其他醫書的相關内容,對"主治"加以補充;"簡治"部分記載用藥宜忌及注意事項;"修治"部分叙述藥物的炮製方法及選材。又根據藥物的特性,參治、簡治、修治三部分或各有側重,或略去其中某治。如"丹砂"一味,有藥名性味、主治、簡治、修治,而略去參治。丹砂"氣寒、味甘、無毒","簡治"中引録繆氏之言,闡釋丹砂性雖無毒,但"經伏火或一切烹煉,則毒等砒硇";"修治"載炮製丹砂須"研如飛塵,水飛三次,以磁石吸去鐵氣",工序繁雜。又介紹"淡豆豉",性味"微温、味苦、無毒",爲"陰中之陰也,入手太陰經",主治傷寒時疾、止懊惱煩躁、治消渴等。後以小字引録宋代蘇頌、明代李時珍之言,闡述淡豆豉的使用方法及配伍功效。如"黑豆性平,作豉則温,即經蒸煮,故能升能散,得葱則發汗,得鹽則能吐,得酒則治風,得薤則治痢,得蒜則止血,炒熟又止汗",闡釋了淡豆豉的性味、功效與其炮製方法密不可分。

本書多集歷代醫家之言,而著者按語較少。錢謙益在所作序中言:"仲淳殁後三十餘年,年家子陸仲德氏讀繆氏之書而學其學,作爲《本草拔萃》,

以發明其宗要。”(《牧齋有學集》卷二)可知陸氏撰寫此書時,參考了繆希雍的《本草經疏》,同樣采用了注疏的形式發揮其要。本書内容簡明清晰,按主治、參治、簡治、修治分別叙述,臨證查閱較爲方便。又本書爲孤鈔本,故具有重要的文獻價值。

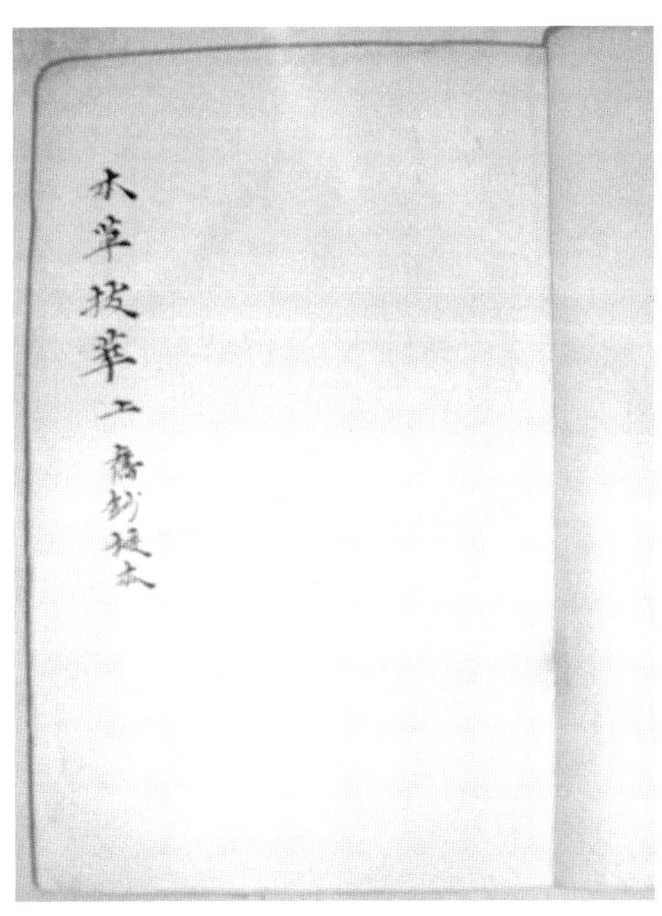

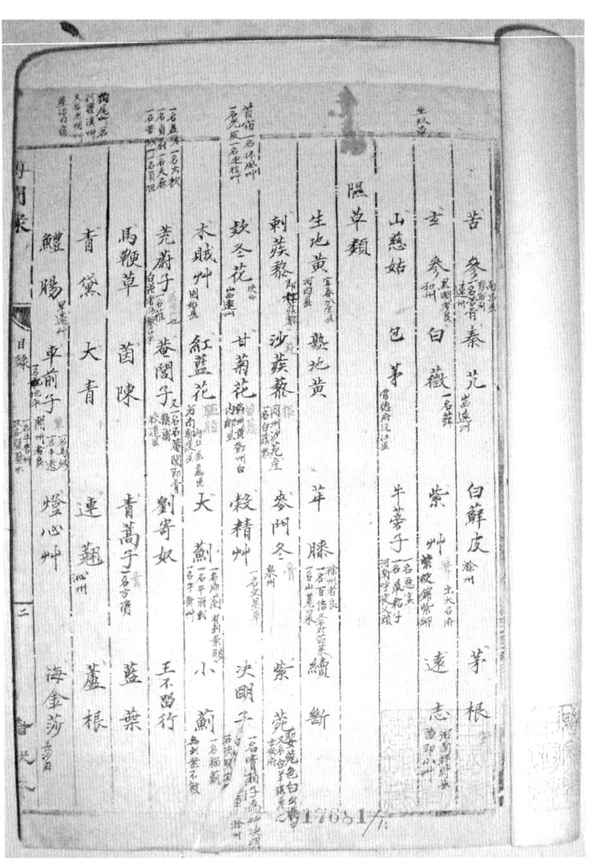

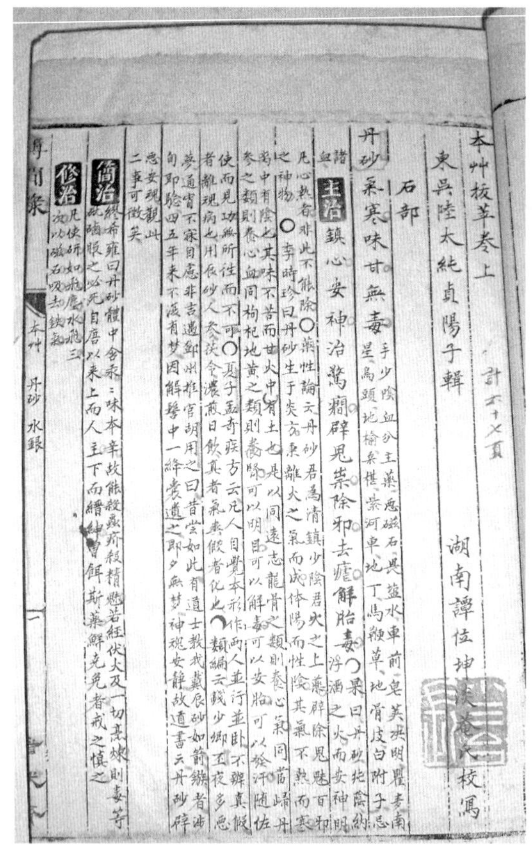

126 本草明覽

《本草明覽》，不分卷，一册。作者不詳，目録後有抄者鈕文鰲後記云："咸豐四年甲寅歲，余館於劉東孟家，東孟出示《本草明覽》……爰借鈔一過，以備參觀。"可知是本抄于1854年。每卷首末有"吴下阿鰲""仙州手抄"等印章。現藏于上海圖書館。

是本共十一卷。卷一、卷二爲草部，載藥一百七十一種；卷三木部，載藥五十七種；卷四穀部，載藥二十種；卷五菜部，載藥十六種；卷六果部，載藥二十五種；卷七玉石部，載藥四十二種；卷八獸部，載藥十六種；卷九禽部，載藥九種；卷十蟲魚部，載藥二十三種；卷十一人部，載藥九種。共三百八十八種。但有部分藥物還附有多種其他藥物，如官桂下附桂枝、柳桂，枸杞子下附地骨皮、仙人杖等，故實不止三百八十八種。最後附"引經報使""六陳""十八反""十九畏"及妊娠藥、臌脹忌服等内容。

除性味、歸經外，主治部分主要用駢文體寫成，讀來琅琅上口。部分常用藥加有按語，敘述藥物的主病特點及與相關藥物的比較，引述諸家之説，主要采自仲景、東垣、丹溪，也有明清諸家，如李時珍、《醫宗金鑒》之説。如"東垣云：牽牛非《神農經》出。《名醫續注》云：味苦寒，能除濕，利小便，治下注脚氣。據所説，氣味、主治俱誤。凡藥中用牽牛者，少則動大便，多則瀉下。試取嘗之，味則辛辣，久嚼雄壯，漸漸不絶，非辛而何？其謂苦寒者，果安在哉！"在比較藥物作用時亦常一語中的，如"丹溪云：燈籠草治熱痰嗽，佛耳草治寒痰嗽"。在比較白术、蒼术時，其按語指出："术雖二種，補脾燥濕功用俱全。但白者補性多，且有斂汗之效；蒼者治性多，性專發汗之功……大抵卑監之土，宜白以培之；敦阜之土，宜蒼以平之。"寥寥數語，特點鮮明。其他如生熟地、天麥冬、參芪等藥的比較亦大抵如此。鈕文鰲説余"覺藥性詳明，班班可考，詢推善本，實當代之鴻寶也"，可供臨床參考。

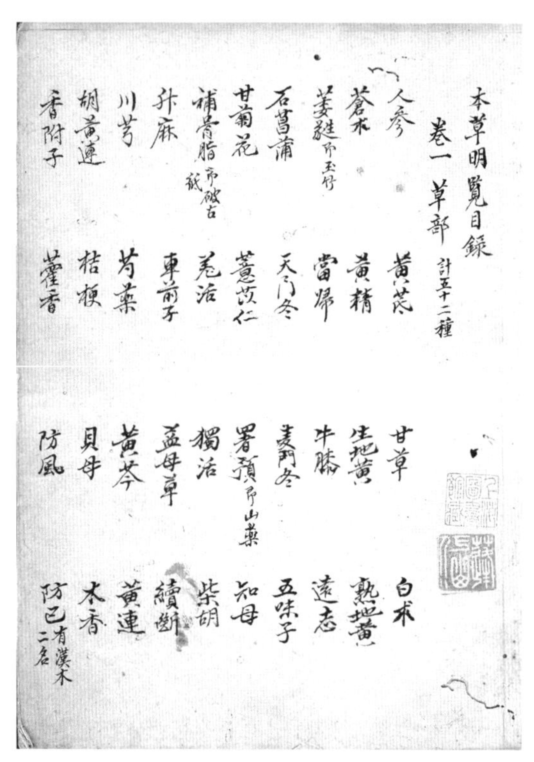

本草明覽目錄

卷一 草部 計五十二種

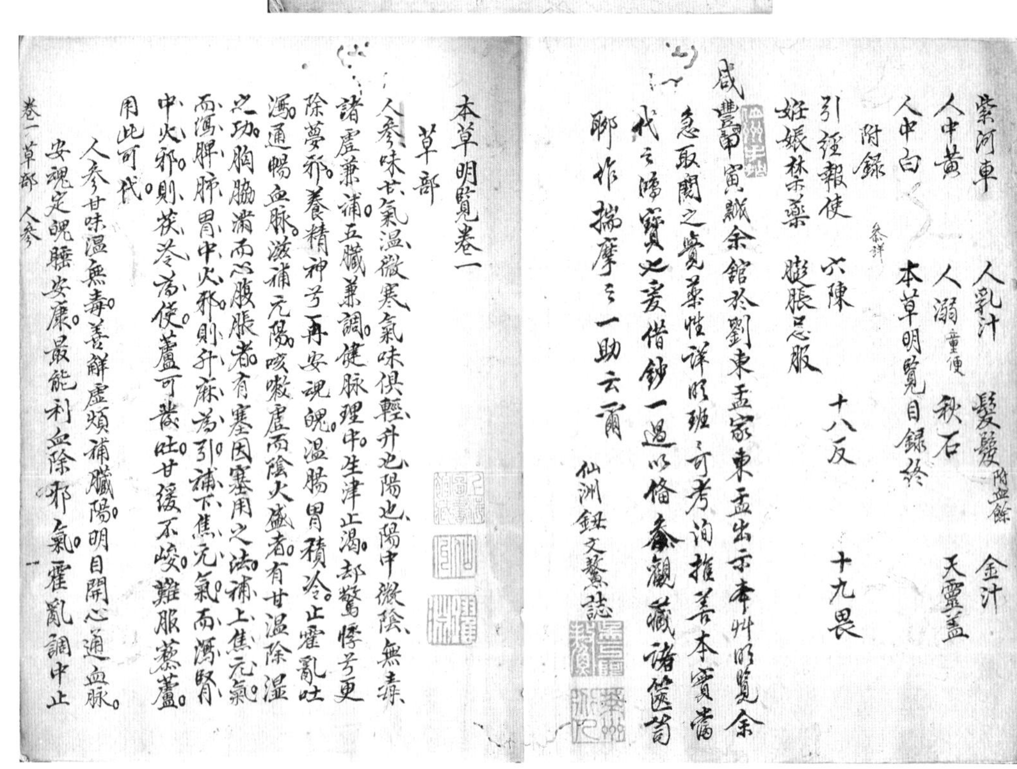

本草明覽目錄終

附錄 參詳

咸豐甲寅歲余館於劉東孟家東孟出示本草明覽余急取閱之覺藥性詳明班班可考洵推善本實當代之隱寶也爰借鈔一過以備參觀藏諸篋笥聊作揣摩之一助云爾

仙洲鈕文鰲誌

本草明覽卷一

草部

人參味甘氣溫微寒氣味俱輕升也陽也陽中微陰無毒諸虛兼補五臟兼調健脉理中生津止渴却驚悸益更除夢邪養精神定魂魄溫腸胃積冷止霍亂吐瀉通暢血脉滋補元陽咳嗽虛而陰火盛者有甘溫除濕之功胸脇滿而心腹脹者有塞因塞用之法補上焦元氣而瀉脾肺胃中火邪則升麻為引補下焦元氣而瀉腎中火邪則茯苓為使蘆可發吐甘緩不峻難服慈蘆用此可代

人參甘味溫無毒善解虛煩補臟陽明目開心通血脉安魂定魄軀安康最能利血除邪氣霍亂調中止

卷一 草部 人參 一

127 本草便誦

《本草便誦》，十二卷，十册。張艮西撰，其侄孫張效堃（字順乾）、張效相（字貴良）、張效椿（字年永）協助校對，曾爲雲間朱孔陽珍藏。張艮西，字安鈍，雲間（今上海松江）人，生平不詳。協助校對者生平亦不詳。朱孔陽，字雲裳，晚號庸丈、龍翁、聾翁，松江人，現代著名社會活動家、金石書畫家、文物鑒賞收藏家、醫史學家、詩人。其著作有《殷墟文字考釋校正》《名墓誌》《分韻古迹考》《分韻山川考》等。是本每册見朱孔陽先生藏書章三枚。具體成書年代不詳，書中"玄"避康熙帝玄燁名諱缺末筆，與藏館載録爲清代合。現存鈔本，藏于上海圖書館。

是本乃撰者搜采古今本草要論，匯集一書，并就字、音、釋逐句標點、詳解。文前首載凡例，記搜採原則、編排體例、主要内容等概況，但有缺頁。凡例後附《隨證查方》《服藥所忌食物》《妊娠禁忌》三篇，可供臨床用藥時快速查閱。正文所載藥品分草部、木部、穀部、果部、水部、火部、金部、土部、玉部、人部、禽部、獸部、鱗部、介部、蟲部及補遺之藥共十五部，凡一千二百七十二種。每藥先列出别名，再引《别録》《本草綱目》等諸家用藥精論，最後總述藥物的功效。需要記誦的如藥物功效、忌宜之類，文中以大字撰寫，清晰醒目，而藥物别名、醫家要論及藥物功效的具體闡釋皆由小字書寫，以作補充。補遺之藥屬非常用之輩，則列于最後簡述，以供查考。

是本薈萃衆家本草精論于一書，編排合理，論述詳盡，便于初學者一目了然。且文中眉批多爲難字注音，如蕪荑又名蔱蘠，注爲"蔱蘠音電堂"；又如胡荽，注爲"荽音綏，松江土音若衰"。如此注重讀音，甚至指出方言音讀，是爲便利讀者識别背誦，足見撰者著書之目的，從中亦可明曉書名之由來。

本草便誦卷之一

雲間張艮西安鈍氏採編

受業姪孫張效堃順乾 效相賁良 效椿年永 校

草部

暴音僕晒也

鎦音劉同劉

蘸盞去聲 溼俗誤用濕

甘草 又名國老 靈通 蜜甘 美草 蜜草 蕗草

詩註以苓之一名大苦爲甘草者乃黄藥非甘草也

別録曰生河西川谷積沙山及上郡二月八月除日采根暴乾陶弘景曰河西上郡今不復通市今出蜀漢中悉從汶山諸夷中來蘓頌曰今陝西及河東州郡皆有之沈括筆談云枝葉如槐高五六尺葉端微尖而糙濇似有白毛結角作一本生至熟時角拆子扁而極堅今出河東之西界鎦積霏雪録云安南之甘草大者如柱土人以之架屋王好古曰氣薄味厚升而浮陽也入足太陰厥陰經李時珍曰通入手足十二經以大至經寸而結緊斷文者爲佳謂之粉草輕虛及細小者皆不及之方書炙甘草用長流水蘸溼炙之至熟刮去赤皮或醮漿水炙熟徐之才曰二

本草便誦 草部 卷之一

○只治猝飽氣壅不通○搗汁服

麨音草蒸米或麥麪熬過磨而作之又名爲糗

林檎 又名文林郎果 來禽

唐高宗時紀王李謹獻五色林檎帝大悅之賜謹爲文林郎人遂因以爲名

李時珍曰此即柰之小而圓者其味酸者即楸子也其類有金林檎紅林檎水林檎蜜林檎黑林檎皆以色味命名黑者色似紫柰亦有冬月再實者林檎熟時晒乾研末點湯飲之甚美謂之林檎麨此樹若生毛蟲埋蠶蛾於下或以洗魚水澆之即止禹志曰二月開粉紅色花六七月熟多食發熱及冷痰澀氣生瘡癤閉百脉令人好睡

甘酸而温○蘓頌曰白者早熟而味脆美 酸者差晚熟極了始可啖○下氣○消痰治霍亂腹痛○止消渴洩精○并治小兒水穀痢及閃癖

榲烏問切音醞

桲音勃

榲桲

禹志曰生於北土似樝而小蘓頌曰今關陝有之沙苑者尤佳其實似樝但膚慢而多毛味甘氣芳置衣笥中亦香

128 本草約編

《本草約編》，不分卷，一册。作者、抄者均不詳。無序跋及抄者或藏書者的印鑒等。前有類目及細目。藏館與《中國中醫古籍總目》載録爲清鈔本。現藏于上海圖書館。

該鈔本共載藥四百六十五種，其中草類藥一百八十七種，木、果類藥一百二十五種，穀、菜類藥四十二種，金石類藥四十種，其餘七十一種爲禽、獸、鱗、介類藥。藥物的分類基本同《本草綱目》，如草部又分爲山草、芳草、隰草、毒草、蔓草、水草、石草、薹草等，但具體排列次序有所不同。所列藥物更加細化，如地黄又分爲“生地黄”“乾地黄”和“熟地黄”，芍藥分“白芍”和“赤芍”，分别叙述。

是本爲簡易的本草類讀本，每藥只列藥物性味和功效，文字簡約。其作用功效往往采用駢體文寫成，内容較少者，則以一兩句概括之，如甘松“醒脾理氣”，熟地“大補肝腎，養血滋陰”，石葦“清肺以滋化源，利水而治崩淋”，往往能一語中的。内容較多者，雖然文字較長，但由于上下文對句，讀來琅琅上口，也便于記誦。如人參“補氣安神，除煩益智；止心腹寒痛，療虚勞脹滿；消痰水，破堅積；氣壯而胃自開，氣和而食自化”。香附“味辛能散，微苦能降，微甘能和。通十二經，主一切氣；利三焦，解六鬱；消痰飲積聚，解痞滿癰疽。生則上行胸膈，熟則下行足膝；隨藥補瀉，隨製行經”。甘菊“能制心火，可息肝風；療眩運目疾之翳膜，散濕痹游風而敷毒”。切合臨床實際，尤宜于初學醫者誦讀，有一定的臨床參考價值。

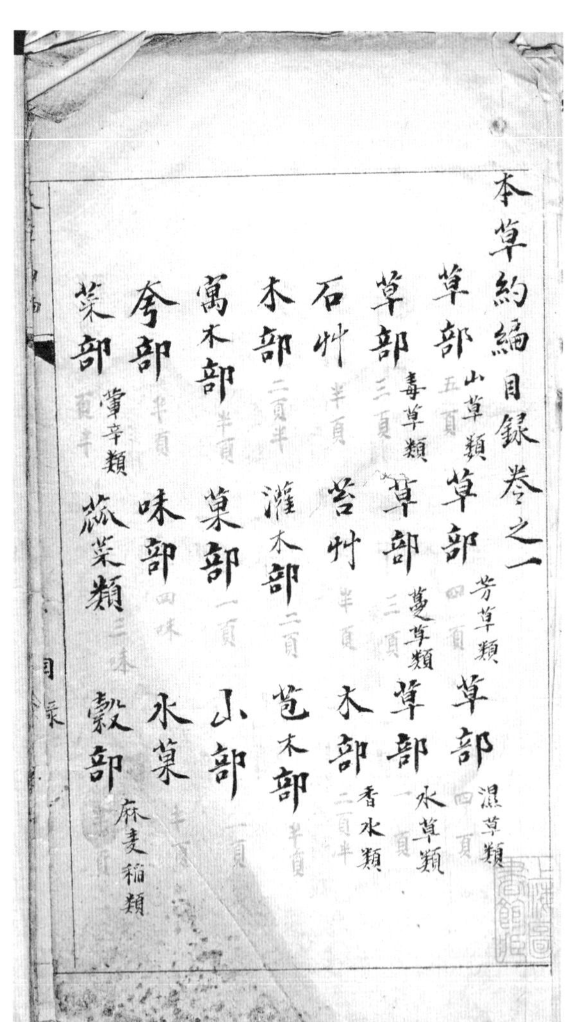
本草約編目録卷之一

本草約編

○草部 山艸草

人參味甘補氣安神除煩益智止心腹寒痛療虛勞脹滿消痰水破堅積氣壯而胃自開氣和而食自化今用東洋功力皆全

黨參甘平悅脾啟胃中氣虛者持以調補

西洋參味苦性寒補肺降火生津除煩

沙參甘苦微寒味淡體輕補五藏之陰清肺家之火

甘草味甘能瀉能補可升可降生用可瀉心火炙用可補三焦和藥解毒止痛生肌稍止莖中作痛節醫腫毒諸瘡

129 本草害利

《本草害利》，上下兩卷，兩册。卷首署“吴興凌奐曉五著，門人王普耀馥巖校”，自序落款爲“咸豐壬戌年（1862）”。凌奐（1822–1893），原名維正，字曉五，一字曉鄔，晚號折肱老人，浙江吴興人，凌雲十一世孫，著有醫學著作《飼鶴亭集方》《醫學薪傳》《凌臨靈方》《六科良方集要》《本草害利》《外科方外奇方》。凌氏素善藏書，著有《飼鶴亭藏書志》，所珍藏之刊本、鈔本多達萬卷。凌氏從吴古年處得《本草分隊》一書，遂集各家本草，補入藥之害于病者，逐一加注，更名爲《本草害利》。《本草害利》一書尚存稿本，藏于國家圖書館。另有鈔本，藏于上海辭書出版社圖書館，自序頁有印章“中華書局圖書館藏書”。

是書首先按照藥物對五臟六腑的功效，以軍隊的模式進行排列，分爲《心部藥隊》《肝部藥隊》《脾部藥隊》《肺部藥隊》《腎部藥隊》《胃部藥隊》《膀胱部藥隊》《膽部藥隊》《大腸部藥隊》《小腸部藥隊》《三焦部藥隊》。每種藥隊下，先列屬于“猛將”的藥物，再列“次將”的藥物，如《心部藥隊》中，“補心猛將”爲北五味，“補心次將”是酸棗仁、柏子仁、遠志肉、丹參、龍眼肉、麥門冬等，“瀉心猛將”爲石菖蒲、黄連、木通、辰砂、犀角，“瀉心次將”是山梔仁、連翹、通草、車前子等。其餘藥物列在後面，有的藥名下用小字注上“補心”或“瀉心”。每種藥物包括“害”“利”“修治”三項内容。有的藥名下用小字標出别名，如“蓮子心，一名蓮薏”“乳香，一名薰陸香”等。有些藥物目録不載，在正文中以“附遺”標示，如卷上《心部藥隊》在“石蓮子”和“安息香”中插入“附遺補心猪心血”。有些藥物兼見于多個藥隊中，如黄芩既屬于《脾部藥隊》，又屬于《肺部藥隊》，第二次出現時，僅列藥名，其下注明“見脾部”。

是書集歷代本草及名醫經驗，删繁就簡，羅列常用藥物，按臟腑分隊，以補瀉凉温爲序，先陳其害，後叙其利，并詳述其出産、形狀、炮製方法，是本草書中獨具一格的體裁，對于防止偏差流弊，正確使用藥物，具有較大的指導意義，可供醫藥工作者與病患者參考。

自序

古人有三不朽曰立德其次立功又其次立言余何人也豈敢妄發言哉敢於功德自誇耶從幼年來體弱多病思閱方書因從書賈購得吾郡良醫烏鎮逸林僧所遺醫書甚夥自軒岐仲聖逮今諸家論註靡不收採畧得心領神會遂棄諸子業從吾郡

吳古年夫子遊將歷代名醫著述書藉探本窮源隨時就正讀破萬卷講論偏見錯謬之處或自昏達旦先生年届古稀日逐臨證得有餘暇猶不辭倦且諄諄訓曰醫關性命不可苟且一病有一經所發若察脈辨證尤宜謹恐失之毫釐謬於千里也

本草利害卷上　自序　一

救弊貽誤者少審識藥品出産形狀親嘗氣味使藥
肆中不敢僞充而誤人耳
先生之分隊一書尚未刊行於世遂集各家本草補入
藥之害於病者逐一加注更日本草利欲求時下同道
知藥有利必有害斷不可粗知大畧辯症不明信手下
筆枉折人命用是不揣固陋集古今名醫之刪繁就簡
撰述成書以付剞劂公諸同好並就正於海内明眼亦
慎疾之一端云爾

咸豐壬戌年　吳興凌奐曉自序

本草害利目録

（心部藥隊）卷上
補心猛將　補心次將　瀉心猛將　瀉心次將
（肝部藥隊）
補肝猛將　補肝次將　瀉肝猛將　涼肝猛將
涼肝次將　温肝次將　瀉肝補遺　涼肝補遺
（脾部藥隊）
補脾猛將　瀉脾次將　涼脾猛將
（脾部藥隊）卷下
涼脾次將　温脾猛將　温脾次將
（肺部藥隊）

本草害利卷上　目録　一

本草害利總目録

卷上
北五味一　酸棗仁一　柏子仁一　遠志肉二　丹參二　龍眼
肉三　麥門冬三　當歸四　白芍藥五　茯苓神五　茯苓木六
石菖蒲六　黃連七　木通八　砂辰八　犀角九　山梔仁九　連
翹十　通草十　車前子十一　竹捲心十一　燈心十二　蓮子心十二　石
蓮子十二　安息香十三　乳香十三　琥珀十三　淮小麥十四　金銀箔十四
山豆根十四　天竺黃十四　黃丹十五　象牙十五　真珠十六　赤小豆十六
鬱金十七　合歡皮十七　龍角十八　白茅根十八　人中黃十八　牛黃十九
枸杞子二十　烏梅二十　白梅二十　山茱萸肉廿一　菟絲子廿一　何首
烏廿二　沙苑蒺藜廿二　鼈甲廿二　龍骨廿三　龍齒廿四　左顧牡蠣廿四

本草害利卷上　總目録　一

130 本草集要按

《本草集要按》,十八卷,八册。書前有陳容百(榮伯)的導言,説此書係其“先大父配笙公、先君仲卿公暨先伯父又笙公在日時共同著述”,其父陳鎮(字仲卿)于光緒二十四年(1898)最終繕録成書。書成之後,傳至陳容百。陳時爲上海市中醫文獻研究館館長,1959年將此書作爲國慶十周年獻禮獻與文獻館。書有導言一葉,序言一葉半,凡例半葉,目録十二葉半,正文三百七十葉,約三十二萬字。現存稿本,藏于上海中醫藥大學圖書館。此書與明代王綸所撰《本草集要》八卷無涉。

《本草集要按》是一部中藥學專著。全書將中藥分成若干類,如將本草分成“山草”“芳草”“水草”等不同類别,共收藥物九百八十種。所分條目詳細,如人參條下有人參、參條、參鬚、參蘆、參葉,甘草下分甘草、甘草頭、甘草梢等。

全書體例:先介紹藥物的别名,次談氣味、主治及方劑。叙述藥物功效時,多引用《本草綱目》《本經逢原》《本經疏證》《本草從新》《本草拾遺》中的論述。因此,本書也可視爲藥物學集注。如板藍根條下:“别名馬藍,氣味苦寒無毒,主治婦人敗血、天行熱毒,普濟消毒飲用之。按:時珍謂藍有五種,形雖不同而性味不遠,皆能解毒除熱。劉若金注《本草述》,獨收蓼藍、板藍二味,另列大青于後。張路玉《本經逢原》謂大青即蓼藍,統列于藍實之下,謂藍實即大青之子,性味皆同。然劉若金另列大青,并不言與蓼藍、藍實同,且云出處形色亦有别。不知二説以何爲是,俟再行詳考。”又如敗醬條,下列苦菜、苦蘵、敗澤、鹿腸、鹿首爲别名,“時珍曰:處處原野有之……根苗氣味苦平,無毒。主治解毒排膿,療癰腫,破瘀血,治産後諸病。氣寒解鬱熱,能化膿爲水,善催生……《金匱》薏苡附子敗醬散，治腸癰固結未潰，故取薏苡下達，敗醬苦降，附子開結而爲熱，因熱用之。”

全書體例大致如上。叙述尚清楚，可供臨床參考。

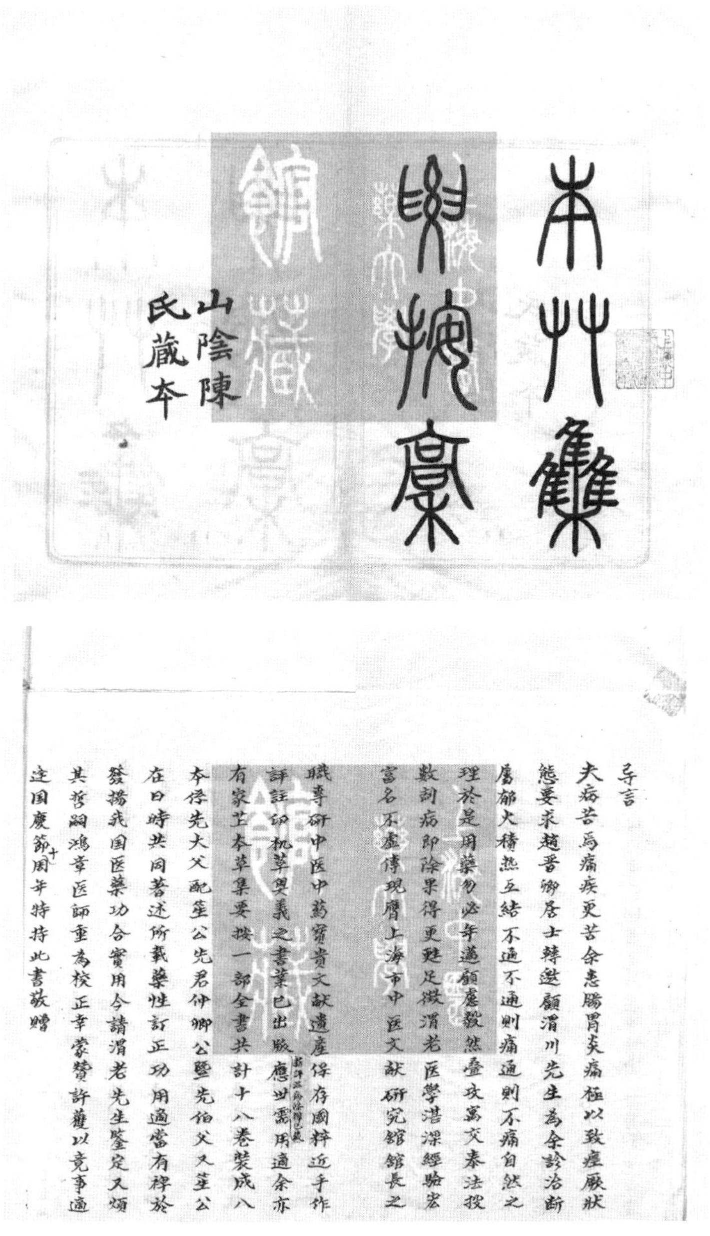

导言

夫病苦爲痛疾更苦余患腸胃炎痛極以致瘧厥狀態要求趙晉卿居士轉邀顧渭川先生爲余診治斷屬郁火積熱互結不通不通則痛通則不痛自然之理於是用藥勿必半邁顧慮毅然叠攻萬交泰法投數劑病即除果得更甦足徵渭老医學湛深經驗宏富名不虛傳現膺上海市中医文獻研究館館長之職專研中医中葯寶貴文獻遺産保存國粹近手作詳註印机草叟義之書業已出版應世需用適余亦有家芷本草集要抄一部全書共計十八卷裝成八本係先大父配莖公先君仲卿公暨先伯父又莖公在日時共同著述所載藥性訂正功用適當有裨於發揚我国医藥功合實用今請渭老先生鑒定又煩其哲嗣鴻章医師重爲校正幸蒙贊許獲以竟事適逢国慶節十周年特持此書敬贈

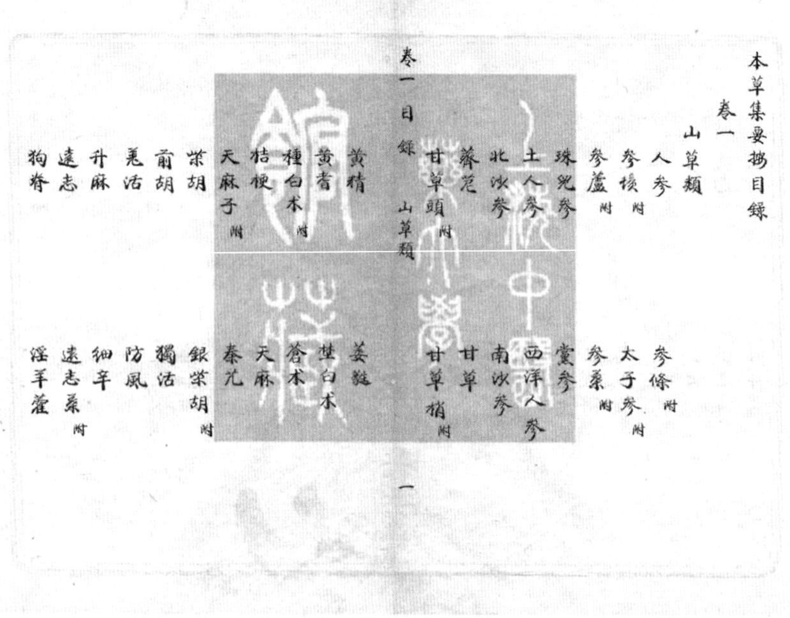

本草集要撮目錄

卷一

山草類

本草集要撮卷一

山陰陳鎮仲卿輯　男正支榮伯校訂

山草類

人參

人蓡　黃參　血參　人銜　鬼蓋　神草

土精　地精　海腴（目錄 細）⊙⊙人參贊曰：三椏五葉，背陽向陰，欲來求我，椵樹相尋（椵音價，樹似桐，以甚大，陰廣則多生也）。蓋此草多生於深山背陰近椵漆下濕潤處。其生苗三四月有花，細小如粟，蕊如絲，紫白色。秋後結子或七八枚，如豆大，生青熟紅自落。根如人形者神。采其根於秋冬則堅實，春夏采者便虛軟也。○嘉謨曰：昔時多用潞州上黨紫團參，產於紫團山也，紫色稍扁。又百濟參，白堅且圓，名曰條參，俗名羊角參。遼東參，黃潤纖長有鬚，俗名黃參，獨勝。高麗參近紫體虛。新羅參亞黃味薄。育人形者神，其類雞腿者力洪。○時珍曰：上黨今潞州也（此改有潞?）。土民以采參為地方害，不復采取矣。今所用者皆是遼參。其高麗、百濟、新羅三國，今皆屬於朝鮮矣。其參猶來中國互市。但所用遼參連皮者黃潤，色如防風；去皮者堅白如粉。偽者皆以沙參、薺苨、桔梗采根造作亂之（錄抗節述）。⊙⊙言聞曰：凡生用宜㕮咀，熟用宜隔紙焙之，或醇酒潤透，㕮咀焙熟用。

131 本草詩補

《本草詩補》，不分卷，一册。清江誠編著。成書于清光緒六年（1880）。江誠，字抱一，清末三衢（今浙江省衢州市）人，名醫雷少逸門人，行醫于光緒年間（1875-1908），曾與雷大震、程曦合編《醫家四要》，以“脈、病、方、藥”四要爲綱，輯録歷代醫書，分門整理而成。書首葉龍生跋認爲，本書是江氏據吴興（今浙江省湖州市）蘋香居士《本草詩三百首》增補而成。江氏“小引”認爲原書“三百之數，十缺其四，過於遺漏”，故亦以七言絶句增補爲三百五十餘種。“凡例”叙述本書體例，説明書末附“果、菜、穀、葷”四賦。本書由葉龍生得之于書攤，書名《本草詩補》當由葉氏改題。現存稿本，藏于上海中醫藥大學圖書館。

本書列宣、通、補、瀉、輕、重、滑、澀、燥、濕、寒、熱十二門。宣劑有生薑、薑汁、紫蘇、淡豆豉、藿香等五十二藥，通劑有木通、通草、車前子、澤瀉、琥珀、海金砂、萹蓄等三十八藥，補劑有人參、黄耆、熟地、當歸、白芍藥、赤芍藥、杜仲、酸棗仁等五十七藥，瀉劑有大黄、蓬莪术、桃仁、桃花、牡丹皮、青黛、秦皮、鷄冠花子苗、苦參、白頭翁、桑白皮、馬兜鈴等四十五藥，輕劑有麻黄、桂枝、葛根、升麻、荆芥、蔓荆子、荷葉、水萍、葱白等十六藥，重劑有慈石、金銀、朱砂、雄黄、白石英、紫石英、代赭石、青礞石、沉香、伏龍肝等十一藥，滑劑有冬葵子、胡麻、亞麻、海松子、薤白、鬱李仁、蜂蜜等十藥，澀劑有牡蠣、禹餘糧、金櫻子、芡實、銀杏、木瓜、白芨、烏梅、地榆等二十藥，燥劑有桑白皮、赤小豆、蒼术、白附子、葫蘆巴、半夏、天南星、大茴香等十二藥，濕劑兼潤劑有阿膠、麥門冬、柏子仁、玉竹、百合、西洋參、北沙參等十七藥，寒劑有大黄、黄連、胡黄連、芒硝、黄柏、黄芩、龍膽草、蘆根、知母等三十七藥，熱劑有附子、烏頭、肉桂、乾薑、益智仁等十五藥。每一味藥物以七言絶句方式叙述藥性、藥效及煎服法等。如"桔梗爲舟載藥浮，苦辛平性利咽喉，宣通氣血清頭目，喘咳胸疼並可瘳"，并用雙行小字或眉批注釋説明有關内容。書末附《果品賦》列三十四種，《蔬菜賦》列三十八種，《穀類賦》列三十種，《葷肴賦》三十八種，分别叙述藥物的性味、歸經、功用、禁忌和畏惡等。

本書條理清晰，實用性强，内容以詩句表述，方便誦記。

89677

江誠抱一為吾衢清代名醫雷少逸先生之高足醫名治效冠絕一時生平除在時病論中附有按語以外殊少著作庚寅秋月余在舊書攤上得其遺稿本草詩三百首乃根據蘋香居士原著體例加以增補者常用之葯收集靡遺末附食療四賦亦頗切合實用卷頁破損幾至湮滅爰為補綴雖屬小品亦足備三衢醫乘之一斑云

葉龍生跋

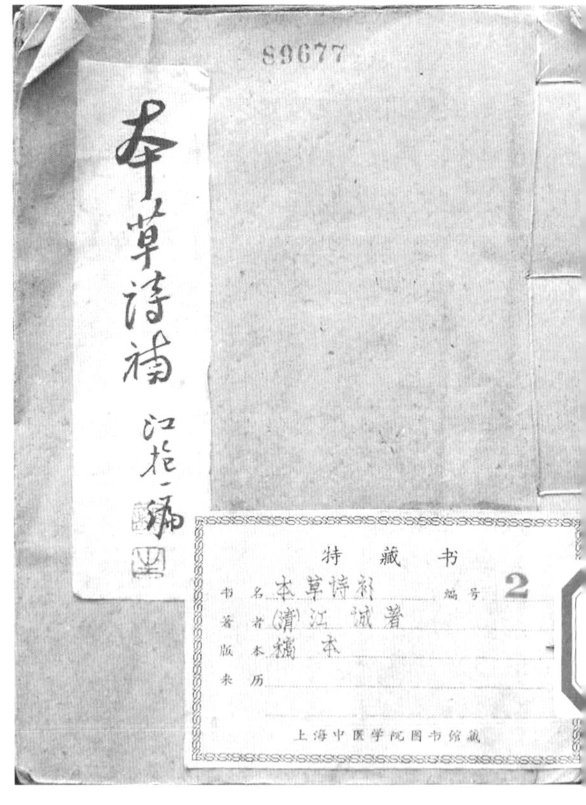

一藥性有畏惡忌反不可不明然畏惡與忌古人亦時常並用不必拘泥惟相反最為切要即載於某藥之下

一諸藥之下更載明草木金石各部設欲深求底蘊者遂易查諸本草也再宣門詩中必著一宣字瀉門必著一瀉字餘皆倣此

本草詩三百首

吳興蘋香居士著

宣劑宣可去壅薑橘之屬是也宣散也猶開也

生薑 菜部

生薑味性是辛温去濊通神聖訓存通神明去濊惡 宣

肺開痰寗呃噦有聲有物為嘔有声無物為噦有物無声為吐功勞常在散寒門

薑汁 煨薑 薑衣 菜部

薑汁宣痰援卒暴卒然和中止嘔用煨薑當知

132 本草摘要

《本草摘要》，不分卷，一册。前有目録，抄録于緑色絲欄紙，四周文武邊，白口，對魚尾。每半葉十二行，每行二十四字，共六十葉。鈔本字迹工整。《中國中醫古籍總目》載録爲清鈔本，藏于上海圖書館。此外，新疆醫科大學圖書館、上海圖書館、上海中醫藥大學圖書館均有收藏。

此本共載藥物四百九十三種，附十三種，實有五百零六種。分爲水、火、土、金、石、鹵石、草（包括山草、芳草、隰草、毒草、蔓草、水草、石草和薹草）、穀、麥、豆、菜、果、水果、味、木（包括香木、喬木、灌木、寓木、苞木）、藏器、蟲、鱗介、禽、獸、人，共三十二大類，論述藥物簡明扼要，寥寥數語，突出重點。常以藥物的四氣五味解釋其功效，如治療頭痛的常用藥藁本、白芷，同是“辛苦温無毒”，但藁本“性升屬陽，太陽寒鬱經中，頭項巔頂痛，大寒犯腦，痛連齒頰之要藥”，而白芷“行足陽明、手陽明、手太陰三經，辛香升發，解陽明風熱頭痛及寒熱，頭風侵目泪出之要藥”。二者特點一目瞭然。又如夏枯草條，《本經》言其“主寒熱、瘰癧，破癥，散結，除癭”，該書解釋道：“以辛能散結，苦能除熱，散陰中結滯之氣也。”文中間或引述其他醫家的論述，或有按語，如甘瀾水條，“以水揚之萬遍取用”，仲景用之治賁豚，洄溪（徐靈胎）云：“大約取動極思静之意。”有作者“取其性熱不助腎邪”的按語，便于讀者對藥物的理解和記憶。

本書對于藥物的性能和功效頗有説明，適宜于初學醫者閲讀，也可供臨床參考。

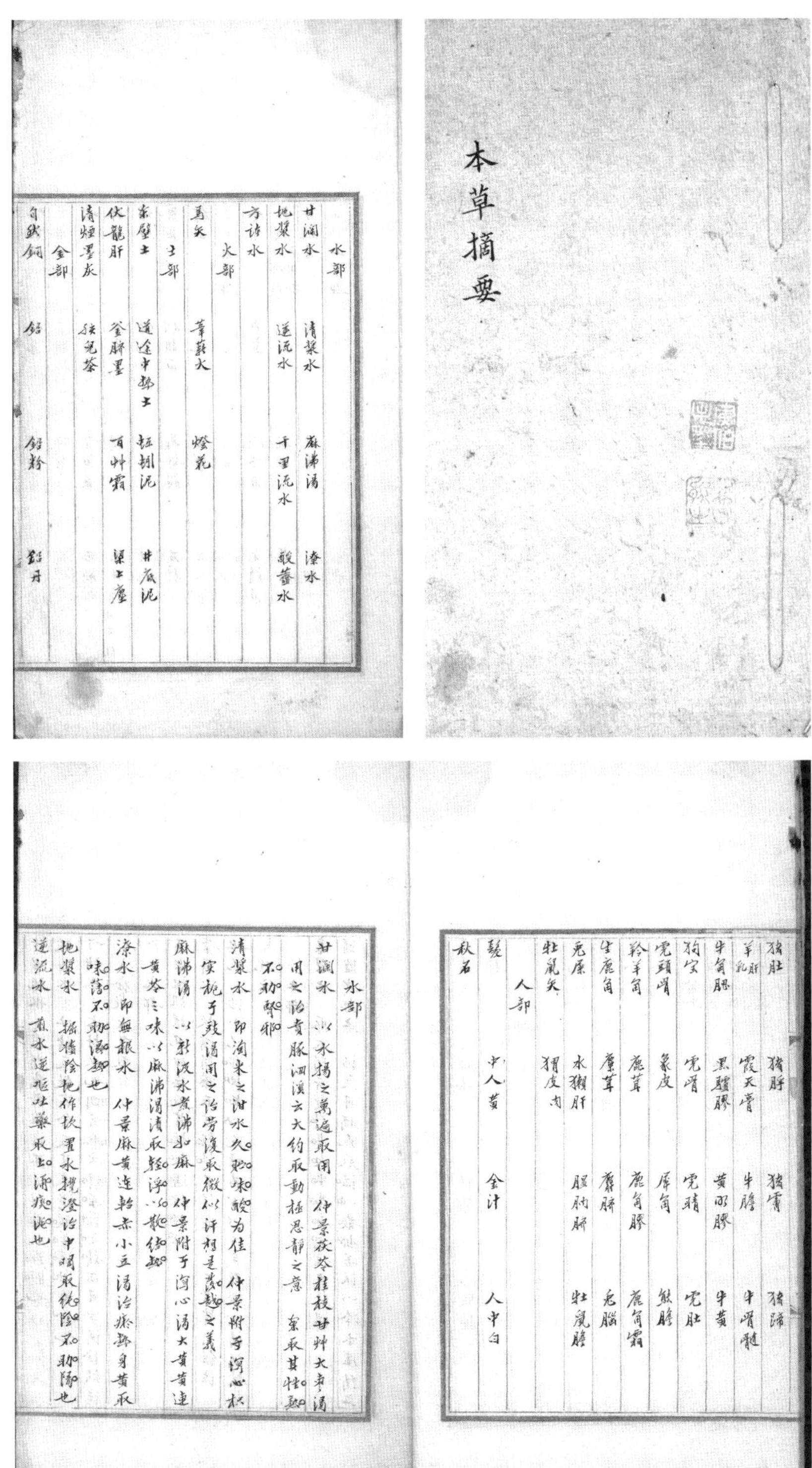

本草摘要

水部

甘澜水　清浆水　麻沸汤　潦水

地浆水　逆流水　千里流水　酸齑水

方诸水

火部

马矢　苇薪火　灯花

土部

东壁土　道途中热土　蚯蚓泥　井底泥

伏龙肝　釜脐墨　百草霜　梁上尘

清烟墨灰　孩儿茶

金部

自然铜　铅　铅粉　铅丹

猪肚　猪肤　猪膏　猪蹄

羊肝 羊乳　霞天膏　牛膝　牛骨髓

牛角腮　黑驴胶　黄明胶　牛黄

狗宝　虎骨　虎睛　虎肚

虎头骨　象皮　犀角　熊胆

羚羊角　鹿茸　鹿角胶　鹿角霜

生鹿角　麋茸　麋脐　兔脑

兔屎　水獭肝　腽肭脐　牡鼠胆

牡鼠矢　猬皮肉

人部

发　中人黄　金汁　人中白

秋石

水部

甘澜水　以水扬之万遍取用　仲景茯苓桂枝甘草大枣汤用之治贲豚，洄溪云大约取动极思静之意　余取其性热不助肾邪

清浆水　即淘米之泔水，久贮味酸为佳　仲景附子泻心枳实栀子豉汤用之治劳复，取微似汗，是发越之义

麻沸汤　以新汲水煮沸如麻　仲景附子泻心汤大黄黄连黄芩三味以麻沸汤渍，取轻浮以散结热

潦水　即无根水　仲景麻黄连轺赤小豆汤治瘀热身黄，取味薄不助湿热也

地浆水　掘黄土地作坎，置水搅澄，治中暍，取纯阴不助阳也

逆流水　煎水逆呕吐药，取上涌痰涎也

133 本草精義類編

《本草精義類編》，上下兩卷，兩册。不著撰者。無序跋，有目録。《中國中醫古籍總目》載録爲清鈔本。現藏于上海中醫藥大學圖書館。

全書收載藥物五百二十六種，分爲五十二類。上卷載辛凉輕表、辛寒重表、辛温輕表、辛温重表、芳香化濁、輕淡利水、猛烈逐水、甘寒生津、苦寒滌熱、鹹寒降火及息風、理氣、消導、豁痰、凉血、活血、止血、破血、補血、舒筋、解毒之品，共計二十類，載藥二百八十七種。下卷載辟祟、殺蟲、止痛、涌吐、明目退翳、通絡、補氣、降氣、祛風、燥濕、潤腸、澀腸、斂汗、寧神、交合心腎、補腎、固精、强陽、升提、清肺、瀉肺、補肺、斂肺、瀉心、補火、健脾、醒脾、祛除裏熱、暖胃、治反胃、破石淋之品，共計三十一類，載藥二百三十九種。每味藥下簡述性味、功效、主治病證、炮製應用等内容。

本書按藥物的主要功效歸類，條理清晰。目録後有具體頁碼，便于查找，對中藥的學習有參考價值。

本草精義類編卷一總目

辛涼輕表之品　辛寒重表之品

辛溫輕表之品　辛溫重表之品

芳香化濁之品　輕淡利水之品

猛烈逐水之品　甘寒生津之品

苦寒滌熱之品　鹹寒降火及息風之品

一

辛涼輕表之品

連翹苦平　性升浮　瀉心火　散結熱　主治鼠瘻瘰癧　又為十二經瘡家聖藥

金銀花甘平　除熱解毒　療風養血　止痢寬膨　藤名忍冬　治癰疽發背　一切惡毒　初起便服甚效　常服能稀痘

一

本草精義類編卷二總目

辟祟之品　殺虫之品

止痛之品　涌吐之品

明目退翳之品　蕩滌之品

通絡之品　補氣之品

降氣之品　祛風之品

一

辟祟之品

犀角　見鹹寒降火之品

降真香　見止血之品

桃梟苦而微溫有小毒　辟邪祛祟　桃梟是桃子在樹經冬不落者　正月採之

白檀香　見理氣之品

一

134 本草綱目補物品目録後編

《本草綱目補物品目録後編》，三卷。（日本）後藤光生輯于日本寬政元年（1789），黑弘休補訂。後藤先生，日本江户時期醫家，醫學著作有《河豚禪》《春秋七草考》《甘蔗記》等。本書卷首有“上方及各門末所書者即黑樹庵所考補是也”字樣，卷末有“醫隱堂樹庵黑弘休伯芝考補於寬政改元”字樣。現存稿本，藏于上海圖書館。

本書所述本草物品分爲和國產（日本產）及外國產兩部分。上卷包括和國產及外國產的“草之屬”，中卷包括和國產及外國產的“木之屬”和“鱗之屬”，下卷包括和國產及外國產的“介之屬”“羽之屬”“蟲之屬”及“土石之屬”。全書共計九百四十七種。本書對本草物品多數唯描述形狀、顏色、性味、大小、生長時期等，如：“八代草，高一尺許，葉似寶帶，四五月開花，形如桔梗，色亦似桔梗而碧紫色。”除以上描述外，另有少量功效作用的闡述，如：“壺草，高六七寸，無枝蔓及花實，入小兒湯中，能治胎毒。”上方及各門末所書即眉批，如在“日向堪”上方有“華人呼爲平江帶”的眉批，“松菜”上方有“松井重康曰，此松菜始南京僧持採於長崎”的眉批。

本書記集的本草物品種類繁多，可作參考補缺之用。

上方及合門赤所蓄者即黑樹庵所考補是也

本草綱目補物品目録後編卷之一

東都　後藤光生梨春　編輯

男　弘休伯芝　補訂

和國産

草之屬

福壽草　一名元日草葉似胡蘿蔔葉而初春開花似小黄菊花或曰採根浸乳汁點赤眼立効

延命草　一名引起　一名山薄荷處々有之叢生高二三尺狀如薄荷葉似狗荷麻六七月枝枝開小淡紫花作細穗結子其花實似紫蘇而有香其葉味甚苦能治蟲積腹痛相傳往昔有行人於山中

○広倉　一名元日艸一名冨士菊一名志賀菊今俗謂之敷春艸

冬月抽苗

135 本草撮要類編

《本草撮要類編》，不分卷，兩册。明王象晋原撰，清韓鴻訂補。王象晋（1561-1653），字康侯、藎臣，號康宇、好生居士，桓臺新城（今屬山東）人，文學家、醫學家。醫著有《保安堂三補簡便驗方》《二如亭群芳譜》等。韓鴻，字印秋，光緒二十三年（1897）曾將家藏舊稿整理成《韓氏醫課》七種，《本草撮要類編》即其中之一，係在王象晋《本草撮要》殘本基礎上增補而成。現存光緒二十三年稿本，藏于上海中醫藥大學圖書館。

《本草撮要類編》全書載藥六百零七種，不分門類，大抵按草、木、藤、穀、果、金石、毛、羽、魚、昆蟲、人等自然屬性排列。每藥用簡潔的語言記載其性味、功效、主治等内容。有些藥物引用《得宜本草》的内容，如“小麥，《得宜本草》云功專養心鎮肝”“穀芽，《得宜本草》云功專快脾開胃”“人參，《得宜本草》云能通行十二經絡”。對有些藥物還注明特殊配伍與專門功效，如人參“得羊肉則補形”，桔梗“得甘草能載藥上行”，王不留行“得黄柏治誤吞鐵器石，得穿山甲治婦人乳少”等。有些藥物注明用藥禁忌，如“甘草惡遠志，忌猪肉，反甘遂、大戟、芫花、海藻”“海藻反甘草”“王不留行，崩漏家及孕婦并忌”“巴戟天惡丹參”。有的藥物根據特殊作用給予總結，如“桔梗上中下通用之品也”。有的藥物還論述炮製方法，如“車前子入利水藥宜炒研，入滋補藥酒蒸搗”“蒼耳子去刺酒蒸”。需要指出的是，撰者用藥并不拘泥于“十八反”和“十九畏”。如甘草雖然注明“反甘遂、大戟、芫花、海藻”，但同時附有不拘泥于此禁忌的醫家的用藥特點，如“仲聖治痰飲用甘遂半夏湯，甘遂、甘草同用”，“東垣治項下結核，散腫潰堅湯是甘草、海藻同用”。可見撰者用藥思路之靈活。

本書内容主要從《得宜本草》及《本草綱目》輯得，廣采先賢諸家之言，如張仲景、李東垣、朱震亨等，并結合自己臨床實踐，論述精闢且實用，對現代臨床用藥有參考價值。

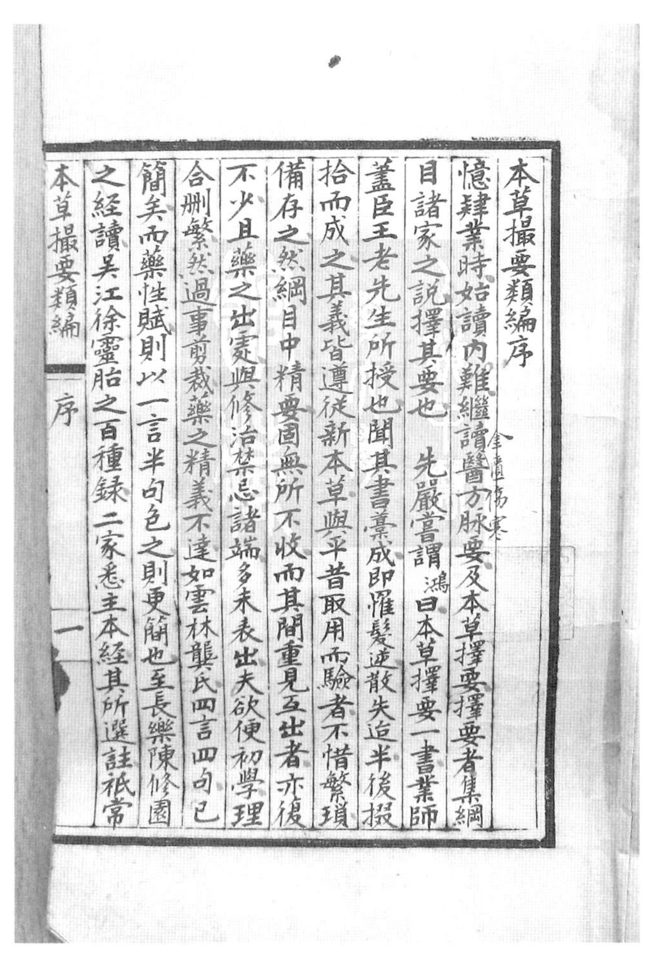

本草撮要類編序

憶肄業時始讀内難金匱傷寒繼讀醫方脉要及本草擇要擇要者集綱目諸家之説擇其要也　先嚴嘗謂鴻曰本草擇要一書業師蓋臣王老先生所授也聞其書纂成即罹髮逆散失迨半後掇拾而成之其義皆遵從新本草與平昔取用而驗者不惜繁瑣備存之然綱目中精要固無所不收而其間重見互出者亦復不少且藥之出處與修治禁忌諸端多未表出夫欲便初學理合刪繁然過事剪裁藥之精義不達如雲林龔氏四言四句已簡矣而藥性賦則以一言半句包之則更簡也至長樂陳修園之經讀吳江徐靈胎之百種録二家悉主本經其所選註祇常

本草撮要類編　序　一

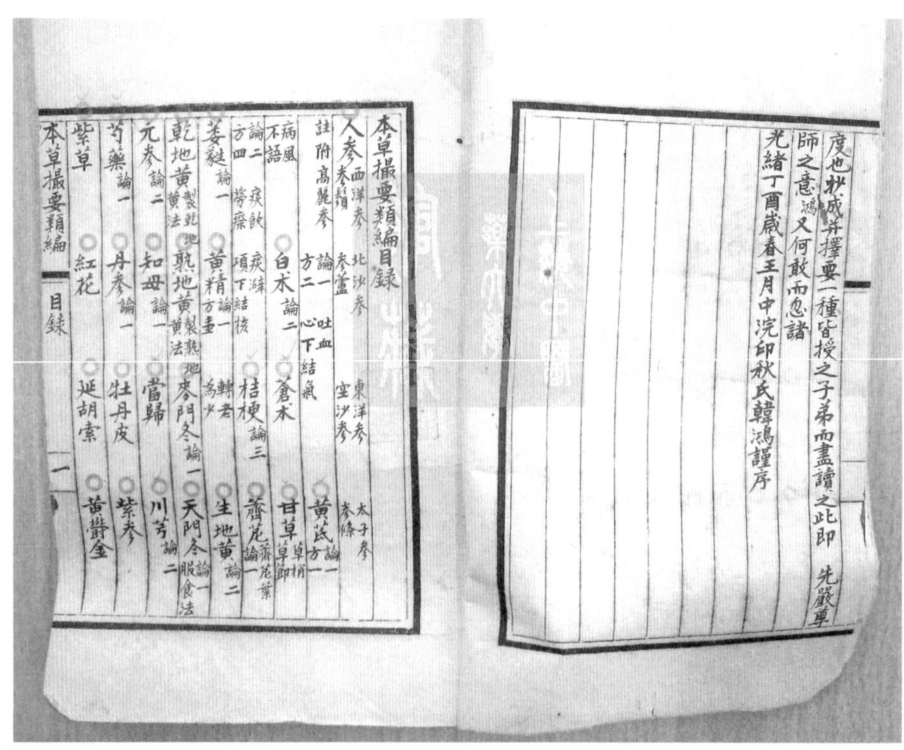

度也秋成并擇要一種皆授之子弟而盡讀之此即　先嚴草
師之意鴻又何敢而忽諸
光緒丁酉歲春王月中浣印秋氏韓鴻謹序

本草撮要類編目録

本草撮要類編　目録　一

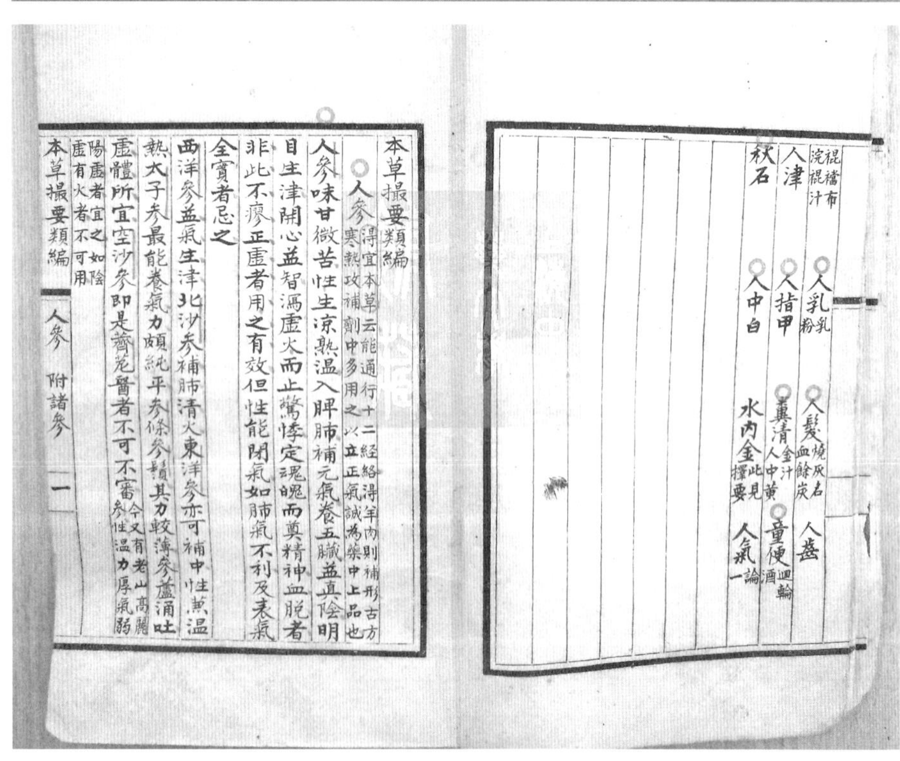

本草撮要類編

人參 得宜本草云能通行十二經絡得年內則補形古方寒熱攻補劑中多用之以立正氣誠為藥中上品也

人參味甘微苦性生涼熟溫入脾肺補元氣養五臟益真陰明目生津開心益智瀉虛火而止驚悸定魂魄而真精神血脫者非此不瘳正虛者用之有效但性能閉氣如肺氣不利及表氣全實者忌之

西洋參益氣生津北沙參補肺清火東洋參亦可補中性兼溫熱太子參最能養氣力頗純平參條參鬚其力較薄參蘆涌吐虛體所宜空沙參即是薺苨贋者不可不審 今又有老山高麗參性溫力厚氣弱陽虛者宜之如陰虛有火者不可用

本草撮要類編　人參 附諸參　一

136 本草諸種摘録

《本草諸種摘録》，不分卷，五册。不著撰者。無序跋、目録。書首有“酣墨艸廬”字樣。《中國中醫古籍總目》載録爲清鈔本。現藏于上海中醫藥大學圖書館。

全書分爲《隨息居食物本草摘要》《方劑》《諸種本草摘録》《要藥摘録分類》與《藥性摘録》五部分。第一册包括前四部分。《隨息居食物本草摘要》收載食物八十四種，如海參、鷄、羊肝、落花生、豆腐等，簡述每味食物的性味功能。《方劑》收録方劑六首，有卧龍丹、行軍散、八寶紅靈丹、新製飛龍奪命丹、飛龍奪命丹、二母散，每首方劑記有組成及主治病證。《諸種本草摘録》載藥二十種，如仙半夏、化州橘紅、玫瑰花等，論述性味功能。《要藥摘録分類》載藥三百八十五種，分爲二十九類，包括温中、平補、補火、滋水、温腎、温澀、寒澀、收斂、鎮虚、散寒、驅風、散濕、散熱、吐散、温散、平散、滲濕、瀉濕、瀉水、降痰、瀉熱、瀉火、下氣、平瀉、温血、凉血、下血、殺蟲、解毒類，簡述每藥性味功能。後四册爲《藥性摘録》，載藥九百九十種，分爲三十六類，論述每藥性味歸經、主治病證、炮製用法及配伍禁忌等内容。

本書所載食物、藥物種類廣泛，内容詳細，對于中藥的學習有參考價值。

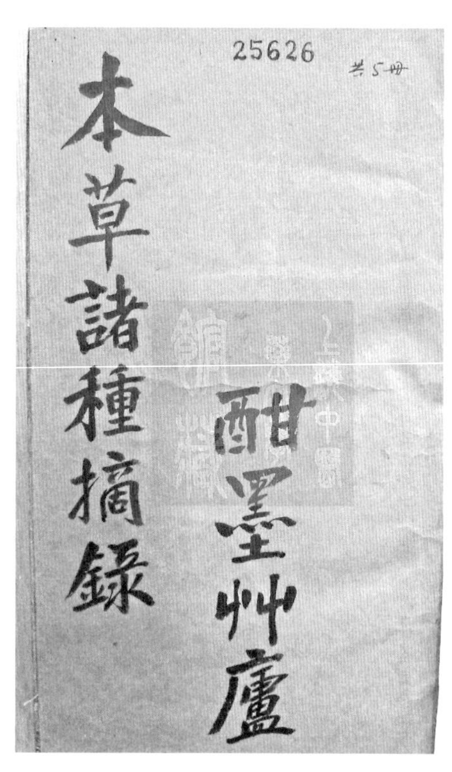

共5冊
本草諸種摘錄
酣墨艸廬

藥性摘錄
溫中類
人參
性禀中和不寒不熱燥補肺兼補脾益元氣開心益智添
助精神定驚止悸解渴除煩發熱自汗盜汗多夢紛紜
嘔噦反胃虛欬喘促久病滑泄中暑中風一切氣虛血
損之症皆所必用至參蘇飲敗毒散白虎湯等方皆用
人參入内領邪外出惟初起欬喘因於痰壅者不宜用
○此味補脾肺之陰以生津液至真正虛寒須附桂以

隨息居食物本草摘要
海參鹹溫滋腎補血健陽潤燥養胎蝦甘溫微毒通督壯陽吐風痰下乳汁托瘡青魚甘平
補氣養胃去風溼淡菜甘溫補腎益血填精治崩帶産勞吐血久痢江瑤柱同
鰣魚甘溫開胃潤藏補虛鯉魚甘溫下氣行水利便鱸魚甘溫微毒補腎舒筋開胃安胎
鯽魚甘溫補土和胃諸魚屬火鯽魚屬土土能制水故和胃鰉魚甘溫補虛令人肥健多食發疥
生痰鱔魚甘熱補虛助力去風寒溼痺蟹生鹹寒滋肝陰充胃液養筋活血多食發風積冷
蜆鹹寒清溼熱螺螄甘寒清熱海螄散結熱
雞甘溫補虛煖胃強筋骨活血調經雞子甘平補血安胎鎮心清熱濡燥開音雉甘溫

137 本經闡幽輯要

《本經闡幽輯要》，不分卷，一册。不著作者。《中國中醫古籍總目》載録爲清鈔本。另據書内“戊戌秋八月冬友記”及書中引書年代推測，宜成書于1838年或1898年。全書墨筆書寫，硃筆點校及出按語。扉頁有“鳳凰山人”章，及“冬雙夅（霜降）寫”字樣。由于全書内容僅爲《神農本草經》上品，推測爲殘本。現藏于中國科學院上海生命科學信息中心生命科學圖書館。

是本題名下記有“《神農本草經》徐陳注合纂，吴江徐大椿《百種録》、閩長樂陳念祖《本草經讀》兩書合抄”，説明此書内容選取徐大椿與陳念祖兩人關于《神農本草經》的注解，即合《神農本草經百種録》與《神農本草經讀》二書爲一本，以便對照研習。撰者對徐、陳二人觀點的評論，是本書的特色，以硃筆或爲眉批，或出按語。如“上品”墨字下用硃筆出按：“按兩家所録經文皆據唐慎微本，而徐所據爲明刻，故與陳不同。”説明兩家所據《神農本草經》的版本有所不同，徐大椿所據爲明版，對《神農本草經》版本研究有一定參考價值。

全書共收録《神農本草經》上品藥六十味，較原本經上品一百二十味減少一半，但多爲臨床常用藥。每味藥下，先以大字書録《神農本草經》原文，後以小字注疏，多選自徐、陳兩家的注解。如“丹砂”一藥旁有硃筆眉批：“久服之説，多秦漢間方士增益，不可信也……陳氏辛酸寒熱均以氣言，與徐少異。”“澤瀉”旁以硃筆寫：“此較徐解爲殊勝。”偶爾選取葉天士的觀點，可見于乾地黄、石斛、沙參等養陰藥，説明葉天士對這類藥使用有其特色和經驗。另在“丹參”一藥中選用張隱庵及葉天士的看法，可見此書參考了《神農本草經三家注》的體例，而以陳修園爲主。

《神農本草經百種録》爲清代名醫徐大椿所作，成書于1736年。《四庫全書總目提要・子部・醫家》稱讚該書:“凡所箋釋,多有精意,較李時珍《本草綱目》所載發明諸條,頗爲簡要。”又《清史稿·列傳·藝術一》亦加推崇:“大椿學博而通,注《神農本草經》百種,以舊注但言其當然,不言其所以然。采掇常用之品,備列經文,推闡主治之義,于諸家中最有啓發之功。”是歷代《本經》注疏中偏重闡發古本草藥性機理與用藥規律的臨床指導著作。

《神農本草經讀》爲清著名醫家陳修園所作,成書于嘉慶八年(1803)。此書從《證類本草》中輯出常用《本經》藥物一百十八種,分列上、中、下三品。又附入《本經》之外常用藥四十七種,共一百六十五種。作者尊經崇古,旨在闡釋經典本草中藥物深義,自詡其書“俱遵(《本經》)原文,逐字疏發。經中不遺一字,經外不溢一辭”。釋藥時經常將張仲景用藥法與《本經》藥性相印證。

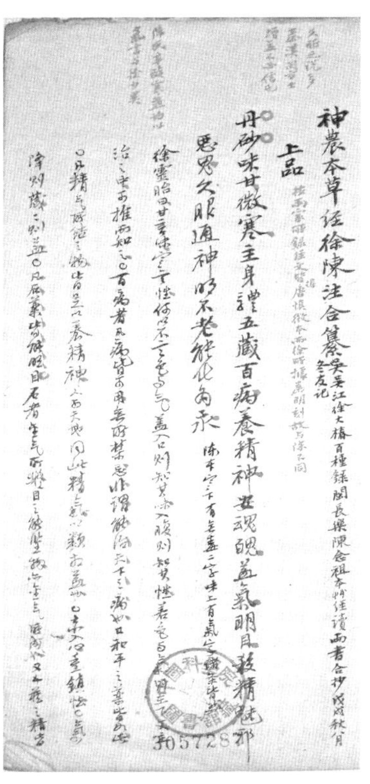

神農本草经徐陳注合纂

上品

丹砂味甘微寒主身體五藏百病養精神安魂魄益氣明目殺精魅邪惡鬼久服通神明不老能化為汞

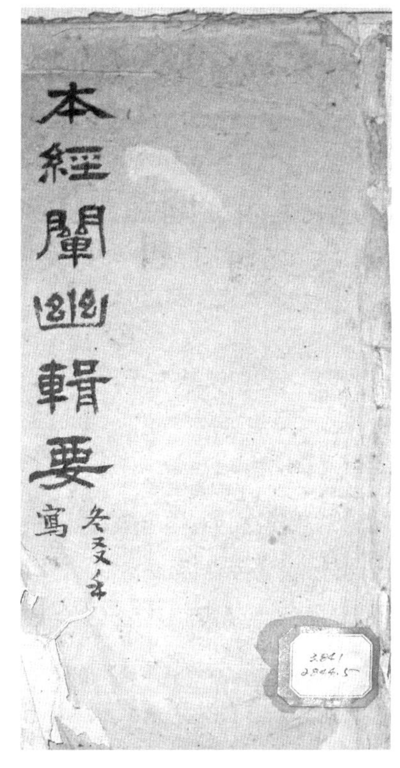

本經闡幽輯要

冬友手寫

138 四言藥性分類精要

《四言藥性分類精要》，兩卷，兩册。作者不詳，原稿爲吴秋亭（字瑚卿）所珍藏，由謝厚基氏于甲申年春二月抄成。謝厚基，字載食，一字雪蕉，自號雪蕉居士。現存鈔本，藏于上海圖書館。《中國中醫古籍總目》與藏館載録爲清鈔本。

是本起首爲雪蕉居士序和細目，共載藥七百十四味，分六十九門，按藥物的主要功能分類，分别按臟腑、六經、六淫、痰食、氣血等歸類，如心藥分清心、通心竅、鎮心、補心等，肝藥分清肝、疏肝、制肝、養肝陰、熄肝風等。此外還有通經絡、解毒、解酒毒、殺蟲、治咽喉、治目疾、消腫、托膿、外治法等，無法歸類則爲内服雜藥。由于一藥有多種功效，故有些藥物會重複出現，如杏仁，既見于"潤大腸門"，又見于"泄肺門"；燈心，既見于"清心門"，又見于"瀉心火以利小腸門"。細校目録與正文，發現正文中有赭石、草果、桔梗、椿根皮、山甲、萬年青、鳳仙子、石南草葉、枸橘葉、急流水、羊血等，而目録中缺。除重複之外，實載藥物共五百九十四味。鈔本整體字迹工整，但"諸物性味門"五十一味則塗改、勾畫頗多，字迹潦草，類似草稿，内容主要爲各種食物，如蔬菜、水果、家禽、水産等，可能是抄者添加的内容。最後爲"諸藥别名"，記載一百五十五種藥物的别名。

所有藥物均以四言爲句，包括性味、歸經、功效，内容簡要，易記誦。有些藥物下有小字注文，如猪心血："心血用爲補心藥之嚮導，蓋取心歸心，以血導血之意也。"淡竹葉下注："葉在上，故治上焦。""黄連"條下："黄芩、龍骨爲使，惡菊花、元參、僵蠶、白鮮皮，畏款冬花、牛膝，忌猪肉，殺烏頭、巴豆毒。""龍膽"條下注："用小豆、貫衆爲使，忌地黄。"雖然均摘録于其他本草書籍，如《本經》《本草備要》《本草從新》等，但對藥物功效的理解有幫助，于初學醫者尤爲適宜。雪蕉居士在題跋中言："細閲殊覺要言不煩，實獲我心，可爲醫家之寶。"

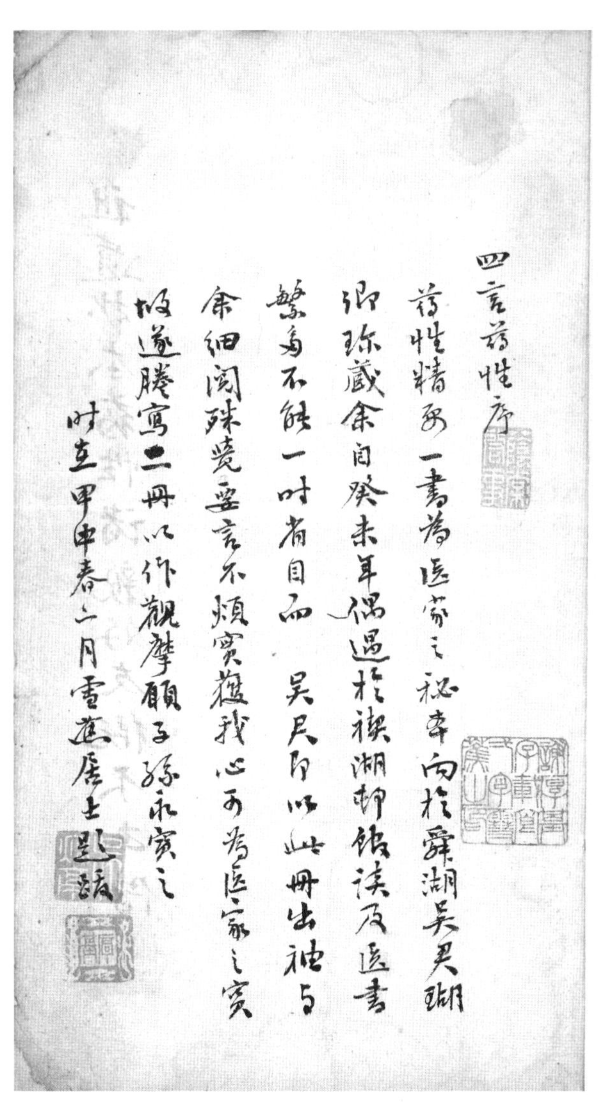

四言藥性序

藥性精要一書為醫家之秘本向於霽湖吳君瑚卿珍藏余自癸未年偶遇於禊湖抄錄讀及醫書繁多不能一時省目而 吳君即以此冊出袖與余細閱殊覺要言不煩實獲我心可為醫家之寶筏遂謄寫二冊以作觀摩願子孫永寶之

時在甲申春二月雪蓮居士題跋

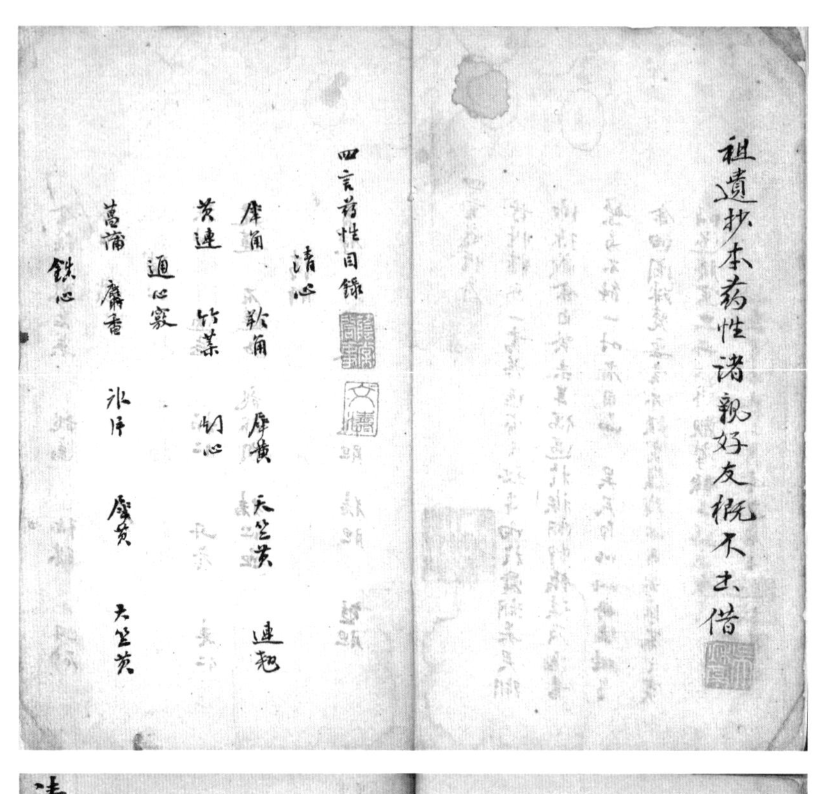

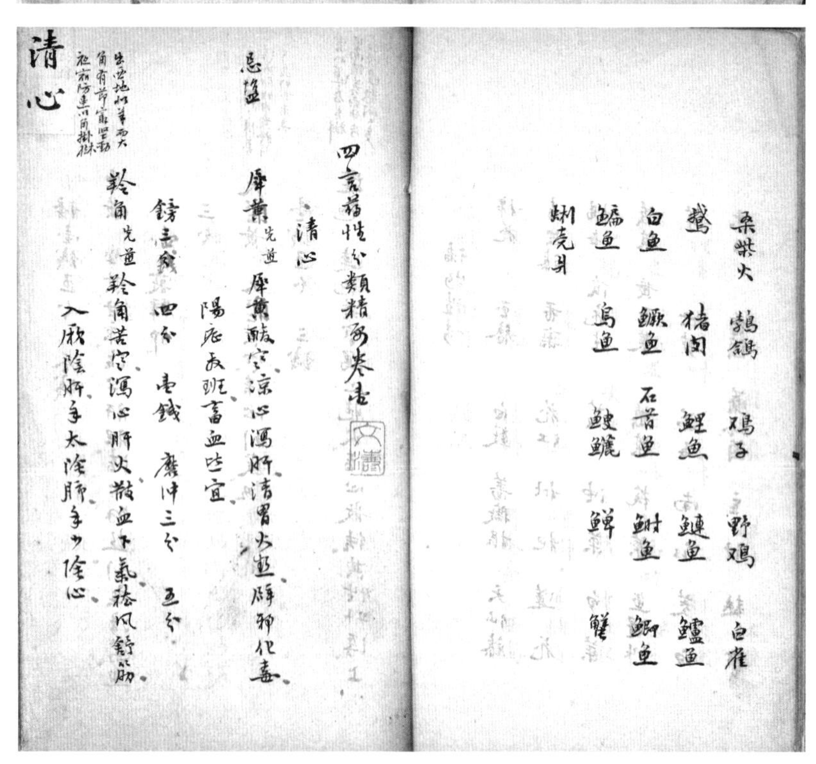

139 用藥準繩

《用藥準繩》,上下兩卷。撰者不詳。《中國中醫古籍總目》載録成書于清光緒三十一年(1905)。書中有朱、黑兩色批注。扉頁載有1914年徐慶增手記:"因書出借,被人將句讀及藥方硃筆誤點,大半不通,宜照墨圖爲是。"卷下末頁載有1914年初冬徐元鏞手記,曰:"上卷多爲曾祖凡夫公手抄,下卷後因遺失托人轉抄。"現存東海眉壽堂藏鈔本,藏于上海中醫藥大學圖書館。

本書載諸風、中寒、中暑、瘧、痢、痰飲、虚損、癆瘵、便秘、三消、水腫、腰痛、心腹痛等四十六種病證。每一病證下列諸藥,别其功用,叙述其主治特點、適用症等。如諸風門指出:防風,風藥潤劑,一身中風邪者通用;羌活,撥亂反正之主,四時感冒風寒,宜九味羌活湯爲君;獨活,治風顛,兩足不能動履,渾身濕痹;荆芥,治頭風眩暈,婦人血風,産後中風,足太陽經頭痛等。次闡釋病證病機、主要症狀及方劑運用原理等,最後附方。

全書理法方藥俱備,既有遣方用藥,又有治病法則,對臨床實踐有參考價值。

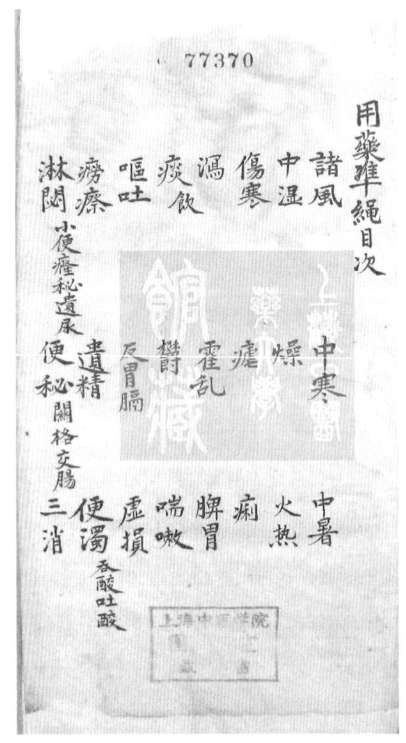

77370

用藥準繩目次

諸風 中溼 傷寒 瀉 痰飲 嘔吐 㵗瘵 淋閟 小便癃秘遺尿

中寒 燥 瘧 霍乱 欝 反胃膈 遺精 便秘 關格交腸

中暑 火熱 痢 脾胃 喘嗽 虚損 便濁 吞酸吐酸 三消

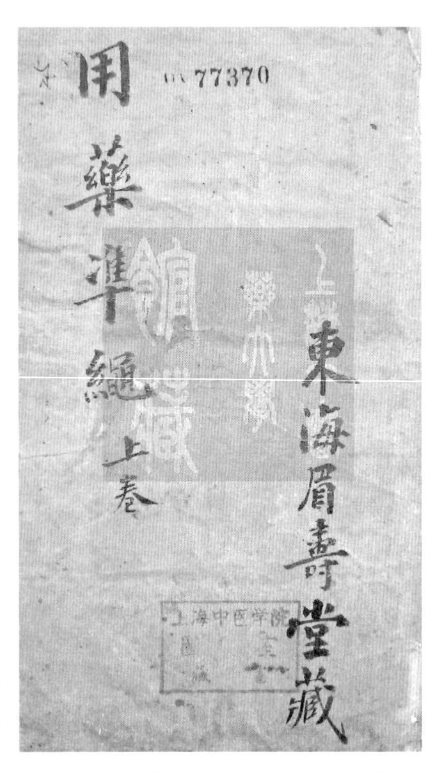

77370

用藥準繩 上卷

東海眉壽堂藏

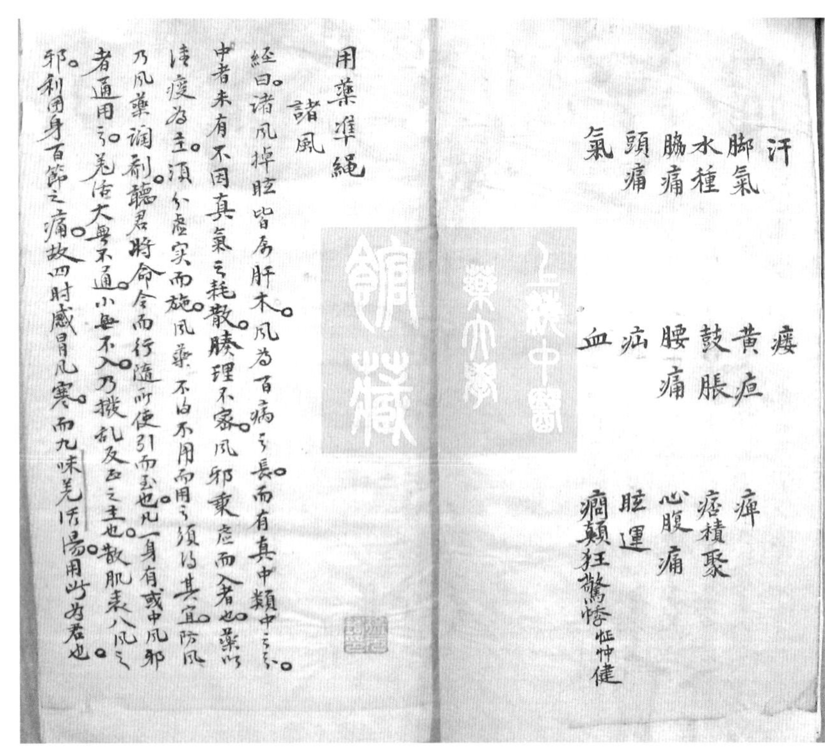

用藥準繩

諸風

經曰。諸風掉眩皆屬肝木。風為百病之長。而有真中類中之不。中者未有不因真氣之耗散。腠理不密。風邪乘虛而入者也。藥以清痰為主。須分虛實而施。風藥不可不用而用之須得其宜。防風乃風藥潤劑。聽君將命令而行。隨所使引而至也。凡一身有或中風邪者通用之。羌活大無不通。小無不入。乃撥乱反正之主也。散肌表八風之邪。利周身百節之痛。故四时感冒風寒。而九味羌活湯用此為君也。

汗 脚氣 水種 脇痛 頭痛 氣

痿 黃疸 鼓脹 腰痛 疝 血

痺 痞積聚 心腹痛 脏運 癇顛狂驚悸怔忡健

140 用藥總法

《用藥總法》，不分卷，一册。不著撰人，無序跋與目録。其間紙頁大小不一，似由兩部分重新裝訂而成，邊緣殘損較多。成書年代未詳，《中國中醫古籍總目》與館藏目録均載録爲清鈔本。首頁及末頁均有陽文朱方"國立暨南大學圕珍藏"，首頁并有"上海第二醫學院圖書館藏"藍印。現藏于上海交通大學醫學院圖書館。

是書原封面上分三行題有"運氣標本引經六腑五臟氣味補瀉浮沉升降宜忌用藥總法心法"。正文右側頁上記有"每年司天在泉歌訣"。全書内容首爲"五運六淫用藥式"，述六氣司天、在泉之年份的時令特點和用藥性味；次爲"臟腑虚實標本用藥式"，從五行學説出發，記録臟腑特性、本病、標病、治療原則及用藥；次爲"引經報使"，爲摘録張潔古《珍珠囊》十二經引經藥的内容；次爲六腑五臟用藥氣味補瀉、五臟五味補瀉、升降浮沉、四時用藥論、五味宜忌（包括五欲、五宜、五禁、五走、五傷、五過）等，主要是對《内經》中相關内容的整理和發揮，并引述孫思邈、李東垣、王好古、李時珍等醫家之論。以下内容抄于較小的紙頁上，首先爲用藥入門要訣，記述時令季節與用藥性味的對應，强調"毋傷歲氣，勿伐天和"；其次爲藥本五味歌、引經報使藥歌、用藥身稍論；最後爲十二經歌，論述十二經脈所屬臟腑特性、循行部位、發病特點、病因病機、治則治法、代表方劑、傳變、治療禁忌以及補瀉温凉藥物等内容。

該書主要從《内經》理論出發，圍繞四時運氣和臟腑經絡，對用藥原則和相應藥物進行整理歸納，尤其重視藥物的性味和作用趨勢。其中對各臟腑用藥進行了較爲詳細的發揮，如肝臟之用藥，分爲有餘瀉之、不足補之、本熱寒之、標熱發之，瀉之又分瀉子、行氣、行血、鎮驚、搜風，補之又分補母、補血、補氣，寒之又分瀉木、瀉火、攻裏，發之又分和解、解肌，各項下列舉對應藥物，明瞭清晰，便于應用。但該書過于强調運氣及五行對應之説，不免失于機械，不可拘泥。

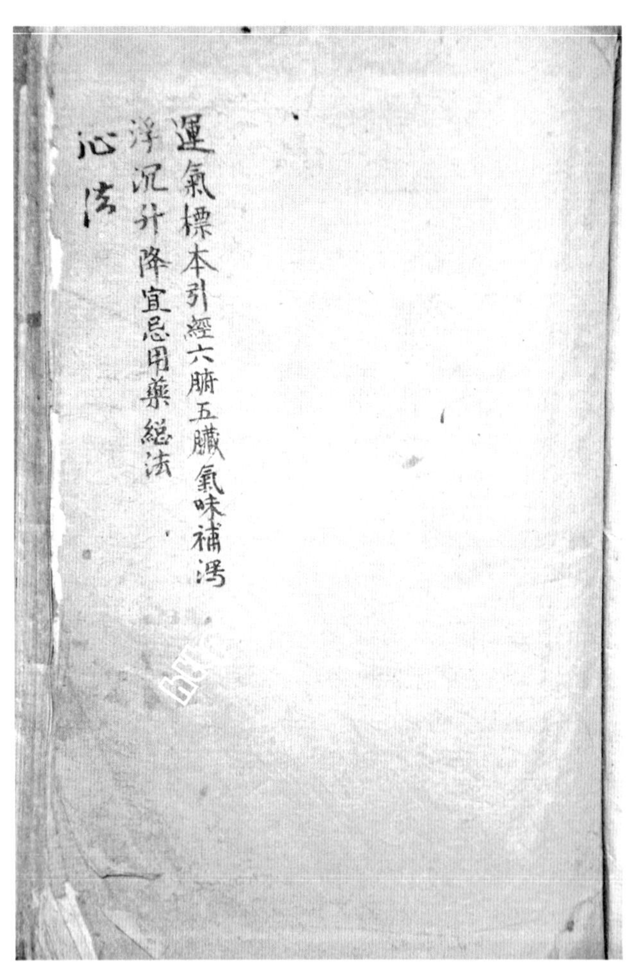
運氣標本引經六腑五臟氣味補瀉
浮沉升降宜忌用藥總法
心法

每年司天在泉歌訣

子午少陰卯酉陽明。寅申之歲少陽當。

丑未太陰巳亥厥。辰戌司天在太陽。

厥陰在泉值寅申。少陽巳亥子午明。

卯酉少陰辰戌太。丑未在泉丑未更。

五運六淫用藥式

厥陰司天巳亥年 風淫所勝平以辛涼佐以苦甘以甘緩之以酸瀉之（王注云厥陰氣未為盛熱故以辛涼善平之）清反勝之治以酸溫佐以甘苦

少陰司天子午年 熱淫所勝平以鹹寒佐以苦甘以酸收之 寒反勝之治以甘溫佐以苦酸辛

太陰司天丑未年 濕淫所勝平以苦熱佐以酸辛以苦燥之以淡泄之 濕上甚而熱治以苦溫佐以甘辛以汗為故（身半以上濕氣有餘火氣復鬱節剝汗解表流汗而祛之也）熱反勝之治以苦寒佐以苦酸

少陽司天寅申年 火淫所勝平以酸冷佐以苦甘以酸收之以苦發之以酸復

運氣

141 吴氏本草

《吴氏本草》,不分卷。吴普撰,焦循輯録于乾隆壬子(1792)夏。收入焦氏藏書及江都薛氏藏書。吴普,漢魏間醫學家,廣陵(今江蘇揚州)人,華佗弟子。焦循(1763–1820),清學者,字理堂(或作里堂),晚號里堂老人,甘泉(今江蘇江都)人。少穎异,嘉慶六年(1801)舉人。學識淵博,尤長于易學、算學,亦通醫理。焦循序曰:"吴普撰修《神農本草》成四百四十一種,唐《經籍志》尚存六卷,今廣内不復有,唯諸子書多見引據其説,藥性寒温五味最爲詳悉。吴氏此書備載黄帝、岐伯、扁鵲、醫和、雷公、相君、李氏諸家,温涼甘苦各爲异同。蓋古之本非一家之書,吴氏類集之以資參用也。黄帝、岐伯、醫和、扁鵲之説唯是書見其梗概。以《太平御覽》等類書,凡得一百七十種,較本書之四百四十一種僅存三分之一,然可以廣見聞識古學矣。"由此可見,焦循輯本以《太平御覽》所引爲主,再參考他書所引,共輯得藥物一百七十種。吴普所撰《吴氏本草》另有尚志鈞輯本,成書于1961年,係從《太平御覽》《政和本草》(晦明軒本)《齊民要術》《藝文類聚》等古籍中輯校而成,共輯得藥物二百三十一種。《吴氏本草》係稿本,現藏于上海圖書館。

全書每味藥先列藥名、别名,再列神農、岐伯、黄帝、雷公、扁鵲的論點,後描述産地、形狀、采收時日、顔色、功效、配伍等。如:"白石英,神農:甘;岐伯黄帝雷公扁鵲:無毒。生太山,形如紫石英,白澤,長者二三吋,采無時,久服通日月光。""西卒,名小辛,一名細草。神農、黄帝、雷公、相君:辛,小温;岐伯:無毒;李氏:小寒。如葵葉,色赤色,一根一葉相連,三月八日采。"闡述簡明扼要,從中可窺見先人之説,于瞭解醫學源流,頗具參考價值。

吴氏本草

魏廣陵人吴普撰普華陀弟子脩神農本草成四百四十一種唐經籍志尚存六卷今廣内不復有唯諸子書多見引據其説藥性寒温五味最為詳悉

丹砂神農甘黄帝岐伯苦有毒扁鵲苦李氏大寒或生武淩采無時能化朱成水銀畏磁石惡鹹水

玉泉一名玉屑神農岐伯雷公甘李氏平畏冬華惡青升

石鍾乳李氏大寒或生太山山谷陰處岸下聚溜汁所成如乳汁黄白色寒空中相通二月三月采陰乾

礜石一名羽砠一名羽澤神農岐伯酸扁鵲鹹雷公酸無

小字

砠神農作碮碮乃涅之訛

142 吴氏摘要本草

《吴氏摘要本草》，不分卷，一册。一名《吴氏摘要本草實法》。清代吴成榮(字線文)撰。成書于清光緒十八年(1892)。作者生平不詳。現存鈔本，藏于上海中醫藥大學圖書館。

本書分總録和附録兩部分。總録首載《本草論》《十八反》《十九畏》《孕婦忌服歌》《雷公炮製論》《藥味陰陽論》六篇；次收中藥六百二十四種，分補氣、補血、血肉、理氣、理血、理疫、消導、殺蟲、發表、吐瀉等十九類，采用四言歌訣形式論述藥性、功能及主治。《孕婦忌服歌》以歌訣的形式羅列孕婦禁忌藥物，《雷公炮製論》論述不同炮製方法處理後藥物的性味、歸經及功效，《藥味陰陽論》論述藥物的正名、藥性、功能主治及配伍禁忌等。《十八反》和《十九畏》論述尤詳，如："硫黄原是火中精，朴硝一見便相争。水銀莫與砒霜見，狼毒最怕密陀僧。巴豆性烈最爲上，偏與牽牛不順情……"附録《膏滋藥酒雜用藥品論》與《妊娠十月值經絡走五行考》兩篇，前者論膏滋藥酒，後者從經絡角度論述妊娠十個月胚胎的生長發育變化。

本書内容從《太平御覽》《證類本草》《齊民要術》《本草綱目》等中輯得，并結合個人實踐加以論述，有參考價值。

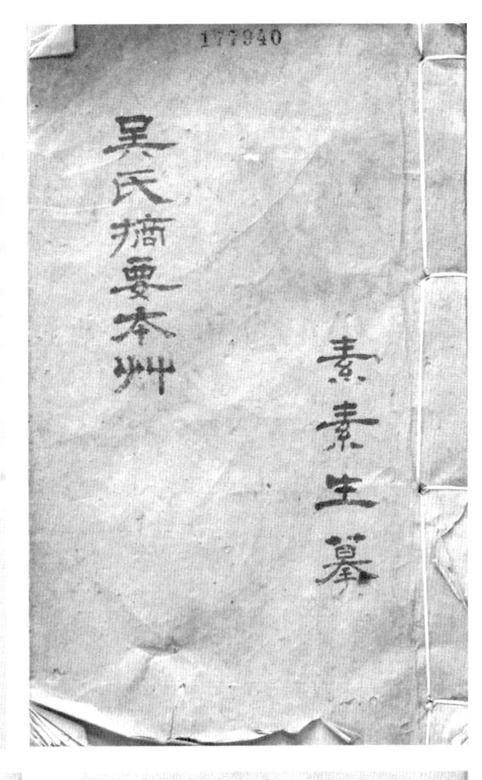

吳氏摘要本艸

素素生摹

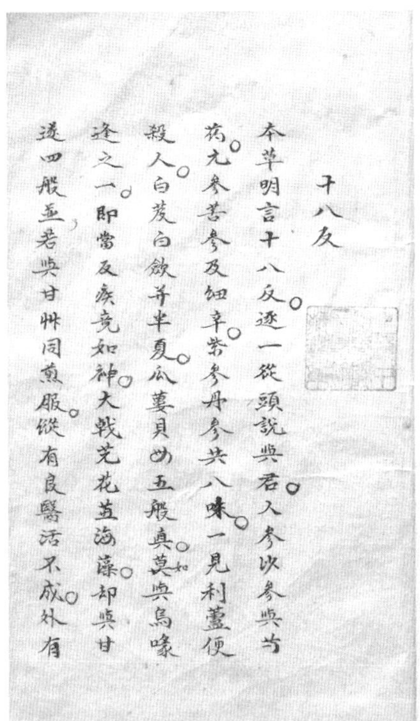
十八反

本草明言十八反。逐一從頭說與君。人參沙參與芍
藥。元參苦參及細辛。紫參丹參共八味。一見利蘆便
殺人。白芨白斂并半夏。瓜蔞貝母五般真。如莫與烏喙
逢之一。即當反疾竟如神。大戟芫花並海藻。却與甘
遂四般並若與甘草同煎服。縱有良醫活不成。外有

八般相反物。切須避忌認之真。密臘莫與蔥相見。利
蘆勿使酒來浸。石決明休見雲母。粉犯了之時禍不
輕。

按甘遂反甘草金匱痰飲门甘遂半夏湯仲景
反以甘草與甘遂並緩其藥力胸膈相反成功
此非聖賢者不敢擅義也

十九畏

硫黃原是火之精。朴硝一見便相爭。水銀莫與砒霜
見。狼毒最怕密陀僧。巴豆性烈最為上。偏與牽牛不
順情。丁香莫與玉金見。牙硝難合京三棱。川烏草烏不
認犀。人參專忌五靈脂。官桂善能調冷氣。若遇石脂
便相欺。大凡修合看順逆。炮爁炙煿要精微。

143 吴普本草

《吴普本草》，不分卷，一册。無目録、序跋，藏館載爲清曹元忠輯本。曹元忠（1865-1923），晚清藏書家、校勘學家。字夔一，一作揆一，號君直，晚號淩波居士，吴縣（今江蘇蘇州）人。著有《箋經室書目》《箋經室遺集》《丹邱先生集》《宋元本古書證》《賜福堂詩詞稿》等。是書爲緑格鈔本，共二葉半，每半葉十八行。四周單邊，白口，單魚尾。《中國中醫古籍總目》載爲清鈔本。現藏于復旦大學圖書館。

該鈔本首行題寫書名，下鈐復旦大學圖書館藏書章。共輯録藥物包括藜蘆、枸杞、牛膝、菖蒲、五味、丹參、大黄、黄芩、因塵（茵陳）、蛇床子、澤蘭、紫葳、甘遂、术、款冬、細辛、狗脊、决明子、羊踟蹰、桔梗、牡丹、龍蒻、元參、人參、沙參、麻黄、女苑、雲實、閭如、貫塚（貫衆）、巴豆、紫草、栝樓、薯蕷、蜀漆、麻子、大麥、烏頭、附子、瓜子、胡麻、徐長卿、通草、鬼箭、缺盆、秦鉤吻、白及、櫻桃、郁李、厚朴、龍眼、支子、莨草、女萎、萹蓄、酸漿、蓼實、綸布（昆布）、白堊、白玉禮（白首翁）、檳榔等六十一味，其中大多輯自《太平御覽》，每條下標注"御覽"二字，或標明所出卷數，如"萹蓄一名蓄辯一名蓄蔓御覽九百九十六"。此外，菖蒲、术、款冬、蓼實等條輯自《藝文類聚》，龍眼條輯自《齊民要術》，白堊條輯自《一切經音義》，白首翁條輯自《事類》，檳榔條輯自宋姚寬《西溪岩語》，澤蘭、烏頭、附子條未注明出處。

《吴普本草》約亡于宋代，掌禹錫編修《嘉祐補注本草》時説："《吴氏本草》……唐《經籍志》尚存六卷，今廣内不復有。"後人的輯佚工作，現存最早有孫星衍在輯《神農本草經》時，將《太平御覽》中的吴氏佚文分别著録于《本經》諸條文後。其後有焦循輯本與尚志鈞先生輯本。本書係《吴普本草》輯本之一，内容相對較少。

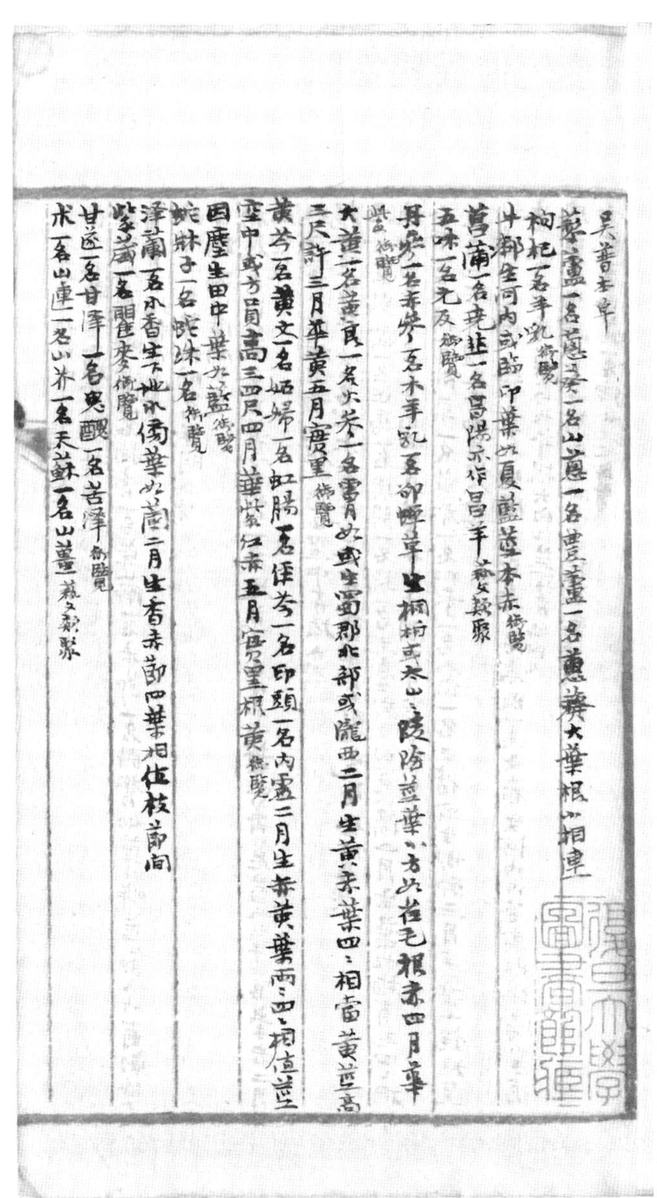

吳普本草

藜蘆一名葱葵一名山葱一名豐蘆一名蕙葵大葉根小相連

枸杞一名羊乳 御覽

卄鄉生河內或臨邛葉如夏藍莖本赤 御覽

菖蒲一名堯韭一名昌陽亦作昌羊 藝文類聚

五味一名元及 御覽

丹參一名赤參一名木羊乳一名卻蟬草生桐柏或太山山陵陰莖葉小方如荏毛根赤四月華

紫 御覽

大黃一名黃良一名火參一名膚如或生蜀郡北部或隴西二月生黃赤葉四四相當黃莖高

三尺許三月華黃五月實黑 御覽

黃芩一名黃文一名妒婦一名虹勝一名經芩一名印頭一名內虛二月生赤黃葉兩兩四四相值莖

空中或方員高三四尺四月華紫紅赤五月實黑根黃 御覽

因塵生田中葉如藍 御覽

蛇牀子一名蛇珠一名 御覽

澤蘭一名水香生下地水傍葉如蘭二月生香赤節四葉相值枝節間

紫葳一名瞿麥 御覽

甘遂一名甘澤一名鬼醜一名苦澤 御覽

朮一名山連一名山芥一名天蘇一名山薑 藝文類聚

144 何氏藥性賦

《何氏藥性賦》,不分卷,一册。清何其偉撰。何其偉(1774-1837),字韋人,號書田,晚號竹簳山人,青浦(今屬上海)人,名醫何世仁之子。先世自宋時即以醫名,已歷二十三代。精于切脈製方,常定期巡迴出診,求治者遠達千里,醫德爲人所稱。道光十二年(1832)治愈林則徐夫人之病,名噪吴中。次年撰成《救迷良方》,删定戒鴉片烟方,世稱"林十八"(即以十八味藥遞減法戒除烟毒),在民間傳布甚廣。生平著述甚多,有《雜症總訣》《何氏四言脈訣》《何氏藥性賦》《湯方簡歌》《救迷良方》《雜症歌括》及《竹簳山人添歲記》《醫方湯頭歌訣》《竹簳山人醫案》《重固三何醫案》等。又醫學之外善詩文,著有《簳山草堂詩稿》等。此本封面題有"丁卯夏重抄"和"王丕顯讀"字樣。首頁目録下鈐有"丕顯"圓形陽文印章。王丕顯其人,生平無考,殆爲抄者。此鈔本現藏于上海圖書館。

此本大致可分三部分。第一部分爲《何氏藥性賦》。完整抄録該賦的全部内容,分温性、熱性、平性和寒性四類,共涉及約三百四十種藥物。每味藥名的右側有小字注明其性味和歸經,如"人參益元氣以和中,肺寒可服;生津液而止渴,熱嗽須防",藥名旁注有:"味甘微温,入肺脾二經。"藥物功效的注釋文字則書寫于頁眉,共有八十六條,約占四分之一。如:"人參大補肺氣,東垣曰:肺主氣,氣旺則四臟之氣皆旺,精自足而形自盛矣。""淡竹葉小入腸,燕竹葉味甘苦寒,入心胃。"第二部分爲《藥性歌》,是四言歌訣,摘録明代龔廷賢《藥性歌括四百味》常用藥物二百三十八味。第三部分爲雜抄,有"十八反歌""十九畏歌""妊婦服藥禁忌歌"和"胎前禁藥"等。另有一則外科藥方,稱"此係野人傳授,靈驗異常"。

此書主體爲藥物歌訣,内容簡明扼要,易于記誦,適宜初學中醫者閱讀,有一定實用性。本書近年已有出版。

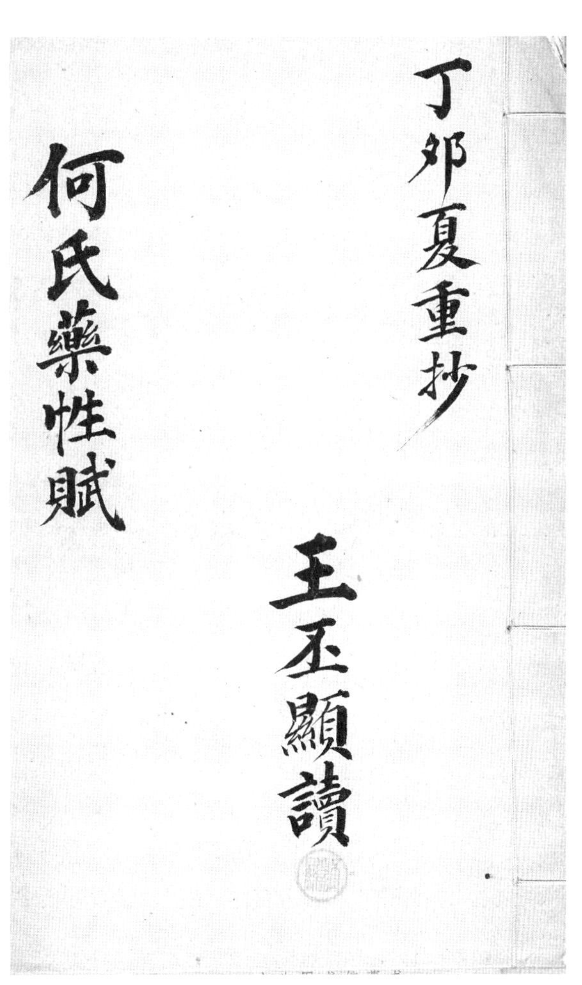

丁卯夏重抄

何氏藥性賦

王丕顯讀

人參大補肺氣東垣曰肺主氣氣旺則四臟之氣皆旺精自足而形自盛矣熟地入足三陰經治諸種動血一切肝腎陰虧虛損百病為壯水之要葯

何氏藥性賦

溫性

人參（味甘微溫入肺脾二經）益元氣以和中肺寒可服生津液而止渴熱嗽須（陰虧火旺須與西洋參並服）

防熟地黃（味甘溫入心肝脾腎四經）滋腎水而真陰以補理血脈而骨髓能償白

术（味苦甘溫入脾胃）補氣和中又健脾而燥濕蒼术（味苦辛溫入脾）發汗除濕能解鬱而

升陽仙茅（味辛溫入腎）填精髓令人陽壯黃精（味甘平入脾）補氣血使爾生長何

145 尚論本草新編

《尚論本草新編》，兩卷，殘。清陳士鐸撰。陳士鐸，字敬之，號遠公，别號朱華子、大雅堂主人，山陰（今浙江紹興）人，生活于康熙、雍正年間。撰有《石室秘録》六卷、《辨證録》十四卷、《本草會編》五卷、《洞天奥旨》十六卷以及《六氣新編》《傷寒四條辨》《濟世新方》等。現存鈔本，藏于上海圖書館。《中國中醫古籍總目》未收載。

卷一列藥物目録九十七種，尾殘；卷二列藥物目録六十六種。本書考訂藥性，詳述藥味歸經，所主陰、陽、水、火諸證，説明主治功效與禁忌。多有眉批，如："葛根，味甘氣平，體輕上行，浮而微降，陽中陽也，無毒，入胃足陽明，療傷寒，發表解肌，又入肺，解燥，生津止渴，亦解酒毒、卒中，却温瘧……切戒過用，恐耗散人真氣也。""或問葛根發表除熱，而表不能發，熱不能除者，何故耶？此不善用葛根之故也。葛根輕清，少用則遂其性而上行，多用則違其性而下降。夫風邪在外，宜引而外出，不宜引而内入；火邪炎上，宜引而上散，不宜引而下散。乃不少以遂其性，反多用以違其性……"眉批曰："闡發葛根多用少用之故，甚精。""或問葛根解肺中之燥，何以又入胃中，以解肌中之熱？傷寒肺燥者，邪入於胃也，胃熱則火熾，火熾則金燥，胃本生肺，過燥則生肺者轉變克肺之物矣。葛根解胃中之熱，熱解而火息，火息而土之氣生……而金之氣亦生，而肺之燥且解，用一葛根，肺與胃已兩治之矣。不必解胃中之熱，又去解肺中之燥也。"眉批曰："胃温則生肺，胃熱則克肺，實如此言。"

本書闡發藥理細緻詳盡，且有眉批評論要點，頗有參考價值。

荊芥 白芷 細辛 高良薑 麻黄
葛根 葳靈仙 秦艽 薄荷 香薷
萎蕤即玉竹 蛇床子 龍胆草 澤瀉
元參 沙參 地栗粉 丹參 白薇
茵陳 青蒿 仙茅 天南星 附子
半夏 蓬莪茂 澤漆 萬年青

卷之二藥品目錄 共六十六種

尚論本草新編 山陰陳士鐸遠公別號朱華子著

146 周氏醫書摘髓——本草正

《周氏醫書摘髓——本草正》，不分卷，一册。不著撰者。書首有"也溪手録"字樣。無序跋與目録。《中國中醫古籍總目》載録爲清鈔本，現藏于上海中醫藥大學圖書館。

全書載藥一百三十六種，不分類，依次列述黄芪、甘草、人參、沙參、丹參、玄參、白术、蒼术、玉竹、石斛、遠志、菖蒲、牛膝、土牛膝、菊花、五味子、天冬、麥冬、款冬、紫菀、旋覆、桔梗、馬兜鈴、半夏、南星、貝母、蔞仁、天花粉、夏枯草、獨活、羌活、防風、藁本、葛根、升麻、白芷、細辛、柴胡、前胡、麻黄、荆芥、連翹、紫蘇、薄荷、天麻、秦艽、威靈仙、鈎藤、當歸、川芎、白芍、鮮地黄、乾地、熟地、何首烏、丹皮、續斷、益母草、澤蘭、蘭葉、蘄艾、延胡、紅花、茜草、榆炭、鬱金、蘆根、大黄、黄芩、黄連、胡連、知母、膽草、葶藶、常山、木通、澤瀉、車前子、燈芯、瞿麥、天仙藤、茵陳、香薷、青蒿、附子、川烏、天雄、側子、白附、補骨脂、肉蓯蓉、菟絲子、潼蒺藜、使君子、益智仁、砂仁、白豆蔻、肉果、草果、香附、木香、藿香、大茴、金銀花、黄花地丁、山豆根、牛蒡子、射干、白頭翁、王不留行、萆薢、土茯苓、劉寄奴、穀精草、决明子、馬勃、茯苓、琥珀、柏子仁、側柏、肉桂、枸杞子、地骨皮、山茱萸、棗仁、杜仲、女貞子、桑白皮、桑寄生、梔子、猪苓、黄柏、枳殼、枳實、厚朴、檳榔。每藥下記有性味、歸經、功效、主治病證、炮製方法、配伍及使用禁忌等内容。

本書是一本論述本草的專書，其中對于半夏、柴胡、當歸、白芍、黄連、附子等藥在功用主治、炮製配伍方面的記述尤爲詳細，對中藥學的學習與研究有參考價值。

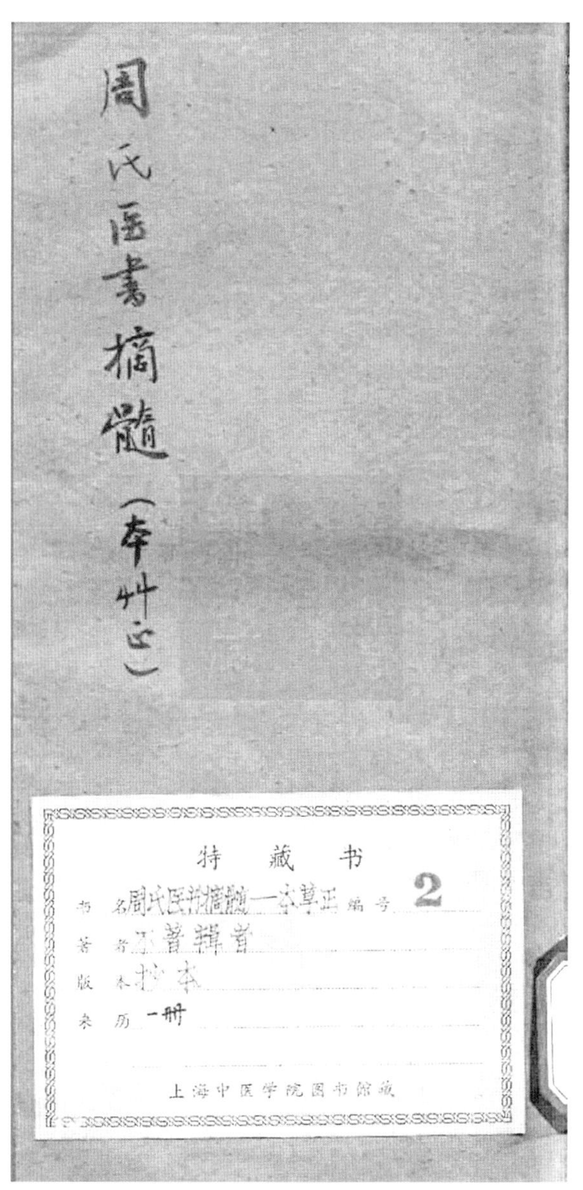
周氏医書摘髓
（本草正）
特藏书
书名 周氏医书摘髓—本草正 编号 2
著者 不著辑者
版本 抄本
来历 一册
上海中医学院图书馆藏

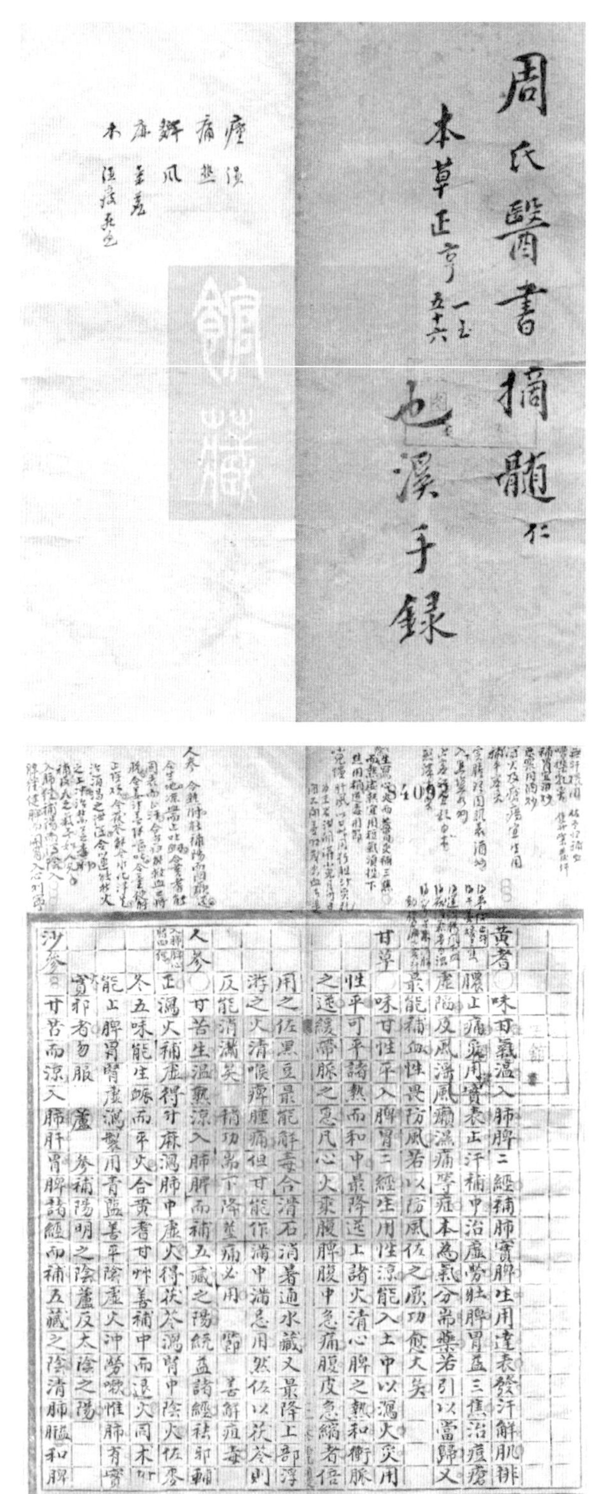

周氏醫書摘髓 仁

本草正 一至五十六

也漠手録

黃耆○味甘氣溫入肺脾二經補肺實脾生用達表發汗解肌排膿止痛炙用實表止汗補中治虛勞壯脾胃益三焦治瘡瘍虛陷及風濕風癩濕痛等症本為氣分藥若引以當歸又最能補血性畏防風若以防風佐之厥功愈大矣

甘草○味甘性平入脾胃二經生用性涼能入上中以瀉火炙用性平可平諸熱而和中最降送上諸火清心脾之熱和衛脈之逆緩帶脈之急凡心火乘腹脾腹中急痛腹皮急縮者倍用之佐黑豆最能解毒合滑石消暑通水藏又最降上部浮游之火清喉痺腫痛但甘能作滿中滿忌用然佐以茯苓則反能消滿矣 稍功專下降莖痛必用 節善解瘡毒

人參○甘苦生溫熟涼入肺脾而補五藏之陽統益諸經祛邪輔正瀉火補虛得升麻瀉肺中虛火得茯苓瀉腎中陰火佐麥冬五味能生脈而平火合黃耆甘草善補中而退火同术能止脾胃腎虛瀉製用青鹽善平陰虛火沖勞嗽惟肺有實邪者勿服 蘆 參補陽明之陰蘆反太陰之陽

沙參○甘苦而涼入肺肝胃脾諸經而補五藏之陰清肺臟和脾

147 法古録

《法古録》,三卷。清魯永斌撰。魯永斌,字憲德,山陰(今浙江紹興)人,生卒年月不詳。年近古稀,留心醫學,博覽前代本草,覺本草有繁簡不當、或欠精詳之嫌,遂集先賢著作之精義,匯爲《法古録》,成書于清乾隆四十五年(1780)。現存稿本,藏于上海中醫藥大學圖書館。

是本分天、地、人三集。共收陶弘景注《神農本草經》與《名醫别録》、雷斅《炮製論》、徐之才《藥對》、張元素《珍珠囊》、朱震亨《本草補遺》、李時珍《本草綱目》等三十七部本草專著之精義。收録藥物共五百四十七種,分爲十五部。《天集》開卷爲作者自叙:“古者民有疾病,未知藥石,炎帝神農氏,始味草木之滋,察其寒温平熱之性,辨其君臣佐使之義,作方書以療民疾,而醫道立矣。”次列三十七部本草專著目録、凡例、用藥總義,論及性味補瀉、升降沉浮、君臣佐使、七情十劑、炮製劑型等,頗有新意。載藥物一百九十七味。《地集》所載藥物:木部八十二味,果部三十三味,穀部三十味,菜部二十一味。《人集》收録藥品:水部十三味,土部十四味,金部十三味,石部四十五味,人部十一味,禽部十一味,獸部二十四味,鱗部十七味,介部十五味,蟲部二十一味。

是本匯集先哲言論,每引一藥,均注明其主治、應用和出處。繁簡相宜,語言簡明。謂“相畏乃以相制,相反乃以相成”,故不載相畏、相反,反映了作者獨特的學術觀點。

法古錄敘

古者民有疾病。未知藥石。炎帝神農氏始味草木之滋。察其寒温平熱之性。辨其君臣佐使之義。作方書以療民疾。而醫道立矣。嗣即黃帝繼之。咨於岐伯。伯作内經。處方餌。而雷公桐君之屬佐之。由是而魏晉唐宋。以及我朝。諸名醫之相繼而作本草者。歷代各有其人。各存其說。議論藥性。增刪著述。其載籍有不可勝紀者矣。然湯液之品類少者。既過於簡。而綱目之講義多者。又覺其繁。使觀者何所折

法古錄

集古

神農本草經 梁陶弘景註
陶弘景名醫別錄 弘景字通明號華陽隱居謚貞白先生
魏 吳普本草 華陀弟子
李當之藥錄 李當之亦華陀弟子
唐 蘇恭本草
甄權藥性本草
孫思邈千金食治
楊損之刪繁
孟詵食療本草
陳藏器本草拾遺
李珣海藥本草
蕭炳四聲本草 蘭陵處士
蜀 韓保昇本草重註
宋 雷斅炮炙論 斅亦稱雷公非黃帝時雷公也
北齊 徐之才藥對
南唐 陳士良食性本草
宋 馬志開寶本草
掌禹錫嘉祐本草
蘇頌圖經本草 字子容
大明日華本草
金 張元素珍珠囊 元素字潔古
宋 唐慎微證類本草
陳承別說
寇宗奭本草衍義
元 王好古湯液本草 好古字進之號海藏
李杲用藥法象 杲字明之號東垣
朱震亨本草補遺 震亨字彥修世稱丹溪先生
吳瑞日用本草 字瑞卿
明 汪穎食物本草
王綸集要 綸字汝言號節齋
陳嘉謨本草蒙筌 字廷采
周憲王救荒本草 王號誠齋
寗原食鑑本草
汪機本草會編 機字省之
徐用誠發揮 名彥純
李時珍本草綱目 號瀕湖
清 汪訒菴本草備要 名昂

法古録

○凡例

○歷代名醫用藥以活人即著書以傳世故有言以人著者亦有人以言重者後之覽者考其姓名察其意旨則醫學從此精進焉近世醫者掠古人之名姓議論而妄參以臆說不但埋沒先哲而且不鮮病源欲其用藥不錯也難矣茲集採録諸家悉存姓字如神農本經雷斅炮炙弘景潔古之名海藏瀕湖之號各著於本草之中則其言傳其人傳而是書亦無不傳

○諸家本草原欲使人對證發藥也若第言某藥治某病而不言其所以主治之由第云某病用某藥而不告其所以當用之理後學閱卷茫然莫知精義即間有指示病情訓解藥性而說焉不詳語焉不精能使觀者之心目豁然而洞然耶茲集採録諸家議論條分縷析俱本實義可使知醫之人一覽瞭然

○藥性經絡俱各載於藥品之下譬如色青味酸者入肝即知其入足厥陰經也何必另註厥陰等字餘經皆然省而不贅

○藥品主治諸家有析言者少統言者多如治痰之藥有治燥痰者有治濕痰者諸書第以除痰槩之頭痛之藥有治內傷者有(治)外感者諸書惟以治頭痛而已殊覺混施不無貽誤且如中風有數十餘種傷寒有二十餘條揮非一端症非一症而更有虛實寒熱之不同老少強弱之各異若但以一藥而槩治之則不無闕畧而鮮效矣茲集採録各家治法分別而施極其精詳如某病宜用某藥忌用某藥皆顯而言之切而指之庶無闕畧貽誤之弊

○看本草者當先知病症因症用藥則藥與症符而病即可除今世醫家錯認病症而妄用藥品非徒無益而又害也茲集採録先賢之

法古録

○藥有五味宜忌

岐伯曰木生酸火生苦土生甘金生辛水生鹹辛散酸收甘緩苦堅鹹耎毒藥攻邪五穀爲養五果爲助五畜爲益五菜爲充氣合而服之以補精益氣此五味各有所利四時五臟病隨所宜也

○五欲　肝欲酸心欲苦脾欲甘肺欲辛腎欲鹹此五味合五臟之氣也

○五宜　青色宜(酸)肝病宜食酸赤色宜苦心病宜食苦黃色宜甘脾病宜食甘白色宜辛肺病宜食辛黑色宜鹹腎病宜食鹹此五色合五味以配五臟之所宜者也

○五禁　肝病禁辛宜食甘心病禁鹹宜食酸脾病禁酸宜食鹹肺病禁苦宜食酸腎病禁甘宜食辛時珍曰五欲者五味入胃喜歸本臟有餘之病宜本味通之五禁者五臟不足之病畏其所勝而宜其所不勝也

○五走　酸走筋筋病毋多食酸多食令人癃酸氣澀收胞得酸而縮卷故水道不通也苦走骨骨病毋多食苦多食令人變嘔苦入下脘三焦皆閉故變嘔也甘走肉肉病毋多食甘多食令人悗心甘氣柔潤胃柔則緩緩則蟲動故悗心也辛走氣氣病毋多食辛多食令人洞心辛走上焦與氣俱行入留心下故洞心也鹹走血血病毋多食鹹多食令人渴血與鹹相得則凝凝則胃汁注之故咽路焦而舌本乾也

○五絕(傷)　酸傷筋辛勝酸苦傷氣鹹勝苦甘傷肉酸勝甘辛傷皮毛苦勝辛鹹傷血甘勝鹹

○五過　味過於酸肝氣以津脾氣乃絕肉胝傷腸而唇揭味過于苦

148 春莊膚見本草發明

《春莊膚見本草發明》，不分卷，六册。明黄炫編撰。黄炫，建陽（今屬福建）人，約生活于嘉靖年間，另有《醫學會編》傳世。封面書名爲“本草發明”，下有小字“明人寫本”。書首有“春莊膚見本草發明卷之”“建陽春莊黄炫編集”字樣。第四册前四頁缺失，第五頁部分缺失，第六册最後一頁部分缺失。無序跋與目録。《中國中醫古籍總目》誤載爲清鈔本。現藏于上海中醫藥大學圖書館。

全書分爲兩部分。第一部分爲第一至第三册，載述三十種病證的首選藥物，并按證治類型歸類。病證依次包括諸風、外感、諸寒、四肢厥冷、諸暑、諸煩、諸濕、水腫、諸燥、大便不通、小便不通、小便多、五淋、諸熱、頭痛、頭風、風眩、目眩、牙齒、鼻（附耳）、面部、咽喉、口舌、眼目、諸氣、諸瘧、諸汗、頸項强急、身痛等，涉及内、外、婦、兒、五官、骨傷等各科。第二部分爲第四至第六册，分别簡述寒藥、熱藥、温藥、平藥的主要效能，後收載藥物二百十三種，不分類，每味藥下記有性味、歸經、功效、别名、主治適應症及炮製方法等内容。

本書論述内、外、婦、兒等各科病證的首選常用藥物，證治分類明確，對部分常見藥物的叙述甚詳，于學習中藥有參考價值。

春莊膚見本草發明卷之　　建陽春莊黃絃 編集

○諸風 集見大觀本草及本草集要并各本草

治風通用之藥

防風溫　羌活平微溫　白芷溫　細辛溫

治諸風必用之藥

防風溫　荊芥溫　連翹凉　羌活平微溫

治風行氣開表之藥

防風溫　羌活平微溫　細辛溫　獨活平溫

白芷溫　枳殼微寒　殭蚕微溫　全蝎平

天麻平　升麻平微寒　麻黄溫熱　蒼朮溫

藁本微溫　杜衡溫　秦艽微溫　荊芥溫

蔓京子微寒　蟬蛻寒

治風辛熱散寒之藥

乾薑溫　川烏大熱　官桂熱　南星平

萆薢平　何首烏　白附子溫　厚朴溫

威靈仙溫

治風清熱潤燥之藥

天門冬大寒　牡丹皮　薏苡仁　白鮮皮寒

五加皮微寒　枸杞子微寒　酸棗仁平　蒺藜微寒

沙參微寒　玄參微寒　前胡微寒　黄芩凉

柴胡平微寒　防己寒　苦參寒　芎藭微溫

杏仁溫　黄芪微溫　菊花凉　山藥溫

去風行濕之藥

防風溫　羌活平溫　獨活平溫　藁本

川芎溫　地骨皮寒　蒼朮溫　威靈仙溫

薏苡仁微寒　蔓京子微寒　蒼耳子溫

治中風不語

防風溫　木防己平寒　羌活平微溫　白附子溫

天麻平　殭蚕微溫　全蝎平　南星平

竹瀝微引諸藥入經絡中走痰涎寒

治中風痰壅語言蹇澁

南星平　全蝎平　天麻平

治中風痰涎壅塞

南木香微溫　南星平　天麻平

治中風口噤

防風溫　羌活平微溫　細辛溫　白芷溫

川芎溫　升麻平微寒　秦艽平微溫　白附子溫

荊芥凉　竹瀝能引諸藥入經絡中走痰涎寒

治中風口眼歪斜

149 神農本草經指歸

《神農本草經指歸》,五卷,八册。清戈頌平撰。戈頌平介紹見本書“022黄帝内經素問指歸”。今存鈔本兩種:一藏于上海中醫藥大學圖書館,有序言一葉半、目録三葉半、正文三百三十二葉半,全書約十四萬字。另有長春中醫藥大學圖書館館藏鈔本五卷一册。此處所介紹的爲上海中醫藥大學圖書館藏本。

是本收録藥物二百五十餘種。卷一載上品藥物二十種,卷二載上品六十四種,卷三載中品三十六種,卷四載中品三十四種、下品三十五種。另選歷代諸家本草藥物六十二種,編爲附録一卷。每藥下均加注釋,運用陰陽、五行、臟腑學説闡明其性味、功能與主治,并舉方考證,對藥物命名意義、産地、真僞優劣等也有所闡發,是一部有特點的本草學專著。如上品“黄耆”條下云:“氣味甘,微温,無毒,主癰疽、久敗瘡,排膿止痛,大風癩疾、五痔鼠瘻,補虚,小兒百病。”其下有注釋云:“黄,土色也。耆,長也,强也。甘,土味也,温陽氣也。無毒,無五味五性之偏也。戊土之陰,得陽氣則長則强,曰黄耆氣味甘微温無毒。癰,壅也。疽,阻也。排,行也。膿,水氣滯而厚也。水氣壅於肉中,高腫爲癰;壅於肉裏,阻陽氣内運,平塌爲疽。土中陽氣不强,木之根荄不長,水氣在肉中壅滯,致外高腫爲癰;土中陽氣久傷,水氣在肉裏近骨,不能外達,致内阻陽運爲疽。(主)黄耆,内强戊土陰氣,長亥水木,藏根荄之陽,流行表裏肌中……癩疾,惡創也。大風指太陽大氣也。太陽大氣浮外,而肌肉中水血氣滯,成爲惡瘡。水氣不通於表,眉髮脱落,皮肉色紫而浮,指爪枯而掌肉陷。黄耆内温戊土之陰,運行水氣于毛竅,水氣流行,血脈亦通……瘻,久瘡也。土得陽長不虚于裏,土得陽强不虚于表,子水之陰得陽運,行身之左右上下,虚者得助,曰鼠瘻補虚。百字篆文,象一陽入二陰中也。

小兒戊土中，陰陽之氣未足，一陽陽氣入二陰中，轉運表裏，百病不生，曰小兒百病。”

雖文意略顯晦澀，然旁徵博引，且有獨到見解發揮，亦可謂自成一家之言。民國二十年(1931)《泰縣誌》曾載“自戈氏書出，本邑醫學浸有復古之意”，足見其影響。

本草一書藥理微奧所述藥性每謂久服輕身
益壽等語似江湖術士之臆説謂之為僞書乃
後人所作要知我華夏立國之初往古之聖哲
神農乃生而知之者樹五穀以資民生嘗百草
以療民疾農事方書制度乃備本草一書非後
人所撰也明甚經文輕身益壽等語但人未得

一

其解耳當今之士務以思求經旨留神醫藥夫
天生五味以養人藥以五味之偏以療病分寒
熱溫涼攻補疏瀉以治之如木宜條達曲直作
酸木以達為補火宜下降炎上作苦火以降為
補土宜疏泄稼穡作甘土宜疏為補金宜收肅
從革作辛金以收為補水宜上升潤下作鹹水

神農本草經指歸目錄

神農本草經指歸卷一

上品

人參氣味甘微寒無毒主補五藏安精神定魂魄止驚悸除邪氣明目開心益志久服輕身延年

參三也說文三天地人之道也謂以陽之一合陰之二次第重之其數三也以草得天地中正

之氣味甘而不偏寒而不偏故曰人參氣味甘微寒無毒五土數也藏藏也土藏中陰液不足其陽氣多浮少藏服之土之陰液内增陽以陰為主陰以陽為主其陽主陰則藏其陰主陽則開陽藏陰開則五藏得益曰主補五藏精為陰裏之陰藏得陽氣生助而精安神為陽表之陽

150 神農本草經集注

《神農本草經集注》，不分卷，一册。作者不詳。抄録于紅色絲欄紙，每半葉九行，每行二十四字。封面題"凡用藥治病，必須遵守《本經》，不得狃於相沿陋習，轉信無稽之説，顯違經旨。此集集諸名家之説，闡發尤精，學者當奉爲準繩，庶幾能取法乎上者乎"，并題有"銘甫手録"四字。銘甫，殆爲張銘甫，寶山真如（今屬上海）人，近代名人張君勱之祖父。銘甫之父秋涯，行醫于鎮上。道光年間，銘甫以舉人署四川縣令，在川十餘年，頗有政聲。後銘甫倦于仕途，退居鄉里，移家嘉定。銘甫對醫學頗有興趣，命其幼子祖澤習醫，以繼承祖父之業，卒業後，開設診所行醫，是上海的名醫。此本中有眉批數處，其中有一處題"光緒七年閏七月朔日，銘甫氏志"，是知該鈔本抄録于光緒七年（1881）。現藏于上海圖書館。

此本前有目録，載有藥物上品八十種，中品四十七種，下品十四種，附録四十七種，共一百八十八種。末爲十九畏歌訣。頂格抄録《神農本草經》的經文，注文皆低一格，主要集録了徐大椿、陳修園、張隱庵、葉天士、徐忠可、李時珍等人的論述，反映了明清時期中藥理論的水準。如徐靈胎注"水銀"："丹家爐鼎之術，以水銀與鉛爲龍虎，合煉成丹，服之則能長生久視……高明之士爲所誤者不一而足。"對服食鉛丹持鮮明的反對態度。又如"乾薑"條下陳修園注："後世炮黑、炮灰，全失薑之本性也。"葉天士亦謂"炮黑入腎，何其陋歟"。鈔本中還有多處眉批，皆爲銘甫氏所記，有的對所集録的注文提出自己的觀點，如"柴胡"條的眉批："按足三陽皆下行，少陽膽宜降不宜升。"認爲葉天士所言"柴胡輕清，升達膽氣"未合經旨，而"徐（靈胎）注極有見地"。有些眉批對藥物功能的理解和臨床應用有一定的幫助，如"芍藥"條的眉批："芍藥苦平泄降，故能平肝而利氣行血，若認爲補益收斂之品，則誤矣。”“桑根白皮”條的眉批：“大凡證兼風寒者，桑根白皮似不宜用，因録之以備參考。此論始于吴鞠通《温病條辨》，詳《瀉白散不可妄用論》中，後之學者不可不知。”

該鈔本所録皆爲臨床常用藥物，多爲明清名醫之論述，對臨床有參考價值。

神農本草經集註

上品

人參。氣味甘。微寒。無毒。主補。五。藏。安。精。神。定魂。魄。止驚悸。除邪氣。明目。開心。益智。久服輕身延年。

徐靈胎曰。凡補氣之藥皆屬陽。惟人參能補氣而體質屬陰。故無剛燥之病。而又能入於陰分。最為可貴。然力大而峻。用之失宜。其害亦甚於他藥也。

又曰。仲景傷寒方中。有病未去而用參者。如小柴胡、新加湯之類。此則以補為瀉之法也。古人曲審病情。至精至密。知病

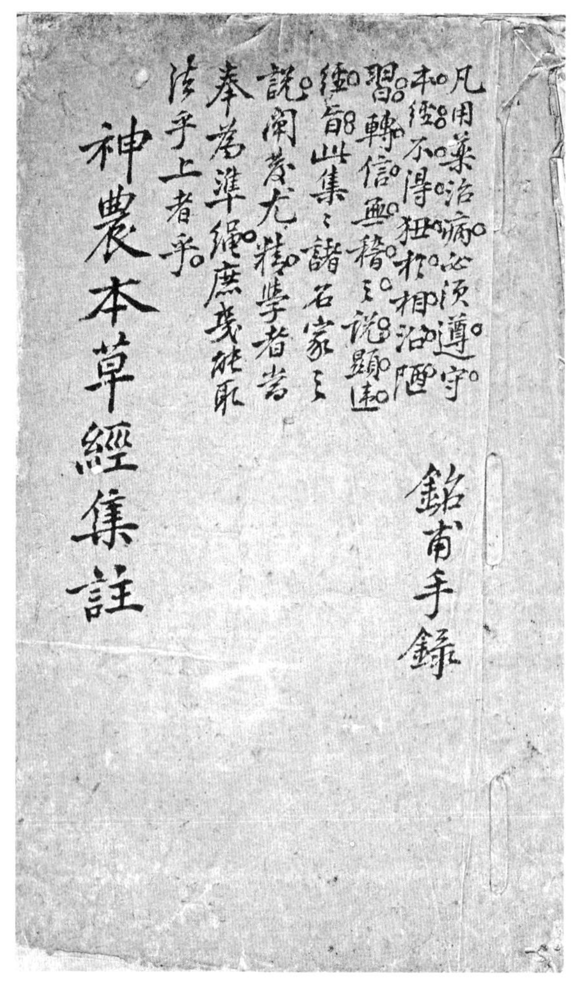
凡用藥治病。必須遵守本經。不得狃於相沿陋習。轉信無稽之說。顯違經旨。此集集諸名家之說。闡發尤精。學者當奉為準繩。庶幾能取法乎上者乎。

神農本草經集註

銘甫手錄

151 能毒

《能毒》,不分卷,一册。無序跋,著者與抄録者不詳。首頁有上海中醫學院圖書館藏書印章與愚齋圖書館藏印章。末頁有“永禄已未二年七月朔日”字樣,可知是本抄録于1559年。《素問·五常政大论》有“能毒者以厚药,不胜毒者以薄药”語,作者借此反映本書係本草学著作。現存日本鈔本,藏于上海中醫藥大學圖書館。

是書分爲三部分,第一部分載藥七十一種,爲常用補正虛、瀉邪實之要味,詳述其藥性,爲日常應用所必須掌握之藥。第二部分載藥五十五種,是第一部分所載七十一種之外日常也會用到的藥物。第三部分是追加篇,載用藥拾遺三十五法,并載方四十二首。是本所收藥皆屬常用、日用之品。朱墨同書,間有日文假名,墨字述藥之主治,朱字爲用藥禁忌。具體記載如:“石斛,腎虛腰痛,小便數,脈虛弱甚。腰痛,小便數,脈實大數不用。續斷,苦、辛,婦人虛寒赤白帶下,妊娠治漏血下。”

是本抄録認真,然内容較簡單,間有日文假名,故臨床意義及文獻意義不大。

雀頭香 雀 能毒全 并追加
逆気ノ 頭痛上気胸塞呑酸及發汗婦ノ 骨結
氣ニ 楠木蛤ト 長血虫積ニ
自汗表虚寸口虚弱ニ八

西天蔓 西 苦 脉証経ノト 半表半裡児瘡軽キ寒熱往来
冷瘦ノ瘡ニ八
胸痰サ経ノ頭痛ニ安胎咳嗽ニ

貴老 貴 辛 積ニ中濁ノ 散気者ニ 散気咳嗽吃吐痰結不食ニ酒病ニ

木 出音發散表邪ヲ
自汗盜汗肺虚寸脉沉細ニ八

奴隷 奴 酸苦 背膂労強 骨塞膈痰水脹快大便結ヲ脉
衝墻倒壁 實メ閉節塞
虚メ大便瀉脉虚弱ニ八

独揺 蚤 苦甘 手足肩腰痊痛頭痛頸筋強ニ
疝痛ニ脚気中風
表虚自汗虚弱沉細ニ八

白餘容 勺 悪寒往 脾気耗散 腹痛瀉痢ニ焙 尿渋右瘧ニ熱ノ腫

苿芭 芐 甘苦 脉洪実 虚熱 牧瘧疹ノ血ニ
血虚ノ寒ノ脉沉細而遅ナルニ八
腎虚ノ熱ノ瘦ニ裏熱ノ産後ノ熱ニ虚メ
耳鳴ニ上熱ノ自病ニ虚熱ノ吐血衂血ニ
労瘵ニ月水不来実ニ熱ノ往来ニ懐妊ノ
熱ノ病ニ脉遅ニメ胃虚ニ吐逆ニ八

洗瘡丹 兵 辛 児虫吐逆後重泄脊中至高気
虫積ニ脚気ニ脊脹不食ニ大便乾渋ニ
大虚ノ泄瀉ニ八

地薫 此 苦 瀾熱毒 寒熱往来尤瘧ニ腹痛熱弦脉
脉浮弱ノ遅ナル八寒熱往来

南別記 丁 辛甘 尿黄尿渋瘡腫ノ痛水腫ニ下乳
汁ヲ通諸竅出音
自汗甚ニ小便多ノ数ニ八

三ノ篠子 六 苦 熱而瀉ニ労瘵ノ実熱往来ニ酒病ノ
煩熱腎精汁虚ニ明目

山精 术 苦甘 消虚痰 虚弱瀉ニ湿中焦ニ滞ニ痰飲ニ
脾虚ニ脉細不食ニ
脉数ニ八腎精燥耗ヘリ八

半 甘草 各二両 藿香 三両 右等分 姜棗入煎服

一益智散 霍乱腹瀉スルニモ良

莪朮 五両 炮 青木香 一分炙

一藿乱腹痛妙ノ薬也

良姜 當帰 白朮 二両 肉桂 甘草 各一匁

右丸薬ニメ用也 或人相伝也 又伝

一寛腸丸ノ加薬 大一両ニ サウカク 二粒 妙粉ニメ小豆ノ

大サニ丸ニ一度ニ五十粒或ハ此証百粒モ以湯与 又大一両ニ

サウカクノ如若入 肉桂大十分一程入名潤腸丸 少結特 道ニ用

一初メ如秋毫ノ至岱泰ニ 唐ニ岱山泰山ト云大山アリ 産後ノ病ニ是ヒノセ

一治十男子ノ難治ニ婦人ハ 治十婦人ヲ難治一小児

惺 熱気ノ 醒酒ノ 悲 冷湯ヲ

反支月 是ニ当月ハ親気子気大事也 誕生ノ人此月ニ当リタル

正七月	十三	十九	廿五	卅一	卅七	四十三	四十九
二八月	十四	廿	廿六	卅二	卅八	四十四	五十
三九月	十五	廿一	廿七	卅三	卅九	四十五	五十一
四十月	十六	廿二	廿八	卅四	四十	四十六	五十二
五十一月	十七	廿三	廿九	卅五	四十一	四十七	五十三
六十二月	十八	廿四	卅	卅六	四十二	四十八	五十四

一病人ノ所ヘ入時ロニテ弐字ヲ三度トナヘテ入ルベキ

一ケンベキノ薬 莪 三 桂 益 青 陳 茯 殻 木 甘 梗 各等

一加減呉茱萸湯 産後ニサムケ立フルヒ腹下ツヨク瘦胸ニ千腹 肉豆蔻 各等

脹ヒキツリ痛嘔吐無食事ヲ治 呉茱一両 桔 麦門

姜 甘 防 桂 半 細 帰 赤茯 牡丹 各半両 右煎服

一益黄散 小児脾気虚冷而身浮腫吐瀉ニ用 カタカイニモ良トスル

丁 二分 陳 人 朮 木 甘 各一匁 青 訶子 各半匁 本方ニハ無木香 加テ吉ヨシ

一厚朴散 小児腹痛薬 厚 訶 朮 茯 青 甘 各二分

丁子 使君子 各五両 以上

一消虫散 腹痛血道胸腹ニ良 厚 茯 香附

宿 朮 陳 丁香 人 當 甘 各等分 煎メモ粉ニモ

一平胃散 朮 厚 各二両半 陳 一両二分 甘 少

一八味ノ宿 香附 茯 各一匁 木 厚 陳 各五両 丁香 甘 各三匁

一六味ノ陳 五両 厚 三匁 朮 人 甘 山薬 各二匁

一勝痢 朮 茯 連 人 使 木 丁 陳 神麹

白豆蔻 檳 甘 各等分 右粉ニメ小麦ノリニテ丸

一安虫 山楂 木 各二分二朱 連 一匁半 小麦ノリニテ丸

一カタカイノ薬 莪 兵 三 殻 青 各等分 丸メモ煎メモ用

一木香丸 虫積聚 虫癰気 虫虚腹 虫傷食ニモ良

152 採藥使記

《採藥使記》,三卷。日本阿部照任、松井重康撰,後藤光生補,高大醇編。阿部照任,日本江户時期醫家,生平不詳,其醫學著作有《慈姑論》《上言本草》《人參言上書》《七種辨一册》《阿部友之進書上》等。松井重康,日本江户時期醫家,生平不詳,其醫學著作有《諸國採藥日記》。後藤光生介紹見本書"134本草綱目補物品目録後編"。此本成書年代不詳。内載寶曆戊寅年(1758)"捂陰庵後光寧識"序。前有凡例,書後録"大日本山陽道播磨國,奇家位,都街姓"。首頁有"漢藥研究部印""中國科學院圖書館印"。現存鈔本,藏于中國科學院上海生命科學信息中心生命科學圖書館。

本書載日本三十三令製國藥物一百零九種,大多爲日本各地本土藥物,采用漢字、片假名兩種方式記録。原文引"照任""松井"兩翁之言,介紹藥物産地、性味、功效、毒性及鑒别方法。條文後有黎春先生按語,對原文作進一步闡釋。書中援引《本草匯言》以及陳藏器、張璐諸家有關本草條文。

本書序言介绍此書淵源:"阿部氏、松井氏而使海内採藥焉……故發言亦盈庭其餘,奇談以爲口實,間又竊辨其疑惑,分其得失爲副墨,名曰採藥使記。"并强調辨識藥物的重要性:"人謂醫其國而不辨其藥物者,則如瞽者騎瞎馬,夜臨深池,況醫於天下乎!"是書漢字、日文相間,不便于不識日文的讀者閱讀。

採藥使記序
採藥者何也在辨其
國之藥物而當諸本
草也人謂医其國而
不辨其藥物者則加

凢例

一 此書ハ享保ノ初ノ頃東都阿部友之進照任
松井 玄番 重康ト云ヘル人アリ 各諸
藥ノ良否ヲ辨ヘ其形狀ヲ多識ス一歲
台命ヲ蒙リ諸國ニ出行シ其所々ノ産物ヲ
見出シ普ク世上ニ知ラシメ珍物品ヽヲ
官府ニ真献ス兩翁共ニ宝暦中迄壮健ニ存
在シテ何レモ八十有餘ヲタモテリ此兩翁
ノ口述ニ后光寧ノ副竪セルナリ

採藥使記卷之一
目録
陸奥國
膃肭臍
木耳
イケマ草
獨活
カド魚
井水

先生按ニ黄ハ芩日本台ハアリシニヤ延喜
式ニノセタリ今江東ニテ專作ル黄芩
ハ長サ一尺許リ葉兩々對生シテ葉
ニ毛モアリ七月比紫濃碧花ヲ開ク
秋ニ至リ実ヲ結ブ蚕汝ノ形ノ如ク
根ハ宿根ヨリ春生ス実ヲモ蒔ク中
華ヨリ来ルニ性劣ト云ヘリ
○照任曰武州処々ニ胡椒木ト云物アリ
其葉ハ柳ニ似テ青白色コレヲ断レハ白
汁出ル実胡椒ノ如ク色赤ク味ハ辛シ此ヲ

食スレハ舌上テ麻スルヿ甚シク毒アリ食ヘ
カラス此種ハ即莨丹ノ黄芫花之ト云
先生按ニ今江東ニテ胡椒ト云モノニ
種アリ一種ハ木ニテ沉丁花ノ類ナリ沉
丁花ニ似テ白ク胡椒ノ如キ実アリ色
赤シ漢名白瑞香ト云相州府志ニ
見ユ一種ハ蔓草ニテ形チ木ノ胡椒
ト云モノニ似タリ此コレ番國ヨリ渡ル処
ノ胡椒テ植生シタルヿアリ其木ノ高
サ二三尺葉ハ番椒ノ葉ニ似テ厚ク

153 國藥出處

《國藥出處》,不分卷,一册。未著撰人。封面題"國藥出處"四字,無前言、序跋,有目録。鈔本按《千字文》"天地玄黄"的順序編排,但"玄"字易"元",避玄燁諱,反映了抄于清康熙後的特徵。目録後題有"時在光緒四年戊寅歲捌月中浣題,陳志卿謹識"字樣,光緒四年,即公元1878年,當爲陳志卿抄録的年代。同頁又有"汪訒菴珍藏"五字。汪訒菴(1615–1694),即汪昂,爲明末清初安徽休寧著名醫家,故推測此本所依據的底本爲汪昂所藏。據《中國中醫古籍總目》,此鈔本係孤本,現藏于上海圖書館。

全書共載藥物二百八十三味,主要記載産地與藥物别名。按道地藥材産地的行政區域歸類,分爲關東、廣東、廣西、江南、福建、浙江、四川、河南、湖廣、陜西、山東、山西、雲貴諸省,以及外洋出處。如將人参、條参、細辛、米仁、秦皮、鹿角、白附、五味等歸于"關東省出處"。"外洋出處"即指由海外傳入中國的藥物,如牛黄、大楓子、冰片、血竭、沒實子、番鱉、乳香、沒藥、檳榔、犀角等。每味藥先列别名,再列産地,以佳者(即道地藥材)爲先,間或簡述其采收時月和外形特徵,最後爲其他産地。如:"細辛,别名小辛、少辛。關東鳳凰出,黄土者佳。要無土,有土者次,又名北細辛。而山東出者爲東辛,亳州紅古城名路出爲西辛。"又如:"白附,關東遼陽州出,分山名竹節,形如草烏,肉色白。江西、浙廣大乃有一種無竹節,名雄鷄附。山東亦出,次之。"

本書殆爲藥材貿易所用,以鑒别藥材的優劣。

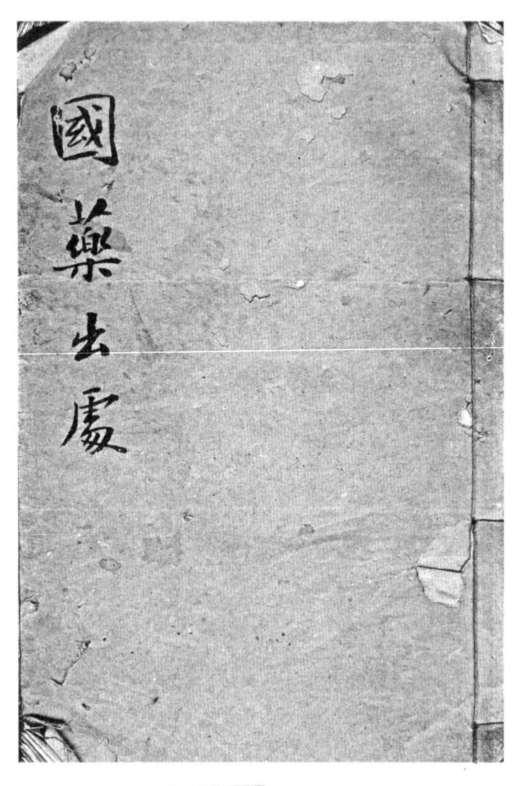
國藥出處

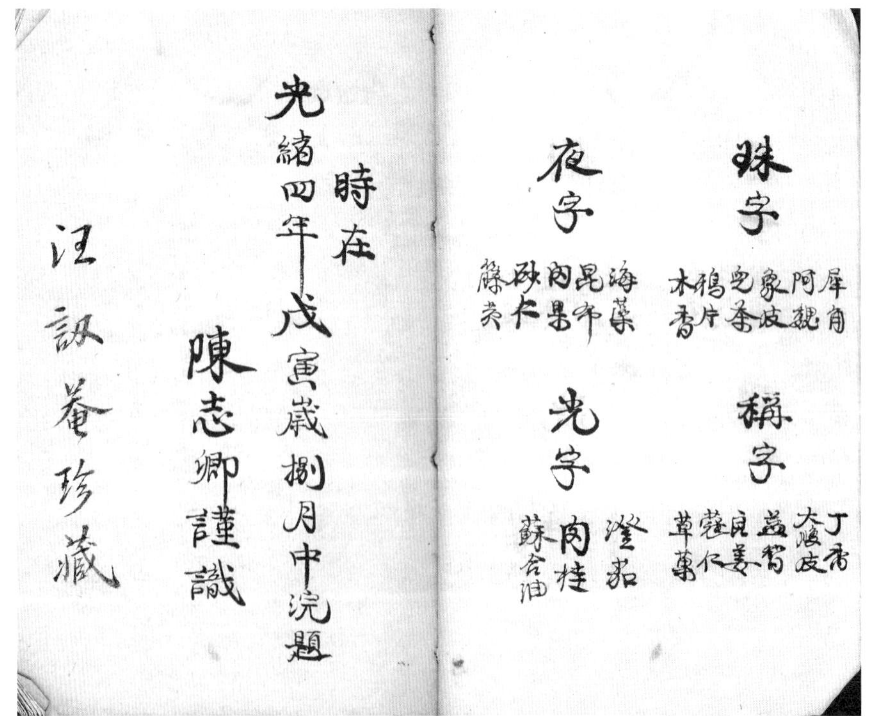
珠字
犀角
阿魏
象皮
兒茶
鴉片
木香
夜字
海藻
昆布
肉果
砂仁
䕡荑
稱字
丁香
大腹皮
益智
良姜
薏仁
草菓
光字
澄茄
肉桂
蘇合油
光緒四年戊寅歲捌月中浣題
時在
陳志卿謹識
汪訒菴珍藏

154 得宜本草

《得宜本草》，四卷，四册。撰者不詳，藏館載録爲明代鈔本。扉頁爲目録，有印章數枚，分别爲“生”“朱桂馨印”“總校無略”“鏡溪”等。目録後有吴勉學題跋，曰：“《得宜》一書系出唐代，至明板已失傳，今學長張若凡悉項氏家有藏本，用重價購抄一通，以資考證，洵後學津梁也。時客金陵吴勉學借閲。”由此可知是本爲張若凡所抄，張若凡，生平不詳。吴勉學，字肖愚，明隆慶、萬曆間安徽歙縣平南鄉人，以“師古齋”爲刻書堂號，所刻之書内容廣泛，經、史、子、集、叢書、類書并重，尤其在校刻醫學典籍上貢獻最大。現存朱子涼家藏鈔本，藏于上海圖書館。《中國中醫古籍總目》載録爲“（清）王子接（晋三）編”，疑非一書。

是本藥物分“水部”“火部”“土部”“金部”“石部”“鹵石部”“山草部”“穀部”“菜部”“果部”“味部”“香木部”“藏器部”“蟲部”“龍蛇部”“魚部”“介部”“禽部”“獸部”“人部”等，凡三十二部，共七百十八種。每種藥多先載性味、産地及用藥部位或用法等，次引《神農本草經》中所載該藥之功效，最後爲發明，發揮闡明該種藥物的功用與具體用法。

是本藥物分類清楚，對每種藥物闡述詳盡，是一本校勘精良、内容豐富的本草著作。據書前題跋，是本應屬明鈔本，但與清代醫家張璐的《本經逢原》内容完全一致，或是抄襲張氏之作，易名後僞造吴勉學題跋，實爲仿明鈔本之僞書？

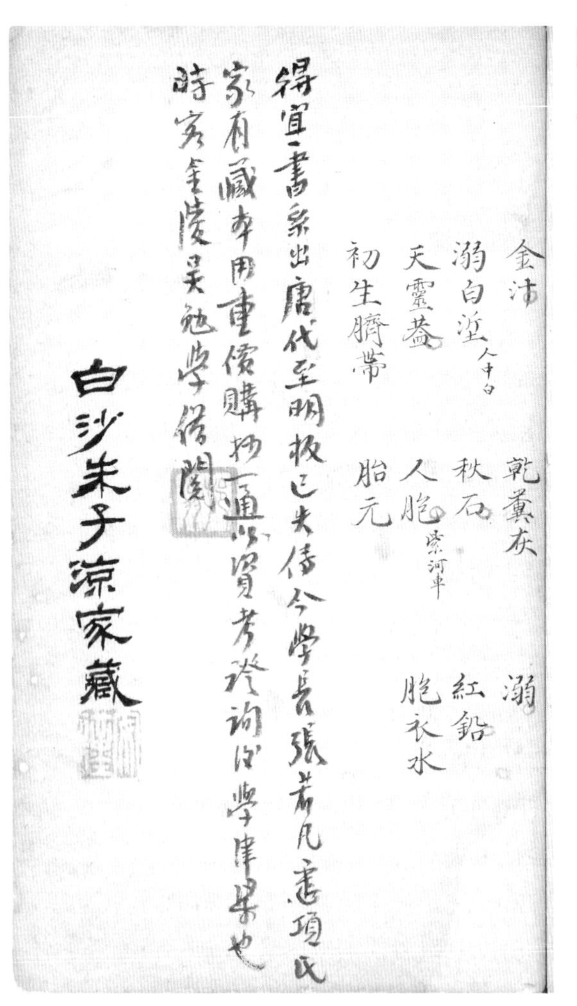

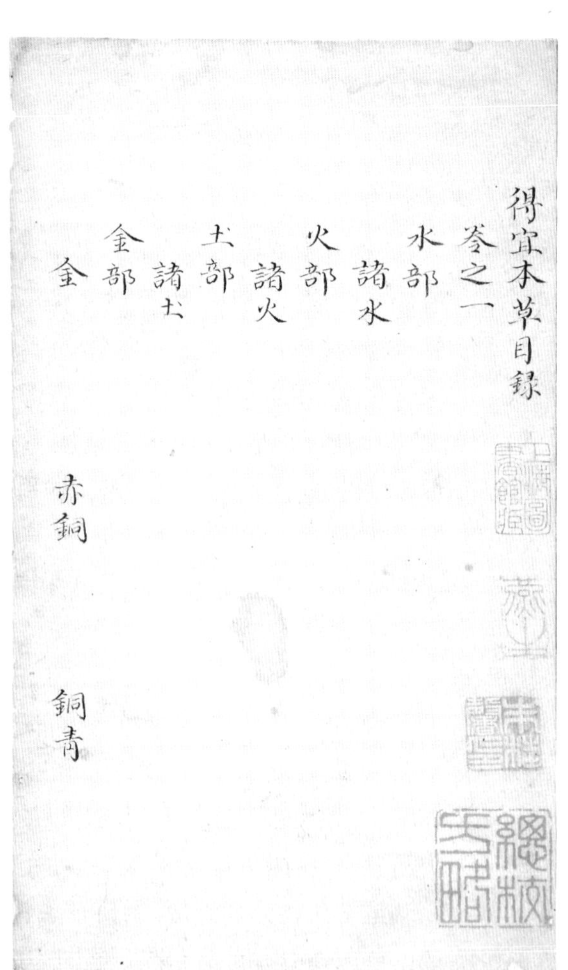

155 湯液本草經雅正

《湯液本草經雅正》，十卷，十册。清錢雅樂等撰，成書于清光緒十一年（1885）。錢雅樂，字韻之，清末江蘇太倉縣南郊鎮人。其父錢藝（1831–1911），字蘭陔，晚號隱谷，清末江蘇太倉名醫。錢藝有三子，長子雅樂，次子敏捷（字勤民），三子質和（字淡人），皆傳其醫道，分别于昆山、太倉、嘉定行醫，頗享盛名。錢藝另著有《慎五堂治驗録》十二卷、《證治要旨》八卷、《醫方絜度》四卷等。父子四人曾批註吴瑭《温病條辨》。本書封面有“本草經雅正”字樣，右下角鈐有“錢氏珍藏”章。是書爲紅格本，上魚尾，每半葉九行，每行二十五字，楷體，字迹工整，爲錢氏家傳之稿本。書首有錢藝“湯液本草經雅正序”，言撰著此書的緣由，認爲本草類書籍繁多且良莠不齊，故命兒輩引録諸書之長，辨明是非，集成此書，冀羽翼古人，切于時用。書末有韻之、勤民所作“序例”，稱本書“輯歷代名賢著述，去其駁雜，取其精微，間附己意以及考驗”，并附本書所引諸家本草書目及作者名。每卷前有“鎮洋後學錢藝蘭陔鑒定，男敏捷勤民、雅樂韻之、質和淡人氏同集註，孫男伯威儼卿校字”。現存稿本，藏于上海中醫藥大學圖書館。

是書共載藥物三百六十五種，按《本草綱目》《神農本草經》《名醫别録》等十六部書籍所分部類，將所載藥物分爲草部、菜果部、金部、石部等十六部。每藥名下先以雙行小字注明該藥出處，出自《神農本草經》的則分别注明屬上、中、下品，以正文記録該藥性、味、功效、主治、毒性、分布等，收集抄録諸書對該藥較精當的注解，并以雙行小字表明所引文字的出處。如穀精草出“開寶”（《開寶本草》），“氣味辛温，無毒”，“主喉痹，齒風痛，諸瘡疥”。次引李時珍《本草綱目》：“穀田餘氣所生，故曰穀精。體輕，性浮，能上行陽明，明目退翳。”次引盧不遠《本草乘雅》：“甘平，得陽明燥金，氣化爲平肝。”

次引張元素《珍珠囊》:“補氣要藥。” 次引劉若金《本草述》:“取以治風虛頭痛喉齒之病,又爲風症之補劑也。”

是書是一部匯集衆多醫家有關中藥學術思想與臨床應用的本草學著作,對于中藥的理論研究與臨床應用有參考價值。

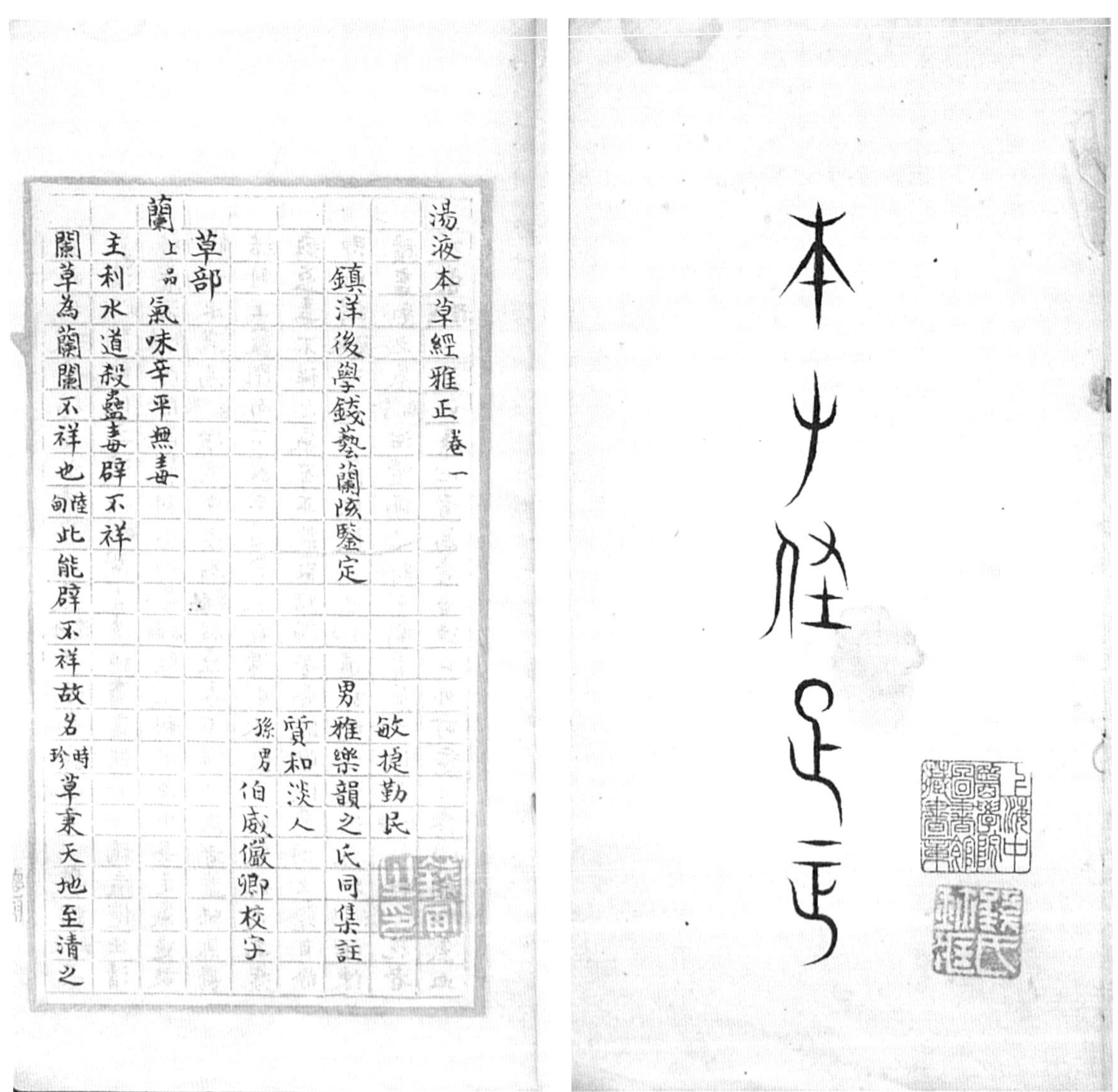

湯液本草經雅正卷一

鎮洋後學錢藝蘭陔鑒定

敬提勤民

男雅樂韻之氏同集註

質和淡人

孫男伯威儆卿校字

草部

蘭上品 氣味辛平無毒

主利水道殺蠱毒辟不祥

闌草為蘭闌不祥也陸佃此能辟不祥故名時珍草稟天地至清之

156 誠齋食物記

《誠齋食物記》,不分卷,一册。封面題“誠齋食物記”“己酉仲冬抄”,書首有小段弁言,題爲“吴門誠齋程翔霄識”。輯者程闌,字翔霄,蘇州人,曾在道光甲辰年(1844)爲《景岳全書發揮》一書作序。抄寫時間爲道光己酉年(1849),此本有“耕心書屋”等朱红印章。現藏于上海圖書館。

此本弁言説明該書“節録前人之緒論”,目的是“能以飲食代藥餌”。但所記食物的内容甚少,僅有飯粥、羹、麵三節,内容涉及食物的製作等。除此之外,尚有其他内容:一是記録保元堂藥店魏先生所言半夏、薄橘紅、鮮藿斛等的炮製與藥效。二是《經旨要語》,題爲“庚子年(1840)訂”,似爲一獨立鈔本,内有《内經論治》和《内經藥法》兩篇。《内經論治》摘録《四氣調神大論》《生氣通天論》《陰陽應象大論》經文,并作簡要闡述;《内經藥法》摘録《内經》有關運氣學説中的外感六淫治法原則,以及六氣(厥陰、少陰、太陰、少陽、陽明、太陽)勝復的治療原則,如:“諸風在泉,風淫於内,治之以辛凉,佐以苦甘,以甘緩之,以辛散之。熱淫於内,治之以鹹寒,佐以甘苦,以酸收之,以苦發之。”僅有條文,而無闡述。三是“五味陰陽之用”和“五臟苦欲補瀉”,亦爲《内經》經文。四是“李士材六氣分合六部時日診候之圖”,内容爲兩手寸關尺六部脈之浮中沉,結合時令節氣,用以判斷病機,并説“依圖斷之,無不驗者”。最後爲堪輿之術,摘録歷代風水家言論,如漢管輅《管氏指蒙》、明吴天洪《造福秘訣》及《蕭客微言》等。

該書抄寫字迹潦草,内容蕪雜而簡略,臨床價值不高。

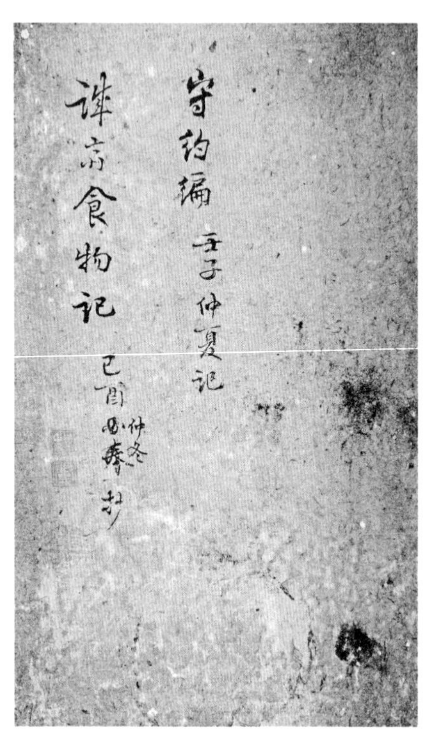

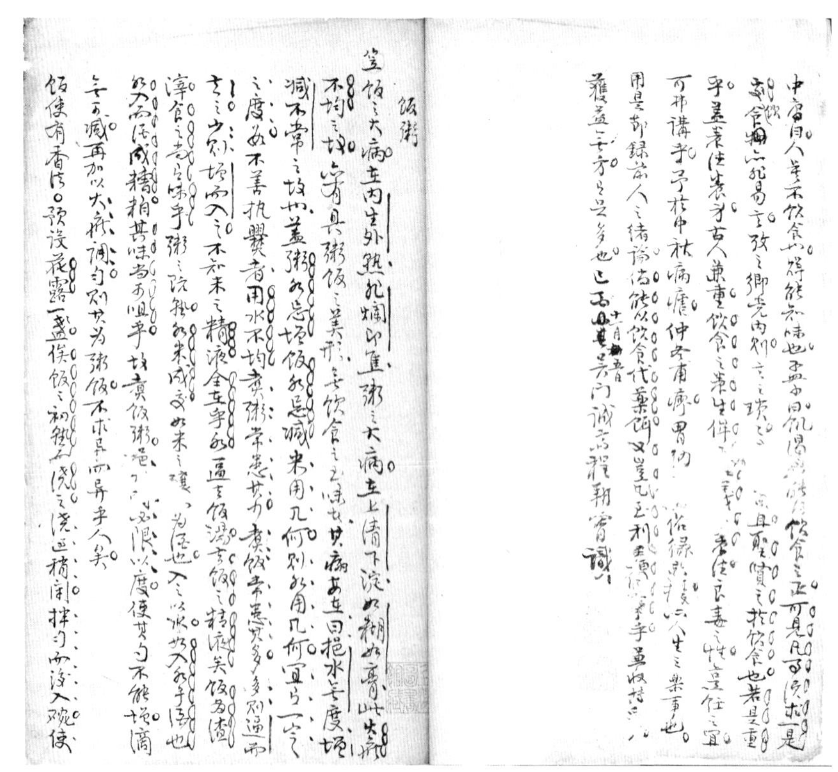

157 新著本草精義

《新著本草精義》,不分卷,兩册。吴恂如編撰。吴恂如,黄巖(今屬浙江)人,生平不詳。無序跋,有目録。《中國中醫古籍總目》載録爲清鈔本,尚志鈞著録該書爲稿本。現藏于上海中醫藥大學圖書館。

全書載藥三百餘種,分爲三十六類,包括補陽温腎、補氣、補脾補胃、補肝腎筋骨、安神、滋陰、理血、補血、行氣、凉血退熱、芳香開竅、通經達絡、破氣、降氣、升氣、平肝、收斂、瀉肝、清膽凉肝、疏肝、清凉退熱、祛濕通淋、淡滲水濕、清熱燥濕、寒痰、辛凉發散、清熱解毒、熱痰、祛寒濕、攻氣瀉水、辛温發散、祛風濕、辛燥發散、消積、攻食瀉火、殺蟲類。每藥下依次簡述性味、功能、主治適應證、配伍、使用禁忌等内容。

該書將常用藥按主要功效進行了歸類,劃分明確細緻,對于學習中藥有參考價值。

新著本草精義目錄　　黄巖後學吳恂如編輯

補陽溫腎

鹿茸　天雄　杜仲　續斷

鹿角片　胡盧巴　萸肉　杞子

鹿角膠　補骨脂土　核桃　首烏廿

陽起石　補氣　葡萄　補脾補胃

生硫黄　別直參　蓯蓉　白朮

肉桂　党參　狗脊　炙艸

附子　黄芪廿　牛膝　羊肉 羊肝首入補肝

烏頭　補肝腎筋骨　菟絲子　飴糖

大棗　山药　百合　熟地

粳米　女貞子　參鬚炊 附茱條　生地

芡實　蜂蜜　安神　驢皮膠

肉菓炊　天冬　酸棗仁　當歸文

滋陰　麦冬　硃砂　理血

鷄子黄　沙參　龍眼肉　川芎

龜膠　元參　琥珀　乳香

鮮石斛　西洋參　玳瑁　没药

霍石斛　鮮生地　夜交藤刂　丹參

釵石斛　童便　補血　紫石英

芫花　消積　乌梅
千金子　鸡内金　使君子
鸡矢白　䂊　神曲　大蒜
攻食泻火　山查　鹧鸪菜
元明粉　麦芽　轻粉
大黄　谷芽　附米糵　收　大枫子
蓖麻油　榖虫　雷丸
香泻叶　百部　榧子
火麻仁　芦荟　阿魏　收
郁李仁　贯众

补阳温肾

鹿茸味甘性温，主治崇下元，补血补髓补肾之功，主治腰膝虚冷、崩中漏下，因血中之阳不能固摄之故，对于病人手足头面四肢畏冷、阳痿、滑精者，服之效。又对于妇人卵巢缺乏而经闭数十者，亦可用之。茸之中惟一点胚血，不数日而即成角，此血中之真阳一点，通督脉、贯肾水，乃生长血脏之物也，故入于人身为峻补阳血之要药。又其物性动生发，故又能通经通络也。

（现合）除烹余羊肾茵丸，治肾虚腰痛，以人参茯苓能拯疝漏。

（禁忌）脉搏迟者、体温高者、上焦有痰热者、胃家有火者、阴虚火盛吐血及肺痨吐血者、舌苔红及黄色者，均忌之。

鹿茸　鹿角　一

平肝

柏子仁味微甘微辛，气香，性平，多含油质，能补助心气，治心虚惊悸怔忡，能涵濡肝木，治肝气横恣郁痹，滋润肾水，治肾亏虚热上浮。虽含油质甚多，而性不湿腻，且气香味甘，实能下益脾胃，本经谓其除风湿痹，脾胃之气化壮旺，由中四达而痹者自开也。其味甘而兼辛，又得秋金肃降之气，能入肺宁嗽定喘，导引肺气下行。统言之，和平纯粹之品，于五脏皆有补益，故本经谓安五脏也。宜去净皮，炒香用之，不宜去油。徐灵胎曰：柏得天地坚刚之性以生，不与物变迁，经冬弥翠，故能宁心神，敛心气，而不为邪风游火所侵克也。又曰：人之生理谓之仁，仁

柏子仁　百六

158 諸藥治例

《諸藥治例》,不分卷,一册。不著撰者。封面題"諸藥治例",首頁書"繆仲淳先生諸藥治例"。繆仲淳(約1556–1627),名希雍,號慕臺,明代醫家,人稱"虞山儒醫"。無序跋與目録。《中國中醫古籍總目》未收載該書。現藏于中華醫學會上海分會圖書館。

書中内容由七部分組成:第一部分是"繆仲淳先生諸藥治例",著者根據藥物特性,將其分爲補氣、温補、大熱、破氣破血、升提發散、辛熱發散、吐、下、斂攝、固澀、消導、濕潤、滯膩、滑利、苦寒傷胃、補腎水苦寒等三十種,如"破氣"藥物有青皮、枳實、枳殼、檳榔、厚朴、牽牛,"閉氣"藥物有銀杏、二术、黄芪、猪油、麥食,"損津液"藥物有郁李仁、白礬、半夏。第二部分爲"表裏陰陽虚實治例",主要闡述陽虚、陰虚、表虚、裏虚、陽實、陰實、陽厥、陰厥、上盛下虚九類病證的典型症狀及用藥宜忌。如其言"陽虚即真氣虚,其症惡寒,或發熱,自汗多亡陽。然陽虚不發熱單惡寒者居多。忌破氣、降泄、利水、苦寒,又忌辛熱發散"。後列禁忌藥物,如青皮、知母、葶藶、玄参、獨活等,共計三十六種。"宜補氣、甘、温、熱"後列適宜藥物,如人參、黄芪、二术、炙甘草、當歸等,共計十五種。又如"表虚,其證自汗、惡風、洒淅寒熱、喜就温暖,脈浮無力,忌破氣、升發、辛熱,其藥俱見前。宜補斂,益氣實表,甘,酸"。後列適宜藥物,如人參、黄芪、白芍、甘草等。第三部分載"五臟六腑虚實治例",載心虚八證、肝虚十證、脾虚十二證、肺虚七證、腎虚(即水虧真陰不足)十八證、胃虚七證、大腸虚四證、膀胱虚三證、心實(即實火實熱)五證、肝實五證、脾實(即濕熱邪勝)六證、肺實八證、命門實二證,并言"腎無實,故無瀉法"。每證下載藥物宜忌。如"肝實五證,善怒(氣上逆則嘔血、飧泄)、善太息不樂、脅痛、發搐、目赤痛。忌斂澀升補燥熱,宜甘寒、苦寒、降氣,佐以辛散"。第四部分爲“六淫治例”，介紹傷風、傷寒、春温、暑病、疰夏、濕病、燥症、火證、瘧、齒痛、胃脘痛、痹證、鬼疰十三種疾病的病機、症狀及用藥宜忌。如“燥證，諸澀枯涸乾勁皴揭皆屬於燥，角弓反張，筋攣急不舒，舌强不能言，二便閉澀，口渴口乾，舌苔皮膚皴揭，毛髮脆折，津液不生，血枯胃槁，以致飲食不化，噎膈吐食。忌升散、破氣、下、辛燥、温熱，宜潤、益血、甘寒、酸鹹”。第五、六、七三個部分主要介紹脈法，包括辨脈法、脈要歌和十八脈，對脈診作了詳細的論述。如其言“弦脈爲陽中伏陰，按之不移，鞕如弓弦”。

本書部分内容與《藥症忌宜》相同或相近。本書内容與臨證相合，可指導臨床診斷病證、處方用藥，亦可作爲臨證入門的參考醫籍。

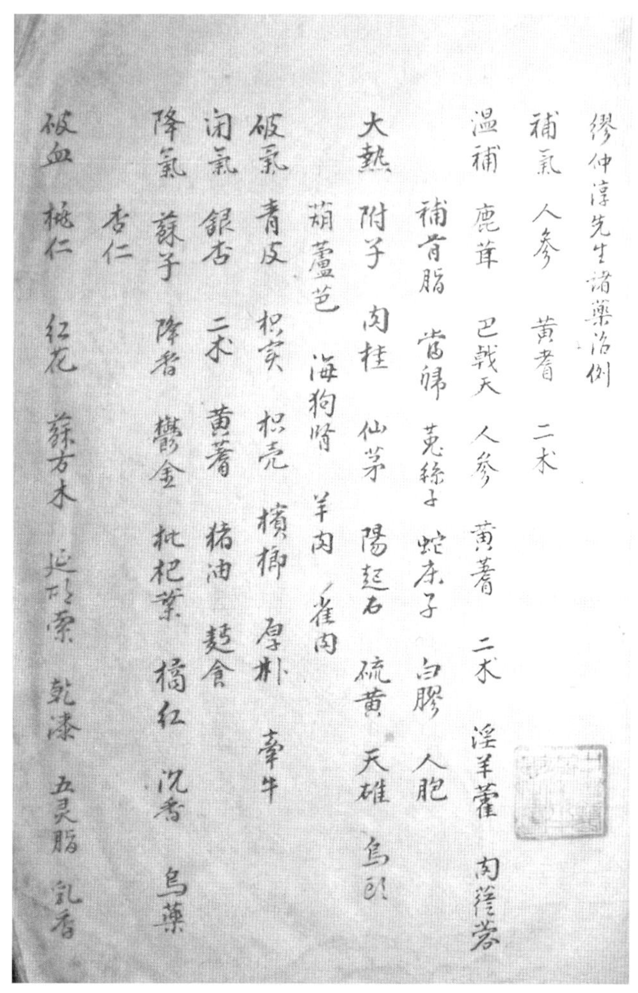
繆仲淳先生諸藥治例
補氣 人參 黄耆 二术
温補 鹿茸 巴戟天 人參 黄耆 二术 淫羊藿 肉蓯蓉
補骨脂 當歸 菟絲子 蛇床子 白膠 人胞
大熱 附子 肉桂 仙茅 陽起石 硫黄 天雄 烏頭
葫蘆巴 海狗腎 羊肉 雀肉
破氣 青皮 枳實 枳殼 檳榔 厚朴 牽牛
閉氣 銀杏 二术 黄耆 豬油 麩食
降氣 蘇子 降香 鬱金 枇杷葉 橘紅 沉香 烏藥
杏仁
破血 桃仁 紅花 蘇方木 延胡索 乾漆 五靈脂 乳香

宜降 益陰 甘寒 酸寒 或佐以鹹寒

蘇子 枇杷葉 麦冬 杞子 生地 沙参 白芍 萸肉

五味子 牛膝 玄参 门冬 黄柏 桔梗

五臟六腑虚實治例

心虚八證

忌升發 破氣 苦寒 辛燥 大熱 諸藥見前

宜補血 甘温 酸斂 佐以鹹寒 鎮墜

生地 圓眼肉 人参 炙甘草 石斛 棗仁 五味子

柏子仁 丹参 茯神 遠志肉 鹿茸 丹砂

不得眠属心血虚有熱

忌升 辛燥 熱 藥俱見前

宜斂 養陰血 清熱

棗仁 五味子 龍眼 丹参 白芍 人参 石斛

竹葉 生地 茯神 遠志 黄連 玄参 麦冬

生甘草 辰砂六一散 竹茹 木通

心煩属心家有熱 諸藥見前

忌宜同心虚不眠 藥宜清熱生津液 甘寒 辛平之属

怔忡属心血不足 忌宜同心虚

心澹澹動 并盗汗属心血虚 忌宜見前

肝虚十證 忌收斂 破氣 升散 苦寒 下

宜辛散 甘緩

脾虚十二證 忌下 降泄 破氣 苦寒 諸藥見前

159 諸藥異名

《諸藥異名》，不分卷，一册。成書于清道光二十年(1840)。首頁載“辛酉年親選，戚保三主人”，目録頁位于書的中部。現存鈔本，藏于上海中醫藥大學圖書館。

書前頁及末頁載“陰寒症腹痛不已方”“手足及周身風濕屢用得效方”“緑袍散”等方劑共七首。次收藥六百五十九種，分土、石、山草、蔓草、穀、菜、喬木、灌木、果、獸、蟲、禽等三十部。每部藥物以大字標官名，小字標异名。如：“薺”爲官名，异名爲護生菜；“萵苣”爲官名，异名爲萵菜、千金菜。有的藥物别名很多，如“百合”爲官名，其异名有强瞿、重箱、蒜腦藷、中庭、中逢、花蓏、摩羅番皮等七種。更有甚者异名竟多達十餘種，如“慈姑”爲官名，其异名有鳧茈、鳧鬚、芍墨、背烏、藉姑、剪搭草、槎子草、地栗、荸薺、三棱、水萍、燕尾草、苗名剪草等。本書詳細列出諸多藥物异名，但未注明出處，而且部分藥物的异名存在歧義，容易混淆，如木芙蓉异名中有木通，應該加以嚴格鑒别。

《本草藥名匯考》認爲，异名主要是指“流傳于鄉里民間、醫林藥肆，散見于卷帙浩繁的經史子集、本草方書、動植礦志、醫藥典籍之中”的藥物别名。對中藥异名進行研究，弄清它們的釋義，在發掘整理中醫藥遺産、中藥的正名辨物、用藥安全等方面都具有一定的現實意義。

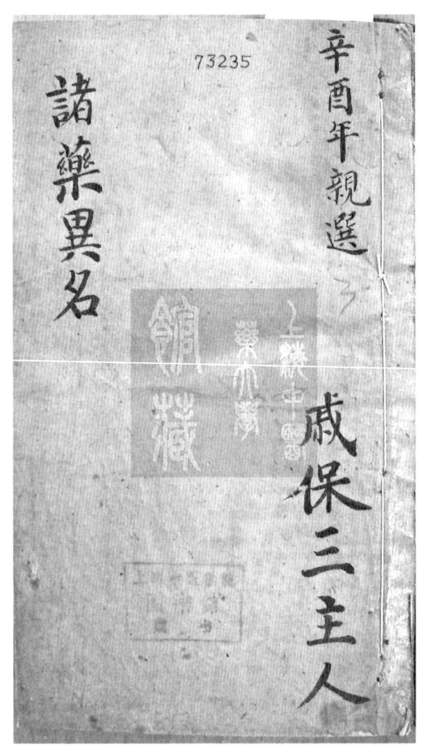

73235
辛酉年親選
諸藥異名
戚保三主人

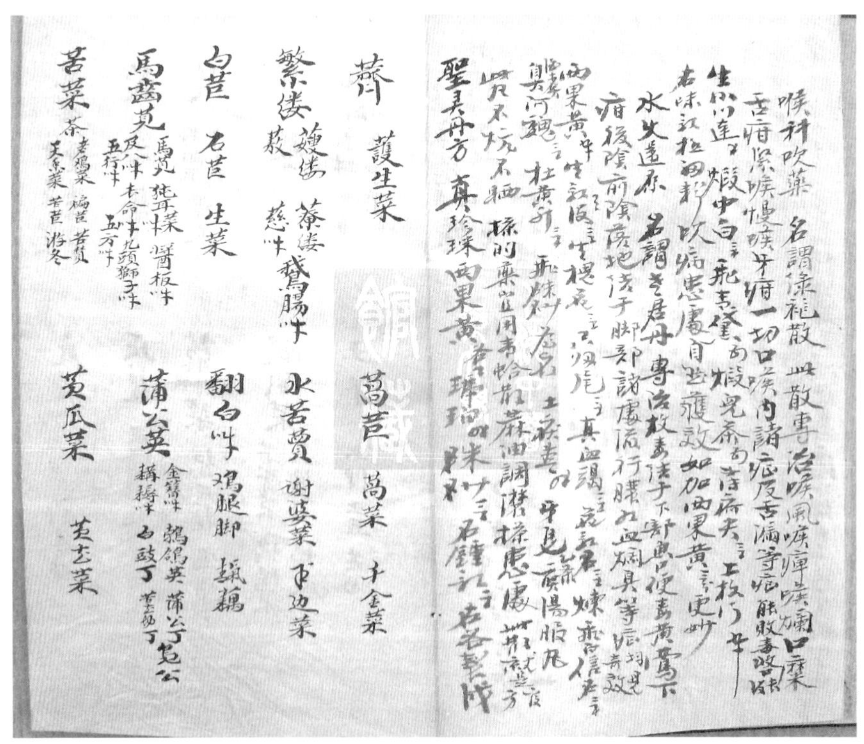

160 擷芳要録

《擷芳要録》四卷，卷首一卷。清趙西樵編，成書于清嘉慶二十三年（1818）。趙西樵生平不詳。現存鈔本，藏于上海中醫藥大學圖書館。

是本卷首爲天運歲序部，載冬至夏至諺語、《群芳譜》節録、往哲芳踪、天之四氣四變、醫書五運六氣、占候等。卷一爲穀菓蔬菜部，首載《擷芳要録小引》，記述書的内容、書名由來以及作者撰書目的等。"驗者迄六月望後得三百三十四種，而益知良苗嘉蔬草根樹皮皆藥籠中有用之物……得二百二十餘頁，爰分五部，共爲一函"，後有"嘉慶二十三年歲次戊寅夏六月念七日録於元陽署南之思牧齋""青城山老人趙西樵序并題"字樣。列小麥、黍、穀、稻、薏仁、黑豆、葡萄、李果等穀菓蔬菜類藥共一百二十二種。卷二爲藥性方書部，載李時珍《論藥》《本草源流》，後載藥六十五種。卷三爲花卉水草部，載海棠、紫薇、緑臺、荇菜、浮萍等九十四種。卷四爲木桑苧葛部，載藥六十三種。全書共載藥三百三十四種。每藥之下，叙述异名、性味、功效、炮製等，如"牽牛，一名黑白丑，有二種，黑者多葉如楓，苦寒，有毒，治水氣在肺……拌酒蒸"。

是本内容較爲豐富，按門類論述藥方，每藥均詳述主治病證和各證主用藥物，單方小方用法論述較爲詳細，方便查閱參用。

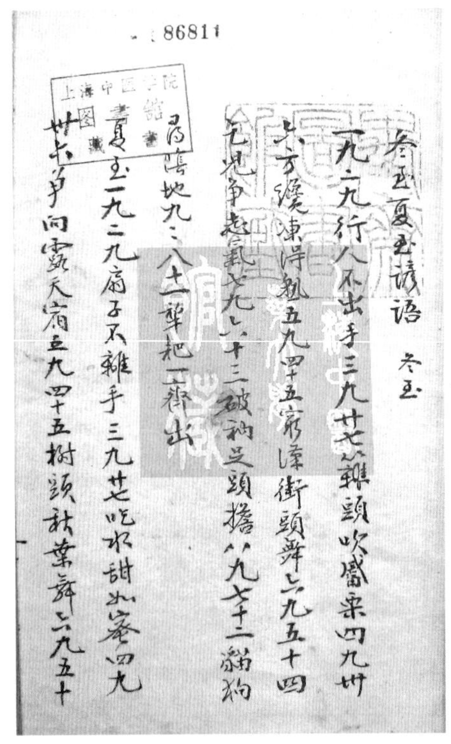

擷芳要錄 卷首

天運歲序部 占驗調攝方藥附

義例

天垂象見吉凶，聖人則之；考往古，所以鏡將來也。登徵南北之異地也，陰陽寒燠之異宜也，物之不齊，物之性也。順其性則事半功倍，拂其性則無益反害，聖人不能違時，能不失時而已。故首著論飲食日用，所以尊生，燥溼溫良，或立伐性，一物一己之細，所關於軀命非淺也。但不免掛漏，所冀補遺刪陋，成一家之言，通萬方之用耳。嘗曰君子多識前言往行以畜其德，況典故觀藻，又何非熟天機、悟性靈之資哉。

往哲芳踪

周榮啓期三樂 為人 為男 年九十

仲長統一通 長段

晉王右軍 言與安石東遊山海，頤養閑暇，與親知時共歡宴，亦子孫以敦厚退讓，彷彿萬石之風

陸　景 三洞奧區，九疑形勝，加以夏屋青雲，秋江迴月，箭亮度悠，理靈詞富，貴未與，舒時弟遠懷 右見安城王書

陶靖節 閑居有益，欣然忘食，樹木繁蔭，鳥聲變，欣然有喜。五六月北窗下臥，遇涼風暫至，自謂羲皇上人 右五柳先生傳

戴安道 巽順恭和，寄心於竹，取樂魚鳥

王　勣 二段

取入聞之撮，遂述其事，廣其說，不敢自私，用以公諸人也。題其簡曰擷芳要録，更取其便於携帶，隨時隨地可以收效云爾，是為叙。

嘉慶二十三年歲次戊寅夏六月念七日録於元陽署南之思牧齋

青城山老人趙酉樵序并題

服食療治便方

小麥 金旺而生，火旺而死。北麥佳，陳者更良

浮麥 暗用益氣除熱，治自汗、盜汗、骨蒸勞熱。文武火炒為末，每二三錢米飲下，日三。或作茶飲，或豬嘴倉黄□切片食

麥麩 治用醋炒包，治傷刑，除寒溼熱瘡及損傷

麥苗 搗汁治目黄、蟲毒、胃腸積熱，作蒸食亦佳

麵筋 寬中益氣，宜煮食，用油炒則熱

五淋 身熱腹滿，麥一升，通草二兩，水三升，煮一升，飲即愈

內損 吐血不止，羅麵略炒，京墨汁或藕節汁調服二錢

161 藥引雜考

《藥引雜考》，又名《補讀軒藥引雜考》，上下兩卷。王德爵撰。王德爵，字雨時，吴江（今江蘇蘇州吴江區）人，生平不詳。是書成于1911年。現存稿本，藏于上海中醫藥大學圖書館。

是本收載藥物二百四十六種，詳列目録，不分門類。上卷主要論述天然動植物的藥引。包括果實類，如荔枝、龍眼肉、橄欖、榧實、海松子仁等；芳香類，如白檀香、楓香脂、滴乳香等；動物類，如蛤蚧、九香蟲、海馬、穿山甲、白花蛇等。每味藥物均注明藥用機理、功效、性味、歸經以及藥名由來，并引用前人有關論述。如："荔枝，司馬相如《上林賦》作離支。按白居易云：若離本枝一日而色變，二日而香變，三日而味變，四日外色香味盡去矣。則離支之名又或取此義也……炒研用。"叙述荔枝藥名的來歷，說明作爲藥引的炮製方法。下卷主要記載血肉有情之品及水。如：羊脊骨、羊脛骨、牛髓、牛黄心、牛尿、白馬心、牛黄、鹿茸、麝、紫河車及露水、流水、井華水等。如論羊脊骨："甘熱，治虚勞，寒中，羸瘦。時珍曰：補腎虚，通督脈。治腰痛，下痢。《千金方》治虚勞，白濁。"又如："羊脛骨……《食療本草》云：性熱，有宿便、熱人勿食。"

本書廣泛收載前賢及醫著對所載藥物有關論述，對學習中藥及臨床應用有參考價值。

藥引雜攷目錄卷下

補讀軒藥引雜攷卷上

吳江雨時王德爵初稿

荔枝　司馬相如上林賦作離支按白居易云若離本枝一日而色變二日而香變三日而味變四日外色香味盡去矣則離支之名又或取此義也　時珍曰荔枝核入厥陰行散滯氣其實雙結而核肖睾丸故其治㿗疝卵腫有述類象形之義　炒研用

龍眼肉　嚴用和濟生方治思慮勞損心脾有歸脾湯取

162 藥性巧合記

《藥性巧合記》，又名《樂觀藥監》，八卷，一册。封面題“萬應堂記”，另有“萬應堂寫于養性雅贈”諸字，知萬應堂當爲抄寫者，但已無考。雖然前有序言，却無落款。現藏于上海圖書館，藏館著録爲同治九年（1870）鈔本。

全書共八卷，每卷一回。在每一回中以擬人手法，設計一些人物和情節，用以敘述各藥的性味與功效。如第一回《甘國老得病請醫》，出場人物有甘草、大黄、芒硝、梔子等，講述甘國老得病後請醫的過程。涉及“十八反”“十九畏”内容，儒醫、明醫、世醫和庸醫的區别，以及數十味藥物的主要功效，簡明扼要。第二回《佳人犯了彌陀僧》，第三回《山梔子投熱遇妖》，第四回《路旁幸遇馬齒莧》，第五回《威靈仙温村演武》，第六回《紅娘子家貧賣藥》，第七回《石决明大戰海桐》，第八回《白茯神營前平亂》。每回的前後情節并不連貫，可看作一回一個故事。其中不乏用一些民間俗語來概括藥物的功效，如“是瘡不是瘡，先吃地丁湯”，表明紫花地丁有清熱解毒功能。

《藥性巧合記》是一種較爲另類的本草通俗文藝作品，它以戲曲的形式，用擬人的手法及通俗而風趣的語言，將各種中藥的主要功效作一鋪敘，寓教于樂。正如其序言所説：“兹編《藥性記》是戲也，而識者以爲非戲也，其中有義存焉，行醫者以及請醫者俱宜知之。”又説：“雖曰是戲，而實不同于尋常之戲，審而明之，濟世之道在焉，療病之法存焉，世之行醫者與請醫者觀之，可以爲一笑，亦可以微有資益焉。”

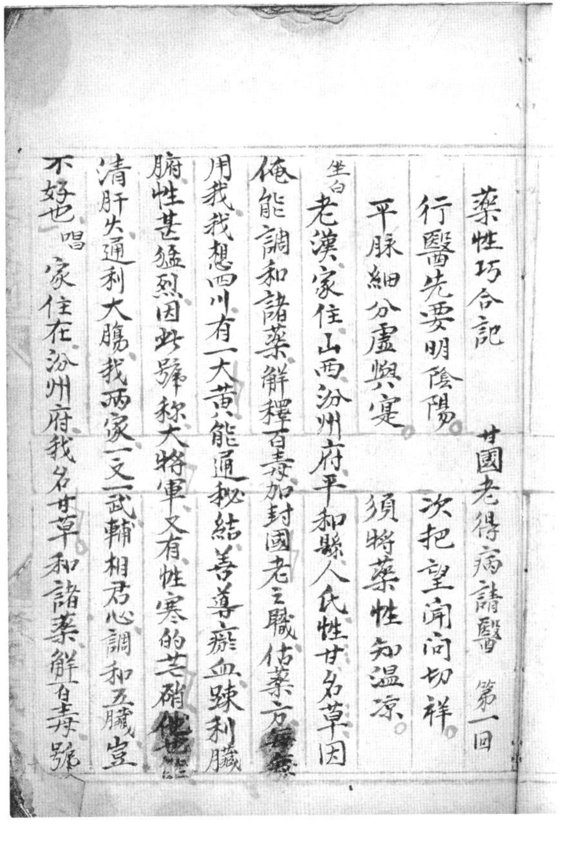

藥性巧合記

行醫先要明陰陽　次把望聞問切祥

平脉細分虛與寔　須將藥性知温凉。

甘國老得病請醫　第一回

坐白 老漢家住山西汾州府平和縣人氏性甘名草因

俺能調和諸藥解釋百毒加封國老之職估藥方[illegible]

用我我想四川有一大黄能通秘結善導瘀血疎利臟

腑性甚猛烈因此稱大將軍又有性寒的芒硝他也[illegible]

清肝火通利大腸我兩家一文一武輔相君心調和五臟豈

不好也 唱 家住在汾州府我名甘草和諸藥解百毒號

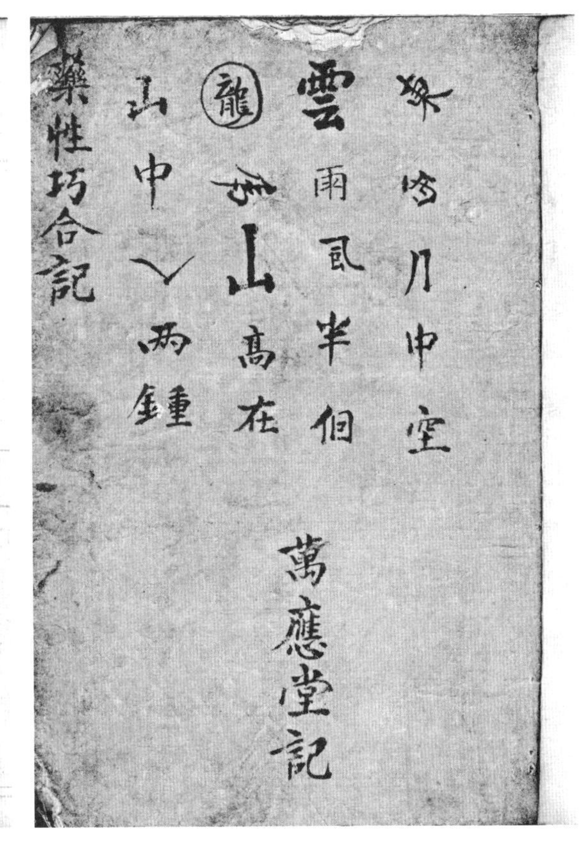

集吟月中空

雲雨乱半但

龍 舟山高在

山中丷兩鍾

萬應堂記

藥性巧合記

163 藥性主病便覽

《藥性主病便覽》,不分卷,一册,殘。未著撰者,約成書于明末前。書首有落款爲"皖歙王菊人誌絜禪書"的序言稱:"余於庚申之秋,于武林書肆獲明人手録醫書四册,病詳而確,語簡而明。執此以繩天下之病,縱言不能盡愈,或亦思過半矣。"現存明鈔本,藏于上海中醫藥大學圖書館。

本書分三部分:一是載録藥物一百六十種,根據藥性將藥物分爲寒性、凉性、温性、燥性、熱性五類,多爲常用藥,如黄芩、黄連、生地、麥門冬、人參、黄芪、半夏、厚朴、黑附子、肉桂等。二是根據方證相對原則,收載方劑九十八首,以七言歌訣簡述功效,又對病機作出注解。三是分别闡述正傷寒、正傷風、春夏秋三時感冒、陽明證、陽明胃腑本實病、少陽證、太陰證、少陰經、厥陰經、兩感證、真寒證直中陰等外感熱病證治,以方歌形式闡述方藥,語言簡明扼要,易于誦記。如"口燥咽乾發譫語,手掀足擲手揚舉。心腹滿硬遶臍痛,發渴斑黄妄狂舞……"歸納陽明腑證臨床表現。

本書對學習中藥、方劑有參考作用。

書不必爲我有也我購之而曰我之書也騃
矣水也火也今後芸芸之衆生皆書之主人
也目前之我置目前之書云耳藏書之家多
者數千萬卷少亦數十萬卷子孫不肖轉
瞬而歸之他人所有或束諸高閣以飽蠹
魚或不測之災付諸水火皆未可知也是以讀
書之士擇書之適于用者置之可矣遑遑以求

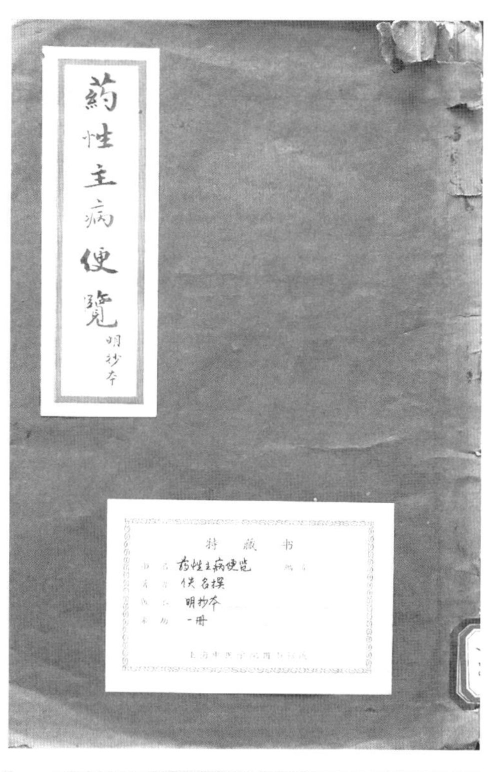

如恐失之者何爲也耶書之難得者莫如録
本以其爲前人精神之所薈萃非有獨到之
處誰録之者此世之所以重視之也余於庚申
之秋于武林書肆獲明人手録醫書四册
病詳而確語簡而明執此以繩天下之病縱言
不能盡愈或亦思過半矣曰藥性曰傷寒曰
婦科曰外科云者特挈其端耳録稿之人其意
不在傳後而在自考故文字之間嘗有未妥
之處旨重濟人正不必求其疵也然此書曆數
百年而落余手再曆數百年又不知落誰
之手矣

皖歙王菊人誌　紫禪書

神麴 消食 化氣 燥脾 進食 醒脾
檳榔 下氣 裏急后重 閉痛 脚氣 消水氣
半夏 下痰涎 健脾胃 胸滿 吐水 逐積
厚朴 寬中 燥脾胃 進食 止吐 逐水 祛[illegible]
南木香 固腎 止瀉 和胃 冷氣 止嘔 散寒氣
麥芽 消食 化氣 開鬱 消脹 進食 宿積
砂仁 止吐 安胃 進食 安胎 止[illegible] 腹痛
葱白 升表 鼻塞 通関 脚氣瘋 治嗽 治頭痛
鹿茸 補腎 興陽 添精 補髓 生腎水 煖子宮
山藥 補中 助胃 安魂 腰痛 下乳

熱藥性

乾姜 燥濕 却寒 煖中 和胃 吐瀉 消水氣
黑付子 回陽 返本 中寒 虛極 霍乱 四肢厥冷
肉桂 斂汗 厚腸 止冷瀉 桂心養心 桂枝[illegible]表
蒼朮 燥濕 調脾 快胃 寬中 發汗 開鬱
胡椒 散寒 心腸痛 消食 燥胃 止吐 冷積
巴豆 瀉小腸 脹滿 積聚 洗腸 逐痰 通秘結
丁香 快寒 翻胃 嘔吐 腰痛 吐水 冷氣痛
肉蔻 補胃 進食 霍乱 心膨 冷積 久痢
草菓 燥脾胃 進食 逐寒 止吐酸 陰濕 截寒瘧
吳萸 溫經 血閉 寒嗽 冷氣 煖陰血 白帶
茴香 疝氣 煖胃 快寒 霍乱 腹疒 落血
菖蒲 治風 能言 開心竅 明目 耳聾 骨節痛
良姜 心痛 快寒 冷氣痛 止嘔 食積 閉痛
蓽澄茄 快寒 消食 化氣 暖腎 進食 冷氣
生姜 發汗 散寒 煖中 和胃 [illegible]水

164 藥性陰陽論

《藥性陰陽論》,不分卷,一册。成書年代不詳,未著撰者。卷首有“中國科學院圖書館藏”印。《中國中醫古籍總目》載録爲清鈔本。現藏于中國科學院上海生命科學信息中心生命科學圖書館。

“藥性陰陽論”非書名,而是該書首篇篇名,用以暫代書名。是書分爲三部分:《雷公藥性賦》,《本草通玄》,急救方。第一部分《雷公藥性賦》大多節選金元時期《藥性賦》中的内容,有《藥性陰陽論》《藥性升降浮沉補瀉法》《五臟所欲》《五臟所苦》《諸藥相反例》《五臟補瀉主治例》《用藥法象》《四時用藥法》《用藥丸散》等章節。第二部分《本草通玄》節選自李中梓所著《本草通玄》,收録其中草部一百四十種、木部六十種、穀部十六種、果部二十一種、菜部十一種、人部八種、獸部九種、鱗部五種、介部六種、禽部六種、蟲部九種、金石部二十六種。第三部分爲急救方,主要有刎死救方、剁指方、金瘡方、吊死方、淹死方、火燒湯潑方、砒霜毒死方、蠱毒死方、金蠶蠱毒死方、鉤吻毒死方、鼠莽草毒死方、水莨菪毒死方、草烏頭射罔毒死方、河豚魚毒死方、鴆鳥毒死方、鹽滷毒死方、燒酒醉死方、苦杏仁毒死方、牛馬肉毒死方、飲饌中毒方、食一切菌蕈毒死方、中金銀毒方、輕粉毒死方、巴豆毒方、水銀入耳入肉方、熱酒冰片毒死方、凍死救方、煤炭燻并魘死救方、虎咬死救方、蛇犬傷死救方。如:“砒霜毒死方:中砒毒,吐瀉兼作,以緑豆汁或冷水飲之,波稜萵苣皆能伏砒,搗汁灌之亦可。”

是書前兩部分多爲抄録他書内容,價值不大。第三部分急救方對于瞭解當時的急救措施有一定的醫學史參考價值。

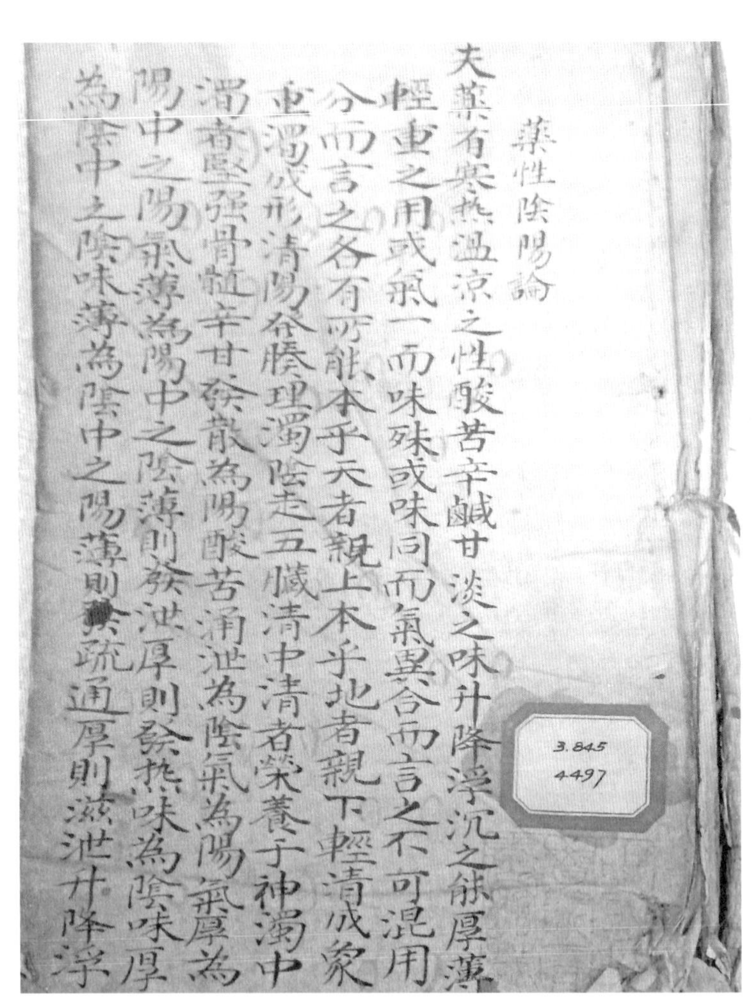

藥性陰陽論

夫藥有寒熱溫涼之性酸苦辛鹹甘淡之味升降浮沉之能厚薄輕重之用或氣一而味殊或味同而氣異合而言之不可混用分而言之各有所能本乎天者親上本乎地者親下輕清成象重濁成形清陽發腠理濁陰走五臟清中清者榮養于神濁中濁者堅强骨髓辛甘發散為陽酸苦涌泄為陰氣為陽氣厚為陽中之陽氣薄為陽中之陰薄則發泄厚則發熱味為陰味厚為陰中之陰味薄為陰中之陽薄則[illegible]疏通厚則滋泄升降浮

醋丸者取其収散之意也用半夏南星或去濕者以生薑汁煮糊為丸制其毒也稀糊丸者取其易化也水浸一宿炊餅為丸者皆取易化也煉蜜為丸者取其遲化而氣循經絡也用蠟為丸者取其難化而旋施功也大抵湯者蕩也去久病者用之散者散也去急病者用之丸者緩也不能速去其病用藥舒緩而治之矣

雷公藥性賦終

本草通玄目録

草部

入自能究後如無蚌與水磨之山野以水于四圍搪擦亦由遠而近漬處以抗粉調栢子蘇菜油塗之　又法用多年陳醬寬遠塗擦亦能漸瘥

中毒死空腹服毒肚腹外腎青腫而唇口指甲不青飽後服毒與前相反

中砒霜毒者吐逆腸腹絞痛不可忍發狂七竅迸血死一伏時遍身發小泡作青黑色眼睛突門脹綻舌吐上生小刺泡口唇破裂肚腹膨脹指甲口唇俱青黑外腎脹大砒石出信州玉山有砒井故亦名信又隱信字為人言此井官封禁取甚嚴然他處出銅錫之山往往有之生者名砒黄赤色毒緩以火煉之令烟上着器凝結作白霜者名砒霜毒尤熱烈若遇酒及燒酒尤腐爛腸胃頃刻殺人

砒霜毒死方

中砒毒吐瀉變作以緑豆汁或冷水飲之波稜菜皆能伏砒擂汁灌之亦可

165 藥性鈔

《藥性鈔》,不分卷,一册。抄寫者無考,封面題爲“藥性鈔”。《中國中醫古籍總目》載録爲清鈔本。現藏于上海圖書館。

是本大致分爲三個部分,即“藥”“方”“各科摘方”。各部分之間留有較多空白頁,殆爲便于日後補充。其中藥僅有四十六味,排列雜亂無章;方劑有二陳湯、橘皮半夏湯、天王補心丹、歸脾湯、養心湯、茯苓補心湯、酸棗仁湯、秘傳酸棗仁湯、仲景酸棗仁湯、遠志湯、遠志飲子、聖愈湯、益榮湯、(元戎)當歸酒、人參丸、(局方)平補鎮心丹、八物定志丸、十四友丸、經驗養榮丸、人參養榮湯、局方八珍湯、十全大補湯、毓麟珠等二十三首。各科摘方内容也較少,僅有産後門、牙痛門、心痛門和腹痛門,治療方法比較簡單,内容均出自李時珍的《本草綱目》。

該本可能是習醫者隨手摘抄的摘録筆記,内容蕪雜不全,缺乏系統性,學術價值和文獻價值均不高。

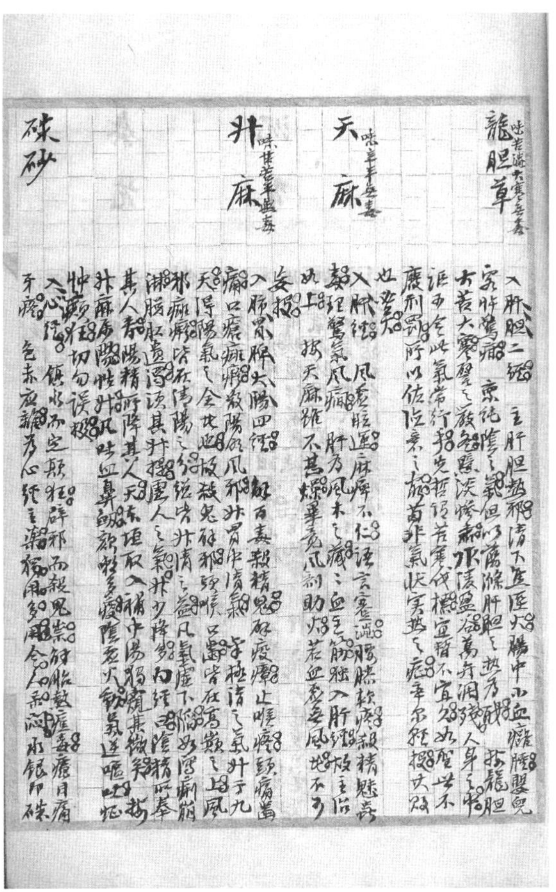
龍胆草
天麻
升麻
硃砂

藥性鈔

166 藥性蒙求

《藥性蒙求》，兩卷，稿本，殘。清張仁錫輯，吴雲峰參訂。張仁錫，字希白，原籍上海青浦，後移居嘉善魏塘，卒于咸豐庚申（1860）。咸豐六年（1856）在明代皇甫雲洲《明醫指掌》"藥性歌"基礎上，增補編輯而成《藥性蒙求》（或名《藥性訣》）。其叙曰："丙辰年所撰《藥性訣》一册，以補《明醫指掌》所未及。"是本爲殘本，存草部、木部兩部分，書末有"藥性蒙求卷上"字樣。現藏于上海圖書館。另有鈔本藏于上海中醫藥大學圖書館。

本書目録共列草部藥物二百零五種，木部七十七種，果部三十九種，菜部十七種，穀部二十二種，金石部二十四種，土部六種，水部六種，禽部五種，獸部十四種，蟲部十四種，魚部五種，人部八種（乳汁、童便、初生臍帶等）。全書共十三部，四百四十二種藥物。

每味藥先以大字列四言詩四句，述其性味功治，後以小字介紹其歸經、用法、配伍、禁忌、産地、辨僞及同類藥物性能比較等内容，多引自《本草綱目》《本經逢原》《本草從新》等書，偶增己見。如："桑白皮，寒，水氣皆行，痰嗽因熱，此品堪清，甘辛而寒，下氣行水。張路玉云：瀉肺氣之有餘，止嗽而能利水，肺中有水氣及肺大有餘者宜之。若肺虚無炎、風寒而嗽者服之，則風邪反閉固不散，而成久嗽者有之。刮去薄皮，取白，或生用或蜜炙。""葛根，辛甘，邪客陽明，熱兼口渴，清气能升。辛甘性平，輕陽升发，能鼓胃气上行，生津止渴。又治清气下陷，泄瀉之聖藥。又能散鬱火，解酒，葛根尤良。上盛下虚之人，雖胃脾病，亦不能宣用，即當用，亦宜少用。葛粉止渴，利大小便，解酒，去煩熱。葛汁即用生根搗汁，性大寒，主解温熱。"

藥性蒙求

青浦希白張仁錫纂輯

門人　雲峯吴炳參訂

草部

人參味甘大補元氣止渴生津調營養衛

去蘆入肺脾二經肺熱者忌用若腎水不足虛火刑金正當以人參救肺不忌

具色黄中帶白大而細皮肥潤者佳此物易蛀惟納器中密封口經年不壞

從新曰人参産遼東寧古臺出者光紅結實船廠出者空鬆鉛塞並有糙有熟

宜隔紙焙用忌鐵不可見風日　太子參味甘苦功同遼參雖甚細心却緊而

167 藥性賦

《藥性賦》，三卷，三册。無序、跋及印章等，作者、抄者均無可考證，亦未注明撰著及抄寫年代。《中國中醫古籍總目》載録爲清鈔本。首頁"目録"的第一行題爲"藥性賦目録"，正文前有"琢磨課成"四字，未明其義。内容完整，但字迹欠工整，還有不少錯字。現存鈔本，藏于上海圖書館。

是本共有三卷。卷一爲草部，卷二爲木部、服帛、果部、麻麥稻部、稷粟部、菽豆、造釀、菜部(部分)，卷三爲菜部(部分)、水部、火部、土部、金部、石部、蟲部、龍蛇、魚、介、蚌蛤、禽、獸、鼠、人等部，共載藥物一千零八十味。全部内容均以七言歌訣寫成，多爲四句一首，少量藥物因内容較多，由六句或八句組成，共有歌訣七百九十二首(此本稱"章")。每首歌訣的首句爲藥名和性味，其後爲藥物的功能作用，内容比較簡單。如："人參甘凉熟温益，調元補氣生陰脈。陰虛有火云沃度，實熱何容錯與賣。表實正虛尤要助，虛多邪少正宜策。甘補防黨調氣虛，西洋寒苦火應釋。"有些藥名相近的，如銀柴胡、北柴胡、軟柴胡合并于一首歌訣中："柴胡苦平味薄凉，散表和裏氣升陽。調經解鬱除邪熱，虛熱脾溏便滑妨。"

此本雖著録爲《藥性賦》，但并非爲嚴格意義上的"賦"，而是七言歌訣，故將此著録爲"藥性賦"不妥，應爲"藥性歌"。但此本既非清代何之蛟的《藥性歌訣》，也非常見的《四言藥歌》。歌訣原爲易于記誦，方便學習，但本歌訣過于簡單，有些藥名相近的藥物，其功效的叙述混作一談，區分不明顯，如上述銀柴胡、北柴胡和軟柴胡即如此，其他如川牛膝、懷牛膝和土牛膝亦是如此。

藥性賦目錄卷之一

山艸部

人參 附黨參 西洋參　參蘆 參鬚 參條 參叶　南北沙參　甘草 稍 節　黃芪

黃精　桔梗　玉竹　知母　肉蓯蓉 草蓯蓉　瑣陽

天麻　白朮　蒼朮　狗脊　巴戟天　遠志

淫羊藿　元參　地榆　丹參　紫參　白及

參三七　黃連　胡黃連　黃芩　秦艽　北柴胡 銀柴胡

白微　貫衆　仙茅　紫草　白頭翁　白茅針

茅芘　白前　前胡　防風　羌活　獨活

升麻　苦參　白鮮皮　延胡索　川貝母 土貝母　山慈菇

白茅根　草龍胆 附山龍胆　北細辛 南細辛

卷上　一

琢磨課成 山艸

人參 附黨參 西洋參　參鬚 參條 參蘆 參叶　南北沙參　甘草 稍 節　黃芪

人參甘涼熱溫益調元補氣生陰脉陰虛有火云淡度實熱何容

錯將表裏實而虛尤要助虛多邪少正宜兼甘補防黨調氣虛西

洋寒苦火虛釋

鬚條力薄枝肢臂調理生津渴又渙叶性微寒苦帶甘元虛有火

表清裏參盡體輕吐痰涎味將參同綏補澤

沙參甘苦淡微寒火嗽清金又養肝血脉堪淋脹散結胸痹心腹

痛浮完

甘草甘溫生瀉心氣平補土火何淫炙溫散表除虛熱止痛調元

助氣陰稍達莖中餘止痛節堪治節毒瘀候

山草

月經　津唾 陰毛　紫河車　胞衣水　臍帶

168 藥達

《藥達》,不分卷,一册。清顧以恢撰,其子顧古椿、後學王泗虯整理、訂正。《中國中醫古籍總目》載録成書于清道光十年(1830)。顧以恢,《中國醫籍大辭典》作"顧墨耕",字麗中,華亭(今上海松江)人,一説青村(今屬上海奉賢)人,承家學行醫,頗有名。原書本爲上下卷。今上卷亡佚,本册爲下卷,無序無跋,共二十葉半,計約九千三百字,藏于上海圖書館。

本書主要介紹藥物功能及作用,計收藥一百二十六味,共分六大類:益精固脱類、明目止嗽類、消導開鬱類、殺蟲燥濕類、散瘍解毒類、利水消瘀類。益精固脱類收藥三十五味:牛膝、何首烏、杜仲、山茱萸、菟絲子、胡麻、紫石英、磁石、遠志、丹參、女貞子、柏仁、寄生、阿膠、五加皮、鱉甲、五味子、棗仁、川斷、熟地、沙苑蒺藜、無食子、枸杞子、地榆、訶子、骨碎補、蓮鬚、龍骨、赤石脂、草果、米殼、金櫻子、烏梅、芡實、牡蠣。其他類各收藥二十至四十味不等。何首烏條下云:"强筋骨,益精髓,黑鬚髮,斂虚汗,固遺濁,止崩帶,理癧癧,療腸風。苦以堅養腎陰,澀以收攝肝氣,不燥不寒,爲滋補良藥。專以益血祛風、解熱行濕爲功,神仙妙品,返還少,無所禁忌。"又如山茱萸條下云:"暖腰膝,興陽道,固精髓,縮便溺,壯筋骨,止月水。味酸屬肝而在腎者,乙癸同源也。專以益精强陰、補肝腎、斂虚熱、逐濕熱爲功。凡火熾陽强者,膀胱熱結便數者、陰虚血熱者并忌用。"

作爲專門論述藥性的書籍,《藥達》僅收藥一百二十六味,似顯太少。藥物所分六大類也未必合理。且將丹參、草果、遠志、柏仁、棗仁等藥列入益精固脱類,亦有牽强之嫌。藥性的論述也少有獨到之處。臨床實用價值有限。

藥達卷下

華亭顧以恢麗中氏纂　男　古椿大年氏

後學王泗虬潤山氏仝訂

精固脫類

牛膝補腎強陰理腰脊膝脛之傷補肝強筋理血結拘攣之症療
淋家莖痛欲死止久瘧寒熱不休
專以逐溫寒除痿痹走而下行為功凡下焦藥中及經閉不久
血崩不止者忌用

菟絲子益精髓堅筋骨止遺泄主溺有餘瀝去腰膝痠軟禀中和
專以除腎熱補腎精變白明目為功凡有腹痛作瀉者忌用

栢子仁益氣養血清心安神補腎助陽去濕潤燥
專以養神定志悅脾益氣為功凡腸滑作瀉膈間多痰陽強腎
熱暑濕作瀉者忌用

桑寄生止腰痛健筋骨充肌膚去風濕安胎止崩下乳
專以益血補腎祛濕退熱為功桑之精英無所禁忌

阿膠主吐血衄血淋血尿血腸風下痢女人血枯崩帶胎產勞嗽
喘急肺痿
專以入肺入腎益陰滋水補血清熱為功凡胃弱嘔吐脾虛食
不消者忌用

何首烏強筋骨益精髓黑鬚髮斂虛汗固遺濁止崩帶理瘧癧療
腸風苦以堅養腎陰濇以收攝肝氣不燥不寒為滋補良藥
專以益血祛風解熱行濕為功神仙妙品返還少無所禁忌

杜仲補腎則精充而骨髓堅強益肝則筋壯而屈伸利用故治腰
膝痠疼脊中攣痛又主陰下濕癢小便餘瀝
專以益腎補肝祛濕熱為功凡腎虛火熾者勿用

山茱萸暖腰膝興陽道固精髓縮便溺壯筋骨止月水味酸屬肝
而在腎者乙癸同源也

169 藥隊補遺

《藥隊補遺》，不分卷，一册。著者佚名。《中國中醫古籍總目》謂成書于1840年。是本每半葉十行，每行字數不等，時有眉批，書口有“藥隊補遺”四字。無序跋及目録。正文前有“凡一切應用之品而爲十一隊所未收者備採於後”字樣，疑本書抄録的是“十一隊”（藥隊）内容及備采内容。現存鈔本，藏于上海中醫藥大學圖書館。

是書收録藥物四百八十一味，前一百一十三味爲“十一隊”所收録者，其餘爲“十一隊”未載者，補録于後。所載藥物不分類，藥名下以雙行小字描述炮製方法，正文記録藥物性味、歸經、功效、産地、使用禁忌等。如“蓖麻子”下有雙行小字“或用油，或搗膏”，正文描述“甘熱，入行諸竅諸經，而主脾、大腸，口眼不正、瘡毒、浮腫、脚氣、瘰癧、丹瘤、胞衣不下、子腸不收，皆從外治，不經内服，以其長於收吸，能拔病氣出外。凡服蓖麻，一生不得食炒豆，犯之脹死”。

是書所選録藥物多爲臨床常用藥物，如荆芥、紅花、白前等，論述精簡明瞭，語言通俗易懂，是一本簡潔實用的本草學著作，可供臨床參閲。

藥隊補遺

凡一切應用之品而為十一隊所未收者備採於後

淮牛膝 炭或用

味苦酸而平引藥下行生用下行散惡血酒蒸則甘酸而溫補肝腎壯筋骨 川産力遜

川斷 或酒蒸

味苦辛微溫入肝腎二經補勞傷續筋骨破瘀結利關節縮小便止遺泄癰毒宜收胎産莫缺

萹蓄

按松花又能濇腸止瀉与潤字不屬

甘能益血潤大便溫能和氣主風虛 松節舒筋止肢節之痛去溼搜骨肉之風 松花甘溫益氣潤心肺去風止血糝痘瘡溼爛多食發上焦熱病 松脂 水煮百沸白滑方用 苦甘溫入肺胃燥濕祛風化毒止痛生肌熬膏而貼牙痛崩中惡痒研末而嘗 燥可去溼甘能除熱故外科取用極多 松毛可生毛髮宜窨涼瘡 馮按亦甘溫而濇功能舒筋活血去瘀生新樵夫折傷腰膝每以煎服可知

五茄皮

辛溫明目舒筋歸功于藏血之海益精縮小便得力于閑蟄之官風溼宜求疝家必選

170 藥雅

《藥雅》,不分卷,一册。日本醫家丹波(多紀)元胤著。丹波(多紀)元胤(1789–1827),字奕禧、紹翁,號柳沜,日本東都人,江户時代後期漢醫學家,丹波(多紀)元簡長子。幼承庭訓,二十三歲位列家督聯合醫師之席,後繼父職任醫學館監事,僧位法眼(日本僧侶最高級位曰法印,次曰法眼)。主要著作有《中國醫籍考》《體雅》《疾雅》《藥雅》《難經疏證》等。此書未刊,有寫本流傳,日本《松本叢刊》收録明治元年影印寫本。現存鈔本,藏于中華醫學會上海分會圖書館。

是書爲藥物專書,對《傷寒論》《金匱要略》所用桂枝、芍藥、葛根、麻黄等三十六種常用藥物及其藥對、組方,從醫理、藥理上加以闡述。如"茯苓",作者將茯苓與同爲化濕藥的半夏、白术、澤瀉進行對比:半夏、白术無利小便之功,澤瀉無和胃之效,而"(茯苓)性無所偏,(融)各藥所長,配之衆品而無所畏惡"。并通過"炊米水勝飯不亟成""薪濕不乾不能焚"之喻,强調茯苓在茯苓四逆湯、理中丸中燥濕壯胃的功效。同時否定"古人謂茯苓補心氣"的説法,認爲茯苓可治療心下悸、心煩不得眠,因其證"非心氣受傷之故,乃由水濕所致"。又如"牡丹皮",《神農本草經》謂其有"除癥堅瘀血"之功,元胤認爲其力較桃仁、虻、蛭諸藥緩,唯能行血通經,難以潰堅破瘀,配伍桃仁、大黄,可增除滌之功,合用當歸、地黄、阿膠,可引滋液。

是書采用分析藥理、引證古言、例舉方劑等方式闡述本草功效,詳實生動,且直述不同見解,言之有物。此本文字較草,難以辨認;布局混亂,無篇章句讀;内有多處删改增補。雖然品相較差,但内容仍值得研究參考。

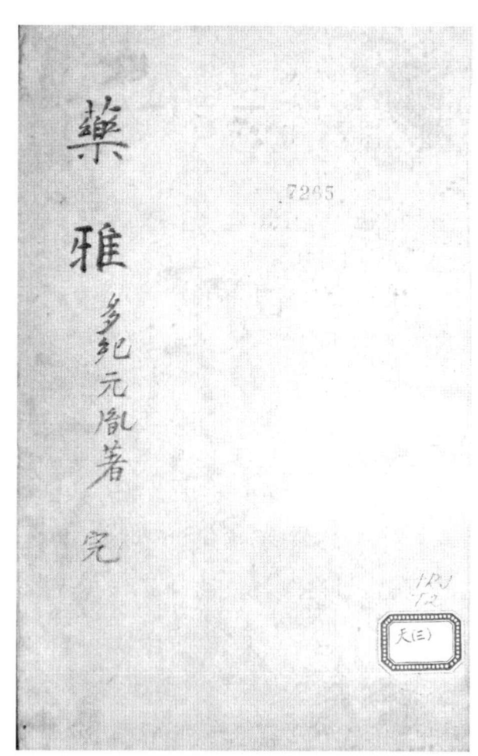
藥雅
多紀元胤著
完

藥雅卷之一

東都 丹波元胤紹翁著

桂枝 味辛性熱宣行陽分

171 藥會圖

《藥會圖》，不分卷，一册。清郭秀升著。郭秀升，字庭選，山西壺關人，生活于嘉慶、道光年間，既通文，又通醫，友人稱爲儒醫，其餘事迹不詳。書首載著者友人邱世俊序與作者自序各一篇，邱序稱著者名"郭升秀"，應係筆誤。自序言其著書緣由："甲子夏在汴省公寓與原任寶豐縣邱公忽談及《本草春秋》，乃謂無益於人也。吾不禁有感于藥性，擇其緊要，正其錯誤，不必正言而談，但從戲言而出……合本草一大部鍛煉成書。"該書成于嘉慶九年(1804)。封面題"藥會圖"三字，另有"光緒丙申年辛卯月訂"字樣，可知抄訂于1896年。有目録，并有"上海中醫學院圖書館藏書章"。現存鈔本，藏于上海中醫藥大學圖書館。

本書在浩如烟海的中醫藥著作中堪稱别具一格，是一部以戲曲脚本形式講述中醫藥知識的古代科普文學作品。共十回，依次爲"梔子鬥嘴""陀僧戲姑""妖蟲出現""石斛降妖""靈仙平寇""甘府投親""紅娘賣藥""金釵遺禍""番鱉造反""甘草和國"。涉及藥物六百多味，劇中出場人物的名稱悉數取自藥名，隨着劇情的展開，將藥名以及性味功效融于故事發展、人物對話乃至詩詞歌賦中。本書内容嚴謹平實，不尚浮言，無一般藥書之枯燥，一本在手，勝讀一部通俗本草。

新加坡國立大學辜美高和中國台灣著名學者劉階平據日本慶應大學"聊齋文庫"所藏蒲氏著作目録中載有此書，認爲此書爲蒲松齡所作。本書將中醫藥知識溶入文藝形式，亦莊亦諧，雅俗共賞，將知識性、趣味性、娛樂性融爲一體，可稱之爲中醫藥寶庫中的特殊科普文獻，有一定的歷史地位和實用價值。

藥會圖序

醫之道難言也必得心領神會方於應手病除
而藥之寒熱溫平補瀉滑濇種種不一更得深識
其性運復隨我調度故用藥猶之行兵奇正變化
神妙莫測晋之郭子升吾先生儒醫也究極素問闡明
靈樞而於心悉詳人皆稱方形于世傳今又訂交不
殊室家其暇語有傳奇一則乃辨藥性會余閱之
不勝佩服遂編其前因藥會圖略志此遊戲其
於藥之寒熱攻補簡而神明顯而易解誠乎醫

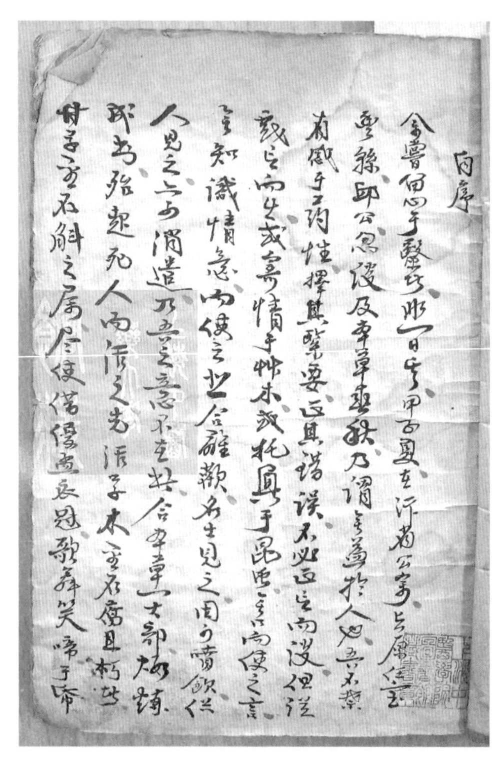

自序

余嘗留心于醫學，一日于甲子夏在沂省公寓與廣仁堂

孫郎公忽談及本草來歷，乃謂余曰爲於人也，吾不禁

有感于藥性，擇其緊要，正其錯誤，不必正言而設，但從

戲言而出，或寓情于草木，或托興于昆蟲，言而使之言

有知識情意，而使之也。合離歡，名生見之，因可嘗飲，從

人見之亦可消遣，乃吾之意不在此。合本草一大部，如歸

郎，爲能起死人而活之，先活字本，吾名爲且於此

甘草，吾名斛之屬，令使倡優爲衣冠歌舞笑啼于席

以活之，苟之死人未有不當其而起者。總不以用于活之藥亦

豈有思情於活之藥，鼓舞歌詠則人亦知其藥亦即

人亦知其性用藥者不至有錯誤之遺憾，服藥者不

至有屈死之冤魂，而吾之心亦已乎，其有好爲之

人多活之藥而人則未必盡活也，抑即有呼我爲愚

者我即應之爲愚，呼我爲狂者我即應之爲狂。但

求不愧于心，庶于醫道不無小補焉，是則吾之志

也夫

第一回 梔子開場

老生扮甘草上場引 雖有許多神妙手，誰能獨效遍府當 白 詩 名傳上

古羲皇世，品重當今醫士家。香光陰送盡兩鬢霜，克壯其猷

四海揚。白 老夫姓甘名草，別號靈通，山西汾州府平和村人氏。不

幸夫人早亡，所生一女名喚菊花，曾許配金石斛爲婚，年方二八，尚未

出閣。思量起來，好不煩悶人也。唱 老甘草同百姓，名傳不休一個七

顯奇能，萬病無憂，誰似俺性和平，能調諸藥。俺也會解百毒，名著

千秋，就教我溫中去滯也有益，但是我年高遠，女大難留。花臉扮賊一正一偏手

取膠禮上 夥計這就是甘草門首了，待我問他一聲，裡邊有人麼 白 甘草

場白

梔子那裡 丑扮梔子上 來了，爺爺說甚麼 白 甘草 看是何人叩門 介 梔子應

172 藥論

《藥論》，兩卷。沈文彬撰。沈文彬（1870—1956），字杏苑，浦東（今屬上海）人。性慈善，從名醫徐建村先生游，精内外科，治病精細不苟，全活者甚衆。該書將明末清初名醫高斗魁的隨筆《藥論》與從澹園吴公處所得《藥能》二書熔爲一爐，并稍作校勘而成，抄録于光緒二十七年（1901）。高斗魁（1623—1670），字旦中，號鼓峰，鄞縣（今浙江寧波）人，清初名醫。著有《四明心法》（又名《醫家心法》）三卷、《四明醫案》一卷，另有詩文《桐齋集》《語溪集》《冬青閣集》數種。書首有序及目録。現存鈔本，藏于上海中醫藥大學圖書館。《中醫古籍珍稀抄本精選》第三册收録該本。

全書載藥二百二十二種，分五門二十二類。其中補劑門分温中、平補、滋陰、安神類；散劑門分散寒、散風、散熱、香散、利濕、祛寒、平降類；瀉劑門分瀉火、瀉實、瀉水、潤下、降痰類；血劑門分温血、凉血、下血類；雜劑門分收斂、殺蟲、吐劑類。每藥簡述性味、歸經、功效、主治適應證及配伍等内容。末附反畏歌，以歌訣形式叙述十八反、十九畏。

該書是一本藥學專書，語言簡明扼要，便于記誦。對于不同類藥物的性味功用等加以比較，注重病機及辨證用藥的重要性，對中藥的臨床應用有參考價值。

序

喻子云醫之爲言意也明夫天地陰陽之道盈虛消長之機始可與言醫醫道豈易言哉古之聖人視醫甚重良以軒岐旨奥扁倉淵微以意逞志斯能得之范子不云乎不爲良相必作良醫君子用之以衛己衛民而推之以濟人濟世其術何其仁其品何其高抑學之豈非重且難歟余稟資椎魯幼失提撕弱冠

目録

補劑

温中　人參手　黄芪手　白朮手　大棗手

平補　阿膠手　山藥手　首烏手　芡實手
薏苡手　蓮子手　甘草下　子　栢子仁手

滋陰　熟地手　天冬手　麥冬手　手　龜板手
鹿茸下　鹿角手霜手　鎖陽手　肉蓯蓉手

雜劑

收歛　五味子下　五棓子　烏梅手　牡蠣手
龍骨手　蛇床子手　伏龍肝手　棗仁手
萸肉手　白芍手　白礬　綠礬

殺蟲　使君子手　百部手　檳榔手

吐劑　常山手

附　十八反歌　十九畏歌

補劑

人參　大補氣虛兼扶血弱鎮靈臺以保驚癇通經脈而托痘疹田生于脱血昏眩奪命于亡陽厥逆療胎前百怯而横生逆産尤良培産後諸虛而食滯癥凝未可内傷勞熱可救心腹虛痛莫缺同白朮則補中共黄芪則補表元氣下陷須佐升柴淋癃虛秘賴和苓膝脾虛腫脹靈劑肺熱喘嗽毒酖

173 類編藥性脈法方論

《類編藥性脈法方論》,不分卷,三十册。未録撰著人名氏,馮貞群編校,是本書後有馮貞群跋。馮貞群,慈溪人,生平不詳,從跋中看雖非醫家,但儒而知醫。據馮氏跋,此書原爲馮氏先大父溪橋府君所收得,"藏之篋衍殆五十餘年",書中有"四明盧氏抱經樓藏書印記"。甲申夏,馮氏因"偶涉醫籍,乃發而讀之"。原書并非現在模樣,内容龐而雜,收録"自醫經、千金、聖惠、外臺及巢元方、朱肱、錢乙、鄭端友、金元四家、有明醫家(王履《原病式》、王綸《明醫雜著》、陶華《傷寒六書》、霍應兆《傷寒要訣》諸種),仙丹秘方,靡不採集。惜不注其所出,使覽者茫然",故馮氏"竊不自揆,爲補其目(中多誤訂、先後失次)……爰名之曰《類編藥性脈法方論》"。《中國中醫古籍總目》載録爲清鈔本,現藏于上海圖書館。

此書第一册内容有:藥性,包括藥性賦、雷公藥性賦、重編藥性賦、藥性指掌、諸病主藥等;病機,包括雜病賦、病機賦、病機抄略;運氣,包括五運主病、六氣爲病、運氣司天在泉病症方法、五行論;以及仙方,收有張三豐仙方序、鍾吕二仙陰陽變化論序、成祖文皇帝敕命等,及補養延壽諸方。第二册爲諸脈,包括諸脈形狀、十二經見症、危急症、内傷外感脈證、脈訣、《難經》脈等。第三至第六册爲傷寒。第七至第二十二册爲内科諸疾病。第二十三至第二十五册爲婦科病證。第二十六至第三十册爲兒科病證。每一病症先有總叙,其後爲方藥。

此書抄録工整,保存完整,上海圖書館已製作出縮微膠片。

藥性賦

人參補元氣瀉虛熱而止渴色養肺實休憑黃耆補三焦歛盜汗而抵瘡肥白衛虛宜白朮健脾強胃主濕瘡虛痰蒼朮發汗寬中導窠囊積飲茯苓安驚利竅益氣生津和中用白而導水用赤禁與陰虛甘草補氣助脾調和百藥溫中用炙而瀉火用生滿家須謹川芎血中氣藥通肝部而療頭疼當歸血中主藥身養新而稍逐損白芍藥瀉脾伐肝血虛腹痛下痢用炒而後重用生赤芍藥性味酸歛治瘡瘍熱壅調經最宜而產後最禁熟地黃補血而療虛疼生地黃生血而涼心腎酒炒則俱溫薑製無膈悶半夏薑製和中止嘔大醫痰厥頭疼貝母去心治嗽消痰煩熱結胸合論南星主風痰破傷身強膽製无隹枳實治虛痞消食行痰麩炒當問枳殼寬中削積氣滯所宜青皮下食安脾瀉肝大穩陳皮留白和中補胃去白瀉氣消痰厚朴用苦治脹寬膨用溫益氣除濕大腹皮開胃通腸瀉脹滿前用薑鹽檳榔降氣殺蟲枯後重性如鐵石草果仁寬中截瘧更除酸水寒痰肉豆蔻止痢調中又且解酲消食草豆蔻製熟客寒胃痛方宜白豆蔻炒去目翳胸腑可覓香附理胸膈

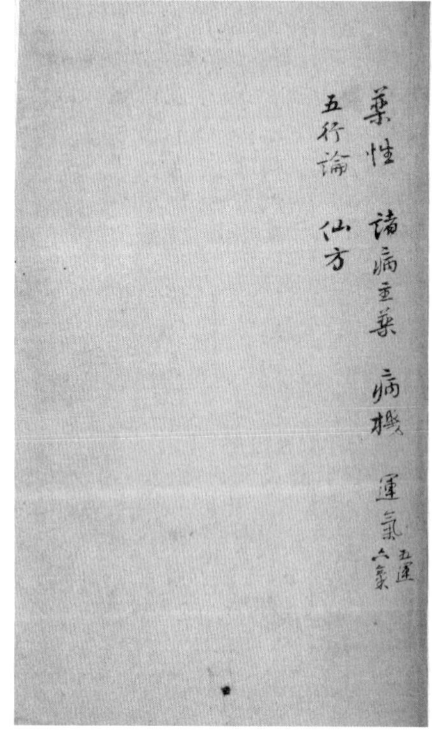
藥性　諸病主藥　病機　運氣五運六氣
五行論　仙方

液還丹
續附補養延壽諸方
延齡丹　慶世還少丹　白鳳膏丸　坎離
神仙大補丸　伐木丸　千精丸　全
瓊正元丹　百補丸　松梅丸　神效固精丸　紫霞杯
川椒丸　通玄二八丹　補髓丸　神聖光明餅子　茯苓
神效固元丹　玻璃濟世寶　烏鬚方　遇僊摩腰丸
丹　得效秘方丸　桃源龜齡保壽丹　郭家得效百補丸
補脾養胃散　終南山宣律師萬病丸　彭祖迴生薰蒸小
接命

不和氣血凝滯婦室如僊烏藥主心腹暴痛小便滑數女科最急三稜利血消癥癖折傷産後多疼
蓬朮通理内傷心脾痰結諸積山查子導氣消内食健脾催瘡更攻兒枕使君子療瀉曳醫蟲煜除疫
殺大治兒疳大黄奪上將軍散滯通瘀下腸間結熱巴豆斬關猛將削堅通閉蕩臟腑沉寒茵胡枯榖
垢消癥瘕豁痰化積芒硝開結熱通臟腑泄實軟堅葶藶瀉肺喘利小便炒須隔紙牽牛逐膨腫
利水道更損胎元木通瀉小腸開熱閉而行澀溺車前主滲利清目赤而實大便豬苓治水氣淡滲服
多損腎澤瀉治淋癃脫垢濕腫神丹薏苡下水寬膨療肺癰痿咳燈心通淋利濁吹喉痹色難遷
蕩積聚通津利水防己療風濕腳氣須兼木瓜理下焦濕腫芫花治水病留痰大戟虛浮可痊甘遂腫
脹皆安榆皮性滑善行消浮急劑石韋去毛微炒淋閉當投萆薢導膀胱宿水關節老血久冷腰疼
商陸利腳腰腫氣水家峻藥性味酸辛萹蓄捎疽痔利熱淋蚘疼自已香薷暖胃家分暑濕霍
亂隨痊黄芩枯則瀉肺退熱痰實則涼大腸而化源獲救黄連生則瀉心清熱毒酒炒厚腸胃而
薑製除嘔黄柏瀉伏血而調痿厥大治陰虛知母降腎火而治痰嗽骨蒸是寺石膏解肌表而消煩渴

降胃火而理頭疼山梔止衄吐而炒如墨涼肺胃而泡用酒麥門冬引生地黄至所補之處而生津止
煩渴天門冬引熟地黄至所補之鄉而保肺治痰嗽柴胡少陽要藥在肌主氣在臟調經前胡通治風
寒寧嗽消痰安胎不謬葛根解肌清酒渴而補胃虛竹葉止渴療虛煩喉風退走竹茹止嘔噦咳
逆定安熱病血家竹瀝已風痓渴痰不問金瘡産後連翹退諸經客熱癰腫須尋鼠粘療風
熱癮疹瘡瘍合奏青黛除熱毒蟲積斑痢收五臟鬱火而瀉肝玄參主虛熱明目祛風治
無根之火而補腎栝蔞子下氣喘結胸痰嗽斯尋天花粉墜熱痰止渴消煩獨任草龍膽瀉
焦火濕明目涼肝山豆根解咽喉疼痛急黄腫毒地骨皮治骨蒸有汗涼血解肌牡丹皮治骨蒸
無汗破血止衄常山搗痰療瘧醋炒方嘉紫草利水瀉膨痘瘡總屬茵陳主黄疸而利小便艾
葉保胎痛而療崩漏胡黄連骨蒸勞熱小兒疳痢當求川升麻發表除風舉胃升陽最速桔梗療肺
癰咽痛利膈寬胸桂枝散血分寒邪補腎用肉麻黄發表寒止汗用其根防風搗腦痛洩肝除風毒細辛發
少陰汗除頭痛痰咳諸風白芷行陽明經退頭痛及膚痒羌活排巨陽癰腫風濕四肢獨活治頭項難舒痿痹

雙足藁本除疼於巔頂薄荷清陽於首面藿香止霍亂而開胃溫中紫蘇利胸膈而子醫嗽喘荊芥散帶
風熱瘡瘍頭痛俱良苦參治細疹大風除濕補陰不淺澤蘭療胎産打撲行氣消癰天麻主眩暈風癇語言澁
蹇桑寄生續筋骨益血脈利腰背掣痛甘菊花治頭風消目疾退紅睛淚眼蔓荊子祛風明目除頭痛濕痺能
安威靈僊祛風止痛治腰膝骨疼白軟木賊去目翳崩漏汗風尤妙蒺藜療目爛腰疼風濕最善何首烏消
瘡腫黑髮延年草麻子引剌骨催生最便石菖蒲開心明耳目去痺除風白附子祛風治面班崩中急斷郁李仁潤血燥
除浮利水破故紙主勞損腎冷陽衰高良薑治霍亂轉筋而調氣消食吳茱萸療厥陰疝痛而胃冷能除川烏陽中
少陽溫臟肺寒邪諸積冷痛附子陽中純陽補三焦厥逆六腑寒拘茴香主霍亂腹疼調中暖胃牛膝利月經阻澁膝痛
精虛從蓉能峻補精血驟用反動便溏杜仲主腎疼骨痿入藥酥炙去絲鎖陽味甘補陰如虛而大便不燥結者
不用鹿茸甘溫益氣治女子崩帶男子溺血精遺枸杞益精氣而明目祛風山藥能補腎而主消腫核山茱萸
澁精補腎而核反滑泄巨勝子補髓填精而延年駐色益智仁鹽煎搥碎自然暖胃固精兎絲子補髓添精益
虛寒餘瀝遠志去心草製壯神益氣夢遺驚悸何愁巴戟去心酒浸療腫除風虛病鬼交須覓茯神去木無恙

脾開心助智健忘收驚酸棗取仁定心志多眠用生不眠用炒五味消煩止嗽渴生脉補元杏仁溫肺潤大腸冬
嗽定炒桑白皮甘寒治咳嗽痰中見血肺實方宜金沸草甘寒逐痰水唾如膠漆秋行最好阿膠麩炒益肺安胎
止嗽血崩下痢皆宜紫菀酒洗熱寒氣結胸中咳血唾痰立効百合斂肺止咳休無百部勞嗽骨蒸莫少款冬花甘
辛潤肺消痰止嗽肺癰肺痿全憑馬兜苓苦寒清肺下氣定喘血痔瘻瘡須要訶子斂嗽化痰消食止痢除崩烏
梅斂肺止渴生津和中斷下地榆療崩漏嘔衄諸血胃弱須防粟殼有澁腸止嗽之能殺人何怕茅根茅花肺胃吐
衄自消槐角槐花血痔腸風白龍小薊療宿血嘔衄崩漏折傷大薊前功之外癰疽腫痛還醫紅花主敗血經
枯血虛血暈蘇木前證之餘死血瘡瘍更藉桃仁破滯生新潤閉燥逐瘀惡活血有功栢葉善守益脾安蛔衄
止崩補陰無價靈脂去心腹死血作疼炒除漏下蒲黄主胎産惡露凝滯熱止崩中凌霄花血痛所宜治熱
毒而補陰甚捷白頭翁治血痢神効止鼻衄而頭癩多功鬱金苦寒善散治女子赤淋血氣心痛延胡辛溫活血
主小腸疼剌胎産皆同姜黄辛熱主經閉癥瘕血塊癰腫秦皮苦寒治驚癇崩帶痺濕寒風秦艽主黄疸四
肢風濕漏蘆能下乳療眼醫癰海藻海帶療疝氣癭瘤軟堅利水白芨白蘞治癰疽瘡癬長肉箍膿藜蘆吐

174 讀本草綱目摘録

《讀本草綱目摘録》,不分卷。清徐用筌編輯。徐用筌,自號書呆子,山陰(今浙江紹興)人。書首有徐用筌自序,認爲《本草綱目》爲醫士必讀之書,惜卷帙浩繁,急用時不便查閱,又憫窮鄉僻壤之百姓求醫不便,故摘録便于取求及價格不甚昂貴的藥物,匯編成册供選用。現存清光緒九年(1883)鈔本,藏于上海中醫藥大學圖書館。

是本取《本草綱目》中藥物二百六十五種,分爲八十八類,依照《本草綱目》所載治療疾病,取書中價廉且易得之物,簡録其性、味、功用、主治及附方,或附使用方法,或附藥名意義。分上下兩欄書寫,藥物名稱書于上欄。産地、别名、使用注意點及來源等以小字注釋于名稱之下,如"廣木香"下注"又名青木香、南木香","蒜"下注"不宜多食,凡服一切補藥人不可食也","生薑"下有"性温,去皮即熱,用皮即凉"。下欄爲藥物名稱來源、性味、功用及常用方劑名稱等。凡藥物應用方法及適應證,以雙行小字列于功用主治下,如"蚌"之功用之一爲治"反胃吐食",其下有小字夾注"用真正蚌粉,每服秤過二錢,用生薑汁一杯,再入米醋,同調送下"。

是書選取《本草綱目》中常見常用又價廉之藥,介紹功用、應用方法及適應證等,便于讀者查找應用,有參考價值。

本草目録

讀本草綱目摘錄

雨水 立春節雨水。其性始是春升生發之氣。故可以煑中氣不足清氣不升之藥。古方婦人無子。是日夫婦各飲一杯。還房有孕。亦取其資始發育萬物之義也。

露水 秋露繁時。以盤收取。煎如飴。令人延年不饑。八月朔日收取。磨墨。點太陽穴。止頭痛。點膏肓穴。治勞瘵。謂之天灸。百花上露。令人好顏色。柏葉上及菖蒲上露。並能明目。旦旦洗之。韭葉上露。去白癜風。旦旦塗之。凌霄花上露。入目損目。

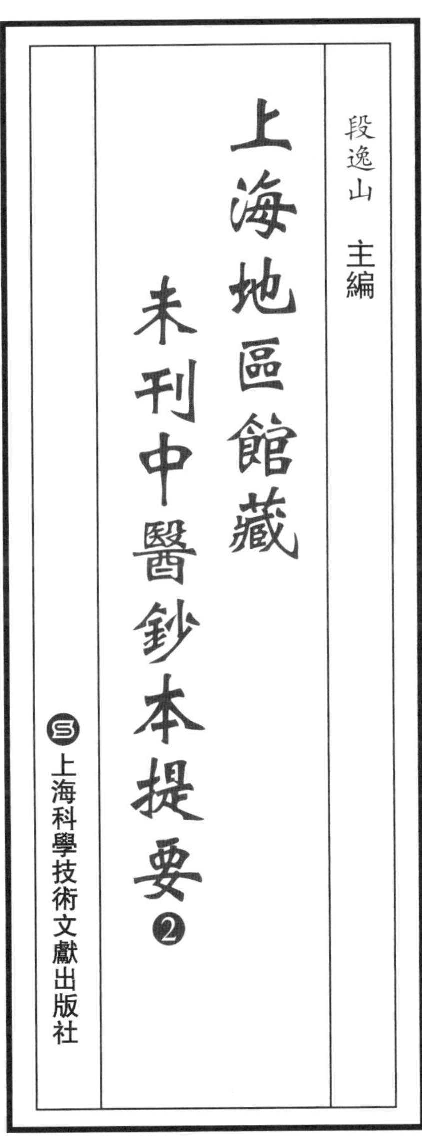

段逸山 主編

上海地區館藏未刊中醫鈔本提要 ②

上海科學技術文獻出版社

五、方書

175 三百靈丹製煉效用譜

《三百靈丹製煉效用譜》，三卷。清葉壽芬編撰。葉壽芬，約生活于清末同治至光緒年間，生平不詳。是本封面書名爲"三百靈丹譜"，扉頁則題爲"葉壽芬醫士編撰，三百靈丹製煉效用譜，龍飛光緒一十五年門人何松軒敬具"。卷末有葉氏後記，云："自同治壬申至光緒辛卯，幾歷七寒暑，逐一考證搜編臨床應用，克就斯譜，囑弱息瑞蓮恭繕竣事。行醫一世，殊鮮仁德，誠愧對先大夫也。辛卯臘月蘭江葉壽芬，時年七十又九。"知是書當成于光緒辛卯（1891）年。另按：同治壬申爲1872年，光緒辛卯爲1891年，凡十九年，原文則作"七寒暑"，"同治壬申"或为"同治甲申"（1884）之誤。現存鈔本，藏于上海圖書館。

是本收載三百九十六首方劑，大多爲丸劑、丹劑以及膠、膏、酒、花露、油等劑型。丸劑分爲補益心腎、脾胃泄瀉、飲食氣滯、四季痰飲咳嗽、諸風傷寒、諸火暑濕、婦科、兒科、眼科、外科十門，附喉症秘方、諸膠門、諸膏門以及各種花露、花酒香油等。每方首列方名，次述功用、主治、組成、用量、製備、服法，惜未注明出處。間有注明禁忌者。如："肉桂七味丸，腎水虧損，不能制水，則相火必致上炎，變生勞怯諸症，用此丸引火歸原，虚火自息，腎陰可滋，此熱因熱用，從治之法也。每服三四錢，空心淡鹽湯送下，忌蘿蔔、燒酒、房欲、勞碌。六味粉加肉桂爲末，蜜和爲丸。"有的丸劑由湯劑改成。如："仲景真武丸，治少陰腹痛、脾胃虚寒、頭眩心悸、四肢沉重、或咳或嘔、小便不利、内有水氣、脹滿，每服三四丸，淡薑湯送下。茯苓二兩，均薑三兩，白芍二兩，附子五錢，於术二兩，共爲粉，蜜和丸。"此類可謂作者自創。

是本係編撰者爲藥號自製中成藥所用，所收方劑都是歷代方書中的經典方，包括丸、散、膏、丹、露、酒等各種劑型，均屬臨床常用方劑。有的方劑爲《中醫方劑大辭典》所未收，如肉桂七味丸、固精茯菟丸等，以及油劑如温胃檀香油、散風薄荷油等，還有從湯劑改成的丸劑，如仲景真武丸等。所載方劑製作工藝詳盡而清晰，所選藥方經過考證來源，驗證功效，切合臨床應用。尤其是有一些露劑、油劑在現代製藥比較少見，對保存傳統中成藥製作工藝及當今開發中成藥有一定的實用價值。

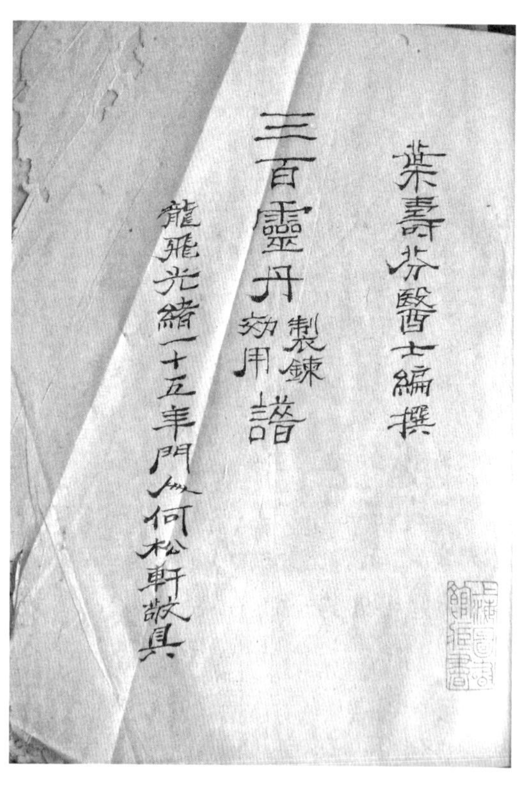

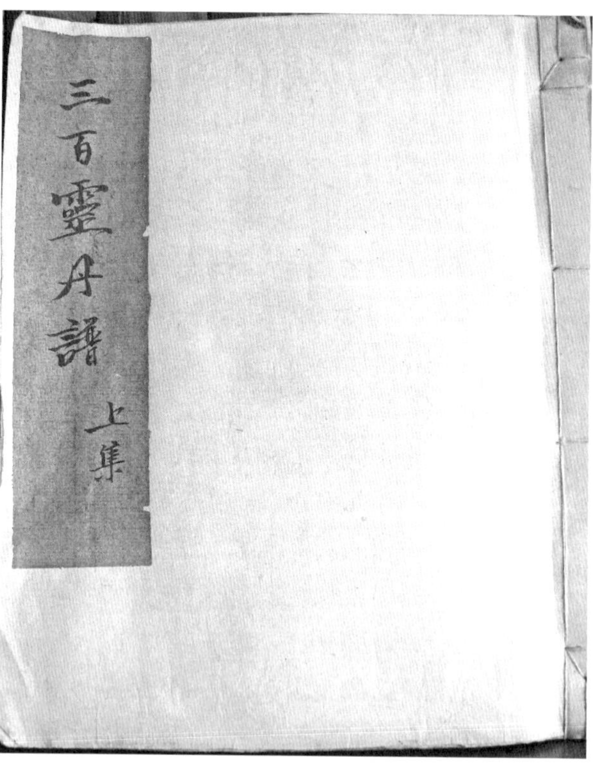

元

補益心腎門

十全大補丸

專治氣血兩虧骨蒸勞熱遺精便濁自汗盜汗頭目眩暈耳作蟬鳴形體瘦弱四肢倦怠飲食少思兩足浮腫凡久病虛損一切陰陽兩虧之症並皆治之每服三四錢早晚用白滾水送下

潞党參两　川芎两半　炙甘草两　炙黃芪两

熟地四两　当归两　桂心两

茯苓三两　焦冬术两　白芍两

共為細粉煉蜜和丸

大補全鹿丸

鹿一名斑龍性禀純陽其一身之物各有益處今本堂購

婦忌服疔瘡須忌葷腥發物

自同治壬申至光緒辛卯幾歷七寒暑逐一考證蒐編臨牀應用克就斯譜囑弱息瑞蓮恭繕竣事行醫一世殊鮮仁德誠愧對先大夫也

辛卯臘月蘭江葉壽芬昔年七十又九

176 小説經驗方

《小説經驗方》,不分卷,一册。明來斯行著。來斯行(1567–1634),字道之,號馬湖,一號槎庵,浙江蕭山(今屬浙江杭州)人。萬曆三十四年(1606)中舉,次年成進士,官至福建右布政使。主要著作有《經史典奧》《槎庵小乘》。《小説經驗方》係孤鈔本,抄于明崇禎十七年(1644),首頁有"巢念修藏"印,後有"甲申夏月念修巢祖德跋"。現藏于上海中醫藥大學圖書館。

是書載録驗方驗案八十五則,均出自明初以前筆記小説,多以叙事方式載録,驗方以單方、簡方爲主,病證多爲内、外、婦、兒、五官、皮膚等科的危急險證或疑難雜證,内容非常豐富,但未作詳細分類。如引録宋代《東坡志林》"癬疥方"一則:惠州指揮史姚歡六十歲時患癬疥,遍布全身,後服黄連而愈,并言"久服鬚髮不白",同時録其製法。又北宋王辟之《澠水燕談録》"風疾方":齊州人晋明得麻風病,眉髮俱墮,百骸腐潰,後服食長松,髮復生,顔色如故。長松,亦名爬地松、仙茆,生于古松下,根色如薺苨,味似人參。陳藏器言其有温中去風之功效,可治風血、冷氣、宿疾。此則軼事最早見于唐代釋惠祥《古清凉傳》。此外,亦記録《癸辛雜誌》"帳帶散"治療喉閉之驗案,《避暑録》載杜任用獨活治療産婦痙風之醫案,《青箱雜記》載艾柱灸臍下治療初生小兒臍風之案,《宦遊紀聞録》用葉珠(即薏苡仁)及壁土製膏治療辛稼軒疝疾之案等。

書後載有巢念修跋,記述此書之來歷:"先君藏舊鈔本《渫井園劄記》全帙,蕭山來斯行撰。辛亥家難後,痛遭散佚,僅存第十一册一本、卷二十至二十三共四卷……卷二十二爲驗方類。"又説:"因另裝成册,置我耘杏軒中。"來斯行之作世所罕見,本書爲其叢書《渫井園劄記》中的一册,雖經歷兵燹戰火,但有幸保存下來,具有較高的醫學價值和文獻價值。

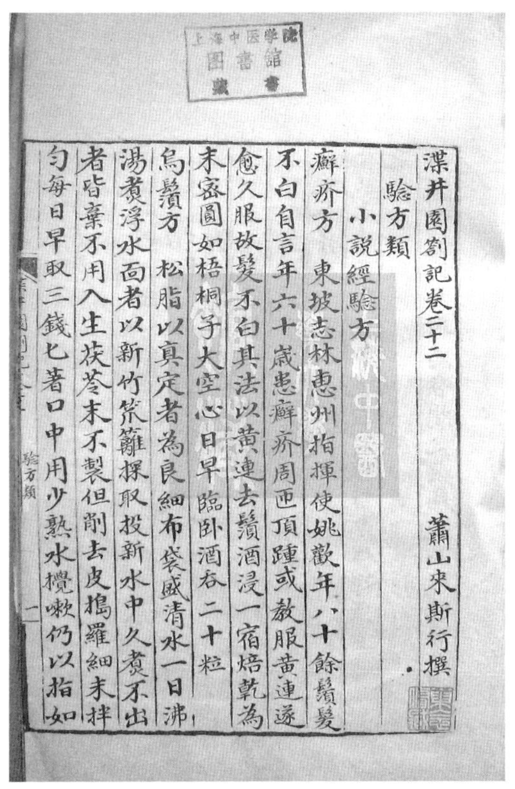

渫井園劄記卷二十二　　蕭山來斯行撰

驗方類

小說經驗方

癬疥方　東坡志林惠州指揮使姚歡年八十餘鬚髮不白自言年六十歲患癬疥周匝頂踵或教服黄連遂愈久服故髮不白其法以黄連去鬚酒浸一宿焙乾為末蜜圓如梧桐子大空心日早臨卧酒吞二十粒

烏鬚方　松脂以真定者為良細布袋盛清水一日沸湯煑浮水面者以新竹笊籬摝取投新水中久煑不出者皆棄不用入生茯苓末不製但削去皮搗羅細末拌匀每日早取三錢匕著口中用少熟水攪嗽仍以指如

渫井園劄記卷二十二　驗方類　一

醫至則愈矣更不復用大豆紫陽二方在千金第三卷

中暑方　崇寧己酉歲余為書局時一養僕為馳馬至局中忽仆地氣絶急以五苓大順散灾灌之不驗已踰時同舍王相使取大蒜一握道上熱土雜研爛以新水和之濾去滓刺其齒灌之有頃即蘇至暮此僕復為御而歸

中菌毒方　四明温台間山谷多産菌然種類不一有中毒至殺人者有僧教掘地以冷水攪之令濁少頃取飲皆得全活此方見本草陶隱居注謂之地漿亦治楓樹菌食之笑不止俗謂笑菌居山間不可不知此法

臁風方　青箱雜記樞密孫公沆生數日患臁風已不救家人乃盛以盤合將棄諸江道遇老嫗曰兒可活即與俱歸以艾灶炙臍下遂活

疝氣方　宦遊紀聞録辛稼軒初自北方還朝官建康忽得疝疾重墜大如杯有道人教以取葉珠即薏苡仁用東方壁土炒黄色然後水煑爛入砂盆内研成膏每用無灰酒調下二錢即消

腰痛方　饒之城中某病腎虚腰痛沙隨先生以其尊人所傳宋誼叔方用杜仲酒浸透炙乾擣羅為末無灰酒調下如方制之三服而愈

心脾痛方　沙隨先生在泰興時有一乳娘因食冷肉心脾發痛不可忍錢壽之以陳茱萸五六十粒水一大

渫井園劄記卷二十二　驗方類　四

兒生不啼不乳蓋因剪臍帶之時為風所入自臍以上循胸喉攻至下頦齒齦當中作黃粟一粒疼疼不可忍故不啼不乳但以指甲破之出黃膿一點便啼便乳後以此法救人凡活數兒矣按素問難經甲乙經皆云任脉者起於中極之下以上毛際循腹裏上關元至咽喉又按朱肱內外二景圖云上下齒縫中間齦交二穴乃任督二脉之會乃知嬰兒初生所以不啼不乳者風入任脉故也

先產蓐鈔本渫丹園劄記全帙、蕭山來斯行撰。辛亥家難後痛遭散佚，僅存第十一冊一本、卷二十至卷二十三共四卷、卷二十為姓氏類、卷二十一為閨壼類、卷二十二為驗方類、卷二十三為飲食類珍寶類、來氏蕭山望族、斯行與名畫家陳老蓮名洪綬為至好、斯行長於老蓮二十歲、近人紫葦梵天廬叢錄卷十九陳老蓮條云「陳章侯蓮水併併……署款亭羅漢章侯為之赤先生園於橋柳園之橋菴……橋菴來道之方伯副總、方伯名斯行蕭山人、明史無傳、其武功散見畢自嚴趙彥曹欽傳中、章侯寫來氏久、或作於園中者、故署橋

177 丸方

《丸方》，不分卷，一册。未著撰者，成書年代不詳。根據目録前的牌記，是書抄録在由蘇州“有蘭堂”印刷的朱絲欄格本上，題有“吕德順”字樣。現存鈔本，藏于中國科學院上海生命科學信息中心生命科學圖書館，藏館載録爲清鈔本。《中國中醫古籍總目》未收載。

目録中載藥方一百四十七首，大多爲歷代名方，在方名下標有頁碼。雖名“丸方”，但其中不僅有丸劑，還有散劑（如冰硼散、川芎茶調散、防風通聖散）、膏劑（如太乙膏、麻黄膏、五毒膏方）、丹劑（如孔子枕中丹、紫雪丹、八寶丹）。是書未對藥方進行分類歸屬，但抄録時有一定的規律，如前面主要是補益劑，首方便是十全大補丸，次方是六味地黄丸，之後接連幾個方劑都是六味地黄丸的變方。每方論述包括主治症候、服法、藥物組成、劑量、製法等。如：“肉桂七味丸：此方六味加桂是也。能引無根之火降而歸元，主治舌燥牙疼，面目紅赤，真陰虧損，肝腸吐泛。故借肉桂之性以制肝腸之亢，此古人從治之法也。淡鹽湯送下。熟地八兩、茯苓三兩、丹皮三兩、山藥四兩、澤瀉三兩、萸肉四兩、肉桂一兩，右爲末，煉蜜和丸，又泛丸。”但有些方劑部分内容缺如，如紫金丹僅列有藥物組成、劑量、製法。部分方名下注明《醫方集解》卷數和頁碼，其文字内容大多抄録自《醫方集解》。但也有例外。如十全大補丸雖標明“醫方集解卷中十三頁”，但其文字并非出自《醫方集解》；又如黄連阿膠丸，其文字内容與《醫方集解》相近，但未標明出自《醫方集解》。

是書所録方劑多屬常用方，每方大多列有主治症候、藥物組成、劑量、製法、服法，實用性較强，對方劑的研究有一定的參考價值。

丸方

有蘭堂
本號開設蘇城臨頓路中
兵馬司橋南首自製加工
精選上上毛鹿貢川刷印
鮮艷紅花各式格賬凡
士商賜顧者須認明本號
圖記庶不致悞

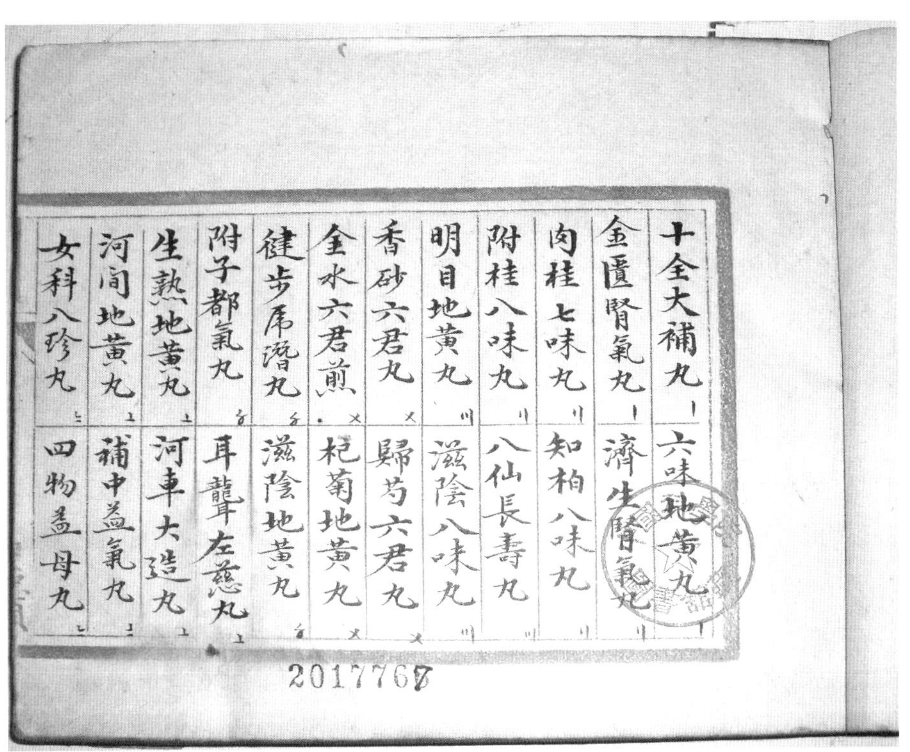

十全大補丸 〡　六味地黃丸 〡
金匱腎氣丸 〡　濟生腎氣丸 〡
肉桂七味丸 〢　知柏八味丸 〢
附桂八味丸 〢　八仙長壽丸 〢
明目地黃丸 〣　滋陰八味丸 〣
香砂六君丸 〤　歸芍六君丸 〤
金水六君煎 〤　杞菊地黃丸 〤
健步虎潛丸 〥　滋陰地黃丸 〥
附子都氣丸 〥　耳聾左慈丸 〥
生熟地黃丸 〦　河車大造丸 〦
河間地黃丸 〦　補中益氣丸 〦
女科八珍丸 〧　四物益母丸 〧

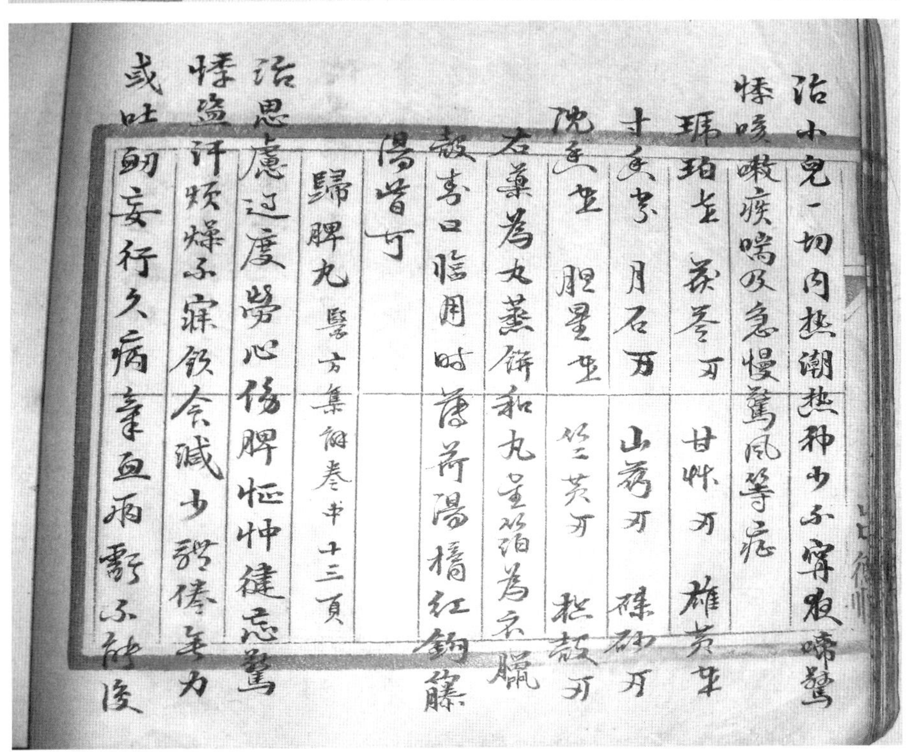

治小兒一切內熱潮熱神少不寧夜啼驚
悸咳嗽痰喘及急慢驚風等症
琥珀錢　茯苓两　甘草两　雄黃半
天竺黃　月石两　山藥两　硃砂两
沉香錢　膽星錢　竺黃两　枳殼两
右藥為丸蒸餅和丸金箔為衣臘
殼薄口臨用時薄荷湯橘紅鈎藤
湯嚥下
歸脾丸　醫方集解卷中十三頁
治思慮過度勞心傷脾怔忡健忘驚
悸盜汗煩燥不寐飲食減少體倦乏力
或吐衄妄行久病虛血兩虧不能復

178 丸散膏丹集

《丸散膏丹集》,不分卷,四册。未著撰者。書尾有"季天禄在此,爾等速退"字樣。成書年代不詳,《中國中醫古籍總目》載録爲清鈔本,現藏于中國科學院上海生命科學信息中心生命科學圖書館。

是書虽不分卷,但標有序號,每號有若干首方劑。方劑的排列無規律可循,但涉及各科疾病,主要有内科(天王補心丹、六味地黄丸、補中益氣丸、寧嗽化痰丸、礞石滚痰丸)、婦科(烏雞濟陰丸、調經養榮丸、止帶清崩丸)、兒科(健脾肥兒丸、羚羊鎮驚丸、肺風丸)、男科(千金種子丸、聚精丸、五子衍宗丸)、産科(産金丹、安胎丸、婦人難産方、治横生逆産方)、外科(千搥膏、棒瘡膏藥、七釐散、痔漏丸、雀斑方、汗斑方、蛇皮癬方)、五官科(點眼藥方、五神塞鼻散)。大部分方劑包含主治症候、藥物成份、劑量、製法、服法或用法。有的方劑格式有所不同,如"内府秘製青麟丸",用大段文字詳細叙述藥丸的製作、服法、症候轉歸、藥物加減。此外,目録與正文的方劑不完全相符,如目録從一佰卅六號至一佰四十一號所有方劑正文不載,而正文末有"懷孕方""瘧疾符"爲目録中所無。又如正文一佰卅五號下的卧龍丹目録未載。另外,一佰卅號下亦有卧龍丹,兩方藥物組成相近(一佰卅號的方劑有西牛黄、冰片、鬧羊花、牙皂、燈草灰、細辛、元寸,共爲末;一佰卅五號爲荆芥、川芎、白川、元寸、冰片、牙皂、燈草灰,共爲末吹入鼻中),皆無主治症候。

是書抄録比較隨意,格式不一,有些字迹潦草,内容舛錯。中間夾雜迷信内容,如"瘧疾符",用畫符方法治療瘧疾。總體而言,書中收録的方劑多爲常用方,每方大多列有主治症候、藥物組成、劑量、製法、服法,對方劑的研究有一定的參考作用。

百十二號

治上部疔瘡方

木鱉肉九个 … 為末 酒送下

桃鼓用滾燒酒 打 … 殼愈也

離洞膏

木別子三錢 籐黃 葉黃 占一錢 没藥三錢

琥珀末三錢 乳 雄三錢 白占一錢 輕粉 錢

麻油十兩 先將木別子切片熬枯去渣 籐黃亦去渣 再

用細末煎膏

婦人腳底氣痛方

當歸 錢 生地 … 蒲黃 錢 … 小茴香 …

香附 … 肉桂 三錢 … 沙 錢 … 為末 早酒服下

神濟散

專治溽暑薑面扶助真叶不論表裏寒熱煩燥神

昏瞻行沙症

犀角 錢 淡豆豉 錢 連翹 錢 菖蒲 錢

黃芩 錢 銀花 錢 元參 錢 川連 錢

花粉 錢 生地 錢 紫草 錢 金汁 錢

管仲 錢 先將地黃豆豉熬膏 再將金汁入

內其餘十味共研末和膏為丸 每丸重三錢 銀花湯送下

桑椹丸

鹿啣草 兩 桑椹子 兩 女貞子 為末蜜丸

脂消不痰瘰癧

鴆內金四十七丁 紫荊皮 錢 為末蜜丸每早吞枯草

元參 錢 壯力 錢 全樣 湯送下

惠膀丹

柴胡 錢 皮 錢 朱砂 錢 連翹 錢 附 …

黃 錢 山查 錢 蒼朮 錢 木香 錢 黃 錢

八十九號

梅花 梨花 … 取 … 用 盛之 陰干為

末 … 取兔腦搗爛和丸 用雄黃為衣 再用赤

小豆 綠豆 大黑豆煎湯 每服 …

吹嘴神方

西牛黃三分 陳蚕繭 … 淨青黛 … 飛冰片 …

川黃連 錢 洋芦薈 錢 人中白 錢 陳壁上蟢窩 …

五培子壳一个 … 內製白明礬 煅焙為末 共研為末

收貯 先用河 … 蓋水漱口 再將藥吹于患處 …

河歪 … 汁 赤 錢

血風瘡方

杏仁 錢 杏仁 錢 麻黃 錢 大楓子仁 錢

雄黃一錢 豬油 兩 鴆蛋十丁

先用豬油 鴆蛋熬化 又將前四味入油內共熬枯濾

渣 雄黃入油內 和敷于患處即愈

癬藥方

白芨 錢 土荊皮 錢 毛藥 錢 百部 錢

班毛 錢 檳榔 錢 共晒為末用 冈水調搽三四次愈

汗班神效方

硫黃 入豬大腸煮三炷香 取起陰干為末 再用

貝母三錢 蛇生 錢 冰片三分 為末用火酒搽四三次

除根永不發 又方 貝母 錢 硫黃三分 月石 錢

共為末用生姜搽即愈

西洋癬藥方

白芨 錢 土荊皮 錢 川椒 錢 生半夏 錢 白芷 錢

尖兵 … 生晒為末用酒調搽數即愈

截瘧神方

179 丸散膏丹類書

《丸散膏丹類書》，不分卷，一册。書衣題爲“丸散膏丹類書”，目録則題爲“丸散類方目録”，卷首題爲“丸散類書”。正文首頁有兩枚印記“黄氏壽南”“沁梅”，正文又署“黄壽南七十一歲立春日書”“稚香先生抄方”。黄壽南，字心梅，又字沁梅，江蘇吴縣人。成書年代大致在清光緒十三年（1897）至民國年間。依據是：序末署“光緒丁酉（1897）孟夏仙誕日自記於知拙書屋”；書中有“周鶚薦小兒科論”，該論出自光緒己亥（1899）二月十九日《新聞報》；書中製白砒石法、製蟾酥法、瘡藥秘方三方的抄録時間是己未（1919）正月初六。《中國中醫古籍總目》載録爲清光绪鈔本，并係孤本。現藏于中國科學院上海生命科學信息中心生命科學圖書館。

作者在自序中談及湯、丸、散、丹、膏等劑型各有其用，其方傳自古人，散見諸書，丸散之集不藏于醫家，而藏于藥肆。肆中既備是藥，須有此方，故而將傷寒急救、補養經産、嬰幼驚風、外瘍諸方匯集成書。但各肆方有异同。是書將方劑分爲總類、急救、婦科、幼科、外瘍、目疾六類。每首方劑大多包含主治症候、藥物組成、劑量、製法、服法或用法。少數方劑注明著者或出處，如枳术丸方爲“東垣著”，人參固本丸方出自“集解”（即《醫方集解》）。方劑中有些特殊的藥物還用小字注明炮製方法，如“古方選註大造丸方”中的“紫河車”，注有“用流水漂净，隔湯煮爛，用石皿木杵搗爛入湯藥”。有些方劑在總類和各科中均有，則僅見于總類，而在各科目録中存目。在正文總類末，有目録未載之“上海果育堂製送虎睛丸”“周鶚薦小兒科論”“保赤萬應散即京都雅觀齋秘方驚藥”。另外，書中有的地方還有墨字眉批。

作者借數家之書，比而録之，推考其异同，斧正其錯誤。書中收録的方劑大多爲常用方和當時一些藥店的成藥方，每方列有主治症候、藥物組成、劑量、製法、服法或用法，對方劑組成、藥物炮製和成藥製作等方面研究有一定的參考價值。

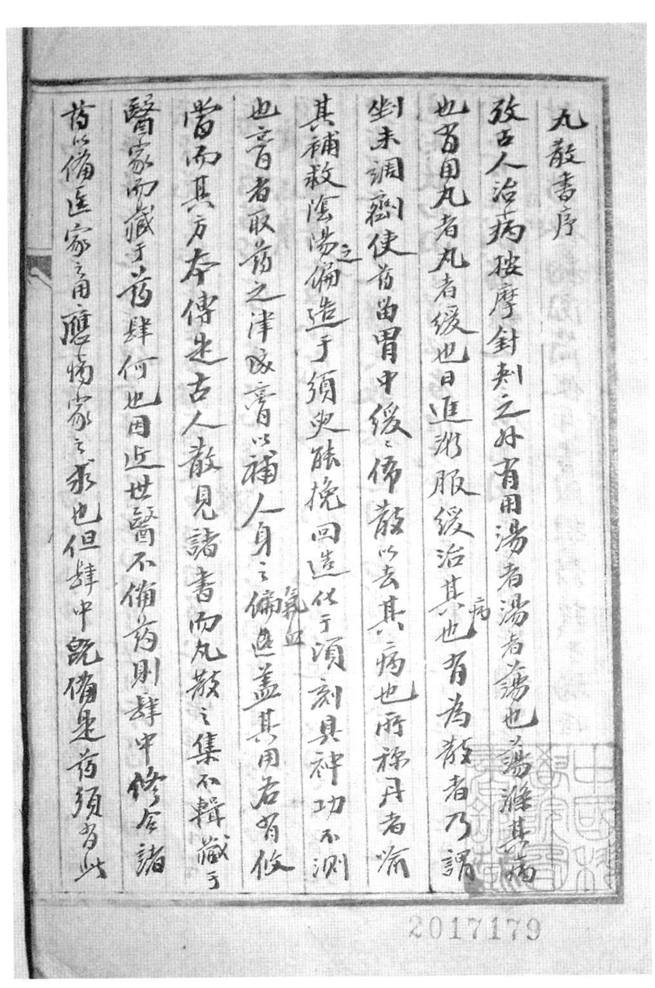

丸散書序

攷古人治病按摩針刺之外有用湯者湯者蕩也蕩滌其病
也有用丸者丸者緩也日進粥服緩治其病也有為散者乃謂
對未調劑使藥留胃中緩緩佈散以去其病也所稱丹者係
其補救湯液之偏造于須臾勝挽回造化于頃刻具神功不測
也膏者取藥之津液膏以補人身之氣血偏盖其用各有攸
當而其方本傳之古人散見諸書而丸散之集不輯藏于
醫家而藏于藥肆何也因近世醫不備藥則肆中修合諸
藥以備醫家之用應病家之求也但肆中既備是藥須有此

丸散類書

六味地黃丸方　錢仲陽著

治肝腎不足真陰虧損精血枯竭憔悴羸弱腰痛足酸自汗盜汗水泛爲痰發熱咳嗽頭暈目眩耳鳴耳聾遺精便血消渴淋瀝失血失音舌燥喉痛虛火牙痛足跟作痛下部瘡瘍等症每服三錢淡鹽湯送下

砂仁拌蒸熟地八兩　酒潤萸肉四兩　懷山藥四兩

乳拌茯苓三兩　丹皮三兩　澤瀉三兩

共爲細末蜜丸水泛亦可

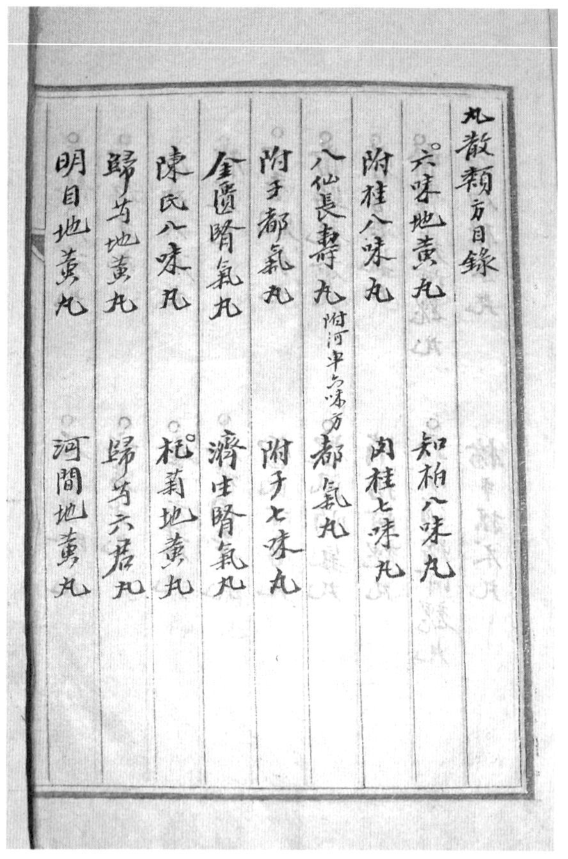

丸散類方目錄

六味地黃丸　知柏八味丸

附桂八味丸　肉桂七味丸

八仙長壽丸 附河車六味方　都氣丸

附子都氣丸　附子七味丸

金匱腎氣丸　濟生腎氣丸

陳氏八味丸　杞菊地黃丸

歸芍地黃丸　歸芍六君丸

明目地黃丸　河間地黃丸

180 内外科良方摘要

《内外科良方摘要》，不分卷。平原辛生氏抄。作者不詳，成書于清光緒七年（1881）。現存鈔本，藏于上海中醫藥大學圖書館。

本書爲方劑著作，載録内科、外科、傷科、婦産科、兒科等經驗方。内科方劑有肝胃氣痛應驗良方、治偏頭痛方、消痞食積方、吐血方、治淋濁白濁方、治羊癲瘋方、治九種心胃疼痛方、治咳嗽方、治寸白蟲方以及專治勞損第一要方的延生長壽丹等；外科方劑有吹喉方、頭瘡生蛆方、流火神方、治達年近日臁瘡方、楊梅及下疳方、爛腿瘡方、裙帶瘡方、對口瘡方、囊癰方、走馬牙疳方、諸癬方、痔漏去管生肌方、治疔瘡神方、治乳癰方、治單雙乳蛾奇方、治癰疽發背方等；傷科方劑載有跌打傷手足并可接骨方、接指方、打傷將死方、刀斧破傷、常送刀口藥方、生肌散、紫金膏、犬咬方、蛇咬方等；婦産科方劑有新産少乳方、乳腫方、婦人滑胎方、催生丸、婦人血崩方、傅青主女科帶下證方、治瘵産後敗血不盡的花蕊石散等；兒科方劑有小兒腹膨食積方、小兒夜啼方、小兒頭瘡方、小兒脱肛方、小兒出痘良方等。此外，還有解蕈毒方、誤食鉛粉方、解砒霜毒方、解河豚毒方等解毒方，以及驅狐方、祝由方。

本書收集方劑頗豐，對所載方劑的藥物組成、劑量、主治，尤其是製備方法與服用方法的闡述較詳，對臨床有參考價值。

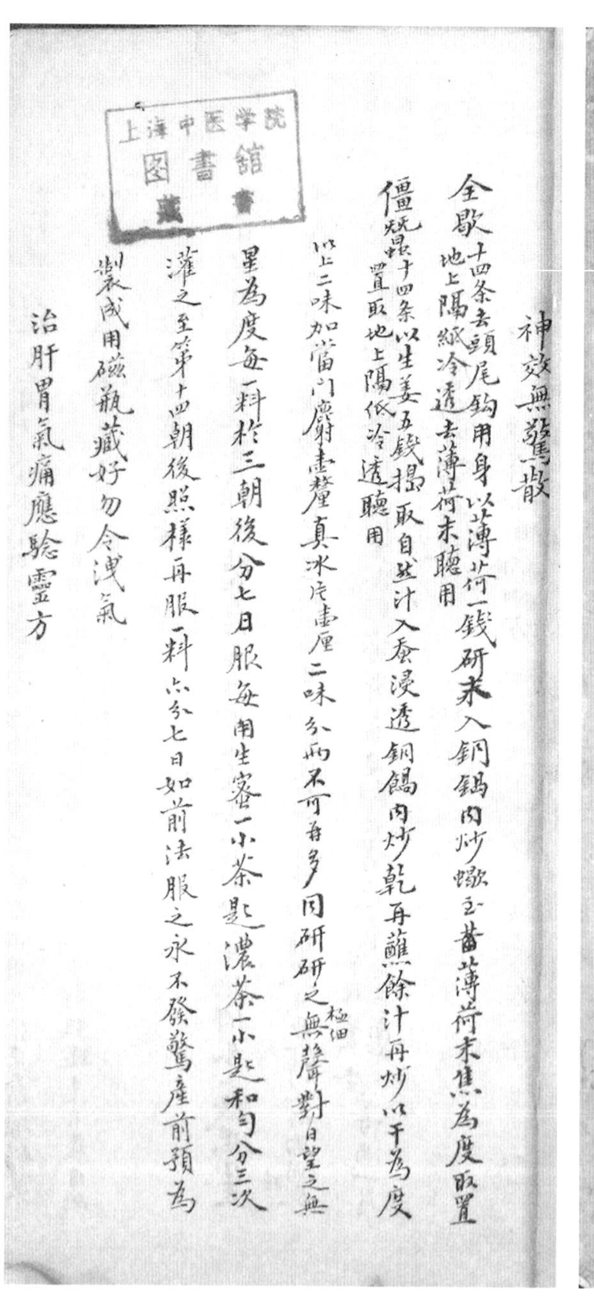

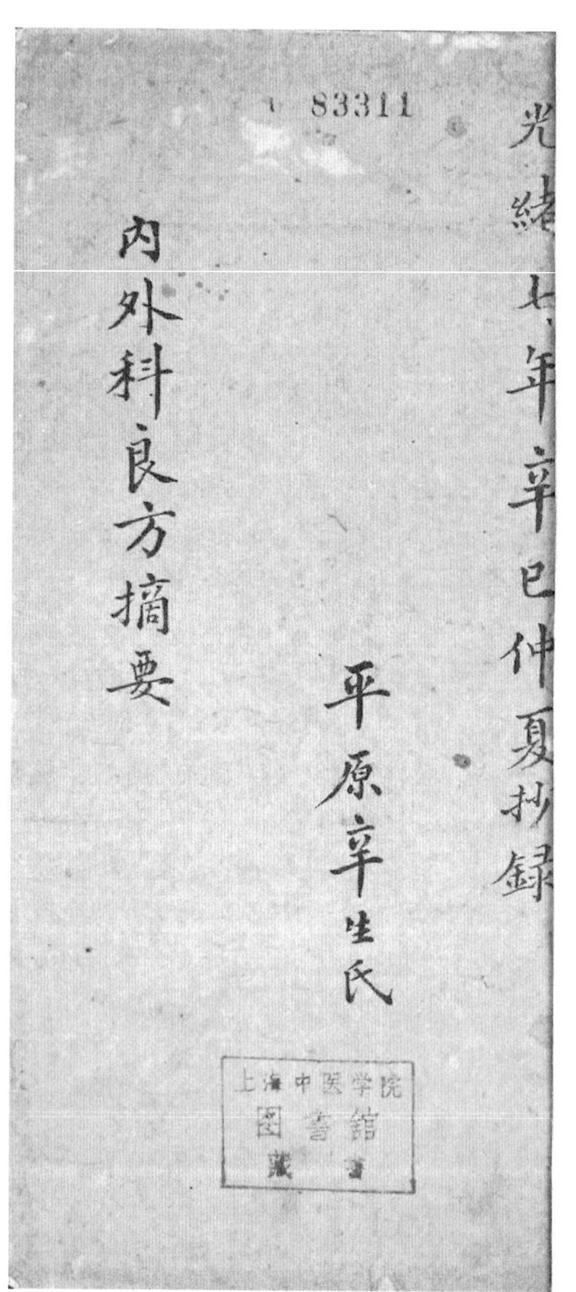

181 分類古今論方

《分類古今論方》,不分卷,一册。不著撰人,無序跋及目録。封面題有"王椿山記",扉頁題有"名醫手抄古今方論""常熟丁氏手批""康熙舊抄"。另外該頁右側有"賽金化毒散乳香川貝天花粉冰以貼之"的字樣,但字體與此書不一致,可能爲流傳過程中收藏者的隨手記録。書首頁有印章五枚,從上至下依次爲陽文"竹窗""五研樓圖書印""君謙",陰文"只在此山中",陽文"緑雲書屋",首頁上方有"上海第二醫學院圖書館藏"藍印,末頁亦有"五研樓圖書印"。按,五研(又作"硯")樓爲清代乾嘉年間著名書畫家、收藏家袁廷檮(1764–1810)的藏書樓名。袁廷檮,字又愷,一字壽階,又作綬階,吴縣(今江蘇蘇州)人,其藏書樓原名"小山叢桂館",後改名"五研樓",蓄書萬卷,後又改名爲"紅蕙山房"。由此更證是書爲清代早期鈔本。該書現藏于上海交通大學醫學院圖書館。

此本開篇爲"湯頭歌括",録《内經》九方,先爲各方歌訣,下記功效、藥物組成及用法。天頭處以紅字(似爲刻印)題諸方出處,并有部分批注。繼之以功效與科别分類,共録方二百六十二首,分别爲祛風之劑十三首、祛寒之劑九首、清暑之劑三首、利濕之劑十首、潤燥之劑十首、瀉火之劑十四首、表裏之劑六首、理氣之劑十五首、理血之劑十四首、除痰之劑十三首、和解之劑三十首、消補之劑十首、攻裏之劑三首、補益之劑十三首、雜症方四十三首、女科方二十一首、痘疹方二十首、眼科方四首、瘍科方六首、附方五首。其中痘疹一節最詳,前有治療大要,包括發作特點、症狀、診治、預後,以及痘夾斑、痘夾疹、痘夾痧、痘夾疥瘡、水痘、麻疹等諸證的辨析,其方又分痘疹方十六首,另有蜞針法(即水蛭吮血法)與痧疹方四首。絶大部分方劑下記有出處,如仲景、東垣、河間、訒庵等,再依次列功效主治、歌括、藥物(包括劑量)、煎服方法,部分方劑録有加減法。天頭處有部分注釋及補充内容,如“祛風之劑”頁上記有“中風不治症”的表現以及用通關散搐鼻、用烏梅肉和南星細辛未擦牙治中風口噤的方法。

該書對方劑的分類及體例與汪昂《醫方集解》相似,而闡述更爲簡潔扼要,便于記憶與實際應用,有一定參考價值。

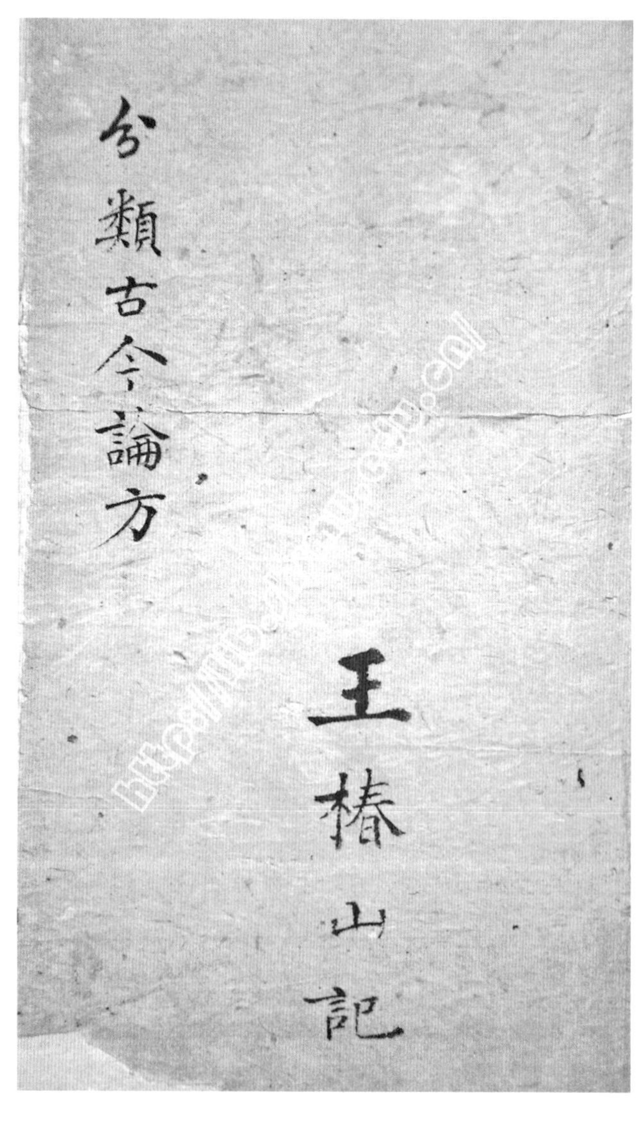

分類古今論方

王椿山記

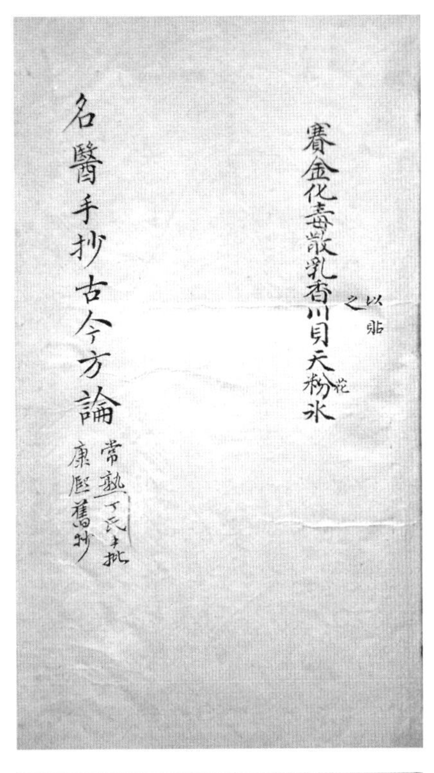

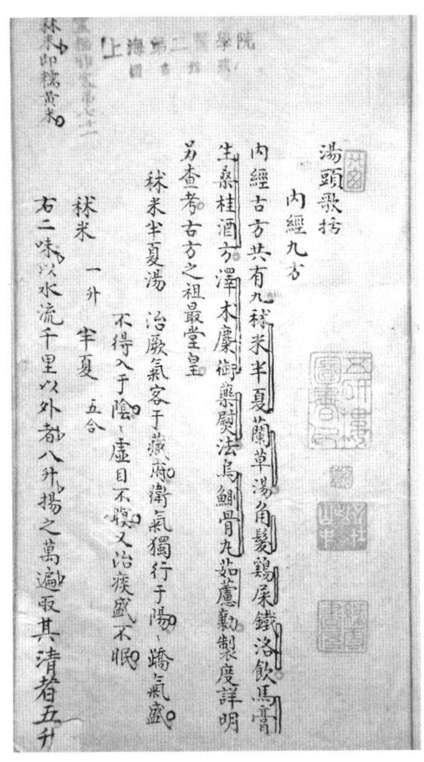

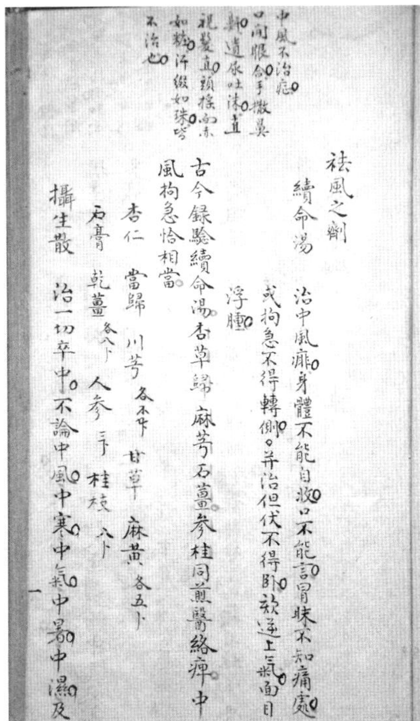

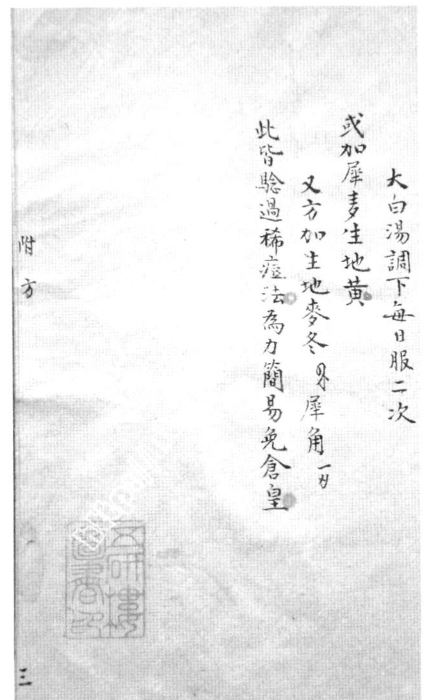

182 丹方抄

《丹方抄》，不分卷，一册。著者佚名，抄者不詳。無序跋及目録。藏于上海圖書館，藏館與《中國中醫古籍總目》均載録爲清鈔本。

是本共載方一百十首，含膏、丸、丹、藥、散、升等劑型。所治病症多爲外科瘡瘍癬痔、潰疽瘤毒，如"平胬肉藥""乳癬方""走馬牙疳散""楊梅瘡方"等，亦有少量内科用藥，如"專治梅核氣丸""止嗽噙化丹"等。每及一方，先述主治，後述組方、製法、用法。組方較簡潔，藥味不多。製法簡單，便于操作。用法以外用"敷""貼""塗"居多，另有喉科吹法，亦不乏内服法。所提及的藥材如"水銀""白礬""膽礬""硃砂""火硝"等，含有毒性，多爲外用，若用于内服，則注明服用禁忌。

著者對所載之方多有驗證。如"耳菌奇方"下書"此方已驗過，真奇方也"。若偶得某方，或見、或傳、或聞，必注明。如"楊梅瘡洗净方"爲"上海傳來"。又有一方，用紫蘇葉曬乾透研極細，用時與蜜調，乃"辛巳八月周志樓來云"此方出處，并"遇老節不論已潰未潰……未潰能發散，已潰能生肌解毒"。另有食療一則，用大熟地和猪脚筋各一兩，二味燉透後以濃湯服之。一奚姓者，飲食如常，"足不能任地有二三年，不能痊癒"，有一顧先生診後，囑服此方半年乃愈。

是本言簡意賅，臨床操作性較强。不足是未作歸類，同一病症的不同方藥散見于全書，施治時也未作辨證。

大乙萬靈膏 治一切百病

敗龜板　蜈蚣　青木香　西羌活　大蜂房　蟬脱
白殭蚕　草麻子　力子　元參　猪皂角　西耆　半枝連
川椒　过山龍　黑牽牛　淡黄芩　白歛　荆芥穗　白芨
大楓子　龍胆艸　槐角子　蒼耳　忍冬籐　菖蒲
蒲公英　穿山甲　生川軍　獨活　嫩防風　黄柏　升麻
赤芍药　生附子　牛膝　山梔子　漏芦　何首烏　青蒿
秋桔梗　粉當帰　蛇床子　鱉子　地骨皮　花梹榔

楊梅瘡洗淨方 上海传来

魚星草一兩　生甘草一兩　川黄柏五錢　冬桑叶五錢　红花株五錢
白芷五錢　分作三次煎湯洗淨

楊梅煎藥方

黑元參一兩　大麦冬一兩　生桔草一兩　右藥分作四五回煎服

柿餅一兩　生甘草五錢

皮蛀方 永和司傳来　此方極妙，已驗多人

白芷　烟膠　熟石膏等分　同入十分之一　共為细末，用桐油、柏油各半調和塗患處。如能用藥再塗，不必洗淨。七八日後不必用藥，待其藥干脱去，自然收疤矣。

眼癬方

用人乳浸川連搽服，稍又上下服皮上。常服桑叶、甘菊花、生地各等　薄荷少許

耳内奇方 此方係諸振西驗過，只要耳内出膿，用此一星一次即愈。此藥除耳菌之外，不論已潰未潰，只要摻在耳内，外面耳門上用膏藥盖上，不要開看，二三日即可愈矣

靈磁石一兩　射香三分　研末摻之　秘之 ：：：

183 方目

《方目》,不分卷,一册。不著撰者,原無書名、序跋,有目録。目録首列“方目”二字。因無書名,遂以“方目”名之。目録非全書目録,僅爲温熱方和暑方兩部分内容的目録,其餘内容未入。現存鈔本,藏于上海圖書館,藏館登録爲清鈔本。《中國中醫古籍總目》未收載。

是本内容分爲兩部分。前一部分爲《脈法》與《温病舌色》,係關于診斷的部分。《脈法》云:“脈爲血脈,百骸貫通,大氣之地,與口朝宗,診人之脈,令仰其掌,掌後高骨,是名關上,關前爲陽,關後爲陰,陽寸陰尺,先後推尋,胞絡與心,左寸之應,唯肝與膽,左關所認,膀胱及腎,左尺爲定……”介紹診脈的概念與要領。《温病舌色》云:“若齒垢如灰糕樣者,胃氣無權,津亡,濕獨用事,多死。而初病齒縫流清血痛者,胃火衝激也,不痛者,龍火内燔也,齒焦無垢者死,齒焦有垢者,腎熱劫胃也,當微下之,或玉女煎,清胃救腎也。”介紹温病的辨齒及辨舌方法。内容抄録自葉天士《温熱論》。後一部分爲方藥,分爲温熱方、暑方、痙厥、濕、燥五類。每類下列通用項,介紹治療該類疾病的常用藥物。以下再列方藥,基本上爲治療温病的常用方藥。

是本爲醫者治療温病所需之基礎知識,可供初學者學習和記憶之用。

184 方便書

《方便書》，十卷，兩册。清朱鴻雪集，沈元振校。成書于清康熙十四年(1675)。朱鴻雪，字若瑛，常熟(今屬江蘇)人。書首盧紘(字元度，號澹巖)"方便書序"(殘缺)，稱其"家貧博學，篤信内典，心切利人，闔門修證"，匯輯本書。作者自序也説："方便書者，集古今極便之良方"，希望"能益人"。現存鈔本，藏于上海中醫藥大學圖書館。

本書分内科、外科、小兒科和女科四部分。每科下將所用藥物歸爲十部分：卷一菜蔬部，卷二穀部，卷三花草部，卷四果實部，卷五竹木部，卷六土石部，卷七水部，卷八服器部，卷九人部，卷十雜收部。對以上四科所涉證候或症狀列出相關藥物，闡明服用方法和出處，其中以《肘後方》《千金方》《外臺秘要》《活人書》《食醫心鏡》《集簡方》《必效方》《聖濟總録》《普濟方》《本草綱目》等爲多。次爲補遺，爲不屬上述四科的内容。次爲救急須知，匯集多種危重病證的證治方法，如縊死、跌死、刎死、溺死、中暑死、驚死、中風死，以及異物哽喉、各種中毒等的解救方法。最後爲卦序，載八卦内容。

本書收集内外婦兒四科常見病證證治經驗，取自《肘後方》《千金方》《外臺秘要》等古醫籍，分類清晰，便于查閲，與其書名相合。

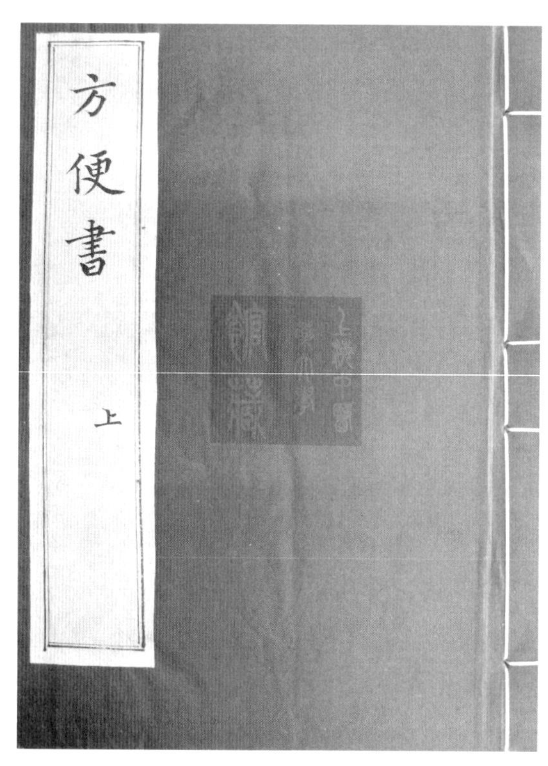

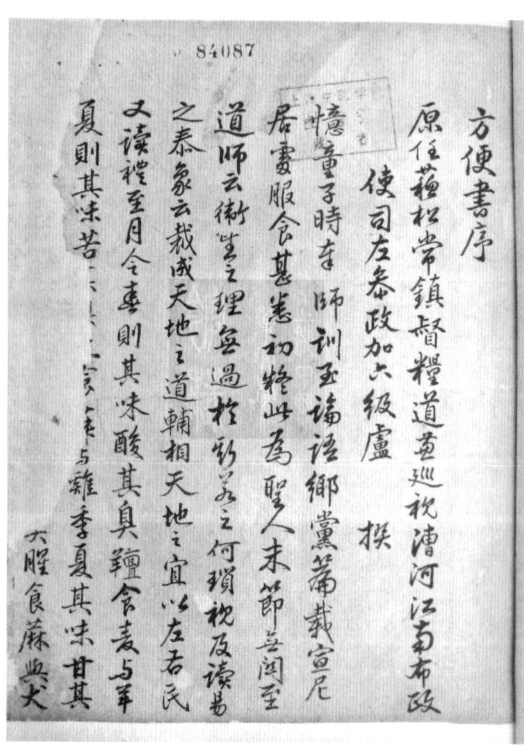

方便書序

原任福松常鎮督糧道兼巡視漕河江南布政
使司左參政加六級盧 撰
憶童子時奉師訓至論語鄉黨篇載宣尼
居處服食甚悉初疑此為聖人末節無關至
道師云衛生之理無過於斯矣之何瑣視及讀易
之泰象云裁成天地之道輔相天地之宜以左右民
又讀禮至月令春則其味酸其臭羶食麥與羊
夏則其味苦[illegible]與雞季夏其味甘其
[illegible]腥食麻與犬

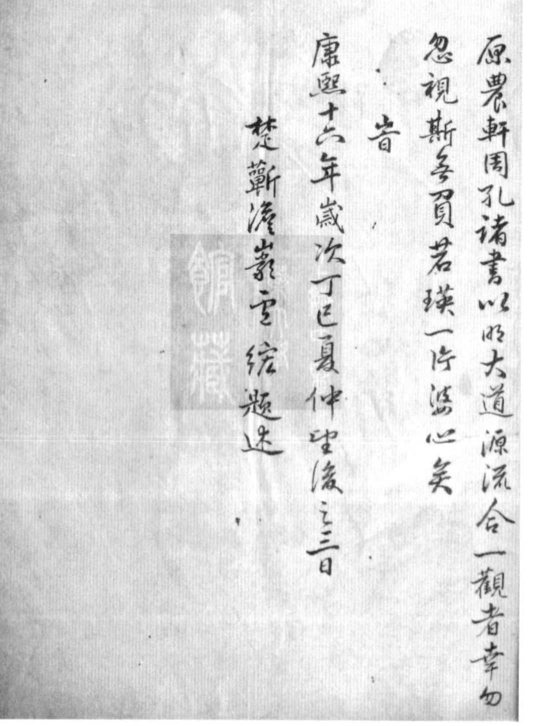

原農軒周孔諸書以明大道源流合一觀者幸勿
忽視斯為買若瑛一片婆心矣
旨
康熙十六年歲次丁巳夏仲望後三日
楚蘄滄嵐室[illegible]題述

旹
康熙乙卯中秋半從朱鴻雪
書於梅花畫屋

目錄

一卷 菜蔬部
二卷 穀部
三卷 花草部
四卷 果實部
五卷 竹木部
六卷 土石部
七卷 水部
八卷 服器部
九卷 人部
十卷 雜收部

服器部 卷八

胞衣不下 裩 將本婦裩覆井上即下 千金方
婦人難產 裩帶 臨產時取夫裩帶五寸燒灰湯服之即下 藏器方
妊娠下痢 仝 三寸燒研水服 千金方
婦人回乳 裹脚布 取男子裹脚布勒住經宿即止 時珍方
女人心痛 毡襪 取男破毡襪後跟一對燒灰湯服 壽域方
產婦催生 草鞋 路傍破草鞋一隻洗淨燒灰湯服。男女內自左生男得右生女覆者兒死側者有驚 胎產方
婦人難產 鍾馗 鍾馗左脚燒灰水服 簡便方
盜汗血崩 破扇 燒灰湯服之 時珍方

方便書卷一

菜蔬部

古虞 朱 仁若瑛 集
沈 鼎元振 校

內科

感冒風寒 葱 初起用葱湯服之取汗即愈加淡豆豉半合更妙 集簡方
傷寒頭痛 葱白 連根半斤生薑二兩水煎溫服 活人書
時疾頭痛 仝 發熱者以連根葱白二十根和米煮粥入醋少許熱食取汗即解 秘覽方
赤白下痢 仝 一握細切和米煮粥日日食之 食醫心鏡
小便閉脹 仝 不治殺人葱白三斤切炒帕盛二包更換熨小腹氣透即通 許學士本事方
小便不通 仝 連葉搗爛入蜜合外腎上即通 李仲南永類鈐方
夜出盜汗 韭根 四十九根水二升煮一升頓服 千金方
水穀痢疾 韭 作羹粥煠炒任意食之良 食醫心鏡

185 方書

《方書》，不分卷，一册。無目録。第一頁爲序言。依據序言，可知此書係作者父親行醫時從一村婦處得到，經作者整理而成。序文署名“婁東桃園幽齋錢瑛記”，印章爲“錢寅之印”，書成于清宣統二年（1910）冬季。正文四十九葉半，計約兩萬字。今存鈔本，藏于上海中醫藥大學圖書館。

全書共收方約一百十首，以内科病爲主，如五臟症、水腫、夢遺、痢疾、瘧疾等病，也有外科病方，如瘡瘍、跌打損傷、刀斧所傷等。如“白丹散”治遠年傷肺、咳嗽、咯血、紅痰，“白芨（研末），臨卧時每服一錢，糯米飲湯調下，常服養肺，可爲妙矣”。有的唯列出藥物，無適應症。如“止膈三香散”下説：“陳香圓一枚，砂仁一兩，廣木香二錢。將香圓挖空入香砂，研細放在内，黄酒甏頭泥裹好，礱糠火煨存性爲末，每服二錢，陳酒下。”有的方前附有歌訣。如“乾坤一氣消癖膏”下云：“一氣膏歸芷附稜，巴萆蓬甲續靈成。赤白芍元生熟地，桂附鱉阿乳沒能。”并分析説：“此膏專治痞痰母，不論新久效如神，又治諸風癱瘓，濕痰流注，並惡瘡怪症，男夜夢遺精，女赤白帶下，用之俱效。”接着詳談配伍及用法：“生熟地、赤白芍、巴豆仁、白附、山甲、白芷、當歸、番鱉、萆麻、山稜、蓬术、五靈脂、續斷、肉桂、元参各一兩，乳香二錢，沒藥二錢，麝香三錢，阿魏二兩（切片），香油五斛入油浸（春五夏三秋七冬八），桑樹柴火熬，濾净飛丹十二兩，槐枝攪，先下魏，後下乳沒，礶内頓化攤痞用（紅緞綾絹）。餘疾遺精、赤白帶貼丹田，諸風貼腎俞穴。”

全書多有文理不通之處，療效亦有誇大之嫌，臨床價值不大。

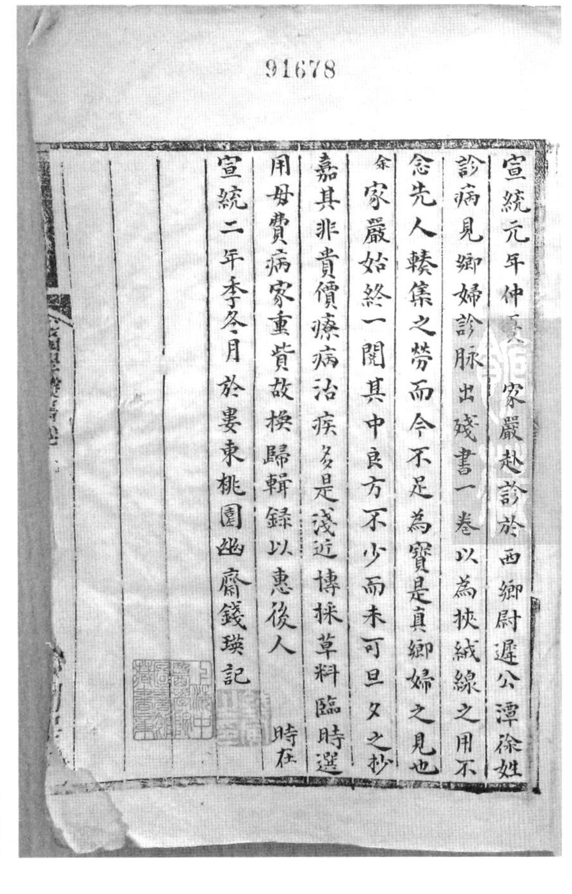

宣統元年仲夏 家嚴赴診於西鄉尉遲公潭徐姓診病見鄉婦診脉出殘書一卷以為挾絨線之用不念先人輳集之勞而今不足為寶是真鄉婦之見也余家嚴始終一閲其中良方不少而未可旦夕之抄嘉其非貴價療病治疾多是淺近博採草料臨時選用毋費病家重貲故挨歸輯録以惠後人 時在

宣統二年季冬月於婁東桃園幽齋錢瑛記

鼓病

綿筋紙心下臍上正腹噴燒酒看何症 氣鼓帶上氣出 血鼓帶紅色 水鼓帶併腹白色 食鼓腹内皮硬 蜘蛛鼓臍上心下如錢一塊動之不定此五症心窩内平臍突出兩處犯不治 五月五日或庚申甲子日取丁臼樹根上皮晒干臨用時燒灰存性研細 每一服加沉香木香厚朴共研細用韭菜根打爛取汁拌前藥末服陳黄酒過口 凢飲食内忌鹽為主湯水少飲併葷醒生冷油膩麵食瓜菓一切等物只宜服粥飯用淡 白蔔干秋石 如法戒百日連進

186 方略

《方略》,不分卷,一册。原無書名、作者、序跋、目録。現藏于上海圖書館。藏館載録爲清鈔本,并定名爲《方略》。

是本全書羅列方劑。方劑内容以跌打損傷爲主,間有少量婦科、内科方。從方名可知,大部分方劑所治病患較爲緊急,如:左脅拿法重傷新損膏方、倘吐紫血再服、婦人乳腫、産後無乳、紅崩帶下、月經久閉、無名腫毒、通閉散、損傷藥末方、損傷藥方、腎氣症方、保産奇方、千金一笑等。其中保産奇方治横逆難産,千金一笑治牙痛。

是本方劑藥名、劑量齊全,劑型、用法詳盡多樣,如湯劑、酒劑、粉劑、敷劑、咬劑、吹鼻劑等。根據受傷部位與患者年齡不同,用藥有所區别。傷後出現不同情况,可用不同的方劑。從"自己常用大力健牡膏方"來看,是本所記方劑可能記録了作者實踐經驗。另"月經久閉",用"蠶砂一兩炒黄,包,再入黄酒一壺煮沸,澄清去蠶砂,每日服一盞即通",是較爲少見的記載。是本載方多無方名,直接冠以主治,故爲《中醫方劑大辭典》所不載。

酒煎童便先服，若作吐
衄血者再服
硃砂二下 紅花二下 神曲一钱 炒黑兜焦餅一下 烏藥一钱 山甲一钱
厚朴一钱 川芎一钱 枳實一下 七厘二下 酒姜為引
大便傷瘀血方
只殼一钱 肉桂八下 莪朮一钱 生地一钱 澤蘭一下 三棱 烏藥五下
厚朴一下 青皮八下 當歸一下
此方吃二劑後如蒲黄五下

茜草一钱 青扁栢葉炒一下
服此傷重者未好再服
澤蘭一钱 赤芍一钱 熟地一钱 白芍一钱 血竭一下 紅花一钱 木通一下
白芷一钱 云苓一钱 山甲一钱 甘草一钱 没藥一钱 木香一下 烏藥一钱
乳香一钱 紫林鍼一下 神曲炒一下
用粉米升合炒熟為末做丸
如梧桐子大，早晚每服三钱，酒
送下 効方
心窩受傷此為平針實大穴人

187 方論

《方論》，不分卷，一册。撰者佚名，無序跋，抄者不詳。是本所用紙張上有"元泰號荆川太史紙"店章。太史紙盛于清代，推其可能爲清鈔本。現藏于上海圖書館，藏館與《中國中醫古籍總目》均載録爲清鈔本。

是本爲殘本。可見《陰陽寒熱論》《風論》《辨火論》《脾胃論》《痰論》《痢論》《咳嗽論》《天疱論》《婦人調經論》《治疝氣瀉要論》《眼目論》等篇。體例上多先作概述，如《陰陽寒熱論》先述"人身以血氣而生，猶天地以陰陽而成也"，後列主方及隨病症加減方。偶附醫案一則，亦僅述主治及藥物組成而無概述。

該書涉及内外婦科，内容博采諸家名論，偶取古人之説而參以己意，尤其推重丹溪之説。《脾胃論》引王綸《明醫雜著》對丹溪學説的評述："愚按人以脾胃爲本，納五穀，化精液。其清者入榮，濁者入胃，陰陽得此，是謂之橐籥，故陽則發于四肢，陰則行于五臟。土旺于四時，善載乎萬物，人得土以養百骸，身失土以枯四肢。東垣以飲食自傷，醫多妄下，清氣下陷，濁氣不降，乃生脹，所以胃脘之陽不能升舉，其氣陷入中焦，當用補中益氣，使濁氣得降，不治自安。"其婦科立論則頗受清代蕭壎之影響，多處引《女科經綸》之説。是本論述簡而不繁，但鮮有個人心得。

臍上為中焦臍下為下焦脉有廿四呼浮芤滑實弦緊洪微沉緩濇遲伏濡弱
長短虛促結代牢動細此為七表八裏九道脉也四季看春弦夏洪秋微冬
實依經分節氣論傷寒陽症一百六十六陰症四十五条章不可發汗二十六
四十一症汗之良不可吐下各五症可汗一五吐何妨法分三百九十七藥按一
伯一十三方內有五丸並八散除却十三都是湯眼有七十二種四十般外
瘴一十六般內瘴八般風眼風有三十六種氣有七十二般五癆七傷十六般
咳嗽八般痢疾五般痔漏其用藥白花蛇散最妙治諸瘋之根獲合油丸治
百病之奇七氣湯而治諸氣双解散以療傷寒春香蘇夏五苓秋金沸冬
十神麻黃湯桂枝湯善能發汗大小柴胡大小承氣退熱止痢咳嗽半夏湯
可解暑熱香薷散能除四物湯調和百脉五苓散分順陰陽吐血宜用十灰
湯瘡疥可用苦參丸三焦積熱清涼飲大便秘結三黃湯瘧疾須用常山飲癰
疽宜用化毒丹羊肝丸眼目光明平胃散養胃進食痢疾無過木香散脫肛
不過吊腸丸八仙散治五淋有准茵蔯湯退黃疸為先五膈氣噎必須寬中
散與流氣飲虛癆瘦弱不外大補湯并養榮湯傷寒火熱不除者黃連解
毒湯可用瀉痢日久腸滑不禁者真人養臟湯最宜暑濕風寒按四時分
明用藥陰陽表裡論五臟傳變行針略說醫家法術詳觀細玩自精活人
有本傳今古加減醫方不悞人

陰陽寒熱論

人身以血氣而生猶天地以陰陽而成也故陰陽得其理則四時順而百物生
天地以之位血氣得其養則四肢百骸九竅五臟各司其職而人身得以安矣

又方
用遠年無汁肥皂子一顆搗碎滚水調下有起死回生之功

治喉風痛
射干錢 青香錢 一包針錢 共搗碎柳白七醋灌下喉內即開

治綿花瘡
槐樹皮 花椒根 鉄門閂 共煎水熏

治發背及癰疽腫毒
土茯苓 槐花 金銀花 全煎对酒熱服其毒即消

治楊梅瘡
碗旁花 黑棗 全煎水服

出膿散氣敷膏散
射香三分 防風五分 胎髮煅存性 雄黃五分 蜈蚣二条 全蝎二个 硃砂五分 銀硃三分

收功敷膏散
射香三分 乳香五分 龍骨錢 象皮錢 冰片三分 雄黃五分

治龍料瘡
馬郎根搗爛用汁搽之即愈

治癧瘡
屋邊烏草 晒乾為末敷之

內托排膿方
川貝 花粉 黃芪 瓜蔞 白术 陳皮 黃芩 芍藥

188 古華韓氏編輯活病藥性配合法

《古華韓氏編輯活病藥性配合法》,不分卷,一册。不著撰者,無序跋與目録。扉頁有"朱振遠""求是書屋"印章。現藏于上海圖書館。藏館著録爲清鈔本。

是本從表裏、寒熱、陰陽的角度將方劑分爲五類:發表之劑,退熱之劑,降火之劑,育陰之劑,扶陽之劑。每一類結合病證列舉方劑的功效。如:"扶陽之劑,扶陽固表,用桂枝湯,小建中湯;氣虚易感,用玉屏風散;自汗,當歸六黄湯;氣喘汗黏,人參蛤蚧;産後血暈,人參童便;霍亂肢冷,人參四逆;飧泄痢久,附桂八味;腫脹脚氣,桂附參术;腎不攝肺,黑錫丹;狐疝頹症,補中益氣湯;陽痿陰冷,巴戟、蓯蓉、鎖陽、菟絲、牡蠣、杜仲、枸杞、河車、參、茸;陽虚濕重,非附子不可;泄瀉久利,足腫面浮,非附、桂不可;吐血,泄精,遺溺,虚氣上升無降,脈芤脈弦,用肉桂打生地,即導火歸源;痿痹,用龍虎丸;坎炁,治腎虚氣喘;陽痿,用紫河車。"既列出該一大類中的具體方劑,又説明這些方劑的主治功效,以便于臨床選方。下列"藥性配合提要",包括生地、黄連、半夏、人參、於术、熟地、白芍、石斛、麯、六一散、黄芪、膠、膏、大黄、當歸、山梔、參、仁等藥物。如生地:"加棕灰炒者,止婦人崩淋及經漏;與青鹽炒者,補腎涵肝;用肉桂打者,陰虚火旺,導火歸源;倘薑汁炒者,謂之交加散,治温熱病爍陰,濕熱寒熱交加,口渴喜飲,舌黄唇紅,汗多惡寒;温熱發斑,則用化斑湯,然化斑湯中亦有生地一味來救胃液;胃火獨盛,玉女煎亦有生地,取其育陰降熱;三焦症中用二冬二地,大補胃陰;四物湯加地者,培三陰也;六味丸加地,治乙癸同源;若用生地而上焦略有濕熱,胸不滿者,須酒炒爲佳,取其潤而補膩也。"文中説明用不同的藥物來炮製生地,就有不同的功效,可以治不同的病證,而且將藥物放在不同的方劑中,與不同的藥物配合,也會産生不同的功效。

是本用綜合方法展現方劑和藥物的全貌,讀後可對中醫方劑和藥物形成整體的瞭解,可供學習者參考。

古華韓氏編得治病藥性配合法

發表之劑

外感為病四時皆有感寒感風自當辨別挾暑挾溼隨症兼施是以溼熱諸病無非肺束風寒引動伏邪所致故曰溫邪為患首先犯肺肺束寒者形寒鼻塞欬嗽舌白脈濇寒熱頭痛無汗在冬則蔥豉散餘則梔豉湯主之普通逐寒蘇葉豆卷或防風荊芥兼骨節疼痛者取用羌活桂枝倘冒雪冒雨寒邪深入肺腧脈遲惡寒非麻桂不可欬而不揚狀若哮喘佐葶藶瀉肺寒氣體本虛加紅棗同炒若肺束風者必惡風頭痛寒熱脈浮舌無苔或浮胖法當祛風為先方用薄荷加桑葉若頭面浮腫浮萍亦是要藥欬而不利前胡象貝急當投之風寒兩字治法分明至於兼症各有不同若挾痰挾食溼必有胸痞泛噁現象脈帶弦滯或弦滑概以三仁或二陳等湯為輔佐之品略加梗通赤苓為淡滲之劑

189 仙方外傳（附《應驗良方抄本》）

《仙方外傳(附《應驗良方抄本》)》,不分卷,一册。内有《良方抄本》《仙方外傳》《應驗良方抄本》三本醫書。著者佚名。《良方抄本》首頁載有“錢塘汪鳳臺鑒定”;《仙方外傳》每類病證首頁載有“錢塘汪獻琯鑒定”,并蓋有“獻琯”印章;《應驗良方抄本》目録頁載有“錢塘鳳臺評”字樣。汪鳳臺、汪獻琯之名未見著録。《中國中醫古籍總目》題作“仙傳外方,(清)王獻琯編”,載録爲清鈔本。現藏于中華醫學會上海分會圖書館。

《良方抄本》僅有卷一“頭面部”内容,載方三首,爲“頭風仙方”“頭風良方”“痄腮方”。其中,“頭風仙方”用大附子、緑豆兩味同煮,熟後去附子,將緑豆烘乾爲末,砂糖調下,一日三服。該方用附子逐風寒之邪,療頭風之疾。附子有毒,不可常服,故用同煮方法,降低附子的毒性。此方與《三因方》卷十四“附子緑豆湯”藥物組成同,但主治及服用方法大不相同,實爲兩方。

此三方後爲《仙方外傳》,分爲傷寒部、傷暑部、瘧疾部、疔瘡部四個部分。前三部分與清代吴世昌《奇方類編》的部分内容相同,如觀音救苦丹、二聖救苦丹、清解湯、四治湯、治瘧仙方等,但“傷寒部”的“傷寒狂走方,鷄子殼出過小鷄者煎湯服即愈”,未見方書著録。傷寒狂走多因傷寒熱邪傳裏,火鬱而致,治療上多用大柴胡湯表裏雙解,此方僅用抱出鷄子殼煎湯治療,較爲少見。“疔瘡部”所載爲外科病證的治療,包括疔、瘡、疥、癩等,故所載方劑大多爲外敷。如“拔疔散”,用蒼耳草燒灰存性醋調,塗于疔部四圍,疔自出。“天泡瘡”,用天燈籠子(即掛金燈)燒爲末,瘡部若干,用油勻敷,若濕,乾摻。其中記載的“李世安治疔法”,與元代楊清叟《秘傳外科方》中所載同。除以上四部分外,《仙方外傳》篇末還記載了“水瀉神方”“心痛胃疼神方”“痧症神方”以及爐甘石的製法與辨認方法。内有“太乙救苦天尊”“方大士神授”

等道家稱謂，推測有可能摘録自道家方書。

《應驗良方抄本》載方二十三首，其中同名“梅花點舌丹”三首，同名“太乙紫金錠”四首，同名“抱龍丸”三首，同名“肥兒丸”三首，大、中、小“蘇和香丸”，以及“赤金錠”“陽紙膏”“痧症神丸”“紫陽真人塞鼻靈丹”“少林寺跌打損傷神效敷藥方”“七釐散”“華佗麻藥方”。同名方劑的藥物組成均不同，但主治大多相類。此二十三首方多爲大方，組成藥物二三十味，故多製成丸劑，以便常服或救急備用。如“紫陽真人塞鼻靈丹”，藥物有十六味，多爲辛香温陽通竅之品，如乳香、沉香、巴豆、川烏、朱砂、雄黄等，將這些藥物煉製成丸，治療“牙痛”“心痛”“絞腸痧”“水瀉痢疾”等，并有“勸君一粒身邊帶，途間救人福壽康”之言。

《仙方外傳（附應驗良方抄本）》所録以常見病爲主，治療方劑主要爲大方或簡方，大方多用來製成丸、散、膏、丹，隨身常服或備用，簡方僅二三味，簡便易得，隨手而治。從該書方劑名稱、稱謂稱呼、用藥特點來看，很可能源于道家方書。

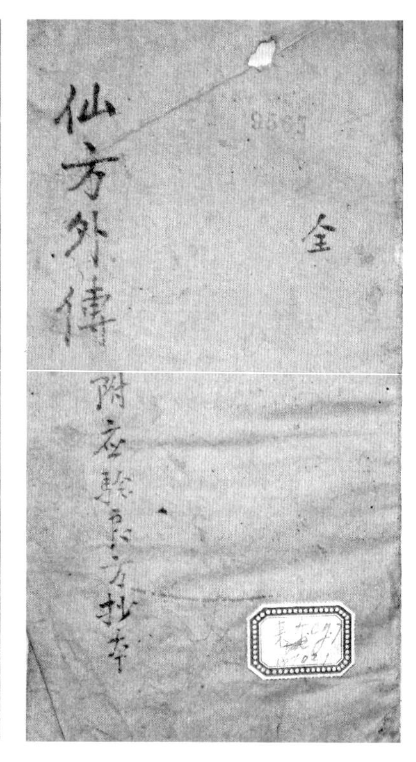

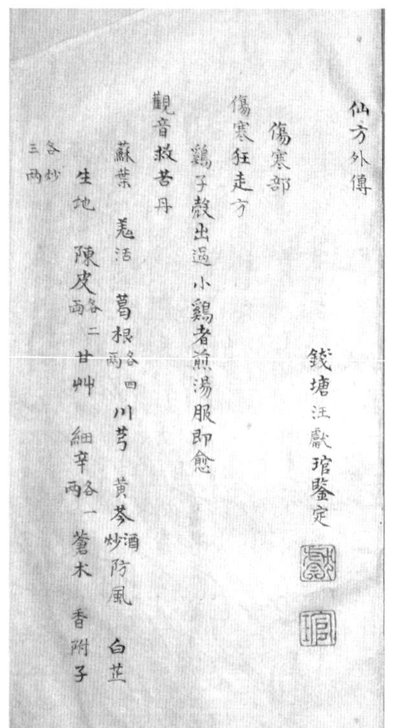

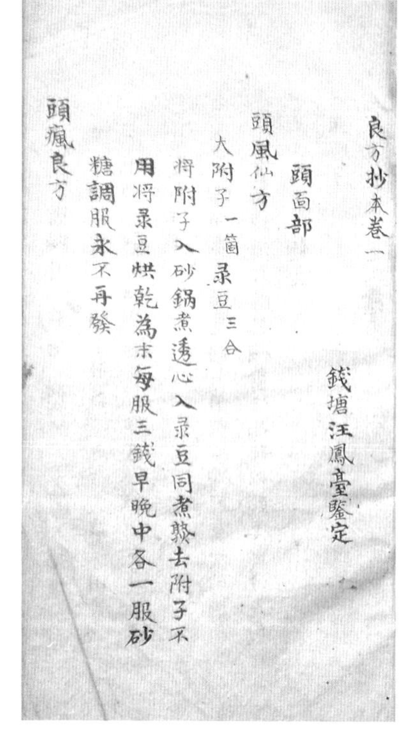

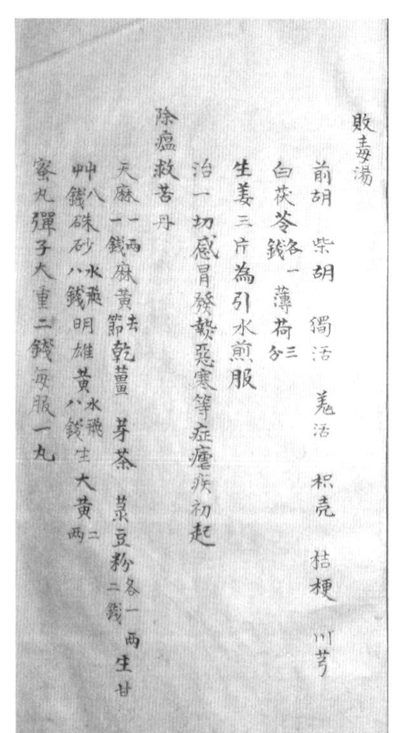

190 玄機活法

《玄機活法》,兩卷。清沈又彭撰。沈又彭,字堯封,嘉善(今屬浙江)人,生活于清康雍乾年間,具體生卒年代不詳。據《嘉善縣誌》,沈氏少習舉子業,兼善占星、聚水之術,而尤精于醫。年三十歲,以國子生三赴省闈,皆不就,遂專心于醫學,歷十年而技成。沈又彭一生多著述,已刊者有《醫經讀》《傷寒論讀》《女科輯要》《沈俞醫案》等,未刊者有《證治心編》《治哮證讀》《治雜病讀》以及本書。本書卷一封面題爲“玄機活法二卷,清沈又彭撰,乾隆間寫未刊本,巢念修珍藏”。扉頁是任企銘題寫的一段文字,曰:“此書乃葉天士真論真案,並沈又彭寒暑之學,共成一書,而銘又校正。論中一無鄙陋之言,句句精確。雖至成(誠)好友,不得而覩。”卷一首頁寫有“魏塘沈又彭堯封集著,任企銘宗文參訂”,并有“宗文之章”“文照堂”等印章。任企銘之生平無考。現存鈔本,藏于上海圖書館。

本書是醫論醫方類書籍。全書分爲二十二門類,卷一爲感冒、温(瘟)疫、霍亂、暑、瘧、噎食噎食格食吐食、卒倒、中風、下利利便膿血、晨泄、腫脹等十一門。卷二爲傳尸勞、虛損、失血、衄血、便血、淋濁尿血、咳、三消、黄病、小便不利等十一門。每門先論病機,再述治法,後附方藥,有的還附有醫案。

是本在内容上比較切合臨床。如瘟疫一門,分爲初起、傳變不常、急證急攻、表裏分傳、熱邪散漫、内壅不汗、下後脈浮、下後脈沉、邪氣復聚、下後身反熱、下後脈反數、病癒結存、下膈、蓄血、發斑戰汗合論、補瀉兼施、停藥諸節,對瘟疫病臨床中可能遇到的問題均有涉及,言簡意賅,實用性較强。此書被上海圖書館列爲善本書,内容完整,品相尚好。

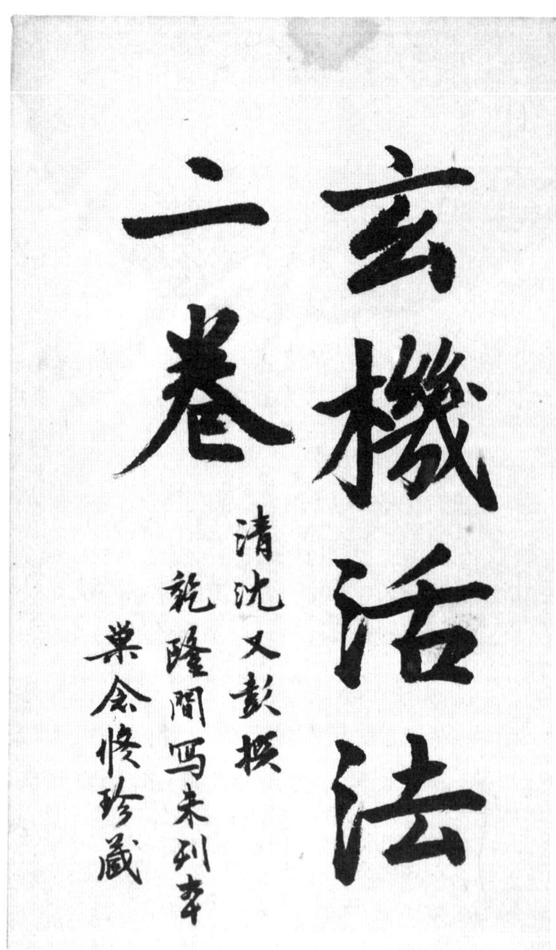

玄機活法
二卷
清沈又彭撰
乾隆間寫未刊本
業佘修珍藏

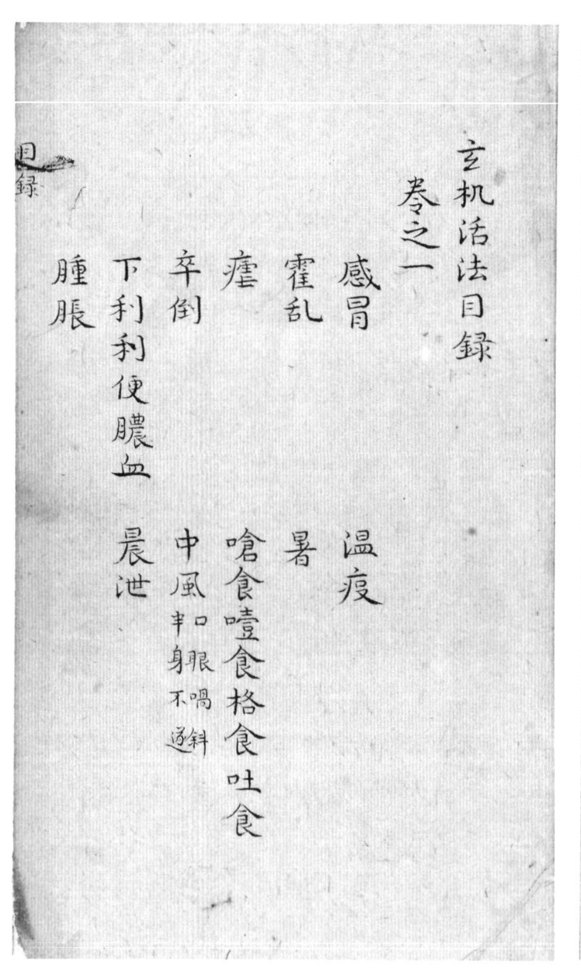

玄机活法目録
卷之一
感冒　温疫
霍乱　暑
瘧　嗆食噎食格食吐食
卒倒　中風口眼喎斜半身不遂
下利利便膿血　晨泄
腫脹

目録

191 百効方鈔本

《百効方鈔本》，不分卷，一册。不著撰者，無序跋、凡例、目録。《中國中醫古籍總目》載録爲清鈔本。現藏于上海圖書館。

是本共收集方劑三百六十六首，涉及五官科及内、外、婦、兒、傷各科。但不作分類，大多爲複方，也有單方。如"耳内生蟲大痛方，或流血，或乾痛難忍，吹之立效。全蛇蜕一條，燒灰存性，研細末，吹入耳"。是本第一首方劑爲"駐顔益壽打老兒方"，説有一個五百歲婦人趕打一個百歲老人，因其不肯服藥修煉，故名打老兒丸。可見是本方劑由收集而來，非作者經驗。是本載膏藥方二十六首，如金不换神膏、比天膏、隔紙膏等。先列功用和主治，後列方藥和劑量，再列製備和用法。收集一些處理犬、蛇、蟻、蚊、木虱、狗蚤、蜈蚣咬、黄蜂刺肉等蟲獸傷的祝由方法和藥物。是本還記載拂字法："蔓荆子、龍骨各二錢，南粉三錢，百草霜二錢，雀糞十粒，和研爲末。先點水在書字上，後用此藥末滲上候乾，拂之自去。"這是古代的塗改劑。又記載取牙不動刀方："馬牙輕粉又黄連，百脚蜈蚣手足全。牙硝將來同研細，燈心點在中牙前。咳嗽一聲牙落地，方知此藥是神仙。"此乃鈴醫的秘方，且爲方歌，其藥物組成與《中醫方劑大辭典》所載不同。

是本方書不分類，不便檢索。有的方劑未收載于《中醫方劑大辭典》，如比天膏、耳内生蟲大痛方等；有的方劑與《中醫方劑大辭典》所載同名方的藥物組成不同，如撥雲丹、取牙不動刀方等。此書内容有參考價值。

金不換神膏

專治男婦小兒不分遠近五勞七傷咳嗽痰喘氣急左癱右瘓手足麻木遍身筋骨疼痛腰腳軟弱偏正頭風心氣疼痛小腸疝氣偏墜跌打損傷寒濕腳氣瘧痢痞塊男子遺精婦人赤白帶下月經不調血崩並治各惡毒瘰癧癰瘡楊梅頑瘡蛇蠍蜂傷筋骨疼痛變為惡毒膿腫成瘡大如盆或爛黃水或流膿血遍身臭爛不能行動者貼之除根生肌如神

川芎 白芷 生地 熟地 當歸 白朮 蒼朮 陳皮
香附 枳殼 烏藥 半夏 青皮 白歛 細辛 柴胡

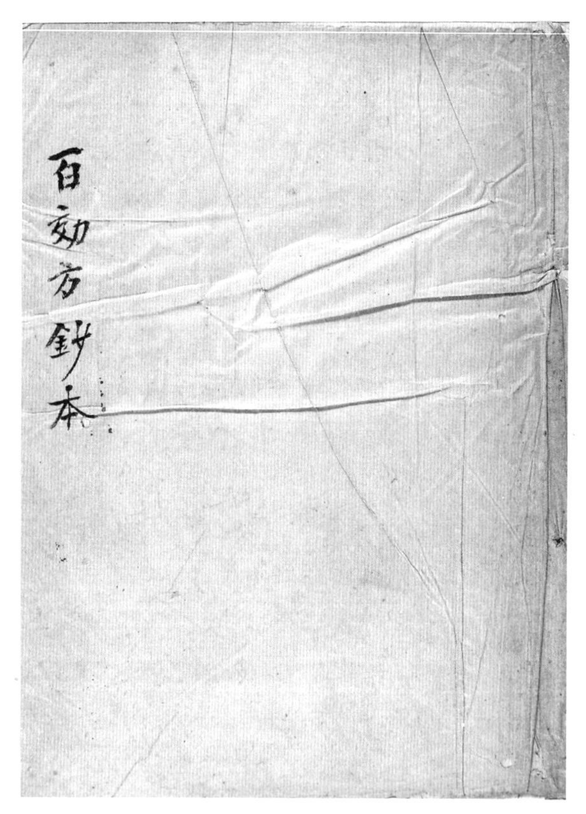

192 竹石草堂成方匯要

《竹石草堂成方匯要》,三卷。清陳震編撰。陳震,字舜封,號豫東,興化(今屬江蘇)人,生平不詳。該本封面書"成方匯要豫東手編",扉頁載"經方匯録""壬申春月興化豫東陳震手録",天頭載"醫林宗旨"四字。前有自序兩篇,前篇爲"同治九年歲次庚午仲秋月豫東陳舜封識于竹石草堂",次篇末僅書"豫東氏識",未載所撰年月。卷三封面殘缺,扉頁載"精選良方先叔父豫東公手録,民國甲寅四月立夏日檢"。據此。知該書成于1872年,是爲作者手録稿本。序言後有凡例一篇,介紹本書之旨及編撰體例。另有目録。現藏于上海中醫藥大學圖書館。

是本卷一爲"經方門",録《素問》《靈樞》及仲景《傷寒論》六經之方及六經餘方;卷二亦爲"經方門",載仲景《金匱要略》方;卷三爲"雜證門",匯"中風""傷寒""温疫""虛勞""脾胃""痰飲"及暑濕燥火氣血汗鬱等諸證經方。陳氏于序中闡明編撰體例:"特揀古方,滙集成篇。仿陳無擇之《醫方考》、汪訒庵之《集解》諸書,門類增至十倍。首以軒岐仲景,尊經也。其他諸賢,各從類分。"方後多采成無己、喻嘉言、柯韻伯等傷寒注家之論,而遇精奥難明者,則集各注之不同,録于方下。每方載方名、主治、藥味組成、煎服方法及注意事項。《素問》《靈樞》方後亦補其他諸賢之方,如《素問·腹中論》治鼓脹方"鷄矢醴"後增補何大英方等。陳氏認爲注《金匱要略》諸方,以西昌喻嘉言、槜李徐忠可兩先生最稱精切,故卷二注録《金匱要略》諸方依仍徐氏《金匱要略論注》原本次序。

陳氏匯集古人經方要旨,爲臨證處方所用,但不拘泥古方,其言"學者當據證以立方,不可執方以就證"。本書可爲《傷寒論》研究者提供參考,亦可爲臨證處方用藥提供指導。

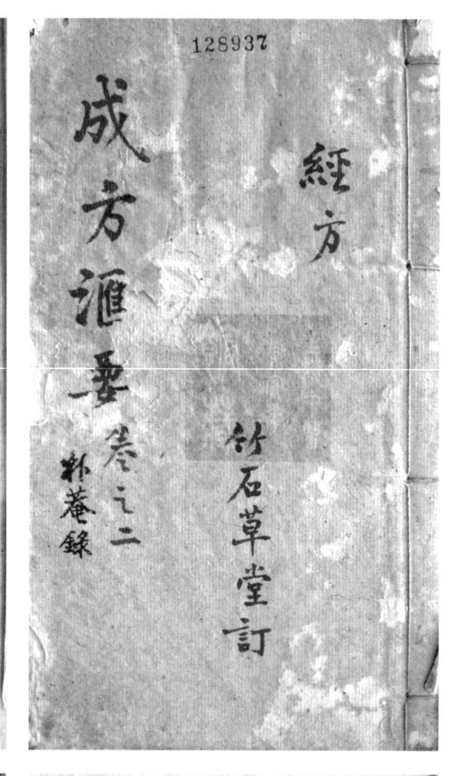

128937
經方
竹石草堂訂
成方滙要
卷之二
朴菴録

自序

方者法也醫之有方猶射之有的是方者醫林之矩矱也上古無方伊尹始著湯液然其書不傳迨後漢長沙太守張仲景先生撰用本經製爲湯劑傷寒金匱兩書神明變化誠萬代之準繩降至兩晉三唐名賢間出其心得亦足上追先哲要未若長沙公之大而化耳風雨雞窗特揀古方滙集成篇仿陳無擇之醫方考汪訒菴之集解諸書門類增至十倍首以軒岐仲景尊經也其他諸賢各從類分未暇計年代之後先學者當據証以立方不可執方以就証運用之妙存乎一心守是

凡例

古無方劑專書雖惠民和劑許學士之本事孫思邈之千金皆因証繫方至陳無擇醫方考汪訒菴醫方集解始傳稱之然將仲景各方混淆於中未免有失體裁

仲景方神明變化非讀書之深識見之高歷驗之久不足以窺其藩籬故當另列以便深思冥悟

仲景方萬不能不註不註則不得其詳故特採喻嘉言柯韻伯成無已諸賢之精於後非敢臆撰也

後代諸賢之方其精奥難明者亦採集各註不同於仲景

竹石草堂成方滙要總目

經方門卷之一

素門方　靈樞方

仲景傷寒論太陽方

陽明方　少陽方　太陰方

少陰方　厥陰方

經方門卷之二

193 江北神驗秘方

《江北神驗秘方》，不分卷，一册。是本封面題有“光緒三十三孟夏月吉立，胡鏡心人選録”，無印鑒。胡鏡心人生平無考。是本無序跋、目録等。現存稿本，藏于上海圖書館。《中國中醫古籍總目》題爲《江兆神驗秘方》。

此本僅三十一頁，是蘇北地區民間驗方的一個匯集本，收録民間有效經驗方百餘首，不分門類，收方涉及内、外、婦、兒、喉、眼、耳各科，所治病症均爲農村鄉間常見之疔瘡、癰疽、痢疾、霍亂、痘疹、痔瘡、諸般疼痛、喉目耳疾、男婦諸疾等病症。書中大多方劑未被《中醫方劑大辭典》收録，針對病證多爲民間常見雜症，如黄疸方、癢瘡方、偏正頭痛方、立止呃逆方、久瘧不愈方、男女氣病方、痘毒秘方、專治漏肩風疼痛難忍方等，不少方劑都記有“驗過多人”“經多人應驗”“效速”等記録。所選方劑具有簡、便、廉、效的特點，大多用藥精簡，取材方便，效果明確，便于掌握。在治療方法上，有内服、外用、熏灼等多種；在藥劑配製上，包括煎劑、丸劑、散劑、浸劑等。兹録方兩首：其一，“胃疼，心痛，肋骨疼痛，牽引胸脅，痛不可忍，衹能旁卧，不能直起，此方應如神：生桂枝五分，枳殼（麩炒，去麩）一兩，爲末。每一錢，生薑三斤、紅棗五枚，煎湯服下立愈。”其二，治肛痔“取生甘草節一百隻，研末，煉蜜丸如桐子大小，以槐米湯空腹送服，每服三至五錢。多人使用，效著。”

此本是一部簡便實用的民間方書，但有的驗方缺乏科學合理性。

光緒三十三孟夏月吉立

江北神驗秘方

胡鏡心人選録

霹靂散　桂枝[illegible]　公丁香[illegible]　苡仁米[illegible]　川椒（炒）[illegible]　小茴香（炒）[illegible]　[illegible]
良姜[illegible]　吴茱萸[illegible]　薤白[illegible]　降香[illegible]　石菖蒲[illegible]　乾姜[illegible]　烏藥[illegible]　蓽
澄茄[illegible]　檳榔[illegible]　防己[illegible]　青木香[illegible]　細辛[illegible]　附子[illegible]　五靈脂[illegible]　旋
覆[illegible]　右藥不可見火，晒乾為末，依法[illegible]大[illegible]，每服[illegible]
小人減半。專治麻脚瘟，寒輕者少服，寒重者多服，甚則

194 吴氏彙纂

《吴氏彙纂》，不分卷，兩册。清吴菊友編撰。吴菊友，號谷甕子，生平不詳。從其自序可知此書編撰于乾隆四十六年（1781）仲冬月。本書無封面，有序與目録。全書一百七十葉，每半葉十行，每行二十四字，黑體行書，毛邊紙。口題處印“錦帶草堂”字樣，扉頁有“新安芬楣氏藏”字樣。本書印章頗多，計扉頁兩方、序首頁三方、目録首頁三方、正文首頁一方，全書末頁一方。現存鈔本，藏于上海辭書出版社圖書館。

是書總體由“醫藥”“幼科”“女科”“外證”“藥性”五個部分組成，包括一百多個專題，四百餘首方劑。記録基礎理論、辨證診斷、治則治法、方劑藥物等，内容豐富。首二十三個專題爲基礎理論及辨證方法概述，如“骨脈連貫”“經脈起終”“十二時氣血流注”“人中名義”“五運”“六氣”“南北政”“七診”“九候”“四時脈”等。“骨脈連貫”與《洗冤録・驗骨》部分内容相同；“經脈起終”記述十二經脈的起止處；“十二時氣血流注”記述氣血流注五臟六腑的時辰，如丑時注肝、寅時注肺、卯時注大腸等；“五運”“六氣”“南北政”等屬運氣學内容。後具體論述八十八種病證，如“虚證”“目證”“耳證”“眩暈”“中風”“痢證”“淋證”“肺痿”“積聚”等，叙述該病證的病因病機、症候主治、治則方藥等。如“火證”部分，從五臟火、骨蒸、狂、癇、煩、躁、無名火等歸納火證的主要症狀，論述産生此類症狀的原因，後僅列“清火湯”一方，療“一切火”，方後附藥物加減原則。“幼科”包括“驚”“疳”“吐”“瀉”四部分，麻疹、痘疹不列其中。“女科”部分有“調經”“胎氣”“産前後”“中風”四部分。“外證”有“諸方”一個條目。“藥性”部分按“風部用”“寒部用”“火部用”“消食品”等分類，共介紹二百五十餘味藥物。

本書所載内容較爲完備，論述清晰，簡明扼要，具有一定的臨床價值。

吴氏在自序中痛斥庸醫害人性命:"本係不死之證,招庸醫以戕賊之,緻藥益進而病益深。"吴氏懷濟世之心,編録匯纂本書,以啓愚蒙,以授後學,多有可取之處。

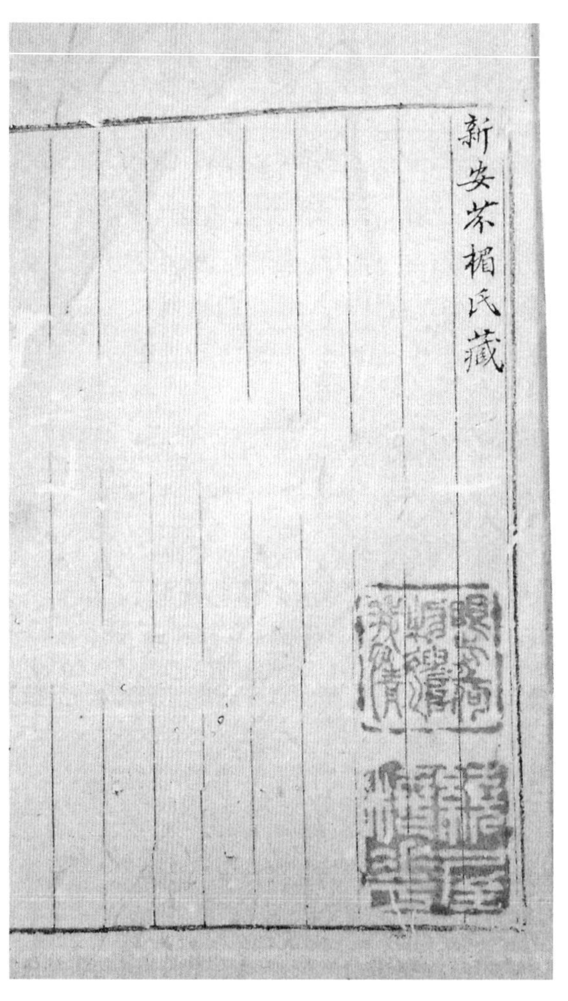

新安茶稽氏藏

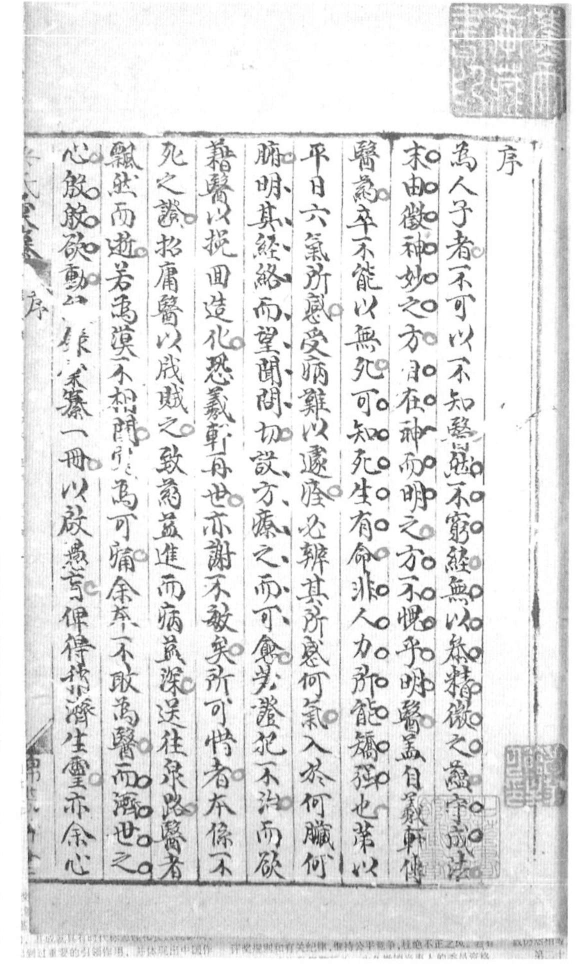

序

爲人子者不可以不知醫然不窮經無以參精微之蘊守成法末由徵神妙之方自在神而明之方不愧乎明醫蓋自羲軒傳醫爲卒不能以無死可知死生有命非人力所能矯強也第以平日六氣所感受病難以遽瘥必辨其所感何氣入於何臟何腑明其經絡而望聞問切設方療之而可愈苟證犯不治而欲藉醫以挽回造化恐羲軒再世亦謝不敏矣所可惜者本係不死之證招庸醫以戕賊之致藥益進而病益深促往泉路醫者飄然而逝若爲漠不相關此爲可痛余本不敢爲醫而濟世之心殷殷欲動[illegible]錄[illegible]纂一冊以啟愚蒙俾得濟生壟亦余心

之素願也癸丑[illegible]書

時

乾隆四十有六年歲在辛丑仲冬月　穀旦

菊友谷龔子書

吳氏彙纂

菊友谷龔子手訂

醫竅目錄

骨脉連貫　經脉起終　氣血流注時

人中名義　五運　六氣

南北政　司天在泉主病　臟腑所司

脚脉穴　對脚穴　奇經八脉主病

五海　七診　九候

脉部位　胗穴門　從證不從脉

從脉不從證　二十八脉　分量數

195 吕祖一枝梅

《吕祖一枝梅》，不分卷，一册。撰者佚名。無序跋與目録。首頁有“紹興裘氏”“讀有用書樓藏書章”“中華書局圖書館藏書章”。可知此書經裘吉生收購，轉藏中華書局圖書館。《中國中醫古籍總目》載録爲清鈔本。現藏于上海辭書出版社圖書館。

是本係方書摘抄，共摘抄方劑二百六十五首，不著出處。首方名爲“吕祖一枝梅”，出自《外科正宗》，遂以此爲書名。書中方劑以治療外科病症爲主，間有少量内科用方及茶酒方等，多喜稱秘。外科瘡瘍、跌打損傷、蟲蛇咬傷、五官外患等均有所涉，劑型則有丸散膏丹、煎劑、點藥、圍藥、洗葯等。藥物組成有衆有寡，少至獨味，如“坐板瘡神仙方”，僅砂仁殼一味燒灰，多則十數味，如“御賜雲貴總督鄂酒方”，有五加皮、天冬、秦艽、生地、熟地、當歸、麥冬、牛膝等十六味酒浸。製備方法詳細，如“吕祖一枝梅”，將藥物爲末，在端午日午时于静室處加燕脂共研爲膏，瓷盒收貯。療效皆言卓著，如“其功立見”（吕祖一枝梅）、“無不神效”（武侯八陣散）。書中部分方劑徑以所應病證爲名，方名之後羅列善治之證、適用人群、使用方法，頗爲細緻。

是書所載諸方，雖藥味有衆寡之别，然以十味以内居多，并屬易得之品，堪稱廉便。

呂祖一枝梅

死生非聖不能測其機兇疾病無名醫亦
不能決其凶吉匪書使人疑惑難決不常予
異授呂祖一枝梅真仙方也治大人男女小兒
新久諸病生死難定間用藥芡實大一粒貼印
堂之中點官香一炷盡去藥以後一時藥處有
暈色腫起飛散謂可實捧日病雖危篤其
人不死如貼藥之處一時後無可皮肉照舊不變
謂白雲謾貯病雖輕漸終歸冥路小兒急慢驚
一切老幼痢疾俱貼之可暉即愈此方用之可預

數生也
硃砂一錢 銀硃五分 五靈脂一錢 射香三分
蓖麻仁一兩 巴豆仁一兩不去油
右藥為末于端午日淨室處午時共研加臙
脂為膏磁盒收貯忌婦人女手臨用豆大一團
捏餅貼印堂其功立見用過送入河中一枝梅
武候八陣散 專治內損附骨一切無瘡毒等症 若初起者杜實用之
白芷 桃仁 姜蚕炒五錢 大黃七八
乳香去油 鱉甲炙炒五錢 角刺炒四錢 蜂房灰四錢
右藥為末每服一錢重者二錢隨病上下服生姜

一錢沸湯納下胃若弱不能服末藥者飲酒
者將水二盃未成膿者毒從小便出紫血已
成膿者大便出膿血即腫消痛病甚者再
一服更喫活命飲無不神效
御賜雲貴總督鄂酒方
五加皮一兩 天冬一兩 秦艽一兩 生地一兩
熟地一兩 當歸一兩 麥冬一兩 川芎一兩
牛膝一兩 蜂蜜一斤 紅糖一斤 乾酒八斤
右藥用綢袋裝好入罈內後將糖醋酒蜜於
罈內封好入鍋內煮三炷香取起埋土內七日

196 良方二五叢殘

《良方二五叢殘》，上下兩卷，兩册。目録十六頁，中間缺失不全，正文九十九葉，計約三萬七千字。無序跋，撰者不可考。《中國中醫古籍總目》載録爲白雲山人編，成書于清順治十四年（1657）。現藏于上海中醫藥大學圖書館。

本書是一本方書。依據目録，共收方二百七十首，實際録方二百五十九首，其後缺失。所載之方，以外科疾病方爲主，如“腫毒一貼散”“瘡瘍方”“痔瘡膏”“手足紅絲疔方”“疥瘡胡麻散”等。除外科方劑外，也涉及内科雜症，如“固精種子湯”“鼓脹仙方”“補宜丸”“中風不語方”等。

該書以方列病。如全書的第一個方劑是“太乙紫金錠”，方下解説道：“此丹解諸毒，調諸瘡，利關竅，通治百病，真能起死回生，製之濟人，奇効不能盡述。凡居家、出外、興大工及往閩、廣、雲、貴貿易者，須宜佩之身邊，其功不小。”然後列出方劑：“毛茨菇（洗去皮毛，净焙）二兩，川文蛤（一名五棓子，捶皮净焙）二兩，麝香（揀净毛，乾者研净）三錢，千金子（一名續隨子，仁白者去油）一兩，硃砂（有神氣者研極細）三錢，雄黄（鮮紅大塊者研極細）三錢。”其製作方法是以糯米熬濃湯，以濃湯調和諸藥成固體狀，每錠重一錢。每服一錢，病勢重者連服兩錠。大便通利後，用温粥調養。此方用于赤白痢疾、泄瀉腹痛、霍亂腸絞痧并諸痰喘等病，用薑湯送服；治瘵跌撲損傷，用松節炒，冲入無灰酒送服；治新久瘧疾，臨發時取東流水煎桃柳枝湯送服。其他方劑的體例，與此大同小异。

全書字迹清楚，語句也還通順，間有誇大之詞。可供臨床醫生，尤其是外科醫生參考。

良方二五叢殘

上

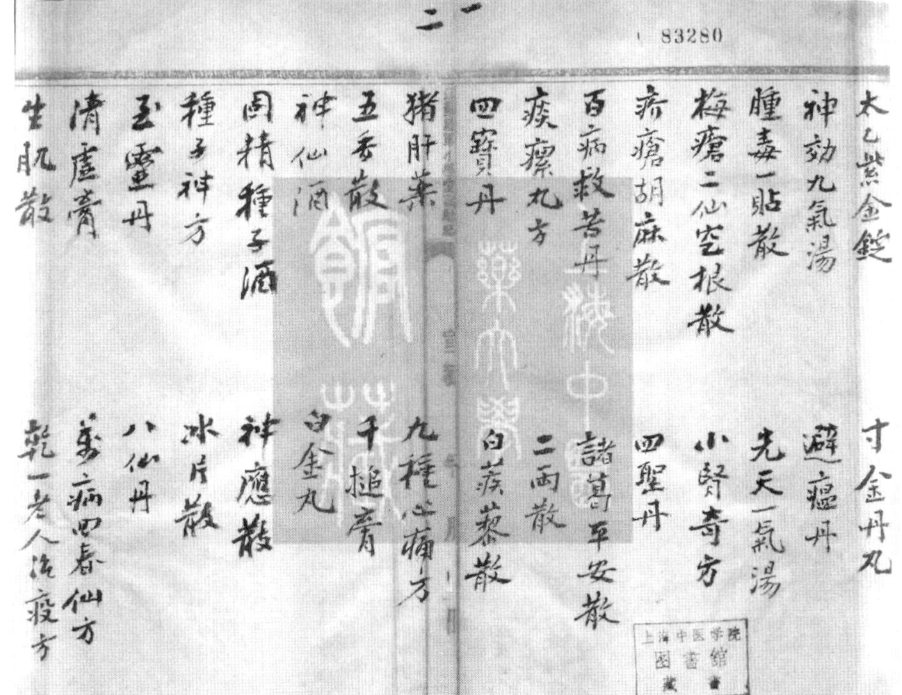

太乙紫金錠　寸金丹丸
神効九氣湯　避瘟丹
腫毒一貼散　先天一氣湯
梅瘡二仙空根散　小腎奇方
疥瘡胡麻散　四聖丹
百病救苦丹　諸葛平安散
痰瘵丸方　二兩散
四寶丹　白蒺藜散
猪肝藥　九種心痛方
五香散　千捶膏
神仙酒　白金丸
固精種子酒　神應散
種子神方　冰片散
玉靈丹　八仙丹
清盧膏　萬病回春仙方
生肌散　乾一老人活疫方

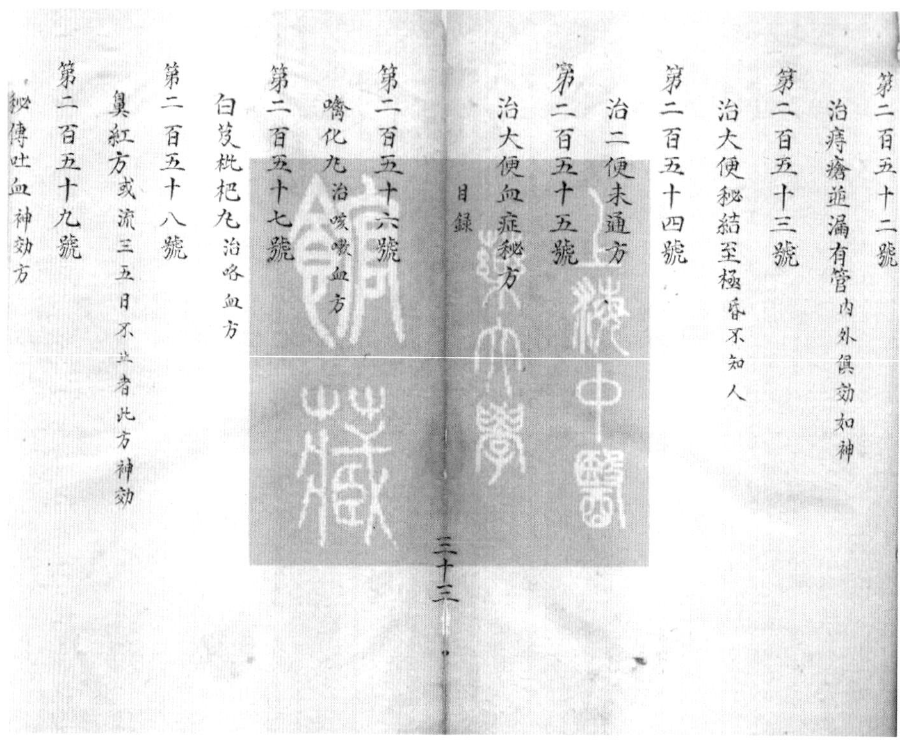

第二百五十二號
治痔瘡並漏有管內外俱効如神
第二百五十三號
治大便秘結至極昏不知人
第二百五十四號
治二便未通方
第二百五十五號
治大便血症秘方
目録
三十三
第二百五十六號
噙化丸治咳嗽血方
第二百五十七號
白岌枇杷丸治咯血方
第二百五十八號
臭紅方或流三五日不止者此方神効
第二百五十九號
秘傳吐血神効方

第一號
太乙紫金錠
此丹解諸毒調諸瘡利關竅通治百病真能起死回生製之濟人奇効不能盡述凡居家出外與大工及往閩廣雲貴貿易者須宜佩之身邊其功不小
太乙紫金錠
毛茨菇洗去皮毛淨焙二兩川文蛤一名五棓子搥皮淨焙二兩麝香揀淨毛乾者研淨三錢千金子一名續隨子仁白者去油一兩硃砂有神氣者研極細三錢雄黃鮮紅大塊者研極細三錢
以上諸藥各擇精品於淨室中炮製畢候端午七夕重陽或天德天醫月德黃道上吉之辰淨室脩合日前俱宜齋戒更換新衣帽臨日方入室中淨手焚香預立
藥王牌位主人率衆焚香拜禱事畢將前藥六味復等秤準入於大乳鉢內再研數百轉方入一石臼中漸加糯米濃汁調和燥濕得中方用杵擣千餘下至光潤爲度每錠重一錢每服一錢病勢重者連服二錠以取通利後用
一

197 良方彙鈔

《良方彙鈔》，不分卷，一册。封面無書名，不著撰者，無序跋，有目録。目録首行題“良方彙鈔壹”。字迹工整。《中國中醫古籍總目》載録爲清鈔本。現藏于上海圖書館。

是本爲方書，收方五百餘首，按病證分類，有泄瀉、痢、二便、秘結、便血、脱肛、癃閉、淋、溺血、便濁、遺精、遺溺、陽痿、疝、脚氣、急救、邪祟、怪症，另有雜方、食物、食忌、藥忌、製備各藥、雜法、六畜等。方劑不列全部藥物，僅寫某方加某藥。如：“虚瀉人参湯，食入腹中完全而出者是也，急宜補氣固脾，异功散加藿香、砂仁、山藥、炮薑、訶子、蓮肉、肉蔻。”并有少量醫案，如：“陽腫痿，一少年陽物挺長，腫而痿，皮塌長潤，磨股難行，兩脅氣沖上，手足倦弱。先以小柴胡湯加黄連，大劑行其濕熱，少加黄柏，降其逆上之氣，腫自漸收。莖中硬塊未消，以青皮爲君，佐以散風之藥爲末服之，外用絲瓜汁調五味子末敷之愈。”是本特别之處是急救的内容豐富，共計百餘種。包括暴死，如自縊、凍死、溺死、驚死、壓死、墜跌死；物理化學傷害，如燙泡火燒、煤毒昏暈、中藥箭毒、砒霜中毒、蒙汗藥中毒、刀劍傷、擊打傷、跌仆傷；蟲獸咬傷，如蛇、蝎、蜈蚣、壁虎、毒蜂、虎、馬、犬、貓、鼠等咬傷；食物中毒，如河豚毒、蟹毒、班蝥毒。有的論述很特别，如“睡着蛇入口中，拔之不出，先以快錐刺定蛇尾，即將刀割尾，以椒數粒入内纏定，自然退出”，似經驗之談。

是本急救内容可供中醫急症參考。因其所用方劑爲名方加减，故爲《中醫方劑大辭典》所不載。

良方彙鈔 盡

急救

自縊　輕輕解下不可割斷繩索不可放倒安放平坦仰面朝天頭要扶正將手足慢慢屈彎將糞門用力頂住不令洩氣一人用手揪着頭髮將頭扯直一人輕輕捻整喉嚨以手擦胸上散動之再二人將葦筒入耳內不住口吹氣不住手按摩胸腹臂足雖氣絕時久多吹多摩亦可救活

又　如前法將頭扶正將兩手大指並排以小帶縛住在兩指甲縫離甲角一分半用艾灸三壯即活此即鬼哭穴神效屢驗

又　用鵝一隻將香油抹鵝嘴上插入糞門內一二時自活若過

198 良方彙録

《良方彙録》，不分卷，一册。清朱惟孝撰。扉頁題寫書名，有“光緒壬寅南匯朱惟孝”字樣，結合目録首行所題“光緒壬寅小春月澧溪沛國伯萊氏抄”，可知此書成于光緒壬寅年（1902）。南匯朱惟孝、沛國伯萊氏均無考。澧溪是原上海地名。正文首頁鈐有“南匯行止堂藏”一枚方形朱色印章。該鈔本以工整楷書抄寫，標明頁碼，共五十九葉，每半葉九行，每行多則二十五字，少僅數字，總字數約爲二萬五千。現存鈔本，藏于上海中醫藥大學圖書館。

該本匯編方劑共一百零七首，多是臨床驗方，每以病名爲方名，如延壽方、驚風方、楊梅瘡方、免出天花方等。此外，書内還附有醫論四篇，分別是《霍亂論》兩篇、《咳嗽論》和《目謀》。其中《霍亂論》第二篇尾有“海昌王士雄夢隱原本，元胡陸懋修九芝摘抄，字迹糊塗，不能考實，姑權爲録之”字樣，可知是重録陸九芝所抄王孟英醫論。至于其他三篇，《霍亂論》第一篇論述霍亂起于“温凉不調，清濁相干，陰陽相亂”，病機在于“胃腸不傷不吐，脾陽不傷不瀉”，又考證西醫解剖所見，得出“務令病者周身温暖，則血通行，方可望救”的治療方法。《咳嗽論》把咳嗽分爲外感内傷兩類，提出“肺無邪則不咳，脾無濕則不嗽”，重視脾胃在咳嗽治療中的作用，并闡述情志相勝療法。《目謀》引西醫有關近視遠視之論爲契，闡發作者對醫書醫理的感慨，有“竊謂西醫之不可不讀”等語，可見作者眼界。

此本所載方劑，以時方驗方爲主，兼有經方。有以下幾個方面特點：一是急救方多，如治五絶急救方、救吞烟方、治水火燙傷方、狗咬傷方等；二是實用性强，方多冠以治某某病名，便于臨症檢閲。且方中所用藥物方法多簡便易得，誠如作者所説：“是方無論城鄉僻壤，皆可自行按法施治。”這些都是流行于民間的方書共有的特點，但正因爲如此，難免有一些巫祝迷信的内容。如洋蟲治百病方："蓋聞洋蟲者，産西洋吕龜國也，洵爲至寶。"其後録洋蟲所主病九十餘方。洋蟲見載于《本草綱目拾遺》，曾一度風靡于清末。但以一方百用，實屬荒謬。其他如延壽方、觀音救急靈丹、神效如意保和丸等，亦屬此類。

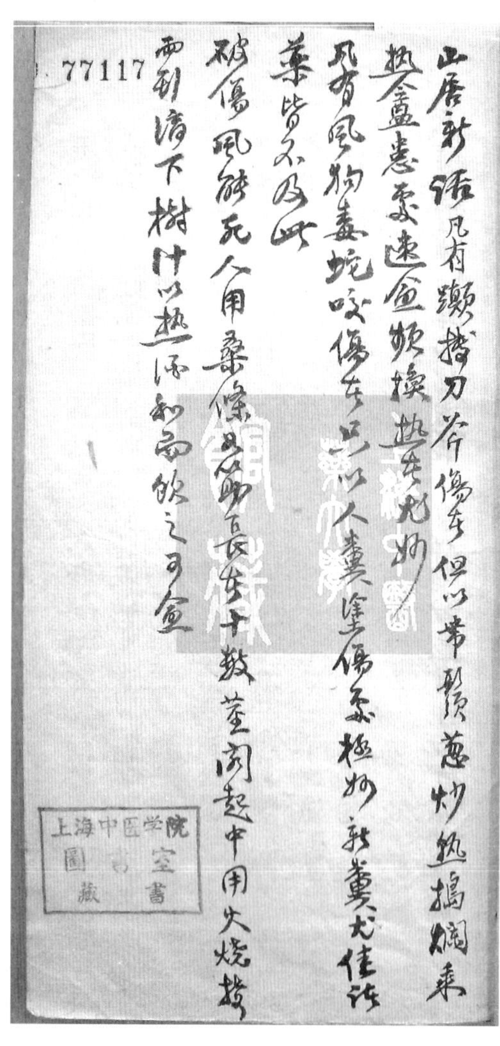

山居新語 凡有斵樹刀斧傷手 但以带鬚葱炒熱搗爛乘熱盒患處 速愈 頻換熱者尤妙 凡有風物毒蛇咬傷手足 以人糞塗傷處 極妙 新糞尤佳 諸藥皆不及此 破傷風臨死人用桑條[illegible]長尺十數莖閣起中用火燒[illegible]兩頭瀝下樹汁以熱酒和而飲之可愈

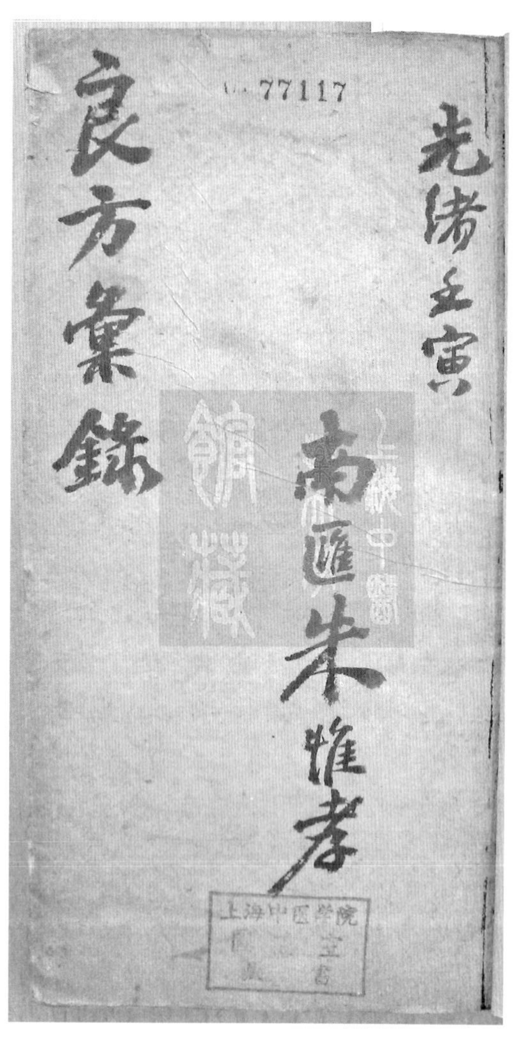

良方彙錄
光緒壬寅
南匯朱惟孝

良方彙錄　光緒壬寅小春月澧溪沛國伯葵氏抄

延壽方　寶華散　捉瘡呪語　頭風外方　白點風方　邪狗咬方

三瘧方　保和丸　狗咬呪語　跌打損方　難產方　金鎗閉口方

鷄眼方　瘧疾符　紅崩良方　火燙古方　洋虫方　爛足方

驚風方　奪命丹　喉症效方　白禿瘡方　瘊肉挂痧　喉癬方

禿髮方　觀音丹　赤眼祕方　汗班古方　牙痛方　下疳方

面瘡方　去痣方　滑胎驗方　白濁祕方　咳嗽方　爛眼皮驗方

血勞方　解酒方　腸紅神方　耳內膿方　蛇皮風癬方　蛇咬方

通經方　捉癧符　癇病古方　諸風祕方　楊梅瘡方　坐板瘡方

長壽方 七頁又有一方

西党一兩　麥冬六錢　姜炒杜仲一兩　炒白芍八錢　蜜炙西芪八錢　大熟地二兩

上肉桂五錢　山萸肉一兩　青防風六錢　大生地二兩　甘枸杞一兩　北五味子二錢

元武膠四錢　廣陳皮八錢　鹿角膠六錢　製白朮一兩　川羌活六錢　酒炒當歸二兩錢

加首烏八兩　冰糖三斤　紅棗肉二斤　酒炒川芎八錢　鮮木瓜六兩

右藥用膏粱念斤浸數日後即可飲，量淺者用膏粱十斤浸五日後加好韶興三十斤冲入膏粱內隨量飲

三嶽方 念五章內又有一方

潞党參四錢　炒於朮八分　花檳榔一錢　赤茯苓四錢　全當歸一錢　烏梅肉一錢

199 青囊集要

《青囊集要》，十八卷，十八册。據卷一之卷首載，是書爲南海普陀山僧心禪輯，傳徒僧大智、大延，門人王學聖同校。具體成書年代不詳，《中國中醫古籍總目》載録爲清鈔本。是書四周雙邊，花口，刻有書名，單魚尾，版心中刻卷次、章節名、頁碼，下刻“永禪室藏板”。卷一首頁有一枚印章“中華書局圖書館藏書”。現藏于上海辭書出版社圖書館。

是書分爲四十五門，集方二千餘首。所集方劑以古方爲多，但也收録了一些義理精切、功效顯著的時方。卷一至卷三是通治方。所谓通治方，即“古人所製之方而兼治數病者，名曰通治方。如至寶丹、玉樞丹、聖濟大活絡丹、靈寶如意丹之類是也”。卷四是補益方，補益方是針對虚勞症而設立的。作者在凡例中對“虚勞症”有一番議論：“虚勞症，世人往往以勞瘵并稱，而不知勞之與瘵輕重懸殊，勞乃虚之始，瘵爲虚之極。”卷五至卷六是婦科方，所録胎産、調經、種子等方多本自《千金》，并參考群書。卷七是小兒方，輯録者認爲“小兒之病除痘瘖之外，以脾虚食積爲多，即無疳積聚”，故方劑以補脾、消積、殺蟲爲多。卷八至卷十二是雜病方，分爲二十三門，每一門又分數類。如積聚癥瘕爲一門，而積聚癥瘕亦有臟腑氣血之异，如肺之積名曰息賁，心之積名曰伏梁，肝之積名曰肥氣，脾之積名曰痞氣，腎之積名曰賁豚，又有腸覃、石瘕、血瘕、痞塊之不同。病有新久，邪有淺深，各有主方，所以一門之中又分數類。卷十三至卷十五是癰疽瘡毒方，其中外用丹散諸方大多收録自《瘍醫大全》《竇氏全書》《外科正宗》《外科全生集》等書。卷十六是膏藥方，卷十七至卷十八是七竅病方（即五官科方）。

是書“博考群書，搜採古今名家之秘笈”，所集方劑雖皆録自他書，但也是經過精心挑選，“選其靈效顯著者”，并通過“考正分兩，深究炮製”，纔“一一録出，實事求是，不尚虚飾，薈萃成帙”。

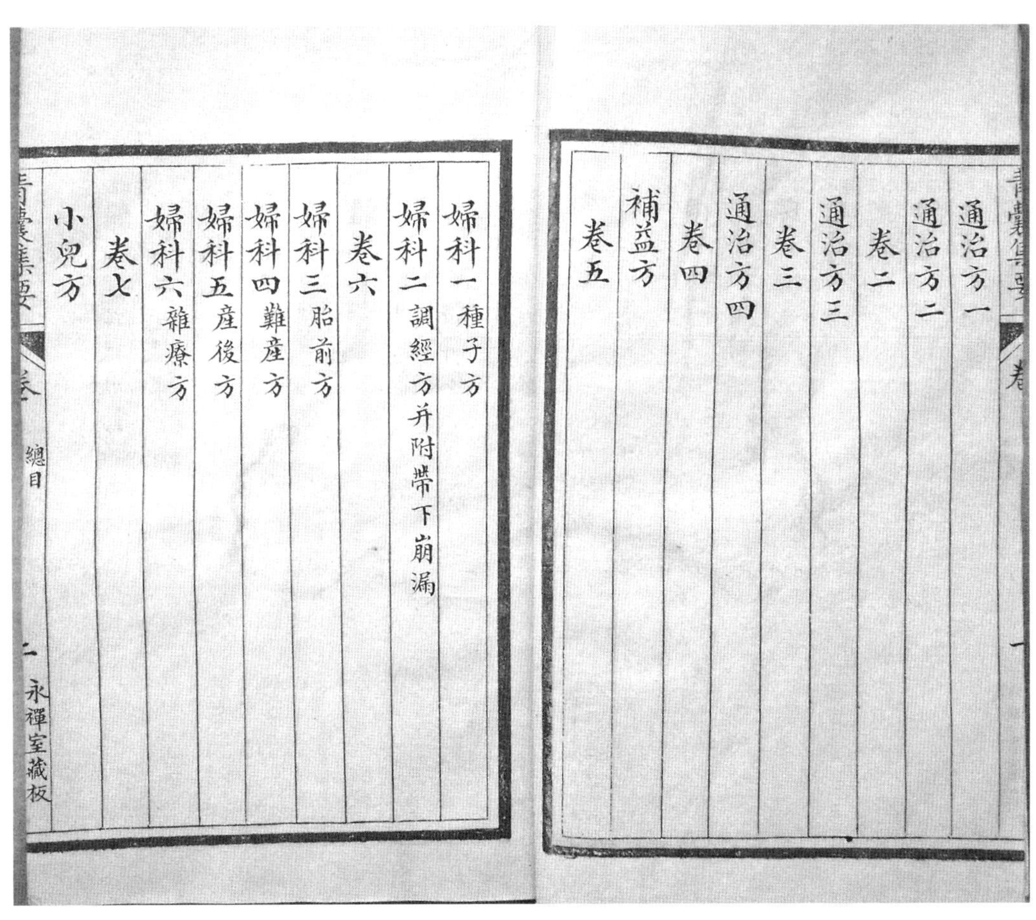
青囊集要 卷 一

通治方一
通治方二
卷二
通治方三
卷三
通治方四
卷四
補益方
卷五

婦科一種子方
婦科二調經方并附帶下崩漏
卷六
婦科三胎前方
婦科四難産方
婦科五産後方
婦科六雜療方
卷七
小兒方

青囊集要 卷 總目 二 永禪室藏板

青囊集要　卷

凡例

一丸散膏丹藥酒及外治諸方與藥物炮製之法向無專書俱散見於各症及本草條下而藥肆之刊本丸散集則又有論無方且各逞臆見多參文飾以致方論相背者有之即各家抄藏之本亦每多分兩參差炮製失宜如是之類不勝枚舉誠醫家一憾事也爰是不揣冒昧博考羣書搜採古今名家之秘笈採録丸散膏丹藥酒及熨摩外治諸方并眼科外科之日用應驗丹

青囊集要　卷　凡例　一　永禪室藏板

青囊集要卷一

南海普陀山僧心禪輯

傳徒僧大智　大延仝　校

門人王學聖

通治方一

各種灸法

太乙神鍼集驗

治一切痛風寒溼筋骨疼痛

青囊集要　卷一　通治一　一　永禪室藏板

200 明醫知方

《明醫知方》，又名《明醫方》，原題“知足叟撰”。前有藏書章三方。據文中“月湖”“知足”并提，推測作者字或號可能爲“月湖”。又據書中某些方藥後有日文注音，部分文字的寫法不規範，可判定此書爲日本鈔本。《中國中醫古籍總目》未載。該書現存于中華醫學會上海分會圖書館，藏館著録其成書于1911年前。

該書目録包括：寒冷主屬病名、温熱主屬病名、諸證順逆吉凶脈、諸病冷熱加減之凡例，以及傷寒、温病、感冒、中濕、瘧、痢病、泄瀉、咳嗽、水腫、積聚、脹滿、嘔吐、噎膈、翻胃、黄疸、脚氣、淋病、霍亂（暑）、頭痛、頭風、勞瘵、中風、氣、痰飲、喘息、邪祟等二十六類病證。作者開篇先記五臟六腑的特性、所屬經脈及引經藥物；再將傷寒（陰證）、感冒、咳嗽、霍亂、頭痛頭風等十三種病證歸于“寒冷主屬病名”，將傷寒（陽證）、瘧病、泄瀉、痢病、水腫、積聚、脹滿等三十九種病證歸于“温熱主屬病名”，再記傷寒、下痢、水病、心痛等約三十類病證的生死吉凶脈象，發熱、咳、眩暈、吐逆、衄血、渴等病證的寒熱證主治藥物，“聲診”“色診”等診法特點，五臟病、鬱、血、濕、熱、痰、食、諸風證的主藥主方，以及從浮、沉、遲、數等脈象定方施治。繼之爲各類病證與附方，共約二百八十餘首。每一病證，先述病因病機、症治大要，再列具體症狀及方劑，包括藥物組成、劑量、方解等。又有“活套”和“勘辨”兩節。“活套”記述如何根據不同兼證選擇方藥，“勘辨”多爲對病名、症狀、方藥使用的辨析。末頁寫有“二百餘歲之保長壽知足老人相傳之醫道，粗授之者也，雖然廣，非試者不可知其可否乎”之語。

該書辨證重視陰陽寒熱，病證分類和録方原則多源于丹溪之説，主張“凡治病，心持大抵氣、血、痰之三證，鬱之一證而已”。氣病以四君子湯加減，血病以四物湯、芎歸湯爲主，鬱證主以芎藭等開鬱之藥。對方劑的服用方法與加減應用記述比較詳細。如“傷寒”病中，首列東垣九味羌活湯，方後稱：“若急汗，熱服，以羹粥投之；若緩汗，溫服之，而不用湯投之也。脈浮而不解者，宜先急而後緩；脈沉而不解者，宜先緩而後急……中風行經者加附子，中風秘澀者加大黃。”其次列解肌湯、和解散、涼膈湯、柴胡桂枝湯、大小柴胡湯等方。是書編排雖有粗糙雜亂之缺憾，但内容實用性較强，體現了日本時方派醫家的用藥特色，有一定的臨床參考價值。

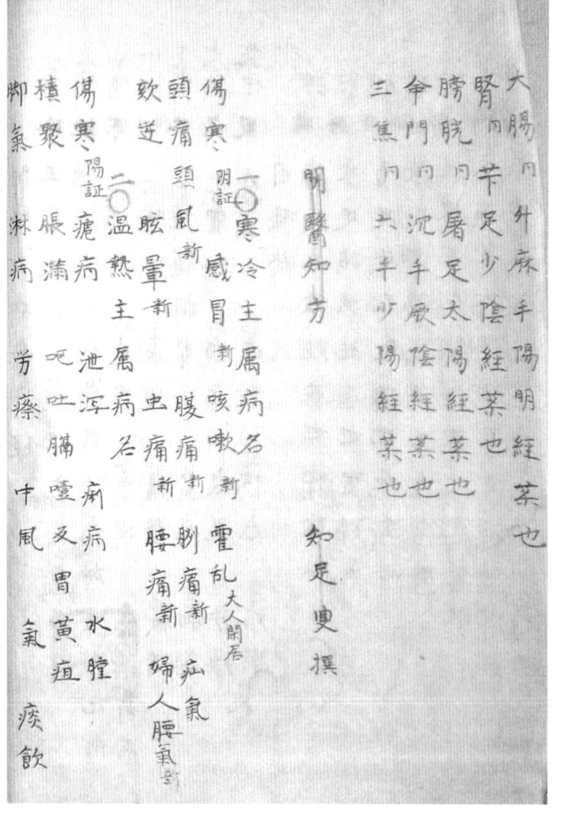

大腸同 升麻手陽明經藥也
腎同 芐足少陰經藥也
膀胱同 羌足太陽經藥也
命門同 沉手厥陰經藥也
三焦同 六手少陽經藥也

明醫知方　知足叟撰

一、寒冷主屬病名（陰証）
傷寒　感冒新　咳嗽新　霍乱大人開居
頭痛　頭風新　腹痛新　脇痛新　疝氣
欬逆　眩暈新　虫痛新　腰痛新　婦人腰氣新

二、溫熱主屬病名（陽証）
傷寒　瘧病　泄瀉　痢病　水腫
積聚　脹滿　吃吐　膈噎　反胃　黄疸
脚氣　淋病　勞瘵　中風　氣　痰飲

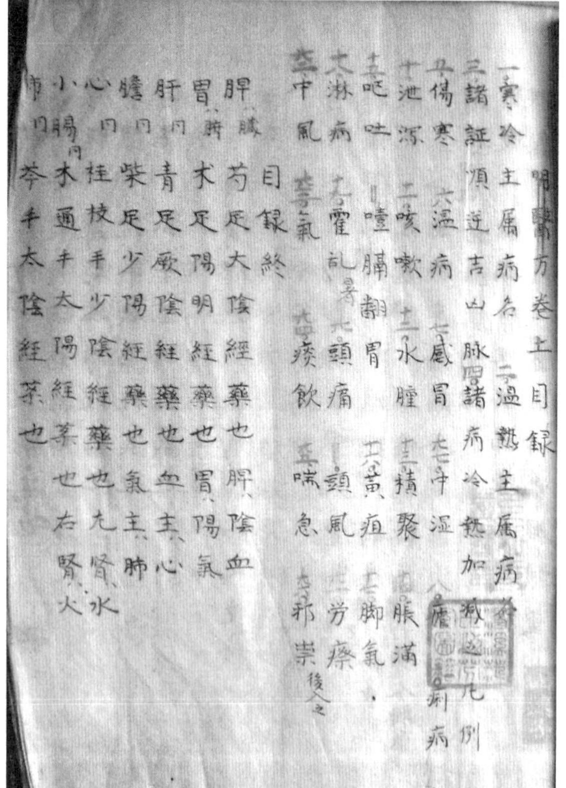

明醫知方卷上目録

一、寒冷主屬病名　二、溫熱主屬病名
三、諸証順逆吉凶脉　四、諸病冷熱加減凡例
五、傷寒　六、溫病　七、感冒　八、中濕　九、痢病
十、泄瀉　十一、咳嗽　十二、水腫　十三、積聚　十四、脹滿
十五、吃吐　十六、噎膈翻胃　十七、黄疸　十八、脚氣
十九、淋病　二十、霍乱暑　廿一、頭痛　廿二、頭風　廿三、勞瘵
廿四、中風　廿五、氣　廿六、痰飲　廿七、喘急　廿八、邪祟後人之

目録終

脾臟 芍足太陰經藥也　脾陰血
胃腑 朮足陽明經藥也　胃陽氣
肝同 青足厥陰經藥也　血主心
膽同 柴足少陽經藥也　氣主肺
心同 桂枝手少陰經藥也　左腎水
小腸同 木通手太陽經藥也　右腎火
肺同 芩手太陰經藥也

二百餘歲之保長
壽知足之人相傳
之醫道粗授之者
也雖然廣非識者
不可知其可否乎

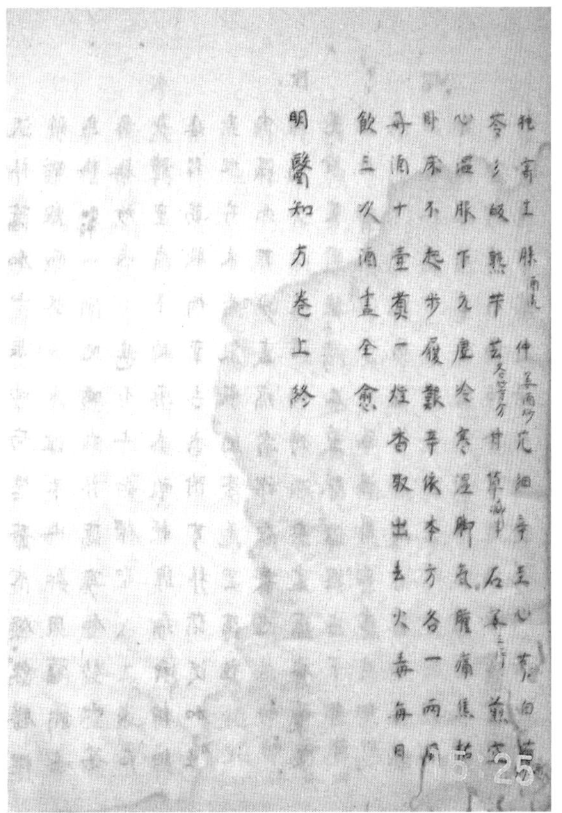

心溫服下丸產冷寒濕腳氣癱痛焦枯
臥床不起步履艱辛依本方各一兩
每酒十壺煮一炷香取出去火毒每日
飲三次酒盡全愈

明醫知方卷上終

201 春雨堂集方

《春雨堂集方》,不分卷,兩册。未著撰者。字迹較爲潦草,偶見蟲斑,多處有硃筆圈點。現存鈔本,藏于上海圖書館。藏館載録成書于清光緒二十三年(1897),與書内"丁酉春日偶抄"合。

是本不存目録,列内、外、婦、兒、五官等各科共六十八證兩千餘方。主要論述各科病證的遣方用藥,每證後立一方,方證相合,症狀無贅述,主述方藥。各證無明顯分類,編排比較隨意。上册主要包括内科和五官科。内科如"風症""咳嗽""霍亂吐瀉"等,五官科如"鼻""口瘡""舌""喉症"等。下册主要包括外科、婦科、幼科。外科如"癰疽疔毒""跌撲損傷""刀傷"等,婦科如"月經不調""婦人難産"等,幼科如"小兒夜啼""小兒遺尿"等。是本所列方藥既有歷代經典名方,更多爲單方、驗方。血證類的"九竅出血"一症治法見三處:一説"熱飲羊血,荆芥煎酒口服";一説"瞿麥拇指大一把,山梔仁三十個,生薑一塊,大棗五枚,甘草";另説用"燈心草"。

是本對證立方,每證一方,多爲經驗單方、效方,簡單實用,便于臨床參閲。但編排較亂,不便查找。如血證一類,多處提到吐血用方,但都夾雜在血證各種症狀之中,并未集中論述。書中偶見祝由治法,如治瘧疾有"咒由科治法"等,參照選方用藥時需斟酌而行。

風症

眉毛墮脫肌膚淺裂者　長松一兩　炙甘草少許　水煎服[illegible]

長松生關內山谷中草，似松葉，上三寸，味甘微苦，類人參，清香

長松酒　滋補一切風虛　長松一兩五錢　熟地八錢　生地　黃芪蜜炙　陳皮各七錢　當歸　厚朴　黃柏各五錢　白芍煨　人參　枳殼各四錢　蒼朮　半夏　天冬　麥冬　砂仁　黃連各三錢　木香　蜀椒　胡桃仁各五錢　小紅棗肉八兩　老米一撮　燈心五寸長一百二十根　一料分十劑，絹袋盛之，酒好煮中浸

大風癘瘡　黃精根去皮洗淨，飯上蒸熟，時時食之

天麻丸　治一切肢節煩疼，皮膚燥癢，筋骨拘攣，癱瘓，喘滿

天麻五錢　川芎二兩　為末，煉蜜丸梧子大，每服十九丸，茶湯下

四寶丹　金毛狗脊　鹽泥固濟，煅紅去毛　蘇木　萆薢　川烏頭生用

月經不調

經水不通　薏苡根一兩，水煎服，不過數服效

崩中下血　陳年蒸餅燒存性，米飲服二錢

血崩不止　蓮蓬殼　荊芥穗各燒存性，等分，為末，每服二錢，米飲下

崩中下血　荷葉燒研半兩　蒲黃　黃芩各一兩，為末，酒服三錢

婦人無子　二月丁亥日，取杏花、桃花陰干，為末，戊子日和井華水服方寸匕，日三服

月水不止　桃葉焙　棕櫚皮灰各等分，為末，每服二錢，酒調下

婦人陰寒十年無子者　用吳茱萸、川椒各一升，為末，煉蜜丸彈子大，綿包納陰中，日再易之，但子宮開即可受孕也

月經不通母許久者　麻子仁二升　桃仁二兩　研勻，熟酒一升浸一宿，日服一升

202 保壽方

《保壽方》，四卷。清王璋編著，成書于清光緒二十二年（1896）。王璋，字夢橼，晚年號塵海迂叟，東臺縣富安場（今江蘇省東臺市富安鎮）丁家巷人，生于清道光十八年（1838），曾于光緒元年（1875）編著《東臺采訪簡文録》。本書卷首有夢橼先生小像、陳祈壽序、保壽方自序、例言及作者身事表。現存清光緒三十年（1904）晚香草堂鈔本，藏于上海中醫藥大學圖書館。

全書共分六十二門，載千餘方。卷一共八門，計一百七十五方。内容有：頭門分論諸般頭痛、頭風、大頭瘟、髮際瘡等證；面門分論面風遊走、兩腮腫痛、痄腮等證；眉門分論風熱痰致眉棱骨痛、肝氣眉爛毛脱等證；眼門分論紅爛眼、風火眼、迎風下泪等證；耳門分論耳鳴、耳聾、耳生臭膿等證；鼻門分論鼻淵、鼻衄、酒渣鼻、鼻痔等證；口門分論口糜、骨槽風、口瘡等證；舌門分論重舌、舌長、舌生疙瘩等證；齒門分論一切齒痛、蛀齒、走馬牙疳等證。卷二共十九門，計二百四十四方。内容有：項門論述瘰癧初起、未潰、已潰等治法；喉門分論梅核氣、爛喉痧、急喉等證；乳門分論乳核、乳岩、乳癰等證；心疼胃氣門分論熱厥心痛、暴疾心痛、胃氣等證；喘嗽門分論傷寒咳嗽、冷嗽、勞嗽等證；喘哮門分論多年哮喘、喘病已久、吼病等證；吐血門分論咳嗽吐血、勞病吐血等證；痰門分論痰絶、痰癖等證；噎嗝門分論膈證、反胃噎嗝、老痰噎嗝等證；腹門分論腹中絞痛、肚臍潰爛、諸寒腹痛等證；蟲積門分論蟲積虚證、蟲積心痛、蟲厥心痛等證；腫脹門分論臌脹、水脹、單腹脹等證；發背門論述發背已潰未潰、未潰痛甚等證；腰膝門論述腰痛、疝氣、纏腰丹毒等證；小便門分論禁溺、小便不禁、小便尿血等證；淋證門分論血淋、淋濁、遺精等證；後陰門論述脱肛、肛門濕爛等證。卷三共十三門，計三百四十四方。分别爲大便、痢、痔瘡、脚足、婦女、小兒、痘疹、内外備用諸方、解救諸毒、誤吞諸物、諸骨卡喉、毒蛇蟲咬傷及燙火傷門。卷四共二十二門,計三百四十四方。分論跌打損傷、風症、筋骨疼痛、中寒、中暑、瘧、黄病、中熱、中濕、霍亂、時疫、怪證、癰癘、陰疽、疔瘡、楊梅結毒、瘋氣、臁瘡、膿巢癢瘡及難治證門。書中列述各證治療方藥,如目珠内障證用熟地、麥冬、車前子礙蜜丸常服,口瘡證將朴硝含于口,舌滿腫脹將蒲黄末、乾鹽末少許搽等。

此書所集諸方多爲祖傳,每方證必先標明大概,後繫藥物,其數不逾多味,且易購取。編寫體例清晰,易于翻閲尋覓。

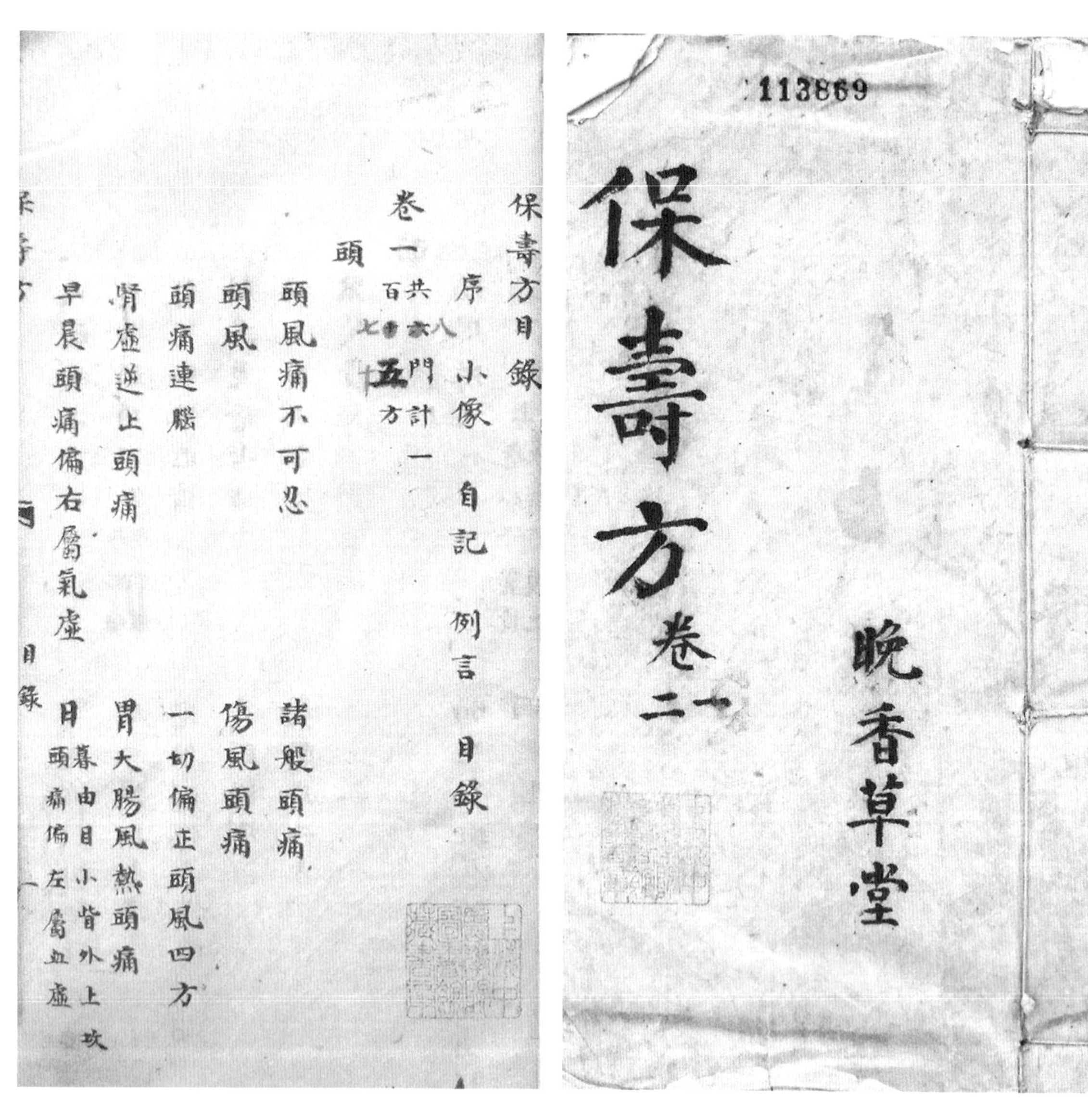

保壽方目錄
序 小像 自記 例言 目錄
卷一 共八門計一百七十五方
頭
頭風痛不可忍
頭風
頭痛連腦
腎虛逆上頭痛
早晨頭痛偏右屬氣虛
諸般頭痛
傷風頭痛
一切偏正頭風四方
胃大腸風熱頭痛
目暮由目小眥外上攻
頭痛偏左屬血虛
113869
保壽方
卷二
晚香草堂

203 神方拾錦

《神方拾錦》,不分卷,一册。有目録,無序跋。扉頁有“白雲山人偶輯”字樣,作者生平不詳。《中國中醫古籍總目》載録成書于清順治十四年(1657)。現存稿本,藏于上海中醫藥大學圖書館。

本書收録方劑三百一十餘首,一方一證,涉及内、外、婦、兒、五官、四季傷寒、四時調理等内容,範圍較廣。每證由“或問”二字開頭,叙述證候的臨床表現,提出問題。次爲“答曰”,回答所用方藥及煎服法等。如:“或問:傷寒六七日,唇青,面黑,四肢厥冷,下利……各陰毒傷寒,何以治之?答曰:宜用附子理中湯。”後附藥物組成、劑量和煎服方法。文字簡潔易懂,形式新穎。劑型有湯劑、丸劑、散劑、膏劑、丹劑等。湯劑如化痰湯、定喘湯、九味羌活湯、聰明湯等,丸劑如明目地黄丸、歸脾丸、香連丸、厚朴丸等,散劑如柴胡散、参苓白术散、烏陳散、解毒散、祛風散等,膏劑如保命膏、貼臍膏等,丹劑如通經破血金丹、至寶丹、小兒痞積勝金丹等,大多爲臨床常用方。

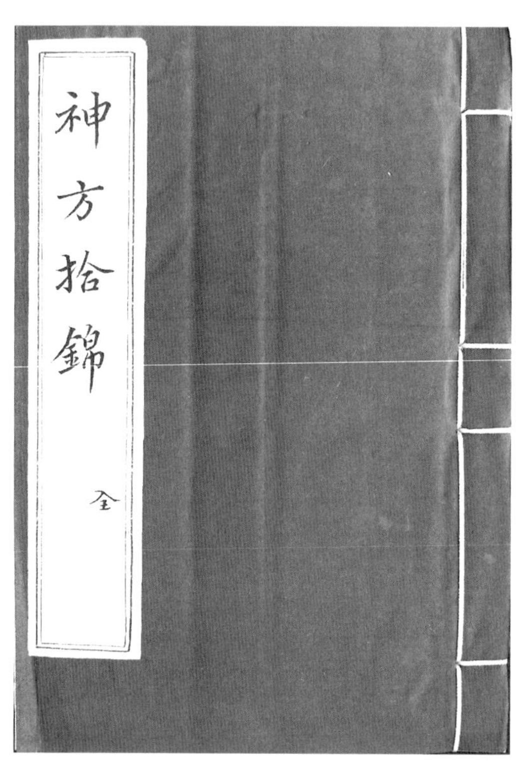

廿五 小兒痞積雄黃散
廿六 香茸散
廿七 胸膈膨脹千金散
廿八 鼻血方
廿九 解表升麻湯
卅 拖龍丸
卅一 治鼻不聞香臭塞熱痰方
卅二 治痰厥
卅三 筋骨疼痛
卅四 產後遍身疼痛手足難行
卅五 痢氣驗方
卅六 痛風
卅七 小兒驚熱良方
卅八 通經丸驗方
卅九 心氣疼痛
四十 白芍方
四一 痛疝方
四二 胸膈作脹
四三 婦人胸膈疼
四四 小兒急慢驚風霍亂吐瀉
四五 胃痛神方
四六 水瀉效方
四七 吐瀉神方
四八 治嗽神方
四九 治吐方
五十 血淋
五一 寒喘方
五二 心腹疼痛烏沬散
五三 治咳嗽方
五四 血虛浮腫作痛
五五 兩目視物昏花
五六 勞怯吐血
五七 腳氣痛[illegible]蘇散
五八 健脾丸
五九 婦人嘔吐不止開胃散
六十 胃冷嘔吐厚朴丸
六一 婦人經來小腹痛足膝痛
六二 男婦氣痛四神散
六三 牙痛
六四 牙痛細辛散
六五 眼目內障靈丸
六六 赤眼柴胡散
六七 心痛驗方
六八 寒濕氣滿臂風疼
六九 婦人閉經神授散
七十 治癲病方
七一 痢疾加味香連丸
七二 痢疾方

204 神方選青

《神方選青》，不分卷，一册。白雲山人輯。無序跋，有目録，品相較差，有嚴重蟲蝕現象。有印章一方，模糊不可辨。封面題“神方選青”“白雲山人偶輯”。《中國中醫古籍總目》載録成書于1657年。現存稿本，藏于上海中醫藥大學圖書館。

是書共十三葉半，每半葉録藥方一至六首，共載方九十七首，内容涉及内、外、婦、兒、五官科等，以養生、外傷科方劑爲多。如“海參丸”，藥物有海參、枸杞、牛膝、巴戟天、杜仲、當歸、沙苑、補骨脂、核桃肉、羊腰子、猪脊筋、鹿角膠、龜板膠共十三味，説此方出内府録“康基田傳”，“此丸中年服之，潤肌益壽，功效甚佳”。查“康基田傳”，載康氏“素服海參丸，故老年體輕健，步履如飛，年九十餘始卒”。《本草綱目拾遺》亦載海參具有補腎經、益精髓、生百脈血等功效。又書中載單方仙鶴草治療血症有奇效，在“治血症仙鶴草圖”下，詳細講述其生平所見仙鶴草治療各種出血症之奇妙功效，“遇吐血及老少乾嗆者，服之皆驗”“余數十年每見吐血之人，信服官方而愈者甚少，服此幸而愈者頗多”。并附仙鶴草圖一幅。此外有八寶紅靈丹、三聖丹、四黄膏、神仙膏、益目膏烏骨雞丸、保胎丸方、如意金黄散等。

是書内容夾雜治魚鷄骨梗喉符、鎮瘧符、治魚骨卡喉符等少量道家符法，及製作膽星法、皮蛋法、桂花香油等日常生活記録，較爲雜亂，似爲著者平日雜抄而成。

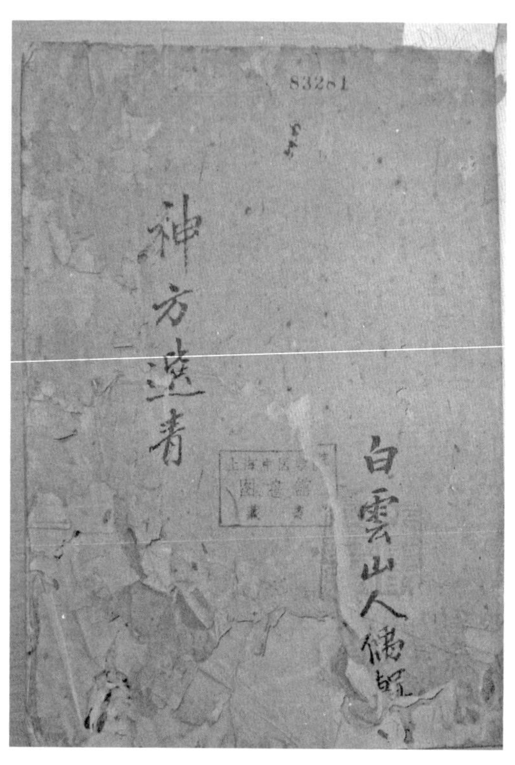
神方選青
白雲山人謄錄

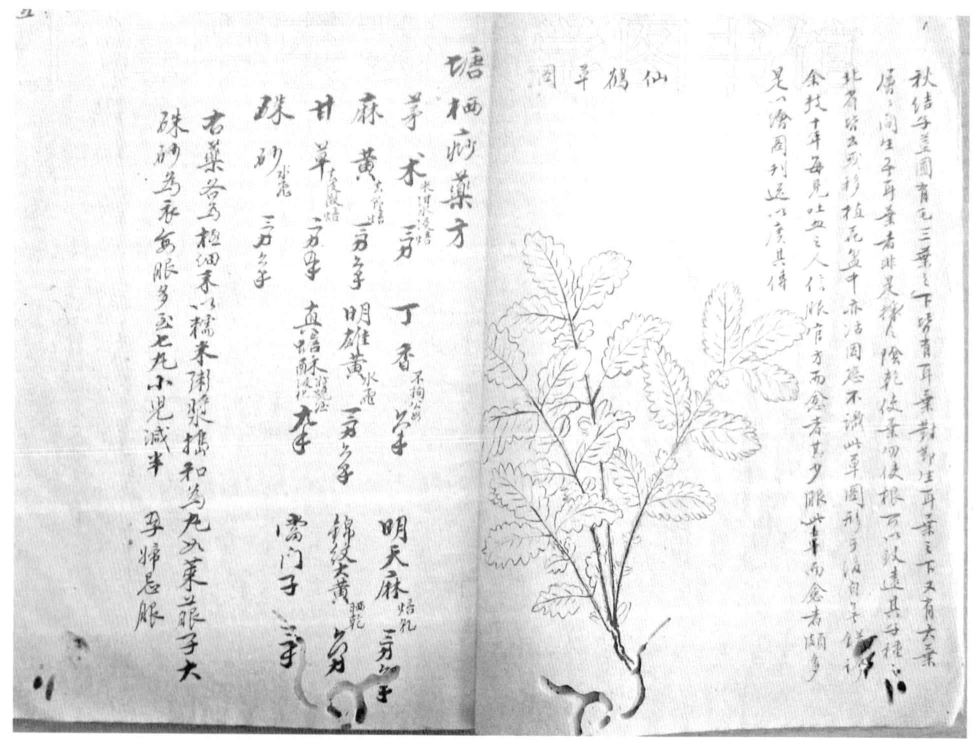

205 素庵公神授奇方

《素庵公神授奇方》,不分卷,一册。不著撰者。無序跋與目録。現存鈔本,藏于上海圖書館,藏館著録爲清鈔本。

是本載録方劑約一百五十首,不分類。每方列方名、功治、組成、劑量、製備、服法等項内容。諸多方劑冠以張公、天師、華君、歧真人、壽真人、張真人、錢真人、雷公等名。如:“扶正散邪湯,張公治氣虚而邪入之人,頭疼發熱,右寸脈大於左寸,白术、柴胡、茯苓三錢,人參、甘草、半夏一錢,水煎服。”“滅邪湯,天師急治外感、喘脹,氣不能息,人不能卧,寒入肺經變熱,柴胡、當歸、黄芩、射干、甘草、半夏一錢,茯苓、麥冬、桔梗二錢。”所記疾病,有的較爲少見,如:“金舌散,人舌吐出不收,乃陽火强盛之故,以冰片少許點之,再以黄連三錢、人參三錢、菖蒲一錢、柴胡二錢、白芍三錢,水煎服二劑可也。”“如人舌縮入不能言語,乃寒氣結於胸腹之故,急用附子一錢,人參三錢,白术五錢,肉桂、乾薑一錢治之,舌白即黄。”有的方劑較獨特,如:“固齒,一條永不落牙,亦不可犯鐵器,雄鼠脊一副、當歸一錢、熟地二錢、細辛一錢、榆樹皮三錢、骨碎補三錢、青鹽一錢、杜仲二錢,各爲末,裹綿紙成條,咬在牙床上,味盡爲度。”有的還涉及病機,如:“治手足痛,係肺鬱而非脾熱,逍遥散加梔子三錢、半夏二錢、白芥子二錢,二服愈。”

是本所載方劑有些未見《中醫方劑大辭典》收録,如治腎補心湯、金舌散等。部分方劑收入《中醫方劑大辭典》,如扶正散邪散、滅邪湯等,與《中醫方劑大辭典》所收載同名方相同,僅加了張公、天師等名。

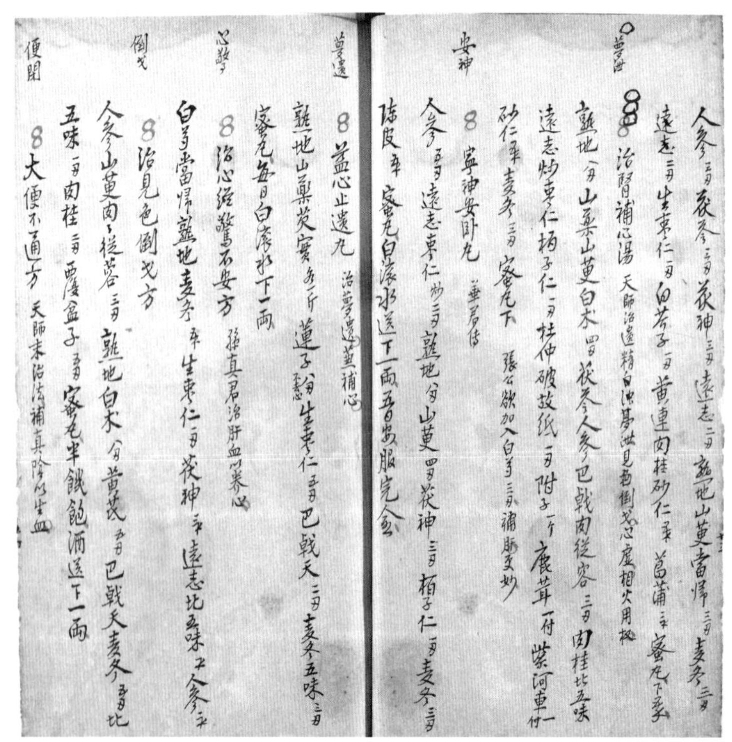

206 都邑師道興造石像記并治疾方

《都邑師道興造石像記并治疾方》,不分卷。該書又稱《都邑師道興造像并古驗方》《龍門藥方碑》。"龍門藥方碑"乃北齊武平六年(575)六月甲申所刻,位于洛陽西南龍門山中之藥方洞。書載"(都邑師道興率合邑人)敬造釋迦石像一軀,并二菩薩、□僧侍立",像右上方有造像題記,首題爲"都邑師道興造石像記并治疾方"。文十二行,行十七字。造像左方刻藥方,十四行,行二十七字。造像下亦刻藥方,二十四行,行四十一字,皆正書。北京圖書館藏有此碑搨片三種:其一,整搨本,二張。顧廣圻、瞿氏舊藏,鈐"顧氏所收石墨""澗賓""鐵琴銅劍樓"等印記,乾隆、嘉慶時佳搨本。其二,裱本,梁啓超飲冰室舊藏。其三,石刻"專藏",繆紀珊鐵如意齋舊藏。現存日本鈔本,約四千字,附有丹波元堅之考證。據丹波氏識所署文政乙酉歲,此鈔本宜成于1825年。現藏于上海中醫藥大學圖書館。

此本卷首有石像記一篇,記載造像治疾之由來:"欲使崇真之士,指矚歸依,慕法之徒,從兹解悟。"闡述遣藥刻方之動機:"自非傾珍建像,焉可熾彼遺光?若不勤栽藥樹,無以療兹聾瞽。"正文分設療上氣咳嗽腹病體腫諸方、療心痛方、療消渴方等療病之證二十九種,每種病證下列治方、針灸合一百一十八則。如療卒遍身生疱方:"初覺欲生,即灸兩手外研骨正大頭隋年(壯),即取石黛方寸匕、冷水一升合服。"又方:"猪肉煮,令熟,切,取芒硝一錢和服(并滅瘢)。"藥方均無方名,用藥不繁,屬當時民間單方之類。卷末附記一篇。

此本所載藥方涉及内科、外科、婦科、腫瘤科等科目,治療方法有口服、口含、漱口、聞氣、灌注、漫漬、冲洗、針刺、温灸、外敷、導尿等,製劑方法有丸、散、膏、湯等。所涉及的藥物多是民間常見植物藥、動物藥和礦物藥,大多數沿用至今。這些龍門藥方不僅可以治療常見疾病,還能治療疑難雜症,如療噎方可以治療食道癌,有較高的研究價值。惜乎鈔本文字多有闕失,影響其臨床實用性。

龍門藥方洞把中醫文化與佛教石窟藝術完美地結合在一起,是中華醫學寶庫裏的一塊瑰寶,在世界醫學史上也占有一定地位。日本古代醫學家丹波康賴編著《醫心方》三十卷,其中收録藥方洞藥方九十五首,并將其稱爲"龍門方"。藥方洞藥方跨越國境漂洋過海,流傳到日本,足見其價值和影響。

真人嘗謂人命至重貴於千金故方書以千金名
據此碑已有千金秘方四字則不始於真人名書
矣明馬理千金方序謂耀州碑是孫子之徒刻于
華表兹不複錄惟此碑汎處據以補注焉
洪頤煊平津讀碑記云右都邑師道興造像記并治疾
方在洛陽縣伊闕金石萃編謂耀州石刻孫真人千金
方存字闕文與此悉同頤煊嘗取明隆慶六年耀州所
刻千金寶要石本并孫真人千金方刻本校之與此方無
一同者不知此惑何以有此語唯療霍亂用蠟方療心痛用
生油方療上氣咳嗽用桑白皮吳茱萸方療卒狂言鬼語
用甑帶方葛洪肘後方亦有之此所刻疑即葛氏本也
唐以上醫方今之所存除仲景經外唯肘後鬼遺二書其餘莫得
影響如此北齊都邑師治疾方從來湮晦不傳迩時王述菴氏昶
撰金石萃編昉拓之于第三十五卷中余一覽踴躍遂為錄出
參之肘後千金及外臺秘要往往相合不止述菴所舉也益諸書所

十一

有者固足以校同異　其所無者又足以廣見聞而存古方之
遺然則豈可不亟為之表章以供拯濟之用乎又嘗檢洪氏頤煊
平津讀碑記亦載此碑然其說踳駁不足據姑附錄于後焉
顧此碑既建于伊闕而耀州亦有覆刻耀州之石蓋泐於嘉靖
前以其地為真人故居世遂謂傳為千金方而述菴特得其
舊搨以校補之其書與馬理千金方序可以相證明焉如洪氏
則僅見隆慶六年秦王所勒千金寶要以摘述菴多見其不
知量也噫此李吳舶以隋唐石本陸續齎來則何知此碑亦
不得好緣為插架之珎吾拭目而俟之
文政乙酉歲立秋後三日丹波元堅識于奚暇齋

道興造像記

碣高二尺五寸廣一尺二寸十二行
行十七字正書在洛陽西南伊闕山

都邑師道興造石像記并治疾方

夫金軀西奄儀像東流口相口口口口口口自非傾琊
建像焉可熾彼遺光若不勤藏藥樹無以療茲聾瞽然
今都邑師道興乃抽署小稔早託績門八相俱開五家
具曉爰有合邑人等並是齊國芳蘭循中峴壁同契孔
懷和如骨血人抽妙口敬造釋迦石像一軀并二菩薩
口僧侍立事曆難名天花雜狀尋形匝遍欲使崇真之
士指蹻歸依慕法之徒從茲悟解以此微誠資益邑人
師僧父母七世歸真現存獲福　皇祚永延含生普潤
共越死河同昇彼岸　文
大齊武平六季歲次乙未六月甲申日功記
療上氣咳嗽腹口體腫口椒葉三升水三升煮世沸
去滓煎汁口凡如小棗以竹筒內下部立愈闕下白皮
細切三升口口半升吳茱萸半升酒三升合煮三沸
去滓分再服氣下腫消千金祕方又方積闕下氣者杏

207 秘方集要

《秘方集要》,不分卷。清儲月亭輯。書名頁有“南滙儲月亭珍藏”字樣。輯録者生平不詳。現藏于上海圖書館。《中國中醫古籍總目》載録爲清稿本。

全書載醫方近百種。如局方至寶丹、安宫牛黄丸、碧雪丹、萬病解毒丹、蘇合香丸、五哮神妙餅、珠珀心氣痛丸、卧龍丹、抱膽丸、光明乾眼藥、牙痛立效散、赤霜散、醒消丸、靈寶香紅丸、化腐紫霞膏、玉容散、止血丹、生肌玉紅膏、生髮油等。適用範圍廣。每方列有詳細組成成份,針對病證,説明服用或使用方法。如:“卧龍丹:燈草灰三兩,梅片三錢,麝香三錢,牙皂六錢,鬧陽花九錢,細辛六錢,荆芥穗炭三錢(梗不用)。上部眉頭處:治受暑日穢濁,感冒四時不正之氣,時邪瘟疫,山風瘴氣,吸受諸般穢惡,以致絞腸痧脹,胸悶腹痛,頭眩神昏,不省人事等症……孕婦忌之。”全書大多方藥附有煎法及收藏方法或具體製法。如:“碧雪丹……右八味,先將甘草煎湯二升,去渣,即入諸藥再煎,用柳木篦不住手攪,令消溶得所,即入青黛和匀,傾入沙盆内候冷,結成霜,瓷罐收貯。”再如:“製青龍膏法:製甘石四兩,用晚蠶砂六升,炒爲灰,滚水淋灰,汁一鍾,煮三次,候乾研細,瓷罐收貯。”

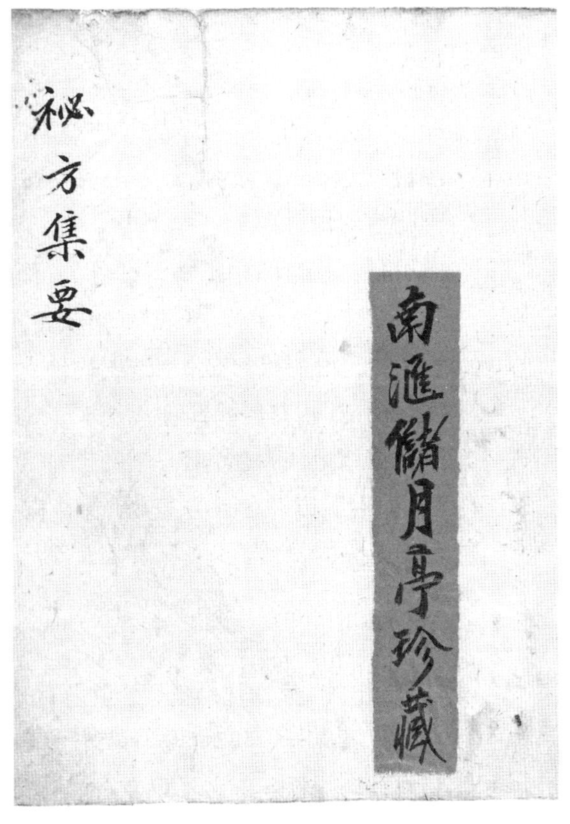

秘方集要

南滙儲月亭珍藏

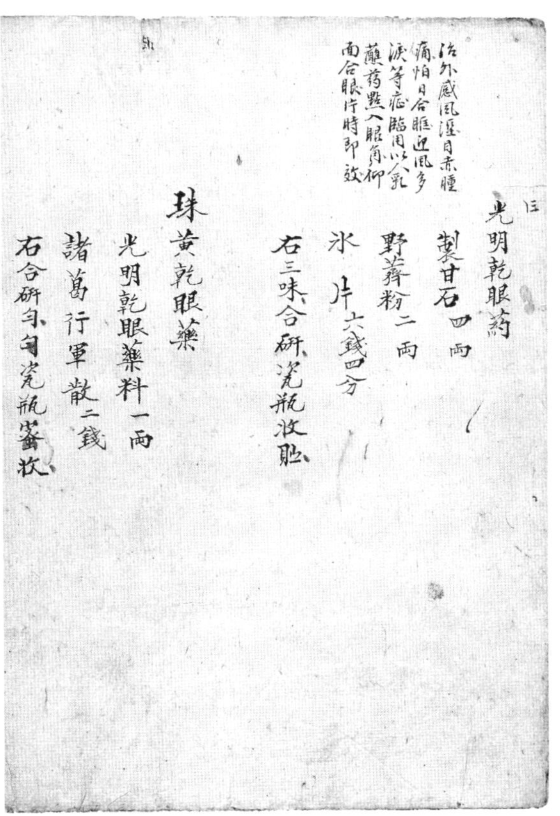

光明乾眼药

治外感風溼目赤腫痛怕日合眶迎風多淚等症臨用以人乳蘸藥點入眼角仰面合眼片時即效

製甘石四兩

野薺粉二兩

冰片六錢四分

右三味合研，瓷瓶收貯。

珠黃乾眼藥

光明乾眼藥料一兩

諸葛行軍散二錢

右合研勻，用瓷瓶密收。

208 秘方集異

《秘方集異》，不分卷，一册。未著撰者，成書年代不詳，《中國中醫古籍總目》載録爲清鈔本，藏于上海中醫藥大學圖書館。首頁印有"上海中醫學院圖書館藏書章"。

是書分目録和正文兩部分。目録中方劑均編序號，共三百零三方，部分方前有紅圈作標記。正文中每方序號均用紅筆圈起，方中有硃筆圈點、修改，有一頁寫有眉批。全書收集内、外、婦、兒、五官、皮膚、急救等各科秘方、驗方，部分方劑方名後寫有"驗過"二字，有丸、丹、膏、散、湯、外搽、熏洗、染髮等各種劑型，各科各型方劑隨機排列，無一定規律。全書方劑編號至三百零三，但七號方"治瘧疾奇方"及十三號方"三煎方腫毒"兩方所記僅是各自後面三方的功效概述，無實際藥物組成，因此實有三百零一方。每方均列方名、藥物組成及用法，部分方劑列出功效主治。三百零三方後另有不同筆迹書寫的"醫家秘要加減十三方"，實則唯有"不換金正氣散"一方列有方名、主治、組成、藥物加減等，結束處有一"完"字，用括號括起。但其後又另有不同筆迹書有一則"金不換正氣散十六加減歌"。

是書所收方劑多爲秘方、驗方，臨床療效可靠，且大多具有用藥簡單、取材方便、使用便捷、針對性强的特點，不通醫藥者大致也可據此自救及救人。很多方劑所治屬疑難雜症與急症重症，爲當代一些疑難疾病的治療提供了一定的用藥借鑒。

斜孔貼患處立消 又二方用白玉簪花根系搗爛貼上極効

一治楊梅第一方

土茯苓 一味每用四兩煎湯当茶任意飲之自愈

一又一方

灵芝二錢 銀花二錢 姜蚕十条 木瓜二錢

薏苡二錢 木通二錢 皂角尖二錢 白鮮皮二錢

土茯苓四兩 水煎服三剂即愈

一透頂神効散 治初起楊梅瘡七八日即愈永無後患効方

茄鹿茸一錢 蜜炙 川貝母二錢 山甲一錢 川 白芷二錢

姜蚕二錢 去嘴 乳香一錢 去油研 射香一分 研 没藥一錢 去油研

錦纹川大黄四兩 先用五錢 同五味煎再入五錢 滚三滚共用酒二

二碗煎一碗去渣露一宿後加乳香、没藥、射香三味攪匀温

服盖之次即愈

一解砒霜毒

大碗取黑豆五升揀去扁破將以上各藥用鷄湯

老酒入砂鍋内文武火緩緩煮乾為度去

藥存豆每日早辰吃豆一合飲酒一杯五日之後

鬚髮變黑忌食莧菜久服延年

一青娥種子丸 此方男子所服

魚鰾一斤 蛤粉炒成珠 沙苑蒺藜四兩 洗净微炒

破故纸四兩 合桃油炒 当歸四兩 酒炒 杜仲四兩 薑酒炒 甘枸杞四兩 酒浸

生甘草四兩 川萆薢四兩 四製以泔米 米醋 童便

人乳各製一次 白蜜三斤 煉熟候冷和藥搗丸每

三錢 淡鹽湯服下 二月即有孕

一搜風解毒散

治楊梅瘡服輕粉藥筋骨攣疼癱瘓不能動

履服之立効 土茯苓一兩 薏苡仁一錢

銀花一錢 防风一錢 木瓜一錢 木通一錢 白鮮皮一錢

209 秘方隨録

《秘方隨録》,不分卷。著者佚名,正文首頁載“秘方隨録,外科諸瘍應驗必備之神方,顧依仁抄”,下有藏書印章,然漫漶不清。顧珩(1882-1953),字依仁,同里(今屬江苏)人,晚清秀才,私塾先生,家中多藏書。是本無序跋,有目録,目録殘存第二葉,前葉缺失。《中國中醫古籍總目》載録爲清鈔本。現藏于上海中醫藥大學圖書館。

全書共載方二百八十餘首。所載方藥以治療外科疾病爲多,如爛脚方、生肌散、黄連膏、黑虎膏等。其中也不乏内服方藥,如真人活命飲、人參敗毒散、槐花散等。其所用方藥如:“跌打損傷方敷藥方,白芥子、川烏、草烏各二兩,大茴香錢半,乾麵一錢,净沒藥錢半,去油。共爲末,用火酒打敷患處,三炷線香爲上,然後去藥。又方,薑黄二錢,官桂、梔子、乳香去油、沒藥各貳錢,去油,小丁香錢半,酒藥三錢,射香三分,共末,用酒板糟研調、火酒調敷俱可。”“九龍散痧藥,牛黄一分,冰片二分,寸香半分,蟾酥一分,劈砂二錢半,馬牙硝錢半,雄精二錢五分,丁香五分,茅术三錢半炒,硼砂錢半,共爲細末,將粽子角打糊爲丸,或加火酒少許,丸如桐子大,每臨腹痛時,口含一粒,放在舌頭根筋底下,待自烊完,咽之可愈。如不愈,再服一丸,立愈。亦治瘧疾、暑、雜病。”

是書所載以外科方藥爲主,方劑記載有紅真散、中和膏、白降丹等外敷藥膏,亦有六一散、生脈散等顧護正氣之經典方劑,然其中不乏治邪狗咬方、治打胎藥綫方、夜夜歡等類似民間偏方,故雖載二百八十餘方,然可用者不過半,可供臨床外科用藥借鑒一二。

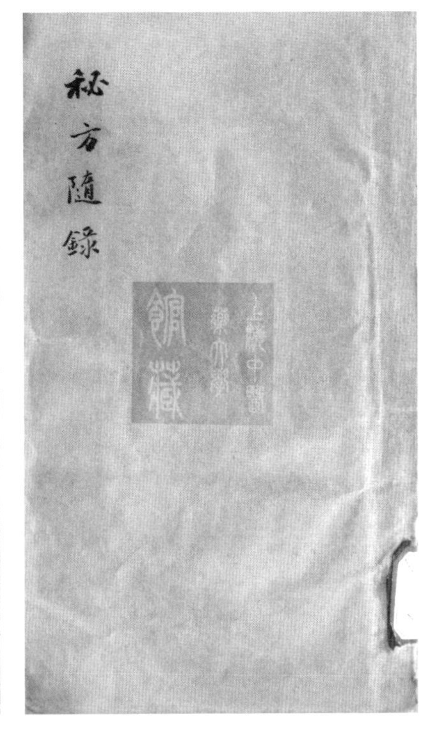

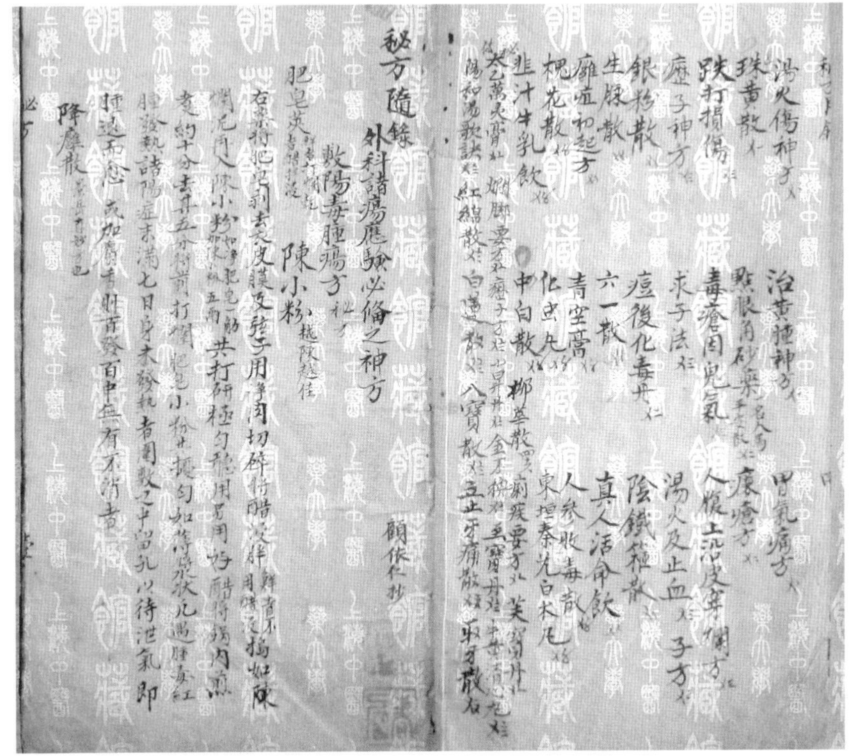

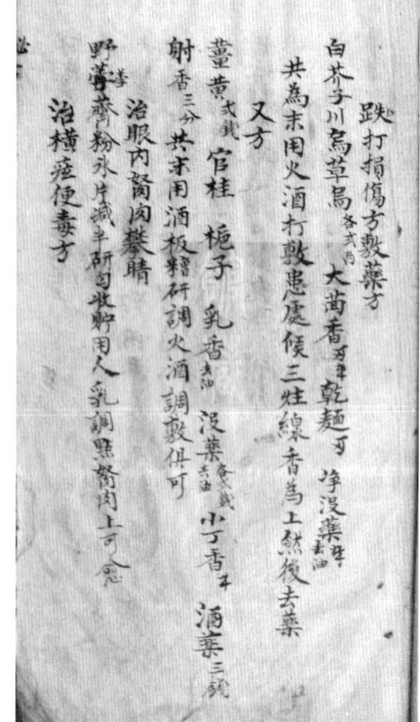

跌打損傷方敷藥方

白芥子 川烏 草烏各式兩 大茴香五分半 乾麵一斤 淨沒藥去油半斤

共為末用火酒打敷患處候三炷線香為上然後去藥

又方

薑黃式錢 官桂 梔子 乳香去油 沒藥去油各式錢 小丁香一錢 酒藥三錢

射香三分 共末用酒板糟研調火酒調敷俱可

治眼內翳肉攀睛

野荸薺粉 冰片減半 研勻收貯用人乳調點翳肉上可愈

治横痃便毒方

210 秘授良方

《秘授良方》，不分卷，一册。封面書名下題有“譚伯愬記”。成書年代不詳。《中國中醫古籍總目》載録爲清鈔本。現藏于上海中醫藥大學圖書館。

此本目録列方二百六十八首，正文實際載方二百八十餘首，每方列方名、主治、藥物組成、劑量、膏丸方的製法或煎服法。劑型有膏、丹、丸、散、湯、錠子等，涉及内、外、婦、兒、五官、皮膚、急診等科，以外科方爲主，外用、内服方均有所載。部分方名上有一到三數目不等的黑色小圈所作標記，另有部分方名下注出是方出處，如“出《全生集》”“方見《指南》”等。書中部分空白頁或方名下空白處有後添寫的數方，方名未入目録，疑爲抄寫完成後另行加入之方。正文之後，另有“秘製青麟丸法”及“青麟丸通治諸病湯引”文。“秘製青麟丸法”詳述青麟丸的十餘步製作工序，“湯引”主要記載内、婦、兒等科一百二十六種病症服用青麟丸所用的藥引名。青麟丸之後另有數方，筆迹較前不同，宜爲後加之方。

是書所載多屬使用有效驗的良方、秘方，另收録部分經典名方，還載有一些急重症、疑難雜症的救治方法，以外科方劑爲多。這些經驗良方可爲後世醫者，尤其是外科醫生提供直接的參考和借鑒。書中詳述膏、丸等方的製作方法，也可爲後世成藥製備提供參考。

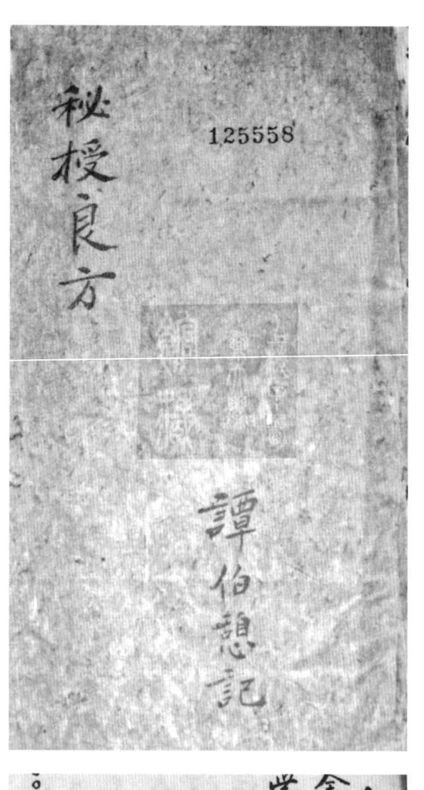
秘授良方
125558
譚伯憩記

急救疔瘡

又方用灶上莊螂二只去翅帖在太陽穴一夜其毒在蚝螂

蝸虫丸亦 茶水漂用竹刀剪開丸亦炙燥研末 蟾酥二下 白芃二下 用燒酒調敷

寒疟疾退不发漫腫不痛傷筋伸縮不能風

寒毒退消散

上安桂三钱 乌芍三钱 白以三钱 白芷五 细辛五

共研细末入瓶内每用一二分

跌傷風急救方

用灶鸡打爛敷患處速效

八寶紅靈丹 外治退毒消堅内服治痧暑时疫

硃砂一两 雄黄六钱 當门子三钱 大梅片三钱 礞石四钱 馬牙硝一两

月石六钱 金箔廿张 为极细末入瓶内每服壹分

○痧藥丸方 痧痛者服一二粒即安

上沉香五钱 土硃三钱 腰黄三钱 硃砂三钱 丸菉豆大每服多至四五粒

○○五香丸 治痧暑霍乱吐泻及痢疾

寸香五钱 沉香一两 降香一两 又茅术一两米泔浸炒 木香五钱 廣藿一两

厚朴一两姜汁製 檀香一两 製軍一两 又赤芍一两 滑石一两

痧藥方散

是藥以晒得燥拌得透为主又拌各汁日与露须临时察看斟酌多寡不可

拘泥成数

○青麟丸通治诸病湯引

一痢疾初起單紅者槟榔紅花湯下單白者生姜湯下紅白相间者姜皮灯心湯下久痢不止吳甘草湯下噤口痢飲食俱不下者陈老米煎湯下

一中暑姜皮灯心湯下

一中热香薷湯送下

一暑湯香薷湯下

一伏暑霍乱兎泻湯下是伏霍乱姜皮冲湯下陰陽不和霍乱姜湯送下

一大便糞前下血當帰生地川芎芍藥各一钱煎湯下糞後下血槐花地榆各一钱煎湯下或痔傷血帶紫者紅花湯下纯鲜血者當帰湯下

一瘧疾槟榔蘇叶各一钱煎湯下

一傷寒發汗出後倘餘热未清白滚湯下

一傷寒後胸膈不开百藥不效用多年陈久橼一個搥碎去凉水二碗煎至一碗去渣露一夜燉热服

一黄疸眼目皮膚俱黄如金者茵陈湯下 三钱

一傷風咳嗽汗热俱清仍嗽不止者姜湯下

一久嗽服诸藥不効兼有痰陈皮姜皮煎湯下

211 秘授奇方

《秘授奇方》,不分卷。著者與抄録者不詳。首頁有上海中醫學院圖書館藏書印章,右下有陳梓仁藏書印章。無序跋與目録。《中國中醫古籍總目》載録爲清鈔本。現藏于上海中醫藥大學圖書館。

是書自首頁開始載方,共載方一百九十八首。方藥涉及内外婦兒諸科,不分先後主次,多以所治病名爲方名,如汗斑方、腰痛方、治心痛方、黄疸方等,亦抄録少許經典方劑,如消風散、地黄飲子等。如:"香圓散,治瘧疾神效。用陳香圓,不拘大小,每隻鑽一孔,用雄黄一錢裝在香圓内,紙裘塞孔,火煉存性,研碎爲末,小兒吃一分九厘,大人四分八厘,中人二分四厘。""喉嚨痛煎藥方,黄連、黄柏、黄芩、枝子、連翹、桔梗、甘草、玄參、射干、薄荷、防風各五分煎服,不加引。"

是書所載方藥不分主次門類,所載方劑每似信手抄録,不分科屬名目,多以治療内科病症爲主。

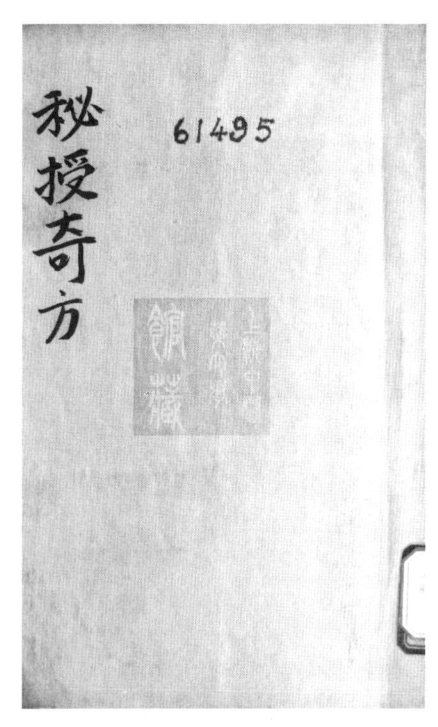

61495

秘授奇方

香圓散　治瘧疾神效

用陳香圓不拘大小每隻鑽一孔用雄黄一錢裝在香圓内紙裹塞孔火煉存性研碎為末小兒吃一分九厘大人四分八厘中人二分四厘

健脾丸　治小兒撒屎

茯苓八钱　陳皮四钱　甘草二钱　山藥二钱　苡仁一两　扁豆一两　神曲八钱　砂仁二钱　青皮二钱　芡實一两　蒼术二钱　雞肫皮(焙)四钱(要雄雞以上俱)　山查一两　木香二钱　蓮子一两　半夏四钱　厚朴(姜汁拌炒)二钱　白术(土炒)二钱　麦芽(炒黑)二钱　枳實(麸炒)四钱　香附一钱(醋拌用瓦張放在火)一

黄胆病方　茵陳　黄藤根　挂山龍　淡竹葉　地桔子　加青木香仙人對坐草用瓶　三日酒将藥同入在瓶内隔水煮好吃過多次即愈

催生神效方　鼠腎一對　硃砂三分　輕粉三分　射香五分　明雄黄四分　共為末入腎為丸作六粒外用辰砂為衣以蠟丸收貯臨産用好酒送下一丸男左女右手帶下死胎亦可用一粒可用三次　如無鼠腎臘月兔腦代之亦可

治蛇咬方　用生明礬打碎将銅錢一個放在患處以礬放在銅錢眼上用灯草沾菜油燒礬連燒数次可愈

又方　用牛屎内虫将水洗净童便送下即愈

治喉瘋　用小柜子樹要牛屎邊為妙扳来陰乾煎湯服即愈

喉瘋方　明礬二钱　雞子青二个　呑下即好重舌亦可用

齒落重出方　扁蝠翅瓦上焙乾存性為末新筆點之三次即出

火丹遍身赤腫　寒水石二两　石膏三两　黄柏一两　甘草一两　共為末芭蕉汁調敷

耳痛耳中流膿方　龍骨　硼砂　各等分為末吹入立愈

治疔瘡神效方　母丁香一粒　公丁香一粒　用米糝同搗極爛敷患處自拔出丁毒

重疔瘡用此方　番硇砂　飛白礬　硃砂　炒枯鹽　忌銅鉄器　炒炒至無聲為度上四味等分為末将銀物挑開四處令其血出然後将藥敷上令其飲酒其毒化膿　如紅絲疔上藥即退忌食生冷發物亦有身體弱者用此藥或昏暈不省人事不必驚慌

盧甘石膽凡銅綠輕粉銀珠石羔松香各一錢俱為末用紫草一錢切
片水濃煎汁去渣用麻油四兩同紫草汁煎入鉛粉一兩熬成膏入前
末再熬候温入射香氷片少許攤膏貼即愈

治癬方 不拘牛皮鉄板松皮銅錢諸癬並治

用活蚌蛤一个將刀挑開口入白砒末溜出水擦忌燒酒大蒜一日

膿疥瘡及坐板瘡

硫黃三兩放鉄杓内溶化取起即放蕎麥麵三四兩拌柳末一兩攪勻
末用麻油調刷即乾

喉風吹藥方

七

隔紙膏方

黃蠟一錢 白蠟一錢 黑棗頭七个 葱頭七个 鮮猪油一塊 血竭一錢 研碎搽在油
紙上做成夾紙膏貼上

生瘡方 共三個

明礬一錢 雄黃一錢 花椒一錢 用菜油拌擦
紫草根一兩 麻油調拌放在飯上蒸用雞毛搽上
硫黃一兩 石膏一兩 猪油一兩 研碎用布盛藥擦患處

煎方

金銀花一錢 何首烏三錢 大胡麻一錢 小胡麻一錢 蒼朮一錢五分 荊芥一錢 防風八分

八

用扁柏枝不拘多少炒存性研碎用菜油調勻敷上即愈

水泡壞方

用石灰面上青色者桐油少許和勻如薄麵糊樣搽上即愈

疳積痞塊方

石決明 草決明 蔓荊子 萆薢 以上四樣等分各約一錢研碎
再用生雄雞肝一个不可見水除去筋膜搗爛用酒釀併藥放在
飯上蒸熟每服藥末六分無不愈者

地鱉蛇咬方

用槐樹皮一塊如手掌大陳酒煎服其酒盡量飲之

痔漏丹方

用陳蓮殼不拘多少鬼饅頭葉兩樣煎水薰候冷再洗数次止痛

九

時洗淨面以少許塗面勿近眼面上有微腫數日自平赤鼻亦

治大小卵子併疝氣神效方

取遠年舊琉璃洗去油燒灰存性為末每服五分好酒送下

治膀胱氣併小腸氣崑崙氣俱神效

黃荊子不拘多少炒脆為末每服一錢或一錢好酒空心送下

小兒疳積腹大身熱面黃方 此小兒科第一良方

石燕三四只用炭火內燒紅入醋內煅再燒再煅七次研極細末
大塊辰砂一兩研極細水飛晒干赤麵三兩炒熱勿焦研極細末三味
合為一處每次五六分隨所食之物同吃亦可或糖湯送下

軟足方

金銀花藤 朴硝二味煎水時常洗其足軟如綿

十

212 秘授應驗良方

《秘授應驗良方》,不分卷,四册,合訂爲兩部。書前題有"咸豐貳年""金氏家傳"與"秀巖謹録"字樣,可知成書于1852年。無序跋與目録。每册首頁有朱方兩枚,分别爲陰文"王祖慶印"及陽文"賡雲",并有"上海第二醫學院圖書館藏"藍印,全書末有陽文印章"慶餘書室主人"。現存鈔本,藏于上海交通大學醫學院圖書館。

全書可分理論和方劑兩部分。第一册前半部分爲理論摘録,包括四言脈訣、據《内經》分配藏府診候圖及説明、瘍科脈法摘要、十二經絡上下相表裏、十二經氣血多寡之分總括、《素問·五常政大論》中有關治療原則的内容以及朱丹溪治療癰疽原則的摘抄。後半部分與第二册爲金氏家傳外科應驗丸散膏丹近一百五十首,内外科疔瘡神效靈方十五首,内外科諸物咬傷靈方十九首,治療臁瘡、脚上一應等瘡、瘰癧、楊梅瘡、陰部瘡、脱肛痔漏腸紅、杖瘡、疥疳瘋癬諸瘡等方近一百十首,治療流火、爛脚、濕氣及壯陽等雜方二十八首,跌打傷科良方及燒燙傷、接骨等方二十五首。其中以外用方爲主,在雜方中還包括種四季蘭法、藏菊花法、製鴨蛋法等日常生活諸法。第三册首先爲外科内服應驗良方十七首,藥酒良方十一首;其次爲山西太原府陳咯田先生秘傳眼科及耳病方二十八首;再次爲秘傳咽喉神效良方,其中包括咽喉論、看法要訣、喉舌齒各症彙治、製合丹藥九種,以及吹藥法、製燈心炭法、取釜墨法、醫牙咬緊法等内容;後爲喉蛾圖、詩訣以及主治方劑二十九首;最後爲秘傳走馬牙疳方二十四首,秘傳痧症方十二首,秘傳瘧疾良方十八首,秘傳痢疾神效良方十二首。第四册首先爲九種胃氣良方及腹痛、血崩、鼓脹、黄疸、哮喘等内科諸方四十六首,内科丹丸湯散方名藥料十一首;其次爲汪廣期先生救世良方,稱其爲新安休邑名醫,"用藥甚平淡而奏效”,録濕熱、風熱、受寒、時疫等各症擬方四十四首,以外感病爲主;再次爲女科内外胎産總症秘方,包括保胎、催生、墮胎、下乳、乳癰、陰瘡等方二十三首;最後爲家傳小兒科,共載方五十八首,重點爲急慢驚風的理法方藥,并有口訣助記,其中部分内容引自《蠢子經》,另有臍瘡、疳症、瘰癧、痘疹等病證治方。

該書所載方劑數量豐富,内容全面,涵蓋内外婦兒各科,其中尤偏重于外科,但强調内外合治。各方均有劑量、炮製和服用方法,對外用方劑炮製法的記載尤爲詳細齊全。部分方下記有“驗”字,應爲經實際應用有確效者,值得進一步研究。

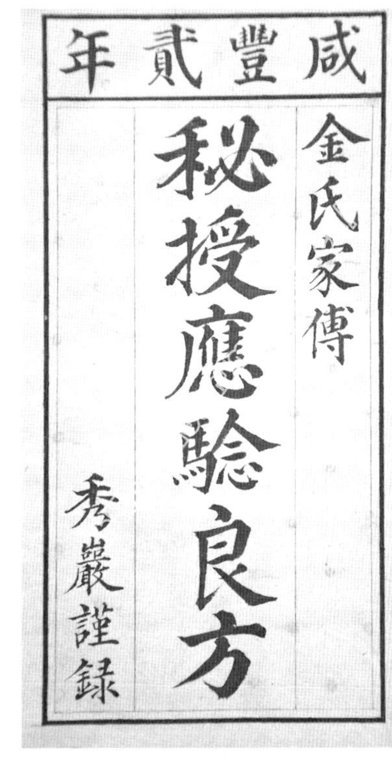

咸豐貳年
金氏家傳
秘授應驗良方
秀巖謹錄

四言脉訣

脉為血脉百骸貫通大會之地寸口朝宗診人之脉令仰其掌々後高骨是名關上關前為陽關後為陰陽寸陰尺先後推尋胞絡與心左寸之應惟胆與肝左關所認膀胱及腎左尺為定胸中及肺右寸昭彰胃與脾脉屬在右關大腸並腎〔小腸附〕右尺班々男人之脉左大為順女人之脉右大為順男尺恒虛女尺恒盛關前一分人命之主左為人〔主風〕迎右為氣口〔主食〕神門屬腎兩在關後人無二脉必死不救脉有七診曰浮中沉上下左右七法推尋又有九候即浮中沉三部各三合而為九每候五十方合於經五臟不同各有本脉左寸之心浮大而散右寸之肺浮濇而短肝在左關沉而弦長腎在左尺沉石而濡右關屬

白雪降丹

共研水銀不見星為度用大傾銀罐結胎蓋碗上以泥灰封口用瓦盆一个放水將碗放在盆中边以瓦搭住用三方一頂文武火降三炷香畢提起候冷開碗將碗上粉霜刷下收貯治各毒有膿不破者用少許即破取管等症和起不破用之以代刀針神効

又方

皂凡 叅 白信 乑 水銀 Ж（用銀子鎔製） 牙硝 叅 青塩 叅 雄黃 [illegible]

明凡 叅 硼砂 乎 硃砂 乎 以上味降法取凉惡拔疔瘡去瘀功力甚大

白降丹 毒不咎用

火硝 [illegible] 皂凡 𠂉 枯凡 [illegible] 水銀 𠂉 有毒塩 𠂉

先化鉛 [illegible]入水銀研和裝陽城罐內升三炷香所用

據內經分配藏府診候圖

	右手					左手			
上附上	寸	上焦	天部	外胸 內肺中	上附上	寸	上焦	天部	外心 內膻中
附上	關	中焦	人部	外胃 內脾	附上	關	中焦	人部	外肝 內鬲
季脇	尺	下焦	地部	外腎 內腹	季脇	尺	下焦	地部	外腎 內膀胱

膻中氣海也兩乳中間名

尺內兩傍則季脇也尺外以候腎尺裡以候腹中附上左外以候肝內以候鬲右外以候胃內以候脾上附上右外以候肺內以候胸中左外以候心內以候膻中上竟上者胸喉中事也下竟下者少腹腰股膝脛足中事也

213 秘傳大麻瘋方

《秘傳大麻瘋方》，不分卷。著者佚名，成書年代不詳。杭州蔣掄元校訂。是書無序跋，首頁有印章兩枚，從上至下分别爲"紹興裘氏""讀有用書樓藏書章"。《中國中醫古籍總目》未見載録。此鈔本現藏于中華醫學會上海分會圖書館。

是書爲闡釋、辨證及治療大麻瘋病的專科醫書。主要分爲三個部分，第一部分概述大麻瘋病的病因病機、治則禁忌，以及三十六種大麻瘋症的臨床症狀和治療方藥。"夫大瘋者，天地殺厲之氣。邪毒變化，穢濁傷人，爲症不同矣，所見多端，甚爲慘懼。雖三十六種，其要不離乎燥屬肺，濕屬脾也。"治療原則方面，除服藥外，患者須"盡心絶欲，忌毒物，戒怒氣，洗心滌慮，净室獨居，存心調養，慮虧全功。"提出了麻瘋病人静心療養的重要性。同時，對三十六種瘋症辨形立方，詳細闡述每種證型的臨床特點及處方用藥。治療方藥有蛇酒、煎飲、丸散、擦藥、敷藥、膏藥、洗藥等多種劑型。第二部分爲雜論，包括瘋病八不治、八難治、八死證、辨驗法、禁治證、戒忌證、静養法、食淡法、宜食法等相關論述。如"八不治"："一不知戒，二譴責病，三風水損，四年五十，五怯弱人，六復發症，七傳染病，八面體黑。"第三部分記載兼證治療方，如治療肌膚潰爛的金蟬脱殼方、桃花生肌散，治療眉落的生眉毛方，以及治療其他雜病的治疼痛走注瘋症方、治口眼歪斜立效方、治癱瘓烏龍方、治鵝掌風方、預免治療方等。此部分所載多見大方，且劑型多樣，反映了疾病之複雜。

麻瘋病專科著作流傳較少，本書秘傳至今，實爲不易。《珍本醫書集成》"方書類"收録本書，但删改之處甚多。本書對麻瘋病作了全方位的闡釋，剖析此病起末根由，明列治則、方藥，提出預免方法，并判斷預後。此書反映了著者所處時代已經具有非常成熟的麻瘋病治療理論及方法，對麻瘋病的研究提供了重要參考和依據。

秘傳三十六種大麻瘋症神效方　杭州□□拾元校訂

夫大瘋者。天地殺厲之氣。邪毒変化。穢濁傷人。為症不同矣。所
見多端。甚為慘惧。雖三十六種。其要不離乎燥屬肺。湿屬脾也。
或因醉後當風。或汗身落水。或浴後迎風。或房後冒風坐湿。或手
足被風傷。引入毒。或暴風取凉。寒、暑、燥、湿浸淫皮膚。流注經絡。
即時不知疼痛。変成此患。積於臟腑。發於四肢頭面。輕則或痛
或痒或疮。重則癩癬。皮肉死。手足麻木。刀切不疼。潰爛成膿。筋
死。着指脫落。鼻梁崩塌。眼瞎唇反。以致聲啞。決難治療。須要審
問。未洞虛云。五色不治。餘皆治之。虫食肝則眉落。食肺則鼻崩。
食脾則声啞。食心則足底膝虛腫。食腎則耳鳴啾啾。耳生爛瘡。或

治三十六種疼痛諸病，不能行動者，服此羊一服立効。

女丘國　芭蕉根　青木香　等分為末，每遇患者，止用七八分，好酒調服，任其並醉，出汗為度。出其疼便好。止用三五日，任意補之。

治風濕癱瘓神効方

麻痲烏龍方

明麻　升麻　二斗　膝络三兩　用好酒六觔煮三炷香，每日三服神効。

川烏半炮去皮　五灵脂五兩淘去砂　二味共為末，加冰片少許，寸系下，共為細末，滴井水為丸，如皂角子大，每日五更臨臥各服一丸，以姜汁化開好酒調服，一日二服。疾輕者數日見効，一年以上者一月可愈。

天麻　防風各等分　僵蠶　全蝎　白附子　甘草　細辛　麻黃　白茯苓　荊芥　薄荷　木賊　羌活　白芷　川芎各等分　右為末，加蟬退，水煎服，加燈心百根煎服，出汗為度。

治鵝掌風方

槟榔末子　硫黃　川椒末　共為末，用豬油調搽，川側柏燒烟薰之。　又方　槟榔　冰片　用糠油調搽。取糠油法：用糙米糠勿晒乾，將大碗一隻，碗面上用綿紙糊蓋，待其乾，將糠什許，堆尖用火自上燒下，隔紙寸許便去糠，碗中便有油矣。其紙上有水氣，將針細細挑穿，用油擦上三五次可愈。

治羊月瘡方

治骨死臭黑可治，筋死手足脫落可治，血死遍身浮腫，外背并腫可治，三者不治。心喪兩目失明，肝肺喪失聲，胃喪者兩耳若塞，腎此三喪急宜治之。

先服灵明散

槟榔　大黃　貫仲各等　黑丑半生半熟　雷丸　角刺　大戟各三錢　共為末，用皂角煎膏為丸，每服三錢，空心冷茶送下。天明瀉下或出或積，但見青黃赤白虫可治，黑虫難治。用淨盆小便看之，如碎麸皮相似，過三日後再服。

妙應黑白散

凡人身中有一萬八千尸虫，共成在人身體中，若無尸虫，人身不立。復有諸虛諸積，黃病諸風若犯之，非害人身也。或眉髮脫落，遍身生瘡，扁痒作痒，日久如魚鱗者，服此羊立効。

烏梢蛇　白花蛇各酒浸　川烏　草烏　何首烏　薄荷　荊芥各二兩　木香　苦參　當歸　防風　白芷　天麻　川芎　羌活　独活　甘草各一　白蒺藜　乳香　没藥

如虛弱中年，將大黃、荊芥、羌活各退，用十味為末，每服三錢。夏天冷酒送下，冬天熱酒送下，日進三服，午時茶送下。一半為末，一半糊丸如桐子大，每服三十丸，清茶送下。末羊酒送下，双日服末，單日服丸。

除風丸

214 秘傳丸散方

《秘傳丸散方》,不分卷,一册。不著撰者。無序跋,有目録,但殘缺。目録前半部分僅列方名,後半部分的方名下面還列出價格,如:“黨參,每兩二錢”“龜版膠,每兩三錢”“玫瑰露,每兩五分”“丁香油,每瓶五錢”“固精千金酒,每斤四錢八分”“史國公藥酒,每斤壹錢六分”。可能是以銀子爲單位的價格。每頁中縫所題“丸散秘方”以及該頁上的藥名和頁碼,抄寫工整。文中玄精石、玄參、玄胡等藥名,玄字均缺筆,爲清代避諱現象,據此定爲清鈔本。現藏于上海圖書館。

是本收集方劑三百四十四首,不分類。所治病證包括内外婦兒各科。每方所載證治均較簡單,不載製備與服法,不記出處。如:“左金丸,川連六兩,吴茱萸一兩,水泛丸。此方治肝火燥盛,左脇作痛,吞酸吐酸,筋疝痞結,并治禁口痢,湯藥入口即吐等證。”所收方劑,大部分爲附桂八味丸、六味地黄丸、健步虎潛丸、歸脾丸、左金丸、資生丸、固經丸等名方,如:“天王補心丹,天冬弍兩,五味一兩,人參四兩,桔梗一兩,生地四兩,柏仁弍兩,雲苓弍兩,麥冬弍兩,玄參弍兩,當歸弍兩,棗仁弍兩,遠志五錢。右藥爲末,白蜜爲丸,硃砂爲衣。又方加石菖蒲四錢,去五味,又方加甘草一兩。此方耑治思慮過度、心血不足、怔忡、健忘、大便或秘或溏、口舌生瘡等症,燈心湯送服。”

是本可能爲藥店用的成方簿册。

秘傳丸散方

天王補心丹　天冬弍兩　五味一兩　人參四兩　桔梗一兩　生地四兩　栢仁弍兩　雲苓弍兩　麦冬弍兩　玄參弍兩　當歸弍兩　棗仁弍兩　遠志五錢　右藥為末白蜜為丸硃砂為衣　又方加石菖蒲四錢去五味　又方加甘草一兩

此方尚治思慮過度心血不足怔忡健忘大便或秘或溏口舌生瘡等症燈心湯送服

萬應丸　黑丑八兩　木香一兩　雷丸一兩　檳榔八兩　大黃八兩　沉香五錢　大皂角　苦楝根二味煎湯泛丸　此方治虫積如神

金櫻膏　每兩五分
虎骨膠　二換
鹿角膠　每兩一錢
麋角膠　一換
霞天膠　每兩三淺
龜板膠　每兩三錢
真阿膠　每兩三錢
玫瑰花露　每兩五分
木樨花露　每兩三分
白荷花露　每兩二分
白菊花露　每兩三分

215 秘傳奇方

《秘傳奇方》,不分卷,一册,殘。封面題“萬病回春”“秘傳奇方”。扉頁題“此藥方乃秘傳介驗過,雖愚頑,亦萬不可與談之也。切記”。内有印章“推賢氏”“子常氏”等。書末題“杭州塘上主人宗孫匀鹿”。無序跋與目録。《中國中醫古籍總目》載録爲清鈔本。現藏于上海圖書館。

是本首列請神避禍之法,如:“排定六十花甲子,凡各樣開鋪、做屋、出行,須看年月日時、吉星,用則大吉,凶星勿用,謹記!謹記!”另如“安床造床忌宿歌”“天賦忌出行日”“三娘殺百日歌”“逐日惡氣”等皆屬此類。次爲治療各病證的方劑。内容包括:治楊梅瘡,烏鬚方,舌瘡,口瘡,無名腫毒,鶴膝風,發背,疳瘡,腹痞,癬瘡,豔容膏(宫中傳),接骨方,白濁,疝氣,痔瘡,刀傷,小便不通,膈證,痰嗽,大頭瘟,製砒法,疔瘡,吹乳,乳癰,産早腹痛,黄腫,小兒疳積,疥瘡,祛暑,打生胎立下奇方,瘟猪牛,乳汁不通,難産不下,面上酒刺,婦人血崩,下虚腰痛,隔證翻胃,鵝掌風,洗眼光明,火眼,痢疾,糞後紅方,小兒漏睛,順意散,金龜吐舌方,一鍾便醉方,千鍾不醉方,記字方,瘧疾,汗斑,痰迷心竅急救方。如:“專治隔夜翻胃,不拘男女並皆治之。此方出自《東垣十書》,治女人血鬱。當歸、川芎、白芍、熟地各二錢,紅花、桃仁、甘草、陳皮各一錢,用水二盅煎,七分炭火慢煎,臨卧徐徐服之,後自覺氣下墜,血氣即回。但不可吃厚粥。如至重者,吃粥時先煎後藥,半碗藥吃半碗粥,看胃好脾弱,能食而不能運化,用此導之。痰多加貝母一分,火多加青黛一分,火盛者加童便二酒杯。”對于“隔夜翻胃”之證,認識其病機爲胃好脾弱,能食不能運化,用桃仁四物湯導之,以治其標,其理有據,其效可期。次列製艾法、煮艾法、上品花方(即製焰火的配方)。最後爲琴譜,右手指法。

是本内容兼收并蓄,良莠混雜。

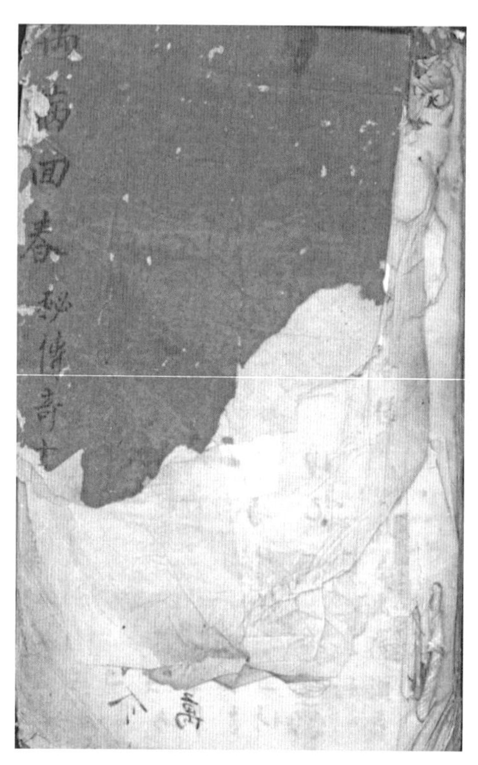

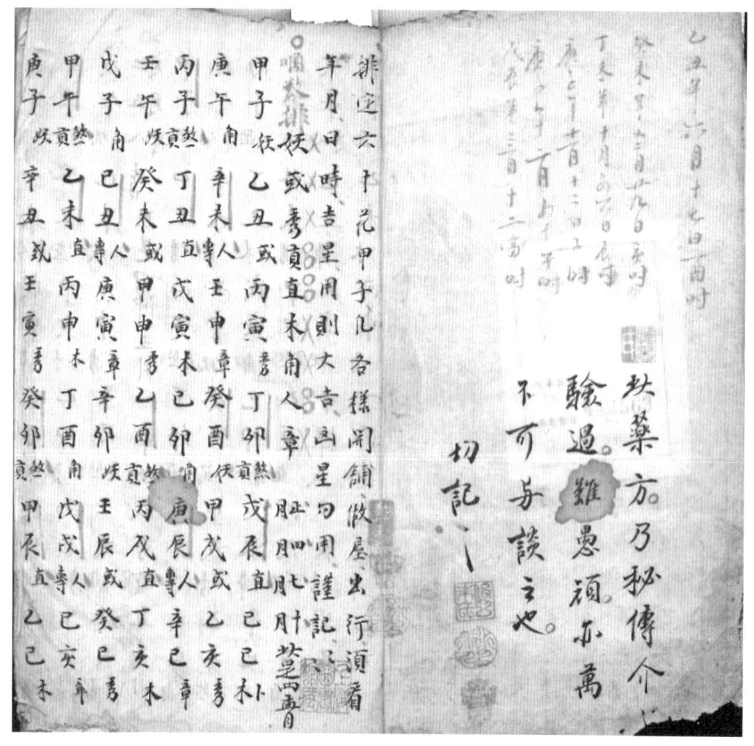

○○○專治臭口便毒楊梅廯瘡連服十帖俱化為水驗过

金銀花 三錢 赤芍藥 甘草節 川山甲 用蛤粉炒 以上各一錢 白疾藜 去刺 白芍藥 山

連翹 當歸尾 各一錢 蜈蚣 二條 去頭足 大黃 二錢 皂角刺 子 用水酒各一中 共才用二帖

又方 防風 皂角刺 天門冬 黃芩 一錢 苡仁 金銀花 各二錢

白芨 當歸 一錢 木瓜 二錢 薏苡仁 紫花地丁 白蘚皮 木通 各一錢

甘草 三錢 土茯苓 四兩 共方用四帖 水三中 煎二中 服

荊芥 桔梗 一錢 防風 皂角刺 天門冬 黃芩 一錢 薏仁 金銀花 各一錢

白芷 當歸 一錢 薏苡仁 各一錢 甘草 三錢 土茯苓 一兩 共方連用四帖 水三中 煎二中 服

加中打用 川烏 去芋 炒三次 草烏 去芋 炒三次 二味共用水二中 煎一中 再

白芋硝一兩 將川草烏水煑乾 每服用二分 壹用三分

○○撞毒方秘專 跌打可用

杷根 威靈仙 天門冬 地榆 看癒處重者用五錢輕者用二錢用好老生酒將藥煎一大碗將常酒和作二碗出汗即愈

○○一治禁口痢方急症神効驗过

此症痰胃閉了因此不思飲食 單用一味精猪肉四兩切片用炭火灼半

熱 又用一大碗好醋將肉灼熱放在醋內浸一次將肉又焙 如此四次 再放在病人

鼻前 其氣冲入鼻內胃自開思其飲食可進 較片倘病人難醒思飲食

216 脈證方要

《脈證方要》，十卷，殘本，存第四至第九卷計六卷。曹相堯校録。曹相堯，號企泉子，生平不詳。成書年代不詳。現存鈔本，藏于上海圖書館，藏館載録爲明代。

是本主要論述各種病證的辨證論治及遣方用藥。包括“腰痛”“暑”“濕”“便血”“痢疾”“斑疹”“脱肛”“耳”“鼻”“咽喉”等涉及内科、外科、五官科的病證凡四十五門。每門列辨證法、切脈式、治病法及治療方藥。全書共載方九百零八首。每門詳論各證大意、病因及發病機理。如“疝痛門”稱“疝者，睾丸連小腹急痛之謂”。述腰痛的病因與發病特點：“濕熱者遇天陰或久坐而發，腎虚者痛之不已，瘀血者日輕夜重。”述黄疸的發病機理：“黄疸者，乃濕與熱相熏蒸於脾。”“切脈式”描繪各證的脈象特點，如“沉緩沉細微緩，皆濕脈也”，泄瀉脈象“緩小者生，浮大數弦急者不治”。治病法因證各异。如治脅痛法應“各究其因，各隨其左右兩旁部位而分治之”。治血證該“隨其寒熱虚實，皆當佐以胃藥，蓋胃主生血，能使真氣歸元，故血自止耳”。治耳之法“要分别氣厥、風勞、虚熱之本少陰、標少陽之不同”。治法後即遣方用藥，如“硝石散”治女勞疸，“雞蘇丸”治脾肺鬱熱、口臭、煩渴，“瑞竹堂化痰丸”順氣快脾、化痰消食等。

是本述證詳盡且條理清晰，辨治獨到且絲絲入扣，所載藥方多爲經方驗方，辨證論治，有理有據，是一部内容實用、通俗易明的醫學著作。是本字體排列端正，品相佳，遺失四卷，實爲可惜。

湯送下

此藥亦治血痢血崩及下血不止腸癖臟毒并治氣厥上冲氣逆不順氣噯妄聞妄見者服之即愈

脉証方要卷之八

企泉子曹相克校録

脉証方要卷之四

腰痛第二十六

有風　有寒　有暑　有熱　有腎虛

有瘀血　有痰積　有氣鬱

腰者腎之外候一身所恃以轉移開闔者也腎氣充實外邪不入何痛之有但人不謹或汗出乘風以衝其風或踐雨卧地以受其湿或冷傷腰間如水或熱蓄發渴便閉或血瀝轉側如刺或氣滞鬱悶不伸或

217 處方便覽

《處方便覽》，不分卷。日本醫家大鶴定香著。大鶴定香，字君馨，號東海散人，日本尾張(今日本愛知縣西北部)人，曾于清嘉慶二十二年(1817)著《治痢軌範》。《處方便覽》成書于清道光四年(1824)，書首有"大峰定香""君馨氏"印章及"志水道光書"字樣。現存鈔本，藏于上海中醫藥大學圖書館。

此本共選録《傷寒論》《金匱要略》《千金方》《聖濟總録》等古醫籍中各科常用方劑，輯集一書。選録"不論倭漢，采嘗用有驗者載爲一卷"，并將這些方劑按以、吕、波、仁、保等日語假名順序依次排列，與現代方劑小辭典相類。如"以"字條下載有"胃苓散""茵陳蒿湯""茵陳五苓散"及十二首無名方，以藥物組成爲主，方下或載或不載主治、劑量、服用方法、按語。以單方、簡方爲多，方便實用。如"治産後腹痛胞衣不下方"，用茄子蒂三錢，水煎服。《古今録驗》"术湯"，白术六兩、黄芩三兩、芍藥四兩，上以水六升煮取二升半，分三服。此方後有案云："出《千金》，無方名。治妊娠腹中滿痛及心，不得飲食，《聖惠》《大全良方》并同。"

是書有言："夫不求古訓，則有乘古人之意，不博采衆方，則臨事而不辨，所謂束手受敗也。"强調古方的重要性，駁斥所謂"《傷寒論》中一百十有三方之外不足用"之言論，擇古方有驗者載爲一卷，以置巾箱中，"惟願爲救含靈之一助耳"。

處方便覽序

蓋方書之傳乎世衆矣可謂盛哉若夫外臺秘要千金方聖濟總録普濟㮣論焉暨于近世我日本望齊門著方彙者天下多據此書矣彼衆方規矩田舎間之書而已不足以數也小野常建著古方選吉益同如之類聚方可謂良撰也其他山東洋芳菲錄及家々所秘藏之方書不暇枚擧也長沙子有言曰勤求古訓博采衆方嗚呼善哉此言也夫不求古訓則有乖古人之意不博采衆方則臨事而不辨所謂束手受敗也噫不哀乎近世有稱古醫方家者謂傷寒論中一百十百三方之外不足用也甚矣哉夫今稱傷寒論者晋王叔和之撰也而不可見原書乎普所通知也然則仲景之撰誰知有何

處方便覽卷一　東海散人輯

以

胃苓湯

白朮　厚朴　陳皮　猪苓　澤瀉

蒼朮　茯苓　芍藥各一錢　國老　桂枝

一分　姜棗水煎

茵蔯蒿湯

茵蔯六両　梔子十四枚　大黄二両　右三味以水

一斗先煮茵蔯減六升内二味煮取

三升去滓分温三服

茵蔯五苓散

五苓散方内加茵蔯

一方　治産後腹痛胞衣不下方

茄子蔕三錢　水煎服

一方　療脚氣攻心

218 魚吉方歌

《魚吉方歌》，兩卷，四册。清吕立誠編撰。吕立誠，字邦孚，一字魚吉，浙江海寧人，清代嘉慶、道光間名醫，三代世傳，承續家業，青囊濟世，活人無數。著有《治病法程》《魚吉方歌》《金匱類編》等書。是本爲稿本，全書楷體抄成，有序五篇，首篇成于道光七年（1827），三篇落款道光八年（1828），一篇爲道光二十一年（1841）。内附跋一篇，單葉，仁和吴受藻所作。吴受藻，字凫士，道光二十六年（1846）優貢。上有"吴受藻印""凫士"兩枚朱印。據此，是本約成于道光二十一年。《中國中醫古籍總目》載録書名爲《魚吉方歌大全》。現藏于上海圖書館。

該書上卷載補、攻、寒、熱、和五門，成一册，爲春集。下卷列諸病證，有"中風""中暑""傷濕""傷燥""瘟疫""癲狂""咽喉""口齒""耳鼻""目睛""婦科""兒科"等，共六十餘類，成三册，分爲夏、秋、冬集。將每症治例應用之方編爲歌訣，并附法程。若有相似之方則歸于其下。因"婦人經産崩帶、小兒驚疳痘瘡治法不同，統殿于後"。

是本輯録之方，多爲常用的歷代名方。每方先述藥物組成，再釋製方原意，并列述加減之法及附方。如："四君子用术苓參，炙草和成補氣箴。肺是一身元氣宰，甘温補土土生金……虚瀉渴添藿木香，七味白术散堪欽。"旁加注釋標其出處，組方用量，詳其主治。若方僅有一味，亦必全歌括之，悉録無疑。若下卷病症所涉之方，上卷五門已録，則在天頭標注，如"外臺茯苓飲在補氣類""桂枝去芍藥加麻黄附自細辛湯在攻表類"。

吕氏此書，音韵自然，詞意明爽，注釋精詳，分類辨證，貼合臨床。

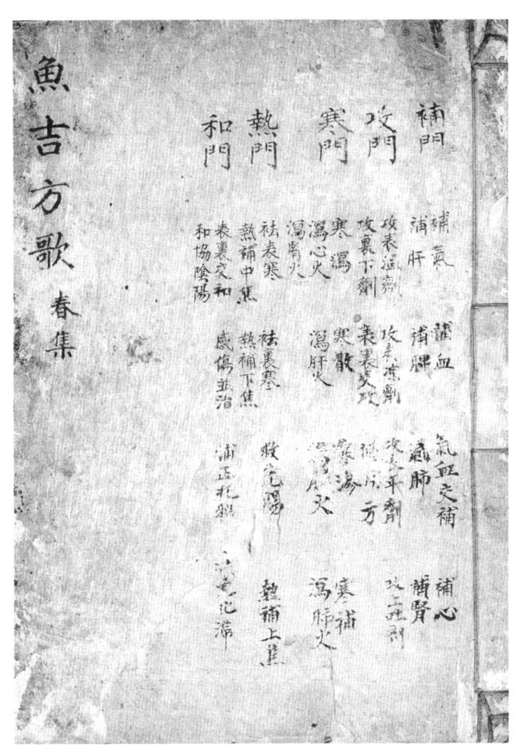
魚吉方歌 春集

補門　補氣　補血　氣血交補　補心
補肝　補脾　補肺　補腎

攻門　攻表溫劑　攻表涼劑　攻表平劑　攻上吐劑
攻裏下劑　表裏交攻

寒門　寒瀉　寒散　寒滲　寒補
瀉心火　瀉肝火　瀉肺火

熱門　祛表寒　祛裏寒　救元陽
熱補中焦　熱補下焦　熱補上焦

和門　表裏交和　感傷並治　補正托邪
和協陰陽

魚吉方歌目次

序言

凡例

補門　補氣類　補血類　氣血交補類　補心類　補肝
共　類　補脾類　補肺類　補腎類　備用方　正方

攻門　攻表溫劑類　攻表涼劑類　攻表平劑類　攻上
正方共　吐劑類　攻裏下劑類　表裏交攻類　備用方

寒門　寒瀉類　寒散類　寒滲類　寒補類　瀉心火類
備用方　瀉肝火類　瀉脾火類　瀉肺火類　瀉腎火類

熱門　祛表寒類　祛裏寒類　救元陽類　熱補上焦類
熱補中焦類　熱補下焦類　備用方　正方共

方歌

跋

右方歌若干　魚吉呂先生所著也先生弱歲英髦平
生長者青囊濟世人頌扁盧炙殫雋才撰斯韻語攟摭
既富體例特嚴別類分門不相襍廁加以貫珠編貝字
字嬋聯古方三千悉諧聲律翦裁之妙跨越一時豈曰
矜奇良非闒靡要使琅琅在口熟極而流觸處洞然千
變萬化而已嗟乎神丹九轉孰叩真仙卻疾衛生惟資
湯藥迺君臣佐使闢自空桑其後金匱外臺千金肘後
雖存篇府用示範圍而歌訣所傳卒鮮善本楚牙棘舌
識者羞稱不圖先生乃爾淹雅品窮五石道貫十全獲
此鉅觀洵推枕秘世有學者熟讀深思成竹貯胸春風
入手矣

仁和吳受藻

219 章太炎先生手寫古醫方

《章太炎先生手寫古醫方》,不分卷,一册。清章炳麟撰。章炳麟(1869–1936),字枚叔,號太炎。浙江餘杭人。近代民主革命人士,曾發起成立光復會,又爲同盟會成員,主編同盟會機關報《民報》。晚年定居蘇州,受聘爲蘇州國醫學校名譽校長。其論醫,上不取《内》《難》,下不采葉、薛諸家,獨以長沙爲宗,融貫中西。在山西、杭州、紹興、上海諸地報刊發表論文數十篇,可謂發前古之奥義,開後學之坦途者。此書或成于清宣統二年(1910)。書首有潘承弼題記,叙本書之來源。現存清稿本,藏于上海中醫藥大學圖書館。

是書摘抄歷代古醫方三百六十餘首。方劑源自《傷寒論》《千金方》《小品方》《肘後方》《和劑局方》《蘇沈良方》《本事方》,以及范汪、崔氏、華佗、王叔和等醫家,記載方劑出處,如"《小品》葳蕤湯""《范汪》療傷寒""《崔氏》療少陰病二十日後下不止""《小品》療霍亂"等。涉及病證涵蓋臨床各科,内容詳略不一。據所載病證大體可分爲傷寒、熱毒、霍亂、心痛、痰飲、胃反、喘嗽、消渴、積聚、骨蒸、中風、水腫、癰瘡癬痔、痢疾、蟲病、淋證、婦人病等十七類。針對每類病證,載録相關醫書及諸多醫家之論述。書末附"精神病治法"與"治鼠瘻方法"。反映了章氏廣博的學術知識和豐富的臨床經驗。

本書涵蓋内容廣泛,涉及病證豐富,記載古方數目龐大,且載明藥物組成、用藥劑量、煎法和服藥方法。對當今研究章太炎醫學思想及臨床有參考意義,且係章太炎稿本,有較高的文物價值。

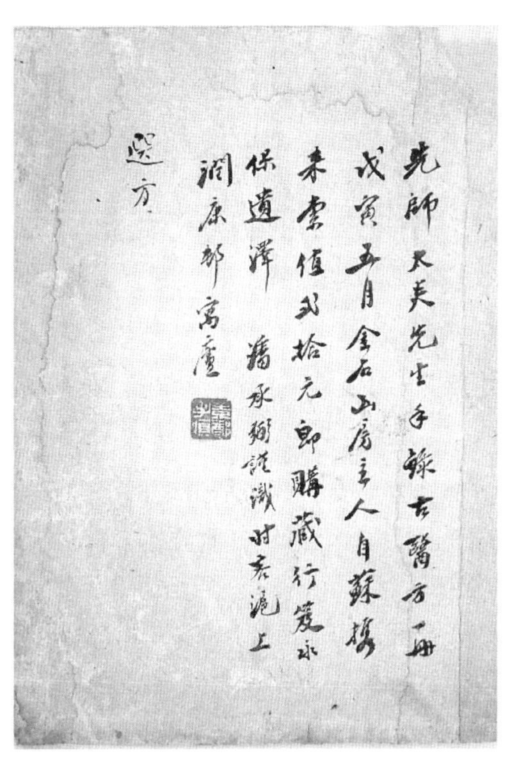
先師天民先生手錄古醫方一冊
戊寅五月金石山房主人自蘇携
來索值弍拾元即購藏行篋永
保遺澤　嫡承獨謹識時寄滬上
潤康邨寓廬
醫方

220 淨明堂神功妙濟諸方

《淨明堂神功妙濟諸方》，又名《神功妙濟方》，不分卷。由兩部分組成：一爲道教祖師九州都仙太史神功妙劑真君許遜得自丁義的《都仙真君神功妙劑方》，一爲原"散在諸篇"而由淨明道居士胡之玫匯集的"淨明院諸方"，經道教"淨明派"青雲譜開山祖朱道朗（1622–1688）合并輯録而成。現存清頤性室主人（上海銀行家席錫蕃）鈔本，藏于上海圖書館。《中國中醫古籍總目》載録爲清鈔本。

《都仙真君神功妙劑方》詳細記述如意仙丹的製法及用法。所稱如意仙丹由川烏、附子、人參、吴茱萸、巴豆、白薑、柴胡、川椒、茯苓、黄連、紫苑、肉桂、厚朴、當歸、桔梗、猪牙皂角、石菖蒲、鷄心檳榔等十八味藥品修合而成。製藥之前先須請神、畫符、誦咒，"咒畢研末合藥""符用硃書，焚在各末藥中"。認爲"是丹於病無所不治"，區别在于不同的用量與組方。如"血暈頭痛（三丸）薑湯，陰症傷寒（九丸）薑湯""瘟疫熱病（三丸、五丸）俱井水下，陰陽二毒傷寒傷風（三丸、五丸）薄荷湯"。該方因源出道教，誇大了丹藥的作用，且十分强調神、咒的禮儀與過程，如請神時要念"北斗七真咒"，畫符後要誦藥物神咒七遍，服藥時還得每旦念誦服藥神咒，反映了道教文化的特點。其中的藥物神咒以歌訣形式叙述常用藥的藥性，如茱萸神咒："威鎮四方，助氣肥腸；搜風潤體，安煉五常；通利腑臟，痰嗽消亡；永除冷毒，萬氣寧昌。急急如茱萸神君律令。"讀來琅琅上口，又饒有趣味，便于醫家用藥和記憶。

是書共録方劑八十九首。其中有茯苓湯、茵陳湯、燈草湯等，多爲驗方。每首方劑均先簡略闡述所治病症及療效，再較爲詳細地闡明配伍、用量與製法，後列服用方法。有的也兼及用藥禁忌，具有一定的臨床指導意義。

妙濟真君得丁公諱義神方于上昇日集里人言别示以此方曰如意丹併淨明院諸方留傳于世久已散在諸篇傳寫多訛難從考究偶胡公克勤簡篋内出數卷以告予曰向所彙淨明院諸方欲編次成帙梓之以行世可乎予曰
歷代聖師傳道傳法修方修藥當授所其傳之心與天地合德不獨在藥物品濟中求驗而神功妙濟至誠感格中應也公以至誠授人人以至誠修服心領神會又不獨在治病而四感七傷不染身心由此一誠離諸苦難永保太和將見公之誠公之德　並妙濟以傳矣

淨明學者朱道朗拜書

淨明堂神功妙濟諸方目録

221 壺隱子日用方

《壺隱子日用方》,三卷,殘本,存中、下卷。明劉浴德撰。劉浴德,字肖齋、子新,號壺隱子,淮陰(今屬江蘇)人,曾任太醫院太醫。著有《壺隱子應手録》《壺隱子醫譚一得》《内經拾遺方論》《脈賦訓解》《脈訣證僞》等多種醫學著作。是書成書年代未詳,《中國中醫古籍總目》載録爲明萬曆三十一年(1603),可參。現藏于上海中醫藥大學圖書館。

是書每卷首列目録,按病證分門,每門後列藥方。中卷計有虚損門、自汗門、肺痿門、五勞門、驚悸門、健忘門等二十四門,共一百四十三方。下卷計有耳門、目門、鼻門、舌門、咽喉門、腰痛門等二十四門,共一百六十三方。次爲補遺,計有中風門、鶴膝風門、痢風門等十七門,共十九方。每卷按病證分門、列方,詳述各方主治、功效、藥物組成等。功效、主治較簡,藥物組成以歌訣形式表述,如"天麻半夏湯:眩暈天麻半夏湯,芩連酒炒橘紅良。茯苓甘草前柴并,風痰猶必引生薑"。

本書條理清晰,所列方劑多爲歷代名方,内容涉及内、外、五官、兒、婦等臨床各科。藥物組成以歌訣形式表述,便于誦讀記憶。

壺隱子日用方目録

中卷計二十四門

計一百四十三方

二五 虛損門 方十二道

二六 五勞門 方三十八道

二七 自汗門 方一道

二八 盜汗門 方一道

二九 肺痿門 方一道

三十 肺癰門 方一道

三一 䬡逆門 方四道

三二 齁喝門 方九道

三三 欬嗽門 方九道

三四 麻木門 方二道

三五 眩暈門 方六道

三六 癲狂門 方一道

三七 驚悸 方一道

三八 怔忡門 方一道

三九 不寐門 方四道

四十 健忘門 方四道

四一 五疸門 方六道

四二 三消門 方七道

四三 七疝門 方八道

四四 中氣門 方一道

四五 痞氣門 方三道

四六 積聚門 方十一道

四七 鼓脹門 方四道

四八 水腫門 方九道

壺隱子日用方中卷

淮陰肖齋劉浴德子新父述

二五 虛損門

看諸虛 與百損 損因虛致宜詳審

心肺損而色憊竅 腎肝損而形瘦診

治損先須大補脾 後治本經為定準

四物湯 當歸和血歸經 川芎行血通肝 白芍藥凉血補脾 生地黄生血宰心 熟地黄補血滋腎 方

用四物以

血因名四

壺隱子日用方下卷

淮陰肖齋劉洛德子新父述

四九 耳門

耳司聰　閉則聾　心腎不交氣不通
蛙鳴鼓吹如蟬噪　年深日久定龍鐘
氣閉耳聾容易治　腎虛耳聾固廢功

聰耳益氣湯 元氣定則耳聰故益之也

聰耳必須先益氣　白朮參䓍九節菖

222 萬方類聚

《萬方類聚》，不分卷，一册。未著撰者。無序跋與目録。内鈐有“徐靈胎印”。《中國中醫古籍總目》載録爲清鈔本。現藏于上海中醫藥大學圖書館。

本書載録内科、外科及五官科等常見病證的辨證論治，主要有大腸秘塞、脱肛、腸風下血、二便不通、腎臟陰囊、淋證、漏疾、疝氣、脚氣、腿足、蟲部、咽喉、聲音、腦漏流膿、宜吐諸症、咳嗽、臂痛、心腹、心痛、心悸、腰脅、脾胃等二十餘種病證。治療方劑多以内服爲主，兼有些許外治用方。選方多爲偏方，無方名，鮮有經方。選藥多爲食物、動物，如猪大腸、白刺蝟皮、野猪、蝸牛、羊蹄、土狗等。服法衆多。煎製方法多用蜜丸或炒研酒服等。如疝氣病的治療："寒疝，吴茱萸一兩，生薑半兩，清酒一升，煎温分服。"對病證臨床表現間有描述，如宜吐諸證："胸中有寒者，頭身不痛，項不强，胸中痞硬，氣上衝咽喉不得息，寸脈微浮……上症皆以瓜蒂散吐之。"後列瓜蒂散方、煎煮方法及注意事項。所載選方使用藥物，如人爪甲、人牙灰、白馬屎、乾牛屎、草鞋、本人頭髮等，現代臨床已不常用。

本書所載方劑藥味簡單，煎服方便。但大多爲自製方，多數藥物目前臨床已較少使用，療效有待考察。

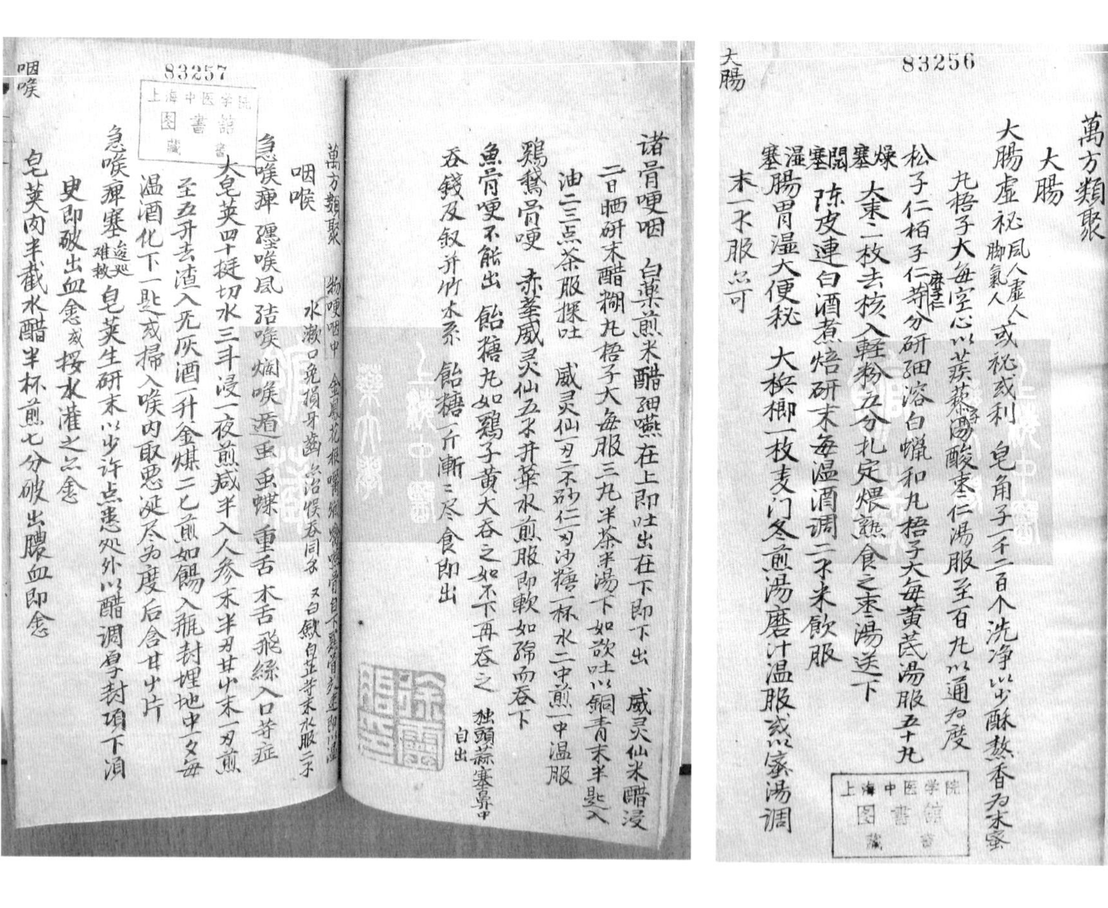

大腸

萬方類聚

大腸

大腸虛秘（風人虛人脚氣人）或秘或利 皂角子一千二百个洗淨以少酥熬香為末蜜丸梧子大每空心以蒺藜湯酸棗仁湯服至百丸以通為度

松子仁 柏子仁 麻子仁等分研細溶白蠟和丸梧子大每黃芪湯服五十丸

燥塞 大棗一枚去核入輕粉五分扎定煨熟食之棗湯送下

閟塞 陳皮連白酒煮焙研末每溫酒調二錢米飲服

濕塞 腸胃濕大便秘 大檳榔一枚麥门冬煎湯磨汁溫服或以蜜湯調末一錢服亦可

諸骨哽咽 白藥煎米醋細嚥在上即吐出在下即下出 威灵仙米醋浸二日晒研末醋糊丸梧子大每服三丸半茶半湯下如欲吐以銅青末半匙入油二三点茶服探吐 威灵仙一兩二錢砂仁一兩沙糖一杯水二中煎一中溫服

鷄鵝骨哽 赤莖威灵仙五錢井華水煎服即軟如綿而吞下

魚骨哽不能出 飴糖丸如鷄子黃大吞之如不下再吞之 独頭蒜塞鼻中自出

吞錢及釵并竹木系 飴糖一斤漸漸尽食即出

咽喉

萬方類聚

咽喉

物哽咽中 金鳳花根嚼爛噙嚥骨自下……即以溫水漱口免損牙齒 亦治悮吞同名 又白斂白芷等末水服二錢

急喉痺 纏喉風 結喉 爛喉 遁蟲 蟲蝶 重舌 木舌 飛絲入口等症 大皂莢四十挺切水三斗浸一夜煎減半入人參末半兩甘草末一兩煎至五升去渣入无灰酒一升金煤二匕煎如餳入瓶封埋地中一夕每溫酒化下一匙或掃入喉內取惡涎尽為度后含甘草片

急喉痺塞（逡巡難救） 皂莢生研末以少許点患处外以醋調厚封項下須臾即破出血愈 或挼水灌之亦愈

皂莢肉半截水醋半杯煎七分破出膿血即愈

223 萬應神方

《萬應神方》,不分卷,一册。不著撰者。無序跋。成書年代不詳。全書計一百八十六葉,目録二十六葉,正文一百六十葉,計約八萬九千字。正文第一葉缺,第一百五十八至一百六十葉缺行。《中國中醫古籍總目》載録爲清鈔本。現藏于上海圖書館。

本書共載方五百餘首。計分八十章,前十五章爲小兒方劑。第一至九章列小兒雜症方,如走馬牙疳、木舌、驚風、遺尿、脱肛、膿耳、行遲、齒遲、龜胸等。第十至十四章論述小兒痘症,認爲痘症有十個主要症候,即發熱、初出、出齊、起泛、行漿、漿足、回水、收靨、結痂、還元。發熱之初宜用加味敗毒散治之,以柴胡、前胡、羌活、獨活、防風、荆芥、薄荷、枳殼、桔梗、川芎、天麻、地骨皮爲主方,熱甚加紫草、蟬蜕、蘇葉、僵蠶、葱白,腹瀉加猪苓、澤瀉等。第十五章論述麻疹的治療方劑。第十六至八十章論述時方及各種雜病的單、驗方治療,其中不乏對一些意外傷害所致暴死、猝死的治療方劑。如第六十八章專述“五絶症”的單、驗方,用以治療“縊死”“溺死”“鬼壓死”“墜死”“落水凍死”“暑死”等。

本書收録許多疑難雜病的治療方劑,可供臨床參考。然有些論述過于拘泥,如“牙痛妙方”的加减,認爲上四顆門牙屬心經,加黄連、麥冬,下四顆門牙屬腎經,加黄柏、知母,上門牙邊兩牙屬胃經,加川芎、白芷,下門牙邊兩牙屬脾經,加白芍、白术。又如“牙痛秘方,用燕子屎丸梧桐子大,於痛處咬之,丸消即止”。

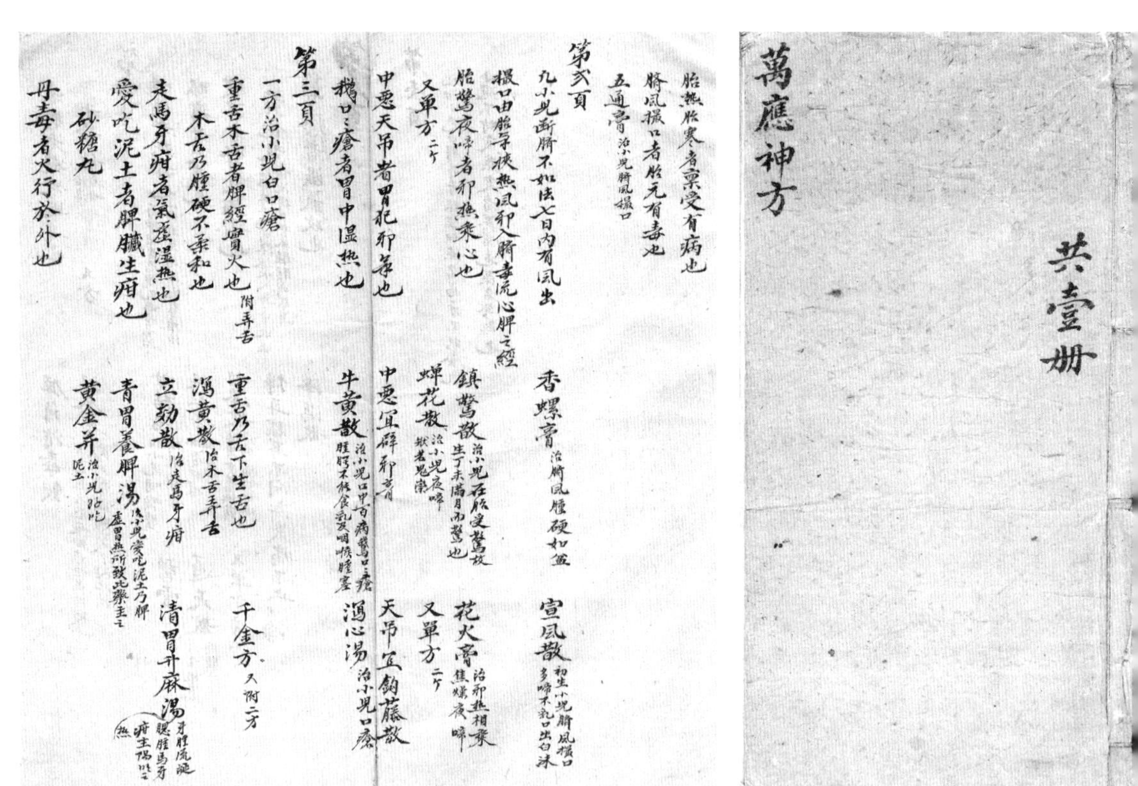

224 備用方

《備用方》,十卷。日本岡西養亭編著。成書于日本寬政十年戊午(1798)。作者生平不詳。書首有“九折堂山田氏圖書之記”“福山岡西氏藏書記”印章及“備用方序”“引用方書目録”。現存鈔本,藏于上海中醫藥大學圖書館。

卷一至卷四載傷寒、内科、五官科等病證六十四門,列方一千六百四十七首。其中卷一論述傷寒證。分别爲辨傷寒病名,辨發汗、可吐、和解、可下等治法,辨蛔、蓄血、結胸、心中懊憹、心下痞硬、乾嘔短氣、汗下後往來寒熱等證,辨發汗方、和解方、救裏方、蓄血方、辟温方、勞復方等。卷二至卷四,分列中風、感冒、大頭温、霍亂、虚勞、痰飲、咳嗽、瘧疾、膈噎、噦、鼓脹、積聚、盜汗、眩暈、癲癇、狂亂、怔忡、夢遺、淋疾、大便閉、痔疾、脱肛、頭痛、面病、耳病、口舌牙齒病、肺痿肺癰、胸痹心痛、腰痛、脚氣、疝、麻痹、消渴等證的方劑。卷五至卷十爲外傷、婦産、小兒病證。其中卷五、卷六載癰疽、瘰癧、癭瘤、附骨疽、腸癰、臀癰、臁瘡、癜風、疥瘡、燙火傷、中毒等外科病證二十五門,列方七百二十二首。卷七、卷八載經病、求嗣、驗胎、懷胎、惡阻、胎動、妊娠水氣、子癇、胞衣不下、産後血暈、惡露不盡、乳汁不出、小産等婦産科病證二十七門,列方五百三十一首。卷九、卷十載小兒出生諸疾、撮口臍風、變蒸、癇、吐瀉、尿白、陰腫囊腫、痘瘡、麻疹、水痘等兒科病證十五門,列方九百五十二首。

本書每門首列先賢對本病的論述,以明其源流。每首方劑分列主治、藥物組成、劑量、製法及服用法等。所選方多出自《傷寒論》《金匱要略》《肘後方》《千金方》《小兒藥證直訣》《小兒痘疹方》《婦人全書》《外科正宗回春》等七十一部醫籍。有臨床參考價值。

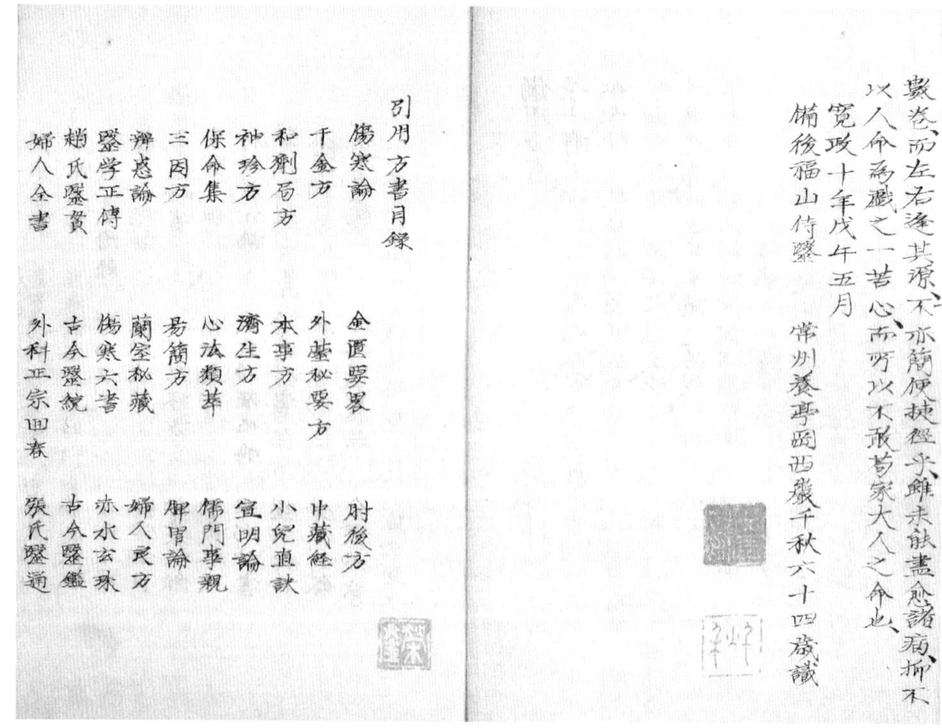

數卷，而左右逢其源，不亦簡便捷徑乎。雖未能盡愈諸病，抑不以人命爲戲之一苦心，而所以不背家大人之命也。

寛政十年戊午五月

備後福山侍醫　常州養亭岡西巖千秋六十四歲識

引用方書目録

傷寒論　金匱要畧　肘後方
千金方　外臺秘要方　中藏經
和劑局方　本事方　小兒直訣
神珍方　濟生方　宣明論
保命集　心法類萃　儒門事親
三因方　易簡方　脾胃論
辨惑論　蘭室秘藏　婦人良方
醫学正傳　傷寒六書　赤水玄珠
趙氏醫貫　古今醫統　古今醫鑑
婦人全書　外科正宗　回春　張氏醫通

225 備要神方

《備要神方》,兩册。兩册書封面均題作“行藥妙範”,一書目録首題“備要神方”字樣,一書無,故疑《備要神方》與《行藥妙範》爲兩書,誤裝訂爲一書。現藏于中國科學院上海生命科學信息中心生命科學圖書館。

《備要神方》,不分卷,一册。有目録,無序跋,書口題葉數,計一百二十一葉,每半葉十二行,每行二十七至三十二字不等。書内夾紙片數張,紙上雜記藥方等,惜無可取以爲紀年者。書内目録頁下鈐方形朱印兩枚,分别是“中國科學院圖書館藏”與“安記”,“安記”疑爲書坊印迹。正文首頁亦鈐方形朱印一枚,内容爲“楝花書屋”。查清嘉慶、道光年間湖南新化人鄧顯鶴編《沅湘耆舊集》,卷八十九載朱景英詩《七夕宴集楝花書屋聞歌有作》提及“楝花書屋”名。朱景英,字幼芝,一字梅冶,號研北,湖南武陵(今湖南常德市武陵區)人,乾隆十五年(1750)解元,工書法,能詩文,著有《畬經堂詩文集》二十三卷、《海東劄記》四卷等。王紹增主編《清史稿藝文志拾遺・集部》載《半研居題詠一卷》,版本爲“雍正七年楝花書屋刻本”,正與朱景英事迹相合,可知《備要神方》成書當在此間。

是本是一部方劑總集,録方次序按婦産、小兒、外傷、五官、腎、肛腸、雜病等分類,所録醫方多爲民間驗方、單方。除此之外,該書還收録了許多與藥物炮炙、書畫裝裱、農業生産等相關的内容,如種胡桃法、裱畫法、貼對法、買足尺鞋襪、猜字法等。顯而易見,編者的目的是爲了方便生活中使用,所載醫方爲便于臨證檢用,故多以單、驗方爲主。該書還記載了一些與醫史相關的内容,如書中“外科倪四先生”條下載:“往無錫縣方泉街,在城之東七八里,此去過楊婆圩即近矣。又有甘露鎮張三先生,專治發背。”又如:“杭州清波門下有一人,往問即知其姓名,專治目中瞳神反背,但每年止醫一人,甚效。如再醫餘人即不效矣。”都可爲清代民間醫療活動的相關研究提供材料,值得關注。

《行藥妙範》,不分卷,一册。有目録,無序跋,書口題頁數,共一百十六葉,每半葉八行,每行多則二十餘字。目録頁鈐“中國科學院圖書館藏”方形朱印。通過比較字迹來看,本書與《備要神方》當係一人抄録,成書年代相仿。與《備要神方》相比,兩書的共同點都在于編輯方劑而成,然本書在方劑收録與編排上更具專業性。方劑按病證分類,每類均收録古今經方、名方等。且于每證下均有所論述,所論精當。如“脾胃”條下:“脾胃屬土,畏濕喜燥,法宜燥濕以健之,調氣以和之;兼用益血,不使太燥,傷其陰液耳。”此書可供當今臨床醫生參考。

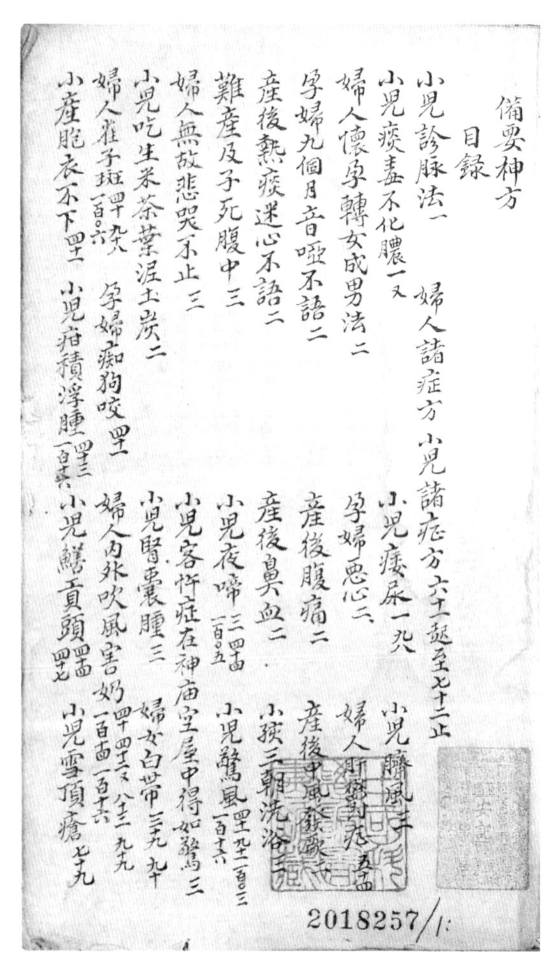
備要神方
目録
小兒診脉法一　婦人諸症方　小兒諸症方六十一起至七十二止
小兒痰毒不化膿一又　小兒痿尿一九八　小兒臍風三
婦人懷孕轉女成男法二　孕婦惡心二　婦人[illegible]五十四
孕婦九個月音啞不語二　產後腹痛二　產後中風[illegible]
產後熱痰迷心不語二　產後鼻血二　小孩三朝洗浴二
難產及子死腹中三　小兒夜啼三 四十四 一百五　小兒驚風四十一 九十一 一百三 一百十六
婦人無故悲哭不止三　小兒客忤症在神廟空屋中得如驚三
小兒吃生米茶葉泥土炭二　小兒腎囊腫三　婦女白帶三十九 九十
婦人雀子斑四十九 一百六　孕婦瘋狗咬四十一　婦人内外吹風害奶四十 四十又 八十三 九九 一百四 一百十六
小產胞衣不下四十一　小兒疳積浮腫四十三 一百十六　小兒鱔貢頭四十四 四十七　小兒雪頂瘡七十九

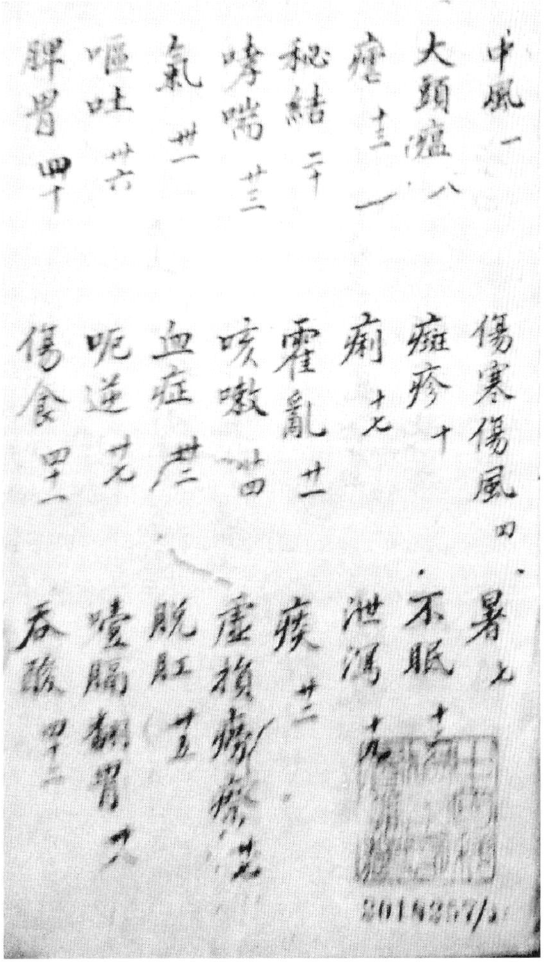

中風一　傷寒傷風四　暑七
大頭瘟八　痧疹十　不眠十三
痙十一　痢十七　泄瀉十九
秘結二十　霍亂廿一　痰廿二
哮喘廿三　咳嗽廿四　虛損癆瘵廿五
氣卅一　血症卅三　脫肛卅五
嘔吐卅六　呃逆卅七　噎膈翻胃卅八
脾胃四十　傷食四十一　吞酸四十二

226 集本草綱目方

《集本草綱目方》,不分卷,一册。原無書名,不著撰者,無序跋與目録。現存鈔本,藏于上海圖書館,藏館著録爲清鈔本。

是本先摘録木瓜、陳皮、胡桃三味中藥的功用、主治。如:"木瓜,小兒泂瀉,木瓜搗汁服之。病轉筋者,但呼木瓜二字,及書土作木瓜字,皆愈。霍亂轉筋,以木瓜一兩,酒一升煎服,不飲酒者,煎湯服,仍煎湯浸青皮裹其足。木瓜切片鋪席下除壁虱。"其次以某些病證爲專題,從《本草綱目》中摘録相關記載,加以匯集。包括烏鬚髪方、集狐腋方、燕口吻瘡、口舌生瘡、口臭、熏衣去虱、壁虱蜈蚣、辟除壁虱、痔蟲作癢、蟲蝕下部、諸痔發癢、汗斑、勞瘵有蟲等。如:"纂《本草綱目》烏鬚髪方,七卷九,赤銅屑同五倍子能染鬚髪。八卷一五,黑鉛半斤,鍋内鎔汁,入桑條灰,柳木攪成沙,篩末,每早揩牙,以水洗目,能固齒、明目、黑鬚髪。又黑鉛銷化,以不蛀皂角寸切投入,炒成炭,入鹽少許,研匀,日用揩牙,摘去白髭,黑者更不白也。牙齒動摇方同上。""又旱蓮散,用旱蓮草一兩半,麻姑餅三兩,升麻、青鹽各三兩半,訶子連核二十個,皂角三挺,晚蠶砂二兩,爲末,薄醋麵糊丸,彈子大,曬乾,入泥瓶中,火煨令煙出,存性,取出研末,日用揩牙。"

是本從對日常生活切實有用的角度,在《本草綱目》中尋找相關資料,加以匯編,反映了《本草綱目》方的實用價值。

蓁本草綱目烏鬚髮方　七卷大黃鍋店門主信子能集鬚髮

八卷作　黑鉛半斤，鍋內鎔汁，入桑條灰，柳木攪成沙，篩末，每早搽牙，以水漱口，旋咽。明目黑鬚髮。

又　黑鉛鎔化，以不蛀皂角寸切投入，炒成灰，入鹽少許，研勻，日用揩牙，搯去白鬚，黑者更不白也。牙齒動搖，方同上。

又　鉛十兩，錫三兩，婆羅石三錢，針砂、熟地黃半兩，茜根、胡桃皮一兩，沒石子、訶子、青鹽、石榴皮、皂角、酸石榴皮、烏麻油各二錢半，為末，先化鉛錫，入末一半，柳木攪勻，傾入榆槐子印成條，用之。

又　皮，鬚手梳之，百下，須先以皂莢水洗淨拭乾。

又ㄙ　鉛霜包梳，日日梳之，勝於染者。

又廿　胡粉、石灰等分，水和塗之，以油紙包，烘令溫暖，候未燥，洗去，以油潤之，黑如漆也。

又卅　針砂醋炒七次一兩，訶子、白芨各四錢，百藥煎六錢，綠礬二錢，為末，用熱醋調刷，候乾洗去。

又　針砂、蕎麵各一兩，百藥煎為末，茶調，夜塗旦洗。

九卷　許，水和塗一夜，溫水洗去，黑而且光。

又ㄙ　礬石、丹砂、烏雞卵……

木瓜　小兒洞瀉，木瓜搗汁服之。病轉筋，但呼木瓜名字，及書土作木瓜字，皆愈。

陳皮　產後氣吹。

胡桃　嗽，腰痛……

胡桃丸　胡桃仁四兩，擣膏入破故紙、杜仲、萆薢末各四兩，杵勻，丸梧子大，每空心溫酒、鹽湯任下五十丸。能益血補髓，強筋壯骨，延年明目，悅心潤肌，能除百病。

治久嗽不止　食物醋心，胡桃爛嚼，生薑湯下。

227 集效方

《集效方》,兩卷,兩册。作者佚名,抄録者不詳,每卷首頁有上海中醫學院圖書館藏書印章。半葉十欄,欄綫外有“集雲齋”印刷字樣,墨筆抄録,朱筆點校。無序跋,前有目録五葉。略有蟲蛀。《中國中醫古籍總目》載録爲清鈔本,現藏于上海中醫藥大學圖書館。

全書内容分三部分。第一部分載方八十九首,從《養生經驗合集》録出,方劑如青龍丸、牛黄丸、人中白散、跌打損傷方等。第二部分載方一百十四首,自《曹氏秘本經驗良方》摘出,方劑如五軍散、三山丹、松脂散等。第三部分載方二百零五首,名爲《醫方集效》,方劑如三釐散、噎膈方、牛皮癬方等。全書方劑以外科方藥爲主,多爲丸、散、膏劑,以外用居多。全書最後二十方抄録潦草,不易辨識。

是書共載方三百九十八首,多用于治療外科皮膚病及跌打損傷諸證,對現今外科用藥意義不大,但具有一定文獻價值,可作醫書旁校參證之用。

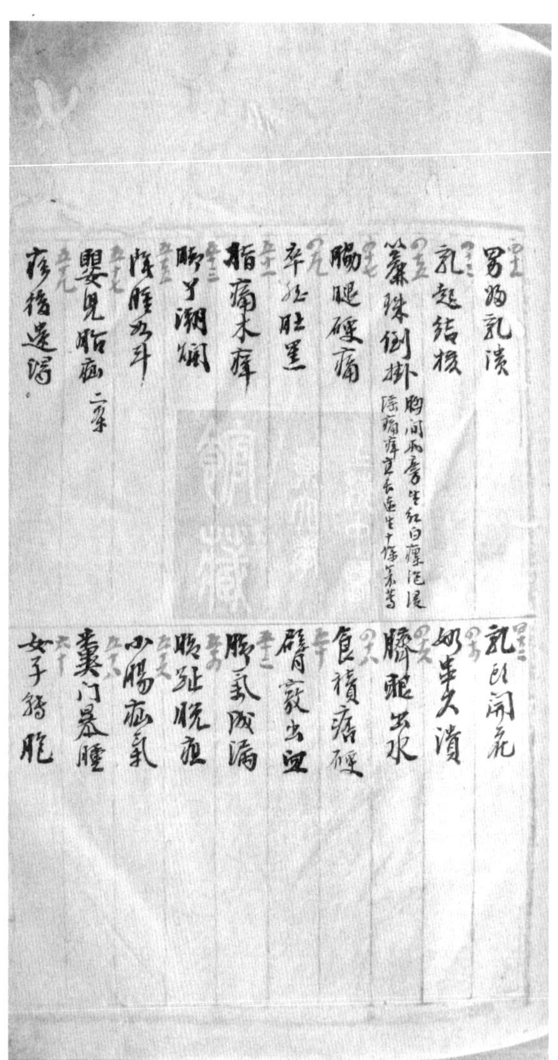

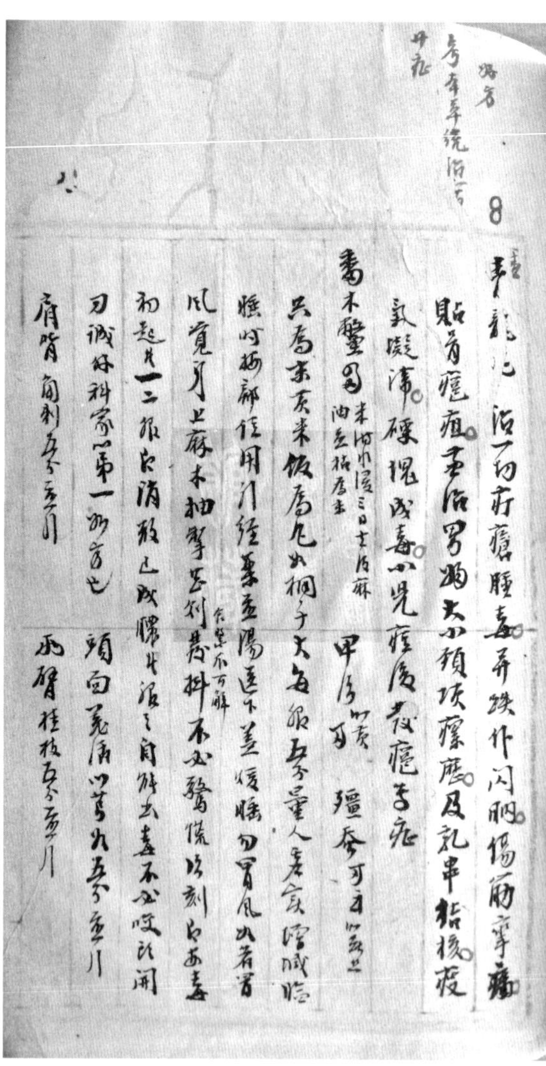

228 集驗方

《集驗方》,不分卷,一册。撰者與成書年代不詳,現藏于上海圖書館,藏館載録爲清鈔本。

是本分"少陵秘傳傷科、瘧疾妙訣良方""摘録選傳良方"兩部分。"少陵秘傳傷科、瘧疾妙訣良方"主要載傷科證治的各種要論,另于文末簡要列出倪涵初專治瘧疾三方。傷科證治首論"少陵秘傳傷科内傷五臟看法"及"三十六個大穴道",總述五臟受傷需金木水火土結合診療及傷科治療時領經藥的用法,如"心爲華蓋穴,受傷領經藥加枳殼、良薑";次列《青囊秘術全書》中記載的"顖門""兩太陽""截梁""心坎"等二十一個至要至緊之處所在,指出其受傷難治;再論"驗癥吉",用七字歌訣述辨證之吉兇,并簡述辨吉凶的方法;最後用"損傷總論""死症總論"兩篇對傷科病證進行總結;篇末附"倪涵初專治瘧疾三方"。文末記"以上皆少陵秘傳傷科、瘧疾妙訣良方抄完"。"摘録選傳良方"選摘内、外、婦、兒、皮膚等各科經驗效方三百餘首,一證一方。如内科的勞傷腰痛方、心頭痛方、吼喘方,外科的治療腫毒、刀斧砍傷、魚骨鯁喉方,婦科的濟生湯、難産經日不下方、治横生倒産方,兒科的治療胎毒肥瘡、小兒赤游丹方,皮膚科的濕瘡神效方、治牛皮癬方等。

是本對證立方,述證簡明,詳論方藥,多爲經驗效方或家傳秘方,如布政使司蔣大人傳抄方、十三太保方;如稱"治一切冷痡痧、肚痛、上吐下瀉、脚筋短索"的"時靈妙帖散",抄記爲寧波城通竹妙傳抄方。所載之方來源廣泛,方證相合,便于臨證參閲。

少陵秘傳傷科內傷五臟看法

舌乃心之苗眼爲肝之竅唇爲脾之門鼻乃肺之穴耳
爲腎之門關聚於金木水火土相聯看五臟受傷受傷鼻孔反而
且黑色肺金已絕之症不治魚目定睛非老非童人若陷死無疑因
干木絕兩耳黑色吊起耳聾腎水涸何疑若如是舌以黑色蕉芒
刺死無疑心火絕也嘴唇反起出黑色此症必然脾土絕頭爲眾陽
之首額乃諸髓之海故重於額也
跌打損傷極痛用生石羔不用生半夏不共末老調敷其痛即止

跌打損傷風濕神方

川烏 草烏 羌活 獨活 陳皮 半夏 防風
枳殼 大戟 牛膝 茄皮 木瓜 桂枝 紅花
硃砂 兒茶 雄黃 血竭 射香 陽花 山甲炒研
蟬腿焙研 蛇腿焙研 全蝎焙研 蜈蚣焙研 乳香去油淨末 沒藥去油淨末
以上晒干研淨末各四分和勻先以西硫黃四兩研末投於銅勺內熬
化下各藥末離火攪勻傾者青石上退火毒研碗收貯勿令泄
氣患者以半粒大吞之即效先食生黃豆五粒方免患處潰

脹論第八

痘不起脹其亡速矣起脹之科氣至爲血次爲
盈天地之間皆氣也氣有升降故有至不至焉氣
至而盛者則升故能生長萬物氣衰而退者則降
故使物壞物盡草木得氣而發禽魚因氣而生雲
雨無氣不上霜露無氣不成木草根乎地氣而外
接乎天氣禽虫屬乎天氣而實成乎地氣雲雨升

229 湯頭歌訣

《湯頭歌訣》,不分卷,一册。封面有“湯頭歌訣”“武良”字樣,另有“武良”朱印一枚。首頁有“醫方湯頭歌括總目録”。版心爲“湯頭歌訣目録”。著者佚名。成書及抄録年代不詳。武良或爲藏書之人。現藏于上海圖書館,藏館與《中國中醫古籍總目》均載録爲清鈔本,書名爲《醫方湯頭歌括》。

是本選録中醫常用方劑共二百三十四首,分爲“補養之劑”“發表之劑”“攻裏之劑”“涌吐之劑”“和解之劑”“表裏之劑”“消補之劑”“經産之劑”等共二十類。其分類同清代汪昂所著《湯頭歌括》,而内容相异。方名下注主治,如“六味丸陰虧氣弱”“四君湯陽虚氣弱”“麻黄湯寒傷營無汗”。每方均用七言歌訣的形式加以歸納和概括。若歌訣中出現藥物連稱或簡稱,如“知柏”,則旁注“知母”“黄柏”。歌訣後詳列方劑的出處、主治、藥物歸經、服用法則以及加減化裁方。

是本兼録衆説,分類排纂,條分縷析。文辭淺顯易明,便于誦記,頗行于世。

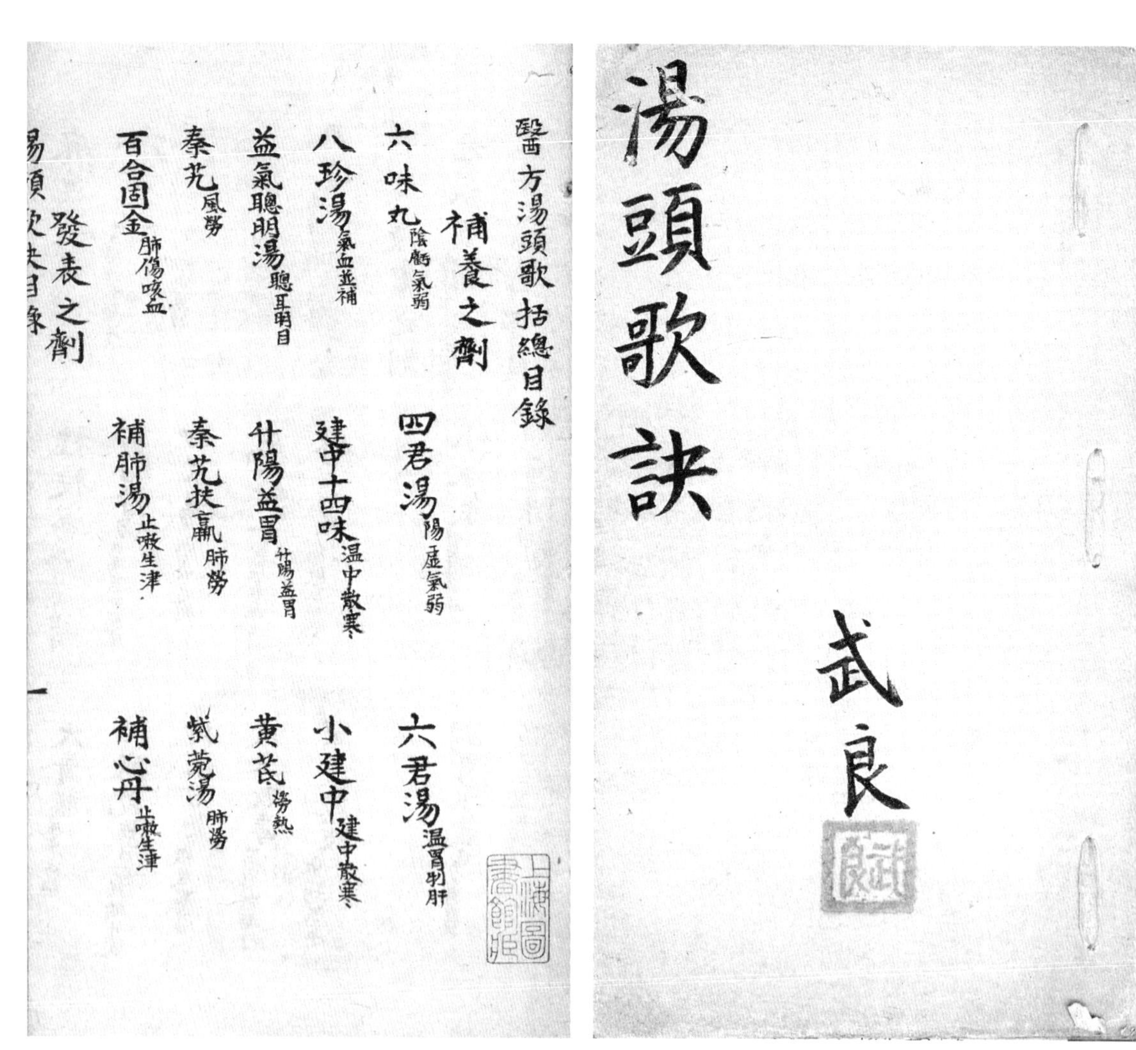

湯頭歌訣

武良

醫方湯頭歌括總目錄

補養之劑

四君湯 陽虛氣弱
六君湯 溫胃制肝
六味丸 陰虧氣弱
建中十四味 溫中散寒
小建中 建中散寒
八珍湯 氣血並補
升陽益胃 升陽益胃
黃芪 湯熱
益氣聰明湯 聰耳明目
秦艽扶羸 肺勞
鱉甲 湯 肺勞
秦艽 風勞
補肺湯 止嗽生津
補心丹 止嗽生津
百合固金 肺傷咳血

發表之劑

湯頭歌訣目錄

230 禁方小牘經驗方

《禁方小牘經驗方》，不分卷，一册。首頁有“湯溪范氏棲芬室圖籍”印章。著者佚名，從本書内容推測著者似日本醫家華岡青州。華岡青州（1760–1835），又名華岡震，師從漢醫吉益南涯和西醫大和見水，曾廣泛收集各家藥方，著有《乳巖辨》《奇方集》《禁方録》《禁方集録》等，并曾于1804年用漢方“通仙散”作爲麻醉藥實施手術而名聲大噪。現存鈔本，藏于中華醫學會上海分會圖書館。

本書主要記載臨證方劑，與其他方書相比，具有以下三方面特色：其一，記載臨床病證六十餘種，大體按内科、外科、五官科、婦科、兒科順序編排。每種病證的治療方劑大抵不超過十首，經典方劑不載，唯記録類似走方醫驗方的單方、簡方。如治療“不食”一證，僅載兩方，一方用薄荷露與熱酒調和頓服；另一方將石菖蒲根、白砂糖煎煉成膏，每天早晨温水送服三錢。又如“消渴”病證，僅載一首治療方，即用浮石、果蠃（即栝樓）水煎温服。從用藥推知，本書所治療的病證多處于初起階段，或僅爲改善疾病的某一症狀，否則如此用藥似乎輕淺。其二，所載部分藥物具有很强的异邦特色，有些藥物非常少見，如沐仍泹、獮猴頭、酸醬、狐肉、藏瓜糟、黑貓尿、燒鼴鼠等，當是日本的特色藥物或食物。其三，載有薄荷露、丁香油、野菊油、蚯蚓油、茴香油、琥珀酎等有别于常見的湯、丸、散、膏、丹的劑型，如治療“不食”“嘔吐”“耳疾”等病證，均用到薄荷露一味，著者在薄荷露下注明“和蘭方，以下并同”，和蘭方即當時由荷蘭傳入日本的西醫方。

從本書内容可初步認定此書著者應爲日本醫家，其身處的時代應爲十六世紀西醫進入日本以後，作者對中西醫學均有涉獵。本書所載方劑均爲經驗方，所用藥物皆具簡、廉、便、驗的特點。雖因中日地域、習慣差异而有用藥習慣不同，但亦多有借鑒之處。

禁方小牘經驗方

泄瀉

結毒泄瀉

薏苡仁　薯蕷各大　益智　朮　檗木皮

甘草各中　馬兜鈴根小

右七味㕮咀水煎溫服或研為末更加粉葛白湯送下凡泄瀉連緜不過其調胃收斂等劑斷無應驗者是為結毒此方主之

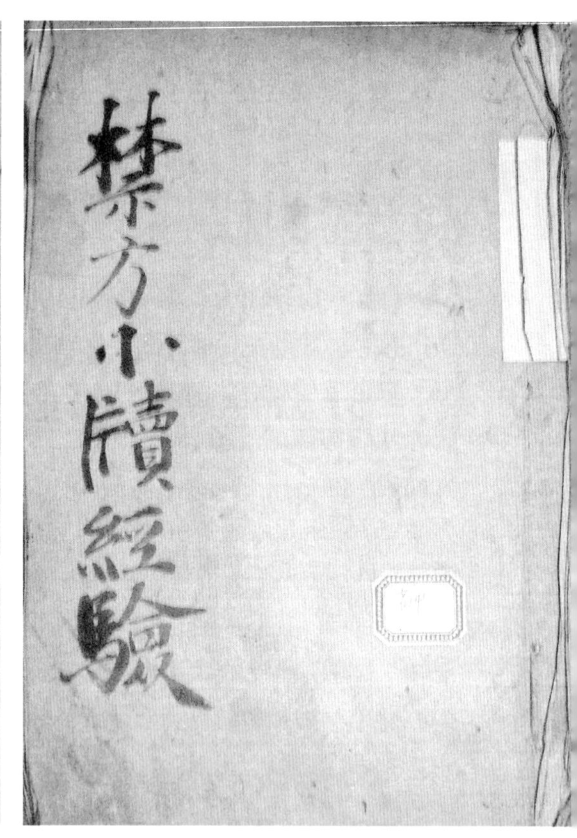

231 傳家秘寶脈證口訣并方

《傳家秘寶脈證口訣并方》，三卷，存中下兩卷，下卷亦似殘缺。成書于北宋時期，抄于日本天保十三年（1842），爲日本影宋鈔本。抄録者認爲本書是宋“宣德郎守殿中省尚藥御權太醫令光醫師上騎都尉賜紫金魚袋孫用和集”。孫用和，名尚（用和乃其字），北宋人。原籍衛州（今河南汲縣），後客居河陽（今河南孟縣）。原爲民間儒醫，通曉經學，尤精于醫道，善用仲景方。光獻皇后病，仁宗召其診治而愈，授宣德郎尚藥奉御等職。子孫奇、孫兆均進士出身，孫奇官尚書部官員外郎，孫兆官將仕郎守殿中丞、尚藥奉御丞等，皆通曉醫道。仁宗嘉祐二年（1057），設“校正醫書局”，孫奇與孫兆均爲主要成員，參與校正醫書。《宋史・藝文志》載《孫氏傳家秘寶方》五卷，陳振孫《直齋書録解題》載《孫氏傳家秘寶方》三卷，晁公武《郡齋讀書志》載《孫尚秘寶方》三卷。森立之《經籍訪古志》認爲是書世久失傳。天保壬寅(1842)，小島學古陪東睿法親王西上時，遍訪故家而物色古本，所獲凡十數部，此其第一種，原係鈔本。稱本書爲“醫林不可缺之瑰寶”。書首有抄録者序言。卷中末有“壬寅十一月二十三日于寧樂光傳寺與喜多田之同校燈下，記時風雨凄然”三十字，記録抄寫時間、地點與人物等。書末有青雲館主人跋，叙抄録本書之緣由。跋後附日本醫家小島學古之補遺七條。有短文：“以上小島學古摘録於《證類本草》中，乙未盛夏借抄以附卷末。”落款爲喜多村直寬。岡西爲人《宋以前醫籍考》認爲“文中所謂小島學古，疑即小島寶素之誤”。書末頁載抄録者給其二哥的信，叙述本書抄寫過程，稱書中朱筆眉批爲原書所存，依舊照録，“誤缺不可閱讀之處皆一仍其舊”，未經修改。是本爲朱絲欄，每半葉十行，每行字數不等，白口，上魚尾。爲東洋影抄宋本，上卷缺失已久。現存殘鈔本兩卷，藏于上海中醫藥大學圖書館。

是本中卷分爲“治風脉證病候并方”“治氣脉證病候并方”“補益諸方”三類，下卷分爲“治婦人諸方”“治勞諸方”“治小兒諸方”三類。每類方證名稱後均有對此證的病因、病機、病名的論述，語言平實而明白，每大類後詳分證型，并于其後附方，每方均有適應症狀，附煎服方法，詳略得當。如：“治咳嗽不計新久者，防已丸。甜葶藶、杏仁（二兩 炒）、貝母（二兩 去心）、甘草（二兩）、防已（二兩），右件爲末，麵糊爲丸，如緑豆大，每服二十丸，生薑湯下。”

本書記載了北宋名醫孫尚的學術思想與臨床經驗，具有重要的文獻價值與臨床參考價值，值得進一步研究、挖掘。

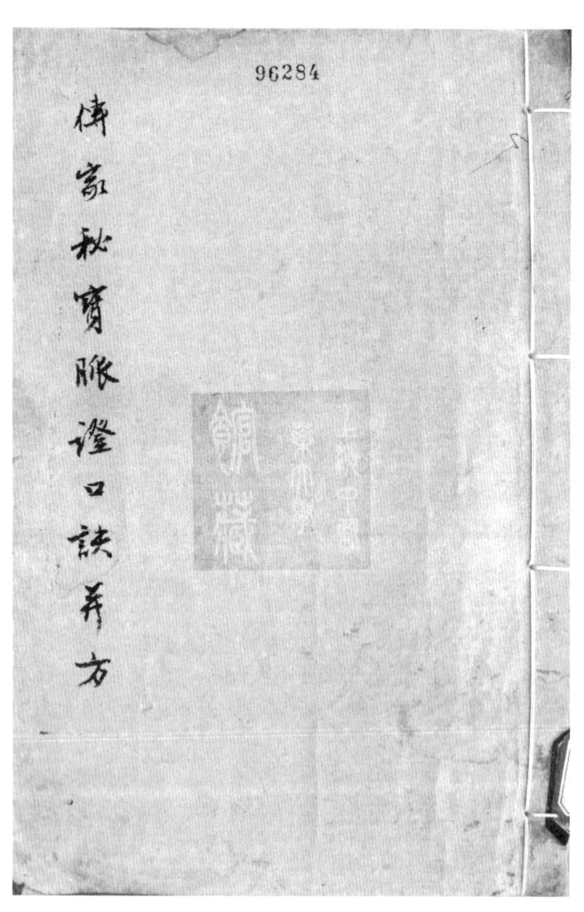

傳家秘寶脉證口訣并方三卷 上卷缺

傳家秘寶脉證口訣并方三卷殘本東洋影宋本
宣德郎守殿中省尚藥奉御權太醫令充醫師上騎都
尉賜紫金魚袋孫用和集
按直齋書錄解題載孫氏傳家秘寶方三卷尚藥奉
御太醫令孫用和集其子殿中丞兆父子皆以醫名
自昭陵時逸於熙豐無能出其右者元豐八年吕忠
卿從兆中寧得而刻之兆自言爲思邈之後晁氏志
作十卷宋藝文志作五卷此闕上卷乃日本人影抄
宋本禮失求野此之謂矣

傳家秘寶脉證口訣并方卷中
宣德郎守殿中省尚藥奉御權太醫令充醫師上騎
都尉賜紫金魚袋孫用和集
治風脉證病候并方
治氣脉證病候并方
補益諸方
治風脉證病候并方
夫六淫之氣天之常行者也蓋人無攝節傷其氣候暴中
邪毒有疏治療矜着肢體或寒濕不避暑濕時傷憂思喜
怒疾患便起治療有差致傳五藏遂至積病轉深醫者罔

生經驗甚多故集口訣方書以傳於家
夫風者天地之號令物性之動氣人雖萬物之貴不能攝
節觸冒四時乘精氣虛邪而入於腠理積之微末累傷宣
併滿而大作或不慎味欲所傷又深盛邪實邪以干五藏
搏陽經則痙厥而肢體不收疼或痺緩搏陰經則筋攣絡
急中風之名因茲而起初得小中之號漸作癱瘓之疾故
風趨有殊獨廢一肢言舌蹇澀形喜癡人醫者宜令吐瀉
用藥煩十無一痊致使手足動搖加被微風　浮之形
如風狀脉微澁也
治諸痺是無定處亦治血痺方

232 試效要方并論

《試效要方并論》,不分卷,兩册。明彭用光撰。彭用光,廬陵(今江西吉安)人,著有《體仁彙編》(1549)《潛溪續編傷寒藴要》《簡易普濟良方》《原幼心法》等。其中《體仁彙編》所論有《太素運氣脈訣》《叔和脈訣》《十二經絡臟腑病情藥性》《試效要方并論》。現存繼述堂鈔本,成書于明嘉靖二十八年(1549),封面題“廬陵彭用光撰”,藏于上海中醫藥大學圖書館。

是本首載《養真論》《居家論》《保調論》《飲食論》《男女論》五篇醫論,次述小兒痘疹、小兒疳病、頭痛、眩暈、腹痛、腰痛、手麻木、疝氣、脚氣、脱肛症、諸痹痛風、熱退、厥證等病證,涉及内、外、兒、婦、五官、口齒等科,全書共載方劑二百六十一首。五篇醫論多引用《太素》《脈經》、朱丹溪、張子和之説。病證部分先列各種病證,次有補充説明,如“破傷風”後注“即鬥争打傷”。病證後分列治療藥方,每首藥方均載明功效、適應症、用法、炮製等,如:“三黄補血湯,治吐血。黄芪(一錢),川芎、熟地黄(各一錢半),當歸(一錢)……右細切作一服,水二盞,煎至一盞,温服。”

是本條理清晰,論述簡單明瞭。書中所選方劑,係彭氏自用有效者,有臨床參考價值。

試效要方并論卷

養真論

廬陵彭用光撰

彭用光詳觀古人治未病不治已病所以為上工也竊讀自有醫書以來皆首編中風之門而為治已病似此則殊失古先聖賢之旨矣且內經有曰飲食男女人之大慾人當順時節攝勿使過焉何疢疾之有此黃帝問岐伯答問保合天和迺治未病之要也人

耀述堂鈔本

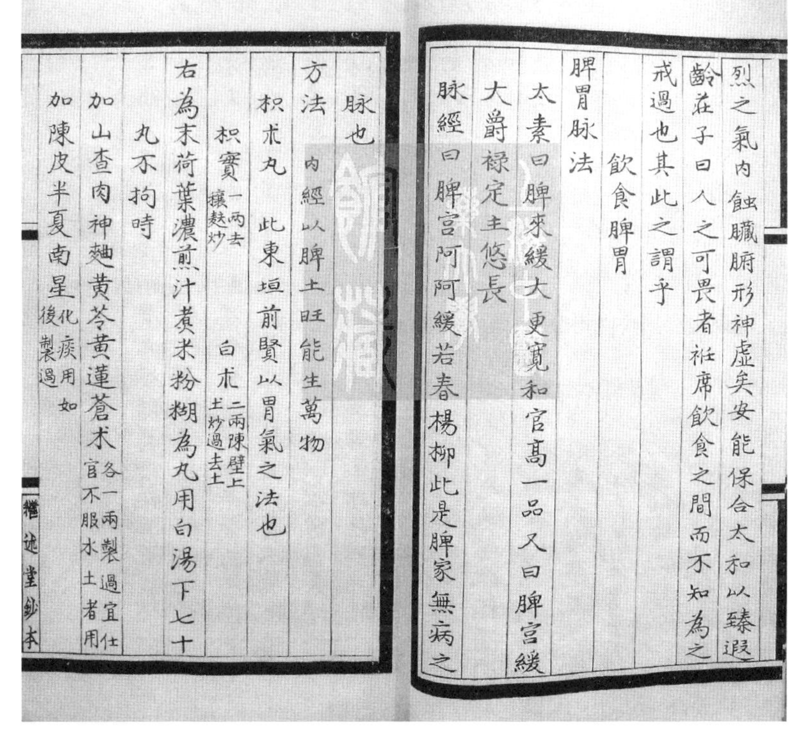

烈之氣內蝕臟腑形神虛矣安能保合太和以臻遐齡莊子曰人之可畏者衽席飲食之間而不知為之戒過也其此之謂乎

飲食脾胃

脾胃脉法

太素曰脾來緩大更寬和官高一品又曰脾宮緩大爵祿定主悠長

脉經曰脾宮阿阿緩若春楊柳此是脾家無病之脉也

方法 內經以脾土旺能生萬物

枳朮丸 此東垣前賢以胃氣之法也

枳實一兩去穰麸炒 白朮二兩陳壁上土炒過去土

右為末荷葉濃煎汁煮米粉糊為丸用白湯下七十丸不拘時

加山查肉神麯黃芩黃蓮蒼朮各一兩製過宜仕宦不服水土者用

加陳皮半夏南星化痰用如後製過

耀述堂鈔本

233 新刊三豐張真人神速萬應方

《新刊三豐張真人神速萬應方》，四卷，四册。孫天仁編。孫天仁，明代醫家，生平不詳。封面題“萬應方”，首頁書“容山探玄子孫天仁集，書林作德堂葉静齋刊”。無序跋，有目録。書内有印章三枚，分别爲“湯溪范氏棲芬室圖籍”“奚暇齋讀本記”“中華醫學會上海分會圖書館”。成書年代不詳，《中國中醫古籍總目》載録爲1644年，係日本鈔本。現藏于中華醫學會上海分會圖書館。

卷一首載《五行論》《陰陽變化論序》《鍾吕二仙語論》以及“三豐真人像”“永樂帝詔令”，述及此書之來歷。次載仙方二十四首，如冲虚至寶丹、神仙失笑丹、神授如聖餅子、真人碧雪膏等，每方前均有“仙方”叙，記載每首方的來歷。如冲虚至寶丹治“男婦元陽虧虚、血海崩枯、五癆七傷、五膈十噎、下部虚淋”等疾，用藥四十三味，言乃道家神仙漢鍾離獻于宋徽宗，并有詩曰:“駕鶴騰空徹太霄，仙方不許世人瞧。服之千日容顔返，老者安强諸病消。”又如神受妙應丹，藥用當歸、人參、麻黄、滑石四味，言道家神仙韓湘子授予僧人祖惠。二十四仙方後載“續附補養延壽諸方”二十四首，言“古之聖人醍醐灌頂、却病延年、返老還童之訣，今仁人君子貪塵癡惡愛欲，不能静守歸源，故此夭折。今具補養藥餌服食目録於後”。體例與二十四仙方相類，包括延齡丹、慶世還少丹、白鳳膏丸、坎離丸、伐木丸等。卷二首載《醫科世系節要》《十三代明醫》《病有六不治》與《八齋十三科詩》(游潤齋識)。次載傷寒病證，包括《傷寒十勸》《傷寒治法》《傷寒湯藥三十八首》及製藥法、解藥法、煎藥法等，并附録杜本《傷寒冰鑒辨舌論》二十辨。《傷寒冰鑒辨舌論》前載序言一篇，末書“至正辛卯中秋前二月，翰林學士杜本”。卷三載内科雜病，“諸氣湯藥”、中風門、大麻瘋論、瘡科。卷四載婦人科、小兒科、眼科、咽喉口齒科、瘧疾、祝由科。卷三、卷四列諸疾治方及用藥法，每方藥味較少，水銀、輕粉、硇砂等金屬亦常入藥。

是書爲道家方書，傳爲明代道士、醫家張三豐所傳，内容所載具有濃厚的道家神仙特色。書中“玄”字不避諱，卷三末書“孫氏集效方卷之三”，經核查，《本草綱目》所引《孫天仁集效方》之條文與本書所録基本相同，實爲一書。本書所載病證較爲完備，用藥頗爲簡易，可供臨證參考。

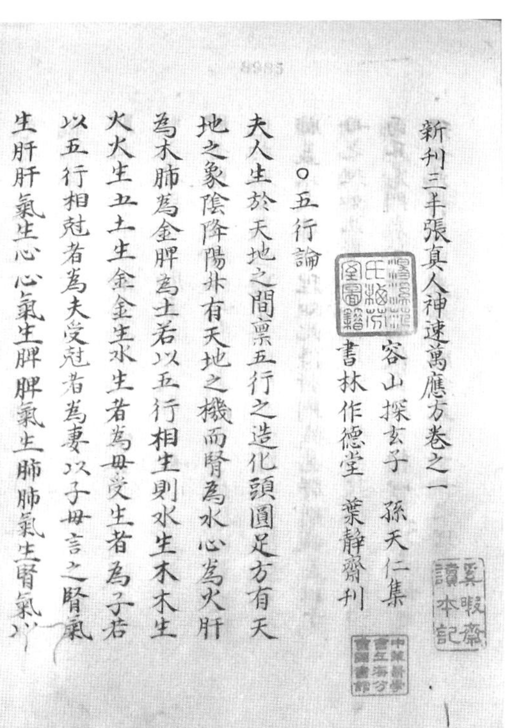

新刊三丰張真人神速萬應方卷之一

容山探玄子　孫天仁集

書林作德堂　葉靜齋刊

○五行論

夫人生於天地之間禀五行之造化頭圓足方有天地之象陰降陽升有天地之機而腎為水心為火肝為木肺為金脾為土若以五行相生則水生木木生火火生土土生金金生水生者為母受生者為子若以五行相尅者為夫受尅者為妻以子母言之腎氣生肝肝氣生心心氣生脾脾氣生肺肺氣生腎氣以

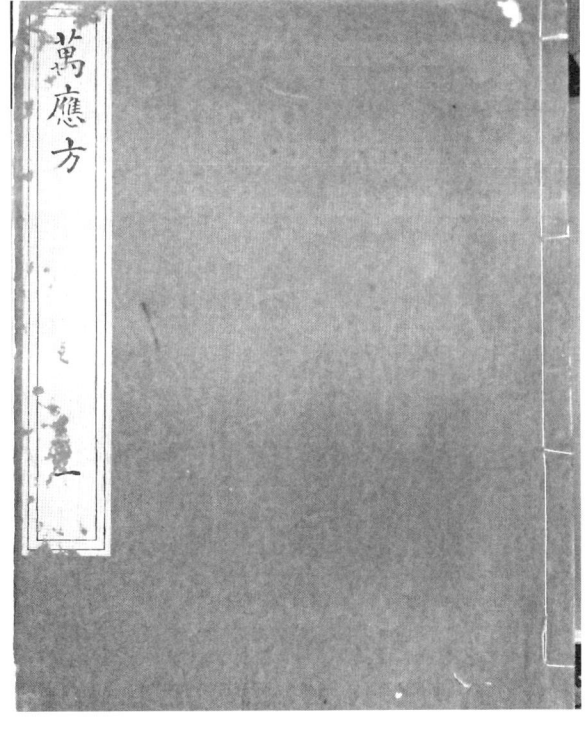

仙方目録

計二十四方

仙方

徽宗曰吾奉道以來未覩此方忽一日與林靈素真人在招仙館談道之間有一宦官來報東華門外有一道者听宣朝見遂詔入拜朕以畢問其何名道者曰貧道自幼迷失鄉貫亦無名姓故指終南山爲姓聞知陛下道高德重列位仙班有一小方敬進視之道者遂於囊中取進一方名至寶丹止遂命備齋之際道者乃言陛下臣道還有一件在於門外臣道听旨亦宣入館朕允諾回身道者就地駕鶴騰空而去去下紙帖一張墨跡未乾有詩一首

234 羣方簡要

《羣方簡要》，四卷，一册。卷三殘。無序跋，撰者不詳。《中國中醫古籍總目》載録爲清鈔本，現藏于上海中醫藥大學圖書館。

本書内容涉及衆多。卷一、卷二載内科及五官科疾病，分"傷寒科""雜病科"以及"面病"。"雜病科"又分諸風、非風、厥逆、傷風、瘴風、汗、痙、瘟疫等四十餘種病證。"面病"分爲口舌、眼目、耳、鼻四種病證。卷三載婦科、幼科及外科疾病。婦科（部分内容佚失）存胎孕、産育、産後、帶濁遺淋、乳病、子嗣、癥瘕、前陰等類病證。幼科分撮口臍風、驚風、大驚卒恐、夜啼、外感發熱治法、内熱等十六種病證。外科有發背、腦疽、耳瘡、鬢疽、痄腮、疔瘡、乳癰乳岩、胃脘癰等三十六種病證。卷四載咽喉、齒牙、遺精、淋濁、遺溺、痰飲、濕證、黄疸等十九種病證。每種病證均依汗、吐、下、和、温、清、消、補八法分列方劑。全書共收方劑三千餘首，各病證治療的理、法、方、藥記述均較詳細，選方多爲名方或歷代驗方。如"犀角地黄湯，凡熱入血分吐衄，斑黄及血熱、血燥，不能作汗，表不解者宜此"，後列犀角地黄湯組方、用量及煎服法。

本書對于各科病證及治療均有詳細記載，多數病證收録多首方劑，并描述其不同病機特點、適應病證，以供辨證施治，對臨床有參考價值。

羣方簡要一册

傷寒科

汗散

○溫散之方

麻桂飲　治傷寒瘟疫陰寒氣勝而邪有不能散者非此不可　凡傷寒邪盛氣实者無論諸經四季先宜用此極効

官桂一二錢　當歸三四錢　炙甘草一錢　陳皮隨宜用

麻黃二三錢　水煎加姜去浮沫不拘時服　若陰氣不足者加熟地　三陽併病者加柴胡

二柴胡飲　凡邪感三陰及三陽併病寒勝者宜此主之三陰初感者亦可用凡遇四時外感其人元氣充实臟氣素平無火或時逢寒勝之令本無內熱等證者皆不可用寒涼只用此散之

陳皮錢半　半夏二錢　細辛一錢　厚朴錢半　生姜五片

柴胡錢半　甘草八分　水煎溫服　邪盛者可加羌活白芷防風紫蘇之屬　頭痛不止者加川芎多濕者加蒼朮　陰寒氣勝必加麻黃或兼桂枝

十神湯　治時氣瘟疫感冒風寒發熱憎寒頭痛欬嗽無汗不拘[illegible]一切發散宜此

紫蘇　乾葛　升麻　芍藥各一錢　麻黃　川芎

甘草各八分　白芷　陳皮　香附各八分

加姜三片水煎服

局方消風百解散　治四時傷寒頭痛發熱及風寒欬嗽鼻塞聲重或喘急

荊芥穗　麻黃　白芷　蒼朮　陳皮各一錢　甘草五分

加蔥水煎熱服　嗽甚者加烏梅一個

○涼散之

一柴胡飲　治初感內外俱有熱者宜此

柴胡二錢　黃芩錢半　芍藥二錢　生地錢半　陳皮錢半　甘草八分

水煎溫服　內熱甚者加連翹　外感邪甚者加防風　邪結在胸而痞滿者去生地加枳实　熱在陽明而兼渴者加天花粉或葛根　熱甚者加知母石膏亦可

易老九味羌活湯　治四時不正之氣感冒風寒憎寒壯熱頭疼身痛口渴人人相似者

羌活　防風　蒼朮各一錢　白芷　川芎　生地

黃芩　甘草各一錢　細辛八分　加姜三片棗一枚水煎熱服取汗　有汗者去蒼朮加白朮　渴者加葛根石膏

235 彙集靈效丹方

《彙集靈效丹方》，不分卷，一册。封面有印章“歷藏室”。不著撰者。無序跋。目録在每門之首。《中國中醫古籍總目》載録爲清鈔本。現藏于上海圖書館。

是本共載丹方二百零一首，名方居多，分爲内、婦、兒、喉、外科及雜類。每方有方名、組成、劑量、製備、功用主治、加減方法、服法，禁忌等。有些服法較特殊。如：“蟾酥丸：西黄一錢，蟾酥五錢，真茅术一兩，硃砂五錢（水飛净），射香一錢六分，丁香五錢。右爲極細末，端午日水泛爲丸如肥芥子大。輕者一粒，重者二粒，噙於舌底化完，治諸般痧症神效。”“羅漢濟生丸：廣木香（晒），雲茯苓，砂仁（去壳），蒼术（米泔水浸三日），藿香葉，厚朴（薑汁炒），蘇葉，陳皮，青皮，香附（去毛醋炒），赤芍，梹榔，小茴香（炒），烏藥，草果（麵包煨），枳壳（麸皮炒），黄芩，木通，當歸（酒拌炒），川芎，甘草。右藥每味二兩，共研細末，大米煮飯，入藥搗爲丸如龍眼大，合成陰乾。不論男婦老幼，照湯服之，無不神效，大人每服兩丸，小兒一丸。”并用不同的藥湯下丸藥，如：“四時感冒，頭痛發熱，生姜薄荷湯下。心腹痛，淡鹽燈心湯下。胸腹膨脹嘔酸，生姜紫蘇湯下。傷食，山查麥芽湯下。熱瀉紅痢，川連甘草湯下。冷瀉白痢，生姜湯下。紅白痢，生姜川連湯下。瘴氣，桃柳尖各七個煎湯下。小腸疝氣，小茴香川楝子湯下。”實際上是隨證加減，因爲丸藥是固定的，用此法更符合病情的需要。此外，擦牙散用來擦牙，可謂是現代牙膏的雛形。白痧藥方用來嗅鼻，也是巧妙的用法。

是本部分方劑的藥物組成，與《中醫方劑大辭典》同名方劑略有不同，如蟾酥丸、擦牙散等。部分方劑則爲《中醫方劑大辭典》所未載，如羅漢濟生丸、白痧藥方等。還有一些特殊用法可供臨床參考。

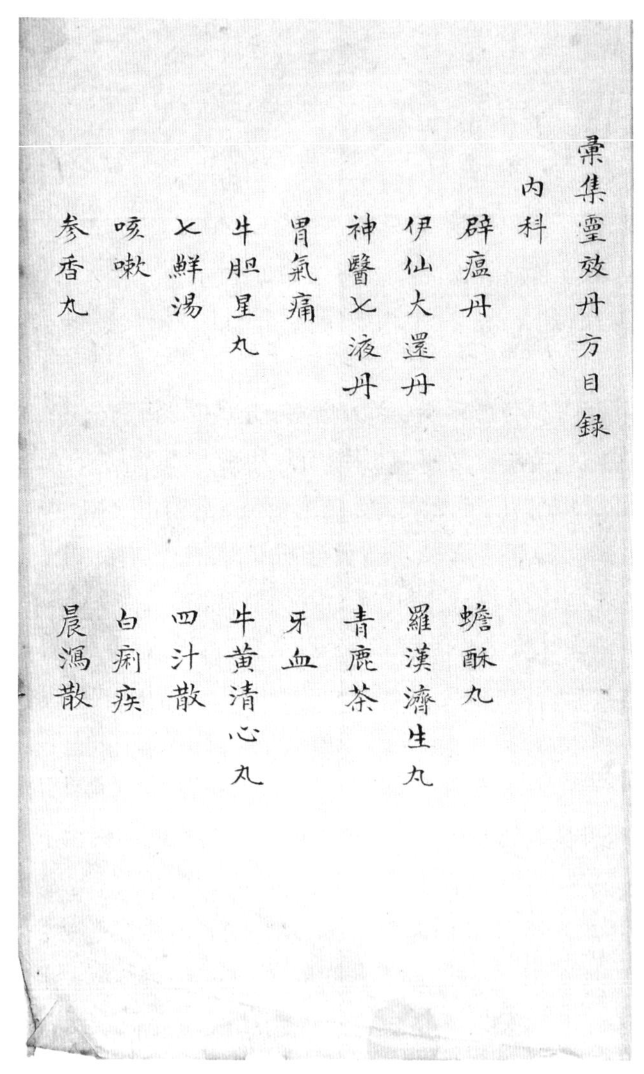

彙集靈效丹方目録

内科

辟瘟丹　蟾酥丸

伊仙大還丹　羅漢濟生丸

神醫七液丹　青鹿茶

胃氣痛　牙血

牛胆星丸　牛黄清心丸

七鮮湯　四汁散

咳嗽　白痢疾

参香丸　晨瀉散

此丹常治一切時症傷寒四時瘟疫瘧痢等症

一時症傷寒山查薄荷湯下

一瘧疾柴胡陳皮湯下

一赤痢當歸湯下

一白痢淡姜湯下

忌生冷魚腥煎炒油膩小兒孕婦止服半丸

蟾酥丸

西黃一錢　蟾酥五錢　真茅朮一两

硃砂五錢水飛淨　射香一錢六分　丁香五錢

右為極細末端午日水泛為丸如肥芥子大輕者一粒重者二粒噙於舌底化完治諸般痧症神效

伊仙大還丹

真西黃三錢　當門子三錢　大泥冰片三錢

五棓子三两晒　山豆根一两晒　紅牙大戟二两晒

茅茨茹二两晒　雄黃五錢　千金子一两研淨霜

硃砂五錢水飛為衣

右葯研磨為極細末不可見火端午日午時用乚姓人家粽尖打和為丸每丸重五分須擇吉虔修

一治中風口噤目瞪陳酒磨服

一治痰厥中惡中毒石菖蒲汁磨服

一治急中發狂無灰酒磨服

一治小兒驚風薄荷湯磨服

羅漢濟生丸

廣木香晒　雲茯苓　砂仁去殼

蒼朮米泔水浸三日　藿香葉　厚朴姜汁炒　蘇葉

陳皮　青皮　香附去毛醋炒　赤芍

梹榔　小茴香炒　烏葯　草果麩包煨

枳殼麩皮炒　黃芩　木通　當歸酒拌炒

川芎　甘草

右葯每味二两共研細末大米煮飯入葯搗為丸如龍眼大合成陰乾不論男婦老幼照湯服之無不神效大人每服两丸小兒一丸

一四時感冒頭疼發熱生姜薄荷湯下

一心腹痛淡盐燈心湯下

一胸腹膨脹嘔酸生姜紫蘇湯下

一傷食山查麦芽湯下

一熱瀉紅痢川連甘草湯下

一冷瀉白痢生姜湯下

一紅白痢生姜川連湯下

一瘴氣桃柳尖各七個煎湯下

236 經驗良方

《經驗良方》,不分卷,一册。未著撰者。書首抄者題有“係祖父舊本抄下康熙丁巳冬十一月訓蒙於白羊壪許德隅記”字樣,另據抄者文中“祖集各明醫藥書妙方,竟成良醫……今儀收拾各醫書,糊塗者復録之,以爲後代兒孫有志於醫道取法焉”,表明此書爲清代許儀1677年鈔本,原作者爲其祖父。現藏于上海圖書館。清代姚俊、陸晝邨曾分别輯有同名醫書,與此無涉。

是本共録方劑二百餘首。多以病症、療效分類羅列,先談方藥組成,次談製法用法兼及加減諸法和用藥禁忌,如治咳紅方、治産後風痛方;有的則以藥名分類,如常用坎離丸、枳术丸;有的兼而有之,如奪命丹“治無名腫毒”,當歸六黄散“治盗汗”。雖可看出撰者有意識地將主治大體相同的方劑放在一起,但有時標準蕪雜,如遇紅方,書中前後多次出現,邏輯順序稍嫌混亂。是本對夢遺夢泄等男科疾病、行經産後諸婦科疾病及咳嗽哮喘、梅毒瘡瘍、痢疾腫毒等病證着力甚多,對滋補類藥物也十分重視。博采衆長,多録驗方。如“遇紅”後標注“紹興潘先生方”,催生方“係章渭賓先生方”,“治腹痛傷食等病”爲“其旋公平原任所傳來方”,神驗治腫毒方“係三衢良醫秘方”,“治黄胖”爲“朱世寬傳者,驗過”等。有的則直接以自己親人的治病經歷作爲方劑效驗的佐證。如其詳載“祖母六月遇熱”一段,言“湯石泉(名醫)調二年,初用藥某”“次調經、清痰、平火(若頭痛、身上痛,加羌活,頭頂痛加藁本、細辛)”“火平又下白帶,用補藥”,“仍大便結有火,用丸藥,去風潤腸”,最後用“勝金丹”,“後俱治”,不僅再現了病因、病機,而且體現了隨症用藥、隨方加減的原則。

于“精傳經驗藥方”外,卷末另附有香料方,製火炮、白麵方,種棉花、開墾田法、做饅頭方等與醫學關係不大的内容。

經驗良方　係祖父舊本抄下康熙丁巳冬十一月訓蒙於
白羊塘許德偶記

咳血補方　開化徐東山傳方
知母鹽水炒　黃柏鹽水炒　川归酒洗各二錢　白芍　白茯苓各二錢　遠志甘草水煮去骨肉三錢
酸枣仁二錢　枸杞子一錢　五味子二錢　熟地酒洗蒸熟焙乾二錢　淮山藥一錢　天门冬去心二錢
麦冬去心二錢　百部二錢　白术土炒一錢　杜仲炒去絲二錢　牛膝二錢　兎系子二錢
柏子仁一錢　金墨二錢　芡實子二錢　生地二錢　陳皮二錢　甘草一錢
破故紙一錢　貝母二錢　何首烏二錢　水藕六斤
右照味製過為末。藕汁煉蜜為丸。清米湯下。

降火滋補丸　湯石泉初用丸藥
梔子仁一錢酒浸炒黑　知母　生地　天冬　黃柏　麦冬　枸杞子
酸枣仁各二錢　茯苓　白芍　白术　五味子　貝母　山藥

毒在下。飢時服。服完即愈。後服補藥數帖更妙。

經驗神効、治男婦腳上臁瘡并裙鞭瘡。日久不收口者。先用芽茶煎湯溫洗。後再貼此膏藥。每換一次。用茶洗一次。換勤洗勤速効。
黃蠟　松香　樟腦各一錢　共溶化提起。再下後藥。
乳香　沒藥各五分箬炙去油　血竭五分　兒茶五分　龍骨五分火煅醋淬
光粉水飛過　輕粉三分　右共研為細末。入前松香內勻和。隨傾入冷水內取起。做在湖青布上用。

口吐清水。或至一碗方歇。又見肉食即便惡心嘔吐。食下即瀉。
附子一錢重者水泡去皮臍焙乾　白荳仁　白术　土乾姜　草菓　蒼术
厚朴以上各一錢　肉菓五分　白茯苓一錢
右為細末。米糊為丸。每服四五十丸。米飲湯下。

精傳經驗藥方
治小兒吐瀉腹痛五苓散合平胃散服之
猪苓八分　澤泄八分　茯苓一錢　白术一錢半　陳皮八分　蒼术一錢
厚朴一錢　甘草三分　白荳蔻三分　當製者。俱要製過。
右二散共為細末。每服二錢。米湯下。

治大人小兒一切傷風痢疾等症　其族太祖北京傳來驗過
蒼术半斤　白茯苓二錢　兵郎二錢　川連二錢
右為細末。每服三錢。痢疾米湯下。傷風燒酒送下。

六轉丹　治吐瀉
丁香三分　訶子一錢用麵包煨剝肉，肉內物不要　青皮　陳皮各一錢　甘草三分

237 經驗良方

《經驗良方》，不分卷，一册。無目録及序跋。封頁題“單方”，首頁鈐復旦大學圖書館藏書章，首行題有“師山居士”四字，疑爲作者，已無考。全書共十八葉，每半葉八至十行不等，抄録内容零亂，字體稚拙，品相不佳。又字體不一，疑非一時一人所録。抄録年代不詳，《中國中醫古籍總目》載爲清鈔本，書中抄録有“同治三年歲次甲子三月穀旦浙東章輝實安甫重刊於潯陽差次保嬰堂治初生小兒種痘經驗良方章安甫刊送”字様，知該書不會早于同治三年（1864）。現存鈔本，藏于復旦大學圖書館。

據是書現有順序，所載録方劑有戒烟方、難産屢試神驗良方、山陰倪涵初先生手寫瘧痢三方、治痢疾奇效三方、久瘧全消方、治瘋狗咬傷方等近百首，根據所主治一切腫毒、脱殼瘤癧囊癧、牙火疼、牙蟲疼、吐衄、血瘀、顛狂、女勞疸、爛腿、眼疾等疾病，可以看出，這是一部備急單驗方集，在保存清末民間單驗方上有一定價值。

除方劑外，書中亦録有部分醫論，對風毒、積氣、尿血、吐衄、黄疸、積聚、腹痛等疾病作了簡單介紹。如“積聚：積久成形謂之積，屬陰；聚散無常謂之聚，屬陽。積多是血，或食或痰，聚多是氣”等，知録者似稍通醫學，然所録多爲習語，未能有所闡發。

戒煙文　郎山居士

痛哉何天之好滅天下之人哉既生之又好滅之哉此實天下之人哉滅之且觀天下之愚之事托天下之人哉此地不止以蹈其轍誘之哉哉反被哉哉誘誠哉是言也然天下之人不知害之之物妄將五尺之軀任送一燈之下豈不傷哉益閩者親受稱以來始生一草名曰淡芭菰俗呼為旱烟者是也後流入為溺以取其便又制為水以傳其雅再製曰鼻以利其惡四煙並稱由來久矣然其物雖同風俗其質無傷性命何今之時變風移又閩栽罌粟之奇花種毗蟲之[illegible]毒物類乎菸草栽於

而此方之妙亦斷不讓於用參耳試驗已久萬無一失蒙高明大人先生

並懇輾轉傳佈則一得之愚施之無窮幸甚幸甚

產不能下每有用催生丹及一切下胎法等又有妄用藏紅并一切竄之物薰臍催生如此真生擒活剝與盜賊無異妄用刀割鈎[illegible]無痛其當時之禍與日後之患有不可勝言也並宜切戒切忌并勿

此蕭山蔡松汀先生刊送良方也禪六次親試如及親族百餘次試之皆神驗無比江右瘟疫盛行特重刊印送望以救此君更廣為傳佈也

同治三年歲次甲子三月穀旦浙東章穰實安甫重刊於瀋陽差次

保嬰堂治初生小兒種痘經驗良方　章安甫刊送

山陰倪涵初先生手定瘧病三方

瘧之為患南人患之北人尤甚狗人患之強者尤甚雖不遽傷大命然不治則發無時已治之不得其道則邪內伏正氣日虛久而久之遂不可與予所定三方甚為平易無奇絕不入常山草果等劫劑且不必分陰陽瘧一日二日三日及非時瘧人無分老幼病無分久近此三方不用加減惟依次服之無不應手而愈也

第一方

蒼朮（米泔水浸一日切炒淨）一錢　廣陳皮一錢　陳半夏（薑汁炒透）一錢　白茯苓一錢　威靈仙一錢　紫厚朴（薑汁拌炒）八分　柴胡八分

238 經驗神方

《經驗神方》，不分卷，一册。封面題“經驗神方，附小術”。是本分兩部分。第一部分題“諸術法，附藥方，沈鳴玉嘉賓”。其人生平不詳。第二部分題“經驗雜症神方”，不著抄者。兩部分均無目録與序跋。現存鈔本，藏于上海圖書館，藏館著録爲清鈔本。

第一部分介紹祝由方法及其藥方，大多用來治病，少量用以處理一些生活問題。如開首介紹圓光法：“凡人家被失，疑惑不明，故此圓光，以辯人之心跡也。”記録方劑五十五首，不分類，如癬方咒，銅錢癬可用灸瘰子法、驗過癬方等。并有避孕方法，如：“止坐喜方，霜降後，將絲瓜根底，用剪刀將上根入瓶内，倒流絲汁，待女人臨經，冲酒食之，自不坐矣。”這反映古代已存在避孕的願望。又“年節法置食物”，在過年過節時保存多餘的食物，如猪肉、海蟄、猪頭膠、乳腐、芥拌綫粉等不變質。“海蟄，切如細綫，用花椒、葱同研細末，再用熟菜油，先將海蟄絲盛入盒内，中央控出一小孔，將椒葱用熟油乘其熟油之勢，拌和蟄絲，然後蓋好，不但味妙，即請客亦可用之，半月不壞也。”第二部分羅列方劑九十八首，不分類。其中有春藥方：“麝香子，附子，仙茅，蛤蚧，補骨脂，骨碎補，仙靈脾，小茴香，枸杞子，肉桂，上藥爲末，陳酒冲服，黄狗腎加入更好。”最後記載“增補應驗奇方”十七首。證下列方，方下叙述證候、組成、用量、煎服法，共一百十餘首，多屬驗方、單方，少量爲經方。

是本抄寫工整，内容未作整理。

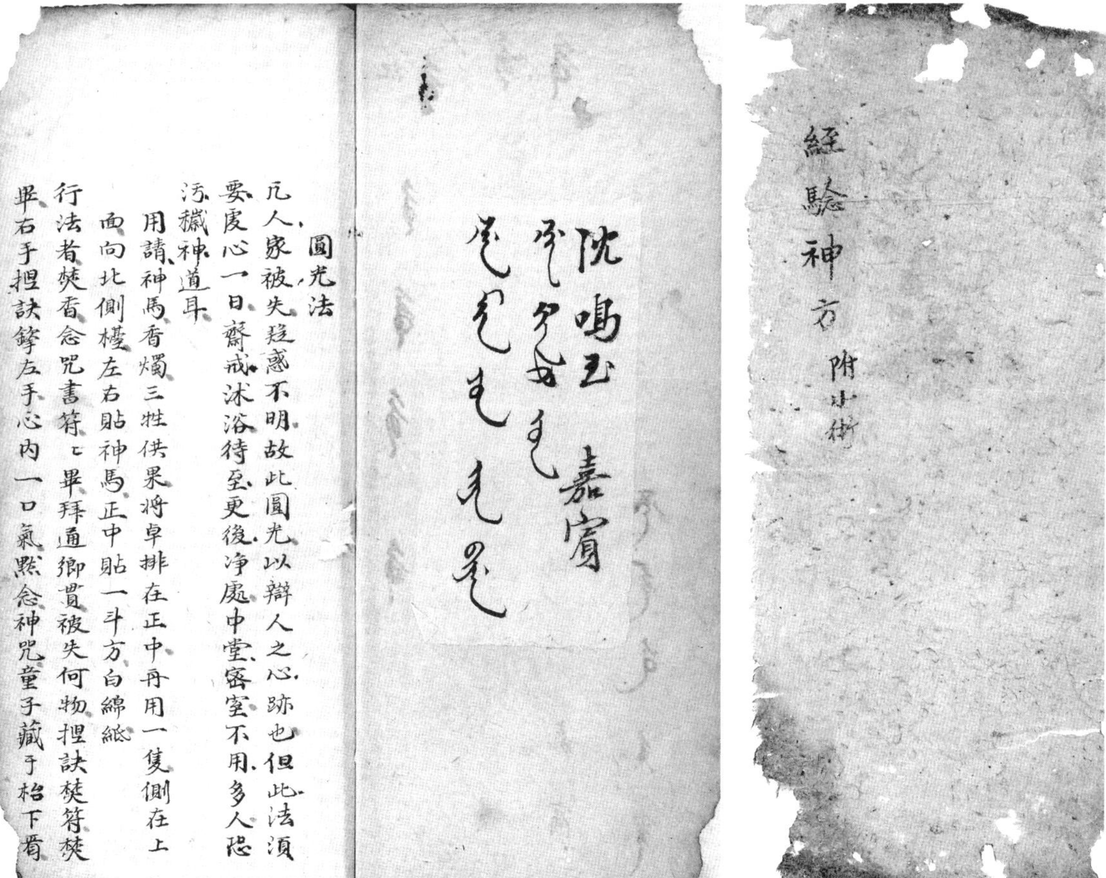

經驗神方 附小術

阮鳴玉 嘉賓

圓光法

凡人家被失疑惑不明故此圓光以辯人之心跡也但此法須要虔心一日齋戒沐浴待至更後淨處中堂密室不用多人恐污穢神道耳

用請神馬香燭三牲供果將卓排在正中再用一隻側在上面向北側樓左右貼神馬正中貼一斗方白綿紙

行法者焚香念咒書符〻畢拜通卿貫被失何物揑訣焚符焚畢右手揑訣箏左手心內一口氣默念神咒童子藏于枱下看

239 經驗神效方

《經驗神效方》，上下兩卷。清孫維榕編著，成書于清宣統三年（1911）。孫維榕，字石香，清浙善西塘（今浙江嘉善）人，生平不詳。首頁題“宣統叁年辛亥清和月訂　浙善西塘鎮孫維榕石香集註”，無序跋與目録。現存稿本，藏于上海中醫藥大學圖書館。

是書所列方劑有一證一方，也有一證數方。或有方劑名，或無方劑名。上卷載三十二類病證，主要爲婦産、兒科、内科方劑，分别是：胎産、小兒、痘、驚、神方、痧、瘟疫、虚勞、腎病、諸淋、遺精、便濁、大便、戒烟方、疝氣、便血、瀉痢、泄瀉、痢疾、瘧疾、肚痛、痞塊、傷寒、霍亂、感冒、疸、痰火、咳嗽、吐血、癲癇、解毒、五絶等；下卷録十八類病證，大多爲外科和五官科，分别爲諸瘡、腫毒、疔瘡、乳瘡、痔瘡、腐爛、瘿瘤、癬瘡、腸癰、肺癰、腎癰、膏藥、耳病、目病、口舌、鼻痛、牙痛、足疾等。每證先列病證名，次列方劑名，次列適應證、藥物組成及煎服法。如“奪命丹”治“産後惡露攻心，不省人事”“沒藥（去油）、血竭（等分），爲末，每服三錢，白湯下”。有些病證後直接列藥物組成、煎服法等。如“感冒傷寒”：“蒼术，米泔水浸，三錢，甘草三錢，生薑大五片，連鬚，葱五根，夏春加荆芥穗一錢半，秋冬加防風一錢半。用被蓋好，水煎服，汗出而愈。”

本書所録方劑衆多，涉及内、外、婦、兒、五官等科，多爲經驗效方，可供臨證參閲。

經驗神効方卷上

宣統叁年辛亥清和月　訂

浙善西塘鎮孫維橫石香集註

胎產類方

佛手散

當歸五錢　川芎三錢　水七分酒三分煎服

受胎六七月後跌磕傷胎或胎死腹疼痛不已喋口昏悶或心腹飽滿血上衝

心者服之生胎即安死胎立下又治橫生倒產及產後腹痛發熱頭疼逐敗血

生新血能除諸疾將產服一劑則產母血足而易產

神仙附益丸

治婦人百病生育之功如神胎前產後俱神妙真仙方也每服百丸宜常服之

香附一斤童便浸透水洗淨露一宿晒干三次　益母草十二兩洗淨為末再用香附四兩艾

叶乙兩煮汁加醋大半丸空心下

濟生湯

胎產

（二）

經驗神效方卷下

宣統叁年辛亥清和月　訂

浙善西塘鎮孫維榕石香集註

諸瘡類方

○梅花點舌丹　臨濟超真大和尚傳授

嵩治對口癰疽發背疔瘡瘰癧乳節一切無名腫毒每服一丸含於舌下用無

灰酒照量飲醉蓋被卧出汗小兒用酒化服不用敷藥膏藥肌肉自能生長收

口漸漸而愈惟孕婦忌服

牛黄　氷片　蟾酥化　熊胆化各壹錢　珍珠　射香各六分

硃砂　月石　葶藶　血竭　沉香　乳香

沒藥　雄黄各二錢　白梅花乾者二錢

將人乳浸蟾酥熊胆為丸每重三四厘以金箔為衣入於磁瓶内切勿泄氣合

時須用端午日齋戒沐浴忌聞婦人鷄犬之聲

諸瘡

240 嘉禾吴辛味先生秘方

《嘉禾吴辛味先生秘方》,不分卷,一册。吴辛味撰。吴辛味,清代醫家,生平不詳。《中國中醫古籍總目》載録爲清鈔本,現藏于上海中醫藥大學圖書館。

是書共收載方劑一百六十餘首。開篇爲一總論,主要論述外科及眼科所用丸、散、膏、丹,如何選方用方,依方修製。正文分列丹、散、丸、膏劑之主治、組成及用法,詳述不同見證的不同服用方法,分析該方之功效及得效之原理,另有服食注意事項。正文之後,有"男子病證藥引"及"婦人病證藥引",將男婦大小病證、對證必用之藥引名稱列于證名之下,以供後學者參閲應用。末葉有"猪胆膏"及"壁虎膏"兩方,字體稍大、字迹較前有所不同,疑爲後加。書後還有數葉空白,或特意留作後加驗方之用。書中大多有硃筆圈點及批訂,方劑名和藥名俱用紅綫標出,方劑名用雙綫,藥名用單綫,以示區分。部分醫方主治後有一"秘"字,疑爲吴氏祖傳或其臨床應用特效之秘方。數葉葉眉上有小字批注,或詳述熬膏之法,或爲某字作音義注釋,另有一治湯火傷神驗方寫于"治湯火傷方"頁眉處。

是書所選多爲外科、五官科外用方藥,爲吴氏臨床應用效驗之方,且治療用法叙述詳細,可供後學者臨證應用參考。

128433

嘉禾吳辛味先生秘方

夫丸散膏丹法不離古。醫者以症合方。依方脩製。症方合符。如鼓應桴。如瘍科瘡毒初起。云論陰陽。即以如意金黄散圍之。以保安萬靈丹服之。其已潰者。勿服勿圍。以神異膏貼之。如膿不出。以翠青錠子拔之。拔盡自愈。若云名腫毒及疔瘡、發背、搭手、横痃、夾癰并一切瘡瘍。外圍藥。内服消毒丹三丸。重者不過三服。已消。已成者服之。亦可消其毒勢之半。若疔瘡走黄。與瘡毒入腹及

1

保安萬靈丹。治癰疽疔瘡、對口、發頤、發背、風濕、濕痰、流注、附骨陰疽、鶴膝風、左癱右瘓、口眼喎斜、半身不遂、氣血凝滯、遍身走痛、步履艱難、偏墜疝氣、偏正頭風、破傷風、牙関緊閉、截解風寒。云不立應。

金鑑無鬱金

蒼术分、 全蝎 石斛 天麻 當帰 甘艸 川芎 羌活 鬱金 荆芥 防風 麻黄 細辛 川烏湯泡去皮尖 草烏湯泡去皮尖 何首烏以上各一兩 明雄黄六钱 硃砂飛淨

241 養性山房驗方

《養性山房驗方》,不分卷。清陳鉅堃(字又笙)編。成書于光緒十八年(1892)。封面題"山陰陳鉅堃又笙手輯,昆山孫義企元藏本"。作者生平不詳。書首自序稱本書所載驗方來自其父及著者歷試不爽之方。現存鈔本,藏于上海中醫藥大學圖書館。

本書收方十四首。其中十三首爲外用方,分别爲:治一切癰疽初起,能散已成癰疽之金鎖比天膏;治乳癰、乳疽、乳癤等一切乳痛的紫陽救苦膏;治跌打損傷,兼治風濕痹痛的跌打損傷膏;治一切癰疽潰敗的紅昇丹;治癰疽大毒的白降丹;治潰爛紅熱腫痛有腐的生肌定痛散;功能止痛止血,兼能收口生肌的玉紅丹;治黄水瘡的勝金丹;治齒縫出血不止的齒血方;治乳珠開花,疼痛非常的乳頭脱珠方;功能除膿收口的收口撒藥方;治瘰風火喉證的金不换方;治瘰黴毒的黴瘡熏藥。另有一首内服方,爲治瘰急慢驚風的砂血丹。收録之方,多爲外科、瘍科常用之膏、丹、散劑。每首方後録其主治、功效、組成、劑量、製備方法及用法,尤詳于製備方法與用法的闡述。

本書收録之方爲作者所得他人之方,亦是作者歷試有效之方,製法詳盡,可供後人參考。

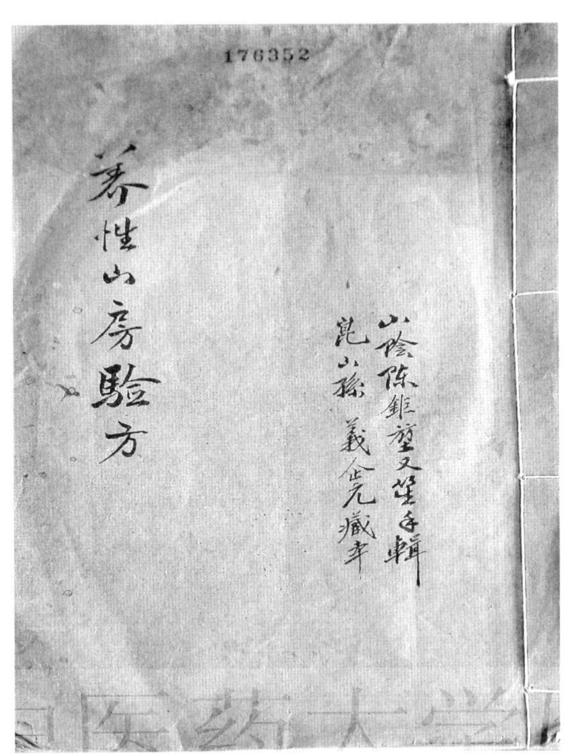

先君子究心醫道五十餘年，曾購得秘方，擇其手試屢效者數首以貽
暨吾儕，勿安惰而秘藏之。余承先志，學醫卅年來，茲遇名流指示，又得昇
降二丹及跌打損傷膏、生肌定痛散等方，歷試不爽，遂編成一帙，殆我後
人，其間有製法未明者，委曲而詳註之；有方意解誤者，隨處而申明
之。共六十餘方，苟有能善用者，亦可為瘍科中之翹楚矣。嗣後如
再有所得，自當續編。君後之賢哲，能繼起而推廣之，則又余之
所深願也。
光緒十八年歲次壬辰臘月上澣山陰文笙陳錐壺識於養性山房

養性山房驗方藏本　　山陰陳錐壺文笙手輯

金鎖比天膏

治一切癰疽，初起能散，已成能呼膿拔毒，止痛生肌。凡瘡口色紅痛者，大毒偏盛者，極有效驗。大毒者，又腫者。若色淡而痰濕偏盛者，則宜紫陽救苦膏之溫散，非此膏涼散之所能也。

蝦蟆皮 不去蟾酥者，壹百只，即蟾蜍，名乾蟾　　穿山甲 生用一具，或用淨甲壹斤

鮮野苧麻根 壹斤　　鮮蒼耳草 連子，壹斤

豨薟草 壹斤　　紫花地丁 壹斤

劉寄奴 壹斤

右藥七味，用陳麻油拾貳觔，[illegible]鍋中。麻油新者亦可，要向油坊中買真正麻油，切不可用油店中[illegible]

242 精選百一方

《精選百一方》，又名《王氏百一選方》，八卷。南宋王璆著，金楊用道選撰。王璆，字孟玉，號是齋，山陰（今浙江紹興）人，南宋時期官吏。王氏生于名家，好醫學，家中所藏醫方類書甚多。他從歷代方書中選取所聞見之有效驗方，歷十九年，著成《是齋百一選方》二十卷，《宋史・藝文志》有載，作二十八卷。金人楊用道從中選摘，輯録爲八卷，題名爲《精選百一方》，并作序。楊用道爲宋金時期皇統年間儒林郎、國子監博士，曾再補陶弘景增補的葛洪《肘後備急方》，并增加唐慎微《類證本草》中所附諸方，輯録爲八卷，名曰《附廣肘後方》。《開卷有益讀書志》曰："《精選百一方》八卷，宋王璆撰。首有皇統四年汴京國子監博士楊用道序……按《直齋書録解題・醫家類》：《是齋百一選方》三十卷，山陰王璆孟玉撰，百一者言其選之精也。此本固王氏之舊，復加唐慎微所附方，書僅八卷，乃楊用道增修并合之本，故卷數多寡不侔。"現存鈔本，藏于上海圖書館。《中國中醫古籍總目》未收載。

是本曾被孫星衍收藏，扉頁有孫星衍收藏時的題記和五松書屋印章。孫星衍（1753-1818）爲清代經學家和藏書家，輯有《平津館叢書》等。故本書應爲清嘉慶以前的鈔本。孫氏在題記中説本書即楊用道所摘録的陶弘景《附廣肘後百一方》，是後人將楊用道序改動，易名爲《精選百一方》。是本分八卷，計七十二門，考其内容，爲抄録楊用道本《附廣肘後備急方》原書，僅缺卷八"治牛馬六畜水穀疫癘諸病方第七十三"。據此，此本并非《王氏百一選方》，孫氏之言可信。

宋藝文志載王璆百一選方二十八卷，此楊用道所輯録，故止八卷，四庫館未及收入，乃始得之。五松居士記

此即今楊用道附廣陶宏景肘後百一方，余舊所刻本係人改刪楊序，題爲精選百一方，易其附廣肘後方之名，實則一書也。

精選百一方序

昔伊尹著湯液之論，周公設醫師之屬，皆所以拯救民疾，俾得以全生而盡年也。然則古之賢臣愛其君以及其民者，蓋非特生者遂之而已，人有疾病，坐視其危苦而無以救療之，亦其心有所不忍也。仰惟國家受天成命，統一四海，至上以仁覆天下，輕税損役，約法省刑，蠲

序

243 鄭氏萬金方

《鄭氏萬金方》,又名《鄭櫟庵先生女科萬金方》,九卷,兩册。不著撰者,成書年代不詳。鄭櫟庵,名良,字堯臣,號櫟庵,明中葉昆山縣城(今江蘇昆山玉山鎮)人,約生活于十五六世紀。係鄭文康長孫,鄭膏長子。隱于醫,潛心研究整理祖傳女科方書,今存其輯編的《女科萬金方》(清乾隆年間鈔本),藏于上海中醫藥大學圖書館。另有《鄭櫟庵先生女科萬金方傳燈》四卷(舊鈔本),藏于中華醫學會上海分會圖書館。是書每册封面均題有"芝田氏珍藏"字樣,"芝田氏"为康熙年間常熟人許玉森,芝田爲其號。書中"玄"字無避諱,推測此書爲明鈔本。現藏于中華醫學會上海分會圖書館。

上册正文首頁書"鄭櫟菴先生女科萬金方傳燈",分卷一至卷四。卷一主要論述調經之法,卷二主要闡釋胎前雜證、臨蓐之宜忌及胎前問答,卷三載産後諸證、産後十八論、産後問答及鄭氏傳燈秘要,卷四載中風、感冒、頭風、暑、濕、汗、瀉、血、咳嗽、噎膈、吐、嘈、渴、脾胃、腰痛、積聚、瘡腫、雜症、諸症生死脈候歌、諸症不治十有二。下册正文首頁書"鄭櫟菴先生萬金方約方",分卷一至卷五。卷一載約方歌訣及調經方四十六首,卷二載胎前方二十九首、産後方二十五首,卷三至卷五載三十八種病證之藥方,包括諸風、諸寒、暑、濕、汗、泄瀉等。從内容看,是書上册專載婦科醫論,下册專載醫方,共二百五十首。上册醫論中所涉治方均以序號標注,讀者可據序號在下册查找此方。如上册載"子懸"一證,"胎氣不和,湊上心腹,脹滿疼痛,謂之子懸。紫蘇飲主之(五十),此藥有安生坐死之功",方後"五十"指下册第五十首方,檢下册載有"紫蘇飲,家傳名八寶飲,又名達生散",方由蘇葉、陳皮、甘草、川芎、大腹、白芍、人參、當歸、葱白、薑十味組成,方後載此方歌訣及加减應用:"紫蘇飲橘草歸芎,芍藥人參大腹同。""一方加枳殼,家傳加白术、條芩，腹痛加砂仁七個，咳嗽亦宜服此。芍藥用赤，當歸用頭去其夘，名滑胎飲。”書中亦引録《内經》、王叔和《脈訣》、吕博雅（望）《難經》、陳無擇、崔氏等醫家醫著之論。

鄭氏自南宋起累世業醫，代代相傳，迄今歷二十九世。從本書内容可知，此書應爲鄭櫟菴子孫後輩或门人弟子所録。全書共載方兩百餘首，涉及經、帶、胎、産、雜證，是一部内容豐富、實用性强的婦科方書。鄭櫟庵先生繼承祖學，但不泥于古人，書中多處補充個人的觀點和經驗，使鄭氏女科的學術内容不斷豐富。如安胎飲：“此心法治胎前一切諸證。守恒私識安胎一號雖曰家傳，人服之效常八九。予每讀《丹溪心法》用黄芩安胎，時人疑其性凉，忽而不用，近必加入。殊念先生之仁哉，然必得炒過條芩尤妙……亦得之丹溪。”所載方多爲經驗效方，可供臨證參閲。

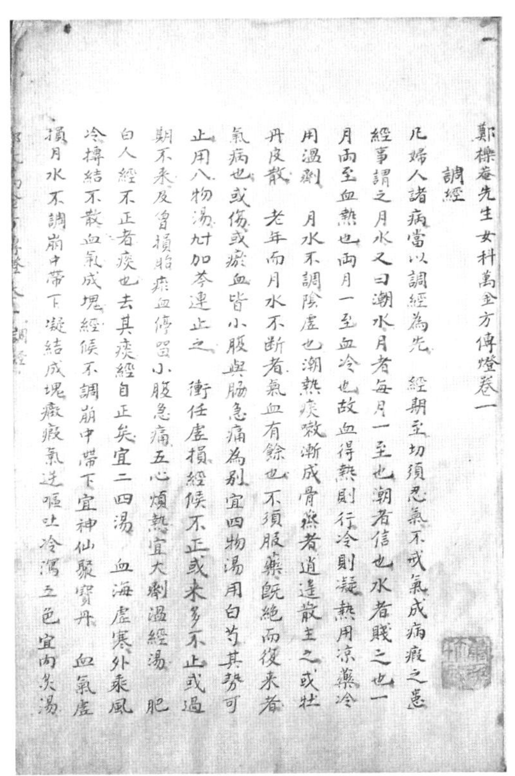
鄭櫟菴先生女科萬金方傳燈卷一

調經

凡婦人諸病當以調經為先　經朝至切須忌氣不或氣成病瘕之患經事謂之月水又曰潮水月者每月一至也潮者信也水者賤之也一月兩至血熱也兩月一至血冷也故血得熱則行冷則凝熱用凉藥冷用溫劑　月水不調陰虚也潮熱痰嗽漸成骨蒸者逍遥散主之或牡丹皮散　老年而月水不斷者氣血有餘也不須服藥既絶而復來者氣病也或傷或瘀血皆小腹與脇急痛為别宜四物湯用白芍其勢可止用八物湯加芩連止之　衝任虚損經候不正或来多不止或過期不来及曾損胎瘀血停留小腹急痛五心煩熱宜大劑溫經湯　肥白人經不正者痰也去其痰經自正矣宜二四湯　血海虚寒外乘風冷搏結不散血氣成塊經候不調崩中帶下宜神仙聚寶丹　血氣虚損月水不調崩中帶下凝結成塊癥瘕氣逆嘔吐冷瀉五色宜內炙湯

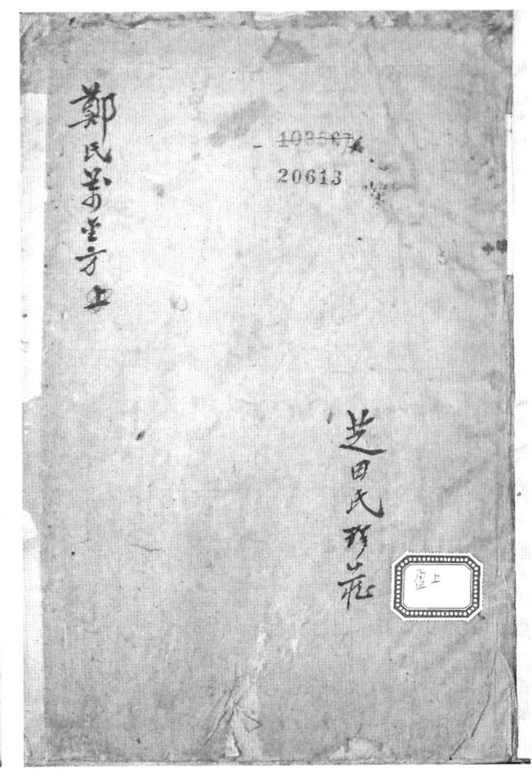

鄭櫟庵先生女科萬金方傳燈卷一

調經

凡婦人諸病當以調經爲先　經期至切須忌氣不或氣成病瘕之患

經事謂之月水又曰潮水月者每月一至也潮者信也水者賤之也一

月兩至血熱也兩月一至血冷也故血得熱則行冷則凝熱用涼藥冷

用溫劑　月水不調陰虛也潮熱痰嗽漸成骨蒸者逍遥散主之或牡

丹皮散　老年而月水不斷者氣血有餘也不須服藥既絶而復來者

氣病也或傷或瘀血皆小腹與脇急痛爲别宜四物湯用白芍其勞可

止用八物湯附加芩連止之　衝任虛損經候不正或來多不止或過

期不來及曾損胎瘀血停留小腹急痛五心煩熱宜大劑溫經湯　肥

白人經不正者痰也去其痰經自正矣宜二四湯　血海虛寒外乘風

冷搏結不散血氣成塊經候不調崩中帶下宜神仙聚寶丹　血氣虛

損月水不調崩中帶下凝結成塊癥瘕氣逆嘔吐冷瀉五色宜内炙湯

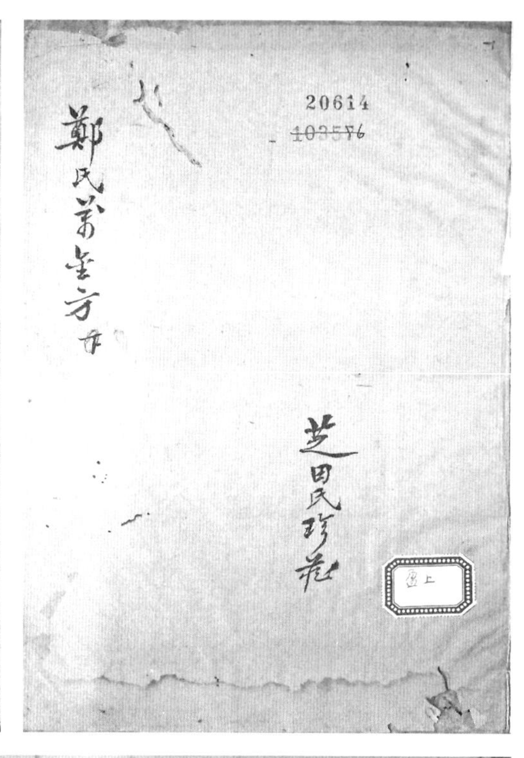

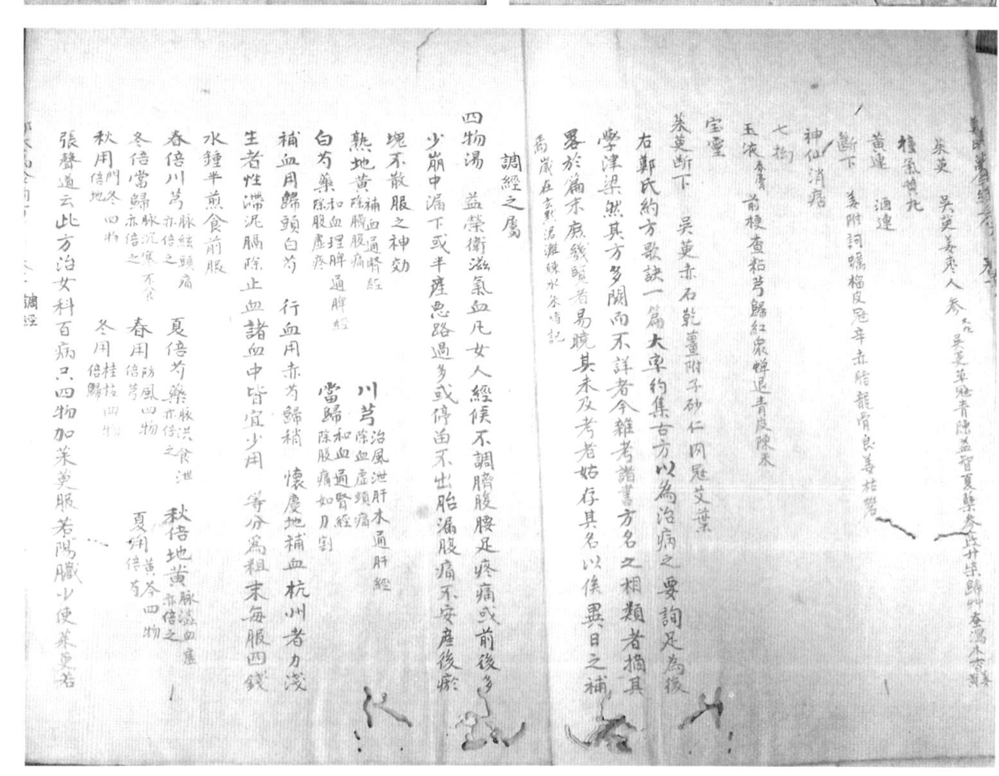

茱萸　吳萸姜棗人參

樓氣黄丸

黄連　酒連

斷下　姜附訶螵榴皮冠辛赤脂龍骨良姜枯礬

神仙消痞

七物

玉液　前梗查粘芎歸紅泉蟬退青皮陳米

寶靈

茱萸斷下　吳萸赤石乾薑附子砂仁肉冠艾葉

右鄭氏約方歌訣一篇大率約集古方以爲治病之要詢足爲後

學津梁然其方多闕而不詳者今雜考諸書方名之相類者摘其

略於篇末庶幾覽者易曉其未及考者姑存其名以俟異日之補

調經之屬

四物湯　益榮衛滋氣血凡女人經候不調臍腹腰足疼痛或前後多

少崩中漏下或半産惡路過多或停留不出胎漏腹痛不安産後瘀

塊不散服之神効

熟地黄補血通腎經除臍腹痛　川芎治風泄肝木通肝經除血虚頭痛

白芍藥和血理脾通脾經除腹虚疼　當歸和血通腎經除腹痛如刀割

補血用歸頭白芍　行血用赤芍歸稍　懷慶地補血杭州者力淺

生者性滯泥膈除止血諸血中皆宜少用　等分爲粗末每服四錢

水鍾半煎食前服

春倍川芎脉絃頭痛亦倍之　夏倍芍藥脉洪食泄亦倍之　秋倍地黄脉澁血虚亦倍之

冬倍當歸脉沉寒不食亦倍之　春用防風四物倍芎　夏用黄芩四物倍芍

秋用門冬四物倍地　冬用桂枝四物倍歸

張聲道云此方治女科百病只四物加茱萸服若陽臟少使茱萸若

244 隨軒偶寄

《隨軒偶寄》，一函六册，分禮、樂、射、御、書、數六集。不著撰者。該書用蠅頭小楷抄録在緑絲欄紙上，字迹清爽整齊，品相較佳。但封面由于用另類之褐色紙張裝訂，脆性大，大多已經破損。書前有全書總目，每集前又各有目録，且分别鈐有“萬氏劍青藏書”及“中國科學院圖書館藏”陽文朱方。《樂集》前另有小紙條抄録書名，下有“槎孫”一印。《中國中醫古籍總目》載録爲清鈔本。是書現藏于中國科學院上海生命科學信息中心生命科學圖書館。

該書實爲方書雜抄，所載方劑主治涵蓋中醫内、外、婦、兒等科，但以外科瘡瘍爲主。《禮集》主要爲外科方，記載外症煎劑膏藥方(包括銀花甘草湯等内服方及五汁膏等外用膏藥方)，内外諸症丸散膏丹方(附辟瘟丹方)，去管方藥(附麻藥、去多骨方)，取牙方，春方，鬚髮(附面部諸疾方)，雜治(包括養生方八仙糕，治腦漏、天蛇頭方，去口臭方，治疝氣、夢遺方，搐鼻法，製藥茶方，戒鴉片烟方等)，共一百零二首;《樂集》爲婦、兒科方，包括婦女調經、胎前、産後、雜症方七十二首，嬰孩(臍風、驚風、腹膨、鵝口等)、痘科、幼科(疳積、腹瀉、遺尿等)方六十六首;《射集》主要爲内科方，包括陰寒、噎症、瘧疾、痢疾、諸痛、風濕、挫閃、大小便、蠱症、黄疸、諸汗等證候主治方劑一百十一首;《御集》爲外科方，包括治療疔瘡、喉症、癰疽、發背對口、流注、鶴膝風、患乳、眼科、牙痛、牙疳、口疳口瘡(附耳鼻舌諸症方藥)等方劑共二百四十二首;《書集》爲外科瘡瘍諸方，包括治療瘰癧、瘤核(附痄腮)、臁瘡、痔瘡、瘋癬、癩痢、膿顆疥瘡、諸瘡(附瘡丁鷄眼)、凍瘡、楊梅瘡、下疳、對口疽等方共一百三十一首，另記八味吉祥香一方，可焚之辟穢;《數集》主要爲傷科諸方，包括治療金刃跌打損傷、湯火傷、諸毒物傷、誤吞金物(附諸骨哽喉、物遺皮内)、誤食諸毒、急救五絶等症(自縊、墻壁壓、溺水、壓魅、凍死、中暑、驚怖等)以及雜方(如狐媚、諸蟲入耳、飛絲入目、夜夢魔魘、除虱、逐蟲等)共一百五十六首。

是書以病證對方劑進行歸類,雖然内容龐雜,除醫學外,還夾雜不少民間驗方甚至咒禁之術,但所録方劑主治明確,藥物劑量、煎服使用及加減法均清晰且易于查對,反映出民間或家庭醫術的實用性特點,可供參考。

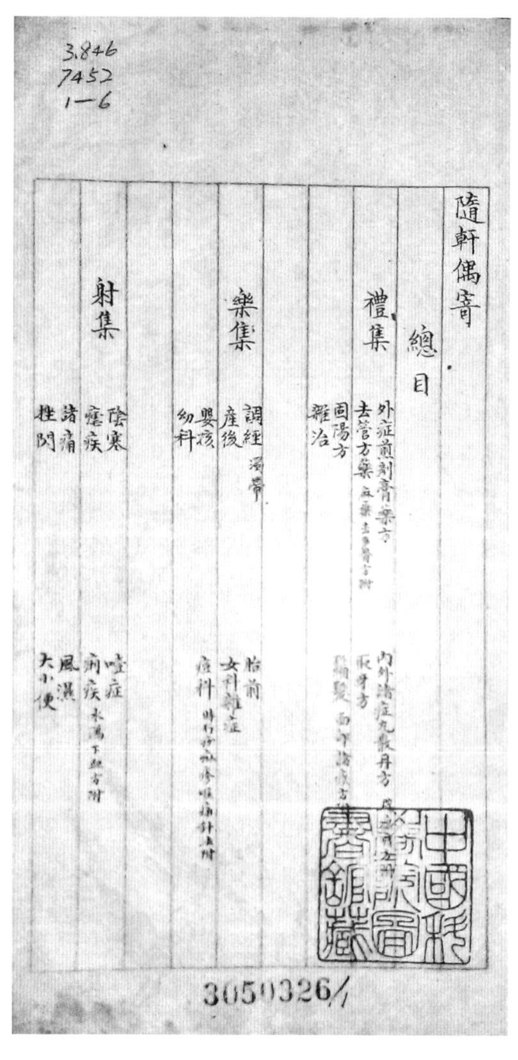

隨軒偶寄

總目

禮集

外症煎劑膏藥方　內外諸症丸散丹方

去管方藥　取牙方

回陽方

雜治

樂集

調經　淋帶　胎前

產後　女科雜症

嬰孩　痘科

幼科

射集

陰寒　噎症

瘧疾　痢疾 水瀉下血方附

諸痛　風濕

推悶　大小便

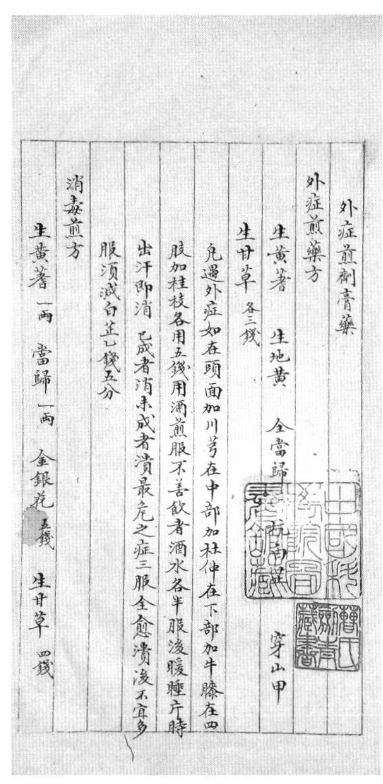

外症煎劑膏藥

外症煎藥方

生黃耆 生地黃 全當歸 穿山甲

生甘草 各三錢

凡遇外症如在頭面加川芎在中部加杜仲在下部加牛膝在四
肢加桂枝各用五錢用酒煎服不善飲者酒水各半服後腫疔時
出汗即消 已成者消未成者潰最危之症三服全愈潰後不宜多
服須減白芷七錢五分

消毒煎方

生黃耆 一兩 當歸 一兩 金銀花 五錢 生甘草 四錢

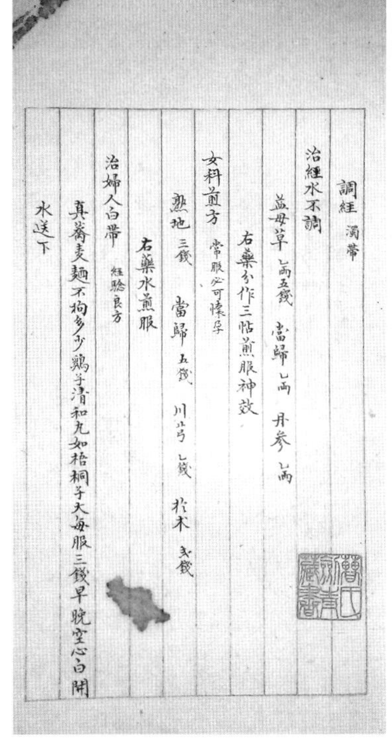

調經 濁帶

治經水不調

益母草 七兩五錢 當歸 七兩 丹參 七兩

右藥分作三帖煎服神效

女科煎方 常服必可懷孕

熟地 三錢 當歸 五錢 川芎 七錢 於术 弍錢

右藥水煎服

治婦人白帶 經驗良方

真蕎麥麪不拘多少鷄子清和丸如梧桐子大每服三錢早晚空心白開
水送下

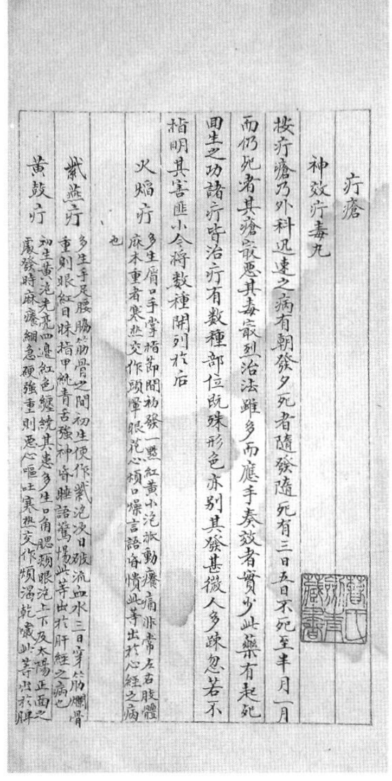

疔瘡

神效疔毒丸

按疔瘡乃外科迅速之病有朝發夕死者隨發隨死有三日五日不死至半月一月
而仍死者其瘡最惡其毒最烈治法雖多而應手奏效者實少此藥有起死
回生之功諸疔皆治疔有數種部位既殊形色亦別其發甚微人多昧忽若不
指明其害匪小今將數種開列於后

火焰疔 多生脣口手掌指節間初發一點紅黃小泡抓動癢痛非常左右肢體麻木重者寒熱交作頭暈眼花心煩口燥言語昏憒此等出於心經之病也

紫燕疔 多生手足腰脇筋骨之間初生便作紫泡次日破流血水三日穿筋爛骨重則眼紅目昧指甲純青舌強神昏睡語驚惕此等出於肝經之病也

黃鼓疔 初生黃泡光亮四邊紅色纏繞其患多生口角腮顴眼泡上下及太陽正面之處發時麻癢繃急硬強重則惡心嘔吐寒熱交作煩渴乾噦此等出於脾

245 隨證方

《隨證方》,不分卷,一册。日本由義堂鈔本,成書于日本明和元年(1764),保存尚完好,唯蠹處甚多。該書抄寫在左右雙邊烏絲欄本上,每半葉九行,共七十葉。白口,有圓圈裝飾,上端標有頁碼,下端有刻印的"由義堂"字樣。原封面右上角有"囗字集"三字,首字被圖書館標籤覆蓋,下有陰文印章"自天祐之"。前序言處有大朱方一枚,共九字,但漫漶難辨,并有"上海第二醫學院圖書館藏"藍印。序言後記有"明和元歲次甲申季冬朔,承議即和氣正路識"。正文首頁題有"平安南溟淺井先生鑒定",下側貼有紙條,上有陰文印章兩枚,分别爲"□□(或为"由義"二字)堂印"和"長宜子孫"。《中國中醫古籍總目》與館藏目録均記該書作者爲南溟淺井。按:南溟淺井當爲淺井南溟,生卒年爲1734–1781,日本江户時代中期漢方醫師,曾爲尾張侯德川家的醫官,又名和氣正路,應是該書的原作者。是書現藏于上海交通大學醫學院圖書館。

書前序言稱"病症之相似者,惟醫者知之,是以張長沙教人以隨症爲先",又稱"醫之職無他,徒在隨症辨因,擇其方而已",强調隨症辨因、治病求本,是以該書名爲《隨證方》。書前目録完整清晰,每條後均以硃筆標明頁碼。正文首頁稱"隨證方卷之上",但未見"卷之下",當爲抄寫時遺漏。全書根據症狀,對《傷寒論》《金匱要略》的條文進行分類編排。共列舉惡風寒、發熱、自汗、厥冷、身體痛、發黄、瘡癰等來自仲景書中的七十一種症狀,將相關條文與方劑分列于後,并注明出處。方劑如有重複,必標明另見于何症中。如"惡風寒"下,先録有《傷寒論》第12、13、164條原文,後録桂枝去芍藥加附子湯、附子瀉心湯、芍藥甘草附子湯、四逆加人參湯、附子湯等"惡風寒"爲主症的五張方劑名與原文,再録"惡風寒"爲兼症的二十首方劑名,并標明出處，如桂枝加葛根湯“見項背强”，桂枝加附子湯“見四支急”。但方劑僅記方名，而不録藥物組成。

是書基本上涵蓋《傷寒論》與《金匱要略》中的主要症狀，并據此將二書條文加以重新梳理歸類，以期達到隨證辨因、擇方而治的目的，反映了日本江户時代經方醫派的學術特點。雖無更多的論證發揮，但其對仲景著作的細緻整理，體現了日本漢方醫對經方的推崇和治學的嚴謹態度，對學習和研究《傷寒論》及《金匱要略》亦大有裨益。

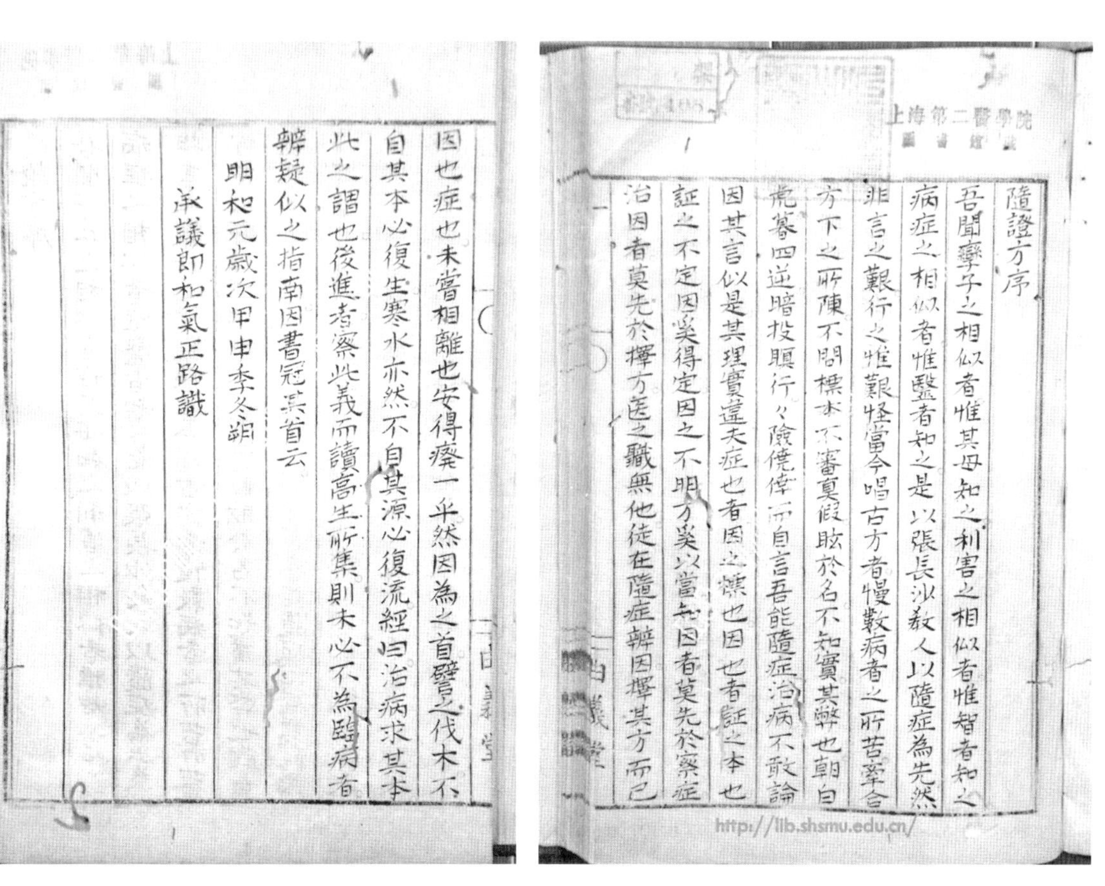

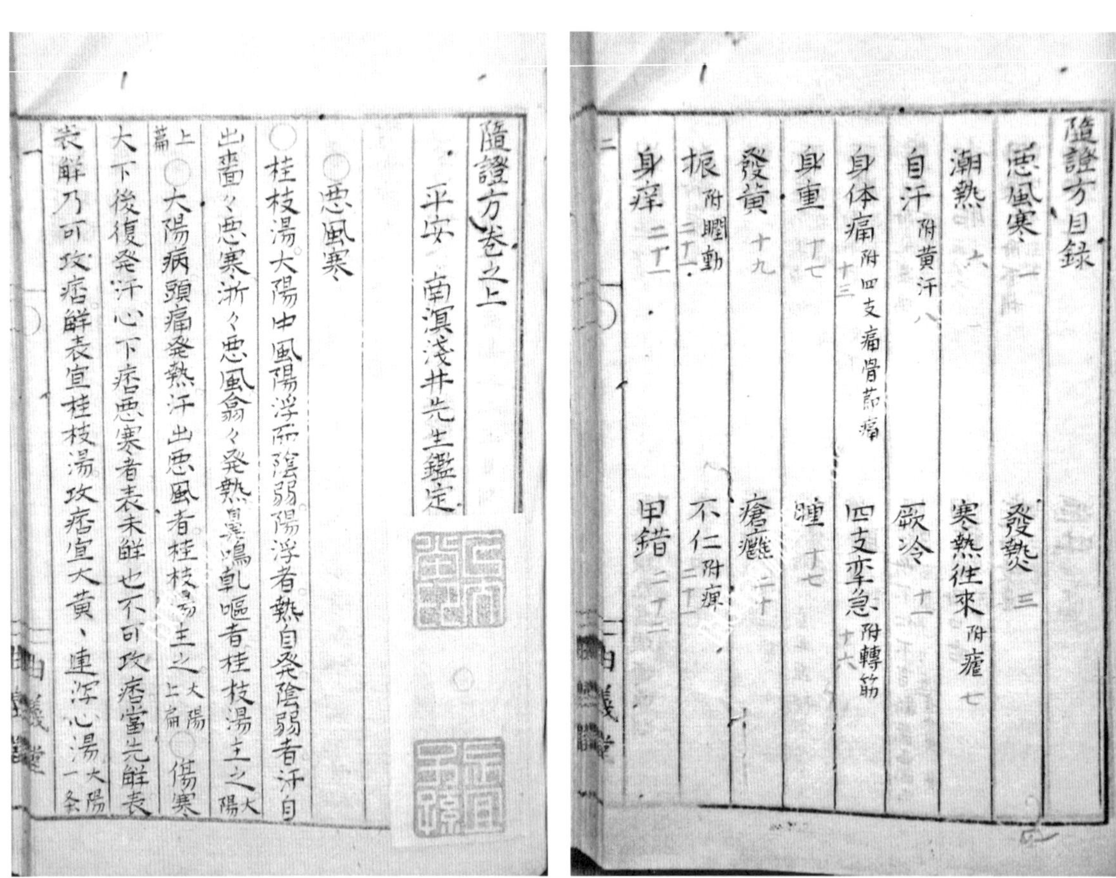

246 增廣驗方新編

《增廣驗方新編》,不分卷,一册。清銘璋輯。銘璋,字竹屏。封面題名《增廣驗方》,并有“憨碧齋”字樣。卷首有“光緒九年癸未十月初六日燈下温縣官廨”“十月十七日訂”“竹屏手鈔”字樣,且有“銘璋”“竹屏”之印章,知是本成書于1883年。現存稿本,藏于上海圖書館。

是本分述咽喉門、頭部、面部、眉部等諸疾證治,共十七部。部下分列具體病證。每一病證按證、因、藥依次論述,簡明切要。如:“喉中生瘤,此症生喉間兩旁,或單或雙,桂元大,紅絲相裹,爲瘤。因肺經受熱所緻,切勿用刀,宜服益气疏風湯。”除分列具體病證外,更有急救部,對各物相反不宜同食、誤吞各物、諸骨卡喉、各物咬傷及湯火傷等搶救處理作了簡明扼要的介紹,治療多爲民間偏方、便方、經驗方,較爲方便。更附各色丸藥丹膏介紹,每味詳細描述配伍、炮製法、主治、送服方法。如:“大還丹:羊藿,剪去邊尾,羊油炒十兩;地黄,濕泡乃蒸,曬乾十二兩……此丹水火共補,服之壯元陽,緩丹田,益精神,加飲食,筋力强健,百病不生,功效難以爲述。”後附有時疫結喉經驗方,亦附明代傅仁宇所著《審視瑶函》中有關各種治眼丸膏的介紹。

此書論述各證言簡意賅、有條不紊,是一部内容實用、通俗易明的驗方著作。

光緒九年癸未十月初六日燈下温縣官廨

增廣驗方新編　竹屏手鈔　十月十七日訂

咽喉門

咽喉之患最為危急，忽然頃刻而痛難忍，係屬寒症；若悠緩而痛，乃為熱症。内經云：驟起非火，緩起非寒，虛寒實熱，是以明審者知所區別，乃所投而無誤耳。此林屋山人壯論也。

單雙喉蛾

又名喉痹，生於咽喉關上者輕，關下者重。此症喉閉片時即不可救。若男子從鼻梁中心尋至頭頂，婦女則從後腦尋至頂上，小兒則看兩邊口必有水泡紅子，即用銀針挑穿，喉蛾即破。最忌

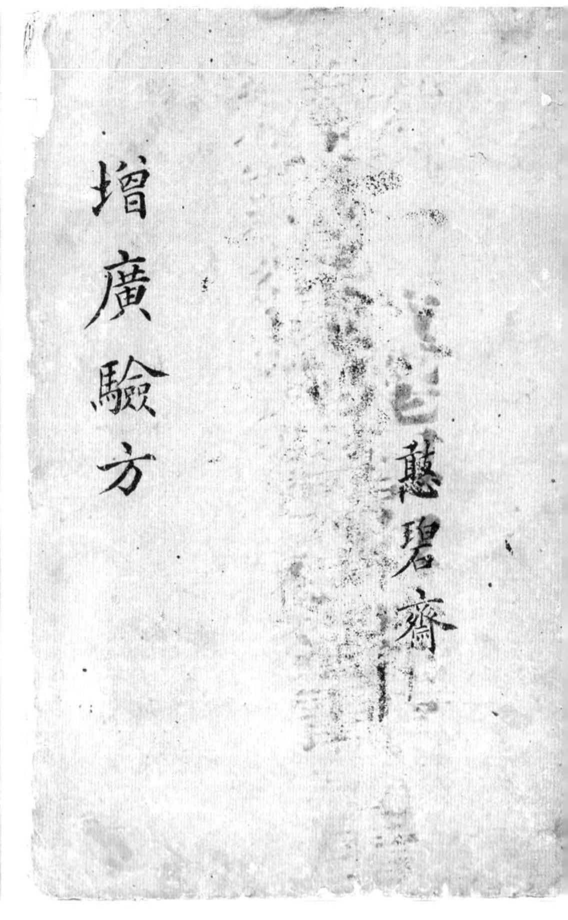

247 衛生家寶方

《衛生家寶方》，六卷，另有卷首一卷。南宋朱端章輯，南宋徐安國補訂。朱端章，長樂（今屬福建）人，南宋淳熙間主管江西南康軍。生平喜好方書，輯有《衛生家寶方》六卷、《衛生家寶小兒方》兩卷、《衛生家寶産科備要》八卷、《衛生家寶湯方》三卷等，還著有《南康記》八卷、《廬山拾遺》二十卷等。徐安國，字衡仲，號春渚，上饒（今屬江西）人，有《西窗集》，不傳。《衛生家寶方》又名《衛生家寶》，刊于1184年。是本爲日本丹波元簡鈔本，爲國内稀有版本，有朱墨批校及丹波元簡跋語。丹波元簡（1755–1810），號桂山，日本著名漢醫學家，在中日皆負有盛名。丹波元簡跋曰："（是本）乃延享中望鹿門先生校《和劑局方》時從秘府而借鈔者也……前年借抄先生門人向氏本，自秋及冬始成。"落款日期爲"天明己酉"，時當1789年。此本首頁有上海中醫學院圖書館藏書印章、餘姚謝氏永耀樓藏書印章等，現藏于上海中醫藥大學圖書館。

是本爲作者歷年所收集和試用效方的匯編，前有淳熙十一年十一月十五日徐安國序。卷前爲方劑目録，目録載第一卷六門，第二卷七門，第三卷七門，第四卷十一門，第五卷八門，第六卷四門，卷一到卷六爲内、外、婦、兒各科病證驗方，共四十三門，八百八十餘方。後附藥件修製總例，記録三百餘種藥物的炮炙法。是本缺卷一及卷六，自卷二至卷五共三十三門，載六百餘方，含内、外、婦、兒諸科。方如："延壽飲子，治遠年進日赤白瀉痢。木香一兩、黄芪四兩（蜜塗火炙）、御米殼八兩、甘草二兩、當歸二兩、青皮二兩、柯子四兩。右各爲細末，每服三錢，水一盞半，煎至一盞，去滓服，忌生冷鷄鴨油膩等物。"

是本所剩四卷抄録清晰，用藥考究，炮製精詳，組方慎密，尤以瓊玉膏、富貴湯、長生湯、壽眉湯等療效顯著。丹波元簡氏跋稱此書絶少流傳，以李時珍之博覽群書，尚以瓊玉膏出自明朱權之《臞仙活人心法》，實則本書已有記載，因此是書“實罕世之秘笈”。可見此書具有較高的臨床參考價值及文獻價值。

衛生家宝序

傳曰古之人不在朝廷之上必在醫卜之中醫卜賤伎而有道之士所注意焉何也吉凶死生民之大患也卜以知來醫以起死與民同患孰先斯二者故世之奇人道不時偶和光同塵與世俯仰不鬻卜於人間則賣藥於都市蓋憂國惠民無所發洩不得不然也若乃進而撫世澤加於民視醫卜之伎猶日中之爝火耳何足溷吾天君耶今有人焉不以声華榮利易其心而刻意方藥矜愁恩恥若逃世之士不得志者之所為是必憂人利物之誠発於天性有不容自己者則古岐伯伊尹太倉公張長沙其人也而今於南康郡守朱公端章見之焉公政不徒善志在及物曰問民疾苦州刺史事也而民之疾痛則疾苦之大者吾可勿問乎遍辨四時寒暑燥溼之氣處方治藥家訪廬給旦夕以之全治者衆

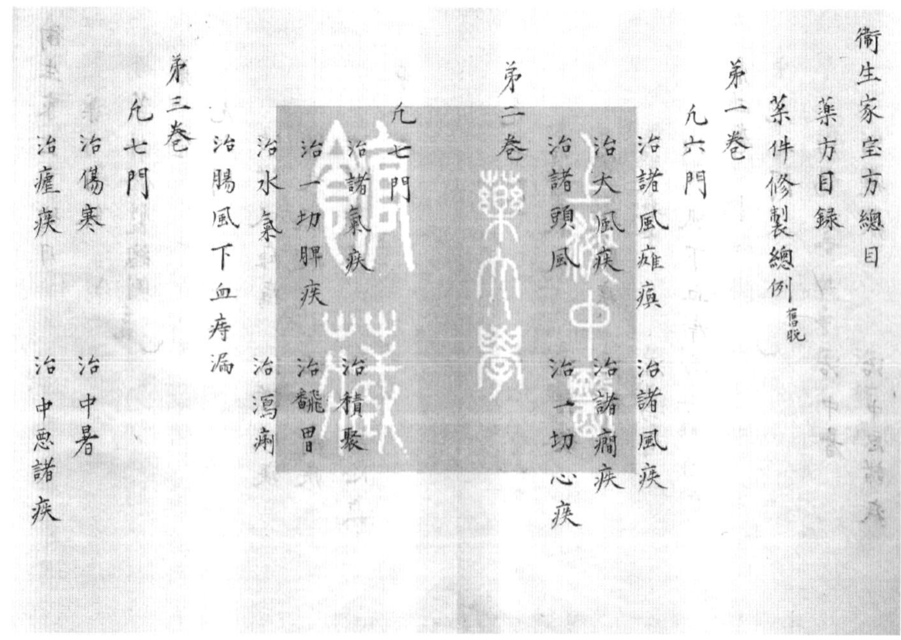

衛生家宝方總目

藥方目録

菜件修製總例 舊缺

第一卷

凡六門

治諸風癱瘓　治諸風疾

治大風疾　治諸癇疾

治諸頭風　治一切心疾

第二卷

凡七門

治諸氣疾　治積聚

治一切脾疾　治翻胃

治水氣　治瀉痢

治腸風下血痔漏

第三卷

凡七門

治傷寒　治中暑

治瘧疾　治中惡諸疾

治諸氣

撞氣阿魏元治五種噎氣九般心痛痃癖氣塊冷氣攻刺及脾胃傷寒胸滿膨脹腹痛腸鳴嘔吐酸水丈夫小腸氣婦人血氣血刺等疾

阿魏二錢 醋浸一宿同以麪為糊　胡椒二錢半

甘草一兩　縮砂仁半兩

肉桂半兩去麤皮　茴香一兩炒香

香白芷半兩炒　川芎一兩

青橘皮一兩洗　陳橘皮一兩洗

丁香皮一兩炒　蓬莪朮一兩炮

生薑四兩 劉作片子同鹽一兩淹一宿炒黑色

右件擣為細末用阿魏麪糊和元如雞頭大每菜元一斤用朱砂七錢為衣丈夫氣痛炒茴香湯下三粒至五粒婦人血氣醋湯下常服爛嚼茶酒任下

七棗湯治脾胃虛弱水穀不分泄瀉無時脐腹疞痛嘔逆少力不思飲食腹中虛鳴

厚朴一斤去皮姜製　烏頭半斤炮去皮

甘草一兩炙　茴香半斤炒

案宋藝文志朱端章衛生家寶方六卷又衛生家寶產科方八卷衛生家寶小兒方二卷衛生家寶湯方三卷今此本全闕第一第六二卷及湯方二卷無婦人小兒二科存者僅五卷舊釘為十二冊乃延享中望鹿門先生按和劑局方時從秘府而借鈔者也此書世尠流傳李瀕湖修綱目蒐羅薈粹殆盡矣而以瓊玉膏為出于臞仙殊不知此書已具其方蓋瀕湖之博猶所不覩實罕世之秘笈為古方書學者不可不珍惜也前年借抄先生門人向氏本自秋及冬始成嗚呼斷錦殘璣無補完之日予書以徯焉

天明己酉春正月初三日　丹波元簡廉夫

248 調理方

《調理方》,不分卷,兩册。無序跋、凡例、目録。封面題“調理方,王丕熙訂”,有“王丕顯”與“己酉”印章。扉頁題:“青村港曹蔚若先生診,門人王丕熙集訂”。作者生平不詳。青村港爲現上海市奉賢區青村鎮。正文每頁均有印章數枚:“青溪曹氏”“蔚若”“每日午前候診,覆脈須帶原方”,或“每逢三八爲期,午前在家診治”“子伯守侍診”“門人周敬臣宋廉夫子伯守”,或“在館門人鹽溪周敬臣本鎮宋濂夫高橋季子澄奉城廖銘石道院王丕顯”,或“在館門人本鎮宋濂夫高橋季子澄奉城廖銘石道院王丕顯鹽溪李拜言”,或“在館門人本鎮宋濂夫高橋季子澄奉城廖銘石道院王丕顯鹽溪李拜言四團姜雲璋”,“南山堂壹角肆分”或“南山堂壹角伍分”或“玉山壹角貳分”。《中國中醫古籍總目》載録爲清鈔本,現藏于上海圖書館。

是本紙張爲單頁,反面不寫字,估計爲早期的處方箋集訂而成。共一百三十三頁,每頁均有處方一首 ,其中四十二頁還載有脈案。如:“邵右,十一月十六日診。咳嗽有年,痰多氣促,甚至嘔惡,脈見弦細,肺微絡傷,治以和降。北沙參二錢,光杏仁二錢,代赭石四錢,全瓜蔞三錢,旋覆花錢半,炙蘇子二錢,化陳皮錢半,懷膝炭三錢,炒夏麯錢半,白茯苓三錢,款冬花二錢,沉香屑三分,加薑竹茹錢半,枇杷葉三張。”“邵一,陽月十八日,復診。咳嗆不止,氣分不舒,痰不爽豁,按脈細弦,擬以和降。北沙參二錢,光杏仁二錢,懷膝炭三錢,旋覆花錢半,雲茯苓三錢,款冬花二錢,白石英三錢,化橘紅錢半,廣鬱金錢半,炒蘇子二錢,全瓜蔞三錢,梗通草錢半,加薑竹茹錢半,沉香屑四分。”本案運用旋覆代赭湯加減來治療慢性咳嗽,反映醫者知曉經方與時方,能融會貫通。二診時能如實記録“咳嗽不止”,體現醫者實事求是的態度。其餘醫案内容有頭脹耳鳴、寒熱咳嗽、頭痛咳嗽、痛經、胃脘痛、小産出血過多、頭脹轟熱耳鳴、眩暈跌仆、肺癆、溺痛淋血、先瀉後吐、泄瀉呃逆、經絡疼痛抽搐、臌脹、莖痛精濁、虛熱似瘧、得食嘈雜、瘧發三陰、嘔吐、乳中結核等。

由于早期的處方箋今已屬罕見的文物,故是本具有一定的文物價值。

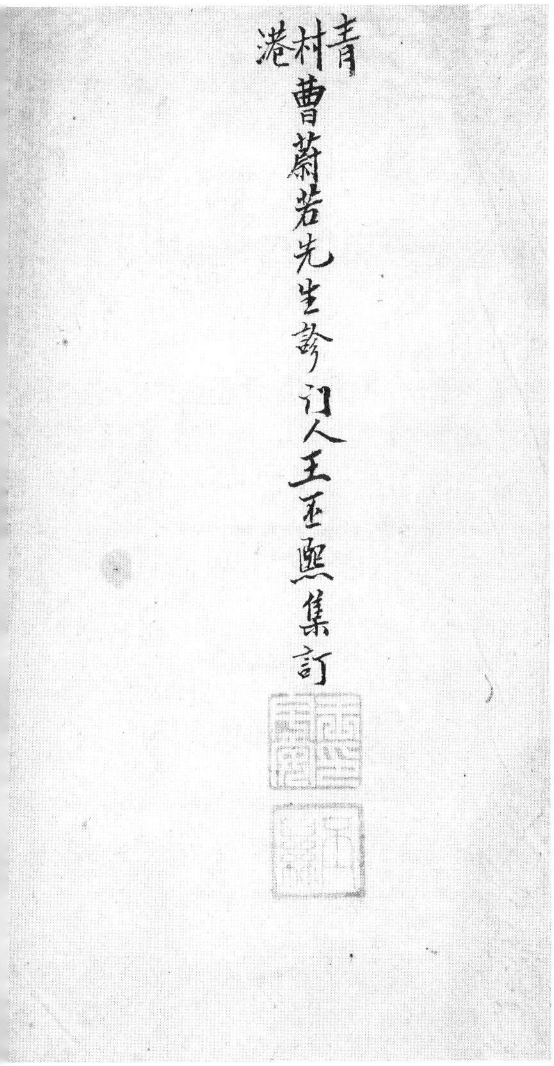

青村港曹蔚若先生診
门人王丕熙集訂

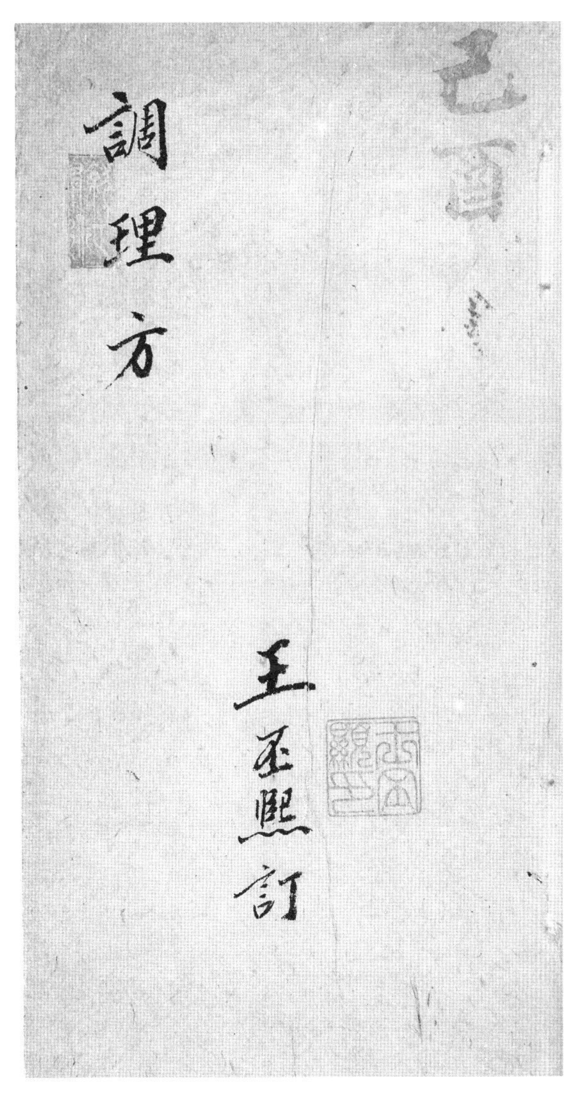

倪 老太 香月 七十二歲

肝氣侮中，當脘作痛，並帶噯逆脹滿，脈見沉弦，治宜平肝以理氣

草豆蔻 [illegible]　炙甘草 [illegible]　新會皮 [illegible]

川楝子 [illegible]　廣鬱金 [illegible]　川朴花 [illegible]

炒延胡 [illegible]　新会皮 [illegible]　枸橘李 [illegible]

制香附 [illegible]　加白檀香 [illegible]　玫瑰花 [illegible]

張 左 荊 夏秋 時診

以草薢 [illegible]　雀麦穗 [illegible]　淡竹葉 [illegible]

萹蓄草 [illegible]　赤茯苓 [illegible]　瀘木通 [illegible]

生山梔 [illegible]　炒澤瀉 [illegible]　杜車前 [illegible]

原生地 [illegible]　加飛滑石 [illegible]　清寧丸 [illegible]

加甘草梢 [illegible]

249 選集一效秘方

《選集一效秘方》，不分卷，一册。清黄育珍手抄。黄育珍，廣陵（今江蘇揚州）人，生平不詳。抄録時間記爲“光緒十有一年歲次旃蒙協洽壹月上浣”，“旃蒙協洽”爲干支紀年中乙未年的别稱，與光緒二十一年（1895）合，故此“十有一年”疑爲“二十有一年”之筆誤。序文落款爲“同治癸酉”即1873年。現存鈔本，藏于上海圖書館。

是本乃醫方雜選，主要涉及内、外、婦、幼、五官、皮膚等各科病證，共載方三百二十六首。據撰者序言稱，瘋、勞、蠱、膈、瘧、疫、傷寒均屬大證，皆有官方，良醫按法治之，或可得生，棘手癰瘍全賴秘奥之巧、心法之靈，官方雖多，亦不易治愈。故篇内所載病證藥方鮮有大證，多爲各科中諸如棘手癰瘍之類的頑證、急證，如皮膚頑疾、外傷中毒、婦科難産等。皮膚頑疾用方尤多，如臁瘡、癬、疥瘡、楊梅瘡等；外傷中毒等急證亦不少見，如治諸魚骨卡喉内、中河豚毒、簽棒戳喉内、蜘蛛咬、吞螞蝗等，婦人難産胞衣未下、横生等均有治方。

是本略述病證，以方爲主。所載藥方多爲民間驗方或偶得秘方，爲撰者平日存心效法，即時録記，用之屢驗，故載于此。驗方如小便尿血，治以“參三七磨汁和米湯吃”，竹木所刺傷者，用“牛膝咬爛敷之”；秘方如“宋神宗傳王荆公治偏頭疼方”，外國人授用的“癆病仙方”等。所載病證雜而不亂，雖無明顯分類，但同類或相似病證多集中記載，可供臨證參閲。

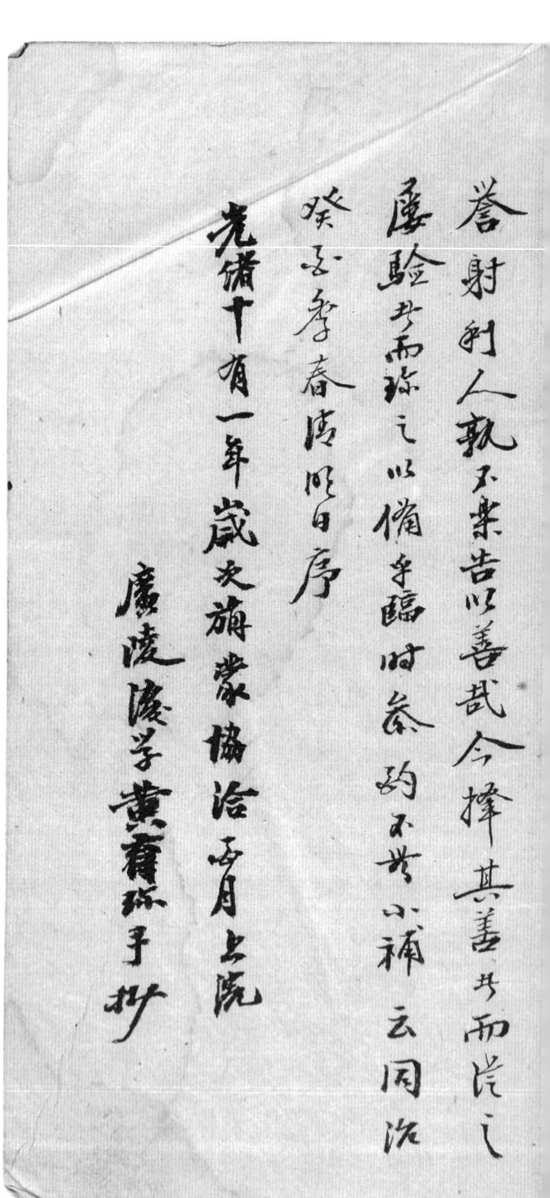

吝射利人執不肯告以善哉今擇其善者而選之
屢驗者而錄之以備乎臨時參酌不無小補云同治
癸亥季春清明日序

光緒十有一年歲次旃蒙協洽酉月上浣
廣陵後學黃育琳手抄

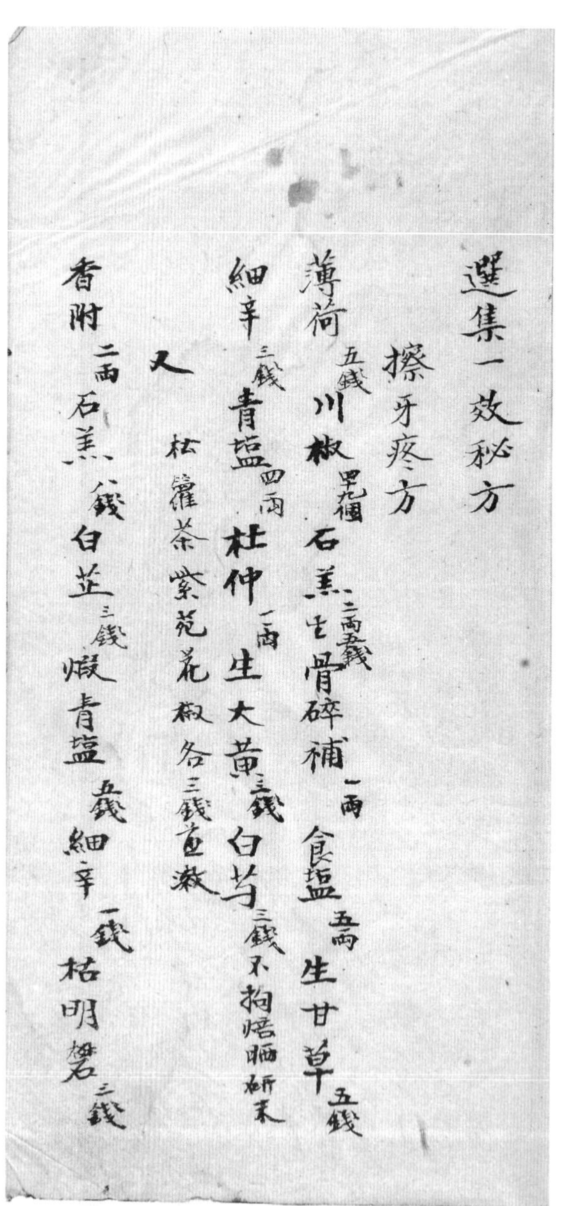

選集一效秘方

擦牙疼方

薄荷五錢 川椒四十個 石羔二兩五錢 生骨碎補一兩 食鹽五兩 生甘草五錢
細辛三錢 青鹽四兩 杜仲一兩 生大黃三錢 白芍三錢不拘焙曬研末

又

松蘿茶 紫菀花 椒各三錢煎漱

香附二兩 石羔八錢 白芷三錢 煅青鹽五錢 細辛一錢 枯明礬三錢

250 選積藥書

《選積藥書》,不分卷,一册。無目録、凡例、序跋。封面題“選積藥書,張治馨,香岩”,扉頁題“驗方鈔本,張德普”,正文首行朱筆題“張治馨”。書末有“光緒十九年分巡河陝汝道沈,爲結婚姻,稟宦官存案樣”字樣,還有“婚書式”,落款有“皇清光緒十年二月初十穀旦”。文中玄參、玄胡、玄明粉,其“玄”字均作“元”,屬避諱,可見成書于清代。現存鈔本,藏于上海圖書館。

是本匯集方劑一百六十二首,不分類。其中大部分爲名方,如六味地黄丸、補中益氣丸等。每方列方名、組成、劑量,無功用、主治、方解,少量有服法。大多爲常用方。另有戒烟方:“斷洋煙妙方:明黨參,路黨參,炙黄芪,薑炭,雲苓,玉竹,杜仲,橘紅,杞子,大煙花,以上各二分,法夏,棗仁,益智仁,旋覆花,炙草,以上各一分,煙灰五分,吉糖三兩,以上將藥煎成去渣,將煙灰熬成過籠,藥汁灰水合熬成膏,入吉糖三兩,飯前服,白開水送下。”記録了中藥戒烟的經驗。“救吞洋煙方驗方:灶心土七分,百草霜三分,研細淋青灰水,冲服,鷄翎探之,吐後即服湯藥,烏梅三錢,寸冬三錢,生地三錢,蔞仁三錢,川軍四錢(孕婦不用),滑石三錢,元明粉三錢,車前三錢,川連四錢,甘草二錢,水煎凉服,瀉二三次。忌熱茶飯、水菸三日,愈後戒食牛犬雜肉。”對吞烟自殺者進行急救,先行探吐,後予攻下,减少對毒品的吸收,救治思路是合理的。

斷洋烟方和救吞洋烟驗方,以及紅口瘡方、梅核氣方、刀尖藥方等部分方劑,未載于《中醫方劑大辭典》。

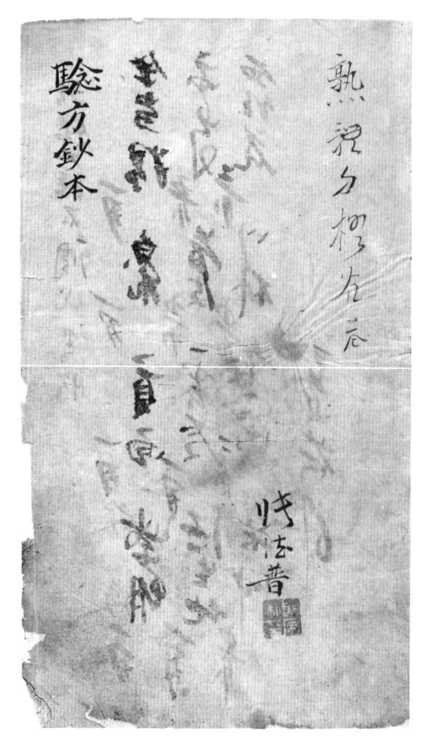

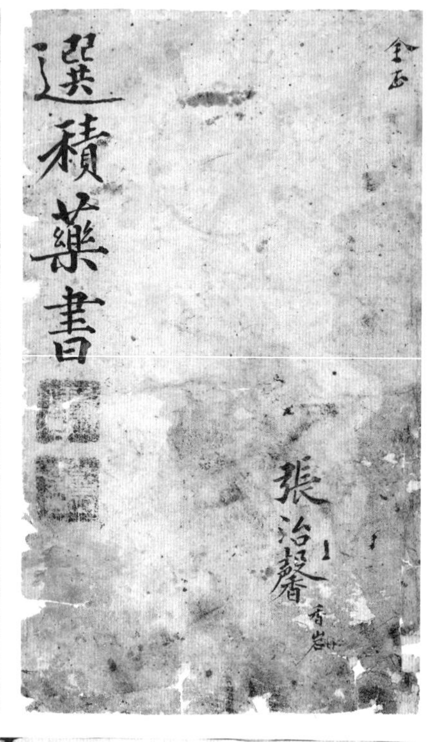

喉音腫疼，豆口梅核氣並乳蛾，驗過神效

冰片　青黛　白礬（枯用）　硼砂　兒茶　以上六味等分俱

為細末，芦筒吹入患處即時見效。冰片臨吹時再入藥

膈食神效

用文銀一兩　硫黃一兩　將銀鍋內將銀子化開成汁，硫黃為末，撒入銀鍋內

又用小酒桑條攪著，將硫黃吃盡為度，將銀子搓為細末，用原封黃酒

一茶中和葉溫服，忌醒於四十日，病了一百日，者怕後犯，用灶土細地一塊，本

人出恭小便俱在上面，便一百日後犯也，忌之土灰起來淋水一瓢，放至一

碗服之再無後犯

救吞洋煙方驗方

灶心土七分　百草霜三分　研細淋青灰水冲服，鷄翎探之，吐後

即服湯藥

烏梅三錢　寸冬三錢　生地三錢　棗仁三錢　川軍四錢（歸不用）　滑石三錢

元明粉三錢　車前三錢　川連四分　甘草二錢　水煎涼服，瀉二三次

忌熱茶飲水菸，三日愈後戒食牛犬雜肉

又方

生葱二兩（搗汁）　白丸一兩半（生半枯）　鷄蛋用清六個　淋青灰水攪勻

251 靜儉山房秘傳驗方集録

《靜儉山房秘傳驗方集録》，不分卷。未著撰者。無序跋。卷首見"靜儉山房集驗方全卷"，卷尾又有"此册完，傷科另抄"字樣，疑其内容不全。《中國中醫古籍總目》載録爲清鈔本，現藏于上海中醫藥大學圖書館。

本書共載驗方一百七十二首，集方兩首，内容涉及内、外、婦、兒科常見病證。有中風、歷節風、猪羊癲風、紫白癜風、鶴膝風、霍亂吐瀉、泄瀉、噤口痢、婦人三日瘧、心痛、腹痛、疝氣腫痛、咳嗽、尿血、血症、鷄盲眼、牙痛、腦漏、小便閉、夢遺、婦人月經逆上、産後昏暈、産後血崩大下不止、乳岩、乳癰、血崩、沙淋、猴猻疳、痘毒、食積腹痛、小兒失乳瘦弱、小兒黄疸、小兒赤游丹、臍風、疔瘡惡毒、封口疔、陰户瘡、痔漏、痔瘡、鼻痔、鼻中息肉等多種常見病證。以内科病證爲主，或給出方劑名後列組方，或直接列出藥物、劑量、煎製方法及注意事項等。如"中風猝中，不省人事，多因痰壅所致，急以皂莢末吹入鼻内取嚏，隨提頭頂髮，立省甦，無嚏者難治"，叙述急救方法及簡單的預後判斷。對水痘、中風等病證提出"避痘方"和"中風預服丸方"等。外科病證多用外敷方配合内服湯劑或丸劑。

本書所涉病證廣泛，且多爲常見病，方劑均爲驗方或單味藥方，用法詳細，有一定臨床價值，可供參考。但該書内容未系統編排，所載病證、方藥較凌亂，查閱不便。

靜儉山房秘傳驗方集錄

中風 猝中不省人事多因痰壅所致急以皂莢末吹入鼻内取嚏隨提頂髮立蘇無嚏者難治

又 白礬二錢生研為末以生薑自然汁調和斡開口灌之其痰涎或吐出或化下便生

歷節風痛晝夜不止 虎脛骨一兩炙 沒藥五錢 二味為末和勻每服一錢溫酒調服

癲狂不識人 人糞取路傍者 燒灰為末每服一錢陳酒冲服

豬羊癲風 生白礬二兩 松蘿茶一兩 二味各為細末和勻煉蜜為丸如桐子大每服五十丸食遠時用濃茶下小兒二十丸左右

靜儉山房秘傳驗方 一

鼻痔　鍾乳錢二　杏仁去皮七粒　白礬錢五　為末吹入即化為水

鼻中息肉　黃柏　檳榔　都等分為細末和豬膽汁調敷之愈

老人鼻涕不乾　獨蒜一個搗如泥貼脚心用油紙紮之禁住愈

此冊之傳神妙方物

集方

臌氣閉塞小便不通　活螺螄　井中葱根　二味同搗爛和入麪粉調作餅略烘　貼臍眼待氣流通時即通

止血散　專治金刃重傷或者破出血不止者用擦患處以周須整縣須避風忌一切魚腥新鮮發物七日而愈長已又洗

鼻破出血不止者將藥吹入之款並身跑出血者將此擦之

老不獨交（取將將屆一二月取出在瓦上炙灰）　蒿芙灰　小薊灰　白蠟

血竭　梅片　共研極細末　查攷此方原未有分量

子彈入肉　老飯底切法為指厚貼之過一宿即出

252 儒醫心鏡

《儒醫心鏡》，不分卷，一册。不著撰者。據每門病證中穿插有“田氏考之曰”之語，疑田氏爲整理補充與抄寫者，惜無相關資料。本書引用書目有《内經》《難經》《金匱鈎玄》《保命集》《原病式》《内外傷辨惑論》《丹溪纂要》等。《中醫古籍珍稀抄本精選》第五册所收《儒醫心鏡》“提要”認爲：“從此書引用書目看，下至明代，又不避‘常’‘玄’等明末及清代之諱，因此，成書年代疑爲明朝中期以前。”本書無序、跋、凡例及目録。現存鈔本，藏于上海中醫藥大學圖書館。

全書分爲兩部分。第一部分是前三篇，以歌訣形式介紹二陳湯、四物湯及小柴胡湯的臨床加减運用，對三首湯證的常見兼證及用藥變化進行歸納。第二部分是第四篇《儒醫心鏡》，載各證病原與用藥治法要訣，列述中風、類中風、中氣、痰厥、血暈、傷寒、中寒、瘟疫、中暑、中濕、火熱、疰夏、内傷、傷食、脾胃、痰飲、六鬱、咳嗽、喘症、瘧疾、痢疾、泄瀉、霍亂、嘔吐、膈噎、翻胃共二十六門内科常見病證，每門先述醫經及前代諸醫之論，反映該門病證的分類、代表症狀、辨證規律、治療大法及預後，其後列出代表方劑及加减用藥與具體煎服法，中間穿插有田氏對此門病證的辨證治療。載有方劑一百九十餘首。

該書體現了“外感法仲景，内傷法東垣，熱病用完素，雜病用丹溪”的學術思想。在病證辨證和預後方面特别重視脈法，用藥加减變化細緻，實用性較强。對現代臨床用藥有一定的參考價值。

儒醫心鏡

秘傳二陳湯加減法

二陳橘半茯苓草清氣化痰為至寶膈上不寬加枳桔火旺生
痰芩連好參术加名六君子健脾和胃無如此中脘寒疼去了
參香砂配用皆能止飲食過飡不尅消麯蘗山查厚朴調再加
枳實芩連炒何愁体弱胃脾嬌嗽嗽生痰分冷熱〻則芩連并
枳桔寒痰枳硝配原方化氣胸中痰自泄風寒外感嗽何辜二
陳枳桔與前胡葛根桑杏能清肺東坡為此號參蘇二陳半夏
性本燥血虛煩渴皆不要四物湯中不必加貝母代之專取效
人有風痰痰病生天麻白附皂南星濕痰在胃自多軟二术仍
須配二陳火鬱胸中老痰結滞住喉間咯不絶夏蔞香附桔連
麹少佐玄胡痰可減痰在經絡及四肢姜汁還將竹瀝施腸胃
有痰須枳實膈間白芥永痊除溫胆湯加竹茹實寧神豁痰為
第一若加枳壳共南星湯號導痰能利膈去草陳皮四七湯加
添蘇朴與生姜散鬱消痰兼理氣孕生惡阻用之安嘔吐皆因
胃火炎脉来洪數嘔連綿急用本方加枳實竹茹姜汁炒芩連

儒醫心鏡各症病原并用藥治法要訣

中風

中風者有真中風有類中風之分真中風者卒時昏倒皆因體
氣虛弱榮衛失調或喜怒憂思悲驚恐或酒色勞力所傷以致
真氣耗散腠理不密風邪乘虛而入及其中也有中腑中臟中
血脉三等中腑者面加五色表證惡風寒拘急不仁此中脉也
先服味風飲解表後服愈風湯調理中臟者唇緩失音鼻塞耳
聾目瞀便閉重則半身不遂口眼歪邪言語蹇澁或癱瘓不伸
或舌強不語痰涎壅塞不醒人事牙閉緊急者此風中臟也若
大便閉結者先服滋潤湯通之元氣虛弱者用蜜導法通之後
服愈風湯調理若口眼歪斜不醒人事牙關緊急者先用搐鼻
法急灸百會人中頰車合骨先服導痰湯吐痰出為效後服愈
風湯調理若左半身不遂手足癱瘓者是血虛與死血用四物
湯合二陳湯調理若右半身不遂手足癱瘓者是氣虛與濕痰
用四君子湯合二陳湯調理若臟腑俱中者藥必兼用先表而

253 應驗良方

《應驗良方》,不分卷,兩册。未著輯録者,成書時間不詳。該本封面無字,無序跋,目録頁有"鹽官鳳記"字樣。宣紙綫裝,上册一百頁,下册九十一頁,品相一般。現藏上海圖書館。藏館載録爲清鈔本,從該本内容判斷尚符合。

該本爲民間驗方的輯録,共收録内、外、婦、兒、五官等治療各科疾病的民間應驗效方和治法約二百八十餘首。上册分爲感冒、瘧疾、諸風濕、耳目鼻牙咽喉、心胃肚腹、損傷、大小便、婦人、小兒、腫毒瘡癤等十門。每門又按不同病症分類,如感冒門包含感冒、陰症、中暑、霍亂吐瀉、諸痧、哮喘咳嗽等;瘧疾門含瘧疾、痢疾、水瀉、洞瀉等;諸風濕門含痛風、半身不遂、頭風、破傷風、鵝掌風、風痹、鬼箭風、脚氣、黄疸、濕痰流注等;耳目鼻牙咽喉門含耳聤、風火眼、迎風冷泪、卷毛倒插、鼻淵腦漏、牙疼牙疳、乳蛾、喉閉、骨梗等;心胃肚腹門含心胃氣疼、隔食翻胃、痞塊等;損傷門包括跌打損傷、夾杖傷、湯火瘡、人咬傷、接骨、金瘡、蛇咬傷、狗咬傷、蜈蚣蝎螫傷等;大小便門包含大便難下、小便不通、腸紅疝氣、赤白帶夢遺等;婦人門含調經、月經不通、乳汁不通、胎動、難産、血崩等;小兒門含驚風、疳積、稀痘、夜啼、痘瘡靨陷、火丹等;腫毒瘡癤門含無名腫毒、楊梅瘡、鱔拱頭、瘰癧、對口、大小腸癰、坐板瘡、黄水瘡、肺癰、秃瘡、騎馬癰、乳癰、吹乳、下疳、癬疥、小兒頭上熱癤、漆瘡、痔漏、便毒、臁瘡、疔瘡等。下册主要是雜病方和膏藥門,此外爲未收入目録中的隨録驗方。

該本所收録方藥絶大多數爲民間醫的應驗處方和治法,有一定借鑒意義,其中不少藥物爲地方草藥,另一個特點是外治法占有較多篇幅。

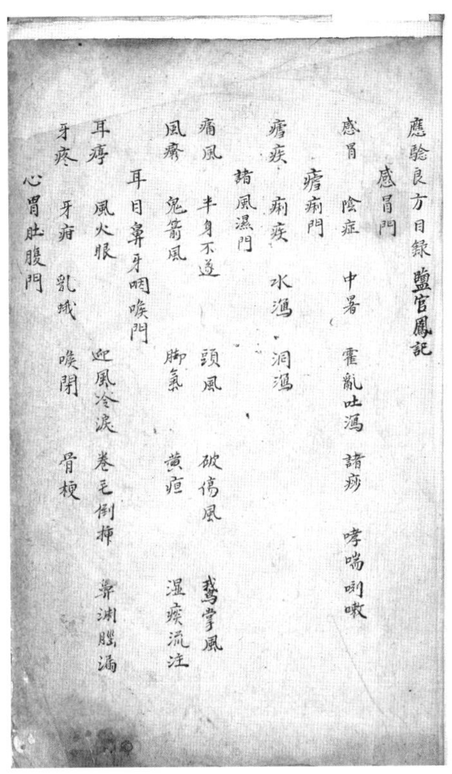

應驗良方目錄　鹽官鳳記

感冒門

感冒　陰症　中暑　霍亂吐瀉　諸痧　哮喘咳嗽

瘧痢門

瘧疾　痢疾　水瀉　洞瀉

諸風濕門

痛風　半身不遂　頭風　破傷風　鵝掌風

風癬　鬼箭風　脚氣　黄疸　濕痰流注

耳目鼻牙咽喉門

耳痔　風火眼　迎風冷淚　卷毛倒捷　鼻淵腦漏

牙疼　牙疳　乳蛾　喉閉　骨梗

心胃肚腹門

應驗神方

感冒門

咳嗽　感冒　陰症　中暑　霍亂吐瀉　諸痧　哮喘

秘傳瘟救苦丹　專治一切瘟疫時症傷寒感冒無論已傳未傳往者大人每服一丸小人半丸凉水調服出汗即愈重者連進二服未汗之時切不可飲熱湯熱物汗出之後不忌此丹百發百中奇効無比有力宜修合以濟世最妙

爪兒天麻　麻黄　乾姜　松蘿茶　菉荳粉各一兩

生大黄一兩　甘草炙　硃砂飛各

共為細末煉蜜為丸彈子大收磁器内勿令泄氣

菩提萬應丸

陳皮　厚朴姜汁拌炒　蒼术米泔浸炒　半夏姜汁炒　香附　柴胡

雜方門　種子　失笑散　人馬平安散　生乳散　狐臭　人脚氣　汗斑　鮮瓶霜方　禿髮再生　陳瘡　睛子爛　鷄眼瘡

周王百子丹

闊魚肚明淨者每分作四分一分用牡蠣粉炒一分用蛤粉炒一分用陳壁土炒一分用麥麩炒　鹿角膠　鹿角霜　沙苑蒺藜酒蒸各四兩　人參　天冬　麥冬　當歸酒洗　小吏肉　澤瀉　石菖蒲九節味辛者　蓮鬚　北五味炒　赤石脂煅　覆盆子　白茯苓　車前子炒　白术米泔浸土炒　廣木香不見火　梔子仁白者佳　酸棗仁炒各一兩　山藥姜汁炒　金釵石斛　巴戟　川杜仲　川牛膝酒洗　生地　熟地　地骨皮　遠志甘草湯泡去心　肉蓯蓉酒洗去甲　枸杞酒蒸　兔絲子餅酒蒸　共為末煉蜜為丸桐子大每服三錢空心白滚水送下服藥先遠一月房事候婦人經將盡行事則成胎矣屢試屢驗此種子第一方也

金蓮種子丹　此方萬季萬應家傳秘寶也

大赤何首烏　人參　枸杞　白

薄荷　黄芩　枳壳各一两半　山查　麦芽炒　神麵
砂仁各二两　霍香　甘草各五錢
用干荷葉煎湯拌前藥晒甘為末煉蜜為丸彈子大每丸重
一錢隨服飲之
治一切感冒及瘟疫時氣以致頭疼骨痛咳嗽痰喘用生
姜三片葱白二根煎湯調服　中暑用香茹煎湯調服
紅白痢疾用車前子煎湯調服　泄瀉用姜姜茶湯調服
水瀉若小便不通口渴用淡竹葉十片灯心二十根煎湯
調服　久瀉不止用糯米飲調服　霍亂吐瀉用胡椒湯服
胡椒只用七粒录豆四十九粒煎湯送下　心胃疼用梹榔
煎湯送下　黄疸用茵陳煎湯調服多服自効　其餘山
嵐瘴氣水土不服並胸膈飽悶宿食不消一切雜症或在
路途無引用清茶或白滚水調服孕婦服

麯姜丸　又名寸金丹

專治男婦老幼中風中寒中暑口眼歪斜牙関緊閉不省
人事並霍亂吐瀉腹痛轉筋或内傷飲食胃口停痰胸膈
脹悶不思飲食或出外遠方不服水土心腹疼痛惡心作
瀉及四時感冒瘧疾傷寒頭痛發熱遍身疼痛惡寒無汗
服此藥者俱要發汗又治傷風咳嗽山嵐瘴氣噯氣吞酸
紅白痢疾婦人産後昏迷惡露不盡小兒急慢驚風以上
俱用淡姜湯化用大人一二丸小兒半丸未愈再服為度
孕婦禁服

烏藥　防風　羌活　川芎酒洗　白芷　半夏姜汁炒
陳皮　赤茯苓　木香　厚朴姜汁炒　霍香　紫蘇

254 應驗秘方

《應驗秘方》，又名《内外科應驗秘方》，四卷，四册。清李宏文撰，馮雲瞻補輯。成書于清乾隆十三年（1748）。李宏文，浙江平湖人，生活于清雍正、乾隆年間。書首沈錥序及馮雲瞻序均稱其醫術精湛，“世習内外雜症，夙推神效”。馮雲瞻，名堯眉，雲瞻乃其字，浙江平湖人，與李宏文爲鄰里。沈錥爲其表外甥，沈錥序稱馮氏“少好岐黄之術，凡藥性之導引經絡、分配君臣，靡不留心溝貫”。馮氏序言詳述本書成書之由，乃馮氏“念貧民昧于醫學，淪于夭死，故每留心體察焉，凡諸方所試而簡便者悉筆識之”。又鄰友李宏文醫名遠播，然其“早亡而醫道無傳，余（馮氏）因索其家，得抄本秘方十餘卷……因取遺卷而向所筆拾者彙成一集”。書首除序言外，有凡例及目録。并有“上海中醫學院圖書館藏書章”。現存鈔本，藏于上海中醫藥大學圖書館。

是書首載凡例九條，爲藥物炮製注意事項。如“凡杏仁、桃仁，其有雙仁者，毒能殺人，須揀去之”，又“製藥必須處誠，不可草草忽略”等。次分元、亨、利、貞四集。元集載外感内傷之疾，亨集載婦科、兒科之患，利集載外科、傷科，貞集載奇疾、雜症。四集下又分出七十一門，如元集録諸瘋、臌脹、翻胃隔食等十二門，利集録癬症、杖瘡症、湯火傷秘方、痔瘻症等十八門。每門下載具體病證的病因病機、治則方藥等。如臌脹門中又有臌脹治方、臌脹辨論、辨症死生法、木香流氣飲、沉香化氣丸等六十三條。如“臌脹治方”下云：“鼓脹者，以其外堅中空似鼓也。理宜補脾。又須養肺金以制肝木，使脾無賊邪之慮；滋腎水以制相火，使肺得消化之令。却鹽味以防助邪，斷妄想以保母氣。切不可下，宜遠音樂、斷厚味、戒暴怒，無有不安。脈浮大而滑實者生，濡小而虚微者死。”可見本書不僅收治症之方，亦有圍繞病症而作的醫理闡述和辨症之法等。

是本乃李宏文之秘方及馮氏平日輯録之方合而成之，分類詳細，醫理清晰，方藥完備，具有一定的臨床實用價值。

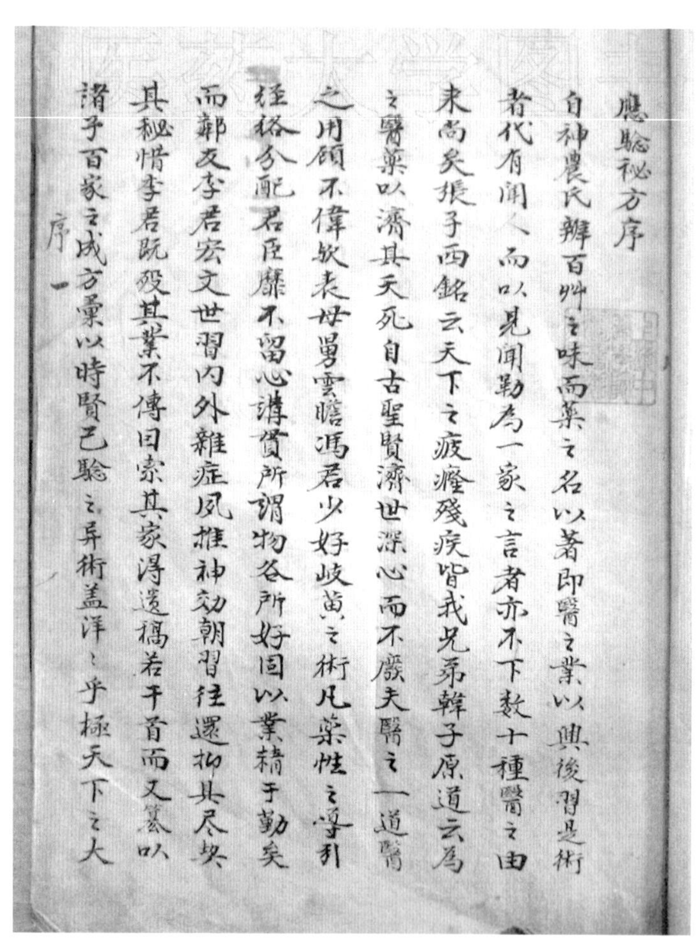

應驗秘方序

自神農氏辨百艸之味而藥之名以著，即醫之業以興，後習是術者代有聞人，而以見聞勒為一家之言者亦不下數十種，醫之由來尚矣。張子西銘云：天下之疲癃殘疾，皆我兄弟。韓子原道云：為之醫藥以濟其夭死。自古聖賢濟世深心而不厭。夫醫之一道，醫之用頗不偉歟！表毋舅雲瞻馮君少好岐黃之術，凡藥性之導引，經絡分配，君臣靡不留心講貫，所謂物各所好，因以業精于勤矣。而鄣友李君宏文世習內外雜症，夙推神効，朝習往還，抑且盡契其秘。惜李君既殁，其業不傳，因索其家，得遺稿若干首，而又纂以諸子百家之成方，彙以時賢已驗之异術，蓋洋洋乎極天下之大

序 一

觀矣乃爲四卷分爲七十一門顔之曰應驗秘方而後世之疾痛
沉痾者循是書而行之無不霍然立効矣夫達則爲良相不達則
爲良醫誠以良相調元贊化澤被生民良醫救病扶衰功補造化
其用有廣狹其理無區别也則是集之成真濟時之金針救世之
寶筏乎倘其付之棗梨行將不脛而走矣
乾隆庚午年夏六月上旬日表甥沈鈁書

應驗秘方序

自岐黄以來醫家所著方書甚多有不云经驗有雖称经驗而藥
品珍繁及為未嘗親試罔獲見聞之真者率皆捽以示人未嘗有
濟實用也余念貧民昧于醫學淪于夭死故每留心體察焉凡諸
方所試而簡便者悉筆識之有鄉友李君宏文世習内外雜症達
近著名余往見其嗣者雖疑難之症無不立愈伊子得三不幸早
亡而醫道無傳余因索其家得抄本秘方十餘卷因病立方無不
了了余取一二方試之無不霍然立効切思醫之一道實可濟世
凡天下之疲癃殘疾皆登諸仁壽而聖人老少安懷之志不啻
相若也戊辰孟秋天雨連綿書窻獨坐因取遺卷而向所筆拾者

序　二

255 濟世秘方

《濟世秘方》，五卷，四册。張文蔚録。張文蔚，字國琦，又號薌萸，南匯（今屬上海）人。《中國中醫古籍總目》載録爲清鈔本。首頁有"中華書局圖書館珍藏"章。現藏于上海辭書出版社圖書館。

是書爲瘡瘍科丸散膏丹的方集，按製劑類型分卷。卷一爲"諸丸部"，凡三十五方，分别摘録自《抄本》《外科正宗》《簡便方》《單方治驗》《醫宗必讀》《單方》《外科全生集》。卷二爲"諸散部"，凡一百三十方，分别摘録自《驗用抄本》《外科全生集》《單方》《赤水玄珠》《秘方集驗》《醫方選要》《李嗣立外科方》《經驗方》《外科發揮》《萬病回春》《談埜翁試驗方》《外科正宗》《抄本》等。卷三爲"諸膏部"，凡一百十一方，分别摘録自《抄本》《外科全生集》《洞庭方》《外科正宗》《單方》《秘方集驗》《單方摘要》《醫宗必讀》等。卷四爲"諸丹部"，凡三十二方，分别摘録自《抄本》《洞庭方》《外科全生集》《秘方集》《外科正宗》等。卷五爲"錠子、條子、靈藥部"，録有追毒錠子、紫金錠、烏金錠等錠藥方，烏金條子、拔毒條子等條子藥以及靈藥方等，凡十五方，分别摘録自《抄本》《外科正宗》《外科全生集》等。

本書乃將瘡瘍科諸類藥物分類整理之方書，其價值在于保留未傳世方書及匯集散見單方、驗方。如第二卷"諸散部"中保留了黄丹榮秘方之"善消散"，書中多處提及之《洞庭方》，係少見的傳鈔本。

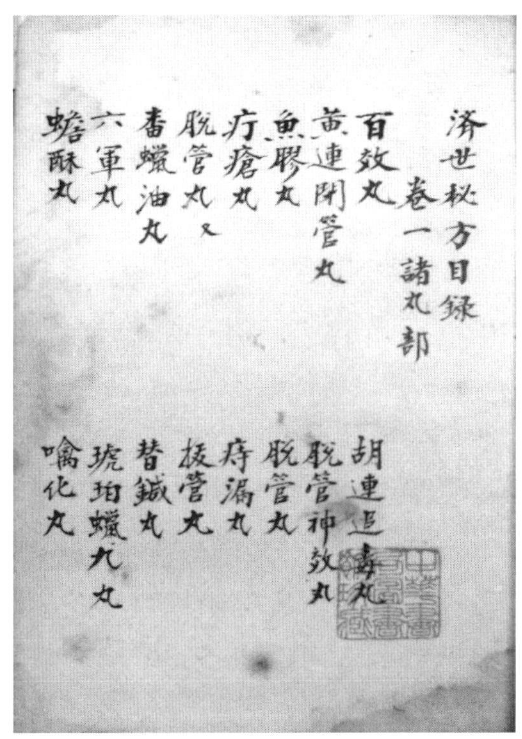

濟世秘方目録

卷一諸丸部

百效丸
黄連閉管丸
魚膠丸
疔瘡丸
脱管丸又
蓄蠟油丸
六軍丸
蟾酥丸
胡連退毒丸
脱管神效丸
脱管丸
痔漏丸
拔管丸
替鍼丸
琥珀蠟丸丸
噙化丸

臟連丸
綉毬丸
二層茴香丸
大蠶丸
紅棗丸
醒消丸
三黄丸
蟾酥丸又
大内秘傳瘿瘤丸
楊梅瘡丸
鐵布衫丸
百靈丸
西聖復煎丸
刻歡丸
消管丸
犀黄丸
五通丸
牛黄解毒丸
消痰核丸

卷二諸散部

神仙敗毒散
拔管散
珍珠散
又
長肉生肌散
又
神效沉底散
拔管散又
又
硝黄散
退毒散
又
代珍珠散
生肌散
妙貼散
血竭散
又
又

濟世秘方卷之一

南滙張文蔚國琦録 又號鄉叟

瘡瘍科 諸丸部

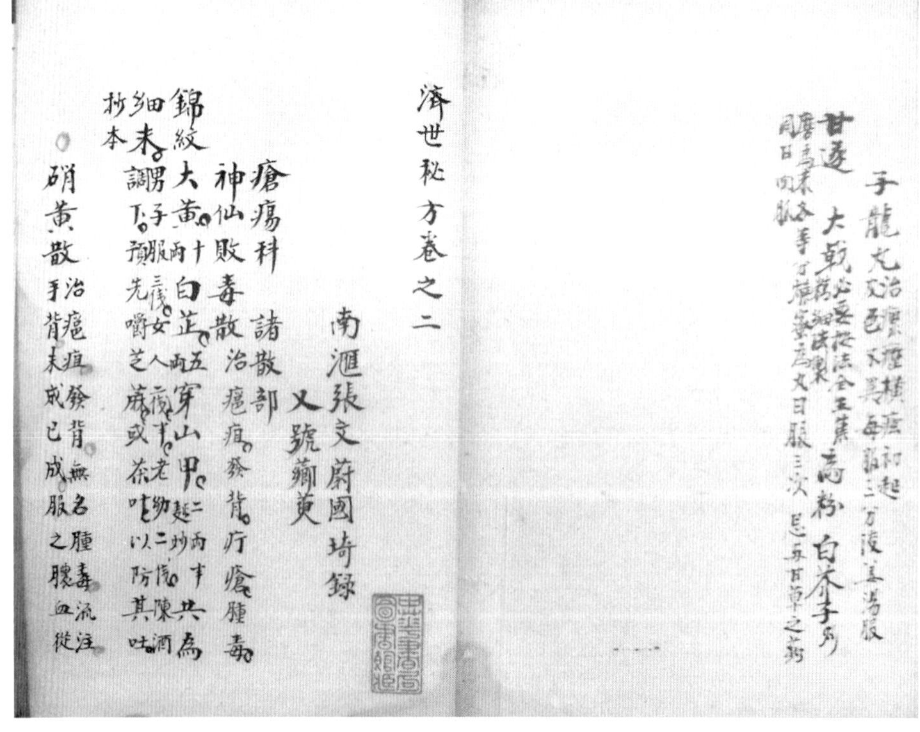
濟世秘方卷之二

南滙張文蔚國琦録 又號鄉叟

瘡瘍科 諸散部

神仙敗毒散 治瘡疽發背疔瘡腫毒

硝黃散 治手背瘡疽發背無名腫毒流注未成已成服之膿血從

256 藥方

《藥方》,不分卷,兩册。未著撰者。該書“補益”部分有嘉慶二年字樣,可推斷成書年代爲嘉慶二年(1797)。是本前有“德臣廷記選,料放筐樣川”字樣。書前云:“積五十年來手録諸方彙鈔之,以便檢用……壬子八月,南陵署中病餘隨筆,即名《南陵集》。密齋記。古人格言云:動静以敬,心火自定;寵辱不驚,肝木自寧;飲食有節,脾土不泄;調息寡言,肺金自全;恬憺無欲,腎水自足。”可見是本積筆者五十年經驗之所成。現存稿本,藏于上海圖書館。藏館著録爲“(清)密齋編”。

是本載有《統治》《補益》《服食》《飲食》《食忌》,以及《風寒》《暑》《瘟疫》《瘴氣》等三十一篇,内容涉及女科、幼科、外科以及損傷急症。《統治》部分介紹各種丸藥的功效、組成、劑量、炮製、製劑工藝、主治病證、煎服方法等。如“萬應丸,外感及内傷飲食一切雜症。蒼术、厚朴、陳皮……十六味各二錢,用乾芥菜八錢煎水浸藥,一日夜取起曬乾爲末”。《服食》部分詳述各種藥物的服食方法。《食忌》部分既叙述飲食的禁忌,又説明臟腑及四季飲食的宜忌,如“心病忌鹹,肝病忌辛,脾病忌酸,肺病忌苦,腎病忌甘”,“春不食心,秋不食肺,冬不食腎,四季不食脾”。

本書具體病證先列各病之症狀、脈象、病機等,再按症狀介紹治療驗方,尤其對女科、幼科病的診治用藥闡述較爲詳細切要,多爲作者治病用藥的經驗,有參考應用價值。書中重點部分多有標注,方便參考。

積五十年來手錄諸方彙鈔之以便檢用其間有參差錯見前後倒亂者亦欲使人循環閱看易於融會貫通則此書又為筌蹄矣 壬子八月南陵署中病餘隨筆即名南陵集客齋記

古人格言云動靜以敬心火自定寵辱不驚肝木自寧飲食有節脾土不泄調息寡言肺金自全恬淡無欲腎水自足

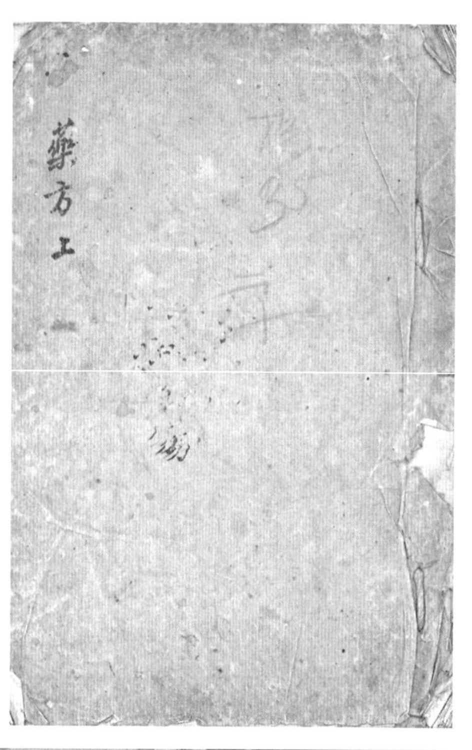

呂祖一枝梅 凡男婦大人小兒新久諸病生死難定之間用芡實大一餅貼印堂中點官香一枝香盡去藥待一時許視貼處有紅斑暈色腫起飛散病雖危不死如不腫不紅皮肉照舊者必死小兒急慢驚風一切老幼痢疾俱可貼之凡病用之皆可預知生死也

雄黃五錢 巴豆仁五錢不去油 朱砂三分 銀朱一錢五 五靈脂五錢 萆麻仁五分 射香三分 各研細端午日淨室中午時共研勻油胭脂為膏磁盒收貯勿經婦人之手每用豆大一圓用過餅送入河中

統治

墜金丹 山荳根去心各三兩 山茨菰去皮洗淨焙 五倍子刷淨焙 一兩半 紅芽大戟去根蘆洗淨焙 明雄黃水飛二錢 明朱砂水飛一兩半 續隨子去心淨一兩 射香研淨三錢 乳香 沒藥俱去油各二錢 金線重樓一兩半 蟾酥二錢 各製淨俟端午日齋戒於淨室內避一切雞犬婦人不潔人等將各藥末秤準拌勻用糯米濃湯調和搗極光潤為度每丸重一錢金箔為衣 服此丹者忌甘草 用法在後

靜耘齋方 曹子心培

金鎖匙圓出入味服法另詳在胸乳部

統治

257 藥到回春

《藥到回春》，不分卷，一册。封面題“藥到回春”“譚卓之書”“歲次乙卯”等字樣。作者生平不詳。有目録，無序跋。現存鈔本，藏于上海圖書館。藏館著録爲清鈔本。

是本内容大部分是方劑。目録列有眼科、驚風、小兒、屙血、屙痢、發冷、鉄打、刀傷、生肌、止血、紫金丹、起腐骨、爛肉、龍虎化膿丸。方劑有組成及劑量，未列功用和主治。是本僅在眼科中有一段醫理的論述：“但醫眼，看五行金木水火土、心肝脾肺腎、五輪八郭壹佰零八症。患眼者，但初學者醫眼，雖分各症，切分内外兩字。問曰何爲内外。但分外障者，眼内黑白珠有點、有膜、有赤、有紅、有疼、有痛、有淚、怕日羞明，是爲外障也；但分内障，眼内黑白珠無點、無膜，不疼不痛，無紅、無赤，爲有眼睛中瞳人有患，是内障也。”

所論病名，如發冷、跌打等，似與一般醫籍所記不同，更像是民間俗稱。如：“發冷方，北杏仁四錢，雄黄精五錢，密陀僧五兩，共爲末，湯爲丸，桐子大，臨期服，早一個時辰服，面向東服，男忌女看，女忌男看。熱多加陳皮湯下，寒多加薑湯下。”“長寒發冷方，常山、黑棗、桂實，用水貳碗煎成一碗，早半個時辰服一次，晨起亦服，一次應效如神。”“發冷神方，常山、烏梅、烏棗、生薑、丁香、烏豆煎如，加黄酒一盞，同服。”以此分析，發冷可能是瘧疾之俗稱。另“明瞳去膜眼藥膏”方後有“此藥有老膜者用”字樣。推想是本爲民間醫者的經驗記録。

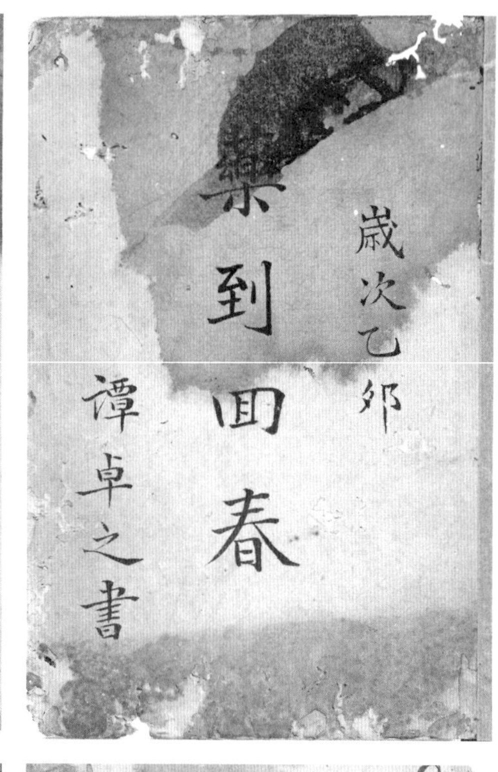
歲次乙卯

藥到回春

譚卓之書

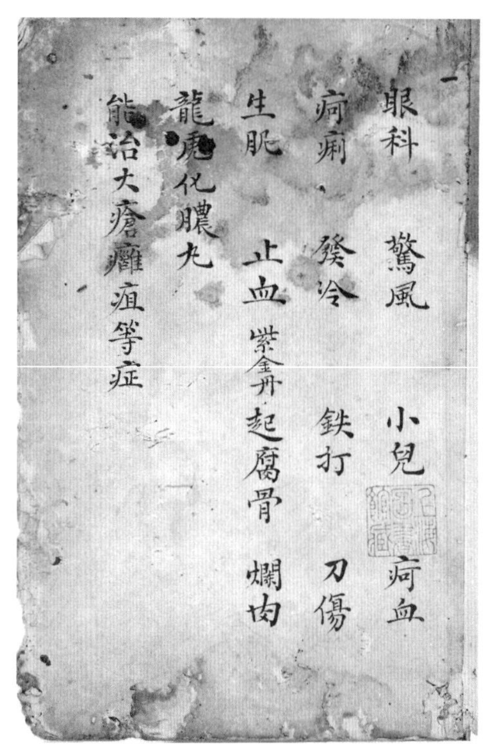
眼科　驚風　小兒　痧血

痢痢　發冷　鉄打　刀傷

生肌　止血　紫金丹　起腐骨　爛肉

龍虎化膿丸

能治大瘡癰疽等症

秘受眼科

但醫眼看伍行金木水火土心肝脾肺腎五輪八郭壹佰零八症患眼者但初斈者醫眼雖分各症切分内外兩字問曰何為内外但分外障者眼内黒白胅有點有膜有赤有紅有疼有痛有淚怕日羞明是為外障也但分内障眼内黒白胅無點無膜不疼不痛無紅無赤為有眼精中朣人有患是内障也

明朣去膜眼藥膏壹料

川連四下　白芷三下　蟬足三下　蒙花三下

銀花三下　蒺藜三下　防風三下　京芥三下

連召三下　白菊三下　木夕三下　野白菊葉三下

258 醫方抄

《醫方抄》，不分卷，一册，宣紙鈔本。原書封面有"明范子宣卧雲山房抄本醫方，壬辰殘腊收于四明，黄裳"字樣。范子宣（1524–1610），名大澈，字子宣，號訥庵，别號南海釣者、句章灌園叟，鄞縣（今浙江寧波）人，秩至二品，是著名藏書家范欽之侄。子宣亦性喜藏書，鄭梁《訥庵范公傳》記載：范氏游京師時，"月俸所入，輒以聚書。聞人有抄本，多方借之。長安旅中，嘗雇善書者謄寫，多至二三十人"。六十七歲時，范大澈辭官歸里，築室于紹興西郊，世以"卧雲山房"稱其所藏之書。此本曾爲黄裳先生收藏。黄裳，原名容鼎昌，1919年生于山東益都，後定居上海。著名散文家、記者、藏書家、學者。他在扉頁中提記了收藏此本及延請人整修的情況："此范大澈卧雲山房抄本醫方一册，余去冬得于四明大西山房。殘蝕不能觸手，仍以重直收之。倩姑蘇故友曹有福君重裝，今日書至，頓改舊觀，可喜也。卷尾舊題'共百六十一番（翻）'，今存者百五十七番（翻），前失只四葉耳。西園遺書于明末即已散去，流傳稀若星鳳，遠較天一閣書爲難覯。余所藏凡四本，可以傲視并世藏家矣。癸巳清明後一日，鐙下記。小雁。"并有"黄裳小雁"印記。現藏于上海圖書館。書名爲藏館擬定。《中國中醫古籍總目》未收載。

是本對證立方，每證一方，述證全面，載方廣泛，可供臨床參閲。但各證無明顯分類，編排比較隨意，不便于分類查找。且是本爲殘本，卷尾舊題共一百六十一葉，今存一百五十七葉，每葉皆有殘角，衆多方名、證名無從得知。但誠如黄裳于卷首朱筆題跋所稱，"西園遺書于明末即已散去，流傳稀若星鳳，遠較天一閣書爲難覯"，可見該書得以流傳至今，已屬難能。

《中國醫籍大辭典》稱此書成于明崇禎十七年（1644），可能有誤。范子宣卒于明萬曆三十八年(1610),距離崇禎十七年有三十四年,時卧雲山房早已不存在。

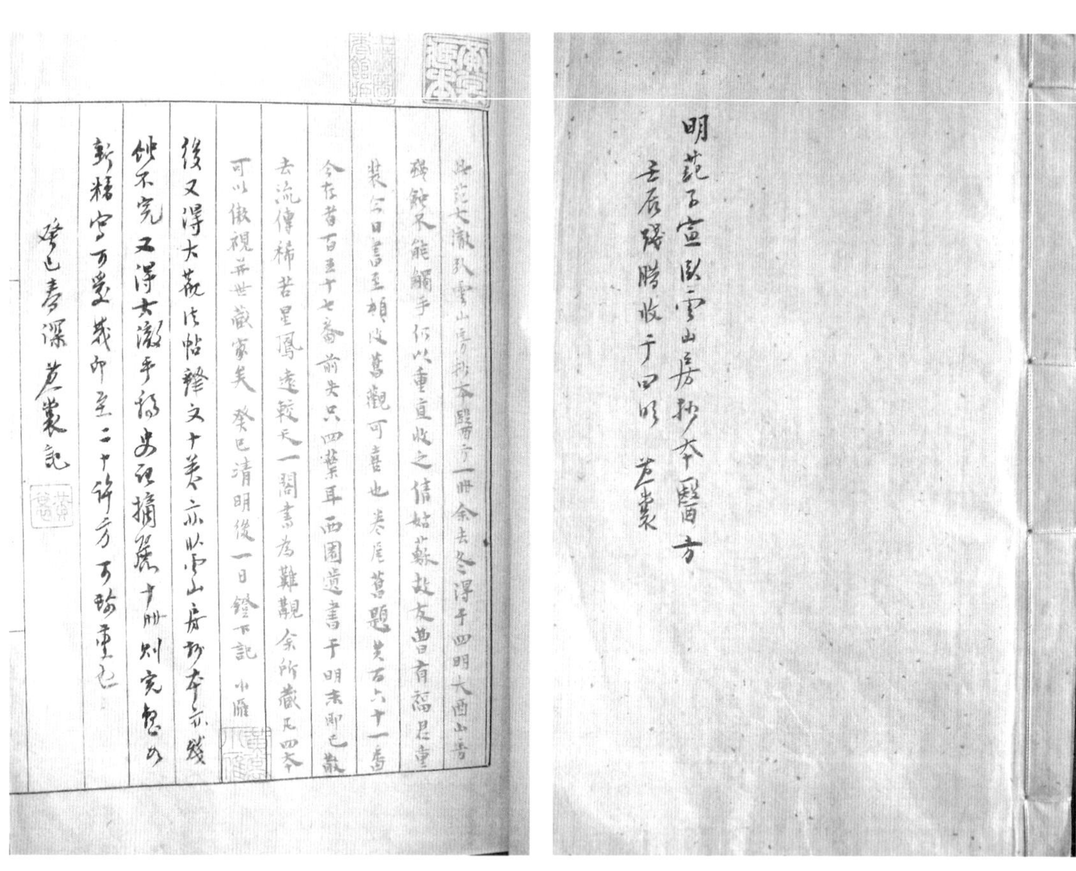

黄水在脾加甘遂
赤水在心加水銀
四日白水在肺加葶藶
五日黑水在腎加連翹澤瀉
六日青水在胆加羌活
七日風水在胃加澤瀉
八日右水膀胱加桑白皮
九日膓水鳴加姜水
十日両脅加大腹皮
右服此藥如病人不能忌口可將前藥醋糊
為丸如梧桐子大每服三十丸木香湯下切
忌酒色
詩曰 十腫水氣少人知 只怕肚皮腫似梨
背中如掌應難治 手掌無紋不可醫
水穀不消三五日 陰囊如破實難醫
此乃神仙活人法 除此之外更無宜
年老難五十為止
一脹 十般蠱脹少人知 不怕肚大實可醫
背平臍出十分弱 掌上無紋止片時
禾穀不消三五日 陰囊無縫不須醫

卧雲山房

259 醫方便查

《醫方便查》，十卷，續一卷。虎溪吴大珍（字半農）集。成稿于清道光八年（1828）。清道光九年（1829）錢嘉仲序有“半農大兄，少習舉業，近究岐黄”語。現存鈔本，藏于上海圖書館。

其自序曰：“古今來名醫林立，醫方浩如煙海，每讀古人書，其要曰某湯某散，則茫然者甚夥，既質魯而不能記憶，復散漫而不便稽查，緣彙集諸方，分門别類，不以疾病分，而以草木天地人物分，誠不敢開僞醫捷徑之門，而第爲後學稽查之便，因名之曰醫方便查。”卷一草部，根；卷二草部，莖、葉、花、子；卷三木部；卷四數目部；卷五天地部，神仙附；卷六人部，品格、肢體、臟腑、陰陽；卷七人部，疾病、胎產；卷八飛走雜物；卷九金石部；卷十空名部；續集不分部。每方有出處、方名、功用、組成、服法。按筆畫順序排列，但無劑量。卷一至卷三前半部分，據方劑主藥的自然屬性分類，如草部，又分根、莖、葉、花、子等，卷三後半部分爲木部。其餘部分以方名中某些名詞的意義作分類，如卷五天地部，列以方名中天、地等字者及含天地意思者，卷七爲人部，列以方名中有人名者或含人意思者。

其分類規則不甚明確，難以掌握。如神秘湯歸于天部，失笑散歸于人部，青壺丸歸于空名部，不易直接查找。而且唯能按方名查，不能按功用查找方劑。其實用意義不大。

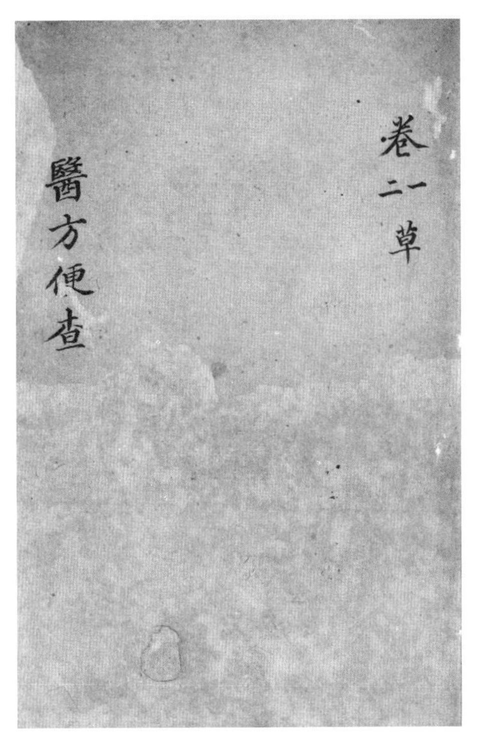
卷一
二草

醫方便查

者甚夥既習魯而不能記憶復散漫而
不便稽查緣彙集諸方分門别類不
以疾病分而以草木天地人物分識不
敢謂從醫捷徑之門而第為自己醫
查之便因名之曰醫方便查
道光八年六月雨溪吳大珍識

醫方便查目次

治稱禁方兩

景以傷寒

玉宋成無己　方解以仲景

百十三方編次　人第略釋大意而精

旨微言不為　誨追明興吳鶴皋

著醫方考分類分門方凡七百方

論理極明通而方名尚多遺漏續景

岳古方新方八陣二千餘首方方之

樓採雖多而方之解釋又略

國朝汪訒庵輯醫方集解正方三百

醫方便查卷一　　半農吳大珍集

草部　根

人參湯　治吐血咯血後喜治吐血不止　人參一兩為末五更時用雞子清調如稀粥服之或加人乳調服

又（良方）即參歸湯　治產後諸虛不足發熱盜汗內熱晡熱　人參　當歸

又　治下焦實熱大小便不通氣逆不續嘔逆不止名曰……　人參　麥冬　知母　石膏　黃芩　蓋朮　竹茹　白朮　甘草　茯苓　陳皮　萎蕤

人參散（大全）　治脾胃虛寒霍亂吐瀉心煩腹痛飲食不進　人參　當歸　厚朴　橘紅　乾薑　炙草

又　治肝脾氣逆胸脇引痛驚悸筋攣　人參　杜仲　黃耆　棗仁　茯神　熟地　五味子　細辛　秦艽　羌活　川芎　丹砂

260 醫方便覽

《醫方便覽》，兩卷。著者不詳。無序跋，有目録。《中國中醫古籍總目》載録爲清鈔本。現藏于上海中醫藥大學圖書館。

本書共列方劑四十門，多用以治療内科病證。上卷載中風、類似中風、傷風、痓病、痹病、痿病、脚氣、癲癇、遺精、濁帶、痰症、咳嗽、喘吼、腫脹、瘧疾、霍亂、噎膈翻胃、吐嘔噦、泄瀉、痢疾、五癉共二十一門；下卷載疝氣、頭痛、眼目、牙齒、口舌、咽喉、肩背、心腹、胸脇、腰痛、小便閉癃、遺尿不禁、大便閉結、汗症、血症、消渴、癆瘵、虚損、内傷共十九門。所載方劑每有方名，或有藥物組成，藥物均無劑量，或標明出處，以《醫宗金鑒》方居多，另有《辨症冰鑑》《醫林改錯》之方。上卷共收方劑約二百七十首，所載方劑多有藥物組成。下卷共收方劑約二百二十首，僅書方名而無其他内容。

本書收載内科常用之方劑，内容簡約，方便查詢，可供臨診參考。

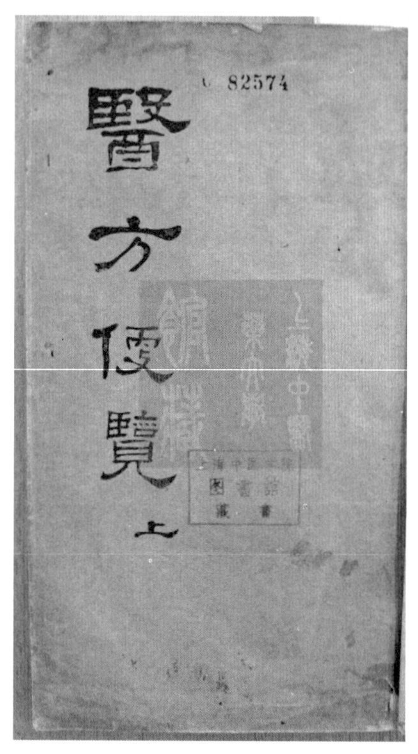

醫方便覽 上

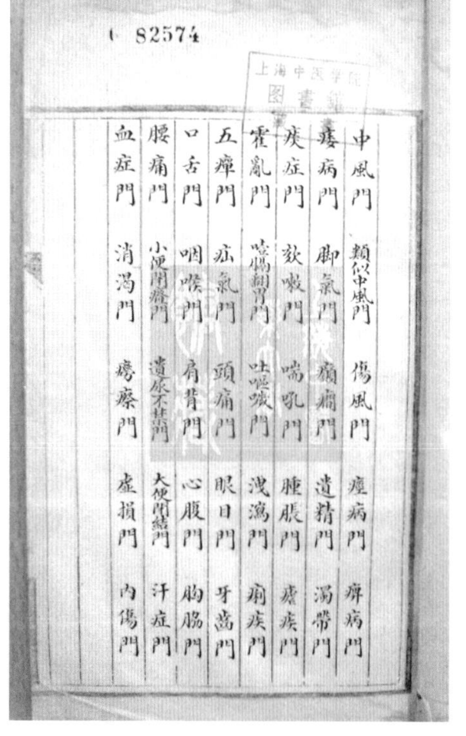

中風門 類似中風門 傷風門 痙病門 痹病門
痿病門 脚氣門 癲癇門 遺精門 濁帶門
痰症門 欬嗽門 喘吼門 腫脹門 瘧疾門
霍亂門 噎膈翻胃門 吐噁噦門 洩瀉門 痢疾門
五疸門 疝氣門 頭痛門 眼目門 牙齒門
口舌門 咽喉門 肩背門 心腹門 胸脇門
腰痛門 小便閉癃門 遺尿不禁門 大便閉結門 汗症門
血症門 消渴門 癆瘵門 虛損門 內傷門

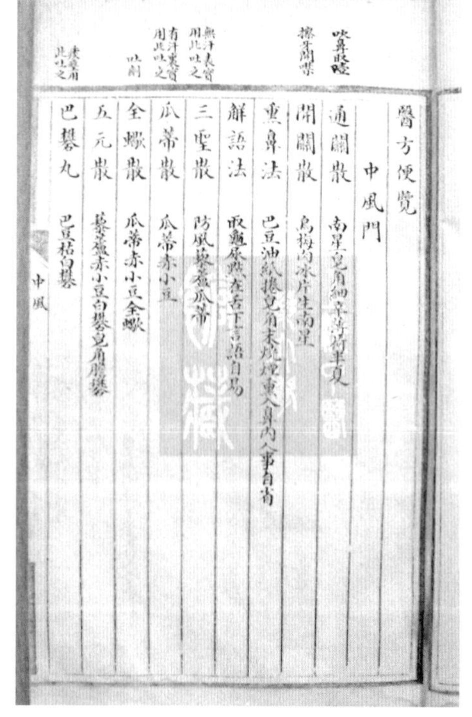

醫方便覽

中風門

通關散 南星皂角細辛薄荷半夏
開關散 烏梅肉冰片生南星
熏鼻法 巴豆油紙撚皂角末燒煙熏入鼻內人事自省
解語法 取龜尿點在舌下言語自易
三聖散 防風藜蘆瓜蒂
瓜蒂散 瓜蒂赤小豆
全蠍散 瓜蒂赤小豆全蠍
五元散 藜蘆赤小豆白礬皂角膽礬
巴礬丸 巴豆枯白礬

烏藥順氣散　麻黃枳殼桔梗烏藥殭蠶白芷乾薑陳皮甘草川芎

大秦艽湯　秦艽生地石膏羌活獨活白芷防風細辛黃芩

換骨丹　白芷川芎防風冰片麝香硃砂木香槐角苦參五味子威靈仙人參

小續命湯

黃耆五物湯

三化湯　厚朴枳實大黃羌活

搜風順氣丸

牛黃清心丸

參附湯　人參附子

千金還魂湯　肉桂麻黃甘草杏仁

奪命散　巴豆白芷半夏葶藶生南星

三生飲　生南星生川烏生附子木香

祛風至寶湯　防風通聖散加全蠍天麻細辛白附子羌活獨活黃蘗黃連殭蠶

青州白丸子　生白附子生川烏生南星生半夏

羌活愈風湯　大秦艽湯加人參官桂黃耆杜仲防己知母枳殼柴胡薄荷蔓荊子

清熱化痰湯　人參白朮茯苓甘草橘紅半夏麥冬黃芩黃連石菖蒲枳實竹茹南星木香

地黃飲子　熟地肉桂附子肉蓯蓉巴戟遠志山萸石斛麥冬五味子薄荷石菖蒲茯苓

滌痰湯　人參菖蒲南星

以上各方載醫宗金鑑

舒木生土湯　白芍茯苓山藥生棗仁遠志甘草白朮熟地枸杞人參麥冬當歸元參

掃風湯　荊芥防風半夏陳皮天花粉茯苓黃芩蘇葉

加味四物湯　熟地當歸白芍川芎人參半夏黃耆

中風

261 醫方問餘

《醫方問餘》，十卷，六册。日本名古屋玄醫纂輯。名古屋玄醫（1628-1696），京都人，字閱甫、富潤，號丹水子、宜春庵、桐溪。精通經學及易學，博覽中國醫籍，著述較多，除本書外，尚有《難經注疏》《醫學愚得》等，是日本"古方派"鼻祖，對江户中期醫學影響很大。本書卷首載"洛陽名古屋玄醫撰，木部韶景校正"，每册有"中國科學院圖書館藏"章。有延寶二年（1679）自序。《近世漢方集成》收録日本國會圖書館藏本，卷首雜病門，卷一至卷四小兒，卷五至卷六婦人，卷七至卷十五外科，卷十六至卷二十一眼科。《中國中醫古籍總目》題作"九卷，（日）宜春庵撰"，係孤本。現藏于中國科學院上海生命科學信息中心生命科學圖書館。

作者閱讀《内經》《難經》《傷寒論》《金匱要略》《諸病源候論》等經典醫書，深受張仲景、王履、張介賓、喻嘉言、程應旄等啓發，獨創以助衛氣之虚，治療疾病的治本方法，以及對餘症進行虚實判斷，再行治標。《醫方問餘》正是體現玄醫以療虚爲本的醫書。本書取《難經・七十五難》"不能治其虚，何問其餘"之意命名，以"先能治虚，而後宜問其餘病處而治之"爲宗旨，提倡"萬病皆由風寒濕而生，分言之則爲風寒濕三氣，總言之則僅一寒氣"之理論，貫穿各科。

是本包含小兒科三卷、雜病三卷、婦人門三卷、口科一卷。兒科卷載玄醫自序，言小兒之病難治，其中又以痘疹奇病爲最。提出世醫治痘時弊，唯重解毒清熱，不問其虚，"故尋其原而述諸賢誤""以示後學"。又如口科，玄醫認爲口齒舌咽喉之證多因傷于風寒而壅遏爲病，故先以散風寒爲主，後療他證，并引録薛己之醫案。雜病、婦人門亦以治虚爲主，如"血風"之證，玄醫主張用六君子湯、八珍湯、補中益氣湯、人參理中湯、附子理中湯、八味丸等大補血氣虚乏之劑，斥庸醫濫用五積散。且言婦人病應以調氣爲主，應少用或不用香附子、山梔子、烏藥、枳殻等消耗氣血之品。“不治其虚，何問其餘”之旨隨處可見。

玄醫載録較爲客觀，不藏其拙。如載“積聚”一證，實事求是，“積聚之病，《難經》有明文，而《玉機微義》亦載五積方治，我數用之，若初發之時，治之則或有愈焉，若過一月，則無有愈者，我未如之何，姑書以待賢者，方治又缺之”。治學態度令人欽佩。

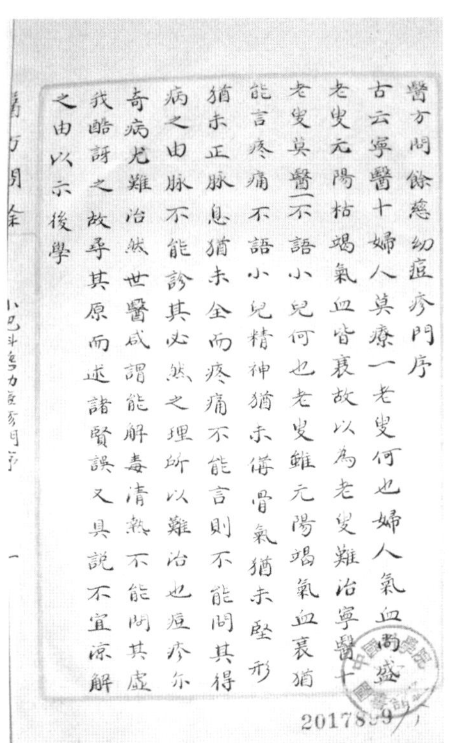

醫方問餘慈幼痘疹門序

古云寧醫十婦人莫療一老叟何也婦人氣血老叟元陽枯竭氣血皆衰故以為老叟難治寧醫十老叟莫醫一不語小兒何也老叟雖元陽竭氣血衰猶能言疼痛不語小兒精神猶未備骨氣猶未堅形猶未正脉息猶未全而疼痛不能言則不能問其得病之由脉不能診其必然之理所以難治也痘疹尔奇病尤難治然世醫咸謂能解毒清熱不能問其虛我酷訝之故尋其原而述諸賢誤又具說不宜涼解之由以示後學

醫方問余　一

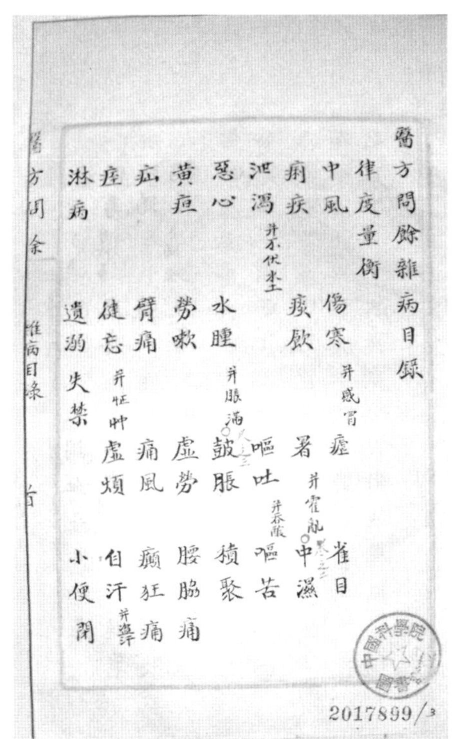

醫方問餘雜病目録

律度量衡

中風　傷寒并感冒　瘧　雀目

痢疾　痰飲　暑并霍亂　中濕

泄瀉并不伏水土　嘔吐并吞酸　嘔苦

惡心　水腫并脹滿　鼓脹　積聚

黄疸　勞嗽　虛勞　腰脇痛

疝　臂痛　痛風　癲狂痛

痓　健忘并怔忡　虛煩　自汗并[illegible]

淋病　遺溺失禁　小便閉

醫方問余　雜病目録

醫方問餘小兒科卷之一

痘疹門目錄

醫方問餘痘疹辨疑卷之一

雒　宜春庵　撰

原痘

醫學綱目曰臨觀宮大尉病瘡疹衆醫治之王曰疹未出屬何藏府一醫言胃氣熱一醫言傷寒不退一醫言在母腹中有毒錢氏曰若胃氣熱何以乍涼乍熱若言母腹中有毒屬何經也醫曰在脾胃錢氏曰既在脾胃何以驚悸錢氏曰夫胎在腹中月至六七則已成形母食穢液入兒五藏食至十月滿胃脘中至生時口有不潔塗母以手拭淨則無疾病俗以黃

一方 卯腫、研挑仁唾調傅、

一方丹溪 脫囊、即外腎腫大、

木通 甘草 當皈 黄連 黄芩 右水煎

黑散 治偏墜

黄連 黄芩 大黄 黄柏 各二錢

右同燒存性、為極細末、雄豬胆汁、盞同調傅、

灸法 小兒偏墜、若非胎中所在、後生者、於莖下腎囊前、中間弦子上、灸七壯立愈、

胎產疝卵偏墜、囊縫後十字紋上、灸三壯、春灸甚愈 夏灸冬痊

○臍瘡

安臍散 治臍中汁出、或赤腫、

白石脂末、焙出火氣、傅之日三度、或油髮灰傅、或當皈末傅、

治臍瘡 當皈末傅 蝦蟆灰傅亦好

○咬牙 準繩云、咬牙上下牙相磨而鳴也、

生衛湯 見瘧疹門 治寒戰咬牙、

蔻石散 治睡中常咬牙、

○通睛

木草綱目主治曰、小兒受驚、瞳人不正、視東則見西、名通睛、石南、瓜丁、藜芦、吹鼻、

醫方問餘 小兒科卷之三 十三

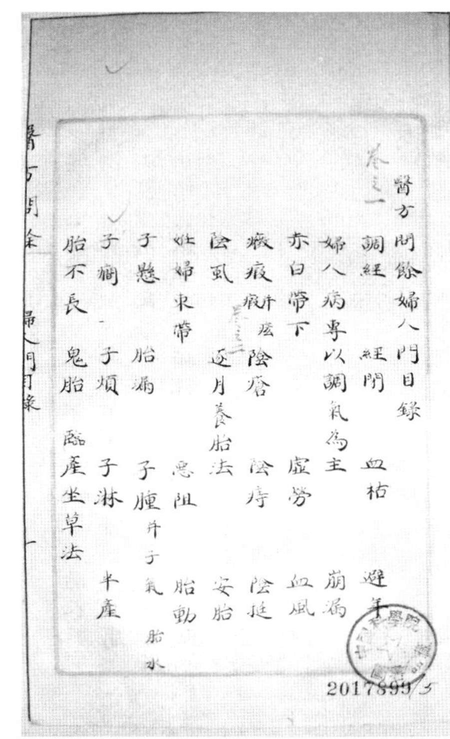

醫方問餘婦人門目錄 卷之一

調經 經閉 血枯 避年

婦人病專以調氣為主 崩漏

赤白帶下 虛勞 血風

癥瘕 癖 痃 陰瘡 陰痔 陰挺

陰虱 逐月養胎法 安胎

妊婦束帶 惡阻 胎動

子懸 胎漏 子腫 子氣 胎水

子癇 子煩 子淋 半產

胎不長 鬼胎 臨產坐草法

醫方問餘 婦人門目錄 一

262 醫方絜度

《醫方絜度》,三卷。清錢敏捷撰。錢敏捷(1831–1911),字勤民,太倉(今屬江蘇)人,少從父錢藝學醫,後爲江蘇太倉、昆山一帶名醫。是書書首有叙及目録。《中國中醫古籍總目》載録爲清鈔本。現藏于上海中醫藥大學圖書館。《中醫古籍珍稀抄本精選》第四册收録該本。

全書載方劑二百六十二首,不分類。其中卷一收載方劑六十九首,包括四君子湯、生鐵落飲、導赤散、當歸龍薈丸、玉女煎、三仙丹、紫雪、當歸補血湯、牛黄膏、黄芪六一湯等;卷二收載方劑八十九首,包括甘露消毒丹、六一散、茯苓丸、連翹金貝煎、保胎飲、青龍散、滋營養液膏、治瘧湯、保和丸、一貫煎、參乳飲等;卷三收載方劑一百零四首,包括來復丹、集靈膏、疏鑿飲子、獨聖散、白螺丸、清絡飲、黑膏、二金湯、玉屏風散、四生丸、水陸二仙丹、安胎飲、降氣飲、陽和湯、調氣飲方等。每首方均標出處、主治、組成、劑量、煎服法及各家方解。并附煎藥用水歌、服藥法則及丸藥法則。

該書特色爲寓各家之説于方解之中,多有名醫之論,諸如葉天士、王孟英、汪訒庵、徐靈胎等人,條分縷析,説理確鑿,分析透徹。對方劑學的研究有參考價值。

91631

醫方絜度目次

上卷　四君子湯　生鐵落飲　導赤散　當歸龍薈丸　普濟消毒飲　何人飲　香連丸　歸脾湯　射影湯　半夏茯苓天麻湯　香薷飲　越鞠飲　郁李飲　牛黄清心丸　玉女煎　葱豉湯　威喜丸　補心丹　致和湯　麻蘇飲　三仙丹　犀角地黄湯　大殺鬼丸　青蒿白微湯　涼膈散　花蕊石散　生脈散　半夏湯　三才湯　香附旋覆花湯　清燥救肺湯　二至丸　滋腎丸　左金丸　坎離丹　火刺湯　犀角地黄湯　大補陰丸

叙

古醫方得人乃傳、非人勿言、故自漢以前皆稱禁方、至後漢張仲景、具濟世之才、憫死亡之苦、乃勤求古訓、博采衆方、特著傷寒雜病論合十六卷、條分縷析、審證處方、俾業醫者潜心考究、可以見病知源、宛如指南有針、皆可執此以治病、庶不致茫無頭緒也、良醫与良相同功、信非虛語、自後名醫輩出、一人必有一證之專門、亦必有良方之傳述、先兄勤民、秉性聰穎、幼承庭訓、不僅醫道、即天文地理奇遁等書、無不

91632

醫方絜度卷二

敏捷勤民纂輯

鎮洋錢藝蘭陔甫鑒定　男雅樂韻之參訂

質和綏之同較

甘露消毒丹天士　主溼温時疫發熱倦怠胸滿腹脹肢痠咽腫斑疹黄疸頤腫口渴吐瀉癃痢

滑石十五兩　因陳十一兩　黄芩一兩　菖蒲六兩　川貝

木通各五兩　藿香　射干　連翹　薄荷

白蔻各四兩　爲末每服三錢

王孟英曰此濕温時疫之總方也六元正紀五運分

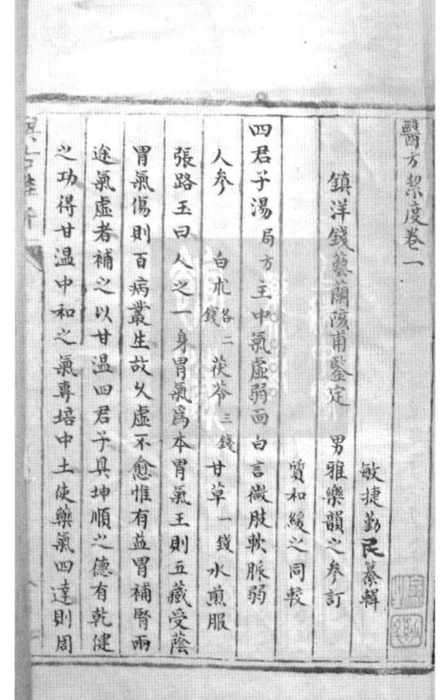

醫方絜度卷一

敏捷勤民纂輯

鎮洋錢藝蘭陔甫鑒定　男雅樂韻之參訂

質和綏之同較

四君子湯局方　主中氣虛弱面白言微肢軟脈弱

人參　白朮各二錢　茯苓三錢　甘草一錢　水煎服

張路玉曰人之一身胃氣爲本胃氣王則五藏受蔭胃氣傷則百病叢生故久虛不愈惟有益胃補腎兩途氣虛者補之以甘温四君子具坤順之德有乾健之功得甘温中和之氣專培中土使藥氣四達則周

263 醫方詩要

《醫方詩要》，四卷，四册。清孫庚編著。孫庚，字位金，儀徵（今屬江蘇）人，擅長内科。《儀徵縣誌》載："輯醫方成詩，以便初學。於藥性配合，簡而能賅，較湯頭歌括尤備。著《醫方詩要》。"是書卷首有"醫方詩要序"（殘缺），叙述編書原因，認爲諸多醫方書籍未分門别類，查閲一方往往遍查全書，且所編歌訣常辭不達意或不押韵，故特集《醫方集解》有關方劑，增編歌訣，闡發方義，供初學者使用。現存鈔本，藏于上海中醫藥大學圖書館。

全書分爲補養門、發表門、攻裏門、涌吐門、表裏門、理氣門、清暑門、祛寒門、利濕門、潤燥門、瀉火門、除痰門、消導門、收澀門、殺蟲門、明目門、癰瘍門、經産門、增補幼科門十九類。共載録方劑三百十八首。每方先標明方劑名稱，部分方名前注明創製該方的醫家名，方名後以雙行小字叙述該方主治病證；正文以七言歌訣叙述該方藥物、功效、病機、主治病證等；次爲藥物名稱、劑量、煎服法；次爲方解，進一步論述該方藥物、主治病證、注意事項等，并有朱批句讀。如該方有加減附方，則以雙行小字附于歌訣之後。如大承氣湯，主治病證爲"治陽明證，陽邪入裏，大便閉結，發熱、譫語、自汗等症"，歌訣爲"大承氣法效如郵，頓令陽明實證瘳。枳朴泄脾痞自克，硝黄消導滯難留。軟堅瀉熱譫語定，散結消瘀自汗收。減去方中枳共朴，更名調胃草加投"。藥物組成、劑量、煎服法爲"大黄四兩酒炒、芒硝三合、厚朴半片薑炒、枳實五枚，煎服，得利即止"。方解爲："此正陽明藥也。芒硝鹹寒，潤燥軟堅；大黄苦寒，泄熱去瘀，下燥結，泄胃强；枳實、厚朴之苦降，瀉痞滿實滿。經所謂土鬱奪之也，然非大實大滿不可輕投，恐有寒中結胸之變。"加減附方有調胃承氣湯等。

是本編集《醫方集解》有關方劑,分類歸納方劑功效、主治病證等。歌訣琅琅上口,論述言簡意賅,適宜初學者誦讀學習。

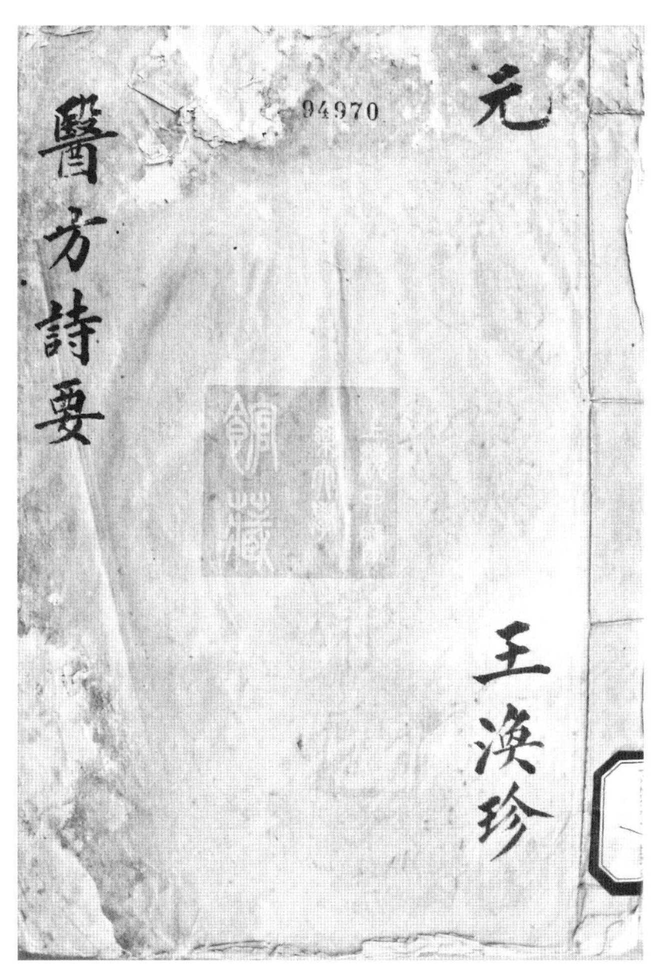

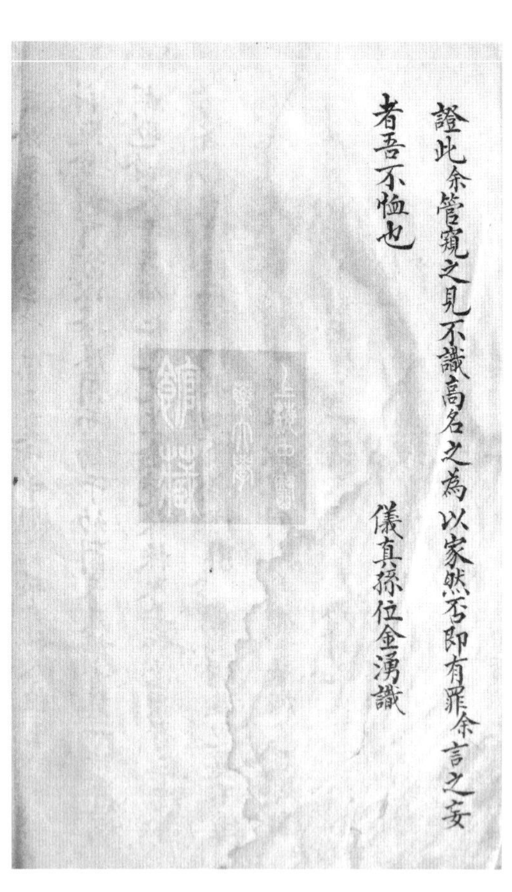

證此余管窺之見不識高名之為以家然否即有罪余言之妄
者吾不恤也
儀真孫位金湧識

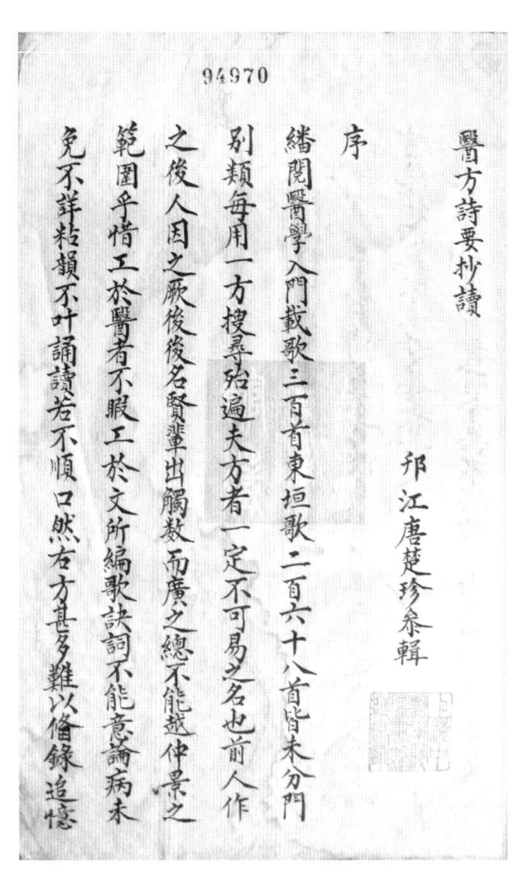

醫方詩要抄讀

邗江唐楚珍叅輯

序

繙閱醫學入門載歌三百首東垣歌二百六十八首皆未分門別類每用一方搜尋殆遍夫方者一定不可易之名也前人作之後人因之厥後後名賢輩出觸數而廣之總不能越仲景之範圍乎惜工於醫者不暇工於文所編歌訣詞不能意論病未免不詳粘韻不叶誦讀若不順口然右方甚多難以備錄追憶

醫方詩要卷之一目錄

補養門

和解門

醫方詩要卷之一目錄共計七十首

醫方詩要卷之一

補養門

六味地黄丸治腎不足真陰虧損頭昏腰痛目眩耳鳴盗汗遺精

六味丸中熟地君丹萸山澤茯為羣頭昏腰痛真陰損目眩耳鳴虚火薰益水温肝精固澁除蒸利濕氣清芬車牛桂附同加入八味仍兼腎氣云本方加附子肉桂各一兩名八味丸治相火不足虚羸少氣所謂益火之源以消陰翳也再加車前牛膝共一兩名腎氣丸治陰腫脹滿症加肉桂一兩名七味地黄丸引無根黄丸治陰虚火動骨痿髓枯乃謂壯水之主以制陽光也本方五味子一兩麦冬二兩名八仙長壽丸治虚損勞熱本方加熟地三兩山萸丹皮歸尾五味子柴

共為末每服三錢清晨棗湯温服

妙香散治夢失遺精驚欝結

妙香散法王荆公山藥為君大有功遠志茯神精自守木香桔梗氣疏通參芪固正苓行水辰射安神草緩中古法夢遺澁欝滯今何不與古人同潔古治夢遺方屬欝滞者多仝

山藥二兩姜汁炒　人参　黄芪　遠志　桔梗　茯苓各二兩　茯神二錢五分

射香一錢　辰砂二錢另研　生甘草二錢

共為末每服二錢酒下

264 醫方漫録

《醫方漫録》,不分卷,上下兩册。日本錦霞卜元學輯。錦霞卜元學,日本勢陽人,生平不詳。本書爲日本鈔本,成書于日本仁孝天皇弘化乙巳年(1845),現藏于中華醫學會上海分會圖書館。

本書采擷《傷寒》《金匱》以迄清代之名醫方劑,不拘泥古今,不分和漢,兼收并録,故以"漫録"爲書名。方下各標出處,詳述主治及方劑治法,頗便應用。本書按病證分類,計傷寒、中風、黴毒、淋病、心痛、眼耳口舌、牙齒、婦科、兒科等二十六門。引録醫書七十餘種,其中日本醫書二十餘種,如《叢桂家方口解》《頓醫抄》《本朝經驗》《養壽院》等,均爲日本著名古醫籍。

所輯方劑以漢方爲主,《傷寒》《金匱》方列于首位,亦援引《傷寒六書》《景岳全書》《世醫得效方》《證治準繩》等醫籍中的著名方劑。和方以私家醫方爲主,如"片倉氏新定十七方"(片倉鶴陵)、"香川方"(香川修庵)、"福井氏方"(福井楓亭)、"櫟窻自製"(丹波元簡)、"吉益氏方"(吉益東洞)等。如芎黄散,出"吉益氏方","療上部毒或治濕病",由川芎、大黄兩味組成。卜元學按:"此方民間多用,或加喬麥,俗呼頭下,治頭痛數日不可勝也。"部分和方的用藥也很有特色。如"療轉胞病方",出"京師朝上右京方",藥物組成有枇杷實、于久利可武記利(日語音譯,未知何藥)、巴豆、田螺四味,在漢方中少見。又如"香川方"中載有治療淋病的食療法:"鷄肉爲最,鼠肉、鱉肉次之。温泉。"

部分和方爲化裁漢方而來。如握奇煎,"治陰血不足而感外邪者",出"片倉氏新定十七方",藥物組成有桂枝、芍藥、人參、乾薑、甘草、當歸、地黄、生薑、大棗。此方即由孫思邈《千金方》中當歸芍藥湯更加乾薑而來。又如鐵砂湯,“理虚悸,短氣,眩暈虚煩,并黄胖方”,出《叢桂家方口解》。此方是在苓桂术甘基礎上加鐵砂、人參、牡蠣而來,以鐵砂爲主藥,卜元學認爲此方“妙在鎮墜”。

本書最大的特點是引録較爲珍貴的醫學資料,將經驗得效的和漢醫方融于一書,對瞭解古代和漢醫學的交流傳播很有幫助。

醫方漫錄序
此書也一時所漫錄古方劑而不拘泥古今不分別和漢恰如雜陳骨董鋪之燕石驪珠然雜然幸有達人撰執此方劑

機應變之玄妙活物。運用之幽微難盡。舌頭毫端。唯存其人方寸如何耳。

弘化乙巳仲夏午睡後書於叢箐涼窓中

錦霞卜元學

傷寒　癍毒　脚氣　泄瀉　瘧疾　黄疸　痛風　肺痿　脹滿　霍乱　心痛

中風　淋病　水腫　痢疾　癍病　黄胖　肺癰　鼓脹　中暑　勞瘵　眼耳

265 醫方聞見録

《醫方聞見録》，不分卷，六册。不著撰人，無序跋，《中國中醫古籍總目》載録爲明末稿本。首頁有"上海中醫藥大學圖書館"印章一枚。現藏于上海中醫藥大學圖書館。

本書分禮、樂、射、御、書、數六部分。其中禮部包括養老分、六淫分，樂部包括七情分，射部包括皮膚分、肺分、脾胃分，御部包括肝膽、頭面、五官、齒舌、咽喉、音聲及身體各部位，書部包括婦人分、幼分，數部包括不内外因、雜方。如"養老分"載方十四首，如："青精先生㮕米飯方：白粱米一石，南燭汁浸，九蒸九曝乾，可有三斗，已上每日服一匙，過一月後服半匙，兩月後服三分之一，盡一劑，則風寒不能侵，鬚髮如青絲，顔如冰玉，若人服之後，使六丁天兵侍衛。"白粱米（即白米）、南燭汁（即烏飯樹汁），二者皆有補益之功。青精先生爲上古長壽之人，彭祖言其千餘歲，此方借其名喻養生之效。《遵生八箋》亦載有此方。又如："百草花方：主治百病、長生、神仙，亦煮汁釀酒服。"將百花水漬泥封，埋百日，煎爲丸服。亦有還原秘方、草靈丹方、三仙延壽酒方、枸杞酒方、辟穀不飢方、染鬚方等。又如"御部"載："治口面歪方：用新礦石灰一合，以酸醋炒，調如泥，口面歪向右即於左邊塗之，向左即於右邊塗之，候正如舊，即以水洗下，大效。"方中所載"新礦石灰"，似《本草綱目》中"礦灰"一物，即現代所謂"石灰"，查本草類醫書，均未見石灰有此功效，然《壽世保元》中亦載有類似方。本書所載之方多爲引録他書，且以丸劑居多，方便日常服用。

從本書内容上看類似道家方書，方名尤具道教特色，如"葛仙翁九子益壽丸方""青精先生㮕米飯方""金鳳銜珠""太和丸方"等，又"青精先生㮕米飯方"下載"若人服之後，使六丁天兵侍衛"。"六丁天兵"爲道教傳説中的護法神將，諸如此類之處甚多。據此推測，此書著者可能是一位修道之人。

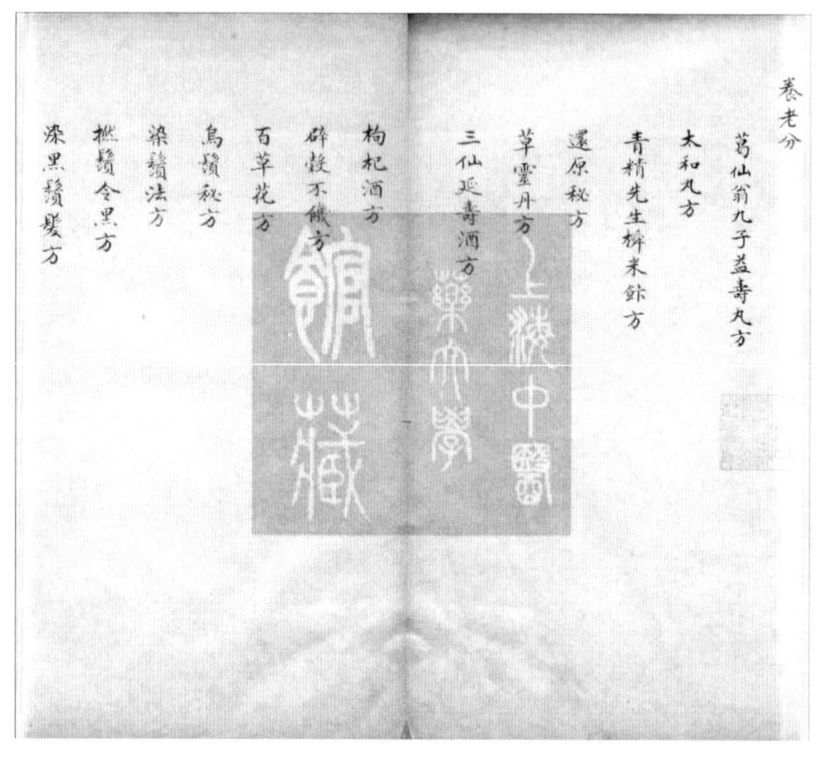

養老分

葛仙翁九子益壽丸方

太和丸方

青精先生椕米飰方

還原秘方

草靈丹方

三仙延壽酒方

枸杞酒方

碎穀不饑方

百草花方

烏鬚秘方

染鬚法方

撚鬚令黑方

染黑鬚髮方

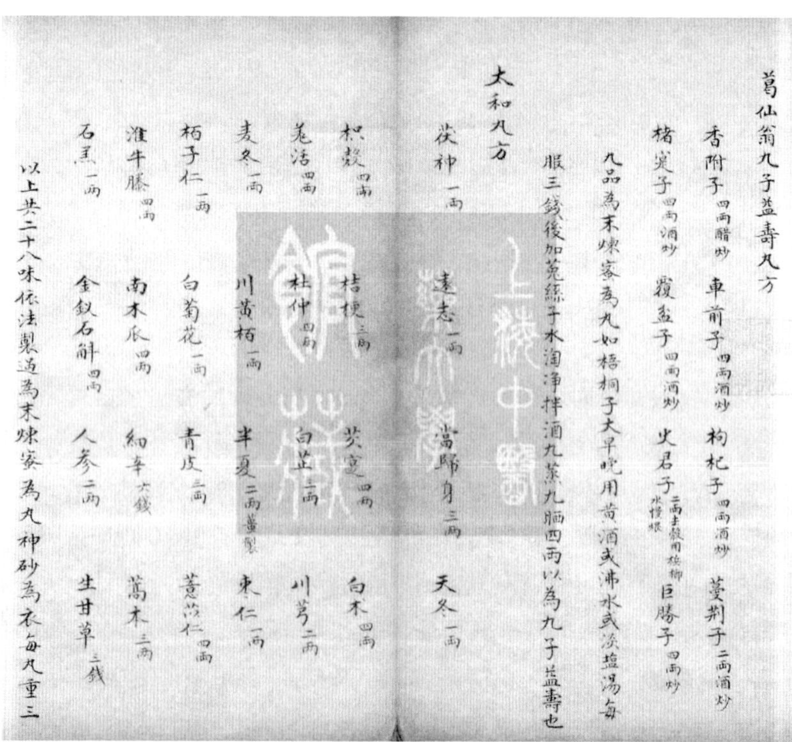

葛仙翁九子益壽丸方

香附子四兩醋炒　車前子四兩酒炒　枸杞子四兩酒炒　蔓荊子二兩酒炒

楮實子四兩酒炒　覆盆子四兩酒炒　史君子二兩去殼用柳枝水慢煨　巨勝子四兩炒

九品為末煉蜜為丸如梧桐子大早晚用黄酒或沸水或淡塩湯每服三錢後加菟絲子水淘淨拌酒九蒸九晒四兩以為九子益壽也

太和丸方

茯神一兩　遠志一兩　當歸身三兩　天冬一兩

枳殼四兩　桔梗三兩　芡寔四兩　白术四兩

羌活四兩　杜仲四兩　白芷二兩　川芎二兩

麦冬一兩　川黄栢一兩　半夏二兩薑製　枣仁一兩

栢子仁一兩　白菊花一兩　青皮三兩　薏苡仁四兩

淮牛膝四兩　南木瓜四兩　細辛六錢　蒼术三兩

石羔一兩　金釵石斛四兩　人参二兩　生甘草三錢

以上共二十八味依法製過為末煉蜜為丸神砂為衣每丸重三

266 醫方隨檢（附《萬氏女科》）

《醫方隨檢》(附《萬氏女科》)，七卷，殘，存四卷，卷首一卷。清朱丹林編次，成書年代未詳。《中國中醫古籍總目》載録爲清道光六年(1826)成書。書前有小引，闡述撰書經過、内容及相關説明，撰者"採集漢唐以迄宋明諸大家成方五千餘首，名之曰《醫方隨檢》"。後有"光緒六年庚辰七月""朱丹林氏記於剡山寓次"字樣。本書列卷一至卷七目録，但僅存卷一、卷二、卷三、卷六。現存光緒六年(1880)鈔本，藏于上海中醫藥大學圖書館。

本書首列總目，次列《摘録秘方》，載録紫雪丹、紫金錠、大活絡丹等七種方藥的組成。卷一載瘧疾、痢疾、泄瀉、諸風、霍亂、傷寒等十五種病證；卷二載卧寐、消渴、嘔吐、膈噎、吞酸、諸汗、咳嗽等十四種病證；卷三載虚損、膨脹、黄癉、結核、水腫、丹毒、傷酒、疫瘴等十五種病證；卷六載結躁、脱肛、小便、赤白濁、腸風、痔漏、諸淋、遺精、脚病等十四種病證。每卷詳列各種病證之症狀，再按症狀介紹治療用方，如"痞滿，心腹煩滿及胸脇痛欲死者，古文錢二十文，水五升，煮三升分三服……"

後附《萬氏女科》，首列萬氏女科目次，分《調經章》《崩漏章》《胎前章》《八月章》《産育章》《産後章》等。次載《女科大概》，論述女科調理原則，"調經專以理氣補心脾爲主，胎前專以清熱補脾爲主，産後專以大補氣血兼行瘀滯爲主"。每章詳述各病證内容，列病名、症狀、病因及治療方。全書共列病證八十九種。

本書采集漢、唐、宋、明諸家成方約五千餘首，内容豐富，用藥量證裁用，不盡拘古法，對臨床有參考價值。

古人立方不過三五味或僅一味者蓋深明藥性而確識病機藥力既專獲效響影也今之業醫者粗誦藥性數百品拾湯頭数百箇遽以自足豈知恠證自有奇方也同此一證更有妙藥也塵墨灰垢之性未明卒暴邪惡之疾奚治哉

志一一正之可也

光緒六年庚辰七月　朱丹林氏記於剡山寓次

一是集專於利用凡藥品難購及難於修合者概不錄取又課讀中已收者亦不重錄

一古方分兩每用升斗併每製必大劑而分服者皆不必一一泥定當活法通變量證裁定可也

一古方多以丸散治病凡癥瘕蓄聚沉痾遠病及筋絡膚膜緩病或當丸散施治其餘腸胃臟病六氣襍感皆宜湯劑仍當量證裁用不必盡拘古法蓋丸者緩也散者散也湯者蕩也蕩滌邪穢也飲者代茶湯時進也當顧名思義而用其所當可也

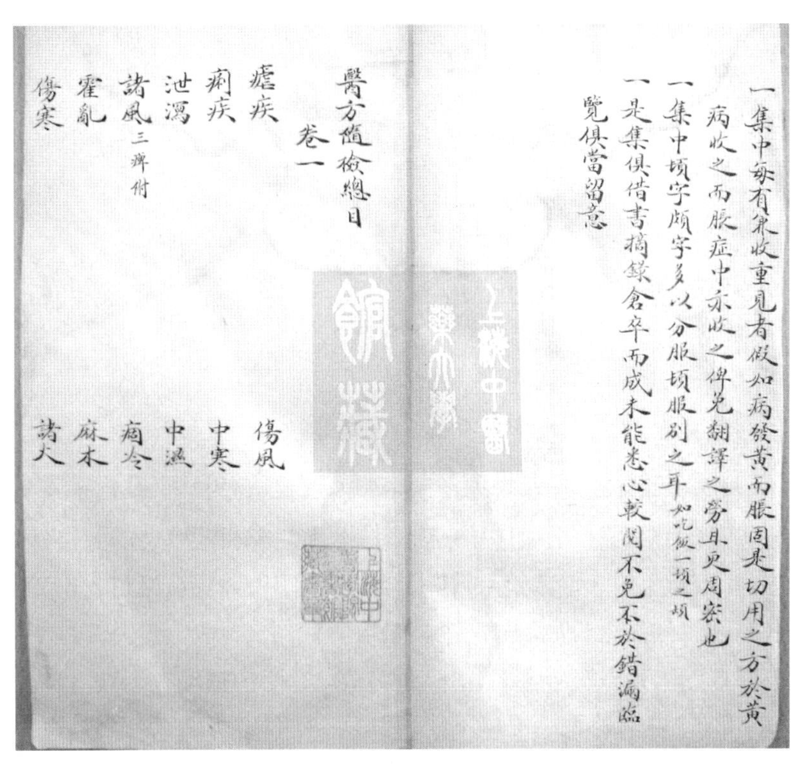

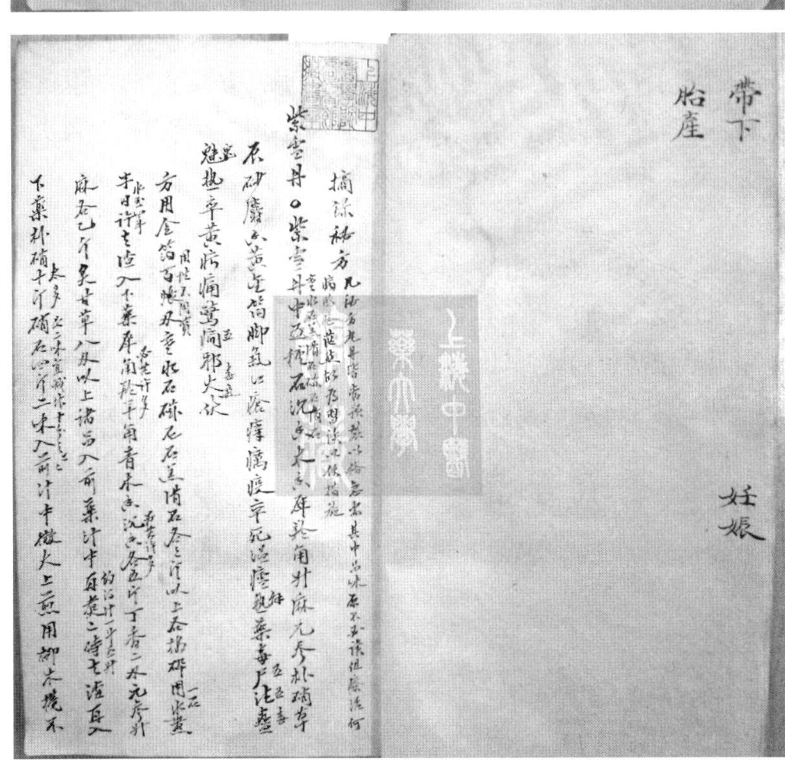

267 醫方選要

《醫方選要》，不分卷，一册，殘本。撰者與成書年代不詳，藏館著録爲明代。書名僅見于館藏標籤，書内未載。是本爲四周文武雙邊的藍格鈔本，版心印有"山海經"三字。藏于上海圖書館。《中國中醫古籍總目》未收載。

是本爲醫方雜選，所輯内容并非源自明代周文采所著《醫方選要》。首論婦科醫方，載調經方五首、胎前調理方九首、産後補虚方五首。次述小兒門，先論後方，該論認爲小兒口不能言其病，且病體多端，診療當察色聽聲，先觀面部，次觀指紋，後診脈理，審其所感，又小兒無陰，惟賴胃氣以生，若有疾病，務須調補胃氣。并以此論爲宗，隨後列小兒方二十首，如退黄快活丸治小兒疳黄，助胃膏治小兒吐乳，解胎毒預服方預防小兒出痘。再次爲痔漏門，僅載"槐角丸""槐花丸""治便紅永不發方"三首。最後部分不再分門别類，列内、外、婦、兒、皮膚、五官等各科病證用方七十九首，或爲一證立一方，或爲一方一功用，如偏頭風、疝氣、白帶、小兒臍風、濕毒臁瘡等證，證名後即列方藥。又如"仙茅丸"用以補益腰腎、固精助陽，"舒經湯"用治臂痛不能動舉及治腰脚疼痛，"四汁湯"專治積年痰火虚損之疾等。

是本對證立方，所載衆方多爲歷代名醫經驗效方，如經典常用方温經湯、保和丸、柴胡湯等。一些秘方、效方注明醫家，如莊碧峰治寒濕氣風疾方，嚴養吾傳家寶丹加減治婦人難産、一切男女肚痛、痢疾，張省堂久痢參黄散等。是本實爲薈萃諸家所長之方書，可供臨證參閲。但前後均缺頁，不能窺其全貌，實爲憾事。

治寒湿氣風疾 莊碧峯

風藤 當歸 牛膝 木瓜 防風

薏仁米 姜蚕 松節 二蚕砂晒二 熟地二两

防已 木通 荊芥 羌活 独活

茯苓 木鱉 蟬退 麻黄各一两

虎頭骨二两草柴火煨

用好酒十五斤煨熟照量飲不可見風

久痢参黄散 張省堂

人参七两 芍藥五两炒 黄芩五两炒

大黄六两隔紙炒黄色 桔梗五两 黄連二两半炒

沉香两半炒 木香两半

惡露不通加紅花六分 食少加山查二錢

發熱加乾姜一錢煨茯苓一錢

去血過多加黄芪一錢續斷一錢

小兒

小兒一門名為啞科凡有疾病口不能言甚難識症或為变蒸發熱或傷寒傷食驚恐痘疹風痳發熱病體多端當宜察色聽聲先觀面部次觀指紋後診脉理審其所感因認何症的實虚投藥餌勿致夭横其命矣况小兒無陰惟賴胃氣以生凡有疾病務須調補胃氣虚不為害得保全也

268 醫方錦編

《醫方錦編》,不分卷。封面下方題有“陶村”“孫步瀛”字樣。關于輯著者和輯著時間,文中所增補瘟疫節云:“如論中所詳瘟症,尚欠清細,故不揣鄙陋而偶辨之。此亦吴又可先生《瘟疫論》中旁參并及者也,未知方家以爲如何? 錢塘後學張鏡江氏妄參。”據此可推斷,此本輯著者爲錢塘人氏張鏡江,而孫步瀛是抄録者或藏書者。張鏡江與王孟英爲同時期杭州醫家,在《王氏醫案繹注》卷十中有記載,其生平無考。此書的輯著時間,當爲清代道光至咸豐年間。現存鈔本,藏于上海圖書館。

是本爲《醫宗金鑒·雜病心法要訣》的删補本。全書分虚癆、失血、勞瘵、自汗盗汗、消渴、諸氣、濁帶、遺精、治氣、瘟疫、痰飲、咳嗽、腫脹、水腫、喘吼、神、癲狂、瘧疾、霍亂、噎嗝翻胃、嘔吐噦、諸泄、黄疸、積聚、疝症、胃心痛、頭痛眩暈、眼目、牙齒口舌、咽喉、肩背、心腹諸痛、胸脅、腰痛、小便、大便燥結、喉症簡易方等共三十九門,其中瘟疫、癲狂、胃心痛和喉症簡易方爲《醫宗金鑒》中所無,係輯著者增補。此本還對《醫宗金鑒》中部分病症的名稱加以改動,如將《金鑒》中的“神之變化”改爲“神”,將“諸氣”改爲“治氣”,“疸證”改爲“黄疸”等。此外,輯著者在書前還增加了“先哲格言”一節,内容是論述痛症的辨證與用藥規律。

《醫宗金鑒·雜病心法要訣》原爲五卷,共四十五個門類病症。是本將該書縮减爲一卷,部分内容進行了并合或移動,如删去卷四十中的“内傷外感辨似”一節,部分内容移到新增補的“胃心痛”一節,增加瘟疫、癲狂、胃痛等常見病症的内容,并以撰著者的經驗體會加以注釋,是較適合于初學者學習掌握的啓蒙醫書。

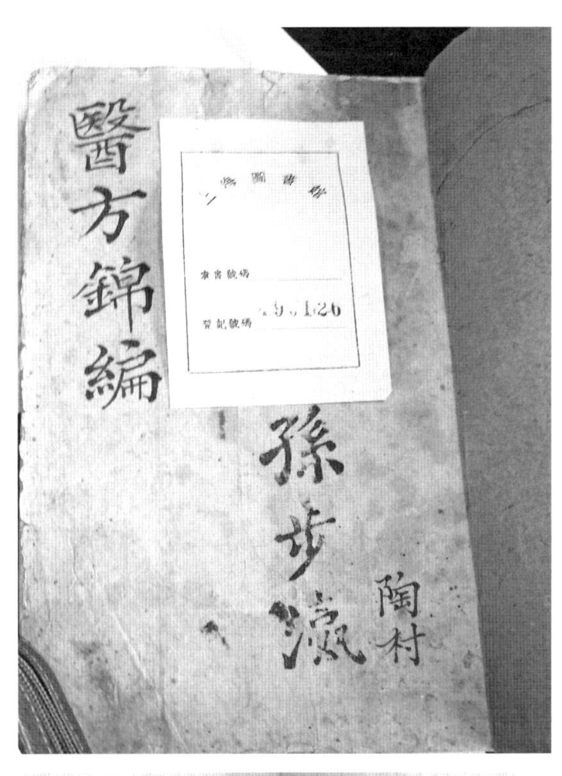

飽而甚者多實，不脹不閉者多虛。脉實氣粗者多實，脉
虛氣弱者多虛。新病氣壯者多實，愈攻愈劇者多虛。痛在經
者脉多弦，痛在臟者脉多沉微，必兼脉證而察之，則虛實自
有明辨。實者可利，虛者亦可利乎？不當利而利之，則為害不淺。
故凡治表虛而痛者，陽不足也，非溫經不可；裏虛而痛者，陰不
足也，非養營不可；上虛而痛者，心脾受傷也，非補中不可；下虛而
痛者，脫泄亡陰也，非速救脾腎、溫補命門不可。夫以溫補而治
痛者，古人非不多也，惟近代薛立齋、汪石山輩尤得之，奈何明似
溪而亦曰諸痛不可補氣，局人意見，豈良法哉？
痛者，氣血不通也。考之內經，言是痛多因寒氣內客而熱絕，必考諸
書，所論有因寒、因熱、因風、因濕、因滯、因血、因氣、因火、因虫之分。按
書細考，大抵痛屬于寒、于濕、于滯、于血，則多守而不走；屬風、屬火、
屬熱及氣及虫，則多走而不守。痛屬風滯，多腫脹高起；痛屬
寒，多毛骨牽引；屬熱，則多神氣不安；屬氣，則痛必見腫。又其
其腫時脹時消，屬滯則痛，得食則增；屬虛，得食則減。且屬寒
屬虛，則喜熱手揉按；屬火、屬熱、屬實，最忌手揉按。痛之大

269 醫抄

《醫抄》,不分卷,一册。扉頁爲原書封面,上題書名,鈐有方形藍色上海中醫學院圖書館藏書章一枚。未注明作者,無序跋與目録。正文以工整小楷抄寫,墨筆句讀,十分精美。每半葉七行,每行二十字,共七十六葉,兩萬字左右。《中國中醫古籍總目》載録成書于1875年,詳該鈔本并未見相關證明。現藏于上海中醫藥大學圖書館。另存于清末叢書《醫苑》中,可參。

此本記録中醫脈診診斷、舌圖及相關歌訣等,如録《望聞問切歌》《諸病宜脈忌脈録記》《五臟所苦》《入門候審歌》《傷寒秘訣》《新方八陣歌括》等,所録内容無次序可言。另外還録有相關中醫圖譜數幅,如《每歲司天在泉圖》《諸穴法圖》《五臟積氣病脈圖》和中醫舌圖三十六種,據文中所稱,此三十六種舌圖分别選自《杜清碧辨舌胎形色録》《敖氏金鏡録》等。但著者并非機械地抄録相關内容,在一些篇目中,還加上注釋與按語。如《必先問明然後診脈》篇,文中小字注云:"此言不問其症之所由生,先與切脈,未免模糊揣度,必不能切中病情矣。"其後按語説明古之神聖以望聞問切四診爲參,指出今人僅僅憑脈,有誇口貽病之嫌。在《每歲司天在泉圖》篇後有"此圖乃余師自悟而作"等言,可知此書在保存相關中醫古籍文獻上,還是作出一定貢獻的。

望聞問切歌

醫家理法最微玄。大要胸中有轉旋。望聞問切四件事。缺一難䏻説備全。第一看他神與色。潤枯肥瘦起和眠。活潤死枯肥是實。瘦爲虚弱古来傳。體若動揺腰内病。眉愁目皺是頭眩。手不舉移肩背痛。步行艱阻腿疼痠。又手按胸心亂痛。腰湾臍腹痛疼連。但起不眠痰夾熱。若乘虚冷便貪眠。面壁踡身多是冷。仰

奇熱、勿輕妄迅速、須慎重精詳、圓融活變、不妨沉會、以期必妥、後學因而弗講、其誤世矣、

必先問明然後診脈

素問徵四失篇有云、診病不問其始、憂患飲食之失節、起居之過度、或傷於毒、不先言之、卒持氣口、妄言作名、爲粗所窮、何病能中。此言不問其病之所由生、先與切脈、未免糢糊揣度、必不能切中病情矣。

素问疏五過篇有云、凡未診病者、必先问其嘗貴後賤、雖不中邪、病從内生、名曰脱營、嘗富後貧、名曰失精。脱營失精、皆陰氣之損也、貴者忽賤、富者忽貧、未免抑鬱而氣不舒暢、則血因以滯、久則耗血不生、故言脱失也。

按古之神聖、未嘗不以望闻问切四者互相参考、審察病情、然必先望其氣色、次則闻其聲音、次則问其病原、次則診其脉狀、此先後之次第也、近代

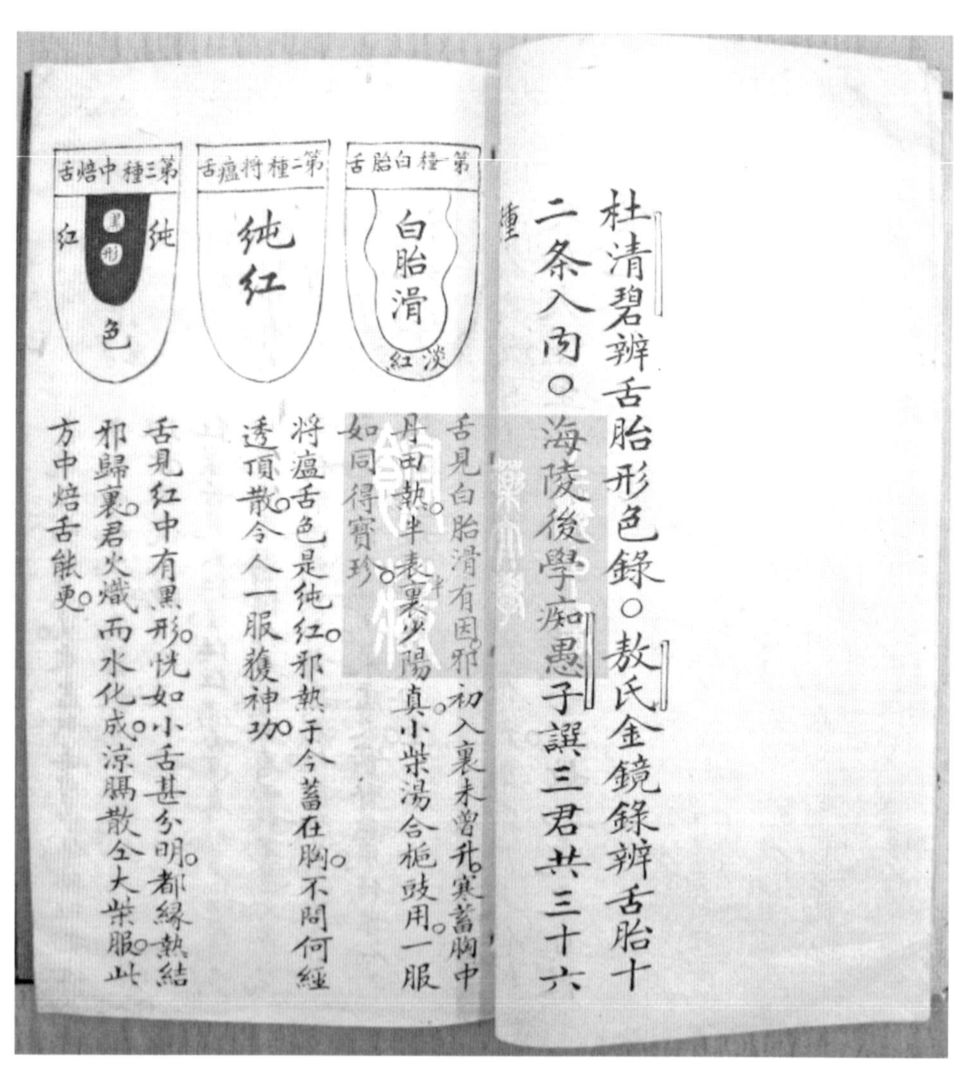
杜清碧辨舌胎形色錄。敖氏金鏡錄辨舌胎十
二条入內。海陵後學痴愚子譔三君共三十六
種
第一種白胎舌
白胎滑
淡紅
舌見白胎滑有因。邪初入裏未曾升。寒蓄胸中
丹田熱。半表裏少陽真。小柴湯合梔豉用。一服
如同得寶珍。
第二種将瘟舌
纯红
将瘟舌色是纯红。邪熱于今蓄在胸。不問何經
透頂散。令人一服獲神功。
第三種中焙舌
纯
红
黑形
色
舌見红中有黑形。恍如小舌甚分明。都緣熱結
邪歸裏。君火熾而水化成。涼膈散仝大柴服。此
方中焙舌能更。

270 醫家秘要

《醫家秘要》，不分卷。不著撰者，成書年代未詳。無序跋。内封有書名。全書四十一葉半，其中目録四葉，正文三十七葉半，總字數約一萬五千字。《中國中醫古籍總目》載録爲清徐心寧鈔本。現藏于上海圖書館。

本書爲方書，計收方一百八十六首。全書不分内、外、婦、兒各科，大多以方帶症，以方帶藥。如正文首頁“雙速散”，治療痧豆泔與吹喉癬：“川黄連三錢，胡黄連一錢，蘆薈一錢，兒茶三錢，人中白三錢，硼砂一兩，冰片一錢，青黛三錢，共研細末，薄荷湯漱口吹之。”又如“華元化神效仙方”，治内外遠近一切腸風痔漏，三服見效：“棕櫚二兩，亂髮二兩，刺蝟皮一兩，猪蹄甲（後脚者妙）十四個，苦楝皮二兩，槐角一兩半，雷丸一兩，脂麻一兩，麝香二錢，乳香二錢。右藥末裝入瓶内，放炭火上鍛，烟盡退火，加入二香（疑爲麝香、乳香），研勻，用無灰酒打麵糊丸，如梧子大。每服八粒，空心晚食，前後二服。如病甚者日三服，切忌服别藥，不過二日後，永可根除。”

綜觀全書，標題有以方命名的，也有以症命名的，體例不一。如雙速散、紫金丹、麻木藥、寄杖膏等屬方藥名，小兒痰喘、牛皮血癬、膿疥、胞衣不下等屬病症名，心痛神效、治痘等則以功效立目。另外，文中每有顛倒、重複之處，首頁之“雙速散”，二十五頁取名“隻速散”，藥味、藥量、主治病症完全相同。文中借字、誤字較多，臨床實用價值有限。

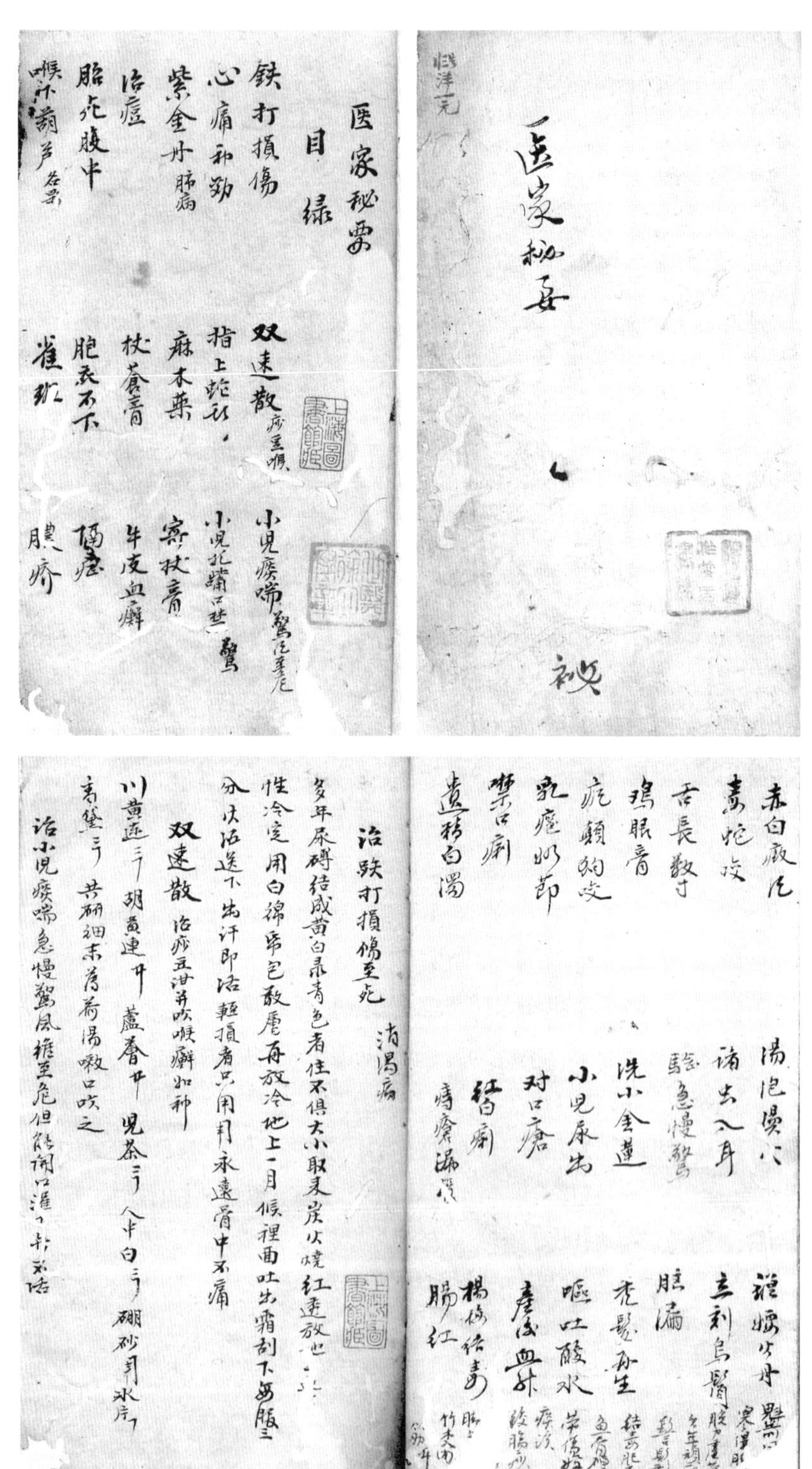

271 醫通祖方

《醫通祖方》，不分卷，一册。清張璐著。張璐介紹見本書“114 診家正眼　脈法新參　石室秘録　醫通診宗三昧”。該書舊題《長洲張璐路玉號石頑纂述精鈔本》，抄者佚名。現藏于上海圖書館。《中醫古籍珍稀抄本精選》第三册收録該本。

書前序言曰：“夫字有字母，方有方祖……苟能推源於此，自然心手合轍，諒非時師所能測識也。”全書共收方四百三十三首，分爲三十六類。每一類方劑，先列祖方，如桂枝湯，後述由祖方化裁而成的方劑，如小建中湯、黄芪建中湯、陽旦湯、陰旦湯等。

該書善“用古方加減之法”，如根據《金匱》小半夏湯、小半夏加茯苓湯，加“甘草安胃，橘皮行氣，烏梅收津，生薑豁痰”而立的二陳湯，成爲“理脾胃、治濕痰之專劑”。而根據病症的細微差别，又衍生出多首小方，如“燥痰，減半夏、生薑，加麥冬、竹瀝；鬱痰乾咳，去半夏，用蜜煎薑加川貝母；火痰，加黄連、竹茹；老痰，加蛤粉、海石”。體現辨證施治的原則。對于同類方劑的藥用差異，作者着力較多，如桂枝湯倍白芍加膠飴方，用以治無熱之虚煩，以示與主治“發熱自汗”的桂枝湯有所區别。小建中湯主治“風木乘脾，寒熱腹痛”，作者所加按語説：“此方治陰寒陽衰之虚勞證歟？陰虚火旺之病相反，庸醫誤用害人甚多。”體現了“辨證察脈，最宜詳審”的醫學態度和方法，不僅具有較高的理論價值，而且具有臨床指導意義。

醫通祖方目錄

〈一〉桂枝湯　小建中湯　黃耆建中湯

陰陽旦湯　獨活湯　當歸四逆湯

內補當歸建中湯　桂枝龍骨牡蠣湯　桂枝大黃湯

桂枝葛根湯　栝蔞桂枝湯　桂枝加附子湯

桂枝加黃耆湯　耆芍桂酒湯　黃耆桂枝五物湯

茯苓甘草湯　苓桂朮甘湯　桂枝去芍藥加皂莢湯

桂枝去芍藥加麻黃附子細辛湯　小青龍湯

小青龍加石膏湯　桂枝麻黃各半湯　桂枝二越婢一湯

桂枝芍藥知母湯　炙甘草湯　芍藥甘草湯

芍藥甘草附子湯　黃芩湯　黃芩加半夏湯共三十方

〈二〉麻黃湯　麻黃加朮湯　古今錄驗橘皮湯

祖方　目錄　一

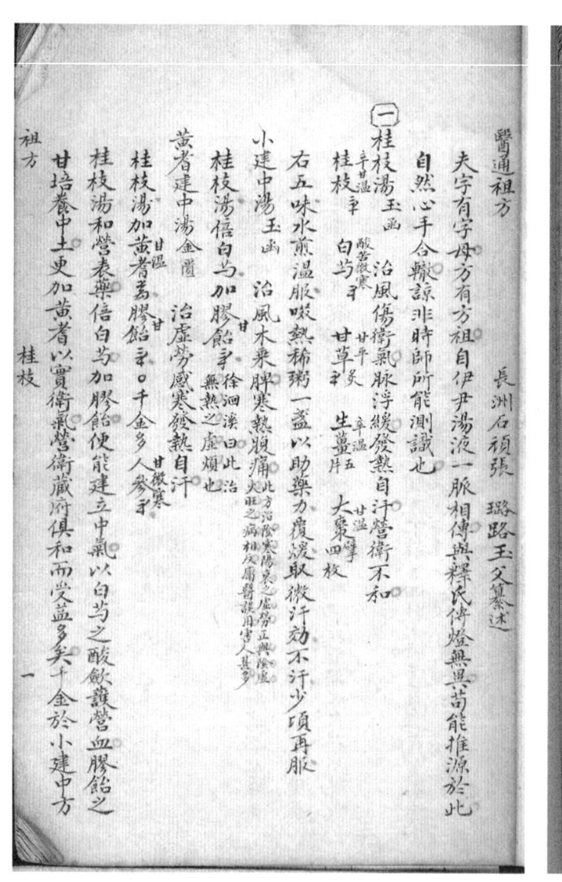

醫通祖方　　長洲石頑張璐路玉父纂述

夫字有字母方有方祖自伊尹湯液一脈相傳與釋氏傳燈無異苟能推源於此自然心手合轍諒非時師所能測識也

〈一〉桂枝湯玉函　治風傷衛氣脈浮緩發熱自汗營衛不和

桂枝辛甘溫 辛　白芍酸苦微寒 ﹝三﹞　甘草甘平 炙 ﹝二﹞　生薑辛溫 五片　大棗甘溫 擘 四枚

右五味水煎溫服啜熱稀粥一盞以助藥力覆煖取微汗効不汗少頃再服

小建中湯玉函　治風木乘脾寒熱腹痛 此方治陰寒陽衰之虛勞正與陰虛火旺之病相反庸醫誤用害人甚多

桂枝湯倍白芍加膠飴甘 ﹝一﹞ 徐洄溪曰此治無熱之虛煩也

黃耆建中湯金匱　治虛勞感寒發熱自汗

桂枝湯加黃耆甘溫 ﹝二﹞ 膠飴甘 ﹝一﹞　千金多人參甘微寒 ﹝一﹞

桂枝湯和營表藥倍白芍加膠飴使能建立中氣以白芍之酸斂護營血膠飴之甘培養中土更加黃耆以實衛氣營衛藏府俱和而受益多矣千金於小建中方

祖方　桂枝　一

272 雜方偶抄

《雜方偶抄》,不分卷,一册。清沈培本編集。成書于清光緒己卯年(1879)。沈培本(1724–1797?),後易名英,字海穀,吴江(今屬江蘇)人。能詩善畫,又精禪理,著有《誦芬樓詩稿》,輯録《慈心寶鑒》等。是書封面題書名"雜方偶抄",扉頁題"外科各種應驗抄方(間有内科)"。首頁鈐有陰文"沈培本印"、陽文"海穀"章各一枚,并題"己卯年六月中揮汗連夜窃抄"。現存稿本,藏于上海中醫藥大學圖書館。

本書爲方書匯集,共載方劑二百餘首,以外科方劑爲主,用于治療瘡瘍、疝氣、癰疽、瘰癘、痔漏等外科病證。如治腿上濕熱有類血風瘡的外用方,治痔瘡突出如蓮蓬的外用及内服藥,治療多種疝氣的治疝神方等。也有内、婦科方劑,如治療烏痧與中暑的蟾酥丸、治療遺精的玉鎖丹、治療滑胎的秘方,以及眼科的退雲眼藥方等。劑型有丸散膏丹。每方下列功效、藥物組成、劑量及使用方法。如紅玉膏,"專治腫毒已潰,生肌長肉","紫草三錢,真麻油一碗,乳香一錢,沒藥一錢,黄丹二錢,龍骨末二錢五分,象皮二錢五分,密陀僧五分,海螵蛸六分,白臘一錢。共熬成膏,攤貼患處,即生肌長肉"。末葉載録清代山陰名醫倪宗賢(字涵初)"治痢奇方妙論"及方劑一首。

本書所載方劑具有參考價值,便于臨證應用。

雜方偶抄　己卯年宵中揮汗連夜而抄

純陽救苦丹

巴豆霜四錢　油要去淨淨　硃砂四錢　雄黄六錢　小南星六錢

姜蚕三錢　全蝎三錢　當門子三錢　蟾酥三錢　酒浸化

右末共研極细粘糊爲丸如芥子大治一切暴中風中暑牙関緊閉不省人事風熱顛癇驚邪瘧疾寒中太陰手足厥冷臍腹疼痛頭痛欲裂諸心腹痛伏暑傷冷霍乱吐瀉紅白痢疾癍痧肚痛大小便不通時氣温疫等症重者服九粒輕則三五七粒用清湯送下孕婦忌服

蟾酥丸　治烏痧并中暑欲死此方原名萬病回春試驗多次

真茅山蒼术二两　去毛米泔水浸一宿切片晒干　當門子一錢　好沉香六錢　不見火

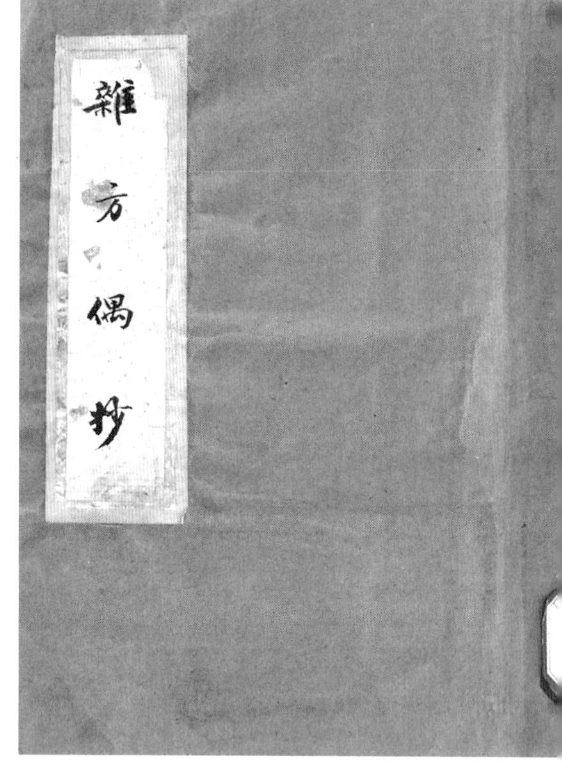

273 雜方類編

《雜方類編》，四卷。原題樂山書屋月溪氏撰，據各卷卷首題名下注“樂山書屋月溪氏”而得。卷一“七十二問眼症終”記爲“清可軒氏手録”，其餘三卷卷終皆爲“月溪氏手録”。現存鈔本，藏于上海圖書館。藏館著録成書時間爲清光緒(1875–1908)年間。

是本卷一爲“七十二問眼症”，卷二爲“耳目門”，卷三爲“頭面鬚髮門”，卷四爲“雜治門”。“七十二問眼症”主要以一問一答的形式，提問七十二種眼部症狀，如眼赤不痛、眼赤常痛、眼昏、眼視物不真等，并以回答的方式解釋了各種症狀的病因、病機及治療方藥。如：“第二十五問：眼瞳神黄者何也？答曰：五臟夜奕升降爲先，五臟受邪血氣衰滯下，不能轉目，故瞳神黄，宜服夜先湯。”“耳目門”列眼病三十八種治法方藥，其中含多種眼藥劑的製法，如“眼藥製蘆甘石法”“五烹做法”“虎液法”“真正龍砂作法”等；次列耳部各證十三種治法方藥。“頭面鬚髮門”列頭面部鬚髮疾病十七治法方藥，包括頭痛十一劑、痄腮兩劑、烏髮方四劑。其中既有經典藥方，如治頭痛的“川芎茶調散”，也有經驗效方，如“一秤金”。“雜治門”乃因所列病證之雜而得名，涉及美容、牙疼、外傷、各種中毒等，如有“飲酒不醉丸”“汗斑方”“治諸般魚骨及竹木刺入喉中方”等七十一方。既有治病方，亦有防病方，如“行不痛足方”，稱“用細辛、防風、草烏、白芷、荆芥、川芎、歸身研末安鞋内，任行千百日，日日不痛”。

此本是頭面五官疾病醫方專集，名爲《雜方類編》，但雜而不亂，涉證廣泛，以方爲主，且用方考究，問答形式也生動活潑，唯述證簡略，可供臨症參考。

雜方類編雜治門 卷四　樂山書屋月溪手書

飲酒不醉丸

南薄荷五錢　乾葛一兩　桂花三錢　烏梅五錢　研末爲丸圓眼大含一枚于舌下化酒。飲酒醉死用射香一分置口内即醒

汗斑方

老生姜一塊　挖空入陀僧五分　人言少許　在内黃泥封固火煨存性取姜擦之。又方芋頭葉上露不拘多少以碗亂將手重擦數次破皮愈。又方以溺壺垢和生

甘艸　防風　黃芩　右藥用淨水煎服

洗眼良方

川連一錢　甘艸三錢　荆芥一錢　胆丸錢半　郁李仁去殼十二粒半

防風錢半　明丸一錢　池菊一錢　杏仁四粒半

七十二問眼症終

卷乙終

清可軒氏手錄

274 雜症秘驗良方

《雜症秘驗良方》，不分卷，兩册。無序及目録，每册後均有跋，第一册正文前附詩數首，尾題"小雲稿"等字樣。書内鈐"玉峰樵客""内部參考"等印章多枚。跋中可見"紹聞堂秘方二册爲戚墅堰吴氏家藏秘本……壬申九月九日，余自常鎮差旅費錢一百文買於萬卷樓"字樣，又見"春分日嘉善知非老人自識於味經堂燈下，時已三鼓""玉峰樵客識於吴門""光緒癸未寒食節小雲稿"等字樣，可知此本爲紹聞堂舊抄，經戚墅堰吴氏家藏，後爲玉峰樵客于壬申（1872）以錢一百文購于萬卷樓。紹聞堂係康熙年間堂號，錫山（今屬無錫）人過商侯藏書堂名。戚墅堰即今常州市戚墅堰區。玉峰樵客，或號知非老人，又稱小雲，嘉善（今屬浙江）人，善詩。宣鼎著《夜雨秋燈録》（卷四）載其"和虎阜寺題壁詩"事及《遊虎阜題壁絶句》四首。據跋文所云，該書當成稿于光緒癸未（1883）。該鈔本以工整小楷抄成，有很高的藝術價值。版心題書名、頁碼，共二百十九葉，每半葉八行，每行字數不等，多則二十五字，約有七萬字左右。現藏于上海中醫藥大學圖書館。

此本共載方近八百首，以驗方時方爲多，但經方亦不少。所載驗方多冠以"治某某病方"名，便于檢閲，亦是當時流行于民間的實用性方書所共有特點。所載方劑除經方外，多以保健爲主，如烏髮烏鬚、强腰健齒、壯陽益生、明目美容等。甚至有一些超出醫學的内容，如頭油方、製鴉片法等。

所載方劑在所主治疾病上，以咳嗽、哮喘、瀉、痢、瘧等常見疾病爲主，治法簡便，期以廉效。如治痢以單味鷄冠花煎酒服，"赤用紅，白用白"。又以棉花子、黄瓜藤、臭椿樹上錢仁等易得之物入藥，便于循方切用。

此書可視爲清末集單方驗方之大成者，有很多值得我們注意之處。所載美容方雖較少，但足可見中醫在美容方面所作出的功績，如女人搽面方：

"用皮硝泡滚水貯之，每洗面後用硝水搽之，乾即白。"强腎壯陽一直爲人們重視，民間流傳着很多的單方奇方。該書所集可謂名目繁多，試看其方名便可略知，如"快活丹""春風花亂飛""歡樂方""靈龜自動""常春酒""遍宫春""聞香起馬""一寸金""長龜方"等。用藥上除常用壯陽藥物外，還有白頸蚯蚓、鴉片、人龍、雀腦等物。

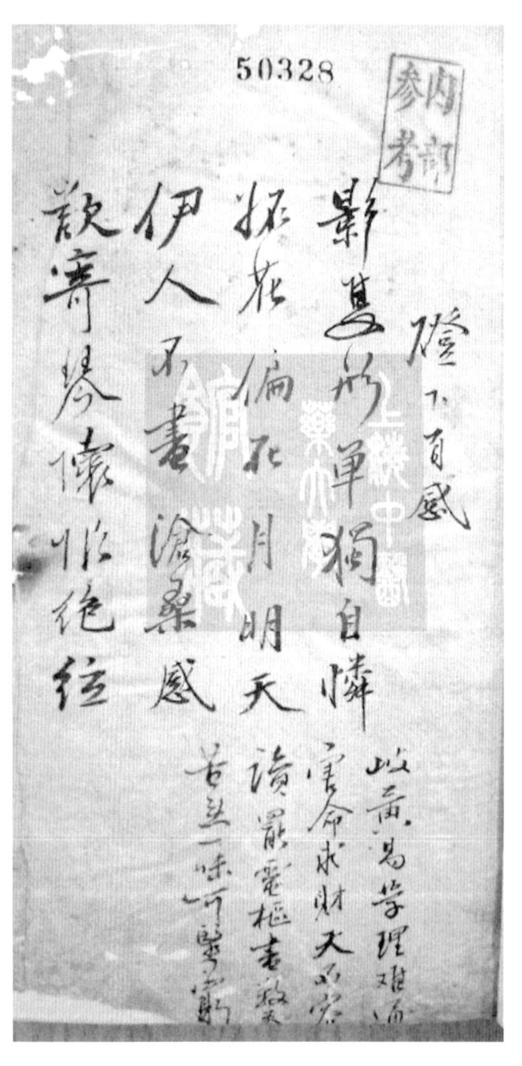

燈下有感
影隻形單獨自憐

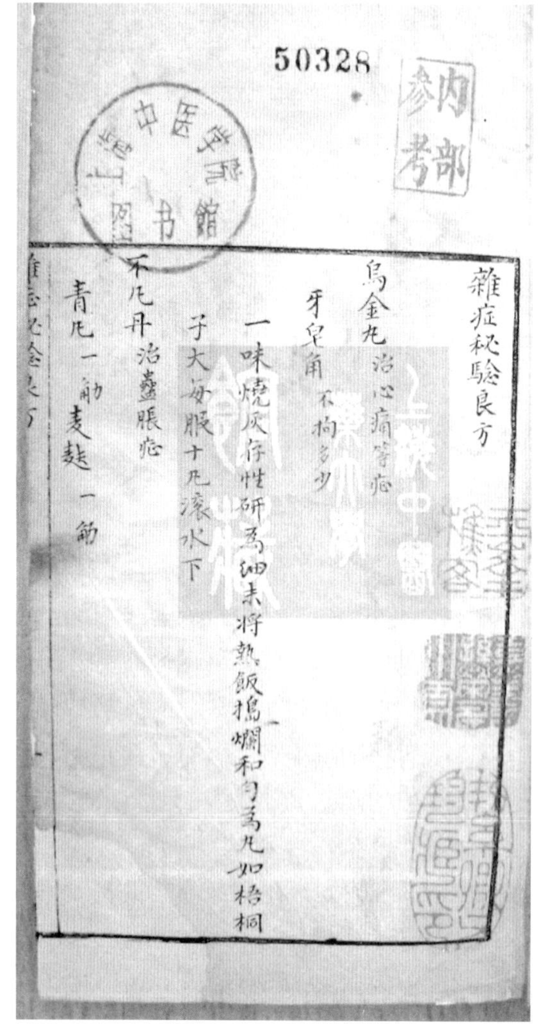

雜症秘驗良方
烏金丸 治心痛等症
牙皂角 不拘多少
一味燒灰存性研為細末將熟飯搗爛和勻為丸如梧桐子大每服十丸滚水下
不凡丹 治蠱脹症
青凡一觔 麥麩一觔

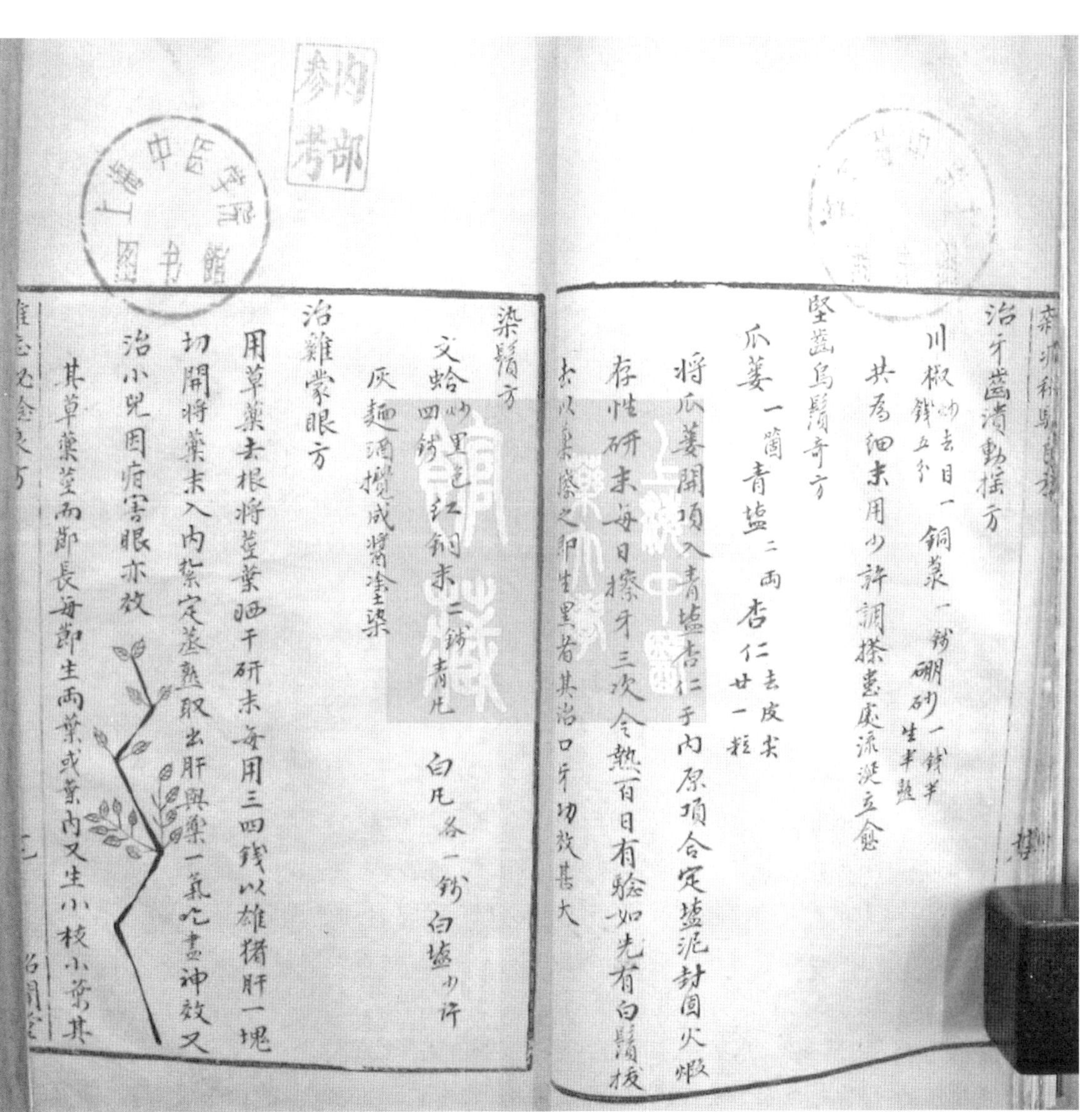

275 類聚方庸

《類聚方庸》，不分卷。首頁題“南涯吉益先生口授”。吉益南涯（1750-1813），諱猷，字修夫，號謙齋，爲日本古方派泰斗吉益東洞之長子。幼承庭訓，研習疾醫之道，其學日進。三十歲移居大阪，以大阪位于京都之南，其所居之處又有水涯，故號南涯。南涯的門人有賀屋慕安、中川修亭、岩田廣彦、華岡青洲、難波抱節等，著作有《傷寒論精義》《氣血水藥征》《醫範》《觀證辨》《成迹録》《險證百問》《好生緒言》等。此書寫成年代當不晚于清嘉慶十八年（1813）。現存鈔本，藏于上海中醫藥大學圖書館。

本書選録《傷寒論》《金匱要略》二書中方劑一百八十四首，依類編次，不載藥物組成及原文，僅對各方所治病證的病因病機作詳細闡釋，是對吉益東洞《類聚方》的進一步補充和發揮。如“桂枝加芍藥湯”條，《類聚方》引《傷寒論》“本太陽病，醫反下之，因爾腹滿時痛，屬太陰也”，後附東洞按語：“腹滿時痛者，即拘急而痛也，是以芍藥爲主爾。”相較《類聚方》簡要的按語而言，《類聚方庸》對此條的闡釋更爲詳細。“（桂枝加芍藥湯）治本方症而血滯甚者，其證曰時痛，是血滯氣欲行不能行也，作痛而不上衝者，是血滯之劇症，所以加芍藥也。曰本太陽病者，示其症似裏，爲表病也，曰下之者，明陷裏也。腹滿痛者，水氣主而痛無休時，非此湯症也。”詳細解釋了“時痛”的病機及“血氣主”“水氣主”的症狀鑒別。又“桃花湯”條，《類聚方》此方後無按語，《類聚方庸》載“（桃花湯）治氣不循，水血俱滯者，其症曰腹痛，是血滯也，下利者，氣不循，水自下降也，便膿血者，滯血自下也”，從氣、血、水三者出現异常來闡釋病因病機。

吉益南涯創立“氣血水論”，謂“氣、血、水三物，毒乘之而爲證”，論病論方“皆據氣血水辨證，辨其主客，詳其所在，以知其四態”，以此來補充吉益東洞的“萬病一毒説”，并用以解釋《傷寒論》《金匱要略》。《類聚方庸》在闡釋病因病機時，亦多以“氣血水論”爲據，充分體現了南涯先生的醫學思想。

類聚方庸

平安　南涯吉益先生　口授

○桂枝湯 病起在表也　治気急血塞而难発散者也其症曰悪寒曰頭痛曰身疼痛曰煩曰上衝者皆其主病而遂発熱汗出是気急之候也虽已発熱汗出其為寒為痛者以血塞也煩者上衝者身疼痛者不発熱不汗出是其劇症也其発熱者血不凝水不滞之症也論曰頭痛者必衂是氣逐血之明徵也汗出而不発熱者急迫之証也発熱而不汗出者外襲之証也以由来異雖已異証其所在共物不異故治方一也

頭痛或有発熱而後致者或有嘔而後致者或有身疼而後致者或有煩熱而後致者皆非桂枝之証初起所致者此湯主之

身疼痛下利後所致者此湯主之初起所致者非桂枝之症也

煩身疼痛而煩乾燥而煩慎懷而煩下利煩之類皆非桂枝証也他無兼証但煩者此湯主之

上衝或心下逆満或胸中痞鞕或咳逆而所致皆非桂枝証無水気之変者此湯主之

脉紧浮弱或浮数者示水血未凝滞也

○桂枝加桂湯 表病薄于裏也　治本方症而気逆甚者其症曰気従少腹上衝心是気逆甚而上攻所以加桂枝也曰焼針令其汗者示以焼針気逆也以汗出明血不内陥也

○桂枝加芍藥湯 表病陷腹血滯也 治本方症而血滯甚者、其症曰時痛是血滯氣欲行不能行也、作痛而不上衝者、是血滯之劇症、所以加芍藥也、曰本太陽病者示其症似裏為表病也、曰下之者、明陷裏也、腹滿痛者、水氣主而痛無休時、非此湯症也、

○桂枝加芍藥大黃湯 表病陷腹而實也 治前症而血氣實者、其症曰大實痛、審其病狀痛甚而無休作、是實痛也、尚有或腹中攣急、或鞕滿、或大便不通等之症也、痛有休作氣急則痛、不急則不痛、是時痛也、

○桂枝加芍藥生姜人參湯 表病也 治血氣窘迫血滯氣难暢者、其症曰身疼痛者血滯也、痛者氣难暢也、曰發汗後者、示血氣窘迫非水也、表有水不發汗則脉尚浮、或浮緊、此脉

二

沈遲是血滯氣难暢也、

○桂枝去芍藥湯 表病陷無水也 治氣欲外發不能發者、其症曰胸滿是氣欲外發不能發也、曰下之後者、示為表病也、脉促不痛者、是血不滯也、凡胸滿者氣由水爵之使、今此病無水氣獨衝下後變症、故不加逐水藥也、凡去芍藥者氣逆而水滯也、加芍藥者氣急血滯是其別也、

附一枚

○桂枝去芍藥加附子湯 治前症而血氣不暢者、其症曰微惡寒、是血氣不暢也、凡曰微惡寒者、非外襲惡寒、所謂虛寒也、附子主之、芍藥甘艸附子湯同症而有芍藥、其別如何、芍藥甘草附子湯發汗變病、即急之狀也、此病下後變病、即逆之狀也、急逆之症異、分其治方是古之法也、桂枝加芍藥湯發汗變病、故有芍藥、附子瀉心湯下後變病、故無芍藥也、以

276 蘭軒外台方標記

《蘭軒外台方標記》，不分卷，一册。爲日本醫家伊澤蘭軒對《外臺秘要方》所作校勘記。扉頁載"富士川游寄贈本、伊澤蘭軒手稿本"。伊澤蘭軒（1777–1829）先後隨目黑道琢、武田叔安學習醫學，隨太田澄元、赤茯由儀學習本草，隨狩谷棭齋學習考據之學，且通儒學，是福山侯侍醫。他一生大部分時間在江户醫學館執教，疏于著述，故著作較少，目前所知僅《蘭軒遺稿》《蘭軒醫談》《蘭軒外台方標記》三種。伊澤蘭軒雖著作不多，但門下桃李多爲一時俊傑，如澀江全善（抽齋）、森立之、岡西玄亭、清川玄道、山田廣業等，被譽爲"蘭門五哲"。此鈔本單魚尾，白口，烏絲欄，半葉九行，上有眉批，正文有朱字批注，九成品相。現藏于中華醫學會上海分會圖書館。

是本取宋本《外臺秘要方》爲底本，以《素問》《靈樞》《傷寒論》《千金方》《肘後方》《諸病源候論》《證類本草》等十餘種古籍爲輔本，采用本校、對校、他校、理校等文獻校勘方法，對宋本《外臺秘要方》進行詳盡的考證。書中載校勘記約百餘則，内容涵蓋字、詞、組方、本草、針灸、腧穴、劑量、服藥方法、卷次等各個方面。本書體例以《外臺秘要方》篇次爲綱、篇内校勘條文爲目，先列某篇某條或某方之内容，後援引諸書同條文或相似條文，再用"恬案"引出校文。如《外臺秘要方》"傷寒篇"中"麥奴丸"條文載"若日移五丈不汗"，通過與《肘後方》《千金方》同條文比勘，伊澤蘭軒認爲"五丈"應作"五尺"，并謂"此宋臣誤認作丈"。又考"小建中湯"主藥"桂心"實爲肉桂而非桂枝，"霍亂篇"條文"常以榮衛俱行於陽"中"衛"字當删，方名"皮瘴散"當作"度瘴散"。伊澤蘭軒常謂"宋臣校正不精"，書中校勘多摘宋本訛誤。除對《外臺秘要方》條文訛誤之處作校勘外，亦有對條文作闡釋之例。如《傷寒篇》載："醫經云：連發汗，汗不出者死。吾思可蒸之。"伊澤蘭軒引

《素問・陰陽應象大論》條文及《唐書・許胤宗傳》所載"太后病風"案,從醫理和醫案兩方面對此條文作了進一步補充。伊澤蘭軒考證醫籍條文,旁徵博引,所引古籍不限醫書,對存有疑慮條文,不妄下斷語,存疑待考,治學態度謹慎。

伊澤蘭軒爲日本醫家,故書中漢字常有變體,行文語法亦多有不同,標記句讀也有其特點。書中有朱筆增删、校勘之痕迹,但所校似多無謂或有誤。由于伊澤蘭軒的遺著較少,故此鈔本益顯珍貴。

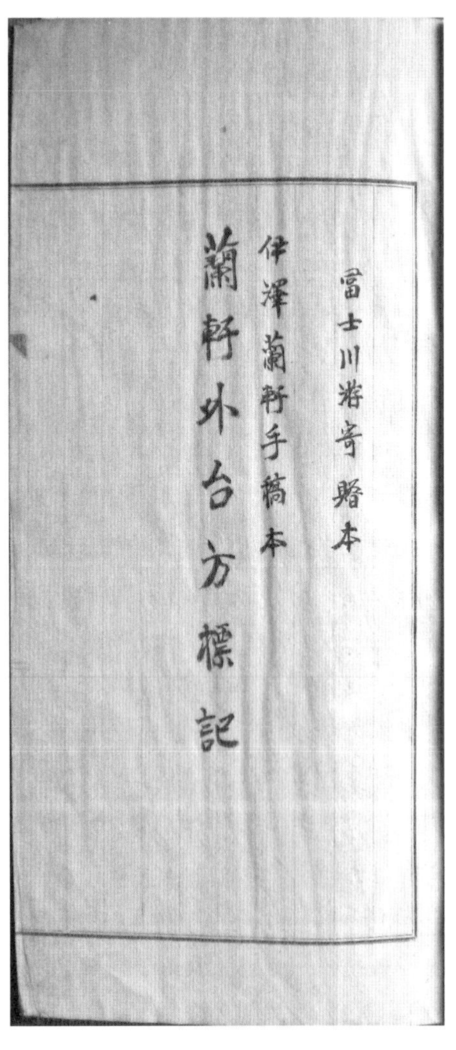

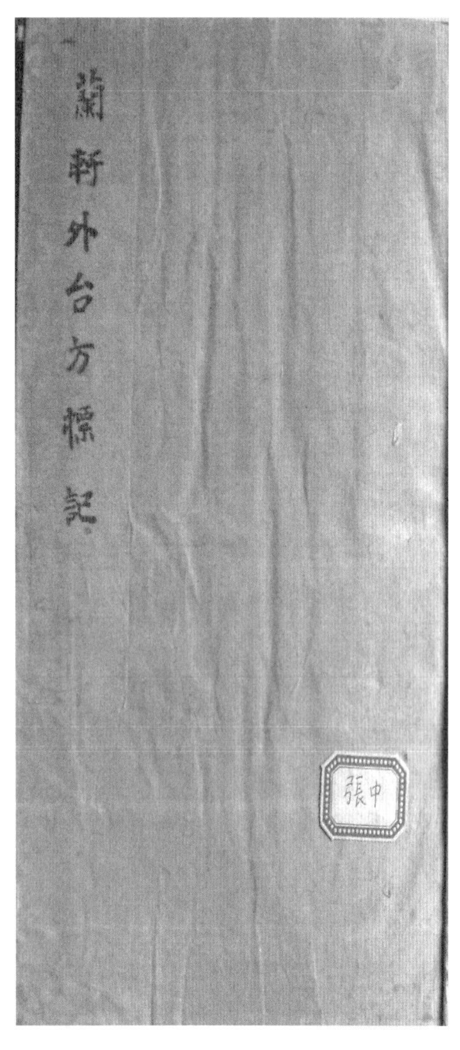

外台秘要方
傷寒篇医經云連發汗汗不出者死吾思可蒸之
按素问陰陽應象論其有邪者漬形以為汗又唐
書許胤宗傳初事陳為新蔡王外兵參軍時柳太
后病風不言名医治皆不愈脉益沈而噤胤宗曰
口不可下藥宜以湯氣熏之令藥入腠理周理即
差乃造黄耆防風湯數十斛置於牀下氣如烟霧
其夜便得語云云
同小建中湯之主方中桂心傷寒論用桂枝而合注

云去皮然則桂心者桂之去皮者也後世方家謂
桂心即肉桂也用幹桂枝用梢枝大不古義也
東垣辨惑論補中益氣湯加減法若無寒覺冷
痛云加皮中桂者注云桂心是也
同陰陽詩經傳盡故也窠原盡作盡外台宋世校修
整正以避諱作盡耳真本千金竟字宋校本作暈
之類也恬審謂窠源宋時校正不精可以見耳
同麦奴丸方後若日移五丈不汗封後方五丈作五
赤恰紫赤即尺字封後書中往々有之千金亦作

五尺此宗臣誤認作丈
同崔文行解散一名皮障散皮字作度按此方即上
文崔氏度瘴散中四味節用耳且方後云瘴氣
可以為證
又上文韋作曰若崔文行度障散注云度障散
在雜療中范注方四味者是也
同陽旦湯千金方無黄芩以桂枝湯即為陽旦湯括
傷寒論則千金方似優
同半夏茯苓湯此方原出於靈樞邪客篇半夏湯加

此條宜在于蘧文附解要條前

伏苓者

桃葉湯葉傷寒論作花唐以前無花字與葉字並皆本而不經改易者

天行篇來去嗡々恬業嗡々與翕々同

同四順湯輕恬業即是傷寒加人參湯也見肘後霍乱篇又見抱朴子至理篇

同千金水道散又五苓散　以上二方俱是滌飲利水之劑益可見外邪復發狂屬飲者多

同天行病差食鮰鱠云云恬按鮰當作鮰々與鱓同

玉篇鮰似蛇同鱓山海經湖灌之水其中多鮰注鮰亦鱓魚字陶弘景云鱓時行病起食之多複又按鮰乃鱣字略體耳顏氏家訓書證篇後漢書云鸛雀銜三鱓魚多假借為鱣鮪之鱣俗之學士因謂之為鱣魚云云

食鱁魚肉諸氣不化案圖經本草鯷魚條又有鱁魚今按相似而大

過病篇肘後屠蘇酒與所引與今行肘後頗異因記於左

277 釋方

《釋方》，四卷，并附録一卷。明程伊著。程伊，字宗衡，號月溪，新安（今安徽徽州地區）人，家世業醫，初習舉子業，兼涉醫書，後專攻醫學。嘗謂"可以言傳者，藥之名也；可以意得者，方之義也……如僅知藥名，不解方義，必誤病家"。程氏爲學醫啓蒙之需，撰《釋方》四卷，又撰《脈薈》兩卷，《釋藥》（一作《釋藥集韻》）四卷、《醫林史傳》四卷、《外傳》六卷、《拾遺》一卷，以上六書合爲《程氏醫書六種》。是本底頁有"文化紀元甲子四月令家弟朝影抄"，日本文化元年即1804年。該鈔本上有上海中醫學院圖書館藏書印章、餘姚謝氏永耀樓藏書印章、江户醫宦喜多村氏圖書信印、菊字章、潭字章。前有程方小序，落款"嘉靖丁未四月朔新安巖鎮月溪程伊識"，後有《程氏釋方》後序，落款"嘉靖戊申夏四月既望望新安方錫序"，可知撰成于1548年。現藏于上海中醫藥大學圖書館。

全書墨筆抄録，朱筆點校。卷一分中風、傷寒、中暑、諸濕等外感時疾病證，載方一百八十一首；卷二分瘧疾、痢疾、泄瀉、咳嗽、喘急等脾胃肺病證，載方一百七十八首；卷三分諸氣、虚損、頭痛、心痛、黄疸、消渴、水腫等内傷雜病，載方二百三十六首；卷四分健忘、癲癇、痔漏、脱肛、眼目、牙齒等内科雜病及五官科諸證，載方一百九十七首。四卷後附六氣方六道，内容以内、外、五官科爲主。每卷于每一門下列若干方證，先述方名，後列適應證，再著方歌，歌爲五言或七律。歌訣内含藥物組成、方名、適應證、藥物加減或藥物炮炙，然無用量。

是本爲醫學啓蒙讀本，引名醫之論，附以己見，旁徵博引，注釋方義，集藥爲歌，頗有益于組方入門。程氏認爲"不解方名，何由對病"，故"博取群方，訓精遺粗，解奥舍淺"，幾乎囊括歷代名方，訓釋嚴謹，文字流暢，唯藥物用量無記載，然瑕不掩瑜，仍爲不可多得之方劑學專著。

釋方小序

釋方者何釋醫之方名也方何以釋
曰可以言傳者藥之名也可以意得
者方之義也得名失義方不得而用
矣方之用也妙名義而通之者也弗
通則泥泥則偏非唯病已違以誤人
是故方之釋也不容已也大農經昭
亓禁法遠垂七方十劑之製金匱千
金之書雜而引之方亦衆矣博觀遐
覽豈難知哉然或作聰明以加減矜
智巧而改撰方與病違名因意舛作
者之意不亦遐乎余少涉醫流畧知
大旨深懼肄業之士童而習之莫得
其旨察也迺取方訓義集藥為歌方
名八百歌稱是焉上稽聖經下逮張
李旁証諸子附以管窺雖童稚之階

程氏釋方卷之一

新安程伊宗衡著

中風門

八風散　八風八方之風也東曰嬰兒東南曰弱南
曰大弱西南曰謀西曰剛西北曰折北曰大剛東
比曰凶散者散也言八風傷人為病用藥以散之
也一云八藥以散風疾
八風散療八方風　羌活參芪甘草同
白芷前胡偕藿葉　防風八味共成功

三生飲　生者藥不制而生用也飲歠也南星附子
川烏三藥生用取其雄健之氣可以達諸經絡也
歌識三生飲子乎　南星附子共川烏
引用木香通絡氣　投薑十片病旋蘇

大醒風湯　醒醉除也湯蕩也中風昏迷不省人事
藥到病除如醉復醒也言大則有小者矣
南星獨活同全蝎　附子防風甘草遂
每服四錢薑十片　管交一飲大醒風

青州白丸子　州有范公亭其下有井取水和藥有
殊効因色白故名丸綏也
白丸井出青州路　半夏川烏加白附

术

南星四味共爲丸　浸曬露研依製度

四白丹　方有白术白茯苓白附子白芷故得名丹

九之大者也

芷术附苓四白良　獨辛知母薄牛黄

縮参竹葉防甘草　芎腦檀羌藿麝香

天僊膏　天天南星僊者言功効之神也膏藥之潤

者也

天僊膏内有天南　白芨烏頭殭白蠶

口眼喎斜惟此妙　膏調鱔血一敷安

定風餅子　定安也息也言藥能安息其病使風不

更作也餅子以形言

定風餅子烏頭苓　芎草乾薑麻半星

丸和薑汁如龍眼　衣用硃砂作餅形

星香湯　星南星香木香也然雖因藥而名則有輕

重之別通喉利膈偶方之制也經云近者偶之此

之謂也

奇方建立星香湯　藥用南星與木香

每服四錢薑十片　風痰散化即身康

星附湯　以南星附子爲君故名引用木香奇方之

制以達下也

正陽湯　正陽君火也言藥以平少陰君火也使無

太過不及則五化均衡也

正陽湯以白薇先　芎芍當歸桑白縣

旋覆玄参香國老　歲時君火任加煎

程氏釋方卷之四終

文化紀元甲子四月令宗孝朝影抄

278 攢花經驗方

《攢花經驗方》,不分卷,一册。不著撰人。書前記“此卷本三窣老人抄録秘本,甲申年潘順之太姻丈檢得見贈,即囑馬健甫兄抄録一過,以備考訂縵庵誌”,後鈐有陰文“賡雲”。書末有陰文印章“玉鹿主山人”。推測此本由馬健甫抄録于清光緒十年甲申(1884),爲王祖慶(賡雲)所藏。該鈔本現藏于上海交通大學醫學院圖書館。原館藏目録卡片著録爲乾隆年間醫家古北樂天叟陳傑所集,其依據應是陳傑曾撰《攢花易簡方》四卷,但此鈔本中無任何資料佐證,兩書編次及内容亦不盡相同。《中國中醫古籍總目》載有同名醫書,成于乾隆五十四年(1789),存有汪仲壽鈔本,藏于蘇州市中醫醫院圖書館,以及未署名之鈔本,藏于蘇州市圖書館,而該本未見收録。

此本無目録,書口記有篇目、方名及頁碼,每半葉九行,每行字數不一,字迹清晰秀麗。全書分《内症》《外科》《幼科》三篇,《内症》十一葉,載通絡丸、鷄血藤丸、鷄血藤散、异香散、胎産金丹等方約二十五首;《外科》二十七葉,載司聰散、水月散、清目滋腎丸、十二時辰吹藥等方約八十三首;《幼科》五葉,載回生丹、消積丸、丑寶丹等方十三首以及“種痘法”。後另附有“治肛瘺成漏方”兩首,“《巢氏病源》論妊孕”“司胎歌”以及年份的運氣推算。根據字體,當非一人所記。所載方劑以丸、散、膏、丹等民間常用成方爲主,方後詳記有主治病症、藥物組成、劑量、炮製以及服用方法,便捷實用。其中更有不少食療方,如《内科》方中的“甘露湯”,以糖糟、生薑、炙甘草研末,用淡鹽湯調服,主治噎嗝;“白髮返黑方”,以真黑芝麻(注明皮肉俱黑者産安徽)九蒸九曬,研細末,棗肉爲丸,服之無間。在《幼科》篇末,記載當時施行“種痘法”的情况:“種痘始於宋真宗王旦,其後各相授受,以湖廣人爲最。今西洋夷醫必哈吹善種痘法,以極小極薄刀微剔兒左右臂,以他人症(疑爲“痘”

字之誤）漿點入，不過二三處，越七八日即見點，較時行之痘大兩倍，兒無所苦，嬉戲如常。或言本國雖牛馬爾恒出，間有斃者，因思此法。”反映出當時西方醫學的滲透情況。

該書對所載方劑的使用方法及藥物炮製法的記述頗爲詳細，有一定參考價值。

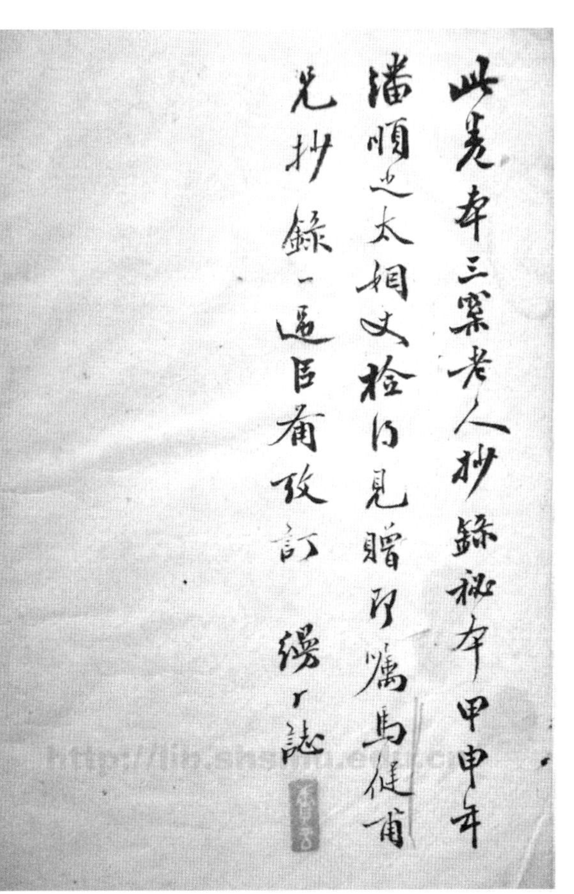
此是本三槑老人抄錄秘本 甲申年
潘順之太姻丈檢得見贈 囑馬健甫
先抄錄一遍 以備攷訂 [illegible]誌

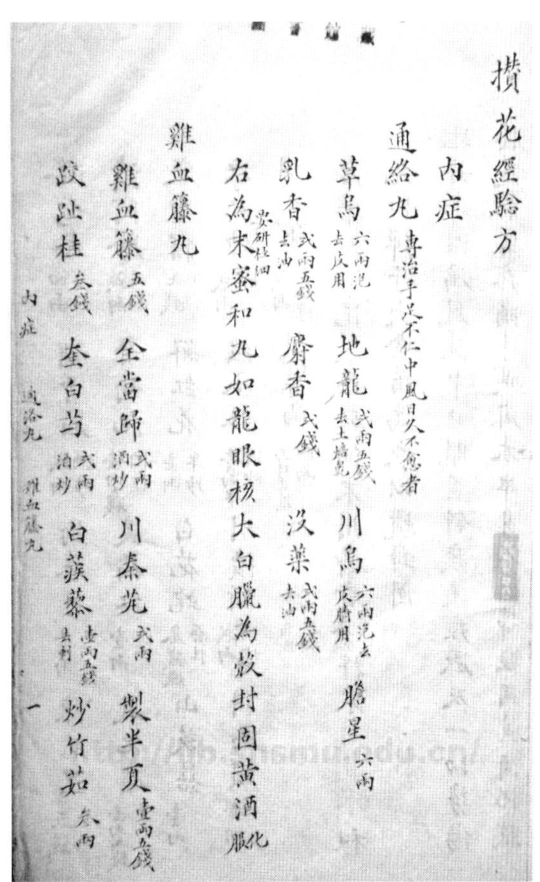
攢花經驗方
內症
通絡丸 專治手足不仁中風日久不愈者
草烏 六兩泡去皮用 地龍 貳兩五錢去土焙乾 川烏 六兩泡去皮臍用 膽星 六兩
乳香 貳兩五錢去油 麝香 貳錢 沒藥 貳兩五錢去油
右為末蜜和丸如龍眼核大白臘為殼封固黃酒服化
雞血藤丸
雞血藤 五錢 全當歸 貳兩酒炒 川秦艽 貳兩 製半夏 壹兩五錢
跤趾桂 叁錢 杢白芍 貳兩酒炒 白蒺藜 壹兩五錢去刺 炒竹茹 六兩
內症 通絡丸 雞血藤丸 一

攢花經驗方

外科

司聰散　專治耳內耳外等證

西戎月石壹兩　梅花氷片壹錢

右味共研细末用大麻油調藥桃花紙拈條粘药塞

耳内

水月散　專治耳疾目患神效

真熊膽叁錢別研细末　浮水鑪甘石六錢水飛　西戎鵬砂叁錢水飛

梹花氷片壹錢弍分

外科　司聰散　水月散　清目滋腎丸　一

子午少陰君火天　陽明燥金合在泉　丑未太陰太陽治　寅申少陽厥陰

聯　卯酉却与子午倒　辰戌巳亥亦皆然　每歲天泉四間氣上下交統

子午年　少陰君火司天　陽明燥金在泉

丑未年　太陰濕土司天　太陽寒水在泉

寅申年　少陽相火司天　厥陰風木在泉

卯酉年　陽明燥金司天　少陰君火在泉

辰戌年　太陽寒水司天　太陰濕土在泉

巳亥年　厥陰風木司天　少陽相火在泉

279 驗方集錦

《驗方集錦》，不分卷，一册。不著撰者。無序跋，有目録。現存鈔本，藏于上海圖書館，藏館著録爲清鈔本。

是本收集汗斑、蛇蟲咬傷、諸蟲入竅、中諸藥毒、蟲痛、犬咬、杖傷、夾棍、雜物入目、漆咬瘡等病證的治療驗方，以及百病丹丸、炮製、急救法等。其所治病證爲民間驟然遇到并急須處理的，故其方劑多用草藥。如："蛇蟲咬刺，針綫包，猪牙草，取汁酒服，楂敷傷處，或預先採草曬乾搗碎。""蜂咬刺傷，多醬瓣豆草敷之即愈，或屋游敷之立痊，瓦花是也。""胡蜂刺方，口嚼栗子敷之，或芋艻葉根擦，疼止，或以瓦花擦之效過。"對于蛇咬蜂刺等農村容易遇到的緊急情況，采用草藥，就地取材救治，是廉便有效的方法。百病丹丸爲治療内科病的丹藥丸藥，内容包括功用、主治、組成、劑量、製備、用法等項。如："神應仙授丹，治大人小兒一切心氣痛，氣逆、氣塊、氣刺、喘氣、膨脹、噎膈、痞悶、裏急後重、大小便閉、翻胃吐食、面黄肌瘦、胸背腰痛、不思飲食諸積，久遠并治。"炮製内容包括製作玄明粉、取鴉片法、升輕粉法、蘄艾製法、煮半夏法、造冰片法、煮製鹿角膠法、研乳香法、研艾葉法、取燈心草灰法。如："取鴉片法，罌粟花，一開謝後，結子蒂邊周圍，以竹針刺十數眼蒂邊圍繞，其眼津自出，次日半竹刀刮在銀器内，陸續積取，以貯多了，用紙封口，曬二七日即成鴉片，任用。""蘄艾制法，將艾搗以黄米粉打成漿，拌透曬乾爲末。"這些炮製藥物的記載，皆是經驗所得。

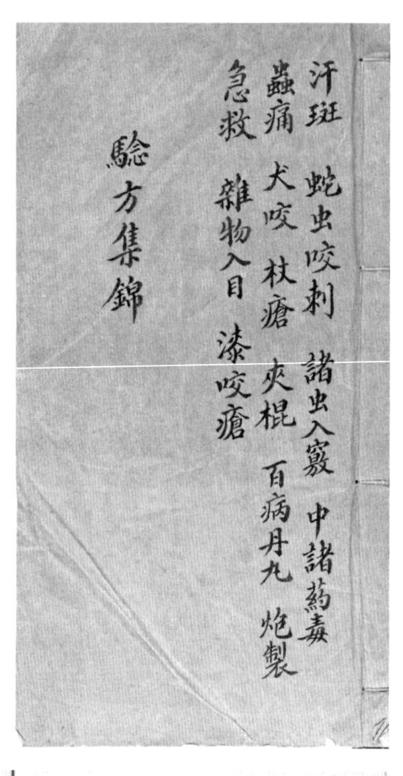
汗斑　蛇虫咬刺　諸虫入竅　中諸葯毒
蟲痛　犬咬　杖瘡　夾棍　百病丹丸　炮製
急救　雜物入目　漆咬瘡

驗方集錦

汗瘢
蛇虫咬刺
諸虫入竅
中諸藥毒
虫痛
犬咬
杖瘡
夾棍
百病丹丸
炮製
急救法
雜物入目
漆咬瘡

為末收貯瓦礶听用只可三厘　肚腹痛木香湯送下
紅痢甘草湯下　白痢姜湯下　裏急後重燒酒下
兩脇疼痛并膨脹青皮湯下　隔食氣症燒酒下
鼓脹木香湯下

鶴頂丹　一名透紅丸　治二十四件病
半夏　杏仁去皮尖　巴豆去油　麥冬去心各四十九粒
郁李仁四十九粒　廣木香三錢五分
共為末米糊丸如桐子大每服七丸小兒三丸硃砂為衣
吐血丁香湯　瘧疾桃葉六七片煎湯　赤痢甘草湯
白痢姜湯　水瀉井水　酒積姜湯　食積冷水
勞嗽人參湯　心痛陳皮湯　喘急氣桑白皮湯
心腹痛菖蒲湯　驚風薄荷湯　大便不通磨刀水
敗毒葱湯　傷寒發狂熱茶送下

黎洞丸
牛黃二錢　氷片二錢五分　射香二兩　阿魏一兩　生大黃二兩　乳香
沒藥　三七　血竭　天竺黃　兒茶　藤黃

百病丹丸　四

280 驗過奇方

《驗過奇方》，不分卷。著者與成書年代不詳，曹磐甫抄于光緒二十八(1902)年。曹磐甫，字永安，莘橋人。封面題“驗過奇方”書名，并有“丁巳冬月，磐甫氏録”字樣。書首叙言稱“是書據老於岐黄者云，係不傳之秘，實非易所授”，認爲醫生診病須凝神静氣，細察脈理和病源虚實，不可“粗心浮氣”“將就用事”。落款爲“光緒二十有八年花朝之吉莘橋曹磐甫永安氏識”。現存鈔本，藏于上海中醫藥大學圖書館。

此本將所抄内容共分爲一百四十三號(種)，第一至六號“照内經五臟部位分列六脈於後”“四總刮診脈要訣”“診脈傳心訣”“察色至要訣”“逐日應脈不宜針灸”“十二時人神所在”，論述診脈、望診、針灸等内容；第七至九號“五運六氣”“天干五合”“地支六合”論述運氣學説；第十、十一號“十八反”“十九畏”論述藥物配伍禁忌；第十二號“妊娠禁忌歌”論述妊娠禁用藥物；第十三至一百四十三號記載或病證，或方劑，涉及内科、外科、婦科、兒科、男科、産科、牙科等病證的治療，方劑如延壽固精丸、六味地黄丸、秘傳種子方、藥酒方、治血崩方、瘧疾塞鼻丸方等，大多爲驗方，并注明藥物組成、劑量及使用方法。另有八首戒烟方，按照烟齡長短、烟癮大小、性别等不同，分别治療，反映了當時中醫戒烟的治療經驗。

本書收集臨床常用方劑，有參考價值。

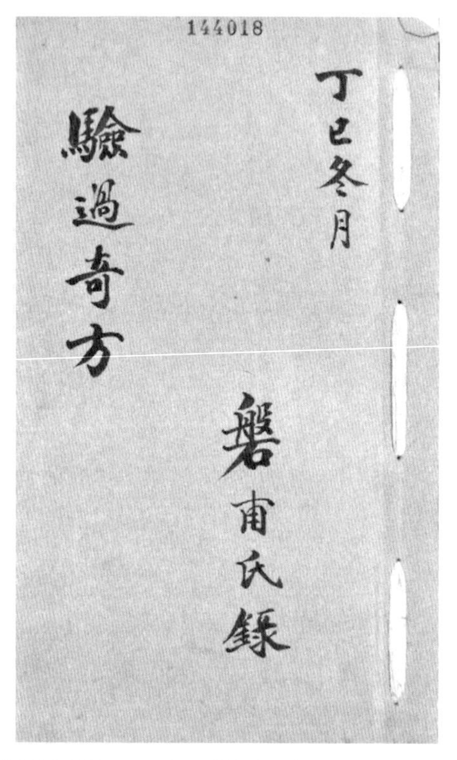

丁巳冬月

驗過奇方

磐甫氏錄

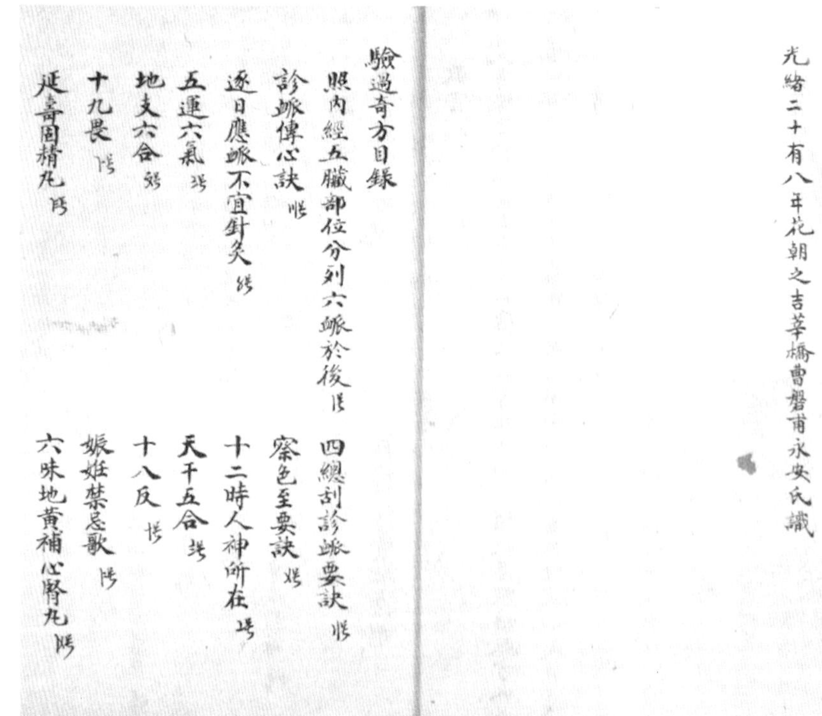

光緒二十有八年花朝之吉莘橋曹磐甫永安氏識

驗過奇方目錄

六、針灸推拿

281 十二奇經循行圖

《十二奇經循行圖》，不分卷，一册。不著撰者。無序跋與目録。封面題“十二經奇經循行圖”，有“汪錫嘏抄閲”字樣。汪錫嘏，臨平（今浙江杭州餘杭區）人，生平不詳，除本書外，另有于光緒十二年（1886）抄録的《分經藥性賦》，藏甘肅省圖書館。《中國中醫古籍總目》載録是書爲清鈔本。現藏于上海中醫藥大學圖書館。

是本依次將肺經、大腸經、胃經、脾經、心經、小腸經、膀胱經、腎經、心包經、三焦經、膽經、肝經及任脈、衝脈、督脈、陰陽維脈、陰陽蹻脈的循行路線描繪成圖，一經一圖，每經後附《靈樞》經文，并在圖中逐句標出。全書載圖十九幅。

該書主要論述十二經脈與奇經八脈的循行，圖文并茂，對于經絡及針灸學研究有參考價值。

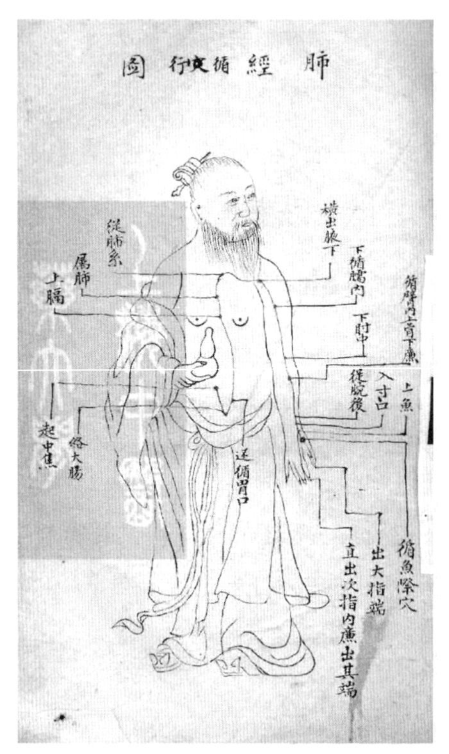
肺經循行圖

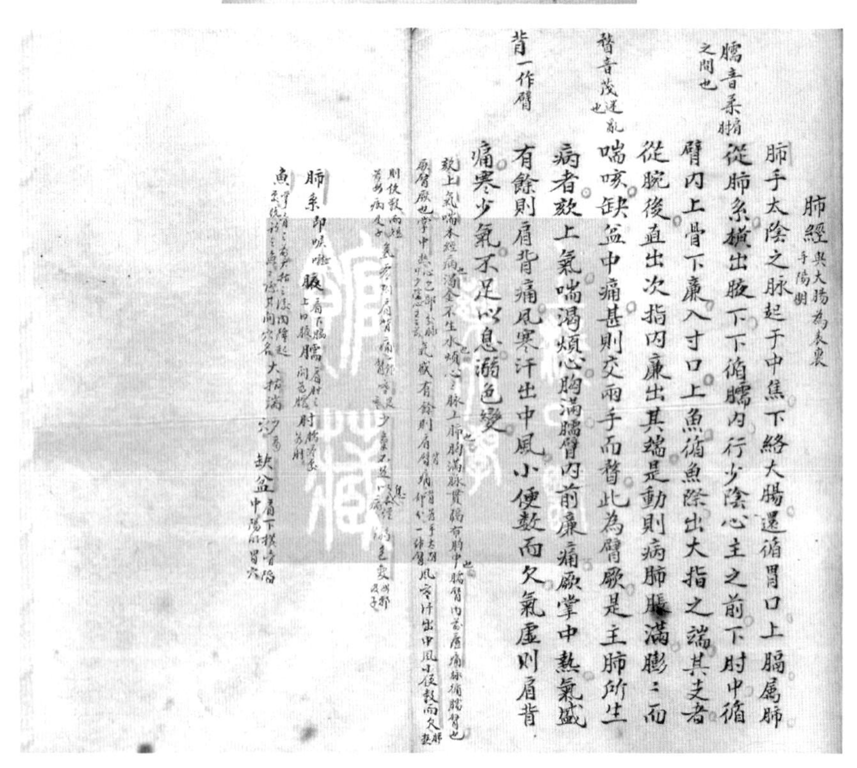

282 十二經分寸歌

《十二經分寸歌》,不分卷。清陳秉鈞撰。陳秉鈞(1840-1914),字蓮舫,以字行,别署庸叟,又號樂餘老人,青浦(今屬上海)人,青浦陳氏第十九世醫。光緒年間,曾五次奉詔入京爲皇帝和太后診病,療效頗佳,被封爲御醫。老年辭官設診于上海,有"國手"之譽。同時積極創辦"上海醫會",舉辦中醫學校,對中醫教育事業作出卓越貢獻。著有《陳蓮舫先生醫案秘鈔》《御醫請脈詳志》《蓮舫秘旨》《醫案拾遺》等。此本爲後學許鼎安抄録,有目録,無序跋。約成書于清末,《中國中醫古籍總目》載録爲清鈔本。現藏于上海中醫藥大學圖書館。

書中依次記載手太陰肺經、手陽明大腸經、足陽明胃經、足太陰脾經、手少陰心經、手太陽小腸經、足太陽膀胱經、足少陰腎經、手厥陰心包經、手少陽三焦經、足少陽膽經、足厥陰肝經、任脈、督脈十四條經脈諸穴,每條經脈均包括腧穴分寸歌一首、穴位歌一首及穴位圖一幅。書末附《脈訣入門》,由崔紫虚先生撰,李東垣先生批校,内容係一首脈診歌訣,總論氣血脈息。

本書記述十四經穴位、循行路綫及《脈診要訣》。内容簡單明瞭,便于掌握,對針灸學及脈診研究有參考價值。

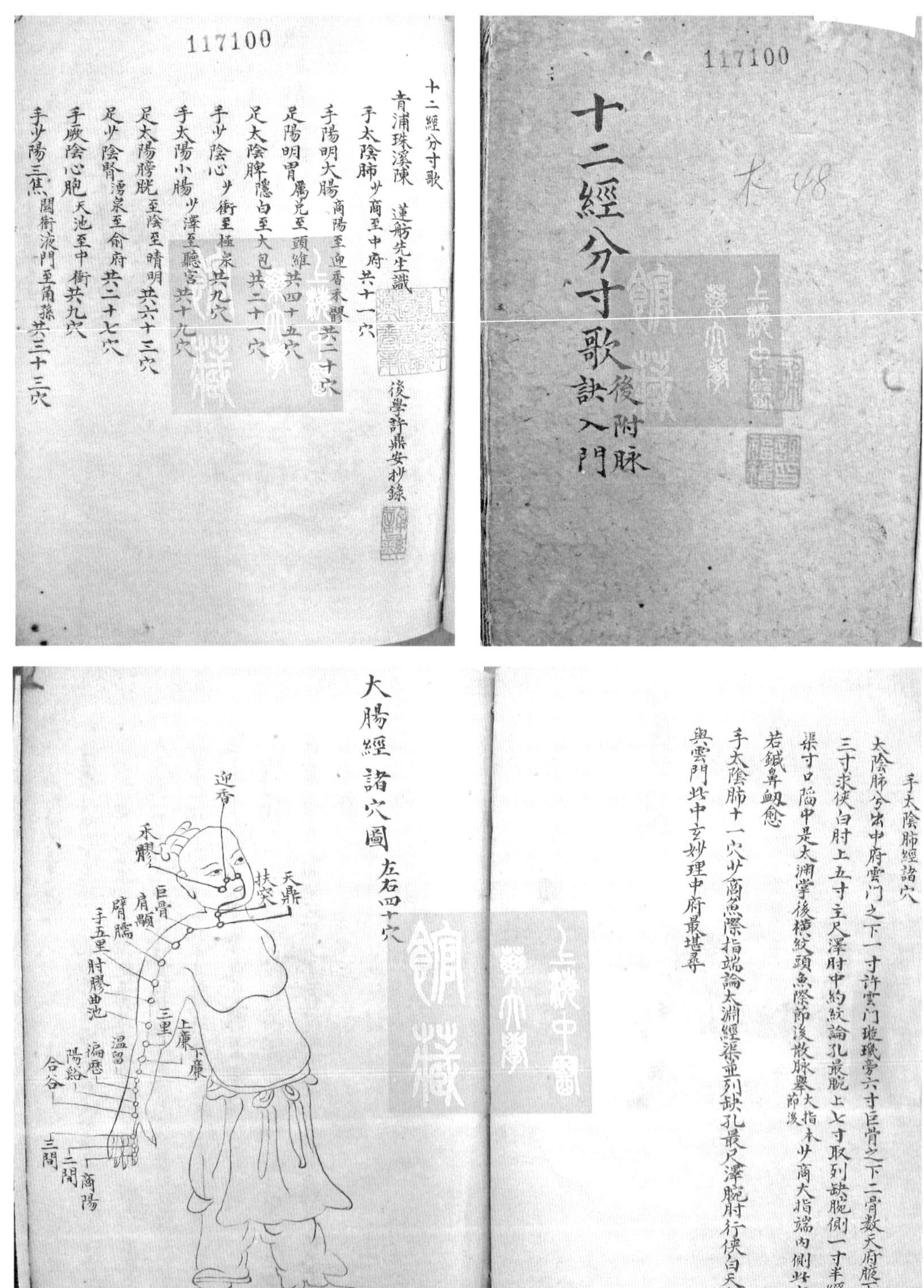

283 十二經脈碎金

《十二經脈碎金》，不分卷，一册。不著撰者，無序跋與目録。《中國中醫古籍總目》載録爲清鈔本。現藏于上海中醫藥大學圖書館。

該書首録《診宗三昧》，載録先哲名言，包括《瀕湖脈學》以及《素問》《靈樞》《傷寒論》等中的脈學内容；次述中風、傷寒、中寒、瘟疫、中暑、注夏、中濕、火癥、内傷、飲食、鬱癥、痰疾、咳嗽、喘急、瘧疾、痢疾、泄利、霍亂、嘔吐、反胃、呃逆、嘈雜、吞酸、諸氣、痞滿、鼓脹、水腫、積聚、五疸、斑疹、諸熱、勞損、虚勞、失血、汗癥、眩暈、麻木、癲狂、驚悸、邪祟、厥癥、濁癥、淋癥、小便閉、大便閉、蟲癥、頭痛、耳癥、背痛、痛風、脚氣、痿癥、消渴、痓癥等五十餘種病證的脈象及婦人生死脈訣、兒科撮要；末附脈學備録，包括扁鵲諸反逆死脈要訣、脈辨切要、切診一隅、諸家脈法摘是等。此外，每頁的天頭以小字形式首録"脈法瑣言""手經五臟諸脈起止圖""足六經之脈起止圖"；次載手太陰肺脈絡經病脈藥證及手陽明大腸經、足陽明胃經、足太陰脾經、手太陰心經、手太陽小腸經、足太陽膀胱經、足少陰腎經、手厥陰心包經、手少陽三焦經、足少陽膽經、足厥陰肝經等十二正經的病脈藥證，每一經後配有補瀉温凉的代表藥及引經藥；最後附异脈論、脈要必觀、臟腑諸病外候、新産脈、小兒脈、奇經八脈、三部九候、六經脈、傷寒脈義、脈賦、雜錦等内容。

本書是一本主要論述脈診的專書，涉及内、外、婦、兒等各科多種病證的脈象。對于中醫脈診的研究有參考價值。

十二經脈碎金

先哲名言摘論

診宗三昧

靈樞經脈雖各有起止各有支別而實一氣相通。特借手太陰之動脈以候諸藏之有餘不足。其經雖属太陰而實為胃氣所主。以藏府諸氣靡不本之於胃也 五藏別論 氣口何以獨為五藏主以胃為水穀之海六府之大源也 五味入口藏於胃以養五藏氣氣口亦太陰也是以五藏六府之氣皆出於胃變見於氣口 經脈別論 食氣入胃經氣歸於肺肺朝百脉脉氣歸於權衡權衡以平氣口成寸以決死生 營衛生會篇 人食氣於穀穀入於胃以傳

於肺五藏六府皆以受氣其清者為營濁者為衛營行脉中衛行脉外。 本 五藏六府凡十二經兩手寸關尺皆手太陰之一脉也分其部位以候他藏之氣耳 又 脉行始於肺終於肝而復大會於肺肺為出氣之門戶故曰氣口而為六脉之大會以占一身焉 李瀕湖曰兩手六部皆肺之經脉特取以候藏府之氣耳非五藏六府所居之處也即內經所指藏府部位乃是因五行之氣而推火旺于南故心居左寸木旺於東故肝居左關金旺於西故肺居右寸土旺於中故寄位於西南而脾胃居于右關水旺于北故腎居於兩尺 本 尺外者尺脉之前半部也尺裡者尺脉之後半部也前以候陽後以候陰人身背為陽腎附

於背故外以候腎腹為陰故裡以候腹也東方生木木應肝而居左故借左關以候肝膽之氣土居中位而旺於四季獨以季夏濕土氣蒸之候為之正令故經以之分隸右關以候脾胃之氣所謂中附上者左外以候肝內以候鬲鬲者鬲膜之謂也肝為陰中之陽藏亦附近于背故借左關之外以候肝內以候鬲 中附上者附尺之上而居于中即關脉也 以藏府言則胃為陽脾為陰故外以候胃內以候脾也 火生於中木而應乎心合乎脉謂之牡藏牡者陽也左為陽寸為陽中之陽故宜候之左寸金生于土而應乎肺與胃一氣貫通而居西方金氣故經以候之右寸所謂上附上者右外以候肺內以候胸中左外以候心內以候膻中膻中者心主之宮城即包絡也胸中者鬲膜之上皆是也上附上者言上而又上則寸口也五藏之位惟肺最高故右寸之前以候肺後以候胸中心為虛靈之藏而為君主之火性喜炎上又喜附木而燔

284 十二經脈篇（附《醫學三字經》）

《十二經脈篇》，不分卷，一册。封面題“十二經脈篇，醫學三字經附”，不著撰者。無序跋，目録在每門之首。其中“醫學三字經”題陳修園著，河東薛雪手録。河東爲山西西南一帶，且清代吴縣名醫薛雪去世時，陳修園年僅十七歲，故此抄録者定非此薛雪，而僅爲同名者。《中國中醫古籍總目》載録爲清鈔本。現藏于上海圖書館。

是本由字迹紙張不同的兩部分合訂而成。前一部分爲“逐日人神所在”：“人神走注須當記，足大指兮屬初一，外踝二日股内三，四日在腰五日寄，六手七日内踝存，八腕九尻腰背十，十有一日鼻柱間，十二日兮在髮際……人神所在刺灸忌。”逐日記録部位忌刺灸。“十干日不宜針灸”“十二支人神所在”“十二時人神所在”“九宫尻神”均忌刺灸。“十二經循行部位”“奇經八脈”爲介紹經脈的循行路線。後一部分先爲《醫學三字經》。首行書“閩吴航陳念祖修園氏著，河東薛雪手録”，有薛雪印。正文爲《醫學三字經》原文。其後“經絡篇”記録經脈起止、走向、穴位。接着爲十四經的“經穴歌”，“奇經八脈歌”，“十四經針灸要穴歌”，以及“寒性賦”“温性賦”“熱性賦”“平性賦”等藥性賦。

是本以歌賦形式介紹中醫的基礎知識，可供初學中醫者參考。

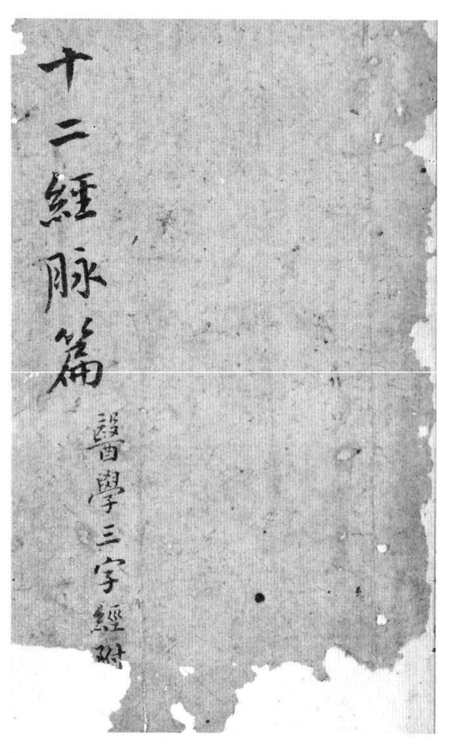

逐日人神所在

人神走注須當記。足大指兮屬初一。外踝二日。股内三。四日在腰。五日寄。六手。七日内踝存。八腕九尻腰背十。十有一日鼻柱間。十二日兮在髮際。十三注于牙齒中。十四常在胃脘聚。徧身十五十六胸。十有七日氣沖集。十八股内足十九。二十日在内踝麗。二十一日手小指。廿二外踝神所寓。肝及足兮二十三。在手陽明廿四日。二十五日足陽明。廿六在胸廿七膝。二十八日伏手陰。廿九即在膝脛室。三十日兮在足趺。人神所在刺灸忌。

十干日不宜針灸

甲不治頭乙耳喉。丙肩丁背与心求。戊己腹脾庚腰肺。辛膝壬當腎脛收。癸日不宜針手足。十干不犯可無憂。

十二支人神所在

閩吳航陳念祖修園氏著　河東薛雪手錄

醫學源流

醫之始。本岐黃。（王冰注）靈樞作。素問詳。（周秦越人滑壽注）難經出。更洋洋。越漢季。（仲景係南陽人）有南陽。六經辨。聖道彰。（漢仲景張機撰　王叔和編）傷寒著。金匱藏。垂方法。立津梁。李唐後。（孫思邈）有千金。（唐王燾）外臺繼。重醫林。後作者。漸浸淫。紅紫色。鄭衛音。（金李杲）迨東垣。重脾胃。温燥行。升清氣。雖未

太陽膀胱起内眥。上額交巔耳後尋。下項循肩。膊内俠脊抵腰下。貫臀貫膕斜入委中穴。與支下合膕中存。貫腨内出外踝後。小指外側終至陰。　厥陰心包腋下起。腋下乳外臑内行。入肘下行兩筋間。入掌中指之端止。　厥陰肝經起叢毛。循行足跗内踝間。上膕環陰器季脇。上行乳下二肋端。　少陽三焦四指端。手腕臂外兩骨間。貫肘上肩項耳後。上繞耳前動脉間。　少陽胆經起外眥。繞耳前後上頞顱巔後頸肩腋季脇。跨膝踝跗小指初。

奇經八脈

正經之外是奇經。八脈分司各有名。後督前任皆在内。衝由毛際腎同行。陽蹻跟外膀胱別。陰起跟前隨少陰。陽維只絡諸陽脉。何謂陰維爲絡陰。帶脉圍腰如束帶。不由常度曰奇經。

285 内經藏府經絡穴名繪考

《内經藏府經絡穴名繪考》，兩卷，兩册。不著撰者。無序跋，有目録。《中國中醫古籍總目》載録爲清鈔本。封面題"内經藏府經絡穴名繪圖"，首頁題"内經藏府經絡穴名繪考"。現藏于上海中醫藥大學圖書館。

上卷依次載仰人諸經起止全圖、俯人諸經起止全圖、仰人骨度部位圖、俯人骨度部位圖、周身名位骨度、仰人骨度尺寸圖、俯人骨度尺寸圖、前頭面頸穴總圖、胸腹穴總圖、後頭項穴總圖、背穴總圖、側頭面頸肩穴總圖、側腋脇肋穴總圖、手三陰經總穴圖、手三陽經總穴圖、足三陰經總穴圖、足三陽經總穴圖，詳細考訂周身名位與骨度尺寸等内容。下卷依次載肺經、大腸經、胃經、脾經、心經、小腸經、膀胱經、心包經、腎經、三焦經、膽經、肝經的藏府圖、循行圖、穴圖，及任脈、督脈、衝脈、帶脈、陽蹻脈、陰蹻脈、陽維脈、陰維脈的循行圖、穴圖。藏府圖、經絡循行圖後載録相關文字内容，并附注解。全書載圖六十八幅。

該書以圖畫形式描繪藏府、十二經脈與奇經八脈的起止循行路綫、腧穴等内容，形象生動，對于針灸學的學習與研究有參考價值。

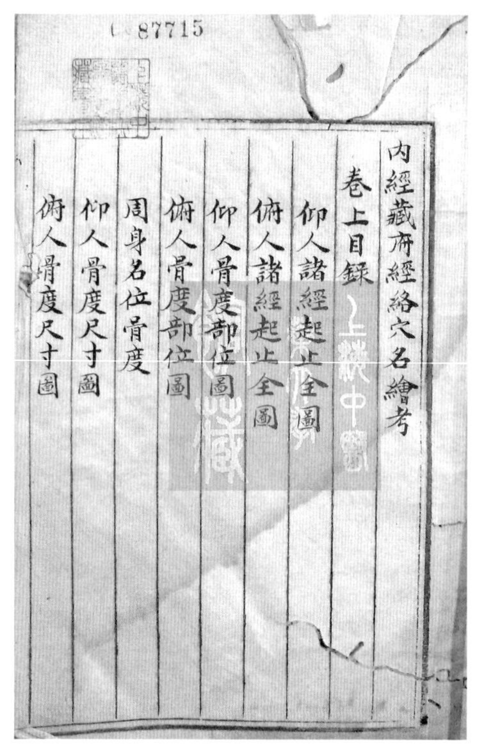

内經藏府經絡穴名繪考

卷上目録

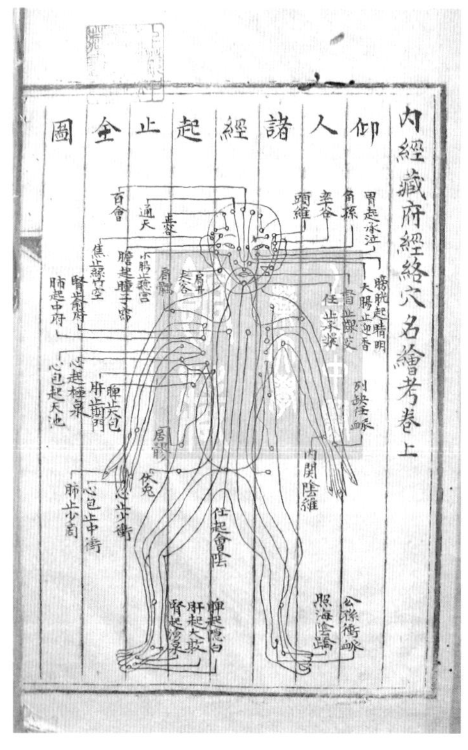
内經藏府經絡穴名繪考卷上

仰人諸經起止全圖

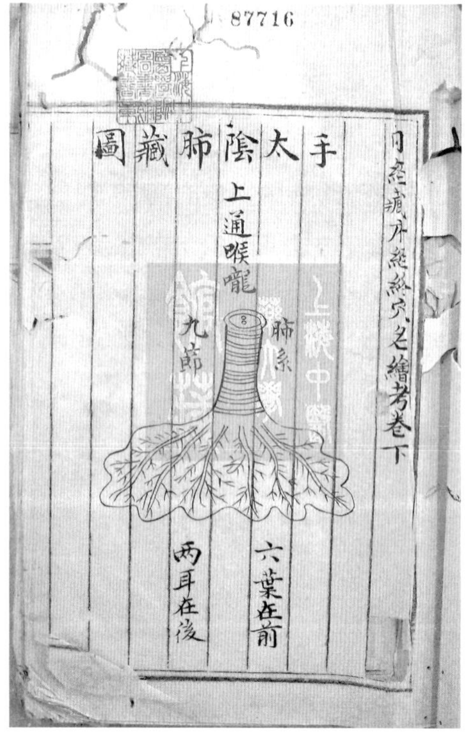

内經藏府經絡穴名繪考卷下

手太陰肺藏圖

286 手鈔針灸秘本

《手鈔針灸秘本》，不分卷。不著撰者。無序跋與目録。書首有"記事珠""一如居士置"字樣，左下角有"一如居上"印章一枚，疑爲本書抄寫者。《中國中醫古籍總目》載録爲清鈔本。現藏于上海中醫藥大學圖書館。

本書首先論述霍亂、瘧疾、小兒積證、小兒疳積、治鼠疫證、中邪風、麻脚瘟、腰花、脚氣衝心、小便不止、牙縫流血不止、喉科、牙部狀痛、白喉證、水腫已穿證、小兒急證、脚軟證、頭旋、中風證、體虚兩腿生瘡潰爛、哮證、瘋癲、老鼠偷糞門、流白帶、光眼瞙子、鵝掌風、乳癰乳核乳巖、氣促、氣短、疝氣、蛇頭瘡、腸癰、傷寒、遺精、閉經、中風中痰、經水不調、牙痛、眼痛、痢疾、蛇咬、蛇瘡、瘰癧、背脹、筋骨痛、暈針等各科病證的針灸取穴及刺灸方法。次列手太陰肺經、手陽明大腸經、足太陰脾經（應爲足陽明胃經）、足太陰脾經、手少陰心經、手太陽小腸經、足太陽膀胱經、足少陰腎經、手厥陰心包經、手少陽三焦經、足少陰（應爲少陽）膽經、足厥陰肝經、督脈、任脈的依次循行穴位、定位及回陽九針、四總穴、十二訣穴的歌訣。最後介紹針灸補瀉方法及稟針。書末附藥粉方。

該書詳細記載十四經的循行及穴位定位，叙述内外婦兒等各科病證的針灸治療方法，可供針灸臨床應用參考。

78199
手鈔针灸秘
歲寒三友

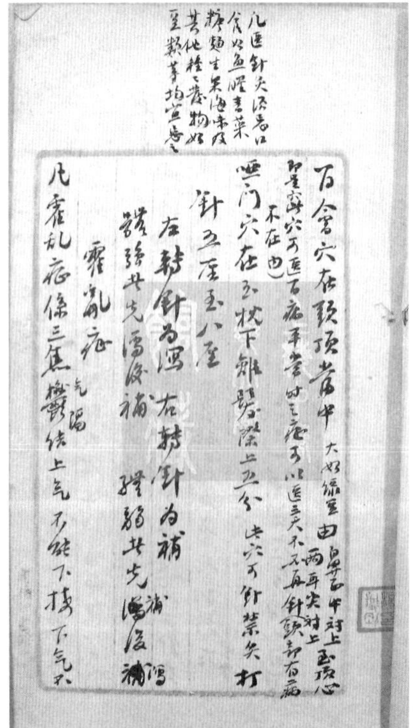

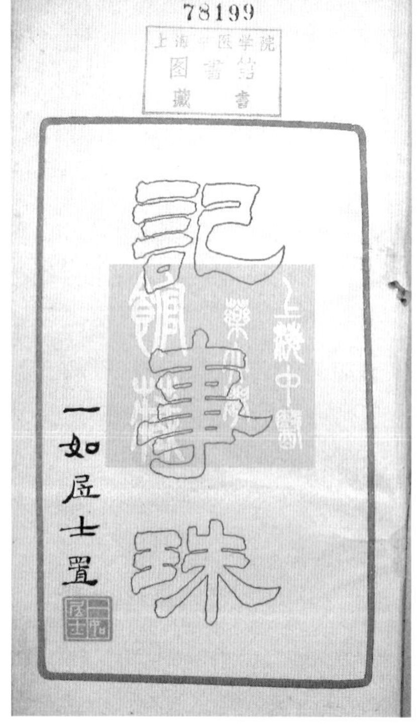
78199
記事珠
一如居士置

287 仙傳神鍼

《仙傳神鍼》，不分卷，一册。不著撰者。據書前原序，該書由范文正（粤東潮州總鎮）所著，浙東倪有生作序，約成書于道光庚子年（1840）。范文正，名毓奇，字培蘭，介休（今屬山西）人。《清史稿》有傳，言其“累遷直隸天津鎮總兵，自河南河北鎮移廣東潮州……乾隆初，署廣東提督”。范氏另撰有《太乙神針》一書，據書中周雍和序，可知范氏退官之後，留心壽世，遍閲方書，後得“太乙神針”法，心竊善之，依法製造，遍送親朋，活人無數。《太乙神針》由周雍和梓于北京，流傳甚廣，疑此書即在《太乙神針》基礎上抄成。書後有“六合堂僧指隆藏”及“光緒十八年分”字樣。現存清道光二十年彝銘堂鈔本，藏于中華醫學會上海分會圖書館。

原序介紹太乙神針的來源及與雷火針的區别。“治病之神與去病之速，莫若鍼矣。第鍼砭之法，有用鐵鍼者，有用金石者，有用艾灸燈灼者，種種不一，雖有急救之功，恐傷肌膚，是一病未除又增一病，亦非善道。唯有雷火鍼一法，鍼既非鐵，且不着肉，最爲善治。但考其藥品，多用蜈蚣全蝎等物，率皆猛烈，倘遇孱弱羸怯之軀，貽害不淺。”“適遇道友傳此鍼法，號曰太乙神鍼，製同雷火法而藥皆純正且用法隔布七層，不傷肌肉，非若鐵鍼與艾灸火灼之令人彷徨畏懼也。”并附有驗案一則，認爲“此鍼功效異常，其爲仙傳無疑”。此亦書名《仙傳神鍼》之因。

是書内容包括太乙神針（藥艾條）的藥方、用法、禁忌等，結合人身正面及背面穴位圖兩幅，説明具體選穴、施針及主治病證等。其中人體正面圖有百會等二十三穴，背面穴位有大椎、命門等十九處，每穴下先出取穴法，後附主治病症，如“大椎穴，第三節頸骨下第一節上間，凡五勞七傷，遍身發熱，諸般瘧疾針此穴”。

書末結語曰："如遇周身疼痛，跌磕損傷，骨節疼痛，瘀血不散，及癰疽發背，對口疔瘡……一切無名腫毒，各于患處鍼之，痛者鍼至不痛，不痛者鍼至痛即愈。倘水陸舟車、客途旅次以及窮鄉僻壤，無藥之處，常備神鍼，見病即鍼，鍼到病除，真屬快事。不但保身，兼可積德，故與同志者廣爲傳佈，以濟世焉。"説明該針法具有易于攜帶、適應範圍廣的特點，實用價值較高。

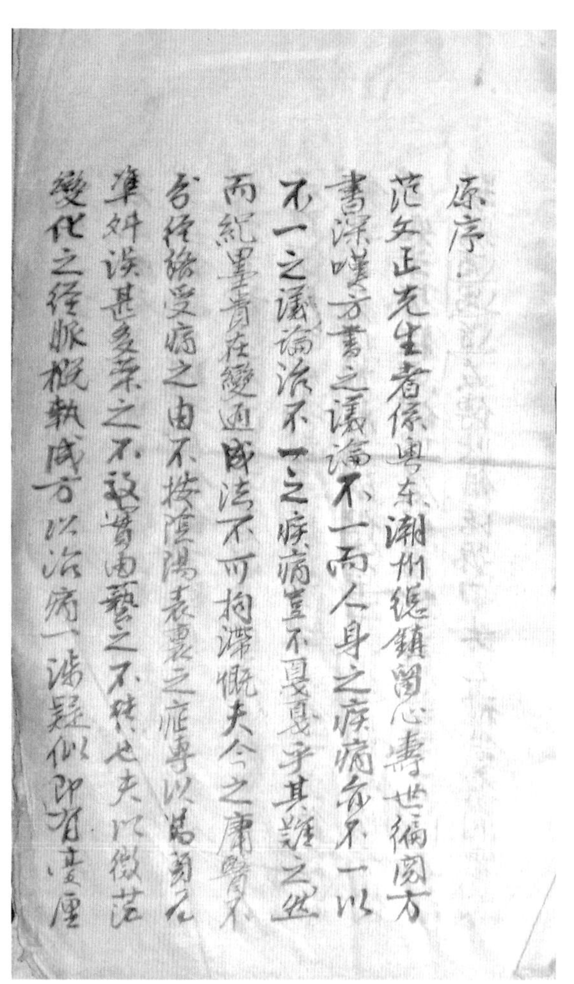

原序

范文正先生者係粵东潮州總鎮留心壽世徧閱方書深嘆方書之議論不一而人身之疾病亦不一以不一之議論治不一之疾病豈不戛戛乎其難之然而紀要貴在變通成法不可拘滯慨夫今之庸醫不省經絡受病之由不按陰陽表裏之症專以湯藥為準幷誤甚多藥之不效皆由藝之不精也夫以微茫變化之經脈概執成方以治病一誤疑似即有毫厘

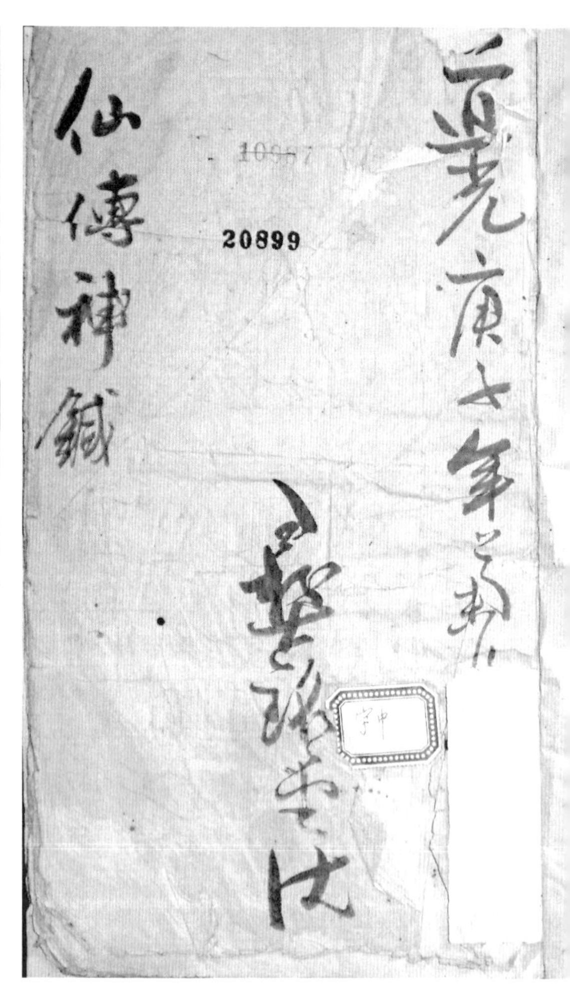

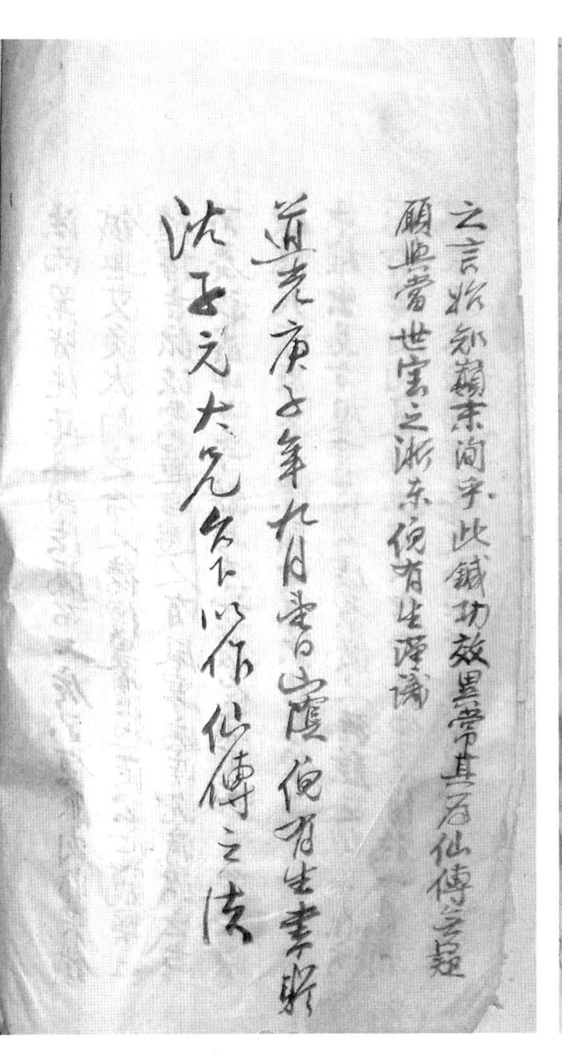

之言於鄒窮未聞乎此鍼功效異常其爲仙傳無疑
願與當世寶之浙東倘有生源識
道光庚子年九月書于寓廬倘有生東於
汝子元大兄父台以作仙傳之法

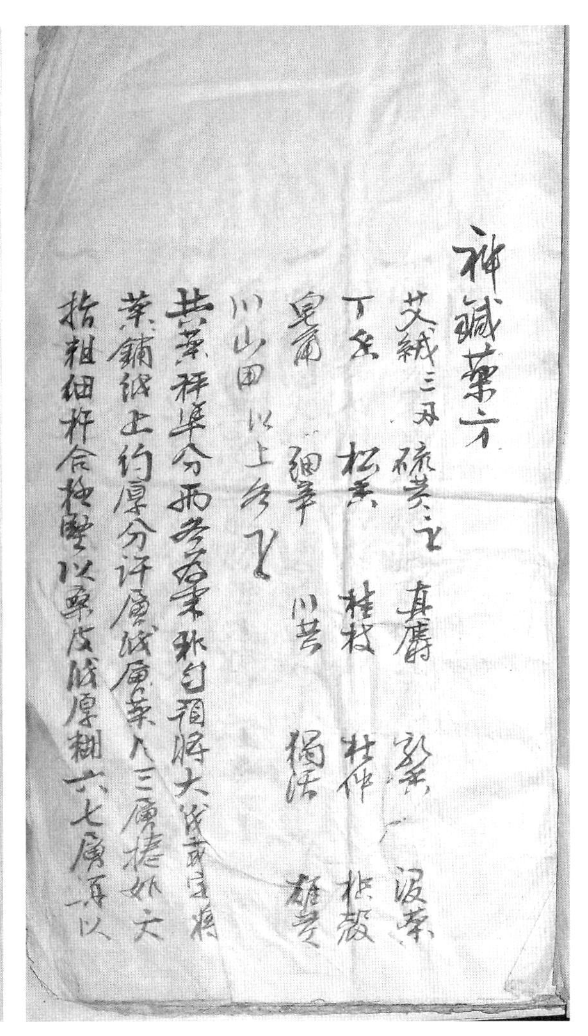

神鍼藥方
艾絨三兩 硫黃二錢 真麝 乳香 沒藥
丁香 松香 桂枝 杜仲 枳殼
皂角 細辛 川芎 獨活 雄黃
川山甲 以上各二錢
共藥研細分兩分爲末取白棉紙將大紙二張
藥鋪紙上約厚分許層紙層藥八三層捲如大
指粗細杵合極緊以雞皮紙厚糊六七層再以

288 幼科推拏秘訣

《幼科推拏秘訣》，不分卷，一册。未著撰者，成書年代不詳。現藏于上海圖書館，館藏著録爲清鈔本，

是本卷首引清代醫家夏禹鑄之言，認爲小兒之病縱然多變怪异，難以辨識，也不外乎五臟六腑氣血，感受虚實寒熱風痰，表現于臉上的顏色苗竅。稱"業醫者能于此處做工夫，便得吾家之秘訣"。全書共列"頭正面圖""手掌正面圖""手掌正面形""手掌背面圖""三穴圖""左足圖""身面圖""身背圖"等八幅小兒推拿圖，每幅穴位圖上都標出穴位及推拿重點，其後有詳盡的文字表述。如"身背圖"後專篇介紹惡核瘰癧病，表明"以燈火燋法，垂于身之背面"，治療惡核瘰癧非常有效。最後收録《卓溪家傳秘訣》《推拿藥代賦》。《卓溪家傳秘訣》用七字歌訣叙述嬰幼兒的探病法與各種推拿妙法。《推拿藥代賦》則稱"推拿揉掐，性與藥同"，謂推拿手法運用恰當，毫不遜于藥物的功效，如"水底撈月便是黄連犀角，天河引水還同芩柏連翹"。

是書源于夏禹鑄的《幼科鐵鏡》卷一《看病秘訣》篇，不同之處在于夏氏所配之圖取名比較複雜，是本則對其命名加以簡化。如"手掌正面圖"原名"掌面推三關退六腑運八卦圖"，"手掌背面圖"原名"手背面推上三關揉五指節圖"等。此外，《惡核瘰癧》專篇係推拿療法臨床運用的發揮，爲夏氏《幼科鐵鏡》所無。後附《卓溪家傳秘訣》《推拿藥代賦》也見于《幼科鐵鏡》卷一。是本對小兒疾病的推拿療法配圖詳解，并舉病證詳述之，内容實用，通俗易明，可供臨床參閱。

幼科推拿秘訣

夏禹鑄曰：凡小兒病有百端，逃不去五臟六腑氣血；症雖多怪，怪不去虛實寒熱風痰；病縱難知，瞞不過顏色苗竅；症即難辨，莫忽略青白紅黃。面上之顏色苗竅，乃臟腑氣血發出来的；顏色之紅黃青白，乃寒熱虛實獻出来的。業醫者能于此處做工夫，便得吾家之秘訣。

惡核瘰癧

此患由風熱毒邪與血氣相搏，鬱結成核，如貫珠于耳項之間，腫硬白色，搖奪不動，而有根者便是瘰癧。或潰爛成惡毒，如用藥多有不效，莫妙于用燈火，至易而至效。予亦曾患此，用燈火燋兩次即愈。今故以燈火燋法垂于身之背面圖。如瘰在左則燋左邊，瘰在右則燋右邊。前自頸上耳脚下起離

289 奇傳針灸

《奇傳針灸》，上中下三卷。不著撰者，無序跋、目録。《中國中醫古籍總目》載録爲清鈔本。現藏于上海中醫藥大學圖書館。

卷上論述針法灸法，包括《製艾之法》《論用火針法》《行針四時淺深氣及浮沉》《論病人淺深針治不同》《候邪氣法》《論針補法》《論針瀉法》《扁鵲補瀉不同呼吸法》《通真子劉元素針法》《孫真人針法》《黄帝用五臟井滎俞經合調六淫病法》《數井滎之法》等篇。卷中與卷下主要記載内、外、婦、兒、皮膚、五官等各科病證的針灸治法。卷中列《中風死候》《風痙發癇》《喉風》《小兒驚》《眼生倒睫》《鼻塞不聞香臭》《婦人崩中帶下》《疝氣腫痛》《傷風感寒》《傷寒刺期門》《回陽非取丹田》等篇；卷下列《火針》《霍亂吐瀉》《水氣浮腫》《癲狂取督脈諸穴》《大腸閉結》《腋下生馬瘍亦曰馬刀》《反胃吐逆》《婦人根本取關元》《痰厥頭疼吐逆》《翰林醫官針經》等篇。最後附針法論、竇太師真傳通曉總目針灸穴道一百二十八詳細良醫千金之妙。

本書采用歌訣的形式論述，言簡意賅，通俗易明，且涉及病證廣泛，對于臨床針灸學的學習研究有參考價值。

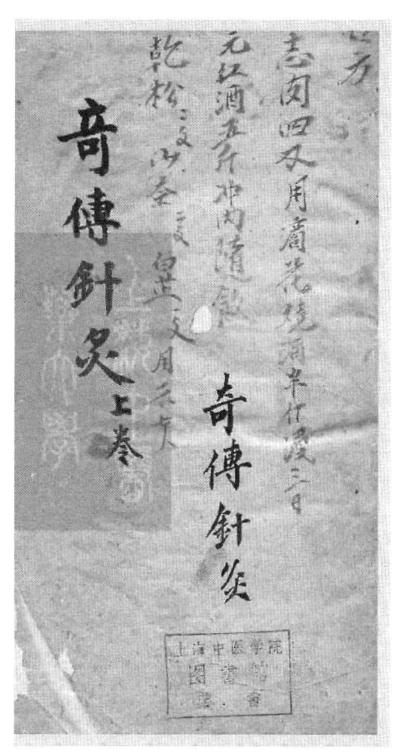

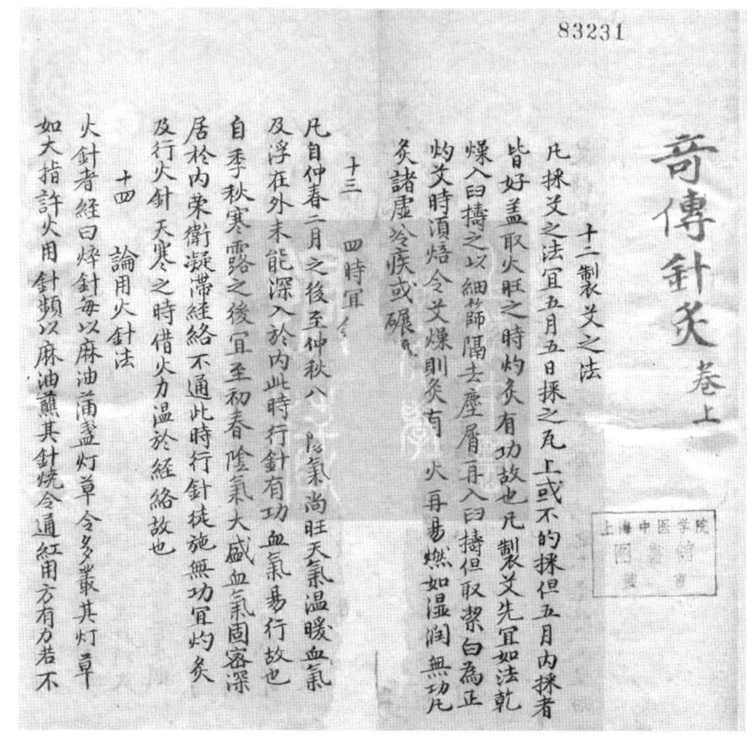

83231

奇傳針灸 卷上

十二 製艾之法

凡採艾之法宜五月五日採之凡上或不的採但五月内採者皆好盖取火旺之時灼灸有功故也凡製艾先宜如法乾燥入臼擣之以細篩隔去塵屑再入臼擣但取潔白為正灼艾時須焙令艾燥則灸有火再易燃如湿潤無功凡灸諸虛冷疾或硬

十三 四時宜灸

凡自仲春二月之後至仲秋八月陽氣尚旺天氣温暖血氣及浮在外未能深入於内此時行針有功血氣易行故也自季秋寒露之後宜至初春陰氣大盛血氣固密深居於内榮衛凝滯經絡不通此時行針挑施無功宜灼灸及行火針天寒之時借火力温於經絡故也

十四 論用火針法

火針者經曰焠針每以麻油蒲盞灯草令多蕪其灯草如大指許火用針頻以麻油蘸其針燒令通紅用方有力若不

290 奇經八脈圖歌

《奇經八脈圖歌》，不分卷，一册。不著撰者，無序跋與目録。《中國中醫古籍總目》載録爲清鈔本。現藏于上海中醫藥大學圖書館。

該書首載圖二十二幅，包括内景圖、手足端穴圖、奇經八脈穴圖及十二經脈穴圖等。記有奇經八脈總要歌、奇經八脈經穴歌、奇經八脈經穴分寸歌、十二經脈經穴歌、十二經脈經穴分寸歌，并用小字對經穴循行部位加以注釋。次列頭部主病針灸要穴歌及胸腹部、背部、手部、足部主病針灸要穴歌。後列傷寒、痢疾、瘧疾、中風、中寒、耳證、目證、口證、舌證、鼻證、齒證、喉證、痞滿、積聚、嘔吐、反胃、呃逆、噎膈、關格、咳嗽、喘證、吐血、鼻衄、便血、溺血、頭痛、眩暈、肩背痛、臂痛、胃痛、脅痛、腰痛、腹痛、筋骨痛、霍亂、泄瀉、水腫、黄疸、厥證、汗證、健忘、痙證、痹證、痿證、淋證、濁證、疝氣、遺精、小便閉、大便閉、痔漏、脱肛、調經、經閉、崩漏、帶證、臨産、産後、乳證、婦人隱疾、急驚風、慢驚風等六十三種病證的灸治穴位。

本書以圖歌并重的形式論述奇經八脈與十二正經的循行路綫，以歌訣的形式記述頭部、手部、背部等部位主病灸治穴位，附内、外、婦、兒等各科病證的灸治穴位，對學習針灸學有參考價值。

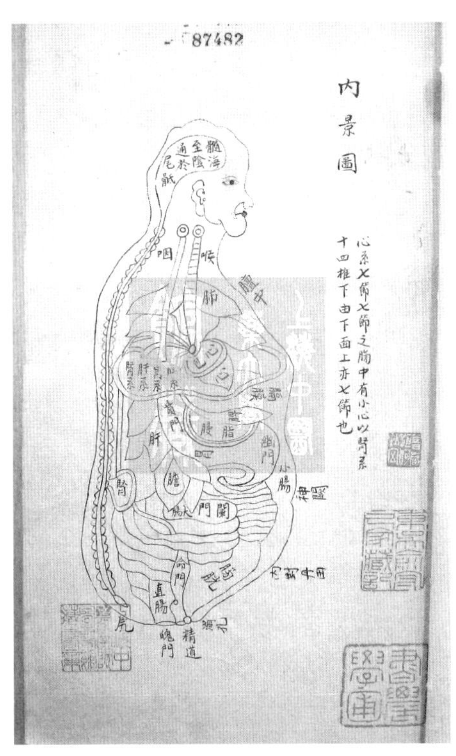

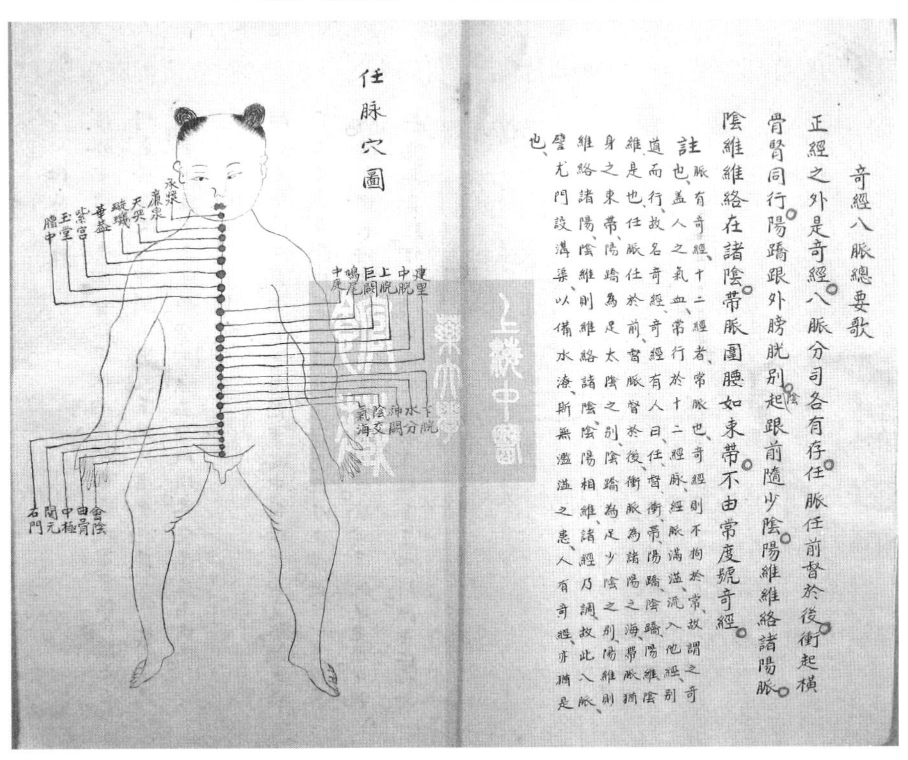

奇經八脈總要歌

正經之外是奇經。八脈分司各有存。任脈任前督於後。衝起橫骨腎同行。陽蹻跟外膀胱別。陰起跟前隨少陰。陽維維絡諸陽脈。陰維維絡在諸陰。帶脈圍腰如束帶。不由常度號奇經。

註 脈有奇經、十二經者、常脈也、奇經則不拘於常、故謂之奇道而行、故名奇經、奇經有八、曰任、督、衝、帶、陽蹻、陰蹻、陽維、陰維是也、任脈任於前、督脈督於後、衝脈為諸陽之海、帶脈猶身之束帶、陽蹻為足太陰之別、陰蹻為足少陰之別、陽維則維絡諸陽、陰維則維絡諸陰、陰陽相維、諸經乃調、故此八脈、譬尤門設溝渠、以備水潦、斯無濫溢之患、人有奇經、亦猶是也、

291 明堂臟腑經絡圖解

《明堂臟腑經絡圖解》,不分卷,一册。著者佚名。成書年代不詳,《中國中醫古籍總目》載録爲清鈔本。現藏于中華醫學會上海分會圖書館。

本書分爲《藏象圖解》《經絡圖解》《穴位圖解》與《仰伏圖解》四篇。《藏象圖解》按肺、大腸、胃、脾、心、小腸、膀胱、腎、包絡、三焦、膽、肝的順序,將各臟腑的形態繪出,并引用《内經》《難經》之言,簡述各臟腑的重量、結構、位置與功能。如對肝臟的介紹:"《難經》曰:肝重四斤四兩,左三葉、右四葉,共七葉,附著於脊之第九椎下。肝者,將軍之官,謀慮出焉。"《經絡圖解》共介紹肺手太陰、大腸手陽明、胃足陽明等十二幅經絡圖,順序與藏象圖同。人體經絡循行圖居右,人物形態栩栩如生,循行路綫用朱色繪出,并對經絡上的穴位作了標注,左側爲圖解,内容與《靈樞·經脈篇》基本相同。如"腎足少陰之脈:起於小指之下,邪走足心,出於然谷之下,循内踝後,别入跟中,以上踹内,出膕内廉,上股内後廉,貫脊屬腎,絡膀胱。其直者,從腎上貫肝、膈,入肺中,循喉嚨,挾舌本。其支者,從肺出,絡心,注胸中"。其後爲十四幅經絡穴位圖,介紹十二經及任督二脈的穴位位置,圖左側載有經穴歌,如肺經穴歌:"手太陰,十一穴,中府雲門天府列,俠白下尺澤,孔最見列缺,經渠太淵下魚際,抵至少商如韭葉。"此十四首經穴歌與民國方慎安所著《金針秘傳》的經穴歌同。本書最後載有仰伏全圖二幅,描繪十二經起止穴位的位置。

本書以臟腑、經絡、穴位爲綱,十二臟腑、經絡爲目,精細描繪三十六幅臟腑經絡圖,便于讀者通過圖像默記經絡、穴位。

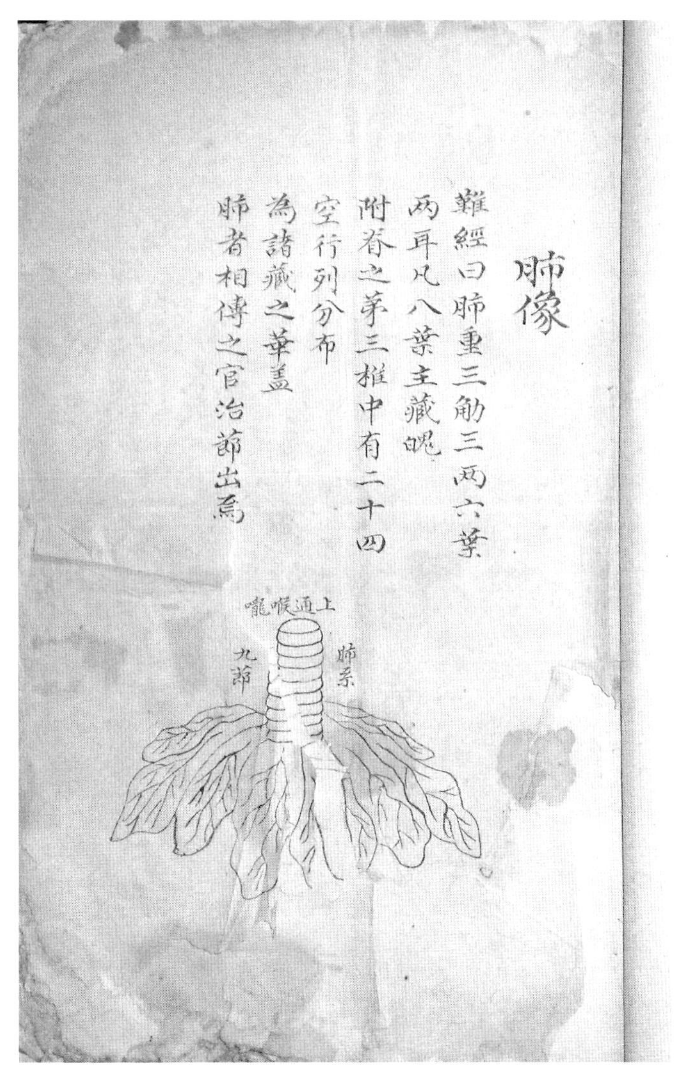

肺像

難經曰肺重三觔三兩六葉兩耳凡八葉主藏魄附脊之第三椎中有二十四空行列分布為諸藏之華蓋

肺者相傳之官治節出焉

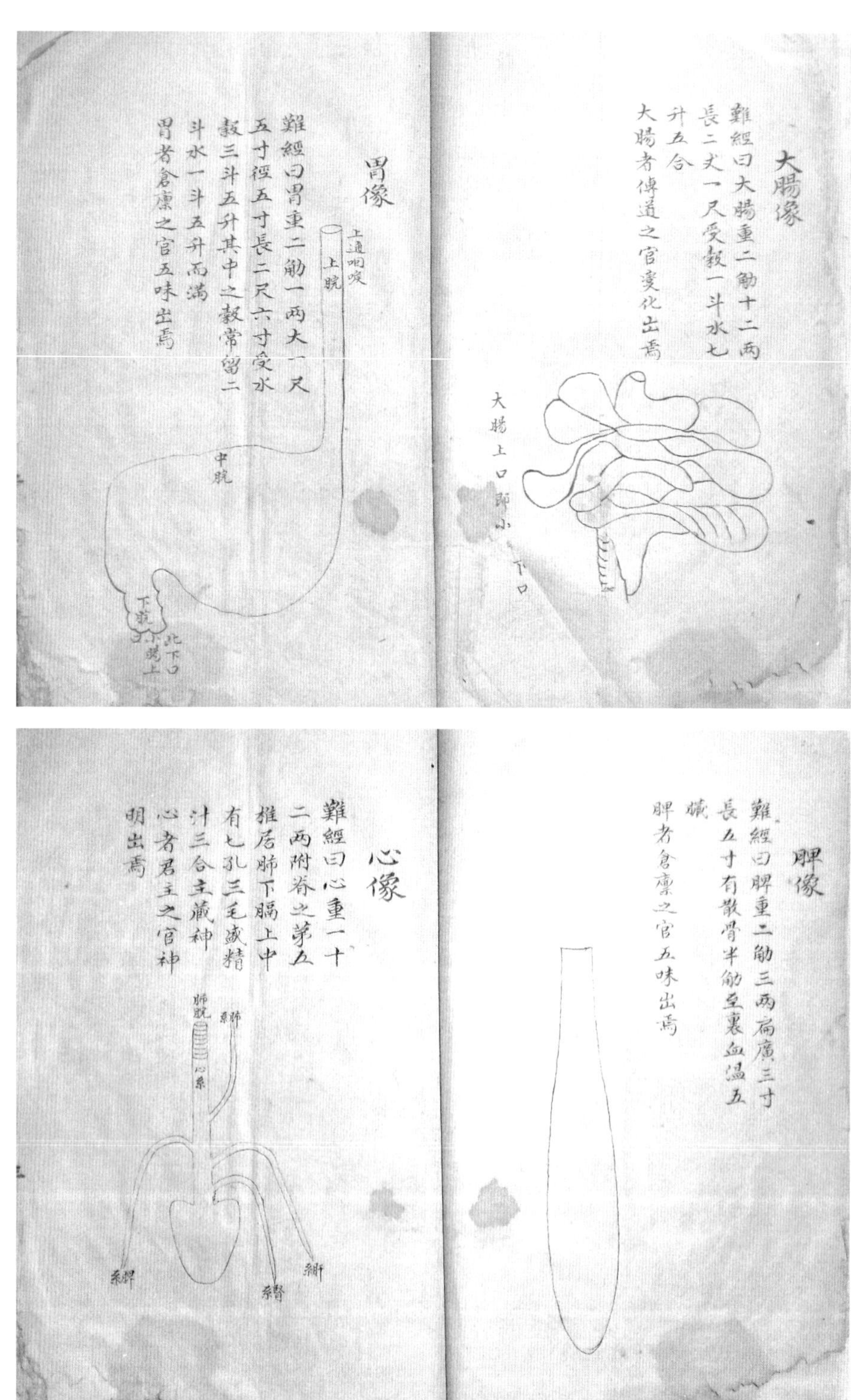
大腸像
難經曰大腸重二觔十二兩長二丈一尺受穀一斗水七升五合
大腸者傳道之官變化出焉
大腸上口即小腸下口
胃像
難經曰胃重二觔一兩大一尺五寸徑五寸長二尺六寸受水穀三斗五升其中之穀常留二斗水一斗五升而滿
胃者倉廩之官五味出焉
上通咽喉
上脘
中脘
下脘
脾像
難經曰脾重二觔三兩扁廣三寸長五寸有散膏半觔主裹血温五臟
脾者倉廩之官五味出焉
心像
難經曰心重一十二兩附脊之第五椎居肺下膈上中有七孔三毛盛精汁三合主藏神
心者君主之官神明出焉
心系

292 兒科推拿摘要辨證指南

《兒科推拿摘要辨證指南》,不分卷,一册。清沈清卿抄寫。沈清卿生平不詳。據書末"光緒戊戌年荷月中旬題",可知成書于清光緒二十四年(1898)。有目録,與正文不完全一致,疑爲抄寫者抄書後自擬以便查閱。正文首頁右上角有一長條形印章,印迹模糊,不能辨識。現存鈔本,藏于上海圖書館。

是本首論小兒慢驚的十四種症狀,隨後分五十餘個論點對小兒病證推拿進行詳細論述。先爲"指南",總述小兒科爲啞科,"口不能言,脈不能視,蓋欲知小兒之病,必審面色、察症狀"等,指出"辨病先别陰陽,次識臟腑,補瀉得宜,貴在臨機通變,而不要執一之成模";進而立小兒辨證的醫論,如"入門察色""五視法""調護歌""入門試法""五指冷熱歌""撚指法"等。内有圖示,如"正面諸穴圖""陽掌圖""陰掌圖""足部之圖",以圖例及標注説明全身穴位,并有具體操作的"推坎宫圖""推攢竹圖""運兩太陽圖"等。另有一些圖示,用形象的名字予以命名,如"雙鳳展翅圖""赤鳳搖頭圖""猿猴摘果圖"。最後附《幼科鐵鏡各圖推法》。書末另附一篇,名《啞科總要》,爲湯頭歌訣。醫方湯頭歌括多爲七字歌訣,歌訣後有隨文小字注釋,并作方解。共有十八種類型的方劑歌訣,如"助陽補氣""發表之劑"等。

是本對小兒病證診察方法全面,對證推拿圖例注釋詳盡,是一部内容實用、通俗易明的兒科專著,可供臨證參閲。

一慢驚吐瀉脾胃虛寒也
一慢驚身冷陽氣抑遏不出也
一慢驚鼻孔煽動真陽失守虛火爍肺也
一慢驚面面色青黃及白氣血兩虛也
一慢驚口鼻中冷氣中寒也
一慢驚大小便清白腎與大腸全無火也
一慢驚昏睡露睛神氣不足也
一慢驚手足抽掣血不行于四肢也
一慢驚角弓反張血虛筋急也

醫方湯頭歌括

助陽補氣

四君子湯中和義　參朮茯苓甘草比　益以夏陳名六君　祛痰補氣陽虛餌

人參、白朮、茯苓各二錢，甘草一錢，氣味中和，故名君子。二陳除痰，四君補氣，脾弱陽虛宜之。

除却半夏名異功　或加香砂胃寒使

香砂行氣溫中，名六君子湯。

升陽益胃參朮耆　黃連半夏草陳皮　苓瀉防風羌獨活　柴胡白芍棗姜隨

黃耆二兩，人參、半夏、炙甘草各一兩，羌活、獨活、防風、白芍各五錢，陳皮四錢，白朮、茯苓、澤瀉、柴胡各三錢，黃連二錢，每服三錢，加棗姜煎。〇六君子湯助陽補氣除痰，重用黃耆補氣固胃，柴胡羌獨除濕升陽，澤瀉茯苓瀉熱降濁，加芍藥和血斂陰，少佐黃連以退陰火。按東垣治療首重脾胃，而益胃又以升陽為先，故每用補中上升下滲之藥。此方補中有散，發中有收，脾胃諸方多從此助也。

黃耆鱉甲地骨皮　艽菀參苓柴半知　地黃芍藥天冬桂　甘桔桑皮勞熱宜

補

壹

293 針科全書妙訣

《針科全書妙訣》，不分卷。清李昌仁評訂。李昌仁，號離塵子，歸安（今浙江吴興）人，精于道術。另著有《玄妙鏡入道真詮》三卷。此本無封面，開篇即爲“針科全書序”，序後落款“吴興弁山跨塘橋離塵子李昌仁”。其序説：“昔黄帝、扇（扁）鵲、孫真人、馬丹陽等先針灸救衆之疾，然後得道成真，蓋世醫業獨針灸最效，立杆見影，百病痊消。今世針醫不察根由，杜針蠻法，不觀圖像穴道，不探針宗科書，糊（胡）針亂灸，無益以衆。”甚至有誤針導致氣血受損，乃至傷臟腑、血脈、腦髓而即刻身亡的危害。有感于此，李昌仁將各針書妙理集成一書，以冀“可救天下一迷，濟度宙宇萬民之疾，保全天年，致不悮傷”。書中“身體肥瘦長短之别，穴道深淺之論，出入運用，無不載備，祥（詳）且盡矣”。現存鈔本，藏于中華醫學會上海分會圖書館。

據目録，全書共三十五則，具體内容有：“針法歌第一、行針指要第二、行針總要第三……離塵子針科妙訣歌三十三、脱三十四、離塵子淺説真訣直指三十五（未見）。”全書内容止于“脱三十四”，“離塵子淺説真訣直指三十五”内容未見，故此鈔本爲殘本。目録末有“李昌仁評訂針科全書妙訣全卷”字樣，可知該書書名“針科全書妙訣”來源于此。全書基本以歌賦體撰寫，便于記誦和臨證運用，迎合社會需要，正如明代高武撰《針灸聚英》中所言：“世俗喜歌賦，其便於記誦也。”

是書收録自明代以來的常用針灸歌賦，包括針法、穴位、病證治療及禁忌穴位，皆爲臨證要訣，簡明實用。基本源于明代高武的《針灸聚英》和楊繼洲的《針灸大成》，如“行針總要”“席弘賦”“馬丹陽天星十二穴雜病歌”“玉龍歌”“龍虎龜鳳法”等。對脱證的辨析以陰陽分别，清晰明瞭，認爲“陰陽樞紐不脱，病雖重不死，然則陰陽樞紐何在，其在於命門歟”。又曰：“若病失陽者，脈沉無也；病失陰者，脈浮洪大也。病者無脈，用回陽九針之法也。”提出治療用藥注意陰陽兼顧，對臨床急證診療有指導意義。《離塵子針科妙訣歌三十三》當是李昌仁個人經驗，内容爲有關針灸常用燒山火、透天涼、陽中隱陰等八種手法的歌訣，但與楊繼洲的《針灸大成》中相關内容基本一致。書中第二十七到第三十一則皆存在針刺時使用咒語的現象，反映出該書濃厚的道家色彩。

針科全書序

夫針者上古三皇先祭針灸療醫百病濟世救危昔黃帝扁鵲孫真人馬丹陽等先針灸救眾之疾然後得道成真蓋世醫業獨針灸最效立杆見影百病痊消今世針醫不察根由杜針鑾法不觀圖像穴道不探針宗科書糊針亂灸無益以眾若悞針法傷血損氣倘若悞針穴道暈倒驚慌倘失悞針失傷五臟胆破即刻身亡或傷腳背衝陽血出即付幽冥或損頭中腦髓之患胸前背後不審細情悞傷陰陽余觀各

籍針書妙理無窮故集成一書可救天下一迷濟度宙宇萬民之疾保全天年致不悮傷者一則保全終身以免饑寒二則濟度萬民痛疼之患此書實為天中之至寶濟世之寶筏其中身體肥瘦長短之别穴道深淺之論出入運用無不載備祥且盡矣右之聖真功莫大哉恩德無涯矣

吴興弁山跨塘橋離塵子李昌仁是為序

目録

294 推拿針灸仙術活幼良方簡編

《推拿針灸仙術活幼良方簡編》，兩卷，兩册。清范其天撰。范其天，字士浩，會稽（今屬浙江）人。生平不詳。此書成于清康熙辛卯年（1711）。封面題作“幼科針灸穴法”。書前自序論及是本，係乃師談守印所傳，因己懷濟世之志，不敢私藏，故爲簡編。現存鈔本，藏于中華醫學會上海分會圖書館。

是本卷前載二十四氣十二干支、人面皆經絡穴道、手掌皆經絡穴道、腿足經絡穴道等十三幅圖像，并有相應的文字論述。後辨小兒指紋，配圖載述形如流珠、環珠、長珠、來蛇、去蛇等二十四種指紋名目及主病。首卷以歌訣形式論小兒神色總論、入門審候歌、觀面部五色、面部觀形察色、三關脈紋主病歌、認病斷小兒死候歌、入門訣、入門觀形色訣、入門看筋察症并各驚風説、手足陰陽經絡各穴等醫論十六篇。次載治病各穴手法識寒熱補瀉歌訣、五臟六腑病手法訣、補瀉要訣、發汗要訣、吐法、下法、行痰、嘔吐、止瀉、止痢、頭痛、腹痛等歌訣，詳述退熱生凉、除凉轉熱、退熱、生凉、順氣、通氣、舒筋除邪等手法，及嘔吐、泄瀉、痢疾、頭痛、腹痛、瘧疾、浮腫等十八種病證的推拿手法，并列雜症方。後介紹周身穴道分寸取穴法，附録瘧疾、驚風等證灸法，論述小兒望診、脈診和舌診。是本詳述二十四種驚風病證的病因與推拿手法，尤重驚風，載六種驚風病證圖，介紹其成因與灸法。卷二首載二十四氣十二干支八卦方點陣圖、人面穴道紋形氣色圖、二十四驚人形定灸穴道圖等八幅圖像。後載手指三關紋形症候圖，論述二十一種指紋病證。載十八種驚風病證圖，詳述其成因和灸法，如第七吐瀉驚，小兒吐瀉皆由冷熱不調所致，乳上、心上下、臍上下俱離一指下火；第九痢疾驚，小兒九歲、十一二及十五瀉紅白不止者，以法治之，用本人手指分寸，男左女右，鼻中至頂天門治之，又乳上臍下各離一指下火。

是本内容豐富，圖文并茂，一目瞭然。多用四言、五言、七言歌訣體，讀來朗朗上口。論述兒科推拿手法、灸法頗爲詳盡，并載方藥配合内服，如口瘡，服青紅丸，行遲，服保和丸、地黄丸。對現今中醫兒科疾病的治療仍有一定的參考價值。

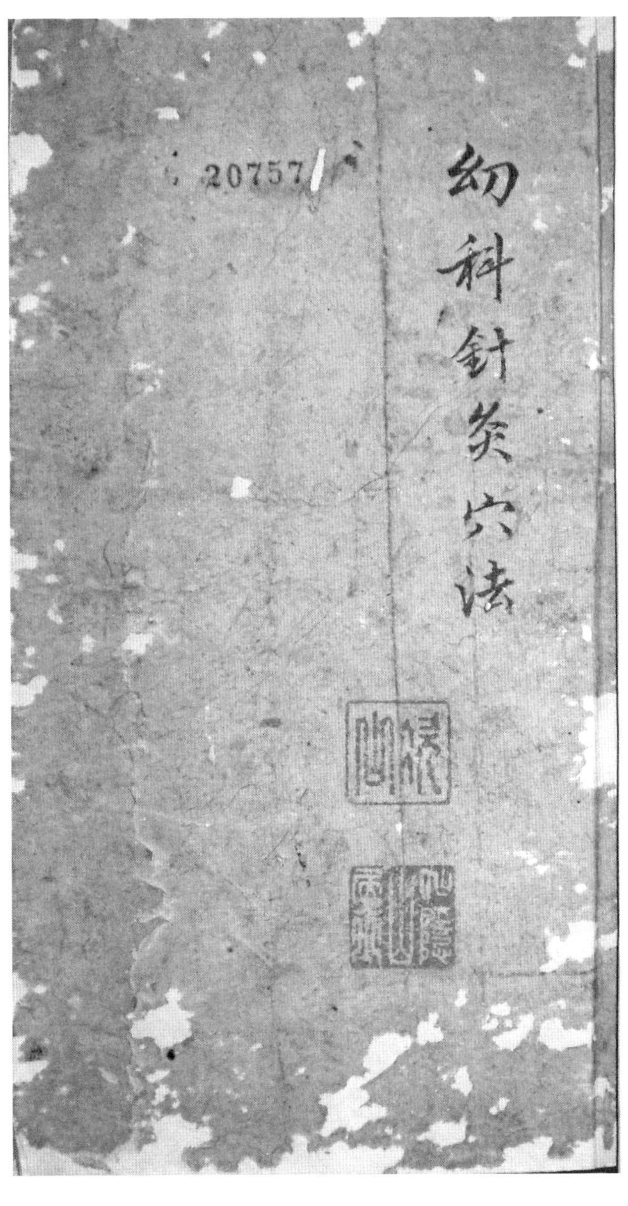

自序

夫人稟天地陰陽之氣陰陽順行則精神清爽陰陽逆行則諸病橫衍皆由陰陽失序已致乍寒乍熱疑神疑鬼始傳於南宮列仙嗣受於我恩師談氏諱守印者親受仙術推拿針灸秘訣清淨道教於是憐予有造寄傳於予予素懷濟世之志聊藉此而不敢私於是摘要注書公行宇内小舒己志故簡編陰陽節度寒熱虛實任是諸般雜症並一切驚風刺灸各款方藥備錄以便隨手而應能補濟世造化之不及也云爾

式

推拿針灸仙術活幼良方簡編目録

首卷

卷 四

推拿針灸仙術活幼良方簡編 范甚天信録

夫小兒之症號曰啞科口不能語脈無可膠惟以形色爲憑竭心思而施治因無七情六慾之感第有寒熱暑濕傷食之類且生稚子臟腑脆薄未經乘飾稍長又畏藥难吃惟先施推拿一術取効于面部掌腕之間蓋面部手腕氣脉與臟腑通苟能察其病症循穴道以施于法庶足補造化之不及也然而汗吐下三法運五經掐五指節分和陰陽推補脾土調和氣血尤爲至緊但於内外八卦所屬干支經絡節氣走于面部手足圖形借道各穴摘要編取效甚捷直爲奇特然萬不得已再施之針灸方藥令無一失真活幼之良法無出于此也凡我廣仁者注意焉

康熙辛卯歲次戊子月書於廣仁齋

浙東會稽郡范士浩甚天氏信録

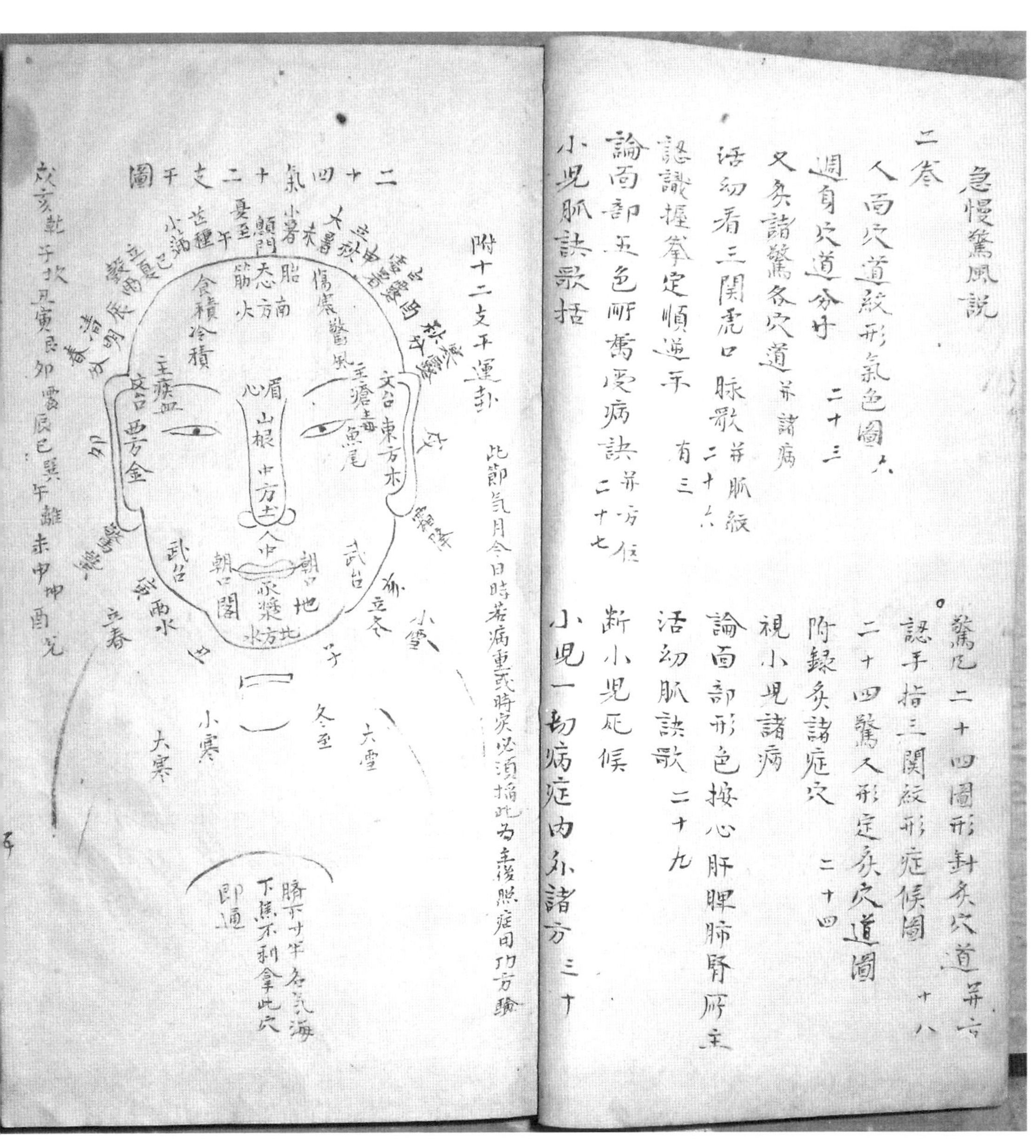

急慢驚風說

二卷

人面穴道紋形氣色圖 六

週身穴道分寸 二十三

又灸諸驚各穴道 并諸病

活幼看三關虎口脉歌 并脈紋 二十六

認識握拳定順逆手 有三

論面部五色所屬受病訣 并方位 二十七

小兒脈訣歌括

○驚凡二十四圖形針灸穴道并方

認手指三關紋形症候圖 十八

二十四驚入形定灸穴道圖

附錄灸諸症穴 二十四

視小兒諸病

論面部形色按心肝脾肺腎所主

活幼脈訣歌 二十九

斷小兒死候

小兒一切病症內外諸方 三十

295 經穴考

《經穴考》,不分卷。不著撰者。無目録,開篇爲書名《經穴考》以及《骨度篇》正文。通篇以墨筆書寫正文,以硃筆施句讀、正誤字及補注,如温溜穴下“在腕後,大士六寸,小士五分”下有硃筆“分當作寸”。硃筆所書内容多爲後人所作。卷末記載有“安永九庚子歲夏六月日”,“安永九”爲日本年號,相當于中國乾隆四十五年(庚子歲),據此推測該書爲日本抄本,約成于公元1780年。現藏于中華醫學會上海分會圖書館。

該書首篇爲《骨度篇》,分别從仰人、伏人、側人、横人四種不同體位,測量人體各部分的尺度。餘爲十四經穴考證,從“手太陰肺經十二穴”至“任脈二十八穴”,全書共十六篇。卷末有“十四經通計三百六十五穴”字樣。内容主要對十四經穴位定位尺度作考證。每一穴下,大字爲當世通行法度,小字爲作者據各類典籍考證内容。

該書十四經定穴和通行十四經穴有所不同,穴位互有調整,如在“手太陰肺經十二穴”下注“今移五里穴於此”;手陽明大腸經二十一穴下注“今移五里於手大陰,移入大迎於此”等。又如將懸顱、本神移入足陽明胃經,下關、缺盆移入足少陽經等,值得考證研究。該書引用古代醫學文獻内容豐富,有數十種,其中引用頻率較高的爲《黄帝内經》的《本輸篇》《氣府論》《氣穴論》《經脈篇》以及《針灸甲乙經》《銅人腧穴針灸圖經》《千金要方》《千金翼方》《外臺秘要》《類經》《黄帝明堂經》《針灸資生經》《神應經》《十四經發揮》等,爲後世針灸文獻研究提供了豐富資料,也反映出當時日本經穴考證風氣。

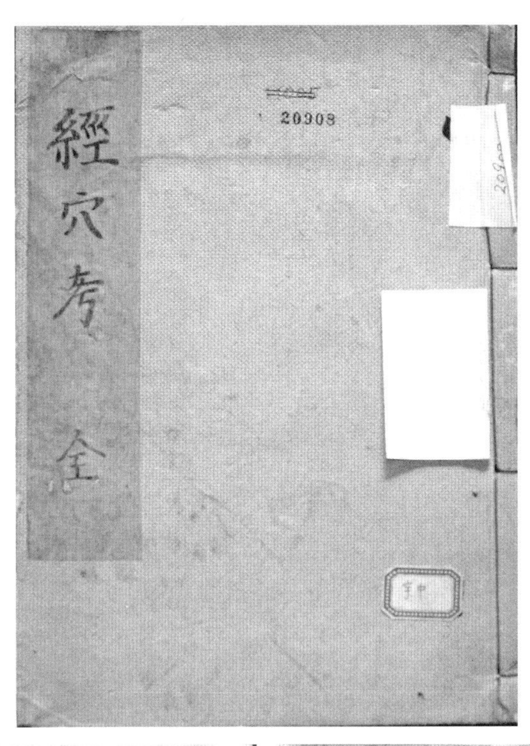

20908

經穴考

骨度篇

頭之大骨，圍二尺六寸。傳曰當耳上正圍之

胸圍四尺五寸。傳曰當乳頭正圍之

腰圍四尺二寸。傳曰當臍躋正圍之

耳後當完骨者，廣九寸。傳曰當完骨正中度之

耳前當耳門者，廣一尺三寸。傳曰當耳珠前度之

兩顴之間，相去七寸。傳曰當顴骨大度之。甲乙曰九寸，不明。乙九寸半也

兩乳之間，廣九寸半。傳曰當乳頭度之

兩髀之間，廣六寸半。傳曰當橫骨上端左右橫紋度之

橫骨長六寸半。傳曰度法若上。

足陽明胃經四十四穴 今移大迎於手陽明，移下關缺盆於足少陽，補入懸顱本神於此。

承泣 在目下七分，直瞳子。一名面髎，一名鼷穴。任脈陽蹻之會。△氣府論曰目下各一。王注曰承泣穴。△甲乙曰在目下七分，直瞳子。寸見迎香下，與四白宜見合。隔一骨上端。

四白 在目下一寸，直瞳子。氣府論曰面鼽骨空各一。王注曰四白穴。△甲乙曰在目下一寸，鼽骨向顴穴。○傳曰以骨空爲正，與承泣隔一骨。○辨疑醫綱曰目下二寸，不明。

巨髎 在鼻孔旁八分，直瞳子。蹻脈陽明之會。按手少陽當會於此。△甲乙曰在挾鼻孔八分，直瞳子。○傳曰四白下一寸。○辨疑古今醫統曰平水溝，不明。

地倉 挾口吻旁四分。一名會維。任脈陽蹻之會。△甲乙曰口旁四分外，如近下有動脈類。經曰在挾口吻旁四分外，如近下微有動脈。在曲頷前一寸三分骨陷中動脈。

大迎

296 經穴備要

《經穴備要》,不分卷,一册。日本醫家谷其章(元圭)編録,成書于日本天保二年(1831)。谷其章,日本江户(今東京)人,生卒年代不詳。著有《經穴指掌》《傷寒論筆得》(七卷)、《金匱要略約説》(三卷)等。本書載著者自序一篇,無目録。書首有印章兩方,從上至下分别爲"上海中醫學院圖書館藏書章""餘姚謝氏永耀樓藏書"。每半葉十行,每行二十二字,單魚尾,下書口處印"赤山堂"字樣。現存鈔本,藏于上海中醫藥大學圖書館。

該書將《醫宗金鑒》"刺灸心法要訣"篇有關骨度尺寸、十二經分寸歌和穴位主治病證等内容重新排列。主要包括兩個部分。第一部分按《靈樞·骨度》順序,載頭、胸、腹四肢等部位的骨度尺寸,如"頭大骨圍二寸六尺""結喉以下至缺盆中長四寸""内輔下廉下至内踝長一尺三寸半"等。其中亦有少量著者按語,如"天樞以下至横骨長六寸半"條後曰:"牛淵翁(指日本醫家小阪元祐)曰《醫統》《神應》等臍下至毛際横骨折五寸爲是,今從之。"《醫宗金鑒》此條後亦載吴謙按語:"今用上、下穴法參較,多有未合,宜從後胸腹折法爲當。"第二部分將十二正經、奇經八脈及循行十二經的穴位分寸與主治等,按十二經絡爲綱,穴位爲目,重新分類排次。如"手太陰肺經",首載"肺經分寸歌","中府先認三肋間,上行雲門一寸許,雲在琁璣旁六寸……"次載雲門、中府、天府、俠白、尺澤、孔最、列缺等肺經各穴分寸及主治,如"雲門:馬氏云璇璣旁六寸,《蠡海集》《錦囊秘録》等本經之穴始于雲門。主治喉痹,胸中煩滿,氣上衝心,咳喘不得息,胸脅短氣,肩痛不能舉臂……"并有著者少量按語。

是書著者認爲世傳滑壽《十四經發揮》一書脱誤頗多，而小阪元祐所著《經穴纂要》《俞穴捷徑》不用韵語，難以背讀，故著此書。本書每條均附歌括，適合初學者熟讀諳記。

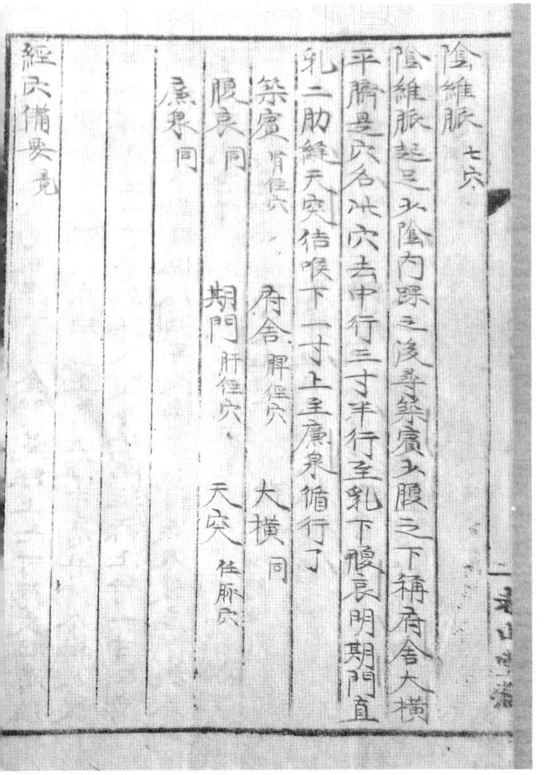

陰維脈　七穴

陰維脈起足少陰內踝之後築賓上腹之下稱府舍大橫平臍是穴名此穴去中行三寸半行至乳下腹哀明期門直乳二肋維天突結喉下一寸上至廉泉循行了

築賓 腎經穴　府舍 脾經穴　大橫 同

腹哀 同　期門 肝經穴　天突 任脈穴

廉泉 同

經穴備要

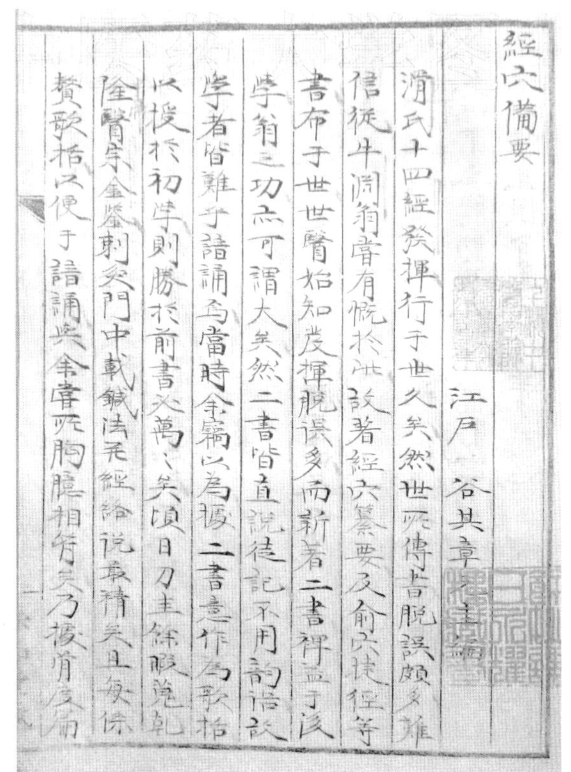

經穴備要

江戶　谷共章 編

滑氏十四經發揮行于世久矣然世所傳者脫誤頗多雖信從牛洞翁嘗有慨於此故著經穴纂要及俞穴捷徑等書布于世世醫始知發揮脫誤多而新著二書裨益于後學翁之功亦可謂大矣然二書皆直說徒記不用韻語故學者皆難于諳誦爲當時余竊以爲憾二書意作爲歌括以授於初學則勝於前書必萬萬矣頃日刀圭餘暇竟乾隆醫宗金鑑刺灸門中載鍼法歌經絡說最精矣且每條贊歌括以便于諳誦與余嘗所胸臆相符矣乃接肯度編

297 經穴輯要

《經穴輯要》，不分卷，一函四册。不著撰者。第一册名爲《瘍醫心法》，後三册爲《經穴輯要》，但内容連貫，應同屬一書。全書墨筆抄寫。成書年代未詳。《中國中醫古籍總目》載録爲清鈔本。現藏于中華醫學會上海分會圖書館。另有同名石印本，勘橋散人（佚名）輯，約成書于1938年，藏于廣西壯族自治區第一圖書館。

該書介紹十四經三百六十六穴位，奇經八脈一百三十三穴位，以及二十九經外奇穴的定位。末附一穴多名的穴位四百六十九個。是書共十二章，主要爲内景圖説，介紹臟腑形態、功能、病候及歸經藥物，篇首有内景全圖、臟腑正面圖、臟腑背面圖三圖，清晰、直觀。按五臟六腑論述順序依次有十一章。分别爲：第一册，心、小腸、肝、膽、脾；第二册，胃、肺、大腸三章；第三册，腎、膀胱、心包絡、三焦。每臟或腑論前皆有一圖，後選取歷代醫書醫家相關論述，内容涉及《黄帝内經》《難經》《中藏經》《脈訣》《甲乙經》及張仲景、李東垣、朱丹溪、王海藏等名家論述。第三册末有"論臟腑經絡穴道部位始知瘡瘍何經受病"字樣，推知該書應與瘍醫有關。此後及第四册内容爲分經介紹十四經的循行分布及所屬腧穴爲一章，以歌訣體例描述。

該書内容豐富，以内景圖例結合醫家論述，形象生動，後十四經歌訣簡潔明瞭，對研究臟腑經絡及臨床運用均有參考價值。

瘍醫心法

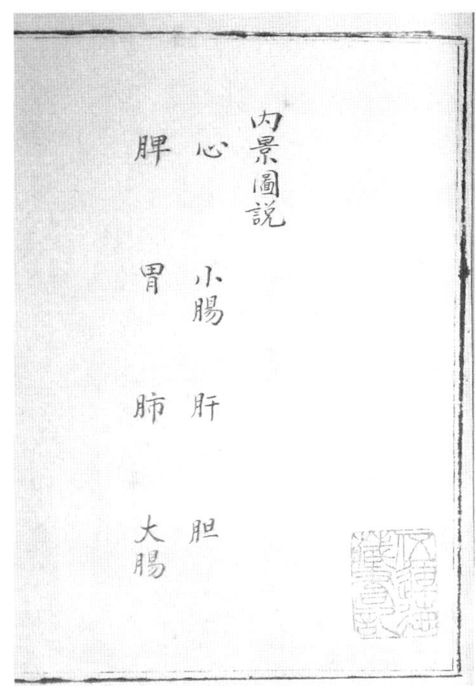
内景圖說

心　小腸　肝　胆

脾　胃　肺　大腸

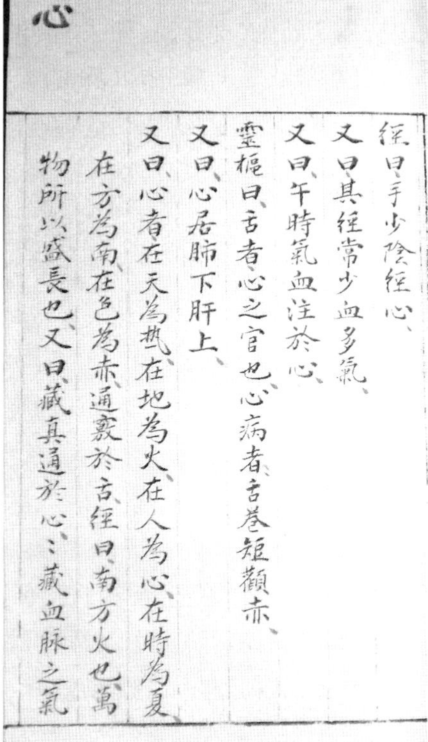
心

經曰手少陰經心

又曰其經常少血多氣

又曰午時氣血注於心

靈樞曰舌者心之官也心病者舌卷短顴赤

又曰心居肺下肝上

又曰心者在天為熱在地為火在人為心在時為夏在方為南在色為赤通竅於舌經曰南方火也萬物所以盛長也又曰藏真通於心〻藏血脉之氣

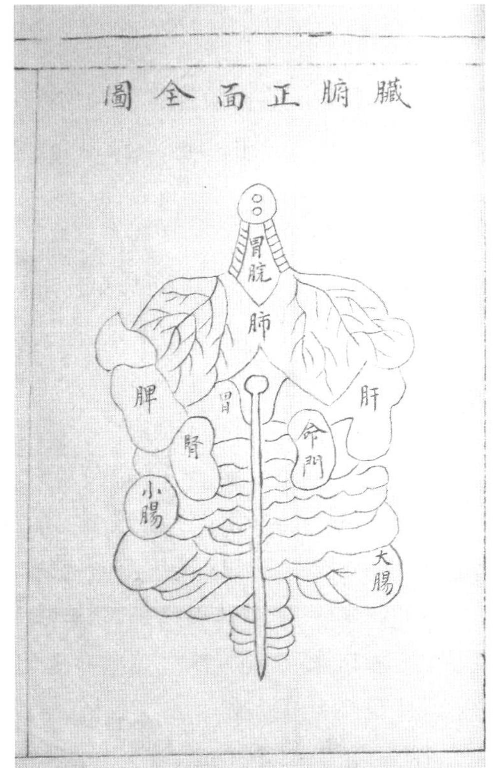
臟腑正面全圖

298 經俞須知

《經俞須知》，不分卷。賈飛輯録于乾隆五十四年（1789）。書中見有"天裕生記"印章一枚。稿本，現藏于上海圖書館。

青溪賈飛寓亭氏在書首自序曰："幸賴訒庵汪先生遵經旨，著爲經脉歌，化聱牙之句而爲音韻之章，文雖簡約，義極詳明……經脉既可成歌，俞穴何妨作賦。爰述靈素遺文，間採名家議論，詳加註釋，復著《經穴賦》八篇，彙爲貳帙，名曰經俞須知。雖未敢自附於訒庵之後……未必無裨於後學。"序中所提汪訒庵，即汪昂，明末清初醫學家，曾整理《素問》《靈樞》，將内容分爲藏象、經絡等九類，附以舊注，兼參己見，編成《素問靈樞類纂約注》，另撰《醫方集解》《本草備要》及《湯頭歌訣》。与本書相關的汪訒庵本，疑爲《湯頭歌訣》中所附經其潤色之《經絡歌訣》。

是書卷首列"經穴相參附議"，乾隆五十二年賈飛寓亭氏書。"經俞須知"下列篇目有：經絡考、十二經脉歌、頭面經穴賦一百十一穴、頸項經穴賦十七穴、肩膊經穴賦十四穴、胸腹經穴賦一百二十穴、背部經穴賦八十四穴、側腋脅部經穴賦二十穴、手部三陰三陽經穴賦一百二十穴、足部三陰三陽經穴賦一百五十八穴。是本主要以汪訒庵本爲基礎，加以編排注釋。如"奇經八脉歌"篇目後有"汪訒庵先生補輯，寓亭氏續全"字樣。又如："此皆八脉循環轉，溢畜難拘十二經。《難經》云：人脉隆盛，入於八脉，而不還周，故十二經亦不能拘之，溢畜不能環流，灌溢諸經者也。靈素之言有遺意，難經闡發倍詳明。（小字注釋）兩經止論衝、任、督、蹻脉絡循經主病，其帶脉與陰維、陽維雖間有所見，而未嘗詳言之。《難經》闡發經旨，補其未及，而八脉之義始備焉。因採其論，著爲俚言，以續訒庵先生歌後"等。

自序

經脈者證治之綱領也俞穴者經脉之條目也上古聖人循經取穴按穴論經經穴既明而後爲是動爲所生病者條分縷析若綱在綱矣要之無一經不能爲病無一病不歸於經故張長沙著傷寒論三百九十七法一百十三方總不越六經之範圍詎非先聖後聖其揆則一者乎近之醫務

趨時學鮮師古其於經脉諸篇明堂圖等書非厭棄而不講即畏難而固習由是醫日多而知經絡者絕少幸賴訒菴汪先生遵經旨著爲經脉歌化聱牙之句而爲音韻之章文雖簡約義極詳明其爲醫學津梁何如哉余思經不離穴穴不離經經脉既可成歌俞穴何妨作賦爰述靈素遺文間採名家議論詳加註釋復著經穴賦以

篇彙爲一帙名曰經俞須知雖未敢自附於訒菴之後而於病歸於經經能爲病之故小心翼翼未必無裨於後學云寧爾鈔襲過誤良多所望明理君子惠而詰我是則余之厚幸也夫旹

乾隆歲次己酉嘉平月青谿後學賈飛寓亭氏識

經穴相參附議

或曰經脉者所以能決死生處百病調虛實固醫者所不可不知也至於按經取穴候氣行鍼自有常科子既不諳此理何諄諄然必欲作賦耶余曰經穴相須不分經則病無指歸不按穴則經無考證是以內經所論經脈之循行有發見於本經之穴者如手太陰之脉循魚際手陽明之脈出合谷足陽明之脈出大迎循頰

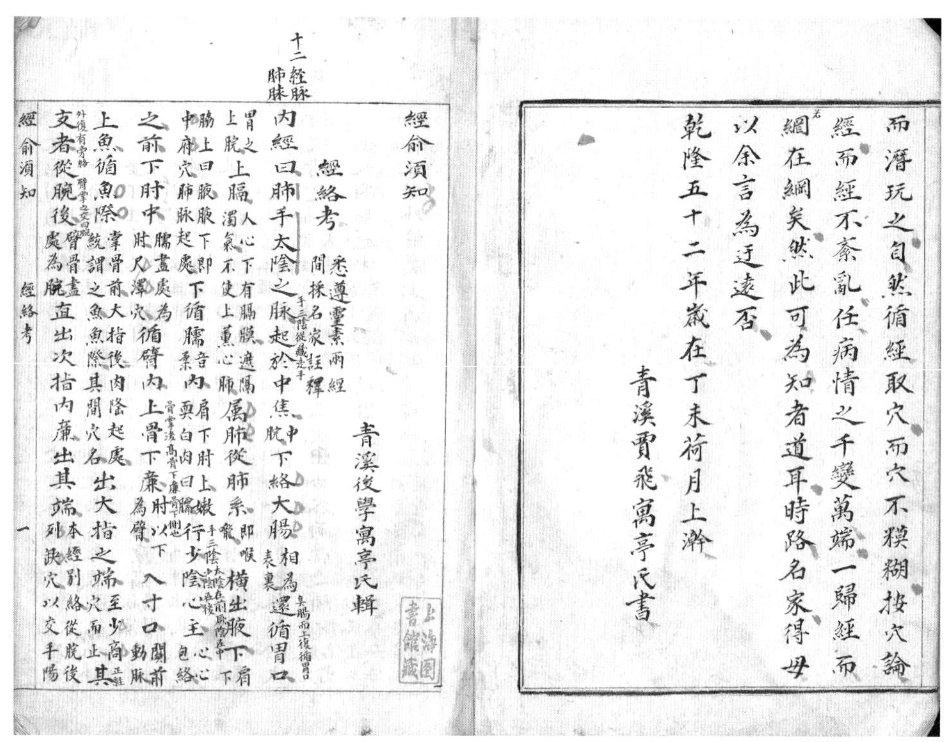

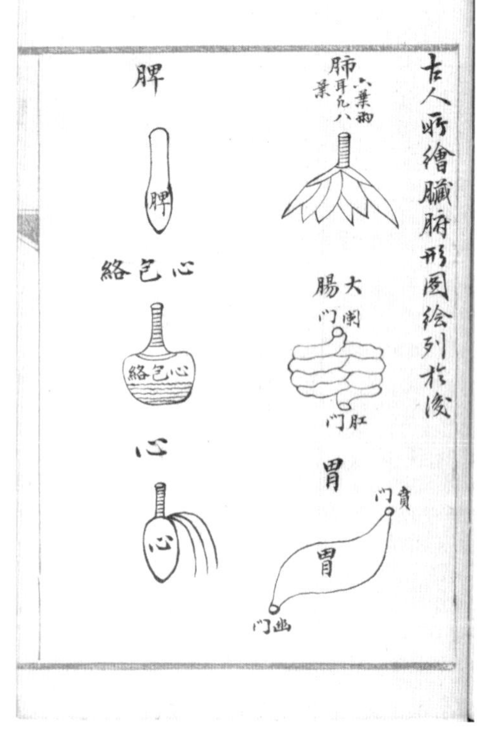
古人所繪臟腑形圖绘列於後
肺
大腸
胃
脾
心包絡
心

299 經脈直指

《經脈直指》，不分卷，一册。不著撰者。無序跋、目録。《中國中醫古籍總目》載録爲清鈔本。現藏于上海中醫藥大學圖書館。

全書分爲“經脈直指”與“藥性賦”兩部分。“經脈直指”簡述脈與氣血及左右寸關尺分候臟腑主病内容。“藥性賦”載藥二百四十餘種，分寒性、温性、平性三類。其中寒藥九十餘種，包括黄連、黄芩、龍膽草、胡黄連、連翹、梔子、黄柏、知母、大黄、地骨皮、地膚子、白芨、青蒿、栝樓等常用藥物；温藥七十餘種，包括宣木瓜、金櫻子、禹餘糧、赤石脂、花蕊石等常用藥物；平性藥八十餘種，包括烏梅、白梅、芡實、大棗、龍眼、萹豆、蓮子、藕等常用藥物或食物。每藥下有性味、歸經、主治功效等内容。

本書主要論述常用中藥與食物的性味、歸經、主治病證等，對于中藥學的臨床研究有參考價值。

經脉直指

夫脉者氣血之先氣平則和氣盛則洪氣衰則微氣滯則濇氣縮則短氣竭則虛氣結則促氣大則長氣摶則浮氣鬱則沉氣寒則遲氣熱則數氣怯則濇止見矣若以脉之盛者察諸病源未有不得其情者也脉絡與心左寸應肝胆部在左關認膀胱及腎左尺

定胸中及肺右寸應胃與脾脉右關屬大腸并腎右尺班左寸與右寸盛者風寒挾食也右關與左關盛者勞傷鬱氣也左寸與右關盛者食積生痰也右寸與左關盛者感寒鬱氣也兩尺均盛者房勞兼之勞力也左寸與右尺者盛勞傷元氣感寒受邪也左關與左尺盛者醉飽房勞也右寸與左尺盛者房勞鬱氣也右關與左尺盛者脾寒鬱火也右尺與左關盛者勞力受寒也左寸與右關盛者傷寒挾食也右關與左尺與盛者傷風生痰也兩關與左尺盛者飽食勞役也兩關與左寸盛者痰飲積中也兩寸與左關盛者風寒鬱邪也左尺盛者風寒也右尺盛者疫大也左關盛者氣遏也右關盛者內傷也右寸盛者氣鬱

也左寸喊者勞力也又有六脉皆浮者為風滑者為痰遲則為冷濡則為濕洪則為火緊則為痛沉則為氣數則為熱弦則為寒芤則為失血濇則為少氣弦緊為風寒微弱為陽虛短縮為陰虛浮滑為風痰洪大為火邪弦大為實熱實大為有餘虛大為不足浮虛為傷暑

藥性賦

寒性

甫知藥性厥惟神農性有寒熱溫平各異之分味有酸苦辛醎甘淡之别性寒味苦首舉黄連耑用有四瀉心火而除心下之痞厚腸胃而祛腸中之垢治目疾暴發宜用療瘡瘍首尾俱用蕉之肝鬱則肋痛可

300 經脈圖

《經脈圖》，不分卷，一册。封面題“□脉圖，竹嶼”。無序跋與目録。卷首殘缺。有印章“學原”。現存鈔本，藏于上海圖書館，藏館著録爲清鈔本。《中國中醫古籍總目》亦載録爲清鈔本，但失載上海圖書館收藏本。

是本分爲兩部分。第一部分爲人體解剖及生理，如：“會厭即垂，緊蓋吸門，飲食由會厭之上而入嚥門，毫不犯喉，言語呼吸則會厭開張。若當食之時偶有言語，會厭因之而開張，覆蓋不嚴，則飲食乘氣逆入喉門而嗆矣。氣管九節，内有十二小孔，孔不外透，乃氣息之路，謂之十二重樓，下聯肺本。肺者相傅之官，治節出焉，肺葉白瑩，又爲華蓋，以覆諸臟，統一身之氣，六葉兩耳，凡八葉，中有二十四空，虚如蜂窠，下無透竅，吸之則滿，呼之則虚，一呼一吸，消息自然，無有窮也。”這些論述與現代對人體的解剖及生理認識已十分接近。第二部分爲經脈，内容有：奇經八脈總論，各經脈起始點及相關穴位，經脈穴歌，分寸歌，經脈圖，《靈樞·經脈篇》十二經脈結支别，仰人骨度部點陣圖，伏人骨度部點陣圖，《靈樞》經絡彙編歌，十二經臟腑歌，十二經納甲歌，十二經氣血歌，十二經營行次序逆順歌，十二經流注時序歌，内景賦，周身骨度名目，《黄帝内經靈樞》注證發微，十二經脈及穴位圖等。

是本屬針灸乃至中醫學基礎知識，可供針灸研究者參考。

過會厭即垂緊盖吸門飲食由會厭之上而入幽門毫不犯喉言語呼吸則會厭開張若當食之時偶有言語會厭因之而開張覆蓋不嚴則飲食乘氣逆入喉門而嗆矣氣管九節内有十二小孔孔不外透乃氣息之路謂之十二重楼（主行榮衛猶之調燮陰陽而贊化理故曰治節出焉）下聯肺本肺者相傅之官（位高非君故官為相傅）治節出焉肺葉白瑩又為華盖以覆諸臟統一身之氣六葉兩耳凡八葉中有二十四空虛如蜂窠下無透竅（一日一夜凡一萬三千五百息）吸之則滿呼之則虛一呼一吸消息自然無有竅也（肺主声又有二十四空故譬如橐籥有底曰橐籥似笛而有空）司清濁之運化為人身之橐籥主藏魄是經常多氣少血附着於脊之第三椎肺之下而心繫焉心

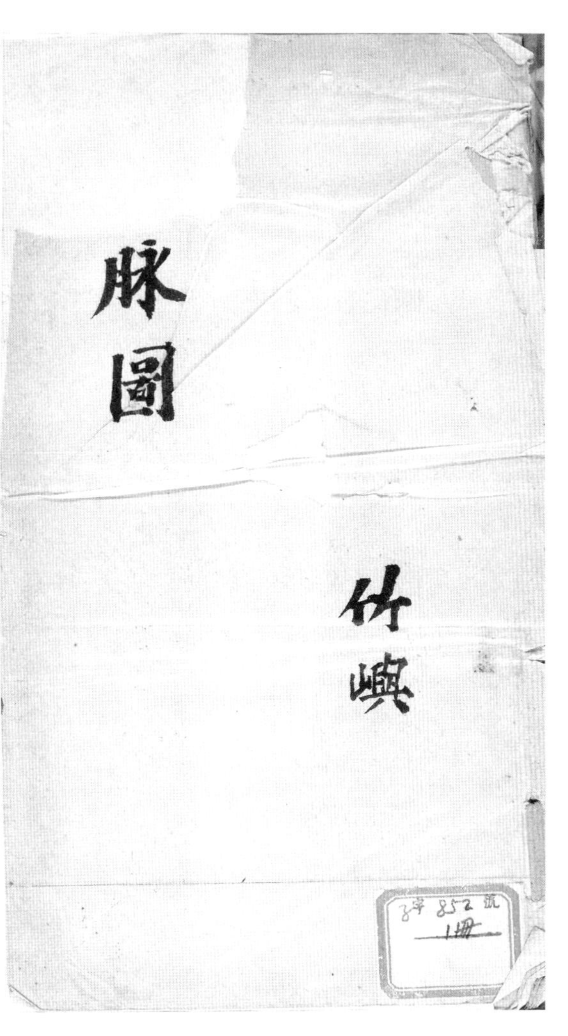

301 經絡穴法

《經絡穴法》,上下兩卷,不著撰者。明洪熙乙巳年(1425)鈔本,尾殘,卷末有"神應經終"字樣。現藏于上海圖書館。

是本爲各種經絡、穴法書籍的匯集。文中記載:"命醫士劉瑾重校其師宏綱先生所傳《廣愛書》十卷,予止取穴之切於用者爲一卷,更其名曰《神應經》。内五百四十八証,計二百十一穴。又擇劉瑾之經驗者六十四証,計一百四十五穴,纂爲一册,曰《神應秘要》。"

卷首載《標由(幽)賦》篇,金元間針灸學家竇漢卿(竇默)撰。《標幽賦》主要論述經絡原理,如"手足三陽,手走頭而頭走足,手足三陰,足走腹而胸走手,要識迎隨,須明逆順"等。是本上卷主要篇目有:詳解十二經絡;穴位歌訣:任督經穴尺寸歌、手少陰經穴尺寸歌、足厥陰肝經穴尺寸歌、足阳明胃經穴尺寸歌;圖譜:標示經脉走向及位置,如手太陰肺之位起于中焦中府穴,終于少商穴等,共十幅圖譜;百穴法歌;瀉訣直說;(唐中書侍郎崔知悌)崔氏灸四花穴法。下卷篇目爲諸穴針灸治病、諸風部、腹痛脹滿部、頭面部、鼻口部、雜病部等。本書主要論述經絡穴位及治法。

標由賦

竇漢卿大師撰

拯救之法妙用者鍼察歲時於天道定形氣於予心春夏瘦而刺淺秋冬肥而刺深不窮經絡陰陽須逢禁刺既論臟腑虛實須向經尋原夫起自中焦水初下漏大陰為始至厥陰而方終穴出雲門抵期門而最後正經十二別絡走三百餘支正側偃伏氣血有六百餘候手足三陽手走頭而頭走足手足三陰足走腹而胸走手要識迎隨須明逆順況夫陰陽氣血多少為最厥陰太陽少氣多血太陰少陰少血多氣而又氣多血少者少陽之分氣盛血多者陽明之位先詳多少之宜次察應至之氣輕滑慢而未來沉澀緊而已至既至也量寒熱而留疾未至也據虛實

而痛氣氣之至也如魚吞鉤餌之浮沉氣未至也似閑處幽堂之深邃氣至速而效速氣遲至而不治觀夫九針之法毫針最微七星可應衆穴主持本形金也有蠲邪扶正之道短長水也有决疑開滯之機定刺象木或斜或正口藏比火進陽補羸循機捫而可塞以象土實應五行而可知然是一寸六分包含妙理雖細楨於毫髮同貫多歧可平五臟之寒熱能調六腑之虛實拘攣閉塞遣八邪而去矣寒熱痛痺開四關而已知凡刺者使本神朝而後入既刺也使本神定而氣隨神不朝而勿刺神以定而可施定腳處取氣血為主意下手處認水木是根機天地人三才也湧泉同璇璣百會上中下三部也大包與天樞地機陽蹻陽

維并督脈主肩背腰腿在表之病陰蹻陰維任衝帶去心腹脇肋在裏之疑二稜二蹻二交似續而交五大兩高兩間兩井相依而列兩肢是見取穴之法必有方寸先審自意次觀肉分或伸屈而得之或平直而安定在陽部筋骨之側陷下為真在陰分郄膕之間動脈相應取五穴用一穴而必端取三經用一經而可正頭部與肩部詳分督脈與任脈異定明標與本論刺深淺之經住痛移疼取相交相貫之逕豈不聞臟腑病而求門海俞募之微經絡滯而求原別交會之道更窮四根三結依標本而刺無不痊但用八法五門分主客而針無不效八脈始終連八會本是紀綱十二經絡十二原是謂樞要一日最

六十六穴之法方見幽微一時取一十二經之原始知要妙原夫補
瀉之法非呼吸而在手指速効之功要交正而識本經交經繆刺
左有病而右畔取瀉絡遠針頭有病而脚上針巨刺與繆刺各
異微針與妙刺相通觀部分而知經絡之虛實視沉浮而辨五
臟之寒溫且夫先令針耀而慮針損次藏口內而欲針溫目無外
視手如握虎心無內慕如待貴人左手重而多按欲令氣散右
手輕而徐入不痛之因空心恐怯直立側而多暈背目沉掐坐
卧平而沒昏推於十干十變知孔穴之開闔論其五行五臟察日
時之旺衰伏如橫弩應若發機陰交陽別而定血暈陰蹻陰
維而下胎衣痺厥偏枯迎隨俾經絡接續漏崩帶下溫補是

氣血依歸靜以久留停針待之必准者取照海治喉中之閉
塞端的處用大鍾治心內之呆痴大抵疼痛實瀉痒麻虛補
體重節痛而俞居心下痞滿而井主心脹咽痛針太沖而必
除脾冷胃疼瀉公孫而立愈胸滿腹痛刺內關脇疼肋
痛針飛虎筋攣骨痛而補魂門體熱勞嗽而瀉魄戶頭風
頭痛刺申脉與金門眼痒眼疼瀉光明於地五瀉陰郄止盜
汗治小兒骨蒸刺偏歷利小便醫大人水蠱中風環跳而宜
刺虛損天樞而可取由是午前卯後太陰生而疾溫离左酉南
月死朔而速冷循捫彈努留吸母而堅長爪下伸提疾呼子
而嘘短動退空歇迎奪右而瀉凉推內進搓隨濟左而補暖

慎之大凡危疾色脉不順而莫針寒熱風陰飢飽醉勞而切忌
望不補而晦不瀉弦不奪而朔不濟精其心而窮其法無灸艾
而壞其皮正其理而求其原免投針而失其位避灸處而和四
肢四十有九禁刺處而除六俞二十有二抑又聞高皇抱疾未瘥
李氏刺巨闕而得甦太子暴死為厥越人針維會而復醒肩井
曲池甄權刺臂痛而復射懸鍾環跳華佗刺躄足而立行秋
宋徐熙曰夫針腰俞而鬼免沉疴王纂針交俞而妖精乃出取肝
俞與命門使瞽士視秋毫之末刺少陽與陽別俾聾夫聽夏
蚋之聲嗟夫去聖逾遠此道漸墜或不得意而散其學或愆其
能而犯禁忌愚庸智淺難契於玄言至道淵深得之者有幾偶

述斯言不敢示諸明達者焉庶幾乎童蒙之心啓

十二經絡

○手太陰肺之脉起於中焦在胃中脘下絡大腸環循胃口胃口謂賁門也上膈屬
肺從肺系橫出腋下下循臑內女刺切臂臑也行少陰心主之前下肘中尺澤穴也
循臂內上骨下廉直大指曰上骨謂內側入寸口經渠穴也上魚循魚際魚際穴也在大指本節後內側出大指
之端謂出少商穴也其支者從腕後直出次指內廉出其端其經注大腸經

○手陽明大腸之脉起於大指次指之端內側商陽穴也循指上廉出合谷兩
骨之間上入兩筋之中陽溪穴也循臂上廉入肘外廉曲池穴也上循臑外前
廉上肩出髃骨之前廉肩髃之骨乃肩端也上柱骨之會上柱骨肩井二穴下入缺盆缺盆二穴在肩橫骨陷中
絡肺下膈屬大腸其支者從缺盆直而上頸頸頭莖也貫頰入下

上

齒中，環出俠口，交人中（水溝穴也），左之右，右之左，上俠鼻孔，注迎香。其經注足陽明經

○足陽明胃之脉，起於鼻，交頞中（[illegible]高於鼻睛中也），旁約太陽之脉，下循鼻外，入上齒中，還出俠口環脣，下交承漿（在唇之下），却循頤後下廉（頤項根也），出大迎（穴在曲頷前陷中動脉是也），循頰車（在耳下之後二穴也），上耳前，過客主人（在耳前起骨間有空者是也），循髮際，至額顱。其支者，從大迎前下人迎（在頸動脉中是），循喉嚨，入缺盆（足手陽明），下膈，屬胃絡脾。其直者，從缺盆下乳內廉，下俠臍，入氣衝中（一名氣[illegible]）。其支者，起胃下口（下出幽門），循腹裏，下至氣衝而合，以下髀關，抵伏兔，下膝臏中，下循胻骨外廉，下足跗，入中指內間。其支者，下膝三寸而別（三里穴也），以下入中指外間。其支者，別跗上，入大指間，出其端。其經注太陰脾經

○足太陰脾之脉，起於大指之端內側（隱白穴也），循白肉際，過核骨後（太白穴之後也），上內踝前廉（商丘穴也），上踹內，循胻骨後，交出厥陰之前，上循膝股內前廉（陰陵泉也），入腹，屬脾絡胃，上膈，夾咽，連舌本，散舌下。其支者，復從胃別上膈，注心中。其經注手少陰真心經

○手少陰心之脉，起於心中，出屬心系，下膈絡小腸。其支者，從心系上俠咽，繫目系（一本作循胸出脅也）。其直者，復從心系却上肺，上出腋下，下循臑內後廉，行太陰心主之後，下肘內廉（少海穴也），循臂內後廉，抵掌後兌骨之端（神門穴也），入掌內後廉，循小指之內，出其端。其經注手太陽小腸之經

○手太陽小腸之脉，起於小指之端（少澤穴也），循手外側上腕（腕骨穴也），出踝中，直上循臂骨下廉（陽谷穴也），出肘內側兩骨之間，上循臑外後廉，出肩解，繞肩胛，交肩上，入缺盆，向腋絡心，循咽下膈，抵胃屬小腸。其支者，從缺盆貫頸上頰，至目兌眥，却入耳中。其支者，別頰上䪼（出䪼內循鼻起骨也），抵鼻，至目內眥，斜絡於顴。其經注足太陽膀胱之經

○足太陽膀胱之脉，起於目內眥，上額交顛上。其支者，從顛（顛項上也）至耳上角。其直者，從顛入絡腦，還出別下項，循肩髆內，俠脊抵腰中，入循膂，絡腎屬膀胱。其支者，從腰中下會於後陰，下貫臀，入膕中（委中穴也）。其支者，從髆內左右別下貫胛，夾脊內，過髀樞，循髀外後廉，下合膕中，下貫踹內，出外踝之後（崑崙穴也），循京骨至小指外側。其經注足少陰經

○足少陰腎之脉，起於小指之下，斜趣足心（湧泉穴也），出然骨之下（然骨穴在內踝之前），循內踝之後（大谿穴也），別入跟中，以上踹內，出膕內廉（陰谷穴也），上股內後廉，貫脊屬腎絡膀胱。其直者，從腎上貫肝膈，入肺中，循喉嚨，俠舌本。其支者，從肺出絡心，注胸中。其經注手心包絡經

○手厥陰心包絡之脉，起於胸中，出屬心包，下膈，歷絡三焦。其支者，循胸出脅，下腋三寸，上抵腋下，下循臑內，行太陽之間（太陰在上，少陰在下，心主在中），入肘中（曲澤穴也），下循臂兩筋之間（大陵穴也），入掌中（勞宮穴也），循中指出其端（中衝穴也）。其支者，別掌中，循小指次指出其端。其經注手少陽三焦經

○手少陽三焦之脉，起於小指次指之端（關衝穴也），上出兩指之間（液門穴也），循手表腕（陽池穴也），出臂外兩骨之間（支溝穴也），上貫肘，循臑外上肩，而交出足少陽之後，入缺盆，交膻中（膻中在玉堂穴下一寸六分，兩乳之間陷中是穴也），散絡心包，下膈，屬三焦。其支者，從膻中上出缺盆，上項，夾耳後，直上出耳上角，以屈下頷，至䪼。其支者，從耳後入耳中，出走耳前，過客主人（客主人在耳前上廉起骨開口有空處者）

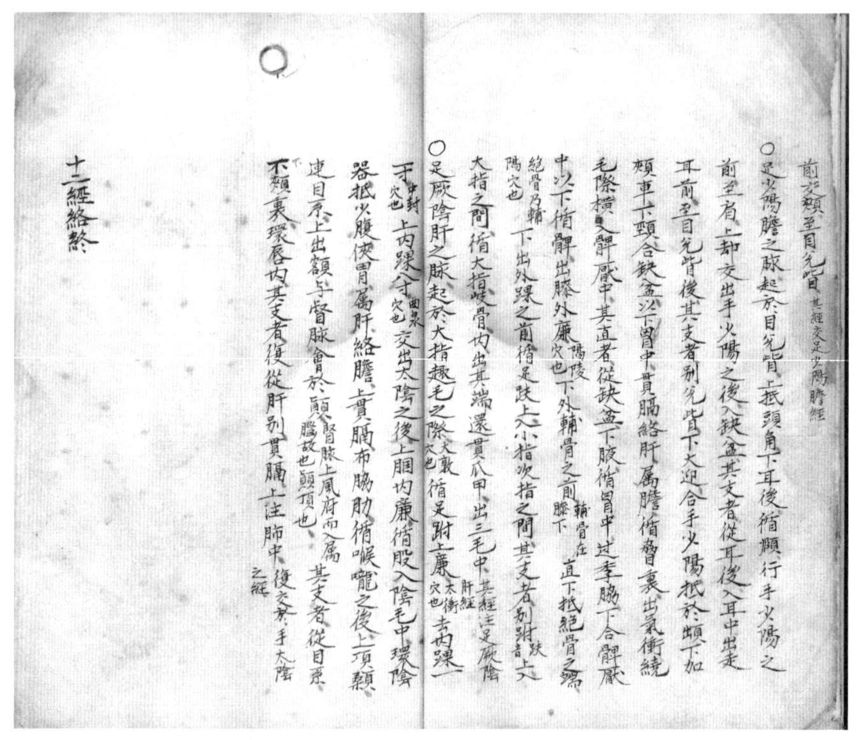

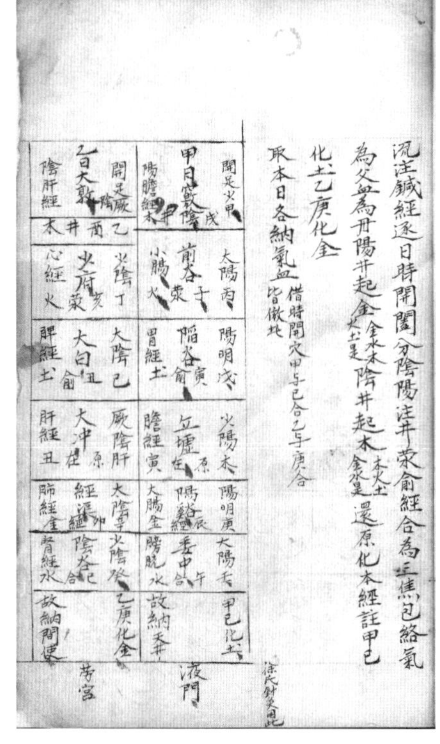

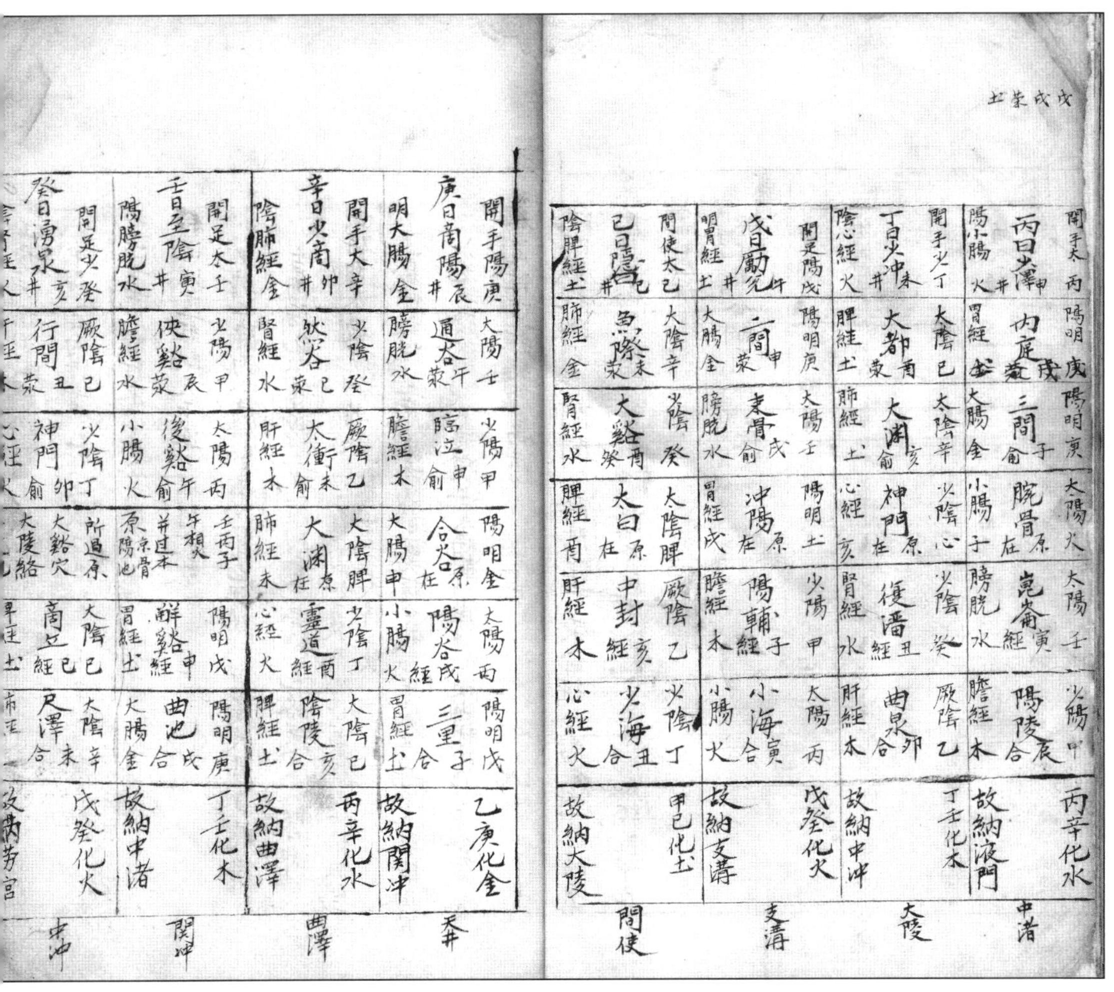

戊戌柴土

開手太陽 丙
丙日少澤 申 井 小腸火
陽明 庚 內庭 戌 滎 胃經土
陽明 寅 三間 子 俞 大腸金
太陽 火 腕骨 原 在 小腸 子
太陽 壬 崑崙 寅 經 膀胱水
少陽 甲 陽陵 辰 合 膽經木
丙辛化水
故納液門

開手少陰 丁
丁日少沖 未 井 陰心經火
太陰 己 大都 酉 滎 脾經土
太陰 辛 大淵 亥 俞 肺經土
少陰 心 神門 原 在 心經 亥
少陰 癸 復溜 丑 經 腎經水
厥陰 乙 曲泉 卯 合 肝經木
丁壬化木
故納中沖

開足陽明 戊
戊日厲兌 午 井 明胃經土
陽明 庚 二間 申 滎 大腸金
太陽 壬 束骨 戌 俞 膀胱水
陽明 土 沖陽 原 在 胃經 戌
少陽 甲 陽輔 子 經 膽經木
太陽 丙 小海 寅 合 小腸火
戊癸化火
故納支溝

開使太陰 己
己日隱白 巳 井 陰脾經土
太陰 辛 魚際 未 滎 肺經金
少陰 癸 太谿 酉 俞 腎經水
太陰 脾 太白 原 在 脾經 酉
厥陰 乙 中封 亥 經 肝經木
少陰 丁 少海 丑 合 心經火
甲己化土
故納大陵

中渚　大陵　支溝　間使

開手陽明 庚
庚日商陽 辰 井 明大腸金
太陽 壬 通谷 午 滎 膀胱水
少陽 甲 臨泣 申 俞 膽經木
陽明 金 合谷 原 在 大腸 申
太陽 丙 陽谷 戌 經 小腸火
陽明 戊 三里 子 合 胃經土
乙庚化金
故納關沖

開手太陰 辛
辛日少商 卯 井 陰肺經金
少陰 癸 然谷 巳 滎 腎經水
厥陰 乙 太衝 未 俞 肝經木
太陰 脾 大淵 原 在 肺經 未
少陰 丁 靈道 酉 經 心經火
太陰 己 陰陵 亥 合 脾經土
丙辛化水
故納曲澤

開足太陽 壬
壬日至陰 寅 井 陽膀胱水
少陽 甲 俠谿 辰 滎 膽經水
太陽 丙 後谿 午 俞 小腸火
壬丙子 午相火 并過本 原京骨 陽池
陽明 戊 解谿 申 經 胃經土
陽明 庚 曲池 戌 合 大腸金
丁壬化木
故納中渚

開足少陰 癸
癸日湧泉 亥 井
厥陰 乙 行間 丑 滎
少陰 丁 神門 卯 俞
所過原 大谿穴 大陵絡
太陰 己 商丘 巳 經
太陰 辛 尺澤 未 合
戊癸化火
故納勞宮

天井　曲澤　關沖　中沖

302 經絡歌

《經絡歌》，不分卷。不著撰者及抄寫者。無序跋與目録。《中國中醫古籍總目》載録爲清鈔本。現藏于上海中醫藥大學圖書館。

本書先載李士材所校"正内景圖"與"仰面部位圖"，共五幅。次爲總論經絡的"經絡歌"及《靈樞》十二經絡循行原文，并對是動、所生病機理進行歸納概括，用小字對經文進行注釋。每經後附補、瀉、温、凉的藥物及飲食。書末載奇經八脈及脾、胃之大絡，詳其循行及主證，用小字對經文注解。

本書詳細記述十二正經、奇經八脈與脾、胃之大絡的循行路綫與主病，語言簡潔，注釋明晰，便于讀者理解，對于針灸學的學習研究有參考價值。

經絡歌

語云不明十二經絡開口動手便錯不明五運六氣檢巻方書何濟

經曰人始生先成精精成而腦髓生骨為幹脉為營筋為剛肉為墻皮膚堅而毛髮長穀入於胃脉道以通血氣乃行經脉者所以能決死生處百痛調虛實

李士材校正內景圖

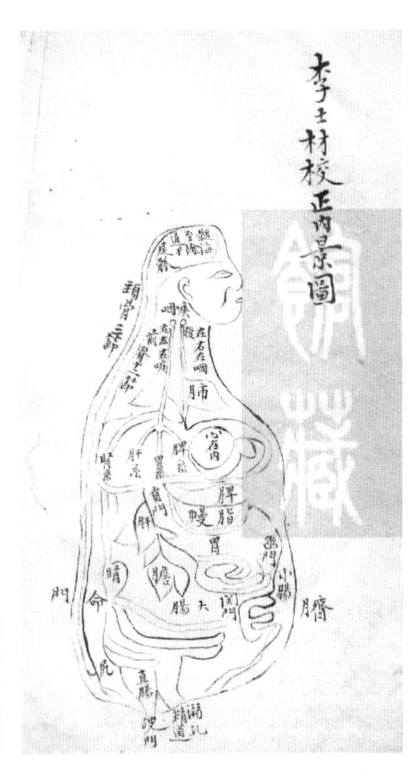

卷之六

手太陰肺經歌

太陰為母，育養發生，敷布陰氣，名之為闔

肺脉寅時（脉必先会于手大陰而後能行于諸經人生于寅故肺脉始於寅時氣血注焉）中焦起（中脘）下絡大腸（肺與大腸相為表裡）胃口行（胃之上脘即賁門）上膈（膈人心下有膈膜遮隔濁氣不使上熏心肺）屬肺從肺系（即喉嚨）橫從腋下（肩下脇上曰腋）臑（音猱肘下対腋處名臑）內縈前手心與心包脉（行少阴心主之前）下肘（臑尽處為肘）循臂（肘以下為臂）骨上廉遂入寸口（関前動脉）上魚際（手掌骨之前大指之後肉隆起處統謂之魚魚際其間穴名）大指內側爪甲根（少商穴止經別篇又云上出缺盆循喉嚨）支絡還從腕後出（臂骨尽處為腕）接次指（內廉）交陽明經（手陽明大陽商陽穴）此經多氣而少血候在胸中通喉舌（脉絡喉嚨）熱壅喉舌痛或腫喘（本經病）渴（金不生水）煩心（心脉上肺）胸滿急（脉貫膈布胸中）臑臂之內前廉痛（脉行臑臂）為厥（臂厥）或為掌中熱（掌心勞宮穴屬心包脉行心主少陰之前）甚則尻陰（脊骨尽處為尻肺為腎）

303 藏府經絡指掌

《藏府經絡指掌》,兩卷,兩册。不著撰者。成書于清道光十四年(1834)。書末有"藏府經絡補遺弁言"。現存鈔本,藏于上海中醫藥大學圖書館。

上卷依次描繪肺經、大腸經、胃經、脾經、心經、小腸經、膀胱經、腎經、心包經、三焦經、膽經、肝經的藏府圖、循行圖、穴圖,每幅藏府圖後載録《内經》《難經》《中藏經》《類經》等有關該藏府的經文内容,各經循行圖及穴圖後載録循行路綫、腧穴、是動所生病及補、瀉、温、凉、引經報使藥等内容。下卷依次描繪督任衝三脈合圖及督脈、任脈、衝脈、帶脈、陽蹻脈、陰蹻脈、陽維脈、陰維脈經穴圖,各經穴圖後載録《内經》《難經》及張仲景、王叔和、張潔古、李杲、李時珍等醫家有關該經的論述,或附作者評述。全書載圖四十五幅。

該書主要載録藏府圖、循行圖、穴圖及相關内容,圖文并茂,對藏府經絡及針灸學研究有參考價值。

藏府經絡指掌
上

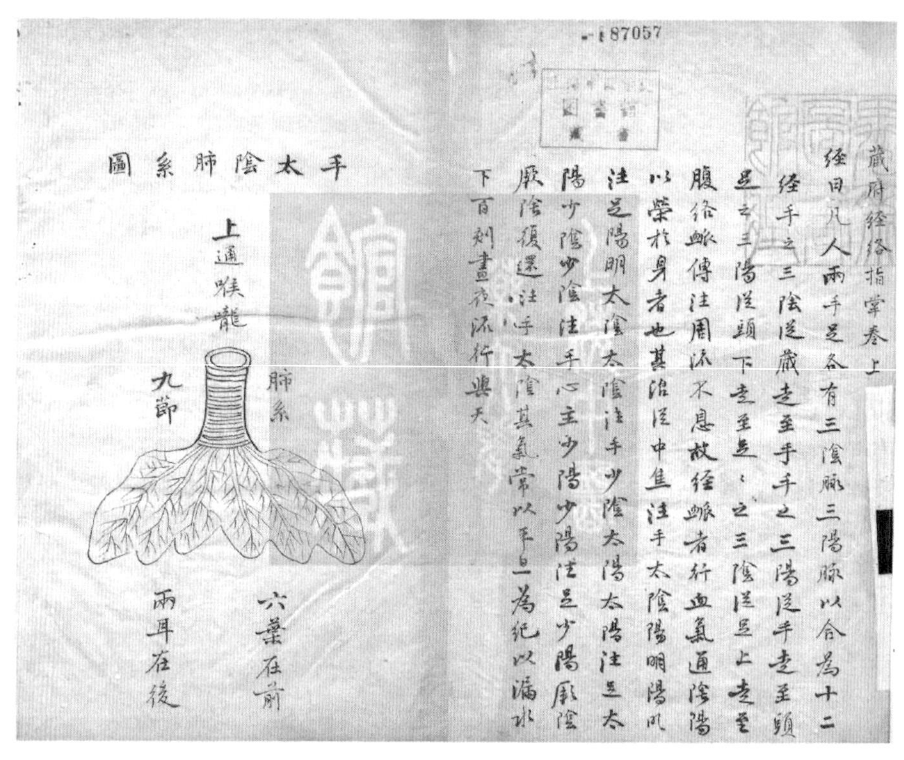

藏府經絡指掌卷上

經曰凡人兩手足各有三陰脈三陽脈以合爲十二經手之三陰從藏走至手手之三陽從手走至頭足之三陽從頭下走至足足之三陰從足上走至腹絡脈傳注周流不息故經脈者行血氣通陰陽以榮於身者也其始從中焦注手太陰陽明陽明注足陽明太陰太陰注手少陰太陽太陽注足太陽少陰少陰注手心主少陽少陽注足少陽厥陰厥陰復還注手太陰其氣常以平旦爲紀以漏水下百刻晝夜流行與天

手太陰肺系圖

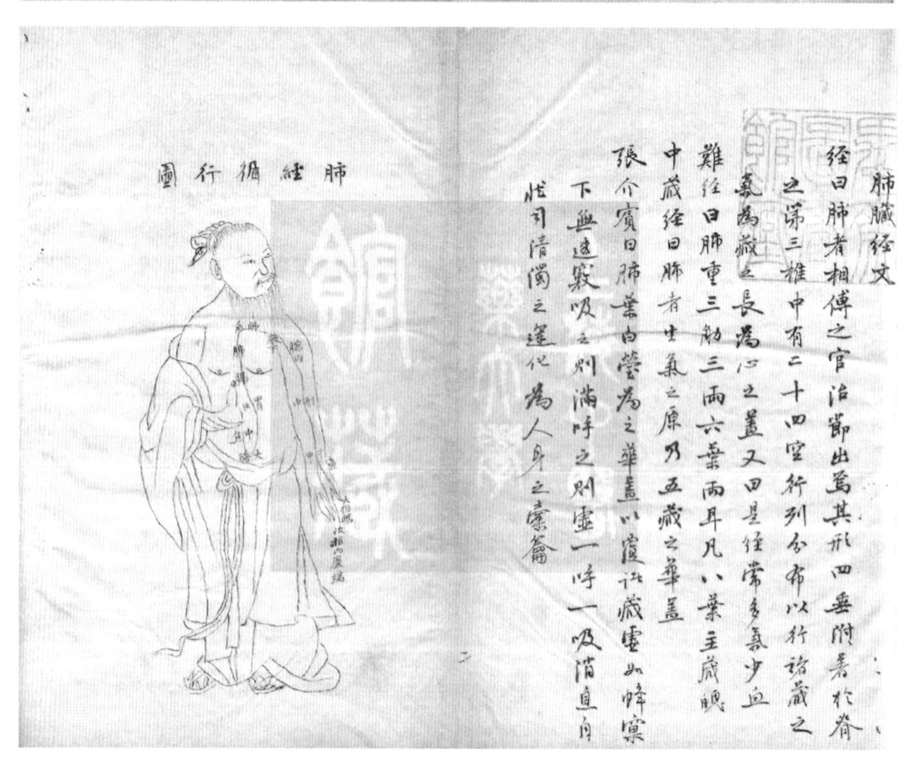

肺藏經文

經曰肺者相傅之官治節出焉其形四垂附著於脊之第三椎中有二十四空行列分布以行諸藏之氣爲藏之長爲心之蓋又曰是經常多氣少血

難經曰肺重三觔三兩六葉兩耳凡八葉主藏魄

中藏經曰肺者生氣之原乃五藏之華蓋

張介賓曰肺葉白瑩爲之華蓋以覆諸藏虛如蜂窠下無透竅吸之則滿呼之則虛一呼一吸消息自然司清濁之運化爲人身之橐籥

肺經循行圖

304 鍼灸要略

《鍼灸要略》，八卷，一函八册。清俞明鑒編。俞明鑒，字世徵，長洲（今江蘇蘇州）人。俞氏三十餘歲時，得浙江陳某所授針灸書及久已失傳之用針秘法，自此專以針灸治病，活人甚衆。存世醫書有鈔本《雜證抉微》及《鍼灸要略》。是書由馬綏之抄録，無序跋，有目録，約成書于清末。現藏于上海中醫藥大學圖書館。

是書第一、二册爲目録和卷一，第三册爲卷二，第四~六册爲卷三~五，第七、八册爲卷六~八。前六卷内容主要包括經絡理論、經絡循行、腧穴定位、主治、刺灸法、針具製造、清毒、止痛藥、針灸治法腧穴配伍、特定穴運用等，并編有歌賦和圖。主要收編他人著作，有的在篇名後注明著者，如《鍼經論》注明“紫琅張仲巖著”，《標幽賦》注明“《鍼灸指南》竇漢卿撰”，《玉龍賦》注明“相傳扁鵲所撰，蓋後人托名爲之者”等。後兩卷介紹内、外、婦、兒、五官各科及腰背部等病症的針灸治療方法。例如噯氣，取穴“中脘”，并解釋道：“經曰：足太陰之脈是動，則病腹脹，善噫，視其盛虚熱寒陷下者取之。”又如產難横生，取穴“合谷、三陰交、太衝”，并加補充：“治横逆難産危在頃刻，符藥不靈者，急於本婦右脚小指尖灸三壯，炷如小麥，下火立産如神，蓋此即至陰穴也。”

是書與《針灸大成》和《針灸大全》二書編纂相近，内容也有所交叉，對于研究針灸有參考意義。

俞協占小門人
元田夫子傳
馬綏之抄讀

鍼灸要略目録
第一卷
鍼經論
經絡論
鍼刺灸砭論
標幽賦
玉龍賦
通玄指要賦
靈光賦
席弘賦

山樵俞明鑑世徵氏輯
鍼經論 紫琅張仲巖著
醫有十三科針刺一科由來尚矣昔張仲景有刺風池風
府期門等穴是針刺之法古嘗用之如靈樞問荅針經十
有八九則知醫之不外針刺也明矣然用針刺必先明經
絡識穴道經絡之指歸既明穴道之處所自識其中可針
可刺或瀉或補皆治所施而無往不利令人不准針刺不
講即經絡穴道亦渺焉弗聞夫經絡穴道之不明又八々
爲針刺之徵據乎嘗讀經脉十二篇以及銅人明堂之圖

一症始信女子氣病血病久而不愈則知亦任脉為疒也若苦寒熱一症始信外感少陽內傷少陰久而不愈〃〃陽維為病也苦心痛一症始信手少陰手厥陰〃而不愈則知陰維為病也逆氣裏急一症始信手太陰手陽明久而不愈則知衝脉為病也腰溶溶如坐水中一症始信足少陰為病久而不愈則知帶脉為病也奇經為病經言如此正經為病經言如彼八脉於十二脉之脈病多相似治則迴別李時珍本草已詳言之不可不明也凡學經絡皆以靈樞為本十四經發揮甲乙針經為標他書縱有經絡皆不能出此範圍者也經脉之法又要明外側內側外廉

116582

標幽賦　針經指南竇漢卿撰

拯救之法妙用者針察歲時於天道定形氣于予心春夏瘦而刺淺秋冬肥而刺深不窮經絡陰陽多逢刺禁既論臟腑虛實須向經尋原夫起自中焦水初下漏太陰為始至厥陰而方終穴出雲門抵期門而最後正經十二別絡走三百餘支正側仰伏氣血有六百餘候手足三陽手走頭而頭走足手足三陰足走腹而胸走手要識迎隨須明順逆況夫陰陽血氣多少為最厥陰太陽少氣多血太陰少陰少血多氣而有氣多血少者少陽之分氣盛血多者陽明之位先詳多少之宜次察應至之氣輕滑慢而未來

116583

鍼灸要略卷之二

十四經要穴歌

肺經要穴歌

手太陰分經屬肺尺澤肘中約紋是列缺腕側一寸半經渠寸口陷中記太淵掌後橫紋裡魚際大指節後間少商大指內側端相離爪甲如韭葉

大腸經要穴歌

手之陽明屬大腸食指內側號商陽本節前二間可取本節後三間勿忘岐骨陷中尋合谷腕上側陽谿所藏三里去曲池二寸曲池在肘節中尖肩端上肩

305 鍼灸要略

《鍼灸要略》,不分卷。不著撰者。現存清鈔本,《中國中醫古籍總目》載録爲清咸豐二年(1852)本。藏于上海圖書館。清俞明鑒(字世徵)曾輯有同名醫書八卷,與此無涉。

是本由《諸穴法圖》和《楊氏家傳針經圖像》兩部分組成。《諸穴法圖》介紹期門、氣海、人迎、關元、風府、衝陽、浮白、丹田、氣口、太衝、神門、靈道、少海、曲池、天井、外關、龍玄、小骨空、大骨空、中魁、五虎、十宣等二十二個常見穴位;《楊氏家傳針經圖像》介紹少商、魚際、中渚、肩貞等一百八十九個穴位。每個穴位均對應有圖畫,按圖索驥,清晰明瞭,便于認知。其後較詳細地描述該穴位在人體的準確位置以及與人體經脈的方位關係,有的還指明其五行所屬,指出該用針法還是灸法,如何掌握針灸的分寸與火候,主治何症,達到何種程度。如獨陰二穴云:"在足第二指節下横紋縫中,禁針,灸二七壯,治難産、胎衣不下、偏墜、木腎,看證補瀉。"有的還指明其獨特作用或重要性。如神門二穴,"朱先生云此二穴最宜治暑濕疾";衝陽二穴:"在足跌骨上三寸,陷谷穴三寸,針三分,禁灸。治脚背紅腫,脚氣衝心,瀉;傷寒無力,補。此穴决斷人之死生,有脈則生,無脈則死。"

是本羅列人體的大部分穴位,圖畫明白易曉,語言簡明扼要,是一本内容實在、通俗易懂的針灸學專著。然其中也頗多令人疑惑之處。有的穴位前後幾次提到,描述大同小异,有重複之嫌(如章門二穴)。有的穴位名稱相同,描述則大相徑庭,如風府穴,出現兩次,前云"名舌本,項後入髮際上一寸大觔内宛中",後云"一名熱府,在背部第二椎骨下";又如臨泣穴,亦兩次出現,前云"在足小指次指本節後陷中……針入五分,灸七壯,治四肢腫滿",後云"在目上,直入髮際五分陷中……針入三分,禁灸,治鼻痔",令人費解。

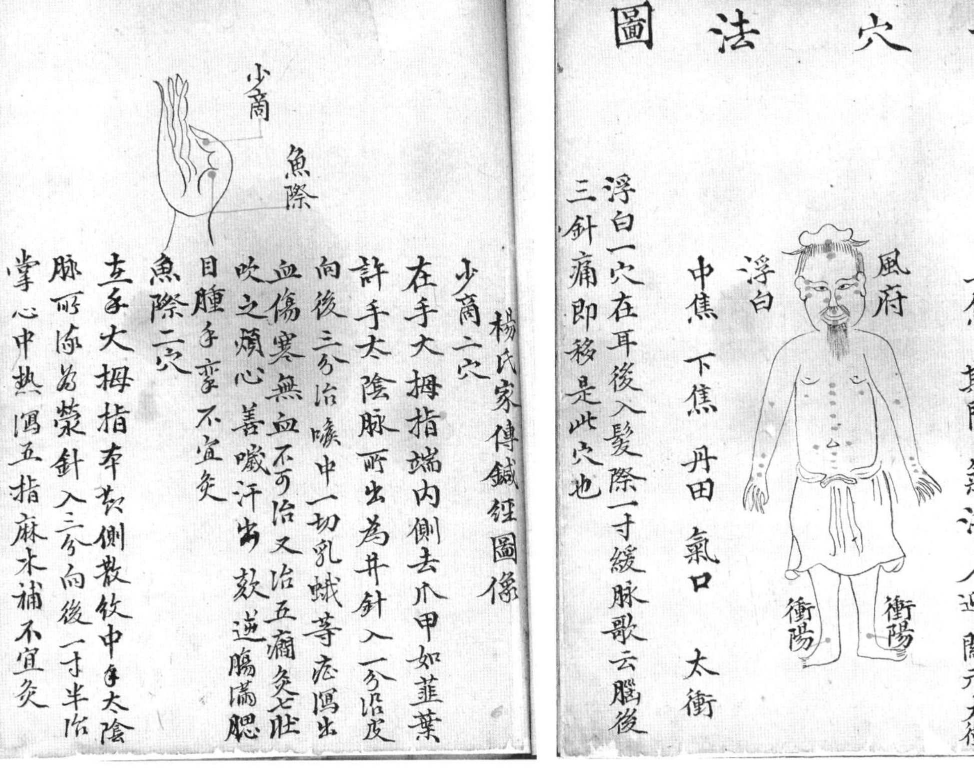

諸穴法圖

風府名舌本項後髮際上一寸大觔內宛中傷寒病
皆風府所發
上焦 期門 氣海 人迎 關元太衝

中焦 下焦 丹田 氣口 太衝
浮白一穴在耳後入髮際一寸緩脉歌云腦後
三針痛即移是此穴也

楊氏家傳鍼經圖像

少商二穴
在手大拇指端內側去爪甲如韭葉
許手太陰脉所出為井針入一分沿皮
向後三分治喉中一切乳蛾等症瀉出
血傷寒無血不可治又治五痛灸七壯
吹之煩心善噦汗出 欬逆膈滿腮
目腫手挛不宜灸

魚際二穴
在手大拇指本節側散紋中手太陰
脉所流為滎針入三分向後一寸半治
掌心中熱瀉五指麻木補不宜灸

306 鍼灸拾録

《鍼灸拾録》，四卷，十二册。不著撰者，無序跋。四周單邊，單魚尾，白口，每半葉八行，每行二十字，有墨筆眉批。《中國中醫古籍總目》載録爲清鈔本。現藏于上海中醫藥大學圖書館。

是書主要依據病症收録針灸治療用穴，每一個病症下列針灸治法。所涉及的病症包括臨床内、外、婦、兒、五官各科。卷一是中風、厥證、傷寒、瘧疾、霍亂轉筋痧症、勞損虚症等；卷二是心、肝肺腎、胸脅、頭面腦項、眼目、鼻、耳、舌、牙齒、口舌齒腮唇頰、喉等；卷三是脾胃膈噎、聚積痞塊、腰背脊、肩背脊背、手肘肩背、足膝腿股等；卷四是大便痢疾、痔漏腸風、小便五淋、遺精白濁、疝氣偏墜、外腎、癲狂風癇、鬼魅、婦人、小兒、外症等。其中每一門都包含數種病症，如心門包括心痛、心煩、心驚、怔忡、心虚、心下痞等。是書所列針灸治法，大多摘引他書。有的標明出處，如《神應經》《勝玉歌》《百症賦》《席弘賦》《類經》《靈樞》《士材三書》《東醫寶鑒》《治症總要》《徐氏八法》《楊氏八法》等。有的則未標明摘引出處，如"虚勞"中的"取膏肓穴法"，係出自《醫學入門》一書。

是書内容大多摘自他書，按照病症分類，對針灸臨床有一定的參考意義。

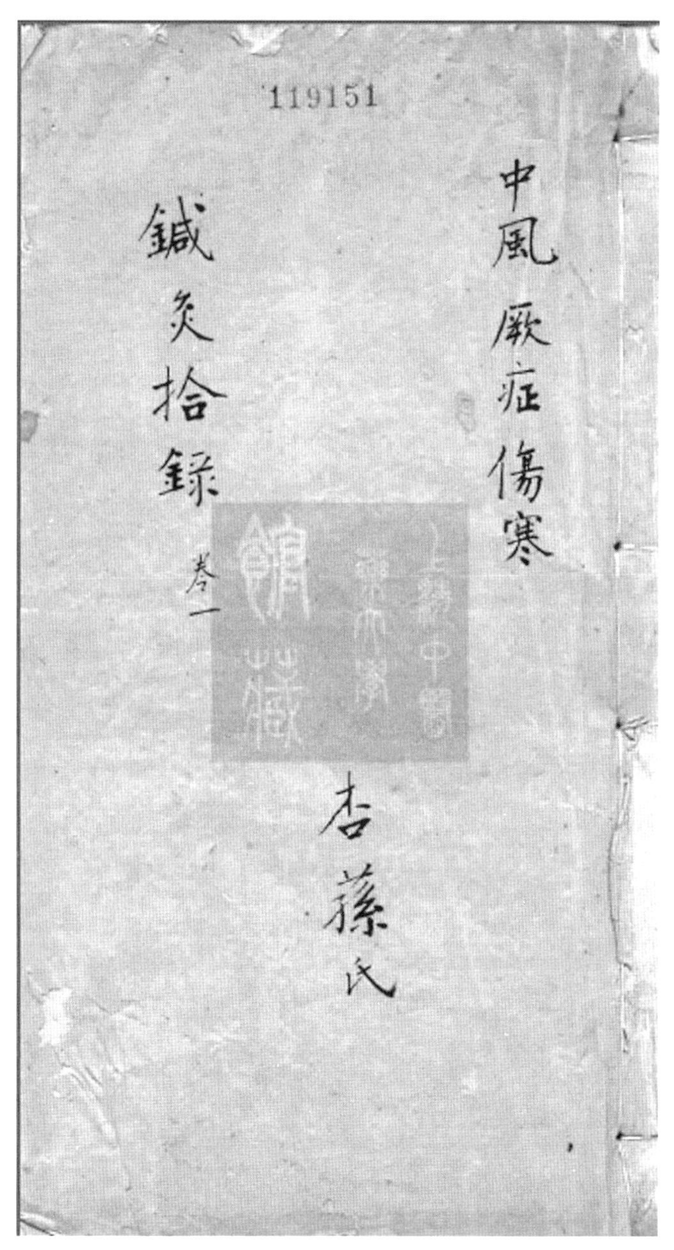
119151
中風厥症傷寒
鍼灸拾録
卷一
杏蓀氏

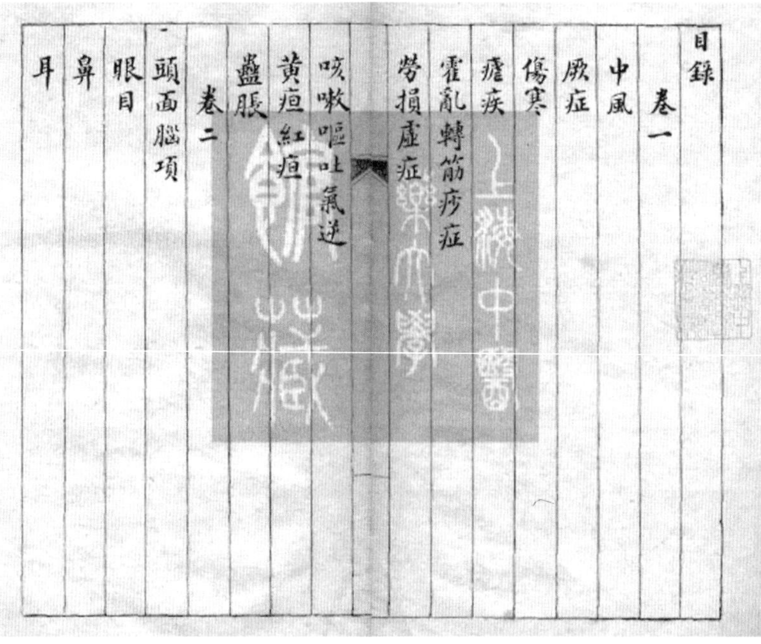

目錄

中風　先在曲澤　委中　印堂刺出血　不出血不效，與稍覺人事，應止血　止血後用大丸枣核艾圍隔姜於左右委中穴共灸之以司醒爲度　若仍不醒刺十宣出血加人中　百会　隱白　湧泉　用提插手法或灸氣海三五壯　口噤不開者加針風池　下关　頰車　半身不遂針灸合谷　曲池　肩髃　环跳　陽陵　足三里　绝骨

中風

中風論　續增治法

中風者有五不治開口閉眼撒屎遺尿喉中雷鳴皆惡候也中風爲百病之長至其變化各不同焉或中於臟或中於腑或痰或氣或喜或怒逆其隙而害成也中於臟則令人不省人事痰涎壅塞喉中雷鳴四肢癱瘓不知疼痛語言蹇澀故難治也中於腑則令人半身不遂口眼喎斜知癢痛能言語形色不變故易治也治之先審其症而後刺之其中五臟六腑形症各有名先須察其源而名其症依標本治之無不效也

一肝中之狀無汗惡寒其色青名曰怒中

二心中之狀多汗怕驚其色赤名曰思慮中

三脾中之狀多汗身熱其色黃名曰喜中

四肺中之狀多汗惡風其色白名曰氣中

五腎中之狀多汗身冷其色黑名曰氣勞中

307 醫學祕本

《醫學祕本》，不分卷，一册。清仲山氏編。作者生平不詳。約成書于清光緒五年（1879）。現存鈔本，藏于上海中醫藥大學圖書館。

卷首爲《經絡統序》《原始》《臟腑聯絡分合詳説》。前兩篇皆附以"釋義"，對其進行闡發。後附"仰人骨度部位圖""伏人骨度部位圖""内景之圖"。次載十二臟腑圖（心包絡、三焦除外）及相應的十二經圖，督脈、任脈二經圖列于後，各經圖後載該經諸穴歌、分寸歌，并述該臟腑經絡，附以"釋義"詳加論述。如論肺臟及肺經部分，依次爲"肺臟之圖""手太陰肺經左右共二十二穴圖""肺臟諸穴歌""又分寸歌""述（肺）"及"釋義"。其後附"手經起止圖"及"足經起止圖"。最後爲《新著四言脈訣》，論述脈義、診脈之法等，又論浮、沉、遲、數等二十七脈的主證。如伏脈主寒、主痛、主水，霍亂吐瀉，氣閉厥逆，飲食不消，關格閉塞。左寸脈伏，沉憂失志；右寸脈伏，氣滯痰積；左關脈伏，血冷脅痛；右關脈伏，吐瀉暴作，中脘積塊；兩尺見伏脈，腎寒火虚，疝瘕痼冷。其後論傷寒、瘧疾、瀉痢、嘔吐等證的脈象善惡。如論嘔吐反胃證，其脈浮滑者昌，弦數緊澀，結腸者死。書末附《脈法心參》。

此書以中醫經絡學説爲基礎，闡述臟腑、經脈的功能狀態。對脈象進行剖析，并以脈象判斷病證之進退善惡，示人脈診在疾病診治中的重要性。

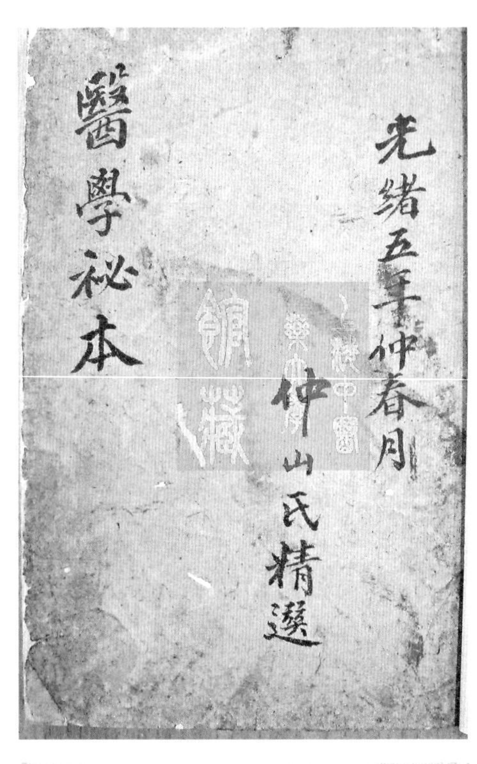
光緒五年仲春月
醫學秘本
仲山氏精選

經絡統序

經絡者人之元氣伏于氣血之中周身流行晝夜無間所謂脉也其脉之直行夫隧者為經其脉之分派交經者為絡其脉絡之支別者如樹之有枝又以其自直行之脉絡而旁行之者也人肖天地以有生其經絡亦肖天地之時運以流行如每日寅時肺臟生卯時流入大腸經辰胃巳脾午心火未時又到小腸經申屬膀胱酉屬腎戌居包絡亥焦輪子膽丑肝寅又肺十二經脉任流行十二經之脉一有壅滯則病太過不及則病外邪入經絡亦病有始在一經久而傳變為症多端其症各有經絡如一頭疼也而有左右前後之不同一眼病也而有大小眥黑白珠上下胞之異當分經絡而治經絡不分倘病在肺經也而用心經藥則肺病不除徒損其心病在血分也而用氣分藥則氣分受傷而血病益甚至外邪入經絡而為傳變之症尤不可不分經絡東垣曰傷寒邪在太陽經誤用葛根湯則引邪入陽明是葛根乃陽明經藥非太陽經藥也由此推之患病之死于藥者不知其幾許人矣方書云不明十二經絡開口動手便錯誠確論也世之庸醫輒曰吾大方脉也非鍼灸科何必識穴曾不思先知經絡後能定穴穴可不識經絡亦可不知乎此其所以為庸也今所彙之書經絡最晰穴不混淆使學者因穴以尋經因絡以尋經絡了然直尋病源庶用藥無惑仁人君子有實心濟世者當注意于此矣

釋義

曰經曰絡又曰支別者由本經而別走隣經也如兩人走路至分路之處相別而各行之也

原始

萬物生于造化之中必賴元氣積累漸次而成形兒在母腹之中亦賴氣血滋長漸次而成體人物之生皆有所本云何也太極乃一氣耳太極生兩儀兩儀生四象四象生五行五行備而萬物生矣當兩儀未判之先總一太極也太極如鄉然內則陰陽混沌也至開闢而生天地輕清為天重濁為地天垂象而有日月星辰地奠形而有山川土石此兩儀生四象也四象具而五行彰天一生水水全清未有渣滓二生火火則薰灼溷濁而將凝也三生木木則半剛半柔而體質成矣四生金金至剛而體質堅矣五生土土則重大質厚而成形是五行備矣五行既備則陰陽交合而化生萬物也人得天地之正氣而生既有陰

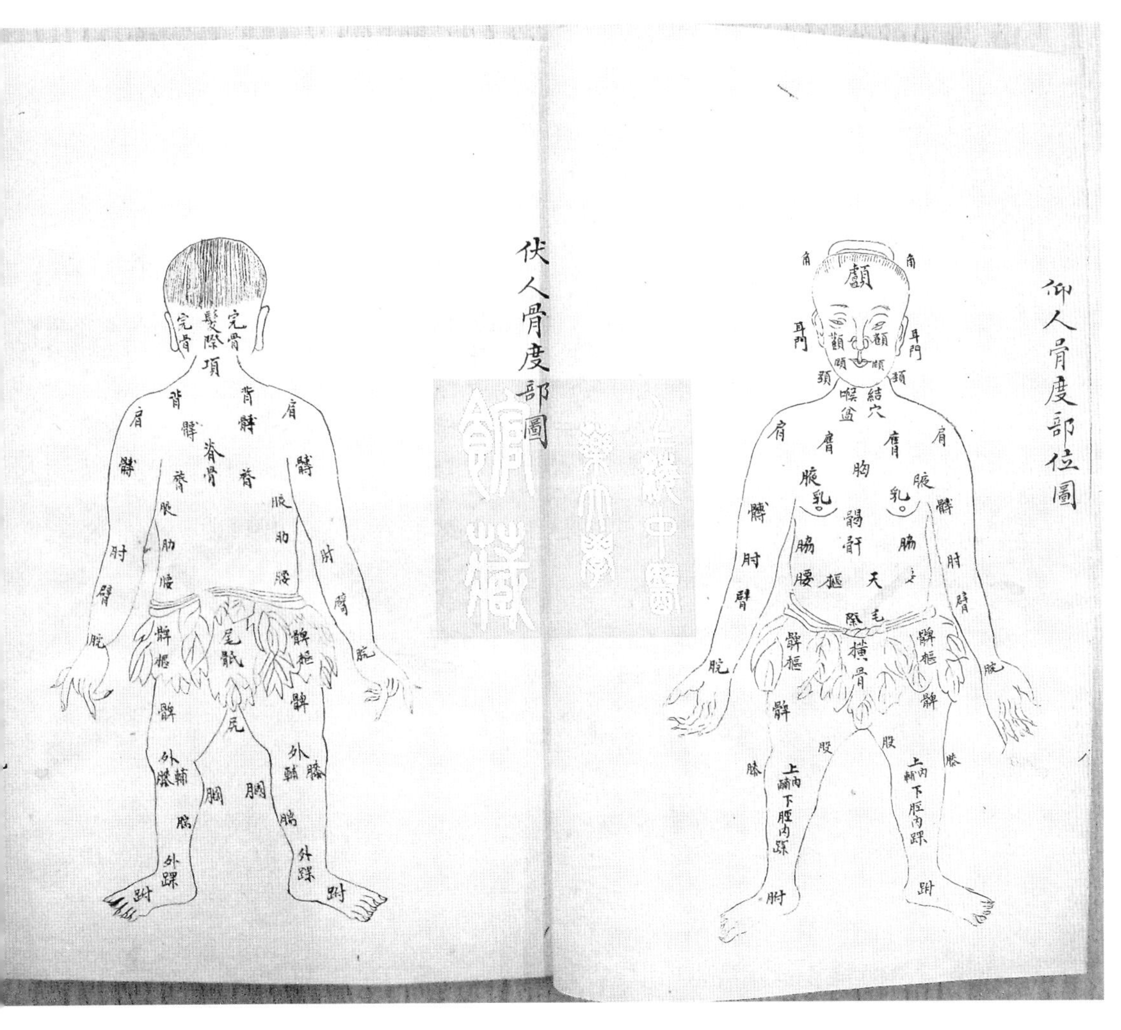
伏人骨度部圖
仰人骨度部位圖

308 醫學簡粹十二經脈起止訣

《醫學簡粹十二經脈起止訣》，不分卷，一册。不著撰者。書首有"折桂齋秘本"字樣。無序跋與目録。《中國中醫古籍總目》載録爲清鈔本。現藏于上海中醫藥大學圖書館。

此本以歌訣形式依次載述心經、肝經、肺經、脾經、腎經、胃經、大腸經、小腸經、膀胱經、三焦經、心包絡經、膽經、奇經八脈、督脈的起止循行路綫及腧穴，同時載有八奇經總訣。

該書所載十二經脈及督脈的起止循行路綫、腧穴，簡單明瞭，便于掌握，對于經絡學的學習有參考價值。

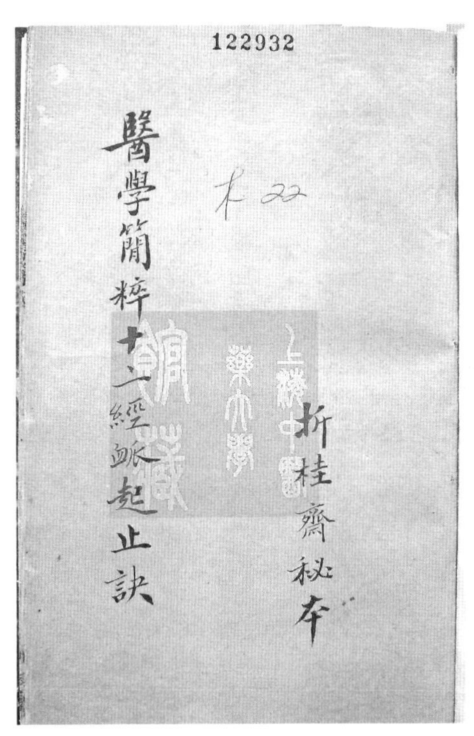

医学簡粹十二经脉起止歌

心經起止訣

丁心火藏手少陰其系有五上連肺下連脾肝腎系三脉起心中屬心系下膈當臍絡小腸支從心系上目際直復從心入肺鄉出循腋下極泉是多氣少血各九穴午時交自大包始循臑後廉行太陰心主兩經同歷此青靈下肘抵少海靈道通里至掌後陰郄神門到掌中少府極手少衝止小指端交手太陰此是心經諸穴是

又

絡爲通里經靈道少海之合俞神門少府滎兮少衝井

醫學簡粹　　折桂齋

七、臨證綜合

309 一見能醫

《一見能醫》，十卷。清朱時進撰。朱時進，字南珍，南匯（今屬上海）人。書首有作者自序與葉鳳毛序，均稱朱氏讀書三十餘年，匯集古今名家之辨論，廣稽博考而成本書。初學之士可依賴而求，按書而治，故曰“一見能醫”。葉鳳毛，字超宗，號恒齋，上海人，清代書畫家。是書現存鈔本，藏于上海中醫藥大學圖書館。《中國中醫古籍總目》謂約成書于清乾隆三十四年（1769）。《中醫古籍珍稀抄本精選》第二册收録該本。

該書卷一載“運氣司天”，分“主運”“客運”“主氣”“客氣”“司天”論述，後附十一首歌訣；次爲“經論總抄”；次爲“望聞問切”，分“望色”“形體”“聞聲”“問診”“血脈”“毛髮”“診病新久”“詐病”“絶證”“切脈”闡述；次爲“入門看病訣”，分“察色”“鼻”“唇口”“耳”“目”“舌”“身”“胸”“腹”“小腹”叙述。卷二載“醫門八法”，分論汗、和、下、消、吐、清、温、補八法。卷三及卷四載“辨症”，共一百零六篇，另附“補遺”一篇。對臨床表現相似，或同一種疾病表現出不同的症狀，或治法與表現不符的疾病，或容易混淆治療的病證進行鑒别論述。有“直中傳經辨”“痞滿結胸辨”“合病併病辨”“真中類中辨”“虚火有五辨”“腹痛分辨”“上病治下辨”等專論。卷五至卷七載“病因賦”，共一百二十四篇。論述各外感内傷雜病的病因病機。如“百病皆生於六氣”，“内傷脾胃者辨有餘與不足”等。卷八載“用藥須知”與“四言脈訣”，以歌賦形式提示用藥原則。卷九、卷十載“病因賦類方”，分“四因”“傷寒”“瘟疫”“内傷”“外感”“中風”等二十四門，載録方劑一百七十四首。

是本介紹中醫對疾病的認識，從基礎理論到臨床方藥均較詳實，且分類清晰，由淺入深，理法方藥分析全面，所附歌訣方便記憶，可供初習中醫者閲讀。

序

醫小道也聖人戒人之無恆謂小道於巫醫不可以無恆也註家詁巫醫為二或曰巫古之掐為醫者孟子曰巫匠亦然巫亦謂醫不曰醫也猶甲之為函也後莫賤於匠乃以醫配之聖賢下視藝術於此夫以堯舜周公

旹

乾隆三十四年姤月十一日

葉鳳毛題

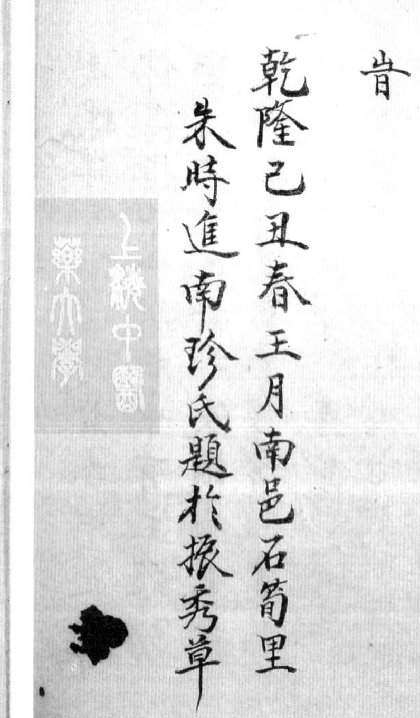

旹

乾隆己丑春王月南邑石筍里

朱時進南珍氏題於振秀草

序

讀書之法廣稽博考參互錯綜兩不可缺中人之姿强識既難貫通非易安望能兼況岐黄之道死生攸寄其於古人方論資乎善記善悟更非儒書比而世之習医者往往以舉業不就退

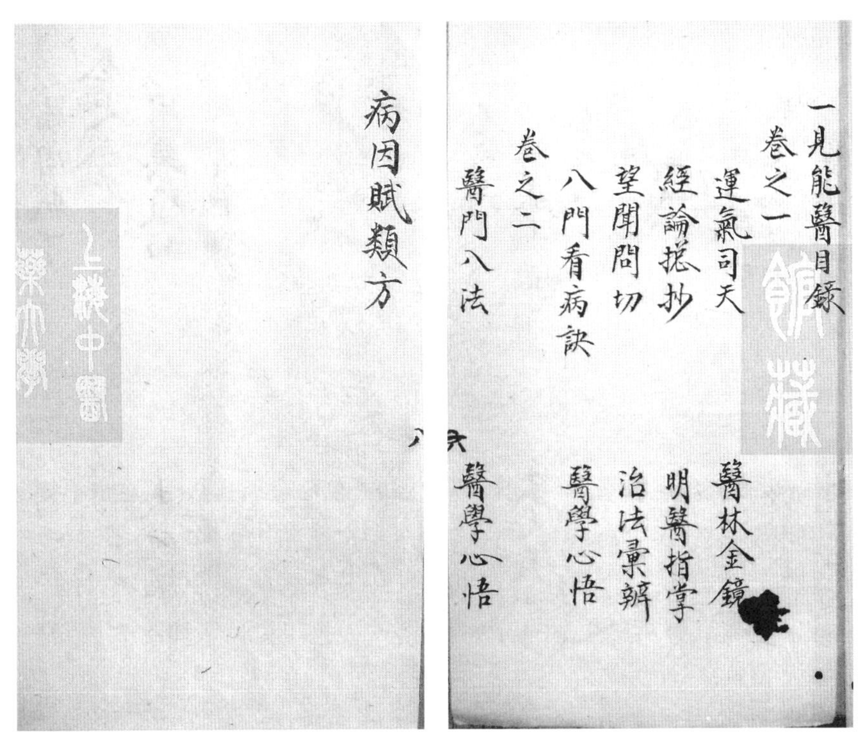

一見能醫目錄

卷之一

運氣司天　醫林金鏡

經論捴抄　明醫指掌

望聞問切　治法彙辨

八門看病訣　醫學心悟

卷之二

醫門八法　醫學心悟

病因賦類方

一見能醫卷一

南滙朱時進南珍氏編輯

男繼祖志高氏　校録

孫大田稼村氏　重録

運氣司天

主運

天氣始於甲地氣始於子天地相合則為甲子故甲子者干支之始也天氣終於癸

310 一硯齋醫鏡

《一硯齋醫鏡》,不分卷,兩册。不著撰者,無序跋與目録。成書年代不詳。書中引用喻嘉言、吴又可之言,并有避“玄”改“元”現象,當成書于清代。《中國中醫古籍總目》載録爲清稿本。現藏于中華醫學會上海分會圖書館。又,清人沈泰搜集其曾祖父沈荃的詩作編爲《一硯齋詩集》,未知此“一硯齋”是否爲彼“一硯齋”。

上册載病證七種,包括虚勞、肺病、耳鳴、腫脹、燥熱、噎隔、瘟疫。每證以醫論的形式加以介紹,不載方藥或僅載一方,每篇不過三百字,簡要精當。如作者認爲虚勞之證應從肺胃入手,“調胃氣使之平,清肺氣使之降……即所以和其肺胃也。常見治虚勞者,多以膩補滯其脾胃,而津液無以化生”,反對時醫濫用滋膩、燥烈之藥。又肺病一證,作者認爲“因熱者多,而外寒束其内熱者則十之七八……所以清熱潤燥,爲治肺緊要關鍵”。該條後載用疏肝法治療肺病亦可取得一定的療效,因“肝之别脈上注於肺,肝火稍清則肺氣稍降”。又耳鳴一證,首載其病因:“(耳鳴)酒熱之氣最先入膽,膽府清净,無出入之路,内藏相火,經脈從耳後入耳中,火性上炎,挾風扇動,翕忽有聲,亦酒客之常病。”“耳鳴”末載一方,藥用八味:玉竹、山藥、蓮子、木瓜、烏梅、黨參、芡實、粳米。又腫脹從中土衰微、失于健運而論,燥熱從肝血不足、燥久生熱而論,噎隔從五志化火、上蒸于膈而論,疫邪從天氣者舍于肺、從地氣者舍于胃而論。各篇所論以肺胃爲重,以熱證爲多,治以清熱潤燥、培土生金之法。部分篇章引張仲景、喻嘉言、吴又可之醫論。下册載藥物所屬,按經脈的表裏關係分爲肺、大腸、心、小腸、脾、胃、腎、膀胱、肝、膽、心包、三焦十二類,藥物下載性味功效。每類所載藥物數量不等,多則五十餘味,少則八味。如“三焦”類,其下僅列藥物八味:炙甘草、香附、木香、白蔻、草果、連翹、芒硝、秋石，炙甘草下注“甘温補氣”，草果下注“辛熱破氣降痰”等。而“心”類載所屬藥物達五十味，包括人參、生甘草、黄精、細辛、丹參等，人參下載“甘温大補”，生甘草下注“甘平瀉火”，細辛下注“辛温引經”等。書末對每類藥物亦有少量補充。

本書草體書寫，有多處刪改。所載病證較少，論述簡明易懂，適合初學者閱讀。

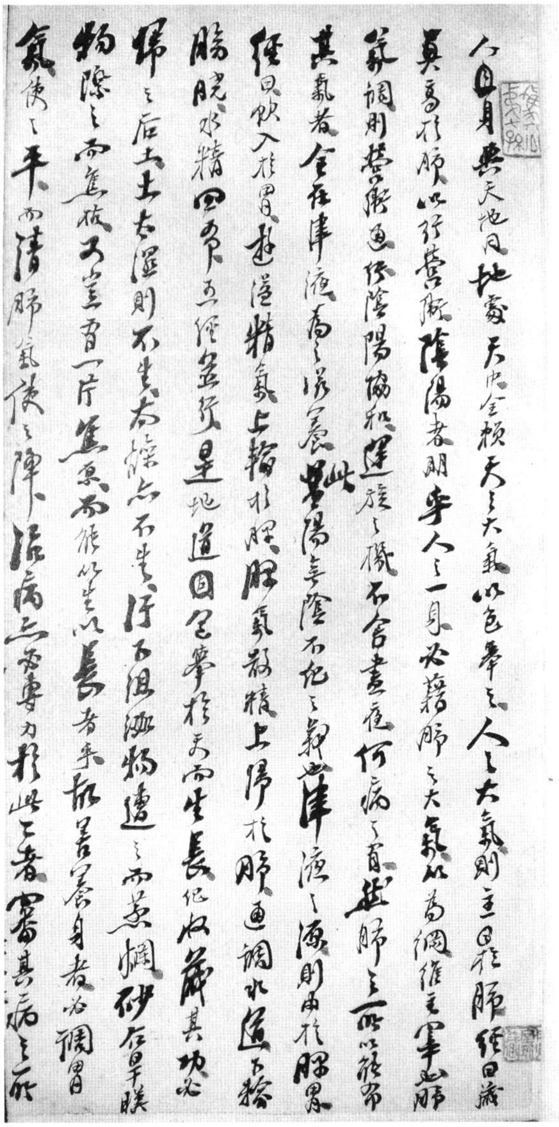

肺

人參 甘溫大補　土人參 甘寒補陰　西洋參 苦寒微甘補陰虛　北沙參 甘苦微寒補清

黃芪 甘溫微寒解表利氣　黃精 甘平潤　玉竹 甘平補潤　黃耆 甘溫補氣

桔梗 苦辛平升浮　前胡 辛甘苦微寒散風降氣　防風 辛甘微溫潤　升麻 甘辛微苦表散

白芨 苦辛平止血生肺　黃芩 苦寒瀉火　貝母 潤肺 苦辛微寒散鬱　白前 辛甘寒降氣下痰

杏仁 辛苦溫行滯　白芍 苦酸微寒斂陰　鬱金 辛苦微甘寒上行　白蔻 辛熱散滯

藿香 辛甘溫快氣　白芷 辛香通散　香薷 辛溫解表　紫蘇 辛散下降氣

雞蘇 辛溫下氣　薄荷 辛涼散升　麥冬 甘微苦寒清熱　甘菊花 甘苦微寒

麻黃 辛苦溫發　白[illegible] 辛苦溫瀉氣　牛蒡 辛苦寒瀉熱宣氣　車前子 清肺熱甘寒

燈心 甘淡微寒清熱　葶藶 辛苦寒下氣行水　旋覆花 苦辛鹹微溫通血脈　[illegible] 辛溫潤肺

款冬花 辛溫潤　南星 辛溫燥　牽牛 辛熱瀉氣逆熱　射干 苦寒行積痰

嗌隔一證，乃五志之火上炎於膈，並其津液膠結上脘，閉塞不通。水穀不入者，水竟也；食不能入者，食阻也。以陽遏陰而相格拒，不得納矣。勢必先清其火，痰鬱結而開散。外來之火可清，而內生之火不可折，惟有純用甘寒一法，潤澤枯燥以開之，無不速效。其尤要者，則在息心存神，顧內照，使方寸澹然，不為微擾，陰陽和而精微化，得返上焦如霧之常，此則非藥石之所能及也。若但執日前之捷效，以為香燥等藥耗液劫陰，則內火益熾，津液愈結，而不起之道矣。

311 大方折衷

《大方折衷》，三卷，五册，殘本。撰者與成書年代不詳，藏館著録爲清代。現存鈔本，藏于上海圖書館。

是本列“中風”“中寒”“暑病”“斑疹”等内科、五官科病證共四十四門。各門先述該證大意，次論内因、外候，再論特色及脈法，最後立治法，所述證論皆源于前賢經典要論。如濕證大意引《奇效良方》云：“濕者土之氣，土者火之子，故濕病多自熱生，蓋火熱能生土濕也。”又引丹溪之言補充：“六氣之中，濕熱爲病十居八九。”中風内因采摘嚴用和、李東垣、朱丹溪之論，而中風外候所論來自《醫鑒》《素問》。每門又因病證特點不同而有分篇論述，如血病章，有“血原五臟”“血榮四周”“陰血難成易虧”“血症變遷”“陰虛血錯經妄行”等論。最後所立治法，亦來源于前賢經驗大法方，如氣病章有“女人多氣”一論，針對女人多氣的特點，引《醫鑒》之法，云“婦人宜調其血以耗其氣，男子宜調其氣以養其血”。是本皆爲兩節本，下層爲正文，上層爲所附之證或對應病證治法、急救法之類。是本僅有第二册存中卷目録。第三册文後附上卷各證附方八十九首，據此可補充上卷缺佚篇章。所載附方皆爲歷代名方，如治傷食的保和丸、木香檳榔丸，治喘病的四磨湯、蘇子降氣湯、九寶湯等。

是書論述條理清晰，可供後學者參閲。但其所存篇章混亂，第二、三册與第四、五册均載二十一至三十二章，而所載病證不同，字迹亦有别。經辨析字迹及篇章名目，發現下述現象：第一至三册與第四、五册分别爲兩人所抄；第一至三册爲《大方折衷》上、中卷，共四十八章，現存一至八、二十一至三十五共二十三章；第四、五册篇末稱“大方折衷下卷終”，但記爲十二至三十三共二十二章，與前三册章節重複，但病證不同。故是書疑爲兩人抄同一書而混淆章節，或因同稱爲“大方折衷”，且撰寫體例相似而混爲一書，參閲時需加注意。

大方折衷中卷

訓老丸　補下元潤皮膚延年益壽髮白轉黑齒落更生

生地　熟地　牛膝
山藥　茯苓　枸杞各五兩
川椒　首烏　藁本十兩

右爲末酒丸每五十丸空心溫酒或鹽湯下

大方折衷下卷終

故鬚不生焉

論宦者無鬚

岐伯云宦者去其宗筋傷衝任脉血瀉不復皮膚内結唇口不榮故鬚不生

論天宦無鬚

靈樞云天宦未常破傷不脫于血然其鬚不生者此天之所不足也其衝任不盛宗筋不成有氣無血唇口不榮故鬚不生

312 大方折衷

《大方折衷》，兩卷。明秦昌遇著。秦昌遇介紹見本書“026增補病機提要”。此本無序跋，首頁題爲“秦御醫景明大方折衷”，下有“後學李士材、施笠澤同閱”。李士材、施笠澤均爲明末清初上海醫家。李士材介紹見本書“057傷寒金丹”。施笠澤，名沛，號云云子，精于醫，尤擅治傷寒，與李中梓多有交往，生卒時間不詳，著有《臟腑指掌圖書》《祖劑》《説療》《脈微》《醫醫》等。是本當爲明代晚期鈔本，現藏于上海圖書館。《中國中醫古籍總目》未收載。

是本上卷爲傷寒、内傷、中風、中濕、中暑、瘧證、痢疾、泄瀉、閉結等九門，下卷爲疝證、諸氣、諸血、勞證、咳嗽、眼疾、喉證等七門，共涉及病證二十八種。每種病證均簡明扼要地論述病源、病機、辨證以及用藥範例。其中用藥範例不列具體方劑，而是就用藥原則加以闡述。如：“内傷於血，視所傷何部，分上中下治之。胸痛用紅花、降香、紅麴、丹皮之類，以桔梗引經，枳殼開氣；兩脅痛用蘇木、紅花、歸尾、桃仁之類，而以青皮、柴胡引經，木香調氣；中脘痛用歸尾、紅花、山楂、蘇木、蓬术之類，以青皮、官桂引經，檳榔破氣；痛甚者加玄胡索、乳香、沒藥。倘血并而不行，加穿山甲、麝香，水酒同煮。”

“大方”亦稱大方脈，即指内科；“折衷”有作爲準則之意。“大方折衷”意爲内科臨證的準則。此本應爲秦氏諸《折衷》的一種，内容爲秦氏遵《内經》、傷寒之旨，根據自己的臨證經驗所撰，提綱挈領，簡明扼要。考《江南通志》載，秦氏著有《大方折衷》，但未見刊刻。此本内容完整，品相較好，對于完善秦氏著述，研究其學術思想有較高價值。此外，關于秦氏的生卒時間，各中醫人物詞典均無明確記載，多指出與李中梓同期，從此本中的“後學李士材、施笠澤同閱”提示，秦昌遇的生卒時間和學醫時間均要早于李中梓。

秦御醫景明大方折衷卷下

後學　李士材　施笠澤同閱

疝證

諸氣

諸血

勞證　附遺精　盜汗　骨蒸

欬嗽　附痰證

秦御醫景明大方折衷卷上

後學　李士材　施笠澤同閱

傷寒　附瘟疫　脚氣　痧疹　傷風

內傷

中風　附癇證　癘風

中溼　附痿證

中暑　附中熱

313 五方宜範

《五方宜範》,不分卷。明芮養仁編著。芮養仁,字六吉,太平府(今安徽當塗)人。是本卷首引《圖書集成·醫部全録》卷五百十七《醫術名流列傳》十四明八:"按《太平府志》,芮養仁,字六吉。醫有別解,爲人悃愊,廣聞見,士大夫多與之游。著《醫經原始》《五方宜範》等書十餘卷,行於世。"何時希《中國歷代醫家傳録》引《江南通志》:"芮養仁,字六吉,當塗人,精于醫。著有《醫經原始》諸書。"書首有"史可程式",落款爲"順治甲午(1654)春正月瀨江通家眷弟史可程頓首識"。書名和目次應爲後人所加,與鈔本正文的字體明顯不同。現存清初鈔本,藏于上海中醫藥大學圖書館。

本書首列《脈分三部論》,論寸、關、尺三部一體,息息相關;次爲《診脈要論》,論述各種脈象的主病;次爲《肺大腸命門脈》《心小腸脈》《脾胃脈》《肝膽脈》《腎膀胱脈》,分述五臟脈的生理病理脈象;次爲《陰陽五行藥提綱論》,論述何爲陰病、陽病,及如何根據陰陽五行生克理論處方用藥;次爲《西方手太陰經病治法大略》《東方足厥陰經病治法大略》《北方足少陰經病治法大略》《南方手少陰經病治法大略》《中央足太陰經病治法大略》,分別論述五方經病的病理表現和治法及加減用藥。附"用藥提綱""火候",乃芮氏口授,門人整理,其主治不越"五方治法"範圍。

本書强調脈診,對臨證用藥有一定參考價值。

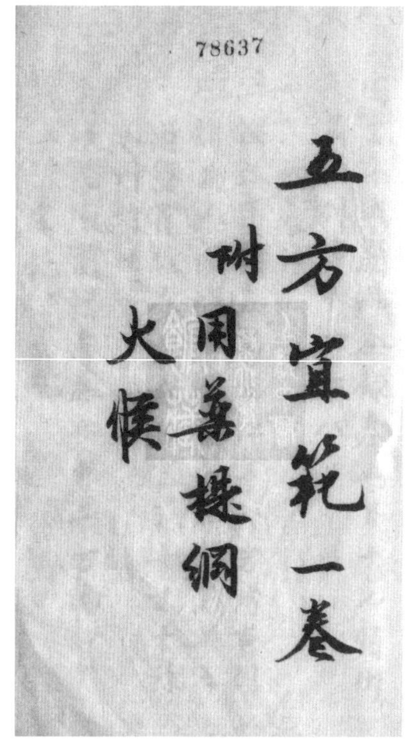

78637

五方宜範一卷

附用藥提綱

火候

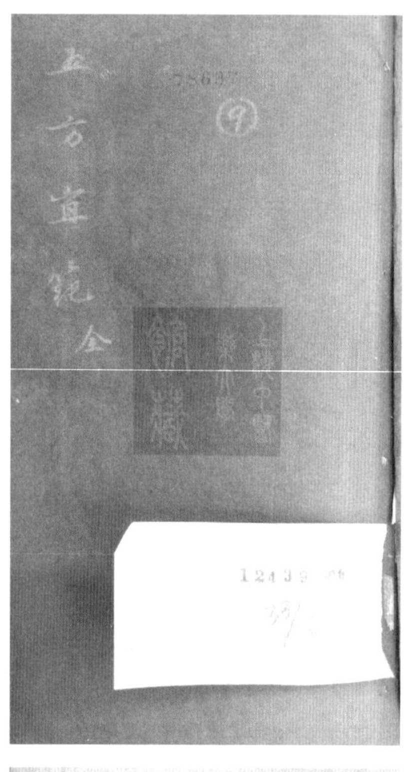

五方宜範目次

史可程序

脉分三部論

診脉要論

肺大腸命门脉

心小腸脉

脾胃脉

肝膽脉

腎膀胱脉

圖書集成醫部全錄卷五百十七醫術

名流列傳十四明八

芮養仁

按太平府志，芮養仁，字六吉，醫有别解，為人倜儻，廣聞見，士大夫多與之游，著醫經原始、五方宜範等書十餘卷行於世

丹波元胤醫籍考卷六十二方論四十

五方宜範　未見

序

人身小天地也得其道則生失其道則死夫錯綜三才雕鏤萬物神智以視何等然周身以内舉而相觸則瞢瞢如也及乎疾疢交作乃委之于醫醫又委之于方幸而中其功也不幸而敗則曰命實制之噫乎人之不愛其身歟醫之貴人而嘗試豈非斯世一大痛哉兵無利鈍將明則強藥無毒良醫明則効然則非藥之能為治而醫者之意能予之以生也傾兵法無常變化在乎一心括讀父書而覆周禮數聖之制王制公不善用之而宋社以屋多讀書精研理操此以期十全吾未見其有獲也古之為醫者學道養生以幾乎仙其時有詭譎之病隨有奇創之治彼蓋洞徹源流躋其閫奧遊神于無始故如取而如攜耳苟君六吉庶幾其人乎所著火候醫經原始五方宜範

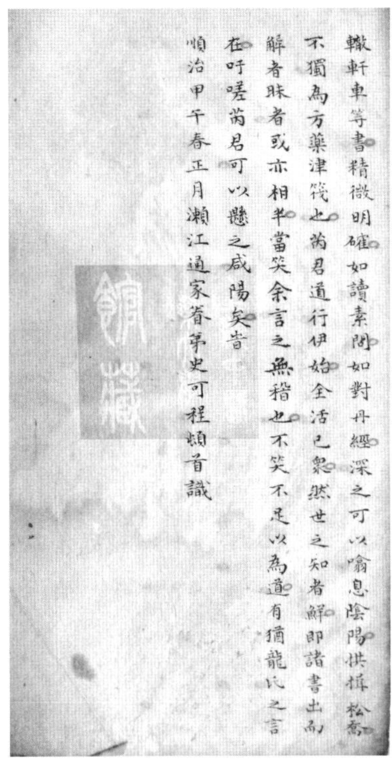

輶軒車等書精微明確如讀素問如對丹經深之可以喻息陰陽拱揖松喬不獨為方藥津筏也苟君道行伊始全活已衆然世之知者鮮即諸書出而解者眛者或亦相半當笑余言之無稽也不笑不足以為道有猶龍氏之言在吁嗟苟君可以懸之咸陽矣旹

順治甲午春正月瀨江通家眷弟史可程頓首識

五方宜範

脈分三部論

脈分三部而三部之中又分之為三三三而九何也内經曰天地之至數始于一終于九也天地人為三部從一而三乾之陽數也三三而九亦陽數也易曰大哉乾元萬物資始是乾為陽之元也又曰太極也太極生兩儀兩儀者天地也天地成而人位乎中是謂三才内經曰三而成天三而成地三而成人卦爻之衆取三脈分三部殆有由也然謂之寸關尺者何夫尺寸者始于一成于十乃生成之數也關者謂尺寸相關上下流通陰陽往來脈之道

分診藏府部位宜宗李士材三書正脈以内外定六部以浮沉定似誤今改之

肺大腸命門脈

内經曰肺象金而剛決主氣屬金金主堅強輕清而浮金氣清肅天地之所收引也秋主收斂故脈本浮濇而短難經曰秋脈如毛肺氣輕清之象也如或濇而浮微微而散者肺金不足也肺屬辛金乾位主尊右手寸口浮取之大腸屬庚金與肺為表裏内經曰大腸在下位卑在尺部沉取之沉而有力者實也無力者虛也命門屬先天之真陽藏于右尺腎部陽主動浮取之浮而緩實者真陽足也浮而散大浮而細者虛也

心小腸脈

内經曰心象火而炎上主血屬火主陽陽主動脈本洪大而散天地之所長養也若長夏長養萬物火旺之象也心為一火屬陽主浮君位乎尊左手寸

314 五法總論

《五法總論》，又名《窺垣秘術》，兩卷。明陳長卿撰。陳長卿，字養晦，楚黄（今屬湖北麻城）人，精研仲景之學，著有《傷寒五法》。該書無序跋。據《中國中醫古籍總目》記載，約成書于明崇禎十七年（1644）。上海中醫藥大學圖書館藏有清鈔本。

該書每卷首均有目録。卷一有“五法總論”“脈法”“察證總論”“五法大旨”“五法次序説”“五法諸證”“五法問答”。卷二有“五法似證”與“五法雜論”兩部分内容。“五法似證”中又有“少陰證似太陽”“表證身痛誤作直中身痛”“表證自汗誤作裏證自汗”“陽明經病誤作腑病”“如狂誤作正狂”“動陰血誤作鼻衄”“表惡寒認作裏惡寒”“陰躁似陽躁”“瘀血發黄似鬱熱發黄”“熱厥似寒厥”“直中咽痛似傳經咽痛”“太陽實脈似少陰脈”“太陽脈似少陰”“太陽腑痛似裏症”“津液内竭小便不利誤利小便”“熱霍亂誤作寒霍亂”“中暑似熱病”共十七篇。“五法雜論”有“傷寒促證不拘日數論”“逐邪必論源論”“上中下論”“表裏虚實及實中有虚虚中有實論”“經腑總論”“太陽腑病論”“傳經直中論”“感冒論”“陰陽毒論”“熱入血室論”“厥逆論”“勞力感寒論”“四時疫癘論”“麻疹痘及傷寒分辨論”“辛凉藥味辨”“服藥論”“兩感傷寒論”“合病并病”“流注傷寒論”“胎前傷寒論”“産後及久病傷寒論”“太陽不可利小便論”“三陰不可下論”“蒸熱可下論”“頭痛可下論”“取證不取脈論”“取脈不取證論”“傳足不傳手經論”“勞復食復論”共二十九篇。認爲“仲景設立五法以爲治傷寒之綱領：一曰發汗，二曰解肌，三曰和解，四曰攻裏，五曰救裏”。指出外感病各階段所用治法與藥物性味均不同，發須辛甘，解須辛凉，和須凉重，攻須苦寒，救須温熱。“五法問答”以問答的形式闡明疾病的類證辨證及治法。

該書對外感傷寒在不同階段的五種治法進行論述，所載五法問答對于臨床鑒別診斷有參考價值。

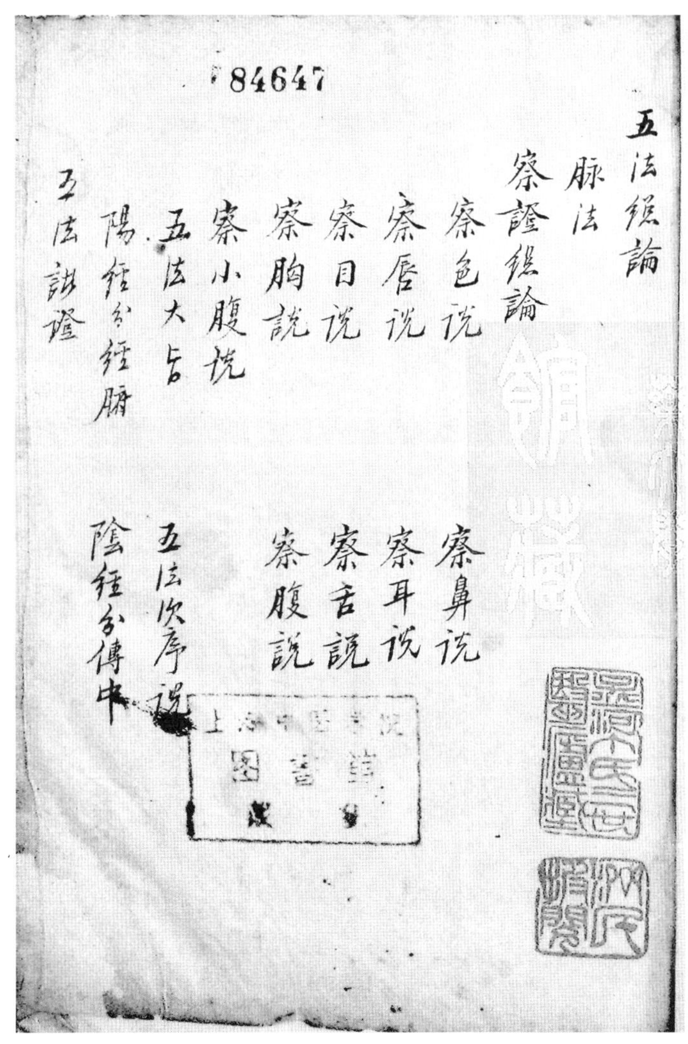

五法總論
脉法
察證總論
察色說
察鼻說
察唇說
察耳說
察目說
察舌說
察胸說
察腹說
察小腹說
五法大旨
五法次序說
陽經分經腑
陰經分傳中
五法辨證

表證　肌肉
和解　攻裏
救裏　附表裏俱見證

五法問答

發表計十二條　肌肉計三條
和解計十條　攻裏計十六條
救裏計十一條

五法總論

或問曰傷寒之為病證何獨多治傷寒之法之何獨煩不知何道之從得其要法而不畏其證之多也予曰春氣溫和夏氣暑熱秋氣清涼冬氣嚴寒此四時正氣之序也若春應溫而反大寒夏應熱而反大涼秋應涼而反大熱冬應寒而反大溫此四時不正之氣也四時不正之氣皆能傷人而寒之傷人獨多以冬之寒凜冽萬物閉藏人若處護不周起居不節以致寒氣邪侵入或中之重者與人之怯弱者此時即病名正傷寒或感之輕者與人之壯實者此時不即病邪氣藏於肌膚間至春因溫氣觸發名曰溫病至夏因暑熱氣觸發者名曰熱病乃因天時之氣以名病約而言之以寒為本然亦有由太陽自表傳裏者有不由太陽而直中少陰者夫人之一身經有十二獨此二經受傷

在表則有頭疼惡寒發熱之症現焉在裏則有口渴便閉之症現焉在半表裏則有寒熱目眩口苦脇痛之症現焉裏寒則有嘔吐下利清穀少腹疼痛四肢厥逆之症現焉此即投症之法症既投則發表攻裏和解溫補治之有術矣

卷二

五法似證

少陰證似太陽　表證身痛誤作直中身痛
表證自汗誤作裏證自汗　陽明經病誤作腑病
如狂誤作正狂　動陰血誤作鼻衄
表惡寒誤作裏惡寒　陰躁似陽躁
瘀血發黃似鬱熱發黃　熱厥似寒厥
直中咽痛似傳經咽痛　太陽無脉似陰脉
太陽脉似少陰　太陽腑病似裏證
津液內竭小便不利誤利使熱霍亂誤作寒霍亂
中暑似熱病證

五法雜論

傷寒傳論不拘日數論　逐邪必絕源論
上中下論　表裏虛實及實中有虛虛中有實論
經腑總論　太陽腑病論
傳經直中論　感冒論
陰陽毒論　熱入血室論
厥熱論　勞力感寒論
四時疫癘論　麻疹痘及傷寒分辨論

315 内美含章

《内美含章》，十二卷。清高拙脩編。高拙脩，蘿川人，號自在老人。該書成于清嘉慶十年（1805）。現存稿本，藏于上海中醫藥大學圖書館。

首卷論述“運氣脈藥”。運氣部分將《内經》運氣要語編成歌訣，并列圖于前，後有按語詳加説明。主要論述太虚（即太極）、天地陰陽、五行生克制化、五運六氣、南北二政等相關内容。脈學部分以歌訣形式闡述浮、沉、遲、數、滑、澀、虚、實、長、短、洪、微、緊、緩、芤、弦、革、牢、濡、弱、散、細、伏、動、促、結、代，共二十七種脈的體狀、相類脈、主病，其中兼附按語。後附診脈方法，并論述臟腑、血氣、脾胃、十二經絡、奇經八脈的綱旨精義。藥部主要根據藥物類别、性味進行分類，兼述藥物炮製、十八反、十九畏、服藥禁忌、服藥法等。此卷最後附有各種證候的病機賦。卷二爲外感科，主要論述中風及傷寒的各種證候，如蓄血、惡寒、結胸等，其中兼有杜清碧驗證舌法。卷三爲婦科，論述經、帶、胎、産及雜病的各種病證。卷四爲小兒科，論述兒科疾病的審證方法，如觀形色、面部、額前、脈指等，以及兒科護理、兒科各種外感内傷雜病證候的治療。卷五、卷六爲内科，列述痰飲、積聚、健忘、驚悸等七十餘種病證。卷七爲頭面眼目諸疾，論述頭面、五官的疾病，其中詳述眼目的各種内傷、外傷病證。卷八爲外科，論述如癰疽、瘰癧、癭瘤、乳癰等百餘種病證。卷九爲針灸，論述臟腑十二經的起止、奇經八脈的循行、各經穴位、骨度以及各種針法、灸法。以上各科的各種病證，作者皆詳述其病因病機、臨床表現以及治療大法，并針對其具體病因、臨床表現施以相應的方藥，方藥的組成、煎服法、加減變化、服藥禁忌，乃至方歌亦兼而備之。卷十至卷十二爲方劑部分，涵蓋臨床内、外、婦、兒各科各種病證的治法方藥、藥物組成劑量及煎服法。此外還論及居處、飲食、調攝、按摩等安養法以及某些事物，如清醬、腐乾、糟魚、風鷄等製法。

全書内容豐富，資料翔實，融歌訣于其中，便于記誦，深入淺出，簡明實用，可爲臨床提供借鑒。

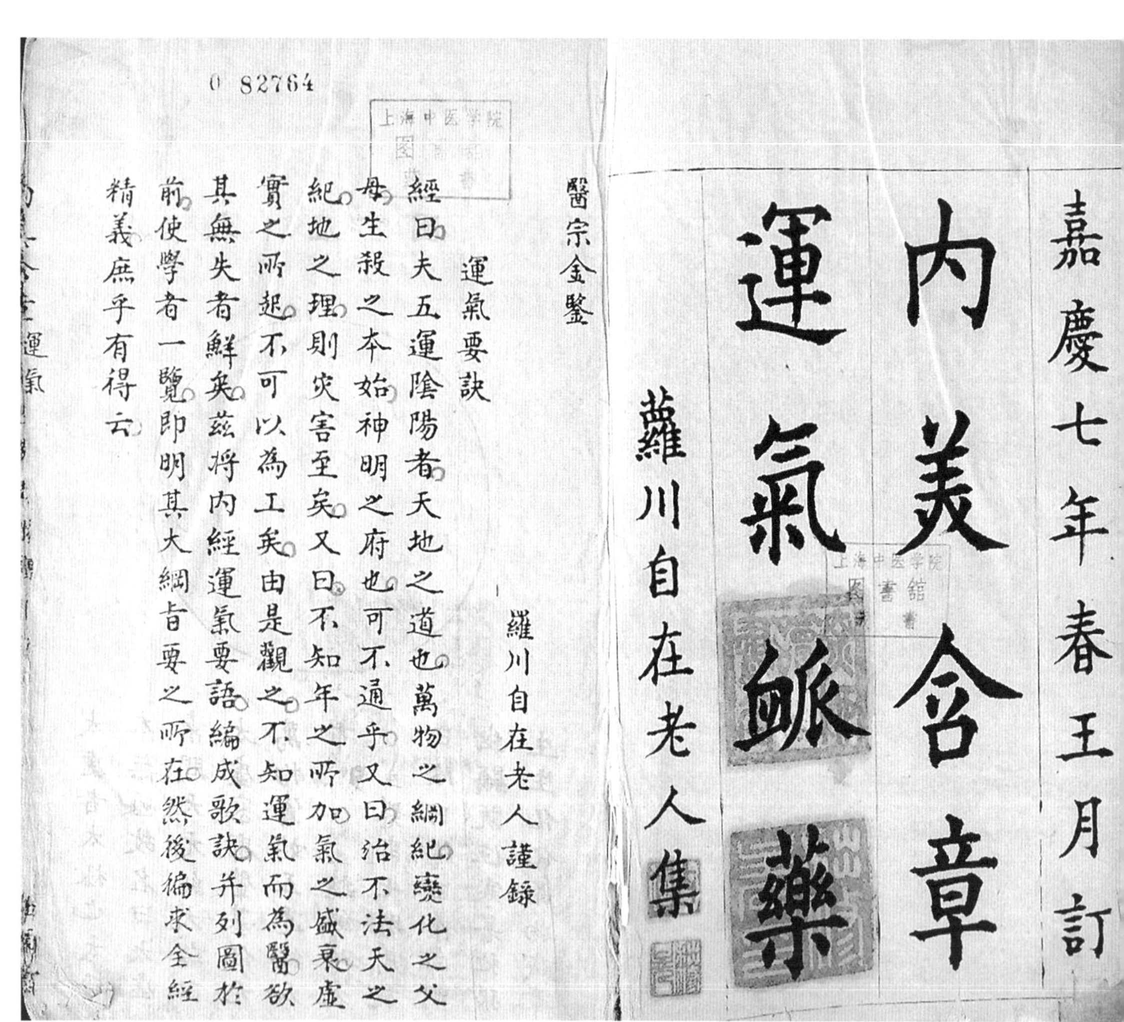

嘉慶七年春王月訂

内美含章

運氣脈藥

蘿川自在老人集

醫宗金鑒

運氣要訣

蘿川自在老人謹録

經曰夫五運陰陽者天地之道也萬物之綱紀變化之父母生殺之本始神明之府也可不通乎又曰治不法天之紀地之理則灾害至矣又曰不知年之所加氣之盛衰虚實之所起不可以為工矣由是觀之不知運氣而為醫欲其無失者鮮矣茲將内經運氣要語編成歌訣并列圖於前使學者一覽即明其大綱旨要之所在然後徧求全經精義庶乎有得云

嘉慶九年歲次甲子三月三日訂本

内美合章
内傷科

蘿川拙脩子集

内外傷辨

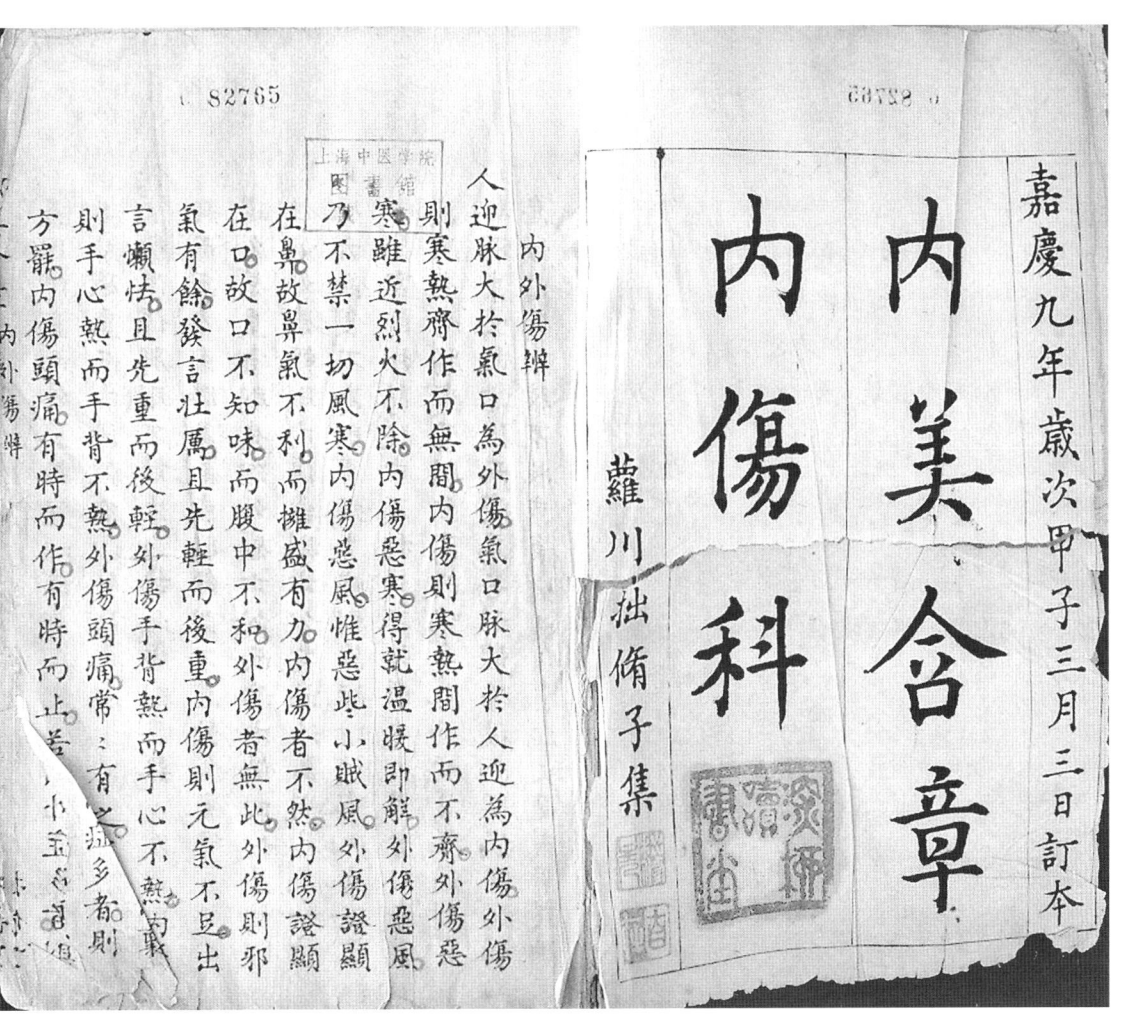

人迎脉大於氣口為外傷，氣口脉大於人迎為内傷。外傷則寒熱齊作而無間，内傷則寒熱間作而不齊。外傷惡寒，雖近烈火不除；内傷惡寒，得就溫暖即解。外傷惡風，乃不禁一切風寒；内傷惡風，惟惡些小賊風。外傷證顯在鼻，故鼻氣不利而擁盛有力，内傷者不然。内傷證顯在口，故口不知味而腹中不和，外傷者無此。外傷則邪氣有餘，發言壯厲，且先輕而後重；内傷則元氣不足，出言懶怯，且先重而後輕。外傷手背熱而手心不熱，内傷則手心熱而手背不熱。外傷頭痛常常有之，[illegible]多者則方罷；内傷頭痛有時而作，有時而止。若[illegible]

316 仙方遺蹟

《仙方遺蹟》,上下兩卷,兩册。明程正通著,程曦釋,江倬参注。程正通(1587–1667),名衍道,又名正通,字敬通,歙縣西鄉槐塘(今屬安徽)人,明末醫家,名醫程玠之侄孫,爲"新安醫派"名醫之一。是書現存敏芳鈔本,藏于上海中醫藥大學圖書館。此本首頁及上下卷正文第一頁均印有"上海中醫學院圖書館藏書章"。

是書爲紅格本抄寫,上卷前半部分有紅筆圈點,紙張上印有"上海世界出版合作社監製"字樣。兩册封面除寫有書名"仙方遺蹟"外,另有"敏芳"二字。兩册扉頁書名兩側有"松崖程正通先生著"及"筱窗山房珍藏"題款。正文前有程曦所作序文一篇及凡例一篇,序後落款爲"光緒九年孟春右歙程曦錦雯自題"。凡例後題有"錦雯程曦識"及"丙寅冬敏芳抄"字樣。凡例中提及真迹藏于筱窗山房。是書所收醫案共五十七則,其中八則無案,僅有診治日期及藥物組成。其餘每則醫案均先記處方日期,再簡述脈證及治則,後列藥物組成。部分醫案日期前記有患者的姓名或稱謂。大部分方後有程曦所作釋文,主要分析醫案的病因病機及組方配伍,部分方後另有江倬的注文。五十七首醫方中,有内科方四十二首,婦科方八首,眼科方五首,外用方兩首。劑型包括湯、丸、膏以及外敷方。

是書各則案語大多要言不繁,如"久瀉脈細當補火"七字就將脈證治則簡要描述。方藥配伍雖大多寥寥數味却少而精當,藥物組成少則四味,多亦祇六七味而已,方後的注釋亦多詳細而透徹,對臨證均有較好的參考作用。

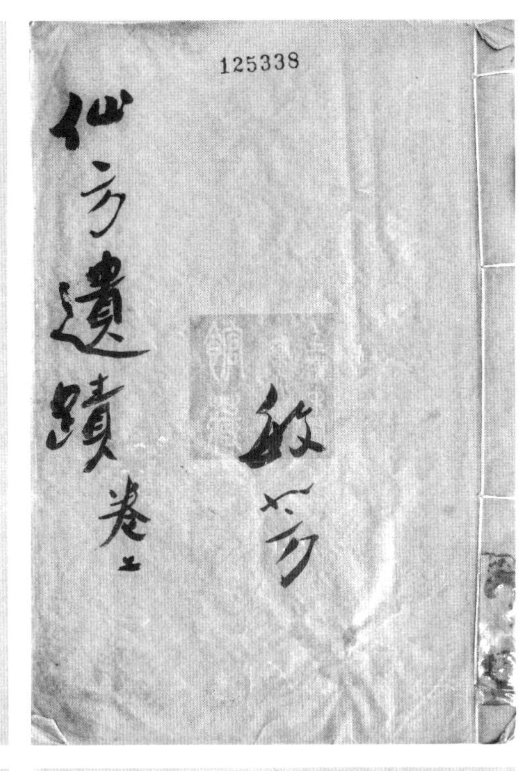

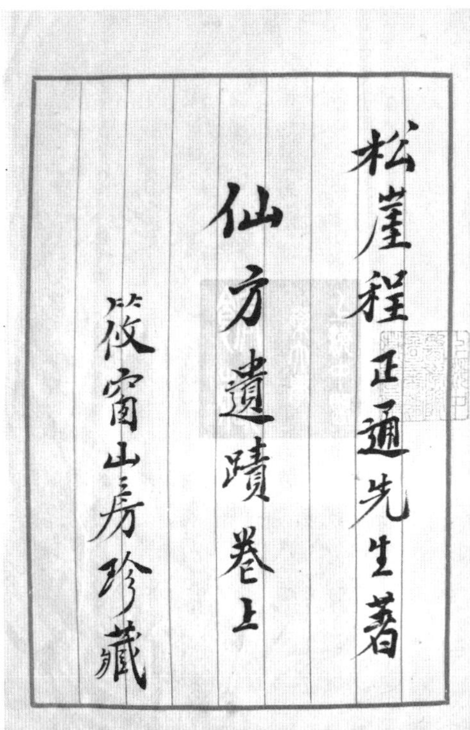

松崖程正通先生著

仙方遺蹟 卷上

筱窗山房珍藏

序

吾家正通先生乃槐塘仙醫也術妙軒岐功侔盧扁視人病疾有若洞見臟府者相傳有人因持重斷腸先生用切肝補腸法治之其人得活一日途遇數人扶一櫬至先生見櫬內漏鮮血數點遂問櫬中人因何病而亡其人言斃於產先生曰斯人尚活急啟棺用鍼鍼之果復活又一日就醫之人滿座內有一人忽吐鮮血勢如湧泉眾為駭然先生急診之六脈調和因執其手曰吐血之症斷無斯脈

凡例

書中皆先生臨症之方見其書清老氣橫秋殊為脫俗爰細細鈔摹以俟同志者鑒賞其真蹟藏於筱山窗山房諸方註釋悉商於窗友汪子韻泉雷子吉亭一同參訂皆引諸書以詳其義不敢自逞臆見以欺人倘有未中窾處就當世高明正之是幸

遺方共計五十七則內有八方無案不能勉強註之但又不忍棄之姑留卷內聊擬主治何病書中之方過寡奈無覓處設同道有診藏者懇假一摹以公

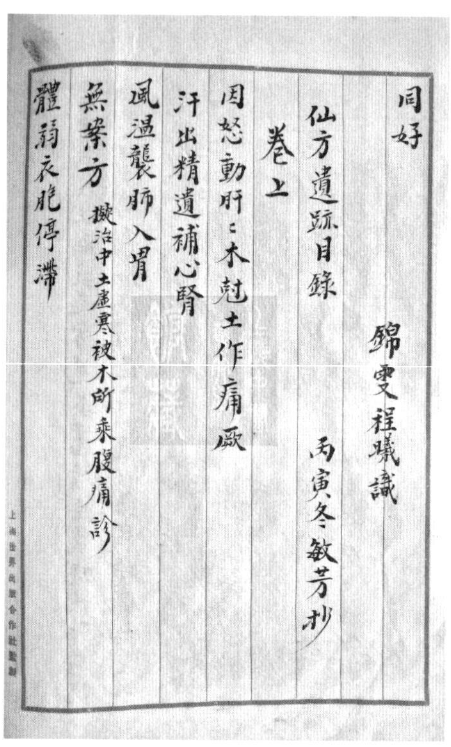
同好　錦雯程曦識

仙方遺跡目錄　丙寅冬敏芳抄

卷上

因怒動肝〻木剋土作痛厥

汗出精遺補心腎

風温襲肺入胃

無案方　擬治中土虛寒被木所乘腹痛診

體弱衣胞停滯

左

仙方遺蹟卷上

三衢韻泉氏江　倬恭註

古歙錦雯氏程　曦註釋

盈川吉亭氏雷　大復恭校

正月初三日方

脈弦中虛寒因怒忽作痛厥

土炒白芍 〢　炙甘草 〥

淡附片 〢　炮黑姜 〥

廣木香 〥　淡吳萸 〣

急流水煎

因怒動肝〻木剋土作痛厥

陽土得涼則安誠爲胎合真所謂智謀之士所見

畧同耳

左

三月初九日方

痰阻肺金精華上升當消則眸瞭

象貝母 〢　杏仁霜 〢

玉蘇子 〡　製半夏 〢

瓜蔞殼 〢　苦桔梗 〡　逆流水煎

程曦曰此案主治目眊因痰所致病也其痰上阻於肺〻氣否塞則五臟之精華不能上注於目當消其痰則眸子

目眊因痰阻上

317 武陵張卿子先生雜症纂要

《武陵張卿子先生雜症纂要》，不分卷，一册，殘。明張遂辰撰，鄭日新訂。張遂辰（約1589–1668），字卿子，號相期，又號西農老人，祖籍歙縣（今屬安徽），後遷居錢塘（今浙江杭州）。年輕時體弱多病，醫治無效，于是查閲鑽研古今醫書，不僅治愈己病，且行醫當地，頗有名聲，後人將其診所所在處命名爲"張卿子巷"。著有《張卿子傷寒論》。其弟子以張志聰、張聞子、沈亮辰最著。卷首見"武陵張卿子先生雜症纂要""禾中岳泗菴先生鑒定""苕上秋崖鄭日新三銘父原訂"。《中國中醫古籍總目》載録成書于1668年。現藏于上海中醫藥大學圖書館。

本書實存中風、中暑、中寒、中濕、中氣、中食等十六篇。每篇均介紹病機、治法、方藥，部分病證有辨症、預防、脈證等内容。載方一百五十餘首，多爲歷代名方，如蘇合香丸、補中益氣湯、桂枝湯等，反復使用于不同病證。該書對疾病分析系統，表述清晰，用方經典，可供臨床參考。

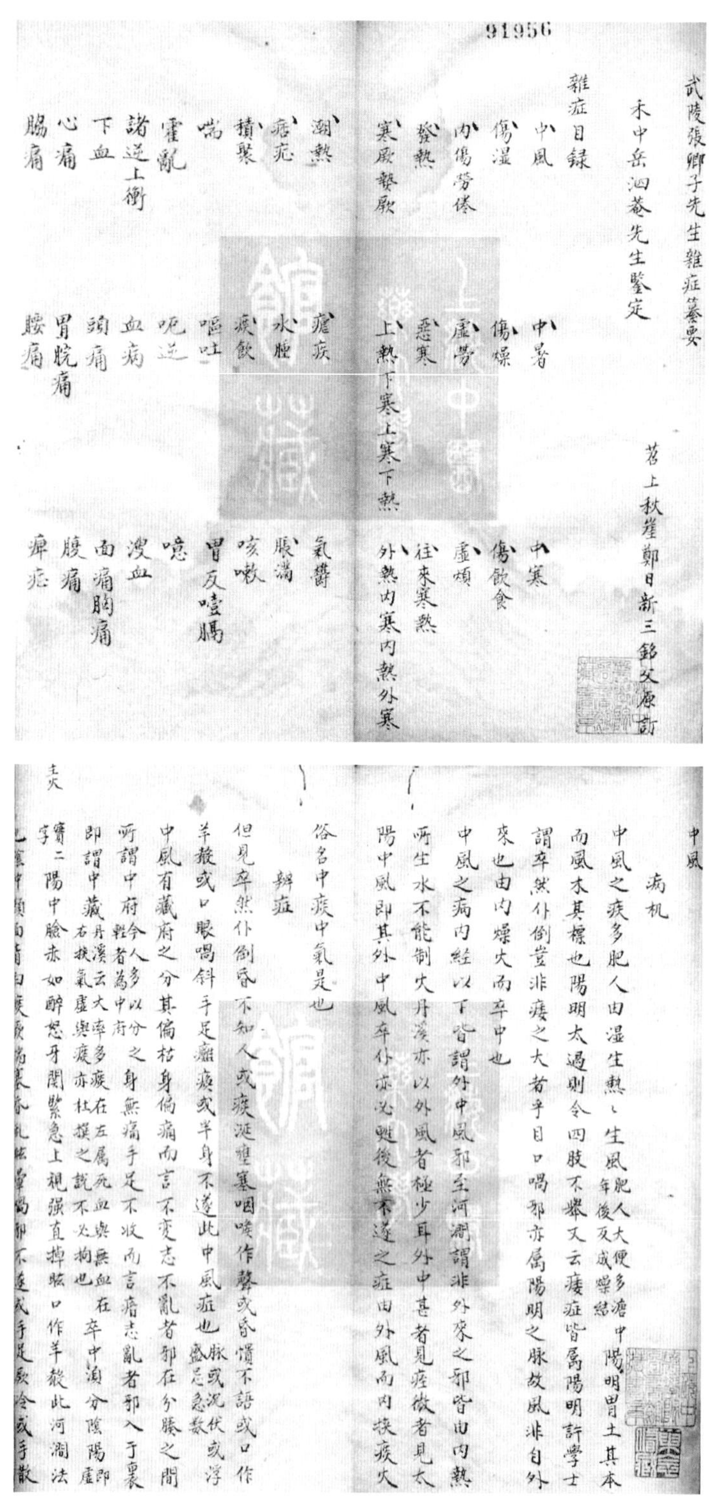

武陵張卿子先生雜症纂要

禾中岳泗菴先生鑒定

茗上秋崖鄭日新三銘父原訂

雜症目錄

中風　中暑　中寒
傷濕　傷燥　傷飲食
內傷勞倦　虛勞　虛煩
發熱　惡寒　往來寒熱
寒厥熱厥　上熱下寒上寒下熱　外熱內寒內熱外寒
潮熱　瘧疾　氣鬱
痞疾　水腫　脹滿
積聚　痰飲　咳嗽
喘　嘔吐　胃反噎膈
霍亂　呃逆　噫
諸逆上衝　血病　溲血
下血　頭痛　面痛胸痛
心痛　胃脘痛　腹痛
脇痛　腰痛　痺症

中風

病机

中風之疾多肥人，由濕生熱，熱生風，肥人大便多滯，中年後反成燥結。陽明胃土其本，而風木其標也。陽明太過則令四肢不舉，又云痿症皆屬陽明。許學士謂卒然仆倒豈非痿之大者乎。目口喎邪亦屬陽明之脉，故風非自外來也，由內燥火而卒中也。

中風之病，內經以下皆謂外中風邪，至河澗謂非外來之邪，皆由內熱所生，水不能制火。丹溪亦以外風者極少耳，外中甚者見痉，微者見太陽中風，即其外中風卒仆亦必雖後無不遂之症，由外風而內挾痰火，俗名中痰中氣是也。

辨症

但見卒然仆倒，昏不知人，或痰涎壅塞，咽喉作聲，或昏憒不語，或口作羊聲，或口眼喎斜，手足癱瘓，或半身不遂，此中風症也。脉或沉伏，或浮盛，忌急數。

中風有藏府之分，其偏枯身偏痛而言不變志不亂者，邪在分腠之間，所謂中府。今人多以分之。身無痛，手足不收而言瘖志亂者，邪入于裏，即謂中藏。輕者為中府，丹溪云大率多痰，在左屬死血與無血，在右扶氣虛與痰，亦杜撰之說，不必拘也。

實二陽中，臉赤如醉，怒，牙關緊急，上視強直，掉眩，口作羊聲，此河澗法

318 拙憩稿

《拙憩稿》，不分卷，二十册。拙憩齋主人撰。作者生平與成書年代不詳。《中國中醫古籍總目》誤録爲"拙息稿"，載録爲清鈔本。現藏于中國科學院上海生命科學信息中心生命科學圖書館。

是本以病證爲目，詳細闡述不同病證的理論淵源、治療方法、方劑組成和服藥方法。前十册以甲、乙、丙、丁、戊、己、庚、辛、壬、癸十天干編排。甲册序言曰："中風……生死安危，病之大而且重。"説明中風的嚴重程度。"仲景曰：夫風之爲病，當半身不遂或但臂不遂者，此爲痹。"介紹中風、類中風、傷風三大病證，提出"中風""痹""類中風""尸厥""傷風"等概念。治療中風采用參附湯、滚痰丸、通關散等十餘方，類中風選用獨參湯、參附湯、備急丹、奪命散及補中益氣湯等，傷風則用葱豉湯、九味羌活湯和參蘇飲。乙册主要介紹諸傷門，包括傷食、勞倦、虚勞、傳尸、傷酒、内傷脾胃勞倦，引用王安道、朱丹溪等諸多醫家的相關理論、觀點，列出針對各種病證的方劑，如枳术丸、秘方化滯丸治療傷食，葛花解酲湯治療傷酒，升陽益胃湯與白术附子湯治療内傷脾胃。丙册主要闡述外感病證，如發熱、瘕痧、潮熱、惡寒、往來寒熱、瘧、厥，將發熱分爲外熱内寒和外寒内熱，將瘕痧分爲上熱下寒與上寒下熱。丁册和戊册介紹與諸氣相關的病證，包括氣、鬱、痞、胸痹、水腫、脹滿、積聚、痰飲、短氣、少氣等。己册主要介紹嘔逆和血證。嘔逆類包括嘔吐、惡心、吐吞酸、反胃、霍亂、噯氣等，血證有大衄、鼻衄、吐血等十三個病證。庚册闡述諸痛證，包括頭痛、心痛、胃脘痛等十五個病證以及痿痹、痛風、麻木等。辛册論述破傷風和痙病。壬册論述泄瀉和痢。癸册論述大小腑門和七竅門。後十册無編號。第十一册闡述肩背痛等痛證，主要方劑有檳榔湯和大腹皮散。第十二册專論瘧疾，主要方劑有柴胡白虎湯（小柴胡湯合白虎湯）、不二散、烏梅飲子和白芷湯。第十三册針對暑病，有大順散、香薷散和消暑丸。第十四册針對虚勞，有地骨皮散和都氣丸。第十五册論述脹滿和積聚，脹滿用中滿分消丸、導氣丸和温胃湯，積聚用奔豚湯、息賁湯和奔豚丸。第十六册論述咳嗽、肺痿、肺脹、喘、哮、短氣和少氣。第十七册論述血證，包括吐血、大衄、舌衄、便血、畜血等，每病後均附有相應方劑。第十八册論述自汗、冒汗、不食、消渴、嘈雜等病證，也一一列出方劑。第十九册論述與二便相關的病證，如大便秘結、便閉、淋、小便數、遺尿。便閉選用潤腸丸、更衣丸等，淋證使用五苓散、八正散等，小便數選用縮泉丸、桑螵蛸散。第二十册論述交腸、腸鳴以及五官病證和蟲證，選用的方劑有凉膈散、清胃散以及下蟲丸等。

此本内容豐富、條理清晰、實用性强。所述病證種類全面，幾乎涵蓋了臨床中常見的各種病證，對于當今臨床具有指導意義。

拙聰稿 甲

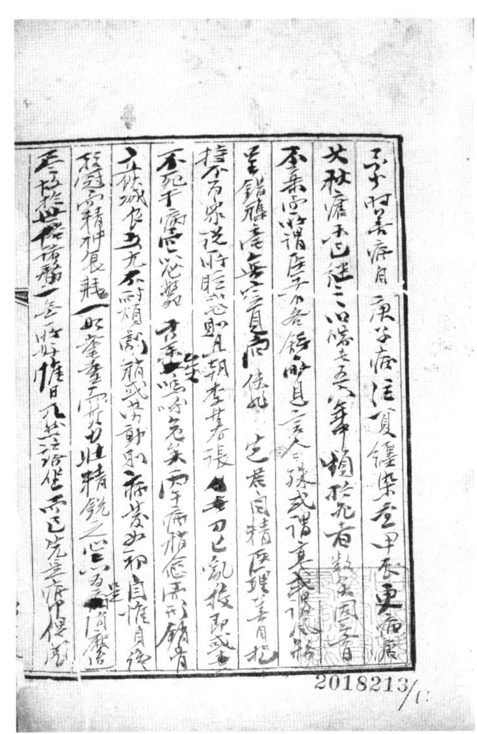

醫寄死生其任重其道難是故必具有兼人之資過人之識而更沉潛篤學博覽深思者不足以語此故秦越人之言曰人之所病病疾多醫之所病病道少然今所病不在道少而在道多而無統折衷盡自神農黃帝越人仲景而下所為五伯八十三家貳萬卷千餘卷者窮日繼夜數年尚不能竟其說而其間揮發義理補前人之未逮者固有而

地黃飲子

治中風舌瘖不能言足廢不能行此少陰氣厥不止名曰風痱急當溫之

熟地　山茱萸　五味子　蓯蓉酒浸

石斛　麦冬　石菖蒲　遠志

茯苓　桂心　附子炮　巴戟去心等分

薄荷七葉

右十三味每服三錢生姜五片棗一枚煎服

徐先生曰風氣盛而有火多痰者忌服

又曰此治少陰氣厥之方所以類中風也故全屬補腎之藥庶

319 事親須知

《事親須知》,不分卷,一册。有目録,無序跋。書中未注明撰者、抄録者及成書年代。現存鈔本,藏于上海圖書館,藏館著録爲清鈔本。

是本闡述癲癎狂越、邪祟、血症、黄疸諸證的病因病機、症狀、鑒别診斷、治法、方藥等内容。其中血症包括衄血、吐血、齒衄、舌衄、耳衄、肌衄六症。引用前人的論述闡述諸證的病因病機、診斷、治法、預後,并附有撰者的獨到見解。如論述"癎證",引用劉河間"謂由熱盛而風燥"之論,闡述其病因病機:"病癎者,涎沫出于口,冷汗出于身,清涕出于鼻,皆陽蹻、陰蹻、督、衝四脈之邪上行,蓋腎不任煎熬,沸騰上行爲之也。晝發屬陽蹻,夜發屬陰蹻,此奇經之邪爲病。"認爲癎證與在母腹中母受驚嚇有關,"必待後感之邪入深,而與母腹中所感之邪相搏而後作"。詳細論述癎證與中風、中寒、中暑、尸厥、痓證證候表現的不同。認爲癎證患者難得長壽,"若發頻而智患者,僅至三四十,陰氣衰半而已;小兒質弱目瞪者,則難出成人之年"。後附治療"癎證"的方藥,如參砂丸、歸神丹、控涎丹、生薑清心散等。認爲辨治血證,要"既分陰陽,又須分三因",即"風寒暑濕燥火,此外因也;過食生冷,好啖炙煿,醉飽無度,外之因也;喜恐憂思悲怒,此内因也;勞心好色,内之因也;跌仆閃挫,内傷重瘀蓄者,不内外因也"。治法不僅有内服法,且有外用及綫扎手指止血法。如治療鼻衄不止,"以井水濕紙貼頂上","左鼻衄,以線紮緊左手中指;右鼻衄,以線紮緊右手中指;左右孔齊出,兩手皆紮緊"。是本對于黄疸病證的論述,多引用《金匱要略》中黄疸病相關内容,後附治療黄疸方藥三十餘首,其中《金匱要略》方十首,如桂枝加黄芪湯、《金匱》附《千金》麻黄醇酒湯、大黄硝石湯、梔子大黄湯、茵陳蒿湯、小建中湯、猪膏髮煎、茵陳五苓散、硝石礬石散、瓜蒂湯,此外還有梔子柏皮湯、猪苓湯、小兒絲子丸、崔氏八味丸、葛根湯等方劑。

是本對于癲癇狂越、邪祟、血證、黄疸諸急症、重症的論述詳盡，見解獨到，所列治療方藥可爲臨證參考。

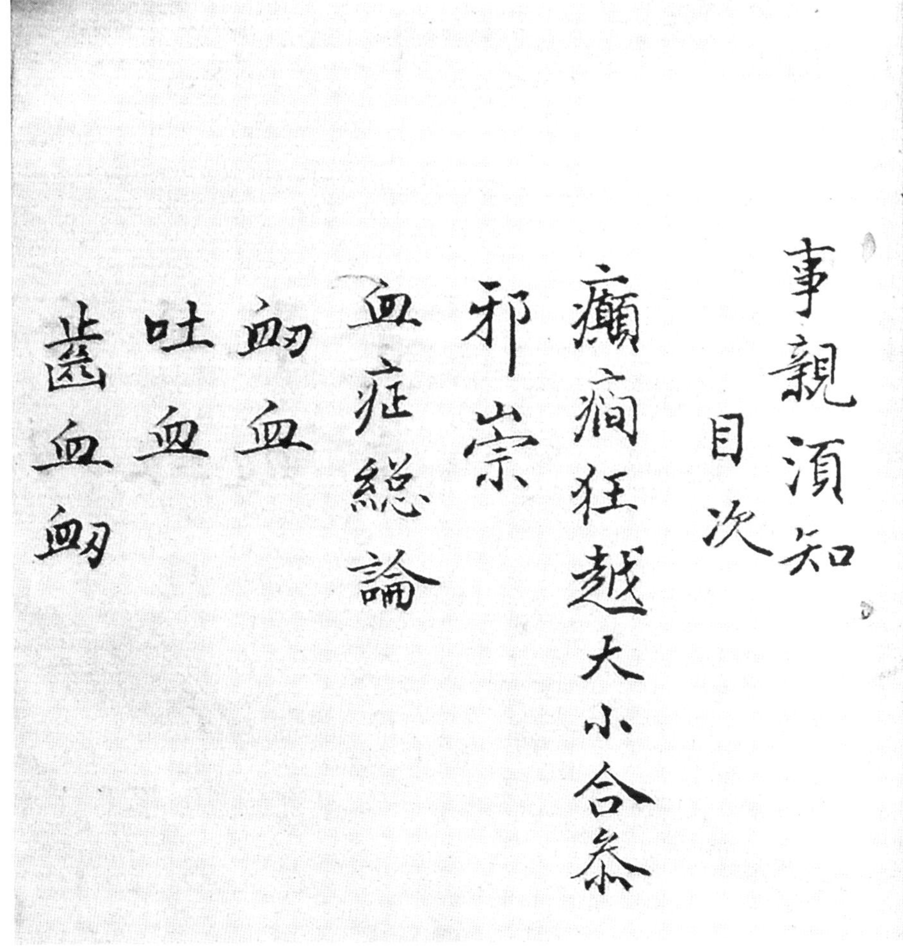
事親須知
目次
癲癇狂越大小合叅
邪祟
血症總論
衄血
吐血
齒血衄

舌衄

耳衄

肌衄

黄疸

癲癇狂越大小合參

夫癲癇痰火所致。前人有稱為風癇者。河間謂由熱盛而風燥，為其兼化。涎潰胸膈則瘈瘲昏眩，仆倒于地，而不知人也。然病癇者，涎沫出于口，冷汗出于身，清涕出于鼻，皆陽蹻陰蹻督衝四脈之邪上行，蓋腎不任煎熬，沸騰上行為之也。晝發屬陽蹻，夜發屬陰蹻，此奇經之邪為病，不係五行陰陽十二經所拘，當從二蹻督衝四穴奇邪之法治之。

癇與中風中寒中暑尸厥等仆倒不同。凡癇仆時，口中作聲，將醒時吐涎沫，醒後又復發，時止時作，而不休息。中風中寒中暑尸厥之類

癲癇狂越

吐血不宜單用四物湯，四物治血之有餘，不治血之不足，須以人參補之，則氣能固血，令陽生陰長也。蓋無氣領則不能血歸經矣。

須以清暑益氣湯中，如生地丹皮之類。蓋暑傷心，亦傷氣，其脈必虛，其人必無氣以動，以人參黃芪麥冬佐氣，使氣能攝血，斯無弊也。

或問曰：先生既云血症須分陰陽，則吐血者陰血受病，以四物湯補血是矣。若參芪補氣，奚為用之？而復有陽虛補陽之說耶？曰：此正溺于世俗之淺見也。自王節齋製本草集要而云陰虛吐血者忌服人參，恐陽愈旺而陰愈消，服之過多必死。斯言一出，而世之受病治病者，無論陽虛陰虛，皆棄之若砒毒，冤哉！蓋天地之理，陽統乎陰，血隨乎氣，故治血必先理氣，血脫必先益氣，古人之妙用也。

凡內傷暴吐血不止，或勞力過度，其血妄行，出如湧泉，口鼻皆流，須臾不救即死。急用人參一兩，或用二兩，為末，入飛羅麵一錢，新汲水調如稀糊，不拘時啜服。或用獨參湯亦可。古方能用補氣，不入血藥者，蓋有形之血不能速生，無形之氣所當急固，無形自能生有形也。若有真陰失守，虛陽上泛，亦火吐血，又須八味丸固其真陰，以引火歸元，正不宜用人參（恐其上浮耳）。及火既引之而歸矣，人參又所不禁。陰陽不可不辨，其先後之分，神而明之，存乎其人耳。

人身止此陰陽，調理無非氣血。陽氣周流而升，降則血散布于四体而無凝滯，陰血氣皆化為

凡失血之後，必火發熱，名曰血虛發熱。古方立補血湯，黃芪數倍于當歸，陽旺能生陰血也。丹溪于產後發熱用參芪黑薑歸芎以佐之，蓋薑味辛熱，能引血藥入氣分而生新血也。不明此理，見其大熱，六

吐血

320 周慎齋醫旨

《周慎齋醫旨》，四卷，四册。明周之幹撰。周之幹（約1508-1586），號慎齋，明代醫家，宛陵（今安徽宣城）人。中年因病自習醫學，潛心研究《内經》，私淑張元素、李東垣，參以劉河間，後又就正于薛己之門，問難數月，精通脈學，擅長内傷證治。著有《周慎齋三書》《脈法解》，又有門人記録并由後人整理之《周慎齋遺書》《慎齋醫案》等傳世。是書現存清鈔本，分别藏于中國中醫科學院圖書館及上海中醫藥大學圖書館。是本爲藏于上海中醫藥大學圖書館的巢氏藏本。每册首頁及正文首頁均印有"上海中醫學院圖書館藏書章"，此外，各卷正文首頁右下均印有不同的藏書章：卷一有"巢念修藏"印，卷二有"巢氏""耘杏軒"印，卷三有"念修"印，卷四有"隋太醫巢元方之後"印。扉頁題有"清寫本，巢氏賸馥居藏"。正文之前有巢氏序、卷一目次、納機鉉序及凡例。

此本卷一列脈法用藥、用藥論、亢則害承乃制論及太素脈等篇，脈法用藥又分辨内傷外感用法、脈用藥法、東垣五脈等；卷二列内傷論、傷寒辯論、汗吐下三法等數篇；卷三、卷四列中風、虚損、痰火、咳嗽、痿痹、霍亂、泄瀉、痞滿等内科雜病及部分五官科病症。每一病證均詳述病因病機、脈證、分型、治法、方藥，間附醫案，而脈法叙述尤爲詳細，此爲是書一大顯著特色。

是書内容豐富，涉及内科各種病症，脈症兼述，而以脈法爲重。"脈法用藥"、以脈之變化辨病之發展爲是書最大特色，對後世醫家臨證脈法及用藥有較多啓迪。

周慎齋先生醫旨藏書

周慎齋先生太平人也生正德間為人剛毅好學中年患中滿症
徧医弗效一夕倚窗玩月之為雲蔽忽爲清風過處雲散月明乃
大悟曰雲陰物也風陽物也陽氣通暢則陰翳頓消吾病其猶是
乎遂製和中丸服之即愈嘆曰大哉圣人之言也陽生陰長不易
之理合靈樞素問仲景東垣吾安適其所哉自銘座左右曰病日
如年求医求仙毋庸致敗毋利喪元精吾之齊廣吾之傳体天明
道庶幾死慝執弟子礼者查虛中查了吾竟水陳希陽草惟了吾
丈得其傳者全書失于兵火世之抄本皆門人記録之語茲稍截
医按　　藏

七脉用藥法　三

[illegible]

浮　浮滑傷寒有痰也　浮緊傷寒傷血也　無力表虛黃芪建中湯　內傷補中益氣湯
有力表實麻黄湯　無汗散寒必用麻黄　浮短氣短小柴胡倍人參加白术白茯苓　獨浮者死　獨浮真藏脈見故主死
浮而緩不必某　不字宜低一字　必某字当某字
洪　洪滑痰火也　洪大實熱也　洪而有力裡熱也　洪而无
力表虛也用小柴胡加桂枝芍药　獨洪者死
遲　遲而无力阳虛也　有力湿热內鬱也
數　半陰半陽　數而要无妨　數而无力邪火有餘真火不足也有胃
氣則生　數而有力久病得之不治　如暴病燥熱熱不宜得此策
即安可治久病神倦者死　數而細阴虛也丹溪云細數阴虛火
動也不治　數而短氣虛也如暴病以補虛之劑加葛根散火甚
効　緊數阴阳不和也如暴病脈常有神可治久病兼見細必死
弦　弦緊風邪也　弦數多热為阳用保元湯或小柴胡湯　弦
遲多寒為阴用理中或六君子湯　弦滑多痰用六君子　弦緩
脾虛也用理中湯　獨弦者死
緊　弦緊風邪也　緊細數者不治　六脉俱緊者死
沉　沉而有力宜下　沉數宜滋阴　沉細陰阳絶　沉遲下寒
也宜溫皆　獨沉者死　男以氣成胎　女以血成胎　男子久病氣
口充于人迎者有胃氣也病雖重可治

脉法例案

321 指南廣義

《指南廣義》，六卷，殘本。清曹翰撰。著者生平不詳。約成書于嘉慶二十四年（1819）。書首自序叙書名由來與撰書目的及經過："爰不揣譾陋，忝考先生案中樹議，暨方中用意，仿其義類而推廣之。輕者使重，淡者使濃，簡者使詳，小者使大，立爲方注及加減出入，更增入古方古法，名曰《指南廣義》。""令學者有所依據，援書治病，與世無訾，而於先生之脈法固無差異忝也。"後署"嘉慶二十四年己卯六月""西園曹翰序"。現存鈔本，藏于上海圖書館。

該書卷首爲《指南廣義》目録，列出首卷至六卷目録。後詳述各卷内容。首卷列中風、頭風、痹、痿、痙厥、驚六種病證，注明病因及治法，并附相關藥方，包括藥名、功效、成份以及各家相關論述。卷二列風温、温熱、暑、濕、燥、瘧、黄疸、瘢痧疹瘰八種病證。風温藥方有輕清開肺方、瓜蔞根湯、知母葛根湯等九種，温熱藥方有辛凉清肺湯、香蘇飲、凉膈散等十四種。該卷共列藥方一百二十一首。卷四列咳嗽、失音、吐血、衄、痰、痰飲六種病證，有蘇子二陳湯、麻杏甘膏湯、清心營方、犀角地黄湯等一百二十四首。卷六列泄瀉、痢、便血、便閉、脱肛、疝六種病證，藥方一百五十五首。卷八列調經、淋帶、崩漏、胎前、産後、癥瘕、熱入血室七種病證，有温通氣血方、黄芪建中湯、逍遥散、歸脾湯、養營湯等二十四首。書末一卷列浮脈、沉脈、遲脈、數脈、澀脈、實脈、長脈、短脈、洪脈、微脈等二十七種，附有體狀詩、相類詩和主病詩，均爲七言律詩。如洪脈體狀詩："洪脈來盛去還衰，滿指滔滔應夏時。若作春秋冬月分，升陽散火莫狐疑。"相類詩："洪脈來時拍拍然，去衰來盛似波瀾。欲知實脈參差處，與按弦長逼逼堅。"主病詩："洪脈陽盛血應虚，相火炎炎熱病居……"二十七種脈象後列《診七情》《明常變》《審真僞》《操獨見》《察胃氣》

《别死脈》《觀順逆》《平病脈》《心腹痛脈》《王中陽痰脈論》《柯韻伯脈論二則》。又有四言脈訣七十九首。最後附有手掌圖位“内經分配藏府診候”。

本書内容有散佚，缺卷三、卷五、卷七，書前目録與内容也不盡一致。

指南廣義序

臨證指南一書雖經岫雲華氏别類分門集為成帙顧其方案錯宗難於摹仿盖原非先生自著傳世之書也余究心十餘年初見未有所得反覆玩味始覺其診病處方種種有法大率以内經金匱傷寒論為宗而旁採四大家與諸名家融會貫通由博反約俾學者便於入門易於

點論第七

點者痘所昉也吉凶在虛實不在疏密在寧燥不在紅白

點在肉中者虛點在肉外者實色成暗淡者虛氣勢索漠者虛氣勢蓬勃者實形骸軟縮者虛形骸堅凸者實實則多而無慮虛則少而可虞小兒身熱而不槁形樂而不煩察其聽中呼吸徐爲觀其

322 重較雜證要旨總賦

《重較雜證要旨總賦》，不分卷。爲清代郭誠勳所編《證治歌訣》由錢敏捷重校而成。成書于清道光三年(1823)。郭誠勳，字雲臺，清代海昌(今浙江海寧)人。世業醫，至郭氏已傳二十四世。早年業儒，後弃而承家業。認爲醫家不能偏執一門一派之見，宜博覽廣采，融會諸家。推崇《臨證指南》，故據以爲本，復博采諸名家案論以補之，并仿其辭意，約其大旨，編成《證治針經》四卷。又撰《證治歌訣》四卷。錢敏捷介紹見本書"262醫方絜度"。本書扉頁題"慎五堂叢書"，鈐"勤民"章，卷首有陰文"唯俗不可醫""慎五堂印"印章。現存稿本，藏于上海中醫藥大學圖書館。

本書列外感、内傷、五官、女科及幼科諸證。外感部分分論風温、温熱、暑證、濕證、燥證、中風、傷寒、潮熱、惡風寒、體痛、唇口、自汗、虚狂、戰慄、面赤、瘟疫、咳嗽、吐血、衄、喘、斑疹、頭痛、傷風、痹、痿、失音、肺痿、肺痹、胸痹、脾胃不食、痞、瘴、瘧疾、痢疾、泄瀉等三十餘證；内傷部分分論鬱證、肝風合木乘土、眩暈、虚勞、汗、不寐、便血、遺精、淋濁、痰飲、三消、嘈雜、腫脹、積聚、噎膈、反胃、嘔吐、呃噫噯、便秘、腸痹、痙厥、癲狂癇、心痛、胃痛、脇痛、腹痛、心腹痛、肩臂手腕痛、腰腿足痛脚氣、諸痛、疝、面赤、陽痿、脱、驚、脱肛、怔忡心悸、動氣息積奔豚、關格、交腸、蟲等四十餘證；五官科主要論述耳、鼻、牙、咽喉、唇、口、舌諸證；女科主要論述調經、淋帶、崩漏、胎前、産後、癥瘕諸證；幼科除論述幼科病證外，附有節録心誠賦。後附三部九候訣、周身經絡訣(包括頭上諸脈、在身諸脈、臟腑諸脈、手經諸脈、足經諸脈)、連珠、大頭瘟、抱頭火丹毒、鼻淵、鼻衄、牙宣、鸕鷀瘟、發頤、肺痿肺癰、脘痛、經帶、肝氣、瘟疫、瘢、察幼三關訣、男女反脈訣等。所論各證，先總述病因，再針對不同病因及兼證提出相應治法、治方。如汗證中之盗汗多因陰弱，自汗多屬陽虛。若勞役陽傷之自汗，用玉屏風散治之；自汗兼心悸肉瞤，當用真武湯治之；足冷自汗，用朮附參芪封固；陽明胃弱、厥陰來乘而致的多夢寢汗，宜棗茯龍參芍甘同劑等。

此書所論病證頗豐，多采摘先賢精粹匯集而成。書中兼附歌訣，便于誦記。

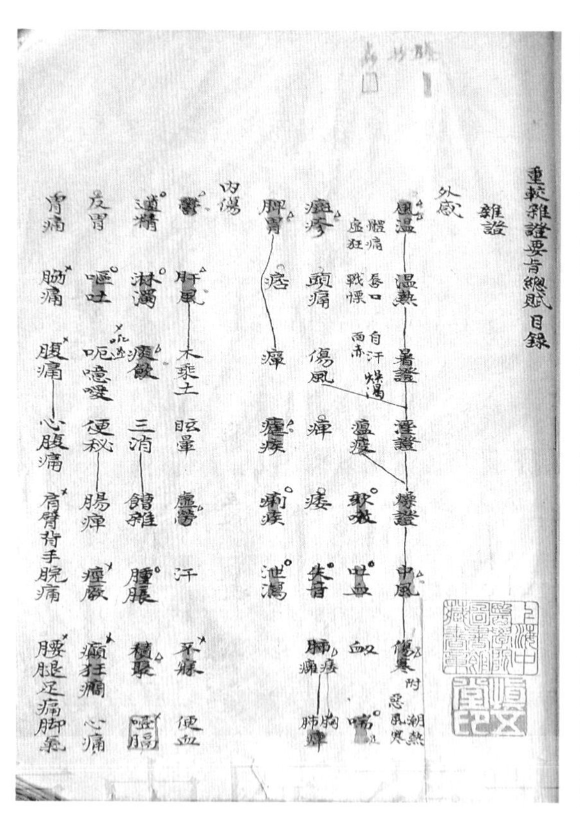
重較雜證要旨總賦 目録

雜證

外感 風溫 溫熱 暑證 溼證 燥證 中風 傷寒 附 惡風 潮熱

瘟疫 咳嗽 吐血 衄血 喘

痧疹 頭痛 傷風 痺 痿 失音 肺痿 肺癰 胸痺

脚氣 痞 痺 瘧疾 痢疾 泄瀉

內傷 鬱 肝風 木乘土 眩暈 虛勞 汗 不寐 便血

遺精 淋濁 痰飲 三消 嘈雜 腫脹 積聚 噎膈

反胃 嘔吐 呃噫噯 便秘 腸痺 痙厥 癲狂癇 心痛

胃痛 脇痛 腹痛 心腹痛 肩臂背手腕痛 腰腿足痛脚氣

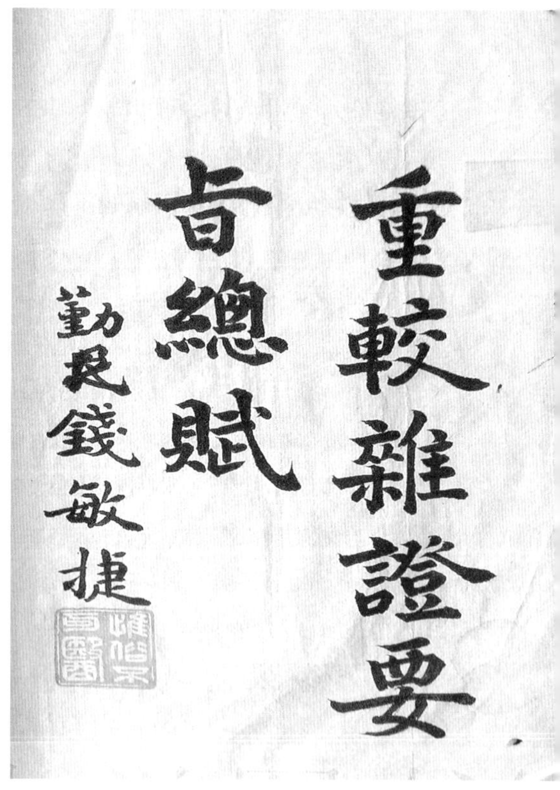
重較雜證要旨總賦

勤良錢敏捷

323 秘傳脈藥玄微

《秘傳脈藥玄微》，不分卷，一册。明盛寅著，成書于明永樂十六年（1418）。盛寅（1375–1441），字啓東，號退庵，吴江松陵（今屬江蘇蘇州）人。受業于戴原禮門人王賓。盛氏既得戴氏之學，復研討《内經》以下諸方書，其術大進。永樂初，爲醫學正科，後因治内侍蠱脹奇驗，遂應召診成祖朱棣疾，謂其患爲風濕病，進藥果效，遂授御醫，後掌太醫院事。弟宏，子僎，從子倫，孫愷，俱以醫世業。另著《醫經秘旨》兩卷及《流光集》（已佚）。現存《秘傳脈藥玄微》藏于上海中醫藥大學圖書館，《中國中醫古籍總目》載録爲明稿本。

是書全本有紅筆圈點及批訂，分爲兩部分。上半部爲“秘傳脈藥玄微”，題名爲“太醫院御醫盛寅起東手輯、秀水蕭鐨吕燾增删、嘉興凌鴻雲巖重訂”。主要論述診脈、辨脈之法以及據脈所施治法，凡四十三論。如診脈法列持、舉、按、尋、候等法；辨脈法列辨脈之順、逆、從、新、久、陰、陽、表、裏、寒、熱、虚、實等；憑脈以治病，包括補、瀉、通、塞、緩、峻、越、清、潤等法。强調診脈必須以舉、按、尋等法，候脈之浮、沉、遲、數、虚、實。部分條文對于證狀也詳加描述，并根據病人形證與脈象是否相符、病情之順逆、病史之長短以及病邪的表裏虚實決定治療方法。下半部爲“脈微合參”，題名爲“檇李張嶟璜、蕭鐨吕燾發明，後學凌鴻雲巖增訂”。該部分列浮脈、沉脈、遲脈、散脈、代脈、石脈、疾脈等三十一種脈象，論述體象、主證、歌訣及發明，尤詳于對各脈發明的闡述，强調根據各種具體脈象判斷相應的疾病及治法方藥。如左手風木之位現浮而有力之脈，此爲感受外感風寒。有力者，爲實邪，當發散；無力者，爲表虚，當實表。若因内傷肝腎心血，則左手血分之脈亦現浮洪而無根之脈，此爲精血衰少，不能滋榮所緻。尺脈見此脈象，宜用六味飲滋腎水；關脈見者，宜以四物湯補肝血；寸脈見者，當以天王補心丹補心血等。

全書對診脈及主治方法論述頗詳，通俗易懂，兼附四言韵語，便于記誦，有參考價值。

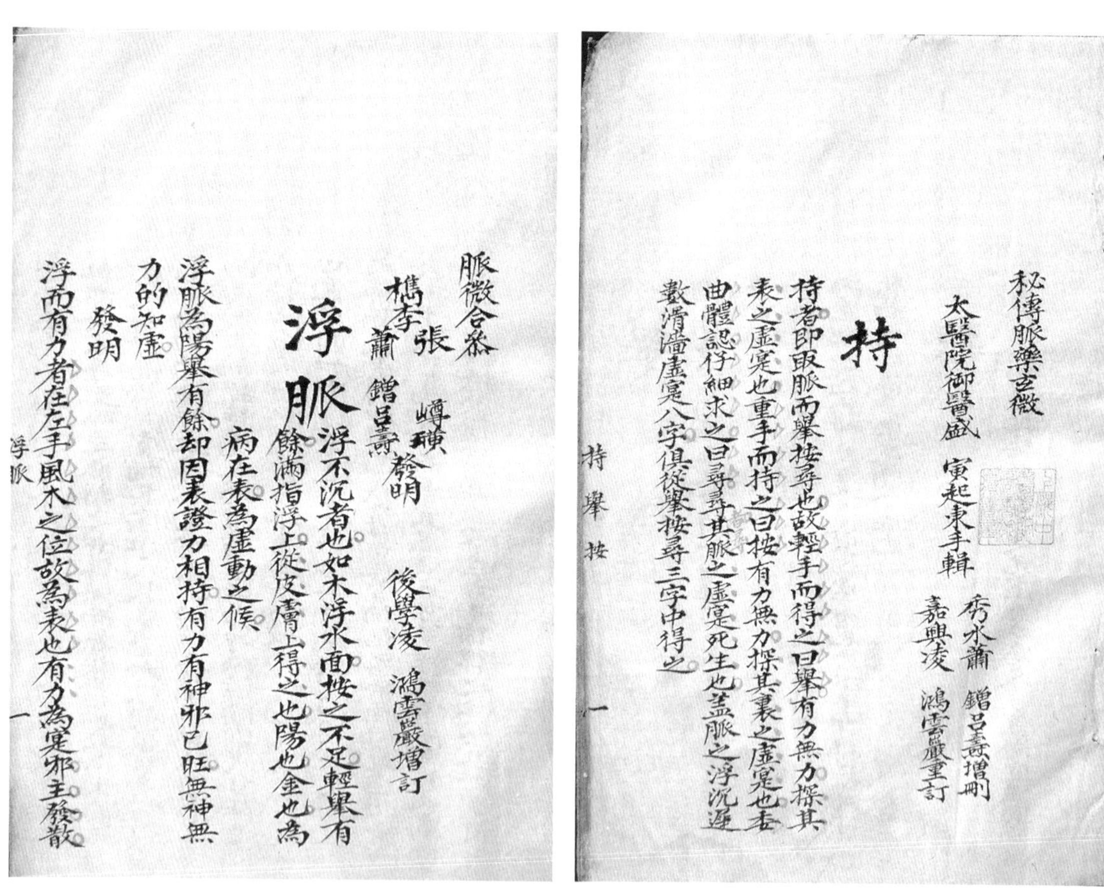

秘傳脈藥玄微

太醫院御醫盛 寅起東手輯

秀水蕭 錯呂壽增刪

嘉興凌 鴻雲巖重訂

持

持者即取脈而舉按尋也故輕手而得之曰舉有力無力探其表之虛實也重手而持之曰按有力無力探其裏之虛實也委曲體認仔細求之曰尋尋其脈之虛實死生也蓋脈之浮沉遲數滑澀虛實八字俱從舉按尋三字中得之

持舉按 一

脈微合叅

檇李 張 嶂璜 發明

蕭 錯呂壽

後學凌 鴻雲巖增訂

浮脈

浮不沉者也如木浮水面按之不足輕舉有餘滿指浮上從皮膚上得之也陽也金也為病在表為虛動之候

浮脈為陽舉有餘卻因表證力相持有力有神邪已旺無神無力的知虛

發明

浮而有力者在左手風木之位故為表也有力為實邪主發散

浮脈 一

324 脈證方治存式

《脈證方治存式》，不分卷。清金碩祄撰。金碩祄，字介石，安徽休寧人。因其出甌山，故稱“甌人”。《弁言》鈐方形“岑山程氏”印，尾題“乾隆九年甲子歲冬日金碩祄介右識”字樣。又正文首頁題“海陽甌人金碩祄介右著，男金德徽紹宗，德徹容光同校”字樣，可知該本爲金碩祄著，經其子金德徽、金德徹點校而成，書成于乾隆九年（1744）。扉頁爲原書封面，上題書名及“民國三年甲寅巧月二十八日平川王蘭坪重訂”等字樣。王蘭坪，平川（今屬甘肅白銀）人，生平無考，徐鴻雪、柯萬源著《平川棹歌斜塘竹枝詞合刻》，同里陸炳琦壬戌夏正五月序中有“予向見老友王蘭坪孝廉文溶爲人書扇面，輒録鄉先生徐雪鴻涵《平川棹歌》數首，而未窺其全豹也”的記載。該書有目録。版心標明頁碼，共五十三葉，每半葉十二行，每行二十六字。現存鈔本，藏于上海中醫藥大學圖書館。

該書爲醫論集，共載醫論二十六篇，并附注解《内經》條文兩篇以及《女人病》《孩子病》兩篇。作者十分重視脈象的診斷價值，認爲“以人世時患之證，度應得之脈以裁方，或處成方”，又説“必詳及某脈與之，非某脈其中必有奸，不可與也，當另議法”。書内多處可見作者“詳及某脈”的例子。如《風證》篇辨表證與裏證脈：“因纖維之外感，引出内病如此者，其脈必不浮。即浮而六部中或失一二部沉，或失一二部不受，按之空。”感嘆時醫不知如此，但用表法，而失其當補，因而“世界上所以多諸虚百損收拾不住之病”。

此本的價值還體現在作者以仲景方爲基礎自裁許多新的方劑，爲他書所未載。如以桂枝湯所化表證之解肌飲，以防風、秦艽、陳皮、桂枝、酒炒白芍、蜜炙甘草、炒神麯、生薑、大棗等組成，增强了桂枝湯的解肌作用，并兼顧到表證及裏引起的脾胃症狀。他如伐汗飲，以川羌活、防風、蘇葉、川芎、杏仁、陳皮、蜜炙甘草等組成，化用古方九味羌活湯等，爲治表證另一途徑，值得重視。

《非風》篇還提出了“類中”非外風引起，而實由機體内部病變所致論斷，惜其但以五行相克之理，論以五臟虛爲由，不如葉天士之説更能大白醫旨，故流傳不廣。此本後所附内容可見作者對《内經》也有獨到的見解，如注“春傷於風，夏生飧泄”：“傷者内傷，非外感之傷也；風者肝之令氣，非外邪之風也。夫春當風木主氣之時，萬物發陳。有違聖度，而内傷肝木是爲春傷於風，謂失春氣養生之道。”值得參考。

脉證方治存式弁言
夫天之大德曰生。故古之帝王，順天之則以經理天下，命庶官百職分布禮樂刑政，皆所以為民生也。而又於禮樂刑政之外，命醫人取毒藥以供醫事，救民疾苦。周禮載之，則醫亦民生之所賴，道小而任大，役賤而責重者何也？臨證而審真偽，與聽訟而別是非，事異而理似也。苟聽訟不聰，則奸宄徼幸，而良善含冤；審證不諦，則實實虛虛，遺人禍殃。可無戒歟？至哉我仲景之為醫也，為天下後世法。法在辨乎二脉而先定之，然後設六經，使萬病歸宗于六經，六經歸宗于二脉，而證審焉。審得脉中係何過犯，據有確證而治出焉，而方成焉。於是或主或輿或宜，以懲其過犯，故罔有不服辜者。至於方書諸家之言，言證頗多，詳悉言脉則多疏畧，而集其方者，但言證而無脉，無脉之證，如無情者虛誕之辭，聽訟者惑之，于以顛倒是非，刑罰不中，使民無所措手足。伊誰之咎？觀

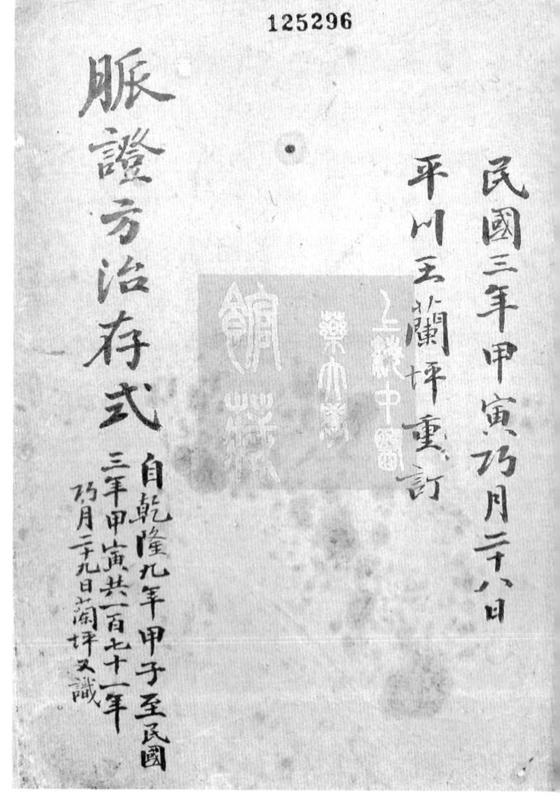
125296
民國三年甲寅巧月二十八日
平川王蘭坪重訂
脈證方治存式
自乾隆九年甲子至民國三年甲寅共一百七十一年巧月二十九日蘭坪又識

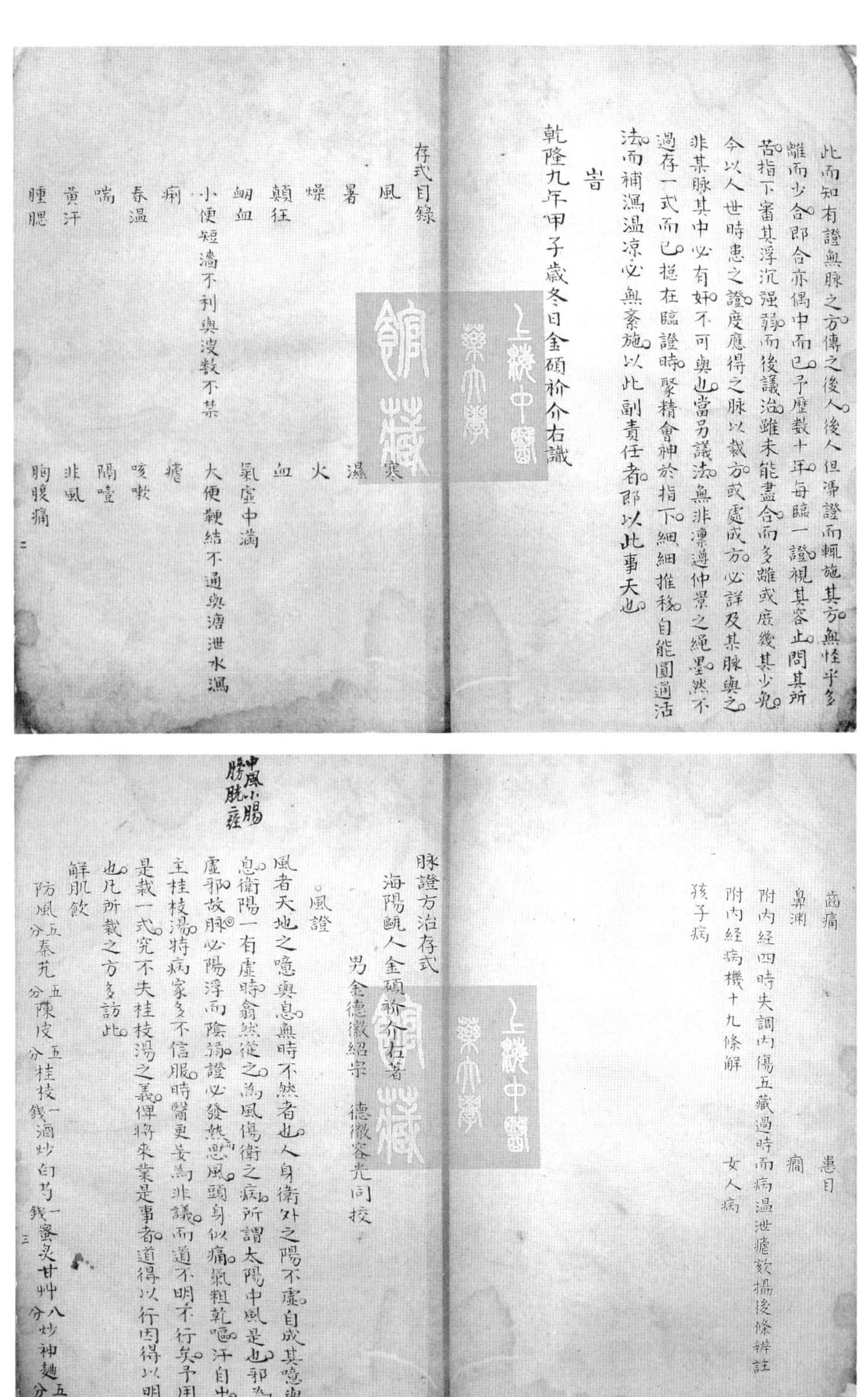

此而知有證無脉之方。傳之後人。後人但憑證而輒施其方。無怪乎多離而少合。即合亦偶中而已。予歷數十年。每臨一證。視其容止。問其所苦。指下審其浮沉强弱。而後議治。雖未能盡合。而多離或庶幾其少免。今以人世時患之證。度應得之脉以裁方。或處成方。必詳及其脉與之。非其脉其中必有妍。不可與也。當另議法。無非遵仲景之繩墨。然不過存一式而已。總在臨證時。聚精會神於指下。細細推移。自能圓通活法。而補瀉温凉。必無紊施。以此副責任者。即以此事天也。

旨

乾隆九年甲子歲冬日金硯祄介右識

存式目録

風　寒
暑　濕
燥　火
顛狂　血
衂血　氣虛中滿
小便短濇不利與溲數不禁　大便鞕結不通與溏泄水瀉
痢　瘧
春温　咳嗽
喘　膈噎
黄汗　非風
腫脹　胸腹痛
齒痛　患目
鼻淵　癎
附內經四時失調內傷五藏過時而病温泄瘧欬搗後條辨註
附內經病機十九條解　女人病
孩子病

二

脉證方治存式

海陽甌人金硯祄介右著

男金德徽紹宗　德徽容光同校

風證

中風小腸膀胱二症

風者天地之噫與息。與時不然者也。人身衛外之陽不虛。自成其噫與息。衛陽一有虛時。翕然從之。為風傷衛之病。所謂太陽中風是也。邪為虛邪。故脉必陽浮而陰弱。證必發熱惡風。頭身似痛。氣粗乾嘔。汗自出。主桂枝湯。特病家多不信服。時醫更妄為非議。而道不明不行矣。予用是裁一式。究不失桂枝湯之義。俾將來業是事者。道得以行。因得以明也。凡所裁之方多訪此

解肌飲

防風五分　秦艽五分　陳皮五分　桂枝一錢酒炒　白芍一錢　蜜炙甘艸八分　炒神麯五分

三

325 病名彙解

《病名彙解》，七卷，一函四册。不著撰者。成書于日本文政四年(1821)。無序跋與目録。首頁除“上海中醫學院圖書館藏章”外，尚有一枚“愚齋圖書館藏”印。按“愚齋”係盛宣懷(1844–1916)號，此書爲盛宣懷藏書。《中國中醫古籍總目》載録爲“1921年日本抄本”，疑有誤。現藏于上海中醫藥大學圖書館。

該書以以、吕、波、仁、保、邊、土等分爲四十七部，收録病名一千一百多種，涉及内、外、婦、兒、五官、皮膚諸科。解釋病名條縷分明，述其别名症狀、病因病機等，並注明出處。如“以部”之“胃絶”:“産後口鼻黑氣起及鼻衄者名胃絶(玄珠)。”“胃泄”:“即飱泄也。(赤水)飲食不化色黄(同上)。”

此書主要解釋病名及出處，雖收有一千一百多種病名，但并不全面，沒有檢索體系，這就降低了本書的實用性。然而此書病名排列有條不紊，出處清楚，可供參考。

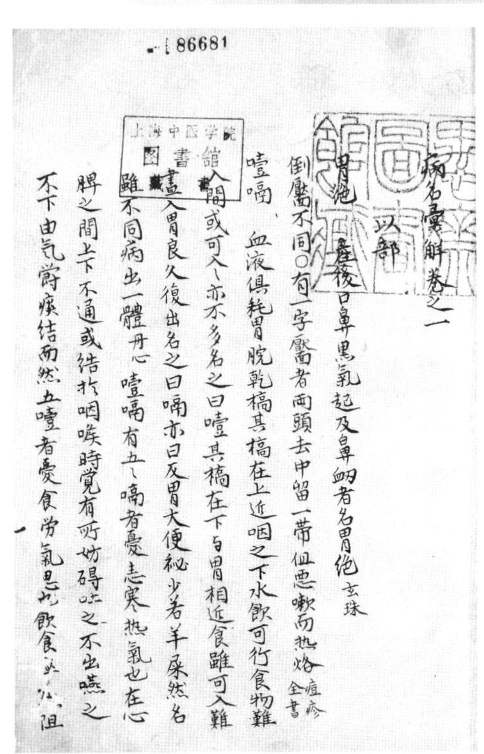

病名彙解卷之一

以部

胃絶　產後口鼻黒氣起及鼻衄者名胃絶 玄珠

倒靨　不同○有一字靨者兩頭去中留一帶但悪嗽而熱烙 痘疹全書

噎膈　血液俱耗胃脘乾槁其槁在上近咽之下水飲可行食物難入間或可入亦不多名之曰噎其槁在下與胃相近食雖可入難入胃良久復出名之曰膈亦曰反胃大便秘少若羊屎然名雖不同病出一體 丹心　噎膈有五膈者憂恚寒熱氣也在心脾之間上下不通或結於咽喉時覺有所妨碍吐之不出嚥之不下由氣鬱痰結而然 五噎者憂食勞氣思也 飲食卒然阻

326 得探青囊集

《得探青囊集》，三卷，三册合訂。封面原題“杏林主人藏”。前兩册前題有“如松堂異授秘傳蒼生濟世摘髓集驗良方”“天都（古歙柘源方寰海季承父時年五十有五寓桃溪録於孝友齋）重輯”，證該書爲方寰海輯録而成。方寰海，字季承，徽州人，清代康熙年間儒醫，生卒事迹不詳，亦無其他著作傳世。書前有序言，爲其師長汪之浩于康熙壬子（1672）仲秋所作，敘方季承棄儒從醫之事。後因序言頁破損，又于咸豐甲寅（1853）仲夏由張筠庭重新抄録。序前有陰文“行醫賣畫”、陽文“曾留張小林處”兩方，序後有陰文“筠庭字小林”、陽文“張振家印”兩方，又有“上海第二醫學院圖書館藏”藍印。現存鈔本，藏于上海交通大學醫學院圖書館。《中國中醫古籍總目》《中國醫籍大辭典》等均未載該書。

原書有破損蟲蛀之處，以上册爲甚，雖已經修補，但文字有殘缺。上册主要摘録醫學理論，内容爲五臟補瀉論、論上盛下虚本于腎水真陰不足、論陰精陽氣補益不同、治氣三法藥各不同、治血三法藥各不同、似中風與真中風治法迴别誤則殺人、痰飲藥宜分治、瘧痢宜從六淫治、祝醫五則、五運六氣之謬（下有印章三枚，從上至下：陽文“有志”，陰文“烏廷榜印”，陽文“竟成”）、治法提綱、藥性差别論、臟氣法四時并四氣所傷藥隨所感、製方和劑治療大法等。中册主要摘録内、外、婦、兒各科驗方以及養生方約百餘首，主治、藥物劑量、炮製、服用方法俱全。其中夾有“洗字法”一節及“烏易之印”“子超”“箴四齋”等數枚印章。作者對葳蕤的養生功效描述最詳，認爲其即“青黏散”的主要成分，并詳記“青黏散”的由來、製法與功效。最後記有“煉己”“結胎”“温養”“退火法”等道家修煉諸法，并繪有“内境圖”四張（正面、背面、左側、右側），可見作者受道家影響頗深。下册主要記載用藥方法。先以補氣、温補、大熱、破氣、破血等功效爲綱，列舉常用藥物，又以陰陽、表裏、虚實各證及臟腑常見證候爲綱，分列用藥宜忌。

該書内容涵蓋理論、方劑及臨床用藥，以簡便切用爲原則，雖較爲全面，但缺乏系统性，反映了清代民間醫學的實際情況，部分内容可供臨床實踐參考。

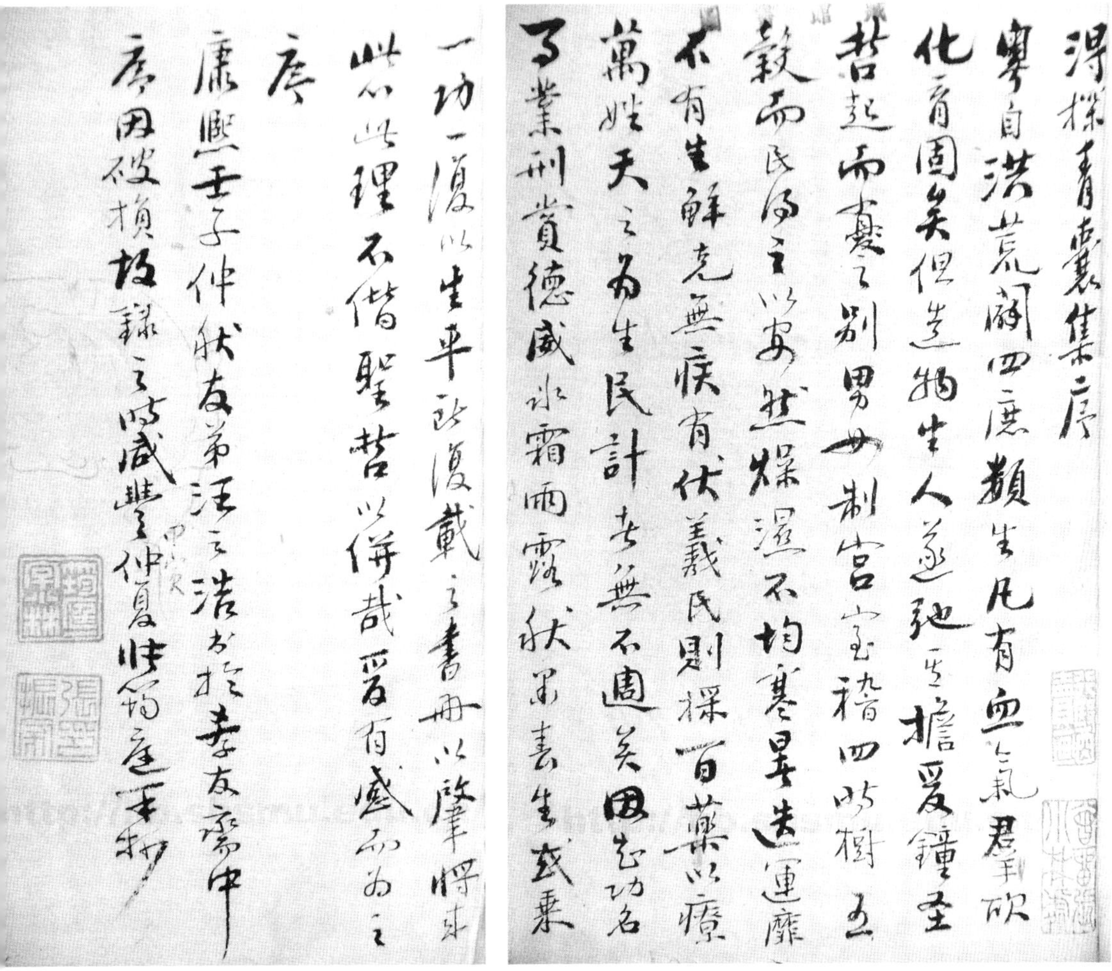

等心施治勿輕貧賤如此則德植厥躬鬼神幽贊矣

五運六氣之謬

五運六氣之説其起於漢魏之後乎何者張仲景漢末人也其書不載也華元化三國人也其書亦不載也前人之越人無其文後之則叔和鮮其説予是以知其為後世所撰無益於治療而有誤乎來學之者宜深辨之予見今之醫師學無原本不明所自侈口而談莫不動云五運六氣將以施之治病譬之指箕

如松堂異授秘傳蒼生濟世摘髓集驗良方

天都古歙柘源方寀海季承父時年五十有五寓桃溪録于孝友齋重輯

五臟補瀉論

補瀉乃用藥第一義好古為東垣高足東垣得之潔古潔古実宗仲景仲景遠師伊尹伊尹原本炎黄聖哲授受百世一源靡或之異不明乎此不足以言醫矣何則五臟之内[illegible]性〻復各殊故

當歸身錢　白芍錢炒　香附子童便炒　五味子錢

黄柏錢　遠志肉錢　茯神錢　酸棗仁炒研

甘草錢　水二中圓眼肉五枚煎一中服忌煎炒物

洗字法

凡有寫錯字不可挖破布此藥能去錯字跡柏子仁黄荆子龍骨輕粉各一錢共為細末用清水調塗字上以日晒干無日即以火焙干用指甲彈去藥毛無墨跡仍寫字補上即覔無影也

如松堂異授秘傳蒼生濟世摘髓集驗良方

天都古歙柘源方寀海季承父時年五十有五寓桃溪録于孝友齋重輯

南岳紫虚魏元君方

凡卒死皆因氣閉不通原非九病命絶世人不救以致枉死者多更不知有方可治雖死半日心頭尚熱以後吹鼻四五次或噴涕吐痰即可回生真乃異方凡出路宜帶隨身倉卒救人天必祐之

自然天地與我一体萬物與我同根由此而精化氣氣化神還虛之道即物还虛之道也

退火法

春夏秋冬　噓呵呬唏　十八天用呼字

化吐氣除用工外每覔火動按時節吐之每以六放六收為度但吐氣之時開口從舌尖上用意吐之不口令聲聞于口耳溫〻調養吐納不但退火亦能春神丹之一助也

內境正面之圖

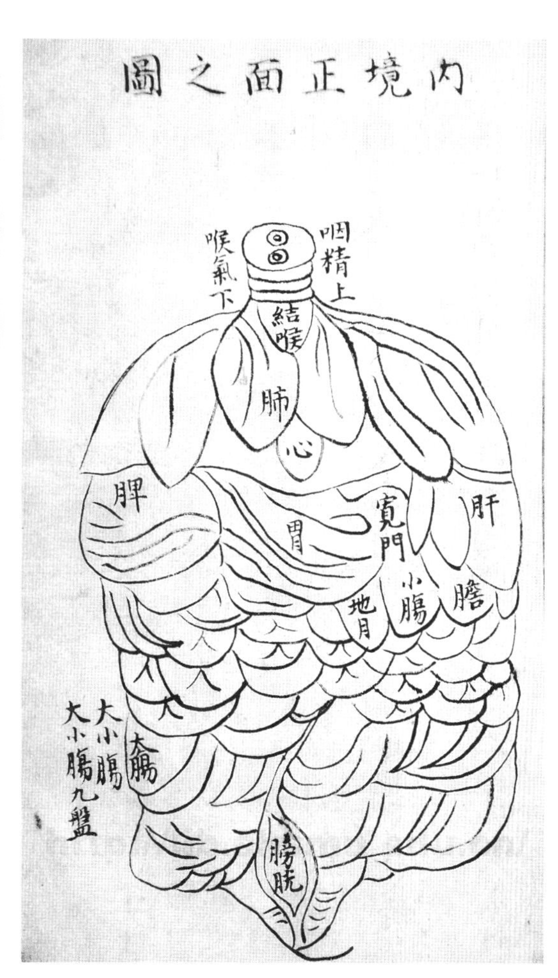

327 張氏簡明要言

《張氏簡明要言》,不分卷,一册。張氏(名佚)撰。無序跋與目録。封面題有“張氏簡明秘録”“程鑒湖手録”字樣。程氏尚抄有田毅門《養蘭訣》一卷傳世,抄寫年代爲清宣統二年(1910),在成書年代上可與本書相互參考。《中國中醫古籍總目》載録爲清鈔本。藏于上海中醫藥大學圖書館。

是本開篇載“審症之圖”與“治法之原”,以圖畫形式形象地解析辨證施治的要點。内容可以分爲兩大類:一爲診斷方法要點,有切脈法、看病法、傷寒五法略、六經證治捷法四部分。二爲傷風、傷寒、内傷、勞瘵吐血下血、瘧疾、痢疾等十五類病證的證治。尤其在傷寒部分,著者據六經辨證法,分經描述,靈活選用仲景經方。後附“傷寒要語”曰:“人之傷于寒也,即爲病熱,熱雖盛不死。其兩感于寒者死。傷寒首尾以陽氣爲主,誤汗猶可,誤下不救,故云汗不厭早,下不厭遲。寒傷榮,風傷衛,無汗發表,有汗解肌。凡脈大浮數動滑,此名陽也;脈沉澀弱弦微,此名陰也。陰病見陽脈者生,陽病見陰脈者死。”對傷寒的辨證及治療作出總結。在内傷的治療中提出:“内傷多由脾胃虚損、起居勞倦、思慮過傷所致,非温補不愈。補中益氣湯,六君子湯,歸脾湯。”推崇李東垣的治法治方。

本書着重介紹傷寒及内傷病證,宗仲景、東垣方法,對臨床有參考價值。

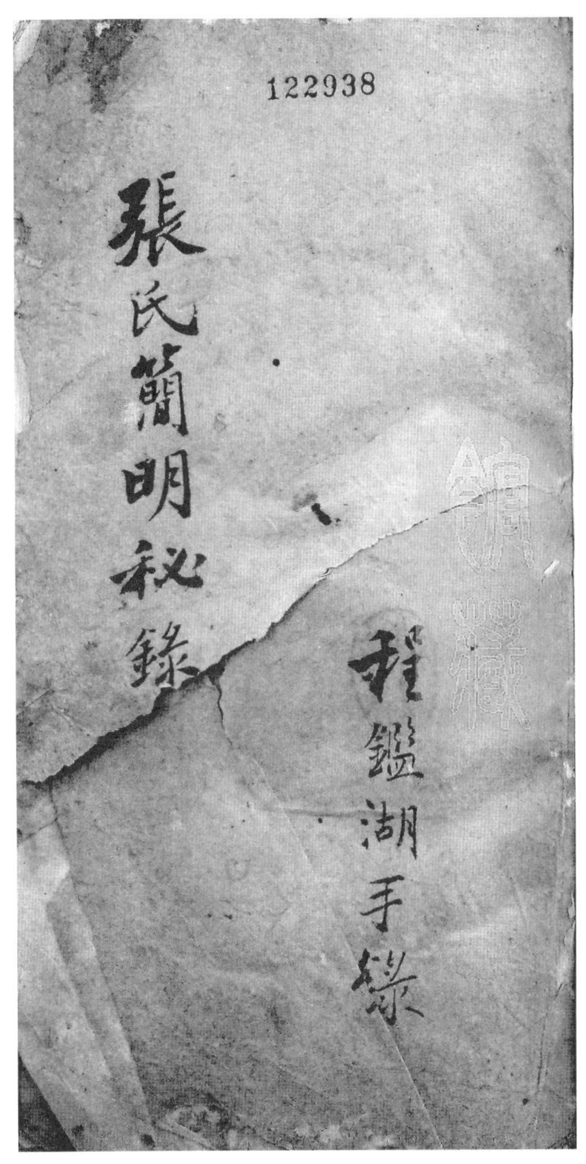
122938
張氏簡明秘錄
程鑑湖手錄

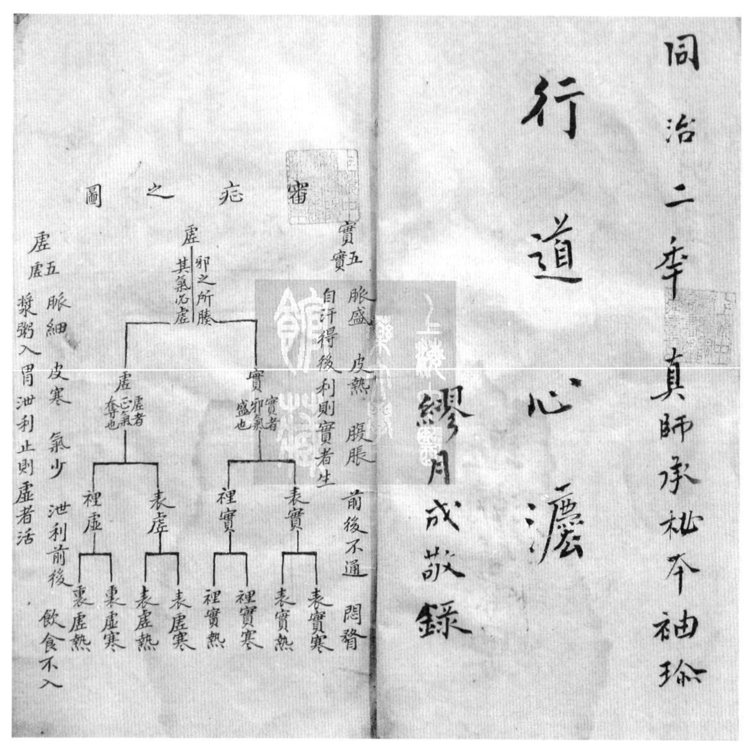

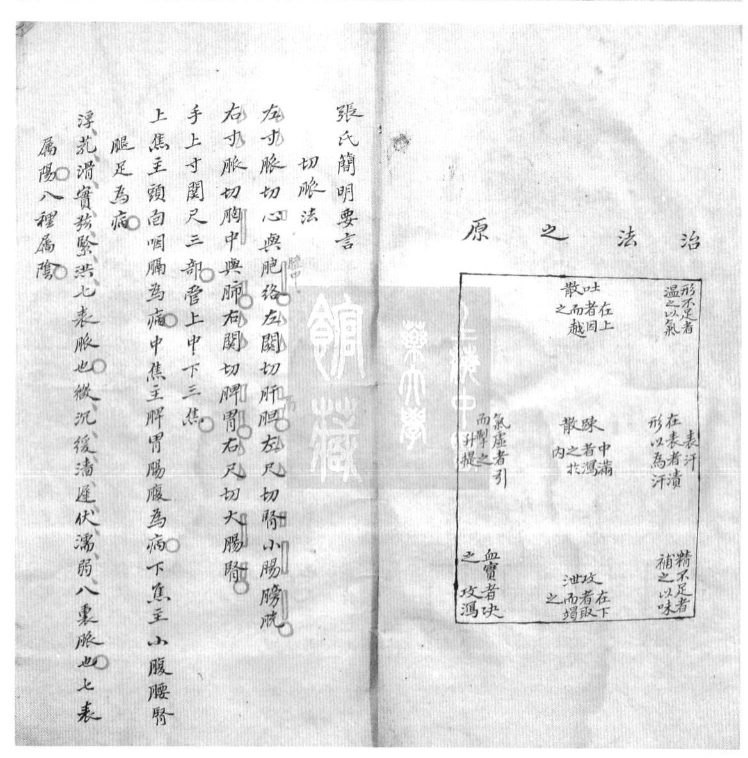

328 程氏醫徑

《程氏醫徑》，不分卷，一册。有目録，無序跋。書中未注明撰者及抄録者。現存鈔本，藏于上海圖書館，藏館著録爲清鈔本。《中國中醫古籍總目》未收載。

是本以歌訣形式論述六十種病證的病因病機、症狀、脈象、治法及治療方藥等，包括外感病證中風、中寒、中暑、熱病、傷風、瘟疫、霍亂等，内傷病證勞傷、食傷、黄疸、積聚、浮腫、膈噎、呃逆、吐血、痰病、鬱病、咳嗽等，外科病證痛風、疝氣等，婦科病證崩漏，五官科病證眼症、耳症、口病、牙齦症、咽喉等。對于諸病證的論述分爲兩部分内容，一爲諸病症治歌，一爲治療方藥，大多以七字一句的歌訣形式，簡潔明瞭，琅琅上口，便于記誦。在諸病症治歌中，闡述諸病證的臨床症狀、病因病機及治療方藥等，如《痛風症治歌》曰："遍身走痛名痛風，此與痛痹症相同。或是血虚與死血，或是濕痰或是風。由於風者小續命，痰加羌活二陳中。血虚四物湯調理，加入桃仁瘀可攻。風濕相搏痛不定，虎骨丸子有奇功。大防風湯寄生湯，能療痛風歷節風。"所列治療方藥，也以七字一句歌訣形式論述方劑的藥物組成、煎服法及功用主治等。如治療中風的大防風湯歌訣爲："大防風湯有羌活，防己防風幾味藥。白术人參甘草芪，生地當歸芎白芍。附子杜仲川牛膝，薑棗同煎醫痿弱。更治走注歷節風，不拘腫痛皆能祛。"對于一些較難理解的内容，在相關歌訣後附有撰者的釋文，如《癱瘓症治歌》後指出："大抵治病之法，寒因熱用，熱因寒用，此正治也。今中風癱瘓之症，本是風火陽邪，而用烏附熱藥，此何故也？"撰者認爲"蓋中風癱瘓，乃濕痰死血凝滯於臟腑包絡之間，若非烏附熱藥，安能開散流通？此非正治之法，乃從治也"。

是本内容豐富，所論述每一病證後均列有治療方劑數首，多爲臨證實用方藥，可爲臨證參考。

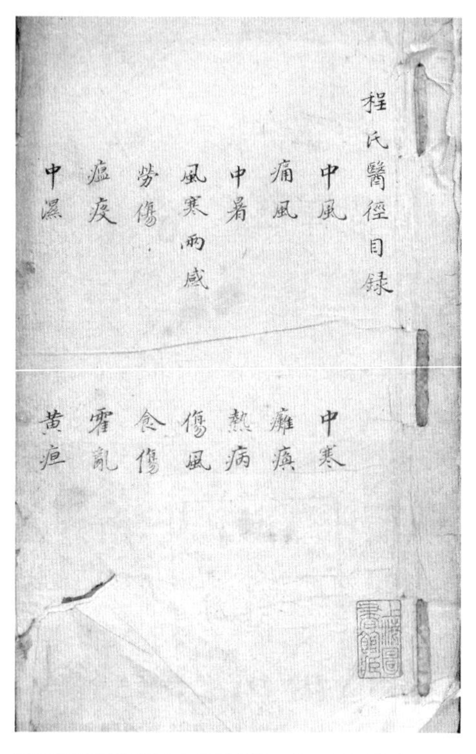

程氏醫徑目録

中風 中寒
痛風 癱瘓
中暑 熱病
風寒兩感 傷風
勞傷 食傷
瘟疫 霍亂
中濕 黃疸

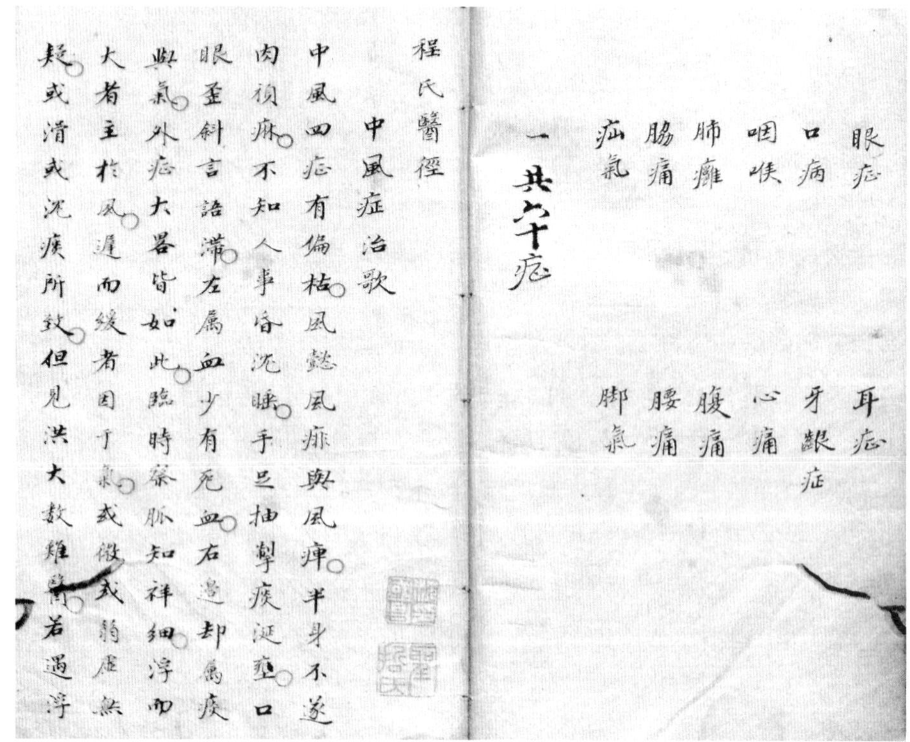

眼症 耳症
口病 牙齦症
咽喉 心痛
肺癰 腹痛
腸痛 腰痛
疝氣 腳氣

一共六十症

程氏醫徑

中風症治歌

中風四症有偏枯風懿風痱與風痺半身不遂
肉頑麻不知人事昏沉睡手足抽掣痰涎壅口
眼歪斜言語滯左屬血少有死血右邊却屬痰
與氣外症大略皆如此臨時察脈知祥細浮而
大者主於風遲而緩者因于氣或微或弱虛無
疑或滑或沉痰所致但見洪大數難醫若遇浮

瘟疫症治歌

瘟疫俗呼時氣病。狀類傷寒尤大盛。為候傳染遍四方。壯熱增寒兼悶亂。此屬邪氣自內出。宜攻理中表為順。治法須覓斬瘟丹。湯液丸散湯休論。熱極昏沉水漬之。六一玄明消渴盛。若見汗瀉表裏虛。柴苓加入參芪進。更有神仙活命丹。醫治大頭瘟熱病。

斬瘟丹內有麻黄。羌活防風白芷藏。黄連黄柏苓甘草。滑石紫蘇與大黄。姜葱枝入水煎服。要時汗出郎安康。

活命丹中白芷藏。一兩姜蚕二大黄。蚕和姜汁丸如彈。井泉調化服之良。

霍亂症治歌 六和湯方在中暑門

霍亂之症有何因。發瀉往來寒熱增。此屬內傷兼外感。陰陽混濁不能分。脉來隱伏為當事。遲弱難調浮大生。夏服藿苓湯要緊。秋用六和効

329 診脈切要

《診脈切要》，不分卷，一册。抄者不詳。無序跋與目録。因藏護不善，已有蟲蠹現象，書角亦有破損缺字。從内容看，并非論述脈診的專著，“診脈切要”僅是該鈔本第一篇的篇名，故書名著録爲“診脈切要”不妥。《中國中醫古籍總目》載録爲清鈔本。現藏于上海圖書館。

此鈔本實爲基礎與臨床相結合的綜合性摘抄本，大致可分爲兩部分，前半部偏于基礎，後半部偏于臨床。基礎部分主要内容有《診脈切要》《四字脈訣》《脈經》摘要以及《十二經絡論》《奇經八脈論》。臨床部分包括《治法綱》及臨床各科病症的用藥宜忌。

《診脈切要》爲學習脈診的基礎性讀物，先闡述脈診和寸關尺的基本概念、七診之法、六部脈對應臟腑以及四時之脈，然後分述常見脈象的診法及意義，如浮、沉、弦、濡、澀、緩等，最後闡述三部九候及七表（浮、芤、滑、實、弦、緊、洪）、八裏（微、沉、緩、澀、遲、伏、濡、弱）、九道（長、短、虚、促、結、代、牢、動、細）二十四種脈的脈狀歌和主病歌。《四字脈訣》是初學醫的啓蒙教材，有多種版本，内容相近，衹是詞句不同，此本共有五百四十二句，兩千一百六十八字，叙述較爲詳細。在《四字脈訣》的末尾，又記有八句七言歌訣，簡述了浮、沉、遲、數四脈有力無力的病機要點。《十二經絡論》綜合《内經》五臟六腑生理病理，并交代各種脈象虚實的治法和代表方劑。此外還有經脈走行及穴位歌訣（七言）。《治法綱》爲理論性闡述，共十五篇，皆治法治則方面的常見問題，如“治陰陽諸虚證皆以保胃氣爲急”“陰精陽氣補益不同”“治氣三法”“治血三法不同”“治吐血三要”等。最後是各病症的臨床用藥宜忌，基本按五臟六腑的虚證與實證分類。如心虚證，下列驚邪、癲癇、不得眠、好眠、心煩、怔忡、心澹澹動、盜汗、伏梁九症，每症下列有用藥宜忌。

如盜汗，"屬心血不足，忌破氣、辛散、燥熱"，下列屬破氣的青皮、枳殼、枳實、厚朴、檳榔，辛散的生薑、川芎，屬燥熱的半夏、南星、肉桂、附子等；"宜補斂、清虛熱，甘酸寒、甘平、甘寒、苦寒、鹹寒"，下列生地、當歸、黄芩、黄芪、黄連、白芍、酸棗仁、龍眼肉、黄柏、茯神、牡蠣、五味子等。體現了對症選藥的一般規律，對臨床很有參考價值。另外，此本將"婦人門"單獨列開，内容涉及婦科、產科和產後諸病，體現了抄者對婦科的重視。

診脉切要

診脉之法先要定得三部明白何謂三部是人之兩手俱有寸關尺也
又要知得脉之息數分别浮沉滑濇遲數此六者之大畧也及諸脉陰陽
偏勝太過不及虚實邪正主病之原四時五行生尅之理診脉之際一静
其心存其神也二忘外意無思慮也三均呼吸定其氣也四輕指手
皮膚之間探其腑脉浮也五微重指手肌肉之間取其胃氣中也六重指按
于骨上探其臟脉沉也七察病人脉至數來去此七診之法了然明白所
以先以中指揣摩掌後小高骨爲關脉然後下前後二指關前至魚際得
周身之一寸故名寸口爲陽關後至尺澤穴得周身之一尺故名尺部爲陰
又寸脉六分關脉六分關上三分入于寸内是陽得寸内九分陽數九也尺
内七分關下三分入于尺内是陰得尺内一寸陰數十也然始只是一寸九
分其間又有反關脉者在三部之後或在臂後若過寸口之上至魚際者

儒肥沉瘦濇短促長疏各各診法　浮而有力則為風無力而虛伐本宗

沉而有力當為積無力須當為氣逆遲而有力痛难禁遲而無力為寒疾

數而有力当為熱無力瘡瘍痛痒訣

○○上下來去至止六脉解

夫脉有上下來去至止六字須當分明方知陰陽虛實所謂上者來者至者為陽下者去者止者為陰上者自尺部上于寸口陽生于陰也下者自寸口下于尺部陰至于陽也來者自骨肉之分出于皮膚之際氣之升也去者自皮膚之際還于骨肉之分氣之深降也應曰至息曰止是也

○○浮沉遲數診脉切要歌訣

診浮心浮神不寧語言錯亂夢多驚肝家浮此為癱瘓腸澼拘攣身更疼脾浮瘧痢氣喘息吐瀉無度不進食肺浮[illegible]

九

330 普濟内外全書（附《治痧全編》）

《普濟内外全書》(附《治痧全編》),六卷。原題清楊洩峰(號桂林主人)鑒定。約成書于清道光十一年(1831)。著者余船高,字姚價。自序稱平生性僻嗜學,博覽群書,滿腹經綸,但半百餘年以來,屢次考取功名未果,遂放棄功名之念,不爲良相即爲良醫,專研醫理。采匯歷代名醫之帙,鑒甄方書,簡練脈訣,究心湯飲,定爲一集,名曰《普濟内外全書》。書後附《治痧全編》兩卷,爲高杲所著。其生活年代痧證盛行,前賢不詳證狀,粗工不知治法,死者枕藉。作者得鄉先輩手抄珍藏郭右陶先生所著、朱蓼莊先生參訂之《痧症要略》一卷,爲其增補時行痧疫經驗良方,詳論證候,補其未備,匯爲全帙,并附《銅人痧穴圖》,曰《痧症全編》。卷首有自序。現存鈔本,藏于上海中醫藥大學圖書館。

《普濟内外全書》卷一載傷寒、舌胎、霍亂、嘔吐,凡四門,共一百零四方;卷二載脾胃、痹證、噎膈、吞酸、水腫、黄疸、黄胖,凡七門,共一百五十一方;卷三載消暑、消渴、燥氣、火熱、中暑、中濕、中風、傷食、痢疾、瘧疾、疝氣,凡十一門,共一百四十二方;卷四載吐血、傷風、癲狂、痰飲、痰結、痰嗽、痰喘、六鬱、積聚、寒熱,凡十門,共一百六十二方;卷五載勞傷、虚損、諸汗、諸痛、蟲痛、風痛、怔忡驚悸,凡七門,共一百四十二方;卷六載麻瘋、痿躄、筋攣、腰身、膀胱、淋瀝、小便、大便、心小腸、肺大腸、聲音,凡十一門,共一百五十七方;卷七載肝膽、命門三焦、咽喉、牙齒、眼目、鼻管、耳孔、唇舌、舌根、頭腦、面頰、身體,凡十二門,共一百七十三方;卷八載婦人科、小兒科兩門,包括白帶、崩漏、胎前、產後、種子、調經、乳癰等婦科治方及傷寒、驚風、疳積、吐瀉、牙疳、瘧痢、痘瘖、麻疹等兒科治方,共一百六十二首。各論皆先述病證,後選録歷代神驗之方爲其湯譜。如傷寒門載傷寒總論、傷寒辨正、傷寒湯飲三部分，舌胎門載舌胎總論、舌胎形圖、舌胎湯飲三部分，霍亂門載霍亂總論及霍亂湯飲兩部分等。所列各方包括主治證候、藥物組成及煎服法。此書采集歷朝名醫之帙，精選歷代神應之方編集而成，編寫體例條分縷析，可供臨證檢閱。

《治痧全編》論述痧證病因、分類、辨證、治療等，共六十一門。如表裏治法、經絡治法、論痧之所由發、用藥大全、慢痧輕重辨、痧脈外感内傷辨、刮痧法、驗唇舌法、治噤口痧、治吊腸痧、治呃逆痧、治倒腸痧等，并列銅人痧穴圖于後。其論精詳而法簡易，可供臨證施治借鑒。

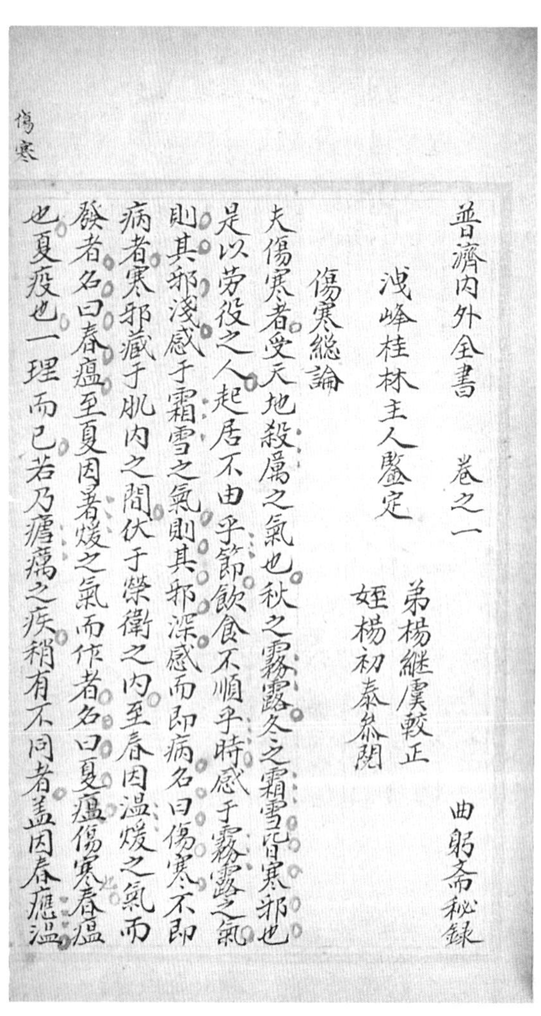

傷寒

普濟内外全書　卷之一　曲躬斋秘録

浅峰桂林主人鑒定　弟楊継虞較正　姪楊初泰参閲

傷寒総論

夫傷寒者，受天地殺厲之氣也。秋之霧露，冬之霜雪，皆寒邪也。是以勞役之人，起居不由乎節，飲食不順乎時，感于霧露之氣，則其邪淺；感于霜雪之氣，則其邪深。感而即病，名曰傷寒。不即病者，寒邪藏于肌肉之間，伏于榮衛之内，至春因温煖之氣而發者，名曰春瘟；至夏因暑煖之氣而作者，名曰夏瘟。傷寒、春瘟也，夏疫也，一理而已。若乃瘧痢之疾，稍有不同者，蓋因春應温

治痧全編目錄終

治痧全編卷上

檇李郭右陶先生要畧

姚江高　杲亭午增著

慈谿陳啓懷清遠纂輯

分表裏治法

痧之初起必由外感湊於肌表人不自覺漸入半表半裏以致胸中作悶或嘔或吐兀兀不安此可以刮痧而愈不愈用荊芥防風湯之類解之由半表半裏不知早則入於裏欲吐不吐欲瀉不瀉而腹痛生焉至痧毒上升則心胸大痛痧毒下鬱則盤腸吊痛此可以放之而愈用陳皮厚朴湯之類清之若入裏失治則痧氣壅阻惡毒直攻心臍立時發暈此時氣血不行刮放不出邪氣深入危在旦夕脉亦莫辨惟當用寶花散礬紅丸之類降之令其甦醒俟其氣血流動再行刮放遲則不救此痧分表裏之治也

分經絡治法

痧感太陽則頭痛發熱感少陽則耳旁微腫寒熱往來或耳聾感陽明則面目如火但熱不寒入太陰則腹痛作脹或身重入厥陰則小腹痛或胸脇痛不能

331 勤慎堂醫學甲集

《勤慎堂醫學甲集》，又名《醫學甲集稿》，不分卷，殘本。成書于清光緒甲申（1884）年。錢塘夏希靈編著。著者自少篤學，誦讀披尋近二十年，寒暑不輟，上窺《靈》《素》，下熟漢唐緒論、宋以後之書，尤其推崇徐洄溪之《傷寒類方》，贊其簡要不繁。每遵徐氏之法，摘其謬誤，掇其精華，補其未備，敷以心得，遂成此編。卷首有"勤慎堂醫學甲集篇目"及"醫學甲集序"字樣，另有"夏希靈"等印章。現存鈔本，藏于上海中醫藥大學圖書館。據《中國醫學大辭典》記載，另有鈔本藏于中國中醫科學院圖書館。

本書分列《傷寒》《温熱》《作文開方一理説》《痙》《傷寒外感（附芍藥解）》諸篇，注重闡述各病病源及治法。如《傷寒外感》篇縷述傷寒、温病的源流，謂臨證不可以傷寒法統治外感病。《傷寒》篇强調治療傷寒之證，用藥劑量之輕重當視日數之多少、邪之淺深而定，并以傷寒汗法中的解肌、發表兩法爲例，認爲邪在氣分宜以芳香輕劑發表，入營宜以疏通平劑解肌，若宜發表者投以解肌，尚無大害，宜解肌者投以表散之劑，則失當。《温熱》篇則謂自《温病條辨》《温熱經緯》出，醫家遂忘温熱亦屬外感，而概以解肌發表爲例禁，不可不辨。認爲温熱有伏氣、新感之分，若伏邪未深，表證重而裏證微，解肌仍屬可行。《痙》篇認爲痙爲燥病，凡如《千金》、吴鞠通、楊璿等認爲痙非燥病者，皆未知《内經》之旨，故治療當以滋養津液爲主。

本書服膺徐靈胎，故取徐氏論説，將其説未備而證又爲世所見、古無而今有之病、其治法見于他書者，擇要補之，擬編爲此書。書中之論，不乏作者之偏見，如其對吴鞠通、王孟英之説視爲"千古笑柄"，但也有作者見解獨到之處，可爲學者采擇。

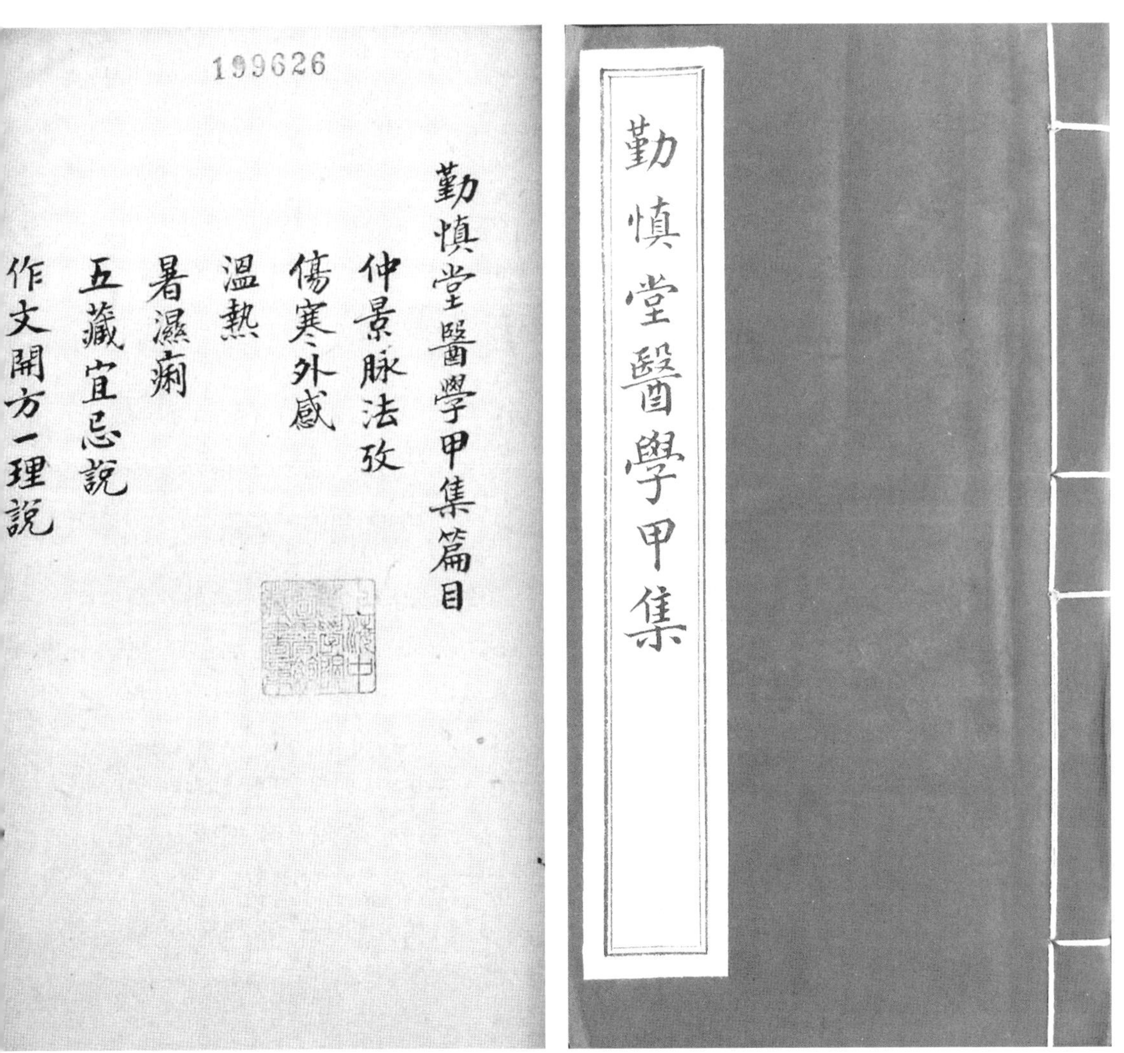
199626
勤慎堂醫學甲集篇目
仲景脉法攷
傷寒外感
溫熱
暑濕痢
五藏宜忌說
作文開方一理說
勤慎堂醫學甲集

332 新刊醫學啓原

《新刊醫學啓原》,三卷,一册。著者不詳。無序跋。《中國中醫古籍總目》載録成書于1802年。全書共有三十處缺漏。現存鈔本,藏于上海中醫藥大學圖書館。

卷上首載各臟腑之本部與對應的經絡,如“肝之經,肝脈本部在於筋,足厥陰,風乙木也”。其餘各臟腑皆用此句式先説明經脈,再細加詳述。另有《三才治法》《四因之病》《五鬱之病》《六氣主治要法》,其中有關節氣的介紹尤爲詳細,認爲二十四節氣中大寒、春分、小滿、大暑、秋分、小雪這六個節氣作爲分界之點,天地之氣依次有所變化。後以《頭痛》《内科雜病》等爲題,分篇介紹藥物配伍,但不列方劑,如“凡水瀉,茯苓、白术爲君,芍藥、甘草佐之”。卷中載《内經主治備要》,包括五運六氣以及病機十九條的部分内容,如“諸風掉眩皆屬於肝”“諸痛癢瘡皆屬於心”等。再介紹《内經》對于各類常見病症如嘔、吐酸、腫脹等的認識,并介紹一些方劑,如至寶丹、四君子湯、六一散、三一承氣湯、八正散等著名方劑。卷下首列“陰陽升降之圖”,主要用以説明藥物的藥性對人體的作用,後詳細介紹九十七味常用中藥。

本書重點介紹了五運六氣之法,其運用《内經》理論對病症加以解釋,對臨床有指導意義。對于藥品介紹的部分,亦可供臨床參考。

新刊医学啟原

新刊醫学啓原卷之一

○醫学

天属上二位天属属中二位人属属下二位地属
地太虚天面風雲之路萬物之路地面黄泉
六金金火合徳火木木火合徳火土土水合徳水
位金主清燥君火主熱風水主温相火主極濕土主
涼寒水主寒蔵肺上焦象天心包絡肝中焦象人命
門脾下焦象地腎黄泉象下絡大腸下絡小腸下絡
膀偟三焦下絡胃衛絡膀胱図

乾姜炮　生姜一两
右㕮咀水五盏煎至二盏半去滓分三服相继不拘
附大吐不止加附子三钱生姜半两

○桂附丸

治風邪冷氣入乘心络或脏腑暴感風寒上乘于心
令人卒然心痛或引背膂甚則經久不差
川乌頭三两炮去皮脐　附子三两　乾姜二两炮
赤石脂二两　桂二两　蜀椒去目微炒
右為末蜜丸如梧子大每三十丸温水下觉至痛處即止
若不止加至五十丸以知為度若早朝服無所觉至
午後再二十丸若久心痛每服三十丸至五十丸盡
一剂終身不發

不及病在内大過令人四肢沉重言語蹇澁不及令
人中满不食乏力手足緩弱不遂涎引口中四肢睡
[illegible]　脾脉来而和柔者如鶏踐
地曰平来實而满指數如鶏举足曰病又如鳥之喙
如鳥之距如水之漏曰死中風則翕翕發熱状如醉
人腹中脹滿皮肉瞤瞤而起阿阿然曰平弦急者肝
尅脾也真臟相遇大凶之兆也　又微濇短者肺乘
於脾不治自愈又沉而滑者腎來乘脾亦不為妨
又浮而洪心來生脾不為疾耳　脾病色黄體重失
便目直視唇反張爪甲青四肢沉吐食百節疼痛不
能举其脉浮大而緩反結急其色青死不治　又脾
病其色黄飲食不消腹脹满體重節痛大便不利其
脉微緩而長者可治　脾氣虚則大小便不利汗出

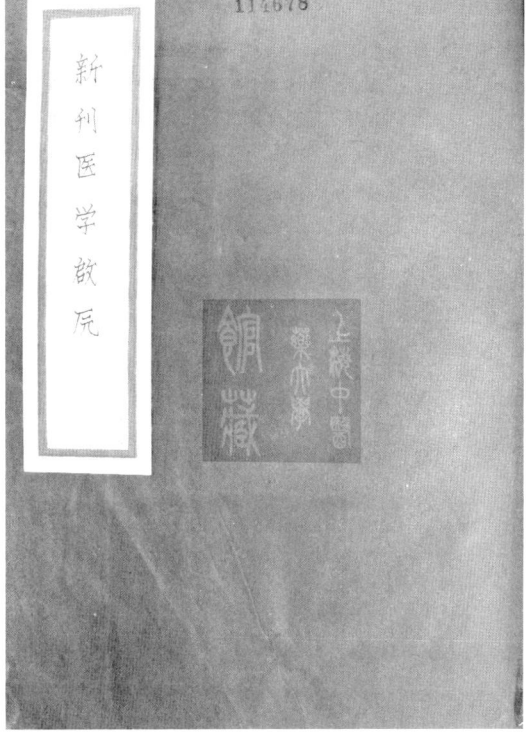

333 管窺述粹録

《管窺述粹録》，殘本，現存卷一、二、三、七、八、十、十一、十二、十四、十六、十七、十九、二十、二十一、二十二、二十三、二十四、二十五、二十六、二十七、二十八、二十九（兩卷）、三十，計二十四卷，其中卷三十殘。清高錫祚編著。高錫祚，韓城（今屬陝西）人，康熙二十一年（1682）曾任黔江（今重慶市黔江區）知縣。是本成書年代不詳。《中國中醫古籍總目》載録爲清鈔本。現藏于上海中醫藥大學圖書館。

卷一先述十二經脈，附奇經八脈，包括經脈的走向、經動所發的病證及治則，强調根據人迎與寸口兩部脈象大小辨别實證、虚證，次列有關十二經脈、十五别絡諸問題，後論骨度以及諸臟腑骨節部位經絡發明。卷二首論脈法，次論二十六種脈象的體象、脈義、相類脈、主病及兼脈主證，後論察色。卷三引述先哲格言，間附作者己見，闡發醫理醫論。卷七至卷二十三主要論述各種病證，包括感邪的特點、臨床表現、治法及方藥。卷二十四、二十五論述感證辨證。卷二十六至卷三十根據方劑的功用分類，説明方劑的出處、主症、方解及藥物組成。

是本所存部分主要爲經絡、診脈、察色、醫理、病證、辨證、方藥等方面的内容，對臨床有參考價值。

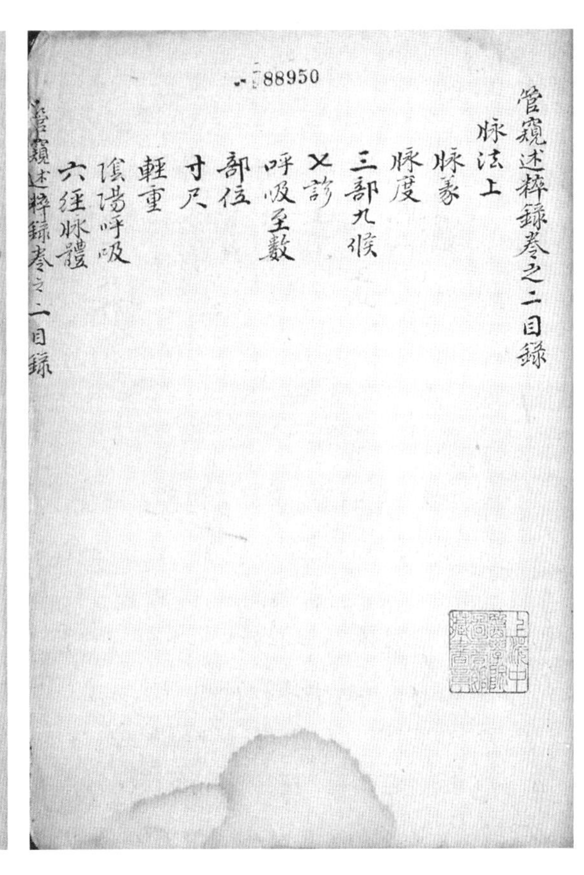

管窺述粹錄卷之二目錄

管窺述粹錄卷之一

苕谿後學曉巘氏高錫祥纂

十二經脉奇經附

靈樞經脉篇曰肺手太陰之脉起於中焦下絡大腸還循胃口上膈屬肺從肺系橫出腋下下循臑內行少陰心主之前下肘中循臂內上骨下廉入寸口上魚循魚際出大指之端其支者從腕後直出次指內廉出其端 是動動交動也則病肺脹滿膨膨而喘欬缺盆中痛甚則交兩手而瞀瞀未詳此為臂厥是主肺所生病者欬上氣喘渴渴一作喝煩心胸滿臑臂內前廉痛厥掌中熱氣盛有餘則肩背痛風寒汗出中風小便數而欠氣虛則肩背痛寒少氣不足以息溺色變為此諸病盛則瀉之虛則補之熱則疾之寒則留之陷下則灸之不盛不虛以經取之盛者寸口大三倍於人迎虛者則寸口反小於人迎也

334 增定便考萬病回春善本

《增定便考萬病回春善本》,不分卷。明龔廷賢著,清汪淇重訂。龔廷賢,字子才,號雲林,江西金溪人,繼承家學,世代爲醫,曾任太醫院吏目。著有《萬病回春》八卷、《雲林神彀》四卷、《魯府禁方》四卷、《壽世保元》十卷等。汪淇,字右子,號憺漪子。曾注釋《濟陰綱目》,并自著《保生碎事》《慈幼綱目》。現存鈔本,藏于上海圖書館。《中國中醫古籍總目》未收載。

是書首頁題"增定便考萬病回春善本卷一孝集",篇名爲"萬金一統述",據正文"萬金者,萬象之精粹;一統者,總括之大機"命名,係輯録歷代名著之精要備論及前賢名句警言而成。全書包括天地萬物之象、人體五臟六腑、十四經經絡、形體五官、三部九候、各家脈學、綜合診法等内容,多源于《内經》《脈經》等經典著作,書末另載諸病經驗用藥及多種治病精髓之論。

是本乃輯龔廷賢《萬病回春》卷一重訂而成,從篇首"增訂便考萬病回春善本卷一孝集"亦可得之。綜觀全書,未發現獨立于《萬病回春》卷一之外的新見解,故本書實乃節選《萬病回春》卷一,經過精校細勘并重訂,故而把書名改爲《增定便考萬病回春善本》。

增定便攷萬病回春善本卷一孝集

金谿　太醫院雲林龔廷賢子才甫編輯
錢塘　後學愭漪子汪　淇右子氏重定

雲林自題曰

醫演岐黃本世傳爲嚶海內困顛連幾篇術括千年秘一點春回萬病痊解使疲癃躋壽域郤慙謗陋著遺編敢云卞玉思三獻憂　國憂民天下先

萬金一統述

外感法張仲景也　　內傷法李東垣也

熱病用劉河間也　　雜病用朱丹溪也

識感中傷三者標本之微甚也

明內外不內外因表裏之虛寔也

以先歲氣勿伐天和也　　能合色脈可以萬全也

天地有南北之不同也　　人身有虛寔之各異也

化而裁之存乎變也　　神而明之存乎人也

醫演岐黃神聖之術也　　學推孔孟仁義之心也

此前聖之確論爲醫家之所宗也

335 韓氏醫書六種

《韓氏醫書六種》，凡十四卷，六册。清韓善徵編著。成書于光緒二十三年（1897）。韓善徵，字止軒，曲阿（今江蘇丹陽）人。少習儒，後改習醫，廣搜醫籍，勤研讀之。光緒十九年（1893）瘧疾流行，諸醫投小柴胡湯無效，韓氏研讀葉香岩瘧案，悟得當時醫家執正瘧治時感瘧，以致無效，或輕病變重，重病致死。經潛心研讀實踐，纂成《瘧疾論》一書，爲輯述瘧疾較爲全面的專書。另撰有《痢疾論》《時病撮要》《陽痿論》《金匱雜病辨》《醒世瑣言》。六書合爲《韓氏醫書六種》。《瘧疾論》一書書首有韓氏醫書六種序。六書書首皆有作者自序。現存光緒二十三年（1897）年韓氏稿本，藏于上海中醫藥大學圖書館。

《瘧疾論》三卷。上卷辨析諸瘧證治，包括瘧不專屬少陽、正瘧時瘧、伏氣外感内傷、瘧名异同、瘧不因地分輕重、治瘧不宜拘執等。其中古書混雜不清者兼糾其謬。中卷首列病，分辨似與兼痢兩部分；次列症，如寒熱、日作間作、晝夜、早安、新久等；次列因，將其歸納爲寒、風、温、暑、濕、瘴、疫、食、痰、鬼、虚、勞數種，兼附治法；最後論脈，强調瘧無定脈。下卷先列案，後列方。案與方皆分古與今兩部分論述。全書爲韓氏悟昔日醫家治瘧之得失，全面論述瘧疾之脈、因、證、治，并附前人治驗醫案，爲瘧疾之專書。他病間有類及瘧疾者，亦附于其中。

《痢疾論》四卷。首卷載痢疾之緣起、正痢疾之名以及辨似、主治、訂誤。卷二辨痢疾諸證，先列本證，包括膿、下痢赤白、裏急後重、腹痛、脱肛、口渴等十六症；次列壞證，包括神昏、發痙、巔痛、氣動、咽痛、口糜等十五症；後列諸脈，分爲總脈與初久脈。卷三論痢疾之兼病、轉病，如瘧兼痢、痢兼瘧、瘧轉痢、痢轉瘧等。卷四述婦人之産前産後以及小兒病證，皆分條詳論其因。

《時病撮要》一卷。首論時病總義、六經標本、衛氣營血及上中下三焦。其後將時氣分爲寒温暑燥四門，而風與濕因各門之症附見。最後將“疫”特列一門。每門先列一氣之總義，次分條列證。如寒病，寒總義之後分論傷寒、中寒、胃寒與寒濕（附風濕）；温病，温總義之後分爲外感與伏氣兩種。外感因素中分風温、濕温、温毒三種進行闡述。伏氣因素主要闡述冬寒致温論；暑病，暑總義之後亦分爲外感與伏氣兩種。其中外感因素列冒暑、傷暑、中暑、暑風、暑瘵、暑癘、暑瘖、暑瀉、疰夏九種進行闡述。伏氣因素分論冬寒和夏暑兩種；燥病，燥總義之後分爲上中下三焦進行論述；疫病，疫總義之後分論熱疫、濕疫、大頭瘟、疙瘩瘟、楊梅瘟、瓜瓤瘟、撚頭瘟、軟脚瘟、絞腸瘟（附霍亂）、黑骨瘟、疫痘及疫痧。所列各種時病，其證因皆以一二語總而括之，并隨附治法方藥。所列古方，多採時賢諸法。其中凡前人可法者，仍之；其與病不切者，則按病情另擇一方。

《陽痿論》兩卷。上卷主要辨析陽痿各種病因，分列總義、内因、外因、不内外因四部分。其中，内因包括腎陽虚、腎陰虚、膽陽虚、肝陰虚、胃陰虚、煩勞、鬱結、驚、恐、痰；外因包括濕與暑；不内外因包括跌撲、勞傷、阻逆。下卷先列案，次列方。論中多采徐靈胎之義，亦有周慎齋、王孟英、俞東扶等之驗，并加按語闡發己見，發明其意藴，補其缺，正其訛。

《金匱雜病辨》三卷。自經絡臟腑以下，終于婦人雜病，爲上中下三卷，凡二十二篇。每篇逐條細辨，或順叙，或逆述，或連類互證，或逐段分析。所述各病，廣求其因備列之，至于治法方藥亦并涉及。

《醒世瑣言》一卷，録醫論、醫話近三十篇，包括内、外、婦、兒各科證治經驗、治法治則、用藥原則及方名解釋、藥物考證，或引古籍醫論，或抒己見，言簡意賅。

綜觀全書，或引諸家之説，或采前賢之法，撮其精要，并參以作者之見，以闡各論之旨。同時補古書之殘缺，訂前人之訛誤。經文内容廣泛，條分縷析，論證精詳，言簡明且切于用，對後學者頗有啓迪。

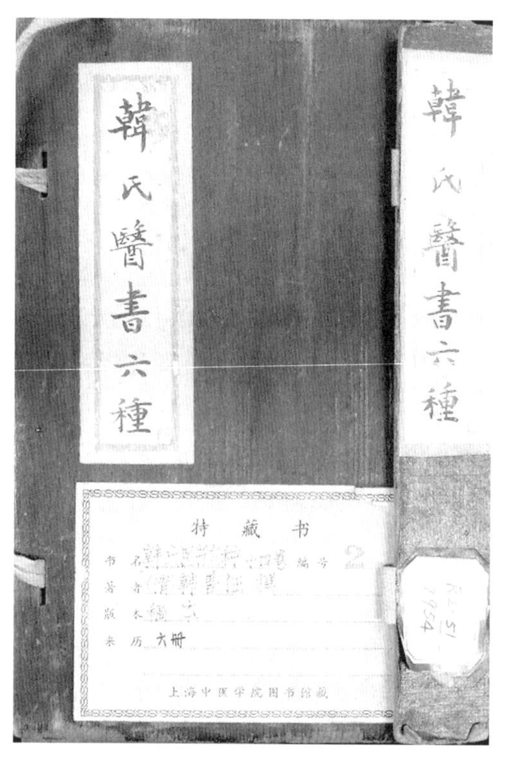

務其大者遠者吾知上醫醫國將爲萬民請命焉豈特一手一足云爾哉丁酉仲冬生以所著醫書六種求序於余余閱諸書皆本生平所心得以辨訛正誤其言簡而明且切於用較彼之拾人唾餘好爲大言以欺人者大相徑庭矣是豈苟然爲之哉余述其崖略如此且囑生仍應科舉以慰余之厚望焉生其勉旃

光緒二十三年十一月吉日丹陽束允泰季符題

韓氏醫書六種

瘧疾論

痢疾論

時病撮要

陽痿論

金匱雜病辨

醒世瑣言

336 臨證真詮

《臨證真詮》,上下兩卷。清秦越傅撰。成書于乾隆戊寅年(1758)。秦越傅,長洲(今江蘇蘇州)人,生平不詳。是本首頁有印章兩枚,分别爲"王祖慶印""賡雲"。本書除自序外,另載序言三篇,落款分别爲"同里弟若夫王潤拜撰""婣眷弟西谷李章堉頓首序""江南七令錢塘弟宇清氏潘涵拜題"。是書未見載于《中國中醫古籍總目》《中國醫籍大辭典》等工具書。現存鈔本,藏于上海交通大學醫學院圖書館。

該書載凡例九條,言采擷原則:"上編集病,不贅傷寒,以傷寒一書,莫外張長沙。""每篇必援引《内經》相證者,願勿爲無本之學耳。"正文開篇介紹"醫學淵源",多宗《内經》《傷寒論》之旨。後列内容目録,大體可分爲總論和病證兩部分。總論包括"運氣""脈法""辨診""六經常脈""七方""十劑"。病證包括"卒中""中風""春温""瘧疾""痢疾""痰飲"等四十六種。論述多本《素問》《靈樞》、王肯堂《證治準繩》、李中梓《醫宗必讀》之言,并參名賢論説。每病證後附方若干,不拘常格,不言某病某方,而多有化裁。如論"卒中"一證,引《靈樞·歲露論》"三虚者,其死暴疾也;得三實者,邪不能傷人也"與《素問·六微旨大論》"出入廢則神機化滅,升降息則氣立孤危",擬方蘇合香丸、至寶丹、三生飲。并對三生飲作了詳細的方解:"三生者,一本而用其三,不炮不製,故名。即《肘後方》名三建湯是也。大者爲烏頭,中者爲附子,小而叢生者爲虎掌,悉是天雄一裔。古方並用之。取其小者,力鋭,搜其隱曲;大者力雄,破其衝要;中者力緩,蕩其餘邪。"該書雖多引他書,但在鑒别診斷上每有着力之處,如"辨診"部分載有"遲緩之辨""沉伏之辨""數緊滑之辨""浮虚芤之辨""濡弱之辨"等十一辨。如"短動之辨"言:"短爲陰脈,無頭無尾,其來遲滯,主氣虚;動爲陽脈,無頭無尾,其來數滑,主崩損。"又將中風、中氣、中食、中寒、中暑、中濕、中惡從病因、病機、症狀、治則等方面進行詳細的鑒別診斷，將温病、風温、濕温、温疫、温毒、温瘧的异同加以詳細介紹。

該書主要輯集前人醫論醫方，内容簡明扼要，適合日常學習及臨證查閱，秦氏亦言“古方甚多，未能編輯，摘其要者存之備用”。“卒中”部分有順序錯誤，疑爲裝訂之誤，閱讀時應調整參看。

所為陰者非陰陽者非陽也而有不戕民命者鮮矣今讀是編先觀虛實次論君臣後之學者宜當讀之以明元會氣運之由生化配合之道日月之所以行星辰之所以爆天地之所以著昏曉之所以分不當徒以醫目之也然則　先生具將達之才而復博淹經籍諸子百家上溯軒岐下至於兹吾知其家而良醫者他日必出而為良相何世莫之用而惟治治焉自明其道以隱於醫耶雖然用不用天也非人也蘇子云天之所以與我者豈偶然哉其所重者道也故　先生不急急於仕而以道自娱凡文章經濟利世澤民之心無不一寓於醫其盡以斯道卜之耳

乾隆二十三年歲次戊寅秋八月望日同里弟若夫王潤拜撰

序

余稽方脉諸書而知治疾之道與治民通治民者有利為之興有害為之剪扶其瘽疲而拯其孤弱民之元氣復矣治疾者急則治其標緩則治其本時其陰陽而調其營衛人之元氣復矣今觀越傅先生之書而知其能體此道以為治者也先生學問淹洽於書靡不披覽而于岐黃家頗能得其三昧春秋時有秦緩字越人者世以扁鵲目之先生其有世德可溯耶己卯之夏余過吳門先生出所集臨證真詮相示披而讀之則縷析條分源真委確明如指掌列眉其於斯道已臥遊堂奧殆不必三折肱以為良亦無煩飲上池水而已知人五臟之癥結矣且夫醫之為理究于平日試于當時非閱歷體認有以窮百病之變則雖讀盡諸家而究無能以治一病何則病之為幻影響幾似為

以處方所貴乎臨證而得其真詮耳余讀是書首列運氣次明
脉症凡風寒暑濕血氣諸門井井有條一遵前人成法而採其
精義集為大成豈惟張劉朱李四大家参考同異融會而貫通
之即靈樞素問之微言奥旨靡不詳明條暢昭如日中謂之上
古之功臣也可即謂之今時之良相也亦無不可泰君博學嵩
才蘊奇不售托跡於醫而特發其秘於是書示於人三才之道
無不備具利濟民物之功誠不在文章經濟下尚其以此為不
朽盛業慎毋韞而藏之可也
旹
乾隆二十三年戊寅季秋下浣嫺春弟西谷李章堉頓首序

自序

醫之為言術也即道也少陵云功業同良相精微授聖人噫亦
神矣哉末流弗察乃藉為餬口計苟且從事人嬰其害而通人
大儒又或薄為流技畧弗究心于是醫愈衆而術愈壞術愈壞
而道益不明夫靈素一書為三墳之一聖經也金匱一書與靈
素相表裏醫傳也舍傳則經不明舍經傳則道何由體譬揣脉
家舍經書子史弗讀惟手鈔口撮一二闈墨試牘曰已文世行
遠也其信然哉漢唐而下人自為說家自為教要之微言精蘊
總莫越乎靈素仲景之範圍蘇長公所謂藥雖進于醫手方多
傳于古人若已經效于世間不必皆從于已出即如朱文公註
四子書亦皆集羣儒之說為一成之書非必獨出臆見也方書
何獨不然余頗有心醫學未明至道而以醫問余者多亦且猥

性為奇雖乎成方不可拘乎成方亦不可運用之妙惟在一心
察脉審候精辨於毫釐千里之間夫然後攻豎二祛六賊投劑
如射之中鵠兵之擣穴俾無遺患而已學者濡首簡編高談經
濟一旦畀以民社而弗能措之裕如者無他閱歷淺也先生名
書之意其在斯乎其在斯乎殆亦有見於治民之道而以是擅
其長者乎然則先生得時而仕吾知其必能登斯民於衽席而
利在興焉害則剪焉以醫病而醫國壽世之功不其偉哉故書
其端以歸之
乾隆己卯冬十一月既望江南七令錢塘弟宇清氏潘涵拜題

序

能通天地人三才者謂之儒亦能通天地人三才者謂之醫醫
之為道豈淺尠哉余素未習醫然嘗謂周禮疾醫掌養萬民之
疾病瘍醫食醫使冢宰領之不與他藝齒孰謂醫非儒者所宜
講求哉爰自軒岐越人仲景以暨近代家言每於永夏亭午一
披覽焉嘆其崖涘汪洋莫能津逮及得越傳泰君臨證真詮一
書而恍然有會也夫古今之氣運有異南北之禀賦不齊病之
為變多端而證之為形殊狀今將斤斤焉執一編以示人曰若
者為寒若者為熱若者宜溫若者宜涼學者遵之罔敢尺寸失
而泥一定之方以應無窮之病燥濕高下之不分老弱虛實之
不辨保毋類鍥舟求劍者之所為而蹈學醫人費之誚乎哉雖
然醫者意也意不執方合宜而用舍方則莫由用意非意則何

337 濟急便覽

《濟急便覽》,不分卷,一册。著者佚名。依據書後殘缺《小叙》可知:著者生平致力于儒學,行醫不是其主業,然少時多病,故留意于醫書,"羅歷代之□書,挹諸子之精義,輯爲一書,以便觀覽"。又據卷首殘序,書成于乾隆五十六年(1791),序言落款爲"眷姻晚彭芑捷拜題於漢南館次"。彭芑捷其人不可考。是本除目録外,正文二百七十四葉,約十三萬字。現存鈔本,藏于上海中醫藥大學圖書館。

本書是一部論述疾病的綜合性著作,所論以内科病爲主,如真中風、類中風、傷寒、中暑、咳嗽等,書後有婦人、外科等病,計收病症八十餘種。論述疾病多引用前賢的見解,所用之方也多爲常見方劑。以《中暑》爲例:先是綜合談"中暑"一證。引用張潔古"静而得之爲中暑,動而得之爲中熱",李東垣"避暑於深堂大廈得之曰中暑,日中勞役得之曰中熱",論述病因。繼則論述病機和方藥,認爲中暑是陰症,應以發散爲主,治療以大順散;中熱是陽證,以清解爲主,治療以白虎湯。作者認爲此二方是治療的總則。進而區分冒暑、中暑、傷暑三種證型,如"腹痛水瀉,胃與大腸受之,惡心嘔吐,胃有痰飲,此二者冒暑也。黄連香薷飲、五苓散主之。蓋黄連退熱,香薷清暑,五苓利水也"。接着談脈象,以歌訣的形式寫成。如"暑傷於氣,所以脈虚;弦細芤遲,體狀無餘;暑熱病劇,陰陽盛極;浮之而滑,沉之散澀;汗後燥火,死期可刻"。繼則談病症和方藥,亦以歌訣的形式寫成。如"五苓散"的病症:"中暑煩熱渴,大便瀉泄溏;小便赤澀少,宜分利陰陽。"方藥的歌訣是"五苓散内用茱苓,白术茯苓澤瀉停。肉桂用之多與少,白水煎來止渴行"。

全書字迹清楚,語言尚流暢,但多爲泛泛而談,較少有獨到見解。

男婦內外大小方脉者不少則較諸歷代名家之書誠所謂博而約簡而該者第念先生篤志業儒者何其游心於醫藝若是間嘗聞諸 范文正公少時之言曰吾不能為良相必為良醫先生殆有志於家法乎要之法祖者即可問世余不禁因之有感矣是為序

旹

乾隆五十六年歲次辛亥孟夏月既望越九日眷姻晚彭芑㨗拜題於漢南館次

濟急便覧目録

大風者

真中風

不治症　中風鼻乾口張氣直面赤如粧汗綴如珠頭面青黑痰聲拽鋸吐沫上攛搖頭髮直眼閉手散遺尿不知

夫風者百病之長善行数变中風者言為風邪所中之重非若傷風之輕也其為病類甚多大要有四一曰偏枯謂氣血偏虛半身不遂肌肉枯瘦骨間疼痛二曰風痱謂神智不乱身體無痛四肢不舉一臂不隨三曰風懿謂忽然迷仆舌強不語喉中窒塞噫噫有聲四曰風痺謂風寒濕三氣合而為痺其人身頑肉厚不知痛癢風多則走注寒多則疼痛濕多則重着在筋則筋屈不伸在脉則血凝不流在肉則不仁在骨則癱重者也而有中腑中臟中血脉之分中腑病在表多着四肢故脉浮肢節攣悪風拘急不仁外有六經形症（太陽經症頭疼身熱脊強　陽明目痛鼻乾不眠　少陽耳聾脇痛寒熱嘔而口苦　太陰腹滿自利　尺寸沉而津不到咽少陰則舌乾口燥　厥陰則煩滿囊縮）以小續命湯及踈風湯汗之中臟病在裏多滞九竅故中脾脉沉二便閉中心不能言中腎則耳聾中肺鼻塞中肝目瞀以三化湯及麻仁丸下之中血脉者病在半表半裏外無六經形症內無二便阻隔惟當養血順氣以大秦艽湯羌活愈風湯和之獨是閉脱二症最要分别如牙関緊急两手握固即是閉症用蘇合香

真中風

338 醫林集覽

《醫林集覽》，三十二卷。清來蘊編著，成書于清光緒三十年（1904）。作者年幼體弱多病，幾近危殆，于是遍覽岐黄衆家之書，以求却除己病，兼治他人。後弃舉子業，專心醫學。診治之暇，特就古今醫籍，去其糟粕，采其精華，參以管窺，迭加删潤，編此書以爲實用。卷首有“實事求是”印章、作者自序及採輯書目，如《靈樞》《素問》《醫宗金鑒》《傷寒論》《張氏醫通》《景岳全書》《内科理法》《針灸大成》《本草備要》《西醫内科全書》等九十九部。現存鈔本，藏于上海中醫藥大學圖書館。

本書卷首列生理須知目録，其後詳論人體精氣神、經絡及臟腑組織生理功能。卷二首述診病總説，附運氣大略。其後論述診法内容。如視診列行神色、坐卧立行、額面、耳目鼻口唇舌齒、髮眉、爪甲、絡脈等，問診列寒熱、汗、身、口味口氣口渴、腸腹、睡眠、飲、二便等，察脈列浮、沉伏、遲、數、疾、大、洪、小、細、濡、弱、牢等，按診列按脅、按胸腹，後補診妊婦法及診嬰兒法。卷三至卷十六論述傷風、傷寒、燥證、蓄血、傷酒、傷食、虚勞、癲狂癇、出血諸證、雀盲、鼻淵、口瘡、牙腫、喉癬、舌强、痛經、惡阻、崩漏、帶下、解顱、顖填、顖陷諸證，每證皆列述病因病機、臨床分型、症狀、治方，後附先哲之論，以使人深入瞭解。卷十七至卷二十五及卷三十一論述病證治方，如治昏厥眩暈方，列烏藥順氣湯、通關散、白薇湯、地黄飲子等，分别叙述功效、藥物組成、煎服法及禁忌。卷二十七載録驗案。卷二十六、二十八、二十九、三十、三十二爲藥紀部分，論述麻黄、桂枝、防風、白芷、羌活、澤瀉、木通等藥，包括藥物的入藥部位、性味、歸經、功效及製法等。

全書所論内容較爲全面，有參考價值。

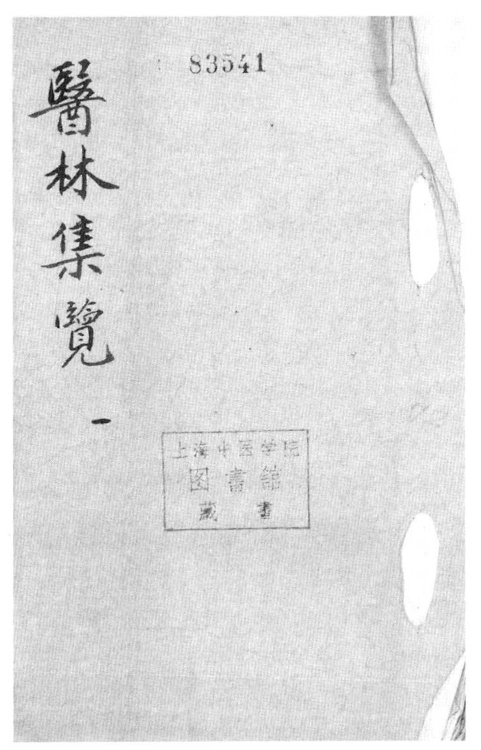

醫林集覽

一

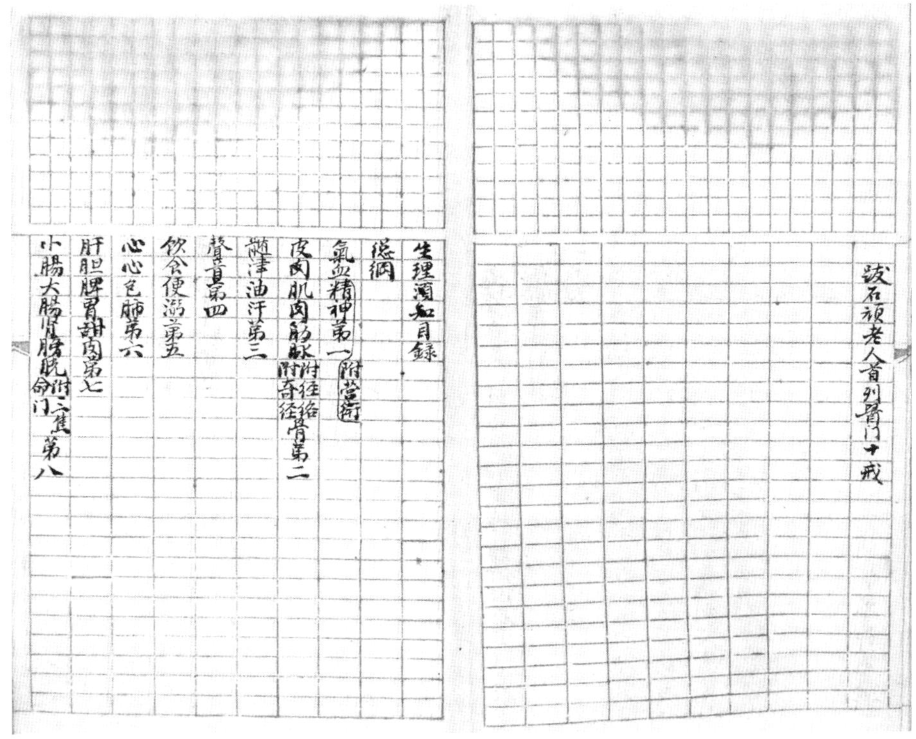

跋石頑老人首列醫门十戒

生理須知目録

總綱

氣血精神第一 附營衛

皮肉肌肉筋脉附经络附奇经骨第二

髓津油汗第三

聲音第四

飲食便溺第五

心心包肺第六

肝胆脾胃甜肉第七

小腸大腸膀胱附命门三焦第八

339 醫法新編

《醫法新編》，不分卷，一册。清陳先生撰，梅山騎鹿道人手輯。約成書于清乾隆四十年(1775)。著者生平不詳。卷首張佩蘭序言稱梅山陳先生研習儒學之餘，輯《醫法新編》與《湯頭新詠》，攬其精髓，匯合群英，爲集法之善。卷首有張佩蘭序及溪江陸氏評語。現存鈔本，藏于上海中醫藥大學圖書館。

本書分爲兩部分，以歌訣形式闡發醫理和方劑。醫理部分，首述脈訣及察色、口唇、鼻色、耳色、目色、舌色、胸腹、身體等診法的臨證意義，繼之闡述五運、六氣、司天在泉、六陰六陽、氣血多少，以及用藥、主治、引經藥、十八反、十九畏等用藥法則與産婦禁忌等，共列歌訣九十九首。方劑部分，列湯頭歌訣一百二十二首，分爲發表、表裏、和解、攻裏、散寒、瀉火、清暑、利濕、祛風、理氣、理血、消導、除痰、收澀、胎産、明目共十六門類。後附海上仙方，共七十二首，爲孫思邈用以濟世救人之方。如：治内外臁瘡，久患不愈，用牛蹄殼燒灰用油調貼敷；小便不通者，用萹蓄煎湯熱服；治大人小孩痞疾，肚中有一塊硬如磚，用獨蒜、硝黄共搗爛醋調搽。書末列治病主藥，共有一百八十六種症狀的主治用藥。如：中風卒倒不語，用皂莢、細辛；手足抽搐，用防風、羌活；發汗，用桂枝、麻黄；半身不遂，用何首烏、川草烏等。

書中所論，條目分明，内容爲采擷諸醫著精華部分，簡單明瞭，使人一目瞭然。所集方藥，尋常易得，簡便實用，是一本切于臨床實用的參考書。

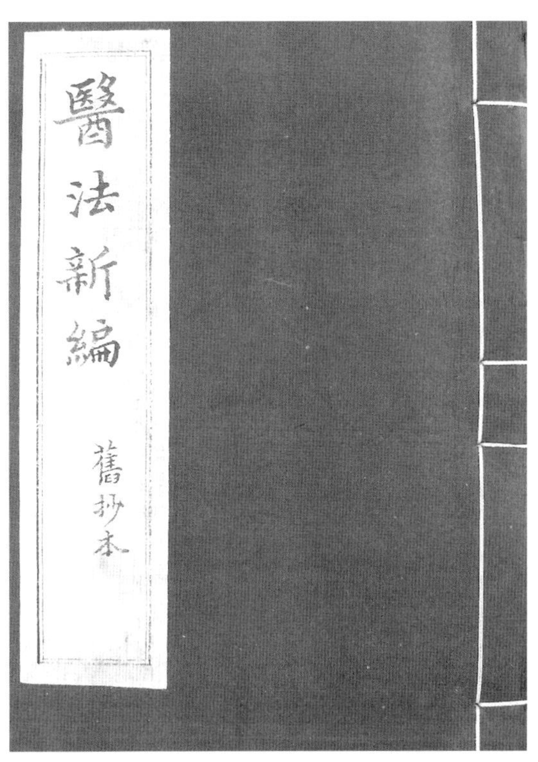

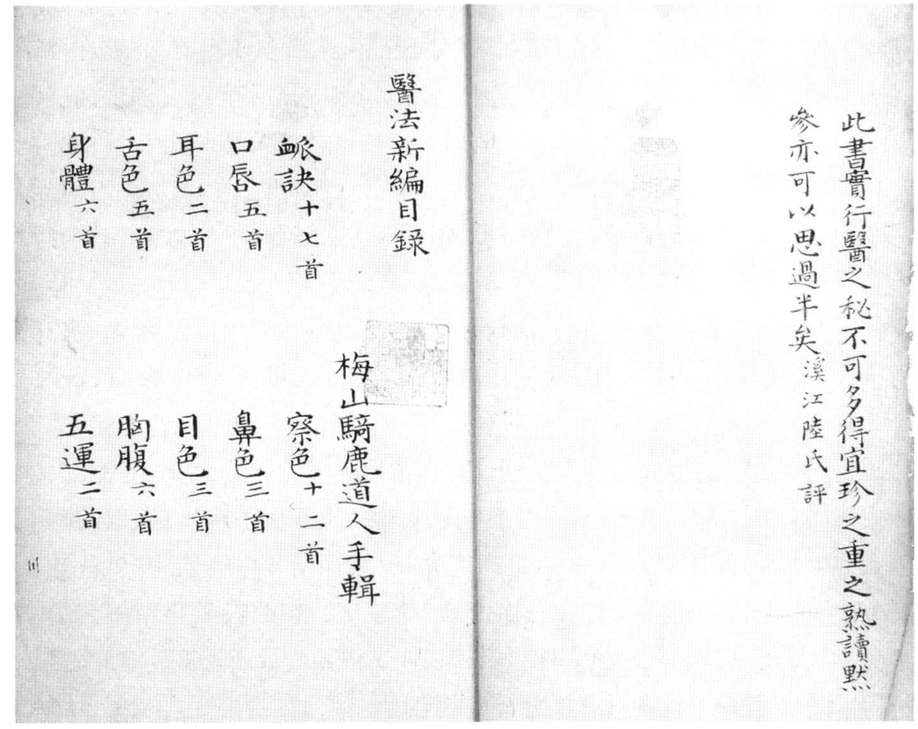

此書實行醫之秘不可多得宜珍之重之熟讀默參亦可以思過半矣　溪江陸氏評

醫法新編目録

梅山騎鹿道人手輯

340 醫宗便讀

《醫宗便讀》，六卷。清徐鏞編。徐鏞，字葉塤，號玉臺，南匯（今屬上海）人。乾隆間，弱冠入諸生，後弃舉子業，專攻岐黄學。僑居郡城，所交多知名士。嘉慶十九年（1814）《松江府志》修成，嘗糾其錯，撰《松江府志餘義》四卷，内有何鴻舫跋。另著《儒門遊藝》。晚年著《玉堂小志》十卷，皆載南沙軼事。是本成稿于清嘉慶二十五年庚辰（1820）六月。第四册封面題有光緒壬午（1882）秋日頌鶴收藏。現存鈔本，藏于上海圖書館。

作者對今人唯讀通行實用醫書而不讀經典及古代名著表示擔憂，想以此書來方便讀者閱讀古書。其自序曰："其書不可不讀，而又不可概讀，務在擇其要者而讀之。是編精採大家名家，家喻户曉之書……分爲若干門，務取開卷了然，□以供後學之記誦。蓋欲人必讀軒岐越人仲景之書。"是本爲綜合性醫書。卷一，四診門；卷二，時邪合論，雜症合論；卷三，六經治則；卷四，三焦治則，内外二因合病門；卷五，諸風門，諸虚門，諸濕門；卷六，諸吐門，諸鬱門，諸痛門，女科，産後。書中對諸病的病因、病機、診斷、治則、病症及其辨證論治等專題，引用經典或名家的論述，兼以個人的理解加以闡述，并涉及治療經驗、方藥分析等内容。論述具有一定的理論深度，内容是基礎理論和臨床實踐中間的橋樑。

作者在引用先賢之論時，能獨立思考，加以取捨。如："六氣之行，本乎五運，及司天在泉，而亦宜參以活法。按何伯齋云，《天元氣大論》等篇，以年歲之支干分管天氣，蓋已失先聖之旨矣。年歲之支干天下皆同，且通四時不變者也。天氣之温暑寒凉，民病之虚實衰旺，東西南北之殊方，春夏秋冬之異候，豈有皆同之理？"又如："王節齋謂：李東垣，北醫也，羅謙甫傳其法以聞於浙；朱丹溪，南醫也，劉宗厚世其學而鳴於陜西。故四氣偏於南北之説，亦不可拘。"體現了作者具有擇善從之的態度。

醫宗便讀自序

余讀仲景書有年矣嘗取方喻程柯四家之註而彙爲一編名曰傷寒四名家註因程氏有内經熱病註釋暨難經五傷寒註釋爰録經義一卷冠於仲景之書之首則軒岐越人仲景之言傷寒者備矣至金匱為病之書註家亦多可選有志焉而未逮也夫軒岐仲景之書如五經四書業醫者固不可不讀外此則晋至今代有作者其書不可不讀而又不可概讀務在擇其要者而讀之是編精採六家名家之論之書始於王叔和終於王晋三葉天士薛生白諸公少淺有

醫宗便讀 卷一 自序 聽淞室

云不薄今人愛古人斯言豈欺我哉特以便讀名者蓋宗李士材先生醫宗必讀之旨而變其例耳必讀者軒岐之書也越人仲景之書也後人之書或讀或不讀本有能必之者然士材先生著述甚多其精義尤在診正眼諸書必讀一書專為初學計也此書出而業醫士終身奉為典型反置軒岐越人仲景之書於不讀不善讀者自誤非作者之過也余與先生同居南滙城均屬前明勳軍後裔上下二百餘年雖未能親炙其門頗願以斯道自任師其意不膠其迹竊比諸魯男子之學柳下惠也耶就管見分為若干門務取開卷了然

醫宗便讀 卷一

以供後學之記誦蓋欲人必讀軒岐越人仲景之書，特以此為餘事也是編不載一方古今諸方即於論中見之不比他本每叙一門必列百方以備查閲區區之意原取便於讀而不取便於查讀軒岐越人仲景之書者必有以諒之

時

嘉慶念五年庚辰歲六月上浣徐鏞自序於藕花居

醫宗便讀 卷一 自序

341 醫宗摘要

《醫宗摘要》，不分卷。不著撰者，無封面，正文前有目録。成書年代不詳，根據方藥中有“戒烟丸”“救食洋火”及“解電妙法”，推測不早于清代，《中國中醫古籍總目》載録爲1895年。現存鈔本，藏于中國科學院上海生命科學信息中心生命科學圖書館。

根據目録，全書有“傷寒門”“温病門”“治病則例歌”“陽和湯方歌”“藥性賦”“擇選應用良方”“各穴題名”“舌鑒”及“丸散方”等九門。“傷寒門”有《六經之見症》《六經發熱之見症》《十二經氣血流注論》《望色詩》《脈法統論》《婦人科診脈四言詩》《小兒驗紋按額診脈四言詩》《司天在泉圖説》《司天在泉詩》等二十三篇。“温病門”有《熱病諸死症脈象》等三篇。上兩門内容以診斷爲主，涉及六經傳變、寒化熱化説、十二經氣血等病理、生理基礎。“治病則例歌”爲外科瘡家之治例，以歌賦爲體，有法與方藥。之後“陽和湯方歌”所述陽和湯亦爲外科嚴寒凝滯症要方，方歌中主要分析組方用藥之理。“藥性賦”按寒、熱、温、平藥性分四大類，其中寒性藥六十六種，熱性藥六十種，温性藥五十四種，平性藥六十八種，亦以歌賦爲體，基本與《治病則例歌》一致。後接“擇選應用良方”，共十六方，多爲外科用方，如“加味解毒湯”“解毒内托湯”等。“各穴題名”内容爲十二經脈加任、督、帶、陽蹻、陰蹻、陽維、陰維等奇經八脈各自所屬穴位及主病介紹。“舌鑒”門爲辨舌内容，旁有“周文中”名，或爲作者或抄寫者。主舌有九種：白胎，紅胎，舌純紅中有黑形，舌尖黑純紅舌，淡紅舌中有純黑，裂紋舌，純紅舌紅點，純紅舌有黑紋，紅舌見乾硬熏黄。配三十幅圖形，以朱筆和墨筆繪製，標出具體舌苔在不同舌中的分佈位置，輔以文字説明。如：“舌見白苔滑者，邪物入裏也，丹田有熱，胃中有寒，少陽半表半裏之症，宜小柴胡湯加梔子豆豉湯治之症也。”“舌見紅胎，熱蓄於内，而將發也，不問何經，以透頂清神治之，舌紅症也，最爲妙手。”將治療和診斷結合是其特色。“丸散方”共六十七方，皆爲臨床常用效方，涉及内、外、婦、兒、五官科甚至獸醫學等，尤以外科見長，如“白痧藥”“犀角化毒丸”“産後胞衣不下方”“治牙血奇方”“跌打損傷敷藥方”“痔瘡漏管方”“神效生肌散”等。“其中“救食洋火方”“戒烟方”和“解電妙法”“猪服方”等，對研究中醫藥發展史及當時常見病有重要價值。

該書内容豐富，涉及診斷、經絡、治療方藥等，以舌鑒及外科方爲特色，體裁多以歌賦爲體，便于記誦，具較高臨床實用性，類葛洪《肘後方》。

醫宗摘要
傷寒门
六經之為病仲景各有提綱如太陽症則以脉浮頭痛項強惡寒八字提綱陽明則以胃家实三字提綱少陽則以口苦咽干目眩六字提綱三陽之現症既已了然則可汗者汗之可下者下之可和解者則以和解之法治之若見症而不善措法則必傳入三陰矣太陰則以腹滿而吐食不下自利益甚時腹自痛若下之必胸下結硬二十三字提綱少陰則以脉微細但欲臥

夫三陰三陽上奉天之六氣下應地之五行中合人之臟府合
而為一分而為三所該者廣矣人之太陽上曰膀胱之陽明上
曰胃言少陽止曰膽言之雖亦言是以有傳足不傳手之說豈
不知臟府有形者也三陰三陽無形者也不可該無形哉故一（無形者可以該有形而有形者）
足三陽而手足三陽俱在其中一言三陰而手足三陰俱在其
中所以六經首節祇提太陽之為病而不言足太陽足少陰之
為其義可見矣況經中厥陰心包少陽三焦太陰肺之病頭身
又有為經絡者又不離於大腸者乎傳足不傳手之說非也

直

寒化熱化之說

宋元以後之醫書皆謂邪從三陰陽傳入俱是熱症惟下之
一法論中四逆白通等方俱為真中立法何以謂之真中謂
不從三陽傳入經入三陰之臟惟有溫之一法凡傳經俱為熱
症寒邪有直中而無傳經數百年來相沿之說也余向亦深信
其然及臨症之久則以為不然直中二字傷寒論雖無明文而
直中之病則有之有初病即見三陰寒症者宜大溫之有初病
即見三陰熱證者宜大涼之大下之是寒熱皆有直中世謂直

342 醫門八法

《醫門八法》，不分卷，一册。未著撰者，成書年代不詳。封面題作“醫門八法論”。是本爲紅格本，版心中刻有單魚尾，版心下方記“雲藍閣”。雲藍閣是清末揚州的一家紙坊，故是本約成書于清晚期。《中國中醫古籍總目》載録爲清鈔本。現藏于上海圖書館。

書首稱“論治病之方，則又以汗、和、下、消、吐、清、温、補八法盡之，蓋一法之中八法備焉，八法之中百法備焉，病變雖多，而法歸於一”，故知本書乃詳論汗、和、下、消、吐、清、温、補八法。每法首先概述并指出適用之症，詳細闡述該法誤用之例。如“下法有當下不下誤人者，有不當下而下誤人者，有當下不可下而妄下，有當下不可下而有不可以不下，下之不得其法以誤人者，有當下而和之，不知淺深，不分便溺與蓄血，不論湯丸以誤人者，又雜症中不别寒熱、積滯、痰水、蟲血、癰膿以誤人者”，諸如此類，各法均舉例詳論之。

是本所述源自程國彭的《醫學心悟・醫門八法》篇，撰者所稱“學者誠熟讀而精思之，於以救濟蒼生，亦未必無小補云也”的著述目的，亦爲程氏之説法。是本論述至清法，未見温法、補法之論，且書以“有外感之火，有内傷之火，外感爲實，内傷爲虚。來路不同，治法迴别，寧曰熱”一句作爲結束句，明顯不能視爲結尾。

醫門八法

論病之原以內傷外感四字括之論病之情則以寒熱虛實表裏陰陽八字統之而論治病之方則又以汗和下消吐清溫補八法盡之蓋一法之中八法備焉八法之中百法備焉病變雖多而法歸於一此予數十年來心領神會歷試而不繆者盡見於八篇中

義則一而和之法變化無窮焉知斯意者則溫熱之治瘟疫之方時行痎瘧皆從此推廣之不難應手而愈矣世人漫曰和解而不能盡其和之法將有增氣助邪而益其爭堅其病者和云乎哉

論下法

下者攻也攻其邪也病在表則汗之在半表半裏則

343 醫門八法主治分類合訂

《醫門八法主治分類合訂》，不分卷，一册。著者佚名，成書年代不詳。正文第一頁及正文中間“心部”頁右下印有“芝蘭室圖書印”，可名之芝蘭室鈔本。全書以鉛筆劃格，用毛筆和鋼筆間雜抄寫，有硃筆所作圈點、修改、眉批及旁注。第一頁書名右側，有鋼筆所書“盜汗者，熱開腠理也，小柴胡湯加丹皮主之”一行小字。《中國中醫古籍總目》載録爲清鈔本。現藏于上海中醫藥大學圖書館。

是書正文先爲“醫門八法”，詳論汗、和、下、消、吐、清、温、補八法之應用，摘自程國彭《醫學心悟》；次列病因、寒熱虛實表裏見證之辨别、反常症象及其原因、病之陰陽辨四個圖表，以表格形式對其進行分類并略作解釋；再次爲六淫主治説、入門看症要訣、説火及火之治法諸篇；然後對心、肝、脾、肺、腎、小腸、大腸、胃、膀胱、膽、三焦等五臟六腑分部詳述，每部又分不同證型，證型名均用紅筆括起，每證型又分析病因病機，述其脈症及選方等，其後列出治療該臟腑之要藥；再後爲婦科，“因婦女之症多與男子同，惟胎前産後以及月經異於男子”，故分月經、肝氣、帶證、妊娠、産後數篇分别叙述；正文最後附有《經産病温》及《温熱條辨》各一篇，爲《女科證治》及《温熱條辨》的摘抄内容。

是書對醫門八法及五臟六腑分類論述，條理清晰，又觸類旁通，正如正文開頭所言：“一法之中，八法備焉；八法之中，百法備焉。病變雖多，而法歸於一。”書中又運用圖表分類，不但形式新穎，且脈絡清晰、一目瞭然，方便後學者理解記憶。

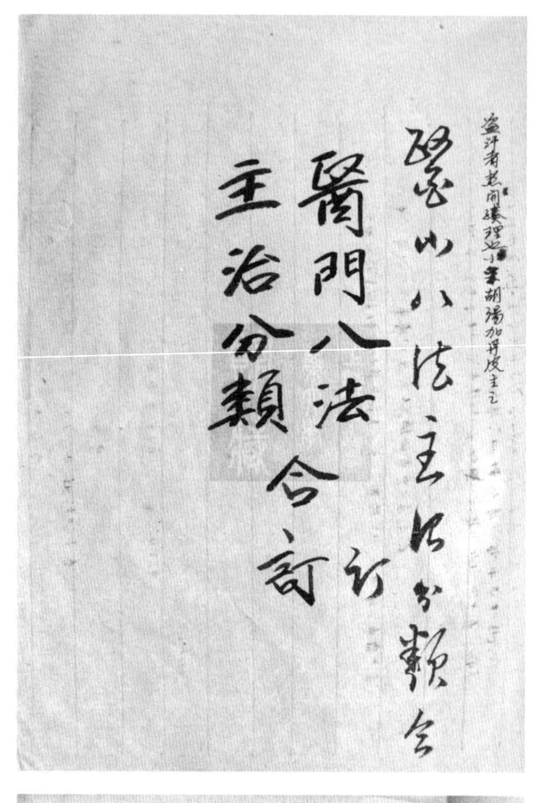

盗汗者甚開腠理也小柴胡湯加丹皮主之

醫門八法主治分類合訂

醫門八法
主治分類 合訂

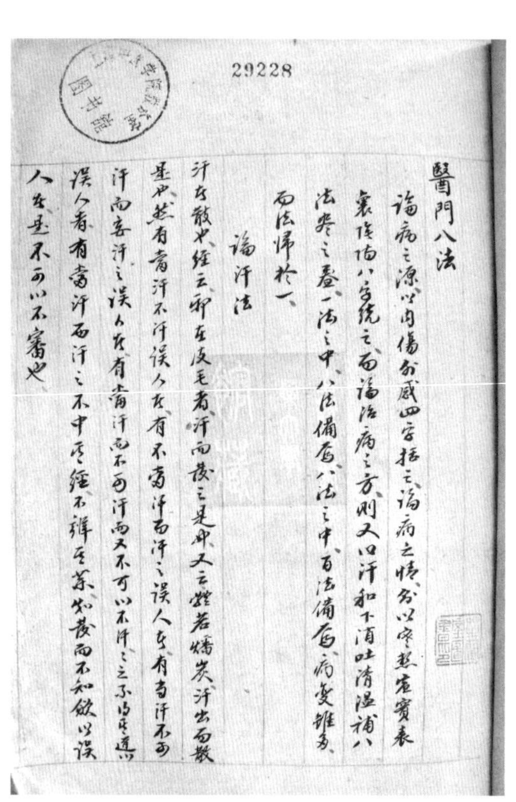

29228

醫門八法

論病之源，以內傷外感四字括之；論病之情，則以寒熱虛實表裏陰陽八字統之；而論治病之方，則又以汗和下消吐清溫補八法盡之。蓋一法之中，八法備焉；八法之中，百法備焉。病變雖多，而法歸於一。

論汗法

汗者，散也。經云：邪在皮毛者，汗而發之，是也。又云：體若燔炭，汗出而散，是也。然有當汗不汗誤人者，有不當汗而汗之誤人者，有當汗不可汗而妄汗之誤人者，有當汗而不可汗而又不可以不汗，汗之不得其道以誤人者，有當汗而汗之不中其經、不辨其藥，知發而不知斂以誤人者，是不可以不審也。

汗，經云：動氣在右，不可發汗，汗之則衄而渴，心煩，飲水即吐。動氣在左，不可發汗，汗之則頭眩，汗不止，筋惕肉瞤。動氣在上，不可發汗，汗之則氣上衝，正在心中。動氣在下，不可發汗，汗之則無汗，心大煩，骨節疼，目運，食入則吐，舌不得前。又脈沉咽燥，病已入裏，汗之則津液越出，大便難而譫語。又少陰症，但厥無汗而強發之，則動血，未知從何道出，或從耳目，或從口鼻出者，此為下厥上竭，為難治。又少陰中寒，不可發汗，汗則厥逆蜷臥，不能自溫也。又寸脈弱者，不可發汗，汗則亡陽；尺脈弱者，不可發汗，汗則亡陰也。又諸亡血家不可汗，汗之則直視，額上陷。淋家不可汗，汗之則便血。瘡家不可汗，汗之則痙。又傷寒病在少陽，不可汗，汗之則譫妄。又壞病、虛人及女人經水適來者，皆不可汗，若妄汗之，變症百出矣。所謂當汗不可汗而妄汗誤人者此也。

夫病不可汗，而又不可以不汗，則將聽之乎？是有道焉。傷寒賦云：動……

裏，宗仲景大柴胡加芒硝之例矣。又三陽合病，闔目則汗，面垢譫語遺尿者，用白虎湯和解之。蓋三陽合病，必連胃腑，故以辛涼之藥內清本府之熱，則肌膚之邪一同解散，是又專以清劑為和矣。所謂和而有兼者此也。

由是推之，有清而和者，有溫而和者，有消而和者，有補而和者，有燥而和者，有潤而和者，有兼表而和者，有兼攻而和者，和之義則一，而和之法變化無窮焉。知斯意者，則溫熱之治，瘟疫之方，時行痎瘧，皆從此推廣之，不難應手而愈矣。世人漫曰和解，而不能盡其和之法，將有增氣助邪，而益其爭，堅其病者，和云乎哉？

論下法

下者，攻也，攻其邪也。病在表，則汗之；在半表半裏，則和之；病在裏，則下之而已。然有當下不下誤人者，有不當下而下誤人者，有當下不可下而妄下之誤人者，有當下不可下而又不可以不下，下之不得其法以誤人……

344 醫門要訣

《醫門要訣》，兩卷，兩册。清吴錫圭纂述，吴宗善訂補。吴錫圭（1828-1922），字介府，自號回春漁隐，古疁（今上海嘉定）人。生平著述頗多，然因恐自誤誤人，稿成則毁，僅存《醫門要訣》一卷，成書于1875年。是書封面寫有“張永如備”四字。全書有硃筆圈點，下卷目録有印製的紅色頁碼標記。現存稿本，藏于上海中醫藥大學圖書館。

是書原稿僅一卷，後訂補者以望聞問法及病機爲初學之門徑，原稿似乎未備，遂補入，并移易其編次，分爲上下兩卷。上卷正文之前有四部分：先爲諸文忠所撰“古疁處士介府吴公傳”；次爲沈承謙所作“醫門要訣跋”；後爲“訂補醫門要訣凡例”，下有落款“癸亥仲秋中澣男宗善謹誌”，詳述訂補本對原稿所作的增删、修改及編次等；最後爲“訂補醫門要訣目録”。是書上卷采録汪昂、張介賓、李中梓、陳念祖、李梴等數位前輩醫家著作中的詞賦歌訣及醫文，或照録原文，或稍作删改，或揣其本意而編纂成口訣，内容涉及臟腑、經絡、病機、脈要、診候、藥物、方劑、五運六氣等方面，且加注釋，以詳其義。下卷爲“醫方歌括”，標題下有“撰兼雜纂”四字，所收方劑約二百六十首，分爲二十二大類，每方歌訣概括了方劑主治、藥味組成及加减變化等。本書收録數首歌訣，摘録内容與李梴《醫學入門》“治法・水火分治”等篇同，然寫作“李木延”，疑係筆誤。

是書涉及中醫各門之要領，纂成歌賦口訣，内容全面，淺顯易懂，便于初學者記憶背誦。

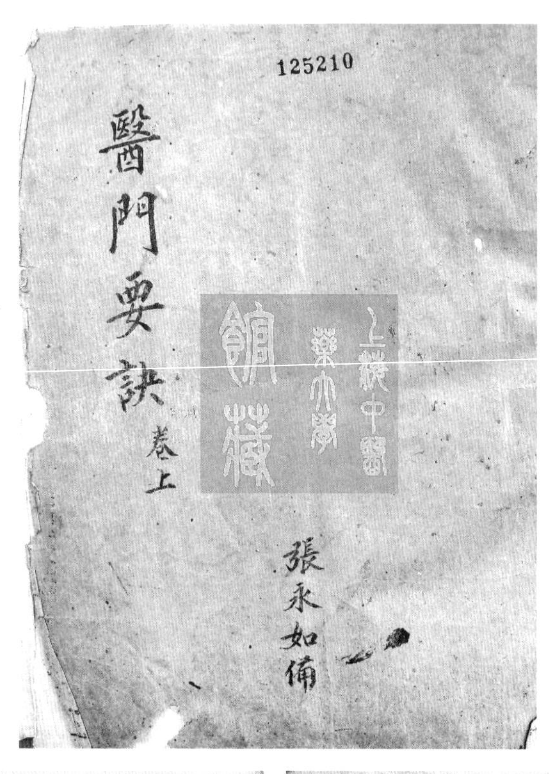

醫門要訣 卷上

張永如備

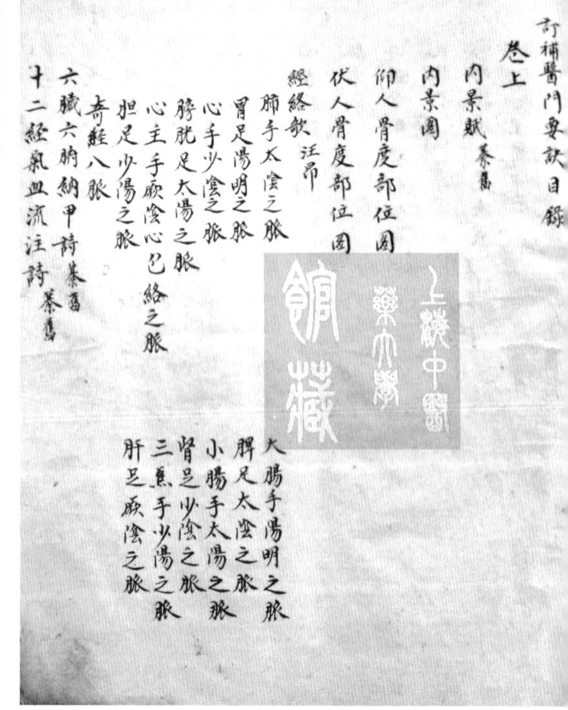
訂補醫門要訣目錄

卷上

醫門要訣跋

醫學浩如烟海，以吾人享有之歲月安能竟其業，是以靈樞有知要之論，昌黎有提要之文。由來著醫書家類皆網羅衆妙，析衷成編，條例貫賅，備無疏漏，而不貫駁襍，指詞主淺近，易遠下而不主高深，畢慮所思，苦心孤詣，初志未嘗不本知要提要之旨也。及其下筆千言，一瀉萬里，詞華藻發，作鞭雷驅電、繡虎雕龍之態，遂不免於繁瑣。乃有惆古書不便初學記誦而點綴韻語者焉。如靈樞經脉篇為證治綱領，其文繁複難續，元李杲裁為七言，成經絡歌訣十二首。他如編脉經為脉訣，宋高陽生而下亦數十家。而明皇甫中、李梴，清吳謙、陳愈祖輩又將古醫書所列之病證藥方，或編為賦，或編為詩歌，其孜孜汲汲，惟恐後學有望洋興嘆之思。謙未嘗不為之傾襟禮拜也哉。

醫門要訣卷上

古暻吳錫圭介存纂述　男宗善達候訂補

內景賦

夫（音扶）人生根本兮由乎元氣表裡陰陽兮升降沈（音）浮出入運行兮周而復始神機氣立兮生化無休經絡兮行乎肌表臟腑兮通乎咽（音烟）喉（音候）喉在前其形堅健咽在後其質和柔喉通呼吸（音翕）之氣氣在（行）五臟咽為飲食之道六腑源頭氣食兮何能不亂主宰者會厭分流從此兮下咽入膈（音隔）臟腑兮陰陽不侔（音謀）五臟者肺為華蓋而上連喉管肺之下心所包護而君主可求此即膻（音誕）中宗氣所從膈膜（音莫）周蔽清虛上宮脾居膈下中州胃同膜聯胃左運化乃工肝葉障於脾後膽腑附於葉東兩腎又居脊下腰間有脈相通主閉蟄（音直）封藏之本為二陰天一之宗此屬喉之前竅精

345 醫要彙録

《醫要彙録》，四卷。青溪邱心堂輯，雲間（今上海松江）峴翕藏。是本對外感熱病的論述唯從傷寒出發，不涉及温病。如有關表熱問題，説："凡傷於寒，則爲病熱，表邪壅遏，不得外泄，或營弱衛强，自汗不解，宜桂芍和營，柴葛解肌是也。"不同于温病學所説表熱症由感受温邪所致。其論温症，"以時令温暖，腠理開泄，或引動伏邪，或乍感異氣，當春而發爲春温，其因冬月傷寒，至春變爲温病者，伏邪所發，非定毒藏於肌膚，亦非傷寒過經不解之謂。王叔和、雲岐子之説，吴又可、柯韻伯已辨之。"不提葉桂温邪上受之説。據此或可推斷，是本成書當不晚于清代。現存鈔本，藏于上海圖書館。

是本爲綜合性醫書。書中分述内景及中風、傷風、傷寒、温症、熱症、暑症、濕症、燥症、火症、疫症等外感病，咳嗽、失音、哮症、喘症、虚勞、勞瘵、汗症、脱症、血症、吐血、衄血、便血、溺血、疝症、淋濁、遺泄、陽痿、二陰、癲狂、癇症、怔忡、不寐、多寐、健忘、煩燥、嘔吐、脾胃、三消、痢疝、泄瀉、瘧症、霍亂、黄疸、噎隔、反胃、關格、諸氣、肝氣、肝風、肝火、鬱症、呃逆、嘈症、噯氣、痞滿、腫脹、積聚、蟲症等内科雜病，及調經、崩漏、胎前、臨産、産後、熱入血室、帶下、乳症、前陰等婦人諸疾之證治，共六十二證。每證按證、因、脈、藥，依次匯集諸家論述，簡明切要。

是本内容不乏作者個人心得。如對傷寒與時疫的對比較爲詳細，有的還用醫案來説明醫理，既有一定的理論深度，又爲臨診提供治法方藥，有實用價值，可供臨床醫生參考。

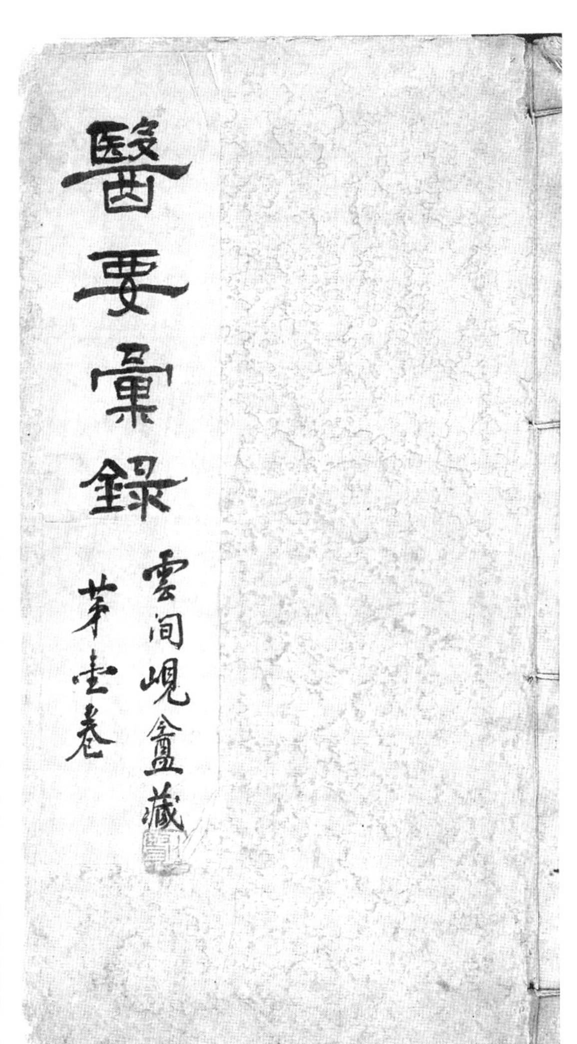

内景綜要

青溪邱心堂先生輯

自天以氣煦地以形嫗生其間者陽化氣而陰成形喉以通天和咽以納地產（喉前咽後）受穀者濁受氣者清清者注肺濁者走胃濁則為衛清則為營營陰衛陽營行脉中衛行脉外陰陽相貫如環無端中氣出上焦營氣出中焦衛氣出下焦皆水穀之精悍（水穀之精者為營水穀之濁者為衛）流布於藏府者也藏有五心藏神肺藏魄肝藏魂脾藏意腎藏志也腑有六胆無出入胃受水穀大小腸主津液膀胱三焦司氣化也五藏藏精不瀉滿而不能實故以

内景綜要

346 醫理捷徑真傳秘旨

《醫理捷徑真傳秘旨》,不分卷,一册。清心一子編。心一子,字芝階,梁溪(今江蘇無錫)人,生平不詳。是書現存遠志精舍鈔本及沈祝宸鈔本,前者藏于中國中醫科學院圖書館,後者藏于上海中醫藥大學圖書館。

是本爲沈祝宸鈔本,全書用蠅頭小楷抄寫于方格紙上,字迹工整娟秀。第一頁爲目録,"目録"二字下有"青浦隱圃氏拜藏"七字;正文首頁書名下有"青浦三世醫沈祝宸敬抄拜讀"字樣;書名後落款爲"梁溪心一子芝階編,孫對揚批著,曾孫鐵卿謹參"。書末頁有"原序"一則,序後兩排落款,前爲"光緒十一年春王月曾孫鐵卿録本",後爲"宣統三年春二月青浦沈祝宸拜讀敬鈔"。書後有"此書全本合目録共計二十七頁正"一行字。是書全本有紅筆圈點及批註。

全書主要論述傷寒四季時證、温病、暑邪等外感病以及哮喘、三消、瀉痢等一些内傷雜證,另有崩漏、熱入血室、癥瘕等婦科常見病,以及幼科一切時邪、疳、吐瀉等幼兒多發病。諸病均先論病因病機,再論治法治則及處方用藥。傷寒四季時證中着重提出要注意疾病發作的地域性和季節性。

是書雖僅一册,但涉及面廣,重點突出,論述循序漸進,詳而有要,且所録每爲多發時證,方便後學者臨證參閲。正如作者原序所説"用心參此,大略不致輒手誤人于死地"。

目録　　青浦隱圃氏拜藏

醫理捷徑真傳秘旨　　　　青浦三世醫沈祝庭敘抄拜讀

梁溪心一子芝階編　　　　曾孫鉄卿謹恭

孫對揚批著

傷寒四季時症論

夫傷寒者世俗之總名也若云真傷寒蘇常二郡無之今蘇常二郡之傷寒即四時感病也夫真傷寒治法從足經不若温邪時邪皆從手經治也吳地絕少真傷寒即吳方人在吳地病發亦是時邪類也春分後發病謂春温或曰伏温夏至前謂温温夏至後謂熱病一云温熱小暑大暑處暑皆謂暑邪或謂暑熱白露至寒露可稱伏暑秋分後謂伏邪至冬至後謂温邪即冬温也或可云寒邪小滿後亦可稱伏温立春時挾風邪者可云風温此為正論診四時邪感是醫人最易建名之訣也故不可不講明治法凡春温治訣葉天士先生有續刻臨証指南中温熱論數條須一一詳明醫法大概不出此理初起一二日頭痛咳嗽心脉弦脘悶無汗者方用荊芥薄荷枳桔殼売神麯鬱金新會豆豉葱薑表散之如不應則熱象日增口乾夫食無汗者連翹牛蒡薄荷枳實桔梗神麯焦麥芽等法總之時邪先重表散如失表在前為害不淺淨柴胡三錢升麻一錢葛根三錢防風二錢豆豉八錢麻黄七分冬日無汗者重用延至四五日熱甚或有汗或無汗需按其胸脘中有食則堅硬無食則軟凹再視其舌苔黄厚者必有食滯若汗布而熱不

347 醫著全集

《醫著全集》,一百卷,十六册,殘本。現存卷一至卷八十七卷、卷九十九、卷一百,卷九十八部分殘缺。清朱之荆(字樹田)編著。約成書于清末。據書首序言、引例稱,作者生于世醫之家,自其高祖澄源公開始,五世皆致力于醫道。雍正乙巳歲(1725),其父病,請程鍾齡診治,雖未能救,但程氏對其父病之見解甚明。後作者常與程氏談論醫理,并得程氏相贈平生得意方論。遂以其《醫學心悟》爲根基,勵精圖治,搜羅歷代名集,朝夕寢食十餘年,集炎黄之道于一箋,將其融會貫通,匯成本書,題曰《醫著全集》。現存鈔本,藏于上海中醫藥大學圖書館。

卷一爲引例。卷二爲醫中誤,列醫家誤、病家誤、旁人誤、藥中誤、煎藥誤。卷三論保生四要,列節飲食、慎風寒、惜精神、戒嗔怒。卷四論治陰虚無上妙方。卷五論醫有徹始徹終之理,認爲在辨證論治中,病因方面應該分清内傷、外感、不内外傷,病性方面應該掌握陰、陽、表、裏、寒、熱、虚、實八綱,方藥方面應該掌握大、小、緩、急、奇、偶、複七方,藥物功用方面應該掌握宣、通、補、瀉、輕、重、滑、澀、燥、濕十劑,此外還要掌握八要,即虚、實、冷、熱、邪、正、内、外。卷六論内傷外感致病。卷七火字解,具體論述外火、内火及治火法。卷八論寒熱虚實表裏陰陽辨。卷九論脈法。如論五臟脈、平脈、病脈、有根脈、無根脈、四頻率、男子婦人脈、本脈、辨脈生死、不治脈、五運六氣脈、十二經絡陰陽、十二經絡主病等,兼附《内經》配藏腑診候圖集四脈歌。卷十論醫門八法,即汗、和、下、消、吐、清、温、補。卷十一論傷寒綱領。卷十二論傷寒主治。卷十三爲經腑論,詳辨經腑以指導治療選方用藥。卷十四論陰證説。卷十五論疫,强調疫之來路有二,爲天和人,疫之去路有三,爲經絡、口鼻、大便,疫之治法有四,爲發散、解穢、清中、攻下。又針對疫常致虚,指出治法中應該參以補法。卷十六論六氣相雜論。卷十七論中風。卷十八論中風寒熱辨。卷十九論中風不語辨。卷二十論中風類中風辨證法。卷二十一論雜病主治論。卷二十二論入門者症訣，如辨聲、聞聲、察色、察鼻、察唇、察口、察耳、察目、察舌、察身、察胸、察腹、察小腹等。卷二十三論傷寒類傷寒辨。卷二十四論雜説，如論五行生克制化、君臣佐使、五臟補瀉例、五臟虚實、五臟所惡、五臟所藏、五液、五氣所病、五志相勝、五運愛惡、五用、五法、古今分兩不同、圓丸名義各异、諸經瀉火主治、藥性十八反、藥性十九畏、藏腑絶候、方中行陰陽表裏圖。卷二十五爲傷寒六經見證法論。卷二十六至卷三十七分論傷寒太陽經症、傷寒陽明經症、傷寒少陽經症、傷寒太陰經症、傷寒少陰經症、傷寒厥陰經症、傷寒太陽腑病、傷寒陽明腑病、傷寒合病并病、傷寒直中三陰諸證、傷寒兩感證、傷寒兼證。卷三十八至卷八十七分論中風、類中風、傷暑、疫癘、虚勞、咳嗽、喘、吐血、頭痛、心痛、胸痛、脅痛、胃脘痛、腹痛、小腹痛、身痛、肩背臂膊痛、腰痛、痹、痿、脚氣、癘風、噎嗝、痢疾、泄瀉、瘧疾、水腫臌脹、積聚、疝氣、痰飲、嘔吐噦、三消、熱淋、小便不通、大便不通、小便不禁、便血、尿血、遺精、赤白濁、黄疸、不能食、不得卧、自汗盗汗、癲狂癇、驚悸恐、眩暈、健忘、嘈雜、咽喉。卷九十八至卷一百論婦人疾。

本書以《醫學心悟》一書爲基礎，參以《靈樞》《素問》及仲景、劉河間、李東垣、朱丹溪等醫家醫著，會通其意，并結合作者臨床體驗，訂爲是編。書中内容包括臨床各科證治方藥，大體以一卷論一病或一類病證，先論其病源辨證，後舉諸方及其加減，亦多平實，有參考價值。

自序

醫之為道小道也蓋以對
夫內聖外王之大道言之
也古人云不為良相則為
良醫良醫者不得已而就
其小焉者耳豈於其大者

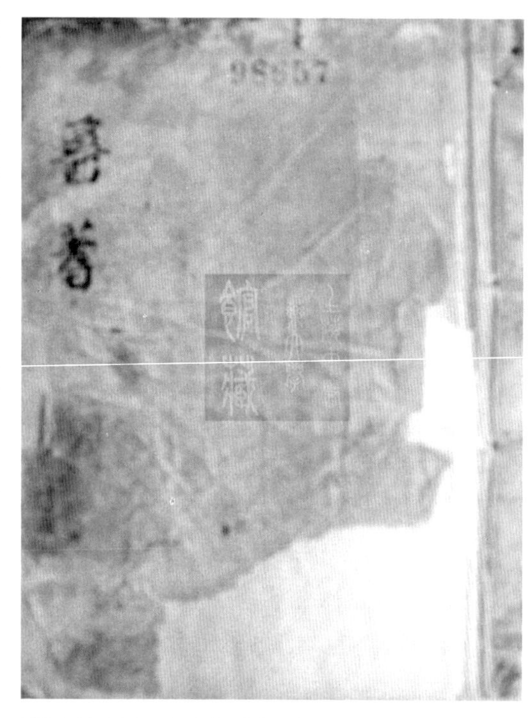

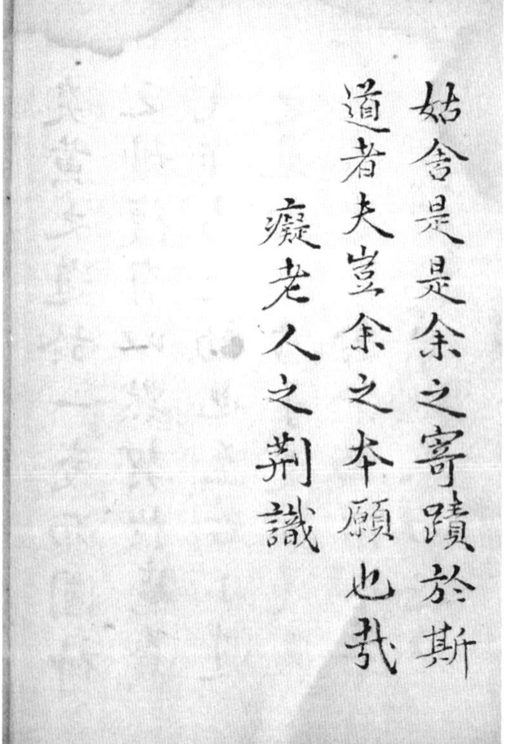
姑舍是是余之寄蹟於斯
道者夫豈余之本願也哉
癡老人之荆識

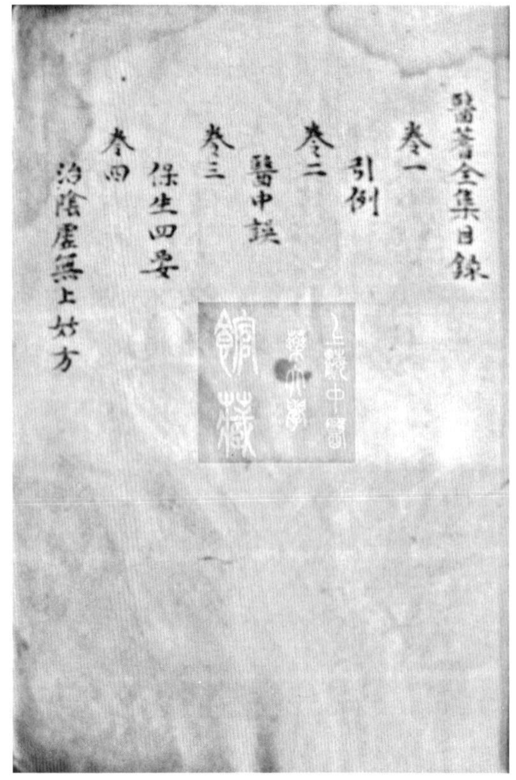
醫著全集目錄

卷一
引例
卷二
醫中誤
卷三
保生四要
卷四
治陰虛無上妙方

醫著全集卷一

閩國朱之荊樹田氏輯定

引例

雍正乙巳歲。先君子病。請　鍾齡先生診視。先生雖未能救。而謂症為陰虛已絕之候。所見甚明。後每晤對與先生談論。余時年少。未達理醫。然與先生言一症當用何藥。先生每以天生相許。遂錄其平生得意方論相贈。余曰先生何不出以示世乎。至壬子歲。先生以是書見寄與

醫著全集卷二

閩國朱之荊樹田氏輯定

醫中訣

心悟曰。醫中之訣有百端。該說附後其全外。先將醫訣從頭數。指點分明見一班。醫家誤。辨症難。三關分症似三山。內因外因不內外因名三因三山別出千條脈。病有根源仔細看。治病必求其本須從起書根源看明醫家誤。脈不真。浮沉遲數不分清。卻到分清渾又變。如無極脈為細極反數於之類胸中了了指難明。扁鵲云指脈之道如臨深淵望浮雲胸中了了指下難明醫家訣、

348 醫粹

《醫粹》，不分卷，一册。清朱遡伊著。朱遡伊，字蒼葭，長洲（今江蘇蘇州）人，生平不詳，書中有“吾師香岩先生”之言，殆爲葉天士之門生。正文首頁有“讀有用書樓”藏書章。現藏于中華醫學會上海分會圖書館。

本書載病證八種，虚損、中風、痿門、痹門、腫脹門、反胃噎膈、心腹胃脘胸脅病及五鬱六鬱，其中虚損下又分列上中下三損。每病證下援引名醫之言，擇其論述各異者，綜合分析，詳加辨别，其中尤以葉天士之説爲多。論中散見著者按語及少量醫案，論後附有方劑。多引名醫之言，旨在詳細闡述疾病病因、病機、症狀、治法。如反胃噎膈門，著者援引朱丹溪、虞天民、李中梓等人之言，論述反胃噎膈的病因病機，是由三陽并結、火邪上逆，血液衰耗、胃脘乾槁，津液不布，積而爲痰等幾方面所致。朱丹溪立方“以四物中加牛乳、羊乳，并竹瀝、韮汁，化痰化瘀”。在諸名家之言中，以葉天士醫論爲多，“吾師”之言處處可見。如：“吾師云：腰膝酸痿，必八脈無權，此奇經病也，凡治奇經病，與柔劑勿滯安者。”又如：“吾師云：大凡精血先虚，虚風内起，乃成痿證。必須血肉温養。”

除引録名家之言外，書中也載有著者按語。如：“遡伊按，有人業織，身勞，氣血偏繫，左脅痛，嘔血。愚以爲肝絡傷也，用桃仁、延胡、新降香、丹皮、鉤藤而愈。”這是著者臨證醫案的記述，此方與葉天士治療過勞氣血導致失血嘔血之用藥相類。再如：“遡伊按，身心勞瘁之人，每上損心肺之營，非比膏粱富貴酒色奪精者。宜於填拝（攝）下焦，吾師香岩先生有方可據。黄精、白芨、米仁、茯苓。又方北沙參、玉竹、麥冬、甘草、生扁豆、青甘蔗。”身心勞瘁導致上損心肺，用滋養肺胃之陰的方法來治療。又如：“多年咳嗽失血，以緻失音，吾師云：治嗽無益，早服牛乳，晚用芡精、白芨、米仁、茯苓，熬膏頻服。”常年咳嗽失血，損傷肺脾腎三臟，導致失音。葉天士用白芨止肺絡之血，米仁茯苓健脾，芡精扶脾滋腎陰，并輔以牛乳潤燥。這些都是葉氏用藥經驗的總結。

每論後均附治療方劑，所載繁簡不一，簡者僅載方藥，繁者則方意、功效、加減一一詳述。本書特色是對葉氏用藥經驗之總結，爲研究葉天士臨證經驗提供了寶貴的資料。

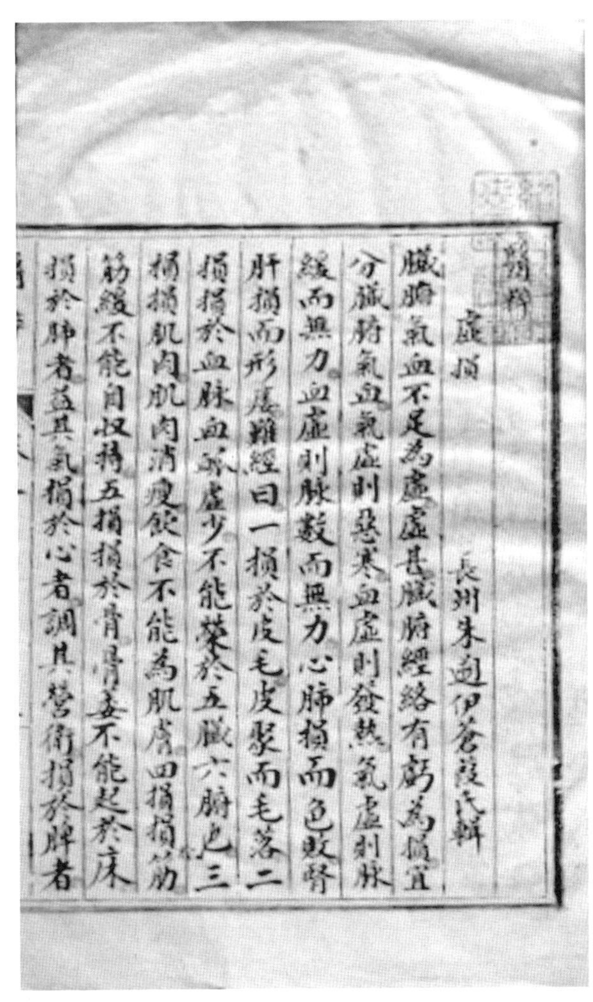

虛損

長洲朱廸伊蒼葭氏輯

臟腑氣血不足為虛虛甚臟腑經絡有虧為損宜分臟腑氣血氣虛則惡寒血虛則發熱氣虛則脉緩而無力血虛則脉數而無力心肺損而色敗腎肝損而形痿難經曰一損損於皮毛皮聚而毛落二損損於血脉血脉虛少不能榮於五臟六腑也三損損肌肉肌肉消瘦飲食不能為肌膚四損損筋筋緩不能自收持五損損於骨骨痿不能起於床損於肺者益其氣損於心者調其營衛損於脾者

批最佳當另玩之不錄

喎口眼喎斜

靈樞云足陽明之筋其病頰筋有寒則急引頰移口熱則筋弛縱緩不能收故僻是左寒右熱則外急而右緩右寒左熱則右急而左緩故偏於左者左寒右熱偏於右者右寒而左熱也夫寒輕用辛熱之劑蓋左中寒則熱迫于右右中寒則熱迫于左陽氣不得宣行故也　治用灸法經曰陷下灸之是也惟外中風邪者方有喎斜等症若火熱則外生風者不可謂盡得病於風縱有喎斜等乃假象也火爲甚則金衰金衰則木旺木旺則生風惟潤燥則風自熄不必用灸前灸法所謂風濕所勝治以辛涼不必桂附

以下中風方古今錄驗

續命湯　麻黄、桂枝、杏仁、甘草、石膏、乾姜、人參、當歸、川芎

小續命湯　麻黄、桂心、附子、杏仁、人參、甘草、白芍、川芎、防已、防風、漢芩　精神恍惚加茯神遠志骨節疼煩有熱者去桂附加倍白芍無熱者倍桂附心煩多驚者加犀角嘔逆腹脹加半夏倍人參煩躁大便難去附子倍白芍加竹油下痢去防已黄芩倍附子加白术自汗去麻黄杏仁加白术脚膝痛加牛膝石斛身痛加秦

燥

349 醫範雜症

《醫範雜症》，不分卷，八册。不著撰者，成書年代不詳。《中國中醫古籍總目》載録爲清鈔本。現藏于上海中醫藥大學圖書館。該書第一、三、五、七册首頁右側印有“上海中醫學院圖書館藏書章”。

是本分六淫門、内因門、外體門、上竅門、胸膈門、心腹門、腰膝門、下竅門、補遺門九門。六淫門列中風、傷風、破傷風等九種病症，内因門列氣症、血症、痰症等十種病症，外體門列發熱、惡寒、寒熱等十一種病症，上竅門列頭痛、眩暈、面疾等十二種病症，胸膈門列咳嗽、喘、哮等二十六種病症，心腹門列心痛、胸痛、胃脘痛等八種病症，腰膝門列腰痛、疝氣、陰痿等五種病症，下竅門列遺精、赤白濁、淋症等十二種病症，補遺門列七情、寢食、蟲毒等十三種不能歸于以上各門的病症。每種病症先總論，有不同類别的再行分述。除第三册“外體門”外，每門先列目録，後爲正文，正文中分列各門相關疾病及病症，每種疾病或病症均詳述其歷史沿革、病因病機、辨證方法以及治療大法，部分疾病給出遣方用藥。是書“上竅門”大部分爲五官科疾病，其餘各門則多爲内科雜症急症。書中多處有紅筆圈點、乙正、修改，部分正文之間有小字加注，第六册上有一眉批。是書第三册“外體門”無目録，且第一頁字體不同，紙質偏白，且有拼接痕迹，疑原書第三册前面數頁目録及正文第一頁缺失，此第一頁爲後人所加。第四、六、八册最後數頁均有不同程度的破損，文字也有部分遺失。

是書論述内科各類病症及部分五官科病症，每症詳述病因、辨證思路，疑似證型并有鑒别分析，從理論到臨證，利于後學者系統學習。

醫範雜症

內因門

氣症

今夫氤氳浩大純乎清靜而無雜者天元真一之氣也斯氣在人生於肝統乎肺役於心養於脾藏於腎流行於三焦六腑充塞於四肢九竅與血相配並行而不悖以為陰陽五行先天後天生生不息之妙用經云一息不運則機緘窮一毫不續則穹壤判若無七情交戰於中六氣迭侵於外則升降出入纖而有常在表則衛護皮毛充塞腠理在裏則導引血脉調和臟腑凡所謂中氣清氣營氣衛氣宗氣真陽之氣初升之氣皆冲和平

氣症　一

順主宰乎一身之中布護於百體之內循環無端晝夜無間未嘗有盈虧也亦何病之有哉其不善攝生者五志之火無時不起五味之偏無時不傷醸成膠痰固積凝滯於經絡鬱火邪氣填溢於隧道致氣血失其常候臟腑不能傳導清者濁變而為濁行者抑遏而反止則營運漸遠肺失主持或太過而實或不及而衰或逆行而上衝或下陷而不舉百病生焉諸痛作焉故氣本一也因所觸而為九如怒則氣上喜則氣緩悲則氣消恐則氣下寒則氣收熱則氣泄驚則氣亂思則氣結勞則氣耗經文所謂九氣不同也至丹溪出則又詳鬱氣滯氣實氣虛氣浮越之氣以及挾痰挾濕挾火之氣可謂無遺漏矣其見之於脉

醫範雜症

外体门

發热

夫人居處清靜則陽氣固密邪不能害若任事煩劳則邪易侵入傷人七情傷氣飲食傷形風寒暑热傷陽男女居處傷陰若云邪之生也或生于陰或生于陽生于陽者本乎外生于陰者主乎內故發热症候不一治法乃不同有內傷外感之分別寒热補瀉之攸殊如傷風傷寒此外感也邪入於衛陽氣鬱滯而發外热夫陽氣主外為邪所傷而失職故為热宜發表以解邪此仲景立麻黄桂枝湯之義也以其感於冬令嚴寒之氣即時

發热　一

發病故藥用辛熱以勝寒若于春溫之月則當變以辛涼夏暑之月則當變以甘苦寒故云冬傷于寒不即病者至春變溫至夏變熱其治法亦因時而有異也又有一種冬溫之病謂之非其時而有其氣蓋冬寒時也而反病溫焉此天時不正陽氣反泄用藥不可溫熱又有一種時行寒疫却在溫暖之時時本溫暖而寒反為病此亦天時不正陰氣反逆用藥不可寒涼又有天行溫疫熱病多發于春夏之間治门合境相同者此屬天地之癘氣當隨時氣參運氣而施治宜遵河间法用辛涼甘苦寒之藥以清熱解毒已上諸症皆外感天地之邪者也若夫飲食勞倦內傷元氣經云有所勞倦形氣衰少谷氣不勝上焦不行

350 醫學切要

《醫學切要》，六卷，二十册。落款爲“陽曲傅青主手著”。每卷首頁皆有“傅山藏書子孫是教借毁及售均爲不孝”朱印。通書楷體抄成，每半葉九行，行十八字。現藏于上海圖書館，藏館著録爲清鈔本。

是本有題名爲傅山的序文。卷一至卷四爲“内科雜病”，分爲“諸中門”“諸傷門”“寒熱門”“諸嘔逆門”“諸血門”“諸風門”“神志門”“雜門”“大小腑門”九門。卷五、卷六爲“七竅門”，下列“目”“耳”“鼻”“口”“齒”“唇”“舌”“面”“頰腮”“咽喉”“四肢”“筋”“骨”“肉”“皮膚”“髭髮”“腋”“蠱毒”等十八目。

該書實係托名傅山之作，其序“余髪始燥，則聞長老道説范文正公未達時禱於神，以不得爲良相，願爲良醫”云云，出自明代王肯堂《證治準繩・雜病》序。序文落款爲“萬曆三十年歲次壬寅夏五月朔旦陽曲傅山識”，而傅山于萬曆三十五年（1607）出生。再較其内容，皆出自《證治準繩・雜病》，略作删節而成。

自序

余髮始燥則聞長老道說范文正公未達時禱於神以不得為良相願為良醫因歎古君子之存心濟物如此其切也當是時顓蒙無所知頗讀岐黃家言輒心開意解若有夙契者嘉靖丙寅母病阽危常潤名醫延致殆徧言人人殊罕得要領心甚陋之於是銳志學醫既起亡姝於垂死漸為人知延診求方戶屣恒滿先君以為妨廢舉業常嚴戒之遂不復窮究無何舉於鄉

又十年成進士選讀中秘書備員史館凡四年請急歸旋被口語終已不振因伏自念受
聖王作養厚恩見謂儲相材雖萬萬不敢望文正公然其志不敢不立而其具不敢不勉以庶幾無負父師之教而今已矣定省之餘頗多暇日乃復取岐黃家言而肆力焉二親篤老善病即醫非素習固將學之而況乎輕車熟路也於是聞見日益廣而藝日益精鄉曲有抱沉痾醫技告窮者叩閽求方亡不立應未嘗敢萌厭心

所全活者稍稍眾矣而又念所濟僅止一方孰若著為書傳之天下萬世耶偶秀水王生隱從余游因遂採取古今方論參以鄙見而命王生次第錄之得成是帙六卷顏之曰醫學切要

萬曆三十年歲次壬寅夏五月朔旦陽曲傅山識

醫學切要卷一

陽曲傅青主手著

卒中暴厥

經云暴病卒死皆屬於火註云火性速疾故也然初治之病不寒而溫不降而升甚者從治也俗有中風中寒中氣中食中暑中濕中惡之別但見卒然仆倒昏不知人或痰涎壅塞咽口作聲或口眼喎斜手足癱瘓或半身不遂或六脈沉伏或指下浮盛者並可用麻油姜汁竹瀝調

351 醫學心鑑

《醫學心鑑》,十三卷。著者不詳。成書于清光緒十九年(1890)。現存鈔本,藏于上海中醫藥大學圖書館。

卷一論人身、經絡、藏府。"人身" 部列二十二論,分别論述人身之精氣津液血脈、德氣精神魂魄心意志思慮智、脈髓筋血氣所屬、皮肉血氣骨等。"經絡" 部論述十二經脈循行路綫等,凡十六論。"藏府" 部論述五臟六腑生理功能等,凡二十四論。卷二論四診,除望診、聞診、問診外,尤其注重切脈,闡述脈象的各種變化及其所反映的病證。卷三論五運六氣、治法。"五運六氣" 部分收録《素問》相關篇章,"治法" 涉及因時、因地、因人、因證等内容。卷四主要論述病邪,包括虚邪中人病、四時病、六氣病、陰陽病、瘟疫病等。卷五論熱病,載伏氣、暑病、濕病、秋燥病、傷寒太陽病等。卷六論傷寒六經病以及百合病、狐惑病、陰陽毒病、脚氣、痹病等。卷七至卷十一分論内科雜病。卷十二論五官與婦人雜病。卷十三論小兒雜病及古今藥録。其中"古今藥録" 論述四百十五味中藥的藥性、功用、炮製、畏惡等。

此書首論醫理及診法;次據病證分門别類,闡述傷寒、雜病、温病、婦科、兒科及五官科諸病病因、病機、臨床表現及治法方藥。全書綱目明晰,内容廣博,適于臨證參閲。

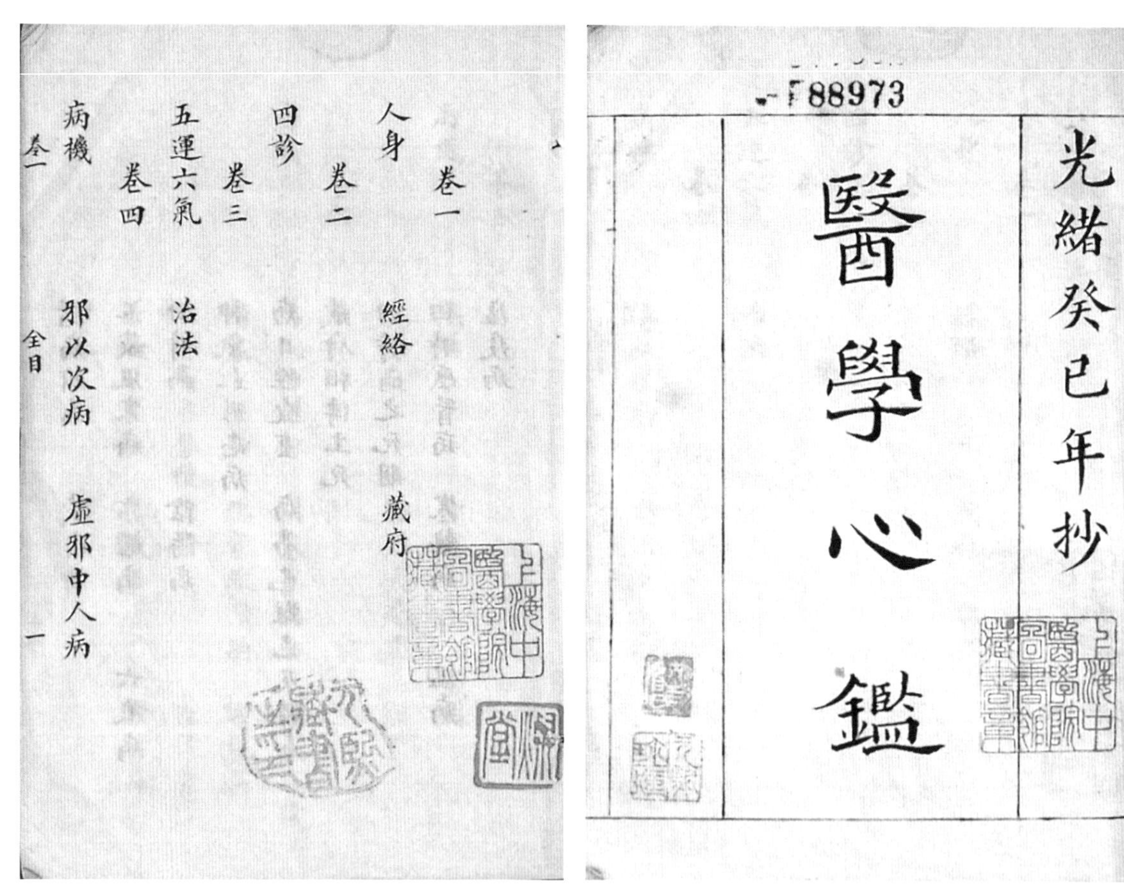

光緒癸巳年抄

醫學心鑑

卷一
人身　經絡　藏府

卷二
四診

卷三
五運六氣　治法

卷四
病機　邪以次病　虛邪中人病

卷一　全目　一

352 醫學炳麟集

《醫學炳麟集》，不分卷，一册。不著撰者。無序跋與目録。現存鈔本，藏于上海圖書館，藏館著録爲清鈔本。

是本抄録多篇醫學類詩詞歌賦，如病機賦（見《明醫指掌》）、四診易知、望色説、望診詩、辨舌詩、問症説、問症詩（出《景岳全書》，張心在改訂）、切脈大要、司天在泉詩、十二經詩、十六絡詩、十二經氣流注詩、十二經氣血多少詩、藥性十八反歌、藥性十九畏歌、妊娠服藥禁忌歌等。又抄録程鍾齡先生醫門八法（見《醫學心悟》），即汗法、下法、吐法、和法、清法、消法、温法，補法。雖非詩賦，也十分實用。在妊娠服藥禁忌歌後，有評語："猛厲之藥，皆能傷胎，人猶知之。如薏苡、茅根、通草、厚朴、益母之類，性味和平，又爲霍亂方中常用之品，最易忽略不加意也。"確爲經驗之談。

是本内容爲中醫的一些基礎知識，如病機、診法、經絡等方面的知識以及用藥禁忌、治法中的八法等，是初學中醫者應該瞭解的知識。作者用詩詞歌賦形式，使得内容朗朗上口，易記易學，對初學者有一定的幫助。

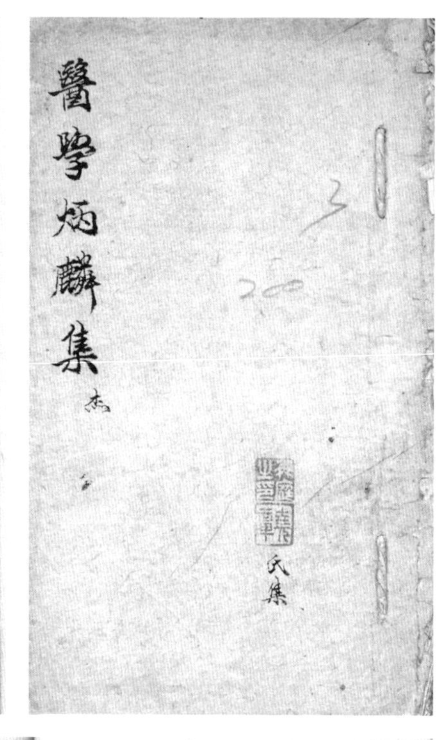

病機賦 見明醫指掌

病機玄蘊。脉理幽深。雖聖經之備載。匪師授而罔明。病之樞機、脉之奥理、雖素問脉經之所備載、初學者若非師口傳心授安能窮其底蘊哉。處百病而決死生。須探陰陽脉候。脉有陰陽之理、所以處百病而決死生也。訂七方而施藥石。當推苦樂志形。七方者、大小緩急奇偶復也。方所以因病而訂。人有形志俱樂者、有形志俱苦者、有形樂志苦者、有形苦志樂者、有形數驚恐者之不同、用藥

濕熱者、精滑夢遺。或為思想而得。夢中交感、泄精曰夢遺、不因夢交自泄、曰精滑、皆濕熱相火也、珍珠粉丸。若思想而得者、其病在心、當寧其心。緣雜病緒繁無據。機要難明。非傷寒經絡有憑。形症可識。臨病若能三思。用藥終無一識。畧舉衆疾之端。俾為後學之式。

四診易知

望色說

額心、鼻脾、左頰肝、右頰肺、頦腎。面上之部位可察也。肝青、肺白、心赤、脾黃、腎黑。面上之五色可察也。部位察其相生相尅。五色察其有神無神。大抵外感不妨滯濁。久病忌呈鮮研。雖黃色見於面目。既不枯槁。又

353 醫學採要

《醫學採要》，不分卷，十二册。清方慶熺編。方慶熺生平不詳。現存清宣統三年（1911）鈔本，藏于上海中醫藥大學圖書館。

是書前九册每册前均有目録，正文皆采用詞條加叙述的形式。前五册述中醫學基礎知識。第一册論脈、舌、辨證等中醫四診的基本知識以及一些治法、方論；第二册論傷寒、瘧、火等；第三册論汗、斑疹、濕温、暑病等，部分提出治法治則及用方；第四册主要論五淋、鼓脹、胸痛、哮吼等内科雜病，詳加論析并列出對證方劑；第五册論婦科經、帶、胎、産、婦科雜病以及新生兒疾病、小兒雜證等；第六、七册題爲"各症醫方備考"，共三十八證，按病證列出所適用諸方，每方名之後有主治及組成，部分方後有方劑的加減變化；第八、九册題爲"醫學採要列方"，共三百七十一方，每方僅列出組成；第十册爲"顔伯卿與劉達人醫説"，是顔伯卿診治陳姓患者七次、二十餘天的連續復診醫案，分三部分，第一部分是顔氏七次診案，每次診案後均有"劉按"，係劉達人對顔氏診案所作分析，第二部分爲顔劉二人對此病案進行的辯論，第三部分乃劉君方案；第十一册、十二册題作"留餘軒隨筆"，爲作者與若干友人的詩作，其内容并不拘于醫，第十一册隨筆前，還有一篇"留餘軒詩序"，詩序落款爲"子祥方慶熺"。書中其他部分，均未見作者姓名。

是書涉及中醫基礎、方劑及臨床各科，内容豐富，條理清楚，叙述簡潔明瞭，諸多病證寥寥數句即點明病因、治法及所用方劑，使後學者容易掌握要點，且方便記憶。另以醫案討論形式論析臨證案例，較好地將理論與臨床相結合，又頗有趣味。

醫學採要目錄

醫學採要

脉道難言

夫浮為表矣而凡陰虛者脉必浮而無力是浮不可以概言表可升散乎沉為裏矣而凡表邪初感之甚者陰寒束於皮毛陽氣不能外達則脉必見沉緊是沉不可以概言裏可攻內乎遲為寒矣而傷寒初退

354 醫學提要

《醫學提要》，一册，殘本，存下卷上。未著撰者，費伯仁抄，抄寫者生平不詳。現存鈔本，藏于上海圖書館。藏館著録爲清鈔本。封面記有"庚辰葭月"字樣，此"庚辰"或指公元1880年。《中國中醫古籍總目》未收載。

是本目録爲下卷目録，記有眩暈、頭痛、頭風等四十四種病證，而文中僅論述前十九種病證，包括眩暈、頭痛、心痛、腹痛、腰痛、脇痛、積聚、斑疹、痿躄、痹症、麻木、痛風、脚氣、疝氣、癲狂、癎症、痓症、厥症、蟲症。其中頭痛附眉棱骨痛、頭風，腹痛附小腹痛，腰痛附腎著，癲狂附中邪等類似病證，以便鑒别，合計二十四證。病證首先列七字歌訣加以論述，如"頭痛"的七字歌訣："頭痛先須辨厥真，濕痰風火挾邪侵。氣虚血少兼寒濕，識者尤當審六經。更有眉眶頻作痛，風痰風熱客於棱。"每證歌訣之後附歌訣大意，并分别列出該病證的外候、内因、脈法及治病大法，最後據證開方用藥。如引《千金》獨活寄生湯治腎虚坐卧冷濕當風所得，法仲景用理中湯理中焦寒客心痛等。是本病證多分證論述，如厥症分爲尸厥、痰厥、氣厥、食厥，頭痛分爲氣虚血虚頭痛、濕熱寒濕頭痛、痰厥頭痛等。某些病證還論述該證死候，如腹痛死候稱"臍下忽大痛，人中黑爪甲青者多死"。書中也有針對具體病證的相關醫論，如疝氣有"疝氣發必大暴""疝氣男女異名""疝氣不宜預補"之論，脚氣有"南北内外不同""兼症""病忌"等。書中還重視鑒别診斷，如論"積與聚不同""癥與瘕不同""痞與瘕不同"。

是本述證多用歌訣，琅琅上口，通俗易懂。且病因病機症狀闡述清晰，分證論治簡潔明瞭，遣方用藥多爲經驗效方，隨證加減，可供臨證參閲。

醫學提要下卷目錄

肝為將軍之官其性急速火性又暴為寒所束宜其痛之大暴也

疝氣男女異名

任之為病其內若結男子為七疝女子為瘕聚

疝氣不宜預補

大抵此疾因虛得之不可以虛而聚補留而不去其病則實故必先必滌所蓄之熱然後可補

治疝氣大法

355 醫學集成

《醫學集成》，不分卷，兩册。有目録，無序跋。不著撰者與抄録者。現存鈔本，藏于上海圖書館。藏館著録爲清鈔本。《中國中醫古籍總目》未載。

是本從中醫學與西醫學結合的角度論述頭部與呼吸系統諸病的病因、病理、診斷及治療等方面内容。頭部的疾病包括頭髮類病症，如白髮、脱髮、斑禿、禿髮癬、髮部丹毒、白禿瘡、大頭瘟、頭風等。呼吸系統疾病包括喘類如支氣管喘息、喘症、哮喘，咳類如痰咳、痙咳、百日咳、久咳、咳嗽等，肺類如肺坯疽、肺膿瘍、肺萎縮、肺炎、黑肺病等。是本主要從西醫學方面解釋諸病症的病因、診斷、病理等，治療上則以中醫與西醫結合爲主。如認爲頭痛的病因有發熱、傳染病、梅毒、中毒、慢性腎病、中暑、消化障礙、經行頭痛、腦震盪、癲癇等，而發熱病導致頭痛，是因爲"腦脊髓液之分泌量增多，致其對于腦髓的壓力亦隨之增高，或因血液發生任何變化，使腦脊髓軟膜器受某種刺激或由于血壓忽然增減，使腦脊髓蒙其影響"。頭痛的病源分"自症候性而來與習慣性而來之二種"，包括"症候性頭痛""習慣性頭痛"等，并分述其所見病症及臨床症狀。如對"症候性頭痛"的描述，認爲熱性諸病症如流行性感冒、麻疹、痘瘡等，往往發頭痛；由于胃腸疾患發頭痛者，則與惡心、膨脹、便秘等相伴而見。對于頭痛的診斷，則摘自《卡鮑氏診斷學》，診斷頭痛的原因分爲：貧血諸症，疲乏飢餓或空氣污濁，毒物類如酒、鉛等，而血管變硬多視爲老年性頭痛常見之原因等。頭痛的治療則以西藥爲多，包括水楊酸、非那西汀、碘化鉀等内服藥，及薄荷油、阿列布油、酒精、樟腦等外搽藥；中醫學的治療方法有針灸按摩法，取穴有風池、列缺、頭維、曲差、五處、天柱等，并分述諸穴位的部位及解剖特點。

是本從中西醫學結合角度對頭部及肺部諸病論述較爲詳盡，可通過其瞭解當時中西醫學匯通狀况，對臨證認識和治療上述諸病也有一定的應用價值。

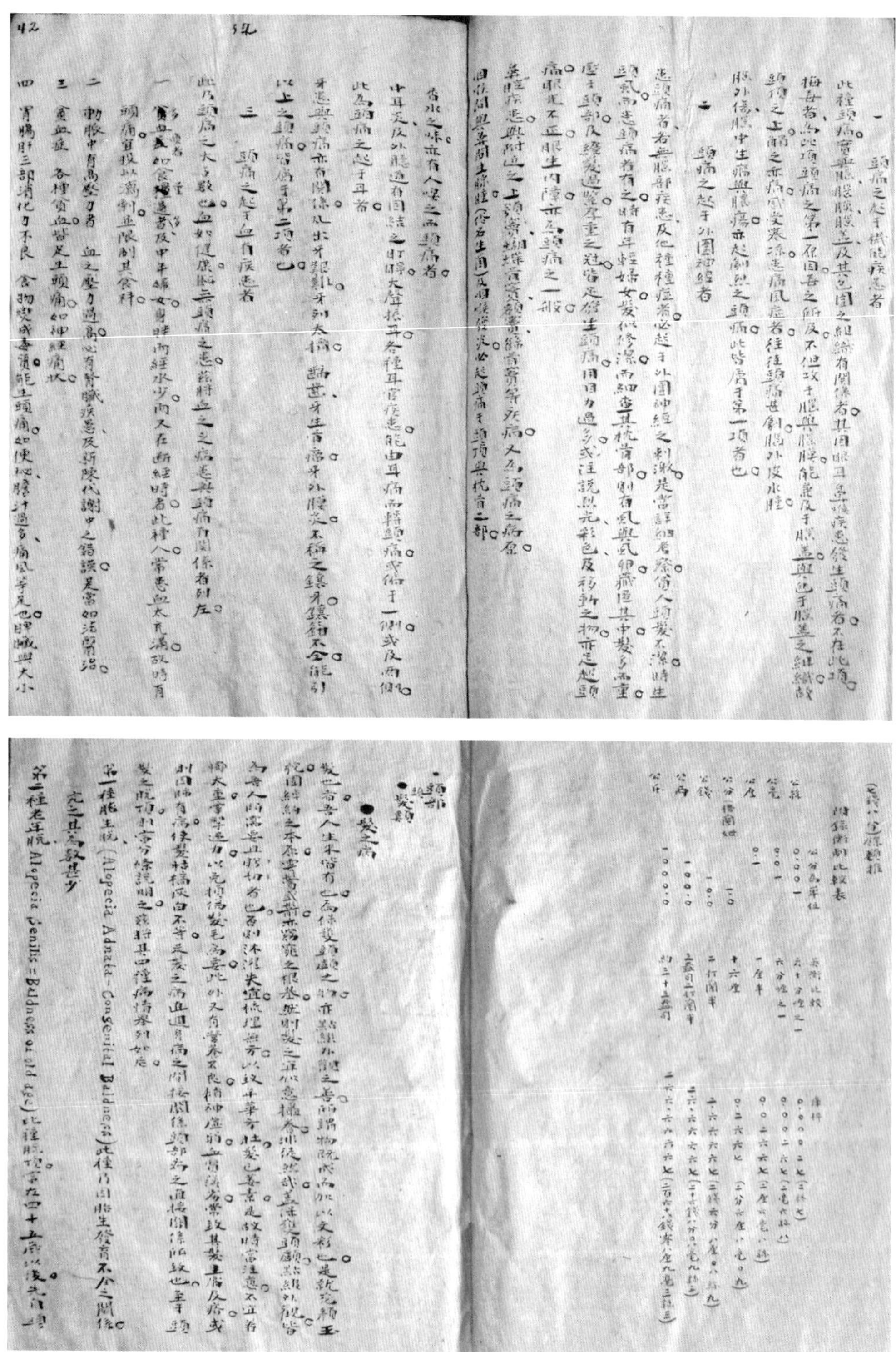

356 醫學集要

《醫學集要》，九卷。清鄭兆芬撰。鄭兆芬，祖籍玉峰（今江苏昆山）。《目録卷》中有自序一篇，稱其世家從政，藏醫書頗多，因遭戰亂，顛沛流離，避于杭州，不幸被擄兩載，後杭城收復，方得自由，遂以行醫爲生。然其書僅存十之二三，且多殘缺。此書自序後題"同治五年歲次丙寅孟冬下浣"，故本書當成于清同治五年（1866）。現存鈔本，藏于上海中醫藥大學圖書館。

首卷爲目録。卷一載《樞機玄言》《諸脈象論》《辨舌色》《經論總抄》《五運六氣》《五臟六腑》《諸絶症》《病機賦》，主要爲脈診與舌診等診斷内容，及運氣學説、臟腑學説、六淫學説及其病因病機等内容。卷二至卷八載内、外、婦科疾病，有真中風、痰症、鬱症、翻胃、噎膈、吞酸、吐酸、嘈雜、厥症、顛狂癇、健忘怔忡驚悸、三消症、赤白濁、虚勞、眩運、齒症、關格、傷寒、痧症等共七十二篇，從理、法、方、藥四個方面全面論述，記載完整。其中"傷寒"及"痧症"記載詳細。如"痧症"，根據不同部位及輕重緩急，共分爲三十四種痧症，治療手段豐富，有内服藥物、針法、刺法、刮法、放痧等，可操作性强。

本書内容比較全面，記載詳細，每證論理之時，均引用《内經》對該病的認識，所出之方多爲經方或時方，有關痧症病證的分類及治法詳細豐富，對臨床有參考價值。

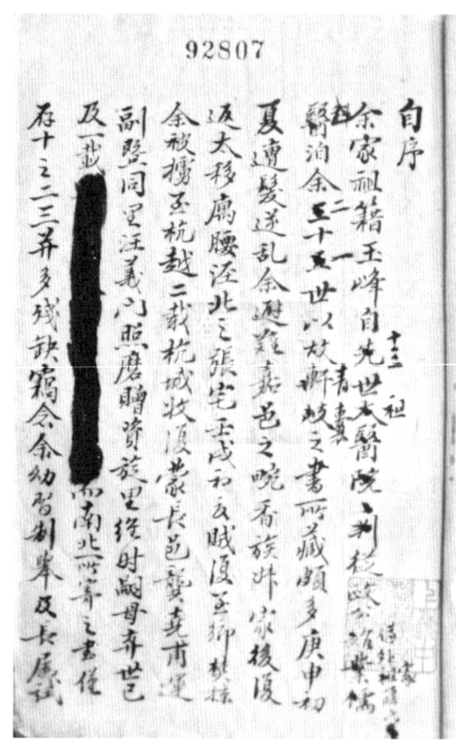

92807

自序

余家祖籍玉峰自先世太醫院判校
醫洎余五十五世以坟軒岐之書所藏頗多庚申初
夏遭髮逆亂余避難嘉邑之晚香族姓家後復
返太移扇腰泾北之張宅壬戌和友賊復至抑
余被擄至杭越二載杭城收復蒙長邑蟹莊甫運
副蔡同里汪義門照磨贈資旋里後時聞母棄世已
及一載[illegible]而南北所寄之書從
存十之二三并多殘缺竊念余幼習刻業及長辰試

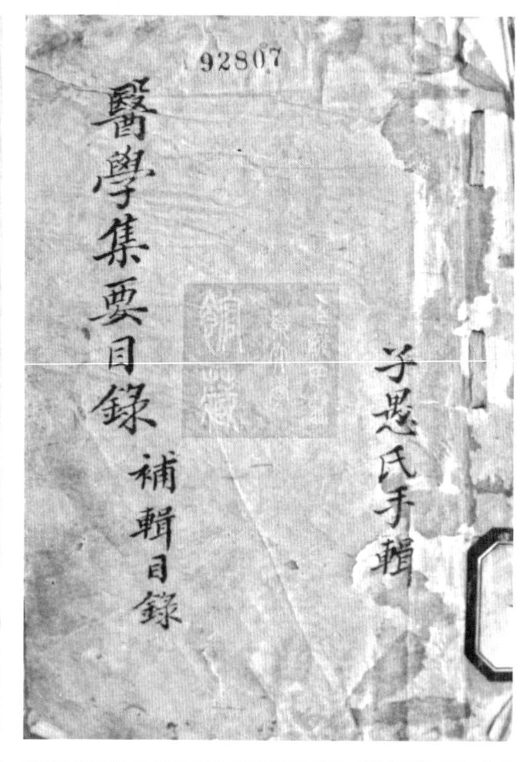

92807

醫學集要目錄

補輯目錄

子愚氏手輯

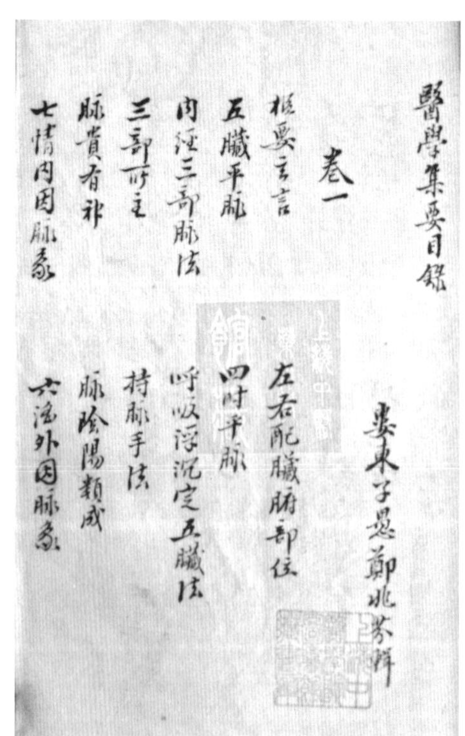

醫學集要目錄

婁東子愚鄭兆棻輯

卷一

樞要之言　左右配臟腑部位

五臟平脉　四时平脉

内經三部脉法　呼吸浮沉定五臟法

三部所主　持脉手法

脉貴有神　脉陰陽類成

七情内因脉象　六淫外因脉象

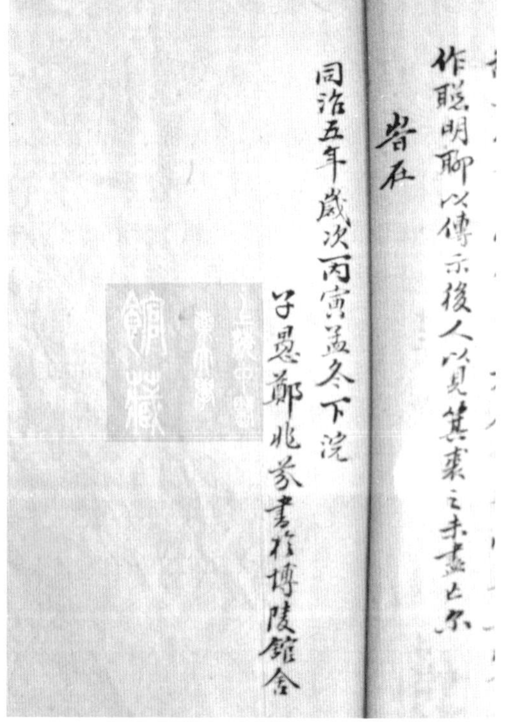

作聰明聊以傳示後人以見其衷之未盡亡尔

皆在

同治五年歲次丙寅孟冬下浣

子愚鄭兆棻書於博陵館舍

醫學集要

樞要玄言

脉者氣血之先也氣血盛則脉盛氣血衰則脉衰氣血熱則脉數氣血寒則脉遲氣血微則脉弱氣血平則脉治又長人脉長短人脉短性急人脉急性緩人脉緩左大順男右大順女男子尺脉常弱女子尺脉常盛此皆常也反之者逆其五臟四時之不同陰陽變現之或異吉凶生死據是乎著矣

左右配臟腑部位

右手寸口肺大腸脉所出右関脾胃脉所出右尺命门心包絡

素問謂春脉弦夏鈎秋浮冬營經無鈎石以秋鈎者夏盛之衰浮者鞋冬以浮營者沉而搏指

春弦夏洪秋毛冬石長夏四季脉遲緩

内經三部脉法

脉要精微論云尺内兩旁則季脇也（兩旁謂内外側也）尺外以候腎尺裏以候腹中○中附上（附上如越人所定関中）左外以候肝内以候膈右外以候胃内以候脾○上附上（上附上如越人所定寸口）右外以候肺内以候胸中左外以候心内以候膻中（膻中在兩乳中間）前以候前後以候後上竟上者胸喉中事也下竟下者小腹腰股膝脛足中事也

呼吸浮沉定五臟法

呼出心與肺吸入肝與腎呼吸之間脾受穀味其脉在中心肺俱浮之而大者心浮而短濇者肺肝腎俱沉牢而長者肝濡而實者腎脾為中州其脉在中

中正之官決斷出焉膻中者[illegible]

之官謀慮出焉脾胃者倉廩之官五味出焉大腸者傳導[illegible]

之官变化出焉小腸者受盛之官化物出焉腎者作强之官伎巧出焉三焦者決瀆之官水道出焉膀胱者州都之官津液藏焉氣化則能出矣命门者精神之所舍也男子以藏精女子以繫胞

辰主左足 卯四月巳主 太陽明為兩合明 戌主右足 陰十月亥主 厥陰為兩

三陽者太陽陽明少陽也三陰者太陰少陰厥陰也陽明者兩陽合明也厥陰者兩陰交盡也手太陽小腸經也手陽明大腸經也手少陽三焦經也足太陽膀胱經也足陽明胃經也足少陽胆經也手太陰肺經也手少陰心經也手厥陰心包絡也足太陰脾經也足少陰腎經也足厥陰肝經也

357 醫學彙鈔

《醫學彙鈔》，不分卷，一册。一鶴撰。據序中所言，知作者于辛亥年攜妻女避居東亭（今江蘇無錫東亭鎮）外家，原想來江南謀事，不料事與願違。閑居無聊，檢視醫書，編輯成文，于壬子年撰成此書。一鶴其人已無考，故書中辛亥、壬子等紀年亦不能知。《中國中醫古籍總目》載録爲清鈔本。現藏于上海中醫藥大學圖書館。

本書分五個部分，第一部分爲“漢張仲景金匱要略原文”，從“臟腑經絡脈證第一”到“婦人雜病脈證并治第二十二”無一遺漏；第二部分爲“經絡”，先以《靈樞》原文列出各經脈的循行走向，然後分析各經脈的特點及屬性；第三部分爲醫案，收集歷代著名醫家如秦越人、太倉公、郭玉、華佗的醫案，并批注總結其治法等；第四部分爲“脈要”，即《脈經》擇要，分“脈形”“脈部”“辨脈陰陽大法”“辨灾怪恐怖雜脈”“遲疾短長雜脈法”“平三關陰陽二十四氣脈”“辨三部九候脈證”“診損至脈”“扁鵲陰陽脈法”“扁鵲脈法”“扁鵲華佗察聲色要訣”“扁鵲診諸反逆死脈要訣”等；第五部分爲十二經脈所屬病證。

本書匯集經典古籍諸多原文，借用古代著名醫家的案例，對病證的診療及預後判斷作示範，但缺乏舌診、脈象等記録以及詳細的治療方案。除《金匱要略》原文部分外，其他内容鮮有載方。可取之處在于對疾病臨床症狀的記載及對病機的詳盡解釋，可供參考。

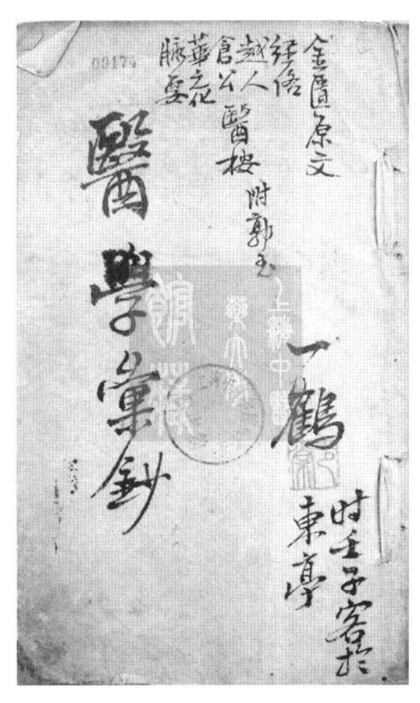

吾身可窮心不可窮人可吾病吾不自病民生在勤勤則不匱既不虛生何可老死不能利人何以利己岐黃有所當其鑒此

壬子清明前三日一鶴誌于東亭旅齋

辛亥秋排春避居東臺妻女并余而三寄食于外家走江南謀事一無所就修函十九九不得答同產弟遠在金沙僅能自贍不能常通尺素時復仰屋咄咄益無聊頻酒酣耳熱怨無歡溢肝氣上炎念此術生又不忍自賊恐妻目生大難恨吾昔年之誤我無已倍課一二章子得一字為讀書地一切舊習經史束置高閣取岐黃一術素之書長沙金匱之[illegible]冊

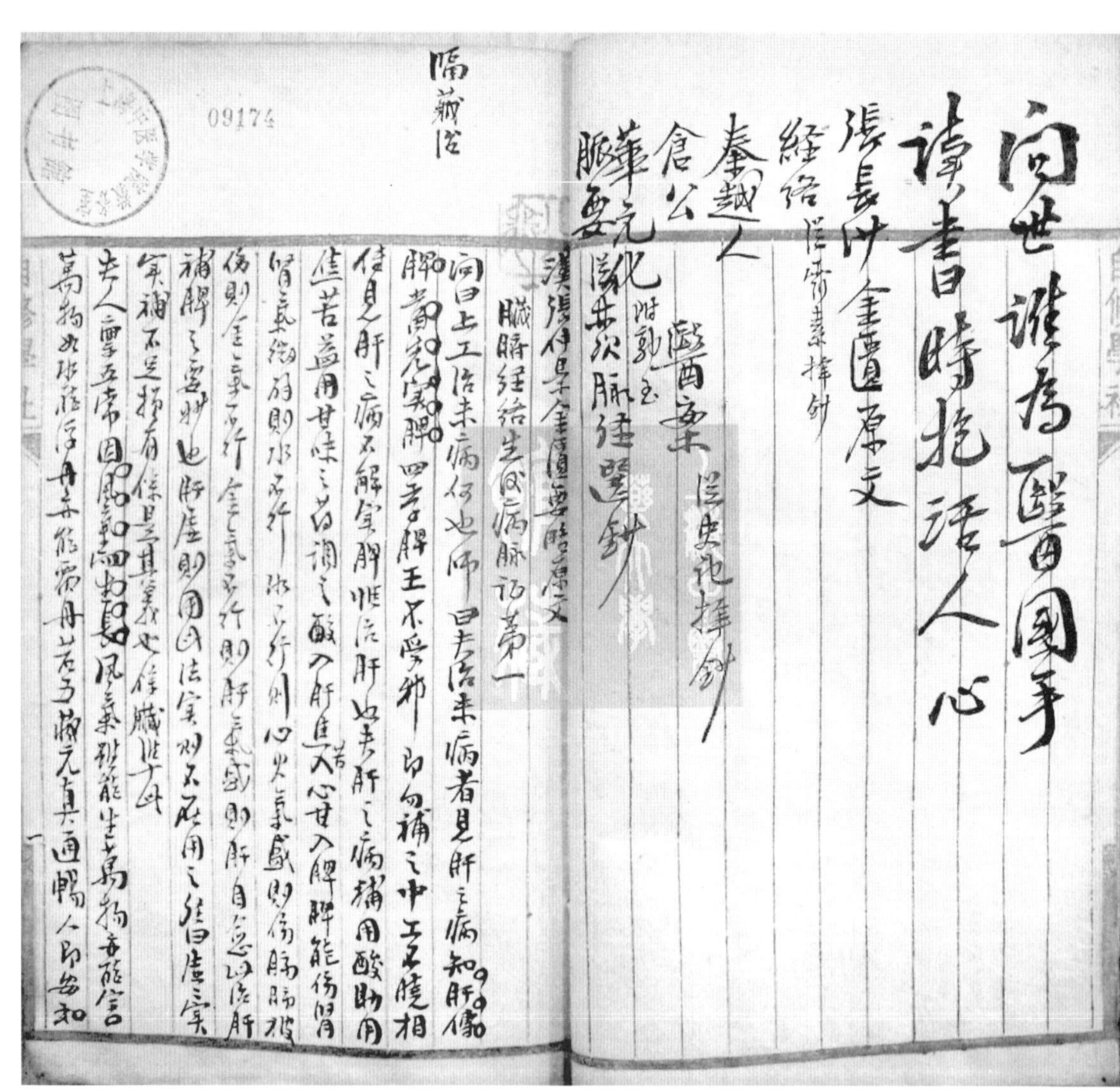

358 醫學經綸

《醫學經綸》，七卷，殘本。清俞新撰。俞新，字浩明，又字超英，浙江秀水人，生活于嘉慶年間，生卒年代不詳。清光緒年《嘉興府志》卷五十三《秀水藝術》載有俞氏傳。據是本自序，俞氏“束髮就學，早悟聖賢經傳之義，即立志於利濟”。十二歲時入王湘草門下研習儒家經典，後二年復游學于周寄漁，“學初成，始臨診”。俞新在行醫過程中，“每恨學之不精，志之不切，雖懷利濟之術，恐蹈造孽之機，夙興夜寐，不遑自逸”，遂發奮讀書，結合臨證體會，“每感發於心，必筆之於楮，漸而成卷，名之曰《醫學經綸》”。是本封面題爲《醫學經綸》，而首頁則爲《俞氏醫學經綸》。《中國中醫古籍總目》題作“俞氏醫學經論”。書中自序後落款爲“時維嘉慶丁丑孟春中瀚”，故成書時間不晚于嘉慶二十二年（1817）。現存鈔本，藏于上海圖書館。

是本卷一首爲俞氏自序，後爲醫道論，以下分述太極、五行、精、神、氣、血、陰陽、虛實、表裏、寒熱等；卷二則專述四時、經絡、臟腑、七情、六淫等；卷三卷四專述風、寒、火、暑、燥、温、濕等病證；卷五爲脈學心鑒、本草搜神；卷六爲湯頭；卷七爲生死論、舌苔辨。

是本是俞氏多年學醫的筆記心得，原爲七卷，現僅存卷一、卷二、卷七，缺卷三至卷六，對全書面貌的瞭解有很大影響。

俞氏醫學經綸序

余束髮就學早悟聖賢經傳之義即立志於利濟至十有二齡始學於王湘草先生之門先生深明醫理於詩文之暇每論及此余默識其旨樂得亦可以利濟於人越二年復游學於周寄漁先生之門先生於仁民利物之外兼明岐黄之術余心嗜其學私自揣摩得知大略又二年余雖志於學而心又急於成每恨才之不足志之不逮雖抱利濟之心然於章句中終不能酬宿願也即棄儒而篤志於岐黄越二年學初成始臨診每視一證以先賢之書反覆詳證然不

俞氏醫學經綸

目錄

卷一

359 醫學精華

《醫學精華》，十四卷。清汪允伯編著。作者少時讀書游庠，後屢試不售，遂棄舉子業，潛心醫學，先游于名醫陳蓮舫門下，與其弟子切磋年餘，後因代陳師臨證，因病立方，未有不當，故陳師將其收爲傳人。又遇馮君培，得其嘉獎，即懸壺于馮師門下十餘年，治病甚驗。臨證之餘，博覽群書，抄録各書精華，遂于光緒三十年（1904）撰成《醫學精華》一書。卷首有陳秉鈞（字蓮舫）序及作者自序。現存鈔本，藏于上海中醫藥大學圖書館。

書中始辨證，次引經，終叙證，而後獨抒卓見，凡計百篇。其所録之方，先金元四大家，繼以八大家，并及近代諸賢之緒論精語。卷一論中風、傷風、寒熱、温病；卷二論暑、濕、燥、火、疫、虚損、勞瘵；卷三論咳嗽、肺痿、肺癰、痞、哮、喘、痰飲；卷四論血、汗、脱、脾胃、嘔吐噦、噎嗝、關格；卷五論鬱、肝火、肝氣、肝風、呃逆、諸氣、嘈雜、噯氣、痞滿、腫脹；卷六論飲食、積聚、癲狂、癇、怔忡驚恐、煩躁、健忘；卷七論三消、黄疸、瘧、霍亂、泄瀉；卷八論不寐、頭風、痢、癘風、痹；卷九論胸痹、痿、陽痿、痛風、鶴膝風、脚氣、拘攣顫振、麻木、痙、厥、諸蟲、蠱毒、疳積；卷十論跌仆、破傷風、眩暈、譫妄、諸痛、斑疹丹痦；卷十一論七竅、疝、淋濁、遺精、癃閉（遺溺）、二便、轉胞、交腸、前陰諸疾、脱肛、痔漏、内癰；卷十二論調經、子嗣、胎前、臨産、産後、乳、熱入血室、崩滯、痃癖癥瘕、百合、狐惑、情志、奇異。卷十三、十四爲外科卷，論述各類疽、瘡、瘤、瘍、疳，每證皆詳述其病因病機、臨床表現、預後及治療方藥。

本書采擇先哲論説，匯集于各證之後，以諸家之言、諸經之語闡釋病證的病因病機、脈證、治則治法。如中風一證，引用《金匱要略》《保命集》《證治要訣》《張氏醫通》《類證制裁》《景岳全書》等論述，對中風的症狀，如口眼喎斜、半身不遂、四肢不舉、口噤、舌强、眩暈、角弓反張等一一闡論，先辨脈，次引經、叙證，而後精選歷代名方，條分縷析，有參考價值。

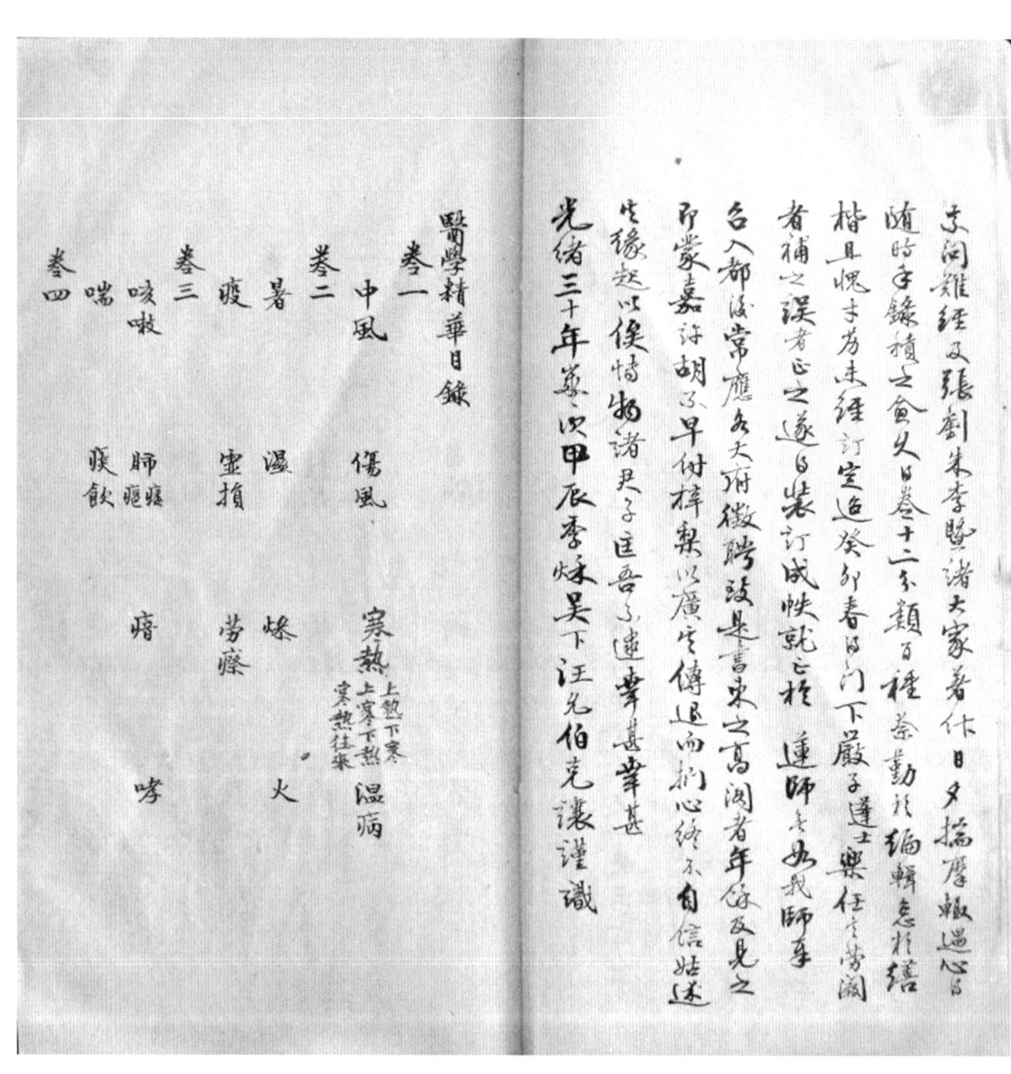

医学精華目錄

外科卷上

360 醫學課讀

《醫學課讀》，十卷，存九卷、九册。清朱紹基（字丹林）編集，始作于清同治癸酉年（1873），約成書于光緒辛巳年（1881）。黑格，内封題“胡壽南署”，後有“光緒戊戌仲秋師古山房珍藏”牌記。書前存楊紹柱序，稱贊是書“祖述《内經》，廣徵醫籍，網羅玄珠，精微畢顯，析義理而詳於不繁，辨字句而簡於韻讀，誠啓蒙之快捷方式，度世之金針”。鈐印有“砥亭”“楊紹柱印”。“玄”“弦”缺筆避諱。次爲朱紹基自序及凡例，記述集録緣由及體例。全書總目録爲十卷，第九、第十兩卷爲《竹林氏産科》和《萬氏女科》，但第九卷内容爲傷科，與目録不符，卷十佚失。每卷前均有詳目及弁言，弁言介紹該卷内容梗概，對所摘書籍做簡要評價。卷九弁言題“辛酉九秋”，疑爲辛巳(1881)之誤。現存新安楊紹柱（砥亭、覺非散人）光緒二十四年（1898）鈔本，藏于上海中醫藥大學圖書館。

卷一爲望聞問切、經絡、主病、諸名家機要。正文前存仰人骨皮（按，當爲“度”，抄寫訛誤）部點陣圖、伏人骨度部點陣圖、内景圖形、三焦圖、《内經》三部診候圖等五幅圖。書中還有幾處空白，似爲繪圖預留。卷二爲用藥、神農本草、各卷補遺方。卷三爲《金匱要略》《女科舉要》《醫門法律》《兒科集要》《士材三書》及陳修園書等醫書摘録。卷四爲吴又可《瘟疫》、薛生白《濕熱》、吴鞠通《温熱》、費伯雄《醫醇》等醫書摘録。卷五爲葉天士《温熱論》《臨證指南》及備用諸方。第六卷爲仲景《傷寒論》、柯氏痙病、陶氏《全生集》、萬氏胎産傷寒、仲景傷寒全方、陶氏傷寒備方。卷七爲拾遺。卷八爲徐靈胎醫書八種、三家醫案風濕時疫證。卷九爲不退和尚真傳西林師秘本及傷科醫法集要。

正如凡例中所説，是書爲便于初學者記誦而作，力求簡單明瞭。一些重要的内容單立條目，以引起讀者重視。采集醫書二十餘種，内容廣泛，涉及診斷、方藥、内外婦兒諸科。此外，作者對讀書之法别有心得，自認爲凡雜學諸書一過能領其要，故而作此書以爲初學者開辟快捷方式，書中詳細論述讀書法，即要量力做好每日的計劃，并且時時復習。是書繕寫精美，字體頗有特色，爲一般醫抄所少見。

序

醫學坊書充棟，既不能博採，當善於擇從，庶不徒耗歲月。余初不善醫，而善得讀書之法，凡雜学諸書一過能領其要。嘆平生浪走江廣楚漢三十餘年，遑遑得失不可指屈，今老矣，倦遊鄉居，愧無可遣，素羨醫學為積功濟私將全之術，因擇讀古今精純之書二十餘種，擷其要領，粗成幼讀得若干卷，署其名曰醫學擇讀，非謂以此可活人，不過課兒

義理而歸於不繁，辨字句而簡於韻讀，誠啟蒙之捷徑，度世之金針，初學得此，何異室之箒也。有登階之登必有級，循序漸讀此集，庶幾乎若夫取法高源，再讀全書，自能渙然冰釋，了無遺義矣。余猶鑒於此，爰本心臆錄，而雖時遇酷暑，指凉無術之際，則余之繕寫是書，但覺涼沁心脾矣。後之覽者亦將有感於斯言耶？聊弁數言，籍以誌喜。

光緒念四年歲次戊戌孟秋之月 新安覺非散人 祇亭氏識於修齡書館之南窗下

內經三部診候圖

右手
寸 上焦 天部 外 內 肺 胸中
關 中焦 人部 外 內 胃 脾
尺 下焦 地部 外 內 腎 腹
上附上 附上 季脇

左手
寸 上焦 天部 外 內 心 膻中
關 中焦 人部 外 內 肝 鬲
尺 下焦 地部 外 內 腎 腹
上附上 附上 季脇

尺內兩旁則季脇也尺外以候腎尺裏以候腹中附上左外以候肝內以候鬲右外以候胃內以候脾上附上右外以候肺內以候胸中左外以候心內以候膻中

脈訣辨似

浮似芤、芤則中斷浮不斷、浮似洪、洪力厚為洪、浮似虛、輕手為浮無力虛、滑似動、滑珠朗朗動混混、滑似數、滑利往來數至多、實似革、革按不移實大長、弦似緊、弦言有力緊言象、洪似大、大按無力洪有力、微似濇、濇短遲細微如毛、沉似伏、伏極其沉深復深、緩似遲、緩勻比遲仍小快、遲似濡、濡遲息三至、濇短難弱似濡、濡方柔弱薄如無、結促代、結緩促數止無定、代歇有常命難回、散似大、散形緩慢表全無大則其中遲翕翕、

各脈主病

浮風芤血滑多痰、實熱弦勞緊痛閒洪熱微寒臍下積、沉因氣痛緩皮

361 醫學襍鈔

《醫學襍鈔》,不分卷,一册。封面題“姚子壽先生編鈔”。姚子壽即姚椿(1777–1853),字春木,一字子壽,號樗寮生,婁縣(今上海金山廊下)人。故此本應抄于清咸豐三年(1853)之前。書頁内鈐有一枚“華亭封氏蕒進齋藏書印”白文方形章。華亭封氏爲民國時代江南三大藏書家之一封文權,築有“蕒進齋”,位于松江張澤,藏書達十餘萬册。後由封氏後人捐贈給上海和江蘇省等地圖書館,《醫學雜鈔》爲其中之一,現藏于上海圖書館。

此本内容大致可分爲兩部分。第一部分爲兩篇藥性歌賦。一篇是《藥性賦》,作者不詳。另一篇爲《青囊藥性賦》,明代太醫院羅必煒編,按藥性分寒、熱、温、平,各爲一篇,共載藥二百四十八味。第二部分全部摘抄于李時珍《本草綱目》。其中《〈本草綱目〉百病主治藥目》可見于《本草綱目》卷三和卷四,但僅抄録了病名目録,而無具體用藥。《陳藏器諸虚用藥凡例》《李東垣隨證用藥凡例》見于《本草綱目》卷二“序例下”。《藏府虚實標本用藥式》《張潔古諸藥引經報使》見于《本草綱目》卷一“序例上”。

是書所載歌賦琅琅上口,易于記誦,爲初學醫者所歡迎。但歌賦也有其局限性,往往失之簡單。用藥凡例、引經報使等内容雖有其一定的實用性,但均見于《本草綱目》,文獻學價值不高。

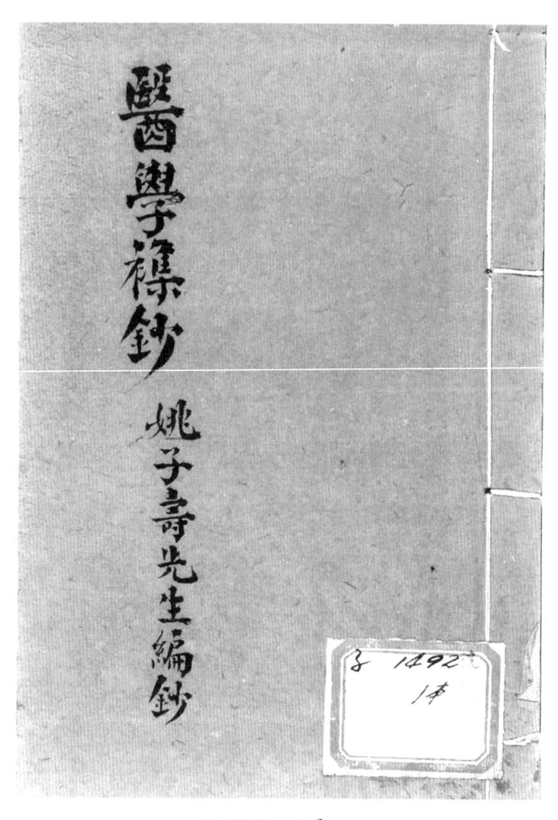

橘皮竹茹湯　治氣火衝呃逆　見肝部
陳皮二錢　竹茹一團　半夏　人參　甘草各一錢
黃芩芍藥湯　治脾熱流涎利如蟹渤等症
黃芩　白芍各二錢　生甘草一錢
四苓散　治伏暑泄瀉　方與內傷外感雜治說不同
白朮　猪苓　木通各一錢　赤苓二錢　車前
澤瀉各二錢　水煎用益元散三錢沖服
益元散　利竅清暑　見內傷外感雜治說心部
製半夏四兩　茯苓　甘草各二兩　共為末生薑汁糊丸

治痢奇方　治暑痢　見疫痢瘧腫論治
川連六分　酒芩　厚朴　歸身　白芍各一錢五分　山查三錢
甘草五分　桃仁　青皮　紅花各八分　枳殼　檳榔一錢二分
地榆一錢　如白痢加木香六分
葛根治痢散　治痢初起赤白皆效　見疫痢瘧腫論治
葛根一錢五分　酒炒黃芩八分　陳皮一錢　赤芍　陳松蘿茶　炒麥芽
山查各錢二分　為細末煎服有火者加川連五分
開噤散　治噤口痢　見疫痢瘧腫論治
人參　薑汁炒黃連各五分　石菖蒲七分　丹參三錢　石蓮子　茯苓　陳皮
冬瓜仁去殼各一錢五分　陳米一撮　荷葉蒂二個
柴苓煎　治肝火衝或為痢瘧頭痛諸症　見肝部　脾部

362 醫學雜抄

《醫學雜抄》，又名《總方歌括》，不分卷，一册。不著撰者，無序跋與目録，抄録者不詳。首頁有上海中醫學院圖書館藏書印章。《中國中醫古籍總目》載録成書于1908年。現藏于上海中醫藥大學圖書館。

是本列載人體生理、種子之法、六邪、經絡、臟腑、推拿和針灸手法、四診及各科病證治法等内容。分爲四部分。第一部分以産科臨床爲主，載胎不安小産墮胎總括、子死腹中總括、鬼胎總括、胎前母子盛衰、臨産、産室、擇收生婆、驚生、臨盆、盤腸生、難産共十一種臨産備要。第二部分以産後諸症調養爲主，載胞衣不下證治、産門不閉證治、血暈證治、惡露不下證治、惡露不絶證治、心胃痛證治等共四十種産後疾病證治。第三部分以雜病證治爲主，如頭痛眩暈總括、眼目總括、外障病證、内障病症、咽喉總括等。第四部分載妊娠用藥禁忌歌、升降沉浮、標本陰陽、四時用藥四篇歌訣。

是本雖命名爲《醫學雜鈔》，然以婦科證治爲其主要内容，可供婦産科臨證參考。

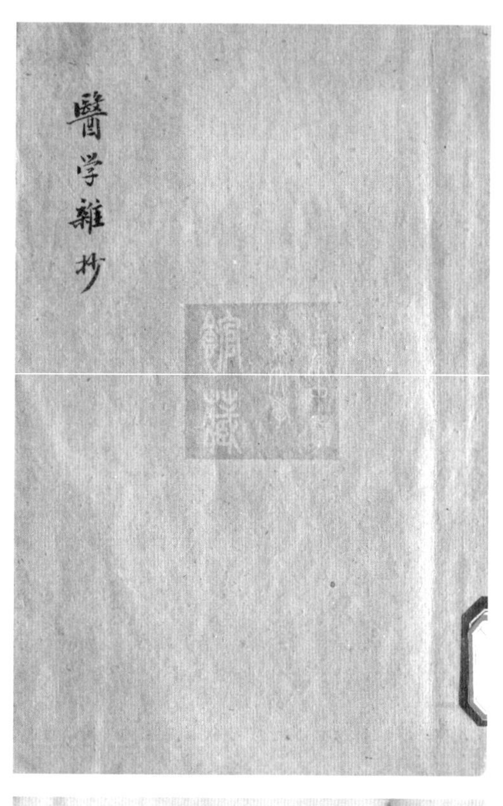
醫学雜抄

363 醫學寶筏全書

《醫學寶筏全書》，十卷，十五册。不著撰者。《中國中醫古籍總目》載録約成書于清宣統二年（1910）。序言、引用書目、凡例各一葉，其中序言前半葉缺，總書目兩葉，正文七百四十六葉，全書約四十五萬字。現存鈔本，藏于上海圖書館。

書中先列引證書目，計有《内經》《難經》《傷寒》《金匱》、金元四大家及明清主要醫家著作一百零二種。卷一至卷五論述内科雜症，依次爲痰症、氣症、鬱症、中風、厥證、眩暈等。卷六爲外感熱症，有傷寒、傷風、伏氣、瘟疫、寒疫、冬温等。卷七爲婦科病，卷八爲兒科病，卷九爲外科病，卷十主要爲運氣學説。作者在“凡例”中説：“諸集醫方者皆以風門爲首，曰風爲百病之長也。然雜病多生於痰，多因於氣，故是編以痰爲首，氣即次之。病多鬱，鬱又次之。而中風居四焉。其餘諸症，又取其病情相近者而類次之，便於分别病形，參考治法也。”對于具體病症，凡例指出：“醫有六事，曰病機，曰脉理，曰治法，曰處方，曰藥性，曰運氣。六者廢其一，非醫也。然病有取脉不取症，有取症不取脉者，故病機必先之。而脉法有在方藥前者，有在方藥後者。治法本於方藥，方藥本於藥性，故方藥中多有註其藥性而釋其君臣佐使之用者。運氣惟疫與痢用之，而四時温熱凉寒，猶雜症中之運氣也，故隨時而著例焉。”每一病症之下有“論述”“條分”“脈法”“方藥”“醫案”等項，相互之間又多有交叉。“論述”是對該病症綜合性闡述，如痰症强調“痰主於脾”“治痰以順氣爲先”。“條分”是辨證施治，痰症分有熱痰、風痰、酒痰、氣痰、濕痰、寒痰等。濕痰條下云：“濕重而生痰，停飲不下也。濕痰人必身重倦怠，宜燥濕之。二陳湯加蒼术、白术、南星之類。二陳湯加蒼术、川芎，亦治濕帶表（兼表症）之藥。若因脾氣虚弱，不能消濕，宜補中益氣湯加茯苓、半夏。”“脈法”

詳論痰症所表現的各種脈象。"方藥"列舉主要治痰方劑,如二陳湯、導痰湯,詳析藥物組成及作用。"醫案"則列出該病症的古今醫案,以啓示後人。

本書書寫工整,文筆流暢,醫理透徹,涉及各科,是一部較有價值的臨床參考書。

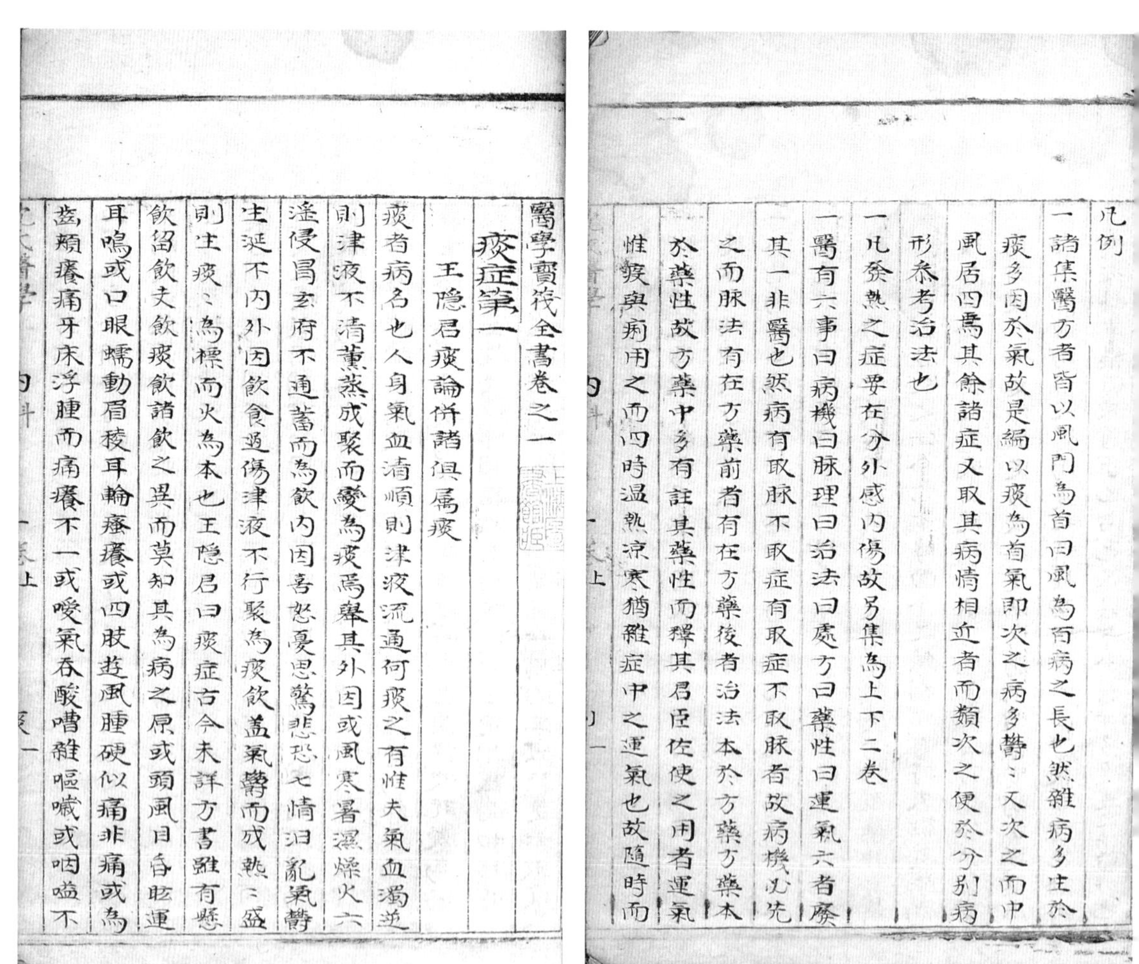

364 醫藥手册

《醫藥手册》，兩卷。清袁坦（字尚禮）編著。成書于清康熙初（1662–1680）。著者生平不詳。書中部分章節有缺損。現存鈔本，藏于上海中醫藥大學圖書館。

上卷先論咳嗽、霍亂、痢疾、心痛、脚氣、痹證、驚悸等諸病之脈。如論便秘證：由寒滯所致者，其脈象沉細虚遲；由熱結所致者，其脈沉數實大；由風結所致者，右手尺脈多浮。繼之爲《諸脈樞要》，論述浮、沉、遲、數、滑、澀、虚、實、長、短等三十種主脈及其兼脈所主病證。次爲《形聲色脈論》，强調診病須四診合參，兼附太素脈。次爲《湯頭歌訣》。最後論述藥用指南，匯集如麻黄、升麻、葛根、柴胡等一百三十味藥物，闡述藥物的藥性、藥味、歸經與功效。下卷先論調氣、調血及止血的原則及其用藥。如止血法中，宜降氣不宜降火，當以制肝、清肺、養脾、下氣、補陰、養心、補腎藥物結合治療，并應遵循"宜行血不宜止血、宜補肝不宜伐肝"的治則。次列秘驗方，如九老松、珊瑚丹、黄石丹、全真散、千癸散等，共一百一十四首。每首方劑載主治、藥物組成及煎服法。次爲《小兒科快捷方式》，論述看三關、看色訣、看（指）紋訣、無病訣、死病歌、天吊等診法及兒科常見疾病的診療法。次爲《古庵鑒》，列風、熱、濕、燥、寒五門藥物，并附外科敷劑。風門列行氣開表劑、祛風化痰劑、清熱潤燥劑及主治各經風劑；熱門列治上焦熱劑、治中焦熱劑、治下焦熱劑、主治各經熱劑及主治骨肉分勞瘵發熱劑；濕門列補氣除濕劑、調中消導劑、行濕利便劑及主治各經濕劑；燥門列解熱生津劑、滋血潤燥劑及主治各經燥劑；寒門列治上焦寒劑、治中焦寒劑、治下焦寒劑及主治各經寒劑。其後分論胎前、臨産及産後保生，列如胎前十忌、惡阻、子懸、子瘖、臨産十則、坐産、倒産、盤腸、横産、産後腰痛、産後泄瀉、腸出等共九十一論。最後分論胎教秋言、小兒痧症秘傳、藥食宜忌。

全書集脈學、方劑、藥物、婦産、兒科等于一集，所論較爲簡明，診治方法也比較實用。

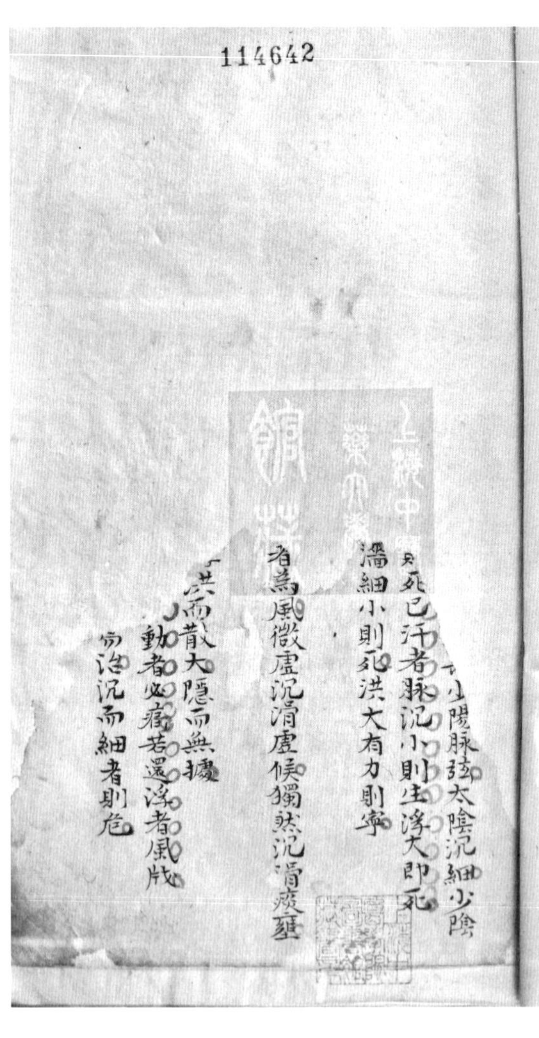

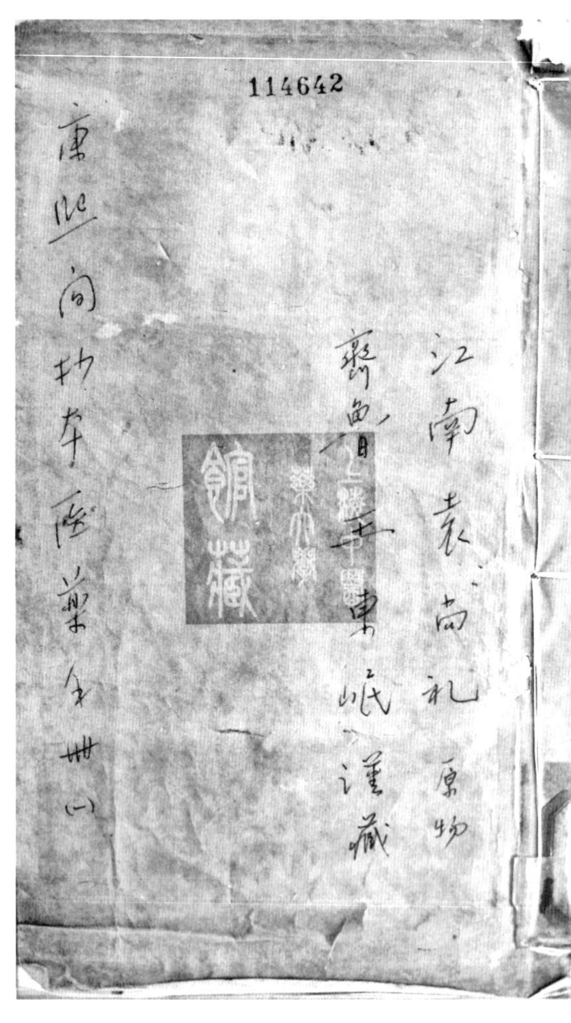

豬苓　味淡性平溫無毒降也陽中陰也除濕腫體用兼備利小水氣味俱甚
入膀胱經去皮用利水去脹滿主帶下淋濁亦能發汗
按豬苓感楓根之餘氣而生利水諸藥無如此快多服損腎亡津無濕忌用

治肝血熱

黃芩　味苦平性寒無毒可升可降陰也中枯而飄者瀉肺火消痰利氣細實而堅
者瀉大腸火養陰退陽中枯而飄者除寒濕留熱於肌表細實而堅者滋化
源退熱于膀胱
入肺大腸經山茱萸龍骨為使惡葱實畏丹砂丹皮藜芦沙參丹參薏苡
乾中枯而大者清肺止嗽化痰目赤疔瘡堅實而細者能瀉大腸火除濕治
痢安胎利水陶隱居云療腹痛利小腸仲景云少陽證腹中痛者去黃芩加
芍藥心下悸小便不利者去黃芩加茯苓與隱居之說不合蓋受寒腹痛心
下悸小便不利脉不數者禁用黃芩若熱厥腹痛肺熱而小便不利則可用

臌脹之候或遲滑而緊盛或緊濇而數浮若浮而緩者易治虛大緊實難瘳
積聚沉細附骨弦而急者瘕疝弦而細者癥瘕沉小而實積聚沉細而直伏梁關脉
大而尺寸微巻瘡之楚寸緊沉而時作痛積塊雖當虛而弱者難療堅強急者危
昌
平人脉大勞損而虛大而無力陽弱數而無力陰衰上損者寸弱而濡裏乏者遲大
無殊尺微濇而血少滑而弱者下虛血竭者左手無力氣怯者右手須推濇小弱
虛骨蒸發熱而咳嗽即死沉取細數肉脫盜汗而嘔血多危
虛傷則尺沉而滑緊急莫治虛何妨
眩暈之脉浮則風而緊則寒虛則暑而細則濕死血則芤
而大數　有多痰久病必大熱
頭痛之脉陽部緊弦熱必

365 醫驗

《醫驗》,不分卷,一函四册。無目録。内封題“古越何氏輯藏”。成書年代不詳,《中國中醫古籍總目》載録爲清鈔本。現藏于中國科學院上海生命科學信息中心生命科學圖書館。

是書主要是瘧、痢、暑濕痧疹、蛔厥、腫脹、痹、經産後倒經、疝厥、遺精泄濁、偏枯等疾病臨床經驗的記載,所論包括疾病的症狀、病因、病機、治法、方藥等。但有不少内容是摘抄他書,如“小腸泄”“瘕泄”抄自清代葉天士的《臨證指南醫案》。又如“脅痛”一節抄自《葉氏醫案存真》:“古人治脅痛法有五:或犯寒血滯,或血虚絡痛,或血着不血通,或肝火抑鬱,或暴怒氣逆。今是症脈細弦數不舒,此由肝火抑鬱。火鬱者絡自燥,治法當清潤通絡。炒白芍、炙甘草、栝樓、歸身、新絳、炒桃仁……”

是書總體編排上比較混亂,所涉及的疾病未予以分類,且内容大多摘抄他書,故價值不大。

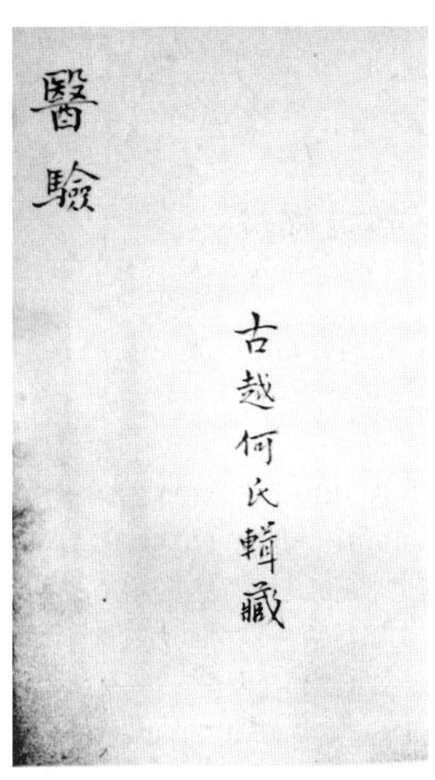
醫驗

古越何氏輯藏

小腸泄

診脉肝部独大脾胃緩弱平昔納谷甚少而精神頗好其先天充旺元不待言矣自今水瀉少腹滿脹少腹爲厥陰部位田陰鬲不分濁踏於下致肝失疏泄当以五苓散導水利濕倣古急開支河之法

飧泄

自春季胸脇脹滿以及腹中疼痛從治肝小愈腹鳴泄瀉不已久風飧泄都因木乘土位東垣曰治脾胃必先遠肝倣此 人参 焦术 炙甘 炒兔絲餅 烏梅 木瓜

脉右弦腹鼓鳴响痛泄半年不痊此少陽木犬侮傷脾土久則浮腫脹滿法当疏通泄肝非辛温燥热可治 柴胡 青皮 桑葉 丹皮 黄芩 白芍

难治

脉細下乘高年久嗽腹痛泄瀉悵神怔忡乃病傷难復非攻病药石可愈擬進甘緩法 炒淮藥 白芍 炙甘 南枣 茯神

劳核結年食入腹脹痛瀉心中寒瘰膏膝热並此陽不内潛脾胃久困勇無治故清降之理议用戊己湯扶土制木法

366 雜症條辨

《雜症條辨》，不分卷，兩册。著者不詳，無序跋。《中國中醫古籍總目》載録成于清宣統二年（1910）。現藏于上海中醫藥大學圖書館。

第一册載由六淫之邪所致七類外感病證，如“傷風脈症治法”“傷風兼證”“類傷風症”；“中風脈症治法”“中風雜症”“類中風症”；“傷寒脈症治法”“傷寒雜症”“傷寒兼證”“類傷寒症”；“傷暑脈症治法”“傷暑雜症”“傷暑兼證”；“傷濕脈症治法”“傷濕雜症”“傷濕兼證”；“燥淫脈症治法”“燥淫兼證”與“火淫脈症治法”。第二册載外感與雜病二十六種，如“温熱症”“瘟疫症”“煩躁症”“斑疹症”“痺症”“痓證”“瘧疾症”“痿症”等。目録後尚有發熱症、惡寒症、汗症、身痛症、身重症、身倦症等三十三種病症，未見于正文，疑已佚失。本書對各病症的病因病機進行闡述，描述症狀，提出治療方劑，并對同一病證不同分型給出不同方劑。如“鼓脹”中有“脹滿初起，脈沉伏者，寒也，宜平胃理中湯。若内有濕熱，爲被寒鬱而脹者，用麻桂升葛藿香表散之”，提示需依據病機立法處方。

本書對常見外感與雜病的病因病機描述清晰，善用時方，對臨床有參考價值。

傷風痉　傷風兼痉　類傷風痉　中風痉
中風襍痉　類中風痉　傷寒痉　傷寒襍痉
傷寒兼痉　類傷寒痉　傷暑痉　傷暑襍痉
傷暑兼痉　傷濕痉　傷濕襍痉　傷濕兼痉
燥邪痉　燥邪兼痉　火邪痉

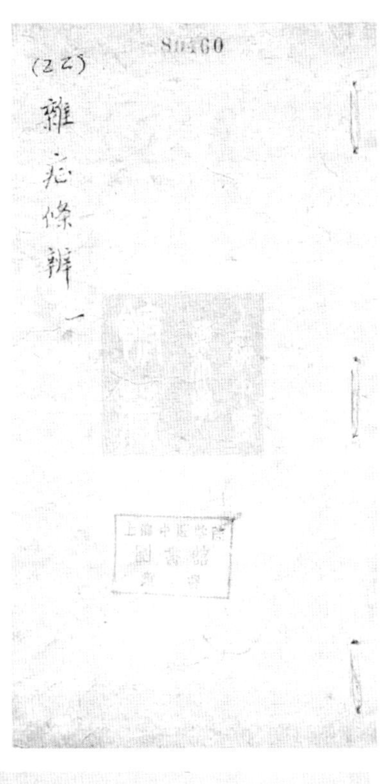

(22)

雜痉條辨　一

傷風脉痉治法

風非其时名曰賊風人之腠理空虚而為其所襲故傷風之重者為中

傷風之痉發熱頭痛自汗惡風

傷風之脉浮緩無力或浮數或弦數或右脉獨急或右寸浮緩或陽浮陰弱

凡自汗惡風脉浮數為傷風如頭項痛腰脊強者乃太陽傷風也宜桂枝湯冲和湯解之解表之後仍自汗惡風者此營衛受傷也當調營衛

傷風痉如目眩耳聾者乃少陽受病也宜柴胡荊芥防風

傷風痉如目眩鼻塞者乃陽明受病也宜升麻白芷葛根

傷風痉身体痒而不仁肢節腫而疼痛或項背拘急或皮膚瘾疹者此風邪壅遏營衛不行也宜消風散宣之

風邪入肺咳嗽多痰而鼻塞流涕而聲重者此肺氣不利也宜参蘇飲加桑杏以利之冬月加麻黄

風邪入胃面腫牙關肉瞤瘈瘲者名曰胃風分表裏治之如發熱而能食者風從表也宜升葛胃風湯如泄瀉而

367 羅太無口授三法

《羅太無口授三法》，不分卷。舊題“朱丹溪先生述”。羅知悌（約1243–1327），宋末元初醫學家，字子敬，號太無，錢塘（今浙江杭州）人。元泰定二年（1325）接納朱震亨于門下，爲其敷揚劉河間、李東垣、張子和三家之説。據此，是本約成稿于元泰定二年至四年。現存光緒戊子（1888）卓穎鈔本，藏于上海中醫藥大學圖書館。

是本首録孔行素《至正直記》，略述朱震亨乃師羅知悌生平行狀。後附“彤伯志”，言該書“乃徐子晋世丈康所賜”，以志其由來。徐康，字子晋，清代吴郡（今江蘇蘇州）人。《前塵夢影録》謂徐康“世擅岐黄，尤工篆隸，凡書籍字畫、古器珍玩，一入其目，真贋立辨，蓋閱歷深矣”。

是本分述中風、傷寒、暑病、瘟疫等内科雜病及婦人胎産前後諸疾證治，共五十六門九十二證。每一病證按證、因、脈、藥依次論述，簡明切要。其學以《内經》爲本，而宗劉河間、李東垣之論，兼采衆家之長，每多闡發己驗而立新説，丹溪之學由是獲睹端緒。如論中風，以河間、東垣“心火盛而腎水虚”立論，發明“熱鬱生痰”“痰熱相因生風”之説。另如“外風之中，實因内氣之虚”，强調“初中之時不論在表在裏，必先以攻痰祛風爲主，待其蘇醒，然後分其經絡、審其氣血治之”，或攻或補，宜下宜汗，宜補血以養筋，或養血以通氣。論瘟疫之病因係“非其時而有其氣，人感之則病温疫”。此説爲明末吴又可《瘟疫論》所本。羅氏論醫，注重法隨證出，方據法立，議論井然有序，可爲臨證圭臬。

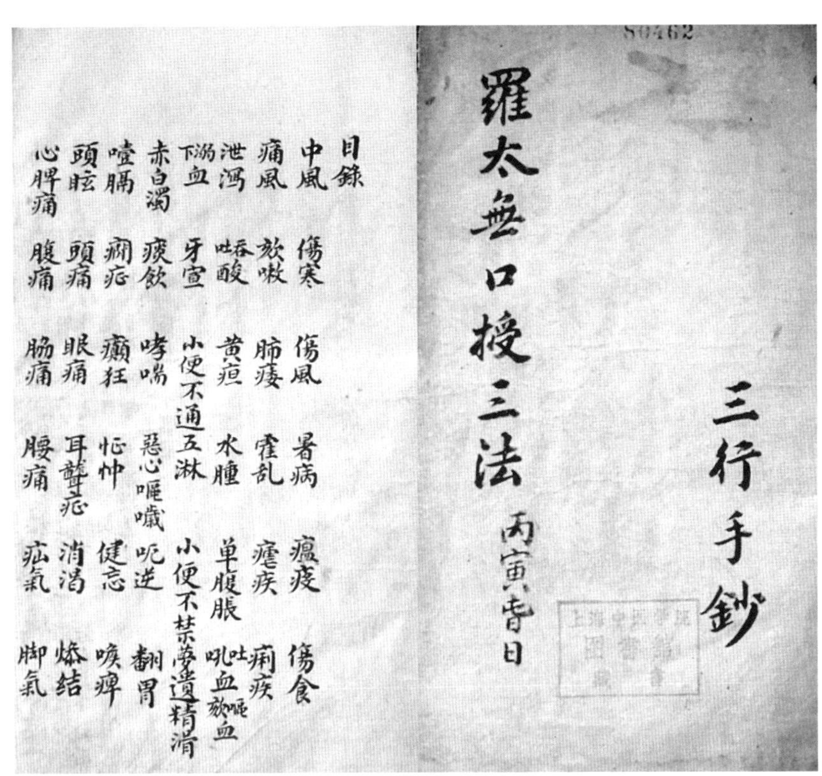

三行手鈔

羅太無口授三法

丙寅春日

目錄

浮腫　病因　脉法用藥與胎前同但產後脉更宜弱而用藥則補劑較多耳

發熱　產後三五日惡寒戰慄發熱不止煩渴悶亂者是也

病因　經云陽虛生外寒陰虛生內熱產後去血過多則陽無所依而浮散于外故煩悶而發熱也

脉　經云產後脉不宜洪大今熱甚則自然洪大但洪大中帶緩者無妨帶緊數者死

藥　發熱輕正治用四物湯加柴胡紅花丹皮知母治之重者從治四物湯加干姜收其浮散之陽然後再用正治法可也

子宮病　其病有三有產後子宮不收者有子宮痛不可忍者有假傷而血淋不止者

病因　子宮不收者元氣虛極也子宮痛者火鬱氣滯所致也

藥　子宮不收八物湯加荆芥藿香桑皮乳香　子宮痛者四物湯加香附黃柏丹皮　假傷者八物湯加黃柏丹參樗皮乳香　外用五倍子乳香煎湯溫洗亦可碾細末而敷之

羅太無先生口授三法終　　丹溪述

368 證治理會

《證治理會》,不分卷,兩册。明周丕顯輯,門人許其仁校。周丕顯,晋陵(今江蘇常州)人,生平不詳。許其仁,字宅真,號甚遠,明末江蘇武進人,精究醫學。該書成于明崇禎十六年(1643)。現存鈔本,藏于上海圖書館。

第一册名爲"證治理會卷之一",列中風、類傷寒、傷風、傷食、暑症、濕症、火症、鬱症、痰症、飲症、哮喘等十八種病證進行論述。另一册名爲"證治理會之症",列便閉、交腸、關格、大小便不通、痔漏、癭氣、流注、結核、斑、疹、經水、崩漏、難産、胞衣不下等内、外、婦科的二十七種常見病證進行論述。兩册論述病證時,多先取前賢要論,分述各證的病形、脈法、辨治,再選張仲景、朱丹溪、李東垣等名家診治精要及治案,末列大量經驗用方。

書中多把相類似的病證歸在一起論述,意在讓後學明曉每證獨特之處,以便鑒别。如"小便頻數"例,稱"頻數者,時時欲去而不爽快,非小便不禁也"。另有中風與類中風、傷寒與類傷寒之鑒别。撰者在論述某種病證時,根據病證具體特徵的不同,又另附各種論點,如發熱之證又附"辨發熱諸症病本不同""捫摸辨五臟熱法""按部位辨臟腑熱法""潮熱""陰虚火動不可妄用苦寒要論""論虚熱發汗之誤""嬰兒諸熱見症"等與發熱相關的論點,這些論點多爲前賢經驗,匯集於一書,便于後學參照學習。

是書論病,詳于治法及方證匯通,是一部内容實用、通俗易明的醫書,對後世臨證用藥具有一定的指導意義。書内見交腸、水分血分之證,後世醫書少見,也有一定的參考價值。

證治理會之症目

交腸

交腸者大小便易位而出也因氣不循常道陰陽失于傳送故致清濁混淆也虛弱者先用六君子湯調理脾胃後以五苓散分利陰陽壯實者用五苓散合調氣散加黃連木香阿膠分利陰陽正行常道或用吐以開提其氣使闌門清利得司秘別之職則愈矣

醫案

丹溪治一人痛飲忽糟粕出前竅尿溺出後竅脉沉濇與四物湯木通木香海金沙檳榔桃仁八剤愈

薛立齋治一婦人病後小便出屎此陰陽失于傳送也用五苓散二剤愈用補中益氣湯

369 證治彙通

《證治彙通》，殘本，共存四十五卷，分别爲卷十八至卷四十二，卷四十五至卷六十四，兩册。未著撰者，成書年代不詳，《中國中醫古籍總目》載録爲清代。書頁有脱損、蟲蛀，品相欠佳。無封面，首頁未題書名，書名"證治彙通"在書内正文中注明卷次時亦有所體現。書内有"碧霞堂印"藏章一枚。現存鈔本，藏于上海圖書館。

是本上册包括内傷勞倦、虚勞、虚煩、眩暈、驚悸怔忡恐懼、癲症、狂症、癇症、譫語、喜笑、不寐、諸逆上沖、血症、下血、溲血、畜血、痹症、身重、自汗盗汗、痙症、瘛瘲、顫振、攣症、痿症、脚氣等二十五門，加上各門所附之證，共計四十三證。下册有目録，包括頭痛、面痛、面頰、眼症、鼻症、耳症、瘄症、口唇、齒症、舌症、咳嗽、痰飲、喘氣、短氣、飲逆、嘔吐、反胃、霍亂、噫症、嘈雜、氣鬱等二十一門三十證。每門均述病機、治法及方藥，所列方劑約四百餘首。在每證論述中，又有若干分類，如"血症門"又分各種出血，含實熱、虚及虚中兼熱、虚寒、因怒、打撲損傷、外感、咯咳嗽唾血、衄血等，分類頗爲詳盡周到。遣方用藥廣徵衆家名方，僅治虚勞就有三十餘方，如《太平惠民和劑局方》的人參養榮湯、樂令建中湯、參苓白术散，《素問病機氣宜保命集》的金剛丸、牛膝丸，《衛生寶鑒》的秦艽鱉甲散，《普濟本事方》的人參散等。

是本闡述病證病機明晰，辨證施治精簡明瞭，遣方用藥靈活多樣，皆源于名醫名著，且都注明出處，便于考證。内容實用，通俗易明，可供臨床參閲。

證治彙通卷第四十九

鼻症

辨症

李時珍云：鼻淵流濁涕，是腦受風熱；鼻鼽流清涕，是腦受風寒包熱在內；腦崩臭穢，是下虛；鼻窒是陽明濕熱生瘜肉；鼻皶是陽明風熱及血熱，或臟中有蟲；鼻痛是陽明風熱。

鼻者，肺之外候（經云：肺開竅于鼻。又曰：五氣入鼻，藏于心肺，心肺有病而鼻為之不利也），為足陽明脈之所起（經曰：足陽明脈起于鼻之交頞中），謂之明堂，五臟病與壽夭皆決焉（經曰：明堂者，鼻也。脈見于氣口，色見于明堂。廣大者壽，小者殆。餘見詳面部）。其病有鼻塞者，或風寒閉之（十二經脈三百六十五絡，其血氣皆上于面而走空竅，其宗氣上出于鼻而為臭。肺氣通于鼻，肺通則能知香臭矣。曰衛氣失守，寒邪客于皮毛，閉其出入之道，故不聞香臭。東垣曰：難經云心主五臭，肺主諸氣，臭者肺竅，反聞香臭者何也？蓋以竅言之肺也，以用言之心也

370 證治撮要

《證治撮要》,不分卷。清吴香玲手編。書前有序一篇,爲著者吴香玲之外叔所作,贊吴氏“生而穎異”,精通諸子百家,釋典道藏無不精曉,并曾挽救其外叔性命于病危。現吴氏已年老,著作此書,其外叔對此刪訂,望能流傳後世。《中國中醫古籍總目》載録此鈔本成于清光緒二十七年(1901)。現藏于上海中醫藥大學圖書館。

全書共四十五篇,先論基礎,次列三十二種治法,每法皆以實例説明醫理。如《護法第二十》首先説明“用藥當棘手之際,必用護法”,接着提出使用護法的時機,然後加以舉例。後附《諸症撮方》,亦爲吴氏手編,分《高粱集》《藜藿集》《幼科集》《痘集》。此部分皆采用方證對應的形式,每列一證,繼列治方,共列一百三十二種病證。

本書多載著者驗方,症狀、方劑、用法叙述較全,查閱方便。在治法方面有許多獨到見解,可供臨床參考。

證治撮要序

外姪吳香鈴而名文栻因童試不利更名尺木又因屢困棘籬更名攀龍中表兄芘泉之女也生而穎異先大夫極鍾愛之予從角時交好甚契香鈴年長於予且博聞強識凡諸子百家稗官雜記以及釋典道藏無不熟曉予少孤失學目不識丁字而香鈴偏引為同心此佛氏因緣信有徵也甲午歲與吳鈴同客京師卧病不起吳鈴善岐黃力為施治調與吳鈴卜秋遊

宜山西又遣沈府慕日夜侍疾日夜盼吳鈴之至而吳鈴果以嬰內幕聘延道於斯厥疾復起療治吳鈴之力又及此今吳鈴以年力衰老絕志名場愛將平日仁愛爲懷術佛有囊一卷予竭力勸加删訂付之剞劂以垂永久吳鈴不許予曉之曰醫者仁心仁術居家不能以名聞於當世而孤鳴亦當上足以濟人于壽域也如以鈴首可因删汰訛謬之弁言屬予敘其原委予不揣固陋因隨吳鈴之意而叙之肯綮

丑歲仲小陶愚外叔金定圻拜書

證治撮要　古歙吳吳鈴手編

辨形第一

凡病多論新舊宜先辨其形體之厚薄清濁以酌用藥之輕重焉厚者肌肉豐滿論和平視飲瘦方知外感內傷皆宜古人成法薄者肌肉瘦減言論傷寒祇就後治療外感內傷必須稍參逆味或蓄之辛者加鹽水以炒之麥冬之性者用米泔製之或用參蘇散寒者加白竹之微膩以引入

凡病必求其根而亡視病者之為智者是以為立方之旨奇普遇
蠢頑之輩則焉仲景之法百施百中亦必苦思力索對牛彈
琴是自尋煩惱且無益又是手忙生善皆平等豈不作炎涼之相待
可見天地生人與草木鳥獸更無區別因其氣實而治之斯為中
理為喂牛以飯以酒而食人以蘆以糠是自取戾也故曰呆治

心經條方第三十八

心乃是生精經皆係陽而生病必與主人亡上百靈盡役百姓昭明
百穀順成百獸率舞群作靈靈不昧具衆理應萬事者皆
經手此也又云心赤肉圓上貫經其人之所以之受之定之而言之也而百病
感之則氣常不足矣或已治之或並治之因內制宜可也爰將擬
定訣方列條于左

○天王補心丹● 生地 人參 元參 丹參 棗仁 柏子仁 遠志 茯神
天冬 麥冬 當歸 五味 桔梗 石菖蒲 辰砂 竹葉 熟地

○瀉心散 連翹 薄荷 黃芩 山梔 桔梗 甘草 竹葉

○清心蓮子飲 人參 黃芪 茯神 柴胡 黃芩 石蓮肉
地骨皮 麥冬 車前子 甘草

○半夏瀉心湯 半夏 黃連 黃芩 人參 干薑 炙甘草
大棗

371 鐵畫銀鈎

《鐵畫銀鈎》,不分卷,一册。未注明撰者及抄録者,也無目録與序跋。據書中"玄"字避諱作"元"字,如《虚勞》篇中"玄參"作"元參",知此本或爲清鈔本。現藏于上海圖書館。《中國中醫古籍總目》未收載。

是本無頁碼,有硃筆圈點。包括六方面内容:第一篇未列篇名,簡要論述内、婦、兒科諸病證,如風寒、風熱、冬温、春温、風温、夏暑、秋燥、瘧疾、痢疾、淋濁、腰痛、耳聾、女科調經、胎前、産後、兒科等病的病因病機、治法及治療方藥。第二篇爲《集録古大家通治諸病之神方》,從補陽益氣、滋陰養血及陰陽并補三方面列舉諸方的組成、功用主治、臨證加減等,如補陽益氣之四君子湯,滋陰養血之四物湯,陰陽并補之八珍湯、五福飲、人參養榮湯、大建中湯、東垣補中益氣湯、補血養陰丸、大補陰丸、虎潛丸、人參固本丸、還少丹等。第三篇未列篇名,引用《内經》及李東垣、朱丹溪、李士材等醫家有關中風、虚勞、鼓脹、水腫四大證的論述,如"李東垣以元氣不足而邪湊之令人猝倒爲中風狀,氣虚也,主補中益氣加減法",論述李東垣關于中風的病因病機及治療方藥等。且每證後均附有約二十首治療方藥的藥物組成及功用主治等詳細論述,如水腫證中防己黄芪湯主風水、防己茯苓湯主皮水、麻黄附子湯主少陰正水、桂枝加黄芪湯主黄汗、實脾飲主陰水、琥珀人參丸治血蠱等。第四篇爲《丹溪治雜證求之氣血痰鬱四字》,從"氣、血、痰、鬱"四種病因病機簡要論述治療方藥,如治氣之四君子湯、治血之四物湯、治痰之二陳湯、治鬱之越鞠丸。第五篇未列篇名,爲臟腑分類證治,論述五臟六腑諸病證及其治療方藥,如心臟之驚悸、不寐、健忘、怔忡、遺精等證。第六篇未列篇名,簡要評述劉河間、喻嘉言、吴又可、戴北山、李東垣等醫家相關論述及著作,如曰"明吴又可著《温疫論》,乃治一時之疫”,又曰“喻嘉言諸子,雖列温病於傷寒之外,而治療未離於傷寒之中”等。

是本内容豐富,論述簡明,所列方藥切合臨床實用。

集錄古大家通治諸病之神方

補陽益氣 四君子湯 治胃氣虛弱飲食不思倦怠少食 此局方也

人參二錢 炒白朮二錢 茯苓一錢 炙甘草一錢 原方加陳皮為異功散

又治痰嗽因脾胃氣虛者 加陳皮半夏為六君子湯治胃虛少食痰嗽

嘔惡 並加生薑二片 加山藥扁豆蓮肉桔梗苡仁砂仁治胃虛喘嗽大便不實名參

苓白朮飲 並加薑棗 加半夏陳皮草果生薑七片烏梅肉一個名四獸飲治瘧

病胃虛中挾痰食 加枳實陳皮生薑二片甘草治痰飲虛腫不食名茯苓飲

滋陰生血 四物湯局方 治營血虛熱 熟地當歸各一錢 白芍二錢 川芎八分

原方加烏藥一錢附甘草為四烏湯 加炮薑為散溫經服者地名四神散治血

中氣滯小腹急痛又產後血虛而瘀血腹痛 加生地黃芪丹麻黃牡丹皮為三

黃補血湯治血虛發熱自汗 用干地加阿膠甘草陳艾溫經和血並服

名膠艾湯治胎經下血胎漏不止 改生地加甘草溫大黃元明粉生薑為玉

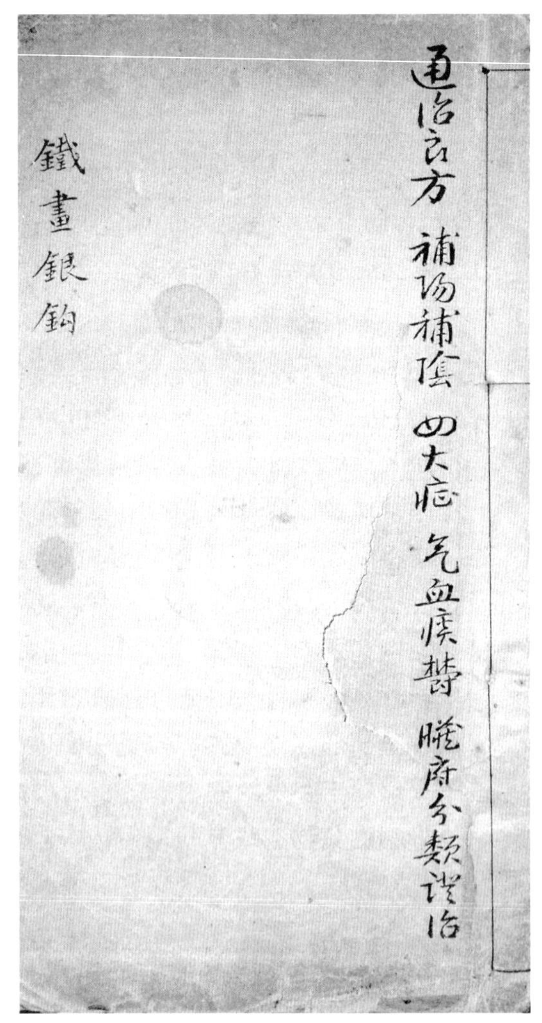
通治古方 補陽補陰 四大症 氣血痰鬱 臟腑分類證治

鐵畫銀鉤

及珠犀地麝凡陽熱症皆然　葛根黄芩川連生山梔淡豆豉牛蒡子連翹赤芍丹皮桔梗生草　或加葱白頭

冬溫　冬月病熱即是冬溫不可用傷寒之桂麻等劑只須用膏黄芩連玉竹白薇生山梔赤芍丹皮桑白皮知母白杏仁桔梗生草用臘雪水並

春溫　春月病熱即是春溫　其治與冬溫同　此二證即仲景謂中之溫熱病

紫坊　葛根黄芩川連薄荷桑葉連翹生山梔赤芍丹皮生草　如肝熱加羚羊角龍膽草　肺熱加黄柏知母　胃經大熱石膏亦用之味

風溫　春時風之溫在春為多凡目赤頭脹牙疼喉痛皆是　多數春為風熱　防風川芎左秦艽薄荷桑葉淡竹葉連翹金銀花射干馬勃桔梗生草　如咳嗽多痰加杏仁橘紅

溼溫　此證多見于首夏初秋　其治用蒼朮白虎湯　凡一人獨病之溫曰溫症　凡一時同病之溫曰溫疫

製蒼朮白芷厚朴苡仁川黄柏川楝子茯苓澤瀉　或用茵陳蒿　或加牛膝車前川萆薢

夏暑　暑即熱也　內經曰中暍　暑字之義則因暑熱飲冷而得　其治須理中四逆矣　香薷扁豆衣厚朴川連之餘藿梗青蒿宣木瓜赤苓澤瀉　或加六一散

秋燥　此證最多效逆不用桂麻等其治須用石膏生湯明燥金主令不在此例　薄荷桑葉杏仁川貝牛蒡子天花粉桔梗生草加枇杷葉　喉痛加射干馬勃

溼痰　隨證可加膽星枳實竹瀝之屬　其土弱木強則用參朮砂仁木香白芍烏梅此屬　半夏陳皮茯苓枳殼竹茹菊子白芥子厚朴蘇梗藿梗　嘔加生薑　或加蔻砂

燥痰　痰在脾為溼　在肺為燥　均是痰也　治脾宜用燥劑　治肺宜用潤劑　旋覆花杏仁橘紅知母貝母天花粉紫菀款冬花枇杷葉冬瓜子　或加馬兜鈴海蛤殼青黛海浮石

寒飲　此為寒水之病　金匱詳言之　法宜溫中　重者須小青龍　理中次之　或桀　半夏陳皮茯苓干姜淡附子枳實白朮炙草　氣喘甚加川朴　胃寒甚

八、内科（含温病）

372 大方脈

《大方脈》，不分卷。是書無序跋，著者、抄録者均無記載，《中國中醫古籍總目》載録成書于1795年，清代鄭玉壇撰。鄭玉壇，字彤園，湖南長沙人，據《醫宗金鑒》撰成《傷寒雜病心法集解》四卷（附《醫方合編》兩卷）、《幼科心法集解》四卷、《彤園婦科》六卷、《外科圖形脈證》四卷（附《醫方便考》兩卷），合爲《鄭氏彤園醫書四種》。然考證書中内容與鄭氏之《彤園醫書》迥異，故疑與《中國中醫古籍總目》所載者非是一書。原爲中華書局圖書館藏書，現藏于上海辭書出版社圖書館。

是書分《主病脈》《驗舌法》《方論摘凡》《傷寒病証察病人色法》《治時證》五篇。《主病脈》立“主病二十七脈”“五臟見浮沉遲數主病”兩論。《驗舌法》分白胎色、將瘟色、中賠（焙）舌、生班（斑）舌、紅暈舌、黄苔舌等二十八種，論述不同舌象之舌質、舌苔，簡述各種舌象的病因病機，并載該證方藥，共載方二十二首，如小柴胡湯、大柴胡湯、玄參升麻湯、白虎湯、代抵擋湯、益元散等，後載“藥引撮記”。《方論摘凡》按太陰肺金、厥陰經木肝、太陽經水膀胱、少陰經、太陰經分類，共立瀉白散、安榮散、滋燥養榮湯、越鞠丸、龍膽瀉肝湯、麻黄湯、導赤散、歸脾湯、補中益氣湯、保和丸等二十六主方，方劑以五行辨證爲主，如“瀉青丸，瀉木中之木，治肝火鬱熱，不能安卧，多驚多怒，筋痿不起，目赤腫痛”。方後附藥性、藥理及加减用藥。《傷寒病証察病人色法》按望診之望面色分“青赤黄白黑”五色主病論述，如“少陽病半表半裏，脈弦數而面赤者，宜小柴胡湯和解”。《治時證》載參蘇飲、香蘇飲兩方。

是本“主病二十七脈”與《瀕湖脈學》相似頗多；“主病二十七脈”後述“止脈”，與《難經》相似；“驗舌法”載録二十八舌象，無圖示，與《敖氏傷寒金鏡録》論述相似。《方論摘凡》按五行辨證、六經辨證，略顯繁雜。全書按切脈、望舌、組方、望面色成序，較爲煩亂，似研習中抄録。全書共載方五十首，多爲經方及常用方，可爲臨證參閲。

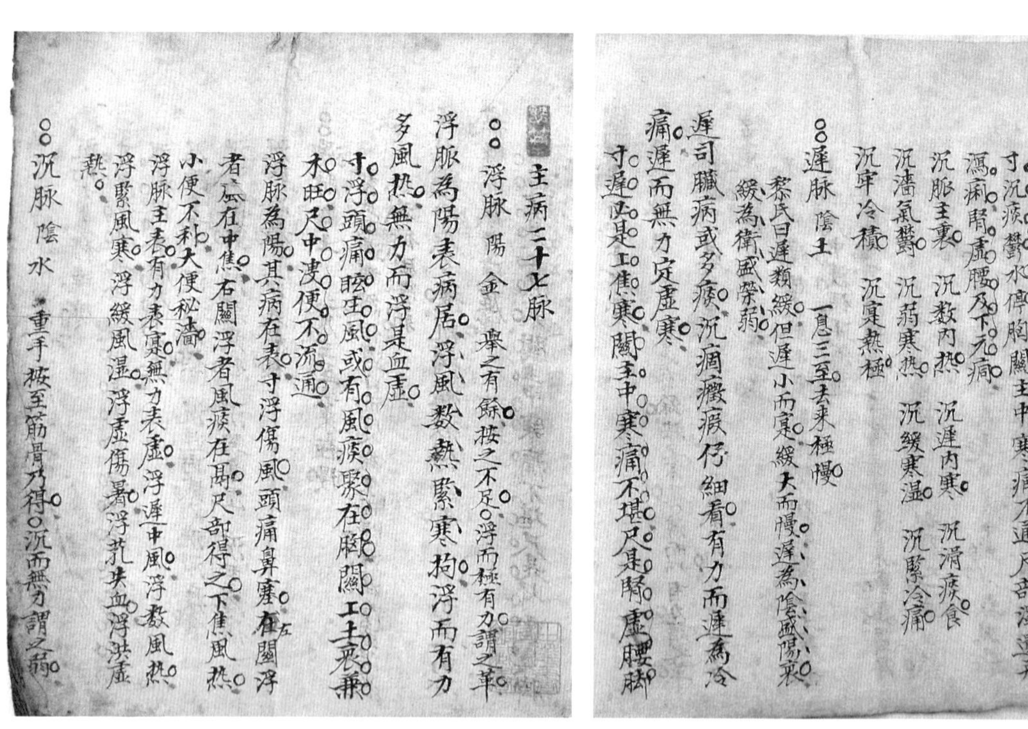

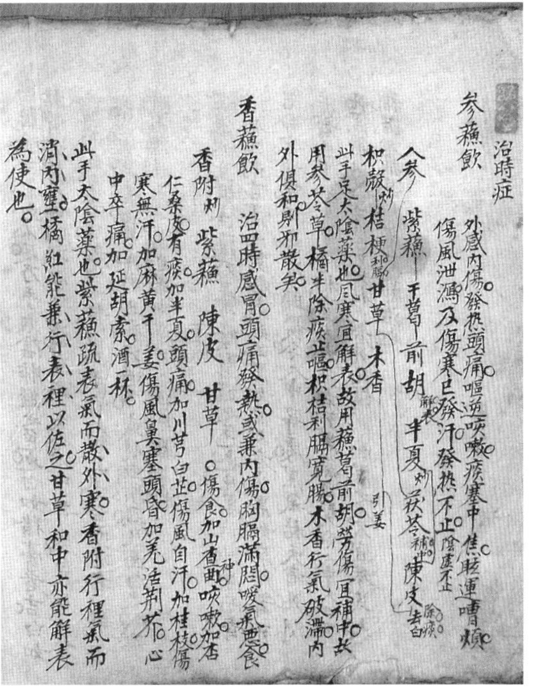
治時症

參蘓飲　外感内傷發熱頭痛嘔逆咳嗽痰塞中焦眩運嘈煩
傷風泄瀉及傷寒已發汗發熱不止　陰虛不止

人參　紫蘓　干葛　前胡解表　半夏炒　茯苓補中　陳皮去白除痰
枳殼炒　桔梗利膈　甘草　木香　引姜

此手足太陰藥也風寒宜解表故用蘓葛前胡勞傷宜補中故
用參苓草橘半除痰止嘔枳桔利膈寬腸木香行氣破滞内
外俱和則邪散矣

香蘓飲　治四時感冒頭痛發熱或兼内傷胸膈滿悶噯氣惡食

香附炒　紫蘓　陳皮　甘草　傷食加山查神曲咳嗽加杏
仁桑皮有痰加半夏頭痛加川芎白芷傷風自汗加桂枝傷
寒無汗加麻黄干姜傷風鼻塞頭昏加羌活荊芥心
中卒痛加延胡索酒一杯

此手太陰藥也紫蘓疏表氣而散外寒香附行裡氣而
消内壅橘紅能兼行表裡以佐之甘草和中亦能解表
為使也

重澳便不禁疝牽丸

遲脉主臟　浮遲表寒　沉遲裏寒　有力為痛　無力虛寒

数脉　陽火　一息六至

数脉為陽熱可知只將君相火来醫寔宜凉瀉虛溫
補肺病秋深却畏之

寸数咽喉口舌瘡吐血嗽嗽肺生瘍當關胃火并肝
火尺屬滋陰降火湯

数脉主肺　有力實火　無力虛火
沉数裏熱　氣口数實肺癰　数虛肺痿　浮数表熱　又肺与肝
俱浮数則生瘡也

滑脉　陽　往来流利替替然如珠之應指　主痰飲

寸滑膈痰生嘔溢吐酸舌强或咳嗽當關宿食肝脾熱
渴痢癲淋看尺部

373 中風證治集要

《中風證治集要》，兩卷，一册。清魏遠猷輯。魏遠猷，字宏先，大寧（今屬山西）人，約生活于光緒年間，曾參與光緒十一年由知縣高維岳主持的《大寧縣誌》的編寫。《中國醫籍通考》與《中國中醫古籍總目》俱以該本爲魏永猷輯，誤。扉頁爲原書封面，上題“治中風秘傳”字樣，并鈐有方形印章兩枚，一爲“舜卿”，該印章還鈐于正文首頁及第二頁；另一印章似小手指甲大小，内容難以辨識。無目録及跋，正文爲朱絲欄，單魚尾，首行題“大寧魏遠猷宏先氏手輯”字樣。該本小引中，作者自述于中風病“余家三代患者四人”，故“侍疾之餘，採輯中風方論，彙爲一册，庶便翻求”。據小引所載，該本成于光緒九年（1883）仲冬。共四十葉，每半葉九行，每行二十字左右，總計約一萬四千字。現藏于上海中醫藥大學圖書館。

該本首録《吴祭酒駢體文摘抄》一篇，内容爲“聖駕迎幸天津賦”。其後録《田居賦》一篇，應爲魏氏自作，内容大致説作者悦于田園，悠然似有陶令自樂之意，其中有如“每刦掃而獨門，罕乘車而入市”“牛衣自給”語。有小引及凡例。在凡例中，魏氏詳細説明該書内容：“是書專爲中風而集，首録《金匱》”；“是書次録陳氏論方，取其法與《金匱》相表裏”；“下卷論方後添諸針灸六經正背腧穴，補陳氏所未備”。陳氏即陳修園氏，作者謂其“苦心孤詣，析仲景言，證治靈素”，故“翕然宗之”，認爲“陳氏羽翼之功，亦猶儒門之有朱子也”。在該書最後，還録有《侍疾獲痊記》一篇，記録魏氏祖母及其父患中風病及治療前後的詳細過程，以及魏氏由此留心于醫學并作該書的情景。

是本上卷爲節録陳修園氏注《金匱》中風病篇，下卷選載陳修園氏中風方論及黄坤載中風方論數條，惜未發揮。唯在凡例中，魏氏據吴鞠通“儒書有經史子集,醫書亦有經史子集”論,倡“尊經説”,提出“學者當以《内經》爲本,以仲景書爲用”的論點,同時指出不可尊經太過,否則死于句下。魏氏有感于世所論“標本中氣説”隱晦不明,設《標本中氣》篇,認爲“論標本中氣,説本《内經》”,《内經》論述標本中氣,“言風寒熱濕燥火爲本”“言陰陽表裏和通互爲中氣”“言三陰三陽爲標”,可爲後學者借鑒。

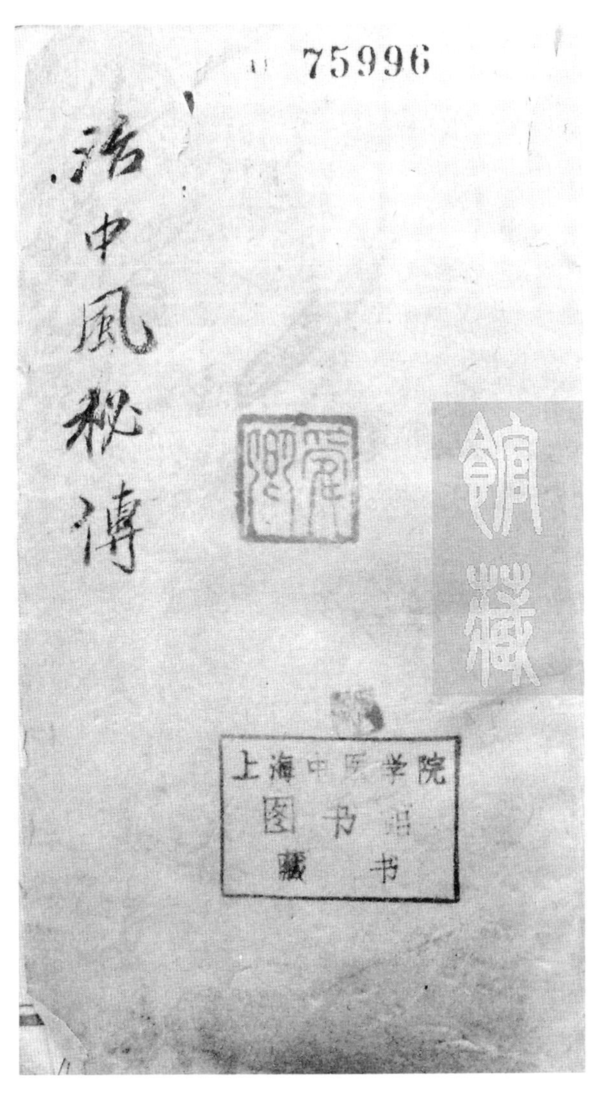

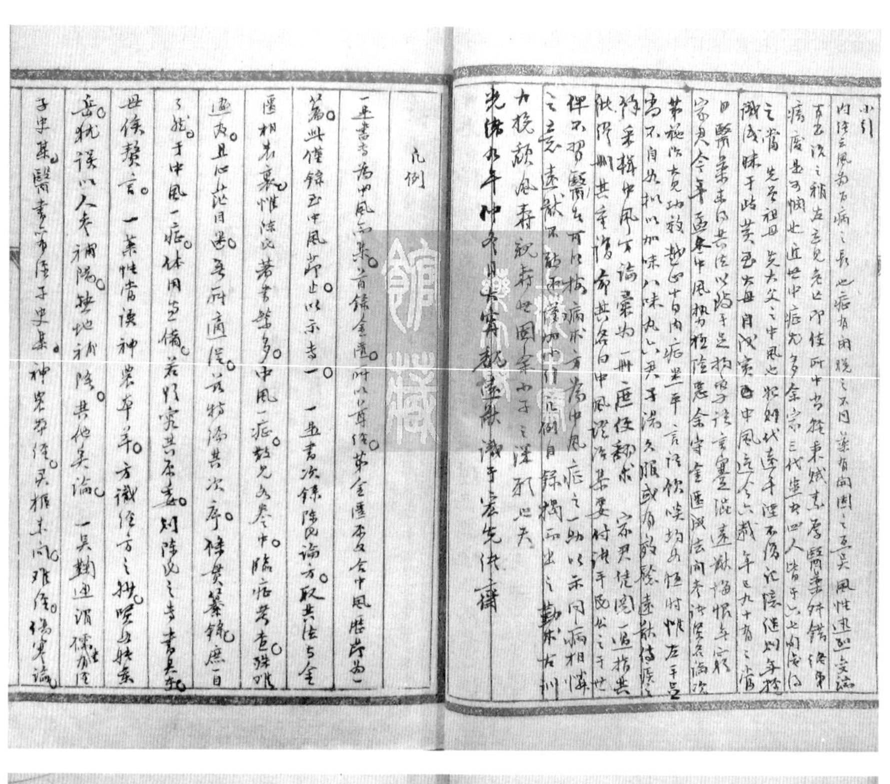

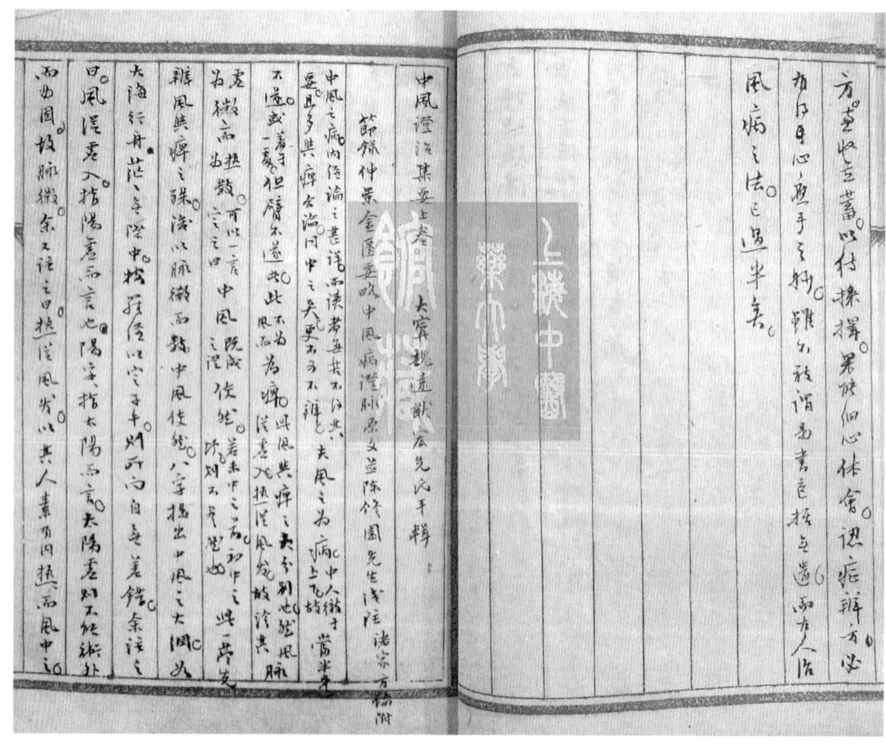

374 内科分治指掌

《内科分治指掌》，不分卷。清江涵暾撰。江涵暾，字筆花，歸安（今浙江吴興）人，嘉慶十三年（1808）進士，官廣東會同知縣，以疾歸。貧乏不能自存，素工岐黄之術，仍以醫道糊口。主要著作有《筆花醫鏡》四卷（1824年），采集仲景、李杲、景岳、鍾齡等醫述編成，流傳較廣。此書現存稿本，藏于上海圖書館。

卷首"例論"著者自述曰："是集淺近，説法別無精意，不過願人人稍知醫理，且鄉僻間不及延醫，亦可對症自醫，取其便耳……是編大半採仲景、東垣、景岳、鍾齡諸家之説，亦述而不作之意。"本書先載各證總目，以臟腑十二經，分上部、中部、下部及雜證。各證依類開列，如"頭痛，肝實風熱，又肝熱火上炎，又腎虚血不充體"。闡明同一病各屬一經，亦有兼入數經，須察考互校，對症醫治。"各證總目"後分心部、肝部、脾部、肺部、腎部、胃部、膀胱部、膽部、大腸部、小腸部、三焦部、心包絡部等共十二部。分述各部病證，按證附藥並列方，每一方後注明主治病證及方藥出典，如"麻黄湯，治太陽傷寒無汗，此方宜於西北，見《傷寒論治》"等。書後附《陸地仙經》，爲祛病健體延年延壽術，如"淡食多能補""運睛除眼翳""搓塗自助顔""熊頸袪痰涎"等。

本書論述病證，方藥簡潔，查考方便。

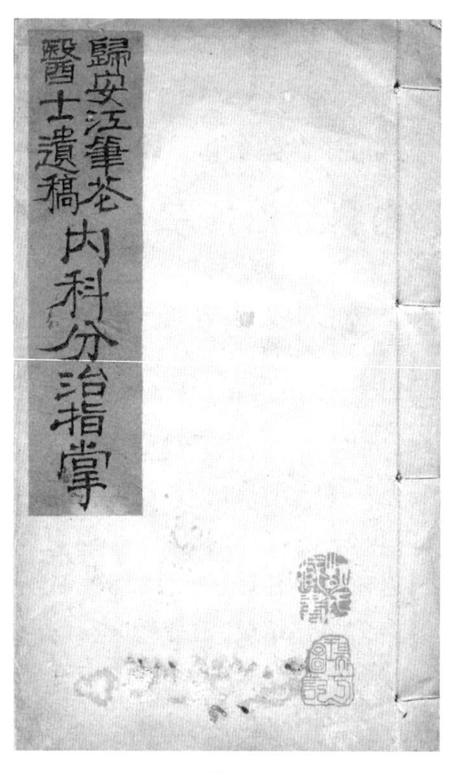

脚弱觀夫商陸治腫覆盆益精琥珀安神而散血硃砂鎮心而有靈牛膝强足補精兼療腰痛龍骨止汗住濕又治血崩甘松理風氣而痛止蒺藜療風瘡而目明人參潤肺寧心開脾助胃蒲黄止崩治衄消瘀調經豈不以南星醒脾去驚風吐痰之憂三稜破積除血塊氣滯之證滑石止泄瀉而神效皂角治風痰而響應桑螵蛸療遺精之泄鴨頭血醫水腫之盛蛤蚧治勞嗽牛蒡子疏風壅之痰全蝎主風癱酸棗仁去怔忡之病嘗聞桑寄生益血安胎且止腰痛大腹子去膨下氣亦令胃和

小草遠志俱有寧心之妙木通朱苓尤為利水之多蓮肉有清心醒脾之用没藥乃治瘡散血之科郁李仁潤腸宣水去浮腫之疾茯神寧神益智除驚悸之疴白茯苓補虛勞多在心脾之有準赤茯苓破結滯獨利水道以無過因知麥芽有助脾化食之功小麥有止汗養心之力白附子去面風之游走大腹皮治水腫之泛溢椿根白皮主瀉血桑根白皮主喘息桃仁破瘀血兼治腰疼神麯健脾胃而進飲食五加皮堅筋骨以立行柏子仁養心神而有益抑又聞安息香辟惡且止心腹之痛

375 内科心典

《内科心典》，五卷，四册。清徐時進撰，成書于清乾隆四十二年（1777）。徐時進（1685-？），字學山，甫里（今江蘇吴縣）人，撰有《醫學蒙引》，含有本草、脈訣、病機等内容，以四言韵語形式編成，便于初學。又纂《内科心典》五卷。後人將此二書合爲《醫學門徑》六卷（1934）。另有《醫宗必讀補遺》一卷，未見行世。現存《内科心典》爲咸豐四年（1854）鄭燦如鈔本，藏于上海中醫藥大學圖書館。

是書爲内科專著。首卷扉頁爲徐氏自序，强調"集生平鄙見，彙成心典"，"大凡隨症先有成竹，臨病始無淆惑"。次爲鄭燦如序，叙述鈔本得録經過。次爲"醫論部分"，題作《傷寒温病熱病論》，主要引用《素問》之《熱論》《刺熱論》《評熱病論》《逆調論》四篇内容。後爲藥性分經要旨，主要論述各類中藥的功用主治特點。以臟腑爲綱，分述五臟六腑。如肝膽門分爲温類、平類、寒類。其中腎臟分類較特殊，分爲腎與膀胱及命門三焦門温類、腎部熱類、腎部平類、腎部寒類四篇。藥性後是各卷分目録：卷一爲傷寒、春温等外感類病證，卷二爲内傷雜病中寒、真中風、諸血等，卷三爲脾胃及肺系内傷雜病，卷四爲心、肝、腎系内科病證，卷五爲腎系病證及五官科疾患。

本書論外感病以《内經》《傷寒論》爲本，旨在"繼承不泥古，發揮不離宗"。如論"傷寒三陽經治法"曰："太陽病未解，小腹脹痛，小水不利，脈沉數，其人如狂者，邪熱結於膀胱，乃太陽傳裏證也，五苓散加滑石、木通。"在應用五苓散化氣行水的同時，加入滑石、木通以利水泄熱，殊爲恰當。又如："太陽病汗後，身熱不解，口渴，蒸蒸汗出怕熱，脈來洪大，邪熱傳於陽明之裏也，白虎湯加麥冬、竹葉。"此處加入麥冬、竹葉以養陰除煩。論述内傷雜病方面，抒發自身獨到見解。如在論痰證時，除引用《丹溪心法》有關痰證論述外，還進一步指出:“蓋痰之生,由於脾氣不足,不能致精於肺,故治痰宜先顧脾,脾復健運之常,而津液流遺,痰自不生,此治其本也。”同時又强調要注意辨别有火之痰與無火之痰:“腎虚不能制水,水泛爲痰,是無火之痰,痰清而稀;陰虚火動,火結爲痰,是有火之痰,痰稠而濁。”對臨床辨證有重要指導意義。

該書論病詳盡、選方豐富,是一大特色。每一病證後,均附有大量方劑,包括經方、各家名方及自己經驗方,并一一列明藥物組成,注明主治,説明方藥配伍之精義。有些病證附方多達數十首,且劑型多樣,湯、丹、丸、散、膏、飲俱全,對中醫臨床有參考價值。

內科心典序

徐時進學山

余之習醫有年矣醫難言哉而著書尤難軒岐而降代有聞人蔑天地之房扶陰陽之秘所有述著不下百千萬卷繼往開來皆有裨於當世然繁者太繁簡者太簡求其繁簡得宜切中病情展卷了然者不多得也況運異氣殊古今異執先聖後賢不一論舊方新病不同符譬之歷法尚有越羨而醫不變通能勿悞乎余幼習舉子業性拙家貧不能治生理竊思醫道乃世業將所貯存典籍羅置案頭夙興夜寐刻意參斫人有疾者投以湯液頗奏微効

數年来偶有一得隨手誌之竊維古人陳式雖各臻其妙然論多方雜未免有望洋之嘆由是集生平鄙見彙成心典一書傷寒一雜症一女科繁簡之際幾經斟酌後之志於醫道閱之者未知能明心典否大凡隨症先有成竹臨病始無淆惑譬之航海無指南其可濟乎昔陶節菴前輩先生作六書以教子自序云可為知者道勿爲俗人言竊恐俗人見之咲為俚鄙余于此集亦云

乾隆四十二年歲次丁酉菊月登高日八十五老識于遽遽艸堂

序

方書豪繁每多望洋之嘆求諸言簡意該曲中竅要者莫若心典一書也是書也出於閔氏未經梓刊坊家無之余初見於學山先生之孫成立之家誦讀之下不勝欣幸始知是書之美與蒙引病機兩書並經學山先生考訂為徐氏之所珍秘而不妄傳者也而惜也僅見其半餘已散失厥後偶過菊如湯生者談及是書知伊家藏諸久矣即求而録之後之學者讀蒙引病機兩書又再考之以心典於內科一途何患不明哉爰為之序云

時維咸豐四年歲次甲寅小春月東中鄭燦如謹識

376 内科秘傳

《内科秘傳》，不分卷，一册。殘本，無目録。封面題“槐蔭世家王”。成書年代不詳，《中國中醫古籍總目》載録爲清鈔本。現藏于中國科學院上海生命科學信息中心生命科學圖書館。

是書第一部分主要是關于十二經脈循行主病總歌，但是前有缺頁，缺肺經、大腸經以及胃經的前半部分，之後是十二經脈歌。第二部分爲脈學，内容節選自清代林之翰《四診抉微》中《切診二十九道脈析脈體象主病》和《病脈宜忌》(是書更名爲《脈有吉凶》)。第三部分節選了吴琯所輯《薛氏醫案》中的《敖氏傷寒金鏡録》中的内容。第四部分比較零散，主要有《臨症十問》(即“十問歌”)、《五運六淫用藥式》《五臟五味補瀉》《傷寒類傷寒辨》《中風類中風辨》《咳嗽論》等。第五部分是方劑，主要分爲發表、攻裏、和解、表裏、消補、理氣、補益、理血、祛風、祛寒、祛暑、利濕、潤燥、瀉火十四類。

是書内容多摘抄他書，學術價值不高。

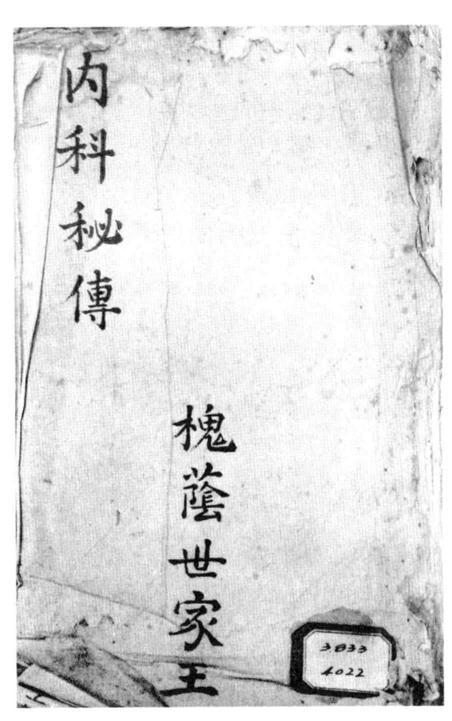

内科秘傳

槐蔭世家王

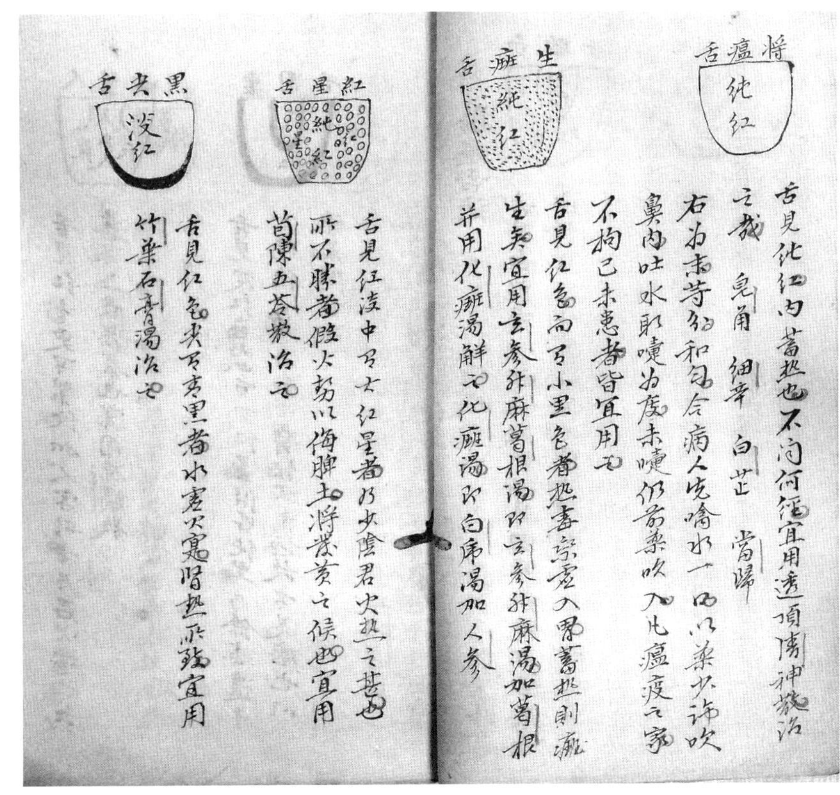

將瘟舌

純紅

舌見純紅内蓄熱也不問何經宜用透頂清神散治之

皂角 細辛 白芷 當歸

右為末等分和匀合病人先噙水一口以藥少許吹鼻内吐水取嚏為度未嚏仍前藥吹入凡瘟疫之家不拘已未患者皆宜用之

生瘢舌

純紅

舌見紅色而有小黑色者熱毒深重入胃蓄熱則瘢生矣宜用玄參升麻葛根湯即玄參升麻湯加葛根并用化瘢湯解之化瘢湯即白虎湯加人參

紅星舌

純紅 純星

舌見紅淡中有大紅星者乃少陰君火熱之甚也所不勝者假火勢以侮脾土將發黄之候也宜用茵陳五苓散治之

黑尖舌

淡紅

舌見紅色尖有黒者水虧火亢腎熱所致宜用竹葉石膏湯治之

同但較輕耳香薷散主之○夏月有病頭痛身熱自汗煩渴者傷暑也加減香薷飲
主之暑病與熱病相似但熱病初起無汗暑病初起自汗熱病脉盛暑病脉虛此為
內伏暑氣外為
風寒閉之曰閉暑
異耳然有傷暑中暑閉暑之別○夏月有病頭痛發熱身重腹滿譫語自汗兩脛逆
其頭痛發熱惡
冷濕溫也其人常傷于濕因而中暑暑濕相搏名曰濕溫切忌發汗汗之名重暍為
寒者風溫也○
渴煩心者暑也
難治蒼朮白虎湯主之按傷寒發厥脛冷臂亦冷濕溫發厥脛冷臂不冷以此為別
香薷飲加荊芥○
頭痛發身熱與傷寒同而其人身重默默但欲眠鼻息鼾語言難出四肢不收者
氣丸主之
風溫也不可發汗加減萎蕤湯主之蓋太陽症發汗已身猶灼熱者名曰風溫其脈
尺寸俱浮自汗身重多眠此表邪蘊其內熱也用萎蕤石羔乾葛白薇羌活杏仁甘

出者風濕也不嘔不渴桂枝加附子湯主之○病人嘔吐而利或頭痛腹痛惡寒發
熱者霍亂也藿香正氣散主之○病人身熱面赤目赤項強獨頭搖卒然口噤背反
僵者痙也無汗為剛痙有汗為柔痙加減續命湯主之痙病有外感內傷之異有三
陽三陰之別假如頭搖口噤背反張者太陽痙也頭低視下手足牽引肘膝相搆陽
明痙也若眼目斜視一手一足搐搦者少陽痙也又如噤口胸滿卧不着席脚攣急
大便閉結不通必發譫語此陽明胃腑實熱所致宜三乙承氣湯下之又如發熱脉沉
細手足厥冷冷汗自出者為陰痙風寒中于臟也附子理中湯加防風肉桂主之然
亦有內傷發痙者病人肝血不足血燥生風目斜手搐逍遥散加人參桑寄生主之
經曰諸風眩掉皆屬于肝是也若脾虛木旺反傷脾土用五味異功散加柴胡芍藥

377 内科醫案

《内科醫案》,又名“内科方案”,不分卷,一册。綫裝,封面題有書名及“辛酉暮春　蘭石山莊懷周手録”字樣,并鈐有方形印章兩枚,内容分别爲“蘭石山莊鑒賞珍藏”“明思審印”。前一枚印章也鈐在正文首頁和末頁,正文首頁另鈐有方形上海中醫學院圖書館藏書章一枚。該書未注明作者,蘭石山莊懷周無考。該書無目録與序跋,正文首行題“内科醫案”。全書每半葉七行,每行十五至二十一字不等,凡三十三葉,計八千餘字。正楷抄寫,朱筆句讀,書法精美。《中國中醫古籍總目》載録爲清鈔本。現藏于上海中醫藥大學圖書館。

是本共録醫案八十五則,多爲内科醫案,亦偶涉婦科、五官科等内容。著録體式與一般醫案有所不同,不録患者名姓、年齡等,而是從病機入手,記某症某脈,不載舌象,然後録方藥于左。試以首則醫案爲例:“時序不正,冬令反温,陽不潛藏,風從陽舞,温從内泛矣。兩尺脈細,究屬腎真未復,陰不戀陽也,當攝腎氣。”其後録方藥“熟地、淮山藥、澤瀉、甘菊、附子、山萸肉、雲茯苓、桑皮、五味子、粉丹皮、杞子、合(核)桃肉”。如此記録,雖然便于讀者把握用藥與病機的關係,但由于缺乏基本内容,有時不知所云。

值得一提的是,該本中録有用膏方案四則,其中兩則膏方還注明所用劑量。詳此四案所治,各有特色:一爲失聰,本先天不足,後遇辛苦勞煩所發;一爲反復咳嗽,甚至咯血;一爲先天不足,天癸早通,致三陰臟氣皆虚,症見咽腫不欲飲食等虚象;一爲善思多慮,耗氣傷營,又身體肥胖,多濕多痰。

該書所載醫案,反映作者治療特色有二:一是注重養護脾胃。如認爲咳嗽之因,或爲胃失下行,致使氣升咽間作咳,或爲脾虚不運,致使風水犯肺作咳。在這一病機理論的指導下，幾乎每方必用南沙參、陳皮等養胃行氣之品。二是重視先天與後天的關係。如其中一案治“年未及，天癸早至，是先天不足，肝熱營氣不固，故每行經必眩暈目花”，藥用伍沙參、阿膠、蒺藜，滋補先天與培植後天并用。可供臨床借鑒運用。

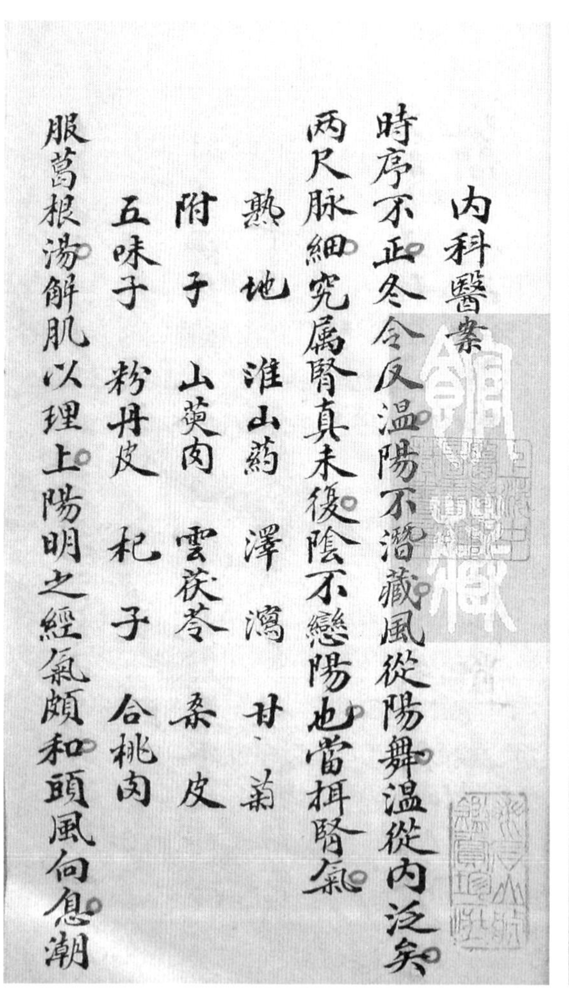

内科醫案

時序不正冬令反温陽不潛藏風從陽舞温從內泛矣兩尺脉細究屬腎真未復陰不戀陽也當揖腎氣

熟地 淮山葯 澤瀉 甘菊

附子 山萸肉 雲茯苓 桑皮

五味子 粉丹皮 杞子 合桃肉

服葛根湯解肌以理上陽明之經氣頗和頭風向息潮

辛酉暮春

内科方案

蘭石山莊懷周手錄

黑丹皮　茯神　甘草　醋炒棗仁

川鬱金　杜蘇子　柏子仁　山茶花

銀杏肉　降香

類中屢經反覆，皆緣中氣不立而無彈壓之權，風陽夾痰飲上凌清位也。刻診脉來弦緩，口涎常流，風犯廉泉，用甘庶氏法，先通陰陽脉道，以鎮其虛。

甘菊　党參　生白术　細辛　桑葉　白金丸

桂枝　乾姜　酒炒黄芩　川芎

茯神　牡蠣　歸身　小胡麻

徹夜不寐已有年矣，近且知飢欲食，食則哽噎，便難，脉小數，漸成胃槁，為難治之候。

姜半夏　廣陳皮　柏子仁　酸棗仁　辰砂安神丸分

潞党參　枳實　元武版　知母　白蜜汁

茯參神　炙甘草　生地　竹茹

378 六淫直徑

《六淫直徑》，不分卷，一册。清劉恒瑞著，休寧節安氏增注。成書于清光緒戊戌年（1898）。劉恒瑞，字吉人，號丙生，鎮江（今屬江蘇）人，生活于清末民初。《三三醫書・外科學講義提要》謂其"殫精醫學，内外兼長，清端督考醫……名列優等"。紹郡醫藥研究社存其多種書稿。著《丹溪脈訣指掌》《伏邪新書》《經歷雜論》等，《三三醫書》中均有收録。本書黑格，半葉十行，每行二十至二十九字不等，小字雙行同，單魚尾，四周雙邊。首頁鈐印有"紹興裘氏""讀有用書樓之章"。自序叙著述原由，稱本書"將六淫平分爲六大門徑"，故名《六淫直徑》，認爲可作爲匯通中西醫學的門徑。現存清光緒戊戌年（1898）稿本，藏于上海中醫藥大學圖書館。

全書按内容分兩部分：第一部分爲運氣理論，如《太極五行八卦方位所主十二經絡六氣圖》《值年六氣表》《逐年司天在泉左右間氣》《五運圖説》《逐年平氣太過不及之運》《五運六氣盛衰勝復來去遲早始末爲病論》《五行五運五德化政令運變之應》《五運六氣爲病脈》等，論五運六氣之説。第二部分論述六淫爲病辨治法，如《中燥爲疫診脈法》《中燥爲疫病證》《燥氣湯液丸散治法》《傷燥表裏針之法》《傷寒針之法》《傷寒無下法論》《中寒診治法》《原風論》《八風圖説》以及傷風、中風、傷熱、中熱、中暑、傷暑、中濕、傷濕等病證診治法等。節安氏增注處標以"安案"，多爲在原文基礎上的闡發。

是書重在論述燥證，"肅殺之金氣爲燥疫"，批評時醫將燥混入寒或火。認爲霍亂名由"卒中之邪氣，霍然而亂其元氣"而來，故六邪皆能致霍亂，非獨暑濕。文中以清末戊子（1888）、辛卯（1891）、壬辰（1892）等年歲氣與瘟疫發病的關係爲例，説明燥氣爲疫。治療上當先辨表裏，表證和以温甘辛，裹證加潤滑之品下之。該書對臨床及疫病史研究均有一定的參考價值。

六淫直經序　劉恆瑞稿

學問之昌明明於公也學問之泯滅滅於私也我國文明開化最早而學界之進步反落他人之後者皆私心階之也醫學一門鄙吝尤甚致軒岐正理湮沒不彰往往以一方一法之奇秘為獨得之利良可慨矣今中醫腐敗受西醫之壓制者以彼公而我私耳西人有一心得之新理必登於報章俾衆加考驗以求公是衆是之必歸功倡首無掠人之美者且肯將彼之剖驗新理化分新法顯微索隱翻譯成書惠我士類噫西人何其公華人何其私哉 瑞幼多疾病不甘寄命庸醫遂輕舉業專重衛生博覽方書貫皆序一家之言

379 存省齋温熱論

《存省齋温熱論》,不分卷。封面題“存省齋温熱論,葉天士著,常群趙繼皋註,玉峰校,蔡鼎勳録”,序文題作“存省齋温熱論註”。由序言可知此本寫成于光緒八年(1882)。現藏于中國科學院上海生命科學信息中心生命科學圖書館。

是本序言曰:“自軒岐仲景以來,醫書充棟,傷寒雜症之治法已無餘藴,惟温熱諸症,前賢未有成書,僅附見於傷寒之後……温熱之書,近代著述雖多,惟葉天士先生所著二十章能獨開生面,另出心裁,堪補長沙卒病之論,而自成一家之言。”可見葉天士所著温熱一書具有很高的學術價值與重大的歷史意義。又後序一篇對外感六氣進行論述,闡述春温、冬温、瘟疫等基本概念,説明外感病的致病途徑、治法治則、方藥配伍以及温熱二者的區别。其後附《存省齋編集讀書法》和《讀書箴》兩篇,是對讀書方法的論述,告訴世人讀書要思考,要熟讀還要精讀。後二十篇是針對葉天士《温熱論》二十篇的注解。第一篇是對傷寒與温病關係的論述;第二篇講述病入營分時的用藥;第三、四篇講述氣病、三焦病等的傳變規律;第五篇至第十五篇主要論述通過舌苔診斷熱病的經驗;第十六篇論述白痦;第十七、十八、十九篇述通過牙齒來診斷疾病的病機,指導臨床用藥,同時判斷其預後;第二十篇是對婦人病的論述,且提出多種婦人病用藥的常用方,如四物湯、陶氏小柴胡湯等。全書主要論述傷寒與温病的關係和通過舌、舌苔、齒等診斷疾病的經驗、方法。

此本對温熱病有深刻的見解,對于現代温熱病的研究具有重大的參考價值。對專科病的論述,内容過于簡單,乃此書之不足。

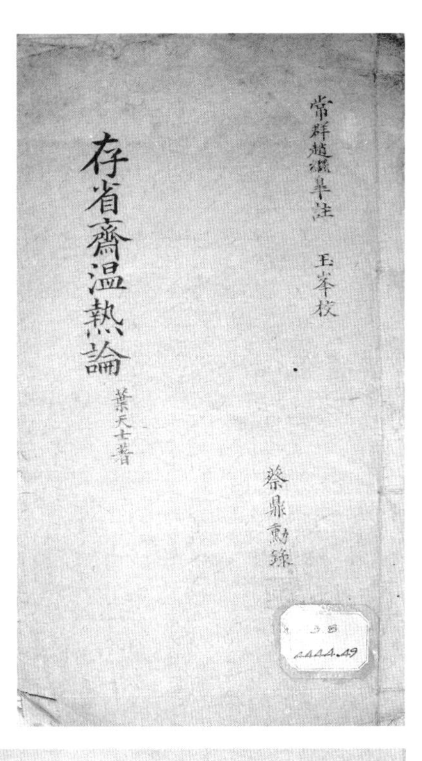

存省齋温熱論註序

自軒岐仲景以來醫書充棟傷寒雜症之治法已無餘蘊惟温
熱諸症前賢未有成書僅附見於傷寒之後畧舉其大端未詳
其曲折而治法亦不出乎傷寒之範圍余見外感六氣傷寒少
而温熱多雖云古今之氣化或有變遷然而歷代之[illegible]
遺失即傷寒論金匱玉函難稱全璧温熱之書近代著述雖多
惟葉天士先生所著二十章能獨開生面另出心裁堪補長沙
卒病之論而自成一家之言闡前哲未發之旨而為後學之津
梁活人無量當與傷寒論並垂不休也余診病三十餘年所治

序

等湯温邪化熱其變尤速温盛即為熱熱微則謂温耳温熱一
氣治之猶易惟夾雜別氣合病其勢必盛奈世俗多籠統混
稱春曰春温夏曰夏熱秋曰秋温冬曰冬温〻熱一氣治之猶
易惟夾雜別氣合病其勢必盛如挾風名風温挾濕名濕温挾
暑名暑温兼燥名燥熱兼疫名温疫兼毒名温毒兼瘧名温瘧
一兼別病夾雜變端百出故治之必先去其兼挾之邪剪其羽
翼以孤其勢如本論中透風於熱外滲濕於熱下之類一舉三
反則其所挾之邪頭緒雖繁自有一定不易之治法矣本論二
十章諸家多有删改殊失廬山面目今從指南原本畧為校正如

第五章小承氣湯加檳榔青皮枳實如枳實二字亦從删去因
本湯原有枳實不必更言也壬午孟春弟瓚王峯氏謹識

存省齋編集讀書法

讀書之法，先須熟讀，繼之以精思。書中字義名物，件件要曉得，字求其訓，句索其旨。讀此書如無他書，讀上句如無下句，虛心玩味，依著聖賢言語解說，不可自已先立意見，將聖賢言語來湊合己意。須將聖賢說話切己體察，如讀克己復禮，主敬行恕，自家實能克己復禮，實能主敬行恕，如此則盛德至善皆為我有，否則記得許多空言，分毫無益也。讀書要精神抖擻，如夫子之發憤忘食，終日不食，終夜不寢，如救火拯溺，如撐逆水之船，一篙不可放緩。第一在專心純一，讀書則一心在書上，做事則

法

380 吴又可温疫論節要

《吴又可温疫論節要》，不分卷。清吴有性原撰，潘道根删潤，成書于道光丁未年（1847）。吴有性，字又可，號澹齋，明代江蘇吴縣人，精于醫道，善治温病，所著《温疫論》爲我國第一部系統論述疫病之專著，對後世有深遠影響。潘道根，字確潛，號晚香，又號徐村老農，清代江蘇昆山人，研求經史，周流授徒，間以醫術行世。此本封面題名省爲“温疫論節要”，注“徐村老農鈔”。現存稿本，藏于上海圖書館。

是本吸取吴又可《温疫論》中的經典要論，但并非簡單摘抄，而是重新删節潤色而成。篇首稱“寒熱温凉，四時之常氣，人不謹慎，亦可爲病，如傷寒、中暑之類是也。疫乃天地之厲氣，老少强弱觸之即病”，總述温疫發病概況。繼而分述温疫相關問題，如《雜氣論》《脈症不應論》《破氣藥不可妄投論》《解後宜養陰忌投參术論》《病愈水氣》《病愈類瘘》等六十八篇。醫論後爲潘道根的自跋：“古今代遷，病隨時變……因取吴君之論，節其要録爲此卷。昔尤氏在涇，嘗識喻氏之言，謂爲瘟温相混，今疏通證明之。”篇末附撰者偶鈔《觀病生死訣》《觀形察色訣》《聽聲音訣》三篇診病精論。

是本醫論雖皆源于《温疫論》，但經撰者删節潤色，重新編排。首載《雜氣論》《瘟疫由歲氣論》《傷寒與温疫不同論》等篇，屬温疫的基本理論；次以《脈症不應論》《主客交渾論》《伏邪有異行邪論》等篇，論述温疫的致病特點；再以《老少異治論》《四損不可正治論》《破氣藥不可妄投論》等篇，闡述治療原則；最後再列一些常見證及并發證，如“畜血”“發黄”“勞復”。如此分類，便于瞭解温疫的特點。有關温疫的醫理，原書贅述的，是本簡而概之；原書未能闡述清楚的，是本則略加説明，便于臨床參閲。

吴又可温疫論節要　徐村老農潘道根刪润

總論

寒熱温凉四時之常氣人不謹慎亦可為病如傷寒中暑之類是
也疫乃天地之厲氣老少强弱觸之即病邪自口鼻而入其所客内不
在臓腑外不在經絡舍於伏脊之下附近於胃乃表裏之分界鍼經所
謂橫連膜原是也以形層而論膜原是三焦之外廓故傳變因自易
化火凡邪在經為表在胃為裏今正當經胃交關之所故為半表半裏
其熱淫之氣浮越於某經即依顯某經之證如太陽為頭項痛身
熱背强腰痛身痛之類是也須知為温邪浮越諸經現症最易混
入傷寒而投麻桂如火添油矣邪之所着有天受有傳染感之深者
中而即發淺者邪不勝正或遇飢飽勞役正氣被傷邪始鴟張
切不可悮認勞倦而投補中益氣及消導之藥　始也格陽於内治先潔之

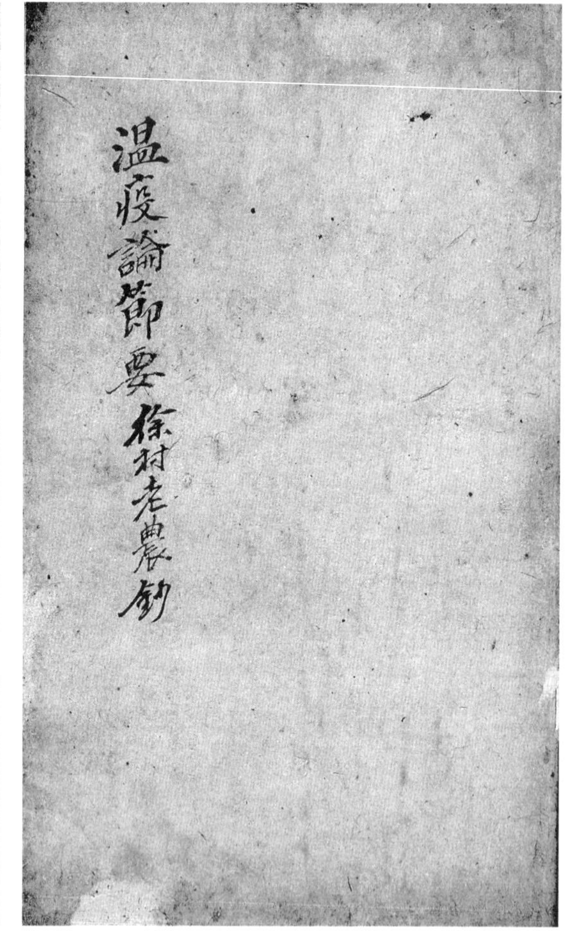

381 何氏十三篇

《何氏十三篇》，不分卷，一册。未著撰者，無目録與序跋，藍格抄本，書前後均有較多空白頁。封面鈐有“葛氏政廉”及“子起之印”。《中國中醫古籍總目》載録爲清鈔本。現藏于中華醫學會上海分會圖書館。

本書開篇爲《傷寒雜症賦》，主要以賦体的形式，闡述《傷寒論》《金匱要略》和温病中諸病證的辨治大法及主治方藥。次章爲《病機》，論述傷寒起病、傳變的緣由及六經病的辨證遣方大要，在辨證論治過程中强調正確認識病因病機的重要性，認爲“見症以救病，見病以救因，此之謂病機，是故善治者，必先究其所因”。然後分别闡述足太陽膀胱經、足陽明胃經、足少陽膽經、足太陰脾經、足少陰腎經、足厥陰肝經六經之病的證治，主要從該經的標病、本病、變證、傳變過程中類證的鑒别、預後等角度，將《傷寒論》内容重新梳理，并充實了治法，每節後列舉本經病的常用方劑，包括經方和時方。如太陽標病爲經脈受病，見頭項痛、腰脊强、惡心拘急、身體痛、骨節疼、惡寒發熱，脈浮緊有力而無汗者爲傷寒，乃寒傷于榮，治宜發散寒邪，冬日用麻黄湯，三時用芎蘇散、羌活冲和湯；脈浮緩無力而自汗者爲傷風，爲風傷于衛，治宜發散風邪，冬日用桂枝湯，三時用加减冲和湯、神术湯。又如蓄血證分上下焦辨治。如血蓄于上焦，用犀角地黄湯加當歸、紅花，甚則用桃仁承氣湯；血蓄于下焦，用桃仁承氣湯，甚則用抵當湯，見身目黄者加茵陳。其後内容主要有合病、并病、兩感、傷寒得風脈與傷風得寒脈治法、少陰症似太陽與太陽脈似少陰、過經不解以及越經症的證治及其常用方劑。其中“冒内傷外感”一章，先論述元氣不足所發寒熱，見手心熱而手背不熱，寒熱間作不齊，治用補中益氣湯，即東垣脾胃及陰火學説之餘緒；後又論感冒寒邪，直入肺經，見流涕、咳喘、痰涎、咽喉不利、惡寒拘急，用參蘇飲合二陳湯加桑皮、桔梗、防風、細辛主治，反映了温病學派的辨證用藥特點。

全書加有句讀及着重號，正文行間與天頭地脚處寫有不少批語，多爲總結性言論。其内容不僅對《傷寒論》進行了較爲系統的總結，還結合時代和地域特點，對外感病的辨治方法作了相應的補充，層次清晰，闡述頗爲精當，對傷寒學的研究有一定借鑒意義。可以推測，是書成于江南地區。書名中的"何氏"，是不是江南世醫何嗣宗、何元長、何鴻舫諸家所傳，還有待進一步考證。

傷寒雜症賦

傷寒為病。反覆變遷。賴先師詳究之遺旨。承後學整治之良全。陰病見陽脉者生。陽病見陰脉者死。太陽則身熱頭疼脊強。陽明則目痛鼻乾不眠。少陽則耳聾脇痛寒熱嘔而口苦。太陰腹滿自痢。寸沉而津不到咽。少陰舌干口燥。厥陰煩滿囊拳。一二日可發表而散。三四日宜和解而全。五六日便實。方可議下。七八日不解。又復再傳。日傳二經。病名兩感。經傳六日。應無壹全。太陽無汗。麻黄為最。太陽有汗。桂枝可先。小柴胡為少陽之要領。大柴胡行陽明之閉堅。治三陰。則難拘定法。或可溫而或可下。宜數變以全生意。

在胸。旋覆代赭理。心痞而噫不息。桂麻各半。療身癢而汗不通。勞復身熱。湯名猳鼠糞。腸胎臍熱。藥用白頭翁。疫痢者春夏秋冬各有法。用須十全九症。百合者行住坐卧皆不定。號為百脉一宗。嘗謂多眠身有灼熱。風溫可用威蕤。不眠身穩虛煩。歛汗必須酸棗。手足攣搐。當末牛旁根。咳嗽生痰。宜尋金沸草。不可汗。本有數種。動氣與風溫。脉虛不可下。自非一端。動氣亦陽浮在表。濕症不可汗。傷霍乱多原热。臓溫病發於春夏。要須柴葛以解肌。奔豚泄逐寒邪。多用桂苓為保。蓋聞乍寒乍热名似瘧。不嘔青便必自愈。臍

382 余氏諸證析疑

《余氏諸證析疑》，四卷。明余淙輯著，曾孫余士冕（清初人）校訂。余淙，字午亭，以字行，生卒年不詳，歙縣（今屬安徽）人。據《諸證析疑》王艮序中“鶴皋吴崑氏，蓋午亭先生之門人也”的記載，吴崑生卒年爲1552–1620，則余午亭當爲十六世紀人。據載，余午亭另有醫案、脈要等十餘種，今皆未見。該書約撰成于清初。現存稿本，藏于上海中醫藥大學圖書館。

全書收集中風、瘟疫、泄瀉、膈噎、勞病、眩暈、痓病、厥證等病證凡六十六門，并有附證、附論若干，收載方劑八百多首。内容涉及内科雜病、五官病、咽喉、婦科經帶胎産病。每門首述病因病機，辨證論治，多引《内經》之論、仲景之言，并有個人醫案若干，次取脈法，末附前人諸方。

余士冕于卷前“述言”云：“切以百家言，人人各殊，多則繁駁寡要，約則脱漏弗詳。爰取古人不易之論、純正之方，覈於經旨，而確乎無疑者，彙成一編，目曰《諸證析疑》，即醫林中所稱‘蒼生司命’者。是書提綱挈領，多而不繁，約而能暢，方論本於前人，導窾獨由心悟。”此説反映了該書的主旨與特色。如中風論第一，言治風之法，“初得之，即當開痰理氣，所謂善治風者，以氣理風，氣順則痰消，徐理其風；及其久也，即當養血活血，所謂治風先治血，血行風自滅。若不先順氣，遽用烏、附，又不活血，徒用防風、天麻、羌活輩，吾未見其能治也”。言治風之法，應當先氣後血，總以氣血爲要，宜屬“導窾”之論。王艮序指出：“洎夫六氣爲眚，於人則有老弱虚實，於地則有風土剛柔，於時則有太過不及。今之偏於清、偏於寒者，則曰宗丹溪、宗河間；偏於温、偏於補者，則曰宗東垣、宗立齋。”認爲午亭能“臨機應變，明乎古人之法，而不泥於古人之方”，善于“矯其偏而歸之正”。如鼓症第二十五，辨析東垣主熱、河間主火、丹溪主脾虚，認爲“皆是也。其原出《内經》，但《内經》會其全，而三子各言其一也”。并聯係《内經》，説明三子之論皆不可廢。

余氏諸證析疑序

醫為人命所寄其術甚微受之師者有準淂之心者有契夫人血肉之軀髑之無不是病盡天地凡有之物用之無不是藥則病之與藥其至賾而不可勝紀也頂踵七尺脉徵三指至隱也受而無得則博依鮮據得而無受則守約寡通鮮據者得失無常寡通者此彼或格以至隱會至賾決死生於心手之間可喻不可傳醫豈易言哉夫脉以權證以權藥神明而消息之則在乎人蓋醫之為言意也依也以吾意而依彼三者以神明吾用者也依於脉若親其內外感受之候依於證若同其犧逆困苦

余氏諸證析疑總目録

卷之一

余氏諸證析疑卷之一

古歙 午亭余淙輯著

曾孫士晃較訂

中風論一

經曰風者百病之始也清靜則肉腠閉拒雖有大風苛毒弗之能害譬之十人遇風而一人獨病豈其風之有異耶惟夫人之正氣自傷而後邪害空竅然風一症也而經言風症種種各别此則所感之淺深抑所感之因有不同耳至若中風則又症之重劇者多見于年老氣衰之人少壯者未之有也肥人中者亦多有之以其外有餘而內不足也凡中風之症卒然倒仆昏不

383 京江蔡氏十三章

《京江蔡氏十三章》，不分卷，上下兩册。不著撰者。據書名知著者爲京江（今江蘇鎮江）人氏，生平不詳。有目録，無序跋。此本内容編排有誤，疑爲因散落重訂而錯亂。版式爲藍格鈔本，雙魚尾，書中共有印章四枚。《中國中醫古籍總目》載録成書于1910年。現藏于中華醫學會上海分會圖書館。

本書内容主要分爲四部分。第一部分載正傷寒、三時傷寒、温病、熱病、秋瘟、冬瘟、時疫、瘟疫、寒疫、時毒發疹、時毒大頭病。第二部分載傷寒論十症：風温、濕温、中暍、中濕、風濕、寒濕、濕痺、痙病、温瘧、霍亂。第三部分載雜病之類傷寒十八症：感冒、傷食、勞役兼内傷、陰虚内傷、脚氣、蓄血、瘡毒、内癰、腸癰、胃癰、肺癰、痘疹症、烏沙脹、青筋症、沙症、傷寒、斑疹、婦人傷寒。第四部分載傷寒醫論十三章，主要論述傷寒的病因病機、辨證診斷等。此外，每病證下載録治療方劑及按語。

蔡氏認爲“治傷寒第一要認得題目，清楚看是正傷寒，或三時傷寒，或冬温，或温病，或熱症，或時行疫癘，而時疫中又要辨是温疫，是寒疫，或挾疹，或兼大頭病。題目既定，便當分六經表裏傳變，隨症治之”。按語云：“正傷寒病當從仲景法。若三時傷寒及冬温、温病、熱病、時行諸病，其入裏傳變俱同傷寒，獨表症用藥則大有不同。傷寒發表藥用辛熱，諸症解肌藥用辛凉。而醫家通以傷寒稱之，名實既紊，治法安得不誤？故首辨之。”蔡氏從發病時間、症狀、脈象等方面對正傷寒、三時傷寒及冬温、温病、熱病、時行諸病進行詳細鑒别：“正傷寒者，霜降以後春分以前，凡有觸冒冰雪，體中風寒而即病，此名冬月正傷寒，宜用仲景法。三時傷寒者，三月以後八月以前，凡或有暴寒感之而病者，此名三時傷寒，其症與正傷寒不同，但暴寒爲輕耳，當隨時令寒熱輕重而以辛凉辛温之藥加減用之。大抵太陽症無汗、惡寒、脈浮緊或浮大，爲傷寒，羌活冲和湯主之。有汗、惡寒、脈浮緩或浮數，爲傷風，加減冲和湯主之。陽明在經症，葛根解肌湯主之。餘六經傳變俱同傷寒法。”每病證均據此體例詳述病因病機、鑒別診斷及處方用藥。第四部分載有《治傷寒須辨表裏陰陽虚實寒熱八者》《治傷寒須辨人迎氣口》《治傷寒須診太谿衝陽脈》等十一篇醫論，篇數并非目録所載十三篇，疑有缺漏。

本書在傷寒病證分類及診斷方面有所發揮，對傷寒論十症、雜病傷寒十八症等相類病證加以鑒別診斷，并作詳細論述。本書分類方法較爲罕見，部分醫論提出了新的診斷及治療方法，可供醫者研究應用。

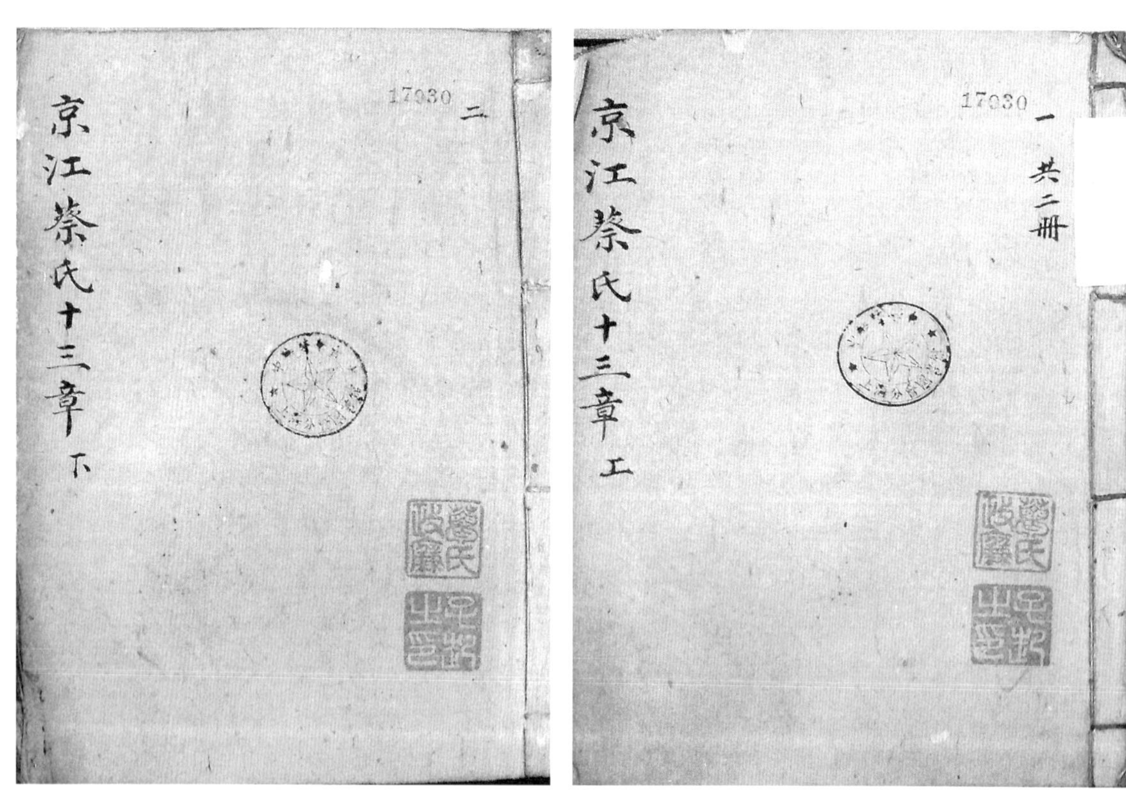

傷寒要法

治傷寒〻第一要認得題目清楚看是正傷寒〻或三時傷寒或冬温或温病或热症或時行疫癘而時疫中又要辨是温疫是寒疫或挾疹或兼大頭病題目既定便當分六經表裏傳变隨症治之

按正傷寒病當從仲景法若三時傷寒及冬温〻病热病時行諸病其入裏傳变俱同傷寒獨表症用藥則大有不同傷寒發表藥用辛热諸症解肌藥用辛凉而醫家通以傷寒稱之名实既紊治法安得不誤故首辨之

正傷寒者霜降以後春分以前凡有觸冒冰雪體中風寒而即病此名冬月正傷寒宜用仲景法

384 治痧要略

《治痧要略》，兩卷，一册。原書封面已殘，且内頁有蟲蛀損傷，已修補。有目録，無序跋。目録頁鈐有印章一枚，内容爲“醒蒲”，正文首頁亦鈐有圓形印章一枚，因蟲蛀而不可辨識。末有“虞山東徐墅徐悳(德)銈敬識”字樣。考徐德銈又有《外科選要》一書行世，據《外科選要》書序，徐德銈，字春泉，虞山(今常熟)人，晚年居虞山東徐墅(今常州市春江鎮徐墅村)，明尚書徐鳳竹之裔孫，曾在鄉里創同善堂，又曾爲鄉里規劃堤防，以避水灾，爲時人稱道。其同邑王振聲評價他説：“慨然以經世自任，孜孜講求，凡邑中利病，無不欲以次興復之，釐剔之。”“君既勇於爲善，而識力尤絶人。”王振聲，近代學者，字寶之，著有《魚雅堂全集》《十三經校勘記補正》等。《外科選要》書序中有“道光壬寅”“道光癸卯”等字樣，又現存《外科選要》爲道光二十三年(1843)刻本，故可推知徐德銈爲道光年間人，此本應亦成于此前後。又據《中國中醫古籍總目》，徐德銈尚有鈔本《纂要痘疹治訣便覽》傳世。是本每半葉七行，每行二十五至二十八字不等，凡三十九葉，計一萬五千字左右。現藏于上海中醫藥大學圖書館。

作者有感于“風會時遷，氣運迭變，昔賢所言證狀，未備後世所病，載籍不傳，即今之痧症是也”，并“世之業醫者忽而不講，疑而不信，以致患是症者，設投藥餌，不知方法，坐受其害，深可慨歎”，因作此書，以爲時世之醫明其理而救其疾，時世之民識其要而免其害。分上下兩卷。上卷總體論述痧證，包括發病、舌脈、治要、用藥大法等，并具體論述痧脹、痧斑以及不治之痧，詳述悶痧、鬼箭痧、刺毛痧等十餘種痧證的治法。下卷列治痧藥物和方劑。其“痧藥摘要”共載藥八十二味，每藥説明性味歸經及其主治，如“薄荷氣香，味辛甘苦，性凉，入手太陰少陰經，氣分藥，散上焦風熱，理咽喉，清頭目，止唾，利竅”。方劑有湯方十一首、散方十首，又附有便用十方(未列明藥物)。此外還記載探唾一法，屬外治法。卷後附載《痧脹備覽》篇，説明急救在治痧中的作用。作者認爲“四時常有急救之法，針刮爲最”，因而開篇即言明針痧的穴位，“針痧雖有十穴，其最有效者在兩少商、兩臂彎、兩腿彎”，并畫有人體圖譜一幅，説明少商、尺澤和委中三穴的位置。爲使“即非專家，亦可療治”，其後記録了保急丹和清痧救急丹兩則丹方。全書共載方劑三十三首。

此本論痧詳備，語言簡要，内容上值得稱道者有三：一是提出治痧三法。痧證分輕重：其微者，病在肌膚，故“氣分有痧必用刮法，血分有痧必用放”；甚者在裏在血，“必須内用湯丸以消散而驅除之，外兼刮放以疏通而透泄”。二是治法主針刺，輕醫藥。認爲痧證多危急，針刺往往能更好更快地取得療效，且針刺之法較簡便。三是每有獨到見解，如“痧證有實無虚”“痧脹下宜早”“痧證應分經絡、表裏論治”等，豐富了中醫學有關痧證及其治療的内容。

治痧要略目錄

治痧要略上卷

發微論

嘗觀醫藥之設肇於神農闡于岐伯自有粒食之初即有藥石之助以濟斯人之夭札登後世于春臺非小道也從古及今代有發明其他無論矣至如四子書或詳感或重內傷或專火病或尚滋陰各有妙義世相祖述是豈四子之有偏見乎乃風會氣運之所當然也無如風會時遷氣運迭變昔賢所言證狀未備後世所病載籍不傳即今之痧症是也稽檢方書並無尚軼不過曰絞腸痧烏痧脹貴助白虎散者而已然而但為體認亦未始不為之發其端也乃世之業醫者忽而不講疑而不信以致患是症者設投藥餌不知方法坐受其害深可慨嘆矣考此症起于明季癸未秋燕都時氣大作病者胸膈稍滿發瘡如粟瘡內有白毛竟不知為何疾有海昌貢士李君見之曰此痧症也挑之鍼血出病隨手愈頃之症變而為咳嗽甚輕不半日而死時李君已出都有識者曰亦痧也用前法挑之隨愈爲此痧之所由啟傳徧寰宇於今日甚矣病一發緩者尚可遷延急者命懸頃刻甚至闔門被禍鄰里相傳無有善其術者余讀檇李郭右陶先生所著痧脹一卷豁然心目識其治法大略各有三痧感氣分而毒在肌表者刮之可愈痧傷血分而毒在血肉者故放之可愈此二者皆其淺焉者也若深而重者脹塞經絡脹塞腸胃直攻心腹危在須臾更有呼之不

385 風科心印

《風科心印》，不分卷，一册。封面題“風科心印”及“丙戌年鈔，傳經堂藏本”字樣。按史上“傳經堂”有二：一是清朝餘杭塘棲（今餘杭市塘棲鎮）卓氏藏書樓，爲卓氏七世卓顯卿初創。卓顯卿名擄，字襄野，别號入齋，以研習六經知名于時，其别業中有一草堂曰“傳經”，其間藏書萬卷，他在這裏宣道明經，寫下不少著作。後太平軍攻佔塘棲，傳經堂毀于兵燹。一是丹徒（今屬江蘇）陳慶年藏書樓。陳慶年（1862–1929），字善餘，號困學主人。曾入張之洞、端方幕，是近代著名的學者、教育家。陳氏曾在湘創建定王臺藏書樓，在寧創建江南圖書館，又于家鄉橫山建傳經堂儲其私家藏書。從該鈔本現狀已無法得知爲卓氏或陳氏所藏，但據二傳經堂年代及鈔本封面所題“丙戌年鈔”字樣，可考該鈔本成書最遲不過1886年。該鈔本封面鈐有“必得其壽”方形印章一枚，另該書目録頁及正文首頁均鈐有上海中醫學院圖書館藏書章。正文首行題“醫學心印”，故本書又名《醫學心印》，無序跋，亦未注明作者。全書用行書抄録，朱筆句讀，書法精美。每半葉八至十行，每行多則二三十字，凡六十八葉，約三萬字。《中國中醫古籍總目》載録爲清鈔本。現藏于上海中醫藥大學圖書館。

該書是一本專論風邪致病及風病治療方藥的專書。按心、肝、脾、肺、腎、胃腑六經，每經録風病六種，共録三十六種風病。如心經下録大麻風、蛇皮風、脱跟風、魚鱗風、邪魅風、血風等。據著者所述，三十六種風病俱由風邪引起，或素體本虚，風邪侵襲緻病，或内有痰濕火邪，風與痰火交織爲病等。三十六種風病又按六邪分類，即根據主要症狀表現，分爲痛、癢、冷麻、爛穢、腫脹、萎憊六類。其後言治法，載治風諸藥，并録古方四十九首，補遺中載方九首，此外還有單用浮萍治風條，俱不見于目録，故共録方五十九首。補遺中又有風病禁忌及再録治風要藥等内容。

三十六種風病及其所用方劑，肇自沈之問《解圍元藪》。此本輯沈氏書中治風内容爲一集，并有所發揮，實有便于後學。

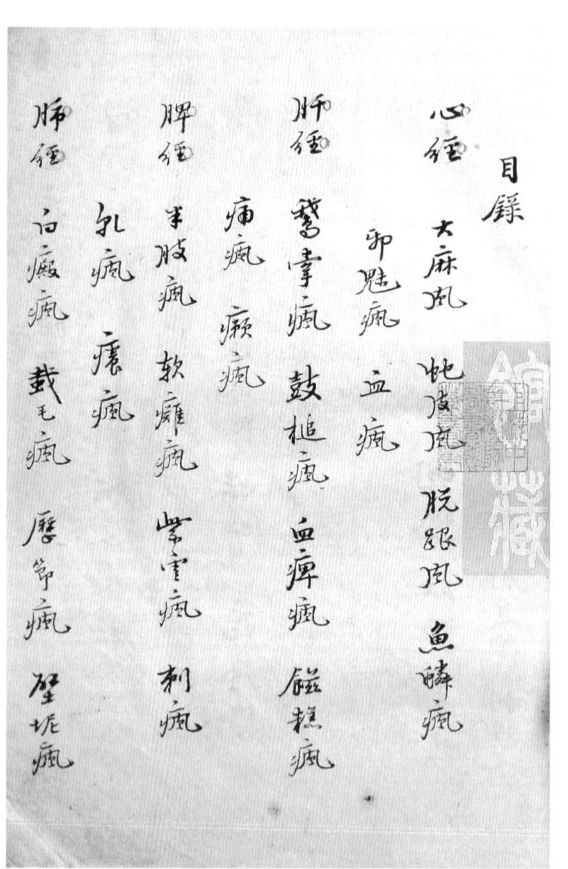

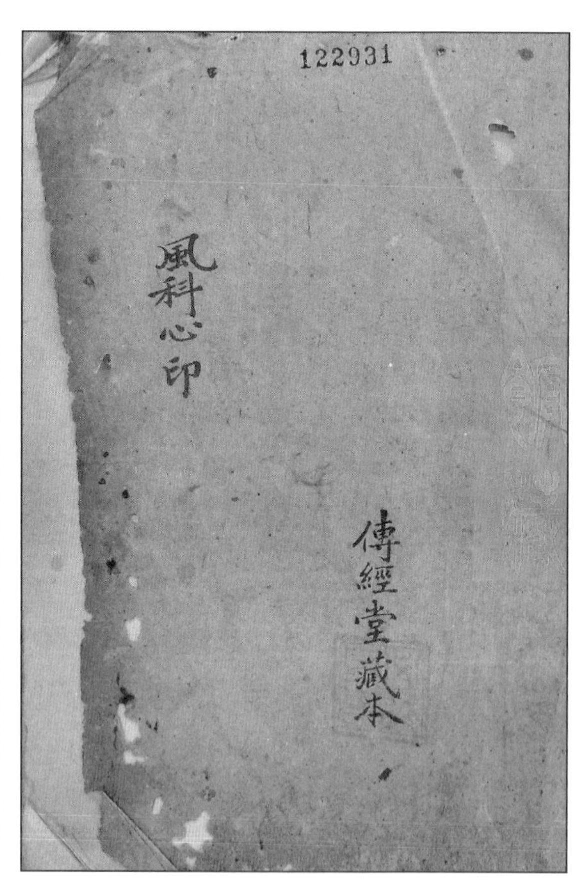

搜風順氣丸　保真丸（卽珍寶丹）　二八濟陽丹　大臣輔聖丸
四魔丹　大龍散　東壷丹　小枣丹
玉樞丹　補陽湯　神釀丸　苦參丸
大定風丸　駐車丸　如意通聖散　奪命丹
九藥方　鉛汞丹　二聖膏　長肉膏
跨鶴丹　鉄魔丹　獨聖丹　烏蛇酒
定風酒　無憂酒　推雲酒　三生砂藥
雄朱丸　參苓丸

醫學心印

厲風科

○內經曰風寒客於脉而不去曰癘風蓋四時酷烈暴悍賊邪風也為病最重其惡最劇古人稱為惡疾之首患之者變敗形質積困不知所之風為百病之長酷惡毒也烈光猛也暴速也悍閃也皆風之勢也春夏多有旋風秋冬多颰風冬多嚴風皆煞厲之邪風經言冬至之日有風從東南來者名曰賊邪風最能傷人犯之不可解俛仰動作不可得按之應手而痛烙熨刻夾時刻抽掣擊搏痠火衝高氣血輕者結為瘰癧重者聚為偏枯若遇五毒搏無刻安附骨疽此一[illegible]泄瀉沸注入

386 風科摘要

《風科摘要》,不分卷,一册。是書經後人重新裝訂,扉頁爲原書封面,上題有書名。正文首頁鈐有上海中醫學院圖書館藏書章一枚。每半葉十行,每行多則二十八字,少則三四字,共三十九葉,約一萬五千字左右。全書以正楷抄寫,朱筆句讀,書法精美。無目録與序跋,亦未注明作者。《中國中醫古籍總目》載録爲清鈔本。現藏于上海中醫藥大學圖書館。

此本正文首録《藥病總説》一篇,説明風病總治之法及用藥,如"治風之法先散風邪,次攻蟲毒,次調元氣,次養陰血""始以湯藥宣暢,次以膏藥灌融,丸散調護,王道之治也"等,皆屬治風之確論。將風病用藥以導痰袪濕、利氣清陽、袪風散邪、補血生液、蕩滌積滯、劫殺蟯蟲、麻痹癱瘓、筋攣肢軟分類,詳細加以論述。并對當時世醫喜用大風子入藥提出訓誡,以大風子"藥性猛大熱",故"須專門用之制度之法,則功能勝於諸藥,若無傳授,而道聽妄用,非惟不功,反生他害"。其後録治風方劑,共録方劑六十九首,皆爲歷代所傳及當時用以治療風病的效驗方劑。

察此本内容皆從沈之問《解圍元藪》中節選録出。沈之問大約生活于十六世紀,自號花月無爲道人,1550年撰成麻風病專著《解圍元藪》。該書對麻風病因、診斷、治療和預防方法提出了許多精辟見解,内容相當豐富。裘慶元輯該書于《三三醫書》中。該鈔本從《解圍元藪》中選出治風内容,所選方劑亦專爲風病而設,以爲專科治用,便于讀者翻求檢閲。

藥病總說

三十六種風症不過痛痒麻爛腫瘾之類一百八道方藥皆排毒殺虫補血壯元理氣之劑無矣秘論各擅門墙自古至今遇病立方议論叅詳各據一理癘風多種皆由不一汝人若能辨症用之自可效驗如得一方便誇能治必無皆驗之理且如五蛇丸可斬关奪師之功千年藥可起死回生之妙癱爛咬絕其症東華玉髓不能復其原斑爛妍錯其捨馬夷瓊漿烏能掃其跡若合其宜如弩發机若違亦用如水澆石黃蛇丸即水煮黃氣丸能治三十六種大風危症烏蛇丸治風疮内毒痰火上攻并周身乖瘢燥痒作痛白蛇丸又名捕蛇丸治上半身痛風極凶其花蛇丸又名渾元丹治腰半以下腿膝大痛其赤蛇丸即一粒金丹治痛風遍身抽掣日夜

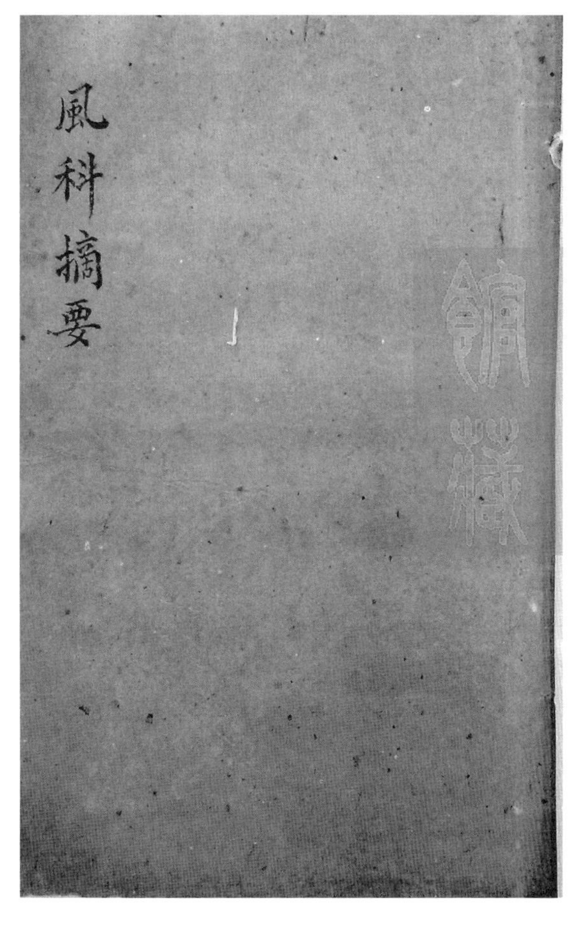

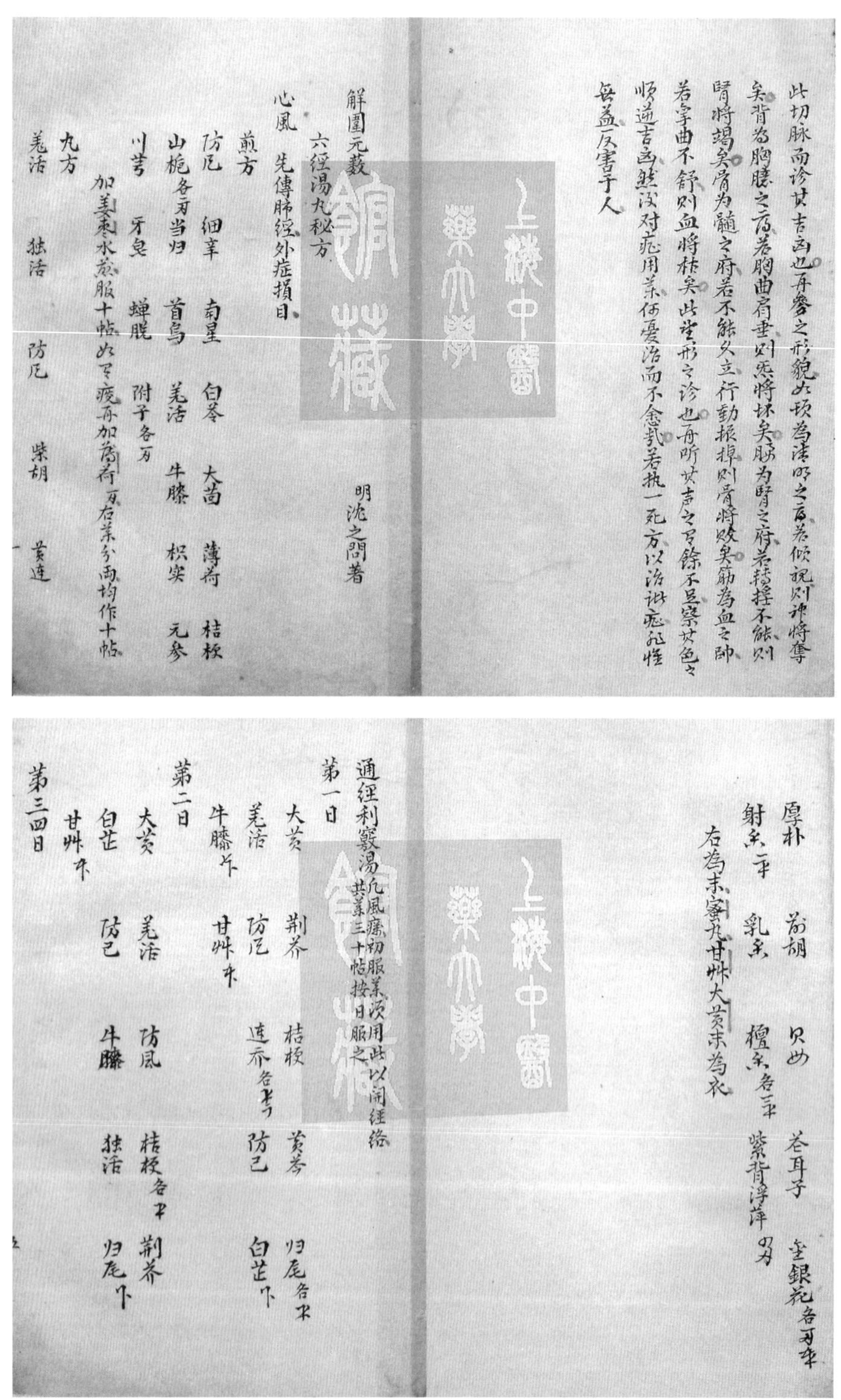

387 恒堂周氏家鈔癲狂癇

《恒堂周氏家鈔癲狂癇》，不分卷。清章芝山著。章芝山，生平不詳。本書無序跋，首頁題有“東海芝山雲章氏集”，并鈐有“黄裳藏本”“來燕榭珍藏記”“愈莊”與“上海圖書館藏”等印章數枚。書頁中既有章芝山在抄集時的墨筆眉批，也有收藏者的硃筆眉批和墨筆方藥補遺。根據此本的版式和内容，成書年代當爲清代，《中國中醫古籍總目》亦載録爲清鈔本。現藏于上海圖書館。

本書是關于癲狂癇的專著，分爲疏經、彙論、辨症、平脈、議治、約法、選方、針灸和考驗等九部分，分别對癲狂癇的病因病機、辨證、診斷、治法治則、方藥、針灸以及醫家治驗進行論述。

自秦漢至清，有關癲狂癇的論述不少，但專書論著却沒有見到。據查《中國中醫古籍總目》，僅見清嘉慶年日人土田獻翼卿所撰《癲癇狂經驗編》和清宣統年郭傳鈴所撰《癲狂喉症條辨》。此書的成書年代要早于上述兩書，且在内容上不但有對《素問》《靈樞》《難經》等經典中關于癲狂癇條文的闡述，而且匯集了歷代醫家的有關論述，并提出作者自己的見解。如辨證診斷上提出癲證屬“失心風”，“癲狂主火，癇主痰”；治療上提出癲狂“宜以人事制之”，即用心理療法等，選方用藥合于醫理。此書作爲癲狂癇的專著，有一定的參考價值。

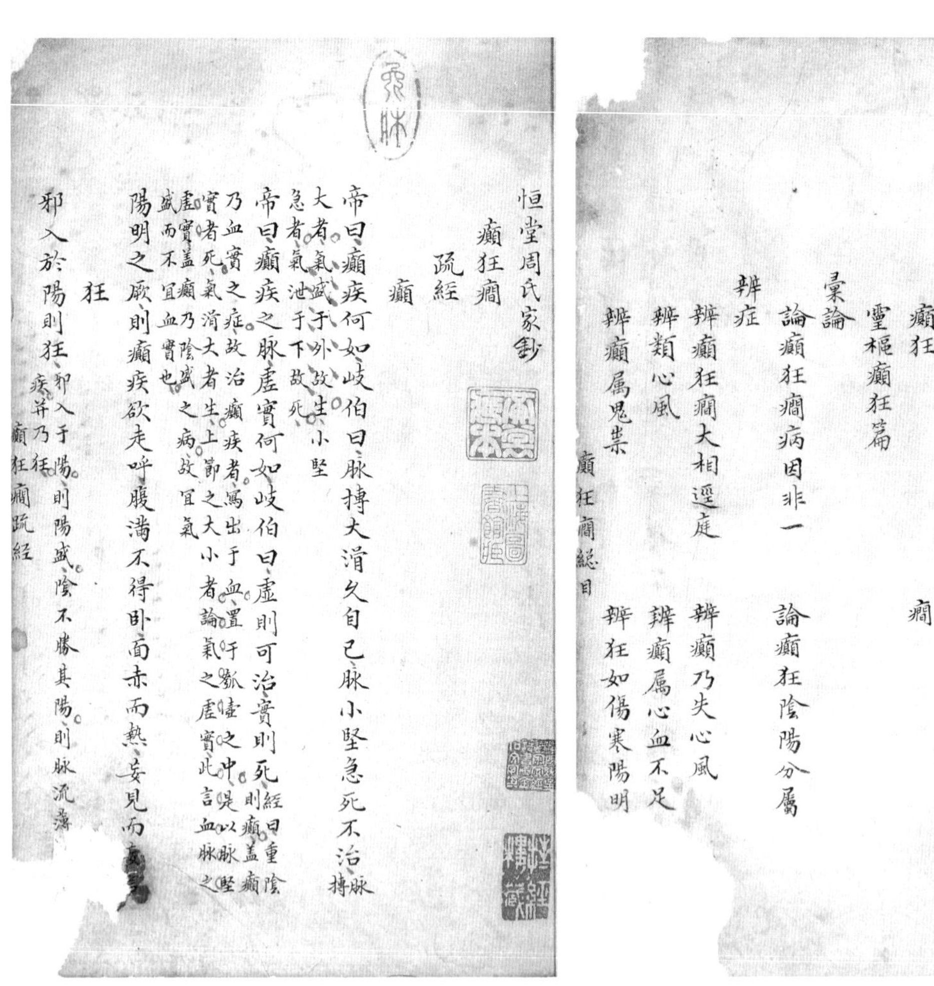

恒堂周氏家鈔

東海芝山雲章氏集

癲狂癇

疏經

癲

狂

癇

靈樞癲狂篇

彙論

論癲狂癇病因非一

論癲狂陰陽分屬

辨症

辨癲狂癇大相逕庭

辨癲乃失心風

辨類心風

辨癲屬心血不足

辨癲屬鬼祟

辨狂如傷寒陽明

癲狂癇總目

恒堂周氏家鈔

癲狂癇

疏經

癲

帝曰癲疾何如岐伯曰脈搏大滑久自已脈小堅急死不治（搏脈大者氣盛于外故生小堅急者氣泄于下故死）

帝曰癲疾之脈虛實何如岐伯曰虛則可治實則死（經曰重陰則癲蓋癲乃血實之症故治癲疾者瀉出于血置于瓠壺之中是以脈實者死氣消大者生上節之大小者論氣之虛實此言血脈之堅盛而不宜血實也）

陽明之厥則癲疾欲走呼腹滿不得卧面赤而熱妄見而妄言

狂

邪入於陽則狂（邪入于陽則陽盛陰不勝其陽則脈流薄疾并乃狂）

癲狂癇疏經

388 紅鑪點雪

《紅鑪點雪》,不分卷,一册。周國林抄于戊辰年(1868),無輯著者名氏,也無序跋。封面題有“戊辰年,國林鈔”,并有周氏印章。周國林生平無考。是本保存完整,品相一般,現藏于上海圖書館。《中國中醫古籍總目》載録爲明鈔本,書名爲“痰火點雪”,疑誤。

是本以痰火證爲主要内容,包括痰火論證、痰火證治、痰火咳嗽、痰火失血、諸血主方、自汗盗汗、夢遺滑精、痰火病脅痛、驚悸怔忡健忘、火病結核、肺痿肺癰、火病寒熱、痰火潮熱、痰火骨蒸、火病失音、火病咽痛、火病泄瀉、傳尸鬼疰、頭痛眩暈、痞脹、婦人證論、室女、月經、肝氣、兒科非驚論、痰火閉證和木侮土症等共計二十七篇論。討論了痰火證的成因、病機、辨證和治療原則,有的章節後附有方案。

是本實係明代龔居中《痰火點雪》的節抄本,主要爲龔氏原著卷一、卷二中的大部分内容,增加了頭痛眩暈、痞脹、婦人證論、室女、月經、肝氣、兒科非驚論、痰火閉證和木侮土症等九篇非《痰火點雪》原著的内容。與龔氏原著對比,輯録者對所録内容作了删减,僅取每論的前半部醫論部分,而删去了方藥、病案、附録等内容。龔氏原著的卷三、卷四未選録。

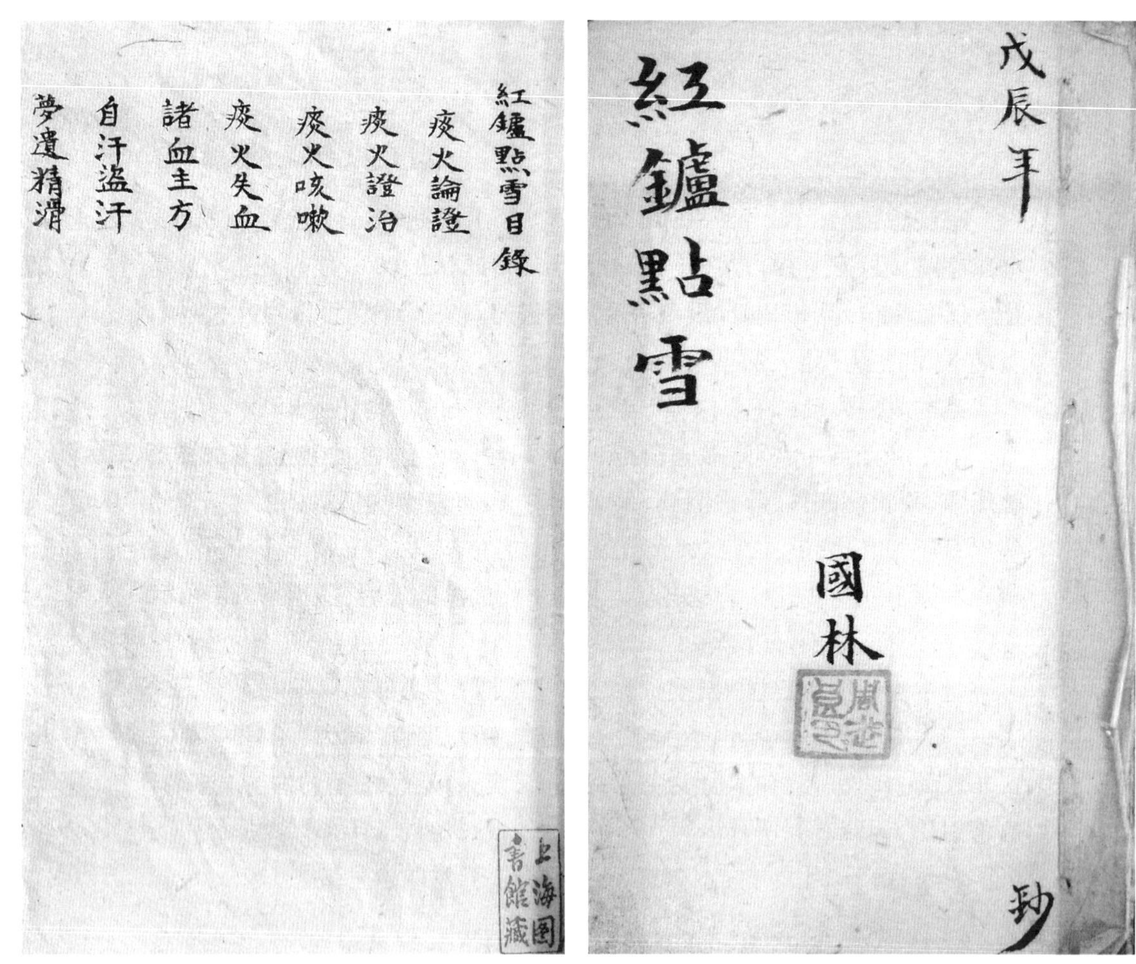
戊辰年

紅鑪點雪

國林

鈔

紅鑪點雪目錄

389 時邪日知録

《時邪日知録》，不分卷，一册。清江梓輯。成書于光緒十二年（1886）。江梓，字問琴，號否否子，鎮江丹陽人，約生于咸豐七年（1857），卒年不詳，初習文，後師從孟河名醫馬培之，光緒甲申（1884）應施少欽之邀主領仁濟醫局（即上海仁濟善堂）。此本半葉八行，每行約二十二字，無框格。書衣題“三槐堂藏”。“玄”“弦”字缺筆避諱。現存鈔本，藏于上海中醫藥大學圖書館。

書前存推拿方法及燈火燋法二十四篇，如“推拿通用法”“面部揉法”“燈火十三燋”“胎熱法”等，不屬《時邪日知録》内容。次爲自序，叙述作者習醫從醫經過及作是書緣由。次爲總目，分《濕熱注經》《時邪提綱》《暑》《濕》《痙》《濕熱》《時邪死候》《瘟疫》與《痧氣》九篇。《濕熱注經》内容取自《温病條辨·原病篇》。《時邪提綱》論中提綱挈領地論述了傷寒證、傷風證、傷寒見風證、傷風見寒證、中濕證、風濕證等二十一種時邪所致病證的具體病因及發病特點;《時邪提綱》方中記録了麻黄湯、桂枝湯、蒼术白虎湯、達原飲等十五首基礎方劑。《暑》《濕》《痙》與《濕熱》諸篇詳細論述了時邪致病的具體表現與治法方藥，如《暑》篇細分爲太陽中暍、陽明中暍、傷暑、暑瘵、暑癇等，并附暑方六十一首。《時邪死候》記録時邪所致諸種危重表現。《瘟疫》篇體例同《暑》《濕》等篇。《痧氣》篇未見。

作者認爲“時症轉變無常，非倍切探討功夫，沒由得其治法”，故分門繕録，匯集成此書，爲一部“明述而未作”的作品。綜觀全書，編排條理清晰，論述詳略得當，所有方劑後均注明藥物劑量，便于學習利用，對臨證有一定的參考價值。

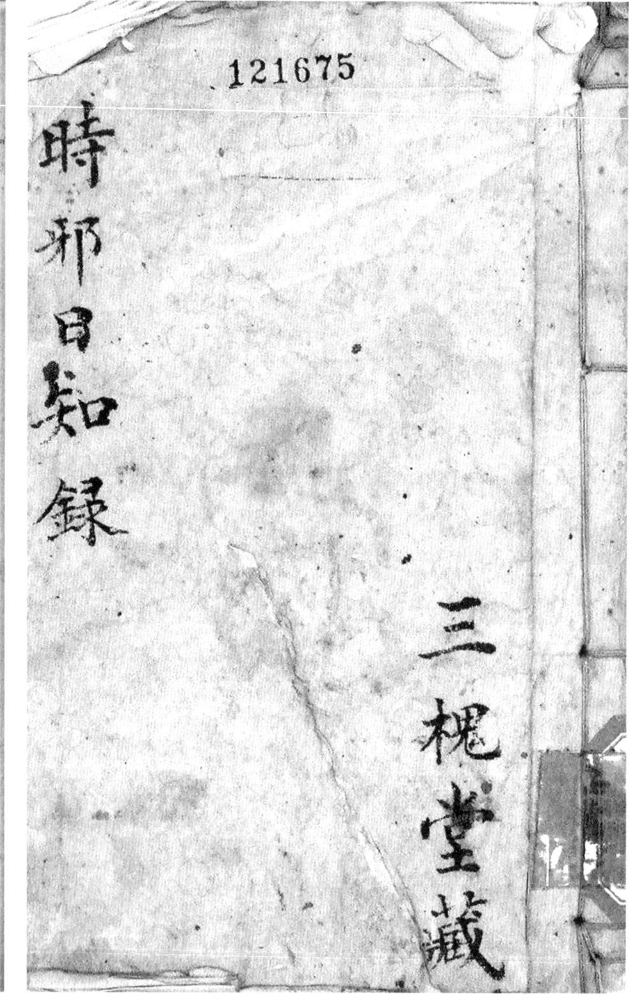

陽盛則陰衰、瀉陽則陰自存蓋瀉陽之

温熱註經

脉盛身寒、得之傷寒、脉虚身熱得之傷暑、暑当与汗出勿止、因於暑汗者暑中有火、性急而踈泄也、心善煩者火与心同氣相求也、面若火灼者、心氣不安也、煩則喘者、火盛克金也、煩則喝者、邪逼胸中清廓之氣、故欲喝而呻之也、肢体安靜者邪不外張、內藏於心也、靜則多言者、心主言、暑邪在心也、 温病尺膚熱甚者、火熾灼精也、脉來躁盛者、精被火沸也、脉盛而滑者、邪機向外也、 熱病三日、

390 欬論經旨

《欬論經旨》，不分卷，一册。首頁注明爲“湖州凌德嘉六述”。凌德，字蟄庵，號嘉禄(或嘉六)，歸安(今浙江湖州)人。初佐富陽諸縣刑幕，旋弃去，賣字糊口，武林、吴興諸勝迹匾額多出其手。咸豐(1851-1861)間至上海，與當地士人討論金石書畫，極一時之盛(參見《海上墨林》，楊逸著，華東師範大學出版社2009年版)。醫術頗精，除《欬論經旨》外，另有《專治麻疹初編》《女科折衷纂要》《温熱類編》等書。首頁之末，抄者以紫色墨迹題有“男詠永言録存，後學裘慶元刻”字樣，考裘慶元1924年刻《三三醫書》，在第一輯中收入該書。此本正文版面以朱絲爲欄，版心印有雙魚尾及“修業廬寫本”字樣，正文首頁鈐上海中醫學院圖書館藏書章一枚。無目録、序跋，文間或有眉批及墨筆小字夾批，并標明頁碼，共八十二葉，每半葉十行，每行二三十字，正文中單行書寫正文，他人注釋之語則書以雙行小字，總約四萬餘字。現存鈔本，藏于上海中醫藥大學圖書館。

《三三醫書》中所收《欬經論旨》分爲四卷，該鈔本在抄寫時總爲一册，未作分卷，但于每分卷處則另置一頁録之。該書爲凌氏從《内經》《難經》《傷寒》《金匱》《脈經》《甲乙經》等經典著作中節録出與咳嗽相關的内容，總爲一編。其卷一節《素問》并王冰注，内容見于《重廣補注黄帝内經素問》中；其卷二節《靈樞》《難經》(丁錦注，注文内容見于丁氏《古本難經闡注》中)、《甲乙經》。卷三節《金匱要略》，并取趙以德、周揚俊、徐忠可、沈目南及尤在涇注。卷四則節自《傷寒論》，注文取方有執、喻昌、張璐、周揚俊、柯琴等人之論，還節録了王叔和《脈經》中的相關内容。

中醫經典著作紛繁龐雜，凌氏從中節録與咳嗽相關的條文集于一書，實有便于後學。惜其未加闡述發揮，故該書流傳不廣。

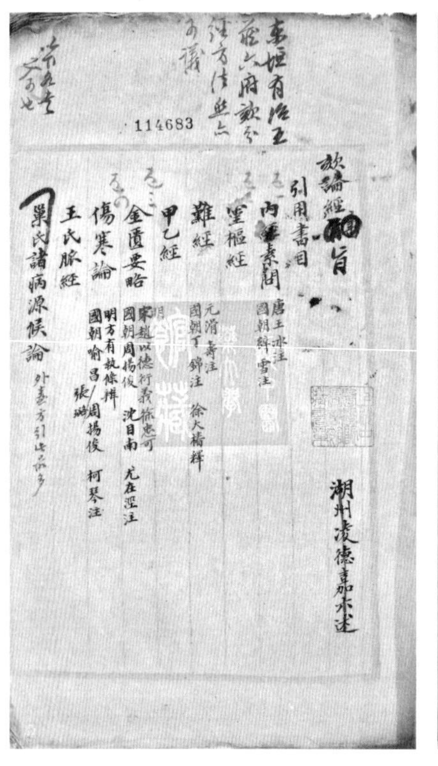

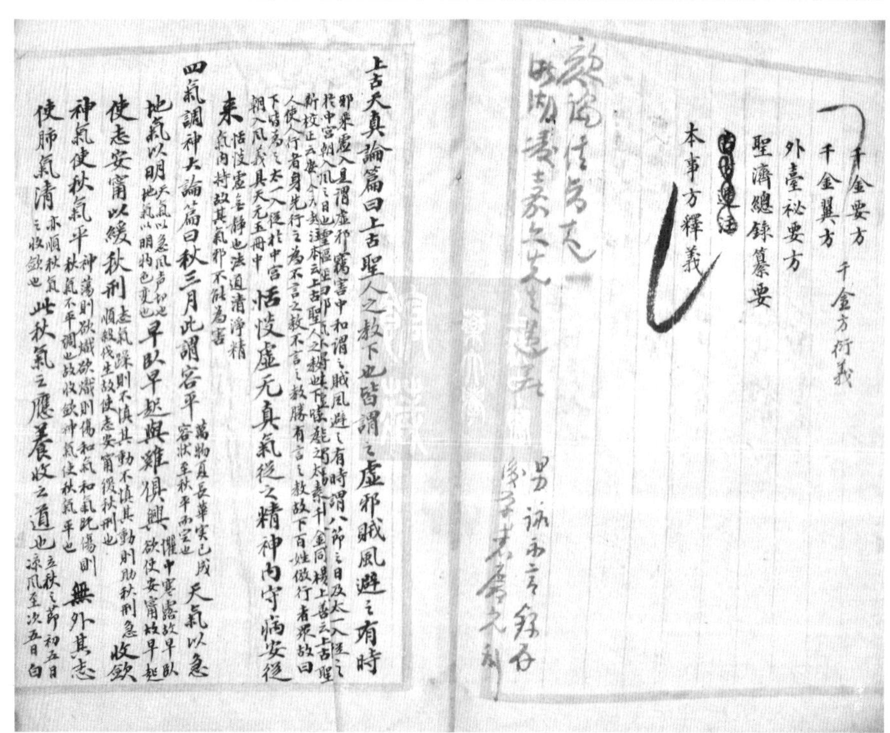

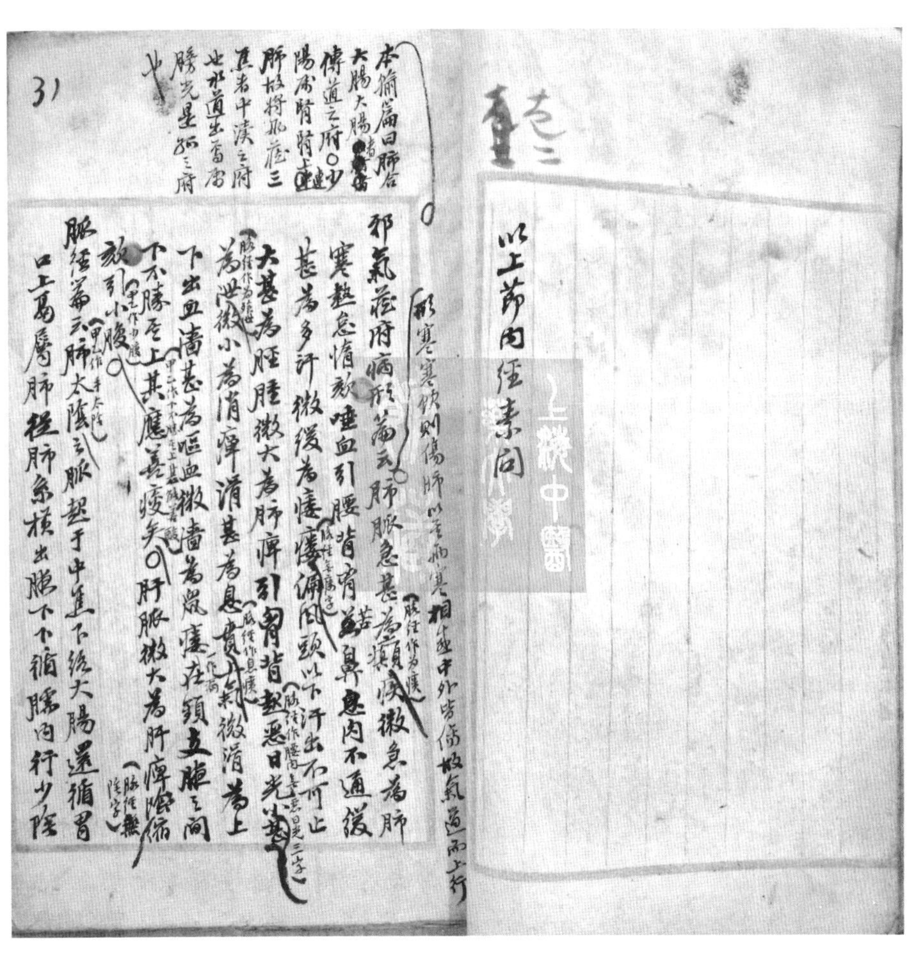

391 專治麻疹述編

《專治麻疹述編》，六卷，一册。凌德輯編。凌德介紹見上一篇。是書成于光緒十六年(1890)，每半葉十行，每行二十字。目録頁有兩枚印章，分别是“湖州凌氏嘉六”“中華書局圖書館藏書”，引言最後有四方印章，分别是“德”“蟄庵”“凌德印信”“畜之”，正文首頁有印章“嘉六”。現存稿本，藏于上海辭書出版社圖書館。

是書將“古今麻疹證治彙録成編”，分成四編：卷一《崇正編》，卷二、三《述古編》，卷四、五《徵今編》，卷六《方論編》。《崇正編》抄録《醫宗金鑒·編輯痘疹心法要訣·疹門》中的内容，附司天掌訣歌及十四種治痘疹書名。《述古編》輯録《錢氏小兒藥證直訣》《寇氏全幼心法》《董氏小兒斑疹備急方論》《朱氏翼中類證活人書》《繆氏廣筆記幼科》等從宋代至清代醫籍中有關麻疹的内容。《徵今編》摘抄《許氏橡村痘疹訣》《葉氏幼科要略》《吴醫匯講》《顧氏玉峰丹疹經驗闡解》等。《方論編》選録《謝氏蕙庭良方集腋合璧》《王氏滄州古方選注》等書的古方。作者輯録時加有個人觀點，以“德按”標示。書末附有“先醫表”，羅列上古至清代的醫家姓名、字號等。

麻疹爲小兒危證，研究者較少，是書匯選七十餘家之精要，如程雲鵬《慈幼筏》、高梅孤《痘症管見》、吴志中《兒科方要》、湯衡元《嬰孩妙訣》、董大英《活幼悟神集》等，資料豐富，可免分别查檢之煩。

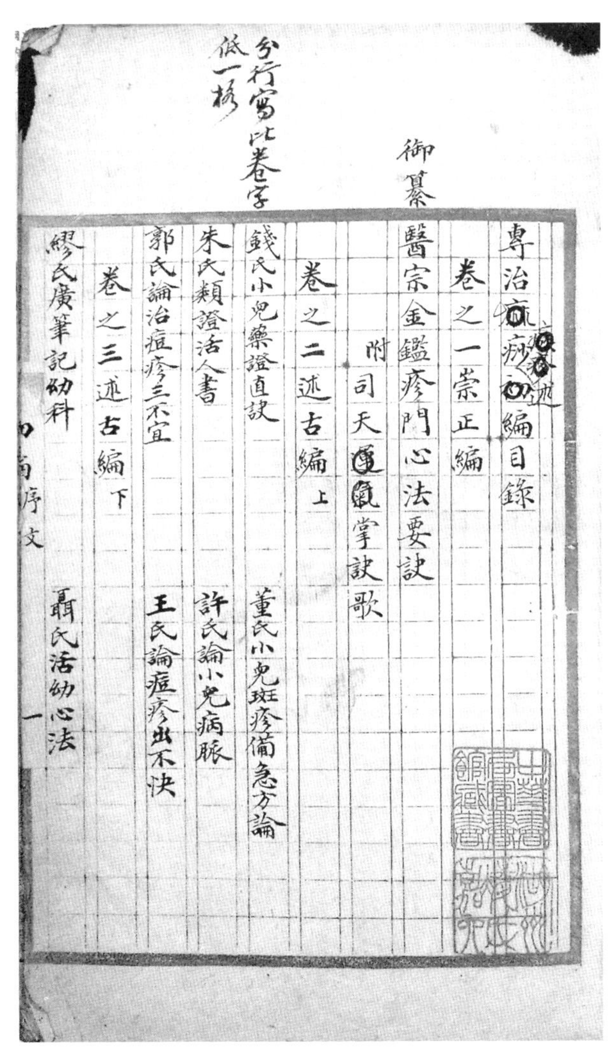
分行當比卷字低一格
御纂
專治痲痧述編目錄
卷之一崇正編
醫宗金鑑疹門心法要訣
附司天運氣掌訣歌
卷之二述古編上
錢氏小兒藥證直訣
董氏小兒斑疹備急方論
朱氏類證活人書
許氏論小兒病脉
郭氏論治痘疹三不宜
王氏論痘疹出不快
卷之三述古編下
繆氏廣筆記幼科
聶氏活幼心法

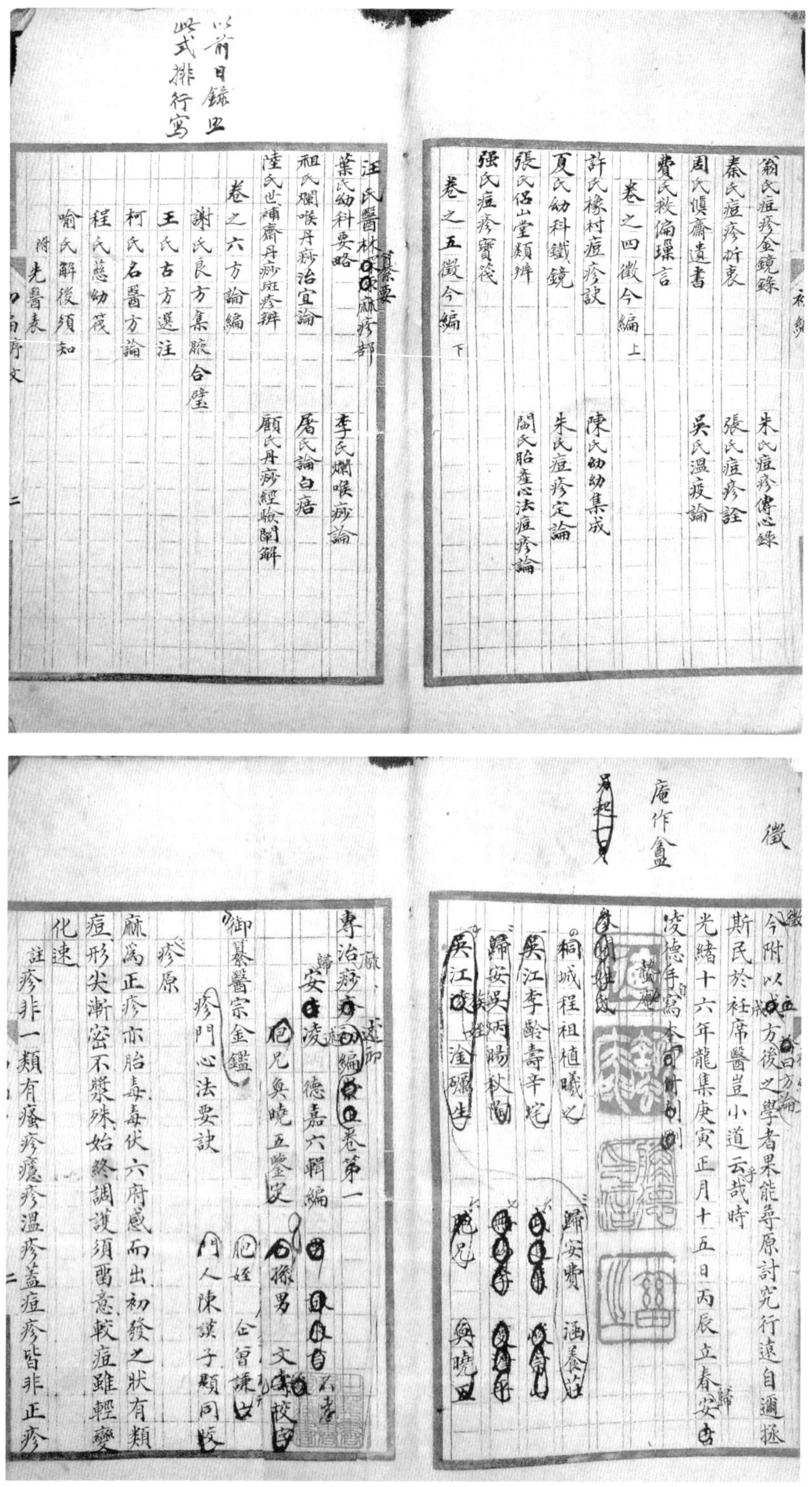

392 脚氣治法總要

《脚氣治法總要》，兩卷，一册。北宋董汲撰。約成書于北宋元豐、元祐年間(1078–1093)。董汲，字及之，東平(今屬山東)人。幼時多病，乃習醫藥。崇寧、大觀(1102–1110)年間行醫于開封，深得葉夢得、晁補之贊譽。另撰有《小兒斑疹備急方論》一卷，《旅舍備要方》(又作《旅舍備用方》《旅舍備急方》)一卷。此本原書《書録解題》《宋史・藝文志》皆題一卷，已佚。久無傳本，《永樂大典》中收録。今存者爲編《四庫全書》時自《永樂大典》中輯出的輯佚本，以其篇頁稍繁，分爲兩卷。現存據《四庫全書》鈔本，藏于中國科學院上海生命科學信息中心生命科學圖書館。

是書卷上十三葉，卷下二十三葉。每半葉九行，每行二十一字。版心上題“欽定四庫全書”，中題書名、卷數，下題頁數。書前載《欽定四庫全書》提要。是書正文首載原序一篇，認爲“脚氣一門，雖古今概舉其略，而治法論方多有未備”，“凡古有是説者，無不究極融合，諸如臟腑之論、針灸之法、脈證之辨、飲食之宜、四時之要、導引之術，以至淋煠蒸熨、備急要方及其經試驗者，悉録而集之”。上卷論十二篇，考諸經脚氣之疾，叙脚氣病的病因及治法。脚氣在《黄帝内經》中名爲厥，兩漢之間名爲緩風，宋齊之後謂爲脚弱，至唐代始名脚氣。其病因必由于風濕，風濕兼有冷熱，皆原本腎虚。提出“陰陽虚實，病之别也；春夏秋冬，治之異也；高燥卑濕，地之辨也；老壯男女，人之殊也”。臨證診治須當辨别。後載七則醫案。卷下載方四十六首，每方詳載主治病證、藥物組成、服用方法以及加減運用等。如獨活湯、木香散、傳信方、防風粥、桑枝煎專治風，天麻丸、茴香丸、烏蛇丸、趁痛丸專治濕，薏苡仁湯、海桐皮散、木瓜丸治風濕相兼，獨活寄生湯、石楠丸、牛藤丸治風濕挾虚，金牙酒治風濕瘴癘，八味丸、腎瀝湯、地黄粥治虚，神功丸、麻仁丸、三脘散、大黄湯治實。屬陰者兼冷，木香飲子治其偏于陰；屬陽者兼熱，紅雪治其偏于陽；絳宮丸、白皮小豆散、木通散治其屬于陰陽而兼淋閉者。松節散、食前丸、食後丸、橘皮丸治尋常法，三仁丸、潤腸丸、五柔丸治老人血枯法。另有外治法淋爍蒸熨五方。

是書博采古方，得脚氣證治秘要，既有内服，亦有外治，頗爲後人稱許。

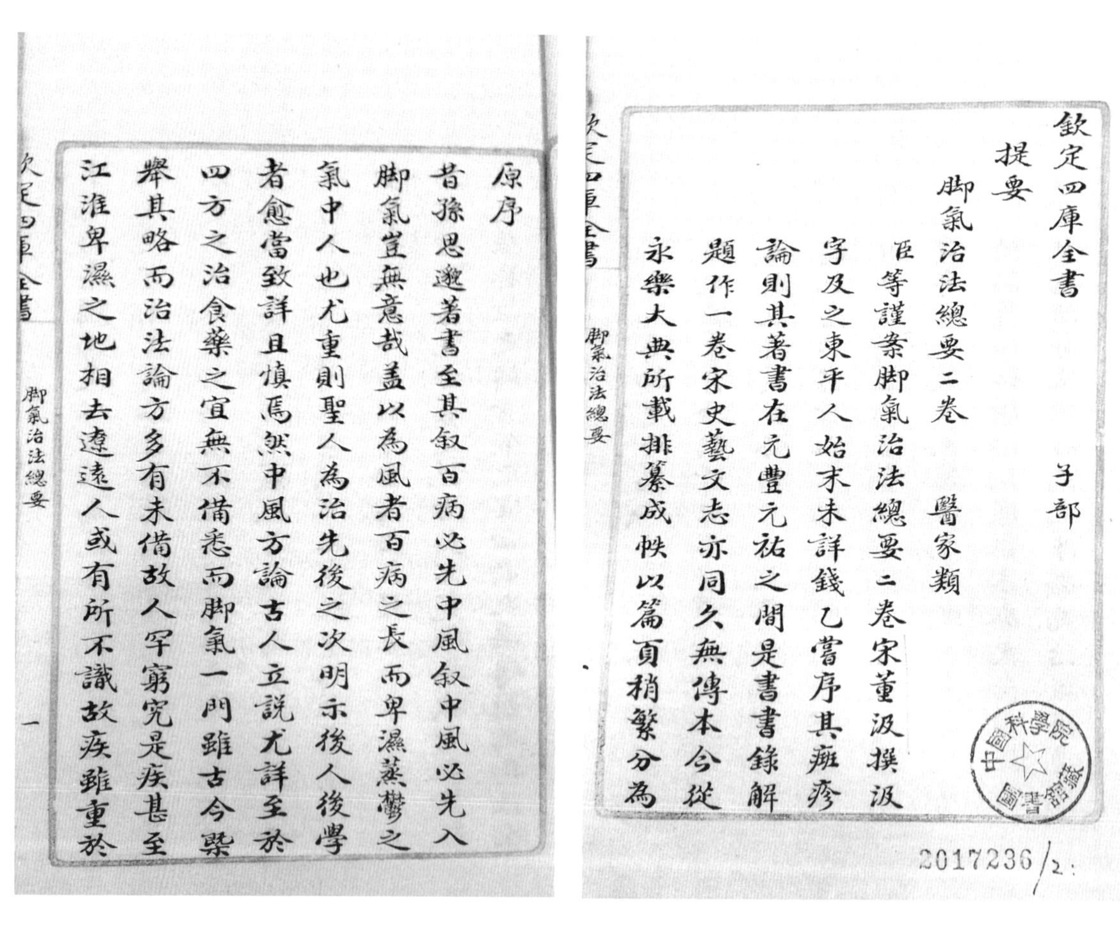

欽定四庫全書

提要　子部

脚氣治法總要　醫家類

臣等謹案脚氣治法總要二卷宋董汲撰汲字及之東平人始末未詳錢乙嘗序其癍疹論則其著書在元豐元祐之間是書書錄解題作一卷宋史藝文志亦同久無傳本今從永樂大典所載排纂成帙以篇頁稍繁分為

原序

昔孫思邈著書至其叙百病必先中風叙中風必先入脚氣豈無意哉蓋以為風者百病之長而卑濕蒸鬱之氣中人也尤重則聖人為治先後之次明示後人後學者愈當致詳且慎焉然中風方論古人立說尤詳至於四方之治食藥之宜無不備悉而脚氣一門雖古今槩舉其略而治法論方多有未備故人罕窮究是疾甚至江淮卑濕之地相去遼遠人或有所不識故疾雖重於

393 斑疹彙要

《斑疹彙要》，不分卷，一册。不著撰者，成書年代不詳。《中國中醫古籍總目》未見載録。無目録與序跋。據該書"玄參"作"元參"，避"玄"字諱，宜抄成于清代。現存鈔本，藏于中華醫學會上海分會圖書館。

是本輯録《傷寒明理論》《陰證略例》《醫學入門》《明醫指掌》《證治彙補》《丹溪心法》等内容。首先論述斑、疹的内因、外候，介紹外感發斑、内傷發斑、陰證發斑、赤白癮疹的成因、症狀及治療方藥。次述斑、疹的脈象、治法和用藥，提出"疹宜清解，斑宜清火，癢者祛風，痛者清熱"的治療原則，載人參化斑湯、升麻元參湯、調中益氣湯、大建中湯等八首斑疹方和兩種外治法。特别强調妊娠斑疹不可泥于胎孕，執用養血藥，而宜清熱透解，助邪外出。後專篇詳論發斑，闡釋傷寒發斑、時氣發斑、温毒發斑、陽毒發斑、熱病發斑、内傷發斑、陰證發斑等病證的病因病機、症狀表現以及治則方藥。

是本篇幅不多，内容淺顯易懂，簡明扼要，尤適合初學者學習。對發斑的論述頗爲詳盡，每一證型之下必載治則方藥，多爲經驗效方，可供臨證參閲。

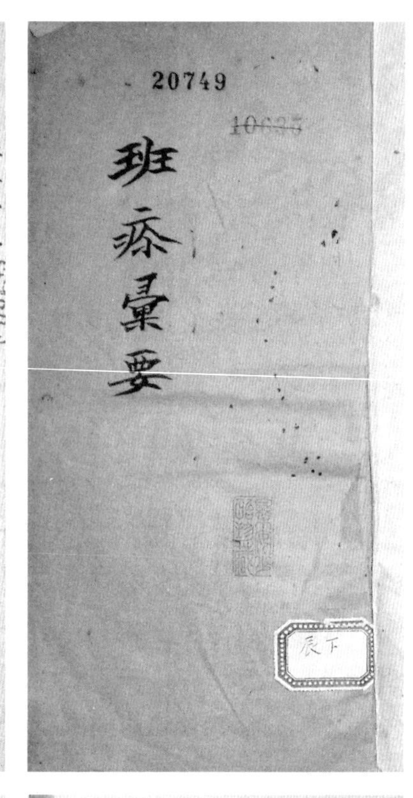

班疹彙要

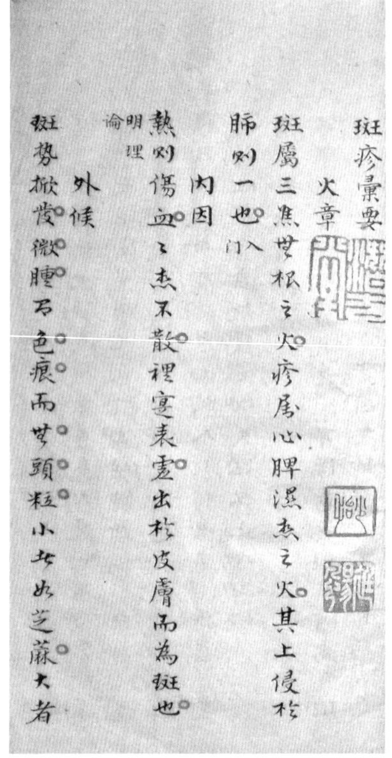

斑疹彙要

火章

斑屬三焦無根之火，疹屬心脾濕熱之火，其上侵於肺則一也。門入

內因

熱則傷血，血熱不散，裡實表虛，出於皮膚而為斑也。明理論

外候

斑勢掀發，微腫，有色痕，而無頭粒，小者如芝麻，大者如芡實，粒者如星布，重者如錦紋。其赤色者胃熱也，紫黑者胃爛也。鼠例 或有青藍色者，見則不治。要知赤斑半死半生，黑斑九死一生。活法 針頭稠密者凶，喘促自汗者死，氣實足煖者易治，氣怯足冷者難醫。自胸腹散四肢者可治，自四肢入於腹者不治。將發之先之自吐瀉者吉，既發之後，久瀉不止者凶。補彙

外感發斑

有傷寒發斑，有時氣發斑，有傷毒發斑，有溫毒發斑，四症之中，溫毒為重，皆因熱邪在表不當下而下之，乘虛入胃，或熱邪在裡，胃熱不泄，二者皆能發斑也。三因 初起必有頭疼身熱之表症，先宜辛涼，徹其表，次用辛涼清其中。門入

內傷發斑

內傷發斑，輕如蚊跡，多在手足，初起無頭疼身熱表症。門入 乃勞役過度，胃氣虛極，一身之火遊行於外，或他症汗吐下，後中虛氣乏，餘邪無所歸，附散於肌膚表，宜補宜降，不可妄用涼藥，大建中湯。學指

陰症發斑

394 痢疾論叢

《痢疾論叢》，不分卷。未著撰者。無序跋。《中國中醫古籍總目》載録爲清鈔本。現藏于上海中醫藥大學圖書館。

本書較爲系統地論述了痢疾，分爲"《内經》錦囊痢疾原論""痢疾論""痢疾論脈"和"治痢諸方"四部分。"《内經》錦囊痢疾原論"在《内經》原文基礎上加以注釋，多爲對病因病機的闡述。"痢疾論"爲著者對痢疾性質、分型等進行的討論。"痢疾論脈"爲著者在治法方面的經驗。"治痢諸方"則列出臨診驗方。本書强調痢疾當與瘧疾區分，認爲"凡瘧痢二症，初病皆屬陽明，胃與大腸積滯濕熱，外受寒暑而成"，指出"痢瘧要明表裏虚實，不可執一之見"。瘧痢二者在病初起階段極爲相似，醫家不可見痢疾初起有惡寒發熱、嘔吐、腹痛下利，頗似瘧症，就稱其爲瘧痢并行之重症。批評當時醫家因不明痢疾辨證而延誤，導致病情加重的現象。爲此，著者收録其三十餘年的治痢用藥經驗，共載方劑三十餘首。先列方名，次列適應病證、組方、加減運用法。如"清痢飲，治初痢不惡寒發燒，裏急後重，腹中疼痛，要痢不痢，不痢要痢，小便短澀，此方最妙"，後列出清痢飲組方及加減。

本書對痢疾證治從理論源頭至臨床經驗進行了系統論述，所載方劑均爲著者驗方，尤其注重辨證論治之法。擅用當歸一類活血行氣之品治療痢疾，以求調氣除重，爲痢疾治療提供了經驗，對臨床有參考價值。

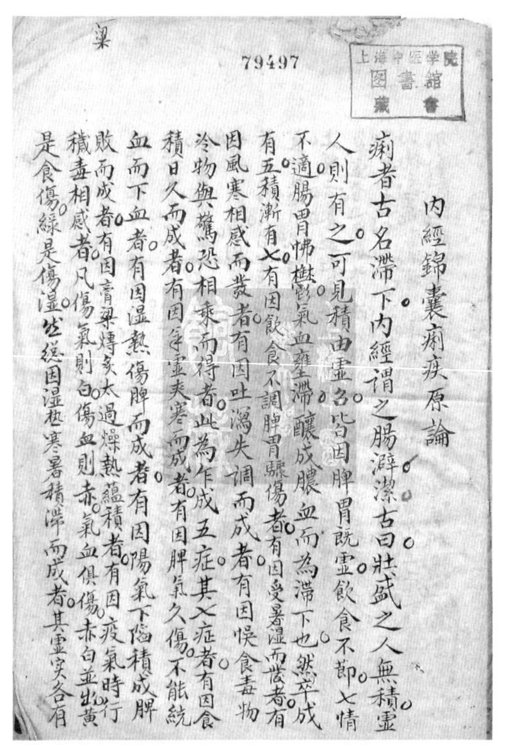

內經錦囊痢疾原論

痢者古名滯下內經謂之腸澼潔古曰壯盛之人無積虛人則有之可見積由虛名皆因脾胃既虛飲食不節七情不適腸胃怫鬱氣血壅滯釀成膿血而為滯下也然卒成有五積漸有七有因飲食不調脾胃驟傷者有因受暑濕而發者有因風寒相感而發者有因吐瀉失調而成者有因悞食毒物冷物與驚恐相乘而得者此為作成五症其七症者有因食積日久而成者有因年虛夹寒而成者有因脾氣久傷不能統血而下血者有因濕熱傷脾而成者有因陽氣下陷積成脾敗而成者有因膏粱煿炙太過燥熱蘊積者有因疫氣時行穢毒相感者凡傷氣則白傷血則赤氣血俱傷赤白並出黃是食傷綠是傷濕並從因濕熱寒暑積滯而成者其虛實各有

不同以痢之數有八曰冷曰热曰痡曰鶩曰寒热不調曰休息曰瀼痢曰蠱毒其冷痢色白热痢色赤痡痢黃白下時無度鶩痢色青冷熱不調之痢赤白之色相兼休息痢糞黑而如魚腸愈而復作瀼痢肚大停積而又下飲食不為肌膚氣臭而大便閉塞蠱毒痢下黑色其治之法必審挾寒挾热或虛或實實熱者即可用實治寒者當同虛論也至如痢久發熱者陰虛也肛門痛甚者濕热流於下也禁口痢者因胃口热甚或疫氣穢毒積於臟腑热毒之上衝則成禁口痢矣治宜清心解毒徹热下行如後重之症由肺氣鬱於大腸宜升提清氣降其濁垢血虛者補血養陰皆兼潤下而痢自止經云養血和血而痢自愈調氣理氣後重自除衰老幼弱元氣虛者必須如此治法如強壯食積重而痢盛者初痢之時必須下之不可遲也過五日之後則脾胃漸虛當用消導升提行氣和血病久挾虛者當滋補氣血收澀固脫後重者仍宜下之腹痛者宜和身重除濕脈弦者兼散去風膿血稠粘者以重劑竭之鶩溏為痢者宜溫之在外者散之在裏者下之在上未成積者吐之在下已成痢者通之表热內踈之小便澀者分利之盛者和之去者送之至者止之此治痢之格言也

痢疾論

拎聖識著

夫痢無壞症即有壞症必臟腑久已內傷一病即禁口不食痢如腐爛魚腸屋漏此不治之症也如初病久病能食者再無一壞也余嘗讀諸名人著述議論精微無處不到其理無出其外矣每閱治痢諸方與論大相懸遠有曰不可用苦寒而方之中又用黃連黃柏黃芩有曰不可用熱辛而方中偏用丁香肉桂巴豆乾薑附子等藥且又註明能治諸痢之丸即此一言未分虛實直悞至今近時醫家書並未富只知此方能治諸痢不問寒热概而用之如寒痢服熱藥者頼以見功胃積痢熱者服之即成禁口如用苦寒者熱痢

395 痢證秘訣要略

《痢證秘訣要略》，不分卷，一册。清周文寧著，吴開育删補。題後有"奉川庠生周文寧爾皇甫纂述"。周文寧，奉川（今寧波奉化）人，康熙時醫家，著有《痘疹心鉢》等書。本書前"自述"一篇中稱，康熙乙卯秋，痢疾行多，著者家中六世爲官，藏書甚饒，時習之，施其術救人，"昔賢著書立論雖極詳明，而製方用藥尤未盡善，以致後人執泥古法未收全效"，故將其試驗益精之處集成要略而成此書。據《中國中醫古籍總目》記載，本書約成于清嘉慶十年（1805）。現藏于上海中醫藥大學圖書館。

書前列總目。全書首先對痢疾病證加以論述，有《原痢論》《治法總論》等四篇。次論治法，載《治例廿八條》《仲景先生治利大例》《東垣先生治法》《痢疾外治方》等三十七篇。通過匯集各代醫家之説，使痢疾治療的方法多様化，特别提出妊婦與産婦的痢疾不同于常人，"妊婦患痢，濕熱熏蒸，恐子氣過熱不寧"，"産後痢疾由産勞傷，臟腑不足，日月未滿，産乏未復"。另有《附論泄瀉》，以示世人此兩種病之不同表現及治法。書後有《補録》一篇，補以喻嘉言、李士材、張景岳、秦皇士、郭右陶、程山苓、汪藴谷各醫家論痢之説，後附方劑四十首。

本書對于痢疾論述全面，對當世各家之説，删除其繁複，提煉其精要，并載有自擬方數首，立方之法皆有出處，多爲歷代驗方之化裁，對臨床痢疾治療有參考價值。

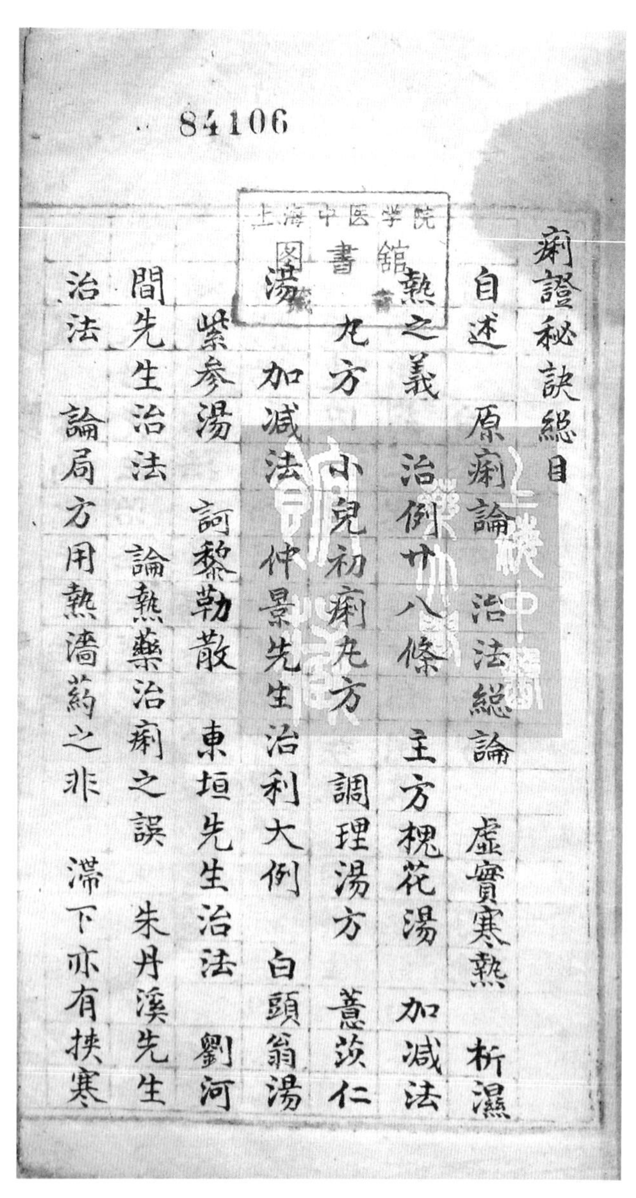

痢證秘訣總目

自述　原痢論　治法總論　虛實寒熱　析濕熱之義　治例廿八條　主方槐花湯　加減法　丸方　小兒初痢丸方　調理湯方　薏苡仁湯　加減法　仲景先生治利大例　白頭翁湯　紫參湯　訶黎勒散　東垣先生治法　劉河間先生治法　論熱藥治痢之誤　朱丹溪先生治法　論局方用熱濇葯之非　滯下亦有挾寒

扶虛　方約之先生治法　李士材痢疾主治
聶久吾先生治法　張飛濤虛勞染痢治法　姙
婦染痢治法　產婦染痢治法　猪苓湯　黃連
阿膠湯　白頭翁加甘草阿膠湯　梔連四物湯
黃連丸　參香散　痢疾脉　痢疾生死關
俗尚用葯之謬　辨世俗用单方之誤　回春集
醫案　治驗　痢疾外治方　附論洩瀉

痢證秘訣要略

奉川庠生周文寧爾皇甫纂述

自述

余家六世宦緒書籍甚饒即九流技藝亦皆具備至先君以醫名世而遺帙倍增余雖舉子嘗習覽焉施其術者蓋有年所矣康熙乙卯秋痢疾行多致危殆余甚憫之因告同志曰痢乃便下膿血稠粘而非洩瀉水穀者比内經謂之滯下此熱迫大腸裏急後重

長夏初秋者乃太陰濕土主令暑氣炎酷之属傷之故宜大用寒凉以解其熱毒若發於霜降後及春月者不過腸胃積滯所致耳止宜消積為主少用川蓮以清熱香砂以開滞可也

治法總論

嘗讀劉河間先生原病式謂痢為腸胃怫鬱而成即五臟之部而見五色是其標也而本則一出於熱斯言真足以開發萬世之蒙及觀丹溪心法謂紅痢自小腸来乃濕熱傷血白痢自大腸来乃濕熱傷氣與河間行血調氣之言俱炳然於千古王節齋謂濕熱食積三者所主而約言其概龔子才謂暑濕傷脾積滞傷胃而晰言其由方約之謂痢因有二不越内經飲食不節起居不時之所召陳無擇謂飲食過度停滞腸胃又感風寒暑濕之所致又言痢有三因以風停膚腠下痢血或下鮮血濕毒下注如豆羹汁為外因臟氣結鬱干犯腸胃便痢膿血作青黄赤白黒不

396 痧症指微

《痧症指微》,不分卷,一册。天臺山僧人普净著,丘天編輯、作序。普净生平不詳。成書年代不詳。書中有圖六幅,分别爲人體正面、背面,手足正面、背面圖,圖下無説明文字。序六葉,目録五葉,正文六十三葉,計七十四葉,約一萬五千字。《中國中醫古籍總目》題名爲《痧症指掌》,載録爲清鈔本。現藏于上海圖書館。

全書共分四個部分:上部頭面二十四痧症,中部胸背二十四痧症,下部腹足二十四痧症,附十六大痧症。上部頭面痧症有顛折痧、蝌眼痧、頭風痧、蛇舌痧、喉風痧、腦後痧等;中部胸背痧症有斜肩痧、天泡痧、腰痛痧、對胸痧、紫癍痧、黑癍痧、手指黑色痧等;下部腹足痧症有盤臍痧、盤腸痧、穿胸痧、瘧疾痧、痢疾痧、肚脹痧、大腸痧等;十六大痧症有羊毛痧、水臌痧、半身麻木痧、爛腸痧、重症之痧、逆症之痧等。如腰痛痧症,書中云:"此係腎經受邪,其痧症有三,或左右(腰)痛,或兩腰痛,即用香油錢刮命門穴。(命門穴)其背脊骨第十四椎中間,伏而取之,不在兩旁(傍)。"

據本書序言可知,此書在當時影響較大,時名醫多操是術以行醫。序中云:"在六月間,有甥名兄文,壯年强健,臂力過人,從無疾病,霎時昏暈倒地,湯藥不受,面赤身僵。急請諸醫,視之俱云無脈不治。有一位奚佳棟視之微笑,云此痧症也,吾能醫之,用針刺錢刮而愈。"

痧症,通常含義有二:一指感受穢濁不正之氣而出現腹痛腹瀉;二是指疹子。本書將全身所有疾病均視爲痧症,除上文所舉,一爲腰痛症,一爲中暑症而外,文中頭風痧、喉風痧,實即頭風症、喉風症。從這個角度说,與其説痧症是一種疾病,不如説本書的痧症是用刮痧、針灸治療疾病的方法,全書并無方藥也説明了這一點。本書可作爲從事針灸、刮痧臨床工作者的參考書。

痧症指微序

夫人得天地之正氣以身故週身亦猶天地也正氣流行邪氣無得自入故清昇獨降六氣和平如天之清如地之寧陰陽寒暑之得其正矣若正氣不足則邪氣乘間而入重則五臟六腑受傷輕則四肢皮毛為患如天之不清如地之不寧有如夏雪冬雷山崩水竭之失其症已此固醫理之常夫人而知之者也獨怪近年以來有所謂痧症者夫醫學者起自黃農有痧未聞亦未聞有患痧者何今之人感冒痧症往往而是治痧者不診脉不服藥祇宜手以搽針刺輕則應手可痊重者數日而愈余人甚異為治痧者曰此邪氣也如疾風暴雨驟寒驟熱久陰久旱濃霜重霧夏雹秋雷或吞嘘山嵐瘴氣渴飲食毒泉臭水又如卒嗅山妖水怪禽獸蛇蟲吐毒以及厌糞惡物臭氣并悞食腥羶死畜及不熟不時之物揔

天泡痧症目録

此係肺經受邪症有三等或寒或熱或寒熱初發或發上脉動處或發 大陵穴亦脉動處其症初發揔在手臂猶如黑痣或者三五粒或至七八粒漸漸長闊如圍棋子大將手之往上下活動痛楚非常若移至 曲池穴即是手臂灣 臂臑穴在手肘上 肩井穴在肩胛上若遊走至胸前 紫宮穴胸前第三支筋骨中則不治急須用油線紮住 间使穴刺出血頃刻而愈

反弓痧症目録

此係腎經受邪小兒患者多頭仰坐後脚亦縮後胸腹凸出若延久不治則死症也即用三指拍 两曲池穴其穴在足膝外踝上七寸拍出紫塊刺出黯血將錢刮 肺俞穴其穴在背脊骨第三椎两傍各開寸半是穴屬足太陽膀胱經背上第三個弄盤珠傍是也 腎俞穴在背脊第十五推两傍各開寸半是穴屬足太陽 膀胱經俗云 腰眼穴两傍是也

腰痛痧症目録

此係腎經受邪其痧症有三或左右痛或两腰痛即用香油錢刮 命门穴其背脊骨第十四椎中间伏而取之不在两傍

俗云腰中可針可灸再用針刺

两中魁穴其穴在中指節尖出甲三分便是

紅瘢痧症目録

此係出汗時感冒邪風汗出不透先係外皮受邪攻入腠理与正氣搏擊故發紅瘢將香油錢刮 两臂臑穴手肘上頭再刮 间使穴又刮 大陵穴其穴在手臂上離手腕後一寸 命门穴查前 百劳穴在背脊第一椎上平肩即中有陷屬足手三陽脉交会處屬督脉可刮可灸俗云背脊第一弄盤珠也是 膏肓穴其穴在背脊第四椎下一分两傍各開三寸是 膏肓穴屬足太陽 膀胱經百脉皆此經過無病不治刮恐不能一時即愈多灸為妙禁針不用再將三指拍曲池穴拍出紫塊刺出微血可愈

397 痧疹一得

《痧疹一得》，兩卷，一册。清蕭霆撰，蕭翥參訂。蕭霆，字健恒。《(宣統)太倉州鎮洋縣誌》載："諸生，精岐黄術，遇所不可治療，弗肯詭隨，遠近争投之。"書衣題"蕭霆健先生痧疹一得"，鈐印有"景虞""臣鳴球印""巢念修印""上海中醫藥大學藏書章"。"寧"字缺筆避諱。是書草創于康熙五十九年(1720)，乾隆七年(1742)前後定稿，初附于《瘟疫論》後，乾隆九年(1744)錢志焕傳抄，咸豐二年(1852)潘道根又從王子香處借得傳抄，後爲錢景虞、巢念修收藏。《吴中醫集·温病卷》收録該書，其底本爲錢雅樂光緒二十九年(1903)傳抄本，稱抄自王子香處，但文辭與本書稍异。成都中醫藥大學圖書館所藏《瘟疫全書痧疹一得》與此本疑爲同一書。(《中國中醫古籍總目》分兩條著録)現存咸豐二年(1852)潘道根鈔本，藏于上海中醫藥大學圖書館。

上卷論疫毒痧疹，凡六十四篇。如《原疫毒痧論》《疫痧所感之氣》等論述病因、病機；《急症不可緩攻論》《表裏解毒湯論》《藥貴中病論》《檳榔論》等十四篇論述治法，詳細介紹表裏解毒湯方的用法及其主藥麻黄、大黄、石膏、檳榔的用意等；《疫毒痧與冬温痧異治論》等四篇論述疫痧與冬温痧、温證、火毒痘、傷寒温病的鑒别；《痧疹咽痛不可妄稱痧纏論》《發不出論》《神昏譫語》等三十篇論述兼證、并發證及死候；《男婦痧治法不同論》《崩漏患痧論》等十一篇論述婦人、小兒疫痧證治。下卷論冬温痧證，凡四十一篇。先論冬温痧病因，痧疹麻瘄名异實同，次論時痧與痘疹、傷風、癮疹、赤疹、痱子、蚤斑蚊迹、疫疹鑒别，次論察形色辨輕重，次論兼證治療，如咽痛、咳嗽、噴嚏、有汗無汗、痧不退、痧出後没、衄、痢、胃火、胃結，最後爲痧後調理等。《白痢治法不同論》《過期不出》《赤痘非痧辨》三篇爲所抄之書原有，非蕭氏所論。書末附《兒科指南賦中方藥》二十一方。正論之後有《學子問答》，闡述未盡之意；又有潘道根按語，記讀書臨證體會。全書二十五則醫案附于相關論述之下。

本書受吴又可《瘟疫論》及河間雙解散啓發，認爲疫痧係“天地間别有一種惡氣”所致，從鼻竅而入，藴于胃，發于脾，爍于肺。治用表裏雙解散，重證麻黄、黄連、石膏三味主藥必須同用，以外通秘密之肌膚、内逐薰蒸之惡毒、中解熇赫之炎威。冬温時痧責之冬温，治貴乎早，當先明歲氣，依時令給藥。如天令嚴寒，肌膚秘密，痧疹易于透達，用麻黄解毒湯；天令温暖，肌竅空疏，痧疹易以發出，用荆防解毒湯；天令煊熱，用石膏解毒湯；時暖時寒，用葛根解毒湯等。治療用藥上亦承吴又可驅毒爲先的思想，主張急症不可緩攻，批評時醫不分老少壯怯，一遇重證輒以虚概之，濫用補劑。婦人胎産經期患病亦然，認爲“安胎即以去病”，即便經血妄行，甚至産後也不可投輕劑，以避免致毒滯于内。對臨證有一定的參考價值。

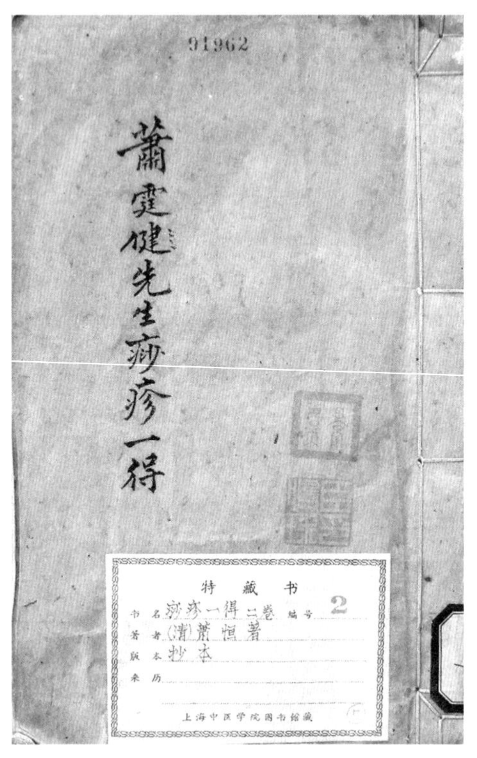

疫疹一得自序

瘟疫一症自古無傳後之醫者無能推究病源見其發熱頭痛骨節疼疼不得不借風寒為規矩瘟疫之死於誤用風寒者亦已久矣吳又可先生出著為瘟疫論一書亘古疑團一朝剖晰夫固病者之慈航生民之壽域其功偉矣疫痧一症亦自古無傳後之醫者亦無能推求病本見其身熱咽痛紅點隱隱不得不借冬溫痧為準則而疫痧之誤用冬溫痧而死者亦已久矣余學問謭陋然於臨症之際茍有疑竇輒夜不寐反覆推求疫痧之邪究屬何邪疫痧之毒究屬何毒觀其沿門遍戶老幼傳染顯與疫症正同夫瘟疫受天地之厲氣又可先生製三消飲以治之所在神奇疫痧亦受天地之厲氣余因製表裏解毒湯以治之投之亦無不效不可謂非千慮之一得而補吳先生之未備用敢編輯平日臨症治法問答效驗名痧疹一得附於瘟疫論後尚祈明道君子誨我未當時維

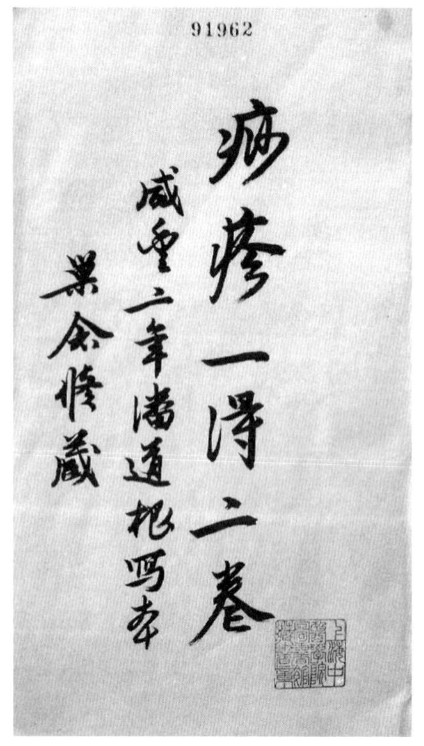

398 温疫編訣

《温疫編訣》，不分卷，一册。清何其偉編集，嚴鈺峰注。何其偉介紹見本書“144何氏藥性賦”。現存鈔本，藏于上海中醫藥大學圖書館。

篇首以七言歌訣形式，概述温疫的脈因證治，并與傷寒進行鑒別。再列遺症、小兒時疫辨、時氣撮要。其中時氣撮要包括冬温、温毒發斑、風温、温病、温瘧、温疫、濕温、熱病、中暑、陰毒、寒疫、時氣、火症、痙、胃風、燥症、中濕、傷飲食等疾病，諸病下分病機、臨床表現、脈象、舌色及用藥等項予以討論。篇末列時症辨疑，從症狀及發病特點等角度，對春夏之交的多種疫病進行鑒別診斷。書末附《吊脚痧方論》，下書“嘉興涂子默著，吴江汝鳴球抄”。詳細介紹“吊脚痧”病名的來源、病機、臨床表現、脈象、舌色及用藥方法等，并與霍亂的區别。

是書特點有四：其一，體例。概述温疫病脈因證治時，采用七言歌訣形式，讀來朗朗上口。其二，重視辨别温疫與傷寒。如指出冬温乃冬時非節之暖，治法與傷寒大异，不可妄用風藥、下藥。若誤用辛温，可用犀角、升麻、甘草或升麻葛根湯加犀角、黑參。又如兩者的舌象差异，“風寒熱表舌苔少，時疫在表白厚蓋”。其三，重視症狀鑒别。如“嘔”一症，何氏認爲“太陰寒症氣不臭”，“口臭黏厚”是時疫，“已發熱而嘔者，達原飲加半夏”，“嘔苦苔黄胸滿痛”，用“橘半枳貝山楂麥”。其四，重視六經辨證。論述温病治法時往往結合六經辨證。如温病見“大煩渴擾脅滿，口苦不惡寒”乃“伏邪自内達表”，小柴胡湯隨症加減。温病亦多合病，太陽和少陽用“黄芩湯”，少陽陽明用“承氣湯”，三陽合病用“大柴胡湯”等。對温疫的理論研究與臨床實踐有參考價值。

温疫編訣　北幹山何書田先生集　禊湖後學嚴鈺峰先生註

疫氣從中蒸達外（疫從口鼻吸入自内達外故宜寒凉非若風寒從皮毛而入）血氣津液逢蒸敗（故有臭氣）因敗而溢作尸氣（氣可辨）津液上蒸面垢晦（色可辨面必垢晦非若傷寒紫色）風寒在表舌少苔時疫在表白厚蓋（舌可辨）或如積粉或淺黃迨傳入胃風寒類（風寒入胃則與時疫之舌同）初起神情即異常煩躁譫語不安寐（神可辨）脉亦不比風寒浮自裡出表沉遲配（脉可辨）須與氣色舌神參莫認陰寒用温劑（時疫多有脉細肌寒頗類陰寒者須參氣色舌神方不誤）迨出表時始不沉不浮而數模糊至（至數模糊）數而無力緣熱蒸但當解熱勿補氣風主疎泄寒凝濇二氣雖殊冷不熱其中人也昔不宣和受在表温散徹疫乃濕温之氣合而蒸

湯憑選擇（按此亦一法又有大熱而渴多欲冷水陽氣被遏熱合于骨遂致疫症又經云治疫獨取陽明）婦人臨經感疫止（經水適來感疫遂止）腰脇引痛消癖主經尽受邪血海空（此句言經水方歇適感疫邪乘虚而入血海）大柴胡湯逐邪出何故必兼少陽厥陰血室爲表症（以上謂熱入血室之症婦人晝日明了夜則昏乱如少腹痛而拒按者前藥加是承氣桃仁湯當宗小柴湯加減治之）娠疫失下致舌黑（此娠妊感疫或医者識淺不敢直下或病家过慎而不敢下往往致此可嘆）少腹墜結已傷胎有故無殞内經裁（故邪也殞落也言有邪則藥邪自當之不致碍胎也）下之梳冀母生（子也）回（然而危矣蓋至少腹墜急命亦在須臾間耳又按此症早下則母子双命萬無一失又若阳明未实决不宜下之此在医家權衡耳）

小兒時疫辨

小兒時疫類驚風（驚風無臭氣時疫乃有之）雅不須憑兒唇燥紅清解法方減小劑治之悉與大人同

時氣撮要

冬温

冬时非節之暖此屬春时陽氣發于冬时即爲不正之氣治法與傷寒大異蓋温則氣泄寒則氣收本相反也其症必心煩嘔逆咽痛身熱頭疼或欬嗽自汗或頭重面腫但始先咽痛次必下利陽脉浮滑陰脉濡弱（或在手法軟）與風温不異但时令不同治之不得不少異也　羅謙甫云治之宜用陽旦湯（桂枝芍藥甘草黄芩大棗）加桔梗玉竹　石頑曰少陰不藏得以入傷其經原非冒藏受病故用桂枝湯加黄芩驅散風熱也（桂枝湯加干姜名陰旦湯）若寒邪外薄温邪中結冷食内伏加干姜温散其中黄芩凉解其外（即陰旦陽旦湯之所）以必需咽痛甚者合甘桔湯欬者合桔梗湯下利合茯苓甘草湯或陽旦湯加葛根茯苓不應則温熱之氣併于陽明而蘊熱也葛根黄芩黄連湯　误与辛温表藥則熱邪益甚而胸膈

399 温病一得

《温病一得》，不分卷，一册。清張壺隱著。張壺隱，生平不詳。書首序言由建寧文人范毓桂作，稱學醫之人必須精通儒學，然後知醫理，後方可用藥，不可僅習方術而不得方理，如若不然，則不可辨證施治。并有“巢念修藏”字様。《中國中醫古籍總目》載録爲清鈔本。現藏于上海中醫藥大學圖書館。

該書根據葉氏衛氣營血學説，并綜合百家之言，首明傷寒及温病辨證之法，次言傳變規律及其治法。主要看法有：“傷寒多有變證，温病雖久，在一經不移，以此爲辨”；“辨舌爲治病第一要義”；斑疹的形成是熱毒不解，傷于血絡，斑疹出而邪已透，發熱仍不解者爲燥氣盛，胃津亡，“辨斑之死生雖在色之光亮晦暗，尤當辨其形之松浮緊束”；白痦初期病位在衛分，爲濕熱傷肺，邪雖出而氣液枯，則必須以甘藥補之；温熱之病辨舌之後則必須驗齒。又引陳平伯、薛生白、吴鞠通、王孟英之學術觀點，分析他們治療温病的經驗及觀點的異同。指出陳平伯、薛生白以三焦分述；吴鞠通强調六氣致病；王孟英視温證必察胸脘，且分夾濕與不夾濕，故不可見證夾濕而率投凉潤。書末對濕温病用藥進行總結，强調需辨其標本，正確處方。

本書爲撰者對濕温證治的總結，内容豐富，爲臨床治療濕温病證提供思路，但未出具體處方，是其不足。

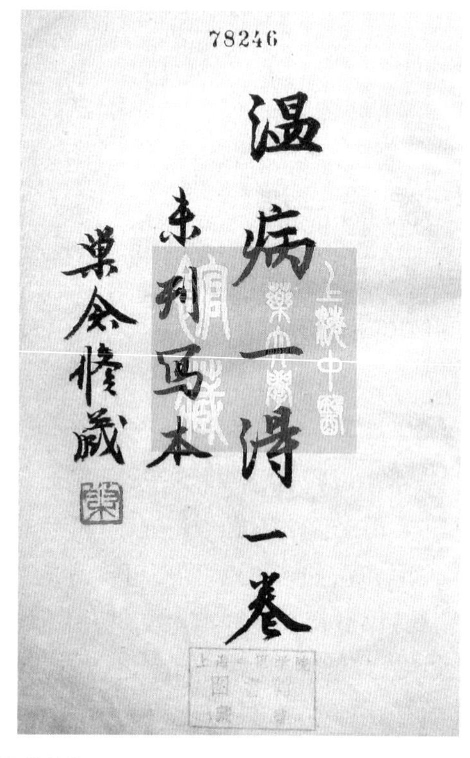
78246

温病一得一卷

未刊寫本

巢念修藏

温病一得序

吾嘗喘班孟堅志藝文取醫經經方房中神僊列為方技而吾家蔚宗撰後漢書劉昫歐陽修作新舊唐書遂並星相為方術方伎傳後世修史者乃沿為例以班范諸人有其才有其學而無其識未足以語此耳夫醫學之精微非天資

温病一得

張壺隐著

張仲景曰太陽病發熱而渴不惡寒者為温病若發汗已身灼熱者名為風温風温為病脉陰陽俱浮自汗出身重多眠睡息必鼾語言難出若被下者小便不利直視失溲若被火者微發黃色劇則如驚癇時瘈瘲若火熏之一逆尚引

400 温病方歌

《温病方歌》,不分卷,一册。著者不詳。是本爲己巳仲夏程氏重抄。程氏無所考。現存鈔本,藏于上海圖書館。藏館著録爲清鈔本。

是本爲小兒科醫籍,以歌訣形式爲主。有"審證按指""指紋五色""指甲三關紋""鼻唇目""脈息""舌苔""推拿""方歌"等八門。該書搜集多種兒科著作,對小兒病的診治、推拿法及辨證治療等作了輯録。其内容多取之于《醫醫偶録》《幼科全書》《幼幼集成》《石室秘録》等著作。所載方歌十九首,其中宣表湯、清火散驚湯、止肝湯、定吐湯、瀉火止瀉湯、散寒止瀉湯、壓驚湯七首抄録自《石室秘録》,萬全湯取自《傅青主男科》卷下《小兒科》。

是本所載内容均爲輯録,且相對單薄,并未體現作者的學術觀點。然其歌訣便于誦記,易于掌握,可供參考。

人參養血膏
益母膏
治小兒七十二驚風方
雙鉤藤二錢
炙麻根[illegible]
甘草[illegible]
有[illegible]
煎服
催生方
血餘 一錢
紅花 二錢
鱉甲[illegible]
全當歸[illegible]

審證按指

傷寒雙腳冷　有熱肚皮求
鼻冷知瘡疹　耳冷是風熱
渾身熱傷寒　上熱下冷食
面赤為風熱　面青驚可詳
心肝形此見　脈診辨溫涼
脾怯黃疳積　虛寒皖白光
若逢生黑氣　賢敗命須亡

401 温熱病論

《温熱病論》,不分卷,一函六册。包括《保赤要言》《温熱病論》《孫真人千金平脈法》《醫學闡微》《九九賦》《類選單方》六部書,爲系列鈔本。清王廷瑞著。王廷瑞,字輯五,又字鑑庵,乾隆年間醫家,北京地區儒醫,具體事迹不詳。據該系列鈔本《醫學闡微》的後序知,王鑑庵因屢試不第,束裝南游,曾于州縣任書吏,本欲納粟進于監生,但見官場腐敗,歸而業醫,又不屑與庸者爲伍,因而門不懸壺,唯與同志者討論醫道與經學,自號培因子,居室名旋吉堂。著有《易簡》與《心悟》二書,曾經付梓,又曾增删裁酌,復著爲《傷寒雜病論纂注》。但目前僅存《傷寒易簡》三卷,爲清乾隆四十一年丙申(1776)刻本,已成孤本。該系列鈔本亦屬孤本,不分順序,各具其名。現藏于中國科學院上海生命科學信息中心生命科學圖書館。

《保赤要言》前有自序,指出幼科病證雖不見于醫經記載,但辨證之要,亦可從醫經類推而明。後題“大清乾隆壬寅孟春北平花甲老人王廷瑞鑑菴氏書於旋吉堂”,可見是本成于1782年。内容首先爲“診嬰賦”與“論人生形軀”,叙述嬰兒先天禀賦與發病的關係,以及如何從脈象、症狀診斷嬰兒諸病。後記載嬰幼兒諸病的辨證論治,主要包括嬰兒初生疾病,嬰兒發熱、變蒸、格陽、小兒驚、疳、痘、疹以及小兒雜病,并附有常用方劑,内容豐富,切于實用。最後爲“附選單方”,録有紅粉丸、太極丸等九首方劑,以及赤白痢、諸瘧、吐瀉等内、外、兒科共六十八種疾病的驗方。是本末頁題以紅字“辛未(1811)五月十四日閲畢”,有圖章三方,分别爲“歸安”“斳滄之印”以及“中國科學院圖書館藏”。

《温熱病論》原題爲《温病闡微》,後經塗改。有“翰圃”及“中國科學院圖書館藏”兩方陽文朱印。前有自序,叙外感温熱病之源流,認爲温病理論源于《内經》，治法當遵仲景，而對吴又可《瘟疫論》之創言頗有微詞。序後記有“時大清乾隆甲辰年冬至月北平鑑庵王廷瑞書”，可見是本成于1784年。内容首先爲“温熱病論”（原爲“温病三論”），包括“一論温病内傷外感”“二論前人治温之誤”“三論治温當遵經方”。次爲“選録成方”及“附選備用方”，既包括柴胡湯、白虎湯、五苓散等經方，又記載益氣湯、地黄湯、育神湯、和血湯等時方。再次爲“客問”，共十三問，以問答形式比較傷寒、温病的辨治特點，叙述温病的傳變，以及婦人、小兒温病的治法等。再次爲“附論天行時病并録成方”，包括升麻鱉甲湯、寶花散、散痧湯等。繼之爲“録《内經》論温熱病所忌”，共十二條，并加以闡釋。而後爲“附録醫案以明汗後身熱脈大是虚非實”，記有醫案一則。後貼有一紙條，上寫“細心揣摩，看五七遍，明白温病亦通傷寒，不明者詳問，不可混過”。後繪有“傷寒六經傳變之圖”“温病四經相因之圖”，最後爲“傷寒六經傳變説”“温病四經相因説”，對圖示進行闡發，指出風寒病可由膀胱經傳腎經入腎臟、胃經傳脾經入脾臟、膽經傳肝經入肝臟，而温熱病傳變由太陽、少陽、厥陰、少陰四經相傳，并與津液虧耗密切相關。末頁反繪有北斗符，指出可避瘟疫。

《孫真人千金平脈法》，無序跋，包括“孫真人千金平脈法”“孫真人千金方録要”與“千金寶要注釋”三部分。“平脈法”中包括“分别病狀”“三關分切法”“審察病情”“診積聚脈”“分别陰陽”“何時得病”“察聲色訣”“臟腑氣絶”“四時反脈”“診脈動止”“諸反道脈”“診脈生死”及“三部虚實”等内容。“千金方録要”主要從臟腑角度，選録《千金方》中肝膽、心小腸、脾胃、肺大腸、腎膀胱以及諸風、傷寒瘟疫諸病之方，并以紅筆在重要方劑處作有標記。“千金寶要注釋”選録《千金方》中婦、兒、外、五官以及風水、疫渴淋等諸方，并加以注釋。是本將《千金方》的内容作了分類摘抄，便于實際應用。

《醫學闡微》包括“本草闡微論”、藥物選録與“治驗隨録”三部分。“本草闡微論”指出爲醫者讀本草“不在記其所治多病，衹在識其功用專能也”，應當重視藥物的性味及配伍。所選藥物分爲九大類，即“補陽”“補陰”“温熱”“寒凉”“達表”“通裏”“調和”“疏利”“固澀”諸品，以“習知習見，市常見易得之藥”爲收録原則，記載一百餘種藥物的性味功效，充分體現了著者“使學者便於參究，易於記憶”的目的。“治驗隨録”以“治一……用……”的格式，記載驗案約五十則，以小方、驗方爲主，惜過于簡略。是本有後序及其弟子所寫的跋兩則。“後序”叙其業醫的過程，以及從醫三十年間，著有《易簡》《心悟》，及《論温》《保赤》《脈訣》共十二卷，最後記有七律四首。一則跋爲其弟子嚴紹宗（又和）所寫，稱讚其師爲“真儒而明醫者”；第二則跋僅餘半葉，失其撰者。

《九九賦》無序跋及撰著時間。包括“九九賦”與“選良賦”兩部分。“九九賦”前稱“欲明傷寒百十三方，先考仲師八十一藥”，以賦體形式，記載仲景常用藥物的效用。“選良賦”前稱“九九賦中載品悉傷寒之藥，選良賦内百草備雜病之需”，所録藥物分爲：草部正品一百零八味、副品二十九味，木部正品三十六味、副品十二味，果穀菜部正品三十一味、副品九味，羸羽毛介鱗五蟲部正品二十四味、副品十七味，金石雜物部正品十二味、副品八味，以及補草部遺品三味。所記載以藥物性味功用爲主，清晰簡潔，易記切用。是本最後貼補醫案一則，爲皮膚乾癢燥裂，辨爲“陽氣不充於外”，減損前醫方中清潤凉藥，而加以生耆。案後記有“此案與前案，高明者自知。滋陰不敢斂，其學淺也”之語。

《類選單方》無序跋及撰著時間。共記載了内、外、婦、兒各科共四十餘種常見病證的治療方法，以單驗方爲主。例如以蘇木、乳香煎湯灌服，治中風口噤，服人參阿膠丸治療小兒驚後目斜等。天頭之處注明病證名稱，亦有補録之方。文中另插有《春苗賦》《秀實賦》两篇，内容似爲兒科辨治之法，但文義不甚清晰，又多塗改，當爲未定之稿。又載有瘧疾、乳瘡、蝎螫的咒法，以及火焠法的具體應用。

從該系列鈔本中的序跋及抄寫情況看，很可能是王鑑庵自己抄録的未定稿本。該鈔本内容豐富，涵蓋了外感病、診法、藥物、方劑以及專科治療，較爲系統地反映了王鑑庵的學術思想，其序跋可爲我們提供更多關于王鑑庵的生平資料。尤其從《温熱病論》一書中，可以看出王氏推重經典，崇尚仲景，倡傷寒涵括温病之説，當屬于傷寒派醫家。他提出的“温病四經相因説”，具有較完整的理論框架與實踐指導意義，對温病學理論的發展亦是重要補充。該系列鈔本具有較高的學術價值和一定的社會文化意義，值得進一步研究。

保赤要言自序

甚矣醫道之難也。先聖四經註釋多誤，後諸賢立說有偏，此求學之難也。儒士心務名利而不究性命之學，庸俗粗識文字而不達陰陽之理，此得人之難也。未達者不辨賢愚，欺世者妄談方脈，此行道之難也。人之生死有天命，病之安危有定期，此治療之難也。醫有四難，而惟賴精于四診者為疾病之寄託。素嬰兒之病，痛不能自達，指上之三關不足為準，而之幼科諸書率皆擬度為法，豈非難中之難者哉。乃庸俗自揣望道難見，而以兒醫為嘗試，以為驚疳痘疹傳有定法，其餘諸病可以即症擬藥湊合為劑者也。不知毫厘之差，致有千里之誤，是以都門之楷車鼎鼎，惟小兒之殤者最多也。予竭三十年之心思，注釋傷寒雜病論合十六卷，男婦老幼治無所異也。雖驚疳痘疹經無專書，而以陰陽

診嬰賦

嘗思神搏成形，陰體乃元陽之寄寓；胞胎濡染，病患有胎穢之濁污。誕生而六氣相通，故有外感之疾；乳哺飲食氣攘胃，因生內傷之灾。惟陽氣充實者偶病隨愈，若稟賦怯弱者常病多危。況變蒸非病，臟腑脆薄，藥石難任，草木豈可混施。相兒以髮黑肌堅知陰液之自盛，赤子取神旺聲壯辨陽氣之能充。睹視必須平正，俯仰切勿垂張。髮稀項軟，非稟足之兒；骨瘦肉浮，豈長命之子。黑睛若小，顖門休塌。紅白泛常，陰陽足而唇亦鮮；澤黑黃滯，精氣少而唇亦淡白。烏梗太陽，得病必重；青遮口角，肝乘脾，得病尤勢重。愛哭亦多纏綿。童脈以六至為常，審浮沉遲數以分表裏寒熱，虛實以盛衰為準，取滑澀以別積痰火寒。聲烈氣雄為火，餘于內息粗音重乃寒之束于標。先低後揚者實哭，初急終緩者虛啼。[illegible]

……諱有年矣。及箋註傷寒卒病論成，乃恍然悟溫病治法素載經文，向時未曾統會參究而不知也。歷年遵經於陰陽表裏和解調理，善保氣液，使之化行，使危者咸安而無不痊愈，試之無失，乃敢草著三論，留貽高明。類由闡微而闡發聖經之微，非是氏創論也。後起君子其聰慧過我、博覽廣識者，原恕希正，以期至當，則治溫熱二病，從茲而無誤傷之人也夫。

時

大清乾隆甲辰年冬至月北平鑑庵王廷瑞書

溫熱病三論第二冊

一論溫病內傷外感

夫歲運六氣周而復始[illegible]

溫熱病闡微自序

夫靈樞素問，軒岐救世之書也。上古少俞、少師之後，有長桑、陽慶、扁鵲、倉公諸賢，皆神明聖經而能應手活人者也。至南陽張子，始遵經立說，著傷寒卒病論合十六卷，醫藥方法乃傳於世矣。當漢末多事之秋，其論散亡，雖賴王叔和採輯成帙，但叔傷寒中風而卒病不載，所云太陽病而統風火暑濕燥寒之言者，盡隸於傷寒篇首，故溫熱二病後人無從尋其治法也。前哲許叔微、李東垣、喻嘉言辨叔和序文之失，標內經論溫之語，使實心求學者有緒可擬，但不推廣金匱不可汗下之旨，而於三百九十七法中尋取治方，使後學何所遵循哉。予賦質愚魯，而性愛醫學，[illegible]及深求內經而箋註傷寒卒病論成，乃知傷寒[illegible]

孫真人千金平脉法

分别病狀

、脉數者病在府，脉遲者病在藏。脉前大後小即頭痛目眩，脉前小後大即胸滿短氣。上部有脉下部無脉，其人當吐，不吐者死。上部無脉下部有脉，雖困無害。○數爲陽爲外，遲爲陰爲内。關前曰前，曰上部；關後曰後，曰下部。下部尺澤陰陽之本也。

、夫脉者血之府也。長則氣治，短則氣病，數則心煩，大則病進。上盛則氣高，下盛則氣脹，代則氣衰，細則氣少，濇則心痛。渾渾革革至如涌泉，病進而危；弊弊綿綿其去如弦絶者死。○伏細有力又爲鬱。脉渾渾者如泉之涌，革革者如皮鼓之鼓，弊弊者如斷落，綿綿者如烟漸散（寛緩而弛）。

、短而急者病在上，長而緩者病在下，沉而弦急者病在内，浮而洪大者病在外。脉實者病在内，脉虚者病在外。在上爲表，在下爲裏，浮爲表，實爲……

醫學闡微

本草闡微論

夫醫之爲道，不難於識病而難於用藥。莫不認病之差而終用藥多誤也。病有虚實寒熱表裏，其所見症候雖各不同，而陰陽錯綜之間每多疑似。倘不知某藥能治某症，則不免有誤施者矣。盖本草一書，自不知詳參症脉，探討病原，而於本草亦惟記其功用而已，則擬方合劑豈能適中其病哉！夫藥之開闔升降補瀉，是其性也；其味有五，其氣有四，以氣味之清濁厚薄入陰陽之臟腑經絡，合而爲劑，又在君臣佐使相協以爲用也。即如麻黄味苦而辛甘，氣温而輕，薄性主升散，故能通腠理而發汗，泄肺實以行水，入足太陽手太陰經，治傷寒頭疼脉緊拘急惡寒，加桂枝生薑以達表；喘息氣逆加杏仁石膏以瀉肺。本草又稱其能除瘴瘧，破癥堅積，療痹散……

九九賦

嘗思神農本經，傳藥法周天之度；玉函金匱，擇品於陰陽之金。欲明傷寒百十三方，先考仲師八十一藥。桂枝温行經絡而調和營衛；芍藥寒斂清血脉以安奠肝脾；甘草緩中和五内而解毒；瀉火生薑疏散，通表氣以行水除寒；大棗潤補，惟痞滿所忌；飴糖資助，乃虚燥所宜。麻黄開肺鬱而疏宣，發汗通散飲；杏仁泄肺滯以降痰，定喘止欬；厚朴温中散滿，因而除濕利膈；枳實破氣消積而化痰通凝；石膏清胃以及肺，善退肌熱；知母滋金以及水，能定渴煩；人參輔正贊内外以成功；粳米調中助金土而益液；茯苓勝胃濕，健脾安腎；猪苓滲胃飲，通利膀胱；白术燥中宫之氣，使土强而健，津液自長；澤瀉利水道之濕，使腎去而清……

類選單方

中風

中風口噤：蒼术、乳香、豆淋酒，吐痰即甦。○風痹口噤：雞屎白豆淋酒調服。○中風不省：側柏葉、葱湯調服。○風癇抽搐：苦參，童便湯調服。○癇症：附子、五靈脂，猪心血爲丸服。又甘遂末，入猪心煨熟，搗丸服。又小兒癇：人參、琥珀、硃砂，以猪心血合丸服。○小兒驚後目斜：人參、阿膠丸服。○風痰：石綠、薄荷湯調服。又膽丸。僵蚕末醋調服，吐痰并治喉痹。○産後中風：白鮮皮豆湯服。○又荆芥豆淋酒服。○風眩：白芷豆湯服。○破傷風：鹿銜草、白附子

402 温熱論

《温熱論》，不分卷，一册。無序跋及目録。清費函編著。費函，字養莊，歸安（今浙江湖州）名醫。《中國中醫古籍總目》稱該書成于清光緒二十六年（1900）。約計三萬五千字。現存稿本，藏于上海中醫藥大學圖書館。

此書摘取《素問》《靈樞》中温熱病的相關内容，如《素問・陰陽應象大論》曰："喜怒不節，寒暑過度，生乃不固，故重陰必陽，重陽必陰，故曰冬傷於寒，春必病温。"《靈樞・論疾診尺》曰："尺膚熱甚，脈盛躁者，病温也。脈盛而滑者，病且出也。"包括温熱病的病因、脈象、症狀、治法、治療禁忌及預後，進行詳細注解，并由此闡發作者觀點。

作者在書中提出自己的看法，如"故藏於精者，春不病温"，指出喻嘉言釋此"精"字爲男女媾精之精的錯誤，以《素問・評熱病論》"人之所以汗出者，皆生於穀，穀生於精"爲證，提出精乃穀氣，出于胃，而非腎也，胃氣不衰，則温病不起。其他如《釋重感於邪》《治五臟熱病必講色脈論》《治五臟熱病必宗表裏雙解論》等，均在糾正世人認識錯誤的同時，提出自己的見解，并引《素問》《靈樞》《難經》等書中的相關内容以爲佐證，附注説明佐證内容的出處，證據有力，使人信服。

本書集《靈樞》《素問》中温熱病的内容于一編，注釋其理以彰明其意，有裨于瞭解其源流，加深對其認識。

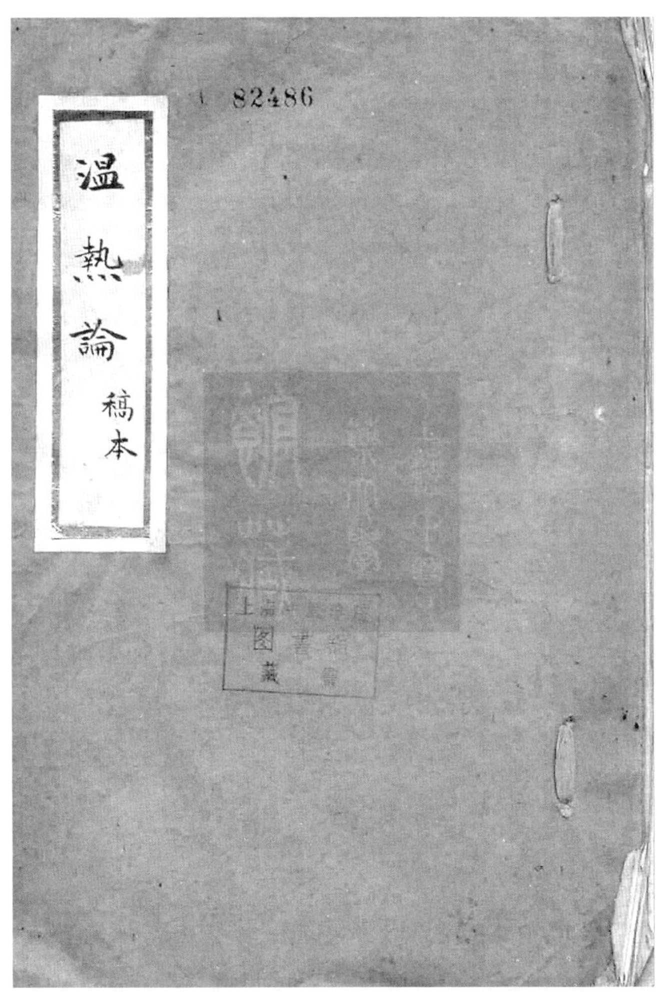
82486
温熱論
稿本
上海图书馆藏书

素問陰陽應象論曰喜怒不節寒暑過度生乃不固故重陰必陽重陽必陰故曰
冬傷於寒春必病溫
人之喜怒內傷五藏天之寒暑外傷六經一度受傷已為之甚若再受傷必
致生氣戕賊性命不固故曰喜怒不節寒暑過度生乃不固再且陰陽勝復之
理物極則反是故重傷於陰則陰為實而陽為虛重傷於陽則陽為實而
陰為虛陽虛則病寒陰虛則病熱及讀至冬傷於寒春必病溫則故曰兩
字緊頂上文重陽必陰之句一氣而下所謂重陽必陰者是指冬傷寒邪春
令病溫必遇重感而發故曰重陽必陰何者前代著溫病各家專譜冬傷
於寒春必病溫遂以了事毫無剩義尚有重陽必陰之義最是緊要
關鍵失於領會況且上文還有寒暑過度之句煌煌具在所謂過度者
豈非重感而言即軒岐之意叮嚀反復三致其意置若罔聞所以溫病原
委千古不明於世醫道失傳莫此為甚更不知四時之受邪各有分疆若
謂冬傷寒邪則腎先受之此其總也總則溫病之提綱步陰獨重又
曰冬者蓋藏血氣在中內著骨髓通於五藏此其分也分則溫熱之嘗
五藏皆具是故冬傷於寒留而不去先蓄內熱之根即為溫熱之胎
更遇春令重感於邪觸動裏熱病溫始成此春溫之常也還不知春
令重感何邪此春溫之實也傷寒例云若脈陰陽俱緊重感於寒變
為溫瘧陽脈浮滑陰脈濡弱更遇於風變為風溫陽脈洪數陰脈實

素問金匱真言曰夫精者身之本也故藏於精者春不病溫
人身之精世有兩說若謂夫婦媾精之精是腎藏之精也前代著作
溫病各家論以遠色慾為宗旨使腎精整藏可禦春病之溫攝生之
道最動人聽故喻氏嘉言遂論御女不輟謂之冬不藏精春必病溫
自詡獨得之秘為溫之大綱並經文何嘗指明精藏於腎耶而不知
素問評熱論曰人之所以汗出者皆生於穀穀生於精今邪氣交爭
於骨肉之間而得汗者邪卻而精勝也精勝則當能食而不復熱復
熱者邪氣也汗者精氣也則人之汗亦可為精而理尤確蓋人穀入
於胃游溢精氣調和於五藏灑陳於六府於此奉身故曰精者身之
本也至於藏精之義者即冬三月此謂閉藏水冰地坼無擾乎陽使（蓋軒岐之旨實指汗液精氣為精其理自明）
志若伏若匿無泄皮膚之意而人修養之道一年之計獨重於冬所
謂勢甚周密君子居室外不勞形內不妄汗腠理不開則真氣內藏
如是而釋則藏字之義精字之義自然流出故曰藏於精者春不
病溫此聖人不治已病治未病之深意也
素問評熱論曰汗者精氣也可知精即是汗汗即是精此兩者僅可互
而稱之何前人皆誤會腎之精為精也惟吾友陸君九芝著有世
補齋醫書及莫君枚士著證原一書此兩君當世之淵博潛心於
靈素皆論人之汗為精始信吾道不孤必有其儔傷寒例云辛

403 傷暑論

《傷暑論》，六卷。清徐鶴（字子石）撰。成書于清光緒三十二年（1906）。作者自少罹患目疾，遂專心于岐黄。鑒于自《傷寒論》問世，醫家大都以傷寒爲辭，而于暑證甚略，且以陰暑論之，所以更覽《内經》，参以閲歷，略爲辨論，詳加考證，取其精華，弃其糟粕，著成《傷暑論》。明辨暑爲陽邪，力辟陰暑之謬。然暑必夾濕，濕爲陰邪，温中燥濕之治，故于論暑之外，另立寒濕篇。此書卷首有于鬯、丁甘仁、楊而墨分别所作序文，另有自序與凡例。現存稿本，藏于上海中醫藥大學圖書館。

本書首論“原病篇”，闡經論三十九條，引《内經》及先哲名言，兼附作者己意釋之。卷一分爲兩部分。首爲“辨論篇”，列《傷暑總論》《風寒暑濕燥火六氣辨》《温熱暑三字解》《辨温即熱之證據》《辨熱即暑之證據》《辨暑與火治法相同之證據》《陰陽水火論》《傷寒主六經温熱主三焦説》與《五氣宜汗忌汗論》，凡九篇。次爲“藥彙論”，分列祛風、散寒、温寒、清暑、凉血、清暑燥濕、燥脾理濕、潤燥、瀉火、涌吐、凉下、温下、潤腸破結、消導、通竅、消痰、殺蟲、行氣、破血、通經、收斂、安鎮、補氣與養血共二十四門藥物功效。卷二至卷四分論上、中、下三焦篇。“上焦篇”列述傷暑、春温、風温、熱病、傷燥、冬温、冒暑、中暑、伏暑、暑濕、瘟疫、温毒、温瘧各邪侵犯上焦所致病證，後附察舌、驗齒法，全篇含治法四十二條、方三十首、附方十八首；“中焦篇”列述傷暑、中暑、春温、風温、熱病、傷燥、冬温、暑濕各邪侵犯中焦所致病證，全篇含治法五十七則、方二十一首、附方八首；“下焦篇”列述中暑、春温、風温、熱病、傷燥、冬温、婦人傷寒、暑濕所致病證，兼附愈後調理，全篇含治法十九則、方二十五首、附方六首。卷五爲“寒濕篇”，分論上焦寒濕、中焦寒濕、下焦寒濕及秋燥勝氣論。卷六爲“正誤篇”。摘録方書中的差錯數十條，加以辨正，强調立法應據醫理。

本書命名“傷暑”，實爲温熱證治專書，闡述“以暑爲温病之綱”這一學術思想，主張四時温病、熱病應皆以傷暑統之。編寫體例仿吴鞠通《温病條辨》上、中、下三篇之式。書中凡先哲之言必標明出處，未標者屬作者之意。兼附歌訣，便于記誦。本書對温病學研究有參考價值。

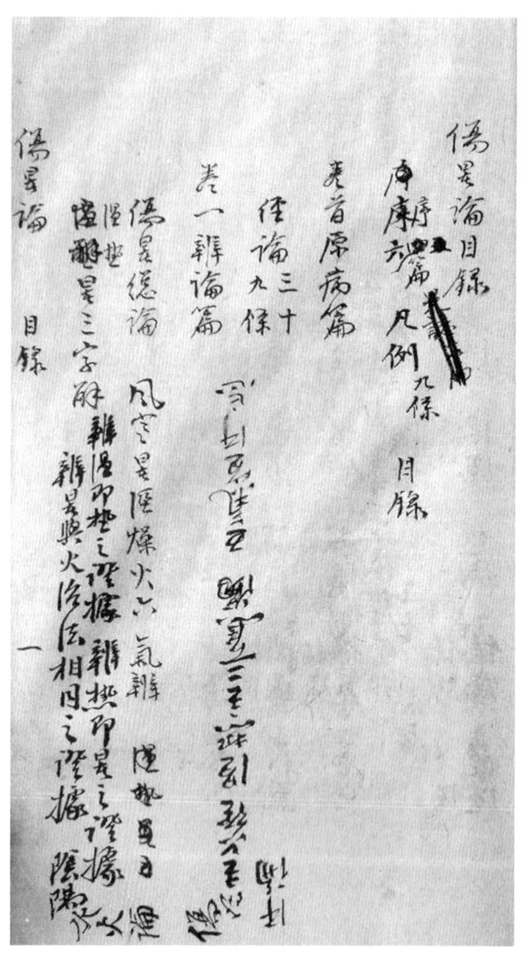
傷暑論目録

序 凡例九條 目録

卷首原病篇

經論九條

卷一辨論篇

傷暑總論 風寒暑濕燥火六氣辨

温熱暑三字解 辨濕即熱之證據 辨熱即暑之證據

辨暑與火治法相同之證據

傷暑論 目録 一

404 傷寒瘟疫考

《傷寒瘟疫考》,不分卷,一册。日本雨森宗信(源年美)撰。成書于嘉永壬子(1852)。雨森宗信,生卒年不詳,據書序可知,其家世業醫,是書成稿時年已過五十。作者初讀《瘟疫論》,曾認爲其立論深奥而拳拳服膺,謂吴又可堪與仲景相比,但隨着認識的深入,漸生疑義,日久而成此書。現存稿本,藏于上海中醫藥大學圖書館。

書前存《傷寒瘟疫考序》。正文按内容可分兩大部分。一爲《傷寒瘟疫考》,主要駁斥吴又可《瘟疫論》中的某些觀點。如吴氏認爲傷寒與瘟疫二者不同,該書則指出傷寒之寒非指冬寒之寒,而是對賊風戾氣的通稱,故傷寒與瘟疫實際爲同一種疾病;又如吴氏認爲時疫之邪自口鼻而入,該書則認爲口鼻毫竅均通于天氣,二者實爲同一途徑等。其餘部分爲雜説,包括《感邪腠理口鼻論》《暑寒論》《疫有多寡厚薄論》《陰陽虚實論》《半表半裏説》《汗吐下温凉和針灸刺絡蜞針灌水温泉説》等六篇醫論,涉及瘟疫的傳播途徑、發病規律及外感病各種療法等。

該書立論側重對古代文獻的徵引,以考證的方法來反駁吴氏觀點,未免有厚古薄今之嫌。但從成書的過程也明確可知,作者的觀點是在長期醫學實踐基礎上逐漸形成的,包含了作者對瘟疫的認識與經驗,書中某些觀點也確鑿地指出了吴氏著作中之不嚴密處。該書對研究寒温之争及中日醫學交流均有一定的價值。

傷寒瘟疫考序

天之為道陰與陽也、夫天道惡偏以偶為全矣、雖然、
凡察萬物之形性、有偏有偶有正有奇矣、究竟不能
悉混成也、孔子曰言不忠信、行不篤敬、雖蠻貊之邦
不行、是常與正之言也、孟子曰大人言不必信、行不
必果是奇與權之言也、治療之術亦同之、故非應常
正奇權之機、得補瀉溫涼輕重疾除之宜、合于天地
之數、則烏能奏起死回生之功哉、其於混成之術亦
難矣、予承父祖之業、篤志勤勞三十餘年矣、療病者
萬數、而其幸救臨死于無何有之鄉者、十之一二、倉卒
之際、使陷于非命者、可亦屈指矣、秋霄冬夜、每一

念至于茲、歎息矣、今馬齡過知命、而無一事之
成功、固雖才能淺陋、無過人智識、可默止以、
蓋明吳有可絕類離倫之士、張氏之后殆二千年、而
有此人、猶孔子有孟軻氏、讀溫疫論、不能通曉
眷服膺、嗣后有所復讀數次、漸覺
不平矣、是以記數條、名曰傷寒溫疫考、茲
壬子仲冬、取舊稿再校謬誤、而附雜說、俟來哲
之斧鉞、謾立言以衒、予所不好也、磔陽源年
美書于東都城北香芸軒

傷寒瘟疫考　瘟溫同

雨森年美宗信　撰

傷寒者、熱病外邪之總稱也、俗謂之疫、又謂疫癘天
行時行矣、溫疫暑疫者、皆外邪之區名、而傷寒之異
稱也、

按疫字上置瘟字、病字上置溫字、疫字上置暑字、猶石字上
加堅字、馬字上加白字、而其為馬為石、無異耳、溫病
溫疫、晚春初夏之病名也、暑疫、盛夏初秋之病名
也、較之冬時、則皮膚不緊密、故惡寒少而發熱多、二
者、俗皆稱熱、即傷寒也、中暑、盛夏初秋之病名、而
雖重症、必經三四日輒愈、不與暑疫同矣、中寒盛
冬初春之病名、而與中暑傷暑中暍同義、

405 傷感合編

《傷感合編》，八卷。清代劉謙吉（益齋）編，咸豐九年（1859）稿本。書名頁及書末有“江西高安謙吉”“江西高安益齋”“高安劉謙吉診”“復診隨帶原方”印章四枚。現藏于上海圖書館。

是書卷首有自序、凡例、内傷外感辨，後列傷感合編。卷一至四爲“外感編”，下設傷寒、中風、温病、熱病、濕病、暑病、燥病、火氣各門證治。卷五至八爲“内傷編”，下設飲食、虚損、水病、痰飲、氣病、血病、鬱病、蟲病各門證治。編者自序闡述本書宗旨曰：“余本十餘年研求，類集内傷外感證治而成者也。竊自髫齡酷嗜岐黄，每覽古今方書……分觀之各有所偏，合參之實得大全，此内傷編所以不拘一家之説也。”是書特將外感、内傷諸証分門别户，詳列綱目，層層推勘，并每門附圖，以便臨證檢查，按圖識證，因證獲方。論述醫理注重外因内因，外因以六經分析病情，内因以三焦區别部位，以便初學者領會。所附雜證隨其外感内傷諸門證候依次列出，病象不同，病因相同，故諸病可以類治，方藥亦可互用。

是書重在歷叙夾証，并逐門附以醫案及方藥，以便參考。

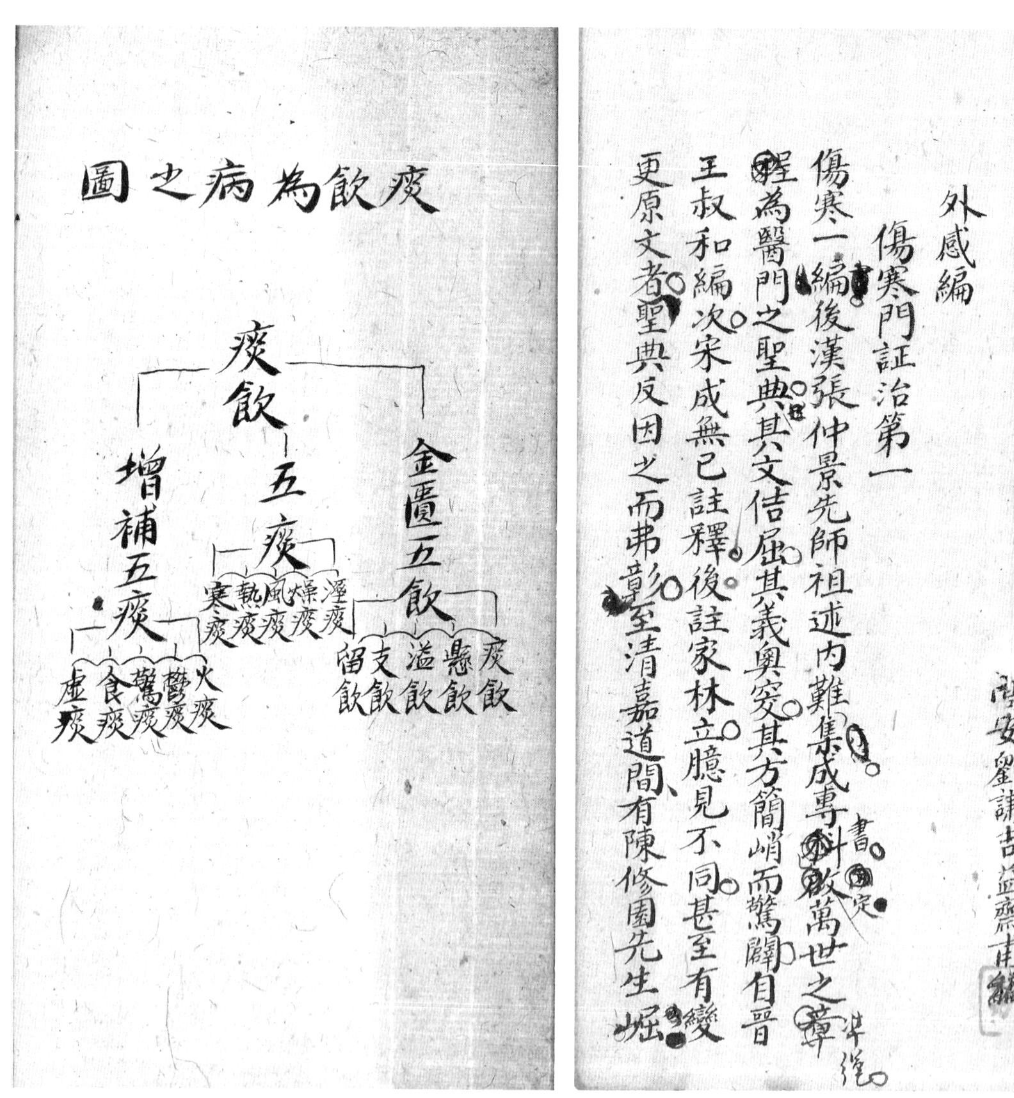

傷感合編卷一

潁安劉謙吉益齋甫編

外感編

傷寒門証治第一

傷寒一編後漢張仲景先師祖述内難集成專科欲萬世之章程為醫門之聖典其文佶屈其義奧窔其方簡峭而驚闢自晉王叔和編次宋成無己註釋後註家林立臆見不同甚至有變更原文者聖典反因之而弗彰至清嘉道間有陳修園先生崛

痰飲為病之圖

406 壽命無窮

《壽命無窮》，八卷，一册。不著撰者。無序跋。目録八葉，全書約十七萬字。《中國中醫古籍總目》載録爲清鈔本。現藏于上海圖書館。

本書是論述内科疾病的專著，對于每一疾病，詳述病因病機、治療方法，并載有醫案。全書計分五十四門，載醫案五百二十八則。卷一依次爲：玉京仙譜，計十一節；固元仙丹，載兩方；泄瀉症門，病案辨析九則；痢疾症門，病案辨析十五則；内傷症門，病案辨析二十三則；痰飲症門，病案辨析二十一則。卷二至卷八爲中風門、痹症門、心痛門等。每種疾病，先整體上論述病因病機，再列舉醫案。如泄瀉一症，作者曰："泄瀉之症，其類多端，諒由飲食所傷者多，復有雜合之邪，皆令暴注泄瀉。《經》曰：泄者，如水之奔泄，行而有聲謂之泄；瀉者，如水之傾瀉，來而流利無聲自行謂之瀉。"認爲泄是脾犯胃，瀉是胃犯腸。指出泄有五：有溏泄，有鶩泄，有飧泄，有濡泄，有滑泄。并對其進行辨析，如：溏泄，大便尚稠，漸下污積粘垢，或腹中痛，此濕勝兼熱症；鶩泄，所下澄澈清冷，小便色白如鴨糞，或腹中刺痛，咽下清水，此濕兼寒症。泄瀉病案辨析：有人長年作瀉，五更時必痛瀉二三次，重則五六次，至日間又不瀉。兩尺脈沉遲無力。此病是從脾胃虚寒而起，久瀉亡陰，脾傳入腎，命門火衰，不能蒸腐水穀，水濕不化氣于膀胱，而反走大腸所致。五更，其位在北，正腎水主令之時。此病須用補水之味，尤須于補水中兼補其火。方用填坎湯：山茱萸五錢，茯苓五錢，巴戟天三錢，肉桂二錢，車前子二錢，北五味二錢，人參二錢，芡實五錢，白术（炒）五錢。水煎服。一劑瀉輕，再劑瀉又輕，連服十劑而愈。

綜觀全書，所收病種較多，醫理通曉暢達，選方多爲歷代名方，是一本有價值的内科臨床參考書。

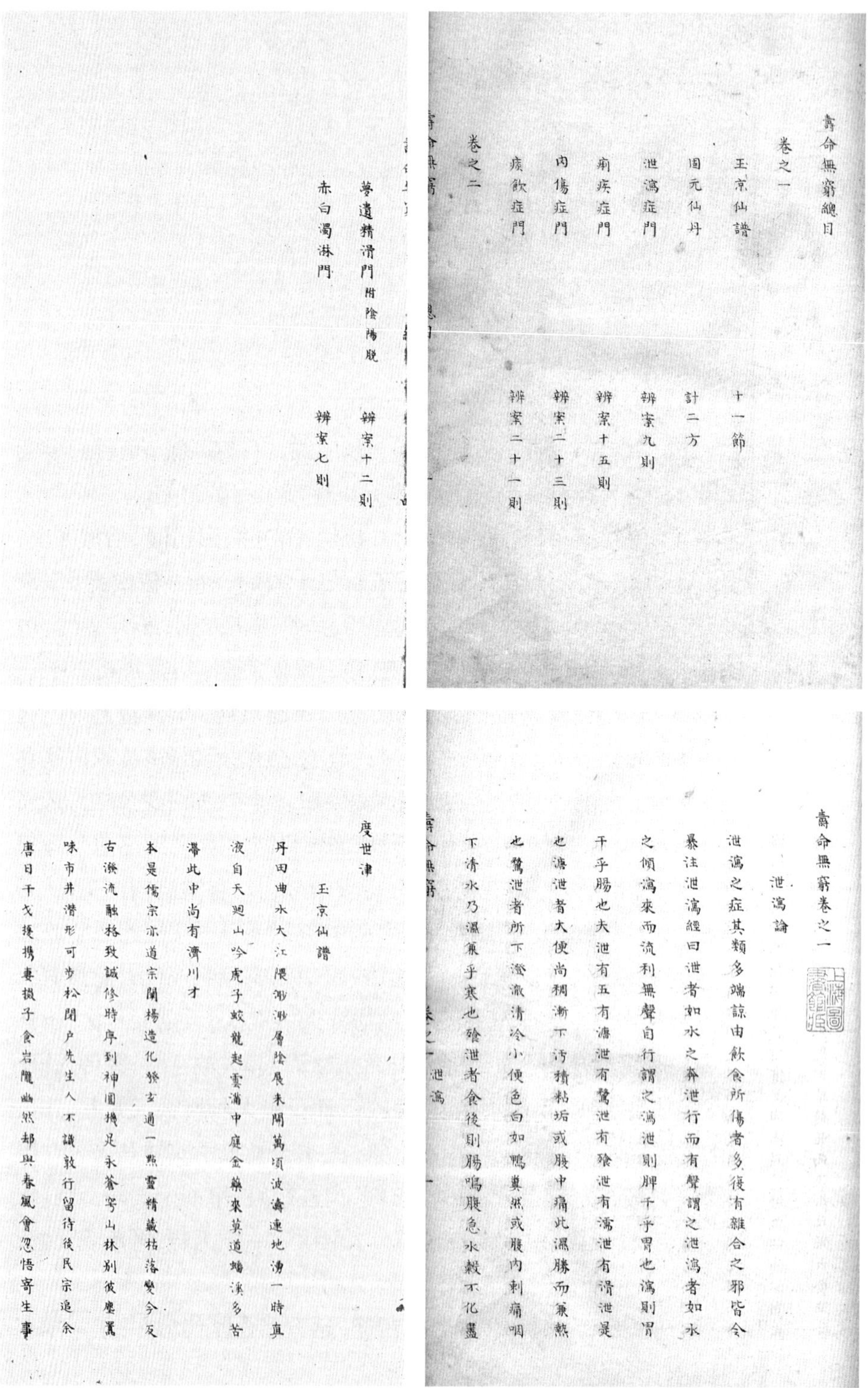
壽命無窮總目

卷之一

王京仙譜　十一節

固元仙丹　計二方

泄瀉症門　辨案九則

痢疾症門　辨案十五則

内傷症門　辨案二十三則

痰飲症門　辨案二十一則

卷之二

夢遺精滑門附陰陽脱　辨案十二則

赤白濁淋門　辨案七則

壽命無窮卷之一

泄瀉論

泄瀉之症其類多端諒由飲食所傷者多復有雜合之邪皆令暴注泄瀉經曰泄者如水之奔泄行而有聲謂之泄瀉者如水之傾瀉來而流利無聲自行謂之瀉泄則脾干乎胃也瀉則胃干乎腸也夫泄有五有溏泄有鶩泄有飧泄有濡泄有滑泄是也溏泄者大便尚稠漸下污積粘垢或腹中痛此濕勝而兼熱也鶩泄者所下澄澈清冷小便色白如鴨糞然或腹内刺痛明下清水乃濕氣乎寒也飧泄者食後則腸鳴腹急水穀不化盡

度世津

王京仙譜

丹田曲水大江懷渺渺層陰展未開萬頃波濤連地湧一時真液自天廻山吟虎子蛟龍起雲滿中庭金蘂來莫道蟠溪多苔滯此中尚有濟川才

本是儒宗亦道宗闡揚造化發玄通一點靈精藏枯落變今反古濺流融格致誠修時序到神圖機足永蒼穹山林别彼塵囂味市井潛形可步松閣户先生人不識敦行留待後民宗追余唐日干戈擾携妻挈子食岩隴幽然却與春風會忽悟寄生事

407 瘧痢中風秘要

《瘧痢中風秘要》，不分卷。清金清桂撰。宣統三年（1911）張雄喜鈔本。書衣題“蘆醫生張雄喜藏本”。金清桂（1870–1941），字蘭升，號石如，晚號冬青老人，江蘇常熟人，工醫善書畫，從學于柳寶詒，善治温病，著有《醫學初步》《冬青醫案》《醫學芻言》等。書前題“受業夫子蘭升先生臨症廿三年經驗良方秘要”“張雄喜學習時抄録的要”，書末附小志云：“宣統三年秋九月，張雄喜氏書于業師處養雲仙館新屋中東窗之下。此時時局大亂，八月武昌革命起義，東南諸省回應獨立，刻下和議未成，新軍圍攻南京，未分勝負也。”鈐印有“張雄喜”。《中國中醫古籍總目》及《中國醫籍大辭典》中該書作者均作“蘭升”，據書前所題“蘭升先生臨症廿三年經驗良方”與金清桂其人生平推斷，此“蘭升先生”即金氏。另《中國醫籍大辭典》中書名誤作《瘧疾中風秘要》。現存鈔本，藏于上海中醫藥大學圖書館。

是書論述泄瀉、痢、瘧疾、痛痹、痿躄及中風六種病證，其中泄痢及中風論述最詳，每證均以記録經驗良方爲主。如泄瀉一證，先列平胃散、理中湯、參苓白术散、木香檳榔丸等九方所治瀉證，次論“長夏濕勝爲瀉”“久瀉”等，最後列泄瀉常用藥，如滲濕用赤苓、滑石，清熱用川連、川柏、黄芩，和中止腹痛用炙草、焦白芍等。痢證後附論血痢及紅白痢。中風一篇論及中血脈、中臟、中腑、體質偏熱或偏寒者中風、閉證、脱證等，以及類中的濕中、虚中、氣中、食中等的證治。認爲中風得之于真氣先虚，營衛空疏，邪乘虚而入，故宜先治氣。

是書爲金氏多年臨證的經驗之作，注重對證狀的描述以及針對這些證狀使用的方藥，而不重理論叙述。間或提及醫理，也多爲簡短實用的治療大法，如“陽瘧後須養胃陰，陰瘧後須理脾陽”“治痹之法不外乎流暢氣血、宣通脈絡、祛邪養正”等。除成方外，自擬方劑製方嚴謹、藥少力專，但多不録劑量。個别經驗方如瘧疾篇末有“通絡逐邪法忝用壹號方”，衹有方名，沒有藥物組成。該書對臨證有一定的參考價值。

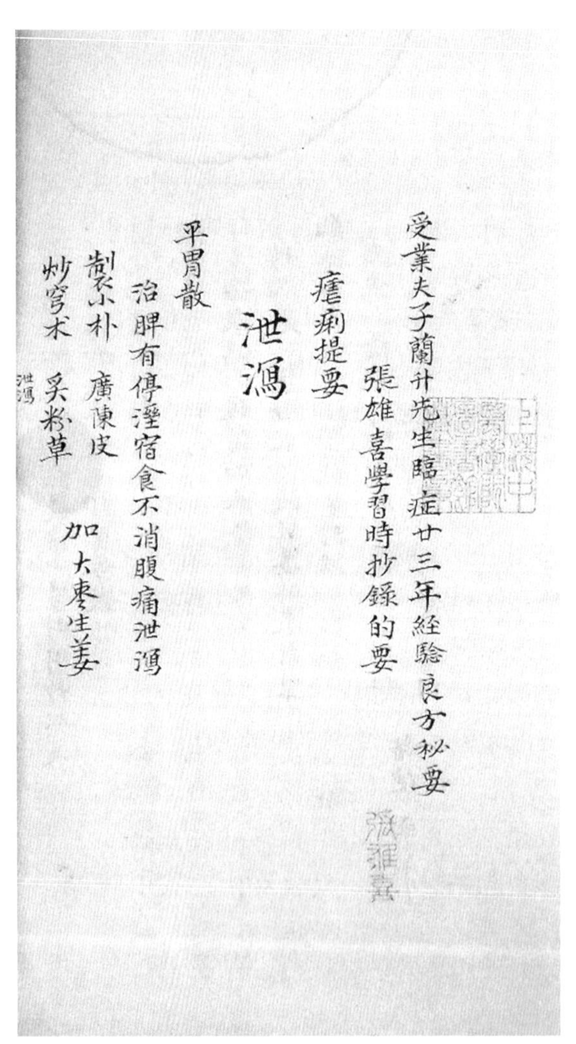

受業夫子蘭升先生臨症廿三年經驗良方秘要
張雄喜學習時抄錄的要

瘧痢提要

泄瀉

平胃散
治脾有停溼宿食不消腹痛泄瀉
製川朴　廣陳皮
炒蒼朮　炙粉草
加大棗生姜

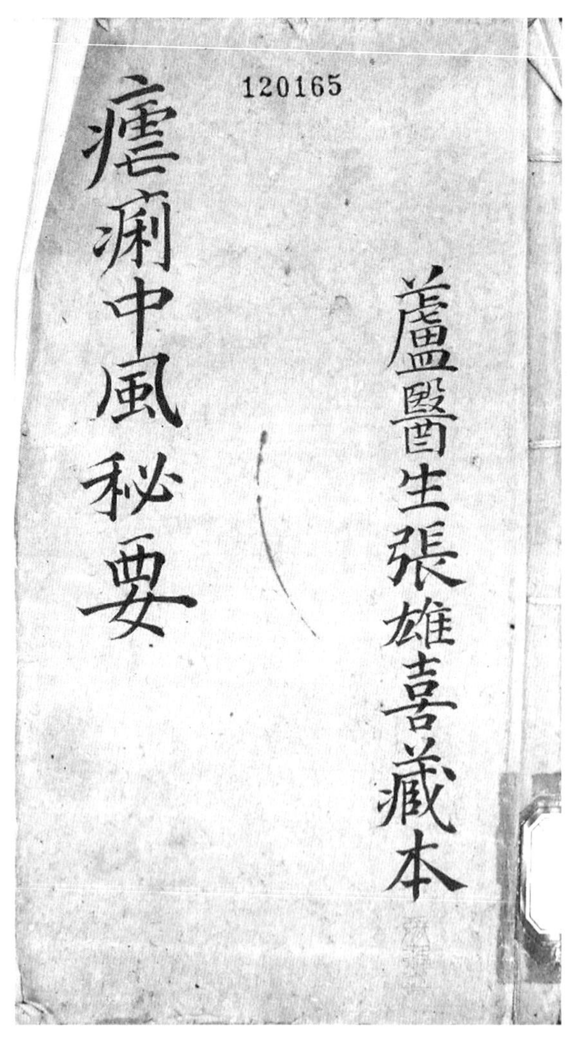

120165

瘧痢中風秘要

蘆醫生張雄喜藏本

408 瘋癆臌膈辨

《瘋癆臌膈辨》，不分卷。清林翼臣著。林翼臣，生卒年不詳，字濟清，四明（今浙江寧波）人，擅長針灸。是本有序，落款爲“光緒癸巳孟夏之月世愚弟盧挺芳拜序”，據此，是本成于清光緒十九年（1893）。現藏于上海圖書館。另有1894年上海文瑞堂（樓）石印本及1934年中華書局鉛印本。

是本分列《中風類中辨》《虚損癆瘵辨》《水腫臌脹辨》《噎膈翻胃辨》四論，附《梅瘡下疳辨》。林氏有感于歷代醫家對瘋癆臌膈四症的認識非常籠統，而辨證有差，治法常錯，誤治轉危者甚多，故立足于辨證，對瘋癆臌膈及形同病异之症一一分類辨述。如辨中風類中，先細辨二證之異同，并將諸風及形同病异之症詳載于後。如：“風痹，即行痹也，其症痛無定處，肢節亦有微腫之形；寒痹，即痛痹也，其症痛處不移，疼痛莫移。”對癆病一證，林氏指出醫家往往誤認爲虚損。因癆病内有癆蟲，若按虚損治療，必投滋陰膩補，而無殺蟲藥餌，“以致其蟲愈補愈多，其症愈治愈劇”。後附《梅瘡下疳辨》，提出治療此症，醫者切不可貪求速效而用異藥。因异藥内有輕粉、三仙、銀朱，均是水銀所煉，服之日久必變結毒。

該書條析分明，議論中肯，且文字簡要，重點突出。既總結了前人經驗和理論，又體現了林氏注重辨證的學術觀點和辨證施治經驗，可供臨床參考。

數法奇正補瀉順逆三百六十穴按穴施治其有可不必針灸者則仍以湯藥調理故瘋癆臌膈及一切疑難諸症無不奏效余與君比鄰七八年中往來尤密其明效大驗多所目擊竊以為古法神妙惜無傳人如林君者庶乎升其堂矣林君著有瘋癆臌膈四大症辨索序於余余本醫家門外漢也何足以知君之高深但見辨中条析各明議論宏敞非三折其肱安能洞達至此此辨一出吾知病者不悞於藥醫者不悞於症洵可補前人之未備而為後學所取資而益嘆君之所以著手成春非偶然也是為序

光緒癸巳孟夏之月 世愚弟盧挺芳拜序

瘋癆臌膈辨目錄

瘋癆臌膈辨

中風類中辨

四明 濟清林翼臣著
俊卿胡仲庚校

蓋真中類中初起咸有猝倒之形危殆之象然其病狀雖似而治法不同使不辨症投劑則貽悞不少矣吾試即真中類中詳辨之夫真中有三中臟中腑中經是也類中有八寒中暑中溼中火中食中惡中氣中虛中是也稽考名人遺書張劉李朱四大名家雖悉遵經旨論說不同而張景岳有謂中風非風也著有非風論而方多不效王清任謂中風全是氣虛著有補陽湯似乎過高惟程國彭論之最詳俾學者開卷洞然可謂補前人之所未備焉中臟之為病多由老年

409 暴證知要

《暴證知要》，上下兩卷。明沈野輯，顧自植校。沈野，字從先，明代吴郡人。精篆刻，著有《印談》一書。亦工詩，有《卧雪集》《榕城集》等。喜游歷，善結交，曾至魯閩贛，與當地文人徐㶿、曹學佺等交往。本書多處載其游歷所見。沈從先雖非業于醫，但吴門醫者甚多，又其父業醫，耳聞目濡之下，亦熟稔岐黄之學。本書前無序，有顧自植與沈從先書信一封，記本書受"聖心佳賞"，予以付梓之事。正文首頁有"岡崎氏藏書印"。現藏于中華醫學會上海分會圖書館。上海中醫藥大學圖書館也有收藏。

本書收録中風、中暑、霍亂、絞腸痧、脱陽、自縊、血暈、産後諸證、兒科痘疹驚風等暴證七十八種，每證下簡述病因、症狀、治則、治法，爲古代救治急症惡候之醫書。本書所輯多爲藥物易尋、行之簡便的良方奇法，旨在救人于危難之時，活人于頃刻之間。如中暑一證，僅記治法三種：剥蒜納鼻或研蒜水灌；熱水或熱土覆臍；生薑或生葱水研灌下。此中藥物簡便易得，無丹丸成藥之時，亦可信手而來，以解危急之情。又舉中暑案，"一養馬僕，馳馬出局，下忽仆地，絶急。以五苓大順散灌之，皆不驗已"。後用蒜與熱土和水雜研，"决其齒灌之，少頃即蘇"。沈野按曰："余嘗論藥不分貴賤多少，以對病爲要，所以五苓大順不如大蒜之易而神驗也。故桯塵破屨、敗草陳灰、敝綱短扇，不啻百數，古人不棄，皆得盡其才，力顯其功勳。"沈野亦推崇湯方與針刺灸法合而用之，認爲"醫兼針灸乃可多活人"。舉狄梁公、張文仲、陶弘景等于危急時刻施針灸之法以救人之醫案，批判"今人不屑爲針灸"之偏見。本書所載單方甚多，複方藥物也不過三五味，亦合外敷、烟熏、火刺、點香等法。如治舌腫，蒲黄爲末，摻舌上；邪祟，皆痰火所爲，蒼术一味，置于患者周圍，點火烟熏；喉閉，用巴豆油塗紙上，捻條子點火，令病人張口，滅火吹烟入喉；急心痛證下僅載一方，鳳凰衣、乳香、没藥爲末，臨卧酒服。這些方法爲急證救治提供了方便。

本書論述暴病證治，以精爲要，蓋因字少書薄，便于攜帶，情危之時，便于查閱。又以藥少易得、方簡行便之法，以急緩危證。由于時代局限，本書亦載病者頭上置《周易》、見品行高尚者病即愈之類的治法，或爲精神療法，或是巧偶之事，尚難定論，有待進一步考證研究。

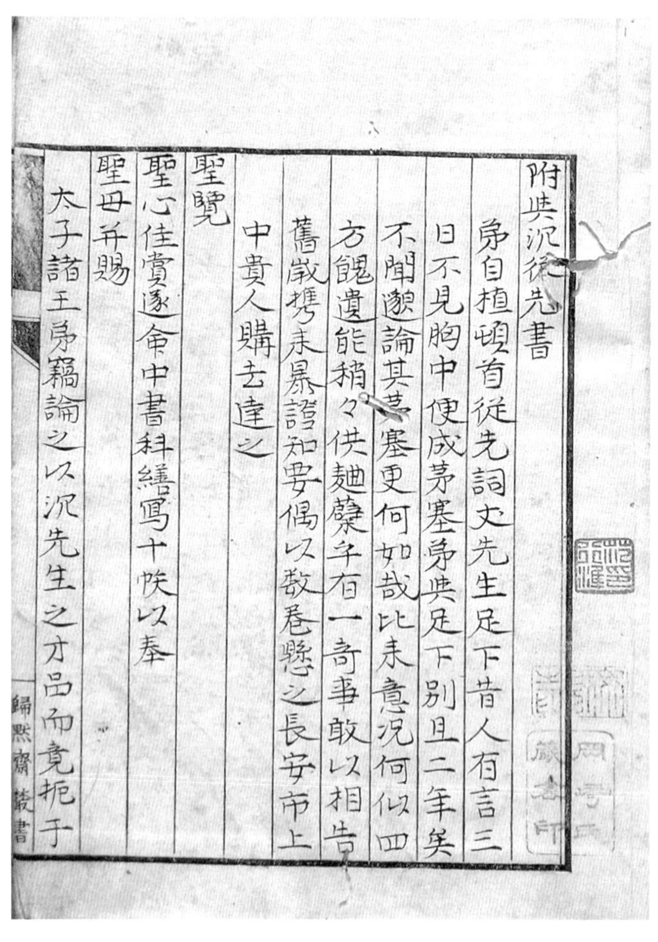
附與沉從先書
弟自植頓首從先詞丈先生足下昔人有言三
日不見胸中便成茅塞弟與足下别且二年矣
不聞激論其茅塞更何如哉比來意況何似四
方餽遺能稍々供麯糵乎有一奇事敢以相告
舊歲携來暴證知要偶以敬卷懸之長安市上
中貴人購去達之
聖覽
聖心佳賞遂命中書科繕寫十帙以奉
聖母并賜
太子諸王弟竊論之以沉先生之才品而竟扼于
歸默齋藏書

於字剞本无

布衣游戲于詩酒醫藥之閒可謂不過矣偶輯
一編能當
聖心致勤中書之筆札非所謂不遇而遇者子然而
況先生猶然布衣也上不能取卿相次不能賜
白璧黄金家徒四壁則又遇而不遇矣造化其
謂之何哉足下能不以室家為累未游 京師
安知不聲振於公卿閒其後福且未量儻尚未
能脱然猶戀戀於鄉閭則惟有俟弟歸㴠酒相
為歡耳書板已作字付小兒促歸不盡

暴證知要目録

歸默齋讀書

410 瘢疹必讀

《瘢疹必讀》，不分卷。清魏士芬、徐榮達撰，王介眉傳抄。魏士芬，字芝汀；徐榮達，字菊畦。皆爲雲間（今上海松江）人，生平不詳。封面題“奚松如藏”。正文中“寧”字缺筆，“玄參”均作“元參”。清咸豐二年（1852）成書，現存光緒乙酉年（1885）鈔本，藏于上海中醫藥大學圖書館。

書前存叙、凡例。叙中提及當時瘢疹發病的病因及特點，“天道南行，冬不藏陽，每多温暖，及至春令反有凜寒，皆爲非時沴之氣。感觸者蘊釀成病，所以其證發，必一方長幼男女相似，甚或傳染，與厲疫同”。正文分“瘢門”與“疹門”兩部分。瘢門中先述瘢原及瘢證主治大法，後分述温熱發瘢、時疫發瘢、温毒發瘢、陽毒發瘢、内傷寒發瘢、陰證發瘢及發瘢喉癰的病機、證狀和治法，論述頗爲詳細。如時疫兼發瘢爲半表半裹之證，治用河間雙解法；内傷寒發瘢因暑月外受風凉並内傷冷物，寒氣逼其暑火浮游于外而發；陰證發瘢則因元氣虚弱，或欲事傷腎，或誤服寒凉太過，寒伏于下，逼其無根之火聚于胸中，熏于肺胃，傳于皮膚由此致病。疹門以麻疹爲主，兼及其他。先叙疹原、麻疹輕重、麻疹主治大法、麻疹未出證治、麻疹收沒證治，“麻疹主治大法”中强調疹沒後應養血；次論麻疹兼證治法，如身熱不退、煩渴、譫妄、喘急、咳嗽、喉痛、失音、嘔吐、泄瀉、痢疾、腹痛、衄血等；最後論瘙疹、蓋痘疹及癮疹，旨在與上述瘢疹鑒别。

本書將瘢、疹并列，認爲二者皆發于營分，治療上早期應以透發爲主，不可早用寒凉，不應用燥烈之品或驟加膩補，即使孕婦，也“先宜透表，次用清熱，不可泥胎執用養血等藥”；而麻疹與痘證在病機、治法上相去甚遠，前者屬陽，治法如前，後者屬陰，當外疏内托以助膿，故前世醫書將疹附于痘後不甚合理。全書結構清晰,每 證先以七言韵語概括,并出注加以發揮,後列方藥及方歌。但諸方中衹列藥名,不録劑量。本書對癍疹治療有一定的參考價值。

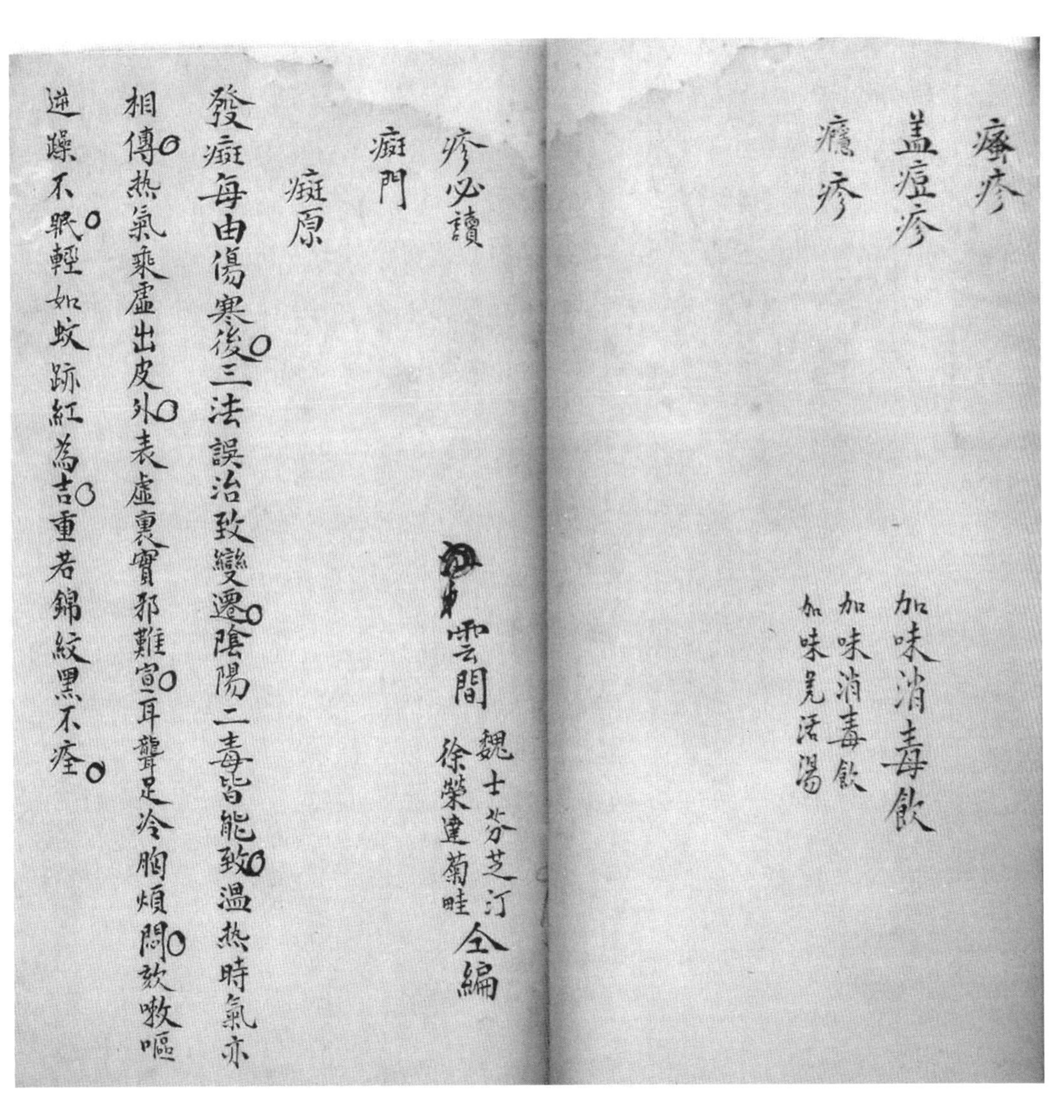

瘄疹
蓋痘疹
癮疹

加味消毒飲
加味消毒飲
加味羌活湯

疹必讀

雲間
魏士芬芝汀
徐榮建菊畦 仝編

癍門

癍原

發癍每由傷寒後。三法誤治致變遷。陰陽二毒皆能致。溫熱時氣亦相傳。熱氣乘虛出皮外。表虛裏實邪難宣。耳聾足冷胸煩悶。欬嗽嘔逆躁不眠。輕如蚊跡紅為吉。重若錦紋黑不痊。

黄連解毒靈○

註 讝妄一証乃火毒上升熱甚心昏而然也疹未出而讝妄者三黄石羔湯主之疹已出而讝妄者黄連解毒湯主之

三黄石羔湯 方見斑疹主治大法

黄連解毒湯 方見温熱發斑

喘急

疹初無汗作喘急○宣發麻杏甘石宜○毒熱內攻金受尅○保肺清氣化毒医○

註 喘為悪候麻疹尤忌之如初出未透無汗喘急者此表實拂欝其毒也宜用麻杏石甘湯發之疹已出胸滿喘急此毒氣内攻肺金受尅宜用清氣化毒飲清之若遲延失治以致肺葉焦舉則難救矣

411 醫指

《醫指》,不分卷,一册。是本封面無撰著者具名,但首頁有朱筆“陳蓮舫抄”字樣。陳蓮舫介紹見本書“282 十二經分寸歌”。此本成書年代約爲清代晚期。現存鈔本,藏于上海圖書館。

是本當爲陳蓮舫的醫學讀書筆記,係陳氏輯録摘抄各經典醫籍中的有關句段。全本不分章節,主要内容有臟腑生成、小兒變蒸、觀形察色、脈象(十怪脈)、察舌、鼻耳齒症治等,在同一内容中輯録有數家論述,並夾有小字注釋(主要爲方藥組成)和眉批。是本中選録的醫家醫論及醫籍包括張仲景、李東垣、朱丹溪以及《靈樞》《難經》《醫鑒》《入門》《得效》《綱目》《回春》《明經》《直指》《正傳》《類聚》等十餘種。

此本爲陳蓮舫手迹,有文物價值。又因陳氏爲著名醫家,所選内容均實用而無冗贅,故對研究陳蓮舫的醫學思想淵源有一定的參考作用,對後學者也有啓迪。

《中國醫籍大詞典》中載上海圖書館藏鈔本《醫指》一卷,清陳秉鈞(蓮舫)編,内容爲雜病治辨、傷寒脈要、傷寒六經、傷寒治法、傷寒表裏虛實法等,所指似非此本,但上海圖書館也未見有其他同名鈔本。

醫指　　陳蓮舫抄

臟腑生成　天一月之孕有白露之稱二月之胚有桃花之譬及至三月則先生右腎而為男陰包陽也先生左腎則為女陽包陰也其次腎生脾々生肝々生肺々生心々以生其勝己者腎屬水故五藏由是為陰其次心生小腸々々生大腸々々生膽々々生胃々々生膀胱々々生三焦々々以生其勝己者小腸屬火六府由是為陽其次三焦生八脈々々生十二經十二經生十二絡十二絡生一百八十係絡々々生一百八十纏絡々々生三萬四千孫絡々々生三百六十五節々々生三百六十五穴々々生八萬四千毛竅則耳目口鼻百骸之身皆備矣　醫鑒

變蒸法　小兒變蒸俗謂之牙生骨長也如蠶之有眠龍之脫骨虎之轉爪皆同此義生而長也　醫林　小兒變蒸是胎毒散也　丹心　變蒸者陰陽水火蒸於血氣而使形体成就是五臟之變氣而七情之所由生也蓋兒生之日至三十二

412 醫學宗要

《醫學宗要》，兩卷，四册。撰者佚名，成書年代不詳。書前有著者之子石城居士丙戌年朱文題識，云："此先君子半生心力所寄，其中或已見獨抒，或勾稽典籍，理法俱備，瞭如指掌。欲付剞劂而絀于資，久藏行篋，散佚堪虞，兹幸河山再造，得返故園，重裝既竣，三復遺編，曷勝風木之悲，壽梨棗以惠醫林，當俟諸異日耳。丙戌藥王誕辰石城居士。" 此書無清代諱字，又據文中"河山再造"之語，此"丙戌年"或指1664年。現存稿本，藏于上海中醫藥大學圖書館。

該書以病證爲綱，論述諸證病機、治法、脈候等，間或引述前人醫論。上卷分中風、類中風、痹證、傷寒、傷寒雜證、傷風、内傷、霍亂、痢疾、泄瀉、瘧疾、消渴、痰飲、咳嗽、眩暈、狂癲驚癇、健忘等，下卷分不能食、反胃噎膈、鼓脹、水腫、積聚、痞、黄疸、遺精、虚勞、吐血、盜汗、痿證、頭痛、疝病、小便不禁、大便不通等，凡五十餘證。

作者認識到痧疹、瘟疫、脚氣等病與傷寒不同，把這些兼有寒熱證狀之病皆歸爲傷寒雜證。對某些病證的論述簡潔實用。如强調治傷寒需辨證清楚而後用藥，否則極易變生他證，并詳細論述辨驗外感真僞的方法；又如腰痛之根本病因在于腎虚，寒、風、濕、熱、挫閃、瘀血、滯氣、積痰等皆爲標，治療應"標急則從標，本重則從本"；《虚勞論》中主張以培補脾腎爲主。該書亦有少數自相矛盾之處，如《痢疾論》稱治療痢疾要忌温補、忌大下、忌發汗、忌分利等，但痢疾一證又主要論述温補之法，并批評時人"世之病痢者十有九虚，而治痢者百無一補"。本書對内科病證診療有一定參考價值。

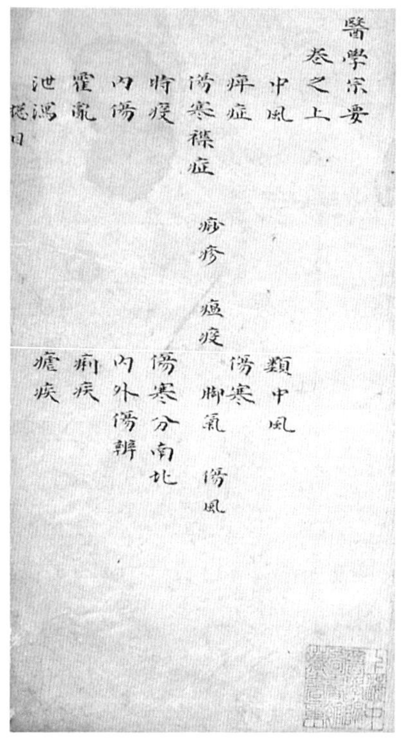

醫學宗要
卷之上
中風　類中風
痺症　傷寒
傷寒類症　痧疹　瘟疫　脚氣　傷風
時疫　傷寒分南北
內傷　內外傷辨
霍亂　痢疾
泄瀉　瘧疾
總目

消渴　痰飲
欬嗽　喘
眩　狂癲驚癎
驚　恐
悸　健忘

此先君子平生心力所寄其中或已見獨得或句稽典籍
理法俱各瞭如指掌欲付剞劂而絀于資久藏行篋
散佚堪虞茲幸得山再造返故園重裝既竣三復遺編
曷勝風木之悲聊誌數語以示臣林當侯諸男曰耳
丙戌冀王誕辰石城居士

中風

靈樞經曰、虛邪偏客於身半、其入深者、內居營衛、營衛衰則真氣去、邪氣獨留、發爲偏枯、（此言邪氣深而中臟者也、）其邪氣淺者脉偏痛、（此言邪氣淺而中腑者、以痛爲辨也、）又曰痱之爲病也、身無痛者四肢不收、志亂不甚、其言微知可治、甚則不能言、不可治也、（此言中臟之病、其名曰痱、身無痛者也、）偏枯身偏不用而痛、言不變、志不亂、病在分腠之間、巨針取之、益其不足、損其有餘、乃可復也、（此言中腑之病證、肢體必痛者也、）經曰諸風掉眩、皆屬肝木、風爲百病之長、而有真中類中之分

中風　一

413 醫學要覽

《醫學要覽》，不分卷，一册。良士著。前有"引"一篇，提及著者習醫七載，將其臨證心得之要編爲此書，以助後學之士與他書互參。有目録，無序跋。《中國中醫古籍總目》載録約成書于清宣統二年(1910)。現存鈔本，藏于上海中醫藥大學圖書館。

該書共載《司天在泉》《諸氣嘔吐》《温病時令》《痧痘斑疹》《舌齒咽喉》《雜録》等二十四篇，内容涉及内、外、婦、兒、五官各科以及流行病。每篇均對所述病證詳細分類，如《鼓痞腫脹》篇分爲氣痞、血痞、中滿、胃脘脹氣、少腹脹氣等，分别論述其病機與治則。《臨證》篇載醫案五則，記録具體，然方藥不全，僅列治則。《藥品》篇中記載常見藥物的藥性與用途等，其中提出"上焦病用散藥最速，中焦病用煎藥最速，下焦病用丸藥最速"的見解，還論述不同炮製方法對藥物藥性的改變。

本書爲著者的臨床經驗之説，内容表述清晰，通俗易懂，可供臨證參考。

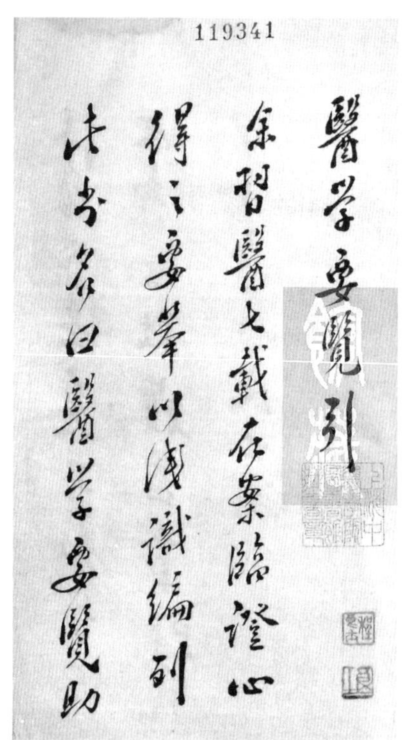

醫學要覽引

余習醫七載存案臨證心
得之要舉以淺識編列
此書名曰醫學要覽助

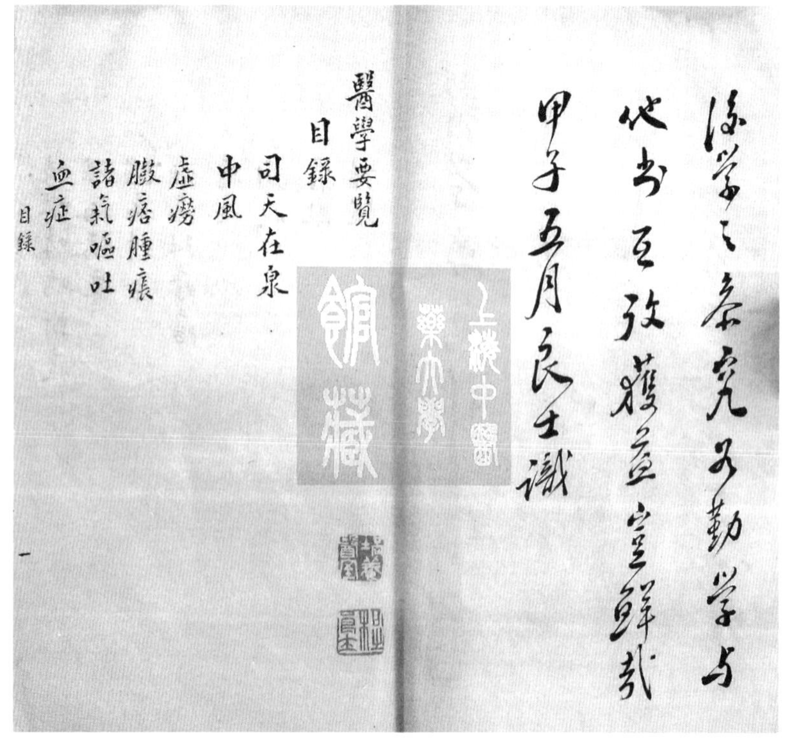

後學之參究好勤學者
依此互致獲益豈鮮哉
甲子五月良壬識

醫學要覽
目錄
司天在泉
中風
虛癆
臌痞腫痕
諸氣嘔吐
血症
目錄 一

少陰君火司天 犀角 知母 主之
太陰濕土司天 厚朴 蒼术 主之
少陽相火司天 黄柏 知母 主之
陽明燥金司天 石羔 黄芩 主之
厥陰風木司天 石决明 鈎藤 鷄子黄 主之
太陽寒水司天 黄連 黑山栀 主之

中風

中風之病精神強健飲食勝常之輩居多故（人不以為意）發时驟然一脉小吉脉大兜（重）浮脉亦多亟要辨明虚實及遺尿汗出及油鼻鼾聲均属虚症（又因）火属實 虚以温補 實以涼開 上實下虚可以兼治 至竹瀝珠粉鈎藤均可通用 惟古方中小續命湯之羌活獨活升性不可妄投（内风不可以升性藥服）

風中于臟不語入心舌強不言入肝頭暈入脾肌肉跳動

414 醫學萃要

《醫學萃要》,上中下三卷,存上下兩卷,下卷亦有部分殘損。清許式南編著。作者習舉子業之暇,留心醫術,讀《靈樞》《素問》《甲乙經》《難經》諸書,録證治之得失,集《醫學偶記》一書;又見大人傷寒、小兒痘疹病勢急危,故分别以仲景《傷寒論》與錢乙《小兒藥證直訣》爲原本,擇選前哲諸書注解,并補充治法;又認爲治病必審脈理,識陰陽,别表裏寒熱虚實,然後施治無差,故輯《脈訣纂要》。鑒于醫道難以分門别類,醫理又可相通,故由博返約,將上述四部分内容匯集成《醫學萃要》一書。卷首有"醫學萃要序"與"醫學萃要自序"。現存清乾隆四十三年(1778)鈔本,藏于上海中醫藥大學圖書館。

上卷首論脈理,分别爲:浮、沉、遲、數、滑、澀、弦、緊脈主病及其施治方藥;長短細大脈、浮沉脈、洪細脈、濡弱細脈、微脈、動脈、革脈、促結脈、代脈主病,兼附各脈體狀、相類脈與治方。次述各病脈證:中風脈證,分論中風、中絡、中氣、中痰、中府、中藏、尸厥七種;類中風脈證,分論火中、虚中、濕中、寒中、暑中、氣中、食中、惡中八種;諸厥類中風脈證,分論酒厥、薄厥、血厥、寒厥、煎厥、尸厥、痰厥、蛔厥八種;後附陽脱證。次爲痛風五痹、十指麻木、流火、白虎歷節風痛、酒濕、風濕、剛柔二痓、産後中風瘛瘲脈證。水病脈證分論水腫、婦人血分水分、臌脹蟲脹之别、水腫臌脹之别、中滿治法、單腹脹、婦人積聚似水腫、兒科腫脹有三(疳水、積水、驚水),附痞氣、積聚、奔豚、疝氣、小腸氣、膀胱氣、痃、癖、癥、瘕等證;心腹痛脈證,分論氣痛、脅痛、胃脘痛、腹痛、腹中狹窄、小腹痛、胸背痛;噎嗝脈證;末附脚氣。下卷論頭痛、面痛、面熱、面寒、面腫、面雀斑、面瘡、頭瘡、頭結核、疙瘩寒熱、頰車病、痄腮病、鬚髮病、白癜風、鵝爪甲錯風、咽喉十六證、梅核氣證、口、舌、齒、唇、目疾、鼻淵、腦漏、紅鼻、耳聾、凍耳、聤耳耳瘡、瘰癧、癘風、嘔吐噦呃逆、吐酸、噫、走哺漏氣病、嘈雜、酒積痰飲、黄疸、痿證、鶴膝風、癱瘓證、不能食、忽欲食、不得卧、多卧、煩躁、善悲、恐、怒、善太息、心澹澹動,附狐臭方、口臭方。其後列婦人門,分論婦人經、帶、胎、産及乳房諸證,如月經不調、帶下、白淫、惡阻、胎動不安、半産、乳泣、産後將護法、産後身痛、産後乳疾等。卷末論小兒驚痫。

本書以脈合證,以症參脈,引經據典以佐證,采擇仲景及歷代名家諸方,其中《醫燈續焰》《馮氏錦囊》《醫學心悟》《赤水玄珠》《景岳全書》尤多。書中反映許氏重脈理、辨陰陽,據臟腑寒熱、虚實論治的學術特點,其脈證互參的特色尤爲顯著。

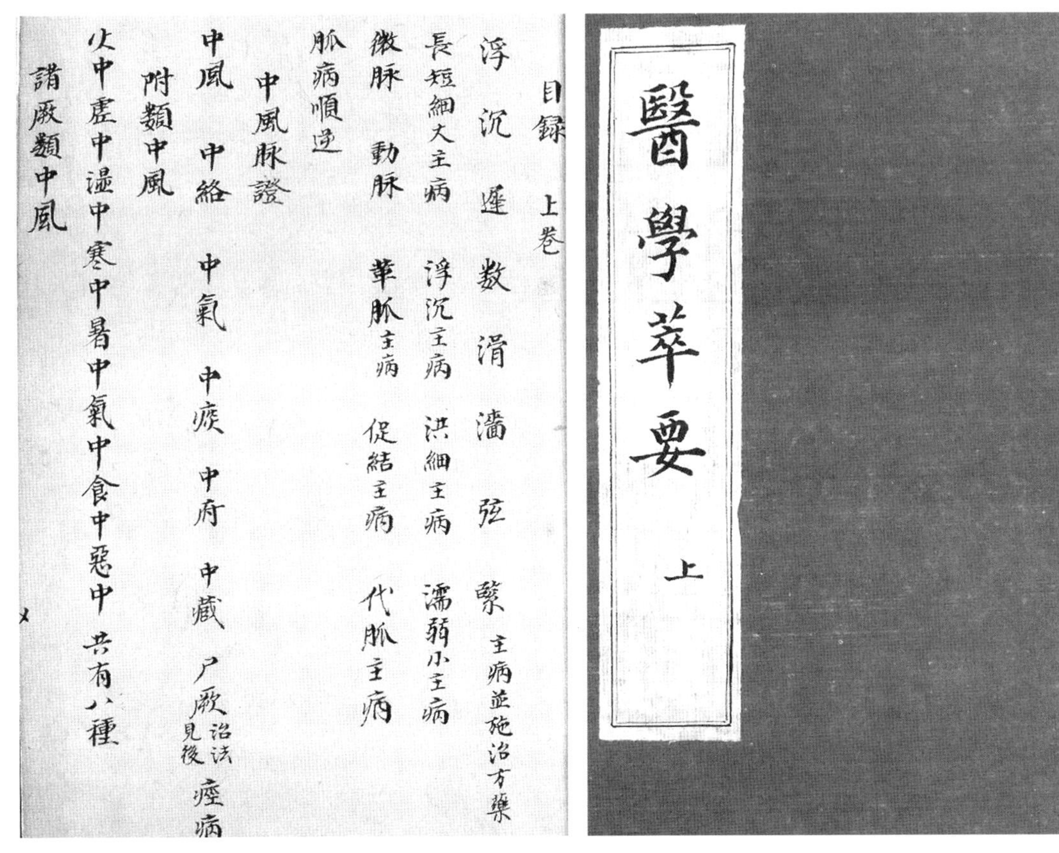

醫學萃要 上

415 醫學提要

《醫學提要》,上下兩卷。封面題"陳伯梅藏",并有"陳伯梅印",扉頁題"陳其羹伯梅"。本書前有"醫學提要自序",落款爲"後學陳文灝謹序"。據《中醫人物詞典》載,陳文灝爲"清代醫家,六世業醫,繼祖、父之學,謂'按其標本,莫逃乎六氣;贅以成方,不越乎四家'。輯《醫學提要》兩卷,以爲醫學入門。引用醫書數十種,簡述脈、證、方、藥"。可見本書爲清鈔本,序言作于清咸豐四年(1854)。書末有"時維戊辰年又仲春月上浣受業門人黄厚載謹重訂"字樣。現藏于上海中醫藥大學圖書館。

本書引證書目有《黄帝内經》等五十七種,引岐伯、張仲景等二十四家。上卷簡述中風、中寒、中暑、中濕等病證三十四種,下卷四十四種。每種病證分别按原文、大意、内因、外候、證狀、脈法、治法等順序排列,匯集各醫書及醫學名家的論述,詳細並深入淺出地論述該種疾病。如中風一節,首先引用《明醫指掌》,然後引用《内經》闡述中風大意,即"風者,百病之始,善行而數變……",繼而引用醫家嚴用和的理論闡明中風的内因爲營衛空虚,邪氣趁虚而入。外在表現從"中臟中腑""中血脈""中經"及"口眼喎斜""四肢不舉""不語有數端"等獨特表現來描述。在用藥過程中,要注意"汗下不可太過",否則會虚損其營衛;"丹劑不可輕用","恐引風入骨髓"。另外還論述了類中風的症狀和病機。最後是脈法和治法。治法中詳細記載治療中風的各種劑型的方藥以及適應症。

作者陳文灝纂輯此書的目的正如自序中所説,因"國家醫學群書……卷帙浩繁,意理微渺。貧者難以市其書,昧者未易究其竟",有感于此,故"會集群書,去繁就簡……紀其事者必提其要",使"初基者讀之不至有望洋之浩歎……爲醫學入門之徑路"。

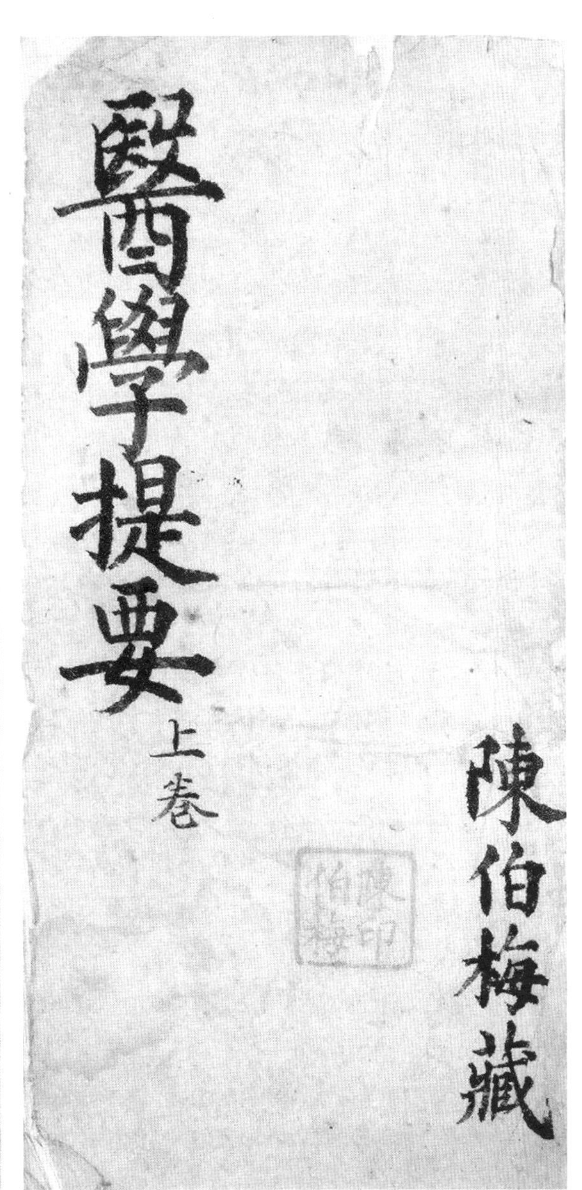

醫學提要上卷

中風

明医指掌

腑中風邪顯六經。面加五色表之形。若還中臟多便阻。絶症臨之命必傾。

半身不遂歪斜口。此是風邪中在經。有表汗之須續命。六經加減認教真。

須知在裏溲便秘。實者尤當三化行。原無表裏秦艽治。大要清心静養神。

大意

内經

風者，百病之始。善行數變。中風大率主血虚。與痰。或挾火。與濕。

河間主乎火。東垣主乎氣。丹溪主乎濕。

内因

嚴用和

人之元氣强壯。榮衛和平。腠理緻密。外邪焉能為害。或因七情飲食勞役。致真氣先虚。榮衛空踈。邪氣乘虚而入。故致此病。

虚之所在。邪必輳之。腑虚則中腑。臟虚則中臟。血脉虚則中血脉。

中風

外候

416 醫學提要

《醫學提要》，上下兩卷，兩册。不著撰者。成書年代不詳。正文三個篇章中有“吴遵程論”字樣。吴遵程，即吴儀洛，“遵程”乃其字，海鹽（今屬浙江）人。清代醫家，生于雍正年間，活躍于乾隆年間。精醫術，著有《本草從新》十八卷。是本首頁《病機賦》下題有“菊邨氏録”。菊邨氏生平不詳。無序言，無目録。書名僅見于館藏標籤。全書四百二十葉，計約九萬二千字。現存鈔本，藏于上海圖書館。《中國中醫古籍總目》未收載。

全書内容依次爲《病機賦》《辨症秘旨》《用藥秘旨》《治則》《治氣》《理血》《補養》《澀固》《表散》《攻下》《消導》《和解》《祛風》《祛寒》《消暑》《燥濕》《潤燥》《瀉火》《眼目》《經帶》《胎産》《嬰孩》，計二十二篇。《辨症秘旨》從藥性、病機、治則等方面概括爲醫之法。其文云：“竊謂醫雖小道，廼寄死生，最要靈通，不宜固執。明藥脈病治之理，悉望聞問切之情，藥推寒熱温凉平和之氣、辛甘淡苦酸鹽之味、升降浮沉之性、宣通補瀉之能。”作者十分强調脈象與遣方用藥的關係：“脈究浮沉、遲數、滑濇之形，表裏、寒熱、虚實之應，阿阿嫩柳之和，弦鈎毛石之順。藥用君臣佐使，脉分老幼瘦肥。藥乃天地之精，藥宜切病；脉者氣血之表，脉貴有神。病有外感内傷，風寒暑濕燥火之機；治用宣通補瀉，滑澀燥濕重輕之劑。”具體治療方法上，多宗先賢之述。如《和解》篇例舉仲景小柴胡湯，以用于傷寒、中風之邪在少陽，見往來寒熱症。又述運用和解之法：病兼虚者，應補而和之；兼滯者，宜行而和之；兼寒者，宜温而和之；兼熱者，宜凉而和之。臨證之時，又應靈活對待：“陰虚於下而精血虧損者，忌利小水，如四苓湯、通草之屬是也；陰虚於上而肺熱乾咳者，忌辛燥，如半夏、蒼术、細辛、香附、芎、歸、白术之屬是也。”

本書詳于宏觀論述，尤其對治則的論述多能切中肯綮，是一本較好的臨床參考書。

病機賦

菊邨氏録

病機元蘊，脉理幽深。雖聖經之備載，非師授而罔明。處百病而決死生，須探陰陽脉候；（脉有陰陽之理）訂七方而施藥石，當推苦樂志形。（七方者，大小緩急奇偶複也。方所以因病而訂。人有形志俱樂者，有形志俱苦者，有形樂志苦者，有形苦志樂者，用藥訂方當明此理。）邪之所客，標本莫逃乎六氣。（客者，外邪之所客也。病始受曰標，病原根曰本。然客邪標本不外乎風寒暑濕燥火六氣而成）病之所起，樞機不越乎四因。（經云：有始因氣動而內有所成者，如積聚癥瘕、瘿瘤結核、顛癇之類；有始因氣動而外有所成者，如癰疽痤疖痛癢之類；不因氣動而病生於內者，如飢飽勞損、宿食霍乱之類；不因氣動而病生……）

病機賦　一

辨症秘旨

竊謂醫雖小道，廼寄死生，最要變通，不宜固執。明藥脉病治之理（藥性、脉訣、病機、治法），悉望聞問切之情（望色、聞聲、問致、切脉）。藥推寒熱溫涼平和之氣，辛甘淡苦酸鹹之味，升降浮沉之性，宣通補瀉之能。脉究浮沉遲數滑濇之形，表裏寒熱虛實之應，阿阿嫩柳之和，弦鈎毛石之順。藥用君臣佐使（主病之謂君，最多；輔君之謂臣，次之；應臣之謂佐使，又次之），脉分老幼瘦肥（老人脉濡，小兒脉數，瘦者脉大，肥者脉細）。藥乃天地之精，藥宜切病；脉者氣血之表，脉貴有神。

辨症秘旨　一

417 醫學傳燈

《醫學傳燈》，上下兩卷。清陳岐撰。陳岐，字德求，生平不詳。前有“自叙”一篇，可略知其經歷。“稚年失怙，疊罹水患，不能沉心于舉業”，故擇術于醫，遍覽群書，細加詳閱，集遵者數言而成此書。“自叙”末書“康熙庚辰菊月尚友齋陳岐德求氏自識”，可知成書于1700年。然書中“弦”“玄”皆不避諱，存疑。此本係揚州名醫葉子雨吟秋仙館所藏，輾轉而至紹興讀有用書樓，後學程林、裘吉生在原書上重校訂評。首頁有印章四枚，自上而下分别爲“紹興裘氏”“讀有用書樓藏書章”“吟秋山館”“□用心賞”。程林、裘吉生出版《三三醫書》時對此書作了校訂，書中每頁均有多處增删、乙正，亦有部分天頭書程氏按語，皆爲校訂時遺留之痕迹。此鈔本現藏于中華醫學會上海分會圖書館。

是書載外感内傷諸證三十三種。上卷載脾胃、傷風、中寒、暑熱、中濕、燥症等計二十種，下卷載傷酒、黄疸、積聚、癲狂、瘧痢等十三種，每種病證下皆有論有方。如論“傷風面腫”一證，陳氏認爲此證須與水腫鑒别，“咳嗽氣急，脈多沉弦，風邪從呼吸而入，客于肺管，肺葉脹大不收，失其降下之令，氣逆于頭面而爲腫也，甚則上身俱腫。醫者不識，呼爲水腫，誤人多矣”。此條陳氏于天頭注曰：“肺逆失降而爲膚腫，且肺主皮毛故也。豈可誤爲水哉？”陳氏治療此證用芎蘇散，而“咳血者，宜用茯苓補心湯治之”。又下卷“傷酒”一證，陳氏認爲酒先從胃入膽，膽攝受無幾，再從胃入腸，膀胱滲而出之。“善飲之人，先天元陽本厚，所以膀胱能滲，但宜少飲，不宜多用。少則流氣活血，多則耗血損神。”并引明代醫家汪穎之言，論夜飲“醉飽就枕”之害，“亂其清明，勞其脾胃，停濕助火，因而致病者多矣”。後載分治醫方。全書三十三證，體例皆類。是書病目清晰，醫論簡明，采方精當。裘吉生評價此書爲“不易得之珍本”。

此書當爲1924年刊刻《三三醫書》“通治類”《醫學傳燈》之底本，讀者可通過此本窺見《三三醫書》校訂前之原貌，爲校勘考訂提供重要參考。

自敘

醫者意也以我之意揣病之情始終洞悉然後可以為醫但天下之意有有本之意有無本之意無本者師心自用未嘗有所聞見妄而不可為訓也有本者得之師資鑒之往昔論一症訂一方皆有上下千古之識不敢以己意為臆逆也然而幾此亦甚難矣晉朝以前司是術者類皆縉紳先生苦心濟世精言微論卓有可觀後世用為餬口之術文人學士槩不與

路既明由此擴而充之其入于精微之地豈有他哉予之氣稟甚怯天鑒下民加我數年再將傷寒女科素難本草終其註釋之事則天祖之生我不虛耳斯道之行廢又何足論乎

旹

康熙庚辰菊月尚友齋陳岐德求氏自識

醫學傳燈

尚論堂陳岐德求氏自著醫學傳燈卷上

新安程林雲來評

評點

脾胃

人之有脾胃猶地之有土也萬物生化於土而人之五臟六腑大經小絡以及皮肉筋骨無不資生于脾胃一身之要物也蓋命門真火乃父之精氣附於兩腎之間未有此身先有此氣出於天成不假人為所以謂之先天若夫脾胃之氣飲食五味變生五氣以奉生身全藉人為後天之氣也飲食雖能養人亦能

尚論堂陳岐德求氏自著醫學傳燈卷下

新安程林雲來評

評點

傷酒

酒者清冽之物不隨濁穢下行惟喜滲入者也滲入之區先從胃入胆胆為清凈之腑同氣相求也胆之摒受無幾其次從胃入腸膀胱滲之而出其所存之餘質惟胆独當之是以善飲者必淺斟緩酌以俟腹中之滲若連飛数盃傾囊而出耳酒雖一物却有数種之不同辛者能散苦者能降甘者緩而居中淡者能利小便善飲之人先天元陽本厚所以膀胱能滲

418 雜症集解

《雜症集解》，不分卷，一函五册。未著撰者及抄寫者。各本封面上題有本書簡要目録，無序跋，首頁有“中國科學院圖書館藏”印章。具體撰録時間不詳，《中國中醫古籍總目》載録爲清鈔本。品相尚佳，抄寫字迹清晰優美。現藏于中國科學院上海生命科學信息中心生命科學圖書館。

是書第一册有《咳嗽論》《哮喘論》《汗論》《眩暈論》《消渴論》《癲狂癇論》；第二册有《腹滿論》《腹脹論》《水腫論》《疝氣論》；第三册有《腰疼脊疼論（附臂）》《脅痛論》《痛風論》《痹痛論》《麻木論》《痿躄論》《脚氣論》；第四册有《痰病論》《火病論》《心胃痛論》《頭痛論》《腹痛論》；第五册有《瘧疾論》《痢疾論》《泄瀉論》《胸痞論》。每一病證包括概述、分類證治及“脈候”三部分。概述往往先引述《内經》《甲乙經》等經典或河間、丹溪、介賓等大家之言，叙述該病之辨證綱領，繼而强調其辨證論治原則及大法，亦對前世相關論述作一些評述。病證分類原則大緻以臟腑辨證爲綱，再根據具體病證特點，結合病因辨證、病邪辨證、八綱辨證等，確定具體證型，記載臨床表現、病機分析、主治方藥及治療的注意點等。最後以“脈候”總結病證的辨治及預後。

該書體例整齊，内容較爲完整，基本涵蓋了中醫内科諸病的診治。論述首重經典，又博采衆長，中規中矩。病證分類尤爲詳盡，如咳嗽分類有四十五種之多，先以五臟六腑咳分類，治療多以經方；後以病因、病邪分類，如冒風咳嗽、冒寒咳嗽、痰涎咳嗽、虚火咳嗽等，其中以芩薑散治療寒火咳嗽爲他書未見；又以發作時間及特點分類，如上半日咳嗽、下半日咳嗽、五更咳嗽、黄昏咳嗽、咳嗽連聲、乾咳嗽等，治療多取丹溪之法。又如喘症，除内科諸病外，還載有産前氣喘、胎息氣喘、産後氣喘、血污感寒作喘等婦科疾病。消渴病除慣稱的“三消”外，還記載了出自《醫貫》的“中寒消渴”“陰盛消渴”及吐瀉消渴、伏熱消渴、淋濁消渴、煩躁消渴等證。雖然部分疾病的分類證治稍顯繁瑣，但亦可謂集諸家之大成，可供當今病證辨治參考。

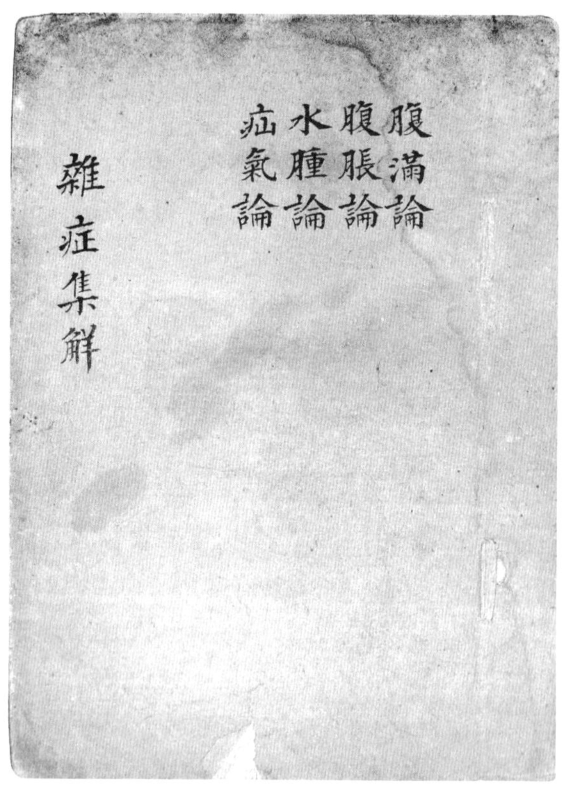

腹滿論

滿者滿溢也腹滿者腹中高滿而外有形也六元政紀論云太陰所至為中滿太陰所至為畜滿以脾乃陰中之太陰同濕土之化脾濕有餘則腹滿而食不消天為陽為熱主運化也地為陰為濕主長養也無陽則陰不能生化故云臟寒生滿病以寒濕鬱於脾胃脉經所謂胃中寒則滿者是也經又云中滿者泄之於內蓋言以辛散之以苦泄之以淡滲之非破氣也考陽熱為邪者則腹滿咽乾陰寒為邪者則吐食自利腹滿不有寒熱之分乎然所云熱者乃寒邪化熱也總宜調脾養胃為至切不可妄行攻伐此定治也其滿又有中腹少腹之別中腹滿者土氣不運也少腹滿者便溺不利也東垣丹溪而先師云滿病按之不痛者為虛痛者為實隨其病之虛實而調之藥兼補瀉令清陽歸上竅濁陰出下竅中宮健運則上下交通其滿自平矣分症列方於後學者識之

氣鬱腹滿

致痞者。按脉濡不痛。胃弱也。作嘔不食。氣逆也。身体惡寒。表症也。須知表邪入裡。鬱於心陽。寒化為熱。不能下行。逆於胸膈。故氣痞矣。藥宜寒热互用。陰陽兩解。不攻痞而痞自散。仲景治以半夏瀉心湯。瀉心宜苦。用芩連之苦。以降陽而升陰。散痞宜辛。用姜夏之辛。以分陰而行陽。欲通上下交陰陽者必和其中。用人參甘棗之甘。以補脾和胃。則痞消熱解而愈矣。大法也。

半夏瀉心湯

半夏二錢 黄芩錢五 黄連一錢 人參錢五 甘草錢五 乾姜錢五 大棗三枚

水煎服凡吐下後復汗脉微心煩心痞脇痛氣上冲喉不時眩冒者此湯主之

血痞

血痞者。血滯成痞也。其症脉濇胸悶。飲食不下。或痛或不痛。然亦有受傷致痞者。按脉濇胸悶。血淤也。或痛不痛。走氣也。飲食不下。脾滯也。須知脾屬陰而有乾傷之後脾統血而司運化之權脾血凝而成痞悶之症矣藥宜去淤生新活血調氣。其痞自消。潔古治以丹木香花飲。丹皮通脉。蘇木去淤。香附調氣。紅花活血。降香止痛。紅曲化滯。麦芽開胃。山查宣行氣血。通草升降氣血。加桔梗者。不但載藥上浮。亦且能寬胸利膈也。血和則痞自散矣。

丹木香花飲

丹皮 蘇木 香附 紅花 降香

紅曲 麦芽 山查 通草 桔梗

水酒童便各一盞煎服

寒痞

寒痞症。胸悶肢冷。或吐或瀉。按寒凝於内則胸悶。寒徹於外則肢冷。或吐或瀉者。陰陽不和之象。揔屬心陽為陰邪所困。而脾元為寒氣所滯。故痞在心下。而見症不一也。仲景治以理中湯。人參甘溫。補氣益脾為君。白术甘苦。健脾燥胃

419 證治心法指南醫論

《證治心法指南醫論》，兩卷，兩册。董松年手稿。董松年，華亭（今上海松江）人，生平不詳。《中國中醫古籍總目》載録爲清稿本。現藏于上海中醫藥大學圖書館。

全書所論病證包括外感病與雜病共近七十種，如中風、虚勞、咳嗽、吐血、失音、肺痿等。對于各證的論述，强調病因的分析，根據各種病因指導用藥。如眩暈證，并非外邪所致，乃肝膽之風陽上冒，甚則有昏厥跌仆之虞。其證有夾痰、夾火、中虚、下虚、治膽、治胃、治肝之分。火盛者，用羚羊、山梔、連翹、花粉、元參、鮮生地、丹皮等藥以清泄上焦竅絡之熱，此從膽治也；痰多者，必理陽明消痰，如竹瀝、薑汁、菖蒲、橘紅、二陳湯之類；中虚則兼用人參、《外臺》茯苓飲等；下虚者，必從肝治，補腎滋肝，育陰潛陽，鎮攝以治之；至于天麻、鈎藤、菊花等熄風之品，可以隨證加入。因此證之源本之肝風，當與肝風、中風、頭風門合而參之。部分病證之後附按語以警世人，如舉例説明治證選藥的錯誤之處及注意事項等。

此書所論病證不多，但對每證的論述條理分明，言簡意賅，有見微知著之效，可供臨證參閲。

證治心法指南醫論

華亭董松年手錄

風為百病之長故醫書咸於中風列於首門其論症則有真中類中中經絡血脈臟腑之分其論治則有攻風刼痰養血潤燥補氣培元之治蓋真中雖風從外來亦由內虛而邪得以乘虛而入北方風氣剛勁南方風柔和故真中之病南少北多其真中之方前人已大備不必贅論其類中之症則河間立論云因煩勞則五志過極動火而卒中皆因熱甚生火東垣立論因元氣不足則邪湊之令人僵

中風

挽回萬一若肢體拘攣半身不遂口眼喎邪舌强言蹇二便不爽此本體先虛風陽夾痰火壅塞以致營衛脈絡失和治法急則先用開關繼則益氣養血佐以消痰清火宣通經隧之藥氣充血盈脈絡通利則病可痊愈至於風痱風懿風痺癱瘓乃風門之兼症理亦相同案中種種治法余未能盡宣其理不過畧舉大綱分類敘述以便後人觀覽餘門倣此

凡風淫所勝之病自內經以及唐宋名家皆以辛涼甘寒為本而佐以驅風益血之藥至河間有地黃飲子之法此乃治腎虛痱症有類中風者非有心方治中風之急症乃近日諸醫遇中風之症總以人參附姓為關手第一方輕者不起重者立斃問所從來曰本之葉先生余始亦信其說果從葉氏出於擬以為此翁造此惡孽將來必有惡報及閱此書乃知此翁學有淵源心思靈變與前人所論分毫不背其人參亦於病勢已退後用以培元養氣當臨其時必於驅風之藥同用其分兩亦過分至錢無不中度乃今之竊附其門牆盜取其餘論者事事相反此翁有知能無痛恨而以此害那說誣此翁以害人者對此書能無愧死

經云東方生風風生木木生酸酸生肝故肝為風木之臟因有相火內寄體陰用陽其性剛主動主升全賴腎水以涵之血液以濡之肺金清肅下降之令以平之中宮敦阜之土氣以培之則剛勁之質得為柔和之體遂其條達暢茂之性何病之有倘津液有虧肝陰不足血燥生熱熱則風陽上升竅絡阻塞頭目不清眩暈跌仆甚則瘈瘲痙厥

肝風

420 醴泉濕温醫案

《醴泉濕温醫案》，不分卷，一册。清黄醴泉撰，張山雷（字壽頤）評。何時希《中國歷代醫家傳録》記載，黄醴泉"爲浥城寓公前後三十年，治案有十餘巨册。爲嘉定張洛鈞之師"。近代名醫張山雷早年曾跟隨黄氏，對其部分治案加以評注。該書是《採選濕温古今醫案》之一，爲黄醴泉治案。無目録、序跋。《中國中醫古籍總目》載録成書于清代。現存鈔本，藏于上海中醫藥大學圖書館。

該書共載醫案七則，方劑十八首，均未命名。病案記録證候、治則治法、處方用量，無一不全，各醫案均有服藥後的復診記録，據病情調整處方，更有五診者，均一一記録在案。每則醫案後均有評議，對于辨證及處方的精妙之處加以發揮。提出濕温初期需用桑、蒺、蒡、豉等辛凉開泄之品透泄，化痰泄濕爲基本大法。如出現神昏譫語，不可概用葉派犀角、地黄、牛黄、至寶等，因甘寒易戀邪，閉塞益甚而内陷。對于疹痦的治療宜用辛凉開泄，隱約未顯者，宜加用寬中泄滿之劑。

本書載録醫案雖少，但每則病案記載詳細，反映了濕温病證在不同階段的症狀表現、發展趨勢及兼夾證的治療方法。張氏的評議具有點睛之妙，可幫助讀者理解醴泉用藥意圖與經驗，對臨床有參考價值。

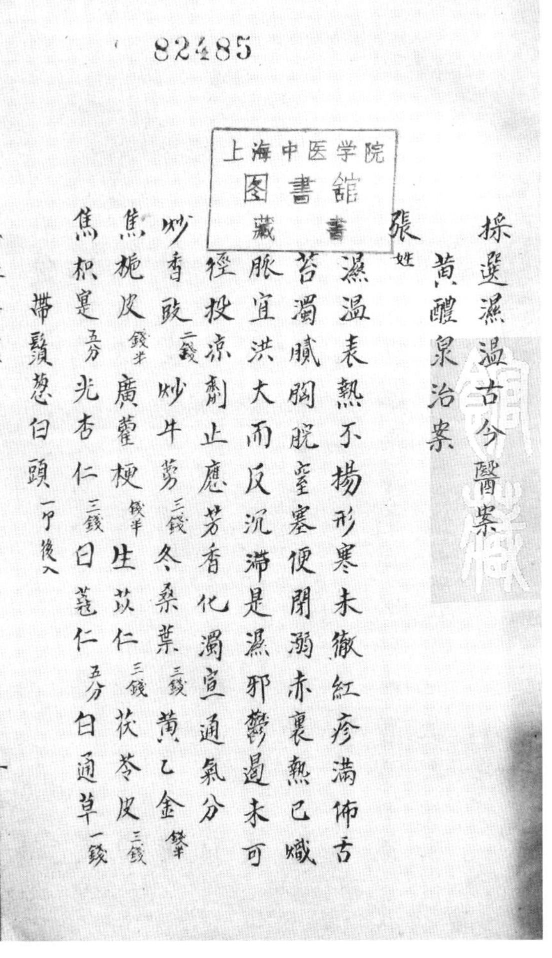

採選濕温古今醫案

黄醴泉治案

張姓

濕温表熱不揚形寒未徹紅疹滿佈舌苔濁膩胸脘窒塞便閉溺赤裏熱已熾脈宜洪大而反沉滯是濕邪鬱遏未可徑投凉劑止應芳香化濁宣通氣分

炒香豉二錢 炒牛蒡三錢 冬桑葉三錢 黄乙金錢半

焦梔皮錢半 廣藿梗錢半 生苡仁三錢 茯苓皮三錢

焦枳殼五分 光杏仁三錢 白蔻仁五分 白通草一錢

帶鬚葱白頭一寸後入

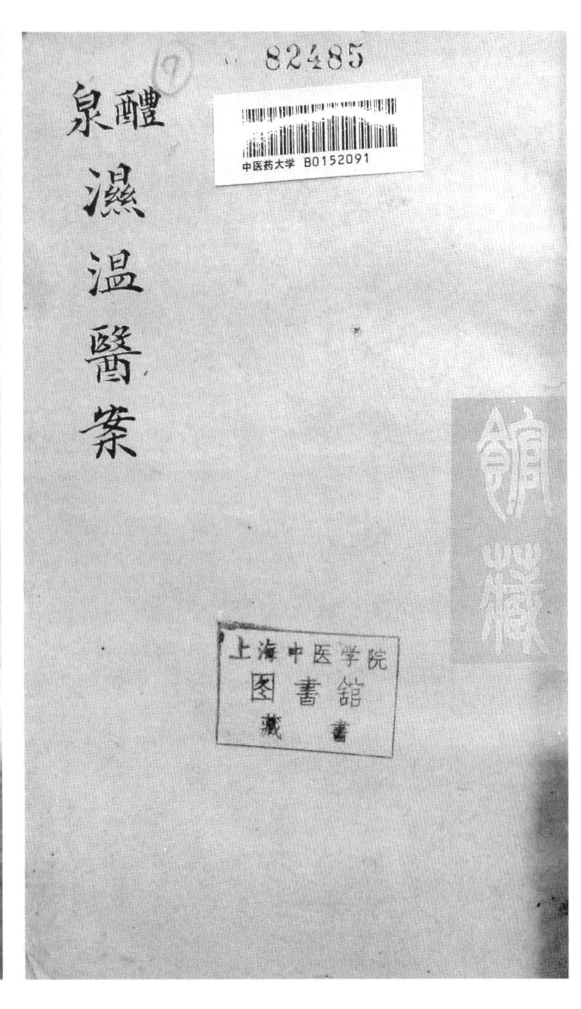

醴泉濕温醫案

国家出版基金项目
NATIONAL PUBLICATION FOUNDATION

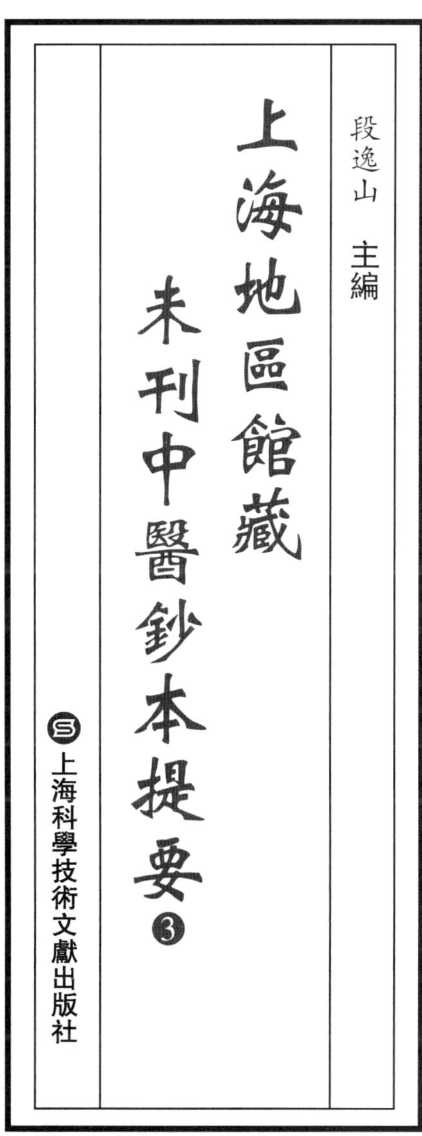
段逸山 主編
上海地區館藏
未刊中醫鈔本提要
3
上海科學技術文獻出版社

九、女　科

421 女科切要

《女科切要》，不分卷，一册。清秦之楨纂輯。秦之楨，字皇士，雲間（今上海松江）人，名醫秦昌遇從孫。秦昌遇字景明，又號廣野山人，精于醫，著有《幼科折衷》三卷以及《秦氏醫案》《折衷補》等書，均爲鈔本。秦之楨少時慨然有利濟天下之志，遂精研醫學，熟讀古今方書，于傷寒學有較深造詣，著有《傷寒大白》四卷，于康熙五十三年（1714）刊行傳世。《女科切要》封面題"醫中之寶"，康熙丁巳（1677）抄録。序作于清康熙乙未（1715）。現存鈔本，藏于上海圖書館。

是本内容爲：經候總論，含先期而至、過期不行、臨行作痛、行後作痛、應停不停、未應而停；經閉總論，含火邪經閉、寒凝經閉、氣虚經閉、氣結經閉、血枯經閉、血瘀經閉、痰凝經閉；經漏門，含氣虚經漏、氣熱經漏、血虚經漏、血熱經漏、積熱經漏、損傷經漏；崩症門、帶症門、淋漏門、熱入血室。以月經帶下病爲主。

秦氏精于仲景之學，重視脾胃。"按調經重脾胃者，以胃主生血，水穀之精氣化，則精血自生耳，故脾胃不健而血不生者，非四物湯可概括也。""調養中氣，以除致病之根，故曰帶下當以胃藥收功者。"秦氏論述注重實用，突出重點，如"先期而行，屬熱者多，屬寒者少""過期不行，屬寒者多，屬熱者少""臨行作痛，屬實者多，屬虚者少""行後腹痛，屬虚者多，屬實者少"，使讀者對疾病有一個總體的把握。對于所列處方，有務實的評價。如："此逍遥散加丹梔，名八味丸。逍遥此方重在脾胃，亦行肝膽鬱滯，故不用生地，恐傷胃也，以肝傷血少，用歸芍養血平肝，木盛土衰，用术草和中扶正，柴茯升陽利熱，丹梔涼血瀉實，故爲婦人血虚發熱治鬱調經之通劑。加入鬱金、香附則脾調鬱散而經自行，再加蘇梗、木通亦妙。"對婦科臨床有參考價值。此外，該書字迹工整、清晰，品相亦較好。

秦氏女科切要上卷目録

女科切要卷上

雲間秦之楨皇士甫纂輯

受業門人須用恒晞黄甫編次

海上後學陳日壽全五氏增訂

經候摠論

秦子曰女科經候屬氣血盈虛消息所致蓋婦人稟太陰而生太陰主月月精生水故月盛則潮大經候象焉按潮汐係地之血脉隨月之盈虧往來不爽乃天地間至信者婦人承坤道衝任脉盛月事流通每三旬一見古名入月唐詩客奏君王知入月正謂此也以其月盈則虧故曰月事月信月水其行有度故曰

422 女科胎産問答要旨

《女科胎産問答要旨》，不分卷，兩册合訂，殘。藏于上海交通大學醫學院圖書館。每册前有目録，正文每半葉八行，每行二十字，字迹清晰整齊。原圖書館裝訂書脊上即此書名，而原書兩册封面所題書名均爲《婦科産胎問答要旨》。《中國中醫古籍總目》載録此書名爲《婦科胎産問答要旨》，三卷，南宋薛辛（將仕、古愚）撰，成書于1279年，原圖書館目録及館藏卡片均持此説，但是本抄寫年代不詳。薛辛，字將仕，號古愚，昆山（今屬江蘇）人，南宋醫家，擅长女科，具體生卒及事迹不詳。著有《女科萬金方》《薛氏濟陰萬金書》《産後歌訣治驗》《玉峰鄭氏女科秘傳》《胎寶百問》《家傳産後歌訣治驗録》等，均有鈔本傳世。該書按當前的裝訂，上册爲“産後門”，下册爲“胎前門”，但上册末頁記有“産後問答下卷終”，書口下頁碼爲“五十四終”，而下册僅記有“共六十三頁”，似上下二册裝訂順序有誤。此書名當以書脊與原目録所記爲是，而封面書名爲後題者。現訂上册（即“産後”卷）正文前題“女科産後問答要旨”“玉峰薛氏原著，鄭氏原述，婁水治庵用王政重輯，香溪信庵朱善鈴同較”，而現訂下册（即“胎前”卷）正文前題“女科胎産問答要旨”，落款同上册，唯“用”作“周”字。按其抄録格式，“用”似爲誤字，輯者當爲“周王政”。更證目前上下册裝訂已反，原上册落款正確，而下册落款抄錯。但現訂“産後”卷所録部分方後記有“方見首卷××頁”，而“胎前”卷所録部分方後記有“方見前卷××頁”，而頁數均與目前不合。又按《中國中醫古籍總目》及館藏卡片上并記本書浙江圖書館藏有（清）乾隆三十七年壬辰（1772）查氏硯秋書屋鈔本一集三卷，可見此書爲殘本，且裝訂順序錯誤。原書當分三卷，上卷缺失，中卷當爲“胎前門”，下卷當爲“産後門”。但此錯訛已久，故本提要介紹内容時仍依目前順序。

是書上册爲産後門，包括《脈説》《産後論》（凡五則）、《産後雜症四物湯加味治》《産後問答方歌》（凡六十六問答，凡四十一方歌）；下册爲胎前門，包括《脈説》《胎前論》《妊娠五戒》《妊娠食忌》《妊娠服藥忌歌》《胎前診脈歌法》《十月胎形調理護胎方法歌》（凡九方歌）《妊娠雜症四物湯加味治法》（後附六合湯名）《胎前問答方歌》（凡五十四方歌，凡六十三問答）。全書重視脈象在胎産診斷過程中的作用，也記録了前代不少醫書及民間流傳的胎前、産後的調護方法和宜忌要求，對于四物湯在胎産期的加減應用闡述尤詳。書中重點以問答和歌訣的形式對胎産期常見症狀和常用方劑加以論述，簡明扼要，重點突出，便于應用。但由于時代原因，該書所録部分内容如以脈象判斷生男生女、孕婦食忌等有虚誇之處，亦需鑒别。

是書部分内容有臨床參考價值，亦反映出當時對婦科胎産的認識，有一定的研究意義。

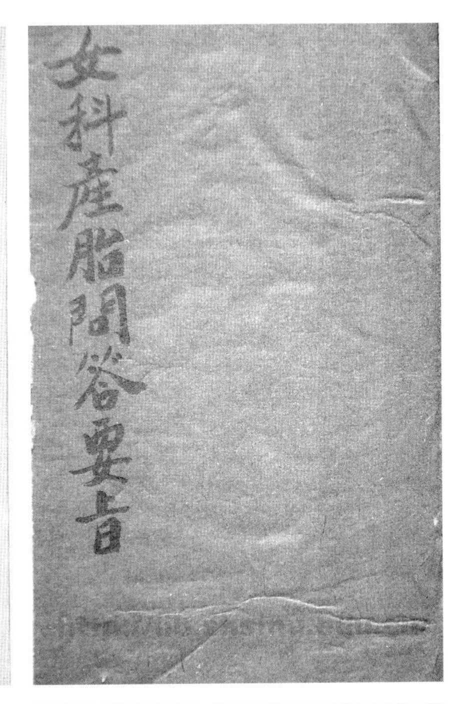

目録

一

目録

產後問答方歌

或問產後陰挺脫下者何也

答曰此因氣血俱虛不能收斂故也宜用八物湯方見首卷一十五頁加麦冬升麻糯米姜枣升補之

或問產後玉門不閉者何也

答曰此氣血不足也宜用補中益氣湯方見首卷一十一頁加升麻姜枣或八物湯亦加升麻治之

或問產后血暈不省人事何也

十一

女科胎產問答要旨

玉峯薛氏原著　鄭氏原述

婁水治庵周王政重輯

香溪信庵朱善鈴同較

胎前門

脉說

王子亨云若姙娠者其脉三部俱滑大而疾左則男右則女經云陰搏陽別謂之有子搏者近也陰脉逼近於下陽脉則出於上陽中見陽乃知陽施陰化法當有子

十月胎形調理護胎方法歌 凡九方歌

安胎和氣飲　罩胎飲

活血和氣飲　瘦胎飲

知母轉胞飲　紫蘇飲

和氣平胃散　保生如聖散

活水無憂散

姙娠雜症四物湯加味治法 後附六合湯名

胎前問答方歌 凡五十四方歌 凡六十三問答

423 女科萬金方

《女科萬金方》，不分卷，四册。宋薛辛著。薛辛介紹見上一篇。是書現存明崇禎二年己巳（1629）鈔本及另外三種鈔本，還有民國石印本、影印本。明崇禎二年（1629）鈔本現藏于國家圖書館，另三種鈔本現分别藏于黑龍江中醫藥大學圖書館、上海中醫藥大學圖書館、蘇州大學醫學院圖書館。是本藏于上海中醫藥大學圖書館。

此本序文第一頁右側有“淮浦草堂”印，左側有“國醫徐”印，書尾署“康熙五十六年歲次丁酉重九日書於秋蘭室”。全書有紅筆圈點及少量紅筆旁注，紅、黑二色眉批。書中凡藥物名均用紅色單綫標出，方劑名均用紅色雙綫標出。首爲一序，落款爲“十八世孫鄭隆祚謹識”，次爲總目録，正文先爲《診脈切要歌》《診脈浮沉遲數滑澀訣》《薛氏家傳女科歌訣》三篇歌訣，後分爲調經門、胎前門、産後門、雜症門四門。調經門又分《調經門方》《調經十五論方》《調經問答》三篇；胎前門分《胎前門方》《多男子論》《懷孕養胎法十月胎形方》《妊娠服藥禁忌歌胎前十八論方》《胎前問答》諸篇；産後門主要論産後諸症，分爲《産後門方》《産後二十一論方》《産後問答》；雜症門主要論婦科雜症，分《雜症方》《雜症問答》兩篇。每門先論後方，方名之下附有湯頭歌訣，後列藥物組成。各門的“論”及問答均以問答形式述各症的症狀及遣方用藥。每門均先列各篇的方名目録，後爲正文。每門正文篇首均題“女科萬金方”，落款“吴郡後裔”。

是書所載諸方多屬家傳，亦每有效驗，且論述形式多樣，既有問答，又有歌訣，重點突出，方便記憶，正如序文中所言“爲後學之階梯”。是書在“調經門”提出“婦人室女行經時，百病以調經爲主，餘疾次之”，在“胎前門”中提出“婦人女子已成胎後，百病以安胎爲主，其餘次治可也”的觀點，爲此兩門疾病指出了大的治療法則，可爲後世參考借鑒。

女科萬金方序

婦女之病有可治有不可治者皆由其心性善惡所致也閑有德性淑順舉止端嚴克盡婦道孝敬翁姑相夫教子勤儉理家女工井臼桑麻之事無不盡善者必無灾病雖或有病尚可治也有等逆婦陰惡固尊凌卑不敬宗親惟衣食自恣犯有七去（一出）耶與一能天降其疾雖盧扁亦難治療不可不知于家傳胎前產後調經種子諸方遇仙人所授用無不效奪天地之造化為世守之隱師名曰萬金方謂萬金不易之方也即至親懇[illegible]固不輕受吾祖公顯公嘗云積金以與子孫子孫未必能守不如積此書以與子孫為子孫之恒業業其傳家至寶也可不重歟十八世孫□隆祈謹識

一

女科萬金方

胎前門 婦人女子已成胎後百病以安胎為主其餘次治可也

家傳云胎前宜清熱養血隨胎必因氣虛血虛血熱黃芩能清上中二焦之火降火下行故云條芩與白朮安胎聖藥俗人不知以為寒而不敢用反謂溫熱之藥可以養胎殊不知產前宜清熱令血循經而不妄行故能養胎懷娠愛物乃一臟之虛假如肝臟虛其肝氣止能生胎餘無用也又云不能榮于肝肝虛故愛酸物姙婦脉細匀易產大浮緩火氣散難產按產前諸症皆胎氣所致夫胎動胎漏皆下血但胎動有腹痛胎漏無腹痛耳故胎動宜行氣胎漏宜清熱也惡阻者惡心而阻隔飲食也子煩者煩燥而心神悶亂也子癇者痰涎潮搐目吊口噤也子腫者面目虛浮四肢體腫也子氣者兩足浮腫也子淋者小便濇少也轉胞者小便不適也子懸者心胃脹痛也蓋脾主運化水穀婦人有胎則脾不運化而水穀不利因之生濕矣濕則生痰痰生熱熱生風也子腫子氣者濕也惡阻者痰也子煩子淋者熱也子癇者風也子懸者氣也轉胞者虛也濕則滲之痰則消之熱則清之風則平之氣則散之虛則補之何為不愈哉難產氣血虛故也此蓋九月十月之際不謹守者有之經脉不行已經三月者用川芎為細末空心濃煎艾葉湯調服一錢覺內微動是有胎也否則是經滯姙婦吐而不食蓋為精血內鬱穢腐攻胃則五味居然而不得食故百日而傳味也凡產時特忌多人瞻視惟二三人在傍待產訖乃可告語諸人若人衆看視無不難產凡產婦第一不可忽忽忙迫傍人極須穩當毋得預緩須急及憂惱憂惱則難產若腹痛眼中火生此兒轉運未即生也凡兒出傍人皆不得開是男是女兒始落地與新吸井水五咽忌與暖湯勿令產婦看視穢惡凡產慎食熱藥熱麵飲食必至饑時亦必溫溫勿熱凡欲

424 女科集義

《女科集義》，不分卷，三册。目録頁署“崑山二十八世鄭祥徵繼善甫輯”，“姪男鄭維嗣孝仲、維業又新謄較”。鄭祥徵（1758-1832），字繼善，號少迂，又號莫厘山人，晚號念山。清乾隆、道光年間江蘇周莊鎮（今屬昆山）人。名醫鄭斌幼子，少習儒書，攻舉子業，應童子試不取，逐弃儒習醫，精研《靈》《素》，廣汲百家，参以祖傳女科家學，于是醫道大行。治病不泥古方，辨證用藥，故能常奏奇效，求治者踵門盈户。嘗采輯歷代名醫有關《素問》《靈樞》的論述，編成《靈蘭集義》（已佚），還撰有《醫方括囊》《醫學指南》等醫著（均佚）。又工詩，著有《念山草堂存稿》。《女科集義》現存清道光元年（1821）鈔本，20世紀60年代中期由鄭氏後裔鄭鶴壁赴滬捐獻，現藏于上海中醫藥大學圖書館。

本書實爲中醫産科專著，分爲“胎前門下”“産後上”“産後下”，疑缺首册“胎前門上”。作者廣輯中醫典籍及歷代名醫的女科醫論、歷代女科專著的相關論述，引書達五十餘種，引醫家二十餘名。圍繞婦人胎前（妊娠期）、産後各種病症，廣徵博引，上自《素問》《金匱》《千金》《外臺》，下逮明清女科醫著、醫論、醫案，參酌祖傳鄭氏女科方治驗案，間附己見（以“莫厘山人云”述之）。“胎前門下”分“内邪六鬱證”與“外感六淫病”兩部分，前者論述婦人妊娠雜病（諸如惡阻、子煩、子利、子嗽、子淋、子滿、子腫、子癇、子瘖、轉胞、脆脚、眩暈、吐血、腰痛等症）及主治大法；後者并論婦人妊娠與産後的外感病症（諸如中風、傷寒、温熱疫癘、傷暑、瘧病、痢疾、中惡霍亂、中濕、濕温等症）及主治方法。“産後上”“産後下”先綜論婦人産後飲食起居宜忌（有“産後六禁”“産後六宜”）、産後診病法（“産後八審”）、産後治病提綱（消瘀血、泄鬱熱、化穀和中、滌水濕、疏滯氣、和陽益陰、補血潤臟腑），再列産後諸不治之症，并編“産後四字經”概括歸納之。後分五大類詳論産後諸病證治：一爲産後血鬱發病證，論産後惡露、敗血、血熱引發的病症及治療；二爲經絡臟腑氣火鬱發病證，述産後氣火鬱結發熱及諸兼症，如發疹、頭痛、腰背痛、遍身疼痛、肢腫膚痛如刺、癰疽、喘咳、鬱冒、不語、多言、譫語、癲狂等證及治療；三爲中焦脾胃氣火發濕熱食積吐瀉證、痞滿痛脹證，論産後中焦濕熱引發上吐下利、中脘痞滿脹痛、諸淋、癃閉、遺溺、小便數等證及治療；四爲腹中停水鬱氣發病，述産後水氣鬱結内停引發病症，如子腫産後不退、子滿産後加甚、肢體虚浮、四肢浮腫、腸鳴濡瀉、前陰下惡汁等證及治療；五爲産後四虚不足諸病證，論産後虚（衛氣、營血、腑陽、臟陰）引發虚羸、蓐勞、痙强拘瘛、乳不通、顫振、麻瞀、驚悸、不寐、恐畏及傷寒、瘧疾、痢疾等證及治療。書中天頭處眉批頗多，其中不乏警語佳句，如“産前安胎，産後去瘀，是古人治胎産總訣，不獨一淋也”，“伏邪時氣，尤宜急下，此即安胎之要訣，即經所謂有故無殞是也”，“鬱生胎前，病發産後”等，反映了作者來自臨床的真知灼見。又書中時見鄭氏後裔鄭孝鶴補抄附綴之文。

本書雖爲輯録類編之作，然其搜羅廣、采擷精、分類詳細、論述綿密、案例精彩、方藥豐富，又結合自己的學習心得與臨證體驗，時加眉批按語，在古代婦産科醫著中洵不多見，堪稱古代産科文獻之集成。

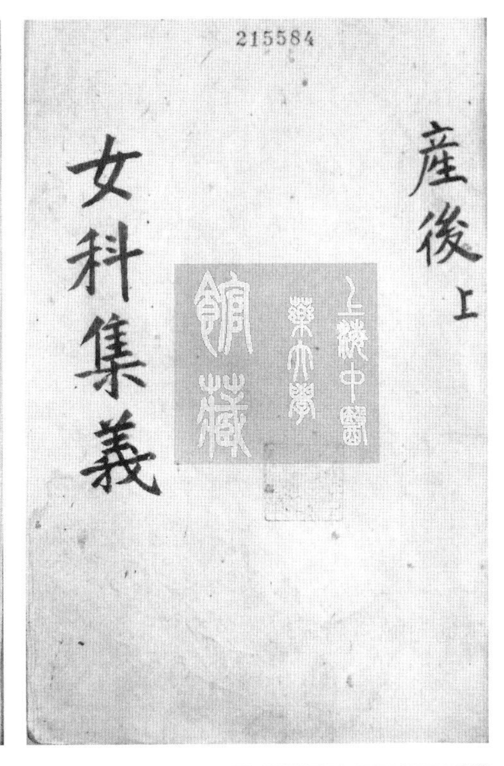

女科集義

產後上

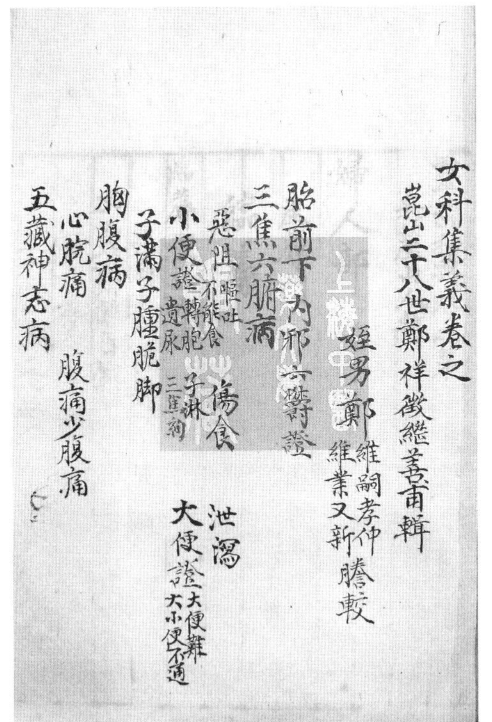
女科集義卷之

崑山二十八世鄭祥徵継莘甫輯

姪男鄭 維嗣孝仲 維業又新 謄較

胎前下 內邪 六鬱證

三焦六腑病 傷食

惡阻 嘔吐 不能食

小便證 轉胞 遺尿 子淋 三焦痢

子滿 子腫 脆脚

泄瀉

大便證 大便難 大小便不通

胸腹病

心脘痛 腹痛 少腹痛

五藏神志病

鄭氏女科要略 產後門

產後飲食起居宜忌

產後六禁

一禁臥 初產血氣未定臥則惡血上升最為危險
故分娩之後須倚靠而坐切不可即臥三朝過後宜半
坐半臥七日後無他病方可安枕也

二禁酒肉 酒能助火其性善升誤用則有動血之虞
若鮮肉雞鴨一切肥膩葷腥之類不獨滑腸妨胃更
且尤助脾濕為害不淺即雞子鴨子糯食麺食一切
堅韌滯氣之物並須禁絕為妙也

三禁沐浴梳頭洗足 浴能升動惡露曾有產數
日後因浴瘀血上衝而斃者抹身洗足皆動氣血且

中焦脾胃氣火發濕熱食積吐瀉證痞滿痛脹證第三

產後之病以脾胃證為最險極重蓋以小兒在母腹中長
養成形皆賴產母中土之精華滋養灌溉而後得以充足
具形則產婦之脾胃暗中耗蠹久矣及其既產氣洩血
去表裡空疎尤賴胃能納穀脾能化穀庶幾藏府氣
血稍有裨益若脾胃又病有出無入虛而益虛臓腑生
化之源斷絕其危亡可以立待斯產後之不宜有脾胃
病從可知矣然產後又最多脾胃病者以孕婦腹中
窄狹一日三餐水穀之滓滯尤易鬱積釀成濕熱
中土受其浸淫至於產後勢必發動此脾胃所以尤
多病也其發也上出則吐下出則瀉上下俱出吐瀉
交作若壅鬱不行即為痛為脹土敗則呃逆不食

425 女科傷寒秘要

《女科傷寒秘要》,不分卷,兩册。原題陶華著,孫鼎手抄。陶華(1369–1450?),字尚文,號節庵、節庵道人,餘杭(今屬浙江)人,明代著名醫家。陶氏對傷寒學頗有創見,著有《傷寒六書》六卷,流傳廣泛,影響較大。該書封面所題書名前以藍色鋼筆加有“戈存橘秘用”五字。上册正文前書名爲《存橘戈氏秘用女科傷寒一袖釵》,下題“節庵居士陶尚文撰”“後學毅齋孫鼎手録”,可以推測該書原爲戈存橘所傳。戈存橘,名維城,字存橘,明代醫家,著有《傷寒補天石》兩卷。但該書上下册紙張、筆迹明顯不一,上册後題“秘用女科傷寒一袖釵終”,可見上下册原非一書。下册末有缺頁,且裝訂有誤,以致文不接續。該書現藏于中華醫學會上海分會圖書館。館藏卡片載其書名爲《戈存橘秘用女科傷寒秘要一袖釵》,認爲其成書于明正統十年(1445)。據考,此年爲《傷寒六書》的成書時間,而《女科傷寒秘要》的内容并不見于《傷寒六書》,因而難以爲據。

該書上册爲婦人傷寒病證治。開篇爲《女科傷寒論》,强調婦人由于經帶胎産等生理特點,所患傷寒在臨床表現和病機變化上皆與男子不同,治療當偏重陰血。繼之爲《血結胸辨》,認爲婦人結胸可因“小腸血壅、膻中之血不得流行”所致,不宜用陷胸湯,應以蛤粉治之。後載《秘傳應驗二十三方》,即加減四物湯、增損小柴胡湯、黄龍湯、蛤粉散、桂枝紅花湯、黄芩芍藥湯、柴胡當歸湯、當歸白术湯、陽旦湯、牡蠣散、阿膠散、枳實散、乾地黄湯、加減小柴胡湯、竹茹湯、蘇木湯、麥門冬湯、梔子大青湯、柴胡石膏湯、旋覆花湯、瀉心三黄湯、竹葉防風湯、澤漆湯,述其主治病症、藥物組成、煎煮方法及臨證加減變化。下册爲婦科經帶胎産諸病證治。首篇爲《婦人月經何名天癸先期後期變生諸疾》,叙述月經病的病理特點和辨治原則。次爲《論形質變胎之始》,從傳統理論上闡述胚胎的形成過程,并告誡妊娠期不可情志過極,後分列心氣飲、調經湯兩方及受妊養胎之法。後爲"經後不調門""經閉不行門""經漏血崩門""赤白帶下門""虛勞門""求嗣門",先大致陳述其常見病機,後分列常用方藥。

是書上册所載治療婦科傷寒諸方多爲經方的加減變化,下册爲婦科雜病治驗的匯集,理論簡單而實用性較强,體現了家傳醫書的特色。

存橘戈氏秘用女科傷寒一袖叙

女科傷寒論

節庵居士陶尚文撰

後學毅齋孫岀手録

婦人傷寒較之男子豈可混乎蓋婦人之証傷寒不以胎前而無不以産後而免或有冬時妊娠受寒而發者或有臨産感寒而發者或有月水適來寒氣乘虛而發者或有不因妊娠觸冒而發者或有不因經事觸冒而發者治之不分死証立見其險乎哉然婦人之性主陰而靜其情色嗜慾則一男子之性主陽而動寔靜中之動也經絡升降也有異表裡虛寔則同其天癸未至則屬少陰已至則屬厥陰也已絶則屬太陰也所以一七而陰精升二七而

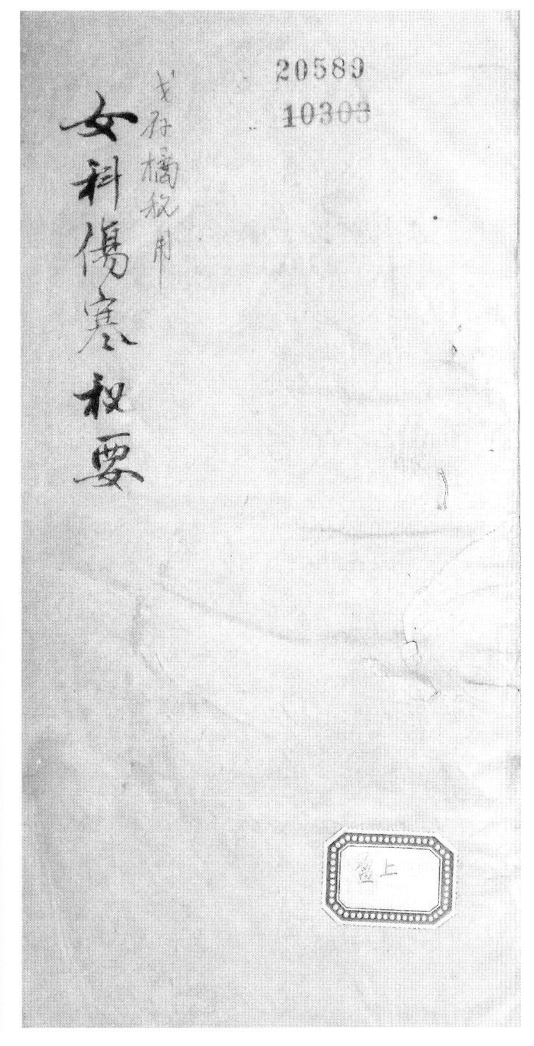

天癸至七七而天癸絶矣一月一次謂為月水一有失期治宜調經此則不同
妊娠産后傷寒論也不特平居雜病論耳傷寒則别有治法其可槩論之乎假
如婦人傷寒經水適來晝則明夜則譫語如見鬼狀俗醫不識以為熱邪犯
胃誤投承氣下之証反見危篤身無地嗚呼殊不知此非熱邪犯胃乃是熱
入血室也柴胡一與耳造須臾何處之有至於妊娠先師曰用藥有避忌不
以尋常婦人一槩治之當以四物安胎佐以汗吐下藥仲景云妊娠傷寒慎
不可行桂枝半夏桃仁等劑用桂枝則動陰血用半夏則觸胎氣用桃仁則
破胎血如症在半表半裏者只消小柴胡湯去半夏加芩朮以安胎其妙如

神所謂柴胡黄龍湯是也吾今姑畧陳此一二以為医家標較之男子特一間耳
因此三者則大有逕庭矣有取脉不取証取証不取脉其血結胷其當下証
一一有法備述於後吾家子孫尤宜珍之寳之慎毋泄之參証用藥無不中
也。女科傷寒俗之醫者以仲景治男子傷寒方中一槩參用亦有中者原
無產後胎前故得中耳如有故即當以此方中採取而用庶無悞殺人矣腹
傷寒脉氣與男子無異今畧言取脉法於後謹當至誠參証汗下。男子傷
寒氣口緊盛則宜下人迎緊盛則宜汗　婦人左關浮緊不宜下當發其汗

血結胸辨

結胸之証仲景有云陽症下之早者乃成結胸陰症下之早者因成痞氣婦人
結胸有不因下而成者緣其小水不利胸腹血積胆中熱脹則小腸血溢胆中
之血不得流行矣遂致血結胸膈堅如石痛不可按在男子則以陷胸湯主之
在婦人則以蛤粉治之也　秘傳應驗二十三方

加減四物湯　治妊娠傷寒腹痛及諸月事或多或少或前或後胎氣不安
產後血塊或惡血過多或惡露不下

當歸焙　川芎　熟地　白芍各一兩

右每服四錢用水二盞半煎至八分去查熱服二三劑

妊娠熱與血搏口燥咽乾渴欲飲水者加天花粉一兩麦冬三錢　腹中刺痛惡露不下
加當歸芍藥　血崩加地黄蒲黄因熱生風加川芎柴胡　秘澀加大黄桃仁炒　滑
瀉加肉桂附子白朮人參　腹脹加厚朴枳實　寒熱加丹皮芍藥　身熱脉躁頭
疼頭強加柴胡黄芩　虚煩不得眠加竹葉人參　煩躁大渴加知母石羔　水停
心下微喘加猪苓茯苓防己　虚寒壯類傷寒加人參柴胡防風　增損小柴胡湯
治産後虚羸發寒熱飲食少進腹脹

嫩柴胡　人參中　甘草中　半夏中　白芍中　陳皮中　川芎中　右用水二鍾加姜三片棗一枚煎至八分食
後溫服　黄龍湯　治妊婦傷寒胸中煩滿寒熱往來或戰而作寒

426 女科彙方歌括

《女科彙方歌括》，不分卷，一册。封皮加題“婦科指掌登庸”。匯編之人不詳，無序跋、目録等，抄録年代不可考。現藏于上海圖書館。藏館著録其成于1911年。是本每半葉十八行，每行首字稍大，行約二十字，時有雙行小字夾注其間。

該書無目録，分調經門、胎前門、産後門、雜證門及附篇共五大部分。其中調經門有“經行先期彙方”“經行過期彙方”“經行發熱彙方”等十九科小目證治，胎前門有“惡阻彙方”“胞阻彙方”“子煩彙方”等十四科小目證治，産後門有“血暈彙方”“頭痛彙方”“心胃痛彙方”等三十一科小目證治，雜證門有“熱入血室證治”“血分證治”“水分證治”等十二科小目證治，另有《産後補陰七法》《孕婦忌藥歌誤》《下治彙方》《斷産彙方》《種子彙方》等五篇附文，共計五大部分八十小項證治。一般每證有數方，每方皆有歌括一首，部分方中有小字夾注于歌括中，簡要説明該病證的病因和證治原則。書中所匯集之方藥，均爲婦科常用常見之方，諸如四君子湯、四物湯、生化湯之類。

該書雖將大量婦科常用方分門别類匯編成一册，有其一定的實用性，但缺乏精彩的評點，亦無家傳秘書之效方，學術價值不高。另該書之歌訣音律頗爲一般，尚未臻琅琅上口、易記易誦之境。

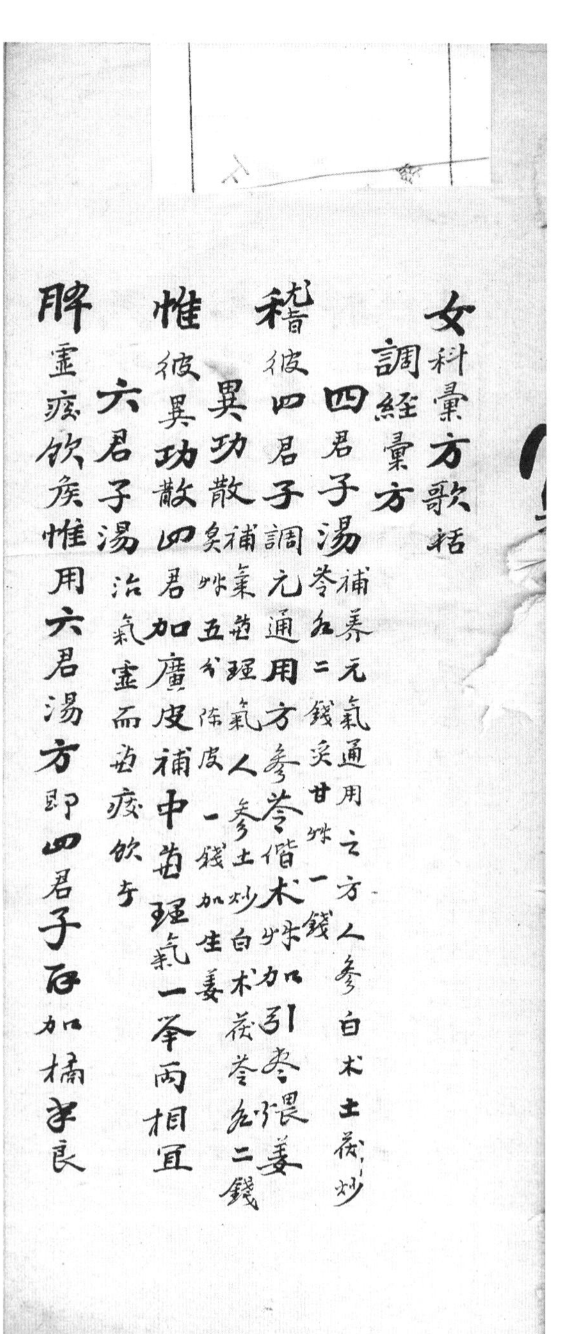

女科彙方歌括

調經彙方

四君子湯 補養元氣通用之方人參白朮土炒茯苓各二錢炙甘草一錢

稽彼四君子調元通用方參苓偕朮草加引棗煨姜

異功散 補氣兼理氣人參土炒白朮茯苓各二錢炙草五分陳皮一錢加生姜

惟彼異功散四君加廣皮補中兼理氣一舉兩相宜

六君子湯 治氣虛而兼痰飲者

脾虛痰飲疾惟用六君湯方即四君子仍加橘半良

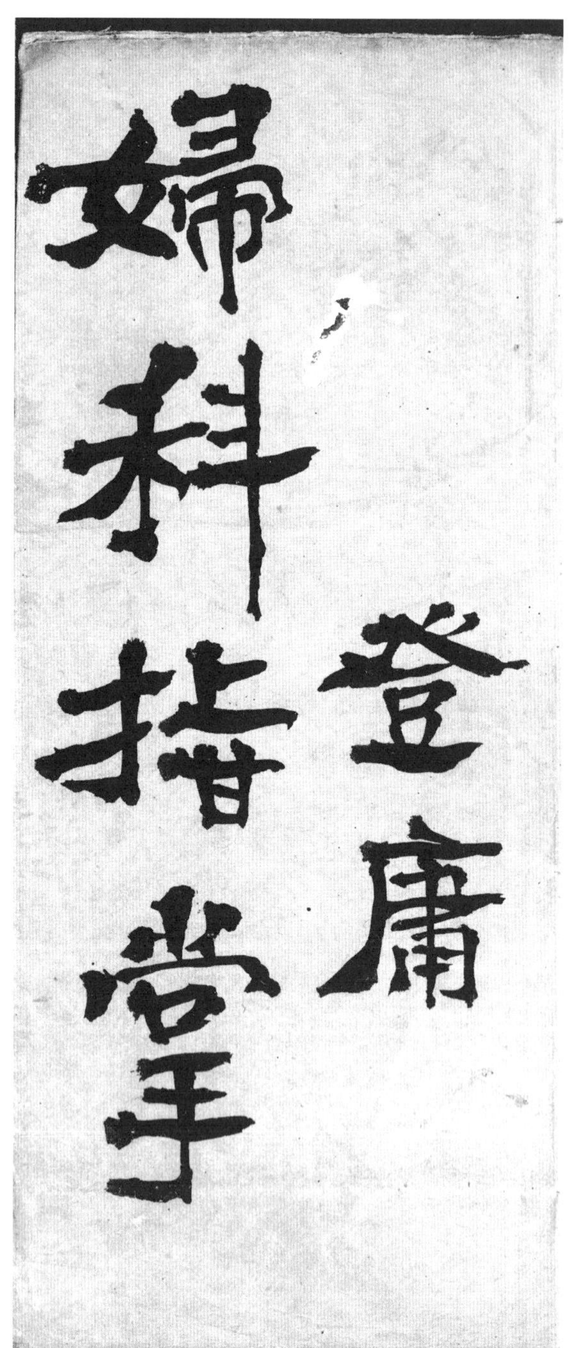

婦科指掌

登庸

427 女科經綸補方

《女科經綸補方》，不分卷，一册。未注明作者。正文首頁鈐方形印章一枚，内容爲“念修游目”。正文以烏絲爲界格，版心印有“瑞竹堂”“隨筆”，坳格印有“秋農默識”等字樣。考瑞竹堂的全稱是薩謙齋瑞竹堂藥鋪，位于陳州（今河南省周口市淮陽縣），據《劉氏家譜》載，瑞竹堂始于明朝萬曆年間。明萬曆初年，四世祖劉華紳調任陳州府教諭訓導，携眷遷入陳州湖岸街，創辦了瑞竹堂藥鋪。該本還標明頁碼，共七十九葉，每半葉十行，每行三至二十五字不等，凡三萬字左右。《中國中醫古籍總目》載録爲清鈔本。現藏于上海中醫藥大學圖書館。

本書爲補《女科經綸》所用方劑而作。《女科經綸》爲清康熙年間蕭賡六所作。蕭氏名壎，號慎齋，檇李（今浙江嘉興）人。康熙二年（1663）著成《醫學經綸全集》八種，《女科經綸》即其中之一。是書以條文形式對女科經、帶、胎、産及婦科雜症予以辨證析源，并提出獨到之見解。因作者感于古書“方多論少”，故其所著書“詳於論而略於方”，于是便有《補方》之作。是本按照《女科經綸》次序補録醫方，共載方劑三百七十餘首。每首方劑，先録出處及主治功效，如“逍遙散，《局方》，治血虚肝燥，骨蒸勞熱，咳嗽潮熱，往來寒熱，口乾便澀，月經不調”；後載藥物，每藥或簡略記載炮製方法，如“白芍（酒炒）、白术（土炒）”等。該書還注重考證方藥的名實，如：“霹靂酒。考許叔微《本事方》無霹靂酒，獨於崩中下血條下見證與本論合，其用藥之法與前一味子芩丸同，即煎一味子芩丸。想霹靂之名乃燒秤錘投酒中之聲，取義影響之速，子芩丸效法如是，或因事而名乎？”“本論”指《女科經綸》。《女科經綸》卷七治“血崩屬陽乘於陰爲陽邪有餘病”，引許學士語“崩中多用止血及補血藥，不效，以霹靂酒治之”，然《補方》作者查許學士書，不見霹靂酒方，但見其用藥法如一味子芩丸用法，故考證霹靂酒即一味子芩丸。《本草綱目》載霹靂酒爲“以鐵器燒赤，浸酒飲之”，《古今醫鑒》載子芩丸用時“以霹靂酒服下”，可見作者此處考霹靂酒即一味子芩丸，不可謂無據。該書還補充了《經綸》失查之方，如載萬靈丸“脚氣條萬靈散無查，採此備，法出河間《宣明論方》卷三”等。故該書既可與《女科經綸》一書相互參看，又可單獨爲用。

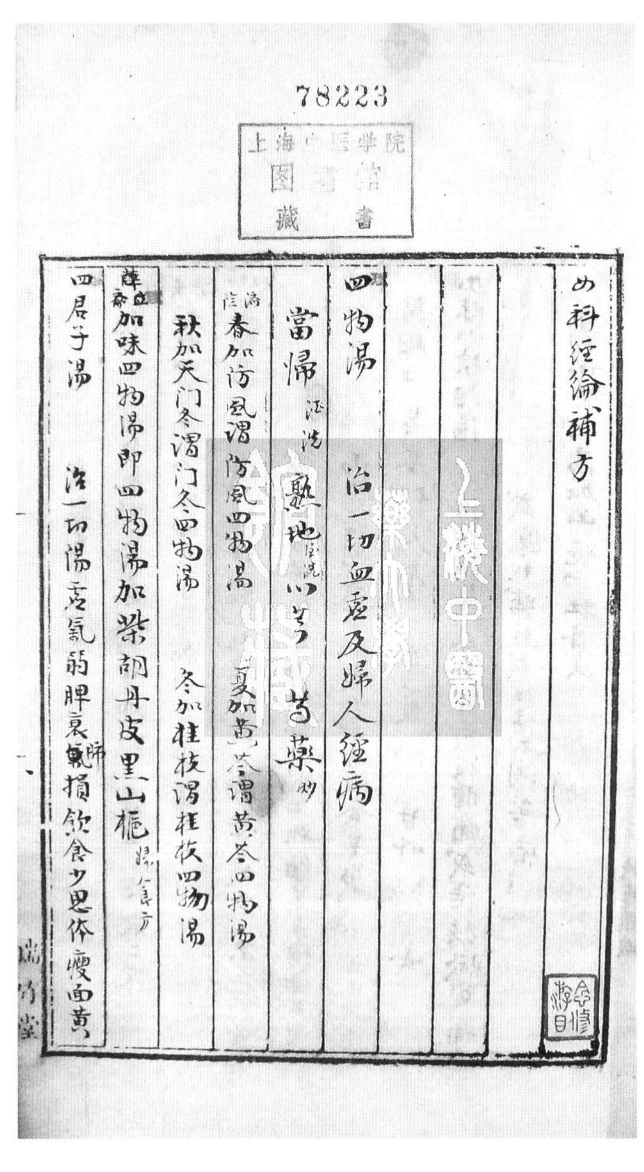

女科經綸補方

四物湯　治一切血虛及婦人經病

當歸 酒洗　熟地 酒洗　川芎　芍藥 炒

春加防風謂防風四物湯　夏加黄芩謂黄芩四物湯

秋加天门冬謂门冬四物湯　冬加桂枝謂桂枝四物湯

薛立齋加味四物湯即四物湯加柴胡丹皮黑山梔 婦人良方

四君子湯　治一切陽虛氣弱脾衰肺損飲食少思体瘦面黄

熟地黃八兩 自製 山萸肉 山藥各四兩 茯苓 丹皮 澤瀉各三兩

肉桂 用厚者去皮取肉方能補腎引火歸源焉 附子 用大者切開童便浸數日切片晒看無白星為度 各一兩

右為末蜜丸桐子大每服七八十丸滾湯下

六味丸 一名六味地黃丸 此壯水制火之劑夫人之生以腎為主人之病多由腎虛而致此方乃天一生水之劑若腎虛發熱作渴小便淋秘痰壅失瘖咳嗽吐血頭目眩暈眼花耳聾咽喉燥痛口舌瘡裂齒不堅固腰腿痿軟五藏虧損自汗盜汗便血諸血凡肝經不足之症尤當用之蓋水能生木故也此水泛為痰之聖藥血虛發熱之神劑又治肝腎

沈晨黙識

精血不足虛熱不能起牀 立齋婦人良方二十卷

即八味丸去肉桂附子

二陳湯 治中脘停痰飲食少思嘔逆等症 立齋婦人良方

陳皮白去 茯苓 半夏各一錢 甘草炙五分 水煎服

八珍湯 丹溪 治脾胃傷損惡寒發熱或煩躁作渴或因脾胃虧損膿水清稀久不能愈等症 立齋婦人良方

即四君四物二湯相合

十全大補湯 治瘡瘍胃氣虛弱腫痛不潰或潰而不斂或自汗盜汗食少體倦或寒熱作渴頭痛眩暈或似中風又治氣血俱虛胸腹脇痛或作脹滿或骨節作痛

428 女科選録秘閣藏書

《女科選録秘閣藏書》，一册，殘。係三本書的合鈔本，屬中醫婦科專集。書名見于書函外側。成書年代不詳。《中國中醫古籍總目》載録書名爲《秘傳驗效女科選録》，屬清鈔本。包括《秘傳驗效女科選録秘閣藏書》《内府傳授胎前産後女科選録》《京傳試驗産後良方選録秘閣藏書》。現存鈔本，藏于中國科學院上海生命科學信息中心生命科學圖書館。是本偶有脱頁和損壞的書頁，品相欠佳。

《秘傳驗效女科選録秘閣藏書》，不分卷，係鎮江何仁元先生撰，祁東左田黄永念集。此書分"調經""胎前""産後"三部分。"調經"列《濟陰通玄賦》《未及期而經先行症治》《過期而經後行症》《經將來腹痛症》《崩漏》等十四篇。"胎前"包括種子、胎動不安、中風、子懸、子癇等證及催生法、臨産須知等共三十一論。"産後"詳論婦人産後各種病證及治法，如救逆産法、救横産法、盤腸症、産後胞衣不下、産後腹痛症等七十九論。三部分共論一百二十四證，闡述各證的症狀特點及治法方藥，多數以問答形式述證，令人印象深刻。

《内府傳授胎前産後女科選録》，分三卷，係延陵于鼎氏重録，祁南貴溪胡任素、程士捷同看此書。三卷也可按"調經""胎前""産後"分。卷一論脈法、月水或前或後脈、辨男女脈、血虚發熱論、經來如黄泥水等月經生理及病證共四十九論；卷二論辨胎正名、胎前惡阻、胎前潮熱氣痛、胎前衄血等胎前四十八證；卷三列臨産須知總論、臨産脈法、調護法、胎死腹中、産後調護、産後鄉俗習弊、産後大小便滯澀等臨産及産後四十二論。

《京傳試驗産後良方選録秘閣藏書》，不分卷。主要論述産後各常見病證的病機特點、治法方藥等，如産後生化血論、産後惡露有塊作痛、産後血塊是孕成餘血之積、産後乳不回等共五十一論。

是本爲三本婦科醫書的合編本，三書内容各有側重，合爲一本，有一定參考價值。

秘傳驗効女科選録秘閣藏書　鎮江何仁元先生傳　邗東左田黄永念集
濟陰通玄賦一
陰陽異質男女殊科欲救在室之疴病須立專門之方法因其
血之虧也故調之必使流通因其血之盈也故抑之不使鬱
遏体本柔弱性最偏頗肥白者多痰瘦黑者多火思太過者
氣結養不足者血涸專寵愛者治合異乎孤冷飫膏粱者療
莫仝乎藜藿
月事時下兮如潮水之應期血海常滿兮似江漢之流波調
無病可以勿藥或不及期而先來兮氣有餘而血易虧
過期而後來兮氣不足而血本弱花色淡白兮由血

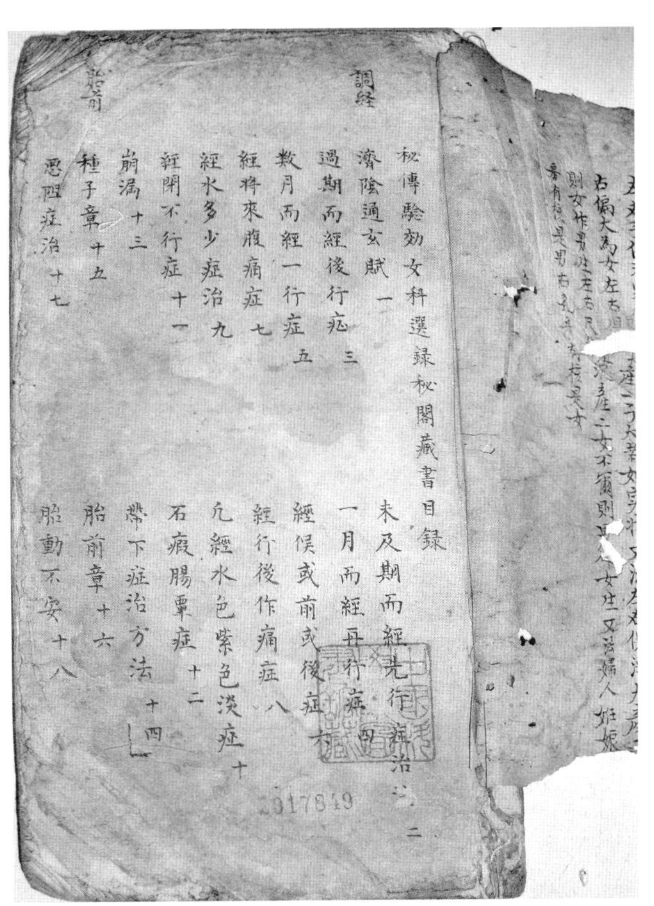
秘傳驗効女科選録秘閣藏書目録
調經
濟陰通玄賦　一
未及期而經先行症治　二
過期而經後行症　三
一月而經再行症　四
數月而經一行症　五
經候或前或後症　六
經將來腹痛症　七
經行後作痛症　八
經水多少症治　九
凡經水色紫色淡症　十
經閉不行症　十一
石瘕腸覃症　十二
崩漏　十三
帶下症治方法　十四
胎前
種子章　十五
胎前章　十六
惡阻症治　十七
胎動不安　十八

者或作寒熱心中煩悶嘔吐痰水胸膈煩滿恍惚不能支
輕者不服藥無妨乃常病也重者須少藥調之恐傷胃氣專
主于痰以二陳湯為主半夏有動胎之性不可輕用
半夏泡炒黃色五分　白术一錢五分　陳皮一錢　白茯
苓一錢　砂仁八分　一甘草五分　姜三棗二枚　水煎食
遠服　一云妊婦惡阻惡聞食氣胃膈痰逆嘔吐　旋覆花
陳皮去白　白茯　吉更　白芍　人參　甘草　川芎
半夏泡七次焙干姜三片水煎空心服下
瘦人兼痰兼熱以人參橘皮湯主之
人參　白术　陳皮一錢　麦冬七分　甘草五分　厚朴
姜炙制　白茯一錢　姜三片　竹茹一彈子大水煎食遠
服再加黃芩尤妙
惡阻不能食者保生湯主之
烏藥　陳皮　香附便製一錢五分　砂仁炒　人參　甘
草　白术一錢　姜三片水煎食遠服　按八十四卷叅斯
廣育四物湯論論古方女金丹純以香附子一味為君調能
調經開鬱今人用之反致氣血兩虛而經益不調矣有不知
止必病甚而傷生何則香附味辛性燥耗氣燥血止可以開
有餘之鬱耳今之婦女動以虛弱者多則經不調皆卽虛而致也
△○○十八胎動不安十八

三十四產後瀉　分二症立二方
凡產後瀉產後脾胃虛產里即瀉必先服原生化湯一帖後
加茯苓一錢五分　在生化湯內名
加味生化湯　治產單即瀉
川芎一錢五分　当歸二錢　干姜五分炙　茯苓一錢五
分　桃仁十粒去皮　肉果一果面裹火煨搥去油　柯子
一錢　蓮子十粒　姜水煎服　兩帖後不止加人參一二
錢　小便不利因瀉之津液毋利　湯加麦冬一錢　五味
十粒　人參二錢
參苓生化湯　治婦人胎前久瀉產後不止產婦虛脫送權服
此方以狀虛弱
川芎一錢　当歸二錢　干姜五分炙黑　甘草五分炙
茯苓一錢五分　山藥一錢　肉果一个　蓮子八个　製
過柯子皮一錢　粟米一撮　人參二錢　產後七日外血
塊不痛亦服此方產後塊痛不息減人參肉果以除其痛產
後血塊不痛加白术二錢陳皮三分　瀉兼後熱毋用芩連
枝栢兼痰毋用半夏生姜　又方瀉渴煎生脉湯以回津液
三十五產後形体勞倦傷脾
凡產後形体勞倦傷脾雖少食亦運化少稜胸膈欠舒無噯酸
氣味不可即投消導兼傷食而噯酸惡心食飽悶用生

429 孕育玄機

《孕育玄機》，上中下三卷。明陶本學編著。陶本學，字泗源，別號會稽山人，浙江會稽人。著有《脈證治例辨疑》十二卷，自序于萬曆四十三年（1615）。另著有《百段錦》一卷。二書均未刻行，今存鈔本。《孕育玄機》有天啓辛酉年（1621）自序，尾題有“康熙五十二年癸巳七月望後學干堯謹録”字樣，可知該書抄録于1713年。現藏于上海中醫藥大學圖書館。《中醫古籍珍稀抄本精選》第七册收録該本。

上卷論調經，言惟經行正常則生育可期。其論先概述月經病的病因病機、辨證分型治則，後分述經行先期、經行過期、錯經妄行、經行作痛、經行不斷、經閉、血崩、限外行經八種月經病的脈證方治。中卷論保胎，言唯胎全而子嗣可興。首論懷孕原理、診脈原理及不孕症的病因機理，次述妊娠惡阻、痰逆不食、胎動不安、胎漏、卒然下血、驚胎僵仆等婦科雜病。下卷論産後，言唯治産有法而女子全。其論首述臨産脈象特點、臨産事宜、産後事宜、難産治則，次論子死腹中、胞衣不下、交骨不開、血暈、血崩、發熱等産後病。書中所論諸證，强調病因的分析及辨因論治，如經行先期可由血分有熱、肝經怒火、勞後火動所致，相應治以加味四物湯、加味逍遙散、補中益氣湯。雖然皆因血熱之故，但因熱有微甚，故致經行提前的時間不同。并主張針刺、灸法等配合治療。

此書取諸家之言，旁求博采，所引之言有古聖賢子華子、關尹子，以及《脈訣》《丹溪心法》，更多的則是陳自明《婦人大全良方》及薛立齋《校注婦人良方》中的理論。且師古而不泥古，以生平所歷之驗，斟酌損益，一證一論，縷析條分，匯輯成編。

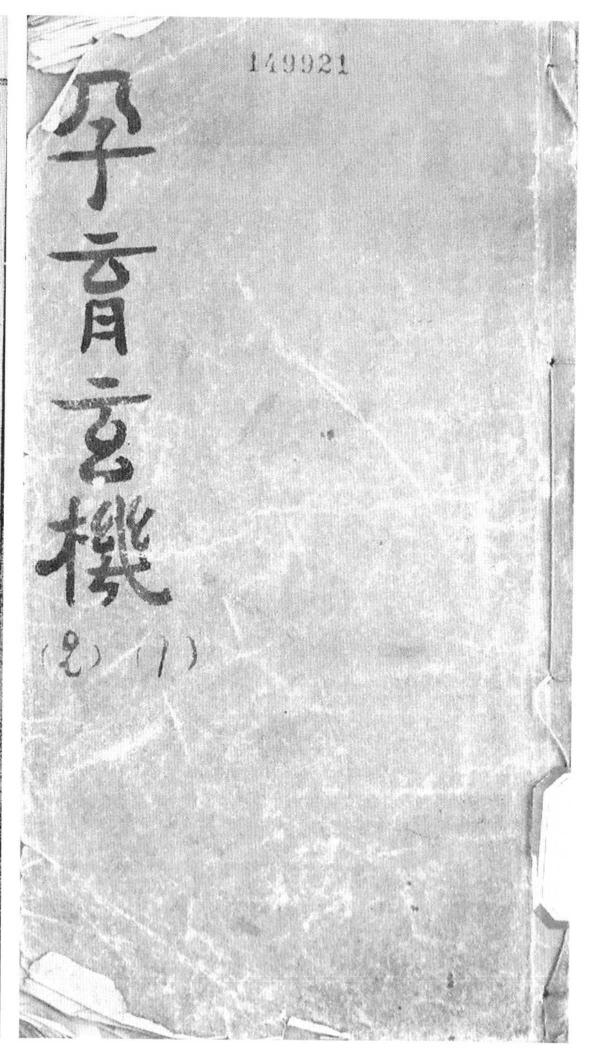

孕育玄機

上卷目録

430 竹林寺胎前産後症治

《竹林寺胎前産後症治》,不分卷,一册。未著撰者。成書年代不詳,藏館著録爲清末,《中國中醫古籍總目》載録爲清乾隆五十一年(1786)。封面題“竹林寺胎前産後症治秘傳”。文中有長方形印章“聚和字型大小”,正方形印章“□□羅店”,此印章色澤較淡,前兩字難以識别。現存南湖書屋鈔本,藏于上海圖書館。

全書分“經期”“胎前”“臨産”“産後”四部分。“經期”列經來不止、行經時氣虚作痛、血虚發熱等四十證,“胎前”列胎前動紅、胎前脚痛、胎前漏血等三十六證,“臨産”列交骨不開、臨産艱難、胎死腹中等七證,“産後”列産門不閉、産後血氣痛、産後心痛等六十證,全書共列一百四十三證。每病證先列病名、症狀、病因、治療方法,若涉及藥方者,則詳列藥方的組成、劑量、製法、服用方法。如第六十:胎前遍身酸懶,“此症面色青黄,瘦削不思飲食,精神怠倦,形容憔悴,因血少不勝,難養胎元,宜用四物湯。四物湯:生地、白芍、歸身、川芎各等分,水煎服”。天頭眉批有二十九處之多,産後部分尤多,九處引用薛立齋、李士材、朱丹溪、陳飛霞等前人之論説,如第一百三十六産後瘰癧,眉批:“《輯要》云:瘰癧症多生於項側耳後及胸脇間,如寒熱腫痛,此厥陰相火散行于少陽,雖本肝經氣動,尚屬膽經風熱,宜柴胡梔子。”其他眉批有對文中所提方劑的説明,有對文中内容的解釋。書後附“譫語”,闡述産後譫語、産後氣急虚喘、産後舌黑、絶無津液及孕娠時疫等病症及治療。

本書論述内容較爲全面,闡述月經病、各種難産處理方法以及胎前、産後諸疾之證治。辨證立方,簡單明瞭,條理清晰,可供婦科臨床參考。

竹林寺胎前産後症治

第一月經期前 其症血来如胆水五心作熱腰痛腹疼面色痿黄不思飲食乃血氣虚也先用黄芩散退其五心煩熱後用調經丸次月血勝而愈

黄芩散 黄芩卜 白芍半 當歸半 川芎卜 知母卜 花粉卜 甘草卜 水煎

調經丸 生地一两 熟地一两 當歸一两 白芍一两 川芎八分 香附一两 砂仁半 茯苓一两 小茴八分 烏藥八分 元胡一两 三稜一两 莪术一两 角刺八分 共為細末米糊為丸如桐子大酒送百丸不拘時

第二月經後期後 其症經来如屋漏水頭昏目暗小腹作痛更兼白帶咽中臭如魚腥惡心吐逆先用理經四物湯後用內補當歸丸次月即愈

理經四物湯 生地半 白芍半 當歸半 川芎半 柴胡半 黄芩卜 白术半 香附半 元胡卜 三稜卜 水煎

內補當歸丸 熟地一两 白芍八分 當歸一两 川芎八分 川斷一两 萸肉一两 阿膠一两 乾姜半 附子三 炙草半 厚朴一两 白芷一两 共為細末蜜丸空心酒送八十丸

第三月經或前或後 其症由脾土不勝不思飲食由此血衰故經或前或後用藥不須理血只宜調脾以使土勝則血旺氣均月信自然應期矣用紫金丸

紫金丸 陳皮半 砂仁八分 兵郎八分 只壳八分 良姜八分 紅豆八分 烏藥八分 三稜一两 莪术八分 糊丸食後送下百丸

第四血虚發熱 其症因人性急或行經時房事觸傷腹中結一塊如雞子大在左右兩脇間月水不行變生五心煩熱頭昏目暗咳嗽生痰先用逍遥散治其熱次用紫菀湯

431 竹林寺秘傳女科切要

《竹林寺秘傳女科切要》，不分卷，一册。不著撰者，無序跋。清代竹林寺僧傳。約成書于清乾隆間(1736–1795)。本書亦屬竹林寺女科節傳本之一。現存鈔本，藏于上海圖書館。

是本目録爲："調經：經不調症，開鬱二陳湯，三補丸，地骨皮湯；過期行經，蒼莎丸；經來或前或後，加減八物湯，烏鷄丸；行經腰腹作痛，桃仁四物湯。經後腹痛：經血多少，驗經血，四物連附湯；浮腫症，調經湯，金匱丸；原經不行，經閉不行，加減補中益氣湯，四制烏附丸，加減八物柴胡湯，四物涼膈散，柏子仁丸，澤蘭葉湯；石瘕，温經湯；腸覃，桂枝桃仁湯。論治崩漏次第：崩漏症，加味四物湯，十灰散，地黄湯，補中益氣湯，鹿角霜丸。論崩症係經脈錯亂治法：原赤白帶，赤白帶，補宫丸；白淫，加味二陳湯；白濁，分清飲。"

是本介紹女科之經帶病症的病因病機、症狀、治法、方藥的製法及其服用方法，專論月經病和帶下病的調治。對月經不調諸證詳加辨證，根據不同證型提出相應方治。認爲月經不調可致不孕，采用調經種子之法論治，强調塞流、澄源、復舊三者在治療崩漏中的重要性。全書先論後方，方全法備，如開鬱二陳湯、烏雞丸等女科名方，迄今仍爲臨床所習，可供婦科臨床參考。

竹林寺秘傳女科切要目録

調経

経不調症　開鬱二陳湯　三補丸

地骨皮湯

過期行経　蒼莎丸

経来或前或後　加減八物湯　烏鷄丸

行経腰腹作痛　桃仁四物湯

経後腹痛

432 坤元是保

《坤元是保》，兩卷，兩册，附録一卷。舊題隆慶三年（1569）九月有吴薛軒仲昂氏輯著。薛軒，字仲昂，吴人。是本落款爲明隆慶年間人，然查《中國歷代醫家傳録》《中國古醫籍書目提要》等，皆認爲薛軒爲南宋孝宗隆興年間人，隆慶三年或爲隆興三年（1165）之誤。不過南宋隆興三年乙酉春正月朔，宋孝宗即改元爲乾道元年，故隆興三年九月之説存疑。是本前有薛軒自序，後有薛軒之婿的跋文，是本無其婿落款，從文中"内父仲昂公"一説獲知。查資料知此人名爲鄭春敷，南宋孝宗年間吴地平橋人，薛軒之婿。故此書當爲薛軒輯著，鄭春敷編。是本每半葉十行，每行約二十四字。藏于上海圖書館，藏館著録爲清鈔本。

上卷首録題爲"坤元是保"約千字提綱，主要論述書中所涉婦科各症。其後爲薛軒氏隆慶三年九月的自序。之後是上卷《目録》《增補坤元是保萬金方編號絳都春詞目録》。上卷有《診脈》《外因》《内因》《不内外因》《奇經八脈始終》《調經》《胎前》《産症》《産後》《雜症》等二十四篇。下卷前爲按丁仙現《絳都春》詞編目的屢驗良方一百首，中有《徐子才養胎脈》《五運》兩段少量文字。後爲《坤元是保續集備考》附録一卷，以"越國盛文獻，多士鬱如林……"詩歌編目，載屢驗良方一百零八首。篇末有跋文及《七絶脈訣歌》《六經病提綱》《傷寒六經傳變》及驗方若干等五段文字。

薛氏此書歷代多有傳抄，然書中不乏精要之論、簡易之方。古人男女之間交流頗多不便之處，因此婦科一門憑脈辨證、處方用藥尤顯重要。薛氏對婦人脈學研究頗爲精深，上卷論述婦女經脈變化的特性，如"女人尺脈常盛，而右手脈大，乃其常也，若腎脈微濇或浮或滑，而斷絶不勻，或脈沉而急，皆經閉不調之候也"。下卷兩大部分所載二百零八首方劑，多爲家傳經驗良方，且所附歌訣琅琅上口，易于記誦。比如治相思失志的融號正神丸，其他書中少見；十六競號到廿一馳號的六首方劑，爲按孕二月至孕七月之序逐月養胎之方，頗有特色。其他如治産後失血過多的仙號茯神散，治胎前産後四肢面目浮腫的五皮散，治産後中風的迤號愈風散二首等，多爲屢試屢驗的良方。此書確係一部切合臨床、頗多巧思的婦科專著，可供婦科臨證參閱。

坤元是保目録

上卷

坤元是保上

有吳薛軒仲昂氏輯

婦人一科古人稱之曰难愛必溺憎易深意最著情寔偏牽恋生憂增悪蓄怨嗜慾過于丈夫感傷倍于男子心结不散此数者病之根也婦人兼之而經孕産又男子之所無夫去病必去其根根之不去苗必復發婦人之病根于心難乎為治故曰難余少時習醫今古良方靡不博覽焦心勞思四十餘年始得成帙名坤元是保識屡試屡驗不易得之奇方也彼金精美玉為用易盡此用之不盡者也秘之足以為恒産其目始調經次胎産次雜症簡且備其編字號為常用之方不備者備用之耳後之人不可輕視苟傳雖翁婿甥舅師弟之親且切者亦不可借觀余既矢之矣其毋犯

433 茅氏女科秘方

《茅氏女科秘方》,不分卷,係明代茅友芝家族祖傳方書。茅友芝,安亭(今屬上海嘉定)人。現存嘉慶八年(1803)鎔齋潘采瑞鼎望氏藏本與清光緒六年庚辰(1880)森秀林鈔本,前者署爲"茅氏女科秘方",後者題作"安亭茅氏世傳女科",屬復鈔本,皆藏于上海中醫藥大學圖書館。本提要據潘采瑞藏本撰寫。

是本前有茅友芝于弘治二年(1489)"密授於女"之"囑言",内云"自我上祖相傳,已有此書",可知爲茅氏家傳秘書。

此本分"胎前""産後""妊婦傷寒"三部分。"胎前"立歌訣、方證兩途。有胎前二十一症歌訣,論述胎前證候,并依證製定如聖散、芎藭補心湯、七寶飲、霹靂奪命丹等三十六方。"産後"設歌訣二十二首,據證製定黑神散、黑龍丹、十灰丸、濟危丹等十八方。"妊婦傷寒"一證一方,共立表虚六合湯、風濕六合湯、琥珀聚寶丸、鼓脹流氣飲等二十七方。共立方劑八十一則,或合藏書者潘采瑞卷首所言"胎前産後及傷寒,共八十一症"之數。

是本對證立方,隨證加減,辨證精簡明瞭,方藥絲絲入扣,述證用藥多編歌訣,琅琅上口,是一部内容實用、通俗易懂的婦科專著。如治胎動不安有安胎丸、順氣散,療經血妄行有桑寄生湯、佛手散,愈小便淋漓有桑螵蛸散、安榮散,除産後心痛有大岩密(蜜)湯、元胡索湯,他如紫蘇飲平胎氣,獨聖散催生産,黑神散消四肢浮腫,十灰散止惡熱妄行。多爲經驗效方,可供臨證參閱。

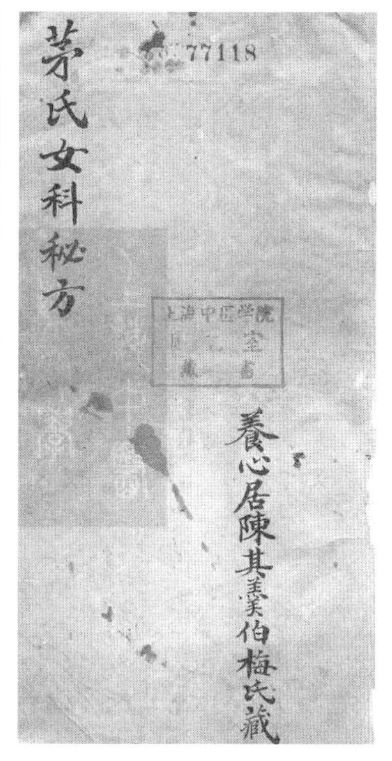
茅氏女科秘方

養心居陳其蓁伯梅氏藏

安亭茅氏女科密授于女囑言

吾世家上洋之西北六十里地名龍江是也數世以來惟籍女科一業以為不耕不蠶之衣食招壻在門作配次女幸有所出因男霖強婚不可與以田宅故密授此書

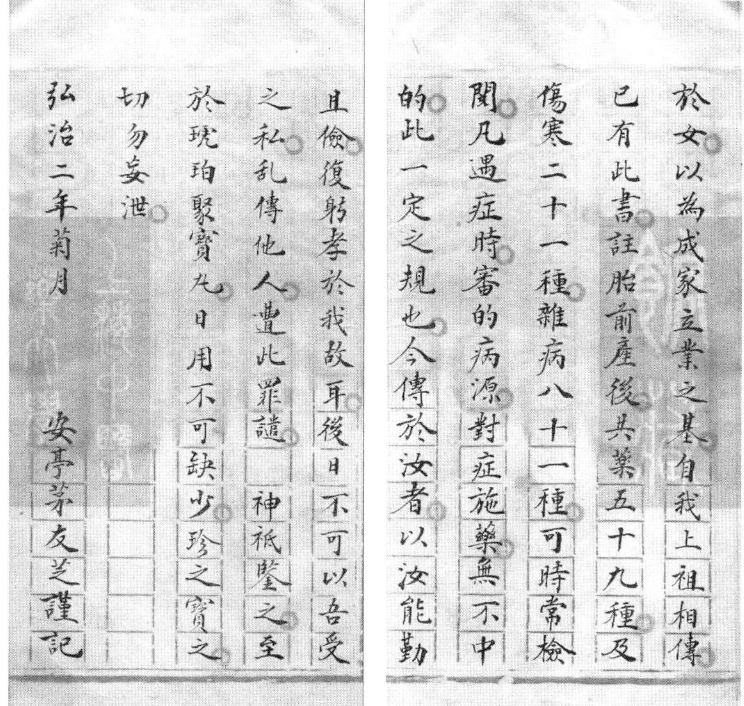
於女以為成家立業之基自我上祖相傳已有此書註胎前産後共藥五十九種及傷寒二十一種雜病八十一種可時常檢閱凡遇症時審的病源對症施藥無不中的此一定之規也今傳於汝者以汝能勤且儉復躬孝於我故耳後日不可以吾受之私乱傳他人遣此罪譴　神祇鑒之至於琥珀聚寶丸日用不可缺少珍之寶之切勿妄泄

弘治二年菊月　安亭茅友芝謹記

子破胎
投困皮

胎前十八症歌訣 外增三症共二十一症

一 妊婦勞傷胎不安腹疼血下莫輕看 日
久宮虛胎必墮服丸杜仲免心酸 安
胎四物地榆甘半芩芪朮艾膠添惡阻
嘔吐并下血水姜煎服病時痊 杜仲丸 杜仲續斷味

二 妊婦胎動痛異常調攝失宜飲啖傷 順
氣安胎如聖飲不然脹滿命相妨 順
氣散中何所長紫蘇草苍廣木香苧根
甘茯大腹子皮糯米加煎最效良 如聖
鯉魚皮芎歸熟地奇阿膠續白芍苧艾

77118

嘉慶八年癸亥時年七十有五夜讀安亭
茅氏書胎前産後及傷寒共八十一症言
簡而該易於習誦惜雜症八十一種僅有
其四尚有憾耳先生寶之後學得此亦以
為寶昔為茅氏書今為潘氏傳
嘉慶八年癸亥立秋前三日鎔齋潘泉瑞聞望氏 謹識
雜症八十一以崑山薛氏女科補之

434 明易胎前論辨諸症醫方

《明易胎前論辨諸症醫方》,七卷,一册。不著撰者,抄寫者與抄寫時間不詳。《中國中醫古籍總目》題作"明易胎前辨論諸症醫方",稱輯抄于清光緒三十年(1904)。是本與單南山《明易産科》内容相似,疑即其輯鈔本。單南山,浙江紹興人,清初醫家,精婦科胎産諸疾,擅長以丹溪安胎飲主治胎前諸患,以傅山生化湯主治産後諸患。曾著《胎産指南》八卷,按病論治,證論詳備,後丁蘭谷于道光年間重加輯訂,易名爲《胎産症治録》。現存鈔本,藏于上海中醫藥大學圖書館。

是本卷一爲胎前辨論諸證,首列《保安胎論》《辨胎症名》《補母壽子論》,推崇朱丹溪安胎之方安胎飲,謂"考丹溪安胎之論不過數言,安胎之方不過三四,然加減治病,可以十全八九,誠爲後學準繩也""隨症加減,可治胎前諸症"。再述《種子不可服辨》《少林寺廣記瘦胎三方不可服辨》以及《衰翁衰婦求嗣辨》,反對時人"妄用種子方,多用香附爲主",認爲"使用耗氣藥,服用斂肥胎易産名方、枳殼瘦胎方、斂胎易産方",有大損氣血之害。後述孕婦二十七症醫方。卷二載辨病胎、小産、弱證,有《墮胎辨》《胎不安毋議落胎救母解》,提出"不可用落胎之方妄議去胎救母,必須滋補母之氣血,力健則胎自然漸動,其死胎助血自落,可保兩全而無虞也"。卷三載《臨産須知異症》,介紹臨産胎位不正時的注意事項及采取的措施,并載治横生逆生方、横生先露手足方、催生兔腦丸、霹靂奪命丹等九方。卷四載新産五急症醫方,包括娩兒下即時昏暈形色脱、産勞倦形色脱、血崩形色脱、産汗多形色脱、産氣短似喘。卷五論述新産血崩日久不止、大便不通、有汗泄瀉、子宫不收等十九危症,并載方藥。卷六載産後血塊痛、胎衣不下、感寒心下痞滿、血崩、泄瀉等二十九證醫方。卷七詳論産後血塊、血暈、厥症、血崩、氣短似喘、類瘧、類中風等三十一症的病因病機、治則方藥。書末言産後血暈及十月受胎圖訣，用圖示反映胎兒成形的過程。

是本專論産科疾病，分“胎前”“臨産”“新産”“産後”，每門下類分諸病證，并詳論其證治方藥，是一部内容豐富、通俗實用的産科專著。全書共載方百餘首，不僅有内服湯藥，還有外治法，多爲經驗效方，可供臨證參閱。書中尤其推崇朱丹溪安胎之論及安胎飲，既正時人偏執之誤，亦發前人未盡之意。

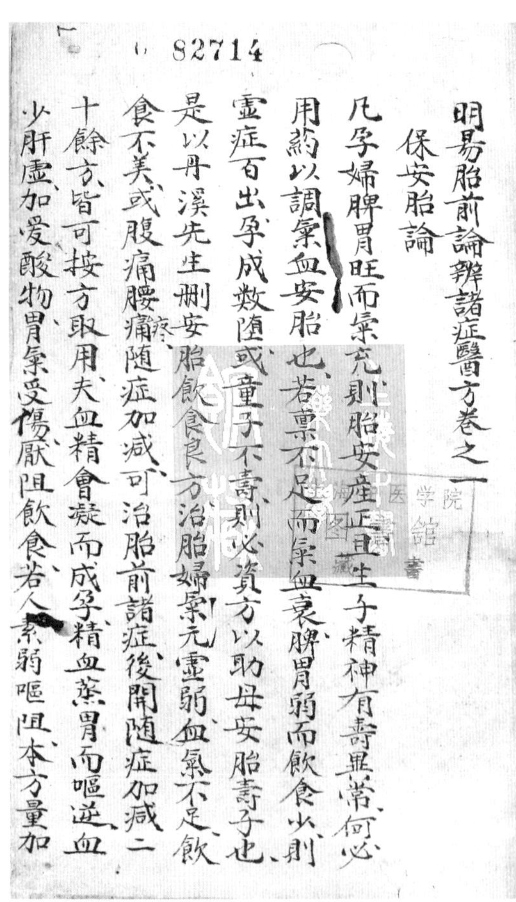

明易胎前論辨諸症醫方卷之一

保安胎論

凡孕婦脾胃旺而氣充則胎安産正且生子精神有壽異常何必用藥以調氣血安胎也若稟不足而氣血衰脾胃弱而飲食少則虛症百出孕成數墮或童子不壽則必資方以助母安胎壽子也是以丹溪先生刪安胎飲食良方治胎婦氣元虛弱血氣不足飲食不美或腹痛腰痛疼隨症加減可治胎前諸症後開隨症加減二十餘方皆可按方取用夫血精會凝而成孕精血蒸胃而嘔逆血少肝虛加愛酸物胃氣受傷厭阻飲食若人素弱嘔阻本方量加

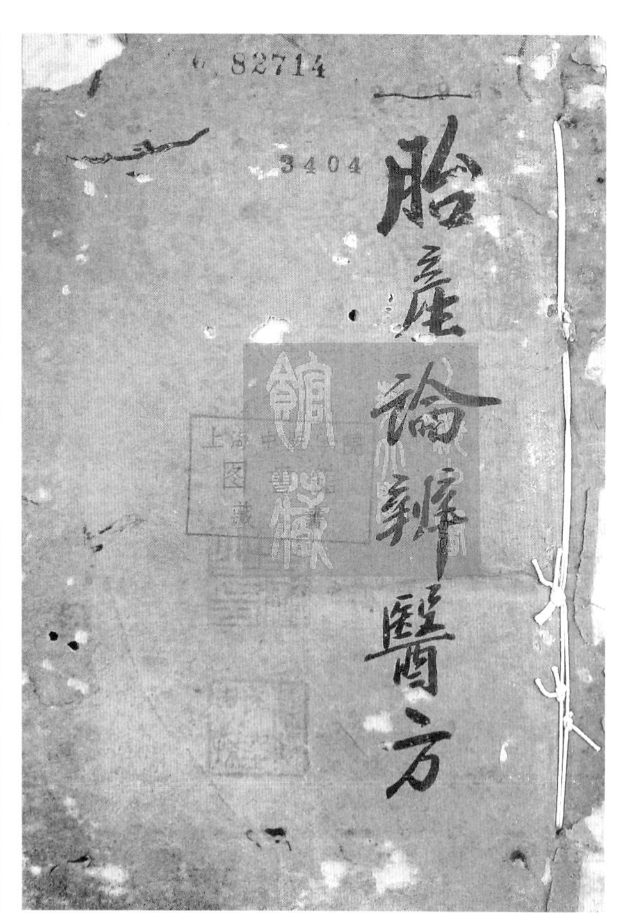

胡一錢 青黛一錢 痰加竹瀝一盞 姜汁少許

廿七 孕婦患吐衄血，或因破傷失血，驀患口噤項強，背直類中風，皆因失血。安胎飲加減。人參錢三 當歸錢 白术一錢 懷生熟一錢 陳皮 甘草八分 條芩八分 天麻一錢 麦冬一錢 防風一錢 荊芥八分 水煎服

明易辨解病胎小胎弱症卷之二

墮胎辨

丹溪論血不足以榮養其胎而墮者，猶枯枝菓落，藤萎而花墮也。其勞怒動火而墮者，猶風撼其木，人執其枝也。二論極是，然未極論詳辨，無感乎孕婦之不慎戒也。夫婦人衝脉生血海，血旺始成孕，任脉生胎胞，静養則胎安。若怒傷肝，勞傷腎，二臟相火耗血動氣，未有能保孕之不漏，無墮娩後，尚多崩漏之症也。如衰弱人有孕及曾經墮者，必須曉遵胎教，通達事情，如古太妊親：愛護坐卧不偏，視聽遠邪，毋溺專寵，害事悉委于妾婢，罔怀妒忌，盈懷不留于胸臆，至食物藥餌，一循禁戒而無犯者，斯火不動而血盛旺，孕形不勞而氣充，胎固。且生子禀全易養，形端賦正。况數墮損血倍于正產，怒勞至墮由己，自名禀弱之人，惟知由于食足，每以小嬉害大，自取無後之憂也。

補母固胎飲 忌食小鷄魚莧菜 白术二錢 當歸一錢 懷生熟二錢 陳皮

435 明易胎産秘書

《明易胎産秘書》,六卷,兩册。不著撰者,成書年代不詳。書目無序、無跋,首頁即爲目録。與清代單南山《明易産科》内容相似,疑即其輯抄别本。現存鈔本,藏于中華醫學會上海分會圖書館。

此本與上海中醫藥大學所藏《明易胎前論辨諸症醫方》内容相類。卷一爲胎前辨論諸證,首列保安胎論、辨胎證名、補母壽子論、秏氣種子方不可服辨、《事林廣記》瘦胎三方不可服辨、衰翁弱女求嗣辨等醫論;後述孕婦二十七證醫方,并附應驗醫案兩則。卷二載辨病胎、小産、弱證、臨産諸證分墮胎辨、胎不安毋議落胎救母辨、臨産須知異證以及産婦藥物、食物宜忌等。卷三論産後五急證和十九種新産危證醫方。卷四論産後二十九證醫方。卷五論解産後三十一證醫方及陰蝕五疳、疳蟲食下部、乳岩、乳癰等婦科雜證。卷六爲醫方灶,列胎産湯飲丸散各類方五十九首,載薛氏校注用藥禁忌凡例十三例。卷末附調經、安胎、止帶等醫方八十餘首。

綜觀全書,分“胎前”“臨産”“産後”三門,每門下類分諸病證,并詳論其證治方藥。全書共載醫方百餘首,不僅有内服湯藥,還有外治法,是一部内容實用、通俗易懂的婦科專著。主張胎前專以清熱補脾爲主,治以丹溪安胎飲隨證加減;産後專以大補氣血、兼行滯爲主,治以生化湯隨證加減。全書大抵據經旨發揮,而于丹溪之法尤爲推重,既正時人偏執之誤,亦發前人未盡之意。書中醫方多爲經驗效方,可供臨證參閲。

明易胎產秘書目次卷一

保安胎論　辨胎症并方藥論　丹溪胎前二十七症

一胎氣不安　二元氣不足　三惡阻嘔逆
四胸腹滿悶　五腹中作痛　六面目虛浮
七胎氣脹滿　八下血不止　九頓仆動胎
十心驚胆怯　十一腿膝[illegible]腫　十二口禁項強
十三小便澁少　十四便中帶血　十五臍腹作脹
十六有如經來　十七変身浮腫　十八咳嗽
十九咳嗽吐血　二十霍亂吐瀉　二十一瘧疾
二十二口乾不卜　二十三心神煩躁　二十四熱病不食
二十五熱疾参上　二十六骨節疼痛　二十七吐血衄血

卷二

墮胎辨　胎病　小產　弱症　臨產方
產婦禁用藥忌食物

卷三

新產急症有五　一昏暈　二勞倦
三血多　四汗多　五氣喘
新產危症十九　一勞倦傷脾　二頭痛身熱
三感寒身熱　四先寒後熱　五妄言見邪
六足冷發厥　七身熱有汗　八脇痛
九大便不通有汗　十小便多　十一泄瀉有汗
十二有汗泄瀉危困　十三臌脹　十四誤服耗藥成臌
十五忿怒成臌　十六傷食　十七血崩
十八子宮不收　十九神昏脫形

卷四產後二十九症

一論血塊痛　二去血過多勞倦昏暗　三胞衣不下
四頭痛身熱惡寒　五作寒作熱脇痛　六感冒寒氣
七身熱夜熱　八寒熱往來　九感寒心下痞悶
十感風寒咳嗽　十一傷食　十二心下痞悶
十三日久大〃不通　十四去血〃多或汗小便澁

保安胎論

凡孕婦脾胃旺而氣血充則胎安而產易且子精神而壽昌嘗用藥以調氣血安胎耶若稟不足而氣血衰脾胃弱而飲食少則虛症百出孕成數墮或產子不壽是必資藥力以助母安胎壽子也丹溪先生删定安胎飲食良方治孕婦元氣虛弱胎氣不安飲食不美或腹疼腰疼隨症加減可治胎前諸症後開[illegible]症加減二十餘方皆可按方處用夫精血會凝而成孕精氣蒸胃而嘔逆血少肝虛故愛酸物胃氣受傷厭阻飲食若人素弱嘔吐本方量加橘半若稟孕吐逆再加竹瀝姜汁下血不止名曰偏小腹墜疼名胎疼胎漏宜〃須加生熱地黃胎疼宜[illegible]

436 周氏秘傳廣嗣要語

《周氏秘傳廣嗣要語》，上下兩卷，一册。明俞橋撰。俞橋，字子木，號溯洄道人，浙江海寧人。少業儒，兼精岐黄之術，嘉靖間官居太醫院判，另著有《醫學太原》(已佚)，刊有《金匱要略方論》。此本成于明嘉靖三十三年(1544)。書前有巢念修輯《〈廣嗣要語〉叙録》，介紹是本現存版本情況。書内有“東海周氏珍藏”“海昌桐葛齊珍藏”語，可知爲私人藏書。現存濂溪書院鈔本，藏于上海中醫藥大學圖書館。

是書上卷首列《總論》《調理精血論》《直指真源論》《男女服藥論》，認爲“求嗣之要在乎男精女血充實而無病”，論述男女生理特點、受孕機理、用藥的不同規律，“治男子，毋過温熱以助其陽；治女子，毋過寒凉以益其陰”。隨後用陰陽虚實圖來闡述受孕機理和治則，如實陽能入虚陰之圖——成胎，實陰不能受陽之圖——安施，微陽不能射陰之圖——治男，弱陰不能攝陽之圖——治女。提出“治男在補陽，治女宜調經養血”的看法。次詳論調理元氣法，載調經、安胎、便産等病症的治則方藥，介紹交會宜忌日及轉女爲男法，并載述二十九首方的適應症、方藥及加減用法。下卷接上卷載十七首方藥，後述妊娠五忌、小兒五宜及小兒始生諸法。如妊娠“勿睡熱炕，勿飲燒酒，勿食煎炒炙煿之物，勿食葱、韭、蒜、薤、胡椒、茱萸，勿於星月下仰卧及當風洗浴坐卧”，小兒初生“宜静洗，急以綿指拭盡口中惡血，不可令衣裹厚，浴兒湯須冷熱調和”等。

是本着眼于優生優育之法，强調攝養之術，以延續後嗣。包括調理精血、直指真源、男女服藥之論，并涉及調元、調精、安胎、便産之法，共載四十六首經驗方藥，均切實用。書中更載妊娠禁忌、小兒五宜及小兒始生諸法。這些經驗對我們今天婦嬰護理仍有重要的參考價值。由于時代原因，書中也有欠妥之處，如轉女爲男法：“受孕之後，用弓弦一條，絳囊盛，帶婦人左臂近肩，垂繫腰下，滿百日去之；雄黃一兩，絳囊盛，帶左邊；斧一把，置産婦床頭，仍置刃床下，勿令人知，鷄抱卵時，置斧窠下，皆雄鷄也。”語涉玄虚，不可爲據。

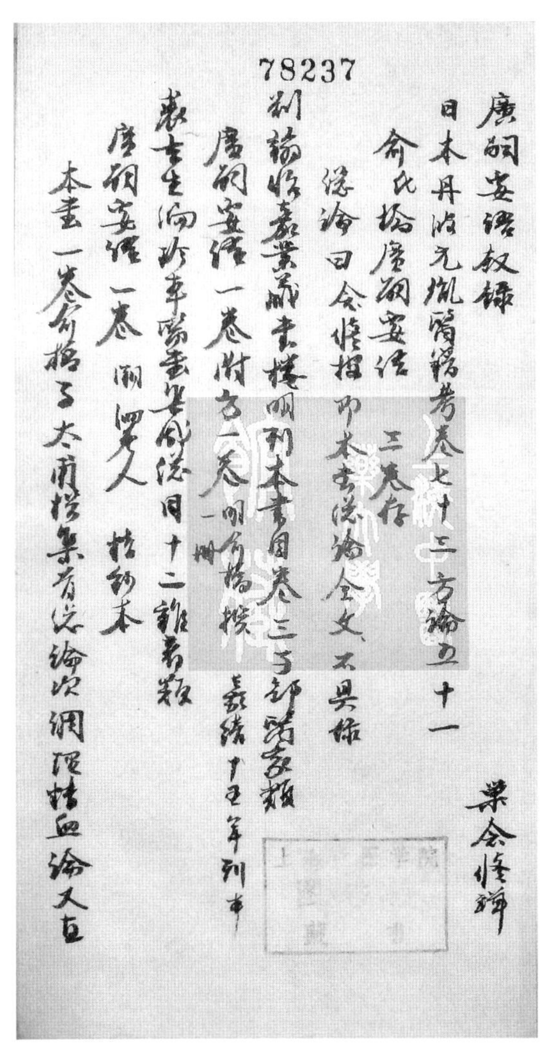
78237

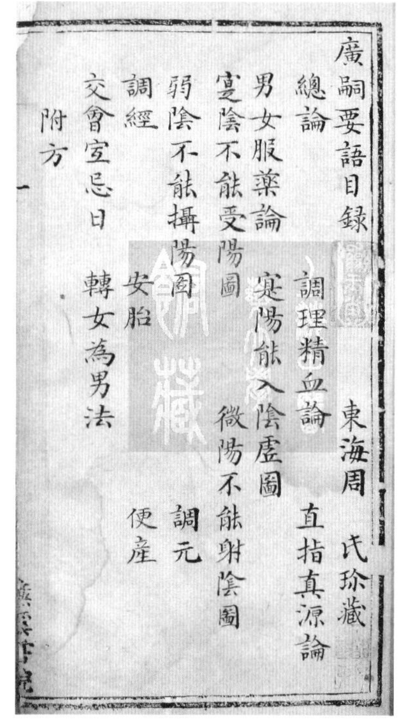

廣嗣要語目録　東海周　氏珍藏

總論　調理精血論　直指真源論

男女服藥論　寔陽能入陰虛圖

寔陰不能受陽圖　微陽不能射陰圖

弱陰不能攝陽圖

調經　安胎　調元

交會宜忌日　轉女爲男法　便産

附方

周氏秘傳廣嗣要語　海昌　桐葛齋珍藏

總論　渧洄　俞　橋撰

盡萬物而觀之山無不草木地無不黍稷人無不生育要之得其養耳得其養則磽者以肥瘠者以沃草木何懼乎不蕃黍稷何懼不秀夫人亦由是也苟形質強壯而嗜慾無節久之不免虛衰賦稟怯薄而攝養有道終焉亦能充寔不特少健而老衰早壯而晚

寔陽能入諸陰謂男子陽精充寔適入女人經後血海虛靜子宫正開與之交合是謂投虛一舉而成胎矣經盡一日交會者成男二日成女三日成男四日成女五日成男六日成女取奇陽陰偶之義過六日無用矣

大抵前三日新血未盛精勝其血〻開裹精必成男胎後三日新血漸長血勝其精〻開裹血多成女胎

交會得夜半後生氣時有子皆男而壽

437 保産經驗神方

《保産經驗神方》,不分卷,一册。封面題《保産經驗良方》。清蔡松町抄寫,著者生平不詳,成書于清嘉慶二十三年(1818)。書末叙述得到此本的經過及其效驗:"是書得之故紙堆中,初未之奇也。嗣遇家中生産,試服殊驗,今春從弟之婦臨蓐兩日未産……得此藥力接濟,胎遂一升而下。"又説明抄寫此書的原因,是由于原文已經破碎,因而重新抄寫,以便廣爲流傳。後有"嘉慶二十三年歲次戊寅七月蕭山匠門蔡氏松町老人制"字樣。同時載有"加減前方種子安胎紀",對蔡松町作簡單介紹,説明此書流傳情況及治療實例。後有"道光十八年夏五月朔吉知湖北宜昌府長樂縣事,蕭山笛椽氏蔡聘珍謹識"字樣。蔡聘珍,字笛椽,蕭山人,嘉慶庚午舉人,官湖北長樂知縣。現存清光緒十六年(1890)鈔本,藏于上海圖書館。

是本闡述臨産所遇諸證的病狀及病因、治法,説明此方的用途是"大補氣血於臨産危急時","屢試屢驗,百不失一,用此方者母子兩全,幸勿漫視"。詳列此方的組成:熟地黄一兩,黄芪一兩(蜜炙),歸身四錢,白茯神三錢,西黨參四錢,淨龜板四錢(醋炙),川芎一錢,白芍一錢(酒炒),枸杞子四錢。用法用量亦在後面説明:"凡産母體候壯盛者,用此方連服兩貼或三貼,衹用頭汁,不用次汁,應時即下。倘母體單弱者,必連服四五貼方效。"

本書唯論一方,簡單明瞭,但自古有"胎前宜清不宜補"之説,故運用時應加斟酌。

原書已破碎因重鈔刊送以廣其傳并誌數語於後
冀閱者信用勿輕視云
光緒十六年二月既望豫軒識

保產經驗神方

屢試屢驗百不失一用此方者母子兩全幸勿漫視

熟地黃壹兩　黃耆壹兩蜜炙　歸身四錢　白茯神叁錢
西党參四錢　淨龜板四錢醋炙　川芎壹錢　白芍壹錢酒炒
枸杞子四錢

438 胎産珍慶集

《胎産珍慶集》，六卷，八册。清宋若昂編。成書于清道光十五年（1835）。書首作者自序稱十六歲留洋，研習西學，然志不在此，遂關注方書，精于醫術，尤擅女科。因認爲歷代醫書詳于男子而略于女子，故用數十年時間，廣行收羅前賢論述，據己臨床心得，編録是書。現存鈔本，藏于上海中醫藥大學圖書館。

卷一列求子法、候胎、惡阻、跌撲傷胎等十七門，主要論述胎前病證及胎前保養、種子理論；卷二論三十八種胎前病，含胎漏黄汁、妊娠心腹痛、妊娠腹痛、妊娠中風、妊娠眼目等；卷三列二十七門，論臨産事宜；卷四論産後通用方和産後三十證；卷五論産後三十七證；卷六論産後六證，并附産後方十六首。另有兩册專門載録經驗方，如擦牙散、擦牙洗眼神效方、開肝積方等。

是書證以類叙，方以證分，詳載自受妊及臨盆期間何月何日用何劑調攝，對臨床有參考價值。

胎產珍慶集卷一

求子法　候胎
驗胎法　男女受胎時日法
推王相日法　推貴宿日法
養胎法並禁忌　藥忌
起居忌　姙娠隨月數服藥將息法
滑胎方　惡阻 痰逆不食
姙娠胎動不安　胎上逼心 即子懸
頓仆失跌蹼胎動胎奔上心搶　姙娠經來　漏胎下血
跌蹼傷胎

胎產珍慶集卷二

毒藥傷胎　胎漏黃汁下或如豆汁
胎數傷及不長　姙娠心痛
姙娠心腹痛　姙娠腹痛
姙娠小腹痛　姙娠腰腹及背痛
姙娠心腹脹滿　姙娠水腫滿 附子氣
姙娠腹內鐘鳴兒哭　姙娠泄瀉
姙娠滯下　姙娠大小便不通
姙娠小便不通　姙娠子淋
姙娠遺尿　姙娠尿血及下血

產後月水不調　產後月水不通
產後瀉利　產後赤白痢
產後大便澀祕　產後大小便不通
產後遺糞 附小便出糞

胎產珍慶集卷六

產後淋閉　產後小便數
產後小便不禁　產後小便出血
產後大便下血　補許仁則產後方十六首
產後癰疽　經產之劑二 十二首 附方十

胎產珍慶集敘

若昂宗先生後峭嶔明人也十六遊泮二十食餼援例入
成均得危縣教諭城武達第而縣訓導然志不在此而名
場酣戰屢薦不售不得已遂心注方書此亦不為良相即
為良醫之意其家豐厚欲輒得遠故所購醫書無論古
昔名流即當今出一得以成編者莫不搜之於家今觀其室醫
書堆几如山其為四方傳觀者又不計其數信哉物聚
於所好也好之篤故入之深凡人之有疾莫不能治而其
最精者尤在女科不孕者使之孕不生者使之生不育者
使之育及一切月間襍症皆能應手奏效百不失一焉先

求子法

千金論曰夫婦人之別有方者以其血氣不調胎妊生產崩傷之異故也是以婦人之病比之男子十倍難療經言婦人者衆陰所集常與濕居十四歲已上陰氣浮溢百想經心内傷五藏外損姿顏月水去留前後交互瘀血停凝中道斷絶其中傷墮不可具論矣然五藏虛實交錯惡血内漏氣脉損竭或飲食無度損傷非一或胎瘡未愈而合陰陽或行步風來便利於懸廁之上風從下入便成十二痼疾所以婦人別立方也若是四時節氣為病虛實冷熱為患者故與丈夫同也唯懷胎妊孕而挾病者避其毒藥

求子法

自其雜病與丈夫同則散在諸卷中可得而知也然而女人嗜欲多於丈夫感病倍於男子加以慈戀愛憎嫉妒憂恚染著堅牢情不自抑所以為病根深療之難瘥故養生之家特須教子女學此三卷婦人方令其精曉即於倉卒之秋何憂畏也夫四德者女子立身之樞機產育者婦人性命之長務若不通明於此則何以免其夭枉者哉故傅母之徒亦不可不學常宜繕寫一本懷挾隨身以防不虞也

又論曰夫欲求子者當先知夫妻本命五行相生及與德合并本命不在子休廢死墓中者則求子必得若其本命五行相剋及與刑殺衝破并在子休廢死墓中者則

439 秘抄女科

《秘抄女科》,不分卷,四册。著者佚名。由越地香林寺衲乾方抄録。越地,是指古時百越族所居江浙閩粤等地。我國有記載的香林寺位于福建省德化縣葛坑鄉湖頭村,始建于五代後周顯德二年(955),是該縣古代"四大寺"之一,1979年被火燒毁。該書抄録時間爲嘉慶癸亥年(1803)。序言頁、目録頁和卷首頁等各有兩枚印章"香林乾記""中華書局圖書館藏書"。現存鈔本,藏于上海辭書出版社圖書館。

是書共分爲十二門:《調經門》《閉經門》《崩漏門》《帶下門》《癥瘕痃癖諸證門》《嗣育門》《胎前諸證門》《生育門》《産後門》《乳證門》《前陰諸證門》《雜證門》。内容涉及婦科的"經帶胎産",每一門主要包括理論概述、治法、方劑。係抄録自《醫宗金鑒·婦科心法要訣》,缺乏學術價值。

实不應治诸雜焉之方見證詞治後學不能仔细詳察見
騰雲之鳥敢而作鴞猜之用尔須細論方可流傳也

嘉慶癸亥年　菊月　日立

越地香林寺衲　乾方　抄述

目錄

調經門總括

凡婦人诸病本與男子無異其異於男子者惟经闭事漏崩漏癥瘕生育子嗣胎前産後诸病及乳疾前陰诸證不相同故立婦人一料以分门而詳治焉

天癸月經之原

先天癸謂腎间之動氣乃禀自父母資其始也後天精血謂水穀之所化得之形成之後資其生也经曰女子一七而腎氣盛謂腎间動氣盛也二七而天癸至謂先天癸水中動氣至于女

440 秘傳内府經驗女科

《秘傳内府經驗女科》，五卷，一册。清吴悔庵纂輯，貢鳳儀校定。吴悔庵，武林（今浙江杭州）人，約生活于道光至光緒年間。此書係光緒二十四年（1898）橘泉氏鈔本，書後題"此書自水塘裏得來，女科要訣也"，視其品相，宜爲複鈔本。書中弦、昡、痃、寧等字有缺筆，是避清代聖祖、宣宗諱，可知屬清鈔本。現藏于上海中醫藥大學圖書館。

卷一"調經門"，述婦人月經諸病證治四十三條；卷二"衆疾門"，論婦人崩漏、帶下及各種雜病十一條；卷三"胎前門"，述孕後諸證及食忌、藥忌四十二條；卷四"臨産門"，論臨産前諸證十三條；卷五"産後門"，述産後諸病證治及産婦生活起居宜忌四十五條。各門中有一節"主令"，用七言韵語概括諸病診治。

作者對經水色澤、形狀觀察細緻。如：經如屋漏水、黄泥水、銅緑水，經來純白無紅，經來成塊如葱白片、如牛膜片、如魚髓，經行下如肉泡、如鷄卵狀，或如破絮，剖開内似石榴子，經來如夏月之臭腐等。主張調經以四物湯爲主，隨證靈活加减，列四物湯加減法共二十七條。如"經行或時斷續不來，積塊痛如芒刺者，血澀也，加紅花、桃仁、澤蘭"；"經來如黑豆汁，加黄連、黄芩，倍生地"；"經水不勾，或多或少，或前或後，去生地加肉桂、玄胡"。强調産後"唯宜去瘀生新""唯服生化湯爲最"，不論正産、半産、有無惡露，均可在産後一二時之内，用生化湯水煎加酒温服二三帖，則惡露速化、新血驟長。又可據具體症情用生化湯加味治之。并歸納出産後有世俗十弊（即十種飲食起居之弊）、用藥十誤。書中還提出驗胎法：經水三月不行，用川芎生研爲末，煎艾葉湯空腹調服二錢，若腹中覺微動，爲有孕。書中又載斷産絶育方兩首、産後傷食驗案兩則。

秘傳內府經驗女科目録

調經門 四十三條

調經總論一　調經脉論二　調經論治三
經閉不通四　經閉發熱五　女子暗閉六
血虛發熱七　經行潮熱八　熱入血室九
經來血潮熱十　月經先期十一　月經後期十二
月經或前或後十三　每月經來二三次十四　經來不節十五
經如黃泥水十六　經如銅綠水十七　經來全白色十八
經來如葱白片十九　經如牛膜片二十　經來如魚髓廿一

秘傳內府經驗女科卷一

武林海菴吳先生纂輯
蓉江鳳儀貢瑞亭校定

調經門

調經總論第一

內經云女子二七而天癸至任脉通太衝脉盛月事以時下天癸者天一生水在人為腎腎應北方之癸水水為天一之源者也衝脉者奇經八脉中之二也衝脉挾臍上內主血海任脉循腹裡繫於胞胎二脉

川芎八分　桔梗八分　澤瀉八分　半夏麴炒　升麻三分　炙草三分

升麻標無光之焰澤瀉開渟潴之濕火急於上甘草以緩之氣陷於下舟楫以載之浮游之火充咽喉元參以參贊非時之寒客暮原川芎以調達丹皮所以損其過柴胡所以達其逆半夏曲之酸脾脾者心之子也天麻調肝肝者心之母也白朮培土調中不損冲和之氣黃芪固表實腠無碍中土之陰是以力銳功專病可霍然

紫金丸　治脾胃不和經閉發熱

陳皮　青皮　蒼朮　砂仁炒研　香附　烏藥

枳殼　良薑　檳榔　紅豆　山楂炒研　蓬朮

以上各式兩爲末陳米糊搗和丸每服三錢食遠米飲下

女子暗閉第六

室女月信將出血海不識保養或食酸寒冷滯之物或將衣服用冷水洗涅或盥沐手足寒氣入內蓋血見寒則凝滯不行而氣亦滯焉故面色青黃足虛腹大有如懷子之狀漸致遍身浮腫人皆作水腫治之其病更劇宜服通經丸血得通而腫自消矣

441 病理要知女科

《病理要知女科》，不分卷，兩册。董若仙撰，俞南氏抄寫。著者生平與成書年代不詳，《中國中醫古籍總目》載録爲清鈔本。封面題名《董若仙先生女科》。書首有目次，文中有"順泰昌號"印章。現藏于上海圖書館。

是本載經期、求嗣、受胎、小産、胎前、難産、正産、産後與後集九個部分，以問答形式闡述，以"客曰"引出問題，以"予曰"解答問題。如："客曰：懷孕之婦面目手足不腫，但身體脅腹腫者，是何故也？予曰：腫惟身體脅腹而手肢不腫，名曰子㵒。由於肝氣乘脾，脾虚氣逆於胸，所以脇腹脹滿，氣喘息而小便不利者，宜用澤瀉湯治之。"每一部分首先是叙，闡明撰寫目的，如受胎部分叙曰："先詢月水正與不正而後調治，惟恐月期之病誤爲胎孕，胎孕之懷誤爲經閉。當今蹈此居多，予故表之。"并結合歷代醫家之説加以闡述。後列問題，論述病因治法，記載處方用藥。每案均條分縷析，論述精詳，各方按候施治，有條不紊。本書共列問二百三十三例，載藥方六十五首。抄者及後人對文中内容多有考訂，對錯字、别字在文中用"△"標注，眉批注明"某疑某"，如"香疑向"。若對文中有疑問處或僻字，亦在旁標注，如"澤瀉湯，怪者以澤瀉名湯，何無澤瀉，此必有誤"。對難字、僻字亦加以解釋。後附《神授針灸賦》。

全書條理井然，問答説理透徹明瞭，對于經期、求嗣等不同階段的常見問題均進行闡述，注重辨證論治，可供參考。

董仙女科目次

病理要知女科卷之一

董若仙先生所定

經期

胚 音丕 婦孕一月也

叙曰婦人之病先詢月水如期不正即當診其寒熱而調之經能返正不獨病能痊愈抑且易於坐孕是以婦人有病調經為主至於期之數月不轉又宜究其病因切其脉理不可輕忽以血枯懷胚均能断其月水苟不識此兩端而惟知破血通經設此極初含之胎授此缺劑未有不為所堕者也予業是術以來聞見不一故輯是集告諸同志凡遇斯疾細心詳察精研病機然後立方調治庶無堕胎之譴而名譽遠播不亦泰乎

先賢云先期而來者血熱也後期而來者血寒也臨行腹痛者氣血滞

442 陳素庵婦科補解

《陳素庵婦科補解》，又名《陳氏秘蘭全書婦科補解》，五卷，上中下三册。南宋陳沂著，明代陳文昭補解。陳沂，字素庵，河南開封人，南宋高宗時太醫。陳文昭，明朝人，陳沂十九世裔孫。成書年代未詳，《中國中醫古籍總目》載録爲明鈔本。藏于上海中醫藥大學圖書館。每册首頁及正文第一頁均印有“上海中醫學院圖書館藏書章”。

是書首爲一篇序文，序中曰“此本係從(素庵)全書中婦科門録出，其裔孫文昭爲之補解”，并推測文昭爲明末之人。序後落款爲“癸丑二月江寧顧燮堂記”，落款之後記有“素庵，宋高宗時太醫”語。正文題有書名“陳氏秘蘭全書”，書名下署有“宋大梁陳沂素庵著，十九世孫文昭補解”。全書分調經、安胎、胎前雜症、臨産及産後衆疾五門，每門各一卷。每卷先列目録，後爲正文。卷一爲調經門，分立《天癸調經總論》《調經總論》等五十三論，其中第五十一論未編入，實爲五十二論；卷二爲安胎門，有《安胎》《妊娠痘疹》《妊娠傷寒》《妊娠蓄血》《按月安胎十方論解》《胎前六合湯》等論；卷三爲胎前雜症門，分《惡阻》《痰逆》《胎動不安》《滑胎》等七十九論；卷四爲臨産門，列《臨月催生》《胞漿先來》《嘔吐》《冷汗》《交骨不開》等十一論；卷五爲産後衆疾門，述《胞衣不下》《血暈》《氣喘》《呃》《中風》《痙》等六十五病證，分立六十七論。正文中，凡屬全書録出之文，每段首均書有“全書”二字；凡屬補解之文，每段首均書一“補”字。全文前面數頁有紅筆圈點，其中“補”字亦用紅筆圈起。部分方劑的藥物之下，還用小字注出其在方中的功效作用。

是書引經據典，先論後方，且臨證心得和案例分析相結合，一些方劑爲家傳秘方、驗方，臨床效驗可靠，部分方劑還詳細注解藥物功效作用，有利于後學者學習理解。

陳氏秘蘭全書　宋大梁陳沂素庵著

十九世孫文昭補解

調經門卷之一

全書婦人諸病多由經水不調，調經然後可以孕子，然後可以却疾，故以調經為首，序于安胎保產之前。

天癸總論第一

全書素問女子七歲，腎氣盛，齒更髮長；二七而天癸至，任脈通，太衝脈盛，月事以時下，故有子；三七腎氣均平，故真牙生而長極；四七筋骨堅，髮長極，身体盛壯；五七陽明脈衰，面始焦，髮始墮；六七三陽脈衰于上，面皆焦，髮始白；七七任脈虛，太衝脈少衰，天癸竭，地道不通，故形壞而無子也。

補按：癸，北方之水，足太陽膀胱為壬，足少陰腎為癸。七歲腎氣盛，二七即天癸至，是天癸乃腎水也。歟下文三七則曰腎氣均平，七七則曰天癸竭，可知也。然必天癸至，然後任脈通，太衝脈盛，然後月事以時下，是任脈之通，衝脈之盛，必由于天癸之至，而月事之以時下，又必由任脈之通，衝脈之盛。是衝任二脈要緊，即為經脈不調之由也。蓋衝為血海，前曰脈盛，後曰脈衰，盛則天癸至，衰則天癸竭，經文自是明白易曉。

自散其火，何患清氣不解而嗽止矣。

附托裡散

人參　黃芪　當歸　川芎　白芍　甘草　白芷　防風　桔梗　連翹　陳皮　血盛作痛加乳香、沒藥，行血止痛。胎動不安加阿膠、厚朴。

金銀花膏

金銀花五斤　甘草五兩　益母草一斤　水煎各半(?)　齊成加入阿膠五兩，烊化收好，日三服。

全書妊娠腸風下血方論第三十九

全書妊娠五六月後，胎氣已成，忽患腸風，此風淫傷胃所致，經曰陰絡傷則血內溢也。色鮮者為腸風，色瘀者為臟毒。腸風為風淫，臟毒為濕淫，遷延不愈，胎必受損。治法去風清熱，除濕涼血，或久則用溫脘之劑，宜安榮散。

白芍（平肝風，斂陰血）　當歸（補陰血）　生地（涼心血）　熟地（清熱涼血）　補黃芩　槐角（苦寒入肝，疏風瀉熱，清大腸，治腸風血痔）　地榆（苦寒，除血熱，治腸風）　皂角仁（搜風瀉熱，性燥，胎前宜審）　秦艽（去風除濕經）　防風（去風邪）　玄……　人參　黃柏（去熱，治腸風下血）　甘草（瀉火）　赤石脂（固下焦，甘溫重收澀止）　血餘（催生下胎，非胎前所宜用）

補按：大腸庚金，手太陰肺之合也。金性本燥，外感風熱，而為邪風盛則木旺，木旺則火

443 產科一得

《產科一得》,不分卷,一册。清負從雲編,陳素中先生鑒定,胞兄大來雲生氏參訂,宗侄賡載虞肱氏較刊。約成書于康熙十八年(1679)。負從雲,字震生,清醫家,陝西三原人。習醫于陳素中。陳素中,原名陳堯道,清初醫家,陝西三原人。潛心于岐黄,製方嚴謹而多有奇效。是本前有兩序,前序闡明寫此書之目的,即"產育之家未必盡諳醫理,偶遇變證,非委諸孟浪穩婆,則付之無識庸醫","蓋聊以備下邑窮鄉求醫藥而不得,及暮色倉卒求醫藥而不及者",後注有"康熙己未長至日古稜負從雲題於燕台旅寓之依隱居"字樣。繼載癸亥檔月朔平原後裔負賡載庸庵甫序,對此書進行評價,認爲此書"以淺言出妙義,以至理入人情,或探討前人成論,或間出自得心裁,務使開卷瞭然……窮鄉僻壤,慌忙倉卒之際,皆可奉爲典型"。書末有跋,注明"康熙歲次丙寅仲秋八日,朔方年家弟孟之珪璋先氏敬跋於長安客居"字樣。現存鈔本,藏于上海圖書館。

是本首載總論,後分爲產前、臨產、產後、小產、產方五個部分。產前部分論述產前七宜及六忌;臨產部分説明臨產五要以及難產五因、產中十五變;產後部分載臥法、調攝、血暈、性情、夏月等十則宜忌;小產部分分析小產的原因與調理方法;產方部分附方二十七首,包括胎前方、臨產方、產後方、臨產危證方等。末附《保赤一得》,敘述保嬰相關事宜,如護臍法、拭口法、洗兒法、乳兒法等。負氏説所未及者,亦采集《柯集庵產科機要》一書中藥方,附在產方部分,下加"柯氏"二字,對于柯氏書中所載集驗諸方也酌録于卷末。柯集庵,明醫家,吴瞜(今上海嘉定)人,精婦科。

書中對胎前產後保養、臨產事宜以及難產變證的原因與處理方法敘述較爲詳細。在護理調攝上，强調孕婦、産婦應注意飲食、環境、精神及用藥宜忌。是本産科内容較爲豐富，且條理清晰，可參考閱讀。

產科一得

陳素中先生鑒定　三原貞從雲震生氏編次

胞兄大來雲生氏參訂

宗姪賡載虞肱氏較刊

總論

同一產育也。馬牛犬豕豺狼麋鹿。胎胎成。個個順。而人不能然。同一產育也。師尼婢媵苟合受胎。消沮閉藏。惟恐人知。不藉醫師穩婆。不加符藥催促。其始也。無橫生逆生之難。其既也。不聞停胞血瘀之苦。而富

[illegible]

血溢補之劑。如益母丸。使而可用。服二三十丸。有益無損。至後來受孕。即于墮胎之前一月。量本人氣血之寒熱虛實。及逐月養胎之臟。有餘不足。或補本臟。抑補其母。瀉其子。調其勝負。嚮復斟酌盡善而用之。免致慣于墮胎。及氣血不復。因之成瘀可也。

附保赤一得

一護劑法　落產勿即斷臍。用綿紙作撚。香油蘸透。薰灼臍帶剪處。略焦。方可剪斷。煎預煖熱。即夏月亦必略加薰灼。包臍先用綿花挨臍。外以舊軟帛結束牢

444 産科秘録

《産科秘録》，不分卷，一册。清竹林寺明志宗師撰。明志生平不詳。約成書于清乾隆五十一年（1786）。現存鈔本，藏于上海中醫藥大學圖書館。

本書首載"竹林寺明老宗師傳下胎前産後二十七秘方"，涉及痛證、下痢、下血、惡血衝心等諸多病證的辨證論治；次列妊娠傷寒、妊娠吐瀉、妊娠咳嗽、妊娠煩渴、妊娠下痢、小産、滑胎、産後危急十症（如産後下血多昏暈、分娩後汗出氣短神昏）等病證；次列婦人病常用方（如生化湯、補中芎歸湯、茸附湯、調經種玉湯等）；書末列胎前十八問、産後二十一論，以問答形式詳細分析妊娠、臨産與産後常見病證的臨床表現、病機、方藥等。

是書重點論述安胎、養胎，妊娠病，以及臨産與産後的危急重症。遣方用藥多見單味藥，且以五穀、果蔬等食療輔之。書中收録婦人病方藥較多，對臨床有參考價值。

84084

竹林寺明老宗師傳下胎前產後二十七秘方
○五心痛如刀刺用五灵脂二錢炒為末酒送下立退
○中焦痛用砂仁二錢香附三錢共炒為末用酒送下立愈
○臍下痛用玄胡二錢為末姜湯送下立好
○產後污穢不淨腹痛亦用此方
○痢下血膿用白术及香附末共為末白湯送下即愈
○傷寒時疫熱極用柴胡二錢地榆二錢水煎服立愈
○心虛煩悶口渴四肢倦弱用茯苓及煮粥吃愈
○五心煩熱脚手酸痛用條芩及黄芪末為末清湯送下
○漏胎下血月水不匀用蒲黄二錢炒黑色為末白湯下立定
○勞傷跌損血從口鼻出用砂仁壳梔子壳等分燒灰用茅
草根煎湯服下大腸經出為好

三分焙乾一分好酒下十餘次即愈
○白带下用白鷄冠花 用珠子二錢為末將花煎湯下作三
四次服愈
○小便不通將死用陳年小麥草夜清明收下柳叶二味水
煎連進二次而愈
○大便秘結不通用多年床工舖的草鞵有男女尿原處剪
來煎湯下三服即愈
○陰门裏作腫痛名曰痡疼隨知内有小虫用鷄腿一个下
椒料香油炒過入陰门裡待虫盡出即好
○乳作柄生毒兩旁子乳處者無害若乳頭工作痛名曰乳
岩多有难治用番白草一味用酒浆入姜少許搗碎攤上
即好

○○調經論
夫經後過期而作痛者虛中有熱也未期而作痛者氣滞
也將來而作疼者虛中有熱也月時不來用四物加芩參
常過血少者以川芎 当归 人参 白术 没药
過期紫黑色有塊作疼者血熱也用四物加香附子黄連
過期紫黑色挾淡者用二陳加川芎当归黑色成塊熱極
也用四物加芩連香附臨經將來作痛者用四物加紅花
痰仁痰多佔住血海地位回時下多者目必漸昏肥人多
痰用二陳湯 南星 蒼术 川芎 香附 作丸服肥
人軀脂滿經閉用導痰湯加芎归不可服地黄盖泥膈故
也如用之以姜汁炒肥人子少亦有痰氣脂膜閉塞子宮
不能受入陽精而施化也服煎藥瘦人子宮無精血氣不

445 産寶百問

《産寶百問》，上下兩卷，兩册。明鄭文康編，清陳猶興重訂，成書于清康熙二十七年（1688）。鄭文康（1413-1465），字時文，號介庵，南直隸蘇州府昆山（今屬江蘇）人。陳猶興，號望齋，生卒年月不詳。現存清道光二十一年（1841）海寧連批正鈔本，藏于上海中醫藥大學圖書館。

是本首列薛古愚《〈産寶百問〉引》、鄭文康《鄭氏傳薛醫産源流》及陳猶興序各一篇。言鄭氏始祖得薛古愚胎産心法，復加增損，詳列證治，分門類析，匯以成帙之始末。陳氏取友人秘本，并鄭氏《萬金古方》一册，删其重複，補其缺略，以爲女科全集之由來。上卷先引李師聖語及經帶胎産諸理法要義三十九條，以總述女科概要。認爲"治婦人諸症當以調經順氣爲主"，"求子當於經事净絶後五日内求之"。次述四總脈、四時平脈、違時凶脈不治、病脈、又病脈順逆、六部脈所出等六則，以爲女病診治綱要。隨後論述婦人有娠、妊娠胎漏、妊娠心腹急痛、妊娠倒仆損傷等十二首歌訣，以備入門育記。引《内經》《原病式》等論述脾胃、求子、胎前保護、産後調整諸醫論，并述隨症、經候、經漏、崩中、帶下、諸積、胎前、産後之問答計一百三十六條，多切實用。如提出胎前保護"味宜和淡，餘食調匀，勿食邪味生冷，行步當緩，坐立毋傾，夜間側卧，左右轉身，心莫嫉妒，意勿貪嗔，聲悦，處事和平"；再如論産後調整，"當暑月亦須避風，未滿月不宜多語喜笑、驚恐憂惶、思慮恚怒、强起離床行動、坐久作勞、恣食生冷粘膩"等。後附十月胎形，以詳妊娠過程，述逐月調養之要點。卷下係陳氏輯補，列君臣佐使、隨時服藥法、用藥身根梢法、用藥生熟法、用湯散丸等，提出"用藥須看時令，春月有疾加清凉藥，夏月有疾加大寒藥，冬月有疾加辛熱藥。如病與時違，又當隨機應變"。并根據湯、散、飲、丸、膏、丹類分女科方藥，共載方一百九十一首。

是本以問答議法，以法立方，均切實用。全書經陳氏輯補整理之後，調理分明，證治詳盡，尤爲重視切脈在胎產證治中避免誤診的作用，是一部内容詳實、通俗易懂的産科專著。

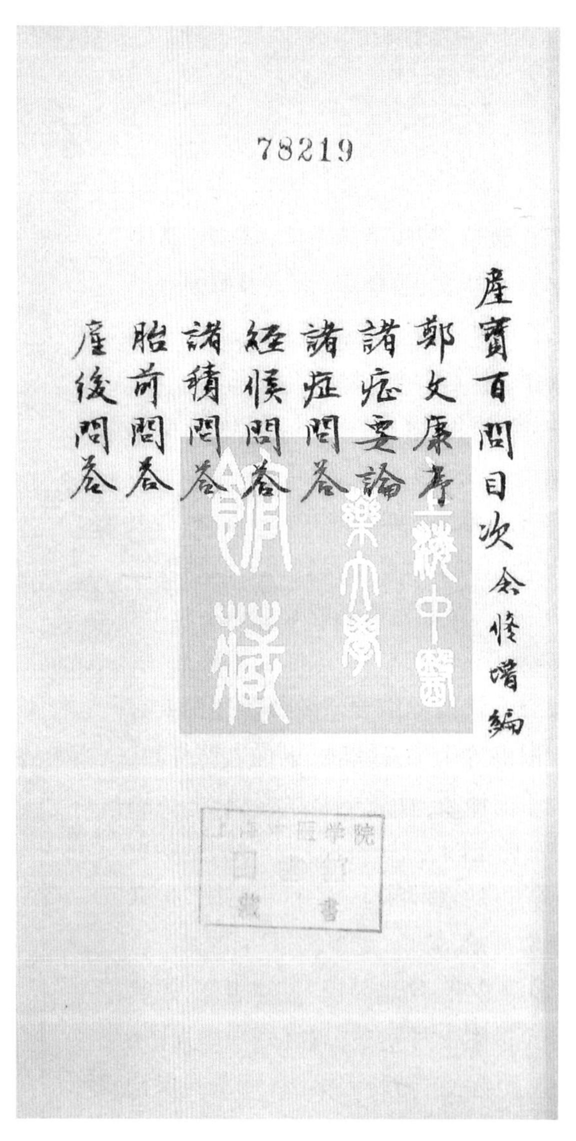

78219

產寶百問目次　余修增編

鄭文康序

諸症要論

諸症問答

經候問答

諸積問答

胎前問答

產後問答

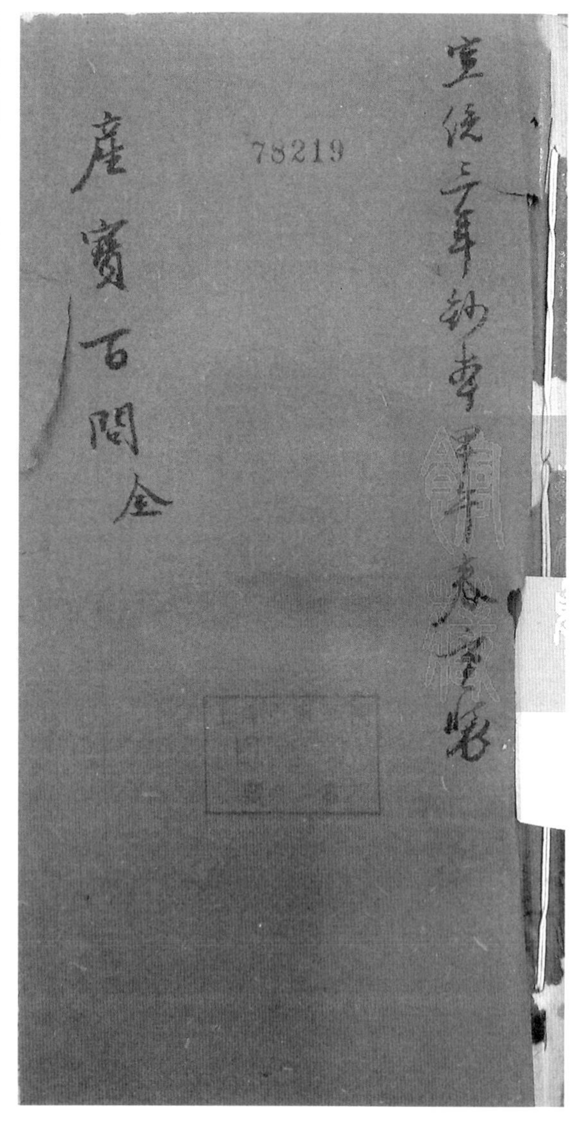

產寶百問序

予先世河南人開封郡中乃后相王侯之裔凡策名於仕籍十有七世儒業之家也胡為而以產科為業自夫高宗南渡始祖隨行卜居於越一日遊至崑寓于薛公古愚之藥室中坐以節勞而古愚視其容貌魁梧飲食動靜卓然不羣詢尚未娶遂招為婿而古愚為邑中巨擘居平橋南堍下專門醫治產科名振東吳吾始祖不覺欣羨棄儒就醫得傳斯業奕世相承將五百

產寶百問

省身主人趙士佳作美抄

諸症要論

一婦人之病莫甚於產醫者宜慎而不可忽

一婦人求嗣交合之期宜避晦朔弦望疾風暴雨嚴寒酷暑雷電日月蝕及日月星辰之下神祠佛廟之中井灶坑廁之所塚墓屍柩之傍凡此受胎瘖啞聾瞶頑愚顛狂跛足盲目必主多夭殃

一婦人諸病皆以調經為先有孕則安胎為主

一婦人求子當以月事前淨後五日內求之

一婦人經事謂之月水又曰潮水一月兩期至者血熱也兩月一至者血寒也故曰血熱則行血寒則滯熱用寒藥寒用熱藥

446 婦科百辨

《婦科百辨》，不分卷，一册。明庄履嚴撰。庄履嚴，字杏暘，澄江（今江蘇江陰）人，曾著《醫理發微》，已佚。《婦科百辨》現有清鈔本，由其後人憩樵抄録，藏于上海中醫藥大學圖書館。《中國古籍珍稀抄本精選》第七册收録該本。

本書共分八篇，依次爲《雜證》《調經》《種子》《胎前》《臨産》《産後》《附志》《論中引用各方》。全書主要以問答的形式來辨析各症。首篇《雜證》篇解釋包括中風、外感、咳嗽、泄瀉、痢疾、嘔吐、血症、臌脹、痞滿、腹中聚塊、諸痛等雜病的病機和治療方法。對各症的病機認識較爲全面，如在論及痛證時，提到“風寒濕瘀，俱能作痛，不可概作虚治也”。《調經》篇闡述婦人出現經水的不同表現及其原因，并列出治療大法。《種子》篇着重分析婦人不孕的原因，并給出解决方法。《胎前》剖析婦人异常分娩，如月數不足而分娩、胎不過七月而生等。《臨産》篇主要分析婦人臨産之時出現的各種情况，如婦人産門不閉、臨盆倒産等。《産後》篇記載婦人産後出現如陰脱、不語、哮喘等症狀的處理方法。《附志》篇提示前述各篇在治療時應注意的問題。書中所出之方，皆于最後的《論中引用各方》篇列明其組成，共收録婦女要方五十三首，其中不乏四物湯、六君子湯、當歸拈痛湯、生化湯等婦科名方。

本書均以問答的形式解釋婦人在臨床上常見的各種症狀和疾病，解釋病機較爲清晰，對有些病證亦有獨特的見解，語言通俗易懂，用藥較爲可靠，對婦科臨床有參考價值。

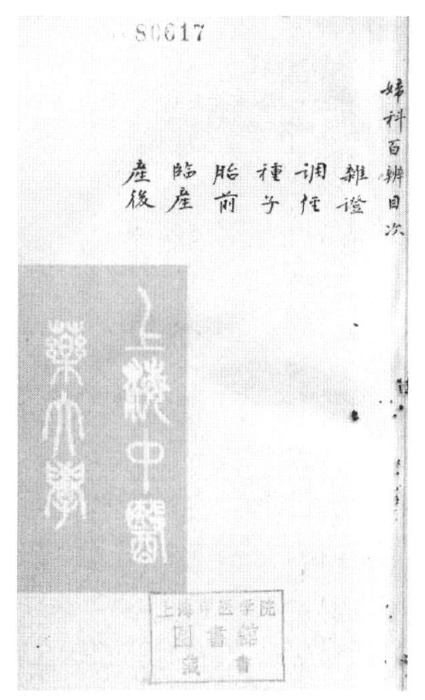

婦科百辨目次

婦科百辨

莊杏暘公軼事一則

公名馥嚴諱杏暘爲汎李處士能稱色審聲知人識脉嚴張近今考莊氏宗譜知其論著甚多頗當散佚不傳所傳祗醫理發微一書內分傷寒婦科兒科內容暨百辨應汎斷惜未刊行於世今附刊於宗譜中而其一二軼事里中人往往樂道之莊氏以醫世其業公術益神性坦率不立崖岸延治疾者輒往不辭市中少年欲窮其術偽疾為擲蹙呻吟使人旁道邀先生入先生入執其手曰噫嘻死矣聞者皆掩口胡盧乃釋去頃之偽病者果腹痛扎危一市大驚函請先生驗疾狀先生曰是得毋飽食戲跳乎曰然彼是先生未適摘入卧耳先生[illegible]曰我診其右脉若斷絕是腸絕也衆乃大服同時有太醫李某偕先生論技[illegible]下先生曰汎年桂秋公作秋外遊于李皆嗟良久曰君下無應以異驗其神目類若此或曰李老醫下公正或曰不及遠甚頗負遊赫然而先生落落窮居所知遇也

少陵云請看古來盛名士終日坎壈纏其身然乎豈耶

余先祖杏暘公名汎李處士以醫世其業生平多著述惜遭洪楊之亂散佚不傳今所傳祗有醫理發微一書附刊於宗譜內餘則無可稽考耳

後裔毓椎附識

447 婦科秘蘭全書

《婦科秘蘭全書》，不分卷，一册。宋陳選撰。陳選，浙江杭州人，長于内科、婦科，官至太醫院御醫兼翰林院典籍。該書成于紹興三年（1133）。現存清鈔本，藏于上海中醫藥大學圖書館。

是本首篇《妊娠論解》，重視以脈測胎兒生長發育情況，候胎兒性别、雙生、順生、逆生等。《胎前》篇强調"婦人以血爲本"，分述十月懷妊依月份名爲"胚胎""始膏""始胎"等，認爲十二經脈由足厥陰肝經開始，各經次第濡養胚胎，依月份轉經，唯手少陰心經、手太陽小腸經不養胎，後述各月胎形。篇後論妊娠各月之疾，述其飲食宜忌、病機方藥、遞養各經、起居謹慎，每月後附一方。《産前病》篇設惡阻、胎動不安、露胎下血、妊娠心痛凡六十一證，分述病機方藥，一證一方，剖析得當。《臨産脈解》篇述妊娠常脈、胎异常之脈、新産之脈。《産後病》篇設血暈、生産横逆、胞衣不下、胸腹脹痛凡七十二證，亦一證一方，審證求因，强調産婦"大宜調理"，指出新産婦出現"褥風""敗血衝心入喉""産後中風""敗血入於皮膚"等四種情況則預後不良。全書共一百三十三方，大多以四物、四君爲底方，隨證加減，用藥精良。

是書特點有三：其一，重視脈理在臨證中的作用。如作者對妊娠、臨産、新産三個階段常態脈象、病態脈象俱詳加闡述，使醫者觀之印象深刻，應用亦得心應手。其二，對婦科病名多有闡發。如"乳泣"亦名"乳洋"，《産前病》篇載"妊娠乳白流出者，謂之乳泣"，此病名爲後世醫家引用。又如"推腸生"，亦名"盤腸生"。《産後病》篇載"臨産肚腸先出，然後産子，産子之後，其腸不收，甚是苦楚，以蓖麻子十四粒去殼研如膏，貼産母頭頂，腸收即忙拭去，故又名推腸生"。其三，宣導優生優育。《胎前》篇載"妊娠三月，血不流行，開化未定，見物而變，須觀美物”，與現代西方婦産科學强調的早孕期保健有一致性。同時，作者還强調婦人妊娠要注意飲食、藥物禁忌，創藥物禁忌二十二句歌訣，其中忌烏頭、水蛭、附子等藥都已爲現代藥理實驗所證實。另外，不同的節氣和時令，孕婦都應該注意飲食起居，“忌胎殺遊”，這些對現代婦産科學都有指導意義。

婦科秘蘭全書序

諺云濟人以药不若濟人以方蓋药之所及有限而方之所传无穷也惟随御辂南汴梁陈氏讳沂以臣婦室之专科尤精其妙嘗视古聖诸家产集用药未有其便蓋婦人受病比男子倍多而难治况产蓐尤为急务命系须臾不可不谨将已治過调摄胎产有验方论续作二卷撰成一部名曰秘蘭全書雖不敢望古之述然剖晰明白一病一论

婦科秘蘭全書

宋陈沂撰

妊娠论解

肝藏血兮肺主氣血為荣兮氣为衛陰阳配偶不参差两臓通和皆实调血衰氣盛定无娠血旺氣衰应有妊

肝藏血为荣属陰肺主氣为衛属阳配偶者是

一

448 婦科總括

《婦科總括》,不分卷,一册。篠軒氏編著,其生平不詳。約成書于清光緒二十五年(1899)。現存鈔本,藏于上海中醫藥大學圖書館。

本書摘録《醫宗金鑒・婦科心法要訣》卷一《婦科總括》有關婦科經、帶、胎、産、乳内容。《調經門》摘録調經證治、先期證治、過期證治、經行發熱證治、經行身痛證治、經行腹痛證治等;《經閉門》摘録血滯經閉、血虚經閉、血枯經閉、久嗽成勞經閉、婦女經斷復來、室女師尼寡婦經閉證治等;《崩漏門》摘録崩漏總括及崩漏證治等;《帶下門》摘録五色帶下總括及帶下證治等;《癥瘕諸證門》摘録癥瘕積聚痞瘀血血蠱總括、癥瘕證治、食癥證治、血瘕證治、痞證治、積聚證治、瘀血血蠱證治等;"胎産部分"摘録嗣雲回門脈見有子、胎男女辨、辨别孕病、安胎審宜調治、惡阻證治、胞阻證治、子煩證治、子懸胎上逼心證治、子癇證治、子嗽證治、轉胞證治、子淋證治、子死腹中、臟燥證治、鬼胎等;《産後門》摘録胞衣不下、産門不閉證治、血暈證治、惡露不下、惡露不絶證治、頭痛證治、心胃痛、腹痛、腹中塊痛、痙攣證治、傷食嘔吐、呃逆、氣喘、浮腫證治、發熱總括等;"乳證部分"摘録乳證總括、乳癰證治等。所摘内容按《醫宗金鑒》體例,既有正文,又有注文。主要闡述病因病機及相應的臨床表現,證治部分闡明其治方的功效、方藥組成及隨證加減變化。書中後半部爲所摘録治療婦科之方,如調經種子方、難産方、妊娠傷寒方、養血安胎方、産後昏暈方等;亦有他證治方,如吹喉方、烏髮方、戒烟方等,共九十餘方。

本書通篇摘録《醫宗金鑒・婦科心法要訣・婦科總括》有關内容,某些章節摘録者作了調整,條理欠清,意義不大。

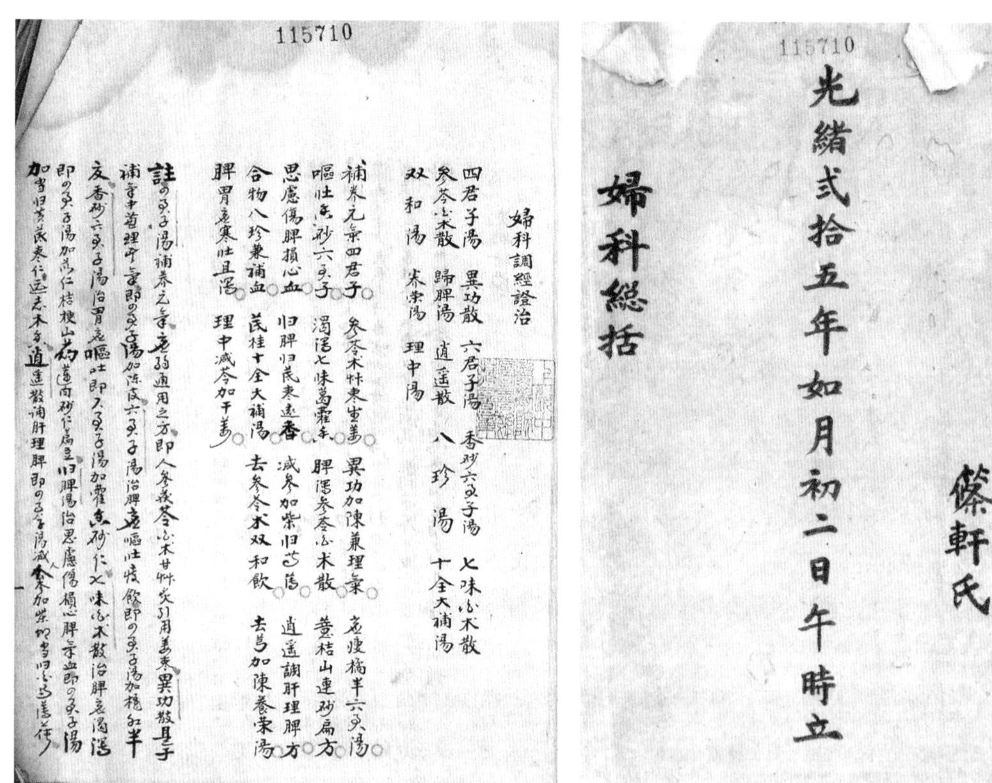

449 婦病撮要

《婦病撮要》，不分卷，一册。不著撰者。無序跋與目録。全書引言四葉，正文四十二葉，計四十六葉，約一萬六千字。《中國中醫古籍總目》載録成書于清光緒三十五年（1909）。現存陳蓮舫鈔本，藏于上海圖書館。

本書是一部論述婦科病病因、病機的專著。全書分引言（總論）和各論兩個部分。總論側重于宏觀論述人體疾病的發生、發展、轉歸。作者推崇《難經》"七傳者死，間藏者生"的觀點，認爲"七傳"是傳其所勝（所克）之臟，如心病傳肺、肺病傳肝、肝病傳脾、脾病傳腎、腎病傳心等證，這是五行相克關係，疾病再傳，預後大多不佳；"間藏"是傳其所生之臟，心病傳脾、脾病傳肺、肺病傳腎、腎病傳肝、肝病傳心等證，這是子母相傳，預後一般較好。

各論引述歷代關于婦産科疾病的論述，諸如《内經》《難經》《金匱要略》《景岳全書》《千金方》《本草綱目》及張子和、李東垣、汪石山等人的觀點，分别論述調經、帶下、淋濁、崩漏、腸覃石瘕、行經腹痛、妊娠惡阻、胎動不安、胎前諸症、産後諸症、乳病及不孕症等婦産疾病的病因、病變。如引證趙養葵"論調經大法宜直探腎中先天之源，當以滋水養腎爲主"，認爲腎陽、命門之火是決定"天癸"産生的根本動力，而經水來潮、月經正常與否是"天癸"發育正常的外在表現，腎陽充足、命門火旺是調經的重要所在。又如引證李東垣"脾爲氣血生化之源"論，闡述行經量少、經期滯後的治療當以補後天之本爲主。

本書引證歷代醫學名家著作，闡釋多種婦産科疾病的病因、病理及治療，對婦科臨床有一定的指導意義。

婦病撮要　陳蓮舫手抄

虛勞生死證　難經曰、七傷者死、間臟者生、何謂也、然七傷者、傷其所勝也、間
臟者傳其子也、何以言之、假令心病傳肺、肺病傳肝、肝病傳脾、脾病傳腎、腎病
傳心、一臟不再傷、故言七傷者死也、間臟者、傳其所生也、假令心病傳脾、脾傳肺、
肺傳腎、腎傳肝、肝傳心、是子母相傳、周而復始、如環無端、故言生也、今者之經
文所謂七傳者、只六傳而已、謂一臟不再傷、按其數及有四臟不再受傷也、夫
此條言虛勞之證也、其所謂七傳者、心病出必脫脾病傳心一句、是一臟不再
傷、勞作三臟不再傷、皆傳寫之誤耳、蓋虛勞之證、必始於腎經、五臟逆相剋而
逆傳、已虛又復傳於腎與心、則水絕滅、而火太旺、故死、而不復再傳彼之三臟
矣、其有逆相生而順傳者、有生生不息之義、故間臟者生也、

△虛勞危證、虛勞不足、汗出而悶、脈結代、心動悸、行動如常、不出百日死、急者
十餘日死、宜用炙甘草湯救之、（仲景）

△血厥證、內經曰、陽氣者、煩勞則張、精絕、辟積於夏、使人血厥、目盲不可以視、耳

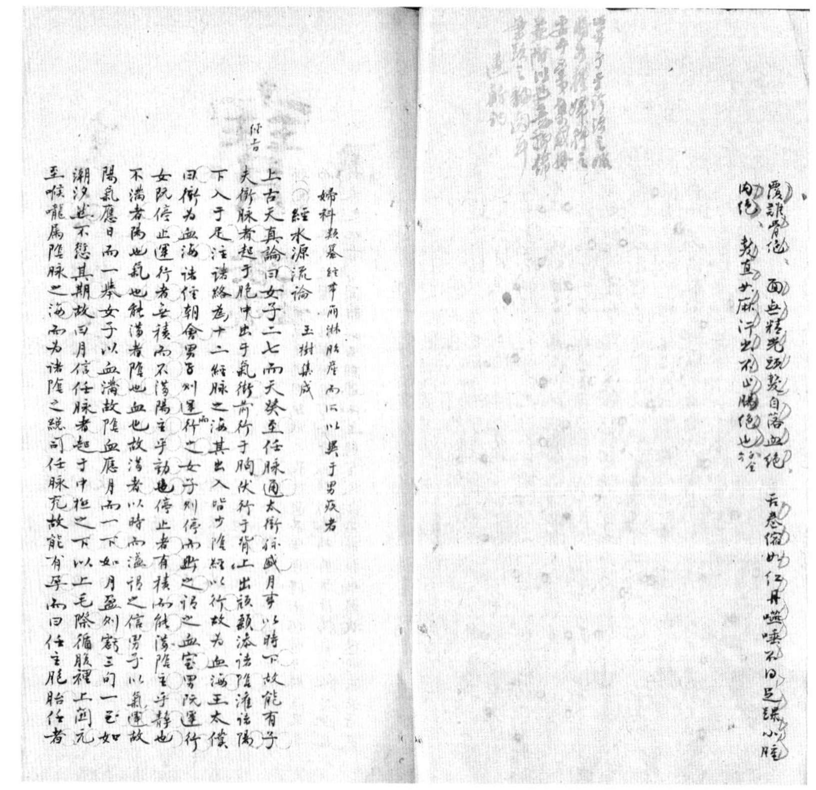

覆脊骨絕、面無精光、頭髮自落、血絕、舌卷縮如紅丹、嚥唾不得、足踝小腫
肉絕、髮直如麻、汗出不止、腸絕也、

婦科類纂　經帶崩淋胎產而外以異于男疾者

附言

經水源流論　玉樹集成

上古天真論曰、女子二七而天癸至、任脈通、太衝脈盛、月事以時下、故能有子、
夫衝脈者、起于胞中、出于氣衝、前行于胸、伏行于背、上出頏顙、滲諸陰、灌諸陽、
下入于足、注諸絡、為十二經脈之海、其出入皆步陰經以行、故為血海、王太僕
曰、衝為血海、諸經朝會、男子則運行而之、女子則停而止之、謂之血室、男既運行、
女既停止、運行者無積而不滿、陽主乎動也、停止者有積而能滿、陰主乎靜也、
不滿者陽也、氣也、能滿者陰也、血也、故滿者以時而溢、謂之信、男子以氣運、故
陽氣應日而一舉、女子以血滿、故陰血應月而一下、如月盈則虧、三旬一見、如
潮汐然、不愆其期、故曰月信、任脈者、起于中極之下、以上毛際、循腹裡、上關元、
至咽喉、屬陰脈之海、而為諸陰之總司、任脈充、故能有孕、而曰任主胞胎、任者

450 達生園方轂

《達生園方轂》,不分卷。日本柴原子敬、山成子恭同輯。成書年代不詳。“例言”後有“劣齋”字樣。《中國醫籍大辭典》載録《賀川方轂》,謂“不分卷。賀川玄迪撰。約成書于日本安永四年(1775)。又名《達生園方轂》”。據其所述内容,與此本相近。《中國中醫古籍總目》未收載。現存鈔本,藏于中華醫學會上海分會圖書館。

達生,有易生之意,即有助于孕産。本書内容分胎前、臨産、産後、初誕、調經帶下、乳疾、雜治七門,專用于婦人胎産。書中所輯古今成方約二百首,或出于古人,或源自世傳,或發之家藏,古今并蓄,和漢兼收。各方下均注來源書目,或諸家傳方及家藏秘方等。本書參閲《傷寒論》《金匱要略》《婦人良方》《楊氏家藏方》及日本《産科發蒙》《産論》《産論翼》《養壽院方》《岩永家方》等五十餘種醫籍。所輯之方“皆以試驗獲效,而後攢之。逐類鈔録,不拘世次,爲便搜覽”。

“胎前門”所治病證有惡阻、子癎、子淋、風痙、胞漏及妊娠水腫、大便秘結、腹中疞、口舌生瘡等。這類病證在婦人懷胎待産時易發。此門載方三十首,治療多從脾胃入手,化濕和胃,清火安胎。“臨産門”載方五首,所治皆爲難産,甚者累日,耗傷氣血,方藥多用温補、活血,氣脱疲極用獨參湯回逆。“産後門”所載病證較多,如氣血虧虚、惡露不下、産後血暈及産後其他雜證,選方多爲經方,亦有時方。“初誕門”載十一方,爲治療初誕小兒吐乳、口瘡、臍久不乾等病證,大體爲清熱祛胎毒之法,以外用方爲多。“調經帶下”載方十二首,治療經期行前或遲後、經閉、崩漏、倒經、赤白帶等,以活血養血、温通經脈爲基本法則。“乳疾門”載方二十一首,主要針對乳汁不下、乳癧及産後失眠、胸悶、便秘等疾病,對症治療兼顧産後虚證。“雜治門”記載治療傷寒、腹痛、痢疾、梅核氣、驚悸、瘙癢、疥癬、水腫、淋證、風濕、脚氣等病證的代表性方劑，每證約三五首，未作具體分類。

本書凡例詳細説明用藥計量標準，如書中藥物銖、兩俱用大、中、小字概舉，“凡所謂大者，率自五六分至八九分，中者可三四分，小者可一二分。大抵以三錢作一劑。然質有緊松燥潤之異，須隨品斟酌焉，如丸散方，則非此例。”又如“生薑概用一片，周如錢大，厚可二分，重準五分爲率。如多用者則另注之”。

《達生園方轂》爲婦人胎産專著，匯集治療婦人胎産及胎産前後病證的代表性方劑，并闡述作者在臨證運用中的心得，簡明扼要，便于查閱，具有實用性，可供中醫婦科臨證治療及研究參考。

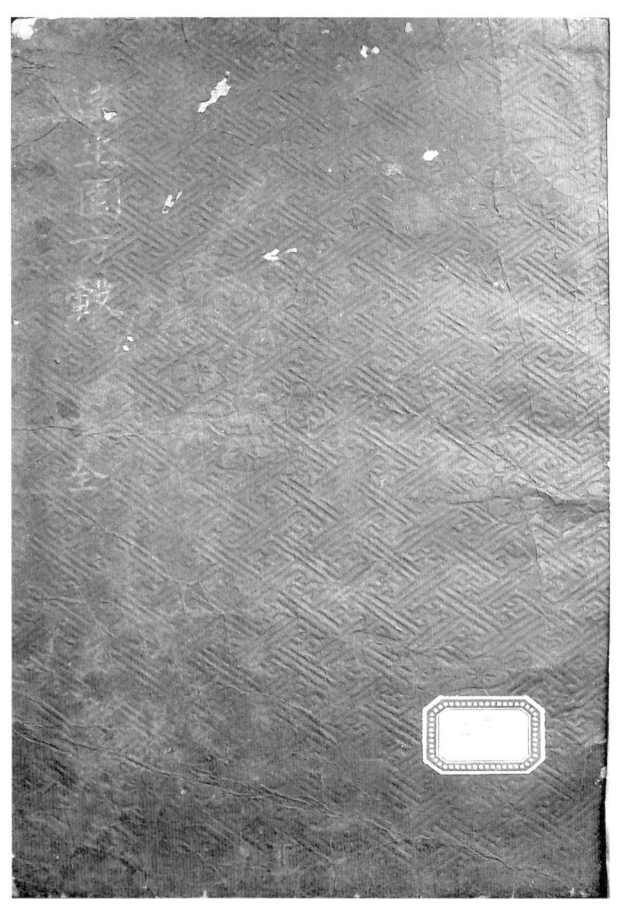

產。產後次之。初誕次之。調經帶下乳疾等乃次。其後若通治孕別方彙載於襍治方中。

一古人方籍千萬不啻。其中靈劑神方固不爲不多。宜擇用試之歷驗者。逐次增入各門。存空紙數張以充其料云。

芳齋誌

達生園方彀

例言

一編中所載諸方，或出于古人，或成于輓近。今特採其試効者，逐類鈔録，不拘世次者，為便搜覽也。

一衆方出古書者，方名下各注其書目，諸家傳方及家定者亦然。但搜索未備者，則闕之。覧者察之。

一編中分量不詳銖兩，但用大中小字概舉。凡所謂大者，率自五六分至八九分，中者可三

達生園方彀提要

達生園方彀一卷。日本柴原子敬、山成子恭同輯。分胎前、臨產、產後、調經、帶下、乳疾、雜治等七門。專供胎產專科之用。所輯古今成方約二百道。足敷胎產應用。其方或採自古籍，或搜自世傳，或為家定。和漢兼收，皆以試驗獲效而後録之。每方均載所自與其主治證候，頗切實用。且集中多世傳家定之方，尤為名貴。

達生園方彀

門人 加賀 柴原順 子敬 同輯
　　 備中 山成巖 子恭

胎前門

豁痰飲 家方 治阻病心下支滿，吧吐痰水，飲食不納者。

紫蘇子 半夏 茯苓 各大 黄連 橘紅 土參 各中

右六味，加生姜如錢大二片，以水二合煎取一合，少々温服。

凡患吧吐者，服薬不可多，僅々與之為妙。

451 單南山明易産科

《單南山明易産科》，六卷。清單南山撰，約成書于清康熙年間（1662–1722）。單南山，介紹見本書“434明易胎前論辨諸症醫方”。現存鈔本，藏于上海中醫藥大學圖書館。

是書首載單南山先生《廣嗣真詮》，分聚精、養氣、知時、成胎四部分。卷一“胎前”，載録論胎前諸症醫方、辨别胎前症名、補母壽子論等六門；卷二“胎前”，分述墮胎辨、失血類風症辨等四門；卷三“胎前”，論臨産辨；卷四“新産”，論述二十四種新産危急證；卷五“産後”，論述産後三十二證及生産後事宜；卷六“外科”，論陰蝕五疳、疳蟲食下部及五臟治法等。共載方劑一百三十四首。

本書對婦人胎前産後諸疾的病因機理、辨證治方均論述詳細，治療上不僅有内服湯藥，還有外治法，對臨床有參考價值。

單南山明易產科 上册

明易產科六卷
九
十七
弍 册

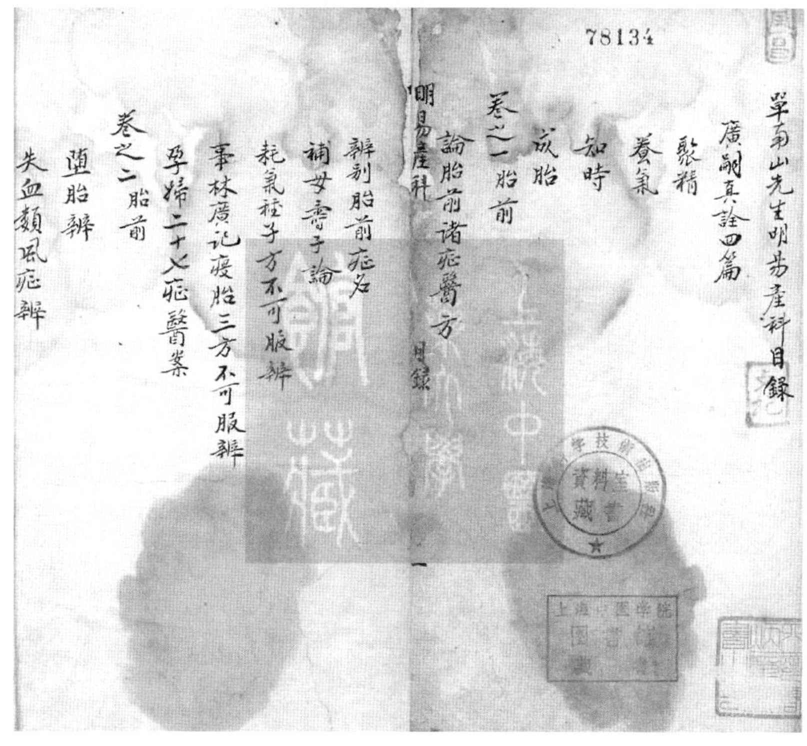

單南山先生明易產科目錄

廣嗣真詮四篇
聚精
養氣
知時
成胎
卷之一 胎前
論胎前諸症醫方

明易產科 目錄

辨別胎前症名
補母壽子論
耗氣種子方不可服辨
事林廣記瘦胎三方不可服辨
孕婦二十七症醫案
卷之二 胎前
墮胎辨
失血類風症辨

單南山先生廣嗣真詮

聚精

經云，腎為藏精之府，五臟各有藏精，並無停泊於其所。蓋人未交感，精涵於血中；交感之後，慾火熾極，而周身流行之血至命門而變為精以泄焉。故以人所泄之精貯於器，上加鹽酒，露一宿，則復為血矣。故左為腎，屬水；右為命門，屬火。一水一火，一龜一蛇，互相橐籥。膀胱為左腎之腑，三焦有脂膜如掌大，正與膀胱相對，有二穴，脈自中而出，夾脊而上，貫於腦。上焦在膻

中，內應心；中焦在中脘，內應脾；下焦在臍下，即腎間。人身之血，隨氣而散於三焦，晝夜流行，各有常度。慾念既作，命門火動，翕攝三焦一身之血，至命門而化為精。人之血盛，則周身流溢，生子充肖其父；血微則形羸，雖貿生子，不能充肖；血枯則精氣寡弱，而不能育矣。何則？真氣已虧，惟藉飲食滋生精血，而又不能保恤，未至中年，五衰已見，百脈俱枯，雖泄而不能成胎，雖成胎而不能壽考。是以祈嗣者務養其精，遠則經年秋宿，近則數月一合，庶乎其可也。天聚精之道，一曰寡慾，二曰節勞，三曰息怒，四

452 鳳林寺女科秘寶

《鳳林寺女科秘寶》,不分卷,一册。有目録,無序跋。首置“緣起”一篇,記録該書流傳經過,稱該書由鳳林寺僧傳于王繼齋,王傳于清江逸樵,後“元再三求傳,數年並無允意”,後“將秘寶一帙始傳於元”。考文中“元”當爲傳者之名,姓氏及生平無從考證。首頁與正文中鈐上海中醫學院圖書館藏書章各一枚,共八十五葉,每半葉十行,每行最多者二十餘字,計三萬五千字左右。《中國中醫古籍總目》載録爲清鈔本。現藏于上海中醫藥大學圖書館。

此書爲女科專書,按經、帶、胎、産次序,記録女科證治九十一種,每證説明症狀、病因病機、治療用方及禁忌等,每證下録所用方劑,共一百五十餘首。其中所載方藥亦有不見行于世者,值得注意。如通經丸一方,古醫籍記録者不下二十餘處,方名雖同,而内容各异。該書所載通經丸方用藥與他書均不相同,藥物組成是:炒水蛭、虻蟲、紅花、牛膝,米糊爲丸,“大凡經水不通,無寒熱,並無别症,可用通經丸破血,立安”,可供臨床或醫方研究者借鑒。此外,該書還抄録《寧坤秘笈》三卷(即《竹林寺女科》)于後。

在《緣起》篇中稱“此書係南京鳳臺門外牛首鄉鳳林寺沙門慈悲明傳出,一派傳於浙紹肖山縣竹林寺沙門浄暹濟世,一派留於本寺”。肖山縣竹林寺有《竹林寺女科》一書傳世,是爲女科經典,這裏説明該書與《竹林寺女科》淵源爲一。考《竹林寺女科》一書面世後,得到世人的好評,仿效者紛紛,故有多種傳本。該書與現通行本《寧坤秘笈》確有許多共同處:一是編排體例相近,二書都按經帶胎産的次序記録婦科九十一種證治。二是行文相似,如“經閉發熱”下,《寧坤秘笈》載“論其症,因行經時及産後因食生冷並食水果,血見水則滯故也”,該書載“即食生冷或食有水果品之故,蓋血寒則凝,見水則滯”,幾無差别。如此者衆多,不一一列舉。三是用方相同,如經來遍身浮腫俱用木香調氣散，胎前瀉痢同用甘蓮湯，胎前咳嗽均用五虎湯，産後子宫突出皆用鯉魚燒灰外搽，産後瘕疸并用黄臘膏等。在九十一證中治法用方相同者約十之二三。較之于《寧坤秘笈》，該書也有一些内容更顯突出之處。如“胎前浮腫”下，《寧坤秘笈》以此爲氣血衰，忌通利之藥，故用大腹皮湯爲治；該書宗《千金》之法，用鯉魚湯爲治，方中鯉魚利水兼補，似爲更妥。又如“胎前頭痛”下，《寧坤秘笈》以芎芷湯爲治，方中川芎活血行氣，重身者慎用，不如該書以雄黄散吹入鼻中爲治更爲穩當。較之《寧坤秘笈》，該書詳于雜病而略于月經病，編排體例不够清晰，運用方藥也欠嚴謹，可作爲研習《寧坤秘笈》參考之用。

鳳林傳授女科秘寶緣起

此書係南京鳳臺門外牛首鄉鳳林寺沙門慈悲明傳出一派傳於浙紹肖山縣竹林寺沙門淨暹濟世一派留於本寺適王繼齋乏嗣到寺求藥偶得一子願以捐資普濟傳僧云居士真心僧將祖師遺秘傳濟未知居士真否齋對伽藍立誓僧與齋同心甚厚將秘寶付與齋齋普濟一週後得一子齋於甲午年菊月患病偶清江逸樵談及得病之由樵即調治數月而愈後因劳復臨危急請逸樵齋之無以為報我有鳳林秘寶一部傳付與兄一可積海二可養身兄萬不可循賄則昧不能定奪人之生死樵即拜而授之見書上藥味字眼一毫不識乞祈講明齋云另有一單難以輕付樵即立誓求單愿有同道之士善行普濟之心者情愿再傳不負之願齋又云對症照方不可加減主鬮主鬮樵歸家數月連治產症數十餘家方到病除元再三求傳數年並無允意且至樵同岳父往貴州作宦臨別談及前情將秘寶一帙始傳于元但此書雖秘而猶未信其傳及遊竹林寺見鳳林寺嫡派匾額始信此書之不謬也因叙其原以誌不忘云

按肖山縣志云竹林寺在城河鳳堰橋北京宗理宗朝醫僧淨暹有功掖廷封十世醫王改賜為惠濟寺自天子以至公卿自禁中以至海內罔不稱功德其術至今傳之

女科秘寶目錄

女科秘寶

發熱第一 二症

凡經閉發热或因行經或產餘血未尽即食生冷或食有水果品之故蓋血寒則凝見水則滞故不行而閉变生潮熱頭眩目暈口苦舌乾不思飲食腹內結成一塊如鷄子或左右而動此症產初起二三月時易治先將逍遥散加石蓮子花粉胆草黄芩地骨皮以去食繼用紫金丹每日進之漸納穀氣脾土勝經水流行其若加咳嗽生痰泄瀉不止肌肉消瘦者不治

一血虛發熱因怒氣傷肝血積成塊左右走動面色痿黄不思飲食五心煩熱經未淡色小腹作痛先以逍遥散退其虛熱繼用

453 資生集

《資生集》,六卷。不著撰者。約成書于清光緒十九年(1893)。現存鈔本,藏于上海中醫藥大學圖書館。《中醫古籍珍稀抄本精選》第八册收録該本。

此書主要論述婦人經、帶、胎、産諸病。卷一分論調經及經閉。後附調經類方近四十首,血枯經閉、血澀經閉、痰結經閉諸方二十餘首。卷二分論血崩、帶下、諸積。附血熱崩漏、勞傷崩漏、崩漏氣陷、崩漏血瘀、昏厥、疼痛、崩漏虚寒、崩漏虚脱諸方近四十首,濕熱帶下、濕痰帶下、風邪帶下、虚損帶下、虚寒帶下、帶下滑脱、白淫白濁諸方四十餘首,通治諸積、癥瘕、食癥、瘀血、痃癖、疝瘕諸方二十餘首。卷三、卷四論胎前諸證,包括惡阻、子煩、子腫、心腹痛腰痛、妊娠下血、尿血等四十種,所涉方劑近二百首。卷五、卷六論述臨産及産後的護理、宜忌、諸證,包括臨産、産後脈、産戒、血暈、惡露、頭痛等。對于各種病證,作者一般從其病因病機、治則治法、方藥等幾個方面進行論述,兼附相似證的鑒别。其中對于病因的闡論尤爲詳盡,如産後血暈證,歸結其病因爲:敗血流肝、血熱逆上,瘀血奔心、虚火上炎,惡露乘虚上攻,陰血暴亡,心虚火炎,血隨氣上,虚火載血上升,腹中空虚。并引諸家之言、諸經之意進行論述。另外,書中每首方劑皆包括其主治、方藥組成、方解、加減應用及煎服法等。

該書對于婦科諸證的論述條分縷析,以證爲綱,以因爲目,依因立方。除了對各種婦科病的辨證論治外,其中所涉及的婦産科的調攝、護理、宜忌等方法亦頗實用。

資生集
光緒癸巳秋月
書於軒爐鼎次
上海中醫藥大學館藏

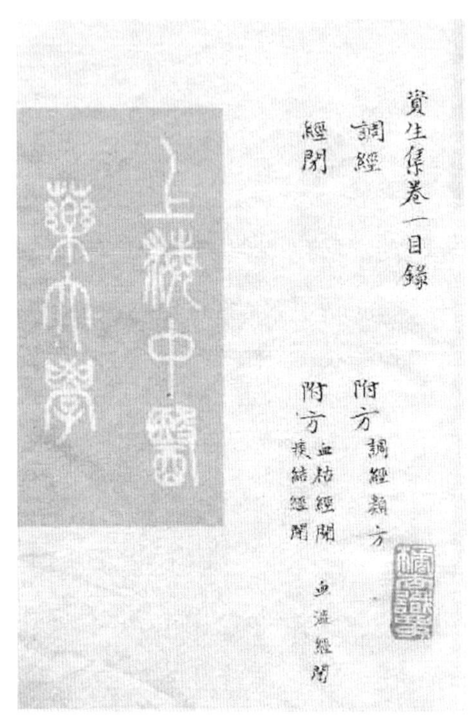

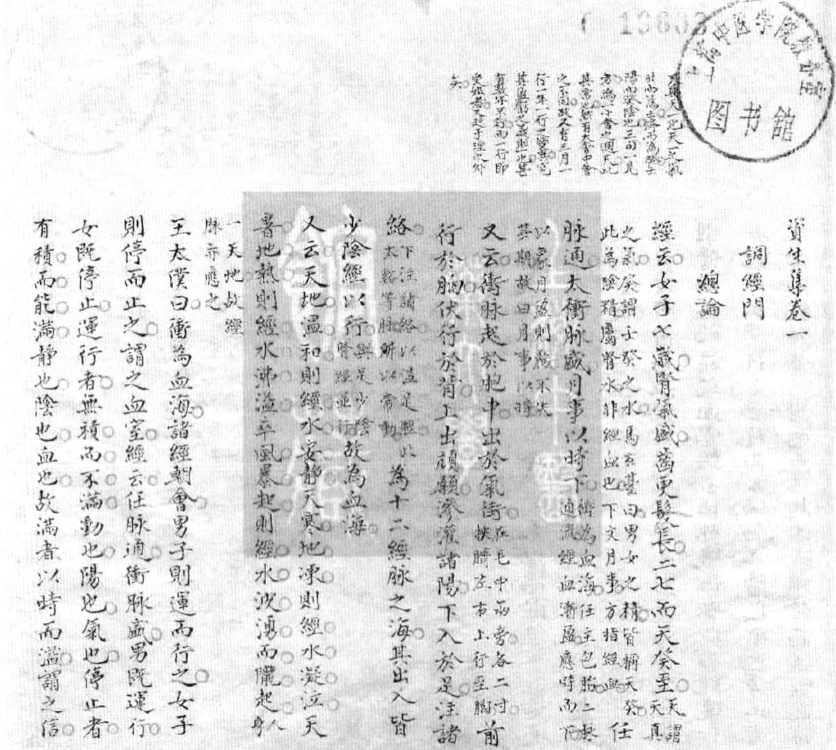

454 廣嗣須知

《廣嗣須知》,不分卷,一册。明胡文焕編。胡文焕,字德甫,號全庵,又號抱琴居士,錢塘(今浙江杭州)人。胡氏除精研醫術而外,兼曉詩文、音律,曾校刻《食鑒本草》《壽養叢書選鈔三種》《格致叢書》等。本書原爲蔡龍陽方伯所集,胡文焕從中摘抄其要語而成。《中國中醫古籍總目》載録成書于1592年,現藏于上海中醫藥大學圖書館。

本書有《積陰德》《固元氣》《豫調攝》《薄滋味》等九篇。内容可概括爲下述幾個方面:引用孔孟之言,教人莫害他人,積善積德,才能子孫滿堂,并借兩則故事告誡讀者。勸人善待父母,且"宜寡欲,不妄交合,積氣儲精,待時而動",以調攝心腎。注重飲食,燒炙油膩的食物容易使人溏泄而經絡壅滯。認爲擇妻的標準應爲"心地平坦,骨骼端正,情性温良,精神含蓄,肌膚細膩,語言清亮,皮肉堅厚,飲食淡薄",以助嗣育。提出男子無子之病因大體有精寒、精清和精滑三種,并分别附録治療的丹藥。女子需要注重經事,載調經、安胎、便産等方藥數首。認爲男女交合要選擇適宜的時間,并羅列宜忌年月日。書中有"固守丹田,養其精神"之法,爲"遠女色,節飲食,慎起居,息思慮,少嗔怒,去煩惱,戒躁暴"。

全書旨在教人行善而積陰德以有子嗣。僅在《煉藥餌》篇中記載數首方劑,且以丹藥爲主,其療效尚待驗證。

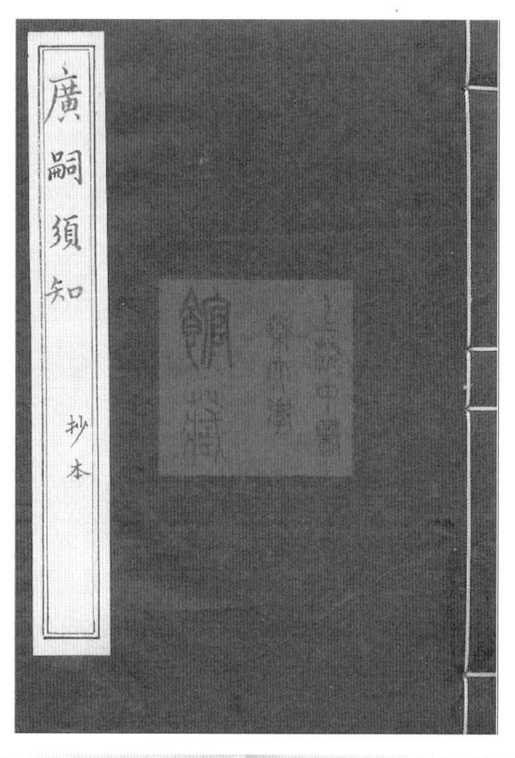

廣嗣須知序

錢唐胡文煥德甫撰

余既梓廣嗣要語矣而玆復梓廣嗣須知則又不獨治藥物調精氣已也此書凡九領首陰德次元氣又次七條斯及於藥餌調攝之事其間事理極顯易不涉奇詭苟能善體而行之靡不獲其効而嗣為之廣矣夫所謂廣嗣者詎取其盈庭繞膝之為快哉蓋將使克紹世業無墮前脩始稱眞有子耳然則世之欲

455 鄭氏女科要領

《鄭氏女科要領》，不分卷。清張愛廬、周芸嵓撰，成書于清咸豐九年(1859)。封面有“愛廬”印章。其自序云：“鄭氏之所傳者已古矣，敝矣，復録一本以傳於後……不然，熟讀是書以行於世，則如薛如茅而馳名於遠近，又何不可之有？故既録一本，復書數言以弁於首。”後有“皇帝咸豐九年歲次林塘周子芸嵓授婿張愛廬”字樣。另有凡例，説明該書記述範圍、記述方法等。現存鈔本，藏于上海圖書館。《中國中醫古籍總目》未收載。

本書載有《女科當要》《女科要領》《各門湯散》《原病要旨》四篇。其中，《女科當要》篇載五運六氣圖、診脈當知、脈息節要、四時平脈、怪脈、五臟、五體、五症、五色、五聲、五視、五不稱脈、五體死、藥性卷以及脾胃論，對各類均加以詳述。其中藥性卷列有寒性諸藥、熱性諸藥及藥性歌，所列諸藥均注明功效，如“五味子，止嗽疫又滋腎水”。强調藥有寒熱温凉，必當審其補瀉之性以療人。《女科要領》篇載調經、淋漓、胎前、産後各病證共五十四種。各門湯散目録，包括調經門、淋漓門、胎前門、小産門等十三種門類的方藥一百八十一首，唯列方名。除鄭氏方外，亦有茅氏良方、秘方。如小産門後注：“原本無此一門，且方甚少，故以茅氏秘方補之。”《原病要旨》篇按調經門、淋漓門、胎前門、妊婦宜忌門、産後門的順序撰寫，均載有具體病例。如：“一婦人肥白而經水不正，此痰也，去痰而經自正矣。宜服二四湯，即二陳四物兼之也。二陳見虚損門，四物見調經門。”各證包括具體病證、病因及治法。妊婦宜忌門鄭氏原本無，以茅氏之説補之，包括用藥忌歌訣、忌食物、舉止有忌三部分。

該書是鄭氏世醫豐富臨床實踐經驗的結晶，所附驗方較多，書頁天頭有茅氏諸效驗方。書中鄭氏原方有不詳載、或見于古坊本、或見于茅氏之書者，作者取其一二，注明“補”字，方便讀者閲讀利用。

則生洪大則死茅氏秘傳有胎下痢及膿血小腹痛茅云黃連并厚朴艾葉及阿膠歸柏干姜用百顆糯米焦神妙散名黃連
一娠婦小産十月滿足爲大産不足月爲小産若頭胎三个月半
産至第二第三胎必復墮積久胎滑不可復安必須服安胎飲
至十月方住可保無事若頭娠曾大産一次則無此患矣
一娠婦臨産臨月胞水不破而血下此是傷胎非産也八物湯即八珍方見産後门
與安胎飲下之方見胎前门若胞水已破此是欲産紫蘇飲方見
胎前门生其氣血滑胎一藥方見胎前门須胞水破痛陣急十月滿足者
方可服若胞水破腰腹痛雖未滿十月亦可服恐是産也若胞水
未破腹痛未甚雖滿十月恐未坐艸只用安胎飲見胎前胞水破兒

木香各半
為末每服五分
姜湯煎服
茅云臨産痢疾
山梔燒灰為末用一
匙熱湯調空心
服出者不過五
服甚效
茅云有胎大便不通小便不利氣急心喘脹
身体腹脇浮腫
赤苓 桑白皮
枳殼 檳榔
澤瀉 木通等分
姜三片 腹脹大便
阿不通加郁李仁
ㄗ打碎 黃芩 紫
蘇各ㄗ 大黃ㄗ半
木香磨汁三下

胎前门

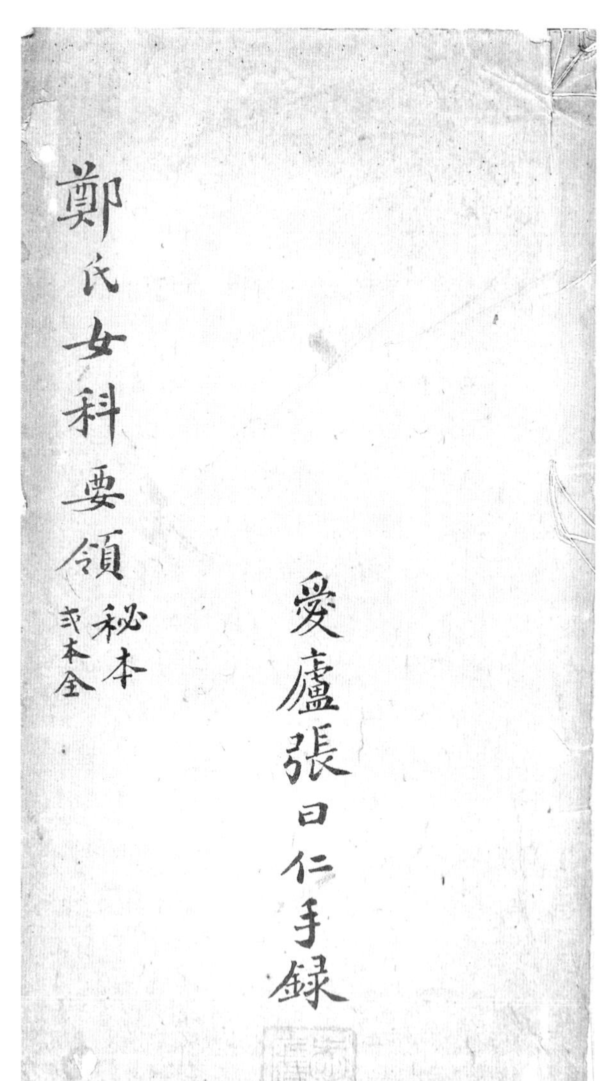

鄭氏女科要領
秘本
弍本全
愛廬張曰仁手録

456 鄭氏女科家傳秘方

《鄭氏女科家傳秘方》，不分卷，一册。無序跋與目録。據《中國中醫古籍總目》所載，係清代鄭燕山撰，成書于清康熙三十六年（1697），然此年爲丁丑年，與封面所題"丙寅年四月柳堂主人答"之"丙寅年"不合。正文首頁另有"徐師善"印章一枚。現存鈔本，藏于上海中醫藥大學圖書館，該館著録爲清鈔本。

是本開篇爲《隨症問答》，以問答形式闡述各種女科雜症，如問中風、傷風咳嗽、胸中嘈雜、周身骨痛、嘔吐等。正文分爲兩部分，第一部分爲鄭氏家秘，分三門進行論述。一爲調經門。列婦人病機總論、脈法、經候、月水不調、氣血不調、經閉不行、崩漏等。認爲"婦人乃帀陰所集，常與濕居，榮衛和平則諸病無由而生，榮衛虚弱則百病生焉"，强調"女人以經候如期爲安，調經之道貴乎養其氣而抑其血，使之無過不及，然衝脈、任脈之氣盛，太陽、少陰所主自得宜流，依時而爲和平也"。二爲胎前門。先列《胎前總論》《孕婦忌食論》《孕婦藥忌歌》等，逐月論述胚胎形成、發展的過程及可服方藥。次述胎前雜證，包括胎動、惡阻、子煩、子懸、子淋、子癎等，并載治療方藥。如胎動用分氣紫蘇飲，止血用固胎飲，惡阻用白术醒脾湯，子煩用竹葉解煩湯等。三爲産後門。先論産後總論、血暈、胞衣不下、惡露不行、産後不語、汗出不止等各種病症的病因病機、治法方藥。後載雜證十四種，如鼻衄、内傷外感、乳硬、崩中漏下、腹脹、腰痛等。并載調經、産前、胎前病案六十七例。隨後以問答形式"問婦人胎前、産後諸症共六十四條"，并附病案七十八例。末附兒科病案二十四例，並載方藥。第二部分爲鄭氏女科。先列總論、月經、經病、經候不調、經閉不通、婦人三十六疾、保養胎娠、産後諸症有三論等十九條。後載調經、胎前、産後諸症方，提出胎前"以安胎爲主，隨症加減"，産後他症

“皆由脾胃虚弱、内真實外假熱也”,宜“温補脾胃”,“斷不宜發表,又有三禁:不可汗,不可下,不可利小便”。最後以七字歌訣的形式論述十八種雜病,如論浮腫潮熱,“外散風寒内養脾,怕愁有瀉不堪醫。却將八味湯來治,脈逐衹恐緩中微”。

是本爲鄭氏家傳秘方,包括鄭氏家秘和鄭氏婦科兩部分,論述調經、胎前、産後、雜症諸門證治,闡述婦科經、帶、胎、産諸疾,并詳于治驗與方藥,是一部内容實用、通俗易懂的婦産科專著。

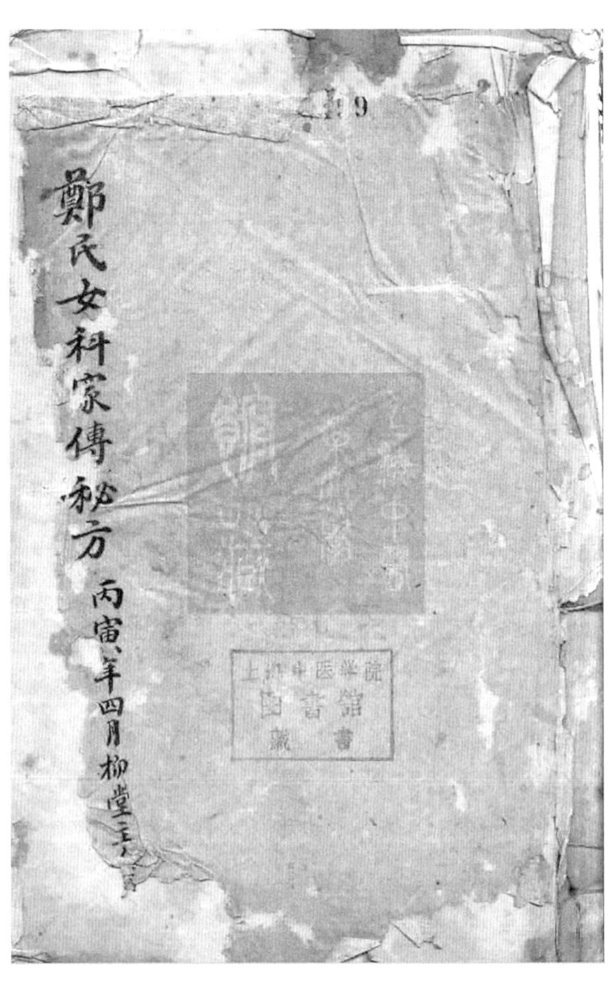

隨症問答

婦人問中風左半身不遂者何　答曰左屬氣此傷氣也須服行氣及烏藥香附白芷青皮陳皮茯苓白术甘草枳殼之類　一用八味順氣散加只殼香附腰痛加紅花此乃中風當先服此方以順氣

婦人問右边半身不遂者何　答曰右屬血此傷血也須服活血药如當归甘草青皮枳殼赤芍木瓜香附烏药肉桂紅花之類

婦人問連年咳嗽不止者何　答曰此肺胃虛寒也用人參潤肺湯

婦人問中風口眼歪斜言語不清頭痛難眠者何　答曰血少着風先医血血行風自滅須服大補氣血之剂兼治痰用二陈湯

婦人問中風有肥瘦不同如何分治之　答曰肥人治痰治瘦人氣虛用補中益氣湯加貝母黃連

婦人問中風有出汗有不出汗與大便閉結不通者何　答曰大補血生血兼痰治之以四物湯為主去熟地

婦人問傷風咳嗽者有痰身热頭痛多汗者何　答曰旋覆花湯加人參

婦人問頭痛身热鼻塞咳嗽者何　答曰人參敗毒散

俾醫家舉筆在神免致差誤其他怪異險較之品在有時自應避忌不待言也

烏頭附子與天雄牛黃巴豆並桃仁芒硝大黃牡丹皮牛膝藜蘆茅茵根槐角紅花與皂角三稜莪术薏苡仁乾漆蘭茹瞿麦半夏南星通草同乾姜大蒜馬刀豆延胡常山麝莫聞此係婦人胎前忌常須記在心胸

鄭氏家秘

調經門

婦人病機總論

婦人雜症与男子同不重復出矣惟女流嗜慾多于丈夫生病倍于男子況其性執多偏而不知变鄙嗇而不知宜更有胎前產後經水行閉崩漏赤白帶下七癥八瘕寡婦尼姑成胎不受胎之異忌用應用之藥与男子之劑大不相同及婦人在床幃之中望聞問切四者之要但得切脈之一故云寧醫十男子莫醫一婦人斯言盡之矣蓋婦人乃秉陰所集常与濕居榮衛和平則諸病無由而生榮衛虛弱則百病生焉所謂犯時微若秋毫感病重如山岳可不畏哉

457 薛氏濟陰萬金書

《薛氏濟陰萬金書》，三卷，兩册。有鄭敷政氏序、方謨丕氏序及原序三篇及錢雅樂氏跋。鄭敷政序云："余早歲學醫，求産科書，如《産寶》《産經》《良方》《濟陰》等書，靡不周覽，往往汗漫雜出。惟吾家薛氏所傳《濟陰萬金書》最爲得其要領，余更爲銓次。"《原序》中引《昆山縣誌》曰："妻錢，其外祖薛將仕，善帶下醫，公顯傳其術，遂擅名。"可知該書是鄭敷政在其妻外祖父薛氏《萬金書》的基礎上編撰而成。薛將仕介紹見本書"422女科胎産問答要旨"。鄭敷政，字和陽，平橋（今昆山周莊）人，明代醫家，鄭氏女科傳人。該本正文首頁有"後學晚香潘道根、子香王汾陽採輯"字樣，可知該本爲此二人所録。錢雅樂跋中有"辛卯仲春，見王子香父執處有《濟陰萬金書》兩卷"語。考錢雅樂大約生活于光緒年間，可蠡測該本當抄成于1891（辛卯）年前後。正文版式爲上下單邊，左右文武邊，白口，單魚尾，版心無字。目録首頁鈐陰文"錢寅之印"，序末鈐方形"韻之見賞"等印，第二册末頁鈐"錢氏珍藏"印。全書共六十三葉，每半葉九行，每行多則二十四字，少僅數字，約計兩萬餘字。現藏于上海中醫藥大學圖書館。

全書涉及經、孕、胎、産及婦科雜病，每證後均有治方，且加減詳細，敘證頗詳，立方顯豁，文體流暢簡練，論理明澈易懂。理法方藥貫爲一體，對臨床有切實的指導作用和實用價值。

綜覽該書内容，于調經與治法尤有特色。調經以血爲本，并尋因五臟。無論受孕養胎，經水滯行，均論之以血。卷二《經閉》指出："夫婦人月經，氣血盈虧於是焉察之，病之有無於是焉候之，生息孕育於是焉繫之，其通其閉，關於婦人爲甚重。"認爲女科疾患多由經血不能順調所緻，而血之生成運行又須五臟的調節，故而五臟氣機升降的變化對婦人疾病的形成亦至關重要。

治療上博引諸説，廣采衆法。該書所載，除内治口服藥物外，還運用藥物外治與灸法等，治療手段多樣。另外，該書還提倡“胎中亦有可教，則物感之應”，妊娠時“氣形保衛”，并提出“不孕過在男女”等。由于受時代所限，書中亦有不經之語，讀者應加鑒别。

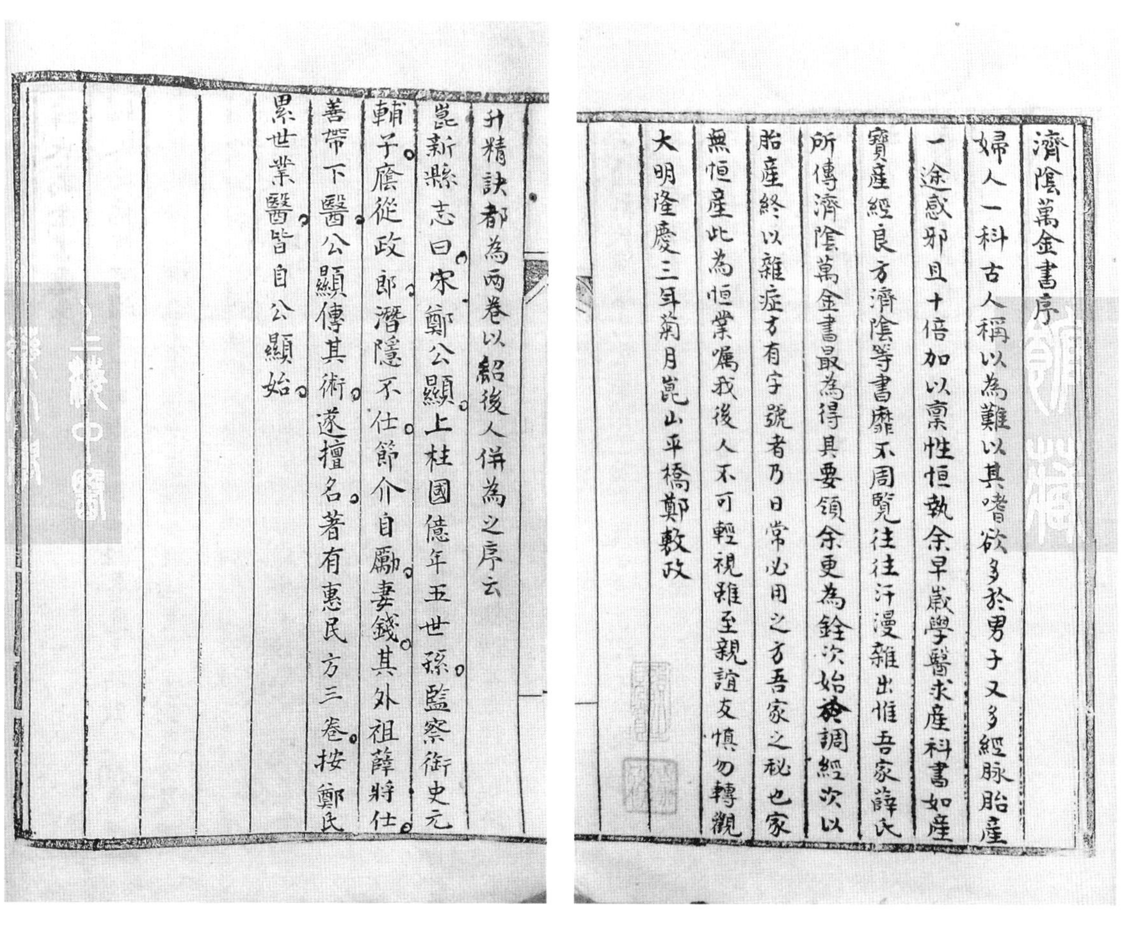

濟陰萬金書卷一

卷二

卷三

薛氏濟陰萬金書

宋薛將仕古愚著
明崑山平橋鄭和陽敷政編
後學　晚香潘道根　子香王汾陽　採輯

孕元

天地之道一陰一陽而已人受天地之氣以生而男女者陰陽之儀象也男子法象乎陽從乎日以陽精為體女子法象乎陰從乎月以陰血為體日陽精也月陰精也月行於天一月有三十日每二十九日有奇與太陽會而合朔也每月二十九日午

458 濟陰元機輯要

《濟陰元機輯要》，七卷，六册。清阮國興（字永祚）編，阮瑞賢（字東陽）參訂，阮貴堂（字登廉）、葉學洙（字聖源）同校。阮國興，字永祚，浙江寧波人。編撰、參校者生平不詳。題名見于每卷之首，但封面及書側題名爲《阮氏婦科》，并題爲六卷。每册封面有印章兩枚，分别爲“古香”“□錫記書”。現存鈔本，藏于上海圖書館。

是本匯集婦科各病證證治。篇首總論指出女人質弱，病證尤多，常爲情志所傷，且多居閨房之内，診病多有不便，因而病不易治，强調望聞問切的必要性。其後分篇論述婦科九門病證，即月經、癥瘕、帶濁、前陰、乳疾、種子、胎前、生育、産後。每門先述總論或致病特點，後據病因、病狀等不同而分具體病證。每證先叙病情，繼立醫方，後詳述致病之由，細辨其疑似之處，使病不誤診，而方不拘泥。“月經門”論“過期而來”“經期泄瀉”等二十一證，“癥瘕門”論“血癥”“氣瘕”等八證，帶病類論“白帶”“淫濁”等十四證，“前陰門”論“陰挺”“陰垂”等五證，“乳疾門”設《乳癰乳疽》《乳癧乳發乳漏》等七篇十二證，“種子門”設《種子辨男女論》《種子端重男子》等四篇，“胎前門”設《逐月經脈養胎》《子煩》等四十二篇，“生育門”設《懷子將生脈候》《驗子母存亡歌》等十一篇，“産後門”設《惡露血暈》《蓐勞氣脱》等三十八篇。九門病證中以月經、胎前、産後論述爲重。如《逐月經脈養胎》詳述孕婦懷胎十月中每月的身體特點及易患病證與辨治，尤爲周備。如懷胎二月應安胃清心除胎熱，用解煩益心湯、安寧丸；懷胎十月待産之期，可用和氣飲等補氣以助運，爲催生之妙法。全本共載方兩千餘首，另亦常施針刺療法，如“經斷復來”刺命門、關元，“子癇”刺承泣、承漿、人迎、頰車等。

是本博采前人婦科辨治奥旨，删繁補缺，彙集成書。詳述病狀，細述病因，辨證論治，針藥結合，是一部内容詳實、通俗實用的婦科專著。所載多爲歷代經典醫方，不載每味藥的劑量，撰者稱“古今人稟質有厚薄之分，主疾又有淺深之異……治疾者因症酌用”。是本開本較小，可供隨身翻檢或臨證參閱之用。

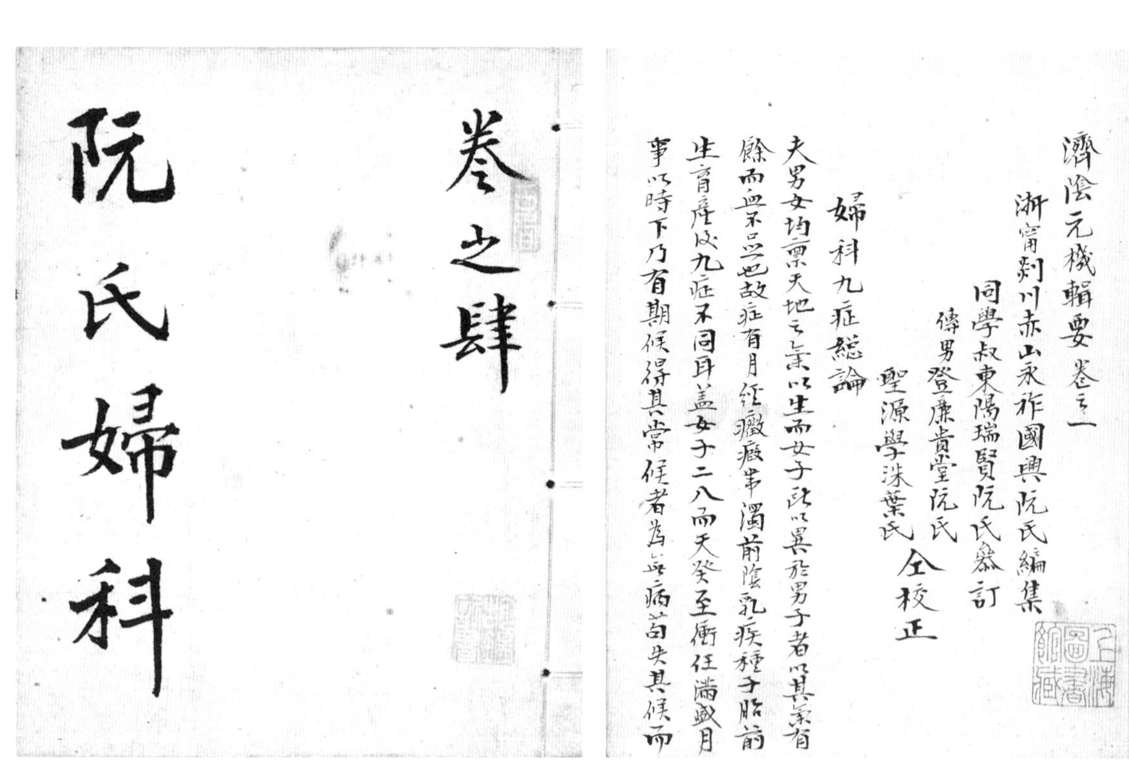
阮氏婦科

卷之肆

濟陰元機輯要卷之一

浙甯剡川赤山永祚國輿阮氏編集

同學叔東陽瑞賢阮氏參訂

侍男登庸貴堂阮氏

聖源學洙葉氏 仝校正

婦科九症總論

夫男女均稟天地之氣以生而女子所以異於男子者以其氣有餘而血不足也故症有月經癥瘕帶濁前陰乳疾種子胎前生育産後九症不同耳蓋女子二八而天癸至衝任滿盛月事以時下乃有期候得其常候者為無病苟失其候而

十、幼 科

459 七段錦

《七段錦》,不分卷,一册。無序跋及目録,書名後題“蕘窩山人陸森茂良甫手録”。陸森,字茂良,號蕘窩山人,清代人,具體事迹無考。是書品相佳,抄寫字迹清晰秀麗,保存較完好。首頁有印章兩方,分别爲陰文“王祖慶印”及陽文“賡雲”,末頁有陽文印章“慶餘書室主人”。現存清鈔本,藏于上海交通大學醫學院圖書館。

是書爲痘疹專書,主要按照痘的發病過程及特點,分爲發熱症治第一段、見形症治第二段、起發症治第三段、灌漿症治第四段、收靨症治第五段、落痂餘毒症治第六段、婦人症治第七段,詳細論述其證治、常用方劑及加減,故書名《七段錦》。另外附有“麻疹科”,包括麻疹心法賦、看疹要訣、治疹切要;又録有繆仲淳痧疹論并治法、治痧疹發不出見喘嗽煩悶燥亂之法、痧後下積滯方、痧後瘧疾治方等;最後爲斑麻癮疹水痘治法總論及附方,對痘疹、麻疹、瘢疹、癮疹等發疹類疾病進行辨析,并附有防風通聖散、麥湯散、解毒化斑湯等通用方。

該書根據痘發過程確立治療原則與方法,并詳細列出方藥,層次清晰,便于實用。如在“發熱症治第一段”中指出:“大抵初起熱甚,衹宜升麻葛根湯中加解毒利小便藥”,如酒炒赤芍、黄芩、滑石、連翹、梔子、麥冬、牛蒡子、木通之類,并隨症加减變化。又單列“婦人症治”一段,專論女子十四歲以後出痘的情況,根據其生理特點,指出“天癸一行,内動其血,未免裏虚,恐成陷伏”,强調從血分、從肝論治,以泄肝散、凉血地黄湯加解毒藥治療,體現了因人制宜的辨證論治特色。此外,書中對于各種痘疹類疾病的辨析亦可供參考。如認爲痘與疹并爲胎毒,但“疹之與痘,出臟出腑之分;氣之與血,爲陰爲陽之别。臟屬陰,陰主血,故痘以有形而有汁;腑屬陽,陽主氣,故疹乃有形而無汁”。本書對于臨床治療有一定的借鑒意義。

七段錦

發熱症治第一段

堯富山人陸森茂良甫手録

初起治痘者方其發熱但知用升麻葛根湯一見點便禁而不用此不知權变者也藥不執方合宜而用如痘現熱除此為表裡無邪固不宜再服若痘出而热甚不退此乃毒深于裏尚恐升葛力小未勝安可止而不飲乎大抵初起熱甚只宜升麻葛根湯中加解毒利小便藥如赤芍酒炒黄芩滑石連翹梔子麦冬牛蒡子木通之類傷風加桂枝傷寒加麻黄暑加石膏如痘瘡未形熇熇發热烝烝

煩躁昏睡毒盛熱重者加荆芥防風柴胡竹葉紫草花粉腹痛閉結加酒製大黄渴甚不止痘毒內蒸銷鑠津液加生姜根擣汁入煎剤如發热腹痛瘡毒內攻當托裏化毒湯乾葛桂枝甘草芍藥青皮山查連翹木香只壳如大便硬結煩躁腹痛宜三黄解毒湯歸尾酒芩酒連酒大黄只実紫草紅花木通檳榔如發热驚搐木邪侮土宜用硃砂導赤散方見上卷加硃砂便是朱惠民曰一兒初热如驚風發搐不審出痘以驚風藥治之不愈將兆之際隱出痘医者可不慎乎如發热譫語睡夢昏、口語喃、前方加竹瀝牛黄麦冬茯苓黄連山梔如遍身發热四肢独冷宜補中益氣湯方見上卷如热血妄行口鼻大小便俱出乃死症也鼻出者可治宜玄參

麻疹科

麻疹心法賦

大疹之與痘出臟出腑之分氣之與血為陰為陽之別臟屬陰陰主血故痘以有形而有汁腑屬陽陽主氣故疹乃有形而無汁其為胎毒名則異焉曰天行時令而發或鄉城傳染而成蔟然比痘久速收靨較痘迅速痘成膿水而毒始化疹透皮膚而毒已消其蔟也相似其变也匪輕起于阳而帰于阴本屬阳而擇在阴毒之盛于脾热之流于心曰君相二家之大合翕則血

460 小兒科

《小兒科》，不分卷，一册。舊題爲“李惺庵手鈔”，“李惺庵”即清初名醫李用粹。李用粹（1662–1722），字修之，號惺庵，爲清康熙年間上海人（一説浙江鄞縣人，隨父移居上海），撰有《證治彙補》八卷，另有與其父李贊化合集的《歸德堂醫案》傳世。該書無序跋、目録等，每半葉九行，每行約二十五字。現藏于上海圖書館。

是本内容有《小兒科賦》《嬰兒形證方脈總賦》《小兒初生難治》《觀面部五色歌》《小兒總論》《嬰兒脈法》等二十二篇。其中篇幅最大的是《小兒總論》。《小兒總論》以歌賦形式概括了小兒科涉及的醫理、診法、脈法、方藥等，其後所作詳細注釋幾乎占了全書一半的篇幅，其中列舉兒科常見病證的方藥和治法、養護等，如開口的定命散、治胎氣熱毒的抱龍丸、治初生小兒諸症的萬應丸、治小兒慢驚風的温中補脾湯、治小兒疳積的肥兒丸等。篇末所附灸小兒穴法論、灸小兒慢急驚風圖，涉及灸法用于兒科的適應症和禁忌症，并附二十六圖講述急慢驚風的灸法要點。

全書將小兒科相關内容集在一處，稍顯蕪雜，也無明顯學術特色。然《小兒總論》之韻文頗爲琅琅上口，隨後的《小兒總論解》也較爲詳細，所列舉方藥也多切合臨床實用，篇末對小兒急慢驚風灸法的研討也較爲獨特，臨證可以借鑒。

小兒科賦

李惺菴手鈔

赤子之医。豈可易言。欲问症者。見不能陳其病苦。欲診視者。脉难以决其浮沉。口不能言。安以詢其病情之所在。脉息九至。安能察其虛寔之分明。故黄帝曰。吾不能明其幼小。别為一家調理。甚言幼小之难治也。乳母心诚。可推執其一二。医師臨至。未必一見了然。故必法心鑑。按眉端。辨脉紋。以治病。夫小兒半歲之间。有病當于眉端髮際額前之间。以食中名三指。輕手按兒額。在左用左手。在右用右手。食指為上。中指為中。名指為下。若三指俱热。主感乎風邪。鼻塞氣粗。發热咳嗽。若三指俱冷。主外感内傷。發热吐瀉。若

461 小兒科前集

《小兒科前集》,不分卷,一册。不著撰人,無序跋與目録。《中國中醫古籍總目》與《中國醫籍大辭典》均未載,原館藏目録僅記"手鈔本",現據書中有清代常用避諱字判斷該書爲清代鈔本。此外,書中夾有一寫有十餘位人名的紙箋,上有"光緒廿一年"字樣,亦可輔證。是書原封面不存,邊緣有卷折殘損,六成品相。但抄録字體清秀,附圖繪製精美,標注清晰,并以硃筆標識句讀及重點内容。書口標有書名和頁碼,全書原有四十六葉,今前兩葉已缺失,第三葉上端有"上海第二醫學院圖書館藏"藍印。抄録格式每半葉九行,每行二十三字左右。現藏于上海交通大學醫學院圖書館。

該書爲小兒推拿專書。開篇先論述小兒的生理、病理特點,指出治療小兒疾病"湯劑爲難,推拿爲易";繼而叙述小兒平時養護之法,後有小字注釋;繼之爲變蒸論;然後是診察小兒疾病諸法,包括察額脈知病訣、觀形色知病訣、冷熱知病歌、定五臟氣絶法等,中間亦夾有小兒面部、腦部示意圖及部分推拿手法的説明;後爲小兒全身及掌、足穴位圖,以及具體手法的操作應用;最後爲小兒常見病證如驚、風、寒、食、瘧疾、痢疾、肚痛及雜病的推拿治療法,亦附有部分簡單方藥。全書層次清晰,内容涵蓋了兒科理論、診斷、推拿手法及臨床運用,多以通俗易懂的歌訣形式闡述。在診斷方面,對于以小兒食指紋形診病尤爲重視,共繪製了五十餘種脈紋圖樣,并詳加説明。對于小兒推拿手法的論述亦非常詳細,除推、運、揉、掐、補、瀉、清等七種常用手法的解説外,還有水裏撈明月、黄蜂入洞等十二種手法及總收法,以及咒訣、標本、主穴、活法、推湯等内容。在兒科重症上,依次論述了小兒從四症發展爲八候、二十四驚的臨床特徵。治療上亦注重推拿手法與内服方藥配合使用,方以單方、小方爲主。書中重要穴位、病證名、手法名等均用朱色方括號或方框標出,人體圖中的經脈亦用硃筆繪製,一目瞭然。

是書所記述的小兒診斷與推拿治療法内容非常豐富。有對祝由法的記載,具體分類也有繁瑣機械之處,但多數方法簡單易行,操作性强,對于兒科臨床有較大的參考和研究價值。

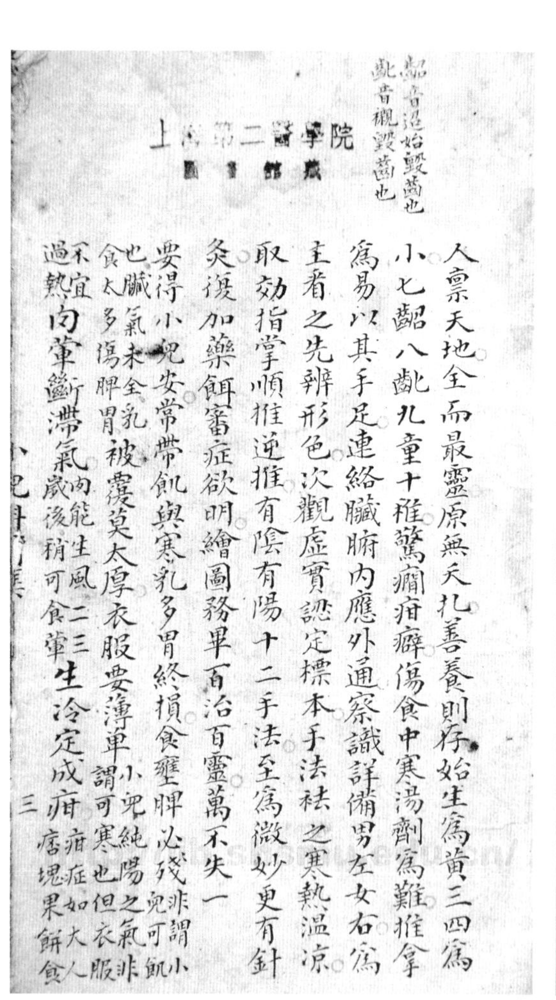

齠音迢始毀齒也
齔音襯毀齒也

人禀天地全而最靈原無夭札善養則存始生為黃三四為小七齠八齔九童十稚驚癇疳癖傷食中寒湯劑為難推拿為易以其手足連絡臟腑内應外通察識詳備男左女右為主看之先辨形色次觀虛實認定標本手法祛之寒熱溫涼取效指掌順推逆推有陰有陽十二手法至為微妙更有針灸後加藥餌審症欲明繪圖務畢百治百靈萬不失一

要得小兒安常帶飢與寒乳多胃終損食壅脾必殘非謂小兒可飢也臟氣未全乳食太多傷脾胃被褒莫太厚衣服要薄單小兒純陽之氣非謂可寒也但衣服非不宜過熱肉葷斷滯氣肉能生風二三歲後稍可食葷生冷定成痢痢症如大人瘡瑰果餅食[illegible]

小兒推拿[illegible]　三

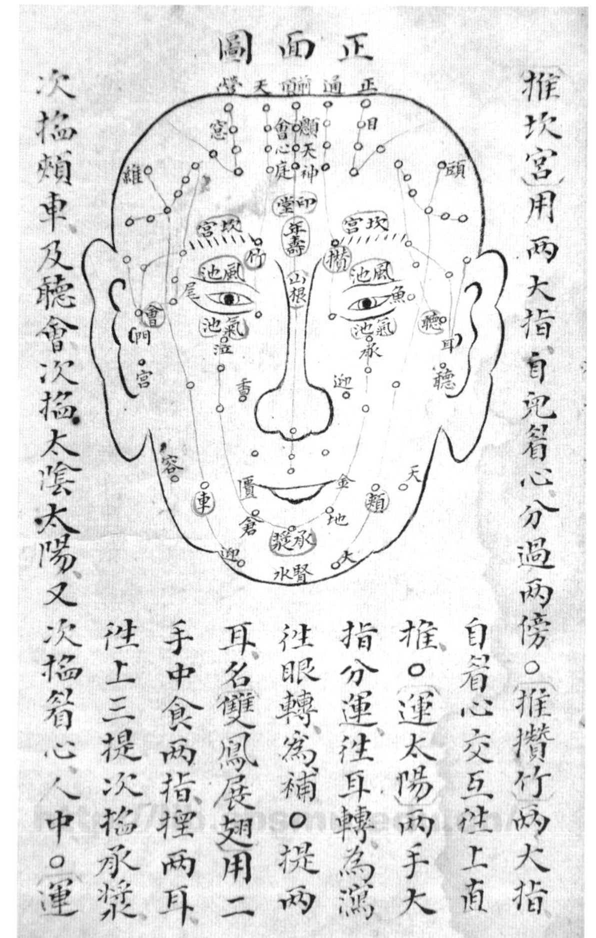

推坎宮用兩大指自兒眉心分過兩傍○推攢竹兩大指自眉心交互往上直推○運太陽兩手大指分運往耳轉為瀉往眼轉為補○提兩耳名雙鳳展翅用二手中食兩指捏兩耳往上三提次掐承漿次掐頰車及聽會次掐太陰太陽又次掐眉心人中○運

正面療病穴 附取穴法

百會後項旋毛中急慢驚不醒灸此囟門即泥丸合則能言下取為上星大天星青黑凶明潤吉印

堂眉心上五分黑凶紅黃吉紫太陽左眼角開一寸太陰右眼角開一寸山根筋文直上大吉青筋

横過多疾人中在唇上鼻下陷中急驚不醒一灼上下黑氣凶承漿一名懸漿下唇腕中開口取之乃任與足

陽明會所膻中平兩乳中間中風搐之或針鳩尾蔽骨端下垂骨心所居乳根左右乳下一寸久嗽

左右二灼中脘一名太倉六腑之本原臍上四寸停食輕揉百餘即散章門在邊肋端下平過側卧伸下足

屈上足用指點耳墜下着肘骨尖盡處是五臟之要會肚痛揉之天樞是脾首穴兩乳直下肋盡前一寸平臍旁

三寸搐已癢揉消食神闕臍中是臍風凝五灼番者不治臍輪臍周圍四旁宜火灼關元臍下一寸內伏

天乙真氣宜熱肩井肩上中骨陷中曲池手肘外輔屈肘兩骨中紋頭盡處以手拱掬取之天河水

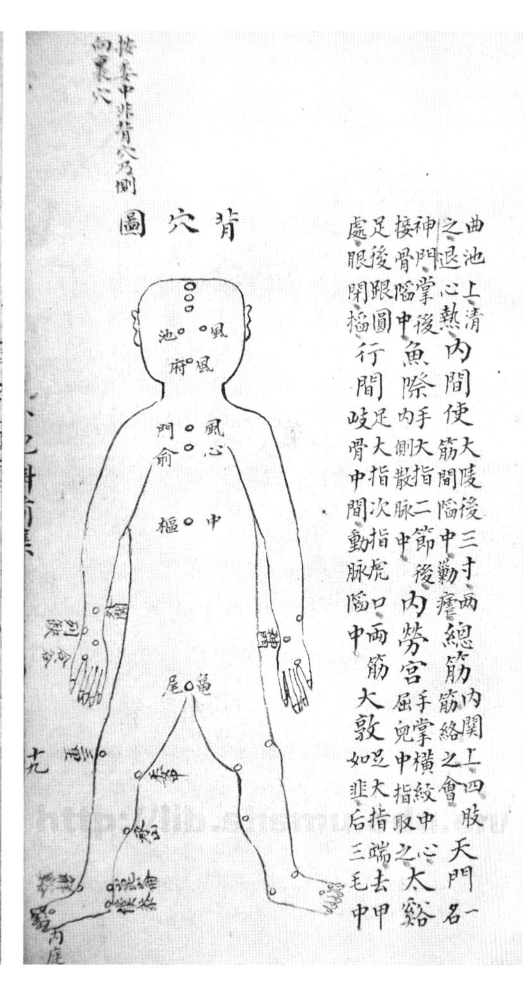

462 小兒諸方

《小兒諸方》，不分卷，一册。不著撰者及抄録者，無序跋。原封面殘缺，書前有方劑部分的目録共三葉，但前一葉半缺失，部分殘頁夾在書中。目録頁書口題有書名。首頁有"上海第二醫學院圖書館藏"藍印。從内容和抄寫字迹看，該書當爲不同部分重新裝訂而成，并經襯頁修補。書末亦附有半葉殘頁，爲圖書館粘補。是書現藏于上海交通大學醫學院圖書館，原館藏目録僅録其書名。據其形制，可能爲清末民間流傳的手鈔本。《中國中醫古籍總目》未見收録。

該書前半部分即"小兒諸方"。正文前題有"小兒諸方總集"，後録方九十六首。方名下記有序號，但對于功效主治的記載非常簡單，如"鈎藤膏"下，僅記"清神養心"，更有近半數方劑未録功效或主治病證。且有藥物劑量亦不載者，或者以"上""中""等分"等籠統表示。後半部分爲痘疹專論，包括痘疹的病因病機及論治原則，痘疹的預後辨證，逐日加減治療痘瘡方等。根據痘疹形態、病程、部位、兼證的具體辨證，戒用升麻葛根湯、辨用陳氏木香异功散、辨魏氏保元湯、逐日方、治泄瀉、痘後發疳、治痘後餘毒、治孕婦痘瘡、治嬰兒痘瘡黑陷諸方、治痘入眼生翳，後附有麻疹治法、治麻症歌、麻中雜症、治麻問答捷要等内容。

該書收録較多治療小兒日常疾患的常用方藥，具有一定實用價值。通過對小兒痘疹理法方藥的詳細記述，可見痘疹爲兒科常見病，甚至危重病，間接反映了當時的社會衛生狀況。

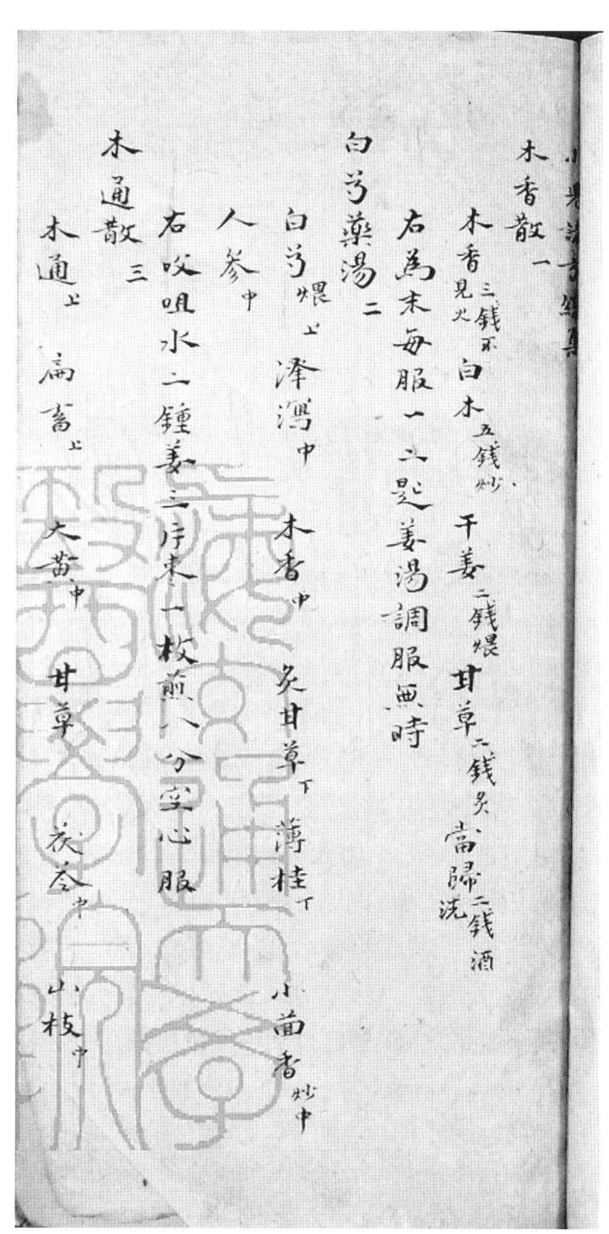

小兒諸方纂集

木香散一

木香三钱不見火 白朮五钱炒 干姜二钱煨 甘草二钱炙 當歸二钱酒洗

右為末每服一二匙姜湯調服無時

白芍藥湯二

白芍煨上 澤瀉中 木香中 炙甘草下 薄桂下 小茴香炒中

人參中

右㕮咀水二鍾姜三片棗一枚煎八分空心服

木通散三

木通上 扁蓄上 大黄中 甘草 茯苓中 山梔中

463 小兒諸證補遺

《小兒諸證補遺》，不分卷，一册。明張昶撰。張昶（1563-?），字甲弘，號海澄，大梁（今河南開封）人，家世業醫。據《中國中醫古籍總目》載，張昶于公元1581年著成《百病問對辨疑》五卷，1619年著成《運氣彀》，另撰有《癆瘵問對》等。現存明代崇禎九年（1636）鈔本，藏于上海中醫藥大學圖書館。《中醫古籍珍稀抄本精選》第十一册收録該本。

《小兒諸證補遺》以"問對"形式,詳闡小兒胎寒胎熱等常見病症之主症、病源、治法、方藥,凡十五種。書中輯入小兒春令肝膽證等臟腑病症五類,以闡明小兒臟腑經絡辨證之綱要;書首列有觀氣色、驗指紋、定脈法之圖與歌,以强調小兒診病之要領;書末附有"小兒引經諸藥歌""小兒外治諸效方",以突出小兒治療用藥之特色。全書探究病源深刻,理、法、方、藥精詳,尤其是治法用藥方面頗有獨到之處,可供後人臨證借鑒。

張氏治療小兒諸證,用藥劑型靈活多變,湯、丸、散、膏隨證擇用。其中對小兒臟腑虚弱、證情較緩者,尤其善用丸藥,取其"丸者緩也"之義。此外,張氏十分講究丸藥送服之方法,藉此以助藥性之發揮,從而提高療效。以張氏治療小兒腎經有傷之證爲例,補益真元,制腎家伏火,用四製黄柏丸,食遠茶下;保固真元,填精補髓,用三才丸,空心酒下;清心明目,用一老丸或五行丸,空心服;固腎澀精,用固精丸,空心鹽酒下。諸如此類,書中各證皆可列舉,由此可見,張氏對服法用心之良苦。

張氏治療小兒諸證,注重内外同治,以求速效。小兒生機蓬勃,爲純陽之體,且病因單純。患病之後,若能及時護理治療,恢復較速。張氏治療小兒衆多病症,除了内治之外,大多輔以熏洗、熱熨、塗敷、膏貼等外治之法。

如治療脾胃大寒腹痛，先用炒鹽包熱熨法，再服健脾温中之湯劑；治療口噤痢濕熱甚者，外用田螺搗爛敷臍中，内服人參石蓮散；治療木腎疝痛，内服天臺烏藥、小茴香等暖肝散寒、理氣止痛之品，外用硫黄、附子、乾薑、吴茱萸等分，末細，大蒜搗爛捶藥成膏敷囊上，荷葉包之；治療痘癰，内服治風藥，外貼紫金膏等。其目的在于及時驅除病因，以奏速效。

張氏論治小兒諸證，先以臟腑經絡辨證爲綱，繼則根據臟腑虚實寒熱，分别確定補泄温凉之大法，投以相應方藥而治之，此爲常法。又鑒于小兒疾病變化多端，容易傳變，故張氏診治小兒諸證，善于靈活應變，而不拘泥于常法。如以小兒痘症爲例，張氏認爲小兒痘候以脾爲主，其病在表宜當汗之，其病在裏宜當下之，故痘候以解表和中爲正法。然而張氏認爲痘症多端，故根據痘瘡顔色黑與紅，痘陷、痘出、痘不收等狀況，以及痘瘡部位，及患者伴有或驚搐、或譫狂、或氣極喘滿、或口渴便秘、或吐逆噁心等兼證，分别辨爲土勝克水、氣虚血弱、心熱、肺熱、肝熱、大腸積熱等證，而投以益氣、養血、清心實、清肺熱、清肝熱、瀉大腸熱等不同方藥，分别治之。循常法而善機變，此乃張氏治療小兒諸證之要法。

醫在幼科。尤當精擇。蓋嬰兒稟氣未堅。難禁湯藥。自非深察。確見病源。鮮能奏効也。昔錢仲陽為小兒醫方之祖。其論述備載準繩中。第時異世殊。方證不合於今。至於陳氏諸書。偏寒偏熱。

小兒序　一

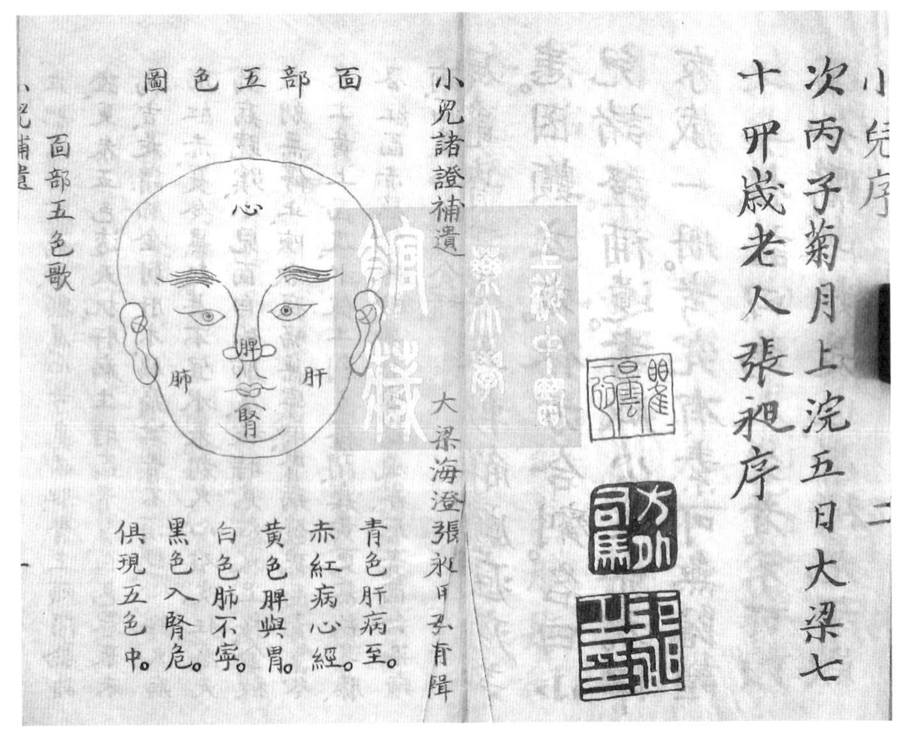
次丙子菊月上浣五日大梁七十甲歲老人張昶序

小兒序　二

小兒諸證補遺

大梁海澄張昶甲孚甫輯

面部五色圖

面部五色歌

青色肝病至。赤紅病心經。黃色脾與胃。白色肺不寧。黑色入腎危。俱現五色中。

小兒補遺　一

額青主驚、紅主熱、印堂青驚紅驚熱、印堂白淨無病證、太陽紅色下淋血、青驚亦是傷寒候、太陰青紅俱驚阸、青深惡候危篤困、兩眉尖頭顯紅色、每夜啼哭煩燥熱、風池紅熱更多啼、土黃吐逆危困也、兩眼黑睛黃傷寒、白睛黃積、赤心熱、淡紅心虛短精神、兩睛青色肝經熱、山根紫傷乳、青驚、若然青黑危困也、準頭近裏名年上、偶發紅色或赤色、小兒吐痢無休歇、兩腮紫紅痰氣發、青是慢驚將至也、人中色黑蚘腹痛、紫、紫黑星出痢阸險、赤傷寒、顴紅熱、正口淡紅無病證、乾燥脾熱、白虛怯、承漿黃吐、青主驚、金匱青筋受驚色、凡治小兒諸病證、先看氣色後驗脈

小兒虎口三關脉歌

食指側上頭節紋、男左女右風關定、青色雷响走獸驚、赤色飛鳥人嘯聲、黑色水喝痛撲跌、紫色風寒感冒重、食指二節氣關名、察看五色認裏證、青色肝疳黑色腎、赤心白肺黃脾應、紫筋沖關成驚疳、察驗卵關疕痾病、紋到辰位傷命關、疲痞疳疾危惡境、諸筋屈曲食傷攻、內隱青筋急慢驚、紋頂命關顏色活、急整藥餌速救命、若見死瞎開魚刺、到此無由得再生、

464 王氏痘疹决疑

《王氏痘疹决疑》,兩卷。撰者佚名。書前存抄録者岵瞻公所作“重録痘疹決疑記”,記述此書來歷,謂其曾祖敬慎公(姓不詳,諱鈿,字天餘,明成化間人)得之于吴興玄妙觀道士,後傳至其父桃澗公,天啓癸亥(1623)夏“見古本蠹蝕幾畢,發興重録之”,又從其陳姓表親家借得一册,抄寫合成全集。卷端下方題“魏氏種德堂家藏”。書中多次提及“王秋鶴”,或爲書名中的“王氏”,《佳趣堂書目》中存有《王秋鶴痘疹秘要》鈔本,似與此書有一定關係。現存明鈔本,藏于上海中醫藥大學圖書館。

卷上列三十六論。内容大體可分爲三:痘疹的一般辨治,如《痘疹總辨》《痘疹初預發時》《試驗痘疹法則》《痘疹未出紅點宜發表》《痘疹一見紅點不可表》等;痘疹不循常規發病時的辨治,如《痘疹未發已發裹虚寒不可下》《痘疹出不快》《痘疹已出未能匀》《痘疹出太盛》《痘疹本稀不可表》《痘疹倒靨有四》《痘疹黑靨有真寒有真熱》《痘疹陷伏》等;痘疹兼證辨治,如癢、疔、渴、吐、瀉、斑爛、便血、痢、腹脹、耳尻與足反熱、發熱脈反遲、卧不醒、煩躁、發熱而疼、鼻衄吐血、毒氣攻肝衝目、咳嗽脅痛及結核腫毒等。卷下列五論,即《痘疹虚實要略》《王秋鶴經驗小兒痘疹秘訣》《痘疹發明》《痘疹惡證》《痘疹善證》。其中《王秋鶴經驗小兒痘疹秘訣》主要記述診斷方法,如捫肌膚、審二便、察脈息等。《痘疹發明》多記述調護禁忌。末有《痘疹治法》,載一百零三方,多前人常用方劑,如麻黄湯、惺惺散、抱龍丸等,此外有十首方劑以“王秋鶴”冠名,即匀氣散、麻黄散、五色餅、粟殼散、三仁膏、解鱗攻毒散、三牙散、赤龍錠子、拔毒扶危丹、壽嬰散,罕見于他書。

本書認爲痘疹爲熱毒所致,責之于太陰濕土及君相二火,治法要因地而異,反對前人禁首尾攻下、蓋覆温暖不令通風、一味温補等習。臨診重視辨析寒熱虚實以審因論治，如熱渴因熱毒蒸騰激起心火，治當以人參麥冬散或白虎湯；冷渴則緣胃氣弱，津液不能上營，治用錢氏白术散加丁香或异功散。并以《内經》爲治則指導臨證，如治瘀表實用麻黄、葛根，屬“用寒遠寒”，氣虚腹脹當補氣血，則爲“塞因塞用”之法。本書對臨床有一定的參考價值。

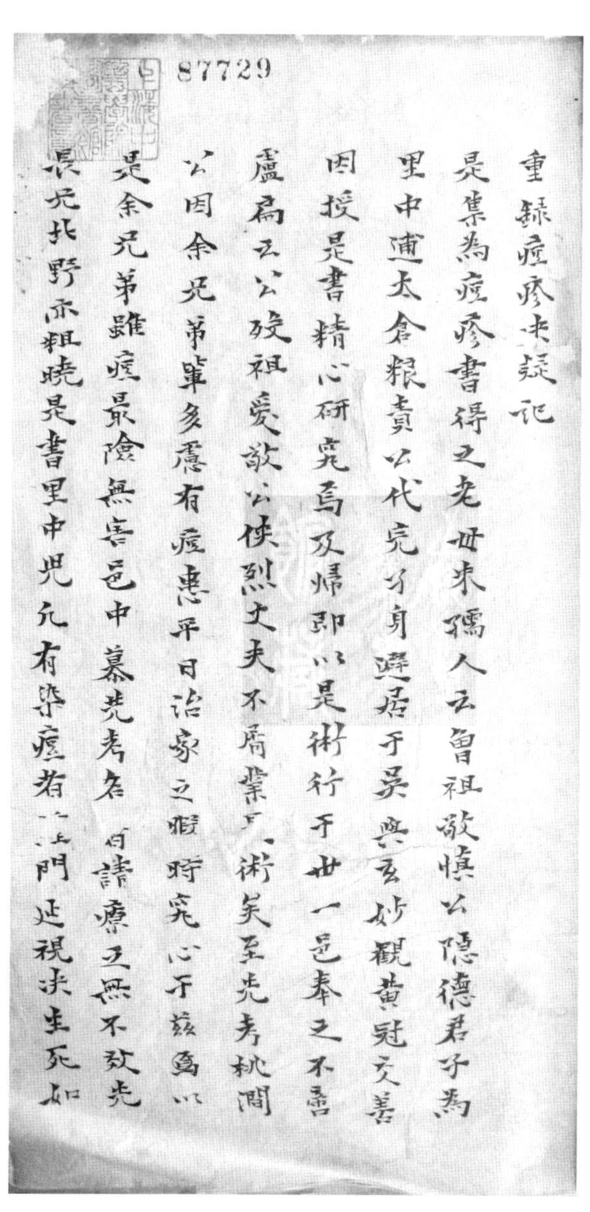

重録痘疹決疑記

是集爲痘疹書得之老世求孺人云曾祖敬慎公隱德君子爲里中運太倉糧責公代完[illegible]身避居于吳興玄妙觀黃冠交善因授是書精心研究焉及歸即以是術行于世一邑奉之不啻盧扁云公族祖愛敬公俠烈丈夫不屑業是術矣至先考秋澗公因余兄弟輩多患有痘患平日治家之暇將究心于兹焉以是余兄弟雖痘最險無害邑中慕先考名有請療之無不效先長兄北野亦粗曉是書里中兒凡有染痘者登門延視決生死如

神癸亥之夏余在家無事見古本蠹蝕殘缺發興重録之又父
老相傳此書尚有一冊在余表親陳姓者[illegible]欲覓歸抄寫合為
全集珍藏于家不惟有益于後昆亦處凡沙祖志云爾曾祖諱
翀字天飾别號敬慎成化間人
天啓歲次癸亥七月十九日咕曉公識

右除辰砂另研為末空心白湯調下忌五辛并犬肉日服二
三分如三五岁兒日服一錢許服至百日則毒解盡永保不
出若服一二月亦減毒解未盡亦令稀而且輕可保無虞
兔血丹　尚能解胎毒令痘不出
取臘月兔血以蕎麥麵收入不乾不濕丸如芥粟大每服
一百丸甘草湯空心吞下如大兒日服二百丸服至三月令
痘不出
明天啓歲次癸亥六月十九日咕曉重録完

王氏痘疹正疑卷之一　　魏氏種德堂家藏
痘疹總論
蓋今人治痘疹鮮有奏效者何也皆緣不考諸家之旨不明氣
運之理時月寒暄之異形氣盛衰之殊表裡虚實之别又不察
原受毒之多寡凡子在母腹中浸漬血穢所食血穢則蓄成熱
毒已非一日當太陰濕土壅滯君相二火之所作也君火者心
火也相火者龍火也况小兒純陽諸班疹多屬于熱故小溪論
班疹服熱藥之候今東南之人生長于濕熱之地非若北方寒

465 太占瘄科要略

《太占瘄科要略》，上下兩卷。清黄維熊著，鎬京還甫、桂芳天杰參訂，王尊賢校正。黄維熊，字太占，浙江蕭山人。黄鎬京，字還甫，维熊子，撰有《醫學程序》(1901年成書)。《太占瘄科要略》現存清稿本，藏于上海圖書館。《中國中醫古籍總目》未見收載。

本書分上卷“麻瘄要領”及下卷“太占瘄方”，另附麻瘄源流、醫方、驗方三篇。上卷按麻瘄症狀分乾渴、腹熱、咳嗽、有汗、無汗、不透表、鼻乾、鼻涕、噴嚏、發斑屑、吐瀉、吐蟲下蟲、目赤、目閉、牙疳口爛、腹痛、下痢、大小便閉、不食、發喘發搐、瘄疥、沉睡等，并作簡要論述，包括治法、用方。下卷對症下方，論述較爲具體詳盡，如：“瘄後餘毒胃火不散，口中瘡瘰白腐。敗胃毒清火，犀角、鮮生地、黄芩、生甘、連翹、丹皮、銀花、炒梔子、炒柏、薔薇花根。”後附“沈永平痧子源流摘要”，有“痧前三大綱領”“痧後四大壞症”，包括痧後瘶、痧後疳、痧後痢，都附有方藥。又附“鎬京直指醫方”，黄鎬京(還甫)著，以气診、血診、風診、火診分述病證并附醫方，如“風診：外風症類、外風藥類；内風症類，内風藥類；内外風症類，内外風藥類”。最後爲“元吉危症驗方”，黄裳元吉録，輯録有幾十個臨症經驗醫方，如阮濕火、錢小腫、金久痢、沈濕熱、鐘肝厥、吕痰中、張風痙、俞腹痛，先述病證，後附藥方。

本書關于麻瘄病證的論述較爲豐富詳實，并附有大量對症醫方，可供參考。

太占痧科要略　古越黄維熊太占著　男錦京遷甫　杜芳天杰　参訂　王芳賢校正

麻痧要領　上卷

或有問于余曰痧瘄之發也同時人人皆有之豈天道乎抑出于人事乎余曰痧之發也因天行時氣由父母胎毒此本於五臟先天之毒也至于麻瘄亦因天行時氣与傷寒相似自所受邪而及肥爛矣薰於胃府故胃府清潔其發也輕胃府垢濁其發也重此麻瘄發於後天之症也其發面赤咳嗽再及筋紅眼似水淋淋上牙斗紅是其症也總以發表升散為主抑麻瘄之發也本於胃府傳於肺家与肝腎無涉所以用黄連而得効其以諸火皆通於心故也其初發散宜用升麻葛根前胡桔梗薄荷防風荊芥蟬衣粘子蘇葉消食用萊菔子此初發之良藥也切不可用羌活羌活性燥惟雜宮色青難見點方必用之又不可用柴胡柴胡少陽膽經藥也麻瘄自肺胃二經與肝膽無涉若用柴胡將胃火引入少陽痧後防目赤目痛此宜引邪入經也故不用柴胡蓋山查枳殼麥芽乃痧中必用之藥能治小兒牙痛其見點一二日不能退者以其味酸斂痧以表發升散出透為主若出到腳踝斷用山查枳殼苦味走之寒涼太早未見有冰伏之患故黄芩一味不用於見點之初而用於將齊之際丸經云胃府不清則

不一故不要述亦特言其外風初起宜發汗內風久延以養血內外風有表裡合治之

外風症類

風寒　風濕　風熱　風火　風燥　暑風　風溫　風痙　風痹　風痰

風癲　驚風　風瘡　風毒　風痰　真中風　大麻風　歷節風

腎俞風　蹊蝕風　鶴膝風

外風藥類

防風　荊芥　薄荷　前胡　羌活　獨活　紫蘇

葛根　秦艽　杏仁　麻黄　桂枝　升麻　天麻

生甘　連翹　粘子　桑皮　桑葉　桑枝　桑花

木瓜　荷叶　角刺　牙皂　大皂　桔梗　白芷

蒼耳子　藁本　大豆卷　豆辰砂　菊白　地膚子　威靈仙

鉤藤　石菖蒲　蔓荊子　細辛　蛇床子　馬鞭草　石楠葉

紫背浮萍　十大功勞　紫金皮　乳香　沒藥　海桐皮　晚蠶沙

穿山甲　蟬蛻　風茄花　蓁艽　白礬　全蠍　川蝎

466 内府秘授幼科心法

《内府秘授幼科心法》,不分卷,一册。無目録與序跋,亦未注明作者。該鈔本以墨筆抄録,硃筆句讀,并有硃筆夾批數條。首頁鈐方形上海中醫學院圖書館藏書章一枚。每半葉八行,每行最多者二十四字,少則僅數字,凡六十葉,約兩萬字。《中國中醫古籍總目》載録爲清鈔本。現藏于上海中醫藥大學圖書館。

該書係兒科專著,書名雖標明爲“内府秘授”,然古人作書,托名者衆,故不得盡信。詳該書内容,正文以《保嬰論》始,這是一篇以韵文形式寫成的關于幼科證治及幼科各種疾病的總論;後續以望聞問切等診法,傷風、傷寒、驚、疳積、瘧疾、吐瀉、斑疹等疾病,共録歌訣三十餘則;并録《幼科金匱心法十三訣》一篇;最後録十三訣内秘方及諸症方藥,共載方劑近百首,既有歷代所傳幼科常用方劑,亦多作者化裁自創的方劑。

從現存的兒科著作來看,自元代曾世榮采用詩歌體裁著《活幼心書》起,其後歷代醫家大都采用詞賦形式來論述兒科各種疾病的病因病機和診療經驗,有清一朝,達到頂峰。其特點是朗朗上口,易于記誦。該本就是一部采用詩歌體形式的兒科專著,語言簡潔,内容詳備,類似于教科書形式。該書中有一些值得注意之處,如診法中記載“驗五指以辨寒熱”法,在其他同類兒科醫著中比較罕見:“小兒不能言語,驗五指而寒熱可知。中一指冷,積食痘疳;中一指熱,傷風傷寒;五指稍冷,驚風立見。”又,書中所載《幼科金匱心法十三訣》一篇,以歌訣形式記録兒科疾病的診斷證治,有提綱挈領之妙,每句之下都有注解。如《二訣》“口有馬牙板牙症”,著者注“牙床塊突白色,是板牙;有白黑粟米者,名曰馬牙。板牙者,刺出惡血,馬牙者,挑出白點,清夜丹敷之”。該書可供兒科臨床參考。

內府秘授幼科心法

保嬰論

竊惟小兒諸症原病在於胎中禀受各異厚薄不同入門觀色青必驚而白必冷啓關察脉赤乃熱而黑乃凶寒必傷於肺腑熱則蘊於心胸寒能作痛熱極生風夜啼不止皆因孕母驚哭胎驚哭𣪠欠髙乃是胎元不足胎中受寒生下則面色青白而啼哭不乳胎中受热生下鵝口瘡瘍而重舌赤瘤內傷於寒者不吐則瀉外傷於熱者有風

引經報使

- 手少陰心經——黄連 細辛
- 太陰肺經——桔梗 升麻 葱白 白芷
- 厥陰胞絡——柴胡 丹皮
- 太陽小腸——藁本 黄柏
- 陽明大腸——白芷 升麻 石膏
- 少陽三焦——上柴胡連翹 中青皮 下地骨皮
- 足少陰腎經——独活 肉桂 知母 細辛
- 太陰脾經——升麻 蒼术 葛根 白芍
- 厥陰肝經——青皮 柴胡 川芎
- 太陽膀胱——羌活
- 陽明胃經——白芷 升麻 石膏 葛根
- 少陽膽經——柴胡 青皮

467 史氏實法痘疹

《史氏實法痘疹》，不分卷，一册。清史大受著。成書于清嘉慶庚申年（1800）。史大受，字春亭，蘇州人。《吴縣誌》載其有感于古醫書繁簡雜出，故集歷代實效經驗成《史氏實法》八卷、《史氏寒科實法》一卷、《痘疹實法》一卷。《中國中醫古籍總目》載有《史氏實法寒科》《史氏實法婦科》，均係鈔本。是書現存鈔本，藏于上海中醫藥大學圖書館。

書前存自序。正文醫論二十一篇。《嬰孺神色》篇從精神、聲音、目光、面色、五官等方面察元氣盛衰以定痘證。《根窠脚地》篇提出"看痘以根窠爲主"，據根窠頂、根的顔色分爲氣血分與氣血交，以升陽治不分之患，清熱解毒治不交之患。《氣血虚實論》《表裏虚實論》《虚證變實論》《實證變虚論》《虚證似實論》《實證似虚論》等篇專論虚實，認爲虚實轉變多由于藥過，虚證似實表現爲渴與喘，由于生冷寒凉致傷脾胃，津液暴亡而渴，陰氣暴亡而喘，治當審求病因，不可以實爲治，與《張氏醫通》卷十二《嬰兒門下》有關内容類似。《變重變輕看法》篇提出觀察印堂、山根判斷預後。《認六經火》《認五經痘》《認五經證》《五經前後所屬》《頭面部位》《頭面歌括》等篇論痘的形態或其他證狀測臟腑歸經。《諸痘形色總訣》篇根據痘的形態顔色判斷凶吉，并載有四腕痘、五心痘、梅花痘等三十七種難治病證。《諸證論治》篇載有悶痘、報痘、賊痘、痘母及痘發過程中出現的夾斑夾疹、發泡、癢等症狀的治療方法。《解顱》《龜胸背》《變蒸》三篇，亦録自《張氏醫通》。後爲諸方，《小兒痘疹湯劑》載方三十六首，列方歌與藥物，部分有劑量與用法。

本書認爲痘爲胎毒，其邪爲熱毒與火，其發必因風寒驚食、時氣流行等觸動。痘之始終，不外乎氣、血、毒三者之變，實證毒壅氣分，忌補氣，宜疏毒涼解；火搏血分則忌剛燥，宜涼血清熱。治虛證大抵遵陳文中溫補之法，常用木香、丁桂之屬。除内服湯散之劑，還記録了諸多外治法，如治賊痘、痘母時的挑痘之法，結痂後不落的百花膏法，防止愈後落瘢痕的滅瘢救苦散等，對臨床有參考價值。

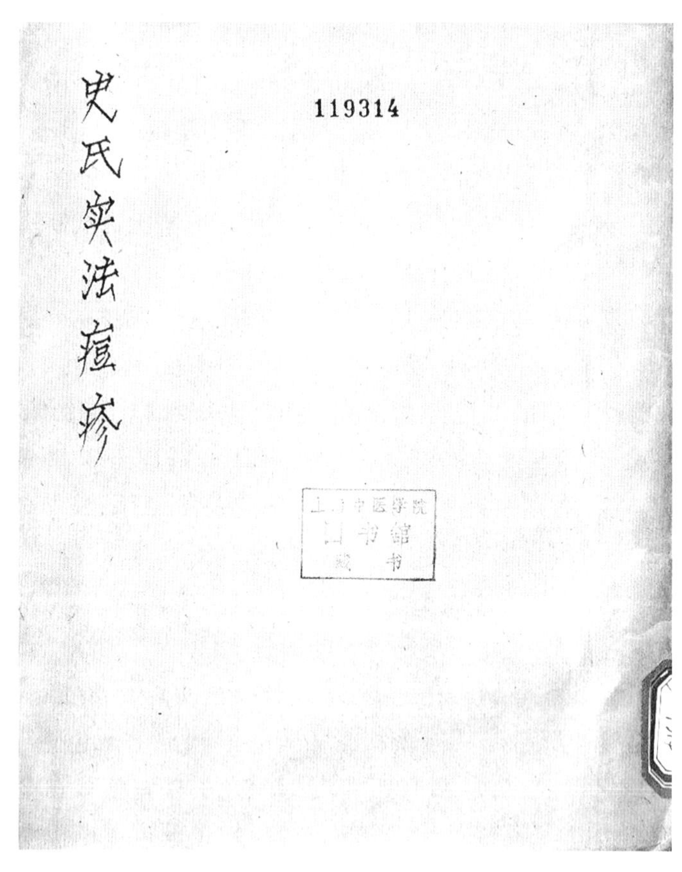

清涼攻毒飲
必勝湯
消斑快毒湯
犀角解毒飲
益氣加減湯
清解飲
解肌透毒飲

史氏實法痘疹全卷

吴中史大受春亭氏著

嬰孺形色

看痘以嬰孺形色為主乃察其精神元氣也凡元氣勝者形色必有神其痘必輕元氣弱者形色必無神其痘必重如形之有神者精神爽健音聲清亮目有神光眠食如常吉之兆也形之無神者精神衰弱音聲低微目無神光眠食改常凶之兆也色之有神者頭面顏色紅白明潤與平日無異吉之兆也色之無神者頭面紅赤或嬌嫩太過或晄白無神或額有青

468 幼幼全書

《幼幼全書》，不分卷，一册。無目録與序跋。書中未注明撰者、抄録者及成書年代。《中國中醫古籍總目》載録爲清鈔本。現藏于上海圖書館。

是本首列《初誕》篇，附保嬰經驗方法，包括“初生不能發聲經驗良法”“斷臍良法”“浴兒法”“乳兒法”“面部辨症要訣”“掌面推法快捷方式須知歌”“三關紋色主病歌”等，主要論述初生嬰兒調護、辨證、診斷及治療方面的内容。後列幼兒諸病證病因病機、症狀、治法及治療方藥，包括幼兒内、外、五官科以及兒科專病等各種病證，如急慢驚風、五遲、五硬、解顱、鶴膝風、痛風、腹痛、痢疾、折傷、湯火傷、痘疹等。并針對嬰幼兒的生理、病理特點，詳細闡述嬰幼兒的調護特點和注意事項、辨證和診斷方法、治療用藥特點等，引用《外臺秘要》《産家要訣》《寶生要法》《顱顖經》《千金論》等著作中的相關論述。如針對嬰兒爲啞科的特點，通過對面部色診辨證、三關紋色辨證，診其病證的寒熱虚實，通過望色、聽聲、問飲食、切脈，辨其五臟病變。如《小兒病原論》篇曰：“蓋望者，鑒貌辨其色也。假如面部，左腮屬肝，右腮屬肺，額屬心。”“肝病則面青，肺病則面白，心病則面赤。”“聞者，聽聲知其症也。假如肝病則聲悲，肺病則聲促，心病則聲雄。”“問者，問病究其原也。假如好食酸則肝病。”“切者，切脈察其病也。”“假如小兒三歲以下有病，須看男左女右手虎口三關。”給藥方法上，不僅有内服法，而且包括外搽、吹鼻、以藥塗母乳頭、滴耳及推拿小兒手掌等。

是本所載幼科諸病證，無論辨證及診斷方法、治療方藥與給藥方法等，均較爲豐富，切合臨床應用，可供臨證參考。

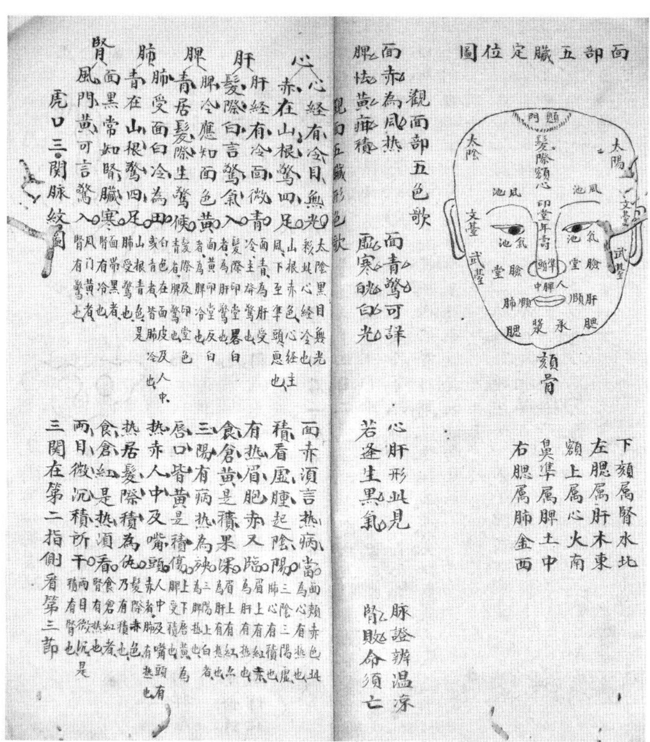

面部五臟定位圖

下頦屬腎水北
左腮屬肝木東
額上屬心火南
鼻準屬脾土中
右腮屬肺金西

觀面部五色歌

面赤為風熱，面青驚可詳，脾怯黃疳積，虛寒㿠白光，心肝形此見，若逢生黑氣，脉證辨溫凉，腎敗命須亡。

觀面五臟形色歌

心：心經有冷目無光，赤在山根驚四足。
肝：肝經有冷面微青，髮際白言驚氣入。
脾：脾冷應知面色黃，青居髮際生驚候。
肺：肺受面白冷為田，青在山根驚四足。
腎：面黑常如腎臟寒，風門黃可言驚入。

虎口三關脉紋圖

面赤須言熱病當，積看虛腫起陰陽，有熱眉胞赤又臨，食倉黃是積為深，三陽有病熱為殃，唇口皆黃是積傷，熱赤人中及嘴頭，熱居髮際積為先，食倉紅是熱須看，兩目微沉積所干。三關在第二指側看第三節。

灵丹十枚一劑生

急驚

夫急驚者，多由小兒氣血怯弱，肌膚軟薄，神氣未備，臟腑未全，在捧抱者愛護，如执玉捧盈之類，不令疎虞可也。若彼掀其惡逆之音，凶猛怪詭之物觸犯，小兒則致而青，口噤，或声嘶而厥，差過則容色如故，良久復作，其身熱面赤，口干引飲，口鼻中氣熱，大小便黃赤色，惺惺不睡，牙関緊急，壯熱涎潮上竄，反張搐搦，顫動唇口，眉眼眨引，頻併，其脉浮數洪緊，蓋熱盛則生痰，痰盛則生風，偶因驚而發耳，此急驚屬于肝木風邪痰熱有餘之症，治宜清凉苦寒，瀉氣之藥，以敗毒散之類及鎮驚治之。

急驚不治症

眼睛翻轉，口中出血，兩足擺跳，肚腹搐動，或神緩而摸体尋衣，或証篤而神昏氣促，噴藥不下，通関不嚏，心中熱痛，大叫者不治。

慢驚

慢驚之候，多因飲食不節，損傷脾胃，以致吐瀉日久，中氣大虛而致發搐，發則無休止時，其身冷，面黃，不渴，口鼻中氣寒，大小便清白，昏睡露睛，目上視，手足瘈瘲，筋脉拘攣，其脉沉遲散緩，蓋脾虛則生風，風盛則筋急，俗云天吊風者，即此候也。此慢驚屬于脾土中氣虛損不足之疾，治宜和中甘溫補氣之劑，以惺脾散之類主之。

慢驚不治症

慢驚四肢厥冷，吐瀉咳嗽，面黯神慘，鵶声胃痛，兩脇動氣，口生白瘡，髮直搖頭，眼睛不轉，涎鳴喘噎，大小便不禁，手足一边牽引者，皆不治。

慢脾風

蓋由慢驚傳次而至，慢驚之後，吐瀉損脾，病傳已極，總歸虛処，惟脾所受，故曰慢脾，又名虛風。其病則面赤額汗，舌短頭低，眼合不開，困睡中搖頭吐舌，頻

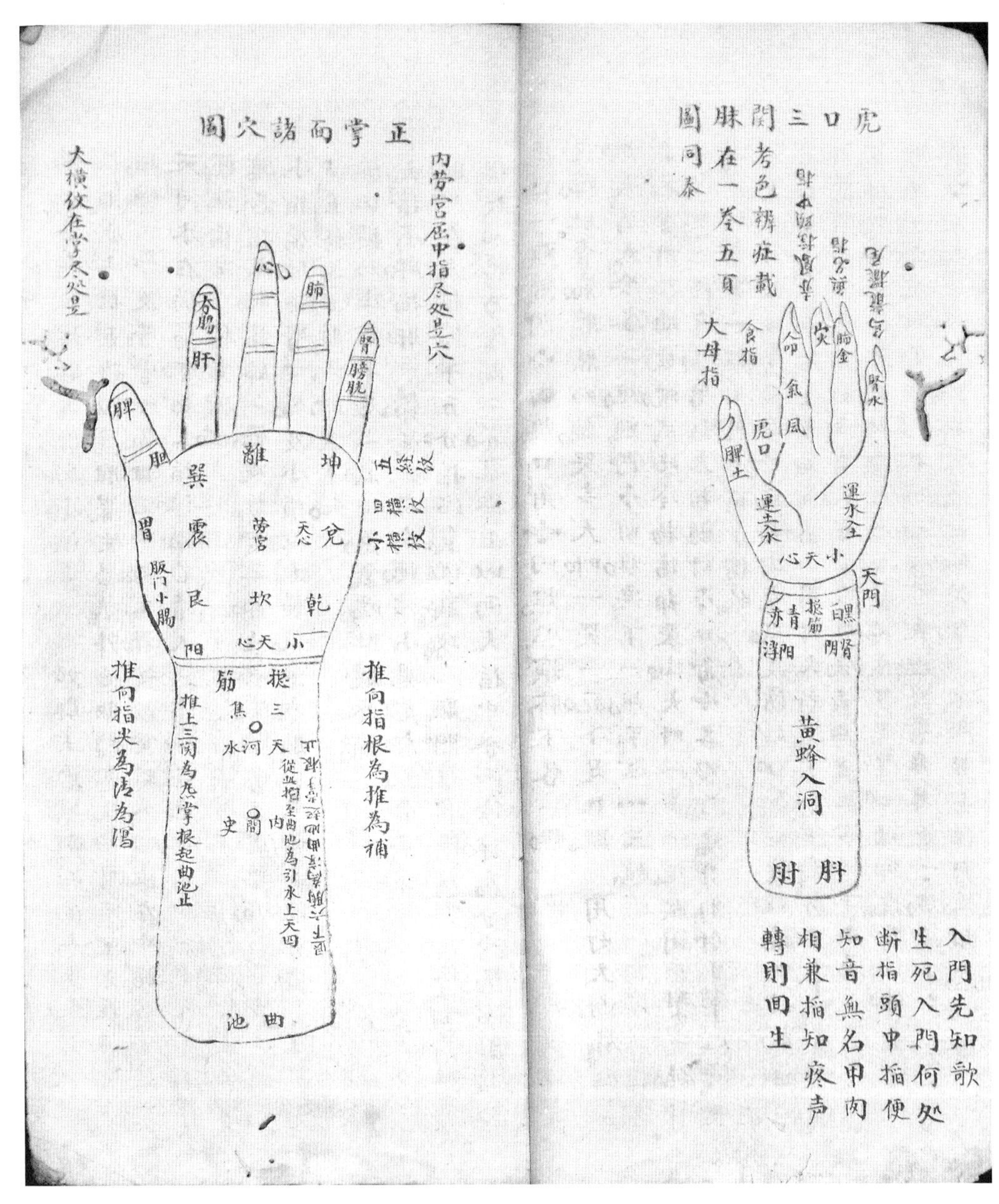
正掌面諸穴圖
內勞宮居中指尽处是穴
大横纹在掌尽处是
推向指尖為清為瀉
推向指根為推為補
推上三関為凉掌根起曲池止
曲池
虎口三関脉在一卷五頁
考色辨症載
圖同
大母指
食指
黄蜂入洞
入門先知歌
生死入門何处
断指頭中指便
知音無名甲肉
相兼掐知疼声
轉則回生

469 幼科分類方案

《幼科分類方案》,不分卷。撰者與成書年代不詳。扉頁題有"沈宗鎬"之名。從字體來看,當係抄者。正文首頁鈐有"陳存仁印"正方形印章一枚。《中國中醫古籍總目》載録爲許雲來(字鶴颺)撰,并標注成書于清代,但書内未查找到撰者信息。現存鈔本,藏于上海中醫藥大學圖書館。

是本論述幼科疾病,首載幼科概論,論述小兒生理特點,認爲小兒"情智未開,意識未啓,故祇有六因之病,而無七情之症",指出與成人患病有所不同,總結小兒病之各種病因及症變多端的特點。專論分述小兒各種常見病證,包括傷食、泄瀉、咳嗽、蟲積腹痛、驚風等二十九證。各病證分别從病因、病機、治則、方藥進行闡述,大多病證還列舉病案數則以備參考。如論泄瀉多因"寒濕困遏脾陽",故當治以"温中散寒,佐以化濕"。又如分析小兒咳嗽"多由風邪而起,但要辨清挾寒挾熱之不同,以采用温中散寒利痰或清熱化痰之不同。若風寒而以風温治之,風温而以風寒治之,勢必輕則變重,重則致死矣",强調不辨病因誤治的嚴重後果。再如傷食一證,稱"用保和湯消滯利氣爲不易之法",并列以保和湯加減治愈的兩則傷食證病案,肯定保和湯爲傷食證主方的地位。篇末附"藥性賦幼科摘要",分列寒性藥、熱性藥、平性藥名稱及功效特點等。如寒性藥可針對五臟的不同亦有專攻,犀角解心熱,羚角清肺熱;又如熱性藥,生薑除胃熱,附子大壯元陽;而平性藥中最具代表的甘草,可調燮陰陽,解百藥之毒。

是本總論小兒的生理病理特點,引用歷代醫家醫論,結合個人見解,論述幼兒各種常見病證,病案多爲作者臨證經驗,是一部内容實用、通俗易懂的兒科專著。病案中既有成功的經驗,也有對判斷失誤病例的總結,對中醫兒科臨床辨證施治有一定參考價值。

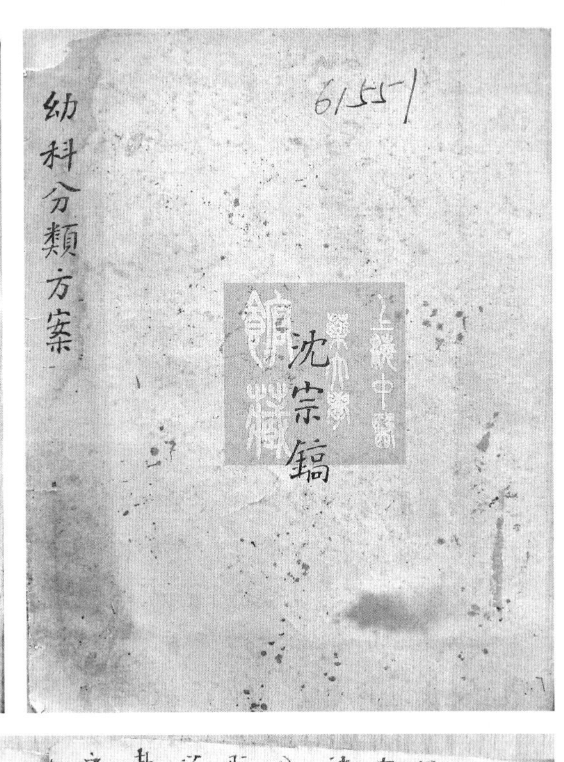
幼科分類方案

沈宗鎬

幼科概論

大凡小兒之病，與成人之病大同小異。蓋成人之病，除感受風寒暑濕燥火六因之外，又有喜怒哀樂悲恐驚之七情。而小兒則情智未開，意識未啟，故祇有六因之病，而無七情之症。其所患各症，全由父母保護失調，或衣褥過厚過薄，致六因之邪乘機而入，或口腹不慎，多食過飽，或貪飲生冷，或狂啖瓜菓，致傷脾胃，症變多端。爰將傷食、泄瀉、欬嗽、瘧疾、痢疾、腫脹及斑疹、痧瘵、丹痘、白痦、急慢驚風等症專論列後，參考而採用之。

傷食

小兒脾胃薄弱，入食稍多，不能運化，遂致作脹而痛，手不可近，甚至嘔吐頻頻，困若萬狀。治之之法，用保和湯消滯利氣，為不易之法。但其中往往有兼症也，有兼外感者，有兼寒濕者，有兼濕熱者。兼外感者，消滯之中佐以解表，解表之中亦有溫表、涼表之分。大抵感受風寒者，宜加溫表，如羌活、白芷、蘇葉、防風之類；感受風溫者，宜加涼表，如桑葉、蘇薄荷、荆芥之類。兼寒濕者，消滯之中佐以溫中化濕；兼濕熱者，消滯之中佐以清熱化濕。上述諸端，苟於臨症之際按法治之，未有不奏效如神也。至多食瓜菓作脹雖痛，須加丁香、肉桂以消之。

保和湯方

萊菔子　焦神曲　焦麥芽　陳枳殼（麩炒）　姜半夏　廣陳皮　雲茯苓　焦山楂　淨連翹（如夾寒濕，連翹宜易厚朴、蒼朮之類）

上方研末為丸，名保和丸，加用白朮，名大安丸。消滯之中兼扶脾土。如兼寒濕，宜加干姜、肉桂以溫中，建澤瀉（車前子）以化濕，名溫中保和湯；如兼濕熱，宜加黃連、黃芩以清熱，木通、滑石以利濕，名清熱保和湯。服上藥後，痛雖下移而仍不止，宜再加大黃、芒硝、麻仁以通大便，所謂通則不痛，不通則痛也。每見無識庸醫，一見硝黃，畏之如虎，而不敢用之，以致誤命者多矣。又有謊誕巫覡，與鄉村婦女，遇傷食腹痛之症，輟曰陰風，不可服藥，服之則風散而死，往往縱以不

470 幼科心法

《幼科心法》，不分卷，一册。不著撰人名氏，1835年奚少能鈔本。書前題“道光十五年乙未歲菊月中浣抄於南村館舍”，并鈐有一“紹謨”印章。現藏于上海中醫藥大學圖書館。

全書按内容可分爲三部分，開篇以歌訣形式敘小兒四診，詳于望、切而略于問診，包括望面色、虎口，聽聲音，察手指、額、耳、鼻、肚皮冷熱，六歲以上小兒驗脈法等；次論述推拿穴位、手法，小兒無患歌及將危斷候；最後記録至聖保命丹、奪命散、青州白丸子等十八首内服外用方劑，并簡要説明其主治功用。

本書除問寒熱、飲食、二便，察耳、足、鼻、肚皮寒熱及書末癩痢頭方、癧子方、桃蝎散、小兒腹脹方四則方劑外，均節録改編自熊應雄《小兒推拿廣意》。熊應雄，字運英，東川（今四川東部）人，清初醫家。《小兒推拿廣意》又稱《幼科推拿廣意》《推拿廣意》，三卷，成書于1676年。本書將《推拿廣意》中“入門察色”“辨小兒五音”“辨色歌”“五指冷熱歌”“看額脈”等部分内容重新編排，將中卷雜病門之後的部分條文亦連綴成歌訣，略去《推拿廣意》的插圖，編《陽掌訣》説明陽掌圖、《運八卦》説明運八卦圖。其餘部分如“手法”“陽掌十八穴”“陰掌九穴”“臂上五穴部位療病訣”“足十三穴位”及各種推拿手法、方劑等衹有文字上的出入，内容并無新意。

幼科心法

面黄食積白脣寒紅赤驚生積熱看最怕眉間
青黑色四時色起也難安聲雄心病肝悲象肺
促腎沉脾慢言胃速膀胱微軟語兩腸大小短
長參晨昏何候畧為爂寒熱重輕何刻間飲食
少多宜冷熱後前便色問須端足中指捏哭能
救虎口青驚白色疳黄色脾分中惡黑驚風多
紫紅傷寒

自古傳浮風沉積當先識外邪左手號人迎氣
口右分主內痰暑濕風寒是外邪內因亂食薫
痰積緊洪無汗是傷寒浮緩傷風有汗液洪大
而浮熱盛風沉而細滑亂薫食軟而細者為疳
更便結實牢乾失血沉緊腹中痛不休沉弦作
喘喉閉急慢驚虛軟癆癡生緊盛風癇發搐掣
緊促之時疹痘形脉如緊數驚風痰虛而有氣
亦為驚弦急須知客忤痰六至平和五至虛四

471 幼科心授

《幼科心授》，不分卷，一册。封面及扉頁題書名。有序，無目録及跋。是書以墨筆抄録，内有朱筆句讀，天頭及行間亦有朱筆注解，然多已淡而不識。蠹蝕嚴重，傷痕斑駁，所幸尚不影響閱讀。共一百零二葉，每半葉九行，每行二十字左右。序末題"乙巳暮春穀雨日儀山遺叟書于章水之濱"字樣。儀山遺叟無考，成書年代亦不詳，《中國中醫古籍總目》載爲清鈔本。現藏于上海中醫藥大學圖書館。

是書以觀形、察脈始，其後從小兒初生至漸長，以時間爲順序，以具體疾病爲類别，各加論述。共載胎病、驚、癎、痙、客忤、天吊、蟲痛等疾病五十餘種，其中于痘病論述最詳，約佔全書三分之一。在每病條下，作者先載論述，繼附經方、驗方及煎服宜忌。除痘病外，每病論述精短，選方亦不過三四則。書後附有用藥大法，以功用分類，載兒醫常用藥物，如"虚則補母，凡補脾藥中加而用之，白茯神、遠志肉、炒酸棗仁"等。

與後世兒科醫書中多載歌訣相似，是書所載觀形、察脈亦是歌訣形式，内容與一般兒科醫書所載雷同。所不同者，唯在于具體疾病的治療上有作者自己的特色。如在每病的診斷上，分男女不同，症狀雖异，而實爲一。試舉"傷寒"一條爲例："男子面黄體重，女人面赤喘急，皆呵欠煩悶，手背熱……是太陽證。"又如慢驚條下"男子以瀉得之爲重，女人以吐得之爲重"等，皆爲作者臨證經驗。又在痘病的論述上，作者認爲其病因是"男女肧胎陽施陰化，稟父母淫欲之火"，見解獨特。

另是書還記載了對小兒初生"穀道無孔"的手術治療方法，"急用金銀玉簪，看其端的處刺穿，以油紙（提手一個然）套住，内服四順清凉飲，免其再合"等。作爲文獻材料，對于古代兒科手術的研究頗有裨益。

人之愛子□□念父母此大共之情也故嬰兒有病為其父母者悽愴憂惧以望救于醫其情懈而至醫者果能以愛子之心而愛人之子視人子之疾病一如己子之疾病審加詳藥必求當則仁者之心也雖然無其心固不可以為醫苟有其心而無其學則欲診詳而藥當其可得乎今兩將以此為田若不敬慎以先事于學業不能精識不能廣即懷仁者之心無所用之内有不疾吾不能為兩免矣勉旃勉旃□□□春穀雨日儀山遺叟書于章水之濱

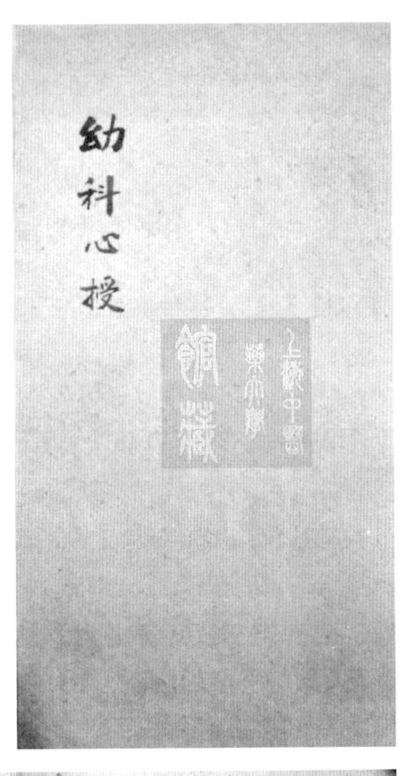

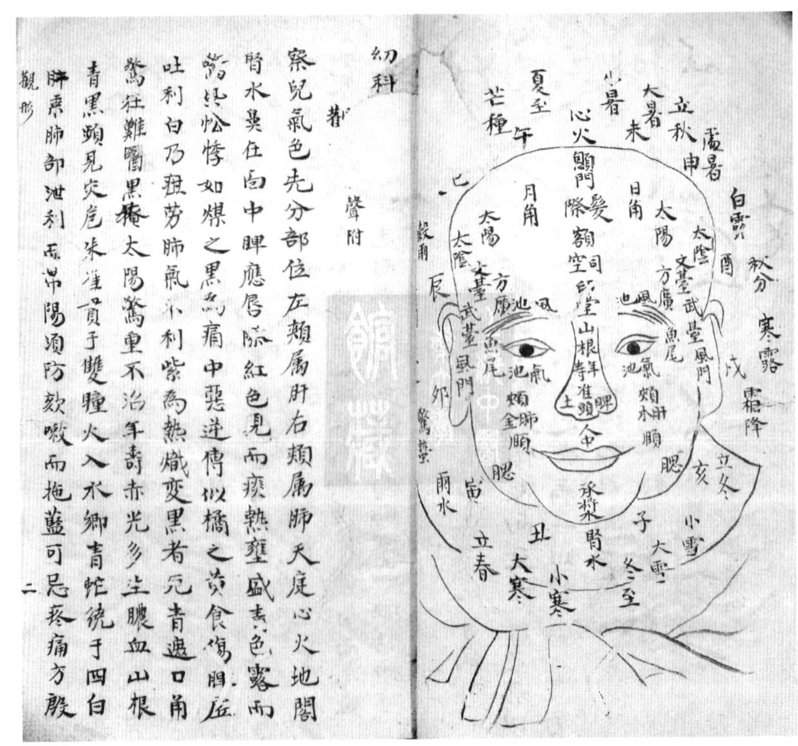
幼科

聲附

察兒氣色先分部位左頰屬肝右頰屬肺天庭心火地閣腎水鼻在面中脾應唇際紅色見而痰熱壅盛青色露而驚悸怔忡如爍之黑為痛中惡逆傳似橘之黃食傷脾症吐利白乃疳勞肺氣不利紫為熱熾變黑者危青遍口角驚狂難醫黑掩太陽驚重不治年壽赤光多生膿血山根青黑頻見災危朱雀貫于雙瞳火入水鄉青蛇繞于四白肝乘肺部泄利不常陽須防欬嗽而拖藍可忌疼痛方殷

觀形

二

472 幼科折衷

《幼科折衷》，上下兩卷，兩册。舊題爲雲間秦昌遇廣野先生著，亦名《幼科雜症折衷》。秦昌遇介紹見本書“026增補病機提要”。《幼科折衷》現存乾隆四年（1739）從溪張楝抄録，民國七年至民國八年（1918–1919）無錫梁溪張惠臣校訂本，每半葉十三行，每行約二十八字，藏于上海圖書館。張惠臣，清末民初無錫梁溪人，當地名中醫，兼任上海大中華橡膠廠股東，與無錫近代望族榮氏家族比鄰而居。

是本首録《面部察色新證》，後附《十二經所屬歌訣》及《五臟五味補瀉》，後爲從溪張楝落款“乾隆四年歲次已未春王二月中浣望日”的序文，再後爲《幼科折衷·凡例》和《目録》，目録最後空白頁記載有“中華民國七年古曆十一月上旬梁溪張惠臣據鴻文堂藏本校”“中華民國八年古曆極月（十二月）十一日借申江朱子琴家藏本校，梁溪張惠臣記”“共計十一萬字左右”三段文字。乾隆戊午（1738）陽月（十月）從溪張楝從其師王先生處得此書，乾隆四年（1739）張楝用三個多月的時間抄録完。民國初年無錫梁溪張惠臣得此書，并先後于民國七年（1918）據鴻文堂藏本、民國八年（1919）據申江朱子琴家藏本校訂，張惠臣氏墨書校記于眉批上，用朱批加圈點及句讀，另有張氏手抄大段校注文字稿紙夾于書中。

該書上卷有《急慢驚風》《疳積》《諸吐》等十八篇；下卷有《積聚》《諸血》《黄疸》等四十三篇，其中下卷篇末，從《脈法》至《運氣總論》爲十三篇醫論或圖表。除此十三篇外，共計兒科臨床病證四十八篇證治。是書每一病證一般先引《内經》之論，再列治法和經典方藥，後列作者對該證的心得體會，其中每多辨析病證變化，并列舉更多對證方藥，其後有的還有補遺、總括、脈法、拾遺等内容，較爲詳盡。

該書摘録歷代兒科論述，并加以折衷指正。秦氏之學以《内經》爲本，兼取錢仲陽、張潔古、李東垣、朱丹溪等大家之學，對兒科諸證所論甚詳，且多有個人的見解和評述。比如驚風一證，秦氏認爲諸醫將驚、風、搐混爲一症不妥，指出“驚生於心，風生於肝，搐始於氣，是爲三症”，并據此提出“驚由痰熱而得，祇可退熱化痰，其驚自止；病在風，風由驚作，祇可利驚化痰，其風自息；病在痰，痰由鬱熱氣滯，祇宜清熱降氣，其痰自化；病在熱，由陰虚陽亢，祇宜瀉胃清金，其熱自除。此爲不治而治也”。這種治病證之源的法則，確係高妙之論。總之，秦氏論醫，注重理法方藥的配合，論醫理治法，絲絲入扣，有據可考，談方藥變化，隨病情而定，切合臨床，誠爲兒科臨證之佳作。

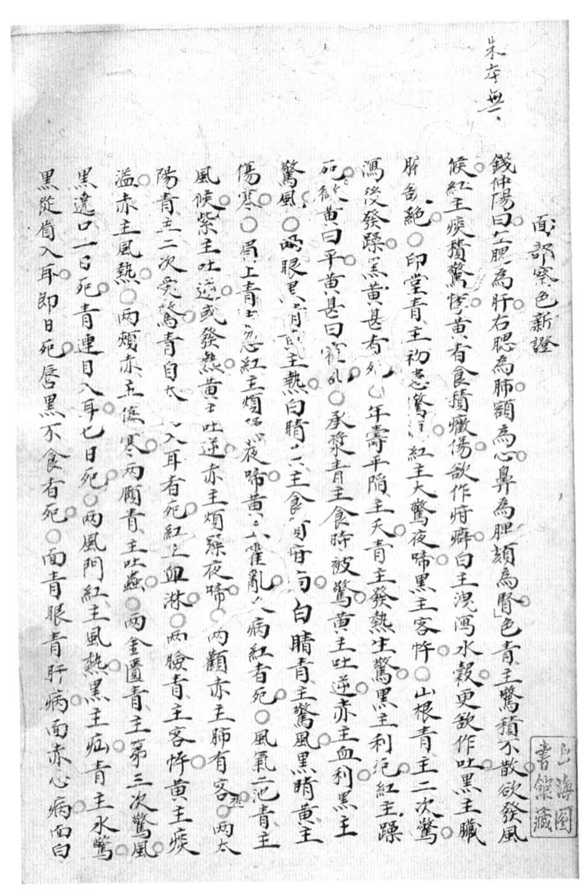

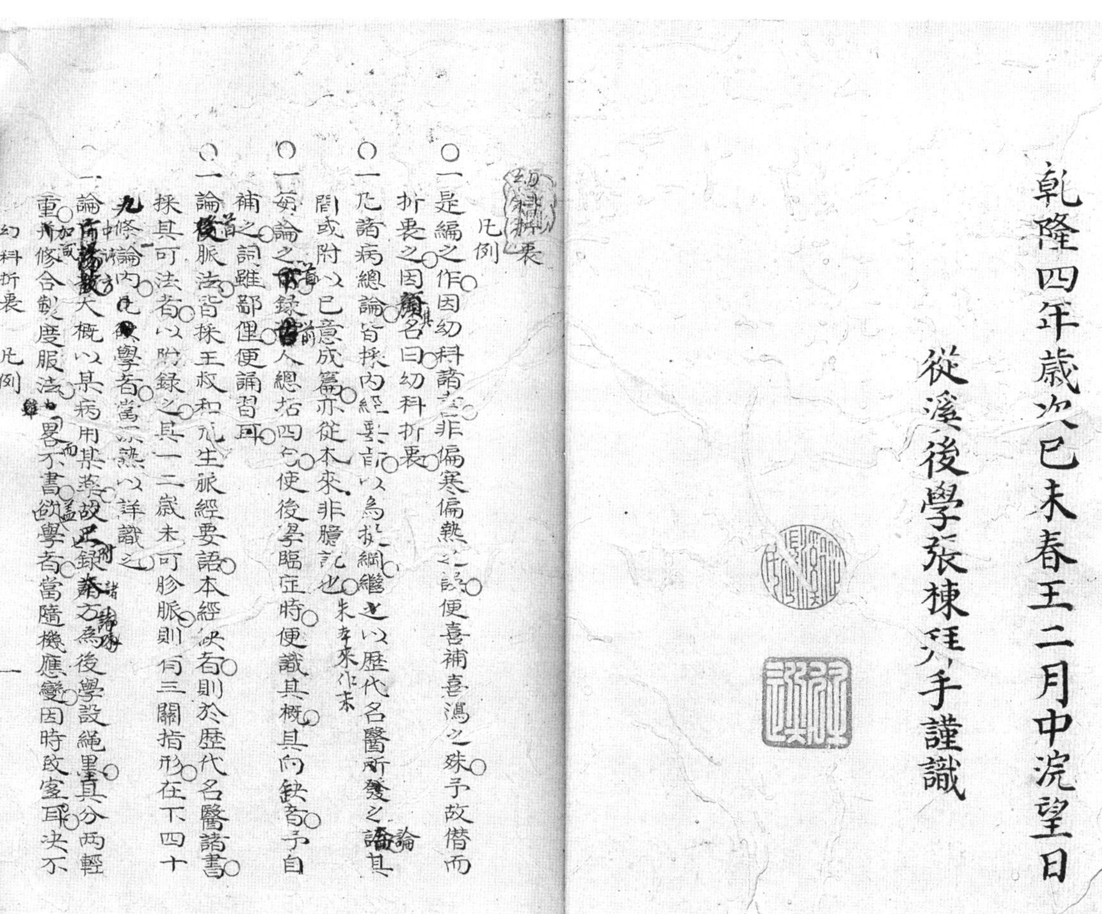

乾隆四年歲次己未春王二月中浣望日

從溪後學張棟廷人手謹識

幼科折衷

凡例

一是編之作因幼科諸書非偏寒偏熱之說便喜補喜瀉之殊予故僭而折衷之因顏名曰幼科折衷

一凡諸病總論皆採内經要語以為提綱繼之以歷代名醫所發之論其間或附以已意成篇亦從本來非臆說也 朱本來作末

一每論之前錄前人總括四句使後學臨症時便識其概其向缺者予自補之詞雖鄙俚便誦習耳

一論後脈法皆採王叔和丸生脈經要語本經缺者則於歷代名醫諸書採其可法者以附錄之其一二歲未可胗脈則有三關指形在下四十九條論内凡學者當熟以詳識之

一論後方藥大概以某病用某藥故只錄奔方為後學設繩墨其分兩輕重加減修合製度服法略不書欲學者當隨機應變因時改宜耳决不

幼科折衷　凡例　一

473 幼科折衷秘傳

《幼科折衷秘傳》，不分卷。不著撰者。卷首有序，尾題"光緒十八年歲次壬辰壯月録，濟世軒雨蓀孟作霖謹序"字樣，可知是書爲光緒十八年(1892)孟作霖録。孟作霖生平無考。據序中稱，孟氏耽于幼科數十載，所見唯《折衷》一書"爲海内罕見"，"奈粤匪亂後，刊板盡廢"，唯有鈔本傳世，後于别處"承借是書，取而玩之，實深感慨"，故録之以濟世。故該本實爲抄録《幼科折衷》而成，較之于今存《幼科折衷》，内容又略有出入。該鈔本還鈐有"作霖"等印章多枚，有些内容已不可識。有目録。現存鈔本，藏于上海中醫藥大學圖書館。《中醫古籍珍稀抄本精選》第十二册收録該本。

全書主要論述幼科諸證，分别列有急慢驚、疳積、諸吐、諸熱、諸瀉、吐瀉、霍亂、瘧疾、痢疾、脱肛、咳嗽、龜胸龜背、傷積、傷食、傷寒、痧疹瘢痘、氣喘、痓證、癇證、積聚、黄疸、諸血、腹痛、頸項强痛、頭痛、胃脘痛、腫脹，共二十七證。卷末附有疳積諸方。書中所論諸證多以《内經》中關于此證的理論爲基礎，結合後世醫家的論説，述其證因脈治，尤對病因的分析較爲詳盡。如"諸吐"證中，《内經》以"火"爲其病因。劉河間認爲"胃膈熱甚則爲嘔"，并進一步根據是否"有物""有聲"，分爲"吐""噦""嘔"三證。其中"吐"爲有物無聲，爲血中之病；"噦"爲有聲無物，爲氣中之病；"嘔"爲有物有聲，爲氣血俱病。其後的醫家學者在前人的基礎上，對"諸吐"證進行了豐富發展，將其分爲冷吐、熱吐、積吐、傷風嗽吐、傷乳吐、蛔蟲吐等。

此書詳于兒科病症的辨證，强調診病之時當結合望聞問切四診以察疾病的表裏虚實、病脈形證、標本緩急、在臟在腑等，言簡意賅，且病情悉備。

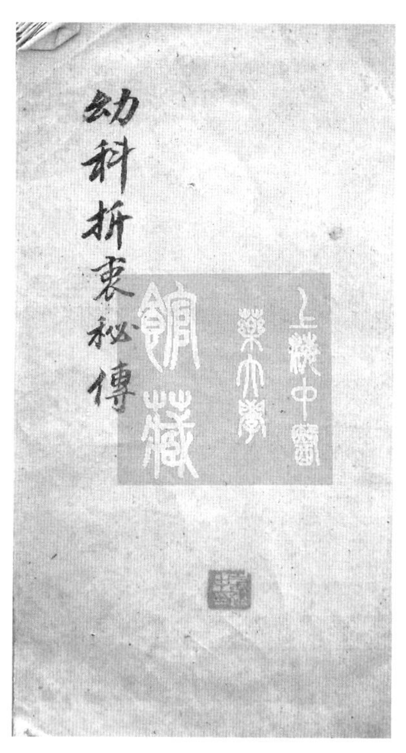

醫之一業擅於岐黃稱為國首夫醫者意也以望聞問切而察其表裏虛實因暑濕風寒而合乎病脉形證孰標孰本宜詳在臟在腑可辨思惟切而病之底蘊可窺用意深而藥之却病必易合而觀之事無偏詖之患折而論之亦有中正之理余觀折衷之書分門

幼科折衷秘傳真本目錄

十二經

心　手少陰之脉　君主之官　神明出焉

心包絡　手厥陰之脉

肝　足厥陰之脉　將軍之官　謀慮出焉

脾　足太陰之脉　倉廩之官　五味出焉

肺　手太陰之脉　相傳之官　治節出焉

腎　足少陰之脉　作強之官　技巧出焉

小腸　手太陽之脉　受盛之官　化物出焉

大腸　手陽明之脉　傳道之官　變化出焉

膽　足少陽之脉　中正之官　決斷出焉

胃　足陽明之脉　倉廩之官　五味出焉

三焦　手少陽之脈　如天地三元之氣也

膀胱　足太陽之脉　津液藏焉　氣化則能出焉

幼科折衷總括秘傳真本

驚　急慢驚辨

內經曰諸風眩掉皆屬於肝風爲百病之長也肝火已熾爲真水未旺心火已炎肺金受制故肝木常有餘而脾土常不足或失于保養或抱于當風或衣衾過厚以致邪實鬱蒸積于心傳于肝再受人物驚觸未發之時卧睡驚跳又有或笑或哭齧齒咬乳鼻額有汗氣促痰鳴忽爾悶絕目竄上視口噤不開手足搐搦此熱盛而然況兼面紅脉數可辨蓋心有熱而肝有風風主

474 幼科推拏秘書

《幼科推拏秘書》，不分卷，一册。有序言，無目録。撰者不詳，抄録者程鈞。《中國中醫古籍總目》載録爲清鈔本。現藏于上海圖書館。

是本主要論述兒科諸病證的診斷與治療，治療上以推拿爲主，方藥爲輔。如序言曰："手分男左女右，病視虚實寒熱。一切驚風，諸般雜症，能按穴而施，依法而行，可隨手取效。"通過觀察小兒形態體貌、面色、指頭，診斷小兒諸病證，如《看指頭定吉凶歌》篇："若逢中指熱，必定是傷寒。中指獨自冷，麻痘正相傳。"認爲風寒、暑濕、傷食、乳傷等病症可用汗吐下之推拿法治療。如治療小兒惡寒發熱及驚風之類外感病症，皆用葱薑泡湯後，以指蘸湯擦鼻兩邊數十次，并由鼻梁山根推上印堂數十次，同時推拿太陽、風池等穴，以達汗出之功效。治療傷食、傷乳之類小兒停積病症，則以右中指插入喉間，按住舌根，令其嘔吐，吐完積食後再行推拿。

是本介紹小兒病症的十種推拿手法，如"水裹撈明月""打馬過天河""黄蜂入洞""赤鳳搖頭""飛經走氣""鳳凰展翅""雙龍擺尾"等。闡述小兒病症推拿常用十二個穴位及其所屬經脈與功效，包括兩太陽穴、耳後穴、肩井穴、奶旁穴、曲尺穴、肚角穴、百蟲穴、膀胱穴等，如肩井穴屬胃經，能出汗，耳後穴屬腎經，能去風等。《男女諸症治法》與《雜症治法》篇論述小兒口渴、口吐白涎、吐乳、咬牙等諸病證的推拿手法，并繪有十三幅人體穴位圖，包括周身前面推拿諸穴之圖與背上穴圖各一幅，頭面五臟諸穴圖八幅，手掌穴圖三幅，詳細解釋各穴位所在人體部位。另外還載有治療小兒驚風、疳積、瀉泄、痢疾、哮喘等病症的二十餘首方藥，包括治嬰黄金散、保命丸、治小兒驚風丹、抱龍丸、保和丸、消積肥兒丸等。如消積肥兒丸，治療小兒五積、面黄肌瘦、飲食少進等症，藥用蘆薈、苡仁、白茯苓、山藥、使君子、神麯、陳皮、銀柴胡、麥芽、炒黄連、枳殼等，全方由健脾消食清熱諸藥配伍而成，現代臨床治療小兒疳積等證時，均可參考應用。

是本對于治療小兒諸證，無論以推拿手法治療，還是以方藥治療，皆切合臨床實際，可供臨證參閲。

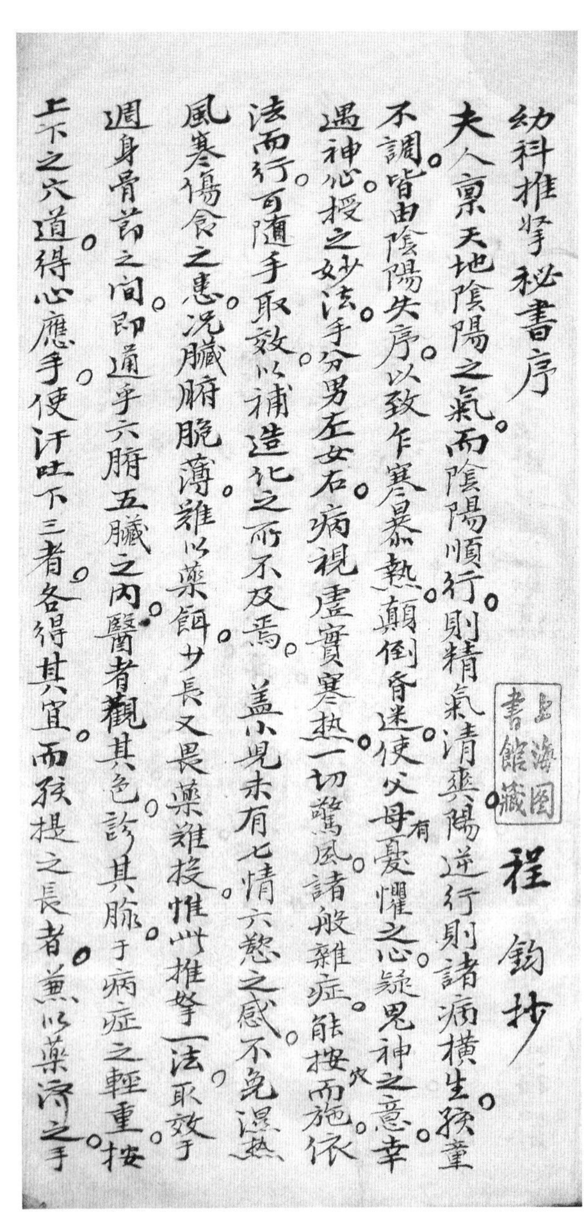

幼科推拿秘書序

程鈞抄

夫人禀天地陰陽之氣。而陰陽順行。則精氣清爽。陽逆行則諸病横生。孩童不調。皆由陰陽失序。以致乍寒暴熱。顛倒昏迷。使父母有憂懼之心。疑鬼神之意。幸遇神心授之妙法。手分男左女右。病視虛實寒热。一切驚風諸般雜症。能按穴而施。依法而行。可隨手取效。以補造化之所不及焉。蓋小兒未有七情六慾之感。不免濕热風寒傷食之患。況臟腑脆薄。雖以藥餌。廾長又畏藥。雖投。惟此推拿一法取效于週身骨節之間。即通乎六腑五臟之内。醫者觀其色。診其脉。于病症之輕重。按上下之六道。得心應手。使汗吐下三者。各得其宜。而孩提之長者。兼以藥濟之。手

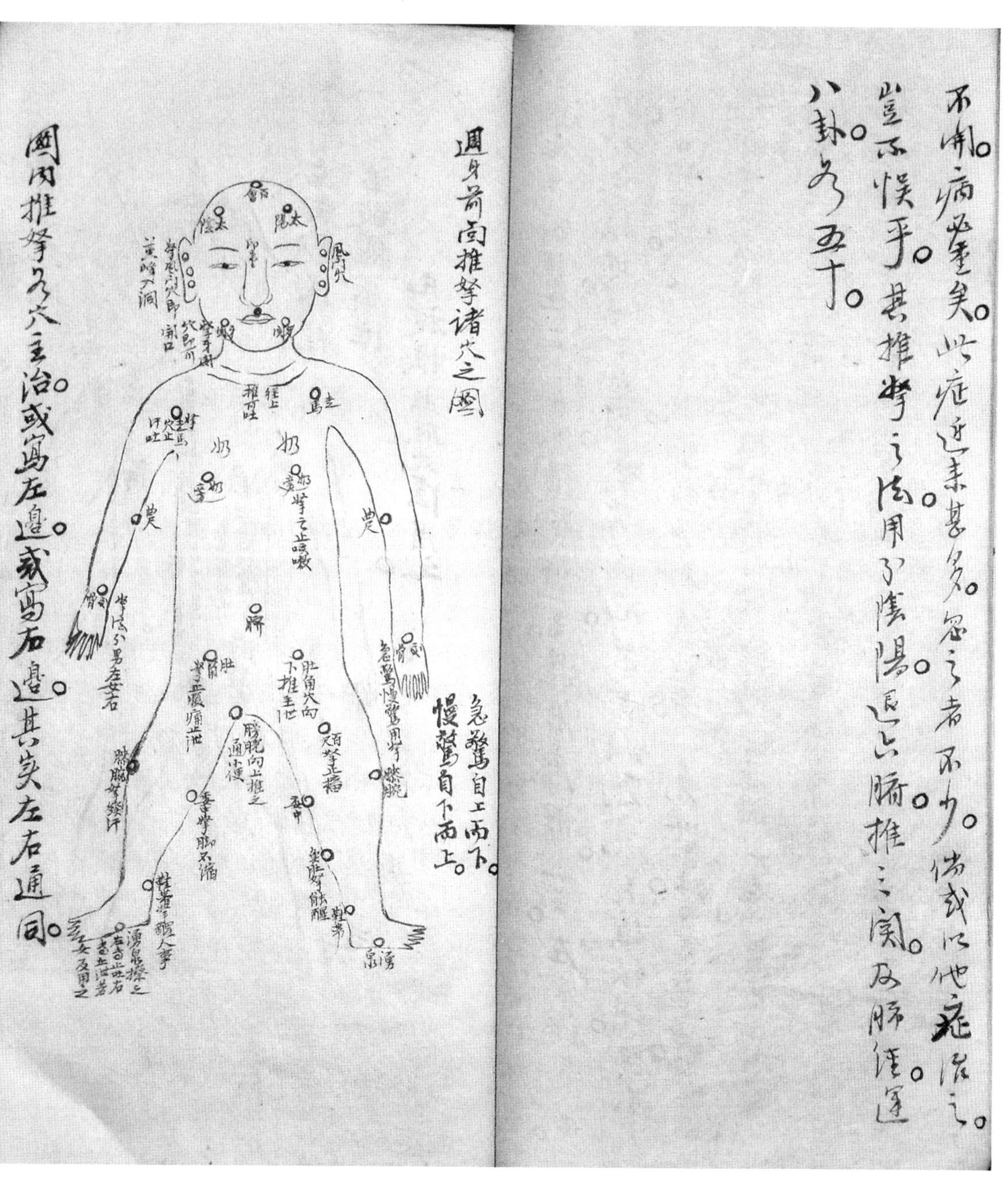

475 幼科醫按

《幼科醫按》，不分卷，一册。有目録，無序跋。撰者不詳，抄録者雨庭。據書中“玄參”避諱作“元參”，宜爲清中後期鈔本。現藏于上海圖書館。《中國中醫古籍總目》未見收載。

是本記載幼科四十七種病症，包括痘、疹、痧、斑、咳嗽、痙厥、吐瀉、臌脹、結胸、耳、目、咽喉、葡萄疫、哮喘、濕熱、暑温、疳、龜背瘄、赤遊丹等内、外、五官各科。記載四百餘則醫案。每則醫案均詳細記載患者的姓氏、住址、病史、治療方藥等，但少有方藥的用法用量、預後、復診等方面内容，雖然簡略，但包括諸病證發生、發展各個階段或各種證型之臨證表現及治療方藥。如《痘》篇，首則醫案爲“朱右，石塔寺，前日發熱隱點數粒，啼吵不安，咳嗽氣粗”等，藥用“牛蒡子、桔梗、甘草、生山楂、僵蠶、防風、炙枇杷葉”。又如“葛左，北門外，一朝漿成三四，加以摩擦，一時嗆咳，大便稀溏，此毒重氣虚”，藥用“沙參、淮山藥、白茯苓、桔梗、炙甘草、扁豆、苡仁、生甘草”等。也有痘症後期醫案，如“周左，七里甸，痘後餘毒泛疤……舌紅、咽紅，大便稀溏”，治以“清解，佐以調中”，藥用“葛根、金銀花、桔梗、陳皮、茯苓、苡仁、連翹、赤芍、荷葉”等。如《吐瀉》篇中，有濕濁乳滯傷中、人小脾胃不調、濕熱乳滯傷中、伏温加乳滯、表裏錯雜質弱等各種不同證型吐瀉諸案，其臨床表現及治療方藥各不相同。如濕濁乳滯傷中所致吐瀉患者臨證表現有“瀉泄，近又嘔吐，温熱不甚，啼吵不安，舌苔白膩”，藥用“葛根、陳皮、通草、茯苓、木香、苡仁、澤瀉、薑皮”等；濕熱乳滯傷中所致吐瀉患者臨證表現有“嘔吐渴飲，苔膩”等，藥用“梔子、豆豉、川連、陳皮、澤瀉、滑石、赤芍、薑皮”等。

是本所載幼科諸病證醫案内容豐富，雖未詳細記載方藥用量用法及預後等方面内容，但其病案均由臨證而來，對于臨證治療兒科諸病證有一定的參考應用價值。

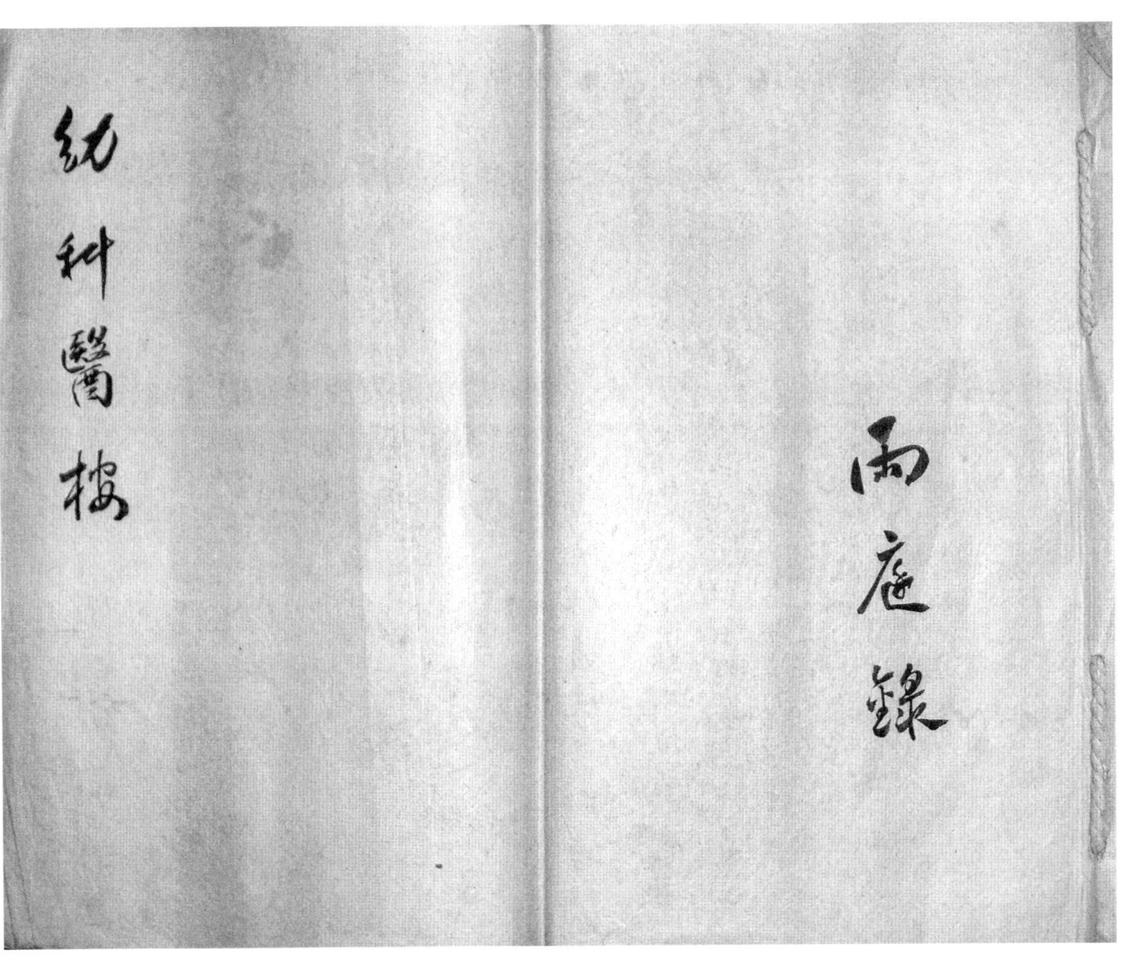

476 幼科醫驗

《幼科醫驗》，上下兩卷。明秦昌遇撰。秦昌遇介紹見本書“026增補病機提要”。《幼科醫驗》存有稿本與鈔本，皆藏于上海中醫藥大學圖書館。《中醫古籍珍稀抄本精選》第十二册收録該本。

是本係稿本，爲秦氏幼科醫案集。卷上除初生雜症外，有胎病、疳積、反胃、泄瀉、外感、瘧疾等十一症，列方二百四十六首；卷下爲咳嗽、痰喘、癇症、眩暈、積聚、結核等二十二症，列方一百八十二首。每病首載症狀，合以病因、病機，間論治法、治則，後列方藥，視病情叙述服藥宜忌。

秦氏診治疾病，隨證化裁，條分縷析，用藥審慎。如卷上《慢驚》與《初生雜症》諸病案，均能剖析得當，言簡意賅，雖寥寥數語，證候、病機、治則盡囊其中，對幼科臨證施治頗多啓迪。

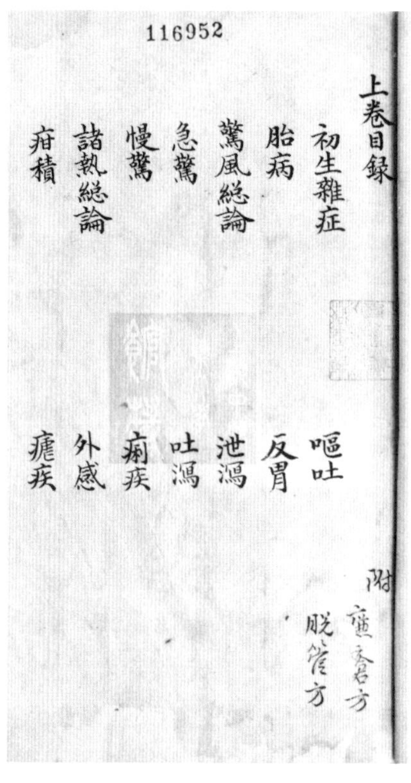

116952

上卷目録

初生雜症
胎病
驚風総論
急驚
慢驚
諸熱総論
疳積
嘔吐
反胃
泄瀉
吐瀉
痢疾
外感
瘧疾

附
癰瘡方
脱管方

幼科醫驗卷上

雲間秦昌遇景明父著

中醫図書聯合目録未載

孫　沅載明父輯藏

初生雜症

一兒十九朝至夜多啼腹中痛漉漉有聲面色紅赤舌腫耳腮口頰撮起如魚吸水此胎熱而兼驚也宜兼治之

鈎藤　川連　連翹　小生地　粉丹皮

赤芍　甘草　燈心　煎一小杯隨服二三匙徐徐下之

清熱解毒為主

新會皮　江枳殼　黄芩　花粉　山梔

川黄連　麦門冬　香茹　甘草

凡治失血症而用陳皮枳殼正以抑其炎上之勢耳

胎病

一兒始生二月遍身發黄更兼壯熱作止有時似乎瘧疾數日後腹大臍突面黄更甚熱勢未減此名胎黄法宜利水道而佐以寬腹助脾之劑乳母亦宜戒氣并服煎劑為妙

九

一兒三四歲疳積久而不愈面黄腹大手足心熱四肢瘦弱服二三十劑未即見効以積症無近功也

陳皮　山查　麦芽　川黄連　銀柴胡
知母　骨皮　白芍

一兒面黄腹大睡中不時啼哭非實有驚也因飲食不節脾胃受傷所致宜和中消食為主

一兒歲許母亡缺乳哺飯太早耗傷元氣面色痿黄身體羸弱又感風寒峻投發散恐有犯虚之戒

柴胡　荆芥　知母　地骨皮　江枳殼

二二

一兒目睛上視哭聲不清手足搐掣但喊哭肚上起塊此名奔豚宜順氣消痰防驚之劑

橘紅　胆星　鈎藤　熟蘓子　桑白皮
黄芩　前胡　枳殼　黒元参　嫩吉梗

第二日後痰涎壅塞啼不出聲舌强不能吮乳已成慢驚遂用赤足蜈蚣一条　蝎尾淨（薄荷湯洗焙乾）　蒲黄末等分白湯送下

一兒十六歲心經有熱睡卧驚惕以天王補心丹加減治之

生地　當歸　茯神　酸棗仁　麦門冬
人参　白芍　元参　肥知母　石菖蒲

一八

477 朱氏痘疹方論

《朱氏痘疹方論》,不分卷,一册。明朱禄、朱師孔編撰。朱禄,京師(今北京)人,隆慶己巳年(1569)時任聖濟殿供事、通政司經歷、文林郎,精于醫術,撰有《朱氏痘科全書》四卷。朱師孔,爲朱禄兄弟或子侄,隆慶己巳年時任禮部教習官,書中自叙其幼承祖業,行醫四十年。是書成于1569年春,無封面、序跋、目録。全書九十葉,每半葉八行,每行二十至三十字,墨筆行書。首頁三方印章,從上至下分别爲“紹興裘氏”“讀有用書樓藏書章”“中華書局圖書館藏書”。現藏于上海辭書出版社圖書館。

本書以專題形式記録,大體分論痘、論疹兩部分。首載痘證,以出痘時日爲綱,症狀爲目,判斷痘疹輕重、用藥法則及預後吉凶。具體包括“議痘名義”“議痘疹名義”“痘疹義解”“治痘規要”“問答痘瘡輕重之由”“驗出痘秘要”六部分,其中“治痘規要”爲重點,記録了“發熱三日形症治法”“痘瘡一日二日三日治法”“痘瘡四日五日六日治法”“用升麻湯辨”等,并附升麻葛根湯、導赤散等方劑二十餘首。後載疹證,包括“驗出疹秘訣”“不藥而全一條”“或用藥而全一條”及治療原則及禁忌。疹證治療原則以保護胃氣爲主,除藥物治療外,亦貫穿着飲食調理以固胃氣的治療思想。“不藥而全一條”認爲對于疹證初起或輕症,衹需調理飲食、忌麵食葷腥,便可不藥而愈。在飲食禁忌方面,亦多次提及在疹證發病時和發病後,都要忌麵食,認爲麵食可助胃火而傷胃氣。本書最後部分論脈,包括“診小兒脈法”“老少异脈”“婦人脈”“治病宜忌脈”。此外,附有五幅描繪痘疹分布的插圖,用于預測吉凶。

本書撰寫除朱禄、朱師孔兩人外,亦有朱氏先賢及子侄之功,書中載“延諸弟子侄,竟日講究先賢之方、祖遺之術,兼以日用常行事宜,各思其長而求之,當以救沉溺,勿苟勿怠”。本書匯集了朱氏家族之醫術,精要簡明。

朱氏痘疹方論

凡出痘必假時行氣候。自南至北。嚴寒之時。忽有暴暖折於盛熱。小兒感之無中發散。或因傳染而得者。夫痘乃乳母懷孕積熱之所致。遇有所感。須假前時而發。五臟各見一証。呵欠、頓悶、煩燥。口渴。夜卧驚悸。手足稍冷。面燥腮赤。身似戰動。重則譫語作搐。口舌俱燥。紋舌咬唇舌。舒昏沉不省人事。此數者皆發証之由。雖有前証。又看其熱。一日至三日見形者。此為上策。熱一日至二日見形者。十全八九。熱一日至一日半見形者。十有二三。熱一日即出者。十有九死。隨熱隨出者。十死無生。此驗痘之輕重也。

痘見形一日至三日。乃心氣用事。用葯乃匀氣利小水。至兩日之後。急退熱。未至三日。須望嚔噴早來。毒氣盡歸皮膚之上。頭面稀少。眼中無者輕。痘瘡雖多顆顆。伶俐。色道鮮明。亦輕。雖用葯不過三五劑。亦收其功。若一日至兩日熱出者。其痘較之比前更多一倍。用葯同前。須多服之。更審稟賦血氣之強弱。亦照前用葯調理。若一日至一日半熱出者。亦看色道如何。不赤不燥。聲音清亮。無咳嗽。身熱早退。更當用葯調理。隨勢隨出者。其証凶危。雖用葯不能收功。

四日至六日乃肝氣用事。若一日至三日熱出者。顏色漸盛。肥滿光澤。不必服葯。若一日至二日。或一日半熱出者。必起發欠充。痘頂上有陷窩。須用養氣血葯治之。若帶紫赤色。無光澤。有痰有嗽。此火毒太盛。雖治而吉凶相兼。

七日至九日乃肺氣用事。乃成膿之日。膿亦漸盛。根下紅色緊附。載膿角下光澤如珠。隱手。聲音洪亮。身比前五六日更熱些。此乃蒸膿之兆。飲食如常。大便固秘。如有此証。不必服葯。須要時常看之。隄防一時氣血不長。須待結痂無他疙此為謹慎之一端也。若有忽然腹鳴放屁。大便頻夜。煩不睡。作癢。聲音漸軟。須用溫中養氣之劑調理

478 朱氏實法幼科

《朱氏實法幼科》，五卷，兩册。清朱廷嘉撰。朱廷嘉，字心柏，平江（今湖南岳陽）人，居江蘇蘇州。弱冠後醉心醫理，讀《素問》《靈樞》《傷寒》及河間、東垣、丹溪諸大家集，略有領悟，隨顧大田習内科三載，嗣從曹雲洲習外科，每有心得，則筆録之。道光二十九年（1849），得友人《史氏實法》一書，以其議論悉合古人精義，諸法畢備，師其意以治重病，常起沉疴，惟其書闕幼科，遂匯録幼科諸書精要，與《史氏實法》合爲《朱氏實法》一書，成于光緒九年（1883）。顧大田，清醫家，江蘇蘇州人，嘗著《利濟堂醫案》。曹雲洲，江蘇吴縣人，精醫，撰有《葉氏醫案存真》。該本無序跋，有目録。現存鈔本，藏于上海中醫藥大學圖書館。

卷一采集諸家要旨，以醫論歌賦形式備述小兒三關紋形主病、諸病生死脈理、諸病治法、面部各屬主病、顱顖論、五邪便記歌、驗病口訣、除胎毒法、變蒸論等三十四篇臨證診治，内容涉及《素問》《難經》《千金方》《聖惠方》《顱顖經》《全嬰方》以及葛洪、錢乙著作。卷二、三輯自《秘傳心法》，載方一百零二首，涉及胎寒熱、臍風、夜啼、驚風、傷積、傷寒、咳嗽、吐瀉、腫脹、五疳、腹痛、疝氣附囊腫偏墜、黄疸、盜汗自汗、諸淋大小便血、解顱、五軟五硬、丹毒等四十餘種幼科病證的臨床診治。卷四輯自《古今醫統》，載方六十七首，列述胎驚、口噤、臍突、客忤、白虎病、中暑、白濁、遺尿、脱肛、龜胸龜背、癧毒腫癤、瘰癧、頭瘡等二十種幼科病證的臨床診治。卷五輯自《沈氏痘瘡心法》，主要説明痘瘡的臨床辨證論治，并附有面部圖一幅。最後附東垣《藥性賦》四首，載藥二百四十八味，分寒、熱、温、平四性載述。

本書以詩、歌、賦形式論述小兒病證的臨床診治，便于理解與記誦，對于藥性與兒科病證的研究有參考價值。

朱氏幼科目次

朱氏實法幼科古今名家秘傳諸書合採

面部總說

素問曰神之變也其華在面視其五色黄赤為熱白為寒青黑為痛此所謂視而可見者也故嬰兒惟察其面部五色以知病源又看目睛有神無神以定吉凶而切脉次之如額上髮際天庭皆屬心火兩顴亦係所主眉稜上下并左臉屬于肝木鼻準屬土唇口兩傍脾之所主右頰屬肺人中乃肺之都下頦屬腎耳輪皆是左目太陽右目太陰各屬五臟之主心赤肝青脾黄肺白腎黑是其五色赤色欲如帛裹朱不

479 朱紫垣痘疹秘要

《朱紫垣痘疹秘要》，不分卷。明楊仙池編。成書于天啓五年(1625)。作者生平不詳。封面書名題爲《痘疹秘要》。無序跋與目録。現存鈔本，藏于上海中醫藥大學圖書館。

本書專論痘疹辨治。首先列述金陵喜氏八卦吉凶、耳紋看法一見吉凶皆知、痘疹忌觸十四氣、治痘總論要訣、發痘先兆辨、形色神彩、發熱三日訣、見點三日訣、起脹三日訣、貫膿三日訣、結靨三日訣、落痂餘毒論、看痘法、火毒傷氣傷血辨、險中之順、順中之逆、看痘心法、預辨眼對不對法、隱悶證辨、觀神察色論、痧痳、部位、原痘、治痘總例、明經辨症、觀面知身、明定日期、痘可先知、辨方對病、六經痘形、識六經火、辨五臟中病等有關痘疹的病證。次列腰痛症、腹痛症、噦嘔症、嗆嗽症、順症、鵄翎症、鷺羽症、亞玉症、猿猴跳鎖症、觀音拂座症、馬馳劍道症、一葦航海症、三仙入洞症、倒掛銀瓶症、霜橋印雪迹症、藕池踏水症、石鼓無鳴症、赤澤載蓮症、破甕澄漿症、逐鹿亡羊症、推車陷雪症、霜逐梧桐症、犯奪天梯症、彈打天鳥症、風燕失巢症、斷橋失渡症、辨紅色、紫焦色、灰滯色、舞唇弄舌、讝語鄭聲、血遊症、失血症、閉症、遲症、發狂症、發癍症、發渴症、發痰症、發癢症、瀉痢症、壞症、魚咂嘴症、托腮症、托毒症法、癰瘤症、痘疔症、虚浮症、實沉症、不包症、不藏症、寒戰咬牙症、反陰症、螘窠蛺蛛痘、補空痘症、泡母症、痛髓症、皮脹症、板黄症、破黄症、虎痘症、鎖項症、鎖口症、鎖唇症、青遮口角症、雲掩天庭症、覆釜症、垂珠症、魚子抱鼻症、蛇殼麩皮症、鐵葉樹皮症、纍黍蠶子症、樹小花多症、吊喉錐心定星三症、雉羽症、托靨症、檮杌症、不治症、痘瘡形辨等痘疹發病時的伴發證候。全書載方九十餘首，附八卦部位舉證、耳紋、面部驗痘吉凶位三幅圖。

本書敘述痘疹的辨證論治非常形象，痘疹的治療既有内服方，又有外用方，并對痘疹的發病及預後進行了詳細描寫，對于兒科痘疹的研究與臨床有參考價值。

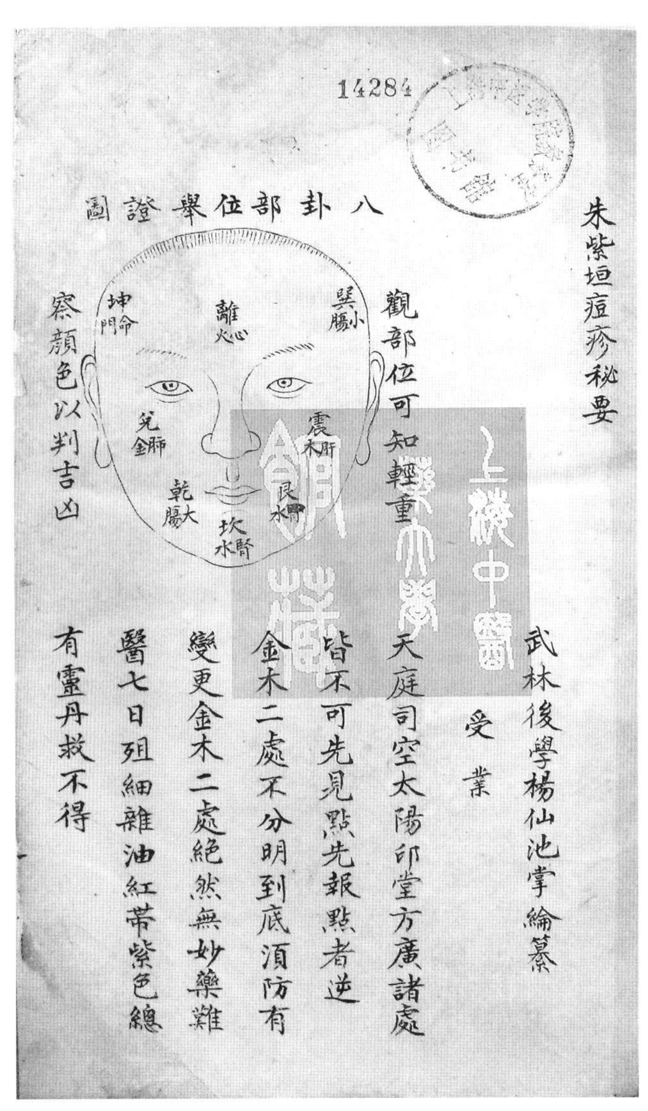

朱紫垣痘疹秘要

武林後學楊仙池掌綸纂

受業

八卦部位舉證圖

觀部位可知輕重

察顔色以判吉凶

天庭司空太陽印堂方廣諸處皆不可先見點先報點者逆金木二處不分明到底須防有變更金木二處絶然無妙藥難醫七日殂細雜油紅帶紫色總有靈丹救不得

金陵喜氏八卦吉凶

乾宮屬大腸稠密背受殃糞門多癢蹋宜服保元湯　乾上先放半輕

坎宮屬腎水稠密陰疔起腎俞似火燒七日歸泉路　坎宮先出多凶

艮宮屬腎經梅花甚不仁若加紫黑色八日落牙根　艮宮報點多凶

震宮屬肝木宜大不宜三如品如串樣十四日歸山　震方先放多吉

巽宮屬小腸稀疎宜帶黄若還梅品赤淋閉還不妨　巽宮先見十死九

離宮屬心火蟻形甚不可四肢不容鍼遍身無你我　離宮先放十分凶

坤宮屬命門生死在其中稠密終不好疎朗亦無凶　坤地先標大吉

兑宮屬肺金更多我不驚若還無空地胷背反相因　兑宮先放大吉

耳紋看法一見吉凶皆知

上心　外肝　内肺　中脾　下腎

耳紋要粗大只一條者或紫或紅俱可忌青黑白色或多而且亂俱不宜筋紋一到耳邊便欲出痘

耳紋圖

歌曰

醫宗齊耳後紅紋止見一條清細可觀主心經帶紫

耳後筋紋淡淡紅疎疎磊磊郤無凶若然紫黑青白色任是軒岐枉費功

色紋枝彎曲者主肝經淡白枝

耳後紅筋只一條又無枝葉上邊高將来必主心經痘頭面稀疎不用焦

多者主脾經色淡稍

耳邊紫黑魚刺形紛紛郤向裏頭行將来必主肝經痘滿身斑黑

尾分一二枝者主肺經亂發柯

八朝冥

耳後蒼筋痘主稀頭大尾尖人不知將来必主肺經痘向外排行

枝交錯而帶黑色者

數更奇

主腎經總之向上者

耳邊淡白亂如麻紛紛俱往外頭爬將来必主脾經痘形如蠶種

吉向下者凶多紋而斷者不治

七朝嗟

痘瘮忌觸十四氣

腋下狐臭氣溝渠濁惡氣房中淫液氣婦人經候氣諸般血腥氣

酒醉葷腥氣硫黄毒藥氣麝香臊穢氣疫汗蒸濕氣誤燒頭髮氣

魚骨腥臭氣葱蒜韮薤氣烹煎油膩氣坑厠尿糞氣

治痘總論要訣　痘瘮外感辨

夫痘之發與外感不同雜證只在一經痘則五臓之證俱見古云似傷寒者亦大概也寒由外入痘自裏出故惡寒無汗頭痛脊强左頰青紋面色慘而不舒此傷寒之所有而痘瘡之所無也兩眼含淚鼻氣出粗睡中微驚耳紋現惡熱不惡寒此痘證之所有而傷寒之所無也

發痘先兆辨

凡初熱時睡中微悸鼻中氣出甚粗斯二者僅可作痘證驗有云

480 全幼心鑑

《全幼心鑑》，不分卷，一函四册。未著撰者。内封題“全幼金鑑”，卷首題“全幼心鑑”。卷首有兩枚印章“靈巖山館藏書”“中國科學院圖書館藏”。靈巖山館位于蘇州靈巖山，是清代狀元、湖廣總督畢沅别墅，建于乾隆五十四年（1784）。《中國中醫古籍總目》載録爲清鈔本。現藏于中國科學院上海生命科學信息中心生命科學圖書館。

是書無目録，大體可以分爲四個部分：第一部分關于醫德，有《戒醫士用好心勸病家用好醫》《醫守十全三德》《爲醫先去貪嗔》等。第二部分關于藥物服法用法，有《六甲合藥吉日》《要安服藥吉日》《六甲服藥吉日》《炮製法》《用藥法》《服藥法》《灌藥服藥法》《不可服涼藥》《不可服熱藥》《論腦麝粉巴硝不可輕用》《議金銀薄荷》《煉蜜法》《修合和藥法》等。第三部分是關于五臟和氣血的論述，有《五臟標本》《血氣論》。第四部分是書的主體部分，主要論述兒科的生理、診斷、辨證、護養等，采用論述、歌訣、圖文結合等形式。有《小兒初受氣論》《小兒脈總論》《聯珠論》《小兒眼中神法》《小兒胎稟説》《問證》《通變》《五臟面部病證》《小兒無恙歌》等。歌訣有《小兒初誕歌》《乳子歌》《八蒸歌》《小兒變蒸歌》等。圖文結合的章節有《變蒸證候唇口形狀》《面部之圖》《五臟受病圖》等。是書對兒科臨床有一定的參考價值。

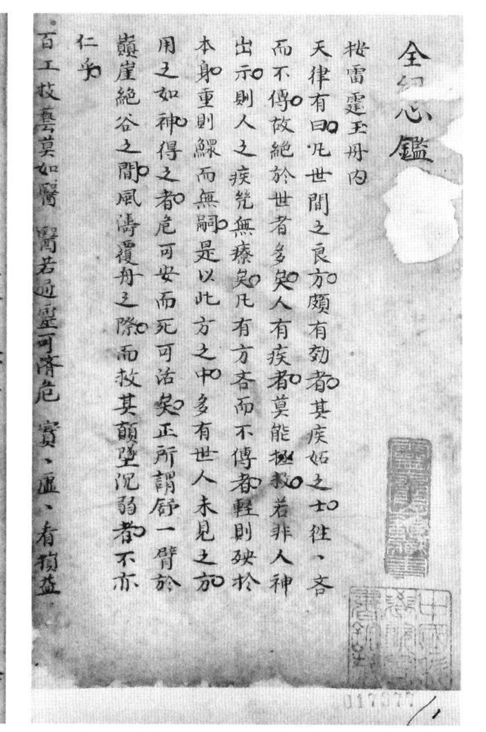

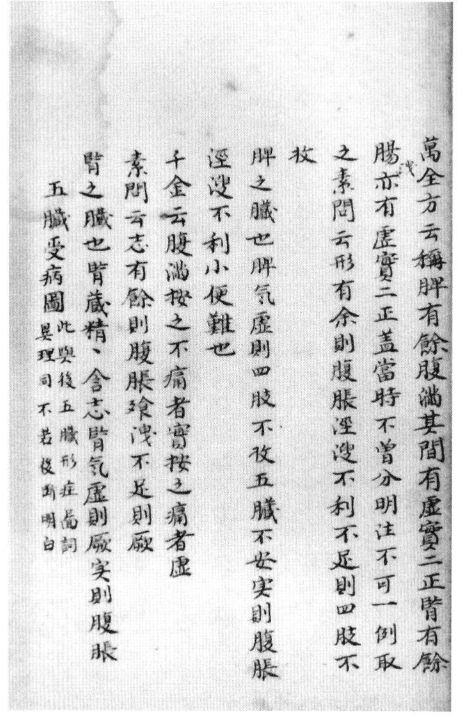

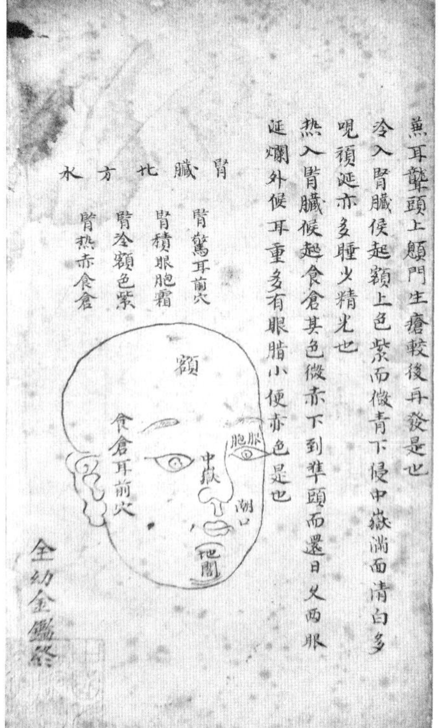

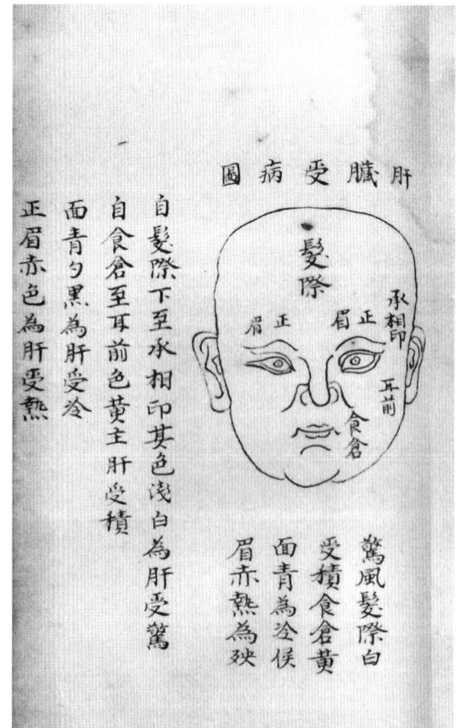

481 危惡典言

《危惡典言》，不分卷，一册。清汪廉夫撰。汪廉夫，新安人，生卒年月不詳。成書于雍正壬子年(1732)。黄芹圃抄，抄寫年代不詳。現存鈔本，藏于中華醫學會上海分會圖書館。

此書爲痘疹專著，主要論述痘疹危惡之證，書前自序云："是書也，惟以危惡之證而採録之。"正文開篇云："痘之惡者，速治難痊，余急博採群書，以痘之危惡者纂爲是篇。"全書無目録。首引各家之言辨論痘疹。提出治痘要看熱之輕重，辨表裹虚實、氣血盛衰，以及長養宜内托，貫漿宜大補，收靨宜滲利，落痂宜清凉，有雜症宜屏除的治療法則。駁斥痘疹爲胎毒之説，認爲胎毒可發爲瘡疾、丹瘤之類，與痘疹不同。反對時人見痘已發未發即用升麻葛根湯，認爲痘疹由毒火所致者，應以解毒瀉火爲要，内托消毒爲本。次述經脈穴位總會、膻中、乳下、涌泉等處不宜生痘疹，重點論述痘疹變證，列諸穴不宜生毒生疔，五臟六腑火盛變證，痘毒侵入臟腑變證，毒火入氣分、血分變證以及五臟所主變證等。後詳述發熱三朝危證，報痘三朝死證，貫漿三朝危證，結靨落痂危證及婦人痘疹證治。末辨痘疹危證、死證、順逆吉凶及其兼證，主張對痘疹各期症狀與兼證辨證論治，對症下藥。并載十神解毒湯方、龍虎丹、清地飲、斬疔散、解斑飲、急救湯等五十首治痘方，詳載方藥組成、主治功效、服用方法、隨證加減等。

是書博采群書，内容豐富，論述痘疹危證、惡證，辨證精確，所載方藥隨證加減，均爲經驗用方，可供臨證參閲。

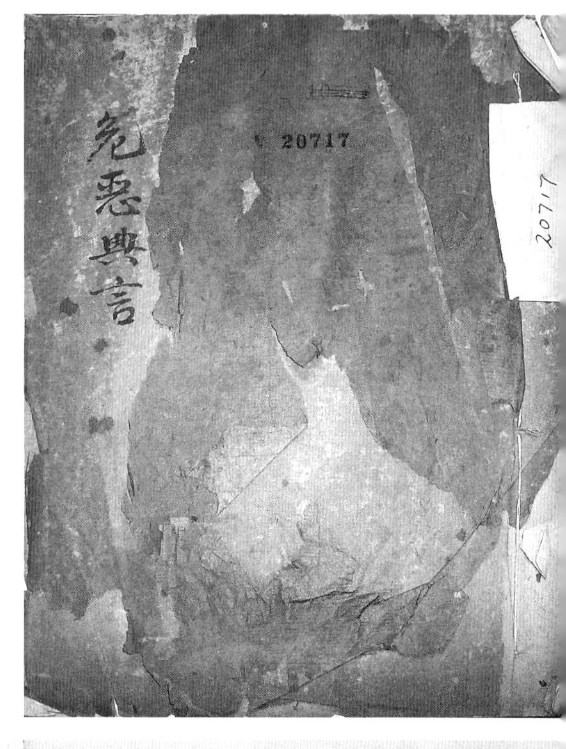

危惡典言序

余觀夫痘症一途吉者如王道平平治固善不治亦善也故世之人所以有天花痘之名焉若夫凶者如臨深淵如履薄冰不亦危乎且剝膚之憂切近災也不亦惡乎當今庸妄之醫誰有其可治不可治之識誰具其不可治而可治之術惟有其可治而使之不可治之法而已倘危症一至惡病一生漠然無措束手待斃矣嗚呼醫之所重者重其有起死回生之術也今若此何貴乎司命為哉余憫其世所以有是篇之作也是書也惟以危惡之症而採錄之或一句可以典型即書之或數句可以為嘉言即取之或數十句可以為成法可以為師資者急記之故危症惡症是篇可為全備無遺矣又附方五十法以備按病而用神而明之存乎其人亦不為少矣能熟是篇者論病症若燭照數計之明矣識症既明用藥奏功易于拾芥操券而獲耳人所以裁成天地之道輔相天地之宜以補造化之所不及者不有賴于是書哉且宇宙無枉死之赤子者不重賴良醫之幸生哉故是書也其危惡之症記之於心而知某症為□某症為惡足為前車之戒臨症洞然則用藥如應響矣此當寶之而不失秘之而不傳焉

時

雍正壬子歲季冬月新安汪廉夫著

危惡典言

黃芹圃抄

新安汪廉夫纂

痘者豆也蓋其形象豆故以痘名之焉是以豆尚其圓淨為美者而痘亦以圓淨為貴豆尚其滿足為重者而痘亦以肥滿為珍使痘之形細小碎雜豆之色暗晦臭爛則世之人稱為敗豆而痘之形色亦然者則世之醫亦稱為危瘟〔症〕是以肖乎其形則吉反乎其象則凶余悟其意所以痘之美者勿藥有喜而痘之惡者速治難痊余急博採群書以痘之危惡者篡為是篇雖不分門別類然錄其言之精粹者可足為典型也熟此者臨症洞然畢照雖危惡之症千形萬狀然莫能逃此冊之所載耳其全

482 吴氏痘科秘本

《吴氏痘科秘本》，五卷，三册。卷一、二、三、五爲清代醫家余彦編，卷四爲清代醫家鲁顕輯。有目録以及序言兩篇。據序言可知是本由一素不相識之老人贈予程雲鵬，余彦據以編纂此書。程雲鵬（1585–約1670），字鳳雛，號香夢書生，歙縣（今屬安徽）人，明末清初醫家，由其門人編撰的《慈幼筏》（又名《慈幼秘書》《慈幼新書》），係采集翟良《類編釋意》與《吴氏痘科秘本》之要，并匯其祖藏醫方而成。現存鈔本，藏于上海圖書館。

是本分"總論及痘證發展各階段口訣""藥性""秘方""挑撥痘疔法""諸痘奇效方"五卷。卷一共七篇，分别爲《總論凡三十三條》《發熱三日口訣》《見點三日口訣》《起脹三日口訣》《貫膿三日口訣》《結靨三日口訣》《落痂餘毒口訣》，論述痘疹的症狀、辨證、預後等方面内容，提出"看痘必先看元氣""善治必求本"，認爲治痘當以元氣有無判其預後，當以顧護元氣爲先；由發熱輕重辨其痘輕痘重，由發熱時間辨其症情逆順，認爲發熱三四日後身凉痘出爲正。治療方面，論述了升麻、葛根、前胡、紫蘇、麻黄、羌活、丹皮、生地、玄參等五十餘種治療痘疹常用藥物的歸經及功效等，并列有東垣救苦丹、滿天秋、鬼見愁、一丸春等内服方藥以及玉紅膏、拔毒膏、太乙膏、當歸膏等外用膏藥等五十餘首治療秘方。卷二列《藥性總言》《藥性便覽》兩篇，另附《程鳳雛先生治法》《發熱三日》《見點三日》《起發三日》《貫膿三日》《結靨三日》六篇。《藥性便覽》篇中論述五十餘種痘疹常用藥物的歸經、功效、用量用法及使用注意等方面内容。卷三爲《秘方備用目録》，列五十餘首治療痘疹的方劑，如東垣救苦丹、滿天秋、賽春雷、熱見愁等，包括其功效、用法、藥物組成、炮製法、煎服法及使用宜忌等内容。卷四爲《秘授挑撥痘疔法并方》，論述癍、疔、痘等症的症狀、挑撥法及治療方藥等。卷五爲《諸疽奇效方論大略》，列治療諸疽通用方八首，如蠟礬丸、内托千金散、替針散等，并論述人面疽、眉疽、腦後疽、天疽等自頭至足惡疽三十七症的症狀、病因病機、治療方藥或針灸療法等。

是本在理論和臨床實踐上對痘疹的治療均有一定的參考價值，不僅詳細論述痘疹的辨證、治療及預後等，而且對癍、疔、疥癬、惡疽等症的症狀、病因病機及治療等均有較爲詳盡的論述，可爲臨證參考。

序

醫可以生人可以殺人所繫尤重故世子拜醫重之至也切脉之際沉微弦緊之小差投藥之間表裏汗下之小誤則不復有再生之理此世之所通患然亦在所未暇論若夫嬰兒症治則又難之至者近之良醫莫不憑於望問聞切嬰兒在襁褓中望其氣色則不能詳問其病緣則不能對無聲可聞無脉可切欲求對症發藥不

本以繼承父志免失其傳焉倘予後日稍有餘力即重刻鐫訂廣行海宇是所願也而當世之仁人義士有志濟衆者又何難取爾底本授諸剞劂以徧應四方同好之求哉

乾隆癸丑歲秋月歙婺汪鍾權識

吴氏痘科秘本目録

卷一

吴氏痘科秘本卷一

山陰余彦濬菴甫編刊

總論凡三十三條

人自少而壯壯而老誰免於痘痘神瘡也痘之毒百骸五臟賅而存焉其原根精血之初而成於淫火男女構形非火不舉慾熾則火毒遂中於其中猶天地沴氣隨物而着不可得而測焉者毒既内蘊發必待時火就燥之義也

483 吴氏痘症秘方

《吴氏痘症秘方》,不分卷,一册。不著撰者。無序跋與目録。首頁有"古吴南園寄客録藏"字樣。末頁有"吴中後學朱世頤録"字樣,朱世頤生平不詳。《中國中醫古籍總目》載録爲清鈔本。現藏于上海中醫藥大學圖書館。

該書將痘症的發病過程分爲十二朝,每一朝都依次敘述痘症的發病癥狀、治法、方藥及對兼症的加減用藥。如七朝的症狀描述:漿清平塌,元氣漸虧,當此險關,毒未運振,治法宜進清補托毒爲主。選用方藥:生西洋參、製蠶、紫茸、廣皮、生黄芪皮、角針、丹皮、吉梗、二原生地、川貝、生草、白米、生公鷄頭、銀花;兼症的加減用藥:如血虚頂陷者,或加川芎七分,酒炒。全書輯録痘疹方劑有七汁飲、鮮鱗攻毒湯、棗變百祥丸、参坎湯、珠黄散、三豆飲共六首。

該書論述痘症的發展過程簡單明瞭、條理清晰,并對描述痘症症狀的文字都加上句讀,便于閲讀,但每一朝主要藥物的用量未提及。

吳氏痘症秘方

初朝　古吳南園寄客録藏

壯熱三日口渴驚搐肌間痘點初見隱隱未出膚毒火壅遏當以鮮肌清透使其發出

暹犀角　葛根　赤芍　小青皮

荆芥　連翹　蟬衣　查炭

牛蒡子　紫草　吉梗

鮮蘆根　茆柴根　鮮筍尖

如大便秘結神識不清加生軍酒拌後下每歲五分

如神昏譫語少嚏用紫雪丹四五分　蘆根湯調下

如嘔噁多加鮮石菖蒲汁少至七小匙多至一丸超

如夾斑用板藍根三錢　生玳瑁三錢

如神昏見悶象用當門子三厘研細摻入臍中外將水安息五分作膏藥貼之用絹扎好俟痘發出去之

鵓鴿肚兜法

白鵓鴿一只悶殺帶毛當腹剖開不落水取去腸襍將雄黃一錢麝香一錢納入鵓鴿腹中乘熱合小兒臍上將絹扎好俟

如餘火盛口臭者川石斛易金石斛加黃柏　知母　生穀芽　麥冬易天冬亦可用

如嗆甚者亦有加桑白皮　地骨皮　生米仁之類矣

吳中後學朱世頤録

484 删定痘疹神應心書全集

《删定痘疹神應心書全集》，不分卷，一册。兵可封裁定，裴庶論述，譚應夢删定。每半葉九行，行二十字，單魚尾，四周雙邊，紅格。書成于明正統壬戌年(1442)，萬曆二十九年(1601)譚應夢删繁補闕，定名爲《痘疹神應心書》。兵可封，字汝禮，號柳樊，生卒年代不詳，貴溪(今屬江西)人，《古今圖書集成》引《貴溪縣誌》載其"歷官國子監典簿，博覽群書，通天文，尤精黄帝《素問》，與人切太素脈，談休咎，終身不爽，著有醫書及經驗奇方，多出自創"。丹波元胤《醫籍考》載是書作者爲柳樊邱，《中國醫籍大辭典》載作者爲柳樊立，并誤。現存鈔本，藏于上海中醫藥大學圖書館。

是書分爲議論門及治法門兩部分。議論門存天元秘論、握機要論、權衡論、標本精微論、陰陽大紀論、元根不息論、觀色全神論、氣色通神論、三境天真論、六賊戕元論、九候通元論、脈法元宗論、生物大論、伏精馭氣論、沖陽緒論、齊氣變論、乘除元化論、神櫃定命論、補罅餘論、真似宜辨論二十篇醫論。治法門先按照痘疹各期分别論述發熱、初出、出齊、起發、行漿、漿足、回水、收靨、結痂、還元的病機及治法方藥，後又列痘外旁證、頂陷、倒陷、陽毒、壅毒、疔毒等痘中雜症及危重症的治法。

是書認爲痘發責之于相火，治痘需辨明生意，氣尊血分者爲吉，毒參陽位者爲凶。診斷上以痘疹的形態顔色爲主要依據，亦當參以脈診，顔色以濃淡淺深分爲如蚚血、如猪肝、如朱砂、如胭脂四端，前二者重，不可救，後二者輕，猶可活。治法上以七日爲界，分兩階段，認爲七日之前爲陽之道，不可用熱劑，七日以後爲陰之道，不可用凉劑。反對不分階段妄用木香散、异功散等温補之藥，反對用燥土之法，如六君子湯之類。主張"氣宜尊於血分"，故重補肺氣，方用九味神功散及保元湯，兩方均以人參、黄芪爲君藥。書中還對痘疹兼症病機作了分析，如認爲癢因血方流行、寒氣外束滯于皮毛而成，并非因虛導致。《六氣泴元論》中提出六不治，即初出勇壯者、出如蠶種者、隨出隨沒者、如蚊咬、氣血相失者及倒出者等六不治。

是書論醫理多用比喻，載方則求效驗，對于作者（譚起岩）之子親試效驗的方劑，如九味神功散及紫草茸，論述甚詳。但論預後轉歸多三日五日之説，過于刻板，辨别麻疹、痘疹則據數術推理，更是甚不可靠。文中提到麻疹可多次發病，恐此麻疹與後世所指麻疹有别。

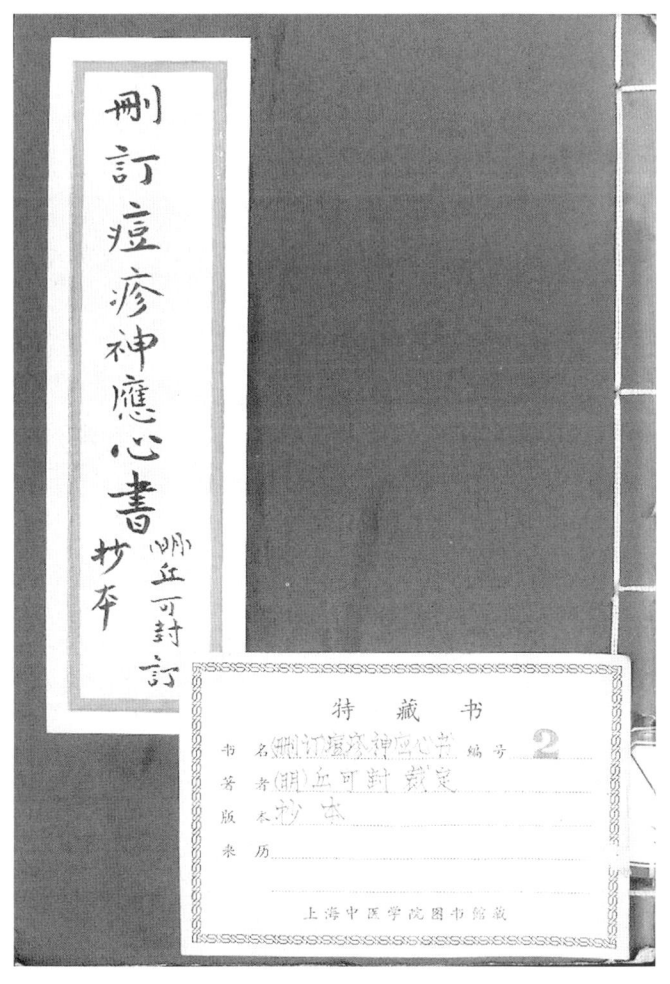

刪定痘疹神應心書全集

貴溪柳樊　兵可封　裁定
南雄門生　裴　賡　論述
汲水起岩　譚應夢　刪訂

議論門

天元秘論

男女搆精萬物化生還歸右腎是為命門動而生陽在地為火故地二生火有質之始是謂太素始有形質根于相火疹也者相火之所為也古之胎毒又云

485 邵氏妙賽群醫

《邵氏妙賽群醫》,不分卷,一册。宋鏞抄寫,約成書于明萬曆四年(1576)。宋鏞,明末清初醫家,字杏莊,江西九江人。因得邵氏之傳,術益精,名噪京師,尤精于痘疹,撰有《痘疹發微》十二卷。是本前有序,闡明獲取此書的經過,乃邵氏授之。此書抄寫目的説明于序言:"今因原本微奥,特將開載詳明,俾家傳之易悟,使徒學之易成。"并有"明萬曆丙子歲孟秋月穀旦九江彭邑杏庄宋鏞老拙書于新安岩鎮治痘所"字樣。現存鈔本,藏于上海圖書館。《中國中醫古籍總目》題作《邵氏妙竇群書》。

是本内容主要包括:《論周身部位吉凶》《論五經》《論可治賦》《秘傳邵翁痘科妙賽群醫口訣》《論初熱之症》《論預防之法》《驗寒熱》《驗虚實》《驗輕重》《生死法》以及《發熱三日順症》《發熱三日逆症》《發熱三日險症》《發熱治法》《痘内雜症治法》《仙傳二方千金不授》《宋杏莊授十二秘方》等四十篇。其中,《論初熱之症》强調要區分傷風、傷食、痘疹三熱之不同,須辨證論治,察看病之輕重,輕則發表,重則疏導。《痘内雜症治法》論述《發癍治法》《痘内嘔吐治法》《痘内瀉痢治法》等痘内雜症治方十四種以及《痘内忌食》《痘内當避》。《仙傳二方千金不授》包括神仙换痘湯、長生散、犀角地黄湯三種方劑;《宋杏莊授十二秘方》列有鎮胃散、堅腸湯、利咽散、定痛方等十二方,均以歌訣論述。書末附有新補十五章及别書抄録内容。其中新補十五章論述《表裏虚實寒熱》《邵公治痘神法》《放標并起脹灰白治法》等,均以七字歌訣論述,且附有三十種加减混名。從别書抄録的論述虚紅、實紅、虚渴、實渴、血虚等内容,每種均載明症狀及治法。

此書是論痘專書,對痘科的辨證、鑒别及證治,從理論、臨床表現到調治方藥,均一一加以論述,尤其是對痘疹發熱、放標、起脹、貫膿、收靨不同時期順逆險三證論述周詳,内容頗爲豐富。書中天頭標注較多,多爲書中所涉藥方組成,可供參考。

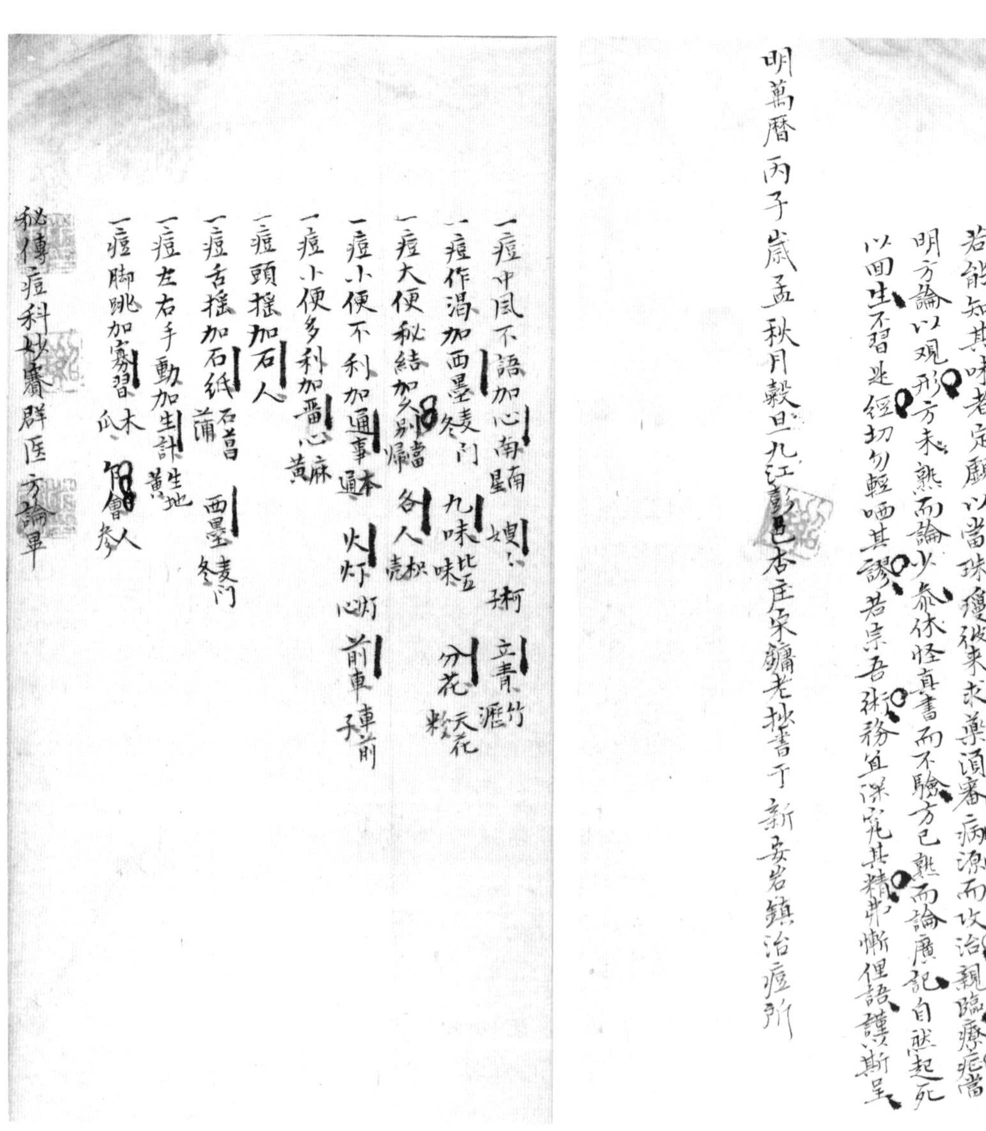

486 兒科家秘寶箴心法要集

《兒科家秘寶箴心法要集》,兩卷。清陳宏照(字雲柯、松雪)編。成書于清嘉慶十九年(1814)。書首有雲柯松雪道人、沈郁齋寫于道光二十三年(1843)九月的弁言,并有"梅竹居珍藏"字樣。弁言稱:作者業儒,邃于儒而兼醫,故其醫尤邃,幼科特然精專。現存鈔本,藏于上海中醫藥大學圖書館。

卷上首列《論脈直指》,强調望聞問切四診合參的重要性,以醫理、歌訣、圖説的形式概括臨證辨治諸要;次列胎毒、變蒸、驚風、嘔吐、泄瀉、吐瀉、痢疾、瘧疾、發熱、哮喘等十門小兒病證,以歌訣形式總結辨治内容。卷下列《孟氏兒科脈法》《慈幼儆心賦》《活幼指南賦》《兒科家秘心法十三要訣》《小兒稀痘神方》;次論咳嗽、心腹痛、疝氣、浮腫、脹滿、黄疸、夜啼、諸汗、疳癥、大小便、頭項、目病、耳病、鼻病、口瘡、舌病、牙齒、咽喉、形聲、諸瘡、丹毒、癮疹斑疹等二十二門小兒病證,以歌訣形式總結辨治内容;最後附《補續諸瘡經驗方》《通仙單方》《小兒病證診治禁忌》與《兒科秘傳十三方》。

本書認爲"小兒不能言而脈易變,不可問而切也。其證難辨,藏腑皆弱,不勝諸毒,故其藥難用"。强調小兒病證宜四診合參,隨證施治,用藥宜平和而切忌孟浪,對臨床有參考價值。

醫道蓋難言也，一舉指間，而人之生死繫之，苟非學問淵博、探索精深者，未足辨焉。古之良醫，明其道不謀其利，行其義不居其功，惟精其業、虛其心，如是者不見殺者也。

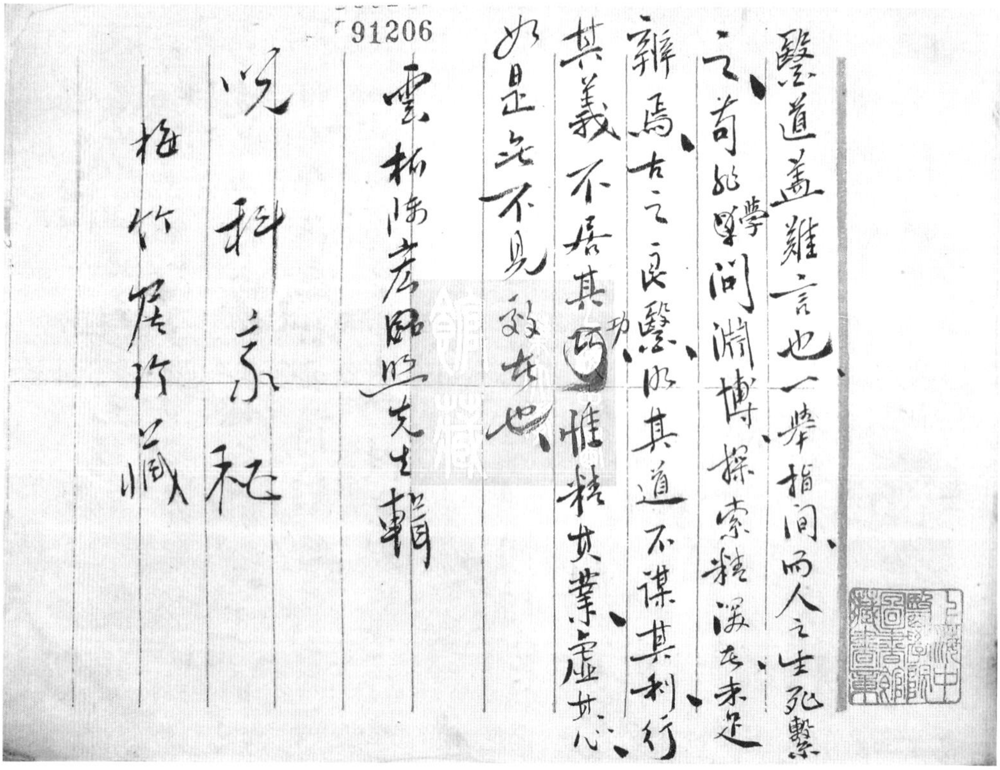

雲樵陳啟照先生輯

咒科家秘

梅竹居珍藏

论脉直捷

脉之理甚微，凡看病须知望闻问切，望者，望其形色；闻者，闻其声音；问者，问其致病之由；切者，切其脉之表里虚实。但遇病必先明告医家，而后切脉，庶不有惧惊犯重病而脉不现，或催啄，或慨叹，或拂逆，或有戒者，皆不治之病。至于千岁常病，庶者恐惹忌，乃准十也，必不能痛家详悉皆知诸的。

病有受暑似虚者，亦有虚弱似实者，用药有直凉直温者，具有阴脏阳脏之不同。至于真伪之辨，又冬月虚之而表未显，初起者方为难辨。余自甚者，不过数伪虚之。今之医家，各论表里虚实，一见甚热，以为伪虚慢虚，又云伪物经络，或手足脚，或去满，庶用药固阳以治之，慢之其症各一慢字，种种谬论，惧人不浅。凡遇病症，万一不可忙乱，务须用心辨别。

阴脏误用凉药则害，阳脏误用热者则损。

证候有直饿者，有不直饿者，有当行而不行者，有当补而不补者，有直泻者，有直温补者，且其病而不须药者，有直攻伐者，有直安守者，有一种病家意欲求医，家又多速致，两家相急而致于坏者，岂不可不知。果能审心察者，自可远离咎也。

幼科家秘目录卷下

脉象、纲领、图论、浮沉

孟氏脉法　持脉三要　迟数　脉有力无力、五病

家秘慈幼微心赋　活幼指南赋　十三秘诀

咳嗽门　症治七法　苏沈九宝汤　五虎汤　葶苈丸　阿胶散　茅根汤　甘桔汤　死症

秘传口诀　十三则

91207

虾蟆瘟　痄腮　鸬鹚瘟　鸡鸣瘟　症治　论又方　升麻汤

心腹痛门　症治七法　秘授治法　草豆蔻丸　丁香脾积丸　秘授治法　秘诀三则　熨法　敷药

疝气门　症治二法　灸法　秘法　五苓散　秘诀二则　薰洗敷药

浮肿门　症治四法　秘法　秘诀四则　加减胃苓汤　浴法

胀满门　症治四法　不治候　秘法　调气丸　秘诀六则　解毒散　解毒丸　推法熨法

提搐　白

并灵丹

黄疸门　三症治法　秘法　不治候　茯苓渗湿汤　加减泻黄散

487 保赤心筌

《保赤心筌》，八卷。清胡鳳昌撰。胡鳳昌，字蕓谷，姚江（今浙江餘姚）人。其生年當在嘉慶十五年前後，卒年或在光緒年間。擅長兒科證治，有《痧癥度針》《保赤心筌》二書傳世。本書作于同治十一年（1872）。上海辭書出版社現藏有一册，爲第五、六卷，首頁有“中華書局圖書館藏”章。

《保赤心筌》乃兒科著作,所存五、六兩卷,書寫以行楷爲主,天頭部分有墨筆或朱筆評注。卷五論述癇、小兒啼哭、口渴、多汗、失血、大小便不通、疝氣(木腎)、瘖疹(麻子)、痘科(天花)、喉痛十證,以及頭項顖顱、目疾、耳病、鼻、唇口、舌、牙齒等十八類病證;卷六爲赤游丹毒、瘰核、湯火灼傷、瘡疥、中毒、跌撲折傷、蟲積、食忌、小兒雜證及補遺。每種病下,皆摘録諸家有關辨證論治、病機預後的條文,間或加上按語,予以評説或發揮。如論治小兒小便不禁,胡氏認爲遺尿不禁乃脾虚,十全大補湯、桂附八味丸、四君子湯、理中湯可用,細参寒熱,則不致舛誤。尿床一證,乃“兒卧則陽氣下入陰中,血又歸肝,肝實則虚瀉不禁,心氣降則小腸不留,故治療當清心肝之火,使水升火降,其患自除”,藥用桑螵蛸、雞腸俱焙,研,塗母乳頭令兒吮,少長則服丸必效。

是書乃博取衆家,精采群書,參以己見而成。其中所引方藥,大多出自名家,或屢試效驗,少有泛泛之論。本書是一本實用性較强,名家之説薈萃,并參合己見的兒科佳作。

痫症

保赤心鉴

小儿痫

古有五痫之名马羊牛犬猪皆以发作时喊声相似而分名
然皆痰涎阻于经络致闷绝卒倒也此本惊风痉厥之类因先
天怯弱或攻消太过或病中将息失宜致暗风入络肝木侮脾
顽痰伏于经隧之间偶感外邪触动机括即号叫一声眩仆倒
地四肢牵搐僵直不动或目闭或眼翻睛定不转口噤不语口
中流涎面青面白移时许咬破唇舌出血即醒醒则复如常
人多治难效此小儿之恶疾十无二三若概与凉消痫速金石
镇坠之药则十中不留二三也
陈飞霞论痫甚详法本气虚蓄斋但察齐用药过凉儿不能堪故
论治当主平肝阳主叶天士亦多发明大抵此证先由脾虚

痫

生痰即發風動故与中风肝风痰厥相似但八味試痰迷心
竅則必膽中之物阻塞何以發過之後清明如常故挨眼開
竅須疾治才勢必危攻風劑毎發危緊而先薛氏治法不甚
珠鐵粉辰砂之屬既然以重墜傷心氣即曾益大戟之屬亦
往以清劑損心液化若苦寒欲胃辛熱助肝皆非痫治所宜
惟景岳從治法不拘實熱虛實先服消風丸又粒疏散外邪
開通經絡隨服定痫丸主之源久者河车八味丸百發百中
吴中治风熱阻竅陽氣不伸者用连翘黑山梔犀角菖蒲胆星
遠志元参竹茹莫陰風入絡面青神呆乃肢皆震不語舌謙
吐沫脈濡皆肝虛肝搖之候急須培血熄風南星白附子皆善
駢汗膝蝎全蝎加人参白术曾服若热邪陷入心包胃津乾枯
肝風鼓動危殆者商神昏不清者宜加蔘口昌菖清心
孔絡壅甘頰所治熱源厥亡淤治不效法宜在目前此宜清心
養胃豆豉霜陰葉天士每用生地阿膠丹皮元参麦冬天冬石
斛只花宜汁牡蛎木瓜白芍鈎子黄芪甘淡流波焦痰熄风乡
脂自效重在用紫雪丹
薛立齋治痫每用河车揚燥和人参当归丸如桐子大三十丸
量年酌增日三服乳或姜湯下一月見效向後地黄八味丸亦
用可補中益氣十全大補等法
凡遇痫症先看病人耳後高骨间有青紋脈當即抓破出血
可以除患乃以獨牙二三枚燒存性研末溫酒下然後用補劑
不可妄行清燥
局方定痫丸与幼科不同其方用麦冬天麻川貝姜半夏茯
苓茯神蘆丹参人参遠志陳皮菖蒲遠志肉甘草血珀全
痫

可不知惟日服参苓白术散乃立乙薛立斋秘法前半夜中
陈健菴治三消病虛極左多寫泄其實故一年可不去
飲渫半法極佳否則用生蘿或以汁片蓮汁代茶但不如香
蘭汁能引下焦清氣上潮于口而渴自止也

小兒吐血非内傷也
多食乏多而胃熱
逼血上行耳宜服
清胃散 二陰煎
白虎竹叶湯
犀角地黄湯
鼻血
肺火傷肺
鼻血 生藕汁滴之
白茅花塞之
乱髮燒灰吹之
失血

小兒失血

血為陰主下降一遇内傷外感則氣留而血亦滯本經氣另
餘便是火火載氣上血热妄行或吐衄或便溺不質循理矣小
兒無勞損吐咯之病惟食物过多胃腑温熱極內逼則吐血
不少是以小兒吐血屬陽明胃火居多清胃散主之甚者白
虎湯加竹葉或犀角地黄湯二陰煎
鼻血名衄多因肝火傷肺鼻為肺竅虛火上炎則血隨道而
出矣瀉白散或四君子加黄芩桔梗竹葉灯心麦冬黑山梔虛
人用黄芪
止矣衄方甚多其簡易者令人向鼻中吹之即止以冷水拍兒
頸上亦止生藕節汁滴之白茅花塞之乱髮燒灰吹之此法
不效者急解兒鞋襪浸水中向席入心内炕淙便止血亦
失血

488 保赤玄機

《保赤玄機》，不分卷，兩册。有目録，無序跋，每册封頁及正文首頁均鈐有方形上海中醫學院圖書館藏書章，未注明作者。書末題有“癸巳仲春月忠孝主人録”字樣，史上自稱“忠孝主人”者甚多，故其人已不可考。《中國中醫古籍總目》載録爲清鈔本。該本還標明頁碼，共一百葉，每半葉八行，每行多則十九字，少僅數字。全書以工整正楷抄寫，書法精美，内頁曾被蟲蛀損，已重新修補過。現藏于上海中醫藥大學圖書館。

此書是一部痘疹專書，首明痘疹病因、診法、證治等。提出“耳後筋文斷法”（以耳後筋文“水紅色”“條均直上無分支”等爲順）、“燃照法”等診斷方法，均爲前賢罕及。中間很大一部分章節論述痘疹雜病，提出痘證兼雜證的治則，即“知其本末輕重以爲治之緩急，斯得之矣。蓋痘證重而雜證輕，則雜證之藥加於痘證藥内，是緩則治其本也；雜證重者先逐雜證，而後調其痘證，是急則治其標也”，誠有見之言。書末附有痘證診治過程中所及圖畫二十四種，用圖畫的方式説明痘證的發生及傳變過程，圖文并茂，論述得宜。

在痘疹的病因上，該書提出兩精相搏而生人者，火也，火毒遺于精血之間，時邪流行，相感而動，“毒乘時而發”。該書另一特色是將五運六氣學説引入痘疹的診治中，誠如作者所言：“痘疹之發，要亦感天地之氣而然也。治痘者，能知運氣加臨勝復之理，則設方處治，温涼寒熱之得宜矣。”附以五運圖、六氣圖，并舉“陳氏木香异功散”爲例，以其“立方之時，爲運氣在寒水司天，時令又值嚴冬故耳。後人不知立方之意，一概用之，舛誤多矣”。作者還提出“治痘須知經絡”的論斷，以氣血爲痘之主，“六經則有氣血多寡之異，用藥則有君臣佐使之舛”，故知經絡可審氣血虚實，以便更好地處方用藥。

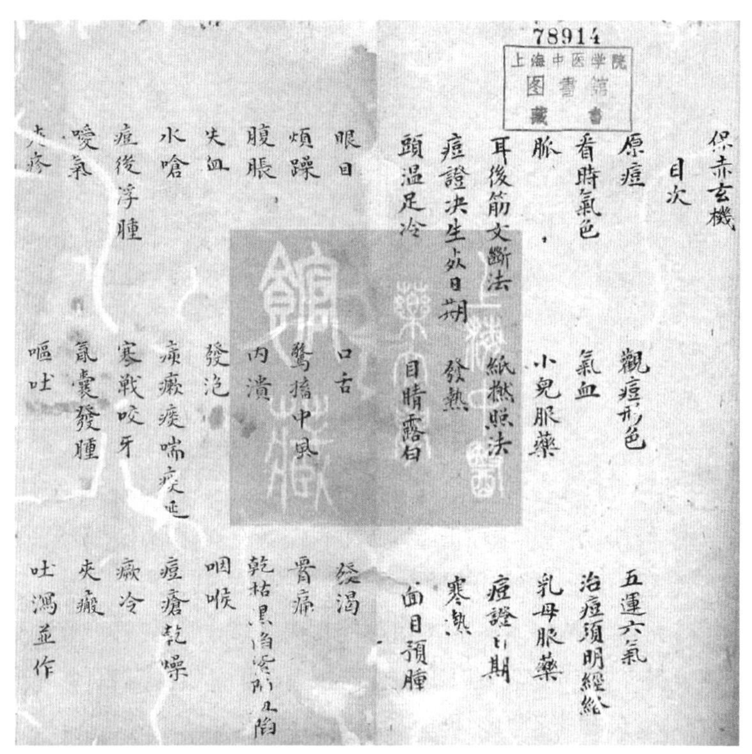

保赤玄機

目次

原痘　觀痘形色　五運六氣
看時氣色　氣血　治痘須明經絡
脉　小兒脉藥　乳母脉藥
耳後筋文斷法　紙撚照法　痘證日期
痘證决生死日期　發熱　寒熱
頭温足冷　目睛露白　面目預腫
眼目　口舌　煩渴
煩躁　驚搐中風　胃痛
腹脹　內潰　乾枯黑陷紫陷灰陷
失血　發泡　咽喉
水嗆　痰癥痰喘痰迷　痘瘡乾燥
痘後浮腫　寒戰咬牙　厥冷
噯氣　氣囊發腫　夾癍
丹疹　嘔吐　吐瀉並作

觀痘形色 与金鏡内鑒形色參看

形乃氣之充，色乃血之華。看痘舍此更無他法，是故形貴尖圓起發，忌空乎硬，乃空平塌者為凶。色貴光明潤澤，根窠紅活，而慘暗昏黑者為凶，然亦有起發而致或變者，由色不明潤，根不紅活故耳。若痘色光澤，根窠紅活，雖平塌亦為可治，但色以紅活為貴，而猶有圈紅、噀紅、鋪紅之別。

圈紅者，一線淡紅緊附于根下而無散走之勢，吉之兆也。

噀紅者，血雖附而根脚紅色隱隱出部，險之兆也。

鋪紅者，痘色與肉不分，平鋪散漫，凶之兆也。以此察之，則生死可預決矣。

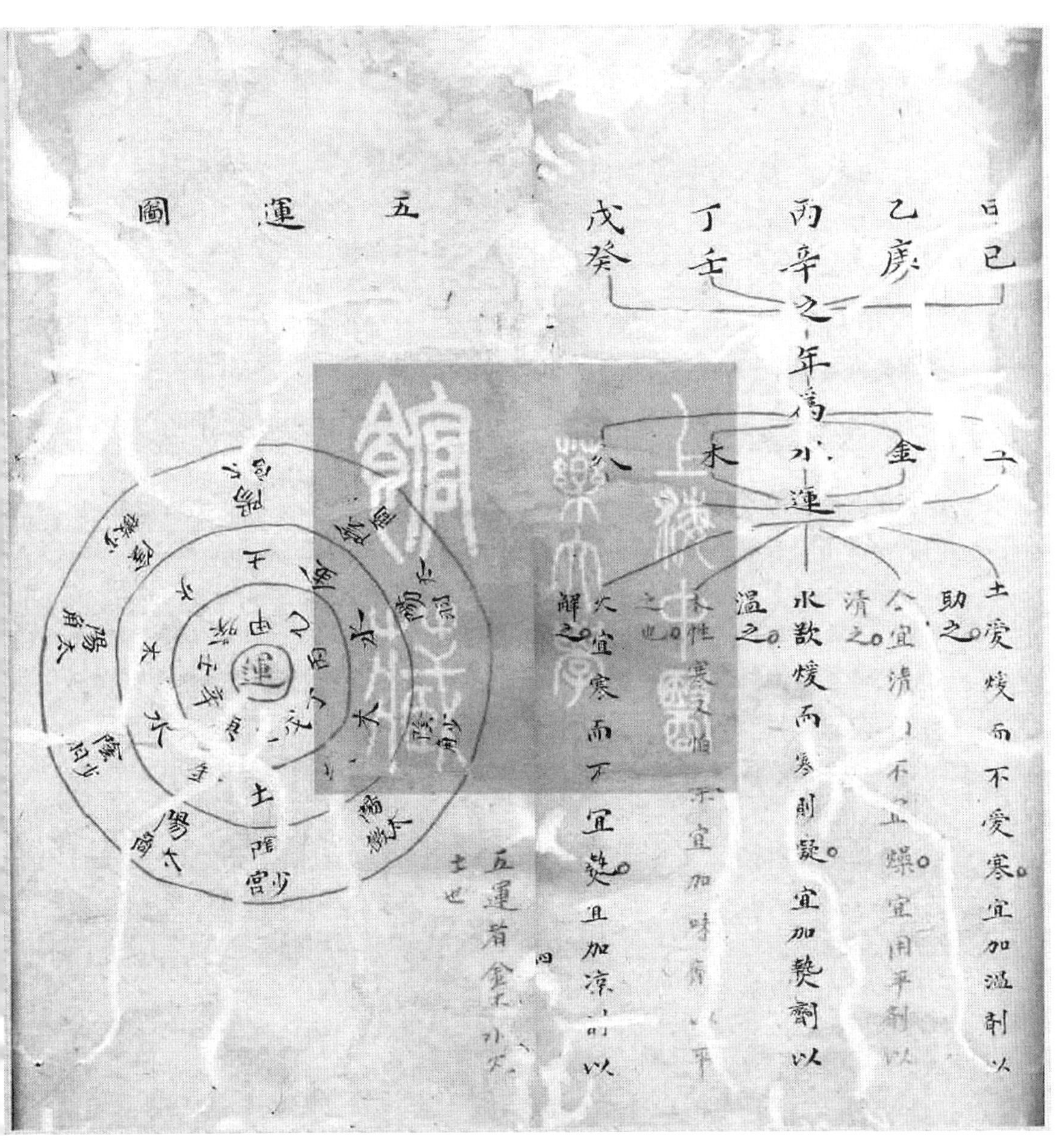

489 保赤潛藏大全

《保赤潛藏大全》,不分卷,一册。無序跋題識,著者與成書年代不詳,《中國中醫古籍總目》載録爲清鈔本。現藏于上海圖書館。

是本認爲解表爲治痘疹之要,攻裏爲治痘之變,托裏爲治痘的關鍵,養胃即養其正。書前有總目,後詳述各部分内容,包括痘疹的病機、觀察、治法以及相關治療藥方四大部分。病機部分列《痘疹二證表裏不同》《出痘辨吉凶》《痘瘡不用服藥例》《痘瘡合用服藥例》等八篇以及驚搐、嘔吐、痘瘡入目、痘後癧節等三十四種病證。觀察部分有《蠟紅白黑四色辨》《順逆險候三大要》《順逆險按期候法》篇,分别列出各期順候、逆候及險候的症狀。治法部分述二十二種證治,包括解熱稀痘、痘疹治例、預防痘疹法、痘瘡護眼法等。藥方部分設《痘藥正品》與《通治諸方》篇。《痘藥正品》羅列人參、黄芪、當歸、川芎等三十五種藥物,注明藥性及療效,如"紫草,味苦氣温,能補中氣而制諸邪,散痘毒,利九竅"。《通治諸方》分發熱三朝門劑、痘出三朝門劑。發熱三朝門劑有參蘇散、惺惺散、升麻湯、敗毒散等二十四首;痘出三朝門劑有保元湯、六君子湯、十全大補湯、稀痘酒等六十三首。每首均詳細注明治療應用,方便選用。

本書條理清晰,層次分明,是一部兒科痘疹專著,可供臨床參考。

保赤潜藏大全日

痘疹淺秘

病機

痘疹二證表裏不同

痘之與疹雖皆中於胎毒其原雖同其證則異原孕成之初先有臟而後有腑臟乃積受之地腑乃傳送之所臟屬陰為裏故其受毒為最深而痘所以久熱而難出腑屬陽為表故其受毒淺而疹所以暴熱而易生

右邊氣門穴此乃大穴若閉死在地宜拿溝子穴用此方

木通[illegible] 桂枝一錢 赤芍一錢 云苓[illegible] 半下一錢 甘艸[illegible] 紅花[illegible]

青皮[illegible] 陳皮一錢 羌活一錢 荊穗[illegible] 葉一錢 双白皮一錢 茯神一錢

用葱為引酒炆服 再服此方

桃仁[illegible]去皮尖 紅花[illegible] 乳香[illegible] 当归[illegible]

半下[illegible] 荷仁[illegible] 木通[illegible] 甘艸[illegible]

生姜為引酒炆服

490 保嬰神術

《保嬰神術》，上下兩卷，兩册。每册封面及扉頁題書名，扉頁各鈐方形藍色印章"映雪廬藏"一枚，并有方形朱色上海中醫藥大學圖書館藏書章。有序及目録。序文短小，末有"道光二十八年戊申歲嘉平月，雲間後學梁怡黄昭倫解題"字樣，知該書當成于1848年，爲梁怡黄抄録，并曾被映雪廬收藏。梁怡黄，字昭倫，雲間（今屬上海）人，其人生平已不可考。考映雪廬，古越蕭山有湘湖"映雪堂"，係元初自富春龍門遷入湘湖之孫氏之祠，映雪廬乃"映雪堂"二十一世孫詒（字芑軒，1847–1935）之齋號，始用于清末。據"映雪堂"族譜記載：公丹青絶妙，人物、花卉、山水靡不精進，人争求之。詒享壽九旬，其畫作流傳甚廣。其子孫皆好丹青，映雪廬亦沿用至今。此本以正楷抄録，朱筆句讀，書法筆畫間似有金石氣味，又裝幀精美，在傳世鈔本中確屬上品。正文版式爲四周單邊，版心題書名、卷數及頁碼，凡六十七葉，每半葉十行，每行十九字，總字數二萬五千餘。映雪堂孫氏爲書畫名家，能爲其所藏，可知該本書法之精美。現藏于上海中醫藥大學圖書館。

此書係節録《針灸大成》卷十《保嬰神術》而成，是該部分的又一傳本。《保嬰神術》專爲小兒所作，重視色診在幼科診治中的作用，有《觀形察色法》《論色歌》《面色圖歌》《察色驗證生死》《内八段錦》等多篇。提出"小兒之疾并無七情所干，不在肝經，則在脾經，不在脾經，則在肝經，其疾多在肝脾二臟"的説法，主要運用推拿治療。《手訣》篇介紹了水底撈月、黄蜂入洞、打馬過河等二十七種小兒推拿手法，現代臨床仍有重要應用價值，可供推拿醫生參考。

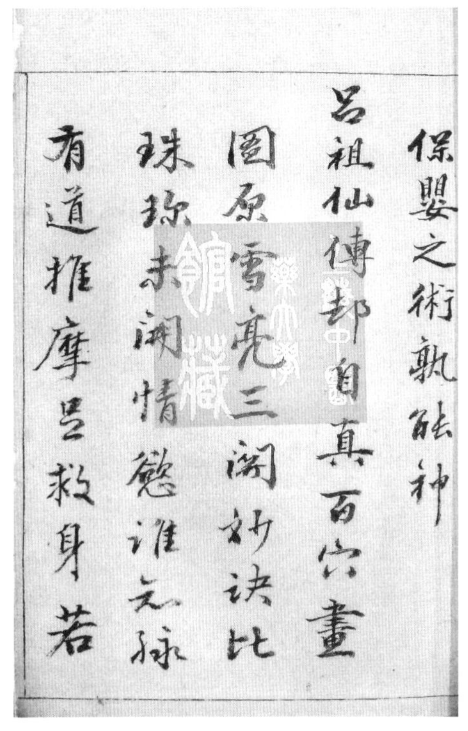

保嬰之術孰能神

吕祖仙傳却自真百穴畫

圖原雪亮三關妙訣比

珠琛未閲情懸誰知祿

有道推摩足救身若

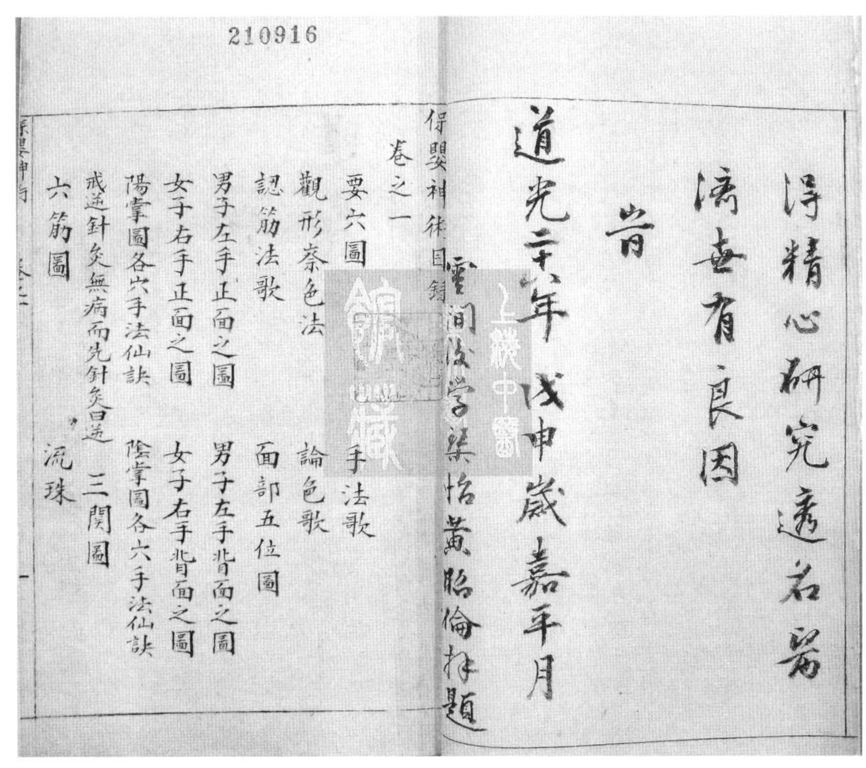

得精心研究適名醫

濟世有良因

旨

道光二十八年戊申歲嘉平月

雲間後學梁怡黃照倫拜題

保嬰神術目錄

卷之一

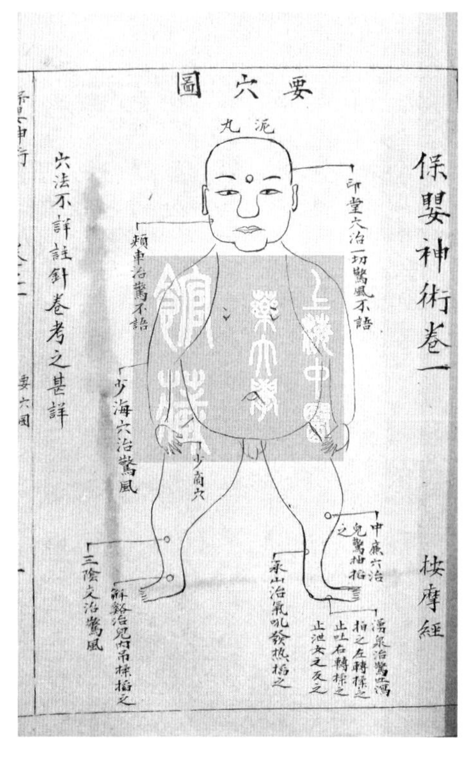

夫小兒之疾並無七情所干不在肝經則在脾經不在脾經則在肝經其疾多在肝脾二臟此要訣也急驚風屬肝木風邪有餘之症治宜清涼苦寒瀉氣化痰其候或聞木穀而驚或遇禽獸驢馬之吼以致面青口噤或聲嘶啼哭而厥過則容色如常良久復作其身熱面赤因引口鼻中氣熱大便赤色黃惺惺不睡蓋熱甚則生痰痰甚則生風偶因驚而發耳內服鎮驚清痰之劑外用揉掐按穴之法無有不愈之理至於慢驚屬脾土中氣不足不節攝傷脾胃以泄瀉日久中氣大虛而致發搐發則無休止其身冷面黃不渴口鼻中氣寒大小便青白昏睡露睛上視手足瘛瘲筋脉拘攣蓋脾虛則生風風甚則筋急俗名天吊風者即此候也宜補中為主仍以掐揉按穴之法細心運用可保十全矣又有吐瀉未成慢驚者急用健脾養胃之劑外以手法按掐對症經穴脉絡調和庶不致變慢驚風也如有他症穴法詳開於後臨期選擇焉

手法歌

心經有熱作痰迷天河水過作洪池肝經有病兒

491 保嬰總論集要

《保嬰總論集要》，不分卷，四册。清周振飛編撰，成書于清嘉慶十七年（1812）。周振飛，汝南（今屬河南）人，號柏谿山人，清乾嘉時期生活于檇李（今屬浙江嘉興）。其摘抄明代袁顥《袁氏痘疹全書》及薛鎧、薛己《保嬰撮要》中的部分内容而成此書。本書無封面，無序跋，無目録。全書約二百五十葉，每半葉九行，每行二十四字。第一册首頁有"中華書局圖書館藏書"印章。現藏于上海辭書出版社圖書館。

是書從内容上看，前半部抄録了《袁氏痘疹全書》第一、二卷。卷一論五運六氣，包括推五運、推主運、推客運、推五運邪正二氣、推六氣、推主氣、推客氣、推南北二政、推奇宫等，從運氣角度闡釋痘疹的病因病機。卷二論述經絡、人圖説、手圖説、足面一身圖説，及預占患痘吉凶、生死痘式、治痘要訣等理論。論經絡中，載十一經脈及任督二脈，不載足少陰腎經。是書後半部所録不知源自何書，大體與小兒推拿相關，前論腧穴經絡、推掌之法訣，後載具體的推拿手法，如天門入虎、黄蜂入洞、打馬過天河、猿猴摘果等。此外，還收録了部分歌訣，如肺經諸穴歌、五臟六腑歌、兒郎歌等。

是書大體以《袁氏痘疹全書》第一、二卷爲主體，援引《袁氏痘疹全書》中的幾十幅插圖，如手太陰肺經圖、足後形圖、面具一身之形圖等，其中亦有彩圖。著者用二十六年抄録成此書，可知多爲平日得閑而録。因此書無目録，查找翻閲多有不便，且無創新之處，故學術價値不高。

導

馬祖法　附鬻保嬰揔論集要

凡治驚風必須認明嬰兒虛實辯正急慢之症始可用藥然雖用藥不如推揶更抄但要知推揶有真假現有等不知進退則想圖利不思性命交関之重大亂言有上好敎命之丸散哄論人財帛非但不能治症而且害人性命豈非世患之小人再者混稱推揶可笑不知推揶之法從何處用起從何處交代之法者曉亂掐亂推即為推拿再者用巴霜散有等愚人相信是矣用此藥要知巴霜散大英為肉巴

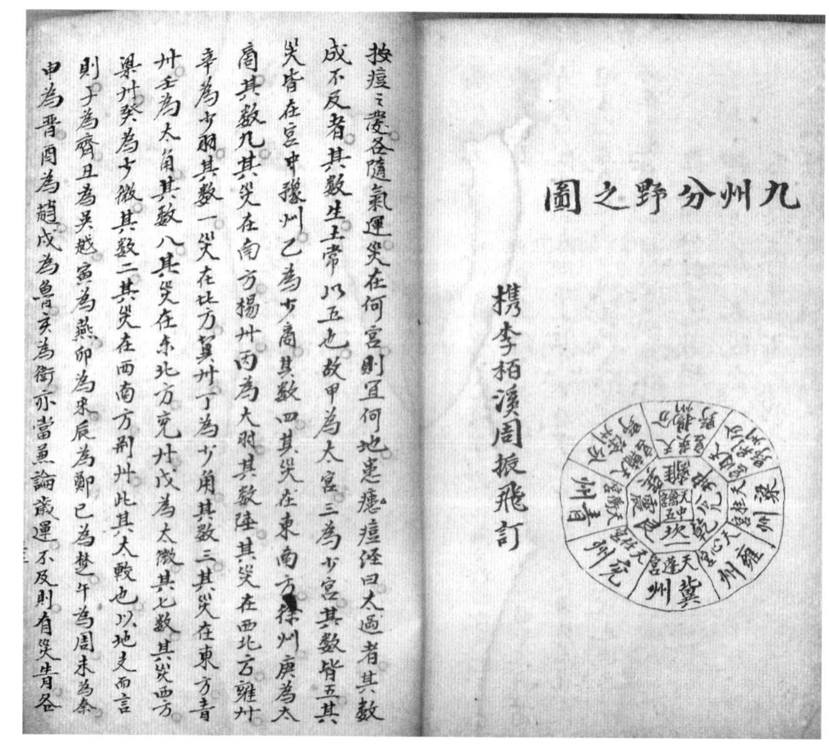

九州分野之圖

携李栢溪周振飛訂

按瘟之變各隨氣運災在何宮則宜何地患瘟瘟經曰太過者其數成不及者其數生土常以五也故甲為太宮三為少宮其數皆五其災皆在宮中豫州乙為少商其數四其災在東南方徐州庚為太商其數九其災在南方揚州丙為大羽其數陸其災在西北方雍州辛為少羽其數一災在北方冀州丁為少角其數三其災在東方青州壬為太角其數八其災在東北方兗州戊為太徵其七數其災西方梁州癸為少徵其數二其災在西南方荆州此其大較也以地支而言則子為齊丑為吳越寅為燕卯為宋辰為鄭巳為楚午為周未為秦申為晋酉為趙戌為魯亥為衛亦當兼論歲運不及則有災眚各

面形圖説

惟陽经走面故面不畏寒諸陰经皆至頸而施惟足厥陰之脉與督脉會於
巔手陽明大腸之脉上頸貫頰入下齒縫中還出挾口交人中左之右右之右
上挾鼻孔足陽明胃经之脉即接之而起於鼻之迎香穴上左右相交于頞中
（山根為頞）上循睛明穴（在目內眥乃手足少陽之明五脉之會）下循鼻外行太陽之内入上齒中還出
挾口環唇左右相交于承漿循後頤後下廉上耳前過髮際经形維會
于顖之神庭手太陽小腸之脉其者下行絡心而屬小腸矣上分二支一支從
頸上頰底顴髎上至目銳眥過瞳子髎却入耳中循聽宮而終（聽宮在目中有珠如赤小荳大）
一支從頰上頰（目下曰頰）抵鼻至目內眥以交於足太陽也足太陽膀胱经即起
于目內眥（即睛明穴目大眥為內眥）上額過神庭斜以左右交於百會又下以抵耳上角
手少陽三焦之脉由耳後直上出耳上角過睛明穴屈曲耳頰至頰會顴髎
支者又從耳後入耳中出至目銳眥而交足少陽足少陽胆经起于目銳眥
上抵頭角下耳後亦有二支一從耳後入耳中出走耳前至目銳眥之後一別
自銳眥合手少陽抵于頰下頰車若足厥陰肝经之脉不過從目系出額與
督脉會於巔而已

凡為醫道治病必須詳細明經深研遵古不可愚知几味藥性
罔以以為要道也乃世混亂此乃世患之輩也再有等江湖
上朋友將頂串之方

492 訂補幼科折衷

《訂補幼科折衷》，十二卷，十二册。舊題廣野山人秦昌遇景明父集，後學心逸子徐象初健伯氏補。秦昌遇介紹見本書"026增補病機提要"。徐象初，字健伯，號心逸子，清人。是本每半葉十行，每行約二十字，楷書字迹工整清晰。無序跋，每卷開篇有該卷目録，無全書總目録。《中國中醫古籍總目》載録爲清鈔本。現藏于上海圖書館。

是本與原本《幼科折衷》從體例到内容相差較大。卷一載《宣藥秘語》《懷抱奇醫箴》《治病不可關門殺賊説》等，絶大多數篇章皆未見于原本。僅《運氣總論》《論五臟相勝之邪》《論五臟子母虚實鬼賊微正》《論五臟伏敵喜傷主病》等數篇出自原本下卷篇末，今移至第一卷。卷二、卷三的面部五臟形色、審聲、脈法、望指紋三關法、察舌胎辨證法等各類診法，皆爲徐氏補入。卷四至卷十二爲兒科各病證的證治心法，雖順序仍與原本有出入，然内容大多相類。徐氏每篇證治皆列醫論于前，列方藥于後，與秦氏原本隨症附方藥、醫論治法與方藥每多相伴而出者有所不同，且徐氏每于文後摻入標爲"心逸治驗"的醫案若干條。

秦氏原本《幼科折衷》以《内經》爲本，兼引錢仲陽、張潔古、李東垣、朱丹溪等宋金元諸家之説，徐氏訂補後則多宗錢仲陽、薛己之説。是本所涉甚廣，從醫家道德修養箴言，到詳細的五運六氣醫論，再到兒科特有的診法及特色養護，以及最後九卷詳論的兒科各常見病證，幾乎囊括了所能涉及的全部内容。這與原本《幼科折衷》采諸家之學折衷而議之，以臨床各類病證治療爲主要目的的著作思路有着明顯的區别。是本與原本雖名相同，而内容相异者甚多，若改名爲《幼科大全》似乎更爲妥貼。

訂補者徐象初氏將兒科學所涉諸多特色之處熔鑄爲一書，洋洋灑灑數十萬字，可以說這是一部内容詳實、門類齊全的兒科綜合性專著，可供兒科專業人士仔細研讀，臨證參考。

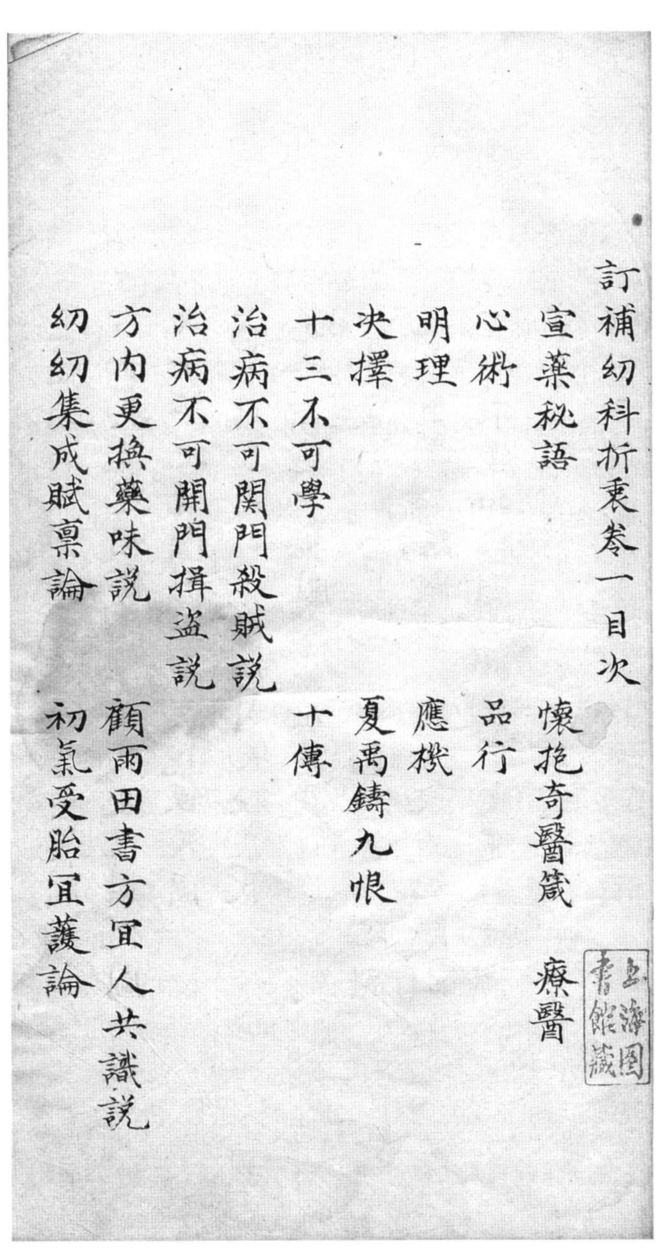

訂補幼科析衷卷一目次

宣藥秘語　懷抱奇醫箴　療醫

心術　品行

明理　應機

決擇　夏禹鑄九恨

十三不可學　十傳

治病不可閑門殺賊說

治病不可開門揖盜說

方内更換藥味說　顧雨田書方宜人共識說

幼幼集成賦稟論　初氣受胎宜護論

493 活幼金科

《活幼金科》，不分卷，三册，經重新裝訂後總爲一册。該本第三册《活幼類方》中夾有一頁文字，似序，疑爲錯訂于此。其中有"予今於胎産諸書簡易切要者，彙成一册，公諸同人"及"雍正壬子六月上浣蘭皋金詢識"字樣，故蠡測金詢即該書作者，但此頁背後附録《見聞録》祝由方一首，詳全書除此之外更無祝由内容，又疑該頁非本書所有。第三册録《達生編》内容，序中有"今蘭皋金君，編採《産乳方論》及《薛氏醫案》等書，摘其尤要者，彙爲一編以行世"字樣，斯可爲證。金詢，約生活于雍正年間，生平無考。由此亦可知該書著成于雍正壬子(1732)年。無目録，正文首頁題書名及"孔坊潘賢愛號德洋手録"字樣，第二册中亦題有"桃溪孔芳潘春元手録"字樣，并鈐有"潘濟生堂"方形印章，可知該本爲潘春元録。潘春元，字賢愛，號德洋，生平已無考。每册首頁鈐圓形藍紫色上海中醫學院圖書館章和方形"陳存仁印"章各一枚，故知該書曾爲陳存仁所藏。該書共百葉，每半葉八至十行，每行多則二十五字，總字數五萬餘。現藏于上海中醫藥大學圖書館。《中國中醫古籍總目》不載該書，而有《活幼全科》潘賢愛鈔本，當係該書之誤。

考該書第二册，除前兩葉是爲上册之續(此兩葉的内容又與第三册銜接)，餘者以一幅"小兒正面圖"爲始，頭緒茫然，後半部分則是節録《活幼類方》和《保赤要録》的内容，且全册字體與其他不一，當是裝訂之舛，更疑有闕文。

詳該書内容，誠如作者所言，是"於胎産諸書簡易切要者，彙成一册"，共録相關醫書七種，分别是《幼科銕(鐵)鏡》《景岳全書》《金匱録治小兒雜證秘傳口法》《活幼類方》《保赤要録》《達生編》《胎産纂要》等，取每書中于胎産或兒科最緊要的内容録入(或有重複,如書中《藥性賦》即有兩處,然内容并不完全一致),有便于後學者閱覽。不僅如此,其中有些書籍今已無傳,該書能保存其中部分内容,殊屬可貴。

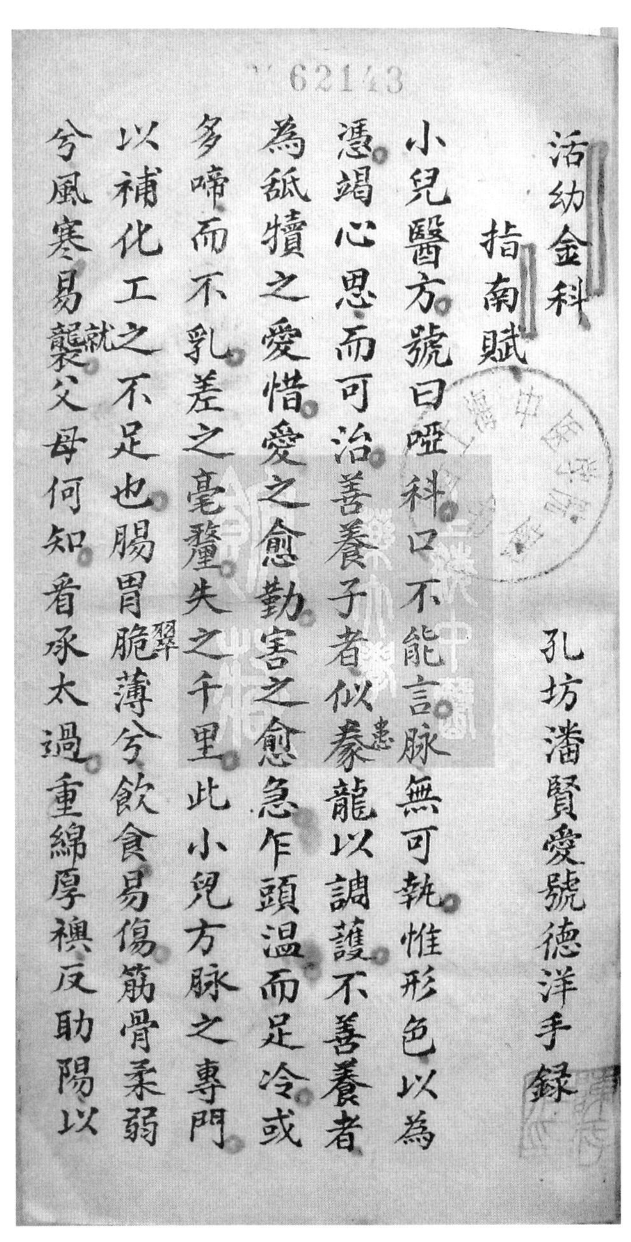

活幼金科

指南賦

孔坊潘賢愛號德洋手録

小兒醫方號曰啞科口不能言脉無可執惟形色以為憑竭心思而可治善養子者似豢龍以調護不善養者為舐犢之愛惜愛之愈勤害之愈急乍頭温而足冷或多啼而不乳差之毫釐失之千里此小兒方脉之專門以補化工之不足也腸胃脆薄兮飲食易傷筋骨柔弱兮風寒易襲父母何知看承太過重綿厚襖反助陽以

袪風化痰飲，治兒發熱，眼目喎斜，手足搐掣，將成風痰之症。

用天麻 姜蚕 石菖蒲 半夏 陳皮 防風 胆星各五分 荆芥 羌活 甘草各三分 生姜二片 仝煎服。

一加味六君子湯，治慢驚，子母俱服。人參一錢 白术一錢 茯苓七分 陳皮 半夏五分 天麻七分 甘草三分 全蝎去尾一枚 薄荷一分 钩藤七分 生姜 灯心 仝煎服。

一治小兒驚癇，用钩藤 甘草 竹瀝煎服，得去心中涎良。

一治小兒噤口風，用皂角子炒去皮 蘿蔔子共研末，醋調塗牙根上即瘥。

一治小兒盜汗不止，用浮小麥一錢 炙黃芪一錢 炒棗仁一錢 水煎空心服。

一治小兒癇熱煩悶發渴，用屋上青苔，羹汁服之立效。

一治小兒蘊熱痰塞，經絡、頭目仰視，名為天吊，煎心用钩藤 人參各五錢

丁奚哺露

丁奚者，久積成疳之症也。皆因飲食太過，傷于脾胃，脾胃虛不能磨化飲食，以致漸減，無以生其氣血，面黃白色慘，潮熱往來，腹大而多青筋，手足如筒，顱顖開解，頸項小或頸腫，而身黃瘦。先投萬應丸通治五疳，次用參苓白术散、十全丹治丁奚哺露神效。

十全丹

檳郎 青皮 只壳 陳皮 三棱 莪术 砂仁 丁香

香附 木香 烏梅 生姜 大棗

萬應丸 治諸積，依形症治之。

木香 黃連 青皮 蕪荑 檳郎 砂仁 莪术 生姜

494 活幼指南全書

《活幼指南全書》，不分卷，兩册。詹瑞（廷五）編次，胡光寓（瑞寰）重校，成書于清代雍正丁未年（1727）。全書多處殘缺。現存稿本，藏于上海中醫藥大學圖書館。

目録前存自序、凡例各一篇。正文内容分爲兩部分：先總論小兒疾病，後分論各病效方。開篇爲心誠賦、驚心賦及用藥賦，論述小兒調護、望診、各證病機、預後、用藥；次列小兒面部、指紋圖訣及脈法；次列六證辨、十察神訣、小兒死候歌、服藥禁忌；最後爲胎毒、變蒸、胎熱、胎寒、臍風、急驚、慢驚、噤風、發搐、脾風、盤腸驚、内釣驚、天釣、驚癎、疳疾、蟲積、嘔吐、瀉泄、暑瀉、霍亂等二十種病證，每證先以《西江月》或七言韵語概括，後列方劑，間有論述，凡一百二十方。

是書特色有三：其一，詳于方而略于論，所載諸方多丸散、少湯劑，丸藥中又多糊丸，正是根據小兒特點所設。對丸散的製作及服用方法叙述尤爲詳細，如丸藥大小各异，或如緑豆、芡實，或如粟米、梧桐子；送服用水有燈芯湯、菖蒲鉤藤湯、薄荷湯、蘿蔔湯、生薑湯、竹葉湯、山楂湯、白湯、米湯、砂糖温水、白水等不同。其二，所録“十察神訣”簡潔而全面地論述了小兒診斷方法。“十察”即察上部（目、唇、舌）、中部（肚皮）、下部（二便）、四肢、聲音、飲食、所安、脈紋、眉端及死候。其三，抄寫精良，條理清晰。

本書是在《活幼指南》一書基礎上增補而成，内容與《醫宗説約》《片玉心書》《片玉痘疹》《四診抉微》等多有重複。書中凡病名、脈名、方名各用不同符號標出，以便識記。歌括中凡藥物名僅一字者，均用硃筆小字將全名補出，以免以訛傳訛。本書對兒科臨床有一定參考價值。

序

嘗謂寧醫十老人莫醫一小兒其意葢以老人榮衛雖衰尚可切脈切之不當而口尤可宣小兒既無脈可診又兼口不能言苟無秘授方書鮮不横亡於孩子歲在甲辰予習幼科遍覽群書詳於論者畧於方詳於者畧於法罕得真傳幸族叔海中仙者授活幼指南而言曰此……家四世……

活幼指南全書卷之一

谷村詹　瑞廷五氏編次

華渚胡光寓瑞寰氏重校

心誠賦

小兒方脉號曰啞科口不能言脉無可視惟形色以為憑竭心思而施治故善養子者似養龍以調護不善養子者如舐犢而愛惜愛之愈深害之愈急乍頭溫而足冷忽多啼而

心誠賦　一

495 紅爐提編

《紅爐提編》,不分卷,一册。程希民撰,著者生平與成書年代不詳。無序跋與目録。首頁載拆字詩一首:“每木梅花放,木口杏花香。山山出花果,不見覓花郎。”本書所載“玄參”一味,皆作“元參”,避“玄”字諱,推測此鈔本宜成書于清代。現藏于上海交通大學醫學院圖書館。

本書主要介紹痘證和麻疹兩種疾病的病因病機、症狀診斷及治療方藥,内容以痘證爲主,以治療用藥法則爲多。開篇首載“面部驗痘吉凶圖位”,并附面部圖及驗痘歌訣。次載痘證病因病機,乃“火毒遺於精血之間,歲火流行,相感而動,故毒乘火而發”,駁斥“初生兒口咽胎血而致痘”之説。在症狀診斷方面,著者對痘證的五臟辨證、八綱辨證,及痘證初熱、報痘、落痂、灌漿、收靨、起脹的順序,作了詳細的闡述。如五臟辨證,“痘症從裏出表,而五臟之痘皆見”。呵欠,煩悶,肝症也,藥用青皮、梔子、川芎之類;乍寒乍熱,手足稍冷,多睡,脾症也,藥用防風、甘草之屬;面燥腮赤,咳嗽噴嚏,肺症也,藥用黄芩、知母、地骨皮清肺熱;驚悸,心症也,藥用黄連、木通清心火;骩冷,耳冷,爲腎之平症。强調“五臟之症,獨見多者,即主其藏之毒特甚,治之要識此意”。在八綱辨證方面,著者分别論述氣、血、表、裏的虚實寒熱症狀及用藥規律。如氣虚用内托散、保元湯、大補湯等,氣實用清肺飲,氣寒用中和湯、陳氏木香散等,氣熱用瀉肝湯、清肺飲加黄芩、生地。痘證從初發到痊愈,一般包括初熱、報痘、落痂、灌漿、收靨、起脹六個階段,著者對此六個階段中的順、險、逆症作了詳細介紹。如起脹階段,“放標之後,漸漸起脹,痘瘡肥胖一分,是胎毒發出一分,胖盡,則毒出盡也”。書中載起脹階段,“順症不須治”的情况有一種,“險症當治”的情况有二十種,“逆症不治”的情况有十五種。如“大抵痘脹一分,毒出一分。五六日不盡脹,又色不紅活者,决無生理”。

麻疹部分内容相對較少，主要包括“麻疹辨疑賦”“麻症治法”“麻疹輕重論”三個部分。著者認爲“麻雖胎毒，多帶時行氣候，暄熱傳染而成。其發也，與痘相類；其變也，比痘匪輕。先起于陽，後歸于陰”。亦載麻疹及兼證治法二十三則。書末載治痘方劑一百二十二首，以及八卦斷痘法。

著者認爲古人治痘之方有寒、熱兩種，如陳文中用木香异功散等峻熱之藥，而劉河間、張子和用黄連解毒湯、白虎湯、升麻葛根湯等寒凉之劑。“古人用藥迴别，各因所值之時、所犯之症，而爲之處方耳”，世人“僅宗陳氏者多用熱藥，宗劉、張者多用凉藥，則爲刻舟求劍之道也”。而朱丹溪用酒炒芩連解痘毒，既宗劉、張之寒凉，又避免了凉藥久服傷胃、滯血之患。本書内容以辨證用藥爲主，對臨證有一定的指導意義。

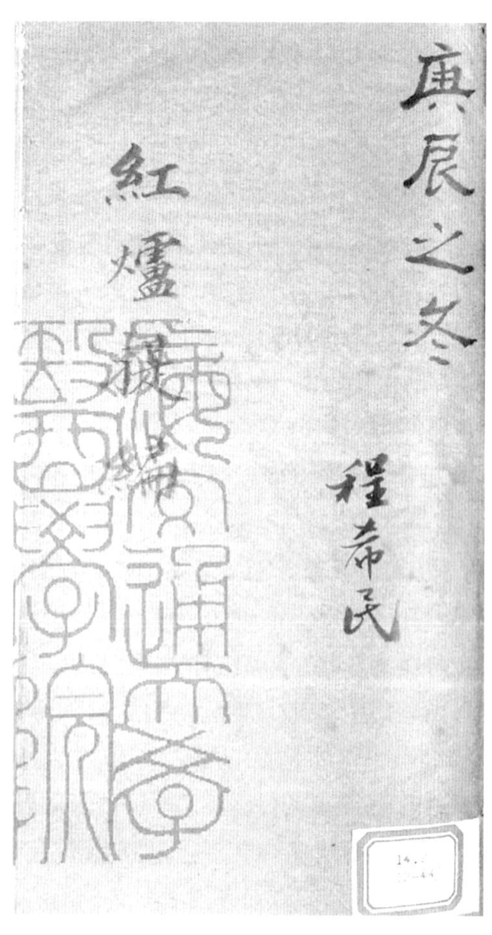

496 馬氏小兒珍科

《馬氏小兒珍科》,上下兩卷。清代醫家馬氏撰。作者名字、生平不詳。現存清光緒十一年(1886)丁芝亭鈔本,藏于上海中醫藥大學圖書館。《中醫古籍珍稀抄本精選》第十二册收録該本。

全書概述小兒生理、病理的特點,闡明小兒診病的要領,詳論小兒常見病症辨證用藥的常法,由此可見小兒珍科脈症的全貌。上卷内容較詳:闡述小兒初生壽夭、初生調攝、驚風痰食、五臟主病之總論,以概述小兒生理、病理的特點;繪編小兒望色、察脈、觀指紋之圖、歌,以提示小兒診法的要領;略述小兒初生調理、初生、回氣、刺泡、通便諸治法,以顯示小兒熏洗塗抹外治諸法的特效;分述小兒胎寒胎熱、臍風撮口等六十一症之論治,以闡明小兒辨證擇藥的法則。下卷續述小兒諸熱、諸汗、傷寒、瘧疾等二十六症之論治。

綜觀馬氏診治小兒疾病的經驗,突出之處表現在以下幾個方面:一是辨病注重望診。如:望初生小兒形體、神色,以預知壽夭;望面部形色,以辨驚風痰食與五臟病變;望顖門腫起、凹陷等外症,以决生死;望指紋、虎口,以辨病之深淺與邪氣所入臟腑等。二是强調小兒初生調攝之要。認爲"小兒初生,血氣未充,形體怯弱,腸胃脆窄,全賴父母調攝,寒暑乳哺不失其宜,則百病不生而常安矣"。三是以寒熱虚實爲綱。馬氏認爲小兒之病因多寒多熱、多虚多實,故辨證以寒熱虚實爲綱。如咳嗽有冷熱虚實之辨,嘔吐有冷熱痰積之異,泄瀉有冷熱驚積疳瀉之别,痢疾有冷、熱、冷熱不調、休息、釀、疳、驚、蠱毒之八痢的不同,故治療多以温清補瀉爲大法,分而治之。四是注重鑒别診斷。如胎寒與胎熱,驚與癇,吐瀉與乾霍亂,慢驚與慢脾風等。有論雖分門而方治通用者,也有方治皆异者。全書文字簡練,通俗易記,便于醫家臨證應用參考。

該書係他人手抄之作，不免有遺漏筆誤之處，如目録與正文標題有多處不相對應。

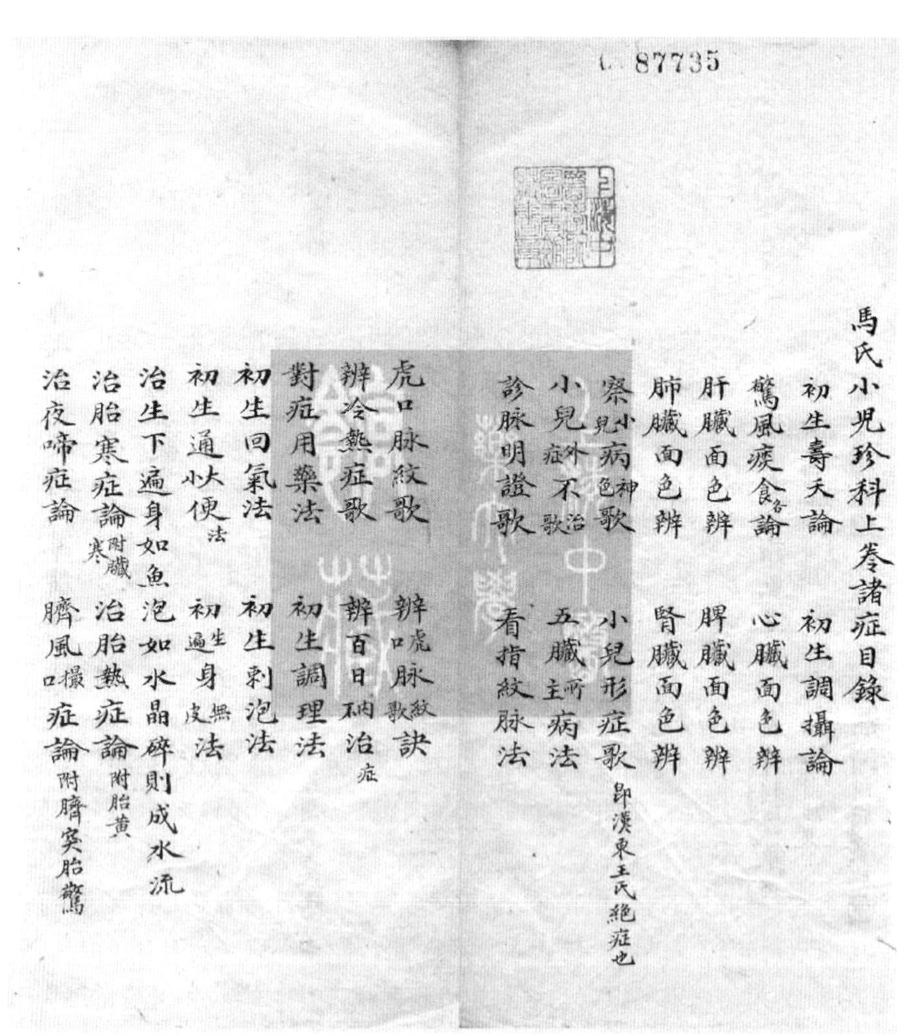

大醫馬氏小兒脉珍科卷上

初生壽夭論

夫小兒所禀由於父精母血二者妙合而成形其在胎也一月如露珠二月如桃花三月始男女分四月形象具五月筋骨成六月毛髮生七月遊其魂能動左手八月遊其魄能動右手九月三轉身十月受氣足而生大抵小兒形質禀父母之餘氣是以肥不可生瘦瘦不可生肥若大小肥瘦與父母不等則難養相稱則易生若小兒預知人意身輕力弱者夭之兆也回轉舒遲稍貴人雕琢者壽之徵也陰大而黑者可養陰小而白者難育形體弱頭面多青脉精神昏憒者難養剛強有力眼目俊朗神氣爽健髮紺而澤者易養眼內黑珠少白睛多面色皖白者非壽之相也黑珠大白睛少面色蒼黑者壽之相也以此察之則小兒壽夭可預知矣

初生調攝論

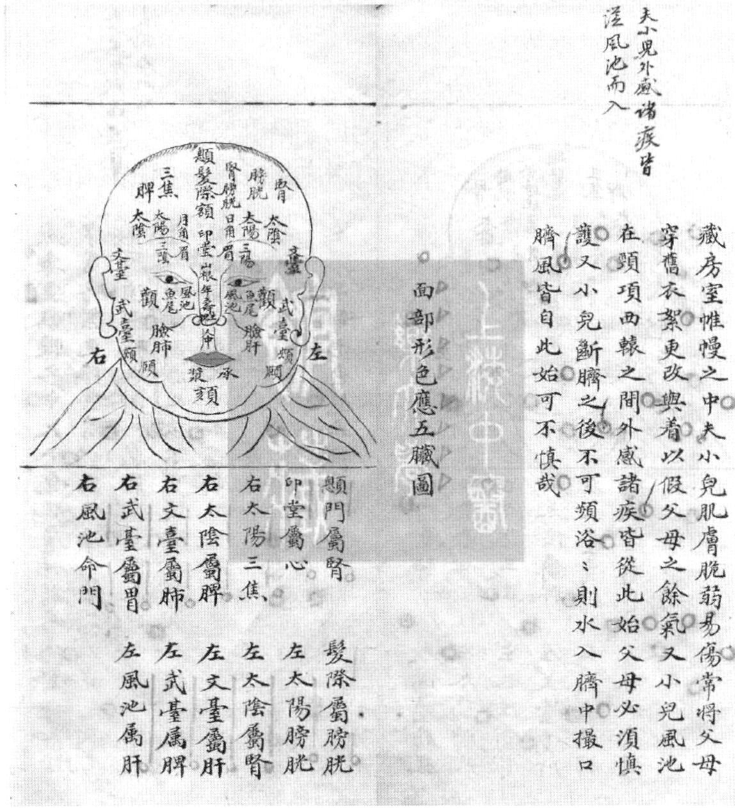

夫小兒外感諸疾皆從風池而入

藏房室帷幔之中夫小兒肌膚脆弱易傷常將父母穿舊衣絮更改與着以假父母之餘氣又小兒風池在頸項兩轅之間外感諸疾皆從此始父母必須慎護又小兒斷臍之後不可頻浴浴則水入臍中撮口臍風皆自此始可不慎哉

面部形色應五臟圖

顖門屬腎
印堂屬心
右太陽三焦
右太陰屬脾
右文臺屬肺
右武臺屬胃
右風池命門

髮際屬膀胱
左太陽膀胱
左太陰屬腎
左文臺屬肝
左武臺屬脾
左風池屬肝

497 原幼心法

《原幼心法》，三卷。明彭用光撰。約成書于明弘治十八年(1505)。彭用光介紹見本書“232試效要方并論”。此本書首有目録，書中多處見“彭用光曰”“用光按”等，又有“余曰”“愚按”等，當爲抄録者在抄録原書後，又加上自己見解所得。且字體係兩人所抄。現存鈔本，藏于上海中醫藥大學圖書館。《中醫古籍珍稀抄本精選》第十一册收録該本。

上卷列原小兒論、初生門、變蒸門、驚風門四篇，論述小兒生理、診法、治法、方藥及變蒸形證、變蒸期候、變蒸諸方、驚風病因、證治大法等，附圖三十五幅；中卷列諸疳門、諸熱門、吐瀉門、咳嗽門、斑疹門、水腫門、腹脹門等，論述幼兒常見病證的證治；下卷列小便諸證門、丹毒門(附風毒驚丹)、黄疸門、諸汗門、耳目口鼻門、雜證門、痘疹門等，論述相關病證的辨證論治。全書載録方劑四百五十餘首。書末附《幼科捷徑》。

本書推原本始，重視胎教，以證類方，重視外治，廣徵博引，圖文并茂，提出“不信巫信醫”“無子之因不可盡歸咎於母”等觀點，難能可貴。所載方劑對臨床有參考價值。

原幼心法目錄

原小兒論

一

原幼心法目錄終

附錄捷徑詩曰

小兒醫家另有科　一時要用不知何

驚風發熱并痰嗽　保命丹吞不可嗟

急慢二驚紫金錠　未出疵疹神異磨

吐瀉腹痛宜助胃　唇口生瘡化毒和

潮熱抱龍惺惺散　嘔吐燒針丸用多

諸疳盧薈皆通用　免教尋討苦搜羅

用光按全嬰等書云小兒三歲已前虎口第二脂上有脉紋見者可驗病狀男左女右視之脉紋從寅關起不至卯關者病易治若連

一二

於夘関者有病難治如寅連夘夘侵過辰関者十難救一若脉紋小或短者病易治也宜參觀之

保命丹 治小兒一切驚風發熱痰嗽並宜服之

天麻一錢 防風 粉草

姜蚕炒去系 白附子 青黛

薄荷 南星 半夏各二錢用生姜汁浸三日

剉碎 硃砂 欝金各一錢

射香少許 全蝎去尾尖一錢

右為末煉蜜丸如皂角子大每服一丸燈心金銀湯化下

紫金錠子 治小兒急慢驚風大有神効

人參 茯苓 茯神

辰砂 山藥 乳香

赤石脂醋火煆七次 白术各一分

射香一分 金箔為衣

右用末以糕一兩為丸薄荷湯磨服

神異丹 治小兒一切驚風發熱痰嗽未出痲疹者

全蝎去尾尖天麻 薄荷

防風 荊芥穗 乾葛

一三

原幼心法下卷 廬陵彭用光

小便諸證門 小兒諸淋證治

用光按病式云淋小便澁痛也熱客膀胱欝結不能滲泄故也巢氏病源曰諸淋皆腎虛所致腎與膀胱為表裏主水下入小腸通行胞行於陰而為溲腎氣通於陰下流之道也淋有五名曰膏曰冷曰熱曰血曰石膏淋者見小便有肥脂似膏而浮於小便之上此腎虛不能制水其肥液而下行也冷淋者必先戰慄而後小便此亦腎虛而下焦受冷冷氣入胞與正氣交爭故

一

498 秘傳痘疹集聖

《秘傳痘疹集聖》，凡四册。其中第三、四册分爲上下卷。清土炳（杏庵）編。第三册首頁有“秘傳痘疹集聖安敦堂藏”字樣。無序跋，有目録與凡例。《中國中醫古籍總目》載録爲清鈔本。現藏于上海中醫藥大學圖書館。

是本第一册先述治痘疹順逆險之三法圖、三法説、三法治例，次叙痘疹的逆候、不治及禁忌，末論痘疹之表裏虚實寒熱等辨證，并輯有治痘方劑保嬰丹、固真膏、養胃調元方、木香散、兔血丸、龍鳳膏、絲瓜湯共七首。第二册爲痘疹集聖圖像，分述懸鏡痘、蝎子痘、覆釜痘、鎖井痘、盤蛇痘、豢虎痘、元蚯痘、掩月痘、卷阿痘等六十三種痘形的病機與預後，并附圖六十四幅。第三、四册，上卷主要論述痘疹的用藥、痘疹與傷寒傷食初證的鑒别、痘之形色老嫩善惡、五運六氣、發熱時的順逆險、發熱報痘起脹灌漿收靨三朝病證治法、結靨後餘證、痘後飲食起居、婦人出痘等痘疹的辨證論治；下卷分述寒戰咬牙、癢塌、水泡、渴證、聲啞失音、水嗆、腰痛、喘證、痰、失血、夾疹附瘻、夾斑、大小便秘、腹痛、譫妄、驗口唇、驗舌、驚搐、痘後身腫陰囊腫、痘毒、汗證、吐瀉、内潰辨等二十三種痘中雜證；末輯古今經驗方五十六首，如升麻葛根湯、葛根解毒湯、導赤散、牛黄清心丸、四君子湯、四物湯、十全大補湯等。

本書第三、四兩册與《痘疹秘本》相同，只是編排次序有别，同時該本無《煩躁啼叫》《不食能食》等篇，而《痘疹秘本》有關論述簡略，無《五運六氣》《古今經驗方》等篇。此書對于痘疹的學習研究有一定的參考價值。

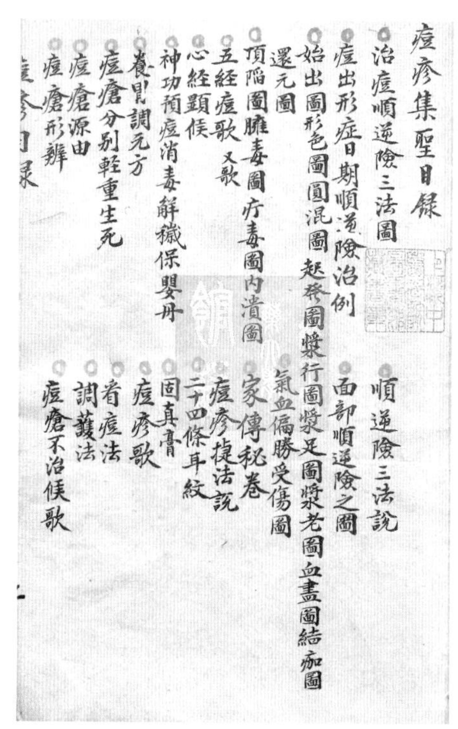

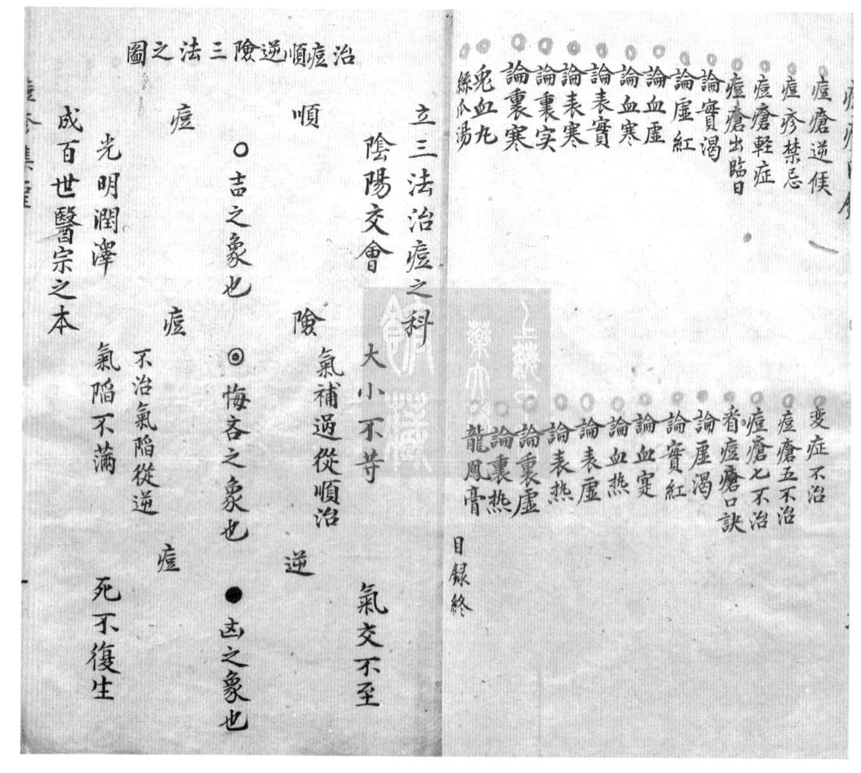

順逆險三法圖說

夫痘有順逆險三法古無有也愚意妄立之名何順者則吉之象也逆者凶之象也險者悔吝之象也治痘而執此三者于以觀形色驗吉凶將無施而不當矣蓋痘之一症始於見影終於結痂凡十四日之間而已苟非三者察形色之善惡定性命之吉凶尚何以決死生人將治所不當治不治所當治妄投湯劑亂死施方貿々焉不知所之彼其枉死者多矣此三者之法所以不得不立也是故吉不必治々則反凶々不勞治々則何益至如險者則宜治矣治之則可以轉危就安此皆必然之理予治痘三十年見其順者多逆者少惟險者介乎其間要知氣血有厚薄之不一也夫氣血盛斯毒易解氣血損則毒難愈惟氣血少弱者雖毒不能頓解然生命未始不困乎其中故必加以補益扶持之功治所當治順所當順斯其悔吝無不平矣予嘗苦心究討定之法式未足指迷于已往或可援溺乎將來覌者幸不以予言爲僭妄而少加繹之々功庶乎此生精神不至虛用也

痘出形症日期順逆險治例

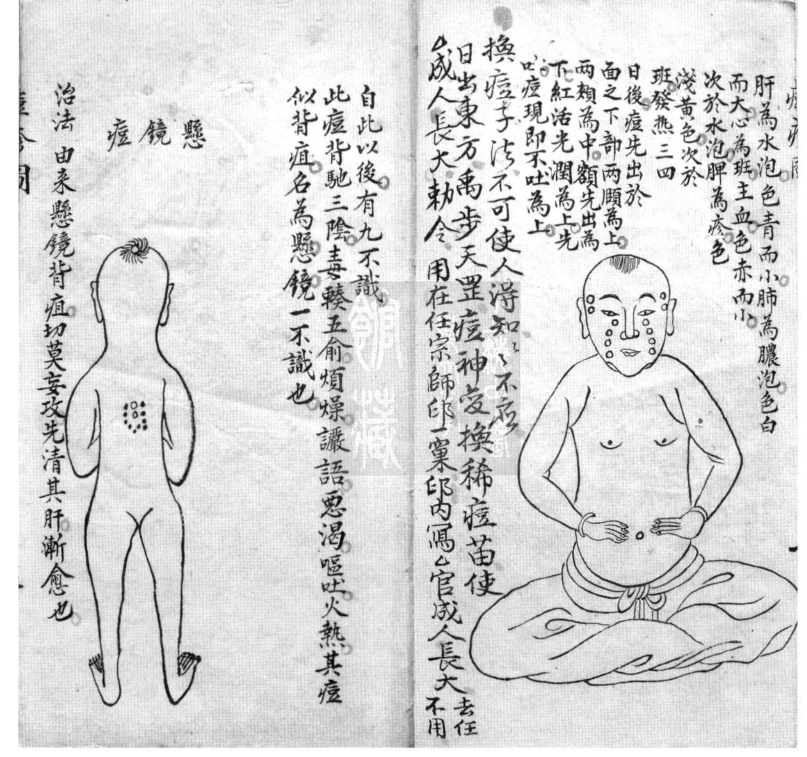

肝爲水泡色青而小肺爲膿泡色白而大心爲班主血色赤而小次於水泡脾爲疹色淺黄色次於班發熱三四日後痘先出於面之下部兩顋爲上兩頰爲中額先出爲下紅活光潤爲上先吐痘現即不吐爲上
換痘子法不可使人得知々不忌日出東方禹步天罡痘神安換稀痘苗使成人長大勅令 用在任宗師印一粟印內寫〻官成人長大去任不用
自此以後有九不識此痘背馳三陰毒鑠五俞煩燥譫語悪渴嘔吐火熱其痘似背疽名爲懸鏡一不識也
懸鏡痘
治法由来懸鏡背疽切莫妄攻先清其肝漸愈也

499 病症襍鈔

《病症襍鈔》，不分卷，一册。清張吉蘭抄録。撰者不詳。無目録、序跋、凡例。是本爲紫格雙欄鈔本，四周文武欄，每半葉八行，分上下兩欄，每行十餘字不等；版心爲對魚尾，花魚尾；版心上刻“豹文居”字樣，下刻“住南街頭下”字樣。扉頁上刻有抄録者姓名及抄録年代。抄録于清光緒十二年（1886），現藏于上海圖書館。《中國中醫古籍總目》未見收載。

此書主要論述痘症理論與治療方面内容，包括藥物、方劑、舌象及諸家理論等。方劑有湯頭歌訣、景岳書新方、小兒驚風方等。如論述諸藥物的功效主治曰：“人參大補元氣、止渴生津，黄芪收汗固表、托瘡生肌，氣虚莫小，白术健脾除濕，茯苓滲濕化痰，赤茯苓通水道，甘草調和諸藥”等。抄録諸病症方劑，如“貫漿”類方劑有保元湯等，“結痂”類方劑有結痂歸花化毒湯等。此外，還有肺科、麻科病症方劑。論述方劑的藥物組成、煎服法、主治及隨症加減等内容。如治療痘毒的方解爲：“老僧救苦，木通，赤芍，香附，荆芥，牛子，甘草，當歸，連翹，銀花，水煎服，便秘，大黄亦可加。三日之後加生地、黄芩、山梔、花粉、丹皮、元參。七日膿盛，去赤芍、荆芥，加入生芪、白芷。”該方歌詳細闡述痘毒的治療方藥、隨症加減及病症不同發展階段的用藥區别。是本還以歌訣形式列舉了保元湯、生脉散、歸脾湯、理中湯、補中益氣湯、建中湯、逍遥散、六味地黄丸、九味羌活湯等方劑的藥物組成。又抄録醫家有關痘症的治法、症狀、方藥及臨證加減等内容。如《證治準繩》云：“有微熱，痘出反多，其人必口渴，唇焦，大小便秘赤，表不熱裏熱，毒氣深也，宜急解之。若熱煩渴如炙，頭痛如破，或汗、無汗，石膏重用救胃，熱退則止……”另外還論述諸危症所見舌象，如“舌如去膜者危，舌如鏡面者危，舌糙刺如沙皮而乾枯燥裂者危”等。

是本内容豐富，對痘症的臨床治療以及通過舌象判斷預後等内容的記述，對現今臨證有一定的參考價值。

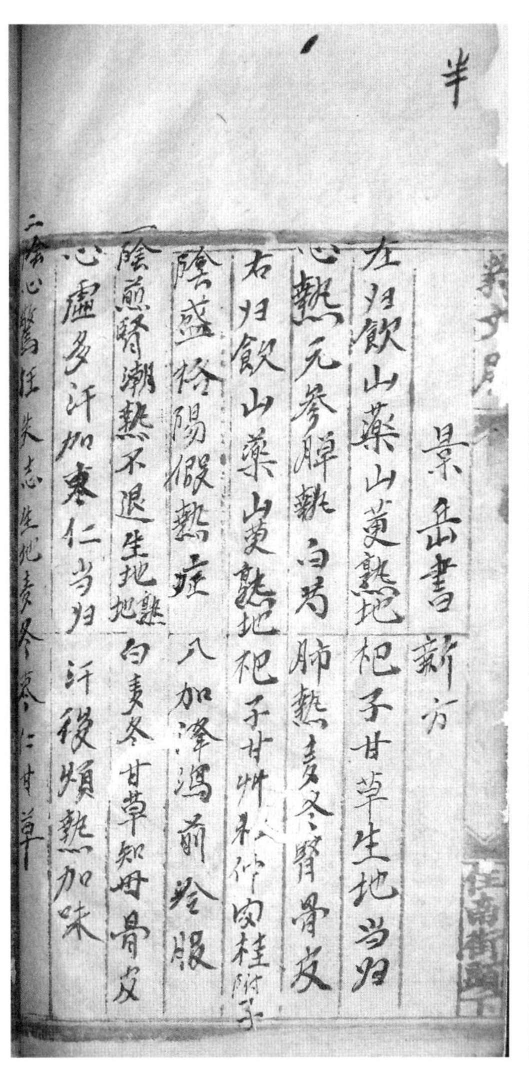

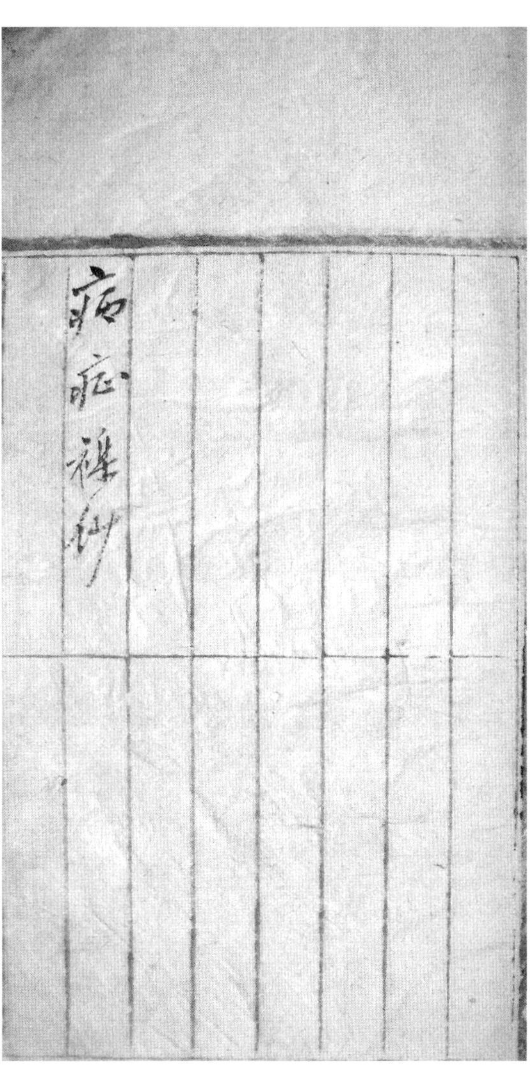

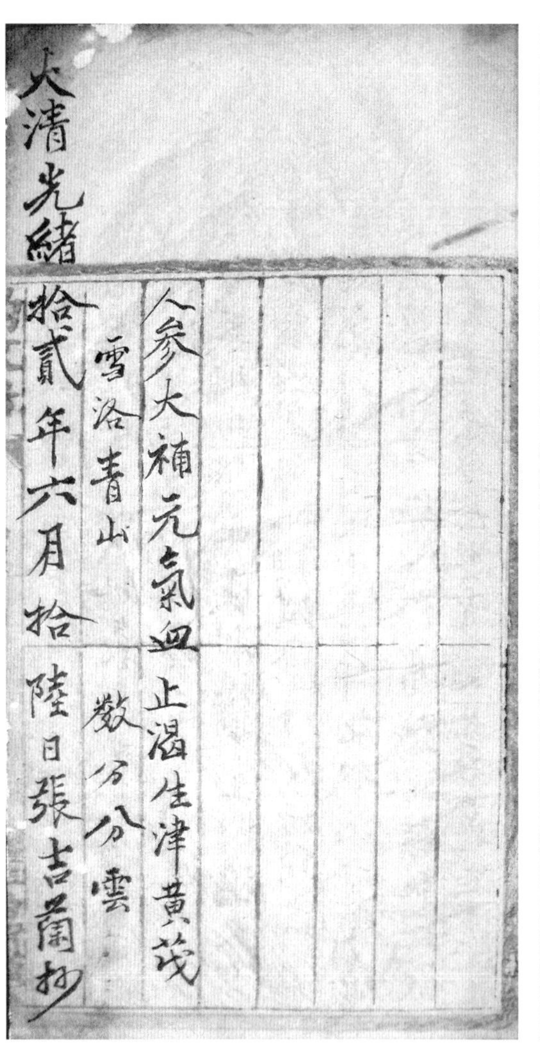

人參大補元氣血 止渴生津黃芪
雪洛青山 數分八分雲
大清光緒拾貳年六月拾陸日張吉蘭抄

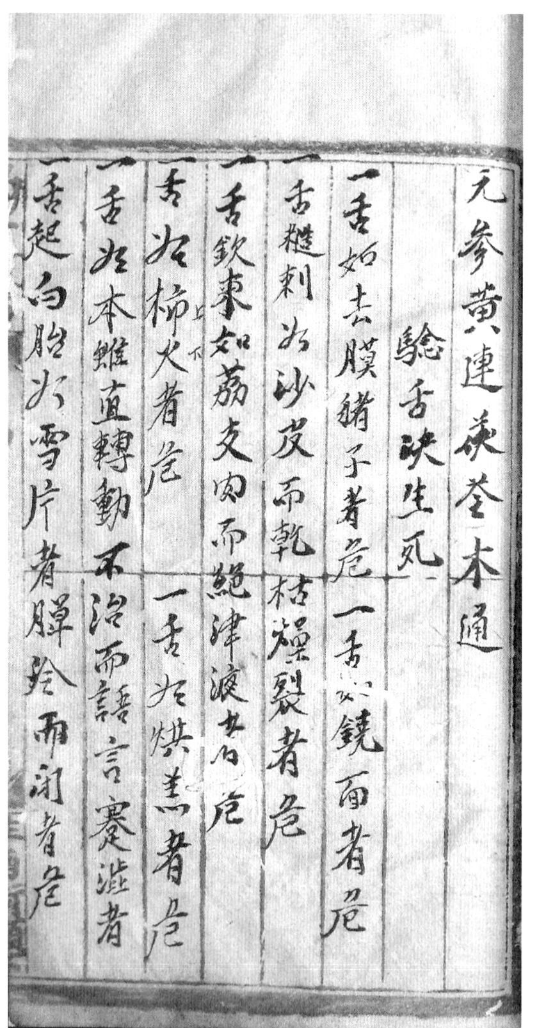

元參黃連茯苓木通
驗舌訣生死
一舌如去膜豬子者危 一舌如鏡面者危
一舌糙刺如沙皮而乾枯燥裂者危
一舌欽束如荔支肉而絕津液者危
一舌如柿火者危 一舌如烘焦者危
一舌如本蟹直轉動不治而語言蹇澀者
一舌起白胎如雪片者脾絕而閉者危

500 疹科輯要

《疹科輯要》，不分卷，兩册。清潘魯玉、謝東輝著。作者生平不詳。無序跋，首頁即爲目録。封面題"賈菊泉珍藏"，鈐有其印章，爲賈氏所藏之書。《中國中醫古籍總目》載録爲清鈔本。現藏于中華醫學會上海分會圖書館。

《疹科輯要》是一部兒科痘疹專著。首載疹科總論，述其病因、治則，認爲"疹雖胎毒，多帶時行，氣候暄熱非令，男女傳染而成""疹之爲病，不出乎解表、清熱、養陰、血潤四者"。次述疹之鑒别、疹後調理及宜忌。疹前有三大閉症，即火閉、食閉和風閉，疹後有大患兩種，即牙疳、泄痢，應注意辨别。并載火閉證方、食閉證方、風閉證方、見點一日方、見點二三日方、瘖子消後服藥方等八方。後列發熱、無汗、大汗、咳嗽、嘔吐、口瘡、衄血、腹痛、糞溏、發搐等六十餘種病證，論述其病因、治則及方藥，并録醫案十一則。末列發表、清熱、養陰、潤燥、清熱解表、清熱解毒、攻下、雙解、養血補陰等治法，以及慎用藥、宜忌藥。如："疹多泄瀉，慎勿用止瀉藥，用升麻、黄連、甘草、乾葛，則瀉自止……若疹後泄瀉及便膿血，皆有熱邪内陷故也。大忌止泄，惟宜升散，仍用升麻、乾葛、甘草、黄連、白芍、扁豆、滑石。"書末復載火閉證方、食閉證方、風閉證方、見點一日方、見點二三日方、瘖子消後服藥方等。

是書内容豐富，淺顯易懂，語言體例靈活多變，采用詩詞歌賦的形式，如"疹子輕重不治要訣""原疹賦""治疹調十三首西江月""疹證治括凡二十五首"，琅琅上口，是一部内容實用、通俗易懂的兒科專著。

疹科輯要目次

501 海陽痘紀

《海陽痘紀》，正文題爲《王海陽痘症書》，不分卷，兩册。清王道衡著。王道衡，字海陽，號海陽道人，浙江定海人，生活于十七八世紀間。另著有《痘瘆醉玄》三卷，存清咸豐六年周安貧抄録本。《海陽痘紀》跋叙述此書的來歷："癸卯春，舉以語海陽王公。公曰：我有秘傳，治多奇效，尚藏之心，未成秩也，今爲子成之。遂反覆詳論，著爲《痘紀》。"是書無目録，開篇爲《附議目睛露白論》。現存鈔本，藏于中華醫學會上海分會圖書館。

《海陽痘紀》是一部兒科痘瘆專著。首載《春夏爲順秋冬爲逆》《治痘大略次序》《八卦搜髓論》三篇醫論。認爲痘瘆的演變與四時一致，歸于氣血之盛衰。痘瘆發熱初起，宜解肌發散；痘瘆出時，宜清火解毒；後期灌漿，宜補元排膿；結面落痂，以補氣血健脾爲主。次述痘瘆的辨證，如順證、認五經痘、認五經火、看五臟中病、血氣表裏虚實論等，詳細論述五十九種病證的成因、證候表現、治則方藥、預後以及三十六種痘瘆雜證，如閉症、發斑、腰痛、腹痛、噦嘔吐蛔、嗆喘咳嗽、魚咂嘴等，并依證製定蘇解散、快標散、清地散花飲、玉液至寶飲等六十四方。其用參、芪獨有心得，即"必先於發胖（痘瘆發出）時，清盡各經之火"，且多以玄参以制人參之燥。書末附痘毒方、痘後翻瘢、痘瘆七不治、治痘後紅絲翳膜以及痘瘆五逆證等。

是本内容豐富，辨證精確，對證立方，隨證加減，皆爲著者臨證驗方。誠如跋中所言："立論立方，盡善盡美，有綱有紀，可經可權。正也而常出于奇，奇也而不離乎正，化入玄關，變神易理，孫吴之七書、武侯之八陣與？"如快標散之撤毒、萬靈丹之催胖、發補丹之發補、補靈丹之大補、醍醐飲之托毒、肺靈丹之豁痰、奪命丹之回陽俄頃等，可供臨證參閲。

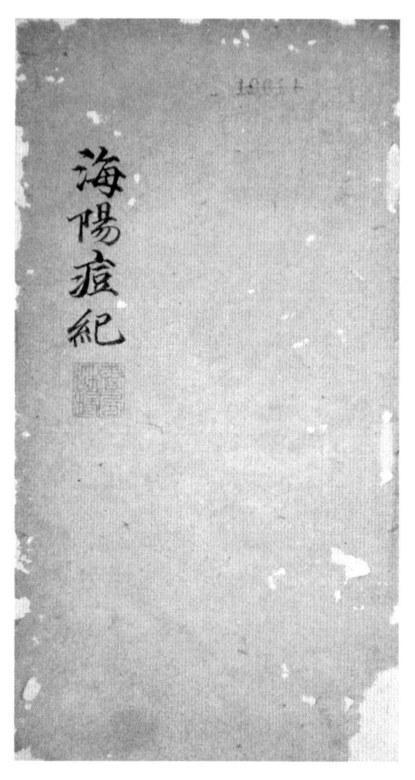

海陽痘症書

附議目睛露白論

元氣者。先天之氣。元命之主也。衛氣者。後天之氣。生命之主也。治痘必察元氣之淺深。衛氣之厚薄而施治之。則無失矣。要之何以別乎。元氣即衛氣之母。母餘必益于子。子必賴穀氣之餘以養其母。然後元氣得以固守人身。衛氣得以長養百骸。以見生生化化。上合天地。亭毒之功妙也。如元氣虛損。督脈縮而睛上乎。所以目睛露白者此也。此非痘毒之故。為毒出衛氣受虧。不能顧母也。治者多謂之風。非也。無龜者不治。失意志而不省人事者亦不治。但只露睛而無他症。以保元湯加陳米主之。蓋人參固元。黃芪固衛。加之黃米助穀氣以益其衛氣。衛壯則能两其元故也。惟七日前而露睛者。毒尚未解。母氣即離。于氣凋弊。豈能勝其毒乎。

春夏為順秋冬為逆

四時者。陰陽之功序也。氣血者。人身之根蒂也。蓋陰陽有消長。氣血有盛衰。痘毒有淺深。豈可以順逆論哉。今人皆曰春夏為順。秋冬為逆。但能述古人之言。而不能繹古人立言之義也。以吾論之。症之有順逆。猶四時之有順逆。且以四時之順逆言之。痘疹屬陽。而春為發生之時。夏為蕃莠之令。在人則玄府空疎。榮衛通利。脂膏潤澤。故痘易出而易解。樂其生長以為順也。若乃秋為容平之候。冬為閉藏之司。在人則氣血凝聚。腠裡固密。脂膏澁滯。故痘難出難解。惡其收藏以為逆也。故經曰。順時則

海陽痘紀跋

痘為小兒生死之關。醫為小兒司關之將。可不慎歟。柰世俗信鬼而不信醫。庸醫信方而不信書。即信書。亦何書不足信哉。予為此懼。博覽群書。希最上乘宗之。而罔獲。癸卯春。舉以語海陽王公。公〻曰。我有秘傳。治多奇效。尚藏之心。未成秩也。今為予成之。遂反覆詳論。著為痘紀。立論立方。盡善盡美。有綱有紀。可經可權。正也而常出于奇。奇〻也而不離乎正。化入玄關。变神易理。孫吳之七書。武侯之八陣。與如篇首太極一圖。與五行部位。則六經之症顯然矣。如八卦搜髓論曰。標、痘、三、日。切、忌、升、提。恐令

502 陸氏家言

《陸氏家言》，上下兩卷，兩册，現裝訂爲一册。扉頁爲原書封面。兩册正文首頁均題有“雲間陸時雍秘授，樂安問天氏藏”字樣，可知該書爲陸時雍作，問天氏抄。陸時雍，字元方(一作“芳”)，清代醫家，生于明末，雲間(今上海松江)人，家居笥里(今上海南匯新場鎮)，曾祖陸金、叔祖陸道光(明暘)和陸道元(南暘)均是明代醫家，陸氏又旁通詩學。問天氏爲江西撫州人，事迹不詳。扉頁上題寫書名，并鈐方形印章三枚，分别爲“椎鶚”和上海中醫學院圖書館藏書章，另一枚模糊不清。有繆彤序。繆彤(1627-1697)，江蘇吴縣人，著有《雙泉堂文集》。該本還標明頁碼，凡一百四十葉，每半葉六行，每行多則二十字，共一萬五千餘字。現存鈔本，藏于上海中醫藥大學圖書館。

該本内容與世傳《幼科金針》一書無二，但世傳《幼科金針》爲“雲間秦昌遇景明輯，金山吴中俊果超校”，吴佐忻等《陸氏家言初考》一文(《中醫藥文化》2008年第2期，41-43頁)中考證《幼科金針》當爲秦景明輯陸時雍文而成，可參。

該書記載兒科雜症證治，共載雜症九十六種，幾乎囊括兒科所有病症，如胎病、驚、疳、痘、疹等均有涉及。每病前或載有四句歌訣，簡要説明該病症狀、病機、治法等，如傷寒條下即有歌訣曰：“傷寒頭痛身無汗，壯熱渾身粗氣多。口燥鼻乾煩渴甚，攻寒發表自調和。”語言簡約，利于後學者掌握。每病條下還根據所論出具方劑，其中一部分爲經方驗方，還有一部分則是作者自創。

該書在兒科學上頗有影響，除作者論述精辟外，所載録的大量方劑也是該書的一大特色，尤其是該書所創立的方劑多很實用，爲歷代醫家所珍。如一字金治臍風撮口，用僵蠶五錢、威靈仙四錢、細辛一錢、明礬二錢、麝香少許、明天麻二錢、甘草五分、全蝎三個（炒）、辰砂一字，共爲細末，每用一字至五分，薑汁、沸湯調和，以指抹入牙關内，再以鹽梅擦牙根上下，次進以藥。用壁土湯治脱肛，以河水煎一味陳壁土，候脱肛熏洗，以五倍子末摻之。以大胡葱一把、紫蘇葉二兩、水楊柳三至四斤、芫荽一握（如無，以芫荽子亦可）組成荽蘇湯，用治小兒反關痘，見狂言譫語，煩躁不寧，手足抽掣，目劄腹脹，隱隱不振，昏睡不省，或視斑點即沒，或大小便并口鼻失血者。諸如此類，可供現代臨床參考。

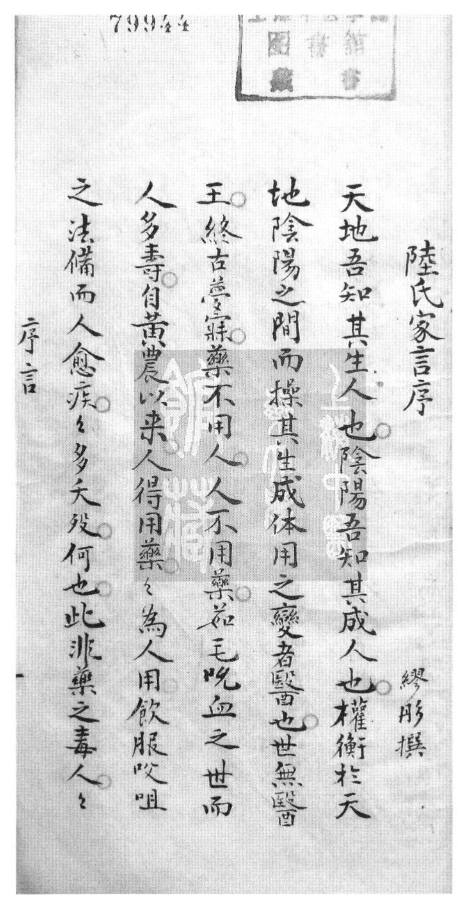

陸氏家言序

繆彤撰

天地吾知其生人也陰陽吾知其成人也權衡於天地陰陽之間而操其生成体用之變者醫也世無醫王終古學穽藥不用人人不用藥茹毛吮血之世而人多壽自黃農以來人得用藥藥爲人用飲服㕮咀之法備而人愈疾疾多夭殁何也此非藥之毒人人

序言

上

陸氏家言

為保赤此真黄口之寶本幼方之丹枕也書成問序
於余余取其書而讀之移晷不忍釋手因弁其言以
問世焉

目錄

全胎　胎寒　臓寒　胎熱
臍風　胎驚　盤腸　夜啼
天釣　鵞口　乳癖　急驚
慢驚　慢脾　解顱　耳症
齒遲　弄舌　項軟　五軟
傷風　咳嗽　肺風　喘急
天哮　鼻風　胎怯　滯頤
潮熱　瘧疾　吐瀉　疝氣

目錄　三

盜汗　五淋　溺血　傷寒
夾食　汗栗　傷食　傷積
食厥　腹痛　顖陷　風癇
驚悸　五癇　丹疹　水腫
嘔吐　脾胃

雲間陸時雍秘授　樂安閻天氏藏

全胎

靈根一縷固元陽　天授神丹濟世方
若使求精能返復　終身無疾少瘡瘍

夫人為三才之首具有小天地木厥元始非自空桑
實由父精母血而成形也是以先天之氣具足而生

全胎　一

503 陳氏幼科醫案

《陳氏幼科醫案》,不分卷,一册。清陳少霞編著。據《吴中名醫録》載:"陳少霞,字標,住史家巷。幼習顱顖醫,從王壽田學,精痧痘,爲同光時兒科名家。著《痧痘金針》三卷、《陳氏幼科醫案》一卷。卒于光緒年間。"有目録,無序跋。封面題"陳少霞先生幼科醫案",書名下有"丙寅富日,徐三行簽"的落款。扉頁爲目録,分别爲痧、痘、胎毒、外感、吐瀉、疳、痢、腫脹、頓嗽、肝陽、衄、便血、疝、腹痛、癖蟲淋、痿痹、目汗、種痘、疹瘰等十九種病證。其中主要爲兒科傳染性疾病,"痧""痘"有七十七案,占全書的一半以上,其他如胎毒、疳、種痘均爲兒科特有病證。每案無姓名、性别、年齡,直接記叙病因、症狀、舌脈、治則治法,次列所用藥物,不標劑量,無煎服方法及注意事項等説明。書末署"陳少霞幼科醫案卷終"。現存鈔本,藏于上海中醫藥大學圖書館。

陳氏"精痧痘",尤重望診,詳細觀察痧子、痘疹的色澤與形狀、痘疹根盤等情況,如痘漿色澤之蟬明或晦暗、痘漿質地之稠濁或清稀、痘頂的凹陷與凸起,動態地記録其發展變化,分析其病機演變及病情轉歸,及時予以救治。同時注重察口舌驗齒及鼻部和咽喉的證候。對于痧、痘的辨治則多取用温病學家的經驗,予以衛氣營血辨證。早期多采用辛凉透表治法,用藥以辛凉輕清宜透之品爲主,如豆豉、桑葉、蟬衣、薄荷、菊花等,注意配合使用輕微辛温的解表之藥,如荆芥、防風等。對于熱入營血,出現神志症狀及血分證候者,注意使用清營凉血、安神開竅之品,如丹皮、赤芍、犀角汁、羚羊角、紫雪丹等。温熱疫毒侵襲,多致熱毒證候,且易傷津液,多用清熱解毒之品,如銀花、連翹、牛蒡子、緑豆等。另外,還用清熱生津之品,顧護人體津液,如鮮蘆根、麥冬、西洋參、白茅根、筍尖等,所謂"存得一分陰液,便留得一分生機"。

陳氏還注重顧護中州，多配用補氣健脾之品，如黨參、黄芪、糯米等，以培育後天之本、生氣之源。

本書是一部内容詳盡的兒科醫案專著，具有一定的學術水準和價值。有關痧、痘等兒科傳染病的辨治經驗，對當今臨床具有較高的指導價值。

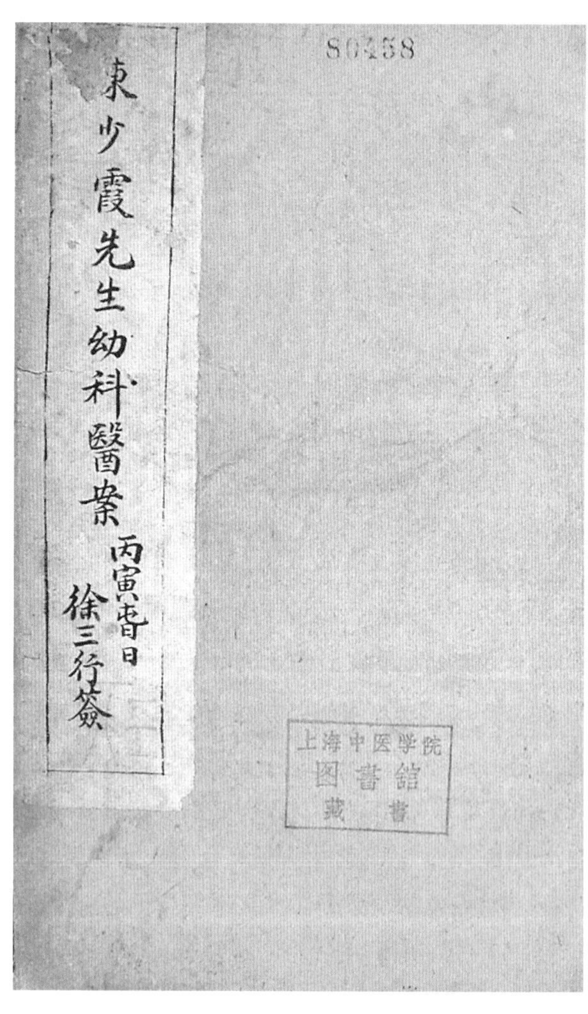

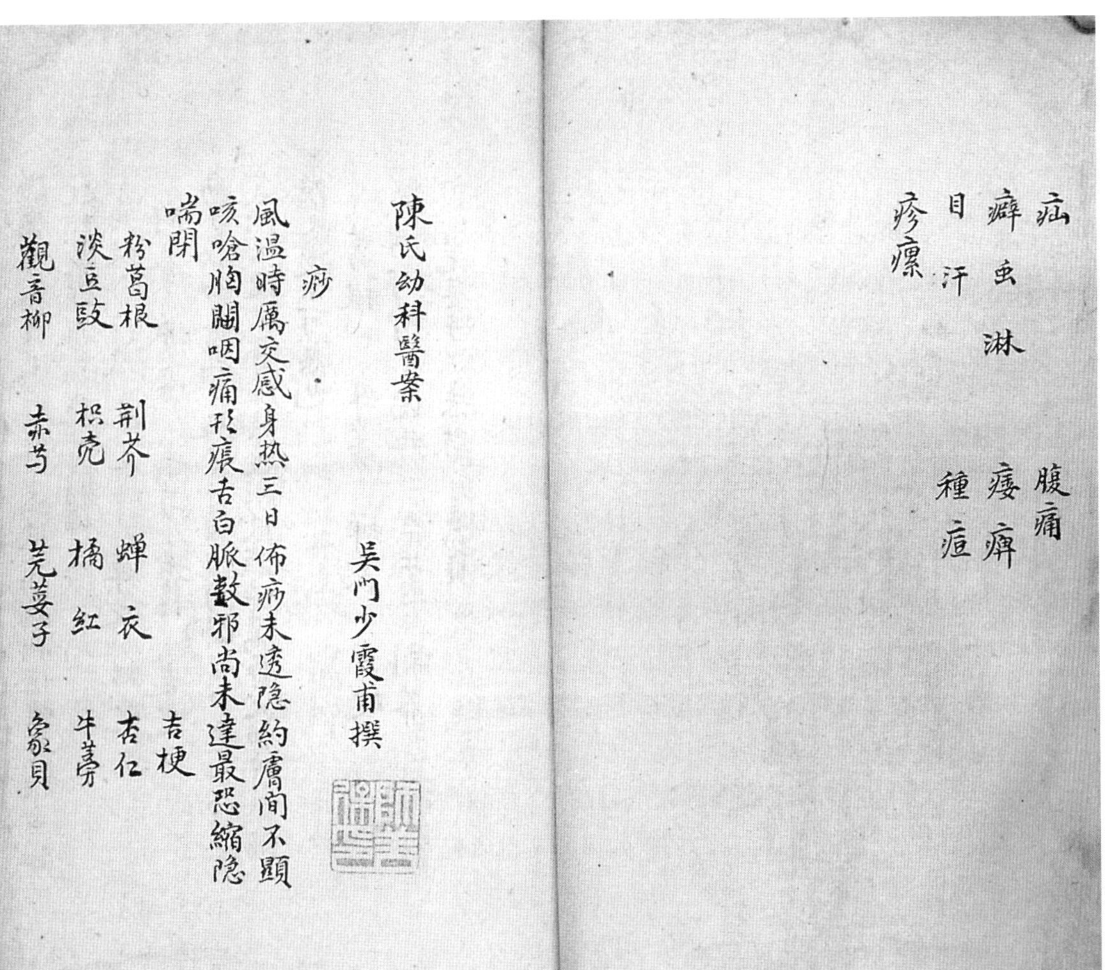

陳氏幼科醫案

吴門少霞甫撰

痧

風温時厲交感身热三日佈痧未透隱約膚間不顯咳嗆胸悶咽痛形寒舌白脈數邪尚未達最恐縮隱喘閉

粉葛根　荆芥　蟬衣　杏仁　吉梗
淡豆豉　枳殼　橘紅　牛蒡
觀音柳　赤芍　芫荽子　象貝

504 陳先生痘科偶録

《陳先生痘科偶録》，不分卷，一册，殘。清黄斌編，編者生平不詳。扉頁有陰文“程慰先章”一枚，序後印有印章兩枚，陰文印章爲“黄斌之印”，陽文印章爲“藏書”。該書自序稱：“甲辰季冬偶遇友人寓次，見其案頭有陳先生痘科一本，因借閲之。”認爲書中議論醇正，治法周備，但多凌亂重複，因而加以整理。“既竣，名之曰偶録，并叙厥由來，以候業是科者細加商榷。”《中國中醫古籍總目》載録爲清鈔本。現存殘本，藏于上海中醫藥大學圖書館。

書首載有陳先生痘科偶録目次。全書載文十一篇，有《論説》《證治》《異痘》《主方》《藥品》等，後四篇已佚。《論説》篇論述諸家治痘之得失，尤對丹溪治痘分析極爲詳盡，并認爲治痘要辨氣血盛衰、勿妄解毒，“治痘之法當從表症裏症，以辨明虚實寒熱”。後叙如驗痘、調養、禁忌等痘科證治大綱十二條，内附方四首。接叙異痘三十七條，觀痘之分布异常，辨病之吉凶。最後述痘科夾症十七種，治法二十二條。

是書首對諸家治痘得失進行論述，强調痘科治療宜謹始慎終。内容豐富詳實，理法方藥俱全，對痘科臨床和文獻研究有一定的參考價值。

序

造物以好生為心則生人為大矣乃人人而有生即人人而出痘其病之與生俱來也造物亦若有無可如何之勢而精于治者不特人人手是托命於甲辰季冬偶過友人寓次見其案頭有陳先生痘科一本因借閱之其除議論醇正治法周備自是前輩中之神明於斯道者

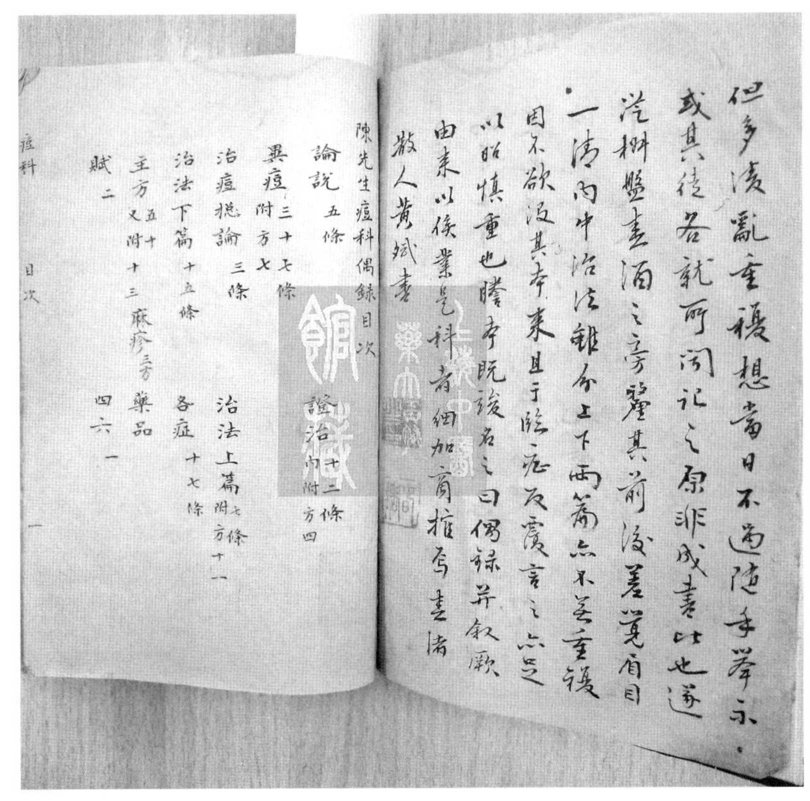

但多淩亂重複想當日不過隨手筆示或其徒各就所聞記之原非成書者也遂從耕暇書酒之旁釐其前後差異眉目一清內中治法雖分上下兩篇亦不至重複因不欲沒其本來且于臨症反覆言之亦足以昭慎重也謄本既竣名之曰偶錄并叙厥由來以俟業是科者細加商推為之書諸

散人黃斌書

陳先生痘科偶錄目次

痘科 目次 一

陳先生痘科偶録

春渚黄斌編次

論說

諸家得失

治痘之家多矣。劉河間悉用寒凉。偏害非小。錢仲陽立方。亦以觧毒爲主。多用凉藥。少用温補。張潔古王海藏咸宗之。此其意、俱本於内經諸瘡瘍屬心火之一言。故專以寒凉瀉火。厥後陳文仲力矯其偏。專主

痘科　論說　一

505 陶五松痘科秘本

《陶五松痘科秘本》,不分卷,一册。陶五松,明代醫家,生平不詳。書中亦未見著書年代。内有部分小字注文。《中國中醫古籍總目》載録此書成于1722年。現存鈔本,缺目録首頁,藏于中華醫學會上海分會圖書館。

此本由五十九篇醫論組成,包括痘證的頭面望診、兼症診斷、痘後病證、治療原則及食物禁忌。從本書所列專題的内容可以看出,著者非常重視痘科的診斷方法。如開篇即介紹"看痘大法":"華佗曰:氣尊血分者生,毒參陽位者死。"其後又詳細記述痘科的頭面望診,包括正額、眉心、眼目、鼻、咽喉、頸項的辨别。如"看正額":"《内經》曰:諸痛瘡瘍,皆屬心火。心之部位,正額是也,故額爲主。若遍身痘密平塌,而正額痘匀朗紅綻光澤,猶爲可治。"通過觀察正額部痘的情况,來判斷患者痘證可治與否。此外,著者還根據患者驚搐、腰痛、煩躁、失血等兼症來判斷痘證的輕重緩急,提示治療方法與預後。如兼症"驚搐":"先發驚而後痘,熱在痘而不在心,曰生;先發痘而後驚,熱在心而不在痘,曰死。"通過痘證兼症驚搐發生的階段,來判斷病情的輕重與預後。又如兼症"腰痛":"凡痘發熱腰痛,或痛連脊,轉側不能,其候爲至惡。蓋腰者腎之府,乃毒中於腎而凶也。"指出"腰痛"爲痘證至惡兼症。

對痘後病證的記述,包括"痘後害目""痘後口舌生瘡""痘後咽喉腫痛""痘後瘡瘍"等。著者認爲痘後之疾多由餘毒未清、失于補托或過于温補所致,如"痘後口舌生瘡或牙潰爛者,皆由餘毒不解,乘於陽明,熏逼於上焦",又如"痘後咽喉腫痛者,由餘毒留於管簽,或過用辛温補劑,以致毒火刑金,不能清肅,而成内鬱"。對于痘證的治療,《治痘要略》載:"順痘不必治之,治之則反傷其正;逆痘不可治之,治之則反招其咎;唯險痘治則吉,不治則凶。"《治痘三法》載:"痘證多端,唯氣虚、血熱、毒壅三症,治法亦不可勝數,總不越於發表、和中、解毒而已。”治則治法提綱挈領,言簡意賅。本書亦記載了痘證前後的飲食宜忌。如:“未出痘兒,可食瑣瑣葡萄,可令不出。將出痘前,用赤豆、緑豆、烏豆、甘草湯服,可預解其毒。”“將出痘前忌食猪肉肚集,前後忌食鷄鴨子,食之則發巴瘡不止,又害目病。”本書亦對“熱點一日候”至“熱點十四日候”作了動態記録,描述了痘證的全過程,雖不必過分拘泥于此,却也不乏參考價值。

是書對痘證的記載全面廣泛,叙述簡明扼要,提綱挈領。在論述中多引用《内經》言論,診斷上參用臟腑辨證、八綱辨證與經絡辨證,言痘而不拘泥于痘,體現了著者具有系統的醫學知識。

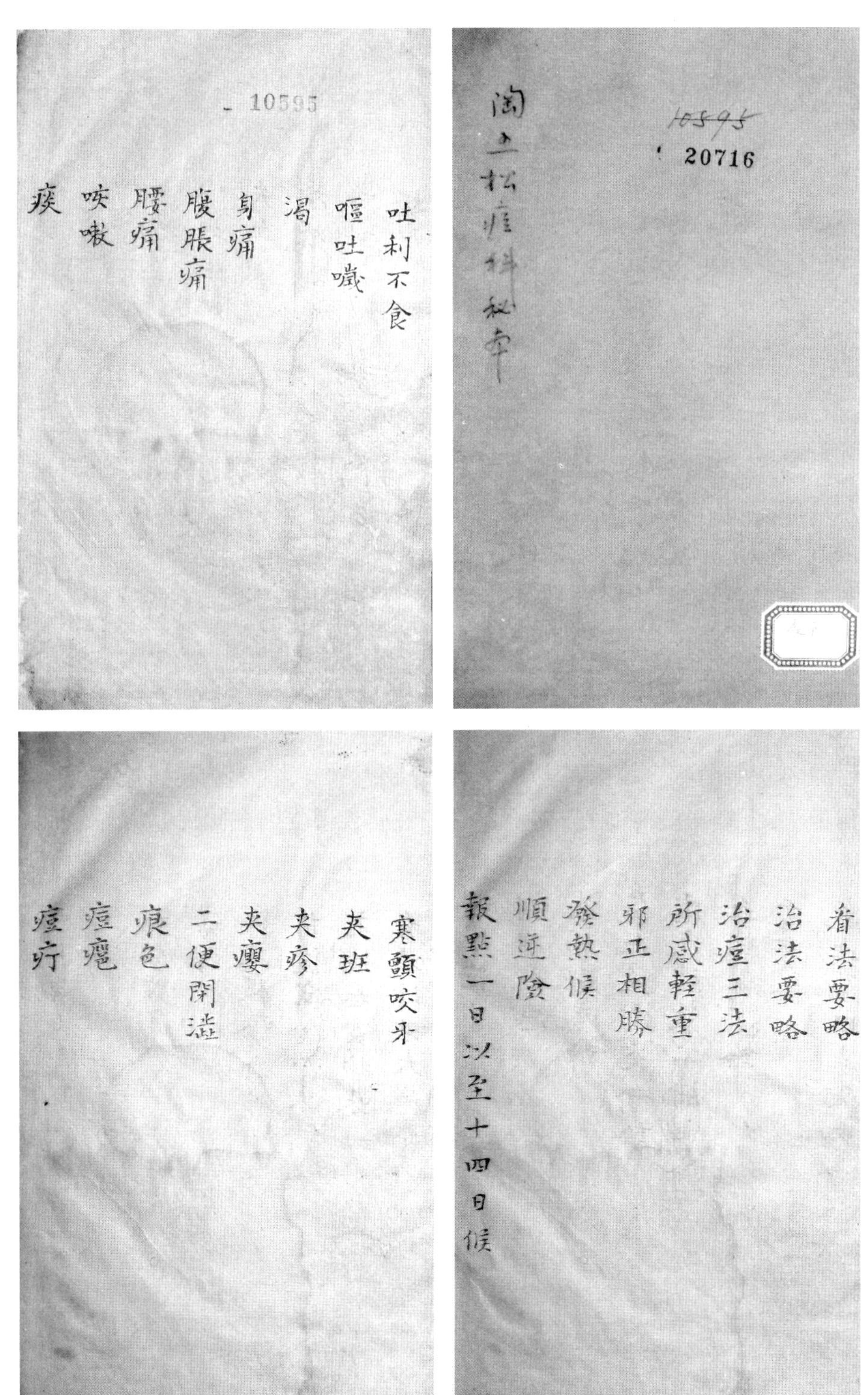

吐利不食
嘔吐噦
渴
身痛
腹脹痛
腰痛
咳嗽
痰

閩立松痘科秘本

看法要略
治法要略
治痘三法
所感輕重
邪正相勝
發熱候
順逆險
報點一日以至十四日候

寒顫咬牙
夹斑
夹疹
夹癭
二便閉澁
痕色
痘癰
痘疔

506 黄帝逸典

《黄帝逸典》(中),不分卷,殘本。又名《軒轅逸典》,托名唐藍采和注釋,實爲清代作品,館藏載其成書年代爲1779年。本書專論痘疹,内容分爲原痘、格三(指治痘的三個階段)、臟腑、傳經、發熱、報痘、點論、脹論等十二篇。據“藍采和序”稱,曾補撰藥性、藥方二論,但今已不傳。現存鈔本,藏于上海圖書館。

本卷列有《報痘論》第六、《點論》第七、《脹論》第八、《漿論》第九、《靨論》第十。《報痘論》列痘之虚實、痘報不治的六種情況及原因,指出:“夫痘必報而後觀,觀則必察其身退涼,體態輕便,能飲食不煩焦,居止動作如常,此毒微而氣血旺,無事用功。凡此者即當因證知經,按經施功。”次列肝痘、脾痘、肺痘,指出觀痘只須觀頭面。《點論》指出:“點者,痘所昉也。吉凶在虚實,不在疏密;在寧燥,不在紅白。”“妄汗則倒陷,妄下則倒靨。不知疏散,則痘煩而難成功;不知補托,則氣虧血散而不得奏效。過清則漿稀不稠,過温則不及漿而乾。凡痘之壞者,職是故也。”《脹論》闡述起脹的原因,由“火蒸之,水騰之”。起脹時,有三等痘之脹。認爲“毒爲之,脹即起;氣爲之,毒在外,氣不能拓,則不起脹”。并從痘之顔色、厚薄、形狀來分辨痘之吉凶。其次詳述各種變證的病因,如“搖頭者肝虚也,咬牙者腎虚也,寒戰者陰陽迭勝也”。《漿論》强調痘漿係毒化而成,灌漿也藉火蒸水騰,漿有無係于脹之起伏。説“毒所由化氣之而水盈焉,水盈而血生焉,使不乾焦而成薄膿,氣之至也,水足而火行焉,火行而毒熟焉,能蒸爛其毒而成稠濃”,所以漿而不漿,關鍵是看氣。列有漿而不稠、漿而不漿、漿已成熟、彼生而忽死等病因,并載明治法。《靨論》指出痘之漿靨主要是頭面,頭面又尤以天庭爲主。列有不漿而靨死,漿稠而靨可决而生,以及漿稠不靨火沸不停、痘後有麻點等治療。

本書爲痘證要書，按痘的不同階段分別論述，闡述各階段主要症狀病因及治療要訣。

報痘論第六

痘不頓現也頓現非痘之善也必有先見者一見即以手捫之雖在膚上如有物在膚中是之謂痘不如是即非痘如是而為痘必見諸痘之惡症是為危險之痘

虛而嫩暗而薄者則頓現矣實而老明而厚者則有如物在膚中矣

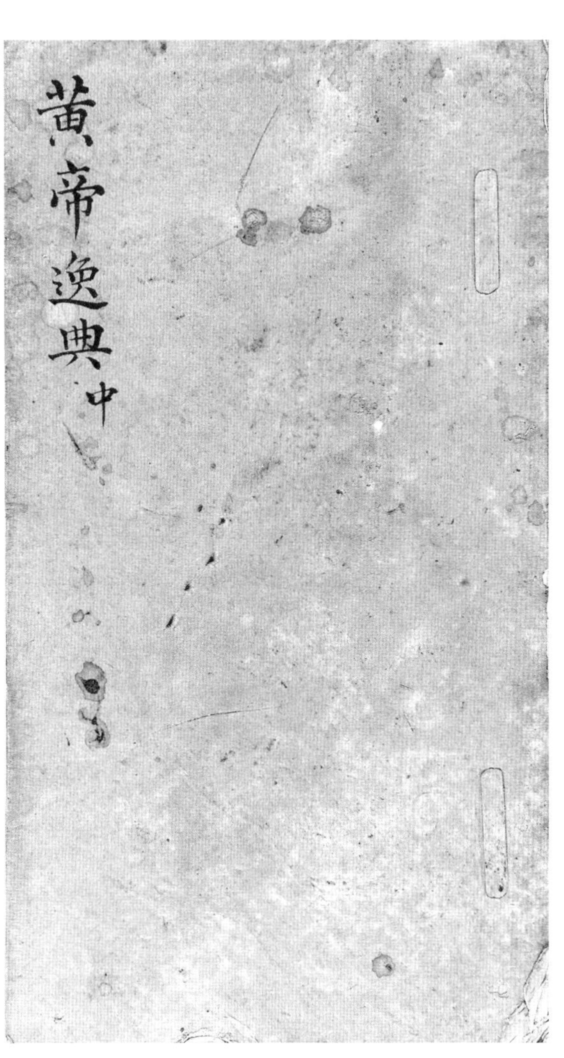

總論

人為兵器所傷出血者必甚渴不可即與水飲所食之物須乾食二肥臟無所妨害貴解渴而已不可過多食粥則血沸出心死矣症有不可治不宜妄治 曰傷腦髓出 曰傷天囪 曰傷劈跡中脉 曰大腸 曰傷五臟 曰傷腦而破咽喉中沸聲兩目直視曰痛不在傷處 曰傷出血不止前赤後黑或肌肉腐臭寒冷萬實其瘡難愈凡皆不可治之症也除此之外看其色淡紅者良萬無一失紫紅者必有無一生之理看其脉虛細者生數實者死沉小者

死風從地起人日在風中行動其感人也輕則傷風重則發汗而已痘之欲出必發熱之後遍身微微汗出汗出斯已其不出汗者決不感乎風也暑雖傷無形之氣然暑為水火之合氣水火均行故氣雖傷而亦易充浸有形之血血得濕潤而後能化故不耗血惟止潮濕而已氣血無虧故軟爛糜潰卒能獲安此所以頭面貴乎少肢骻多亦無害

507 麻疹折衷

《麻疹折衷》，不分卷。著作佚名，無序跋與目録。首頁有印兩枚，分别爲“王祖慶印”“賡雲”。書中“藥性參考”部分字體與前文大不相同，又前文所用“玄”字皆不避諱，而此部分所載“玄”字或缺末筆避諱，或改作“元”，故推測爲後人增入。又“外治藥性”部分有“源振號定廠、荆川太史紙”朱藍印記，且紙色老黄，與清初紙相類，推測此本當抄于清初。該書未見載于《中國中醫古籍總目》《中國醫籍大辭典》等工具書。現藏于上海交通大學醫學院圖書館。

是本大體可分爲總論和各論兩部分。首載麻疹總論五則，包括“痘疹辨”“傷寒斑疹辨”“骨髓賦”“麻疹歌”及“辨認麻疹症”。後載麻疹症狀診斷及兼證二十四則，如“驗形色”“咽喉失音”“驚搐”“入目”等。《總論》開篇即言痘與疹的區别，“痘與疹同是胎毒，但痘出于藏，藏屬陰，乃爲積受之地，其受毒最深；疹出于府，府屬陽，而爲傳送之所，其毒尚淺。故曰痘標屬陽而本爲陰，疹標屬陰而本爲陽也”。并在“辨認麻疹症”中提出疹證治則：“便宜發散，須分四時用藥。”“温疫時，以辛凉之劑發之，用防風解毒湯；暄熱時，以辛寒之劑發之，用芩連解毒湯。時暖時寒，以辛平之劑發之，用乾葛解毒湯；大寒時，以辛熱之劑發之，用麻黄解毒湯。”各論主要論述麻疹兼證，如論述衄血兼證，著者以《内經》“奪血者無汗，奪汗者無血”之論爲基礎，用犀角芩連湯治療，臨服時加入墨汁。又論述泄痢兼證，著者引河間“理氣痛自除，調血便自愈”之論，治療以“三黄湯利之”；如泄痢日久，變爲休息痢，甚至脱肛者，用補中益氣湯加厚腸胃藥，如黄連、厚朴、白芍之類。著者詳列麻疹的愈後禁忌：“麻疹比痘尤宜謹禁。誤食雞魚，則終身但遇天氣時行，又令重出也；食鹹酸，令咳嗽不止；食五辛，令生驚搐。取以通忌。”亦引《心鏡》

之言:“麻後最宜避風寒,戒葷腥厚味,及冷水、桃瓜、油膩、炙煿、酸鹹等物。”强調麻疹病證的飲食起居宜忌。

除小兒發疹外,該書亦附載孕婦麻疹的治療方法:“孕婦麻疹,宜以四物加條芩、砂仁、艾葉安其胎,清其熱。”本書末載有疹證的“藥性參考”,著者“止擇痘疹所必用者,餘不載”。其中“湯劑藥性”八十一種,“外治藥性”二十種,“藥中加引及暫用藥性”十六種。内容緊密結合當時的臨床實際,可作爲今之臨床參考。

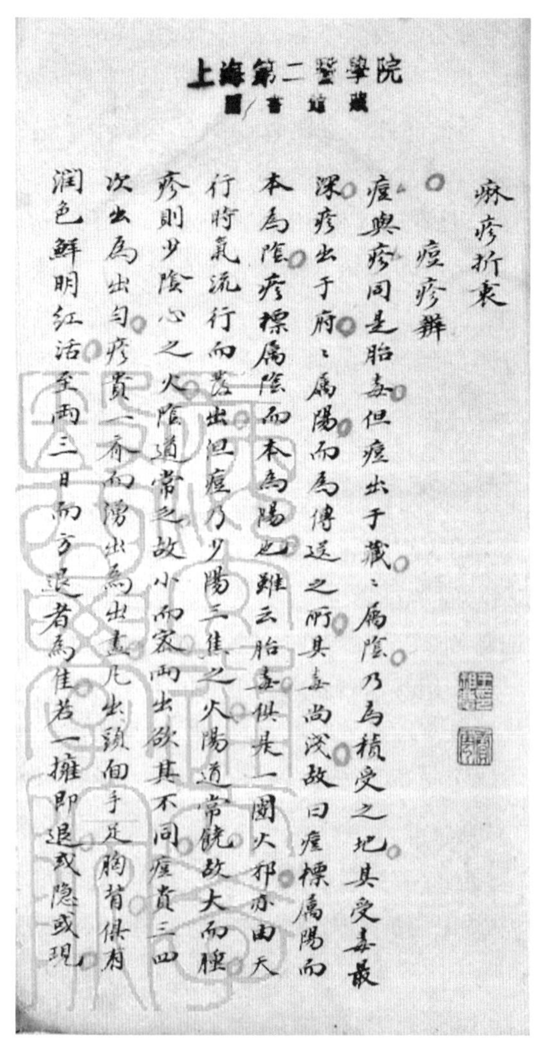

麻疹折衷

痘疹辨

○痘與疹同是胎毒但痘出于藏〻屬陰乃為積受之地其受毒最深疹出于府〻屬陽而為傳送之所其毒尚淺故曰痘標屬陽而本為陰疹標屬陰而本為陽也雖云胎毒俱是一團火邪亦由天行時氣流行而發出但痘乃少陽三焦之火陽道常饒故大而腫疹則少陰心之火陰道常乏故小而密兩出欲其不同痘貴三四次出為出匀疹貴一齊而湧出為出盡凡出頭面手足胸背俱有潤色鮮明紅活至兩三日而方退者為佳若一擁即退或隱或現

508 麻疹治例

《麻疹治例》，不分卷，一册。未著撰者姓名。書末存跋，爲著者之子樹良所作。由跋可知著者蘅薌公（姓氏不詳），清代醫家，光緒乙未（1895）終，年七十四，曾從名醫周子仁遊，習醫學，有樹良、樹滋二子，前者承家學以醫爲業。書中“玄”“寧”二字缺筆避諱，“玄参”均作“黑参”。現存鈔本，藏于上海中醫藥大學圖書館。

全書分“麻疹總論”“例治”“附種痘説”及諸方四部分。“麻疹總論”强調治療麻疹宜清凉發散爲主，切忌酸收、動氣、燥悍、温補之藥，麻疹中出現的諸多兼證宜從手太陰、足陽明二經邪熱論治。“例治”計有發熱、部位、形色、咳嗽、汗、嚏、嘔吐、泄瀉、目、發不出、透表、不透表、早沒、難沒、渴、喘、氣促、瘖、搐、衄、譫妄、咬牙、唇燥、唇舌破裂、口氣、舌苔、口疳、腹痛、便秘、溺澀、痢、下蟲、睡、不食、鼻扇、胸高、身冷、妊娠、虚羸、麻瘡等四十例。每例下列病機、治法方藥，注重兼證在不同階段的治法。如認爲咳嗽一證，麻疹乾咳連聲不斷，責之于火邪淩鑠肺金，“然咳則毛竅開而麻易出，故未出之先最喜咳，甚發透其咳自已”，麻疹出盡後仍咳不止，宜用清咽滋肺湯，若沒後仍咳，則用人参白虎湯去知母易麥冬滋化肺陰等。再如水痘一證，提出水痘後再發正痘（即天花）則輕。“附種痘説”述種痘的方法及禁忌。最後存“清咽滋肺湯”等十六方。

本書實爲《張氏醫通》卷十二“嬰兒門下”及卷十五“嬰兒門下”的摘抄，僅書末多出越婢湯、化斑湯、柴胡飲子三方。《張氏醫通》流傳較廣，但卷帙浩繁，麻疹“例治”部分對麻疹及其兼證論述詳細實用，本書摘録此部分，并附相關方藥于書末，方便學習使用。所述内容對麻疹治療有一定的參考價值。

麻疹總論

麻疹者手足太陰陽明二經蘊熱所發小兒居多大人亦時有之是亦時氣傳染之類其發熱時多咳嗽多嚏多嘔眼中如淚面浮腮赤多瀉多痰多熱多渴多煩悶甚則躁亂咽痛唇焦神昏通身紅赤起而成粒勻淨而小斜目視之隱隱皮膚之下以手摸之壘壘肌肉之間其形若疥其色若丹以其陽氣從上故面頭愈多者為潤法當清涼發散為主藥用辛散以升發之涼潤

一

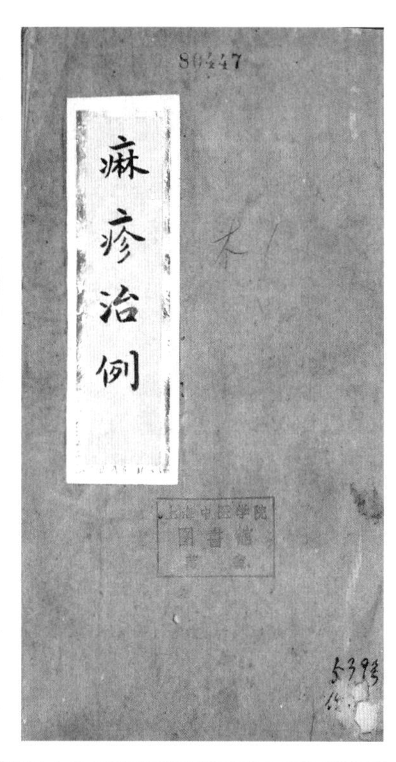

况苗發之症既無客邪鼓動氣血勢攘塌煨亂之虞正氣內守雖洒氣糙氣略無妨碍脫痂後無瘢痕口鼻無爛之厄尤為避險就安之捷徑若有意外之变此兒正氣內奪加以客邪交迫時動必潰命之制在氣道之理也值此而與種痘未有不告妥者故凡病後之兒及顏色太嬌骨幹太弱肌理太疏皆未可以輕試也其於痘證初行疫邪方熾之時切須避其銳氣當俟大勢稍平方可施補天浴日之妙用其間或有不順者此必苗非正痘醫非慣家是不能無揠苗助長之憾然皆方士之所為人知其神之神而不知不神之所以神吾以靜眼觀之昌若順天隨時不假強為之為愈也

先君蘅鄉公諱　周子仁太夫子游習歐學歷五十餘載而先君棄世時先潰乙未余問壽過古稀有四　先君歷盡艱危庚申寇亂避難他方千餘里外得返古故里皆賴醫學以全重續室家生余子弟樹滋余承前子趨庭家學仍習舊業願以一家飽暖而已戊戌春正月十日偶閱此書感先人餘蔭常延莫間則余幸甚矣因為之誌　樹良恭書

廿

509 麻疹集成

《麻疹集成》,不分卷。據序後“雍正壬子年桐月望後一日山陰柳克遠書”,推測成書不晚于1732年。序中言:“從外祖徐珍上者,得秘授於名醫俞文起先生,採集諸書,訂爲一本,細加批點評論……余得是書,二十餘年。”其中“揔論一篇,疹前疹後,各分界限,結末增加藥性,宜於麻疹者無不備具。其批點圈直,悉遵從外祖所訂者,開卷了然,醫者可以知所歸矣。是書名曰集成,亦以見非余一人之私言也”。可知此書匯集諸家治療麻疹的經驗,故稱“集成”。係徐珍上撰,柳克遠校補。該書墨筆書寫,并經點校,夾雜有部分硃筆點校。正文有多處墨字眉批以及小字夾註,中縫有朱文陽文印章多枚。現藏于上海中醫藥大學圖書館。

全書分十二章,序後有目録“麻疹採要”“麻疹辨疑賦”“賀少君病疹醫案”“繆仲淳先生清揚飲子”“聶久吾先生麻疹論”“痙症啓微(仁和沈好問著)”“諸家疹後症治”“疹家全書摘録”“輕症”“重症”“死症”“麻疹本草”,後附《景岳全書》中相關痘疹内容。全書涉及麻疹的診斷、治療、用藥各方面,尤其取各家經驗之長,便于臨床選擇。

書中治驗具有較高的臨床指導價值。如對汗、衄的治療明確用藥不同:“汗太多,白虎湯合黄連解毒湯。衄太多,玄參、生地、丹皮、支子、甘草、黄芩、麥冬、犀角之類。《全書》内止血用茅花湯。”對疹初發者的原則于《疹家全書摘録》中提出:“治疹者,發熱之時,因當查時令之寒暄,用辛凉、辛寒、辛温、辛平之藥發之,然發以辛凉、辛平二者爲正。”書中載有徐珍上先生治療案例一則,對臨床治疹頗有反思價值。康熙四十二年四月,一女子出麻疹,因腹痛求醫,未聽從徐醫之言而采用平正方,導致喪命,文中稱:“蓋此方辛温者居大半,積温成熱,其毒反攻,自然之理也。目下醫人,以此方爲不易之法，其害人不可勝數，良可歎耳。"

《麻疹本草》記載常用治疹藥物，有性味者四十二味，藥後標有"增"字樣十三味。有部分藥名上有"×""｜"符號，"俱係徐珍上先生所禁者也"。此皆代表了徐珍上先生的經驗。對于西河柳在麻疹中的使用有眉批曰："凡熱勢盛者，即用白虎湯去人參加西河柳，忌用升麻，服之必喘。如平時麻疹發不出，咳嗽煩悶躁亂，用獨聖散西河柳……此真神秘之方也。"認爲"西河柳，即觀音柳，乃痧疹之聖藥也。冬月用枝梗，春夏用苗葉，每用一錢煎湯服，年力大者，多服一二次更妙，能清肺解毒發表"。另在《麻疹本草》中又提出"出疹世俗俱用西河柳，潮起不可用"。

綜上所述，此書集各家所長，又結合祖傳經驗，是一部具有臨床參考價值的醫書。

序

麻疹之書。紛紛不一。其中論有可取。而方多不合。若執其方以用藥。則死者不可勝紀矣。從外祖徐珍上者。得秘授於名醫俞文起先生。採集諸書。訂為一本。細加批點評論。是者圈之。非者直之。忌者乂之。其有益於世者。良非淺鮮。余得是書二十餘年。今春館於蕭邑白露塘。天行疫癘。一堂諸子盡皆出疹。依此用藥。並無不瘳。但諸家之書。頭緒甚多。難以一貫。特於教學之暇。

細心體會揔論一篇疹前疹後。各分界限。結末增加藥性。宜於麻疹者。無不備具。其批點圈直悉遵從外祖所訂者開卷了然醫者可以知所歸矣。是書名曰集成。亦以見非余一人之私言也云爾。時

雍正壬子年桐月望後一日山陰柳克遠書

麻疹集成目録

510 痘花啓蒙

《痘花啓蒙》，不分卷，一册。有序言一篇，有目録。輯録者爲董進材，成書于咸豐三年（1853）癸丑正月。現存鈔本，藏于上海中醫藥大學圖書館，藏館著録此本撰者爲翁仲仁。

是本爲精寫本，字迹端正清楚，無欄線，每半葉八行，每行二十字。全書爲硃筆句讀，并有“△”“---”等硃筆重點標注符號。扉頁上撰有書名，注明“董進材先生輯”“癸丑春月”“存仁堂選撰”字樣，明確該書的輯録者及成書年代。撰者在序言中指出，因“痘疹一症爲人身生死之關”，故“將古方彙成歌訣，則五臟六腑、表裏虚實陰陽可以明辨而無疑矣”。

是本首篇爲《六十四症形色論》，指出痘疹乃胎毒所發，曰：“此毒乃男女構精時淫火之毒，有是身則有是毒。”論述小兒痘疹、婦人妊娠痘疹等六十四症的症狀、病因病機及治療方藥等。認爲痘疹到二三十歲才發出者，雖與小兒痘症無异，但肌膚氣血與小兒不同，此時“男子真元已喪，腎水必虧”，治療上“俱用滋腎益水白雪湯”。隨後論述痘疹七十六症的症候特點、病因病機、預後及治療方藥，包括蛇皮、鐵葉、蚤斑、發斑、破黄、白虎、閉症驚悸、疔、板黄等。如論述“發斑”，指出其症有三：毒血在腹，元氣虚弱，毒血横行，肚腹軟處毛竅内滲出血點；二日之内斑必盛，斑盛則瘡衰如筋頭大而紅者猶可治；二日之後必見紫色，如指頭大而變黑者歸腎，爲不可治。治療上“如見六經火盛，血熱而發斑者，至寶飲内去歸、芎、陳皮，倍紅花，再加薄荷、丹參、黄連、黄芩、蘆根、山梔、知母、金銀花瀉六經之火，甚者加蘇木，斑即消矣”。如對“板黄”症的論述：“繞唇如薑黄色者，是見脾土正色也，不治之症。”是本還輯録有《附不治歌訣》《痘疹歌訣賦》《看痘輕重歌》《避穢氣法》《又禁忌法》《諸方》《王宇泰痧疹論》等篇，皆以七字一句的歌訣形式論述痘疹不治諸症、痘疹禁忌法、治療方藥等方面内容，如《看痘輕重歌》篇曰："輕者熱輕痘亦稀，大小先後出不齊。根窠紅活瘡肥潤，飲食如常勿藥宜。重者熱中瘡並出，密如蠶種似胭脂。根白頂紅並紫黑，若逢血活尚堪醫。"《諸方》篇列有玉液至寶飲、通暢飲、麻黄蘇桂湯、珍珠膏、散火飲、寧心散等四十餘首内服、外用的治療方藥，詳細論述諸方的藥物組成、主治病症、煎服法或外用法等。

是本對痘疹諸症及治療方藥闡述詳盡，切合臨床，可供臨證參考。

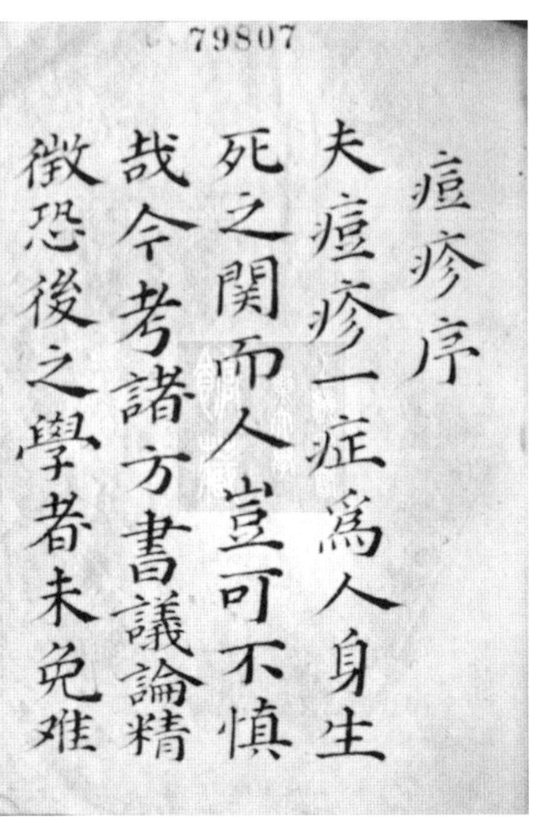

痘疹序

夫痘疹一症爲人身生死之關而人豈可不慎哉今考諸方書議論精微恐後之學者未免难

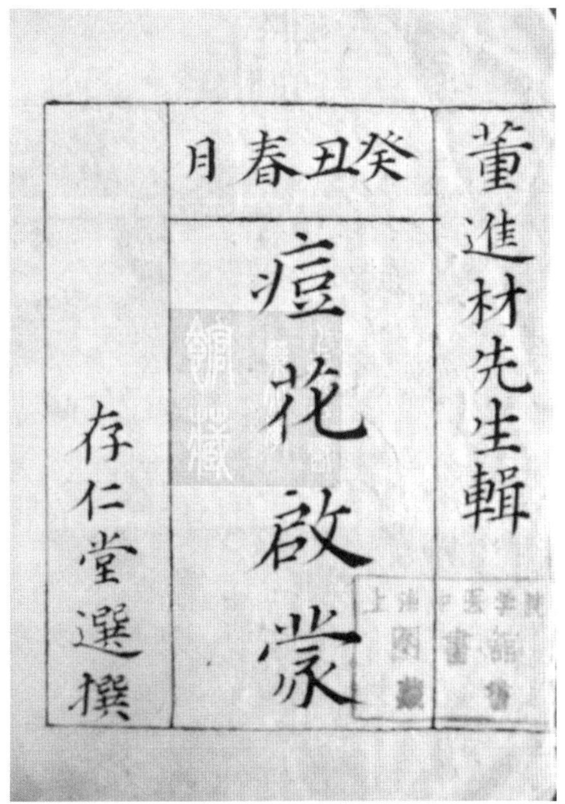

董進材先生輯

癸丑春月

痘花啟蒙

存仁堂選撰

豁然於胸中今將古方彙成歌訣則五臟六腑表裏虛實陰陽可以明辨而無疑矣

時在

咸豐三年癸丑正月書於草堂南窗之下選撰

痘疹目錄序例

六十四症形色

蛇皮　鉄葉　蚊跡　蚤斑

蛀皮　壘茶　蠶佈　覆釜

蜜珠　魚子抱鼻　雲掩天庭　鎖頸

青選口角　雙鎖口　单鎖口　托腮

魚咂嘴　蟹唇弄舌　外鎖口　發癍

閉症驚悸　破黄　白虎　蝽窠

蘆花白　灰白　若根有暈。乃其驗也。急宜補血。若小便清。大便滑。灰白色是寒症也。當以寒治。大率二者。形症俱相似。治法。亦無有殊。

焦紫　焦黑　焦紫者。此症見在報痘後。四五日之間。起脹期內者多。速宜瀉火。勿令血燥。遲則火熱血乾。變焦黑而歸腎矣。不必治之。

灰黑　此症。初起發白頰。如初脹時。至實飲內。加升

菊花　幽蘭花。如葉亦可。如膿時。無上飲內去陳皮。加

痘花啟蒙

夫痘疹之症。乃胎毒所發。或云。可服稀痘丹。然乎。子答曰。不然。此毒乃男女構精時。淫火之毒。有是身。則有是毒。其中甚深。豈能外服藥石。而稀之乎。客又曰。人之面部有六經。分別當從何處。先標以驗輕重。答曰。惟邊廓四圍。乃脾經部位。須此處先標為佳。客因難曰。何獨此處標者為佳。予曰。此經精陳受污。氣血俱多。故從此出者為輕。若見兩顴、腮門、次之。如見正

511 痘科一斑

《痘科一斑》，不分卷，一册。撰者不詳。《中國中醫古籍總目》載録爲清鈔本。現存一得子鈔本，藏于上海中醫藥大學圖書館。

是書分爲上下兩部分。前一部分以《辨痘論》開篇，認爲"小兒必患痘疹之症者何也？蓋因淫火中于有形之先，發于有生之後。遇歲火太過，熱毒流行，則痘毒因之而發"。後載《準繩論》，闡明治痘之法有攻發、凉瀉、温補，但宜分時而治，指出："一二三日宜於解表，使痘易出；四五六日清凉解毒，使痘易長；七八九日以攻及補，使痘易漿；十與十一二日清補血氣，使痘易靨。"又以賦體分述發熱、起脹、回漿、痂靨各期症候之順逆與治法。後附《生死畫圖秘論》，論痘病輕重、預後生死，并載頭圖、頭面痘形圖及痘形圖共五十三幀。後一部分選輯痘發之各種伴隨之症。《諸症指掌》中載有常现三十三種症狀之預後辨析，如"頭疼（輕），手足痛（初起凶，八九日無事），吐黄水（肚不痛無事，痛則凶），泄白糞（寒也，宜理中湯），譫語（初起重，痂落後凶），肚痛（初起無事，收後凶）……"後附痘科各期主方，并載有隨症方藥百餘首。

是書條理清晰，文圖并存，闡述詳盡，對掌握痘科理論以及相關診治有一定的參考價值。

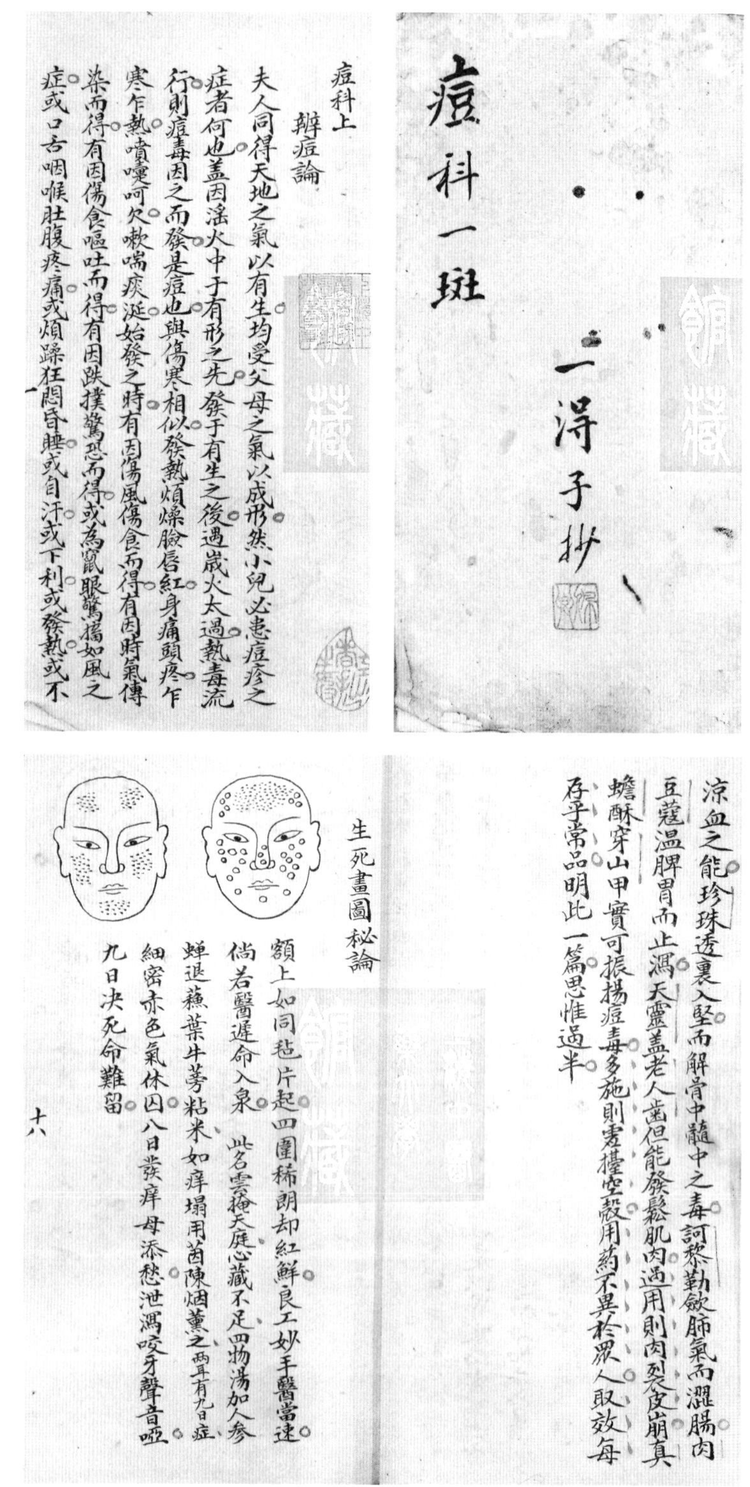
痘科一斑

一得子抄

痘科上

辨痘論

夫人同得天地之氣以有生均受父母之氣以成形然小兒必患痘疹之症者何也蓋因淫火中于有形之先發于有生之後遇歲火太過熱毒流行則痘毒因之而發是痘也與傷寒相似發熱煩燥臉唇紅身痛頭疼乍寒乍熱噴嚏呵欠嗽喘痰涎始發之時有因傷風傷食而得有因時氣傳染而得有因傷食嘔吐而得有因跌撲驚恐而得或為竄眼驚搐如風之症或口舌咽喉肚腹疼痛或煩躁狂悶昏睡或自汗或下利或發熱或不

涼血之能珍珠透裏入堅而解骨中髓中之毒訶棃勒斂肺氣而澀腸肉豆蔻溫脾胃而止瀉天靈蓋老人齒但能發鬆肌肉過用則肉裂皮崩真蟾酥穿山甲實可振揚痘毒多施則虛撻空殼用藥不異於衆人取效每存乎常品明此一篇思惟過半

生死畫圖秘論

額上如同毡片起四圍稀朗却紅鮮良工妙手醫當速

倘若醫遲命入泉 此名雲掩天庭心藏不足四物湯加人參

蟬退藕葉牛蒡粘米如痒塌用茵陳烟薰之兩耳有九日症

細密赤色氣休囚八日裝痒母添愁泄瀉咬牙聲音啞

九日決死命難留

十六

512 痘科切要

《痘科切要》,不分卷,一册。明吴元溟撰。吴元溟(約1561-1642),字澄甫、小川。原籍歙縣(今屬安徽),遷居錢塘(今浙江杭州)。父道川,精于醫。弱冠時,因母病,遂棄儒,隨父習醫,并詳求博考,究脈探源,醫理日精。書首有自序及目録。自序稱該書由蕪湖丁氏傳于其父,其父再傳于著者,并增添著者經驗,成書于崇禎十年(1637)。現存鈔本,藏于上海中醫藥大學圖書館。

該書先述《要例》,次述《頭面部位圖》《頭面部位吉凶歌》《痘輕勿藥歌》《痘險貴預防歌》《痘逆形症歌》《痘瘡胎受感發形狀》《痘瘡四臟見症形狀各異發熱應時》《禁忌俗例》等三十六篇,後附《疹證方論》《小兒初生百驗急救良方》《臨產百驗良方》三篇。全書附圖一幅,痘科合用藥七十五種,載方八十五首。

該書突出痘科病證的辨證論治,用藥施治善于變通,每于方後附以加減,對兒科痘疹證治及婦人臨產有參考價值。

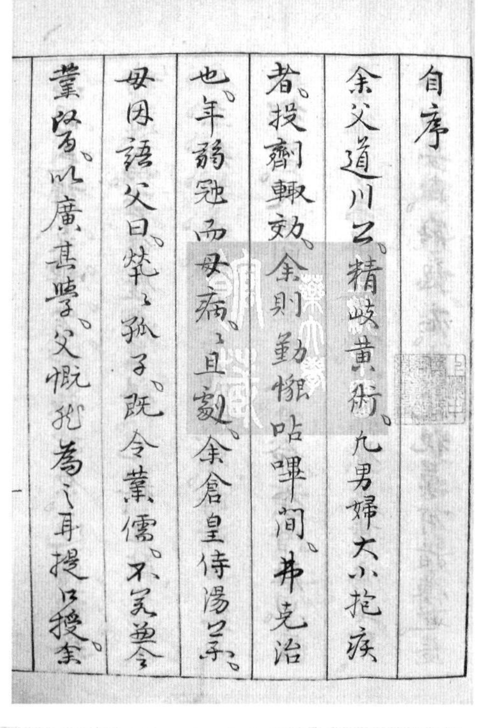

自序

余父道川公。精岐黄術。凡男婦大小抱疾者。投劑輒効。余則勤懈呫嗶間。弗克治也。年弱冠而母病。且亟。余倉皇侍湯藥。母因語父曰。煢煢孤子。既令業儒。不若兼令業醫。以廣其學。父慨然為之耳提口授。余

痘科切要目錄

一冬芩連而莫嘗。豈春夏無虛寒。而秋冬無實熱耶。此又不必深信而禁絕之。惟在機關妙用變通以盡善可也。

一余立一方。附以加減開合數症。貴乎中病。無取多立方名。參亂其間。大抵辭不盡意。運用之妙。在乎一心。神而明之。則存乎其人也

一病有氣血強弱之不同。時有春秋寒暑之變易。施治有攻補溫涼之先後。須臨症察其消息。庶可萬全　高明鑒此管言。

毓秀堂澄甫氏識

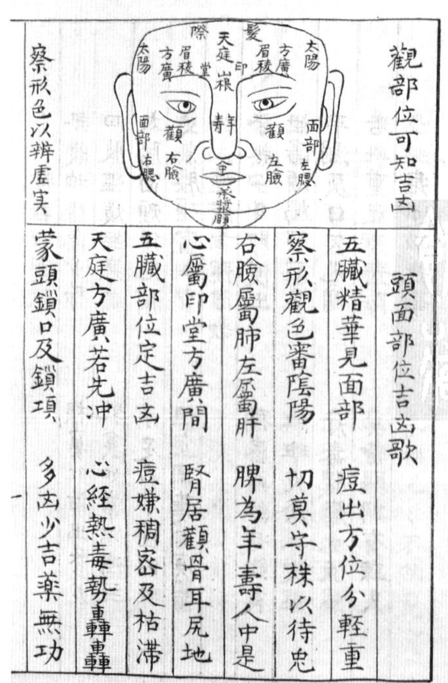

觀部位可知吉凶

察形色以辨虛實

頭面部位吉凶歌

五臟精華見面部　痘出方位分輕重

察形觀色審陰陽　切莫守株以待兔

右臉屬肺左屬肝　脾為年壽人中是

心屬印堂方廣間　腎居顴骨耳尻地

五臟部位定吉凶　痘嫌稠密及枯滯

天庭方廣若先沖　心經熱毒勢轟轟

蒙頭鎖口及鎖項　多凶少吉藥無功

513 痘科形圖式論法

《痘科形圖式論法》，不分卷，一册。不著撰者。無序跋與目録。首頁鈐有古林山房章，可知原爲私人藏書。是本内容與明代魏直《博愛心鑒》相似，部分論述完全一致。成書年代不詳，《中國中醫古籍總目》載録爲清鈔本。現藏于中華醫學會上海分會圖書館。

是本爲兒科痘疹專著。書目雖爲形圖式，衹是前三節内容有一總圖，其餘皆無，均以文字闡述。先列痘始形、痘交會、痘成功、氣血交會、氣血虧盈、保元濟會、榮衛相生、順逆險三法等十七則痘疹形圖説，闡釋痘疹氣血營衛盛衰與順逆險兼變證治。後列始出、圓混、漿形、漿足、漿老、結痂、還元、頂陷、癰毒等十六則形圖説，辨痘之形證、吉凶、治則以及惡證之病因、治法。末列保元湯、和解湯、三味消毒散、六味柴胡散、十二味異攻散、發痘奇方、四味升麻湯等七方以及外洗方水楊湯，尤以保元湯論述較詳。

是本認爲痘本于氣血，治痘首先應扶正抑邪，其辨證治療有順、逆、險三法。治療以温補爲主，并以保元湯爲治痘的主方，如始出圖“俟其氣血交會之後，以保元湯加桂治”，圓混圖“以保元湯加芎桂扶陽抑陰”，頂陷圖“以保元湯加芎歸糯米温胃助氣”等。保元湯首見魏直《博愛心鑒》，是從李東垣的黄芪湯借治痘證發展而來，魏直用以治療天花病陽虚所致頂部塌陷與血虚所致漿液澄清、皮薄發癢、難以灌注并收斂的患者。諸藥同用，合奏保守真元之氣、起死回生之效，故稱保元湯，對後世醫家影響很大。

痘科形式論法

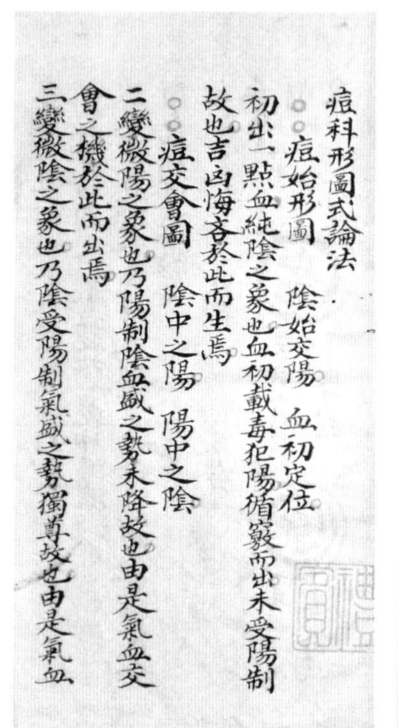

痘科形圖式論法

○○痘始形圖　陰始交陽　血初定位

初出一點血純陰之象也血初載毒犯陽循竅而出未受陽制故也吉凶悔吝於此而生焉

○○痘交會圖　陰中之陽　陽中之陰

二變微陽之象也乃陽制陰血盛之勢未降故也由是氣血交會之機於此而出焉

三變微陰之象也乃陰受陽制氣盛之勢獨尊故也由是氣血

尊卑之道正則邪毒自降一有不得而凶咎於定此矣

○○痘成功圖　氣血收功　乾坤道濟

功成毒化純陰之象也乃氣制血毒而降之故由是生靈含斯太極彌綸之道昭矣

氣　榮衛假黒　陽陷於陰　陰乘於陽

血　白之形

虧　坤之道

盈　陰陽逆乾

痘瘡乃五臟六腑胎養穢液毒氣發於皮肉之間人生無一不發者自幼及長必生一次名曰百歲瘡

○○氣血交會圖說

夫人生一太極耳盖氣血傳變陰陽交會之理無非一太極中來也且人生所受之火毒中於有形之先發於有生之後曰痘者以其形而名之也發必假氣血而後解予嘗究其氣血形色之處宜乎有太極之道存焉故痘之發也有則形中者於曰氣周於外者曰血即陰陽動靜互為其根之　一皆氣血交會制化

514 痘科金針

《痘科金針》，不分卷，一册。不著撰者，成書年代未詳，《中國中醫古籍總目》載録爲清鈔本。無封面頁，書末有"此書名爲《痘科金針》，學此豈可緩急而不速求乎"字樣。現藏于上海圖書館。

是本首列吉凶十一種痘形圖、痘始形、痘交會、痘成功、氣血虧盈、氣血交會不足、順逆險三法圖，以及始出、混圓、漿行圖等，論述各期生死訣，辨順、逆、險症及診治、用藥大略。次列痘疹四字經，主張"凡觀痘瘡要看稀密，察形聽聲，辨其虚實"。次列足陽明胃經吉凶痘、手少陰心經吉凶痘、足厥陽肝經吉凶痘、手太陰肺經吉凶痘、足太陰脾經吉凶痘、足少陰腎經吉凶痘圖，注明治法及吉痘、凶痘。如："胃屬土，發於辰年月，啓土鑰（治法），抑水障木，滋金養火，諸陽升提於首，不免頭痛，梟淫逼逐於金，嘔吐則逆。吉痘，鼻係陽明胃土，嬰見司命人中，奇花美麗狀元紅，年壽準頭宜空。"次列懸鏡痘、蝎子痘、覆釜痘等七十七種，每種附圖一幅，指明出痘部位，詳述各種痘疹的痘形及治療。

是本共載圖七十二幅，圖文相參，方便理解判斷。痘疹治療法均以歌訣方式記録，方便記憶。另載有東垣保元湯加減總要與益陽湯加減藥性總要，載有保元湯組成、出痘疹要訣及其醫學原理。《醫宗金鑒》之《删補名醫方論》卷一指出，保元湯用于"嬰兒驚怯，痘家虚者，最宜"。本書條理清晰，論述痘證較爲全面，可供治痘參閲。

吉凶痘形圖

疊珠形

訣曰：天元不散，不偏不離。陰陽無聚，出類拔萃。

流珠形

訣曰：渾然中處，通經合絡。如星綴麗，無巨無細。

覆釜形

訣曰：邪炎沖逆，聯繹鈎環。妄居高位，形多墳碎。

瓜子形

訣：氣不能充，血不能融。

盤珠形

訣曰：氣衛血榮，正大光潤。象合乾元，造化谿全。

遊蚕形

訣曰：元氣郎濟，見隙成群。梟毒橫暴，不由原道。

蟢窠形

訣曰：真元已戕，根窠暴脹。梟毒盤結，灰煤蛇蝎。

箭頭形

訣：化機拂逆，孔高泛溢。

心腎二儀宜可奪權煽禍

心屬火，腎屬水，心犯腎，〻犯心，是水火相激，痘必盡瘦，則主凶兆也。

歌曰：

心屬火兮腎屬水，二經相犯不相美。
七日花攔都盡萎，奪權煽禍兩俱傷。

515 痘科金鑑

《痘科金鑑》，兩卷。撰者不詳。現存懿文齋鈔本，書首有陰文“悦禪室印”。《中國中醫古籍總目》載録爲清鈔本。現藏于上海中醫藥大學圖書館。

卷一以目録開篇，載有《五行部位》《認五經痘》《認六經火》《認表裏虚實火》等七十九篇。辨别痘疹的氣血、表裏、虚實，叙述痘疹的諸般逆症，闡發痘疹的傳變，備述閉症、發斑、血靨、咳喘等痘科諸症五十六種及痘後疾患四則。如《五行部位》指出：“痘有部位經絡，治痘者不可不知。正額爲心經，兩太陽屬肺經，兩眉眼眶屬肝經，左顴亦屬肝，右顴亦屬肺，二顴亦兼心經，鼻屬胃經，繞口四圍及唇内外俱屬脾經，兩耳兩頤及地閣頜下俱屬腎經。假如左顴痘色比他處分外紅紫，即肝與心經火也，右顴痘色比他處分外紅紫，即肺與心經火也。餘倣此。夫正額與兩太陽乃三陽地位至高之處，初起未能發紅，但見灰黑者，即火也。”後又分别闡述五經痘表現之异同：“心經痘，紅潤細小頂尖；肝經痘，顆大色滯頂沉（外起中陷爲沉）；脾經痘，細密連片不分珠；肺經痘，白大稀疎；腎經藏毒無痘，惟鴉領一症，乃腎經痘也，但世不多見，其水泡黑疔，皆腎經毒發也。”《治痘律例》認爲痘疹來源于先天，藏于右腎命門，但遇疫氣傳染而感發。又載標痘之傳變，“一日起於足陽明胃經，二日傳於足厥陰肝經，三日則傳於手太陰肺經，四日傳於手少陰心經，五日傳至足少陰腎經，六日傳於足太陰脾經，七日又復傳”，以十二日爲限，超過十二日爲重，少于十二日爲輕。卷二論述發熱數朝、标痘三朝、起脹三朝、灌漿三朝、結靨三朝生死訣，及落痂與痂後餘症二十六則。其中詳述各朝痘之輕重及其預後，并載有藥物，如：“一痘後發熱方，天冬、麥冬、知母、陳皮、桔梗、茯苓。第二貼可加白术。如嘔加藿香六分、貝母一分，水煎。”

是書對痘疹諸症及各朝情况闡述詳細，并載用藥宜忌、預後判斷，詳述發痘過程之傳變，内容豐富詳實，條理清晰，對痘疹的臨床與文獻研究具有一定的參考價值。

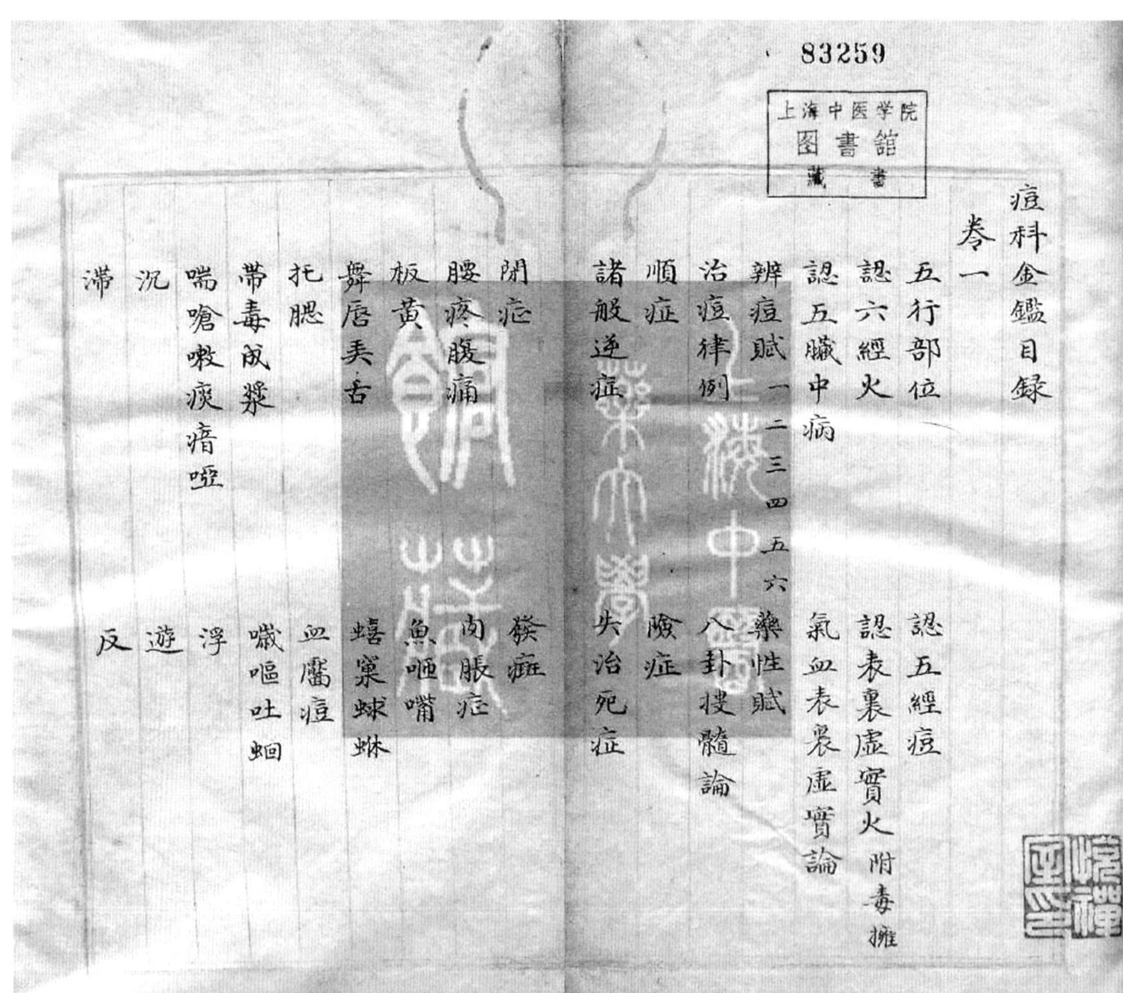

痘科金鑑目録

卷一

五行部位　認五經症
認六經火　認表裏虛實火 附毒攤
認五臟中病　氣血表裏虛實論
辨痘賦一二三四五六　藥性賦
治痘律例　八卦搜髓論
順症　險症
諸般逆症　失治死症
閉症　發癍
腰疼腹痛　內脹症
板黃　魚咂嘴
舜唇秃舌　蟢窠蛛蛛
托腮　血灩痘
帶毒成漿　嘰嘔吐蛔
喘嗆嗽痰瘖啞　浮
沉　遊
滯　反

痘科金鑑卷一

五行部位

痘有部位經絡。治痘者不可不知。正額為心經。兩太陽屬肺經。兩眉眼眶屬肝經。左顴亦屬肝。右顴亦屬肺。二顴亦兼心經。鼻屬胃經。繞口四圍及唇內外。俱屬脾經。兩耳兩頤及地閣頷下。俱屬腎經。假如左顴痘色。比他處分外紅紫。即肝與心經火也。右顴痘色。比他處分外紅紫。即肺與心經火也。餘倣此。夫正額與兩太陽。乃三陽地位至高之處。初起未能發紅。但見灰黑者。即火也。

認五經痘

心經痘。紅潤細小頂尖。肝經痘。顆大色滯頂沉。（外起中陷沉）為脾經痘。細密連片不分球。肺經痘。白大稀疏。腎經藏毒無痘。惟鵝頷一症。乃腎經痘也。但世不多見。其水泡黑疔。皆腎經毒發也。

認六經火

心經火盛。弄舌懶言。正額灰黑。舌上有黑白等苔。肝經火盛。兩眼糊塗。左顴大紅色。脾經火盛。上下唇黃。

516 痘科注生經旨

《痘科注生經旨》，不分卷，一册。不著撰者，無序跋與目録。《中國中醫古籍總目》載録爲清鈔本。現藏于上海中醫藥大學圖書館。

全書可分爲五部分。第一部分主要内容包括：論述胎毒發爲痘症的原理，痘分表裏虚實寒熱及吉凶形色辨，看根窠脚地四者之要，心肝脾肺腎五經痘證，氣血虚實口訣，以及血熱痘、毒擁痘、血虚痘、氣虚痘、治按症行漿起發方藥等痘疹辨證；第二部分爲痘科救偏集，叙述痘疹的順、逆、險三種形證合參捷法及氣血虚實毒火治要捷訣；第三部分爲諸症治法大意，詳述侵灸、盤據、血虚、氣虚的主治病證，并附推廣規則録；第四部分爲宋人异方，輯録麻杏散、紫天散、青天散、白天散、紅天散、起頂散、還元湯等治療痘疹病證的方劑；第五部分爲疹家秘要，載述斑疹的用藥理論、主方及兼見渴症、斑、疹後餘疾、口糜口疳、疹後痢、咳嗽等症時的辨證用藥，并附疹家禁忌、胎毒與疹的鑒别。全書共載有方劑八十二首。

該書對痘疹的表裏虚實寒熱、氣血、順逆險及與傷寒外感的鑒别等方面的辨證論治作了比較詳細的論述，對于兒科痘疹的研究有參考價值。

痘科注生經旨　懷抱皇天道　胸藏不死方
有緣人自遇　永免萬民殤

六合胎成

淫火遺患乾坤之理男子陽盛淫火主氣女子陰盛淫火主血氣分屬陽血分屬陰兒在腹中氣囿于内血護于外内外堅固風氣不通唯臍帶隨母呼吸之氣以水穀之肥甘長養兒體男女構精之時淫火辛辣悪毒之悍氣傳入胞胎積蓄停滯于五藏六府皮膜筋骨出胎毒欲外洩發為痘症盖輕重淺深悉歸清濁禀受而來故望生子不罹于斯疾宜調揖于先以免後悔

析表裏虛寔寒熱訣

表裏陰陽氣血盛衰寒熱虛寔糢糊不辨而以實為虛以虛為實當清不清當溫不溫禀受強弱時令寒暄一槩妄治而欲求生者未之有也

表虛之症

痘淡身凉根窠白色頂陷不起是為表虛或畏寒忤出而痘不起發當貫不貫初用惺惺散托表以保元湯托裏成漿庶免痒塌之患

裏虛之症

不食氣怯腹鳴溏瀉胃弱吐食痘色根淡不紅頂陷平塌身不壯熱是為寔虛治以保元湯畏攻散重用參芪桂附之類溫補助漿托裏貫頂不致空殼塌痒之患

表寔之症

紅活光潤皮厚堅硬綻突起發此為表寔此言上等吉痘若表寔而紫滯根不鬆泛發熱體痛神情不安近于表寔血熱之症始宜發表鬆肌多用麻黄羌活三時以葛根荊防之品加鬆脚活血之治不致變黑也

裏寔之症

飲食倍常不吐不瀉腹不脹悶痘色光綻此為裏實此係氣旺禀足之吉痘也若痘色紫滯根脚板實以具跌達蕩滌欲投費氏必勝湯者不致畏懼不前賴其裡寔也

表寒之症

517 痘科秘訣

《痘科秘訣》,不分卷,一册,有殘損。書首有印章四枚,已模糊難辨。半葉九行,每行二十四字。書中正文抄録字迹有兩种,且痘毒一症有錯簡現象。著者不詳。《中國中醫古籍總目》載録爲清鈔本。現藏于上海中醫藥大學圖書館。

是書正文爲楷體抄録,天頭處有小字作注,注語内容多爲正文所提及之方劑組成,間見病機分析。所載皆痘疹見症,有汗症、煩躁、驚搐、失血、不寐、倦卧、譫妄、咳嗽、鄭聲、喘急、嗆逆、聲啞、痰涎、寒戰、咬牙、倒伏、倒陷、倒靨、發泡、痘毒等二十餘種。每種症下,先論述醫理,引經據典闡明症狀出現的原因,分析病勢發展變化;其後按照痘疹規律進行分論,列初熱、標點、起脹、灌漿、養漿、痘後等階段,一一進行辨証論治;其後附有治驗,每症兩例至十數例不等。如"煩躁",引《難經》"火入於肺則煩,火入於腎則燥",又云"心經有熱則煩躁",言"痘瘡以安静爲貴,最忌煩躁"。"倒靨"載玉髓倒靨法十六種、秘要倒靨法三種,另載"針毒出膿之法"等治療經驗,并分別論述内潰、板黄、班爛、膿未成而潰爛、膿已成而潰爛、痘癩、瘟疤、痘後瘡痍、發泡、痘疔、痘毒等證治。隨症應用方劑近百首。

是書理法方藥俱全,條理清晰,尤其注重病證不同時期的辨證論治,對臨床痘科有參考價值。

148056

痘科秘訣

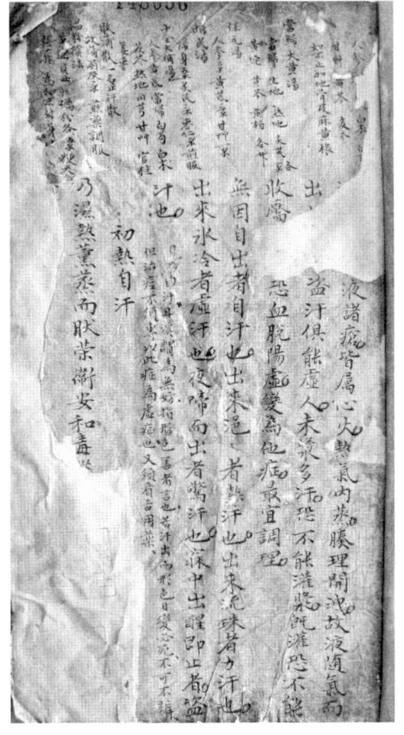
液諸瘡皆屬心火熱氣內蒸腠理開泄故液隨氣而出

盜汗俱能虛人未發多汗恐不能灌漿既灌恐不能收靨

恐血脫陽虛變爲他症最宜調理

汗也

無因自出者自汗也出來溫者熱汗也出來如珠者力汗也

出來冰冷者虛汗也夜寐而出者盜汗也

初熱自汗

乃濕熱熏蒸而肤榮衛安和毒

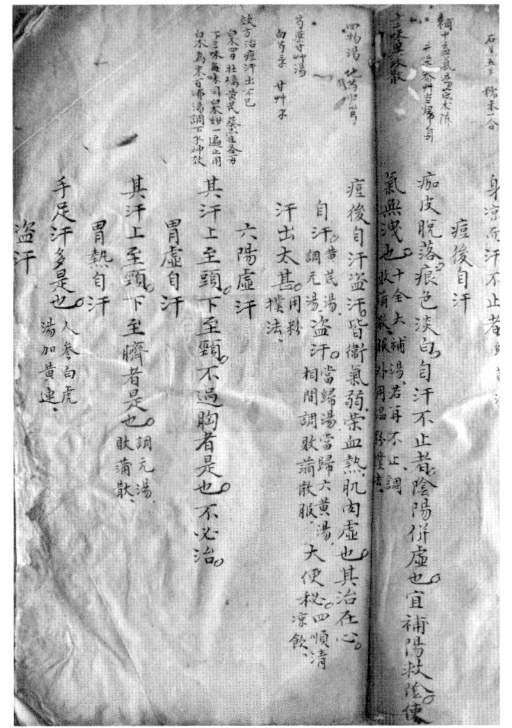
痘後自汗

痂皮脫落痕色淡白自汗不止者陰陽併虛也宜補陽救陰使氣無洩也

痘後自汗盜汗皆衛氣弱營血熱肌肉虛也其治在心

自汗 盜汗

汗出太甚 撲法

六陽虛汗

其汗上至頸下至頸不過胸者是也不必治

胃虛自汗

其汗上至頸下至臍者是也

胃熱自汗

手足汗多是也

盜汗

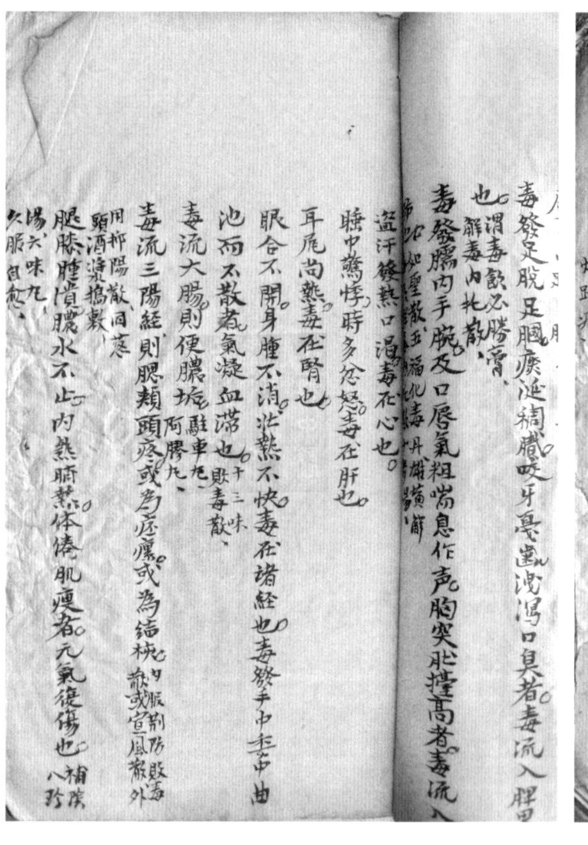

毒發足脫足腿疾涎稠臟咬牙戛齒洩瀉口臭者毒流入脾胃也 謂毒飲 必勝膏 解毒內托散

毒發膈內手腕及口唇氣粗喘息作声胸突肚撐高者毒流入肺也 如聖散 玉屏化毒丹 ……

盜汗發熱口渴毒在心也

睡中驚悸時多怒怒毒在肝也

耳尻尚熱毒在腎也

眼合不開身腫不消壯熱不快毒在諸經也毒發手中手中曲池而不散者氣凝血滯也 十三味敗毒散

毒流大腸則便膿垢 駐車丸 阿膠丸

毒流三陽經則腮頰頭疼或為疫癘或為瘡核 內服荊防敗毒散或宣風散外用柳陽散同蔥頭酒漿搗敷

腿膝腫潰膿水不止內熱晡熱体倦肌瘦者元氣復傷也 補陰八珍湯 六味丸 久服自愈

在第六日第七日連用一二帖決發瘥瘡但不宜多用若非此日用藥不效如犯火症者托之無益不治

若毒發太多用 解毒法 要留一二處任其出膿勿用膏藥貼

若毒生背胸及不能食處用拔毒法移至無害處出膿 此神效至妙可以知音者用而救之

煩躁 煩躁者火毒鬱遏所致有因毒盛而初發不透者有因感冒而然者如四五日痘點既齊又無感冒此因毒氣內拒外熱熾盛也

煩陽也熱之輕者躁陰也熱之重者難經云火入于肺則煩火入于腎則躁又云心經有熱則煩躁凡熱渴嗜冷睡卧不寧或好抱而行或狂而啼或撒手足而暴怒或投擲物而大呼皆煩躁所致也痘瘡以安靜為貴最忌煩躁人若五臟平和則精神安靜若五臟蘊毒內外鬱蒸則必朝夕啼哭神不守舍矣須察其在表在裏或虛或實隨症疏洩使其心火有所歸引榮衛流通則神宇清快苟不知其因一見其啼哭不安或以為腹疼妄亂投藥以致冷熱偏勝毒出未盡遂生煩躁耳

羌活湯 羌活 防風 山梔 尤(?)根 當歸 川芎 赤芍 甘草

導赤散

牛黃清心丸 黃連 黃芩 山梔 牛黃 鬱金 辰砂 臘雪調麵糊為丸

龍腦膏 去臍杜煩 水片不拘心血和為丸如圓眼大 小者服半丸

三黃丸 黃連 黃芩 大黃

承氣湯

保元湯

煩躁症治

518 痘科秘集

《痘科秘集》,不分卷。撰者不詳。扉頁有“孔尼家秘”字樣。據開篇《痘源論》後所載,成書于清末甲辰年(1904),云“此集所列之症,都世所未聞,而痘之必有,所定之方,書搜未載,而藥之必備,皆得之異人口授心傳,未嘗成帙,今欲廣其傳,故旁採而補其缺”,遂成此書。現藏于上海中醫藥大學圖書館。

是書目録共載有《痘源論》《治法總例》等七十二篇。《痘源論》認爲“夫痘之種成于胎,故其源甚遠,始受精毒,中感胎毒,後滋乳毒,三者於身與時消長,必發而後已”。并分述精毒、胎毒、乳毒皆爲何物,并附面部圖一幅,上標面部各處經絡。提出治痘當“論時用藥”。次叙腰痛症、噦嘔症、嗆嗽症、順症、狂症、閉症、發斑症、鎖口症、痛髓症等痘科兼見病症六十一則,探其病因病機,闡其治法方藥。後輯隨症應用方一百四十九首。如“腹痛症,發熱及標痘時有此症,此乃毒尚在内,未發於外,所以腹痛。至寶飲少加柴胡倍青皮、山楂、木香,以拔其毒,則腹痛止”。

是書醫理與臨證相參,對痘科諸症所述甚詳,每每隨附方藥。條理清晰,内容詳實,對臨床和現代文獻研究有一定參考價值。

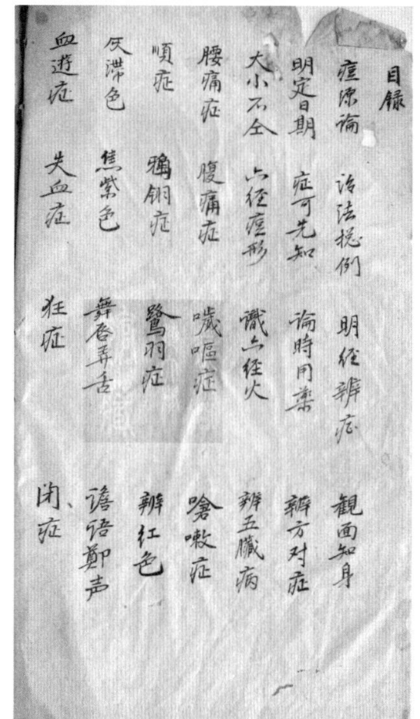

目錄

痘源論　治法挠例　明经辨症　观面知身
明定日期　症可先知　論時用藥　辨方对症
大小不全　六经痘形　識六经火　辨五臟病
腰痛症　腹痛症　噦嘔症　喘嗽症
順症　鴉翎症　鷺羽症　辨红色
灰滞色　焦紫色　舞舌弄舌　譫語鄭声
血遊症　失血症　狂症　闭症

141100

孔尼家秘

痘科秘集

痘源論

夫痘之種成于胎故其源甚遠始受精毒中感胎毒後滋乳毒三者於身与時消長而發而後已如父母食毒味則氣血必有毒媾而成形俱名曰精毒則痘之種既受胎矣子之在胎惡隨母之呼吸而呼吸即為胎毒食因母之飢飽而飢飽即為胎食胎食不入于口胎毒不出于鼻出入皆係于臍子之臍實通于母之六經百脉母不慎其口好食腥羶辛辣之物則毒從臍入与骸肉俱長名曰胎毒此之痘根既感于胎矣子之既産寒温藉于襁褓飢飽所賴惟乳乳母不慎口食雜味則毒歸乳血交變成乳而毒及赤

痘自標時算起三日一変至第七日當灌漿之時應用補藥而尚起脹此為逆症不可拘定日期而用藥若火毒不解而遍者此元氣虛弱宜進補藥或有至八九日火毒尚未曾解者不治金計救之可也

發斑症

其症有五一曰熱閉發斑痘疹未發之先胎毒悪血藏之在腹已染痘疫驟發大熱而熱毒盛元氣虛內不能勝外毒血為熱所閉血閉則不能發于四肢貫乎上下而成顆作痘[illegible]乃肚腹軟處滲出血點初日如蚊咬紅斑二日斑必盛盛則痘衰而毒入心矣若斑如筋頭大而深紅者可治三日必見紫色如指頭大時变黑色

519 痘科秘傳

《痘科秘傳》,不分卷,一册。無序跋與目録。具體撰者、抄録者及成書年代不詳。《中國中醫古籍總目》載録成書于咸豐十一年(1861)。現存鈔本,藏于上海中醫藥大學圖書館。

是本共二十八頁。扉頁左上角有"邵氏世傳痘科一權手秘訣"十一字,右側有"此書同治年間業已入縣誌"字樣,地脚處字迹有缺損,疑爲後來收藏者裁剪不當所致。是本載録近三十首治療痘科病證的方藥,包括羌活湯、大雙解湯、大雙解湯加减、小雙解湯、地黄湯、黄連解毒湯、黄連解毒湯加減、參麥散方、參麥五虎散、保元攻毒湯、保元湯等,以方藥爲綱,闡述痘科病證的病因病機、症候特點及諸方劑藥物組成、加減運用及用法等。如首載之羌活湯,先論述痘疹的病因病機:"凡痘本係胎毒,毒隨漿化,漿因血成,血隨氣至,所以毒必須助漿,助漿必須補血,補血必須補氣。痘未見發熱時宜羌活湯。"方後詳述該方的方義及加減運用:"羌活、乾葛、荆芥專散風寒,山楂、青皮、枳殻善消積食,前胡、桔梗清氣道而化痰涎,蟬蜕透肌表而定驚搐……但體弱者羌活須減,乳哺者山楂少用耳。次日仍未見點,熱勢緩者去羌活、加木通,熱勢盛者仍用是湯。隨病情發展出現他症,則改用他方。"接着論述下一階段的治療方劑:"如身熱未透即便見點及見壯熱煩渴者,均宜大雙解湯。"是本還引用了一些醫家醫著對痘疹的認識及治療,如"《金鏡》云:七八九日温補氣血,使易於貫漿",可見火毒已清,故是日有用保元湯者。

是本内容簡潔精練,對于痘科病證的治療有一定的臨床參考價值。

此書同治年間業已入縣誌

未知

邵氏世傳痘科一權手秘訣

痘科秘傳

凡痘本係胎毒毒隨漿化漿因血成血隨氣至所以毒必須助漿助漿必須補血補血必須補氣痘未見發熱時宜羌活湯

羌活　干葛　荆芥　蟬蛻　前胡　桔梗　山查

青皮　枳壳　加燈心

痘瘡廣出之時如遇小兒身熱必須表裡兼治蓋痘由内達外者也羌活干葛荆芥專散風寒山查青皮枳壳善消積食前……桔梗清氣道而化痰涎蟬脫透肌表而定驚搐一方而表裡兼治正与……

痘科秘傳　卷之一

凉血黄芪須与白芍尊生地並服者毒重草枯者而兼煩癢尊之……無血無漿破處乾燥如剝皮老鼠肉者是棄症用黃芪徙招誘……者師傳以為則落蛔是脾虛故用杷子但口訣云下面落回虫上面胃口……

指胃不納食以致蛔虫失所養故尋竅而出則安胃彌胃乃是治法……者清之虛者補之可也杷子之用不知何据或者為腎者胃之関補腎即……以補胃補腎之葯何以不用熟地蓋因胃不納食恐熟地泥隔故以杷子……之耳但泄瀉者杷子不宜而胃熱不食者恐杷子亦非對症之藥也有善……毒重之痘因後蛔虫大小不一或團成結而落者此肝脾濕熱所化終成棄……第八日痘本不稀元固不厚火本不淨或因過用寒凉或因失於補托以致漿……漿不化窠囊嬌嫩顏色淡白眼封鼻塞不緊此係氣虛不振血虛不……若不峻用溫補則寒戰泄瀉痒痛之變即至速宜保元湯

保元湯

人參　生黃芪　大熟地　當歸　川芎　生甘草　姜蚕

大蜈蚣　全蝎　白芷　蜂房　加炒糯米

痘科秘傳　卷之

以發表处夏忌麻黄多用羌活代之然痘由内出亦有因……痘何由出乎故用前胡桔梗以行氣中之滯桃仁以行血中之滯山查青……壳以消飲食之滯毒者痘之質地火者毒之光鋩故用石膏清火大黃……

是方表裡双解使氣全血載火毒隨痘而出矣舊本云是閩山斧誠非謬也見……顆粒細雜隱縮毛糙顏色暗滯或逼子紫赤腹痛煩悶者其毒重其痘凶或發……點或成秘症須預為指明方免讒謗本方加入地龍五六十条大黃用至二兩外服……倘得痘點稍潤諸症稍退方可用藥否則終成棄症見點發厥狂乱者多因毒火内……神不自主故忽然昏厥本方原有石膏大黃清解毒火之藥或加金汁二盞然俗見……疑厥為痰厥狂亦痰迷故須天竺黃胆星川貝母或再加用牛黃散亦可牛黃散一……名分珠散分珠散者謂用珍珠一分拔毒化痰俗解是方能分顆粒故名分珠……牛黄月石人中白天竺黄辰砂川貝母胆星珍珠研極細末後入胆星藥汁和入四……然發厥止一二次人事漸安痘點漸從身熱漸退方佳若面青鼻煽摇頭直視……厥而痘反縮者是真秘症危在旦夕痘瘡用藥世俗多有不畏大黃而畏石……膏者然壯熱煩渴石膏不得不用況麻黃解太陽之邪石膏清陽明之火而……

痘科秘傳　卷之二

520 痘科輯説

《痘科輯説》，十五卷，十五册。成書于日本嘉永元年（1848），日人池田晋編，池田直温校。池田晋，生卒年代不詳，出生于痘科世家，其先祖池田正直從朱巽習痘疹術，父瑞仙（錦橋、獨美）著有《痘科辨要》《痘科鍵刪正補注》等。池田晋曾任關東醫官，著有《治痘論》《種痘弁義》等。直温（子德），晋之子，著有《牛痘辯非》。本書黑格，半葉九行，每行約二十字，左右雙邊，單魚尾。書首存凡例、采集書目及總目録。鈐有"池田瑞仙書籍之記""餘姚謝氏永耀樓藏書""上海中醫學院圖書館藏書章"等。本書增刪修改之處甚多，主要集中在卷一、卷五至卷十二。從目録看，作者欲將全書改爲二十卷，即增加"異痘名義"兩卷、"藥主治"兩卷，將原來卷十四、十五中丸散方挑出，成"丸散類"一卷，但没有完成。現存嘉永元年稿本，藏于上海中醫藥大學圖書館。

卷一、卷二總論痘疹發病，如《痘原》《痘釋》《胎毒》《運氣》《善惡》等；卷三、卷四爲痘疹歌賦，如《痘疹賦》《痘疹西江月》《生死總要歌》《辯證賦》等；卷五爲預防護養，如《傳染》《預防解痘毒》《巫醫得失》《首尾忌藥》《忌食毒物醇痘》等；卷六涉及巫術以及氣血虚實寒熱辨證，如《痘神》《天元秘論》《氣血分交》等；卷七爲治療方法，如《治法》《明治》《清補有三不同》等；卷八爲調養、禁忌及治法；卷九至卷十一爲痘疹兼證治法；卷十二爲婦人出痘、種痘法等；卷十三爲口訣，分發熱、見點、起脹、灌膿、收靨、落痂餘毒、婦女及眼疾；卷十四及卷十五爲醫方，内容順序與卷十三同。

本書是集前代痘疹内容大成之作，"採集方書"凡二百條，部分今已亡佚，如明代的《痘疹經驗良方》《救急易方》《濟世幼科經驗全芳》《痘疹壽影集》，清代的《痘證雜説》《痘證心法條辨》《痘科集録心法》《痘科方藥集解》

等，此外如《大清三朝紀事》《滇黔土司婚禮記》《南沙集》等非醫書也在徵引之列。輯録之餘還有少量校正與補充，如《痘原》末“我邦亦雖肇於欽明天皇十三年，當時無其病名，故稱爲疫氣，至聖武天皇天平七年有豌豆瘡、裳瘡之名，其病原乃淫火之毒伏於腎之命門，待歲氣觸冒而後發也”。本書對痘疹研究及臨床有參考價值。

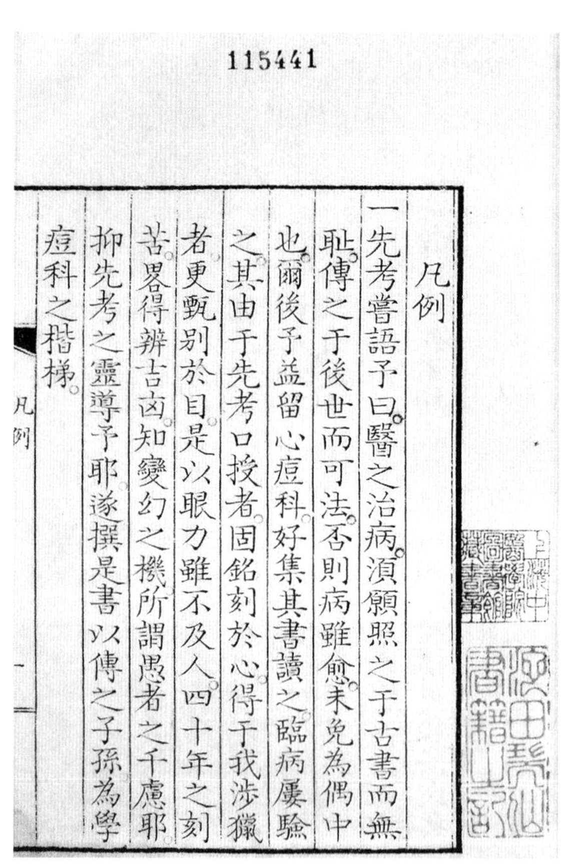

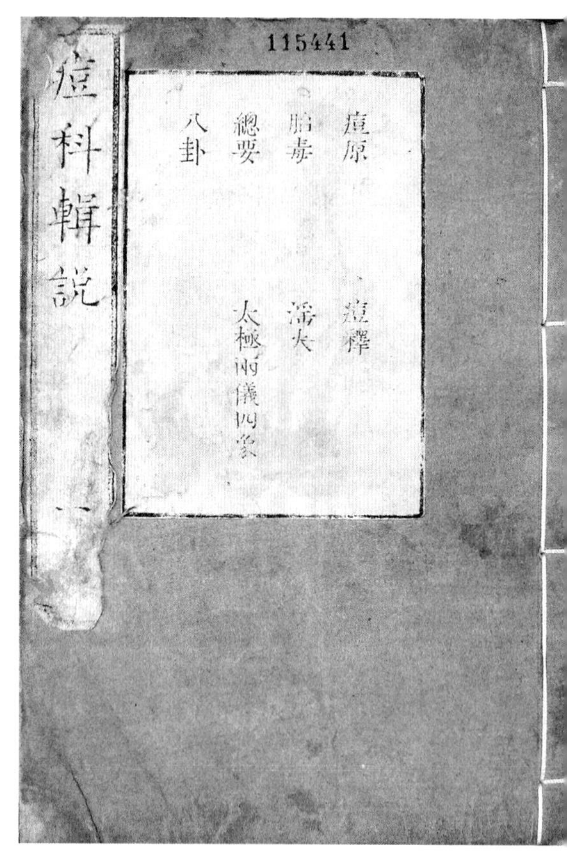

521 痘科攄藴

《痘科攄藴》，不分卷，一册。撰者與成書年代不詳，《中國中醫古籍總目》載録爲清鈔本。現存交翠軒珍本，藏于上海中醫藥大學圖書館。

書名下載“調理脾胃者，醫中之王道也，節戒飲食者，却病之良方也”，反映診治痘疹之大法爲節饮食、調脾胃。是書詳述脈診玄妙之理，附有死脈歌。載有《小兒痘科太極圖》，雖未見圖，但對痘疹部位所屬經絡描述甚詳，如“正額屬心，兩太陽屬肺，兩眉眼及眼眶屬肝，右顴亦屬肺，左顴亦屬肝”，據此辨五經痘、六經火，看五臟病。書中還載有《看耳後紋法》，“紋色淡白者必出肺經之痘”“紋色淡紅者必出心經之痘”“耳紋青紫者必出肝經之痘”。載有驚悸、發斑、嘔吐、嗆咳等痘科兼症五十五則，王濂石痘後餘症歌訣四十則，共輯痘科内服方九十餘首，外敷方數首，兒科常用藥一百四十七味，雜病方近百首。

是書内容豐富詳實，理法方藥俱全，對痘科文獻研究與臨床實踐有一定的參考價值。

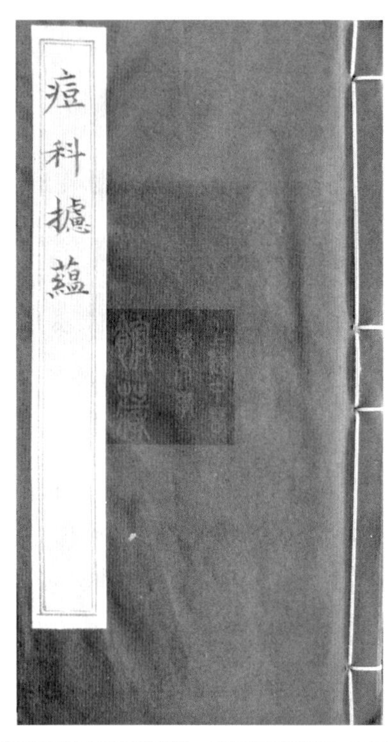
痘科攄蘊

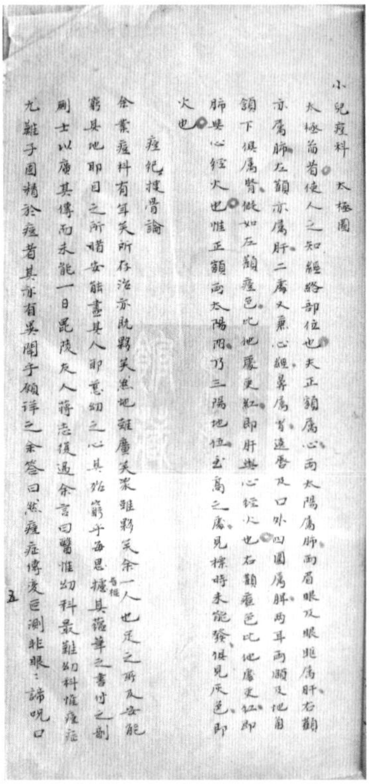

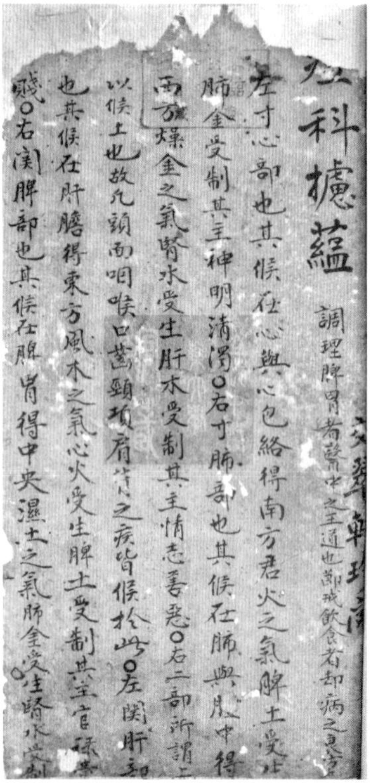

武謂小兒未萌實何腎之有丹溪云腎主閉藏肝主疏泄二臟俱有相火而其系上屬於心心為君火為物所感則相火翕然而起雖不交會而其精亦暗耗矣又褚氏云男子精未滿而御女以通其精則五臟有不滿之處異日有難狀之疾正謂此也

休生傷杜景死驚開

身不熱可去黃芩半川貝半桔梗下如舌腫加黃連鼻紅不止加炒黑梔子半

痧後口瘡

用雄的黃牛糞尖下火煅研細明礬五分冰片下皮硝半白硼砂三錢銅青二分研細以鵝翎管吹入

痧後瘧　鱉甲如法製三錢山查肉三錢橘紅二錢川貝三錢竹葉二十片炙甘草下麥冬三錢知母半下白茯苓二錢乾葛三錢柴胡半　如不渴去知母渴甚加石膏五錢

咳逆　橘皮竹茹甘草參更兼薑棗效如神胃虛咳逆難收氣服此回生患者忻

丁香柿蒂草良姜寒熱相和制作方中氣不調胸膈逆傷寒雜病總難降

汗症　調胃湯中半地歸紅花蘇木草羌芪芩苓同味麻根共自汗陽虛濕有餘

當歸止汗六黃湯芪柏芩連二地黃制火補陰涼血分須防脾胃有相妨

正氣湯中炒柏知更兼炙甘最相宜若人盜汗陰虛症一匀綿吞宿病除　浮麥二兩棗十枚養心止汗

截瘧靈符

每日寫一用此符

間一日寫一用此符

間二日寫一用此符

同溫經將符化置經中吞之

又同溫經研白芥子末莪蒁子末鬼臼子末置經中一齊將符化入經鍾內服神驗

用條淨黃紙硃砂新筆新汲水揆硃面東南向至誠書之靈效

殺鬼丸　治骨蒸傳尸鬼氣伏連

麝香一錢　犀角鎊　木香　白术各五分　鬼箭羽　桃仁去皮尖麩炒黃　辰砂另研　虎頭骨炙酥　雄黃各半

右為末，蜜丸桐子大，溫水下二十丸。此藥能辟瘟疫，可佩之。

五七

522 痘症正宗

《痘症正宗》，不分卷，一册。舊題“籍山嚴西書手録”，無序跋與目録，抄録年代不詳。嚴西書，疑爲安徽蕪湖籍山人，生平不詳。是本每半葉九行至十二行不等，每行約三十三字。《中國中醫古籍總目》載録爲清鈔本。現藏于上海圖書館。

是本首録《察部位歌》。後爲《痘症正宗・痘症窮源論》，是頁鈐有三枚印章，右上爲陽文“青山緑水”四字章，右下爲陰文“籍山”二字和陽文“西書”二字兩枚印章，右下有“籍山嚴西書手録”七字，其中前五字被塗黑，但依稀可辨。是頁是正文開始，抄録者編頁碼爲“一”。其後有論痘之形、論痘之色、論痘之症、痘症醫案若干、治痘選要方、痘症撮要論等，共計十五部分内容。其中治痘的主方歸宗湯及治疹的主方清金一貫飲，皆配伍精當之妙方，可供發熱類病證臨床借鑒。

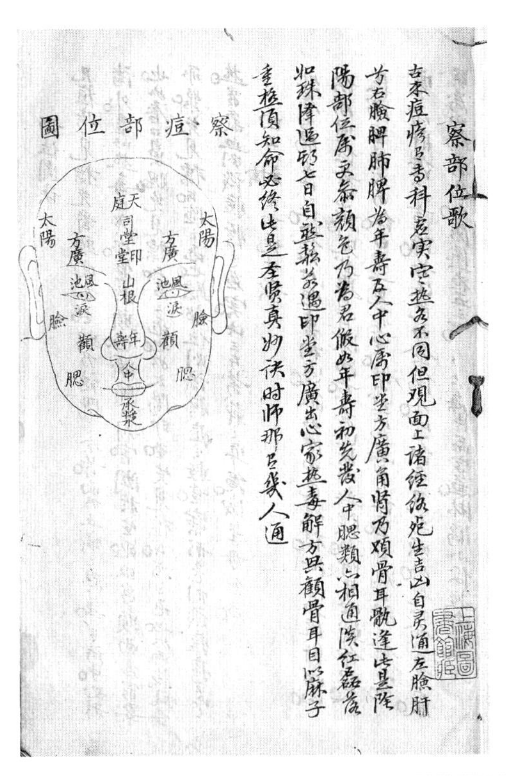

察部位歌

古來痘疹各專科虛實寒熱各不同但觀面上諸經絡死生吉凶自易通左臉肝方右臉脾肺脾為年壽及人中心屬印堂方廣角腎為頰骨耳輪逢此是陰陽部位屬天庭額色乃為君假如年壽初先發人中腮頰亦相通淡紅磊落如珠降遍頭七日自然鬆若遇印堂方廣出心家熱毒解方與顴骨耳目以麻子重極須知命必終此是聖賢真妙訣時師那得幾人通

夫人之足如木之根也人之頭面如木之枝節枝葉茂木根亦茂枝葉枯木根亦枯反此則上下不相應也　觀面部之痘色而足之痘色全不相應必服藥之誤也

脚前歌

離宮色正紅下面亦相同若還紫赤色誤服熱藥攻　香附官桂之類

脚後歌

坎宮色正暗下面一同看若還反常黃誤服熱藥散　羌活防風升麻之類

脚裏歌

震宮色正青下面皆相因若還反常白誤服藥甚多　人參黃芪之類

脚外歌

兌宮色正白下面亦同看若還反慘暗誤吞涼藥散　生地苓連之類

脚中歌

中央黃色正湧泉該相應若還反常青此痘旧黃土

痘疹正宗

手錄

痘症窮源論

古人謂痘為先天之毒此實論也是其父母七情六慾五味偏勝之毒中之於二五妙合之時人之一身先生腎臟所謂天一生水也故痘毒即蘊於腎蘊之所藏藏之若久感天地卯陽太旺之氣而始出摩於腎而升於脾由脾而肝而肺而心毒從竅一出則輕經一步所以出自心肺上乘之地為順出於胃脾之間為逆夫痘而曰毒其猛烈可知矣夫毒既猛烈非火而何以猛烈也毒既為火是毒盛即火盛即毒盛毒者火之根火者毒之焰一而二二而一者也痘既為毒毒既屬火其不可補助又可知矣人之一身氣血而已痘毒一萌即流入於血中毒輕者血載之而氣領之先

523 痘疹天元玉髓

《痘疹天元玉髓》，上下兩卷，一册。無序跋與目録。首頁有“明雲間華明潘啟亮蒐輯，子斗垣允中氏增述，清留溪後學杏花居士朱三錫宗王父謹録，青溪後學墨林軒主人奉士希麟重識”字樣，可知爲明代潘啓亮原輯，經明代潘斗垣以及清代朱三錫、奉希麟增補抄訂。潘啓亮，字華明，雲間（今上海松江）人。《中國中醫古籍總目》誤載潘啓亮爲清人。現存鈔本，藏于上海中醫藥大學圖書館。

本書首載有關痘疹論述七十餘篇，如小兒百日内患痘、痘變焦紫、痘觸變灰白、痘被月經觸變、痘被麝觸、痘被尸厭觸、痘被客忤觸變、痘被獸驚縮、痘白色帶寒戰、婦女透水珠痘等，并輯録治痘方劑如回陽丹、玉樞正氣丹、百花露、天元二仙丹、神效七星散、先天丹等一百十七首。次述痘中治法（青囊十二法）、痘症用藥、痘症變蒸等歌訣，並附圖三幅。後録九種痘形歌訣，有懸鏡形、蝎子形、覆盆形、鎖井形、盤蛇形、豢虎形、玄坵形、掩月形，每形附圖一幅；又列豢虎疔、亡汲疔、燕窩疔、伏磯疔、虺針疔、火珠疔、匣石疔、注命疔、透腸疔、蜂螫疔等十二種疔形，每種也附圖一幅。末附鏡臺驗痘標形圖四十八幅。

該書圖文并茂，生動形象地論述諸痘症的辨證論治，有關痘症的治法描述全面，概括了浴法、蒸法、燭法、薰法、脱法等十二種治法。對于幼科痘疹診治有參考價值。

痘疹天元玉髓

明雲間華明潘啟亮苑辯子斗垣允中氏增述
清留溪後學杏花居士朱三錫宗玉父謹錄
青溪後學墨林軒主人秦士麟 重識

自此卷玄軸奇方至末卷一百二十經驗良方皆我祖父相傳屢試屢效往往授之於人以拯殘幼今之業幼科者偶得一方即珍如拱璧有叩而求之者則吝而弗與嗟嗟是何見之小也所謂好生之德何在乎余不肖謹承家訓固

乎治法預要精詳庶幾臨證時無錯指焉

痘症三疑

痘軸有三疑前未聞之而躬親教授斯得其真矣小兒變蒸之期未盡身發火热或三五日或六七日自体達諸頭額形如水窠夜啼驚掣亦灌膿結痂是為胎錫亦名會骨翻元若年蹐三五歲或髫齔之期身烙淹纏始是面部起疔鼎囊旁結靨潰膿遍体皆然是為忤痾痾不必服葯漸自安妥或五六歲間感湊風寒轉蕩穿窮連綿發热皮寒頭疼先發肥泡变為膿窠是為浪瘾黄蜂毒此三者皆痘之疑症治之宜察

其形色必与正痘有别

察其形詳其色

變蒸疑訣曰

[illegible]

髫亂疑訣曰

[illegible]

滌廓疑訣曰

[illegible]

524 痘疹仁端録

《痘疹仁端録》，四册，殘本。徐謙著。無抄録者及抄録時間記載，徐謙，字仲光，號澄觀散人，長水（今浙江嘉興）人，明末醫家，生卒年代不詳。徐謙之父徐子有，世業小兒醫，謙傳其術，擅治痘疹，博覽群書，參以家秘，撰成《痘疹仁端録》。現存鈔本，藏于上海圖書館。《中國中醫古籍總目》未見收載。

是書爲兒科痘疹專著。《四庫全書》收録此書，題爲"仁端録"。其提要云："（治痘）以固元氣爲主者，謂元氣既盛，自能驅毒氣使出；以攻毒氣爲主者，謂毒氣既解，始可保元氣無恙。於是攻補異途，寒温殊用，痘家遂分爲兩歧，齗齗執門户之見。是編獨審證施療，無所偏主，推原本始，備載治驗，頗能持兩家之平。"

考徐謙所著《痘疹仁端録》原爲十卷，後經徐謙門人陳葵删定爲十六卷，于清順治元年（1644年）成書。傳世後有多個版本，名稱也有"徐氏仁端録痘疹""仁端録痘疹玄珠"和"痘疹仁端録"等不同。上海圖書館現藏是書爲殘缺本，僅有四册，分别是三卷、五卷、又卷三、又卷五。在内容上，"三卷"與"又卷三"均爲"痘中雜症"，但文字上有差异，故可能是不同版本的混淆。是書中另有一册，首頁無書名，内容爲中風、眩暈等雜證，與徐氏《雜證仁端録》的内容相悖，可能爲上圖在收藏時混入的部分，有待進一步考證。

痘疹仁端録五巻

勘驗方藥　長水澄觀散人仲光父徐謙集

用藥如用兵相機而行無有定局何可執方也然兵家有陣圖内寓攻守生死之机醫家有方藥内涵攻補迎奪之竅兵不諳陣以其卒予人也医不勘方以其藥嘗人也此非平時熟識藥性簡練精工何以防微應猝乎若有一方兼理数病一病取驗数方者則彙收于本門之中以便參攷焉嗟乎方之所傳者跡耳神而明之則存乎其人矣

目録

不特見科即天方亦必以舌為五

治痘總訣

治痘之藥不可過過於熱必涸過於寒必凝過於潤必滑腸過於攻必損真過於補必助邪古有云藥隨病更機非在我我者不通變者也須視舌以為樞紐蓋古通五内人知之而莫之用不由指示臨局必迷藥有温涼寒熱令其樞紐在手則縱横顛倒一自我出而是非利害皆置勿碩可也

治痘有四節次務要不紊紊則氣血顛倒火毒肆虐而諸症蜂作矣故驚者狂者吐者瀉者痳者疹者腰疼腹痛者面腫痘不腫者水嗆錯喉者皆因當發不發毒欝三焦停滞氣道也焦紫

525 痘疹正覺全書

《痘疹正覺全書》，六卷。封面題寫書名，并有"春王月置朱曜東讀"字樣。有目録，無序跋，正文首頁題"沈虛明先生痘疹正覺全書"字樣，并鈐方形上海中醫學院圖書館藏書章一枚，故可蠡測沈氏即該書作者。沈虛明，生平乏考，華亭董含著筆記小説《三岡識略》卷三載有"吾郡舊有醫沈虛明，負神術而謹厚不伐，貧家延之亦往，每日徒步，病者立起，未嘗自矜"等語。董含約生活于清順治（1638–1661）年間，故推測沈氏爲明人。又明人程雲鵬作《慈幼新書》，其中多引沈虛明語。扉頁及其後數頁空白處有潦草字迹多處，内容較亂，值得注意的有"主人朱慶甲所有"等條，又封底頁題有朱筆"中華民國十年""朱子東"等字樣。考朱慶甲（1831–1895），名世誠，字長卿，别號湊趣山人，武昌（今屬湖北）人，宋理學家朱熹第二十七代孫，清末醫家。曾創辦大生堂藥局，晚年參與編修《武昌縣誌》，所撰《傷寒辯論》已佚，現存《醫學入門》八卷。朱曜東、朱子東等無考，疑爲朱慶甲族人，故能得其書而讀之。該本能爲朱慶甲所有，故當成書于朱氏生前（即1895年之前）。該書共計九十一葉，每半葉九行，每行多則二十五字，總計三萬五千餘字。現存鈔本，藏于上海中醫藥大學圖書館。

該書爲痘疹專書。卷一總論痘疹，從形色、部位等方面説明痘疹，以便于診治；卷二針對前人多以痘疹"受父母先天淫火之毒"的説法提出不同的觀點，認爲係受父母飲食氣味而得，非爲淫火之毒；卷三論痘疹夾症，如驚、狂、嘔吐、咬牙寒戰等，計二十八種；卷四論痘疹過程中氣血虛實的轉變及痘疹的轉歸；卷五有《金鏡賦》《節制賦》《權宜賦》《指南賦》四篇，按痘疹發病的過程提出治療用藥；卷六詳論治法，提出具體方藥。

在正文首篇《原始篇》中，沈氏提出痘疹的病因："原夫胎育之時，受父母飲食氣味之毒，蕴藏于脾經，復遇濕熱流行，感動而作。始而太陰脾經，傳于陽明胃經。”這與歷來的説法不盡相同，恐不能服人，故作者又于其後專設一卷，即卷二中用《胎毒篇》《毒辨》《問答》等篇詳細論述。在這些篇章中，沈氏指出“淫火是男女生物之機，苟有毒藏于其間”，并舉痘者古之未有，又少行于西北，而盛于東南，若以淫火爲毒，則不能有如此的差异。之所以如此者，蓋東南之地，本濕氣偏盛，飲食厚膩，遺爲濕毒也。其説中正不頗，其證詳而有據。痘疹病程十二日，已爲前賢公認，十二日内痘證變化迅速紛繁，處方用藥亦當因時而變，該書卷四《因期施治》篇以及卷五、卷六等多篇中論述詳細，可作參考。

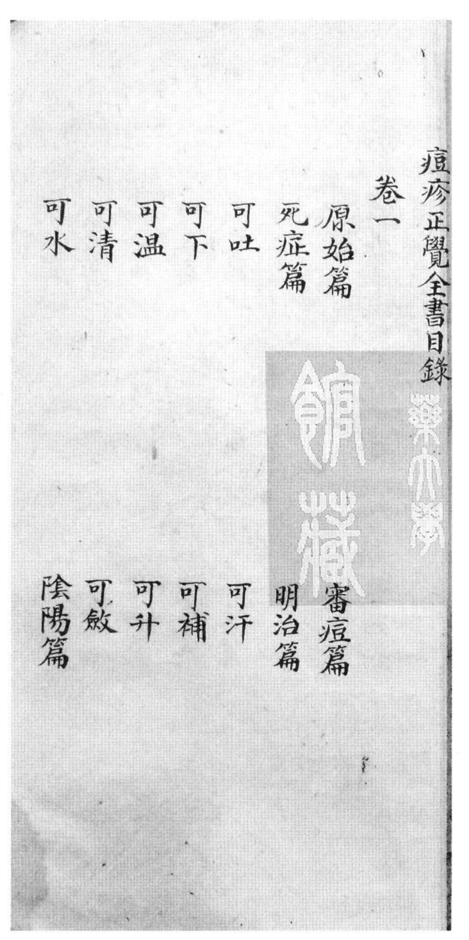

痘疹正覺全書目錄

卷一

原始篇　審痘篇

死症篇　明治篇

可吐　可汗

可下　可補

可温　可升

可清　可斂

可水　陰陽篇

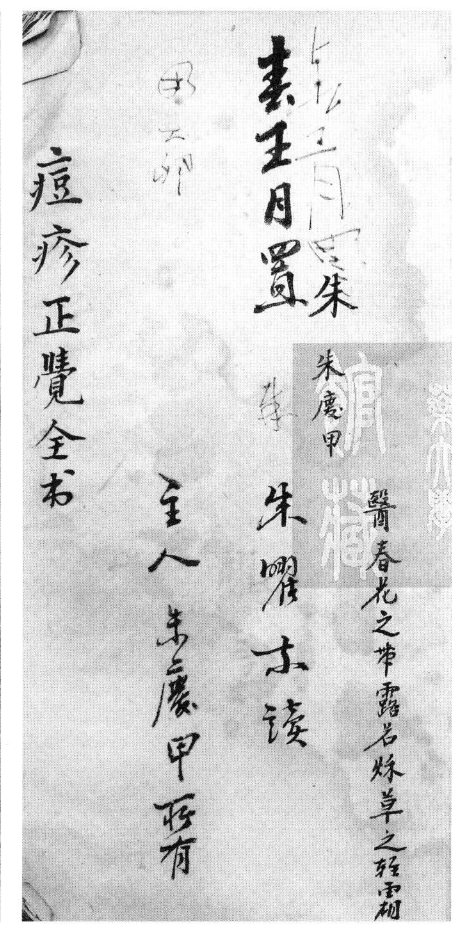

痘疹正覺全书

朱慶甲

主人朱慶甲所有

節制賦　　權宜賦
指南賦
卷六　十二日綱目
見標三日程法　小長三日程法
大壯三日程法　結靨三日程法
附保元湯論一則　虛症禁用藥一則
平伏陷塌休辨四則
初熱　報点　起脹　灌漿　收靨　結靨　靨後
以上各有順逆險論

沈虛明先生痘疹正覺全書卷之一

原始篇

夫痘者以其形類豆而名之也原夫胎育之時受父母飲食氣味之毒蘊藏于脾經復遇濕熱流行感動而作始而太陰脾經傳于陽明胃經陽明主肌肉故痘顯于肌肉也若毒輕疎胃氣升起肌肉無阻則痘易長易齊易成漿而收靨矣不然而毒鬱不鬱于脾則壅於胃不壅於胃則滯于肌肉痘出不齊齊不盡長毒不能出氣血不交不能成漿漿既不成則不能收靨故成腹痛腰疼嘔吐泄瀉者毒鬱于脾也煩渴悶亂驚狂譫語咬牙寒戰唇腫口臭發狂

一

526 痘疹全生録

《痘疹全生録》，上中下三卷，四册。著者佚名。無序跋與目録。首頁有印章兩枚，分别爲“緑野草堂”“上海第二醫學院圖書館藏”。“緑野草堂”爲清代學者張文翿書齋名，據此推測此書成于清代。現藏于上海交通大學醫學院圖書館。《中國中醫古籍總目》未見收載。

全書載論八十五則，可大體分爲醫學理論、辨證診斷、痘名種類三個部分。醫論部分多以《内經》理論爲基礎，如“論氣”“論血”等，從痘證的病因病機方面作了簡要精辟的論述。辨證診斷部分内容最多，爲本書主體，論述痘證的主要症狀及兼證的鑒别，如辨識痘形的《辨平扁與不松論》：“何爲不松？板實而不暢滿也。何爲平扁？妥乏而不充拓也。其形若似，其實不同，一屬於虚，一屬於實。”部分醫論後載有歌訣，以作總結，較有特色，如《辨綻有囊薄論》歌訣：“氣虚頂綻痘空囊，綻若囊空反不祥。浮抬不實成何用，及早扶元免破傷。”最後載五十二種痘的種類、形狀及治法，如燕窩痘、疊錢痘、雁行痘、鼠迹痘、珠殼痘、兩截痘等。如“天空痘”云：“諸痘起脹而天庭或曉星處不起壯者，乃氣不能領血灌頂也，故名天空，十無一生之症也。”

是書在行間與天頭處有少量硃批，如《辨氣拘與毒絆論》行間朱批：“氣拘之，盤色必光明潤澤；毒絆之，根色必紫滯。”《辨平扁與不松論》行間朱批：“平扁之痘，端在於此。”又《大腸逼迫》論，天頭處有硃批云：“逼迫之症，其腹必痛，口必渴，身必炙熱，神性必躁亂。”該書將用藥之法貫穿于始終，如《血虚咬牙論》載：“齒者骨之餘，賴血榮養而得安……血虚之痘，八九日後，其血悉爲漿耗，何能有餘力以榮養其餘？所以牙齒妄劇而相咬也。此蓋血虚使然。以保元湯大劑，芎、歸、淮熟地，更有嫩鹿茸煎膏，以補其缺陷，斯爲良法。”

本書有少量缺文，疑抄者不識原書字，故空而待補。如歌訣“首尾疏表痘如何，惡毒爲殃何用多。片雲能□□□□，前後工夫須合符。”本書部分内容與清代醫家費啓泰所撰《救偏瑣言》相類，可參閱。

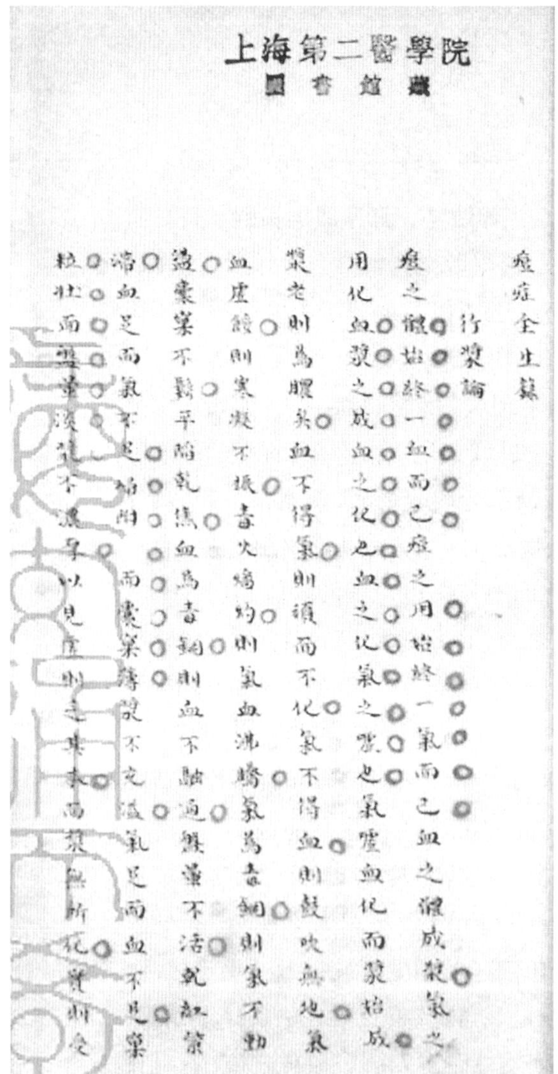

痘疹全生集

行漿論

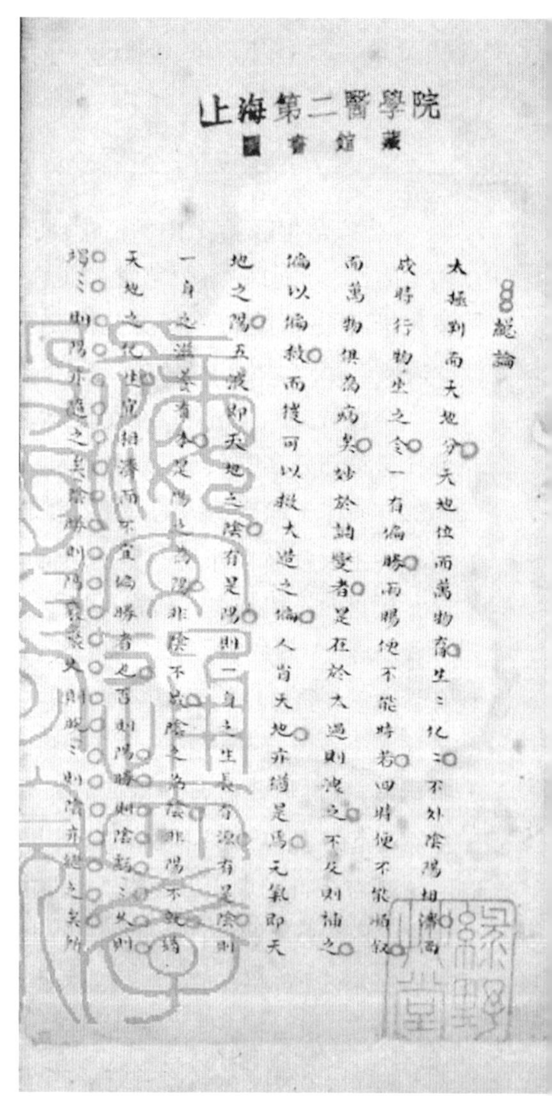

總論

527 痘疹全書

《痘疹全書》，兩卷，殘。胡民信編，楊松校。胡民信，字汝立，號菊圃，江西餘干縣人，生平不詳，據本書序，知胡氏少習舉子業，後隨太醫楊君玻業醫。是書封面題“痘疹全書，明萬曆鈔本，丁亥行準題”，書前有序兩篇，分别爲“嘉靖丁酉夏六月弟民棿汝繹拜書”“嘉靖丁酉夏六月哉生明玉亭鄧秀書”。是知該書成于1537年。正文首頁書“新編痘疹方藥全書，餘干城東菊圃胡民信汝立編輯，城北南林楊松伯貞校正”。本書爲殘卷，缺醫論三篇，前敘部分亦有破損。封面有印章一枚，模糊難辨，書内另有印章三枚。現藏于中華醫學會上海分會圖書館。

是書序後有“痘疹方書題名引”，言“方稿謄久，屢空難梓荷，諸公知所重，以相厥成，謹備録姓字，以昭光濟，垂不朽云”。載出資助刊者十五人之名姓、居所及所助板數。“痘疹方書題名引”後録“新刊痘疹方藥全書目録”。卷一載醫論四十三篇，包括《痘疹本源論説》《古今治痘稀少法》《痘疹調理脾胃説》《痘疹脈説脈法》《諸家痘疹源由論説》《諸家斷義》《發明擇義》等，主要記載前輩醫家痘疹方面醫論。卷二載醫論一百零八篇，包括《初視痘八法》《經驗集補》《視痘已出形症方法》《諸家視痘赤白色治法》《辨痘三陰三陽經候》《滄洲翁吕氏跋》等，但本書卷二殘缺，《滄洲翁吕氏跋》《痘有不治説》《〈内經〉飲有陰陽説》三篇已散佚。本書前序曰：“（胡氏）每於暇日遠稽諸儒而集其藴，近取群書而採其長，又或補其缺、正其偏、增其遺。自此症未發之先，已發之後，用藥之次第，調護之便宜，更附己意及經驗條例，日集月録，彙成卷帙。”書中輯集上自春秋扁鵲、倉公，下至元明吕復、虞摶等二十餘位醫家之論，對痘疹之源流、病因及治則治法、用藥禁忌等進行詳細論述。如《古今治痘稀少法》方後載：“已上五方俱出扁鵲等書，惟山楂飲愚補方，服此效者十七不及，調理脾胃爲上。”并録他醫治痘經驗，如書中所録“見聞”：“丙申痘大發，餘干南隅舒氏、鄱陽歐陽氏各出一方，治痘稀少俱用白水牛虱。”

本書爲痘疹專科醫著。近代普遍采用預防接種的方法，痘疹的發病率已大幅下降，然著者所處年代痘疹流行，“吾邑自弘治辛酉正德丁丑迄嘉靖丙申，痘疹流行，家户喁喁不遑寧處”，雖今日醫學昌明，然醫理相通，醫德咸備，如胡氏言視痘之要：“目不到不能辨其證，心不到不能運其巧，藥不到不能收其效。”此言不僅痘證，置于諸疾而皆準。

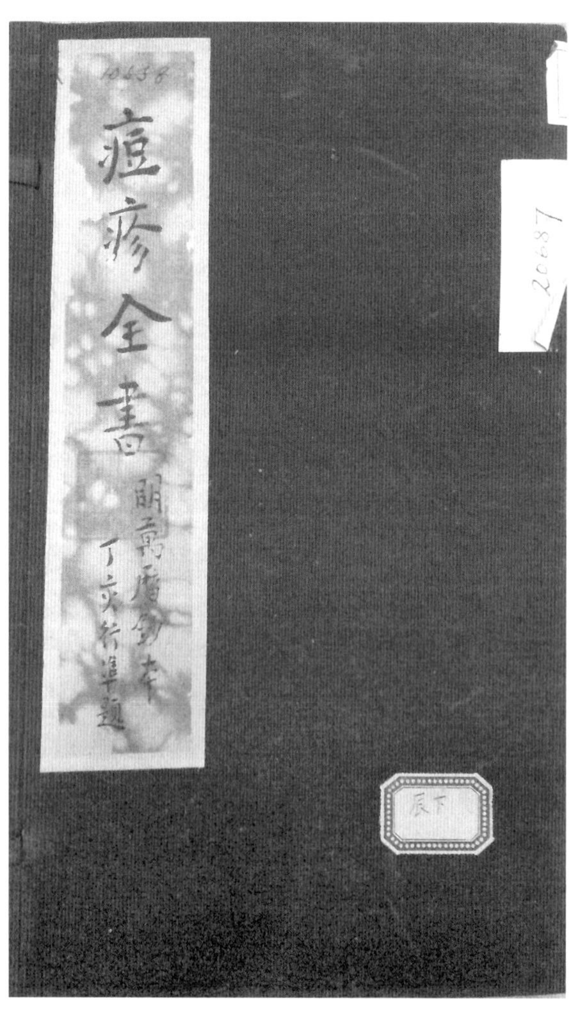

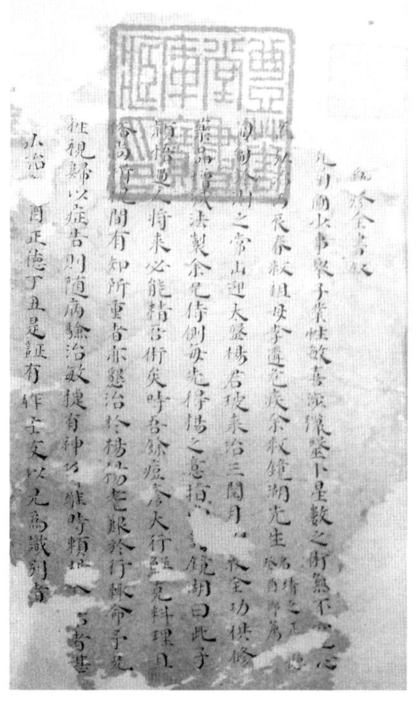

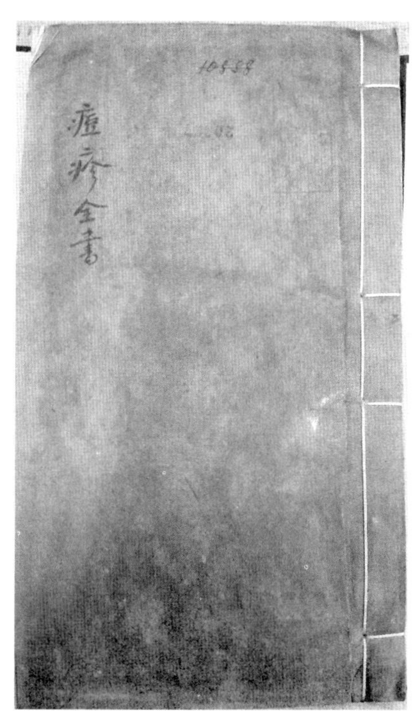

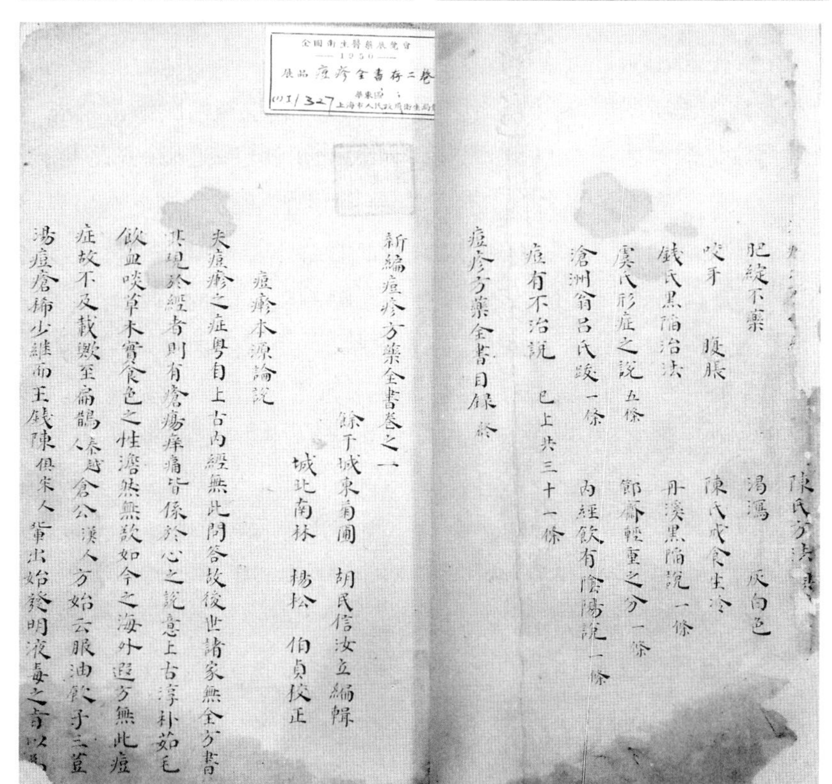

528 痘疹危險録

《痘疹危險録》,上下两卷,六册。清張潮清撰。張潮清,字升蛟,别字檢齋,歸安(今浙江吴興)人。自幼習儒,對《周易》《尚書》《詩經》等均有所研究,且有著作。後事醫,專攻痘疹,廣采群書,參以個人心得,著有痘疹類書籍三部,除本書外,另兩部爲《痘疹前編》十四卷及《痘疹後編》四卷。書首有序,序者不詳。每册首頁右下角均印有"中華書局圖書館藏書"印章,第一册第二頁、第四册首頁印有"武林□□氏印"印章。是本爲清代孤鈔本,現藏于上海辭書出版社圖書館。

是書爲張氏研閲群書,積三十年之功而成。其根據河圖洛書之理,重用滋陰以爲攻毒清火之法,以杜絶飛漿、發泡、火裼、痰喘之患,并將寒熱攻補析爲二十八法。書中各條名目取自于群書,而諸症治法十之七八出自心裁。張氏自謂臨證應用書中所載治痘方法,百試百驗。是書以心法爲綱,以各症爲目,以主方爲君,以外治爲佐。每卷均有總論,上卷前有《心法總論》《内治二十八法》(有總論),下卷後有《主方總論》。正文之前有條例、采輯群書及目録,書後附有三首經驗方。上卷各症采輯于群書,或單見痘前,或統貫始終;下卷依河洛之理,以後天八卦參之痘症。《主方總論》據靈素之奥妙,擷河洛之精微而製成諸方。是書目録所載條目與正文有出入:上卷目録見鬼、流淚如膿在見聞怪异之後,正文移至腹脹之後;黑珠轉緑色、見聞怪異、滿悶、瓜瓢瘟、胸脅痛、筋痛、心痛、絡浮等症,目録有而正文無。

張氏研習醫書,積三十餘年臨證經驗而成此書,且書中方藥多有效驗,許多臨床疑難雜證書中均有記載,其重用滋陰以爲攻毒清火之法,另辟蹊徑,爲臨床治療痘疹提供了思路。

序

太極之理，分而為陰陽，布而為五行，散而為萬物，此學之根柢也。未窺其奧，莫得而通；既探其源，斯無不貫。是故善觀道者，鳶飛魚躍，皆可會心；善語道者，大言小言，初無二致。周子曰：一實萬分，是萬為一。天地間事業，統諸此矣。張子升蛟，名潮青，別字檢齋，明少保莊僖公後也。精學三十年，著有周易講義十七卷、答問錄八卷，儘堪羽翼程朱。又著詩經觀海五卷。更能紹承家學，又著洪範發一卷，獨本洛書位數，以洩衍疇精義，發於前無作者。領悟既深，泛應自裕，出其緒餘，以治痘苔雲之間，鮮能出其項背。

痘疹危險錄

條例

一、痘疹起自漢代，未經軒岐論定。然五臟六腑，其經絡氣血，無分今古。是書各症治法，俱根柢靈素，抉其奧旨，研核精微，理明詞簡，與淺陋者迥殊。

一、歷代名家，專門者少。簡編所載，形症散見。是書旁搜博採，閱三十年而後成。故凡怪症奇形，庶幾大備。至於重用滋陰，以為攻毒清火之法，預杜升提發泄火竭痰喘之患。此理根據河洛，識者自能鑒之。

條例

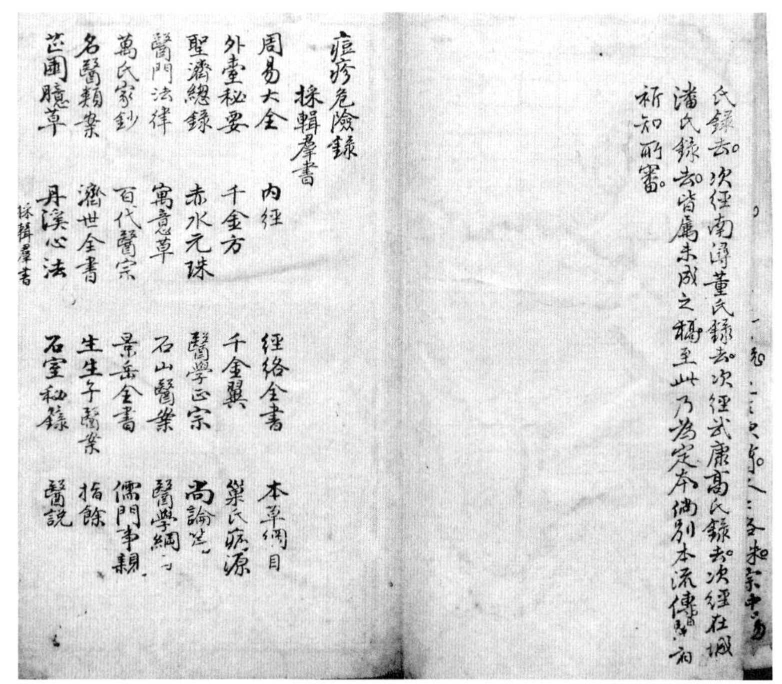

氏録去。次經南潯董氏録去。次經武康高氏録去。次經在城
潘氏録去。皆屬未成之稿。至此乃為定本。倘別本流傳，幸
祈知所審。

痘疹危險録
採輯羣書

周易大全　內經　經絡全書　本草綱目
外臺秘要　千金方　千金翼　巢氏病源
聖濟總録　赤水元珠　醫學正宗　尚論篇
醫門法律　寓意草　石山醫案　醫學綱目
萬氏家鈔　百代醫宗　景岳全書　儒門事親
名醫類案　濟世全書　生生子醫案　指餘
芯園臆草　丹溪心法　石室秘籙　醫說

採輯羣書

目次總論

書之有目，所以備考也。余因著書之難，而有慨於看書之不易。請為天下後世正告之曰：看書之道，先要虛心。余之先，六十餘葉俱以科第文章相沿勿替。岐黄之學，原非世業。緣長兒六殤，不勝悲憤，因於親友處徧覓方書，約數十種，晝習舉業，夜則以觀，率以二鼓為限。積之一年，分閱俱徧，乃于每夕各取一條，合羣書而考同異。積之一年，規則洞然。又恐見聞未廣，識見未融，復不惜重費購求難得之書，靜坐冥參，進取回生之法。積之一年，自謂已臻絕頂。適有時醫謝絕之疴，恆奏奇功。凡余決為不治者，遠近高手竭力

目錄

529 痘疹活幼心法

《痘疹活幼心法》，不分卷，兩册。明聶久吾撰。聶久吾（1572–？），名尚恒，字久吾，清江（今屬江西樟樹）人，精于兒科，著《活幼心法》《痘疹心法》及《八十一難圖解》（又名《扁鵲八十一難經》）。現存鈔本，藏于上海圖書館。

是本第一册主要論述痘疹的病源、諸家治痘之法、寒熱虚實辨證、炮製用藥之法、不同階段之調治法、治療方藥等。《論受病之源》認爲痘疹的病源與胎兒受毒于母胎血穢有關，而胎毒的輕重與飲食淡厚相關。曰："蓋飲食淡則血氣清而胎毒輕，飲食厚則血氣濁而胎毒重；受毒輕故出痘少，受毒重故出痘多。"《折諸家之衷》摘録劉河間、錢仲陽、張潔古、朱丹溪諸醫家治療痘疹的治法與方藥。《辟時醫之謬》强調"痘症與他症不同，自初發熱以至於結痂，限日限時，救困扶危，當用之藥宜及時而用，如救焚拯溺不可緩也"，抨擊輕視人命而重視財利的時醫。在痘疹的辨治方面，仔細辨其虚實寒熱，重視氣血的盈虧。用藥上强調痘疹用藥須精細炮製，"若痘瘡中前後所用解毒諸寒藥，皆因毒火爍血，而用入血分以凉血活血者，是以芩、連、梔、柏、花粉、大黄等味，必用酒拌濕炒燥，牛蒡子必炒香研碎，當歸、白芍、生地、紅花、紫草、牡丹皮、地骨皮之類，必以酒臨時洗用，此要法也"。認爲調治痘疹應根據痘疹的不同階段而采用不同的治法和方藥，并詳細加以論述。《備用緊要諸症方論》載有夾斑而出痘、夾麻疹而出痘、痘癢、痘痛、痘疔等證的救治方藥，以備醫者不時之需。如夾斑而出痘者，治以玄參升麻湯；夾麻疹而出痘者，治以玄參升麻湯加桔梗、酒炒黄芩等。另外還載有十一條治痘醫案及幼科其他常見病證的症狀及治療方藥。第二册載有六篇附録，包括《或問》六條、《治痘醫案》十一條、《麻疹》《古今治痘要方》《痘疹避忌》《幼兒雜症方論》。

是本内容詳實，既重視醫術，又强調醫者之醫德，可供醫者參閱。

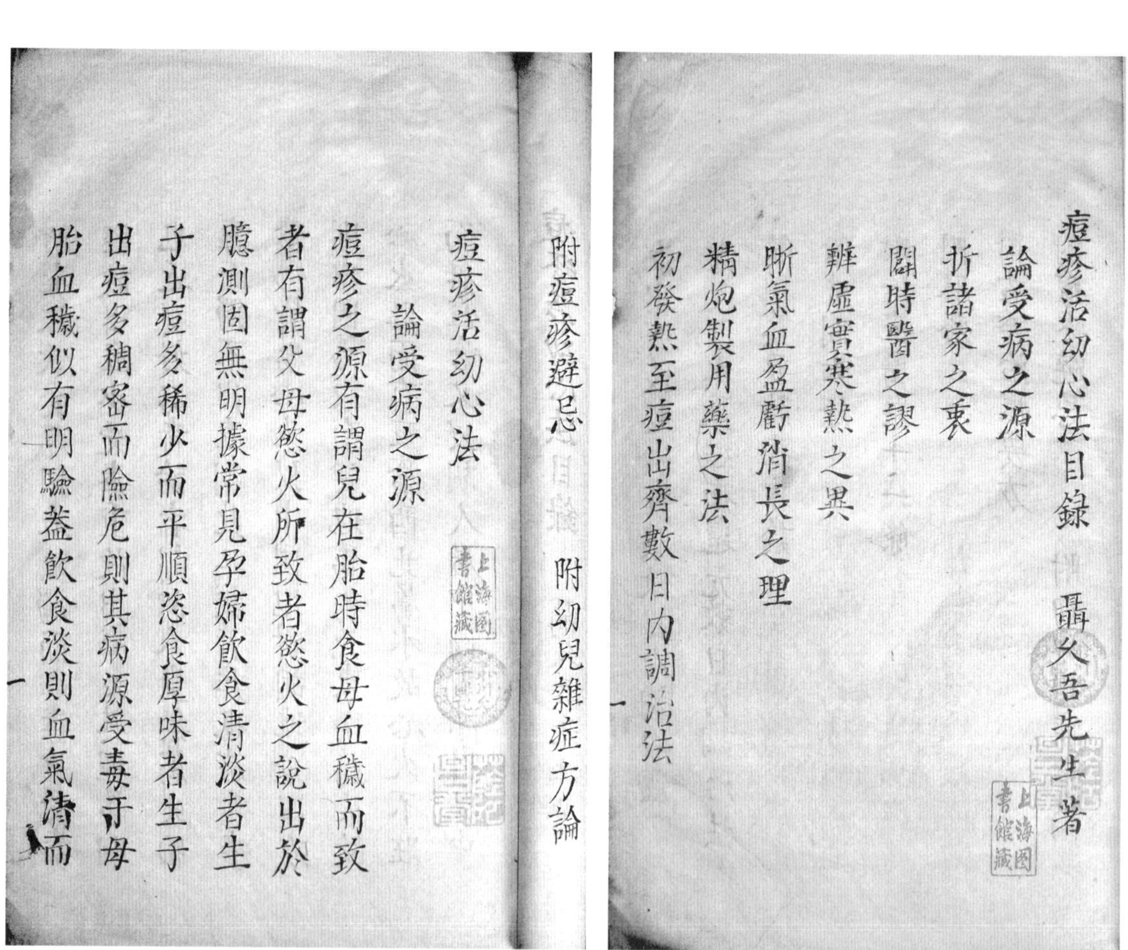

痘疹活幼心法目錄　聶久吾先生著

附痘疹避忌　附幼兒雜症方論

痘疹活幼心法

論受病之源

痘疹之源有謂兒在胎時食母血穢而致者有謂父母慾火所致者慾火之說出於臆測固無明據常見孕婦飲食清淡者生子出痘多稀少而平順恣食厚味者生子出痘多稠密而險危則其病源受毒于母胎血穢似有明驗蓋飲食淡則血氣清而

530 痘疹神仙鏡

《痘疹神仙鏡》，四卷，四册。目録頁及每册正文首頁均書“鹿城衛奕良眉仲氏輯、内弟李懷北聲傳氏書”“杏林山房録”。成書年代不詳。衛奕良，鹿城（今屬浙江温州）人，字眉仲，生平不詳。其自序言：“余幼失學，成童未識丁字，至弱冠始知讀書。方二載即染腹疾，纏綿十餘年，因此寄興岐黄，於孔孟遂疏。”李懷北，字聲傳，衛氏内弟，生平不詳。書中“玄”字缺末筆避諱，宜爲清代鈔本。是書有自序、目録，無印章，朱筆句讀。現藏于中華醫學會上海分會圖書館。

卷一載《玄根不息論》《觀色全神論》《三境天真論》等醫論三十八篇，述痘疹病因證治。如《六賊戕元論》載痘證六不治及不治之病因病機：“初出勇壯者不治，出如蠶種者不治，隨出隨没者不治，如蚊蟲咬者不治，氣血相失者不治，倒出者不治。”卷末載兒科痘證治驗三則，注爲“藻溪朱育才先生補入”。卷二列發炎證、發癢證、痘汗、痘瘢、芎歸論等五十篇。如《嬌紅淡白論》條下注“録《蘧廬集》”，後有按語云：“嬌紅、淡紅均之血少，似同一類，但玩嬌、淡二字，有火實毒輕重之差。”《飲食論》亦録自《蘧廬集》，論後按語云：“小川吴先生云：若四五日仍不食，乃胃中毒氣留連。”卷三列《耳後驗痘七脈紋形圖》《頭面部位吉凶歌》《五行生化論》等五十六篇，述痘形狀鑒别。如《頭面部位吉凶歌》云：“痘疹初形有重輕，虚實表裹不相同。但觀面上諸經絡，生死吉凶自變通。”卷四列《李雲陽用藥辨》《藥性備考》，考述藥性八十餘味。並以“西江月”詞牌作詞數首，包括“五臟死法”“朱紅色”“鎖項”“虚癢”“正額忌破”“相火”等。全書共載類方一百九十餘首。

是書引録明代翁仲仁《金鏡録》之《辨疑賦》《表裹寒熱虚實論》《因痘期施治》等篇，及清代黄鐘《蘧廬集》之《漿根要略》《根脚論》《氣血强弱論》

《氣血配合論》等篇。著者自序云:“儒而不通於醫者有之,未有醫而不本於儒者也。”强調醫與儒的密切關係。本書以醫論爲主,附以類方,并引前人論述。今痘證雖已罕見,但醫理自可相通。

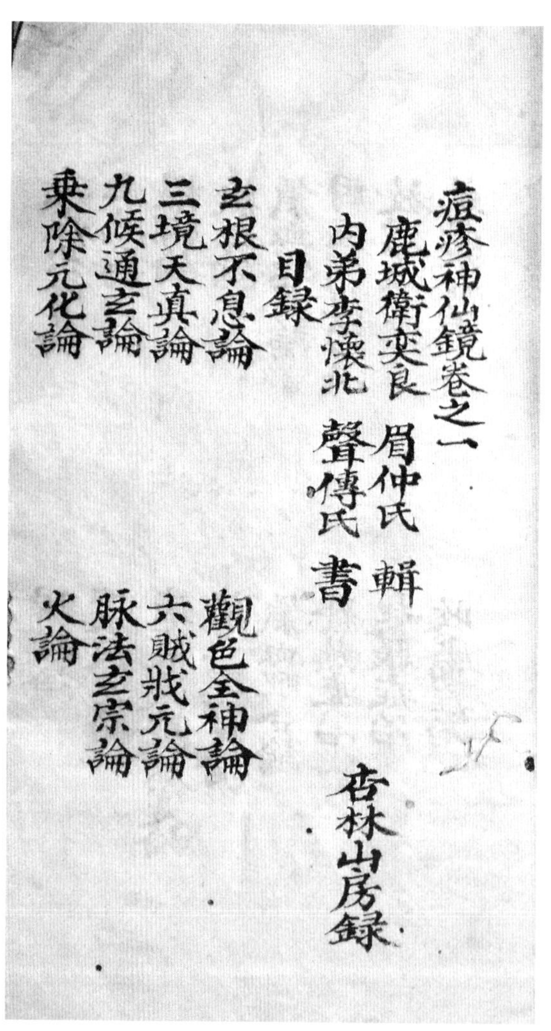

痘疹神仙鏡卷之一

鹿城衛奕良　眉仲氏　輯

内弟李懷北　聲傳氏　書

目録

玄根不息論　觀色全神論

三境天真論　六賊戕元論

九候通玄論　脉法玄宗論

乘除元化論　火論

杏林山房録

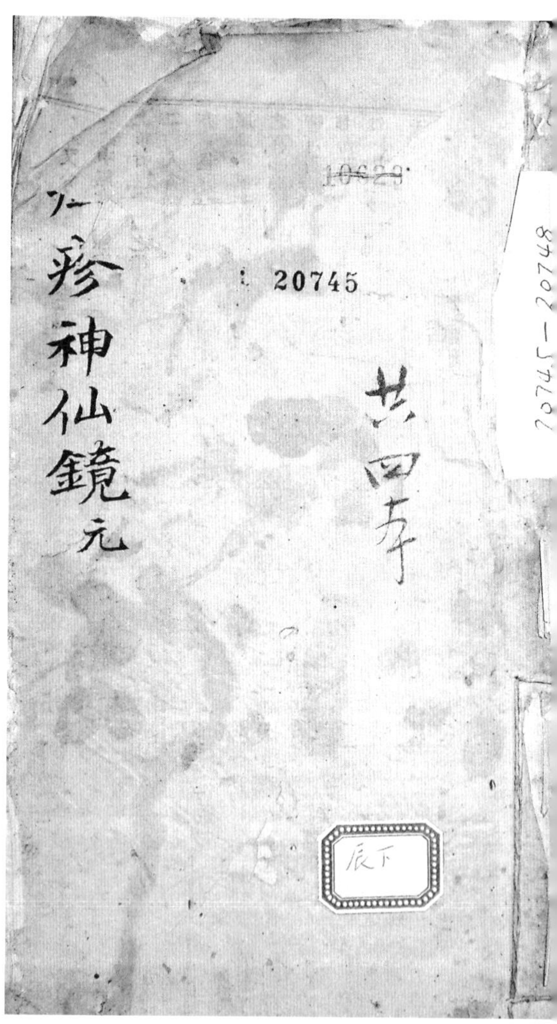

痘疹神仙鏡　元

自序

余幼失學成童未識丁字至弱冠始知讀书方二載即染腹疾纏綿十餘年因此寄興岐黃於孔孟遂疏賴天資不甚遲鈍故得稍知文墨係我後人以讀书為首務既讀书而自易之也古人云儒而不通於医者有之未有医而不本於儒者也倘有自恃家傳之業而稽古不力則雖有秘书玄妙如仙而不得其神豈能灼見病情如明鏡乎不識病則用藥謬藥謬則害人不惟敗名當必実獲罪冥冥即余亦有罪矣何也者人自知学淺斷不創業学医之想因有是书云論智愚皆收執而行之藥不辨溫涼寒熱病不察表裏陰陽非我輯是编之罪乎苟有志者必當沉酣典籍云

眉仲剩筆

531 痘疹約囊金鏡録摘要

《痘疹約囊金鏡録摘要》,不分卷,一册。不著撰者,無序跋,有目録。成書年代不詳,《中國中醫古籍總目》載録爲1668年。現存鈔本,藏于中華醫學會上海分會圖書館。

全書由“痘疹醫論”“異痘名色”“症驗治方”“預兆圖”四部分組成。首載醫論二十九篇,包括《部位論》(附圖)《看四時氣色以占痘之吉凶》《痘有五善七惡》《紙撚照法》等。如《看四時氣色以占痘之吉凶》以春夏秋冬四季痘證位置及氣色判預後吉凶。《見症用藥法》據五臟症狀選擇藥物:“除腎無痘候,餘四藏中見症獨多者,即主其藏之毒特甚者治之。如肝症多用川芎、梔子仁、青皮之屬,肺症多用黄芩、知母、地骨皮之屬。”次論“異痘名色”,介紹天根痘、明朗痘、海溢痘、猪頸痘等六十八種特殊痘症。如“四柱痘,痘出多見手足,身面俱無,名四柱痘,有藥難救,又名四腕痘”“破黄痘,痘見人中一粒,比衆痘獨大,痘雖稀朗,後必當泄而死矣”。再論症驗治方十二種,如停漿用“過關飲”,溢膿用“芪术五味飲”“加減平胃散”,倒靨重用參芪术芍,血遊用“返元丹”,髓痛用“降魔散”等。後載痘疹預兆圖二十四幅,包括霧氣、桃照清潭、腰帶紋、紫鬢雲、黑霧迷天等。作者認爲“痘之預兆有徵於色者,有徵於目者,有徵於耳者,色在微茫之際,必須精細審察,吉凶可預决”。末載《清火治准》《血熱作癢》《氣虚作癢》《氣虚寒戰》《痧瘢疹水痘赤痘辨》《似痘辨》等雜論。

是書名曰“摘要”,乃引録黄氏《痘科約囊》及翁仲仁《痘疹金鏡録》的部分章節,内容簡要,可作臨證參考。

痘疹約囊金鏡録摘要目録

部位論附圖

痘有五善七惡

見症用藥法

治痘須明經絡補瀉引經報使法

根窠膿色

論氣血虛寔

論灰白痒塌

看四時氣色以占痘之吉凶

紙撚照法

痘症傳變論

痘不可日數拘

決生死日期

論形色美惡

論夾疹夾瘢

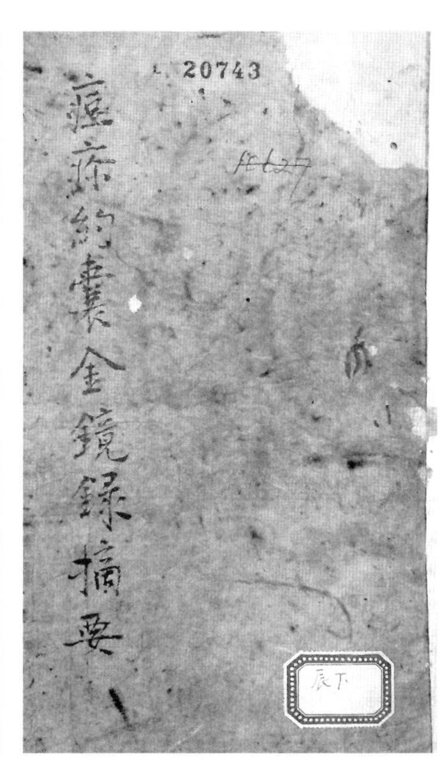

霧氣

腰帶紋

黑霧迷天

金裹銀

月睡紅雲

點金臺

烏鵲班紋

柳葉掛青絲

桃照清潭

紫髮雲

枳棘紋

黃雲捧月

披髮紋

弓紋

針入砂紋

碎絲紋

片雲掩月

紅霞殨日

蜆現山谷

沙裏出金

不治痘症歌

血熱作痒

火極寒戰

痧瘢疹水痘赤痘辨

梅枝紋

人字紋

十字紋

百葉紋

清火治痒

氣虛作痒

氣虛寒戰

似痘辨

532 痘疹秘本

《痘疹秘本》，不分卷，一册。不著撰者，無序跋與目録。《中國中醫古籍總目》載録爲清鈔本。現藏于上海中醫藥大學圖書館。

該書首論痘疹逐日發病症候分順、逆、險，此爲治痘之常期；次叙出現發熱、報痘、起脹、貫漿、收靨、結靨後餘證以及婦人出痘的辨證論治，并附有痘後禁忌；後載《内經》《病機原病式》《傳心録》等經典著作以及張子和、朱丹溪、魏桂巖諸家關于痘疹的論述。全書輯録治痘方劑有四物湯、承氣湯、葛根湯、升麻葛根湯、四君子湯、理中湯、保元湯、犀角地黄湯等五十餘首。該鈔本與《秘傳痘疹集聖》的第三、四兩册内容有所重複。

本書强調痘疹須注重辨證論治、用藥要講究變通以及痘後的飲食調護，對于兒科痘疹的研究有參考價值。

痘疹秘本

逐日分順逆險候

發熱時順逆險候

順　微微發熱三四日後報痘即身涼或驚搐魃即見痘人事安寧飲食如常二便如昔者順

逆　壯熱昏亂譫語癲狂吐痢喘脹煩躁失血或腰腹痛甚驚搐不止一熱即出逆也

險　乍寒乍熱一二日後報痘而熱不退襍症混擾眠不安枕雖險可治

放點一二候

順　初見點其形尖細色如蚤花身微熱人事清爽眠臥安寧二便調勻無雜症順也

逆　初出形色平塌更兼喘脹悶亂煩躁不寧譫語恍惚嘔吐洩痢飲食不進二便閉澁或一齊湧出或如痱瘖者逆也

險　初出形雖粗肥饅頭樣雖稠密而紅澤或赤色或淡白少神或雖順兼夾內傷外感或雖險而為襍症所遏急治之可生險也

放點二日候

順　先出者漸長次出者亦尖綻如珠蚤花光澤相去二三寸一顆者縱出亦稀內症如前順也

逆　先出者灰色平塌次出者成叢後必

533 痘疹秘要

《痘疹秘要》，不分卷，一册。明陳楚瑜撰。成書于明天啓五年（1625）。陳楚瑜，生平不詳。吴粤昌《嶺南醫徵略》録爲廣東南海人，按是書《引》尾題“南海陳楚瑜謹識”字樣，知吴氏所録實據此而來。另據此序亦可知陳楚瑜父于宦途遇“泰和蕭子”，出其師所輯“痘症一編”示之，其父得之，大加嘆異，“以之療治，多獲奇驗”。其父見背，作者因不忍是書湮没，爲蠹魚所食，由是付梓。書首有“刻痘疹秘要引”，引文結尾處有作者印章。現存鈔本，藏于上海中醫藥大學圖書館。

本書列述小兒痘疹、婦人痘疹和小兒麻疹三種病證。首先論述驗五臟始發痘症歌訣、參述魏生加減藥性賦、痘疹辨論、看舌法、痘疹初出、不吉之症、保養之方等有關小兒痘疹的辨證論治，其次論述婦人痘疹，最後論述小兒麻疹。全書載方一百三十餘首。

該書注重顧護人的正氣，使邪氣得越。關于痘疹未發之前的養護、已發後的調理及已發後變證的處理，描述甚詳。本書對小兒痘疹、麻疹及婦人痘疹的臨床治療有參考價值。

刻痘疹秘要引

治痘方書古今傳授毋慮百家求其剴切中程者恒不易得先君子歷宦于虔得遇泰和蕭子與之爲莫逆此君久以治痘馳名海內知先君子留心此道暇日廼出其師所輯痘症一編相授先君子得之大加歎異自後凡遇遘斯症者以之療治多獲奇驗顧以未經剞劂是致人皆罕見迨遷宜陽司理常

痘疹秘要序

治痘之要諸家已詳以予視之未有如錢氏仲陽之詳且善者其間因病治藥詳症定方屢試屢驗百發百中但於発症之初以至痂落之日計一十四日其中瘡症之榮枯死生諸症之變故利害時刻不同而兒之禍福關係於此不小後世曲學偏見滯於一隅喜行涼劑者不問人之虛弱槩以敗毒為奇喜行溫補者不論人之壯實槩以攻擊為尚此皆未明夫造化中和之理所以往往至於夭札待斃者恒多也予因兒女患病多為庸醫所傷是以蒐集諸家經驗之方親授泰和蕭子令其察痘觀形參詳藥餌其用歸於使人正氣不損邪氣得越而已類訂一集以傳於後後之學者奉而行之則錙銖不爽毫忽不差幸毋得魚而忘筌也

驗五臟始発痘症歌訣

往來潮熱睡脾經呵欠頓悶肝症咳嗽噴嚏屬肺面紅驚悸居心惟腎清淨忌邪侵手足耳骫俱冷

參述魏生加減藥性賦

夫痘洩玄中消息醫從心上貞機雖無起死回生之神實有轉危就安之力是以人參益內甘草和中助陽須賴黃芪實表全憑官桂前三味得三才之道體後一味扶一命之顛危川芎助清陽而升頭角糯米溫中內以壯元神當歸能生養其血有瀉暫停芍藥能收斂其陰活血宜用胃不實急議白朮茯苓甚則必須砂仁訶子心煩熱方與門冬五味虛則仍加厚朴乾薑陳皮去實痰終不容缺半夏枯精液斷不可施泄瀉非豆蔻而不能積滯惟木香而可下氣鬱悶者莫過山查毒凝滯者當行紫草活血生血芍歸奏不小之功攻

534 痘疹異傳秘録

《痘疹異傳秘録》，上下兩卷，一册。王紫九編。王紫九生平不詳。此本爲陳雪樓醫師收藏，陳氏于1959年2月注曰："此書爲王紫九先生手編，立論立方，盡善盡美，爲治療心得之精華，應公諸同好，作研述之資料。"《中國中醫古籍總目》載録爲清鈔本。現藏于上海中醫藥大學圖書館。

本書有前言及後序，上下卷均有目録。前言中説及痘疹的論治特點及用藥特色。指出痘中泄瀉須辨虚實，不可妄用補劑。認爲"痘毒之發，小兒重生之路也，切不可輕以火針刺之"。其用藥多選温潤輕清之味，忌酸燥重濁之品。本書主要闡述痘疹病因證治。上卷首列太極圖、五行部位，以圖説明六經在頭面部的分布。其後是八卦搜髓論。正文列醫論六十四篇，論痘疹之辨證論治，如順症、認五經痘、認六經火、看五臟中病、氣血表裏虚實論等。第六十四篇爲雜收，收録痘疹治則三十五條，詳列證治方藥。如第一條爲"發熱時滿口生瘡、唇皮燥裂而六脈虚數，陰虚之火上衝也，黄柏、知母、沙參、生地、麥冬主之"。下卷列醫方六十四首，如蘇解飲、快標散、三妙湯等。每首醫方列有藥物組成、用法、主治、加減，有些醫方還附有歌訣。下卷後附有痘紀後序一篇，爲王紫九友人所序，對本書痘疹論治的特點及用藥特色加以評價。後附袁氏疹子治法四則（見明代袁顥《袁氏痘疹全書》），分别爲統論治法、初出治法、形見治法、疹後餘毒四症四條，每條詳列辨證施治、處方用藥。陳雪樓評此篇："精簡扼要，極盡辨證論治之能事，誠要言不繁之妙論卓見也。"後列痧疹方三十一首，多爲臨床常用方如荆防敗毒散、黄連解毒湯等，并詳列藥物。最後附有治半身不遂方一首，并注曰："乾隆二十一年（1756）因右半身不遂求何祖，云汝疾來自久受寒濕流入經絡，宜緩調治。"此條筆迹與前有异，疑爲他人所加。

本書對痘疹各證論述頗詳，分證論治，附方尤多，對臨床醫家頗有裨益。

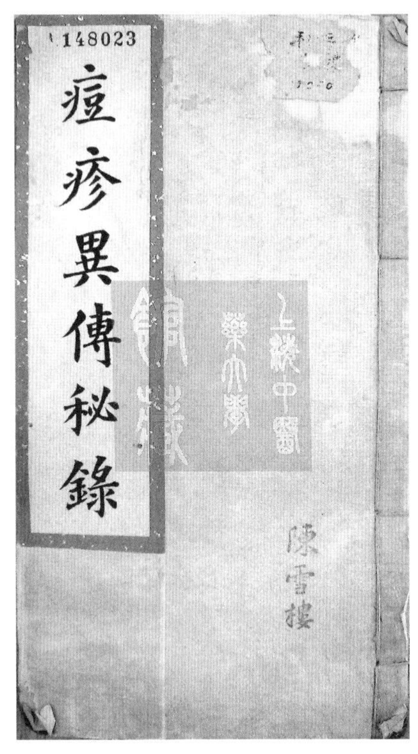

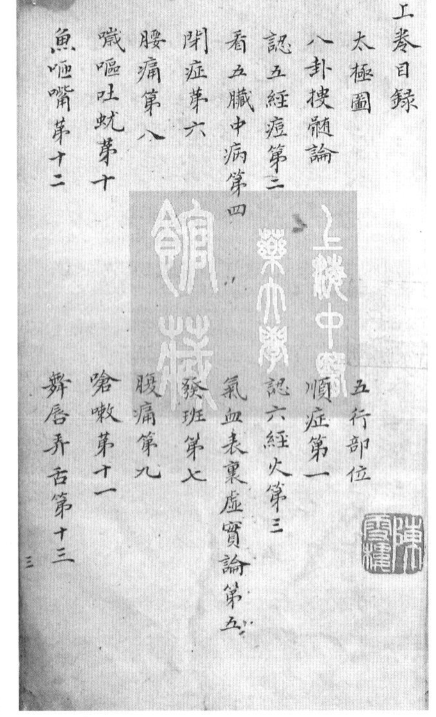
上卷目録
太極圖　五行部位
八卦接髓論　順症第一
認五經痘第二　認六經火第三
看五臟中病第四　氣血表裏虛實論第五
閉症第六　發班第七
腰痛第八　腹痛第九
噦嘔吐蚘第十　嗆嗽第十一
魚咂嘴第十二　弄唇弄舌第十三

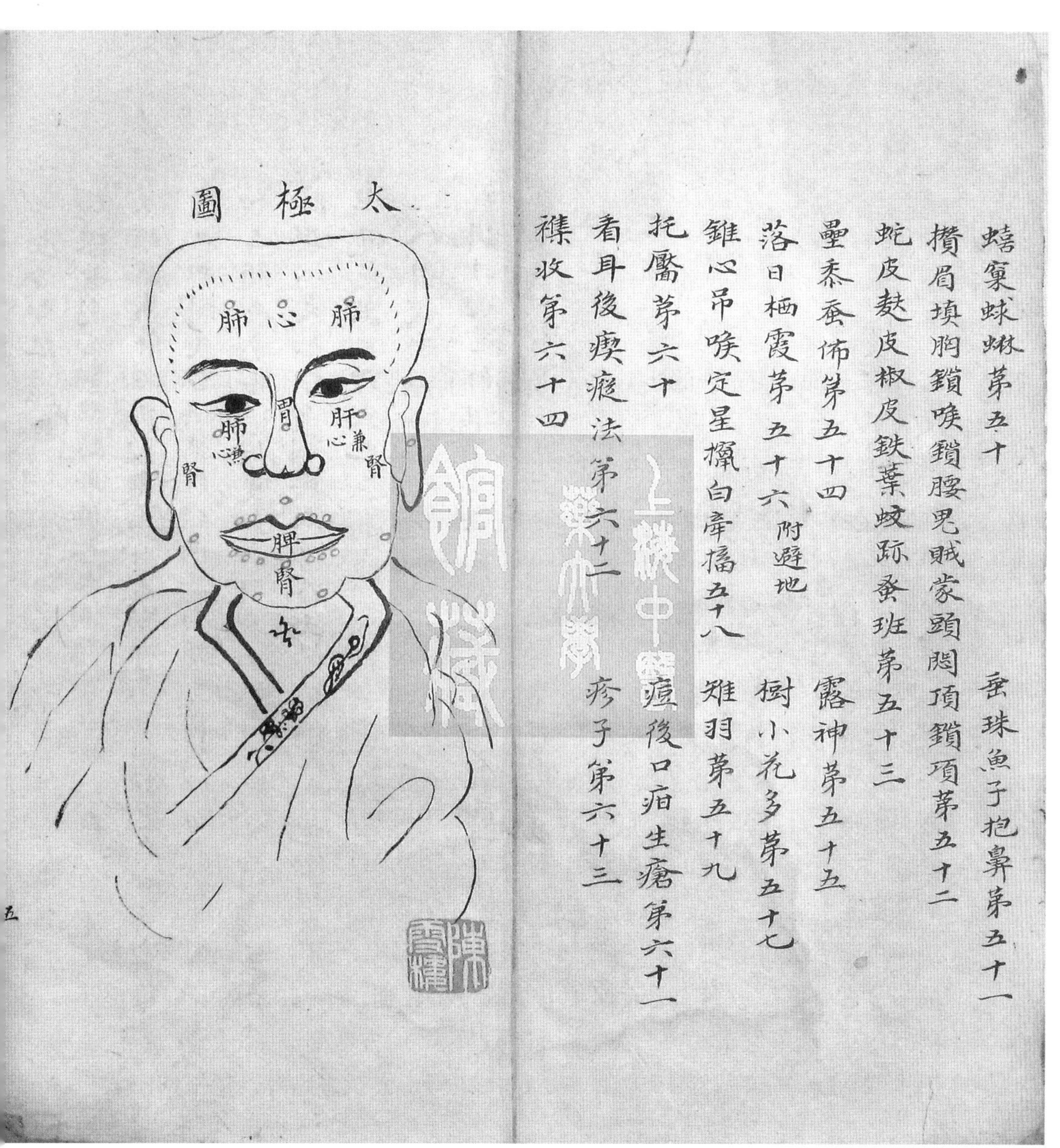

蟢窠蛛[虫林]第五十　蚕珠魚子抱鼻第五十一
攢眉填胸鎖喉鎖腰兕賊蒙頭悶項鎖項第五十二
蛇皮麩皮椒皮鉄葉蛟跡蚕班第五十三
壘黍蚕佈第五十四　露神第五十五
落日栖霞第五十六附避地　樹小花多第五十七
雞心吊喉定星攔白牽擋五十八　雉羽第五十九
托醫第六十　痘後口疳生瘡第六十一
看耳後瘓瘕法第六十二　疹子第六十三
襍收第六十四

535 痘疹解疑

《痘疹解疑》，上下兩卷。明倪有美編著。倪有美（1571–？），據跋中自述，作者係浙東金華縣龍門里人，氏族世有哲人，倪氏自髫年性好書畫，常與文學友人聚會，各言其志。冠年始有志于醫，錢杏衢講方脈，倪仰林授金嬰，李少山傳眼科，姜岐山授針灸。得四家之秘，應病取效。庚子年，年三十時，往寓長安，對痘疹一科，究心時甚，每有透悟，遂編著成書付梓。該書由"聖濟殿供事太醫院俸官，順所黄正達校正"。據跋後"大明萬曆三十九年歲次辛亥陽生日書於雲路館"，該書應成于明萬曆三十九年（1611）。原刻本已佚，書名見于明《醫藏目録》中。封面有"錢頌霞藏"字樣。現存清鈔本，藏于上海中醫藥大學圖書館。

全書共百章。其中上卷三十六章，分辨痘疹的理論、護養原則與治療用藥原則三大部分。其中尤以辨痘疹的理論爲主，共二十四章，先辨痘、麻、疹、斑、丹、疥、水痘、血麻、天麻痘等九類痘疹的區别及治療大法，次《痘原大論》詳論出痘的機理，後以圖説及歌訣方式解辨痘疹的順逆預後、面部圖形主痘吉凶等。另有《看痘規矩》《痘房用人規矩》《出痘當食》，説明出痘者的飲食、住所、看護的法則等。下卷六十四章，主要記載痘疹的治療方藥。總第三十七至四十七章論用藥法則，如：初中末用藥法，煎浴湯藥法，煎藥服藥法，男、女、老人出痘治法，用方活套法，用人參、黄芪、附子、桂、术、丁香、穿山甲、黄芩、黄柏、梔子、大黄宜忌等。總第四十八至八十章收載"調理急救簡易秘方"十二首，"症治選要古方"二十一首。總第八十一至九十二章爲"腰痛刺血法""預防飛痘入眼法"等"治痘秘傳奇法"十二法。總第九十三至一百章爲"麻症方治""麻後方治"歌訣二首，"出麻當食""出麻當忌"的飲食宜忌二則，藥品炮製二則，"痘麻總歌一首”。卷後附“補遺難字音釋”及跋一篇。跋後還附有“補遺要訣”一章。

本書爲痘疹專書，内容全面、豐富，辨别痘疹的順逆尤其精詳，圖説、歌訣的形式形象生動，治療方面選集古今效方及民間秘法、秘方，具有較强的臨床指導性和實用性。其中對于痘疹的飲食、住所等護理方面的記載，爲傳染病控制研究提供了寶貴的史料。

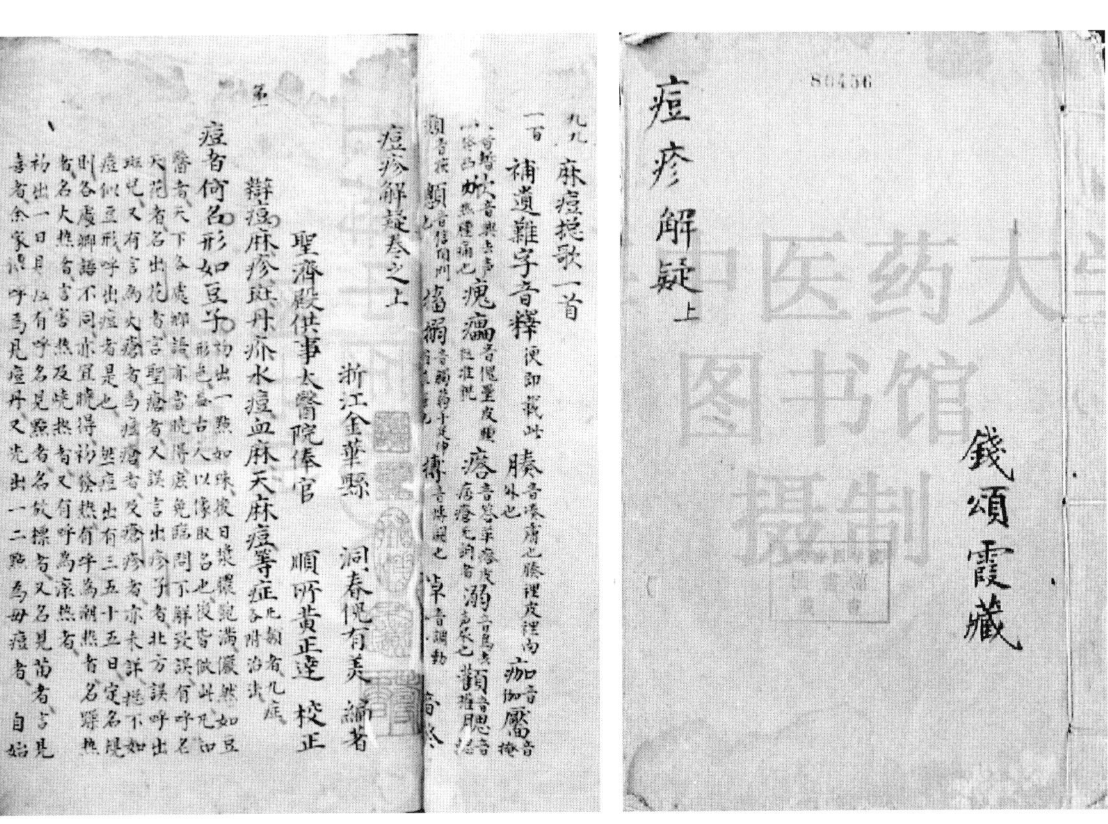

林愈耳 蒙懷悠亭先生屢而禮之往復八載見聞日廣術業日進於痘疹一科究心特甚彙稿成帙每有遇貽與医院心泉吴先生訂論黄順所校正孫允岩義梓播之宇內可以壽國而壽民寧非不朽之業哉於是諸縉紳各捐資為剞劂竟於今成也聊題數語以叙始末有美哉

大明萬曆三十九年歲次辛亥陽生日書於雲谿館

痘疹辨疑補遺要訣

初熱至見痘一日一大便為正四日至五日兩日一大便為正六日至八日三日一大便為正此時血氣從腸胃升發於皮膚自然大便少也九日至十一日兩日一大便為正十三日至十五日一日一大便為正此時血氣仍復於內自然大便如前又多也 宜照日期次數為正如過多為瀉藥宜加訶子不止加肉豆蔻見製法 如太少為秘藥宜加當歸枳殼 如初生吃乳若或略多次不妨如長能吃者宜拘日期為正活法推之

歌曰 痘前發熱十九生痘後發熱長幽冥痘前吐瀉止則出痘後吐瀉

536 痘疹醉圓

《痘疹醉圓》，兩卷，一册。劉儁手録。劉儁生平不詳。《中國中醫古籍總目》題作“痘症醉圓”，載録爲清鈔本。現藏于上海中醫藥大學圖書館。

該書扉頁有對麻疹發熱的論述，亦有“去目翳妙方”“産兒方”“蛇嗽方”等方六首。上卷首論五經痘疹，痘疹傳經計期，以及痘疹發熱、標痘、起脹、灌漿、結靨各期之生死訣，辨順、逆、險證及診治、用藥大略；次叙閉症、發斑、嗆喘、失血、昏迷等痘科夾證；後簡述疹子之證治。下卷收録痘疹各期用方六十四首，補遺方十一首，共七十五首；後叙十八反、十九畏、諸藥藥性賦及諸方歌訣。是書將痘疹之治療與理論相結合，以心、肝、肺、脾、腎五臟經絡爲綱，將痘疹分爲心經痘、肝經痘、肺經痘、脾經痘與腎經痘，辨别痘疹之表裏寒熱虚實。所用劑型多爲丸、散、湯劑，注重用藥加减。如蘇解飲，專用于發熱之時，欲發汗，加葱頭；清地散花飲，專用于標痘三日内，腰痛者，倍山楂、青皮，加杜仲、核桃肉。

是本爲痘疹專著，詳細論述痘疹的病因、病機及臨床表現，同時提出有效方劑，對臨床治療具有一定的參考價值。

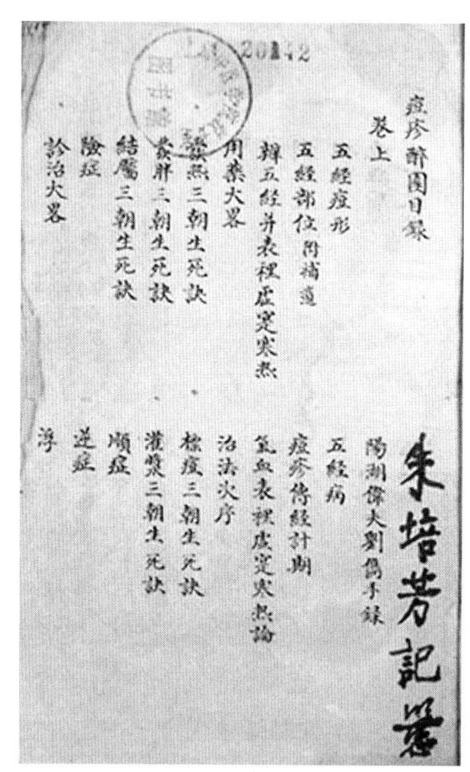

痘疹辨園目録

卷上

五經痘形

五經部位 附補遺

辨五經并表裡虛實寒熱

用藥大畧

發熱三朝生死訣

發胖三朝生死訣

結靨三朝生死訣

險症

診治大畧

朱培芳記

陽湖偉大劉儁手録

五經病

痘疹傳經計期

氣血表裡虛實寒熱論

治法次序

標痘三朝生死訣

灌漿三朝生死訣

順症

逆症

淨

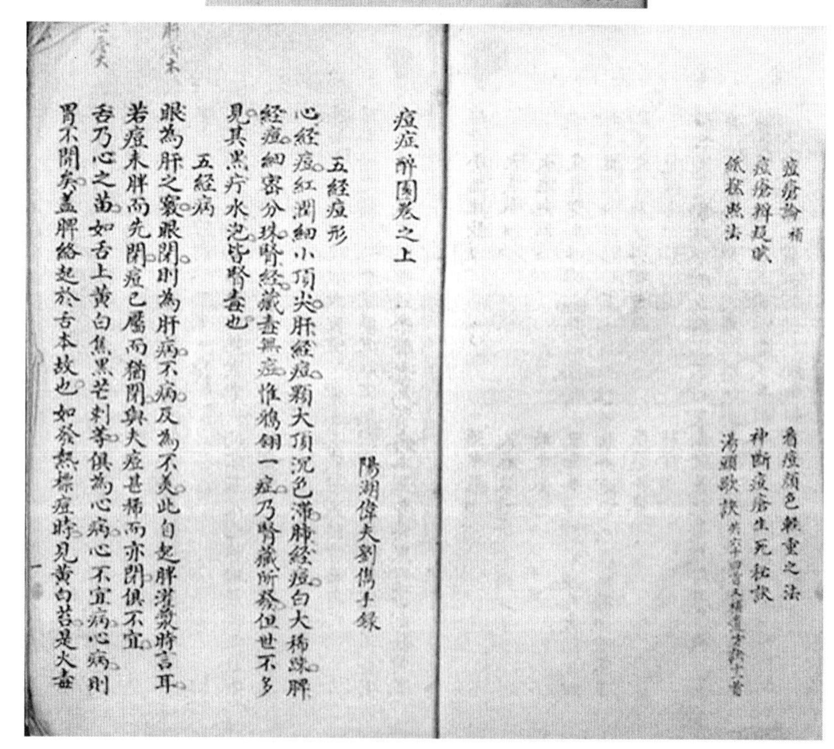

痘症辨園卷之上

陽湖偉大劉儁手録

五經痘形

心經痘紅潤細小頂尖，肝經痘顆大頂沉色滯，肺經痘白大稀疎，脾經痘細密分珠，腎經藏毒無痘，惟鵝翎一痘乃腎藏所發，但世不多見，其黑疔水泡皆腎毒也。

五經病

眼為肝之竅，眼閉則為肝病，不病反為不美，此自起胖灌漿時言耳。若痘未胖而先閉，痘已靨而猶閉，與夫痘甚稀而亦閉，俱不宜。舌乃心之苗，如舌上黃白焦黑苔刺等，俱為心病，心不宜病，心病則胃不開矣，蓋脾絡起於舌本故也。如發熱標痘時見黃白苔是火毒

痘瘡論 補

痘瘡辨疑賦

紙捻照法

看痘顏色輕重之法

神斷痘瘡生死秘訣

湯頭歌訣

537 痘疹辨義

《痘疹辨義》,不分卷,一册。堀元厚撰。堀元厚(1686–1754),日本醫家。所撰醫著除是本外,還有《閱甫纂言方考》《醫案啓蒙》《新校正華先生中藏經》《醫學須知》等。《痘疹辨義》成書于1730年。現存日本鈔本,藏于上海中醫藥大學圖書館。

是本首頁右下角有"餘姚謝氏永耀樓藏書"印章,首載一簡短序言。全書爲硃筆句讀,天頭上有硃筆眉批,書内還夾雜有少量日文。是本引用歷代諸醫著中痘疹相關論述,主要闡述瘡、痘、疹三類病證的病形症狀及病因病機,首先引用《諸病源候論·傷寒登豆瘡候》,闡述皰瘡的病因病機及症候特點:"傷寒熱毒氣盛,多發登皰瘡,其瘡色白或赤,發於皮膚……"後引《肘後方》《本草綱目》《外臺秘要》《全幼心鑒》等醫著内容,論述痘症發病的根源,指出該病爲天行,具有傳染性。引《三因方》《醫學綱目》《蘭室秘藏》《儒門事親》等醫著,闡述痘症的病因病機,如《儒門事親》認爲小兒瘡疱癮疹等皆因胞胎感受濁惡熱毒之氣。《五臟形症》篇引《小兒藥證直訣》,論述肝、心、脾、肺、腎五臟皰疹的症候特點,如"肝臟水皰,色青而小;肺臟膿皰,色白而大;心臟斑,色赤而小;脾臟疹小次斑,故色赤黄淺也",認爲"惟腎無候"。後列様痘、字母痘、臭痘、黑痘、痘疔、痘癰、痘癩、痘風瘡、楊梅瘡痘等七十餘種不同部位及階段所見痘症,詳細闡述各痘症病證的症候特點、病因病機及預後等。後附録麻疹、瘙疹、雲頭疹、癮疹、斑疹等病證的症候特點及病因病機等。

是本側重于諸痘、疹的鑒别診斷及病因病源,對痘疹的臨床鑒别和診斷有參考作用。

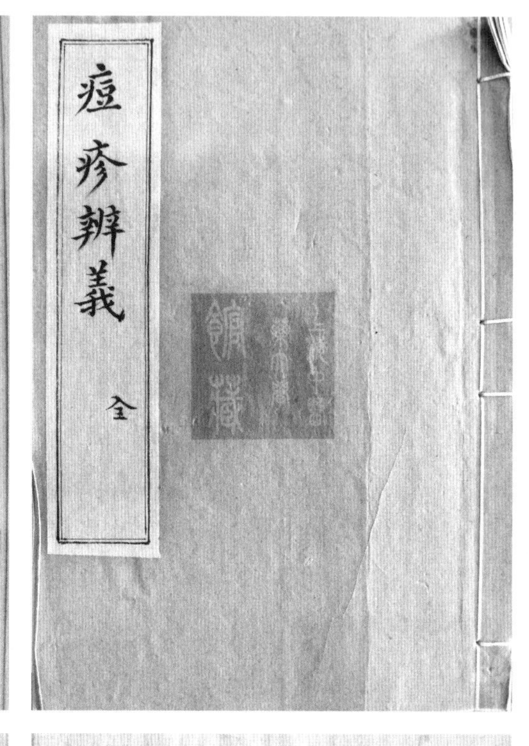

痘疹辨義

痘疹之為病蓋上古所無故素難無論焉中古以
來自秋虜傳染入漢其始鑿人不識故其所論紛
々混淆名義紊矣今考證諸書正名辨義以便初
學名曰痘疹辨義高明之士正其不逮幸甚享保
庚戌之夏洛下後學堀元厚謹識

皰瘡 疱泡皆通

病源候論傷寒登豆瘡候曰傷寒熱毒氣盛多發皰
瘡其瘡色白或赤發於皮膚頭作瘭漿戴白膿者其
毒則輕有紫黑色作根隱々在肌肉裏其毒則重甚

海枯痘

獨起泛者名曰星宿海溢是
腎經旺也可治
諸痘俱起而耳後方員一寸
獨不起泛者腎敗也名曰星
宿海枯不治 頭面遍身四肢耳上俱已起泛灌膿惟九耳下外面有二三粒不起灌者定作唇裂齒乾如不急救內攻而死

有根痘

凡痘出頭面多四肢咨者十
分危險若潯地闊方員畧有
數粒如珠者十有十生蓋腎

> 行下有某證相似昔人條之於傷寒天行十三字

內七竅皆有之形如痘實非痘也
昔人所謂疱瘡即後世之痘瘡也聖濟總錄云豆
瘡俗號疱瘡者是也夫痘瘡之初發惡寒發熱与
傷寒天行者盖為此也三因方云其始發必作寒
熱如傷寒狀全幼心鑑云小兒瘡痘与傷寒相類
者是以為證焉聞人規江旭奇以為疱瘡非正痘
者却似欠穩當而後世痘家所謂泡瘡即指痘瘡
之中交出其皮軟薄如水上泡沫者而言与昔人
所謂疱瘡恐是不同視者宜致思焉詳見下文
保赤全書云痘瘡發熱之初一身之火皆動故肺火

痘疹辨義序

古言可盡信乎故有不如無書之論今言不可盡信乎故有後世可畏之語夫所謂痘瘡者東漢以上未嘗之有故軒岐終無論焉扁鵲以鈌難焉至於宋朝錢陳二子之出肇議此病而後明哲代起其說轉多矣其論非不精其法非不備而其名未正其義亦欠詳是以先生抱絶

疹之義矣誠天下之至寶萬世

古言遠也哉岂享保二十一年龍舍丙辰春二月小盡日伯州醫官吉岡玄昌恕豊鄉謹題

痘疹辨義

痘疹之為病蓋上古所無故素難無論焉中古以来自秋虜傳深入漢其始医人不識故其所論紛々混淆名義紊矣今考證諸書正名辨義以便初学名曰痘疹辨義高明之士正其不逮幸甚享保庚戌之夏洛下後学堀元厚謹識

皰瘡 疱泡皆通

病源候論傷寒登豆瘡候曰傷寒熱毒氣盛多発皰瘡其瘡色白或赤発於皮膚頭作瘭漿戴白膿者其毒則輕有紫黑色作根隱々在肌肉裏其毒

痘源 痘瘡一名豌豆瘡一名膚瘡一名天瘡一名聖瘡一名百歲瘡或云班瘡班疹者蓋謬称也

肘後方云比歲有病天行発班瘡頭面及身須史周匝狀如火瘡皆戴白漿隨決隨生不即治劇者多死治得差後瘡瘢紫黑弥歲方滅此悪毒之氣也世人云以建武中於南陽擊虜所得仍呼為虜瘡

本草綱目引肘後方云晋元帝時此病自西北流起名虜瘡以蜜煎升麻時々食之并以水煮升麻綿治拭洗之今考之本書有用升麻之方無自晋始之説所見行者非全書欤抑時珍所

538 痘疹纂要

《痘疹纂要》，兩卷，一册，殘本。不著撰者，成書年代未詳。首頁有正方形及橢圓形兩枚印章，前幾頁已破損。《中國中醫古籍總目》載録爲清鈔本。現藏于上海圖書館。

上卷列《原痘論》《原痘賦》《發熱賦》《發熱久暫論》《發熱解》《按期調治》《明辨部位》《發熱證治》《報點賦》《痘出不快論》《標痘逆賦》《起脹賦》《起脹總論》《起脹順逆險候》《養漿賦》《灌期逆症》《灌漿總論》《當灌不灌》《收靨賦》《靨後餘痘賦》《靨後總論》《痘疹指迷賦》《碎金賦》《金鏡賦》《節制賦》《權宜賦》《治痘要法》，共二十六篇。强調痘疹診治須辨察虚實寒熱，如"痘之看法惟審形與色，痘之生死惟視虚與實，痘之治法惟察寒與熱，虚痘近寒，實痘近熱"，"痘症變多，要明寒熱虚實之理"。下卷列有《玉函金鎖賦》《痘疹百症歌》《痘疹吉凶歌》《生死總要訣》《痘機訣》《斷死痘訣》《死痘賦》七篇，均編成七言歌訣，便于記誦。亦載有《初生門》《驚風門》《癎症門》《疳症門》四篇，共列五十五種病證，每種病證均詳述症狀及其治法。書末附《醫宗金鑒》有關痘疹内容。

本書内容較爲豐富，行文多用歌訣形式書寫，其後多有標注。如"紫疔黑中有紅根"後注："此由父母成胎之時受毒太深，故熱結蓄不得發散而成紫疔也，七日後必口流清血而死。"書中凡湯藥名稱及各湯藥組成均用紅筆標注，一目了然。

味涼膈煎

食積咳嗽

食積生痰熱薰蒸氣促痰壅咳嗽頻便溏麯麥二陳治便燥蘇葶滚痰攻

風寒咳嗽

風寒咳嗽頻嚏涕鼻塞聲重唾痰涎踈風參蘇金沸散散寒加味華蓋痊

喘證門

喘證總括

喘則呼吸氣急促撞肩欠肚哮有聲實熱氣粗胸滿鞕寒虛痰飲馬脾風

火熱喘急

痘疹纂要卷一

原痘論

上古之世未聞痘疹素難之文鮮有及者或曰自建武擊虜遂染其毒虜流布中國謂之虜瘡或曰聖瘡言其變化莫測也或曰天瘡言其天行疫癘也或曰百歲瘡言人自少至老必不能免也或曰豌豆瘡言其形相似也人之患此者如蛇脫殼如龍脫骨生死係於呼吸有云精毒者即交媾時父之淫液與精俱種者也有云乳毒者兒既出胎母食息起居稍有不慎則毒氣與氣血交變成乳而毒及赤子也有云胎毒者兒在胞中氣圖於內血護於外內外堅固風氣不通惟臍帶中隨母呼吸水穀之氣啻入兒腹長養兒體也子之臍通于母之諸經百脉苟不慎其口腹調其七情則氣從臍帶而入與兒骨俱長者也有云穢血毒者兒降生時其胞蒂脫于右腎母氣始離而授于子氣即從丹田瀉出也兒之口鼻欝悶不禁頭畫於體故從下而出

539 痘彙六捷

《痘彙六捷》,兩卷。喻念祖輯,成書于清乾隆四十四年(1779)。喻念祖,生平不詳,抄録者稱其爲"痘科之神醫"。書首存"痘彙六捷序""姚淳序",鈐有"姚淳""子和""養花居""姚淳鑒藏""復旦大學圖書館藏""上海中醫學院圖書館藏書章"等印章。現有清嘉慶戊寅年(1818)姚淳鈔本,藏于上海中醫藥大學圖書館。

本書卷上首論"痘原""用藥主治歌""險症""形勢""虚痘慎用"等;次論痘證治療,以發熱、報痘、起脹、灌漿、收靨、結痂爲序,認爲"痘證不出此六者",故名其書曰《痘彙六捷》;次論痘毒、眼目證治。卷下首論女人孕産出痘證治,次論痘證經絡辨治法,次論寒熱、腰痛、腹痛、腹脹、頭温足冷等二十八種痘疹兼證,次論麻疹、疹證、疹後餘證、孕婦出疹及治疹諸方,末附諸篇成方目録。

本書以論痘證爲綱,執簡馭繁,搜羅古今方書與家傳歷驗良方而成。其特點有二:其一,全書輯録歌訣頗多,如"雲翼子二十八證歌""歌訣""五言訣"以及將診治法寄調于《西江月》《黄鶯兒》等。如化毒湯,"紫草甘草,蟬蜕升麻,地骨黄芩,化毒發花,或加木通,其妙無涯"。其二,重視痘疹的經絡辨治,依據痘發的部位及形態,在"十二經用藥法"中將每經細分爲寒、熱、温、凉及引經報使,如手太陰肺經中補肺藥有人參、五味子、棗仁等,瀉肺如葶藶、防風、檳榔等。本書對臨床有參考價值。

痘彙六捷序

痘之為症也其次序有六發熱報痘起脹貫漿收靨結痂而已均不出此六者其為書也文中主熱仲陽主涼如保赤如心法或主中和或主汗下議論不一惟在得宜而已其可出順險逆之外乎僕見其書太繁頗多重疊學者惑于多岐而自悮者有之畏其太繁而中止者有之故敢蒐羅古今方書與家傳歷驗良方輯成一帙名之曰痘彙六捷蓋由痘之次序而言也既成而質之高明者高明者曰可也簡學者其居敬而行之

乾隆四十四年歲在己亥維夏吉旦沐手敬書

夫痘也者形似豆而言之也初則發熱報痘繼則起脹
貫膿終則收靨結痂古今方書詳之衆矣揆不出順
險逆之外乎其中寒熱表裏之分氣血虛實之辨
雖各有條理然議論甚繁學者往往多岐而惧矣
予友寄村唐君亦云於醫每過余家必談道學
及前輩喻念祖先生痘彙六捷一帙簡而得約而
精不紊不淆正痘科中之秘書也予即詢有遺
本否唐君曰有爰是踵其家閱是書真學

積力久博覽群書而輯成者也自先生濟
世至今不僅一鄉一邑嘖嘖而稱之曰喻先生
痘科之神醫也去歲余與寄村皆是後學
恨不得先生從遊而今得先生秘傳是亦幸
也矣惜乎未付剞劂流于當世故將原本録
出仍照舊冊編集沉業於醫敢不寶之而藏
于笥篋乎謹書數語以誌之
嘉慶戊寅中秋前二日後學姚淳拜

痘原

天地絪緼萬物化醇男女構精萬物化生精水神交
二五妙用無欲不行無火不動精行血動成臟腑皮
毛筋骨之形外感内因為憂喜寒煖飢飽之實胎甫
結乎内火已畜于中蘊毒于胎應時出痘有因風寒
而發者有因飲食而發者有因驚恐而發者所發之
因雖不同而未有不由發熱而發者也是由籠炊烝
蒸而酵鬆汞金火煅而質現自然之理何足異哉然
發熱之時有三陰三陽之異報痘之後有氣血寒熱
虛實之殊此之不可不辨也心鑑云氣有領逐之能

540 痘經

《痘經》，一稱《痘經大全》，三卷，六册。明江旭奇編，成書于明崇禎五年（1632）。江旭奇，字舜升，歙縣（今屬安徽）人，生卒年代不詳。《江南通志》列"儒林傳"，稱其"補諸生，入太學，奏所著《孝經翼》《孝經疏義》，請勑儒臣補成《孝經大全》"，萬曆中官安岳縣丞。另編著有《朱翼》《續皇明通紀》《通紀集要》《小學疏略》等。本書首載敖浤"痘經序"、范月第"孝貞江父母痘經普科有説"，作于崇禎四年，叙刻書原委。次爲"痘經大全目録""採集名家姓氏"及"採集方書書目"，共録四十七位醫家，三十三種方書，部分書名唯録簡稱，如《直指》《心鑒》《心印》《略例》等。此外如"趙御使方""郭青螺方""羅監丞方"等，正文中有所引用，但此處未見記録。半葉十行，行二十字左右，四周單邊，黑格。末有崇禎五年作者跋。書中鈐有"餘姚謝氏永耀樓藏書"印章。現存明崇禎五年鈔本，藏于上海中醫藥大學圖書館。日本内閣文庫藏有此書刊本，國内未見。檢索"日本所藏中文古籍資料庫"，"《痘經》明崇禎五年跋刊本"有兩條記録，均藏于内閣文庫，其中江户醫學館本爲六册，紅葉山文庫本爲三册。

全書凡十三篇，每篇先概述大旨，後輯録歷代方書相關内容。卷上爲原本、預防、發熱、火候、見點、魔雜、標齊；卷中爲漸起、充灌、收靨、落痂、婦女；卷下爲總論，涉及年歲、診斷諸法、用藥法、痘疹兼證等。本書保存了明代及明代以前痘疹科的大量内容，同時也記録了其他一些斑疹類病證。如"魔雜"一篇，主要涉及麻疹、水痘、痘母、痘疔、丹、斑、癮、痧等内容。大部分都標明出處，編者觀點以"愚按"提示，對于保存文獻有積極意義。收録内容力求完備，然有過濫之嫌，尤以原痘、預防等篇目爲甚，如認爲"漢以前嬰兒不痘，中國治痘自張騫通西域始"等説法及部分預防方法，照直摘録，不加考證。本書對痘證研究及臨床有參考價值。

痘經序

舜升江先生。金馬才也自天地星曆。以迄名法綿
象蔑不苞之胸中吐詞則宏肆瑰錯莫可測究亦
既鉅矣麗矣極才人之致矣乃其原本六籍。而宗
之孝經。其一段懇至藹惻之真更可摹繪焉前鐫
孝經疏義。孝經翼。二種。夫已上徹
宸聰。下開良覺昏人生大道昭乎揭日月而行。近又
出痘經相示。尤其怛焉嬰赤不惜數年之力彙南
北岐黃手自編成者前後三卷。不下十餘萬言嗟
乎。江先生之帶念乎幼。何若是殷殷哉。蓋先生宏

支氏方書	全生方	正傳
活人新書	世傳方	內經
玉機微義	靈應仙書	纂要

痘經卷上

原本第一　　新安江旭奇舜升甫編

敬天之威。造民之命。與其已現而順導之。毋使毒留
爲害。善也。曷若詳其所自始。而預解之。或使毒潛而
消。尤善之善者也

天以大生爲德然氣數所限痘以汰之其威可畏
然天之心終是好生故當其威如人子逢父母之
怒苟能敬慎和順或可回其嗔而爲喜也

痘者禀於父氣蘊于母血發于天時分于地土四

541 痘瘄分證辨難論

《痘瘄分證辨難論》,不分卷。成書年代未詳。不著撰者。無序跋與目録,内頁有《痘證寒熱虚實論》書名。書中有嘯山案:"此卷痘瘄分證辨難係鈔本,爲免亟莊湯灣屠潔齋先生所藏。"認爲此書"議論曉暢,吐屬雅馴,惜其不著撰者姓名,然知其非粗工也,因手録之。惟字句略有訛脱,以意改補,恨未能還其舊觀也"。落款爲甲申九月二十注。《中國中醫古籍總目》載録爲清鈔本。現藏于上海中醫藥大學圖書館。

"痘瘄分證辨難論"以問答形式論述痘瘄的辨别與證治,共有問答二十七條,并附歌訣、醫鑑。先論痘瘄寒熱虚實如何分辨,繼而根據痘瘄形態、兼症分别施治。對痘瘄治療後出現的退熱不效及用解表藥退後復熱之原因進行闡釋,并述治療方法。對于痘瘄用藥,談到同病异治法,辛熱、苦寒、温和、清凉之藥,"各有所長,皆可用也"。其後收録治療痘瘄的方劑,如紫草茸飲、人齒散、百祥丸等,從各方的適應症、禁忌症加以論述。最後對痘瘄忌食葷腥的説法予以評述,認爲當痘瘄營衛俱虚時,可用五味葷腥粥食以滋補,使氣血和暢,衹是"少與則可",并非完全禁忌;但發風氣生冷之物,如紅柹、西瓜、海味、魚羴以及辛熱諸品,切宜忌之。附方中論述種菌後出現身發大熱,睡卧不安,煩躁欲絶而痘不見點及痘毒攻腹作痛等情況的治療方法。歌訣中記有《二陳湯加減歌訣》《四物湯加減歌訣》《小柴胡湯加減歌訣》《諸痛引經歌訣》,以歌訣形式記述痘瘄常用方劑的加減應用及引經藥。醫鑑中分别論述痘瘄不同時期的施治方法,如發熱未見點三日宜解表、見點未出齊三日治宜托裹、出齊蒸長三日治宜解毒等,并詳列治療方藥。提出"痘證在分七日前後,七日前多是邪氣實,七日後多是所血虚",列出不同時期的飲食宜忌。最後列有"探痘天機獨步秘授",以歌訣形式論述從痘瘡不同表現判别寒熱虚實的方法及預後，簡明扼要。

本書以問答形式討論痘瘡的辨别和證治，論述具體詳實，且治則明確，處方用藥靈活，具有較强的實用性。

痘瘡分證辨難論

或問痘瘡有氣虛氣實氣寒氣熱何以別之答曰肺者氣之主也肺虛則虛肺實則實肺寒則冷肺熱則熱肺氣虛者皮牙咳嗽而無痰語聲塞澀經云肺虛則語音不全右腋微有黑色黑者北方壬癸水腎之色也水者金之子所謂子能令母虛於此可知矣宜局方四君子湯或曾氏補肺散語音不出者曾氏三聖散主之肺氣實者咳嗽有痰痰都不能身有熱而氣促喘悶痰涎鼻塞右腋微有黃色黃色者中央戊己土土者金之母所謂子能令母實於此可見矣宜曾氏清肺飲瀉肺湯與之和解即痘肺氣寒者鼻流清涕咳嗽而自汗惡風身起寒粟時發戰慄右腋微有青色青者東方甲乙木肝之色也木者金之妻也因虛妻乘夫位其動應於風寒者明矣宜陳氏木香散內有丁香肉桂可以溫肺之寒也或用局

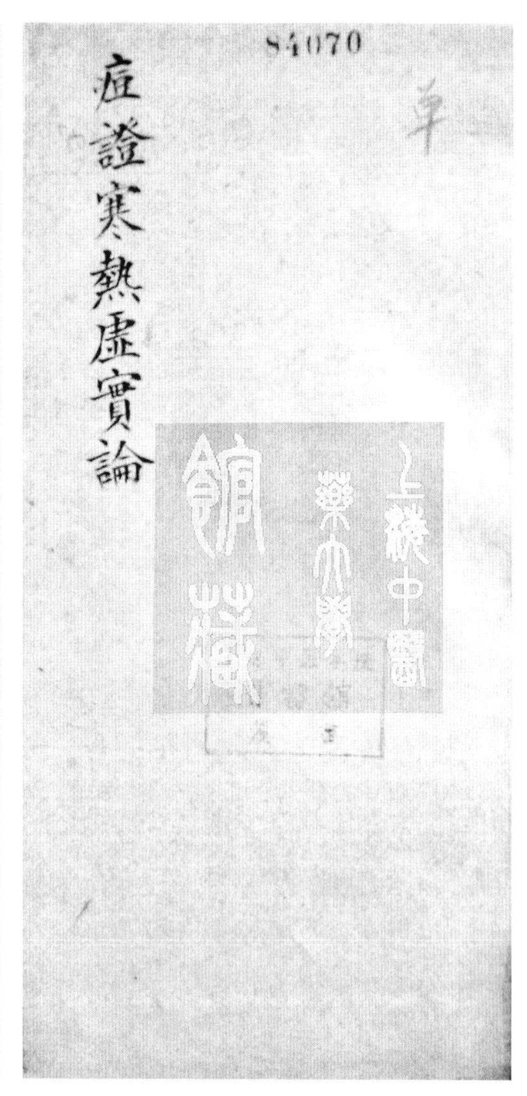

542 痘瘡唇舌圖

《痘瘡唇舌圖》，不分卷，兩册，經折裝。清戴笠傳，池田瑞仙繪製，長瀨轍書。成書于日本天明八年（1788）。鈐印有"瀨轍之印""士軾""海上燕廬考藏圖書記"。戴笠，原名觀胤，字子辰，杭州人。康熙《桐鄉縣誌》稱其"博學能詩，兼工篆隸"，早年受教于龔廷賢。順治十年（1653），避亂日本，在長崎、周防一代行醫。後遇隱元和尚，遂出家，改名性易。終于黄檗山龍興院。戴笠將醫術悉傳與池田正直，池田家此後世代以痘疹科爲業。池田瑞仙，名獨美，字善卿，號錦橋，爲正直四世孫。瑞仙幼孤，由其叔父撫養，後立志家學，旅居安藝、大阪、京都等地。寬政九年（1797）被幕府徵召任醫官，次年任幕府醫學館首任痘科教授。著有《痘科辨要》《痘疹戒草》等。書前存紀伊弱山（齋藤順）《痘瘡唇舌圖叙》，謂天明己巳（1785）痘瘡流行，池田瑞仙應齋藤順等人之請而作是書。現存稿本，藏于上海中醫藥大學圖書館。

上册有"唇常候之圖""十八唇之圖訣""舌常候之圖""八舌之圖""陽舌十三之圖"（外加黑痘一圖）"陰舌十三之圖"（外加内潰一圖）及五種必死候之舌圖等七部分，凡六十一幅，圖旁均有注解，論述該種唇（舌）見證之病機、治法及預後等。如"陽舌十三之圖"中包括乾紅、燥裂、焦紫、黑黄胎、兩白胎、黑痘等十四幅舌圖，其中兩白胎注釋説："兩白胎者，滋潤則裏毒已解，表實未除，二三日雖便秘，忌妄下，四日後行丁，則多虚寒。"下册存四十幅正面圖及一幅背面圖，所有圖像均無注釋，難以確定其具體所示。

是書圖像多爲拼接粘貼而成，儘量模仿舌像、痘疹等真實狀態。如圖中的痘疹均高出于紙面，色彩上有紅、淡紅、白、黄等不同，舌圖中能清楚地表現出苔之顔色、潤燥等。這種立體彩圖，在古代醫籍中較爲罕見。對于學習者而言，顯然比普通醫書中的圖像更加形象生動。圖旁注釋的語言簡練，内容豐富明瞭，對指導痘疹診治有一定的價值。

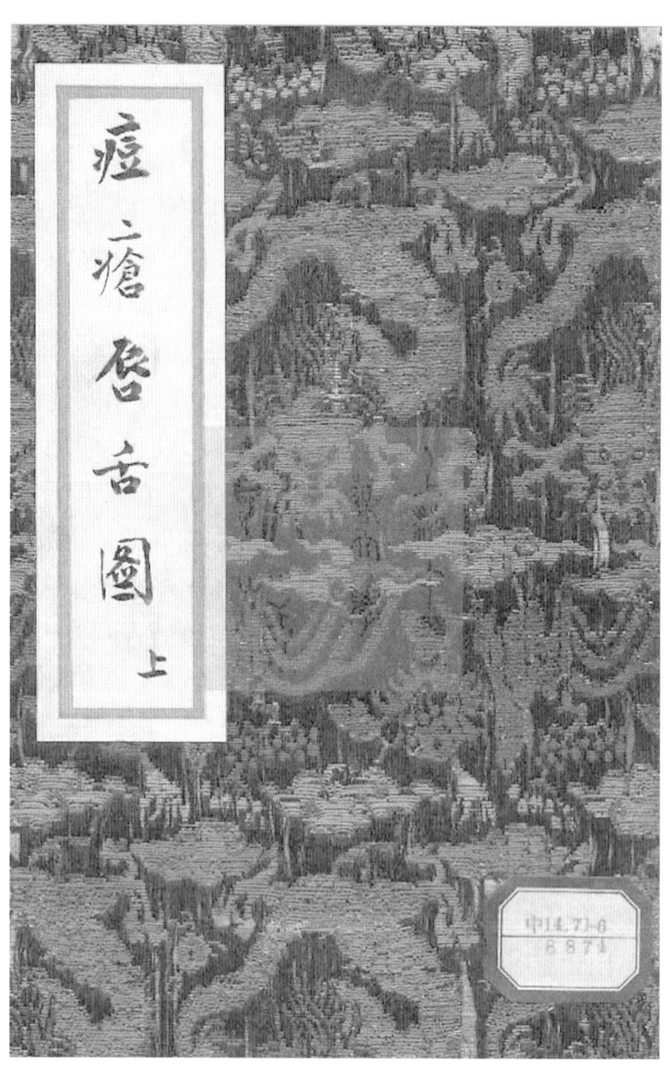

痘瘡歷古圖叙

痘瘡一證在古無有或謂漢張騫帰自西域傳入中國然肘後方僅載豌豆瘡一治病源候論始出皰瘡之名而局方不復收其方法則亦數百年間隱見出沒患者蓋無幾耳大抵隋唐以來四夷與蠻各出區域雜處中土風氣混同不有南北之分無復蕃漢之別童之以滋味之日新與淫放之罔極衛從醍醐至元中葉勢忽猛然也無復天之保護於民也已有斯疾必生於醫時則有若錢仲陽有若陳文仲又若東垣有若丹溪治法寢備人免夭札而尚未盡善也如我東方亦古無之相傳天平年間筑前有患之者呼為癩風瘡當時醫師不知治法徒請巫禱神耳其後元明痘書絡繹東來而學者未得肯綮焉其称高手者要以耳

君秘什之真其秘也夫然後治痘方法新乎本邦可謂彼此未有之嵩科矣嗚呼戴君不施之其邦而振於異邦先生不妄教他人而傳於吾黨豈偶然耶不知天以自古善守典籍之國而特賜本邦歟抑以世之苦斯疾者日衆而將使此術鐘乎世吾黨鳴乎保護斯民也然則今得其傳者尤不可不勉焉圖成先生命順為序拜手稽首敢叙其由以此戴君諱笠字曼公書號曰天間獨立明浙江杭州府學秀才也天明八年歲次戊申秋八月門人紀伊弱山齋藤順謹撰

赤穗医員　長瀨徹書

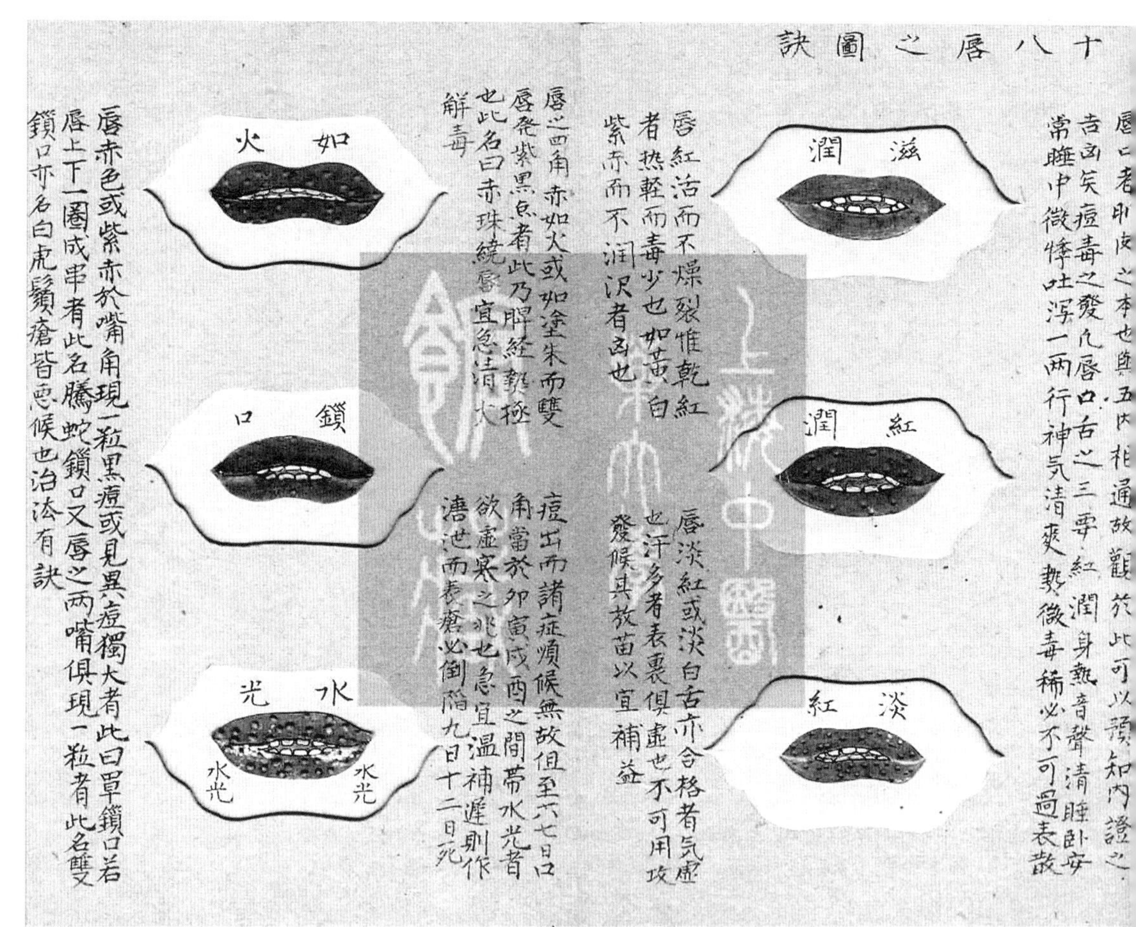

十八唇之圖訣

唇口者脾之本也與五内相通故觀於此可以預知内證之吉凶矣痘毒之發凡唇口舌之三要紅潤身熱音聲清睡卧安常睡中微悸吐瀉一兩行神氣清爽熱微毒稀必不可過表散

滋潤

唇紅活而不燥裂惟乾紅者熱輕而毒少也如黃白紫赤而不潤澤者凶也

紅潤

唇淡紅或淡白舌亦合格者氣虛也汗多者表裏俱虛也不可用攻發候具故苗以宜補益

淡紅

如火

唇之四角赤如火或如塗朱而雙唇發紫黑点者此乃脾經熱極也此名曰赤珠繞唇宜急清火解毒

鎖口

痘出而諸症順候無故但至六七日口角當於卯寅戌酉之間帶水光者欲虛寒之兆也急宜溫補遲則作瀉泄而表瘡必倒陷九日十二日死

水光

水光 水光

唇赤色或紫赤於嘴角現一粒黑痘或見黑痘獨大者此曰單鎖口若唇上下一圈成串者此名騰蛇鎖口又唇之兩嘴俱現一粒者此名雙鎖口亦名白虎鬚鬚瘡皆惡候也治法有訣

543 痘學録要

《痘學録要》，不分卷，一册。有殘損，藏本現存目録及正文二十七葉半，是經重新裝訂而成。封頁題書名與“敦説堂藏”字樣，鈐方形“雲間□□氏敦説堂之印”和“漁居珍藏”印各一枚，扉頁亦鈐有“潘景鄭家珍藏”方形朱印一枚。三枚印章均爲藏書家印，略可看出該本的流傳過程。史上以“敦説堂”爲名者甚多，結合“雲間”字樣，可考此處敦説堂當位于今上海地區。著名學者董其昌十七代孫董健身先生，曾在其文《三個别字》中記録其鄉馬橋鎮（今上海市閔行區馬橋鎮）强恕中學内有敦説堂。考强恕中學的前身强恕學堂，是由國民黨元老鈕永建于光緒二十五年（1899），在原吴會書院的基礎上創辦而成，吴會書院建于同治十一年（1872），是由馬橋鎮名士顧言説動鄉紳鈕世章、張慶慈，在原文昌閣的基礎上辦成。又潘景鄭氏（1907–2003），江蘇吴縣人，藏書家，版本鑒定家。其“寶山樓”藏書，一是繼承祖父潘祖同“竹山堂”藏書四萬卷，一是回收其祖上潘奕雋“三松堂”散佚藏書，再就是收購如曹元忠“箋經室”、莫棠“銅進文房”、孫毓修“小緑天”等舊家藏書而得，均由其兄潘博山完成于1919年之前。由此可知《中國中醫古籍總目》載該鈔本成書于1911年之前，不可謂無據。該本每半葉十行，每行多則二十八字，行楷抄録，朱筆句讀，書法精美。現藏于中國科學院上海生命科學信息中心生命科學圖書館。

是本係論述小兒痘疹的專書，從目録來看，内容十分豐富，既有病因病機、病勢等論述，又有辨證論治、處方用藥等内容。所論痘疹以調治氣血爲主，如文中《心鑑真言》開篇即言：“予嘗論治痘以氣血爲本者，蓋以氣居中，君道也；血附外，臣道也。”處方用藥則出奇制勝，《用藥論》篇曰：“語云用藥如用兵，奇正相生，順逆互用，察觀機變，應如轉環，是謂良將。凡看痘者必先審其内外之感傷，奚若寒熱之虚實，何因無局一定之方，以應無窮之變。”如處方中借用東垣之治療慢驚火衰土旺的保元湯一方，治膿血之症，以“内固榮血，外護衛氣，滋助陰陽”，可見一斑。

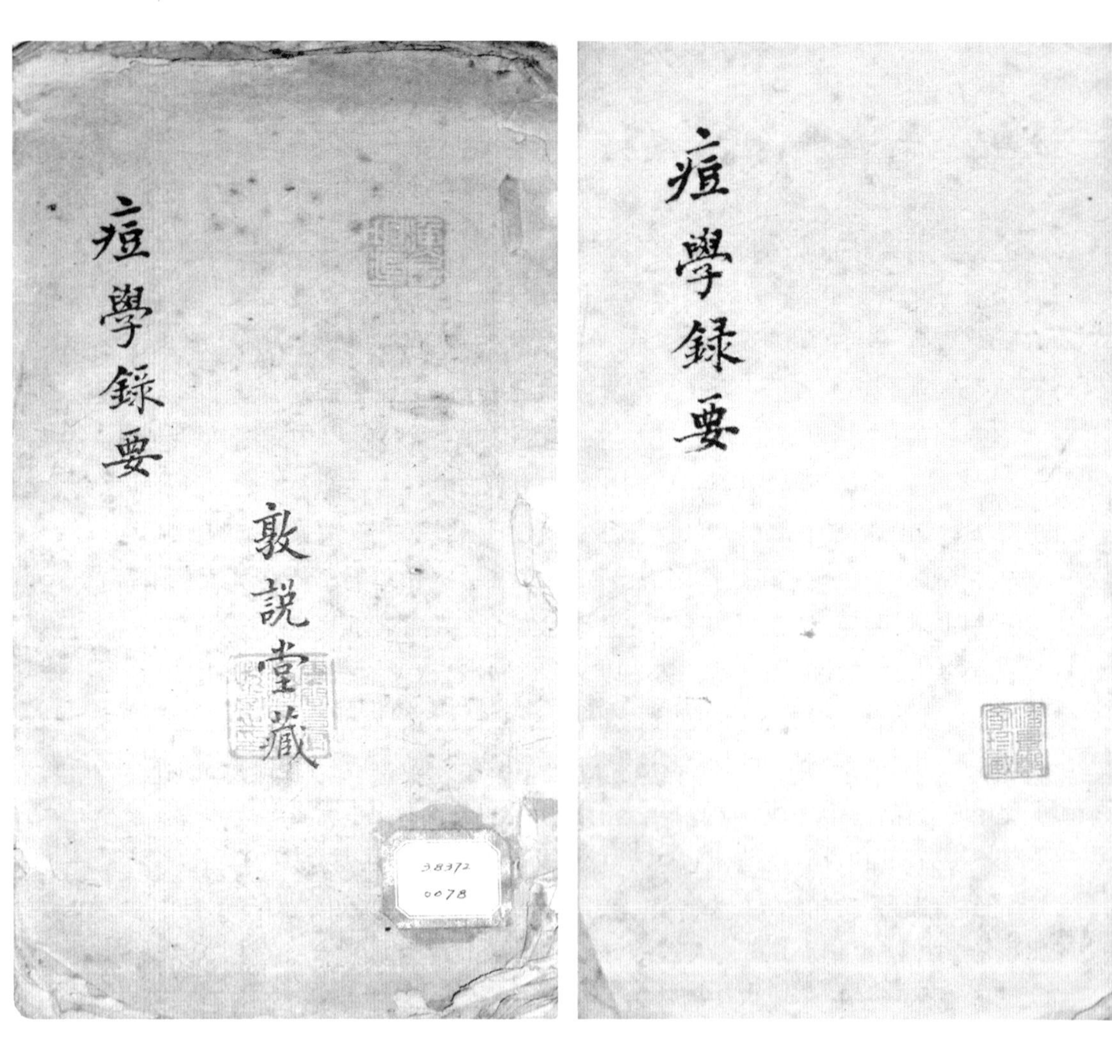

荊芥能除風熱而清頭目理肌表而利咽喉治痘能退癰腫而解餘熱也
乾葛甘寒輕浮清肌退熱升暢發散痘不能發宜用之
殭蚕氣味俱薄輕浮而非治痘能和血灌漿定痒
蟬蛻快痘疹之毒宣皮膚之風
天花粉稟清寒之氣除血中之熱
連翹除心經客熱散諸經血結
紫草涼血熱行痘毒熱實方宜虛紅立斃
玄參壯水以降火肅清而不濁之榮以軟堅輕散而不峻
肉桂入血脈有通利之妙佐百藥有宣導之奇救急之神品也
川芎能助清氣而行頭角引參耆以助元陽治痘暫為引導上行之使頭
面漿足不用
桔梗苦能下氣辛能散結引諸藥上至高之分通天氣於至下之卿痘家
用以清利咽喉
山查行氣血而不傷於峻消積滯而無患其傳痘初起內實者暫用
胡荽通心脾而發痘疹不快辟穢惡而鮮濁氣溪邪治痘疹之妙品
牡丹皮香可以通行氣血寒可以瀉火養血治痘取其涼血而已
生薑生能發表熟可溫中開胃有奇功止嘔為聖劑治痘不可缺以其助
參耆之力也
糯米助元氣以禦痘補土氣以行藥力
牛蒡子能潤肺而散氣利咽而退腫治痘專解餘毒

成漿故血非氣則毒不能起氣非血則毒不能化所謂非陽不能發毒其
非陰不能化其毒也否則榮衛相背交會逆德血不能載則塌氣不能拘
則陷存於中而應於外也復何疑哉

順逆險三法論

夫痘出於淫火々々者人身之精華妄動之異名也以氣血而中以氣血而
守以氣血而發以氣血而解信非氣血不能始終也盖觀氣血則吉凶傳
變之症可驗治氣血則撥乱反正之道可收故氣得其正血得其行內外
症和為順々々者吉之象也吉不必治氣餒血離毒伏不出而內攻或雖出
而妄肆其虐為外剝為逆々々者凶之象也凶則不治至或氣盛血弱或血
盛氣弱或毒雖盛而氣血未離為險々々者悔吝之象也急治之則可轉危
就安矣否則痘症後前祇十四日之期耳何所恃而無敗耶今以初出至
落痂日期形症吉凶之辨開著於後以便學者之揣摩

痘候發熱見標順逆險論

痘未見標微々發熱三四日後報痘身涼或微搐甦即見痘其形尖細其
色紅活譬如一粒珍珠放在臙脂上人事安寧飲食如常二便如舊者痘出
必順〇壯熱昏乱譫妄顛狂喘脹吐利煩躁失血或腰腹痛甚驚搐不已
一熱即出見形如沸瘡形蚊迹蚤班形焦紫色枯黯色淡白色者痘出必
逆〇乍寒乍熱一二日報痘而熱不退雖雜症混擾而便調安雖見標形
是饅頭雖易粗肥項額腳散密如黍種赤色乾紅憂虞之象也

逐日順逆險例

544 痧痘金針

《痧痘金針》，不分卷，一册。清陳標撰。成書于清同治九年（1870）。陳標，字少霞，長洲（今江蘇蘇州）人，受業于王受田，爲同治、光緒間（1862–1908）兒科名醫，著有《痧痘金針》《陳氏方案》，均未見刊行。現存鈔本，有自序，無目録，藏于上海中醫藥大學圖書館。據《中國中醫古籍總目》載，是本又見于《黄壽南抄輯醫書二十種》。

是本共三十餘篇，載録痘症的病因病機、諸醫家有關痘疹的論述、痘疹的治法諸論、治療方藥等。其中《原由》篇論述痘症的病因病機，認爲痘症的病因病機包括先天、後天兩方面因素，先天因素指先天淫火毒邪而成，後天因素指出生之後或感風寒、驚食等所致。摘録諸醫家有關痘疹的論述有《參補諸家治痘大意》《丹溪仲仁合論》《錢氏痘疹論》《翁仲仁痘疹論》《薛立齋痘疹大意》《萬氏三法》《程晨峰治痘意》《張介賓痘疹辨脈論》等篇，分别從痘疹的病因病機、症候特點和治法方藥等方面論述諸醫家對痘疹的認識。如《錢氏痘疹論》指出痘疹的病因病機是由"小兒在胎時食母五臟血穢"所致。《薛立齋痘疹大意》提出痘疹治療與癰疽治法無异，宜辨表裏、虚實、寒熱。《萬氏三法》載録萬密齋"治痘和中、利表、解毒"三法。《張介賓痘疹辨脈論》篇論述痘自出至收靨的不同脈象，認爲痘自出至起脹，毒從内出，陽之候，脈宜浮大滑數；貫膿至收靨，毒已外解，陰之候，脈宜和解有神。此外，還列有《汗下論》《虚實論》《攻藥論》《禁忌調護論》《預防論》等篇，論述痘疹的治法、禁忌、調護、預防等内容。在諸論後附有少量治療方藥，如在《預防論》後附有辰砂散方、三豆湯方。是本後列《今時用方》篇，載保元湯、木香散、异功散、豆蔻丸、白术散等十餘首常用治療方藥的藥物組成、加減運用等。

是本内容較爲豐富，摘録諸醫家對于痘疹的論述，所列諸醫方均切合實際應用，可爲臨證提供參考。

自序

昔扁鵲入咸陽，秦人愛小兒，即為小兒醫。蓋小兒六淫病與大人無異，惟疾痛苦痒不能向父母而悉告之，浮沉遲數不能切脈，情而細繹之為异耳。獨是痘疹治法與襍症迥异，全憑眼力詧形色以辨吉凶，係今毫厘之差，遂致千里之謬，可不慎歟。雖古方書不啻卌數，卓識[illegible]殊，初學者目弦心憒，莫知去從，未免有舉東失西之弊。所以爰集是書，採棒執中之論，間附管窺之見，刪冗存粹，約該簡明，使後之業是者開卷豁然，作指南之金鍼，以便備考而已。雖事蒭鴻毛，奈情同雞肋，草々錄成，以俟高明削正，為是為序。

同治九季歲在上章敦牂孟夏中澣撰

痧痘金鍼

吴門少霞陳標著述

原由

嘗讀炎黄扁鵲仲景書，從無痘瘄一症。相傳謂是伏波定交趾歸中原，始乃此患，則知皆炎方火毒蒸發先天淫火毒邪而成。錢氏云：兒在母腹中食母穢液，生時咽下口中血穢，即此毒也。蓋得之於有生之先，發于既生之後，或感風寒驚食，或當歲氣併臨，則蘊發為痘。今之所見者，不問何藏所主，但發热之後二三日间红點成水泡，水泡成膿泡，膿泡後結痂脫落，總謂之痘，此則胎毒也。其或隱現于肌肉，不膿不痂，謂之隐疹；一見红色而復沒復現者，謂之膚疹；遍身如雲擁出一片，色赤中有些粒，謂之痧子；膚色或红紫或藍黑，小如蚊咬，大如蚊傷者，謂之斑；其或初發红八九日順痘漿色蒼黄毒氣悉化亦云垂成須護持謹防擦損流膿裂血傷正氣大泄毒從虚陷常有不治之患斯時須囑伴勿懈使痂靨乳結肌肉完固便是全功若痘已破碎敷不啞者毒不陷也無妨

伍氏方用芍藥　炒白芍　薏仁　茯苓
地骨　銀花　百合　懷药　建蓮

十二日漸次成痂之際極好之症必有欬嗽或夜熱身熱世俗僉云毒氣未盡葉根若寒多有胃減廢食釀成虚勞童怯者吾嘗論痘自腎臟骨髓之中由肝主筋心主血脾主肌肉肺主皮毛從内之外毒乃渙釋收疤之時真氣歸裡肺合皮毛是為末傳處位高體清肅從前灌漿成痂薰迫之氣受虧已極奈世為咳矣況投利濕下注药而結痂其上焦已經特燥若毒仍留伏焉能收靨此斷然也再論幼稚陽常有

低男婦婚嫁之後出痘其頂必不能高聳其形多大扁潤其色多淡而不黄不可拘小兒元氣未發泄之例也

汗下論

胡氏治痘輒投汗下丹溪謂首尾不可汗下汗則虚其表虚下則虚裏虚也錢氏謂不可妄汗妄下潔古亦謂痘瘡首尾皆不可下海藏云藏府有凝滞者不可拘此翁氏謂微汗微下張涵高曰血熱毒壅便結之痘宜用涼膈散下之余謂毒盛壅遏酌用大黄以微下之風寒鬱遏可暫用荆防以洩散即非微汗則表不解非微下則裏不解之謂也但不可太過致於表虚則虚痒塌表虚斑爛裏虚則虚元氣陷脱也總之治痘之法其要於解毒或汗或攻或補務使毒氣得解而已如其氣血和暢營衛流通表裏無邪其

545 痧痘驚幼科秘訣

《痧痘驚幼科秘訣》，兩卷。目録頁題“宋杏莊先生傳，邵中先生授，吴錦鑄授子純鑄、授孫綬鑄、授門人蔣揆之，抄録痘科秘書諸秘方”。該書一、二兩卷字迹不一，當非一人所抄。首頁及卷二首頁鈐“陳存仁印”。宋杏莊，名鏞，介紹見本書“485 邵氏妙賽群醫”。抄録人蔣揆之生平不詳。本書“玄”“寧”缺筆避諱。《中國中醫古籍總目》載録爲清鈔本。現藏于上海中醫藥大學圖書館。

書前載《痧痘驚幼科秘訣洗心》，勸人爲善，叙因果報應。後爲目録，其中痘科秘方、邵大仙口訣、十二仙歌訣、煩悶、腹痛、瀉泄、諸湯方後所列四十九方及補肺散以下諸方未見正文載録。卷端題“痧痘幼科秘書”，先以歌訣形式叙痘疹各階段及危急證（蛇皮痘、伏陰證、九焦痘）的診斷及預後；次爲二五賦，叙小兒常見病的辨證論治，每證後雙行小字列出方劑；次爲内囊秘要、探寒熱之病訣、四時八候；次論寒熱辨證，先總述虚寒、實寒、虚熱、實熱的常見證狀，再分論傷風咳嗽、傷寒、驚、吐瀉、瘧、痢、疳積、腫脹、脾胃九種病證的臨床表現；次爲五臟克絶歌、五臟氣絶證論及五臟受驚積冷熱詩，後者源出《陳氏小兒病源方論》；次列小兒發熱説、吐乳説，吐瀉、咳嗽、痢疾不治歌，疳積辨證論治及二十五種治驚法；最後爲人身各穴圖及推灸穴法訣。卷二題“痧痘驚幼科秘訣要方”，主論驚風，亦有吐瀉、傷積、咳嗽、腫脹、脾胃、瘧疾等病證歌訣；書末爲諸方，凡五十一首，多爲二五賦中提及的。

本書特點有三。一爲辨證强調寒熱虚實。以寒熱爲綱，再分虚實，指出“凡看痘，要明寒熱虚實，寒者爲虚，熱者爲實，表裏俱寒者，宜温之，俱熱者，宜清之”。二述方藥詳于加减應用。如理中湯方治胎氣不足、中氣不足等證，方後又列中寒腹痛、疝氣加吴茱萸、小茴香、川楝肉、陳皮、枳殼，中寒吐瀉、乳片不消、多吐而出、瀉痢青白、小腹作痛加木香、半夏,嘔吐加丁香、藿香等十種化裁方法。三是充分考慮小兒用藥難的特點,提出一些簡便易行的治療方法。如治小兒初生不吮乳并不小便,用乳入葱白滚水燙熱,將葱挑入兒口治療;再如,珍珠丸方後有"如小兒不能用藥,用雞子、葱花、香油同煎末打餅,五更空心熱酒下之"。本書對兒科臨床有一定的參考價值。

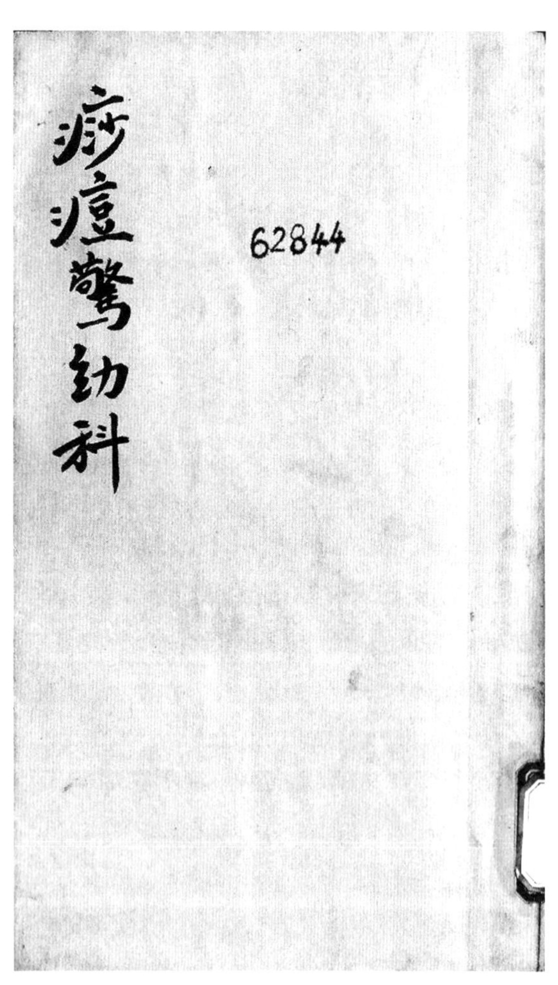

痧痘驚幼科秘訣要方卷之二

驚風握拳說

夫驚風搐握拳者有陰陽二症陰者拇指在內陽者拇指在外陽拳者順陰拳者逆又曰男子握拳於外則為順內為逆女子握拳於內則為順外為逆如見又指握拳者無論男女此不治之惡候也

急驚握拳歌

歌曰　急驚欲發先握拳　蓋因胸中有毒涎

膏藥　坎結丸

痧痘幼科秘書卷之一

初發熱

痘疹要決君須記　老嫩稠稀不一般　小細尖圓多易治　色嬌憔暗欠安寧　紫黑紅甚皆因熱　淡白灰平總屬寒　寒厥汗出獵甚剌　熱嚱喘悶必煩乾

發熱

痘瘡初出不太甚　腰腹頭痛無亂悶　臉上稀疎三次出　堅硬磤指為良症　未發紅班先發驚　一治方可為吉慶　良工紅紙

546 誠求集

《誠求集》,不分卷,一函四册。清朱世揚輯。朱世揚,字淇瞻,江蘇無錫人,善岐黄術。成書年代不詳,《中國中醫古籍總目》載録爲清代。現存承志書屋鈔本,藏于上海中醫藥大學圖書館。《中醫古籍珍稀抄本精選》第十二册收録該本。

是本專論小兒疾病,包括急驚風、慢驚風、慢脾風、疳症、瘧疾等三十四證。每種病證首論病因、病機及治則,次列治驗數則,最後介紹各種效方。如論急驚風,首先述其先兆,“小兒夜卧不穩,卧困中笑哭,齧齒咬乳,鼻額有汗,即發驚之漸”;繼而描述發作症狀,“痰壅壯熱,面赤唇紅,忽然手足牽引,竄視反張……”所介紹常用療法,除内服藥物外,還常常配合取吐法、取嚏法,突出急驚風治療的特點。又如疳症,分别述心疳、肝疳、脾疳、肺疳、腎疳的特點及治療方藥,亦列舉其他以症狀命名的疳症,如冷疳、蛔疳、疳渴等,指出疳症“各症雖多,可參合五臟症處治”,强調小兒疳症分五臟論治的特點。再如火症,舉一女孩從九歲至十五歲之間因火症兩次求治的病案,雖同樣是火症,但有陰虚火逆、水虧火熾等病機上的不同,治療亦有區别,認爲“同是症,同是火,而火之所屬不同,則用藥當不同”,不拘泥于某種固定治法與方藥,體現了辨證論治思想。

是書論病,略于述證而詳于治驗與方藥。全書共列治驗病案一百七十三例,附方二百十一首,是一部内容豐富、通俗實用的兒科專著,對中醫兒科的臨證施治具有一定的參考價值。

之

長洲朱世揚淇瞻纂輯

誠求集目錄　壹板

目錄終

承志書屋華

誠求集秘本　小兒之緊要關節也

急驚風

長洲朱世揚淇瞻纂輯

小兒夜卧不穩，卧困中笑哭，齧齒咬乳，鼻額有汗，即發驚之漸。其發也，痰壅壯熱，面赤唇紅，忽然手足牽引，竄視反張，脈浮洪數緊，口中氣熱甚，且牙關緊急，或啼不出聲。此由內實有熱，外挾風邪（小兒陽旺則內熱之極則風生，此風非外來之風，則內出之風）。風火相搏，肝心二臟交

急驚　一

争，痰涎壅塞，閉竅不通，風氣畜甚，盛而無所泄，故暴烈而為急驚也。治先通關取吐取嚏，次用截風定搐（出六切）丸（只清其火治其驚便是截風定搐，原不必用風藥以表散也）。痰熱既降，當養血安神。若搐定而尚有微邪，宜消痰清熱。若搐不定，仍議下之。然所須詳審所因，分別處治。或傷風熱至心熱甚而生驚，肝邪動而發搐，宜先清散，疎肝經，安䰟退熱。或傷暑熱

547 誠求録

《誠求録》,不分卷,一册。無序跋與目録,亦未注明作者。扉頁題書名《秘本誠求録(醫説要法　實驗靈方)》,鈐有方形“浦泉傲雪村沈永祥便章”及方形上海中醫學院圖書室藏書章,該章還鈐于正文首頁。按沈永祥其人生平已不可考。該本共一百三十九葉,每半葉十二行,每行二十四字,共計七萬餘字。《中國中醫古籍總目》載録爲清鈔本。現藏于上海中醫藥大學圖書館。

是本爲痘疹專書,書末附有《紅爐點雪》一書(亦爲論痘疹之書)。該書以痘疹雜論爲始,提出痘疹二便閉澀係“毒邪内蘊,腸胃壅遏不能傳化使然,治宜清解而利之”,認爲酵痘不可用毒物,以毒物傷中,當“辨經絡虚實”而用酵痘之物,方無失矣,并提出治痘三法等。次則總論痘疹,以初熱、報點、痘始、起脹、養漿、收靨、靨後等痘疹病程進展爲順序,論述詳備。書後録方藥,共載方劑近一百五十首。其中值得一提的是,在《痘疹看法》篇中,著者以“頭爲諸陽之會、五臟之華,痘雖爲陽瘡,而其根在原,則在五臟”的緣故,將面部配五臟,從痘疹初發部位來判斷病勢吉凶,繪有痘疹初見圖五幅及二十八種痘形圖,圖文并茂,十分精美。

所附《紅爐點雪》一書與本書“388紅鑪點雪”并非一書,本書所載《紅爐點雪》共分《治痘論》《補氣不宜補血説》《痘疹要略》《水赤痘乾赤痘》《痘疹斑痧》《痘疹論》《痘疹治法論》《三法圖》等八篇,論述痘疹,與《誠求録》一書内容相得益彰。

按該書所提出的治痘三法,從綱領上抓住痘疹病機,便于臨床使用。作者指出“痘有千態萬狀,唯氣虚、血熱、毒壅三證;治有千方萬法,唯發表、和中、解毒三法”,痘疹初起發表,毒盛者解毒,傷中者及靨後用和中法,三者實乃不易之法。痘疹必因乎時氣傷人，“天時疫氣有盛衰，人之生稟有强弱”，故痘疹有輕重之分。還提出“貧賤家兒多歷辛勤水濕之苦，更無厚味傷脾，既有重症，亦能抵擋；富貴家兒暖衣厚味，少見風日，脾胃薄弱，不耐勞苦風霜，凡遇小疾，亦爲大病重症”，故診病時“入門之際必先知其家貧富何如”，這在一定程度上體現了體質學説的内容。

該書還載録婦人痘疹的相關内容，提出“婦人出痘治同小兒，其所異者唯經行胎産而已”。因“痘疹以氣血爲主”，故若“痘出經行如期而來”是“氣血循其度”，可不治而愈；新産出痘，恐血虚不能托毒，故當大補氣血；妊婦出痘則以安胎爲主。

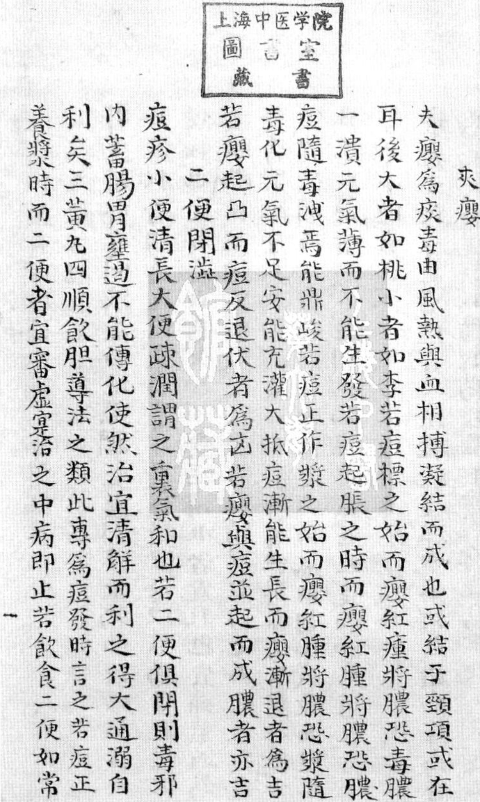

夾癭

夫癭爲痰毒由風熱與血相搏凝結而成也或結于頸項或在耳後大者如桃小者如李若痘標之始而癭紅腫將膿恐毒膿一潰元氣薄而不能生發若痘起脹之時而癭紅腫將膿恐膿痘隨毒洩焉能鼎峻若痘正作漿之始而癭紅腫將膿恐漿隨毒化元氣不足安能充灌大抵痘漸能生長而癭漸退者爲吉若癭起凸而痘反退伏者爲凶若癭與痘並起而成膿者亦吉

二便閉澁

痘疹小便清長大便疎潤謂之裏氣和也若二便俱閉則毒邪內蓄腸胃壅遏不能傳化使然治宜清解而利之得大通溺自利矣三黄丸四順飲胆導法之類此專爲痘發時言之若痘正養漿時而二便者宜審虛寔治之中病即止若飲食二便如常

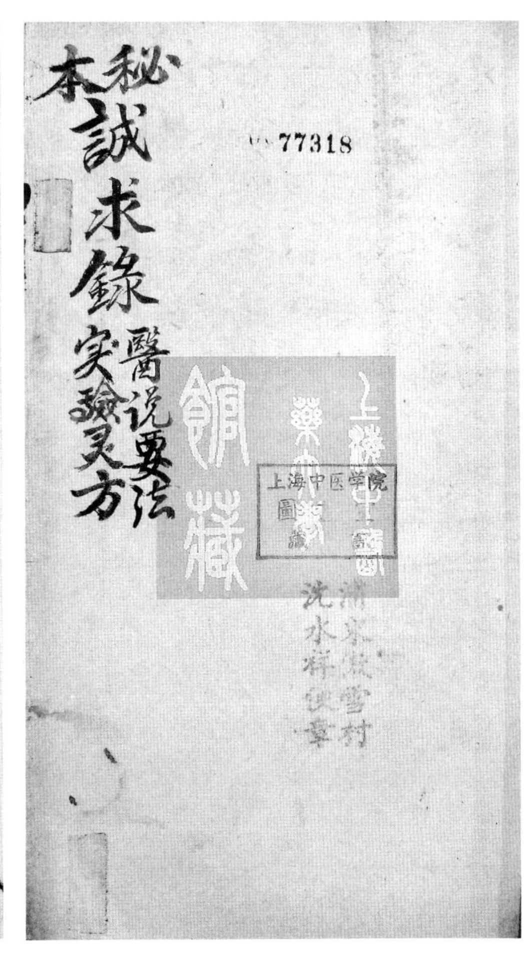

秘本
誠求錄
醫説要法
実驗灵方

凡痘從正額間兩顴頰閒先見者多順人中口鼻先見者多險太陽頤頦腮耳先見者多逆也蓋元氣運毒以上行而毒隨元氣以舒散元氣之所至則毒亦至焉况面正乃諸陽之所聚五藏之精華皆見于面痘屬陽故陽隨先見于面也向非元氣充盈安能遽升發于上部哉其不能先見於上而反于下部先見者亦元氣之不足耳雖論部位則然必觀毒之疎密形色之美惡以判吉凶不可執一云

正額初見圖

小兒痘疹見于心經尖潤微紅爲吉若帶灰平似蚕種未可判其吉凶也

蓋正額屬心火痘於此而先見稀疎紅綻者吉眉心屬命宜虛曠不宜密佈若先標形于此而攢簇先發先斂者[illegible]

左顴初見圖

小兒痘見肝家肝木配春升之令血純而氣来扶助此正血有致氣之理定見成功宜大如串珠者十四日死

右顴初見圖

右部屬肺金氣之宗血之綱也痘於此而先見者珀紅脂白色根元充實毒化膿成故曰氣血要元陽之領痘毒得神真以化痘密無害

548 痞法要旨

《痞法要旨》，不分卷。不著撰者，成書年代未詳。現存鈔本，藏于上海圖書館。藏館著録爲清鈔本。《中國中醫古籍總目》未見收載。

是本首列《真傳口訣》，指出："痘粗細不一者出不盡也，陽瘢可治，陰瘢不可治，瘢紅細者可治，紫大者不可治，痘前驚則輕，痘後驚則重，脹後驚不治。"次列《痞法要旨》，闡述何爲痞、觀痞要領以及痞出症狀："痞看太陽，痘觀兩顴，此大要也。發熱可知出痞，兩眼有紅色淚汪汪，咳嗽噴嚏鼻流涕，身發熱，午後熱起，至夜更重，至曉漸退，口渴少飲，此是出痞無疑。其驗點熱至何處，痞點出于何處。"次列痞症起死回生之仙方、驗案三則、見點一日二日表方、見點二三日方、見點三四日方、見點五六七日方。先論總治，後按具體症狀給出方藥，如："痞後陰虚發熱者，仍用滋陰養血當歸、白芍之類，食積不清仍用消導。"最後列《痞疹總論》《痞子由説》《痞前有三大閉症》《痞脈秘訣》《治法良方》《痞疹首尾治法》《吉凶證驗》《見症用藥法》等篇。《痞子由説》以問答形式展開，條理清晰。對于痞前風閉、火閉、食閉三大閉症亦各自詳明，并列出三種閉症之治法以及各方藥組成。有關吉凶證驗，則羅列出十二種危險證候與七種不治證候，如："寒天痞出不遲，心内一塊上下擁塞不安者危。"見症用藥法，説明發熱未出時、痞出點、痞有寒閉、風閉而未透者，以及痞出而未發透者等，共二十二種證候的用藥方法。

本書强調治痞首宜發散，次宜清利，次宜清熱，後宜補血，注意不同階段須區别論治，且按日期分而治之，易讀易明。

痧法要旨

痧症太陽、瘟觀兩顴，此大要也。痧是太陽稠密紅綻，其症凡輕，面上及上身已起，惟太陽不起，下身定不能齊，須要提防外治，而用紅點物于太陽處包之。痧若别處皆起，兩顴不起，戒不服水，丸多變。

發熱而知出痧，兩眼有紅色，淚汪汪，咳嗽，口噴嚏，鼻流涕，身發熱，午後熱起，至夜更重，至曉漸退，口渴少飲，此是出痧無疑。

其驗點熱至何處，痧點出于何處，故以足冷而知未齊，乃一定之理也。手指甲邊有紅暗者，而知出完。

書曰其出也如霞，如雲其收也，隱在皮膚之間

見点一日二日表方

葛根 前胡 防風 薄荷 吉更 全退

牛子 連翹 根生 山查 麦芽

加燈芯一丸

点子不透，仍用升麻；隱于皮膚，而用麻黄；色黑紫

乾枯，當用黄連、紫草、紅花；舌胎白，加石膏

舌苔紅，加以連；胎黄厚，加只實、卜子，去生地

549 新訂註釋幼科金鏡録

《新訂註釋幼科金鏡録》，四卷，八册，後附醫案一册。有目録、序言，不著撰者及抄録者。《中國中醫古籍總目》載録書名爲“增補痘疹玉髓金鏡録”。現存鈔本，藏于上海圖書館。藏館著録該書爲清代翁仲仁撰。翁仲仁，字嘉德，江西人，係明代兒科醫家，曾采輯諸家治痘精要，參入個人經驗，于1519年編成《痘疹金鏡録》三卷，又名《痘疹全嬰金鏡録》《幼科痘疹金鏡録》。《新訂註釋幼科金鏡録》係《痘疹金鏡録》的注釋本。每卷有注釋者及參訂者名，卷一、卷二及卷三的注釋者爲“上洋喬來初”，參訂者爲門人張之斐、朱衍、朱慶源、張永譽、湯霄；卷四的注釋者仍爲喬來初，參訂者爲門人張國棟、張永穎、陸涵、蘇廷士、張文常。

是本主要論述幼科常見病證的證候表現、治療方藥等，并加以注釋，對幼科痘疹不同發展階段的闡述尤其詳盡，内容涉及驚風、傷寒、吐瀉、瘧疾、痢疾、疳積、痘疹、咳嗽等。如卷一以歌訣形式詳細論述諸證的病因病機、證候表現及治法等，有《寒門總括歌》《熱門總括歌》《傷風歌》《咳嗽歌》《傷寒歌》《斑疹歌》《傷寒斑疹不治歌》《急驚歌》《慢驚慢脾歌》《胎驚歌》《吐瀉歌》等三十六篇。如《熱門總括歌》中曰：“小兒生下胎受熱，目閉胞浮大便結。濕熱重蒸遍體黄，小便淋瀝或見血。滿口或疳或赤遊，發頤咽痛重木舌。胎毒瘡瘍痛莫言，多啼不乳呻吟劇。諸症皆由蘊熱爲，清凉解毒生歡悦。”文後注釋曰：“嬰兒百日之内在胎中受熱，所現之症：兩目羞明常閉，眼胞浮腫，大便閉結。因熱生濕，譬之盛夏萬物流汗，濕熱熏蒸，遍身黄色，小便淋瀝，矩滿見血，或滿口生疳瘡，或發赤遊，或生發頤，或生咽痛，或重舌、木舌，或生胎毒瘡瘍，或多啼哭，或不飲乳，或時呻吟。此俱熱症也，皆由在腹蘊熱所緻，治宜清熱解毒，則病療而生歡悦。”卷二主要闡述病證虚實寒熱的辨治，包括《論表裏寒熱虛實》《論氣血虛實》《論虛症調護》《虛症補氣不補血》《虛症變實辨》《熱症變虛辨》《壅熱實症似虛辨》等五十篇。卷三、卷四記載諸病證的治療方藥，論述諸方的主治、藥物組成及方義注釋等，以方名字數多少分爲《三字方》《四字方》《五字方》等篇。如《三字方》中有理中湯、三黄丸、參蘇飲、二陳湯、豁痰湯、稀涎散、至寶丹、猪尾膏、生脈散、妙香散、四七湯等;《四字方》中有小七香丸、大連翹飲、麥門冬湯、玄明粉散、四君子湯、玉屏風散、小承氣湯等;《五字方》有五福化毒丹、定喘紫金丹、礞石滚痰丸、人參羌活散、截瘧不二飲、五疳消積散、蘆薈肥兒丸、太乙保和湯、升麻葛根湯、六味地黄湯、人參養榮湯、枳實消痞丸等。後附醫案一册，載幼科各病證之臨床治療醫案。

是本内容較詳，治療方藥豐富，可供臨證參閱。

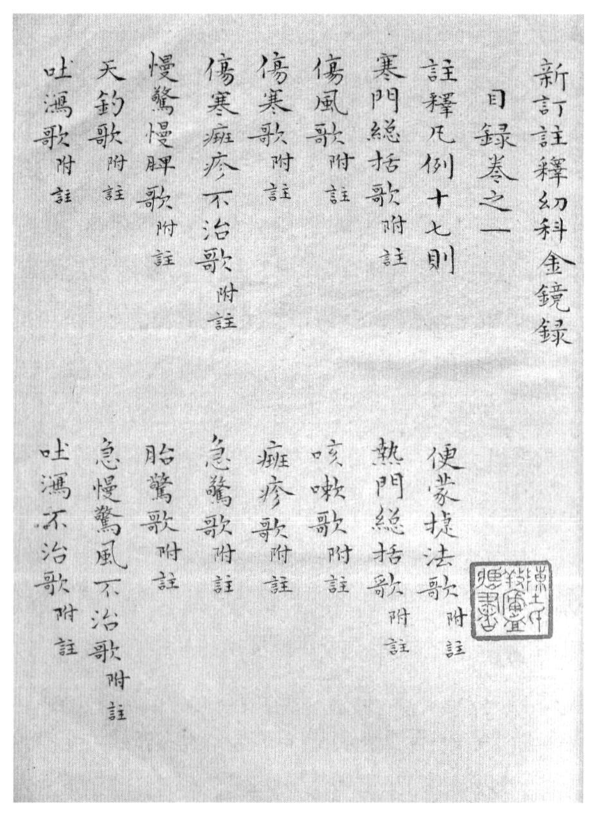
新訂註釋幼科金鏡録

目録卷之一

註釋凡例十七則　便蒙捷法歌附註

寒門総括歌附註　熱門総括歌附註

傷風歌附註　咳嗽歌附註

傷寒歌附註　癍疹歌附註

傷寒癍疹不治歌附註　急驚歌附註

慢驚慢脾歌附註　胎驚歌附註

天釣歌附註　急慢驚風不治歌附註

吐瀉歌附註　吐瀉不治歌附註

于外也是以河圖生數居于內成數列于外此但以生數論而不及于成數者因芽兒初生變蒸尚未成人也又問曰金木水火土同是五行也前論以金木土皆從水火中生來何謂也曰予闡八卦方位而得此意請竟言之伏羲先天圖離東坎西以卦体言則陰藏于火宮陽藏于水宮以方位言則火位于東方之陽陽生于東水位于西方之陰陰始于西文王後天圖離南坎北離為中女而居陽方陰生于午坎為中男而居陰位陽生于子二圖俱以坎離居于四正餘卦五位四隅伏羲河圖水從天生地成者陰生于陽也火從地生天成者陽生于陰也生數居內成數居外若天地之大德曰生生藏于內包含太和也大禹洛書天之生數位于正北地之成數居于偏隅地之生數居于偏隅天之成數位于正南火陽水陰天尊地卑也然二圖亦以水居正北火位正南豈無深意存焉而五行中各具一太極陰陽經云陰陽者天地之道也萬物之綱紀變化之父母水火者陰陽之徵兆也陰陽者萬物之能始也水火即是陰陽而陰陽徵兆惟此水火耳所以坎離二卦而混元一炁含育陰陽其餘六卦除乾坤二卦純陽純陰外震巽艮兑四卦陰陽俱已發露于外則知陰陽皆藏胎于坎離之內而五行從此陰陽以肇生在內養家亦以坎離為丹母所以八卦內五行配坎離為水

各一而從一者其餘六卦乾兑屬金震巽屬木坤艮屬土各二而從一偶此一之生于一也即伏羲八卦生于一畫之旨豈非金木土從水火中生來者乎雖然五行者太極陰陽一炁化成有此天地陰陽即有此五行生尅茲以生數論其理非以先後分其序也五行豈可以分先後哉

三焦胞絡乃無形，故不變兮又不蒸手少陽三焦經乃如霧如漚如瀆之腑此陽火也謂之雷火而雷伏地中手厥陰心包絡為心君藩籬之腑此陰腑也謂之龍火而龍潛海底二火俱屬無形之相火宜隱藏而不宜發現故下變不蒸

自後再蒸三大次，漸能移步應乳名又蒸三大次者每十五日蒸一次於是三百六十五日周天度數已足漸能運動移步而知覺乳名

變中手足方受血，手可持兮足可行經云手得血而能持足得血而能步雖曰各臟腑變蒸血液以營養四肢然其原乃出于天乙所生之水而腎實之

主人或元氣稟受足，兒得安然無變蒸已上所論變蒸次序乃言其經常耳若人天授過瘦元氣充足則芽兒稟于父母之精血自盈不待自己臟腑變蒸而得安然也

面部氣色各有屬

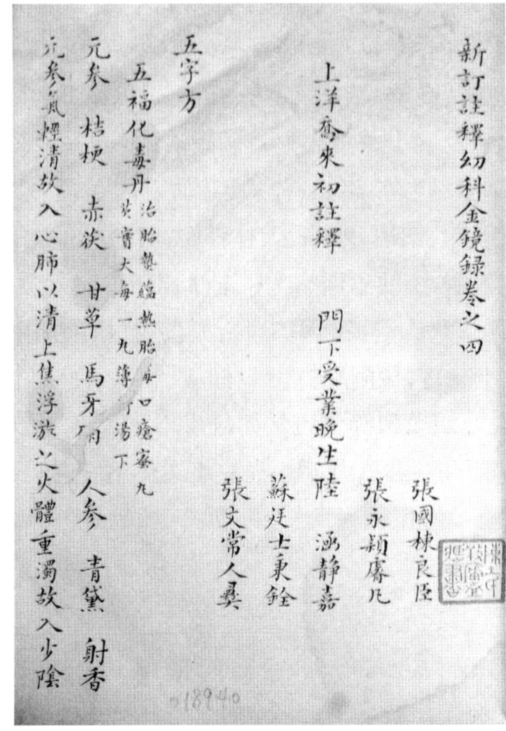
新訂註釋幼科金鏡録卷之四

上洋喬來初註釋　門下受業晚生陸　涵　靜嘉

張國棟　良臣

張永穎　睿凡

蘇廷士　秉銓

張文常　人彝

五字方

五福化毒丹治胎毒癰熱胎毒口瘡蜜丸芡實大每一丸薄荷湯下

元參　桔梗　赤茯　甘草　馬牙硝　人參　青黛　射香

元參氣輕清故入心肺以清上焦浮游之火體重濁故入少陰

550 慈幼心傳

《慈幼心傳》，兩卷。明朱惠明撰。約成書于明思宗崇禎十七年（1644）。朱惠明，字濟川，長興（今屬浙江）人。少習儒，自知誦經無補世用，乃改習岐黄之術，揣摩啞科。得益于雲間王起雲，遂精其術，醫名甲吴中。除本書外，還著有《痘疹傳心録》。本書由王時鍾校閲，書首有目録，目録前下方有“後學小圃雲表氏習”字樣。現存鈔本，藏于上海中醫藥大學圖書館。

上卷列慈幼心傳説、調護法、乳兒法、擇乳母、望聞問切總論、望、胎熱、附天吊、胎寒、附盤腸内釣、蛔蟲動痛疑是内釣、寒疝、胎驚胎風、胎黄、變蒸、夜啼、驚風總論、急驚、慢驚、諸癎、諸疳、吐瀉、吐、瀉、痢、瘧、傷風傷、咳嗽痰喘、食積等小兒診法及二十一種小兒雜病證治，載方一百四十四首。下卷列脾胃、不寐多困、腫脹、腹痛、諸熱、痓病、諸血、汗、黄疸、惡核瘰癧、時毒、耳聾、齒病、口疳瘡、解顱、顖填、顖陷、天柱骨倒、五軟、五硬、龜胸、龜背、便濁、遺尿、諸淋、大便不通、小便不通、諸瘡、附胎毒瘡、胎毒發丹、赤遊丹毒、疿瘡、黄水瘡（即浸淫瘡）、天泡瘡（即熛漿瘡）、湯盪、撲墜損傷等三十九種小兒雜病證治，載方八十一首，後附驗方十一首。

本書認爲小兒吐瀉驚疳等雜證常與痘疹相互牽連，提出“未痘而葆攝元根，既痘而漸絶滋蔓”的觀點，强調小兒皮膚柔弱不宜過暖，臟腑嬌嫩不宜過飽等，對兒科臨床有參考價值。

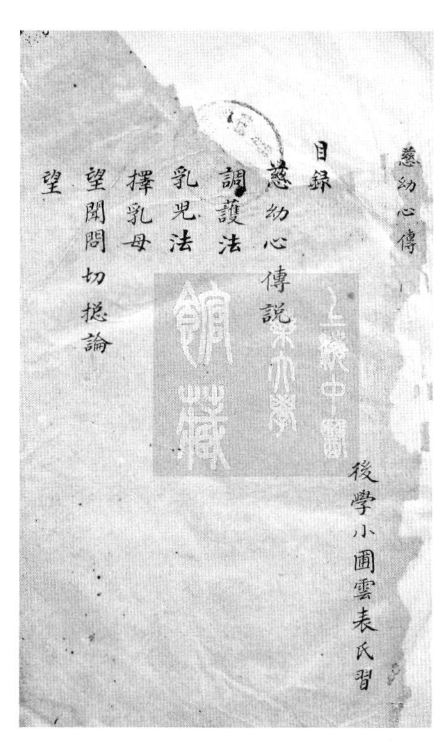

慈幼心傳

目錄

慈幼心傳說

調護法

乳兒法

擇乳母

望聞問切總論

望

後學小圃雲表氏習

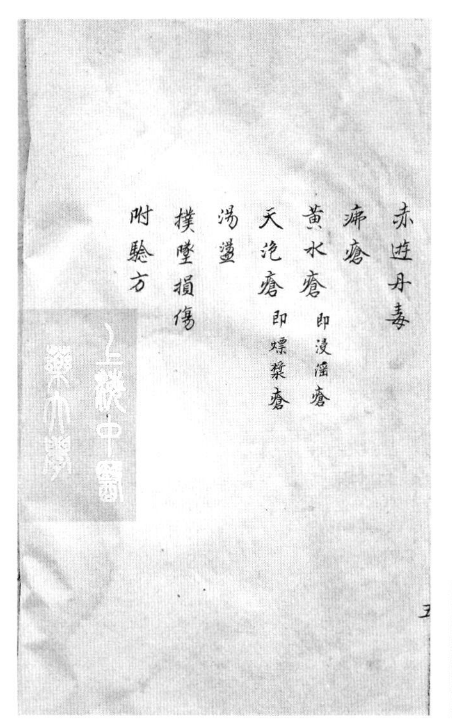

赤遊丹毒

痱瘡

黄水瘡 即浸淫瘡

天泡瘡 即螵燊瘡

湯潑

撲墜損傷

附驗方

五

慈幼心傳說

西吴濟川朱惠民著

芝田王時鍾校閲

夫雜症吐瀉痢等症驚之與痘疹常相蒙也有前乎痘而先患别症有後乎痘而他症隨之則藥餌難施拙者疑殆余用是疚心無已原本而憂末所為未痘而篠攝元根既痘而斬絶滋蔓何俾于雜症之簡核而俾赤子常有完命余之心傳得為完書也故

調護法

小兒初生肌膚嬌弱不可衣煖臟腑脆嫩不可乳飽煖則筋骨緩弱汗出表虚風邪易入飽則胃氣有傷乳不易化宿滯難消當薄衣背煖量乳為佳無過不及調適中和而已凡天氣和煖之時令兒數見風日則氣血剛勁肌肉硬密譬如草木生于山澤之中久耐風寒易成合抱也若藏于重幃之內厚衣温煖懷抱不着地氣少見風日譬如陰地草木嫩脆不任風寒稍見風日便惡風而發熱也

卷二

551 慈幼全書

《慈幼全書》，八卷。清宋中撰。宋中，朱涇（今屬上海金山）人。家世業醫。祖父宋世德，字修之，號二懷。光緒《金山縣誌》云："（宋世德）隱於嬰醫，切脈望色，洞知癥結，貧者求診必先往，著有《慈幼全書》。子道昌，治危證輒愈，董其昌嘗書'護諸童子'四字額贈之，著《幼科集要》。"嘉慶《松江府志》中稱范濂曾爲宋世德作傳。董其昌，字文敏，明代畫家（1555-1636）。范濂，字叔子，生于明嘉靖十九年（1540），卒年不詳，著有《雲間據目抄》，成書于萬曆癸未（1583）。又光緒《金山縣誌》中記載宋道昌、道泰兄弟嘗與范濂唱和。根據上述材料可知宋道昌與范濂、董其昌生活在同一時代，而宋道昌當爲宋世德子輩、宋中父輩，據此推斷宋中係明末清初之人，原序落款中的丙戌年，最有可能是順治三年（1646），至晚不晚于康熙四十五年（1706）。毛瑞抄寫，成書于乾隆四十六年（1781）。書前有抄者記，記述抄寫此書的目的："得宋氏所輯《慈幼全書》，採集諸幼科精華，別類分門，不繁辭而意解……并附《推拿秘要》謄於後，以備忝考，俾有力者梓行於世。"後有"乾隆四十六年七月初三日五茸毛瑞記"字樣。五茸，在今上海松江。原序亦附于後，乃宋中所寫，記録此書的由來，後有"丙戌仲冬寄迹練塘，宋中朗懷氏識"字樣。練塘，亦名練湖，湖名，在江蘇丹陽縣西北。卷二、三題"安朴趙文達抄"，其餘諸卷筆迹不同，非一人所抄。此鈔本現藏于上海圖書館。

卷一列驚風總論以及慢脾風、類驚風、驚悸怔忡健忘證、癇證、痓證、天釣等十三種病證，眉批有文中所涉藥方開關如聖散、抱龍丸、至寶丹、五味异功散、六君子湯等十二首。卷二列積病、傷風、中寒、破傷風、積聚、虚勞等十三種病證。卷三列諸吐、諸瀉、霍亂、痢疾等七種病證及其治法。卷四列暑證、燥證、濕證、黄疸、水腫、頬腫如疔等十六種病證，列六一散、黄連香薷飲、白虎湯、清暑益氣湯等藥方十九首。卷五列咳嗽、喘證、哮喘、風痰、痰熱、龜胸龜背等十一種病證。卷六列煩躁不睡、卧魔、脾弱多困、麻木、痛風、鶴瘫鶴膝等二十一種病證。卷七列初生護養以及變蒸、耳證、目證、口證等十種病證。卷八列頭證、發頤、項證、頸項搖動、胃脘痛、肋脅痛等二十一種病證,列藥方十一首。

全書共載小兒一百餘種常見病證及其方治,并以七言歌訣概括病因病機、治則治法以及用藥,書末附推拿秘要,條理清晰,目録詳悉,便于查閱參考。

厥功不小於賢相也

旹

乾隆四十六年七月初三日五草

毛瑞記

原序

闡宗指迷者前人之心也加勵增新者後人之事也吾宗之醫自曾祖愫杏公倡始而吾祖二愫公以其道顯及吾父而闡明家學無遺蘊矣予生也晚讀父書之不暇奚敢自附於著述之林哉但以質魯未學恐家聲之綫墜於是窮年矻矻猶儒者之從事於藝林而毋敢懈向曾手輯數種成一家之言不能執

痿

經曰肺热葉焦則生痿躄又曰治痿獨取陽明以及脉痿筋痿肉痿骨痿之論但痿症之旨不外乎肺胃肝腎四經蓋肝主筋肝傷則四肢不用而筋骨拘攣腎藏精精血相生精傷則不能灌溉四末血虛則不能榮養筋骨肺主氣清高之臟肺虛則高源化絶化絶則水涸不能濡潤筋骨陽明為宗筋之長虛則宗筋縱縱則不能束筋骨以流利機關此不能步履痿弱筋縮之症作矣先生治痿不主定一法如衝任虛寒而成者通陽摂陰兼宣奇經為主濕热沉着下焦而成者用苦辛寒燥為主腎陽奇脉兼虛者用通納八脉收集散越之陰陽為主下焦肝腎陰虛而成者用地黄飲子虎潛諸法填納下焦和肝熄風為主陽明脉空厥陰風動而成者用通摂為主肝腎虛而兼濕热及濕热蒸灼筋骨而

552 慈幼秘訣圖像秘要

《慈幼秘訣圖像秘要》,兩卷,一册。不著撰者。無序、跋,首頁即目録。封面題有"咸豐貳年春王月少尉徐清祥記"字樣,是知抄録于公元1852年。現存鈔本,藏于中華醫學會上海分會圖書館。

上卷首列五位十二宫、五臟、三關、五指筋、手六筋、手五指、手背面、推拿五指、五指穴道、脚腿穴道等三十幅圖像。次述懷娠、初誕、回氣、浴兒、斷臍、剃頭、養食及診法,强調小兒疾病先察形色後切脈,列五位所屬、命門部位歌、察面色之圖、察色驗病生死訣、小兒外證十五候歌、小兒生死候歌、内八段錦、外八段錦、三關説等,多以五字或七字歌訣的形式論述。下卷述小兒諸病推揉法,介紹掌上諸穴、掌面與掌背穴以及水裏撈月、打馬過河、赤鳳摇頭、天門入虎口等多種推拿手法,并以手法治病歌總括,詳細論述三十二種驚證的病因病機與推拿治法、二十四種驚證的燈火灸法以及禁口痢、頭疼、腹痛、口内生走馬疳等十一種小兒雜病的推拿療法。

是本先圖後文,内容豐富,繁而不紊,條理清晰。重視小兒虎口三關的辨證,配圖載述流珠形、魚骨形、水字形、針形、長珠形、來蛇形等十五種指紋名目及主病,推崇推拿療法及燈心灸法,按穴施治,論述頗爲詳盡,尤其對小兒驚證有獨特見解,具有一定的參考價值。

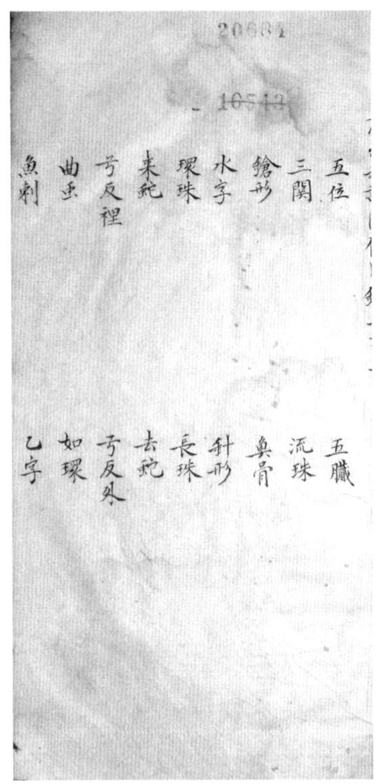

五位　五臟
三関　流珠
鎗形　鼻骨
水字　升形
環珠　長珠
来蛇　去蛇
弓反裡　弓反外
曲虫　如環
魚刺　乙字

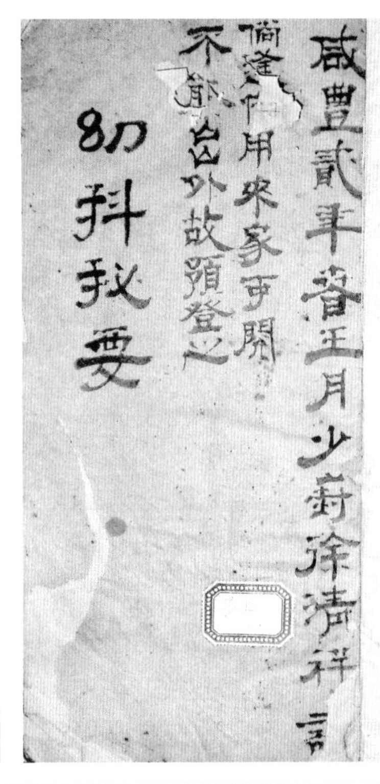
咸豐貳年歲正月少爺徐清祥訂
倘途中用來家手開
不能台外故須登之
幼科秘要

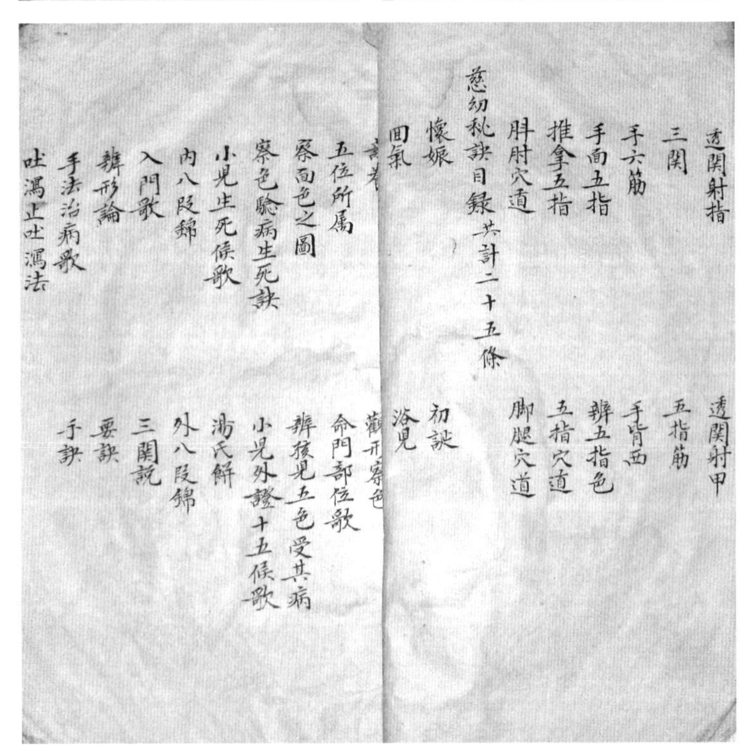
透関射指　透関射甲
三関　五指筋
手六筋　手背西
手面五指　辨五指色
推拿五指　五指穴道
肝肘穴道　脚腿穴道

慈幼秘訣目録共計二十五條

懐娠　初誕
囬氣　浴兒

首卷　觀形察色
五位所屬　命門部位歌
察面色之圖　辨孩兒五色受其病
察色驗病生死訣　小兒外證十五候歌
小兒生死候歌　湯氏解
内八段錦　外八段錦
入門歌　三関說
辨形論　要訣
手法治病歌　手訣
吐瀉止吐瀉法

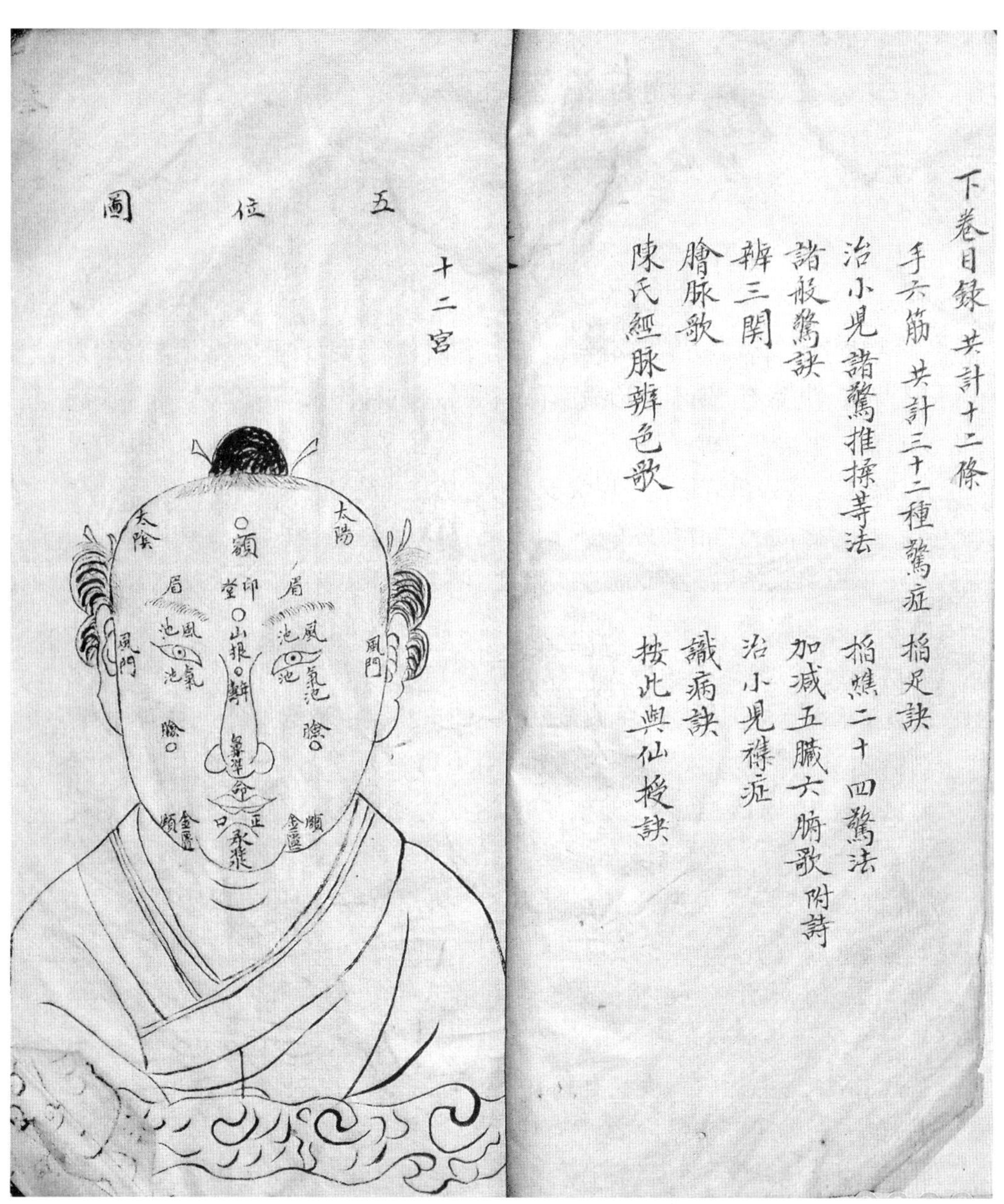

下卷目錄 共計十二條

553 隨症治驚經驗方

《隨症治驚經驗方》,不分卷,一册。作者佚名,封面題"隨症治驚經驗方全"字樣,并鈐有"期頤堂珍藏"印,首頁鈐有"孫氏家傳"諸印。未見序跋與目録。半葉十二行,每行三十二字。末頁有"朱翠岩抄"字樣。《中國中醫古籍總目》載録爲清鈔本。現藏于上海中醫藥大學圖書館。

是書雖題爲"治驚經驗方",實爲一本幼科綜合方書。書中方劑除治療小兒驚風治驗之外,尚涉及疳症、嘔吐泄瀉、咳嗽、童子癆症等。治驚方劑有如聖散、歸命散、開關一字金、燈花散等十四方,其中開關一字金爲外搽葯,餘皆爲内服方。後另載急驚方劑七首,如紫金丹、琥珀抱龍丸、益神定魂丹等,慢驚方劑八首,如滚痰丸、保嬰丸(治小兒肚大青筋發熱疳症)、夏化蛇餅子等。并"附遺驚疳吐瀉集症藥方",題"急慢驚風辨法",認爲"急驚多是痰壅",治療當"先用降痰藥三十粒、鎮驚丸一二服即愈";"慢驚風多是脾虚",治療上"用地龍鎮驚丸一粒火酒送下,再用七味豆蔻丸進食止瀉,若不效,再用還魂救回,再服□驚丸一二服"。其後更附急驚、慢驚以及鎮驚丸(即牛黄丸)、火理丹(即還魂丹)等十方。小兒疳癖有治疳之大法及五疳之辨,并附肥兒丸、疳積餅、五積餅等治疳消補平和之劑。五疳之辨中提及之方劑如安神丸、補肝丸、益黄散、清肺湯等均附于後。有論有方,查之甚便。再記小蘆薈丸、大蘆薈丸、黄土丸等四方治療疳症。"癖塊治法",提出先針灸,再膏藥,繼湯丸。并根據患兒體質强弱區别治療,體强者治標多于治本,體弱者反之。附有净腑散、抑肝扶脾湯、肥兒丸等内服方劑,并食物秘方六首,外用搽劑如清香散,外用敷貼如玄武膏、紅花膏水潤膏、黑龍妙化膏等膏藥。嘔吐泄瀉、瘟疫雜症、盗汗、瘡瘍、牙疳等以及童子癆症、鼓脹、吐血、痞塊等内外諸証，醫理、選方皆備。

是書内容豐富，字迹清晰，各方寒熱攻補之性明確。惜無目録，查找較難，臨床應用時宜重新編排。

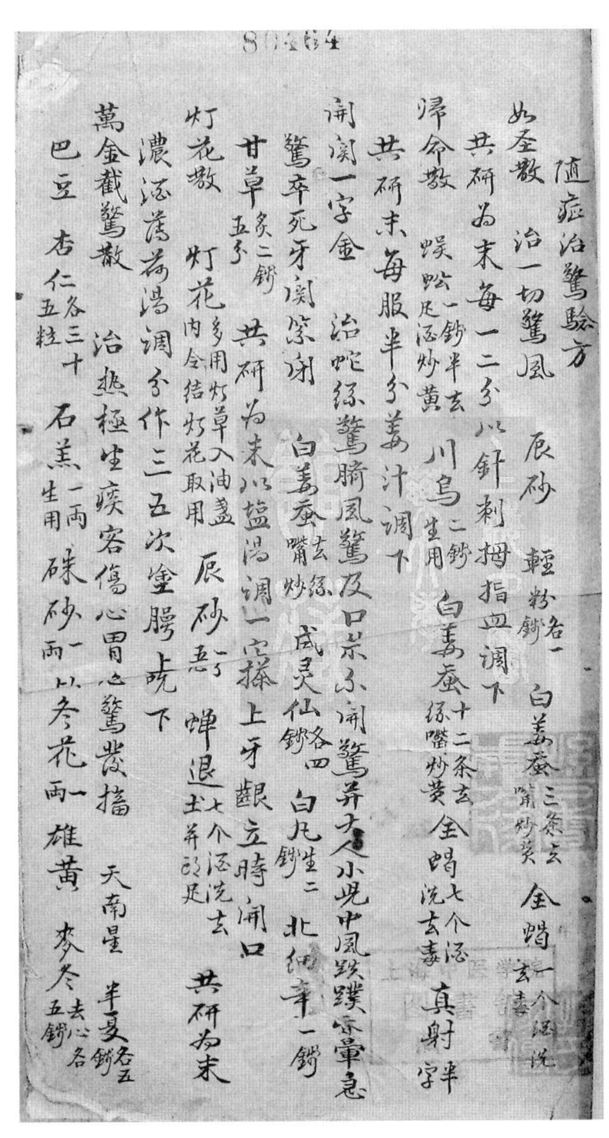

輕粉一錢　共研末入砵罐内封固打火一炷香久用水搽盞連罐埋
土七日夜取出升盞上者為妙藥每用三厘痰在上者以蜜水調服而
退吐其痰痰在下者以酸梅湯調服以下其痰　按此方藥當吐痰純是痰
出并無物水隨之當下痰純是痰下並無糞水隨之雖危急者藥一過
痰出即甦又不損傷元氣乃世之罕有得者

墜痰仙聖散　青礞石打碎半分小塊另用硫黄末二兩拌勻入罐内四圍固濟打火一晝夜取出以童便洗去硫黄再以清水飛去粗去色如黄金焙乾聽用　太陰玄精石生各用一兩　沉香三錢　硃砂四錢　錦紋大黄一[illegible]　片芩去粗皮如腐者一兩
先用當歸頭酒浸一夜去歸將酒澄清分作二分一分拌大黄一分拌黄
芩令食酒盡蒸晒九次取淨末各一兩共研為末每服一二分量人大小
加減竹瀝調下

人參益胃散　治脾胃虛寒吐瀉或慢風等症　人參　白术炒各一兩
藿香去土　木香不見火　厚朴薑汁　甘草炙　白扁豆炒各五錢　全蝎酒洗炙四兩
大附子面包煨去皮八錢　丁香三錢　乾薑泡八錢　肉豆蔻面包煨去油五錢　射香二分半
共研為末量人大小與服薑棗煎湯調下如少效人參附子煎湯調下

治驚風子母俱服　人參　白术各一錢　茯苓　陳皮各五錢　甘草　薄荷各二分
半夏　天麻各七分　細辛二分　全蝎五分炒去毒　作一服加薑三片水煎服

硃砂安神丸　治驚　人參　茯神　麥冬　山藥各三錢　龍腦　射香各一錢
硃砂　甘草　寒水石各一錢五分　金箔三片　共研為末蜜丸如芡實大每
一丸灯心湯下

勻氣丸　治盤腸内吊烏紗肚痛夜啼等驚　木香　沒藥　全蝎酒洗去毒
玄胡索　鈎藤　滓細　烏藥　甘草炙　各等分研末用大蒜頭搗爛為
丸如龍眼大每服一丸陳皮湯下

截驚湯　全蝎酒洗炒　薑蚕炒去絲　天麻煨　白附子炮各一兩　硃砂一錢　牛黄二錢
胆星一兩　蜈蚣一條酒炙　共研為末蜜丸如芡實大每服一丸薄荷湯下加射一分

554 蕪湖夏氏小兒科

《蕪湖夏氏小兒科》，不分卷，兩册。是書無序跋、目録，正文首頁有“中華書局圖書館藏書”印章。現存鈔本，藏于上海辭書出版社圖書館。《中國中醫古籍總目》將是書與藏于中國中醫科學院圖書館的明鈔本《夏氏小兒良方》列爲同一種書，或許是因爲《夏氏小兒良方》的作者爲蕪湖人，而是書亦冠以“蕪湖夏氏小兒”，故認兩書爲一書。然而仔細比對兩書文字内容，則异多同少。不同之處主要表現爲：《夏氏小兒良方》着重收録兒科方劑，書末附有《小兒看法捷訣》；《蕪湖夏氏小兒科》以專題專篇的方式撰寫，内容包括兒科疾病的病因病機、診斷辨證、治法方劑等。差异甚多。相同點主要是部分方劑，如“治小兒上吐下瀉急危症”“治小兒傷食肚腹膨脹腹痛”等，另外兩書抄録的字迹相似，可能存在一定的淵源關係。

是書涉及兒科病因病機的篇章有《病源總論》《急風慢風慢脾風總論》《養護失宜令子疾夭》等，涉及兒科診斷辨證的篇章有《脈紋形像》《辨脈紋之五色》等，涉及兒科治法方劑的篇章有《常用煎藥丸散加減法》《瀉症治法》《吐症治法》《急驚治法》《角弓反張治法》《慢驚治法》《治口疳及牙疳》《推上三關退下六腑法》等。是書最具特色的章節是對小兒的驚風加以詳細分類，共分爲血盆驚、臍風驚、口禁驚、夜啼驚、急驚、慢脾驚、盤腸内吊驚、角弓驚、天吊驚、番眼驚、迷魂驚、撒手驚、烏痧肚痛驚、肚脹驚、水傷驚、蛇繫驚、馬蹄驚十七種，并逐一闡述每種驚風的病因、症狀、治療。如血盆驚：“赤子在母腹時，厚暖處所，初生乍離，易冒風寒。雖暑天亦須包裹温暖，逐日漸漸減去。多在包裹單薄，或洗浴冒風寒，故成此症。至身熱肚腹急脹，肚上有青筋，哭聲不出。以炒鹽布包熨臍，米粒艾火灸頰車二穴、中脘一穴，以厚衣温暖包裹母懷，取汗出而愈。”

是書對于兒科的論述内容龐雜，編寫順序混亂，但也不乏特色，有一定的臨床參考價值。

蕪湖夏氏小兒科

病源總論

小兒方術號為啞科口不能言脉無可視惟形色以為憑竭心思而施治故善養子者似養龍以調護不善養子者如舐犢而愛惜憂之愈勤害之愈極作頭温而足冷或咳嗽而不食差之毫釐失之千里此小兒方脉之專門以補凡工之不及腸胃脆薄飽食易傷筋骨柔弱風寒易襲父母何知看承施重綿厚衩反助陽以耗陰流歠放飯泛飲脾而損胃闘易声見異物失於提防深其居簡其出固於周密未馴而行立喜其長成無事而哭嘻謂之聰慧一旦病生双親心感

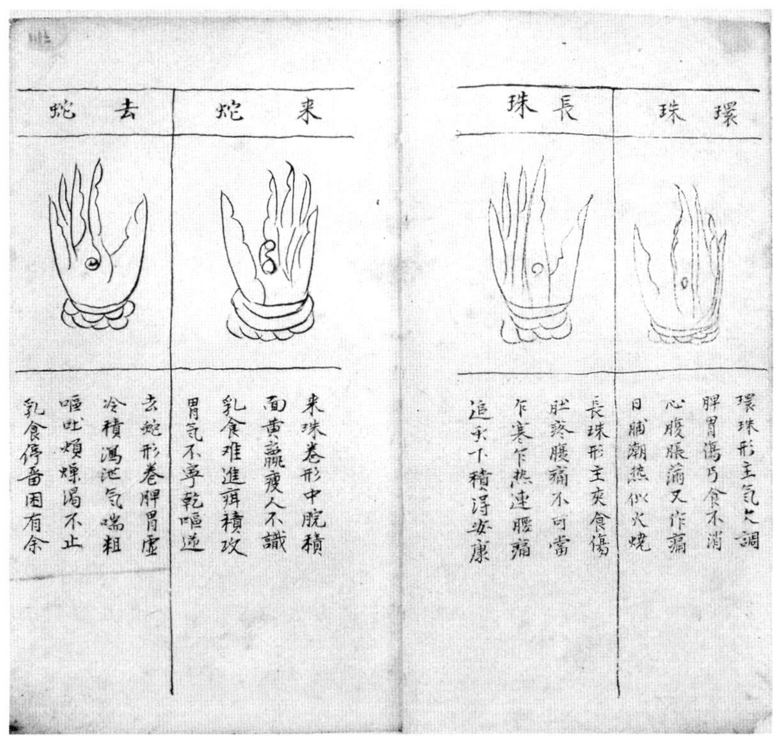

又有如乙此三曲長形如乙此二曲如勾者皆因生冷硬物傷於脾胃又有如黑点•••子或在手或在面又有肚上起如竖青筋紋如叢青筋紋者皆死候也已上脉紋各有輕重不同病勢亦有緩急不一詳斯脉理之玄微知嬰孩病之吉凶矣

辨脉紋之五色

脉紋之五色者乃五臟之氣因其病而現其形也心之主赤色肺色主桃紅脾之主色紫肝之主色青腎之主色黑赤与紅者係大驚焉赤与紫者热急而生驚也紫与青寒热相雜傷於風也青与黑者感胃風邪而主傷食傷寒也盛則驚搐發搐搦之症作也有桃紅之色盛而变赤々盛变紫々盛变青々盛变黑以次变也謂之病勢变傳於經或者傳变非常皆可治之惟变黑者最主不祥之患也嬰孩乃純阳之体若現黑者是水尅火也脉紋侵过三関鮮明者吉黑隱而不視者危々無疑矣

驗指冷热知症歌

八門須識嬰孩性男左女右分明認五指稍頭冷似冰此是驚風来得盛五指稍頭似火噴夾食傷寒風邪病食中名指热風寒食中名冷吐瀉定中指热兮是傷寒中指冷兮痲豆病食中热兮病上身食中冷兮上膈悶中名热兮夾驚風中名冷兮傷食論医家仔細々推詳

555 醉玄子痘疹

《醉玄子痘疹》，兩卷。不著撰者。全書墨筆書寫，朱筆句讀。書名見于《醫宗金鑒》之《專治麻痧述古續編》"醉玄子《痘疹方》"。《中國中醫古籍總目》載録爲清鈔本。現藏于上海中醫藥大學圖書館。另，《中國中醫古籍總目》有《醉玄痘疹》一書，藏于陝西中醫學院圖書館，據載由張鶴年授，嚴志行抄于清康熙五十六年(1717)。

是本有目録。正文前有"醉玄子痘疹秘笈"字樣。上卷主要内容爲痘疹的相關理論，包括病因病機、診斷、治療法則等。具體有《證原》(目録爲"得痘原由")、《治症大略》《五行部位説》(目録無"説"字)、《八卦搜髓論》(目録無"論"字)，之後有六十四章内容，包括"順""陰症""諸般逆症""認五行痘""認六經火併表裏虚實火""認臟中病""血氣表裏虚實""閉證""發斑""腰痛腹痛""經孕論""痘後口疳與痘後生瘡""發熱數朝生死訣""標痘三朝生死訣""落痂並痂後餘症"等。下卷有《辨症賦》六篇，後收載"醉玄治痘方"六十五首，係治療痘疹各階段的效方。另卷後有《痘疹藥性賦》和附方十九首，收録人中白散、冰硼散、犀角地黄湯、拔毒清火方等有某些特殊功效的方劑。

是書内容全面，且皆屬精要，在對前人經驗較好繼承的基礎上，補充了個人的臨床經驗。如對于痘疹的發生，總結爲"原自父母構精，其毒藏於右腎命門，發感於疫氣傳染"，已經認識到痘疹是人體正氣和外界邪氣共同作用的結果。對于其傳變規律用六經描述，指出以十八日爲期，但也有多寡，一般從標痘至結痂以十二日之外爲重。對痘疹不同階段的治療方法，特別是用藥和劑量提出了具體看法。認爲對兒童，雖用藥"須隨小兒年紀大小、症之輕重加減用之，然又有當重用者，有特用者"，如石膏用一二兩，對火亢症，非重藥不能取勝；又對具有托毒作用的復然丹，其中參、芪也須重用，一般爲一錢，兩三分則無效。又如對治痘常用方升麻葛根湯，提出用得不當亦可殺人，因爲“是湯乃發散表虚之劑，以表實者用之最宜，如表虚痘浮而復用之，則益虚其表”。由此可見，作者具有豐富的臨床實踐經驗，對兒科痘疹具有較强的指導意義。

醉玄子痘疹目録上卷

得痘原由　治痘大畧　五行部位　八卦根髓　順症　險症　逆症　認五經症　認六經火併表裏虚实火　認臟中病　血氣表裏虚実　閉症　發痒　腰痛腹痛　肉脹　板黄　魚唖嘴　舞唇弄舌　蟢窠蜘蛛　托腮　血靨帶毒成漿　嘰嘔吐蛔　喘嗆嗽痰聲唖　浮　沉　遊　滞　反　托　留　汗導　奇傳陰不陰陽不陽症　補空　寒戰咬手名陰不足症　不包症　不藏症即倒靨症附倒靨說　發渴　煩躁　發狂譫語鄭聲　發痒　發瀉　失血　昏迷　水泡　痘疔　痘症　抓壞　經孕　大便閉滑　小便澁清　痛髓　樹小花多附避地　鵝翎　鷺羽　痘毒　雉羽　錐心　心吊　喉定　星宿　白擇播　托靨　痘後口瘡與痘後生瘡　痘後患眼　痘後患瘧痢　發熱數朝生死訣　標痘三朝生死訣　發胖三朝生死訣　灌漿三朝生死訣　結靨三朝生死訣　落痂並痂後餘症　耳後看瘦癍　疹科

下卷　諸方附後

附録　虛寒实熱見症　看痘絶症

醉玄子痘疹秘笈

證原

痘疹之原自父母構精其毒藏于右腎命門其發感于疫氣傳染標痘一日起于足陽明胃經二日起于足厥陰肝經三日傳于手太陰肺經四日傳至于手少陰心經五日傳足少陰腎經六日傳足太陰脾經七日又復再傳自發熱起至落痂雖以十八日為期实有多寡難拘定數以初標日為始至結靨共十二日此以不輕不重症言之耳若輕症不滿十二日重則過期篇内云六日以前六日以之後以標痘發胖為前六日灌漿結靨為後六日合傳經二匝其發熱落痂則在十二日之外矣

治症大畧

初發熱時當解肌救表標痘三日宜升毒歸四肢切不可用極寒之味大禁升提之藥發胖三朝清火解毒最忌參芪桂附灌漿三朝補元排膿防痒瀉痰搐且結靨落痂以補氣血健脾胃為主雖有他症以末治之夫痘疮本是毒火大概標痘之際間中一二寒疮而治痘六日之前火毒未解痘色乾紅焦紫鼻管黑眼白紅舌

556 瘡疹集

《瘡疹集》，三卷。不著撰者。成書于明代天順元年（1457）。該書爲朝鮮第一部痘疹專書。書首序言稱該書由世宗命内醫搜摭諸方而成，凡屬瘡疹者，合爲一帙，名曰《瘡疹集》。其後由任元濬、李克堪删定，李禮孫校正，由任元濬撰序。世宗即李裪（1397–1450），字元正，朝鮮族，朝鮮王朝第四位國王，1418–1450年在位，據稱是朝鮮乃至東亞歷史上最爲賢明的國王之一。任元濬（1423–1500），字子深，號四友堂，豐川人，博覽群書，能詩文，尤精于醫藥，爲朝鮮著名醫家。李克堪（1427–1465），字德與，廣州人，朝鮮王朝文臣。李禮孫（？–1459），生平不詳。書首有總目及目録。現存鈔本，藏于上海中醫藥大學圖書館。

該書匯集二十部方書中有關小兒瘡疹的臨床診治經驗。這二十部方書是《聖惠方》《和劑指南》《錢氏小兒藥證直訣》《直指小兒方》《三因方》《朱子集驗方》《無求子活人書》（附《傷寒百問歌》）《張子和方》《東垣試效方》《澹寮方》《拔粹方》《聖濟總録》《陳氏小兒痘疹方》《省翁活幼口議》《永類鈐方》《醫林方》《經驗良方》《施園端效方》《瘡疹方》《玉機微義》。上卷載録諸家臨床診治的論述；中卷備列其中用于預防、發出、和解、救陷、消毒、護眼的方劑，共一百六十五首；下卷備列其中用于催乾、滅瘢、通治的方劑一百四十七首及其禁忌。最後附本朝經驗方，載十七則有關小兒瘡疹的醫案。

本書既有瘡疹論述，又總結出治療小兒瘡疹的九種方法，并附方劑與禁忌，對于兒科瘡疹的臨床與研究有參考價值。

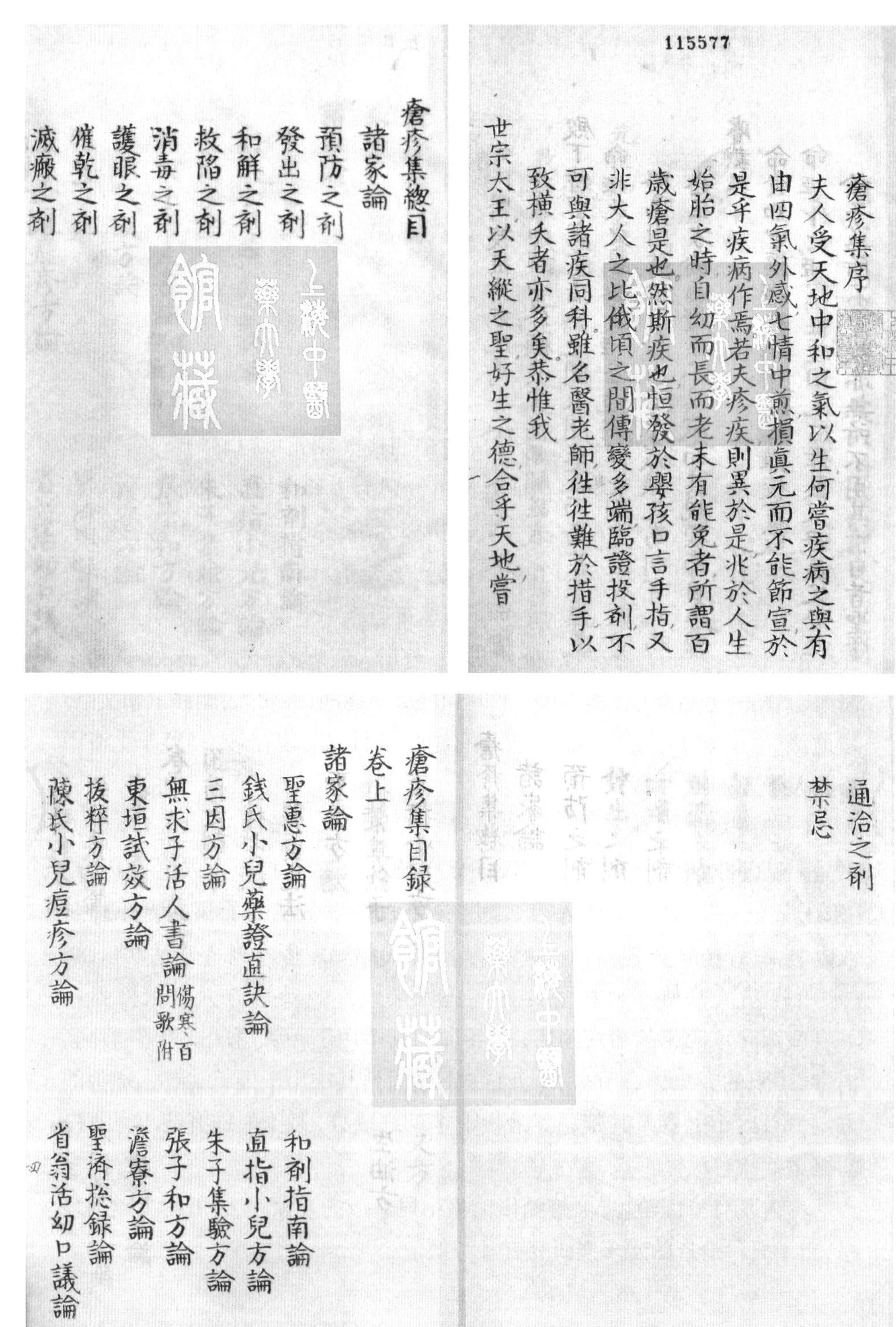

瘖疹集序

夫人受天地中和之氣以生何嘗疾病之與有由四氣外感七情中煎損真元而不能節宣於是乎疾病作焉若夫疹疾則異於是兆於人生始胎之時自幼而長而老未有能免者所謂百歲瘖是也然斯疾也恒發於舉孩口言手指又非大人之比俄頃之間傳變多端臨證投劑不可與諸疾同科雖名醫老師往往難於措手以致横夭者亦多矣恭惟我

世宗太王以天縱之聖好生之德合乎天地嘗

瘖疹集總目

諸家論

預防之劑

發出之劑

和解之劑

救陷之劑

消毒之劑

護眼之劑

催乾之劑

滅瘢之劑

通治之劑

禁忌

瘖疹集目録

卷上

諸家論

聖惠方論

銭氏小兒藥證直訣論

三因方論

無求子活人書論 傷寒百問歌附

東垣試效方論

拔粹方論

陳氏小兒痘疹方論

和劑指南論

直指小兒方論

朱子集驗方論

張子和方論

澹寮方論

聖濟捴録論

省翁活幼口議論

痘疹集目錄終

瘡疹集卷上

諸家論

聖惠方夫嬰孩患疹痘瘡子者輕則為疹重則為瘡痘者如豆皆是積熱在於藏腑藏才浪切藏通作臟物所蓄曰藏心肝脾肺腎為五藏腑通作府以其受盛故謂之府冒小腸大腸膀胱膽三焦為六腑蒸欝熱毒散於四肢小兒皮肉嫩弱多成此疾嫩奴困切亦弱也凡食乳嬰孩湯藥不可與童兒同療則藥過劑必有損也劑才詣切和齊也蓋由飲啜熱乳啜姝悅切亦飲也在於藏腑熱極方成此疾腑熱生於細疹藏熱生於痘瘡若用湯藥宜療於乳母也又絶乳嬰孩患者由積熱伏在於脾肺之間而不早以

二一

557 蕭山謝氏世傳麻疹纂要

《蕭山謝氏世傳麻疹纂要》,不分卷,一册。有目録,無序跋、凡例。扉頁有"蕭山謝氏秘傳"、目録頁有"心叅氏秘本"字樣。現存鈔本,藏于上海圖書館。藏館著録爲清鈔本。

是本共一百零二篇,分爲四個部分。第一部分詳盡論述麻疹的病因病機、症候表現、治法、預後等,包括《麻科總論》《知源》《氣血》《標本》《表裏》《形色》《部位》《要領》八篇。認爲"疹出於胃","重於肺","原非胎毒",症候有"眼赤腮紅,淚常不乾,眼胞微腫,噴嚏流涕,嗽而不止",此爲"火毒刑金",治宜"清凉解表",使"火退疹出,點色鮮明,身熱退去,無餘症矣",此爲順候。第二部分爲麻疹的治療方藥,包括《三閉症方》《見點一二日方》《初發表藥方》《牙疳敷藥方》《諸毒内消丸》《治法良藥方》等十餘篇,根據疾病的不同發展階段及其伴隨症狀處方用藥。如以補陰潤燥清胃類方藥治療麻疹出現壯熱者,藥用"生地、麥冬、丹皮、骨皮、石斛、沙參、天花粉、玉竹、甘草"等;以牙疳方治療上下齒齦腐爛,藥用"石膏、黄芩、川連、丹皮"等。第三部分爲察症,是該書的主要内容,以麻疹的各種症狀爲篇名,論述麻疹發展過程中可出現的各種症狀、宜忌、治法及方藥等。如前三篇分别爲《一避風寒》《二忌辛酸熱》《三忌生冷有時》,即論述麻疹患者飲食起居的禁忌事項。隨之分篇論述麻疹伴隨症狀七十餘種,如壯熱、微熱、微汗、無汗、鼻乾、噴嚏、嘔吐、水瀉、白珠紅赤、小便赤澀、大便閉等,涉及内科、外科、五官科等各科常見症狀。第四部分爲麻疹辨證、治法及少量方藥,包括《升發》《調養分天時》《補中》《重疳症候治法》《麻症辨疑賦》《麻症輕重不治訣》六篇,方藥有王氏治疳方、中和表藥方、重疳清解方、中和清解方四首。

是本所論對臨床診治有一定的指導參考作用。

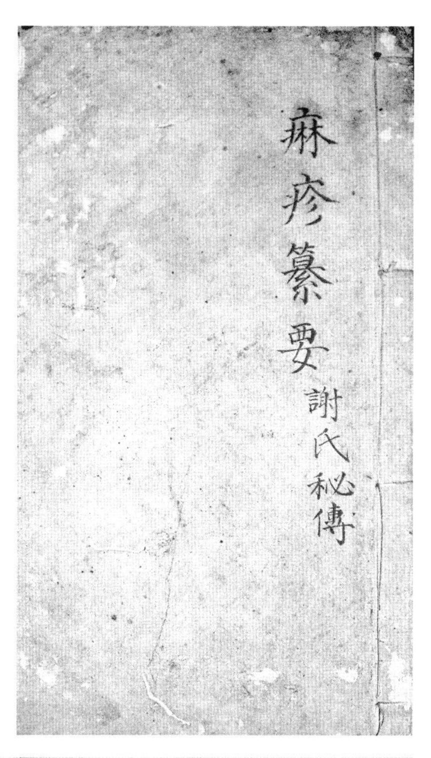

蕭山謝氏世傳麻疹纂要目録　心埜氏秘本

清凉化毒藥。瘄後痰壅氣喘。仍用化痰清肺藥。又
用瘄症治法。
初發表藥方
防風　蘇葉　蟬退　山查　枳殼　桔梗
升麻　葛根　前胡　荊芥　薄荷　連翹。
甘艸　生地　初起。不可驟用。反致清凉難出。肚
痛是食積。可用枳寔青皮麦芽。泄瀉乃係熱。可用
滑石木通甘草。嘔吐可用藿香厚朴。去桔梗。瘄前
宜其性温燥恐反助胃火嘔吐尤甚
見點二三日方
發散中兼清凉　荊芥　防風　薄荷　前胡
桔梗　元参　生地　粘子　蟬退　山查
紫菀　甘草　出不快。隐于皮膚。可用蜜炙麻
黄。或酒炙亦可。蘇葉　舌胎如乳花浮在上面。
兼紅兼黄。此盛毒也。須重用川連。　舌胎黄厚淤
潤是食積。用消導藥。皮膚燥。兼石舌胎黄燥可用
酒炒大黄。聲啞色藍暗晦。乃火毒熱盛大甚。急用川

558 錦囊痘疹麻症

《錦囊痘疹麻症》，不分卷。雷氏撰，文中“雷”後文字爲墨迹覆蓋，不能辨識。是本書末有“嘉靖戊申秋七月二十八日雷氏受吴杏園德卿先生傳録”，正文前頁記有“天仰聖忻躍感戴之至，謹奉表稱謝以聞”，可知是本乃撰者雷氏于嘉靖年間得吴杏園德卿先生傳録，因感激帝王的寵光聖恩，而把此書以書表形式呈奉。篇末載撰者生平，1502年生，宣州（今屬安徽宣城）人，貢士。是本扉頁有長方形印章一枚，印迹不清，唯能辨識“□□問雪，□集芽印”。是本正文内多處有印章，有墨汁覆蓋或模糊不清，難以識别。現存明萬曆三年（1575）鈔本，藏于上海圖書館。

是本有《看痘疹法》《痘疹脈訣》《辨别痘疹吉凶》《痘瘡驗症用方之法》等二十一篇痘疹醫論。首先列《看痘疹法》《論痘疹提綱》《痘疹脈訣》《看耳脈法》諸篇，論述痘疹診法的基本理論。《看痘疹法》《論痘疹提綱》皆指出看痘疹重在辨虚實寒熱。《痘疹脈訣》用歌訣的形式反映小兒痘疹診病的特色，如“五指稍頭冷，驚來不可擋。若逢中指熱，必定是傷寒。中指獨自冷，麻痘症相傳”。其次根據症狀辨别痘疹的輕重吉凶，如《發熱三朝决生死之門》《一報痘三朝决生死之門》《一起脹三朝决生死之門》等篇。最後用《凡痘瘡驗症用方之法》《痘瘡藥性加减之用》《治水痘方》等篇論述痘瘡的遣方用藥、服藥宜忌等，共計五十六種藥物、三十二法、八十餘方。如有預防方劑“稀痘小靈丹”，稱其“治之於未出之先，戒之於已出之後”。書末附《麻子論》《秘方治斑疹中奇症》兩篇，列出治痘疹奇症的秘方如升麻葛根湯、小陷胸湯、靈蓋散等十四方。

是本首論痘疹提綱，次論診脈論症之法，再述痘疹的各種吉凶之症，最後遣方用藥，理論臨床結合緊密，診療步驟井然有序，是一部内容實用、通俗易懂的兒科專著，可供兒科醫生臨床診療參考。

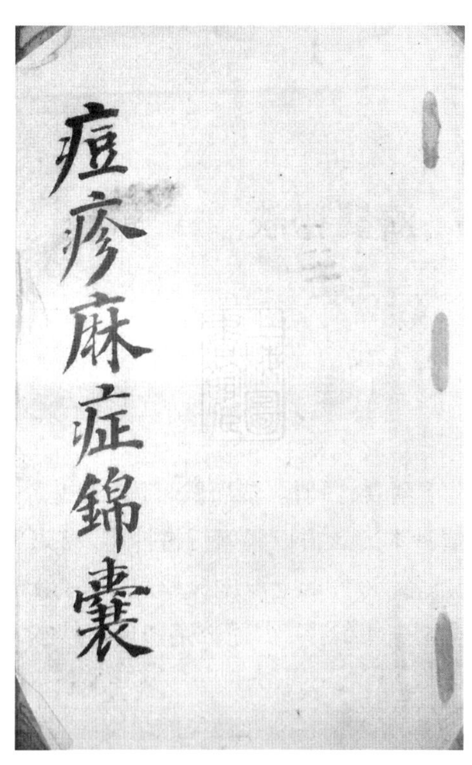

痘疹麻症錦囊

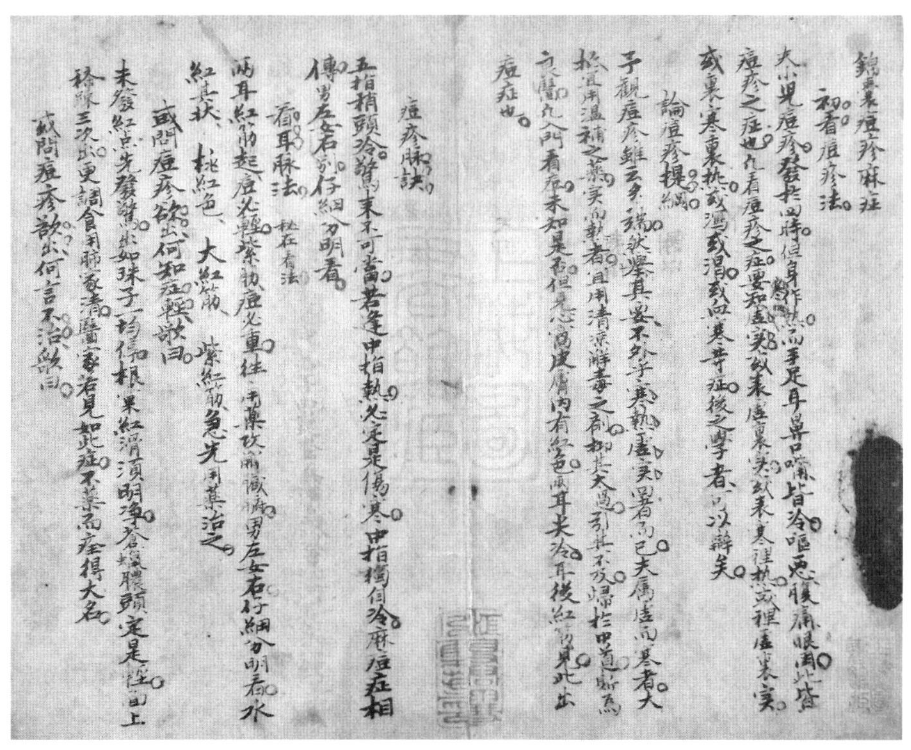

錦囊痘疹麻症

初看痘疹法

大小兒痘疹發於四時，但身發熱而手足耳鼻口嘴皆冷，嘔惡、腹痛、眼閉，此皆痘疹之症也。凡看痘疹之症，要知虛實，或表虛裏實，或表裏[illegible]實，或表寒裏熱，或瀉或渴，或血寒等症，後之學者可以辨矣。

論痘疹提綱

予觀痘疹雖云多端，然學其要不外乎寒熱虛實而已。夫屬虛而寒者，大抵宜用溫補之藥；實而熱者，宜用清涼解毒之劑。抑其太過，引其不及，歸於中道，斯為[illegible]。[illegible]入門看痘，未知是否，但先以皮膚內有紅色，兩耳尖冷，耳後紅筋見此，出痘症也。

痘疹脉訣

五指稍頭冷，驚來不可當；若逢中指熱，必定是傷寒；中指獨自冷，麻痘症相傳。男左女右別，仔細分明看。

看耳脉法 秘在看法

兩耳紅筋起，痘必輕；紫筋，痘必重；往用藥攻而減病，男左女右仔細分明看。水紅其狀、桃紅色、大紅筋、紫紅筋，急先用藥治之。

或問痘疹欲出何知症輕歟？曰

未發紅點先發驚，出如珠子一均停，根果紅滑須明淨，蒼蠅腰頭定是輕，[illegible]上稀麻三次出，更調食用臍家清，醫家若見如此症，不藥而痊得大名。

或問痘疹欲出何言不治歟？曰

559 濟嬰秘訣

《濟嬰秘訣》,上下兩卷,一册。無序跋、目録,亦未注明作者。《中國中醫古籍總目》載録爲清鈔本。該書以墨筆行書抄寫,有朱筆句讀,經重新修補裝訂。正文首頁題書名,鈐方形上海中醫學院圖書館藏書章,凡四十七葉,每半葉十行,每行多則三十餘字,少僅數字。現存鈔本,藏于上海中醫藥大學圖書館。

該書是一部兒科專著。上卷涉及幼兒的生養調護、疾病診治(包括驗色、察三關脈法、聞音等)、家藏秘法、兒科各證主治、方藥等多方面内容。其中辨三關内容最詳,有《詳辨》《脈紋形像》《辨脈紋五色》等篇,對于各種脈紋形象均録有圖畫,以圖文并茂的方式説明。另《諸驚因治方藥》篇載録小兒驚證一十八種,每種説明症狀、病由及主治方藥。驚病乃兒科大證,《針灸大成》卷十《保嬰神術》載小兒驚病有三十六種之多。下卷載兒科諸症,共録疾病十六種,然每症下僅寥寥數語,或出主治方劑,或不出,不載藥物。還録有《千金賦》一篇。

該書首篇《惜養真元廣嗣益壽》篇説:“夫育嗣者,當知惜養,貞元者,乃精氣神也。”提出育嗣須先養真元的優育觀念。嬰兒乃父母精血化生,唯有父母精血强健,小兒先天禀賦方能充足,不至于後天羸弱,爲疾病所苦。《養護失宜令子疾夭》指出後天調護對于胎兒的重要性:“是故古人妊娠,不惟有胎教之方,而育養更有調護之法,故子多壽。”對比其下“今人胎教既無其方,而育養更失其度”,所以才會“今時嬰幼屢有羸弱,苦於疾病”。并舉四例以爲戒:一爲夏月多食瓜果水漿,釀成瀉痢,以致慢驚;二爲嚴冬衣以裘帛,陽鬱于内而發急驚;三爲乳母不戒七情,不節飲食,多遺病于子;四爲嬰幼能食之日,食以肥甘而傷脾胃。至今看來,這些仍具有指導意義。《家藏秘法》

介紹推拿對小兒疾病診治的重要作用。小兒患病，藥食難以入口，即使强行灌入，湯藥能入者亦是少數，是故古人常有無奈之歎。而針灸推拿一脈，從外治之，簡便易行，尤適于小兒科，所以能夠廣爲流行，至今盛傳不衰。這方面的專著也較多，最早如《針灸大成》所引《陳氏小兒按摩經》，還有如被曹炳章先生譽爲“推拿最善之本”的《小兒推拿方脈活嬰秘旨全書》等。該書爲家傳秘法，其中不乏佳妙之處，可供參考。

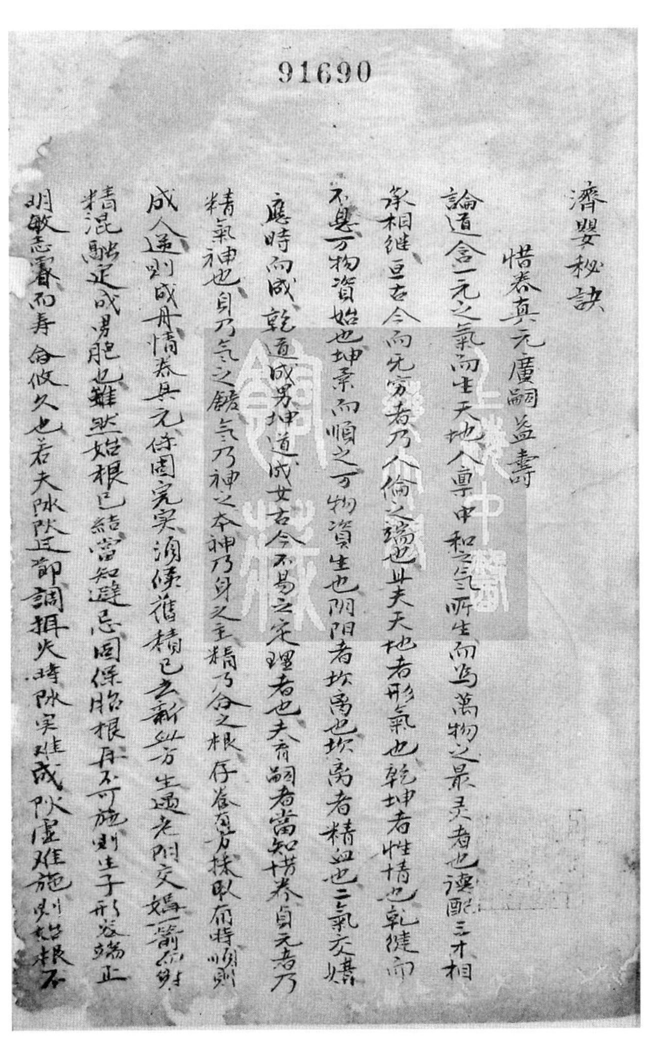
91690

濟嬰秘訣

惜春真元廣嗣益壽

論道含一元之氣而生天地人稟中和之氣所生而爲萬物之最靈者也讓配三才相
象相繼亘古今而先務者乃人倫之端也其夫天地者形氣也乾坤者性情也乾健而
不息万物資始也坤柔而順之万物資生也阴阳者坎离也坎离者精血也二氣交媾
應時而成乾道成男坤道成女古今不易之定理者也夫育嗣者當知惜春真元者乃
精氣神也自乃氣之髓氣乃神之本神乃身之主精乃命之根存養有方採取有時則
成人道則成丹情慾與元依固完实調保循精已去新然方生過老阴交媾一齊而射
精混融定成男胎也雖然始根已結當知避忌因保胎根本不可施則生子形容端正
明敏志審而壽命悠久也若夫陰陽近節調攝失時陰実難成陽虛難施則始根不

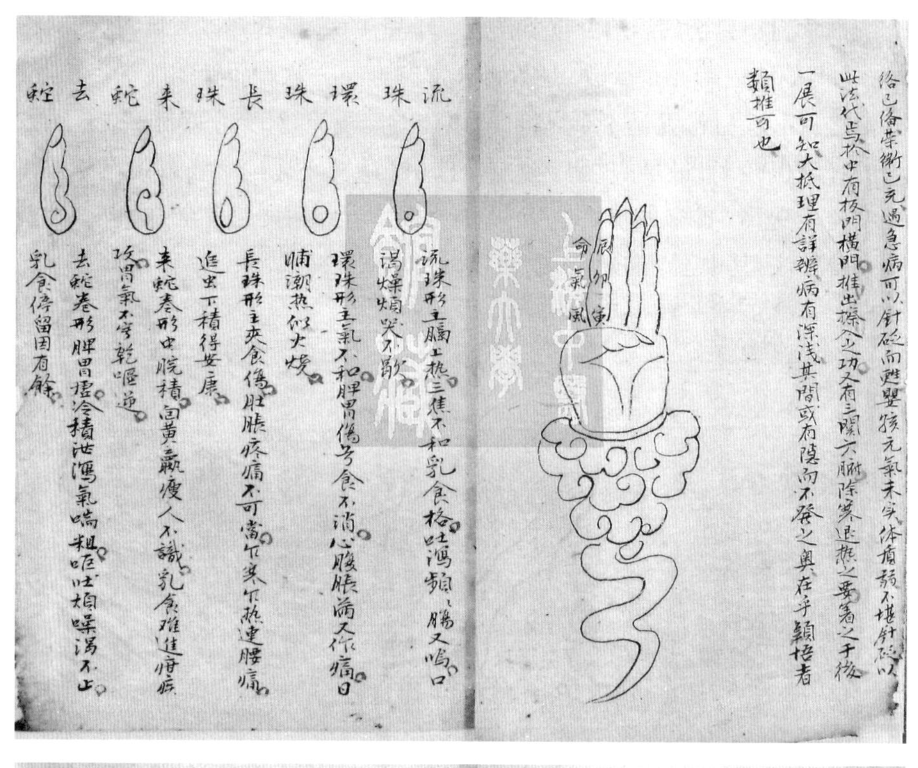

絡已備榮衛已充遇急病可以針砭而嬰孩元氣未實体質弱不堪針砭以此法代焉於中有板門横門推出搽之功又有三關六腑除寒退熱之要着之手掌一展可知大抵理有詳辨病有深淺其間或有隱而不發之奧在乎穎悟者類推可也

辰 卯 寅
命 氣 風

流珠 環珠 長珠 来蛇 去蛇

流珠形主膈上熱三焦不和乳食格吐瀉頻頻腸又鳴口渴燥煩哭不歇

環珠形主氣不和脾胃傷多食不消心腹脹滿又作痛日晡潮熱似火燒

長珠形主夾食傷肚脹疼痛不可當乍寒乍熱連腰痛進出下積得安康

来蛇形中脘積面黄羸瘦人不識乳食難進疳疾攻胃氣不寧乾嘔逆

去蛇卷形脾胃虛冷積泄瀉氣喘粗嘔吐煩躁渴不止乳食停留困有餘

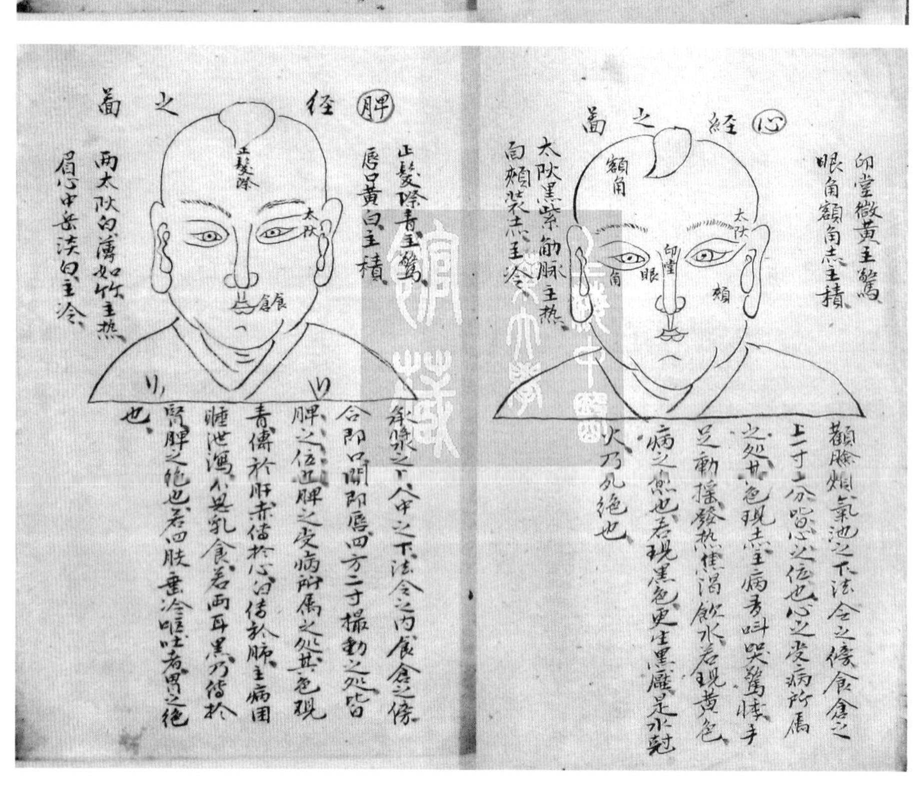

心經之圖

印堂微黄主驚
眼角額角赤主積
太陽黑紫筋脉主熱
面頰紫赤主冷

額角 太陽 印堂 眼 角 頰

額顱烟氣池之下法合之條食倉之上一寸上分皆心之位也心之受病所屬之処其色現赤主病者叫哭驚悸手足動搖發熱煩渴飲水若現黄色病之愈也若現黑色更生異症是水尅火乃凡絶也

脾经之圖

正髮際青主驚
唇口黄白主積
兩太陽白滿如竹主熱
眉心中黄淡白主冷

正髮際 太陽 唇食

承漿之下人中之下法合之內食倉之傍合即口閉即唇四方二寸搐動之処皆脾之位也脾之受病所属之処其色現青傳於肝赤傳於心白傳於肺主病因睡泄瀉不思乳食若兩耳黑乃傳於腎脾之绝也若四肢垂冷嘔吐者胃之絶也

560 醫鏡録要

《醫鏡録要》,不分卷,一册。扉頁爲原書封面,上題書名及“南陽泰訂憲藏”與小字標注“葉永修獻”字樣,并鈐有“桐君”和“山高月小”方形印章兩枚,前一枚印章亦鈐于書内及書尾多處。内頁有硃筆眉批及夾注,但年深月久,顔色盡褪,批注内容已不可辨識。共三十六葉,每半葉六行,每行二十二字,總計八千餘字。無序跋與目録,亦未注明作者。《中國中醫古籍總目》載録爲清鈔本。現藏于上海中醫藥大學圖書館。

該本内容大多爲兒科治病用藥,亦涉及内外婦等科。首爲頭面、手足、胸背等七幅穴位圖譜,標明常用效驗穴位;次爲治病與取穴(推拿)歌訣一篇;然後説明每一首方劑的用藥與炮製方法,記録主治作用等,共載方五十二首,均爲兒科常用方或效驗方。

該書是一本兒科臨證實用書,觀其治法方藥,似爲鈴醫所作,或鈴醫用書。所載治法方藥簡便,如治小兒急慢驚風:“活鯽魚,洋白糖打爛絞汁飲之。”辨證簡明,力求易于掌握,如辨吐血:“凡吐血以水盛之,浮者肺血,治以羊(養)肺,焦白芨末食之;沉者肝血,治以羊(養)肝,焦白芨末食之;半浮半沉者心脾血也,治以羊(養)心脾,焦白芨食之。”因針灸治療簡便,且療效立見,常爲鈴醫所喜,故列于書首。且本書多喜外用治法,亦是取其簡便。如治口眼歪斜,“萆麻肉打爛,口眼歪斜右貼左,左貼右”;治小兒小便不通,“男用田螺、犀黄塗臍,女用紅蚯蚓、犀黄塗臍”。這些大多是當時民間流傳的方法,《本草綱目》中亦收録不少,其療效雖尚待進一步考證,但這種治以簡便的思想可以窺見一斑。本書中喜作“萬應丹”乃是一弊,鈴醫者,往來不定,遇重病及慢性病等不能常診,遂作“萬應丹”,一方百用。殊不知病者因時而變,更有因地因人之异,一方治百病者已爲荒誕,更何況百人用一方者。本書中如“靈通萬應膏丹”，治病即達二十九種之多，涉及內外婦兒各科，集大峻大補、大攻大伐于一方，雖用作膏丹，亦不免讓人憂心其治用不實。

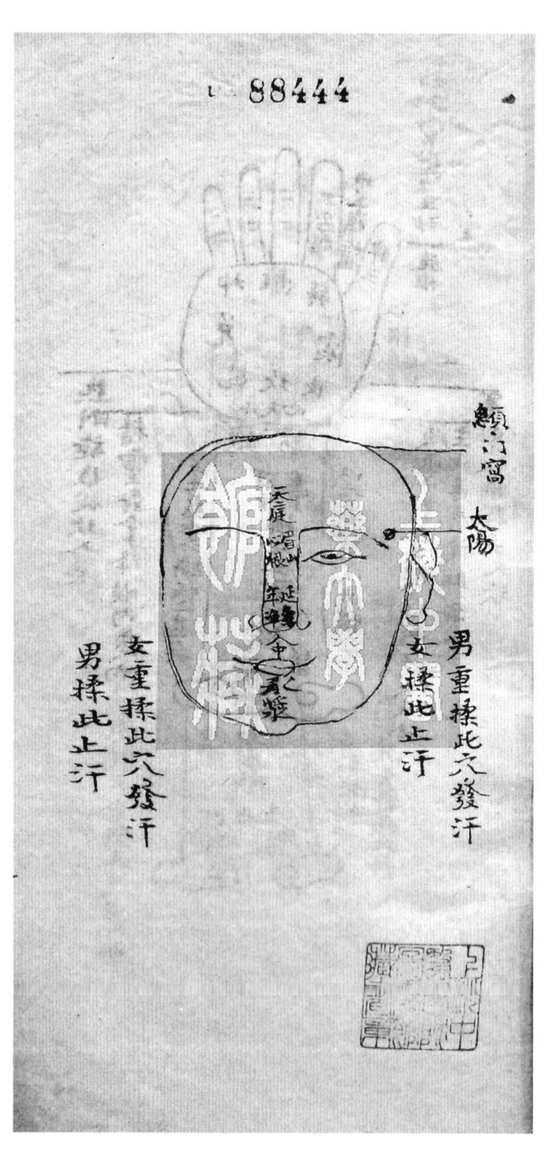

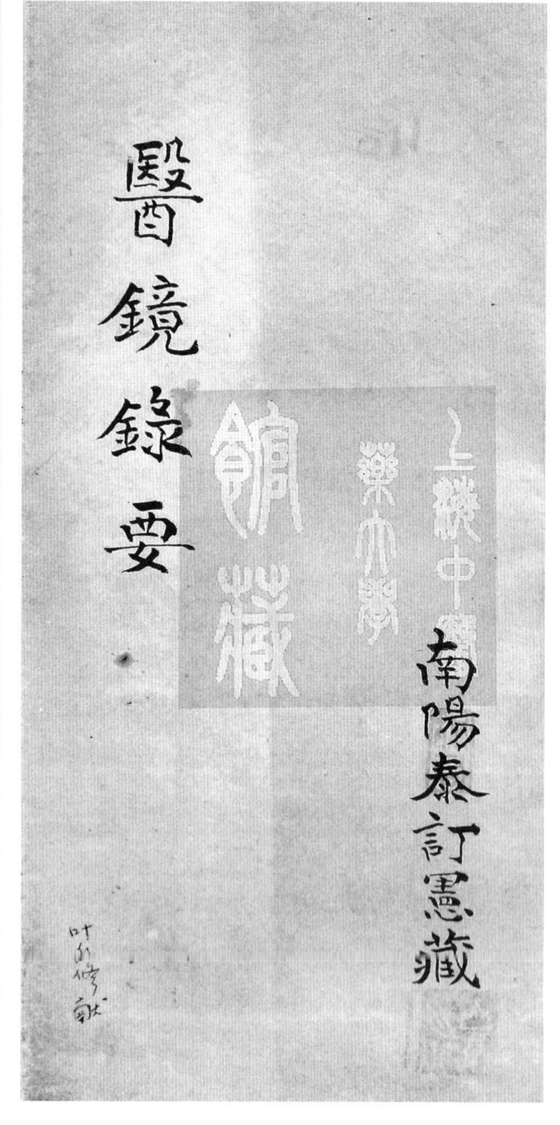

湧泉穴、男左轉揉之吐即止、右轉揉之瀉即止、女反是、驚來若急即鞋帶穴拿、如嬰兒弱死在大墩穴按之無脉又在解溪穴再按又無脉、弱到十二分地位不必醫、如兩處尚有脉、即用黨參五六分服之、

驚時若身往前撲、即將委中穴向下掐住、身便直、若身後仰、即將膝上鬼眼穴向下掐住身、即正、

十指冷如冰、驚風體不安、指頭熱如火、夾食有風寒、三指按兒額、風邪三指熱、按額三指冷、傷食風邪感、年氣二十四、開額天門一、陰陽數有九、額上分推意、天庭掐承漿以掐代針義、

傷寒推三關、熱推六腑、間腑推關應、一關十腑退三、推多該應少、調和真義妙、

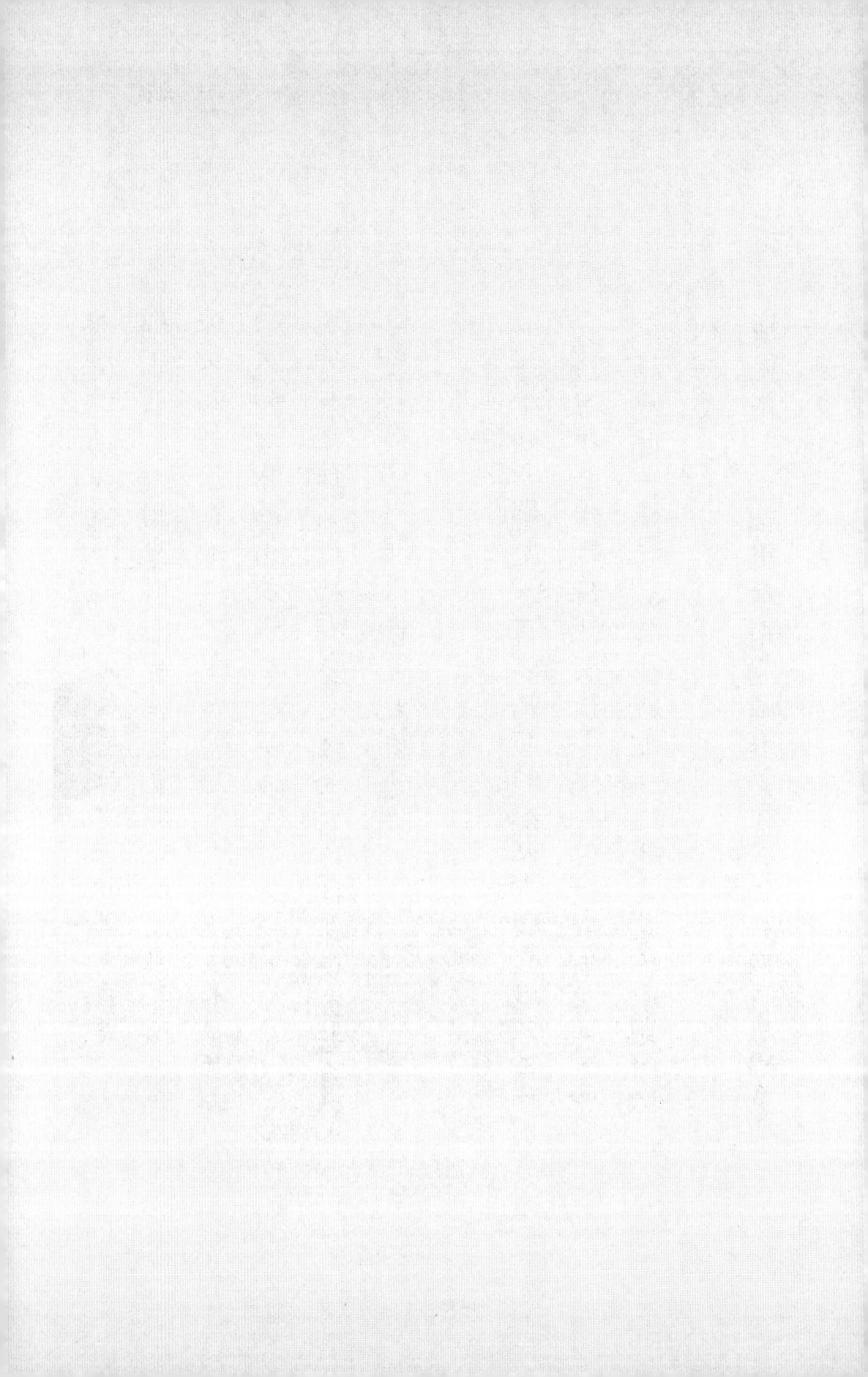

十一、外傷科

561 八穴圖説

《八穴圖説》,不分卷,一册。書前後都有“王洪椿字”長方形印章。著者與成書年代不詳,《中國中醫古籍總目》載録成書于1911年。現存鈔本,藏于上海圖書館。

本書首先載明二氣膀受傷、腰受傷、小肚受傷、兩脚受傷的治療藥方,附有正相穴道大全圖、背相全圖、右側全圖、左側全圖四幅。次載仙人奪印圖、雙燕入洞圖、牌骨穴圖、掛榜穴圖、鳳翅鳳尾子肋三穴左右圖式、胃腕(脘)正穴圖、血倉血氣將台三穴左右圖示、項圈鳳摶三穴圖式、咽喉穴圖、牙背牙腮穴圖、正面鼻下爲烟空之穴圖、正面鼻中名太中穴之圖、正面鼻果嬌空名爲架梁穴圖、天平針穴圖、心窩下名中管穴圖、肚臍六宫穴圖、肚臍下爲膀胱穴圖、兩乳上爲二仙傳道穴圖等,共三十五幅。每圖均載有相關穴位受傷原因、治法,藥方均注明配伍、劑量、炮製以及服食方法,但未載藥名。如鳳翅鳳尾子肋三穴左右圖式,載録“跌打受傷左右鳳尾穴,此乃大穴傷者,血氣不行,腰腹疼痛,人又腫又黄,必定打斷風(鳳)翅,斷者積血有餘,大便不通,身體不和,急用此方,外用敷藥”。

本書有文有圖,圖上逐一標明各穴部位及各穴跌打受傷治療情況,明瞭易懂,可資參考。

神砂 磔砂 白蠟 归尾 大黄 桃仁 香附
石蒲 木香 山七 末葯 桔更

二氣膀受傷

烏藥 木香 香附 沉香 欝金 茯毛
只壳 禾木 沒葯 归尾 丹皮 桃仁 蒲 化紅

腰受傷

杜仲 故芷 兎絲 小茴 生地 归尾 沒藥
六汗 霊仙 空心服

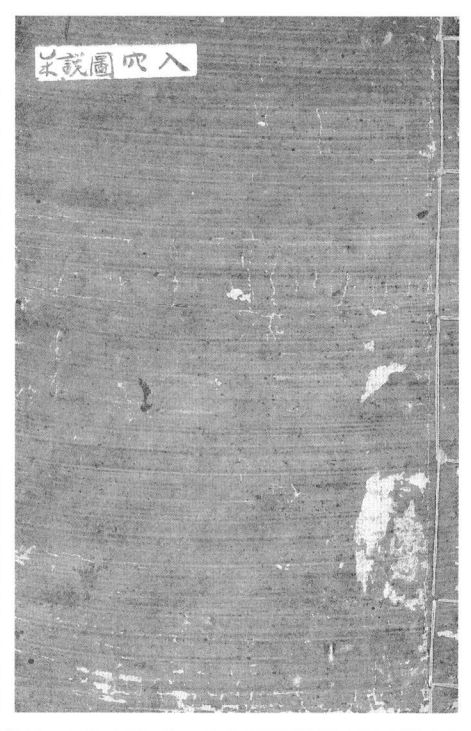

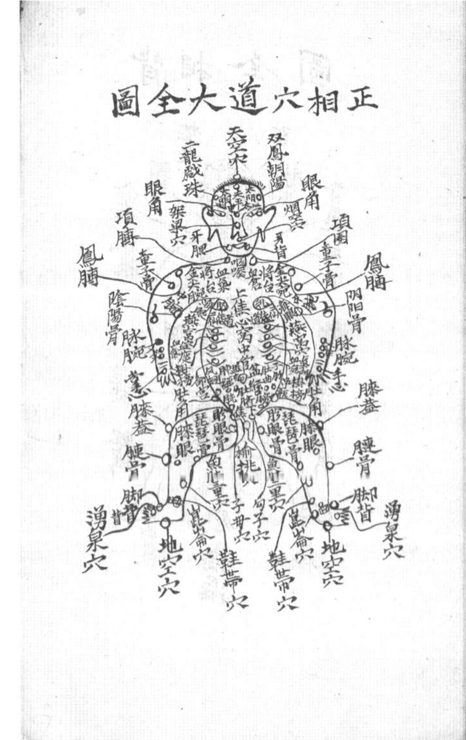

小肚受傷

車前 木通 大黄 紅花 朱蓉 香附
归尾 滑石 桃仁 空心酒服 忤名藕節雷

兩脚受傷

独活 北丰 山稜 牛夕 木爪 加皮
兎絲 蓬木 只壳 乳香 山七 霊仙
紅花 禾木 归尾 赤苟 六汗 龍骨
地骨皮 木香 空心水服 忤名藕節雷

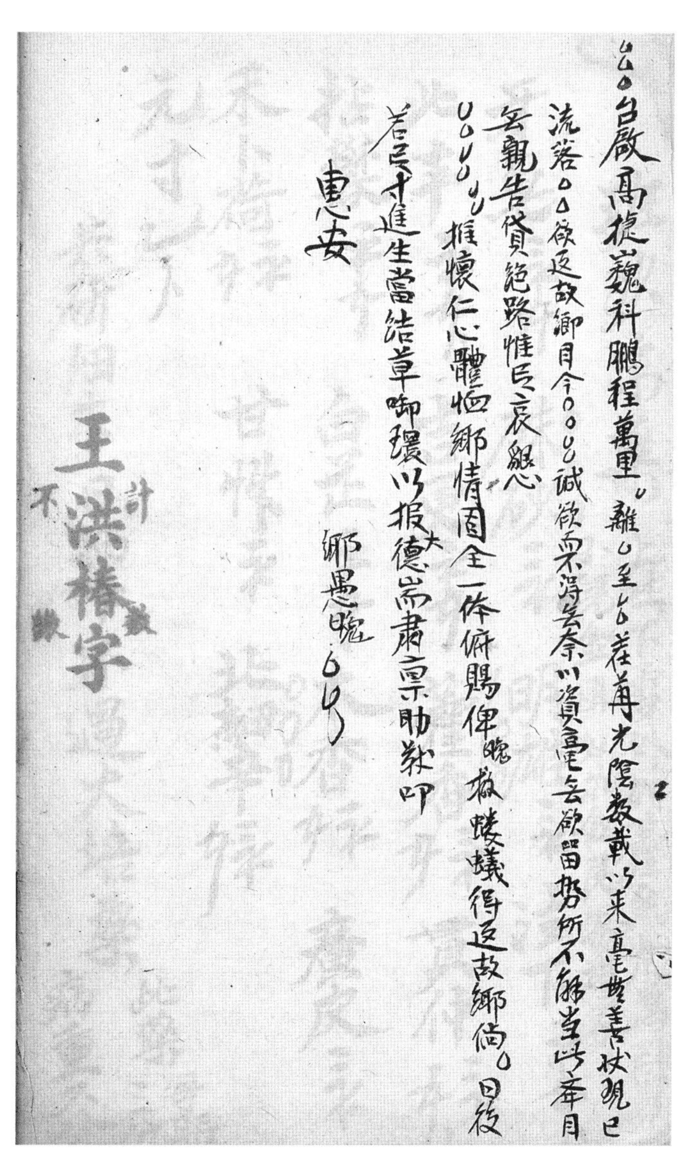
台○台嚴高捷巍科鵬程萬里○離○至○○荏苒光陰數載以来毫無善状現已
流落○○欲返故鄉目今○○○○誠欲而不得無奈以資毫無欲留勢所不能當此年月
無親告貸絶路惟民哀懇
○○○○○推懷仁心體恤鄉情周全一体俯賜俾晚叔螻蟻得返故鄉倘○日後
若○寸進生當結草啣環以報大德尚肅稟助欵叩
惠安
鄉愚晚○○

562 天字號秘授外科神方

《天字號秘授外科神方》，不分卷，一册。未署輯録者。封面無題字，内無序跋與目録，首頁有“薛雪印”“生白”和“上海圖書館藏”三枚印章。據此推測，此本或爲薛生白所輯，或由薛生白收藏并輯補。薛雪（1681–1770），字生白，號一瓢，吴縣（今屬江蘇）人，清代醫家，擅治温病，于濕熱病的傳變及辨證治療尤有創意，著有《濕熱條辨》《醫經原旨》《薛生白醫案》《掃葉山莊醫案》等。此本成書年代當不晚于1770年（薛雪卒年）。從本中出現多種筆迹以及硃筆批補來看，是本曾經他人收藏并補録。末頁有一題記曰：“是書係累世寄藏秘本，切勿與人，倘借出與鬻去，即爲我不肖子孫。道光二十三年冬，十有一日。鑒記。”現藏于上海圖書館。

此本收録外科、傷科方劑一千餘首，雖然未分門類，但按照病種病證輯録，涉及外科諸疾，包括瘡瘍、癰疽、疔癤、瘰癧、各種腫毒、天皰瘡、痘毒、岩瘤、癘風、梅毒等，以及跌打骨折等傷科病證。劑型則涵蓋湯劑、丸劑、散劑、丹劑、膏劑、藥酒、藥錠、圍藥、拔藥等。所收録方藥既有經典方劑如神仙活命飲、太乙玄靈丹、四妙散、紫金丹等，更有大量民間的經驗方、效驗方。許多方劑對藥物的配伍、方藥製作以及臨床應用都作了詳細的闡述。根據記録，不少方劑係家傳經驗效方，或從其他醫家處收集而來。

此本爲外科方書專輯，收録方藥的信息量較大，既有古方，更有民間效驗方，許多方劑在《中醫方劑大辭典》中未見。此本雖有一定殘破，但對閲讀影響不大，對外科、傷科臨證以及方藥的開發有較大價值。一般認爲，薛生白專于外感温熱病和内科雜症，據文獻記載，他曾撰有《傷科方》，但未見刊刻，故此本對研究薛生白的生平及學術思想亦有一定意義。

十一、外傷科

天字號秘授外科神方

諸證引經藥

毒在頭川芎藁本升麻　毒在眼川芎蔓荊

毒在鼻花粉梔子　毒在口喉元參花粉川連

毒在耳花粉葛蒲　毒在胸花粉川芎白芷

毒在脇柴胡川芎　毒在背角刺花粉銀花

毒在手靈仙角刺　毒在陰沉香牡蠣苦參

毒在腿牛膝杜仲　毒在脚苡仁木瓜

外科要藥遠志陽毒痛者服之不痛陰毒不痛者服之知痛未潰者可消已潰者易歛

秘方白玉丹

白明凡　綠凡燥者可用　提淨火硝　食鹽炒燥已上各四錢　雄黃五分　硃砂五分　硼砂五分　水銀[illegible]

先將前七味另各研細紗篩過和勻合研數百下後入水銀放爵碎茶葉少許研水銀不見星為度將諸藥入陽城確內確在杭城正陽門外有賣　恐成燥熟者中罐可用　將確子放火盆內文火緩緩烝乾以不見滾起約熬小半時辰許以手指輕擊藥餅堅硬為度　如火太猛水銀飛去　藥餅倒下無用難処在此　將確子取起座在板上待微溫將陽城確底向上面口靠下面放在大瓦盆當中確下口沿用皮帋條手面糊封上以乾淨燥灰斗許傾入盆內留出確頂小半寸許灰要齊面盆口沿為止又須擊實灰上以小瓦片鋪滿又以瓦片數張一片搗作四五塊直豎盆內边沿團團圍轉不見空縫以上好白炭斤許敲斷短塊如有炮响者揀去不用自下砌上團團砌轉砌滿確頂頂炭宜大宜多藥盆另放一處听用　又用大鍋子一隻小石臼座好鍋底内放短磚數塊將藥盆座在磚上以水緩緩冲滿水齊面盆外沿為止不可浸入盆内以炭火一大塊抖炭一撮放在確頂点香一炷須息心盡氣徐徐燒着周圍燒轉紅至大半暫停再燒宜慢宜緩不可太急底炭通紅止而不燒若見盆炭倒下露出確子處將白炭加上填滿不見空缺方好寬心等候香一炷將盡取出炭火將盆暫放地下瓦灰盡去盆放板上候確子冰冷藥氣方足用鵞翎掃淨開看盆底丹白者最佳黃白色者次之枯黑者無用止用盆下降丹磁確收貯放地上出火氣一半作末子用一半用麪糊打細條子粗黄篇衣收貯待用　確頭渣須用長竹鍬緩緩鑿出確可再用

癰疽發背對口疽毒初由小小瘖瘟而起即于瘖瘟瘡處用小利刀或細磁鋒挑破搶淨惡血用水少許將丹粉濕以新筆蘸藥塗于瘡上數次瘡小一二七 瘡大多些　塗後辣熱作疼不可洗去毒重者塗上不疼宜多塗之四圍堅硬處亦須塗徧塗過大半日後

疔瘡白玉丹

563 少陵秘傳

《少陵秘傳》,不分卷,一册。清不退和尚撰。不退和尚,生卒年不詳。《中國醫籍大辭典》言"約成書于清宣統三年(1911)"。是書每半葉約十一行,行約十七字。書中雜有目録和小序,如"跌打損傷目録""接骨小序"等。書首有"此書不退和尚正骨法,並無刻本,只有抄傳,不可忽視,慎宜秘藏"數字。《中國中醫古籍總目》載録爲清鈔本。現藏于上海中醫藥大學圖書館。

該書第一部分爲《少陵不退和尚秘録跌打損傷接骨用藥備要》《看驗損傷》與三十九種跌打損傷疾病及其相應的用藥、預後等。强調傷科不但要重視常規的望聞問切,還要觀察損傷部位和身體形色,如"如遇重傷死者,先令人解開衣服,視病人遍身形色何如"。對于人身三十六個大穴受傷而危及生命者,提出"三十六穴破解用藥之法",如"前爲華蓋穴",用"枳殼一錢五分、良薑八分,二味作引,用七厘散三分半"治療。同時還配以歌訣,如"砍傷諸傷眼睛昏,定主身亡難求命。若見氣喘與塞呃,且看一七内中應"。第二部分爲《接骨論》與骨折二十四症及其方藥,前有"接骨論小序",後有接骨、接舌、各種骨折接骨手法及夾板固定方法等。如手指骨折,"惟節出"者,"上兩手撚伸而上也,服活血止痛散而愈",復位手法與藥物同用。第三部分爲《不退和尚跌打損傷治法科條》,記録一些跌仆墜傷、金瘡杖傷等,還有防酷刑的方法,如"若要防夾,進衙門時護心丹一服,受過酷刑,出衙門就服五分丹一服"。第四部分爲傷科用藥,收載了跌打損傷及骨折等常用方藥。

《少陵秘傳》雖是一部未曾刻印的鈔本,内容略爲繁亂,沒有條目,但實爲一部臨床實踐筆記,應是不退和尚臨床治療傷科疾病的經驗總結,其中不乏至今能指導急救的方法,值得研究。同時,該鈔本出自少陵不退和尚,是少陵醫學的一個縮影,對研究少陵傷科有一定的助益。

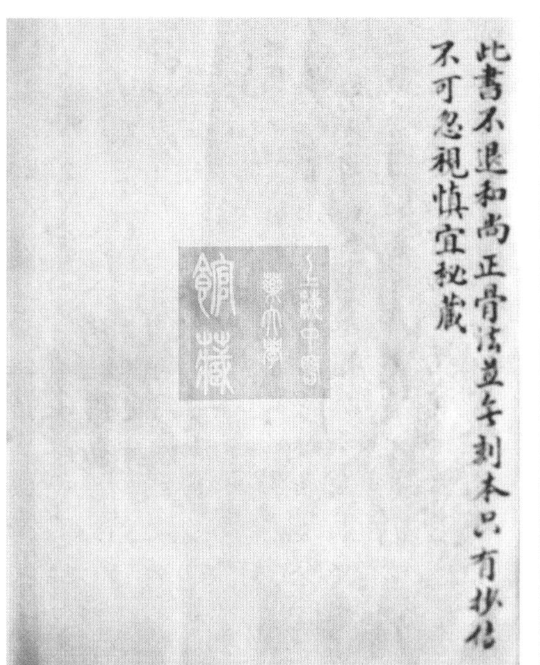
此書不退和尚正骨法並今刻本只有抄各
不可忽視慎宜秘藏

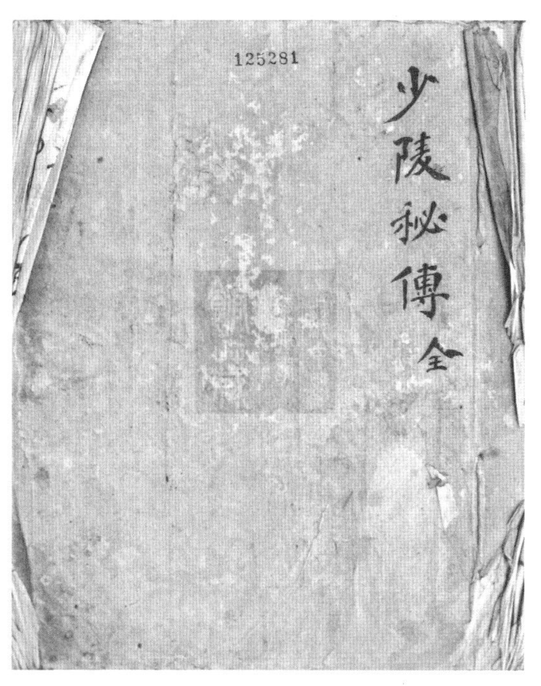

「少陵不退和尚秘録跌打損傷接骨用药備要」
夫跌打損傷者氣血壅滯不能流行因此死血作痛或昏迷不省人事或寒热往來或日輕夜重變症多端醫者不審其原而妄投药枉死多矣余深惜之臨病之際貴得其宜或受傷半月纔醫者死血已固疏通水道但看仔细輕重加减服藥受傷如輕红色者活血將愈後服進金不奪散方得全愈凡病人牙關緊闭急將還䰟奪命丹隨用止药然口内能入药者不死不納者不治切忌當風處及坐外地下並冷物冷药之類如遇重傷死者

云少陵業精跌打損傷接骨究之詳细講之甚明工骱有術接骨有法予司不惜金帛待之隨走數載不憚辛苦得之以傳授試之云不效驗誠為济世之宝今将原傷骨骱接論諸方實乃肺腑之妙訣得之則易我後子孫不可一字輕視勿與俗人言莫使庸醫見之宜謹慎珍藏毋違至囑云耳

接骨論序附接舌

盖人之首原無旧骱亦無損折驗之則有跌跡損碎之症若見腦骱出者难治骨碎如黍米者可取骨青难治若犯此症先将止血药

敷之使其血不湧流而後將生肌散敷之避
風戒慾患者自宜慎之但以疎風理氣散服
之五六貼出傷口平復再投補氣藥三四貼而
安別有傷風牙關緊閉角弓反張之狀急投
飛龍奪命丹而愈此方若投不應後人不可
忽也
次觀目有開傷落珠之症先將收珠散敷之
用銀針蘸井水將收珠散點入血筋處次用
青絹溫湯挪上只用還魂湯三貼待其平服
再用明目生血散服之而安
續有鼻梁骨斷先將接骨散敷之看骨次用

孕受傷不治腎子受傷入腹立死未工小腹
可治如眼直須糞者害口如魚口纏風不治
顖门出髓即死正心口內青腫旨肉死夾脊斷
者不治小腹受傷不分陰陽不治兩腿有傷
損些無事如損莫方于後

訣詩

有損終須活　無力不必攻　肢推宜用夾
血漲必須通　腐爛辛香散　洗浮羌活烘
生肌油有要　筋汗必須攻　安滑頭中髓
消治症內風　貼傷神聖散　止血必桃紅
目變生肌變　仙方顯奇攻

清油調搽
牙根骨打斷先用兩手揣搦令斷骨抽接歸
元以神聖散敷之以外後用布袋兜住縛在
髻下牙根已落去之未落去搽歸元出血不
止用桃花散止血以白金散飯湯調搽擒呂
高處墜下跌縮頸骨令患者仰臥用絹袋兜
其下肋捫其頸髮兩手揪定伸兩足抵其兩
肩用力拔之歸元恰好為則不可太伸用神
聖散自然銅姜汁和酒調敷封固常服乳香
尋痛散立效
因喉有兩道左為氣喉右為食喉二者割斷

564 玉洞遺經

《玉洞遺經》，不分卷，八册，合訂爲兩册。不著撰者，成書年代不詳，《中國中醫古籍總目》載録爲清鈔本。現藏于上海中醫藥大學圖書館，館藏著録亦爲清鈔本。

此本内容分爲三部分，每一部分均有單獨的目録。第一部分爲皮膚科病證，列鵝掌風、托（脱）疽、臂腕毒、右肘毒、赤遊風、走串、内外遊丹毒、血瘋（風）瘡等外科病證六十四種。第二部分爲咽喉科病證，首先論述咽喉病證三十六種，分爲纏喉風、喉丹、鎖喉風、上顎懸癰、單乳蛾、石疔瘡、嗪舌等；次叙竇太師喉症，載風熱喉痹、酒毒喉痹、上顎生瘡、陰毒喉痹、積熱喉癰、牙癰、口瘡等十條；末附喉症牙疼雜方十一首。第三部分爲外科痔漏病證，首先列《總論》《論其人受症治法》《論二十四種痔樣詩》，强調“凡療痔漏，先觀患人之糞前、糞後，見紅或有膿水何如”；次分列翻花痔、盤弦痔、牛奶痔、重舌痔、雞冠痔、菱角痔、藏癰痔等二十四種痔瘡病證，附魚口痔、沿肛痔、葡萄痔、老鼠痔、竹鞭痔、翻肛痔六種痔證，氣漏、風漏、陰漏、冷漏、熱漏、痔漏、螻蛄漏、瘻腮漏八種漏證；後介紹上、中、下三品各六味藥，載鐵箍散、完痛五黄膏、槐角地黄丸、宣連散、梔子湯、聖砂散、加味八珍湯等藥方十八首。諸病證均采用一問一答的形式論述病因、病機，後均列治法和方藥，并配有插圖。是書末載救治小兒諸證方藥三十九首，内容體例和抄寫字體與前三部分不同。

是本綜合外科皮膚病證、痔瘡病證、咽喉病證三部分内容，采用問答形式進行論述，每一種病證後均載治法和方藥，有論有法有方，内容全面。全書共載方藥四百餘首，既有内服，又有外用，不失爲一本臨證要書。不足之處是裝訂次序有些混亂。

玉洞遺經

諸症目錄

鵝掌瘋　赤遊瘋　敦疽　臬疽　骨瘻疽　臂風毒　孺發　丁了　風疳　了刺毒　臂疔　天蛇毒　穿心疔　發羅

托疽　走串　調疽　翻花瘡　遊痺　鵝眼毒　穿骨疽　發臂毒　捲疽　撐牙毒　麻子疔　蛇肚　縈疽　蛇腮毒

臂腕毒　內外遊丹毒　大小合谷疽　肘後發　骨疳　手心瘡　犁軛風　左肘後毒　脫疽　肉蝴蝶　螻蛄串　蛀節毒　發疽瘤　紅絲疔

右肘毒　血瘋瘡　灣刺毒　血疳　托手毒　臂瘡　手腕毒　中肘毒　手發背　撲扭疽　蚯蚓疔　臂向毒　背瘤　手腕疽

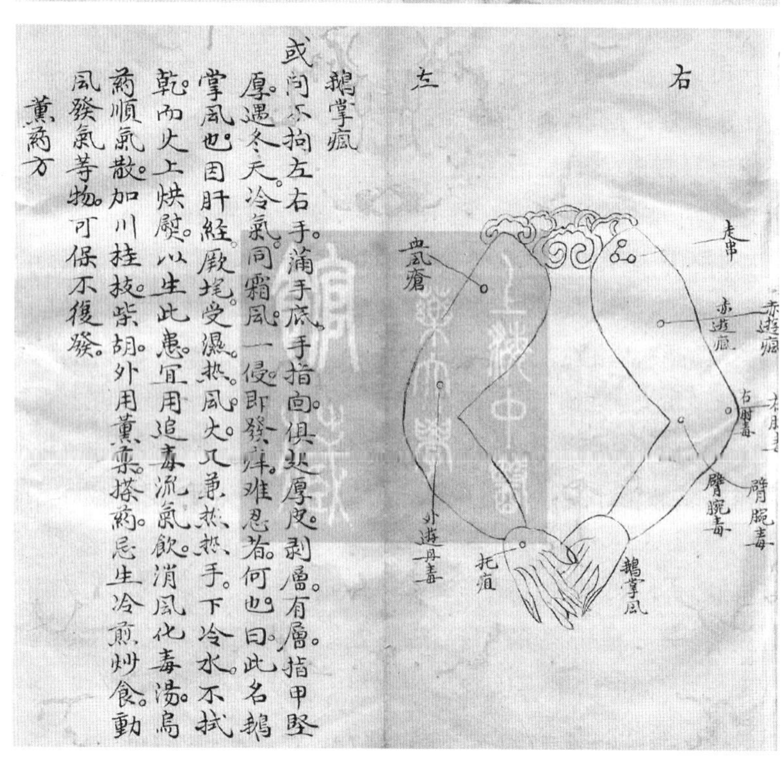

鵝掌瘋

或問不拘左右手。蒲手底。手指向。俱起厚皮。剥層。有層。指甲堅厚。遇冬天。冷氣。同霜風。一侵。即發痒。难忍着。何也。曰。此名鵝掌風也。因肝經。厥㙜。受濕。热。風。火。又兼热、热手。下冷水。不拭乾。而火上烘熨。以生此患。宜用追毒流氣飲。消風化毒湯。烏药順氣散。加川桂枝。柴胡。外用熏藥。搽药。忌生冷煎炒食。動風發氣等物。可保不復發。

熏药方

565 玉洞遺經—外科秘訣

《玉洞遺經——外科秘訣》,四卷,四册。無序跋與目録。不著撰者及抄録者。現存鈔本,藏于上海圖書館,藏館著録爲清鈔本。《中國中醫古籍總目》未見收載。

是本主要闡述外科常見的疔、瘡、疽、癰等病證的病症名、异名、症狀與治療方藥等,每一卷後附有治療方劑的藥物組成、主治、用法等。該書的主要特色是每一病症旁均繪有一人體圖像,標注該病症的部位、形狀等。卷一載文十餘篇,主要論述五臟六腑及婦人乳腺方面的瘡癰,如肺癰、脾癰、腎癰、乳癖、乳餅、乳風毒等。如認爲肺癰由“内外兩感風寒及憂思愁慮、迎寒飲冷致傷肺葉”所致,表現爲胸脅隱痛、咳吐膿血、喘急腹脹、睡卧不安等,方用黄芪湯、桔梗丸、丹皮散、苡仁湯等;并認識到乳岩爲難治之證,發病原因與七情不和、憂愁鬱悶關係密切,這些見解與現代臨床相符合。卷一後附有治療臟腑及乳腺瘡癰病症的四十餘首方藥,如現代臨床仍常用之牡丹皮湯、桔梗丸、黄芪湯、二仙丹等。卷二主要論述頭面、五官部瘡瘍疔疽諸證。卷三、卷四論述人體其他部位如四肢、背部等處的瘡瘍疔疽等證。所載治療方劑共有一百五十多首,每首方劑均詳細記載藥物組成、劑量及隨症加減藥物。如黄芪内托散,藥用“人參、黄芪(炙)、當歸(酒洗)、白术(炒)、橘皮、甘草、生地、厚朴、升麻、川芎、羌活”,以等分水煎,如瘡瘍加連翹,潰瘍加芍藥,酒毒加酒炒黄連等。

是本内容詳盡,不僅有理論論述,且根據外科病症特點,附有人體圖像,簡明直觀地描述病症的部位與特點,治療方藥切合臨床實際,可供臨證參考。

玉洞遺經　外科秘訣

五臟不和則九竅不通六腑不和則留結為癰蓋癰毒是六腑不和而
不和而生六腑主表其氣浮淺故生癰必傳而腫高五臟主內其氣深故生疽
堅硬多由喜怒憂思饑飽勞役或服丹石偏勝補藥或嗜酒
恣慾極房勞內則水竭火炎外則風傷日逼臟腑不和氣血流結
鬱熱而血凝惡寒若有痛處飲食如常者欲蓄聚而成癰也脈
在浮于陽也脈不數不發熱而熱者陰也若初生如粟或痛或癢其狀至
不小便須作速療治和貴之時宜速灸又痛者灸至不痛不痛灸至痛自然毒
隨火而散也又素問云諸痛癢瘡瘍皆屬心火諸癰疽瘍癤癰氣佳
屬于熱癰者壅也大也疽者沮也深而定也乃熱勝之也瘍者有頭瘡癤疔毒
注膿瘡之類也癤者浮小瘰癧丹瘤氣者赤瘤丹瘤熱勝氣中結核者

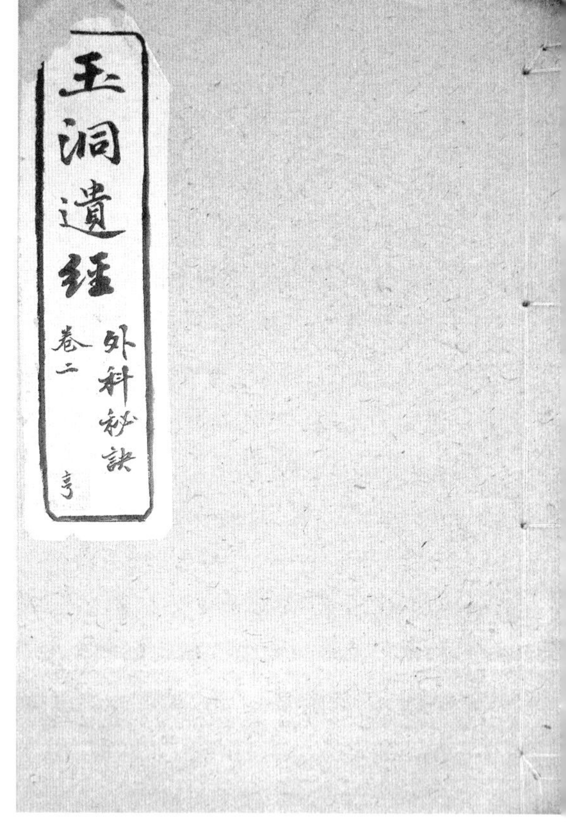
玉洞遺經
卷二　外科秘訣
亨

566 甘氏傷科方論

《甘氏傷科方論》，不分卷，一册。清甘邊撰。甘邊，字雨來，秣陵（今江蘇南京）人，世精武藝，又精于傷科。該書前有序，注明該書由來與抄書目的："教師甘君邊來予寓頓行李……與予甚契合，臨别時，出一帙授予，曰此本係五世秘傳也，君其録之，以此術利己利人。"可知是本爲家傳秘書。成書年代未詳，《中國中醫古籍總目》載録爲1746年。今存清雲間封氏鈔本，藏于上海圖書館。

全書共九論。一論傷有十不治，列舉各種不治之症的臨床證候。二論用藥，對傷科常用藥方作簡要論述。三論治法，分述各種脱位復位手法，如下頦骱落、肩骱落、膝骱落等。四論各穴要害之處。五論用藥要訣，列有跌打損傷重症、傷心口、傷兩腎、傷兩腹、傷大腸、傷膀胱、胸背俱傷、傷氣海、傷血者等十八種受傷之治法。如："傷兩腎者，兩耳即聾，額發黑色，面浮光白，常如笑狀，主半月死。先服生血飲，次服流傷飲，後服中和丸。"六論各要害處受傷不治，列舉各種不治之症，如天靈蓋骨碎腦出者、鼻梁兩眼平對處打斷、結喉打斷、肺底在腰以上中間高處重傷不治等共二十三種。七論驗傷輕重，提出六看，一看兩眼，二看手指甲，三看陽道，四看脚指甲，五看脚底，六看脈息。八論各傷主用方，按受傷穴位選用藥物，列舉傷穴位十三處。九論用藥必須地道，方能見效。後載治傷方共六十九首，每種注明主治病證、組成、製法以及服食方法。

是本條理清晰，論述簡潔明瞭，其論傷要害及治傷各方均明白曉易，是一部内容實用、通俗易懂的傷科著作。書中對傷科疾患的處理，既重視手法整復，又重視内服等療法。所述藥方以當歸紅花飲、木香飲、乳香飲等活血止痛之劑爲主，頗合臨床施治規律。

序

古之良醫神於治病針灸藥石用之各當不以專家名唐代始有十三科之別傳其術者各習一科折傷科其一也後世妄謂華陀工於治傷以其不傳爲恨緣傷科專書不多見法法散見於他書間有抄輯成編者遂爲一家之珍秘

論驗傷輕重

一看兩眼凡內有瘀血眼白必有紅筋筋多瘀亦多筋少瘀亦少若眼珠運動有神氣者可治否則難治

二看手指甲擘了指甲放開血色即還原者可治若遲還原者難或血色紫黑者不治

三看陽道不縮者及小便可治否則難治

四看腳指甲與手指甲同治

五看腳底紅色易治黃色難治五色全犯者不治

567 世傳秘方　接骨入骱全書　傷科合藥秘本

《世傳秘方》《接骨入骱全書》《傷科合藥秘本》合鈔本，不分卷，各一册，凡三册。均不著撰者，復古堂朱韻香抄。現藏于上海圖書館。

《世傳秘方》，抄于清光緒六年（1880）。計收方一百二十九首。不分内外婦兒科，方名皆作者自創，且均以四字命名。依次爲調經種子、血枯經閉、紅淋白帶、九種胃痛、偏正頭風、三陰瘧疾、痰喘咳嗽、咳嗽吐血、間日瘧疾、疳積壞眼、急救喉風、立止牙疼、風火時眼、腫毒敷藥、刀斧砍傷、絞腸痧痛等。文中所列，衹録方名，無主治病症，有的主治病症以方名代之。如調經種子方："丹參二兩，香附（童便浸炒）、川芎、當歸、白芍、茯苓、白薇、丹皮、益母（草）各一兩，共研末，蜜丸，每早二錢，桂圓湯送下。"中河魨（豚）毒："用桐油灌下喉，吐出之後，吃橄欖汁即效。"咳嗽吐血："木耳、槐末、荆芥、蒲黄各一兩，俱炒黑爲末，每服三錢，米湯送下。"以上三方大致可反映本書的體例、面貌。

《接骨入骱全書》，抄于同治十年（1871）。分三個部分：第一部分是傷科總論秘訣，分别列出傷全體、傷肩背、傷左右肋、傷胸、傷肝、傷腎、登高跌撲、醉飽勞房等症的症狀及治療方藥。第二部分談外傷中危及生命的危重症，爲醫不可不知者。第三部分是接骨入骱奇妙手法，分别列出斷鼻梁、頸骨、肩骱、手骱、膝骱、脚踝骱、骨碎如粉、斷肋等症的治療、復位手法。如"斬落手臂"條下云："或有斬落手臂、指甲、脚膝腿者，此症承其血熱凑上爲妙。若血冷，其血骨不能相凑，人雖不死，不能完全體，大不便矣。若能凑住，立將止血散敷之，再以金鎗藥封固，内服活血湯而安。"又如落頷（下頷關節脱臼）認爲：面有頷骱偶然落而不能合，導致語言困難、飲食難進，係由腎虚所致。治療方法用温湯熏洗病人面部，用手大拇指入口靠盡牙處，餘指抵住下頷,和大拇指握緊,向下向外拉,然後推送上去。多服養血補腎丸調理,以後可以不復發。該書的精華在第三部分,即接骨入骱的手法。上述兩例説明,治療此類疾病要及時,手法應正確。書名"接骨入骱"中的"骱"是關節腔;"接骨"是對骨折而言,使折斷的骨頭續接;"入骱"是對脱臼而言,使脱出的骨頭回到關節腔。本書可作爲骨傷科醫生的參考書。

《傷科合藥秘本》,抄于同治年間。計收方四十二首。方劑的排列不分内外婦兒科,有接骨紫金丹、犀黄化痰丸、君臣散、羌活散、黑龍散、和中丸、八仙丹、玉龍散、金不换、接骨散、神效封藥方、冬瓜皮散方等。每一方劑下無主治病症與適應症,且大多無服用之方法與劑量。如"君臣散":"甜玉桂一兩,元胡一兩,烏藥一兩,歸尾八錢,杜仲七錢,紅花八錢,茄皮四錢,牡丹皮一兩,桃仁一兩,赤芍一兩,申姜八錢,川斷四錢,甘草五錢,羌活四錢,天花粉四錢,防風四錢,牛膝八錢,川芎八錢,生地一兩。共爲細末。"又如鷄鳴丸:"知母(炒)四兩,杏仁(去皮尖)二錢,桔梗(去蘆)五錢,阿膠(麩炒)四錢,葶藶三錢,款冬花四錢,旋覆花一兩,法半夏三錢,炙甘草一兩,橘紅一兩,兜鈴一兩,五味子四錢,麻黄一兩,人參五錢。共爲細末,煉蜜爲丸如彈子,金箔爲衣,用烏梅生薑黑棗湯下。"此方和前方相同,沒有適應症,沒有服用量。全書所列之方大致如此,大多僅憑方劑之名,很難揣測出用于何病,如前文八仙丹、玉龍散、黑龍散等。

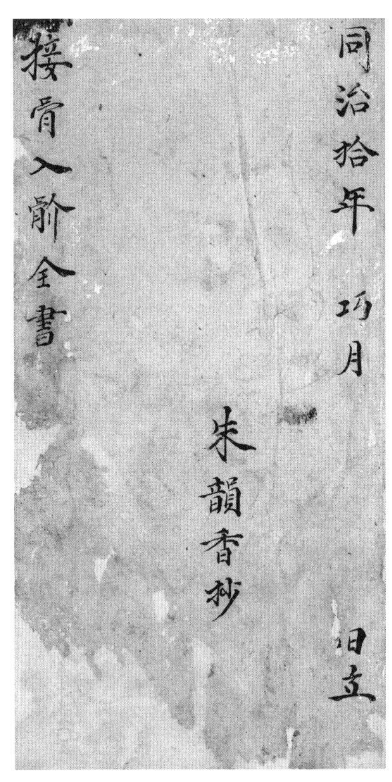

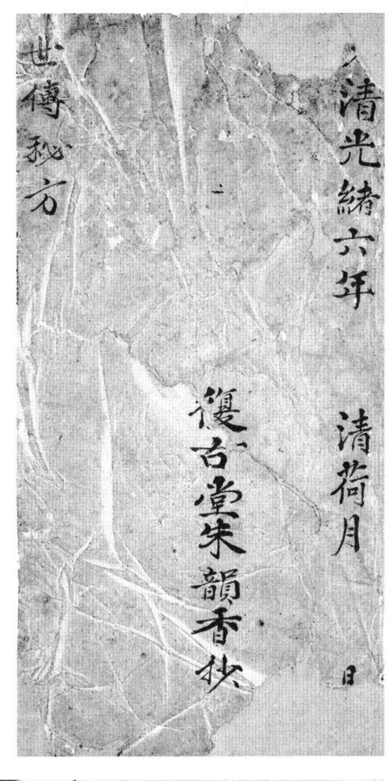

攻心也急投清心去毒散治之　其毒輕者飲食如常不思
冷物腹不滿脹速用甘草煎湯洗之用黃連膏蓋之内服清
心湯而安

斬落手臂

乣 或有斬落手臂指甲脚膝腿者此症承其血熱湊上為妙若血
冷其血骨不能相湊人雖不死不能完全䏶大不便矣若能
湊住立將止血散敷之再以金鎗藥封固内服活血湯而安

壓傷

乣 或有橋梁墻壁城垣傾倒壓折骨節者傷頭顱者要看其骨損
否若碎可將銅鈚括去碎骨後用金鎗藥封之如碎骨不去
永不能收口恐染破傷風也須投護風理氣湯次服接骨紫
金丹而愈

紏 如兩太陽傷若飲食不進口不能言昏迷不醒者不治
腦髓出者亦不治

玖 傷天柱骨者人雖不死亦不治

卄 如傷胸前背後而肝胆五臟受傷者不能言語氣悶在心急將

傷科合藥秘本
復古堂朱
月

壹號 接骨紫金丹　破血丹 二方
弍號 壓黃化痰丸　代痛散
三號 君臣散　接骨定痛丸
四號 羌活散　勝金散
五號 黑龍散　鬧楊花散
六號 和中丸　灸臍法
七號 八仙丹　寶珍膏
八號 玉龍散　七厘散

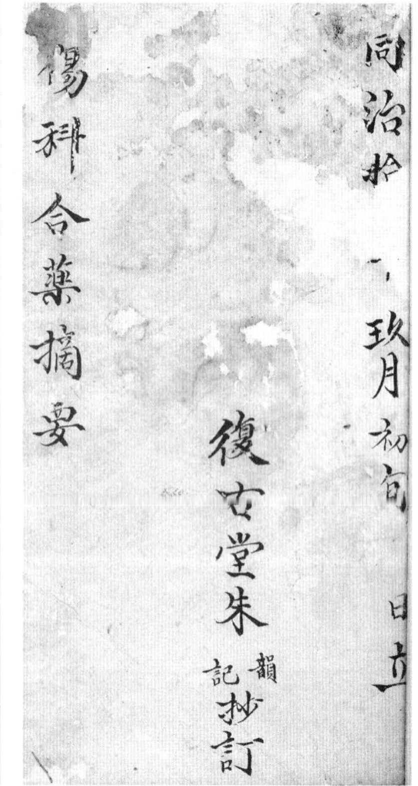
同治拾一　玖月初旬　日立
復古堂朱
韻記抄訂
傷科合藥摘要

乂一

鷄鳴丸

知母刃炒 杏仁去皮尖二本 桔梗去芦半本 阿膠麸炒叉本 葶藶二本 款冬花叉本

旋覆花刃 法半夏二本 炙甘草刃 橘紅刃 兜鈴刃 五味子半

麻黄刃 人参半本

共為細末煉蜜為丸如彈子金箔為衣用烏梅生姜

黑棗湯下

乂二

收帶六合丸

白朮米泔浸焙 蒼朮米泔浸焙 白茯苓去皮 陳皮蒸洗去白 當歸酒洗 白芍酒炒各一刃 熟地酒洗

半夏姜製各一兩伍錢 椿根白皮洗炒 牡丹皮 黄栢酒炒各刃一本 製香附刃

防風九錢 甘草炙刃 升麻八錢 共為細末酒糊為丸

乂一

麻芎丸

小川芎刃 明天麻四刃 蔓荊子刃 菁菜半本

共為細末用紅糖油為丸硃砂為衣

乂二

青膏散

煅炙石膏刃 硃砂少許 共為細末

568 外科一串珠

《外科一串珠》,不分卷,一册。未著撰者,成書年代未詳。封面題名《素庵公神授奇方》,扉頁有“劉邋遢仙師秘傳外科一串珠心法傳尹子尹子傳於予”字樣。序云:“尹子君旭,予老友也……取書一卷授予。”“雖然予得行道以救世人,又豈可沒尹子之名,故序於卷首云爾。”《中國中醫古籍總目》載録爲《(秘傳)外科一串珠》,成書于1874年。現藏于上海圖書館。

是本首述外科心法,引用《内經》諸論,後列具體病證,分述腦發、痄腮、對口、重舌、雙蛾、上瘄瘡等九十六種外科病證證治,并附簡圖。每一病證簡述發病位置、病因、證候、治法。如“挑針,此症生於兩眼之下,眼由肝肺積,故生此毒。始生之時,以冷水拍後頭背百餘下,紅筋白泡起處,用針破其泡,其腫自消”。其次詳述外科用方二百三十三首,包括千金内托散、千金托裹散、敗毒散、鎮驚散、敗毒雄黄散、神仙消毒散、治大指疔、治鼻血不止方、烏龍比天膏方等。每方詳述主治、藥物組成、藥物炮製和用法。如“神仙白芥子散,桂枝、羌活、黄連、白芥子、銀花、天花粉,水煎,食遠服,治手背發”。其中烏龍比天膏方之處方,及可治二十種病之病名均詳細論述,且每種病均注明貼膏藥的部位,如“治腹中脹悶,貼胃口”。末附正身穴道、背身穴道圖兩幅。全書附圖共二十二幅。

是本按圖所示,述其因,辨其證,列其法,出其方,既有針刺、挑治、外敷膏散等多種外治法,又有内服藥物治療。對于病證的治療主張酌以時令,察以脈理,辨其虚實,决以輕重,審勢而爲。文圖互參,方便理解。

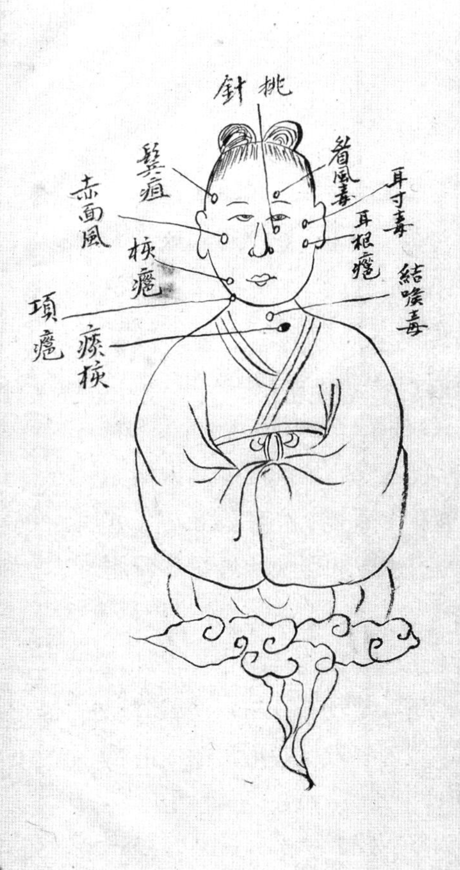

劉邋遢仙師秘傳外科一串珠心法傳尹子尹子傳

於予

尹子君旭予老友也少以上書見擯遂退而躬耕畎畝深明黃帝素問之書嘗以其道行世與予友善朝訪夕招交遊輔切者蓋有年矣一日閒燕居之暇欣然語予曰吾與子髫年結契今皆鶴髮蒼顔矣每觀市人儇薄狡獪者多今子落業市廛而樂行好賢又世俗者可以同日而語也且深明道理曉暢人情吾有羲皇之術非子不能守救世

569 外科心法珠球

《外科心法珠球》，不分卷，一册。未載撰者，無目録與序跋。成書年代未詳。内頁有“同治己巳捌年桂月吉立　福生抄讀”字樣，據此可知該書由福生抄録于1869年。現藏于上海中醫藥大學圖書館。

本書首載《習醫一片規》，告誡習醫者須重醫德。習醫之人“必習情性端方，學文精透，施與應手，毫無差謬，隨可行醫。是業清高，官民無擾，富貴皆同，恭敬相勞，貧苦之輩，心感不忘，名廣兼利，德業之第一也”。後有《癰疽初起原委論》《癰疽治法總論》等醫論。前者叙述癰疽的病因總爲内傷七情、外感六淫、偏嗜膏粱厚味、房勞所傷，致“五臟多乖變，六腑不調匀”，并論述癰疽與臟腑之病機關係。後者主述癰疽的治療方法。如治癰疽發背主張“不論陰陽先灸之”，内服蟾酥丸，再用神燈照之。針對不同病機，另有用箍圍藥、行瘀拔毒藥、托補藥、消毒清利之劑等。根據癰疽病程不同，十日之間膿尚堅，用鈹針當頭點破；半月之後膿少，須將藥筒對頂拔提，以使膿管通流；最後以葱艾湯每日淋洗，使氣血疏通。指出調理脾胃在癰疽治療中的重要性，明確外科疾病亦須注重内治之法。後附癰疽歌訣六首，有《癰疽陽症歌》《癰疽陰症歌》《癰疽半陰半陽症歌》《癰疽五善歌》《癰疽七惡歌》《治病則例歌》，記述癰疽辨治。其後爲五篇專論，涉及癰疽灸法、疾病生死法、察形色順逆、病有三因受病主治不同、癰疽調理方法等内容。最後爲《藥性總賦》，根據四性將藥物分爲寒、熱、温、平四類，每類藥物又詳述各藥的特點。如同爲寒性藥，犀角善清心，羚羊角善清肺肝，澤瀉利水通淋而補陰不足，菊花能明目而清頭風，便于臨床辨證選藥。

外科心法珠球
福生抄讀
同治己巳捌年桂月 吉立
84436

習醫一片規

習醫必要先通儒理并知世務情形然後方可勤讀内外先古明醫各書一一參精融化機變印之在心慧之於目親問師長知得灵症竅妙活法庶在臨塲（場）而無差謬矣凡外科店中應用藥料一切傢伙物件俱要精備齊整不得臨時缺少又要古今名賢醫理詞說置於座右朝夕參閲以益學文如遇同道之士不可自尊妄大輕悔傲慢但人各有所能賢言尋師不如訪友切宜謙和謹慎恭敬選煉藥料不惜重價須要道地上品必遵古法炮製依方修合湯散宜新鮮丸丹須預備膏藥愈久愈灵線藥煉丹越陳越異年年培置歲歲足餘病家請視勿得遲延厭棄毋論貧富仔細週到盡力一例與醫凡來良家婦女請看切忌浮言兒戲如他娼妓私夥求醫自己穩重正視切勿以圖邪淫不正之名女子身軀不便之患更宜眞誠窺視勿得與人談及奉官衙請看必當速去毋得怠緩誠意言明病原開具方藥病愈之後不得圖謝匾礼亦不得托說民情閒不近公當守自重貧窘之家及遊食僧道衙役人等來看病痛切勿輕他無資粗心怠惰即當誠德與醫再遇貧難之人量力徵贈方為仁術所有情性不正輕命之徒生得嫌纒半生半死之症不遵醫調即當田衆并有好歹不識聽謗譏言另投苦路此乃天災未盡但人受命于天不可負天之命為醫者認順天道順天雖然無慶逆天終為不吉故斷

不可直言摳醫恐招移災于己不得意外吞想病家財物亦不得覬覦物色稱讚
拖借為人清白不厭不避豈不美者凡有所蓄必先置足藥料培實行醫根本再
有所餘隨其大小便當置買產業以為家底根本不可妝買玩器浪費又不可做
艮會酒食非時失利人情來往不可求奇好勝飯食只可兩菜一則省費二則惜
祿真謂廣進不如儉用為醫師者功同良相原本濟世痛苦救度萬民必要心存
慈愛信義剋不離店如若行樂吃酒遊蕩彼來抱病登候焦重豈非悞害患人作
師者除孝道正務之外其餘往來小事一蓋委人切勿失候於病人也必當一例
禁之〃日無謗怨矣吾被髮逆雷擾避難海崖不遑荼毒隨處行醫不受飢寒逆平
仍歸故里記奉父在教訓之言畧載數語具為一片并撰父傳外科精華歌訣全
部以能後學孰讀容易濟世立業若不用心叅習直待臨時追悔何及矣再囑必
習情性端方學文精透施與應手毫無差謬隨可行醫是業清高官民無擾富貴
皆同恭敬相勞貧苦之輩心感不忘名廣兼利德業之第一也

外科心法珠球

癰疽初起原委論

癰疽發背為何生　好好身軀出此形

凡人處世而無疾病者水升火降精秘血盈也養生篇曰毋搖爾精毋勞爾形皈
心靜默可以長生此皆遠世俗忘名利無貪嗔卻疾病此惟修身保命之士所能
今人豈能及哉蓋謂靜則生水動則生火又水能生萬物火能剋萬物故百病由
火而生火既生七情六慾皆隨應而入之既入之後百病發焉發內者為為勞
蠱膈瘵內傷發於外者成癰疽發背對口疔瘡此皆言其大畧也故成癰者壅
也為陽屬六腑毒騰於外其發暴而所患浮淺因病原禀於陽分中蓋陽氣輕清
浮而高起故易腫易膿易腐易斂誠為不傷筋骨易治之症也疽者沮也為陰屬
五臟毒攻於內其發緩而所患深沉因病原禀於陰分中蓋陰血重濁性質多沉
故為傷筋蝕骨難治之症也凡年壯氣血勝毒則順年老毒勝氣血則險治法載
於篇二論中宜詳觀之

內被七情干臟腑　憂愁思慮總關心

七情六慾者皆盜人元氣之賊也人能疎於此者無不多安多壽人若親於此者

藥性總賦

寒性

諸藥識性此類最寒犀角解乎心熱羚羊清乎肺肝澤瀉利水通淋而補陰不足海藻散癭破氣而治疝何難聞知菊花能明目而清頭風射干療咽閉而消癰毒薏苡理脚氣而除風濕藕節消瘀血而止吐衄瓜蔞子下氣潤肺喘兮又且寬中車前子止瀉利小便兮尤能明目是以黃蘗瘡用兜鈴嗽醫地骨皮有退熱除蒸之效薄荷葉宜消風清腫之施寬中下氣枳殼緩而枳實速也療肌解表乾葛先而柴胡次之百部治肺熱咳嗽可止梔子涼心腎鼻衄最宜玄參治結熱毒癰清利〔外科心法珠球〕咽膈升麻消風熱腫毒發散瘡痍嘗聞膩粉抑肺而斂肛門金箔鎮心而安魂魄茵陳主黃疸而利水瞿麥治熱淋之有血朴硝通大腸破血而止痰癖石膏墜頭疼解肌而消煩渴前胡除內外之痰實滑石利六腑之澀結天門冬止嗽補血冷而潤肝心麥門冬清心解煩渴而除肺熱又聞治虛煩除噦嘔須用竹茹通秘結導瘀血必資大黃宣黃連治冷熱之痢又厚腸胃而止瀉淫羊藿療風寒之痺且補陰虛而助陽茅根止血與吐衄石韋通淋於小腸熟地黃補血且療虛損生地黃宣血更醫眼瘡赤芍藥破血而療腹疼煩熱亦解白芍藥補虛而生新血退熱尤良若乃消腫滿逐水於牽牛除毒熱殺蟲於貫衆金鈴子治疝氣而補精血萱

570 外科正宗歌訣

《外科正宗歌訣》,兩卷,兩册。有目録,無序跋。不著撰者及抄録者。《中國中醫古籍總目》載録爲1911年成書。現存鈔本,藏于上海圖書館。

是本以歌訣形式論述外科諸病證的病因病機、症狀、治法、方藥等。上卷闡述外科一百餘證的治療方劑共二百七十餘首,包括腫瘍、潰瘍、腦疽、疔瘡、脱疽、瘰癧、發疽、癭瘤、乳癰、腸癰、楊梅瘡、麻風、鼻痔、齒痛、疥瘡、痄腮、咬傷、瘋犬傷、小兒痘風,小兒赤游丹等。如《潰瘍門》篇中治療方劑有十全大補湯、八珍湯、人參養榮湯、托裏建中湯、香砂六君子湯、八仙膏、托裏定痛散等,以七字一句、四句一歌訣的形式簡明扼要論述方劑的組成藥物與功效主治,如“托裏定痛散”歌訣爲:“散名定痛用當歸,乳沒芎藭白术隨。粟殼地黄與肉桂,癰疽潰瘍效堪題。”用藥劑型包括湯劑、膏劑、酒劑、散劑等,方法有内服、外用及針灸等。下卷以歌訣形式論述外科諸病證的病因病機、症狀、治法與治療方劑。如“癰疽原是火發生,絡滯經凝氣血凝。外受六淫風所感,内因六欲七情争。膏粱之變過營衛,藜藿之虧氣血窮。飲食起居皆不慎……”認爲癰疽的病因與外感六淫之邪、内傷七情六欲、飲食起居失常等均有關係。對癰疽的症狀描述十分詳盡,“逢陽焮腫紅疼易,色黯逢陰陷不疼。半作陰陽低不腫,微疼微焮不變紅”,治法爲“温凉取法補與攻,傷寒雜症須參考”。

是本對外科諸證的論述與治療方藥符合臨床實際,采取歌訣闡述形式簡明扼要,易于記誦,可爲臨證參考。

外科正宗歌诀總目

神授衛生湯　衛生神授防归甲羌乳红沉石决乃翹皂銀花连芷草大黄花粉效此神羣疽对口丹痈瘰发背疔瘡治可微未溃即消成即溃脉虚便利莫大黄蒸杏

内消沃雪湯　内消沃雪青陈皮乳没翹針甲芷芪貝母銀花芷芎射木香甘草大黄归

内疏黄連湯　湯用黄連与木香栀归芩芍薄兵郎甘草桔梗連翹芍加倍生军勦独強

保安萬靈丹　萬靈丹内存归术蝎芎天麻及草殊芎细荆防

口糜

糜從陰弱旺陽騰湿熱旁充蕴生脾湿与燥熯熏胃口焖生满口腫红皮

唇部

反唇疔　鎖口疔

反唇疔上下皆同　鎖口疔生在口角左右皆仝

反唇疔自裡边存鎖口疔从口角生粟米腫坚麻痒痛胃脾心火毒渐成

上唇属脾下唇属胃嘴角係心脾二經所属

唇疽

唇疽上下唇皆仝

唇疽上下總生唇空挫火争毒氣深紫硬时常麻木皆胃脾積挫乃其因

繭唇

繭唇上下唇皆仝

繭唇脾胃火凝成豆粒如之漸繭形痛硬溃如津血水三陰久衰定然凶

六房遂失调兮发为上消中消下消之症必凶

唇風

唇風上下皆仝

唇風多在下唇生胃腸風熱火攻初起色紅並發癢久間風水大喉二腫

齒部

牙衄

牙衄牙縫出血胃腎兩經虚实热实多口臭齒堅牢虚惟反此当分别

鑽牙疳

鑽牙疳發在牙根骨出如坚锐且鋒痛若針芒难忍忍由肝胃挫渐成

牙疔

牙疔火毒胃經成隱在都腸牙生腫似粟形腮腫痛若並麻痒黑疔乘

牙癰

牙癰胃熱腫牙床空挫形坚痛莫当腮外破流难歛口必生多骨误空妨

走馬牙疳

走馬牙疳症不輕肯緣癰疹火來攻牙根腐臭随成黑頑肉難離不食凶

571 外科或問

《外科或問》,兩卷,殘。有目録,無序跋。封面題“外科目録全終丁酉成甫”。半葉九行,每行三十餘字。成書年代不詳。《中國中醫古籍總目》題名爲“應氏外科或問”,成書于1908年。現藏于上海中醫藥大學圖書館。

是書爲問答形式,每以“或問”二字開頭,其後闡述外科各個病症及方藥。首卷述及癰疽形狀、脈候、病因、吉凶判斷、治法異同、臟腑虚實、怒氣、五善七惡等外科理法大略。在治療上,提出“隔蒜灸法勝於用藥,謂之開門逐盜”,癰疽發熱則“祛毒之劑爲君,苦寒之劑爲佐”,又指出“古方芩連必酒制,内托等湯散皆用官桂,治瘡温葯必桂宣導百葯,必地黄補不足”,批駁了治療癰疽不用香藥不用酒的作法,認爲當以從治法療癰疽,方用古方五香湯,取其“血聞香而行”,并以酒爲外科之要。第二卷分論陰陽疽、流注、髮際瘡、搭背、丹毒、癰疽、瘿、風毒、人面瘡、委中毒等二百七十三種外科疾患的證治及預後,附人體圖像二十幅,標明臟腑輸穴及外科疾病的發病部位。書中特列小兒痘後、孕婦及産後、老弱患癰疽的治療原則,即小兒痘後“元氣固弱,癰疽乃餘熱毒也,查大小便、調飲食、精神、脈氣平和,先攻毒而後補,不可汗下”;“孕婦當安胎,産後用補虚,敗毒之劑酌量用之”;老弱之人“正氣未虚,毒氣未盛,精神未亂,飲食未减之時,用攻毒爲君,保元爲佐”。末附古方九不治、病有六不治、應驗方一百首等。

是書采用問答形式,條理清晰,大法細則安排有序,便于臨床使用。

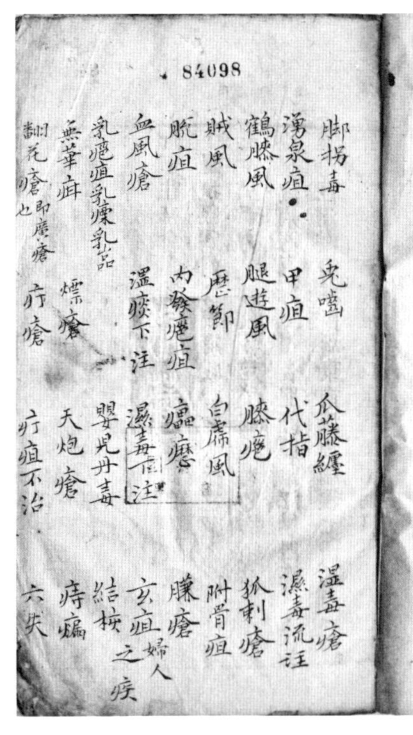

之發背
脚丫毒 琉璃疽 鞋帶癰

脚揚毒 兎嚙 瓜藤纏 溫毒瘡
湯泉疽 甲疽 代指 濕毒流注
鶴膝風 腿遊風 膝癰 狐刺瘡
賊風 歷節 白虎風 附骨疽
骶疽 內發癰疽 瘋癧 膿瘡
血風瘡 溼痰下注 濕毒下注 玄疽婦人之疾
乳癰疽乳㵎乳岩 嬰兒丹毒 結核
無華瘡 天炮瘡 痔瘺
翻花瘡即廣瘡也 疔瘡 疔疽不治 六㳒

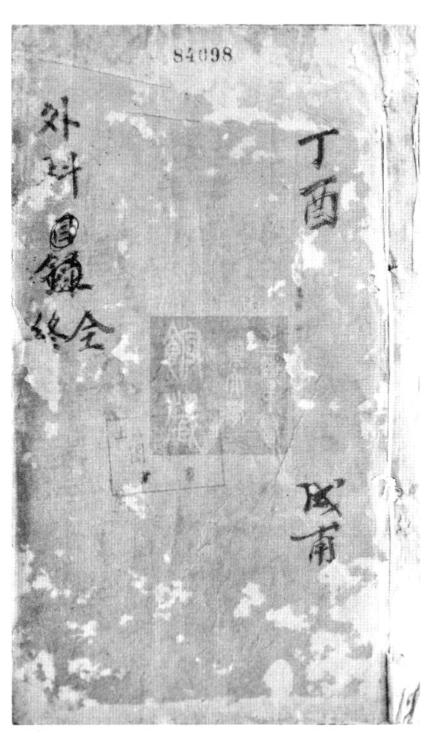

勝則有根無頭風多則痒熱多則痛血虛則疼甚熱甚則腫甚其麻不知
痒及痒入骨髓者尤惡證也一切癰疽初發宜隔蒜灸或汗或下或補或托

証施治必察元氣之強弱邪毒之淺深證有輕重治有緩急
銅鐵器蓋食器上汗滴食中令人發患惡瘡內疽出醫說
或問癰疽已成未成其脉何如曰陰陽不和有所壅節結皆成癰疽陰滞于陽則
發癰陽滞于陰則發疽發無定處當以脉别浮洪滑數為陽微沉緩濇為陰平
人不時見數脉若應發癰平人脉洪數應發熱而不發熱外惡寒內有癰也脉微而
遲不應發熱而發熱者當發疽脉弱而數不應寒而反振寒當發疽凡脉洪數滑
為熱為實當結癰疽若癰疽結而膿未成脉洪實而大便秘宜汗宜下不宜補癰
疽結而膿未成微脉緩而大便溏宜托宜補不宜下癰疽已成而將潰脉洪數為病
進癰排膿癰疽已成而將潰脉微遲為不足因補托已潰而脉洪滑粗散者難治

外科或問

或問先賢曰癰疽迺天刑之譴一十有哥得聞乎曰然嘗考壽域神書所載一曰
將校降卒二曰刑官害人三曰人臣欺天四曰子姪悖親五曰擅作威福六曰誨淫害
良七曰血屬自噬八曰借巧过禮九曰受用过度十曰酷虐不仁十一曰嫉妬陰毒十二
曰得亏心財十三曰暴殄天物十四曰風生冤債凡有一為必生癰疽惡瘡或三年間
消渴或起居不安飲食無味其候寒熱併作状類傷寒雖明智者过之未有不傍
徨者矣

或問癰疽形状何如曰人一呼脉行三寸一吸脉行三寸呼吸定息脉行六寸如水流
而不息結則為瘤癧阻則為癰疽又云怒氣所致為嘔血為脇肋痛發于外為

572 外科指南

《外科指南》，四卷。著者不詳。卷首有“光裕堂藏”字樣。成書于清乾隆四十五年（1780）。現存鈔本，藏于上海中醫藥大學圖書館。

全書共分八十七個章節。卷一首載《外科指南脈狀所主病證》，論述二十五種脈象所主癰疽病證。其後載三十六個章節，有《脈證治例》《癰疽源委總論》《癰疽治法總論》《癰疽經絡氣血多少善惡淺深論》《五善十惡形症治法總論》《癰疽治要辨惑論》等，附載乳癧方。卷二載三十一個章節，有《周身形症圖位治例總論》《頭面所屬經絡部位起止圖説》《頭面頸項所發諸證名目》《頭面諸毒症治要論》《治疔法并驗方》《肩臂手指諸毒名目》等。卷三載十七個章節，有《癰疽用藥總要提綱》《十段關歌括》《癰疽治法十段關諸方備論》《癰疽胸滿腹痛咳逆泄瀉昏潰治法》《癰疽大痛不止》《治法諸方加減活套》等。卷四載三個章節，分别爲《宜用刀針開刺等法論》《附録針灸敷貼淋洗掺傅等法》《跌撲損傷看法》，附録湯散丸丹方、痛風方以及觀音救苦丹兩種。

此書論述外科諸證，尤精于論述癰疽證，且以解剖部位分類詳述周身諸毒症，附以十種治法及相應的方藥，融理、法、方、藥于一體，根據癰疽證的病因特點和病變規律，指導疾病的辨證與辨病論治，以確立治療方案。

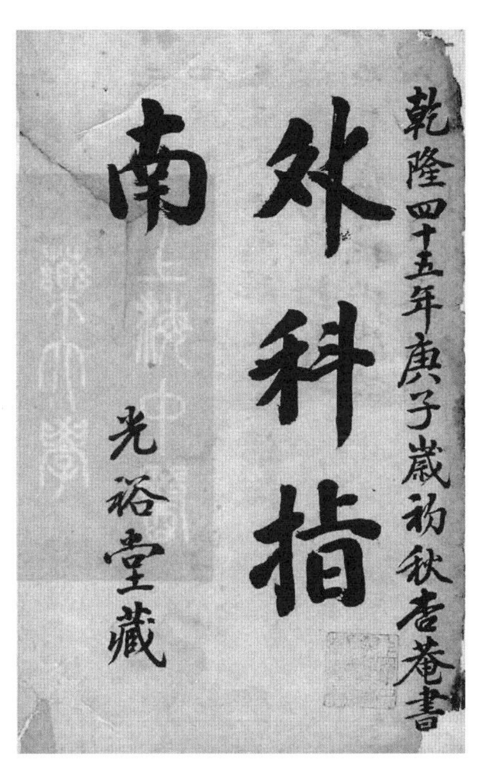

乾隆四十五年庚子歲初秋杏菴書

外科指南

光裕堂藏

外科指南脉狀所主病證卷之上

外科指南脈狀所主病證卷之上

夫人有疾於內脉必形於外脈也者氣〻血之表也〻氣血偏勝則為病癰疽瘡毒雖曰外科豈無脉證之可驗乎諸脉形證具載脉经兹不更述但以切于癰疽者録之于左以為瘍醫之繩墨並脉之名狀固多不出乎浮沉遲數四脉而已此四脉者諸脉之總要也若能于此四脉推切而得其輕重大小之形諸脉自可知矣

浮脉者浮而不沉也凡見浮脉皆為表證一切癰疽而見浮脉者因感外邪而得也浮而虛者為虛浮而實者為實浮而遲者為寒浮而數者為熱但凡浮數之脉應當發熱今不發熱而反惡寒者瘡疽之候也脉浮而數身無大熱形證嘿〻胃中微躁不知痛之所在此人必發癰疽　癰疽未潰而脉浮為外邪未

七

解宜與解散已潰而脉浮者為表虛為胃弱宜補益為主　浮而洪大者血氣實內中有積熱宜涼解

洪脉之診似浮而大舉按泛〻然滿三指之下如水之洪流如波濤之湧主氣血實有積熱瘡疽脉洪大者病之進也未成膿者宜急下之已潰之後脉見洪大則為難治

脉洪大而兼自利者多主不治

芤脉似浮而無按之中空傍實主失血〻虛未潰而得芤脉為亡血在先宜補血又為難治已潰而得芤脉乃為氣血虛毒已盡為易治

散脉似浮而按之散〻撒去舉之則大而無力病主氣實而血虛有表無裏為瘡疽未潰而脉散者為正氣不調不能收攝已潰而見散脉為病為寒熱不時潰後脉洪滑

573 外科活人訣

《外科活人訣》，上下兩卷，一册。無目録與序跋。首頁有“留餘堂經驗松坪半霞道人”字樣。半霞道人生平未詳。《中國中醫古籍總目》載録爲清鈔本。現藏于上海中醫藥大學圖書館。

上卷爲外科十法，記述治療癰疽之大綱，包括内消法、艾灸法、神火照法、刀針砭石法、圍藥法、開口除膿法、收口法、總論服藥法、復論五善七惡救援法、將息法。後附症治方藥，記録外科疾病的辨證施治與處方用藥。如生于背部之瘡癰，根據生長部位不同，病屬不同臟腑，當分别論治。所載方劑一百五十餘首，包括外用的普救萬全膏、百草霜、遠志膏等，内服的理中湯、參苓白术散、藿香正氣散等，每方記述其功效、組成、用量、用法及加減。下卷爲外科經驗撮要，收録外科雜方，包括治療癰腫瘡毒等多種外科疾病的藥方，另有諸多藥方，用以治療麻風、楊梅瘡等傳染病，癬、鵝掌風、疥瘡、汗斑等皮膚病，鼻痔、乳蛾、鼻赤、口臭、牙痛、舌腫等五官科疾病，燙傷、疝氣、痔漏、瘋犬咬傷、毒蛇咬傷、脱肛、跌打損傷等其他外科疾病，還有除腋臭、點痣等美容藥方，幾乎囊括了外科各類病症。此外，還專闢怪疾一條，列多種怪病的治療，如口鼻中腥臭水、鼻中毛出、腹中如鐵石臍中水出等，治法亦頗有特點。另有麻藥方用于手術麻醉。除外科疾病外，該書還涉及婦産科、内科等，如治療難産、月經不調、乳癰及助孕種子等婦産科方藥，治療痢疾、瘧疾、黄疸、白濁、血淋、痞塊疾病等内科方藥。

本書收載外科症治内容豐富，特别是方藥羅列甚廣，可供臨床借鑒。

外科活人訣第一卷

外科十法　留餘堂經驗松坪半雲道人

第一内消法　内消者腫痛初起隨即用藥消散之凡病癰疽發背對口疔毒其初起增寒壯熱有似傷寒而痛偏着一處飲食如常者蓄積有膿也當初起時膿尚未成不過氣血乖違逆于肉裡耳外敷遠志膏或貼普救萬金膏内服銀花甘草湯即時消散若係疔瘡急宜刺破艾灸腫處搽上蟾酥餅貼以萬金膏内服菊花甘草湯隨即平伏菊

瘡治方藥

生於背曰發背肺經火毒也生於背下與心相對曰對心及心經火毒也生於腰曰腎俞發腎經相火之毒也生於肩脊名曰搭背右為肺火也左為肝火也生于手背名曰手發生于足背名曰足發脾經濕熱之毒也如蓮子之形者頭多突起有如蜂窠形者孔多肉陷外粧煨腐此二種須防毒陷大寒此瘡皆由膏粱厚味或六淫外客七情内傷所致積蓄不散以致營氣不從逆於肉理耳初覺腫痛即宜用藥消散之散而不去即用艾灸提膿等法癰疽之症始為熱中末傳寒中不可不察也

普救萬金膏　治一切風氣走注疼痛以及白虎歷節風鶴膝風寒濕流注癰疽發背疔瘡瘰癧跌打損傷腹中痞塊多年瘧母頑痰瘀血腹痛泄瀉小兒疳疾女人癥瘕諸症並貼患處咳嗽瘧疾貼背脊心第七椎下將此膏膏送取効神速倘貼後起泡出水此病氣本深尽為藥力拔出吉兆也祥不必懼怯切記切記一切等症其効如神

574 外科秘方

《外科秘方》，不分卷，三册，合訂爲一册。封面題“梅敦壽抄”。梅敦壽生平未詳。無序跋與目録。《中國中醫古籍總目》載録成書于清光緒元年（1875）。現藏于上海中醫藥大學圖書館。

是書乃以抄録驗方、秘方爲主的專科方書，載方近千首。全書以外科病方爲最多，亦可見内科、小兒、婦人、男科病方。除内服丸散之外，尚有外用之吹藥、洗藥、圍藥、貼方、塞藥等劑型，可謂豐富。書中所載外科病症如瘡瘍、疔瘡、膿腫、臁瘡、犬咬人、湯火傷、疳瘡、發背、楊梅瘡等皆有專治之劑，方中藥味不多。少則一味，如蒼耳膏，“治諸瘋風濕四肢拘攣一切瘡症，鮮者連根帶葉取五十斤洗净切碎，入大鍋子熟爛，去渣，熬成膏，磁罐盛之，用時用桑木匙于口内噙之，用黄酒送下”；多亦十餘味，如“陰症圍葯方”，有川烏、半夏、乳香、白芨、五味子、大黄、陳川粉、麝香、草烏、肉桂、没藥、白蘞、山慈菇等。内科病方有黄疸遇仙方、膈症神丹、偏正頭風秘傳神驗、休息痢秘方等。除内服丸散外，尚有内病外治之法，如“口眼歪斜，用蓖蔴子、麝香同搗如泥作餅，如歪右放左手心，如歪左放右手心，以滚湯貯瓶放葯上，將手伸之，燙之一周時立效”。小兒病方，如内服散葯鷄金散專治小兒食積，外貼膏藥小兒水瀉方貼臍治療小兒水瀉，蟾酥丸治痧症，益母草治痘毒等。婦人病載有血風瘡方，治婦人經脈不調。摩腰丹治老人腰痛、婦人白帶。男科如治遺精白濁，用煅牡蠣研細末，入豆腐漿一杯，清晨服食。書中抄録諸方，大多無出處。

是書雖爲三册，但三册之内容每有重複，一册中亦可見重複抄録者。所載方劑之療效有待驗證，可作臨證之參考。其抄録不循常規，亦無目録可查，應用不便。

口疳真秘方

舊竹箬一錢煅灰久年盖醬缸最妙人中白一錢 冰片三分

胡黄連 川黄柏 薄荷叶 山豆根 俱要晒乾為末不可見火再用青黛各一錢 月石 兒茶 雄黄各分 共研末吹之

咽喉百病方

蟢蛛繭八个炙灰 枯礬二分 雞肫脛五分炙

共研末吹入有吐沫嚥下不可吐出即消

牙痛立效方

巴豆一粒 研爛為丸將棉色塞入耳内隨左右不可失在耳内否則作爛出膿慎之

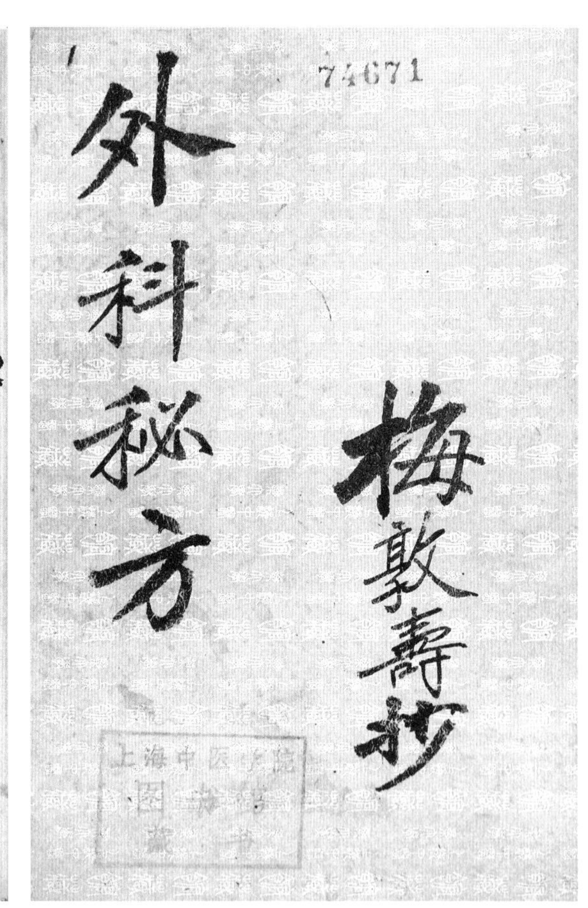
74671

外科秘方

梅敦壽抄

575 外科秘授著要

《外科秘授著要》，不分卷。清程讓光撰。程讓光，新安（今屬安徽）人，官吏，通經史，兼知醫藥。據書前葉祖一序可知，書成于清乾隆三十六年（1771）。序言四葉，無目録，正文一百零四葉，約二萬一千字。書後附有“山陰倪涇初先生手定”之《治痢瘧奇方妙論》，末題“壬子捌月撫吴使者麗川氏記”，字迹與前相同，推測此書抄録于1792年。今存梅少庚鈔本，現藏于上海圖書館。

本書是論述外科疾病病因病機、治療方法的專著。首論癰疽，作者認爲，凡身不熱、脈洪數者，癰也，乍寒乍熱必生瘡毒，洒淅惡寒，若有痛處，必發癰疽。瘍科諸毒，是膏粱之變，多由胃蓄積熱，延久致氣血凝滯而成。癰者，壅也；疽者，阻也。雖有輕重之分，而治法則同。其後列出癰疽方真人活命飲：貝母、天花粉、乳香、沒藥、甘草、陳皮、皂角刺、歸尾、穿山甲、防風、白芷、金銀花、赤芍、甘草，加地丁亦可，治一切癰疽或痛或不痛，用于未潰之先及初潰之際。又如臁瘡一症，作者認爲自膝以下，小腿外臁，由膽、胃、膀胱三陽經從頭走足而終，爲易治；小腿内側，由肝、脾、腎三陰經從足走腹而終，難治。認爲内臁瘡口開闊，皮肉潰爛，臭穢可畏，蓋此症由于脾胃積熱，肝腎鬱毒，熱氣凝滯，聚血成痰，痰流注作膿，毒氣脹腫，故多苦楚。治之以“桐油膏”：“百草霜、髮灰、乳香各三錢，黄丹三錢，鹿角灰二錢。用桐油煎成攤貼，血虚痛甚尤宜。如年久黑紫者，先用爐灰膏去瘀腐。”除癰疽、臁瘡而外，本書還論述了疔瘡、乳癰、下疳、横痃便毒、痔瘡、鵝掌風及部分五官科疾病的診斷和治療。

本書行文流暢，醫理清晰，可供外科臨床參考。

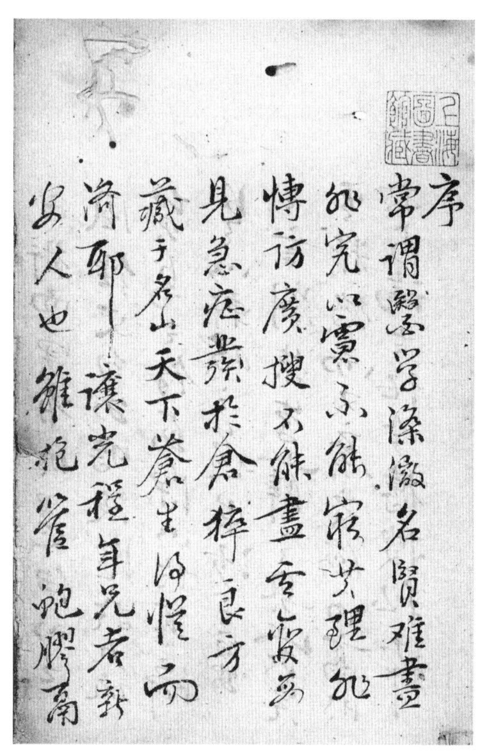

序
常謂醫学深微名賢难盡
其究以寡示能窮其理其
博訪廣搜不能盡吾家所
見急症崇於倉猝良方
藏于名山天下蒼生得惺而
濟耶 讓完程年兄者歙
安人也 雖絶省翹勝南

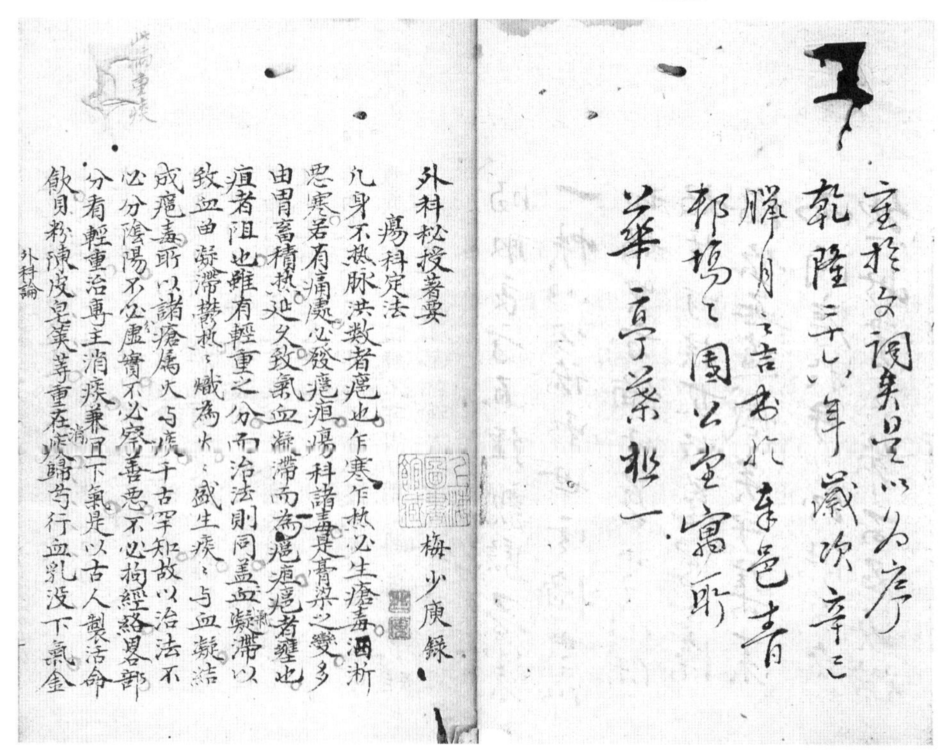

外科秘授著要
瘍科定法　梅少庚録
凡身不熱脉洪數者癰也乍寒乍热必生瘡毒洒淅
惡寒若有痛處必發癰疽瘍科諸毒是膏粱之變多
由胃蓄積热延久致氣血凝滯而為癰疽癰者壅也
疽者阻也雖有輕重之分而治法則同蓋血凝滯以
致血由凝滯鬱热々熾為火々盛生痰々与血凝結
成癰毒所以諸瘡属火与痰千古罕知故以治法不
必分陰陽不必虚實不必察善悪不必拘經絡界部
分看輕重治專主消痰兼豆下氣是以古人製活命
飲用粉陳皮皂莢等重在消痰歸芎行血乳没下氣金
外科論

室於文詞矣是以為序
乾隆二十六年歲次辛巳
臘月之吉書於東邑青
邨塢之園公室寓所
華亭葉樹一

出血過多

黑地黄丸

生地黄一斤　北五味半斤　棗肉半斤

茅蒼朮一斤　黑乾姜半斤

正鄉丹

大理石一兩　冰片五厘　井泉石二分　乳香　沒藥

穿山甲煅一錢　研極細末以豬膽調抹如有孔以燈草蘸藥入孔濕則乾掺如無膽汁津液調塗

又方　蛤蚆胆　朴硝和勻　臨用加冰片吐津搽上

凡痔漏有管有塊者用此熏洗自軟　三棱　莪朮各四錢

有大塊加獨活　防風各一兩　金銀花　皮硝各弍兩　荊芥

白芷各半兩　雄黃二錢　文蛤一兩　桃柳榆槐枝各七寸　韭根一兩　水煎日熏三四次　煎三日換　洗至七日塊自軟　臨沂云是痔之塊皆用此熏洗

臁瘡

自膝以下小腿外、臁由胆胃膀胱三陽經從頭走足而終為易治小腿內側由肝脾腎三經從足走腹而終难治因內臁有三陰交穴此處患瘡極难收斂若生於臁骨間骨上肉少皮薄此瘡最重至有多年不愈瘡口開闊皮肉潰爛臭穢可畏蓋為此症由於脾胃積熱肝腎鬱毒熱氣凝滯聚血成痰是以瘡毒

臁瘡　十八

治痢瘧奇方妙論　山陰倪涵初先生手定

痢為險惡之症生死所関不惟時醫治之失宜而古今治法千家多不得其道是以不能速收全効今立方何以為奇不泥成法故奇也立論何以妙不腴成説故妙也然其藥品又不外乎常用而已有識者切不可更張勿為庸醫所誤遵而用之百試百效

初起煎方

川黃連一錢二分　條芩一錢二分　白芍藥一錢二分　山查肉一錢二分

痢瘧方

三錢

凡瘧暑後冬至前或間日或非時纏綿日久須治瘧毋予嘗酌定此方服不半料遂全愈收功

壬子捌月撫吳使者龎川氏記

576 外科症治方藥

《外科症治方藥》，不分卷，一册，殘本。不著作者，無封面，無序跋及成書年月等相關信息。是本行楷抄寫規範，字迹工整，朱筆斷句，用紙大小不同。大者較多，每半葉八行，每行二十一字；小者亦每半葉八行，每行二十四字。現藏于上海圖書館。藏館著録爲清鈔本。《中國中醫古籍總目》未見收載。

是本首録“治癰疽發背十法”，前兩法已無，第三法部分缺失。次録“外科症治方藥”，先簡論病名、病因、病機、治法，後附方藥及炮製之法，偶附注病證注意事項。其中載録外科病證四十七種，附方七十餘首。第三部分以略小紙張抄寫“大麻風”“癩風”“咬傷”三種論治，篇首注明“此三種俱係外科正宗抄寫”。第四部分以别樣紙張爲封面寫“後附雜方”，載方約四百首，涉及内、外、婦、兒各科，選方多簡便。部分方首注有“驗過”字樣，如治小兒口瘡立效方；亦見“治猪頭風神效”方首注“不驗”一例。另“燒陰症燈火法”圖文并茂。書末録“跌打奇方”數頁，亦殘缺不全。

是本編排雜亂無章，但所録内容多簡明扼要，實用性强。“治癰疽發背十法”中，著者自云：“已上十法乃治癰疽發背之大綱，大者可爲，小者可知也。予生平善治外症，其心法全在于此。”所録“雜方”多簡便易得，且有使用經驗標注，當是以臨證實用爲標準精選編集的。是本可供臨床參考。

外科症治方藥

生于背名曰發背肺經火毒也生于背下與心相對名曰對心發心經火毒也生于腰名曰腎俞發腎經相火之毒也生于肩眷名曰搭背右為肺火左為肝火也生于手背名曰手發生于足背名曰足發脾經湿熱之毒也有如蓮子形者頭多突起有如蜂窠形者孔多肉陷外結螺靨此二種須防毒陷大率此症皆由膏梁厚味或六淫外客七情内欝所致積聚不散以致營氣不從

法也若癰疽潰後膿血去多変為角弓反張手足搐搦肢体振摇而發痙者用十全大補湯間有可生者當此時勢性命急如懸縷司命者宜叮嚀反復熟思而審處之

第十將息法○凡病中設有挾風寒者即宜断去葷腥油膩微服散藥俟外邪祛盡再用滋味調補大抵將息癰腫不可缺少滋味以血肉能生血肉然不宜過多使肉氣勝穀氣更忌生冷滞氣之物恐反傷脾胃耳並宜避風邪戒嗔怒寡思慮少言語競競保養為貴至于病後將息毒大者三年内宜遠幃幙毒小者期年内宜遠幃幙犯之則成虛損或成偏枯或減天年不可不慎也其他戒怒慎風亦須常作有病時想

已上十法乃治癰疽發背之大綱大者可為小者可知已予生平善治外科其心法全在于此約而能該確而可守也至如周身上下所患之病名備載于後以資參考

後

大痲風　　此三種俱係外科正宗抄寫

大麻風症。乃天地間異症也。但感受不同。有體虛之人。因驟被陰陽暴晒。霧露風雨之氣所侵。感之不覺。未經發泄。凝滯肌膚。積久必作。又有房慾後。體虛為風邪所襲。或露卧當風。睡眠濕地。或洗浴乘涼。希圖快意。或風水所招。世代番襲。此等相感。俱能致之。其患先從麻木不仁。後發紅斑。久則破爛浮腫無膿。又謂皮死麻木不仁。肉死刀割不痛。血死破爛流水。筋死指節脫落。骨死鼻梁崩塌。有此五症。俱為不治。又曰。心受之。先損於目。肝

茯苓　紫蘇　陳皮各錢　白朮陳土炒　半夏　桔梗　白芷各七分　甘草炙五分
生姜三片　水煎服

十全大補湯。峻補氣血乃扶危定傾之大藥。為收功保命之神丹
人參　白朮陳土炒各三錢　黃芪五錢蜜炙　茯苓一錢　当歸一錢半　大熟地二錢
白芍酒炒一錢半　甘草炙八分　川芎　赤桂去皮各五分　大棗五枚　姜三片　水
煎服。虛甚者更加附子鹿茸

六味湯。壮水之主　以鎮陽光　凡腎經真水不足　虛火上炎　脉數有熱
者宜此。　大熟地四錢　山萸肉　山藥各二錢　丹皮　茯苓各一錢五分

澤瀉一錢　水煎服

八珍湯。即十全大補湯去黃芪肉桂是也

歸脾湯。治思慮傷脾　營血不足　睡卧不寧。　人參　白朮
当歸　棗仁炒　白芍各一錢　黃芪一錢半　遠志去心甘草水泡炒　甘草炒各五分
木香五分另磨　元眼五枚　水煎服

香砂六君子湯。理脾化痰　温胃進食。　人參　白朮　茯苓　甘草炙
陳皮　半夏各一錢　砂仁　藿香各八分　姜二片　棗三枚　水煎服

桂附八味丸。益火之原　以消陰翳　凡腎經真陽不足　火衰不能生土

577 外科傳薪集

《外科傳薪集》，不分卷，一册。目録頁署“孟河馬文植培之著”。作者馬文植（1820–1903），字培之，晚年號退叟，江蘇武進人，爲明清孟河醫派四大家之一。三世爲醫，均負盛名，曾應詔入京爲慈禧診病，治愈獲賞，聲望大振。馬氏研究外科頗有心得，著有《外科傳薪集》《馬培之外科醫案》《馬批外科全生集》等書。書前有無錫名醫周小農（原名鎮，字伯華）所作序言。據序言中提及壬辰歲初來看，成書時間當不晚于1892年。是書曾爲裘吉生收藏，序言頁有“紹興裘氏”“讀有用書樓藏書章”與“中華書局圖書館藏書”三枚印章。裘氏將此書收録在1936年刊行的《珍本醫書集成》中，據該本中諸多改錯、乙正符號、旁注和所夾小紙條，以及外封所寫“珍38”字樣，疑爲當時的工作底本。書末附《許恒君傳用法》，根據序言所述，許恒氏當爲馬培之的再傳弟子。是書現藏于上海辭書出版社圖書館。

是書無理論闡述，以方繫證，記載外科疾患常用驗方二百餘首，多爲丸散膏丹，幾無湯劑。治療的疾病涉及疔瘡、癰疽、瘰癧、眼耳、咽喉、牙齒等。每方名下簡述證候，羅列藥物，説明使用方法，對外用藥和膏藥則説明其配製與用法。如“鐵箍散”：“研細末，用陳米醋一碗，杓内慢火熱至一小杯，候起金色爲度，待温，用上藥末攪入膏内。每用燉温，用新筆塗，以棉質蓋上，根自全收不散。”書末《許恒君傳用法》篇幅較短，有驗方二十餘首，其中有關于外科膏藥和瘡瘍癰疽等方面的理論闡述，如“用膏藥法，瘍堅而屢塗難陷，突者不用，如深而膿左右注乃用。瘍潰，膏藥不可嫩，宜老而薄，庶易於貼耳。惟貼傷要嫩”。

是書名爲“外科傳薪集”，意爲傳續外科精華。書中方名如“仿西洋眼藥”“戒烟丸”“衛生丸”等，均有顯著的時代特徵。

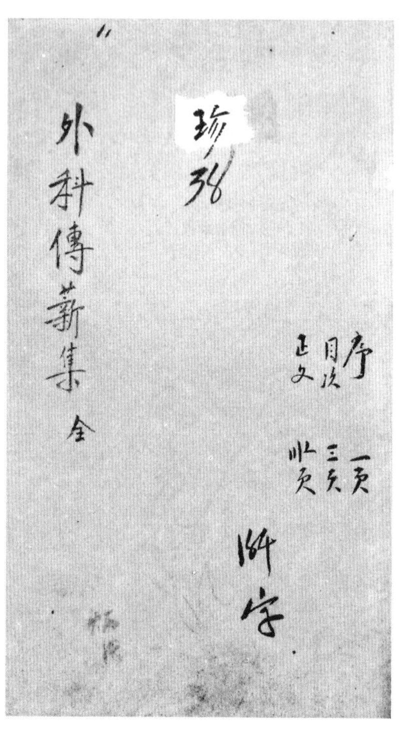

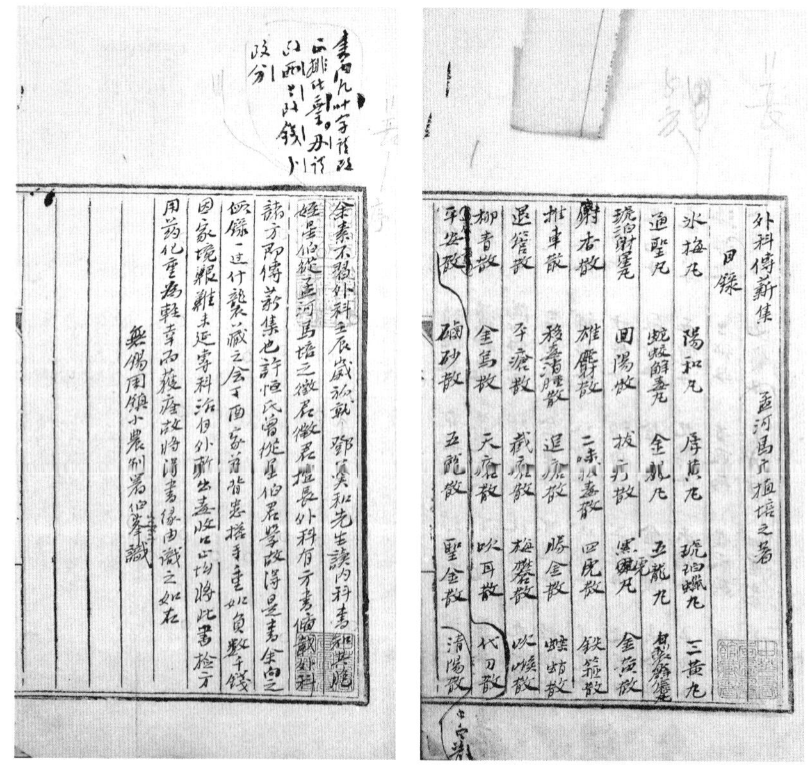

通音丸　消管丸　鯉鱗丸　蠲痺丸　仙茄丸

治老人不睡丸　截瘧丸　致和丸　戒烟丸　痧丹丸

衛生丸　尊生丹　胃炎丹　伯眼药　水眼药

眼藥　止嗽藥　以下共九方用方

痘花散　八寶丹　吹藥　吹药　癬毒丹

翠雲散　珍珠散　梅花丹　寒痰丸　化毒丹

拔药　眼癬用　蛇床子散　提疮药　紅膏药

黑瘡藥　伯瘡药　[illegible]

臁瘡膏　黃連膏　夾紙膏　夾紙膏　烏金膏

清涼膏　玉仁膏　北庭丹　蛇咬解毒丹　人參胎産金丹

秘藥餅　神燈照　專治頸項瘰癧痰核馬刀失禁等症方

一掃光　紅礬丹　紫砂膏方　咽喉痧方　陽和解凝膏

五毅丸　頭耳諸瘡方　臁瘡頭瘡方　小兒頭瘡方　根毒膏

治囊漏　專治洗囊風　敷藥方　藥絡膝

耳出黑膿　耳中膿水不乾方　專治頭面一切疔瘡丸　紫霞錠　拔毒黑虎散

癬藥　治俗丹　戒烟丸　長肉膏　生地膏

百部膏　腐氣膏　木腐散　消腐散　英武戒烟丸

治製半夏　小鱗酥丸　清涼散　木腐丹　八寶丹

药堍肚方　癩疥木金　腐科心法　外科全鐘　必勝

外科心集　咽喉指掌　[illegible]集

578 外證知要

《外證知要》，不分卷，一册。無目録、序跋，首頁鈐圓形“中國科學院圖書館藏”朱印。每半葉十行，每行二十一字，共三十九頁。《中國中醫古籍總目》載録爲清鈔本。現藏于中國科學院上海生命科學信息中心生命科學圖書館。

是本在内容上可分成兩部分，一爲有關外科證治的論述，一爲外科常用方劑，多爲經方、名方等。再詳論述部分，係從宗外科流派中的“正宗派”而來，辨證以“内外”爲先，并對當時社會上單純以外治法治療外科病證的弊病進行批判。如論曰：“不知内者何以知外？内理既明，則外症末焉者也。今嘗專行外者，經絡臟腑脈息徒伏外治之法，必多誤人之處，不可不慎。”具體辨證則强調八綱爲主，如論曰：“瘡瘍名雖多，治法則一也。所要者，分辨陰陽表裏虛實，分辨既明，則用藥自然無誤矣。”

是書處方用藥工整可觀，如論瘡瘍内治法：“瘡瘍初起内治之法，宜用仙方活命飲，輕則以荊防敗毒散加減治之；能消散者用内托之法，以透膿湯、托裏消毒散、神功内托散加減治之；恐毒内陷，當服琥珀蠟礬丸，解毒護心最善之法。”可爲現代外科臨床醫生參考。

甘草　麥冬　淡竹葉　止血消斑功效靈

少陰君火司天大氣下臨金之畏故肺氣上從而病肺

凡少陰司天則陽明燥金在泉故燥行於地而病肝

歲子午心火位南方其化以熱少陰司天熱淫所勝民病胸煩熱嗌乾（少陰火）右胠滿（肺主右胠）膚痛（肺主膚皮熱不得越而痛）寒熱咳喘吐血血泄（火迫大腸）鼻衄（鼻為肺竅）胕腫（肺不能通水道）肩背臂臑及缺盆（肺脈所過）肺䐜（音嗔脹也）心痛（心肺上）腹大滿膨膨而喘咳病本于肺（皆火盛尅金也）

歲子午陽明在泉燥淫所勝民病嘔苦（金乘甲膽所致）心脇痛不能反側甚則嗌乾面塵身無膏澤（皆燥所致）足外反熱（靈樞以諸症為少陽胆病嗌乾面塵為厥陰肝病皆金勝木也）

太陰濕土司天濕氣下臨水之所畏故腎氣上從而病在腎陰

凡太陰司天則太陽寒水在泉故寒行于地而病心脾

少陽相火司天火氣下臨金之所畏故肺氣上從而病肺

歲丑未（脾土位中央其化以濕）太陰司天濕淫所勝民病胕腫（腎為土尅不能行水）骨痛（腎主骨）陰痺腰脊頭項痛（腎主督脉）時眩（下元）大便難（腎病亡液）饑不欲食（胃熱消穀善饑脾虛不能食）咳吐有血（腎損）心如懸（水不濟火）病本于腎（皆土勝尅水）

歲丑未太陽在泉寒淫所勝民病少腹控睾（腎子）引腰脊衝心痛嗌痛頷腫血見（皆水尅火）

歲寅申肝胆位東方其化以火少陽司天火淫所勝民病頭痛發熱惡寒而瘧（少陽居半表半裏）皮膚痛（肺主皮毛）傳而為腫身面胕腫（少陽相火沖逆而上肺水不調水隨火溢散于陰絡為水腫故諸病胕腫皆屬于火也）腹滿泄下赤白瘡瘍（熱傳肌膚）欬吐血煩心（煩出于肺火尅金也）胸中熱鼽（音求鼻流清涕曰鼽）

傳授不敢用針所謂養癰遺患毒必內攻或膿尚未成或瘡形板硬虛腫無膿者皆不可針悞開如殺人也不可不慎既開之后內治之法以大補氣血為主有餘毒者兼清滲解毒補血以四物湯補氣以四君子湯補中益氣湯之類氣血兩補則用八珍十全之類是也外治之法先用巴膏貼之次用葱歸條膿湯以絲綿醮湯洗去其腐軟紬拭乾看其瘡內有無膿腐如腐多者宜上降丹或上藥線仍以巴膏蓋之一二日再洗再看腐肉不得脫者當用刀剪輕之去之無名師傳者不可動手仍用藥線令其自化為妥或肉色不紅新內不長宜用升丹仍以巴膏蓋之如腐脫膿盡則以生肌散玉紅膏之類收斂之後仍服甘溫育養氣血為主

陽證初起

荊防敗毒散

桔梗　羌活　獨活　前胡　柴胡　川芎　人參

茯苓　枳殼　甘草

托裏

透膿散

黃芪　山甲　川芎　歸尾　皂角針

托裏消毒散

579 朱氏醫案

《朱氏醫案》,四卷,一册。清朱懷剛撰,是書封面有印章一枚。有道光十九年(1839)其侄琴舫氏序,序中感嘆“醫道之不明於世也久矣”,呼籲醫者要重視瘍科,治病要詳細辨别,不可不加深察。其後有道光十三年(1833)朱氏同里陸我嵩所撰《朱懷剛先生小傳》,從中可知朱氏名費元,字懷剛,號杏村,青浦(今屬上海)人,從汪孝先先生習醫,善瘍科。據《讀〈瘍醫探原論〉記》所言朱氏“年六十有五,積勞成病,卒於道光十二年之冬”語,可知朱費元生于乾隆三十三年(1768),卒于道光十二年(1832)。《小傳》中又有“乃余癸巳(1833)歸自閩,聞君作古,國工殂謝,良足悲已,夙喜所爲《探源論》,因傳君志行爲,撮叙於篇”字樣,從中可蠡測該鈔本當成書于此間。現存鈔本,《中國中醫古籍總目》題作“朱懷剛醫案”,藏于上海中醫藥大學圖書館。朱氏尚有鈔本《臨證一得方》傳世,内容與該本相似,可互爲參考。

卷一爲首部,論述頭面部疾病,包括耳、舌、顴、牙、口、髮等部的癰、疔、疽等證共三十種;卷二爲咽、喉、頸、項部疾病,包括喉風、咽痛、乳蛾、喉癰、腦疽、頸疽等二十種病證;卷三爲“上下身内癰部”,涉及蜂巢疽、發背、纏腰火丹、少腹疽、膀胱疽、吹乳等三十五種病證;卷四爲“手足發無定處部”,論述漏肩風、肩疽、鶴膝風、魚肚疽、臁瘡、疔瘡等四十種病證。醫案之後,朱氏還對瘍科相關的學術理論進行闡發,認爲元氣乃決定人生死存亡的根本,體現出朱氏重視元氣的思想。病證記載詳略得當,部分病證後有“覆”“再覆”“三覆”。然方劑則僅論述其用藥組成,未標注藥物劑量。對病症的臨床表現及治法治則記載詳細,如耵耳“祛風散邪爲治”,上顎癰“清潤爲治”,背疽毒“補中益氣東垣成法可遵”。最後附“大頭瘟”“蛤蟆瘟”兩證。

是書論述一百三十餘種瘍疾的病因、主證、治法和處方，言辭簡潔，力求實用，于臨床上瘍、疽、癧之類病證的治療有一定參考意義。

序

嗚呼醫道之不明於世也久矣豈獨瘍科延哉而於瘍科爲尤甚病
之者既視爲膚毛之事不加深察醫之者亦不究厥由來畧知一二輒淺
亦尔何怪流毒靡已枉死載途也乎求有討論而悉其源臨證而得其效
者卒不數覯吾邑豈事斯而實由讀書閱歷本心得以立言啟後者厥惟
杏村朱先生先生賦性謙和造詣深邃不泥古不好奇以元氣爲根本
以刀鍼爲末務所著瘍醫論一篇獲效方四卷啟靈樞之秘生面獨開
宏胞與之懷婆心一片宜其得心應手持危扶顛迄今猶遠近爭頌也今
令似季莊先生持以請序於予翻閱再過覺方論精切實堪發聾振聵壽

世福民益信人言之不我欺也彼豆塞耳者烏足以語此乎予和醮嗜醫術
以公車南北有志未逮讀是書此心不覺怦然復動乃命男駿寶執贄修
弟子禮侍立門牆獲窺美富誠能採論以立體究方以妙用廣其
傳而活人濟世即不為良相作良醫之意云爾余雖不文亦茍洵而
為之序并囑駿寶持呈太古莊先生尾之筆見非獨於候蕉之誠
也
時
道光十九年春三月望日愚侄俛皋琴舫氏頓首謹撰

朱懷剛先生小傳

君諱藝元字怀剛麦浦朱氏居東北鄉崧子里父澄基生四子君之序最長早
歲失恃多讀書雖崔氏減殺備至崔亦忘其既已出也從任家背為派李授宏楮柱
門戶業漸廢因從汪孝先先生習醫尤究心痛科痛科俗稱易習人多輕
之君獨探闡奧究陰陽之變表氣候辨虛實寒熱虛實之異同與夫方書服食之
而而於東往哲製藥劑倍務不憚炎不畏候必求其效治徵為年致所在懷
歲任擬擢常滿仍慨係之治痛因兼作痛醫於是探究論大致從人敬元氣以
生死痛者亦必視元氣存亡決生死從治痛者外證轉用刀針戕賊元氣不知
外證本由內證元氣先受毒氣隨熾若觸毒浸淫間由傳染皆郁之所湊
其氣必虛遍以刀鍼傷其元氣是猶援溺于井而下之石也東垣立疏通託裏
和營衛三法未成者疏通自消已成者託裏自潰已潰者和營衛自斂
從肌肉腐敗前因元氣鼓舞易效亦易治若鍼砭厥後多有失法世久失
傳俗拘緩節膜你淺嘗者且失猶慎傷元部位稍差立致損殞是以
名家方論動色於戒間有刀針奏效者大都極淺之證不用刀針亦自能潰
能飲從不致內服外敷係元託毒之劑務論共千五百餘言委曲詳盡
發前人所未發是為外科圭臬然君常以治痛名未許者多傷寒雜症
知理固內外一貫也性尤肫摯樂善酬幣所入撫分閭族威僅堪饑里有
鬻婦者嘗助資完之所著陰證一得四卷子薰孫皆業儒益能世其學
贊曰余與君累世戚好村居相距四五里故知君甚悉術獨你蓋減未濟
人迴異庸俗之所治而不泥以方脈自囿者也迺余癸巳歸自閩聞君
作古國工殂謝良足悲已風喜所為採除論因君志行為概敘於篇
嵩
道光十三年歲次昭陽大荒落辜月同里姻世姪陸我嵩拜撰

目録

瘍醫探源論

人之所賴以生者元氣也，存則生，亡則死，亦大彰明較著矣。故視病之生死，必視元氣之存亡，則百不失一。至於疾病之際，又貴有以保全之。寒熱攻補，一不得其道，即臟腑受傷，邪易入，氣無附而傷矣。是人之一身，何處不宜保護？何藥可以輕嘗？而俗謂瘍科外證，可以刀鍼亂試，致戕元氣乎哉！況乎外證之生，半由内病，薛氏立齋已創論於前，如癰疽發背、流注、流痰、瘰癧、乳巖等證，或由元氣先虧，毒氣因之内熾，致成外候，或毒氣内攻，有損元氣，不勝枚舉。雖觸毒浸淫等間有外致，然邪之所湊，其氣必虚，未有正氣未虧而毒邪能禍者也。若正已虚而復刀鍼以洩其元氣，是猶救人於井而下之以石也，可乎否乎？或曰：膿熟不鍼，將毒氣内滔，腐化深大，奈何？余曰：此未道[illegible]

麦冬 川貝母 廣橘紅 海浮石 淡海粉 合六君子湯

時邪毒熱，疳未定也。
鮮生地 人中黄 炒澤瀉 烏犀角 淡竹葉 赤茯苓
鮮石斛 炒黄芩 羚羊片 大力子 象貝母

牙疳未定，並感風邪，牙叉腫脹不利，痛引咽喉，清化施治。
粉葛根 玉桔梗 澤瀉 人中黄 滑石 炒僵蚕
知母 象貝母 炒黄芩 炒大力子 羚羊片

覆方 烏犀角 鮮生地 黄芩 人中黄 炒川柏 西赤芍
鮮石斛 象貝母 炒僵蚕 炒澤瀉 蘆根

再覆去赤芍，加青黛、凡淡竹葉。

斑後生疳，身熱煩躁。
烏犀角 粉丹皮 羚羊角 連翹 天竺黄 人中黄
鮮生地 生石膏 杏仁 象貝母 燕竹葉

毒熱牙疳，寒熱不退，定也。

牙疳 青腿牙疳

580 全體傷科

《全體傷科》,又名《全體傷科提要》,三卷。無序跋。撰者與成書年代不詳。現存清王焕旗鈔本,《中國中醫古籍總目》載録爲清鈔本。藏于上海中醫藥大學圖書館。

卷一論述跌打損傷的治則、引經法、生死定訣、脈訣,介紹治療的十難法、十害法、骨格醫法、醫穴道法、天時地利人事用藥法、四時用藥法、臨證用藥法及五絶看法。認爲"傷科之要,專從氣血分别""跌打損折曰傷,毋論何經之傷,必歸於肝";强調辨證論治,望聞問切,須"審其人之老少,察其稟之厚薄,詳其表裏虚實,究其輕重根源"。卷二列跌打損傷主治、斷骨脱骱整治、頭額損傷、太陽穴傷、眼珠鬥傷、鼻樑骨斷、下頦骱脱、嘴唇損缺、咽喉勒斷等三十八條,介紹各部位跌打損傷的具體治法及方藥。如頭額損傷:"頭顱額角,刀斧破傷,與戳傷不同。即以金瘡藥敷上,護風爲要。尤須診脈,沉細者易治,洪大者虚而難醫。如損骨先療骨,損肉即化肌,護風托裏散而愈。"又如腰骨折斷:"腰骨重傷不治,輕者貼接骨膏,服補腎和氣湯,調經藥酒。"卷三爲全體傷科方,載接骨膏、封口金瘡藥、琥珀膏、和傷琥珀丸、吉利散、七厘散等藥方九十四首及熏、吐、行、熨、罨、禦、窨等療法。

是本内容豐富,詳細介紹各部位跌打損傷的具體治法及方藥,簡明扼要,有論有法有方,可供臨證借鑒。全書共載醫方百餘首,既有内服湯藥,又有各種外治療法,是一部内容實用、通俗易懂的傷科專著。

581 吴氏秘傳傷科摘要

《吴氏秘傳傷科摘要》，不分卷，一册。不著撰者，成書年代不詳。無序跋與目録，書名係藏館注記。全書一百葉，計約一萬九千字。《中國中醫古籍總目》載録成書于1911年。現藏于上海圖書館。

全書可分兩大部分：第十二葉之前，述人體穴位與傷科的關係，所指穴位并非針灸治療穴位，而是可導致人體傷害的外傷穴位。書中認爲："凡人周身之穴，一百零八個要緊之穴。七十二個小穴，傷者不至大害；三十六個大穴，傷者至殞命矣。"又云："肺底穴，打中者鼻孔流血；右乳上中下三穴爲氣海穴，打中者發寒發冷；左乳上中下三穴爲血海穴，打中者吐血下血……"第十三葉後談外傷病的内服藥物治療。作者重視"七厘散""跌打損傷十三味煎"二方的運用，并加以詳細介紹。七厘散："麝香五分，冰片五分，硃砂五錢，紅花六錢，乳香六錢，沒藥六錢，兒菜一兩，血竭一兩。共爲細末，磁瓶收貯，黄蠟封口。專治跌打損傷、骨斷筋折、血流不止者，乾敷傷處血即止。不破皮者用燒酒調敷，并用藥七厘酒冲服。"跌打損傷十三味煎："五加皮三錢，肉桂一錢，枳殼一錢，廣皮一錢，杜仲一錢，五靈脂一錢，蒲黄一錢，香附一錢半，青皮一錢，歸尾一錢，劉寄奴一錢，延胡索二錢，加陳酒八兩煎服。"以上二方，每每見于書中，如華蓋穴，"直拳打中者，人事不省，血迷心竅，乃傷周身血氣然。服十三味煎方，再用七厘散二分，用粥湯補。"本書後二十六葉介紹瘡瘍、癰疽方劑，體例同外傷方劑。可供骨傷科臨床參考。

吴氏秘傳傷科摘要

凡人週身之穴一百零八個要緊之穴七十二個小穴傷者不至大害三十六個大穴傷者至殞命矣今將三拾六個大穴録之七十二個小穴亦不必録然而週身内外之穴亦不至一百零八而其他之穴亦不録耳惟此三十六個大穴已畧不霙恐有悞耳故將三十六個大穴併按穴主治方書左

華蓋穴打中者不省人事血迷心竅後為肺底穴打中者鼻孔流血右乳上中下三穴為氣海穴打中者發寒發冷左乳上中下三穴為血海穴打中者吐血下血乳上兩傍為一計害三俠者心肝肺也心口中為黑虎偷心打中者立刻眼目

仔細看准穴道自無悞矣凡人口角相争打傷者感冒風寒發熱頭痛外感之症先用解肌湯發表然後用小柴胡湯加減治之表邪去後方可治傷慎之慎之

以上傷方開列於右

跌打損傷十三味煎藥方

五加皮錢半 肉桂一錢 枳殻一錢 廣皮一錢 杜仲一錢 五靈脂一錢

蒲黄一錢 香附錢半 青皮一錢 归尾錢半 劉寄奴一錢 延胡索二錢

加陳酒八两煎服

加減十三味煎藥方

赤芍錢半 归尾一錢 紅花一錢 香附錢半 延胡錢半 桃仁一錢

毛姜錢半 山稜錢半 蓬朮錢半 青皮一錢 烏藥一錢 木香一錢

蘇木一錢 砂仁錢半 生軍二錢

引葱白三根陳酒八两煎服

奪命丹跌打損傷筋断骨折併遠年老傷不時舉發

三服全愈

赤芍二錢 山稜四錢 原寸二錢 归尾錢半 土狗二錢 灵脂二錢

蓬朮錢半 烏藥二錢 九節菖二錢 地鱉虫八分 硃砂二錢 肉桂二錢

延胡二錢 陳皮二錢 血及八分 香附四錢 桂枝二錢 羌活二錢

川貝二錢 枳殻二錢 前胡二錢 然銅八分 葛根二錢 杜仲三錢

毛姜二錢 桃仁錢半 蘇木四錢 青皮二錢 加皮八分 蒲黄二錢

582 金瘡跌打接骨藥性秘書

《金瘡跌打接骨藥性秘書》，不分卷。題安南伯鄭芝龍飛虹輯，潭陽余自榮維星校。鄭芝龍，明末清初將領，又名鄭一官，字飛黄（一作飛龍、飛虹），南安（今福建泉州）人，爲鄭成功之父。歿于1661年，可知此書輯于明末前。書前後有印章數枚，如“茶香”“石甯印”，有幾枚難以識别。書中有“此方余家世傳十數代以來”字樣，可見爲祖傳方書。瞿家棣抄，抄者生平不詳。現存鈔本，藏于上海圖書館。《中國中醫古籍總目》未收載。

本書載有《金瘡賦》《按脈論》《行拳法分輕重論》《打人論》《用藥急救》《治一切金瘡封藥集》《治一切損傷敷藥集》《秘傳跌損丹散集》《秘傳煎藥集》《運熏灸倒四法去宿傷方》《秘授跌打損傷要訣》《秘受方一卷》《金瘡論》《接骨諸方》《金瘡不治症》《接骨議論方》共十六篇。其中，《治一切金瘡封藥集》列有止痛生肌散、桃花散、封藥方、金瘡收口藥、喉管封藥全法、八寶升藥；《秘傳跌損丹散集》列有奪命丹、東瓜散、勝金散、吹鼻散、開牙散、行血散、紫金丹、七厘散、八厘散、閃氣散、五勞七傷丹、鬱金散、立救杖刑將死飲之即生治跌打接骨散；《秘傳煎藥集》載有邊成十三方、定痛湯、清心降火飲；《運熏灸倒四法去宿傷方》詳述運法、熏法、灸法、倒法以及跌打損傷方應驗真方。《秘受方一卷》載方六十餘首，題有“誠意伯傳”字樣。誠意伯，即劉基，字伯温，浙江青田人，民間有“上有諸葛孔明，下有劉基伯温”的稱道。《接骨諸方》載方三十二首，均爲内服藥。《金瘡八不治》指出：“犯此八者不治，除不治外，復視其血脈，未出宜洪大，已出忌洪大，脈虚細沉小生，數實浮大死，所傷處出血多，脈微緩生，急疾死。”

本書條理清晰，方藥衆多，所列藥方多注明治療病證、組成、劑量、製法以及服食方法，簡單易用。

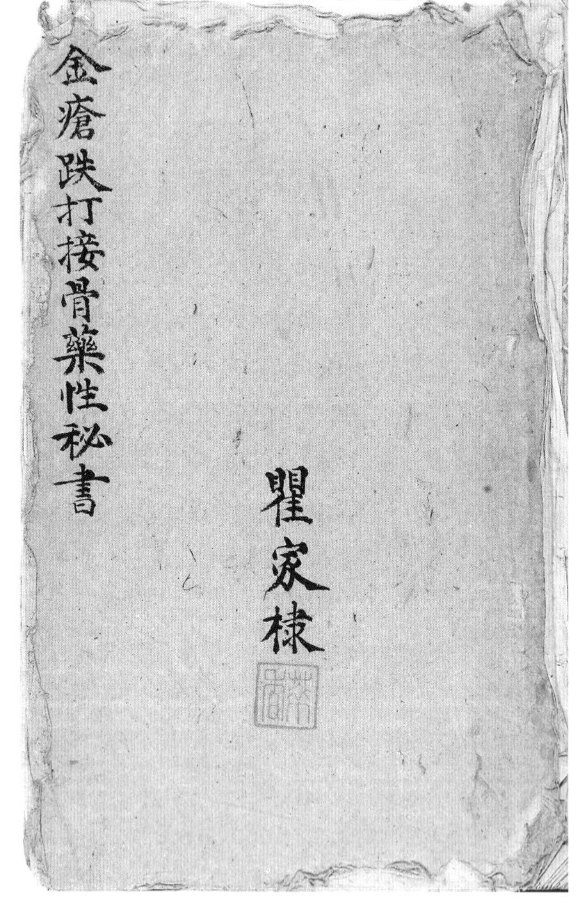

結靨三朝證治門

一痘至于二日後當結痂而漸靨靨自上而下為順自下而上為逆其遍身靨矣而有類顆不靨難以求生猶蛇退雖一節被傷不能退亦是此也

一痘結痂從唇上頭面次第收靨至足者不須服藥為順而吉也若有他證照後治之

一痘當靨不靨泄瀉寒戰咬牙爪破此虛寒也宜用異攻散保元湯觸穢胃寒黑陷不靨發痒者前湯調下無價散外用祛穢散薰之

一因服辛熱藥太過以致熱毒猖狂氣血泛濫痘爛不靨者內服

583 金瘡鐵扇散醫案

《金瘡鐵扇散醫案》,不分卷,一册。係介紹“奇方”金瘡鐵扇散的專著。内載應用金瘡鐵扇散的醫案實例十數則,題爲“余杭沈大潤雨蒼氏述”,所記述醫案皆在乾隆二十二年至二十八年(1757–1763)之間,故該書約抄于乾隆二十八年(1763),而抄者殆爲題跋者長白文綬。現藏于上海圖書館。

是本文首有序,序中較爲詳細地記載了金瘡鐵扇散的流傳經過:此方爲醫士盧福堯“雍正年間得之塞外神僧”,後山西巡撫長白明德從盧醫處獲得此方。乾隆二十二年,紹協把總沈大潤(字雨蒼)至晋探親,從明德處獲此方和藥,回浙後,“遇傷輒試,皆效”,因口述其所治驗,成此《醫案》。鈔本末附《急救良方》,有救縊死、救溺死、解砒毒、解鹵毒等内容。另,鈔本中夾有一散頁,亦爲鐵扇散,内容略有不同。

金瘡鐵扇散,又名“鐵扇散”,爲治療外傷出血的外敷藥,獨特之處是“敷藥後必扇之”,故名鐵扇散。十數則醫案皆爲金瘡鐵扇散的應用實例,記載包括食嗓割斷、腹破腸出、食指切斷等在内的危重外傷,外敷鐵扇散之後,止血迅速,恢復良好,被稱爲“真奇方也”。

金瘡鐵扇散原序

乾隆丙子歲十月幾望曲陽縣民張成喜刃傷李登雲左耳根深入寸餘又傷項頸横長三寸血湧仆地氣絶邑令楊驗畢將去或曰胸微温令乃顧衆曰誰往爲余救治曰時有飾士勇曰能但治法與人異敷藥後必扇之邑令乃憶太谷知民有刺腹腸出數寸者醫士盧福堯治而愈其法亦

提督兵部右侍郎都察院右副都御史明德識

金瘡鐵扇散藥方

象皮五錢 切薄片用小鍋焙黃色以乾爲度勿令焦

龍骨五錢 用上白者生研

老材香一兩 山陝等省無漆民間棺殮俱用松香黃蠟塗於棺内數十年後有遷葬者棺朽另易新棺其朽棺内之香蠟即謂之老材香東南各省無老材香可以數百年陳石灰一兩代之其效驗與老材香同

寸柏香一兩 即松香中之黑色者

松香一兩 與寸柏香一同鎔化攪勻傾入冷水取出晾乾

584 春林軒瘍科方筌

《春林軒瘍科方筌》，封面題作《瘍科方筌》，不分卷，一册。日本華岡青州著。華岡青州，介紹見本書“230禁方小牘經驗方”。本書成于日本天保六年（1835）。該書前有目録，列舉常見五十一種（正篇三十三種、附十八種）瘍科病證，有“上海第二醫學院圖書館藏”藍印。正文前書名後題“青州華岡先選”，頁下有紫色方印，上有“孟河費氏醫院醫學圖書館上海英租界斜橋總會對過鳴玉坊”字樣。是書每半葉十行，每行二十字之内，書口標有葉碼，正文共七十四葉。抄寫格式齊整，字迹清晰端正，七成品相。現藏于上海交通大學醫學院圖書館，館藏卡片記此書爲“日本皮紙抄本”。除此館藏外，《中國中醫古籍總目》記該書爲《瘍科方筌》，另有藏于北京大學圖書館的日本仁壽堂鈔本及藏于中國醫學科學院圖書館的另一鈔本。

是書爲中醫外科專書，共記述癰疽、内癰、疔疽、諸瘍、黴瘡、痔疾、脱肛、臟毒、囊癰、瘰癧、瘭瘡、乳疾、諸瘡、破傷濕、破傷風、咽喉、癜風、癭瘤、打撲、面瘡、酒皶鼻、鼻痔、湯發、臀癰、眼胞、鵝掌風、油風、失榮、脱疽、指病、瘔癖、粉毒、諸叮咬等常見外科疾病五十一種，方劑四百二十七首。每類病證下録常用方劑、主治症候、藥物、劑量、用法等，部分方後以小字標明出處，個别僅録方名。後附傳尸癆、令婦人多乳等食療、食忌法數種。

該書重在記録外科病證的常用方劑，以簡明實用爲原則，涉及醫理、辨證較少。除“内癰”一節依據所發部位進行簡單分類，如肺癰、肝癰、腎癰、胃癰、大小腸癰，分述其病證特點（後并附附子理中湯、麥冬平肺飲、十全大補湯等“陽脱應用方”十二首）外，其餘病證均不分證型，直接抄録方劑及主治，體現了實用性方書的特點。此外，文字上的省寫及誤字較多，尤其是藥名書寫不規範，如“仲景”寫作“中景”“升麻”寫作“升广”“莪术”寫作“我述”等,特别是書的後半部分,多以單字記録藥名,如“桔梗”記作“吉”“連翹”寫作“堯”“薄荷”寫作“荷”等。書中偶爾標有日文片假名,更可證該書爲日本鈔本。

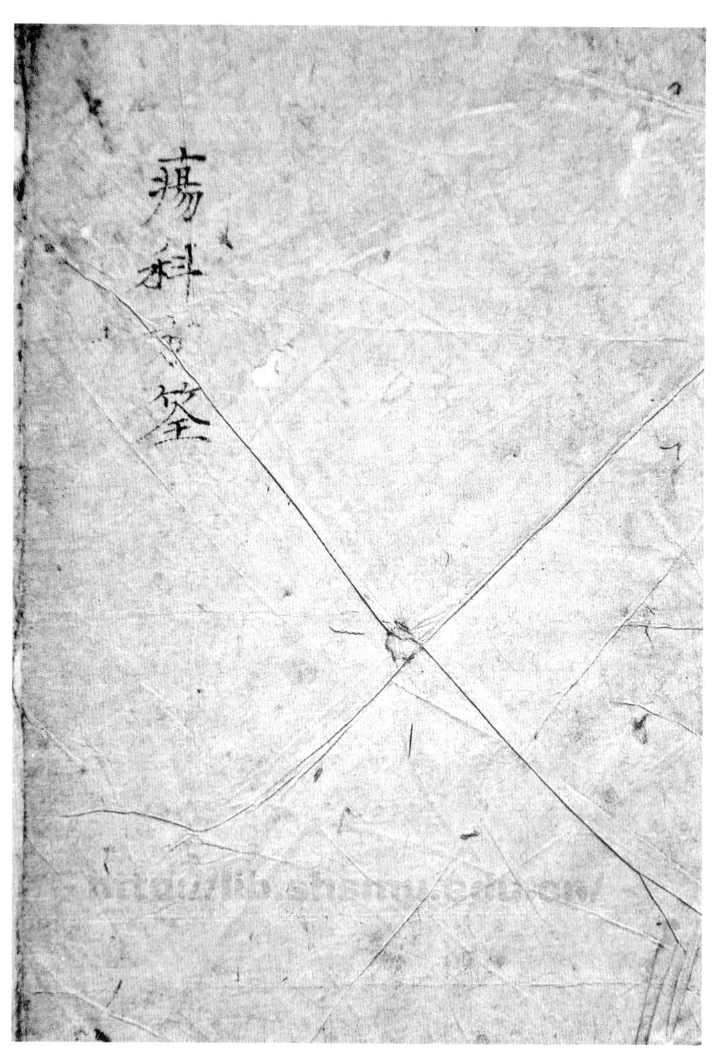

春林軒瘍科方筌目録

春林軒瘍科方筌

青州華岡先選

癰疽

十味敗毒湯 家方 治癰疽及諸般瘡腫初起增寒壯熱焮痛者

柴胡　桔梗　羌活　川芎　前胡 櫻茹各一 人參
枳實 防風　甘草 茯苓　生姜各七分　甘草二分

右十味以水二合煮取一合

人參敗毒散 蜀方 治癰腫瘡瘍初起惡寒発熱頭痛焮痛者

585 南翔寶籍堂外科秘本

《南翔寶籍堂外科秘本》，不分卷，兩册合訂。不著撰人，無序跋與目録。原封面題“嘉慶十年歲次乙丑四月抄藏”，可知該本成于1805年。下側有印章兩枚，上方爲陽文“數點黄花天地心”，下方爲陰文，字數較多，難以全部辨識，部分文字爲“逵公廿九世孫增……號配明……”，另有“上海第二醫學院圖書館藏”藍印。首頁有朱方兩枚，分别爲陰文“王祖慶印”及陽文“賡雲”，末頁有陽文朱方“慶餘書室主人”。因首頁書名下記有“原本以上殘失無存，今就存抄録”字樣，且首句不完整，因知該書爲殘本。現存鈔本，藏于上海交通大學醫學院圖書館。

是書爲外科證治專書。首先以問答形式，從症狀特點、病因病機、脈象、治法宜忌、預後等方面辨治癰疽、流注、結痰、肩後生疽、馬刀、頸上生癰等外科常見病證，其中辨癰疽有二十七節，論治最爲詳盡。其次爲藥性歌，以歌訣形式記載了外科常用藥及效用，指出“外科藥性，貴乎專精”。再次爲咽喉論，臟腑腧穴部位，癰疽常發部位、所屬經脈以及示意圖共十八幅。後爲外科病證專論。重點記載痼發、熱毒風瘡、氣毒流注等外發癰疽共一百十九種的部位、病因、病機、症狀、内外治法等。後爲各臟腑癰疽、肚癰、盤腸癰等内發癰疽，瘰癧，血風瘡、玄疽、乳癖等婦女多發癰疽，胎毒、熛瘡、天泡瘡等兒科多發瘡毒以及廣瘡、痔漏、疔瘡等病證的辨治。最後記載癰疽疔腫不治之症。另有飛龍奪命丹、紫金丹等方劑十二首。末頁補記有“熱膏藥貼秘訣”等數行。

該書對外科病證特别是外發癰疽的分類非常詳細，甚至流于繁瑣。重視癰疽的發作部位，注意與經脈、穴位聯繫，提出“凡患癰疽在於腧穴者難治”，并有“三發背，四臟腑，五項上，六腦發，七鬢發，八髭發，九頤發”的記載。對于疔瘡的論治也較爲詳細，亦重視以形狀部位加以分類，并强調疔毒初發即用隔蒜灸、宜用汗劑等治療原則。是書内容比較豐富，切合實用，對外科病證的辨治有一定參考價值。

上海第二醫學院
圖書館藏
嘉慶十年歲次乙丑四月抄藏
抄南翔寶籍堂外科秘本
http://lib.shsmu.edu.cn/

癰屬表故易治疽屬裏故難治

寶籍堂外科秘本

原本以上殘失無存今就存抄錄

○者為癰○頭白枯焦獨之應心者為疽○

蓋惡瘡初起如黍粟瘟之狀或麻或痒或痛或不痛或有頭無頭或寒熱
不寒熱或由外或由內發無定處當審察其名色如不在腧膜正穴者無名
腫毒也風熱停作則有引有根風熱偏勝則肉化而為膿此亦為因寒熱
風濕所傳而成也一則服丹石熱藥及炙煿厚味法酒濕麵原被火毒所
致又盡力房事精勞氣虛節抑所致者為不內外因也十二經血氣流行各
有時度遇阻於某經則成某經之病發於一經當止責於一經不可干
損他經發於五臟者屬陰為疽癰則起發速如燎原之火外潰肌肉
癰易治疽難療又云癰疽之原有五一則天行時氣二則七情內鬱三則

耳中毒　耳風毒　纏耳　耳痔　震耳　　瘡八畨

耳中生毒曰故所患不同腎與三焦風熱停耳耳中濕常生
黃膿耳風毒出血膿纏耳出白膿耳痔生瘡臭穢耳內虛
鳴曰震耳出清膿皆不寒熱若紅腫疼痛者癰與疔也寒熱
大作宜清熱消毒　有耳痔耳菌亦不寒熱治宜清熱消毒
耳輪生瘡腫則為癰三焦風熱活命飲加升麻桔梗勝金丹主之

○面遊風毒　　○瘡九畨

滿面生紅瘰或痛或痒曰積熱在陽明經由多食辛辣厚味或
服剛劑以致毒攻上焦氣血沸騰而作初起微痒如蟲行搔損

586 秘授外科形證（附《外科須知》）

《秘授外科形證》（附《外科須知》），二卷，兩册。每半葉約九至十行不等，行約二十四字。按現存裝幀，上册爲《秘授外科形證》，下册爲《外科須知》。《秘授外科形證》前十四葉缺，無序跋與目録，第五十二葉有“秘授外科形證終”七字。《外科須知》無序跋，有目録，其中第一百一十六至一百一十八葉缺，一百二十二至一百三十葉殘。原書封面有“徐氏祖傳”字樣。成書年代不詳，《中國中醫古籍總目》載録爲清鈔本。現藏于上海中醫藥大學圖書館。

《秘授外科形證》是一部外科專著，包括癭瘤發前、癭瘤發後、痼發等六十證及附《治三日瘧》《跌打損傷方》《治痰火症方》《痰中帶血方》《制度藥法》等篇。每證下均詳細論述各證歸經、病變部位、病因症狀、發展預後及所治方藥等，同時配有圖示。如“癭瘤發後第十四”，癭瘤發于背後，起于“督脈之經，其瘡發於天柱、陶道穴分，經年不潰，衹爲氣血凝滯，而結骨瘤，交結脂瘤、膠瘤、磞瘤，忽腫如桃李，日久漸長，有似斗大者，惟脂瘤肉破漸愈”。還附有“癭瘤發後圖”及方藥等。下册《外科須知》分上下兩卷。上卷以歌訣的形式記載四十九種外科病證。如“疔腫第一”：“疔腫瘡出離火生，發於經絡毛竅中。形如米粒或痛癢，頭疼寒熱似火蒸。神昏麻木多困倦，恍惚吐逆怕人驚。外用砭針刺出血，返魂丹下有功能。”下卷則列外科藥方，收載歷代或作者治療外科疾病的常用方劑和簡便方法，如“當歸連翹散”“乳香黄芪散”“解毒丸”等。

《秘授外科形證》上册以外科常見病證分類，詳細分析病起經絡、病因症狀、發展預後及方藥，下册則以歌訣體的形式記載外科疾病及方药，有利于初學者學習記憶，兩相參看，對學習中醫外科學有一定的幫助。

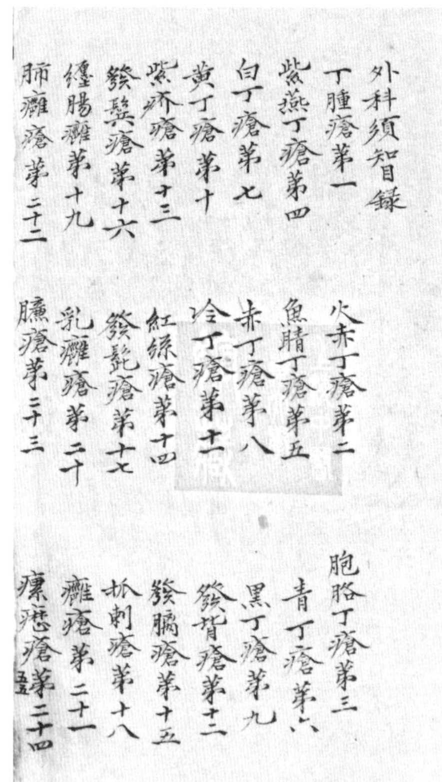

外科須知目録

丁腫瘡第一　火赤丁瘡第二　胞胳丁瘡第三
紫燕丁瘡第四　魚睛丁瘡第五　青丁瘡第六
白丁瘡第七　赤丁瘡第八　黑丁瘡第九
黄丁瘡第十　冷丁瘡第十一　發背瘡第十二
紫疥瘡第十三　紅絲瘡第十四　發腸瘡第十五
發鬓瘡第十六　發髭瘡第十七　抓刺瘡第十八
纏腸癰第十九　乳癰瘡第二十　癰瘡第二十一
肺癰瘡第二十二　臁瘡第二十三　瘰癧瘡第二十四

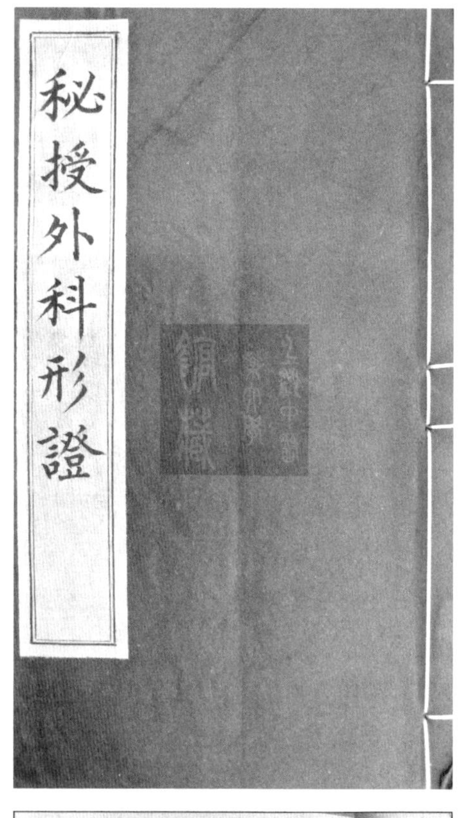

秘授外科形證

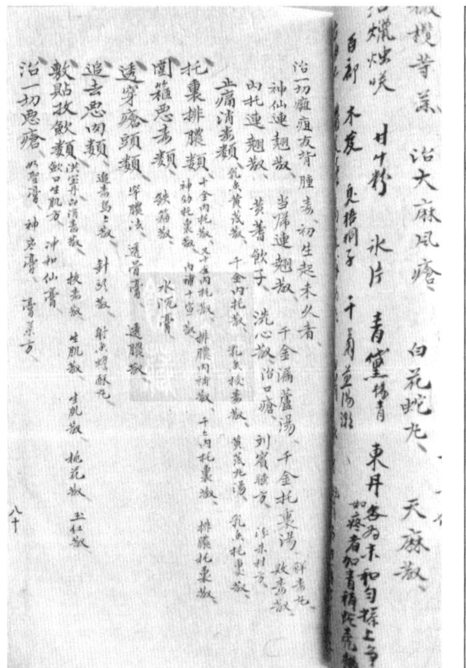

治大麻風瘡　白花蛇丸　天麻散
甘草粉　冰片　青黛　東丹　各爲末和勻

治一切癰疽發背腫毒初生起未久者
神仙連翹散　當歸連翹散　千金漏蘆湯　千金托裏湯　解毒丸
内托連翹散　黄耆飲子　洗心散治口瘡
止痛消毒類　乳香黄芪散　千金内托散　乳香拔毒散　黄芪丸湯　乳香托裏散
托裏排膿類　十全内托散　又十宣内托散　排膿内補散　千金内托裏散　排膿托裏散
圍箍惡毒類　鐵箍散　水沉膏
透穿瘡頭類　穿膿法　透骨膏　透膿散
追去惡肉類　追毒烏金散　針頭散　射香蟾酥丸
敷貼收斂類　洪寶丹　消毒散　拔毒散　生肌散　生肌散　桃花散　玉紅散　斂口生肌方　沖和仙膏
治一切惡瘡　如聖膏　神應膏　膏藥方

八十

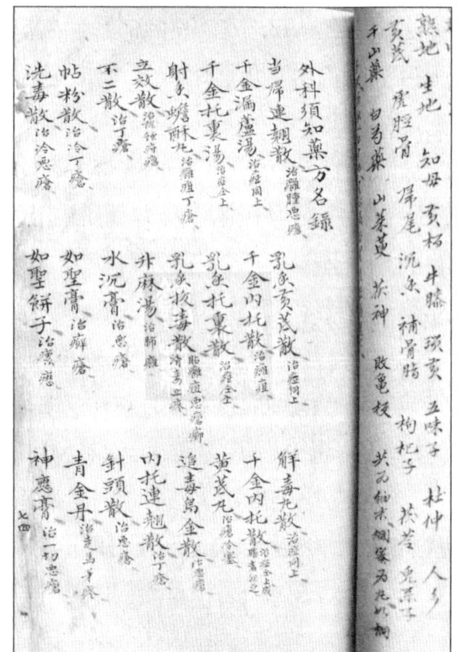

熟地　生地　知母　黄柏　牛膝　瑣陽　五味子　杜仲　人參
黄芪　虎脛骨　當歸尾　沉香　補骨脂　枸杞子　茯苓　菟絲子
山藥　白芍藥　山茱萸　茯神　敗龜板　共爲細末　煉蜜爲丸

外科須知藥方名録

當歸連翹散 治癰腫惡瘡　乳香黄芪散 治症同上　解毒丸散 治症同上
千金漏蘆湯 治症同上　千金内托散 治癰疽　千金内托散
千金托裏湯 治症仝上　乳香托裏散 治症仝上　黄芪丸 治瘡冷堅
射香蟾酥丸 治癰疽丁瘡　乳香拔毒散 貼癰疽惡瘡癤 清毒止疼　追毒烏金散 治惡瘡
立效散　升麻湯 治肺癰　内托連翹散 治丁瘡
不二散 治丁瘡　水沉膏 治惡瘡　針頭散 治惡瘡
帖粉散 治冷丁瘡　如聖膏 治癖瘡　青金丹 治走馬牙疼
洗毒散 治冷惡瘡　如聖餅子 治瘰癧　神應膏 治一切惡瘡

七四

前缺十三頁半

○内托補黄耆湯　破後虚弱倦怠少食心煩或經絡注於下脉沓自汗口渴少脉並宜用之

黄耆　人参　当歸　川芎　芍藥　熟地　茯苓各一钱

遠志　门冬各一钱　官桂　甘草各五分　每服　水二中盅姜三片枣二枚煎至八分食遠服

黄連消毒飲　在蒜腦條下　升麻牛蒡子湯　柴胡通經湯　俱頂下

瘿瘤發前第十三

主任脉之經其瘡發於頂項頸前天突穴分初如桃李日漸長大有如瓜者經年不潰只為氣血凝滞而結若是石瘿摇之如石堅硬不移筋瘿有筋蟠结氣瘿随喜怒消長肉瘿皮膚色不变血瘿赤脉交露又有骨瘿脂瘿膠瘤氣瘤惟脂瘤肉瘤破漸愈

前缺十三頁半

○内托補黄耆湯　破後虚弱倦怠少食心煩或經絡注於下脉沓自汗口渴少脉並宜用之

黄耆　人参　当歸　川芎　芍藥　熟地　茯苓各一钱

遠志　门冬各一钱　官桂　甘草各五分　每服　水二中盅姜三片枣二枚煎至八分食遠服

黄連消毒飲　在蒜腦條下　升麻牛蒡子湯　柴胡通經湯　俱頂下

瘿瘤發前第十三

主任脉之經其瘡發於頂項頸前天突穴分初如桃李日漸長大有如瓜者經年不潰只為氣血凝滞而結若是石瘿摇之如石堅硬不移筋瘿有筋蟠结氣瘿随喜怒消長肉瘿皮膚色不变血瘿赤脉交露又有骨瘿脂瘿膠瘤氣瘤惟脂瘤肉瘤破漸愈

瘿瘤發前圖

○木通散

木通　松蘿　桂心　蛤蚧　白歛　琥珀　海藻

通　桂心

昆布　一方加甘草　胆草　檳榔　半下　細辛　王瓜根　土木

右為末每服二钱食後溫酒送下

十五

瘡軟可治刺之無膿身熱而赤者二八日死若虚硬赤色

又名草疽徹手生瘡交於三陰三陽之經遠期三年必使

作痒甚者月餘而死

陳肝瘡

白芷升麻湯

白芷　升麻各一钱　桔梗　甘草　黄芪　黄芩　生芩　红花

587 秘傳挑疔訣

《秘傳挑疔訣》，不分卷，一册。清胡廣佩撰，朱繼垣抄。胡廣佩，按鈔本序所言，應爲慈東汶溪人，精于岐黄。按書中有"同治拾貳年正月中浣重鐫，光緒拾肆年仲秋月録於浦溪寓齋"，可知此書于同治十二年(1873)重刻過，光緒十四年(1888)由朱氏抄録。書前有"秘傳挑疔訣序"，無目録。現藏于上海中醫藥大學圖書館。

該書前一部分爲《治疔總挑訣》，以歌訣、賦體形式記載了常見疔瘡的挑治方法；《疔瘡總訣》以部位分類，記載了頭部、面部、項部、眉部、眼部、耳部、唇部、鼻部、口部、胸部等疔瘡的挑治方法或外敷用藥；《看疔察穴面圖》標示了面胸部常用的挑穴部位；而後收録了挑疔手法、疔瘡走黄危症治療方法及各種疔症。書頁上部列病位、歸經、症狀、壞症、治療方法、歌訣等，下部配以圖示。如挑疔手法："將穴道挑度，皮面扭起，手指不可放鬆，其肉必有涌起，用銀針挑涌起肉上出血。"再如火焰疔："毒氣發於心經者，生爲火焰疔，其疔多生唇口、手掌指節間，其發初生一點紅黄小泡，抓動痛癢非常，左右肢體麻木，重則寒熱交作，頭暈眼花，心煩發躁，言語昏憒，此病出於心經之候也。用方：真川黄連三錢，大黄五錢，右爲丸，服下三十丸，温水送下。"另外還有紫燕疔、黄鼓疔、白刃疔、黑黶疔、疔瘡走黄等。後一部分收載撰者臨床常用方劑，以治療外科疔瘡腫毒爲主，兼涉内、傷、女、兒科等疾病，如"瘧疾膏藥神效方""萬金保産女金丹"等，且收載一些具有時代特色的方劑，如靈驗戒烟煎藥方等。

《秘傳挑疔訣》在治療疔症方面不但有内服方藥，更詳細記載了外挑法，圖文并茂，保存了清代外科學中一種特有的治療方法，對現今臨床仍有一定助益。

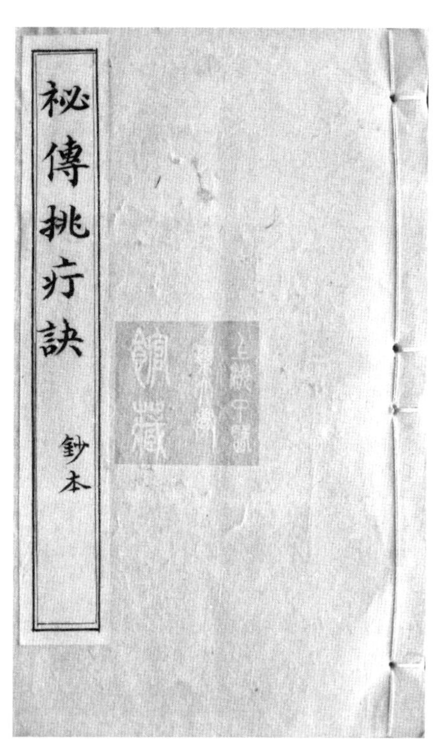
秘傳挑疔訣
鈔本

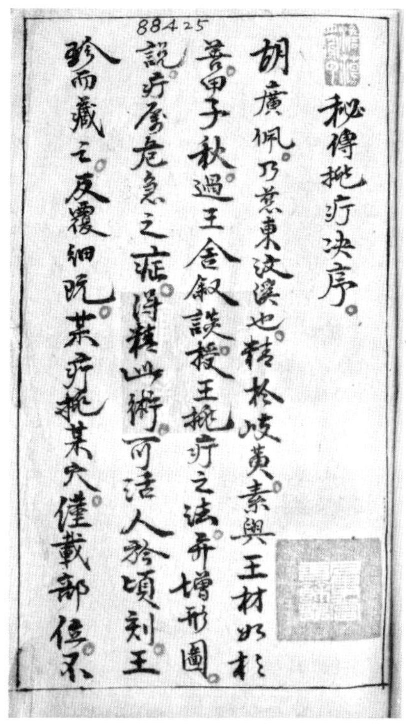

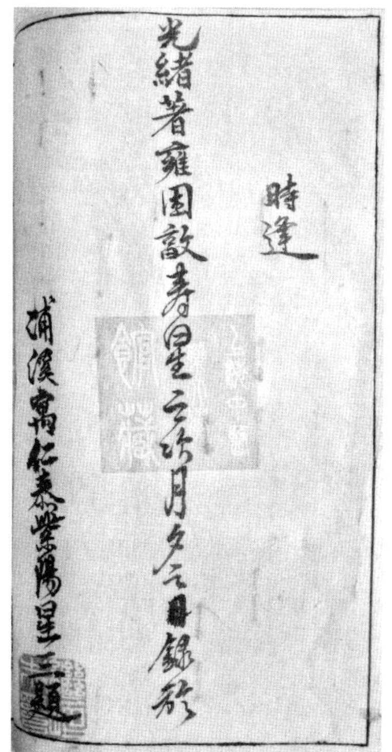

浦溪寓仁泰紫陽星三題

治疔總挑決

面岩天庭決顴骨太陽攻更有可挑處俱在外反弓印堂須向
大椎骨項從油疔有井穴下托眉中挑地閣并挑大椎下二三節
欲治太陽疔耳門插花三兩穴天門日月角大椎骨下不應決口
門項上反掌虎口破項下覆掌虎口針耳項從虎口插花亦
可尋牙永命指尖托上耳茸命指節中根耳垂大指根下
應脉门的在外反弓對口尾骶骨上穴又從腰眼上三節偏

又挑決

此法參入銅人圖內平日須要詳位穴查看透斟酌在心以便臨時應手。

地閣能決頭面百勞諸疔皆露弱天庭疔搓眉上針插花面岩必須行
天门生疔託舌眉井地倉廉於顴下百勞三節可針太陽疔兮破耳
門地閣兩傍截其根眉中插花同此法百勞七節更當平前髮際
搓腹骨破肩井尾骶骨中尋弔睛疔搓牙交上大顴氣斗耳
门臨絲竹疔兮外弓曲池百勞肩井託舌堪醫鼻疔內外頻譯
決鼻環偏向海底驅上反唇決耳门中託舌命指亦可尋中反

又挑決

此法參入銅人圖內平日須要詳位穴查看透斟酌在心以便臨時應手。

地閣能決頭面百勞諸疔皆露弱天庭疔搓眉上針插花面岩必須行
天门生疔託舌眉井地倉廉於顴下百勞三節可針太陽疔兮破耳
門地閣兩傍截其根眉中插花同此法百勞七節更當平前髮際
搓腹骨破肩井尾骶骨中尋弔睛疔搓牙交上大顴氣斗耳
门臨絲竹疔兮外弓曲池百勞肩井託舌堪醫鼻疔內外頻譯
決鼻環偏向海底驅上反唇決耳门中託舌命指亦可尋中反

疔瘡總決

頭部

太陽疔 從耳门插花日月角顴骨挑
天庭疔 從命指尖地角面岩挑
前髮際疔 從地角腹骨尾骶骨挑
日月角疔 從肩井託舌插花生左挑左挑
天门疔 從肩上插花地角挑
天门角疔 從肩上地角挑
佛項疔 從印堂後手仟大椎骨下挑

面部

面岩疔 搓地角天庭髮際外反弓挑生左挑左
左右顴疔 搓外反弓髮際挑
印堂疔 搓地角耳门二託眉中挑
淚堂疔 搓地角耳垂氣譯斗骨挑
山根疔 搓大椎骨百勞穴挑

項部

上中下項疔 搓插花印堂後掌虎口反掌虎口挑
正對口 搓骶骨天庭挑次另腰眼上挑

588 秘傳神效骨鏃科

《秘傳神效骨鏃科》,不分卷,一册。不著撰者。鈔本首頁有"傷科秘本"字樣及印章兩枚"浦東傲雪村沈永祥便章""上海中醫學院圖書館藏書"。每半葉約十行,行約二十三字。無序跋,有目録。書中《總論諸治》後有類似序言一篇,言是"日本國來業精此症者"所傳。詳此書與《傷科秘要》(日本海和傳,孫明甫抄,現藏于上海中醫藥大學圖書館)對比,兩鈔本中均有《致命穴道》《入門看病審視輕重治》《病人受打順逆之法》《跌打損傷穴道要訣》《看死症法》等篇,内容相近,書後所載方藥亦基本相同。另外,此小序與《少陵秘傳》(不退和尚撰,鈔本,現藏于上海中醫藥大學圖書館)之《接骨論小序》言辭非常相近。《中國中醫古籍提要》載録爲清鈔本。現藏于上海中醫藥大學圖書館。

該書首爲總論,有《總論領經》《領經加減》《沒藥方》《總論諸治》等,記載傷科常見症狀、常規用藥及藥物歸經等。如《總論領經》收載傷科常見伴隨症狀的用藥,如吐血、咳嗽、瘧疾等;《領經加減》記載常用傷科藥物的歸經和功效等,如"當歸":"酒浸,入心肝脾三經,頭止血上行,身養血中守,尾破血下行。"其次收載《緻命穴道》《入門看病審視輕重治》《病人受打順逆之法》《跌打損傷穴道要訣》《看死症法》,提示傷科中緻命的損傷部位、受傷輕重的鑒别方法和相應的治療措施。再次,《接骨入骱奇妙手法》分述各種骨折的接骨方法。如"論頭腦"中,提示如果腦部受傷,"腦髓出,難治。骨青者,難醫。骨碎如黍米者,可救,大則不可"。在治療方面,也以止血爲要務,用"止血定痛散敷之,使其血不涌流"。又如"臂骱傷":"臂骱出於上,一手擡住其挽,一手挽住其脈踝,先鞠其上,而後擡其挽,竟捏平湊攏可也。外貼損傷膏,内以引經之藥煎湯,調服吉利散。紮縛包裹必用白布,做有兩孔眼，恰落其臂骨。”該書還收録傷科常用方藥百餘首，如接骨膏、封口金瘡方、琥珀丸等，并有五運六氣圖示、歌訣等。

《秘傳神效骨鏃科》是一部傷科著作，内容較爲繁雜。其中《接骨入骱奇妙手法》詳細介紹了中醫傷科中特有的接骨手法和復位方法，對現代中醫骨傷科有一定的助益作用。

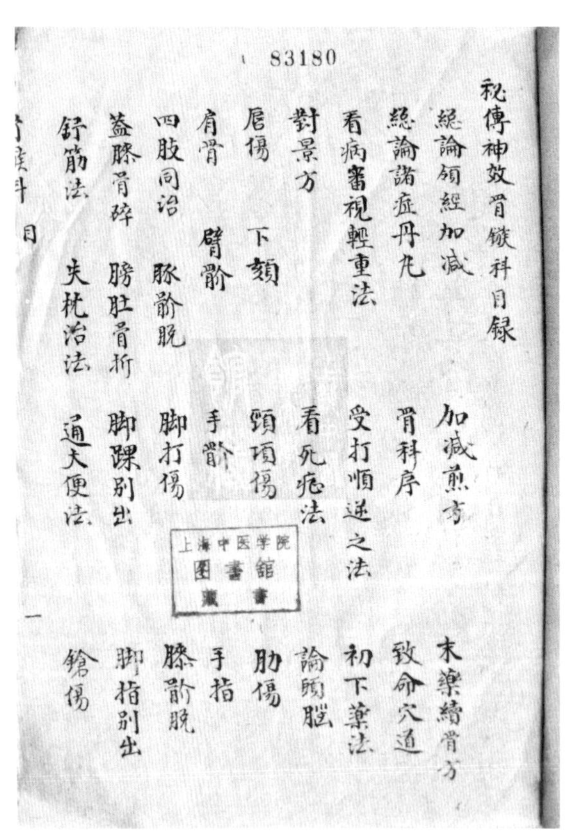

秘傳神效骨鏃科目録

總論須經加減　加減煎方　末藥續骨方
總論諸症丹丸　骨科序　致命穴道
看病審視輕重法　受打順逆之法　初下藥法
對景方　看死症法　論頸腦
唇傷　下頦　頭項傷　肋傷
肩骨　臂骱　手骱　手指
四肢同治　脉骱脱　脚打傷　膝骱脱
盞膝骨碎　膀肚骨折　脚踝別出　脚指別出
舒筋法　失枕治法　通大便法　鎗傷

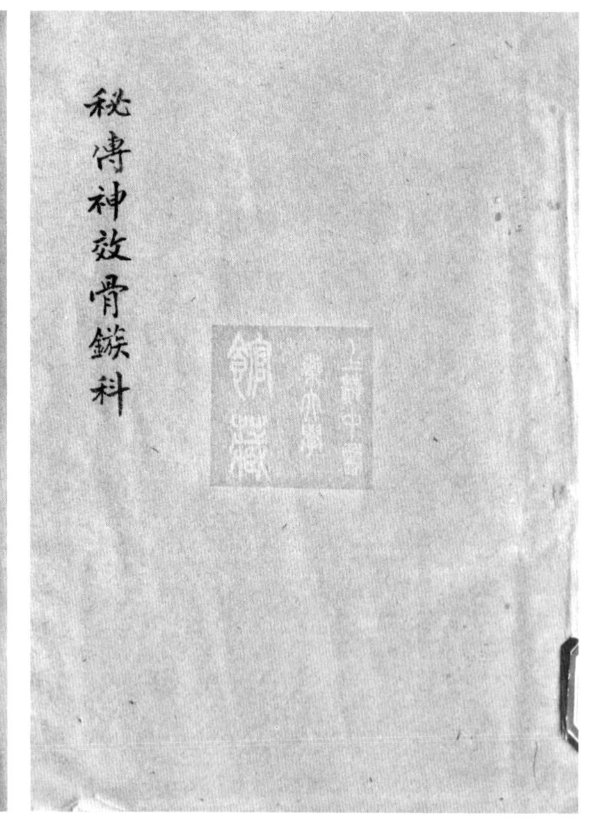
秘傳神效骨鏃科

骨傷科 三

總論頌經

吐血用犀角 黄連 茅根 藕節五個 水煎 鼻衄同治

咳嗽用桑皮 杏仁 桔梗 蘇葉 豢水煎 痰火同治

瘧疾用柴胡 黄芩 生薑寒用熱用 陰陽水煎 三服即愈

紅痢用地榆炒黑 茅根 木通 燈心一握 豢煎 血崩腸紅同

疳積用銀柴 胡連 知母 圓眼肉三個 煎 骨蒸勞熱同

傷寒用羌活 蘇葉 桔梗 葱頭三個 水煎 發斑同治

勦病用浮石煅 麻黄去節 烏药 沉香三匙 天竹一握 氣喘同治

腸痛用烏药 赤芍 胡索 胃口痛倍白蔻 腰痛倍杜仲

嘔吐用竹茹一團 生薑五片 陰陽水煎 呃逆加柹蒂二個

骨傷科 一

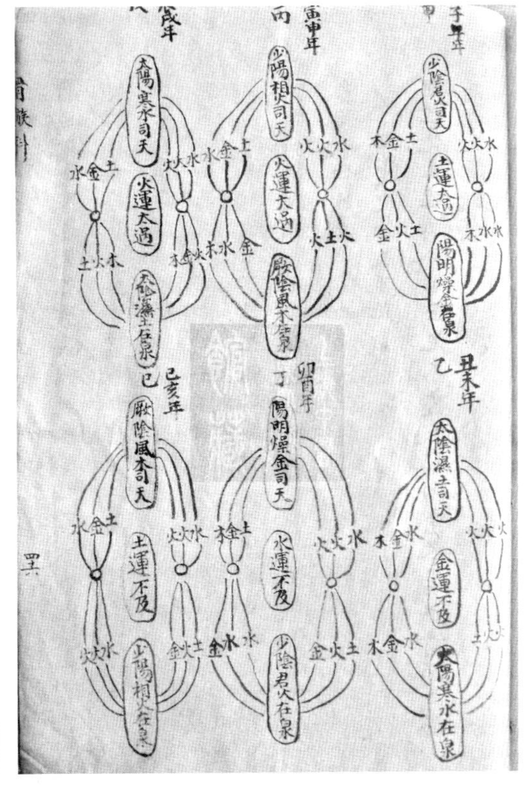

589 秘傳傷科接骨入骱穴堂科

《秘傳傷科接骨入骱穴堂科》,不分卷,一册。不著撰者,成書年代不詳。無序跋、目録。每半葉約七行,行約十八字。《中國中醫古籍總目》載録爲清鈔本。現藏于上海中醫藥大學圖書館。

該書首論損傷致命之周身大穴,如"心爲華蓋穴,傷者人事不省,血迷心竅,三日不治,即時用藥可治,發者拾個月死",認爲"凡人周身壹百零八個穴道,七拾貳個小穴道傷喪命,叁拾六個大穴道傷者尤甚"。其後收載了飛龍奪命丹、紫金丹、七厘散以及上部傷方、中部傷方、下部傷方等傷科常用方藥數十首。

該書是一部内容簡單的傷科著作,所選方藥都是常用的傷科藥方,適合初學者。

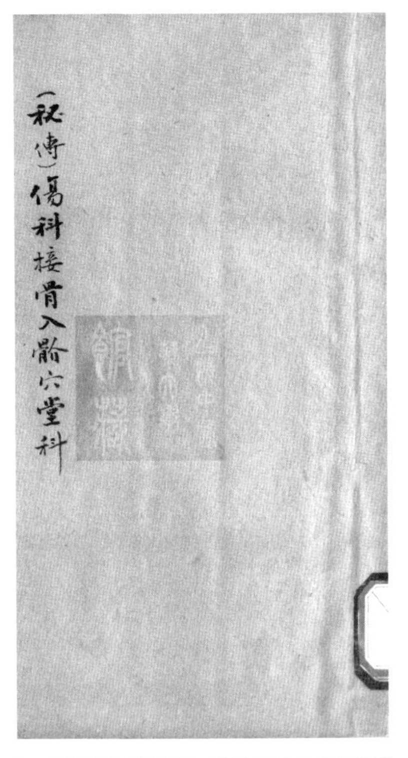

秘傳傷科接骨入斷第一

凡人週身壹百零八個穴道七拾八個小穴道傷

甚命有拾六個大穴道傷者尤甚

心為華蓋穴

傷者人事不省血迷心竅三日可治即將用藥

可治發者於個月死

背後肺底穴

頭腫者七日死

兩腿中名鶴口穴

傷者一年死

足底心名湧泉穴

大凡有拾六箇大穴道用藥須仔細

華蓋穴受傷方但到後

引經之藥 枳實二 良姜一

三稜 破血中氣滯積和之功 蓬朮 行氣中氣滯

肉桂二錢 白芷一錢 痛之切 射香一分 能通七竅直達痛所

右藥二十四味遵法炮製道地共為細末收貯勿令洩

氣每服不拘多少年少量分以童便送下

一治跌撲打損傷週身用此藥若傷將出傷除行

血竭一錢 肉桂二 真琥珀一錢 滴乳香二 蘇木二 陳皮二

歸尾二 川斷一錢 青木香一錢 沉香一錢 烏藥二 生地黃一錢

590 秘傳劉青田先生家藏禁方

《秘傳劉青田先生家藏禁方》，不分卷，五册。第五册末文意未盡，書中夾有一紙，記曰“缺一册”，此書或爲殘本。有題爲“正統元年正月陸子綱書”的陸氏序文。抄録年代或爲明英宗正統年間。陸子綱（陸綱），號體仁子，生平不詳。劉青田，即劉基，字伯温，元末明初青田（今屬浙江）人，朱元璋謀士，明朝開國元勳。是本每半葉六行，每行十二字。現藏于上海圖書館。

此書無目録，首載陸子綱序文，講述此書的源流。據説此書係明太祖朱元璋爲治軍中筋骨箭鏃之傷病，不惜重金從各處奇人、名醫手中收集而來，藏于禁中，劉伯温因公務之便，得而藏于家中。陸子綱與劉伯温之裔孫松翁交好，遂得此書。正文首先論述各類外傷治法方藥和飲食起居宜忌。其中得洗藥方和麻藥方頗有特色，他書少見。其他如接骨丹、續筋骨方等也屬屢驗之效方。之後依病證部位分類診治，共計五十餘篇。通常每篇前皆有較短的醫論醫理、辨證治法等，後爲相關方藥，以方藥爲主。

此書屬驗方匯集，無明顯的學術流派特色。除了筋骨跌打方面的論治外，在《瘟疫病論》中寫道：“瘟疫非傷寒也。世醫誤以爲傷寒矣。傷寒感天地之常氣，此感天地之厲氣也。邪自口鼻而入，内不客臟腑，外不客經，舍于伏脊之内，去表不遠，附近于胃，乃表裏分界，是爲半表半裏，《針經》所謂横連膜原是也。”此説與明末吴又可《瘟疫論》相類，而早出百餘年。若能確認此書係明初之作，而非後世僞作，則意義重大，温病學説的有些説法當作出修改。是本收集當時諸家之驗方，所涉主要爲骨傷科及内科雜病，理法方藥齊備，可爲臨床參考之用。

秘傳劉青田先生家藏禁方序

體仁子曰是書何以稱禁書也蓋捧出自禁中故有禁書之名非禁而不傳也至

太祖高皇帝應運而興正吴滅漢掃蕩醒獶惟是武臣不惜身

予何幸得此當世之寶守之勿替也恐將來子孫不知而或有遺棄者特叙其自出之源流於首云

正统元年正月陸子綱書

一胗相

凡欲識跌打重傷生死必先察其六脉起者生否則死遲细者生洪大者死堅强則生小弱者死久則廿日死若尺脉緩関脉实雖傷重者不妨尺脉虛及促

591 黄樂亭先生外科醫案

《黄樂亭先生外科醫案》，兩卷。清黄鐘著，范懋勳校録。黄鐘，字樂亭，江蘇無錫人，約生活于十八九世紀間，著有《黄樂亭指要》，曾輯《解圍元藪》古本。范懋勳，名志尹，字懋勳，號墨帳書屋主人，無錫人，生平不詳。本書正文首頁有"紹興裘氏"印章及"讀有用書樓藏書章"，可知此書曾爲裘吉生先生所藏。《中國中醫古籍總目》載此書著于1816年。現藏于中華醫學會上海分會圖書館。

本書爲黄樂亭先生外科臨證醫案，書中以病位爲綱，記録人體各部位的癰疽病案，卷一載頭面部及項部等十四個部位的癰疽，卷二載胸脅腰腹下部癰疽及疔瘡等其他外科病證。病案首書病人姓氏性别，以左右代男女；次載病症、病因、治則；後列處方、用藥、劑量；最末載藥後療效或附醫論，亦有病案不載此部分。如頭部之腦疽病案，患者"腦疽，潰陷見骨，飲食不貪"，從症狀可知爲危重之證。黄氏"用大劑固托，兼以透解"，方用洋參、黄芪、扁豆、冬术、甘草、當歸、陳皮、茯苓、木香補中益氣固托，銀花、川芎透解，焦神麯、生熟穀麥芽健脾開胃。告知患者"十日内不致神昏，或可挽回"。患者服用五六劑後，胃口漸起，腐肉漸脱，新肉漸生，病情暫緩且有好轉。黄氏在此基礎上逐漸減去攻散之味，加熟地、白芍、枸杞子，服到七十餘劑患處收口。又有陰疽醫案，頤頷之左結塊，不紅不腫不痛，黄氏認爲"此屬虚證，不可專用攻堅剋伐之品"，擬金水六君煎加理氣行瘀之品，并加牛蒡子一味透解。黄氏認爲此症"非比實證可以速效，還宜保養爲囑"，在"胃能多進薄粥，大便亦能堅固，脈不如前之細數無根"的基礎上，投觀音散合參麥散，以温養脾胃，培補正氣。除局部的癰疽外，本書亦記載了内癰、疔、梅瘡等無確切病位的外科病證。如載陳姓患者遍體生瘡一則，脈見細數，入夜反熱，一派營陰虧損之象，黄氏藥用荆芥、薏仁、銀翹、茯苓、丹皮、當歸、首烏、甘草，治以養陰爲主，稍兼泄邪。

醫案向以内科居多，外科則少有編集，然本書記載外科醫案，門類完備，羅列靡遺，爲外科醫案集中較優者。本書療頭面項背諸疽，雖用銀花、牛蒡子等寒凉之品，却無遏抑之弊，實爲獨特之處。

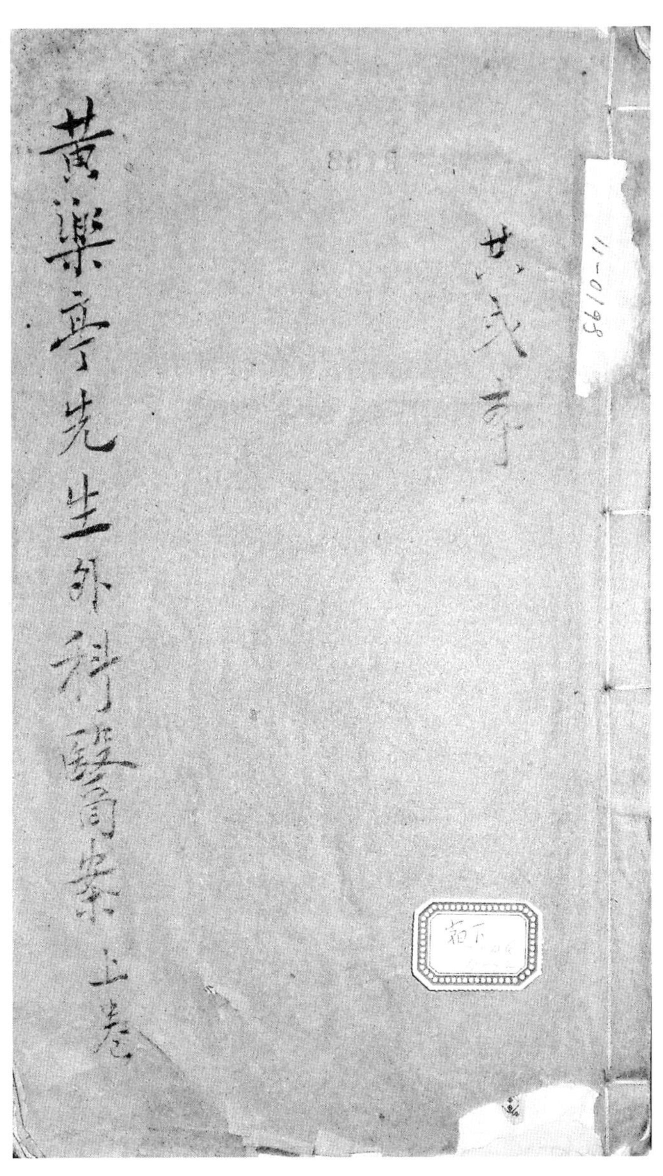

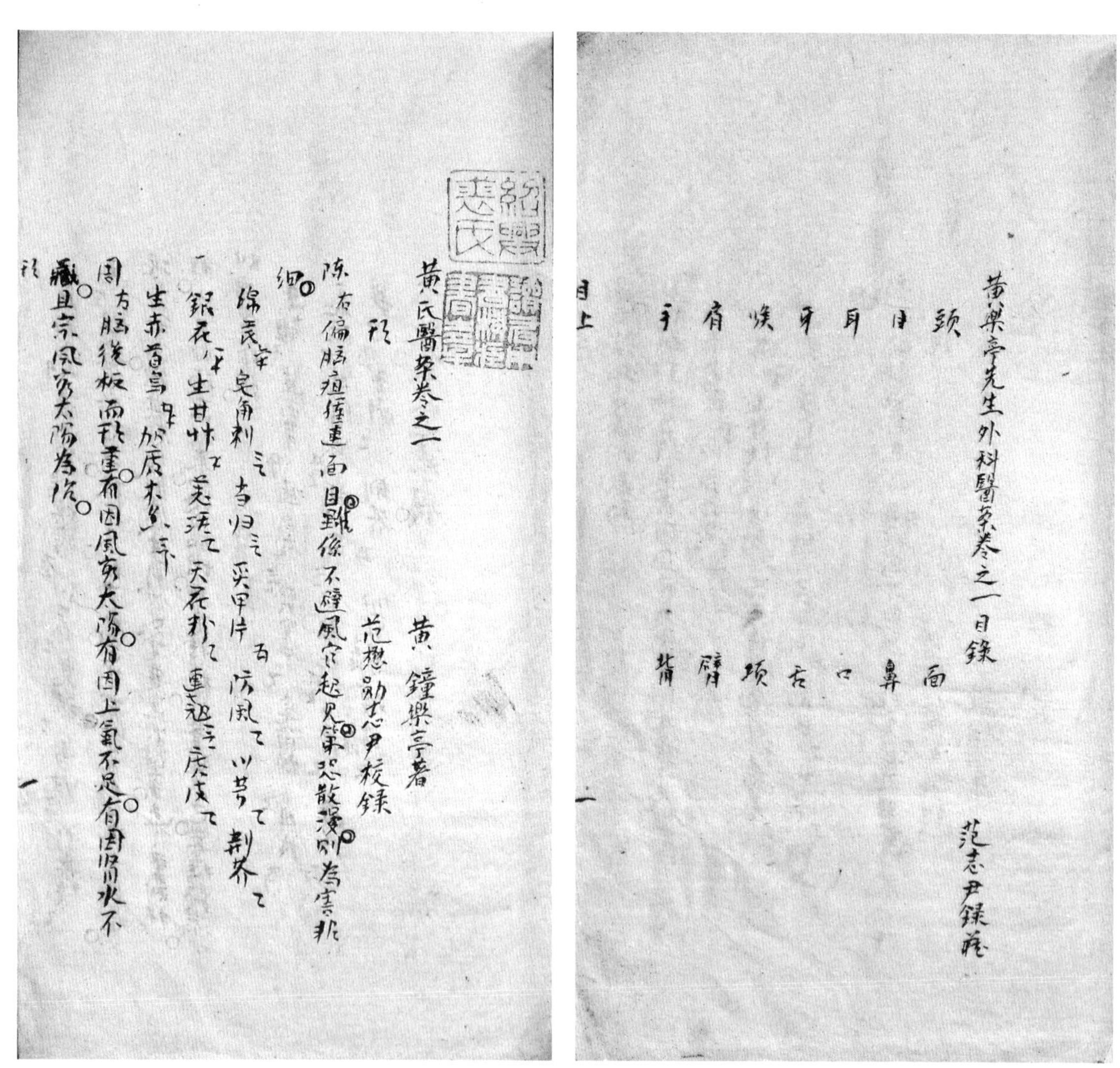
黄樂亭先生外科醫案卷之一目錄

范志尹錄藏

頭　面　目　鼻　耳　口　牙　舌　喉　項　肩　臂　手　背

目上

黄氏醫案卷之一

黄　鐘樂亭著

范懋勛志尹校錄

頭

陳　右偏腦疽纏連面目，雖係不疑，風火起見，第恐散漫則為害非細。

皂角刺　当归　炙甲片　白芷　防風　川芎　荊芥

銀花　生甘草　羌活　天花粉　連翹　虎皮

生赤首烏　加虎木

周　方腦後板而稍連，有因風寒太陽，有因上氣不足，有因腎水不藏，且宗風寒太陽為治。

頭

592 接骨方書五種

《接骨方書五種》，不分卷，一册。不著撰者。無序跋、目録。書末頁有桐舫散人所寫識語："此秘方在於武林周氏所藏，于辛卯仲春給余也。"此本内收五種傷科書：《接骨入骱金鎗杖傷一切雜症》《秘傳接骨金瘡禁方》《葉寶太傅接骨秘方》《秘傳杖丹膏散丸末方》《嵇氏家訓與接骨方》等。成書年代不詳，《中國中醫古籍總目》載録爲清鈔本。現藏于上海中醫藥大學圖書館。

該書書首單存兩頁，未列入五種書内，記録一些脈象和穴位，如"浮風虚熱滑多痰""周身穴道"等。《接骨入骱金鎗杖傷一切雜症》有《總論》一篇，謂"跌打損傷，氣血凝滯，不能流行而成血片，或成死血"，傷者"切忌當風濕地、一切油膩生冷毒發之物"，診病時要"細看形色如何，還當診脈調和否，如絶然不至者死，沉細者生，陰囊内有子者生，收入小腹者死……"同時還收載常用傷科藥方，如棱莪散、通經活血止痛散、仙傳火龍行氣法等。《秘傳接骨金瘡禁方》以診療過程爲序，詳細論述治療傷症的過程："一診相""二拔捺""三修整""四夾縛""五醫治""七藥性""八藥歌"（缺六）及相應的治療方藥等。《葉寶太傅接骨秘方》《秘傳杖丹膏散丸末方》兩書以傷科藥方爲主，記載了黄末藥、紅末藥、黑末藥、杖丹膏、鐵布衫丸、胎膏方等常用外用内服的傷科藥方。《嵇氏家訓與接骨方》，前爲《嵇氏家訓》，後有醫訣、抬肩幫骨臼法、治膝踝蓋跌碎法等傷科治療方法及用藥等。

該書收録五種傷科著作，保留了幾位醫者治療傷科疾病的臨床經驗，前後參究，可以對比同一疾病不同醫者的治療方法和經驗，對後學有所啓發和幫助。

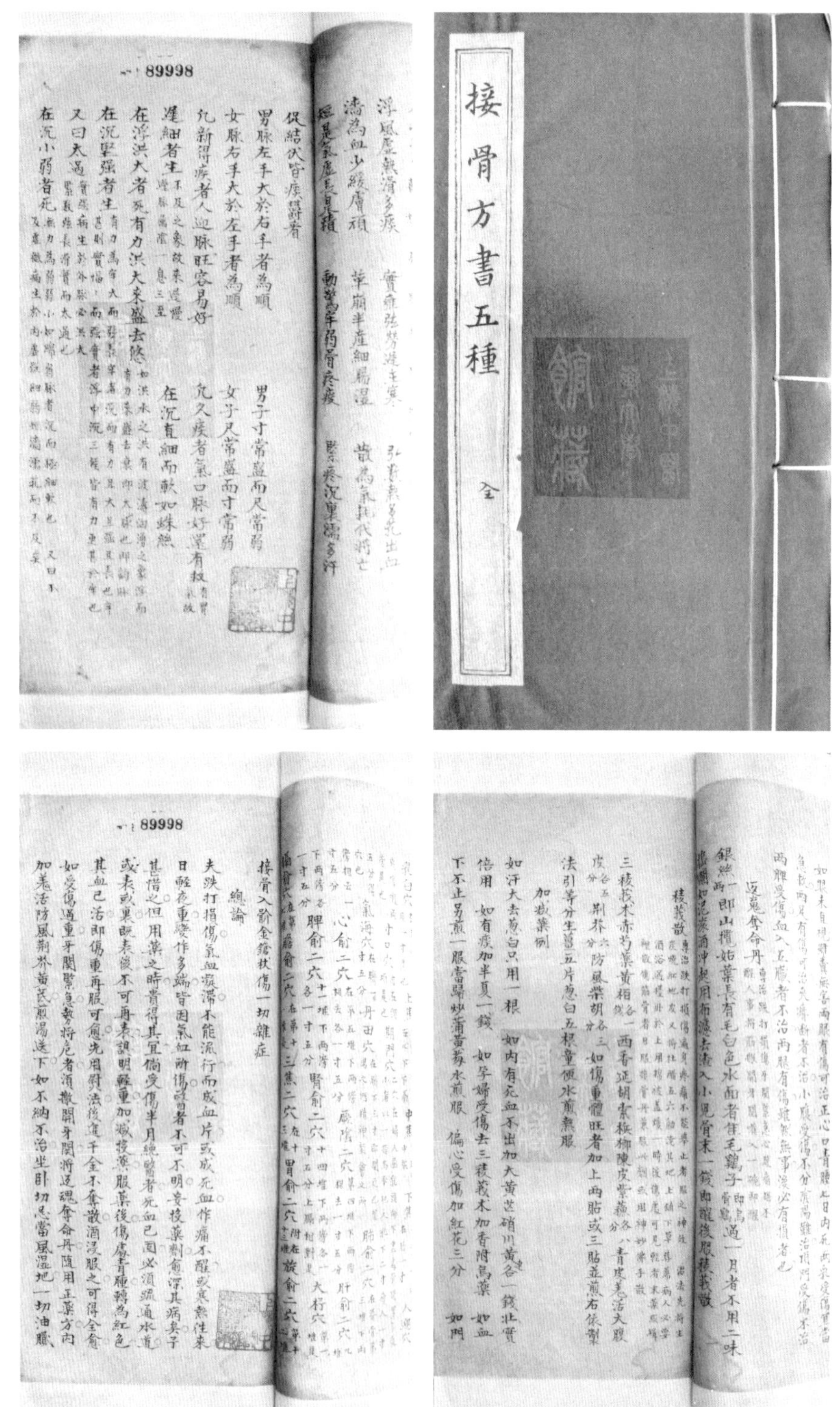

593 超心録

《超心録》，三卷，兩册。無序跋、目録。清趙觀瀾撰。趙觀瀾，字伯琴，嘉定（今屬上海）趙家閣人，精咽喉及内外科。《中國中醫古籍總目》載《超心録》爲清代趙術堂（觀瀾、雙湖）撰，成書于清道光二十八年（1848）。現存鈔本，藏于上海中醫藥大學圖書館。

是本有硃筆圈點，第一册包括卷一、卷三，第二册爲卷二。卷一、卷二主要論述外科癰、疽、疔、瘡、疳、癬及喉科方面病證；卷三爲《湯頭歌訣》，收録五十一首治療方劑。卷一首列三十餘篇大論，包括臟腑經絡、舌象脉法、病因病源、診斷及治法等方面理論，如《發病須知》《脉訣》《舌苔訣》《七情六欲論》《五損（附五傷）》《六淫》《五臟揭要》《經絡》《病本論》《病源論》《諸腫辨》《諸痛辨》《刀法》《袋膿治法》等，後分疔毒門、瘡門、丹門、陽癰門、陰疽門。疔毒門論述火焰疔、紫燕疔、黄鼓疔、白刃疔、黑靨疔、刀鐮疔、十指生疔、紅絲疔八種疔症的症候特點、治法、内服及外用方藥，并詳述疔瘡十惡症的治法及驗疔法等，後附口疳、走馬牙疳、青腿牙疳、下疳、瀉燭疳等疳病的症候特點及治療等。瘡門列楊梅瘡、鐮瘡、疥瘡、月蝕瘡等八種瘡證的症候特點及治療。丹門列水丹、火丹、纏腰丹、流火丹等五種丹證及青蛇毒的症候特點及治療。陽癰門和陰疽門主要論述癰疽發病的不同階段症候表現及治療。卷二列《咽喉總論》，隨後詳述纏喉風、走馬喉風、纏舌喉風、鎖喉風等近二十種喉科病證的症候表現及内服外用治療方劑。此外，卷二還詳述心、肝、脾、肺、腎及三焦膀胱五臟六腑癰證的症候表現、病因病機及治療方藥等，分頭部、頸項、耳部、乳部等論述人身不同部位的各種癰疽、發背等病證特點及治療等。

是本對于諸病證的症候及治療論述詳盡。如“唇瘡”病，其症候表現爲

"脣之上下四周生細粒,結黄痂,纏綿難愈",治療"用旋覆花煅存性,研末,麻油調搽"。如論述"乳岩"病的治療,曰"未成膿時,多食海狗皰或犀黄丸最妙,常服古方逍遙散,參益元湯";如日久高聳色黯紫黑,則應"常進大補氣血、調肝養胃"之品;若潰後翻花,則用"老蟾殉生法,外貼陽和膏",指出該病的預後爲"帶病苟延數月而已"。

是本對于諸病證的症候表現論述詳細,并切合臨床,治療方藥簡便實用,可供臨證參考。

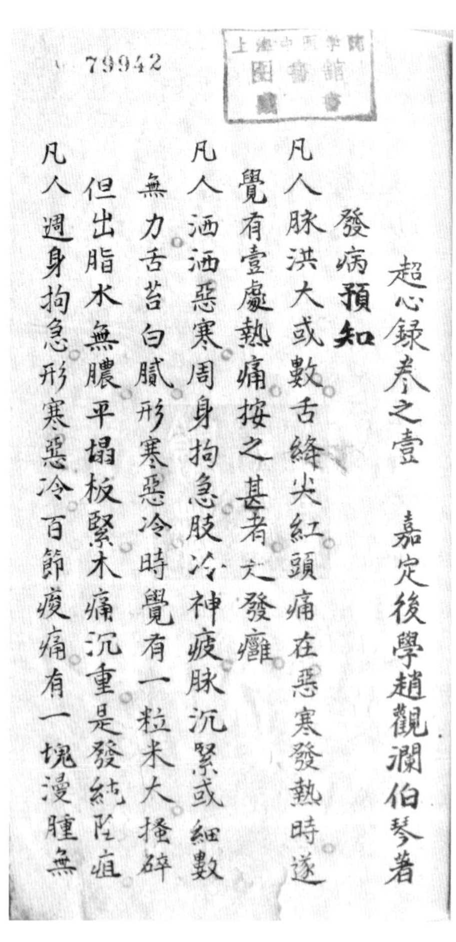

超心録卷之壹　嘉定後學趙觀瀾伯琴著
發病預知
凡人脉洪大或數舌絳尖紅頭痛在惡寒發熱時遂覺有壹處熱痛按之甚者文發癰
凡人洒洒惡寒周身拘急肢冷神疲脉沉緊或細數無力舌苔白膩形寒惡冷時覺有一粒米大搔碎但出脂水無膿平塌板緊木痛沉重是發純陰疽
凡人遍身拘急形寒惡冷百節痠痛有一塊漫腫無

超心録卷之貳　嘉定後學趙觀瀾伯琴著

咽喉總論

咽喉之症，驟起非熱，緩起非寒。其因有五，有熱，有寒，有風，有陰虛火炎，有寒包火，此其中蓋有痰在焉。總之皆緣少陰心火、少陽三焦相火，與外邪相搏，挾痰上攻，發為咽喉之病。方書名目甚多，不出乎喉風、喉痹、乳蛾、喉癰、喉癬之類。余以五者包括七十二症。如喉風者，咽喉腫痛，痰聲如鋸，頰腫無邊，或滿口赤腫是

陰疽將內陷　大劑回陽亟　硬強舌脹紅

清心泄火風　咽嗌不能語　痰結咽喉中

其中純黑舌　乾須滑分別　滑者是虛寒

乾者為火熱

七情六慾論

凡人之症，最難調攝者，莫若七情與六慾哉也。何為七情？如太飽傷脾，大怒傷肝，強力舉重久坐濕地傷腎，形寒飲冷傷肺，憂思愁慮傷心，風寒雨暑傷形，大恐不節傷志是也。如六慾者，耳聽聲音，眼觀物色，鼻聞香氣，舌貪滋味，心惟大地，意握萬方是也。夫情慾之動作，無所不為，無所不好，得之平日，不知不覺，日

堪用小刀刺粒邊出惡血，內服飛龍丹並益壽湯。

鑽牙疳

鑽牙疳，牙齦內鑽出細骨，用小刀連根取出，搽刻效散。緣肝胃二經之熱也，小兒多有之。

牙衄

牙衄又名牙宣，牙縫血出如湧泉。若血熱妄行，脉洪數有力者，犀角地黃湯；若陰虛火者，旺脉洪大無力，六味地黃湯重用生地一二兩，煎湯頻飲。

舌部論

舌乃心之苗，屬火，熱則生痰，熱鬱生毒，而木舌、重舌、舌衄、舌大、舌縮、舌長種種之症，皆由此也。

木舌

木舌因心脾肝三經積熱，舌根紫脹，木痛不能言。鐮出紫血，吹刻效散。輕者牛黃湯，重者定軍湯加犀角。

重舌附蓮花舌

重舌者，舌底又生一舌也；蓮花舌者，連疊幾重腫也。

594 痧疔濟急合篇

《痧疔濟急合篇》，不分卷，一册。葆生氏録。葆生氏生平與成書年代不詳。書首有“痧症古無專書，而患之者甚衆，道光壬午夏秋之交，吾越此證大作……”據此可推斷成書年代爲道光壬午（1822）之後。書首有《痧症發微》序，闡述此書的獲取經過：“已研友車君偉人，世精醫術者也，嘗告余曰：痧證，古書罕見，《玉樞微義》《張氏醫通》雖略載而未備，家有《痧證發微》一書，乃先君子林一先生所珍藏者，最爲詳悉……因力勸刊以濟世，且願共助其役。”同時表明抄寫此書的目的：“今余友克繼先人之志，認爲此書一出，海内之業醫者皆援此治疾，應手取效於人必多所全。此固吾越人之幸，抑不獨越人之幸也。是爲序。”後有“會稽馬鑲謹序”字樣。現存鈔本，藏于上海圖書館。

是本分爲兩部分。第一部分詳述痧症的病因、病機、臨床症狀、治療要訣、治療注意點、飲食禁忌、痧症兼雜證治法、百病變痧治法、刺筋法、刮痧法、用針法，以及漫痧輕痧辨、諸痛類痧辨、諸暈類痧辨、痧症類雜證辨等。次列痧症分類條目、用藥治法分類條目、湯藥神方目、丸散神方目以及治悶痧法。按痧證的形狀分爲十五種，闡述各種痧證的臨床表現和治療要點。痧證藥味摘要列有荆芥、防風、前胡、天麻、丹参等七十八種，後列方劑二十三首，其中湯方十二首，丸、散方十一首，每種均注明功效、組成、製法以及用法。第二部分詳論疔瘡證治要點，闡述六十九種疔瘡挑刺穴位，并根據疔瘡的顔色辨析與五臟的内在關係，載有十三種疔瘡的形色禁忌。附録圖譜三十四幅，圖上標示各種疔瘡發病部位，詳述挑刺法。間附治疔瘡神方、手命指疔方、反唇疔法、對口反唇疔奇方。後列有湯藥丸散方二十九首，其中内治方九首，外治方二十首。書末載録一粒金丹方、種子藥酒方、百補仙酒方、藥酒方、神效喉症急救方等。

本書對痧證及疔瘡的論述較爲詳細,可供臨證參閱。

鼻下受傷為烟空穴倘血不住急用此藥　血結三手
葛艹三手　桔梗八手　独活手　杜仲手　當帰八一　白朮八手　紅花手
柏葉三手　連喬手　白芷手　川朴八一　用葱為引好酒炆服
若無大效再服下方　当帰手　紅花八一　羌活手八一　防丰手八一
独活手八一　白芷手八一　川朴手八一　加皮手　陳皮手八一　青皮手八一
血結三手　肉挂三手　三七三手　青木香三手　曲午の手　白朮三手　甘艹一手
共為末好酒炆服每服一手為止

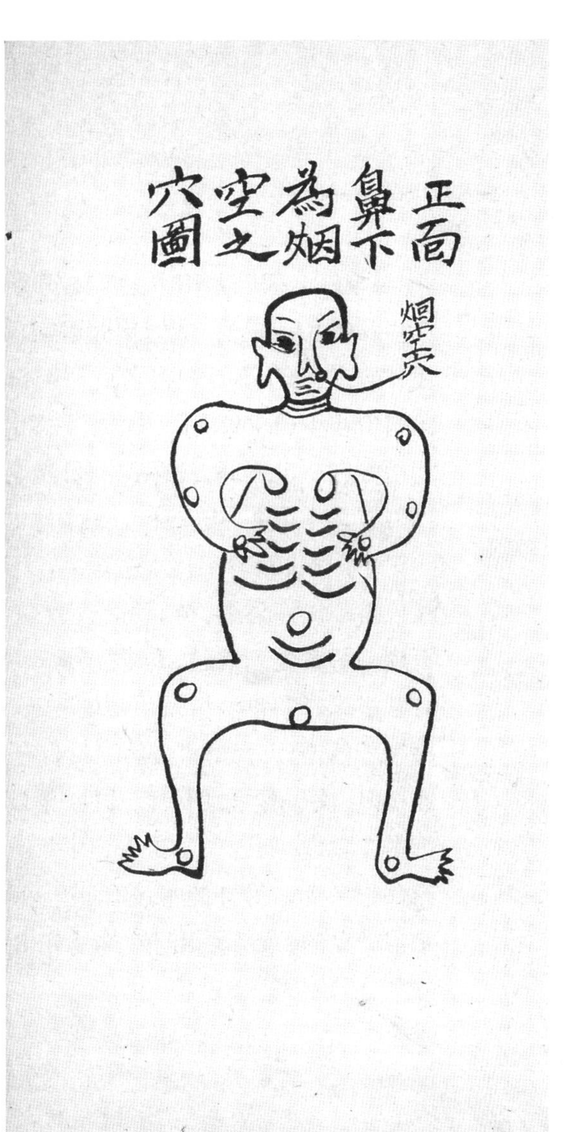

595 楓江名醫陳莘田方案

《楓江名醫陳莘田方案》，不分卷，四册。清陳莘田撰。陳莘田，楓江（今江蘇蘇州）人，道光、咸豐年間醫家，通内外科，以瘍科著稱，名重一時。此本爲其臨證病案，扉頁題書名爲《瘍醫南針》，并有“楊壽山秘鈔”字樣，後有楊氏同治八年（1869）序。楊淵，字壽山，子安（今屬江蘇）人。序中稱陳氏“識症用方有一定之理，經驗深而目光老”。現藏于上海中醫藥大學圖書館。陳氏另有鈔本《陳莘田外科方案》傳世，現藏于南京中醫藥大學圖書館，已收録于《中醫古籍珍稀抄本精選》第六册。

書中以病爲綱，分爲肺癰、胃脘痛、流注、流痰等一百十四門，録病案數百則。每案先列病情，後載方藥。且連續治療較多，最多可至十二診以上，有利于讀者領會病情及治療的變遷。但部分病案叙述較爲簡略。誠如楊氏序中所稱，陳氏對瘍科辨證治療自有法門。如辨流注以風濕邪爲主，或夾熱，或携寒、挾痰痹絡，用藥以蘇梗、桑枝、防風、廣陳皮、白蒺藜等爲主。辨流痰則本在陰虚，筋骨失于榮養，用沙參、鱉甲、首烏、山藥等主之。可爲現代臨床醫生參考。另外此本没有關于外用藥物的記載，這在一般的外科醫案中是很少見的，或許是出于“外瘍亦由内而生也，治内即所以治其外”（楊壽山《序》）的認識。

楓江名醫陳莘田方案序

經云諸痛癢瘡皆屬於心可知外瘍亦由內而生也治內即所以治其外故外科須兼明內科方可理明法合若徒執於外治之末而不探乎內治之源則膠柱鼓瑟安能應變隨機哉吾蘇楓江陳莘田先生精瘍科名重一時踵門求治者不遠千里而來門庭若市著手成春余自幼識其名憾未升其堂而前其席所診方案皆門弟子手錄秘不示人余禮下者再並以善價相易遂得此四冊觀其識症用方有一定之理經驗深而目光老一望而知其吉凶乎其技也學瘍醫者可不珍之乎

同治八年杏月朔日子安楊淵識于望月樓

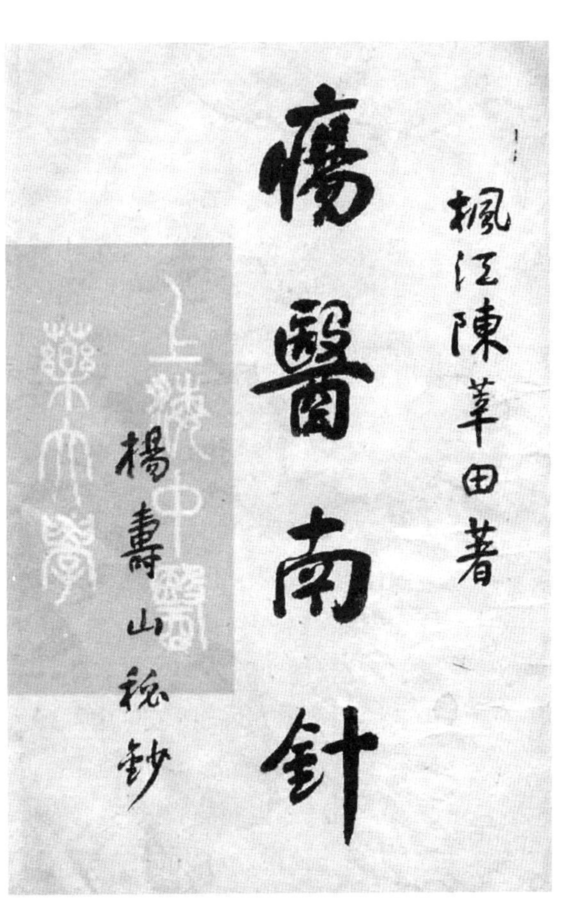

楓江陳莘田著

瘍醫南針

楊壽山秘鈔

596 傷科要略

《傷科要略》，不分卷，一册。係日本國吉利僧人收藏，後贈送給張紫陽、俞錦明兩人，徽歙方義堂主人于咸豐九年（1859）抄録。書首有“上海中醫學院圖書館藏書章”印章，抄者序，目録及人體正面骨骼圖、頭骨圖、脊柱圖、人體前圖、人體後圖等。現存清咸豐九年徽歙方義堂鈔本，藏于上海中醫藥大學圖書館。

全書分爲仁、義、禮、智、信五部分，其中仁、義、禮、智四部分又分爲上、中、下三部。仁字部分：上部分列穴道説、穴道數及開竅法。論述三十六個大穴、七十二個小穴，共一百零八個穴道的位置、受外傷之後的生存期限及其致命傷；次列舉五臟絶症，并强調開竅于心法爲全部至要之道。中部論診脈、拔捺、修整、夾縛、醫治、宜治六部分。下部論接骨手法、血絡不帶、藥品歌、接骨藥性四部分。義字部分：上部列外洗藥、内服麻藥、外敷麻藥、周身傷忒骱用藥總方目四部分；中部列八厘散（附接骨八厘歌）、接骨丹（五方）、接骨紫金丹、八寶丹、九龍丹、九龍玄丹等共十七首傷科方劑；下部列護心散、鶏鳴散（四方）、開心散、接骨一碎散、接骨散（三方）、七厘散（四方）、八寶散、止血止痛散、止痛散（二方），共十八首傷科方劑。禮字部分：上部列活血止痛散、通血止痛散、華佗神仙散等二十首傷科方劑；中部除用藥方法外，列紫荆湯、麻黄散、龍骨散、一撚金散等十五首傷科方劑；下部列陰紅湯、消風湯、寬筋湯、排風湯、降火湯、活血湯等共二十一首傷科方劑。智字部分：上部列跌打煎藥法及跌打煎藥、損骨煎藥、跌打損傷藥酒等共十八首傷科方劑；中部列打傷方、跌打損傷方、跌打傷吐血方、打死回生方、化瘀積方等共三十六首傷科方劑；下部列煎藥方、上中下三部末藥方、整骨麻藥方、潤口瘡法等共二十三種治療傷科的治法。信字部分，列忒骱煎藥方、正十三太保方、副十三太保方、大便尾血方等共三十二首方劑，每首方劑皆詳列其主治、組成及用藥方法。

本書爲傷科方書，收羅廣泛，論述精詳，注重臨床實踐，可爲後人采擇。

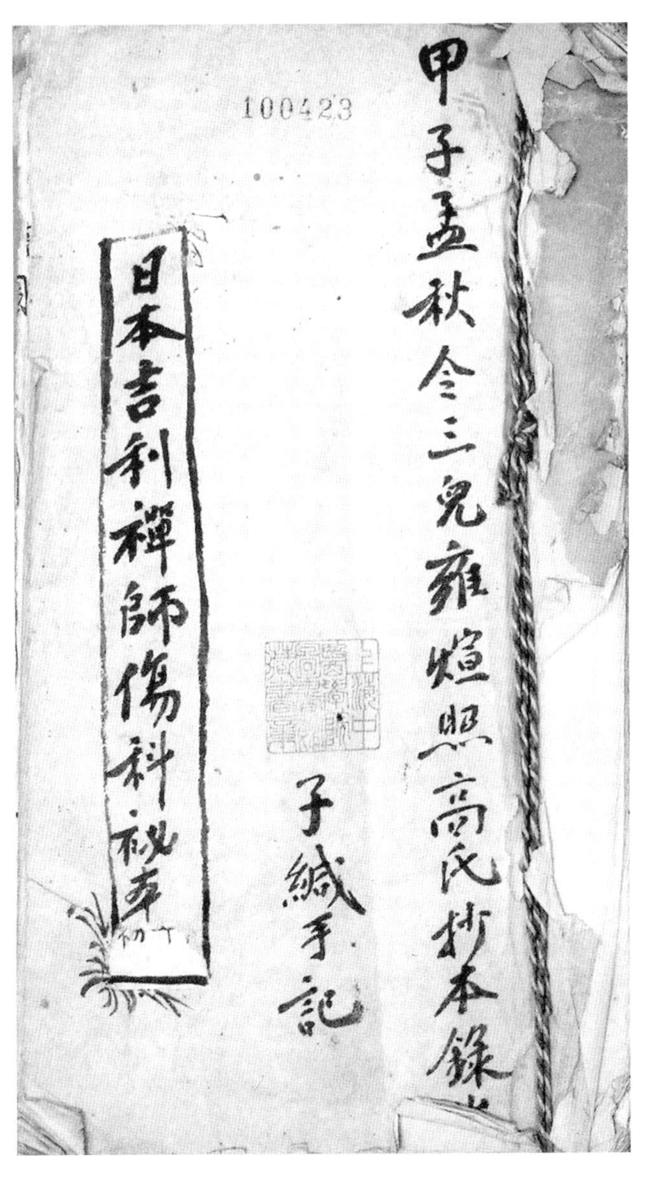

咸豐九年嵗次己未嶶歙方義堂謹識

傷科要畧目錄

597 傷科秘要

《傷科秘要》，不分卷，一册。日本海和傳，孫明甫抄録。此本應是孫氏據"鵝湖朱邦懷校正、長洲殷鳴崗藏本"抄録。鈔本首頁言海和係"日本國人海和老僧"，生卒年不詳。此鈔本每半葉七行，行約二十八字。無序跋，有目録。《中國中醫古籍總目》載録爲清鈔本。現藏于上海中醫藥大學圖書館。

該書以受傷部位分類，下列所治方藥，如"傷全體，吉利散，順氣活血湯，和傷丸，調理藥酒"，每方下標列數字，可在書後方藥中直接查詢。其後記載傷科各種凶症及辨死症法，如"至命犯者穴道不治"，記載了顖門、兩太陽、截梁、突等穴位被傷不治的内容。《驗症吉凶》則介紹辨别患者病症輕重的方法，如"一看兩眼，二看指甲，三看陽物，四看脚指，五看脚底"等。《病人受打順逆之法》《看死症法》以及"傷穴正面圖""傷穴背面圖"等記載了其他辨别凶症的方法和穴位圖示。其後，在《跌打内傷治法》《正骨外傷法》中，記載各種傷症的治療方法和正骨手法。再次，收録治療傷症八十首藥方，與目録相對應，方便讀者檢閲。最後爲《傷折總論》《金瘡藥方》及"内功健身八節""外功鐵沙掌"等傷科康復方法，如"叩齒法""咽津法""運膏肓""摩内腎""察丹田""摩夾脊""擦涌泉"等。

該書是一部傷科專著，其首列凶症、死症及其辨别方法，意在提醒學者對傷科危重症予以重視，并掌握相應的處理方法。所載各種傷症具體的治療手段和用藥，對後世傷科有一定的啓發。

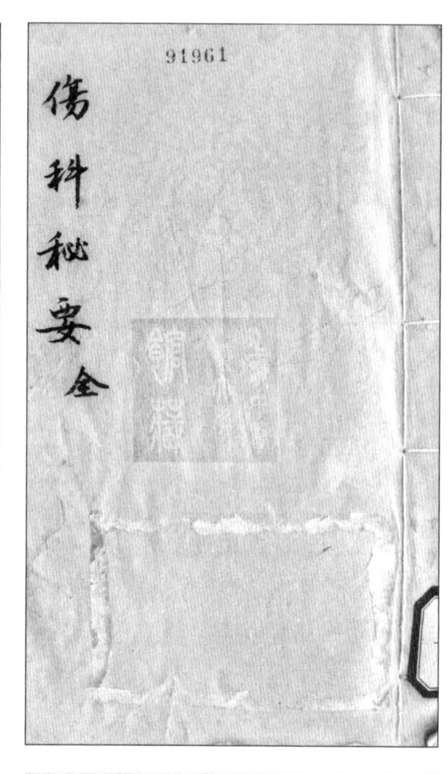

91961

傷科秘要　全

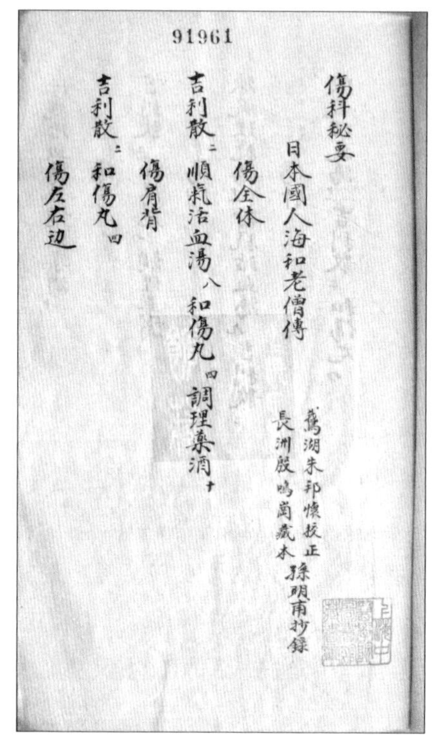

91961

傷科秘要

日本國人海和老僧傳

蔦湖朱邦懷校正

長洲殷鳴崗藏本　孫明甫抄錄

傷全体

吉利散二　順氣活血湯八　和傷丸四　調理藥酒十

傷肩背

吉利散二　和傷丸四

傷左右边

另用猪油半斤熬煎去渣另放候用惟以菜油八兩炭火熬先下白
芨熬至枯色濾去渣然後以猪油和入再下細藥將夏布濾淨下白
占調勻候冷去火氣約五六日研細末收貯瓶內听用
此原方　茄虫七个　艾絨七下　更妙

第四方　琥珀丸又名和傷丸
歸身　蘇木　生地　熟地　羌活　丹皮　杜仲鹽炒　白朮各一兩
南星　陳皮　獨活　續斷各一兩　乳香去油　沒药去油　川芎　黄芩　桂枝

看其真假之血即將紫芯縛血河井雨水相和將血浸在水中三四刻
提起看血內掛大紅細絲即真山羊血也如洋妥紅絲假山羊之血也
至命犯者穴道不治
囟門即天蓋　骨碎髓出不治　兩太陽重傷者不治
截梁即鼻梁兩眼對直處　打折不治　突即結喉　折斷不治
塞結喉下扶骨　打傷不治　上室潭處塞下為扶骨扶骨已下直至人字骨懸一寸三分為節下一節凶一節
心坎即人字骨處　打傷暈悶久後必血冲　食肚心坎下丹田臍下一寸

598 傷科秘訣

《傷科秘訣》，不分卷，一册。蔣濾抄録。原書作者不詳。成書于清光緒丁酉年（1897）。書首有"揆之蔣濾"等印章。現存鈔本，藏于上海中醫藥大學圖書館。

書首爲《續録十二時犯及手掌全圖論斷》，以歌訣的形式論述十二時時穴、禁忌及預後，且附以手掌全圖。次爲《論症手圖决斷於後》，論述虚勞一證可通過掌内痕迹進行診斷，進而指出亦可根據眼色以别之。後列《見血封喉秘法》。次附跌打損傷圖穴，包括正面圖、背面圖、左側圖、右側圖。次論從頭到脚，包括天庭穴、腦頂穴、鼻樑穴、虎耳穴、牙腮、咽喉、對口、頸筋、上肢、胃脘、背筋、將台、肩胛骨、雙燕入洞穴、乳房、上焦、中脘、血倉、心窩、氣門、仙人奪印、掛榜穴、鳳翅、盆元、净瓶、臍肚、肚角、鳳尾、銅壺滴漏、偷桃、下肢，共三十二處受傷部位的論治方法，皆以圖示説明在軀體的位置，治法既有外用方，亦有内服方以及相應的敷藥法、煎服法。如打破天庭穴，致血流不止、骨碎，外用珍珠桃花散，内服追風敗毒散等。最後列跌打末藥方、大力丸方、工力散方、鎮心末藥方、鎮心水藥方、工力先手方、七厘散、大神沙、龍鬚針、雙龍丹、三陰春雷丸，凡十一首方藥的組成及製備方法，部分方藥載録出處。

此書主要論述身體各部受傷的治療方法，并備以相應的方藥，立足于臨床，重于實踐，可供臨證參閲。

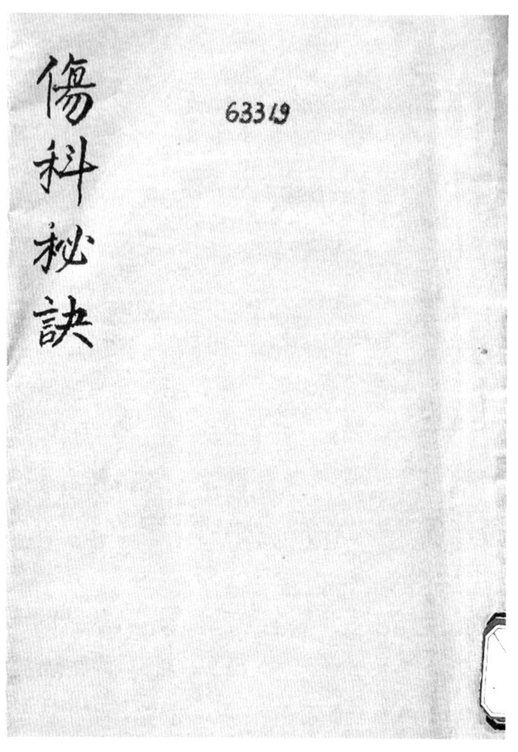
傷科秘訣
63319

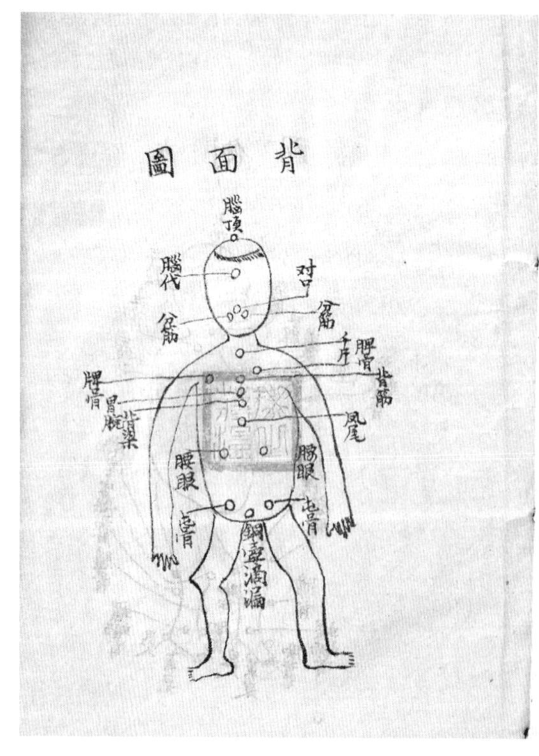
背面圖

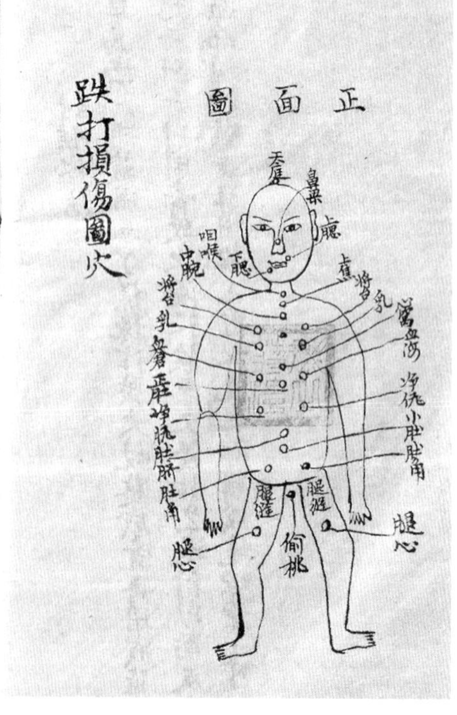
正面圖
跌打損傷圖穴

599 傷科秘傳

《傷科秘傳》，不分卷，一册。清甘邊撰。甘邊介紹見本書“566甘氏傷科方論”。據序言稱，該書爲甘雨來傳，清和月養齋主人鳳升賢録授，成書于清乾隆十一年（1746）。現存清乾隆十一年胡宋有鈔本，藏于上海中醫藥大學圖書館。

是本主要包括“論傷要害”和“各傷主方”兩大部分内容。“論傷要害”部分載《論受傷十不治》《論用藥》《論治法》《論各穴要害之處》《論用藥要訣》《論各穴要害處受傷不治》《論驗傷輕重》《論各穴主方》《論炮製》《論藥必道地方能見效》十篇。《論受傷十不治》論述受傷者十不治的表現，包括痰多、眼珠泛白、唇吊等；《論驗傷輕重》詳述“六看”，即一看兩眼、二看手指甲、三看陽道及小便、四看脚趾甲、五看脚底色、六看脈息，以判别受傷後易治難治；《論各穴要害之處》《論各穴要害處受傷不治》《論各穴主方》三篇，從穴位角度論述各穴受傷後所發病、預後及治療用方；《論用藥》《論治法》《論用藥要訣》《論炮製》《論藥必道地方能見效》諸篇闡述受傷後的治法和用藥，强調藥物的正確炮製方法和道地藥材的使用。“各傷主方”部分收録治療各種外傷和穴位受傷的方劑一百餘首，詳盡論述諸方劑的藥物組成、主治功效、製法、服用法及預後等。認爲傷科方在製法上的特點是多用酒煎服或外用。所列諸方有當歸紅花飲、木香飲、血竭煎、乳香飲、十大功勞飲、七粒散、還魂湯、金瘡膏藥方、玉紅夾紙膏、灸傷法、熏洗法等，含湯、膏、丸、散、灸、熏洗等各種製劑，涉及内服、外敷、熏洗、灸炙等各種方藥。如“熏洗方”由“升麻、當歸、羌活、防己、劉寄、胡葱等分”組成，以酒煎後，先熏後洗，適用于諸傷。又如“血竭煎”治療傷血海穴者，藥用“上血竭（一錢）、當歸（一錢）、紅花（一錢）、蘇木（一錢）、桃仁（去皮尖，二十粒）、五加皮（一錢）、制乳沒（各一錢)、土鼈蟲(三十個)、柴胡(一錢)、猴薑(一錢)”,上藥酒煎,臨服冲童便一杯。可見其用藥在辨證基礎上,多用活血化瘀、行氣止痛之品。

是本内容與《甘氏傷科方論》相仿,係一書之不同钞本。

序

古之良医神於治病針炙藥石用之各當不以專家名唐代始有十三科之别傳其術者各習一科折傷其科一也後世妄謂華陀工於治傷以其書不傳爲恨緣傷科專書不多見往往散見於他書間有抄輯成編者遂爲一家之珍秘互相傳録魯魚亥豕之訛不可勝計執舛誤之方以治傷豈非差之毫厘失之千里耶予平居歷覧各科医書講求藥方遇知医者必与討論獲益良多雍正十年間尹大中丞承制選練技勇浙督宮保李公亦選數十人遣詣京師道

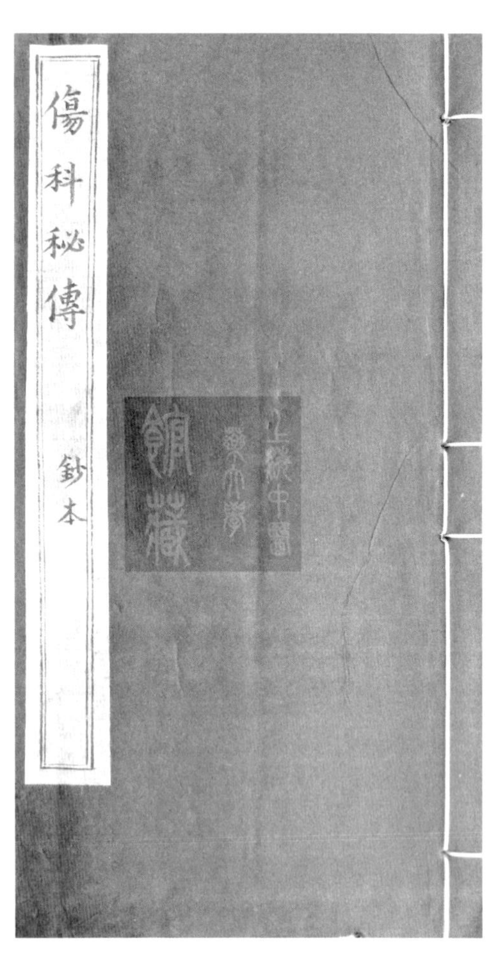

乾隆丙寅年清和月養恬齋主人録授　鳳昇賢
契珍藏傷科秘傳　安
新安古歙李世達細指各症丹湯散
秝稜甘雨來傳　　雙溪胡宋有手録

論受傷十不治　看

凡受傷之人痰多不治眼珠泛白者不治唇吊者不治失枕者不治口鼻黑不治斜視氣喘者不治喘急胸高者不治耳鼻赤色者不治飲食不進者不治若斷盖心骨及耳肉腦衣穿破陰囊

傷中脘者用黄縧飲
傷丹田穴者用十大功勞飲
傷凤门者用五茄皮煎
傷處多者用刘寄飲
傷被者通用止痛定血散
傷鼻者用之接骨散
傷肩臂生血補髓湯
傷被肚腹用通腸活血湯
嘔血咯血用紫金散

傷頭者用羌活飲
傷手者用桂枝飲
断舌者用破血丹
傷目者用收珠散
跌凤理氣湯即流傷飲
治下頦脱薰洗寬筋活血湯
傷手足用寬筋活血飲
傷被手指用護心丹
骨断重傷用接骨紫金丹

凡頭上打跌傷。腦髓出者難治。骨青色者難治。若他處骨肉破碎。即將定痛散敷之。服跌風理氣湯。五六劑。傷口平復。再投補血順氣湯。若有破傷風。牙関緊閉。角弓反張之症。急以飛龍奪命丹投之。目有受傷。將收珠散敷之。用銀簪腳蘸清井水。以收珠散點之血筋。次用旧青绢湯洗擦。隨用還魂湯二服。待其平復。再用生血明目飲。鼻梁骨。断。先用接骨散敷之。次用生肌散。菜油調搽。再用活血止痛散。口唇破缺。先敷代

600 傷科諸方

《傷科諸方》,不分卷,一册。扉頁題"汾溪夏鎬謹録"字樣,可知抄録者爲夏鎬,原作者不詳。抄于"光緒十七年歲次辛卯桂秋月浣",即1891年八月。現藏于上海圖書館。

此本首列《跌打損傷穴道總列》和《五絶症》。《跌打損傷穴道總列》并非一般地介紹傷科常用穴位,而是叙述從頭至腿十九種外損傷的預後,如"顖門(即天庭)骨碎髓出,不治""尾閭突打傷,當時尿出,後成脾泄病",另外還有"截梁打斷""兩太陽重傷""突(喉結)打斷""塞(結喉下横骨上尖潭處)打傷""海底(大小兩便界處)重傷"等皆"不治"。《五絶症》介紹受傷後的五種症狀,均"難治",但同時又强調"五症内有一款不犯者,亦或可治"。次列《治法》與《各症秘方》。《治法》針對上述各種損傷,簡述其治療原則、措施及注意事項。《各症秘方》共載方一百四十首,包括麻醉止痛方,以及各種治療骨折、血腫及傷口化膿等方劑。此外,還有許多外治法,如止血用的外敷"封藥",以及吹鼻散、灸臍法、射熨法、運法、熏法、灸法等。最後抄録程氏《諸損摘要丹方神科》中的方劑。其間還有一些專治刑後外傷的方劑,如"神仙一把渣"治夾棍板子傷,"護心丹,又名鐵布衫,任打不傷","英雄丸……臨刑時用一丸,好酒化服,任打不疼,血不侵"等,亦頗具時代特點。

此本字迹工整,抄後又經朱筆圈點,内容完整,有關傷科各方面的病症、治法方藥較爲完備。有些治療方法簡便易行,療效亦好,如"行路脚上起泡,用白麵水調,付(敷)之,過夜即消""金瘡出血不止,以五倍子末付之。若閉氣者,以五倍子末(二錢)入龍骨少許,湯服,立效",較爲實用。

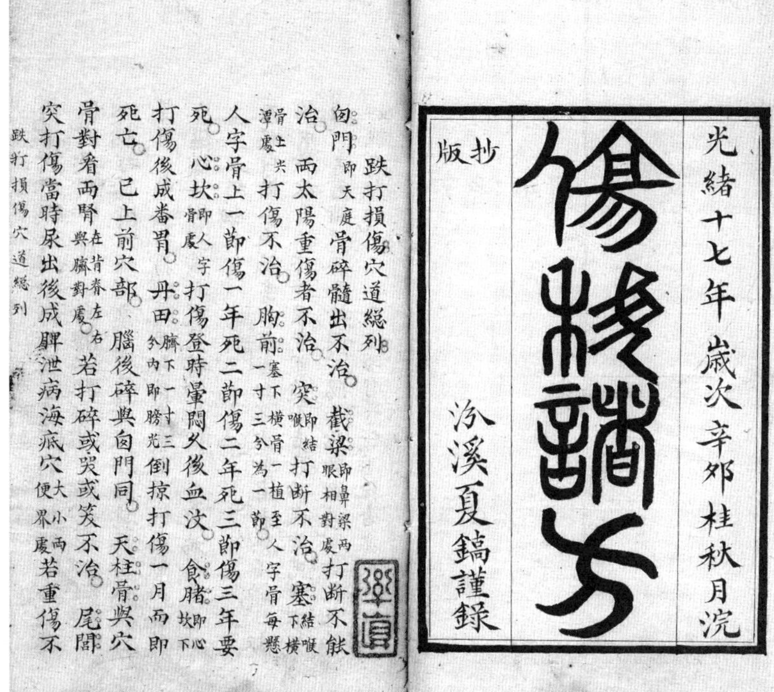

光緒十七年歲次辛卯桂秋月浣

傷科諸方

抄版

汾溪夏鎬謹錄

跌打損傷穴道總列

囟門（即天庭）骨碎髓出不治 截梁（即鼻梁兩眼相對處）打斷不能治 兩太陽重傷者不治 突（即結喉）打斷不治 塞（結喉下橫骨上尖潭處）打傷不治 胸前（塞下橫骨一植至人字骨每懸一寸三分為一節）人字骨上一節傷一年死 二節傷二年死 三節傷三年要死 心坎（即人字骨處）打傷登時暈悶 久後血汶 食賭（即心坎下）打傷後成番胃 丹田（臍下一寸三分內即膀光）倒掠打傷一月而即死亡 已上前穴部 腦後碎與囟門同 天柱骨與穴骨對看兩臂（在背脊左右與臍對處）若打碎或哭或笑不治 尾閭突打傷當時尿出後成脾泄病 海底穴（大小兩便界處）若重傷不

跌打損傷穴道總列

接骨膏

鼠糞（兩頭尖曲者佳晒干研） 萊菔粉（炒黃）

同猪板油搗爛罨炒熱敷患處以線切緊罨好再用糕匣木片夾之骨內谷谷响聲即愈（或不用猪油飛油亦可）

昇藥

治打傷穿破作濃及發背疔瘡諸症皆效

花蕊石（水飛分兩隨宜配之） 金骨（即胎骨或火燒人骨） 搽面粉（分兩隨宜配用）

共為末加冰片少許敷之甚效

去傷痕

九月九收黃老茄炙存性為末每服一分老酒送下遍身痕自然盡去矣

治血痕

每歲用胡桃一個敲損老酒浸每個加朴硝一二分入鍋內同煎酒干為度其桃又須老酒過下

灸臍法

治膀胱受傷小便秘結其法神效

用麝香一分先置臍內將丸鹽蓋上如錢厚薄大小以艾火鹽上灸三次即通通即去之

射熨法

耑治血痞神效

用乾正量痞大小四圍作圈圈內鋪朴硝外以布綢起再襯紙二三十重炭火熨之腹中有响乃痞消之驗然朴硝易烊須炒芒硝不烊

運法

麸皮一升 陳壁泥半升 葱白一把 白酒藥十九（醋炒）

接骨膏 昇藥 去傷痕 治血痕 灸臍法 射熨法 運法

601 傷科總訣

《傷科總訣》,不分卷,一册。不著撰者,成書年代不詳。封二寫有“鄭海溶抄”。全書計一百一十葉,無序言、目録,計約一萬五千字。《中國中醫古籍總目》載録爲清鈔本。現藏于上海圖書館。

本書與《吴氏秘傳傷科摘要》的内容有雷同或相似之處。前十二葉談穴位與外傷的關係。如首葉即云:“凡人周身一百零八穴,三十六個大穴受傷者喪命,七十二個小穴受傷亡。”又云:“華蓋穴在兩乳正中上二寸,受傷者不省,痰血迷心竅,三日痰閉而死。即時用藥可治,又發者十個月而死。”“左乳上一寸三分名上氣穴,打中者三十二日發寒熱而死,又發者一百六十日而亡。”十三葉之後介紹傷科方劑,如飛龍奪命丹:“硃砂、逢术、桂枝、蘇木、韭子、蒲黄、赤芍、秦艽、羌活、歸尾、山棱、枳實、肉桂、麝香、靈仙、寄奴、廣皮、土狗、烏藥、胎骨、前胡、地鱉、然銅、加皮、青皮、川貝、香附、硼砂、廣木香、玄胡、葛根、血竭。共研末,輕者一二分,重者三四分,酒冲服。”

本書以記述傷科方劑爲主,然藥味龐雜,所治之症不明,且無劑量。除傷科方外,亦夾雜有其他方劑,如清肝養血湯、順氣化痰丸、麻風酒方、吐血藥丹等。内容蕪雜,論述穴位與傷科關係多屬主觀臆斷。書的前後部分非出自一人之手,後半部分字迹潦草,辨識不易,借字、錯字增多,又多有語焉不詳者。綜合全書,實用價值不大。

跌打穴成　各部諸方　观五色
辨不治　鄭海溶抄
各穴集引　傷諸症
不知傷辨傷

秘傳傷科總訣
凡人遍身一百零八穴，三十六个大穴受傷者丧命，七十二个小穴受傷亡
華盖穴在兩乳正中上二寸，受傷者不省，痰血迷心竅，三日痰閉而死，即時用藥可治。又発者十個月而死
背後肺底穴在隻骨下分兩边一寸，傷者一年而死，後必双鼻出血而亡
左乳上一寸三分名上氣穴，打中者三十二日発寒热而死，又発者一百六十日而亡

鶴口穴　牛夕钱　苡仁钱　听耳穴　川芎钱　细辛钱
加减十三味煎方
五加皮钱半　砂仁三个　杜仲钱　归尾钱半　寄奴钱　香附钱半
青皮钱　廣皮钱半　灵脂钱　红花半　肉桂钱　蒲黄钱
葱白為引酒煎服
新傷十三味煎方
寄奴钱　青皮一钱　桃仁钱　香附钱半　红花八分　木香钱　蓬术钱半
蘇木钱　砂仁钱　赤芍钱半　台乌钱　山稜钱半　碎補钱半　归尾钱半
玄胡钱半　酒煎服出汗，傷重大便不通加生軍三钱　葱白三根引
飛龍奪命丹
硃砂　蓬术　桂枝　蒼术　莛子　蒲黄　赤芍
秦艽　羌活　归尾　山稜　只实　肉桂　射香
灵仙　寄奴　廣皮　土狗　烏藥　胎骨　前胡　地鱉

602 傷科醫書

《傷科醫書》,不分卷,五册,編號依次爲仁、義、禮、智、信。著者不詳。約成書于清光緒十二年(1886)。現存鈔本,藏于上海中醫藥大學圖書館。

"仁"部分包括論脈、論藥、論針及論方四部分。論脈,列《八脈該二十八字脈象捷法》《脈訣》《治病脈要訣》《治訣》《三十種脈體兼形證訣歌》《左脈温風寒爲外表右脈燥暑濕爲内裏》六篇,論述各種脈象的體象、陰陽表裏屬性、相似脈鑒别、脈義、主證及治法;論藥,列《夏用寒藥》《熱性藥有温熱又當詳審冬天可用》《温性藥總括醫家素諳》《平性論詳藥和平》《用藥凡例》《藥本無味》《妊娠服藥禁歌》《諸藥相反例》《十九畏歌》《諸藥瀉諸經火邪》十篇,論述各種藥物的藥性、藥味、功用等;論針,列雷火神針方、太陽神針方、太乙神針方的製備方法及用針法、神在忌針日期,并論穴道取寸法及百會穴、上星穴、神庭穴、天突穴等共三十二個穴位的位置及其主治;論方,列内、外、婦、兒各科方劑,如小兒打蟲方、治乳吹乳癰方、小便不通方、跌打損傷方、女人易生方等共四十四首,并闡述藥物組成。"義"分爲傷科與喉科兩部分。傷科部分首述脱症,分列五臟絶症,次列《跌打損傷總論外課》《跌打辨生死訣》《跌打十不治》《治傷四法》《接骨方法十一種》《治癲狗咬傷經驗救急神效方》《善士仁人度爲傳播方》等七篇。《跌打損傷總論外課》與《治傷四法》後附傷科外用方、内服方共九十七首,如復元活血湯、生肌散、止痛散、芙蓉膏、洗損傷方等,每首方劑包括主治、藥物組成及用法。喉科部分,首篇《馬氏真傳喉症》,述雙乳蛾、單乳蛾、風熱喉症、木舌、重舌、重齶舌等二十六證,每證附以舌圖,説明臨床表現、病因病機及治法方藥;次篇《馬氏喉痹真傳》,分論辨證、入藥及治喉舌間丸散丹諸方三部分,包括八寶丹、冰片散、牛黄清心丸等六十餘首,詳列藥物組成及主治。"禮"部論藥,包括主治、組成及服用方法，並按劑型把藥物分爲膏劑、末藥、丹藥、丸藥、油劑、散劑。膏劑列跌打膏、接骨膏、白玉膏等十四首；末藥七首；丹藥列紫金丹、回生丹、救命丹等十九首；丸劑列蟾酥丸、十香丸兩首；油劑列火泡油、脱殼油及清凉油三首；散劑列和胃散、消泡散、通關散等三十四首。“智”部，首論傷科諸方，包括傷頭、傷喉、傷骨、傷腰、傷肺等方共六十餘首，如跌打膏、刀傷藥、吹口藥方、咽喉痛方、肺癰方等，每首方劑列其主治、藥物組成及用法；次論胡氏真傳，述“損傷十不治證”“調理編成十三方”“治傷四法”“診脈法”“按捺法”“夾縛法”“修整法”及“醫治法”；次論人體穴位處受傷治法，包括百會穴、血倉穴、命門穴等四十餘穴；最後列接骨法、閃拗治法、刀斧傷、陳傷等九種傷科病證的治法。“信”部，先介紹醫理；次列“江湖乞頭”；次論“痧症秘旨”，列顛折痧、日月痧、蛇舌痧、黑齒痧等十八種痧證病因及治法；最後列“吕祖（吕洞賓）贊”及藥品賬單。

全書綜合論述傷科諸疾，分類匯編，涵蓋脈、因、症、治、預後等各方面，内容廣泛全面，緊密聯繫臨床，使讀者易于掌握病情，進行辨證論治。

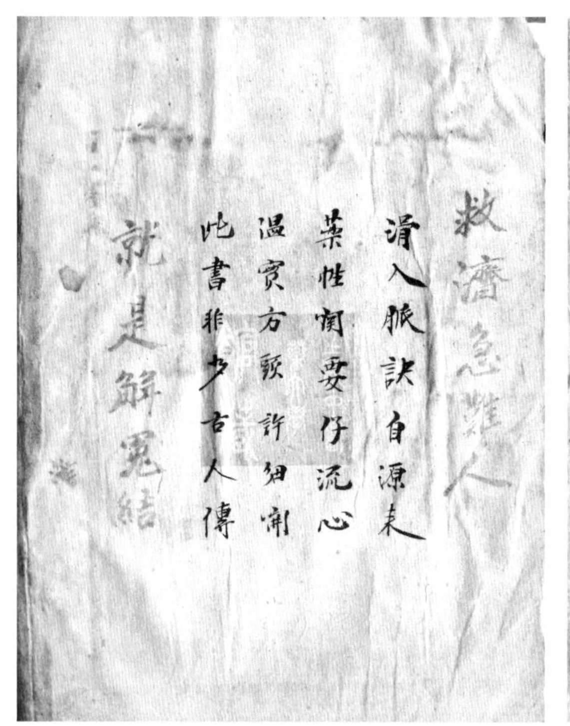

救濟急難人

滑入脉訣自源來
藥性摘要仔流心
溫實方頭許細肯
此書非少古人傳
就是解冤結

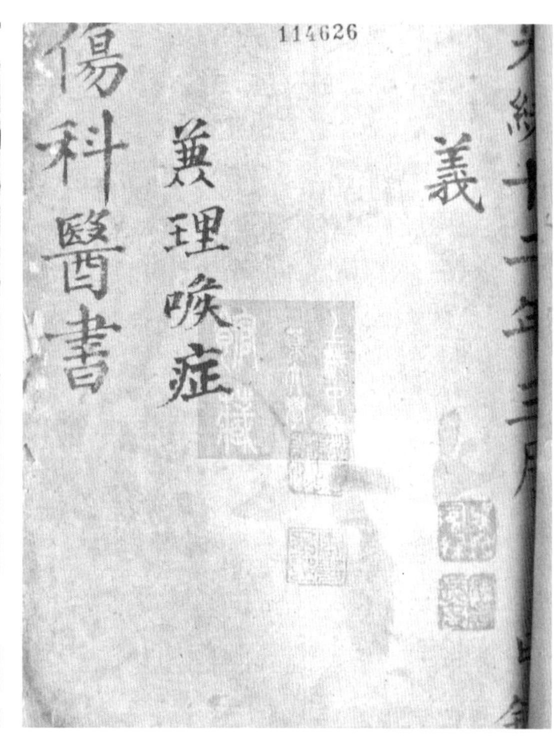

傷科醫書

兼理喉症

義

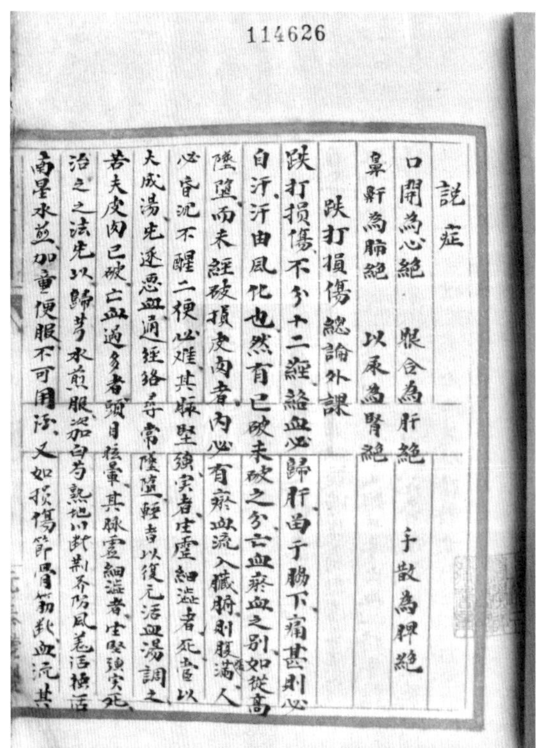

說症

口開為心絕　眼合為肝絕　手散為脾絕

鼻鼾為肺絕　以尿為腎絕

跌打損傷總論外課

跌打損傷，不分十二經絡，血必歸肝，留于脇下，痛甚則心自汗，汗由風化也。然有已破未破之分，亡血瘀血之別。如從高墜墮而未經破損皮肉者，內必有瘀血流入臟腑，則腹滿，人必昏沉不醒，二便必難，其脈堅強實者生，虛細澀者死。昏以大成湯先逐惡血，通經絡，尋常墜墮輕者以復元活血湯調之。若夫皮肉已破，亡血過多者，頭目眩暈，其脈虛細澀者生，堅強實死。治之之法，先以歸芎水煎服，次加白芍熟地川斷荊芥防風羌活獨活南星水並加童便服，不可用酒。又如損傷筋骨筋折，血流甚

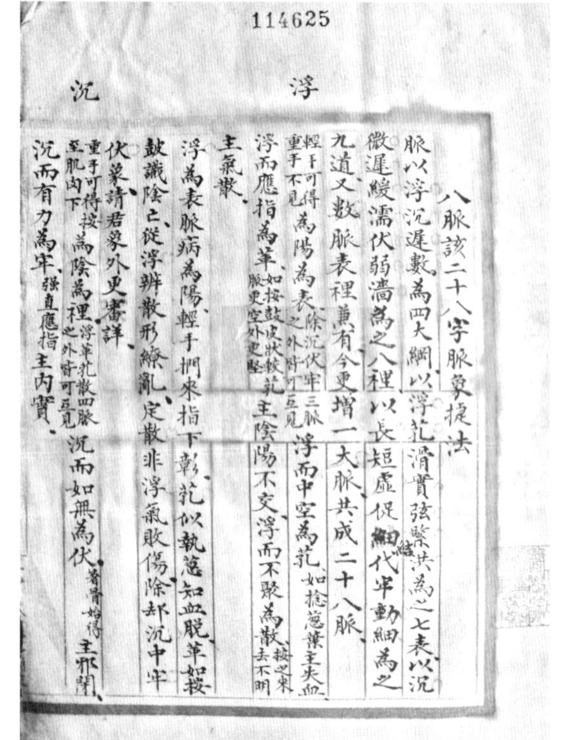

浮　沉

八脉該二十八字脉象提法

脉以浮沉遲數為四大綱，以浮芤滑實弦緊洪為之七表，以沉微遲緩濡伏弱濇為之八裡，以長短虛促結代牢動細為之九道。又數脉表裡兼有，今更增一大脉，共成二十八脉。

輕手可得為陽為表，除沉伏牢三脉，重手不見之外皆可互見。浮而中空為芤，如捻葱葉，主失血。浮而應指為革，如按鼓皮，狀較芤脉更空，外更堅，主陰陽不交。浮而不聚為散，按之來去不明，主氣散。

浮為表脉病為陽，輕手捫來指下彰。芤似執葱知血脫，革如按鼓識陰亡。從浮辨散形撩亂，定散非浮氣敗傷。除却沉中牢伏象，請君象外更審詳。

重手可得按至肌肉下為陰為裡，浮革芤散四脉之外皆可互見。沉而如無為伏，著骨始得，主邪閉。沉而有力為牢，強直應指，主內實。

603 傷醫大全

《傷醫大全》，不分卷，一册。清張炳南編。作者生平不詳。成書于清同治八年(1869)。有作者自序一篇，言“同治年歲在己巳，余于杭城駱明貴先生所傳跌損傷一書……”可知是本由杭城駱明貴先生所傳。書封有“蔭圃主者手録”字樣。有目録。是本爲紅格抄本，每半葉八行，行二十字，左右單邊，上下文武欄，版心爲花口，單魚尾，版心上刻有“洛陽貴品”字樣，中刻梅花圖樣，下刻“製”字。現存鈔本，藏于上海中醫藥大學圖書館。

此書包含三十種跌打損傷類病證的治法用藥及“穴訣總論”“諸突穴總圖”并治療方藥九十四首。跌打損傷類病證包括接骨法、打破腦骨、肚腸出、官形(刑)，杖打、夾傷筋骨、棍棒打傷、高出(處)跌落、亂打遍身傷、整鼻法、損傷十戒、金瘡跌打生死脈訣等。每種病證均詳細記載臨床症狀、内服方藥、外用方藥及治法等，如對“棍棒打傷”的治療，曰：“凡棒打皮不破，血不出，青紅腫脹，痛苦難忍，先服加味四物湯，老酒送下。外用半夏、大黄爲末，生薑汁調敷。又用葱熨法如前。用血竭散桐油調敷，油紙蓋好，絹紮綁定，再用通血散(三四錢)，童便調下。”不僅詳載各種内服、外敷方藥，而且詳細説明方藥的製備及用法。《穴訣總論》篇詳細記載了六十餘穴位的取穴方法及輔助治療方藥;《諸突穴總圖》篇描繪三十七個穴位的定位、主治功效及輔助方藥治療等。治療方藥有跌打太乙紫金膏、蔣氏秘傳三香散、一切新傷五虎湯、上中下三部跌打損傷方、復原活血調氣湯、三薑膏、打傷眼珠突出方、寬胸神效方、跌打將危迷魂丹、金絲膏、紅玉膏、白玉膏、玉真散、大成湯等。每首方藥均以七言歌訣的形式論該首方藥的主治病證、病因病機及臨床症狀，歌訣後載有藥物組成、劑量及服用法。如“接骨紫金丹最靈”歌訣曰：“士人出門去會文，朋友望見禮相迎。遜位分賓來坐定，茶罷登樓要作吟。樓上一塌忙落地，跌斷手臂不能擎。速速昇轎回家裏，連服紫金接骨靈。”方用“自然銅（三兩）、地龍（十條）、地鱉（十個）、桃仁（一兩）、降香（三兩）、朱砂（二兩）、白芷（二兩）、烏藥（二兩）、山奈（二兩）、虎骨（二兩）、草烏（一兩）、杜仲（二兩）、牛膝（一兩），爲末，每服一錢，酒送下”。

是本内容較詳，切合臨床實用，可爲臨證提供參考。

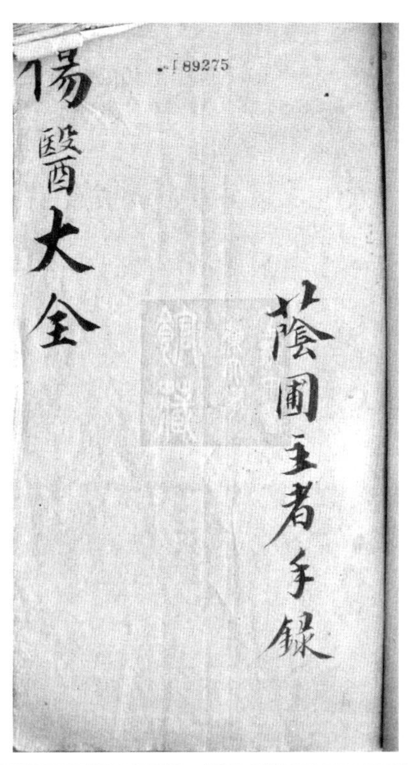

傷醫大全

蔭圃主者手錄

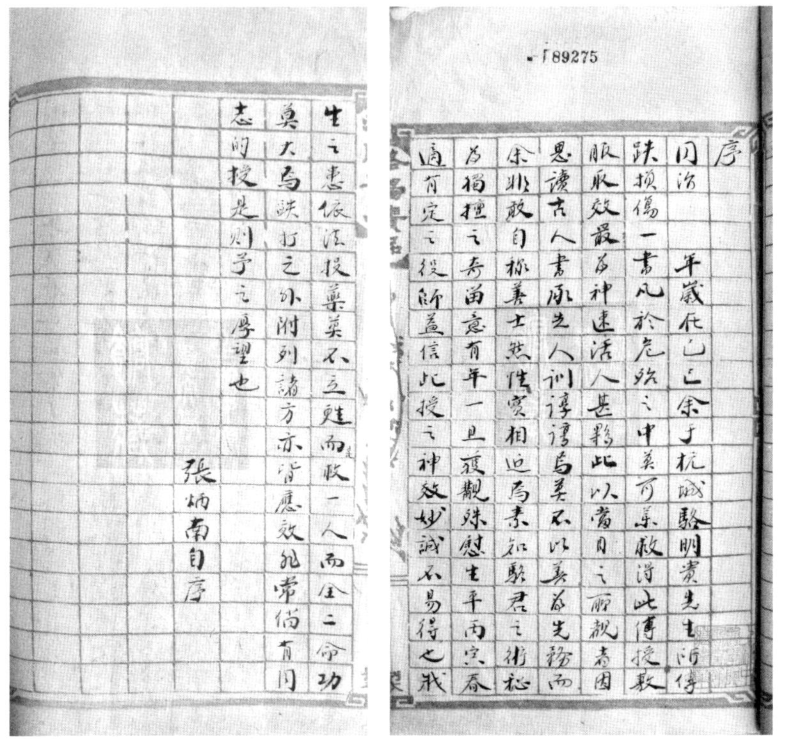

序

同治　年歲在乙巳余于杭城駱明貴先生所傳跌損傷一書凡於危殆之中莫可藥救得此傳授數服取效最為神速活人甚夥此以當日之所親者因思讀古人書原先人訓導諄諄為善不以善為先務而余非敢自稱善士然性實相近為素知駱君之術秘為獨擅之奇留意有年一旦獲觀殊慰生平而宗春適有定之役師益信此授之神效妙誠不易得之哉生之患依法授藥莫不立甦而救一人而全二命功莫大焉跌打之外附列諸方亦皆應效能常備有同志的授是則予之厚望也

張炳南自序

傷科總目

打破腦骨

凡治頭腦打碎天靈蓋內醫不破腦子不出者可治先服一靈丹二靈丹三靈丹各一服次用血竭散葱白將葱白搗碎炒軟血竭散摻葱白內貼在傷處一寸厚烙熨四枝香為度去葱白將刀傷藥厚摻軟縺包好不可開動倘有濃水流出即用葱椒湯去前藥將潰濃散敷傷處洗時宜避風若被風引進腫痛即成破傷風也用定風散調塗口上內服二錢好酒送下

接骨法

肉桂去皮 粗茴香 虎骨酥炙 油梹榔 牛膝去蘆 蓯蓉去鹽 白芨 銅醋火煅燒 骨碎補 巴戟 敗龜板酥炙 油 以上各等分研極細末備用遇骨斷者先備杉樹皮四條長六寸闊五分厚一分半再用綿料細油紙包毡条四尺或用舊綿絮亦可長闊比杉板寬分許則貼肉不致嵌痛將毡用細綿縛置板底以為之襯其治法無論腿臂先服廣德至寶丸以止痛次將臂腿向前拽扯俾斷處

604 瘍科至寶

《瘍科至寶》，八卷，一函八册。不著撰者。每半葉約十行。無序跋與總目，各分目録列于每類之前，如卷一“咽喉眼目”，即分“咽喉類諸方目録”“眼目類諸方目録”，兩目録分别列于“咽喉”“眼目”諸方之前。目録中有紅色的三角標記，按作者之意，此“有紅尖角者，其方可用；無紅尖角者，臨時酌用，勿輕試”。成書年代不詳，《中國中醫古籍總目》載録爲清鈔本。現藏于上海中醫藥大學圖書館。

該書是一部瘍科方書，根據病變部位、性别、疾病等不同，收集各類治療方劑。卷一、卷二論述頭面五官類疾病，如“奪命紅棗丹”“痘後目障方”“面身手足風火腫方”等；卷三專述瘡毒，如“琥珀臈礬丸”“蟾酥丸”“青龍丸”等；卷四列疔症、頑瘡不收口、諸瘡、瘰癧、癭瘤、流注，如“梅花點舌丹”“蒲公英治疔法”“治疔方”等；卷五列述膿窠瘡疹、臁瘡、諸癬、火丹蛇丹、汗斑、胎毒，如“合掌散”“洗瘡方”“瘡藥方”等；卷六論四肢、風症、乳症、女人下部症，如“天蛇頭方”“指上生無名腫毒方”“驛馬兩胯腫痛方”等；卷七載痔漏、男子下部症、毒症，如“縮痔神效方”“縮痔秘方”“多年頑漏神方”等；卷八述諸傷、解諸毒、救急、骨哽、鬚髮、雜治，如“施氏金字藥”“傷藥方”“治刀石傷方”等。

該書所載病症均爲常見疾病，分類較多，條理清楚，論治詳細，收方全面，對外科醫生有一定幫助。

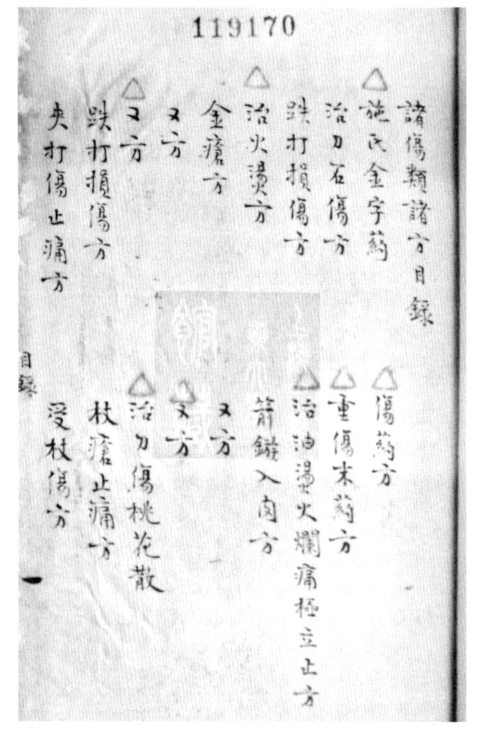

諸傷類諸方目錄

△施氏金字藥
治刀石傷方
跌打損傷方
△治火湯方
金瘡方
又方
△又方
跌打損傷方
夾打傷止痛方

△傷藥方
△重傷末藥方
△治油湯火爛痛極立止方
箭鏃入肉方
又方
又方
△治刀傷桃花散
杖瘡止痛方
受杖傷方

目錄 一

諸傷類

△施氏金字藥
專治刀斧傷處立刻止血
陳白占一兩 生半夏一兩 熟石羔一兩
東丹少許顏色更艷或用硃砂
各研細收貯聽用 此藥雖與桃花色一樣然功大
十倍 或熟石羔與東丹據云止血獨步 或生半
夏為末止血亦効
△傷藥方
半兩錢火煅紅醋浸七次三個 無名異一兩

諸傷 六

同生蘿卜搗汁一碗灌下更妙
△螃蟹酒 治渾身打傷并治接骨
生螃蟹大者一隻小者三隻石臼內搗碎滾黃酒冲服其渣罨
傷處骨內谷谷有聲其骨自接即打傷者一夜即愈
△土鱉酒 治傷接骨神方
地鱉虫生搗十餘個絞汁用滾黃酒冲服效
△草麻膏 治竹木入肉
草麻子 搗塗痛止即出出即洗去
△治刀斧傷血不止方
紫降香碾研細忌鐵瓦罐刮下石 敷上即止又無瘢痕

諸傷

605 瘍科指南醫案

《瘍科指南醫案》，不分卷，一册。清黄鐘撰。黄鐘介紹見本書“591 黄樂亭先生外科醫案”。《瘍科指南醫案》成書于光緒二十六年（1900），前有序言一篇，落款爲“光緒二十六年歲次庚子仲冬受業小門人燿南謹序於梁溪橘盦”，書封有“橘庵珍藏”字様，另有目録。現藏于上海中醫藥大學圖書館。《中醫古籍珍稀抄本精選》第六册收録該本。另有鈔本《黄樂亭先生外科醫案》，藏于中華醫學會上海分會圖書館，與是書内容基本相同，唯目録稍有差异，當爲不同人輯録的黄氏醫案另一傳本，可作參照。

本書共載頭、鼻、耳、目等二十九個部位的外傷醫案，有腦漏、鼻膿、耳下結核、目珠疼痛等醫案二百多則。按人體器官部位順序編排，從頭至足，分别論述每個部位發病的症候、病因、病機、治療和方藥，對于初學者系統掌握外科常見病的治療有較大幫助。如闡述腦疽時，從疾病發病症狀，分别闡述風寒、上氣不足、氣血不足各證型的治療，有利于讀者理解。疑難病的治療，重在疾病的轉歸預後及有關禁忌。如“腦後生疽，原是重大之症，本藥極其小心，飲食寒暖不可不慎，否則陽症亦可變陰”，提示外科疾病的發病部位對于疾病病勢的進退、凶險與否非常重要。某些常見疾病的治療也頗有特色，如眼科的視物不明、迎風流泪、雙目腫痛等症狀，審因論治，辨證精詳，每則醫案都有顯著的療效。如患者“黄膜上衝，熱逼膏傷，視物不見，脈至右關沉有力，春間曾患乳癧”，著者認爲此爲陽明餘熱未清，火性上升害及于目。陽明爲多氣多血之腑，宜于清降，經治療十日内能見日光方可調理。諸如此類的有效病案很多。是書症狀描述詳細，據舌脈而診療，辨證清晰，方藥配伍得當，系統總結了人體各部外科患病的治療經驗，是一部集外科臨床經驗的較佳醫著。

摘南醫案序

瘍科名目甚繁，舉其要不外乎虛實寒熱四大提綱，名為外科，實與內科同出一源。書云，成於中形於外，此即是治外科之宗旨也。樂亭王太夫子幼習岐黃，精究靈素，效法仲景，迨內科功成之後，復參瘍科，故太夫子之治外症，必與泛乎言醫不同，凡對口發背疔毒流注諸大症，諸醫束手莫策矣，而太夫子尤

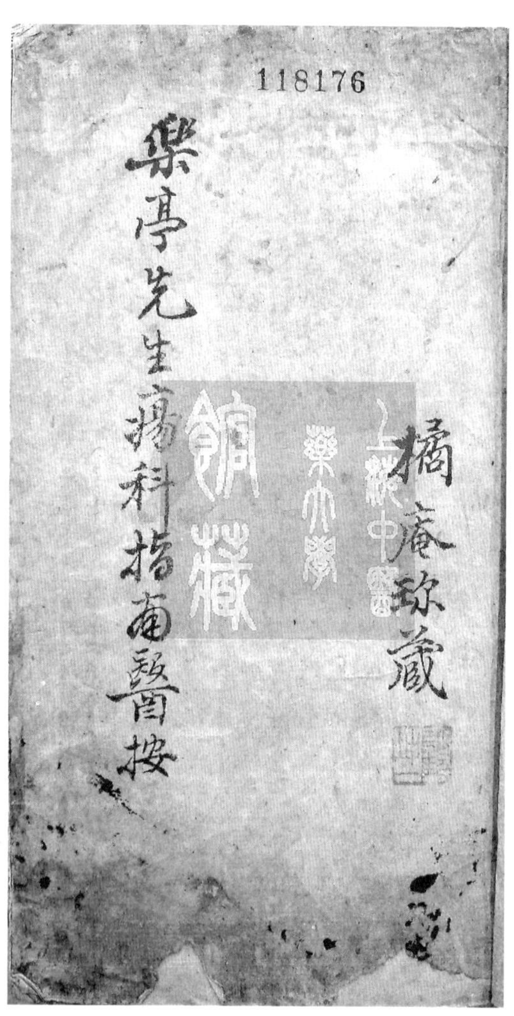

能洞悉其源㧞步進劘挽回造化故邑乘
已載於醫術門其學問之高超毋庸重述
耳此㧞乃太玄子親診之㧞授用康華
業師者茲令長男豫貞録而寶之
盼序緣起俾不忘業師華玄子培植
之恩焉
光緒二十六年歲次庚子仲冬受業小門人燿南
謹序於果溪橘盦

傷科指南目録 共二十九部
頭部 鼻部 耳部 目部 口牙部
舌部 雜部 面部 項部 肩部
臂部 胸乳部 腹部 脹部 肋部
背部 腰部 肉癰部 手足部 下部
臀部 股部 膝部 脛部 足部
散無定處 疔部 梅瘡

小门人李燿南維賢甫編輯
頭部
偏腦之疽腫連面目能作不避風寒起見苗恐散漫行不容細
左 綿芪 角刺 當歸 炙甲片
羌活 廣皮 生草 連翹
花粉 赤芍 荊芥 銀花
防風 川芎 木通
周腦後板兩邊垂足因風寒太陽足因上氣不足足因瞻不識耳
左宗風寒太陽為治
用柱骨 綿芪 羌活 桑葉

606 瘍科秘訣

《瘍科秘訣》，不分卷，一册。有目録，無序跋。不著撰者及抄録者。《中國中醫古籍總目》題爲"瘍醫秘訣"，載録爲清鈔本。現藏于上海圖書館。

是本主要論述楊梅瘡的病因病機、毒中五臟傳變的臨床症狀、治則治法及治療方藥等，共二十三篇。首篇爲《楊梅瘡原委論》，論述楊梅瘡的病因病機，後爲毒中五臟傳變見症形部論及論治，再附薛立齋、張介賓等名家對于楊梅瘡的治療經驗。明確指出楊梅瘡是一種性傳播疾病，曰"交媾兩精氣相傳染，一感其毒，酷烈非常"，若"任其蔓延，通國流禍"，提出應控制其傳播，并詳細論述毒中腎、肝、脾、肺、心五臟的臨床症狀。

治療上，將楊梅瘡的治療方劑分爲十九類，如表汗升瘡類方、攻裏瀉毒類方、表裏雙解汗下類方、患楊梅瘡先見淋症治方、搽點楊梅瘡諸方、下疳洗藥類方等，包括内服、外搽、外洗方劑兩百餘首，且諸方大多被編成四句或八句七言歌訣，詳述其主治、適用症、炮製、煎服法、療效及服藥期間飲食起居宜忌等方面内容。其中，汗法、攻裏瀉毒法、表裏雙解法等内服方劑，有透骨搜風散、牛黄蟾蜍丸、荆防敗毒散、攻毒羊肉湯、化毒五虎湯、苦參丸、楊梅一劑散、雙木散、羊肉湯、防風通聖散、升麻解毒湯、黄連解毒湯等；下疳症治療方劑十三首，有龍膽瀉肝湯、五味化毒飲、清肝導滯湯、清心蓮子湯、蘆薈丸等；楊梅瘡先見淋症治療方劑，包括淋症内服方、淋症洗方等；外搽楊梅瘡濕或腐爛方五首，有鵝黄散、白玉膏、玉粉丹、白膏藥、一點金；另有楊梅瘡熏洗類方八首，下疳洗藥類方五首等。諸方或爲經驗效方，或應用名家名方加減，如"患楊梅瘡生便毒治方論"篇補中益氣湯加穿山甲、牛膝，六味地黄湯加桃仁、倍加牛膝，荆防敗毒散加牛膝等。并補充鵝掌風治療方劑兩篇及"補遺諸方"一篇。

是本内容較詳，可供臨證參考。

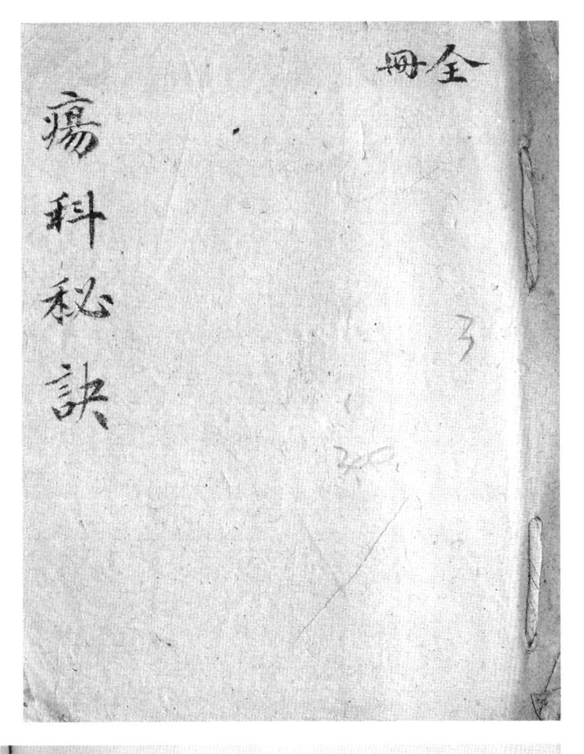

目録

龍胆瀉肝湯　治肝經濕熱下注玉莖生瘡小便淋澁陰囊腫痛及便毒懸癰

歌曰龍胆瀉肝湯地黄　車前澤瀉木香當
歸草芩梔羽芍等　濕用黄連秘大黄

龍胆草　連翹　生地　澤瀉五分　木通
車前子　归尾　黄連　黄芩　梔子
甘草五分　秘加大黄一錢

右味用水二鍾煎八分食遠服

清肝導滯湯　治肝經濕熱玉莖腫痛小水澁滯作疼者服

歌曰清肝導滯湯瞿麦　滑石甘草並扁蓄
大便秘結加大黄　灯心為引空心服

扁蓄一錢　瞿麦一錢　滑石一錢　甘草一錢
便秘加大黄一錢
灯心廿根水二鍾煎八分空心服

清肝滲濕湯　治陰囊玉莖濕腫如猪肚小水不利墜重作痛

歌曰清肝滲濕二朮功　蒼朴昆陈粉木通
山梔澤瀉川芎等　木香甘草当归同

炒蒼朮　炙白朮　茯苓　山梔　厚朴
澤瀉　陈皮　木通　花粉　昆布各一錢
甘草五分　木香三分　作热加黄連　胆草各七分

清心蓮子湯　治心經蘊熱小便赤澁玉莖腫痛或莖竅作疼及上盛下虚心火炎上口苦咽乾煩

607 瘍證歌訣

《瘍證歌訣》，不分卷，一册。無目録與序跋。不著撰者及抄録者。書封有"步文賢契上進　學乃身之寶　費元春題"字樣。《中國中醫古籍總目》載録爲清鈔本。現藏于上海圖書館。

是本將瘍科病症編成歌訣，一證一歌，四句一首，後附釋文。按照人體部位分爲二十五篇，加上《發無定處》一篇及《補編》兩篇，共計二十八篇，二百九十九證。依次爲《頭部》《面部》《項部》《背部》《腰部》《眼部》《鼻部》《耳部》《口脣齒部》《舌部》《胸部》《乳部》《腹部》《腋部》《脅肋部》《内癰部》《肩部》《臑肘部》《臂腕手指部》《下腎部》《臀部》《股部》《膝部》《腿部》《足部》《發無定處》及兩篇《補編》。闡述人體各部位瘍科的常見病症，包括疽、瘡、癬、毒、發、癰、風證等。如《頭部》包括百會疽、透腦疽、額疽、耳後疽、耳根毒、玉枕疽等十九證；《内癰部》闡述人體各臟腑八種癰證，包括肺癰、大小腸癰、胃癰、脾癰、肝癰、心癰、腎癰、三焦癰。從病位、病因、病機、證候、預後等方面詳細論述各病證的臨床特點、治療方法（包括外用與内服）。如對"透腦疽"的描述："透腦疽生百會前，原由督脈火邪煎。軟柔膿薄虚塌陷，紅硬膿稠實腫堅。"論述"透腦疽"的病變部位爲百會穴之前，病邪性質屬火邪，病因病機是火邪侵犯督脈，虚證證候特點爲軟柔膿薄而塌陷，實證證候特點爲紅硬膿稠而腫堅。短短一首歌訣，把"透腦疽"病證的病位、病因病機及證候特點闡述得詳盡清楚。又如項部病證"失榮"當屬甲狀腺惡性腫瘤類病證，本首歌訣描述爲："失榮耳下項肩生，氣血停留恚怒因。愈潰愈堅翻胬肉，難收難斂露鳩形。"後附釋文較爲詳盡，指明"此證爲四大絶證之一"，證候爲"初起形如痰核，推之不動，堅如頑石，皮色如常，按之無痛，日漸長大”，病因病機是“由憂思恚怒、氣鬱血逆與火凝結而成”，病證發展與預後特點爲“日久難愈，色現紫斑，腐爛浸淫，滲流血水，瘡口開大，胬肉高突，形如翻花。留證古今，雖有治法，終屬敗證，但不可棄，而不可治，然亦不過苟延歲月而已”。這些見解與現代對于甲狀腺惡性腫瘤的論述基本一致。

是本對于中醫外科諸病證的理論論述較爲詳盡，可供臨診參考，但治療方法及方藥列舉不多，略顯不足。

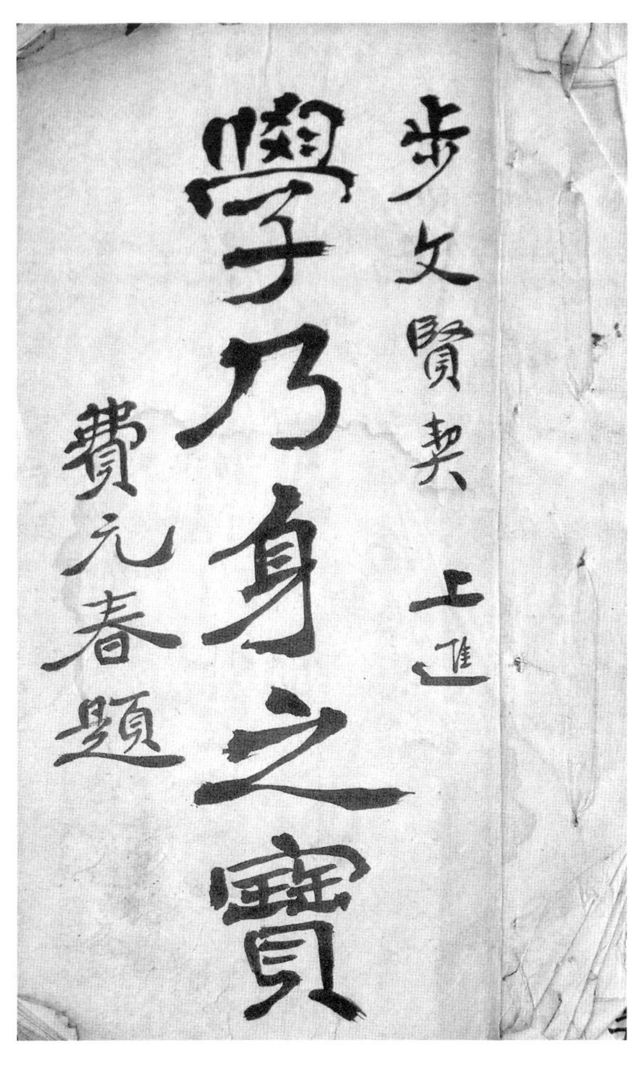

讀書須要九轉輪迴熟
熟後能諳傳化無窮
登庸錄爰
師囑言秀甫並醫廬以自勉之

瘍証歌訣

頭部 十九症

百會疽生正頂巔。經名督脈是其緣。膏粱火毒焮紅見。
平塌痰名必返泉。（一名玉頂疽，又名前腦疽，生於頂中正對耳尖之上）
透腦疽生百會前。原由督脈火邪煎。軟柔膿薄虛塌陷。
紅硬膿稠實腫堅。（此疽生於百會前顖門之際）
侵腦疽生透腦旁。原來濕火在膀胱。穴名五處知其位。
逆紫順紅細審詳。
佛頂疽生督上星。陰陽失運熱邪凝。無論虛實皆為險。
黑陷延糜藥勿靈。

額疽究係火邪成。左（右）膀胱正督經。頂陷紫焦平塌重。
根收突聳腫紅輕。
勇疽皆後五分逢。胆腑端由怒火衝。伏鼠形容浮面目。
黃膿為吉黑為凶。（一名腦發疽，此疽太陽左右皆全）
鬢疽胆腑與三焦。憋怒火凝風熱招。血少氣多難腐潰。
須防鍼灸失和調。（此疽屬手少陽三焦經與足少陽胆經，生於太陽穴之上，左右皆全）
天疽左耳後相生。銳毒須從右耳評。此處皮澆當急救。
胆經鬱火上攻成。（左為天疽，右為銳毒，皆生於耳後一寸三分高骨之後。天者不及天年，銳者如鋒刃之銳利，言毒甚也。得此二症，愈者甚少）
耳後疽生耳摺間。三焦風毒少陽炎。有頭紅腫焮為順
逆勢遲疼黑陷堅。（此症由少陽痰凝氣滯兼挾風邪外束而成）

耳發三焦風熱橫。初椒漸若露蜂房。連輪腫痛因邪毒。
紫血為凶吉見黃。
耳根毒屬胆三焦。怒氣相沖風火招。痰核初形延伏鼠。
清虛補斂可想瘳。（此症由三焦風熱凝滯而成）
玉枕疽生督脈家。端由積熱并風邪。往來寒熱兼麻癢。
小似鵝丸大似茄。（生於玉枕骨尖，由腦戶出）
腦後發生玉枕涯。症由積熱并風邪。經關督脈分凶吉。
順見稠膿紫不嘉。（瘍科心得集云：即玉枕疽也，由風府出）
腦鑠也將督脈尋。精枯毒火上乘生。烟煤黑色牛唇硬。
未潰皮留腐爛形。

608 瘋科秘要

《瘋科秘要》，兩卷，一册。不著撰者，成書年代未詳，《中國中醫古籍總目》載録爲清鈔本。卷一、卷二首頁均有“瘋症論略”“秘而藏之切不可忽而借出”字樣。現存鈔本，首卷前面幾頁已破損，藏于上海圖書館。

是本首先論述瘋症治療方藥，包括醉仙散神方、滌穢漱口湯、二香斷根散等。列五臟瘋治，指明各經各治須明晰，如：“心屬南方丙丁巳午火，心受熱受風則光損兩目。”後列具體方劑，各方均按服用次序載明。次詳論五十六種瘋科病證的主要症狀、治法、方藥，共列方一百十七首，既有内服方，亦有外用方，且按症給藥，條理清晰。次列五臟六腑瘋略論，包括心經瘋、肝經瘋、大腸瘋、小腸瘋、頭痛瘋等十七種，注明主要症狀及須加藥方，如“心經瘋，眉毛脱落，用藥加石菖蒲、白茯苓、全蝎、蜜蒙花”。次列瘋有四不治：“刀割不痛，無血出者，一不治也；兩目無光，膿血流注，二不治也；氣喘促逆，手足不仁，三不治也；耳聾出血，胸腹膨脹，四不治也。餘者皆可治。”次列五經追風散藥方，隨經酌用。最後列古方應驗雜録，以備拾取，包括瘋科驗方、外洗方和擦方，如厲瘋隨經治法、治年久癩皮瘋、治瘋濕藥酒神方、厲瘋洗藥方等。每方均詳列藥物、製法、用法、主治功能，有的藥物説明功效。

是本按病給藥，且各藥均按服食先後順序載明，條理清晰。爲麻瘋病專著，有史料價值，便于臨床參考應用。

瘋科秘要 下

第三 桐油一大盞 蜜陀僧亓酥炙 輕粉 紅丹 雄黃 硫黃各卞 用桐油將苦竹點火滴油
黑色入各藥內勻調油攤塗瘡上調敷數次立愈

紫霞瘋 此症與紫雲瘋形似而差異遍身紫霞頭樣中開紅點韋長頭上不露將火照之三
第四 角頭起邊有白色先服
消風活血湯
白茯苓亓 防風亓 荊芥亓 藿香亓 蟬脫亓 當歸亓 川芎亓 白芍亓
穿山甲亓 陳皮开 甘草开 半夏生壯者不用 木香三磨冲 水煎加薑棗好酒臨
卧時作五帖服服後再服天麻散

十八

609 瘋科選要

《瘋科選要》,不分卷,一册。不著撰者,首頁有“昭陽太原王氏書屋”字樣。無序跋,有目録。成書年代不詳,《中國中醫古籍總目》載録爲清鈔本。現藏于上海中醫藥大學圖書館。

《瘋科選要》是一部方書,分兩部分。前一部分按病症、藥方等分爲四十八類,如疥癩方、腰疼痛、臂疼痛、濕氣脚腫等,但後面有許多方藥并未列入目録中,如擔肩疽癤、小便不通方、未成已成瘰癧丸方等。此部分以外科爲主,兼涉内、女、兒、傷等科,有内服藥和外用藥,丸、散、膏、丹、湯、洗等劑型均有,還有灸法等。後一部分亦以病症、藥方爲目,分爲一百六十八類,如洗眼方、卧龍丹、鎗子傷人、眼藥方等,以内科爲主,兼涉外、兒、女、五官等疾病。

此書雖有目録,但無規律,排列較亂,未經分類,似爲撰者自備參考書,比較切合于臨床實踐。

瘋科選要

貽陽太原王氏書屋

一 疥癩方　七 浸亡下注　十三 舒筋丸　十九 大麻風方

二 腰痠痛　八 炕方　十四 因濕善法方　廿 六厘散

三 臂痠痛　九 花門　十五 至刀聖散　廿一 崑山方

四 濕氣腳痿　十 遍身濕瘡　十六 口眼喎斜　廿二 風手方

五 四肢痠麻　十一 蒼耳方　十七 半身不遂　廿三 風腳方

六 半身不遂　十二 嗣生方　十八 廣麻丸　廿四 踏仙丹

① 渾身疥癩瘡風方

② 腰痠痛

③ 肩臂痠痛

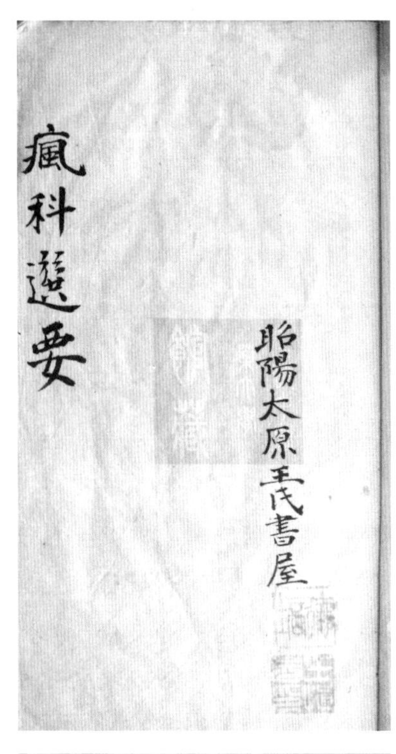

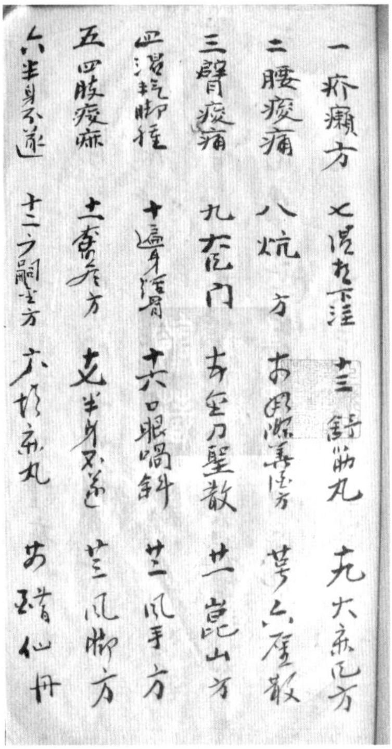

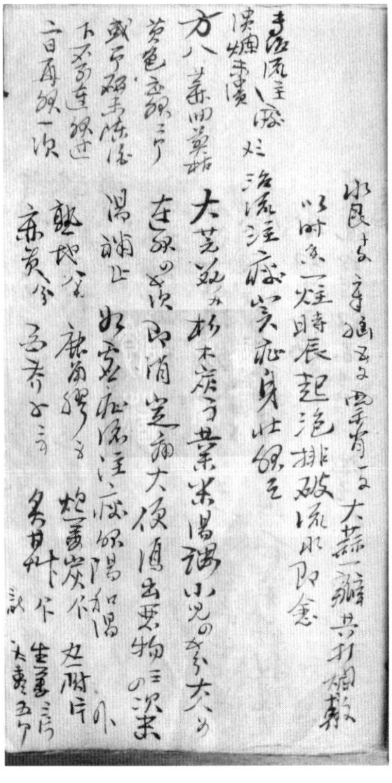

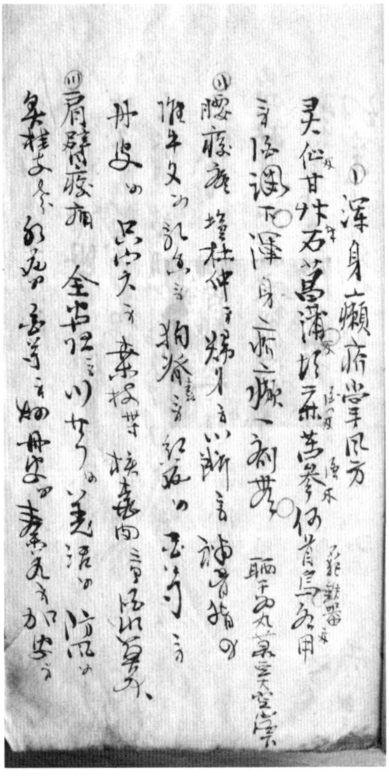

610 瘋症三十六秘傳神方

《瘋症三十六秘傳神方》,不分卷,一册。不著撰者,周祥宇記,封面有"燮叙堂識"字樣。成書年代未詳,《中國中醫古籍總目》載録爲1911年。現存鈔本,藏于上海圖書館。

本書先爲瘋病論,指出皮死麻木不仁、肉死針刺不痛、血死潰爛無膿、筋死肢節脱落、骨死鼻柱壞陷均屬瘋症之重症,治療時"當辨本證、兼證、變證、類證陰陽虚實而斟酌焉,若妄投燥熱之劑,膿水淋漓,則肝血愈燥,風熱愈熾,腎水愈枯,相火愈旺,反成壞證矣"。接着分别論述本證的治法、治則、方藥和刺絡放血法,各兼證、變證、類證及其治法。强調癘瘍治療時,"當知有變有類之不同,而治法有汗有下,有砭刺攻補之不一",要根據兼證的輕重、變證的先後、類證的真僞,而用汗、下、砭刺、攻、補法,另外還要根據人的虚實,病因不同而辨證施治。對頭目眩昏、夏秋濕熱行令、熱渴便濁、小便不利等十二種兼證亦作了詳細論述,每種均按病因分别論治。如頭目眩昏,"若右寸關脈浮而無力,脾肺氣虚也,用補中益氣湯;若左關尺脈數而無力,肝腎氣虚也,用六味地黄丸"。變證列有牙齒作痛、自汗、舌赤裂、發熱惡寒、泄瀉等十四種。其中治療藥方有補中益氣湯、四君子湯、黄連解毒湯等十六種,每種均載明組成及劑量。續爲《證治準繩》癘風類方以及大麻風治法,列有癘風治方四十六種,每方列述功效、藥物、劑量、製法以及用法。大麻風治法,按使用先後順序分别列出各藥物名,并隨證候輕重加减用法。最後附有治瘋症方、秘傳神效治瘋藥酒方、五加皮丸、紫浮萍丸、經驗大麻瘋症方、丸藥方、洗藥方以及"趙虞臣患紫雲瘋症身起紅片如雲狀者醫人丸方"。

是本論述較詳,辨治精細,且載方較多,對瘋症證治頗有啓迪。

周祥宇記

燮叙堂識

痘瘄三十六秘傳神方

火也須用加減八味丸及十全大補湯加麦門五味更以附子末唾津調搽湧泉穴　若形倦惡寒喜熱飲食者陽氣虛寒也急用八味丸

口乾　若惡冷飲食者胃氣虛而不能生津液也用七味白术散　若喜冷飲食者胃火盛而消爍津液也須用竹葉石膏湯若夜間發熱口渴者腎水弱而不能上潤也當用六味地黄丸若因汗下之後而有前患胃氣虛也宜用八珍湯

作渴　若煩躁飲冷者屬上焦實熱用涼膈散兼大便秘結者屬下焦實熱用清涼飲若用尅伐之藥而渴者氣血虛也急用八珍湯六味丸

611 劉涓子治癰疽神仙遺論

《劉涓子治癰疽神仙遺論》,不分卷,一册。題作(晋)劉涓子撰,約成書于劉宋元嘉十九年(442)。劉涓子(約370–450),京口(今江蘇鎮江)人,撰有《劉涓子鬼遺方》十卷,後經南朝龔慶宣編輯,再由李氏輯録,使此書得以保存傳世,對後世外科學的發展有重大影響。龔慶宣,南北朝齊梁時期外科學家。南宋陳振孫《直齋書録解題》載録該書,題作十卷。已散佚,宋代以後存有兩種殘本:一爲《劉涓子鬼遺方》五卷本,流傳較廣;另一爲《劉涓子治癰疽神仙遺論》一卷本,對癰疽的證候、診斷、發病機理、預後判斷等論述頗詳。是本即屬後者。前有"東蜀刺史李頔録"字樣,且有一長方形印章,後載"嘉慶十年(1805)二月三十日偶於湖州書賈得鈔本《劉涓子鬼遺方》五卷,并《治癰疽神仙遺論》一卷……余因校閲所及,略書所見,以質世之讀是書者。香岩居士周錫瓚識"。現存鈔本,藏于上海圖書館。

據近人考證,是本較爲集中地收録了《劉涓子鬼遺方》的佚文。載有《辨癰疽》《辨發背》《辨腧法》《决生死法》《論人身不可患癰疽七處》《用藥法》《癰疽有三等》《將息法》《針烙宜不宜》《雜療》,共十論。如《辨癰疽》篇,總述癰與疽兩證的病因、癰疽的症候、鑒别診斷與治療,强調"癰疽初發並宜灸,膿成宜針出膿","内有根深,用藥以攻其内,托之、補之,宜順之,宜實之,唯急唯速方能救生,不可緩慢"。本書對癰疽的辨證治療論述較多,且内外治法兼備。内治有清熱解毒、調氣安神、排膿托毒等治法方藥,外治則有止血、收斂、止痛、解毒等法,并根據證情,分别采用圍、洗、烙法。書中闡述三十多種病證的治療方法,載有匀氣調膿犀飲方、金花散、潰毒散、檳榔散、托毒棘針丸等方藥,并述及將息調理的注意事項。該書强調癰疽的早期診斷，按病證發展不同階段、不同部位進行辨證治療，可供外科臨床參閲。

劉涓子治癰疽神仙遺論

東蜀刺史李 頔錄

辨癰疽

夫人不節嗜欲不順時令則榮衛氣血凝澁氣虚而凝滯血澁而不行着處盡成癰疽疽之症也皮厚堅如牛領癰者皮薄腫高癰發或滿光堅易療難將息疽發或如小癤觸即徹心痛四邊微起上如橘皮色紅赤不全變膿水不甚出至七八日疼悶喘息不止癰疽初發並宜灸膿

攤于患處其瘡必潰腫即易退透

治癰破後其腫不退疼不止膿出不住其人氣虚宜服内補順氣散

白蒺藜二兩微炒去角 甘草 桔梗 白芷 爪蔞根 山藥各一兩 右六味為末每服一錢水一盞生姜三片棗子一枚煎七分通口服不拘時忌一切發風動氣等物

治癰毒氣和欲透腫軟欲潰膿藥貼方

天南星二兩 肉桂 川烏頭各一兩 右三味為末

612 諸癰腫毒

《諸癰腫毒》,不分卷,一册。不著撰者。成書年代未詳,《中國中醫古籍總目》載録爲成書于1911年。現存鈔本,藏于上海圖書館。

是本分《諸癰腫毒》《一切癰腫》《腫毒焮痛》《發背初起》《發背腫痛》《發背癰疽》六篇,每篇下列各種具體病證以及治療方法。《諸癰腫毒》篇列癰腫初起、癰疽赤腫、癰腫未成、腫毒無頭、腫毒初起等;《一切癰腫》篇分一切腫毒、諸般癰腫、癰腫熱毒、熱癤腫毒等十一種;《腫毒焮痛》篇分腫毒雜症及癰腫雜症兩部分,包括腫毒焮痛、瘡腫熱痛、熱瘡腫痛、癰瘡大痛等三十九種;《發背初起》篇列發背初生、背疽初發、發背發腦、發背發乳;《發背腫痛》篇列背瘡潰爛、發背已潰、發背腫毒、發背不潰、發背血散、背瘡熱腫、發背潰爛;《發背癰疽》篇列發背癰癤、癰腫發背、癰疽發背、發背癰腫、發背癰疽以及背瘡灸法。每種病證均標明治法及出處。全書共載治療方法二百零六種,既有内服湯、丸,又有外治擦、洗、膏、貼等劑型。

本書條理清楚,論述簡潔,選方實用。凡一病多治者,均一一列出,如發背初起列治療方法十四種,一切腫毒設治療方法十四種,癰疽發背有治療方法十一種等。每種治法均注明來源、製法及服食法,如腫毒初起:"余居士用大蝦蟇一個剁碎,同炒石灰,研如泥,付之頻易。""簡便方用大芡、五倍子、芡百等爲末,新汲水調塗,日四五次。"其中不乏經驗方、集簡方,可爲中醫外科臨床治療提供參考。

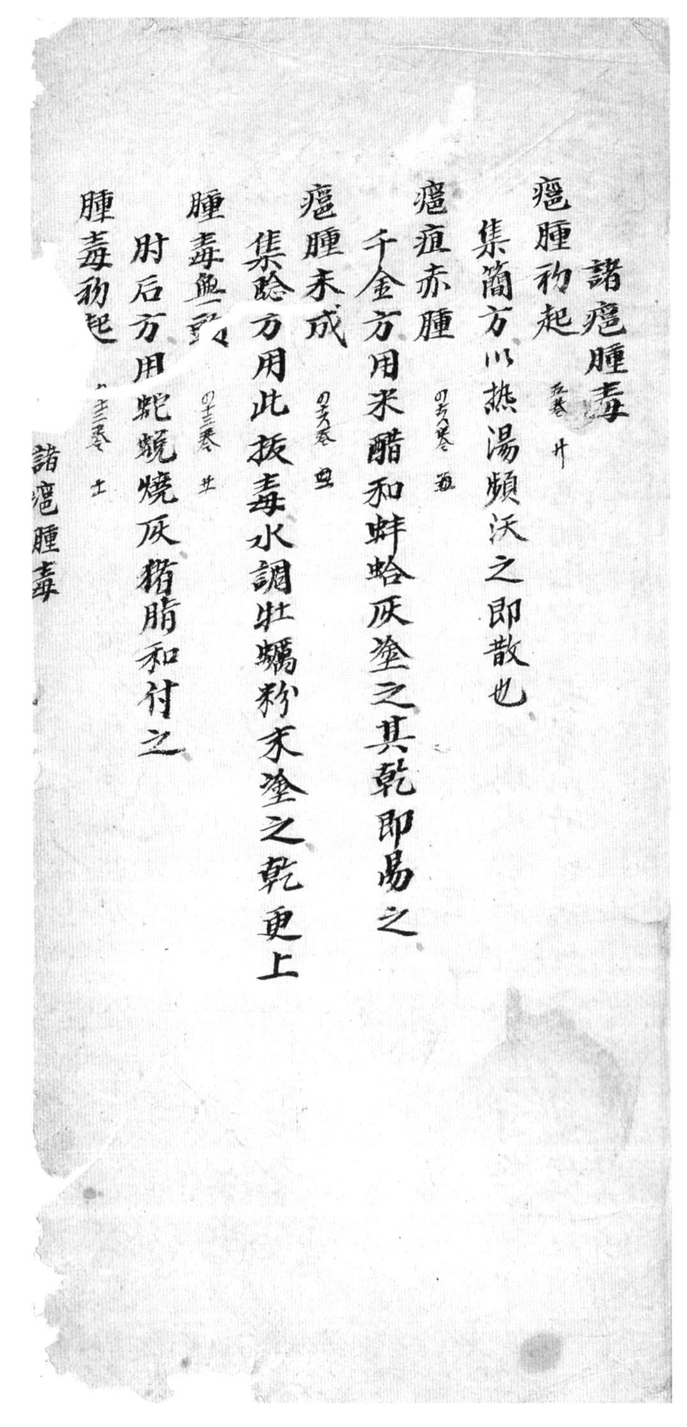

諸癰腫毒

癰腫初起　五卷　廿

集簡方以熱湯頻沃之即散也

癰疽赤腫　四十八卷　五

千金方用米醋和蚌蛤灰塗之其乾即易之

癰腫未成　四十六卷　卌

集驗方用此拔毒水調牡蠣粉末塗之乾更上

腫毒無頭　四十三卷　廿

肘后方用蚯蚓燒灰豬脂和付之

腫毒初起　五十三卷　十

諸癰腫毒

613 舊青浦陳學三先生醫案

《舊青浦陳學三先生醫案》，不分卷，一册。陳學三，清代醫家，上海青浦人，善外科。是書無序跋。全書九十九葉，目録一葉，正文九十八葉，總字數約二萬七千字。正文首頁題有"舊青浦陳學三先生醫案"。《中國中醫古籍總目》載録爲清鈔本。現藏于上海圖書館。

本書是專門記載外科疾病的醫案。正文依次順序爲：腦疽、秃瘡、骨槽風、頸瘍、風痰毒、時毒、背癰、耳瘍、目瘍、鼻瘍、舌瘍、唇瘍、齒瘍、流疽、喉部、乳部、腹部、肺癰、胃癰、肝癰（缺頁）、腸癰、膿窠瘡、疔瘡雜症。醫案舉例如腦疽："金，濕熱上壅，發爲腦疽，俗名對口。幸其冲突高腫，邪毒不致下陷，屬督脈所司，尤爲易治耳。然藥劑參和，責維余任，起居樽節，心爲自司。羌活、銀花、天蟲、陳皮、草節（生）、遠志、防風、青皮、决明、笋尖。例二："俞，腦疽偏發，膀胱所主，現象堅硬而不紅活，恐毒流注於下，延久不能治。姑與托裏化毒，以參消息。鹿角霜、銀花、地丁、川芎、甘草(生)、土貝母、角刺、赤芍、黄芪（生）。"

本書醫案叙述過簡，無方名，無藥量，無用法，醫理論述也較一般。

舊青浦陳學三先生醫案

腦疽

金　道超上蘊發爲腦疽俗名對口幸其沖突高腫邪毒不致下陷處背脈所司尤爲易治耳並藥劑求和責維余任起居[illegible]節心爲自司

羌活　銀花　天虫　陳皮　草節生

遠志　防風　青皮　[illegible]　筍尖

俞　腦疽偏發膀胱所主現象堅硬而不紅活恐毒流注於下延久不[illegible]治[illegible]托裏化毒以冀消息

鹿角霜　銀花　地丁　川芎　甘草生

土貝母　角刺　赤芍　黃芪生

朱　腦疽根堅而塌藥餌化毒而提

遠志　[illegible]　筍尖

癰　界限未分蜂窠已現膿腐未脫按脈雖細有力似有[illegible]机但胃氣未醒[illegible]乃毒邪深固驟難截之使出所謂[illegible]中收帆未定也仍擬温托以冀納穀有加方是佳音

鹿角　陳皮　黨參　杏仁　砂仁

茯神　黃芪生　[illegible]　[illegible]　谷芽代水煎藥

又癰

癰收毒化腐脫新生飲食較前稍[illegible]是爲順候矣

黨參　銀花　[illegible]　甘草生　花粉

黃芪生　半夏　茯神　砂仁　[illegible]

褚　對心發其勢極重所喜[illegible]高起可卜慶生有兆以托裏化毒爲是

當歸　陳皮　[illegible]　[illegible]　遠志炭　青皮

張　陽背疽易高易腐但冀小潰爲幸脈細[illegible]法宜[illegible]補

[illegible]　羌活　角針　藿梗

羌活　大力　半夏　防風　生芪　生草　桂枝

象貝　滑石　角針　荷葉

耳瘍

周　腎開竅於耳心亦寄竅于耳[illegible]腎水[illegible]耳[illegible]而爲聰矣但耳已又[illegible]失聰[illegible]抽痛[illegible]肝風內擾上干清竅擬[illegible]水生肝以安神

沙參　遠志　白芍炒　茯神　首烏

又病　[illegible]　[illegible]　[illegible]　[illegible]

黃　眩暈耳鳴水不制火之候以育陰和肝法

614 臨證一得方

《臨證一得方》，又名《朱杏村外科醫案》，四卷，一册。清朱費元撰。朱費元介紹見本書“579朱氏醫案”。是書由巢念修裝藏，約成書于清道光十五年（1835）。每半葉九行，行約二十二字。前有目録、倪皋序、朱士輝序、朱費元引、陸我嵩傳，後附録有《瘍醫探源論》《讀〈瘍醫探源論〉記》《論疔瘡對口發背治法》《外科應用經驗要方》。現存鈔本，藏于上海中醫藥大學圖書館。《中醫古籍珍稀抄本精選》第六册收録該本。

該書是朱氏臨診的醫案，由其子和門人收集編纂而成，按病變部位分爲四卷。卷一“首部”，有聤耳、耳菌、耳痔、耳癰等三十一症；卷二“咽喉頸項部”，有爛喉、咽痛喉風、乳蛾、喉癰等二十一症；卷三“上下身内癰部”，有蜂窠疽、發背、背搭、腰疽等三十三症；卷四“手足發無定處部”，有漏肩風、肩疽、臑疽、腋癰等四十五症。朱氏治瘍“以元氣爲根本，以刀針爲末務”，認爲“邪之所凑，其氣必虚，未有正氣未虧，而邪毒能禍者也”。朱氏推崇李東垣“疏通、托裹、和營衛”治瘍三法：瘡瘍未成膿者，可以疏通自消；已潰者，和營益衛以生新；斂口已成，則托裹主之。托裹者，托其氣，以使毒外達而潰，“其治症，循經分絡，察色辨脈，於七情六氣、陰陽表裏、寒熱虛實，無不縷析條分，辨證立方，對病遣藥”。

《臨證一得方》名曰“一得”，取義于“得者謂得於心也，一者舉此可以隅反也”，“以公同好學者，苟能深思好學，觸類引伸，明其意於法中，神其意於法外，亦未始非濟世之一助焉”。

91969

臨證一得方書四卷一冊
邗朱杏村外科所集
清朱費元著
附瘍醫探源論 論疔瘡對
口齒背治法 外科應用經
驗要方
寫本
葉念慎裝藏

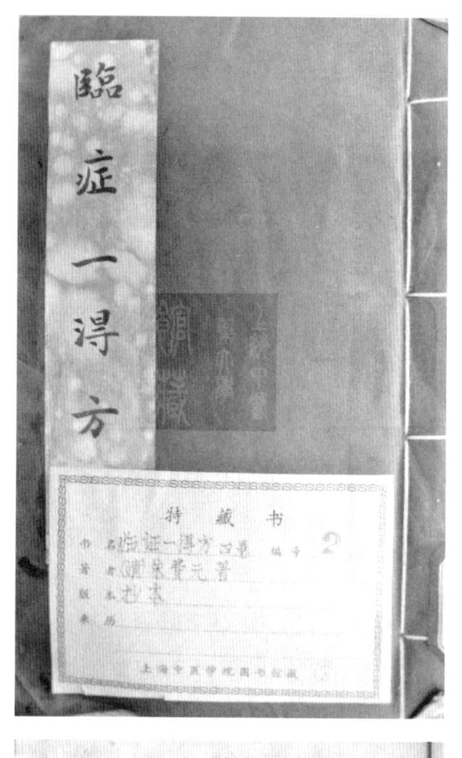

臨證一得方 并引
前擬探源論大致已了然矣而猶慮業是者有醫藥之誤
爰命兒輩分類集方約有若干顏之曰一得此皆本前論
以施治應手輒效者也或曰子之門舐丹者踵相接何止
一得乎應之曰余質愚魯一得義取諸此且得者謂得於
心也一者舉此可以隅反也亦何必不謂之一得哉
時
道光十年歲次庚寅九月古由拳朱費元手泐

傳
君諱費元字懷剛青浦朱氏居東北鄉崧子里父衍堂生
四子君序最長早歲失恃事繼母崔誠敬備至崔亦念其
非己出也既任家督為諸季授室撐柱門戶業漸落因從
汪孝先先生習医尤殫心瘍科瘍科俗称易習人多輕之君
獨窮探閫奧究陰陽之変責氣候体質之孰虛実之異同
與夫方書服食之要而折衷往哲製葯剂倍恪不恡貲亦
責償貧窶故治輒應手取效所居濱泖涇檥櫂常滿深概

序

嗚呼醫道之不明於世也久矣豈獨瘍科然者而於瘍科為尤甚病之者既視為膚毛之事不加深察醫之者亦不究厥由來略知一二聊復爾尔何怪流毒靡已枉死載途也予求有討論而悉其源臨証而得其效者卒不數覯吾邑從事斯而實由讀書閱歷本心得以立言啟後者厥惟杏村朱先生先生賦「謙和造詣深遠」性「不泥古不好奇以元氣為根本以刀鍼為末務所著瘍醫論一篇一得方四

能探論以立體究方以妙用廣其傳而活人濟世亦儒者不為良相即作良醫之意云爾余雖不文亦樂得而為之序并囑駿宝持呈平莊先生區區管見未足以博傾慕之誠也其以余言為所見之相同否

時

道光十九年三月既望愚姪倪琴航氏頓首謹撰

先君子杏村公幼讀後擬耕以養親而文園抱病動輒患瘍就附近諸医罔效因遍貫方書精求傳攷不數年得其奥而虛懷若谷不敢自用師心因訪遊汪孝先先生之門學宗由王道技斥霸功遂得不傳之秘緣是學益進名益高從遊者济济盈門求治者源源接踵其治証必循經分絡察色辨脉於七情六氣陰阳表裏空虛實無不縷析條分辨證立方對病發葯臨證之暇日与及門諸弟子講解淵微究極義理且謂疾醫瘍医古者雖各有專门実二

臨證一得方書總目

序 倪峯

序 朱士輝

引 朱費元

傳 陸錢嵩

卷一 首部

卷二 咽喉頭項部

卷三 上下身内癰部

卷四 手足背無定處部

615 癰疽原論（附《師竹齋抄驗瘡瘍内服秘方》）

《癰疽原論》(附《師竹齋抄驗瘡瘍内服秘方》)，一函五册。實際包含兩部書，一部爲《癰疽原論》，分上中下三卷，三册；一部爲《師竹齋抄驗瘡瘍内服秘方》，上下兩卷，兩册。不著撰人。《癰疽原論》無目録，《師竹齋抄驗瘡瘍内服秘方》前有所録方劑目録。五册首頁均有"周杰之印"陰文小朱方及"中國科學院圖書館藏"陽文大朱方。《中國醫籍通考》(第四卷)眼科書籍中載有《師竹齋抄驗眼科全集》一書，當與本書爲同一系列。是書綫裝，葉内有襯紙，可見後來重新裝訂過。《中國中醫古籍總目》以"師竹齋抄驗瘡瘍内服秘方"爲書名收載。該書現藏于中國科學院上海生命科學信息中心生命科學圖書館。館藏目録記爲清鈔本。

《癰疽原論》一書，先論内臟癰疽，開篇爲瘡瘍所致"大便瀉利"和"陽氣脱陷"，分述二證病因病機、證型治法及代表方；繼爲"辨臟胏(此字有誤，按内容當爲'腑'字)内瘡"，以疼痛部位和患處形態辨别癰、疽异同和所屬五臟六腑；再論肺癰、肺痿二證的鑒别、證治及預後。後主述外證癰疽，由人體上部開始，分述頭面部癰疽(如百會疽、髮際瘡)、頸項部癰疽(如瘰癧馬刀、缺盆癰)、上肢癰疽(如臂癰、天蛇頭)、胸腹腰背癰疽(如乳癰乳岩、臍癰、發背)、陰部癰疽(下疳瘡、懸癰)、下肢癰疽(如鶴膝風、臁瘡、甲疽)以及麻子疔、火疔等重症疔瘡和全身性的時毒、多骨疽、流注、楊梅瘡、惡瘡等病證，共近一百二十種，分述每類證候的症狀、病因病機、治法、用藥及預後，間引《素問》《靈樞》《鬼遺方》《聖濟總録》之語爲依據。其中尤以對瘰癧馬刀、發背的論述爲詳，可見此兩種疾病發生的普遍性和危險性。

《師竹齋抄驗瘡瘍内服秘方》主要記載常用的瘡瘍病證内服方劑，共約三百首，每方下列有主治病症、藥物及劑量、煎服法、加減法等。其方劑涵蓋清凉、扶正、補中、内托、解毒等功效，外科内治法齊全詳細，實用性强。

該書是一部比較典型的民間傳抄中醫外科書籍。其特點是：以記載各類外科病證治及實用性方劑爲主，尤其對瘡瘍的分類非常詳盡，但理論性内容少，且從整體看較缺乏系統性，但仍反映出當時中醫外科的發展狀況，對現今臨床有一定參考價值。

大便瀉利

瘡瘍大便瀉泄或因寒凉尅伐脾氣虧損或曰脾氣虛弱食不尅化或因脾虛下陷不能升舉或曰命門火衰不能生土或因腎经虛弱不能收攝或曰腎脾虛寒不能司職所主之法若寒凉傷脾用六君子加木香砂仁送二神丸若脾虛下陷用補中益氣湯送二神丸下若命门火衰用八味丸料送四神丸腎虛不禁用姜付湯加茱萸五味子若脾腎虛寒用參附湯送四神丸下

癰疽原論卷一

百會疽

或問百會穴生疽何如曰此名玉頂發初如黍米頓增痛楚寒熱大作由虛陽浮泛宜以八味丸引火源歸甚則黑錫丹或有元氣素厚太陽经受風邪風火相煽臟腑熱毒上攻而然者宜黃連消毒飲兼玉樞丹勝金丹更用生附子切片置湧泉穴灸火五壯以泄其毒七日無膿者死

頂门癰

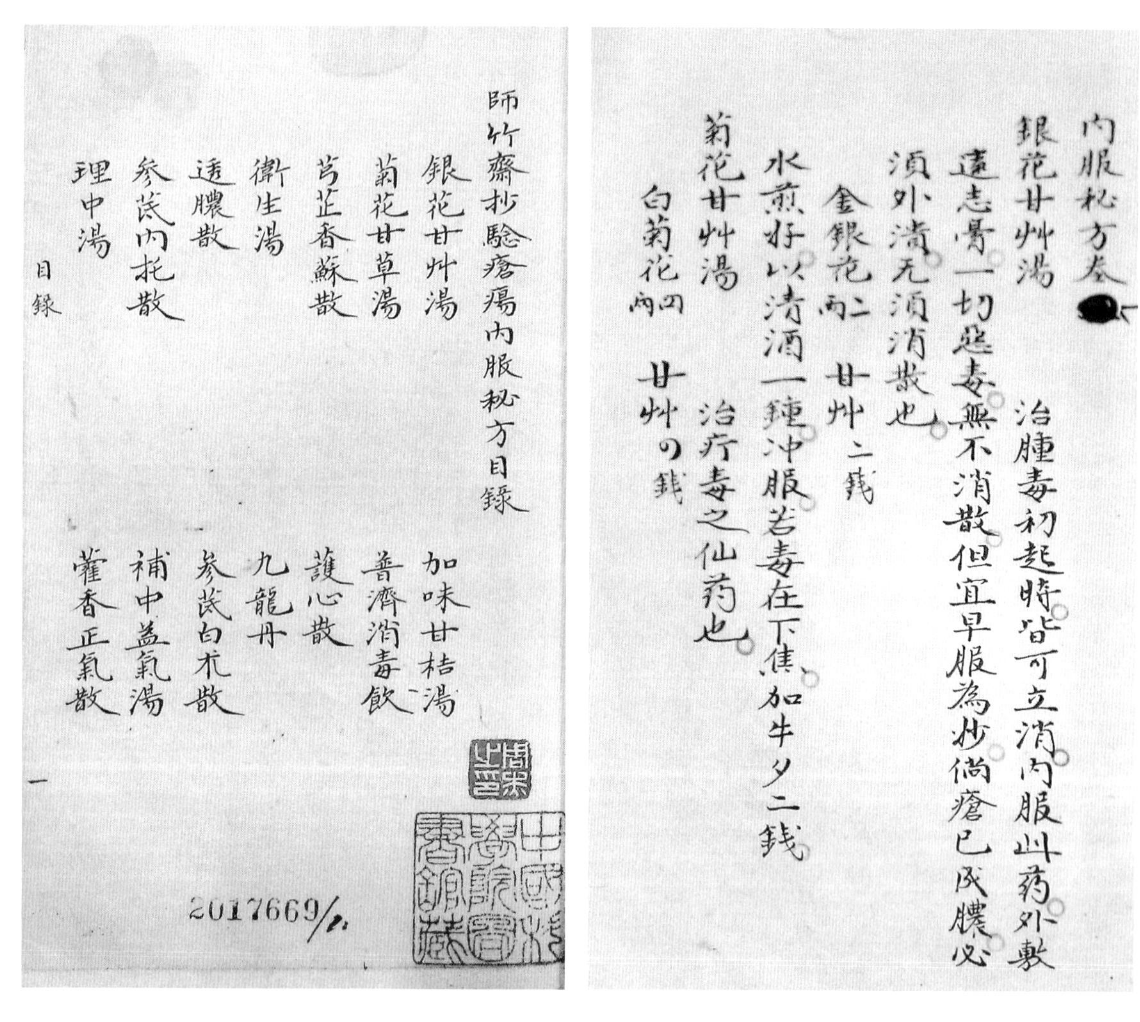

師竹齋抄驗瘡瘍內服秘方目錄

銀花甘草湯　加味甘桔湯
菊花甘草湯　普濟消毒飲
芎芷香蘇散　護心散
衛生湯　九龍丹
透膿散　參芪白朮散
參芪內托散　補中益氣湯
理中湯　藿香正氣散

目錄

一

內服秘方卷

銀花甘草湯　治腫毒初起時皆可立消，內服此藥，外敷遠志膏，一切惡毒無不消散。但宜早服為妙，倘瘡已成膿，必須外潰，无須消散也。

金銀花二兩　甘草二錢

水煎好，以清酒一鍾冲服。若毒在下焦，加牛夕二錢。

菊花甘草湯　治疔毒之仙藥也。

白菊花四兩　甘草四錢

616 癰疽總論治法要訣

《癰疽總論治法要訣》，不分卷，一册。無序跋與目録，内容較少。首葉有“永生堂王記”五字，或係抄録者所寫。抄録年代不詳，永生堂王氏也無相關資料可考。是本每半葉八行，每行約二十三至二十六字。現藏于上海圖書館，藏館著録爲清鈔本。

該書首葉爲紫金錠的配方，後爲《三陰三陽條理投方應證》等，共計三十篇短文，其文多以歌訣形式出現，主要圍繞與癰和疽相關的脈診、證候、辨證、内治法、外治法、五運六氣等展開。書中有關癰疽腫瘍的脈學研究頗有特色，探討癰疽常見脈的憑脈辨證，如“癰脈脈宜洪大數，若逢牢短化膿難。疽脈最宜沉與弱，浮大且散命歸泉”。其後的《癰疽總論》《癰疽五善七惡順證逆證》，對癰疽常見的腫、痛、膿、癢、暈，辨證相當精準。再後的《癰疽總論治法》《内托治法》等，闡述各項治法，操作性較强，切合臨床實際。

在中國古代，治疗癰疽等外科之技多操于江湖匠人之手，士人儒林鮮有參與，往往不登大雅之堂，常被輕視，相關書籍也較少，但癰疽等證發則較劇，多有性命之虞。此書内容雖然不多，但短小精悍，條理清晰，切合臨床實用，脈法、辨證、治法等皆頗有可取之處，相關歌訣琅琅上口，便于記誦，可供中醫外科專業人士臨證參閲。

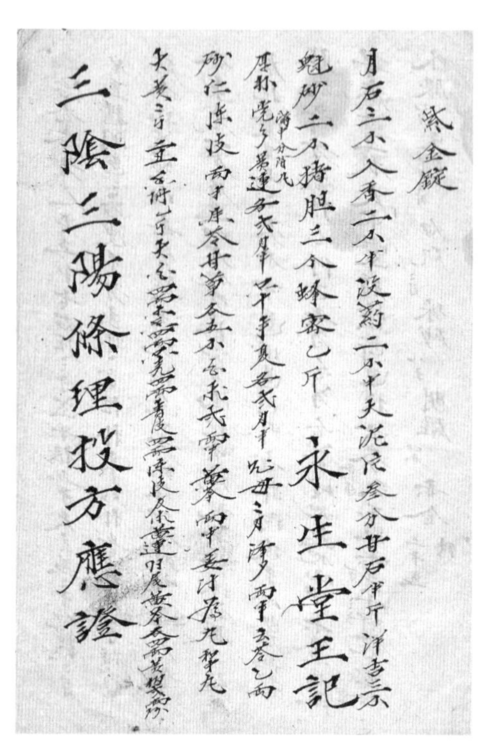
紫金錠

永生堂王記

三陰三陽條理投方應證

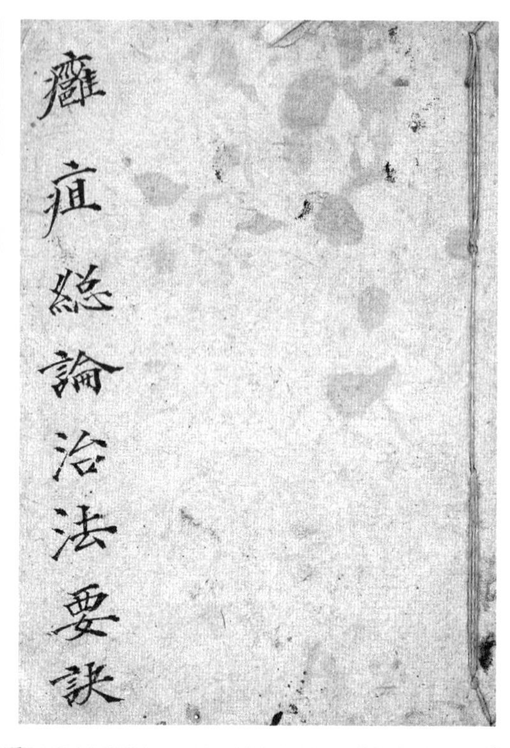
癰疽総論治法要訣

不退必然亡。

腫瘍潰瘍結代脉

腫瘍結脉為陰結。急宜溫解始能康。潰後見結陰虛歇。如代之歇定然亡。

十二經氣血多少歌

多氣多血惟陽明。少氣太陽厥陰經。二少太陰常少血。血虧行氣補其榮。氣少破血宜補氣。氣血兩充功易成。厥陰少陽多相火。若發癰疽最難平。

癰疽総論

癰疽原是火毒生。經絡阻隔氣血凝。外因六淫八風感。內因六慾共七情。飲食起居不內外。負挑跌撲損身形。膏粱之變營衛過。藜藿之虧氣血窮。疽由筋骨陰分發。肉脉陽分發曰癰。瘍起皮裏肉之外。瘡發皮膚癤通名。陽盛焮腫赤痛易。陰盛色黯陷不疼。半陰半陽不高腫。微疼微焮不甚紅。五善為順七惡逆。見三見四死生明。臨證色脉須詳察。取法溫凉補汗攻。善治傷寒雜證易。能療癰疽腫毒精。

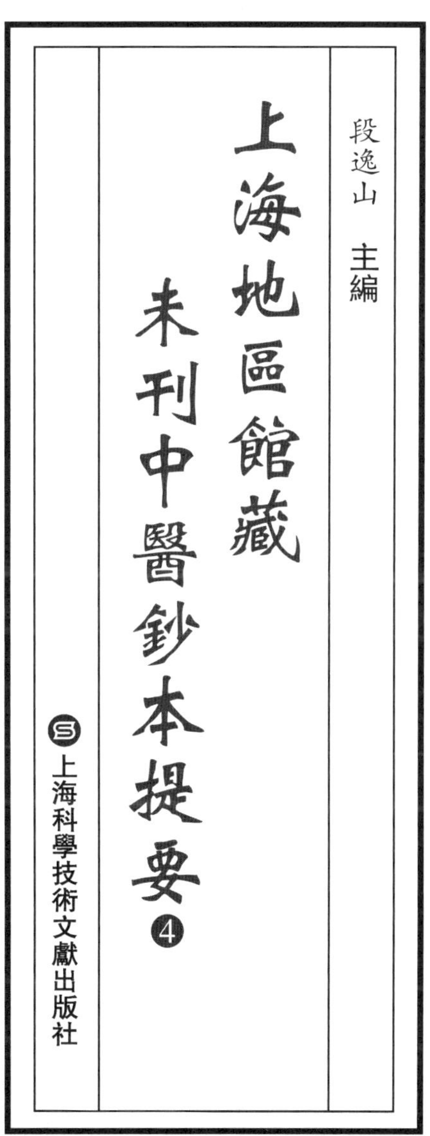

上海地區館藏未刊中醫鈔本提要 ④

段逸山　主編

上海科學技術文獻出版社

十二、眼耳鼻咽喉口齒科

617 内府秘傳眼科全集

《内府秘傳眼科全集》,不分卷,兩册。仰山撰。作者生平不詳。成書于清道光十五年(1835)。現存鈔本,藏于上海中醫藥大學圖書館。

上册首載眼科總論,指出:"大凡目病,耑以血分爲主,虚則補、盛則泄,此爲大法。"次載七十二種目疾總論症候歌,爲目疾七十二問總綱。次載五輪八廓生理病理、分經絡屬、方藥、詳細圖解、歌括等内容。强調以五輪八廓爲綱目分治目疾的重要性。次爲"識病辯證散金碎玉篇",内容駁雜,論述眼科疾病病因病機等,如"熱濕目睛黄,風熱弦赤爛。近視精血衰,遠視神光亂"。繼爲"用藥寒熱論",指出目疾雖有"目病非熱不發,非寒不止"之説,但此不過言其大概,仍不可不察其虚實寒熱用藥。"用藥生熟論""治法總要"等篇討論目疾的治則和用藥綱要。如《治法總要》認爲"眼皮紅爛者,以瀉脾火爲主。君以煨石膏,佐以黄連、白芷"。最後載目疾七十二問,分病論治,如"赤眼赤腫藏之毒,赤而有痛肝之實"。下册首載退血散、糖煎散、瀉肝散等治目方九十二首。次爲按五臟分部論治而設諸方。次爲按病症論治而設諸方。如磨翳治法中列有磨翳散、明珠散、五退散等方。次列諸症治法二十五條。末附雲間何氏秘傳眼科諸方四十八首。

該書内容豐富,圖文并茂,有一定的臨床參考價值。然所述駁雜重複、條理有失清晰。

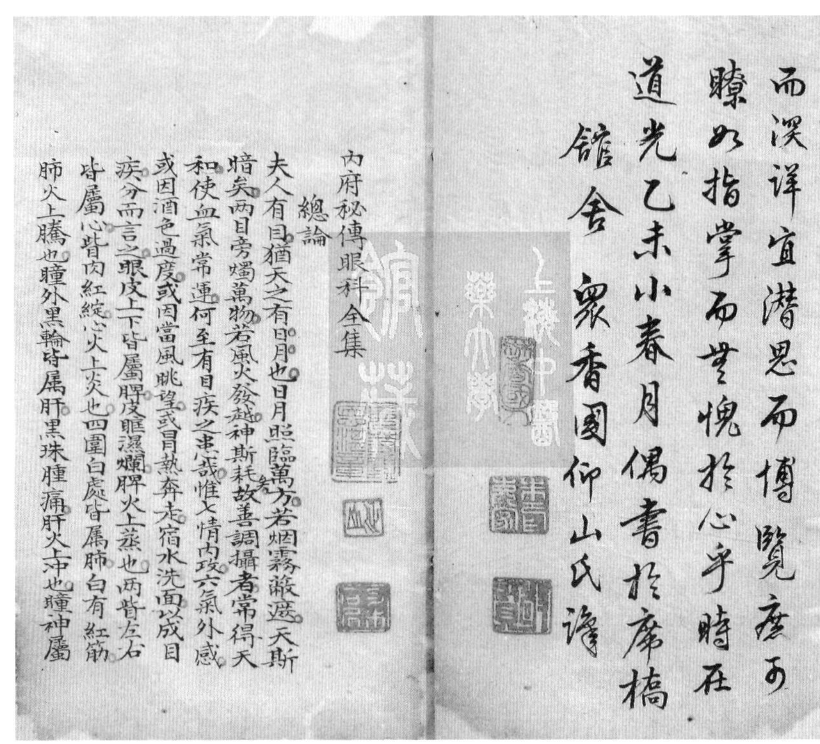

而深詳宜潛思而博覽庶可
瞭如指掌而無愧於心乎時在
道光乙未小春月偶書於庠橋
館舍 衆香園仰山氏識

內府秘傳眼科全集

總論

夫人有目猶天之有日月也日月照臨萬方若烟霧蔽遮天斯
暗矣兩目旁燭萬物若風火發越神斯耗矣故善調攝者常得天
和使血氣常運何至有目疾之患哉惟七情內攻六氣外感
或因酒色過度或因當風眺望或目熱奔走宿水洗面以成目
疾分而言之眼皮上下皆屬脾皮瞼濕爛脾火上蒸也兩眥左右
皆屬心眥肉紅綻心火上炎也四圍白處皆屬肺白有紅筋
肺火上騰也瞳外黑輪皆屬肝黑珠腫痛肝火上沖也瞳神屬

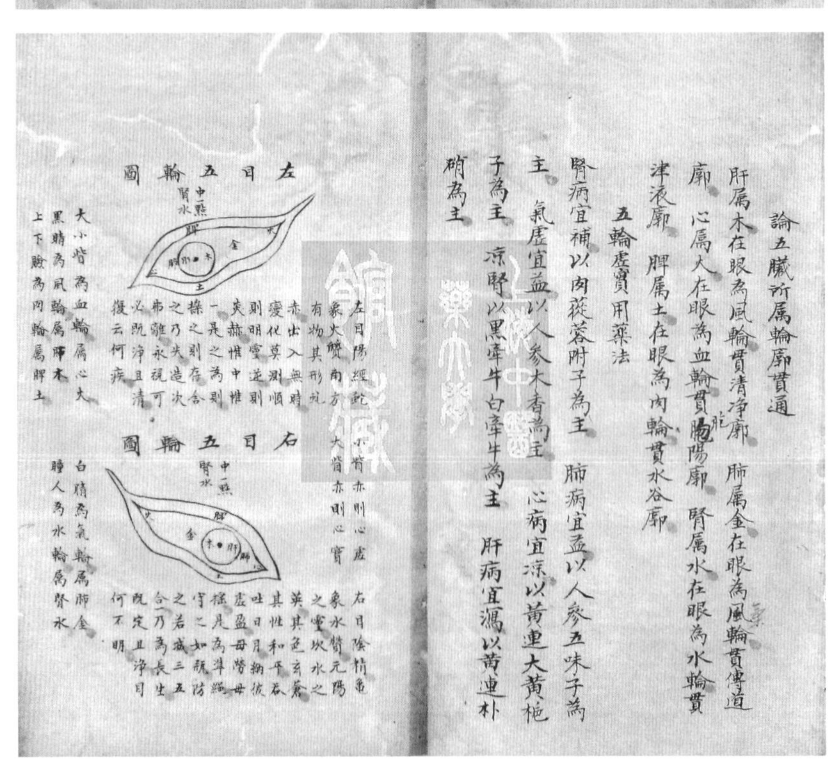

論五臟所屬輪廓貫通
肝屬木在眼為風輪貫清淨廓 肺屬金在眼為氣輪貫傳道
廓 心屬火在眼為血輪貫胞陽廓 腎屬水在眼為水輪貫
津液廓 脾屬土在眼為肉輪貫水谷廓

五輪虛實用藥法
腎病宜補以肉蓯蓉附子為主 肺病宜益以人參五味子為
主 氣虛宜益以人參木香為主 心病宜涼以黃連大黃梔
子為主 涼腎以黑牽牛白牽牛為主 肝病宜瀉以黃連朴
硝為主

左目五輪圖

小眥赤則心虛
大眥赤則心實

左目陽經配象火贊南方有物其形如赤出入無時變化莫測順則明靈逆則夾赫惟中惟一是之為則操之則存舍之乃失造次弗離永視可必既淨且清復云何疾

大小眥為血輪屬心火
黑睛為風輪屬肝木
上下瞼為肉輪屬脾土

右目五輪圖

右目陰精配象水贊元陽之靈坎水之英其色玄蒼其性和平吞吐日月納彼虛盈毋營毋搖是為準繩守之如瓶防之若城三五合一乃為長生既定且淨目何不明

白睛為氣輪屬肺金
瞳人為水輪屬腎水

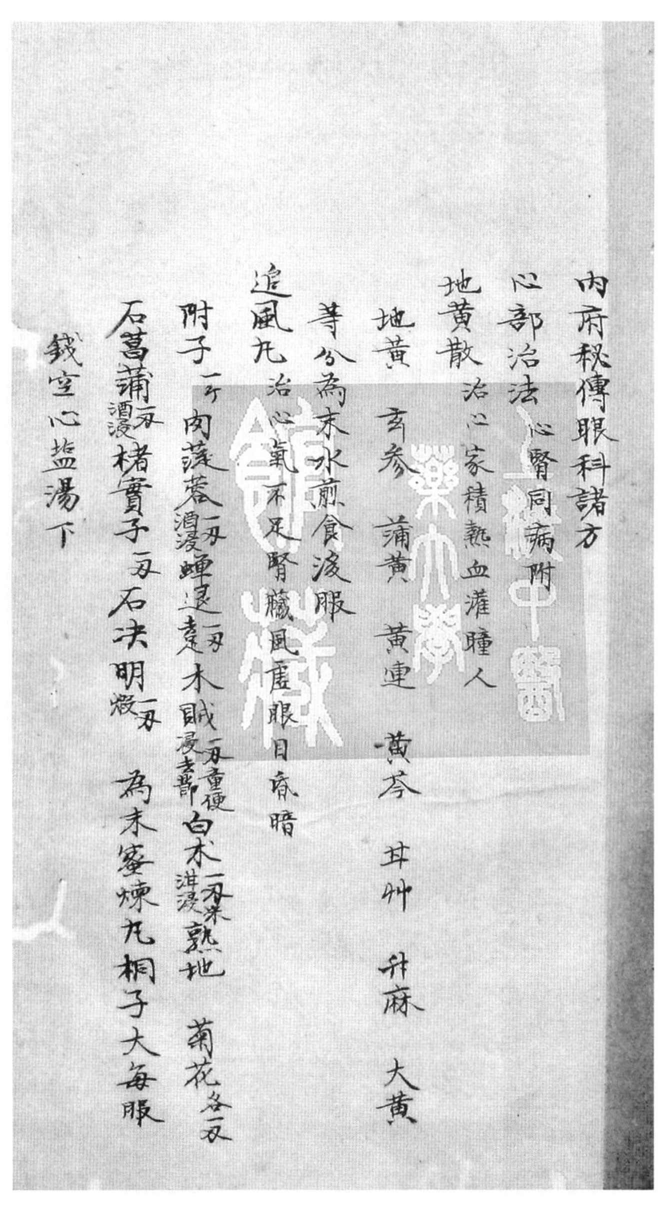

内府秘傳眼科諸方

心部治法 心腎同病附

地黄散 治心家積熱血灌瞳人

地黄 玄參 蒲黄 黄連 黄芩 甘草 升麻 大黄

等分為末水煎食後服

追風丸 治心氣不足腎臟風虛眼目昏暗

附子一斤 肉蓯蓉一兩酒浸 蟬退一兩去足 木賊一兩童便浸去節 白术一兩米泔浸 熟地 菊花各一兩

石菖蒲一兩酒浸 楮實子一兩 石决明一兩煅 為末蜜煉丸桐子大每服

錢空心鹽湯下

618 世傳尤氏喉科秘授

《世傳尤氏喉科秘授》，不分卷，兩册。成書于光緒七年（1881），係尤仲仁家傳秘笈，爲吴中育手録。尤仲仁（一作尤仲如），字依之，明代人，籍貫江蘇無錫縣，精于醫術，尤擅喉科。《無錫縣誌》載：御史周清白于大獄得十七首秘方。周死，其甥得其方，即尤仲仁之祖。仲仁曾治愈嚴文靖、范屏麓、孫雪窗危疾。嘉靖年間，三人共出資爲仲仁補授太醫院吏目，仲仁遂世其家。吴中育，生平不詳。扉頁有印章三枚，除中國科學院藏書章外，另爲“吴中育印”“襄乾”。此本書法端正，所列之藥多朱筆圈點，偶有眉批，金鑲玉裝幀，保存完好。《中國中醫古籍總目》題作《鴻溪尤氏仙授喉科》。現存鈔本，藏于中國科學院上海生命科學信息中心生命科學圖書館。

是書主要匯集關于喉科的病因病機、症狀特點、治療原則及遣方用藥的各種醫論。第一册首設“總論”，概述喉證的病因總歸爲少陰少陽君相二火，病機往往爲火症之結聚，提出治療須慎辨虚實，并强調治療宜忌；次論“驗症總訣”，尤氏認爲喉痹屬痰，喉風屬火，總因火鬱熱毒，致生乳蛾等證，治宜去風豁痰、解熱開鬱；再論“看症時候輕重訣”，述證有輕重，治有緩急，并附九則治喉科重症的藥方或炮製丹藥的秘方，如玉鑰匙治牙關緊閉、珍珠散專治牙縫出血等；最後總結喉科用藥的一些要點，如“用藥先後配合法”“膏子藥配法”“喉科雜症用藥及看法”等。第二册首收“尤仲如治驗醫案九則”，并附華佗危病方、本藥方、治閉塞不通方、鄒真人經驗方等喉症用方；次列“尤氏喉症方藥”，如列犀角解毒丸、走馬疳、喉症方、喉風應驗良方等方，附上品君藥四味、上品臣藥十味、上品佐藥十味、上品使藥十味以備查閲；再論“飛龍氏喉症經驗”，立喉啞方、萬靈丹、治牙齒日長方、爛喉痧方等十四方，附喉科末藥所用藥品如白及、火硝、硼砂、牛黄等三十六味，喉内煎藥所用藥品如川貝母、甘草、薄荷、天花粉、黄芩等三十九味。書末附“古歙槐塘程松崖眼科”，對十八種眼疾分證論治，分别配圖及附眼科驗方，如治迎風下淚方、治瞳仁散大方、治腎虚眼見黑花及金星方等八首。

是本所論多爲尤氏喉科證治經驗集成，述症簡明扼要，重在遣方用藥，所列多爲經驗效方，多處强調内服、外用方藥的一些製備和用藥原則，具有注重療效、實用性强的特點，是一部内容豐富的喉科專著，可供臨床參閱。

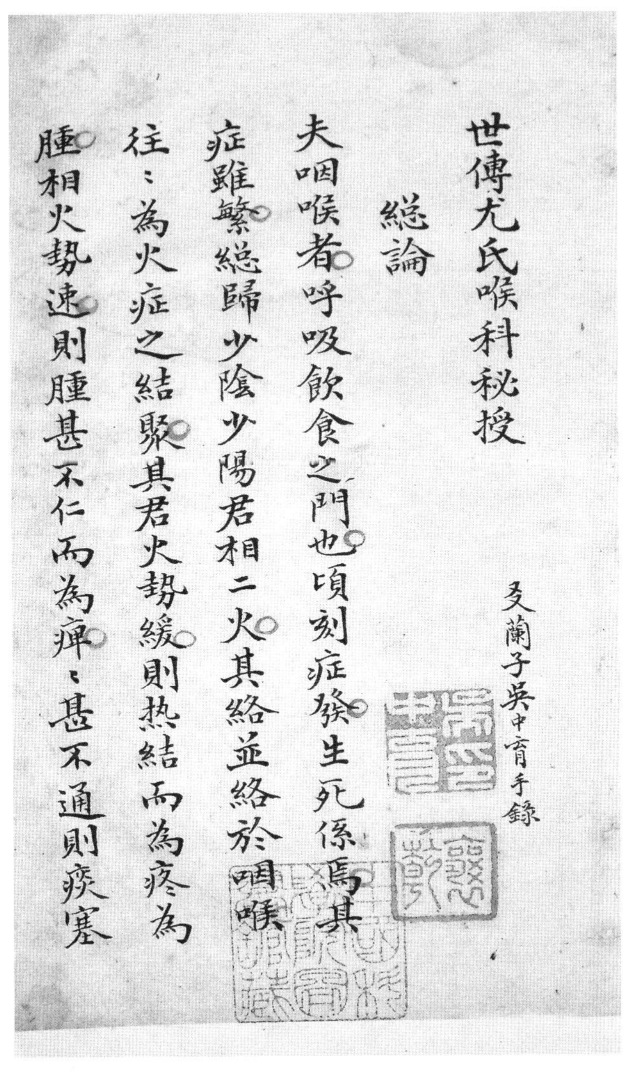

世傳尤氏喉科秘授

叜蘭子吳中育手錄

総論

夫咽喉者呼吸飲食之門也頃刻症發生死係焉其症雖繁総歸少陰少陽君相二火其絡並絡於咽喉往往為火症之結聚其君火勢緩則熱結而為疼為腫相火勢速則腫甚不仁而為痹痹甚不通則痰塞

蘸水药患處塞之用手抵之勿動二三次即止

涼血清胃飲 治全上

生地三錢 丹皮一錢 山梔錢半 白芍一錢 歸頭一錢 知母一錢

石羔三錢 麥冬錢半 荊芥八分 赤苓一錢

如小便赤加木通，大便艰赤加玄明粉。食後服

玉蟾丹 一名白雪一名白丹一名雪霜

白礬打碎如指大入礶内約小半礶將礶放在炉上用桴炭火煅烊用筷入礶底攪之以無塊為度即將火硝投入礶中約十分之三再將硼砂打碎塊投礶中亦照十分之三少頃投入白礬逐漸投之俟塊烊盡照前投火硝硼砂少許如此漸漸逐層投完直待藥透起礶高發如饅頭樣為止須架起炭火燒至乾枯然後用瓦一片蓋覆礶上一時取起將牛黃少許為細末用水五六匙挑滴藥上將礶仍入火内烘乾即取起連礶覆合潔淨地上用紙襯礶口上再以大碗覆蓋之过七日取起收貯須輕鬆無竪紋者佳如堅實有竪紋者不堪用也可留為審詢藥服之煅時火可稍緩亦不可太緩恐礬僵不溶化後必堅實有竪紋矣中間及後須用武火如礬未烊盡即投硝硼則不盡化必致堅實有竪紋矣銀礶預備焙乾不可潮濕

誠心齋戒先薰沐浣日期列後

正月初三 二月初一 三月初六 四月初九

五月初五 六月初四 七月初三 八月初五

九月十二 十月十三 十一月十四 十二月十二

附眼科第一良方 敬惜字紙

余鄉張楫禅太守以目疾告歸，醫者屢藥于門，迄無一效。一日禱乩仙壇，叩首百拜，適乩仙批曰：汝求目疾方耶？耆苓參朮不可以治，敬惜字紙便是第一良方。張悅然若有所悟，遂立惜字社，又撰惜字文以廣其勸。無何目若微瘥，仍取舊方治之，瘥止而雙眸頓豁。今綴事其事於此，庶可為眼科諸方之一助云爾。

昭潭陳光耀謹識

光緒七年歲次辛巳四月中浣吳中育與奈氏抄錄

619 白喉鵝喉方

《白喉鵝喉方》，兩卷。由《白喉實驗方》《鵝喉實驗方》兩部分組成。不著撰者。成書年代不詳。用"香港忠信隆"紙抄就。《白喉實驗方》前有目録，有《白喉症論序》一篇，其後有"龔定軍再譯敬贈""白喉正將藥品""白喉猛將""白喉次將"語。"白喉猛將"下有"筱庵續注"字樣，"白喉次將"下有"叛仁子記"字樣。《鵝喉實驗方》前有目録，無序跋，有《鵝喉治例》一篇。該書後還附有"小兒驚風方""太極通脈丸""婦科調經添丁丸"等。《中國中醫古籍總目》載録爲清鈔本。現藏于上海中醫藥大學圖書館。

《白喉實驗方》由"白喉症論序""白喉正將藥品""白喉猛將藥品""白喉次將藥品"等十二篇組成。撰者提出白喉一症的病因病機，"人知肺之灼，而不知由胃之蒸；人即知胃之熱，而不知由於腸之寒。腸寒則下焦凝滯，胃氣不能下行，而上灼於肺"，治療之法，"惟有以厚重之藥鎮其上層，如以巨磚蓋頂，使焰不上騰，復以清涼之藥潤其次層，如以濕綿禦礟，使火不内射，極盛者，再掃除其中宫以抽柴薪，開通其下道以漏炸炭"。撰者將治喉之藥分爲上次中下四層：上層爲鎮藥，如龍膽草、石膏、生地、元參之類；次層爲潤藥，如瓜蔞、貝母、丹皮、天冬之類；中次爲消藥，如厚朴、神麯、枳殼、麥芽之類；下層爲導藥，如大黄、元明粉、車前、澤瀉之類。而白喉之症以上次兩層藥爲"大中至正之藥，極穩極效，惟中下層藥非熱甚之症、大便閉結者"方可應用。

《鵝喉實驗方》由《鵝喉治例》《治法總列》《藥方備列》等組成。在《鵝喉治例》中，撰者提出喉症"切勿心煩燥，方能奏效"，"針灸非輕易用，不如不用爲妙"，并列出諸多不治之症。其後爲《治法總列》，提出"先用甲藥吹入喉内，次用丙藥丁藥點入喉内，次用戊藥煎服，次服總丸”等治療方法。

《白喉鵝喉方》是一本喉科專著，主要以白喉、鵝喉兩病的治療爲主。撰者先立病症，從病因病機、治法方藥上層層深入，反映出作者多年治療該病的臨床經驗，爲後學者提供了治療白喉、鵝喉的臨床要領，值得學習實踐。

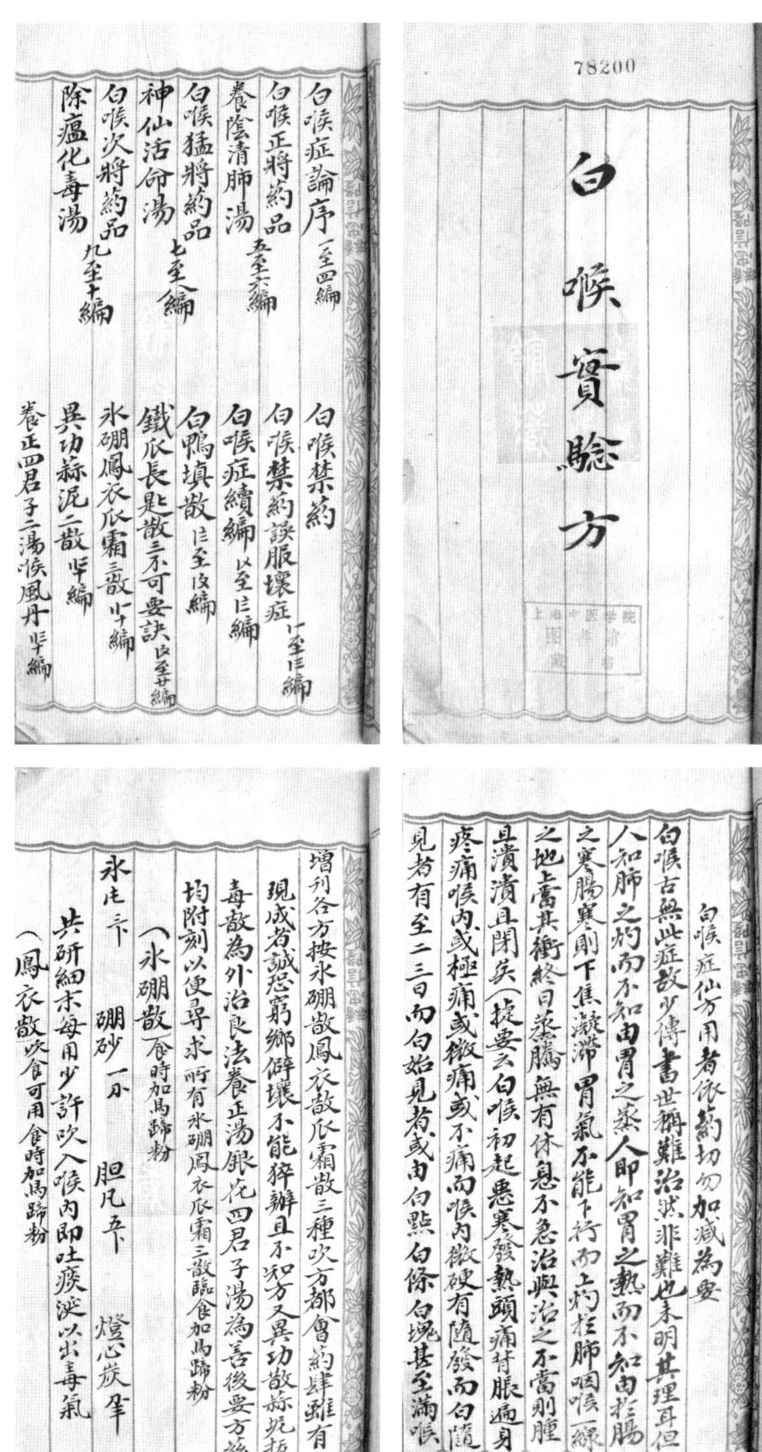

白喉實驗方

白喉症仙方用者依葯切勿加減為要

白喉古無此症故少傳書世稱難治然非難也未明其理耳但
人知肺之灼而不知由胃之蒸人即知胃之熱而不知由於腸
之寒腸寒則下焦凝滯胃氣不能下行而上灼於肺咽喉一線
之地上當其衝終日蒸騰無有休息不急治與治之不當則腫
且潰潰且閉矣（提要云）白喉初起惡寒發熱頭痛背脹遍身
疼痛喉內或極痛或微痛或不痛而喉內微硬有隨發而白隨
見者有至二三日而白始見者或由白點白條白塊甚至滿喉

增刊各方按氷硼散鳳衣散爪霜散三種吹方都會葯肆雖有
現成者誠恐窮鄉僻壤不能猝辦且不知方又異功散蒜泥拔
毒散為外治良法養正湯銀花四君子湯為善後要方茲
均附刻以便尋求所有氷硼鳳衣爪霜三散臨食加馬蹄粉

（氷硼散）食時加馬蹄粉

氷片 二分　硼砂 一兩　胆凡 五分　燈心炭 一分

共研細末每用少許吹入喉內即吐痰涎以出毒氣

（鳳衣散）吹食可用食時加馬蹄粉

620 明瞽秘珍

《明瞽秘珍》,不分卷,兩册。不著撰者。無序跋、目録。文中有多處塗改,如"木風筋血乃肝乘"改爲"黑黑睛本風乃肝乘","水本青瞳腎骨精"改爲"水是瞳神管腎精","肝爲脾害腫疼纏"改爲"肝爲脾害腫牽連",故或是稿本。現藏于上海圖書館,藏館著録爲清鈔本。

是本爲眼科書,内容包括五輪所屬所旺詩、五臟相克歌、諸經受病用藥歌、八廓屬八卦歌、八廓分屬兩背兩眼總歌、八廓受病原、審證歌、諸證各服藥歌、銀海啓蒙之二、七十二證傳變、四十二證可治經驗藥方詩歌等。涉及眼科證候治療有:洗心散治赤腫眼痛,荊黄湯治赤眼瘀血胬肉,化赤散治暴赤眼,大枯散治風淚,還睛散治突眼,黄龍散治蟹睛,捲簾散治翳膜,二聖散治外障,披雲蟬衣散治翳障,夜明散治鷄盲,石燕散治拳毛倒睫,挑膿散治眼内生膿,熏沐湯治漏睛,調赤散治赤而不腫,雙清散治頭痛眼眵,祛風散治翳障頭痛,小枯散治冷淚,犀角散治頭疼睛倦,消痛散治赤腫痛,貼點膏治點睛腫痛,勝風膏治障膜,金黄丸風赤暴赤,蘆薈丸治疳眼,地黄丸治視物不見,補肝丸治澀痛不明,烏頭煎丸治一旦失明,巴戟丸治目昏,通明丸治内外障等。如:"外障,二聖散:障生内外必須醫,蒼术八兩去粗皮。却用米泔浸三宿,將鹽炒到赤爲期。童子小便製木賊,總爲細末不拘時。米飲清茶隨意服,神通廣大沒人知。"歌訣説明所治病證、藥物組成、藥物炮製、服用方法等,較爲詳明。

是本大多以歌訣形式,説明眼科諸多病證的病機、症狀、治法,及方藥、製法、服法,既有理論,又有治法、方藥以及具體操作程式,因而可用于臨床參考。又因多用歌賦體,容易記憶,有裨于初學者。

五輪所屬所旺詩

金肺氣輪主白睛。黑睛木風筋乃肝來。火心支大小皆為血。水是本瞳腎精。皮肉兩胞原屬土。五輪所屬要分明。

五臟相剋歌

肺剋肝經翳似綿。肝為脾害腫瘀纏。脾謀腎臟針刺。腎剋心家赤痛連。心剋肺經紅赤障。病生五臟急身危。分詮

十九撞刺傷損　活血丹　二十漏睛　薰沐湯

廿一赤而不腫　調赤散　廿二頭痛眼胲　洩清散

廿三翳障頭疼　祛風散　廿四冷淚　小枯散

廿五頭疼睛倦　犀角散　廿六赤腫痛　消痛散

廿七臟腑熱毒　搐鼻通關散　廿八點睛腫痛　貼點膏

廿九障膜　勝風膏　三十風赤暴赤　金英丸

卅一瘡眼　蘆薈丸　卅二視物不見　易地黃丸

卅三酒熱食毒下淚　五通丸　卅四病重　三五丸

卅五病後漸昏　蕧子明丸　卅六溢痛不明　補肝丸

卅七一旦失明　烏豆煎丸　卅八虛昏漸漸　返照丸

卅九目昏　巴戟丸　四十肝腎虛見　菊睛丸

四十一昏疼　返睛丸　四十二內外障　通明丸

第一　赤腫眼痛　洗心散

洗心散治諸風熱。芍藥黃芩生地黃。木賊大黃并知母。連翹甘草取心涼。食後薄荷茶調下。不然荊芥穗煎湯。

縮脾散　治脾虛吞下難開疼痛連眼俱痛

縮脾飲治胃脾虛。烏朮參苓肉蜜芪喬蝎姜連芷芍尾。辛防苓朴地益歸。

止淚散　治迎風洒泪

迎風洒泪病當祛。兎子益蓉地芍藜。枯澤羌蟬苓蝎芷。姜防石菊與蒙歸。

羊肝丸　治老少內障見三二分光明者

羊肝丸子治脾虛。芪石芍茸苓地石歸。益兎蓉風烏附

621 明鏡要歸

《明鏡要歸》，不分卷，一册。是書封皮題名爲“明鏡要歸眼科治法”，内封題名爲“雙眸大覽”。不著撰者，無序跋，首頁鈐有“中華書局圖書館藏書”印。《中國中醫古籍總目》載録爲清鈔本。現藏于上海辭書出版社圖書館。

是書共分爲兩部分。第一部分是《七十二症眼科受病根源治法》，以問答形式，對眼科某一疾病作名詞解釋，論述病因病機、治療方劑，後用詩句進行歸納。如第一問："翳膜者，何也？答曰：翳膜者，烏珠上一點白膜，恰似真珠走玉盤之像，日下看之雖小，陰處見之甚大，或明或暗，視物不明。此皆肝腎經虚而得之也。宜服補肝腎之劑。補肝散：熟地、茯苓、甘菊、細辛各五分，白芍三分，柏子仁一分，防風一分，柴胡一兩，甘草五分，山藥，枸杞子。右末，每服三分，水一鍾，煎八分，食後温服。詩曰：翳膜根源肝腎虚，致令點膜上烏珠。庸人不解其中意，冷藥相攻悔後遲。"第二部分爲《眼科心法要訣》，内容抄録自《醫宗金鑒·眼科心法要訣》。除“外治方”外，其餘文字全部抄録，連“五輪之圖”“八廓之圖”等附圖也相同。

是書第一部分叙述七十二症眼科疾病的病因病機、治則治法、藥物方劑，爲著者臨證經驗歸納，并附上詩歌，便于記憶，適合眼科初學者閱讀。

七十二症眼科受病根源治法

一問 翳膜者何也答曰翳膜者烏珠上一點白膜怡似真珠之蓋盤之像日下看之雖小陰處見之甚大或明或暗視物不明此皆肝腎經虛而得之也宜服補肝腎之劑

○○補肝散 熟地 茯苓 甘菊 細辛各五錢 白芍二錢 栢子仁一錢 防風一錢 柴胡一錢 甘草二錢 山藥 枸杞子 右末每服二錢水一鍾煎八分食後溫服

詩曰 翳膜根源肝腎虛 致令點膜上烏珠 庸人不解其中意 冷藥相攻悔後遲

二問 冰翳者何也答曰冰翳者如冰凍堅實旁觀白透瞳仁內陰處日中看之一般其症疼而熱淚凝結此因氣傳肝而得之也宜服通肝散

○○通肝散 梔子 白蒺藜炒 川芎 荊芥 炙甘草各等分 牛蒡子 車前子 共為末每服二錢竹葉湯調食後服

詩曰 冰翳根從肝氣傳 肝中發病未安然 時人不識通肝散 熱淚常凝結遂瘥

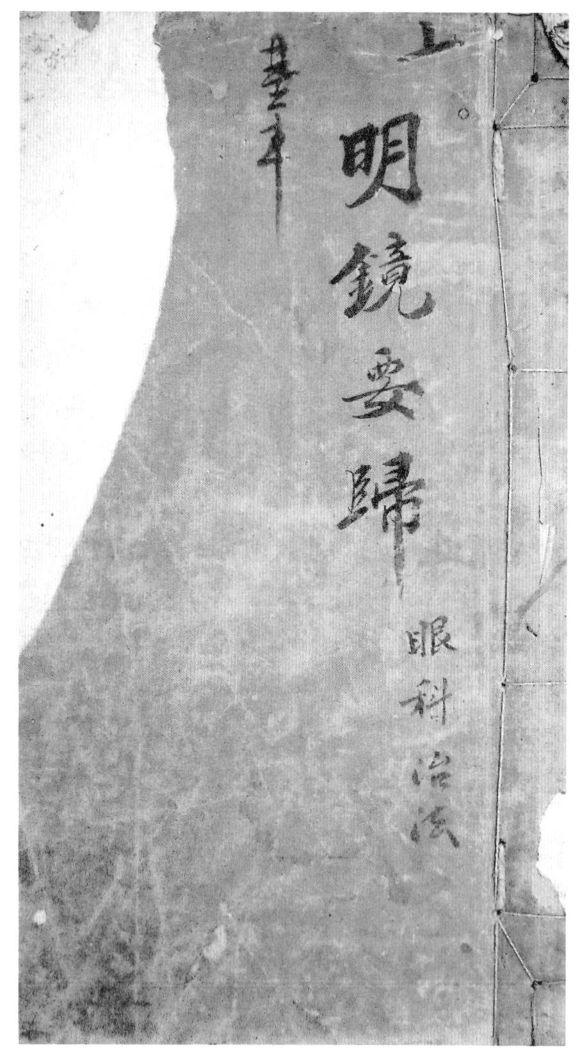

622 咽喉大綱論

《咽喉大綱論》，不分卷，一册。清包永泰撰。約成書于清嘉慶二十五年(1820)。包永泰，字鎮魯，邗東(今屬江蘇揚州)人。于嘉慶二十年(1815)著《圖注喉科指掌》(一名《喉科杓指》)。《咽喉大綱論》卷末録有王維德對喉痹等七症證治。現存朗鄉玉鈔本，封面有"橘隐居士"字様，藏于上海中醫藥大學圖書館。

開篇首録咽喉總論及證治要點，指出咽喉病病因乃風、寒、火、濕、毒等外邪，辨證須脈證合參。其後爲喉舌分經説，將喉咽、耳垂下、舌、舌苔等分屬脾、胃、肝等經。如喉有二竅，左爲咽，屬胃主納食；右爲喉，屬肺主納氣。上顎屬胃陽分，下顎屬脾陰分，舌中屬心，四周屬脾，舌根屬心經，小舌名帝丁屬胃等。次列喉科十六絶症、四絶重症及針灸常用穴位。書末輯録王維德對喉痹、乳蛾等七症證治。又叙咽喉正論，認爲病症之緩急，在于虚火實火之分。

是書重視脈診、望診及針法，共記述五十種咽喉病症的圖像、病機、證治等，録方七十餘首，有一定參考價值。惜其編次條理欠清。

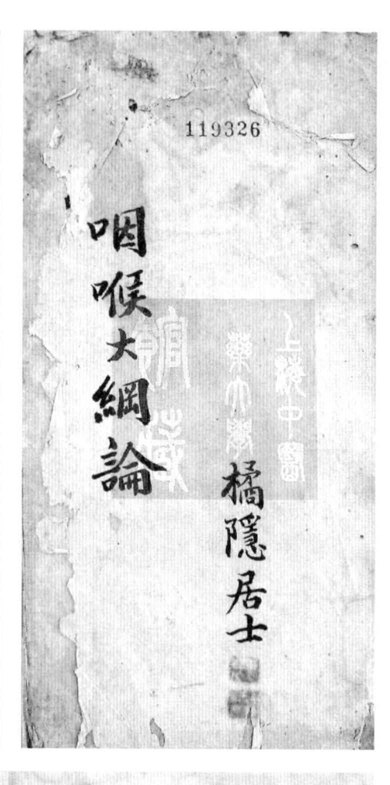

咽喉大綱論

邗東邑永泰鎮魯氏著

男福咸嚮五氏校

夫咽喉者左為咽右為喉生於肺胃之上樑手出之權司呼吸主升降乃一身之總要百節之關防呼吸全入之所也然咽与喉不同咽者胃脘水穀之道路主納而不出長一尺六寸重拾兩喉肺脘呼吸之門户主出而不納凡九節長一尺六寸重拾二兩咽雖与喉並行實不同也經云一陰一陽結而為喉痺〻者閉也有風有寒有火有濕有毒有虚有風火相搏或寒濕相聚其症不一變幻不測故漫腫而瘦多者風也潑白有

喉舌分經說

喉有二竅左為咽屬胃納食之關右為喉納氣之關口內上腭屬胃陽分下腭屬脾陰分舌之中心屬心四圍屬脾舌根屬心經小舌名帝丁屬胃喉之左右通舌根者肝經外兩耳垂下肝經通鳥舌白胎屬寒黃胎者屬熱如黃黃者熱甚黑者熱極也凡舌胎黃黑焦以指摸之滑而有津者非其熱也不可一味涼藥用八味丸引火歸原之法大舌边紅脾火也可用清涼之劑喉癰地位屬肝再進而寸許或爛或腫俱屬脾胃火毒之症諸毒者亦有之犯兩關脉[illegible]者非其吉毒也沉香為真此分經之大畧也

十六絶症

舌捲囊縮　油汗如珠　啞喉嗆舌

聲如鋸錯　鼻搧唇青　脉細身凉

十指無血　喉乾無痰　六脉沉細

喉菌不治　角弓反張　便閉十日

天柱倒折　兩目直視　痰壅氣塞

623 咽喉急症秘書

《咽喉急症秘書》,不分卷,一册。清楊龍九輯。成書年代不詳。楊龍九,字鴻山,錫山(今江蘇無錫)人,醫家,尤擅喉科。著作較多,除本書外,還有《囊秘喉書》《喉科真訣》《喉科秘方》等,均存。現存華志誠鈔本,藏于上海中醫藥大學圖書館。

本書首載咽喉總論、喉症條辨、咽喉大旨及吉凶預後,强調"火"在喉症病因中的重要地位,認爲"喉症大都屬火,然亦有少陰少陽君相二火爲病者",又有實火、虚火、鬱火之不同。次論咽、喉、舌、牙、口三十二種病症,如喉菌、喉癬、珍珠毒、纏舌喉風等,每一病症均有症狀詳細論述、圖示、病因病機、治法、用藥、調攝等内容。末附修合炮製法。

是書内容豐富翔實,理法方藥俱全,圖示清晰説理明瞭,反映了楊氏的診療特色和當時喉科的診療水準,具有一定的文獻和臨床參考價值。

咽喉急症秘書

鴻山楊龍九輯
武陵華志誠藏

咽喉論

咽喉為人身呼吸之門方寸之中其地最狹故受病後不勝危險不可以亂蛾一症謂非危疾勿謂以口瘡等症而非險病者也蓋喉症大都屬火然亦有少陰少陽君相二火為病者故常為火症之所結聚君火緩熱結疼而腫腫甚　緩緩而來相火起速即腫腫甚而為痺痺甚則氣　塞而死內經所謂一陰一陽謂之喉痺一陰者謂

治宜防風通聖散或大承氣湯亦有暴發暴死名曰走馬喉風皆由氣內盛而結々則腫脹腫脹既盛喉則閉塞不通死衆者矣其症必咽喉乾痛喉嚨作腫物不可嚥食不可吞水穀難入々則反從鼻孔中而出有閉塞之狀故曰喉閉蓋肺主氣陽自流行惟嗜欲無節勞苦奔馳或暴怒不鬱（紓）結生痰致陰氣不升陽氣不降水制（無）而火無熄金被所傷則咽嗌干燥火熱壅盛則腫々則生瘡近于上者為之亂蛾近于下者為之喉痺近于舌本者為之木舌子（舌）近于咽喉者為之纏喉風名雖不同無非熱也然附塞亦能令人咽閉喉症最要詳明不可忽視全在用藥得宜方可無虞矣

▲辨症吉凶

凡喉症声如雷鳴如拽鋸痰多不出或竟無痰或面白無光澤或唇青腳冷六脉皆沉或心頭作痛或腮穿齒落或口内干燥喜飲冷水或小兒口瘡形似于豬囊色或似風菱殼色或口中爛極臭不可當者此皆死之症也凡醫遇之切勿輕視

一蓮花喉癰生于喉嚨之上果由蓮花相似此症世所罕有不曾經見若人患之百無一生者也

一搶舌喉風此是肺家之病吃湯飲食俱要搶舌出頭潤肺疏風降氣以治

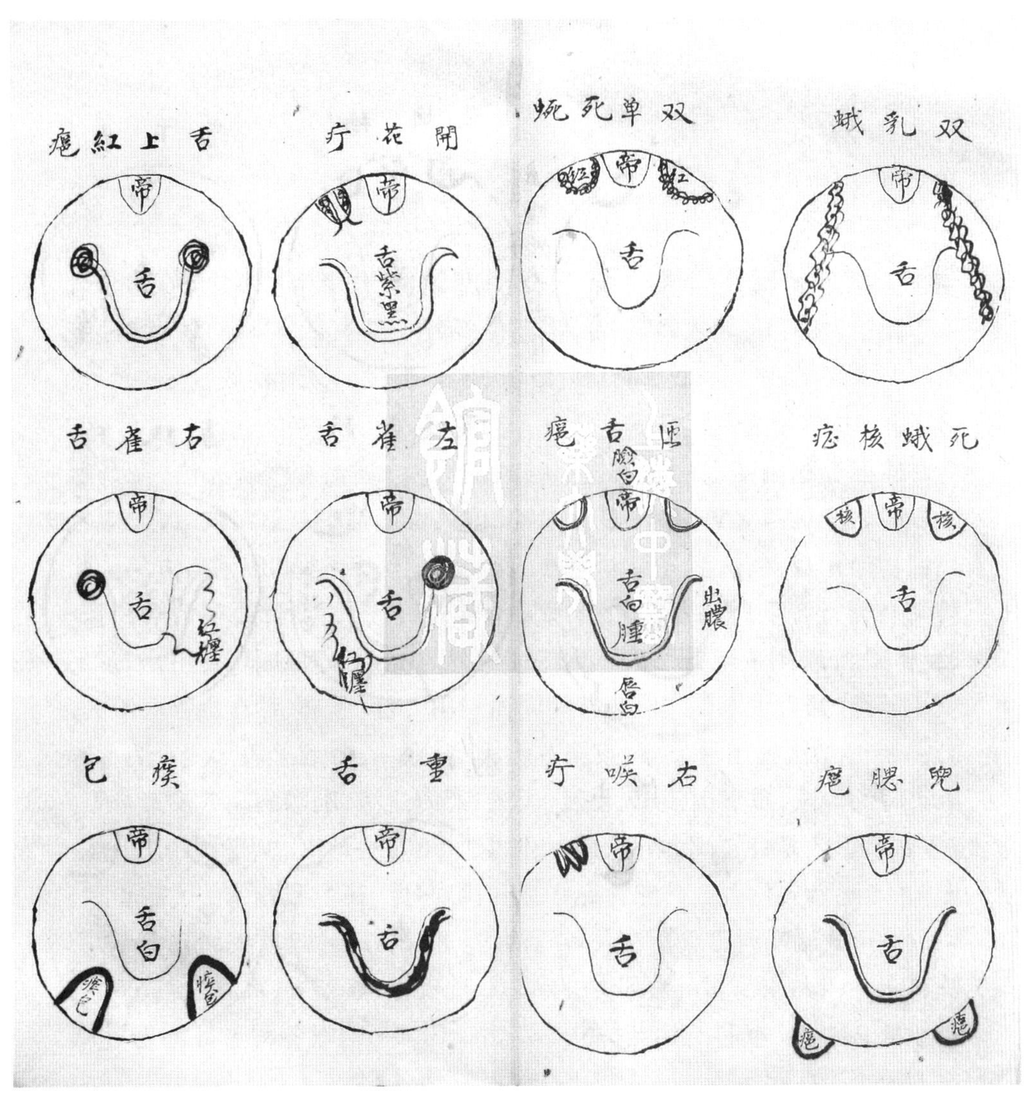

舌上紅瘧
開花疔
双单死蛾
双乳蛾
右雀舌
左雀舌
匣舌瘧
死蛾核痃
痰包
重舌
右喉疔
兜腮瘧

624 咽喉秘傳

《咽喉秘傳》，不分卷，一册。清封一愚編撰，作者生平不詳。成書于清咸豐元年（1851）。書衣題名“喉科”，有“邵芹芳”三字。書中“玄”字缺筆避諱。書首存“咽喉科秘傳目録”及“咽喉秘傳序”。現存清咸豐元年鈔本，藏于上海中醫藥大學圖書館。

前五篇總論咽喉病證治:《咽喉證主治論》述治咽喉病大法，認爲咽喉病得之于風寒火熱犯肺，證分虚實，虚火者用補中益氣湯加減，陰虚者用四物湯化裁，實火者先針刺泄毒、探痰涎，後服清咽利膈消痰方藥。此外又有天行時氣所致者，不宜針刺，治當先解散風寒邪毒，後清咽利膈。《秘傳明訓》《咽喉十要》兩篇，凡二十一條，内容零碎但頗切實用，如帝丁慎用刀針，婦人傷寒咽痛宜小柴胡湯而忌用刀針，腫顎、珍珠毒等病治法，針、刀針、烙法施用的步驟，夜間看病法，急喉風、喉癰等證牙關緊閉不省人事時的治法，重症灸頰車、長風、天突、照海之法，咽喉病調養及禁忌等。《左右手脈訣》《針穴圖》兩篇，前者述脈法，後者記頰車、少商、中衝、少衝、關衝、商陽六穴位置及其配屬經絡，此内容亦見于《喉科指掌》。《豁心賦》以歌賦形式論喉科方藥用法及各證治法。後爲方藥，計吹藥諸方十一方，噙口諸方四方，吹鼻方、擦牙方、麻藥方、洗藥方、爛藥方、熏藥方、敷藥方、生肌散各一方，喉科應用諸方三十一方。末爲《咽喉各科名目》，分述咽喉七十二證病因及治法。

是書辨病常用針手足少陰、少商看出血顔色辨陰陽法，出黄白水者預後不佳。用藥特點有二:一是多用本藥、秘藥。如認證不明，只可吹本藥于紅腫處，下針數次，再吹秘藥即效；七十二證中，實證多用刀針，施刀針之前需吹本藥，之後需吹秘藥；走馬喉風口閉難開時用本秘調和咽下可治等。本藥方主要由兒茶、煅龍骨等收斂生肌藥，熊膽、銀花等清熱解毒藥，以及川烏、草烏、烏頭組成，秘藥方則由清熱、化痰、活血、收斂之品組成。一是表裏辨證。表證用疏風辟邪湯，裏證用解毒清熱湯，介于兩者間用清熱消風散。此外，體虚虚熱者宜用保元湯，重證常用三黄解毒湯、喉科凉膈散。本書對臨床有參考價值。

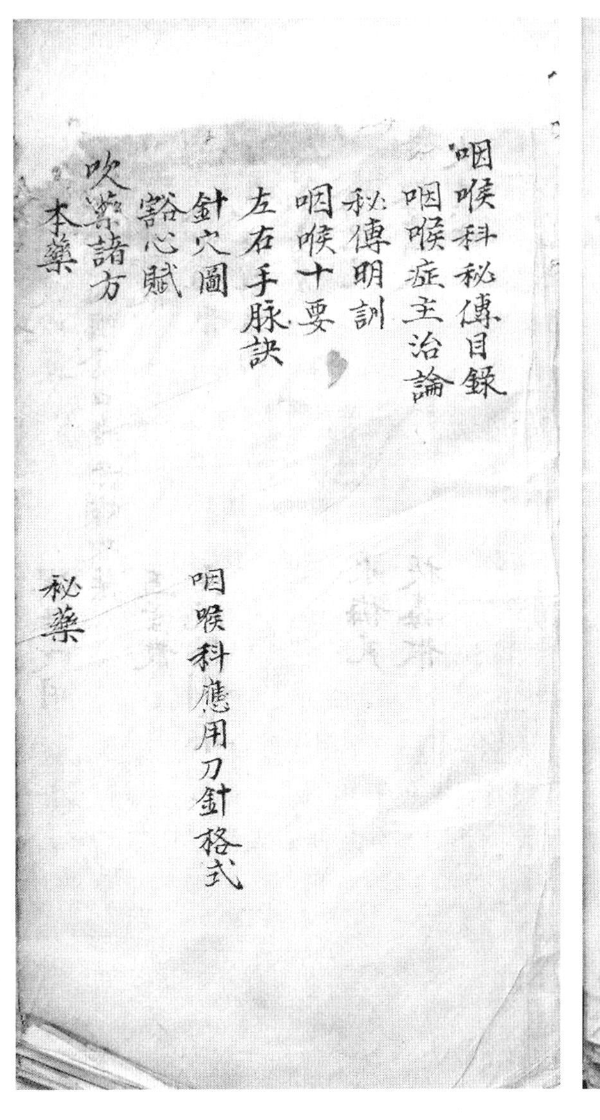

咽喉秘傳序

咽以納食喉以納氣咽喉者人身之関竅性命之樞扎咽喉病則生死繫於醫生治不精則鹵莽必致害命故余得受是書常於燈前牕下選擇名師治法良方彙而成帙願後之學者探其精微熟視各症處心合吹散丸丹并切記明訓十要豁心賦等得以滕然於心施治自必神效余　嚴慈早喪自愧學陋才疎未能盡文法句意然必當存心濟

咽喉科秘傳目録

咽喉症主治論

秘傳明訓

咽喉十要

左右手脉訣

針穴圖

豁心賦

吹藥諸方

本藥

秘藥

咽喉科應用刀針格式

625 咽喉等症方

《咽喉等症方》，不分卷，一册。著者佚名。是書無封面、序跋、目録。全書約一百二十葉，每半葉二十行左右，每行十二至二十六字不等，黑體行書，毛邊紙。首頁有三方印章，從上往下分别爲“紹興裘氏”“讀有用書樓藏書章”“中華書局圖書館藏書”。書中藥物“玄明粉”避諱寫爲“元明粉”，推測本書成書于清康熙之後。《中國中醫古籍總目》著録書名爲“咽喉集症方”，載其爲清鈔本。現藏于上海辭書出版社圖書館。

是書記載治療方劑約百餘首，每方下記録主治、藥物、劑量、服用方法，範圍涉及内、外、婦、兒、五官、皮膚、雜症各科。如載“膠杜飲，治老年婦人驟然大崩不止，亦名曰倒經”，方由阿膠、全當歸、酒洗西紅花、冬瓜子四味組成。此方所治“倒經”一證，與一般古醫書所指大不相同，疑編者非專業醫者，故有此誤。又“洗紅眼神方”爲編者親驗，藥物組成有歸尾、羌活、防風、甘菊、膽礬、元明粉。亦有不少單方，如生何首烏治療痔瘡腸風下血、鮮菖蒲根治療鼻臭腦漏、百部草煎湯治虱蟲等。此外，書中亦載“救凍死”“救熱死”“救魘死”“救中惡客忤卒死”等急救方法。本書方劑未作分類整理，似隨得隨録，所録偏重家常用方，推測本書僅作編者日常保健及應急之用。

書名爲“咽喉等症方”，内容不限咽喉證治，書末有“經驗良方終”五字，“經驗良方”作爲書名似更爲貼切。本書版式類似巾箱本，便于携帶，然所録方劑較多，又無目録，混雜一處，查閲不便。

咽喉等症方

加减荆防散 荆芥穗 牛旁子（炒研）

杏仁泥（去皮尖） 银桔贝 羌活 防风 薄荷叶

姜蚕（炒） 射干 生甘草 蝉衣（去头足） 葱一根 煎服

喉闭丹方 生地 贝母 丹皮 薄荷

老枝 牛膝 甘草 赤芍 麦冬 空心煎服

缠喉风痰壅气塞牙关紧闭方

牛旁子（研） 元参 黄芩 升麻 桔梗 杏仁（研）

犀角 木通 贝母 甘草（炒）

上清丸 治喉中热毒肿痛蛾痹等症

熊胆 雄黄 硼砂 薄荷叶 青黛 胆凡

共研细末炼白蜜为丸如芡实大卧时以舌压一丸自化入喉甚为神效

冰硼散 治咽喉十八症一切双单喉蛾喉痹等症

冰片 人中白（煅） 黄柏末 胡黄连 玄明粉

硼砂 黄芩 儿茶 青黛 胆凡

共研细以瓶装好患者吹之自愈

截疟良方 无论新久其效无比

常山（酒炒） 槟榔 乌梅三个 甘草

生姜一片 红枣三枚 煎露一宿次早温服

截疟末药方 细辛 生半夏 共为细末

生川贝 草果 丁香

用膏药两张上末药少许前心贴一张后

眷骨贴一张

又方 射干 冰片 细辛 丁香 共研细末

二眷

疟疾初发三方

第一方 陈皮 茯苓 柴胡 青皮 槟榔 姜 苍术 甘草

威灵仙 半夏 川芎

井河水各一碗加鲜生姜三片煎

头痛加白芷 平胃消痰理气 病轻者二剂

三剂后病势减而未全愈者则服第二方

第二方 生首乌 威灵仙 鳖甲 陈皮

茯苓 柴胡 黄芩 当归 白术

知母 炙甘草 生姜三片 井河水各一碗

626 咽喉總論

《咽喉總論》，不分卷，一册。著者不詳。《中國中醫古籍總目》載其成書時間爲清嘉慶四年（1799），并于同年輯入《遵生集要》。現存鈔本，藏于上海中醫藥大學圖書館。

本書首篇名《咽喉病總論》，强調“風”在喉科疾病中的主導作用，表明本書衹論“喉風”，内傷所致各類喉科疾病不録，載各類喉風辨治要點，强調望診辨色、辨壞病。次列斗底風、义喉風、咽瘡風等喉風三十六症，每症下詳載圖、論、訣，以及諸喉風證治及預後。繼載針法、針圖、紫荆散、冰硼散等喉風諸病十六方及《藥性辨》一篇，對每方功效、用法用量、護理調攝等作出詳細説明。如開關散（川芎、細辛、白芷）治瘰風熱痰氣上壅，咽塞項腫，湯飲難入。末附醫案數則及走馬牙疳等論治。醫案强調疑難證的病因病機及用藥預後等。如案一斗底風：“此症無論男婦，齶下生疾，有痰，初時過湯水者可治。”治用風膏、冰硼散、紫地散等。“如病極緊急，過水不得，通身作痛，不能睡卧，滿屋下行，胸前赤腫，如吐痰後不退者，百無一治。”

本書對以喉風爲代表的各類喉齒科病症論述詳細周全，有圖有方，思路清晰，圖解明瞭。内容與《喉齒科玉鑰全函》基本相同，僅編次、標題、用辭稍有區别。現存鈔本品相較好，有一定的臨床參考價值。

咽喉總論

夫咽喉者生於肺胃之上掭乎出納之權司呼吸主升降乃一身之緊關橐籥也然咽與喉不同咽者胃腕水穀之道路主納而不出長一尺六寸重十两喉者肺腕呼吸之門户主出而不納凡九節長一尺六寸重十二两故咽與喉並行而其實不同也夫一身既以咽喉為最要詎可使之有疾哉然或飲食不節起居不慎以致肺胃不和平臟腑不充實則風邪熱毒因而干之蓄積于内傳于經絡通于三焦于是乎氣血痞澁而不舒暢則風痰日甚熱毒日深漸至喉關緊鎖呼吸不通而成

翻唇魚口誤針時不日黄泉路上馳此病已成為惡疾盧醫遇着也難醫

喉風三十六症目錄

斗底風　乂喉風　咽瘡風　魚鱗風　雙松子風　单松子風　帝中風　雙蛾風　单蛾風　雙燕口風　单燕口風　重腭風　木舌風　重古風　坐舌蓮花風　合架風　角架風　爆骨捜牙風　牙癰風　懸蜞風　奪食風　魚口風　驢嘴風　魚腮風　雙搭頰風　单搭頰風　路架風　栗房風　瘰壢風　領風　肥株風　掺頭風　雙纒喉風　喉風　偏頭風　乘枕風

三十六症圖形要訣詳註于後

斗底風

此症無論男婦腭下生痰（痰有）者初時過湯水者可治先用角藥入摩風膏少許井水調噙取痰次開風路針三用氷硼散四用紫地散如病極緊急過水不得通身作痛不能睡卧滿屋下行胸前赤腫如吐痰後不退者百無一治

斗底風圖

此症初起吞嚥不下但胸前赤腫漸至結喉一

四

時難安要用破皮針針胸前青筋凡有此症便見青筋

斗底風吉凶歌訣

欲識人生斗底風心胸腫處十分紅更加痰在咽喉內重藥無功命必終

叉喉風

此症無論男婦喉頭生疾者極為急症初起咽喉作緊風痰上湧多有痰涎內緊外浮不能飲食漸至咽喉緊閉於如叉叉住即是鎖喉急症若一二日不知醫者多至不治宜先用氷硼散開竅次用風路針三用摩風膏少許和角藥井水調噙取痰並用角藥調敷頸外浮腫處四用紫地散如病勢已急不能開關者不治

叉喉風圖

此症初起喉間作緊漸次內外皆腫頸亦浮大咽關漸鎖最宜急治遲則不救矣

叉喉風吉凶

叉喉之症最為殃遲了二時命不長初起若能依法治管教立刻進茶湯

咽瘡風

此症無論男婦咽喉生痰滿口生物或黃或紅或白先

627 神仙舌科方

《神仙舌科方》，不分卷，一册。不著撰者，首頁有“愚齋圖書館藏”章一枚，無序跋與目録。末頁有“時在道光九年醫士汪超群記，此書于乾隆元年間録”語，可知此書初成于乾隆元年（1736），後經汪氏整理，成書于道光九年（1829）。現存鈔本，藏于上海中醫藥大學圖書館。

該書前爲小兒脈診，以圖形、歌訣的形式記述幼兒的病症脈象，如“乙字形主傷食吐瀉：形如乙曲病因肝，眼慢驚風瘛瘲偏。冷積爲傷傳變此，慢脾風已度三關”。另有“雜説”“脈訣”“定浮沉遲數脈法”“審傷寒症訣”等診脈歌訣。其後爲舌診，以圖畫、歌訣的形式論述“白胎舌”“將瘟舌”“生黑斑舌”等。如白胎舌：“一舌見白胎滑者，非初入裏也，乃半表半裏之症，宜小柴、梔豉湯治之。”附有白胎舌之圖，及歌訣“丹田有熱胸有寒，白胎滑者表裏間。梔子豆豉小柴胡，免致邪風入裏傳”。

《神仙舌科方》以小兒脈診、舌診内容爲主，圖文并茂，歌賦淺顯易懂。尤其是舌診，圖文詳細，主病清晰，對現今舌診仍有一定意義，且撰者所選方大多出自《傷寒雜病論》，此舌診正好補仲景傷寒之遺缺，對後世學習傷寒較有幫助。

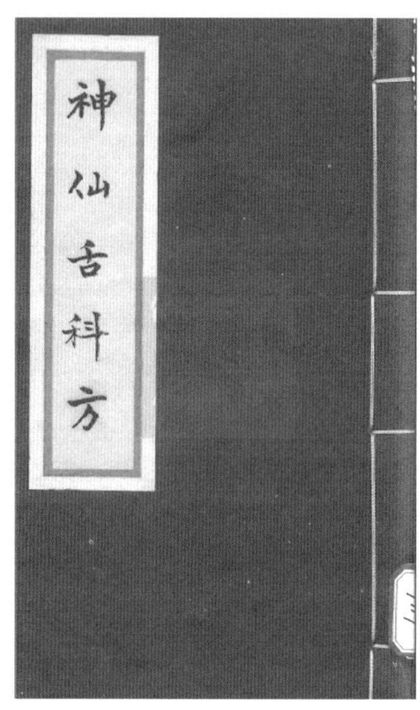

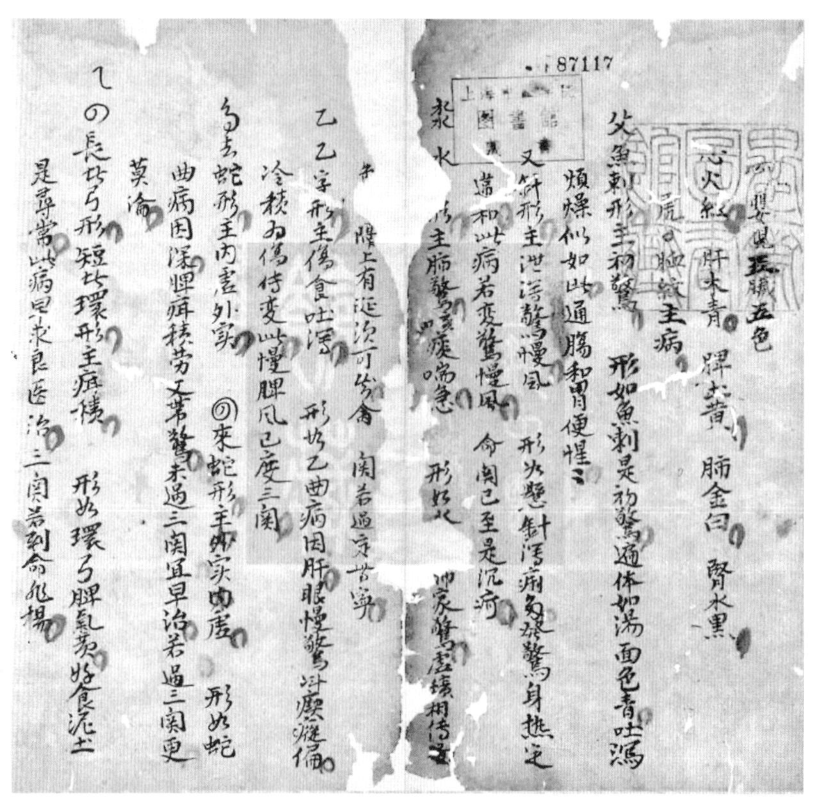

小兒五臟五色
心火紅 肝木青 脾土黃 肺金白 腎水黑
虎口脉紋主病
魚刺形主初驚 形如魚刺是初驚遍体如湯面色青吐瀉
煩燥似如此通腸和胃便惺惺
又針形主泄瀉驚慢風 形如懸針瀉痢多啼驚身熱足
喘和此病若变驚慢風 命関已至是沉痾
水字形主肺驚受痰喘急 形如水 此家驚虛積相傳至
腹上有涎沉可化食 関若過之苦寧
乙字形主傷食吐瀉 形如乙曲病因肝眼慢驚斗瘲癱偏
冷積多傷侍变此慢脾風已度三関
去蛇形主内寒外實 回來蛇形主外實内虛 形如蛇
曲病因濕脾癖積勞又常驚未過三関宜早治若過三関更
莫論
長珠形短珠環形主疳積 形如環弓脚氣痰好食泥土
是尋常此病早求良医治三関若到命難揚

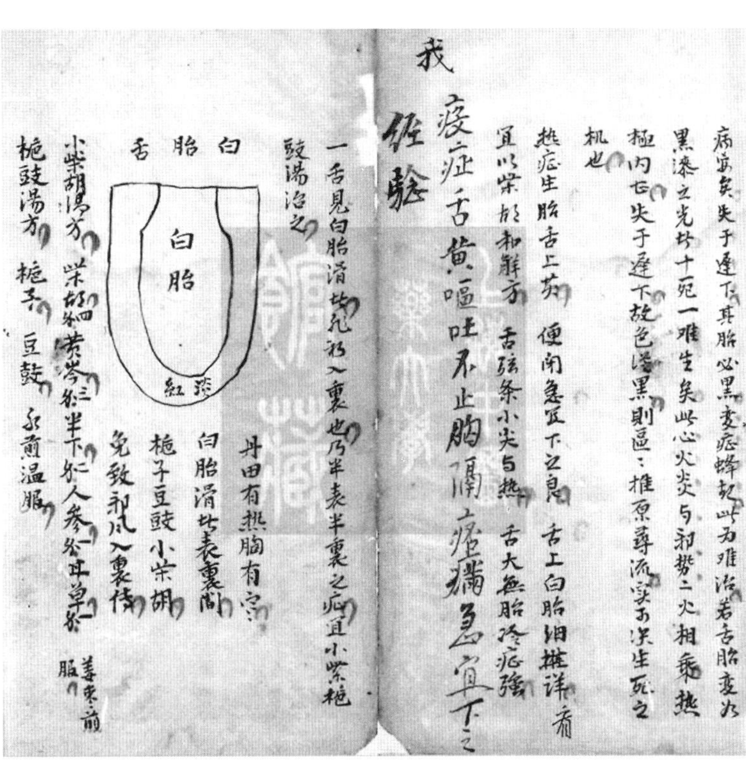
病家失于逞下其胎必黑变症蜂起此为难治若舌胎变次黑漆之光者十死一难生矣此心火炎与邪热二火相乘热极内亡失于逞下故色变黑则亟亟推原寻流实为决生死之机也

热症生胎舌上者　便闭急宜下之自息　舌上白胎细推详看　宜以柴胡和解之　舌弦条小尖与热　舌大无胎冷症强

疫症舌黄呕吐不止胸膈痞满急宜下之

我

经验

一舌见白胎滑者邪初入里也乃半表半里之症宜小柴栀豉汤治之

丹田有热胸有寒　白胎滑者表里间　栀子豆豉小柴胡　免致邪风入里传

小柴胡汤方　柴胡四钱　黄芩钱二　半下钱　人参钱　甘草钱　姜枣煎服

栀豉汤方　栀子　豆豉　水煎温服

舌见纯黑水尅火明矣患此者百无一治

死症之舌黑一块　或似靛兮或似煤　火极似水凉膈散　泻其阳邪黑自开　水来尅火理中汤　一剂消阴保无灾　生姜切片先擦上　黑色稍退救得回

死砚舌

纯黑

医文须以老生姜平切片擦其舌稍退方治坚涸退者不可治

昔在道光九年医士汪超群记此出于乾隆元年间录

有伤寒传里者舌如黑砚名死砚舌用北斗还魂汤下之自愈

北斗还魂汤　黄连去毛五分　犀角钱二　石羔五钱　麦冬去心百粒　栀子三分　白芥子炒二钱　黄柏酒炒二钱　知母去毛二钱　玄参二钱　生地二钱　连翘钱二　大黄五钱　芒硝五钱　甘草五钱　依数合作一大剂昼夜熬廿四茶碗温服以舌色退黑为止若仍黑减大黄芒硝再投一剂

弘治庚申年金台姜辉感患伤寒亦得此舌手足厥冷呕逆不止众医猶作火治几至危殆时到院[illegible]用附子理中汤而愈

大医之为道有是病必有是药宜审而治不可一误而置之也

628 秘傳眼科喉科

《秘傳眼科喉科》，不分卷。殘本，無封面，無作者、序及成書年月等相關信息。行楷抄寫，字迹工整，每半葉十二行，每行二十四字，硃筆句讀。現藏于上海圖書館。藏館著録爲清鈔本，書名爲"秘傳喉科"。《中國中醫古籍總目》載録書名爲"秘傳喉科眼科"。依據内容與次序，改爲上名。

是本分眼科、喉科兩部分。眼科部分内容有缺，首以答疑釋難形式，列七十二問，闡述目疾諸候及治療。次附方七十餘首，并詳論其主治、藥物及煎服法。次論阿魏、琥珀、血竭等三十餘種藥物的性味、功效主治、炮製法、藥物鑒別及辨僞等，論述詳備，切實可用。喉科部分載有序言，稱"余獲内府喉科三十六種圖像，七十二樣看法，臨時視病，瞭然在目，依方用藥，無有不效者也"。其後主要闡述喉科病症發病機理、常見病症等，認爲咽喉乃"三焦六腑之統要"，"設若胸膈之間藴積熱毒，致生乳蛾"，而見種種症候及治法，并告誡"後學宜詳（祥）審何症，用藥行針，其内活法機變，切不可苟"。另有凡例十一則。每一病症皆有插圖，黑紅雙色繪成，形象而明晰。每一喉症，詳述病因病機、症候、治法、方藥、類證鑒别等，理、法、方、藥齊備，且多兼及症情預後，如論走馬喉風"帝丁赤破者不治"等。其辨證合理，組方用藥精當，闡述病理切合臨床。

治嗽神方 半夏 杏仁 五味 廣皮 只壳 阿胶 知母
斗令 桑皮 甘草 加姜三片枣一枚河水煎服

秘傳喉科序

余獲内府喉科三十六種圖像七十二樣看法臨時視病了然在目依方用藥無有不效者也夫人之咽喉乃一身樞之紐百節之關津與胃相接呼吸内出冰三焦六腑之統要乎設若胸膈之間蘊積熱毒致生乳蛾壅塞不通乃咽喉大病或壯如乳頭形似櫻桃或腫或痛吞吐不利甚則生重舌木舌雀舌之類大凡治法先去風痰以通喉膈然後解其熱毒若熱毒攻于上膠帝丁紫腫定生懸癰或臟寒而肺熱到于上閑飲食不利内痰上升後成痰結咽喉腫痛不通帝丁或腫于前或嚏于後口吐綠涎是心胆之氣先絶死在胆夕不可治也但熱而受者易治寒而得者难攻痊早則可治救治則难医後學宜祥審何症用藥行斟其内活法机变切不可苟又有纏喉鎖喉腫膠懸疔

629 黄氏家傳喉科

《黄氏家傳喉科》，不分卷，一册。清黄用卿撰。成書于清乾隆五十三年（1788）。黄用卿，清朝人，籍貫爲鳳陽府（今屬安徽），通曉五運六氣，精于脈學，診治多驗。現存鈔本，藏于上海中醫藥大學圖書館。

是本先列咽喉論與口唇論，總論咽喉病、口唇病的各種病因、病機，以及相應的針灸療法、方藥療法、禁忌和預後等。次列針灸法，列舉各種針灸穴位及其相應部位。次列治火法，如實火、虚火、鬱火及盛火的治療方法。其後詳論喉口諸證，分列重舌木舌、蓮花風、蒂中風、耳癰風、枳子風、搭頰風、鎖喉風、外鎖喉風、單雙纏喉、楓葉風、膿牙、喉癰風、斗底風、漏腮風、魚鱗風、食稔風、牙幞風、牙癰風、玄幞風、塞喉風、鼻癰風、魚口風等，凡二十七種病證的病因、主症及治法大要。後録家傳喉口瘡毒藥方，或單方或複方，如加味甘桔湯、如神散、消風散等，凡一百三十五首。每方詳論其主治、組成及煎服法或外用法。後載咽喉七十二證主方、吹喉方、諸般疼痛瘡癰方以及治療梅毒、癰疽等方，凡八十四首。有内服方，如六味湯、爛喉八仙散、治瘰癧方等，也有外用方，如比天膏、紅膏藥、東華解毒膏等，間附少量針灸法。每首方藥列其主治及組成，其中内服方詳列其煎服法，外用方詳列其製備方法及用法。

是本爲喉科證治專書，亦收羅了如瘡癰、瘰癧、梅毒等病證的治療方法，論述精詳，可供臨證參閱。

黃氏家傳喉科

婺邑黃氏字用卿號闲係祖傳秘方專治咽喉口瘡等證用卿祖在江右解粮之京途遇一仙同宿一月將喉科傳之即不知其何往書首題曰今傳咒方此天所賜非尔謀也尔後可傳於子孫可為鎮家之珍物非傳心地秘財如土壤之人并具直心可以真傳之餘者幸勿輕傳即傳之其方無効有誓為戒尔可誓之[illegible]用卿子字子儀與休邑一友同庚契好因年滿花甲而未有嗣惟恐日後失傳故將此書傳於許氏友家時 皇明崇禎十年九月事也許氏子 康熙十五年傳于婺邑沈氏沈氏

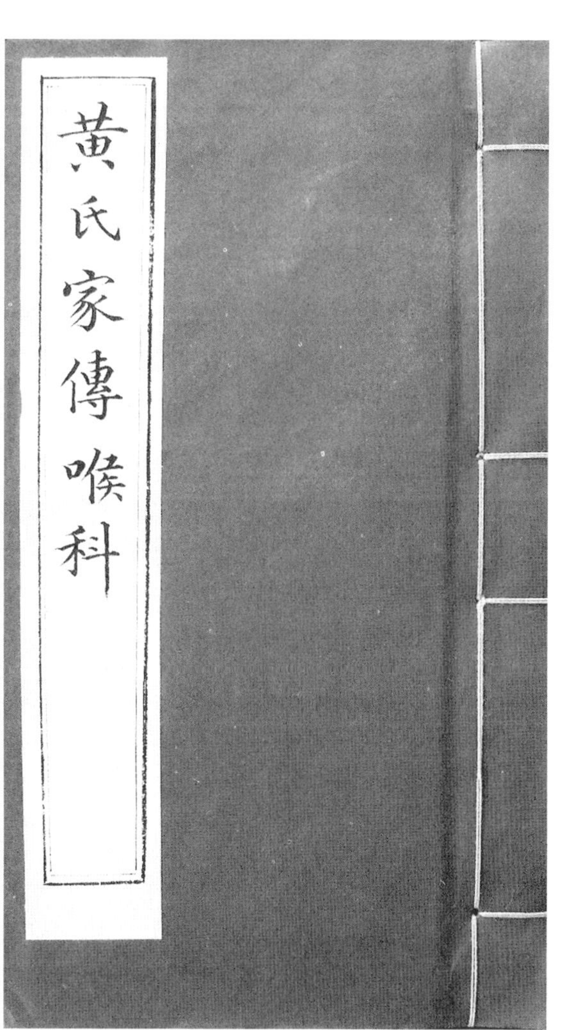

630 眼科什方

《眼科什方》，不分卷，一册。原無書名。作者、抄者、抄寫年代均無考。現藏于上海圖書館。藏館著録書名爲“眼科什方”，1908年鈔本。

從内容看，此本可分爲兩部分，前三分之二爲眼部，後三分之一爲頭部。兩部分體例基本相同，先述理論，後列病症和方藥。如眼科部分，先列“眼爲臟腑之精”“五輪八廓之圖”，分述五輪八廓之病因和症狀；還有“眼病無寒”“眼無火不病”等論述。方藥部分主要有“内障”二十三方、“外障”十二方，以及“翳膜”“眼花”“眼疼”“目不得開合”“眼生眵糞”“視一爲二”“讀書損目”“哭泣喪明”等，末載眼病的禁忌、調養，以及點眼藥方、洗眼藥方、針灸法、去翳法等，内容較爲全面。頭部病症，前面簡略地論述“頭爲天谷以藏神”“頭有九宫”“腦爲髓海”，重點載述頭暈和頭痛，頭暈分爲風、痰、氣、虚、濕等，頭痛除按部位分爲偏正頭痛、眉棱骨痛外，還按病機分爲風寒、痰厥、氣厥、熱厥、濕厥等，并提倡頭痛當分六經而治。

該本匯編有關眼科疾病和頭部病症的醫論、方藥，集《内經》《醫學綱目》《醫學入門》《醫宗金鑒》《仁齋直指方》《世醫得效方》以及張子和、李東垣、朱丹溪等人的論述和治法，分門别類，檢閱方便，内容簡明，可作爲臨床參考。

眼為臟腑之精

五臟六腑之精氣皆上注於目而為之精〻之窠為眼骨之精為瞳子筋之精為黑眼血之精為絡其窠氣之精為白眼肌肉之精為約束裹擷筋骨血氣之精而與脈系上屬於腦後出於項中故邪并於耳因逢其身之虛其入深則隨眼系以入於腦入於腦則腦轉腦轉則引目系

歸湯還睛丸 方見通治 撥雲退翳還睛丸

內障共二十三症 列后

內障丸散

益陰腎氣丸 經曰壯水之主以鎮陽光滋陰是也

熟地黃 酒焙 生地 两 山茱萸 两 五味子 钱

山藥 钱 丹皮 钱 柴胡 钱 當归尾 钱 酒洗

茯神 钱 澤瀉 钱

右為末蜜丸梧子朱砂為衣空心塩湯下五七十丸 正傳 方無朱砂 一名滋陰腎氣丸

養肝丸 治肝臟不足眼目生花或生眵淚婦人血虛目疾

當归 两 川芎 两 白芍 两 熟地 两

防風 钱 枳实 炒 钱 車前子 酒炒 钱 蕤仁 去皮 钱

右為末蜜為丸梧子大白湯下七十丸食遠服 寶鑑

生熟地黃丸 治血虛眼昏

生地 两 熟地 两 元參 两 石膏 两

右為末蜜丸梧子大空心茶下五七十丸 入门

駐景丸 治肝腎俱虛多見黑花視物昏暗或生翳障 內障方

631 眼科心法

《眼科心法》，又名《金鑒眼科》，不分卷，一册。係清人抄録《醫宗金鑒·眼科心法》而成。是本每半葉九行，每行約二十二字。《中國中醫古籍總目》載録爲清鈔本。現藏于上海圖書館。

《醫宗金鑒》是清乾隆四年由太醫吴謙負責編修的一部醫學教科書。全書共九十卷，是我國綜合性中醫醫書中比較完善而又簡要的一種。全書采集上自春秋戰國下至明清時期歷代醫書的精華，圖、説、方、論俱備，并附有歌訣，便于記誦，尤其切合臨床實用。《醫宗金鑒》被《四庫全書》收入，《四庫全書總目提要》對《醫宗金鑒》有很高的評價。自成書以來，這部太醫院教科書就被一再地翻刻重印，流傳極爲廣泛。

是本係後人學習抄録之書，由于原本刻本較多，因而缺乏學術價值。

御纂醫宗金鑑

眼科心法

目睛原始歌

天有日月陰陽精人有二目藏府精衆精之窠爲之眼肉精上下兩胞明血精兩眥氣精白筋精爲黑骨精瞳約束裏擷系屬腦目精原始要詳明

註　天有日月猶人之有二目也天之日月乃天之陰陽之精而爲之也人之二目亦人之五臟六府之精上注於目而爲之也故衆精之窠爲之眼也肉之精爲上下胞也血之精爲兩

632 眼科外科靈方

《眼科外科靈方》，不分卷，一册。未著撰者，無目録、序跋。現存鈔本，藏于中國科學院上海生命科學信息中心生命科學圖書館。根據書後所記"丁未孟季凝香書屋懋芝録"，推測其成書年代爲1907年，抄寫者字懋芝。《中國中醫古籍總目》題作"眼科外科靈方"，載録爲清鈔本，且屬孤本。書首頁有印章七枚，從上至下依次爲"不攸君""千金敝帚之齋""馨芷""吴氏珍藏""冠文""讀聖賢書立修齊志"及"中國科學院圖書館藏"，第二頁上有"吴庭""吴紹庭字冠文"兩方印章，末兩頁有"中國科學院圖書館藏""吴庭""松蔭山房""吴氏冠文珍玩"四方印章。

是書雖名爲《眼科外科靈方》，但通篇盡爲眼科辨治而未涉外科，疑非完本。全書可分爲"眼科總要"與具體證候的辨證論治兩部分内容。"眼科總要"包括"問八卦主病根源""眼科八廓之圖""八廓分位歌""論八廓屬八卦見症歌"以及"大玄真人問八廓病症論"，以問答、歌訣及圖示的形式，統述眼之八廓與八卦、臟腑經絡的對應關係，即眼分清净廓、水穀廓、津液廓、關泉廓、傳道廓、抱陽廓、陰會廓、養化廓八廓，分别與八卦所代表的天、地、水、火、風、雷、山、澤以及膽、胃、膀胱、小腸、大腸、命門、腎、肺等臟腑、經絡一一對應，并據此總結眼之八廓的病症、病因病機、主治方藥，如天廓之病治宜清神散、地廓之病治宜洗輪散、水廓之病治宜磨鏡丹、火廓之病治宜玄精散等，其用藥劑量及煎服方法完整。繼之仍以問答形式，從病機和症狀兩個角度，詳述眼科諸證的具體辨治，如眼赤分虚實辨治，五臟受風、不足、寒、熱諸證辨治，白睛、黑睛腫硬、生翳等症辨治，眼病并發耳聾、背疼、頭痛等症辨治，眼痛、澀、流泪等症辨治等，并記載眼科常用方九十餘首。最後列舉"五臟用補瀉"諸方及"治風寒三服方"。

是書理論與實踐結合緊密，八廓應八卦所代表的事物之說雖嫌機械拘泥，但亦體現了中醫眼科注重整體觀的特色。眼科諸證具體辨治的編排順序稍顯混亂，但論述詳細，尤其重視臟腑辨證，并强調引經藥的運用。所載眼科諸方劑型全面，内服包括丸、散、膏、丹、湯劑，外用有洗方、點眼方及點眼膏的製作方法，實用性較强，有一定臨床參考價值。

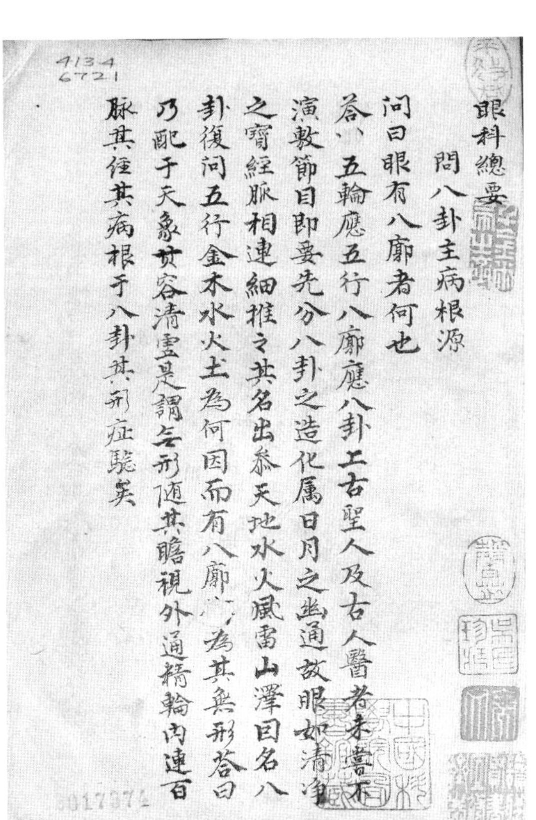

眼科總要

問八卦主病根源

問曰眼有八廓者何也

荅〻曰五輪應五行八廓應八卦上古聖人及古人醫者未嘗不演數節目即要先分八卦之造化屬日月之幽通故眼如清淨之竅經脈相連細推〻其名出參天地水火風雷山澤曰名八卦復問五行金木水火土為何因而有八廓〻為其無形荅曰乃配于天象貫容清虛是謂無形隨其瞻視外通精輪內連百脉其經其病根于八卦其形症騐矣

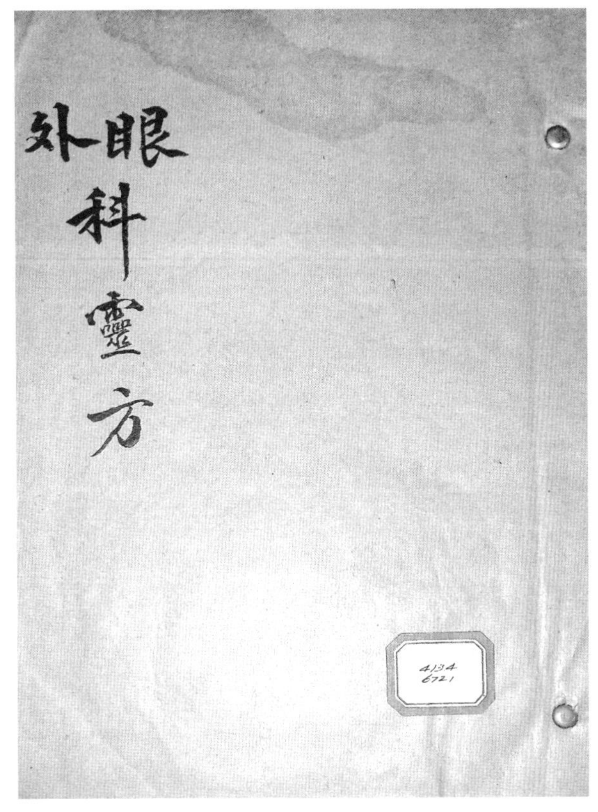

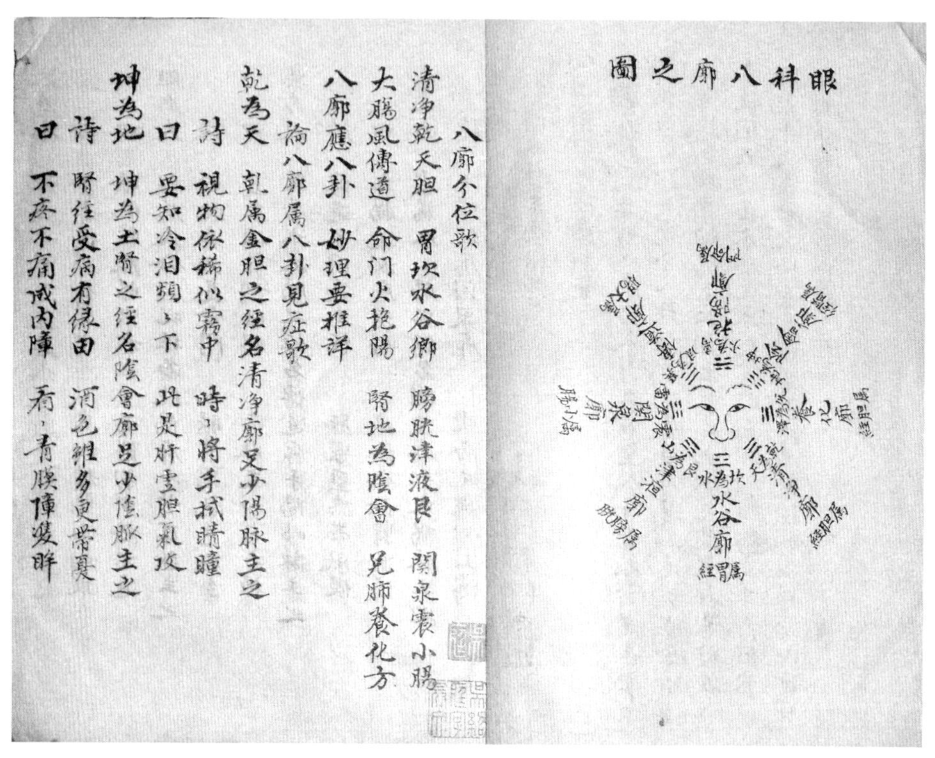

八廓分位歌

清净乾天胆　胃坎水谷鄉　膀胱津液艮　関泉震小腸
大腸風傳道　命门火抱陽　腎地為陰會　兑肺養化方
八廓應八卦　妙理要推详

論八廓屬八卦見症歌

乾為天　乾属金胆之经名清净廓足少陽脉主之
詩　視物依稀似霧中　時時將手拭睛瞳
曰　要知冷泪頻頻下　此是肝雲胆氣攻
坤為地　坤為土腎之经名陰會廓足少陰脉主之
詩　腎经受病有緣由　酒色纏多更带憂
曰　不疼不痛成内障　看看青朦障浸眸

眼科八廓之圖

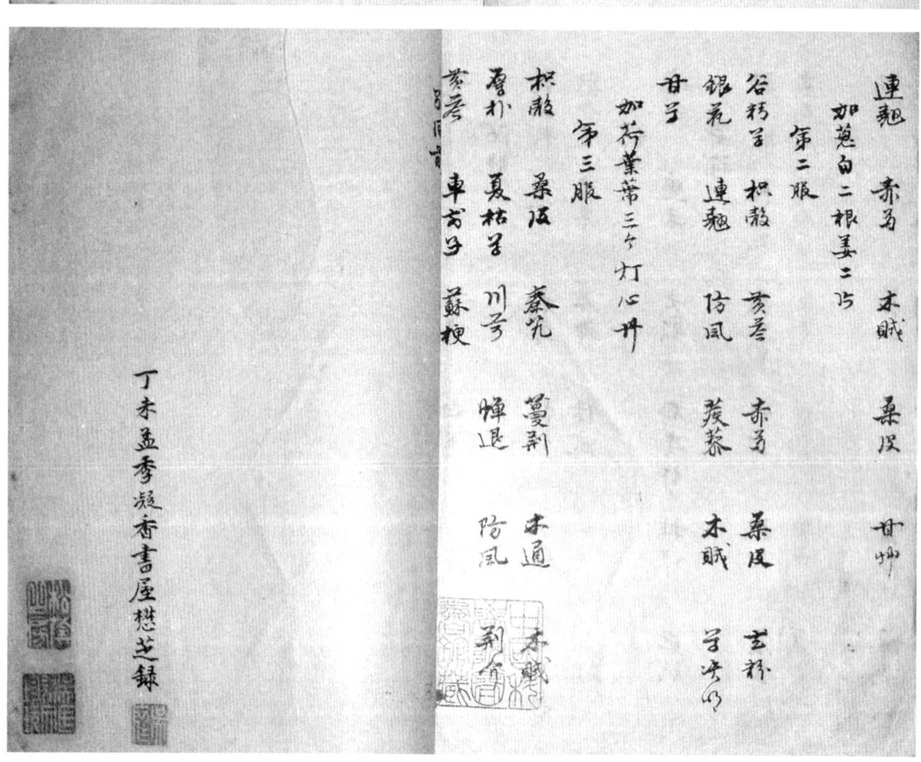

連翹　赤芍　木賊　桑皮　甘草
加葱白二根姜二片
第二服
谷精子　枳殻　玄参　赤芍　桑皮　玄粉
銀花　連翹　防風　蒺藜　木賊　草决明
甘草
加荷葉蒂三个　灯心卅
第三服
枳殻　桑皮　秦艽　蔓荆　木通
厚朴　夏枯草　川芎　蝉退　防風　木賊
黄芩　車前子　蘇梗　荆芥

丁未孟季凝香書屋懋芝録

633 眼科鈔本

《眼科鈔本》，不分卷，原四册，現合爲一册。無序跋，首葉即目録。每半葉九行，每行二十字。未見書名，姑題名爲“眼科鈔本”。《中國中醫古籍總目》載録成書于清同治九年（1870）。此本鈐有“陳存仁印”，係陳存仁藏書，現藏于上海中醫藥大學圖書館。

是書分爲兩部分。上部首列《五輪圖》《八廓圖》及其圖説，後有《十二經絡論》《五輪病因治法大略》《八廓病因病形治法大略》《輪廓經絡相因受病論》《十二經驗目病大略》論法五篇。另有歌訣兩首，分别爲《五臟通貫歌》和《對症湯頭歌》。《用藥法》記載有對應血輪、風輪、肉輪、氣輪、水輪的五輪用藥大法，并提出“不可不知變通”。後附退赤黄連散、除昏夜明散、散血疏風散、宣肺還元散等内服二十一方之歌訣，其中十七首歌訣後有對應使用的外用方名。其後的《辨病用方論》提出目病自七情六邪而生，隨感有輕重，輕淺者可用退赤夜明散、除昏夜明散、去熱清凉散等此前所載的二十一方法，年久病深者外治可用前所列之二十一方，内治須宗“孫真人眼科秘訣”。其後載有歌訣《認眼症》《認眼冷症》以及《孫真人眼科總理七十二症秘訣》，列沖和湯、二聖散、揭障丹等十七方，以及熏法、吹冲法、口含葦筒法等外療之法，及“内障四十九種内有不宜吹冲”“内障二十三種有不宜吹冲”，附有左歸丸、杞實粥、猪肝補。下部爲《總論》以及《辨眼症虚實》《辨用藥宜忌》《辨五輪病源用藥》《五輪生克》等眼病見症之辨治。後爲“老年病症”，列開竅引、熏洗湯、猪肝補、賽空青等九方，并附釋語以闡釋用法及注意事項。“時行眼症”有醉仙湯、前胡散、瀉心湯等三十九方。“時行復症”，如發于春宜洗肝湯，發于夏宜洗心湯，發于秋宜洗肺湯，發于冬宜六味地黄丸。“婦人眼病”則有易簡知母飲、天門冬飲、芎蘇散、保胎清火飲等十三方。“兒科目症”有導赤散、生犀散、藿香丸等十五方。單列有《小兒痘後目症論》，有龍膽草湯、望月沙散、疏風湯等十九方。《小兒疳症》有升麻龍膽飲、茯苓瀉濕湯、雞肺散等四十三方，包括熏洗法、點眼法等外治方。

本書内容豐富，抄録清晰，分類細緻，論述精當，查用方便，殊可爲臨床應用之籍。

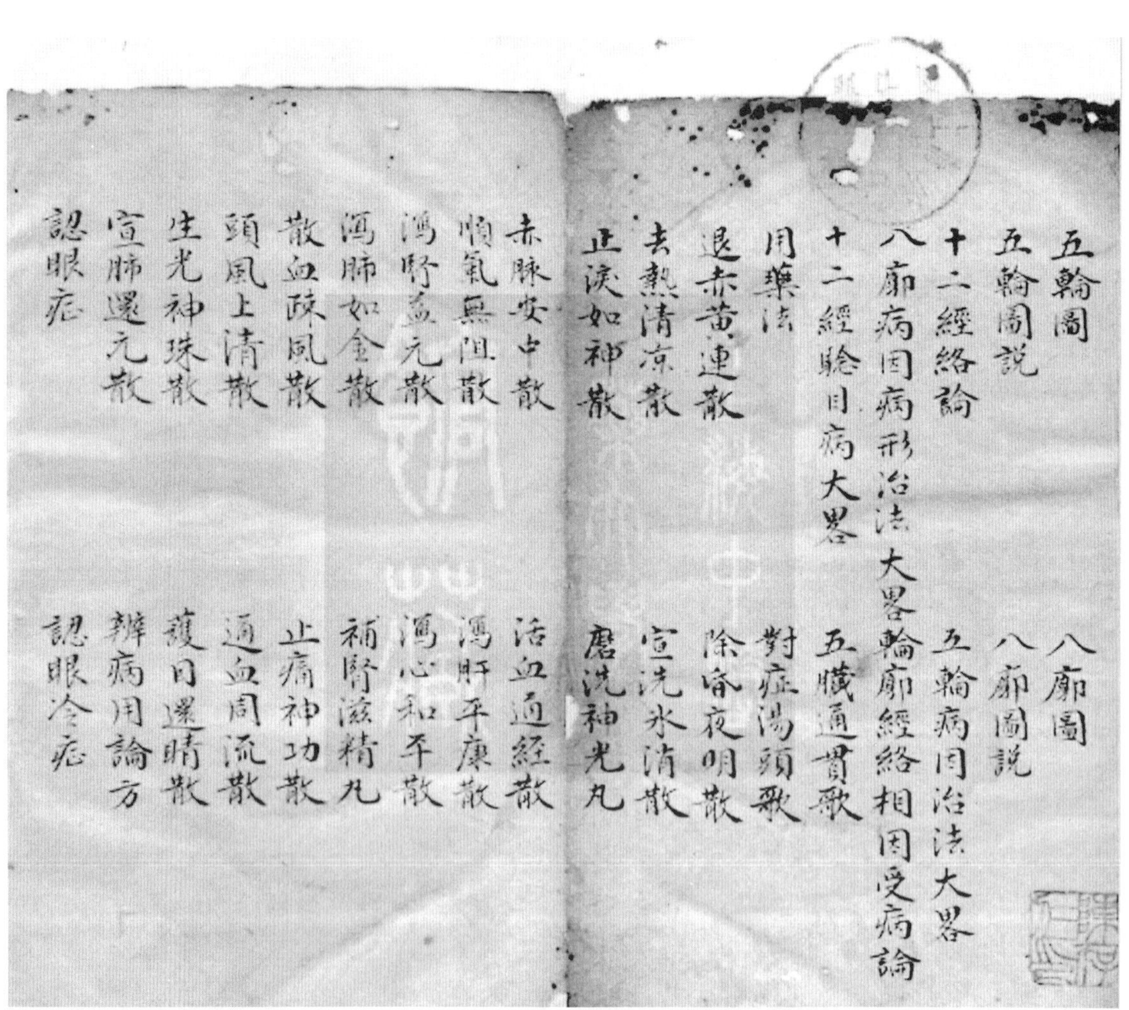
五輪圖　八廓圖
五輪圖説　八廓圖説
十二經絡論　五輪病因治法大畧
八廓病因病形治法大畧輪廓經絡相因受病論
十二經驗目病大畧　五臓通貫歌
用藥法　對症湯頭歌
退赤黄連散　除昏夜明散
去熱清凉散　宣洗氷清散
止淚如神散　磨洗神光丸
赤脉安中散　活血通經散
順氣無阻散　瀉肝平康散
瀉腎益元散　瀉心和平散
瀉肺如金散　補腎滋精丸
散血疎風散　止痛神功散
頭風上清散　通血周流散
生光神珠散　複目還睛散
宣肺還元散　辨病用論方
認眼症　認眼冷症

634 眼科金鍼

《眼科金鍼》,不分卷,一册。無序跋與目録,作者、抄者及抄寫年代均無考。《中國中醫古籍總目》載録爲清鈔本。現藏于上海圖書館。藏館與《中國中醫古籍總目》皆著録爲"眼科全針",誤。

首葉缺。其内容可分爲兩部分,理論部分以歌訣爲主,有五行括歌、治五臟冷熱虛實分經訣、引經要藥、八廓所屬,并有附圖及歌訣等。"眼科條例"及"治七十二種眼症方"共載方一百五十餘首,主要是内服方劑,占三分之二,其餘爲點眼、洗眼、貼眼等方劑。下半部分爲"分按七十二症圖形",其中内障二十三症,外障四十九症。末有"宣補藥"方劑四十首,既有内服方,又有點眼方,亦有搐鼻方。分别有五臟補瀉、退翳、除昏、去熱、定痛、止泪、去風、消腫、散血、明目等作用。

内有"問答二十八條",較之葆光道人《秘傳眼科》七十二問有所不同,如:《秘傳眼科》第一問治療"眼赤痛者"時服用《局方》八正散;鈔本中治療"眼赤痛者"服酒調散,而八正散用于"眼有不痛不癢而赤者",觀點有所不同,可相互參閱。"分按七十二圖形"每一症畫有圖形,文字部分皆爲七言歌訣,或六句,或八句,琅琅上口。是書具有一定的臨床實用價值。

木曰風輪。在眼為烏珠。心屬火曰血輪。在眼為二眥。脾屬土曰肉
輪。在眼。為上下胞。肺屬金曰氣輪。在眼為白精。腎屬水曰水輪。在
眼為瞳神。至若八卦。無位有名曰。臟之腑為天廓。膀胱之腑為地
廓。命門之腑為水廓。小腸之腑為火廓。腎之腑為風廓。胃之腑曰
雷廓。大腸之腑為山廓。三焦之腑為澤廓。此雖為眼目之根本。而
藉為之包絡。五臟所屬心肝脾肺腎。或腫而痛。羞明多泪。或生翳
瘴。暗昏失明。其症七十有二。治法不同。須究其源。風則散之。熱則
涼之。氣結則調順之。切不可輕用刀鈎熨割。希圖偶愈。而為僥倖。
倘或不明。為人大害。又不可過用寒涼。熙冰血脉凝而不行。六成
痼疾。當量人老少体氣虛實用藥。妙有腎虛者。亦能令人眼目無
光。或生冷瘴。凡遇此症。正當補煖下元。益其腎水。北方之人患眼。
皆因日胃氣冷。夜卧火坑。熱氣薰蒸使然。治之多用涼劑。北方稟
氣與南方不同。耳痘疹之後。毒氣鬱於心肝二經。不能自愈。發于
眼目。傷于瞳神。百二十日。自無治法也。

眼科條例

一凡患暴眼痛者。不問男婦。極腫極痛。及頭疼煩燥者。或寒熱相
爭。宜服升麻葛根湯。發散為先。加蟬退七個。去頭足。如氣勝不
退者。服敗毒散。加大黄仁。不退者。服五膈寬中散。即愈。

635 眼科秘方

《眼科秘方》，不分卷，一册。封面題“忍庵珍藏”，無序跋與目録，成書年代與作者均無考。第二部分“明目統論”下注“江西王府秘傳眼科”，“維京老叟”後記中亦提及“此七十二症問答之書，係武林盛初陽得之江西王府中”，并再三囑咐“後之子孫莫視爲平常而不珍重之”，可見此書在當時頗爲珍貴。《中國中醫古籍總目》載録爲清鈔本。現藏于上海圖書館。

此本首頁闕如。觀其内容，可分爲兩部分。第一部分以論述方藥爲主，以病爲綱，病症下述症狀與處方，如疣病、攀睛拏肉病、亡血過多之病、論偷針眼症、男婦赤白眼症、孕婦目病、小兒疳眼病目、小兒癍疹後目病、小兒閉目病，以及眼珠疼痛方、點紅眼方等；次述“眼科藥性”，共八十五味，皆屬眼科常用藥物，每藥分述性味、功效、用法與禁忌症，簡明扼要。第二部分爲“明目統論”，先較詳細地叙述了五輪八廓的生理、病理及其病原、臨床表現；次爲“目有七十二症之名”，是該部分的主要内容，認爲“障分内外，各有三十六氣”。

眼科著作中多有“七十二症”或“七十二問”等内容，此本“七十二症問答”與他書“七十二問”有所不同。如第四問“赤而不痛者”，與《異授眼科・目症七十二問》中第三問所述病機略同，治法大异。前者用當歸散（當歸、大黄、茯苓、菊花、龍膽草等分，爲末），酒調服；後者用瀉肝湯（大黄五錢，荆芥一兩，甘草一錢，爲末），熱湯送二錢，并外點鳳麟膏、羊腦玉。處方遣藥迥然不同。與葆光道人《秘傳眼科》七十二問亦异。其他亦如此，有一定的臨床參考價值。

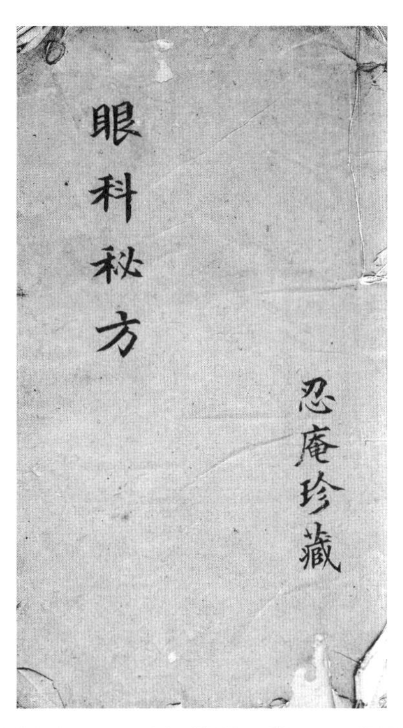

八廓所属主病之圖

廓	属	象
閉前廓	属小腸經	火
水穀廓	属三焦經	澤
會陰廓	属腎經	風
胞陽廓	属命門經	水
清淨廓	属胆經	天
傳道廓	属太陽經	山
津液廓	属膀胱經	地
養化廓	属胃經	雷

七十二問荅眼科

一問 人身中天地所禀貴者何也 岐伯荅曰 人身最貴是目 目者如天之日月 盈虛清朗不可不見也

二問 人之眼患者何也 荅曰 善哉問也 或因酒色 或犯憂愁 或因思慮 或受悲哭 或食酸醎 使氣不榮肝經 搐動目即痛矣

三問 赤目痛者何也 荅曰 此五臟積毒流傳于肝木 目乃肝之外象 肝受邪熱 使血散乱流注於目 故赤痛也 當以酒調散主之 亦治老人赤風肺熱也

酒調散 羌活 當歸 芍藥 大黄 連翹 菊花 川芎 蒼朮 桑螵蛸 各等分 右爲細末 每服二錢 酒調服

四問 赤而不痛者何也 荅曰 此肝之[illegible]也 肝者血之源 其候於目 肝實則血盛 則流注四肢 血氣上灌行於目 血侵於睛 睛受其血 所以赤而不痛也 以後藥主之

當歸散 當歸 大黄 茯苓 菊花 龍胆草 各等分 爲末 每服二錢 酒調下

636 眼科秘本

《眼科秘本》,不分卷,一册。由崎亭老人的長子玉書抄録,字迹工整,又經崎亭老人點正。作者無考。文中"玄"字或作元(如"元參"),或缺筆(見"膏子眼藥"中玄明粉),是爲避清朝康熙帝玄燁諱。又據後記"歲丙午",推測抄寫年份應爲康熙五年(1666)或其後。《中國中醫古籍總目》載録爲清鈔本。現藏于上海圖書館。

此本首頁已缺。無目録,文末有後記,記叙抄録自西園先生的藏本。此本内容比較全面,前爲理論,記叙輪廓圖式、五論八廓歌訣、五色辨五臟及看眼法等,以及眼病患者的飲食、起居、醫治等諸戒忌,對眼病的預後,總結出"十易治"和"十難治"等。核心内容爲"主治二十八法",爲眼病證治提要,按症狀、病機、方藥的結構,簡述常見二十八種眼病的治法,如"眼赤而常痛者,五臟積熱,毒氣傳於肝,肝受邪熱,使血散亂,流注於目,故赤而痛,宜服復光散","眵多者,肺實也,肺屬金,金滿而流眵,故色白,此乃肺實,宜服桑白皮散","茫茫如黑花飛者,腎虚也,宜補腎丸"等。

該本簡明扼要,對臨床有一定的參考價值。如《大概主藥》云:"大凡目疾,以當歸養血,羌活引經,地黄先補,山梔下行,黄芩上清,薄荷、前胡發散,麥門冬、五味子生津,元參、金銀花解毒。此大概也,然有逕治其要者,如肝虚而補其腎,肺火盛而瀉其大腸,豈可執一? 要在辨其虚實耳。"共載方一百十二首,其中詳細介紹四物湯、大明復光散加減應用治療各種内外障,切合實用。其中許多治眼專方,如還睛丸、大明復光散、撥雲散、五退散、真料重明散、光明散、明目丸、明目還睛丹等,均不見于世傳之《秘傳眼科全書》《目經大成》《一草亭目科全書》等中醫眼科專著。如傅仁宇《秘傳眼科全書》載有同名的撥雲散,但比較兩方,完全不同,此本撥雲散組方爲地黄、黄連、穀精草、防風、羌活、甘草、白蒺藜，共七味，而傅氏撥雲散共有十二味：黄連、黄芩、白芍、菊花、石決明、草決明、麥門冬、甘草、川芎、連翹、青葙子、藁本。另外，明目還睛丹一方，《中醫方劑大辭典》也未收録。

廓屬震爲肺經相近大眥水谷行兩角攢絲竹二形一身関鎖出光明大眥小眥爲血輪南方之火止屬心東方肝木爲風輪胆在于内屬黑睛腎水所居爲水輪中間一點屬瞳神白睛之所爲氣輪肺經所屬西方金上下兩胞爲肉輪中央脾土萬物生

看眼法 望問相觀四者各有所得則随症治之

望者遠望以觀其大概凡精光之鋭鈍瞻視艱捷左右之低昂開閉之緩急兩胞之浮寔風淚之有無眉梁舒皺非望不能知者

問者詢問以究其所因或以暴怒或以酒毒或以色慾或以勞傷或以物觸或以時行傳染或以頭風或以幼疾或久或近或熱或寒或驚或鬱或以藥悞或以刀針傷或以痛哭傷或以瘡毒其由來者即其臟之受害非問不能詳也然諱疾者多又當因其所言以推廣之則用藥無不當矣

相觀者相度其人之性情凡言語之輕重舉物之矯易心事之淺深求醫之誠否本元之虛寔所食之冷熱性情之乖和慮疾之慎忽隨其性度以計收功大都善者効速不善者効遲善者之疾雖重亦輕不善者之疾雖輕亦重且人相篇云眼竪性剛斜視性毒剛者多燥每易發而難痊毒者多孽每變異而難測又有伸頸視者爲鴨睛側頭視者爲鷄睛如此之自受害必深治必難愈乃知目

三錢在内可治三十六瘋。若虛人酌加熟地可也。

歲丙午，予館於西園先生齋，晨夕聚首，備領

教誨。蒙示以眼科秘本，因命大兒玉書抄錄，期

有以學習之。吾兒踴躍從事，半月間已抄竣。詎

言騰真之阨，遂爾見背。物在人亡，曷勝悲悼。痛吾

兒本不忍見其墨蹟，往閱其墨蹟，恍若親覩吾兒。

因屬含淚點正，以冀流之猶有能傳習斯編者。

桂月下浣崎亭老人誌於玉山書室，時年

六十有七

637 眼科秘傳

《眼科秘傳》，不分卷，一册。無序跋，有目録，但與正文内容略有出入。篇末後記題爲“此書于同治七年八月下浣吏部左侍郎吴和甫先生處借來抄下”。據此，抄録年代爲同治七年（1868），抄録者不詳。吴和甫，名存義，字和甫，江蘇泰興人，道光十八年（1838）進士，同治朝先後任工、禮、户、吏部侍郎，公正廉明，愛才如命，有“吴青天”之美譽，同治七年卒。是本每半葉八行，每行約二十字。現藏于上海圖書館。

該書首爲方目，録方名十三首，書中實際共抄録眼科病證二十四種，載方二十五首，另附其他雜方六首。方目之後有眼睛五輪圖，并配五臟五行五輪之文。其後格式多爲“凡某眼科病狀，宜用某方，藥味組成”，且多配眼睛病狀插圖一幅。方藥有内服、外洗、外點眼藥、丸藥等眼科常用劑型。方中藥味用量較輕，一般多爲陸分、捌分，劑量大的也不過壹錢、貳錢，比較有特色。

是本對證立方，隨證加減，雖較爲簡略，但亦基本涵蓋了眼科最爲常見的一些病證。其中荆防湯、凉血散火湯、養血散火湯等方藥較爲精當。抄録者謂從吴和甫先生處借來抄下，或許係此人家中秘傳之書，故名之曰《眼科秘傳》。所載之方多爲切合臨床的經驗效方，可供眼科臨證參閲。

眼科祕傳

方目

638 眼科秘籍

《眼科秘籍》,上下兩卷,一函兩册。林翹撰。林翹,生平不詳。成書年代不詳,《中國中醫古籍總目》載録爲清鈔本。封面無書名,書名見于書頁中縫及書根。扉頁印章爲“苦竹林周氏”“連閱經眼”。現存鈔本,藏于上海圖書館。

是本首爲《眼科醫法根源論》,稱“凡人雙目,猶天之有日月也……論目之症候,七十有二,治必究其根源。經曰:寒則凝滯,熱則流通,此古今不易之至論也”。總述眼部的重要性及眼科疾病的治療理念。後附眼部五臟所屬圖及眼各部常用藥。上卷分《眼科藥性》《眼科五十八症》《十四症不治歌》《捷法》《識病辨症詳明全玉賦》等五則眼科醫論。《眼科藥性》先載黄芩、甘草、麻黄等共一百零二味眼科要藥,小字標注其功效,次論頭風用藥之道,再述十八反、十九畏、諸經用藥、妊娠忌服藥等;《眼科五十八症》論眼科五十八證的症狀、機理、治則、方藥;《十四症不治歌》述青盲、眼凸等眼科十四種危重症狀;《捷法》論防風通聖散治天行時眼,若有兼證或變證亦可服洗心散、洗肝散、沖和湯、開明湯、明目流氣飲、補腦還睛丸等六方;《識病辨症詳明全玉賦》引自明代傅仁宇的《審視瑤函》,稱“論目之病,各有其症,識症之法,不可不詳,目之安危,盡繫於君矣”。下卷爲“附方”,載各種眼部藥方二百二十三首,治療範圍涉及眼目障翳、眼漏、倒睫、火眼腫痛等各種眼疾,多摘自《聖惠方》《肘後方》《保命集》《聖濟總録》《普濟方》等醫著的經典用方。除對證遣方用藥外,有的藥方還詳解製備方法,有的藥方後附治療案例,如神效洗眼方稱其“治九十三歲彰德府建陽太守雙目不明,無方可治,證其神效”。

是本對眼科各證略述病源,詳述病狀,細述治法,述證用藥多編歌訣,如

《諸經用藥》《妊娠忌服》《眼科五十八症》《十四症不治歌》等論皆用七字歌訣論述，琅琅上口，通俗易明。後附藥方多源于前賢醫著，是一部内容豐富、臨床實用的眼科專著，可供臨證參閱。

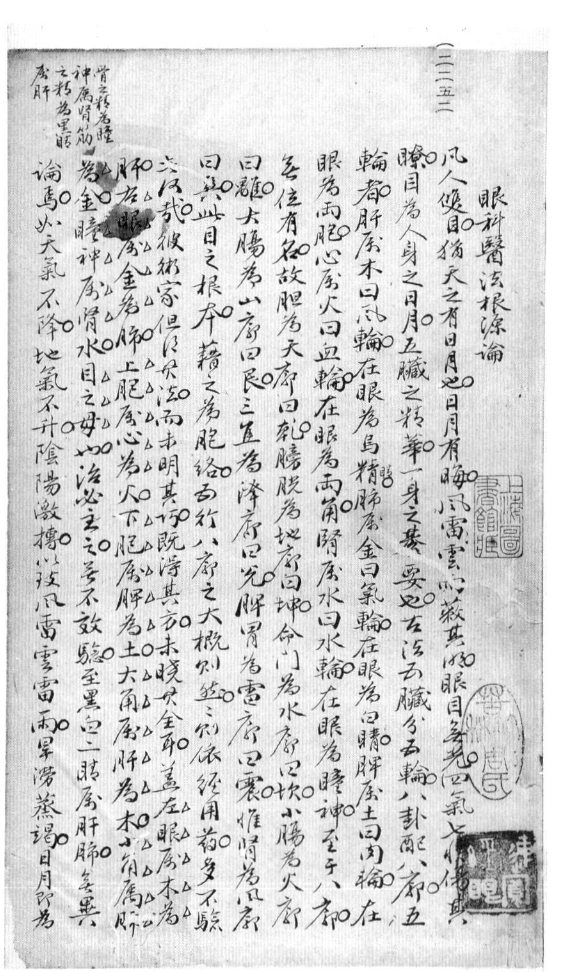

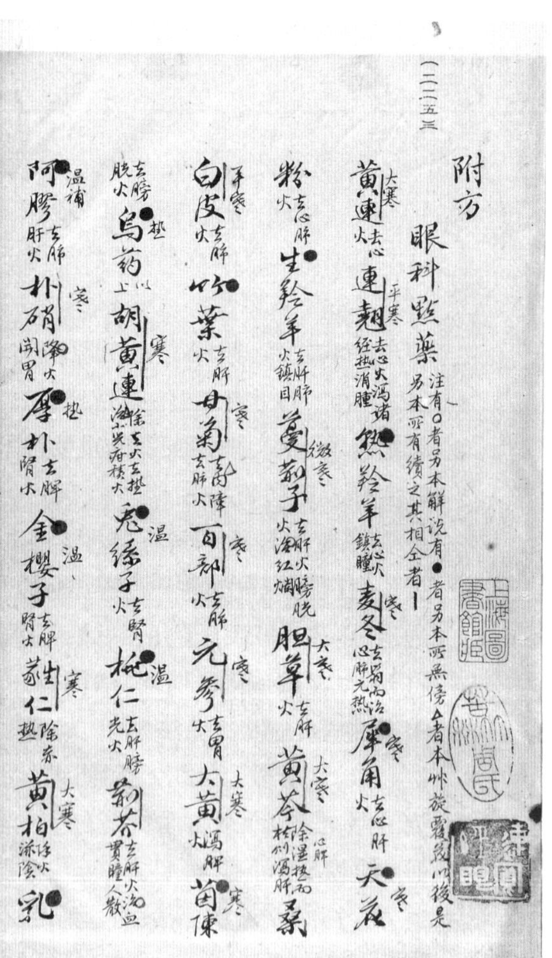

639 眼科湯頭

《眼科湯頭》，兩卷，一册。不著撰人。封面題"味岐軒葉森珍藏"。首頁有"中華書局圖書館藏書"章。《中國中醫古籍總目》載録爲清鈔本。現藏于上海辭書出版社圖書館。

卷一分爲兩部分。前爲"究講病源用藥切當問答七十有二"，是眼科七十二種病證問答（後兩問答缺），每問以證，答以病因，析以病機，附以方劑，佐以服法。七十問答共載方劑一百二十六首，其中點藥方四首，吹鼻方一首，餘皆爲内服方劑。凡累次選用的方劑，僅注明"在第幾問方同"，不重複書寫。病證排列順序、病機闡述與選方用藥，與《秘傳眼科龍木論》大同小异。後題"眼科秘本"，注爲"抄録主講病源經絡藥性醫法秘方全集"，前有序言兩篇，分别爲《飛鴻集序》及《太醫院秘授眼科序》，皆言眼科醫理藥理。是篇乃眼科常用藥物匯編，首爲《選録眼科用藥并載藥性》，所載藥物基本與《本草綱目・百病主治藥・眼目》同；次爲《藥性分品類各入經絡之用》，分爲瀉肝、補肝、凉肝、凉心、益心、凉脾、益臟助脾、宣肺、補肺、平腎、補腎、散血、通氣、清頭、止泪、玄風、退熱毒、消赤腫、退翳障、除昏明目等二十類，每類下有藥六至三十四味不等。卷二爲眼科診治，分爲"基礎理論""針治内障""内外障歌訣"三部分。"基礎理論"匯集五輪八廓學説内容，有插圖，包括具體解剖位置、與臟腑關係、病因治法、病理分析及選用主藥等。"針治内障"則爲二十四種内障的病證特點、病因分析及針治方法。"内外障歌訣"共載有六十四種内、外障的診斷方法、選用主方，多爲七言四句歌訣形式，選方唯録方名，不羅列具體藥物。

是書内容豐富，理論診療皆備，内服方藥、外治針法均録，幾乎涵蓋眼科常見證之大略，頗爲實用，可爲學習及臨床之參考。

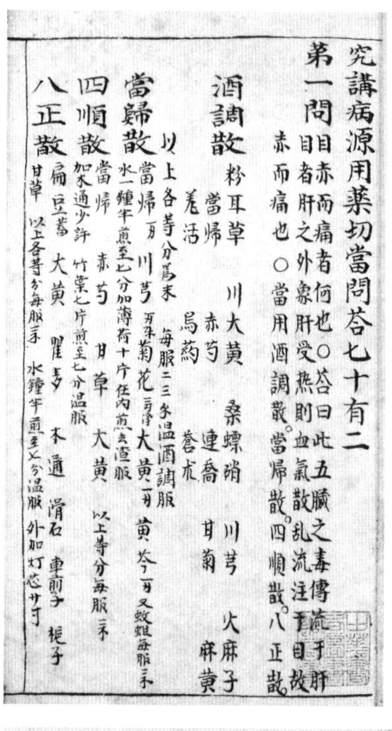

究講病源用藥切當問荅七十有二

第一問 目赤而痛者何也○荅曰此五臟之毒傳流于肝目者肝之外象肝受熱則血氣散乱流注于目故赤而痛也○當用酒調散。當歸散。四順散。八正散。

酒調散 粉耳草 川大黄 桑螵蛸 川芎 火麻子 當歸 赤芍 連喬 甘菊 麻黄 羌活 烏葯 蒼朮

以上各等分爲末 每服二三錢温酒調服

當歸散 當歸一兩 川芎一兩半 菊花二兩淨 大黄一兩 黄芩一兩 又數蛆 每服三錢 水一鍾半煎至七分加薄荷十片在內煎去渣服

四順散 當歸 赤芍 甘草 大黄 以上等分每服三錢 加木通少許 竹葉七片煎至七分温服

八正散 扁豆蓄 大黄 瞿麥 木通 滑石 車前子 梔子 甘草 以上各等分每服三錢 水鍾半煎至七分温服 外加灯芯廿寸

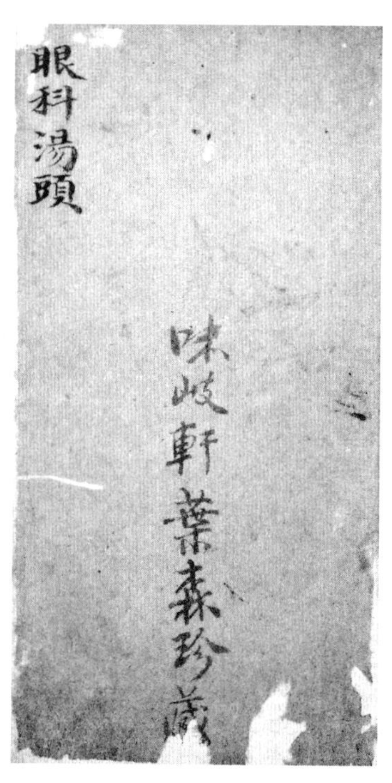

眼科湯頭

味岐軒葉森珍藏

補神散 犀角 羚羊角 [illegible] 黄連 人參 珍珠 金箔 共爲末滴水和丸金箔爲衣每服三十丸麥冬湯下

六十六問 重神明散 眼有偏視者何也 荅曰目乃陰陽之氣血脉之苗風邪血散攻於目臟腑偏衰陰陽不和故成偏視也或一日可見或一日不見 宜用千里神明散

千里光 紫蘇 菊花 白芍 甘草 犀角 [illegible] 各等分爲末 每服不拘湯下

六十七問 白氣散 眼有漱視何也 荅曰目者臟之精華血氣之集今風邪定留肥內否塞使目大小不均故漱視也

白豆蔻 去殼 砂仁 木瓜 [illegible] 各等分爲末每服二錢 鹽湯下

六十八問 洗肝散 目內或青或黄或白或赤或黑高釘者何也 荅曰此目中受損風熱邪毒因脾經積熱結聚不散故成釘也

大黄 黄芩 梔子 連翹 甘草 柴胡 川芎 白芍 各等分每服四錢 水煎服

○六十九問 ○五肝丸 肥目者何也 荅曰此邪攻沖肺肝五臟滞氣傷于目或青黄赤白黑故名肥

兔肝 鹿肝 牛肝 豬肝 羊肝 以上各去膜筋焙乾爲末 和丸茶下

第七十問 通明蝉花散 在二十五問 犀角活血湯 在五十九問

多有瞼內風粟不能視物隱澀者何也 荅曰此眼積年冷熱毒物傷脾邪傳于肝毒氣攻沖脈內壅塞在內瘀隱童人故不能睜開也

六神吹鼻散 石膏 [illegible] 沒藥 雄黄 川芎 焰硝 各等分爲末 口內含水吹鼻大有功効

七十二問 終 但此缺修補

640 眼科編要

《眼科編要》,不分卷,一册。未署撰著者和抄寫者。封頁題“眼科編要(七十二問目録)”,下有“傅迺宣印”之朱方印章,殆爲藏書之章。《中國中醫古籍總目》載録爲清鈔本。藏于上海圖書館。

是本首列目録,後列《異授眼科序》、清江鄧子(苑)《一草亭目論》和無名氏《異授眼科目論》。中醫眼科中多有“七十二證”“七十二問”之名目,如《菉竹堂書目》著録《亡名氏七十二證眼論》和《七十二證眼科歌訣》各一册,均亡佚。另有葆光道人《(秘傳)眼科龍木論》《明目至寶》《眼科七十二症問答》等書,皆有“七十二證”等治療方藥内容,但均有所不同。考《異授眼科》原附于《集驗良方》之後。此本“眼科七十二問”并非歌訣形式,知非出自《七十二證眼科歌訣》。此本應是在無名氏《異授眼科》的基礎上增加鄧苑《一草亭目科全書》的部分方劑,是兩書摘抄合編本。

除“目議要略歌”“五輪主病”“目病禁忌”等一般内容外,理論部分主要采用歌訣形式,如“目病歌訣”“冷眼歌訣”等,便于記誦。對藥物的炮製法、用藥法、服藥法等介紹較爲詳細,切合實用。内服藥有治療外障的金液湯、仙傳紫金膏、玉華丹、碧雲散等,治療内障的三奇丸、報恩丸等百餘方。此外也重視外用點藥的運用,如“精製爐甘石法”詳述爐甘石的不同炮製法,製成各種點眼藥,如青龍膏、虎液膏、鳳麟膏、羊腦玉等,應用較廣。主要内容爲“眼科七十二問”,先問後答,再述方藥治法,叙述簡明扼要。是書具有一定的實用價值和文獻價值。

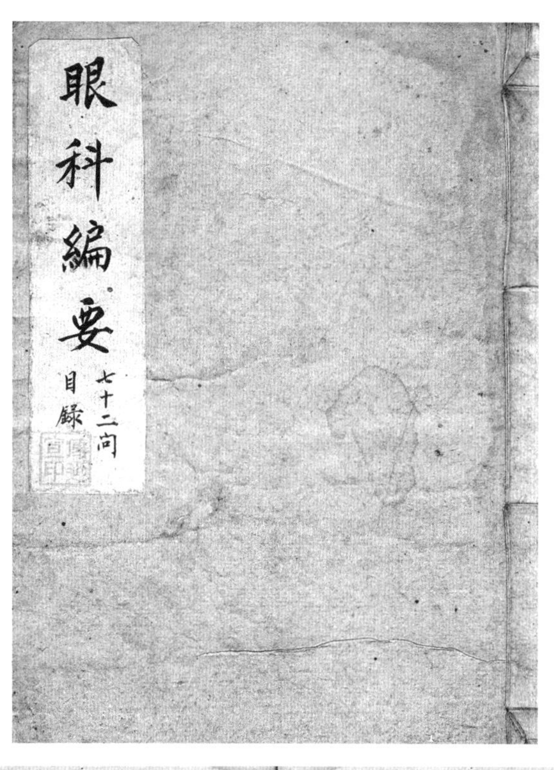
眼科編要
七十二問
目錄

641 眼科闡微

《眼科闡微》，四卷。明馬化龍編。馬化龍，字雲從，山東益都人，約生于明崇禎三年（1630），卒于清康熙四十四年（1705）。本爲一介儒生，中年得王覆萬先生授《眼科秘訣》一書，遂改業醫，治療眼疾多奇驗，名馳東海，另著有《眼科入門》一卷。《眼科闡微》成書于清康熙三十九年（1700）。現存鈔本，藏于上海中醫藥大學圖書館。

卷一首先總論眼的生理、病理特點，認爲"眼科外障雖有四十九種，内障雖有二十三候，其病源皆起於肝肺，傳于五臟六腑，連於十二經絡，隨其所感，變化多端"；次列《辨眼症虚實論》《辨眼疼有虚實論》《辨藥宜忌論》《辨熱症有虚實氣不同論》《辨五輪病源用藥論》等三十篇，闡述眼病辨證施治理論，辨析眼病虚實及用藥宜忌等。卷二先述老年眼症，依據《内經》理論闡明腎精、肝血與目竅的關係，并應用于老年眼病的診治，附方藥開竅引、熏洗湯、菊花煎、引神丹、賽空青等，以供選用；次載"孫真人眼科總理七十二症秘訣"與"明堂七十二問答論"，闡述各種眼症，并載方藥；後叙圓翳、水翳、滑翳、澀翳、散翳、横開翳六種翳症的病因、症狀及方藥。卷三列時行眼症、常見内外障諸症，以及婦人眼病。强調婦人眼科須無傷胎之患，認爲"胎前産後多因氣血失調，以緻燥火上攻，陰陽滯澀，或風邪乘虚，邪火浸淫，七情抑鬱，六氣引邪"，强調"其翳膜紅疼，胎前惟有安胎清火，産後惟用養榮散鬱。二症須分有餘不足，在氣分宜調之、散之，在血分宜補之、行之，最避硝黄等物破血及泄小腸之藥，用疏利藥不妨以婦人懷孕"。卷四首載小兒眼症，認爲"小兒目病不過胎毒血熱之故……須認證真切，内服之藥要極和平，外點之藥勿涉猛烈，優遊漸進，調理得宜"；次述《小兒疳傷眼症論》，載小兒疳眼症七則，論述其症狀、方藥；後載秘傳開瞽復明仙方、認眼歌訣、眼冷熱歌、兑藥法點眼法、雜方等。

是本爲眼科專著，内容豐富，涵蓋老人、婦人、小兒、時行眼症等，立論精辟，辨證詳明，治法與方藥多切合實用，是一本較好的眼科參考書。

眼科闡微卷之一元集

總論

眼有五輪八廓十二經絡三百六十脈皆一身精氣上升入通靈空竅而為光明其中輪廓經絡表裏陰陽氣血生剋等論各家眼科或編歌詩或列像圖詳細明白故不復著至於病分內外七十二症是古人因形定名尒後人看症用藥不致差錯然往往按症用藥小病或愈大病難痊即眼前雖效久則必犯者何也是以治外而不治內治標而不治本根源之地未明故也所以眼科外障雖有四十九種內障雖有

眼科闡微 卷一 一

卷二亨集

老年眼症

孫真人秘傳治少年中年氣血壯盛者屢有奇效若年老目久氣血衰弱外而翳膜遮睛內而瞳神昏暗者俱不能治至丙辰年遇江左熊飛張公授余治老年眼科書一冊凡遇老年諸症按方加減調理果有奇驗因刻以廣其傳為返老還童之一助云

眼科闡微　卷二　一

明堂七十二問答論

一問諸疾干犯于目者何也

答曰人之一身所貴者眼也如天地之有日月騎

生則曠人無二視雲生則日月不明

凡患眼者因何得也或因酒色或因憂患思慮悲怒損氣傷神或因醉後五辛而不潔致貫肝經

損動

二問赤而痛者何也

答曰乃是五臟蘊毒流行于肝之外象肝受邪毒

使血散亂上攻于目故赤而痛宜服

眼科闡微　卷二　一

卷三利集

時行赤眼症

凡時行病目少年宜服寒涼等葯若中年後氣血衰盛用寒涼過多眼疾愈後神漸減視物昏花以其涼寒傷胃精氣不能上升惟醉仙湯補泄相兼老少可服終身無昏花之患

醉仙湯 治時行害眼並暴發赤腫疼痛凶狠如蟹睛者

羌活　防風　柴胡　蒼朮　白芷　川芎　當歸

生地　黃柏鹽水炒　牛膝　杜仲鹽水炒　香附醋炒

白茯苓各一錢　如小兒各七分　有雲翳加白蒺藜木賊羞

眼科闡微　卷三　一

卷四貞集

小兒眼科病症

按小兒目病與大人不同大人目病多因憂患惱怒七情色慾所致內傷于臟腑外發于眼目至于小兒目病不過胎毒血熱之故症既不同治法亦異蓋小兒秉受天真不足氣血嫩弱間有雲翳障膜極難療治若發散過則精氣散寒涼多則脾胃傷悞針則光明立失輕重則易於傷瞳須認証真切內服之藥要極和平外點之藥勿涉猛烈優游漸進調理得宜日久自然消磨不然心粗手滑鮮

眼科闡微　卷四　一

642 紫珍集

《紫珍集》，全稱《喉症全科紫珍集圖本》，上中下三卷，三册。此書成書情况較爲複雜，依據江以忱《補遺小序》：此書係燕山竇氏原本，鄱楊黄梅谿秘傳，雲陽朱翔宇增補，江以忱又增補而成。燕山竇氏、黄梅谿生平不詳。《中國歷代醫家傳録》有朱翔宇輯《喉症全科紫珍集》、江以忱著《喉科紫珍集補遺》的記録，但編著時間、卷數與本書有出入。序言謂本書成于清嘉慶十六年（1811）。全書跋兩葉，原序兩葉，補遺小序一葉，目録兩葉，正文二百三十葉，總字數約四萬四千字。現存鈔本，藏于上海圖書館。《中國中醫古籍總目》未收載。

卷上是喉科疾病的概述，主要是引證有關文獻及先賢的論述，依次爲：《陳若虚咽喉虚實論》《〈内經〉摘要》《竇太師喉科論》《丹溪喉風論》《治喉凡例》《治喉要訣》《臨症二十法》《治喉十要歌》《治喉秘法》等。卷中是喉科疾病各論，每一種疾病配有喉部示意圖，指示疾病所在。共收録鎖喉風、纏喉風、喉風、息肉喉風、啞瘴喉風等七十二種喉部疾病。卷下是治療喉科疾病的方劑，共收方一百六十二首，如通關散、烏雲散、金鎖匙、桐油錢、白玉散、二聖散、取痰方、秘傳奪命丹等。以“鎖喉風”爲例，作者認爲：此病因風熱積于胸膈，或是酒食過當，或是情志抑鬱所致，表現爲咽喉腫痛，痰涎壅塞，口噤身强，手足反張。治療方法，先用熱水洗手足，再針刺少陰、少陽等穴，若出血爲易治，若不出血，或黄白水爲難治。文中説：“先吹本藥及十葉散，兩邊下六針，如牙咬不開，吹通關散入鼻，噴嚏即開。以杉木簽撑起，用探吐法去風痰，吹本、下刀去膿血，次吹秘藥及碧雪丹，内服清金散、雙和飲或三黄湯加荆、防、銀花，服之可愈。”“用探吐法去風痰”，但未具體介紹如何操作。

綜觀全書，文意多有不達者，然作爲一部喉科疾病專著，仍不失其臨床參考價值。

第一種

鎖喉風

此病因風熱積於胸膈或酒食勞怒所致其患咽喉腫痛痰涎壅塞口噤身強手足反張治之先用滾水洗和手足針刺少陰少陽等穴出血可治如不出血或出黃白水不治治者先吹本葯及十葉散兩边下六針如牙咬不開吹通関散入鼻噴嚏即開以杉木箸撐起用探吐法去風痰吹本下刀去膿血次吹秘葯及碧雪丹內服清金散或和飲或三黃湯加荊防銀花服之可愈　按此症生於喉中如鎖管樣有單有双双者难治必先探風寒若已有膿者不必動刀只服通関散入鼻噴嚏膿出如膿未成者用刀宜自下向上挑出悪血本秘碧雪和吹

帝丁者乃人一身主儿用刀針烙鉄切宜小心不可傷犯如帝丁紫腫亦不可用刀針只宜用點喉神効法點之酌服涼膈三黃清金化痰祛毒等剂

喉症全科紫珍集圖本目錄卷中

643 喉科全生集

《喉科全生集》，不分卷，一册。未著撰者，成書年代未詳，《中國中醫古籍總目》載録爲清鈔本。現藏于上海圖書館。

是本前有凡例云："凡人咽喉無病，其色淡紅而白，不高不腫，一有害起，其色必紅紫而腫，或癰或蛾或痹，恐認不真，只吹本藥於紅腫之處，再配本秘二藥，均吹無不效。"强調凡看喉症，須察患者虚實，若病初愈，煎劑忌用寒凉。首述纏喉風、喉痹、鎖喉風、喉丹、走馬喉風、左雀舌、舌下蓮花、雙乳蛾、舌上紅癰、重舌、喉疔瘡、上齶懸癰等喉科三十五種病證，每證均詳述病因、病機及施治用藥，并繪圖標明病發部位。次載咽喉七言總訣歌，取自《明醫指掌》。後附藥方七十首，包括三黄凉膈湯、桂薑湯、歸連桔梗湯、化痰抑火湯、千金内托散、牛蒡子湯、清胃抑火湯、益金滋陰湯、清咽乾葛湯、歸芍養榮湯、通關散、本藥、秘藥、均藥等，均一一言明組方、主治、配伍、炮製以及服用方法。全書對咽喉疾病從病因、病機到診斷治療論述頗爲詳細。如："走馬喉風，此症胃火勝於心火，腎火壓於脾火，四火相攻，流注於口。如齒落下，痛不可忍，臭爛出血，故名走馬喉風。語言不明白者難治，宜用萬年乾散或追風散加冰片、雄黄、朱砂、緑礬合吹之，内服千金解毒湯。如頭摇者切莫治之……"

本書内容豐富，條理清晰，層次分明，有論有方，簡明扼要，且歌括簡要，琅琅上口，易學易記，對咽喉科有一定參考價值。

喉科全生集

纏喉風

此症因腎經受寒勞苦而得寒則生氣熱熱極生風致生風痰上壅凝滯切不能發為纏喉風也必是眼白耳赤面紫口不能言初起只在時刻手足如冰牙關咬定用通關散薰鼻即開如腫喉兩邊上下用本藥秘藥和成吹藥加麝香少許吹之繼服玄參桔梗湯可痊如有聲發喘痰不出者立死無疑不發喘者

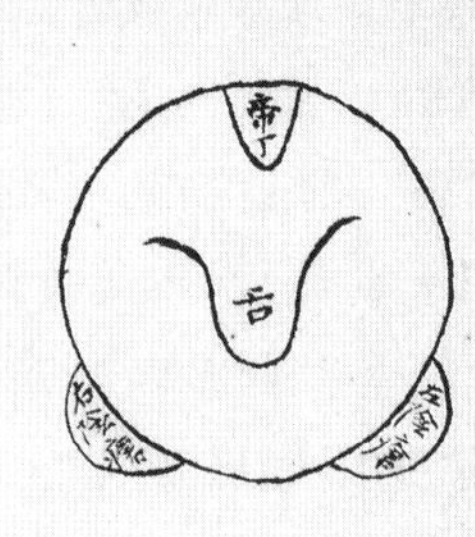

小兒珍珠毒

懷孕受胎食物豈能自謹皆因母食辛辣炙煿厚味育之數月非有不受一也又有加之重衾厚綿熱毒內攻上越於口發而為珍珠毒也破者用成吹藥加

644 喉科金針

《喉科金針》，又名《喉症金針》，不分卷，一册。無錫（今屬江蘇）尤氏（名佚）撰，楊氏（名佚）校。著者生平不詳。成書于清乾隆五十年（1785）。現存1785年鎮江張燃犀鈔本，藏于上海中醫藥大學圖書館。

本書首叙咽喉總論、證治要點、喉舌生理及分屬經絡，指出喉症病因不外少陰少陽二火，説明喉症忌汗忌針等觀點。次載驗證凡例四十四例，包括乳蛾、喉菌、諸類喉風等。如論乳蛾，“有單有雙有連珠，因酒色鬱熱而生。一日痛，二日紅，三日現。右屬肺，左屬心。單輕雙重，連珠尤重。其症發寒熱者，起四五日，凶勢已定”。可以吹藥治療，首先用玉丹、金丹“吊出痰涎”，後兼服湯劑，“左用犀連，右用兼柴胡、赤芍，雙蛾兼之。倘有大便不通，加元明粉、枳殼，大便通，其症自痊”。後爲解毒湯、當歸連翹散、地骨豆根湯、地丁湯等内服湯方三十五首及藥物炮製十秘法。最後詳細記載金丹、玉丹、玉液丸、硝硼散等外用方及喉症煎方、清凉飲等七十七首。

是書以喉齒科内外用方藥爲主要内容，記述詳細全面，有一定的臨床參考價值。

序

醫之為役賤役也喉症之於醫則末之又末故小道可觀卜子不屑君子苟有志於斯世者當置身於苓苓參朮之中入君相之藥籠立身要津問民疾若時為調護展其經綸以延生民之命脉勝任而愉快者庶在於茲不此之求特執一小枝以翀翀曰吾將行其道於天下志士聞之有納頭可不知養生旨哉斯言然則曷不為其大也蓋有生以來屬目於我者不一人苟結緣青萍甘泥草野而俯仰寓無愧怍為此者既不至敗乃公事又不至遠而恐泥之為貧而仕者辭尊富而居卑貧云爾是以書數語以弁其首

旹

乾隆乙已桂月上浣驤江張燃犀題

喉科金針

總目

總論

又方

驗症凡例

单蛾

連珠蛾

爛乳蛾

大綱

舌下兩竅

乳蛾

雙蛾

風熱喉蛾

伏寒乳蛾

喉症金針

金邑　楊氏校纂

無錫　尤氏述著

驤江　張氏列次

總論

夫咽喉者呼吸飲食之門也方寸之地頃刻症發最為危險其症雖繁總歸少陰少陽之火二脉並絡於喉間故火結而病起

645 喉科真訣

《喉科真訣》，不分卷，一册。書前題“鴻山楊龍九江南獨步喉科書”，書末題有“時歲乙未畢懋岡録於醉墨軒”，又有“余自幼習録以爲”等字樣，可見該書作者爲楊龍九，抄録人畢懋岡，抄録時間爲清光緒二十八年（1902）。楊龍九介紹見本書“623 咽喉急症秘書”。是書無目録，正文前有《吕文穆公住破窑賦》，爲感慨時運不濟之語，且多塗改，當爲抄寫者所增。是書現藏于上海交通大學醫學院圖書館。

該書大致分爲總論、辨症、治略、具體病證以及丹藥驗方幾個部分。總論提出咽喉諸症的辨證原則，即“大要總歸於火”，“必須知虛實鬱三症，觀形色，察脈理，然後方可用藥也”。辨症部分重在辨危重之證。治略提出治喉症最忌發汗，用藥不可純用寒凉，慎用刀針，以及吹喉法注意事項等。繼之記述乳蛾、喉風、喉痹、舌菌等約二十八種咽喉病證的病因病機、分類和内外治法。然後録有喉科常用内服及外用方劑三十六首以及十三種丹藥的煉製法。後又雜録各類驗方、秘方近百首，常用丹藥修合法數種，摘録《證治準繩》有關臟腑辨證及治法數語，最後録有男科方劑三首。

是書理論及病證部分條理較爲清晰，頗具實用性。對于咽喉常見病證的分類治療記載尤詳。如喉風一證，具體分爲纏喉風、根脚喉風、弄舌喉風、縮喉風等，又根據證情分爲陰陽二症，陽症生，陰症死，且指出治療喉風的吹藥中必須加用牛黄。治療紫舌脹必須内服外用相互配合，外用飛仙丹、碧丹吹，内服犀角地黄湯等。對于喉科外用丹藥如碧丹、金丹等的修製和使用法的記述亦非常詳細，可供參考。但後半部分録方較爲雜亂無序，反映該鈔本缺乏完整性。

呂文穆公住破窰賦

常觀蜈蚣百足。行不如蛇。鷄雞兩翼。飛不及鴉。
馬有千里之能。非人御能自往。人有冲天之志。非運而
不能自通。蓋聞人生在世。富貴不能移。貧賤不能
屈。文章蓋世。孔子厄於陳邦。韜畧超羣。太公釣於
渭水。顏回短命。並非兇惡之徒。盜跖長年。豈是善
良之輩。堯王雖聖。却生不肖之兒。瞽瞍愚頑。反生

喉科真訣

鴻山楊龍九江南獨步喉科書

總論

咽喉為呼吸飲食之門戶方寸之要地受病易於危險
其症雖繁大要總歸於火蓋少陰少陽君相二火其脉
並絡於咽喉故往往為火症之所結聚君火勢緩則
熱結而為疼為腫相火勢速則腫甚不仁而為痺痺
甚不通則痰塞而死內經云一陰一陽結謂之喉痺一

丹一分碧丹五分和吹次日用金丹二分碧丹三分
和吹　喉風
纏喉風　根脚喉風　弄舌喉風　鎖喉風
陰陽二症　陽症生　陰症死
先兩日必胸膈氣急出息短促忽然喉咽腫痛手
足厥冷頸如紋傳熱徒于內腫擾于外且麻且痒
喉中紅絲纏繞喉頸腫大風痰涎塞如拽鋸

鎖丹冰柳　泄要泄毒車前子湯即泄
廣東毒瘡　雄黃　木鱉　杏仁三十粒　輕粉　共研雄猪膽汁調敷
三次即愈　加冰片少許
昔歲乙未畢樾岡錄於醉墨軒
余自幼習錄以為

646 喉科秘要（附《看疔瘡法》）

《喉科秘要》(附《看疔瘡法》),不分卷,一册。不著撰者。成書于清光緒二十三年(1897)。現存金國禮鈔本,藏于上海中醫藥大學圖書館。

是本首列咽喉總論,介紹咽喉生理特點,闡述喉痹病因、喉科疾病與臟腑經絡之間的關係、治療用藥、禁忌等,提出喉痹"古人通用甘桔湯主之,然有虚火、實火之分,緊喉、慢喉之別,不可不審"。繼以"大綱論"列十八條用藥、用刀、用針宜忌和治則,如指出"刀針須向自己鉤來,不可向病人口内直射去,以生不測",頗爲切要。隨後介紹有病應針凡六穴,包括頰車、少商、商陽、中衝、關衝、少衝;絶形十六,包括舌卷囊縮、角弓反張、油汗如珠、十指無血、啞喉嗆食等;絶症四,包括走馬喉風、鎖喉風、走馬牙疳、纏喉風;及十二時字吹藥方,並載方藥青金錠、口疳散、走馬牙疳散、通閉散等二十九首。後述喉痹、啞瘴喉風、内纏喉風、嗆食喉風、木舌等二十六種喉症的證治,載方七十六首。如:"陽毒喉風身發熱,腫連頭頂目睛突,氣粗短促鼻閃張,立去痰涎方許活。先用青金錠滴入鼻,内開關後用己字午號藥,宜服發表。"論述陽毒喉風的症狀、治則,并介紹其治療方法。書末附五十五種疔瘡名和針刺治法。

是本總論咽喉病症的生理病理特點、治療總則,分述各種喉科病症,有論有法有方,是一部内容實用、通俗易懂的喉科專著。所載方藥百餘首,有内服湯藥,亦有外治方,并介紹各種針刺治法,對中醫喉科臨床有參考價值。

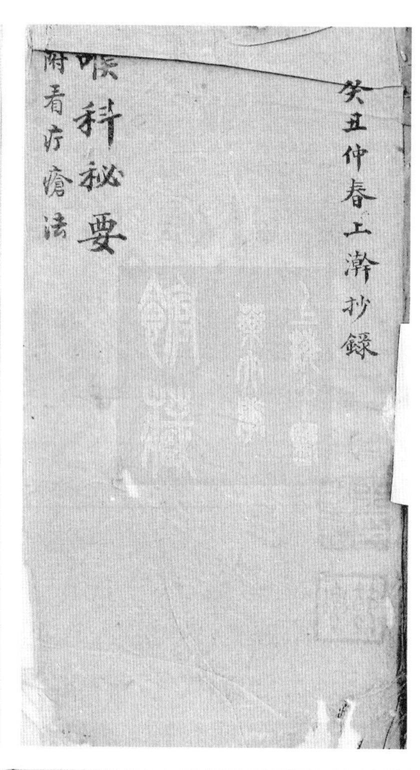
喉科秘要
附看疔瘡法
癸丑仲春上澣抄錄

喉科秘要

咽喉總論　節卿金國禮鈔讀

內經云一陰一陽結謂之喉痹一陰者手少陰君心主之脈也按素問一陰屬厥陰一陽屬少陽乃肝與胆非心與三焦但少陰心與少陽三焦二脈亦走於喉靈樞經曰手少陰少陽上走喉嚨出于面素問又曰心咳甚則咽腫喉痹張潔古曰三焦通喉、和則聲鳴利不和則暴闇熱閉素問又曰邪客于手少陽之絡令人喉痹舌卷又曰運氣少陽所主為喉痹今註一陰一陽為少陰心與少陽三焦因並錄之以備參考一陽者手少陽相火三焦之脈也二脈並絡於喉氣熱則內結故為喉痹結甚則腫塞痹者不仁之謂所謂氣不生也是以亦以痹名痹者總統咽喉之症名夫十二經脈皆上循咽喉而統具所屬者乃在君相二火

上正四牙痛心經連麥冬　下正四牙腎黃柏知母同
上左三牙胃白芷与川芎　下左三牙脾朮芍最奏功
上左盡二牙胆經胆羌活　下左盡二牙肝經柴梔融
上右三牙痛命門當歸茯　下右三牙痛小腸車木通
上右盡二牙大腸大黃枳　下右尽二牙肺經桑芩統
牙痛神方甘艸石　青皮生地丹荊防

牙痛煎方

生地　荊芥　防風　石羔　丹皮　青皮　升麻　甘艸

疔瘡分五臟論

毒氣發於心經者名為火焰疔其患多生唇口掌指初生一點紅黃小泡重則寒熱肢体麻木言語昏憒發於心經之病也

毒氣發於肝經者名為紫燕疔其患多生于手足腰脇之間初生一點紫泡次日破流血水三日後串筋爛肉指甲發青舌強神昏發于肝經之病也

毒氣發於脾經者名為黃鼓疔其患初生黃皰光亮明潤多生于口角腮顴眼胞上下太陽正面之處發于脾經之症也

毒氣發于肺經者名為白刃疔初生白泡腫硬串破流水易腐易

647 喉科秘訣

《喉科秘訣》,不分卷。悟塵氏雲僊藏,著者與抄録者不詳。全書墨筆謄抄,朱筆點校。有中華書局圖書館藏書印章。《中國中醫古籍總目》謂 由清代黄真人撰于1870年。經查核,是書與《三三醫書》所收《喉科秘訣》出入較大,當非黄真人撰本。現藏于上海辭書出版社圖書館。

是書分“祝由科靈符法”“無錫尤氏秘傳喉科真本”“喉口三十六證”“針訣穴圖”“咽喉論”“古吴林居山人治咽喉口舌牙法”六部分。“祝由科靈符法”載《腫毒神驗至應書符念咒之法》《催生神效方》;“無錫尤氏秘傳喉科真本”載《辨證凡例總論》《辨證細條》《治法凡例》《製藥秘法》《用藥凡例》五篇,其中《製藥秘法》輯録製藥法十九種,《用藥凡例》輯録用藥法三十一種,附録以備參考的喉證諸方二十三方;“喉口三十六證”載《咽喉總論》《諸風秘論》《辨色論》《壞證須知訣》《喉口三十六證名目》《喉口三十六風用藥圖形要訣》,詳述喉口三十六風之主證、歌訣、圖示,共附圖三十六張;“針訣穴圖”載《氣針穴圖》,并附圖兩張以及《仙傳真訣》;“咽喉論”載《諸方藥性辨》《喉科諸風要方十九條》《走馬牙疳録七方》《外科正宗咽喉論》《咽喉看法》《咽喉治法》以及咽喉主治方十六首;“古吴林居山人治咽喉口舌牙法”載《視證有訣》《喉痹治法》《方藥訣》,共輯録藥方十首。全書共載方一百二十七首,附圖三十八張。

是書似爲多書摘抄本,有抄録《無錫尤氏秘傳喉科真本》《重樓玉鑰》《集喉證諸方》《外科正宗》多書之痕迹,抄録比較隨意,層次不甚分明。然其抄録歌訣朗朗上口,更以墨朱二色詳盡描畫喉證三十六圖及氣針穴圖,圖示明晰,生動形象,更匯集多本喉科專著之要方,可供喉科臨證參考。

祝由科靈符法　端治疔瘡吹乳肉瘤一切無名
腫毒神驗至應書符念呪之法附録于左

詩曰　此道全憑符咒清　執筆尤存心至誠
熟習不可一些錯　方顯祝由科神靈

捧筆向太陽取其氣心内存想日光過月一旬時存
乃是日月行移影之十日景而左目書䀚是以
左目空寫之意想舌寫囲字以舌就意空寫之䀚
字念筆咒七遍寫囲字即取其氣一口吹上筆尖棄硃
蘸符于患上即䀚字上加囲字即以筆左轉而塗
之治之一面念天蓬咒一遍念完筆向外空畫一別

是移來于空處也幸勿向他人影之法之
消化腫毒靈符神咒即驗奇方
用新筆一枝右手捧向太陽取氣作用心中存想
日光過月一旬时存用左目書䀚字一氣念筆咒
七次舌寫囲字取氣一口吹上筆尖然後蘸硃畫符
於患處隨用筆尖即在患處向左轉塗之看念咒一
遍念畢即將筆尖從患處向外空畫一别在攝字
时必攝去状未成形者即消已成形者即止痛漸之化消
屢試屢驗不但小兒用此也忌婦女手拿
筆咒　咒曰唵嚩咀囉嗲（嘽）喇嘍訶
音安瓦子拉金奴力索合

點着患處念咒
咒曰天蓬天蓬任我施行隨我到此寫畫人間
疾病寫天天開寫地地裂寫山山崩寫疔
瘡之寫吹乳之寫肉瘤并一切無名腫毒
不出膿不出血自消自滅吾奉
太上老君急急如令升天攝

附　催生神效方
用黄帋寫語忘敬遺之牌位于產婦房中
左供語忘右供敬遺之神明口中向產婦默念語忘
敬遺之神明咭產時之不殺人只要念即下生

符式 霻鐄 凡凶神惡煞觸著樹果樹木能令人跌扑倒若人物遇之陡然頭痛或心痛腹痛五官猝痛生災甚或嘔血昏倒不救則號足煞之法雖多不如此法簡便又極靈驗乃祝由科之妙妙法也

凡遇患者用右手駢伸中食二指屈無名指以大指按無名指甲并以大指甲掐小指中節再屈小指按大指甲上右手劍訣對患痛處書此霻鐄字此字共式十八畫口誦二十八宿書一畫誦一宿書畢誦完即愈

廿八宿星名曰 角亢氐房心尾箕斗牛女虛危室壁奎婁胃昴畢觜參井鬼柳星張翼軫

每一畫、誦一宿、書誦數遍、是煞必愈 靈驗甚應

廣行此法救人陰莫大焉 不可輕忽

無錫尤氏秘傳喉科真本

辨症凡例總論 附牙舌口等症

咽喉為人身呼吸飲食之門戶、方寸之地、受病危險、其症雖繁、大要揔歸於火、蓋少陰、少陽君相二火、王太僕曰、一陰者、手少陰君火、心主之脈氣也、一陽者、手少陽相火三焦之氣也、二脈並絡於咽喉、一陰肝与心也、一陽胆与三焦、並絡於咽喉、故往往為火症之結聚、君火勢緩、熱結而為疼、為腫、相火勢速、則腫甚而為痺、痺之甚、不通則痰塞而死、故經云、一陰一陽結、為之喉痺、火者痰之本、痰者火之標、故有火則痰在其中、有咽喉則牙舌赤色

648 喉科秘寶

《喉科秘寶》，不分卷，一册，殘本。爲清代十八九世紀的喉科專著，著者佚名。原書缺封面、目録及部分正文。扉頁有"養素居士藏"字樣，"養素居士"爲清代畫家、書法家董棨（1772-1884）。内引載清代喉科醫家"尤存隱近用方"。現存鈔本，藏于中華醫學會上海分會圖書館。

本書主要由四部分構成。第一部分爲醫論，包括《咽喉總論》《辨症細條》《唇舌齒病論》三篇。總論概述喉科木舌、纏喉瘋、走馬喉痹、乳蛾等多種病證的具體病位、病因病機及用藥特點。認爲用藥須辨清病位："喉屬肺，項頸屬肝，用藥必知部位。"《辨症細條》詳細記載喉科辨證、治則、用藥宜忌及預後吉凶。八綱辨證與臟腑辨證相結合，以八綱爲主，强調表裏、寒熱、虚實、陰陽辨證對喉症診斷、治療的重要性。後附伏氣病、疫氣病所致咽喉疼痛，治療分别用甘桔桂半湯和普濟消毒飲。對接近喉部的唇、舌、齒病證也加以介紹，概括叙述唇、舌、齒病的病證分類、病因病機及治則治法。第二部分爲"喉症圖像辨明"，載喉科病證五十五種，但未見病證圖像。詳細介紹每種病證的病因病機、症狀特點、治療方劑、服藥禁忌等。如"雙單死乳蛾者，乃先天所受胎鬱胞垢之毒，久之則怒氣傷於肝經，其生結在咽喉之間，爲死乳蛾也。一邊有者，爲單。兩邊有者，爲雙。通屬肝木鬱痰之火，宜針去惡血，以藥吹之，内服舒氣湯或牛蒡子湯而愈"。後載舒氣湯、牛蒡子湯的藥物組成，對喉菌、喉癬、匝舌喉風等病證也有詳細的介紹。第三部分爲喉科外治法及藥物炮製方法。載喉科外治法六種，包括吹喉法、引吐法、刺喉法、刺少商穴、火刺法、快捷方式法。如火刺法："凡喉癰腫甚，當以刺，用巴豆油紙撚條點火，煙起吹滅，令患人張口，帶火刺於喉間，俄頃即吐出紫血而寬。"介紹十二種藥物的炮製方法，如製梅礬、煅燈草灰、製人中白、製牙皂、製僵蠶、製百草霜等。第四部分引載部分醫家的醫方。有“尤氏加减祖方”“尤存隱近用方”“王守中碧霞散”“鄭明甫口瘖方”“沈慕溪常用方”“梁溪陳邑尊方”“張統一喉蛾方”等。如“尤氏加减祖方”爲外治吹喉方,藥用黑霜(即百草霜)、雪梅丹(即梅礬)、甘草、訶子、冰片。

是書對喉科病證的醫理、診斷、治法、方藥作了全面而詳細的記載,特别是治療方法,具體實用,確爲喉科臨證之指南。但本書未載喉科病證圖像,爲一遺憾。

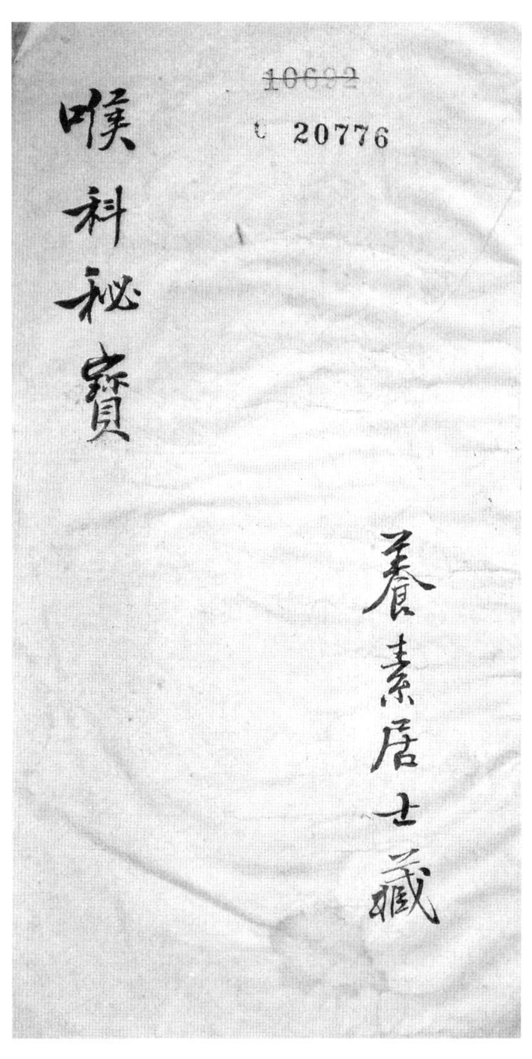

觀形色察脉理分别定方用药可也

辨症细條

凡喉症最忌發汗誤人不淺

凡口舌咽喉不膿不泡忌用刀鍼

初發時牙関緊急過几日後病未減而牙関反不緊急唇不腫而紋如好人者不治

喉內氣閉不通無形無声為喉閉之症發于傷寒後者不治

初發寒戰過几日再發寒戰或見骨痛者難治

喉症無痰者不治不語者不治略能語者尚有可生之機

舌结于喉下兩傍腫者名曰木舌熱結於咽喉腫遶于外且麻且痒又脹大者名曰纏喉瘋治宜防風通聖散或大承氣湯亦有暴發暴死名曰走馬喉痺其名虽殊火則一也夫少陰君火心主之脉少陽相火三焦之脉此二经之脉並络咽喉故经云一陰一陽發為喉痺者此也由乎氣熱內則為结结則腫脹腫脹既甚喉則閉塞不通有死之兆也其症咽嗌乾痛喉嚨作啞腫飲不可嚥食不可吞水穀雖入入則反從鼻孔而出故曰喉閉皆君火之所為相火之所使也按咽喉之病未有不由肺胃二经得者盖肺主氣氣順則陰陽自以流行惟[illegible]日啖之[illegible]苦奔馳或暴怒不舒鬱结

649 喉科集腋

《喉科集腋》,不分卷,一册。清沈青芝輯,成書于清光緒十六年(1890)。沈青芝,溧陽(今屬江蘇)人,生卒年月不詳。本書名曰"集腋",乃博采衆長,結合師傳及個人臨床實踐經驗編寫而成。書前有定遠方燕昭(伯融)《喉科心得小序》與自序。"小序"云:"此卷所列論方皆出自師傳或由古書及經歷而得,百試百驗。"抄寫者、抄寫時間不詳。是書出版後不久即遭損毁。現存鈔本,藏于上海中醫藥大學圖書館。《中國中醫古籍總目》録爲兩卷。另有1982年中醫古籍出版社影印本。

本書首載"足陽明手陽明應針穴部位""右手五穴部位""左手五穴部位"圖。次述逐日血神所在不宜針、針法及用藥宜忌,提出喉痹、白喉、喉痧、單雙蛾風等危重急症,服藥不退者,可先針刺舌根下兩邊青筋,再刺少商穴,放出惡血,療效頗佳。反對不加辨證濫用甘桔湯、猪膚湯、甘草湯、桔梗湯、苦酒湯、半夏湯等清利咽喉藥。次分述白喉、爛喉痧證治,采集各家之言,辨證施治。詳述各種喉症的病因、症狀、治則及方藥,載方五十餘首。末載十九種不治之症、藥方歌訣二十首及白喉風危重驗案七則。

是書博采群書,内容豐富,淺顯易懂,不僅爲喉科專著,對于内科、兒科及流行病亦有一定的參考價值。所載方藥,既有内服湯藥,又有外治藥,均爲經驗用方,可供臨證參閲。

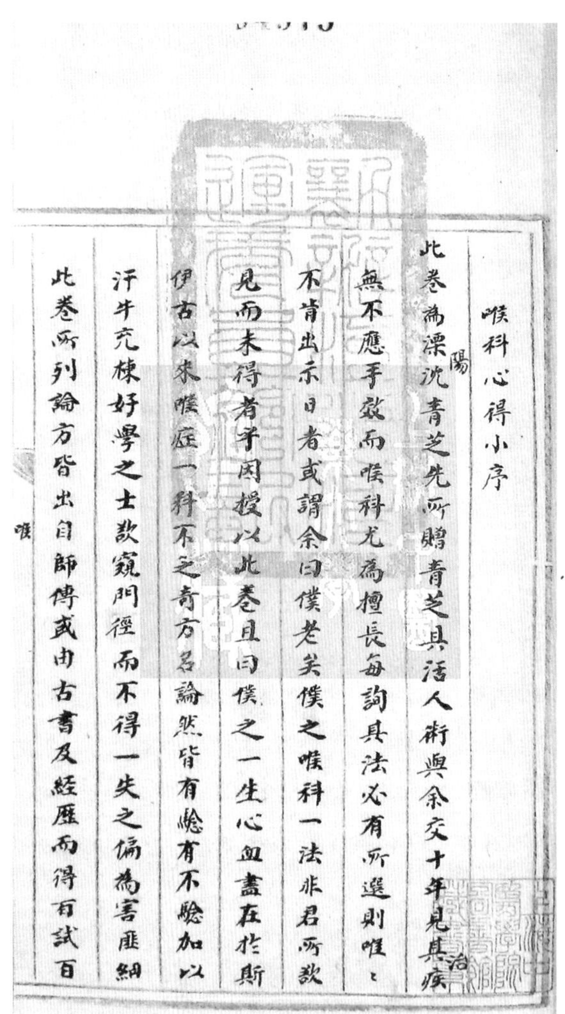

喉科心得小序

此卷爲溧陽沈青芝先所贈青芝具活人術與余交十年見其疾治無不應手效而喉科尤爲擅長每詢其法必有所選則唯唯不肯出示日者或謂余曰僕老矣僕之喉科一法非君所欲見而未得者乎因授以此卷且曰僕之一生心血盡在於斯伊古以來喉症一科不乏奇方名論然皆有驗有不驗加以汗牛充棟好學之士欲窺門徑而不得一失之偏爲害匪細此卷所列論方皆出自師傳或由古書及經歷而得百試百

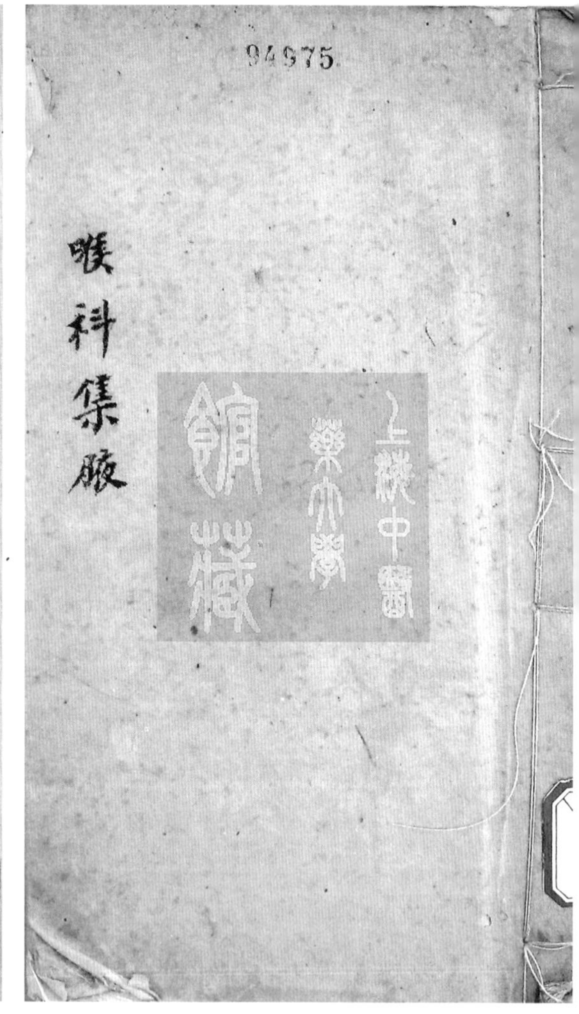

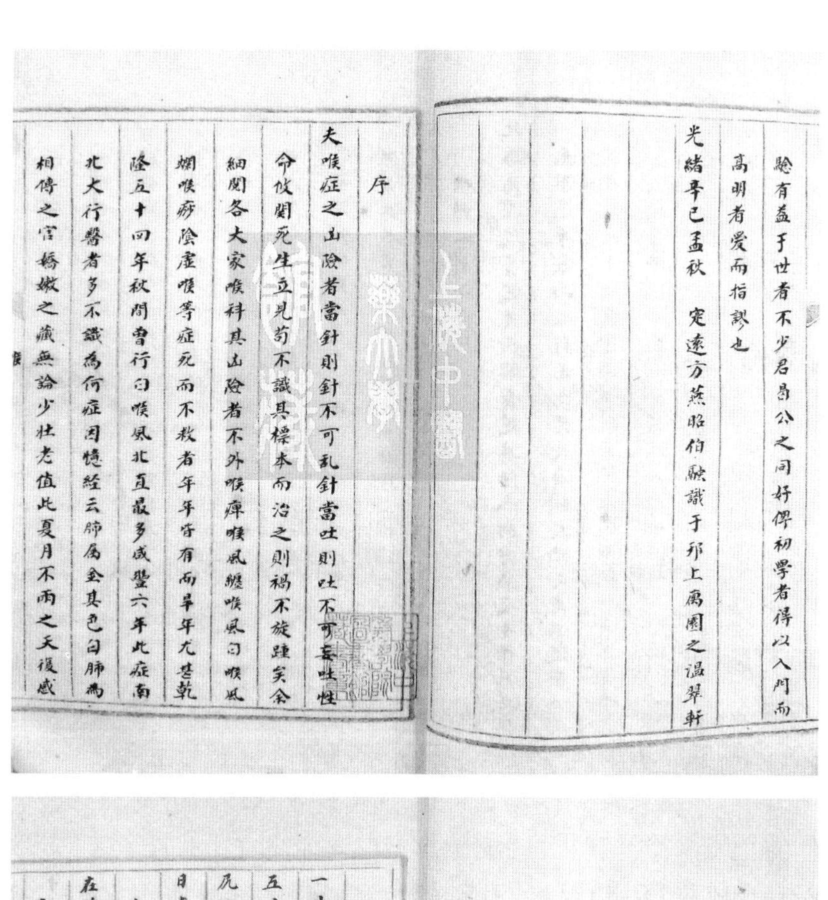

驗有益于世者不少君吾公之同好俾初學者得以入門而高明者爱而指謬也

光緒辛巳孟秋　定遠方燕昭伯融識于邗上扇園之温翠軒

序

夫喉症之凶險者當針則針不可乱針當吐則吐不可妄吐性命攸關死生立見苟不識其標本而治之則禍不旋踵矣余細閲各大家喉科其凶險者不外喉痺喉風纏喉風白喉風爛喉痧陰虛喉等症死而不救者年年皆有而旱年尤甚乾隆五十四年秋間曾行白喉風北直最多咸豐六年此症南北大行醫者多不識為何症因憶經云肺属金其色白肺為相傳之官嬌嫩之藏無論少壯老值此夏月不雨之天復感

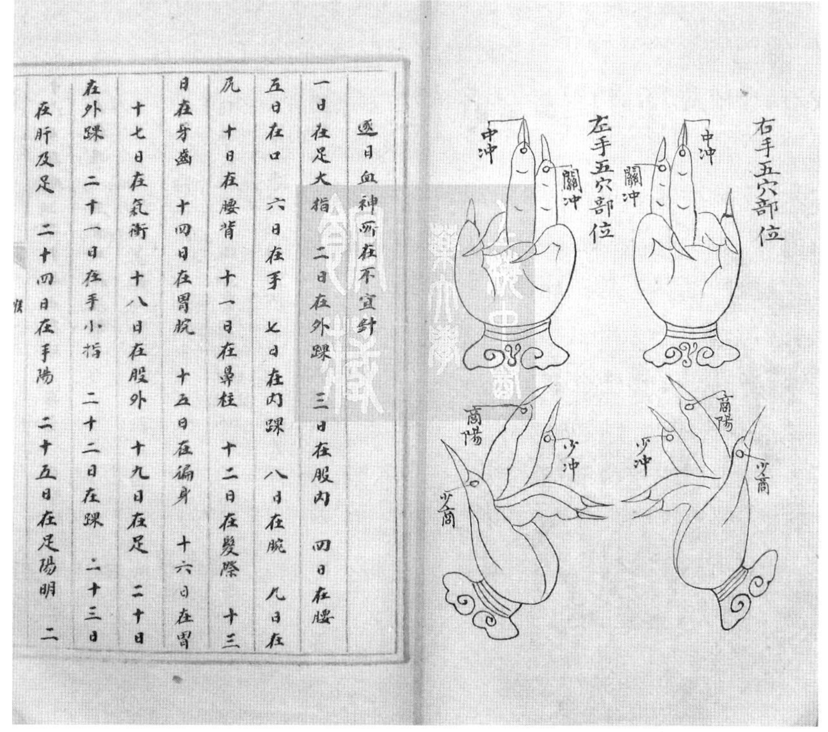

逐日血神所在不宜針

一日在足大指　二日在外踝　三日在股内　四日在腰　五日在口　六日在手　七日在内踝　八日在腕　九日在尻　十日在腰背　十一日在鼻柱　十二日在髮際　十三日在牙齒　十四日在胃脘　十五日在徧身　十六日在胃　十七日在氣衝　十八日在股外　十九日在足　二十日在外踝　二十一日在手小指　二十二日在踝　二十三日在肝及足　二十四日在手陽　二十五日在足陽明　二

650 喉科集錦

《喉科集錦》,不分卷,兩册。題“冲如尤氏著,蔭青蔣春田訂”,清代“文星堂抄藏”。金鑲玉裝幀,無殘缺。有中華書局圖書館藏書印章。尤冲如或爲尤仲仁之後裔。尤仲仁介紹見本書“618世傳尤氏喉科秘授”。現藏于上海辭書出版社圖書館。

是本分爲“總論”“方藥秘訣”“三十六圖式”三部分。“總論”載有《咽喉總論》《咽喉證辨論》《咽喉總論歌》《喉科忌證》《辨證主治法》《牙證主治》。其中《喉科忌證》有“痰如桃膠、面白無神”等二十四種;《牙證主治》論述“齒之爲病,手陽明、足少陰經所致”,繼而將牙證分爲牙癰、牙宣、走馬牙疳、牙槽風、舌癰、舌菌、木舌、蛾口、頸癰等二十餘種。“方藥秘訣”有《喉證藥方秘》《製藥法》《尤氏藥方秘訣》。《喉證藥方秘》按君藥四味、臣藥十味、佐藥十味、使藥十味輯録喉科常用藥;《製藥法》有秘製玉蟬丹、秘製雪梅丹、製黄柏法、蜒蚰梅製法、風化霜製法等十一種;《尤氏藥方秘訣》有合金丹發、二禁方等三十九方,主作補益録二十三條,喉方補益録三方。後附有《喉證三十六圖式及秘方遍覽》,頁面右上墨筆畫喉圖,下注此證病因病機,左側配以相應方藥。

是本歌訣朗朗上口,病機闡明詳盡,辨證精簡明瞭,方藥絲絲入扣。難能可貴的是,以墨筆詳盡描畫喉證三十六圖,圖繪喉證之不同表現,下著是證之病機、辨證、方藥,生動形象,言簡意賅。唯“方藥秘訣”藥方分類不甚明確,另有“補遺”的内容略顯繁亂。然瑕不掩瑜,是書仍是一部内容實用、通俗易懂的喉科專著,可供臨證參閲。

喉科序

文星堂抄藏

人身受病之處最要緊者曰目與喉是二者皆位居至高而通輕清之氣也然目之有疾方書甚備其勢頗緩醫者可以應手取效設不幸而變生焉盲一目耳尚有一目瞻視也即兩目俱盲亦盲而已其目而不至於亡其身若夫咽喉所以分陰陽司呼吸者也毫末之疵且不可有況乎疔毒等症勢極洶湧紅腫而發發即潰爛飲食廢矣化源絕矣嗚呼喉症之險豈特百倍於目哉何方書多不知載載或而不詳與且人之生也無論賢愚

貴賤咽喉之間安能保其無疾乎而治之可無法乎是書也方藥精粹議論簡要隨所試之而輒效者其術亦神矣哉或曰有仁厚之心好德之意著為一編不獨使當世之人不夭枉瞬息間也將以公天下後天下世亦願後之君子獲是書有同心焉

喉科集錦

咽喉總論

冲如尤氏著　陰青蔣春田訂

咽喉者氣之呼吸食之出入身之門戶也其症雖繁總歸於火蓋少陰君火勢緩則熱結為疼為腫相火熱勢速則腫甚不仁而為痹痹甚不通而痰塞乃死矣故經云一陰一陽結為之喉痹一陰肝與心胞一陽膽與三焦四經皆有相火火者痰之本痰乃火之標故言火者則痰在其中矣言咽喉則諸齒舌亦在其中矣火有虛實之分者過食煎炒蘊熱積毒致生煩渴二便閉澁風

本　舌癰

帝　針　針　紅舌

五臟皆有熱肝以症論之五臟皆有熱生此症屬於心經生於舌上紅腫舌大不消或口舌紅腫作血出咽喉不利舌根直强疼痛難言宜針舌兩邊以洩毒氣內服三黃湯用藥吹敷加冰片吹之

二方五前

懸癰風

帝　出血莫破　舌　斤落浮腫

病屬脾胃風熱多延牽引頭頂發熱作痛此屬陽明胃火攻於舌根浮腫作痛久爛出血舌萬忌刀破死而不治宜服三黃湯用藥吹敷加冰片吹之久自愈矣

二方五前

651 喉科總論

《喉科總論》,不分卷,一册。著者佚名。從本書内容編排來看,“喉科總論”并非書名,而爲首篇醫論的標題。《中國中醫古籍總目》題作“喉齒總論”。本書缺原封面、扉頁、目録等内容,爲殘鈔本,現藏于中華醫學會上海分會圖書館。從書中内容可知,本書爲喉科名醫黄明生傳于鄭于豐、鄭于蕃的古本《喉風三十六種秘書》的手鈔本。黄明生,清喉科醫家。福建人,一説爲江西南豐人。生活于十七八世紀,在安徽蕭縣、宿縣一帶行醫,擅長喉科,頗多效驗,後傳其學于鄭氏兄弟,卒時年近六十。

本書分《喉科總論》《諸風秘論》《辨色論》《壞證須知》《喉科三十六症名目》《喉科三十六風用藥圖形要訣》《針訣》《喉症諸方》八篇,其中《喉科三十六風用藥圖形要訣》占大部分篇幅,爲其核心。鄭于豐及其子孫以此書内容爲基礎,附入個人經驗,著成《重樓玉鑰》。但本書内容較《重樓玉鑰》更爲完備,保留了《重樓玉鑰》未載或已缺失的諸多重要内容。

如本書載有“喉科三十六風圖”,圖中病患位置和形態均用硃砂重描,清晰明確。人物圖像的衣着有明代大襟、斜領、網巾的特點,形態各异,栩栩如生。除此三十六幅喉風圖外,還有“手足氣針穴法圖”和“頸項氣針穴法圖”,將頭頸、面部、四肢之穴位清晰標注,并在圖旁注明分寸、操作方法及所治疾病。在方藥的使用上,本書除載有紫正散、地黄散、銀鎖散等方外,亦載有“人中白散”“煉人中白法”,此多爲宋明所用,而清代漸弃之。以上所述圖像與方藥,《重樓玉鑰》均未載。本書《針訣》篇與《重樓玉鑰》同篇所載出入較大,如“臨證諸症,先從顋會、百會、前頂、後頂、風池兩穴、頰車穴針過,又從少商、合谷、曲池,各依針法,此爲開風路針”,《重樓玉鑰》作“凡臨諸症,先從少商、少衝、合谷,以男左女右,各依針法刺之”。類似情況尚多。本書在體例上與“喉科三十六風”之名更爲相符，共三十六種，而未見《重樓玉鑰》所增入的第三十七證“耳防風”。本書書後有語：“其方並針刀法乃先賢所立，非易而得，且不可輕易傳人，恐利徒得此，騙人索詐，重利色醫，其罪必歸傳授之人。”此亦爲古人“居奇守密，秘而不傳”原因之一。

此前僅有黄明生傳鄭氏《喉風三十六種秘書》鈔本之説，而未見此本。《喉科總論》殘本的出現，爲此説提供了依據，且其中首次出現的文獻内容，更可爲補充和校正現存的喉科文獻提供參考。

喉科總論

夫咽喉者生於肺胃之上咽者嚥也主通利水谷名爲胃之系乃胃氣之通道也此一尺六寸重十兩喉者空虛主於氣息出入呼吸故爲肺之系乃肺氣之通道也凡九節此一尺六寸重十二兩故咽喉與並行其實無異同也然人之一身惟咽喉之地最爲関要一氣之流行通於五臟六腑呼吸之经若臟腑充實肺胃平和則體安身泰一有風邪熱毒積蓄于内傳於经絡通於三焦氣血凝滞不得舒暢故令咽喉諸症種種而發为非

治双松子单松子双燕口单燕口魚鱗斗底帝中落架鱼口頷诸症此是善候悪症則難治合架角架栗房瘰癧捲頸双搭頰单搭頰内外搜牙乘枕驢嘴懸旗魚腮咽瘡牙癰叉喉边頸痛奪食肥株子諸風如是善症善疾但要認真症候随輕重治之不可误服凉藥若用針刀俱要一通對症先用藥降之然後下藥调理如此等症務要依方進藥未可速於求安則輕者一七重者二七方可取効即信心诸藥仍须仔细详察大凡用藥自内攻出爲上策取痰攻上爲中策沉爲下策热重者合去内

喉科三十六症名目

斗底風　鎖喉風（又即纏喉風）　咽瘡風　魚鱗風　双松子

单松子　帝中風　双鵝風　单鵝風　双燕口

单燕口　重腭風　木舌風　重舌風　坐舌蓮花

合架風　角架風　爆骨搜牙　牙癰風　懸旗風

奪食風　魚口風　驢嘴風　魚腮風　双搭頰

单搭頰　落架風　栗房風　瘰癧風　穿頷風

肥株子　掩頭風　双纏風　单纏風　過頭風

瘡從六腑生症從五臟出皆陰陽相滯而成氣為陽血為陰血行脈中氣行脈外相並周流寒濕搏之則凝滯而行遲為不及火熱搏之則沸騰而行速為太過氣鬱邪入血中為陰滯於陽血鬱邪入氣中為陽滯於陰致生惡毒然百病皆由此也

凡頭痛不止者屬外感宜發散乍痛乍止者屬內傷宜補虛又有偏頭痛者左屬風與血虛右屬痰熱與氣虛

辨色論　專辨病人面色

色青者病屬肝合散血色黄者病屬脾宜消食色赤者病屬心

652 喉症全書

《喉症全書》,兩卷,一册。封面署名雙桂居士,或爲此書作者,生平不詳。跋文記録此書爲上邑(今屬陝西咸陽)孫師善抄于清道光十九年(1839)冬月前後。現藏于上海中醫藥大學圖書館。

上卷闡述喉科病證,涉及喉痹、喉閉、内纏喉風、外纏喉風、嗆食喉風、啞瘴喉風等三十七種。每種病證,先以四言歌訣對其進行簡要闡釋,之後詳論其病因、病機、症狀及治法方藥。如喉閉病因、病機爲外感風寒邪毒,内傷熱物或大寒後更入熱湯,將寒氣逼入,鬱熱在心而生;症狀爲頭眩、語塞、厥冷、痰涎;治法外用針藥驅痰,内服荆防敗毒散以散邪。所列病證,一證後附方幾首,如嗆食喉風,其治療方劑有川桔散與清心利膈湯二首。有多證同用一方治療,如喉痹與外纏喉風皆用喉痹飲治療。治療方劑共二十七首,每首方劑以湯頭歌訣形式闡釋其藥物組成。上卷末附吹藥二十一種,如子月、丑黄、寅用、清金錠、碧丹方等,每首吹藥方列其主治及方藥組成。下卷分述咽喉雜症二十二種,有白蟻瘡、喉中腥臭、咽嗌痛、咽燥痛、舌下痰泡、舌下紫金生瘡等。每證首解證名,後列其病因、症狀及治法方藥。之後分列咽喉急救證及急救方共三十餘種,如急喉痹、食嗆肺管、魚骨哽、急救吹藥通關散、口疳碎爛方等。下卷末列喉症雜方三十餘首,如人中白散、柳花散、如意金黄散、珍珠散等。書末附頭瘋方、癬瘡方及驚方治法。

本書内治、外吹、針灸并用,切合實用,易于掌握,對臨床有參考價值。

喉症全書目錄卷上

喉症全書

喉痺　（中紅及已金不退用辰清）

相火結兮喉痺成　或生左右若碁形　鮮紅酒毒光如鏡
腫在腮頷風熱騰

一陰一陽結謂之痺一陰肝与心胞一陽胆與三焦也四経皆属相火一経有結即成喉痺非四経必共結也酒毒喉痺其形如鶏子其腫鮮紅其光如鏡外症發熱惡寒頭痛項强風毒喉痺外赤腫内腫微紅常白色其形似蒸餅外症身惡寒而無熱腮頷腫滿而痛牙関緊闭此乃風痰相搏結塞喉间也若腫紅而微紫其形如拳其人面赤而目上視外症壮熱惡寒儼若傷寒此積熱毒因而感風為風熱喉痺亦有聲音不清者外用上吹藥内服喉痺飲

喉痺飲用甘梗君　元参牛蒡貝母荆　忍冬煎薄同花粉
姜蚕加入引燈心

喉闭

辛鐵出痰涎（亥生可嚼漆）　子月丑黄痊　針少商更妙　大便若闭結

積熱風痰喉闭看　内生血泡在喉间　忽然腫塞櫻桃樣　針刺
流涎病即痊

653 集驗治目全書

《集驗治目全書》，不分卷，一册。不著撰者，成書于清道光八年（1828）。封面有"秋塘氏藏"字樣，且有"秋棠"正方形印章。扉頁鈐有"善慶藏書"字樣、"秋棠"印章、"上海圖書館藏"印章。書後有"道光八年歲次戊子夏善慶堂秋塘金麗於楓涇抄録"字樣。現存鈔本，藏于上海圖書館。

是本首述目睛原始、眼疾的病因病機及致病根源，述眼病之臟腑病機，每一病機所致眼病的性質、部位主證及治療方法。《五輪八廓》總論眼睛分五輪與八廓及其與臟腑的聯屬關係。《五輪八廓圖》指明五輪所屬及八廓所屬。再述各種眼疾，列有《深疳爲害之病論》《木疳》《土疳》《疳眼論》《痘疹餘毒症》《斑疹餘毒之病論》等共十二篇。書末附《醫宗金鑒》目部九症。其中，眼疾部分列有目昏花、視瞻昏眇、睛黄視眇、内障等三十種眼疾，闡明各病證的臨床表現、病因、變症、療法、調養。内障部分詳述圓翳内障、水翳内障、滑翳内障等二十五種眼病的證、因、治，且逐一附圖，明其病位、形狀。注重辨證求因，審因論治，倡内外并治，補瀉兼施，共列方五十四首，體現治眼從肝腎入手的學術觀點。《醫宗金鑒》目部九症，包括菌毒、針眼、椒瘡、反翻、眼丹、痰核、栗瘡、漏睛、目中努肉。載方十二首，每方都載明方歌，易誦易記。書末附胃氣痛方、眼皮潰爛方、哮喘方等十二首。

是本内容豐富，且述病條理清晰，辨證詳明。"五輪八廓"學説體現了祖國醫學整體觀念和辨證論治的主要特點，歷代眼科學家每多遵從此説。

甪店渡費墨莊傳來胃氣痛方

沉香一錢　丁香一錢　木香一錢　血竭五分

辰砂五分　荳蔻一錢　官桂一錢　末藥一分

麝香二分　藿香一錢

加磚中碗孔不俱多少　以上諸藥共研細末

燒酒沖服永不復作

道光八年歲次戊子夏善慶堂秋塘金麗於楓涇抄錄

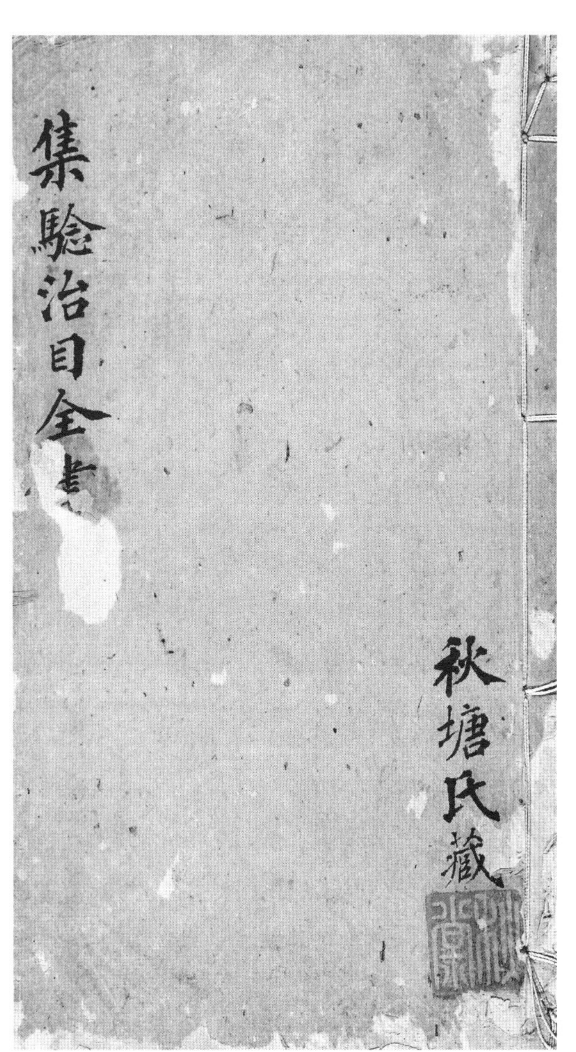

654 銀海波抄

《銀海波抄》，上中下三卷，現僅存上中兩卷，一册。撰者不詳，成書于日本文政十年（1827）。書前有自序，另有他序兩篇、題言一則，并有目録，有"餘姚謝氏永耀樓藏書"印一枚。現存鈔本，藏于上海中醫藥大學圖書館。

該書上中兩卷論"外障"三十六證，下卷論"内障"十九證（缺）。撰者認爲治療眼疾要先"詳察其證因"，"察證與手術譬如文與武，詳察其證因而行手術，則在文而武自行焉"。上卷首論"天行赤眼""時毒腫""風赤膜"等十二證，每一證均詳細記述疾病的發展過程、鑒别診斷、預後情況及相應的治療方藥。如"天行赤眼"，此證"初發，眼中少赤脈出，結膜焮腫，而胞瞼共腫起，一二日而形狀如熟桃，眵淚出，怕日羞明，難開胞矣"。有傳染性，"一人患之則一家傳染"。此症可能會引起"角膜與結膜之間生白翳"的并發症。可根據不同情况選用"荆九劑""芎藭散""眼蒸湯"等方藥治療。中卷載"外障"二十四證，論述"淚出眼""淚管漏""水管漏""逆順翳"等。此卷亦依上卷體例，先議病證，再叙病因病機、辨治方藥等。如"淚出眼"，此證由"迎風則如悲傷，淚出不止，有此候者，身體疲弱，因脾胃不和而發處也"，點出此疾係脾胃不和、正氣不足引起。

《銀海波抄》是一部眼科專著，分内、外障兩類，按病分述，有症有論有治，病種多樣，對學習中醫眼科多有裨益，值得後世學者關注。

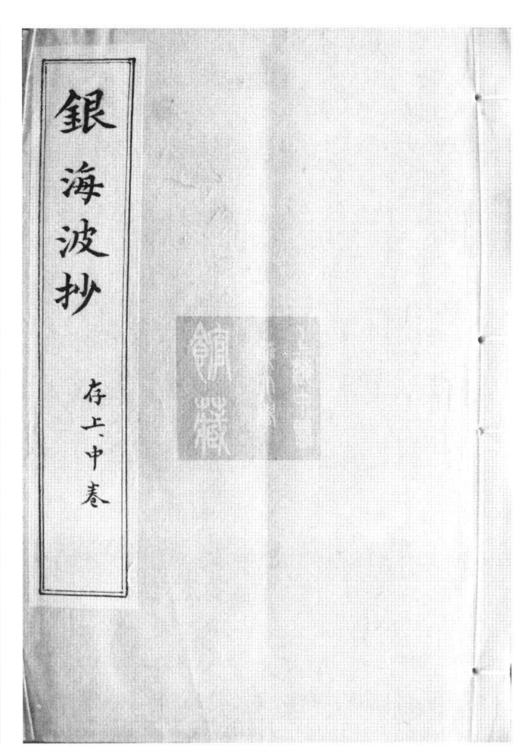

銀海波抄序

支漢土不論吾
東方於銀海之道家家經驗
説紛紛汗牛充棟之書不知
幾何卷而至于日傳眼針術
獨未聞研究精思以多得矣
頃近學先生發探其未備之

之波去云乎哉余
天下眼瘍家之一雙眼也又使
吾輩知所嚮豈眼科舊習
以不拜其賜哉
文政丁亥初夏日
惺齋居士謹誌

銀海波抄題言

凡瘍眼目明察其証因而施治則一無誤事也故進門之徒先知眼目之內是六膜三液次賭病因而可施治也知六膜三液則平生無病眼小兒少年初中極老等盡明也賭病因則內外諸証近久變不變輕重淺深治不治亦明也或見無病眼而知其性質又察其腹証一無不的矣如此則無無眼目之患者有疾病者無診脉之旁

銀海波抄總目次

卷之上

外障

銀海波抄

○天行赤眼

此証初發眼中少赤脉出結膜然腫而胞瞼共腫起一二日而形狀如剝桃眵淚出怕日羞明難開胞矣形似風眼而腫脹疼痛微也一人患之則一家傳染是風赤膜之輕症也率七八日而治又有一症角膜與結膜之間生白瞖兩眼也少者二三點

655 應驗咽喉秘科

《應驗咽喉秘科》，不分卷，一册。邢建明撰。邢建明，南匯（今屬上海）人，清末醫家，生平不詳。該書無目録，封面題“龍宫秘授”“范陽頌記”等字樣，扉頁有“光緒二十九年癸卯秋九月重抄”“古黟務本堂訂”字樣。書前有《喉科叙》一篇，言“吾邑建明邢先生，喉科世家相傳，當年外省堪輿授受吹藥神方，已經五代……此書係是江南滙縣城之東南隅邢建明先生所傳秘書”。據此，該書成于1903年，由范陽頌抄録。叙後有著者所撰《急喉風序》。現藏于上海中醫藥大學圖書館。《中國中醫古籍總目》題作“咽喉秘授”。

本書爲咽喉科專著，内容包括《脈法心要》《纏喉不治症》《沛國醒要》《沛國秘要》《咽喉論》《喉科指掌針穴法》等，以及散于各篇之驗案。如《沛國秘要》載治療纏喉風急症要避免“三誤”，即“誤於家”“誤於旁人”“誤於庸醫”。家人要及時送患者就醫，不要誤信旁人及庸醫。書内載驗案數則，如治喉風一證，患者年五旬，頭面喉間腫痛，勺水不入，喉間紅腫帶紫，脈略帶浮象。邢氏先用熏法，汗出而兩腮腫退，後以疏散豁痰之藥而愈。本書所録方藥較有特色，多爲散劑吹藥，如“治喉間誤開刀流血不止”，用乳香、沒藥、血竭、硼砂研末，和勻吹敷患處；又如《咽喉秘方》第二十四症“蓮花舌”，用珍珠散吹之。咽喉部位特殊，吹藥可將藥物直接作用于患處，較煎煮湯法更加便捷有效。書中亦載有邢氏所得時效驗方，如“走馬牙疳秘方”得于“南匯縣之三灶鎮潘杏芳外科先生”，“咽喉煎方”得于“雲間江氏所傳秘方”，并附方歌云：“雲間江氏秘傳方，咽喉初起服之良。荆芥防風全前胡，杏仁象貝大力子。橘紅桔梗生甘草，加陳茶葉水煎服。”

本書部分内容有殘缺，如《咽喉秘方》第二十六症無，抄者注“原文殘缺”。《咽喉論》篇出自陳實功《外科正宗》。邢氏治咽喉病證以外治法爲特色，吹藥劑型于咽喉之疾尤妙，值得臨證借鑒。

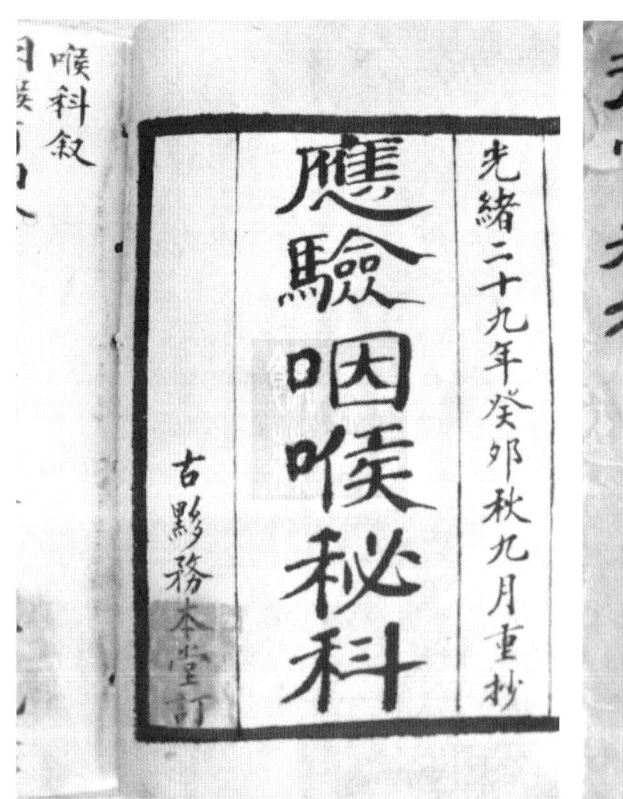

喉科叙
光緒二十九年癸卯秋九月重抄
應驗咽喉秘科
古影務本堂訂

喉科叙

咽喉有内外有虚有实有缓有急非灼見其所以未許窺其堂奥也吾邑建明邢先生喉科世家相傳當年外省堪輿授受吹药神方已經五代授之所向無不神奇某症而某药治之某药而某症愈之分门别類皎若日星真救世之灵丹活人之神術也内兄润遠極慕崇家学有是科囑錫師事而問津焉余思死生所寄莫重

急喉風序

咽喉種類向傳為十八症推廣言之不止是也其餘姑不及論以其猶可徐圖得以措手惟纏喉風症急者或半晝（或晝时）时不可延緩与急疔同蹉跎时候良工無所施其技神聖亦無所用其巧故不憚反覆言之以為後學指南得其脉可以知其源而吉凶輕重不能遁也察其症可以知其流而次第淺深可療治也有時脉固善矣而不合乎症症

其间原其所自始推其所终極縱貧賤富貴之攸分無彼此重輕之意念見之真而赴之的斯為吾道之徒可馴至于升堂入室之階矣於以操司命之權也何有是為序

此書係是江南淮縣城之東南隅邢建明先生所傳秘書此誌

脉法心要

急喉風之脉竟有六脉沉伏其細如髮在依稀彷彿之間者及胃寒極重則氣血凝滯而顯此閉塞之象所謂陽極似陰陽症見陰脉之比不可誤看必得大汗候脉隱隱起漸漸溢于肌肉之間自有生機如汗出不透而脉終不出者不治

脉有不疾不徐似乎和緩而咽喉紅腫疼涎如患者乃受風邪所致乃寒也漫喉風常有此脉平平汗之自愈

未愈矣而脉仍見洪數者肌体必熱不可作火治又有脉則不數一似和平而身体不燥者亦外邪難散還縮乎肌膚之内散而未淨也斯時務須瀉大汗而誤服之（未大汗之前可用釋表藥務須得大汗）為可解矣仍以神速為貴不可因循悮事否則咽喉雖退難望收功

上洋刘公源先生云咽喉無實火千古確論即刘先生之言觀之可以悟矣余留心醫治凡廿年果百不瀉一二爲要論當記

看咽喉閉門第一要訣

十三、醫　案

656 二家診録

《二家診録》，兩卷，一册。日本岐山、棄魚齋翁原著，日本谷嶋武正編。作者生平不詳。成書于日本天保三年（1832）。現存鈔本，藏于上海中醫藥大學圖書館。

卷上録岐山診治之法，重點論述各案病因脈理。共載驗案十七則。如案四：三輪一女子病温疫，絶穀六七日，發狂。案主診爲“肝急而蛔入心”，治療用柴胡舒肝散、七味清脾湯而愈。或問何以知其病。“先生診其脈，人迎急弦而緊細濡弱者，在心下，切之時時上下。乃判曰：人迎急弦者，肝急妄爲怒也；緊細濡弱在心下，或升或降，蛔時入心也。二症相搏，所以發狂也。”卷下爲棄魚齋翁診治法，共載膝疾、胎毒、肺癆、類中風、房勞等三十二案。主要論述病症的診療方法、病因病機等。如案二：一嫗左脚有痼疾，内凹可容三指。診爲“腕上二寸許有横脈”所致。

本書爲日本醫家醫案，對于研究日本漢方醫及臨床有一定價值。

二家診録序

喜晴齋先生之塾傳故岐山先生之醫案一卷實先生安永九年之作也然誤字錯乱多不可以讀葢傳寫之所誤也是以忘余之固陋深索其意而更作爲先生診法一卷以幸同志雖僭踰無所逃罪孰與徙爲蠹魚所損而卒失其傳乎余又嘗選診尺法一卷此棄魚齋翁文政五年之診因雲半居士之所記也夫色脈與尺内者上工之所貴豈後學忽之乎然失其傳既久矣今先生與翁開其二則雖尚闕一何憾乎故合以爲上下卷名曰二家診録余也非得道者如其當否則達者自選之

天保壬辰三月巳巳　谷嶋武正識

二家診録巻之上

岐山先生診法　谷嶋武正　記

高富有一男子而疾焉衆醫皆以爲寒熱更矣先生診其脈告曰中寒也病主在於脾得之饑渇以見大風而寒甚已則熱男子曰唯然往春二月之長崖覩郷氏之祀神歸路大飢適遇大風而寒氣徹肌交人皆過酒肆飲吾無酒腸獨振栗歸家寒熱三四日得微汗而已後漸如斯先生乃作補脾温劑飲之出入三四日身無所病所以知男子之病者先生切其脈時沈而緊是中寒也脾一部最沈緊以其大飢而見大風也歸家寒熱得微汗而

二家診録巻之下

棄魚齋翁診尺法　谷嶋武正記

一老者内踝背上寒大如指臂背甲錯而乾棄魚齋翁診曰背骶有痒搔之則皮隨手墜至冬則痒甚裏則安如其言余向曰痒在尾骶上則寒亦當在正中而反偏何曰腎在左右其經下通而隱故雖偏復合於下何其以偏怪哉

○膝疾

診一嫗曰左脚有疾最痼也嫗揭裳則内凹其深當容三指頭余亦診之脛上二寸許有横脈

657 丁授堂先生醫案

《丁授堂先生醫案》，三卷，三册。丁授堂，浙江人，爲清代“浙西三大醫家”之一的醫僧達德的弟子，生卒年代不詳。《中國中醫古籍總目》載録該書成于1900年。本書爲單魚尾，朱絲欄，每半葉十行。正文有印章“程麟書”。現存鈔本，九成品相，藏于中華醫學會上海分會圖書館。

是書爲丁授堂先生日常診療病患的記録。書中載病案百餘則，未按病證分類編排。病案不載患者姓名，每案框上標注證名，正文直言病機，參脈候舌象，擬治則治法。如“風温”一證：“風温屬無形之氣，鬱蒸於肺，潛釀有形之痰，濁氣互結，肺失清肅，逆令咳嗆陣作，舌膩脈滑。法治不越清肺化痰。”病案簡潔扼要，醫理清晰。丁氏診病多尊經典，常引《内經》《傷寒論》《金匱要略》之言，擬方亦多化裁經方，爲經方派醫家。如書中載“腰痛”一案，患者腰痛已歷四載，纏綿不愈。古諺頭痛用川芎，腰痛服杜仲。但丁氏診其脈“但有滑象，並無弱意”，且轉側不利，咳嗆脅痛、腰痛。通過症脈合參，丁氏診斷此爲仲景“腎著湯”證，先予仲聖“腎著湯”，復予温藥通陽而愈。此案可證丁氏臨證之謹慎，用方之精準。丁氏臨證亦常反思，如診治小兒“龜背龜胸”一證，丁氏循用錢仲陽之“龜鹿二仙膠”予以治療，但效果不佳，而後悟道：“先調補脾胃，後天脾胃氣旺，生生之氣不息，四肢百骸得以灌溉，藉後天培養先天。”先予仲聖“六味地黄丸”，復予“龜鹿二仙膠”，卓有療效。丁氏亦非常重視時令、飲食，認爲衣著、飲食應以天氣爲轉移，若人“以不蟄之軀”感于寒，則必病冬温。而好酒醴之人，雖在坤土健運年不覺其累，但兹年肝木乘土，必發脾胃之病。嬰孩若多食棗子、桂圓等味甘性守之品，易釀積造濕，導致疳積。

是書着重記録丁氏臨證的醫理分析、基本治則處方，而略去患者姓氏、鄉里及治療的具體方藥，爲醫者臨證診療提供思路及參考。

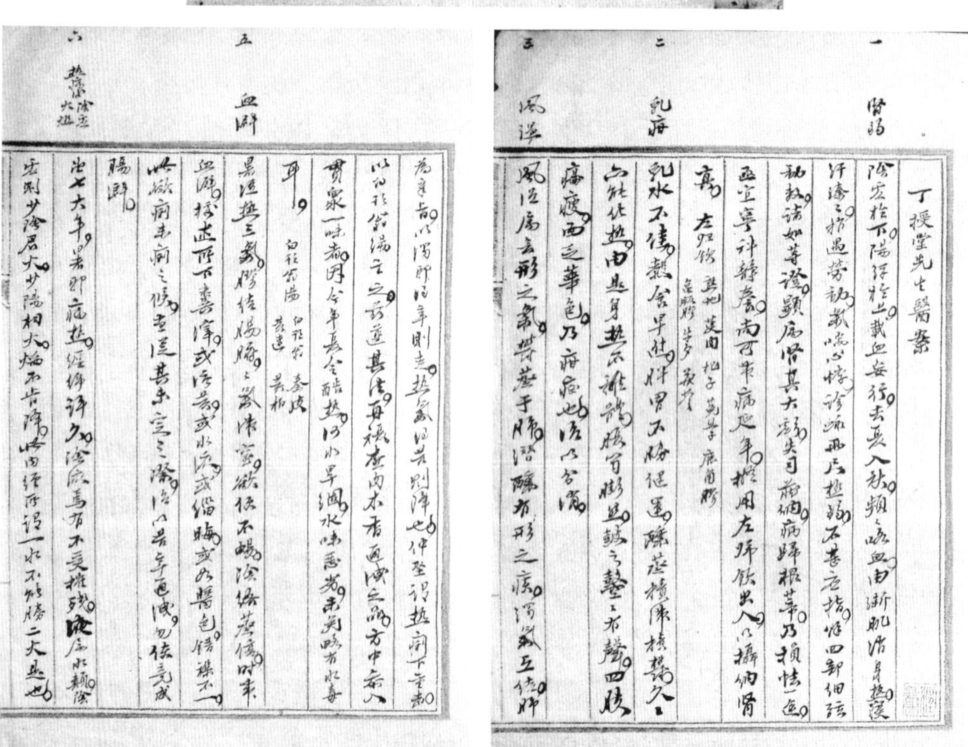

一 陰虚咯血

丁授堂先生醫案

秋仲病起，良由燥氣流行，肺先受病，治之權宜，金氣逆作咳，兼之會計操勞，家政繁冗，五志之火內燃，與肺中燥結之火互相紐結，火性炎上，陽傷咯血，血溢絡外，而上溢于口。至八月中旬，咳嗽血鮮紅，瘀血夾雜，以血必從手太陰肺中蓄源而來，尚屬紅症中之稍淺者。十月初旬，驟遭喪明之痛，悲戚過甚，肺體益萃，肺金更受其燥，燥熱炎炎之勢，因而轉劇。病根雖由六淫燥氣而起，再加以七情更甚，以久咳不獨肺陰潛銷暗耗，要知肺臟主五行屬金，金本有生水之能，茲為燥火蒸爍，源頭涸，水不生，腎陰亦形

一 咯血

丁授堂先生醫案

脈形左寸部細數而動如豆，左關部中取細弦，重按帶濡，氣輕取不清，左尺部數象較之寸關兩部倍大，且有躁象，尋之尺脈亦進。右寸部數，上乘魚際，右關部數而動，有上乘寸口之勢，右尺部細而帶靜，并無浮躁之態。按脈論症，以探其病源，左寸之數而動者，是心陽不靜之故。考之脈訣云：左寸宜浮洪而靜，方是血充氣足之象。今按之頗細，乃失血過多，心營受耗也。左關宜弦長滑利，方是肝營充足，氣機和諧之象。今中取弦而細，亦是失血後之正脈，惟按之有濡象，此肝營有所傷而氣機不遂也。左尺宜沉細而弱，方合腎水潛藏之旨。今按之數大且躁。

658 九峯先生脉案

《九峯先生脉案》，不分卷，六册。“九峯”即王九峰，介紹見本書“008六氣論”。是本爲王九峰門人輯録的九峰先生脈案，成書約在乾、嘉年間，後迭經流傳，于清同治四年(1865)由丹徒周伯兼令其子抄録傳世。封面有“耀辰録”字樣，并鈐有橢圓形“耀辰”印。首册正文之前有周氏序文，曰：“九峯先生診理精通，名震天下。舅氏再山詩老爲其得意弟子，相從最久，手輯脉案最多。舅氏歿後，諸本爲同輩所取去，遺失八九，積年兵燹，又不知存否若何矣……醉亭先生乃九峯同族，亦居月湖，余故友也，僑寓嘶馬，與余相隔咫尺，醫理得先輩真傳，馳聲江北。余思《論衡》因蔡邕而名顯，《素書》授留侯而用宏。藏非其人，雖極宝貴，亦猶置大將于台端，贈龍泉于文士，非不珍惜，終歎失所。何況本王氏故物乎！爰命安、寬兩兒手録還之，蓋不獨此書之本，抑亦余愛書之本意也。”醉亭先生指王明經，爲王九峰從孫，自幼隨叔王鳳書習醫，精于調理，門人輯有《醉亭脈案》。周伯兼、耀辰未查見生平記載。現存鈔本，藏于上海圖書館。

是本分爲首册及第一至五册。首册開篇爲《問病論》，以下爲脈案。第二至第四册均爲王九峰醫案，所載脈案不分門類，以内、婦科爲主，部分脈案不録患者姓氏、年齡、居里，而直接記載脈案病情。第五册取名《青囊春暖》，内容爲各類方劑。

是本爲民間流傳的王九峰醫案之一種。與其他王氏醫案相比，此本内容更豐富，反映王氏醫學思想和臨床經驗更全面，且醫論、脈案、方劑均有收録，對研究王氏醫學思想有較好的參考價值。

第首册

九峯先生脈案

耀辰錄

九峯先生診理精通名震天下 舅氏再山詩冬為其得意弟子於從
最久手輯脈案最多 舅氏沒後諸本為同筆所取去遺失八九積年兵
燹又不知存否若何亦舊視為易焦東閣叢書未經全錄只採此冊 梅亭
先生乃九峯同族亦居月湖余故友之偁篤嗜焉與余於隔咫尺醫理得先
筆真傳馳声江北余思論衡因蔡邕而名顯素書授留侯而用宏藏死其人雖
極宝貴亦猶置大將于台端煙龍泉于文士死不珍惜終歎失所否況本王
氏故物乎爰命家寬兩兒手錄還之蓋不獨此書之幸 抑亦余愛書之
本意也

同治乙丑仲冬丹徒周伯蒙序

659 九峰環翠山房醫案

《九峰環翠山房醫案》，上下兩卷。沈菊人著，門人李筱雲（字茂才）、吕伯純（字上舍）編。沈菊人，字來亨，齋號九峰環翠山房，元和（今江蘇蘇州）人，生卒年代不詳，工詩善畫，尤精岐黄。本書前有光緒元年冬十一月"張良杬拜序"一篇，張良杬爲沈菊人外甥。目録頁書"九峰環翠山房醫案　元和沈來亨菊人著"。該本上册爲朱絲欄、單魚尾，口題處有"九康制"字樣，而下册除目録頁與上册用紙相同外，其餘皆無版框。該書成于光緒元年(1875)。《中國中醫古籍總目》題作"沈菊人醫案"。現藏于上海中醫藥大學圖書館。《中醫古籍珍稀抄本精選》第十七册收録該本，亦題作"沈菊人醫案"。

上卷列病證三十九種，下卷列二十五種，由沈氏門人李筱雲、吕伯純選"（沈氏）近診之方彙爲一帙，朝披夕覽，以爲臨證權衡"。共載醫案五百八十餘則，涉及病證非常廣泛，包括内、外、婦、兒、五官、瘡瘍、調養等，輔以針灸、導引等治法。每則病案録病人姓氏、症狀、病因病機、治法方藥等，論證精詳，製方工穩。如"癉瘧"篇下載一則醫案："方（氏），入暮身體灼熱，頭痛胸悶，脈澀陰虚，暑濕熱内蒸陰分，陰氣孤絶，陽氣獨發，而爲癉瘧。仲景有論而不著方，近代喻嘉言以甘寒泄化爲治，且宗其法，以消息之。"藥用滋陰清熱之品，細生地、青蒿、煨石膏、丹皮、知母、生鱉甲、生甘草、川桂枝、滑石。沈氏常引《内經》《傷寒論》之言以立論，如"温邪"病案下，引《内經》"以辛凉佐以甘苦"語，"久瘧新産"案引《傷寒論》"先治新病，病當在後"語等。本書除記載所診驗案外，亦如實記載失敗病例，如"吐血"篇載一案，沈氏言"降氣健中，藥不應病"，處方用藥雖未有效，但亦爲經驗之總結，沈氏不予隱晦，實爲難得。

本書論證精詳，製方依據辨證施治法則，立方工穩，既有理論依據，又有湯、丸、散、膏、針刺、艾灸等靈活多樣的醫療方法。“不膠成見，不泥古書。辨異中之同，審同中之異”。可作臨證診療之參考。

敘

知之貴明審之貴當古人之論作事也而吾謂作醫亦然醫者意也以意逆病意與病迎則藥進而病去意與病距則藥進而病增即或举網得魚偶爾獲效亦不過貪天之功以為己力豈其用藥之的當欲其用藥之不當由於辨別之不精古人之學醫也探原於靈素闡道於傷寒精昭經方洞曉針藥呼吸存亡若鼓答桴人疑偶而得之要知其学之有素也今之醫者則不然粗識湯頭便欲懸壺於市第求衣食並無濟世之心甚或販夫牧豎里巷村童亦且借玉函金匱之名為啜粟飲水之計自好之士恥與同儔而醫

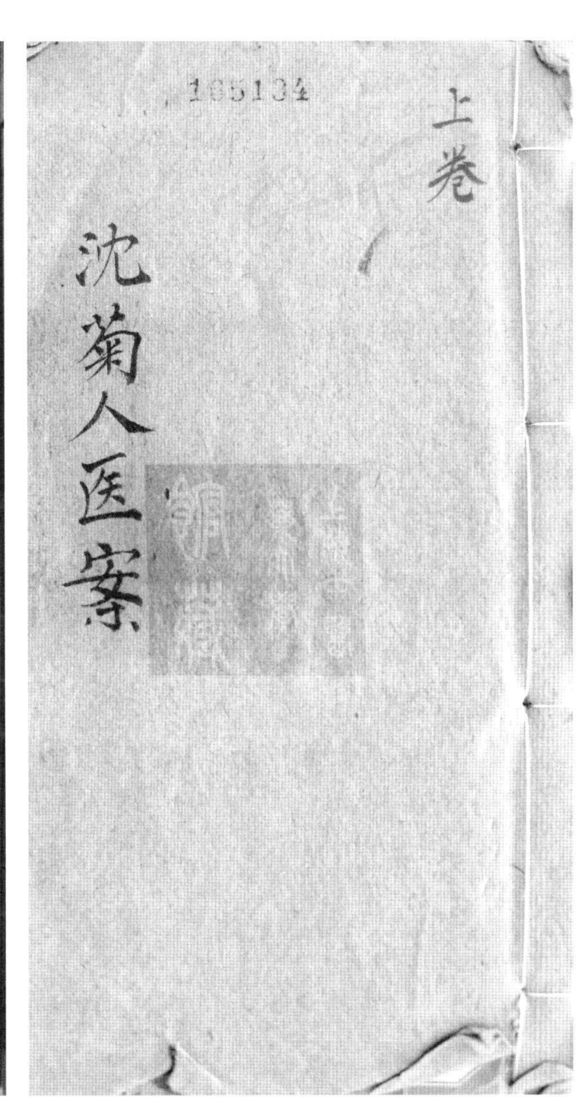

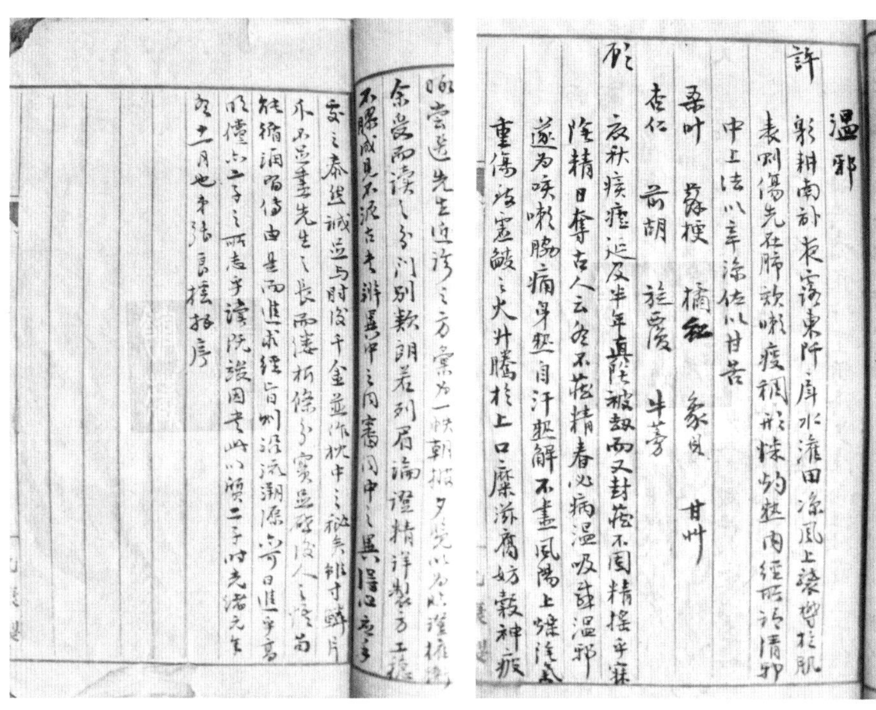

溫邪

許　影耕南訃浪寓東阡庠水滙田涼風上襲皆於肌
表則傷先在肺欬嗽痰稠形瘦灼熱內經所謂清邪
中上法以辛涼佐以甘苦
桑叶　桔梗　橘紅　象貝　甘草
杏仁　前胡　旋覆　牛蒡

於　夜秋痰瘧延及半年真陰被劫而又封藏不固精搖乎寐
陰精日奪古人云冬不藏精春必病溫吸受溫邪
遂為咳嗽脇痛身熱自汗熱解不盡風陽上燎陰虛
重傷肺虛皴之火升騰於上口糜滿腐妨穀神疲

略嘗遇先生近診之方彙為一帙朝披夕覽以為臨症權衡
余受而讀之分門別類朗若列眉論證精詳製方工穩
不膠成見不泥古書辨異中之同審同中之異信足為
度之恭鍼並與時俗千金並作枕中之秘矣雖寸璧片
亦不逮矣先生之長而據析條分實無遺後人之傍楷苗
能循循焉由是而進求經旨則沿流溯源奇日進乎高
明儘此二子之所志乎讀既竣因書此以贈二子時光緒元年
歲十一月也弟張良楨拜序

中風

某
中風
偏中後背兩次依然風動搐搦左手並麻木不遂舌
強無如肝腎兩虛水氣不獨木無涵養肝風突起挾
痰上行痰借風勢風借痰威流行經絡遂致舒背攬
由於息失宜藥力未盡所以後背者不未雨綢繆必至
半身不遂治法不外乎乙癸同求潛陽熄風滌痰而已
大熟地　白芍　天冬　天麻　桑寄生　天竺黃
西洋參　菊花　鈎勾　遠志　石決明

又
肉風痰阻舌強肢麻口眼喎斜脈兩關滑而尺弱瘦多
筋痿此係肝腎兩虛之風痛絡遂致左手不仁肝主筋

寒

某
寒
伏暑伏溫似瘧之作而無汗泄其邪因此而不達煩熱痞悶
自食脂粱以致陽氣被寒涼遏伏肢冷呃逆神昏舌白色
帶青灰泄瀉溫邊伏裏身熱不揚舉脈尚帶數象宜
急通其陽氣泄其溫氣俾得神清熱壯方可無慮不然
昏閉可危
川桂枝　川朴　草果　藿香　生姜
軟柴胡　茅术　姜皮　陳皮　防風

又
昨進溫通藥未見所長神志依然不清言語仍舊錯亂
舌白厚且縮脘中拒按呃噫神煩脈數而空此因伏邪

660 寸心知醫案

《寸心知醫案》，四卷，一册。清孫廷問著。孫廷問，字雨香，號我舟，清代醫家，生平不詳。扉頁一篇不足百字的序言説："先生二十年來手下活者甚衆，方案特十之一二耳。"可見孫氏一生臨證頗多，治驗俱豐。該序落款爲"乾隆五十八(1797)年歲次癸丑仲冬上浣槎溪芳林葉長春識"。第二則序爲孫氏後人所撰，其中説："先祖我舟公原籍崇州，自十二歲失父，賴曾祖母李氏扶養成立。""自乾隆乙未，道滈三吴，活人無算，舉家徙於蘇，壽登八秩而猶手不釋卷。"序言落款爲："光緒四年(1878)歲次戊寅季春下浣孫男鳳生謹識，玄門人陳世杲録。"可見成書于光緒年間。現存鈔本，藏于上海中醫藥大學圖書館。

是書封皮内側有程門雪、裘沛然兩位先生書評。程門雪認爲該書醫案擅長調理，喜用血肉有情之品。裘沛然評價説："其議病用藥之精，立法構思之妙，巧而不離規矩。"全書共記載病案一百六十八則。卷一計三十一則，卷二計三十則，卷三計六十八則，卷四計三十九則。以内科病症爲主，另含眼科八案、鼻科三案、耳科五案、婦科兩案、外科兩案、齒科一案，散見于各卷之中。該書四卷分别爲不同人整理，在每卷目録後正文前均有詳細説明。如卷一目録後署："紫琅孫廷問我舟甫著，男冠唐斗南、冕榮端臨，孫蘭生芳田、吉生孚中同校。"可見此書爲孫氏後人及門人共同輯録而成。各卷目録屬同一體例，均由病人姓名、病證名稱及方論所組成，如"朱星五鼻血遺精丸方并論""黄求錫食薑太過痰火嘔痐治驗丸方并論"等。每一病案前均詳細記載病人姓名，而後全面論述病人的證、舌、脈。引經據典，博采衆論，參合己見，論病深刻詳細全面。之後列出方藥，每一味藥均注明劑量，這是該書與其他大多數醫案不同之處。許多病案的方藥之後還有詳細的方論，闡明應用此方藥的道理和奥妙所在,其著書濟世活人的精神可見一斑。

綜觀此書,其論病處方用藥有以下三個顯著特徵:其一,記載病案及論述詳盡周到,從病人姓名到病證、方藥、方論面面俱到。其二,用藥靈活,多種劑型并用,而尤以丸方擅長,另配合煎方、膏方。此特點與一般醫案以煎方爲主大不相同。其三,治病善于調理,特别擅長使用血肉有情之品,如阿膠、鹿角膠、龜板膠、鱉血等。卷一有一案爲“葉生伯陰虧氣虚挾痰丸方調理并論”,病人皮毛乾枯,手足燥裂,有喉癬與鼻息肉等證,孫氏診斷爲脾肺火熾,水虧痰凝,給予丸方調理,方用元武膠、炙鱉甲、製首烏、真沉香(勿經火)、枸杞子(微炒)、山萸肉(酒炒)等調補之藥,煎膏代蜜丸如梧桐子大,每晨滚水送下。方後孫氏詳論此方妙義:君以龜膠壯水于北陸,臣以鱉甲培震木于東方,枸杞萸肉乙癸同源,首烏女貞肝腎并治,沙參合杏仁并能潤肺而降氣定喘,山藥得沉香而能扶脾挫痰。然陰非陽不生,故又多用黄芪以群配陰(疑爲“以配群陰”之誤),少佐當歸以導入血分。煎膏代蜜丸者,意在潤耳。製方之苦心如是。該病人服藥一料,諸證俱平。孫氏雖多用膏丸之劑,但藥味并不繁雜,多爲十餘味,可見其辨症處方用藥務求精簡,力避雜亂,足爲後學借鑒。

寸心知医案語多典雅而浮夸特甚盖喻昌之流亚启学自当深戒至其議病用药之精立法構思之妙巧而不離規矩能用古敢於創新足為吾輩研索啟發之資蓋胸有实学而好為大言者讀者心衡得失取其长而舍其短斯可矣

一九八五、十一、裘沛书

光緒四年歲次戊寅季春下浣

孫男鳳生謹識

受业門人陳世杲錄

寸心知醫案卷一目錄

661 大方醫驗大成

《大方醫驗大成》，又名《醫驗大成》，四卷。明秦昌遇撰。秦昌遇介紹見本書“026增補病機提要”。本書成于明崇禎十七年（1644）。現存鈔本，藏于上海中醫藥大學圖書館。另有1985年中醫古籍出版社據浙江中醫學院圖書館清鈔本排印點校本。

本書包括雜症兩卷、婦科一卷、幼科一卷，以醫案爲主，兼附雜論數篇。雜症兩卷録有中風、便血、尿血、鬱症、飲食内傷、黄疸、痞滿等五十四類病症治驗。每一類病症載醫案數篇，先討論病狀、分析病機，繼則給出方藥。如遺精便濁案二：“一人左寸濡數，兩尺微澀，精滑不固，心勞則甚。”秦氏分析此因用心過度，君火妄動，相火隨起，鼓其精房。“治當清其心，則神自寧而精自固”，用藥山萸、熟地、山藥、棗仁、茯神、遠志、麥冬、五味、甘草、龍眼肉。婦科一卷論述婦科總綱及搐搦、熱入血室、錯經妄行等病因病機，載有月經不調、崩漏、赤白帶下、胎前産後等三十三類病症治驗。認爲婦人病未有不由氣始者，故强調治婦人病必先理氣。幼科一卷列四十七種病症之治驗，如初生雜症、急慢驚風、諸熱、乳蛾等。如出生雜症案二：一小兒生數日，“聲啞而黄，面目腫閉，大小便閉，手足有時逆冷”，秦氏診爲胎毒，當服凉藥，用桔梗、川連、連翹、生地、木通、山梔、荆芥、燈心草等。

本書辨證精細，四診合參，立法得當，方藥輕靈，有一定的臨床參考價值。

清李延昰南吳舊話錄卷九陰德

方穀城初守吾郡，榜絕餽遺，家人蔬菓不給，多有病者。時秦景明有盛名，延入治之，景明每用肉脯磨粉，和以粱米，稍佐陳皮，每服二兩，每日三服，用滚湯調下，患者漸愈，用他醫輙死。一日公召景明索方，景明以別方代之，而云此藥忌見雞犬婦人，須醫生僻處修製，終方之任，所費不貲

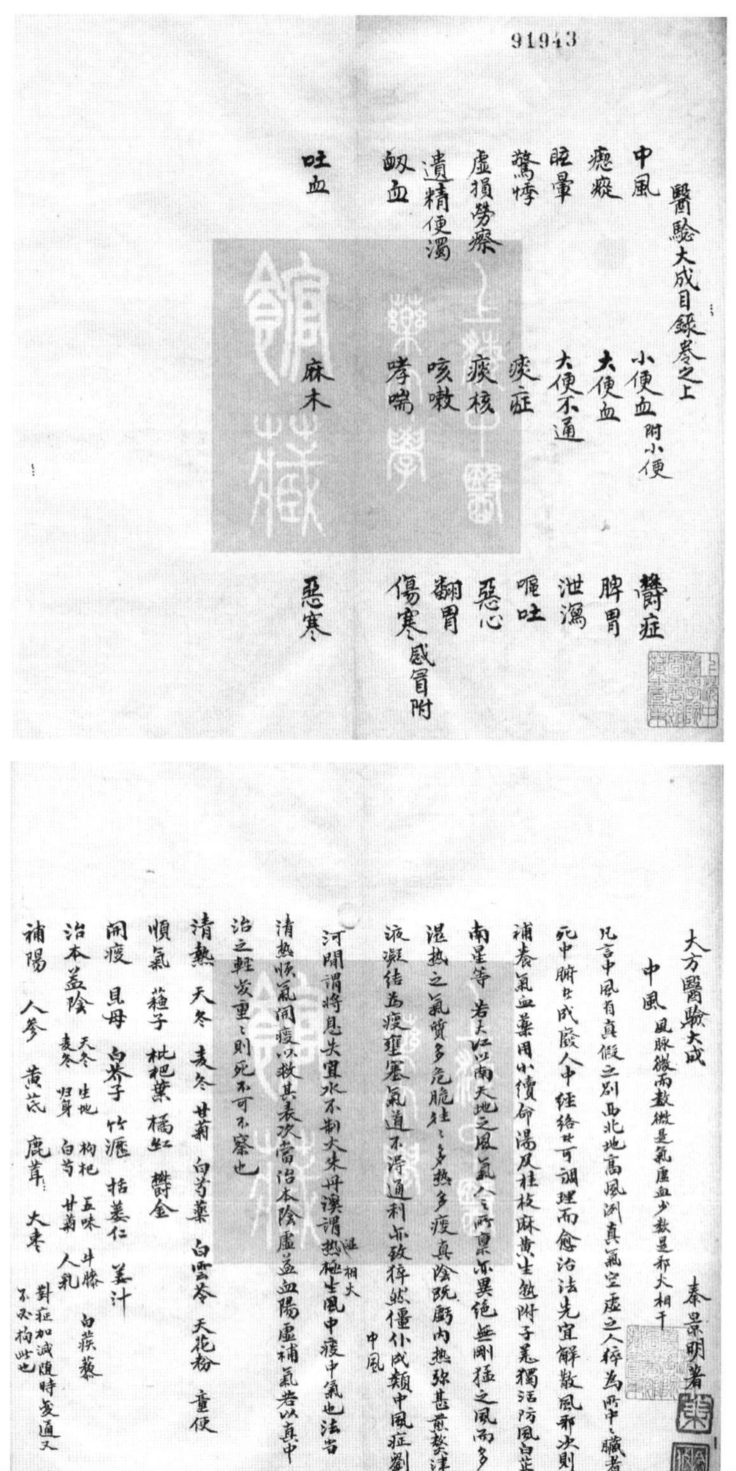

醫驗大成目錄卷之上

中風　小便血附小便　鬱症
癱瘓　大便血　脾胃
眩暈　大便不通　泄瀉
驚悸　痰症　嘔吐
虛損勞瘵　痰核　惡心
遺精便濁　咳嗽　翻胃
衄血　哮喘　傷寒感冒附
吐血　麻木　惡寒

大方醫驗大成　秦景明著

中風　風脈微而數微是氣虛血少數是邪火相干

凡言中風有真假之別西北地高風冽真氣空虛之人猝為所中中臟者死中腑中經絡者可調理而愈治法先宜解散風邪次則補養氣血藥用小續命湯及桂枝麻黃生熟附子羌獨活防風白芷南星等　若大江以南天地之風氣人之所稟亦異絕無剛猛之風而多濕熱之氣質多危脆往往多熱多痰真陰既虧內熱彌甚煎熬津液凝結為痰壅塞氣道不得通利亦致猝然僵仆成類中風症劉河間謂將息失宜水不制火朱丹溪謂熱（濕）極（相火）生風中痰中氣也法當清熱順氣開痰以救其表次當治本陰虛益血陽虛補氣若以真中治之輕者重重則死不可不察也　中風

清熱　天冬　麥冬　甘菊　白芍藥　白雲苓　天花粉　童便
順氣　梔子　枇杷葉　橘紅　鬱金
開痰　貝母　白芥子　竹瀝　括蔞仁　姜汁
治本益陰　天冬　麥冬　生地　歸身　枸杞　白芍　五味　甘菊　牛膝　人乳　白蒺藜
補陽　人參　黃芪　鹿茸　大棗

對症加減隨時變通又不必拘此也

662 大麻金氏子久先生醫案

《大麻金氏子久先生醫案》，不分卷，一册。正文首頁書“大茅金子久先生醫案，休邑程麟書甫瑞徵氏鈔”。金子久（1870–1921），清末民初醫家，名有恒，又名壽生，字子久，祖籍杭州，後遷居浙江德清縣大麻鎮。其父芝石，精兒科，亦治内科。金氏著作有《金子久醫案》《和緩遺風》《問松堂醫案》等。程麟書，清末民初人，生平不詳。本書朱絲欄，單魚尾，朱筆句讀。正文首頁有印章一枚“程氏麟書”。書中“弦”字缺末避諱，“玄”字改“元”避諱。現藏于中華醫學會上海分會圖書館。

是書載金氏臨證醫案二百四十二例，無分類編排，隨診隨録，每案天頭載醫案所屬病證，内容涉及内、外、婦、兒、五官各科。各案載病因症狀、病機治法及處方用藥。如“陰虚陽動”案：“陰虚陽亢，血虚肝燥。陽煬於上爲頭痛、爲齦爛；肝乘於中爲脘痛、爲腹脹。陽動化風，致令頭暈；血燥生熱，遂使牙血。脈象弦細，二尺柔弱。病褋多咳。法當柔潤潛陽，折木和中。”醫理分析精當透徹，處方用藥僅十二味，遵循柔肝和中治則。又如“伏暑釀瘧”案，患者先感夏秋暑濕之邪，後染寒凉，成似瘧非瘧之疾，繼發潮熱，劇則嘔惡，飲食不納，夜煩少寐，脈象細數，舌質薄白异常。金氏認爲此邪在少陽陽明，但體質陰虚火旺，肝膽木火愈升，故熱不退。治宜甘凉柔潤以養胃，略佐清泄肝膽之火。藥用石斛、連翹、梔子、廣鬱金、栝樓衣、橘紅、茯神、六曲、通草、佛手、竹茹十一味。金氏强調四診合參，尤重切脈，對診尺膚、察咽喉有獨到經驗，處方用藥具有江南醫家輕清靈動之特點，重視脾胃，推崇“輕可去實”。

是書所載醫案闡釋詳備，病證分析一語中的，且語多儷體，彰顯金氏文采。本書爲金氏日常臨證診療之醫案，其學術觀點及臨證經驗均融于其中，頗具研讀價值。

大麻
金氏子久先生醫案
8590

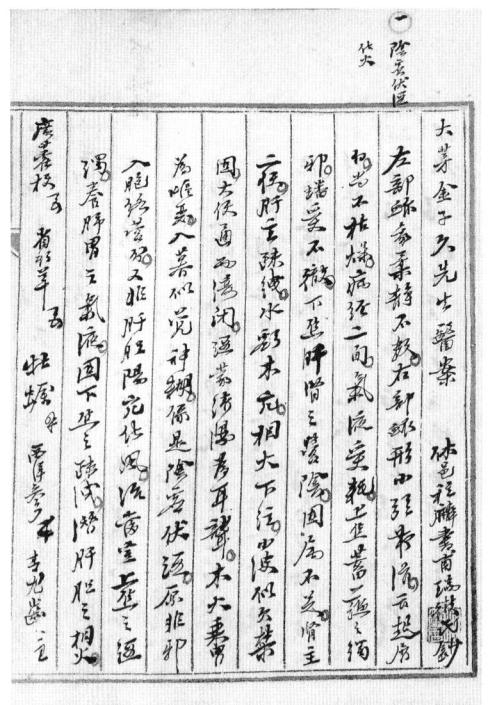

663 千山東陽聾叟醫存

《千山東陽聾叟醫存》，兩卷，兩册，現裝訂爲一册。原書封面已不存，有目録，無序跋。根據書名提示，可推測作者當是“千山東陽聾叟”，然其生平已不可考。《中國中醫古籍總目》載録爲清鈔本。全書以工整楷體抄寫，共九十葉，每半葉八行，每行多則二十二字，少則八字，約計三萬字。現藏于上海中醫藥大學圖書館。

該書是一本醫案匯編集。上卷分爲中風、咳嗽、濕熱等九門，載醫案一百五十則；下卷分爲痞積、嘔吐、濕阻、泄瀉、霍亂、痰飲等二十四門，載醫案一百四十七則。内容主要涉及内、婦等科，其中尤以外感濕熱門、寒熱門，内傷嘔吐、泄瀉等爲最富，可窺見醫者所長。其記録醫案的方式較爲簡約，每以病機治法爲主，略論症狀，然後述及方藥，不記病人名姓、故里等基本要素，一般不載藥物劑量。如“木失條達乘脾，腹滿脹，溲少，脈弦，脾虚氣滯，濕鬱不宣也。柴胡、砂仁、香櫞皮、茯苓、雞内金、小温中丸、青皮、麥芽、大腹皮、米仁、枳實丸”。又如“肝胃鬱熱，火升失血狂溢，咳嗽，脈數，法當降氣清營。蘇子、生地、降香、丹皮、參三七、黄柏、鬱金、米仁、牛膝、藕節”。

詳全書脈案，可以看出醫者所用方藥大多遵循歷來各家醫訓，中正不頗。如治濕熱或治嘔吐辨證屬痰濕阻中者，皆尊仲景法用以温通；治吐血則先用降氣法，氣降則血自不出。該書所載醫案，用藥每喜輕清之品。如治外感寒熱，總以蘇子、桂枝、防風爲主，而絶少用麻黄、細辛之類；治温熱則以凉解法爲主，宗一味豆豉爲君；治斑疹等動血者，則清營化熱，用連翹、丹皮等。該書還從臨床角度提出一些較爲實用的觀點，值得我們注意。如治月經不調，辨證屬營虚經斷者，指出“未可劇以通經，然氣旺則血自生，亦陽生陰長之機也”，對現代臨床具有參考價值。

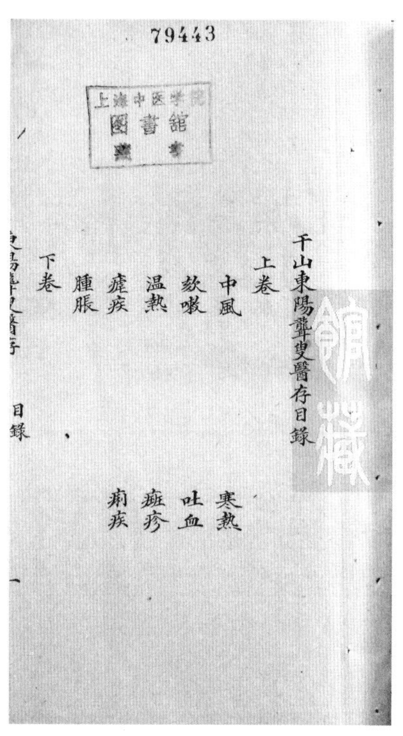

千山東陽龔叟醫存目錄

上卷

中風　寒熱

欬嗽　吐血

溫熱　斑疹

瘧疾　痢疾

腫脹

下卷

東陽龔叟醫存　目錄　一

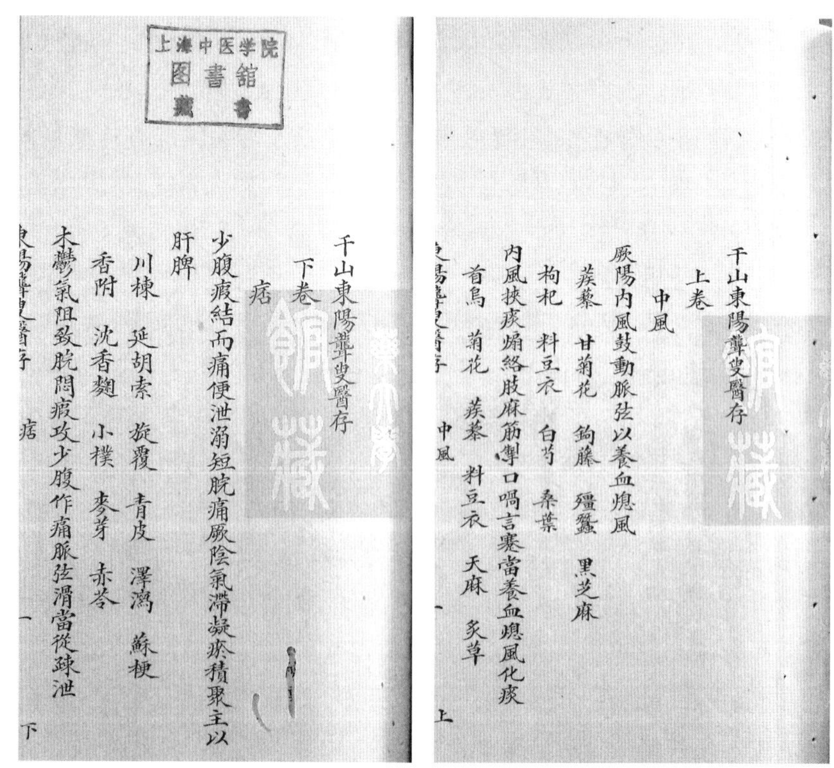
千山東陽龔叟醫存

上卷

中風

厥陽內風鼓動脈弦以養血熄風

蒺藜　甘菊花　鉤藤　殭蠶　黑芝麻

枸杞　料豆衣　白芍　桑葉

內風挾痰痹絡肢麻筋掣口喎言蹇當養血熄風化痰

首烏　菊花　蒺藜　料豆衣　天麻　炙草

東陽龔叟醫存　中風　一　上

千山東陽龔叟醫存

下卷

痞

少腹瘕結而痛便泄溺短脘痛厥陰氣滯凝痰積聚主以肝脾

川楝　延胡索　旋覆　青皮　澤瀉　蘇梗

香附　沈香麴　小樸　麥芽　赤苓

木鬱氣阻致脘悶瘕攻少腹作痛脈弦滑當從疏泄

東陽龔叟醫存　痞　一　下

664 丸膏方存底

《丸膏方存底》，又名《膏丸方》，不分卷，兩册合訂。不著撰人。據兩册封面均題有“佩萸山房”，第二册并題有“陳”字推測，作者爲陳姓醫家，但具體事迹無考。該書實爲作者臨證膏方和丸方病案的匯抄存底。第一册抄録于白紙上，封面題有“光緒十有九年癸巳桂月吉立（附甲午年）”字様；第二册抄録在藍格紙上，白口，單魚尾，書口下方印有“同泰祥”字様，封面題有“光緒二十三年歲次丁酉正月日吉立”。可見第一册所記爲1893年以及1894年的醫案，第二册所記爲1897年的醫案。現藏于上海交通大學醫學院圖書館。《中國中醫古籍總目》未收録。原館藏目録著録爲孫思邈撰，誤。

全書從“甲”字至“壬”字對收録醫案進行編目，第一册記載醫案六十則，第二册記載醫案九十六則。每一案例均先録患者住處及姓名，第一册記載案例多記有處方時間。但多數醫案僅有藥物、劑量及炮製、服用方法，而未記臨床症狀，且塗改之處甚多，尤以第二册爲甚。部分醫案旁用紅筆標有“此方未用”“服之有效”“甚有效”及“此膏方服之不對”等字様。

是書爲現存較早的個人醫家丸膏方醫案集録。另據上海交通大學醫學院圖書館所藏佩萸山房陳姓醫家的整套醫案集（共八十三卷，時間爲從1893年至1903年）中透露的信息，作者當時在蘇州行醫。其丸方與膏方的用藥與製法正反映了江南一帶的醫療風尚，尤其與現代膏方的應用有一脈相承之處，對臨床應用和研究丸膏方的歷史發展均具有一定的參考價值。例如：“與吉由巷朱静安膏方：川連兩半，黄芩（酒炒）半兩，白芍（酒炒）二兩，紫苑兩半，知母三兩，川貝三兩，天冬（去心）三兩，生地兩半，百合兩半，杏仁（去尖）二兩，薏仁（炒）二兩，天花粉二兩，蘇葉兩半，薄荷兩半，桔梗兩半，款冬花三兩，炙草三兩，當歸兩半，半夏三兩，陳皮一兩，茯苓三兩，阿膠三兩，龜膠三兩，飴糖五兩。以上諸藥，照方炮製，熬成膏，將阿膠、龜板膠鎔入，以滴紙不化爲度，然後將飴糖加入攪和，藏諸瓦器，每日一調羹，以竹葉湯冲服。”其劑量與製膏法可供當前臨證參考。

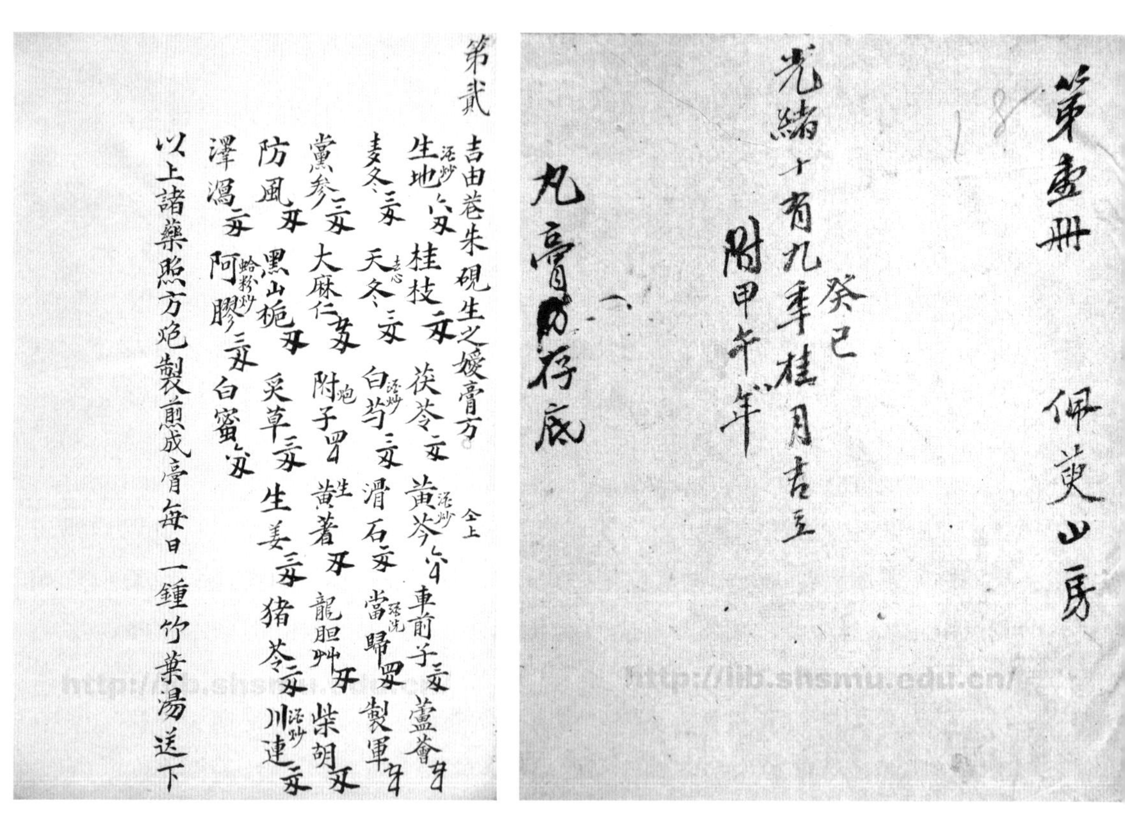

第弍册

佩萸山房陳

光緒二十三年歲次丁酉正月日　吉立

膏丸方

当歸五錢　川芎八分　豨薟草四錢　红花二錢
桔梗二錢　澤蘭四錢　枳實八分
以上若味，納于夏布袋中，用福珍酒先浸一宿，
然後將酒藥入于磁瓶內，用乾面糊好，不使出氣，
隔水煮之，將米放于蓋上，米熟為度，每日服三
次，每少溫服一杯。

丁字第叁號張雲搏夫人丸方

藿香三錢　猪苓三錢　製川朴　陳皮二錢　半夏二錢　大腹皮三錢
桔梗二錢　白茯苓三錢　炙草二錢　肉果二錢　去核山查三錢
小青皮二錢　川連二錢　砂仁一錢　麦芽三錢　白朮三錢

665 也是山人醫案

《也是山人醫案》，不分卷，一册。也是山人撰。也是山人，清代醫家，名佚，生平不詳。本書前有目録，首頁有"中華書局圖書館藏書"章。正文首頁題"無錫周鎮小農别署伯峰訂正，浙杭桂良溥重校"。現存鈔本，《中國中醫古籍總目》載録成書于1911年，藏于上海辭書出版社圖書館。

該書乃臨証醫案，載有中風、眩暈、咳嗽、肺痿、遺精、腫脹、積聚、關格等内科病証八十餘種，瘡瘍、調經、崩漏、胎前、産後、癥瘕等婦科病証九種，痘、驚、疳等兒科病証八種。可見作者對諸科皆較嫻熟。書中醫案按内科、外科、婦科、兒科的順序排序，并按病證分類，每種病證下有病例三五不等，共載醫案三百餘則。病例書寫格式如下：病人姓氏，年齡，病證病機，治則治法，藥物及劑量。病證描述與病機分析或簡或繁，多融貫經典。立法選方博采衆長，用藥輕靈，成方多在十味之内，論治精當，于瘡瘍、五官之證尤有獨到之處。例如："程，六歲，當臍腹痛，晨泄數次，便血，不嗜食飲，沖年脾胃氣滯，兼生冷内停。當和中、疏滯、驅寒。焦白术二錢，南山楂一錢五分，炙草五分，煨益智五分，當歸一錢，炮薑六分，厚朴一錢，地榆炭一錢五分。"按小兒脾胃嬌嫩，最易受邪，此案中小兒當臍腹痛，不思飲食，乃脾胃受寒，氣滯濕阻；晨泄之證，可知陽氣不升；便血則因氣滯所染，氣滯血瘀則迫血妄行。故用藥重在調理脾胃，兼行温陽止血，選用焦白术、南山楂運行脾胃，消積導滯，炙草、厚朴行氣緩急，煨益智温脾止瀉，當歸活血以引血歸經，炮薑、地榆炭温陽止血，如此則腹痛自除，便血自清，飲食如故。

裘吉生将本書收入《珍本醫書集成》，認爲該書勝于葉天士之《臨證指南醫案》。

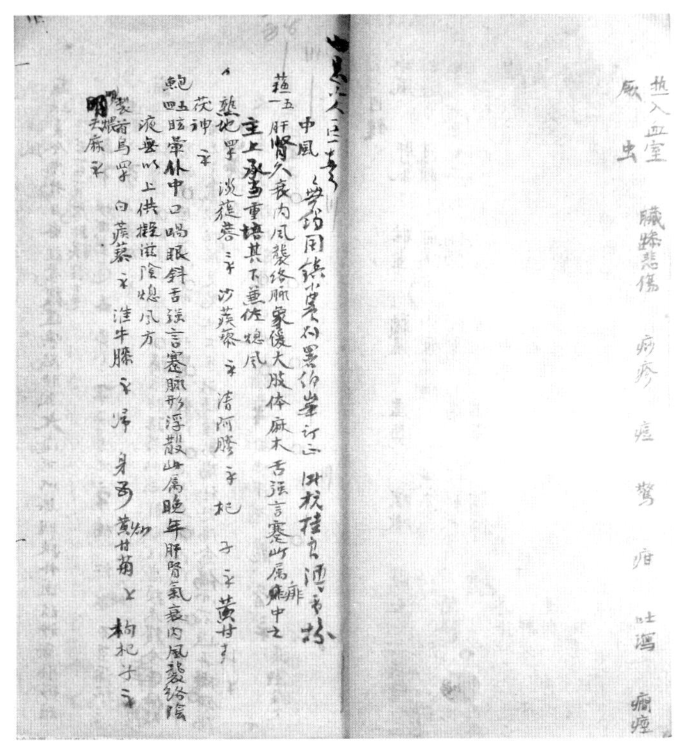

666 王九峰醫案

《王九峰醫案》，不分卷，一册。王之政撰。王之政介紹見本書“008六氣論”。是書有目録，無序跋。《中國中醫古籍總目》載録該書成于1813年，題作“王九峰臨證醫案”。現藏于上海中醫藥大學圖書館。

是本共載二十六種内科雜病及七種婦科病證醫案。内科病證包括肝胃痛、少腹痛、蛔病、蟲積、陽痿、疝氣、遺精、癃閉、淋濁、泄瀉、痢疾、便血、痿躄、脚氣、耳聾、目疾、虚損、類中、眩暈、痙厥、肝鬱、狂癲、汗症、怔忡、驚悸、不寐；婦科病證包括調經、帶下、崩漏、宜男、胎前、豐産、産後。每一病證記載數則醫案，少則一二例，多則二十餘例，每一醫案不標注姓名、性别、年齡等患者信息，但詳細記載每一病證的病因病機及症候特點，後附治法及治療方藥，不載藥物劑量。

如“癃閉”病證記載病案四則。第一則爲氣虚所致癃閉的病因病機及治療方藥：“經云：膀胱爲州都之官，氣化則能出焉。恙後中虚，腹餒遠行，臟營凝結致成癃閉。”方用“當歸、血餘炭、炙龜板、桃仁泥、紅糖、懷牛膝”。第二則載秘方一首，曰：“秘方用光琥珀屑、大黄末、木香、鎖陽，共爲細末，用鷄子白調服，數服即愈。”第三則載膀胱陰火熬津所致癃閉的病因病機及症候，“莖中痛，尿不得出，結如砂石，出則痛止，此膀胱陰火煎熬津液，凝結致成癃閉。輕則如砂，重則如石”。方用“海金沙、冬葵子、飛滑石、净石韋、細木通、瞿麥、牛膝、虎杖根”。該則醫案相當于現代膀胱結石或者尿路結石類疾病。第四則爲肺虚所致癃閉，曰：“腎爲下瀆，肺爲上源，膀胱爲津液之腑，氣化則能出焉。水弱金傷，氣不化濕，膀胱不利而癃淋，滴點如膠，少腹脹痛，頭額有汗。肺金大虧，雖有濕熱，不宜分利，急當補肺爲要。”方用“西洋參、玉竹、牛膝、沙苑、雲苓、冬葵子、大麥冬、淮藥、車前、毛燕”。又如“肝胃病”，記載了二十餘則不同病因病機及症候特點的醫案，并附有治療方藥。

是本爲醫案類著作，雖未多載患者具體信息，但詳細闡述每一病證的臨床辨證分類、症候特點及治療方藥，雖未出藥物劑量，但切合臨床實際，可供參考應用。

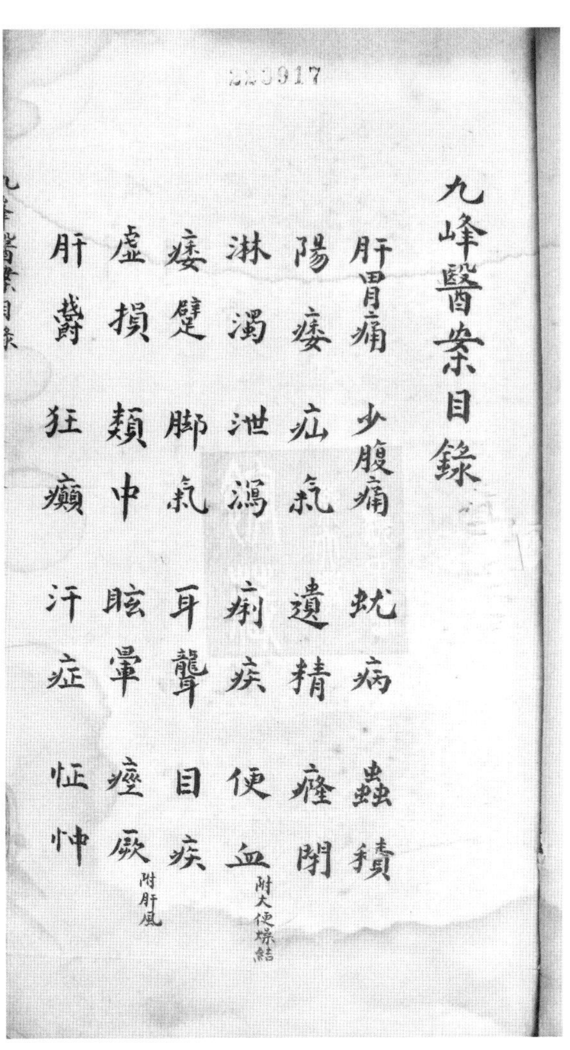

九峯醫案目錄

肝胃痛　少腹痛　蚘病　蟲積

陽痿　疝氣　遺精　癃閉

淋濁　泄瀉　痢疾　便血附大便燥結

痿躄　脚氣　耳聾　目疾

虛損　類中　眩暈　痙厥附肝風

肝鬱　狂癲　汗症　怔忡

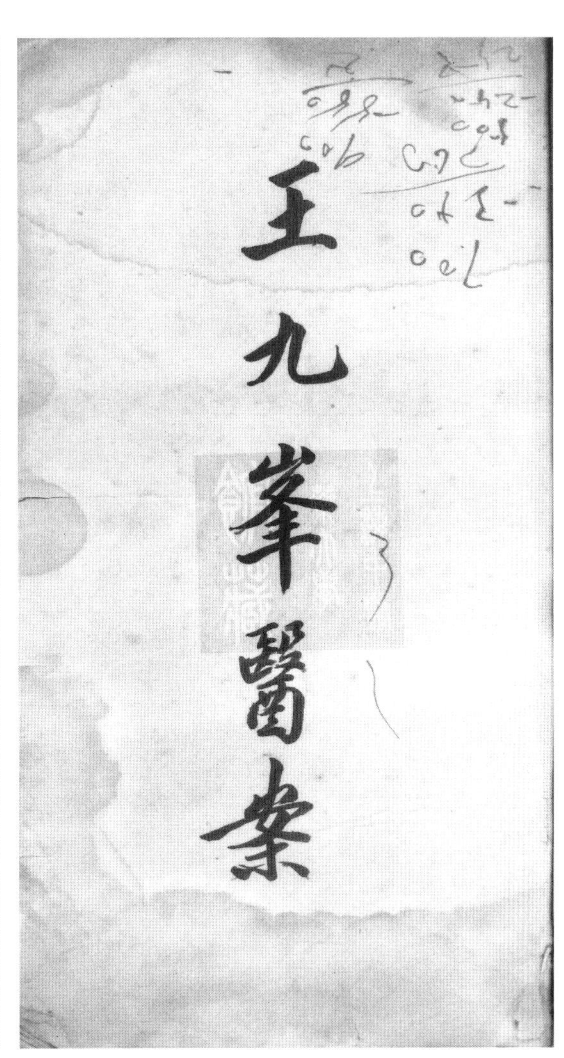

王九峯醫案

王九峯醫案

肝胃病

肝陽不斂腎陰不滋健運失常中傷飲聚痛嘔並見屢發不寒腎傷當氣於肺肝病必傳於脾腎氣通胃脾絡佈於胸絡脉通調則不痛胃氣强健則無疾治病必求其本滋苗必灌其根若不培養真元徒以病無補法即係呆理安能成功數載以來病勢退而復進脉體和而又否者少靜定之力故也蓋陰無驟補之法且草木功難與性情爭勝金爲水母水出高源謹擬補腎生陰清金益肺輔之俾金水相生從虛則補母之法乃經旨化裁之妙非杜撰也

六味地黄湯加阿膠　麥冬　蓯蓉　沙參　霞天麯

肝氣横行犯胃痛嘔不能納穀議歸芍二陳兩和肝胃痛嘔未平大便且閉木

蟲積

虫以濕土爲巢寓治濕燥脾以化之乃治虫通套法也然有五臟之别形狀之異寸白備不同寸白無妨備五類麻蝗虫能大能小头觜尾接續可長數尺與寸白類害人甚速惟養腎元先杜布子之患

熟地　黄精　茯苓　蒲黄草　白朮　黄柏　附片

茴香　烏梅　榧子　川楝子　每早服黑錫丹

臟氣實者虫無以生生虫者必臟氣虚也証本木失榮養木乘土位脾困於中蘊生濕熱化生蚘虫虫食脂膏痛如錐刺時作時止脹反滑浮泄痛甚嘔青苔赤是虫之明驗也治宜固腎扶脾爲主追虫滲濕佐之

熟地　東洋參　冬朮　薏苡　當歸　茯苓　川椒

行之品

當歸　山查　香附　紅花　青皮　木香　桃仁　牛夕

少腹脹痛拒按上攻胸背便黑不爽溲赤而渾血蓄下焦已著非進通瘀之劑脹痛反甚非藥不對症乃藥涉而深況痛久正氣已虚延下恐不能斡旋藥力正治之法從緩漸以養營宣絡主之

當歸　牛夕　茯苓　陳皮　澤瀉　炙乳沒

蚘病

肝邪横逆胸脘脹痛嘔吐善酸兼蚘上溢緣病久胃虚趁嗜而出理中安蚘參入左金疏肝前年經治已愈今因年底早勞兼之平素多鬱嗜最傷脾胃胃虚肝乘納食則嘔脘中板梗如拳是中虚氣滯痰結診脉沉細形神皆衰棘手重症勉方斟酌

桂心　乾姜　砂仁　白芍　白朮　陳皮

白芍　木香　半夏　海蜇　荸薺

服藥已來痛發脹未發不發則已發則寒時令人不可受痛止則如好人一樣經以五行之速莫逾風火鬱火鬱則風氣滞濕鬱生虫此虫不殺此風不可散此大不可涼鬱宜目不可補亦不可破調衝任利陽明氣血融和不止痛而痛自解不

667 王仲奇醫案

《王仲奇醫案》,不分卷,王仲奇撰。《中醫人物詞典》記載,王仲奇(1881-1945),名金傑,號懶翁,歙縣(今屬安徽)人。其曾祖學健、父養涵爲新安醫界名家。幼承先人之教,博采諸家之長,其學遠宗仲景,近效程杏軒,尤勤研吴謙著作。二十二歲即懸壺鄉里,以善治温熱著稱,後以擅長調理馳譽滬上。此鈔本成書年代不詳,從醫案内容看,大多爲王氏遷于杭、滬時所診病案。每半葉八行,以"萬亨和"紙抄就,無序跋與目録。《中國中醫古籍總目》載録爲清鈔本。現藏于上海中醫藥大學圖書館。《中醫古籍珍稀抄本精選》第十七册收録該本。

該書收載醫案約一百則,均是王仲奇先生臨診醫案。以内傷雜病爲主,其中不乏危重症、頑症。《中醫古籍珍稀抄本精選》該書提要總結王氏之案"案語樸實,描摹病狀詳盡細緻,比喻形象貼切","引經據典,旁徵博采,思路清晰。辨證上重視臟腑、經絡理論。治療時經方、時方并舉,惟求一效,無門户之見","臨證重視'腦'的生理病理,治療多從調補肝腎、督脈入手。擅長治療瘀血病症,用藥多取辛香行氣、辛潤通絡之法"。

《王仲奇醫案》是王氏臨診醫案輯録,代表了王氏的學術思想和用藥特色,具有非常鮮明的時代感,醫案中夾雜一些西醫用語,但辨證用藥却堅持中醫特色,參西而衷中,值得後世學習。

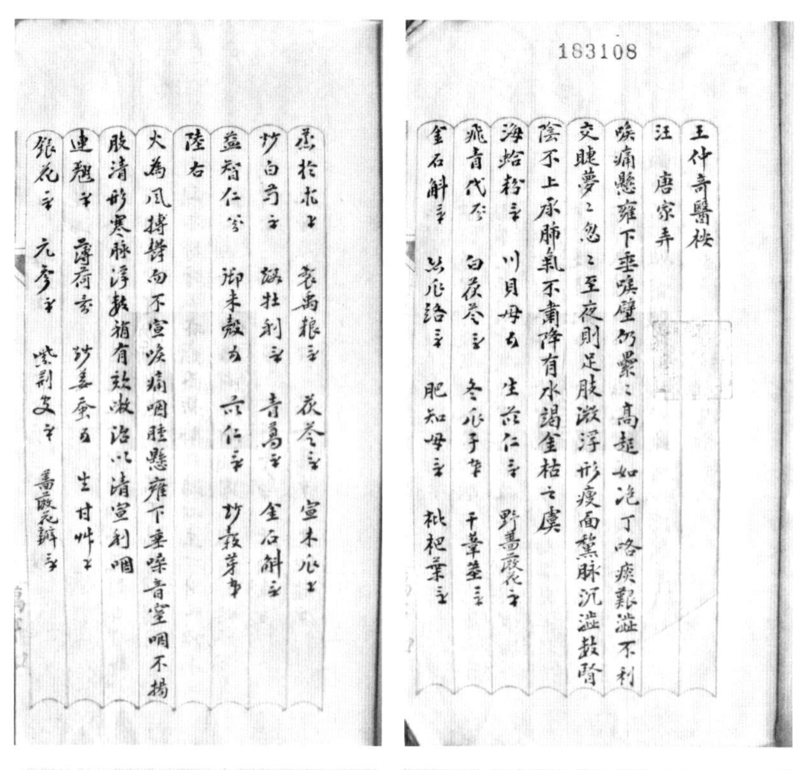

183108

王仲奇醫按

汪 唐家弄

喉痛懸癰下垂喉壁仍纍纍高起如泡丁咯痰艱澀不利

交睫夢夢忽忽至夜則足肢微浮形瘦面黧脉沉濇數脅

陰不上承肺氣不肅降有水竭金枯之虞

海蛤粉 川貝母 生苡仁 野薔薇花

飛青代 白茯苓 冬瓜子 干葦莖

金石斛 絲瓜絡 肥知母 枇杷葉

於朮 萎禹粮 茯苓 宣木瓜

炒白芍 煅牡蠣 青蒿 金石斛

益智仁 御米殼 苡仁 炒穀芽

陸 右

火為風持鬱而不宣喉痛咽腫懸癰下垂噪音窒咽不揚

脉清形寒脉浮數宜有效嗽治以清宣利咽

連翹 薄荷 炒姜蠶 生甘草

銀花 元參 紫荊皮 薔薇花瓣

左秦艽 白夕蒺藜 桑寄生 夜交藤

鹿啣草 淮牛膝 巨勝子 左牡蠣

金石斛 炒川柏 白茯苓 明天麻

忍冬藤 功勞葉

又二診

腎臟精氣內奪腦筋力量不贍手麻足痠起立舉步殊難

自立平失聰而脹聲音咽而澀交睫汗洩見譫語口言語

昏向左喝亦稍見瘥鼻血已止溺管作痛脉未弦濇退熱

西珀膺 空飲 椒丸

又四診

營謀不利又遭大故志意不樂精神痛苦心血腦力交瘁

陽動少藏頭眩畏煩神思不寧夜眠不安肉瞤筋惕頭面

及掌心炎熱膂背痠痛不食不飢食亦不厭脉濡濇而弦

此為精神衰弱之證然左肢及偏左頭面自覺酸木或稍

有浮腫是則厥中之萌當怡悅靜養為宜

左牡蠣 金石斛 夜交藤 川續斷

668 王應震要訣

《王應震要訣》,不分卷,一册。清王應震著。該書係王應震的臨證心得。現存清光緒年間鶴沙鹿溪傅顔莊鈔本,藏于上海中醫藥大學圖書館。《中醫古籍珍稀抄本精選》第十五册收録該本。

本書載録《王應震先生四十四字要訣》《脈法》《傷寒賦》《湯論》及《脈案》。扉頁右側署"光緒著雍閹茂歲次重訂"字樣。《王應震先生四十四字要訣》以四言歌訣形式論述治則治法、診脈方法、脈象描述等,如"理固潤澀、通塞清揚"等;後再對諸治法以七言歌訣形式加以闡發,如"潤"字條,作者闡述爲"肺爲華蓋去皮毛,金體由來畏火銷。便燥皮枯津液涸,滋營潤燥有功勞";在七言歌訣基礎上,著者又進一步詳細講解,這是書名取"要訣"的原因所在。《脈法》論"寒症脈法""熱症脈法""虚實症脈法"和"虚損辨症脈法"。《傷寒賦》凡四百餘字,論述傷寒的治則治法、主要脈證。《湯論》記述五首經驗方,分别爲"和榮解表透肌湯""清解風熱保肺湯""透發痧疹邪毒湯""調養脾陰湯"和"補火生土湯"。《脈案》記載醫案二十三則,除三則婦科病案外,其餘皆爲内科病案。書末另附《雲間程氏紹南先生醫案》,介紹醫家程紹南(生平不詳)内科、婦科醫案,共八十七則。附文的書法、紙張與正文明顯不同,且文中有川沙、浦東等地名。

該書文字不多,但内容豐富,囊括作者論病論方、傷寒診治、脈法脈案的學術思想與臨床經驗。其中核心部分是"四十四字要訣"及其闡發,正如書中所言,"以上四十四字乃王應震秘傳,醫中之精髓,明足以察秋毫之末,朝夕玩索,自能得之於心,而應之於手"。另外,書中還抄録王應震《示子孫慎醫歌》長詩一首,其中有"效法古方毋固執,常變相臨辨要真。果能造到逢源地,信手拈來總是春"的語句,可以看出這位清代醫家的胸襟和氣度。

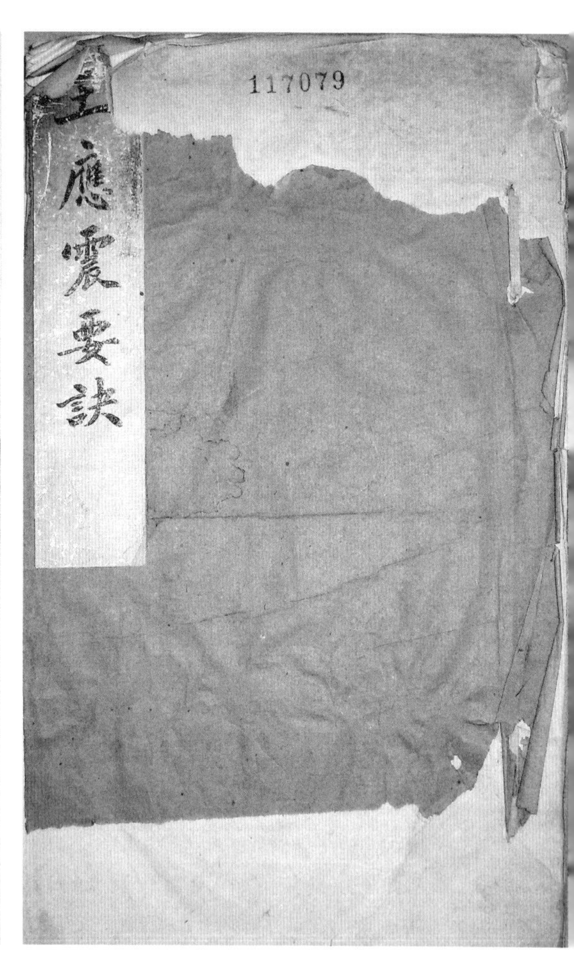

王震雲先生診視脉案　　鶴沙鹿溪傅顏莊謹鈔

四大家辨寒熱虛實損脉法必要

四十四字要訣　　望聞問切

寒症脉法　　熱症脉法

虛實症脉法　　虛損辨症脉法

傷寒賦　　傷寒和營透表解肌湯

清解風熱保肺湯　　透發痧疹邪毒湯

潤養脾陰湯　　補火生土湯

培養精氣充足　　嘔惡作瀉畏寒

669 丹徒王九峰先生醫案

《丹徒王九峰先生醫案》,不分卷,一册。是本無抄録者和抄寫時間記載,亦無序跋。王九峰介紹見本書"008六氣論"。成書時間約在清嘉慶年間。現存鈔本,藏于上海圖書館。

此本爲王九峰内科醫案,目録分爲時邪、瘧疾、泄瀉、痢疾、頭痛、眩暈、中風(附肝風、痰厥、癲癇、風痙)、癲狂、肝鬱、脚氣、情志、虚損、痰飲、諸蟲、心腹痛、脇痛、腰痛、嘔吐胃反、關格、積聚、痞滿、腫脹、黄疸、汗症、怔忡、驚悸、不寐、三消,共二十八門。所收病案簡潔,詳病機脈證而略方藥,每門醫案均不録病者姓名、年齡、居所,而直接記載症候、病因病機、舌脈和用藥。

是本爲王九峰氏流傳醫案之一,部分病案見于秦伯未《清代名醫醫案精華》一書,風格亦同。此本裝幀及品相均較好,抄録工整,書法有力,并有朱筆圈點。

丹徒王九峯先生醫案目錄

一卷

670 方案

《方案》,不分卷。不著撰者,成書年代不詳。《中國醫籍大辭典》計收《方案》三種,前兩種亡佚,後一種爲方書,與本書無涉。本書計八十葉,無序跋,無目録,約八千字。《中國中醫古籍總目》載録爲清稿本。現藏于上海圖書館。

本書是一部醫案集,計收病案七十例,不分章節,衹是將病案一則則道來。如:"奶奶,肝用太過,氣失調達,血分以致不宣,脘腹引痛,經前爲甚,經至淋漓,脈弦頗甚,皆營虚而陽亢也。先從肝氣疏通,以和經隧。山肉桂二錢,鷄血藤三錢,瓦楞殼二錢,全當歸三錢,炒延胡三錢,製香附三錢,烏藥二錢,淡吴萸川楝子三錢,茯苓四錢,加靈磁石(鍛)二錢。""二診,肝木易動,甚至懊憹如暈,小腹膨脹,脈弦。再以平肝鎮心爲主。製首烏四錢,麥冬二錢,制香附三錢,炒白芍三錢,丹參二錢,鍛磁石二錢,北秫米四錢,炒白薇三錢,茯神四錢,炒金鈴二錢,廣鬱金二錢,加冬青子(製)三錢。"

本書所記之病較龐雜,不分内、外、婦、兒科。所述症候大多較爲簡略,有的有治則,有的無治則;所用之方,大多自創,無方名。病人的記述一般衹録姓氏,不載性别、年齡,很多病案的稱呼有很大的隨意性,如"少荃兄""宜兄""二少奶奶""三少奶奶"等。總而言之,作者所述醫案症狀簡略,主症不清,醫理論述粗淺,讀後不甚明瞭。字迹潦草,錯字頗多,辨識不易。本書更像一本作者隨診備忘録,并非真正意義上的著書立説。

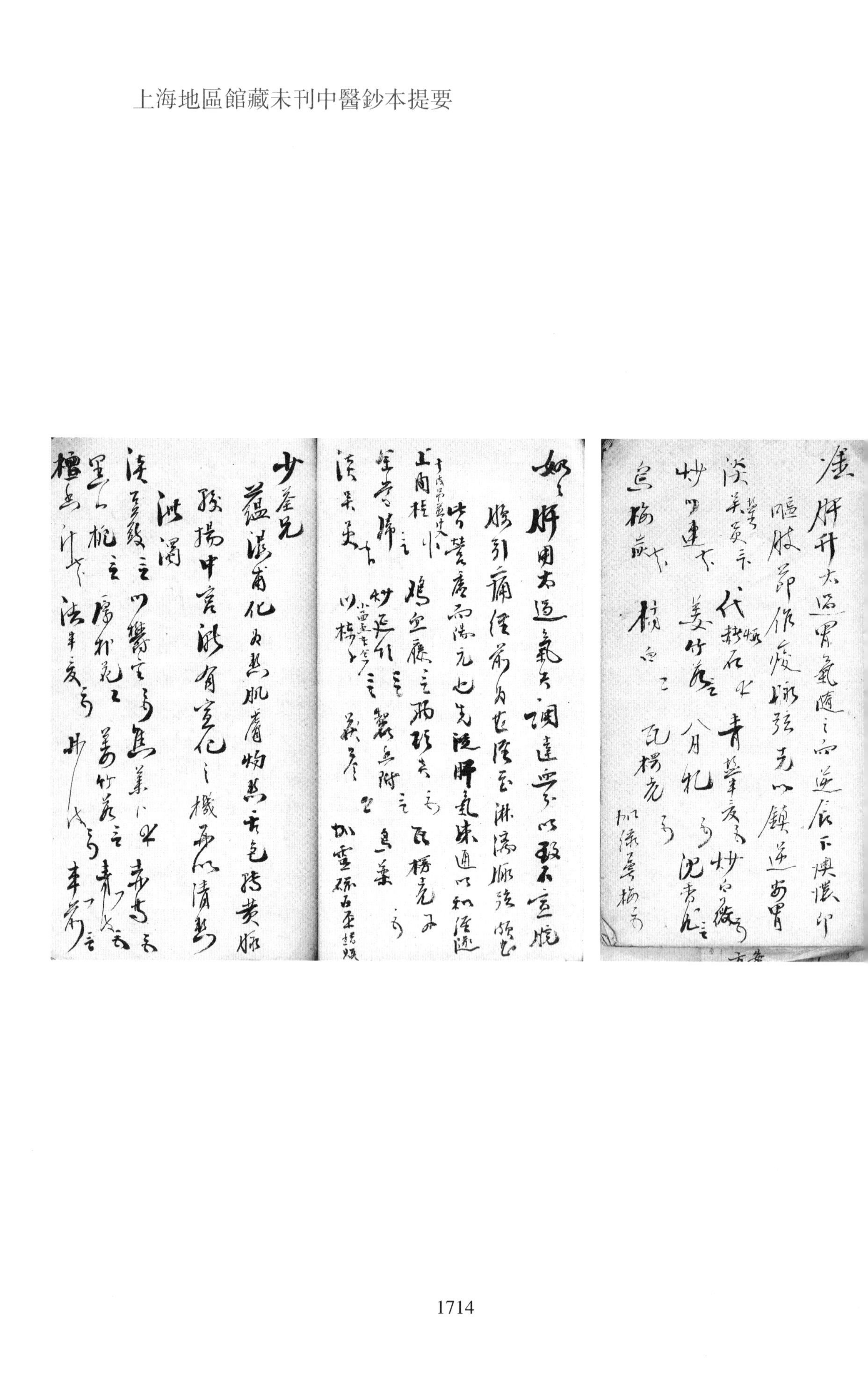

671 世濟堂醫存

《世濟堂醫存》,上下兩卷,《中國醫籍大辭典》載録爲三卷。不著撰者。成書于清同治九年(1870)。按《中國醫籍通考》,何元長有《世濟堂醫案》,此《醫存》當亦屬之。將此本與《重古三何醫案》中“何元長醫案”、《何元長先生醫案》《葉天士曹仁伯何元長醫案》之“何元長醫案”對比後發現,此本與其他三書内容幾近相同,唯目録編次或醫案完整性上有异。如《重古三何醫案》等書中“乳巖”在卷下,“胃痛”“温熱暑濕”在卷上,“囊痛”“淋濁便血”“瀉痢便血”“便閉”“調經”“帶下”“胎前”“産後”在卷下等。由此可考訂此書應爲何元長先生醫案之不同傳鈔本。何元長(1752–1806),名世仁,元長乃其字,晚年遷居福泉山重固鎮,因號福泉山人,青浦(今屬上海)人。《何元長傳》言何氏多嗜好,最初喜書畫篆刻,不肯爲醫,然少孤,祖父何王模以醫致盛名,即以技授元長。何氏擅望、聞之術,以醫負盛名三十餘年,决生死于頃刻,人比之吴郡葉天士、薛生白二君。曾著有《治病要言》四卷、《何元長醫案》八卷、《傷寒辨類》二卷。原鈔本無序跋,有目録,現藏于上海中醫藥大學圖書館。

上卷列中風、肝風、乳巖、虚勞等十二種病證,下卷列胃痛、瘧、痹、黄疸等二十二種病證。下卷正文中的便閉、調經、帶下、胎前、産後五證,目録未載,故《中國醫籍大辭典》將其歸爲卷三。本書病案撰寫完整,理法方藥悉備,如治療“咳嗽失血”:内熱咳嗽,舉動頭暈,中虚氣不歸根,用黨參、麥冬、川貝、首烏、橘紅、蛤殼、沙參、丹皮、牛膝、桑葉、紅棗等;原氣素虚,挾温邪咳血,纏綿不已,下午身熱,脈數神倦者,用黨參、丹皮、牡蠣、白芍、麥冬、橘白、茜草、藕節、川百合等;蓄血妄行,體倦脈軟,神色萎黄,宜從心脾腎調理;久嗽中虚,惡寒内熱者,保肺育陰;肝胃熱鬱,絡傷咯血,法以清理疏肝；久嗆不止，肺虛肝火上衝，法以保肺疏肝；内蘊暑邪，咳痰帶血，六脈洪大不柔，補陰劑不宜早服；咳嗆穢痰帶血，右脈弦數，由氣鬱絡傷，肺金交克，冬至已近，須開懷調養；煩渴咳嗆失血，兩膝痿軟，乃膀胱之氣下陷，津液不上承，宜玉女煎佐固攝；少陽熱鬱，肺氣不利，脈不柔軟，法宜清潤；氣鬱絡傷，失血膈脹，肝失所養，恐侮土成脹法，以歸脾佐以疎鬱。遣方用藥，靈活多變，治病不限用藥一途，調暢情志，生活攝養亦常常采用。

本書所選醫案切于臨床，言簡意賅，直點病機，有裨于後世學者。

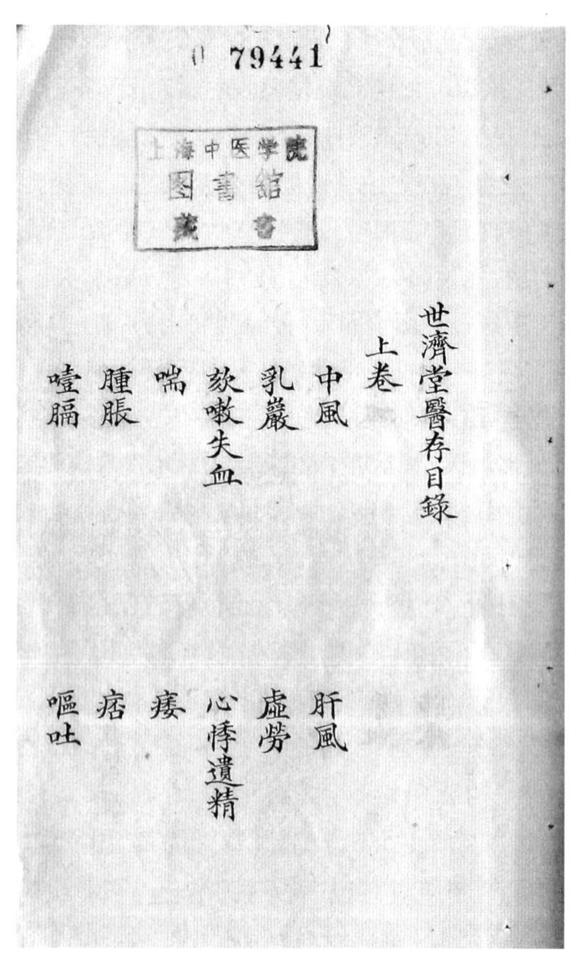

世濟堂醫存目錄
上卷
中風　肝風
乳巖　虛勞
欬嗽失血　心悸遺精
喘　痿
腫脹　痞
噎膈　嘔吐

下卷

672 世濟堂醫案

《世濟堂醫案》,不分卷,清何元長撰。何元長介紹見本書上一篇。該書由蔚若抄藏,有目録,無序跋,有"聽松館"等藏章,扉頁誤作"何長元"。現存鈔本,藏于上海中醫藥大學圖書館。《中國中醫古籍總目》載《世濟堂醫案》又名《何氏醫案》《何書田先生醫案》,清何其偉(慶曾、韋人、書田)撰,成書于1837年。《中國古醫籍書目提要》亦言何其偉撰,成書于1850年。何書田乃何元長之子,此二書載爲何書田撰,不知所據爲何。

該鈔本爲何元長先生臨診醫案,按目録分作類中、肝風、虚勞、咳嗽、吐血、肺痿等四十類,每類下録醫案數條至數十條。醫案以内科病證爲主,兼及女科、五官科。何氏治病,辨證精細,用藥輕靈,隨證消息。如"類中"一症,何氏認爲"脈來虚軟,元氣不足"者,法宜温補,多用潞黨、當歸、酸棗仁、半夏等;"陰液虧而内風煽爍"者,多用熟地、淡蓯蓉、枸杞子、酸棗仁等;"營虚挾濕"者,標本兼顧,多用白术、枸杞、續斷、木瓜等;"氣鬱挾痰"之舌本不利、四末不仁者,多加新會皮、白蒺藜、遠志等;"陽氣虚而濕痰内滯"者,宜燥土滌痰,佐以活絡;"陽氣虧而痰滯脈絡"之肢麻言謇、脈來無力者,以半夏白术天麻湯加減治療等。另外,何氏治病重視病機,病機相同而病症不同者,在治本的基礎上靈活加減。如"肝風"一症,上冒可以引起頭暈目昏、膈脹嘔惡、心嘈不寐、頭暈心悸等不同病症,雖病不同,但均由肝風引起,治療則以平肝潛陽、養血滋陰爲主。

何氏醫案繼承清代醫案的優點，言辭簡潔，完整扼要，寥寥數語，即點明主訴症狀、病機要點、治療原則、方藥劑量等，有利于後學學習。

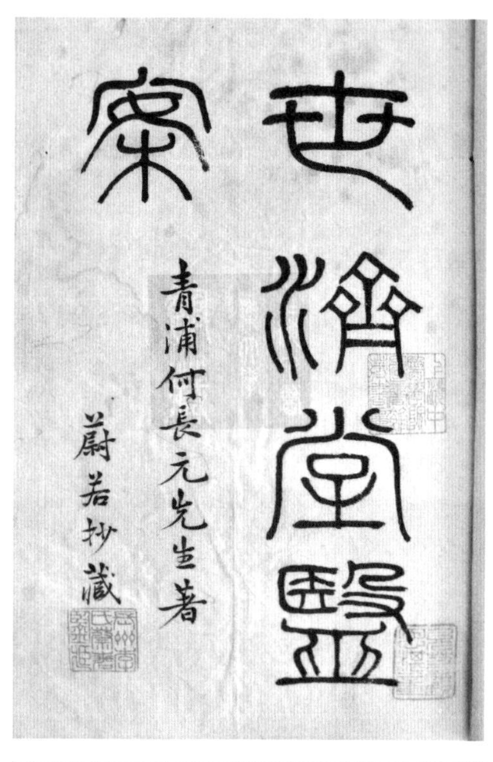

世濟堂醫案
青浦何長元先生著
蔚若抄藏

世濟堂醫案目録

類中

右半身不遂脉来虚軟元氣不足也法宜温補
潞黨蔘　當歸身　酸棗仁　法半夏　茯神
鹿角霜　製白朮　枸杞子　炙甘草　加霞天膏
陰液虧而内風煽爍癥屬偏枯法當柔劑養營
炒熟地　淡蓯蓉　當歸身　茯神　炒棗仁
柏子霜　枸杞子　元紅花　川斷　加酒炒細桑枝
右膝腫痛筋拘不仁此營虚挾濕也標本兼顧
生白朮　甘枸杞　川續斷　炒宣木瓜　赤茯苓
熟地　鹿角霜　厚杜仲　五茄皮　加油松節
内熱脉数癥屬偏枯

肝風

厥陽化風上冒頭暈目昏此血虚肝旺也宜養營以熄風
製首烏　麥冬肉　白蒺藜　杭甘菊　女貞子
當歸身　白芍藥　石决明　冬桑葉
膈脹嘔噁飲食頓減肝風犯胃也脉象弦大暫擬苦泄法
羚羊角鎊　法半夏　川鬱金　雲茯苓
石决明　肥知母　新會皮　生甘草　加竹茹
心嘈不寐並四肢發麻此肝鬱生風也先宜苦泄然後進補
川黃連　鬱金　麥门冬　石决明　炒棗仁
製首烏　茯神　川貝母　懷牛膝　加冬桑葉
頭暈心悸六脉不静虚風内動也須安養調攝

673 古松石齋醫案

《古松石齋醫案》，不分卷，一册。作者不詳，無目録、序跋。全書共計一百十葉，約兩萬七千字。《中國中醫古籍總目》載録爲清鈔本。現藏于上海中醫藥大學圖書館。

本書分中風門、風寒濕痹門、虚勞門、痰飲咳嗽門、吐血門、淋濁尿血門、肝脾胃門、三消門、痢門、爛喉丹痧門、濕温門、冬温門等二十八門，共載醫案二百五十九則。前爲内傷雜病，後爲時疫温病。所録醫案行文簡潔，往往衹録病機、舌脈、治法，方藥多不載劑量。如咳嗽門一案："風温侵肺，咳嗽爲疾，舌黄脈數，宜以辛解。牛蒡、杏仁、橘紅、枳殼、薄荷、山梔、前胡、象貝、米仁、桑葉、赤苓、竹茹。"無冗贅之語。又有數案天頭有標注，寫明爲某方加味，便于查閱。

此本所録醫案雖簡潔，但載復診較詳，多爲再診、三診，甚而有五診者。每診記録病人服藥後病情發展及轉歸，寥寥數字，簡明扼要。至于論治疾病，多執名方，用藥穩而不失，如辛解用牛蒡、連翹、薄荷，辛散用麻黄、桂枝、蘇子，痰飲用二陳，補脾胃用參、苓、术、草等，對現代臨床有一定的參考意義。又頗推崇張景岳法，如以金水六君法治肺脾腎三臟同病之虚勞痰喘等，有一定參考價值。

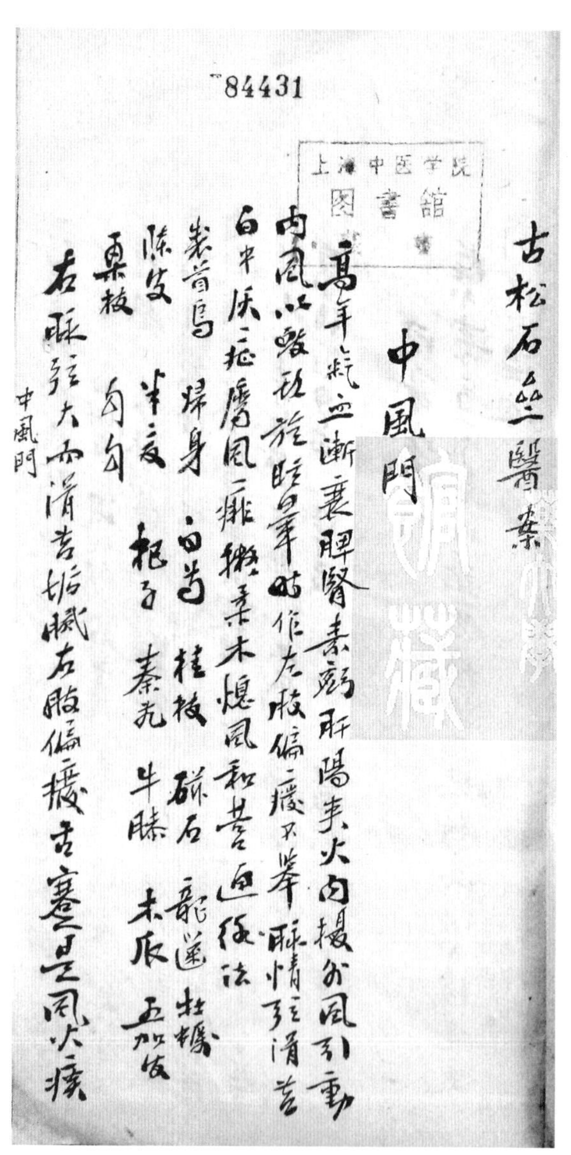

古松石齋醫案

中風門

高年紀血漸衰，腎素虧，肝陽夹火內擾，致風引動內風，以致眩旋暗日，年時作，左肢偏痿不舉，脉情弦滑，苔白中灰，症屬風痱，擬柔木熄風和營通絡法

炙首烏　歸身　白芍　桂枝　磁石　龍齒　牡蠣
陳皮　半夏　杞子　秦艽　牛膝　木瓜　五加皮
桑枝　鉤鉤

右脉弦大而滑，苔垢膩，右肢偏痿，舌蹇，是風火痰

中風門

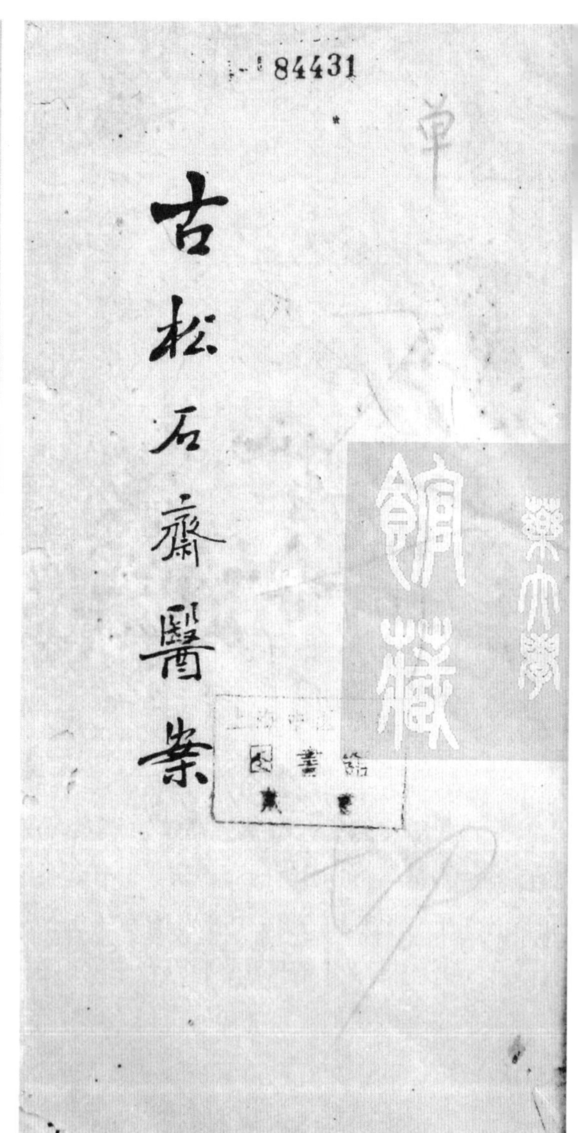

單

古松石齋醫案

674 存養居醫案

《存養居醫案》，不分卷，一册。清田小園（正文首頁有"青浦重古何鴻舫門人田小園著"字樣）撰。何時希《中國歷代醫家傳録》載：田筱園，青浦縣小蒸人，精通醫道，名重一時。古籍中"小"與"筱"常通用，田小園，當即田筱園。《中國中醫古籍總目》載録爲清鈔本。該書正文每半葉十二行，每行二十字左右，字迹工整，全書八十七葉，總字數在四萬字左右。封面題"存養居醫案"，扉頁爲目録，正文首頁題有"存養居醫案上"字樣，第二行下部鈐有陽文篆字"季達"圓形印章。現藏于上海中醫藥大學圖書館。

該鈔本載録春温、風温、濕温、冬温、伏氣温病、大頭瘟、瘢、疹、痧、瘖、霍亂、伏暑、吐瀉、暑濕、秋燥、風濕、風熱、寒濕、痢疾、瘧疾、類瘧等二十一種病證，一百八十四則醫案。行文格式，先闡述病證涵義，分析病因病機，接着講明辨證要點，概括治法治則，最後附上醫案，以臨床實踐證明理論觀點。如"春温"，先闡明理論："春温：春温、冬温、温病、熱病四症，方書統謂之温病。温邪由口鼻而入，有當時即發者，有寒邪伏久而發者，又有外邪引動伏邪者。臨證之際，須辨其有無外感，分邪之在氣在血、上中下三焦施治。初起挾風者，兼參辛凉解表法；挾濕者，兼參清宣泄化法。及至化熱傳變，四證病狀仿佛相同。"再附病案："胡左，外感春温，邪鬱束表，熱從裏化，致形凛，身熱不揚，無汗咳嗆，脇疼肢痛，渴飲欲嘔，脈細，苔黄尖乾。此邪鬱表裏，若不得汗，恐其内傳，亟宜辛凉開泄，否則致變。牛蒡子三錢，光杏仁三錢，苦桔梗三錢，冬桑葉四錢，淡豆豉三錢，大連翹三錢，象貝母三錢，淡黄芩四錢，焦山梔四錢，炒蔞皮三錢，廣鬱金四錢，廣橘絡六錢。引葱白一枚，枇杷葉（兩張，去毛）。"并列復診病情變化及處方用藥。

該鈔本最大特色是理論聯繫臨床，作者根據清代温病學理論成就，闡明春温、風温、濕温等各種温病的特點，并結合病案加以驗證。同時除温病外，還涉及寒濕、痢疾、瘧疾等雜證，强調臨證須辨别有無外感、伏邪，以及邪在氣、在血、在三焦等，分别施治。有裨于教授後學，傳承精華，也可供現代臨床醫師參考。

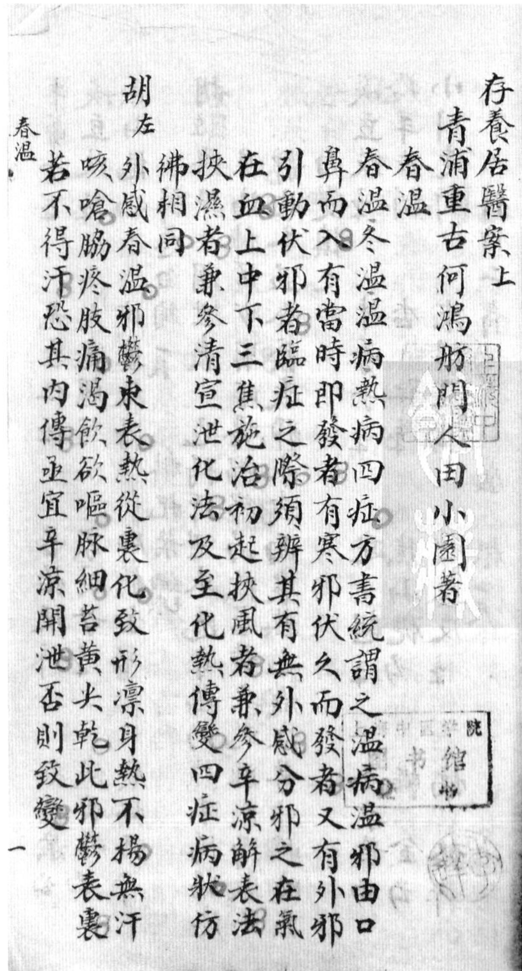

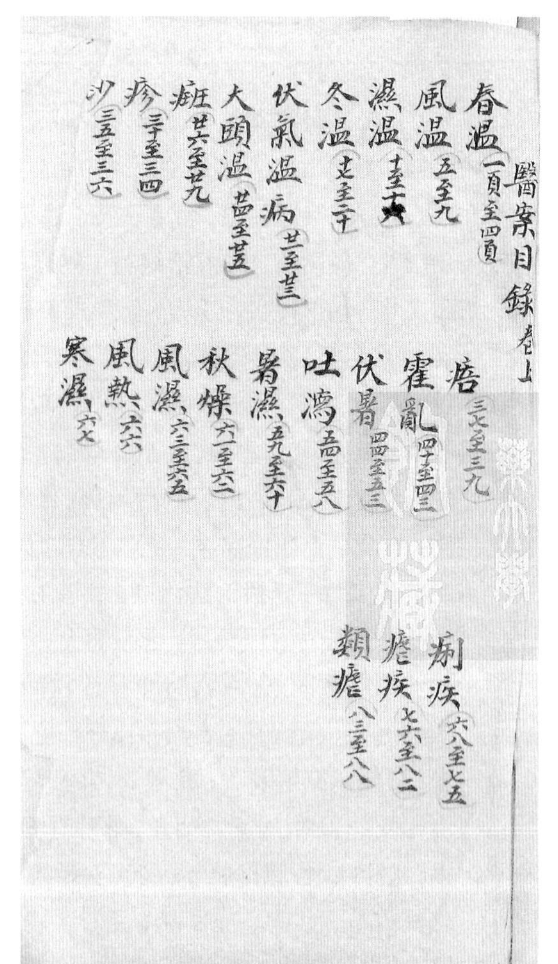

675 存養軒草案存真

《存養軒草案存真》，不分卷，一册。無目録，未注明作者。封面題有書名“存養軒醫案”。扉頁題有“醫案存真”“存養軒藏”字樣。第三頁題有“存養軒草案存真”字樣，在其上下鈐有六處篆字印章，分别是“心存樸淵”“活生度”“黄錫祺印”“黄人澹印”“菊泉”“著手成春”。正文首頁鈐有四枚篆字印章，分别是“活生度”“黄人澹印”“菊泉”“黄菊泉診”。末頁鈐有兩枚“黄菊泉診”篆字印章。書中散見十餘處小指甲大小篆字“菊泉”“黄人澹印”印章。此可證該書作者當是黄菊泉，人澹、錫祺乃其字號，存養軒爲其書齋名。《寶山縣志》記載：“清光緒二十四年(1898)，里人黄菊泉發起重修(香花橋)。”考香花橋位于今上海市寶山區大場鎮東邊寶華寺門前。1872年4月28日《申報》所載《殺生孽報二事》報導有“友人某言同善堂有外科醫黄菊泉精於治瘡癤”語。《莫友芝年譜長編》載：“十二月初六日(1865年1月3日)，訪計棠，同過王鴻訓。黄菊泉相訪，湯裕同至。”據此可知黄菊泉是上海寶山區大場鎮人，大致生活于清道光至光緒年間，該書係作者自抄診療醫案。正文每半葉八行，每行二十字左右，共二百十七葉，總計三萬五千字左右。前四葉及第二百至二百十七葉爲粗筆書寫，其他頁均爲細筆書寫。現藏于上海中醫藥大學圖書館。

此本首頁載治瘋藥酒方、目疾方、大麻瘋煎藥方等三首藥方，末載治流注方等三首藥方，中間部分全是醫案，共一百四十五則。涉及發熱、濕温、經帶胎產、下痢、勞傷、温邪時感、温邪重感、冬温春發、伏邪内熱、産後熱痢不止、風温壯熱無汗、温邪壯熱、濕熱挾積、暑熱暑温、痧疹等病證。病患老壯婦幼皆有，并注明居住何莊何村，又詳細記録首診、復診、再診的病證變化。叙述每從分析病機入手，如：“陳左，復診。温風襲入肺金，爲咳嗽；熱灼無汗，太陰之濕未化，陽明之熱内熾。”内容多少不一，簡潔明瞭，無冗贅之語。如：“南黄村，許左。伏邪壯熱少汗，刻經兩候，咳嗽甚重，痰粘，逼發紅白疹，但内陷神昏，渴飲唇乾，舌白膩尖絳，脈弦數大。症屬非輕，防生昏變，袪正。鮮沙參（洗，杵）八錢，鮮石斛（洗，去根杵）五錢，牛蒡子（研）四錢，淡黄芩五錢……”

從所載醫案可知，作者多宗清代温病大家葉天士、薛生白、吴鞠通、王孟英學術思想，診治每從温病入手，辨證常以三焦爲綱，方藥味少力專，喜用鮮石斛、鮮沙參、淡黄芩、鮮生地、連翹、山梔、瓜蔞仁、桑白皮、蘆根等藥，可供現代臨床醫家研究借鑒。

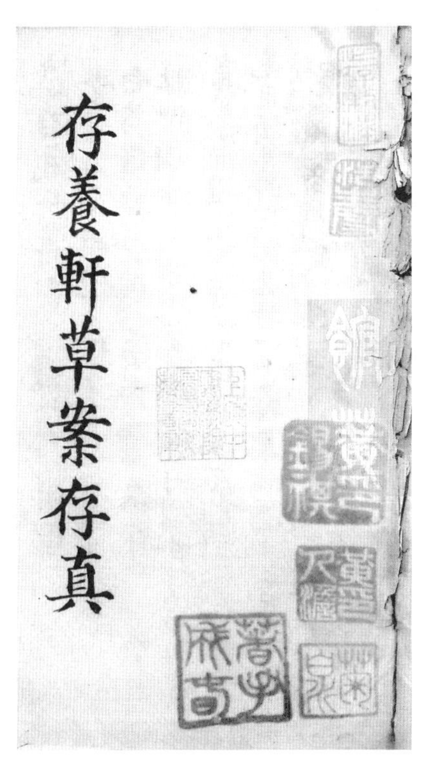

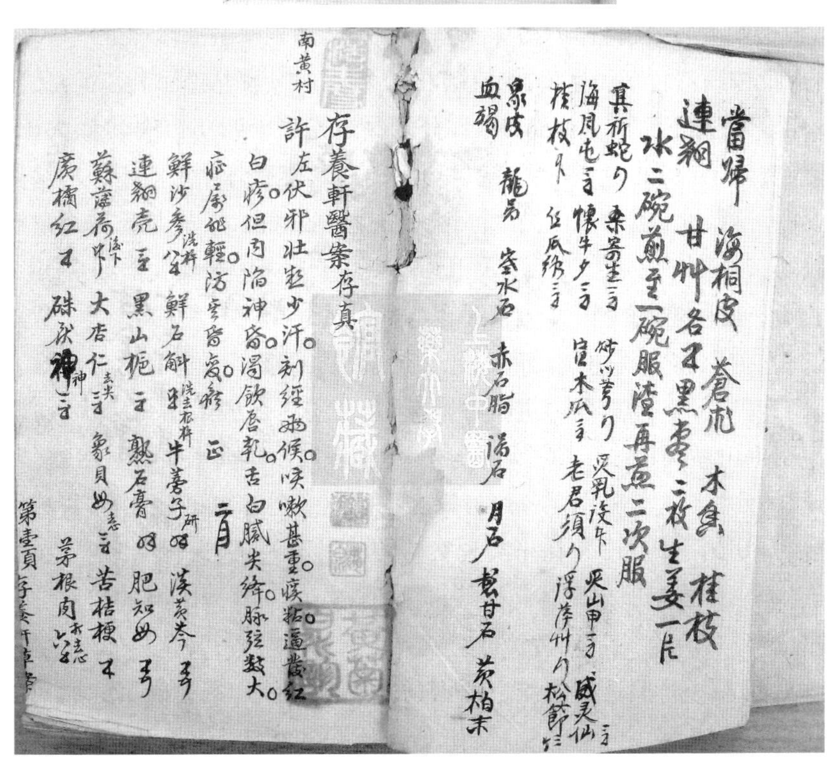

676 竹亭醫案

《竹亭醫案》，九卷，八册。成書年代不詳，《中國中醫古籍總目》載録爲清稿本。書中序最早爲道光二十四年（1844），可見稿本應成書于1844年以前。清代醫家孫采鄰原撰，程定治（字濟霖）、金傳勳（字繼文）與侄蘭生（字芳田）、慶生（字景劉）以及子鶴生（字于九）、鳳生（字茂常）繼其業，合校此書。孫采鄰，字亮揆，又字竹亭，祖籍崇川（今江蘇南通），清代名醫，精内外大小各科，尤于婦人科見長。是本封面無題名，從每卷卷首可知書名爲《竹亭醫案》，而書中版心另題名曰"綴珠編"，以喻作者所列醫案如珍珠般串聯之義。扉頁眉批按語："竹亭先生生於乾隆卅年，其尊人雨香生於雍正五年，父子均享大年。"是書正文前有序言四則，分别爲道光二十四年（1844）顧大田序、光緒戊寅四年（1878）季春孫男沈鳳生序、卓序、李夢蓉序。前兩序均論述并頌揚作者編撰此書之功績，後兩序則介紹該書收藏的情况，是書曾爲卓重金購藏，後又由顧坤一收藏。現存孫氏稿本，藏于上海中醫藥大學圖書館。《中醫古籍珍稀抄本精選》第九册收録該本。

是書前六卷多爲内科雜病，後三卷爲女科專病。每卷前均附目録。目録編寫特點之一，即與今之主訴較爲相似，由患者名與最主要症狀組成，如"廣東董荆山左頭角并頤頰漫腫治驗""總司陳岐山嘔痛痼疾常發治驗"。目録編撰另一特點是：分别在各條目録之上標注一至五個圓圈不等，實爲作者以之區别病證之輕重，并在正文列案時標注㊀至㊄，與目録圓圈個數相符，使讀者能一目瞭然地把握該病的輕重緩急。如卷三的"楊德裕向有吐血症，今夏冒暑身熱治驗"案，用香薷飲合六一散清解暑邪後，又化裁加減，兩方各服一帖，復診後再服清解濕熱之方兩帖即愈，病程短，經過簡單的加減化裁即愈，故此病輕緩，標注爲㊀。又如女科卷一的"木川陸獻乃室嘔吐半載危症治驗”案,嘔吐半載,經土醫調治,并無好轉,病情嚴重,用扶脾養肝緩緩調治,後經七次復診,不斷調整方案,直至嘔吐痊癒,仍用丸劑以善其後,可見此病危重,治療也頗爲複雜,故標注爲㊄。書中涉及的病證豐富,既有常見的感冒咳嗽、咽痛嘶啞,亦有瘰癧痧痘、霍亂吐瀉等危重症,多數病案記載病情複雜,多種症狀交織,還有痼疾日久、感邪復發的慢性病醫案。所録醫案多有復診,詳細記録病證的發生發展、治療經過、療效轉歸等,對于整個疾病變化及治療有較完整的認識。書中偶有眉批按語,對醫案略作補充或點評,也有一定的價值。

是本所載醫案,涉及病證豐富,對于内科雜病、婦科專病的辨治均有獨到見解,可見孫氏醫術之全面。書中醫案對患者信息、症狀特點、病機分析、就診過程、病勢轉歸等均有詳細記録,各案還巧妙標注疾病輕重緩急。案中處方用藥温和平正,鮮有峻烈之品,若必須用攻逐之劑,必會調補脾胃,益氣養血,以扶正達邪,使之攻不傷正,待病痊癒,還常用丸劑作後期調理之用,頗爲周全。是本内容豐富、論述詳盡,對于臨證施治具有極高的參考價值。

按竹亭先生生於乾隆卅年，是尊人雨香公於雍正五年，父子均享大年

竹亭先生崇川舊族，遺緒後以醫術著名，精理內外大小各科，尤於婦人科爲特長。暇日集所診定經驗方案若干卷，顏曰《綴珠編》。蓋先生儒而醫者也。文章之事，通於性命而得失之故，貫於天人。軒岐之道，與孔門之道，千古同一理也。先都運公自致政歸，家居二十載，亦嘗喜讀靈素書。猶憶初見先生時，談頃即深相引重，曰窩居抱負，道必大行。及觀其書，每多巧發而奇中，可見心靈智巧而能用意精

綴珠編

通，誠有得乎倉扁元化之遺。假有良史，必予長桑祁華之下，有采而知也。春適侍側，得聞庭訓，至今不忘。先生三十年來歷治險症，活者甚衆，方案特十之一二耳。其中奇正相生，變化不測，計以嘉惠後學者不少。立業安言，不煩用藥，無一味虛設，尤可寶貴。與日付諸剞劂，傳世不朽，豈揚廣大救世無窮，豈醫家以一技自鳴而墨守一隅者所可論也。

道光二十四年歲次甲辰仲冬吳門眷大田春林甫識

竹亭公手筆，道光年間舊鈔本，價值可貴，勿輕視之。蘭雪老人題"醫門珍笈"四字寶之。

嘉道間名醫竹亭孫公與雨城、雨田儕名。程郎六田後孫公避，因雨田先生之歸道山。此事聞諸蘭雪老人。蓋雪溪公乃顧大之室月弟子，老人又云孫公之醫術曾未寓目，今得見古人手筆，真夢想不到，快何如之，豈獨眼福而已也。又云此公心思靈巧，先祖曾言及往往用藥有奧妙，看似無味，卻有奇效，與時醫計常用之藥迥別。當時雨田、陽人等諸名醫俱甚欽佩，每逢疑難雜症，必紹介於孫公也。可見人之智慧大不同。

辛亥仙洲日記，遇人寶珍物，加特示人。

竹亭醫案目錄

卷壹

綴玉編 目 一

③

竹亭醫案卷之壹

受業程定治濟霖
金傳勳繼文

古吳孫采鄰亮揆甫著　姪蘭生芳田
男鶴生于九
鳳生茂常仝較

陸廷佐年五旬乙丑五月時熱四日頭痛身熱舌苔膩白胸悶口乾而喜熱飲脉俱沉象邪伏募原

蔓荊子二錢　防風一錢半　草蔻仁一錢煨　檳榔三錢
焦穀芽三錢　秦艽二錢　廣藿香一錢半　陳皮一錢半
薑製厚朴一錢半　加生姜皮五分　葱一大枝

服後熱漸緩胸稍寬而頭痛舌白未減此邪仍未離膜原也

又　復診方

羌活一錢半　荊芥一錢半　淡豆豉三錢　製半夏一錢半
檳榔二錢　草果八分煨　薑製厚朴一錢半　赤茯苓一錢半
甘艸六分　加葱白兩枚

服此頭不痛熱又減甚妥

綴珠編　卷一　一

677 竹斡醫案

《竹斡醫案》,不分卷,兩册。何其偉著,抄録者不詳。何其偉介紹見本書“144何氏藥性賦”。是本雖無抄録時間記載,但封底的裝訂襯紙上有“旗營兵餉”“京口旗營生息”等字樣,可證此本抄録時間當爲清代。現藏于上海圖書館。

是本上册收録中風、肝風頭痛、眩暈、虚勞、咳嗽、吐血、肺痿、遺精、淋濁、溺血、腫脹、痞、噎嗝、噫嗳、嘔吐反胃、便閉、哮、喘、呃、痘等二十門病案;下册收録濕熱暑疫、濕、疫、停飲、鬱、梅核氣、嘈、三消、瘧、瀉泄、痢、腸風、便血、痿、痛厥、驚悸怔忡、健忘、疝、胃脘痛、腰背酸痛、腹痛、耳、鼻淵、鼻衄、齒衄、舌、咽痛音啞、癆、乳岩、瘰癧膚癢、腸癰、肛漏、調經、帶、癥瘕、脚氣等三十六門類病案。病案簡潔,用藥有特色。下册後附有《專治時疫白喉嚨證論》一篇,詳細論述白喉的病因病機、症候、治法,頗具見解,有臨床參考價值。

何其偉爲晚清江南名醫,其醫案有多種鈔本,如《重固三何醫案》等,均未刊行。此醫案爲其中之一,對瞭解何氏醫學學術特色有一定作用。

竹幹山人醫案總目

上冊

總目　一

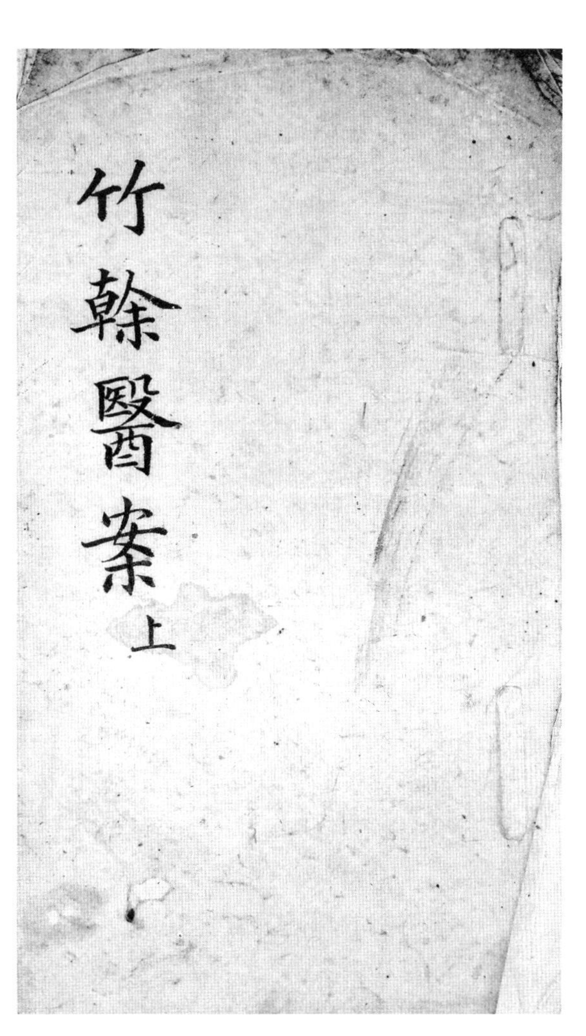

678 名醫方案

《名醫方案》，不分卷。未著作者。抄者不詳，唯書前有序，落款自稱“晚弟本源”，清道光戊申年（1848）季秋抄録于種玉書塾。《中國中醫古籍總目》載有清代徐渡忠所撰同名青蓮室鈔本，與此無涉。現藏于上海辭書出版社圖書館。

是書分兩部分，前有抄者序言。據序言，第一部分題爲《名醫方案》，又題曰《岐黄小品》。底本係購自廢書攤，爲薛一瓢、繆松心、錢斗光醫案。其體例爲方案中夾叙夾議。觀其用藥，與薛、繆二家似有不同，疑非二者醫案，或爲錢斗光氏方案。錢氏生平不詳，然觀其用藥法象頗類薛氏，或爲宗于薛氏者。其方案計有六十七則，内容多屬久病虚證内風。第二部分題爲《李正芳先生出診方案》，后附《李正芳先生藥局門診方案》，前者計方案五十三則，後者計有十則，内容多關温病。李正芳生平不詳，觀其用藥，與吴門醫家相仿。書末附有歲氣所屬以配君臣佐使表、分兩設約表、醫書目録、逐年五運化氣司天手足陰陽十二經主應十二月候表。

是書《岐黄小品》中涉及咳嗽、内風、虚損、出血等病證，《李正芳先生出診方案》多爲温病，尤其是暑病的治療，均頗能反映吴門醫派用藥特色。書中論治内風，從葉天士之説，認爲多屬肝腎虧虚，臟陰不足，風火内動，兼夾痰鬱，又每顧及時令，認爲春升之令，内風易動。至于虚損病證，多爲肝腎有損，以致風火易動。中有關虚陽上浮的鑒别辨證尤爲精辟。認爲命門真陰真陽相濟爲事，真陽不足，虚陽浮越，爲龍雷之火，當導之歸源；真陰枯涸，陽無所附，爲竭澤之火，當培其精血。二者治療不僅方法有異，難度亦不同，無形者易脱亦易复，有形者易虧而難乘。對真陰虧損重症，當用有情之品填補。當虚損涉及脾腎兩臟時，雖云補脾補腎當權其輕重，而實重後天建中爲務。在心腎不交的治療中，提出坎離分位，尤賴黄宫聯合其間，以培胃氣納穀爲首務。在血證治療中，强調水虧火升、逼血妄行的内傷出血證，故多以龍牡六味湯等壯水潛陽爲治。《李正芳先生出診方案》既涉及春温、風温、温熱、濕熱、痧斑、濕温、冬温、感冒、暑濕、中暑、伏暑、暑風等常見温熱病證，亦包含内風、咳喘等症。在對温病的認識上，倡伏邪之説，辨證不從葉天士營衛氣血説，認爲温邪易伏，阻于陽明之裏，陰氣素虧，易化鬱火，其治療注重邪氣外達，每每投以疏風化毒、凉血透熱之品。

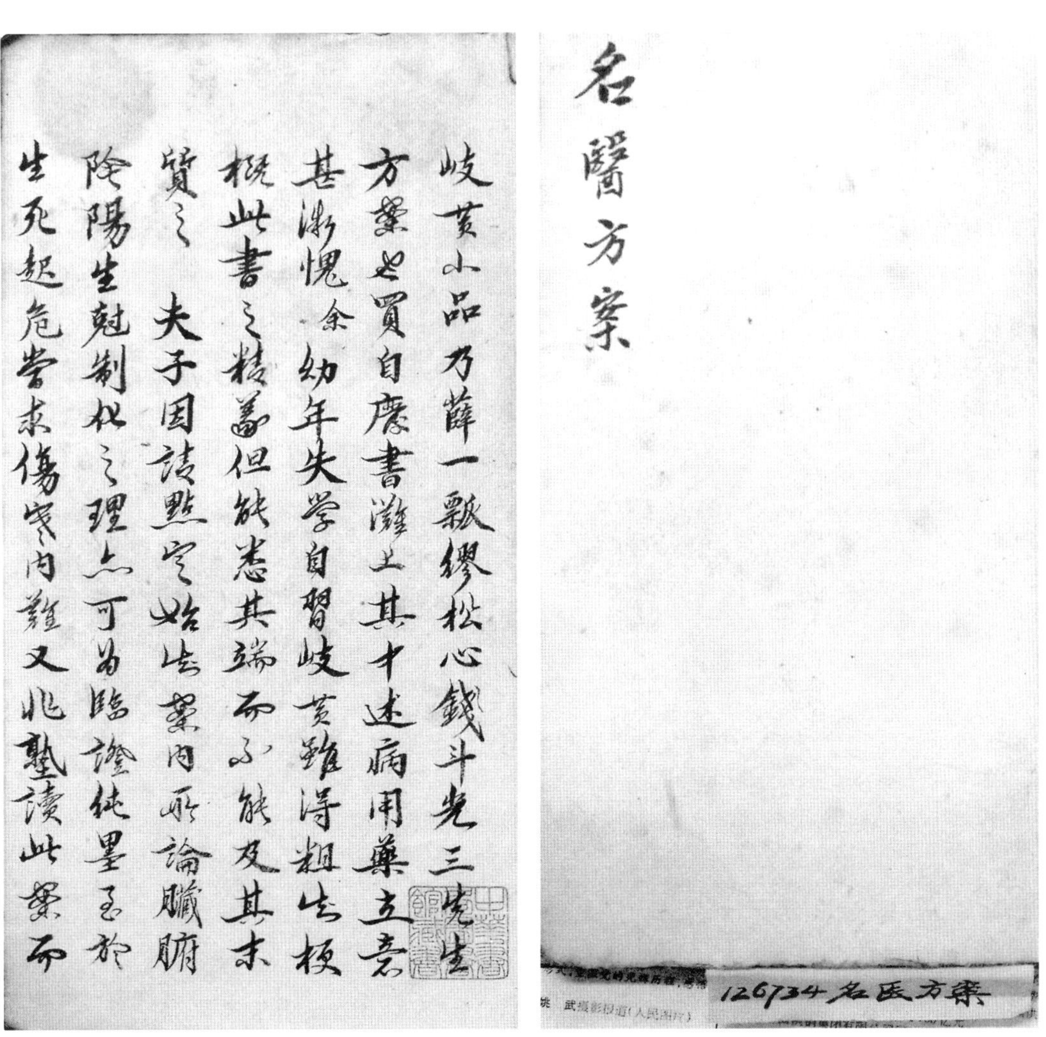

可以讀醫者，故題之曰岐黄小品。即以夫子點定錄出，又即以夫子之言書其巔，置之案頭，聊作南車之指云耳。皆在

道光戊申年季秋之記于種玉書塾

晚弟本源謄錄

名醫方案

李　先痢而後欬，欬多，痢後肺與大腸表

桂枝　蟬衣　苦桔　升麻　生穀芽　釜蓋木（開宣化氣）　釜月下土（底）　鎮固下焦

陶　欬雖因於寒，但見血，未可以辛熱進也，姑變法治之。

淡菜　海石　橘紅　杏仁　冰糖　霍石斛　燕窩屑

孫　久咳固宜治，但一望而唇腫，是陽明之熱上

679 江澤之醫案

《江澤之醫案》，上下兩卷。江澤之撰。江澤之，生卒年代不詳，《中醫人名辭典》引《古今名醫言行録》："江澤之，清代江蘇興化縣人，從邑名醫趙雙湖學醫。刻意研究，學粹品端，爲人極慎篤。"是書每半葉約十二行，行二十七字左右。無序跋。每卷各有目録。成書年代未詳，《中國中醫古籍總目》載録爲清鈔本。現藏于上海中醫藥大學圖書館。《中醫古籍珍稀抄本精選》第十五册收録該本。

該書共列五十四種病症，如瘧疾、痢疾、泄瀉、調經、癥瘕等，以内科爲主，兼及婦科、外科、五官科等類。江氏治疾，因人而宜，隨證而變，不固守成方，不泥于方書。如治療"泄瀉"一病，江氏針對病人具體情况采用相异的治法與方藥："濁氣在上，清氣在下"引起泄瀉者，用"升清降濁法"；"積濕成飲，積飲成痰"者，用薑附六君加味治之；"肝腎素虧，加之腸澼日久，中土亦虚"者，健脾温中，補氣養血；"脾寒痛瀉"者，香砂六君加温中燥濕治之；"風寒傳裏，腹痛自利"者，用理中合四苓法；"暑濕困脾"者，用六和法治之。由辨證選方用藥可知江氏善化經方、時方，融傷寒、温病于一爐，正如《中醫古籍珍稀抄本精選》該書提要所言："常常融數法于一爐，着眼于氣機的早日恢復，用藥既有經方之勇猛剛勁，又有時方之輕靈活潑，該簡則簡，該繁則繁。"

《江澤之醫案》採用夾叙夾議的方式收載了江氏的臨床治驗，語言簡潔，叙述靈活，遣方用藥有理有據，變化多端，值得後學者學習。

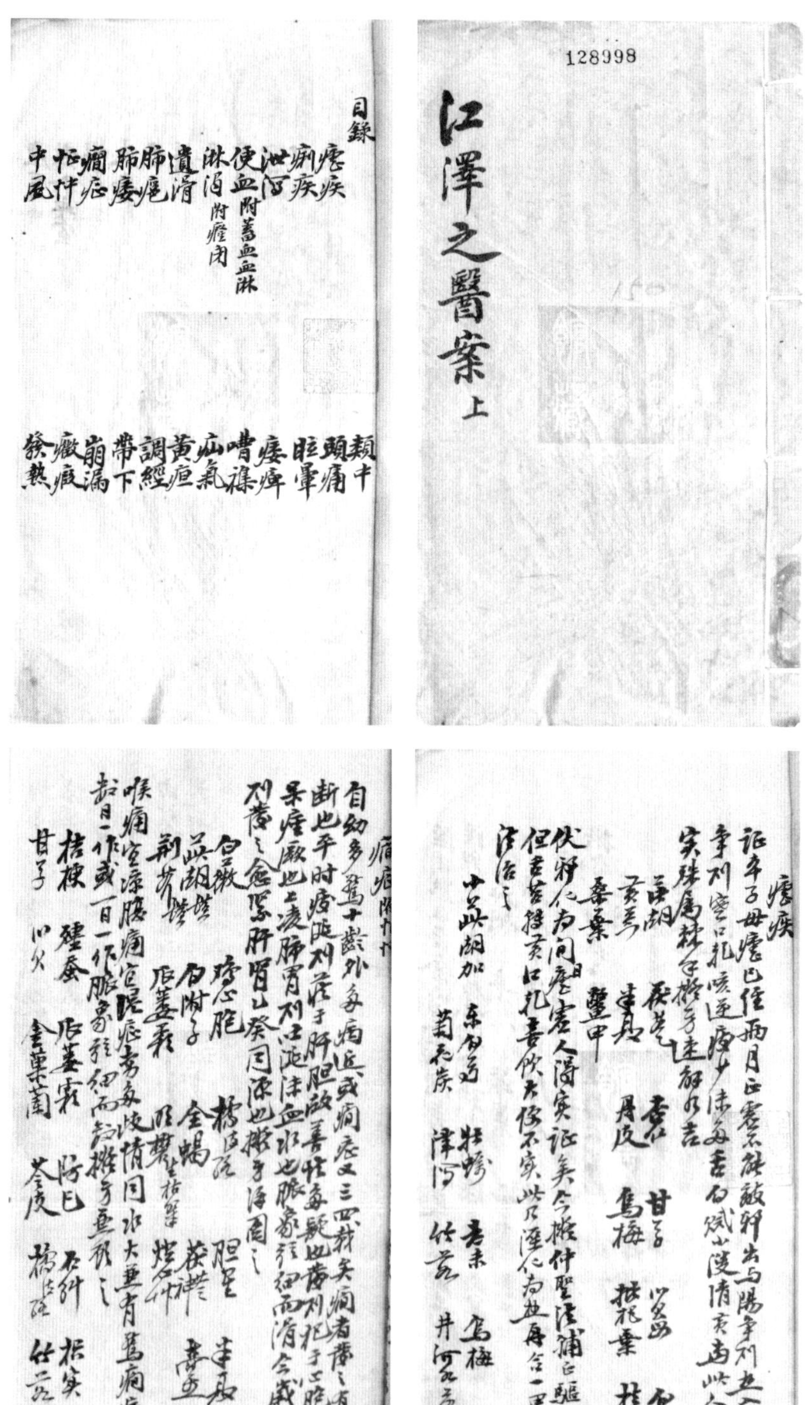

680 杜撰録

《杜撰録》,不分卷,一册。無序跋、目録。封面題“光緒二十一年(1895)歲乙未三月吉立”“朱朵卿治驗之方”,扉頁題“朱朵卿撰擬”,且書中醫案有“乙未”的時間記載。據此,是本由朱朵卿撰于1895年。現存鈔本,藏于上海圖書館。《中國中醫古籍總目》未見載録。

此本内容基本以醫案爲主,有風寒襲表、濕温鬱久發疹、氣血兩虚外感、血淋、暑濕風三氣雜受、神昏厥逆、神昏囈語、壯熱無汗、新秋受寒發爲寒熱、熱損胎真遂緻小産神昏、産後停食兼感、胎前寒熱産後正虚、大寒大熱泄瀉、暑濕鬱蒸陽明、胸疼咳泛嘔逆煩躁、脾虚久瀉氣陰兩傷、陰虚火旺齒痛、臌脹、冬濕感寒發熱鼻衄、傷寒汗後復感寒、咳喘痰鳴神昏譫語無汗、虚咳、濕熱疝氣、肺熱痰臭、怔忡心跳、舌强舌謇流涎、懷胎霍亂、懷胎瘧疾、久痢脾虚、失眠、吐血、黄疸等。其中多爲外感熱病醫案,并有臨證經驗的總結。所記醫案,有不少是兼有神志症狀的熱病,作者并不全歸于熱入心包、熱入營血,而是强調辨證,反映作者對此頗有研究。如:“嚴寒時病,雖見舌黄脈大,而神昏譫語者,宜乾薑麻桂治之可愈;酷暑時病,雖見舌白脈短,而神昏囈語壯熱無汗者,不可作傷寒法治,宜黄連香薷益元散治之可愈。蓋寒邪閉竅,暑邪亦閉竅,夏月暑火之邪爲多,不可以外感風寒法而用温經燥熱之藥,必致大誤。”根據時令和症狀分爲寒熱兩種,治分寒熱。認爲邪之寒熱,較症狀的寒熱更重要。如:“李左,一陽月廿五日診。發熱無寒,氣促咳嗽,語言錯亂,揚手擲足,舌灰膩,尖有乾紅,都是陽症,且喉痛頭汗,理宜凉解,然身熱無汗,日數未多,更兼冬令嚴寒之時,總是先傷於風,復感寒邪,法當辛散,以冀得汗。前醫誤投清肺,邪陷入裏,而致煩躁如狂,欲逾垣上屋之形也。”此外還十分注重陽氣,不同于温病之注重陰津,亦屬特殊。如:“初起即反神昏發熱，口噤脈弱，經脈牽掣震動，不可便投凉藥，伐此孤陽，使其不能扭轉機關而暴絶，此必内損真元，暴邪繼襲使然。法當通陽泄濁，開閉逐邪，以冀兩分表裏之意。”

是本對熱病兼有神志症狀的證治研究有參考價值。

李右 端月廿五日診

發熱無寒 氣促欬嗽 語言錯亂 揭手擲足 舌苔膩 且尖有乾紅 都是溫症 且喉痛 發汗程宜涼解 並身熱無汗 日數未多 更兼冬令嚴寒之時 據是先傷於風 後風寒都從皮毛外散 以冀得汗 前醫誤投清肺 邪陷入裏 而致煩躁如狂 屋之形 而扯見 是否另候明哲酌奪 為禱

淡豆豉三錢 光杏仁三錢 薄荷梗一錢
蘇梗錢半 以羌活一錢 炒黃芩錢半
荊芥穗錢半 製川朴錢半 新會紅錢半
象貝錢半 赤茯苓三錢 廣鬱金一錢
加 敢攬核二枚

羌活一錢 杏仁三錢 薄荷梗二錢
黃芩錢半 半夏三錢 枳殼錢半
荊芥錢半 山梔三錢 赤苓三錢
鬱金錢半

鼓 金箔一張 覽

681 李能謙醫案（附《李永鐸醫案》）

《李能謙醫案》(附《李永鐸醫案》),不分卷,一册。是書包括《世醫李君傳》《自叙》和《醫案合方經驗》。其中傳記爲清代“江南大儒”汪宗沂所作,謂李能謙“兄弟五人,行次居首”。《自叙》闡明其治病救人的崇高醫德,所撰著作因戰亂而亡佚,言“先君能謙,字光瑞,一號啓贊,少承先太和文意公和壽昌公家傳岐黄之業,施診四十餘年,遍歷名山大川崎嶇五省”,尾題“光緒三十一年歲次乙巳仲秋月三男李永鐸”字樣,可知該書是由其三子永鐸校點并附自己部分醫案,成于1905年。李能謙,字光瑞,一字啓贊,黟縣(今屬安徽)人。承繼家傳醫技,弱冠成名,行醫于咸豐、同治(1851-1874)年間,子孫多習醫。李永鐸,生平不詳。現存鈔本,藏于上海中醫藥大學圖書館。

《醫案合方經驗》分爲“李能謙診稿”和“李鳴遠永鐸撰書”兩部分,各載醫案二十八則。前者包括瘟疫、崩漏、乳岩、難産、慢脾驚、狐疝、中風、腸風下血、遺尿等,後者包括風疾、縮陽、毒蛇咬、瘋犬咬、中寒、霍亂、大頭瘟、斑疹、鼻淵、厥等證。每種病證均詳述症狀表現及治法方藥。如外用炙甘草、製香附、鮮柳枝等藥,内服鱉甲煎丸治李公積之瘟疫;用羚羊角、生山梔、墨旱蓮、蒲黄炭、生白芍、細生地等治太守夫人之崩漏。同時李能謙還注重服藥方法,如治單腹“服十劑後另將藥料會成丸子,每早開水吞服”。李氏治病靈活多變,如以丸藥和煎劑共治潰久成漏。

是書論述五十六種病證之症狀、治法、方藥組成及服用方法,語言簡潔,論述詳實,但因年代久遠,部份藥物劑量模糊不清,實爲一憾。

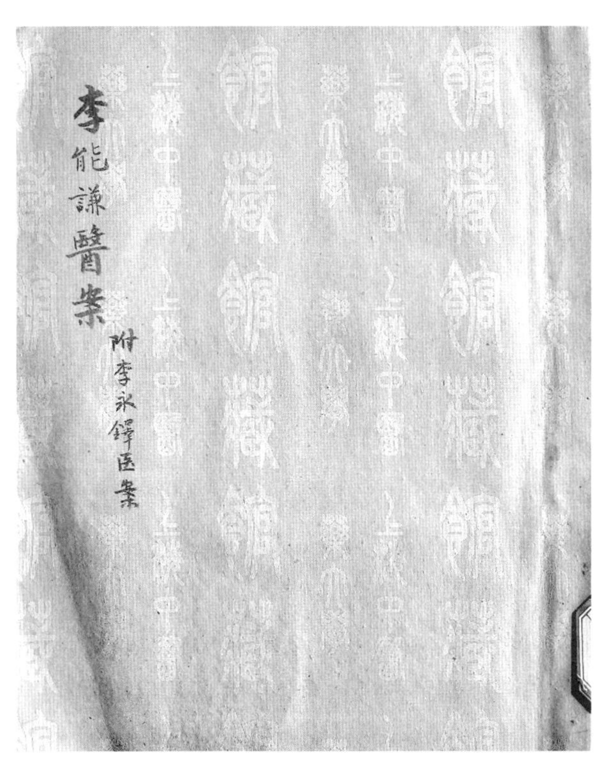
李能謙醫案
附李永鐸医案

682 吴門方案

《吴門方案》，不分卷，一册。無目録，未注明作者。第一位醫家方案未注明何人，“温熱摘要”下題有“錦文録”字樣，最後一位醫家方案爲戴錦文所著，由此可推此本作者似爲戴錦文，即戴錦文抄録了自己及吴門其他六位醫家（倪氏、李杏江、徐澹安、陳莘田、曹仁伯、沈平周）的方案，總題爲“吴門方案”。而所謂“吴門”，當爲蘇州籍醫家或在蘇州行醫的醫家組成的醫家群體。《中國中醫古籍總目》載録成書于清末。此本外側修補過，書面書背完整無損。封頁、扉頁、封底均無字迹及印章。每半葉八行，每行多則二十四字，少則十四字，共計八十一葉，總字數約兩萬五千字。現藏于上海中醫藥大學圖書館。

正文首行爲吴門方案，未題何人方案，載有二十八則，如寒熱、暑症、疔瘡、痛經、痘疹等病證，涉及内、外、婦、兒科等，其他醫家亦同。後有倪氏方案八十一則，李杏江方案二十三則，徐澹安方案一百零五則，陳莘田方案十九則，曹仁伯方案十三則，沈平周方案十三則，戴錦文方案五則。總計八位吴門醫家二百八十七則方案。方案叙述簡潔，先列病證，隨析病機，詳述處方，注明炮製，尾題治則。如：“頭暈，傾跌，間有鼻衄，是陰虚痰火上擾也。竹茹（水炒）四錢，生洋參（切）四錢，犀角（鎊，先煎）四錢，大生地三錢，煅龍齒三錢，黑棗仁三錢，石决明（生打）一两，茯神三錢，柏子仁（去油）三錢，炒當歸四錢，沉香末（冲入）二分。木鬱達之。”

該本所載方案多爲時令雜證，叙述簡潔明瞭，用藥輕靈，味少藥專，很有特色，對傳承吴門醫家的診療經驗與用藥特色頗具現實作用。

吴門方案

頭暈傾跌，間有鼻衄，是陰虛痰火上擾也。

生洋參 錢半 犀角 鎊先煎 一錢 大生地 三錢 煅龍齒 三錢 黑棗仁 三錢 竹茹 水炒 一錢

石決明 生打 四錢 茯神 三錢 柏子仁 去油 三錢 炒當歸 一錢 沉香末 冲入 二分

木鬱達之。

炒柴胡 五分 酒炒當歸 錢半 丹皮 錢半 薄荷 八分 焦山梔 錢半

炙甘草 四分 土炒白朮 錢半 白芍 二錢 茯苓 三錢 加煨姜 二片

清胃中之熱，遂夢泄之邪。

胡黃連 五分 炙鱉甲 五錢 生牡蠣 一兩 粉丹皮 錢半

地骨皮 錢半 肥知母 錢半 青蒿梗 三錢 雲茯苓 三錢

五臟六腑之精，不能上注於目。

每晨開水送下磁朱丸 三錢

氣血痰火，阻痺賁門，已成膈噎，理之殊屬棘手。

旋覆花 絹包 錢半 代赭石 煅 三錢 橘紅 一錢 姜汁 一匙 製半夏 錢半

新絳屑 五分 枇杷葉 刷淨炙 三錢 杏仁 打 三錢 竹瀝 半杯

陰虛濕火為暈。

新會紅 一錢 旱蓮草 錢半

女貞子 三錢 生蛤殼 一兩 焦枳殼 一錢 炒甘菊 一錢 炒竹茹 一錢

痰氣鬱結，胸陽失曠，食入脾痛，得噯則舒。

旋覆花 絹包 錢半 瓜蔞皮 錢半 薤白頭 一錢 細蘇子 一錢 製半夏 錢半 雲茯苓 三錢

六神麴 三錢 焦枳殼 錢半 川鬱金 打 錢半 廣橘紅 一錢

㿗乃七疝中之一也，有年得之，定是陽虛濕滯。

烏頭 五分 黑山梔 錢半 雲茯苓 三錢 煨荔枝核 三錢 查炭 三錢

香附 研 三錢 小茴香 炒 一錢 生於朮 錢半

肝陽挾痰為暈。

香附 三錢 炒白芷 一錢 橘紅 一錢

683 何元長先生醫案

《何元長先生醫案》,不分卷,一册。正文首頁書“後學楊桂蟾薌編次”。楊桂,生平不詳。何元長介紹見本書“671 世濟堂醫存”。本書無序跋,有目録,每半葉十行,每行二十字,黑口,單魚尾,藍絲格,左右双邊,有蟲蛀損壞。成書年代不詳,據“弦”字缺末筆避諱,當爲清鈔本。現藏于中華醫學會上海分會圖書館。

是書載録何氏臨證診療醫案一百五十則,病證十三種,包括中風、肝風、虚勞、咳嗽失血、心悸遺精、喘證、痿證、腫脹、痞、噎膈、嘔吐、胃痛、温病暑濕。本書病案記叙較爲簡略,不載患者信息,僅録病因病機及處方用藥,每方藥味一般不超過十味,未標注劑量。部分病案後亦載有復診記録及加減方。如“中風”病案六例,所載病因有外風入絡、濕風襲絡、痰蒙清竅等,多爲外風;“肝風”病案八例,病因有肝陰大虧、下焦氣虧、肝火挾痰等,即所謂内風。兩類病證因病因不同,處方用藥亦有差异。又如虚勞一證,病案十三則,治療多以“培土扶元陽”法,從脾胃入手,用藥以西黨參、茯苓、山藥、當歸、半夏等爲主,或以六味地黄丸加減。咳嗽失血一證,病案三十一例,用藥多以滋陰潤燥爲主,若久咳不止,則肺虚肝火上衝,治以保肺疏肝,藥用生黄芪、款冬花、淮牛膝、冬桑葉、天花粉、北沙參、炒蘇子、生蛤殼、橘紅。此外,亦有心悸遺精十二例、喘證九例、痿證五例、腫脹十八例、痞四例、噎膈十七例、嘔吐十三例、胃痛五例、温病暑濕八例。

本書亦收録于《何氏歷代醫學叢書》之七《清代名醫何元長醫案》中,然所據版本不同,部分内容稍有差异。何氏醫術精湛,臨證用藥均合法度,可供臨證參考。

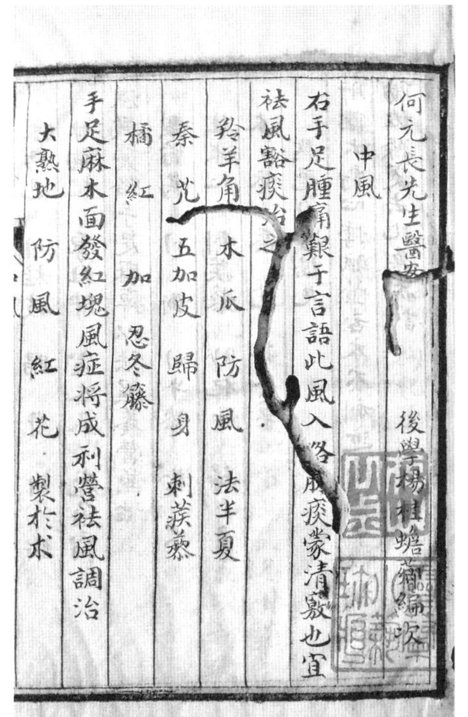

何元長先生醫案

中風　　後學楊桂蟾編次

右手足腫痛艱于言語此風入絡脉痰蒙清竅也宜
祛風豁痰治之

羚羊角　木瓜　防風　法半夏
秦艽　五加皮　歸身　刺蒺藜
橘紅　加　忍冬藤

手足麻木面發紅塊風症將成利營祛風調治

大熟地　防風　紅花　製於朮

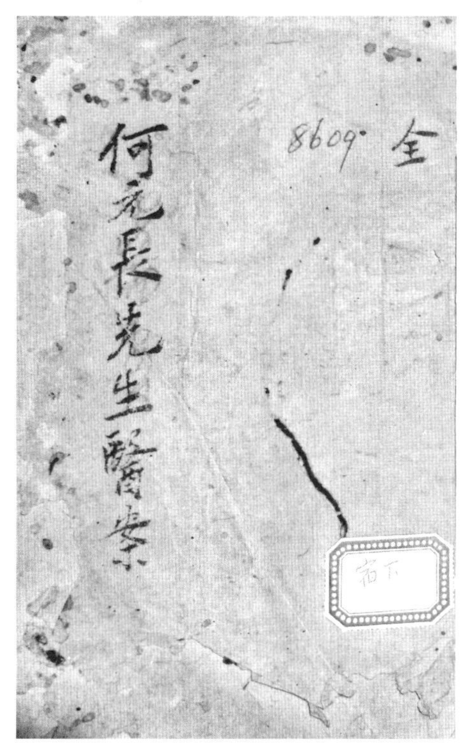

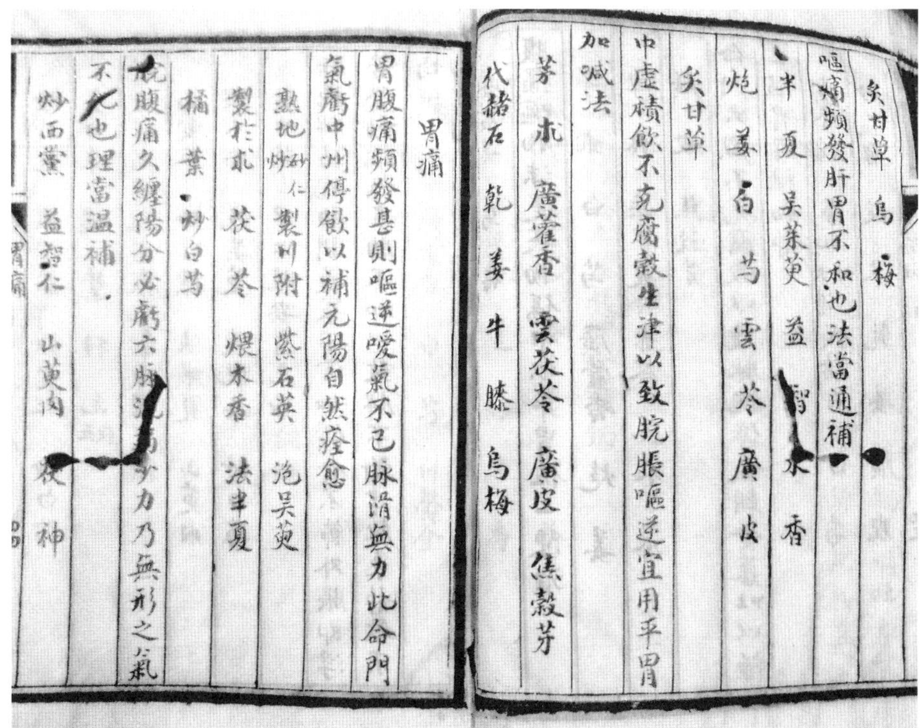

炙甘草　烏梅

嘔痛頻發肝胃不和也法當通補

半夏　吳茱萸　益智　木香
炮姜　白芍　雲苓　廣皮
炙甘草

中虛積飲不克腐穀生津以致脘脹嘔逆宜用平胃
加減法

茅朮　廣藿香　雲茯苓　廣皮　焦穀芽
代赭石　乾姜　牛膝　烏梅

胃痛

胃脘痛頻發甚則嘔逆噯氣不已脉滑無力此命門
氣虧中州停飲以補元陽自然痊愈

熟地炒砂仁　製川附　紫石英　淡吳萸
製於朮　茯苓　煨木香　法半夏
橘葉　炒白芍

脘腹痛久纏陽分必虧六脉沉弱少力乃無形之氣
不足也理當溫補

炒西黨　益智仁　山萸肉　茯神

684 何伯行醫案

《何伯行醫案》，三卷，兩册。何伯行著。何伯行（1827–1880），名昌梓，字辛木，號伯行，又號伯穎，上海青浦人，爲清代名醫何其偉之侄、何其超之子，咸豐九年（1859）舉人，承祖業，精醫而工詩。嘗取家中所藏診籍，手自輯録，闡發其奥賾之理。治病究合脈法，應手奏效。著有《香雪軒醫案》。是本無序跋，封面題有"伯行醫案，甲子年俞頌賢抄録"，故此可知此本的成書時間當在清同治年間，俞頌賢抄于1864年。關于俞氏生平，各人物辭典均未見記載。現存鈔本品相較差，藏于上海圖書館。

卷一收録虚勞、頭痛、眩暈、耳、目、鼻、齒、舌、瘰癧、咽痛、音啞、咳嗽等十二門；卷二收載時邪、吐血、癰、汗、不寐、消證、嘈雜、呃逆、瘢痧疹痦、泄瀉、脘脅痛、腹痛、痞、腰背痛、瘧、痢疾等十六門；卷三共收腫脹、便血、便閉、痔、遺精、淋濁、遺溺、小便不禁、溺血、疝氣、痿痹、脚氣、厥、調理、濕燥、疸、癎、積飲、暑濕、調經、崩漏、産後等二十二門。全書總計病案一百八十三則，病案記録簡略，辨證用藥頗具特色。另，該本内有抄録的林則徐戒烟方一張，爲何其偉所創製。

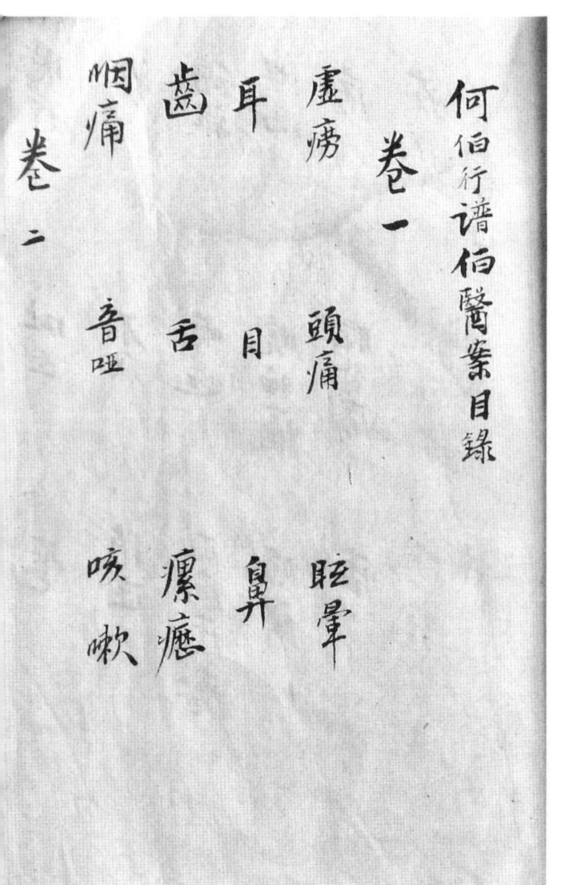

何伯行譜伯醫案目録

卷一

虚痨　頭痛　眩暈

耳　目　鼻

齒　舌　瘰癧

咽痛　音啞　咳嗽

卷二

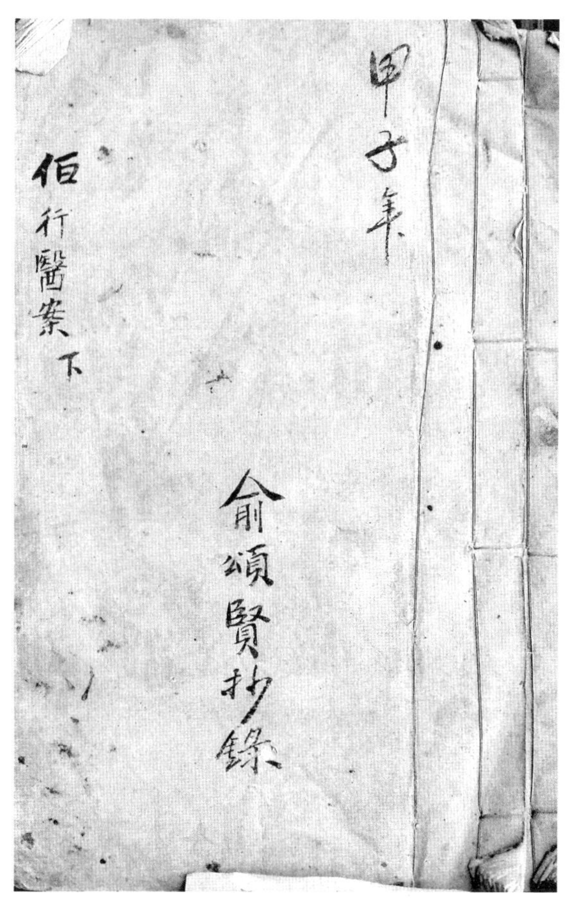

685 何季衡先生醫案

《何季衡先生醫案》，不分卷，兩册。何季衡撰。何季衡生平與是書成書年代均不詳。《中國中醫古籍總目》載録爲1910年。書函題“何季衡醫案”，正文題爲“何季衡先生醫案”。現存鈔本，藏于上海中醫藥大學圖書館。

是書列醫案一百十五則，包括哮喘門、痰飲門、胸痹門、嘔吐門、淋濁門、便血門、痔瘡門、并病門八個門類的病證。其中并病門即指症狀複雜，累及肝脾肺腎等臟的病證，如“肝脾胃不和之腹痛結痞”，具有“榮衛久虧，肝胃失和所致月事先期，寒熱帶汗，脘痛嘔吐，粘痰帶血，頭痛，筋跳肉瞤或鼻衄，體痛”等多種見症。書中醫案列患者信息，用左右以區别男女，若爲小兒，則以“童”稱之。所載醫案内容詳盡，如“哮喘門”一案：“張左，喘逆延久，時愈時發，入冬尤甚，嗆咳多痰，吞酸自利，切脈沉遲細數緩，舌紅無苔。脾腎真陽已傷，寒痰阻仄氣機之升降也。温化爲宜。”案中以大熟地、黑蘇子、雲苓、補骨脂、淡乾薑、淮牛膝、北味子、薑半夏、廣皮、煨訶子肉等大隊温補脾腎之藥，用以補脾納腎平喘。又如“便血門”一案：“張童，濕熱積於腸腑，腹痛便血，經半月，飲食爲常，脈弦細而滑，舌紅苔黄。屬在童年，當清榮化濕。”因患者爲小兒，且歷時未久，飲食爲常，不屬慢性痼疾，故針對其濕熱之脈證，案中既用生地、茯苓、薏苡仁、荷葉清熱化濕，以治便血之本，又用焦楂炭、地榆炭、荆芥炭、黄柏炭、側柏炭等凉血止血，以治便血之標，還用當歸、白芍以補益氣血，諸藥合用，標本兼顧，共奏清熱化濕凉血止血之功效。

是書所載醫案内容豐富，論述詳盡。患者的基本信息、病證的病因病機、治療的具體方案，無一不詳細記録。書中多數病案還一一記載多次復診的經過，包括病證的轉歸、病機變化的特點、治療方藥的化裁等，甚至有復診多達十次之證，其中不乏病情危急的證候（如哮喘危證）。從觀察發病過程、症狀特點、病證進退，到揣摩治則、化裁方藥等都凝聚了醫者的智慧與心血，全方位展示了醫家豐富的辨證經驗，對後世臨證施治具有很高參考價值。

何季衡先生醫案

哮喘門

張左　喘逆延久時愈時發入冬尤甚嗆咳多痰吞酸自利切脈沉遲細數緩舌紅無苔脾腎真陽已傷寒痰阻仄氣機之升降也溫化為宜

大熟地　黑蘇子　雲苓　補骨脂　淡干姜　淮牛膝

北味子　姜半夏　廣皮　煨訶子肉

加胡桃肉　另金匱腎氣丸一兩

王左　先喘後腫由兩腿而上及少腹囊大陽縮不得平臥小溲不利大便燥結右脈滑數鼓指左手小數舌紅中剝此腎虛其陰脾虛其陽氣不化濕濕不化為水肺氣不能通調水道下輸膀胱也當開上納下分利水道為先

北沙參　大杏仁　連皮苓　葶藶子（元米炒去米）　青蛤殼　澤瀉

金蘇子　淮牛膝　旋覆花（包）　桑白皮

二診　昨用開上納下法喘逆已減頗能安枕二小時脈之滑數鼓指亦折舌心紅剝亦較潤惟股腫如故陽仍縮小水不利大便堅

姜半夏　廣橘紅　連皮苓　生姜皮　大杏仁

三診　改進麻黄桂枝防己湯喘逆稍減，欬痰仍難出，胸次覺悶，冷或飲停留，腹脹足腫，水道不利，汗收多，脉浮弦而滑，舌苔腐白，積飲化水，由脾犯胃也。業經已久，屢愈屢發，收效殊難。

五味子　上川朴　大杏仁　麻黄　連皮苓　川桂枝

淡干姜　姜半夏　全蘇子　桑白皮　廣橘紅

改方加重沉香末下　易五積散兩　萊菔子兩炒研　和炒熱布包熨腹

四診　迭進麻黄桂枝防己湯喘逆雖暫平，水道雖利，而痰仍難出

余左　高年天真已衰，脾運不力，食入易化痰濁，氣不勝痰，痰反阻於氣道，阻其升降之常度，於是喘促或來或去，不能平臥，飲食銳減，脉虛弦兼滑，舌苔膩黄，中剝，乃氣虛挾痰之候。

全蘇子　生牡蠣　貢沉香　新會皮　潼白夕利　全覆花

淮牛膝　法半夏　雲苓　冬瓜子　白菓

二診　昨從氣虛挾痰例立法，夜來頗能安寐，黎明後喘，午前服黑錫丹三十粒，喘勢有折，但或來或去，甚則肢冷自汗，脉沉滑小數，右關尺息止不調，舌苔白膩，腎氣腎氣漸乏攝納之權，以脉論最防

686 汪幼安醫案

《汪幼安醫案》，不分卷，十四册。汪幼安撰，金念萱整理。汪幼安，金念萱序文謂其爲"嘉興幼科專家"，其長孫汪桐君承其衣鉢，學習中醫。按時間推算，汪氏應行醫于清末宣統前後，生卒年不詳。此書成書于清宣統三年(1911)，爲金念萱"在汪師處寫方時録"。無目録。現存鈔本，藏于上海中醫藥大學圖書館。

該書是金念萱在宣統三年侍診時，抄録汪氏門診醫案而編就。全書以兒科醫案爲主，兼及内、婦、外等科。据序文所述，汪氏治療疾病"主要方法重於濕熱，最怕瀉即補脾，此其獨得心裁"。此醫案以兒科常見疾病爲主，如丹痧、痙厥、咳嗽、風哮、便泄等，汪氏用藥輕靈，喜用辛凉宣透、清利濕熱、辛香醒脾、豁痰開竅之藥。如治療風温之病，汪氏不但用前胡、炙款冬、橘紅、海蛤殼、白杏仁、川貝、萊菔子、赤苓、天竺黄、酒芩、鮮枇杷葉等藥宣肺止咳、化痰清熱，還防"温邪鬱而不化，延久防驚"，先服"牛黄抱龍丸一粒，用鮮石菖薄、竹瀝、薑汁和匀送服"，反映汪氏注重小兒疾病易于變化的思想。

《汪幼安醫案》是汪氏治療兒科疾患真實再現，由于是以時間爲順序，因而更能體現兒科季節性發病的特點，如二月以風温、咳嗽、哮症爲多，六月以濕疹、白痦、水痘等多見，治療上亦有汪氏特色，值得深入研究。

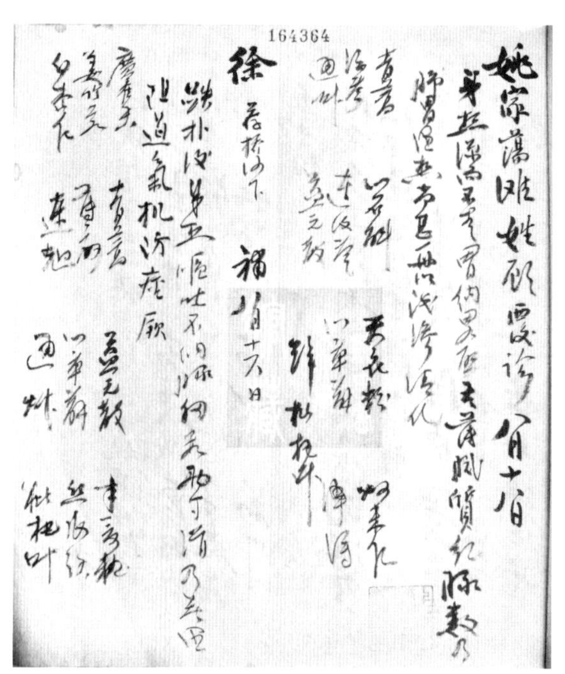

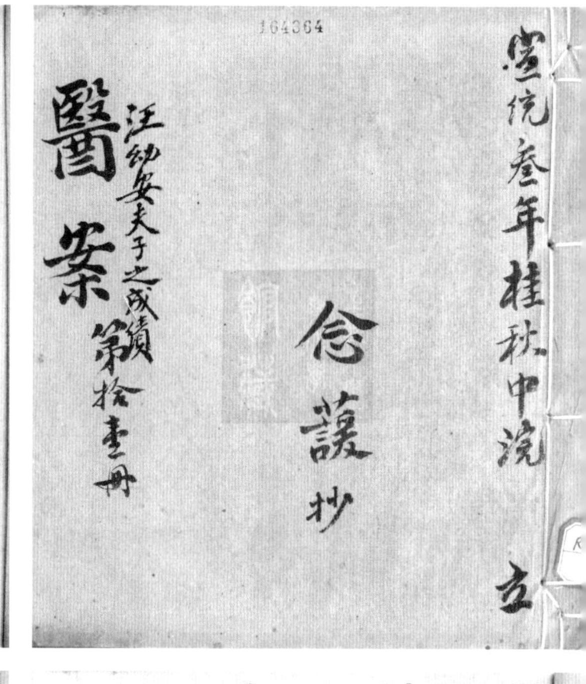

余讀解放日報一九五八年十一月十八日社論「大家動手采集民間單方」之下，即將我在五十年前學習醫學時所藏嘉興幼科專家汪幼安老師之醫案十四冊「計一全年，此係清宣統三年分，我在汪師寓寫方時録者」亟欲獻給上海市中醫文獻研究館。當日持報晉謁張汝偉老先生，意欲獻此秘本，並說明我師幼科主要方法重於溫熱，最怕濁邪補脾，此其獨得心裁，所以著名於世。蒙承張老先生對此亦爲重視，並即備函派員王秀娟同志來余寓所取去，使此數冊醫案纔得其所，私衷深慰，爰爲之記。公元一九五八年十一月二十一日江濱七一老人金念萱謹誌

687 沙氏醫案

《沙氏醫案》,不分卷,一册。沙桐君著。沙桐君,生卒年代不詳。沙氏出身醫學世家,其祖原籍武進孟河,後遷居鎮江大港。其父沙石安,爲大港名醫。沙桐君穎悟好學,精于内科。《丹徒縣誌》稱其"能傳父學,精内外,一時公卿争禮延之"。光緒十九年(1893),沙桐君與吴蘭濱等創立鎮江中醫公會,晚年行醫于鎮江。是書無序跋與目録。"弦"字避諱缺末筆,有"宫保大人"之稱呼,又書中一則醫案下有"戊戌杏月"字樣,綜上推測此書成于1898年左右。首頁書"桐君氏著",有"上海中醫學院圖書館藏書章"一枚。所抄用紙係"丹徒縣小學堂"製。現藏于上海中醫藥大學圖書館。

是書載病患共八人,均爲當地名流、官宦鄉紳,是沙氏出診的病案記録之一。本書首則所記病案即爲"代湖北總督張之洞診",醫案載清末洋務派首領張之洞因"躁煩過度,以致心火上炎","陽旺於内,陰必不足",出現食指腫潰、口舌破潰、咽痛、大便艱難、寤多寐少等症狀,治以清熱養陰通便之法,分清三焦之熱邪,方以凉膈散合玄參湯加減。後復診一次,"現薄白之苔,則金固肌生,其患自除",仍以原方加減治療。又"代鹽運江蓉舫診"案,江蓉舫爲道光二十九年(1849)舉人,歷任内閣中書、蒲州知府、兩淮鹽運使等職。沙氏爲其診治陰瘡之疾,按云:"質本陽剛,氣火有餘,津液爲熱蒸灼,化成濕濁,易以凝結營分,頻生瘍患。"治以六味地黄丸合增液湯,加地膚子、忍冬藤。後復診八次乃愈。此外,亦有"水師提督黄翼升夫人戊戌杏月念七日診"等。本書除記録診療疾病醫案外,亦有冬令膏方、産後調補方等。

是本每則病案均記述詳細,病因病機、治法方藥條分縷析。沙氏處方用藥宗温熱學派,多以清凉起效。沙桐君爲沙氏醫學的重要傳承人之一,其著作罕見，本書是研究沙氏醫學的重要文獻，在臨證診療和文獻研究方面均具有較高價值。

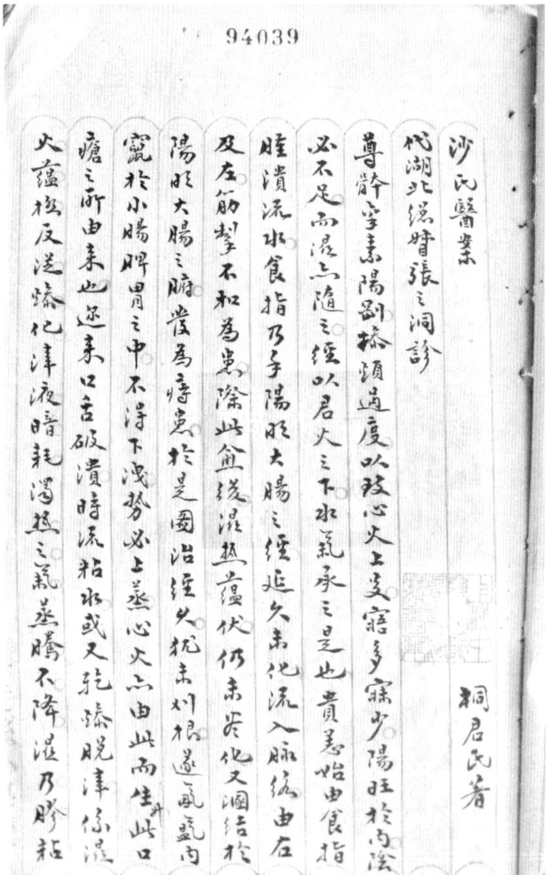

沙氏醫案　　桐君氏著

代湖北總督張之洞診

尊體素陽剛操煩過度以致心火上炎寤多寐少陽旺於內陰必不足而濕亦隨之經以君火之下水氣承之是也貴恙始由食指腫潰流水食指乃手陽明大腸之經延久未化流入脈絡由左及左筋攣不和為患除此愈後濕熱蘊伏仍未化又凝結於陽明大腸之腑發為痔患於是因治經久就未刈根遂致氣內竄於小腸脾胃之中不得下洩勢必上蒸心火亦由此而生此口瘡之所由來也迩來口舌破潰時流粘水或又乾燥脫津係濕火蘊極反從燥化津液暗耗濁熱之氣蒸騰不降濕乃膠粘

濁臟之氣鬱火化熱伏遏於中所以大便燥結非苦不降氣化既
之通降之權肺金亦失清肅之職肺主天氣與胃相联天氣既得
肅降之令地氣自能通調水道化溼熱於無何有之鄉溼化則清氣
暗生臟腑即得淳淳之權濁降清升口患可已但蘊釀已非朝夕
溼與濁熱相合必化為毒即腐陳之氣又為火也一火興而五火
熾矣譬如天鈞肌肉互通時趁泡之中有水此即火所提吸之也
亦陰隨陽旋之意也愚今結之火而伏之深非得秋涼之肅性不
能解化必俟陰液暗生溼火之毒漸化便乃上而退為潤下則
腸胃廓清諸恙自已又云安靜片刻則乾而且痛若言語稍
多又不痛此係陰傷燥結動甚則陰來救護是以又不痛也

溼之化與不化在小便之利與不利是以治溼熱者不利小便非其治也
且足太陽循背上行為寒水之經溼遏陽氣以致日晡怯寒為患
昨進和解分叉疏減惟臟濁不得下行三日不更衣矣此又溼淫熾
化之微也所以津不上承往來口乾喜飲下部懸空水仍侵浸
濕鬱氣臟難踏然於一旦今擬清濁通調俾濁降清升氣化
自能和洽矣
南沙參 三錢 全瓜蔞 四錢 銀花 三錢 鮮石斛 四錢 更衣丸 三錢
青蛤殼 三錢 天花粉 三錢 炒荊芥 三錢 白通草 四錢
川貝母 三錢 焦山梔 錢半 橘絡 一錢 火麻仁 三錢
溼熱下注前為燥火所化當進清滲舒化腫消痛減水之浸

餐見如是即請
宮保大人電鑒裁之
元參 三錢 玉露霜 三錢 黑山梔 四錢 飛滑石 三錢 鮮鐵斛 三錢 仙遺糧 錢半
淨遠志 三錢 寒水石 錢半 白知母 三錢 風化硝 三錢 銀花 四錢
天地之氣固以生為生莫不以魁為成經所謂君火之下水氣承
之溼土之下燥氣承之亢則害承乃制此如洪範五行東方之氣在
辛散何以木曰曲直又主發收西方之氣在發收何以金曰從革又
主辛散此天地交易之道是以以魁為成者也此理甚明人多不
覺耳惟人之身生機全在陰陽交紐之中寤則陽藏於陰以相
交生氣生陰即寤合其中否則神疲氣餒矣但人與天地為對

688 沈氏醫案

《沈氏醫案》，又名《沈子畏先生醫案》，不分卷，一册。書首頁題“浙西烏鎮沈氏子畏先生醫案”，下有“程麟書”印章。沈子畏（1857-1909），名鳳葆，浙江桐鄉烏鎮人。精于醫，爲清代“浙西三大醫家”之一的醫僧越林的再傳弟子。其兄馨齋、琴齋，皆有醫名。本書版面爲單魚尾，朱絲欄，每半葉十行。現藏于中華醫學會上海分會圖書館。

是書爲沈子畏日常診療病患的記録，真實地反映了沈氏臨證診病之思路。書中載病案一百九十則，隨診隨記，未按病證分類編排。病案上方載患者鄉籍、姓氏，每案先闡發病緣由，再分析病機，參脈候舌象，擬治法方藥。綜觀是書，辨證明晰，擬方有度，用藥精當。如首案載洑川張姓患者，“初感風寒濕三氣，引動内伏之濕，以致中樞不運，腹笥脹滿，二便不利，舌垢，脈浮絃數，棘手重症”。沈氏不用攻下方藥，而施葉天士“輕可去實”之法，運化中焦，解此重症。方用蒼朮、大腹、猪苓、澤瀉等淡滲利濕之品和小温中丸清熱化濕，解中焦之困，使中焦得以運化，則諸症悉減。又沈氏治婦人血熱妄行崩漏，用“清”“通”之法，合健脾養血，并囑病家“尤宜節勞調攝”。沈氏不拘泥出血之症，大膽采用“通”法，用活血通絡之藥，輔清熱養血之品，辨證之精確，治方之有法，可見一斑。沈氏方治博采衆家，仲景“辛酸以和營衛”、《金匱》“内飲治腎”、河間“三焦分治”、景岳“滋清營熱之法”等，信手拈來。治療上從江南多濕病之因，依痰濕困脾之理，從脾胃入手，温脾化濕，培土扶中。此書病例詳實，辨證精確，治法有據，處方靈活，實爲清代醫案上乘之作。

沈氏除醫名外，亦有師名，《中醫人物詞典》言其“弟子數十人傳其業，至今浙西精岐黄者，多出烏鎮。有張蘭者，爲其高足，以醫名滬、杭”。

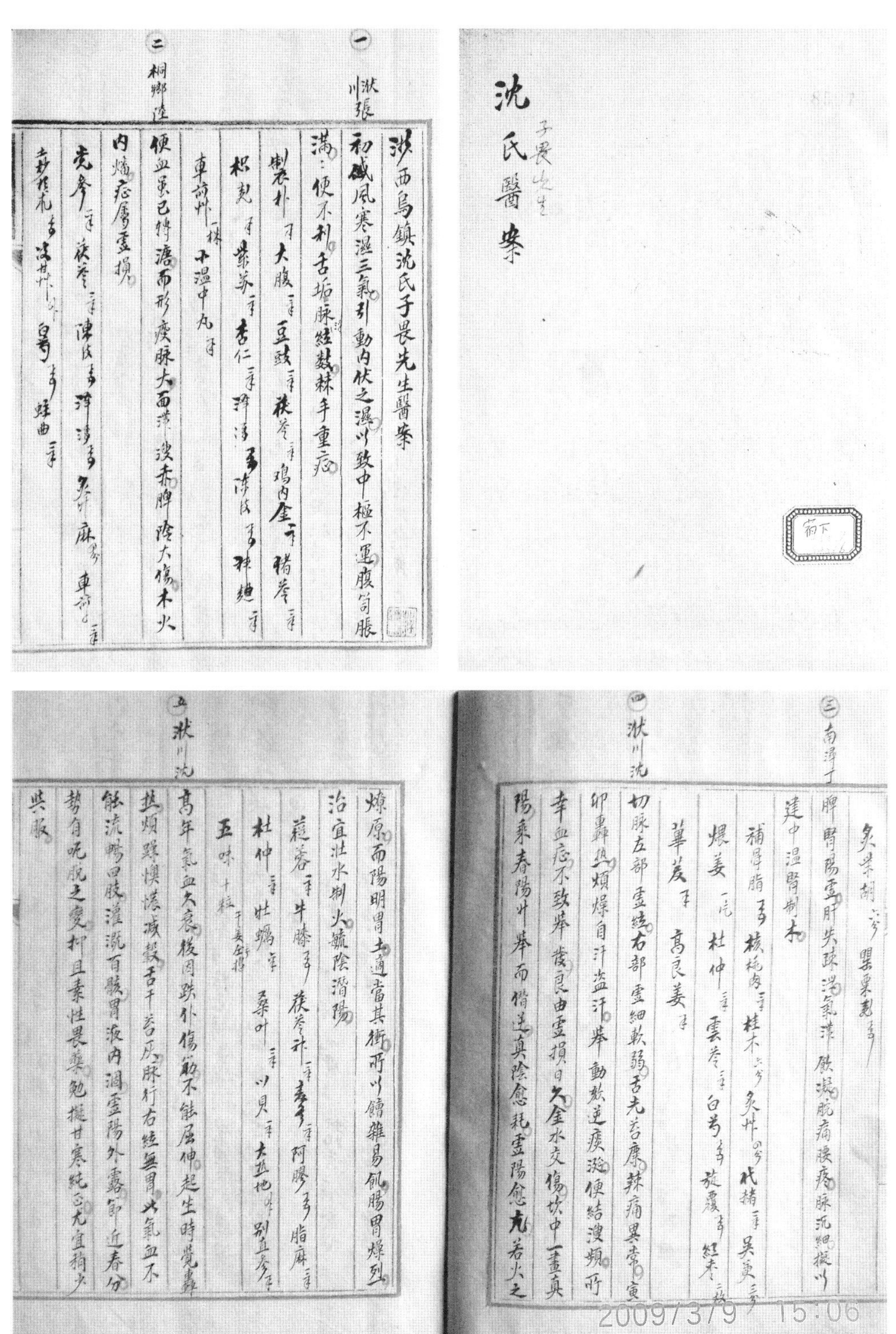

沈氏醫案　子畏先生

一　湫川張

濮西烏鎮沈氏子畏先生醫案

初感風寒濕三氣引動内伏之濕以致中極不運腹笥脹滿，便不利舌垢脉紐數秫手重症

製厚朴　大腹　豆豉　茯苓　鷄内金　豬苓

枳殼　紫蘇　杏仁　澤瀉　陳皮　神麴

車前草一株　十温中丸

二　桐鄉陸

便血虽已轉渡而形瘦脉大面浮泄赤脾陰大傷木火内熾症屬虚損

党參　茯苓　陳皮　澤瀉　炙草　麻　車前

土炒於术　炙甘草　烏梅　蜂蜜

三　南潯丁

脾腎陽虛肝失疏泄氣滯飲凝脘痛腰疼脉沉細擬以建中温腎制木

補骨脂　核桃肉　桂木　炙草　代赭　吳萸

煨姜　杜仲　雲苓　白芍　旋覆　紅棗

蓽茇　高良姜

四　湫川沈

切脉左部虛弦右部虛細軟弱舌光苔糜辣痛異常寅卯聶熱煩燥自汗盗汗舉動欬逆痰涎便結溲頻所幸血症不致舉發良由虛損日久金水交傷坎中一畫真陽乘春陽升舉而借逆真陰愈耗虛陽愈亢若火之燎原而陽明胃土適當其衝所以饍雜易飢腸胃燥烈治宜壯水制火毓陰潛陽

蓯蓉　牛膝　茯苓　麥冬　阿膠　脂麻

杜仲　牡蠣　桑叶　川貝　大生地　别直參

五味十粒

五　湫川沈

高年氣血久衰後因跌仆傷筋不能屈伸起生時覺聶熱煩躁懊憹減穀舌干苔灰脉行右弦無胃此氣血不能流暢四肢灌溉百骸胃液内涸虛陽外露節近春分勢有虎脫之變抑且素性畏藥勉擬甘寒純以尤宜稍大其服

689 沈安伯先生式集方桉

《沈安伯先生式集方桉》,不分卷,一册。清沈燾撰,清王霖手録。沈燾,字安伯,號平舟,元和(今江蘇蘇州)人,嘉慶、道光間醫家。其祖父沈心伯,醫術精妙,乾隆年間醫名甚著。沈氏幼承家學,得傳祖業,又師從清代吴中名醫尤在涇,頗負盛名,著有《沈安伯醫案》《紫蘭堂方案》等。其弟子楊淵、顧錦承其術,亦爲名醫。王霖,即王新之,蘇州甫橋人,喜博覽,爲醫界好學之士,著有《吴醫彙案》《歷代醫學書目》,卒于光緒年。本書封面書“沈安伯先生式集方桉　吴大衡”,扉頁有“未莎軒秘本　誼卿題”。吴大衡,字正之,號誼卿,又號運齋,江蘇吴縣人,清末學者吴大澂之弟,光緒三年丁丑二甲進士。正文首頁題爲“沈平舟先生方案二集全卷　王霖手録”。全書共七十七葉,無序跋,有目録,有印章三枚,分别爲“王霖”“新之”“上海中醫學院圖書館藏書”。現藏于上海中醫藥大學圖書館。

本書所載醫案按病證分類,共六十八種,内容包括内傷及外感頭痛、胸脅腹諸痛、癥瘕積聚、經帶胎産、淋濁遺精、頭面諸疾、外科瘡瘍等。每證下所選醫案避免相類,病因病機大多不同。如内傷頭痛一篇,即有“厥陰陽明風陽上涌”“崩漏之後肝脾營虚”“肝陽上越并痰盛氣虚”“肝陽升動復感風邪”“肝陰内虧”“瘧後陽虧”“毒火上炎”等多種類型,處方用藥據病症而多變。如“頭痛得于瘧後,痛甚則汗泄如雨,陽分虧也,宗東垣法,補中益氣加半夏薑棗”,據病之本源而選方,無止痛之藥,却有止痛之效。本書部分病證下載有簡要醫論及類用方藥,如“腰痛肩背痛”篇載:“腰爲腎府,轉摇不能,腎陰虧矣。防增炁喘。熟地、兔絲、(當)歸、(杜)仲、(枸)杞、沙苑、炙草、(茯)苓、狗脊。”其中“防增炁喘”有防其傳變的治未病思想。

本書所載藥物無劑量,脈診、舌診記録較少。醫案以論述病因病機爲主,記述簡明精要,用藥清緩平和。本書所録者王霖,師從蘇州甪直顧桐君,顧桐君之父顧守之爲沈安伯門人,故王霖應爲沈安伯三傳弟子。沈氏醫著傳世較少,且鮮有刊行,故本書具有較高的臨床及文獻價值。

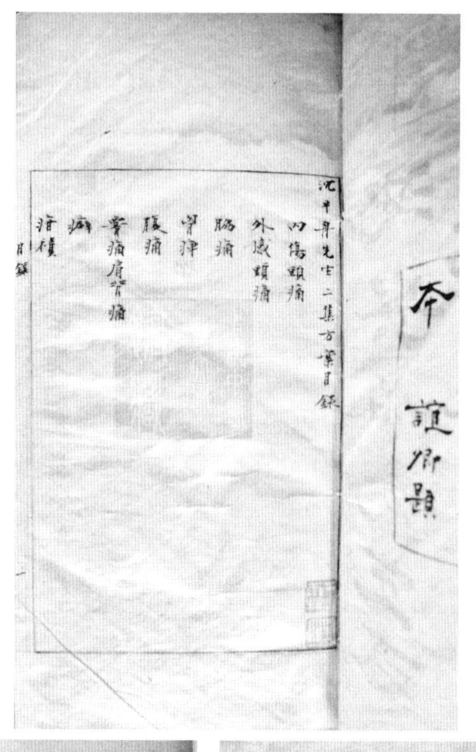

沈平舟先生二集方案目録

內傷頭痛

外感頭痛

脇痛

胃痹

腹痛

臂痛肩背痛

瘕

痞積

目録

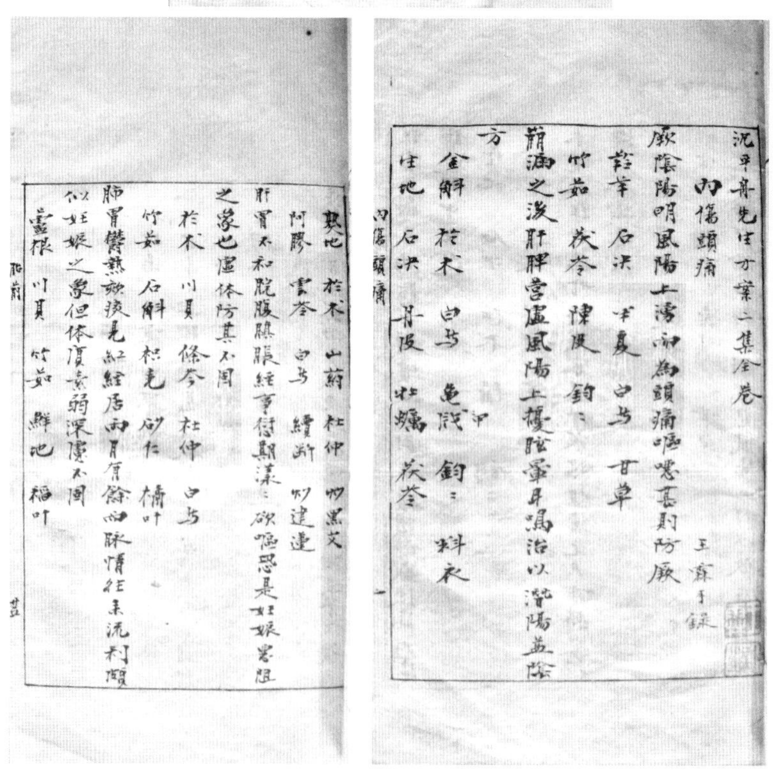

沈平舟先生方案二集全卷

王霖手録

內傷頭痛

厥陰陽明風陽上濁而爲頭痛嘔噁甚則防厥

羚羊　石決　半夏　白芍　甘草

竹茹　茯苓　陳皮　鈎鈎

崩漏之後肝脾營虛風陽上擾眩暈耳鳴治以潛陽益陰

方

金斛　於术　白芍　龜甲　鈎鈎　料衣

生地　石決　丹皮　牡蠣　茯苓

內傷頭痛　一

熟地　於术　山藥　杜仲　炒黑艾

阿膠　雲苓　白芍　續斷　炒建蓮

肝胃不和脘腹膜脹經事愆期漾漾欲嘔恐是妊娠惡阻

之象也虛体防其不固

於术　川貝　條芩　杜仲　白芍

竹茹　石斛　枳殼　砂仁　橘叶

肺胃鬱熱欬痰見紅經居兩月有餘而脉情往來流利頗

似妊娠之象但体質素弱深慮不固

蘆根　川貝　竹茹　鮮地　稻叶

胎前　廿五

690 沈俞醫案合鈔

《沈俞醫案合鈔》，不分卷。爲清代兩位著名醫家沈堯封與俞震的醫案合編。沈堯封介紹見本書“190玄機活法”。俞震，字東扶，号惺齋，生于1709年，卒年不詳，浙江嘉善人，著有《古今醫案按》十卷，爲研究前人醫案之範本。《沈俞醫案合鈔》由王文鎔編寫，成書于清道光三十年（1850）。現存鈔本，藏于上海中醫藥大學圖書館。《中醫古籍珍稀抄本精選》第十四册收録該本。

是書序言中稱：“内附沈案數則，立案明晰，製方輕靈，與俞案一鼻孔出氣。”此亦爲王文鎔將兩位醫家醫案合編之緣由。本書共載醫案一百九十一則，其中沈案八十五則，俞案一百零六則。内容涉及内、外、婦、等各科二十一種病證，如中風、時證、陰虚陽虚、瘧疾、厥、癇、鬱、神昏、眩暈、不寐、肝病、脾胃病等。每證下細分數則或十餘則不同證型案例，辨證施治尤爲詳細。沈、俞兩人爲同時代、同地域的名醫，學術風格相近，所撰醫案清晰明瞭，製方輕靈是其共同特點。

二家醫案，長于病機分析，對于不同病情又有詳略之别，病證單純者，寥寥數語，病情複雜者，不惜筆墨。書中治案，無論是對當時醫學理論、學術思想的研究，還是對臨床實踐經驗的總結，都值得當今借鑒。

序

醫貴學問尤重經驗諺有之曰熟讀王叔和不
如臨診多正謂此也岐黄家本平時之心得説
臨診之經驗筆之於書厥名醫案孫東宿葉
天士諸先生皆有專書至古今名醫類案出
乃集諸家之大成上下千年殆無不具用意
不周詳乎大觀矣有清俞東扶先生復有
醫案按之刻蓋選取類案中之良者而每篇
加以按語啟迪後人用心苦厥功尤偉矣俞
先生為禾郡名醫生平治驗方按經及門筆
錄者多如東留（此據嘉興金君云）此冊乃金君秘笈向不示
人以余業自經兵燹毀損殆盡鳳毛麟角彌
足珍貴也瑞荷金君不棄謬許知音攜以
餉遺鄭重囑付亟命金生福臣錄副而歸

原敘

嘉善稱善醫者必推俞東扶沈堯封二先生今已百餘年矣東扶
諱震今寓郡城行醫雖鶴門名灝其曾孫也其孫雖補溪乃余蚤
弟屑之外祖屑嘗從外祖習醫詢其遺書惟存刻本古今醫案按其
書乃取之名醫類按而間附己説者其餘悉為五彥不書無可問
者今夏友人徐君錫文以百錢易二冊示余標云俞東扶友子醫
按嘉樂手抄云（樗亭即沈稚川爷號宗海未知是否）急錄時獲一光徐君偶玄丞冬
徐君來亟補錄其全實屬懔烈一指皆僅矣堯封諱又彭有刻本
醫經讀傷寒論讀行世其嗣孫雖患音者詢其遺書云悉為其妹
復山（名折）賣去板亦無存以抄本醫按廣之而彼已老病莊然矣此
文據徐君錫文云自孫先生處得來云不明言孫先生為何許人
抄本破碎二冊亦無標題印識乃費十日工亟錄一通彙訂為四
冊名曰苦買醫按以其無可考據故也隆冬冰雪中抄胥亦復不
易我子孫其句輕貸人可爾

道光三十年十二月初八日怡雲王文鎔書於沈氏之泰南別
墅

691 邵氏三折肱

《邵氏三折肱》，不分卷，一函六册。清邵炳揚著，鴻城退士輯。邵炳揚，字杏泉，又名文學，吴門（今江蘇蘇州）人。爲清代醫家邵登瀛（字步雲）之曾孫，曾命兒輩考訂整理邵登瀛之《四時病機》，并述邵登瀛之《女科歌訣》。據《蘇州縣誌》載，邵炳揚"弱冠入庠，即弃舉子業，專攻岐黄，著有《三折肱醫書》"。太平天國時期，曾在上海行醫 。鴻城退士，生平不詳。從本書序言可知，此書輯録前曾有門人選録方案，但毁于兵燹，此本係據舊式體例重抄。據書前"同治壬戌仲春"字樣，及鴻城退士序文"今自庚申秋隨侍案頭，又經三載"判斷，當成書于清同治壬戌年（1862）。現藏于上海中醫藥大學圖書館。另據《中國醫籍大辭典》所載，蘇州中醫醫院圖書館也藏有《邵氏三折肱》鈔本，從其提要所涉及目録看，與此本相同。

本書是一部醫案著作，目録載有六十八類病案，内容涉及内、外、婦、皮膚等諸科。上海中醫藥大學圖書館藏有鈔本《邵氏方案》，經過比對，本書與《邵氏方案》爲同一書，目録相同，醫案相同，唯本書于每一病證後列有成方湯頭以及所用藥物藥性歸經，而《邵氏方案》無。此外，本書"痹痛"以下衹有目録，正文中内容缺失；《邵氏方案》有目有文，内容完整。由此可知，此本爲邵杏泉之臨症方案無誤。《邵氏方案》以禮、樂、射、御、書、數分爲六卷，而本書不分卷，病證篇名與《邵氏方案》相同。書中所選醫案，均是邵氏臨床治驗，治法方藥不拘一格，不泥一法一方，切于臨床，靈活多變。如治療"咳嗽"，常肺脾同治：肺氣漸平，脾氣不健者，潤肺和脾，用北沙參、玉竹、鷄内金、沉麯、大麥冬、川貝、陳香櫞皮、青皮、白杏仁等；脾肺漸和而正氣漸虚者，用黨參、川貝、茯苓皮、杏仁、於术、蘇子、款冬花、橘紅、米仁等；咳嗽久久不愈，加以腹膨氣急，有治脾礙肺、治肺礙脾之弊者，用沙參、桑葉、馬兜鈴、茯苓皮、青皮、玉竹、蘇子、五加皮、香櫞皮等；肺陰虚而脾陽不振者，用沙參、杏仁、五加皮、鷄内金、澤瀉、玉竹、於术、茯苓皮、香櫞皮、木香、川貝等；還有久病脾肺腎三陰交虚者，咳嗽略減而脾尚不寬者。除肺脾同治，亦有肝肺腎三陰交虚者，肺腎之氣不納、元海無根者，肝火灼肺者，肝氣壅塞而又添外感者。

本書雖載案不多，然斷金碎玉，對于臨床亦有一助。

序

家君治症卅年餘以前方案諸同门悉皆送錄因遭兵燹慨付淪亡今自庚申秋随侍桑頭又經三載所見所闻症已畧備爰循舊式私輯新編播遷歷碌瑣載無多而斷金碎玉未始非醫學中间途一助也時在

同治壬戌仲春鴻城退士序於申江旅次

目錄

虛勞

失血之後繼以欬嗽今吐厚痰形肉消削盗汗脉数肝肺腎三陰交虧三伏琢重為囑

固本湯 清阿膠錢半 川貝二錢 百合三錢 北沙參三錢 馬兜鈴一錢 杏仁三錢 橘紅一錢

肝肺腎三陰交虧欬嗽灼熱形肉消削脉促經停怯症已著至節小心

692 邵氏方案

《邵氏方案》,六卷,六册。清邵炳揚撰。約成書于清道光三十年(1850)。邵炳揚介紹見本書上一篇。現存清道光年間鈔本,藏于上海中醫藥大學圖書館。《中醫古籍珍稀抄本精選》第十六册收録該本。

全書分禮、樂、射、御、書、數六卷,載内、外、婦、五官等各科病證七十種,每種病證下列病案數則。禮卷記載虚勞、表虚、咳嗽、痰哮、音閃、失血六證;樂卷載包括頭痛、目痛、鼻淵、咽痛、牙痛等痛證十一種;射卷載胃寒、蓄血、癎、不寐等内傷雜病十種;御卷載病證十二種,有黄疸、疝氣、便閉及各種痢疾,包括白痢、紅痢、休息痢等;書卷載痔、癧、疹、癬、瘡、疔等外科病證十七種;數卷載病證十四種,涉及火毒、女科、温病及瘧病,如丹痧、流火、春温、濕温、伏邪、冬温、間日瘧、少陰瘧等。惜邵氏診務繁忙,其醫案記載大多過于簡略,缺乏完整性,藥物劑量亦未全録。除首卷禮部藥物劑量完整外,其餘五卷僅部分藥物標明劑量。從其用藥可見,所治病證大多以江南一帶多發病爲主,臨床辨證施治受温病學派影響較深。

是書内容豐富,涵蓋範圍較廣,涉及内傷雜病與温病以及婦、外、五官、皮膚等科疾病的診斷治療。病案雖然簡略,但緊扣辨證要點,用藥精當,對現代臨床有指導意義。

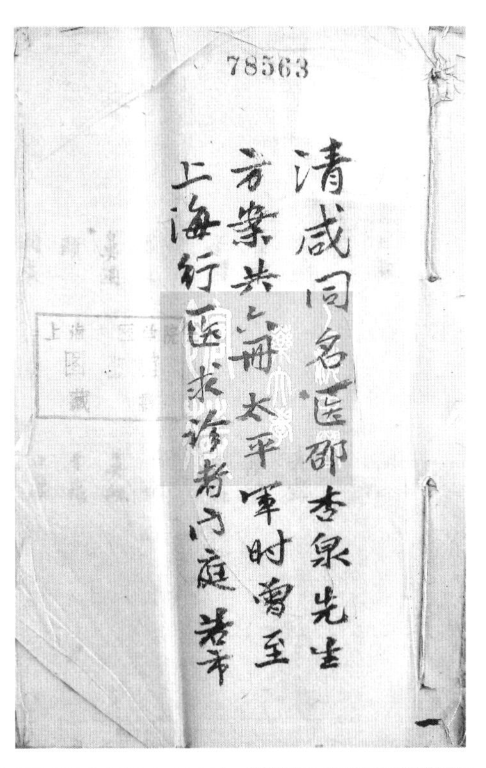

清咸同名医邵杏泉先生
方案共六册太平軍时曾至
上海行医求诊者门庭若市

虛劳

失血之後繼以欬嗽今吐原痰形肉消削盗汗脈數肝肺肾三陰交虧三伏重診為囑

固本湯 清阿膠 川貝 百合
北沙參 馬兜鈴 杏仁 橘红

肝肺肾三陰交虧咳嗽灼熱形肉消削脈促經停怯症已著至節小心

固本湯 阿膠 川貝 百合
北沙參 山药 橘红

内熱全除仍從滋養

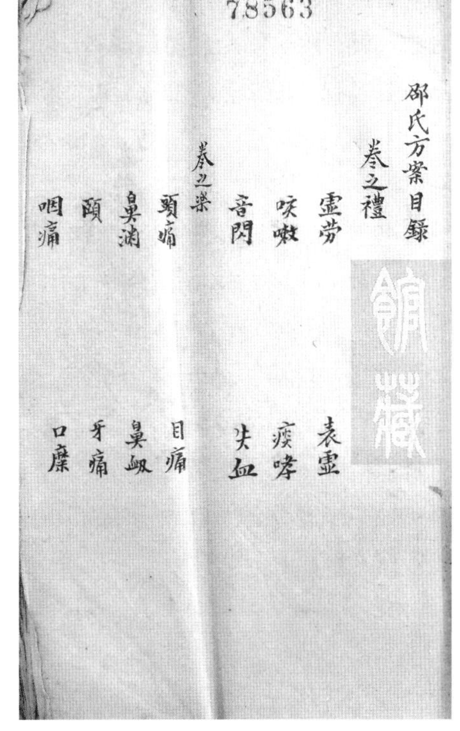

邵氏方案目錄

卷之禮

卷之樂

693 邵氏醫案

《邵氏醫案》，不分卷。清邵蘭蓀撰。邵蘭蓀，一作蘭生，山陰（今浙江紹興）人，世居楊汎橋。幼從錢清、王馥原遊，生平服膺葉天士《臨證指南》、程鍾齡《醫學心悟》二書，天資穎悟，頗能神明變化。精内科，其于温熱、時感、虚勞、婦女經帶俱有心得，每日應診病者甚多。是本爲紹興裘吉生輯録，諸暨劉淡如校正。《中國中醫古籍總目》載録爲清鈔本。除是書外，尚有《邵蘭蓀醫案》四卷，初刊于清宣統三年（1911），後民國二十六年（1937）鄞縣曹炳章欽其學識，徵求紹興城鄉病家治愈留存方案，積十餘年之久，集得醫案二百例，由上海大東書局印行。《邵氏醫案》有中華書局藏書印章、紹興裘氏印章、讀有用書樓藏書章，現藏于上海辭書出版社圖書館。

是本爲邵氏臨證散案，不分病種科别，共載醫案二百一十多則，多爲治療腹痛、泄瀉、咳嗽、胃脘痛、痛經、崩漏、月經不調之證，涉及内、外、婦、兒多科，其中治療風暑温熱病、虚勞病、内科雜證、婦産科病尤爲著名。所載醫案首録病患主症、舌脈，續記病機、治法，所立方藥以十一二味居多。如："癸澀趲遲，帶注腹痛有瘕，左脈濇，右沉弦，中脘脹悶，背掣。姑宜順氣利中平肝。二月十四。烏藥一錢五分，鷄内金三錢，青皮八分，化龍骨三錢，沉香（冲）五分，木蝴蝶四分，廣鬱金（厚杵）三錢，緑萼梅一錢五分，川楝子三錢，炒穀芽四錢，厚朴一錢。四帖。"

是本多爲邵氏行醫用藥之心得，所載醫案簡括切要，辨證精當，方藥絲絲入扣，可爲臨證參考。

癸巡 遺遲常泄腹痛下痢左脉濇右沉弦中脘痞滿
消瘀和宜順氣利中平肝 首方
烏藥 五 鴉內金 三 青皮 一 杜龍骨 三
沖沉香 一 木蝴蝶 一 廣鬱金 三 綠萼梅 五
川楝子 三 炒穀芽 五 厚朴 一
の帖
癖瘕宿氣內著腹痛作瀉脉沉滑右白苔滑膩惡於
宜安胃利中
烏梅 乙 吳萸 一 拌炒川連 一 廣藿梗 一 川楝子 三
炒川柳 厚朴 一 炒穀芽 五 延胡 五

海桐皮 三 桂枝 一 杵川貝 五
石決明 三 豨薟草 三 紫菀 五
秦艽 三 白前 五
咳痰未除陰火不斂脉小數舌黃中心紅微痛不渴
肉桂 刮 究屬肺勞重症 二月八日
生地 五 炒棗仁 三 紫菀 五
松木原炒茯神 五 地骨皮 三 天冬 三 金沸草 五
炒川連 一 原川貝 五 光杏仁 三 桔紅 一
の帖
引鮮枇杷葉 三片
痢下赤白 脉弦細舌滑白尖紅 腹下墜
法加減彦安 首十日
白頭翁 三 茵根 三 川石斛 三
人中黃 一 生白芍 五 土茯苓 五
赤芍 川決明 三 銀花 五 省頭草 三
茯柏 三 生杵石蓮子 三
三帖 引荷葉 半張
閩中氣作瀉脉弦細舌滑白腐兌浮腫 [illegible] 勞恐增劇
大腹絨 三 烏藥 三 川楝子 五
桃目 一 炒車前 三 赤芍 三
杜赤小豆 五 炒穀芽 五 省頭草 三

694 林珮琴先生醫案

《林珮琴先生醫案》,不分卷,兩册。清林珮琴撰。林珮琴(1772–1839),字雲和,號義桐,丹陽(今屬江蘇)人,舉孝廉,好醫學,輯有《類證治裁》八卷。此醫案成書于其晚年。現存民國十年(1921)金山朱繼璋鈔本,藏于上海中醫藥大學圖書館。

該書封面即出目録,第一册爲中風、傷寒、温邪、熱病等外感病證九種,第二册主要爲虚損、肺癰肺痿、哮、喘、痰飲等内傷雜病十七種。林氏論述病證,均詳辨證型以施治。認爲正月傷寒"非麻黄湯腠理不開",初春傷寒"宜表裹分解",冬季傷寒"用葛根汤"。所載醫案皆未注明患者名字,僅以"高年""弱冠""老年""積年""少年""六旬""年四十"等區别。林氏還重視早晚用藥有别。如治虚損,證見寒熱咳嗽、憂思煩擾等,"早服歸脾湯加柏子仁,晚用都氣丸加杞子、白芍、棗仁、貝母";治童損,"早用補中益氣去升麻加茯苓、棗仁、小麥,晚用六味湯去萸加白芍、鱉甲、五味"。

是書詳辨病證,載方劑型多樣,具有注重服藥時間等臨診特色,值得借鑒。

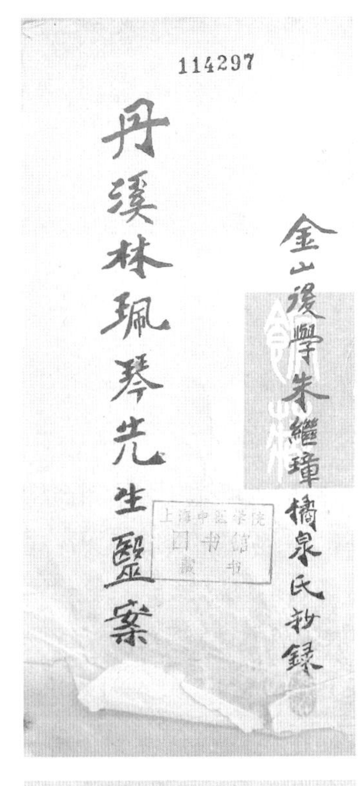

114297

丹溪林珮琴先生醫案

金山後學朱繼璋橘泉氏抄録

民國十年歲次辛酉秋八月橘泉氏手録

114297

丹陽林珮琴先生醫案

目録

金山後學朱橘泉手録

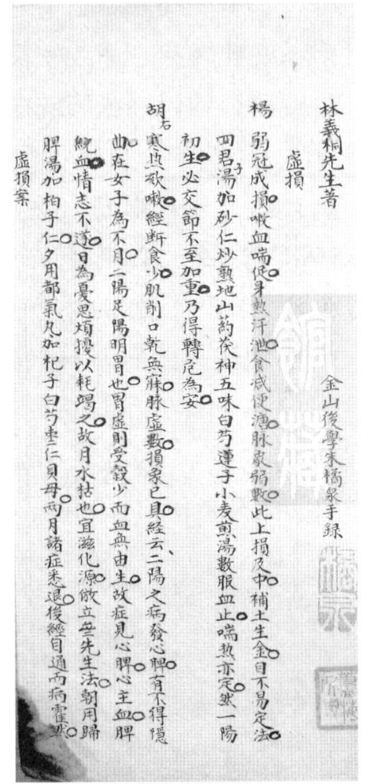

林義桐先生著　金山後學朱橘泉手録

虚損

楊　弱冠成損。嗽血喘促。身熱汗泄。食減便溏。脉象弱數。此上損及中。補土生金。自不易定法。四君子湯加砂仁炒熟地山藥茯神五味白芍蓮子小麦煎湯數服血止。喘熱亦定。然一陽初生。必交節不至加重。乃得轉危為安。

胡右　寒熱欬嗽。經断食少。肌削口乾無寐。脉虛數。損象已具。經云、二陽之病發心脾。有不得隱曲。在女子為不月。二陽足陽明胃也。胃虛則受穀少而血無由生。故症見心脾。心主血。脾統血。情志不遂。日為憂思煩擾以耗竭之。故月水枯也。宜滋化源。倣立齋先生法。朝用歸脾湯加柏子仁。夕用都氣丸加杞子白芍棗仁貝母。兩月諸症悉退。後經自通而病霍然。

虚損案

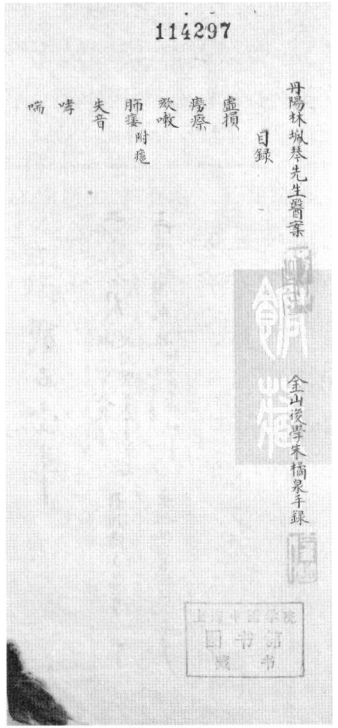

695 兩都醫案

《兩都醫案》，兩卷。明倪士奇撰。倪士奇，字復貞，明末名醫，南徐（今江蘇鎮江）人。倪氏祖父倪龍山曾遇異人傳授針灸之術，其後三代業醫，倪士奇兄弟三人俱以醫爲業。倪士奇于天啓元年（1621）進京，任武英殿秘書十年，崇禎初南下遊歷，在南京行醫六載，最終回家鄉行醫著書。此書成于明崇禎十七年（1644），分爲南案和北案，分别記載著者在南京和北京的治療驗案，故又稱"南北醫案"。現存巢念修鈔本，藏于上海中醫藥大學圖書館。

全書共載醫案七十則，其中"南案"三十三則，"北案"三十七則。内容涉及傷寒、温病、内、外、婦、兒各科，且多爲疑難雜症。如"南案"第一案，診大司農鄭公之續弦，十年不育，閉經四月，諸醫皆以爲癥瘕或痞證。診脈爲"左手寸脈數大，右手寸脈細實，左關脈洪大，右關脈雀啄，兩尺脈俱旺"，確診爲"真胎脈"，遂用養血調氣安胎之藥，最終子母俱安。餘如"治王大司空媳余氏痰厥及痞塊"，"治吴函三公三郎痟症"，"治蔣麓亭暑風"等均取效。該書醫案著録層次清晰，病家的姓名、身份、發病和治療過程及方藥均記載詳明，治法方面注重針藥并用。其中用火針治肝癰、腸癰等内癰是其家傳絶技。

本書深究病理，重視切脈，善用針刺治療急腹症，反映了中醫急症臨床經驗，總結了倪氏的診療特色，具有一定的臨床參考價值。

南都醫案目次　余修甥編任校

方拱乾序

吳光義序

一、治鄭玄岳續絃十年不生育

二、治鄭漢奉夫人喉下有痰大如雞子

三、治吳行可夫人産後元氣將脫

四、治范太蒙噎膈瘧疾

五、治方明庵夫人崩閉

南都醫案　南案目錄　一

肺臟舉衰而醫術枯表字余是以知治貞渺古

之君子而托于醫以自行其志者也故曰余之

知治貞不僅以其醫也

崇禎己卯中夏浙西吳光義題

覺菴朱　吳印光義朱　司馬之章朱

南都醫案

南徐倪士奇復貞父著

一、余自庚午冬出

國門給假南旋抵家即承大理寺元沖錢公召

賢長公郎出余南都至年來冬謁大司農玄岳

鄭公敘舊都別後十年寒温未畢遽曰兄來甚

喜有一要緊病爲我治之余曰何病公云續絃

數房十年不生育至今秋得事閑有四箇月欲

南都醫案　南案　一

北都醫案目次 余假增編便檢

何寵序

姚康序

傅恪序

自序

一、治王大司空媳余氏痎瘧及瘧娩

附 其弟啟坤治棠川船令妻閔氏瘧娩

千金化瘧膏神應方

兩都醫案 北案目録 一

蒲帆一葉藤杖一枝頗極其致歸復覽勝牛首
栖霞間弔六朝之遺蹟何相國鄭司徒皆在白
下留余暫止秦淮者六年又復有所調治有所
叙次夫方不期奇而期于當語不期文而期于
理庶明少補於斯世也因名曰兩都醫案云

古潤復峰倪士奇識

兩都醫案

南徐倪士奇復貞父著

一辛酉季春
大司空太蒙王公入燕至京口時夜半持牘召
余及登舟徹聞悲泣之聲長公明一出迎揖躡
不待序坐愴惶而言曰敬房已危殆不醒人事
脈亦將絶灌獨參湯仍莫能救請先生決之余
入診時按得六脈沉滑余決之曰脈氣尚有生

兩都醫案 北案 一

696 雨棠證驗

《雨棠證驗》，兩卷，一册。有目録，無序跋。《中國中醫古籍總目》載録爲清鈔本。考鈔本《金山何氏醫案》後附有“茸城顧雨棠先生脚氣門案”，其行文用語與本書多有相似，故蠡測本書作者爲顧雨棠。顧雨棠，滬上名醫，生平不詳。正文抄寫工整，全書共計一百十二葉，約三萬字。因裝訂失序，卷一列于卷二之後。現存鈔本，藏于上海中醫藥大學圖書館。

卷一分諸痛、寒熱、瘢疹白痦、暑症、霍亂、黄疸、瘡瘍、汗症、咽喉、三消等十門，共載醫案一百五十則，其中諸痛門載醫案最多，凡五十九則；卷二載中風、痿症、瘧疾、痰症癲狂驚癇痙厥、飲症、眩暈、痞滿、呃逆、反胃嘔吐、不寐心悸噎嗝噫噯等十門，醫案一百二十七則。每則醫案先録病症，後探討病因病機，立法處藥，偶載服法。詳于病機探討，而略于病症記録，復診不多。

本書有以下特色：其一，用方執簡，每方用藥至多不過十味，少則僅兩至三味，或佐以成藥丹丸，選藥輕靈，幾乎未見蟲石介類。其二，治法以《内經》爲本，論述病因病機多援引其中理論，如治脾虚氣血不足所致眩暈頭痛，言“此即《内經》所謂中氣不足，頭爲之苦傾是也”。方藥多參用仲景、東垣等名醫大家。其三，以肝脾腎三臟爲本，重補不重瀉。治中風、眩暈、諸痛等證，每辨爲肝腎不足或肝脾虧虚，方中多用黨參、當歸、白芍、茯苓、首烏、枸杞等調補肝脾腎等臟。如寒熱門中一案，病人高熱無汗，見鼻衄，醫者以“在内爲血，在外爲汗，鼻衄已見，從無發散之理”之説，用養心法，“使窺竊内侵之賊邪不攻自走”。在温熱理論盛行的當時，能不拘泥于世風，獨樹一幟，實爲高手。其四，對于重病，提出“緩圖”的治法，如對中風治療提出“積累功夫，原非旦夕所能奏效，欲速則不達”的觀點，對現代臨床有參考價值。

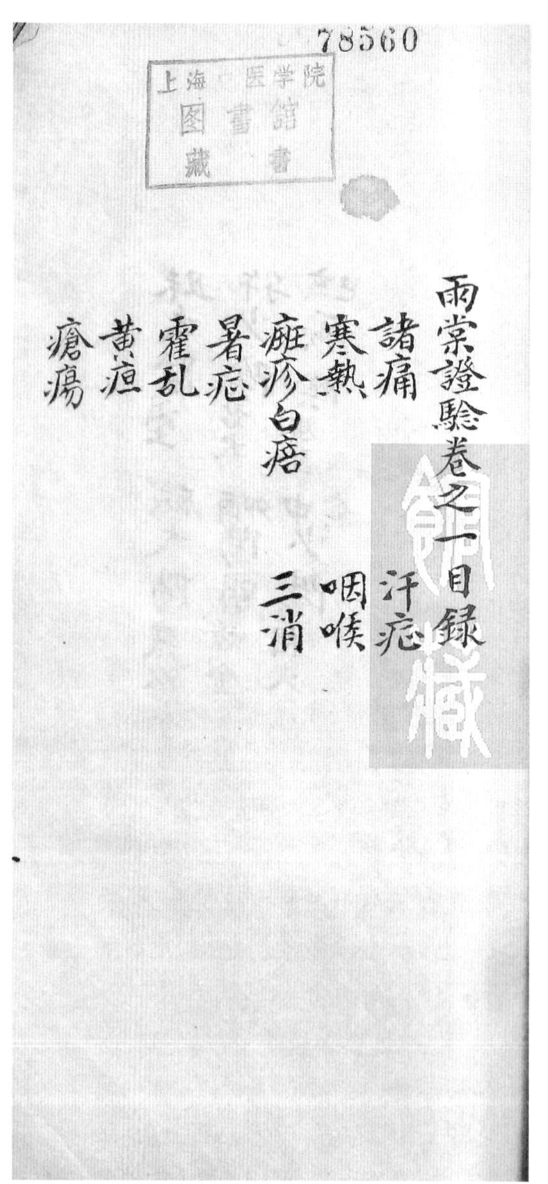

雨棠證驗卷之一目録

諸痛　汗症
寒熱　咽喉
瘫疹白㾦　三消
暑症
霍乱
黄疸
瘡瘍

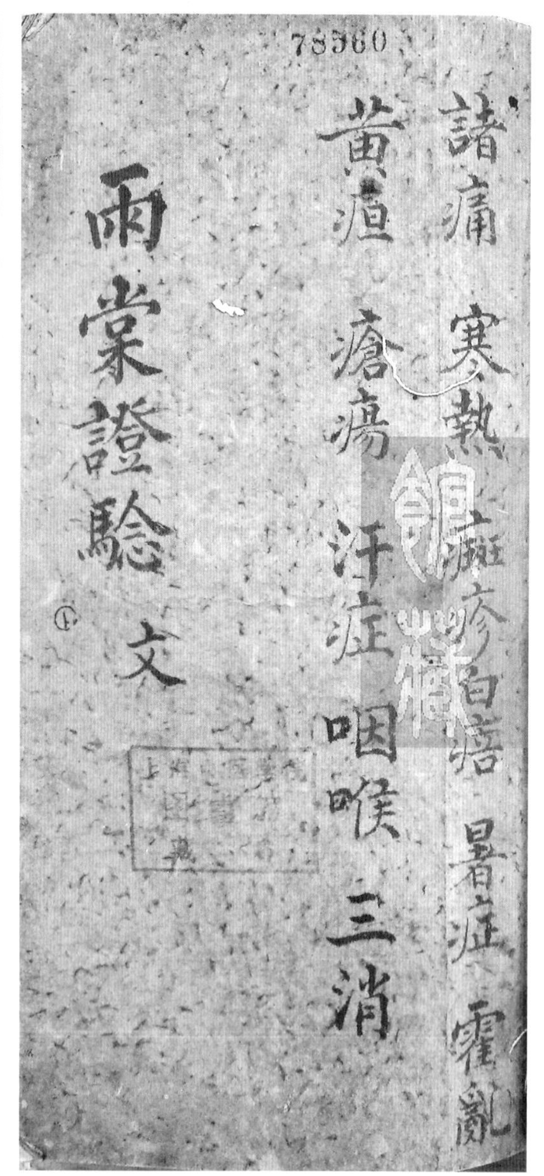

雨棠證驗　文

諸痛　寒熱　瘫疹白㾦　暑症　霍亂
黄疸　瘡瘍　汗症　咽喉　三消

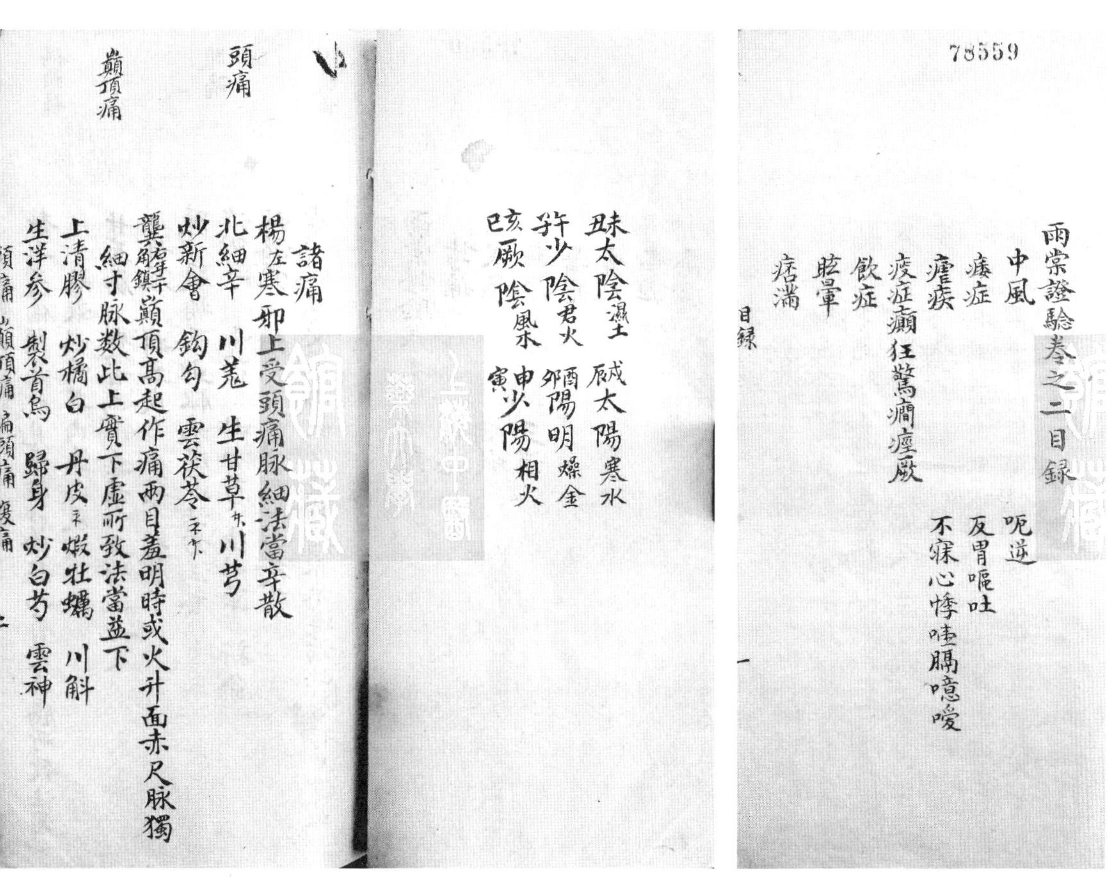

兩崇證驗卷之二目録

中風　呃逆

痿症　反胃嘔吐

瘧疾　不寐心悸嘈膈噫噯

痰症癲狂驚癇痙厥

飲症

眩暈

痞滿

丑未太陰濕土　辰戌太陽寒水

子午少陰君火　卯酉陽明燥金

巳亥厥陰風木　寅申少陽相火

頭痛

巔頂痛

諸痛

楊左寒邪上受頭痛脉細法當辛散

北細辛　川羌　生甘草　川芎

炒新會　鈎勾　雲茯苓

龔鎮江巔頂高起作痛兩目羞明時或火升面赤尺脉獨細寸脉数此上實下虛所致法當益下

上清膠　炒橘白　丹皮　煅牡蠣　川斛

生洋參　製首烏　歸身　炒白芍　雲神

697 金山何氏醫案（附《茸城顧雨棠先生脚氣門案》）

《金山何氏醫案》(附《茸城顧雨棠先生脚氣門案》),不分卷,一册。無目録,未注明作者。《中國中醫古籍總目》載録爲成書于清末。封面、封底均爲淡藍色硬紙,綫裝。封面貼有粉底金色包邊書簽,上以鋼筆字題有“金山何氏醫案鈔本”字樣。扉頁爲原封面,上題“月鋤氏藏”,“金山何氏醫案　後附茸城顧雨棠先生脚氣門案”。正文版面上下以淡緑色花邊爲框,以淡緑色行綫爲界格,版心印有淡緑色單魚尾,魚尾之上題有“慕羅齋隨筆”字樣。正文首頁鈐有五枚大小不一的方形印章,從上至下前四枚皆爲陰文篆書,分别是“蕭梅過眼”“楨印”“月鋤”“壽同金石”,第五枚爲“上海中醫學院圖書館藏書”章。正文抄寫工整,每半葉十二行,每行多則二十字,少則七字,共計八十六葉,全書總字數在一萬五千字左右。現存鈔本,藏于上海中醫藥大學圖書館。

正文直接書寫醫案,如第一頁:“林左,且月二十七日。寒熱如潮,兼有腹鳴小痛,脉來細濇,舌黄。屬暑濕鬱於三焦,留滯腸胃,恐變滯下。香青蒿三錢,車前子三錢,廣木香二錢,大腹絨三錢,柴胡四分,生枳壳一錢半,熟附子三分,法半夏一錢半,姜小朴一錢半,赤苓三錢,炒黄芩一錢,草豆蔻六分,加煨薑三片,荷葉一角。”隨後記有復診、又診的診療過程。該鈔本前大部分載有寒熱、寒濕、濕熱、春温、脘痛、白濁、睾丸腫痛、痛經、腹瀉、痢疾等雜證,共計九十九則病案。其紀月頗具傳統特色,以陬月、如月、小春月、荷月、榴月、巧月、相月、壯月等記載。分析病證從病機入手,簡潔明瞭,如“沈稚,寒濕注於下焦,濕熱留於脾土,爲微有寒熱”。治則治法叙述亦簡,如“……睾丸腫大等,與疏理法”。方藥常選清宣濕熱、化濁利尿之品,諸如滑石、菖蒲、豆蔻、厚朴、半夏、陳皮、桔梗、荷葉、柴胡、木通,澤瀉等,可資借鑒。最後附有顧雨棠之脚氣醫案，共計十九則。如："趙左，年二十。腎陽衰微，則土位無母，水邪上泛，足跗浮腫，漸入於腹。兼之心悸者，水淩心位也；氣促者，水邪射肺也；小溲短澀、白淫自下者，心火妄動、腎陰下陷也。按症論之，非外感之濕，腎陽衰而内生之濕也。脈沉細而濇。脈症見此，脚氣重恙，無虞難許。熟川烏三錢，粳米一合，同煎當粥服。晨起服金匱腎氣丸三錢，開水送下。"既記録初診，也附有復診、又診的診療過程。方藥既有内服藥，也有外敷藥，還有中成藥，對現代脚氣病治療有借鑒作用。

該鈔本的特點是醫案簡潔明瞭，分析確切，方藥切合臨床，又附有顧雨棠治脚氣的醫案，值得現代臨床借鑒。

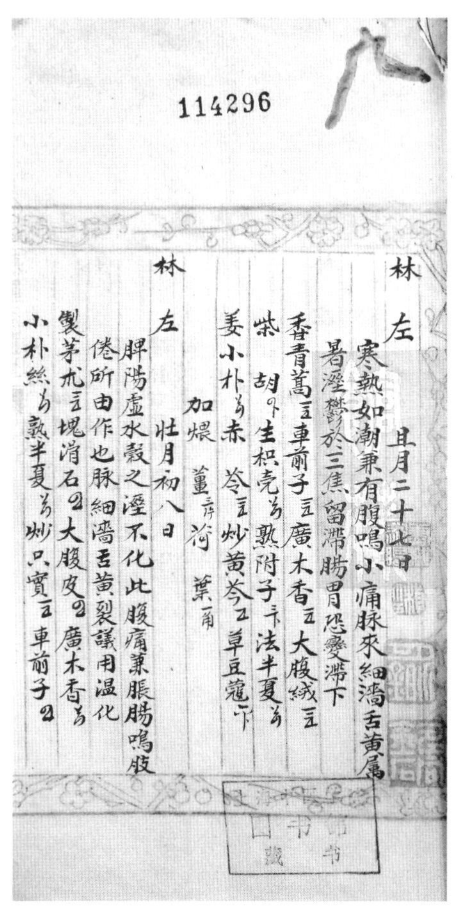

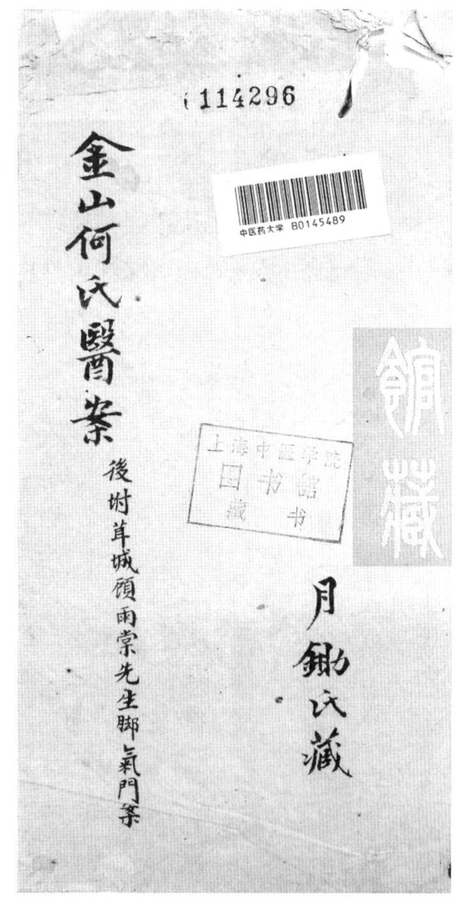

698 周慎齋醫案稿

《周慎齋醫案稿》,三卷。明周慎齋撰。周慎齋介紹見本書“320周慎齋醫旨”。本書約成于明萬曆元年(1573),前後無序跋,僅見卷一,有目録。每半葉九行,每行二十九字。現藏于上海中醫藥大學圖書館。

該書名爲醫案,實是周氏的醫論及驗案匯編。卷一分列脈法三篇,乃《脈法》《東垣五脈》及《太素脈》;用藥四篇,爲《用藥總論》《十味藥性》《湯液藥性》和《用藥心法》;亢害承制計有兩篇;湯論五篇,即《保元湯論》《補中益氣湯論》《温肺湯論》《二陳湯論》和《八味丸論》;其後有認症、傷寒辨證及治法以及《中暑》《中熱》《中濕》等共三十九篇醫論。醫論後多載有周氏驗案,計一百十一則,集中反映了周氏之學驗。

杏齋醫案卷之一目錄

699 京江李冠仙先生醫案

《京江李冠仙先生醫案》，不分卷。李文榮撰。李文榮，字冠仙，别號如眉老人，丹徒（今屬江蘇）人，清代醫家。曾得月湖名醫王九峰傳授，以醫術高明而聞名于世。晚年撰《知醫必辨》《含飴糖課孫草》《仿寓意草》《李冠仙醫案》等。現存鈔本，《中國中醫古籍總目》題作"李冠仙醫案"，成書于1849年，藏于上海中醫藥大學圖書館。《中醫古籍珍稀抄本精選》第十七册收録該書。

本書仿喻嘉言《寓意草》而作，記載醫案二十七則，大多可見于《仿寓意草》。内容涉及傷寒、瘧疾等病證，涵蓋臨床各科，範圍較廣，如牙痛、小便不通、類中、瘖瘆等。全書或理論闡發，如"時邪熱證，治以辛凉，非比傷寒之證治以辛温"，或經驗總結，如"陶節庵九味羌活湯，治江南傷寒最好，江南無正傷寒，不能用麻黄也"，或病案討論，或方藥分析，反映了李氏的學術特色與臨床經驗。李氏診病，詳于辨證。如筸豫州案，瘅瘧兩月，從未有汗，每日壯熱，實屬病危，診其脈象，六脈皆弦數，但有根，以景岳歸柴飲治療，得汗而解。李氏臨證，善用古方，尊仲景之真武湯、麻杏石甘湯、白虎加人參湯，亦用景岳之歸柴飲、玉女煎與東垣之補中益氣湯等名方。

本書理法方藥俱備，既有辨證思想、治病原則、辨治方藥，又有驗案、心得體會等，對中醫理論研究與臨床實踐均有參考價值。

京江李冠仙先生醫案

田展初內治效

田展初五兄子丞妳也嘉慶十四年伊遠館吳門重內染時邪之症醫者皆用傷寒藥發散升提太過重熱不解漸至昏譫用寒涼如黃芩黃連山梔石膏之類連進多劑熱仍不減面轉通紅非常作痛手不能近近之則痛甚病勢沉重醫皆曰邪已入裡無法可治又換某時醫於前方中加犀角羚羊角服此數劑再不應即不治遣足內兄李進之來予丞妳聲吾辭歧黃邀予一診以決生死予診其脈上脈洪大而空兩尺沉細欲絕鐘氣斷離不能言語而心尚明了某音速詢之欲飲否曰不欲詢之二便大便少而稀溏小便清而少腹有痛意予急曰戴陽症也此素本陰虧不能潛陽今時邪誤作傷寒治溫散太過處陽上浮治宜引火歸原醫者見其煩躁不知其為龍雷上升侵犯清虛之府所致反以為熱邪傳裏腎用寒涼陽即欲回歸路已阻再用寒藥不獨腹痛自利症必加重而黃柏之陽將一汗而亡矣何楷某竟用真武湯藥其速進病者知用附子斷不肯服以為我煩熱如此如何還服此熱藥伊兄勸以冷服涼藥已而轉火炎于上亦方稱引火歸原或當有效今已危急何不試之勸之再三勉進半劑本已十日不寐進藥後不覺安睡兩時許始寤頭面之痛亦全退腹痛無此心中不煩乃復索藥進劑次日延予復診其病勢失細詢平日本有上紅之恙生育多而其陰本虧故陰中之陽易動也改用附子理陰煎服一劑又專用理陰煎服三劑後以八珍加減調理全愈半月後展初自吳門歸向予申謝且言幸伊不在家其妻得生否則必死予問何故展初曰如此熱象群醫皆有用寒涼而予獨用大熱且予又不熟焉我豈能相信哉予曰然則兄下有不必謝予也是有命焉不可強而致也

顏鳳尧內治效

田展初居丹危也舊其比鄰顏鳳尧先生丹陽名醫來此懸壺醫頗有效識其手也出田時之症亦前憂臨視極為鄭重所謂素能精於手眼雖閱余治法深為佩服遂言尊閣亦染時症先生舊時古稀本有米生不道之恙總診脈不準特延醫診而醫家不識其病先生亦不自舒乃延予診時當盛夏病為時邪人事皆沉壯熱口渴譫語煩躁熱猶臉家人以為大燥而至百佛湯與服

700 孤鶴醫案

《孤鶴醫案》，上中下三卷，一册。清宣統三年（1911）鈔本，著者不詳。封面有印章“孤鶴”。《中國中醫古籍總目》載録爲清稿本。現藏于上海中醫藥大學圖書館。《中醫古籍珍稀抄本精選》第十册收録該本。

該書體例較爲簡單，無序跋。上卷扉頁簡要列出目録，爲十二種病證名稱，分别是中風、肝風、虚勞、吐血、遺精、腫脹、噫噯、哮喘、痰飲等。共記載五百餘例病案，以内科雜病爲主，涉及婦科、五官科等。每則病案多在篇首用一個詞語概括，敘述該案病人的主症或病機，如《中風》篇中列有半身不遂、偏枯、舌强肢拘、血虚風動等，《肝風》篇列有游風、虚風等。首述證候、脈象、病機、治法，然後列出所用方藥，用藥較爲精簡，一般爲十多味。此外還載有女科病案二十四則，時證二十九種，雜記二十八條，另有瀉痢、噎膈反胃、便血、痿證、痹等病案近二百種。

是書敘述證候頗爲簡明，辨證正確，治法靈活，思路清晰。如《痰飲》篇一案載：“清晨吐水乃覺酸，此名懸飲，猶水之瀑布也。胃虚氣弱，濕積不化，按之則作水喜（疑爲嘻之誤），其中有窠，藥難徑達，色白而浮，脈左虚弦、右濡。擬用培補滌飲等法。”此案據“清晨吐水”一症，悟此飲證由一夜仰卧所緻，水聚而上逆，知其内有窠囊，并以“猶水之瀑布”以喻其義。采用培補滌飲，治法允當。在治法方面，經方與時方并用，多種方法合參。如對胸痹的辨治，根據病機實質，既宗《金匱要略》“陽微陰弦”之病機，治以通陽逐陰，又據葉天士“久病入絡”之説，治以逐瘀通絡。如《胸痹》一案載：“胸悶作痛，短氣脈沉，此屬清陽失展，氣機不利也，宗《金匱》法。”予瓜蔞薤白半夏湯。同篇又一案載：“胸次作痛，痛久入絡，恐有瘀滯，暫用疏通。”用桃仁、當歸、延胡等活血通絡之品。同篇又一案載：“胸次作痛，六脈模糊，乃由濕痰内阻，清陽不運也，仿平胃法。”在辨證方面，采用六經辨證結合臟腑辨證。如《淋濁》篇一案載：“努力滯氣，下歸厥陰，兼涉太陽，營絡受傷，起患溺血，陰莖結痛，左脈略見虛弦。擬用滋攝，當節勞調養。”體現了六經、臟腑辨證結合的特點。

該書對于擴展臨床辨證思路、合理選用方藥有一定參考價值。

中風

右半身不遂脉来濡軟元氣不足也法宜溫補

西党参　製白朮　淨枣仁　歸身　法半夏

鹿角霜　炙甘草　甜枸杞　殊茯神　加霞天膏

陰液素虧而內風煽爍症屬偏枯法當柔劑養營

春砂仁　熟地　元紅花　歸身　淡蓯蓉　茯神　栢子霜

甘枸杞　川斷　淨枣仁　酒桑枝

症屬偏枯內热脉数

西党参　女贞子　甘枸杞　川斷　茯神

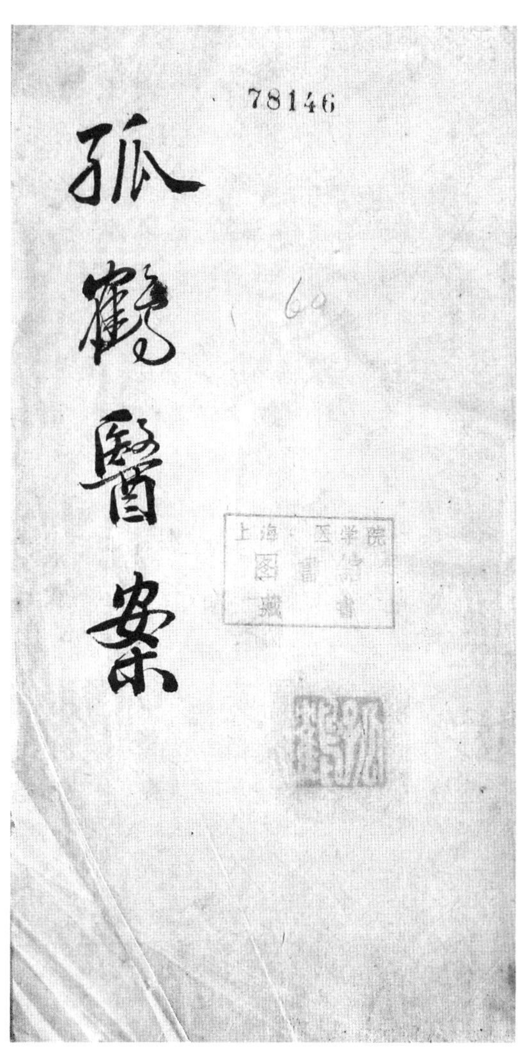

701 南津草閣臨診案

《南津草閣臨診案》,不分卷,一册。不著撰者。無序跋與目録。封面題"京兆文正録"。《中國中醫古籍總目》載録爲清鈔本。現藏于上海圖書館。

是本醫案不分類,可能依時間順序抄録。醫案中出現"南橋""亭林""楓涇""朱涇"等上海市郊區地名,或爲醫者行醫地點。醫案共二百十一則,主治病證以咳嗽、痿證、頭痛、胃痛、痢疾、霍亂、雜病爲主。病案記載頗簡,注重後天調理。如:"朱左,清和月二十七日擬四劑。病久表裏不和,氣不調達,以致乍寒乍熱,自汗頗多,脈見沉細,病根已深,非易理也,再當和解壯熱法。鹽炒柴胡四分,鹽炒桑寄生一錢半,焦白术三錢,粉橘絡一錢半,雲苓神各三錢,佛手片一錢,酒條芩一錢半,川玉金一錢半,彩雲麯三錢,乳沒藥各五分,白叩仁七分,鹽會皮二錢,焦穀麥芽各四錢。"此醫案對外感熱病的辨證思路清晰,運用經方治療準確,又靈活加減。書末有用藥目録與驗方,包括心口痛俞氏浸酒方、安胎十二味神仙方、急症時痧方、治赤白痢疾方、古方金星散等。如:"心口痛俞氏浸酒方:宣木瓜四兩,移心草一兩,陳佛片二兩,玫瑰花三十朵,大棗八個,用紹興酒八斤浸半月後,即將可用之,以紫皮蛋過酒,時痛時飲,永不再發。""古方金星散,治大人小兒犯鹹哮吼者,膽星一錢,紫蘇葉一錢,甘草五分,水煎,調鷄内金末七分,服之極有驗也。"

是本所記醫案和方藥含作者經驗,可供臨床參考。

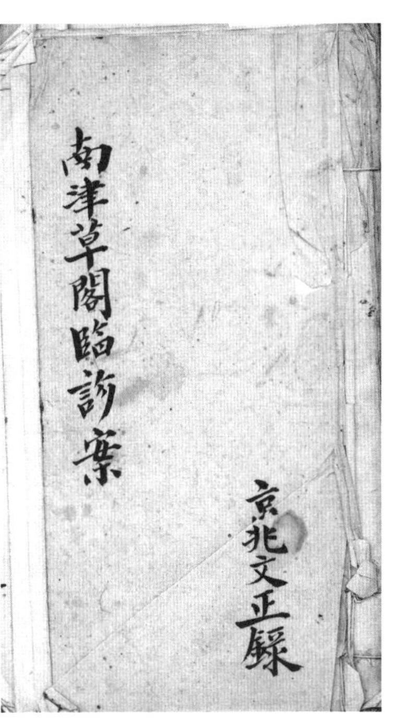

南津草閣臨診案

京兆文正錄

702 念初居筆記

《念初居筆記》，不分卷，二十三册。作者爲清代醫家錢藝、其子錢雅樂（字韻之）及同里幾位醫家。第一至十一册爲錢藝所著，其子整理，門人輯録；第十二至二十册爲錢藝長子錢韻之所著；最後三册輯録同里醫家所著驗案。錢藝父子介紹見本書“155 湯液本草經雅正”。第一册載錢藝自序，落款有“甲申”（1884）字樣，比照《慎五堂治驗録》書序，二者類同，第十七册錢韻之自述“念初居筆記起自光緒丙戌（1886）”，第二十册錢韻之醫案中明確記述“光緒二十年（1894）三月初七日胞弟勤民”，由此可推斷，該醫案筆記成書于光緒甲申年（1884）至光緒甲午年（1894）年間。現存稿本，藏于上海中醫藥大學圖書館。

是書均爲醫案記叙體例。每案首列患者姓名、性别，然後描述證候，闡析病機，提出治則治法，列出方藥。醫案所涉及主要爲内科病證，如外感暑熱、暑濕、風寒、濕熱、温疫及内傷雜病，并有部分婦科經帶胎産等醫案及五官科口齒耳目鼻等病證。第二十册錢韻之輯録《醫門十勸詩》，用朗朗上口的詩歌體例，勸告醫師應該遵循醫德和行爲規範，值得一讀。某些醫案非直接描述症狀，而是在分析病機過程中兼加述證，并列治法。如第一册一案載：“朱和尚，暑濕穢濁之氣從口鼻吸入，分布三焦，彌漫胸脘，則腹脹如鼓，微寒微熱，便秘不納，口膩頭暈，氣機不運。治當逐邪調氣，使氣機升降自安。”又第九册一案曰：“病累十載，自覺腹中冰冷，漸漸周身寒戰，脘間痞塞。”錢氏認真分析其寒熱真假後，辨證爲：“按此證酷似陰盛陽衰，理宜辛温解凍，然辨證處在於舌苔黄、溲赤，故用寒藥豁痰也。”

此書一大特色爲選方用藥非常靈活，思路寬廣，不拘一格，既遵《内經》《傷寒論》等經方，又博采衆方，吸納百家，加減化裁，獨抒心得。如采用仲景經方麥門冬湯治呃逆，牡丹皮湯治腸癰，小青龍湯治咳嗽，桂枝加桂湯治奔豚氣，梔子柏皮湯治黄疸等，并常應用仲景辛開苦降之法治療濕痞、濕熱等疑難雜證。在應用時方方面，亦廣納博采，如用鷄鳴散治脚氣，四君子湯療崩漏，李東垣升陽除濕防風湯治脾虚濕阻，外臺茯苓飲治濕疹，吴鞠通搜剔伏邪法治伏邪飲不化等。更爲突出之處是靈活地將經方和時方結合應用以收良效，如五苓散和五皮飲合用治水腫病，桂枝加龍骨牡蠣湯合桑螵蛸散治夢遺等。還注意采用名家之論治愈疑難雜證。如第十四册載："姜女，年方二十，初覺頭痛如劈，尚能行動，數日後陡然寒戰，微有身熱神昏無汗，目直口噤，四肢耳鼻皆冷，脈細便艱，啓齒視舌卷且燥。"診其爲内風引入外風，王晋三所云"肝虚魂升于巔"之證也，應用勾藤、羚羊角等藥而愈。此外，尚有錢氏家傳許多秘方及獨特給藥途徑，如應用秘方骨鷄丸調理虚損，應用白礬、桃仁、銅緑、五味子、雄黄納玉門内治陰挺證等。全書内容豐富，叙證明晰，治法簡明，方藥靈活多樣，是一本較好地反映清末太倉醫家、特别是錢氏一門醫學經驗的診療筆記，爲研究錢藝父子的學術經驗提供了第一手資料。

念初居筆記

念初筆記者起自光緒丙戌父命分陞河川塘朱姓賃屋而居買藥度日百具粗備丁亥張伯言家從夏季重遷南馬頭北街借陳姓屋居住姑買桑園及東渡鋪住基戊子買蕩田數畝已丑大水秋仲造房四間既低且小才足以庇風雨而已辛酉水向八九照神一二三四旺運群友以為太險力排衆議然亦無害徵之陰陽家言中元甲午宜急遷陞不然禍害至矣後人不

念初居筆記卷一

弁山錢藝蘭陵著

敏捷勤民

男 雅樂韻之同參

質和淡人

孫男 威吉儼卿輯

門人 張應昌伯言校

沉寒風温由上而入風屬陽温化熱上焦近肺肺受熱灼身熱脇痛逆走血分咳嗽痰血曾經昏厥脈形

醫門十勸詩

戎州齊有堂秉慧著

一勸醫士盡心診治

一自勤搜海上方順時調氣貴周詳凝神腠理咸昭徹入手根由細較量敢道無錢分厚薄惟求有疾盡安康良醫良相功歸一願起斯人菜色黄

二勸醫士安貧莫奇求

顛連抱病剥膚床全仗春風拂朽枯盡爾勤勞心内術忍教抑勒病中軀人酬未及天酬巧近報須將遠報圖莫學昆家承務子鐮金索得使神誅

703 姜越臣醫案

《姜越臣醫案》,不分卷,一册。無序跋與目録。封面有“醫案”二字、“越臣”印章一枚、“丁未、戊申、己酉、庚戌”以及“氏”九字。可知著者係姜越臣,其生平不詳。全書一百一十六葉,毛邊紙,鈔本原印藍色界行,單魚尾,版心有“恒豐號制”字樣。該書所載“元參”“元胡索”,避諱“玄”字,可見成書年代應爲清康熙之後。《中國中醫古籍總目》載録爲清鈔本。現藏于上海辭書出版社圖書館。

是書爲著者平日的醫事活動記録,首頁載“逐日醫案”四字,并附小字説明從丁未開始,“善惡皆存,以備參考”。全書録醫案百餘則,記録較爲詳備,包括病人姓氏、證候表現、治療原則,并詳列藥物劑量及多次復診等情況。病證範圍涉及傷寒、温病、癎證、痢證、霍亂、瘧疾、胃脘痛、婦科、兒科等各方面,尤以傷寒、瘧證爲多。如載一咳喘患者,他醫以平肝瀉火之法治療,不效。著者根據患者體質素虚及痰黄厚、痛楚夾脊連背等症狀,診斷此咳喘乃因胃氣久虚、痰火凝滯而致,治療上用祛痰清火佐滋潤之法,二劑而愈。該書末載《醫箴》一篇,記録著者平日診病所獲經驗,列舉部分脈證不合情況的辨證方法。此外還從醫者的角度,叙述業醫五年中爲本家人診病的忐忑心理。

書中記録醫案較多,然未作詳細分類,且字體較草,多處增删塗改,故臨床價值有限。

逐日醫案

時醫

姜有金 按 患喘發汗身熱不能食脈數而有力以[illegible]

宜降火治之而愈

蘇梗 厚朴 桃仁 炒黃芩 茯苓 六一散

青木香 建粬 撥霍香

又 [illegible]時患寒熱咳嗽喘身熱不能食辛涼以保風[illegible]

以逐風平逆降痰而愈

蔥半夏 川朴 杏仁 桃仁 活竹茹 根防風

炒薏苡 建粬 茯苓 青子芩

又 有金甥 患病因 治而愈之

秋季 [illegible]病寒熱咳而面赤身熱無汗

脈緩而大年近八十緩為[illegible]大則病邪尚[illegible]病尚[illegible]

每分按之既患寒熱緩大數[illegible]平脈[illegible]為肉熱大

先天陰虧，三陰瘧，熱多寒少，以苦辛能化邪分，亦病之原，擬

和解不應

鱉血柴胡 當歸 青子芩 地骨皮 ▵歸身 ▵蔻仁

▵丹皮 ▵赤苓 西秦艽 ▵龍骨(?) 姜半夏

又詹(?)

戊午 羅門女 患咳嗽聲啞出血，係風溫襲肺絡，治以辛涼解

表法去桂枝 浩(?)鼓(?) 加竹茹 旋覆花而愈

薄荷 桑皮 蟬衣 前胡 旋覆花 淡竹茹

牛蒡子

吳羅門姪 脘痞日久，加感風寒，痰咳氣逆，宜疏肺(?)

姜半夏 前胡 牛蒡子 桔梗 厚朴 杏仁

枇杷葉 淡竹茹 茯苓 ▵生米仁 不效，加枳首寒 桂通草(?)

胡姪 五三子 咳嗽聲啞，手筋紫而向裡，尺以化火，用辛涼解表法

加桔梗 竹茹 淡之愈

又 王姓媼 脈左三部小弦而滑，右寸弱，關平，尺伏，左反(?)

右關尤(?)關，病見和少，氣往停，舌黃，以歎(?)仍宜舒喜

而為虛，擬逐風驅寒，勞擬營衛法，數劑嘔止三劑

愈

姜半夏 炒米仁 炒防風 當歸身 竹心丸

青子芩 白茯苓 清炙甘草 加生薑二片 紅棗二枚 枇杷葉二片

梁姓媽媽 病腹痛，月事不來，舌黃惡風而振寒，咳痛喘

乾前程服藥多不效，今診脈左右俱沉，細而數，來疾 寸關

去係兩尺伏不應指，往來艱澀，腹日濡，為血虛，以和宜腎法

精虛而不能來，以化血之源，心氣不得下降，是以月事不來

亡陰氣逆肺，故舌黃，肺為腎之母，聚水故振寒，腎水（今以嗽水肺之氣衰）

當邪歸胞，胞脈閉，腎與胞相連，故尺不應指，擬平木濟

心腎補虛

柏子仁 龍炙 赤茯 製香附 鮮烏梅(?)

川連 吳茱萸 炒牛膝

蘆葦根 炙枇杷葉 不應

704 退庵醫案

《退庵醫案》,不分卷,一册。清淩淦撰。淩淦,字仲清,號礪生,晚年别號退庵,吴江莘塔鎮(今屬江蘇)人,咸豐九年(1859)中舉。批語作者李齡壽,字辛垞,號匏齋,吴江盛澤鎮人,清末醫家。現存清光緒二十二年(1896)上海枕石齋本,由沈陈麟(字春孫,號囊隱道人)抄録,藏于上海中醫藥大學圖書館。《中醫古籍珍稀抄本精選》第十四册收録該本。

《退庵醫案》記載醫案三十則,理法齊備,施治得體,或恪守成法而取效,或别出心裁以奏功。其中六則咯血醫案最值玩味,從中可見其診治特色之大略。具體包括以下三點:

辨證細緻,治法豐富。淩氏診治用藥善于結合病人的病史、體質及時令特點,體現中醫學的整體觀念和辨證思想。例如案四指出:"陰虧火旺之體,現交春令,又值少陽相火司天之運,惟冀水能涵木,火不刑金,方爲妥善。"聯繫病人的體質以及季節、運氣,采取滋陰降火的方法治療。又如案十二載病人咯血,"前年偶有憂慮之事,適從高墜下",淩氏辨證乃絡中有瘀,病關于肝,遂以旋覆花湯辛潤通絡。又因患者"素體有濕","陽氣遏塞",病在于肺,而參用《千金》葦莖湯。淩氏對咯血的治法豐富多樣,异彩紛呈,如清火(清心火、清肺火、瀉肝火、降虚火、凉血熱)、潛降(潛陽、降氣、平肝)、消散(消瘀、化痰、通絡)、滋養等。由于病機錯雜,往往數法并用,隨證施法,圓機活潑。

先標後本,去邪存正。淩氏辨證以辨標證爲先,治病以祛邪爲要。例如案五,雖虚象迭現,但新感咳嗆,一味扶正治本,無异關門留寇,且"久病難以驟復",新邪所當急祛,故先標後本,井然有序。又如案四,初診時,病人面色㿠白,脈細數,此係陰分素虧,然"咳嗆多痰不爽,咯血色紫,舌起紅點,此肺胃鬱熱不能宣通之故",遂"先宣通肺氣",除暴安良。二診以後,邪熱漸消,轉從降火滋陰滌痰爲治，標本兼顧。

畫龍點睛，善用藥引。淩氏用方喜入藥引。例如案二，病人“肺胃留熱，且有心火”，以鮮藕汁冲服。鮮藕甘寒，清熱生津，涼血散瘀，對咯血之實熱證頗爲適宜。再如案四，在滋陰降火滌痰方中，用性味鹹平、功能清熱化痰的漂淡陳海蜇一兩，煎湯代水，也屬對證之舉。又如案二十四，病人血熱妄行，病勢急暴，囑服童便一杯，“童便尤能自還神化，服制火邪以滋腎水，大有功用”（唐宗海《血證論·吐血》）。

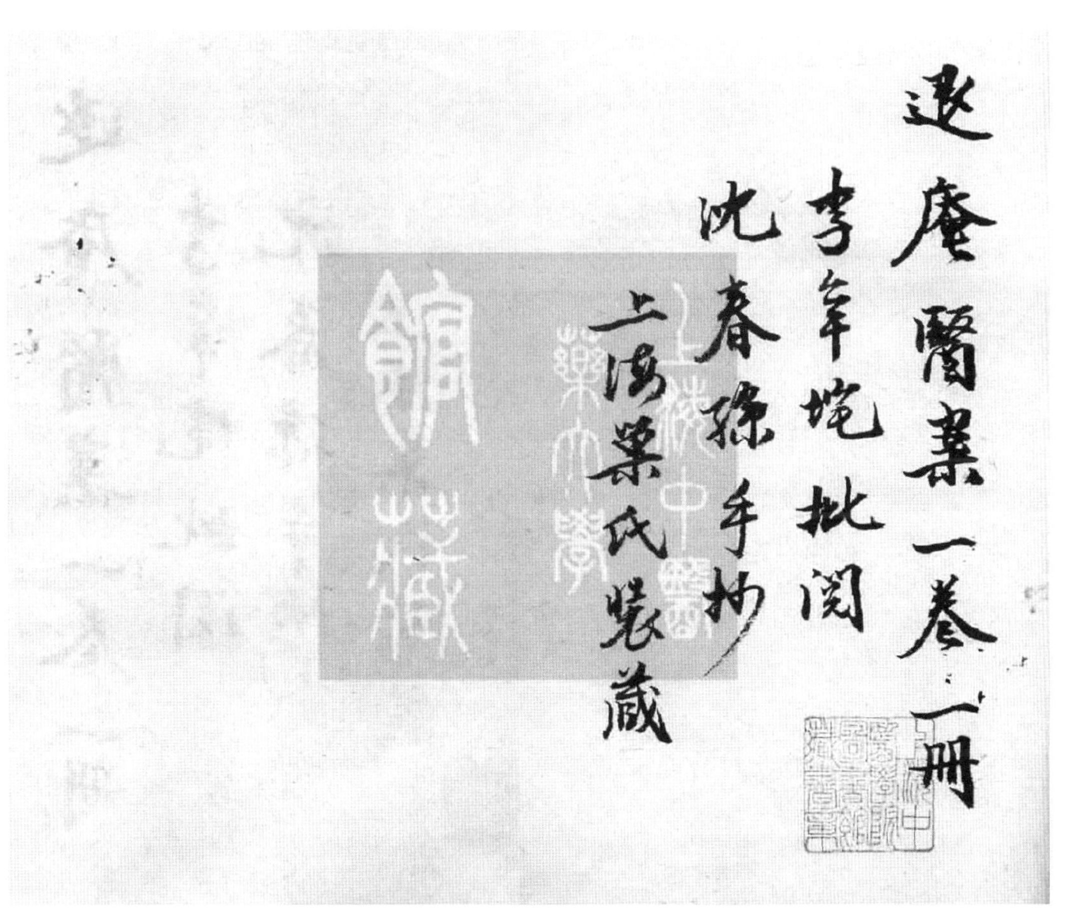

李先生諱齡壽，字辛垞，別號匏巢，吳江盛澤鎮王江涇人，廩貢生。著有詩文古文稿，分撰續吳江縣志，分輯松陵文錄，著醫話一卷、醫方選一卷、藥性摘要一卷、醫案敍驗若干卷。光緒十六年歲次庚寅，先生賣藥于莘塔淩郁卿家，余爰受業學醫，自季夏迄季秋，凡三閱月。

丙申九月望日囊隱道人謹誌

丙申仲春，得囊隱道人手抄李辛垞醫案十冊，及凌退庵醫案一冊。李案固善極研究，所著錄出跋語一則，如右而歸之。此案則重裝函置案頭，備檢。囊隱道人者，吳江沈陳鏻，字春蓀也，別署枕石堂。

粟余恪誌

退庵先生姓淩氏，諱淦，字仲清，號礪生，退庵其晚年別號也。先生為吳江之莘塔鎮人，中咸豐己未科舉人，候選內部正郎，與予嗣祖兵部公友善，今其嗣孫昌燧即予之表弟也。先生素通醫理，又得李師辛垞及其宗長嘉六先生相與考究精微，是以臨證之時，神明變化，一無浮泛影響習氣。此卷醫案雖尠，然自善悟者觀之，亦足以因此得彼，窺見先生學識大畧云。

光緒丙申夏五囊隱道人跋於枕石齋

徐 三十歲 春元錢莊

風邪自口鼻吸入肺先受之肺主皮毛發為風疹目赤面如渥丹發熱咳嗆多痰頭脹脘悶咽痛小便短濇大便不行脉浮數風已化熱瀰漫上焦。急宜清肅肺衛俾疹點透達不致煩躁氣喘為吉

鮮竹葉 蔣桑葉 錢半 連翹心 三錢

薄荷葉 八分 牛蒡子（炒研） 三錢 馬勃 八分

荊芥穗 錢半 製殭蠶 三錢 白杏仁（去衣） 三錢

銀花 三錢 川貝母 三錢 川通草 八分

白蘿蔔汁 一小杯沖

705 素圃醫案

《素圃醫案》，四卷，兩册。清鄭重光著，成書于1706年。鄭重光（1638-1716），字在辛，號素圃，晚號完夫，卒後鄉里私謚"貞愍先生"，歙縣（今屬安徽）人，著作有《傷寒論條辨續注》《傷寒論證辨》《瘟疫論補注》等。本書前有序言兩篇，分别爲"康熙丙戌夏五月小暑日同里後學許彪又米甫拜撰"與鄭氏自序。書末亦有"鄭素圃醫案序"一篇，抄者言"右序一則録自焦延琥《蜜梅花館文録》"。《蜜梅花館文録》成書于1824年，推知此本應抄録于1824年後。現藏于上海中醫藥大學圖書館。

此書爲鄭氏生平之治驗。卷一載傷寒治效，附丙戌續案；卷二載暑證治效、瘧疾治效、痢疾治效；卷三載男病治效，附丙戌續案；卷四載女病治效、胎産治效，附丙戌續案。鄭氏擅長内科雜病及婦産科，辨證真，用藥準，臨證診病不爲拘囿，頗有創新。鄭氏崇東垣、景岳，而黜河間、丹溪專事苦寒之偏。其言丹溪"引日月之盈虧，以喻陽常有餘，陰常不足，遂印定後人耳目，專事苦寒以伐真陽"，故撰此醫案，"以尊《内經》之旨，補專事苦寒之偏"。書中治方以温補見長，所載醫案，得薑、桂而起者甚多，但并無偏執。如卷一所載治陰斑一案，患者初感傷寒，半月後延醫，前醫以傷寒、中暑治，均無效，後遂變陰斑之證，鄭氏言此"因冷極於内，逼其陽於外，法在不治。幸神氣未昏，手足未厥"，先予四逆湯加茯苓、半夏、吴萸温裏治噦，次以人參培陽，症狀漸緩，兩月後全愈。又如卷三貢姓武弁破傷風一案，歷諸醫而不效，患者已瀕于危，鄭氏以加味小續命湯活之，醫技超群可見一斑。此案亦收入陸定圃《冷廬醫話》卷四中。

此書雖現存康熙刻本，裘氏《珍本醫書集成》中亦有收録，然此鈔本中部分醫案後載有抄者按語。如卷一吕惟斗傷寒誤治而致陽脱證，抄者按語云："脈細數近疾，重按全無……未可斷爲西(犀)角地黄症。設或氣分營分皆有熱邪，則脈當沉數有力，證當引飲不休。是脈與是證不合，衹從不合處求之，乃斷爲陰極似陽之證。"書中天頭處亦有按語多則。此諸多按語爲其他版本所未備，可作補充、校訂之用。

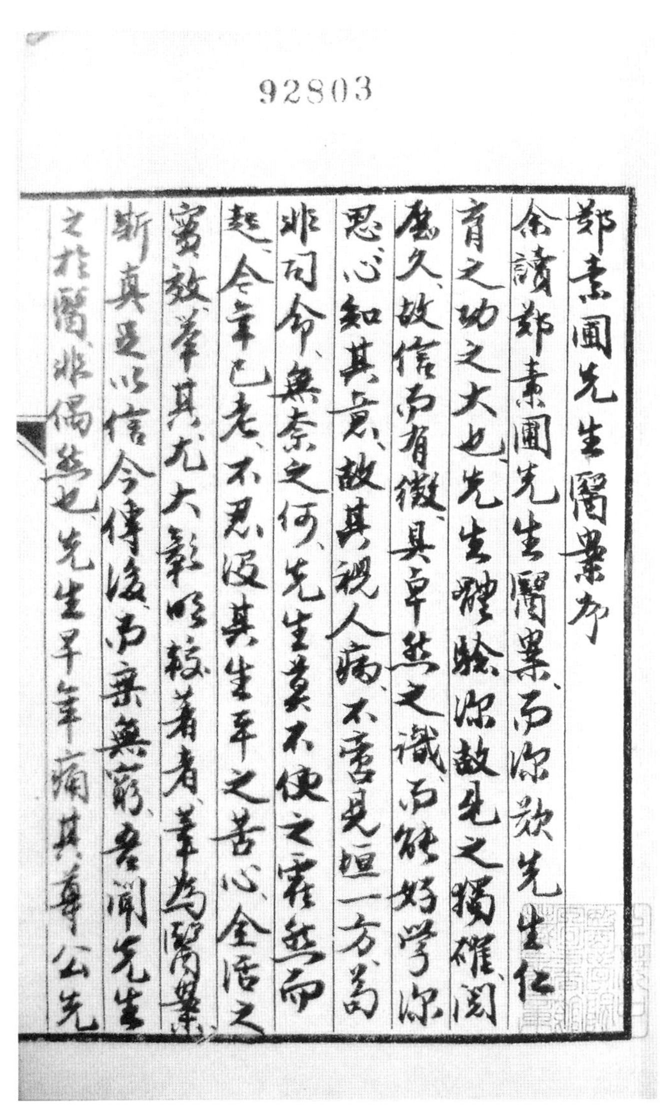

鄭素圃先生醫案序

余讀鄭素圃先生醫案、而深歎先生仁育之功之大也、先生體驗深、故見之獨確、閱歷久、故信而有徵、具卓然之識、而能好學深思、心知其意、故其視人病、不啻見垣一方、蓋非司命、無奈之何、先生莫不使之霍然而起、今年已老、不忍沒其生平之苦心、全活之實效、萃其尤大彰明較著者、筆爲醫案、斯真足以信今傳後、而垂無窮、吾聞先生之於醫、非偶然也、先生早年痛其尊公先

傷寒舌苔焦
黑齒垢枯黃、
口索冷水汗出
煩躁脈細近
疾重取全無
者附子理中
湯加白芍人尿
猪胆汁主之

不知反倦卧于床不能日印肯矣用參朮炮姜一月方瘥
品惟斗角令春住居儀真癸亥正月初旬余自徽州
来郡路遇令婿黃瀹润兄偕挑帖相招至診其脈
則細數近疾重取全無舌苔焦黑齒垢枯黃卧床
去被露胸取凉向其病源初自開塞核致受凉
前醫用麻黃湯發汗汗出後即煩躁困而又用石膏
白虎湯遂致如此索冷水復不能嚥而序又設火三爐
余曰病人如此怕熱何須設火家人答以主母平日畏寒
素常所設余因若此乃陰極似陽脫證辭不治其時年
性生在庄力請用藥勉以四逆加猪胆汁主之加人參

童便並成灌下一半而入即沉不能嚥約一時許回甦
已離硯至江北醒云揚州醫藥好復索饌藥服後熟
寐次日回陽齒舌潤滑如常畏寒矣繼用理中生脈
湯十數劑而愈
脉细数近疾重按全無素禀陰脉氣分邪熱壅甚
亦有之但證舌苔焦黑齒垢枯黃卧床去被露胸取
凉煩躁口索冷水不能嚥則脈未可斷為白虎湯症若
素禀陽臟營分邪熱壅甚亦有之但脈细數近疾
重按全無未可斷為西角地黃症設或氣分營分皆
有熱邪則脈當沉數有力證當引飲不休是脈与是

706 致和先生醫案

《致和先生醫案》，不分卷，一册。未署撰著者及抄録者，抄録時間亦不詳。從書中所用藥物"玄參"寫作"元參""玄武版（龜板）"寫成"元武版"等避諱現象判斷，當爲清代鈔本，《中國中醫古籍總目》亦載録爲清鈔本。現藏于上海圖書館。

是本收集致和先生内外科醫案二百餘則，分爲脾胃門、痹證門、脾癉門、疸證門、腫脹門、木乘土位、噎膈門（附反胃）、積聚門、瘕聚門、痞氣門、三痹門、痿躄門、雜症門、膀胱癰（附少腹臍癰）、乳患、背酸、腎俞酸、耳部、鼻部、流注門等二十門類，并有《乳巖論》一篇。

所録醫案大多無姓氏、性别等項，而徑直記録病因病機、脈象舌象、處方用藥。治療多從脾腎論治，重視疏肝氣、養胃陰，案理清晰，用藥平允，藥味多在八至十二味之間。兹録雜症病案一則："經行感受异氣，結于胞宫，致成鬼胎，已二十月，腹大如妊，攻動上衝。宜行氣調血法。當歸尾、細青皮、元胡、紅藤、石英、鬼箭、枳殼、新川朴、橘紅、降香。"對于病情複雜或較重者，常加用丸劑、膏滋或酒劑，且喜用繆仲醇酒方。《乳巖論》對乳巖的病因病機和治療予以論述，認爲乳巖一症乃"憂鬱思慮積聚在心，所願不遂，肝脾氣逆，經絡痞塞，結聚成形"，并提出與乳癖的區别，有一定臨床參考意義。

致和先生醫案

脾胃门

不足之質勞碌感冒饮食失節先吐紅繼便血止後脾胃失升
降之权脘愴不舒食少大便不调治宜调氣和中俟脾胃健運
方可养荣

青防风　苏梗　广木香　广皮　福曲　车前　茯苓

大白芍　甘草　大丹参　薏米　砂仁　查肉　茶叶　荷叶

不饥不食胃痛溲赤牙宣皆胃病也宜和

大麻仁　生地　大丹参　通草　花粉　只壳　枇仁

脾胃

707 徐友蕃夫子醫案

《徐友蕃夫子醫案》，不分卷，一册。徐友蕃撰。作者生平與成書年代不詳，《中國中醫古籍總目》載録成書于1900年。原書有破損，曾經修補。正文首頁所見題名爲《友蕃醫存》。是書扉頁記有1960年裱訂時所作記録："本案計四册，於一·二八戰時在南翔寓所遺失，僅此殘帙於仁瑞堂樓下尋得，紙已破碎，謹爲裱訂，如親師顔。"據此記載，原書四册，裱訂時僅見一册。現存鈔本殘卷，藏于上海中醫藥大學圖書館。

是書列寒熱、瘕痞、疹、痢疾、哮喘、腫滿等四十五種病證之醫案共三百六十則，以内科雜證爲主，另有鵝掌風、癬等皮膚病證，還涉及月經不調、胎前産後等女科病證。其中多數病案有固定病名，也有少數病案無病名，僅描述爲發生于臂、目、耳、鼻、牙、腰、腿等部位的病證。書中病案均無患者的基本信息，多數僅列症狀特征、治則及所用方藥，偶有分析病機特點，體例多爲一案一方。如寒熱證中一則："形寒，身熱，咳嗽，惡風。治以泄降。"藥用"桂枝、防風、象貝、□紅、前胡、茯苓、杏仁、蔞皮、牛蒡"。症狀特點、治則、方藥一目瞭然。又如噎膈反胃證中一則："氣鬱清腸，食下噎塞，胃脘窄隘不下，泛嘔，脈遲澀。上焦氣機憤鬱，此關格之甚也。"藥用"旋覆花、代赭石、杏仁、鬱金、桔梗、全瓜蔞、炒枳殼、枇杷葉、薤白頭"。調經醫案一則："小産後經事衍期，色淡，腹痛，且嘔吐酸水，胸悶。此肝木犯胃，營虚氣滯，宜調肝胃。"藥用"左金丸、蘇梗、香附、川芎、茯苓、蔻仁、薑汁、山梔、薑夏、陳皮"。

是書醫案，一案一方，簡潔明瞭，用藥法則平和規整。但所列醫案無詳細病患信息及診療經過，而臨證施治有性别年齡、發病原因、個體差异等區别，故是書案例僅可作參考，不能生硬照搬。

本案計四冊，於一二八之戰時在南翔
廣所遺失，僅此殘帙於仁瑞堂樓下
尋得，紙已破碎，謹為裱訂，如親師顏
坤〻誌
（一九六〇年裱訂）

友蕃遺存

寒熱

形寒身熱，欬嗽惡風，治以泄降
桂枝 防風 象貝 橘紅 前胡 茯苓 杏仁 蔞皮 牛蒡

身熱久延，欬嗽痰多稠膩，脈沉弦，法以疏泄
炒蘇子 桑叶 蔞皮 枳殼 薄荷 前胡 杏仁 象貝 茯苓

身熱形痛，胸悶腑痰，舌白口渴，脈大，防並增重
防己 前胡 米仁 赤苓 葛皮 荊芥 萆薢 枳殼 杏仁

寒熱

寒襲肺經，增乾欬背寒，身熱出瘧，神疲胃呆，脈細弦而疾
此邪戀肺胃，恐因病入怯
桂枝 黄芩 杏仁 蔞皮 茯苓 米仁 桑叶 丹皮 象貝 生姜 大棗

寒熱三月，汗多，胸悶，舌白，脈細，久病營衛不和，濕熱未清也
桂枝 川朴 杏仁 茯苓 法夏 陳皮 生姜 紅棗

寒熱欬嗽，痰穢，脈弦而滑，舌苔白膩，法以疏泄
胡 牛蒡 杏仁 蔞皮 桑叶 蘇梗 象貝 枳殼 米仁 茯苓

寒熱從日而次，故欬嗽痰不利，胃呆便溏，脈象弦，疾此風寒并於
肺胃，濕內阻也
枝 杏仁 黄芩 蔞皮 茯苓 桑叶 丹皮 澤瀉 生姜 大棗

身熱咳嗽，痰多，舌白，脈弦，弦滑，清法以疏泄
前胡 杏仁 蔞皮 象貝 枳殼 桑叶 蘇梗 牛蒡 陳皮

寒熱近匝月，頭痛，舌白，脈弦細，法以泄化
蘇梗 防風 陳皮 枳殼 杏仁 象貝 茯苓 蔻仁 前胡

寒熱欬嗽，痰穢，渴赤，肺胃濕熱未清也
杏仁 通草 象貝 蔞皮 桑叶 米仁 滑石 芦根 冬瓜子

寒熱

708 徐養恬方案

《徐養恬方案》，上中下三卷。清徐養恬撰，成書于十九世紀中葉。徐養恬，字澹成，江蘇常熟人，幼年時隨同里名醫蕭函谷學習，得其真傳，業日精進。序言引《重修常昭合志稿》卷三十二《人物志·醫家》所述養恬生平事迹曰“性慷慨，遇貧病不取貲”，“喜吟詩，著有《飲香吟草》等書”。另據《蘇州府志》記載，道光甲午年（1834），林則徐患病久治不愈，着便服到養恬處求醫，自述“每閉眼見有人作獻饋狀，而飲食如常”。徐氏診脈後説：是痰證。不過從脈象上看患者應是大貴之人，爲何從穿着看來不像？林則徐大笑説：真是良醫啊！徐氏診脈之神，由此可見一斑。現存同治十三年（1893）鈔本，由其子兆豐（實函）訂，其孫士玉（琅卿）、士瀛（穎侔）參校，藏于上海中醫藥大學圖書館。《中醫古籍珍稀抄本精選》第十九册收録該本。

是書收録内科病證及少量婦科病案。上卷收録春温、風温等内科病證八種，醫案一百七十一則；中卷記録痢疾泄瀉、類中風等内科病證十一種，醫案一百九十七則；下卷輯録臌脹、痰等内科病證九種，醫案一百零一則。另含婦科病證五種，醫案六十則，分别爲經水不調、懷娠、崩漏、産後等。全書共載醫案五百二十九則，處方多用小複方，一般八九味藥，論治内、婦科數十種病證，每多神妙。如上卷“暑濕熱”病中載一案：患者汗疹兩得，兼發風塊，内邪有外泄之機，但大便屢通，脘腹尚痞滿而痛。徐氏認爲“此非有形食滯，乃暑邪格中焦，氣機不流利之故，又兼咳嗽、吐蛔等症”，辨爲厥陰陽明之候，處方擬“仲景瀉心合温膽法”，藥用製半夏、黄芩、小川連、炒枳實、炒廣皮、赤芍、白薇、赤苓、竹茹。兩劑而安。本案徐氏先從外症論病勢，認爲邪有外泄之勢；又從内症辨病機，排除“有形實邪”的可能，因爲通大便而“脘腹尚痞滿而痛”；最後辨兼證按六經論病，處方既遵仲景之法，又合時方之宜，方用半夏瀉心湯合温膽湯加減取效。

全書較系統地記録了内科多種病證的辨證論治過程，以及婦科經、帶、胎、産諸疾。論病精詳，處方嚴謹，用藥得當，脈、舌、診合參，論述病機簡明扼要，往往一語中的，臨證經方與時方并重，靈活化裁，不拘一格，用藥精少。該書記述徐氏豐富的診療經驗與學術特色，對于經方研究、時方類證分析都有很好的借鑒作用。

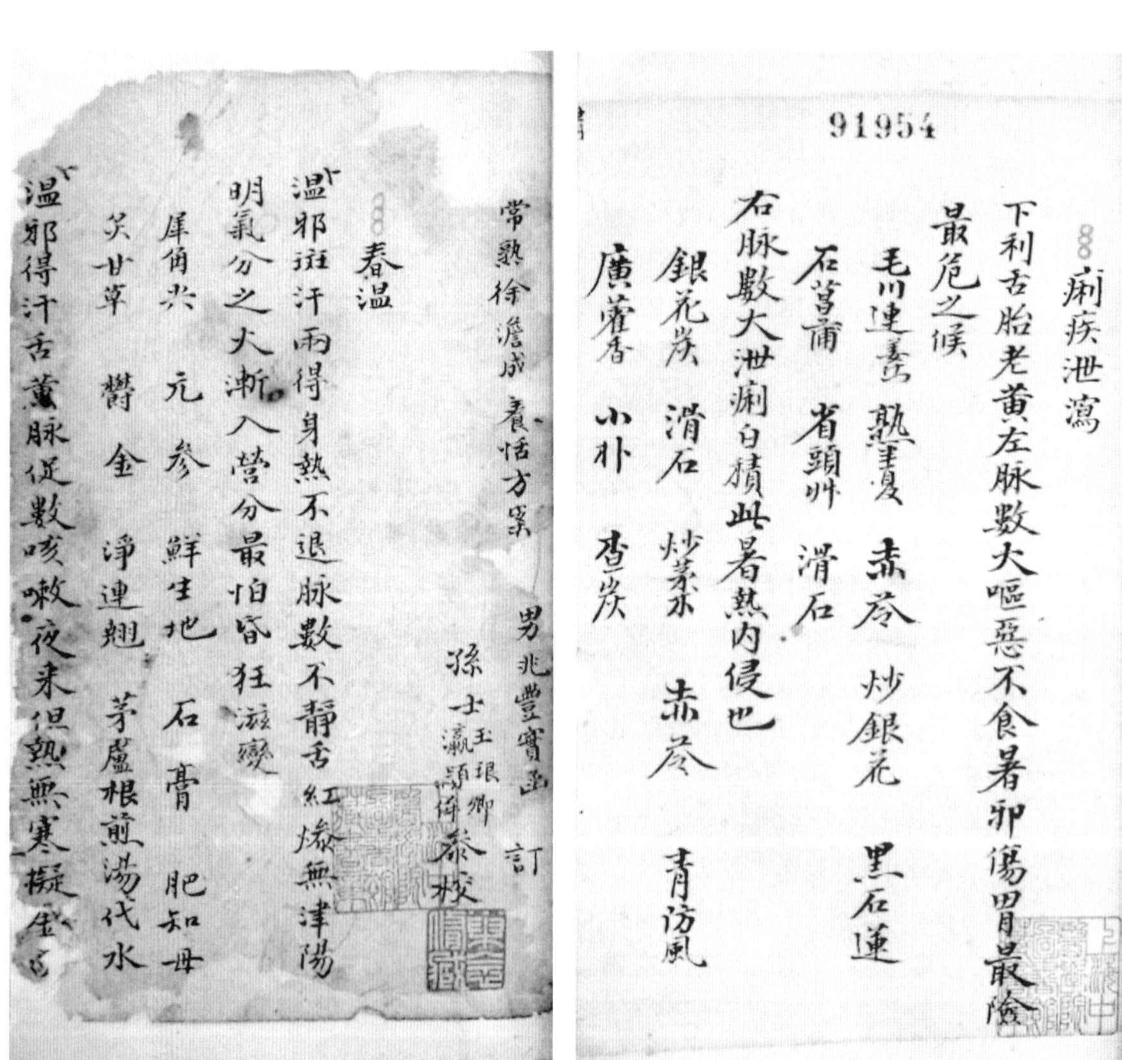

常熟徐澹成養恬方案　男兆豐寶函訂　孫士玉琨卿 瀛頊儕參校

春温

温邪斑汗兩得身熱不退脉數不靜舌紅燥無津陽明氣分之火漸入營分最怕昏狂滋變

犀角尖　元參　鮮生地　石膏　肥知母

生甘草　欝金　淨連翹　茅蘆根煎湯代水

温邪得汗舌黄脉促數咳嗽夜來但熱無寒擬[illegible]

91954

痢疾泄瀉

下利舌胎老黄左脉數大嘔惡不食暑邪傷胃最險最危之候

毛川連薑汁炒　熟半夏　赤苓　炒銀花　黑石蓮

石菖蒲　省頭艸　滑石

右脉數大泄痢白積此暑熱内侵也

銀花炭　滑石　炒黄芩　赤苓　青防風

廣藿香　小朴　查炭

709 效方留稿

《效方留稿》,不分卷,一册。無序跋與目録。扉頁題“效方留稿周武良”。有印章“周武良印”。文中題有“周雅宜顧天祥醫案合編周武良”及印章“周武良印”,説明此本爲周武良抄録的醫案集。作者生平不詳。文中有“周浦”“六灶”等地名,現均屬上海浦東。醫案文中有“張璐玉論之已詳,吾皇朝曾爲收用”字樣,説明醫案撰寫于清代。現存鈔本,藏于上海圖書館。

是本分爲兩部分。前一部分爲二十二則醫案,每案列姓名、日期、脈案、方藥,部分醫案有復診、三診。病種以内科爲主,外感熱病居多。這些醫案反映出較高的學術素養。有的醫案還展開討論。如:“志堅伯,戊午二月十八日診。自慚布鼓無方,未邀中肯,今蒙諄諄勉嘉,不得不再縷析陳之。現增氣急不舒,口渴引飲,脘悶腹脹,足心煩熱,三臟之陰皆虧,五志之火内爍。經云:相火之下,水氣乘之,心君之下,陰精承之。精虚則心不承而旺,火衰則水不堤而泛,故今日籌治之道極難。欲補精以滋水源,以熄心陽,則火已衰矣;欲益氣以填火源,以防水溢,則心陽旺矣。蓋精則水也,火則氣也,偏之均將爲虚也矣。然以二説而衡之,尚以益氣爲要。經曰:陽生陰長。又曰:得補脹自消。而陽能生陰,陰不能助陽也,故宜益氣和陰。鄙見如此,未知有合於證情之一否?候政。西洋參,高麗參,廣蛤蚧尾,霍石斛,湖廣朮,春陳皮,金鈴子,焦白芍,雲茯苓神,天花粉,甜杏仁,天麥冬,川貝母,加石决明,煅牡蠣。”醫者面對病情複雜、首診未效的局面,能運用經典理論,深入分析矛盾,權衡利弊,作出判斷。後一部分爲“周雅宜、顧天祥醫案合編”,其中周雅宜醫案三十一則,顧天祥醫案十一則。前者脈案詳細而方藥簡單。如:“風温一症,長沙公雖有脈症可憑,而無治療之法;《千金》補所未備,立萎蕤一湯,爲風温專藥;得張路玉論之已詳,吾皇朝曾爲收用。此心心相印、世世相承之理也。

其中剖析（部晰）温病得之如寒，至春從陽藴發，有至夏至秋者，即伏近伏遠之分，所以病有淺深之别，法有可汗可吐可下之例耳。然以反常施治，不出乎内火招風，太陽告竭，致成語言難出，齗齒鼾聲，脈則尺寸俱浮，身則常如灼熱，則前詳萎蕤之法在所必須，諸前診明之，不曰閉户造車，若夫執衡妙用，未之聞也，爲笑耳。”反映醫者對外感熱病有較深入的研究。後者有復診，有的達五診，亦以熱病居多。是書爲研究古代熱病治療過程提供了文獻資料。

是本醫案有較高水準，可供臨床參考。

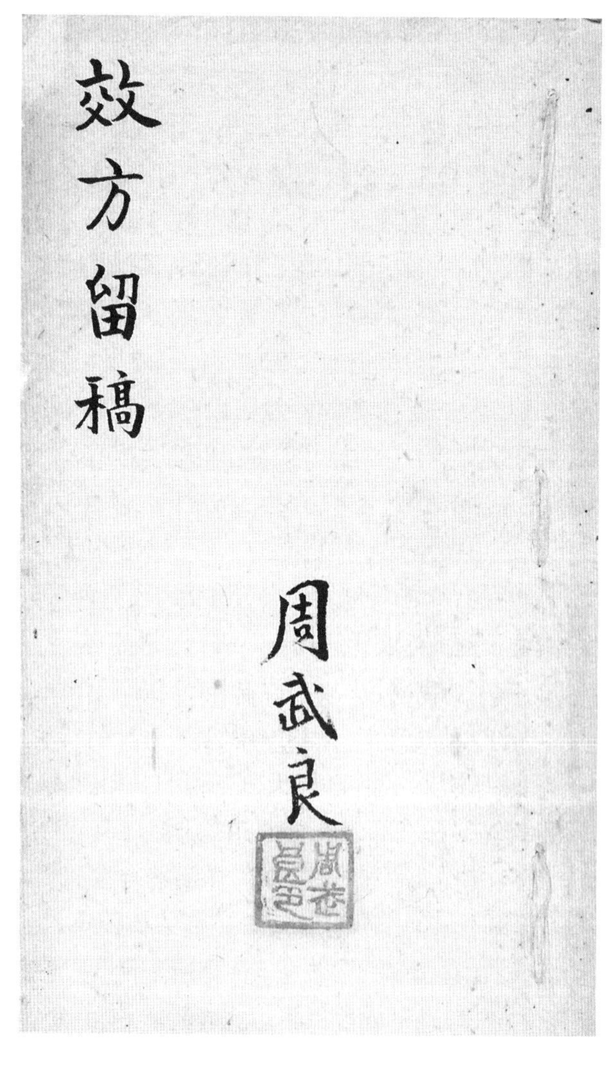

周雅宜 顧天祥 醫案合編

周武良

周武良（印）

部見浮盖按夜之際君子痊蜜為宜必須金水相生則泉源自沛自然裕
之如也從生脉地黄湯加連肉桂元痰血有年近加背脊刺痛延纏臂間已成
伏枕不特服葯不瘳又加下痢白多赤少診脉細遲兼弱納食不宣舌惟潤澤
晝安夜甚冷忽然一皆出者為虛衛陽不固所致也考之前賢痼疾辨病之條
痰血背痛等尚可緩議至于下痢則非虛倖之可見也以調中益氣去黄柏易木香
風温一症長沙公雖有脉症可憑而無治療之法千金補所未備立萎蕤一湯
為風温専葯得張璐玉論之已詳吾皇朝曾為收用此心心相印世〻相承之理也
其中部晰温病得之如寒至春從陽盖發有至夏至秋者即伏近伏遠之分所以
病有淺深之別法有可汗可吐可下之列耳然以文常施白不出乎内火召風

710 凌正指南

《凌正指南》，四卷，兩册。每册封頁均鈐有方形“陰曉蘭章”印。有凡例一篇，無序跋。此本目録頗雜，共有五篇，分别是凡例後“各症目録”，第一册“凌正指南夏季各症目録”，第二册“凌正指南卷三目録”“凌正指南卷四目録”以及“分五臟門目録”。“分五臟門目録”後有“以上分臟百症方見春夏秋冬諸目中矣，所未有者再行摘録於後，并附時醫諸方列後”字樣，可知此目録當是附録。該目録列疾病五十三種，後僅見載三種，且該目録夾于卷三、卷四之間，故蠡測該本裝訂有誤，并有文字散佚。按卷三郭制軍案條下有“歸安凌泰曾□泉氏謹擬”字樣，竊以爲本書作者凌□泉，字泰曾，歸安（今浙江吴興）人，明代御醫凌雲後人。是本每半葉十行，每行字數不等，多則十九字，共一百六十葉，總字數在五萬左右。《中國中醫古籍總目》載録爲清鈔本。現藏于上海中醫藥大學圖書館。

此本共載醫案二百五十七則，每案脈證詳審，理法方藥俱全，以温病症治爲主，涉及内、外、婦、男、兒、五官、神志等科。據《凡例》篇所稱，當是醫者于診病之餘，將臨證、出診時所記録方案進行整理而成。爲方便查閲，每案于天頭處標明類屬，但較之目録，次序并不相合。

在温病的症治上，該本以當時流行的名醫陳蓮舫等爲宗，如《凡例》篇首行題“壺隱真人宗派青鎮沈子威、青浦陳蓮舫善時感雜症”字樣，案中亦時有“陳蓮舫方”字樣。用藥輕清，如喜用西洋參（東洋參）、元參、鮮荷梗、川鬱金、鮮石斛、朱茯神等，劑量上亦不以多爲勝。又喜用藥引，所用藥引包括四時花露（春銀花露、夏荷葉露、秋枇杷露、冬金柑露）、香藥（廣皮、玫瑰花、川鬱金、鮮佛手）、時物（春加蘆根、夏青荷梗、秋車前草、冬蘿蔔汁）（《凡例》），與當時吴中各家治濕温時疫的風氣相符。對呃逆的治療也頗有特色，如將呃逆分爲上呃、中呃和下呃。稱上呃者，“風疾阻鬱肺氣，肺不主宣，是以呃逆頻頻”，當“治擬疏風豁痰清竅”；下呃者是“真陰不足，肝腎陰火挾動衝脈上逆，呃逆頻發”，“擬以都氣飲佐攝納清”；惜中呃之名雖見于目録，然案中實無。又有下利呃逆、勞倦呃逆之名，觀其内容，大抵可以歸于下呃一類。將癲狂等精神疾病分爲武痼（“即《内經》曰狂”）、文癡（“即《内經》曰癲”）兩類。另記載吸烟咳嗽的病案，指出吸烟者“脾肺自虧，中焦留飲伏痰”的特有體質，對現代臨床仍有一定的指導意義。

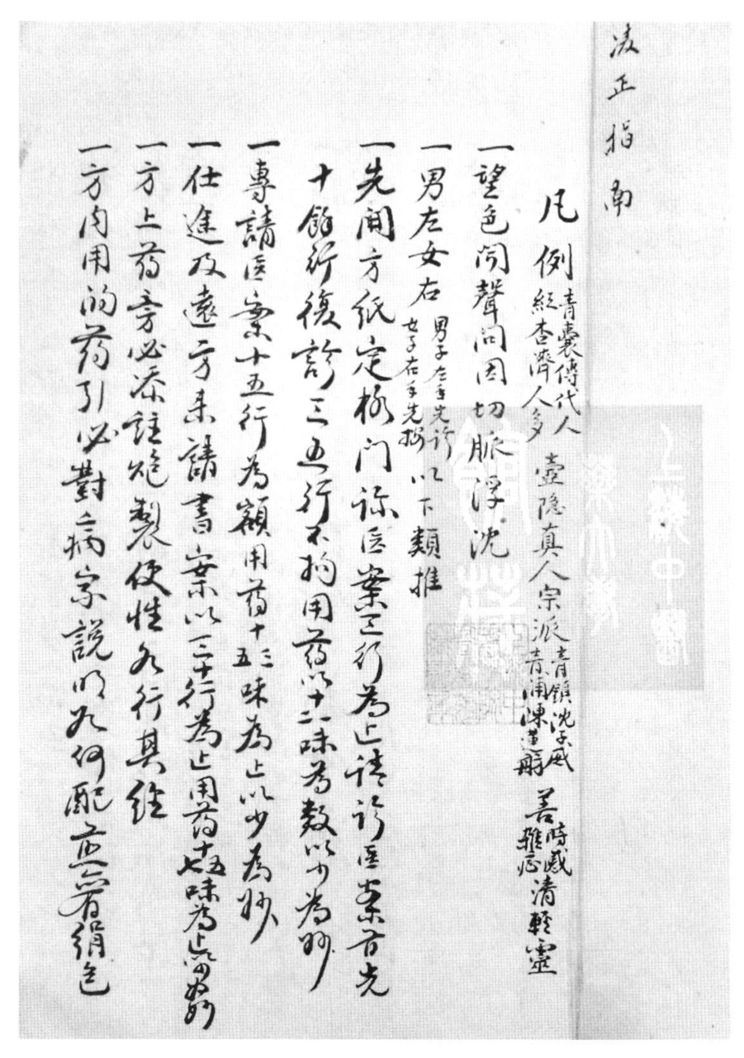
淡正指南

凡例 青囊傳代人 紅杏濟人多 壺隱真人宗派 青鎮沈子颬 青浦陳蓮舫 著 時戲清乾寰 雅[illegible]

一望色問聲問因切脈浮沈

一男左女右 男子左手先診 女子右手先按 以下類推

一先閱方紙定格門類醫案三行為止請診醫案首先十餘行後診三四行不拘用藥以十二味為數以少為妙

一專請醫案十五行為額用藥十三五味為止以少為妙

一仕途及遠方來請書安案以二十行為止用藥十五味為止[illegible]

一方上藥旁必添註炮製使性各行其經

一方內用的藥引必對病定說明為何配[illegible]

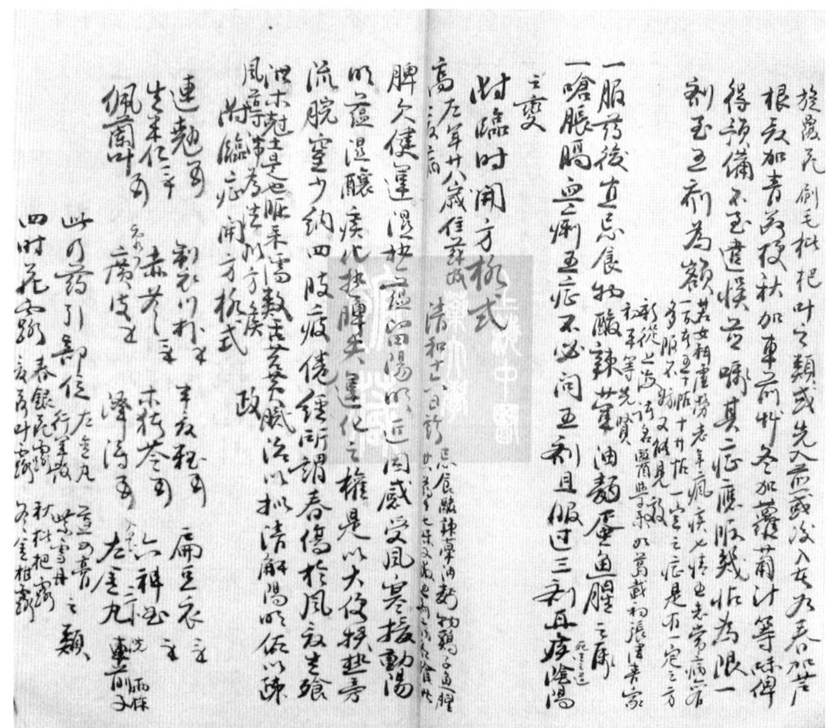

疹症指南　夏季　各症目錄

711 陳士蘭先生醫案

《陳士蘭先生醫案》，不分卷，一册。清陈元凯著。陈元凯，字士蘭，上海人。少攻制舉，兼習父業，醫名大著，臨證察脈，必凝神澄思，治病多效。該書成于清道光十七年（1837）。現存潘晚香鈔本，藏于上海中醫藥大學圖書館。

全書共載病證五十三種，包括温邪、寒熱、濕熱等外感病證，肝風、眩暈、虚勞等内傷病證，調經、淋帶、崩漏等婦人病證。每種病證下設醫案數則，部分醫案有復診，語言簡潔，文詞甚略，省略對病機病因、辨證分型等問題的論述，僅在證型之後列出方劑，皆無藥物用量。部分醫案記載詳細。如治黄疸，强調辨證論治，認爲"疸證宜利小便爲黄家通法，然必審其脈，浮則邪在表，用桂枝、黄芪得汗解，發散之中用黄芪而固衛陽，而不傷於表，乃助正逐邪之良法也"，後載治療方藥。治嘔吐，陳氏認爲"諸嘔吐酸，皆屬於熱"，後分載噎嘔清水、嘔逆發噯吐酸、反胃屬中寒等病證的治療方藥。由其醫案組方用藥、辨證施治，可見陳氏具有豐富的臨床經驗。

是書所載病證涉及内容廣泛，用藥精當，頗具匠心，論述雖然簡略，但有其獨特之處，值得當今臨床借鑒。

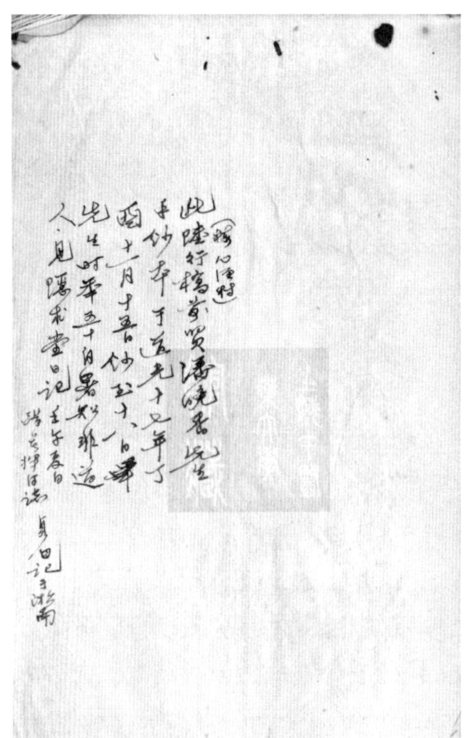

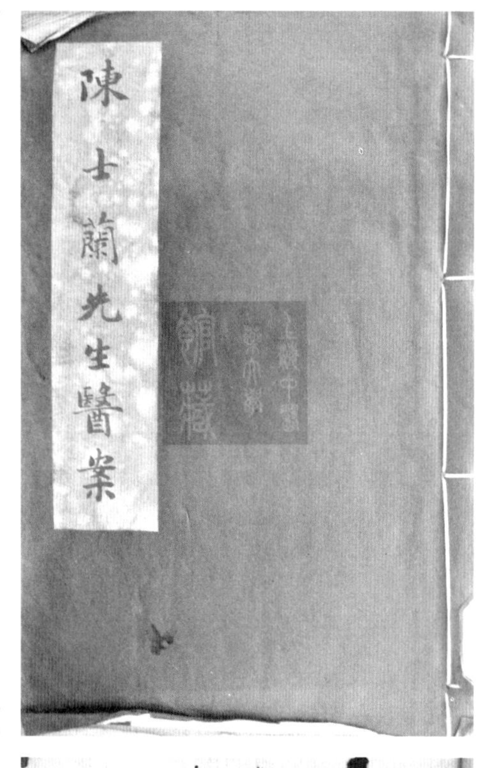

陳士蘭先生醫案

肝風

許　肝陽上冒　石決明　甘菊　蒺藜　丹皮　生地
懷牛膝　當歸　丹參　川芎

頭風大便艱
朱　白蒺藜　天麻　川芎　丹皮　知母
鮮首烏　石決　甘菊　連翹　荷葉

肝風

陳士蘭先生醫按目錄

趙　三瘧後腹滿食脹發噯

官桂　半夏　厚朴　木香　蔻仁　姜皮

赤苓　猪苓　澤瀉　神曲　枳實

李　單脹

官桂　附子　厚朴　木香　胡盧巴　姜皮

赤苓　猪苓　赤小豆　米仁　椒目

朱　脾虛作脹

半夏曲　蒼朮　米仁　姜皮　陳皮　姜皮

赤豆卷　猪苓　厚朴　澤瀉　只殼

腫脹

肺痺

薛　肺痺得閉而不卧

款冬花　玉竹　貝母　杏仁　丹皮

桑白皮　米仁　海石　知母　梨肉

周　肝陽上冒肺氣未能清降

石決明　杏仁　黑梔子　只殼　桔梗　枇杷叶

金福花　鬱金　丹皮　牛膝　枯芩

肺痺

712 陳氏醫案

《陳氏醫案》,不分卷,一册。著者及抄録時間不詳。本中凡用“玄參”處,均書爲“元參”“黑元參”,據此此本宜成書于清代,《中國中醫古籍總目》亦載録爲清鈔本。現藏于上海圖書館。

是本收録春温、暑症、熱症、傷寒、痢疾、瘧疾、瘕痧、中風、咳痰、血症、濕症、食氣、女科、雜症等十四門共五十八種病證的一百餘則病案。病案簡要不繁,姓氏之後,先症情,次脈舌,再病機,最後方藥。是本各案用藥平允,注重顧護脾胃。兹録中風一案如下:“馬。素患濕痰,似屬中風,而肢體麻木不仁,穀納少而頭旋戰掉,脈形濇滯,中候則空,舌白語蹇而胖帶濕膩。此係濕流營絡,胃陽失清化之權。鄙擬豁痰活絡,參以芳香和脾之品,緩以理之,未識當否,備方候裁。廣陳皮錢半,川桂枝三分,天麻根二錢,淮牛膝三錢,粉猪苓三錢,桑枝一兩,綿獨活二錢,製膽星三分,生白术錢半,石菖蒲五分,西黨參三錢,法半夏錢半,秦艽肉二錢,功勞草二錢。”此案中風歸之痰阻經絡,治以健脾消痰、祛風通絡,方藥雖平淡,但中規中矩。

是本有朱筆圈點及眉批,品相一般。

東氏醫案

目録

目録

東氏醫案

春温　少陽　已在化熱

宋。寒熱往来，綿延半月。未得汗解。刻下口苦耳聾。穀飲少納。兼之唇乾齒燥。脉象浮大滑數。舌色絳白無津。是邪傳少陽。已見化熱之象。法擬清熱酌方候政。

柴胡八分　黄芩一錢　煨草果八分　生桑皮三錢
青蒿三錢　知母一錢　川石斛三錢　淡竹葉卅片
骨皮三錢　花粉三錢　赤茯苓三錢

周。始因寒熱得汗稍解。苔白以來。尚未得汗。以致壯

春温

又，瘖疹雖發，身熱未清，兼之手足瘈瘲，神志昏憒，脈沉數而弦，舌仍灰滯，究屬熱極生風，傳入厥陰之候。深防閉脫，暫擬平肝退熱之品，未知能否候服改用。

羚羊片　地骨皮三錢　黃芩錢半　生石膏三錢

青蒿二錢　元參三錢　生地三錢　釣藤四錢

麥冬三錢　石斛三錢　茯神三錢　淡通草二錢

燈心

馬　素患濕痰，似屬中風，而肢體麻木不仁，舌強納少，而頭旋戰掉，脈形濡滯，中寒則空，舌白，語蹇而胖，帶濕膩。此係濕流營絡，胃陽失清化之權，御擬豁痰活絡參以芳香和脾之品，緩以理之，未識當否，備方候裁。

廣陳皮錢半　川桂枝一錢

天麻根二錢　淮牛膝三錢　粉豬苓二錢　桑枝尺

雲茯苓三錢　製膽星一錢　生白朮錢半　石菖蒲八分

西党參三錢　法半夏錢半　秦艽肉一錢　功勞葉二錢

竹瀝

713 陳蓮舫先生醫案

《陳蓮舫先生醫案》，三卷。清陳秉鈞著，成書于宣統元年（1909）。陳秉鈞介紹見本書“282 十二經分寸歌”。現存鈔本，藏于上海中醫藥大學圖書館。《中醫古籍珍稀抄本精選》第十四册收録該本。

是書共載各類病證一百二十九種，每類病證下載醫案數則。上卷以風類病、温病、肺胸病爲主，共載病證四十二種。風類病有中風、類中、肝風、歷節風等，温病有春温、風温、濕温、温毒等，肺胸病有肺癰、肺痿、哮喘、咳嗽、胸痹等。中卷以瘧病、疝氣及耳、目、牙、鼻等疾病爲主，共載病證四十五種，如痢疾、腸風、便血、泄瀉、瘧疾、瘧母、狐疝、水疝及耳聾、目疾、鼻淵、鼻衄等。下卷以黄疸、消渴、臟毒、健忘、怔忡等内傷病爲主，共載病證四十二種。全書所載病證、醫案内容廣泛，所涉方劑種類豐富，但大多衹載藥物，不載藥物劑量，少數方藥記載劑量。

是書所載醫案涵蓋内、婦、外等病證，各案病因、病機、治法清楚有序，處方配伍靈活，對當今臨床有借鑒意義，也爲研究陳蓮舫學術思想、處方特色等提供了文獻資料。

714 陶子春先生醫案

《陶子春先生醫案》，不分卷。陶子春著，諸純淦輯録。無序跋。陶子春生平及生卒年代不詳，據何時希氏《中國歷代醫家傳録》考爲清末時人。據目録頁“後學諸純淦編輯”的記載，諸純淦可能是陶子春門人。封面題爲“陶止邨先生醫案”，目録頁題爲“陶芷邨先生醫案”，而首頁則題爲“陶子春先生醫案”。觀目録及内頁筆迹爲同一人抄録，故“子春”與“芷邨”應爲同一人之一名一字。而封面係他人題寫，或爲筆誤。現存鈔本，藏于上海圖書館。

此本主要輯録陶氏醫案八十則，大多爲内科疾病，分爲痰咳（附喘逆）、瘧疾、瀉痢、霍亂、腫脹、肝胃痛、疝疾、鼻衄、反胃、黄癉、時症等十一門，每案詳析脈案、病理、治則和方藥，并有諸氏朱筆批註。兹録咳喘案一則：“肺陰不足，感襲風寒而爲喘嗽，嗆痰時多時少，動則氣急，胃納漸減，口渴，脈細數，舌糙。淹纏之候也。炙桑皮二錢，炒牛蒡三錢，薑半夏錢半，陳皮錢半，白當歸二錢，炒蘇子三錢，瓜蔞皮三錢，白茯苓三錢，白芍錢半，生牡蠣六錢，肥知母三錢，象貝母二錢，白杏仁三錢，炙北五味子五分。”病案記録詳細，用藥平允，注重調理脾胃，有一定臨床參考價值。

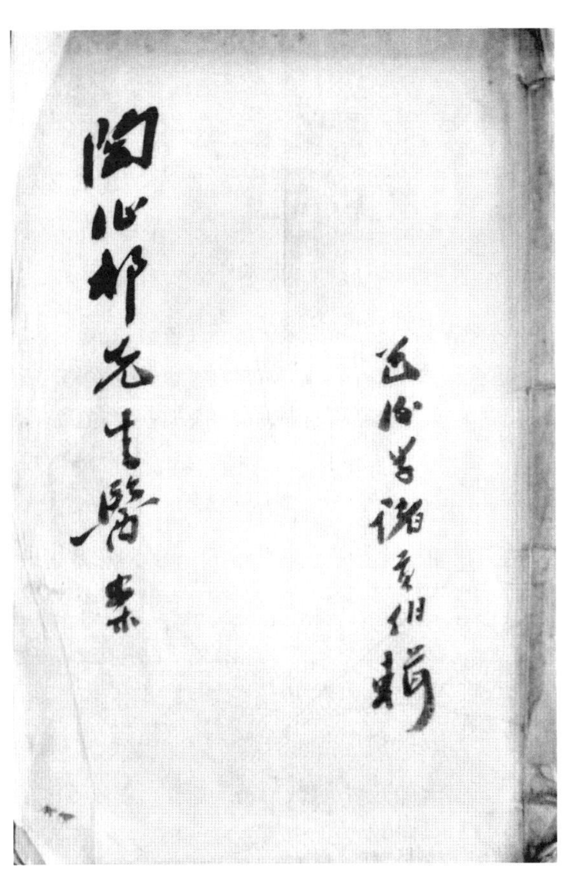

陶芑邨先生醫案目錄

715 黄澹翁醫案

《黄澹翁醫案》，四卷。清黄述寧撰。黄述寧，字澹翁。是書所載患者大多來自揚州、泰州、江寧地區，故推測黄氏應爲江蘇醫家，診療時間多集中于乾隆年間。《中國中醫圖書總目》載其書成于1795年。上海辭書出版社圖書館藏有此書鈔本，有序無跋，無目録。每卷首有印章三方，從上往下分别爲"紹興裘氏""讀有用書樓藏書章""中華書局圖書館藏書"。首葉上粘附一葉，載無錫醫家周小農所撰"黄澹翁醫案小叙"，叙中記述此書原爲民國藏書家裘吉生所藏，在無其他校本的情况下，周小農于1920年1月將本書重新校勘，訂正五十餘字，餘則"一仍其舊"。本書約百葉，每半葉八或九行。此書亦收録于裘氏主編的《珍本醫書集成》。

是書卷一、卷二載黄氏醫案五十餘則，病證涵蓋傷寒、内科、外科、婦科，爲黄氏平日診療記録，旋診旋記，雖未作病證分類，但真實地反映了黄氏臨證診療思路及用藥規律。每案詳載患者基本情况、病證特徵、舌候脈象、病因病機、治則治法、擬方用藥，但無藥物劑量。部分醫案後載復診情况及藥物加减。如載梁場胡安明患者咳嗽、腹痛、頞會不仁醫案，首診、復診的記録竟達八次之多，病證出現復發、傳變、由實轉虚等多種情况。卷三、卷四收録黄氏家傳類方五十七首，以内服方爲主，所療疾病涵蓋疥瘡、羊癲瘋、腸風下血、楊梅瘡、喉疳等雜症。除内服方外，亦有外治法，如治療腹痛用"千里馬（即草鞋）烘熱熨之"，用薔薇根煮湯漱口治療因營熱所致牙舌爛痛，簡便實用，有一定參考價值。是書所載患者主要爲平民布衣，但亦有"侍御蔣和凝""刑部左侍郎錢爲城公""湖廣撫臺劉殿衡太太"等，又有太倉名士錢樸齋，可見當時黄氏醫名顯赫。

此本較《珍本醫書集成》所收有三處不同：一、此本每卷首頁均無"黄述寧澹翁著，無錫周鎮小農别署伯華訂正，浙江杭州桂良重校並句讀”字樣；二、此本卷一前三頁載録葉天士醫案數則，未見于《珍本醫書集成》本；三、此本有周小農所作“小叙”一頁，紙張、筆迹均與本書整體大不相同，應爲後來增補。由此推測，此本即周小農校勘《黄澹翁醫案》的稿本，具有一定的校勘價值。而書中所載黄氏的診療經驗、用藥規律、驗效方等，對現代中醫臨床具有一定的參考價值。

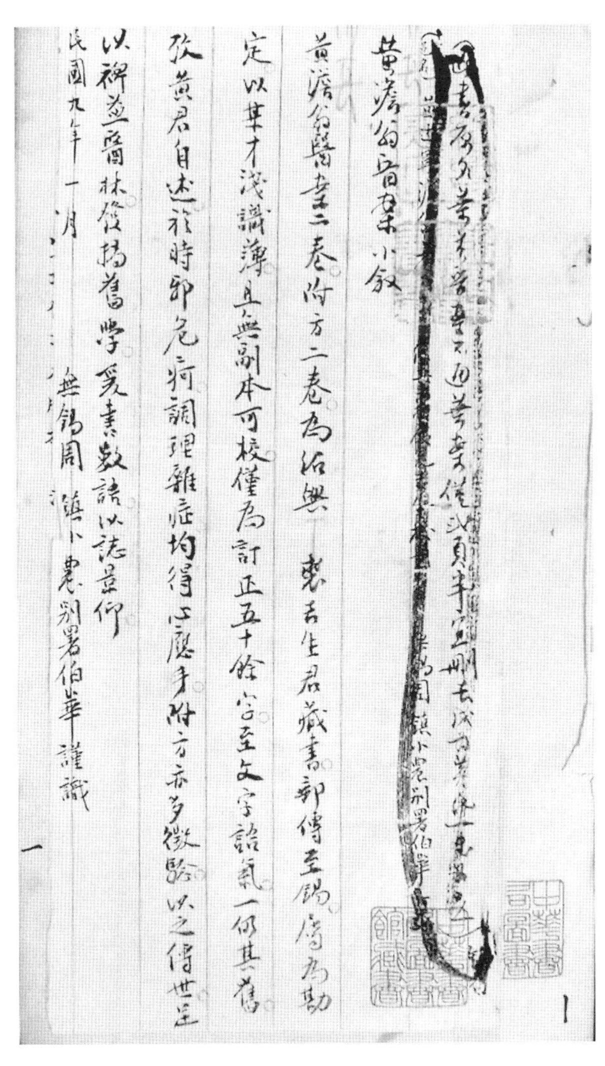
黃澹翁醫案小叙
黃澹翁醫案二卷附方二卷爲紹興裘吉生君藏書郵傳至錫屬爲勘
定以其才淺識薄且無副本可校僅爲訂正五十餘字至文字語氣一仍其舊
孜黃君自述於時邪危病調理雜症均得心應手附方亦多徵驗以之傳世足
以裨益醫林發揚舊學爰書數語以誌景仰
民國九年一月 無錫周鎮小農别署伯華謹識

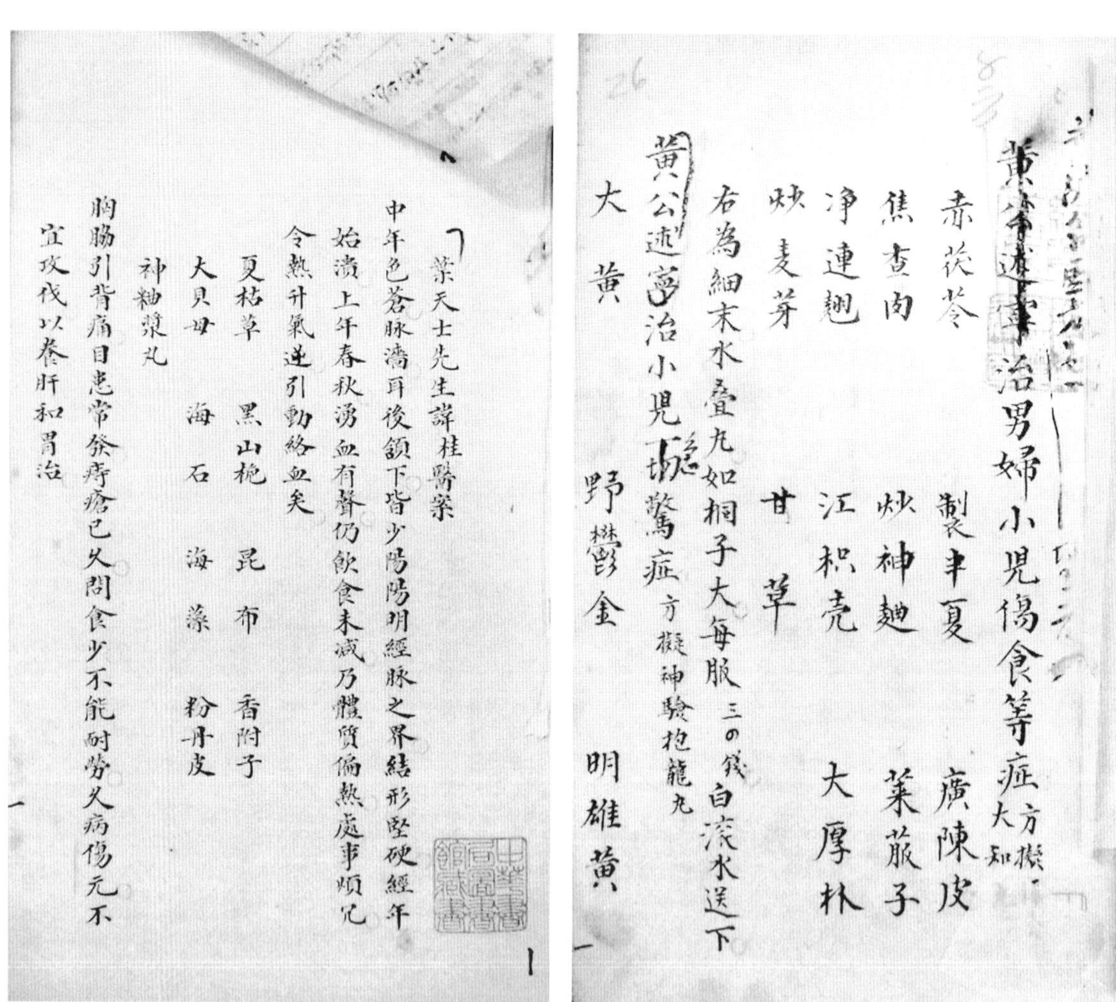

黄□述□治男婦小兒傷食等症 方擬大知

赤茯苓　製半夏　廣陳皮

焦查肉　炒神麯　萊菔子

净連翹　江枳殼　大厚朴

炒麥芽　甘草

右為細末水叠丸如桐子大每服三四錢白滚水送下

黄公述方治小兒急驚症 方擬神驗抱龍丸

大黄　野鬱金　明雄黄

葉天士先生諱桂醫案

中年色蒼脉濇耳後頷下皆少陽陽明經脉之界結形堅硬經年始潰上年春秋湧血有聲仍飲食未減乃體質偏熱處事煩冗令熱升氣逆引動絡血矣

夏枯草　黑山梔　昆布　香附子

大貝母　海石　海藻　粉丹皮

神麯漿丸

胸脇引背痛目患常發痔瘡已久問食少不能耐勞久病傷元不宜攻伐以養肝和胃治

716 掃葉莊醫案

《掃葉莊醫案》，四卷，三册。清薛雪撰。薛雪介紹見本書"562天字號秘授外科神方"。此書乃未定稿本，成于乾隆二十九年(1764)，經輾轉傳抄，後由周小農初校、謝誦穆重校後，收入《珍本醫書集成》。本書首頁有"紹興裘氏""讀有用書樓藏書章""中華書局圖書館藏書章"，無序跋，原無目録，後經中華書局圖書館補。現藏于上海辭書出版社圖書館。

該書又稱"掃葉莊一瓢老人醫案"，收有薛氏治案五百餘則，分爲二十三門，并附調經種子良方、康方怡海上仙方。卷一、卷二載内科雜病，爲虚勞、中風、陰虚陽逆、勞倦陽虚寒熱、鬱、痢疾、泄瀉、便血等，卷三辨温熱病、兒科痘疹，卷四載遺精淋濁尿血、氣鬱發黄、痿痹、瘡瘍痔漏、疝及女科諸病。其中對濕熱病的病因、病理、治法，尤多獨到之處；對甘藥的應用，也頗有心得。如卷三春温案："温邪蒸灼津液，釀爲熱痰，胃口不得清肅，不飢不食。祇宜甘凉生津，峻利不可再投。麥冬、蔗漿、花粉、川貝、桑葉、大沙參。"按春温發于春季，經冬一季，患體多陰虚，加之温邪蒸灼，津液益損，故而雖有痰證，亦不合峻藥除痰，薛氏以川貝、桑葉、大沙參輕靈甘潤之品，除痰不傷陰；不飢不食者，蓋傷及陽明，以麥冬、蔗漿、花粉生津止渴，補益陰液。六藥協同，使痰豁津生而春温自除。

全書内容豐富，醫理明晰，文辭通暢，可謂醫案佳作。

掃葉莊一瓢老人醫案卷一

無錫周小農初校

蕭山謝誦穆重校

虛勞欬嗽失血

形瘦體質不爲濕害。經言瘦人以濕爲寶也。蓋課誦動心。謀慮必由肝膽，君相皆動，氣升血溢，諸經氣皆升舉。凡安靜怡悅，稍安情志，怫鬱病加，皆內因之恙，且勞心曲運神機，公酒色致傷兩途。神氣無形，精血有形也。

生地 丹參 遠志 棗仁 麥冬 柏子仁 天冬 桔梗 當歸 五味 茯神 元參

心經失血

肝胃絡熱，暮熱甚，失血。

生地 川石斛 穞豆 麥冬 女貞子 茯神

失血屬肝胃絡熱

久瀉利至十餘年，陰走泄而痿，肝腎真氣不主收攝，爲

維奇脈不主用事。子後汗出，陰陽發泄，是包舉溫養勿遲。苟不安逸，藥必無功。

鮮河車 人參 芡實 大熟地 茯神 北五味 金櫻膏 石蓮 炒黑遠志

勞心至於陽痿，當以交合心腎，但中年以後陽難充復，最不易效。

鹿茸 魚膠 韭子 兔絲 補骨 舶茴香 沙苑 覆盆 五味 青鹽 茯苓 遠志 茅朮生製

早食頗安，晚食不化，脈左弱細，右尺中虛動，是脾腎兩虛。自陰傷及陽，以陰藥中佐以溫煦，以坎水中真陽內崇也。

早服都氣加河車 午服異功散

初春脈動而不鼓，亦收藏之司淺矣。當壯年未育，晨吐鹹痰，皆水虧火炎，精氣不充之象。胃旺能納穀，當專理下焦。不必以痰爲慮。

牛骨髓一具 陽水熬 羊骨髓熬去渣 海參膠 濂菜膠 線魚膠 龜鹿膠 熟地 兔絲子 芡實 覆盆子 金櫻子 家韭子 茯苓 五味子 建蓮 遠志肉 製首烏

下損及上

少年奔走勞動，動則陽升，陰氣不主內守。咳非外感，豈必肺傷。必情志未堅，龍相內灼，衝陽上舉致咳，醫見咳治肺，非辛解即寒涼，治不中病，徒耗胃口，食減，其病日甚。病人自述：自腰以下筋脈不束，竟夜不寐，晨必欬嘔，中下損極，顯然明白。

桂枝木 南棗肉 炙黑草 白芍 白飴糖

掃葉莊一瓢老人醫案卷三

薛雪生白著

無錫周小農

蕭山謝誦穆

瘧疾門

瘧母因不慎食物，腹鳴痞脹溏泄，以理脾胃之陽藥。

草果仁 吳茱萸 茅朮 厚朴 廣皮 梹目

老薑搗取汁泛爲丸。

舌白不渴，脈沉，腹滿，不飢不食，二便不通，是暑濕發瘧後中氣不復，驟食大葷，亦氣結成脹。

大針砂丸一錢二分 十服

脈左數搏，是先天真陰難充，則生內熱，瘧熱再傷其陰，與滋養甘藥填陰。

左歸丸去杞子牛膝加天冬女貞

三瘧乃邪伏陰分而發，數月始止，然畏風怕冷，因瘧邪偏

717 梅花廬醫案

《梅花廬醫案》，不分卷，一册。無目録與序跋，作者不詳，《中國中醫古籍總目》載録爲清鈔本。扉頁爲原書封面，上題“抄本藥書”字樣，并有方形藏書印章一枚。部分紙張被蟲蛀，有文字損佚，尚不影響閲讀。全書共計一百二十葉，約兩萬字。現存鈔本，藏于上海中醫藥大學圖書館。

正文按中風、目赤、鼻衄、齒衄、虚熱、營虚、頭痛、頭暈、哮喘、咳嗆、吐血、失音、癇、呃逆、痿症、痙痹、瘧、痢瀉、五淋等分類，共録醫案一百六十九則。中風門所録三則醫案，實爲類中。所録醫案，證、因、脈、治俱全，論治結合時令，頗有特色。如强調春升木旺最宜静息，夏令宜静養息煩等，可資現代臨床醫生參考。

本書主要特色體現在對于營虚及痙痹的治療上。如營虚一案：“少堂兄，勞心，木火上灼，營陰失養，則筋絡無由轉輸，致背痛，難於安寐，手背發腫，脈細數不和。暫擬養營和絡法。”諸如此證，在該書所録營虚及痙痹共二十案中占據多數，總以“勞思傷陰，陰涸致厥，陰缺於灌溉”爲病機，擬養營清熱爲治法，用當歸、枸杞、牛膝養陰血，丹皮、生地、知母清其虚熱，兼腰背酸麻則加入續斷、桑枝、秦艽和絡，兼納呆腹脹則加入陳皮、木香等理氣。又以“浮火灼陰則陽無以養”故，每案必用生黄芪，一則古人以生黄芪有氣陰并補之用，亦取陽中求陰之義。該書還意識到過食鹹味對身體的損害，如鼻衄案中載“鹹傷血，血隨火升，故常鼻衄”，營虚案中載“食鹹冷傷肺”，齒衄案中載“肝熱之體得鹹毒，脾分又積濕熱，致牙齦出血”，爲經驗之談。可參。

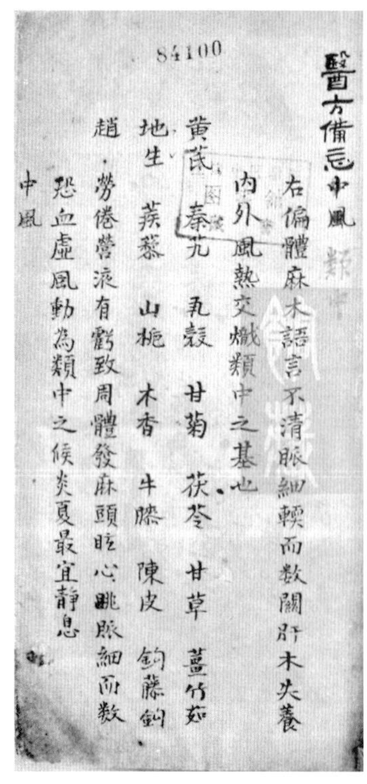

84100

醫方備忘　中風

右偏體麻木語言不清脈細輭而数關肝木失養

內外風熱交熾類中之基也

黄芪　秦艽　乳穀　甘菊　茯苓　甘草　薑竹茹

地生　蒺藜　山梔　木香　牛膝　陳皮　鈎藤鈎

趙　勞倦營液有虧致周體發麻頭眩心跳脈細而数

恐血虛風動為類中之候炎夏最宜靜息

中風

718 旌孝堂醫案

《旌孝堂醫案》，不分卷。清趙履鰲、趙冠鰲合撰。成書于宣統二年(1910)。趙履鰲，字海仙，高郵(今屬江蘇)人，名醫趙術堂之孫。平生樂善爲懷，嘗謂"醫爲仁術，爲醫而不仁，何用爲醫"，體現了趙氏以"仁"爲本的高尚品德。趙冠鰲，字稺松，趙履鰲之弟。二人承家傳，皆習醫術。是書現存鈔本，藏于上海中醫藥大學圖書館。《中醫古籍珍稀抄本精選》第十五册收録該本。

是書載病證四十六種，每種病證下設醫案數則，全書共載醫案二百十七則，包括内、外、婦人、五官等各科疾病。内科病證有懸飲、眩暈、反胃、虚勞、癲狂、便秘、痰飲、咳血等，外科病證有跌仆、痔瘡、瘡濕等，婦人病有崩帶、臨産、梅核氣等，五官病證有鼻淵、舌疳、目患等。反映出兩位醫家學識淵博、勤于實踐及豐富的臨證經驗。無論外感、内傷病證的治療，所列方劑中半夏、陳皮、茯苓、薑爲常用之品，體現了重視胃氣、講究扶正的治病原則。治療方法不僅用湯劑、丸劑、散劑、膏方等，還配合運用灸、敷貼等外治法，以提高療效。書中所載醫案大多先論病機，次述症狀，使讀者對病證的認識更加清晰。如痰飲一案："肝膽不和，心腎不交，鬱痰内擾神明，於是胸中懊憹，多食善飢，舌白苔黄。"開門見山地指出病機，而後闡明症狀表現，是值得借鑒的醫案書寫方法。

本書内容豐富，涉及病證廣泛，論述病機詳細，醫案書寫形式新穎，治療方式多樣，值得當今臨床借鑒。

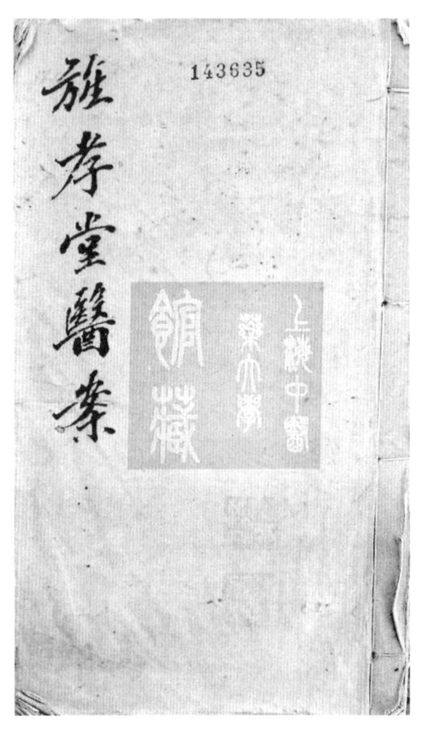

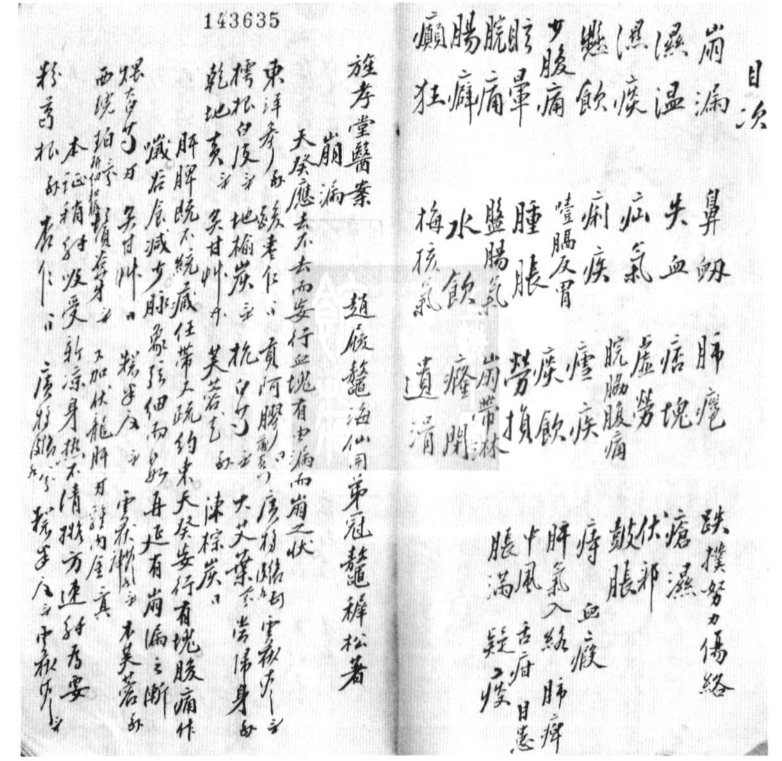

719 問松堂醫案

《問松堂醫案》,上下兩卷,一册。清金有恒撰。金有恒介紹見本書“662 大麻金氏子久先生醫案”。是書無序跋與目録。現存鈔本,藏于上海中醫藥大學圖書館。

上卷詳載各類内傷雜病的臨床表現及用藥,涉及虚勞、哮喘、咳嗽、痰飲、肝風、鼻淵等二十六種病證;下卷記載温病、瀉痢、風温、時感等外感病證與調經、帶下、崩漏、胎産等婦科病證,凡十二種。每則醫案詳細記載發病的症狀,如“肝氣門”一案載:“左目胞結核已消,右目珠紅勢又起,肝竅開於目,目紅屬肝火……”同時每則醫案均載明用藥,但未記載藥物劑量與煎煮、服用方法。病證理論多源于《内經》,如喉痹失血虚勞門引《内經》:“《内經·病機篇》之五臟六腑皆能令人作咳。”

是書上下兩卷涵蓋臨床常見内外傷病,涉及病證範圍廣,且論述詳盡,字體工整清晰。可指導臨床病證治療,爲中醫理論研究提供依據,具有一定參考價值。

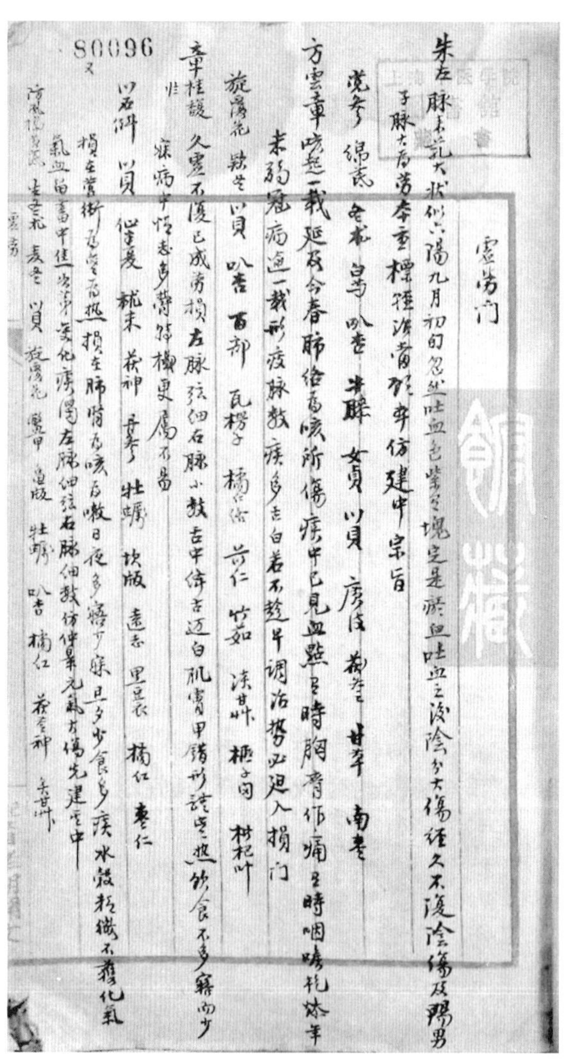

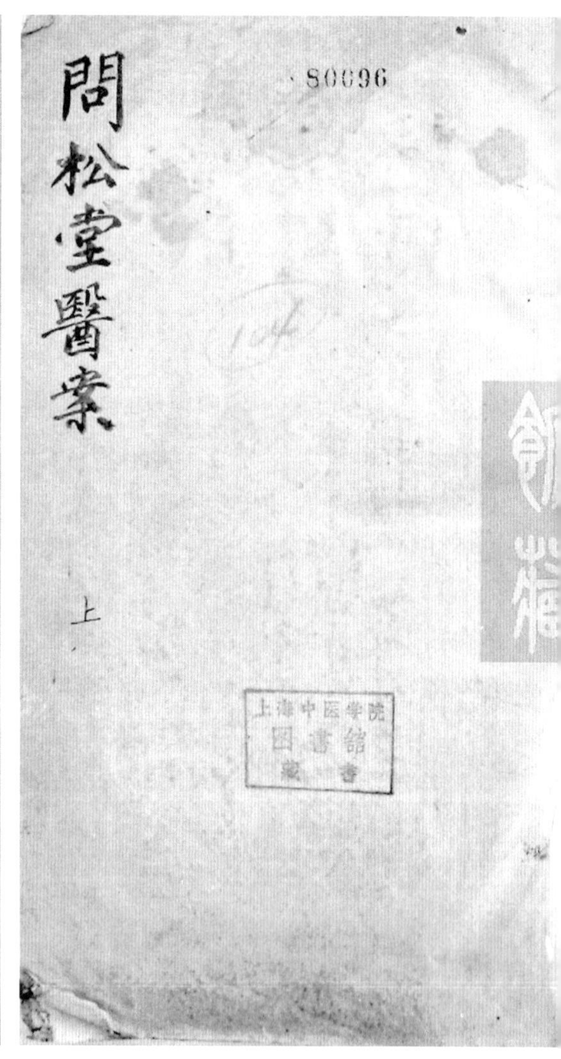

720 張千里醫案

《張千里醫案》，不分卷，一册。清張千里著，蓮青氏邱鴻翼録。張千里（1784–1839），名重，字千里、廣文，號夢廬，祖籍嘉興，後徙桐鄉烏鎮之後珠村。《冷廬醫話（補編）·醫範》載有一則其治療水腫的醫案，後附曹炳章先生按語："夢廬醫號千里，桐鄉人，家居後珠村，少工詩文，長精醫術，就診之舟，日所百計，不事置産，聚書萬卷，著有醫案多種傳世。"張氏儒而精醫，善詩能文，擅長書法，學術造詣甚深，時與越林上人、吴芹被譽爲西吴三杰、浙西三大家。長于時病之診治，醫案宏富，有《珠村草堂醫案》《四時感證制治》《外科醫案》等。此書無序跋與目録。所附《節抄救迷良方》，係節録自清代青浦名醫何其偉所撰《救迷良方》，《救迷良方》收録于《陳修園醫書七十二種》中，該書于1887年刊行，故推測此本成于1887年之後。現藏于上海中醫藥大學圖書館。

是書載張氏醫案一百二十餘則，包括時疫温病、内科雜病等，内容未作分類編排，爲張氏日常臨證之記録，後附《節抄救迷良方》。醫案以温病病證爲多，每則醫案天頭擬有病案總結，如"秋燥爲喘脹""風燥""冬温爲肺痹""飲咳""中虚痰飲""津液來復，胃自通降"等。張氏爲浙江名醫，病患多挾痰濕，此濕非外感寒濕之邪，多爲脾胃失于健運而致，故治療上以清氣化痰之法，方用温膽湯加減。又秋燥之疾，張氏言"秋燥以鼻氣窒塞爲主證"，治療以清燥救肺湯加減。如"秋燥爲瘧痢"案，"泄痢如醬，腹痛後重，溺赤而澀，少脈濡數，左小弦數，燥火之擾于肺胃大腸"，治療以甘凉濡潤、滋氣存津爲主，方用清燥救肺湯加紫菀。是書有部分注文，如藥物"古月"下注云："即胡桃，問廣人知之。"本書藥物無劑量，"弦"字避諱缺末筆。張氏處方有"用藥輕靈""以輕去實"之特點，治療亦多從養胃入手，重視後天之本。

是書載病證種種，外感時疫、内科雜病、瘡瘍瘻痔，均有案例，病因病機、醫理用方詳作闡釋。張氏醫案傳世較多，此書可與其他醫案相互補充、相互參閱。

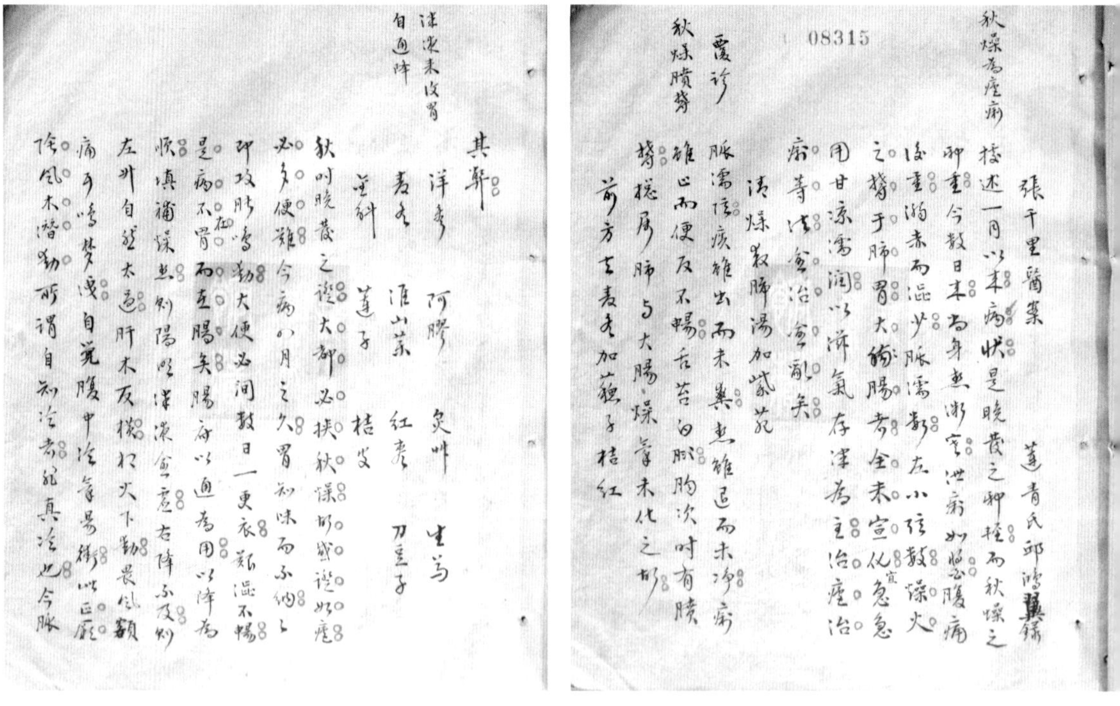

肺降不及，肝升易僭，甚至痰帶血，宜從涵痰

扶火之例矣。

二陳湯加 旋覆花 代赭石 蛤殼 海石 竹茹 以蓮 桑葉

覆診 效，咳較緩，痰之厚者仍少，脈弦左仍

帶滑不匀，滑較減，再舌白裹，舌苔黃

脘飲咳既久，扶濕又逼肝氣，當先為清肝化濕

以衰其助，況時當濕土之因，時制宜之法。

前方去葉 旋覆花 赭石 加 丹皮 冬术 白蒺藜 綿茵陳

痰咳後感風熱

咳逆衰甚，晨則痰飲較多，近更嗆糜，音欠爽亮

脈右數，左平，左仍弦滑，寸部尤甚，飲既未和，肺

氣失清，後感時令之熱，而為嗆糜人也，脈盛必

夏分盛，非必心陽上亢也，宜泰清并化痰法。

漸及于上，由來久矣，體本陽明不足，入秋以來

咳嗽氣促，或嘔煩渴，内熱，脈濡弦，數胃鈍，便溏

急急清養肺胃，以清虛熱，不可輕視。

鮮生地 川貝 紫花 百合 茯苓

洋參 杏仁 款冬 米仁 甘草 枇杷葉

水腫咳喘

水腫由下而上，已經兩月，目盲，氣急，臥難着枕

坐難倚左，音窒，肛墜，便溏，溲混，咳來脈浮滑弦

大而虛，衛陽既虛，營陰又耗，水濁泛濫，何能奠安

異功加麻黄 杏仁 川貝 桑白皮 絲瓜絡

肺癰

初起惡寒，咳引右脇痛，痰黄，原是寒襲肺衛，氣

絡阻痹，即是傷氣，風重，從葦莖湯可療也，奈

邪勢不解，而為肺癰，至今已月餘，經絡氣機危

721 張夢廬先生醫案

《張夢廬先生醫案》,不分卷,三册。清張夢廬著。張夢廬介紹見本書上一篇。本書封面題"張夢廬先生醫案",正文題"珠村草堂醫案""桐鄉張夢廬夫子著,門人許國琛編輯",後載"丙申首夏德清宋之斤謹跋"。成書于道光十六年(1836)。現存程麟書鈔本。單魚尾,朱絲欄,每半葉十行。藏于中華醫學會上海分會圖書館。中國中醫科學研究院圖書館另藏有稿本,上海圖書館另存有鈔本。

是書爲張夢廬日常臨證之詳實記録,載張氏病案一百六十七首,包括内科雜病、女科經帶與時疫等,内容未作分類編排。如海鹽朱氏患者,症見口淡食減,短氣,左脅下漉漉有聲,右腿麻,左臂痹,症狀種種。他醫不識,漫投補劑,未見起效。張氏從《内經》《金匱》之言,認爲諸症皆因煩勞傷陽、陽虚飲聚所致,遂擬方"苓桂术甘湯"合"腎氣丸"加減,并闡述其醫理。張氏常謂江浙人病多挾濕,此濕非外感寒濕之邪,多爲脾胃失于健運所致,故用養胃以清氣化痰之法,藥用茯苓、薏仁等淡滲利濕。張氏處方具有江南醫生"用藥輕靈""以輕去實"的特點,重視後天之本,治療多從養胃入手,

是書所載病證有外感時疫、内科雜病、瘡瘍瘻痔以及情志疾病等,醫案甚爲詳細,記録患者鄉里、姓氏,闡釋病因病機,可謂臨證病案之範例。

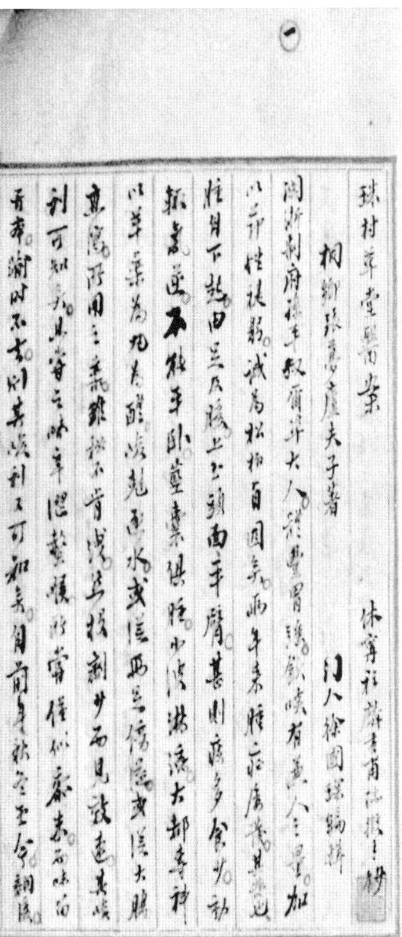

桐鄉張夢廬夫子著

門人徐國琛編輯

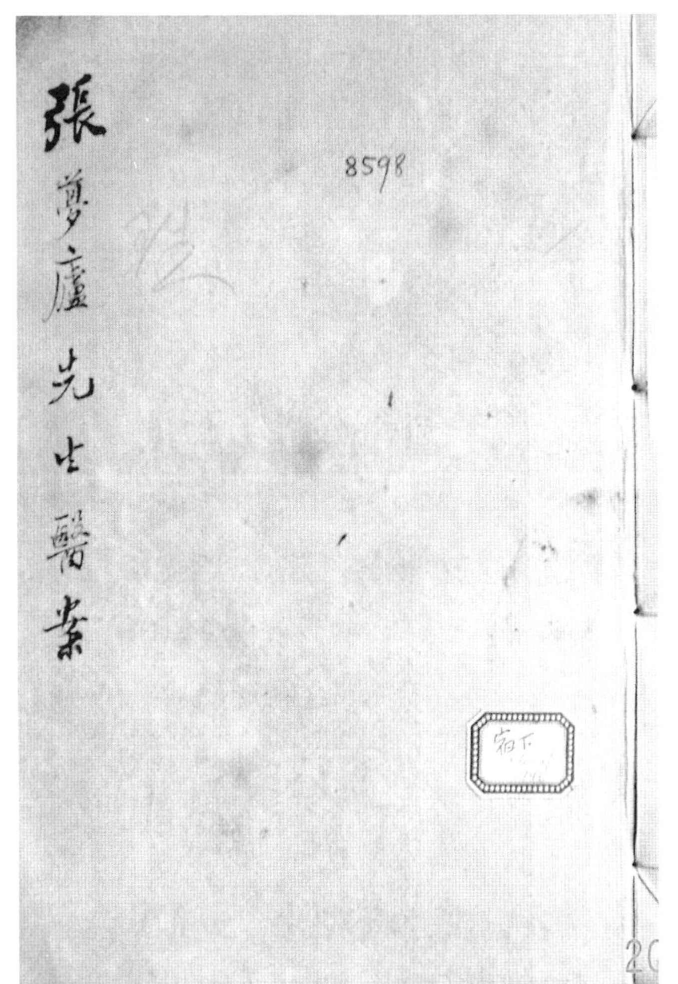

張夢廬先生醫案

8598

722 張夢廬先生醫案

《張夢廬先生醫案》，不分卷，一册。清張夢廬撰。張夢廬介紹見本書"720 張千里醫案"。現存鈔本，藏于上海圖書館。中華醫學會上海分會圖書館另藏有鈔本三册，中國中醫科學研究院圖書館藏有稿本。

是本分上下兩部分。前半部分爲張千里醫案醫話，收録《面論孫平叔宫保病案》《次日又陳諸藥皆停緣由》《王平華廉訪夫人病案（附方）》《楊拙園明經病案》《王仁山之父病案》《徐詠梅病案》《張春帆明府之母病案》《與許敬齋廣文論戴某病》《裘哲文病案》《宋可齋之嫂胎前感温病案》等十則醫話。後半部分爲張氏病案，收録水腫、咳嗽失血、痹證、胃脹、嘔逆、痰飲肝風、肝陽夾濕、痰氣凝滯、濕温等病案三十則。後半醫案部分的起始處，題有"《珠村草堂醫案》，光昌編輯"。

是本醫話醫案記録内容詳盡，分析細膩入微，雖僅四十則，但反映了張夢廬先生的診療風格，對研究張千里醫學思想及清代烏鎮醫派的學術源流具有一定參考價值。

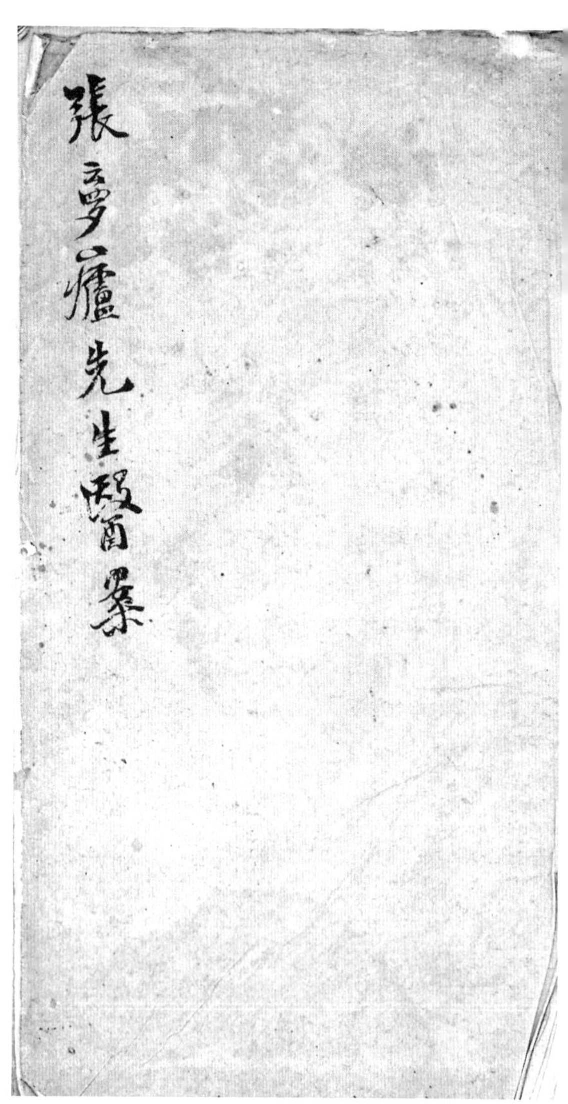

面論孫平叔宮保病案

大人體豐胃強飲啖有兼人之量加以節性褆躬誠為松柏貞固矣兩年來腫症屢發其發也腫自下起由足及腹上至頭面手臂甚則痰多食少動輒氣逆不能平卧莖囊俱腫小溲淋漓其退也大都專科以草藥為丸為醴峻劑逐水或從兩足旁溢或從大腸直瀉所用之药雖秘不肯洩然按劑少而見效速其峻利可知矣且嘗其味辛澁螫喉所嘗僅似黍米而味留舌本踰時不去則其峻利又可知矣自前年秋冬至今翻覆再四其情狀大畧如期今診得脉象右三部弦而虚其弦見於浮中兩候為多左手偏倚支撑

723 張夢廬學博醫案

《張夢廬學博醫案》,不分卷。清張千里撰。張千里介紹見本書“720張千里醫案”。是書現存凌嘉六鈔本,藏于上海辭書出版社圖書館。另有宋汝楨鈔本,藏于浙江中醫藥大學圖書館。

是書收張千里醫案一百六十七則,涉及内、外、婦諸科多種病證,混雜而叙,未作分類。所治内科諸病既涵蓋中風、失血、腹痛、淋證、癇證、頭痛、咳嗽、痿證、水腫、泄痢等諸多内傷雜病,又包含瘧疾、風温、秋燥、痧證、冬温等外感熱病。對外科疾病中馬刀俠癭、潰瘡、痔病等均有涉及,産前産後等婦科諸證也偶有叙述。

該本所列醫案,剖析醫理,辨證源流,用藥簡潔,值得借鑒。書中治療熱病,既尊仲景之法,又融入吴又可、葉天士諸法,并結合天時立方遣藥。如治療太陽頭痛,以桂枝湯合桑菊飲去風陽邪氣,頗有特色。内傷雜病論治多從葉天士諸法,亦旁納孫思邈、朱丹溪、喻嘉言等治法,慎用補法,反對膩補。作者在醫案中提出“脾胃司胎,胎氣繫於脾”,“厥陰肝屬藏,宜潛宜滋;少陽膽爲腑,宜疏宜通”等論,頗有見地。對内風論治,認爲素體脾胃虚弱,憂愁思慮,虚陽化風,挾痰内阻,此脾胃中風與肝腎大虚的喑痱證大有區别,後者宜補,前者宜宣通絡竅,以化痼痰。在論治中,重視病家體質,强調治病求本,注重起居攝養和怡神静養。如對水腫病的治療,指出其病起于飲啖,兼人胃强脾弱,繼以憂勞過度,氣竭肝傷,津停水壅,批斥世醫一味攻逐的治法,認爲藥以去病,水病用攻藥反傷人,其治當静養數日,糜粥充養胃氣爲先。是書擅用蟲藥通絡,以有情之品補虚。如此種種,均堪借鑒。

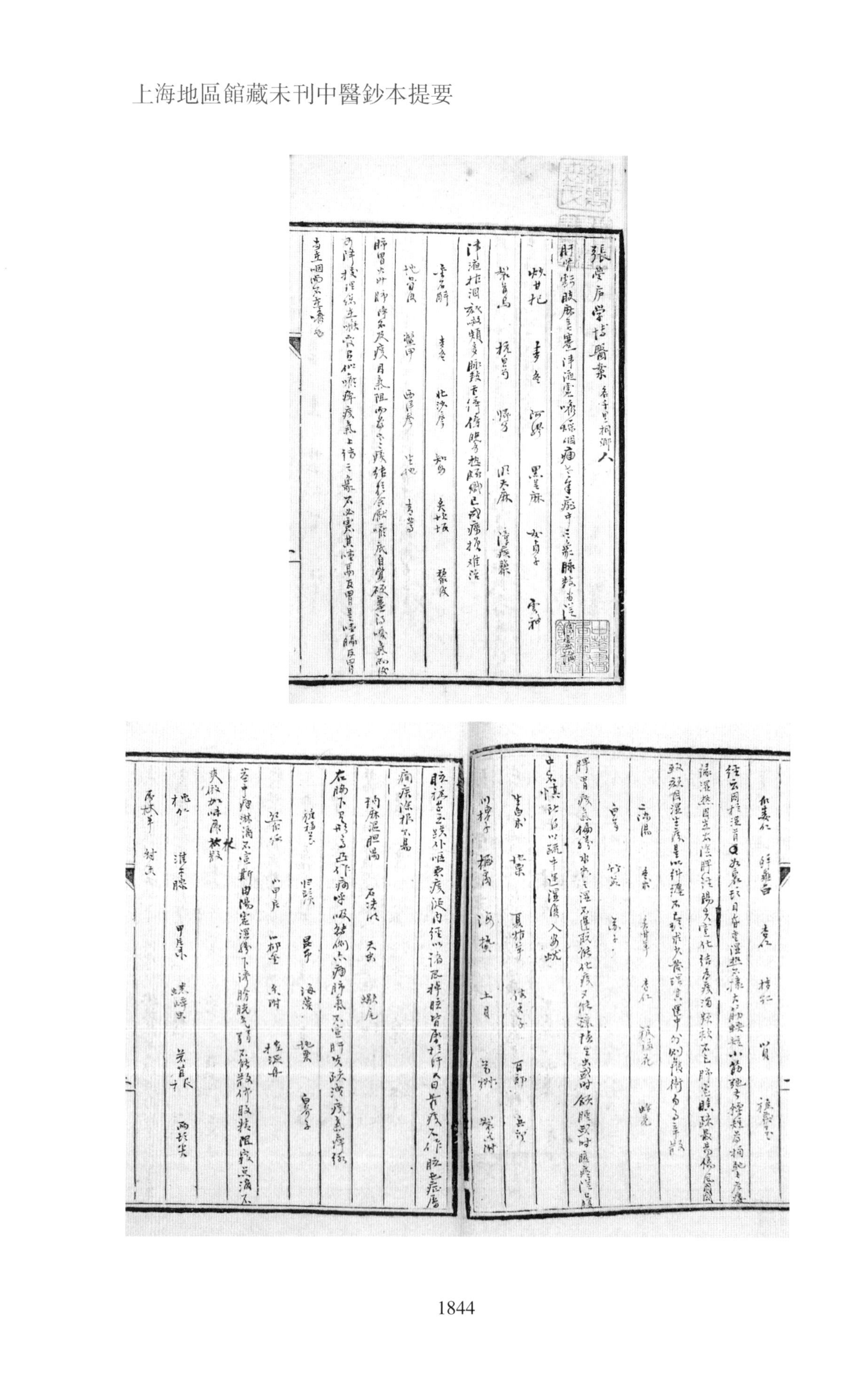

張夢廬學古醫案 名千里 桐鄉人

高年營衛皆弱水不涵木木火沸騰內風挾痰陡升口眼喎斜舌不能言宣窒

右偏失瀉瘀痹都屬肝腎枯涸姑擬乙癸同源法

女貞子　熟地　池菊　茯神　石決明　旱蓮草

鉤鉤　明天麻　甘杞子

脈浮緊背痠肢節痛頭痛太陽經病

麻黃　葛根　桂枝　生姜　杏仁　羌活

細辛　桑枝　菊花　鉤鉤

頭痛惡風肢節痠楚雖歇交時風濕未清使然

桂枝　白芍　升麻　桑枝　菊花　桔梗

鉤鉤　石斛　荷梗

兩載前咳肝胃同病病起一月後之天時氣候不振飲食不旺後忽洩瀉由此卷之乏力

不能飲之而向來以十年之久困之倦往事不克隨時序而生發則脾家游溢之精氣輸

上焦進養肺胃水流自必下漏是以精滑流瀉時有形消精神疲往往不任煩勞抑且夜夢

口糜齦腫垂陷大受動切脈弦短尺寸關弦數此稟賦虛由於房勞不攝

木難投矣

菟絲子　沙苑蒺藜　蓮肉　五味子　炙草　金櫻子

麥冬　熟地　淮山藥　茯神　元武甲　蓮子

切脈轉弦是精血下奪龍雷於火上炎心腎不交入夜之時惟有虛損精虛

擬壯水之主益火之原以消陰翳

六味地黃丸　生洋參　人中白　枸杞肉　肉桂　骨碎補

724 貫唯集

《貫唯集》，又名《通意子醫案》，兩卷。自序中落款“清光緒己亥小春月璇璣洞主通意子自序，時年七十有五歲”，可知該書成于1899年，通意子生于1825年，卒年不詳，行醫五十年以上。該書由通意子之徒匯編而成。現存鈔本，藏于上海中醫藥大學圖書館。《中醫古籍珍稀抄本精選》第十八册收録該本。

是書自序中有“今也諸生等不以余爲不才，降心相從，來遊於門，將日診醫案方藥擇業經見效者，一一筆之於書，漸彙成帙，請序於予”字樣，可知《貫唯集》并非通意子所撰，而是由其徒匯集而成。涉及内、外、婦、兒等各科病證三十二種。每種病證之下，載醫案數則，全書載醫案近二百五十則。所涉病證主要有暑、瘧、寒熱、温熱、濕等外感病證，肝風、咳嗽、吐血、喘、癥瘕等内傷雜病證，以及小兒暑熱、小兒驚癇等小兒病證，調經、胎前、産後、血崩等婦人病證。所載醫案簡明扼要，涉及病證廣泛，辨證精確，注重脈證結合。惜所用藥物大都不標注劑量。是書還記載了通意子借仲景、東垣等前賢之經驗以治病。如治肝風，案九記載“用《金匱》法緩調之”；療虚損，案五記載“姑擬仲景法合東垣方”。

《貫唯集》所載醫案涉及病證範圍較廣，對各病證辨證詳細，注重脈象、重視用藥劑型等是其特點。處方靈活，治療有序，值得現代臨床借鑒。

貫唯集序

蓋以醫學之難言也尚矣聖如軒轅淂天獨厚猶有岐伯臾區之問答而成内經賢如仲景仁術是崇亦有或問師曰之文而著傷寒金匱可知璞玉雖美非雕琢無以成其器醫學雖勤非師授無以濟於世也不佞早厠醫流耽心靈素而秉資愚魯不免欺人自弱冠以迄古稀夫復何言所幸師承有自實獲真傳五十餘載以来淂有一知半解藉為餬口資賴有是耳然所閲諸證所定諸方隨成而隨棄不留片紙隻

貫唯夫貫唯者聖賢心心相印之謂也余何人斯而敢竊比之乎緣聖賢以傳道之心垂治世之法憑授受而詔諸百世余亦以濟世之心活留人之術并闡後學之法程道雖不同而設心則一也且諸生等性秉謙純推誠相與而問道於盲余何忍枕秘論衡致失無隱之旨乎噫嘻人之患在好為人師今固儼然為師矣則可患者孰甚能不朝乾夕惕以自勵也哉

清光緒己亥小春月璇璣洞主通意子自序時年七十有五歲

725 壺山意準

《壺山意準》,不分卷,兩册。清林作建撰。林作建(1796–1870),字和齋,福州壺山嶼頭鄉(今屬福建)人。林氏出身于世代業醫之家,幼承庭訓,讀書穎悟,弱冠即爲人治病,頗有成效。行醫數十年,業與年進,多愈奇疾,譽滿榕城。與名醫陳修園關係密切,時相來往。著有《和齋醫案》《傷寒論眉批補注》《六經辨證歌括》《婦人古方歌括》《壺山意準》等,并匯集其弟光昌遺著,編寫《壺山林氏家傳秘方》一部,子孫相傳,作爲臨證指南。此本無目録與序跋,封面題書名“壺山意準”,首頁與末頁各鈐有“張思臣”方形印章一枚。正文共計二百八十四葉,七萬餘字。現存鈔本,藏于上海中醫藥大學圖書館。

本書爲林氏疑難醫案集,共載醫案九十八則,未分門類,涉及内、婦科等疾病。病人姓氏名字、所患疾病、病發之因、某日某症、曾服何方何藥、有效無效,均有記録;用藥加減、醫者如何思想、若此證何、若彼證何、用此藥何、用彼藥何,皆有探討。并記載病人服藥後情况,愈後則又總結經驗,以爲下次所用,如此纔成方案。論述詳細,似有煩瑣之嫌。本書載吐利案較多,對吐利的治療,提倡辨爲陰厥陽厥,陰厥用白通、通脈、四逆、附子湯等以救陽,陽厥用大柴胡、白虎、承氣等攻逐清下,並以四肢厥逆的程度作爲陰厥陽厥之辨;又有中虛吐利者,當補脾以升,則吐利可治。林氏還重視病人體質,每案必載病人身體胖瘦如何等。

本書反映林氏的臨床經驗,對後學有參考價值。

壺山意準（壺字是壺字之误） 林作建著

厥陰病

江边鄭孝豪郎、年三十、素犯（患）濁、面色清黄、大暑猶穿布衣（怕冕寒、是畏寒）、偶熱少頃、頭角間痛、腹亦隱痛（是肝木之見症）、便堅、溺時白時淡黄、不思食、口乾、臍以上有一丸滾起、直衝喉間、便不爽快（覺）、（厥陰氣上撞胸）脈息兩手弦緊（主正上）、用麥门冬湯加枳實、少效、（加桑皮、枇杷葉、便溏、不应加枳实）予取逍遙散、加鬱金、枇杷葉、桑皮、薤白主之、蓋肝木之症、横則乘脾、故不思食、脾氣受尅、己土不生辛金、則主氣弱、不能週護於一身、膚腠失衛、故怕寒、欲穿布衣、觀

本草芍藥條云、安脾胃、固腠裏、其理曉然、熱時頭角少腹痛者、厥陰之見症也、便堅由肝血不充、無以濡潤也、素犯（患）白濁、由肝主疏泄也、咽喉之乾、附木之雷光升浮於上也、臍上一丸滾起、衝胸、即厥陰氣上撞胸之症也、一丸滾起之症、凡氣即火、所謂氣有餘便是火、氣即火、火即氣、同物而異名者是也、

凡氣上衝及乾嘔呃逆、實者多屬（厥）陰、虛者非胃氣不歸元、即胃氣之虛逆、實者宜行氣清火、虛者宜補胃補脾、實者脈必弦緊滑實、痞滿填脹、腸痛腹疼、二便秘結、虛者脈必空虛軟弱、重按不鼓、氣短身倦、口淡聲微諸症、

中虛吐利

11

腸口想来就是肛门

尚幹林長雍內、年二十、得痢四日、上身微熱、微汗、腰微疼、少腹痛、得利（則）便減、間有不因痢而痛、溺少、微後重、腸口見痛、（寒熱俱有痛、須脈症相參）嘔不能食、食則嘔、則胃口嘈雜、一吐即鬆、口渴、咽微乾、舌尾本色紅、此舌頭滑黄而潤、似吃紅鷄之狀、每飲一杯、不拘冷熱、兩頰微紅、輾轉不安、不得眠、脈象沉細、沉為陰、細為陽衰、並主有濕、始用桂枝五苓合小半夏加吳萸、次用真武、服後熱濁俱止、嘔吐仍不休、胃口轉覺不爽、頭昏（眩）倦、腹脇胃脘腰之痛、皆得吳萸而退、惟嘔吐不眠、不食、體倦不效、予以久利久吐之後、中氣必虛、凡藥入口皆吐、是脾氣清不勝藥味、試以濃汁頻頻納之、取黨參一两、生薑三錢、黄土水煎、服一剂、即覺熱為陽浮

726 葉天士曹仁伯何元長醫案

《葉天士曹仁伯何元長醫案》，三卷。葉天士、曹仁伯、何元長原著，成書于清道光元年(1821)。葉天士介紹見本書"049 葉氏傷寒家秘"。曹仁伯(1767-1834)，名存心，字仁伯，號樂山，常熟(今屬江蘇)人，嘉慶道光年間江蘇名醫，著有《琉球百問》《琉球問答奇病論》《繼志堂語録》《曹仁伯先生醫説》《增訂醫方歌訣》《過庭録存》《延陵弟子紀略》《評選繼志堂醫案》《曹仁伯醫案》等。何元長介紹見本書"671 世濟堂醫存"。本書爲葉天士、曹仁伯、何元長醫案的合集。現存石岑鈔本，藏于上海中醫藥大學圖書館。《中醫古籍珍稀抄本精選》第十八册收録該本。

是書首卷爲《葉氏醫案》，載春温、夏暑、冬温、瘧疾、痢疾、泄瀉、痰飲、喘咳、腫脹、水氣、黄疸、痘症、癰瘍痔漏等三百七十八案。其中近一半爲外感熱病醫案，體現了葉氏對外感熱病的治療經驗和臨證心得。如風温初起多從上犯肺，治宜辛涼宣散，爲葉氏衛氣營血辨證理論的運用。次卷爲《曹氏醫案》，載有曹仁伯治療胃脘痛、脅痛、久痢、噎膈、痿症、小腸氣、乳痛及外感温邪、風温等各類驗案七十則。曹氏重視病因病機分析，强調病人體質、飲食等生活習慣對疾病發生發展的影響。如論耽飲者多胃痛，日久積濕痰、生血瘀，老年外感易虚實夾雜等。卷三爲《何氏醫案》，載有何元長治療中風、肝風、嘔吐、吐血、虚勞、胸痹、瀉痢、便血、遺精、淋濁、腫脹、黄疸、哮喘、痹症、痞塊、不寐、三消、癇症、眩暈、頭痛等各類病案計三百零三則。醫案惜字如金，每案寥寥幾十字，衹録最能體現病因病機的主要症狀。如"虚勞門"案三："咳血久延，至於便溏納減，陰損及陽，姑從中治爲急。"處方：黄芪、炙甘草、北沙參、米仁、淮山藥、於术、茯苓、扁豆、橘白、建蓮。

本書反映了清代三位著名醫家的診療特色，如葉氏辨證精審，曹氏剖析深刻，何氏案語簡潔、用藥輕靈，具有較高的文獻研究價值和臨床參考價值。

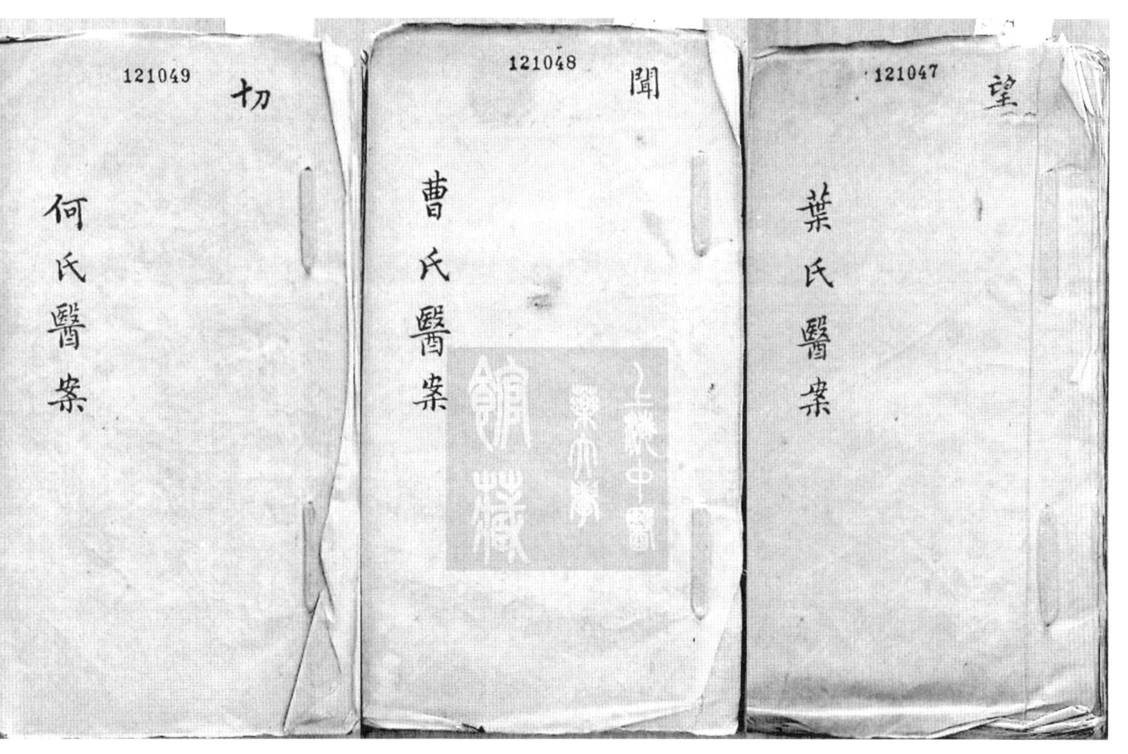

醫案鈔錄目錄　　石岑手鈔

南陽葉天士診著

春温門　三十三方　夏暑門　五十七方

冬温門　十五方　瘧疾門　五十乂方

痢疾門　五十四方　洩瀉門　三十一方

痰飲　喘咳　水氣　腫脹門　五十方

黃疸門　七方　癰瘍痔漏門　十五方

疝症門　五十九方

醫案鈔錄目錄　　石岑手鈔

古吳曹仁伯診著

溼熱小腸氣

胃脘作痛因脘飲積溼痰生血瘀阻塞氣道所致

久病陰傷發熱不渴者須驗舌苔註

顫振症

溼熱痰體外感冷風痛瀉纏以寒熱往來成瘧三方

伏氣晚發肢麻厥逆邪入胆經

凡疝氣有三說每說皆七三七二十一說其實各說其說
也此疝則更出於各說其說之外名為小腸氣夫小腸氣
又有寒溼溼熱兩途如囊脚腫硬膿水時流小便不利原
在溼熱之条不可與寒溼之疝同日語也宜以加味通心
散合二妙丸

肉桂　甘草梢　川木通　連翹売

黃蘗　川楝子　車前子　瞿小麥

淡黃芩　黑山梔　蒼茉木　燈心　竹葉

春温門　三十三方

風温不解早涼晚熱口渴舌紅熱邪未清陰液已衰胃汁
耗則不知饑宜生津和陽以甦胃

黃芩　青蒿　烏梅

白芍　鱉甲　橘紅

温邪內伏潮熱自利暮甚於晝者稱年陰氣淺也仲景於
春三月瘟病內應肝胆例以黃芩湯為主注春温正治春
屬風木內應肝胆故上升為嘔下注為自利

三消一方　癇症二方　胃脘痛八方
腰痛四方　頭痛四方　暈眩七方　腹痛六方
鼻门七方　咽喉七方　便閉三方　耳目二方
汗门一方　女科十六方　時症十七方　疝氣一方
雜症五方

中風門

右半身不遂脉來虛軟元氣不足也法當溫補

潞黨參　炙甘草　鹿角霜　半夏
製於朮　茯神　枸杞子　歸身
淨棗仁　霞天膏

陰液虧内風煽爍症屬偏枯法當柔劑養陰營

熟地　歸身　川斷　棗仁
杞子　紅花　茯神　蓯蓉

727 葉案指南

《葉案指南》，不分卷，一册。無封面，不著撰者，無序跋與目録。中縫題“葉案指南”。書中“玄參”作“元參”，“玄胡”作“延胡”，爲清代避諱現象，宜抄録于清代。《中國中醫古籍總目》著録爲成書于葉桂的卒年，即1746年。現藏于上海圖書館。

是本選取《臨證指南醫案》卷七之痙厥、驚、癲癇以及卷八之衄、疝、頭痛、心痛、胃痛、脅痛、腹痛、肩臂背痛、腰腿足痛、諸痛等證，每證將原書醫案後的結語移至最前作爲總説，後列醫案。如心痛一證：“心痛總説：厥心痛一症，古人議論者多且精矣，兹不復贅。但厥心痛與胃脘痛，情狀似一，而症實有别……方案雖未全備，然其審病之因，製方之巧，無不一一破的。”此段乃原書該證末段龔商年所撰之小結，移至開頭。次列原書所載醫案，有驚傷、勞傷血滯、脾寒厥、營絡傷、急心痛等。如：“驚傷，脈細數，聞雷被驚，心下漾漾作痛。逍遥散去柴胡加鈎藤、丹皮。”

是本純爲《臨證指南醫案》之摘抄，缺乏參考價值。

心痛總說

厥心痛一症古人辯論者多且精矣茲不復贅但厥心痛与胃脘痛情狀似一而症實有别世人因内經胃脘當心而痛一語往往混而視之不知厥心痛為五藏之氣厥而入心包络而胃實与焉則心痛与胃痛不得不各分一門今案中因雷被驚者用逍遥散去柴胡加鈎藤丹皮治之以其肝陽上逆不寧升逆為之養血以平調也積勞損陽者用歸鹿姜桂桃仁半夏治之以其勞傷血痺無徒破氣為之通络以和營也脾厥心痛者用良姜姜黄莪术丁香草果厚朴治之以其脾寒氣厥病在脈络為之辛香以開通也重按而痛稍衰者用人參桂枝川椒炙草白蜜治之以其心營受傷攻劫難施為之辛甘以化陽也方案雖未全備然其審病之因製方之巧蓋不一一破的

驚傷 脈细數因雷被驚 心下漾漾作痛 逍遥散去柴胡加鈎藤丹皮

勞傷血滯 脈左濇伏心下痛甚舌白不能食穀下咽阻隔痛極昏厥此皆積勞損傷前者已下瘀血延綿經月不止此為難治 生鹿角

心痛

胃痛總說

陽明乃十二經脈之長其作痛之因甚多蓋胃者彙也乃衝繁要道為患最易虛邪賊邪之乘机竊發其間消長不一習俗温香辛燥之治斷不容一例漫施然而是病其要何在所云初病在經久痛入络以經主氣络主血則可知其治氣治血之當然也凡氣既久阻血亦應病循行之脈络自痺而辛香理氣辛柔和血之法實為對待必然之理又如饑食痛甚得食痛緩之類於此有宜補不宜補之分焉若素虛之體时就煩勞水穀之精微不足以供其消磨而營氣日虛脈络枯濇求助於食者甘温填補等法所宜頻進也若有形之滯堵塞其中容納早已無權得助而為實實攻之逐之等剂又不可緩也寒温兩法從乎喜暖喜凉滋燥之殊詢其便濇便滑至於飲停必吞酸食滯當噯腐厥氣乃散漫無形瘀傷則定而有象蛔虫動擾當頻痛而吐沫痰濕壅塞必善吐而脈滑營氣兩虛者不離乎嘈辣動悸肝陽冲尅者定然煩煩渴而嘔逆陰邪之勢其來必速暑火之患由漸而劇也

肝犯胃 胃痛半年乳嘔 金鈴子 延胡 半夏 茯苓 山梔 生香附

胃痛

728 葉案臆摘

《葉案臆摘》，不分卷，一函六册。清葉天士撰，徐靈胎評。葉天士介紹見本書"049 葉氏傷寒家秘"。徐靈胎(1693–1771)，名大椿，一名大業，字靈胎，號洄溪道人，吴江(今屬江蘇)人，清代著名醫家，著述頗豐，有《難經經釋》《神農本草經百種録》《醫學源流論》等傳世。此書以《臨證指南醫案》中醫案爲主，後夾有徐靈胎評點，天頭亦有評述。無序跋與目録。《中國中醫古籍總目》載録爲清鈔本。現藏于上海中醫藥大學圖書館。

册一論中風、肝風、眩暈等七種疾病。如中風沈氏一案："風中廉泉，舌腫喉痹，麻木厥昏，内風亦令阻竅。"徐氏評曰："凡治厥陰，皆以通竅爲急。"天頭批注"胞絡熱邪阻竅"，確是閲讀葉案的點睛之論。册二論咳嗽、失音、痰飲等十種疾病，册三論風寒、風温、温熱論等醫案和醫論，册四爲木乘土、胃痛、脅痛等七種疾病，册五爲瘧、痢、泄瀉等五種疾病，册六以噫嗳、噎膈反胃十種疾病爲主。

《葉案臆摘》所收均爲葉天士的醫案和醫論，其中夾有徐靈胎評點。這些評注是學習葉氏學術思想、醫療經驗的重要工具和路徑，值得深入研究。

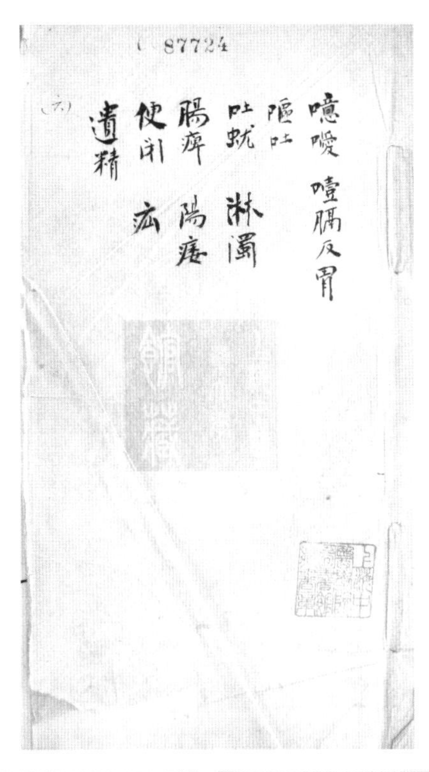

（六）

噫噯 噎膈反胃

嘔吐 吐蚘 淋濁

腸痺 陽痿

便閉 疝

遺精

葉案臆摘

噎膈反胃

吳（陽結於上陰衰於下關格） 脉小濇脘中隱痛嘔惡吞酸舌絳不多飲此高年陽氣結於上陰液衰於下為關格之漸當議通陽治痞

川連 人參（秋） 薑汁（冲服少許） 姜夏 枳實汁 竹瀝

盧 陰陽逆亂已成関格議用附子瀉心湯（為上熱下寒主治）

徐八X 老人食入涎湧吐瘦畧能噉粥二便艱少是陽

噎膈反胃 一

人參（秋） 半夏 川連 淡乾姜

畢四五 夏間診視曾說難愈之痾然此病乃勞傷陽年歲已老精神已竭古稱噎膈反胃都因陰枯而陽結也秋分後復診兩脉生氣日索交早咽燥晝日溺少五液告涸難任剛燥陽藥是病諒非醫藥能愈

大半夏湯加黃連薑汁（秋）

某（胃陰汁枯） 陽明汁乾成膈

噎膈反胃 二

李 據云兩次服辛溫藥痰濁隨溢出口此必熱痰在肝胃絡間故脘脇痞脹大便阻塞不通蘆薈苦寒通其陰僅〻更衣究竟未能郤痰攻病有年久恙自當緩攻湯藥盪滌理難於用議以桃仁承氣湯為丸

葉 十二 鬱熱燥結 陽氣鬱勃腑失傳導納食中痞大便結燥調理少進酒肉堅凝以宣通腸胃中鬱熱可效

川連 蘆薈 抹 不可入煎藥 萊菔子 炒山查 廣皮

便閉 四四

張 四九 少腹微脹小便通利方安大便三四日一通而燥堅殊甚下焦諸病須推肝腎腑絡必究幽門二腸闌所服藥是香砂六君以脾治不思腎惡燥耶

當歸 蓯蓉 郁李仁 冬葵子 牛膝

小茴 茯苓 車前子 蜜丸

張 六六 脈左弦如刃六旬又六真陰衰五液涸小溲血水點滴不爽少腹右脇聚瘕此屬癃閉非若少壯瀉火通利可效

見象總是內虛

便閉 四三

729 紫來堂方案

《紫來堂方案》，上下兩卷。清沈燾撰，清鐵仙道人摹本，約抄于光緒年間。沈燾介紹見本書“689沈安伯先生式集方桉”。鐵仙道人，本名鄧啓昌，又名鄧啓品，字鐵仙，自號跛道人，江寧（今江蘇南京）人，光緒間在上海以賣畫爲生，工花卉，尤善畫菊，有時名。本書載自序一篇，有目録，封面有“上海中醫學院教務室圖書館”印章一枚。全書二百二十六葉，現藏于上海中醫藥大學圖書館。

上卷論述時邪，包括春温、濕温、暑濕、伏邪、風燥、冬温等病證；下卷爲雜病醫案，載有中風、類中、痿痹、失血、痰飲、咳喘、淋濁、尿血、自汗盜汗、諸痛、崩漏、注夏、慢驚等三十七種病證。如“鼻衄”案載：“寒熱咳嗆，鼻衄，胸痞，氣促，骨脊酸痛，伏邪挾風燥并發，大便半月一行，病經匝月，脈象數大。男子脈大爲勞，平昔經營辛苦之所致也。宗西昌法。”藥用桑葉、石斛、沙參、石膏、川貝、麥冬等滋陰降火之品。本案中“痞”字下有注云：“原作‘衄’，校。”本書初診、復診皆録，且有多則會診醫案記録。如《温邪》篇下載一會診案，由志齋、西庚、安伯三位醫家會診十餘次方愈。如第三次會診，先由西庚同安伯同診，云患者“舌降（絳）而紫，全無苔垢，又無津液，熱將旬日不解，脈形弦細而數，脘痞，便秘，溲下赤濁，濕熱之邪深伏陽明，有内逼心營之象，殊非細事也”，治以清營湯加減，方後“志齋加案云：按脘隱痛，宿食未行，尊方極善。參入凉膈下之，僭加勿罪。制軍三錢、元明粉一錢、薄荷十分”。又如“治瘧”案下亦載南疇、蘭坡、杏泉惕人、安伯、顧大田等會診十餘次之記録。本書抄録字迹不同，應非一人所成，“弦”字亦不避諱。

本書是將沈氏平日醫案分類整理而成，所載醫案大多詳細完整，復診、會診皆按實載録，以存原貌。

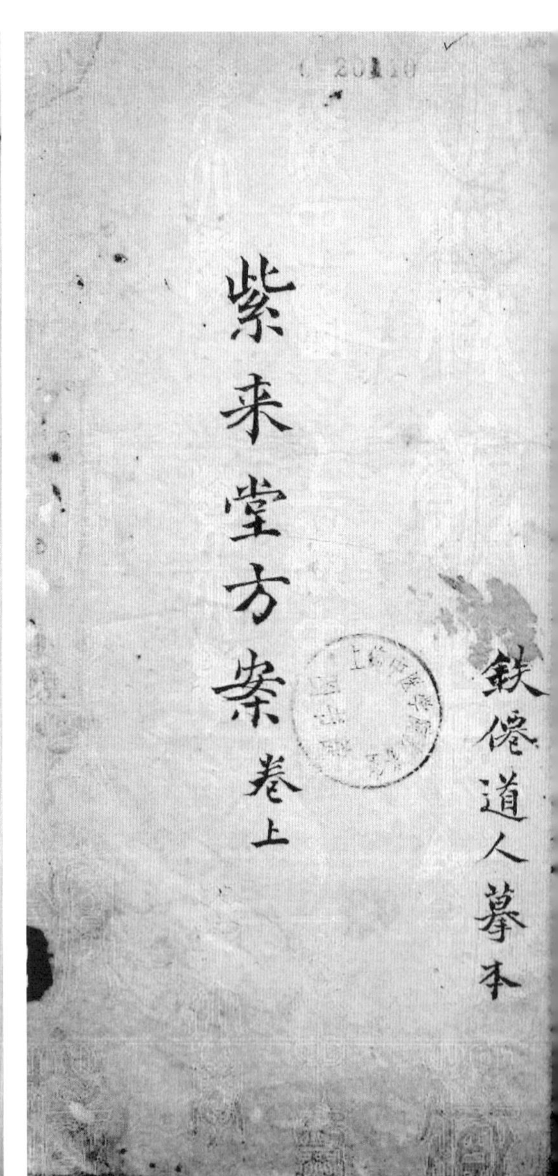
紫来堂方案 卷上

鉄僊道人摹本

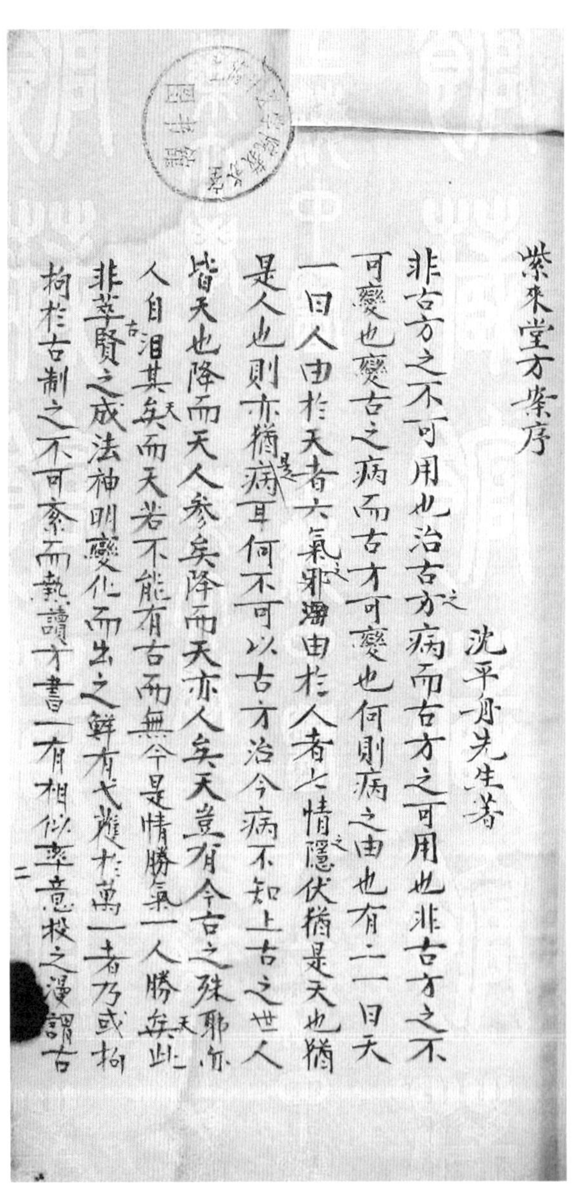
紫来堂方案序

沈平舟先生著

非古方之不可用也治古方病而古方之可用也非古方之不
可變也變古之病而古方可變也何則病之由也有二一曰天
一曰人由於天者六氣邪溜由於人者七情隱伏猶是天也猶
是人也則亦猶病耳何不可以古方治今病不知上古之世人
皆天也降而天人參矣降而天亦人矣天豈有今古之殊耶亦
人自汩其矣而天若不能有古而無今是情勝氣一人勝矣此
非萃賢之成法神明變化而出之鮮有弋難於萬一者乃或拘
拘於古制之不可索而執讀方書一有相似率意投之漫謂古

二

730 診餘集

《診餘集》,不分卷。清余景和撰。余景和(1847–1907),字聽鴻,清末孟河醫派著名醫家,江蘇宜興人。是本爲其晚年所作,《中國中醫古籍總目》載録成書于1906年。現存鈔本,藏于上海圖書館。封面無書名,館藏載録書名爲"診餘集"。此本爲足本,正文共七十九葉。首録序言一則,題爲"余聽鴻先生家傳",對余氏生平及家人略作記述,後有"武進後學惲樹珏謹撰"之語,未著年月。次録"《診餘集》目録",列九十二門病症。次録醫案,首頁右上有"診餘集",下有"荆溪余景和聽鴻甫著"字樣。《中國醫籍大辭典》載:《診餘集》由丁元彦(字仲英)、惲鐵樵等整理校訂,1918年上海虞寄舫鉛印本係初刊本,通行本爲1963年上海科學技術出版社鉛印本,更名爲《余聽鴻醫案》,有武進薛元超和余氏婿丁元彦序言,無惲鐵樵序。

該書所録醫案以内科爲多,兼及外科、婦科,有關格、腫脹、暑温、濕痹、上下并脱等内科雜病,婦人胎産前後諸病及骨槽風、舌瘍、脅癰等外科病症。以醫案醫話形式記録余氏治愈的重症及疑難雜病,兼及其師友驗案,共九十二門一百十九則。每一驗案均完整記録診治過程,從辨證分析、組方用藥,到藥後反應、效與不效之由、更方之理,皆輯録詳盡。余氏學術上尤尊崇仲景,善用經方,并博采衆家之長,對諸多病症多有創見。如論痿證,他反對《證治準繩》等書繁雜之論,認爲"以余思之,用法當簡,惟'乾濕'二字足矣",指出乾濕皆可致痿。鑒别之法"在肉之削與不削,肌肉之枯潤,一目瞭然。如肉腫而潤,筋脈弛縱,痿而無力,其病在濕,當以利濕祛風燥濕;其肉削肌枯,筋脈拘縮,痿而無力,其病在乾,當養血潤燥舒筋",可謂簡明扼要。余氏認證精準,辨證重在析理,如抽絲剥繭,每能切中肯綮,屢愈險症,堪爲後學楷模。誠如惲樹鈺在序言中所説,余氏"閲世既深,於生理、藥理及人類致病之由别有會心,以故能洞見癥結"。

此余於先生之治醫不自覺其言之長也嗚呼九原可作負笈從之矣

武進後學惲樹珏謹撰

診餘集目録

731 游藝室醫案

《游藝室醫案》，不分卷。清顧允若編著。顧允若，名恩湛（《中醫人物辭典》《中醫辭海》《中國中醫古籍總目》等均作“思湛”，疑誤），吴縣（今屬江蘇蘇州）人。先世以“天醫峰七子山顧”懸牌，世代相傳。少時隨父積庵學，博覽群書，尤好李東垣、朱丹溪之説。十六歲獨立行醫，以治療風癆臌膈聞名。撰有《顧氏醫經讀本》六卷，尚有醫案遺稿若干存世。《游藝室醫案》成書于清光緒二十六年（1900），書末載朱學鋐序及作者自序。現存宣統元年（1909）鈔本，藏于上海中醫藥大學圖書館。

此本載内、外、婦、幼各科醫案，每則醫案首載病人姓氏、性别、診病時間或地點，次述症狀、病機，後列治法、方藥。如温邪犯肺，表現爲咳嗆、胸悶、表熱、脈數、舌白諸證，認爲屬風温初起，治療方藥用前胡、滑石、杏仁、蘆根、豆豉、橘核、防風、枳殼、象貝、川斛、桔梗、連翹、瓜蔞、竹茹。又如肝木不和，出現經水淋漓，小腹痞脹，有時氣衝反胃，脈濡，用逍遥祝散加減，方藥用吴茱萸、淡芩、高良薑、砂仁、小川連、當歸、川芎、桂枝、柴胡、白芍、丹參、製香附。對于一些久病難治病患，顧氏在分析其病機的基礎上，對預後亦給予客觀評價。如柳案，症狀爲咳嗆痰粘，舌白脈遲，常見咯血，認爲乃肺中不肅，勞作之基，藥難奏效。此外，書中還附部分醫論。

全書收羅醫案數量廣博，内容頗豐，言簡意賅。治病態度嚴謹，實事求是，强調依據致病之由施用藥物，有參考價值。

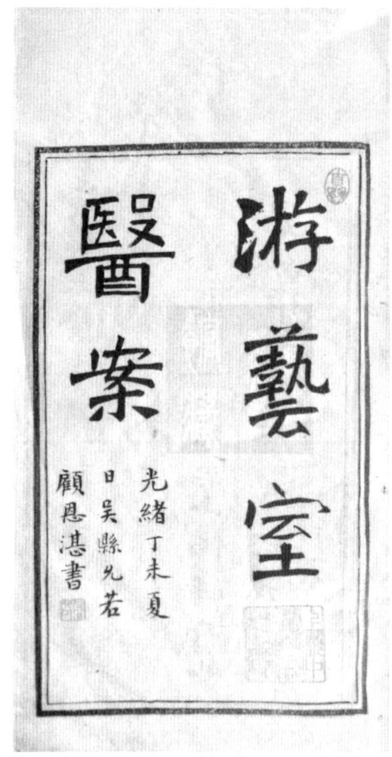

游藝室醫案

光緒丁未夏日吳縣允若顧恩湛書

游藝室醫案

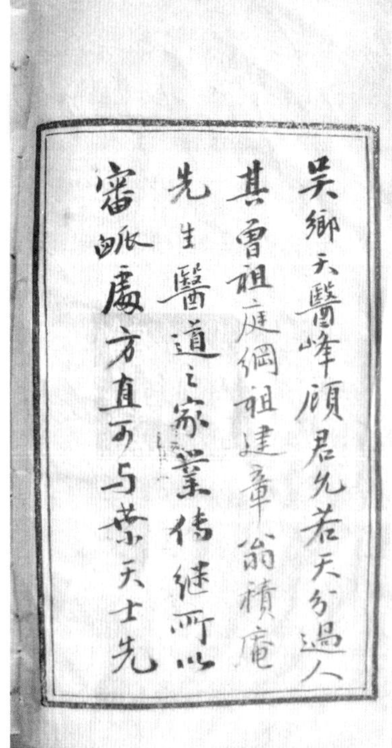

吳鄉天醫峰顧君允若天分過人其曾祖庭綱祖建章翁積庵先生醫道之家業傳継所以審脈處方直可与葉天士先

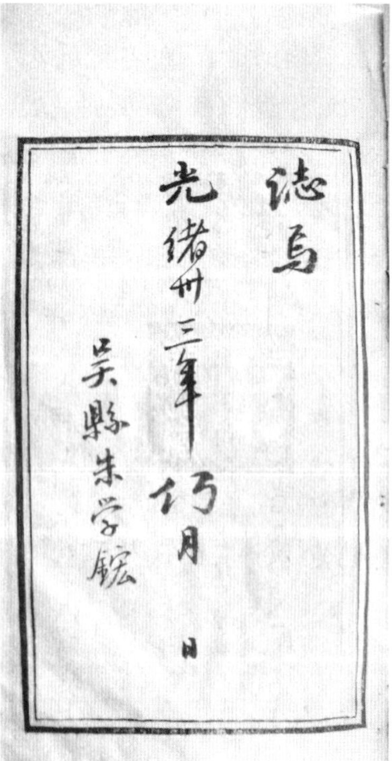

誌焉

光緒卅三年伍月　日

吳縣朱学鋐

送診籌，外另貼黃紙一千，設案就診，
盡心施治，以冀得當。但年甫弱冠，臨
診之暇，遍覽群經，以遂診造之目的，此
余之素志也。爰識數語以為序。
丁未巧月　穀旦　吳門七子山顧恩湛

游藝室醫案

吳縣警務員顧允若著　師範學員陳恩蟾
同學郁夢劉　仝較

朱　右初一　蒹葭山
產後體不耐煩，氣陷身腫，為痛
為患。当化氣和脾，佐以消水。
台烏藥　銀柴胡　廣木香　陳皮
米炒黨參　胡黃連　姜半夏　大腹皮
益智仁　沉香曲　香附　炙荊子

沈　沈巷
目障五年，引暈，少寐，陰虛陽
旺，宜清理肝腎。
杞菊地黃丸　石決明　綠萼花
甘蔓荊子　玉竹　炙甘草
炙黃柏　白芍　女貞子

吉田鎮村
濕毒下陷，兩足俱腫，痛並炊　蒼朮乙
泡出黃膿，癢痛作殊不堪忍。
荊芥　萆薢　木通　澤瀉
防風　土貝　漢防己　豬苓
茯苓　黃柏　滑石　連翹

732 費伯雄先生醫案

《費伯雄先生醫案》,不分卷,一册。封面題“費伯雄先生方案,戊午八月”,首頁目録爲“費伯雄先生醫案”,下有“張氏賡薇手訂”字樣。據此可知,此書爲費伯雄原著,張賡薇整理、抄録,成書于清咸豐八年(1858)。費伯雄(1800-1879),字晋卿,號硯雲子,江蘇武進人,孟河醫派中具有代表性的醫家,著有《醫醇賸義》《食鑒本草》等書。全書目録三葉,正文一百三十二葉,總字數約三萬一千字。現存鈔本,藏于上海圖書館。

前三章屬于總論,標題分别爲“四大家異同”“重藥輕投辨”“同病各發”。其後是對各種疾病的論述,包括中風、中寒、暑熱濕、剛痙、柔痙、傷暑、傷濕等五十三種疾病。中風一症,作者依據病之輕重,將其分爲中絡、中經、中腑、中臟四種。作者認爲風是百病之長,性輕而善走,無微不入。人體衛氣能捍外,營氣能固内。腠理密固,毛竅不開,賊風外邪就無從入侵。若正氣虚,外風乘隙,由表入裏,病也由淺入深。中絡部分説:“衛氣不能捍外,則風入於肌肉,故手指麻木而肌肉不仁,名曰中絡。”治以加味桂枝湯:桂枝八分,甘草一錢半,川牛膝一錢半,蠶沙四錢,防風一錢,白芍一錢半,懷牛膝二錢,當歸二錢,秦艽一錢。中經部分云:“營血不能固内,則風入於經脈,故身體重著,步履艱難,名曰中經。”治療以養血祛風湯:生地一錢半,白芍一錢,茯苓三錢,虎脛骨一錢半,獨活一錢,牛膝二錢,紅棗十枚,當歸二錢,桂枝六分,白术一錢,續斷二錢,秦艽一錢,木香一錢半,桑枝一尺。中腑、中臟體例,依此類推。咳嗽一症,作者將其分爲肺熱之咳、肺寒之咳、肺實而咳、肺虚而咳、心經之咳、肝經之咳、脾經之咳、腎經之咳等,每一證型下列出症狀、治則及方藥。其他疾病亦然。

綜觀全書,主要是對各種病症的綜合論述。文理流暢,醫理令人信服,是一本較好的臨床參考書。

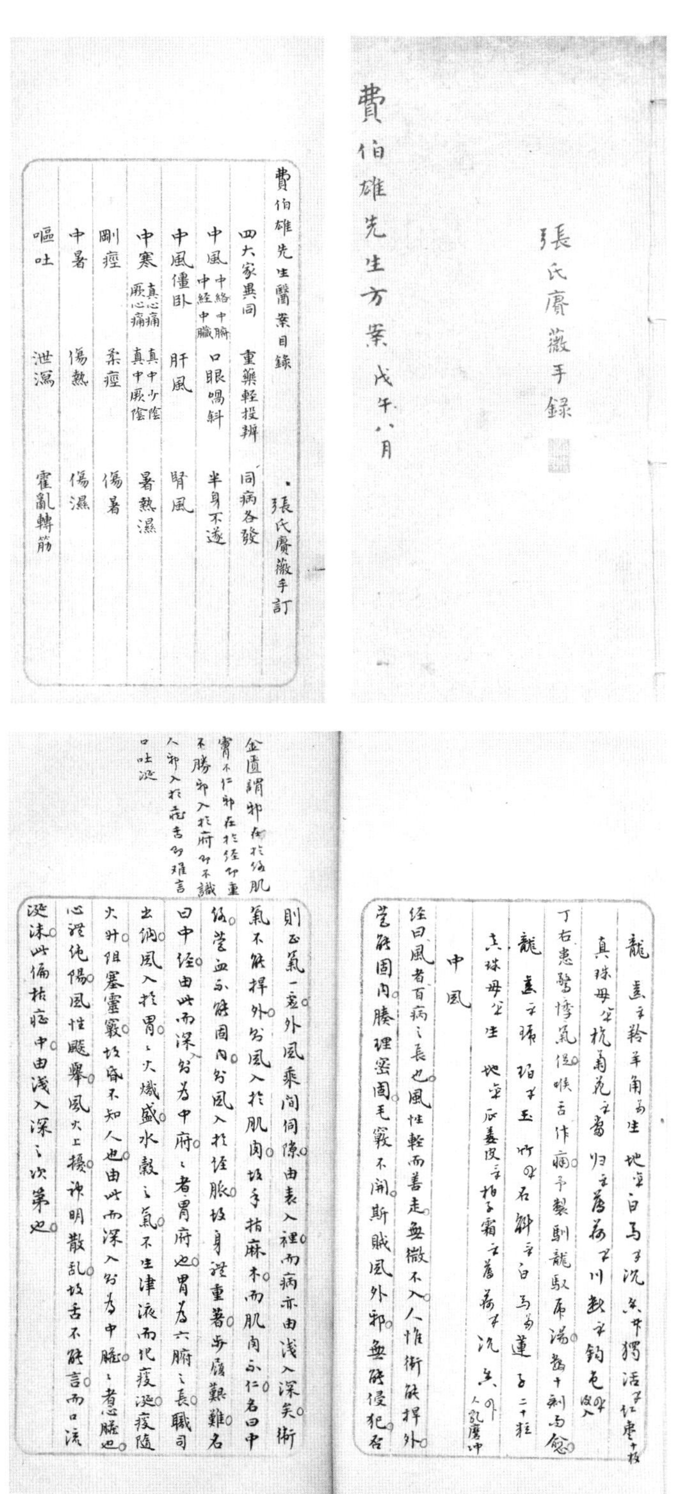

費伯雄先生方案　戊午八月

張氏賡薇手録

費伯雄先生醫案目錄　張氏賡薇手訂

龍齒二錢　羚羊角五分　生地五錢　白芍一錢　沉香四分　獨活一錢　紅棗十枚
真珠母八錢　杭菊花二錢　當歸二錢　薄荷一錢　川斷二錢　鈎藤四錢（後入）
丁右　患驚悸氣促。喉舌作痛。予製馴龍馭虎湯。服十劑而愈。
龍齒二錢　琥珀一錢　玉竹四錢　石斛二錢　白芍一錢五分　蓮子二十粒
真珠母八錢　生地六錢　桑皮二錢　柏子霜二錢　薄荷一錢　沉香四分（外人乳磨冲）

中風

經曰。風者百病之長也。風性輕而善走。無微不入。人惟衛能捍外。營能固內。腠理密固。毛竅不開。斯賊風外邪。無能侵犯。否則正氣一虛。外風乘間伺隙。由表入裡。而病亦由淺入深矣。衛氣不能捍外。則風入於肌肉。故手指麻木。而肌肉不仁。名曰中絡。營血不能固內。則風入於經脈。故身體重著。步履艱難。名曰中經。由此而深入。則為中府。府者。胃府也。胃為六腑之長。職司出納。風入於胃。胃火熾盛。水穀之氣。不生津液而化痰涎。痰隨火升。阻塞靈竅。故昏不知人也。由此而深入。則為中臟。臟者。心臟也。心體純陽。風性飈舉。風火上擾。神明散亂。故舌不能言。而口流涎沫。此偏枯症中由淺入深之次第也。

金匱謂邪在於絡。肌膚不仁。邪在於經。即重不勝。邪入於府。即不識人。邪入於臟。舌即難言。口吐涎。

733 槐蔭山房醫案

《槐蔭山房醫案》,不分卷,兩册。清王毓衔著。王毓衔,字吉安,吴郡人,生卒年月及生平事迹不詳。何時希氏《中國歷代醫家傳録》載《吴醫彙案選輯》有王吉安者,"字柳峰,蘇州人,住大儒港。業醫,頗有學識,能起危重症。光緒癸巳卒",不知是否此人。首頁題有"吴郡王毓衔吉安輯著"以及"受祉印信""一字守知""望談周孔雜軒岐"和"上海圖書館藏"等印章。無目録與序跋。現存鈔本,藏于上海圖書館。《中國中醫古籍總目》載録成書于1910年。

是本所録醫案不分門類,收載經血不調、痢疾、中風、頭痛、咳嗽等内、婦科醫案一百五十餘則,每案先述證脈,再擬治法,後處方藥,述案簡潔,理法清晰。兹録病案一則:"妊交八月,手少陽陽明司胎,濕熱鬱蒸脾胃,清晨口泛膩涎,下爲衝流滋水,非胎漿也,濕熱下注使然爾。生白术、製半夏、益智仁、陽砂仁、細子芩、廣陳皮、白茯苓、臺苧結、老蘇梗、江枳殼、扁豆衣、鮮竹茹。"此案妊娠八月陰道排出漿液,王氏認爲非胎漿而是濕熱下注,治以健脾利濕、清熱固精。

是本抄録字迹工整,用紙講究,有朱筆圈點,保存完整,品相較好。據《中國醫籍大辭典》載,上海中醫藥大學圖書館亦藏有此本。

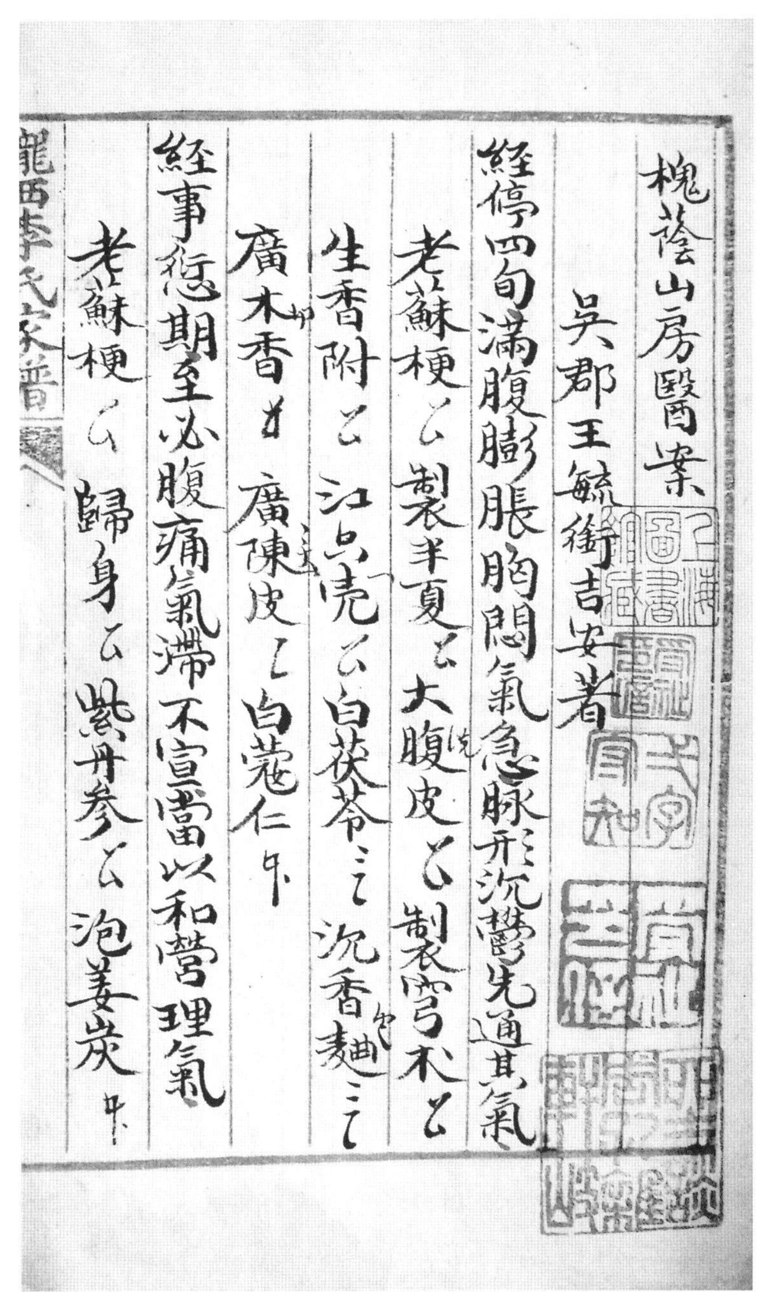

槐蔭山房醫案

吴郡王鯨衡吉安著

経停四旬滿腹膨脹胸悶氣急脉形沉鬱先通其氣

老蘇梗[illegible] 製半夏[illegible] 大腹皮[illegible] 製芎朮[illegible]

生香附[illegible] 江枳殻[illegible] 白茯苓[illegible] 沉香麯[illegible]

廣木香[illegible] 廣陳皮[illegible] 白蔻仁[illegible]

経事愆期至必腹痛氣滞不宣當以和營理氣

老蘇梗[illegible] 歸身[illegible] 紫丹参[illegible] 泡姜炭[illegible]

隴西李氏家譜

734 愛月廬醫案

《愛月廬醫案》，不分卷，一册。無目録，未注明作者。封面封底皆用深藍色硬紙襯墊。該鈔本正文每半葉九行，無行格，以工整的正楷書寫，無句讀。每行多則二十三字，少則兩字，全書七十葉，總字數在九千左右。《中國中醫古籍總目》未見載録。現存鈔本，藏于上海中醫藥大學圖書館。《中醫古籍珍稀抄本精選》第六册收録該本 。

本書載録喉風、喉蛾、頸癧、骨槽風、鵝掌風、瘰核、腎俞虚痰、發背、湯火傷、爛皮疔、偏腦疽、附骨疽、上搭手、環跳疽、肺癰、流注、痔血、脹痛、伏暑、暑濕傷寒、下痢赤白、遺精、吐血等二十八種病證，三十六則醫案。如第一則醫案："喉風：質本陰虚，涵濡少上承之用；感由秋燥，清肅失下降之權。邪實正虚，恐愈傷而愈損；陰虚陽旺，必化火而化痰。風趁火勢而益張，痰因火蒸而上擾，蘊結肺胃之經，釀成喉風之候。身倏寒而倏熱，火勢鴟張；咽忽阻而忽疼，毒邪蜂起。上壅呼吸之門，竊恐餉糧不濟；内阻飲食之路，還虞庚癸頻呼。痰嘶氣逆，天氣之開泄失司；溲澀便難，地道之通調失職。火炎則土燥，口隨飲而隨乾；火盛則水虧，齒或焦而或垢。猶是燎原之火，撲滅難圖；幾同久旱之苗，枯焦安保？脈弦數而未得冲和，相火有升騰之象；舌光絳而兼燥刺，陰津有立涸之虞。邪乘虚而内陷，無殊社鼠城狐；正幾敗而難持，豈等杯蛇市虎？於此存一綫之危，而要出萬全之計，不啻鼇載之重，抑同弋獲之期。將投以辛温乎，乃是抱薪救火；抑濟以輕清乎，亦同杯水車薪。竟委窮源，隨症施治，必得瀉離位之丙丁，救坎宫之壬癸，庶可汲西江之水，以滋乾涸之魚。聊著病情於前，并附藥方於後。淺見如是，尊識若何？ 香犀尖八分，元參四錢，鮮石斛五錢，陳金汁二兩，西洋參一錢半，鮮生地一兩，甘草五錢，全瓜蔞三錢，西黄二分，連翹三錢，川貝母三錢，銀花四錢，丹皮二錢，川雅連八分。"

上舉醫案中的“元參”,不寫作“玄參”,故是書宜成於清代。又從衆多醫案可見,著者頗具大家風範。除上則醫案外,另如“環跳疽”第二則醫案處方:“高麗參,大生地,於术,龜板,杜仲,純鉤鉤,金石斛,池菊,歸身,茯神,生熟穀芽,山藥,蓮肉,元參,首烏。”作者分析此方方意:“方用首地以養陰,又取參术以壯氣。一陰不足,賴元母以扶助;八脈空虚,藉歸龜以調劑。欲肝陽之潛伏,非鈎菊而不能期;胃陰之上承,無斛穀而難濟。山藥甘濡,腎弱所宜;杜仲甘温,水虧當取。媲茯神以定志,寤寐自安;配蓮肉以清心,虚熱能去。略考十劑之方,聊仿七方之意,并方案統希教益。”藥理嫻熟,而行文考究,作者當屬大家。再如“瘰核”案曰:“扶正以却邪,譬如君子盈庭,則小人退而無位矣。慎弗專圖外治而冀速效,竊恐劍關苦拒,而陰平非復漢有也。”查《薛生白醫案·遺精》,正有“倘不稍爲戢除一二,但取回陽返本,竊恐劍關苦拒,而陰平非復漢有也”文。再將《薛生白醫案》與該鈔本相較,行文格式及語氣多有相似處,因而推測作者爲清代康乾年間的薛雪。

愛月廬醫案

喉風

質本陰虚涵濡少上承之用感由秋燥清肅失下降之權邪實正虚恐愈傷而愈損陰虚陽旺必化火而化痰風趁火勢而益張痰因火蒸而上擾蘊結肺胃之經釀成喉風之候身倏寒而倏熱火勢鴟張咽忽阻而忽痰毒邪蜂起上壅呼吸之門竊恐餉糧不濟内阻飲食之路還慮庚癸頻呼痰嘶氣逆天氣之開泄失司洩澁便難地道之通調失職火炎則土燥口隨飲而隨乾火盛則水虧齒或焦而或垢猶炽燎原之

喉風

既承雅招不棄淺陋非敢説夢聊以解嘲

鮮生地 元參 丹皮 赤芍 川連

薄荷 連翹 牛蒡子 川貝 桔梗

骨槽風

齒乃腎之餘齦屬胃之脉想骨槽風之症邪深着骨每多成漏之虞良由元本不足腎水素虧外束風邪襲入陽明胃絡乘虚而邪伏於骨蘊釀而成據述症起二月先自内潰後復外穿潰後膿穢難淨牙床骨露甚至積成膿骨内外腫勢未能全消此係正不托邪邪蘊難清之故症源彌深勢恐難以奏效所幸者飲食如故胃未受傷中氣尚能扶持姑擬標本兼顧緩緩圖之

西洋參 連翹 扁金斛 赤白芍 知母 福瀉

淨銀花 米仁 新會皮 粉丹皮 元參

鵝掌風

體素陰虚血少循環之職感由風燥營無灌溉之權陰虚則生熱蒸動花柳之梅毒由筋骨而外達皮膚遂成鵝掌瘋之候現形肌肉麻木阻痺無形之氣皮膚燥裂致傷有形之血近日來破津黄水略兼癢痛良由陰虚内劫鼓動花柳之餘

骨槽 鵝掌

735 慎五堂治驗録

《慎五堂治驗録》,十二卷,四册。清錢藝著,爲錢氏子孫整理謄抄而成。錢藝及其子孫介紹見本書"155湯液本草經雅正"。蘭陔晚年診暇之餘,選取平生驗案編撰成《慎五堂治驗録》十二卷。現存光緒鈔本,藏于上海中醫藥大學圖書館。《中醫古籍珍稀抄本精選》第二十册收録該本。

此本四册,每册三卷,卷前皆署"吴鎮洋錢藝蘭陔甫著,男雅樂韻之甫、敏捷勤民甫、質和淡之甫同纂輯,孫男威吉福候校字"字樣。第一册扉頁有題解,當是吴中名士彰顯錢氏之言,文中有"我感君德心拳拳,歌此一曲付雲箋。表君學問思辨行,五者具備慎且堅"等句。按"五者"指"恭、寬、信、敏、惠",典出《論語・陽貨》:"子張問仁於孔子,孔子曰:能行五者於天下,爲仁矣。請問之。曰:恭、寬、信、敏、惠。"由此可見,書名取"慎五",意在贊揚錢氏恭行五德,是真正的"大仁",與古人"不爲良相乃爲良醫"的觀點不謀而合。是書共載醫案五百餘則,以内科爲主,偶見婦科病證。病案未注明病證名稱,每則詳列姓名、症狀、舌象、脈象、病機分析、治則治法等。所用方藥,藥物大多注明劑量。許多病案有復診記録,有的達四五診之多,詳細記載患者服藥後病證變化轉歸、作者分析及方藥加減變化等。此書病案記録詳實,分析細緻透徹,處方精當靈活,多爲時方及作者經驗方,亦注重經方的應用。如周亦新室案,用桂枝加桂合奔豚湯治脘痛吐蛔得效。又如王襄案,患者抑鬱且兼勞役,食滯于中,錢氏以仲景表裏雙解法辨證化裁,藥則多用清宣之品。全書處方用藥以湯方爲主,也注重丸方、膏方的靈活配合使用,所附丸方、膏方均詳細記載炮製加工方法。

記叙病案全面詳盡樸實爲該書一大特色,對效果欠佳的病例也如實記録,實屬可貴。在部分病案中,作者還對一些有争議的醫學問題進行探討,如傷風誤治，"古人云傷風不醒便成癆，玉横先生云傷風誤表必成癆"。這兩種觀點衝突，錢氏認爲咸有至理，并舉親身經歷的"陸星農案"作爲佐證。《慎五堂治驗録》較爲全面地反映了錢蘭陔先生的學術思想和臨床經驗，對當今臨床有一定指導作用。

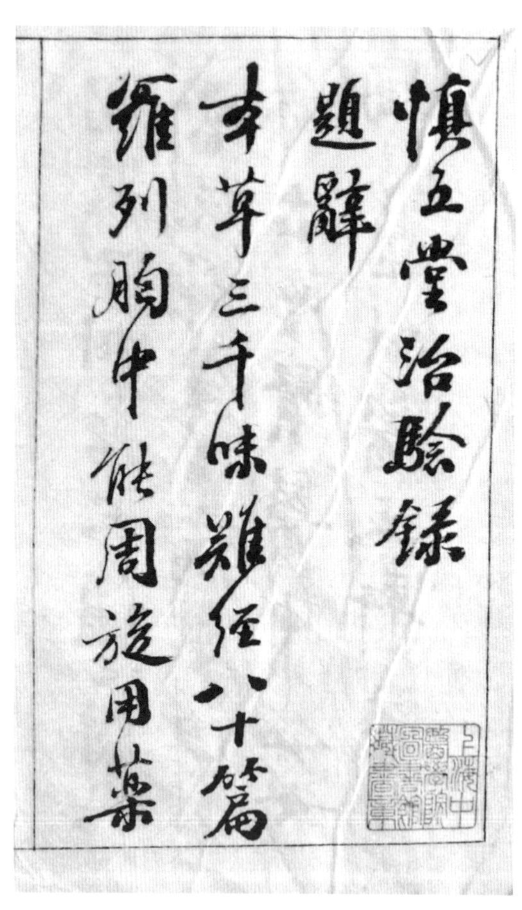

慎五堂治驗録
題辭
本草三千味難經八十篇
羅列胸中能周旋用藥

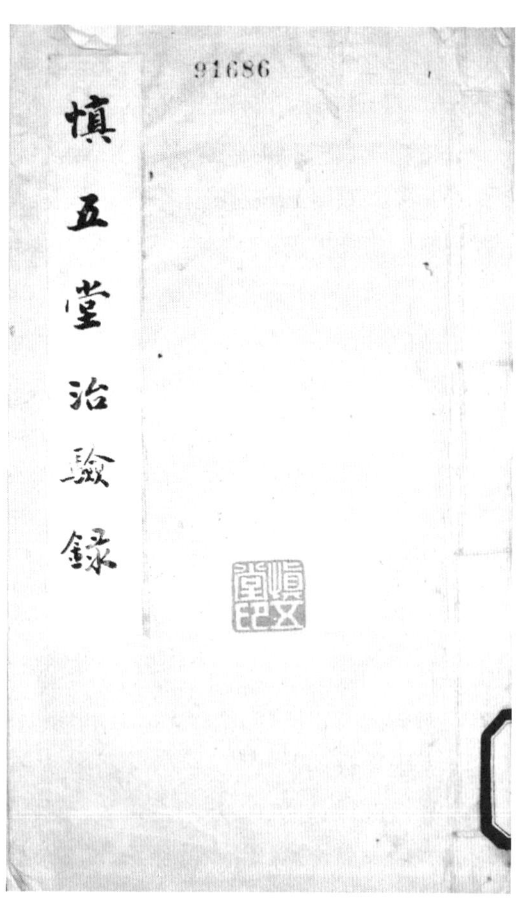

慎五堂治驗録

736 養素廬醫案

《養素廬醫案》，不分卷，一册。封面題寫書名，扉頁及正文首頁鈐有上海中醫學院圖書館藏書章。有目録與序跋，目録頁題有"孫瑞璋"等字樣，疑即作者，惜其生平已無考。書中有夾批及眉批數條，未標明何人所注。共計九十三葉，每半葉九行，每行多則二十一字，少僅數字，共計三萬餘字。《中國中醫古籍總目》載録爲清鈔本。現藏于上海中醫藥大學圖書館。

該書共載醫案四百五十餘則，包括二十九種疾病，内容涉及内、外、婦、兒、五官等各科，其中于肝胃、積飲、哮喘、喉痹、經帶、産後等最豐，可略見該醫家所長。其記録醫案的方式較爲簡約，每以病機治法爲主，略論症狀，然後述及方藥，不記病人名姓、鄉里等基本要素，一般不録藥物劑量。如："温熱阻於厥陰，少腹疼痛，欲便不暢，脈濡軟，法當温通。蘇梗、青皮、茯苓、棗仁、半夏、香附、陳皮、澤瀉、烏藥。"觀其所用方藥，大多采用古方，但求穩當，中正不頗。

該書最有特色之處，莫過于對咳嗽病的辨證治療。該書辨證咳嗽，約有二端：一是辨證屬營陰虧虚生熱者，如"營陰虧虚，虚熱内生，襲肺爲咳。肺失清肅，延綿不愈。法宜清養爲先"，"失血之後，久咳脈細數，陰虚鬱熱也"，"脈形細數潮熱乾咳，不能安寐，得之産後陰虚邪鬱也"，如此等等。治療上主要用養陰清虚熱藥如生地、地骨皮、丹皮、石斛、鱉甲等配合驅邪藥物。一是辨證屬脾肺兩虚者，常與便溏同見。脾肺不足，外邪容易侵入，發爲咳嗽，如"久咳便溏，乃脾肺兩虚，當脾肺同治"等，便是此例。以參苓等藥爲治。又該書宗仲景法，治積飲用温通，亦值得注意。如"中下陽微，痰飲中阻，肝木不平，横逆犯胃……非温通不爲功，用烏龍湯加參鬚、鷄内金、香櫞皮、茯苓、陳皮"；又如"肝木犯胃，積飲痛嘔，脈形細，法當温通"，"用九香蟲、陳皮、澤瀉、白芥子、半夏、陳香櫞"等案，誠正治法，可供現代臨床醫師參考。

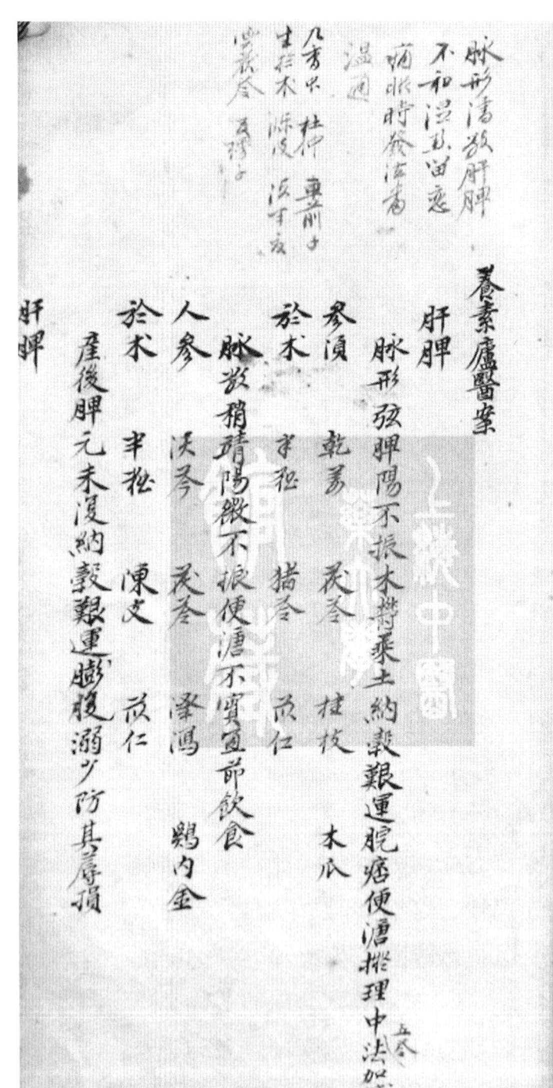

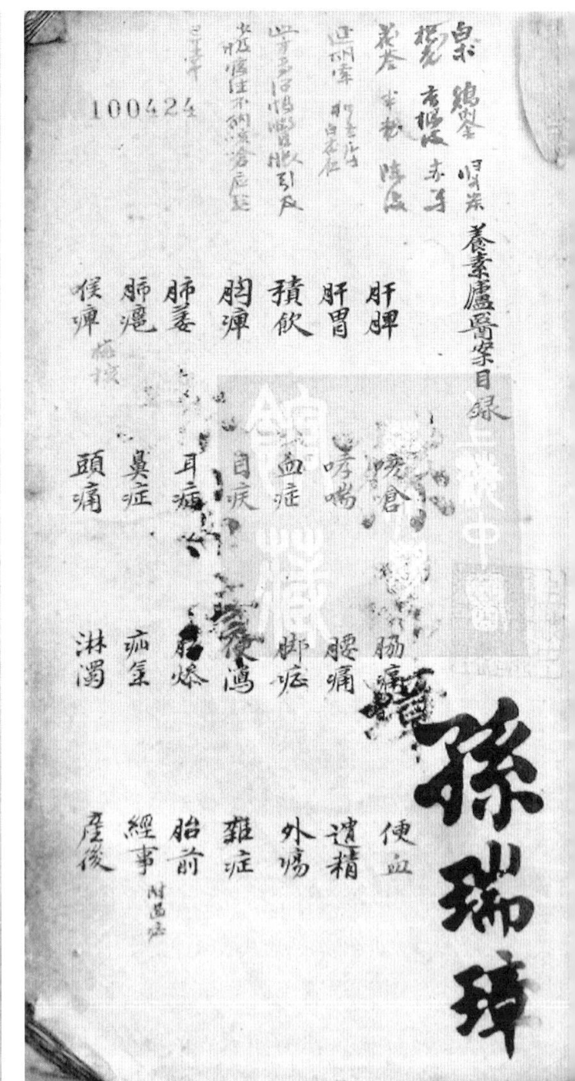

737 橫山北墅醫案

《橫山北墅醫案》，四卷，四册。平江顧司馬恕堂先生著，門人張惠昌、侄樹榮同校。顧恕堂，居金閶（蘇州），生平不詳。成書年代不詳。此本爲藍絲欄、雙魚尾，版心處題"金吉祥庵"。"金吉祥庵"爲張惠昌之齋號。張惠昌，字硯溪，清嘉道間畫家張湉甫之子，嘉興梅里人，名醫、詩人，著有《金吉祥庵詩稿》。是本現藏于上海中醫藥大學圖書館。

全書凡三百五十葉，載醫案一百九十八則，内容涉及内、外、婦、兒、五官等科，以内科雜病案爲主。每則醫案首載患者姓氏，再論病因病機，論中夾症，症中夾論。如："徐，尊年後天内衰，風中脾絡，舌强言謇，右肢難舉，起經四日。此屬類中，脈小弦少力，擬河間法。地黄飲子去附子、五味子，加人參、牛膝。"顧氏臨床辨證準確，治療多宗古人之法，以經方加減。如癃閉一證，或四逆湯加減，或導赤散增删，或用下病上取之法，或用滋腎丸通關，不泥一方，靈活多變。除闡釋病因醫理、治法方藥外，顧氏常于案末提示病勢預後傳變，如"癃"證下載一案："泄瀉之後，下焦虚寒，膀胱氣化凝痹，二便不通已經三日，氣粗呃逆，肢冷脈短，是乃癃秘。勢將喘厥而脱，風波難測，藥石難挽。四逆湯加葱白、生薑、茯苓、白芍、白术。水泛，滋腎丸。"本書"咽喉"篇下附"沈孝廉贈詩"一文，文中記載顧氏用烙法治愈沈孝廉次子"喉蕈"之疾，後沈氏贈五言詩："偉矣顧先生，造化在寸衷。食掛辨朱生，鼻疣逢梁公。"以史載之、狄梁公爲喻，贊其醫術。文末落款"丁酉元宵後二日書於京邸旅次，雲逵愚弟沈鯉登"，并手繪印"沈鯉登""雲逵"兩枚。沈孝廉，生平不詳。野史載年羹堯曾有家臣沈孝廉，爲江南名士，不知是否同一人。

本書"弦""炫"等字避諱不嚴格，有缺末筆，亦有不缺筆。但"玄參"作"元參"，且書中載有"洋參""枇杷葉露"等清代特有之藥物，推測此書宜抄于清代中晚期。是書醫案以闡釋醫理爲主，治療多選古方，用藥不似吴門温病學派之風格，可作臨證之參考。

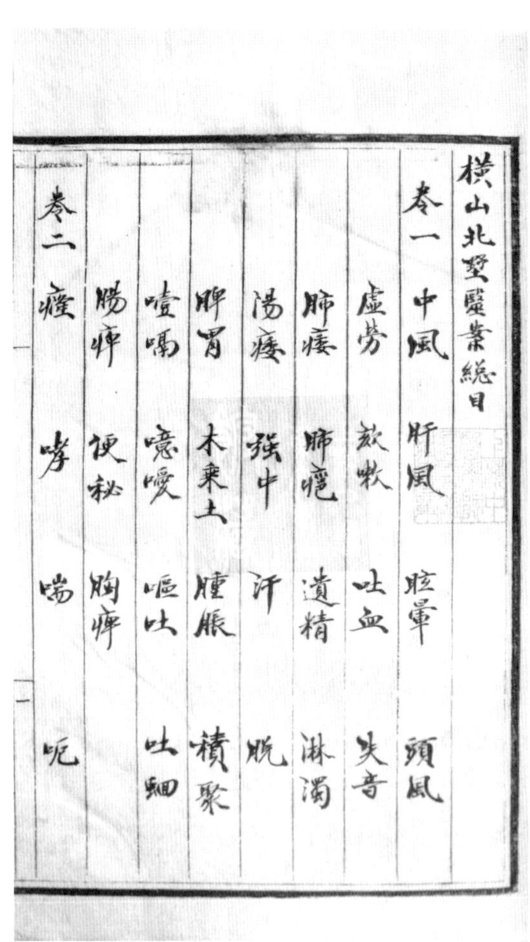

橫山北墅醫案總目

卷一 中風 肝風 眩暈 頭風
虛勞 欬嗽 吐血 失音
肺痿 肺癰 遺精 淋濁
湯痿 強中 汗 脫
脾胃 木乘土 腫脹 積聚
噎膈 噫噯 嘔吐 吐蛔
腸痺 便秘 胸痺
卷二 痙 哮 喘 呃

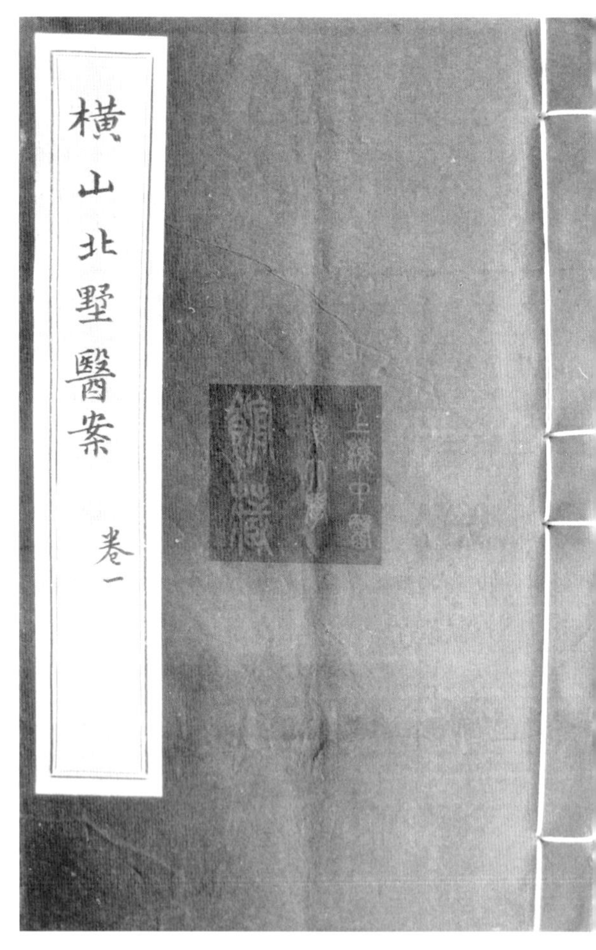

橫山北墅醫案 卷一

平江顧司馬恕堂先生著

中風

操勞思慮動心之陽耗腎之陰肝風旋動曾如類
中腰尻脊膂疫痛骨節鳴響俯仰不利唐肝
風內擾防跌仆之變宜潛心靜養以防範於未
然

蓯蓉 龜版 杞子 甘菊 猪脊髓 生地
石決 萸肉 茯神

陳 陽明筋氣內衰先起左肢麻痺銜皺

陽明為病逆氣裡急心胸悸則懊惱頻作
脉濡緩脾氣肝血之偏必恐其挾引內風則
類中之虞擬濡肝和脾之法

生地 歸身 小麥 萸肉 南棗
首烏 冬术 棗仁 杞子 吳炒

王 體豐陽微內風挾痰陡擾脾液驟然折
中暈仆昏不知人痰鳴難咳左肢緩而不舉
兩目晚視顱腫麻痺鼾聲舌白脉情小
消外實內虛痰火風三者纏清陽被蔽

之陰上傷穿潰之後虛沙瘡瘍治宜內外並列
照前方去桑枝加秦艽丹皮赤芍荷葉絡

陳 鬱火挾暑毒痹積巨陽之絡腿後發癤起踰半
月糜而不腐根腳平板色澤紫黯滲液無膿腫延
頭額毒火瀰漫不克外達宜於裡陷擬溫通托毒
之法

川桂枝 羌活 赤芍 桔梗 草節
當歸 獨活 川芎 牛蒡 姜蚕 荷梗

顧 心肝兩鬱之體胆胃氣火激瘦擾痹肝胃之絡
左乳根結癖越兩載餘燦赤壘堅高突如層巒破

横山北墅醫案卷四

平江顧司馬恕堂先生著

門人 張惠昌 侄樹榮 同較

瘍科

任 敗精挾痛毒瘀滯先起淋濁溺痛繼而痹積痺
入肝絡左胯腹之間結腫潰膿起將半載竄頭株
蔓膿清成管是乃結毒流瘦宿為淹纏之疾非三
五月所能收斂者

川楝子 青皮 石決明 乳香 川柏 仙遺粮

738 劍慧草堂醫案

《劍慧草堂醫案》，三卷，一册。目次下題“甘苦宜人手録”，正文題“卧雲山人手録”。《中國中醫古籍總目》題清潘文清撰，但書中未見該信息。成書年代不詳，《中國中醫古籍總目》載録爲清稿本。現藏于上海中醫藥大學圖書館。《中醫古籍珍稀抄本精選》第十册收録該本。

是書共收内、外、五官、婦科等六十六種病證，共五百零六則醫案。上卷載咳嗆、音嘶、哮喘等病證十四種，多爲外感病。中卷列虚損、鼻衄等病證二十四種，多爲内科雜病，亦見數則五官病證及外科腸癰醫案。其中專列“膏方”一篇，收膏方三首，專用冬藏滋補。下卷專收女科病證，計二十八證，先載咳嗆、瘧疾、虚損等女科雜病，後列調經、子懸、産後瘀阻等婦科專病。各證醫案數量不一，少則一例，多則數十例。如風温證，附濕温、暑温、秋温、冬温，共列醫案五十則，通過病案詳細列舉幾種温病在症狀特點、治則、遣方用藥上的區别與聯繫。是書醫案不載患者信息，每案主要記録症狀、治則及方藥，各案多載脈證。大凡遇有復診，對于病勢的進退、症狀的變化、治療方案的調整及方藥的加減均有較詳的介紹。如失血證中的咳血一案，“痰火爍絡，咳嗆失血，脈小弦”，以“和絡清金”法治咳血；二診時提到“便溏漸減，咯痰帶紅，胃絡受灼，脈小弦”，知脾胃亦受損，故在“和絡清金”止血的基礎上調和脾胃；三診“濕氣漸化，陽明熱灼，大便由溏轉結，痰中時或帶紅，脈弦小數”，故“當治陽明，佐和陽絡”。病程各個階段症狀及病機特點不同，治法也相應靈活調整。在藥物的炮製上也較爲考究，如石膏每以冰糖煅製，竹茹多用薑汁炒製，柴胡多用酒炒製，而在治女科“濕伏三陰，發爲痎瘧”時，立法“搜剔絡邪”，所用柴胡特用鱉血炒製，以助活血通絡之效。

是書醫案，闡述症狀，分析病機，對證立法，遣方用藥，力求清晰明瞭。

作者善用仲景方、《千金》方、時方治療各種常見病及疑難雜症，對于複雜病證多次復診的病勢進退、病機變化、用藥調整均論述詳盡，且藥物炮製也頗爲考究。但所列醫案無詳細患者信息，多數方案無服藥劑量或帖數，是爲不足。故臨床上應根據患者性别年齡、發病原因、體質差异等不同，審慎參考施治。

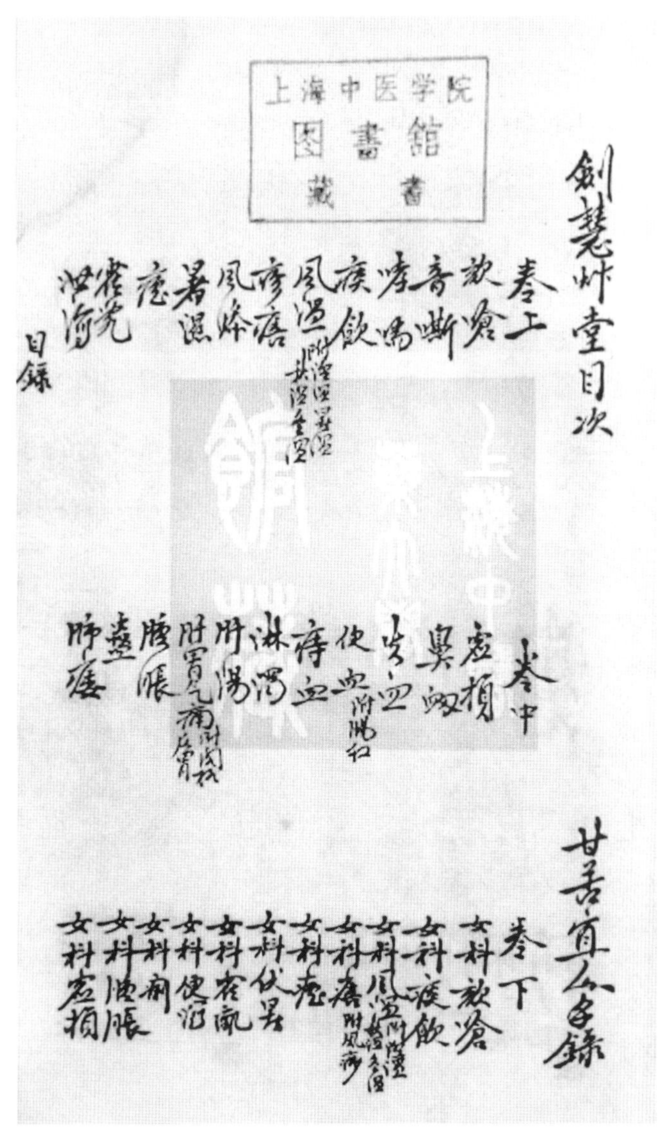

劍慧艸堂目次

卷上

目錄

卷中

甘吾真人手錄

卷下

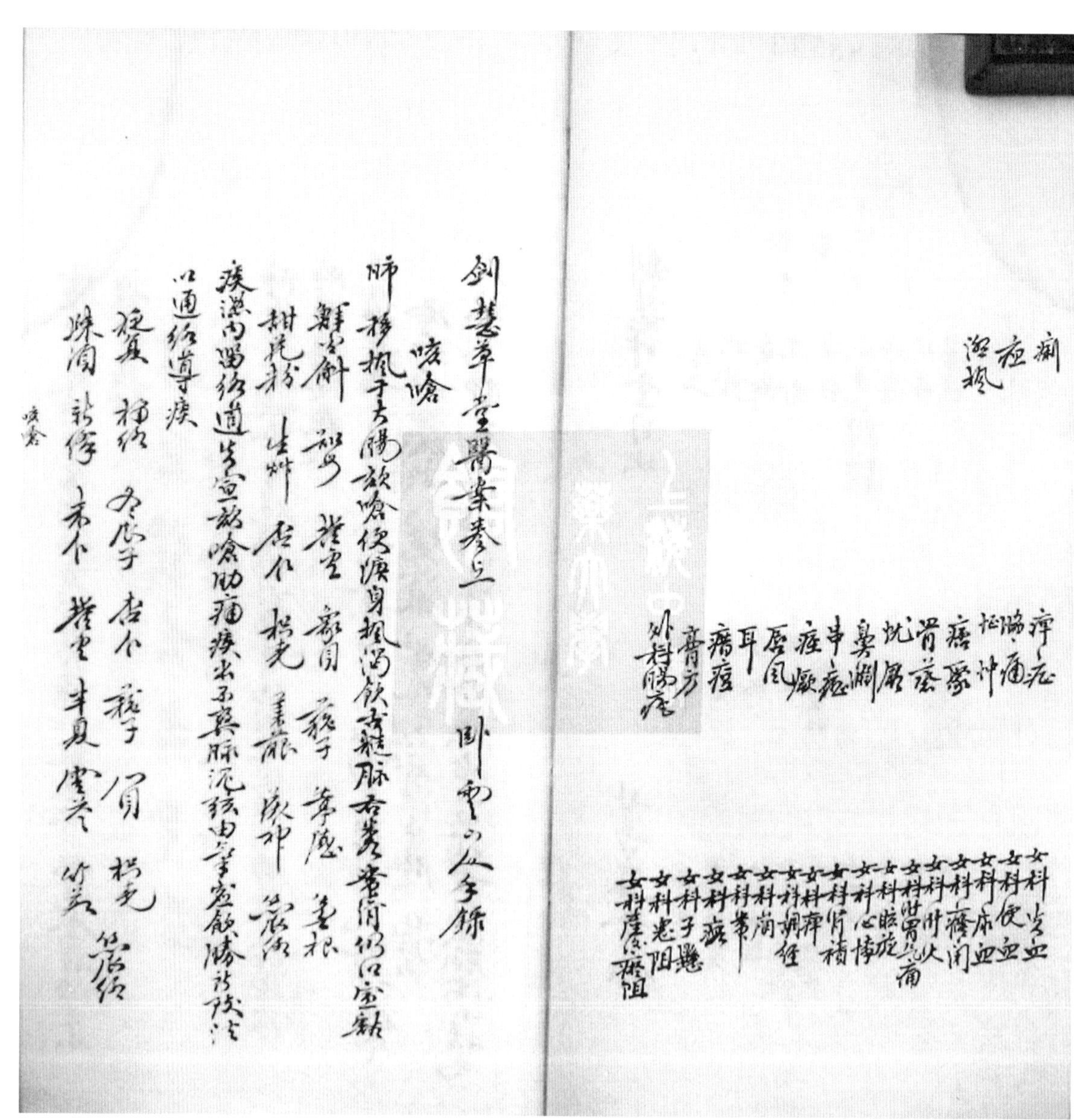

痢
痙症
溺 肝風

痔症
脇痛
疝沖
瘰癧
骨蒸
枕屑
鼻淵
串痰
瘧瘀
癧風
耳
癤瘡
膏方
外科腸癰

女科吐血
女科便血
女科尿血
女科癃閉
女科肝火
女科胃氣痛
女科眩暈
女科心悸
女科肝積
女科痹
女科調經
女科崩
女科帶下
女科瘧
女科子懸
女科惡阻
女科產後瘀阻

劍慧草堂醫案卷上　[illegible]手錄

咳嗆

肺移風于大腸　咳嗆便溏　身熱渴飲　咳甚脈右數　當清肺以宣氣

鮮石斛　桑皮　桔梗　象貝　蘇子　前胡　蘆根
甜花粉　生草　杏仁　枳殼　姜皮　茯神　絲瓜絡

痰濕內阻絡道失宣　咳嗆脇痛　痰出不爽　脈沉弦　由營虛飲勝於陰之　以通絡導痰

旋覆　橘絡　冬瓜子　杏仁　蘇子　川貝　枳殼　絲瓜絡
珠滴　新絳　赤苓　桔梗　半夏　雲苓　竹茹

咳嗆

739 賴氏脈案

《賴氏脈案》，又名《碧雲精舍醫案》，不分卷，兩册。清賴元福著，巢念修藏。賴元福，字嵩蘭，青浦（今屬上海）人。書首載録《青浦縣續志》賴氏生平："賴元福，字嵩蘭，居珠里，精通脈理，能起沉疴，以醫鳴於時者數十載，達官顯宦争以重金延聘，弟子四方負笈至者雲集。"又："碧雲精舍醫案，賴元福著……陳蓮舫、賴嵩蘭，皆青浦人。蓮舫宗葉天士，嵩蘭宗陳修園。海通後南中名醫恒來滬上，而負虚名者多，鮮有能及二人者。惟蓮舫少精鋭氣魄，力不逮嵩蘭。"書首又有清代藏書家巢念修序，稱與賴氏爲祖輩交，醫理勝于時下，而醫案傳世最鮮，未有刊行，故購本書重新裝訂，題名《碧雲精舍醫案》。下册書首除題"賴氏醫案""甲辰年秋季鈔"外，有"澱濱居士"四字。現存清光緒三十年（1904）鈔本，藏于上海中醫藥大學圖書館。

本書共載醫案一百九十一則。其中上册八十五案，下册一百零六案。每案首列患者之姓，男性記爲"某左"，女性記爲"某右"，兒童記爲"某幼"；次記叙症狀、脈象、病機分析、治則治法；次列出所用藥物、劑量及煎服方法，多不列方名。如上册倪右案，記曰："倪右，月事不調，腹痛腰酸，帶下如注，眩暈頭疼，按脈沉眩（弦）。此由肝脾失統，營虚氣滯爲患也，姑以疏和。金鈴子三錢、元胡索二錢、製香附（打）三錢、全當歸三錢、焦白芍三錢、白川芎錢半、炒川斷二錢、炒杜仲三錢、廣木香四分，加金毛脊（去毛）四錢、烏賊骨（炙）四錢。"所載醫案多爲内科疾病，兼涉少量婦、兒、外科病案。

該書具有以下特點：首先，脈案叙述簡潔，症狀多爲兩三個，脈象描述多爲幾字，病機分析與治則治法往往一語概之。其次，處方多爲賴氏自擬經驗用方，少見經方及時方，而且用藥多以平正温和、甘淡調補爲主。大部分處方用藥爲十一味，先列九味于前，後注明加某兩味于後，所加藥物多爲鳳凰衣、絲瓜絡、紅棗、荷葉梗之類，且劑量較輕，多爲引經報使之用，君臣有序，切合病情。另外，本書病案多爲一診，少數有二診記叙，極少有三診的脈案，且少見煎服方法的記載。本書反映了清代醫家賴元福的醫療經驗，可供臨床參考。

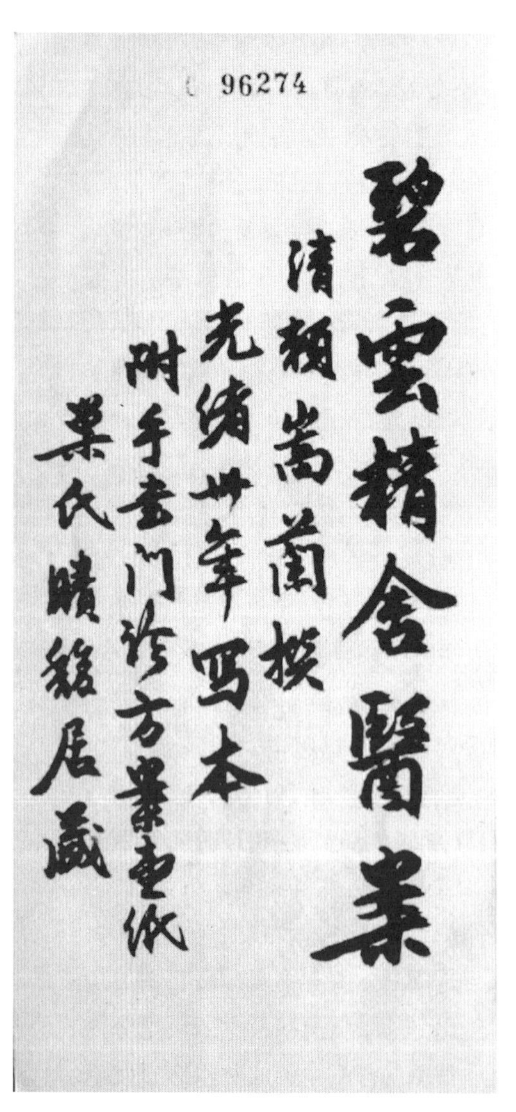

碧雲精舍醫案

清賴嵩蘭撰

光緒卅年寫本

附手書門診方案重紙

葉氏曉綠居藏

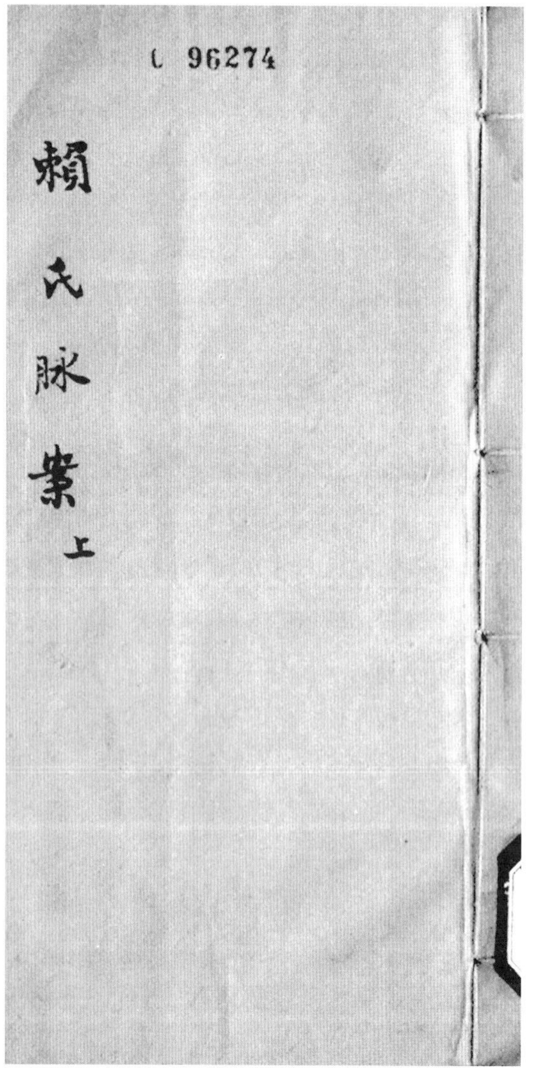

賴氏脈案 上

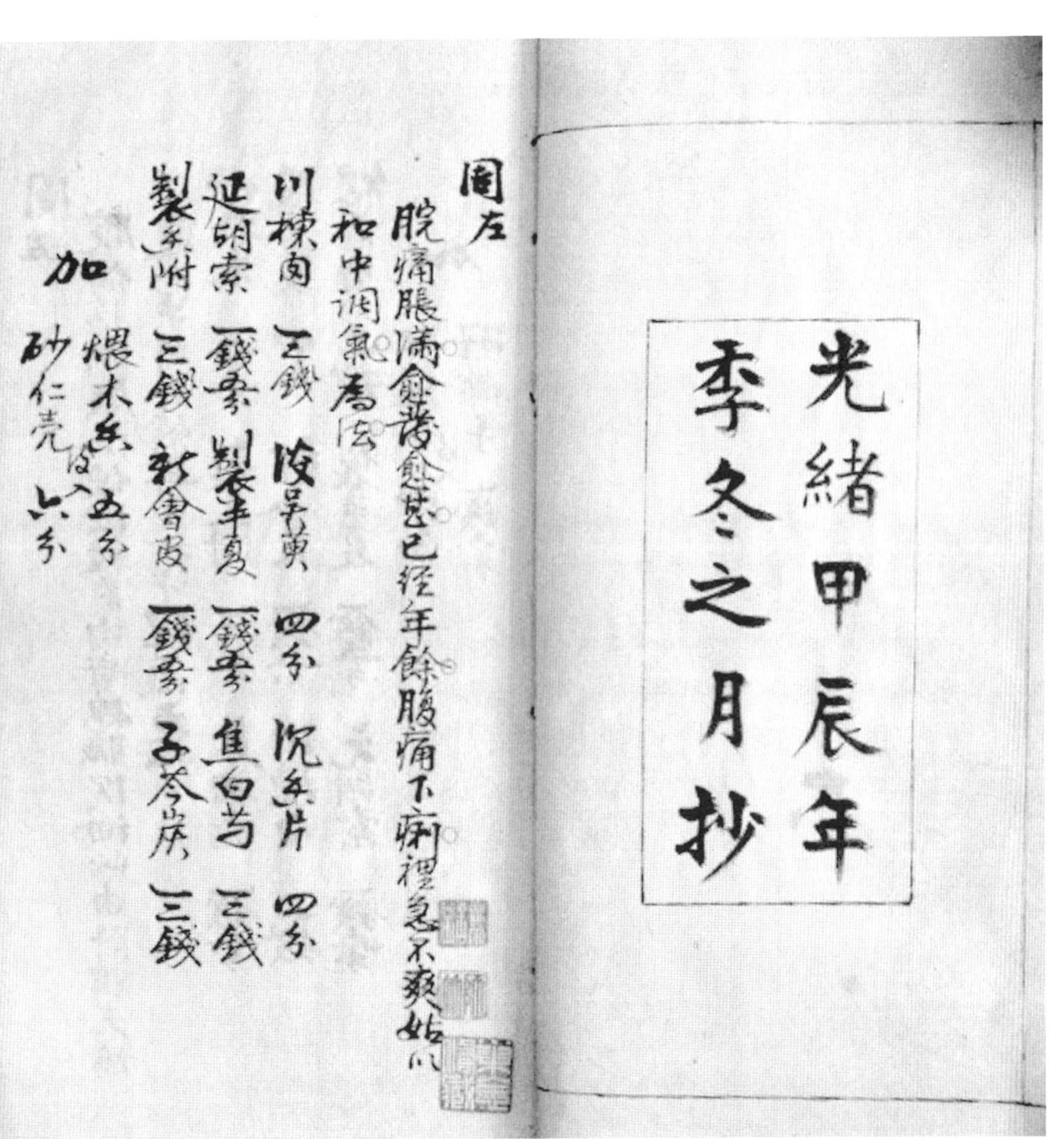

光緒甲辰年季冬之月抄

閶左
脘痛脹滿愈發愈甚，已經年餘，腹痛下痢，裡急不爽，姑以和中調氣爲法。
川楝肉 三錢　淡吳萸 四分　沉香片 四分
延胡索 一錢五分　製半夏 一錢五分　焦白芍 三錢
製香附 三錢　新會皮 一錢五分　子芩炭 三錢
加 煨木香 五分　砂仁殼 六分

740 賴嵩蘭醫案

《賴嵩蘭醫案》，又名《賴嵩蘭處方》《賴松南處方》，不分卷，兩册。清賴元福撰。賴元福介紹見本書上一篇。封面有“珠家閣抄本”“秦氏藏手抄”字樣。有目録，無序跋。《中國中醫古籍總目》載録爲清鈔本。現藏于上海中醫藥大學圖書館。

上册載中風、虚損、咳血吐血、咳嗽、哮喘、溲血等三十四種病證醫案，下册載肝火、肝風、痙厥、諸蟲、不寐、嗜卧等二十種病證醫案。醫案記録詳備，如上册虚損案：“八年前曾經失血。經云：陽外泄則自汗，陰内泄則遺精。陽虚自汗，陰虚盗汗，受室後又失血，手足心熱，神疲力乏，夜來頻頻盗汗，食少形瘦，表裹陰陽受損，殊難奏效。八仙長壽丸加龍骨、牡蠣、浮小麥。”所載方劑多未列劑量，多數醫案有復診及用藥調整情況。

該書記録内、婦科醫案，理、法、方、藥完備，用藥配伍精密允當，根據病情隨證加減，靈活運用，反映了賴氏的臨床經驗，可供參考。

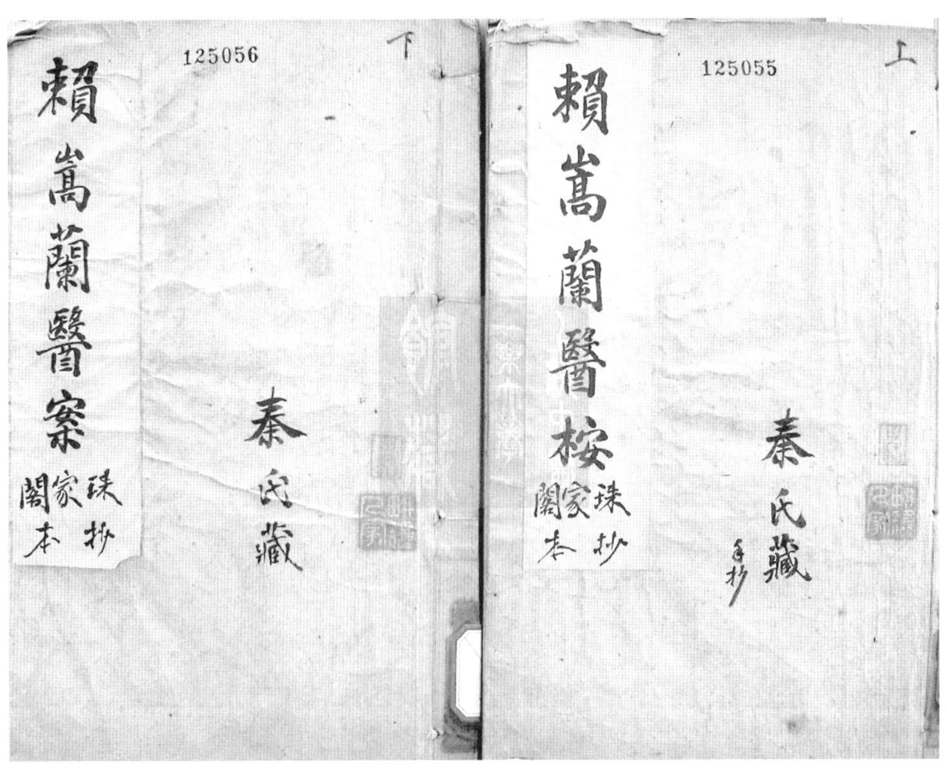

目錄

文淵

中風

經云風氣與太陽俱入行諸脈俞散於分肉之間與衛氣相干其道不利衛氣有所凝而不行故其肉有不仁不遂明其大概推仲景表章之曰正氣引邪喎僻不遂邪在於絡肌膚不仁邪在於經即重不勝邪入于腑即不識人邪入於臟舌即難言口吐涎條分縷晰最為的當嗣後河間主火東垣主氣丹溪主痰各開生面後江西喻氏論之更精謂三家各執一見以火氣痰為本而以風為之標殊失標本之義當以風為本病或偏相火於氣於痰以斯之為本標真為的當不易[illegible][illegible]於客歲手指麻木口角歪斜流涎言強語澀經治雖效旋復舉發脈象左部細弦右部弦滑肝藏血虧木枯風動外風與內風相乘素又嗜飲脾有濕痰肝風鼓動入于經絡盖風從內入于肝藏所見諸象賦由于此但驅風使之外出則重門洞開轉出必將復入而且猶劉擬調和營衛堅固經絡佐以驅風化痰之法庶幾表裡之邪可漸退矣

大生地　炒杭菊　當歸　白芍　天麻　獨活　党參　茯苓
半夏　橘紅　牛膝　川斷　冬朮　秦艽　紅棗

肝火

奔勁滑搐之不淨關脈靈及尺部濡滑數驚則氣亂傷乎心也恐則氣怯傷乎腎也左耳一邊晦似蟬鳴日夜不息非風不鳴非火不響火性炎上水性就下驚則傷胆鼓動心火肝陽不淨擬和甲乙苦寒不能辛散不可緩肝之急急食甘以緩之先擬十味温胆湯加減

大生地五　枳殼小　茯苓三　橘紅二　製夏二　甘草小　勾丁三

城頭菊三　黨參三　棗仁三　遠志小　炒竹茹三　二帖後加牡蠣八

服和甲乙二剂頭目俱静昨因暴熱蟬鳴復作心脈稍動擬從清心涼肝以平少陽

熟地四　枳实小　遠志二　棗仁三　勾丁三　甘草小　茯苓三

菊花三　半夏二　橘皮二　黨參三　灯心尺許

清心涼肝和甲安乙又服兩剂頭已不鳴左耳並尚未清係肝為風木之臟虛則生風肝虛胆亦虛脈來沉數不淨沉乎氣也數乎熱也此風此火不可斂木鬱達之火鬱發之清心以和風方自然痊擬原方去熟地　灯心　加生地　牡蠣

741 舊德堂醫案

《舊德堂醫案》，一卷。清李用粹撰，清唐玉書（字翰文）編。成書于清康熙二十六年（1687）。李用粹介紹見本書“460小兒科”。此本内封有“張敬千誌”字樣，書首有田元凱序、李修之自叙以及門人唐廷翊小叙，皆述是書由來。後收入《三三醫書》中。現存田元凱鈔本，藏于上海中醫藥大學圖書館。

全書共載醫案六十四則，所録多屬内科疑難雜症，正如序言稱：“所載多怪异之病，所用皆奇特之法。”如善用艾灸以補藥物之不足等。案六記庠生陸符九夫人孕三月，忽胎墮，而“脹悶昏沉，發熱譫語，上視見鬼，面黑流涎”。醫者認爲“此皆瘀血灌滿胞中，上掩心肺”，先以失笑散等活血劑去胞中垢穢，繼以參、芪、歸等藥補氣理血而安。最後附《周浦周雅宜先生醫案》和《廣瘟疫论》。

李氏强調“醫貴精詳”，其案辨證細緻，四診合參，尤重掌握疾病的標本緩急，智圓行方，理法有致，反映了醫者的診療經驗，有一定參考價值。

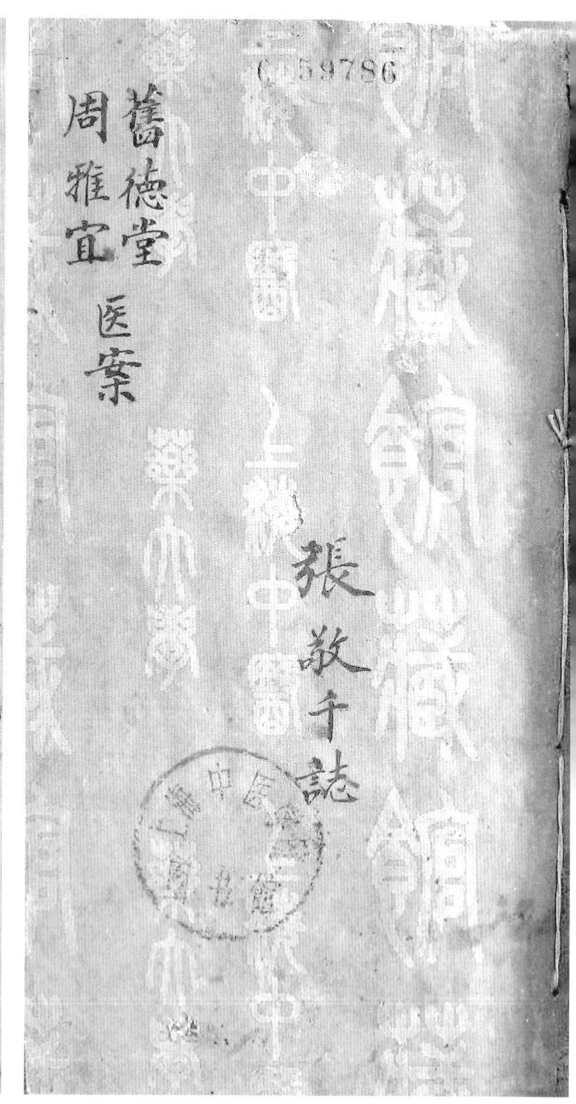

舊德堂醫案

嘗聞炎帝之澤壽世而資生堯舜之政仁民而及物利濟天下其揆一也然仁民者以親親為先壽世者以老老為務女晏先生云人受先人之体有八尺之軀不知醫事此游魂耳雖有忠孝之心慈惠之念君父困危赤子塗地何以濟之聖賢所以精思極論而盡其理耳余嘗有志於斯奈周旋皇路勞瘁簿書每嘆元受高風有斷菽仙奇行也及乎承乏雲間觀風海邑有修之李君者年富而學博恭遜而識純其決病也如洞垣之照其投劑也若大還之丹無論沉痾怪疾卒能返本回真仁風翔洽

742 韓拜墀先生方案

《韓拜墀先生方案》，兩卷。韓拜墀，生平不詳。卷一爲張淦手録，卷二爲張賡薇抄録，字體相仿，疑張淦、張賡薇係一人，而分題名、字。編撰者生平不詳。《中國中醫古籍總目》載録爲清鈔本。現藏于上海圖書館。

卷首有勞傷序曰："歷代名醫，勞傷一門，未有專治，亦醫門之缺典也。遍閱方書，論症條例，皆云由勞成傷。余則以爲由傷成勞，竟成痼疾，宗葉香岩先生治傷一法，師其意而變通之，施治數年，頗有成效。今將自驗諸方，羅陳於後，以備參考，非敢翻駁古人也。"是書第一卷篇目有：勞傷論、論傷、勞傷失血、勞傷、夾陰、痢疾、瘧論、飧泄、腫脹。卷二篇目有：消症論、慢惊、喉痧治法、喉痧門、外科雜症、幼科門、肝氣、鼻衄、崩漏、牙匿、喘症、失音、膏淋、囊疤、癃閉、雜症、風濕、濕温、暑温、肝風、痼証、龜胸、霍亂。是書先記述病狀，再附方藥，後加評點及療效。如喘症篇論述道："據述氣沿腰脊間，上衝於胸，旋即咳嗽，經得腰爲腎之府，明係腎虚内虧無疑，此足少陰咳嗽也。脉息細弦，左尺不斂，老弱將成，擬填腎養肝。附子（打）、熟地、淮膝、白蒺藜、全福花、川貝母、細白前、茱萸肉、左牡利、菟絲子、紫石英、甜查仁、胡桃肉。此方服後氣衝潮退，咳逆亦除，頗稱合法……前醫用羚羊、鮮石斛、生地、蛤蚧，服後頗不安適，此方服後隔六小時熱潮退，神智亦安，喘逆即平。"

是書爲醫案驗方，切合臨症實際，具有參考價值。

韓拜墀先生方案

後學張淦手録

勞傷序

歷代名医，勞傷一門，未有專治，亦医門之缺典也。徧閱方書，論症條例，皆云由勞成傷，余獨以為由傷成勞，竟成痼疾。宗葉香岩先生治傷一法，師其意而變通之，施治數年，頗多成効。今將自驗諸方，羅陳於後，以備參攷，非敢翻駁古人也。

勞傷論

夫肺主呼氣，迎風逆氣，皆傷肺。肺之傷，皆呼吸不利，咳嗆胸逆，脇肋作痛。

韓拜墀先生方案

後學張賡薇抄録

消症論

攷消症有上中下之分，其實不越陰虧陽亢，津涸熱淫而已。按古法惟仲景之腎氣丸，助真火蒸化，上升津液，本事方之神効散，取水中鹹寒之物，遂其性而治之，二者可謂萬世之準繩矣。他如易簡之地黄飲子，丹溪之消渴方，以及茯苓丸、黄芪湯、生津甘露飲，皆錯雜不一，毫無成法可遵。至先生獨能推法而不囿於法，如病在中上，膈膜之地而成燎原之場，即用景岳之玉女煎、六味丸，或加龜甲、旱蓮等藥，一以清陽明之熱，以滋少陰，一以救心肺之陰，而頤其液，元陽變動而為消鑠者，

743 臨症經應録

《臨症經應録》，四卷。清劉金方撰，成書于咸豐九年（1859）。劉金方，號白衣大士，淮山（今江蘇盱眙）人，清代醫家。自叙曰“吾家業醫三世”，幼年習讀《内經》《景岳全書》《醫宗金鑒》及葉天士、薛生白、吴鞠通等醫書，又研習張仲景、劉河間、李東垣、朱震亨等醫家之學術思想與臨床經驗，融會諸家學説于臨床。内封有“壬戌”“徐舜基藏”字樣。《中國中醫古籍總目》題作“臨證經驗録”。現存鈔本，藏于上海中醫藥大學圖書館。《中醫古籍珍稀抄本精選》第十六册收録該本。

是書載病證一百二十九種，每種病證下設醫案數則。卷一“六氣雜感門”載病證三十種，如感六氣所致春温、冬令伏邪、暑感化瘧、内傷冬温、濕温等，以及内傷之中風、類中、厲風、破傷風、痿等；卷二“七情内傷門”載病證三十四種，如反胃、肺痹、吐血、鼻淵、遺精等；卷三“幼童痘疹門”載病證二十三種，如口糜、痘、疹、慢驚等；卷四“婦女疾病門”載病證四十二種，如經閉、漏經、血崩、癎、梅核氣、黄疸、中暑、瘧後懷孕、帶下等。是書載録劉氏的臨床醫案，具有注重辨證、重視婦幼證治、用藥不拘一格、善用膏方等特點。末附集方，載録醫案中所用方劑，便于查閲。

是書内容豐富，涵蓋範圍較廣，反映了作者診治内傷、外感病的臨床經驗，對臨床有參考價值。

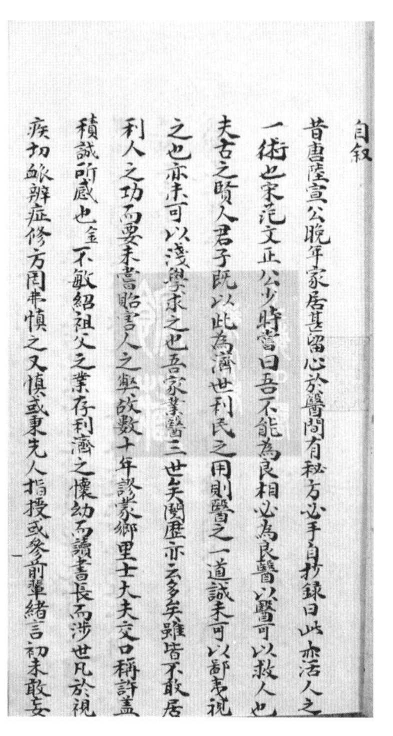

自叙

昔書陸宣公晚年家居甚留心於醫閒有秘方必手自抄錄曰此亦活人之一術也宋范文正公少時嘗曰吾不能為良相必為良醫以醫可以救人也夫古之賢人君子既以此為濟世利民之用則醫之一道誠未可以鄙夷視之也亦未可以淺學求之也吾家業醫三世矣閱歷亦云多矣雖皆不敢居利人之功而要未嘗貽害人之與故數十年謬蒙鄉里士大夫交口稱許蓋積誠所感也全不敏紹祖父之業存利濟之懷幼而讀書長而涉世凡於視疾切脉辨症修方罔弗慎之又慎或秉先人指授或參前輩緒言初未敢妄

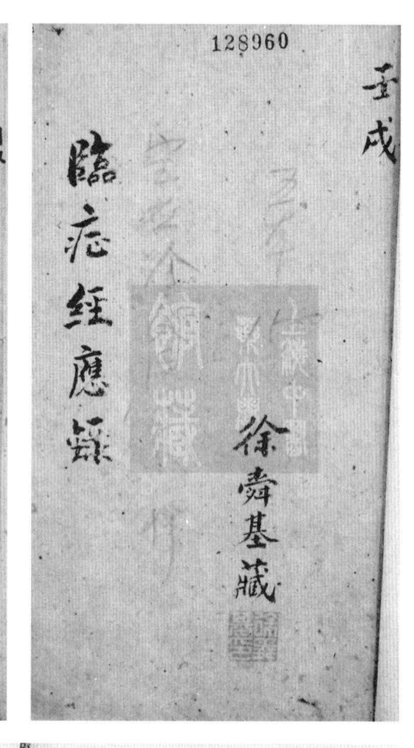

壬戌

臨症經應錄

徐堯基藏

執己見以貽誤當世此則全之可以自信者也頃者及門某手輯醫案若干冊皆全十餘年來臨證之方也彙而錄之欲資以為模範其用力可謂勤矣其用心可謂篤矣全不欲違其意爰自叙其梗概如此非敢執以問世也不過與二三弟子質疑求備互相商討云爾

咸豐己未年孟春白衣大士聖誕日淮山儒士劉氏全方識

臨症經應錄總目

在精而不在多亞勦冩盜世界昇平矣

一通體原不超奇拔萃大致層次尚清爽詞貫理明天下無越一理理順則言順

遍覽庸輩醫案零落殘斷頭緒不清者居多若執此說必疑僭狂然有憑有據

畧表與闡昨見胸中一塊夜夕發燒濕氣復來瘧痢兼施之句請青眼鑒經應

篇尋思卻見思過半矣

臨證經應録卷壹

梁寶生先生叅訂　淮山劉金方著

丁柘塘先生同叅　受業戴仲山校字

黄鉢喬先生評點　范星如同校

程秀峰先生　丁月樓

六氣雜感門

張左　春温五天表裏齊病春者厥陰風木司天温者火之氣風者火之母風火相煽

六　上升太陰經則發大頭瘟頭面紅腫氣息往来俱粗舌苔黄膩口乾怕飲大便未行

744 臨證一助

《臨證一助》，八卷八册。清王旭高著，門人楊尚絅輯，范懋勳等校録。王旭高（1798–1862），名泰林，以字行，晚號西溪書屋退思居士，江蘇無錫人。從舅父高錦亭學醫多年，盡得其傳。起初從事外科，後專力于内科雜病，且對温病尤多關注，臨證審病用藥甚爲精當。楊尚絅，名錦，生平不詳。范懋勳介紹見本書“591 黄樂亭先生外科醫案”。本書正文首頁有“紹興裘氏”印章及“讀有用書樓藏書章”，説明是書曾爲裘吉生先生所藏。現存孤鈔本，藏于中華醫學會上海分會圖書館。《中國中醫古籍總目》載本書書名爲“臨證一肋”，誤。

本書載録王氏臨證醫案數百則，記録一百零二種病證的病因、病機、症狀、治則及治療方藥。内容分類編排大體按外感、内傷、外科、婦科、五官科的次序，對吐瀉、痢疾、癲、癇、痿、淋帶、吐血等内傷雜證記述尤詳，書後附有《薛氏濕熱論歌括》。所載醫案尤重病因病機，王氏所據醫理、診療思路、用藥法則均藴含其中。如治療痢證一案，李姓患者暑季病痢，王氏初時據裹急後重之症用通因通用之法，采用連理湯、桂苓散治療，然皆不見效，思索後據“寒積宜温下”，用温脾湯加減治療，一劑即症狀減半。醫者臨證之思考、分析過程被真實生動地記録下來。本書除記録較爲常見的病證外，還記載了當時因吸食鴉片而導致的“烟病”，并提出“戒烟法”。從書中所載醫案可知，王氏目睹烟癮患者痛苦之狀，曾多次結合臨床症狀，思考、探討此病的病因病機和治療方法。嘗據仲景所云“蟲上食膈故煩”之理，擬方之中參入化蟲之法；又言“凡戒烟之人往往隨其虚而爲病”，治療宜用補腎養肝、扶脾開胃之法。“烟病”古醫書記載較少，王氏的臨證探索爲現代診療提供了思路。

本書所録醫案豐富，病證涉及臨床各科，且記録較爲完備，初診、復診、用藥經過、無效之因、有效之方皆直筆記録，全無避忌。另如用藥斟酌，得失心悟，按語剖析，均詳細記載，對後學者每多啓發。王氏一生醫著頗豐，惜晚年避亂鄉間，著述大多散失。本書爲王氏尚未刊刻的醫案集，是進一步研究、分析、繼承王氏醫術的珍貴資料。

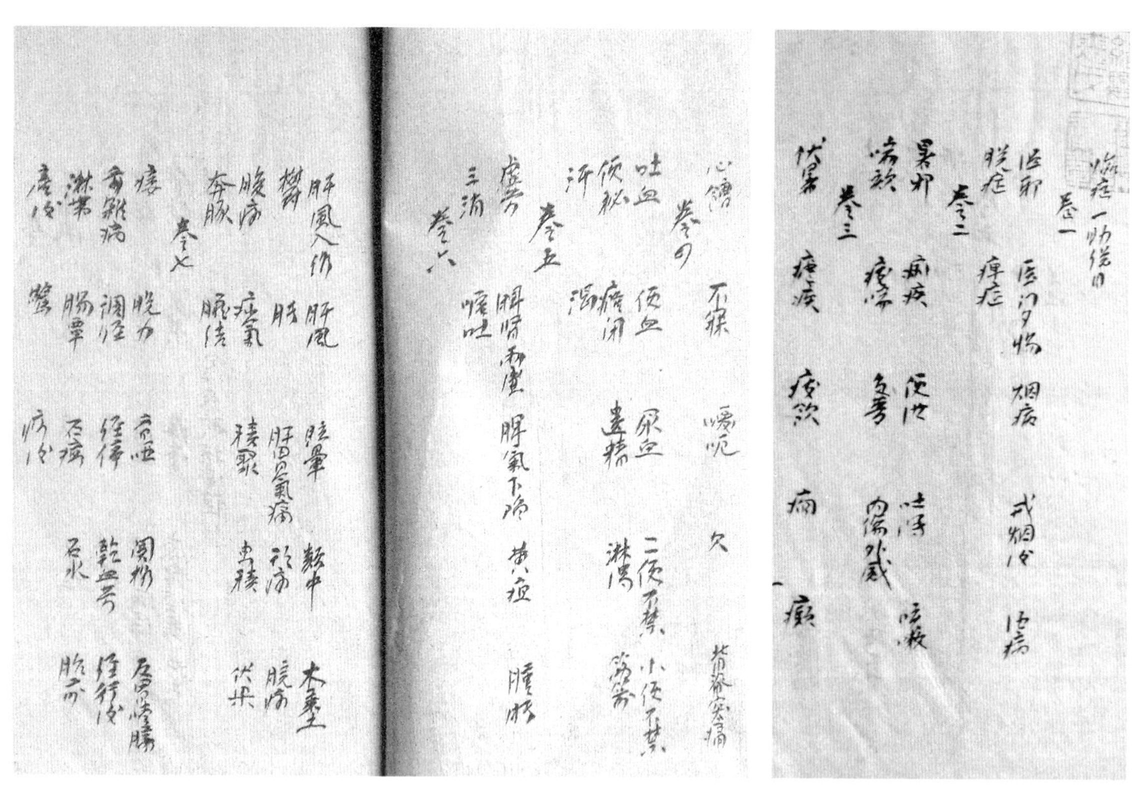

卷八

鶴膝風　脚氣　喉症　舌症　牙症
耳症　鼻症　乳症　肺症　腸症
眼症　疔症　疝症　浮腫流注　瘰癧結核
疳瘡　失榮　痔瘡　痰癖蠱毒　疔毒
雜病　庠生[illegible]

臨症一助卷之一目錄

臨證一助卷之一

退思居士王　林旭高著
門人楊敬直子方、錦尚絅輯
范世勳杏尹較校

痙門夕惕

龔姓女子，年十八，冬十二月手中指生疔痛甚，傷胆骨，戒忌葷腥，飲食少納，至春二月，疔尚未愈，膿水來而不止，從此心跳頭眩七八日，痙止之後，忽然大發寒熱，病家不訴，治病家亦不思詳問，作瘧病立方，用柴胡清脾等藥，一劑，忽然兩腿脘疼痛不能

一

745 翼廬醫案

《翼廬醫案》，兩卷。不著撰者。每半葉八行，行約二十二字。無序跋。上卷無目録，下卷有目録。成書年代未詳，《中國中醫古籍總目》載録爲清鈔本。現藏于上海中醫藥大學圖書館。

該書是一部醫案專著。醫案以症狀命名，無分類，内容涉及内、外、婦、兒等各科，如“嗜酸乾咳居經三月案”“咳嗆脅痛肺脹肝脹案”“噯噦便血跗腫案”等。醫者所記醫案詳細，辨證明確，析案有據，方藥完整，如噯噦便血跗腫案：“郭，脈情濡濇，舌色淡灰，中焦胃陽不振，脘中膈拒，噯噦吞酸，稍進粥湯便作腸鳴。此飲邪蓄中，氣瘀凝滯，大腸失於傳導，故便艱而帶血也。惟土爲四運之軸，水氣不獲流通，恐有跗腫喘逆之變，毋爲言之不預也。”其後列方藥，并有數次復診記録。

《翼廬醫案》雖不明撰者，醫案又無分類，但其載案詳實，理、法、方、藥悉備，且用藥靈活，丸、散、膏、湯根據病情均有選用，值得後世學者研究和學習。

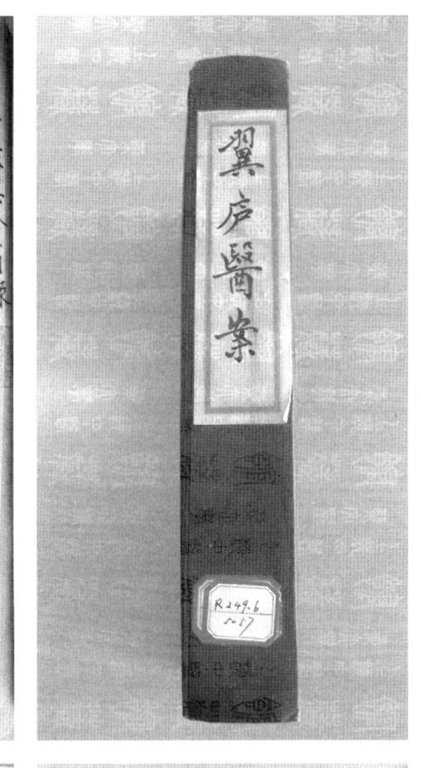

翼廬醫案卷下目錄

翼廬醫案上卷

嗜酸乾咳居經三月案

周少奶　脈滑數　平素喜食酸物　肝木必旺　肝之喜惟酸以自養其體也　今經停三月　下焦奇脈別無他苦　惟味過於酸　金受其害　所以時易乾咳　當先清其肺

款冬三錢　冬瓜子五錢　花粉六錢　桑叶三錢　枇杷叶三片　象貝四錢　杏仁泥四錢　紫苑一錢　川貝二錢

穹朮錢半　葉芳梗二錢　橘絡錢半　归身三錢　川象貝各二錢　香附二錢　夏麯三錢　冬瓜三錢　紫苑一錢　通草八分　[illegible]橡皮二錢

噯噦便血跗腫案

郭　脈情濡澁　舌色淡灰　中焦胃陽不振　脘中痞拒　噯噦呑酸　稍進粥湯　便作腸鳴　此飲邪蓄中　氣機凝滯　大腸失於傳導　故便艱而帶血也　惟土爲之運　之軸水氣不能流通　恐有跗腫喘逆之变　毋爲言之不預也

川連六分　绿梅錢半　天金錢半　福花三錢

惡寒煩悶浮腫氣逆陽鬱不伸案

張太〻 火有虛實陽亦有浮鬱〻寂然不动如長明一燈者腎中之真陽也虛靈燭照無微不至者心中之真陽也健運中軸火土合德者脾中之真陽也真陽内藏經謂陰平陽秘者是也若浮越則各受其殃如顧亦煩悶腎陽浮越也心悸蕩漾心陽浮越也虛羸食少氣高而喘者脾陽浮越也然浮陽固足為患而鬱陽不升亦足以致変也夫

少腹安瘕溲閉案

柴先生 脉左尺沉濇遲細已極中虛氣弱氣不勝溢膀胱為津液之府氣化难達州都少腹以下脹而且硬一日一夜之间小溲僅得一度且少色赤飲食衰少倦怠無神胃中作酸噯噫飽脹形寒烘熱頭脹嗜寐不既不宣猶恐逆而上行症屬胞痺當以 四苓加味

746 醫津寶筏

《醫津寶筏》,不分卷,上下兩册。清徐澹安著。徐澹安,長洲(今江蘇蘇州)人,曾在吴中名醫繆松心于乾隆五十一年(1786)所著《温熱朗照》一書上題字:"徐澹庵識:此書乃吾吴繆松心先生著作,未曾刻。繆氏秘爲家本,不肯示人。予與先生之後人稱莫逆交,得見是書,真濟人至寶也。徐澹庵識於簡端。"《温熱朗照》書後管禮耕跋曰:"松心繆先生,乾隆時吴中名醫也,嘗匯西昌喻氏以下各家論温熱治法,反復參考折其中,成《温熱朗照》八卷,世無刊本,徐澹庵先生於其家見之,稱爲濟人真寶,此即徐題本也。姐夫李彤伯,亦能醫,其學即傳諸徐氏。乙酉(1825)春,余覓三龕碑不獲,彤伯有舊藏本,遂與相易。"由上可見,徐澹安爲吴人不誤,學醫于其姐夫李彤伯,至1825年時已有醫名。《醫津寶筏》約成書于道光元年(1821)。現存鈔本,藏于上海圖書館。《中國中醫古籍總目》未收載。

是本正文之後云:"余爲醫垂五十年,所得奇病輒以筆記,然未有如近日之疫癘流行,命懸呼吸,變幻若斯之甚者也。庚辰秋起,有此疾吐瀉轉筋,厥逆無脈,治法不離辛温通陽,施之十效七八,雖奇而尚有把握。辛巳夏,接踵而起,其勢尤烈,治以前法不應,甚者倉卒就斃,沿門闔境,所在皆然,閩廣以及江浙尤甚,可謂極古今之至。""天心悔禍,餘氣漸消,痛定思之,書爲心悸,回念所見所聞,成敗得失,歷歷可記,爰附于向誌奇病之末,以自考鏡,兼備采擇焉。時道光元年長洲澹安記。"第一册末記有"道光四年杏月,吉立"字樣。

是本選輯高霽陽、張石頑、繆仲醇、石瑞章、汪石山、葉香巖、徐靈胎、薛一瓢、繆松心、鄭學山、邵步青、吴正功、顧西疇等先賢治療熱病和疫病的醫案,以及徐澹安本人近五十年臨床所記之奇病的醫案,即《心太平軒醫案》,并加眉批,記録作者閱讀醫案時的心得體會,可供臨床醫生參考。

余為醫垂五十年所得奇病輒以筆記無專書以近日之疫癘流行命名誌此
以爰紀其斯之若者七庚辰秋起有此疾吐瀉轉筋厥逆無脈治法不離
辛温通陽雜之十致七八雖奇而者有把握辛巳夏復瘥而起其勢尤烈治
以前法不應甚者倉卒就斃治門閉證所在皆然閩廣以及江浙尤甚
有謂撒古今之所未見殆夫陰之奇病從以數十條刲大辛邪之中人有淺深
最淺在皮毛次則肌肉經絡再深則精液在膝理則針刺而愈矣更深在六腑
無提掣中竅次則取效於經則在五臟死仍將不及治而治之者功大似施
補解氣斷脈痛定思之未忘心悸回念所見而因成敗得失歷歷可記
爰附于內經奇病之末以同肯鋟直偕采擇焉

時道光元年

吳洲汶安記

醫律寶筏

高霽陽。張石頑

繆仲醇　石瑞章。

汪石山　葉香巖。

徐靈胎　薛一瓢。

繆松心。

747 醫案集腋

《醫案集腋》，兩卷，兩册。精鈔本，成書年代不詳，著者佚名。無序跋，有目録。版心书“醫案集腋”及各篇醫案名。首頁有“上海中醫學院圖書館藏書”印。據本書“陳心田先生治青腿牙疳”案下載“已酉八月廿二日診”，推測此書成于1909年左右。現藏于上海中醫藥大學圖書館。

上卷載七位醫家醫案，包括端午生醫案二十二則、顧大田醫案四則、孫載璋醫案二則、何澹安醫案一則、盛澤王西三醫案四則、烏鎮沈馨齋醫案四則、東籬小隱醫案八則。下卷載三位醫家醫案，包括春煦室醫案五十六則、陳學三外科醫案十一則、陳心田治青腿牙疳方四則、遺案録存十則。醫案内容涉及腦疽、牙疳、奔豚、鼓脹、脾積、肺癰久年成息賁、泄瀉、偏枯、夢泄、痿痹、消渴、痎瘧、喘等二十餘種。著者集各醫家擅長病證之醫案于一册，如青浦陳學三先生以外科見長，著者擇其腦疽醫案六則、大頭瘟證一則、聤耳一則、小腸癰一則、足部酸痛作腫一則、迎香疔一則，皆爲外科病證。如治療“聤耳”案，陳氏云：“腎開竅於耳，膽絡附於耳。凡元虚失聰，治在腎臟；邪蒙清竅，治在膽腑。乃一定法也。”又如“陳心田治青腿牙疳”案，患者“牙齦糜腐而腫，兩腿痹痛酸楚，漸有腫脹，色澤青紫，舌苔糙白，脈息濡細”，陳氏診其病因乃寒濕鬱于下，陽火浮于上，陰陽不和，上下不通所致，擬疏通化濕之法治療，後又經三次復診而愈。此外有何澹安治療“偏枯”案一則、顧大田治療“消渴”案四則、何其超治療少腹肝部疾患二十二則（春煦室醫案）等。

著者所選多爲江浙醫家醫案，故推測著者亦居于江浙。本書精選衆醫家之代表性醫案于一書，各家用方取藥之异同，一目瞭然，讀者可類比參看。書中亦載有部分專病專方，值得深入研究。

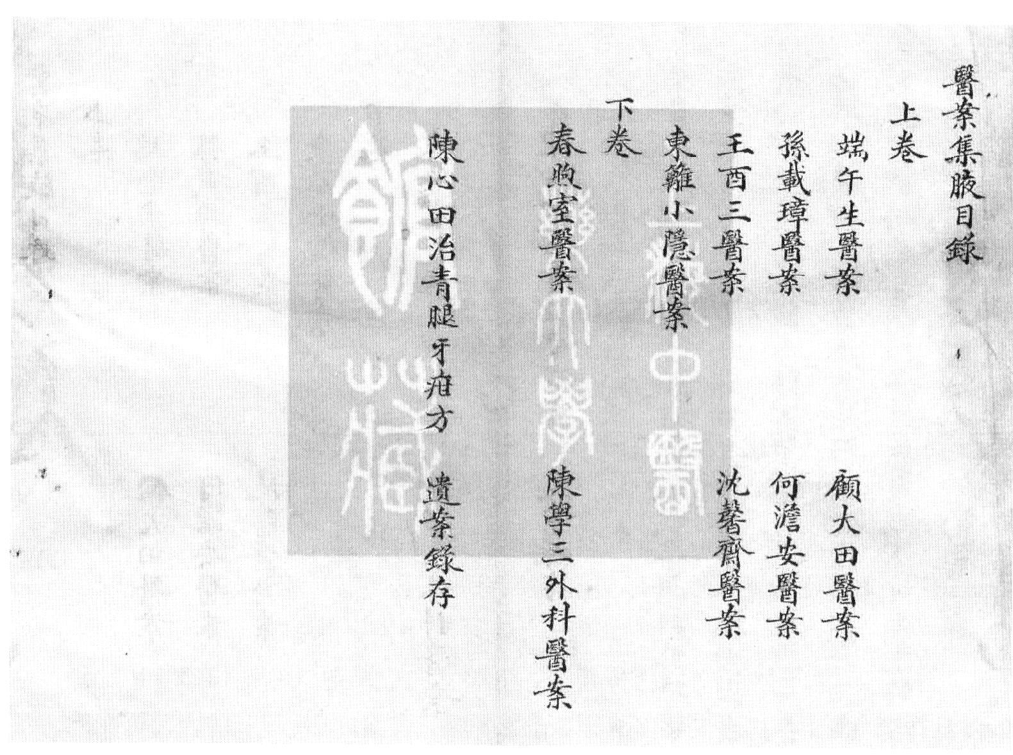

醫案集腋目錄

上卷

下卷

端午生醫案

汗透便行似表裏均解而熱勢盛衰不止脈右弦洪不調左部但弦略小肺胃氣為熱阻故喘渴尚甚昨又兩肘微發白瘖清肅失令則水精不能四布而水溼之氣易於流漬皮膚與紅疹有氣血之分且有虛實之別延久恐水源告竭而致虛逆際此實脈較著之時早為清化熱勢早退陰液猶存清熱即為救陰之地

薄荷八分　生石膏四錢　知母錢半　燕屑三錢

桑葉錢半　熟石膏四錢　枳殼一錢　麻仁三錢

杏仁三錢　川貝母三錢　丹皮錢半　花粉二錢

此白虎參清燥救肺法故用生熟石膏專清肺胃之熱熱化冀其喘平服後其效如神

少陽溼火上蒙左邊頭痛抽掣時作時止脈象細弦擬以養血熄風

當歸頭三錢鹽水炒　白蒺藜三錢炒去刺　石決明一兩鹹水煮

粉丹皮錢半炒　晚蠶砂三錢　大白芍三錢

748 醫案輯録

《醫案輯録》,不分卷,残本。著者與成書年代未詳。現有"靈蕤館"鈔本,《中國中醫古籍總目》載録爲清鈔本。現藏于上海圖書館,

此本無序言及目録等,抄寫字體大小不一:有以中字抄寫者,每行二十一字,或用朱筆斷句,或用墨筆斷句;有小字抄寫者,皆無斷句,每行約四十至五十字不等。書中所録"癰疽總論""部位論名"和"爛潰不斂"部分,共三頁,楷書字體工整而匀稱,字距規整。所録内容既有醫案,又有醫論和醫話,然多不著出處,所録病案皆仿《寓意草》之形式。

是本内容繁雜,既有内、外、婦、目、喉等臨床各科驗案,也有陰證、陽證等證候辨析,還有類症鑒别、危症救急、臨證救誤等。每案皆詳闡辨證思路、施治方法及臨床療效。證候鑒别每能切中肯綮,頗有臨床價值。如:"陽證十六字訣:張目不眠,聲音響亮,口臭氣粗,身輕惡熱;陰證十六字訣:目瞑嗜卧,聲低息短,少氣懶言,身重惡寒。"又如録"敬問白喉全生集",指出白喉與白腐、喉疫、痧喉之别:"真白喉之色,其白如粉,白色或石灰色。初起成絲狀或成塊,一二日及粘連成片,滿布喉間……決無滑膩黏涎滿口者。此爲辨真白喉要訣。"凡此種種,簡明扼要,足可啓迪後學。

目疾

吴小峯与其弟小川俱病目專科者愈治愈重其目始红腫次加太陽痛继则白星翳蚕出予诊其脉小峯之脉滑而缓大两目血絲直贯瞳人薄暮则痛小川之脉皆洪大鼓指里珠有浮翳痠漲黏涸大小便皆不利故於小峯用補先以清肝散与之夏枯草五钱香附四钱甘草一钱五分细茶五分以徹其痛药两進而痛止继用人参白茯苓熟地黄枸杞子桂心牛膝破故纸白芍藜牡丹皮服八日而愈於小川用滑肉用瀉肝湯及当归龍薈丸外用象牙冰片为末点之七日全愈其尋

君问予曰二目均病而先生一補一泻而均愈何哉余曰此陰陽虚实之辨也经云实者正治虚者從治令姪之症怫厥陰肝火熾盛肝尝有余有余者泻之正治也郎君下虚又为怒所激怒则火起於肝肝为藏血之地故血丝贯瞳人而薄暮作痛方用夏枯草香附为君疏其肝气经云肝苦急急食甘以缓之故用甘草为臣茶能清頭目用以为佐先去其痛经又云水虚湿火就燥故後用甘温補其下元之虚俾火归原此從治也若用苦寒降火之剂不惟血凝而痛加抑且激其火而使愈熾矣

瘄

大中丞親頭公幼君瘄喘急不宁麦哑发热洩泻斑紫不敛予以小無比饮愈之

外感误治 搖寓喬

袁仲卿乃郎偶仆水中發大热而吟以鎮驚清热治之遂至昏迷不醒胸高頸軟頭倒气已垂绝余診其脉似蛛丝遍按全無以湯滴入口中微有吞意余曰此症異因驚而得其实跌仆水中受冷阻而为外感發热食在胃中不化皆此类食傷寒例今误服金石寒凉以致胸高而喘鼻煽烟煤华肺气未绝咽喉由大腸燥结之徵故汗出而喘也且鼻準光有微潤正可治其急用理中汤甘草尊诸服後果將前药一服而出頰胸次頓平頭亦稍硬乃從傷寒下例以元明粉化水頻灌三次開其大腸之燥结果下黑糞甚多而能言但尚不知人事此後以生津药灌之乃全愈 人参 甘草 白朮 干姜一（元明粉一）

749 懷古樓醫案

《懷古樓醫案》,不分卷,一册。無目録,未著明作者。封面題“懷古樓醫案,甘州廬主題,時在乙亥”。扉頁有字迹大小不一的三行“懷古樓醫案”字樣,與正文紙張一致,皆爲淡黄色宣紙。是書爲綫裝。版心無魚尾,上題“翰墨綿”,下題“藝學社”,皆爲篆字。正文頁以草緑色行綫爲界格,每半葉九行,每行多則十六字,少則十二字,共計九十六葉,總字數在一萬二千字左右。《中國中醫古籍總目》載録爲清鈔本。現藏于上海中醫藥大學圖書館。

正文内容全爲醫案,載有小兒發熱、咳嗽、濕温、納差、泄瀉、痢疾等時令雜證三十七則。如正文首頁界欄外右側上題“五月二日”,下題“一診”,天頭題有“顧寶寶”。界欄内書:“身熱一候,咳嗆氣急,哭聲不揚,涕泪不得,兩目停視,苔薄膩,脈濡數。温邪挾痰滯,互阻肺胃之間,肺氣失於宣達,症勢非輕。姑擬清解宣化,豁痰開泄。清水豆卷一錢半,硃赤苓三錢,光杏仁三錢,粉葛根二錢,江枳殼一錢,乾菖蒲八分,薄荷尖八分,廣玉金一錢,天將殼四隻,净蟬衣一錢,川象貝各三錢,地枯盧三錢,活蘆根一兩(去節。蜜炙麻黄二分,紮入蘆管内),清炙枇杷葉三錢(去毛,包)。”隨後記有五月四日二診、五月六日三診、五月八日四診的診治後的病情變化,詳實記載診療過程。

從醫案可見,作者是位醫術精湛的民間醫生,似受清代温病學術思想影響,凡證多從温邪侵襲思考,方藥常選輕清宣解、調和脾胃之藥,諸如薄荷、葛根、蘆根、鬱金、川朴花、黄芩、茯苓、半夏等,可資現代臨床借鑒。

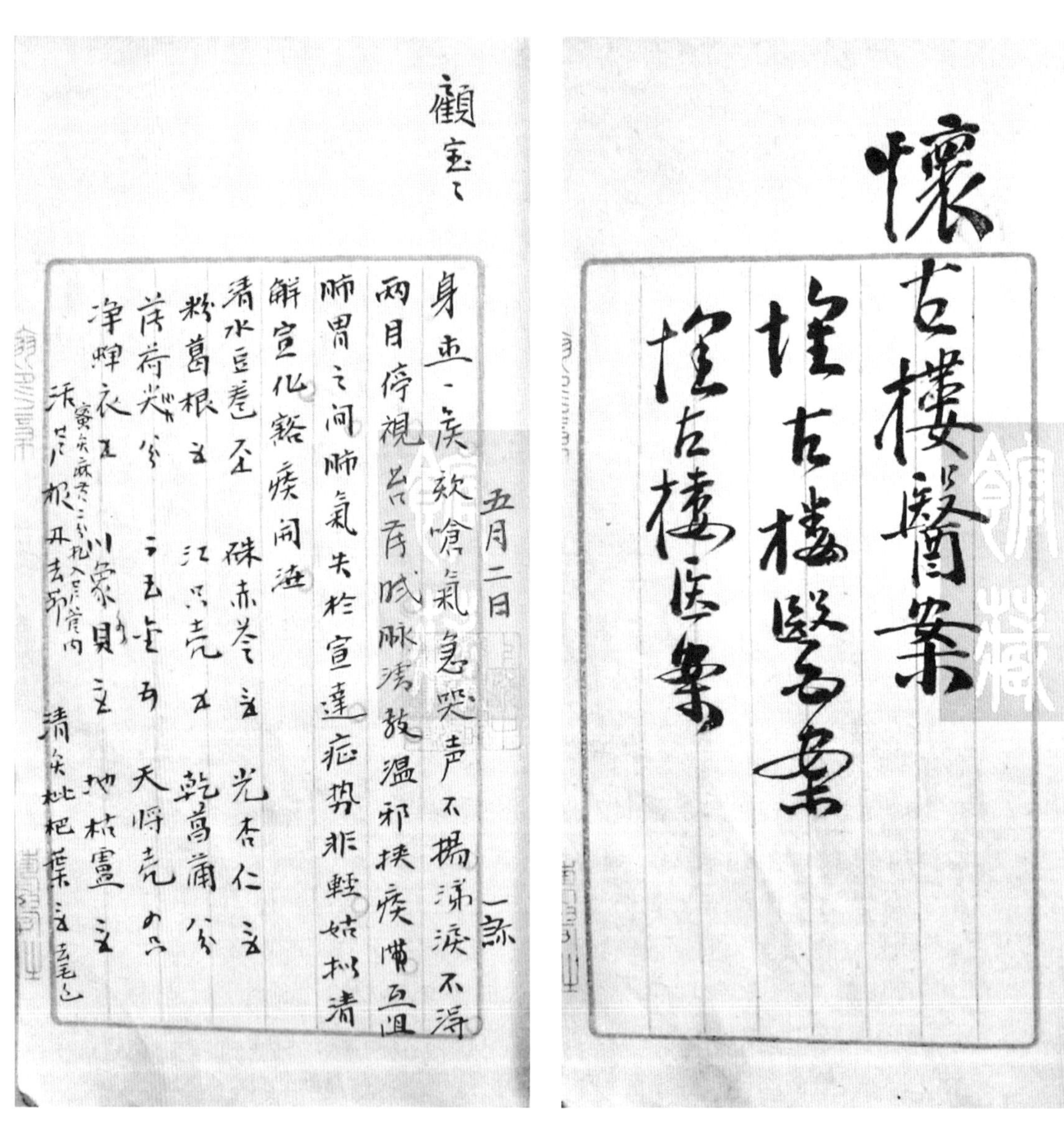

750 顧氏醫案

《顧氏醫案》,又名《顧西疇方案》,不分卷,一册。清顧雨田撰著。顧雨田,名文烜,字雨田,號西疇,吴縣(今屬江蘇)人,約生活于乾隆年間,著有《顧西疇方案》《顧西疇城南診治》。現存石岑鈔本,有目録,無序跋,藏于上海中醫藥大學圖書館。《中醫古籍珍稀抄本精選》第十三册收録該本。

是本分二十六門,包括女科時症門、瘧疾門、痢疾門、肝火肝風門、痰門、肝氣門、疝門、喘門、中風門、痹痿門、黄疸門等,後附"釋成方"三首,共計五百十七方。書中有硃筆圈點,有些醫案旁附硃筆評注。醫案大多詳細記載患者性别、症狀、舌象脈象、病因病機及治法,後附治療方藥,但未載藥物劑量及製服法。如"女科時症門"醫案二:"女,寒熱互作,有汗不止,渴飲,舌絳,脈濡空軟,痰吐不爽。産後陰分本虧,冬温挾痰内伏,營氣不與衛氣和諧,若再纏綿不已,恐致陰傷風動。擬和陽益陰,化温除痰,陽旦、温膽、交加三方出入之所。"方用"桂枝、白芍藥、竹茹、半夏、淡芩、炙甘草、枳殼、橘紅、薑汁炒生地"。又如醫案四:"女,寒熱了而不了,營氣猶不和諧,左脅痛引背,股絡中氣血不通。再議和養氣血,佐以宣絡。"方用"荆芥炭、楂炭、穀芽、陳皮、炙甘草、茯神",方旁有硃筆評注曰:"此方與脈案不合,疑有錯誤。"有些醫案記載較爲簡略,未載患者信息,症狀不詳,僅載病因病機,即出方藥。如"肝火肝風門"醫案一:"心腎陰虧,肝陽上旋",方用"製洋參、元武板、酸棗仁、淮山藥、淡天冬、鹿角霜、雲茯苓、大熟地、左牡蠣、女貞子"。所附"釋成方"包括貞元飲加味治療肺腎虚、寒飲泛者,達元飲加味治療温疫病,普濟回春散治療"昏昏如憒者",當仍爲温熱類病證。

是本内容較爲詳盡,但作爲醫案類著作,對于患者個人信息類資料記載不全，臨床症狀記載有詳有略，方藥簡練，且僅載藥物組成，未載藥物具體劑量及服用法。是本可爲臨證應用提供參考，可根據症情靈活加減應用。

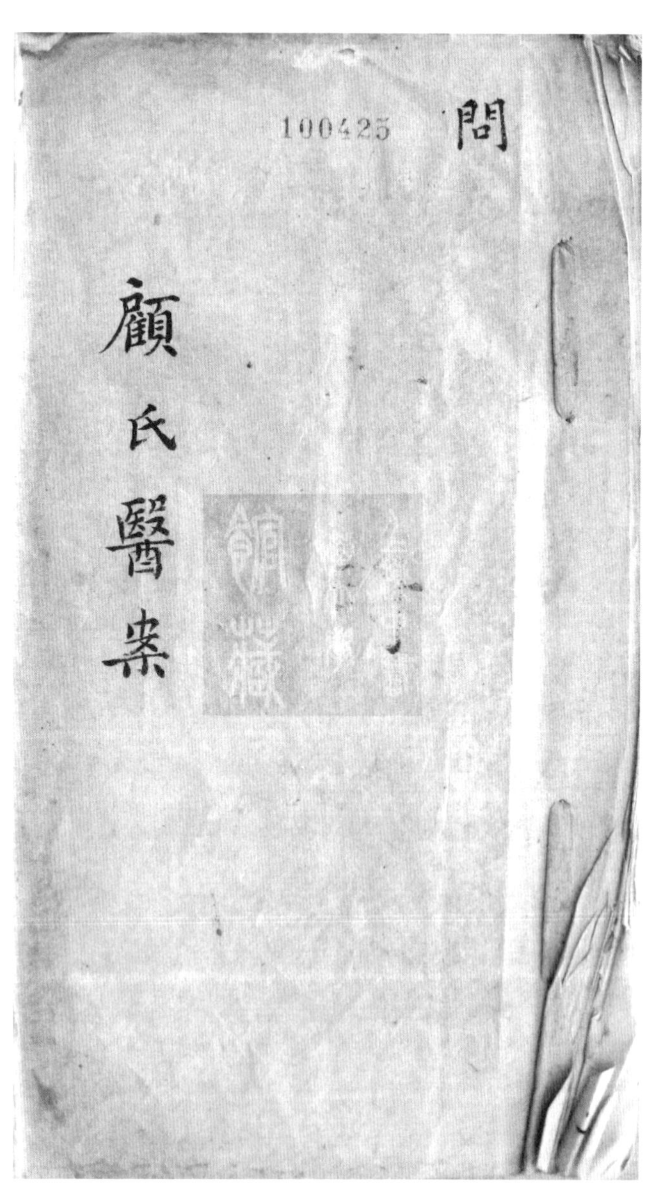

醫案鈔録目録

西疇顧雨田診著

石岑手鈔

女科 時症門 二百四方

女 産後彌月形凛身熱津津汗出脉細濡數來去靡定舌紅渴飲此因營陰内虧冬令過暖温邪襲入於痰中相交爲患治法和陽化温清降痰氣

炒桑葉 青竹茹 製半夏 南花粉

炒丹皮 雲茯苓 炙橘紅 川石斛

女 寒熱互作有汗不止渴飲舌絳脉濡空軟痰吐不爽産後陰分本虧冬温挾痰内伏營氣不與衛氣和諧若再纏綿

豆卷 川貝

病情如昨而斑疹仍不擞發以致風動大便溏泄又不可滋膩頗難着手今擬清營解肌佐以開提氣分必期化汗而解方奉

犀角 赤芍 豆卷 杷葉

牛蒡 鬱金 橘仁

連翹 桔梗 荷葉

退而復熱脉芤舌絳陰陽邪復伏若至兩候不解勢必内

舌白脉細三焦皆病喘塞可虞不可忽視

廿枸杞 炙甘草 紫石英 茯苓

生姜皮 茄皮 陳皮 紅棗

歸身炭 川貝母 懷山藥

大腹皮 沉香屑

女 肝陽上擾頭暈嘔噁白帶頗多陰虛胃弱防其淹纏增重

製首烏 廣陳皮 茯神 竹茹

左牡蠣 料豆衣 [illegible] 白芍

751 顧雨棠先生醫案

《顧雨棠先生醫案》，原書本爲三卷，後兩卷亡佚，本册爲卷一。顧雨棠撰。作者生平不詳。《中國中醫古籍總目》載録成書于清宣統二年(1910)。無序言，目録一葉，正文九十八葉，計約三萬七千字。現存鈔本，藏于上海圖書館。

正文病案依次爲：寒熱、暑症、瘢疹白瘔、霍亂、黄疸、瘧疾、腫脹、脚氣、中風。如寒熱條下病案：陳左，寒暑交加，致身熱尿混，脈亦滯。此肺胃爲病，法當疏肺。荆芥、川玉金、赤茯苓、新會皮、佛手柑、冬花、通草、蘇梗、炙紫菀。瘢疹白瘔條下病案：周右，病後營液大虧，暑邪未盡以除，不時寒熱，咳嗽多痰。病在肺胃，白瘔未達之象，法當養液清邪。天花粉、淡竹葉、桑葉、款冬花、橘紅、炙紫菀、生洋參、佛手、雲苓、玫瑰露。暑症條下病案：何左，暑邪彌入，以致身熱咳嗽，脘痛食減。此脱力傷氣，邪感正虚之象。脈濡滯。恐其便血，小心是囑。小川連、新會皮、川玉金、炒黨參、生穀芽、焦山梔、淡乾薑、粉甘草、白雲苓。

上述三則醫案，主訴、症狀均過于簡略。案一僅憑身熱尿混，便定病在肺胃，法當疏肺，似嫌武斷。案二通過不時寒熱，咳嗽多痰，便認定白瘔未達，證據不足。案三症狀爲身熱咳嗽，脘痛食減，據此而推測其便血，有臆測之嫌。全部醫案，治則簡略或無治則，方劑大多自創，沒有方名，也無藥物劑量和用法。更兼抄寫字迹潦草，借字、錯字頗多，辨識不易。綜觀全書，可取之處甚少，難爲今人所用。

顧雨棠先生醫案總目

飛滑石　回園以吳　飛荊片　廣[illegible]　雲[illegible]
霞　肺家精和汗出疹見胃抗已見精甦下病作境仍當[illegible]參
[illegible]要
淅白蔻　飛滑石　青竹　飛荊片　雲苓　生扁豆　枇杷葉
達[illegible]　原生地　元參　淡秋石　人乳
何左　暑邪深入以致身熱咳嗽脘痛食減此脘力倦氣邪[illegible]
雲之爲肺濡滞[illegible]其便與心甚嗽
小川連　以玉金　炒瓜蔞　生[illegible]
真山梔　淡干姜　炒甘草　白茯苓
李左　外受寒邪內伏暑濕以致酒之胃衰津之虧熱之嘔惡
脘悶者寒暑交加溫邪中阻也就病而論張仲景名曰溫瘧
王丁　秦曰溫瘟脈浮弦者宜白虎仲景桂枝白虎湯法
以桂枝　以玉金　肥知母　生石膏　白雲苓　以石斛　粉甘草

霞從仲景桂枝白虎湯法自覓精要則初外受寒熱邪得溫
而達內伏之暑溫濕流而滅斯時心煩意躁下竟下熱甚懊
懊[illegible]以嘔此時邪深入于心下胃之上故達而不解診以脈見深
濇就病而論法當苦降辛開但病起于秋分節大人以誤屢
投而分彊之際雲失傳變是常宜慎之
小川連　以玉金　雲茯神　真川貝　廣[illegible]
淡干姜　炙桑葉　炙小朴　真山梔
金左　初因暑邪犯胃嘔脘悶煩則心邪引動素積之濕邪干
足脛痛濕邪渗發斯時壯熱邪據發而痧瘡脈弦濇此濕邪多
暑與暑熱之濕互結不得經云經何因之阻塞營衛因之失諸
心神逆而之擾亂但因此瘡而表記則溫邪上攻心此病而連
絡則引邪入裹或因熱而直侵則訪何抑遏以是何法以治之
宗仲景溫瘟治用蒼朮白虎湯法

752 鶴圃堂三録

《鶴圃堂三録》，又名《鶴圃堂治驗病議》，不分卷。沈時譽著，門人梅𪓟、蔣元烺、汪琥、顧提輯成。沈時譽，字明生，華亭（今上海松江）人，著有《醫衡》《病義治驗》諸書。《鶴圃堂三録》成書于明崇禎十四年（1641）。是書爲藍欄，單邊，單魚尾，半葉十行，行約十九字，由《鶴圃堂治驗》《鶴圃堂病議》組成。現存巢念修鈔本，藏于上海中醫藥大學圖書館。

該書記載醫案凡四十九則，以内科、婦科爲主，均是沈氏臨床治案。其療疾隨證而治，大膽用藥。如治療郡丞秦水心公祖，因有中氣虚寒之症，每劑加參至兩許，附子至三錢，疾病豁然，飲食大進，精神焕發。後因勞神動怒復發，而用消導之品獲愈。辨證細微，分辨真假。如治給諫姜如農之“大實有羸狀”之真實假虚案，以硝黄爲前矛，芩芍爲後勁，清潤疏解而愈。攻益補瀉，隨機而動。如治袁令默之女産後體倦發熱，先以解表散瘀之劑，外散風寒，内消餘血，後投附子，諸症悉除。由此一例，沈氏提出：“病機二字誠先哲之格言。此機者間不容髮，有昨宜用攻而今宜用補，旦宜用熱而夕宜用凉，亦唯視其機之所在，以法合病耳。”沈氏嘗謂“醫道日難”，告誡門人“不可呈臆見”，“因攻之不靈，從而投補，因補者不效，隨復用攻，立意翻新，初無定見，安得主人病人一一精醫察理，而不爲簧鼓動摇？”

《鶴圃堂三録》所載驗案或是病情危篤、棘手難爲者，或是爲醫誤治、壞症蜂起者，或是虚實不辨、攻補不明者，或是用意自爲、輕信他言者，各案前因後果一一分别，理法方藥具能點透，或論或議，使學者不惑。

鶴圃堂三錄

一、鶴圃堂治驗

二、鶴圃堂病議

三、鶴圃堂藥案

附沈朗生治案

清沈时誉等撰述

佘愫録本

鶴圃堂三錄序

晉平公有疾、秦伯使和視之、文子曰、醫及國家乎、對曰、上醫醫國、其次醫人、醫之能及于國家也、道則同也、虛者補之、扶持之義也、實者攻之、鋤強之義也、時其寒燠、不害用重用寬之典、察其標本、不啻以德以政之施、審其緩急、不害先佚後勞之旨、然醫國易而醫人難、何者、醫國者必權衡之所憑也、醫人者獨心思之善用也、且病家忌諱、未必不若逆鱗、雖見旁撓、未必不若鑠金、史或述症、而詳隱莫辨、苟非其人、欲詞中歡妄、以草木味奪造化、操易

者亦不可勝數、余家恩予侍養、幸旦暮周旋膝下、余慈闈春秋高、非藥餌調攝、無以永助天和、藉藥調和營衛之法、為順養承歡之助、頻過齋頭、留連累日、見竹携有鶴圃三錄、若藥案之根而不易、病議之當而愷切、治論之神而妙中、即虛緩再見、將奇驅竝駕、而有遊諸擇是術也、豈有緩其所急、急其所緩、以致本末失宜、輕重鮮當哉、故即以藥案為治國之經也亦可

同郡許纘曾拜撰

鶴圃堂子孫姓氏

男

智琰字朗生

智炫字惠生

智弘字士毅

智艮字翼都

智紹字閒章

孫男

志泓字春祺

仁波字燧生

鶴圃堂門人姓氏

周　琦字宗明

梅　赫字梅谷

蔣　焜字泰緒

仲　彪字炳文

顧荊方字子宜

黃廷華字文宜

汪　琥字苓友

王熙祚字永昭

汪文煥字光章

顧　昱字祇若

秦　瑺字善臣

胡渤龍字霖生

夏　書字蒼六

王家鳳字晉生

張城棟字公遜

王　鉞字爾成

張存謹字儼若

何　琳字聖林

雲外而重增以霧乎，乃吾師灼見心本非虛，一以豁痰為主，故使得復故吾，謂云撥雲霧以睹青天，此類是矣。

孫子南令媳賦質瘦薄，脉息遲微，春末患吐紅之症，師以為脾虛不能攝血，投歸脾湯數劑而止。子南偶值一知醫者談及病情，此友駭愕曰：諸見血為熱症，患可用參耆而率溫補之味耶？血雖止，不日當復來矣。子南惶惑，即延之診視，因亟令停服，而進以花粉、知母之屬，五六劑後，血忽大來，勢甚危篤，此友遂斂手不治，以為熱毒已深，噬臍無及。子南淒慘詣師懇

雲間沈明生先生鶴圃堂治驗

門人　梅　赫　蔣元焜

汪　琥　顧　謹記

郡丞秦水心公祖，初莅吾蘇，即有中氣虛寒之症，兼以案牘勞勩，應酬紛擾，遂致瘦倦食少，肌表微熱，不能治事。命師調治，始而用溫健，而用補其後，每劑加參至兩許，附子三錢，然後飲食大進，精神煥發。後因湯液久而苦口，則定製丸劑常服，大抵不外乎扶陽抑陰之義。公祖以業有成效，服之數，忽一日退食之暇，諸症復發，較前更盛，加之自汗頭運，懶於言語，其

十四、醫話醫論

753 一見草

《一見草》，四卷，一函四册。清孔繼菼著。孔繼菼，字甫寒，號雲湄，滕縣（今屬山東）人，乾嘉間名醫，晚年著《一見草》，成書于清嘉慶十五年（1810）。《中國中醫古籍總目》《中國医籍大辭典》并稱成書于1820年，當誤。從鈔本序文可知，孔氏少年業儒，博通經史，未嘗習醫。緣其祖母卧病數載，醫莫能愈，故究心于神農黄帝之書，醫術日精，病遂以瘥，漸有醫名。時瘟疫盛行，危殆者多，而醫各持己見，治病不效，孔氏出灼見濟之，全活者甚多。此本有"沛孫葉風䍐五樓氏序"及目録。封面除書名"一見草"外，尚有"余衡甫"三字。天頭地脚有批注，書中有紅筆圈點。現藏于上海中醫藥大學圖書館。

該書共載醫話九十餘篇，囊括内、外、婦、兒諸科。作者上溯《内》《難》，下及歷代名家，而不泥古，于病常有獨見。如《叙趙氏二積聚症攻下過峻之害》篇，謂治療姻親趙元誠内室積聚病，在《内經》"大積大聚，衰其大半而止"的觀點上，認爲"積聚潰其大半，正氣猶可支持，此時但當養正，而此未盡之積聚已屬不拔根斷之物，候正氣一健，自將轉運而下，即或不下，於用攻伐，正氣不致大傷，積聚亦難更留"。另如《議王協中并治驗及後致變之由》篇，治療貢生王協中病腫，先列症狀，點明病機，再辨濕熱爲腫之難治之因及前醫所治不效之由，後以《内經》"開鬼門，潔净府"之法治愈，然而由于病愈後勞累，納食油膩引動舊疾，終因胃氣衰敗不治而歿。

《一見草》每案均詳述病症的前因後果、疾病發展情况及預後，以及治療疾病之難易、主次等，醫學理論與臨床實際緊密結合，對中醫臨床有較大助益。

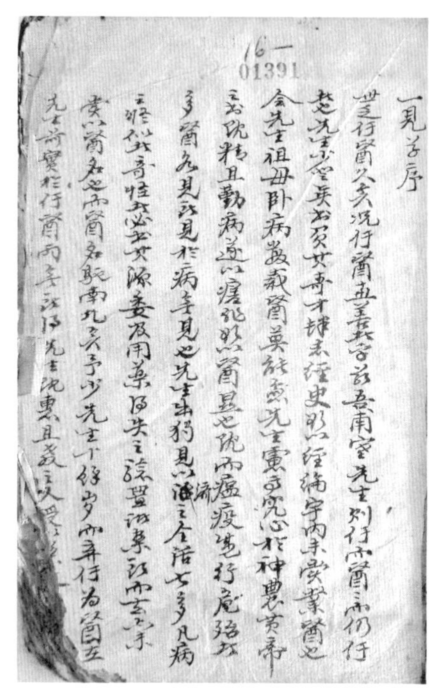
16—
01391
一見草序

161813
161812
一見草 卷叁
161811
一見草 卷貳
余保錄
161810
一見草 卷壹
余衡甫

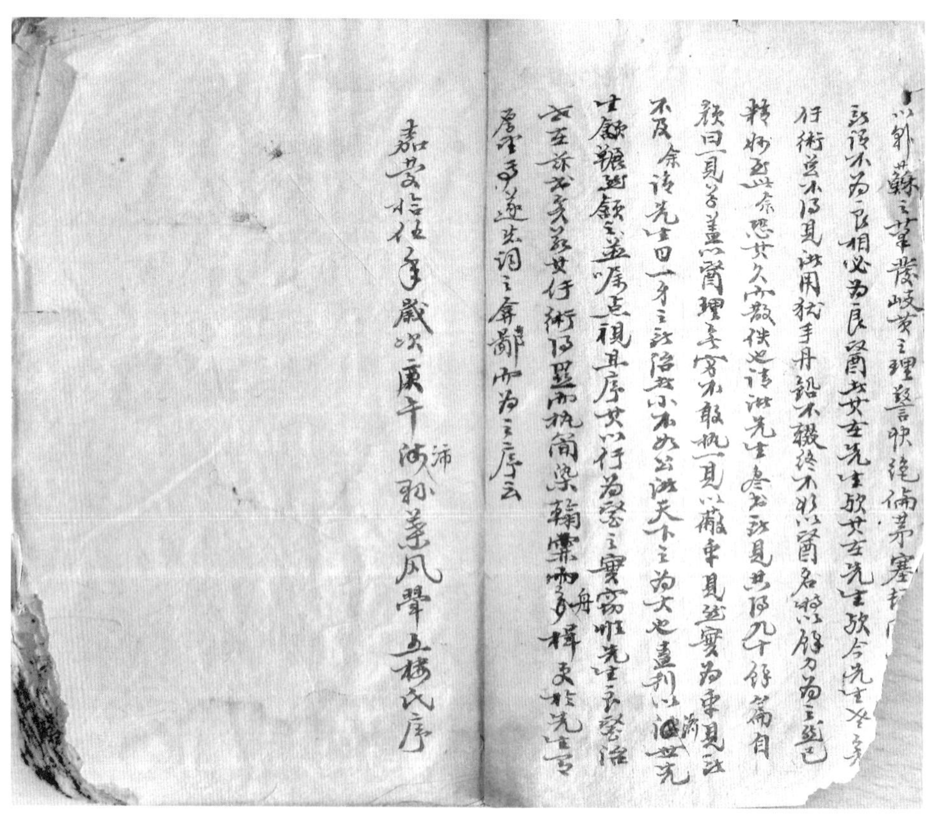

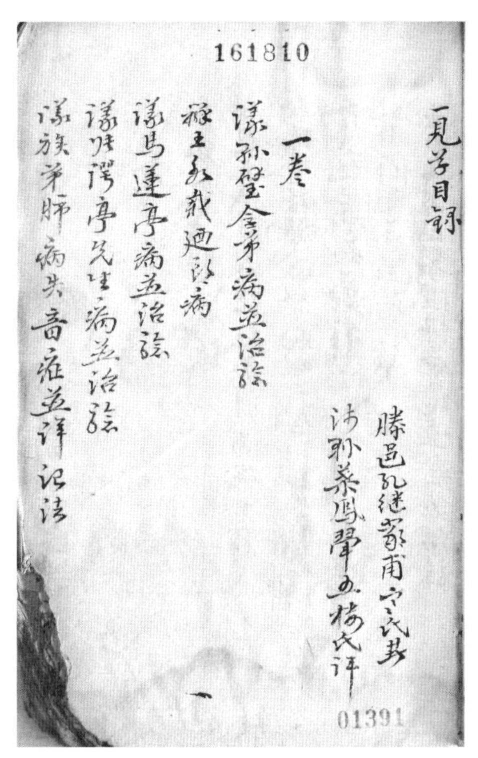

一見芳目録

滕邑孔繼𣾰甫宗氏著

汶邪蔡鳳翔五樓氏評

一卷

議孫璧含弟病並治驗

豫王叔戴通政病

議馬蓬亭病並治驗

議張澤亭先生病並治驗

議族弟師病失音症並詳記法

一

議徐姓某病

議趙騰軒令嫒病

議董伯父近仁公病

議世兄茂亭病

議表弟呂殿甫病

議甄紫芝夫人泄病及其女與女婢同時泄病

議傷寒濕熱兩感之證並附治驗五則

議趙仁趾夫人暴崩失血病

議洪積血吐血瀉血之證類記五則

議孫璧含令弟病並治驗

嶧孫璧含之弟自七八歲時有積塊在心下不大為累年已三十餘矣忽延醫令攻之之醫為制衣伏梁丸服五十日旧塊未破

玄痘蜂起孫與予為瓜葛親而素不相識介親族以請比予至

不食不卧並不能坐者已七日矣兩人掖以坐神色俱敗煩躁

殊甚予細詢其症並診其脈取紙立案附前醫立方病人急求

方案予徐為予回述議治之議或不中於予再商

先生一部脈已窮國奇乃立案曰六脈沉細而進氣血兩虚之候也兩尺無

溢少腹宜下瘀血經曰陽氣者精則養神柔則養筋

754 内症雜録

《内症雜録》，不分卷。書名僅見于封面，書内未見記載。是本封面及内頁中均未題撰著者及抄録時間，但本中《瘟疫論》一節後有“穌甫記”的按語，曰:“楊栗山先生，名璿，字玉衡，中州夏邑。通儒兼精醫學，著有《傷寒瘟疫條辨》。乾隆乙巳歲江南被旱，饑荒之後恐有瘟疫，金陵明府孫公見其書而梓行之，將以救世也……丙午夏，疫癘大作，余得是書而讀之，遵法施治。”可知此本爲徐穌甫所撰，成書時間當在乾隆五十一年(1786)之後。徐穌甫，江蘇人，乾隆嘉慶年間醫家，生卒年代不詳，著有《聚珍編》(未刊)。是書現存鈔本，藏于上海圖書館。《中國中醫古籍總目》載録爲民國鈔本。

是本乃外感熱病選論，輯録《内經》《傷寒論》以及張景岳、喻嘉言、葉香岩、楊栗山、周禹載等醫家的有關醫論，結合作者的臨床體會加以評述。包括張介賓《汗有六要五忌論》《三時傷寒與冬月傷寒异治同治之别》《類傷寒證》,《素問・刺熱篇》“熱病脈色争見”、《素問・評熱病論》“温病陰陽交”，周揚俊《論風温》《論濕温》，葉桂《温熱論》《疫癘論》《痧疹丹斑同异辨》《痧毒内功各臟不治證》《斑疹生死脈證辨》，尤怡《辨喻西昌用温藥論治温病之謬》，吴有性《陰病世間罕有論》，程國彭《陰證有三説》，徐柴封《熱入血室》等醫論。各家醫論之後多附指南方案，如《風温論》後有“風温上受，寸口脈猶大，肺受熱灼，聲不出揚。先與辛凉清上，當薄味調食旬日。牛蒡子、薄荷、象貝、南花粉、桑葉、南沙参、杏仁、黑山梔皮”。書中除了匯集精選的醫論，正文上方還見眉批五十四處，且隨文注釋也有三十六處之多。這些批注除了個人見解，也不乏其他醫家的精要論點。如《論濕温》一文，眉批有喻嘉言“風温、濕温天大二症，濕温病若沿門闔境，老幼相似則疫矣”之語，引導後學參照喻氏著作對比學習。又如《汗有六要五忌論》一文，對其中“三曰實邪内結，伏火内炎者大忌温補，温則愈燥，補則愈堅”句，隨文注釋稱“好言温補者犯此忌”，提示後學在臨床實踐中避免犯此大忌。所列傷寒、熱病相關辨證治療的衆多觀點雖皆采自前人，然而抉擇精嚴，且都注明出處，并詳加注釋，方便後學者查閲學習。另附指南方案，有利于指導臨床實踐。

此本所輯録内容即徐氏《聚珍編》的後半部分。查上海圖書館所藏鈔本《聚珍編》應爲兩卷，現僅存卷一，缺卷二，故此本有可能補《聚珍編》殘缺之不足。是本正文之上有眉批，書角有少許殘缺，但不影響全書的閲讀。

論風温　周揚俊禹載

仲景云太陽病發熱而渴不惡寒者爲温病夫冬傷于寒春必病温其證脉浮身熱故謂之太陽病因伏邪自内發出一達於外表裏俱熱熱既壯鬱邪耗液故發而即渴在表本無寒邪故不惡寒又云若發汗已身灼熱者名曰風温謂温病不可發汗者恐汗之則熱熱轉甚身必灼熱與風温無異夫風温者既已病温又感於風也故仲景又申明風温脉症云風温爲病脉必尺寸俱浮自汗身重多眠

汗有六要五忌論　張介賓景岳

汗吐下温清補諸法乃治百病之大綱非獨傷寒時氣也不言温法者因是論重在温熱奇病新救火救陰之

第一條用辛散是治病開手第一法門

治傷寒之法有六要汗補温清吐下是已而六要之外又有五忌蓋六法之中惟汗爲主正以傷寒之愈未有不從汗解者故法雖有六汗實統之而汗外五法亦皆非取汗之法也然取汗以辛散此固其常也而何以五法皆能取汗六要明已又何以有五忌之辨也蓋汗由液化其出自陽其源自陰若肌膚閉密營衛不行非用辛散則玄府不開而汗不出此其一也又若火邪内燔血乾液涸非用清

此一條惟熱病最多見者法最宜

755 仁和寺寶庫大日本神藥書紀

《仁和寺寶庫大日本神藥書紀》，不分卷，一册。著者不詳。《中國中醫古籍總目》載録約成書于唐元和三年（808），題作"仁和寺寶庫日本神藥書記"。卷首序文引《大同類聚神方》之文，説明"大巳貴命"神劑和"少彦名命"神劑之名的出處。《大同類聚神方》爲日本出雲廣貞、安倍真直編，成書于日本大同三年（808）。日本平安時代初期，平城天皇憂慮本民族醫學失傳，詔令全國各地捐獻古傳醫方，根據唐制製定藥升容量，命出雲廣貞、安倍真直將醫方分類匯編成書。然書成不久，原書即告亡佚。該鈔本所載方劑均出自《大同類聚神方》及《神惠方》二書。書首見目録，書末有"正四位下典藥頭安，現倍朝臣昌親撰"字樣。現存清光緒二十一年（1895）伯來鈔本，藏于上海中醫藥大學圖書館。

書首列"第一藥名部"，共載三十七味藥物，爲本書所用藥物。後共介紹五類神劑："大巳貴命神劑"列"淡路藥""日向藥""火國藥""土佐藥"；"少彦名命神劑"列"出雲藥""伊母藥""于乃古吕藥""七藥""奇魂藥""中津藥""長壽藥"；"彦火火出見命神劑"列"長門藥"，贊岐國人良國待傳异人奇劑"鏡藥"（以上均選自《大同類聚神方》）；"事代主命神劑"列"男藥""女藥""熱藥""丹仁貴藥"；"太王命神劑"列"幸魂藥"（以上選自《神惠方》）。書中所名"藥"，實則爲"方"，計載方十八首，方名後多列出所治病證，涉及臨床多科，以内科爲多，再列藥物組成及用量、服法。每首方劑後均有大江或典藥頭丹波良奧對此方的評語。

該書爲日本醫家對中藥方劑臨床應用的記載，并引丹波康奧之言，認爲日本國人直接服用"他邦之劑"沒有療效，因爲兩國土地各有稟氣，提醒當時醫家不可將中國的方劑、藥物直接照搬照抄，用以治療本國人的疾病，體現了"因地制宜"的思想。本書對中醫藥在日本的臨床應用研究有參考價值。

仁和寺寶庫大日本神藥書紀 完

仁和寺宝庫大日本神薬書紀

大同類聚神方巻之一曰正五位下典薬頭安陪朝臣真直侍医従六位上出雲宿祢廣貞等奉勅同撰官府自古有神代之遺方三策也今分立四方任少彦名命之言而為十二方又一方則十三科具雩上古之用薬三十七品而已名分殊于今而識之甚難也以官蔵採薬式之名附其名條也而扶神古之恵方於今者矣夫医者以大己貴之徳視之抛少彦名之功察之則病必退而已大同

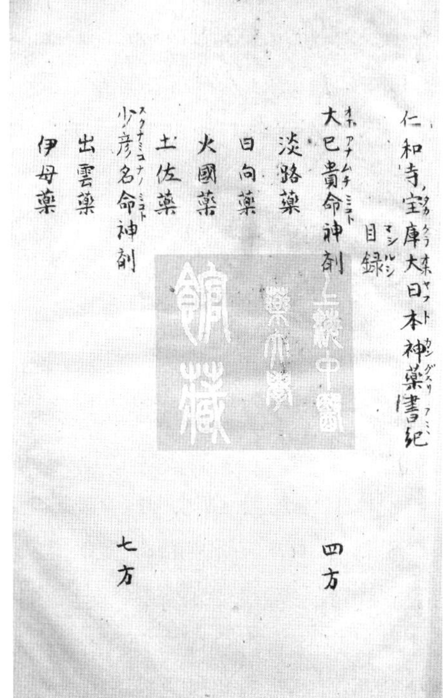

仁和寺宝庫大日本神薬書紀

目録

大巳貴命神剤　四方

淡路薬

日向薬

火國薬

土佐薬

少彦名命神剤　七方

出雲薬

伊母薬

756 平痌帖括

《平痌帖括》，上下兩卷，四册。明王肯堂纂集，清秦東隱重撰，張伯訥手抄。王肯堂介紹見本書"123王宇泰藥性賦"。是書每半葉十行，行約二十四字，單邊，單魚尾。前有秦東隱自序及"凡例"，書末附《忘憂草堂集方》。序言云："今（金）沙王宇泰先生《醫鏡》原本，論列症形，用藥活法，行文甚瞭，辨論且詳。余更爲之損益，有論同治稍異，有論異而治相同，名曰《平痌帖括》。"落款爲"龍飛康熙十八年歲次己未嘉寅月，海上秦東隱書於載義山堂"，據此可知，此書爲秦東隱在王肯堂《醫鏡》基礎上删訂而成，重撰于康熙十八年（1679），後由上海中醫藥大學教授張伯訥抄録。原書不知去向，現存鈔本，藏于上海中醫藥大學圖書館。

全書共載四十餘證，以大方内科爲主，幼小女科盡不收載。上卷列中風（附癇症、癘風）、傷寒（附中寒）、中暑（附中熱）、中濕（附痿症）、瘧疾、利疾、泄瀉、嘔吐（附番胃、吞酸）、霍亂、噎膈、膨脹（附水腫）、黄疸（附黄腫）、脾胃、秘結、三消、痹症、哮喘、嘔逆，下卷列内傷、痞塊、諸氣、諸血、癆瘵（附遺精、骨蒸、盜汗）、咳嗽（附痰症）、疝證、蟲症、頭痛（附頭眩）、心痛、腹痛、腰脅痛、股痛（附脊痛）、麻木、眼疾、喉痹、齒痛、口舌等。各證先論病因病機，次列治法及處方用藥，并詳述君臣佐使之法，不特立一古方，以免膠柱後人耳目，提示學者應加減變通審察。

秦氏對原書多有增補，并兼附己意，如"傷寒(附中寒)""痹症""哮喘""嘔逆""内傷"，《醫鏡》本無，由秦氏補入。其中對傷寒的研究頗有新意，認爲傷寒爲寒邪傷于足之六經而爲傳變發熱之證。其發生于"霜降後至春分前，凡有觸冒而即病者"，但傷寒傳變，反復無常，"病症有表裏虚實寒熱之各異，有症反脈反之分别，似陽似陰之相類"，所以醫者"必須洞悉六經形症之詳，深得玄機而後可也”。中寒者“多由氣體虚弱之人腠理不固,外爲寒氣所中,少火衰微,内爲生冷所傷,卒然有昏不知人,口噤失音等候,或四肢僵直,或手足攣踡,或洒洒惡寒,一身盡痛,或遍體青冷,口吐涎沫”。所以傷寒、中寒治法有异,治傷寒則先分表裏寒熱虚實汗下和解之法,治中寒則先當辨别三陰屬何經所主。此外,秦氏對内傷也頗有見地,認爲“内傷之症今人患者極多”,“特纂内傷爲下卷之首”以重之。“内傷於食”者,視其所傷何物,各以主治之藥消之;“内傷於血”者,視其所傷何部,分上、中、下而治之;“内傷於氣”者,宜以伐肝化氣爲主治之;“内傷於精”者,宜以養血調氣之藥治之;“内傷於肺、脾”者,宜分虚寒虚熱而治之;“内傷於肝、腎、心”者,宜分别虚實而治之。該書對研究王氏及秦氏的學術思想及臨床經驗有參考價值。

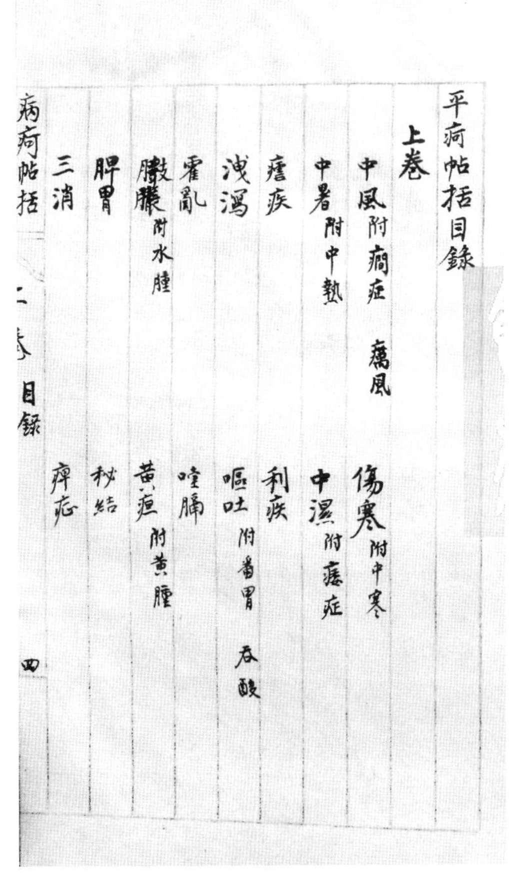

平痾帖括目錄

上卷

中風附癇症　癘風　傷寒附中寒

中暑附中熱　中濕附痙症

瘧疾　利疾

洩瀉　嘔吐附番胃　吞酸

霍亂　噎膈

臌脹附水腫　黄疸附黄腫

脾胃　秘結

三消　痺症

平痾帖括　上卷　目錄　四

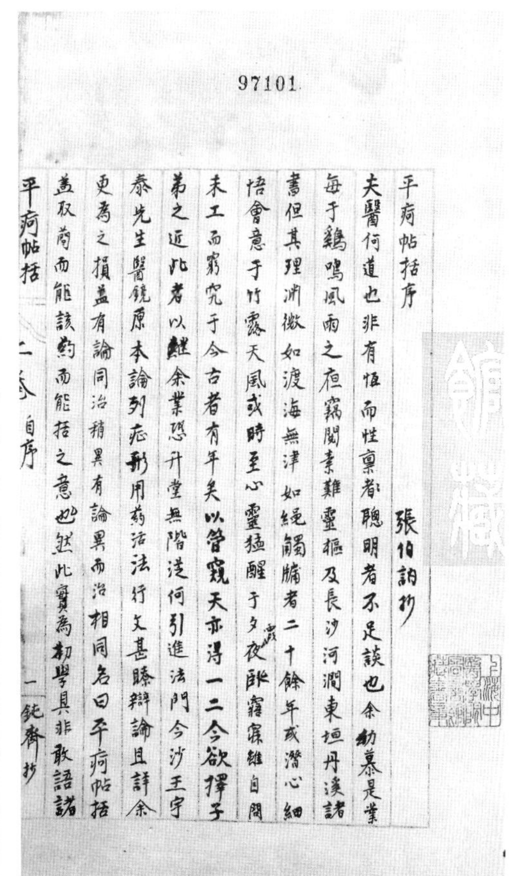

平痾帖括序　張伯訥抄

夫醫何道也非有恆而性稟者聰明者不足談也余幼慕是業每于雞鳴風雨之夜窺閱素難靈樞及長沙河澗東垣丹溪諸書但其理淵微如渡海無津如繩觸牖者二十餘年或潛心細悟會意于竹露天風或時至心靈猛醒于夕夜臥寤寐雖自問未工而窮究于今古者有年矣以管窺天亦得一二今欲擇子弟之近此者以繼余業恐升堂無階從何引進法門今汐王守泰先生醫鏡原本論列症形用藥治法行文甚暢辯論且詳余更爲之損益有論同治精異有論異而治相同名曰平痾帖括蓋取簡而能該約而能括之意也然此實爲初學具非敢語諸

平痾帖括　上卷　自序　一　鈍齋抄

平痾帖括卷上

金沙王宇泰纂集
海上秦東隱重著

中風

夫人似乎無恙而卒然中風者豈一朝一夕之故哉其受病久矣蓋肉必先腐也而後蟲生之土必先潰也而後水決之木必先枯也而後風摧之夫物且然而況於人乎經曰邪之所湊其氣必虛風豈能中人乎亦人之自受乎風耳使其內氣充足精神完固則營衛調和腠理緻密雖有風將安入乎惟其不戒暴怒不節淫慾或飢不暇於食或寒不暇於衣或嗜酒而好色或勤勞而忘身或當風而沐浴或大汗而行房或畏熱而露臥或冒雨而奔馳以致真元耗亡氣血消盡大經細絡積虛彌年平

平痾帖括卷下

金沙王宇泰纂集
海上秦東隱重著

內傷

傷寒家以外感風寒為外傷內傷飲食為內傷其言是矣猶未盡也飲食所傷固可以為內傷矣然或傷於血或傷於氣或傷於精而七情六慾比比不同獨不可以言內傷乎然內傷之病各有症辨不同飲食所傷者亦有身發寒熱類於傷寒但頭不甚痛骨節不疼中脘飽悶見食即惡與傷寒為異耳至若好勇鬬狠奔走負重恃壯使內蹼跌輕生必傷於血血逆於上則脇

757 扶雅齋讀醫劄記

《扶雅齋讀醫劄記》,兩卷。清侯巽撰。侯巽,字健伯,江寧人,事迹無考。據書前自叙,爲一先習儒後業醫者。此書爲精鈔本,字體秀麗,品相上佳,雖未見具體成書年代,但據該書形制、内容推斷,當爲清末鈔本。《中國中醫古籍總目》未載。現藏于中華醫學會上海分會圖書館。

作者先于自叙中引葉天士誡子之語,慨嘆醫之不易爲,要避免成爲"以藥餌爲刀刃"的庸醫,必須博覽群書。以自身經驗,認爲治文治醫相似之處在于"柢以古訓,範以經旨,旁涉百家",且醫者關乎性命,更當兢兢業業。是書正是其"日有課程,彙而存之"的結果。上卷約一百十八條,下卷約一百四十條,長短不拘,皆其讀醫的心得體會,範圍涵蓋醫理闡述、文辭考據、醫家評論、醫史紀事、病證辨析、遣方用藥、臨證要點、古今藥名等。該書排列雖無一定之序,但内容豐富,時見妙語。

該書開卷即點出《内經》以胃氣爲本,《傷寒論》以救津液爲本,反映了作者對經典的推崇。記述中亦充分體現了作者由儒轉醫、善于名實考辨之長。如"療病以藥,藥者,瀹也,求病所而用物以疏瀹之也……案者,判也,據方書而臨床以裁判之也"。并常從字詞之義進一步深究病證的臨床特點。如:"真溢曰滿,横充曰脹。出少而勢緩曰泄,出多而勢急曰瀉。眩僅眼目昏花,其證輕;運則天眩地轉,其證重。""痘字以菽豆之豆爲義,可見其從腎發;癬字以苔蘚之蘚爲義,可見其由濕生"等。雖非一定確切,但與醫理頗合。作者熟諳經史,善以易象釋醫理,尤其重視"中"之道,認爲後世對于陰陽孰爲不足有餘的争論皆有偏頗,而仲景之書講求"適中",才是正道。由此出發,重視中焦脾胃之氣,例舉仲景方中服粥和粳米的應用。作者對醫家的評論較爲中肯,指出"諸家方論,以王晋三《古方選注》爲最;諸家藥解,以鄒潤庵《本經疏證》爲最；諸家醫輯，以俞東扶《古今醫案案(按)》爲最”。而解《傷寒論》最得要領者，“莫如尤在涇《貫珠集》、徐靈胎《類方》兩書”。對醫書中的訛誤和醫家的偏頗每多指正不諱。在傳承和發展的關係上，主張“變而不離其宗”“善師古而不泥古”，舉尤在涇《静香樓醫案》不襲用成方，以及劉松峰、葉香岩、王孟英、吴鶴皋等醫家治病用藥脱胎于仲景之例，于今亦頗有啓示。是書文辭典雅，徵引廣博，論理精當，是一部有較大參考價值的醫話筆記類著作。

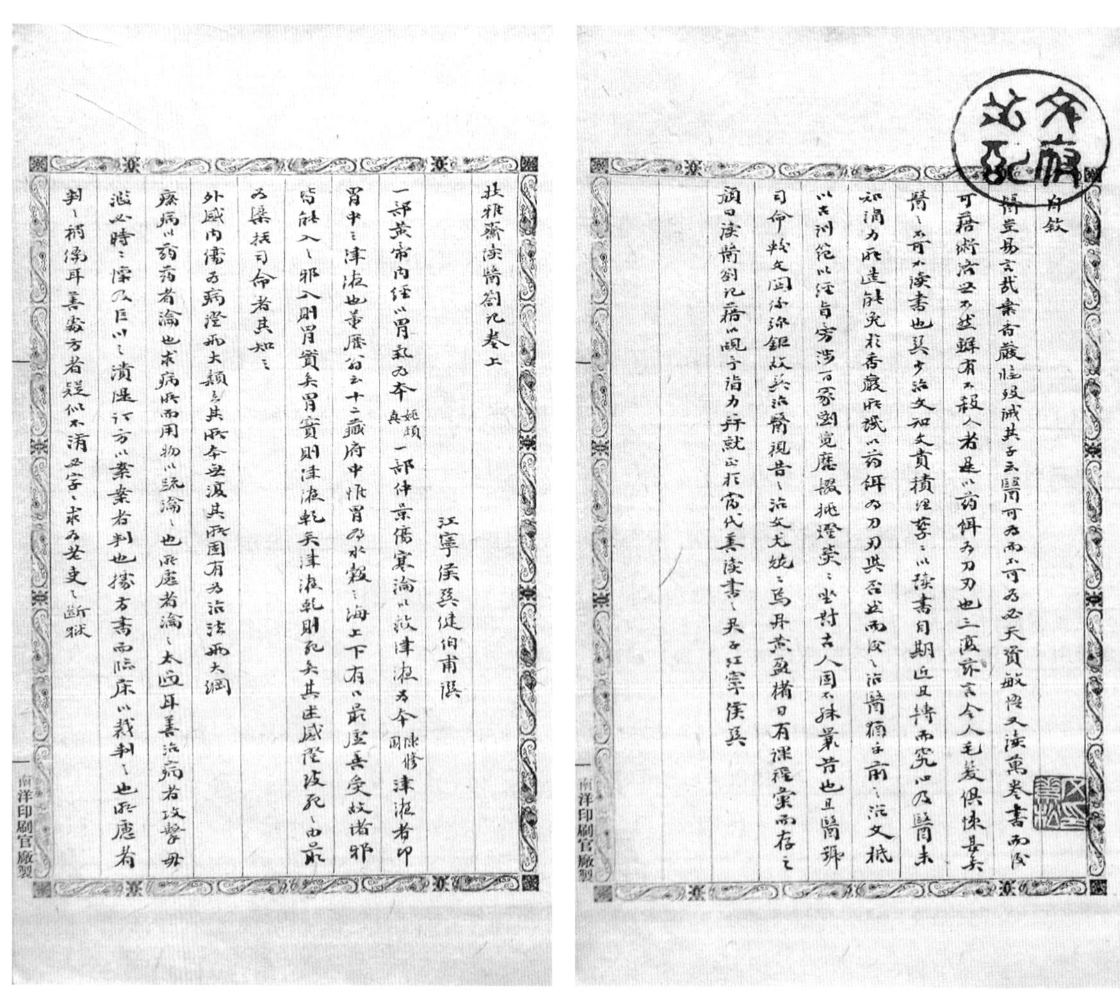

758 岐黄餘議

《岐黄餘議》，不分卷，一册。明陶本學撰。陶本學介紹見本書“429孕育玄機”。《岐黄餘議》成書于1612年。有目録，封面題作“岐黄餘議——陶氏六書之一”，目録頁題作“泗原先生陶氏六書岐黄餘議”。用紙爲毛邊紙，印有藍色方格，單魚尾，版心下印“億錦乾監製”。本書每半葉十二行，每行三十二字。目録頁有三方印章，從上往下分别爲“紹興裘氏”“讀有用書樓藏書章”“中華書局圖書館藏書”。現藏于上海辭書出版社圖書館。

本書載醫論六十七篇，每篇論述一個專題，從陰陽五行、舌脈、治則、用藥法度，到内科病證、婦科、兒科、方劑，均爲著者的臨證心得，如《脈症虛實》《情志議》《右腎水火辨》《清上補下説》《咳嗽清肺辨》《鼓脹論》《用藥須知》《補陰不用四物湯論》《石膏湯辨》《論婦人血淋》《論胞衣不下》等。《古人治法應時論》篇，論述劉守真立推陳致新方劑、張子和用吐汗下三法，贊揚王均章製滾痰丸，治宋人“混感腥臊之氣”，爲應時而治的典範。作者認爲時人膏粱厚味，動作無休，以致真元耗損，氣血皆虧，故用古人之方不能應響如神，乃不應時而治所致。

全書最後一篇爲《素問玄機四十六字補遺》，此篇前有序，言作者作此補遺之原委。據標題當有四十六字，但篇中記載僅二十四字，有缺文。著者運用此二十四字概述中醫理論及臨證法則。此二十四字爲强、動、逼、引、攝、隔、重、行、壅、變、抽、平、制、因、凌、極、化、激、類、旁、權、漬、潤、均，每字下有一首七言詩，如“權”字下載“諄上無伐天和語，垂訓那知有變遷。時師切莫膠常法，權運經中萬古賢”，即雖可遵循常法，但不能拘泥，如春夏而有亡陽厥逆之證，則須用桂附治之，不可拘泥春夏時令。

著者言此書之旨爲“寫生平自得之藴，矯習俗一偏之陋”，内容多有創新。本書封面題“岐黄餘議——陶氏六書之一”,然現僅見《岐黄餘議》一種,餘已不存,實爲遺憾。

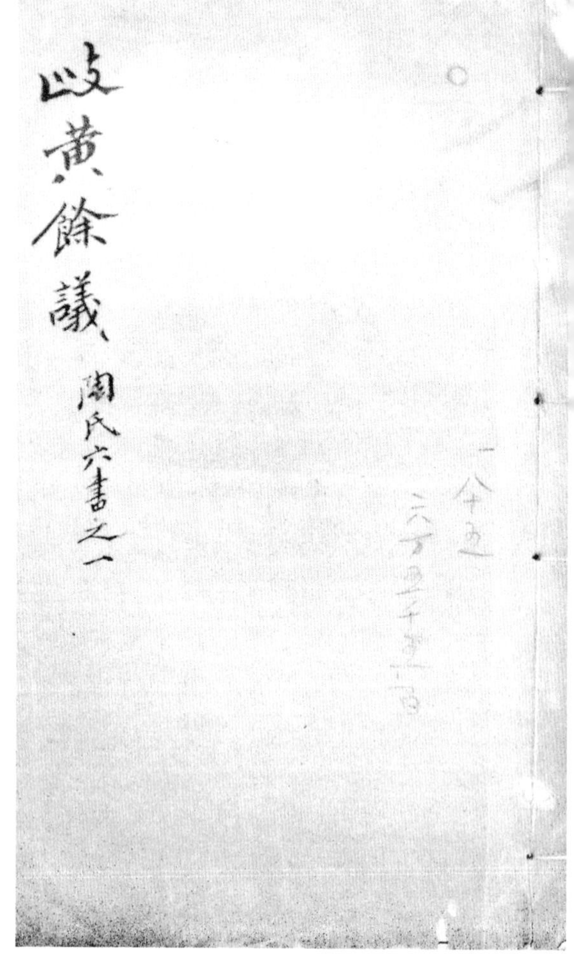

數脈辨

夫平人之脈，一呼脈二至，一吸脈二至，以四至為平也。其次有五至，亦為平脈者，於度之有閏。六至曰數，七八九至者，此數之極也，亦熱之極也。熱者火也，火即氣也，氣熱則行速，故脈亦速也。脈經曰：浮數者表熱，沉數者裡熱，弦數者寒熱，濡數者虛熱，盛數者暑熱，而有力為實熱，洪數為火熱，滑數為痰熱，緊數為寒熱，滑數為熱痛，滑數為痰熱，浮數者為風熱，沉數而細為鬱熱，濇數為血熱，弦數為實熱，微濡而數為濕熱，弦細而數為緊熱。以此觀之，凡脈數者皆為熱證，而其熱不生數也。治熱以寒，是故芩連、山梔、知柏、連翹之芩，石膏有者之類可也，降火而火息，火息而脈平，此正治之法。岐伯之言，不更乃脈之細數而為緊熱者，以外感之熱邪抑臟腑之諸邪，不有餘之熱邪抑遏之熱邪，去人知不足者十居八九，諸枝之藥，先以降火類。皆言實之血，以脈之數緊為熱耳，誰知緊熱之數脈，熱寒常鬱其間，人身之脈運行統流，周於天度，一呼脈行三寸，一吸脈行三寸，營行脈中，氣行脈外，氣主血之……

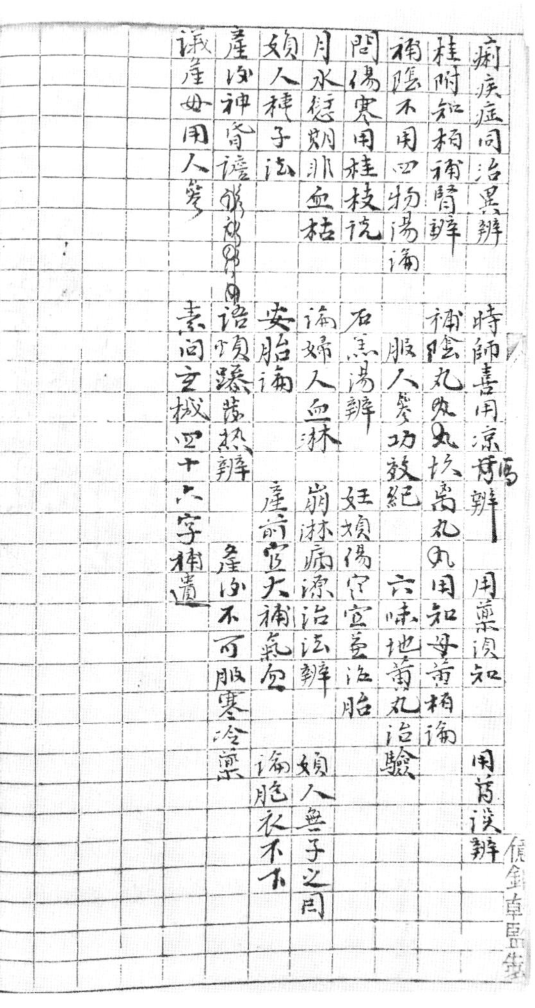

759 金匱圓機

《金匱圓機》,不分卷,一册。無目録與序跋,作者不詳。扉頁爲原書封面,題"金匱圓機"書名,正文首頁鈐有方形陰文"楊春"印章一枚。正文以工整楷書抄寫,書内有朱筆句讀,文中又有細筆小楷夾批及眉批。全書共八十五葉,約一萬七千字。《中國中醫古籍總目》載録爲清鈔本。現藏于上海中醫藥大學圖書館。

本書共録醫論十篇。首篇《醫有徹始徹終之理》爲病因病機總概。《火字解》論述火邪,分爲"賊火""子火",提出"賊火宜驅""子火宜養"的臨床治法。《寒熱虚實表裏陰陽辨》辨明八綱,論治疾病。隨後《看症訣》《色》《脈法金針》等篇分别從望、問、切等方面論述診法。全書重點部分是對"汗和下消吐清温補"八法的探討,見于《醫門八法》篇中,集前人經驗之大成,并系統總結。《六氣相雜論》提出外感六淫之氣相兼爲病不易治。又有《傷寒總論》《傷寒主治四字論》兩篇總論傷寒,提出"傷寒主治四字者,表裏寒熱也,太陽陽明爲表,太陰少陰厥陰爲裏,少陽居表裏之間,謂半表半裏",在傷寒病的治療上,則提出先分表裏陰陽虚實寒熱之法,可謂執簡御繁,"任傷寒千變萬化,總不出此"。論述精當,切實可用,正如夾注所評"的是名家"。

察此十篇醫論,除《六氣相雜論》和《傷寒總論》外,皆摘自清代程國彭《醫學心悟》卷一部分。

醫有徹始徹終之理

凡病之来不過内傷外感與不内外傷三者而已內傷者氣病陽虛血病陰虛傷食以及喜怒憂思悲恐驚是也外感者風寒暑濕燥火是也不內外傷者跌打損傷五絕之類是也病有三因不外此矣知至於變症百端不過寒熱虛實表裏陰陽八字盡之則變而不變矣論治法不過七方與十劑七方大小緩急奇偶複十劑宣通補瀉輕重滑濇燥濕也精乎此則投治得宜矣又外感之邪自外而入宜瀉不宜補內傷之邪自內而出宜補不宜瀉然而瀉之中有

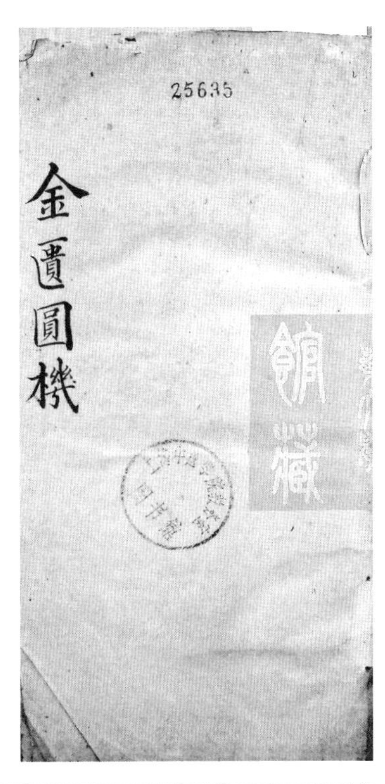

補補之中有瀉此皆治法之權衡也又有似症如火似水水似火金似木木似金虛似實實似虛不可以不辨明乎此則病無遁情矣乎

火字解

從来火字内經有壯火少火之名後人則曰君火天火人火相火龍火雷火種種不一而朱丹溪復以虛實二字括之可謂善言火矣夫實火者六淫之邪飲食之傷自外而入勢猶賊也虛火者七情色慾勞役耗神自內而發勢猶子也賊至則驅之如消散清涼攻伐等藥皆可按法取用蓋刀鎗劍戟原為驅賊設也子逆則安之如補氣滋水理脾等藥皆可按法施治蓋飲食器用原為養子設也夫子者奉身之本也若以驅賊者驅其子則無以為養身生命之本矣人固不可認賊作子更不可認子作賊病機一十九條言火者十之八言寒者十之二自當反復詳訂以立施治之法

驅賊火有四法

一曰發風寒擁閉火邪内鬱宜升發之如升陽散火湯之類

二曰清内熱極盛宜用寒涼如黃連解毒湯之類

760 南野醫話

《南野醫話》，不分卷，一册。清查有鈺著。查有鈺，字式庵，浙江海寧人，約生活于十九世紀。所著除《南野醫話》外，尚輯有《醫學雜綴》《攝生真詮》。今存稿本，正文首頁有“查鈺”“式庵”印，現藏于中華醫學會上海分會圖書館。

《南野醫話》是一部醫藥筆記。從《甲申雜記》《歸潛志》《人海記》等二十六種筆記小説中，輯録與醫藥相關之趣聞逸事掌故五十二則，每則下均注明出處。内容豐富多彩，包羅萬象，或神仙人物，或醫林軼聞，或奇疾异方，或藥名詩詞，讓人耳目大開。如論用藥：“用藥治病，病好後便須抛藥，尤復服藥不已，必且積藥成病。”“夫病之與藥有正相當者，惟須單用一味直攻彼病，藥力即純，病即立愈。”又載有某些藥物之特殊功效，如：西洋金鷄勒可治瘧疾；大黄愈手生珊瑚之奇疾，亦可避時疫；鹿乳補虚勞羸瘠，有回天之功。另有蚯蚓磨汁敷臍、活雷擊死者等。諸多方藥托神仙贈予，以寓奇效。如載一婦人患陰癢之疾，誠拜觀音，受賜一方外洗，即古之蛇床子湯，用之立效。又“梅喬先生藏方”，所用之藥玄妙怪誕，所治之病多爲奇病隱疾，與草澤醫之方相類。亦載有古代藥名詩，如唐代張籍之《答鄱陽客詩》，“江皋歲暮朝逢地，黄葉風前半夏枝”，地黄、半夏兩藥名藏于其中。内容之多，不能盡數。

本書有避諱現象，如“唐書許胤宗言”中，胤字缺末筆，避清世宗胤禛之名諱。古代筆記小説多爲信筆叙述，資料鮮活，其中有不少涉醫資料，富有中醫藥文化特色，在今天仍是挖掘不盡之寶藏。

南野醫話

海甯　查有鈺式庵氏輯

上嘗心醫理熟諳葯性常諭臣等云聖賢道理俱有一定之論至於醫卜星相言人人殊世間庸醫于寒熱虛實率未能辨南人喜用補北人好用瀉皆非適中之道大抵温補之藥其效甚微酷烈之藥其效立見方書所載湯頭甚多若方可療病何用屢易西洋有一種樹皮名金鷄勒以治瘧疾一服即愈可見用藥只在對症也　初白公人海記

奇疾　謝在杭云渊有一士人手指忽癢指甲間生珊

南野草堂鈔本

人多奇效金陵人傳牡丹十八方是也

食蠐螬目明　菽園雜記云當塗民郃某業合肈事母孝母病瞽目傭歸必買市食以奉母一日郃出其妻得蠐螬蟲數枚炙以奉姑紿云所親佳餽也姑食而美乃留二三啖其子子見之失聲痛哭母被驚雙目忽開明如平時郃欲逐其妻母曰非婦毒我我目當再明天使婦以此醫我也郃乃留之終身

龍蝦　產閩廣海中長丈餘通身十七節頭似龍有角脚長數寸鬚上有毛甲如玳瑁尾五株皆倒捲韓昌黎詩云又嘗疑龍蝦果誰雄牙鬚乙酉正月初四日在

吴本無文字

南書房　上遣内官傳示始見之　初白公人海記

旱金蓮花五臺山出瓣如池蓮較小色如真金曝乾可致遠初友自山西歸有分餉者以點茶一甌置一朶花開沸湯中鮮新可愛後扈從出古北口外塞山多有之開花在五六月間一入秋莖株俱萎矣　仝上

龍涎香出蘇門答剌國其國西有龍涎嶼峙南巫里洋之中群龍文一本無文字戲其上遺涎島國人駕獨木舟伺採之每一斤其國值金錢一百九十二枚准中國銅錢九千文　卯録嘉靖三十四年下户部取龍涎香百[illegible]斤徧市不得廣東藩司購每斤懸價計二百金僅

南野草堂鈔本

761 秋室我聞録

《秋室我聞録》,不分卷,一册。清余集撰。余集生平不詳。秋室疑爲余集書齋名。成書于清光緒十五年(1889)。有沈慶雲跋一頁,作者外孫袁子畲跋一頁。正文五十四葉,計約一萬一千字。現存鈔本,藏于上海圖書館。

本書是一本談方劑的醫話。作者自序云:"乙丑(疑爲己丑之誤,光緒一朝無乙丑年,己丑爲光緒十五年)春日,病困累月,恒檢方書,以自審其疾,隨筆成《我聞録》。"作者重視製方原則,認爲製方與其重也寧輕,與其毒也寧善,與其大也寧小。臨證之時,少年氣血旺,病易愈,老年氣血衰,忌克伐,嬰兒腸胃薄脆,藥少爲佳。對于方之奇偶,作者認爲:大方分奇偶,例如小承氣湯、調胃承氣湯爲奇之小方,大承氣湯、抵當湯爲奇之大方,因其攻裏而用之;桂枝麻黄湯爲偶之小方,葛根青龍湯爲偶之大方,因其發表而用之。肝腎位遠,必大劑而數少,取其迅急下走;心肺位近,必小劑而數多,取其易散而上行。除整體論述方劑而外,作者對具體方亦有闡釋,如天王補心丹條下云:"此方乃釋氏所造,用功艱苦,心火上炎,因以甘寒滋之。人參、白苓、遠志、玄參、丹參、桔梗各五錢,當歸、五味、二冬、柏子仁、棗仁各一兩,黄連(酒洗)二兩。蜜丸朱砂爲衣,燈草竹葉湯下三十丸。"

本書作者文化底藴良好,行文自然流暢,論述醫理雖有牽强之嫌,如方之奇偶之論,然不失爲一本可以指導臨床遣方用藥的讀物。

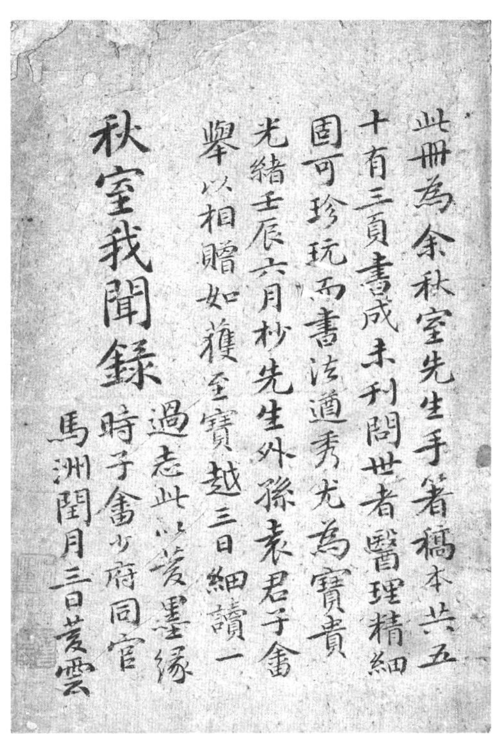

秋室我聞錄

此冊為余秋室先生手著稿本共五十有三頁書成未刊問世者醫理精細固可珍玩而書法遒秀尤為寶貴光緒壬辰六月杪先生外孫袁君子畬舉以相贈如獲至寶越三日細讀一過志此以菱墨緣時子畬少府同官馬洲閏月三日菱雲

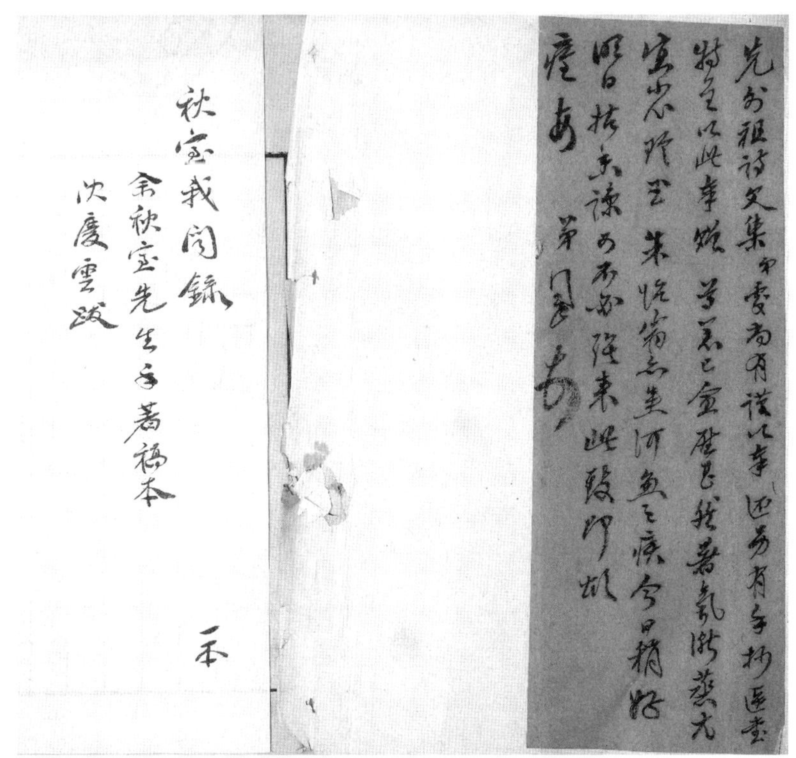

秋室我聞錄

余秋室先生手著稿本

次度雲跋

一本

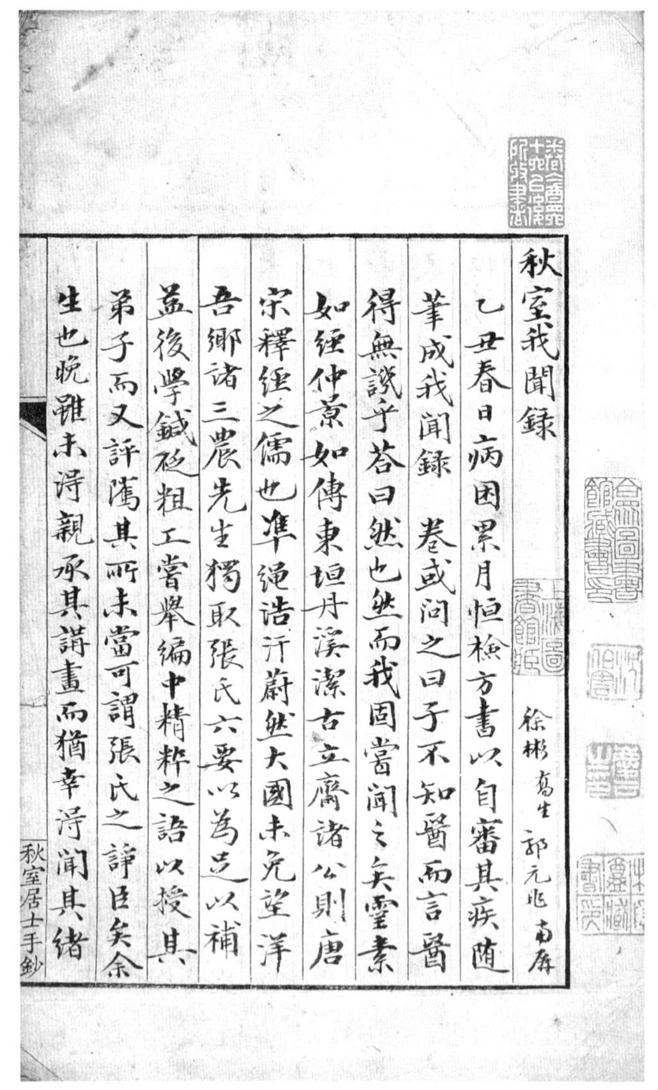

秋室我聞録

乙丑春日病困累月恒檢方書以自審其疾隨筆成我聞録　卷或問之曰子不知醫而言醫得無誕乎荅曰然也然而我固嘗聞之矣靈素如經仲景如傳東垣丹溪潔古立齋諸公則唐宋釋經之儒也準繩誥汗蔚然大國未免望洋吾鄉諸三農先生獨取張氏六要以爲芑以補益後學鍼砭粗工嘗舉編中精粹之語以授其弟子而又評騭其所未當可謂張氏之諍臣矣余生也晚雖未得親承其講畫而猶幸得聞其緒

徐彬　葛生　郁元兆　甫序

秋室居士手鈔

762 修殘集

《修殘集》，不分卷，一册。未著撰者，扉頁題顧坤一藏。顧氏爲江蘇常熟人，另藏有《寸心知醫案》鈔本。正文前注明疑有闕文，估計爲各臟腑分繪圖形。落款爲“道光著雍涒灘大吕穀旦”，著雍是天干中“戊”的别稱，涒灘爲十二支中申的别稱，合爲道光戊申年（1848）。現存鈔本，藏于上海中醫藥大學圖書館。

是書爲類輯性鈔本，分爲兩部分，内容豐富，賅括陰陽、藏象、四診、治則治法、本草、針灸等方面的論述。前半部分，開篇爲人體臟腑圖，圖形首爲正面臟形圖，後爲背後藏象圖、踐行反隅之小圖；次爲針灸學内容，分别爲銅人經絡圖、子午八法、膏肓穴圖、四花穴圖、明堂尺寸、十二支人神所在、逐日人神所在、温臍兜肚方法、煉臍法，論述人體耳、鼻、口、齒、唇、舌等十五處重要部位的經絡連屬及主要功能；次爲論“五傷”之義，求嗣之論；次爲診斷内容，包括“叔和觀病生死候歌”“丹溪觀形察色”，聽聲審音及問症，此内容抄録自明代李梴《醫學入門》。後半部分爲“治則治法”和“本草”。前者涉及《水火分治》《標本分治》《標本論》《求本論》《五臟瀉法》《正治從治》《五臟五味補瀉》等二十大法，綜合《内經》《傷寒》《金匱》之論，又旁引金元醫家之説，如《五臟五味補瀉》出自張元素的醫論；後者主要包括《引經報使》《臟腑標本虛實用藥式》《四時用藥例》《氣味陰陽》《五味宜忌》等十二篇；最後爲《雜治賦》。其中引經報使、臟腑標本虛實用藥式亦爲張元素之論，四時用藥例摘自《本草綱目》。

該書雖爲類輯性鈔本，但也不乏作者的真知灼見，集中體現在“治則治法”部分，如提出“推其至理，先治其標，亦先治其本也”，又如“除大小便不利及中滿吐瀉之外，其餘皆先治其本，不可不慎也”等。此外，補法及諸瀉法

(吐、下、汗)之論雖爲綜合《内經》與《傷寒論》《金匱要略》之論,但對具體所用藥物均予以注明,多爲作者個人用藥經驗,如:"老人亦以補養爲主,有外感則用補中益氣加羌活、川芎、防風、蘇葉等解散,邪去熱盡而止。"《雜治賦》論述了一些疑難雜證的治則與用藥,也多作者治驗,如:"百病難逃八要:表裏寒熱虚實邪正。""治病必道乎三法:新病去邪,大劑猛治;稍久,去邪養正,寬猛兼治;久病,藥必平和,寬治緩治。"在雜證的用藥方面,列出了許多特效單方,如"腦痛者,以硝石作末,寒鼻立止","心痛欲死,速覓延胡,延胡作散服之立愈",這些爲中醫急診提供了用藥思路,其臨床療效有待在實踐中進一步證明。

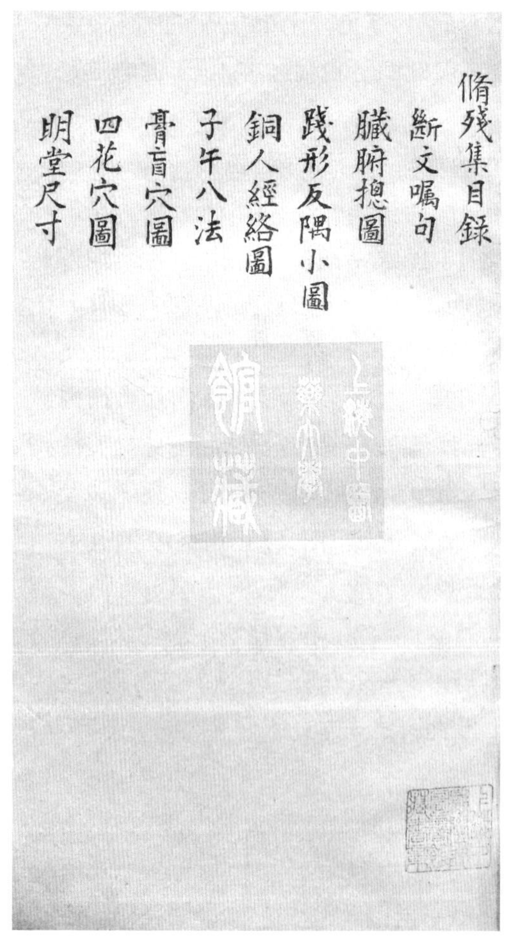
脩殘集目録
斷文喝句
臟腑摠圖
踐形反隅小圖
銅人經絡圖
子午八法
膏肓穴圖
四花穴圖
明堂尺寸

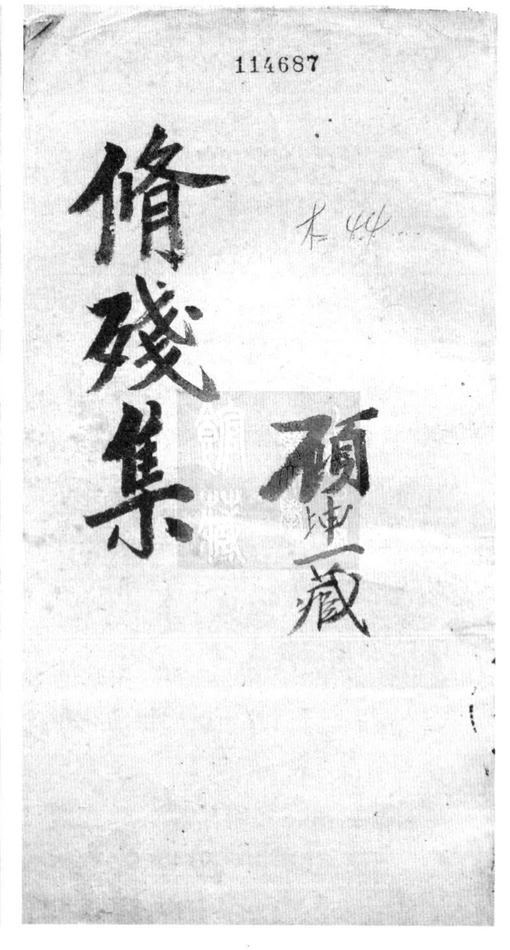

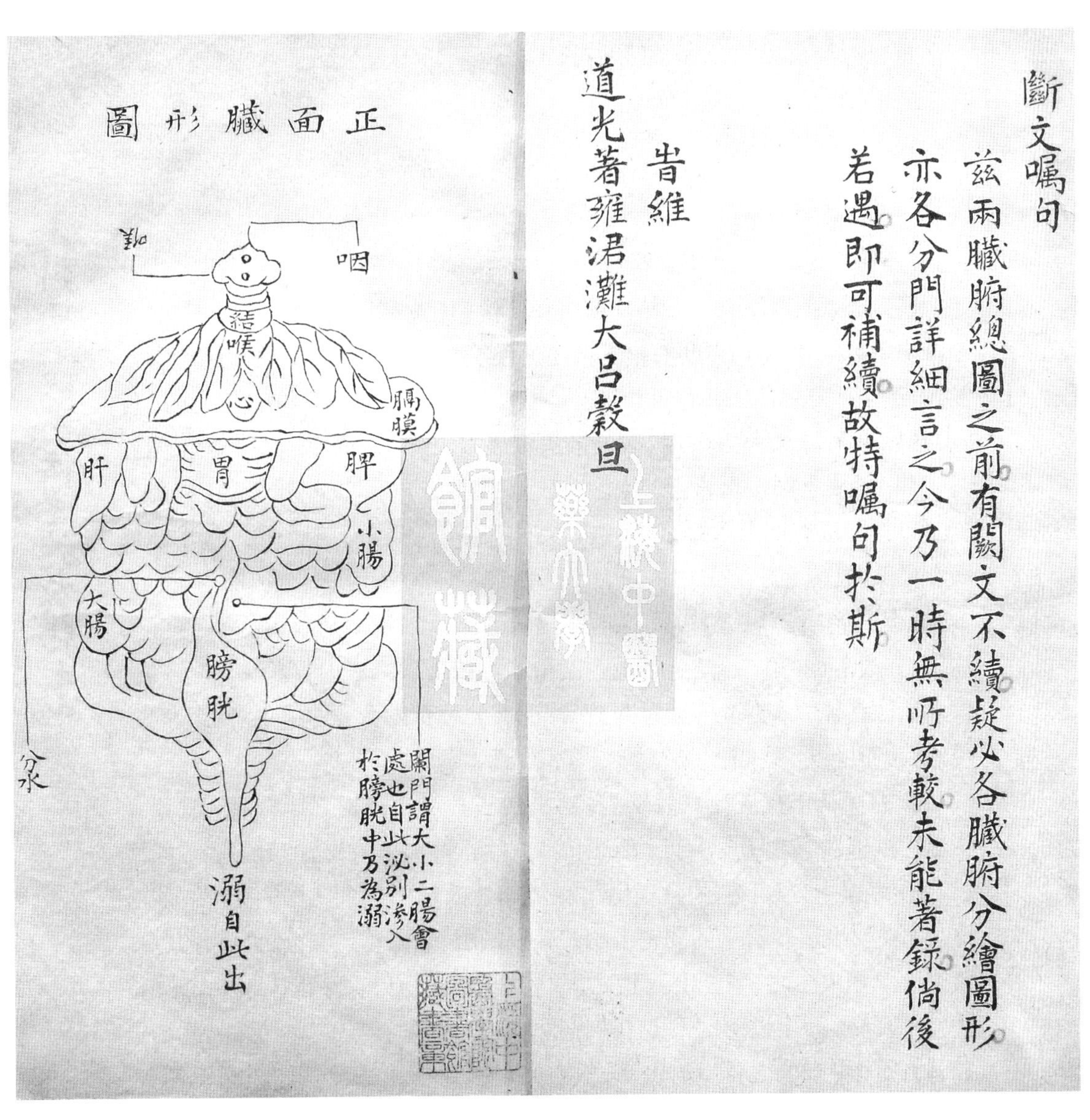

斷文囑句

茲兩臟腑總圖之前有闕文不續疑必各臟腑分繪圖形亦各分門詳細言之今乃一時無所考較未能著錄倘後若遇即可補續故特囑句於斯

道光著雍涒灘大呂穀旦

皆維

正面臟形圖

763 客窗偶談

《客窗偶談》，不分卷。清沈明宗撰。沈明宗，字目南，號秋湄，檇李（今浙江嘉興）人，爲清初名醫石楷的高足，主要著作有《傷寒六經辨證治法》八卷、《金匱要略編注》二十四卷等。據書中"四時疫病問答"所載，"余故著《温熱病論》，立柴芎香豉湯、香豉散火湯表裏二方，適值康熙庚申二三四五月，君相二氣之間疫厲盛行，以治數千人，而得皆愈"，該書撰寫于康熙庚申（1680）後。後有門人季蕙、施樊跋（後跋又見于清刻本《醫徵》）。此本原係陳存仁藏書，現藏于上海中醫藥大學圖書館。

《客窗偶談》是一部以問答形式記録的醫學筆記。凡兩篇：第一篇（未立篇名）設五問；第二篇"辨天地六氣標本"，設十六問。内容涉及五運六氣、傷寒治法、《難經》要義、對《素問》王冰注文的解釋以及骨蒸内熱、情志虚勞、疫病等，而皆以《素問》《傷寒論》《難經》爲本。

該書極其重視五運六氣學説，認爲治法必定要遵從五運六氣。首篇就指出："欲求醫學之明，須合三才，則能燮理陰陽，醫事乃畢，非惟臟腑經絡而已。"作者還十分强調"圓融變化""慎毋膠柱鼓瑟"，對前人學術見解有所發揮。如在對東垣脾胃論的問答中説："脾胃既虚，必因母氣失蔭，又當補其母。蓋因脾土相火生之，胃土心火生之，故胃虚則當補心，而生戊土，若脾虚，當補腎中真陽，而生己土，所以有補脾不如補腎之説。若腎水不足，又當補後天脾胃營血，有形之質以濟腎水，故有補腎不如補脾之説。"認爲脾胃虚衰，不限于温補脾胃而已，還得因子及母，補充腎心之不足，并進而指出補脾補腎無所謂優劣之分，唯當視情把握。又如在骨蒸問答中説："骨蒸内熱皆屬相火是否？曰：雖屬相火，必達淵源則可……要知相火之旺，必因腎水虚衰，失水浸灌，骨髓空虚，火陷骨中，則蒸熱不已。但其源有二：若心包相火以挾肝氣入骨蒸熱，則無汗；若手少陽相火入骨蒸熱，其機開泄外發，則當有汗，即《脈經》謂之陽陷入陰，精血弱是也。”指出骨蒸内熱雖然皆屬相火，但是考察其源，須從汗之有無上區分是心包相火還是少陽相火，對骨蒸臨診具有指導意義。

客牕偶談 附醫徵

檇李沈明宗目南甫著

門人問曰世人皆以十二經絡五臟六腑現證爲治法準繩先生以為然否曰此以人身臟腑言之則是但人之一呼一吸貫通天地之氣若未與天地人相參則不足以為良工使以膚見礙於胸中臨證豈免虛虛寔寔之誤爾輩青年迥迥意氣雄雄務以群書博覽深究軒岐仲景與天地人三才合化則神機在我法眼天開用

客牕偶談

足脛寒而逆為腎病，沉濡為腎脉，大為心脉也。

按此五條闡明靈素二十五陽五行顛倒察病傳變神化之機，乃越人呼吸相通軒岐一貫之理，若讀此五篇則八十一難皆明。然述八十一難猶探爻以作易，讀三百篇而賦離騷之意，乃上古先賢哀憫後世蒼生之至，故業軒岐之道，必先登扁鵲之堂，則思過半矣。

客牕偶談終

跋

蕙稔見　夫子診證濟世，嘗懷未足，慮醫之正學久湮，紕繆日多，是以弗憚苦心，取仲景書於應酬之暇，乘皓月以發詳，或篝燈以殘漏，提誨蕙等，而兼閱註述，撰有溫熱病論、虛勞內傷、天元樞法、傷寒辭潔、坤儀髓要、客牕偶談、治證神機、雜病等書一百餘卷，統曰醫徵，誠軒岐之正學，濟世之津梁也。茲先以仲景傷寒、金匱、溫熱、內傷四書屬蕙等校讐付梓，蕙弗獲以無能辭，受而讀其所註，蓋非頓明心地、澄透軒岐之理者莫能及也。即如註金匱之治未病，發明時令之虛實，陽病陰病之十八節以六淫營衛而分之，陰毒辨非虛寒，百合邪流臟腑，婦人諸病皆為血海受邪一源而出，傷寒之病機流伏以厥陰之木邪臨土而厥，互明六經之生尅，與夫創發內經之溫熱病論，此皆仲景以後諸賢未能道者。吾　夫子悉啟其秘，真為造物以生人，其有益於後世不淺，豈僅為軒岐仲景之功臣而已哉。孔子春秋成，游夏不能贊一辭，吾　師註成，蕙亦奚敢贅言，但以身任鋟正，故述梗概，以與同志者亟勉而深造焉。

廣陵門生李蕙拜跋

跋

嘗聞之，言之無文，行而不遠，蓋為凡為著述者言也。愚竊謂醫家著述，則不惟言之文，貴其理之確已耳。夫方書代出，種種紕繆，誂不各就其理以立說哉？然據彼之理而水石徒投，據此之理而呻吟立起，則不係乎理之同不同，而由乎見之確不確。此吾　師之註仲景所以不得不亟亟也。樊幼承家學，有志黃岐，謂不涉仲景藩籬，難言入道。然嘗歷吳山湖越水，南走維陽，北走都下，求真參實悟於仲景者而了不可得也。迨晚向檇李得　目南夫子而師証焉，乃恍然

764 泰西人身説概

《泰西人身説概》，上下兩卷，一册。題爲“耶西會士鄧玉函譯述，東萊後學畢拱辰潤定”。鄧玉函(1576–1630)，瑞士傳教士，精于天文學、醫學、博物學等。畢拱辰(？–1644)，字星伯，明代人。該書是最早介紹西醫解剖、生理學的譯著，成書于明末。此本中“玄”改“元”，“眩”字缺筆，宜抄于清代康熙之後。卷首有畢拱辰序，言甲戌年(明崇禎七年，1634)畢氏從傳教士湯若望處得到《人身説》兩卷，“聞鄧先生譯説時，乃一紙漏侍史從旁記述。恨其筆俚而不能擷作者之華，語滯而不能達作者之意……僭爲之通其隔疑，理其棼亂，文其鄙陋，凡十分之五”。現藏于上海圖書館。《中國中醫古籍總目》未見收載。

該書上卷分述骨部、脆骨部、肯筋部、肉塊筋部、皮部、亞特諾斯部、膏油部、肉細筋部、絡部、脈部、細筋部、外面皮部、肉部、肉塊部、血部，論述包括骨骼系統、肌肉系統、循環系統等在内的解剖結構。其中“血部”下有小字注：“元闕此部，今取畢先生《靈言》補之。”《靈言》當指意大利傳教士畢方濟《靈言蠡勺》一書，該書主要論述靈魂問題，其中包含有關記憶和理智等一些心理學方面的認識。下卷分述總覺司(附録利西泰記法五則)、目司、耳司、鼻司、舌司、四體覺司、行動、語言，采用問答形式，論述包括神經系統、感覺系統等在内的生理結構與功能。

此本錯訛較多，加之蟲蠹現象嚴重，雖經修補，仍有不少缺字，所據底本亦有缺字，文獻價值不高。但本書對早期中西醫匯通産生過較大影響，對該領域研究者有一定的參考價值。

泰西人身說概序

故夫元黄剖判上下相嘔權輿生人實名三才然證理學公論地之視天小大懸絶無分数可論者也何居乎竝立而三之蓋人雖渺焉中處而肢體骸存靈性炯炯于兹附麗倘非人而九重圜抱諸曜行[illegible]誰推測之水土金球對足環處誰周步之將二儀不免[illegible]契而參贊之理舉歸息滅矣故有天地不[illegible]無人類也人固一小天地也遠西名士浮槎九萬里來賓上國惟一

一

泰西人身說概卷上

耶西會士鄧玉函譯述
東萊後學畢拱辰潤定

骨部

骨者人身之純分也論人一身可名為各分如有骨分肉分血分筋分然後湊合以成人身骨亦身之一分也其性堅其色白其質冷而乾為一身之基址屬第一功用如大地為水與萬物所依賴人以骨為基址各分依

一

765 桂林軒臨證心悟録

《桂林軒臨證心悟録》，不分卷，一册。載于《臨證心悟等三種》内。卷首有"澄江養秋鄧孟高著"字樣。據其門人黄振樞叙，鄧氏爲澄邑占文橋（今屬江蘇江陰）人，家傳醫學，懸壺三十餘年，醫學精妙入神，著述豐富，爲當時醫學名家。此書爲鄧氏診病之餘整理而得的經驗集，以供同道研求。現存鈔本，藏于上海中醫藥大學圖書館。

本書共十九句謹言，皆爲治法、處方的要點，包含汗證、嘔吐嘔逆、血風勞、瘧疾、便血、痰飲、温病、下利、中風、咳血等病證。如"盜汗有不宜斂濇藥以强止者"，"嘔吐病最宜苦辛酸藥"，"左金丸爲治肝火嘔逆聖劑"，"局方逍遥散治鬱火爲千古妙劑，惟脈兼濇滯者斯爲的對無差"，"羅謙甫著秦艽鱉甲湯以治血風勞，今以是方療虐邪留戀致成勞損者亦極靈妙"，"凡久虐不愈每至陰陽俱損、肝脾並病者，其治當兩面兼顧，余擬逍遥散去薄荷加秦艽、青陳皮、木瓜、楂炭之屬，泄其肝邪，運其脾濕"，"凡服承氣症脈細濇者，苟非下證畢具，切勿輕用，脈洪實者，但得下證稍見，不妨早進"，"凡治伏氣兼邪，宜辨其邪之分合，分則其病猶輕，合則其勢必劇，然則見證維何，治法維何，姑爲晰之"，"外風數中爲真中風，内風動竄爲類中，人共知之，惟伏熱内發，擾動肝風竄絡成中者，人不知也"，"凡咳之咯白血、粉紅血，方書稱爲不治，以其生化内絶，然因瘀血留著而致者，甚多治之於早，未嘗死也"等。每句後均有撰者的進一步論述，以供臨證辨别。如在"下利有旁流與協熱不同"中提出：熱結旁流者乃熱與垢結，屬無形，可出現大便黏膩如膠似漆、利不爽而多轉矢氣等症，故需瀉出穢水，古方用大承氣湯，其恐瀉下太過而改用小承氣湯；邪熱下利乃熱與濕混協垢，屬有形，可出現大便溏薄、利必爽出而并無矢氣，需用葛根芩連湯。

本書爲鄧氏臨床經驗録，對内科常見病多有論述，涉及方劑、用藥經驗，尤其對于歷代名方、驗方的使用皆有心得，可供臨證參考。

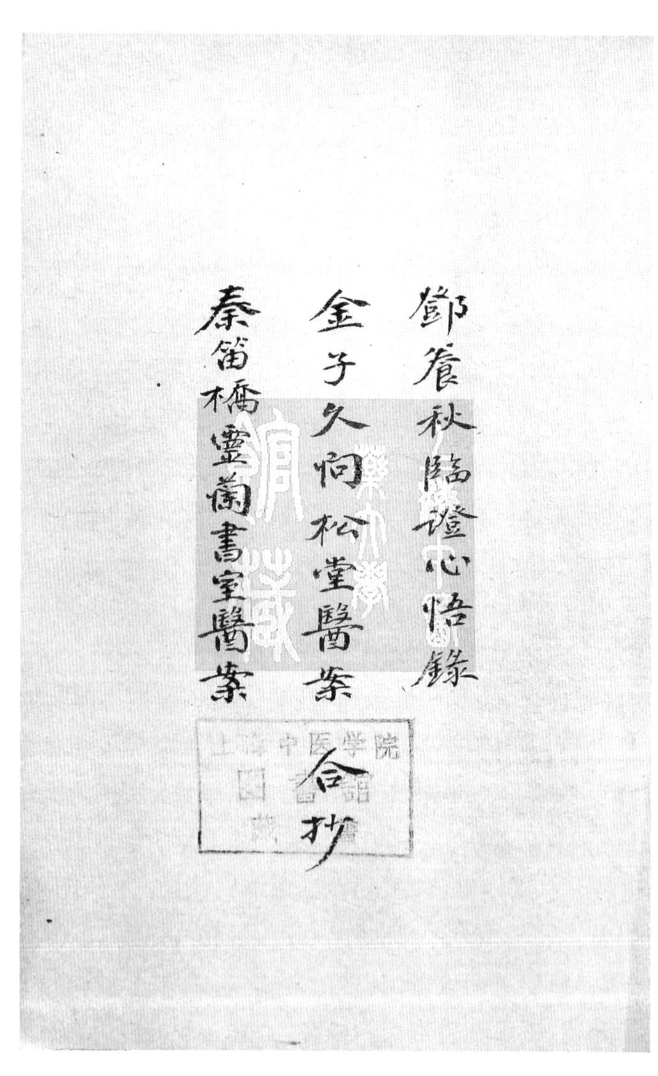
鄧蒼秋臨證心悟錄
金子久問松堂醫案
秦笛橋靈蘭書室醫案
合抄

叙

先哲鄧養秋夫子澄邑占文橋人家傳醫學精妙入神懸壺三十年莫不春回橘澤一時桃李盈門聲震大江南北咸稱醫學名家生平著述豐富但鴻毛鱗爪散佚殊多其精粹處雜見平時案語惜莫得其全豹此卷乃先生診病之餘有所得而錄之其論證用藥精警透闢悉由經驗而來洵足為後學津梁爰付醫會刊行以表吾師之學理而供同道之研求

門人戴熙黃振樞謹識

桂林軒臨證心悟錄

澄江養秋鄧益高著

盜汗有不宜斂濇藥以強止者

盜汗一證由陰分伏熱者居多蓋寐則陽入於陰陰中既有伏熱陽入而與熱爭熱主疏泄故多汗出但宜清化陰熱熱化則陰陽和諧不止汗而汗自止矣　並有肝陽失藏升泄而為汗者其汗每在五更時分以木旺寅卯故也仍宜清肝和陽為治若此二者均不可以斂補從事恐反助其陽火而盜汗愈劇

嘔吐病最宜苦辛酸藥

如肝有鬱火胃有停痰致氣不降而為嘔吐者最多故需苦

766 時醫集四書文

《時醫集四書文》,不分卷。清陸懋修撰。陸懋修介紹見本書“005內經運氣表”。是本係稿本,現藏于上海圖書館。

本書卷首曰:“《淮南子》有曰:所以貴扁鵲者,知病之所生也……而所以知病所從生,則皆在《内經·天元紀》七篇陰陽五行中。自醫者不讀此七篇,而百病之生皆不能知其所自,此吾友陸君九芝所以獨爲此七篇作病釋也。”本書列有“時醫集四書文”“時醫男婦大小方脉集四書文”“本城時醫集四書文”“時醫王大夫集四書文”“《世補齋醫書》刊成自題七律四首於後”“詠仲景墓上葛花寄示濮生云依”等篇目。前四篇篇名後都有“江左下工”字樣。書頁上端多有眉批。

本書重在闡述醫理,行文多以夾叙夾議之方法。如在“時醫男婦大小方脉集四書文”中對小兒論述道:“有童子,飽食暖衣,存乎痰疾,請損之,不听,而有時乎。閉邪發斯可矣,否則熱中,清斯可矣。如以利所惡於後重,或曰攻乎,今時之子,不敢也……至於豆之事,人皆有之,苗今也純種之美者也,待之,斯出矣,以補之亂也。今若此其横逆,惟恐不順焉。”上有眉批曰:“純苗种痘,痘分順逆横三種”,“若要小兒安,常帶三分飢与寒”,“小船重載”等。

時醫集四書文　江左下工

以身殉道非正命也夫人惟其疾之憂醫來而將之非道以其如命何且古之君子樂其道以人治人可以贊天地之化育人皆曰天下之良工也今也不然出門車馬衣服苟美矣道則高矣雖萬鎰可坐而致也萬鍾可立而待也時哉時哉有終身由之而不知其道者何以言之疾病變乎色則有望出辭氣聞其聲於其所不知而聞焉切[illegible]之古者治人必先斯四者是乃仁術也指其掌中也關上為者以寸其下柱尺左右手所就三有諸內必形諸外於斯三

本城時醫集四書文（鄭中稱醫家曰大夫）　江左下工

人之為道善與利之間也夫道一而已矣生之者邈不亦善乎周于利者非為生者也如之何則可且夫枉尺而直尋者放於利而行澤天下之人無不可醫則不可何也人不幸而有疾所求於人者重苟為善其退速如以利厥疾不瘳故術不可不慎也君請擇於斯二者或問曰今之人而時中誰也對曰今時必歸於楊喻於利富可立而待也非人之所能為也不同科有婦人焉以及人之幼則曰玉斷曰張也其三人敵一人者也懷利以柳櫻類也無惻隱

767 師傳醫恒

《師傳醫恒》，三卷，三册。無序跋，目録首頁鈐"中國科學院圖書館藏"圓形朱印。全書共二百零三葉，每半葉八行，每行二十字，有朱筆句讀。每册正文首頁均題有"吴江陳應亨録"字樣。陳應亨，吴江（今江蘇蘇州）人，字嘉甫，主要生活于光緒（1871-1908）年間。除本書外，經陳氏手録流傳下來的醫書還有《馮氏醫案》《學山賸案》《八家醫案》《潛村醫案》等。《八家醫案》的整理者俞志高、陳順湧曾據《光緒吴江縣誌·陳焕傳》及《潛村醫案·陳希恕跋》等，考證陳應亨爲陳希恕次子。陳希恕，字夢瑶，吴江蘆墟人，出生于醫學世家。其父陳焕，字章伯，號一恬，爲乾隆年間吴江名醫；祖父陳琳，字寶琳，業瘍醫。陳希恕又精于詩文，有《雜著》五卷、《靈蘭精舍詩》十六卷等。陳希恕長子陳應元，字騂生，克世其家；女婿沈曰富，曾整理陳希恕醫案三百二十二卷。又中國中醫科學院圖書館藏姚椿等著清鈔本《文學孝行陳府君傳志銘誄雜記合編》中存沈曰富著《陳嘉甫傳》一篇，論其生平甚詳。該鈔本現藏于中國科學院上海生命科學信息中心生命科學圖書館。

此本由陳氏抄録歷代醫家論著而成，所録内容繁雜無序，似爲讀書之際每有所得，輒録于紙，故所録既包括醫學基礎理論相關論述，如周汝明《血榮氣衛論》、虞摶《論陽有餘陰不足》等，又有臨床證治相關内容，如張景岳《中風證治》、沈明生《痹症析微》等。所選以明代醫家論著爲多，既包括如李時珍、張景岳、虞摶等名醫名著中的章節，又有許多時醫論著，其中許多原書未能流傳後世。如選録了《闡要編》一書中的諸多内容。《闡要編》即《傷寒闡要編》，明末湖州人閔慶芝著，原書已佚，現唯賴《葉選醫衡》存其大旨。該鈔本所録包括《論六經無再傳》《論寒證無傳經》《釋六經七日病愈》等篇章，可與《葉選醫衡》中相關内容相校正，互爲補充，值得相關專家作進一步研究。

師傳醫恒
師傳醫恒
師傳醫恒

師傳醫恒目錄卷上

養生論　李南豐

運氣說　張景岳

奇经八脉大旨　李東璧

六脉綱領　張會卿

血榮氣衛論　周洛鳴

君臣佐使逆從反正說　倪仲賢

汗吐下該盡治法論　張戴人

師傳醫恒卷上

吳江陳應亨録

養生論　李南豐

将欲考歷代醫書之盛凡三百七十九家五百九十六部一萬三千一百餘卷反覆詳明其要主於卻疾而已然内经有一言而可盡廢諸書者則不治已病治未病是也此說一出而後世都以修養為言不知夫修養与保養原自有異修養則涉於方外玄遠而非

運氣者必當順天以察運因變以求氣如杜預之言曆曰治曆者当順天以求合非為合以驗天知乎此則可以言曆矣而運氣之道亦然既得其義則勝復盛衰理可窺也隨其機而應其用其有不合于道者未之有也戴人曰病如不是當年氣看与何年運氣同便向某中求治法方知都在至真中此言雖未盡善亦廣矣哉乎得運氣之意矣

奇経八脉大旨　瑞生僧删　李東璧

人之一身有经脉絡脉直行曰経旁支曰絡经凡十二手足三陰三陽是也絡凡十五乃十二経各有一别絡而脾又有一大絡并任督二絡為十五也共二十七氣相隨上下如泉之流如日月之行不得休息故陰脉營於五臟陽脉營於六腑陰陽相貫如環無端莫知其紀其流溢之氣入於奇経轉相灌溉内溫臟腑外濡腠理奇経凡八脉不拘制于十二正经無表裏配合故谓

768 訓蒙醫略

《訓蒙醫略》,不分卷(書末有“十二經指掌卷之四終”字樣,但無分卷之實),五册。作者不詳。封面題有“訓蒙醫略”及“澤農氏藏”字樣。有目録,無序跋。每册正文首頁鈐有“上海中醫藥大學圖書館藏書”章一枚。正文以工整小楷書寫,全書共計四百七十四葉,約五萬字。《中國中醫古籍總目》載録爲清鈔本。現藏于上海中醫藥大學圖書館。

正文以《辨舌論約》爲始,論述傷寒舌象;次爲《傷寒要法》,以正傷寒之名,對正傷寒及温病、瘟疫、時毒等加以區分;次爲《傷寒内傷外感辨》《傷寒一切證治宜忌》《婦人傷寒》等篇,論傷寒汗吐下法應用及傷寒用藥宜忌等。以六經爲綱,對傷寒各證治及仲景之法詳加探討。隨證附方,目録收方劑共一百六十一首,實載一百五十七首,以《傷寒論》方劑爲主,兼選後世名方。每首方劑先列藥物,次述主治症狀,後論方劑配伍及臨床應用特點。又書内有硃筆句讀、細筆楷書夾批及眉批數條,疑爲後人作。

本書看似論傷寒,實是論治傷寒之法在温病、時疫等病證中的應用。正如作者所言:“三時傷寒以及温熱時行諸症,雖所感之氣與所發之時不同,而要之六經傳變則一也。故古今名醫輩出,但借仲景法治之,特其用藥稍有輕重温凉之異耳。”可謂宗仲景而又不泥于仲景。論述每有特色,可爲現代臨床醫生借鑒。

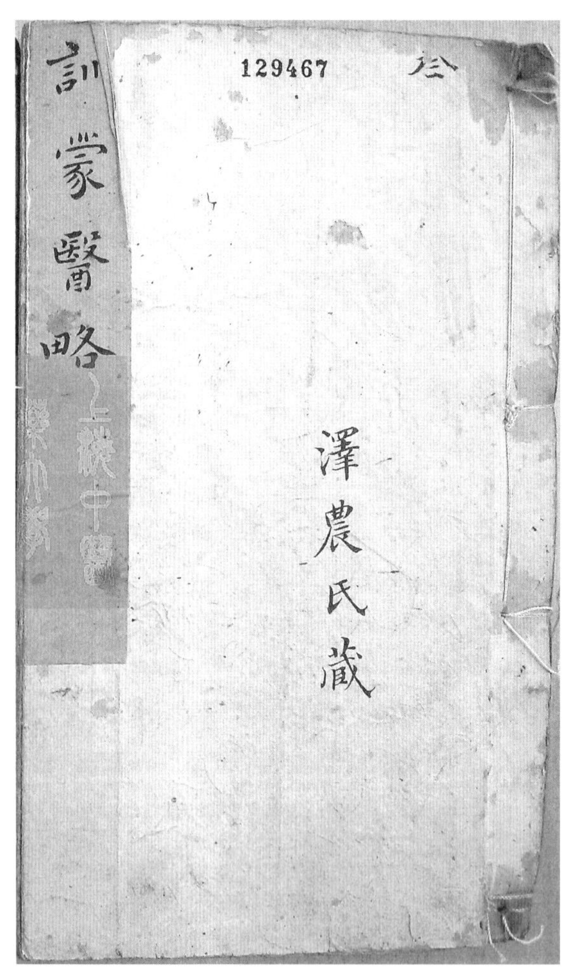
訓蒙醫略
129467
叁
澤農氏藏

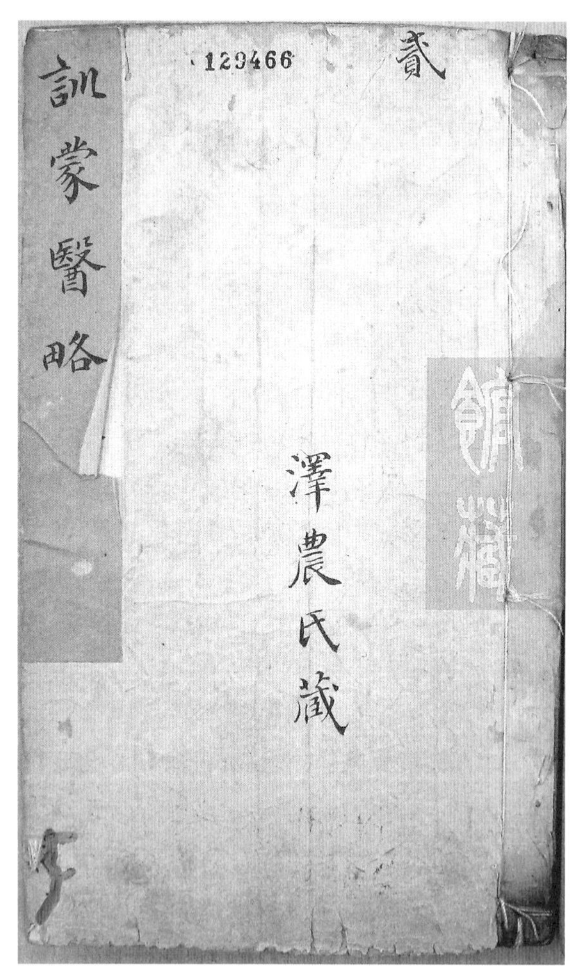
訓蒙醫略
129466
貳
澤農氏藏

訓蒙醫畧

正傷寒 三時傷寒 温病
熱病 秋温 冬温 時疫
温疫 寒疫 時毒發癍
大頭時毒 風温 濕温
中暍 中濕 風濕 寒濕
濕痺 痙病 温瘧 霍亂
傷寒内傷外感辨 感冒 傷

辨舌論約

傷寒邪在表則胎不生。邪熱傳裏則胎漸生。白而黄。黄而黑。黑甚則燥裂矣。要以滑潤而白為表邪。灰黑濕潤為陰寒。灰黑滑薄為挾冷食。皆不可用寒凉攻下之劑。然中暑夾血多有中心黑潤者。又不可拘於上説也。若黄黑灰色而乾燥紋裂者。為熱極。萬無虚寒夾血之理。

可治八也

舌有純紅而露黑紋數条者。此水來乘火。乃陰症也。舌胎必滑。必惡寒。惡水。喉必吐。如現純黑。是死症也。水極似火。火極似水。皆傷寒之不可治者。

傷寒要法

治傷寒。第一要認得題目清楚。看是正傷寒。或三時傷寒。或冬温。或温病。或熱症。或行時疫癘而時疫中。又要辨是温疫。是寒疫。或挾疹。或兼大頭病。題目既定。便當分六經表裏傳變。隨症治之。按正傷寒病。當從仲景法。若三時傷寒。及冬温温病熱病。時行諸病。其入

769 高果哉醫論廣見

《高果哉醫論廣見》，不分卷，四册。明高隱著。抄録年代不詳。高隱，字果齋，又字果哉，浙江嘉善人，生活于明代萬曆、天啓年間，曾隨王肯堂游數年，深得其學之秘奧，王氏醫書六種，高隱皆參與采輯。王氏《證治準繩》序曰："嘉善高生隱從余遊，因遂採取古今方論，參以鄙見，而命高生次第録之。"後與繆仲醇交善，療疾多奇效。著有《醫林廣見》《雜證》《醫案》等，未見刊行。此《高果哉醫論廣見》即《醫林廣見》之鈔本，現藏于上海圖書館。

本書分"傷寒科""肝部"和"脾部"三部，其中"脾部"爲兩册。"傷寒科"分"傷寒六經圖説"和"傷寒六經傳變各證論治法"兩部分，前者論述六經的各自走向、病變表現等，後者以問答方式闡述六經傳變的規律、證候、疑似病證的鑒别等，共有八十問之多。"肝部"列三十九病證，爲中風、類中風、傷風、頭痛、偏頭風、雷頭風、大頭痛、頭重、頭摇、頭風屑、眉棱骨痛、頸項强痛、眩暈、癇證、痓證、勞風、瘛瘲、顫振、拘攣、厲風、破傷風、痹證、環跳穴痛、鶴膝風、多卧、不得卧、善太息、怒、脇痛、疝症、小便不通、淋證、小便黄赤、小便數、小便不禁、遺溺、前陰諸疾、陰汗臊臭陰冷陰癢、陰痿。"脾部"列五十病證，分爲脾胃、傷飲食、嘔吐、吐利、霍亂、轉筋、翻胃、膈噎、吐酸、吞酸、嘈雜、噫氣、惡心、吐清水、馨氣、腹中窄狹、梅核氣、呃逆、關格、痞滿、胸痹、痞不能食、飢不能食、惡食、脹滿、水腫、臌脹、身體痛、拘急、臂痛、手氣手腫痛、脊痛脊强、肩背痛、傷酒(以上見上册)、痰飲、癲狂、心風、積聚癥瘕、倒倉法、痞塊、消渴、口燥咽乾、黄疸、腹痛、腸鳴、泄瀉、飧泄、滯下、蕩積、閉結。每一病證先述名醫名著、病因病機理論，後詳述各種證候的治則治法及所用方藥。如："水腫，《内經》曰：諸濕腫滿，皆屬脾土。夫脾虚不能制水，水漬妄行，故通身面目四肢皆浮而腫……丹溪云：因脾虚不能制水，水漬妄行，當以參术補脾……”又如:“何柏齋云:造化之機,水火而已,宜平不宜偏,宜交不宜分,水爲濕爲寒,火爲燥爲熱,火性炎上,水性潤下,故火宜在下,水宜在上,則易交也……水腫證,不交而水偏盛也,制其偏而使之交,則治之之法也。”後詳述水腫有十證不同以及對證用藥方法。

此書版面清晰,内容豐富,所列病症分别討論病因病機、主症、治療以及歷代醫家的相關論述,平允實用,對後學或有所啓迪。但在病證分類上將癲狂、心風等列入脾部,似乎不妥。

高果哉醫論廣見目録

肝部

高果哉醫論廣見目録

脾部

770 採論醫道

《採論醫道》，不分卷，一册。成書于清光緒十三年（1887）。書首有胡盧道人（生平無考）序及目録。序言稱感當世"醫道日見其不明，心術亦由此不仁"，故録此醫論以警世醫。查論中多引種榆山人胡君悦彭説。胡悦彭，名仁壽，字悦彭，號種榆山人，清同光年間人。原籍吴縣（今江蘇蘇州），行醫于滬上，診病投方，每多效驗。此書所收醫論，有與《種榆山人醫論》相重者，疑此書作者或爲胡悦彭。書首鈐有"上海中醫學院圖書館藏書章"一枚。正文用工整行書抄寫，版面以淡緑色綫條爲框及界格，版心有"雙鴛鴦硯齋"字様。全書共計百葉，約一萬二千字。現存鈔本，藏于上海中醫藥大學圖書館。

本書爲醫學論説集，共收入醫論十二篇。其中《時證鄙論》一篇，據篇後所記，是録慈水書癡曉輿氏稿。《難産神驗良方并論》篇收難産神驗方一首，爲補氣血之方，認爲難産爲氣血不足所緻，世醫不知此理，"每用催生丹及一切下胎諸藥"，殺人無數，故設此方大補氣血，以備救生之用。

詳此十二篇醫論，文采卓然，每篇引《易經》《孟子》等儒學經典入論，論述精當，多有見地。如《血氣無咎説》篇，自《易經》"血去惕出無咎"語入手，言明人身"陰陽者，血氣也"，血氣之病，每由外邪失治，入裏化火，或内傷七情化火所致。因陽明經爲十二經之海，多氣多血，提出"是故治血獨重脾胃"，然後辨血色以詳病因，察血脈以測機理。在血證治療上推崇繆仲淳，以其"善用降氣之法"。并列出當世治吐血者三患：患喜用寒凉，患喜用辛熱，患喜用草藥單方。論斷出奇，叙述詳備，實爲警世之論。察"治血獨重脾胃"説盛于唐宗海，唐氏執此以爲大家。作者宗唐氏以爲用，故亦活人無數，可爲現代臨床醫生參考。

古人云死生亦大矣豈不痛哉是所貴乎人者以其具知識也夫寡嗜慾節飲食人皆知爲金玉其身而縱欲無度輩若獨不識不知此自愛之不計痛云乎哉雖然去與不去同歸於盡猶蒿蒿乎人生疾苦胡爲者然而至人痌瘝在抱不忍坐視民瘼醫雖小道未敢偏廢惟良醫世不間出而今之

業斯道者彌多於蝻子鬨亂日就月將營營逐臭醫道日見其不明心術亦由此不仁嘻此真謂之將就從事草菅人命也可爲得目之曰醫

光緒十三年歲在丁亥暮春月十日寓

海上胡盧道人序

採論醫道目錄

夏病續說

用痧藥宜先辨痧證說

時症鄙論 錄入論桃痧之上額

兒科闡微論

兒科闡微論

孟子曰楊墨之道不息孔子之道不著著儒道之不明有異端以梗之而醫道之不明亦有異端以爭之也夫醫道原本於儒道孔安國序尚書曰伏羲神農黃帝之書謂之三墳固業儒者所當知也業儒者尽知之又何患醫道之不昌明也哉惜乎唐書編入技藝而士大罕言之去聖

血去死答說

易言血去惕出死答向以為特譬而喻於實事或未當焉去年劉佛卿部郎為言血症無死法以窮異之未及詳詢匆匆話別常以為憾今觀海上種榆山人胡君悅彭之論吐血而得其說矣山人之論曰萬物生成之道惟陰與陽非陽無以生非陰無以成陽生陰長而人理備焉夫陰陽者血氣也人有此身即有此血氣故血旺則形充血衰則形壞

771 崇寔堂諸症名篇必讀

《崇寔堂諸症名篇必讀》，封面題作“濟生論諸症名篇必讀”，不分卷，何鎮著。何鎮(1620-1674)，字龍符，號培元，京口(今江蘇鎮江)人，著有《本草發明》《百藥主治》《本草綱目類纂必讀》《何氏附方濟生論》《何氏濟生論》《何氏家傳秘方》《素問鈔》《濟生邃論》等。此本無序跋，正文中有朱筆圈點。目録首題“崇實堂删訂濟生論諸症目録”，由此可知此本應爲《濟生論》的删訂本。現藏于上海中醫藥大學圖書館。

該書共收三十三症，主要爲内科病症，如中風、瘧疾、火症、脚氣、嘔吐、咳逆等。何氏深受河間、丹溪影響，如“諸氣”之論，在河間“五志過極皆爲火”以及丹溪“氣有餘便是火”“上升之氣自肝而出中夾相火”的基礎上，提出“七情交攻，五志間發，乖戾失常，清者遂變而爲濁，行者抑遏而反止，擾亂妄動，失其常度，變而爲火”。另有“咳逆”“噎膈”等均源出丹溪，敷衍論説。除上承名家之論，何氏也有新説。如“火症”，提出“五火”:“人稟五行，惟火居二，有君相之分。心爲正火，焦曰龍火，故曰二火。君不主令，相火代之，其性寄於肝腎之内，附於脾肺之間，凡諸經動者皆屬於火，故謂之五火。”“翻胃”可由血虚氣虚、或痰或熱而緻，吞酸總因濕熱藴積于肺脾之間等，頗具參考價值。在編寫體例上，將部分病症編成歌訣形式，列于篇首，便于讀者誦讀記憶。如“嘔吐”:“得食即吐知爲火，停久而來却是寒。久病胃虚因不納，或緣氣逆與停痰。食嗔胃中多生嘔，新穀如何下得關。欲辨寒熱虚實候，大微遲數脈中參。”“咳逆”:“陰火攻衝成咳逆，或因痰氣滯胸膈。胃中積熱與停寒，病後胃虚多呃逆。”每一病症均先分析病因病機，辨别諸症，再議治法，加減用藥。

此本是何氏臨證經驗的總結，其中不乏推陳出新之論，對一些内科疾病治療有一定借鑒作用。

崇寔堂刪訂濟生論諸症目録

五月十五日讀

崇寔堂諸症名篇必讀

中風

夫風者百病之長也由是觀之中風在傷寒之上為病急卒岐伯所謂大法有四一曰偏枯二曰風痱三曰風懿四曰風痺言其最重者也大抵人之有生以元氣為根榮衛為本根強氣壯榮衛和平腠理緻密外邪客氣焉能為害或因喜怒或因憂思或因驚恐或飲食不節或勞役過傷遂致真氣先虛榮衛失度腠理空疎邪氣乘虛而入及其

772 張景東醫論

《張景東醫論》，不分卷，一册。張景東（壽喬）撰。作者生平不詳。現存苑林鈔本，《中國中醫古籍總目》載録爲清鈔本。藏于上海中醫藥大學圖書館。

本書共有七論，分别爲《瘟疫論》《集補冬温論》《集補春温論》《秋後晚發感症擬瘧新論》《重集痙病論》《熱痹新論》《增補卧龍道人痿症論》。《瘟疫論》論述風濕、熱病、暍暑、濕熱、秋燥、中風、傷風、發頤、咳嗽諸證，另有《手少陰心經見症説》。每論後均有著者按語，對傷寒與温病的治療每有獨到見解。認爲傷寒爲從表而始，故不可攻之，攻之多易生變；而温邪爲從内而發，攻之不爲大害，但應從外瀉爲佳，誤攻易引邪入裏。故温邪治療應以清理爲主，兼之解肌，首用辛涼以化表熱，繼進苦寒以泄裏熱，方如梔豉湯合益元散加味、白虎湯加味等。如若誤用桂枝湯而緻大汗淋漓、津液外泄等症，可用白虎加人參湯以挽回。《集補春温論》提出春温治療的第一要旨是始終照顧胃液腎津，不論是暑病還是痢疾均需要辨證論治，不可概以同類藥物治之。《痙病》指出六氣之爲病皆足以致痙，而不獨風濕，故尤需辨證以施治，但大旨不外“津傷熱極生風”六字。

本書爲張氏生平臨證經驗輯録，然不全爲其獨立觀點，多在參考張仲景學説的基礎上，引用喻嘉言、羅天益、張石頑、李士材等醫家之言，按語中點明贊許之處。尤其是温病部分可説是集當世諸家觀點，據生平經驗做出辨别，對臨床有參考價值。

張景東醫論

苑林鈔本

瘟疫論

大江以南地土卑濕仲春之月地氣上升即有天行疫癘之氣錯出其間從濕土鬱蒸而發自内達外與傷寒由表傳裏者不同故雖三日之淺可以汗下並行如河間涼膈散之屬乘人元氣未漓津液未枯一見舌胎黄厚胸膈痞滿早用承氣湯先通其裡即未能全愈下之空中火性自平多汗出蒸蒸而解者再疫邪下法與傷寒異有是症即

773 彙精集

《彙精集》,兩卷,一册。徐培之撰。徐培之。清代醫家,事迹無考。該書係清咸豐六年(1856)手稿本,現爲殘本,僅存上卷。原封面已不存,首頁有"上海第二醫學院圖書館藏"藍印。開篇即作者同門潘遵鋆于咸豐六年所作之序,述該書爲徐培之匯集其師所著《湯頭歌訣》并《醫門選要》二書之精要而成,落款爲"咸豐六年丙辰且月鴻城潘遵鋆書於笑蘭仙館"。正文前有上下兩卷的詳細目録共十葉。目録頁與書末均有陽文朱方"國立暨南大學圕珍藏"。序言每半葉五行,每行十二字,目録與正文每半葉八行,每行十八字。書口標有該章節頁碼。抄録格式整齊,字迹端正清晰。現藏于上海交通大學醫學院圖書館。《中國中醫古籍總目》《中國醫籍大辭典》均未收載。

據該書目録,上卷爲醫藥理論,包括"雷公藥性賦""四言脈訣""温熱論""雜病賦""摘《濟陰綱目》六則(治漏下血、煩躁、心腹脹滿、胎水腫滿、診婦人有妊歌,孕婦藥忌歌)"以及"逐月司胎歌";下卷爲湯頭歌訣,包括來自經方及《千金方》《局方》的正方五十七首,"景岳方"六十七首,"許君方"十五首,"《濟陰綱目》中方"十九首,"産寶方"三首,"《指南醫案》中方"十三首,"雜録諸方"八十三首,每方名下以小字注明出處及其附方。但目前該書僅存上卷前四章,即"雷公藥性賦"寒性、熱性、温性、平性四部分共十九葉,"四言脈訣"七葉,"温熱論"十四葉,"雜病賦"五葉;上卷另兩章即"摘《濟陰綱目》六則"和"逐月司胎歌"共九葉誤裝訂于民國鈔本《婦嬰全書》之後。其中全文抄録葉天士《温熱論》一章,初稿與清代道光九年己丑(1829)年衛生堂刻本《續刻臨證指南醫案》卷一相同,但有多處以潦草筆迹塗改,大多依據清乾隆五十七年(1792)《吴醫彙講》刻本改訂,但亦有似爲按抄録者之意徑改者，如“入營猶可透熱轉氣”，改爲“入營分猶可透熱，仍轉氣分而解”，不知何據。或可作《温熱論》一書流傳情況的參考。

按是書完整内容當包括理、法、方、藥諸方面，如其序中所言，“取其精且詳者，彚爲一集，以便記誦”，尤其是“湯頭歌訣”部分，被稱“分門晰類，韻叶句調，深得古人用藥先用意之旨”。惜乎裝訂錯訛，又未存全本，所存部分可供參考。

序
予聞醫之有方也猶奕之有譜
善用之則爲濟世之航不善用
之則爲殃民之刃故河汾氏之
言曰醫者意也藥者瀹也必先

序
咸豐六年丙辰且月鴻城潘遵鋆
書於笑蘭仙館

彙精集目錄

上卷

下卷

雷公藥性賦

寒性

諸藥識性此類最寒犀角解乎心熱羚羊清乎肺肝澤瀉利水通淋而補陰不足海藻散癭破氣而治疝何難聞知菊花能明目而清頭風射干療咽閉而消癰毒薏苡理脚氣而除風濕藕節消瘀血而止吐衄瓜蔞子下氣潤肺喘兮又且寬中車前子止瀉利小便兮尤能明目是以

774 經歷雜論

《經歷雜論》，不分卷，一册。劉恒瑞撰。劉恒瑞介紹見本書"378六淫直徑"。此書約成于清光緒二十四年(1898)。目録頁有三枚印章"紹興裘氏""讀有用書樓藏書章"和"中華書局圖書館藏書"。後經裘慶元校正，1924年輯入《三三醫書》第二集。現存鈔本，藏于上海辭書出版社圖書館。

作者在自序中云："兹將予二十年所經歷諸症診治之法，不拘泥古方古法而獲效者，列案於後，而以予心得之法作一論，以冠於前。"是書共列二十四醫論：《正名論》《疼痛辨》《諸痛論》《虚癆真僞辨》《辨浮腫臌脹》《虚極反實生偽癥瘕石疽辨》《氣鬱徒用攻散禁》《初下便用生軍禁》《滋陰徒用甘寒草木之品禁》等。書中有不少獨特的見解，如安胎藥的應用，作者在《安胎論》中指出："予謂胎因熱邪不安者，清熱即可安胎。雖寒如大黄，用之可也。"并舉一則病案："一周大雲外室，孕三月，患陽明伏熱内結症。予用亦兩承氣合鹹寒法治之，至十二朝，伏熱外達，症勢似險，周延樊醫，評論予方曰：'藥當。病重，伏邪外出也。方甚合，宜可不必改。但大黄能下胎，宜去之。'周陰從其言。二三日，予訝其脈不甚流利，有欲停之勢，因問得其故，予曰：'保胎將軍安可去乎？'遂加用。至三十二劑，病痊，胎安如故。"

是書所論别開生面，頗具特色，"所記皆新奇創解，未曾經古人道破者，以開後學之見聞"。

經歷雜論目録

經歷雜論序

老馬識途以其經歷多也諺云熟讀王叔和不如臨症多蓋臨症既多其奉向見識亦有從經歷而漸推廣者故醫家有醫案之傳以為前車之鑒然以醫案傳者每有重複雷同之弊亦將予二十年所經歷諸症診治之法不拘泥古方古法而獲效者列案於後而以予心得之法作一論以冠於前案驗雖多僅記一二凡無甚大异之案一概删去不録以免煩冗所記皆新奇創解未曾經古人道破者以開後來之見聞神而明之存乎其人青過於藍則幸甚矣

正名論

又麻疹痧各處方言命名不同世醫遂強分爲三病其實無甚分別皆胃肺之症耳

者多矣以其只知有胃家寒之症有以胃家熱告之者必訕其妄以未之聞也此外更有各處各言不同如蘇人患瘧則名曰脾寒南京人名癟螺痧曰鬼偷肉是更無理取鬧像形遺意命名更不可從者也今余以正名告後學而分別總名專名求其至當不易之理焉今之人聞人有病輒問曰何病內症乎外症乎則外症內症是總名也（外症需外科內症請內科）內症中有二大總名曰內傷曰外感（內傷五志外感六淫）可執此總名以治病乎總名曰外感分而言之各有專名在焉輕者曰傷重者曰中故有傷風中風傷寒中寒傷暑中暑傷溼中溼傷燥中燥傷熱

中熱之病名焉感而不即發病過後由裏而發者總名曰伏邪故有伏風伏寒伏溼伏暑伏燥伏熱之專名焉此外感病之病名真名也可以其名求其治法者也其有兼感兩氣者則兼名之兼治之可也內傷之因於五志七情者曰喜笑傷心曰發怒傷肝曰思慮傷脾曰恐懼傷腎曰操持動作傷腎曰色慾傷腎曰悲泣傷肺此外又有氣血痰食所生之病焉此四者是六淫之淵藪邪氣所依踞者也曰氣虛（邪傷氣則氣傷而虛）曰氣實（初感則實）曰氣搏（安按六淫七情皆能遏搏氣機）曰氣復（安按熱病後血液大傷氣易復血液難復多變浮腫症名曰氣復）曰氣急（呼吸太速血難遍之安按亦有邪壅氣閉氣急而急者）曰血虛（安按血不能化氣則虛有因邪傷者有本原素偏者）

775 聚珍編

《聚珍編》，兩卷，殘本。清徐穌甫輯。徐穌甫，乾隆嘉慶年間人，生卒年代不詳。據是本吴大烈序，徐氏"以通儒之學，兼精醫理"，"遍閱四家以下諸書，以《内經》爲經，諸家爲緯，博觀而約取之。特加意於類傷寒諸症，集名醫之要論，出生心之化裁，匯爲一編，題爲《聚珍》"。是本所引諸醫家最晚爲乾隆年間人，且書首吴序後題爲"嘉慶三年桂月上浣"，故是本成書時間當不早于1798年。現存鈔本，藏于上海圖書館。

是本上卷以臟腑、經絡和傷寒病證、温熱病證爲主要内容，共輯撰十二官、營衛三焦、奇恒傳化藏瀉不同、七衝門、奇經八脈、奇經八脈病、汗有五要六忌、三時傷寒與冬月傷寒異治同治之别、類傷寒證、熱病脈色争見、温病陰陽交、論風温、濕熱論、疫癘論、痧疹丹斑同异辨以及各經條例等三十餘論，内容涉及《素問》《靈樞》《難經》《傷寒論》以及温熱病，并收集高士宗、張景岳、尤在涇、何仁壽、邵新甫、喻嘉言、朱肱、吴又可、程鍾齡、王宇泰、葉天士等多位醫家的論述。下卷未見。

是本收集歷代醫家所論，"約而達，簡而該"，對各家之論先輯録，後評説，頗有見解，值得一讀。但此本爲殘本，缺卷二，頗感遺憾。

聚珍編

十二官 素問靈蘭秘典論

營衛三焦 靈樞營衛生會篇

奇恒傳化藏瀉不同 素問五藏別論

七衝門 難經四十四難

奇經八脈 難經二十八難

奇經八脈病 難經二十九難

部位 高士宗撰

聚珍編

穌甫氏輯

十二官 素問靈蘭秘典論

經云：心者，君主之官也，神明出焉。

心為一身之君主，稟虛靈而含造化，具一理以應萬機，藏府百骸，惟所是命，聰明智慧，莫不由之，故曰神明出焉。

肺者，相傳之官，治節出焉。

肺與心皆居上焦，位高近君，猶之宰輔，故稱相傳之官

776 種榆山人醫論

《種榆山人醫論》，不分卷，一册。署"海上種榆山人胡仁壽悦彭甫艸稿"。胡仁壽介紹見本書"770採論醫道"。成書約在清光緒十六年（1890）。《中國醫籍大辭典》言"約成書于清宣統三年（1911）"，誤。是書爲作者手稿本，全書字體行草相間，書法流利秀美。然其中多草書，常難以辨識，給閲讀造成困難。現藏于中華醫學會上海分會圖書館。

是書分二十四篇。假借浙東可人向種榆山人叩問醫道，以問難形式討論醫學上的種種問題，涉及傷寒、時疫、雜病、病因、辨證、用藥等方面，還結合社會、時令、地域闡述對疾病的認識，抒發對中西醫學的看法，評點古今中外醫學考試制度與方法。大多每篇圍繞一個主題，亦有兩篇就一個問題作連續論述的，如《夏病説》與《夏病續説》，《道異説》與《續道異説》。有探討病因診斷的，如《原風》《原濕》《痰飲辨異》《切問篇》；有論傷寒、時疫的，如《傷寒温邪辨》《夏病説》《論今秋時疫》《問疫》；有論霍亂、痧症的，如《霍亂寒熱辨》《論挑痧》《用痧藥宜先辨痧證説》《論癟羅子午吊脚等痧》；有辨析雜病的，如《痰飲辨異説》《哮喘辨》《咳嗽論》《咳問》《血去無咎説》《論心腹之患》；有談疾病預防者，如《預防痘瘄喉症法並引》；有討論藥物的，如《補藥宜慎論》《與客論洋藥》；有評論中西醫道的，如《道異説》；有評論醫學考試者，如《醫學考試論》。所論結合當時社會實際及地域特點，對常見的時令病、雜病論之甚詳。如其論夏月致病多暑濕挾食時云："今滬上雖海濱一隅之地，實萬國匯萃之處，地勢窪下，濕邪最盛，魚鱗櫛比，煩熱更多。作以章臺楊柳，酒池肉林，惟酒是接，惟色是躭。酒色傷乎内，暑濕襲於外，乃欲不病，其可得乎？"又如論吐血："今滬者爲萬國薈萃之區，酒池肉林之所。吐血之症日見其多，治不如法，每多不起者,何也?半由於醫者不明致血之由,半由於病家誤服單方之故。三十年來目見甚多,無治亦不少。因敢筆之於此,以備留心斯事者之擇採焉。”對某些疾病的治法,常有精闢見解。如一種頑固性咳嗽,遇勞、遇寒、遇熱即發,飲食不節、情志不暢即發,經年不愈,無法可施。其先析病機:“此症先必感受外邪,早投膩補,或不禁醇酒厚味,乃至痰凝氣滯,填砌肺竅,頻咳不出,衝破血絡,於是氣與血絞結不散”;再論治法:此時“補瀉難投,寒熱罔施。唯有通瘀一法,可以收功”。又如論血症治法,强調“治血獨重脾胃”,并指出:“往往有諸血症經年不愈者,皆以胃藥收功。”若無長年臨證歷練,實難發此擲地有聲之論。

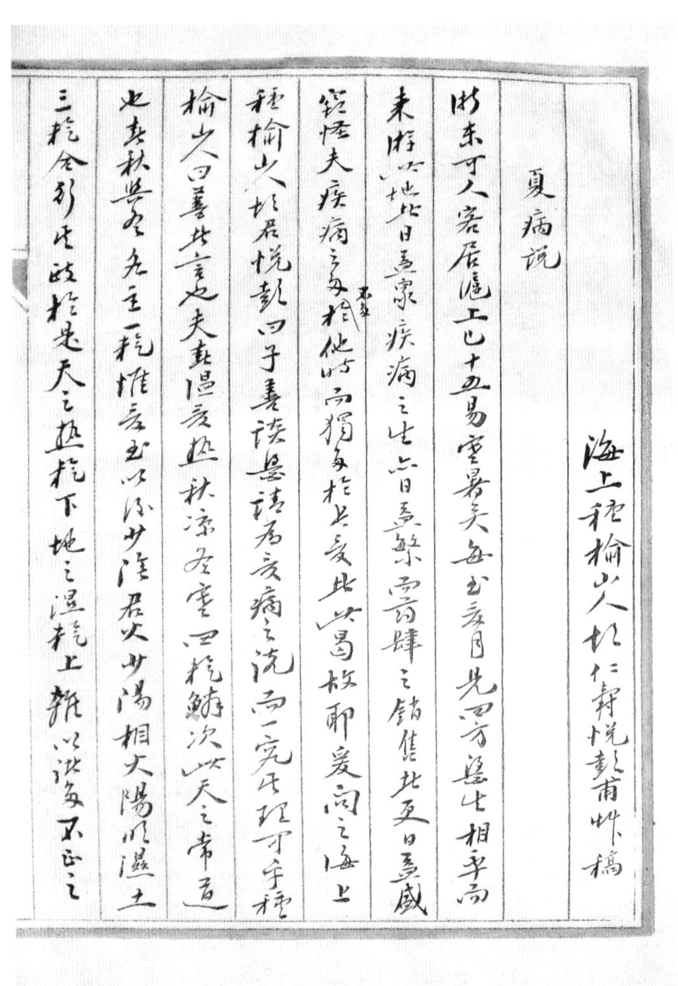
海上穉榆山人杞仁甫悅彭甫艸稿

夏病說

浙東可人客居滬上已十五易寒暑矣每至夏月見四方邊土相率而來游此地者日益衆疾病之生亦日益繁而市肆之銷售者亦日益盛竊怪夫疾病之多於他時而獨多於此處此其何故耶爰問之海上穉榆山人於君悅彭曰子善談醫請為夏病之說而一究其理可乎穉榆山人曰善哉言也夫夏溫夏熱秋涼冬寒四時錯次此天之常道也夏秋異名而主一氣惟夏五以降少陰君火少陽相火陽明濕土三氣合行其政於是天之熱氣下地之濕氣上蒸以此多不正之

穢亂氤升緩上下薰蒸人在氣交之中暗侵而不覺此氣於以鼻孔嗅味
狀居不悟一經感受最易致病故夏月之病雖多不外暑濕兩字
前人有暑熱暍之分不知暑即熱暍即熱之甚者也又云夏月伏
陰在內豈有中虛寒居內此之症理固然矣然亦不過百中之一二若
援以為例正誤甚矣夫伏陰非乃冬月寒邪伏藏於內至夏令伏
邪與外邪相觸而發與暑之觸而即發伏而晚發者迥殊以伏陰之脈弦
細兼遲中暑之脈微弱洪大故也並有人言夏月劇為陽暑陰暑之論亂投
藥味遺害不淺試觀暑從日字日豈陰乎所謂陰暑者不過乘涼於高
堂廣厦過啖於沉李浮瓜遂致暑為清涼所遏脾為生冷所傷用藥亦

不過辛涼宣發和脾化滯而已並無所謂大溫大補之法若僅於夏月之
暑邪分為陰暑則冬月亦有陽寒之論矣何也不因其是殊不知其果
烈烈熱地如爐雖有金石之堅猶將銷鑠況乎吾人身之內乎哉傷於令令之
時無投溫補寧免實實虛虛之禍觀乎陰陽之理毫無偏勝夫有彼真之暖
為夏之暑地有炎蒸之氣蒸秋清冬寒夏月陽在外則外陽而內陰所以汗洩
下泄陽熱外泄也冬月陰在外則外陰而內陽所以肌（皮）膚燥裂此陰液內鑠
也經故云夏食涼以養陰以夏熱最易鑠陰故宜涼以存之下文云雖有
寒邪致病亦為少用熱藥所謂必先歲氣毋伐天和是也然而暑熱為患
每挾濕蓋而戊已土合陰故暑濕每易相乘亦理之常時人每謂暑中有濕悉析

777 管見集

《管見集》，不分卷，四册。清徐大椿撰。徐大椿介紹見本書“728 葉案臆摘”。是本内鈐印數枚，有“大椿手録”“靈胎氏”“煉藥草堂”“壽昌”“顧氏秘笈”等。現存稿本，藏于上海圖書館。

是本主要爲各種病證的醫案、方藥選論。第一册論疹、調經、崩帶、求子、安胎等十六門，以婦科病證爲主，兼有外科、幼科雜病。第二册論勞瘵、吐血、哮症、咳嗽等二十二門。第三册論痰症、消渴、鬱症、厥症、瘧疾等十八門。第四册論頭痛、大頭瘟、面部病（耳癢、鼻病、鼻衄、目疾、口病、舌病、齒病）、失音等二十六證。第二至四册多爲内科雜證及五官科病證。是本多列病案，如調經一證，有吴氏婦經前不適、潘氏婦月經不行、程氏婦經閉不行等病案，又有如程仁甫、汪石山、朱丹溪等名家醫案，從症狀到辨證論治，遣方用藥，無不詳盡。又如咳嗽一證，遣方用藥頗爲詳盡，列歷代名方如百部膏、葶藶丸、射干麻黄湯、葶藶大棗湯等三十五首，且朱筆强調各方對症特點，如瀉白散善于平肺，順氣消食化痰丸主攻酒食痰嗽，杏仁煎乃潤劑，治勞役表疏、寒襲于肺、上氣乾咳、肺痿聲啞之症，麥門冬湯治虚火上氣，補肺阿膠散用于症見肺虚有火、燥灼津液、咳而氣哽等。

是本爲兩節本，下層多爲病案，上層多爲藥方及方解，層次清晰明瞭。所載病案、藥方多爲歷代名醫經典醫案及經驗效方，述證全面，病案詳實，用方廣泛，可供臨床參閲。

管見集目錄

目錄

頭痛

一婦頭痛、如劈破，髮根稍動則痛，延滿以暈倒不省，踰時乃甦，遍身亦痛，胃高飽悶，飲湯水停西馬間不下。先一日吐清水數次，蚘虫三條。原曰怒起，大便秘，六脈滑大，召乃此痰厥頭痛也。以天麻、藁本、半夏、陳皮、白芷、薄荷、麻黃、生姜、葱白煎服，得少汗而頭痛稍止。不日此中焦痰甚，從下不可，乃用半夏五錢、巴豆霜壹分，麵糊丸，生姜湯下三十丸，大便行三次，皆痰稠積。由此飲食稍進，餘症差可，調之而安。

一人稚年氣弱，曾于氣海、三里灸之，及長成越厥頭痛，兼隆冬喜朔風吹之，其患輒止，稍處暖及近烟火，痛即作。此灸之過也。東垣治以清上瀉火湯，尋愈。

呂元膺脉一貴者，兩寸浮弦。夫浮為風，弦為痛，且寸屬上，曰頭痛。

清震湯　雷頭風

蒼朮　升麻　荷葉　甘草

偏正頭痛方

白芷、川芎三錢，為末，搽在黃牛腦上，尾器內酒煮熟，喫醉，醒則若失矣。

又方　白芷　川芎　川烏　甘草　芽茶　薄荷

風痰頭痛　南星　荊芥　研末，姜汁丸

風毒頭痛　川烏　芽茶　鹽梅　南星　薄荷

清上瀉火湯

河間茶酒調散　石膏　甘菊　香附　細辛　研末，茶酒下亦

大川芎丸　以芎一兩、天麻四錢，為末，蜜丸，酒茶下亦

778 養新堂醫論讀本

《養新堂醫論讀本》，八卷，八册，每卷一册。清同治三年(1864)抄。書首有目録，各卷又分條詳細列出。作者周贊鴻(伯卿)，生平不詳。現存鈔本，藏于上海中醫藥大學圖書館。

該書爲醫論性著作，内容豐富，條理清晰。前六卷論述内科疾病，後兩卷爲婦兒科病證。卷一爲中風、痹、歷節、痿、厥、虚勞、三消等病證；卷二論傷寒、百合、寒熱、霍亂、癃閉等；卷三爲濕、暍、瘧痢、癲狂癇、痰飲、咳嗽、疝；卷四論喘、諸血、噎膈、嘔吐、泄瀉等；卷五爲積聚癥瘕、蟲、諸痛、脚氣；卷六爲疫癘鬼疰、諸疸、情志卧夢、五官(目、耳、齒、鼻、口)、雜病。所用病名和編排體例多效法《金匱要略》。對每一病證先列統論，然後分證論述，如卷一對中風和痹證，先有《中風統論》《痹證統論》。《中風統論》後詳論中風病的各種常見證候，如失音不語、口眼歪斜、偏見、風緩等；《痹證統論》後詳論痹證的各種分型，如行痹、痛痹、著痹、熱痹、腸痹、胞痹、臂痹、歷節風等。卷四對臌脹的分類更爲詳明，分脾脹、肝脹、腹脹、血脹、食脹、熱脹、寒脹、實脹、虚脹、風水、皮水、石水、腎水等。卷七對婦科病證的論述十分詳細，包括婦科月經、孕産、帶下等常見病證，如經候、子嗣、崩中、帶下、辨孕、養孕、孕宜、孕忌、孕疾、辨産、産戒、用藥、應變、調攝、懷嬰、拯危、去疾等。卷八爲兒科，先立總論，後按伏氣、風温、厥逆、疳、脹、吐瀉霍亂、瘧、痢、秋燥、冬寒、痘、驚等分類闡述。

本書書名題爲“醫論讀本”，重在探討各病證的病機、證治等理論，而對于方藥運用論述則較爲簡單。作爲醫論，對各病證進行了周詳深入的論述，既上遵《内經》《難經》《傷寒雜病論》等經典醫籍，又旁參歷代名家之論，同時結合個人臨床經驗，頗多獨到發揮之處。如在論述“積聚癥瘕”時，采用

《内經》五臟之積的分類方法，分論肥氣、伏梁、痞氣、息賁、奔豚之名稱。在論述内科外感及内傷雜病之時，又多引用《傷寒論》和《金匱要略》對病證的分類方法、病機分析、處方用藥等方面的成就。在引用歷代名家的論述方面，更是廣徵博引，不拘門户之見。所引有近百家之多，如宋代許叔微、朱肱，明代張景岳、薛己、趙獻可，清代喻嘉言、徐靈胎、張石頑、尤在涇等。尤其是對各種病證的治法提出全面而簡要的概括，對臨床頗有指導價值。如對中風提出八法：開閉、固脱、泄大邪、轉大氣、逐痰涎、除熱風、通竅隧、灸腧穴；對痰飲列出七法：攻逐、消導、和、補、温、清、潤；對疝提出八法：温、逐水、除濕、降心火、和血、散氣、寒熱兼行、逐氣流經等。全書具有較高的學術水準，是古醫籍醫論類著作中不可多得的一部精品，對當今中醫理論與臨床均有重要參考價值。

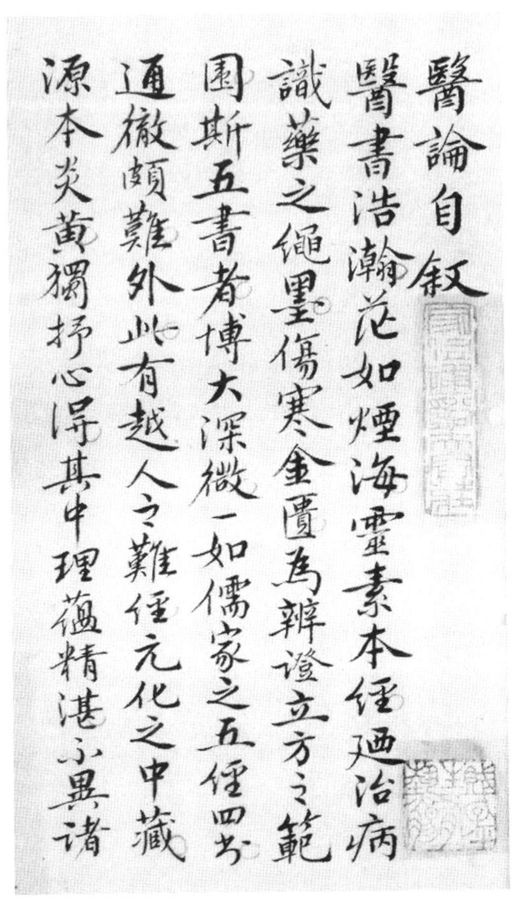
醫論自叙
醫書浩瀚范如煙海靈素本經迺治病
識藥之繩墨傷寒金匱爲辨證立方之範
圍斯五書者博大深微一如儒家之五經四書
通徹頗難外此有越人之難經元化之中藏
源本炎黄獨抒心得其中理蘊精湛不異諸

痲疹

痘

驚

疳

春溫風溫

暑熱

讀書貴有定見以風氣通於肝一句為主腦便做一篇大文字尤君卓識值僉矣

養新堂醫論讀本卷一

長洲後學周贊鴻伯卿甫輯

中風

中風之病，昔人有真類之分，蓋以賊風邪氣所中者為真，痰火食氣所發者為類也。以愚觀之，人之為病，有外感之風，亦有內生之風，而天人之氣恒相感召，真邪之動往往相因，故無論賊風邪氣從外來者，必先有肝風為之內應，即痰火食氣從內發者，亦必有肝風之始基，設無肝風，亦祇為他病已耳，寧有卒倒偏枯歪僻牽引等症哉。經云：風氣通於肝。又云：諸風掉眩皆屬於肝，諸濕腫滿

779 謝編葉氏方案神理元機

《謝編葉氏方案神理元機》，不分卷，四册。清謝秋澄編。據該書章鎮序所記，謝秋澄氏籍貫江蘇蘇州，爲清乾隆年間人。章序題于乾隆丁未五十二年(1787)，故此本的成書年代當不晚于此。根據書中的題識可知此本曾被兩度傳抄，一是道光三年(1823)張大煃抄，一是光緒二十一年(1895)顧道生抄。張大煃、顧道生兩人生平均不詳。此本爲顧氏抄録，現藏于上海圖書館。

此本四册分别以“妙”“手”“回”“春”四字命名，無目録。編著者以自己所收集到的葉天士醫案爲宗，“分門别類，或一方而治，或各方而治，或論標以辨證，或辨症以詳治”，對葉氏方案中的診病方法和用藥思路進行分析，并參考《内經》《傷寒論》以及劉河間、李東垣、朱丹溪、喻嘉言等人的學説，摻入著作者個人體會，分爲春温、夏暑(附濕温時疫)、冬温、痢、痰飲喘咳水氣腫脹、黄疸、癰瘍痔漏、痘疹、情志虚風中厥、虚勞咳嗽失血、風疹、鬱、頭痛、疝、痞脹便閉、經産帶淋女科雜治等十六個門類進行闡述。誠如章序中所説：“源源委委，變化莫測，要皆一本軒岐之旨、長沙之論，而參運於劉朱李喻各家之説，所謂用法而不囿於法，師古而不泥於古。然後知先生之道不特其才之美，實由於學之博也。”

此書爲醫案醫論類，書中所輯葉天士醫案爲著作者自己搜輯所得，而非從華岫雲《臨證指南醫案》中取獲，對葉氏方案的分析本軒岐、仲景之旨，參劉李朱喻之説，摻入個人見解，質樸而實用，值得一讀。此本品相一般。

序　光緒二十一年蒲月十三日顧道生抄
醫道自軒岐作經而後數千年雖盧扁諸妙手而皆無
遺言至東漢張長沙著傷寒金匱諸書明内外辨陰陽
合天時分方域溯邪正别强弱悉以闡經旨之深奥備
療治之法各軒岐固神矣而長沙實至哉其後朱劉李喻
等數十大家先後間出疊疊持論紛紛著述大純小疵
閒有低昂要皆各得一體之賢學之者在悟其指歸領
其源流疑則参信信後究疑則道無不獲故能精斯藝
者皆無書不讀惟無書不讀而正求傍索運融一貫明

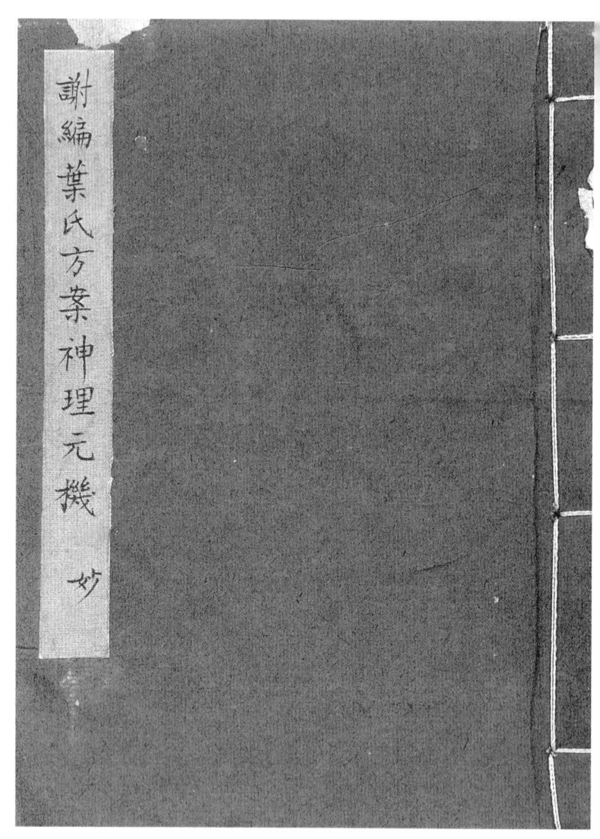

若洞火思若引泉如運斤成風也吴門葉天士先生每治一病如拂微塵應手而瘥莫不驚其術之神奇卒後數年其徒刻先生治案一書予當時閱之殊覺悶悶臆其多不及歷溯受病之源與備論救治之法使人何從捉摸其道也謝子秋澄儒門世家亦性恬憺喜交遊善讀書求濟人故於軒岐百家倍極研究無不徹余交有年矣丁未春復遊吴門詢及葉先生所刻之案何如謝子嘆曰葉先生有心於濟世無心於垂名何所遺案哉如先生果欲閱之則余雖搜輯無多其神理元機本經取

法亦大概可見云爰出手編葉案分門別類或一方而治或各方而治或論脉以證辨或辨症以詳治源源委委變化莫測要皆一本軒岐之旨長沙之論而參運於劉朱李喻各家之說所謂用法而不囿於法師古而不泥於古然後知先生之道不特其才之美實由於學之博也夫才以濟學學以輔才二者兼至有不靈奇活潑者哉嗟乎昔右軍歎書法云吾以今而知夫人之悟予今閱謝子所輯先生之案亦猶是言也余因之有感矣以先生之才之學博濟數十年尚無心立言垂後世其

自虛為何如以謝子之上究軒岐旁通百家猶不自足而遍搜先生之餘緒其績學為何如語云惟虛能學惟學能大洵不誣也時乾隆五十二年歲次丁未春三月上浣繡坡弟章鎮書於澹寧書屋

道光三年歲在癸未孟夏之月雲帆張大烇書於松蔭之廬

癸亥八月念柒日抄

春溫

風溫不解早晚涼熱舌絳口渴熱邪未清陰液衰也胃汁耗不知飢宜生津和陽以甦胃

澹黃芩 烏梅 青蒿

生白芍 橘紅 鱉甲

溫邪內伏潮熱自利暮甚於晝者緣年陰液淺也仲景於三月春溫溫病內應肝胆例以黃芩湯為主

澹黃芩 淡竹葉 生甘草三分

生白芍 白杏仁 玄參 木通七分

黃芩湯法

780 醫存

《醫存》，二十八卷，四函。謝炳耀撰。謝炳耀，字彬如，一作冰如，號心佛，清代醫家。卷一首載《醫學談自序》爲謝氏所作，《贈謝冰如序》爲錢振鍠所作，其中提到“醫存”之意，是爲後裔欲習醫術，可存查此書，稍知門徑。《中國中醫古籍總目》載録該書成于清光緒二十年（1894）。現存鈔本，藏于上海中醫藥大學圖書館。

本書内容涵蓋廣泛，每卷前均列詳細目録。卷一至卷五主載傷寒及温病，詳盡説明各病證間的不同症狀、病因、病機等，并列《傷寒温病古方目録》與《温病古方彙録》百餘首方劑。卷六至卷十六載各類内外科疾病，有咳嗽、咯血、鼻衄、痰飲、癆瘵、失音等三十一種病證。卷十七至卷二十爲五官科疾病，載有目疾、耳病、鼻病、牙齒痛、口舌病、唇病、咽喉病等。卷二十一至二十五復載内科雜病，有小便閉癃、淋症、赤白濁、遺精、喘哮、怔忡等二十一種病證。卷二十六爲《續集》，載《傷寒摘要淺説》《傷寒古方摘録(副傷寒附)》《痢疾摘要淺説》《痢疾古方摘録》，以及部分《兒科摘要》。卷二十七、二十八載《兒科摘要》，有急慢脾、癇痙厥、五積、夜啼、吐瀉以及各種癇症等。本書分述病證一般包括病證輕重之辨别、脈象、治法以及病情説明，每證後均有該病證的古方匯録，所載各方劑的主治、功效，組成完整。在論述病證時，還結合西醫的診斷治療，如卷二十《咽喉病古方彙録》中有《節録西醫白喉病之淺説》指出：“白喉是急性傳染病之一種，由于白喉桿菌之侵入使咽喉發炎。”并列出八種預防白喉的方法。可見其《古方彙録》不僅收録以中藥爲主之驗方，且結合西醫的各種治療手段。

該書對所載疾病從病因病機至辨證治療收録完整，對臨床有參考意義。

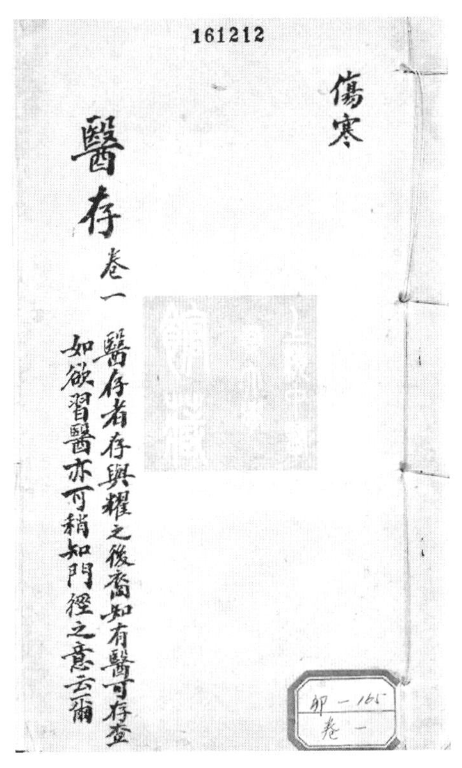

傷寒

醫存 卷一

醫存者存興耀之後裔知有醫可存查如欲習醫亦可稍知門徑之意云爾

醫所以為生民之禍者非不及也皆過也
不得其平不得其平者有餘全其美矣亦自古
以來用藥之不平也久矣漢代方書用藥鑿重
者卅八兩桂枝之類古之權量小于今世然猶
視今世常用者如倍其分如服如此者則其藥
味不能無太過亦可知也是故漢代之方豪傑之士
猶有疑焉宋代大儒深通格物之學然程伊川朱紫
陽皆服大峻厲藥而死蘇子瞻沈存中適品也世傳
其良方虎狼之劑十居六七悲夫用藥之不得其平三
千年來之通病若費氏伯雄謝氏冰如深究天人之
微有餘不足之數治病適當其病而止此大學所謂
止于至善也二先生信千載之英不第今世之通人

781 醫林四大部彙選

《醫林四大部彙選》,不分卷。唐侯衡編撰,無抄録年代。唐侯衡,雲間(今上海松江)人,生卒年代及生平不詳。是本封面有“武良”字樣和“周國霖印”。書中無目録和序跋,首頁題有“雲間唐侯衡平正論定”。從書中所選醫家的生活年代均爲明代萬曆年以前,可推此書的成書年代當在明末清初。現存鈔本,藏于上海圖書館。

是本題名爲“醫林四大部彙選”,實爲對金元至明代諸醫家有關中風、發熱、内傷脾胃等病證的醫論選輯。書中選録歷代醫家的論述三十四篇,其中中風類證收有杜銅峰的《中風五派異同論》,張介賓的《中風多屬陰虚論》,王肯堂的《火中虚中濕中寒中氣中食中惡中暑中論》《厥論》《痓痉》《癘風》和《顫振》,徐用誠的《厥論》,王安道的《煎厥論》,梅鼎的《風厥論》等;發熱類證選有王綸的《發熱諸症不同論》、趙嗣真的《論熱病在皮膚骨髓不可以分表裏》、張介賓的《瘧疾證治》、趙獻可的《瘧論》和《相火龍雷論》、沈明生的《續燥論》、羅周彦的《虚火論》、朱丹溪的《相火》等;内傷類證收録李杲的《大腸小腸五臟皆屬於胃胃虚則俱病論》、李中梓的《後天根本論》、梅鼎的《中氣論》、虞摶的《噎膈反胃本於陰枯陽結論》、王肯堂的《反胃》等。另有未注明醫家的醫論十篇,當爲唐氏自論之作。

是本所選之文既有各家正論,也有不同觀點的新説;既有先列出一家看法,再加以評述的,又有對某一觀點直接表述自己看法的。雖論而不妄加贊抑之詞,“平正論定”,值得一讀。

醫林四大部彙選

武良

醫林四大部彙選　　雲间唐侯衡平正論定

杜銅峯

一　雜症選論

中風五派異同論

按中風暴仆癱瘓等症昔人皆作外中風寒有餘之症而用辛热
疎散之藥及河間刘氏出以為中風癱瘓者非肝木之風实甚亦非
外中之風邪良由將息失宜心火暴甚腎水虚衰不能制之則陰虚
陽实热氣拂鬱心神昏冒筋骨不用而卒倒無知亦因喜怒悲思恐
五志过極皆為热甚俗云風者言末而忘本也东垣則曰中風非風乃
本氣病也凡人年逾四旬氣衰之際或因憂怒傷其氣者多有此症
壯盛之時鮮有也若肥盛者形盛氣衰亦间有之亦有賊風襲虚而中

782 醫宗解鈴語

《醫宗解鈴語》，不分卷。譚焯撰。譚焯，字文卿，黔南人。清光緒十六年（1890）庚寅仲春所撰自序道：“惟二十餘年來，深知天地陰陽之理無不與人之氣血經絡相應，其有升降清濁厚薄剛柔之不同，此正張元素所謂古方今病各不相伴此也。是篇本無奇异，不過心所領悟，間發前人所未發，其方亦因親用效驗，然皆古方而自己删訂，此甫録於篇，以圖草一之小補云。”書末附言：“以上諸説乃余二十餘年来管窺之見。”此係稿本，現藏于上海圖書館。

是本篇目有《五運六气妙理論》《增補内經分配臟腑診脉定位》《六十年天時民病譜》《傷寒病宜知秘訣》《瘟毒吐瀉轉筋説》《痘是瘟毒辨》《痘瘡六七天後作癢論》《抽風是氣虛論》《半身不遂是元氣虧損論》《古人所繪臟腑形圖繪列於後》《會厭左右气門榮衛總管气府血府記》《津門津管遮食總提琬管出小道記》《人有三百六十五節辨》《氣血合脉説》等。如在《六十年天時民病譜》篇中論述道：“丙子丙午年，此病年水太過，水勝火衰，濕土乘之，人病應之，先傷心，後傷腎，病多中寒下利、腹足清冷、内熱厥逆、心痛、腹大腫腫，治之藥宜温多寒少；戊子戊午年，此病年火太過，火盛金衰，寒水乘之，人病應之，先傷肺，後傷心，病多上焦熱、血溢，治之藥宜寒多熱少。”在《古人所繪臟腑形圖繪列於後》中詳細描畫了肺、脾、絡包心、大腸、膽、腎、膽朦膈、氣府等臟腑圖案，圖案周圍有較詳細的文字解釋。

是書重在闡述醫理，剖析治法多與前人經驗貫通，摻入實際心得。

醫宗解鈴語

嶺南譚焯文郁甫著

醫之為道合天地陰陽而一貫者也醫書之行世何止汗牛充棟而世之行醫者無論村牧豬奴以及目不識丁者莫不侈言醫道嗟乎此扎瘥夭昏之禍所由來矣余少多病十五歲以前服藥觸坑迨冬成效醫同治庚午甲戌間屢間老多之為庸醫所誤者五六人爰棄詩醫而自謀生趣詩文之暇即取靈樞素問難經及仲景傷寒金匱諸篇旋深思數年未有所得繼復羅取近代名家著述若吳中之羅滄洲之呂丹溪之朱吳之之薛立齋及東垣之內傷並證以參同契悟真篇始恍然於陰陽動靜之理消長與化之機凡人生天地之間與天地四時相應故天地之雨暘不時而災害作人之氣血不調而疾病生所以內經言五運六氣而民因之學者誠能潛心於陰陽動靜之理縮目之中領悟於天地四時之氣雖不敢

類中風

凡言中風有真假內外之別差之毫釐謬以千里何者西北土地高寒風氣剛烈真氣空虛之人卒為所中中臟者死中腑者成廢人中經絡者可調理而瘳治之之道先以解散風邪為急次則補養氣血此治真中外來之風邪法也其藥以小續命湯桂枝麻黃生熟附子羌活防風獨活白芷南星甘草之屬為本若夫大江以南之東西兩浙七閩百粵兩川滇南鬼方荊楊梁三州之域天地之風氣既殊人之所稟亦異其地絕無剛猛之風而多濕熱之氣質多柔脆往往多熱多痰真陰已虧內熱彌甚煎熬津液凝結為痰壅塞氣道不得通利熱極生風亦致猝然僵仆類中風症或不省人事或語言蹇澀或口眼歪斜或半身不遂其將發也外必顯內熱之候或口乾舌苦或大便秘澀

783 醫約

《醫約》,不分卷,一册。沈之煒輯。沈之煒,古疁(今上海嘉定)人,清代醫家,與陳平伯同時,生平無考。成書于乾隆二十八年(1763)。現存鈔本,藏于上海圖書館。

是本分三部分。首録爲顧靖遠《虚勞論》。顧靖遠(1662-1720年),字松園,號花洲,長洲(今江蘇蘇州)人,清康熙年間醫家,曾就職太醫院,著有《顧氏醫鏡》十六卷。《虚勞論》即選録自該書。該篇論述虚勞成因、臟腑傳變,并對虚勞診治七誤和治虚勞三大要法加以論述,後列虚勞所宜飲食藥物,附自製保陰煎方。次録《幼科纂要》,著者不詳。該篇包括幼科總括、四季診病、痧疹痟驚以及看三關法等内容。後録陳平伯所撰《温熱論》,包括温熱大意、風温症條例、濕温症條例。陳平伯,江左(今江蘇吴縣)人,名祖恭(該本誤抄爲"祖秦"),字平伯,以字行,約生活于清乾隆年間,具體生卒時間不詳。陳氏《温熱論》1852年被王孟英節選收録進《温熱經緯》,更名爲《外感温熱篇》。

是本中録有"白衣居士"乾隆二十七年(1762)題序和沈之煒乾隆二十八年録後題記。沈氏曰:"角直陳氏,世業岐黄,至平伯先生而醫學益精,(聲)聞益遠,著述甚多,是編尤爲獨得之心奇,不刊之秘旨也。蓋傷寒雜症饒有成書,濕熱風温獨爲缺典。余叨相契,得授此書,後之覽者,毋輕視之。乾隆二十八年歲次癸未端陽後三日古疁沈之煒録並識。"據此可知,此篇撰寫時間不晚于乾隆二十七年。故是本可能是陳氏《温熱論》流傳最早的本子。

序

淞濵陳祖泰平伯甫著

士處聖明之世自當立德立言立功以垂不朽乃徒笑傲山巔亦湄日與木石鹿豕為友哏〻汶〻老死曠野尚何言哉尚何言哉然利濟之懷未盡沉淪則硯耕之暇不免饒舌憶昔文正云不為良相即為良醫夬醫也敢與相抗衡乎而文正肯以為官（言）是或別有一種道理也蓋相有相之功德與（与）言醫有醫之功德

虛勞論

吳門[illegible]靖遠松園著

虛勞之病無外邪相干皆由內傷臟腑所致如酒傷肺則濕熱薰蒸而脾（肺）陰消爍色傷腎則精室空虛而相火無制思慮傷心則神傷而血耗血耗則火易上炎勞倦傷脾最能生熱熱甚則內伐真陰忿怒傷肝鬱怒則肝火內熾而灼血大怒則肝火上沖而吐血此五者皆能勞其精血道經云涕唾精津[illegible]液

784 醫蔀通辨

《醫蔀通辨》，三卷，三册。清唐宏編撰。是書無序跋與印章，每卷首頁上有“上海唐宏輯”。唐宏，字履吉，上海縣人，世業醫。生卒年代不詳。是書各卷名稱分别爲《醫蔀通辨續編》《醫蔀通辨後編》《醫蔀通辨終編》，根據上述書名，似應還有第一卷《醫蔀通辨正編》。現藏于上海圖書館。

是本《醫蔀通辨續編》“所載乃夾雜、類似之症。夾雜如夾食、夾血等，類似如内傷、虚煩等。而正傷寒則載之末簡”。卷中所述夾雜證包括夾食、夾痰、夾水、夾血、夾氣、夾陰等症候；類似證分别論述冒雨、重身、溺水、産後、冬温、風温、濕温、中濕、風濕、濕熱、痓、内傷、虚煩和傷寒等證治。《醫蔀通辨後編》則討論温、熱、暑、疫四證的异同、治法，并附《傷寒翼》一卷，闡發温熱疫病的診治。唐氏在該卷開首提要中曰：“昔人謂明於傷寒，而雜證之法一以貫之。余亦謂明於温熱暑疫，而後傷寒雜證之法一以貫之。”《醫蔀通辨終編》收載“望聞問切四診法也，即《學部通辨》之終編，載朱子教人之法，爲學者下手功夫云爾”。内容分爲察色、辨舌、八種胎色（苔色）、看斑（附麻疹、番沙）、脈法、審證、死證及治法等内容。

是書在《傷寒論》的基礎上，以醫論醫話的形式，結合個人的臨床體會，對外感病、内傷雜病的辨證治療進行論述，眉批中記有編著者的部分醫案。是書既輯録《傷寒論》和歷代醫家的相關論述，又加入個人經驗和見解，議論頗有見地，有一定可讀性。

醫部通辨續編

上海唐宏輯

此卷所載乃夾雜類似之症、夾雜、如夾食夾血等、類似、如內傷虛煩等而正傷寒則載之末簡

夾食

凡傷寒寒疫温病熱病多有夾食夾痰等症若宿食傷脾則氣口濇滯不調傷胃則滑實流利亦有遲滑及止促者若宿食在上脘者并人迎亦滑盛若宿滯已歸大府則氣口雖浮大而按之必濇也若脉來滑盛胸滿痞悶嘔逆氣粗者冬宜五積散（表裡）調中湯選用餘時芎藭（表裡）

正気爲主中有二陳伏痰食無留滯之患喘滿加厚朴杏仁若表藥中混用消導裡藥必引邪入内而成結胸下利等症也然又不可純用升散表藥使宿食上逆而成腹脹不通故宜解表中兼理氣豁痰使之流動俟表邪既散然後專力治内庶無引賊破家之虞所以芎藿正気爲傷食感冒之的方若四五日脉来滑數胸前熱甚者宿食發熱也調中飲加減若脉来沉滑雖寒食内結其人胃気不虛當可温中消散若夾食而気口反濇滯伏結或始雖浮大而按之漸虛小其症反身熱足冷或腹痛或頭疼但胸膈滿悶時或煩躁者必其人元気素虛堅韌之物固結中宮胃中陽気不得下通故但足冷而手

散見各门犯誤
無治法也

不冷也五積散去取之頭痛者陽邪上欝也甘草乾姜湯加葱頭淡豉以通其陽腹痛者陰気下結也枳寔理中湯加熟附子以通其陰若曾峻利消導以致自利厥逆痞滿不除者桂枝人參湯若誤下而邪熱内陷愈加脹滿壯熱不止者小陷胸合枳實理中若過汗傷血小便閉濇枳實理中加歸芍或真武加當歸　陰虛之人傷寒與傷食皆難用藥若陰虛傷寒兼傷食者不治之候所以古人從無治法予嘗以小建中用肉桂湯製生芍肉以温其中厚朴汁製甘草肉以散其滯更加枳桔砂仁以行其気熱除後以八味丸去桂附減熟地加砂仁沉香調理自安復有中気虛者更兼感冒停食則以補中益気

785 醫經秘旨

《醫經秘旨》，上下兩卷。明盛寅撰。盛寅介紹見本書“323 秘傳脈藥玄微”。本書前有序三篇：一爲“重校訂序”，署“嘉善後學高杲識”；二爲“再訂題辭”，署“道光丙戌仲秋上浣重評校秘旨藏事日也曉瀾書後”；三爲“緒原”，署“永樂十有六年暮春上浣姑蘇啓東識”。正文首頁書“明姑蘇盛寅啓東筆記”“明嘉善高杲果哉校訂”“清雉皋曉瀾顧金壽重訂評”“清鴛湖石生徐樹榮重校録”，及朱字“《三三醫書》第一集第三種”。可知本書成于1418年，經明代高杲校刊，1826年清代顧曉瀾訂評，清代徐石生重校録，後收入《三三醫書》中。本書有印章五枚，兩枚爲“紹興裘氏”“上海中醫學院圖書館藏書”，餘三枚模糊難辨。現藏于上海中醫藥大學圖書館。

是書著者盛氏心慕朱丹溪弟子戴原禮之學，對《内經》《傷寒論》造詣頗深。本書爲盛氏臨證心得雜記，“將平日經驗歷試不爽者，闡明疑似之理，提綱挈領，本之經文，節其要旨，參以管窺所得，隨筆記録”而成。上卷主要論述治則治法，共三篇，分別爲《治病必求其本》《有者求之無者求之盛者責之虚者責之》《疏其血氣令其調達而致和平》。通過對標本理論的闡發，揭示了治病求本的重要性，同時對陰陽、臟腑學説以及氣血神的關係等均有精闢的論述。其中《治病必求其本》篇載盛氏爲“東宫張氏診治經閉鼓脹”案，諸醫以養胎爲治，唯盛氏診爲蓄血腹脹，後以桃核承氣湯合抵當法治愈。此案下有顧金壽評語云：“盛氏兩疏峻下，是真知病源而不惑若是者，不愧御醫，一代之良工也。”下卷内容廣泛，涉及病因病機、病證治法、臨床辨治、驗案雜論等。多引《内經》《傷寒論》等有關經文及各家之言，先作簡要的剖析或評述，再列舉多種病證加以闡明。其所論通俗易懂，切合實用。如《反佐以取之》篇言：“黄連、苦參久服而反熱，附子、乾薑多飲而反寒。雖云久而增氣，反招見化之尤，究不外寒之不寒是無水也，熱之不熱是無火也。”論述真假寒熱之鑒别。

本書原爲裘氏所藏，推測此本即裘氏《三三醫書》中《醫經秘旨》之原本，具有較高的文獻價值，亦可作校勘之用。

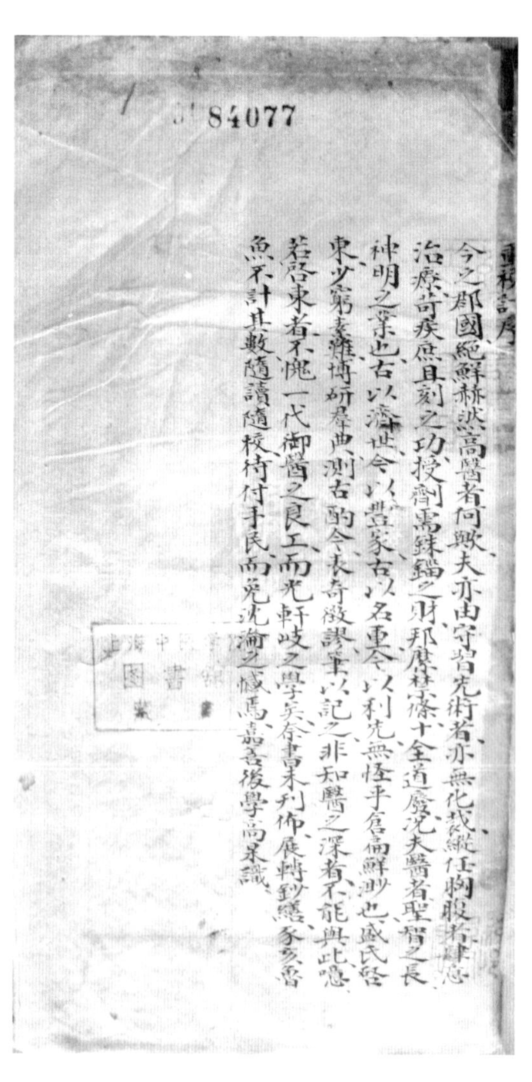

今之郡國絕鮮赫然高醫者何歟，夫亦由守習先術者亦無化裁，縱任胸臆者肆恣治療，奇疾庶且刻之功，授劑需錙銖之財，耶歷禁條，十全道廢，況夫醫者聖賢之長、神明之業也，古以濟世，今以豐家，古以名重，今以利先，無怪乎倉扁鮮妙也。盛氏啓東少窮素難，博折群典，測古酌今，表奇徵謬，筆以記之，非知醫之深者不能與此。噫，若啓東者不愧一代御醫之良工，而光軒岐之學矣。奈書未刊佈，展轉鈔謄，豕亥魯魚不計其數，隨讀隨校，符付手民，而免沈淪之憾焉。嘉喜後學高呆識。

再訂題辭

一介之士苟存心濟物必有所濟雖違眾高行與時則篤者不可同日而語而其志則足尚矣今讀盛氏筆記發揮經旨明若燃犀益早年隱居洞庭之濱喜讀墳典洞達通塞其才如五石之瓠不適於用然濟人利物之心未嘗稍懈遂膺徵辟而奉滿兩都名溢宇宙乃積學日深有以致之者余應京兆試過同年扁偶一見之如獲鴻寶假錄一通朝夕研究折衷諸家參以己意將疑走難明之旨提要鉤元隨讀隨按闡其未盡之意以啓後進之悟苟能討論異蘊真右令一貫之理貫醫林罕見之書引而伸之平時得之於心臨證應之於手稗益蒼生殊非淺尠也時

道光丙戌仲秋上浣重評校秘旨藏事日也曉瀾書後

緒論

醫以寒治熱以熱治寒以消導治積以快藥泄滿以補治虛羸以濇固脫以利下攻秘以潤治渴以辛溫散表以香燥理氣以寒涼止血以通止痛以養血治不得眠以補兼滑治脈遲澀以清且斂治脈洪大以下氣清火治上逆以利水通淋治水泛溢以涼表治發熱雖在下思不難措手惟是以寒治寒如諸寒鼓慄如喪神守皆屬於火是也以熱治熱如發表不遠熱是也以補治積所謂養正積自除是也以益氣治滿所謂滿用术甘是也以下治利所謂通因通用是也以提氣治閉如小便不利用補中益氣是也以洩水治渴如五苓散治消渴是也以寒散表如四時感冒怫熱自內而達於外藥用苦寒酸寒是也以涼平理氣丹溪所謂氣有餘便是火是也以溫補止血如黃土湯桃花湯是也以攻劑治不得眠如胃不和則臥不安又痰在膽經神不歸舍是也以利下治遲濇之脈如脈遲而滑有宿食又脈濇不減為中焦實是也以補治中治洪大之脈內如傷用補中益氣湯是也以溫中治嘔逆如吳茱萸湯大

而然者有元陽虛地氣上干而然者頭痛有氣虛者有血虛者有胃虛者宜不可以無補也[illegible]〇婦人因產去血過多腹中急痛是肝本無血以養宜當歸建中湯亦是痛而應補者〇婦人居經血弱氣盛孤陽獨呼陰不能吸陰為積寒陽為聚熱故時發灑淅咽燥汗出或溲稠數多唾涎沫其脈右浮大左弱澀此當養其血所見之證勿計也〇證象白虎誤服白虎湯必死言治假以真也〇寒邪閉其營衛當以升發之藥散之然素有痰熱之人遇此升發之藥痰隨氣上閉住肺氣皮毛為之壅遏邪愈不得泄病反增劇又當以苦泄之〇心火不得越則鬱於小腸肺氣不得泄則鬱於大腸小腸下口即大腸上口故奔迫無度裏急後重而成滯下此是風寒內蓄使然徒責之濕熱未能萬舉萬當所以治痢亦當與治瘧半表半裏同法〇食積痰留舍腸胃之間氣行則出有似魚腦間以血縷閉氣滯腸狀如痢痢反快不可作痢疾治也〇熱則生風痿痺不隨而有風象蓋以風治之恐不免致瘖也〇使泄肛門熱有火熱有陽陷二端〇先天者無形之虛神而已矣後天者有形之實則氣血也

3

醫經秘旨卷上

明姑蘇盛寅啓東筆記
明[illegible]善高果哉校訂
清雉皋曉瀾顧金壽重訂評
清爲湖石生徐樹蘭重校錄

〇治病必求其本

脾喜燥傷於寒濕則不能消磨水穀宜术附以溫燥之然脾陰不足而穀亦不化又不可以溫燥為治有思慮傷脾脾虛不能統血而失出者有思慮傷脾脾虛不能消穀而作瀉者此皆以回護中氣為本勿治其標有肺虛不能衛血血溢妄行隨氣出於鼻為衄如動氣在右汗之令衄是也脾虛不能行津於三陰胃虛不能行液於三陽氣日以衰脈道不利其血悉從中積此而欲消其留瘀當以參耆監之如胎已數月忽下不止有癥痼害者當下其癥而胎自安設不知此僅知養血是為癥痼樹幟養癰為患乎憶戊子冬奉上命往視東宮妃張氏經閉十月腹脹如鼓眾醫皆以養血安胎治病加劇予診脈沉濇弦緊無生氣直斷為蓄血腹脹疏桃仁承氣湯合抵當法方進東宮怒甚羈鎖禁中數日疾益劇命余從細復診脈仍如前疏前方進並

786 醫論

《醫論》,不分卷。明王肯堂撰。王肯堂介紹見本書“123王宇泰藥性賦”。是本係毛氏汲古閣鈔本。汲古閣是明代藏書家毛晋創辦的的著名藏書樓、書坊,所抄本子校勘精良,以質取勝。藏印數枚,分别爲“虞山汲古閣毛子晋圖書”“筆精墨妙”“溲聞齋”“竹泉珍秘圖籍”等。藏館標識:“末黄丕烈、姚椿跋及孫星衍印章疑僞”。版心注書名、篇名及頁碼。現存鈔本,藏于上海圖書館。

是本卷首爲一則序文,全篇分“靈蘭要覽”“痘疹發微”“雜論”“雜記”四部分。“靈蘭要覽”即王肯堂《靈蘭要覽》,論中風、諸血證、勞瘵等四十三證。序言及“痘疹發微”“雜論”“雜記”三部分皆抄録自王氏《肯堂醫論》。“痘疹發微”分溯源、預防、論痘起足太陽等七論;“雜論”分望色、芤脈、人参、犀角四論;“雜記”分艾壯、水蛭等六論。篇末附清顧錫麒、黄丕烈、姚椿跋。

是本抄自王肯堂《靈蘭要覽》及《肯堂醫論》卷上、卷中,經與原書互参,并非全書抄録,多遺漏原書每論末尾幾句,亦非節其要點之論,故乏新意。卷末三人之跋,寥寥幾句對王氏此作及汲古閣鈔本賞識有加,但將黄丕烈之跋與其所撰他書之跋、姚椿之跋與其《養生餘論》稿本比對,字迹不符,疑爲作僞。

醫論敘

醫自軒岐重民生諄諄問荅通天地之化洞陰陽之理比之典謨更爲窮賾其愼重若此故明於此道者自周歷漢晉唐宋金元著述可法者不過數十家亦各有所長此道之難又若此然稟上資不得原委師承終亦鹵莽昔扁鵲得禁方於長桑大倉授診奇於陽慶葛洪承秘術於鄭隱思邈得仙法於龍宫見素之夢神授李明之之正傳朱彥修之埽門於盧大無王光菴之

醫論目録

醫論

靈蘭要覽　金壇　王肯堂　宇泰

中風

素問風論

黄帝問曰風之傷人也或爲寒熱或爲熱中或爲寒中或爲癘風或爲偏枯（滑云枯當作風）或（當作均）爲風也其病各異其名不同或內至五臟六腑不知其解願聞其說岐伯曰風氣藏于皮膚之間

金壇王念西先生明萬曆時翰林其文淵學博名震一時而又精岐黃曾著有六科準繩刻行於世此乃汲古閣所抄字跡端好精妙無比且未付梓其珍秘可知矣

戊午秋九月　竹泉氏識

此爲汲古閣毛子晉舊藏精抄名曰醫論其道深奧匪淺學所能窺斯秘余雖不諳岐黃然以前人王肯堂名著必有可觀書經孫淵如先生遺贈蕘翁緣獲觀焉

道光十一年冬十二月　婁姚椿誌

孫淵如先生以此書見寄乃毛氏舊藏世無刻本全書字跡精妙之至著作亦佳獲此以誌欣幸愧無以報也

嘉慶乙丑九月十二日　蕘翁

787 醫論會通

《醫論會通》，六卷。周自閑編撰。周自閑，字省吾，虞山（今江蘇常熟）人，清代乾隆嘉慶年間醫家，生卒年月不詳。《吴醫彙講》卷十一收録其醫論五篇，篇首曰："名自閑，住常熟縣宴清橋，輯《醫論會通》《運氣則》二書，未刊，節録數篇附梓是集。"據是本中自序所記，該本成書時間約爲乾隆六十年（1795）。現存鈔本，藏于上海圖書館。

是本封面原題爲《名醫會通》，而周氏自序題爲《醫論會通》。周氏序曰："軒岐之學雖云小道，而理極精微，守一片之見，萬病紛紜，豈能貫徹？遍考古今之説，又互相背謬，吾誰旁從乎？不知同是一病，此與彼異焉，今與昔又異焉。自非會聚衆理，神而明之，則無往而不窒礙矣。且醫有醫之道，亦有醫之術。立方治病，醫之術也；融貫萬理，醫之道也。道之不知，術將焉用？《扁鵲傳》曰：'人之所病，病疾多；醫之所病，病道少。'前人名論是在觀其會通焉耳。余自幼好讀醫書，見百家諸子言術者多，而談道者少，不揣淺陋，選集此編，能會處理會，則通處自通。若謂可以讀千古之書，此即余之識也。夫何敢？"該本凡例曰：所輯選者，凡"症治分門，例不入選"，入選標準爲"陰陽五行，臟腑經絡，四診之精，治法之異，諸家寒温攻補之説，各發其藴，及用藥之義，製方之法，此數者，治病之本也。能反復講求前人之説或是或非，自有之見"。

是本爲歷代醫家醫論叢書，收録漢、唐以降歷代醫家醫論共一百八十六篇，涉及醫家六十四位。卷一主要爲陰陽五行，卷二涉及運氣、臟腑、三焦、命門、營衛等，卷三論述氣血、經絡、養生、七情、六氣等，卷四包括四診、標本、病機等，卷五則爲治法治則、汗吐下辨、内外傷辨、相火論等，卷六主要收録虚實辨、藥性等，最後附録周省吾的六篇雜論。此本收録醫家之言衆多，涉及内容豐富，尤其是收集諸多清代醫家之醫論醫話，又以吴地醫家爲多，其中多數未曾刊刻，故對瞭解明末清初中醫學術發展以及吴醫學派有一定幫助。

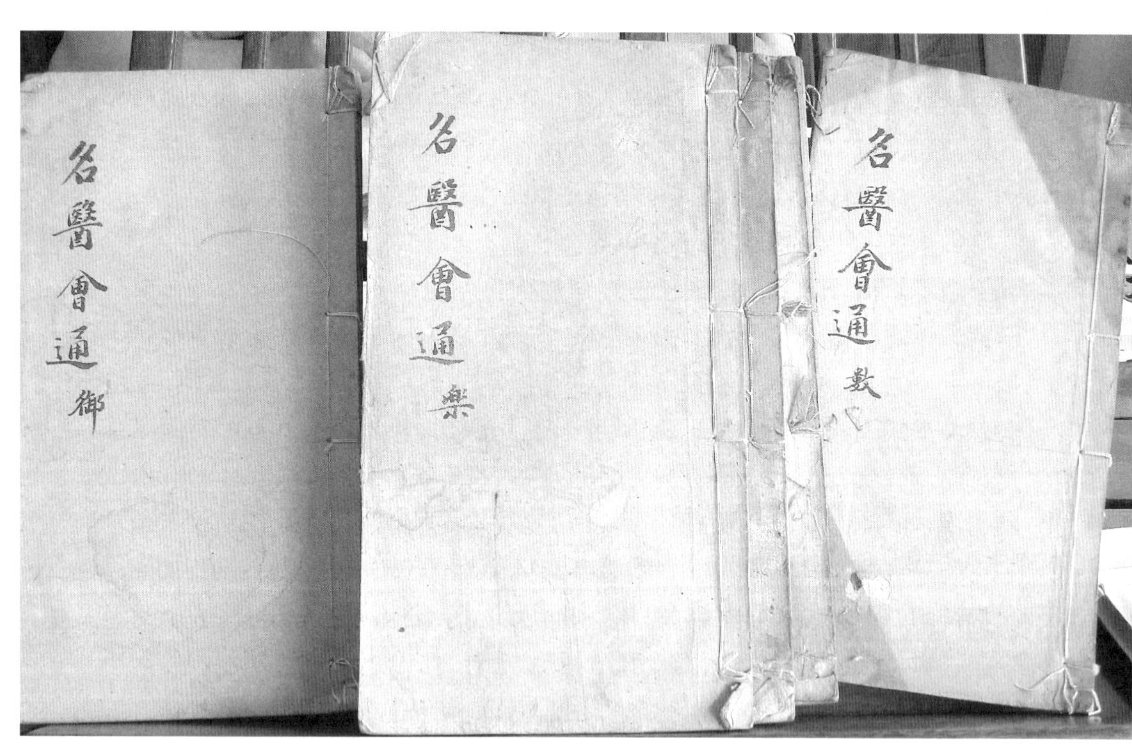

醫論會通自序

學者有卓絶千古之識而後可以讀千古之書亦惟讀千古之書而後有卓絶千古之識夫書以載道學以窮理苟非殫見洽聞曷以明其理通其道乎吾謂不患書之不博患説之不精不患學之不廣患識之不立學者誠能探賾索

醫論會通目録

卷一

788 醫學三書論

《醫學三書論》,不分卷,兩册。周亮齋選定,沈棣懷纂輯。有錢晋珏與周亮齋序各一,謂沈棣懷爲人講醫,因朝廷開考醫官,遂請醫家周亮齋選定《内經》《傷寒論》《本草綱目》三書之文,輯成此書,以供考試。該書成于清雍正二年(1724)。卷首有"吴門周亮齋選定,沈棣懷纂輯,門人袁聲昭、倪贊皇、計文安,姪道源仝較"字樣。現存鈔本,藏于上海中醫藥大學圖書館。

本書選《内經》《傷寒論》以及《本草綱目》部分原文,并在文後加以發揮。《内經》共選十七篇,有攝生類"恬澹虚無正氣從之",陰陽類"黄帝曰陰陽者天地之道也萬物之綱紀變化之父母生殺之本始神明之府也",藏象類"主明則下安以此養生則壽歿世不殆以爲天下則大昌","論心""凡十一藏取决於膽也""肺朝百脈,輸精於皮毛論",脈色類"出入有行以轉神明論""得一之精以知死生""論生""論死",疾病類"此皆聚於胃關於肺論""五臟六腑之精氣皆上注於目而爲之精論""太虚寥廓肇基化元萬物資始五運終天布氣真虚總統坤元九星懸朗七曜周旋曰陰曰陽曰柔曰剛幽顯既位寒暑弛張生生化化品物咸章論",運氣類"亢則害承乃制""太乙常以冬至之日居葉蟄之宫一章""必先歲氣無伐天和""上知天文下知地理中和人事"。傷寒類選仲景《傷寒論》十六條原文。《本草綱目》選用人參、附子、黄連、大黄、甘菊、桂枝、枸杞、丹砂、青鉛、鹿茸十種藥物。最後有《論名醫醫書》《明醫講學叙》兩篇。前者縱觀歷代名家及其著作,共推薦八部醫書,爲《内經》《類經》《傷寒論》《集病書非易集》《方書》《本草綱目》《集古名醫醫案》《古名人論醫集説》。

綜上所述,本書可以稱爲清代醫考的教科書之一,爲學醫之人講學的教材,可供參考。

醫學三書論敘

今天子愛育黎元欲使天下無一物不得其所發政施仁雖方技術數之學亦必振作敎飭以極其精共成休明之治故攷醫之典自周禮廢棄以來而復行於今猗歟盛哉何道之隆也吾友周君亮齋虞山博學文人也好談醫學僑居郡城養親無策遂以醫售吳吳人咸敬信之今年春知有考醫之政取其平日同友人所著內經傷寒書論數十篇梓行於世而求序於余客有阻余者曰亮齋親老家貧藉醫以為菽水

醫學三書論敘　一

敘

庚子夏余友沈棣懷集同人為講醫之會屆期用軒岐內經仲景傷寒二書互相講論分題註疏作為文論數月間得文百餘首頗能發明書義不違經旨今年春朝廷有考醫之典友人請以所集之文梓行於世屬余點定之余謂醫學之難不在文章也臨症調治不失分寸得心應手始謂良工筆墨之微乃末技耳刻之何為友曰當今考試諸醫以三書命題必為文論而古無遺制曷從取法非如時藝之充棟盈車

醫學三書論敘　三

也今可為程式者莫此文近似且所集諸藝皆以闡明實理非徒以文字為工也刊而行之豈曰無益余以為然選其佳者三十篇付諸剞劂雖然道以言傳文以載道源之清者其流潔器之大者其聲宏明於心者發於口誠於中者形於外觀其文亦可以知其學矣是為序

雍正二年歲次甲辰孟夏亮齋周昉題

醫學三書論

醫學三書論目錄

醫學三書論目錄　一

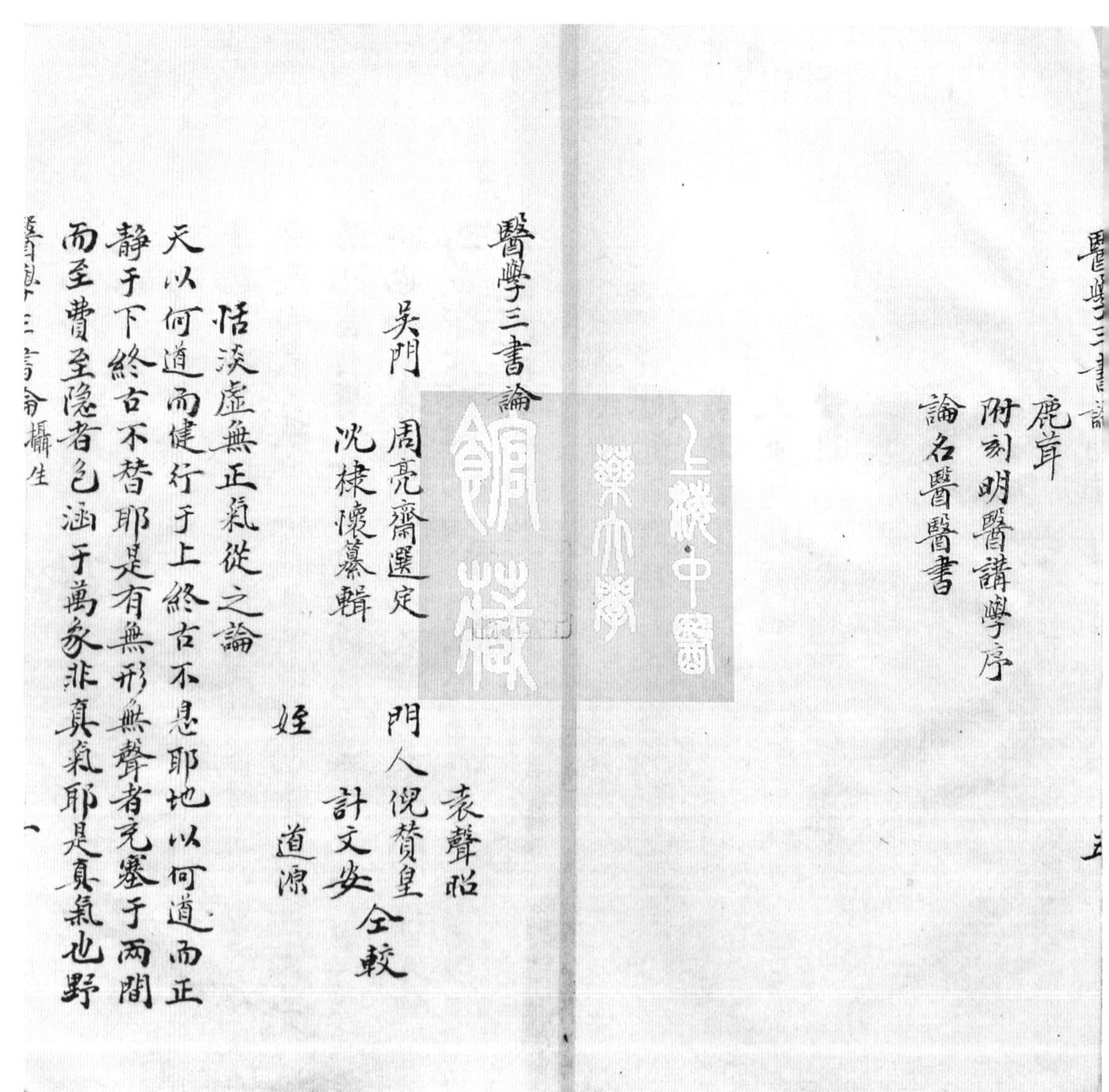

789 醫學折衷

《醫學折衷》，六卷，兩册。不著撰者。成書年代不詳。無序言與目録，共一百七十二葉，計約六萬兩千字。《中國中醫古籍總目》題作四卷，載録爲清鈔本。現藏于上海圖書館。明代徐彦純、清代曹鑒開、方孝基曾分别輯有同名醫書，與此無涉。

本書卷一爲脈法、運氣證治、十二經脈；卷二爲内傷諸證；卷三爲中風、風痹；卷四爲失血、虚勞、脾胃病、火熱症；卷五爲諸氣、牙齒症、喉症；卷六爲外科病，涉及癰疽、附骨疽、騎馬疽、疔瘡、腹痛、腸癰、肺癰、乳癰、瘰癧、痔漏、便癰、諸瘡。每談一病，先述病因、證候，次談病機、病理，後談方藥。如癰疽云："癰疽之生，始于喜怒憂樂之不時，飲食居處之不節，或金石草藥之發動，寒暑燥濕之不調，致陰陽不平而藴結，榮衛凝濇而腐潰。經輕者起于六府，浮達而爲癰；重者發乎五藏，沉濇而爲疽。淺者爲癤，實者爲癰，深者爲疽……真人活命飲，治一切癰疽腫毒初起未消者。金銀花三錢，陳皮（去白）、當歸（酒洗）各一錢五分，防風七分，白芷、甘草、貝母、天花粉各一錢，乳香、沒藥（二味另研，候藥熟下）各一錢，皂角刺（蛤粉炒）三大片。用好酒煎，病在上飯後服，病在下飯前服。善飲者多飲酒以行藥勢。忌酸物鐵器。此方服于未潰之先，未成者散，已成者潰；若已潰後不可服。"

本書是一部綜合性論述疾病的著作。卷一泛泛而言，無明顯獨到之處，卷二至卷六論述各種疾病，亦皆爲前人所論及者，少有個人見解。

醫學折衷卷之一

脉法

世所傳王叔和脉訣係高陽生所僞託以左寸候心小腸右寸候肺大腸左関
候肝胆右関候脾胃左尺候腎與膀胱右尺候心包命門三焦謬雖本難經而
顛倒臟腑不能無議今以李士材所著醫宗必讀脉法為準庶幾無誤

左手
上附上 附上 季脇 尺内两旁則季脇也尺外以候腎尺裏以候腹中附
心膻中 肝胆 鬲 腎小腸膀胱 上左外以候肝内以候鬲右外以候胃内以候脾上
寸 関 尺 附上右外以候肺内以候胸中左外以候心内以候
上附上 附上 季脇 膻中胆則寄於肝大小腸膀胱統於腹中此内經三部
右手
肺胸中 脾胃 腎大腸 候法也 寸主上焦以候胷中視胸至頭之有疾関
寸 関 尺 主中焦以主候鬲視胸下腹上之有疾尺主下焦以
候腹中視腹至足之有疾

脉法

針喉閉

針少商穴出血立愈其穴在两手大指内側去甲一韭菜葉許用三稜針、
之 針合谷穴在两虎口針五分 針尺澤二穴在臂中横紋出血妙 或
分開两邊頭髮但捽住頂髮一把盡力拔之其喉乃寬亦要法也

醫學折衷卷之六

外科

癰疽

癰疽之生始于喜怒憂樂之不時飲食居處之不節或金石草藥之發動寒暑
燥濕之不調致陰陽不平而蘊結榮衛凝濇而腐潰經輕者起于六府浮達而為
癰重者發乎五藏沉濇而為疽淺者為癤實者為癰深者為疽朱丹溪曰陽滯
於陰脉浮洪弦數陰滯於陽脉沉細弱濇陽滯以寒治之陰滯以熱治之是癰
疽皆因陰陽相滯而生也氣陽也血陰也血行脉中氣行脉外相並周流寒與
濕搏之則凝滯而行遲為不及熱與火搏之則沸騰而行速為太過氣得邪而
鬱津液稠粘為痰為飲積久滲入脉中血為之濁此陰滯于陽也血得邪而鬱
隧道阻滯或溢或結積久滲出脉外氣為之亂此陰陽滯于陰也内經曰榮氣不
從逆于肉理乃生癰腫又曰諸痛癢瘡皆屬心火是也夫癰者壅也氣血為毒

外科 癰疽

790 醫學芻言

《醫學芻言》，兩卷，四册。清金清桂撰。金清桂介紹見本書“407瘧痢中風秘要”。此本無目録。扉頁題“冬青老人醫學芻言”“五鳳小主裝”字樣，正文開篇題“常熟蘭升金清桂課徒草”。據書後傅甲跋可知，此本爲傅甲父子抄，約抄成于晚清。傅甲，號五鳳小主，生平無考。正文以工整小楷書寫，全書共計二百十葉，約三萬五千字。現存鈔本，藏于上海中醫藥大學圖書館。

上卷論述外感内傷病證，并于卷末附《雜説》一篇。開首以“四時百病不出外感内傷”爲總概，以風寒暑濕燥火及喜怒憂思悲恐驚病因病機分類，逐證論治。每證先述病證，探討病因病機，後言治法，并舉方論藥。在噎嗝、反胃、泄瀉病證中載奇方數首，用法簡便廉效。論述詳于温病、痰飲、血證、痛證、痢疾、黄疸等，各有其獨特之處。如提出“温病初起即在陽明”，認識到伏邪温病與新感温病的不同，故用藥上“開首即以梔豉湯”爲治；對于痰飲的治療，提出“以二陳湯爲主，餘則隨症加減”是爲一條捷徑；將痛證分爲九種，并録高士宗《醫學真傳》中治療心腹痛分胸膈、中脘、大腹、臍旁左右、少腹等部位用藥，疼痛部位不同，則用藥不同，如臍旁左右痛，多爲寒凝衝脈所致，故用血分之藥等，可資後學借鑒。《雜説》篇還提出醫家十要：“一要工夫，二要見識，三要人品，四要時運……九要不遊玩，十要存心地。”此醫家十要和古人對大醫的訓誡相合，是爲後學之鑒。下卷載方一百六十首，多選自《傷寒》《金匱》及温病各家，并有方論，詳細探討藥物配伍及應用等。

本書認爲“看病功夫在於讀書，書不在多，如《内經》《傷寒論》《金匱》《藥性》《脈訣》《方解》、葉天(士)《温熱論》、薛生白《濕熱論》、吴又可《瘟疫論》”，反映作者既宗醫經又參諸家，尤其是温病醫家的特點。本書對臨床有參考價值。

醫學芻言　常熟蘭升金清桂課徒艸

四時百病不出外感內傷外感者風寒暑濕燥火

也內傷者喜怒憂思悲恐驚也

外感六淫

風　風氣屬木脈多浮弦

風有風寒　有風熱　有風濕　有風燥　有風火

寒　寒氣屬水脈多浮緊

寒有寒濕　寒久能化熱

暑　暑屬君火脈多濡細

外感

暑有陽暑　有陰暑　暑必夾濕

濕　濕氣屬土脈多遲濡

濕有寒濕　有濕熱　有風濕　有濕而化燥者

燥　燥令屬金燥清冷枯竭也脈多遲濇

燥有外傷　有內傷　有氣燥　有血燥

火屬相火此傷火也與暑不同脈多弦數

火有實火　有虛火　上焦火　中焦火　下焦火

五臟六腑之火

內傷七情

驚喜皆傷心心跳不寐　悲憂皆肺傷欬嗽汗多

思慮皆傷脾食少倦怠無力便溏　怒傷肝或腹脇

痛或頭暈眩而火升　恐傷腎或心跳遺精或腰

痛脊痛內傷為不足　飲食內傷為不足中之有餘

又有勞力傷脾　色慾傷腎皆屬內傷之症

風寒暴病

暴病初起寒熱頭痛總名之曰風寒有汗者傷風多

鼻塞無汗者感寒多骨節痛

暑病

內傷

醫學芻言卷下

方劑

一香薷飲　香薷一斤　厚樸薑汁炒半斤　白扁豆半斤

三味為粗末每五錢至一兩水煎服

方論　香薷芳香辛温能發越陽氣有撤上撤下之功

故治暑者君之以解表利小便佐厚朴以

除湿扁豆以和中也

二藿香正氣散　厚樸二兩　陳皮二兩　桔梗二兩　白

朮二兩　半夏二兩　大腹皮一本作蒼朮或用檳榔亦可三兩　白

余年十三　先君命習岐黄而於是夏戒勿出門

遂以冬青老人課徒草付余鈔錄無奈癡騃成

性未能終篇　先君手自錄成忽忽卅載

筆墨猶新而老成凋謝已五閱月矣甲

謹裝訂成冊而淚痕斑斑矣

癸卯重九前一日傅甲誌

791 醫學彙粹

《醫學彙粹》,不分卷。虞山汲古後人香樵氏纂輯,孫君修校訂。成書年代不詳。無序跋,首頁即目録,有郭靄春章。郭靄春,已故天津中醫學院教授、中醫文獻學家。《中國中醫古籍總目》載録爲清稿本。現藏于上海中醫藥大學圖書館。

本書輯録中醫名家醫論著作,如張戴人《汗吐下該盡治法論》、沈明生《因病似虚因虚致病論》、徐靈胎《婦科論》、秦天一《産後》、李士材《不失人情論》、李南豐《養生論》等,涉及中醫基礎理論、診斷、辨證、施治等多個方面。部分内容未注明作者,應爲各家學説的匯粹。如《敘諸賢中風論選》,分别選取《内經》《潔古家珍》《醫學發明》等醫學著作以及劉河間、李東垣、朱丹溪、王安道、張子和、李士材、徐靈胎、華岫雲等名家有關中風的論述。

本書匯集中醫學基礎理論和臨床辨證等内容,有裨于深入瞭解中醫基礎理論和臨床辨證施治。

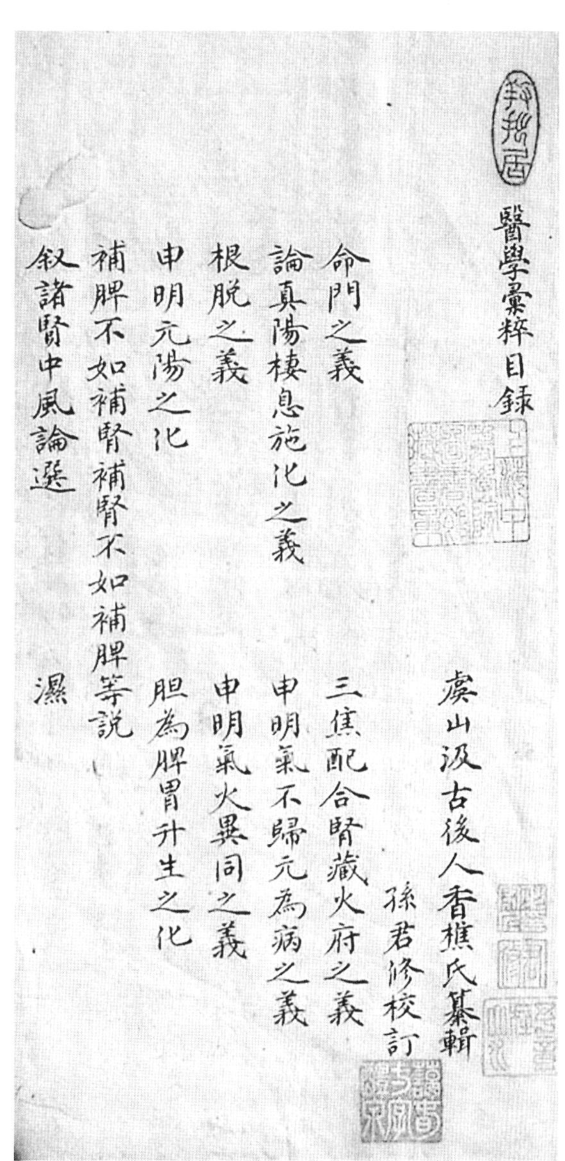

醫學彙粹目錄

虞山汲古後人香樵氏纂輯

孫君修校訂

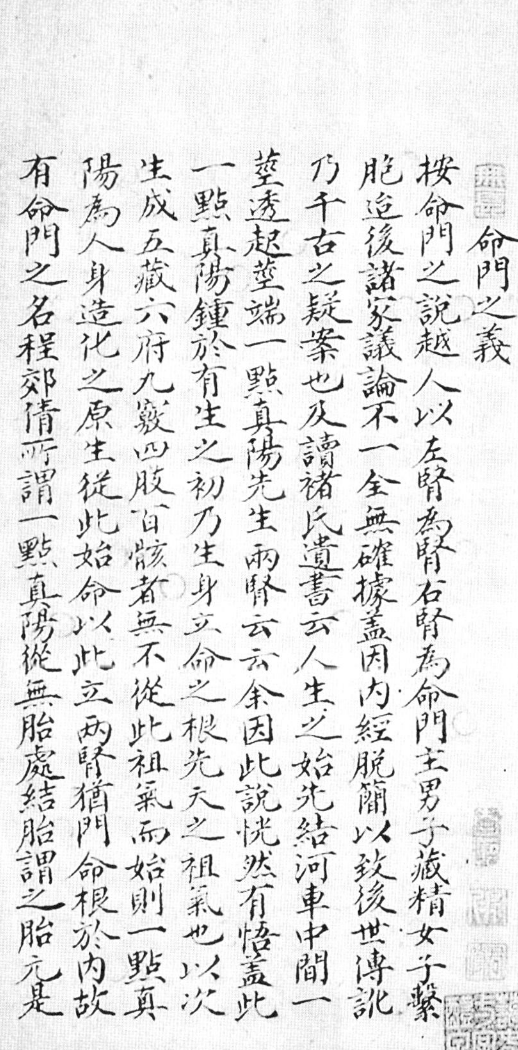

命門之義

按命門之說越人以左腎為腎右腎為命門主男子藏精女子繫胞迨後諸家議論不一全無確據蓋因內經脫簡以致後世傳訛乃千古之疑案也及讀諸氏遺書云人生之始先結河車中間一莖透起莖端一點真陽先生兩腎云云余因此說恍然有悟蓋此一點真陽鍾於有生之初乃生身立命之根先天之祖氣也以次生成五藏六府九竅四肢百骸者無不從此祖氣而始則一點真陽為人身造化之原生從此始命以此立兩腎猶門命根於內故有命門之名程郊倩所謂一點真陽從無胎處結胎謂之胎元是

792 醫學精要奇症便覽

《醫學精要奇症便覽》，不分卷。清臥雲軒主人撰。作者自幼學習八股文十餘年，二十五歲後研習醫道，三十四歲時洞悉人情世故，淡泊名利，唯獨研求醫學，采摘其精要，記録并分辨其奇症，光緒十六年（1890）成書，題曰《醫學精要奇症便覽》。封面題“虞陽山人沈宗和氏”，鈐有“臥雲居士”印章。卷首有“臥雲軒主人志”。現存鈔本，藏于上海中醫藥大學圖書館。

此書分爲三部分。第一部分列藏象、經絡、病機、脈要、診候、運氣、審治、生死、雜論、補養、發表、攻裏、理氣、理血、祛風、祛寒、清暑、利濕、潤燥、瀉火、除痰、消導、收澀、殺蟲、明目、婦人、腦等，以諸經或諸家之論説，如《靈樞》《素問》《證治準繩》《針經》及仲景、李東垣、喻嘉言、陶節庵等名家之言，闡述醫理及辨治精要。第二部分列《醫家無鬼神論》《老人三瘧》《用藥得宜篇》《診病記》《調經種子法》《産前産後用藥法》《慎藥篇》《屬諸醫生説》《與友人談醫書》等篇，闡述臨證心得。如《老人三瘧》，指出世人皆知“三瘧”難治，以其虚爲故，以致世俗認爲老人得此三瘧則爲不治之證，作者不同意此説，認爲年老者多陰虧，病瘧尤當以養陰清泄之品治之。第三部分首列論證三節，主要介紹作者臨床醫案，其後分列八卦圖、外科序及外科常用方藥、感蟬序、舟行記、雜句詩歌等。

本書集醫籍經文、古人名言、作者見聞、札記于一體，所論内容從臨證角度出發，示人醫論、治病之法及爲醫之道，有參考價值。

余自二十有五歲前則困於制藝者十餘年自二十有五歲後則習於醫道者亦有年矣初從先父游於錫後不數年戊戌之歲獨寓於蘇一歲餘又游於崑之石牌鎮者三載今年三十有四矣竊見人情洶洶世故忘名忘利一切淡然古人所謂苟全性命於亂世者也惟於平居所研求者則惟醫学一事於其所精者要者則不得不爲之採摘而取之且於平日所見者聞者有奇症者則又不

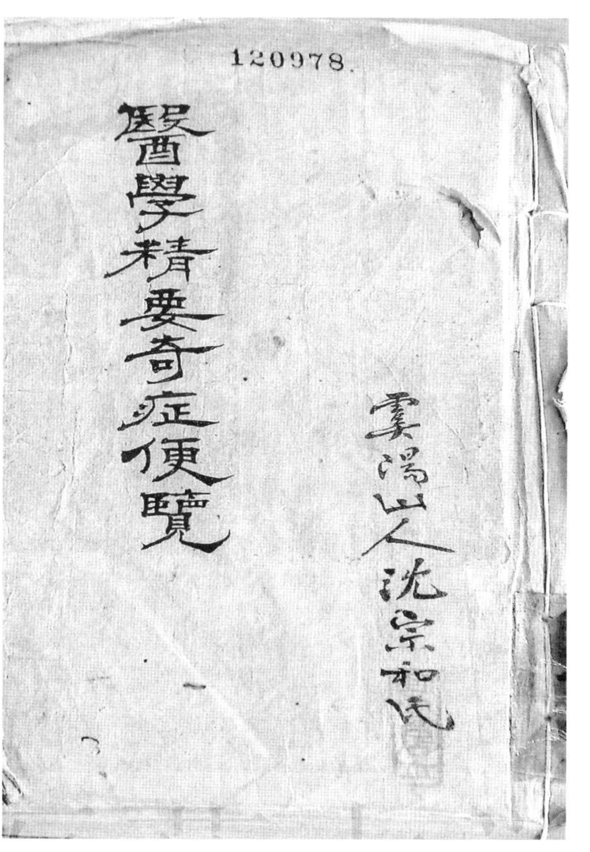

醫學精要奇症便覽
雲陽山人沈宗和氏

793 醫學課兒策

《醫學課兒策》，不分卷，一册。高鼎汾撰。高鼎汾，字上池，無錫人，清代醫家。父秉鈞，有醫名。是書有《自序》及周小農序各一篇，《自序》尾題"時道光癸卯中秋朔日"字樣，可知該書約成于清道光二十三年（1843）。其門人王旭高加注評點，初未付梓，後由周小農搜羅徵集，于1924年由杭州三三醫社輯入《三三醫書》第二集。現存鈔本，藏于上海中醫藥大學圖書館。

自序闡明此書的來歷："鼎汾年屆五十，從事醫學者近二十年，每臨症喜窮究其所以然之故，求之不得，質之古人，以尋其極致之理，俾愜於心而後安。於是次兒斗機年長，欲與切磋斯道，用策學條對例，隨問隨答，以得教學相長之益，名之曰《醫學課兒策》。"後有周小農序一篇，有"中華民國四年冬月"字樣。是書爲醫論性著作，以問答形式論述温熱、痢疾、中風、虚勞、痙病、暑病等十三種病證，并就其病因、症狀、辨證及治療方藥加以闡發。尤其對温熱病的論述最爲詳盡，將温病的病因歸納爲伏氣、主氣、戾氣三類，并解釋伏氣指春温兼咳，主氣是相對客氣而言，戾氣指非其時而有其氣，又可謂瘟疫。是書還詳論病證的症狀與分型，如《論中風》提出：中風當先辨閉脱二證，脱證有口開、目合、自汗、遺尿、喘急等表現，閉證有手握、口噤、目張、眩暈、昏迷等表現。内容頗切合實用，問答之間，便于記誦。書中王旭高所注内容多以"王旭高注"字樣標出，或增補，或贊譽，或聯繫上下，或解釋文中疑難，爲該書增色不少。

794 醫學雜綴

《醫學雜綴》,不分卷,上下兩册。清查有鈺著。查有鈺介紹見本書“760南野醫話”。本書正文首頁有“查鈺”“式庵”印。該書首頁載有“丁丑秋九月録,時寓沈蕩”,書尾有“光緒四年浦月十八日午刻查式庵鈔記”“光緒四年浦月廿三日午刻式庵鈔記”等記録,可知此書輯録于1878年,歷時九個多月。現存稿本,藏于中華醫學會上海分會圖書館。

《醫學雜綴》是一部醫學筆記,著者在閱讀醫書時,將其中重要的醫論、歌訣、方藥抄寫輯録,久而成此書。本書内容豐富,内、外、婦、兒、五官、本草、治法方藥均有涉獵,且多爲清代醫家的精闢言論。但因隨筆而記,未予分類,故稍顯雜亂。本書可略分爲五個部分。一爲名家言論。如引《張氏醫通》“肥人下後,多有脱泄不止之虞;瘦人汗後,每多乾熱不止之患”。二爲六經辨證,所引條文多源于《傷寒論淺注》《醫學真傳》等書。如“少陰證以口中和、口乾燥爲辨寒熱之針”。三爲藥性配伍,記載相近藥物的藥性辨别、藥物配伍的方法等。如“生薑入肝,乾薑入肺,炮薑入脾温中”,“豆豉合梔子,坎離交姤之義也;乾薑合梔子,火土相生之義也”。四爲病名闡釋,如對“千金婦人三十六病”“五絶”“九漏”“五癲”等病名的詳細介紹。五爲治法與方劑。此部分所占篇幅較多,方劑取自《千金》《外臺》《試效方》《張氏醫通》等多部醫書,著者將主治、方藥、加減及與此方劑相關内容隨意録于方名之後。

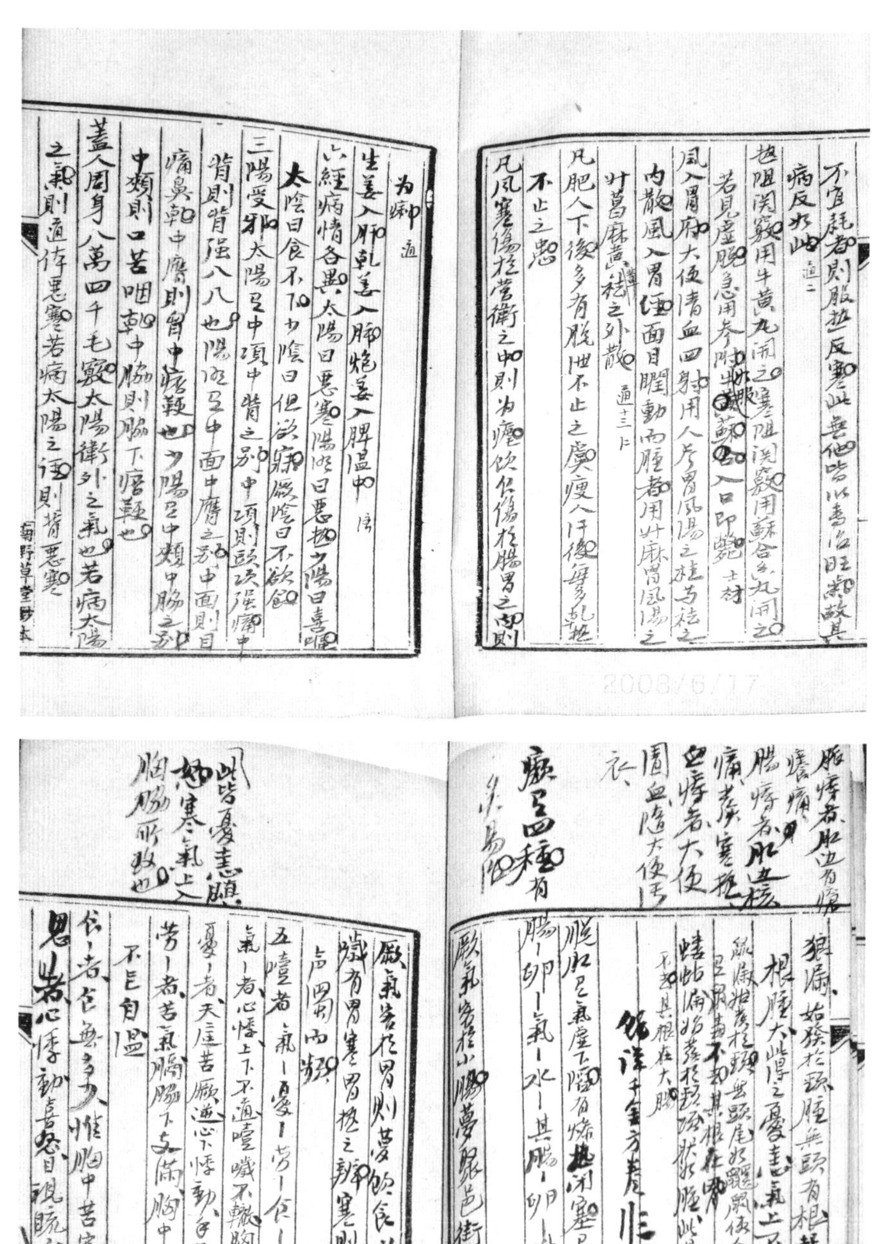

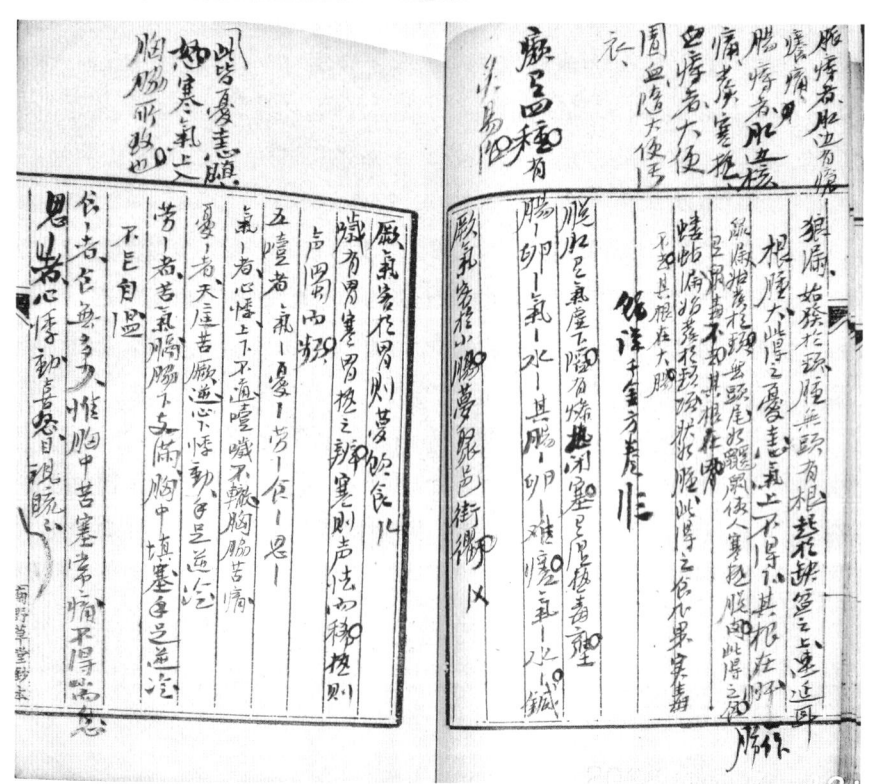

795 攝生真詮

《攝生真詮》,兩卷。清查有鈺輯。查有鈺介紹見本書“760南野醫話”。此本每半葉約十行,行約二十一字,以“南野草堂鈔本”紙抄就。封面有“止園讀本”四字,并“止園”印章一枚。無序跋與目録,成書年代不詳,《中國中醫古籍總目》載録爲清鈔本。現藏于上海中醫藥大學圖書館。

該書反映歷代名家的醫學主張,如《醫宗金鑑》的“病宜速攻”、張仲景的“士宜學醫”、孫思邈的“治病勿惑”、戴叔明的“學醫宜博”等。卷末收載查氏的醫學觀點。在《點香誤病》《挑殺傷生》中,查氏批判了點香、挑殺等巫讖邪説,告誡病家應“崇正道而黜邪害”,要樹立有病就醫的正確思想。在《明哲保身》中,查氏列舉裴兆期爲醫之道,“醫者嘗須愛養自家精力,精力不足則倦,倦生厭,厭生躁,厭躁相乘,則審脈辨證處方皆苟率而無誠意矣”,提醒爲醫者要保養自身,細心診病。在《先正格言》和《調理諸則》中,查氏發揮了先輩的許多醫學觀點,如“水不升爲病者,調腎之陽,陽氣足,水氣隨之而升;火不降爲病者,滋心之陰,陰氣足火亦隨之而降”,“凡用補藥必兼瀉邪”,“用兵攻賊,賊平後,便須罷兵”等。

《攝生真詮》是一部匯集歷代醫家及查氏醫論的著作,其中不乏對現今醫者、患者都有啓迪的思想,如“擇醫有眼”“治病有膽”“醫情不等”“醫存仁心”“醫貴一心”“任醫勿疑”“弗毀前醫”等醫德之論,值得後世深思學習。

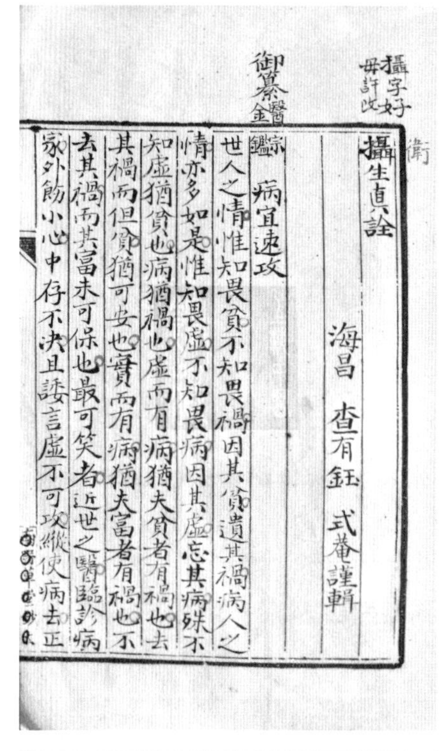
攝字好毋許改

御纂醫宗金鑑

衛

攝生真詮

海昌 查有鈺 式菴謹輯

御纂醫宗金鑑 病宜速攻

世人之情惟知畏貧不知畏禍因其貧遺其禍病人之情亦多如是惟知畏虛不知畏病因其虛忘其病殊不知虛猶貧也病猶禍也虛而有病猶夫貧者有禍也去其禍而但貧猶可安也實而有病猶夫富者有禍也不去其禍而其富未可保也最可笑者近世之醫臨診病家外飾小心中存不決且諉言虛不可攻縱使病去正

攝生真詮 下

止園讀本

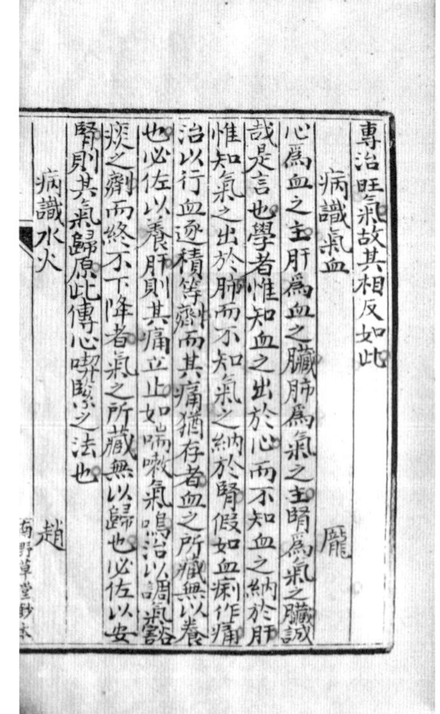
專治旺氣故其相反如此

病識氣血 龐

心為血之主肝為血之臟肺為氣之主腎為氣之臟誠哉是言也學者惟知血之出於心而不知血之納於肝惟知氣之出於肺而不知氣之納於腎假如血病作痛治以行血逐積等劑而其痛猶存者血之所藏無以養也必佐以養肝則其痛立止如喘嗽氣鳴治以調氣諸痰之劑而終不降者氣之所藏無以歸也必佐以安腎則其氣歸原此傳心吶臨之法也

病識水火 趙

南野草堂鈔本

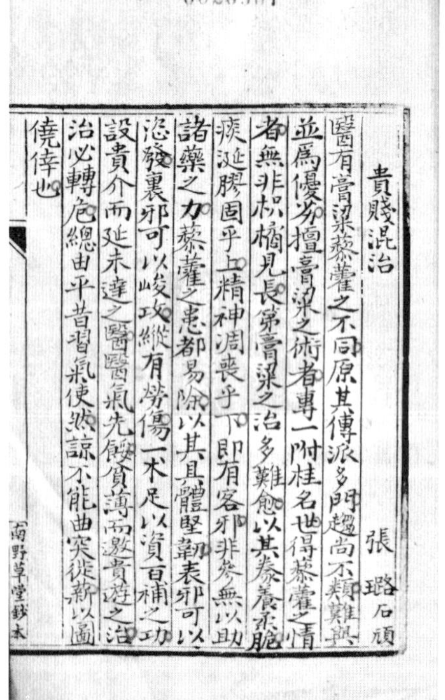

貴賤混治 張璐石頑

醫有膏粱藜藿之不同原其傳派多門趨尚不類難與並為優劣擅膏粱之術者專一附桂名也得藜藿之情者無非枳樸見長第膏粱之治多難愈以其豢養柔脆痰涎膠固乎上精神凋喪乎下即有客邪非參無以助諸藥之力藜藿之患都易除以其具體堅韌表邪可以恣發裏邪可以峻攻縱有勞傷一朮足以資百補之功設貴介而延未達之醫醫氣先餒貧薄而邀貴遊之治治必轉危總由平昔習氣使然諒不能曲突徙薪以圖僥倖也

南野草堂鈔本

796 鬱岡齋筆塵摘録

《鬱岡齋筆塵摘録》,不分卷,一册。未著撰者。封面無書名,扉頁記“讀金壇王肯堂字宇泰鬱岡齋筆塵第一册”,可知藏館所記書名由此而來。《中國中醫古籍總目》題作“鬱岡齋筆塵”。按“筆塵”宜爲“筆麈”之訛。有正方形印迹兩枚,一枚爲“紹興裘氏”,另一枚墨色暗淡,不能辨識。成書年代不詳,書内均摘録明代醫家論著,藏館亦載録爲明代鈔本。現藏于上海圖書館。

是本乃撰者讀書小記。首摘王肯堂《鬱岡齋筆塵》第一册的部分醫論,如“三焦之痰治其本則補之宜先,治其標則化之有法”“髓不足,腦爲之痛,宜茸珠丹,若服風藥必死”“小便黄赤,有寒熱虚實之别”等。次記“十問篇”,即明代醫家張景岳所創“十問歌”,强調中醫診病的問診順序。再記讀《醫譚一得》,注明“淮陰肖齋”著。肖齋乃明代醫家劉浴德,又字子新,號壺隱子,江蘇淮陰人,著有《壺隱子應手録》《壺隱子醫譚一得》《内經拾遺方論》等多種,并有刻本行世。又論李東垣《内外傷辨》,稱“冬春補中益氣,夏秋清暑益氣,四時兼飡泄腸鳴,當用調中益氣湯”。最後列外感、時行、大頭瘟等共五十三證之醫論,對于各證,就其病證特徵或診斷治療,施加一句或一段簡明扼要的論述。各證醫論多引名醫名著,如朱丹溪、劉河間、龐安常等醫家以及《内經》《脈經》等醫著。書内第六、第三十一證爲空,第十七證、第三十九證及第五十至五十三證僅列“翻胃”“不睡多眠”“目”“鼻”“舌”“口”之題,無具體内容。

是本非立意鮮明之作,乃作者讀書隨記之本。其對證立論,多源于名醫名著的經典要論,論點鮮明而不累贅。如論鬱的病機及脈象特點,謂“鬱有六鬱,氣血食痰濕熱也,脈多沉伏”;論時行致病特點,謂“一歲之中長幼相似”;論中氣易感人群,謂“此症婦人多有之”;論中風寒治療方案,謂“輕則五積散，重則附子理中湯”；論肺癰發展預後，謂“數實者，肺癰較肺痿爲易治，男子十救一二，女子十全八九”。所著醫論多爲各證特點所在，可供學醫者參閱。但有數證之論空缺，未能補全，殊屬憾事。

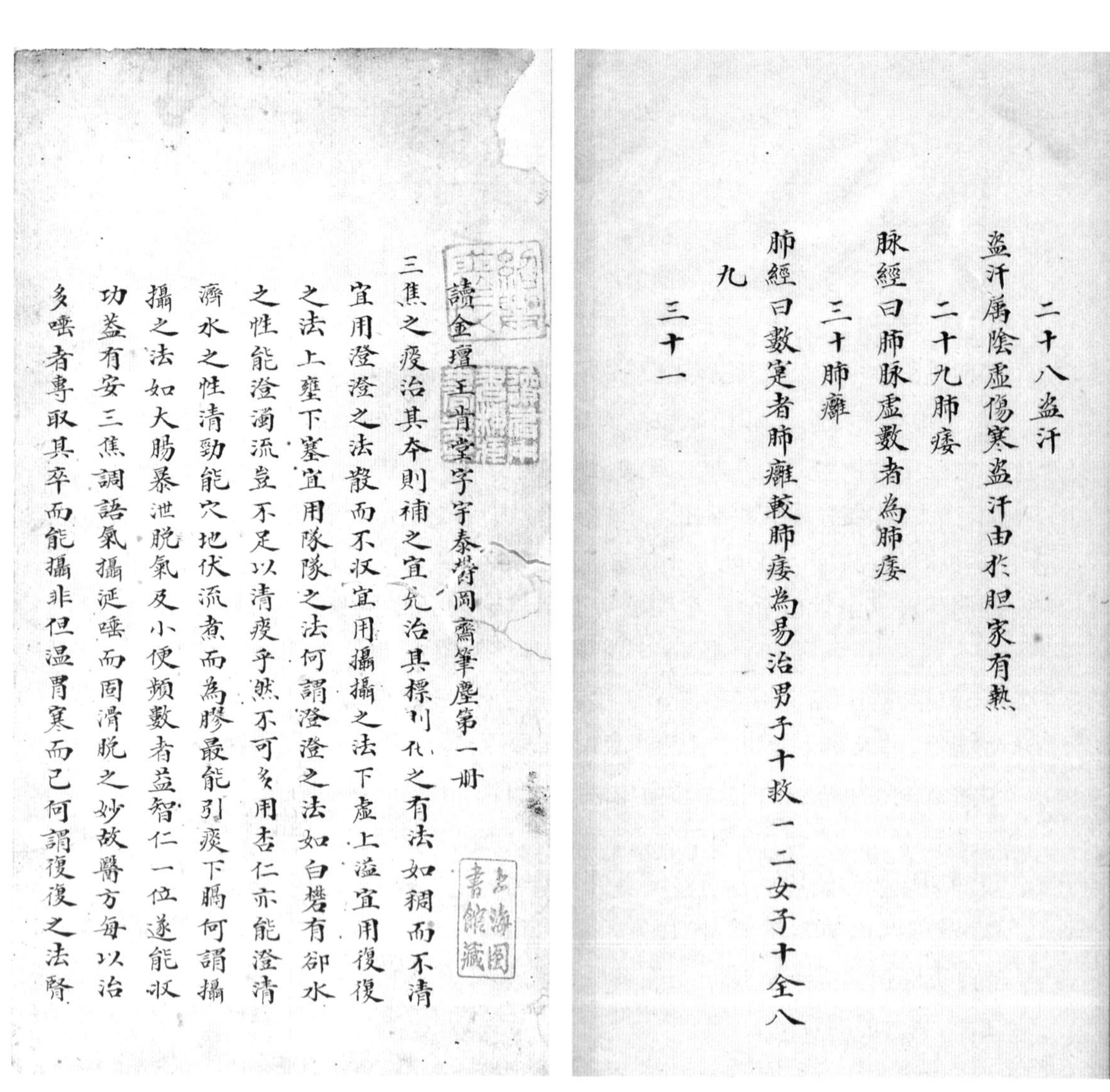

十五、其他（含養生、醫史、叢書等）

797 十三則闡微

《十三則闡微》，不分卷，一册。閔小艮編纂，梁承誥（少卿）抄録于清光緒四年（1878）七月。現藏于上海圖書館。《中國中醫古籍總目》未見收載。

是本爲養生導引方面的小册子，類似于八段錦，主要論述氣功養生。内容分兩手握固閉目冥心、舌抵上腭一意調心、神游水府雙擦兩腎、心注尾閭頻聳兩肩、目視頂門叩齒攪口、静運兩目頻頻咽氣、澄神摩腹手攀兩足、俯身鳴鼓數息凝神、擺腰撒腿兩手托天、左右開弓平心静氣、無人無我心如止水、遍體常暖晝夜充和、動静不二和光同塵等十三個動作，有歌訣和注釋，較適宜于中老年人或病後體虚者操練。

此本是導引養生方法的普及書，内容單一，品相也一般。

十三則闡微

閔小艮先生纂　江都梁承誥少卿録藏

一曰兩手握固閉目冥心

人身一心耳而其名有三心之本位曰人心其神腦注曰天心其神腹注曰地心其用有三天心生精地心生氣人心生血欲收人心必須握固握固者何以兩手大指尖各掐兩手亥子紋間而以四指包握大指成拳形是也蓋心乃至靈之物但一着想即住想處凡心具陰陽其理奇而耦者本位之心也稍其奇宮乃在兩手之心一經掐夫亥子紋而握固之則我之人心得

一

798 戈氏叢書四種

《戈氏叢書四種》,含《素問指歸》《傷寒指歸》《金匱指歸》《神農本草經指歸》四種,今殘存《素問指歸》,三函,二十四册,戈頌平撰。戈頌平介紹見本書“022黄帝内經素問指歸”。是本含《神農本草經指歸》五卷、《黄帝素問指歸》八十一篇、《仲景傷寒指歸》六卷、《金匱指歸》十卷。藏館書簽作“泰州戈氏素問指歸”,無目録與序跋。每半葉六行,行十八至二十字不等。《中國中醫古籍總目》《中國醫籍大辭典》謂《戈氏醫學叢書》約成書于清光緒十一年(1885),然《戈氏醫學叢書》(中醫古籍出版社2008年影印另一傳鈔本)之《素問指歸》序言有“光緒三十三年(1907)歲次丁未仲春吴陵布衣直哉頌平自識于問心書屋”語,《傷寒指歸》《神農本草經指歸》序言并有“宣統元年(1909)清和月上浣男仁壽述之謹志”語,與《中國中醫古籍總目》等所稱成書年代有异。现藏于上海中醫藥大學圖書館。

《戈氏叢書四種》是戈氏理論淵源、學術思想、臨床心得的總結,體現了戈氏對陰陽六經氣化規律的認識。首重人體陽氣的作用,認爲“陽爲萬世之根基”“人身陽氣不藏,則五臟病”“人爲萬物之靈,稟五行之氣,無不依附天之一陽大氣以生”。在《素問指歸》中,戈氏以四時更替、陰陽消長、五行生克、天干地支等理論闡釋《素問》的理論。如《素問·上古天真論》:“女子七歲腎氣盛,齒更髮長。”戈氏注:“女子以子爲主,子一陽也,一變而爲七,女子至七歲。子,水中之氣盛,則齒易;午,火中之血盛,則髮長。曰‘女子七歲腎氣盛,齒更髮長’。”《素問》:“丈夫八歲腎氣實,髮長齒更。”戈氏釋爲:“丈夫以亥爲主,亥六陰也,根核也。亥水之陰得陽氣正于八。丈夫八歲,陰中得陽而氣實,齒易;陽中得陰而氣强,髮長。曰‘丈夫八歲腎氣實,髮長齒更’。”《素問》:“腎者主水,受五臟六府之精而藏之,故五臟盛乃能瀉。今五臟皆衰，筋骨解墮，天癸盡矣。故髮鬢白，身體重，行步不正而無子耳。”戈氏解釋：“天一之陽先生腎水，水中之陽生肝木，木中之陽生心火，火中之陽生脾土，土中之陽生肺金，金中之陽復生腎水。日得天地五行之精氣，環轉表裏，生生不息，悉藏土中，生氣日盛，乃能輸轉表裏，筋骨健而不衰。曰‘受五臟六府之精而藏之，故五臟盛乃能瀉’。今是時也，解墮謂筋骨鬆而不堅也。是時八八，五行之精氣環轉，表裏日衰，筋骨鬆而不堅，天一之陽所生之水盡無餘矣。其血不足以上榮，髮鬢斑斑，陽氣屈伸，表裏不健，身體重不輕，筋骨鬆不堅，行步不正，此其所以無子耳。”另如對《素問·靈蘭秘典論》“脾胃者，倉廩之官，五味出焉”“小腸者，受盛之官，化物出焉”“腎者，作强之官，伎巧出焉”，戈氏均從人體陽氣入手解釋：“脾指心下土中陽氣也，胃納水穀如倉廩，得心下土中之陽氣蒸化，五味生焉，曰‘脾胃者，倉廩之官，五味出焉’。”“腸者受盛糟粕，得火氣腐化有形之物，轉道大腸中而出，曰‘小腸者，受盛之官，化物出焉’。”“腎，水藏也，水之陰得火氣作强於裏，造化生焉，曰‘腎者，作强之官，伎巧出焉’。”《素問·寶命全形論》：“天有陰陽，人有十二節；天有寒暑，人有虚實。”戈氏以四季陰陽消長變化解釋：“夏至天之陰降，冬至天之陽升，曰‘天有陰陽’。節，節制也。天之陰降由午辰至亥辰之六數，天之陽升由子辰至巳辰之六數，人身陰陽升降左右各六數，合天之二至，陰陽左右升降之節制無差，曰‘人有十二節’。天之太陽陽氣自午内闔，由卯内藏，至亥而成冬令之寒，天之太陽陽氣自子外開，由卯内明，至巳而成夏令之暑，曰‘天有寒暑’。陽氣自午内闔藏卯，陽虚於上而實於下，其陽内藏，以生其陰，陽氣由子外開明卯，陽虚於下而實於上，其陰外開，以生其陽，曰‘人有虚實’。”

《戈氏叢書四種》均以“指歸”二字命名，“原名下增‘指歸’二字，俟門下士有所指歸焉”，使後學者“由此而求之已誤知改，如倦遊之歸家，如改邪之歸正。未學者知慕如行人之歸市，百川之歸海，使天下殊途而同歸”。

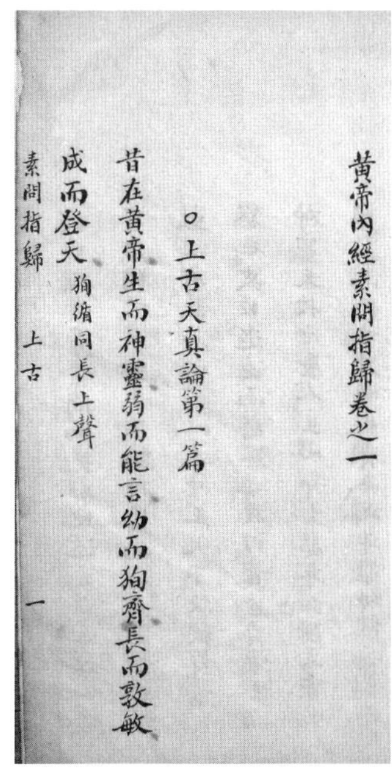

黃帝內經素問指歸卷之一

○上古天真論第一篇

昔在黃帝生而神靈弱而能言幼而徇齊長而敦敏成而登天 徇循同長上聲

素問指歸 上古 一

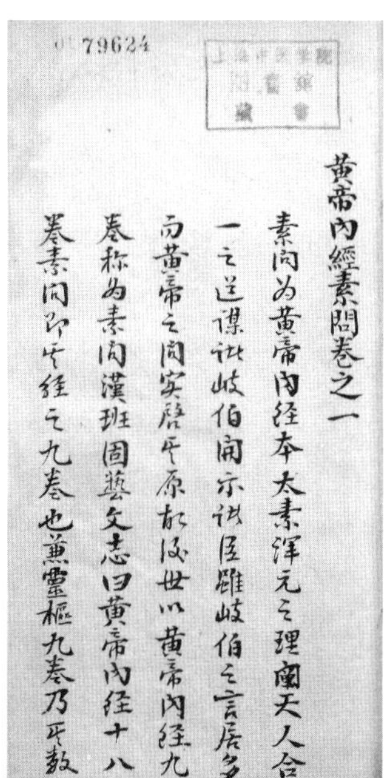

黃帝內經素問卷之一

素問為黃帝內經本太素渾元之理闡天人合一之道設詰岐伯問亦設臣雖岐伯之言居多而黃帝之問實啓其原故後世以黃帝內經九卷稱為素問漢班固藝文志曰黃帝內經十八卷素問即其經之九卷也兼靈樞九卷乃其數

799 丹亭盧真人廣胎息經

《丹亭盧真人廣胎息經》，十二卷，分博、厚、高、明、悠、久六册。道教浄明派著作，明代丹亭盧真人撰，抄録者疑爲"浄明派二十七代嗣教弟子孫浄儀"。封面書"胎息經"。成書年代不詳。《中國中醫古籍總目》載録爲1644年鈔本。現藏于中華醫學會上海分會圖書館。

是書體例爲問答形式，通過丹亭真人與弟子養浩生之間的問答，闡釋祛病、延年、了道等相關問題。卷一至卷四爲祛病部，載祛病總論及三十九種病證的病因病機及道家行氣治法。總論提出延年先祛病、祛病須治氣的觀點，爲祛病部大旨。總論後載病證三十九種，包括癱瘓、虚勞、臌脹、膈噎、寒疾、痰症、脾胃（病）、痔疾、種子、瘧症、痢症等，涉及内、外、婦、男、五官、皮膚各科。每證以弟子問起，如《臌症第四》養浩生曰："虚癆之外，莫重於臌疾，其治云何？"真人曰："原夫臌症皆因脾胃之氣虚弱不能運化，致使水穀聚而不散，故成臌也。或飲食失節不能調養，則清氣不降，濁氣填滿胸腹，濕熱相蒸，遂成脹滿……或怒氣憂惱，鬱而不伸，使邪氣溢入旁經，日積月累，久成兹疾。"從氣虚不運、飲食失節、情志失調三方面闡釋臌症的病因病機。後載道家行氣之法，如密室静坐、調適呼吸、化咽甘津等。卷五至卷十二包括延年部、成真部、了道部，内述大采補法一品、小采補法二十四品、進藥法諸品、胎息法及胎息、藥物、火候、鼎器、了道等口訣，皆爲道家修煉、調息、製丹、服丹之法。書末列諸祖源流，載浄明派二十六代師及第二十七代弟子孫浄儀。

是書行文簡明扼要，文風質樸，無避諱現象，内容與《丹亭真人傳道密集》基本相同，應爲此書之别本。該書爲道家浄明派祛病、養生、修煉之書，其中的醫學部分具有養生防病、臨床治療的實用價值，可供研讀。

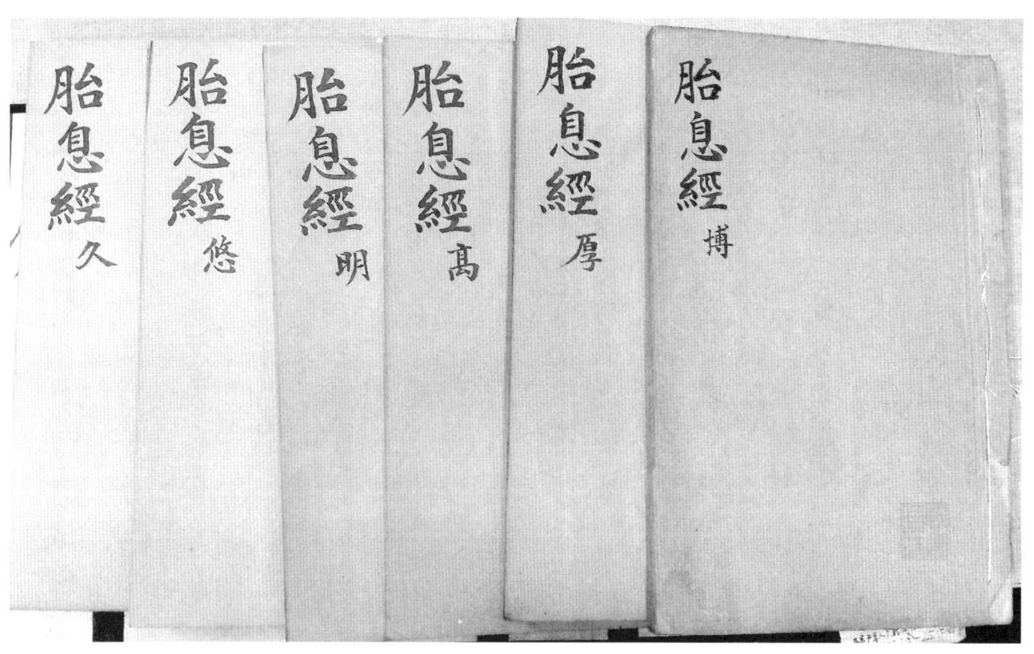

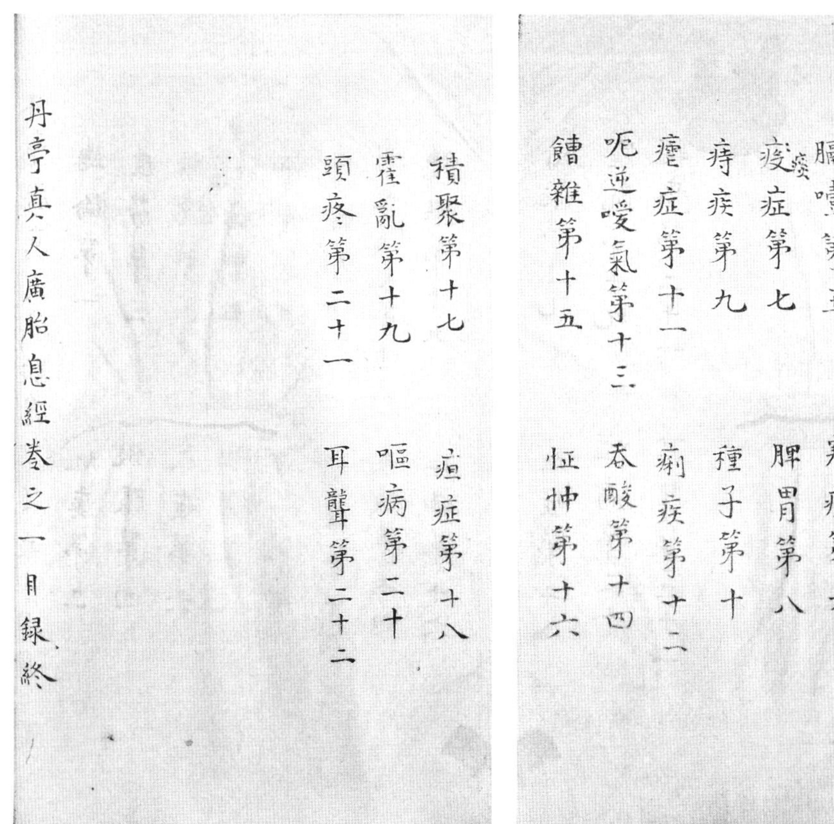
丹亭盧真人廣胎息經卷之一目録

總論第一　癱瘓第二
虛劳第三　鼓脹第四
膈噎第五　寒疾第六
痰症第七　脾胃第八
痔疾第九　種子第十
瘧症第十一　痢疾第十二
呃逆噯氣第十三　呑酸第十四
餔雜第十五　怔忡第十六
積聚第十七　疸症第十八
霍亂第十九　嘔病第二十
頭疼第二十一　耳聾第二十二

丹亭真人廣胎息經卷之一目録終

净明不是尋常道　息息還須要守中

今將諸祖源流列后

净明第一代啟教宗主日中始炁孝道仙王

净明第二代啟教宗主月中元炁孝道明王

净明第三代啟教宗主斗中玄炁孝道悌王

净明第四代啟教宗主蘭公

净明第五代啟教宗主諶母

净明第六代道師許真君

净明第七代傳教祖師吳真君

净明第八代傳教祖師洞真胡真君

净明第九代嗣教祖師玉真劉真君

净明第十代嗣教祖師中黄黄真君

净明第十一代嗣教祖師丹高徐真人

净明第十二代嗣教祖師　蕭真人

净明第十三代嗣教祖師塵外曹真人

净明第十四代嗣教祖師原陽趙真人

前派自吳真君起至石臺王師止已完派曰上至無為理初机在守中宜知歸復處妙象自玄鴻

今既派完乃焚香禱于

祖師座下擇净明道經中字二十八編以成派曰

净明忠孝道應真德行之恭體聖神

定頸慧光靈果結肅微白毅悌和仁

丹亭真人盧祖師廣胎息經卷之十二畢

丹亭真人盧祖師廣胎息經卷之

却病部一靜功

總論第一

胎息真人於出褱之暇危坐松石瞑目定息窺天地根有間迺顧謂諸弟子曰吾觀爾等辭榮絕利或跋涉從予或開關就學歲月既深不聞疑問豈俱入忘言之境乎今夕庚月在天迅湍滿壑試剖晰玄

800 去病延年六字氣訣

《去病延年六字氣訣》，不分卷，一册。撰著者不詳，梁承誥（少卿）抄于同治八年（1869）。現藏于上海圖書館。《中國中醫古籍總目》未見收載。

是本内容包括六氣論、六氣總訣、四季却病訣、吹腎氣訣、嘘肝氣訣、呵心氣訣、呼脾氣訣、呬肺氣訣、嘻三焦氣訣共九篇。六氣論是此本主篇，主要論述何爲六氣。開篇即曰："六氣者，嘘、呵、呼、呬、吹、嘻是也。五氣各屬一臓，嘻屬三焦。非此六氣，行不到於本經，故必以此導之。"六氣總訣和四季却病訣是在《遵生八箋》的六氣訣和四時氣訣基礎上加以充實，論述嘘、呵、呼、呬、吹、嘻六氣的調氣吐納導引的方法，其餘各篇則是六氣各自分屬臟腑的行氣方法和注意事項。

是書是一本較爲淺顯的養生導引類醫書，既有相關理論，也有具體操作方法，有一定的實用性，但内容簡單，論述一般，品相較差。

去病延年六字氣訣

同治八年六月錄于袁江學署

去病延年六字氣訣

江都梁承詰少卿録藏

六氣論

六氣者噓呵呼呬吹嘻是也五氣各屬一臟嘻屬三焦非此六氣行不到於本經故必以此導之不可不知凡行此法先須冥心坐定然後默誦其字呬吐鼻收勿使耳自聞之如某經有病用某字治之病瘥即止不可過過即敗氣一曰噓屬肝肝連目肝盛則目赤有疾作以噓氣理之二曰呵屬心心主舌口乾舌澁氣不通及諸邪氣呵以去之大熱大開口小熱小開口三曰呼屬脾脾主中

801 古今醫史

《古今醫史》，九卷，三册。清王宏翰輯著。王宏翰，字惠源，號浩然，順治、康熙年間人，生卒年代不詳，有説卒于康熙三十六年至三十九年之間（1697–1700）。王氏先世本河汾人，祖居華亭（今上海松江），至宏翰又遷居姑蘇西城。博通儒學，明達醫理，參格致之功，因母病而精醫，以醫濟世。爲天主教徒，常與傳教士研討西學，故爲醫多兼采西説。著述頗多，有《醫學原理》《急救良方》《本草性能綱目》《方藥統例》《傷寒纂讀》《刊補明醫指掌》《古今醫史》《女科機要》《幼科機要》《針灸機要》《怪症良方》《壽世良方》《六地考》《乾坤格物》《四診脈鑒》等。現存鈔本，藏于上海圖書館。據《中國中醫古籍總目》載，此書有八家圖書館收藏，其中包括上海圖書館、中華醫學會上海分會圖書館、上海中醫藥大學圖書館。

是書卷一至卷七爲《古今醫史》，卷八卷九爲《續增古今醫史》。卷一首有王氏自序，卷一目録及首頁有多枚印章，如“太史氏”“荻溪”等。各卷中間有多處插記、補録，此本或爲稿本。

是書名爲“古今醫史”，實爲歷代名醫傳略，收載有自五帝三皇至清朝的歷代醫家共四百五十三位。有關收録醫家的標準，王氏在自序中説：“凡史傳所載，醫籍所紀，合于聖賢之旨者則取之，涉於怪誕之説者則辨而正其誤，或醫庸而名振，胸次一無真學者不録之，或隱居好道，高尚其志而有著述者，必採而入之。”按照斷代分卷排列，卷一收録五帝、三代（商、周）、春秋、戰國、秦、漢、三國時期的醫家五十七人，卷二收録晋代醫家十九人，卷三收録南北朝醫家四十五人，卷四收録唐及五代醫家三十四人，卷五收録宋代醫家七十五人，卷六收録金朝醫家十二人，卷七收録元代醫家四十人，卷八收録明代醫家一百三十一人，卷九收録清代醫家四十人。每位醫家均記録姓名、籍貫、醫事、著述等，對于在民間或古代典籍中有虚幻不經傳説的醫家，則加按評予以糾正。卷七後附有吕滄洲醫評。卷九後附有王宏翰醫案十則，介紹王氏比較複雜的内科病證的診療過程。

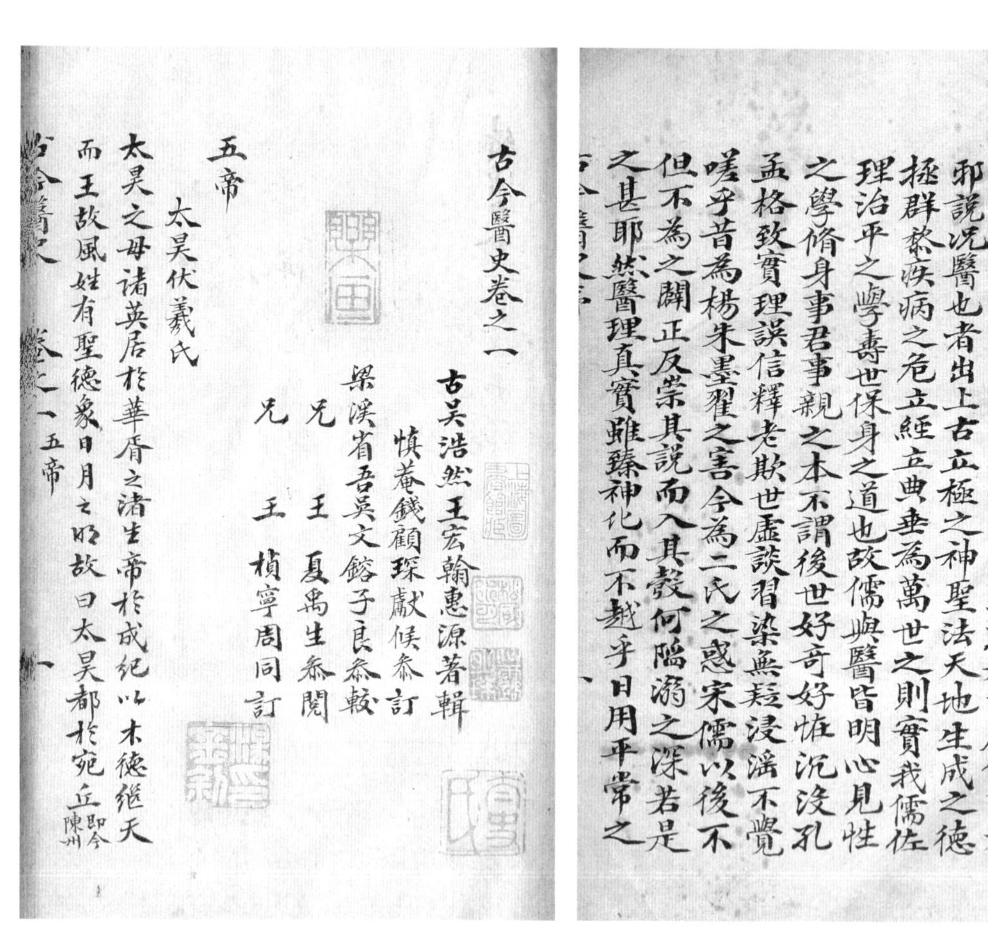

802 石室叢鈔

《石室叢鈔》,輯録醫書十九種。清石頑(號更叟)抄輯。輯于清宣統二年(1910)。現存鈔本,藏于上海中醫藥大學圖書館。

該叢書所録醫書包括《脈經》《傷寒證治》《良方彙録》《醫學彙編》《醫林改錯》《脈訣圖證彙參》《醫學秘書》《醫學叢鈔》《王孟英醫案》《傅青主女科》《外科秘方》《醫原紀略》《瘍科補苴》《十二經圖并見症用藥法》《儷語集錦》《咽喉症類》《醫學策問論説序文手劄類》《痧喉症治闡解》及《醫宗備要》共十九種。

此書集醫論、醫案、診脈、方藥、内科、外科、女科、咽喉科等匯抄而成,内容廣博。其中除《脈經》《醫林改錯》《王孟英醫案》《傅青主女科》外,均未有單行本傳世,現簡介如下:

《傷寒證治》兩卷,不著撰人。有辨論文二十篇,其後附方。可以看作是對《傷寒論》原文及方藥的注解。

《良方彙録》六卷,不著撰人。録方近萬首。每方先録藥物,其後録主治用法及注意事項,内容充實詳備。

《醫學彙編》三卷,不著撰人。對《傷寒論》所見症進行分類整理論辨,如《傷寒傷風辨》《傷寒腹滿辨》等,每辨下仍附《傷寒論》原方。

《脈訣圖證彙參》兩卷,不著撰人。是在《脈訣》的基礎上,對每脈詳細討論,附脈圖、歌訣及主治方劑等。著者以自己對脈的主觀感覺繪出圖形,不免令讀者理解稍難,僅憑脈主方,亦有失偏頗,但仍不失爲對脈象深入研究的方法與途徑。

《醫學秘書》四卷,不著撰人。是一本醫學論文集。以《靈》《素》爲基礎,詳于論脈,兼涉各科,對醫學基礎知識進行了相關探討,可視爲一本醫學入門書籍。

《醫學叢鈔》兩卷，不著撰人。從論瘧爲始，其後詳細論述痢、泄、衄、痛等常見臨床疾病，尤其是五官疾病等，每症給出方藥主治，内容詳細，頗具實用性。

《外科秘方》兩卷，不著撰人。不是單純記載外科方藥，而是對每病每症都詳細探討，然後列出實用方藥，是一本外科綜合性書籍。

《醫原紀略》一卷，不著撰人。探討陰陽五行本末，男女生成之始，并述六氣致病根由，從病因學的角度入手，直達疾病本質。

《瘍科補苴》一卷，不著撰人。是一本瘍科專書，以《靈》《素》《傷寒》及諸子所載爲主，并由此闡發瘍科的理法方藥等。

《十二經經圖併見症用藥法》一卷，不著撰人。前一部分探討五運六氣的規律，後則記録十二經脈及見症主治方藥。圖文并茂，内容豐富。

《儷語集錦》一卷，不著撰人。分屋宇、花木、蔬果、農桑、禽獸、昆蟲等類收集中醫藥名詞，可資參考。

《咽喉症類》一卷，不著撰人。以論述咽喉疾病爲主，兼論面、齒等五官疾病。論述詳備，理法方藥俱全，并有圖譜數種，值得現代相關臨床醫生參考。

《醫學策問論説序文手劄類》一卷，不著撰人。保存了如費廷璜、魏允恭、胡鼎等十位醫家所著策問、論説、序文等相關文獻，具有一定史料價值。

《痧喉症治闡解》一卷，不著撰人。是清末醫家治療痧喉症的專書，記載當時慣用的大量方劑，可以看出當時醫家對治療痧喉症這一急性傳染病所作出的努力。

《醫宗備要》一卷。是由《内經》《傷寒》等醫學經典書籍的相關條文的注解組成，兼論五運六氣的規律，具有一定的參考價值。

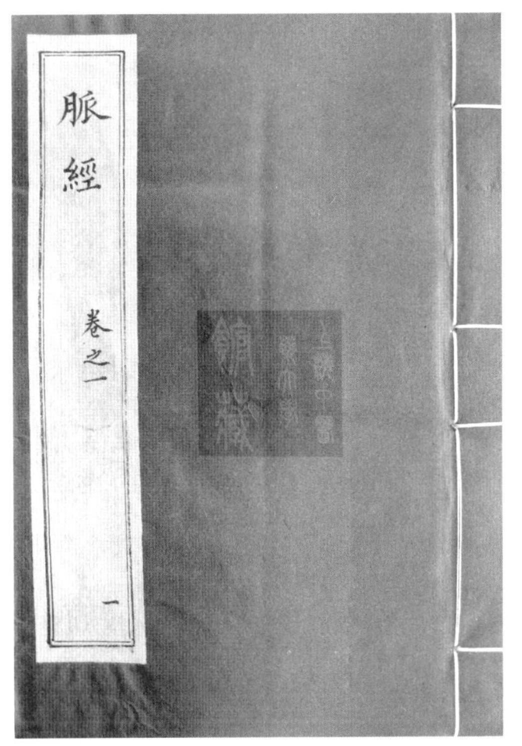
脈經
卷之一
一

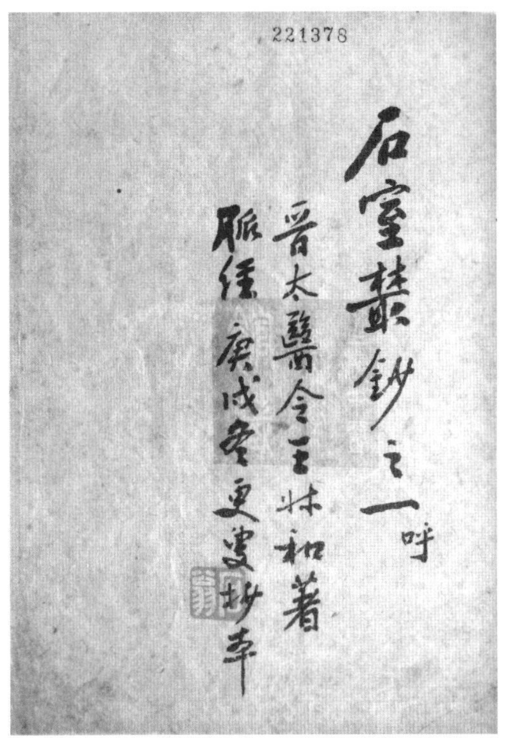
221378
石室藂鈔之一
晋太醫令王叔和著
脈經 庚戌冬更叟抄本

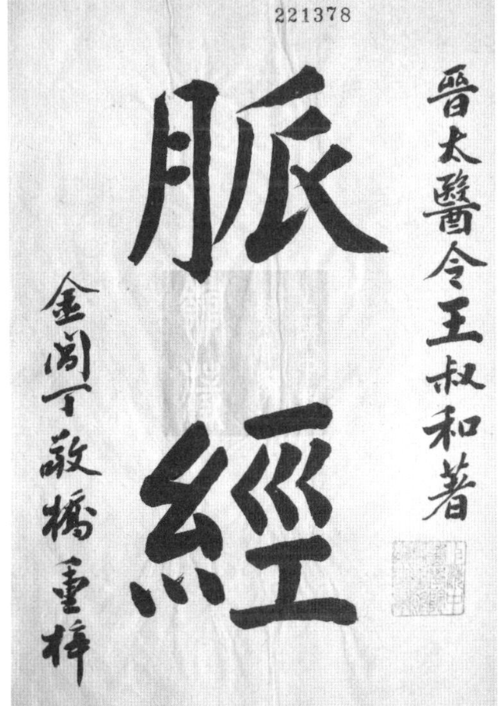
221378
晋太醫令王叔和著
脈經
金閶丁敬橋重梓

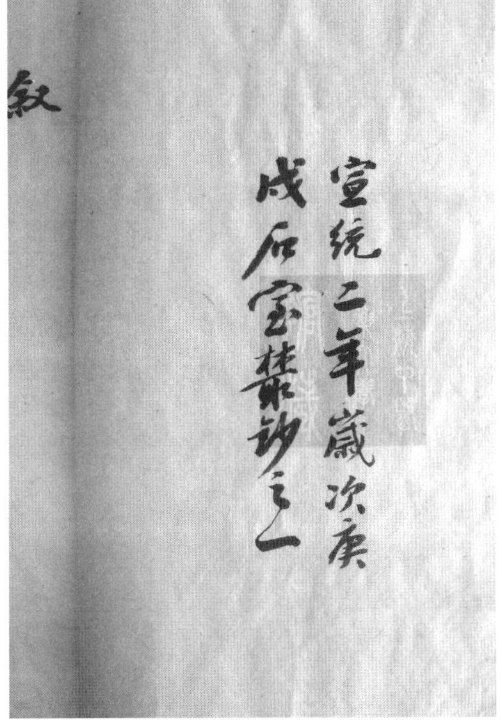
敘
宣統二年歲次庚
戌石室藂鈔之一

803 玄功近指

《玄功近指》,不分卷。李汝均編。李汝均,字維甸,交河(今屬河北)人,清代醫家。《交河縣志》載其爲"國庠生,才質英敏,學力過人,於經、史、子、集頗能淹貫,爲文雄渾,書法得趙氏意。精痘疹科,著有《痘疹辨證》二卷,年逾八旬"。是書爲道家修煉養生之抄録本,裝幀精良,抄録詳實工整,字體優雅,無殘缺,有中華書局圖書館藏書章。現藏于上海辭書出版社圖書館。

是書摘抄多部道家養生修煉專著,分三部分。第一部分爲孚佑帝君所著《三寶心鐙》《微言摘要》《九黄新經注序》三部。孚佑帝君即吕祖洞賓,道家稱爲"妙道天尊",著述甚豐,然大多爲托名。第二部分爲道教經典專著,抄録《三元流珠經》《長生胎元神用經》《實神起居經》《唱道真言》《抱朴子內篇附別旨》《〈吕祖百字碑注〉節録》《孫不二元君法語》《陳致虚金丹大要》《玉銓》,共九篇。第三部分爲孫真人思邈保生銘,以歌訣形式介紹養生守則。

道教主張長生不老,得道成仙,看重個體生命的價值。道教攝生思想吸收了原始巫祝、神仙方術及先民思想中的養生之道,與中醫有着密切的關係。是書以導引吐故納新爲多,强調通過修煉以養生延壽,其中不乏故弄玄虚的内容,故于養生實踐中當有選擇地借鑒。

立功近指

學道貴有恒心若有始無終或作或輟豈能有成尤要於逆境中打出將色身

受我者不如意事方是真實修持

天下事要看得透收得來放得去撤得下割得斷耐得心契得苦

任性之事受累無窮能於動發時急急收住將靈光返照俾胸次坦然而火不出可以延年

修心立命要從死中覓活殺裏尋生方有一條蕩蕩平平的大路去探驪珠吸髓直透

蓬萊然而死灰復燃畧有一毫沾惹峯頭失足更比平地跌得千里

修身之道以氣為先天以此氣能覆地以此氣能載萬物以此氣能應時而生人以此氣

能與百家之言諸子倫理儒曰浩然釋言金剛道名靈寶無非此氣也

和為道中樞紐所該甚廣天和而時若地和而物阜人和而康寧否則而雹害瞳石土

土踊疣贅瘻瘤各以類應所以陰陽和而人物生金液瓊漿俱從此出

人之氣血合四時應六氣心為君主統五臟而使四肢腎為命門稟真乘而播號

鉛汞坎心腎交則水火濟

聖賢最重時字而修道尤其要緊時非子午之謂須用箇生時活時即丹書

所謂的候也

要學能無事要常靜常靜莫勝枯鼓琴著水地泥古却主人的坐位

此此如石真然如松千態萬瘦寄心碧空然不可枯寂做到中間又要活活潑潑方

是真靜

丹經所載名象作用種種不一令人五色目迷無處下手皆是喻言所謂得訣歸

來好看書若未能勘破太極圈分明八卦象而徒摘葉尋枝雖皓首研究

終是門外漢丹有外丹爐火尤是惑人千古疑團于今剖析

重陽子曰凡欲修煉非虛靜不為功

五官忌漏精之門百骸皆引神之路門欲其塞路欲其通

以藥物論之曰乾坤離坎陰陽水火砂汞鉛銀父精母血青龍白虎日魂月魄交梨火

804 西醫内科方

《西醫内科方》，不分卷，一册。不著撰者，無序跋。成書年代不詳。此書病名、藥名使用尚不規範，如將治絲蟲方稱作“大小腸生髮蟲方”，藥名用“依畢格”“鎂礦養”“迦路米”“鈊淡養”等舊時用名。據此，本書疑寫于西醫西藥初傳入我國時。目録標題爲“摘西醫内科胃腸各症方”，下有小字“腎經各方亦附此”。目録一葉，正文七十三葉，全書約二萬八千字。現存鈔本，藏于上海圖書館。《中國中醫古籍總目》未見收載。

本書是以治療胃腸及腎、膀胱等臟器疾病爲主的方劑書，依次爲：胃炎方、誤服毒胃炎方、胃炎舊症方、胃不消化方、胃痛方、胃癰方、嘔血方、嘔瀉方等，計收病三十二種。每一種病下列數種治療方法，有西藥、中藥、民間療法等。如胃痛方共五種治療方法：第一用依畢格、路卑利、麼啡，此三方皆可令積滯嘔出而痛自止。第二用洋朴硝、玄明粉以瀉之，用麼啡一釐，分作七份，每次用七分之一。第三用鴉片酒三十至四十滴，射入糞門内可止痛。第四用碘酒加播匿酸，各半和匀，每一小時用一滴，開水一杯服之，能止嘔痛。第五用信石水一滴，鴉片酒二滴至五滴，和匀服之。又如膀胱發炎方共四種：第一用暖水浸下部，或在患處敷熱水布，并以麥糠加罌粟煮糊敷之。第二用蜞在該處吸血，血旺者可用。大便宜通利，倘閉結，宜射水入糞門内以通之。也可用鴉片烟丸納入糞門内以止其痛。薏米水或菜或粥水等可多飲，須鮮净雨水方可。第三用碳檸鹽加鴉片酒，極有功效。第四用碳養水服之亦可。

綜觀全書，文理未達，醫理欠通，所載之方的科學性也令人懷疑，如痢疾方“用牛奶和石灰水各半，小兒新起，日服數次即能止”等。

摘西醫內科胃腸各〻症方 腎經各方亦附此

胃炎方　大小腸生發虫方
誤服毒胃炎方　腹內統膜發炎方
胃炎舊症方　水臌方
胃不消化方　內腎積血方
胃〻痛方　內腎發炎方
胃疱方　肥網發炎方
嘔血方　腎穴發炎方
嘔瀉方　內腎壞〻症方

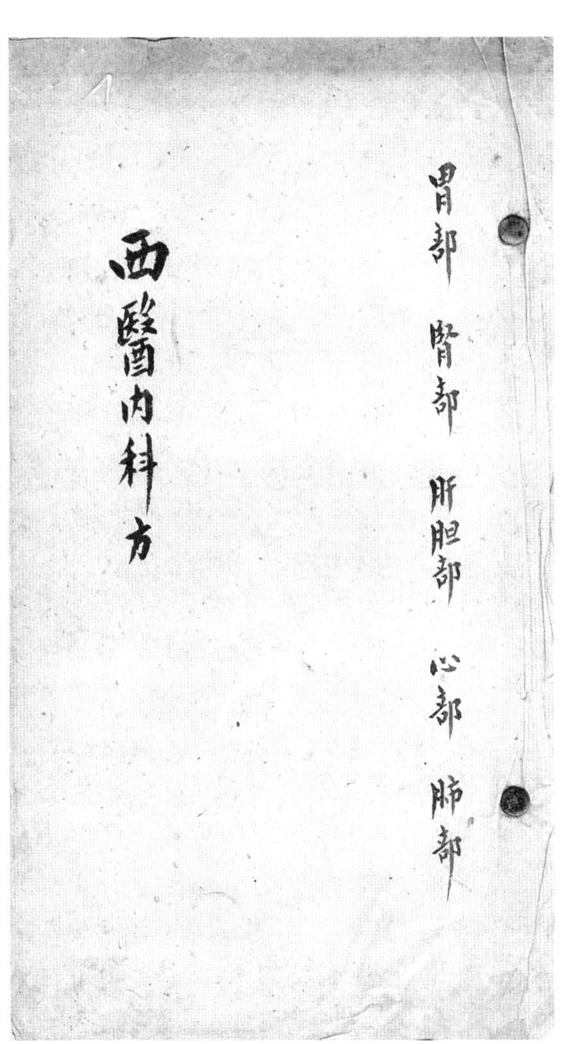

西醫內科方
胃部
腎部
肝胆部
心部
肺部

805 冲用編入藥鏡

《冲用編入藥鏡》，四卷，四册。題爲崔希範授，陸西星、混然子、蕭廷芝、張星、張應斗注，曹禾校輯。崔希範，名嘉彦，號紫虚道人，南康（今江西九江）人，南宋道士，素習道術，兼通醫理，著有《天元入藥鏡》《崔真人脈訣》《紫虚道人醫原》等。陸西星，號潛虚子，明朝人，兩宋、元明道教内丹雙修理論的集大成者，著有《金丹就正篇》一卷。蕭廷芝，字元瑞，號紫虚真人、了真子，南宋道士，傳承彭鶴林，發明玉蟾之説，著有《金丹大成集》。曹禾，清醫家，著有《醫學讀書志》《瘍醫雅言》《痘疹索隱》等書。其他責任人生平不詳。卷一有篆字圖章兩枚，爲“堇堂”“汪由敦印”字樣。汪由敦，號謹堂，清代安徽休寧人，善書法，亦諳醫理，爲收藏大家。該書每卷一百四十葉，總字數約十萬字，現藏于上海圖書館。《中國中醫古籍總目》未見收載。

全書共十六章，第一章缺，後依次爲：《易者象也章第二》《於是仲尼贊鴻蒙章第三》《元精渺難睹章第四》《御政君臣章第五》……《推演五行數章第十六》。所用之文，或散或韵。如《推演五行數章第十六》下云：“推演五行數，較約而不繁。舉水以激火，奄然滅光明。日月相薄蝕，常在晦朔間。水盛坎侵陽，火衰離晝昏。陰陽相飲食，交感道自然。名者以定情，字者得性言。金來歸物初，乃得稱還丹。”文後解釋説：“此章論金來歸性，乃陰陽交感，自然之道。蓋金助水也，性助火也。五行之數，水火有相滅之理。水火之義，比諸日月其在晦朔之間，每以相交而成薄蝕，故水盛則坎月侵陽，火衰則離日晝昏，如舉水激火，而光明奄滅者然。然非相害相悖也，一陰陽飲食交感，自然之道而已。還丹之道亦猶是也。且夫還丹之道一物而已，分爲二則有兩者之名，猶人之有名有字者然。吾將以情定爲名，性定爲字。則情也，金也，水也，名之謂也；性也，火也，字之謂也。今也作丹之法，推情合性，轉而相與，則是金來歸性矣，水來激火矣，坎來侵陽矣，故不相悖而反相爲用，要亦陰陽飲食交感，自然之道而已矣。”書末附有《魏伯陽真人補塞遺脱法象賦》《伯陽魏真人補塞遺脱鼎器妙用歌》《彭真人明鏡圖》《紫陽真人讀周易參同契文》等文。

本書内容多玄奥空虛，比喻亦多晦澀牽强。以“名”與“字”解釋“情”與“性”，難以令人信服。《中國中醫古籍總目》《中國醫籍大辭典》及《中醫人名辭典》《中醫人物詞典》等主要工具書均未收録本書及本書作者，推測此書或爲後世道家托名之作。可供道家文化、氣功研究者參考。

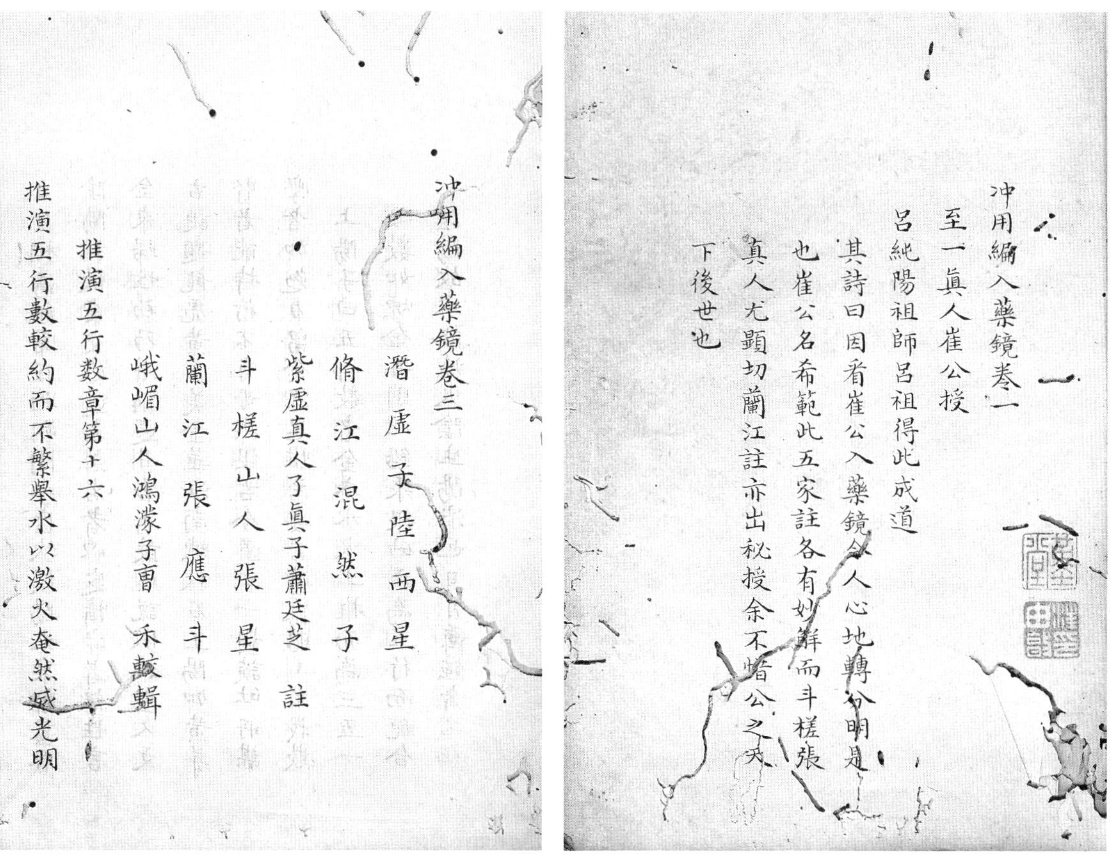
沖用編入藥鏡卷一
至一眞人崔公授
呂純陽祖師呂祖得此成道
其詩曰因看崔公入藥鏡令人心地轉分明是
也崔公名希範此五家註各有妙解而斗槎張
真人尤顯切蘭江註亦出秘授余不惜公之天
下後世也

沖用編入藥鏡卷三
潛虛子陸西星
脩江混然子
紫虛真人了眞子蕭廷芝註
斗槎山人張星
蘭江張應斗
峨嵋山人鴻濛子曹禾較輯
推演五行數章第十六
推演五行數較約而不繁舉水以激火奄然滅光明

806 延壽和方彙函

《延壽和方彙函》，兩卷。日本貞厚三宅意安編。編者生平不詳。據《中國中醫古籍總目》所載，約成書于宣統二年（1910）。現存鈔本，藏于上海中醫藥大學圖書館。

該書匯録日本醫方一百十五首，有些方劑與中國方劑同名，但藥物組成有出入，如萬應丸、肥兒丸、紫金錠子、安神散、吹喉散等。上卷載屠蘇散、神明白散、北山乳泉散、金鎖正元丹、何首烏飲等六十二方，下卷有磨積圓、豆蔻丸、延壽返魂丹、安榮湯、明目五香湯等五十三方。每方首載功效主治，次載方藥組成用量，末附該方服法、調攝及傳承等内容。如飯田楊梅散"治胸痞積塊疝氣如神"，由楊梅皮、木瓜、瓜蔞根、石榴皮、杜仲、川芎、橙皮組方，"右七味末丸散，隨宜空心服之"，"傳曰：斯方飯田玄泉秘方也。飯田家之祖者，文禄年間隨野間玄澤學醫，後仕於朝……"

本書記載部分日本方劑，以養生方爲主，具有一定的文獻和臨床參考價值。

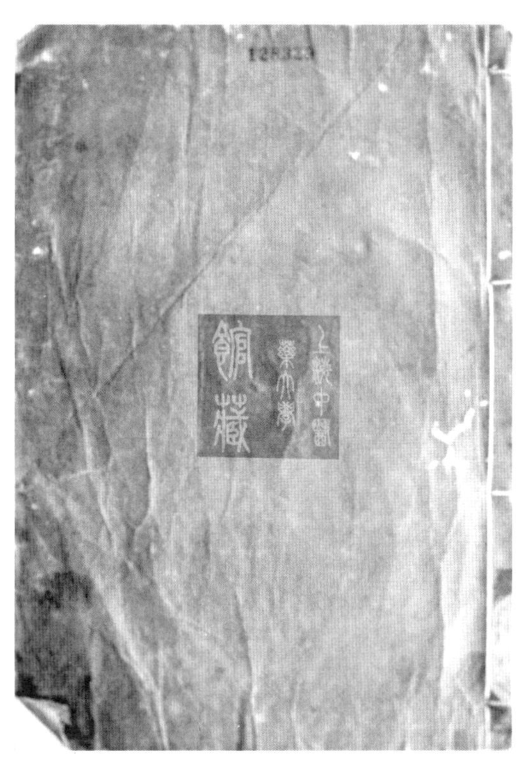

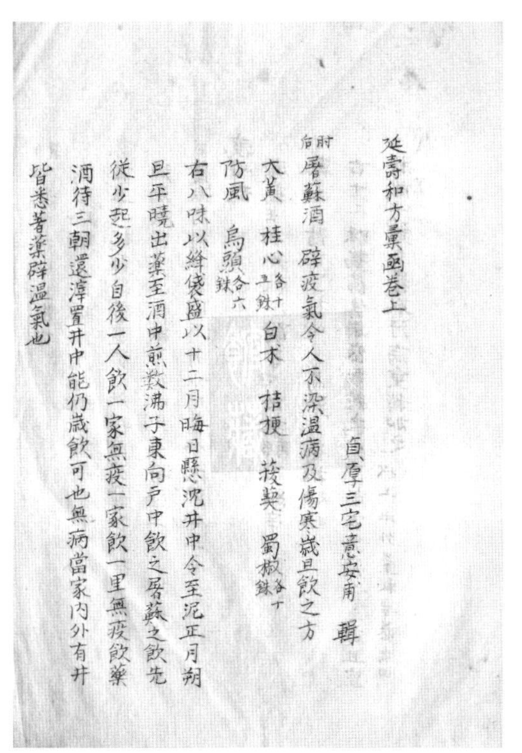

延壽和方彙函卷上

直厚三宅意安甫　輯

附 屠蘇酒　辟疫氣令人不染溫病及傷寒歲旦飲之方

大黃　桂心各十五銖　白朮　桔梗　菝葜　蜀椒各十銖

防風　烏頭各六銖

右八味以絳袋盛以十二月晦日懸沉井中令至泥正月朔旦平曉出藥至酒中煎數沸于東向戶中飲之屠蘇之飲先從少起多少自後一人飲一家無疫一家飲一里無疫飲藥酒待三朝還滓置井中能仍歲飲可也無病當家內外有井皆悉著藥辟溫氣也

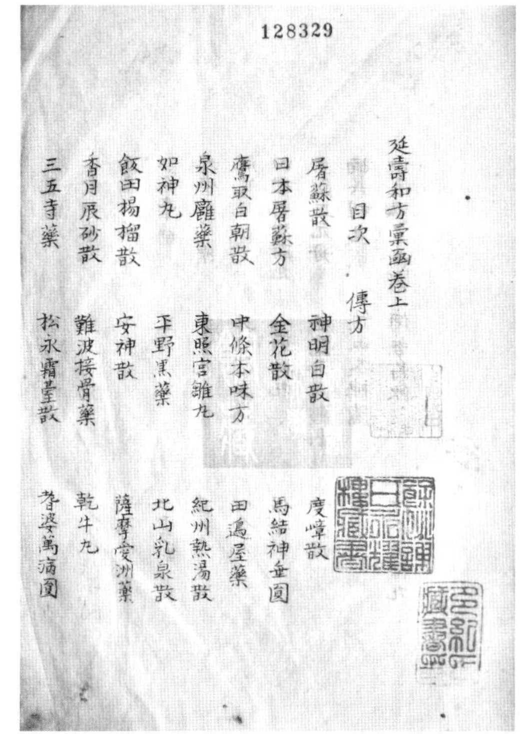

128329

延壽和方彙函卷上

目次　傳方

屠蘇散　神明白散　度嶂散

日本屠蘇方　金花散　馬結神垂圓

鷹取白朝散　中條本味方　田嶋屋藥

泉州龐藥　東照宮雛丸　紀州熱湯散

如神丸　平野黑藥　北山乳泉散

飯田揚榴散　安神散　薩摩㕝洲藥

香月辰砂散　難波接骨藥　乾牛丸

三五寺藥　松永霜臺散　耆婆萬病圓

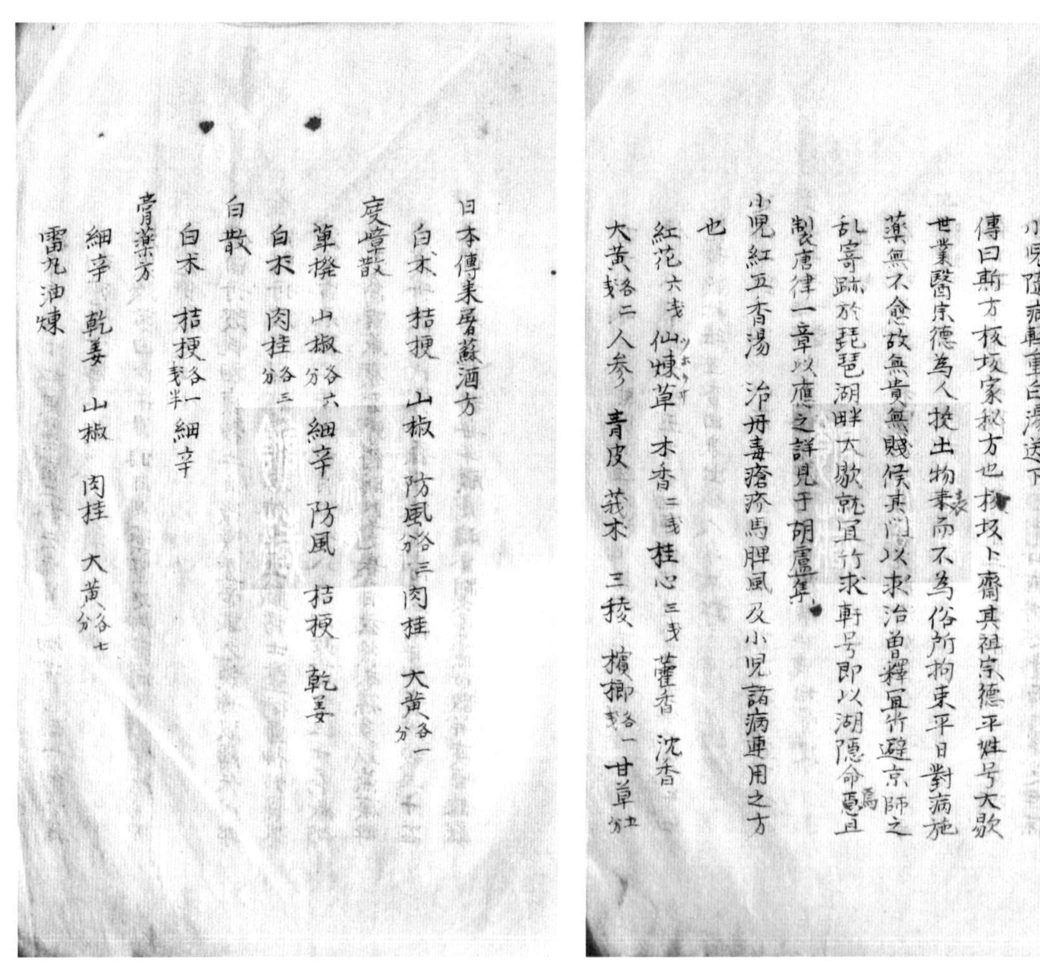

807 却病延年全書

《却病延年全書》，八卷，存五卷。崔澹菴匯輯，樗圃散人劉學博書，癡睡主人手抄。崔澹菴，生平不詳。前有劉學博序與澹菴老人所作全書自叙，有上海中醫學院圖書館藏書章以及樗圃、劉學博諸印章。此書由崔澹菴匯輯于康熙二十八年（1689），劉學博校補于乾隆五十二年（1787），癡睡主人抄成于乾隆五十七年（1792）。現藏于上海中醫藥大學圖書館。

此本每卷前均有癡睡主人識文與該卷小引各一篇及相應目録。卷一"丹經寶筏"，主旨以"屏去丹經一切脱胎神化幻語，獨取惜精、養氣、存神實地工夫，彙爲一帙"，如法修煉，使精盈氣盛，神全體健，達到却病延年的目的。主要有《内養要言》十四則，前三關、後三關等圖十幅及《退藏沐浴》《玉液煉形》《龍虎交媾》等十九説組成。卷二"運氣紀要"，認爲"人身一小天地也，天地之運氣不齊，人身之藏府應之，而病於是乎生"，故是編以"《内經》之五運六氣，分注於六十年之下，彙爲一帙"，論天地氣運對人體的影響、相應疾病及治法等。主要有《則例》二十一條，《五運六氣》等十説以及客運客氣指掌圖、六十年天時民病譜等。卷三"脈理闡微"缺。卷四"經絡圖解"，在前人經絡理論的基礎上，詳述與十二經絡相關之病源、主病、藥味等，使學者遵循而無誤，能神而明之。主要有《十二經病源》《天罡十二經歌》《納甲歌》《氣血歌》以及十二經脈所經圖、圖説、起止主病、藥味等。卷五"病能口問"缺。卷六"百病瞭然"，在"經絡圖解"的基礎上又進一步深入。作者認爲"一經而兼數病者，其經易見；一病而兼數經者，其病難詳"，鑒于此，又"自首至足、四肢百骸、五官十二絡，某部或有疼痛疴癢，則取某絡之相關者，統聚於下，因而立方療病專注於此"。其後補入嵩崖景之《病機賦》。卷七"古今名方"缺。卷八"分病藥性"，收録澹菴主人常用藥物一百二十二種，以汗津藥、精分藥、氣分藥、血分藥等分爲十餘類。每種藥物“分別臟腑，讎校温凉”，使後學者“庶免妄投之誤”。後附補《藥性歌括》。

《却病延年全書》先論養生却病之法，再議運氣、脈理、經絡、百病、方藥，由此可知作者非常注重“未病先防”的治未病思想。同時，論病必先從源頭論起，强調天時、地理、物候等對人體的影響，分經而治，用藥明確，一投中的，對後學頗有助益。

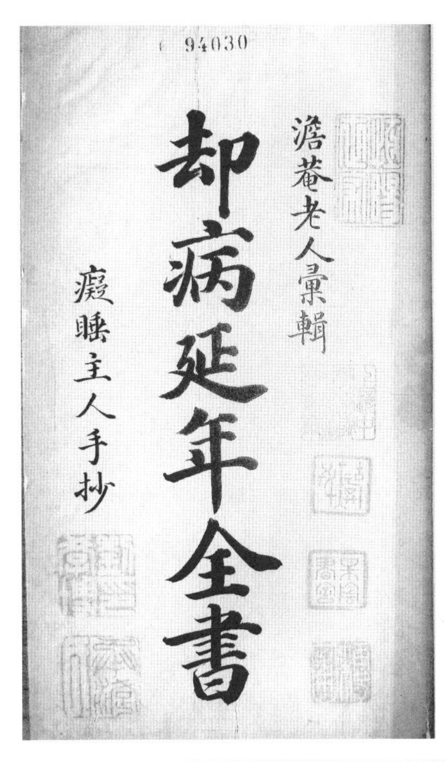

94030

澹菴老人彙輯

却病延年全書

癡睡主人手抄

記有之醫不三世不服其藥雖云小道豈
湯無授受者可輕易言哉　先曾祖醫
學精深傷寒痘疹有回天之術為名公
大人所欽仰　堂伯祖親承提命裘治箕
亏幼科亦稱絕技頗皆以官遊鞅掌未暇
著述吾　牀聚精會神於此者數十年臨
證施治確有把鼻謂得於先人之口授心

一

傳者居多當余弱冠初閱方書時即淳
淳然緬述往事追叙前聞反復丁寧不憚
煩焉余家之於醫固非淵源無自者獨以
未有著述以示於後為憾事也夫為人子
者不可不知醫張子和是以有儒門事親之
著竊意古醫方書不啻汗牛充棟業醫
者必會萃羣書博取約精為得心應手
之資如操觚家鎔經鑄史自成一家言乃
可以稱善因悵然於先人之手澤無存祈
吾　牀手定一編以貽來茲奈年幾古稀
倦勤筆墨且延請祈問者絡繹旁午
日無寧晷予又以傭工求食未獲朝夕侍
問口授而筆記之欲自為裁輯既罕鮮
成竹而未之敢亦病積癡懶而莫由振志
焉未逮廿載於茲適乙巳夏購得獲邑
崔宅家藏先人　澹菴老先生彙輯

二

東垣樗園散人劉學博丞路氏書

却病延年全書自叙

百年駒隙耳談經濟者欲位列夔龍習文章者欲名超班馬工詩詞者又欲才壓元白即茶有茶經酒有酒頌琴棋有琴碁譜雖樗蒲博塞莫不有書人或研覃而深晰之獨醫之一道自軒岐而下名世者一百七十九家二百九部一千二百五十九卷後出雜著者不與焉惟黄帝内經為醫學之祖直與六經并傳不朽何學士大夫目為小術弁髦視之時醫又因文

曰脉理闡微取十二經絡之主病藥味各詳於本經之下彙為一帙曰經絡圖解取十二問例擴而充之為病能二十五論口問一百一十二條彙為一帙曰病能口問取人自頭至足周身痛癢各有由來彙為一帙曰百病瞭然復取古方之不可磨今方之輒驗者彙為一帙曰古今名方又取本草之切近常用者分别病症詳註温涼彙為一帙曰分病藥性平居晴窗無事危坐僧趺亦足以息却妄念偶有違和先觀運氣次切脉理再察病由何經何絡而來古人如何問答參方審味按症專攻庶亦不大紕繆數年來投之頗驗偶有問者惟唯唯遜謝不遑非吝也醫非三世不服其藥明之文昇可灼悔何追乎因竊取而叙之名曰却病延年全書置之案頭以為尊生之一助或曰單豹治内虎食其外張毅治外病攻其内子能違天以立命乎余曰否否多壽多辱古帝且辭之余惟飢喫困眠游優以順受而已矣時康熙二十八年

孔子曰仁者壽子思子曰至誠無息孟子曰養浩然之氣却病
延年孰有愈於此者後世舍本齊末敎常好異于是導引者流
托其名於煉丹升立黄庭丹田嬰兒姹女黄婆諸名目究其實
仍是身心意精氣神耳聖賢之誠正脩不足以該之乎所謂精
神固志氣强不已脩之乎不死之説起于老氏而誤之者又詭
為飛昇尸解之荒談舉無足取也然較之斲喪戕賊者則大愈
矣故存其説而删其妄端以瀋菴之所輯為近正
壬子暮春癡睡主人識

却病延年全書卷一
石邑瀋菴主人彙輯　東垣癡睡主人手抄
丹經寶筏小引
山木自寇膏火自煎者比比是也縱有善攝生者不
曰節飲食慎起居寡嗜欲即曰惜精養氣存神至問
其所以惜所以養所以存者又茫無把握徒聽於稟
賦之厚薄為命數之修短而已余孤孑一身上承宗
祧下啓後昆恒研覃丹經如叅同悟真陰符道德諸

八

人身一小天地也天地之運氣不齊人身之藏府應之而
病於是乎生内經所以必推原及之也善調攝者節嗜欲
慎起居内因之病既已不作復明於運氣之亢害承制淫
勝鬱復之理即風熱寒暑燥溼之因於外者亦有以預為
之防焉偶不及檢而為所中自無不應手奏效矣彼脊脊
者且指為高談元渺也是門外人也焉足與言醫
壬子暮春癡睡主人識

却病延年全書卷二
石邑瀋菴主人彙輯　東垣癡睡主人手抄
運氣紀要小引
五運六氣軒岐療病書也初疑七情六欲皆人自招
即風寒暑濕亦不謹使然於運氣何與惟上闗天道
之陰晴風雨下係農事之蚕晚豐凶余嘗誌以驗之
及秋初人多病腫豸孫方七歲亦患焉諸藥莫效乃
察運氣君火臨溼土民病黄腫按溼熱投之果一劑

一

百脉原自流通一有凝滯而病生焉醫之者揣摩彷佛期倖中於萬一難矣夫各經之起止支直與陰陽之交會下上前人固備言之而澹菴老人又原其主病列其藥品以分註之俾學者遵循而無誤而其能神而明之者益可知矣可謂詳且盡矣

壬子暮春癡睡主人識

卻病延年全書卷四

石邑澹菴主人彙輯　東垣癡睡主人手抄

經絡圖解小引

脉理若真則十二經之虛實寒熱明於指下矣若外而四肢百骸內而五臟六腑脉脉相通偶遏一處痛癢泛常應酬未必曲當因取內經圖解繪形察病又將本經補瀉温涼藥味選擇而附於各經之後如某處有病瞭若觀火信手拈來頭頭皆是肯綮矣爰次

甚哉澹菴老人之遊心於醫者熟而所以示人者切也四卷之於諸病既總括之又分註之亦云詳且悉矣而猶恐粗工或以遺忘致誤也復為此卷俾一覽而即是絕無他歧之惑則是卷之著真所謂功倍於作而嘉惠無窮者也再補之以病機賦而謂病猶有遁情焉其必鈍漢之不如而後可

壬子暮春癡睡主人識

卻病延年全書卷六

石邑澹菴主人著　東垣癡睡主人手抄

百病了然小引

十二經絡之部位主病已詳四卷經絡圖解中但一經而兼數病者其經易見一病而兼數經者其病難詳今復就人之一身自首至足四肢百骸五官十二絡某部或有疾痛痾癢則取某絡之相關者統聚於下因而立方療病專注於此庶不與泛常因應同日

藥品各家有棄取有喜惡故各家本草論不齊焉非偏執也各有以善其用也如用人然往往用君子而不必蒙其澤用小人而轉賴以濟者人官物曲罷而使之鮮不效矣病同而方不同未始不皆可以愈病故澹菴第取性之必不可易者分隸於各病之下為用藥之程式即此百二十味中君臣佐使之變化亦各存乎其人焉而其他概可知矣補以多品備採擇爾

壬子暮春癡睡主人識

卻病延年全書卷八

石邑澹菴老人彙輯　東垣癡睡主人手抄

分病藥性小引

神農本草三百六十種自陶宏景後增至一千八百九十二種徒多無益也潔古老人珍珠囊止論百品丹溪僅以七十二味隨身原不必多惟在用之當耳今按恒用藥味百二十二種分别臟腑雖校溫涼凡我不專心於醫每用一味取而披閱庶免妄投之誤

808 味義根齋偶鈔

《味義根齋偶鈔》，十八卷，八册，包含八部書，合訂爲兩本。係清代學者徐賡雲匯編所得醫家著述，并增訂抄録而成的叢書，成于清代嘉慶十五年（1810）。具體包括《喉症機要》二卷一册，《仙芝集》六卷二册，《接骨全書》二卷一册，《推拿秘旨》四卷二册，《幼科秘傳》一卷一册，《雕蟲集》一卷、《經絡歌訣》一卷、《瀕湖脈學》一卷，合爲一册。《經絡歌訣》與《瀕湖脈學》，書中又合稱《經絡歌訣脈學合璧》。是書爲精鈔本，品相極佳，所録信息完整。開篇題有"嘉慶庚午編次"及書名，鈐有印章兩枚，陰文爲"常居硯北"，陽文爲"閑中趣"。前有總目録，下有陽文印章"書田朩粟皆真味"、陰文印章"陶然自樂"等，後題"嘉慶庚午年夏六月望日裝訂成帙""擷芸漫識"，表明最後成書時間，并有陰文"味義根齋"印，及大朱方二枚，上有"口藏宣傳十二部""心臺炤耀百千燈"等字樣。每部書前有弁言、小序、目録等，詳述此書的來歷或撰著過程。各書封面葉、目録葉及正文首葉鈐有"王祖慶印""賡雲""性癖岐黄""松月夜窗虚""小攢花堂""新安吴章侯藏書之印""内史氏""章侯""藥闌""延陵""畹清""縵盦""古歙""端父""寄廬""静坐十年""吾廬亦愛吾"等抄録者、藏書者名號與閑章等不同形制的朱印共五十餘枚。正文皆抄録在四邊單欄的藍格紙上，每半葉九行，白口，單魚尾，書口上部題有書名，中部題章節名及頁碼，下部題卷數。編著者徐賡雲，字鳳岡，號擷芸，平江（今蘇州）人，嘉慶年間學者，通曉醫學，書齋先名"愛吾廬"，後名"味義根齋"。其還著有《藏拙編》，曾爲顧炎武《天下郡國利病書》作跋。《味義根齋偶鈔》爲其編著的唯一一部醫書，現存此孤鈔本很可能是稿本。現藏于上海交通大學醫學院圖書館。

《喉症機要》二卷，由姚履佳校訂，徐賡雲增輯。據書前"弁言"記載，是書最早乃“程瘦樵員外贈姚正帆先生者”。姚正帆名履佳，爲“吴門醫士冠”，其“得是編而加以討論，附以經驗諸方”，再傳于弟子孫竹樓。孫氏爲張繼烜（桂巖）妹婿，張繼烜從孫氏處借得此書，手抄一册。徐賡雲過訪張桂巖時得見此書，又借回繕寫成帙，并增入秘方數首，最後成書于嘉慶七年（1802）仲冬長至日。“弁言”後爲張繼烜爲該書所賦的七絶四首。題詩之後有“宣統紀元巡視廣東廣肇羅使者繡州賡雲氏”以及“王祖慶識於端州節署”字樣，但字體與前明顯不一，從時代亦可判斷，此兩行字爲藏書者王賡雲所加。繼之爲該書總目，分上下兩卷。卷上分喉症綱目、診法細條、治法凡例、圖形針藥秘傳、用藥細條。其中喉症綱目中包括咽喉總論、通喉痹論、喉痹論方、喉症要訣；診法細條主要爲喉痹的辨證要點及治療宜忌；治法凡例記載各種喉症的治法；圖形針藥秘傳記載了喉痹、纏喉風、喉丹等十六種具體喉症的部位圖示、症狀、病機和治法；用藥細條記載了乳蛾、喉癰、喉菌、喉癬等近三十種咽喉部常見症候的治法用藥。卷下分經驗方藥、製藥秘法、十二字秘方、二十四歌、主治藥品。其中經驗方藥載喉煎方、舌煎方等内服、外用方近九十餘首，除苦酒湯、桔梗湯等少量經方外，多是近世醫家的喉科經驗方，所列醫家包括尤仲如、尤存隱、張明珍、高惠憲、孫茂筠、楊龍九等；製藥秘法包括製硝礬、百草霜、黄柏、梅礬、人中白等十七種；喉症十二字秘方以十二地支爲字型大小羅列常用的十二首方劑；喉症二十四歌用七言歌訣的形式叙述了喉痹、喉閉、喉風等二十四種病症，并與十二字秘方相配；最後附録咽喉藥品，主藥有桔梗、甘草兩種，下再分發散、祛痰、理氣、消食、解毒、清熱、利小便、利大便、止嘔、温中等各類代表藥物，分述其性味、歸經以及功效。該書將各類喉科病症條分縷析，證治明晰詳盡，并附有精心繪製的喉症圖譜，理論性和實用性相結合，可謂喉科諸書中的精品。

《仙芝集》六卷，王昕輯著，徐賡雲增校。王昕，字菊堂，清乾隆年間蘇州醫家，徐賡雲爲其外孫婿。書前有序兩篇。其一爲作者自序，作于乾隆乙巳（1785）仲冬，稱此書爲自己多年從醫的經驗醫方匯總，“或參之古方，或出之異授，凡膏丹丸散，活人無限……洵壽世之仙芝也”，因此名之。其二爲王菊堂外孫褚通經之序，該序作于嘉慶十三年（1808）閏五月，即《味義根齋偶鈔》全書編寫完成前兩年。序中稱徐擷芸爲六兄，并憶外祖生平，贊其治學態度。序後爲徐賡雲題詞，爲八首七絶，并有自注，從中可見王菊堂内外婦科兼通。《仙芝集》分上下兩集。上集三卷，包括内症、瘧痢、婦科；下集四卷，包括外症、通治、急救、時文。卷一“内症”記載了治心氣疼方、心胃痛丹方、心胃刺痛方等六十餘首，每方後録有功效、藥物、劑量、炮製、服法。卷二“瘧痢”分瘧疾總論，録方五首；痢疾總論，録方十一首，并包括治療泄瀉脱肛等證的外用治法。卷三“婦科”爲治療經帶胎産諸方共四十餘首。卷四“外症”録有梅花點舌丹、金刀散、真鐵箍散等治療疔瘡方八十餘首。卷五“通治”即内外科兼治之方，如貴金膏、馬上膏、萬應膏、藥酒方等十五首。卷六“急救”包括治療嘔吐不止、腹脹、漆瘡、人咬以及解鹽、魚蟹、河豚中毒的“急治十二方”，以及治療骨鯁、狗咬、誤吞異物、水火燙傷、金刃跌打損傷等方二十餘首。卷七“時文”僅見于目録，正文未録。是書載方以簡便實用爲主，從經方至民間驗方無所不包，尤以救急爲特色。

《接骨全書》兩卷，由王菊堂校定，徐賡雲編次，成于嘉慶十三年（1808）五月。徐氏所撰“弁言”中稱該書“久爲王菊堂先生枕中之秘”，并盛贊“其用意之精，用藥之當，洵足爲後學津梁”。其書卷上包括：正背面傷穴全圖、跌打損傷穴道要訣、驗症吉凶、接骨入骱手法奇秘、刃傷跌壓炮打踢傷等症治法；卷下包括：損傷諸方目次、損傷方藥、經驗諸方目次、經驗方藥。該書編寫層次清晰，繪圖精細，驗症全面，强調内外治結合，并有急救諸法及起居飲食宜忌等法，具體治療以身體各部位損傷分類，又録有傷科常用方劑近百首，内容全面，實用性强，爲傷科諸書的集大成者。

《推拿秘旨》四卷，爲小兒科專書。書前有徐賡雲于嘉慶十五年六月所作小序以及泰昌元年歲次庚申（即明萬曆四十八年，1620）八月桐廬壺天逸叟所作原序。原序中稱明世宗（即嘉靖）嬰兒時曾患驚風危急，天帝命太白金星顯化馬郎，救活皇儲，後傳授仙術于内廷，黄貞甫在襄陽遊歷時結交趙公，得授秘術，并撰成是書。徐賡雲小序中稱“鈉齋族叔得此書於笠澤漁隱，珍秘篋笥”，但原書本有缺損、内容混淆，繪圖亦粗陋，自己重新編次、摹圖，“殊費苦心，閲月竣事，心手交瘁”。目前此書内容完整，繪圖精細，堪稱精品。卷一包括論嬰兒、小兒五臟標本、五臟病症形色、面部分五臟以及小兒有疾歌、辨不死症、看孩兒筋色辨痘歌等十五節；卷二包括看症生死訣、探指知症法、四症八候問答、虎口三關圖訣以及十不治候、正面側面穴圖、陽掌陰掌穴圖、推坎宫圖、推攢竹圖等二十七節；卷三包括論嬰幼异治、要穴十拿、周身正穴背穴圖、推拿手法圖説總目、手法圖説（共三十四則）、治經要訣、諸經分治法、諸症推拿法、灸燈火穴圖説（二則）等節；卷四主要列舉導赤散、生犀散、瀉心散等兒科常用方二十五首,主治、藥物、劑量和用法齊全。該書雖名爲“推拿”,但内容涵蓋了小兒各科疾病和内外治療諸法,重在對小兒疾病的診斷,多以歌訣形式叙述病情,推拿手法及穴位圖示清晰,内容全面,理論性與實用性皆强。

《幼科秘傳》一卷,題徐靈胎著,徐賡雲校。内容主要爲兒科常見疾病的診治。徐氏“弁言”中説:“是編方論,俱從錢氏《直訣》選出,間有未備之方,更考他書補入……”可見其書主要是對錢乙《小兒藥證直訣》的發揮。全書總目分脈法、面部三指診候圖、虎口三關脈症圖、症治、經驗治症方藥。其中“症治”一節最詳,分面部症、目部症、五臟虚實寒熱、變蒸、急慢驚風症治等十七篇。後録八十六首兒科常用方。該書未收于各類徐靈胎醫學全書中。

《雕蟲集》一卷,亦題徐靈胎著,徐賡雲校。是書爲治療蟲證的專書,徐氏弁言中贊其“確指病名,精求治法,神存心手之間,痼疾沉痾,投藥立效……慎無以雕蟲小技而忽之。”全書分經義、病源(附症治)、治蟲方藥三部分。“經義”主要援引《内經》理論,論述蟲證的症狀和針刺治法。“病源”引《傷寒》《千金》《本事方》等書中所記録各類蟲證的症治,强調蟲證的産生除古書中所稱由濕由熱、口腹不節、食飲停滯等原因,更是因“臟氣之弱,行化之遲”所致。“治蟲方藥”録甘草粉蜜湯、烏梅丸等方共三十九首,多來自《金匱》《千金》《外臺》等書,亦包括咒語破蠱法、治百蟲入耳、蜈蚣入耳等民間驗方。書末還補寫有一張“治痰喘方”。該書亦未收于各類徐靈胎醫學全書中。

《經絡歌訣脈學合璧》,即《經絡歌訣》和《瀕湖脈學》的合編,題徐賡雲校録。全書内容包括四部分,爲休寧汪訒庵《經絡歌訣》、浙江吴蒙齋《司天在泉歌》、湖廣黄州李東璧(李時珍)《瀕湖脈學》以及雲間李士材(李中梓)《診脈法》。《經絡歌訣》一篇前有汪昂于康熙三十三年(1694)八十歲時自撰的小叙,并在十二經和奇經八脈歌訣前,補充“仰伏人骨度部位圖”兩則。

《味義根齋偶鈔》一書中所收集整理的書籍,以喉科、兒科及方書爲主,尤爲難得的是徐賡雲所録《喉症機要》《仙芝集》《接骨全書》《推拿秘旨》等書,皆爲徐氏得之于親朋故舊之書,未曾有單行本傳世,經其重新抄録編次,特别是重繪圖譜,以成完璧。是書不僅臨床實用性强,而且信息完備,在文獻學上具有較高的收藏和整理價值。

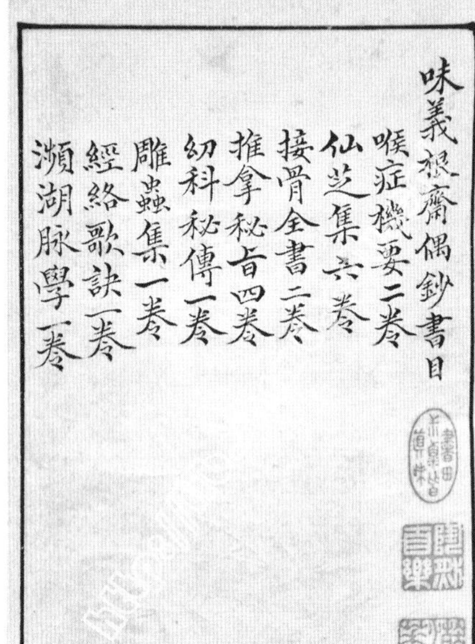
味義根齋偶鈔書目
喉症機要二卷
仙芝集六卷
接骨全書二卷
推拿秘旨四卷
幼科秘傳一卷
雕蟲集一卷
經絡歌訣一卷
瀕湖脉學一卷

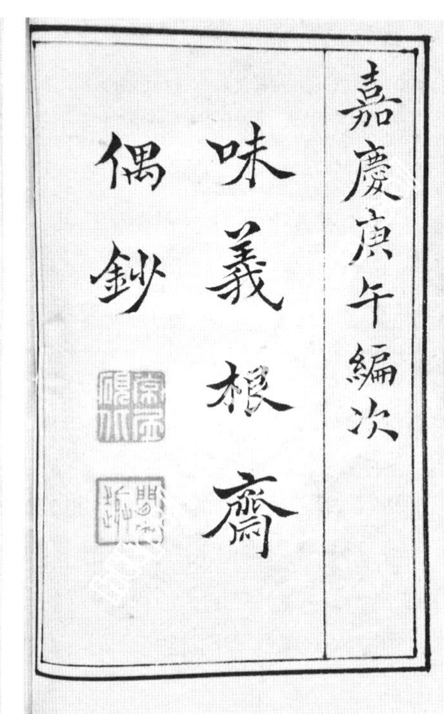
嘉慶庚午編次
味義根齋偶鈔

嘉慶庚午年夏六月望日裝訂成帙
擷芸漫識

喉症機要

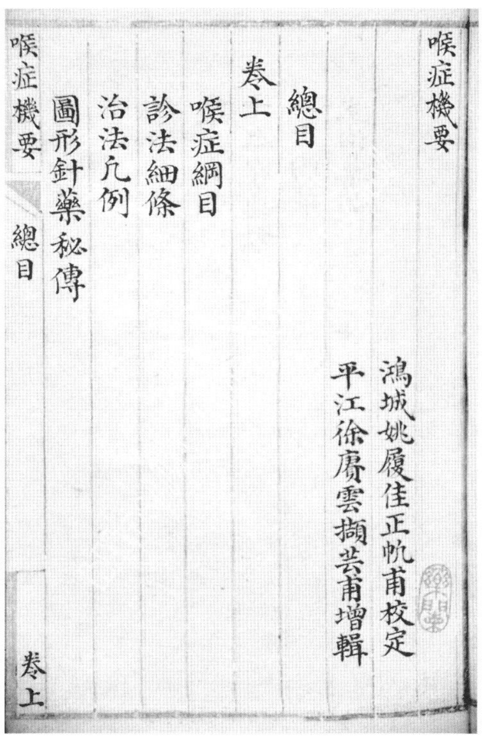
喉症機要

總目

卷上

喉症綱目

診法細條

治法凡例

圖形針藥秘傳

鴻城姚履佳正帆甫校定

平江徐賡雲擷芸甫增輯

喉症機要　總目　卷上

喉症綱目　卷上

咽喉總論

咽喉者人身呼吸飲食之門戶也咽以嚥物喉以候氣咽以通水穀接三脘喉有九節通五臟以系肺方寸之地受病最險然其症雖繁大要總歸于火蓋少陰少陽君相二火其脈並絡于咽喉故往往為火症之所結聚君火勢緩熱結于內而為疼為腫相火勢速則腫甚不仁而為痺痺甚則不通痰塞而死火者痰之本痰者火之標故言火則痰在其中言咽喉則牙舌亦包羅于內矣夫火有虛實之分虛者或因飲酒

喉症機要　總論　一　卷上

仙芝集序

庖犧氏知天而八卦列神農氏知地而百草嘗軒轅氏知人而藏腑別經絡彰厥後雷公精炮製伊尹作湯液大哉醫乎由來久矣余自少每以施藥濟人為切間於論文稽古之餘內外兩科朱黃甲乙病必抉夫源治必歸於當或參之古方或出之異授凡膏丹丸散活人無限爰隨筆登誌偶欲生人固可開卷而有功一遇急症即能按方而解救洵壽世之仙芝也謹序

乾隆乙巳仲冬初三日長洲王菊堂書于淥水園

仙芝集　序

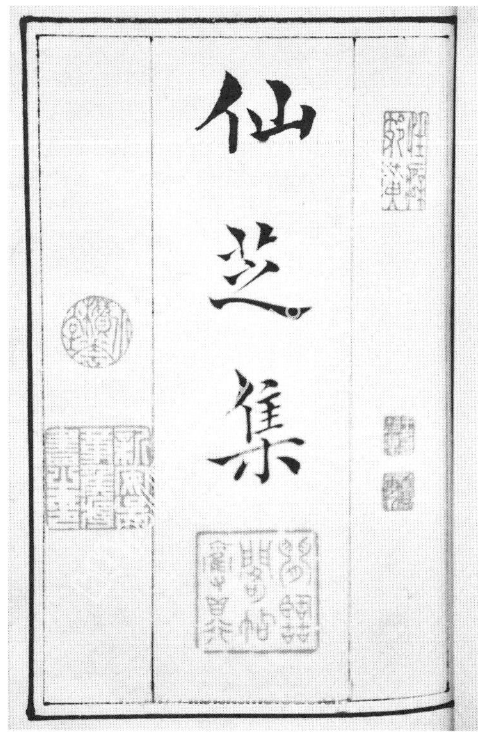
仙芝集

接骨全書

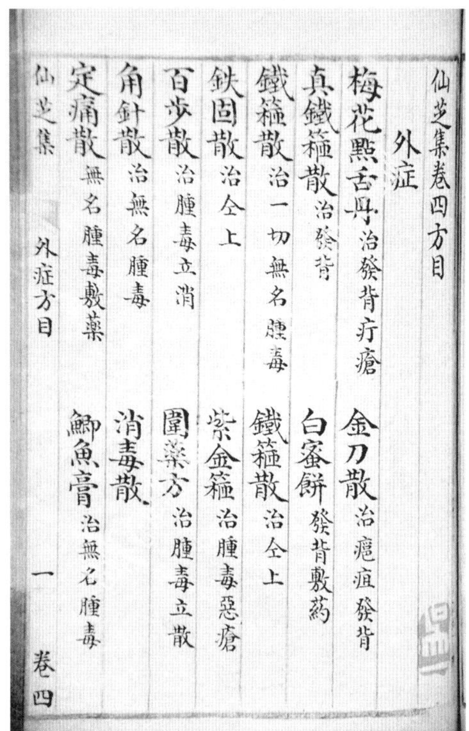

仙芝集卷四方目

外症

梅花點舌丹 治發背疔瘡　金刀散 治瘫疽發背

真鐵箍散 治發背　白蜜餅 發背敷葯

鐵箍散 治一切無名腫毒　鐵箍散 治仝上

鉄围散 治仝上　紫金箍 治腫毒惡瘡

百步散 治腫毒立消　圍藥方 治腫毒立散

角針散 治無名腫毒　消毒散

定痛散 無名腫毒敷藥　鯽魚膏 治無名腫毒

仙芝集　外症方目　一　卷四

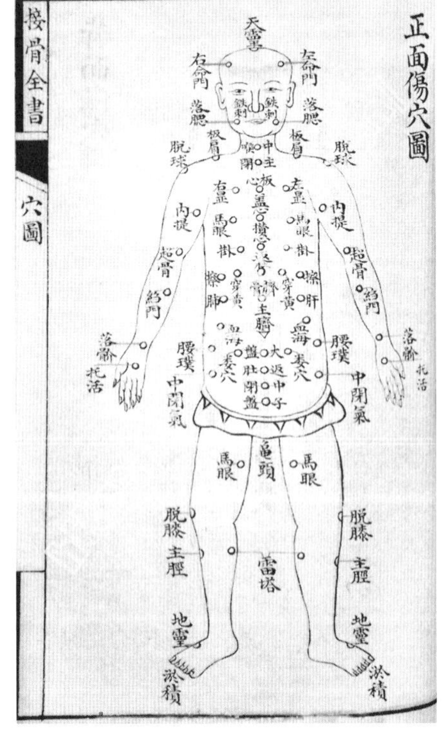

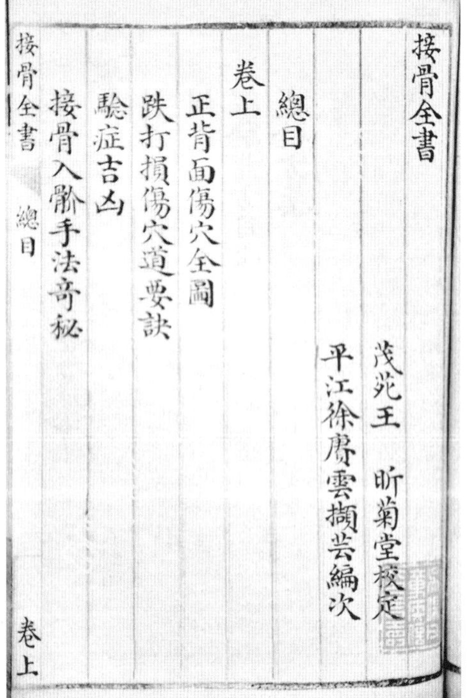

接骨全書

茂苑王　昕菊堂校定

平江徐虜雲擷芸編次

總目

卷上

正背面傷穴全圖

跌打損傷穴道要訣

驗症吉凶

接骨入骱手法奇秘

接骨全書　總目　卷上

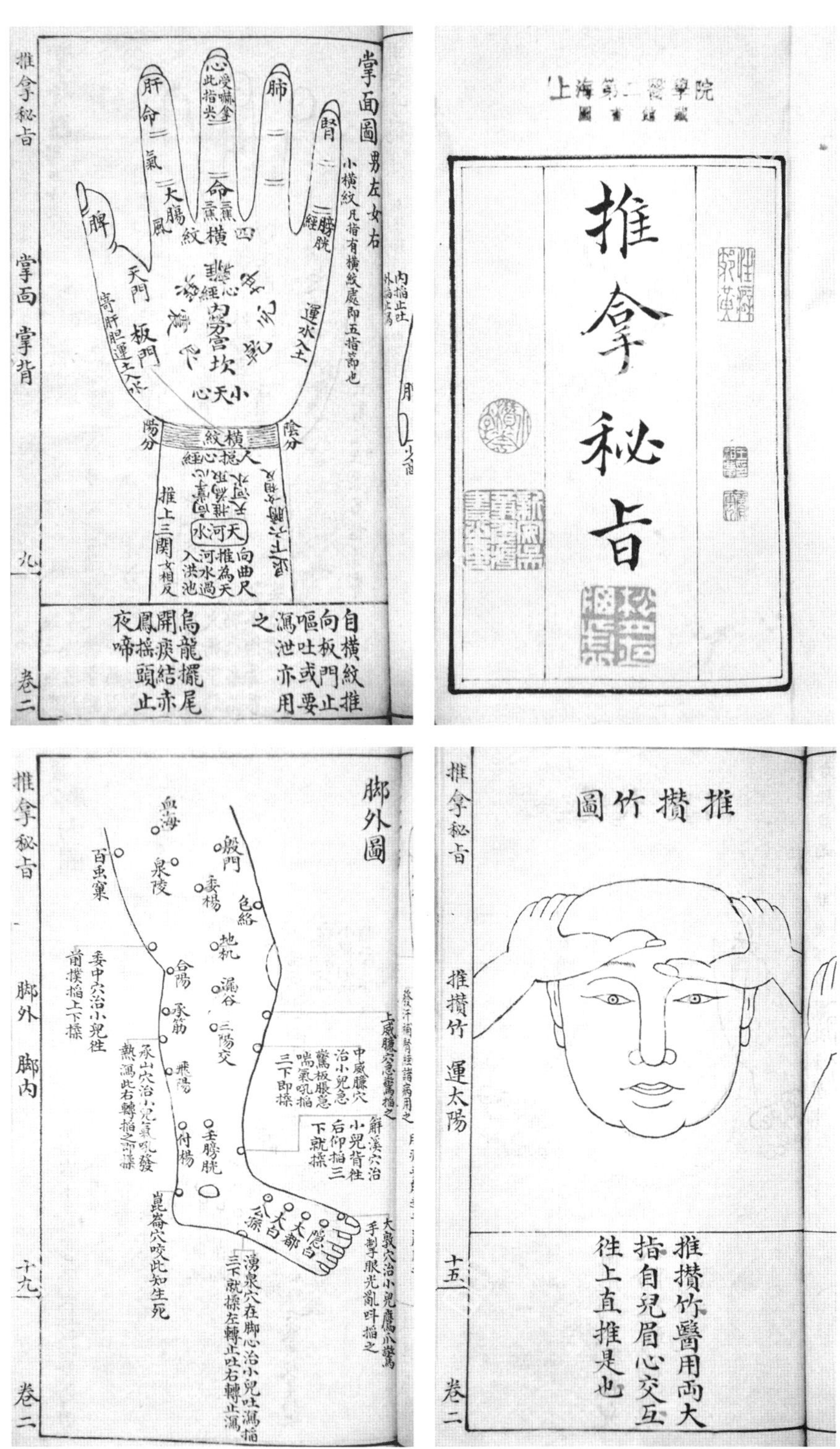
推拿秘旨
掌面圖 男左女右
掌面 掌背
九
卷二
自橫紋推向板門止嘔吐或瀉泄亦用之
烏龍擺尾開痰結赤鳳搖頭止夜啼
上海第二醫學院圖書館藏
推拿秘旨
推拿秘旨
脚外圖
脚外 脚内
十九
卷二
推拿秘旨
推攢竹圖
推攢竹 運太陽
十五
卷二
推攢竹醫用兩大指自兒眉心交互往上直推是也

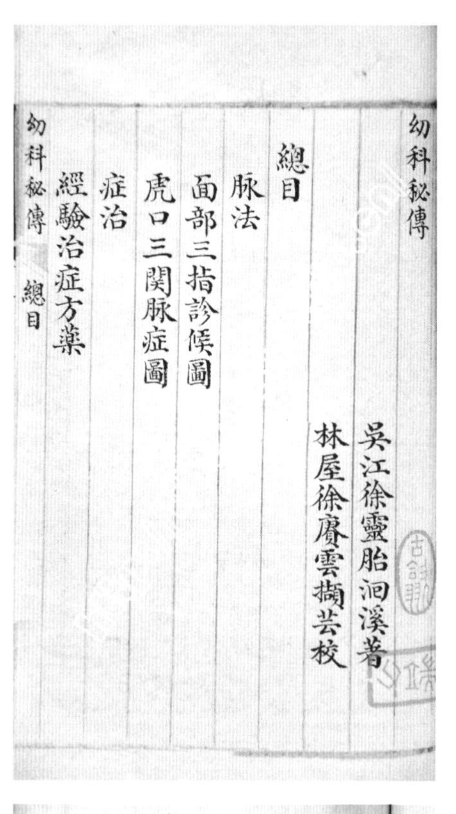
幼科秘傳
吴江徐靈胎洄溪著
林屋徐賡雲擷芸校
總目
脉法
面部三指診候圖
虎口三関脉症圖
症治
經驗治症方藥
幼科秘傳 總目

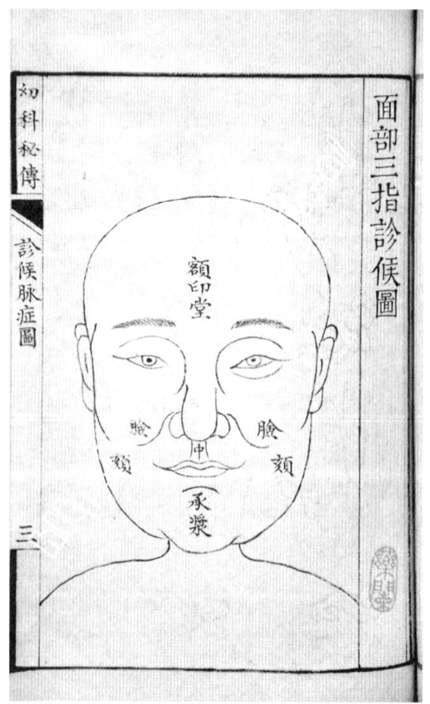
面部三指診候圖

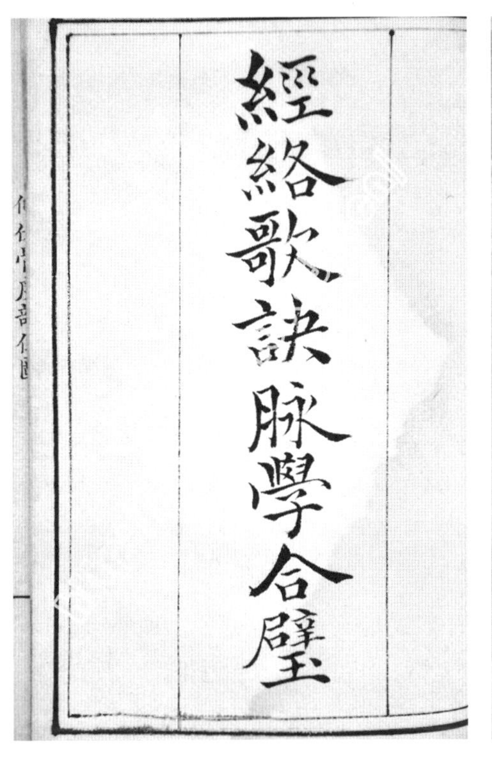

經絡歌訣脉學合璧

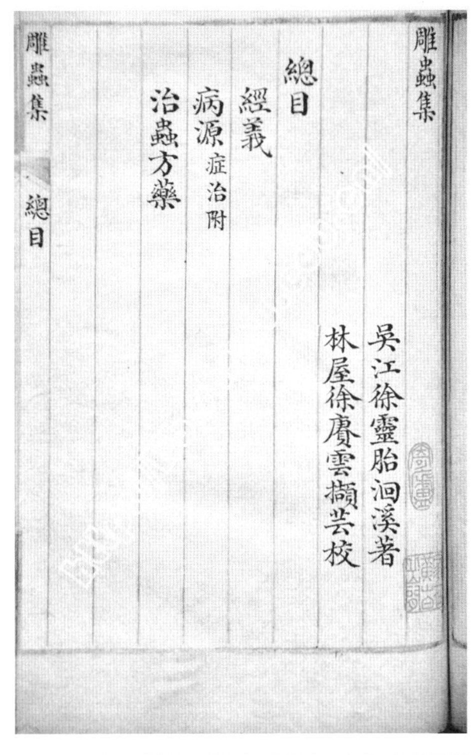

雕蟲集

總目

經義

病源 症治附

治蟲方藥

吴江徐靈胎洄溪著

林屋徐賡雲擷芸校

雕蟲集 總目

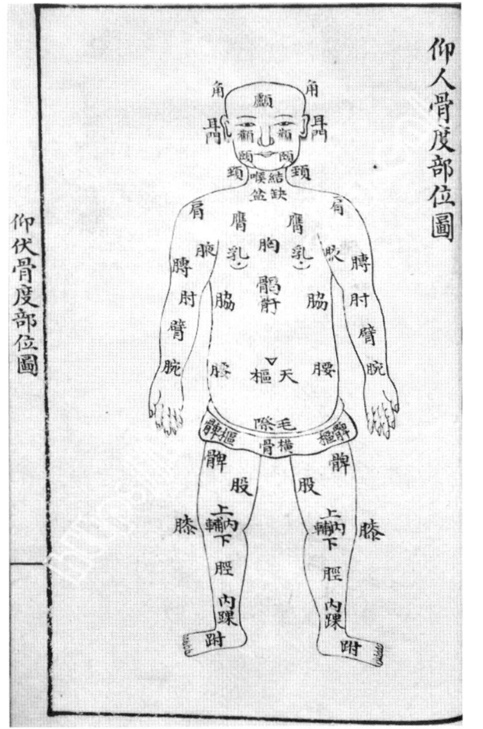

經絡歌訣脉學合璧

平江徐賡雲擷芸校録

目録

經絡脉學 目録

809 洗髓經

《洗髓經》，不分卷。明邱玄清撰。撰者生平不詳。現存明洪武二十四年（1391）鈔本，藏于上海圖書館。《中國中醫古籍總目》未見收載。

是書實爲兩部書合集，上部爲《洗髓經》，下部爲《易筋經》。各有兩序。《洗髓經》序一爲覺非道者杜鴻漸所作，序二爲邱玄清于洪武二十四年（1391）所作。邱玄清序曰："夫外功未竟，難躋上壽，内丹不結，終歸下乘。所謂内丹者何？洗髓是也。髓何以曰洗？人秉天地之气，乃气乃血，爲陰爲陽，不使至健之陽，洗儘此身之陰，曷克超出三界，離脱五輪？……是以草結五龍，朝夕修煉，一載而覺身輕，二載而覺此身至陰之氣洗儘無存。"《洗髓經》所列篇目有：洗髓總論、外功訣、六通訣、洗髓真詮上乘二十四知、内照真圖、三關、丹田、黄婆、金公、嬰兒、姹女、玄牝、水火、龍虎刀圭、内丹外丹、龍吟虎嘯、日精月華、度世寶訣。後有按語曰："五龍道士傳流此書，載明二十四知以前，是洗髓經原本，二十四知以後，是三豐先生續補，特誌之，以使後學勿忘云。"下部《易筋經》序一署作大唐貞觀二載春三源李靖藥師，序二署作宋紹興十二年鎮鄂大元帥少保岳麾下弘毅將軍湯陰牛皋鶴九。《易筋經》所列篇目有：易筋總論、膜論、内壯論、揉法、日精月華、兩肋分内外功夫、木槌木杵式、石袋式、五六七八月行功法、九月至十二月行功法、配合陰陽式、下部行功法、行功禁忌、内壯丸藥方、湯小洗方、初月行功法、二月行功法、三月行功法、四月行功法、行功輕重法、行功淺深法、下部洗藥方、用戰、内壯神方、煉手餘功、外壯神勇八段錦、神勇餘功。

是書旨在闡述煉功方式方法、禁忌及相關方藥，于修身、健身不無裨益。

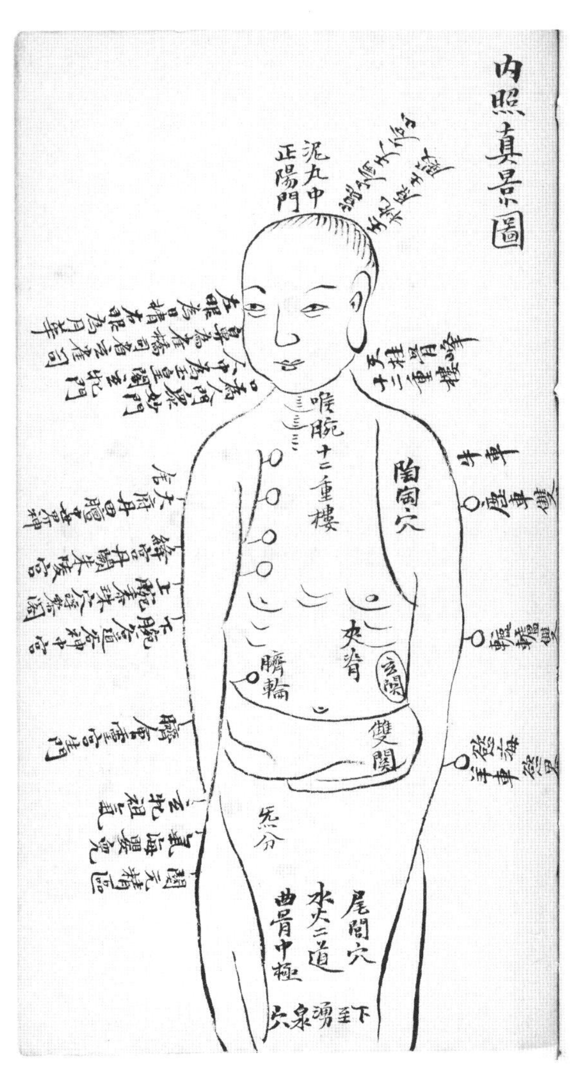

洗髓總論

夫人禀天地而生。本自靈明知覺。自降生以至童冠。情竇一開。遂爾迷真。上古聖人。獨知此弊。故有了性修命之事。傳流後世。以俟英敏者習而行之。上士可以直入天衢。中士可以通靈通聖。下士可以長生永年。雖有三乘之說。若能一念精誠堅修不輟。總可以成仙作佛。故集中有三段工夫。第一外功使感受之六氣洗之殆盡。第二六通之說使真

810 乾坤元脈録

《乾坤元脈録》,不分卷,一册。原題逍遙子口授,智修著述,槐蔭書屋主人鈔本。無序跋與目録,成書年代不詳,《中國中醫古籍總目》載録爲清鈔本。現藏于上海中醫藥大學圖書館。

是書所謂“凡例”,并非指書之體例,而是告誡人們應該如何養生。大體是要人們清心寡欲,安神定志,節飲食,慎起居等。是書主體内容包括運氣法、固精法、定神法、叩齒、咽津、浴面、鳴天鼓、運膏肓、托天、左右開弓、擦丹田、摩内腎、擦涌泉、摩夾脊、灑腿等養生功法,并載衛生歌、四時攝生篇、修攝餘言、清心説等。作者比較强調定神,《凡例》即云“須重行定神法,待神定,自然心定也”。正文中又有《定神法》一篇,其中“定神細訣”主要羅列思鼻準、思丹田、數鼻息、煉氣、思泥丸五種定神方法。例如“思鼻準”即“閉目凝思,一心射定鼻尖,不使心着二物,如是數刻間精神收斂,萬事悉除,鼻息微息,此乃神定之功驗”。又如“思丹田”即“二目垂簾,萬緣放下,端坐凝神,閉目交牙,鼻吸清氣,歸於丹田,略忍一忍,隨即微微放出呼盡,亦歸丹田,不拘遍數,待氣定即神定也”。書末附詩詞八首,無涉養生。

是書釋道色彩較濃,但對于養生防病有一定的參考意義。

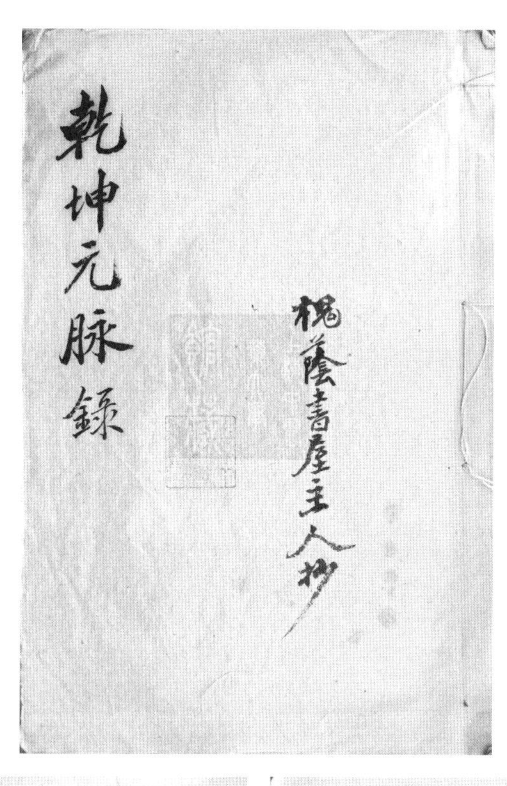

乾坤元脉錄　蓬萊道逕子口授　天台僧智僑著述

凡例　望勿輕泄須再口授段段明白方能有益做此十二段錦不可吹風宜避為要

一須寡色慾戒煩惱節飲食慎起居省言語少思慮除妄想并大飲大飢大寒大熱久勞久立久卧久坐一切傷神之事俱勿犯

一須逐節細究將過文接脉融會貫通無一法一字不明之處熟記在心臨時不致錯綜遺失

精氣神不相融會邪乘毛孔之虚而入病始成矣欲知調治之法無他獨不聞上陽真人曰道以形全命以術延者乎故却病者先須閉息養氣何謂息即鼻氣一出一入之謂也氣出曰呼呼則動天干氣入曰吸吸則動地支是以打坐運氣之時須當閉目凝神萬緣放下内不想出外不想入心如槁木死灰舌柱上腭定靜片時調匀鼻息不粗不細然後兩手握固鼻吸清氣一滿口默想丹田一穴轉過尾閭隨即提起提

西江月秋怨　録甲寅十月廿六日申报

天外黄耳杳〻人间紅葉遥〻梧桐庭院雨瀟〻徧是江南秋早　去〻年華逝水層〻愁緒抽蕉琵琶撥盡一條〻彈不了相思調

早識歸期渺〻悔教去日匆〻游蹤無定似飛蓬記否臨岐珍重　妒殺枕邊繡鳳輸他花底遊蜂雙〻飛宿任西東儂擁錦衾誰共

放清氣十二段段段皆然每日晝夜共行三次七日後方行靜功

衛生歌

天地之间人為貴頭象天兮足象地父母宜保之箕疇五福壽為最衛生切要知三戒大怒大嗔并大醉三者之中有一焉須防損失真元氣欲求長壽先戒性火不出兮神自定木還去火不成灰人能戒性方延命貪欲無窮亡却精用心不已

811 萬育仙書

《萬育仙書》,兩卷,一册,圖繪本。是本封面無書名,首頁有"文山琴舍"印章。書後有跋,署爲"天爵堂主人穗三陸嘉穀敬跋"。據該跋文所云,此本的撰著者爲曹若水。曹若水生平無考。跋後另有《衛生真訣跋》一篇,但因殘缺不全,不知何人所作。此書又名"衛生真訣",書中可見"衛生真訣"字樣。據《中國醫籍大辭典》考,《萬育仙書》(衛生真訣)原名"萬壽仙書",爲明羅洪先編撰,約成書于明嘉靖年間。後經清人曹若水增輯,取名爲《萬育仙書》,共四卷。此本僅兩卷一册,應爲曹氏《萬育仙書》的節選本。現藏于上海圖書館。

此本内容多選自宋明諸養生導引書,如《雲笈七簽》《夷門廣牘》《遵生八箋》等。上卷包括坐式導引八段錦——叩齒集神圖勢、摇天柱圖勢、舌攪漱津圖勢、摩腎堂圖勢、單關轆轤圖勢、雙關轆轤圖勢、左右按頂圖勢、鈎攀圖勢;二十四節氣導引圖;站式導引四十九段錦,其中上卷爲二十九勢——李老君撫琴圖、太清師祖尊真形、徐仙翁村氣開關法、鐵拐仙指路訣、何仙姑久久登天勢、白玉蟾虎撲食形、丘長春攪轆轤法、馬丹陽周天火候訣、張紫陽搗碓勢、黄花姑王祥卧冰形、漢鍾離鳴天鼓法、趙上灶搬運息精法、虚静天師睡功、李棲蟾散精法、張真奴神法圖、魏伯陽破風法、薛道光摩踵形、葛仙翁開胸訣、王玉陽散痛法、麻姑仙摩疾訣、張果老抽添火候圖、陳自行大睡功、石杏林暖丹田訣、韓湘子活人心形、昭靈女行痛圖、吕純陽任脈訣、陳希夷降牛望月形、宋佑帝君拔利勢、徐神祖摇天柱形;下卷有二十勢——陳泥丸拏風窩法、曹國舅脱靴勢、曹仙姑觀太極圖、尹清和睡法、孫玄虚烏龍采爪形、高象先鳳張勢、傅無虚抱頸形、李泓濟仙人飄月勢、鐵拐李靠拐勢、玉真山人和腎膛法、李埜樸童子拜形、蓝彩和烏龍擺角勢、張無夢金烏獨立形、夏雲峰烏龍橫地勢、郝太古托天形、劉希古猛虎施威勢、孫不二姑搖旗勢、常天陽童子拜觀音勢、東方朔捉拇法、彭祖明目法。下卷還録有紫清運氣火候圖、五禽戲圖，以及陳希夷左右睡功圖等。每葉均有手繪行功導引圖，并附有導引詩、主治病症、導引説明及方藥。全書計八十九圖勢，附方五十一首，圖繪精細生動，體現出古法畫派的描繪風格，是一本比較實用且有文化收藏價值的導引書籍。

萬育仙書跋

人之有榮衛光周猶天地之有陰陽二氣也人之有臟腑盧旺猶天地之有五行生尅也人之有幼少壯老肌理毛髮猶天地之有四時行百物生也漢儒謂天地清濁之氣一升一降每晝夜一合故能生萬物而不窮人能體之則清淑靈妙其相生又烏有已哉特其真炁間隔腠理漸踈邪氣中之為患滋甚是故前輩於周身闔竅鼓舞磅礴不令一息凝滞凡以法兩間之健順補人工於後天也曹子若水先生身體力行內瑩外澈其信心明悟處諳異人異書湛潛印證筆之簡端著有成册此萬育仙書上下卷可為也鑿讀之其文詳而要約乃世之箴

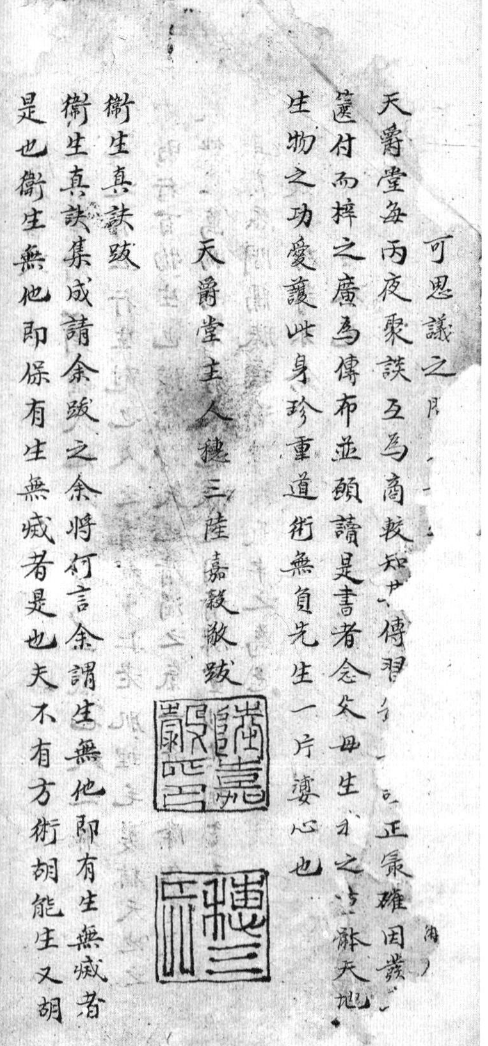

可思議之[illegible]

天爵堂每丙夜聚訣互為商較知其傳習[illegible]正氣雄固歲[illegible]遂付而梓之廣為傳布並願讀是書者念父母生身之[illegible]體天地生物之功愛護此身珍重道術無負先生一片婆心也

天爵堂主人穗三陸嘉穀敬跋

衛生真訣跋

衛生真訣集成請余跋之余將何言余謂生無他即有生無滅者是也衛生無他即保有生無滅者是也夫不有方術胡能生又胡

叩齒集神圖勢
上海圖書館藏

右睡功圖
肺氣長居於坎位
肝氣却向到離宮
脾氣呼來中位合
五氣朝元入太空

812 湯頭歌訣 四言舉要 扁鵲華陀察聲色秘訣 本草備要

《湯頭歌訣 四言舉要 扁鵲華陀察聲色秘訣 本草備要》,不分卷,一册,殘本。無序跋與目録。其中"四言舉要"文末有"光緒甲辰春二月十八日漆園田鎔江陶濱氏鈔"字樣,説明是本爲田陶濱抄于1904年。作者生平不詳。現存鈔本,藏于上海圖書館。

是本首先抄録李時珍《瀕湖脈學》所論述二十七種脈象。如:"沉脈重手按至筋骨乃得(脈經),如綿裹砂,内剛外柔(楊氏),如石投水,必極其底。"次抄《四言舉要》,以歌訣記録脈學。如:"脉乃血派,氣血之先,血之隧道,氣息應焉。其象法地,血之府也,心之舍也,皮之部也。資始于腎,資生于胃,陽中之陰,本乎營衛。營者陰血,衛者陽氣,營行脈中,衛行脈外……"《四言舉要》乃李時珍父親李言聞據《崔氏脈訣》改編而成,後收入李時珍《瀕湖脈訣》中。次抄《扁鵲華陀察聲色秘訣》,記録危重患者的聲音、臉色、眼神等表現。如:"病人五臟已奪,神明不守,聲嘶者死。病人循衣縫譫言者不可治。"次列《本草備要》,記載黄芪、甘草、人參、白术、萎蕤、黄精等藥物的功用主治。末載"六經方劑",每方列方名、功效、主治、藥物,多爲經方,如太陽經症下列桂枝湯、麻黄湯,又列加味香薷散。云:"有汗不得用麻黄,無汗不得用桂枝。今用此方,不僅冬月正傷寒,及春夏秋三時感冒,皆可取效。"

是本爲讀書抄録筆記,所列診斷、方藥等内容,爲初上臨床者所必備的基础知識。

肝脉沉主月不利腰腹痛

沉 陰

沉脉重手按至筋骨乃得。脉經 如綿裹砂，内剛外柔。楊氏

如石投水，必極其底。

體狀歌

水行潤下脉來沉，筋骨之間耎滑匀。女子寸兮男子尺，四時如此號爲平。

相類歌

沉幫筋骨自調匀，伏則推筋着骨尋。沉細如綿真弱脉，弦長實大是牢形。沉行筋間，牢大有力。伏行骨上，弱細無力。

主病歌

沉潛水畜陰經病，數熱遲寒滑有痰。無力而沉虛與氣，沉而有力積并寒。

又歌

寸沉痰鬱水停胸，關主中寒痛不通。尺部濁遺并泄痢，腎虛腰及下元痌。

沉脉主裏。又主水畜。有力裏實。沉遲痼冷。無力裏虛。沉數内熱。沉則爲氣。沉滑痰食。

耶故學者當診脉問證聽聲觀色斯備四診而無失矣

四言舉要

脉乃血派 氣血之先 血之隧道 氣息應焉
其象法地 血之府也 心之舍也 皮之部也
資始于腎 資生于胃 陽中之陰 本乎營衛
營者陰血 衛者陽氣 營行脉中 衛行脉外
脉不自行 隨氣而至 氣動脉應 陰陽之證
氣如橐籥 血如波瀾 血脉氣息 上下循環
十二經中 皆有動脉 惟手太陰 寸口取決
此經屬肺 上系吭嗌 脉之大會 息之出入
一呼一吸 四至為息 日夜一萬 三千五百
一呼一吸 脉行六寸 日夜八百 十丈為準
初持脉時 令仰其掌 掌後高骨 是謂關上
關前為陽 關後為陰 陽寸陰尺 先後推尋
心肝居左 肺脾居右 腎與命門 居兩尺部
魂魄穀神 皆見寸口 左主司官 右主司府

松鶴齋

病脉既明 吉凶當別 經脉之外 又有真脉
肝絕之脉 循刃責責 心絕之脉 轉豆躁疾
脾則雀啄 如屋之漏 如水之流 如盃之覆
肺絕如毛 無根蕭索 麻子動揺 浮波之合
腎脉將絕 至如省客 來如彈石 去如解索
命脉將絕 鰕游魚翔 至如涌泉 絕在膀胱
真脉既形 胃已無氣 參察色證 斷之以臆

光緒甲辰春二月十八日 溧園田銘江陶濱氏鈔

扁鵲華陀察聲色秘訣

病人五臟已奪神明不守聲嘶者死

病人循衣縫譫言者不可治

病人陰陽俱絕掣衣撮空妄言者死

病人妄語錯亂及不能語者不治熱病者可治

病人陰陽俱絕失音不能言者二日半死

病人兩目眥有黃色起者其病方愈

病人面黃目青者不死青如草滋者死

松鶴齋

813 補張機傳

《補張機傳》，又名《補〈後漢書·張機傳〉》，不分卷，一册。清陸懋修編撰，辛生抄録。陸懋修介紹見本書"005內經運氣表"。其著述合刊爲《世補齋醫書》六種，其中有《文》十六卷。《補張機傳》即《文》的第一篇。是本抄録在四邊雙欄紅格稿紙上，下部印有"松竹齋"三個朱字。白口，單魚尾，書口上部題"世補齋醫語"，下題頁碼。每半葉九行，每行二十二字，小字夾注每二字占一格。全書七葉，約二千六百字。首頁鈐有陰文"江左下工"、陽文"世補齋"及"國立暨南大學圖珍藏"三枚朱方。無目録與序跋。據館藏目録及《中國中醫古籍總目》記載，此本成于1866年。現藏于上海交通大學醫學院圖書館。

是本輯録王叔和《傷寒論序例》、皇甫謐《甲乙經·自序》、陶弘景《别録·自序》、巢元方《諸病源候論》、孫思邈《千金方》、甘伯宗《名醫録》、李濂《醫史》等醫藥著作，《太平御覽》《玉海》、馬端臨《文獻通考》、陳振孫《書録解題》等文史著作以及《河南通志》等共十八部書中有關張仲景的記載，仿《後漢書》列傳的體例，爲張仲景補修出較爲完整的傳記。除記述仲景生平事迹外，兼及評論仲景與華佗的治療所長，考證寒石、草石二方出自仲景，同時詳述仲景的學術特色，包括"相色""聽聲""診脈"諸法的運用，湯、丸、散劑的適應症，汗、下、灸法的宜忌，以及對《陰陽大論》《素問·熱論》等的繼承發揮等。稱《傷寒雜病論》一書"推本《素問》之旨，爲諸方之祖"，仲景爲"醫中聖人"，并對仲景傳世著作進行整理。最後摭《後漢書》"列傳"之語，爲本傳作"論"與"贊"。文末對仲景籍貫"南郡涅陽"加以考證説明。

與《世補齋醫書》其他内容相比，該本凡引他書處，後皆用小字夾注標明出處，并有部分按語。如引《傷寒例》語句之後注明"《外臺秘要》、仲景、

《病源》《小品》《千金》同”，又按：“此即王叔和引仲景原文，作《傷寒例序例》者，非叔和語”等，而通行刻本中無輯録的出處及按語。但通行刻本後附有“補傳引用諸書目”以及對仲景事迹及其著作的部分考證，另兩千餘字，此本皆缺。此外，該本書頁中有同類型紅格稿紙作爲襯頁，上皆有字迹，但多潦草塗改，其内容以小段醫論爲多，如有對吴鞠通、陳修園、王孟英等人的評價，語多貶義，其觀點與措詞多與陸懋修《世補齋醫書》中的醫論如出一轍。結合此本的形制與内容，懷疑爲陸氏弟子所抄，可能是初次謄寫本，内容尚未完整。與傳世刻本合參，可互補不足。

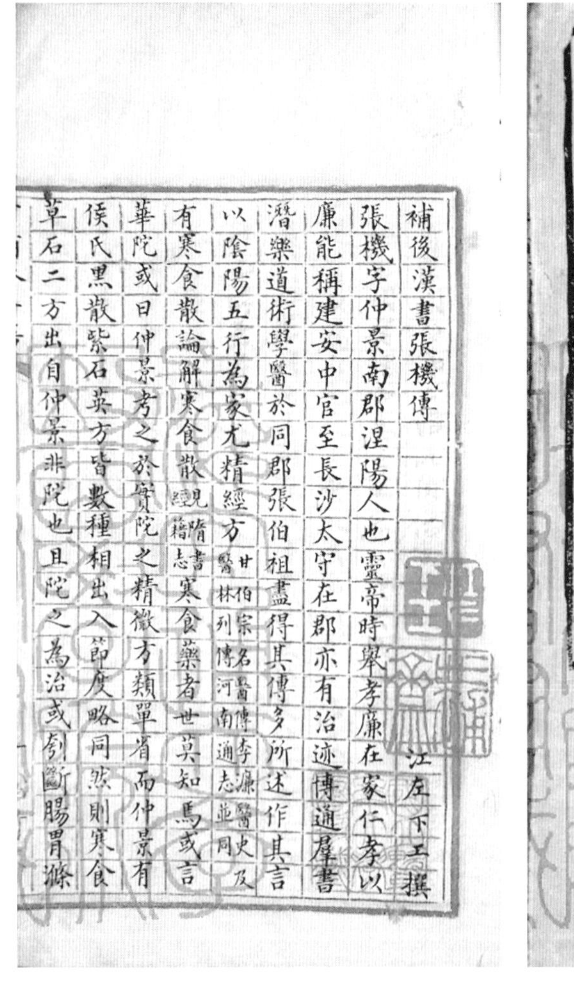

補後漢書張機傳　江左下工撰

張機字仲景南郡涅陽人也靈帝時舉孝廉在家仁孝以廉能稱建安中官至長沙太守在郡亦有治迹博通羣書潛樂道術學醫於同郡張伯祖盡得其傳多所述作其言以陰陽五行為家尤精經方（甘伯宗名醫傳李濂醫史及醫林列傳河南通志並同）有寒食散論解寒食散（隋書經籍志）寒食藥者世莫知焉或言華陀或曰仲景考之於實陀之精微方類單省而仲景有侯氏黑散紫石英方皆數種相出入節度略同然則寒食草石二方出自仲景非陀也且陀之為治或刳斷腸胃滌

補張機傳

江左下工撰

辛生錄

814 經史秘彙

《經史秘彙》，不分卷，兩册。係清代著名藏書家吴翌鳳手抄。吴翌鳳，初名鳳鳴，字伊仲，號牧庵，或作枚庵，長洲（今江蘇吴縣）人，築室"歸雲舫"，手抄書數千百卷，著有《吴梅村詩集箋注》《與稽樓叢稿》《懷舊集》等書。是本鈐印數枚，分别爲"杭州葉氏藏書""愛讀奇書手自抄""合衆圖書館藏書印""枚庵流覽所抄""枚庵""好古敏求""古香樓""翰墨緣"等。成書年代不詳，《中國中醫古籍總目》與藏館載録爲清代。此書經杭州葉氏、合衆圖書館遞藏，現藏于上海圖書館。

是本由五篇醫論及一篇道術文匯集而成。首篇《法古宜今》，清代沈錦桐撰，集百種奇效秘方于一書，廣泛用于傷科、内科、婦科、幼科等。除列出方藥證治外，還强調所用藥材，詳解製方之法，如真萬應靈膏，製備該藥時稱"不惜重資，藥味盡覓，精良製度，全遵古則"，其方法考究精良。該篇還重點闡述專方專治，如十寶吹口疳藥，專治一切口疳糜爛、咽喉腫腐、走馬牙疳、陰虧口糜、喉癬等症，又如八寶丹，治一切毒症。第二篇《景岳十機摘要》，沈錦桐撰，源自《景岳全書・十機》篇，經沈氏删節潤色而得。對古代房中術要點深入闡述，提出和諧房事的十機之論。第三篇《毓麟策》，沈錦桐撰，詳述男子應如何清心寡欲、保固元陽，才能久享人倫之樂，多得聰慧麟兒。後附"禁忌録後""最忌日辰"等禁忌之語。第四篇《温瘧論》，薛生白著，論温瘧之發病原理，駁《金匱》治温瘧的桂枝白虎湯，并立自擬經驗效方清瘧飲，以饗後人。第五篇《濕熱條辨》，薛生白著，辨析濕熱受病的原委，指出濕熱證的特點及診療方法，辨證精微，分析透徹。第六篇《受正玄機神光經》，爲道術内容，現收録于《新編張三豐先生丹道全書》，有《取驗要訣》《源流確論》《事君篇》等共十三篇，多爲關乎人情世故的一些簡而有理之論。

是本匯集多家言論于一書，抉擇精嚴，所抄篇目皆經典之作。書法字體工整俊美，字迹清晰，品相上佳。從吴翌鳳"愛讀奇書手自抄"之印章，可見對這幾篇醫論推崇有加。

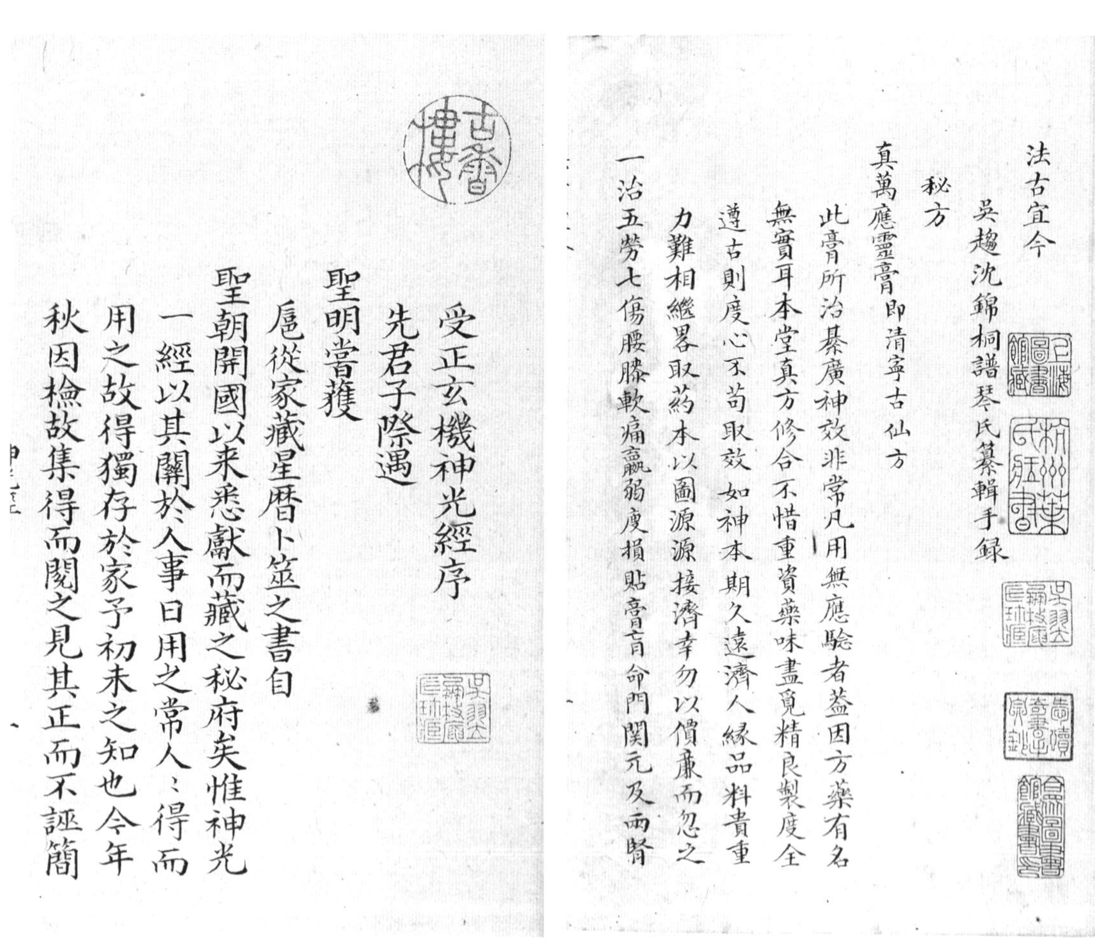

815 鳳氏醫書三種

《鳳氏醫書三種》,包括《鳳氏醫案》四卷、《醫師秘笈》兩卷和《内科脈鏡》兩卷,合爲一函。其中前者爲清代醫家鳳實夫所著醫案,後兩種爲鳳氏所輯醫學典籍。鳳實夫,字在元,晚號鳳兮山叟,生卒年不詳,由序跋和作者題簽可知,其祖籍湖北,自稱"洞庭鳳實夫",長于江蘇吴縣,爲當地望族,同治二年(1863)爲避戰禍(次年太平天國天京陷落)遷居崇明,在當地頗有醫名,又擅丹青,其生活年代主要爲清道光至光緒年間。現存清稿本,藏于上海中醫藥大學圖書館。

《鳳氏醫案》,又名《臨證經驗方》,是鳳實夫在同治五年(1866)所著,係鳳氏選取三十年臨證經驗精華而成。書前有黄清憲、施清鑒、王炳等多位清代文人序跋。其中黄清憲時主修《崇明縣誌》,又著《半弓居文集》,王炳工書畫,皆與鳳氏交。黄序曰:"余嘗讀史至方伎傳,見其中所載諸神醫治瘍神妙,可驚可喜,然竊怪傳其人傳其醫之神,而不并傳其方以惠世……今閲實夫書,病不易於古,而方皆造乎神。"施序曰:"愛其原本《内》《難》,慘澹經營;論則本於仲聖之《傷寒》,又參以吴又可之《瘟疫》。益歎吴門之精於醫者葉天士、薛生白兩家已專美於前,得先生之書以踵其盛,行將鼎足而三矣。"鳳氏自序,認爲治病"扼其大要有三:一曰審證,譬之料敵,知理知勢知節,方能制勝;一曰用藥,譬之命將,量力量才量性,方能勝任;一曰立方,譬之交戰,行陣不亂,紀律森然,進退有權,方能奏捷"。是書共載醫案一百零八則。卷一載驟腫溲閉、濕温、疫症、血痢、眩暈、暴聾等醫案二十一則;卷二載類中、瘖瘍、水腫、霍亂、鬱怒、痛經等醫案三十二則;卷三載瘧疾、癆瘧、熱淋、伏暑、下痢、咳嗽等醫案三十七則;卷四載嘔血、黄疸、傷寒、呃逆、水瀉、虚脱等醫案十八則。醫案以外感傷寒和内科雜病爲主,共計九十七則,另有産後腹痛、蓐勞等婦科醫案八則,外科醫案三則。書中所録醫案,首載患者姓氏性别,如陶左、邵右等;次述患者症狀、病機治則,尤以病機所論最詳,往往引經據典,鞭辟入裏;最後輔以方藥煎服方法等。更爲可貴的是,醫案多有復診記録,詳細記載患者服藥後的症狀變化及方藥加減。鳳氏處方特點,喜用經方加減治療外感傷寒,以時方治療内傷雜病,且注意分析患者體質、環境等致病因素。以卷四"真傷寒"醫案爲例:患者"發熱,惡寒,頭項强痛,無汗,脈浮緊",鳳氏判斷其爲"正傷寒",細審病因病機,蓋患者"連朝肩挑貿易……屆在嚴寒曠野而受之"。鳳氏認爲"今太陽表症悉具,當宗仲聖'不汗出而煩躁者,大青龍湯主之'",方用麻黄、羌活、桂枝、防風、石膏、杏仁、生薑、大棗和甘草等。兩日後患者復診,鳳氏如實記録爲"太陽症未罷,而陽明少陽證已悉具",認爲這是由于患者所處地域、個人體質因素所導致,"可知南人稟賦柔弱,其傳經之迅速",因此將處方調整爲"三陽并瀉",予麻黄、羌活、葛根、白芷、連翹、柴胡、杏仁、黑梔、甘草諸藥,再劑患者"汗暢熱解",調理而安。另外,《鳳氏醫案》還保存了大量以尋常之物爲"引經要藥"的寶貴經驗,如上例即用"薑渣五分,大黑棗一枚",取調和營衛之意。又如"病後食復"案,方後注明"加陳稻葉一把,洗淨,煎湯代水";"驟腫溲閉"案,藥後注"加荸薺苗一兩";"暑熱"案,清暑益氣方後加"白荷花露一兩沖"。這些引經藥,或引達病所,或襄助藥力,雖多不見載于本草方劑著作,但確爲民間醫家治驗,可以增强方劑功效,值得認真研究借鑒。

《醫師秘笈》兩卷,撰者未詳,扉頁題"薛生白原稿,鳳兮山叟藏"。經查,該書爲清代李言恭(字思可)傳,約成書于清乾隆元年(1736),現存清乾隆四十二年(1777)雲南順寧刻本、嘉慶十七年(1812)璜川吴氏刻本、光緒七年(1881)浙寧簡香齋刻《薛生白醫書二種》本及1930年上海千頃堂書局鉛印本等。據其他版本書序稱,是書係李氏任山東聊城令時,有隱君子治病多奇效,李氏延請再三而得是書,後由順寧太守出資刊刻。此本爲清光緒三年(1877)由鳳實夫編入《鳳氏醫書三種》。上卷載《太極生人圖説》《十二經藏府合八卦圖説》《外感五氣爲病圖説》《内傷五藏圖説》等七篇;下卷載《四診論法》《診脈圖説》《二十八脈》《婦人胎脈》等八篇,對脈法作重點論述,兼議暑濕、温病、温疫的診治。因原書卷末附薛生白《濕熱條辨》三十五條,故後刊刻者多題署《薛生白醫師秘笈》行世。此書以太極八卦,河圖洛書等圖翼闡發《内經》《難經》《金匱要略》等醫經原旨,頗有新意。

《内科脈鏡》兩卷，不著撰者，清光緒三年（1877）由鳳實夫編入《鳳氏醫書三種》。扉頁題“洞庭鳳實夫輯，養和醫室藏稿”。上卷爲五臟圖，依次爲心、肝、脾、肺、腎；下卷爲六腑圖，順次爲心包絡、小腸、大腸、膀胱、膽腑、胃腑和三焦。除心包絡外，每一臟腑均按全圖（含經絡連屬）、主病、藥隊及列方，詳析爲四項，各臟各腑首論生理，次按寒熱虚實辨證。上卷共載五臟病證一百六十五種，藥方一百三十六首；下卷載六腑病證九十八種，藥方七十八首。藥隊主要分爲補、瀉、温、凉數類。以小腸部爲例："小腸腑圖”上注明“小腸上口即胃之下口，小腸下口即大腸上口，名闌門”，與現代解剖學一致。《小腸主病》篇載“小腸無表症，皆屬於裹，小腸虚，脈左尺必細，其症爲溺短赤、爲腰痛”。“小腸部藥隊”則列“補小腸之將”爲生地黄，“瀉小腸猛將”爲木通，“瀉小腸次將”爲瞿麥芽、海金砂、川楝子等，與前述小腸主病相應。《内科脈鏡》所載學術觀點與用藥經驗給現代中醫臨床帶來一定的啓發和思考。

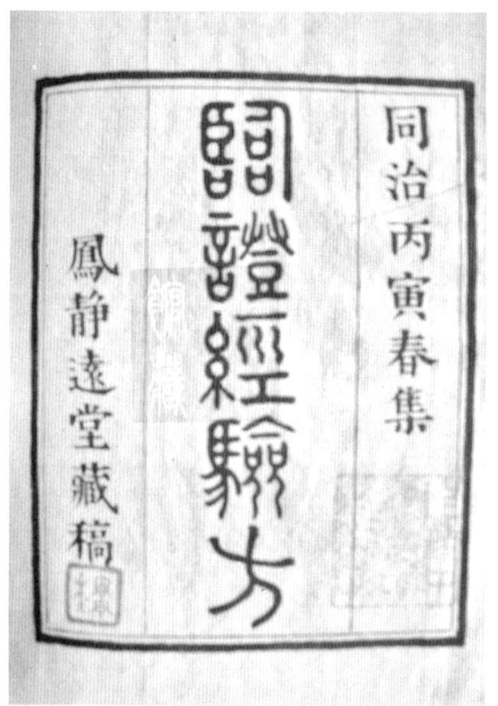
同治丙寅春集

臨證經驗方

鳳靜遠堂藏稿

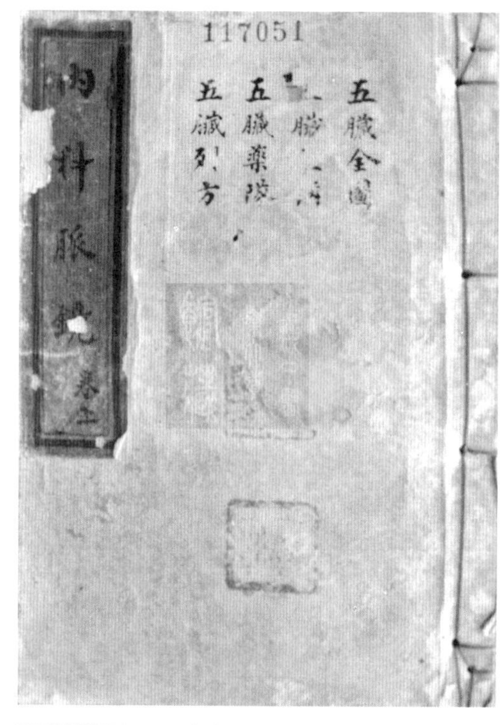

施序

醫之為書肇自黃帝岐伯之靈樞素問厥後入其室而窺其奧者張劉朱李四大家軼後起前罕與為匹近有　實夫鳳先生名醫托業避難來崇吾崇之受其治而全活者指不勝屈著有

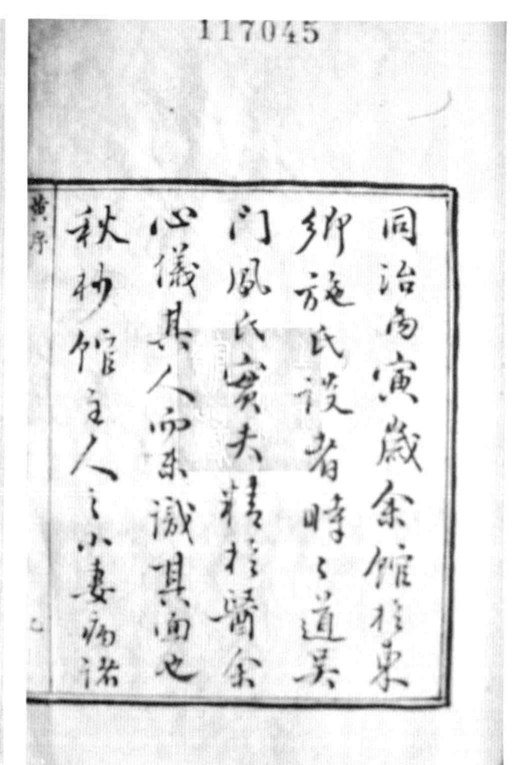
117045

黃序

同治丙寅歲余館於東鄉施氏設帳時之道吳門鳳氏寔夫精於醫余心儀其人而未識其面也秋初館主人之小妻病諸

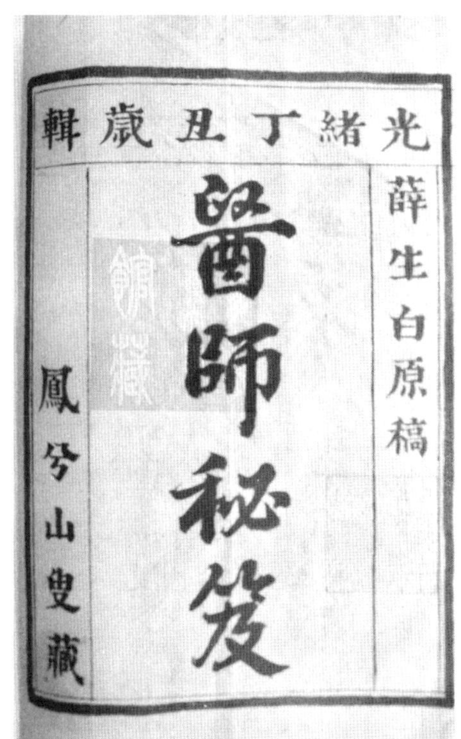
光緒丁丑歲輯
薛生白原稿
醫師秘笈
鳳兮山叟藏

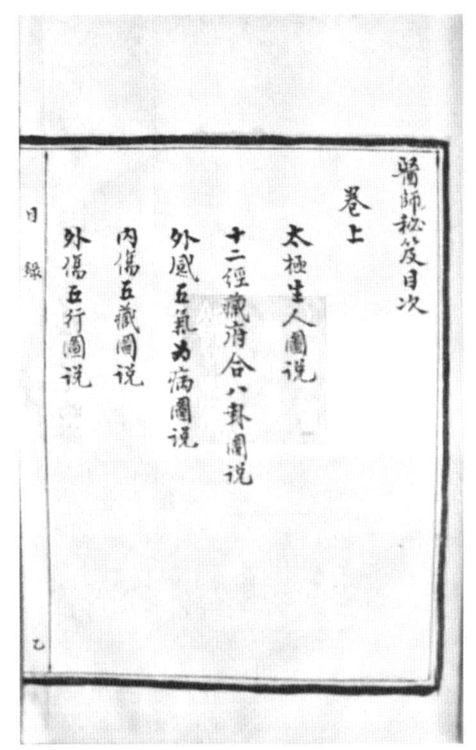
醫師秘笈目次
卷上
太極生人圖说
十二經藏府合八卦圖说
外感五氣為病圖说
内傷五藏圖说
外傷五行圖说

目錄　乙

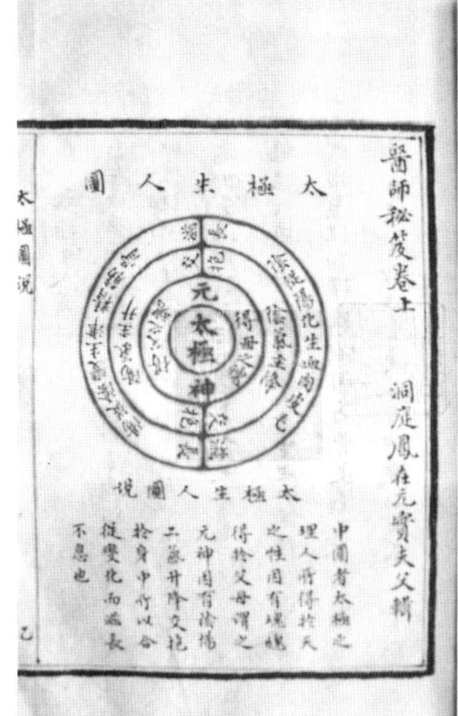
醫師秘笈卷上
洞庭鳳在元寶夫父輯

太極生人圖説

中圈者太極之理人所得於天之性因有規矩得於父母謂之元神因有陰陽二氣升降交抱於身中行以合從變化而滋長不息也

太極圖説　乙

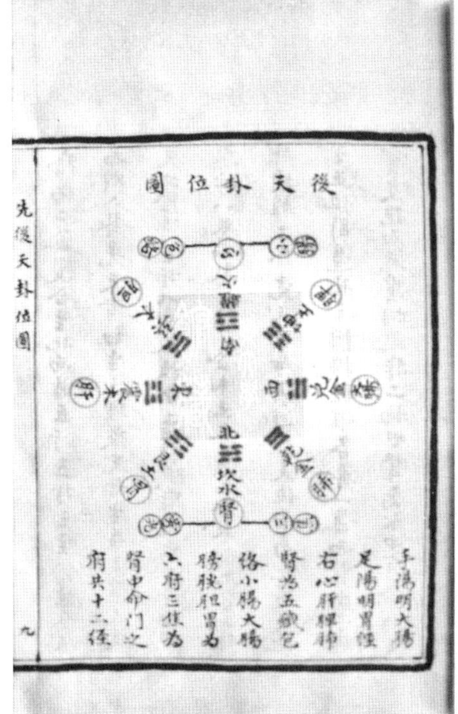

手陽明大腸足陽明胃經右心肝脾肺腎為五藏包絡小腸大腸膀胱胆胃為六府三焦為背中命门之府共十二經

先後天卦位圖　九

816 養心保天集

《養心保天集》，不分卷，一册。成書年代不詳。書封寫有“勵卿氏手訂”，并有“勵卿”篆字圖章一枚。無序跋與目録。全書四十葉，有圖二十四幅，約六千字。現藏于上海圖書館，藏館著録爲清鈔本。《中國中醫古籍總目》未見收載。

本書是一本介紹導引、吐納方法的專集。前二十四葉是二十四節氣導引法，每種方法配有綫條圖和説明文字。文字説明節氣與人體經絡的關係，導引法的操作要點及所治疾病。如清明導引法下云：“清明三月節，坐功運主少陰之氣，配手太陽小腸寒水。坐功（導引法），每日丑寅時正坐定，换手左右，如引硬弓，各六七度，叩齒，納清吐濁，咽液如之。治病，腰腎腸胃，虚邪積滯，耳聾嗌痛，不可回顧，肩拔臑折，腰軟及肘臂諸病悉治。”這一導引法類于八段錦中“左右開弓似射雕”。二十五至三十葉以歌訣形式介紹吞咽唾液法，如：“閉目冥心坐，握固靜思神。叩齒三十六，兩手抱崑崙。左右鳴天鼓，二十四度聞。微擺撼天柱，赤龍攪水津。漱津三十六，神水滿口匀。一口分三嚥，龍行虎自奔。”三十一葉後介紹吐納法，書中將吐納總結爲“六字法”，此六字是“嘘、呬、呵、吹、呼、嘻”，并用歌訣叙述與人體臟器的關係，如：“肝若嘘時目睁精，肺知呬氣手雙擎。心呵頂上連叉手，腎吹抱取膝頭平。脾病呼時須撮口，三焦客熱卧嘻寧。”文中所言六種吐納方法，説明有些含糊，操作不易。

本書中的導引、吐納、吞咽唾液等養生方法，可供有關專業人員、整理研究。另外，書中綉像精美，文字俊秀，富有美感。

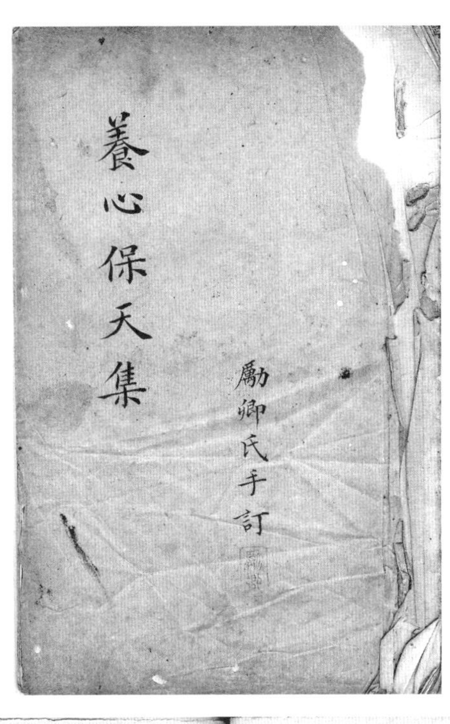

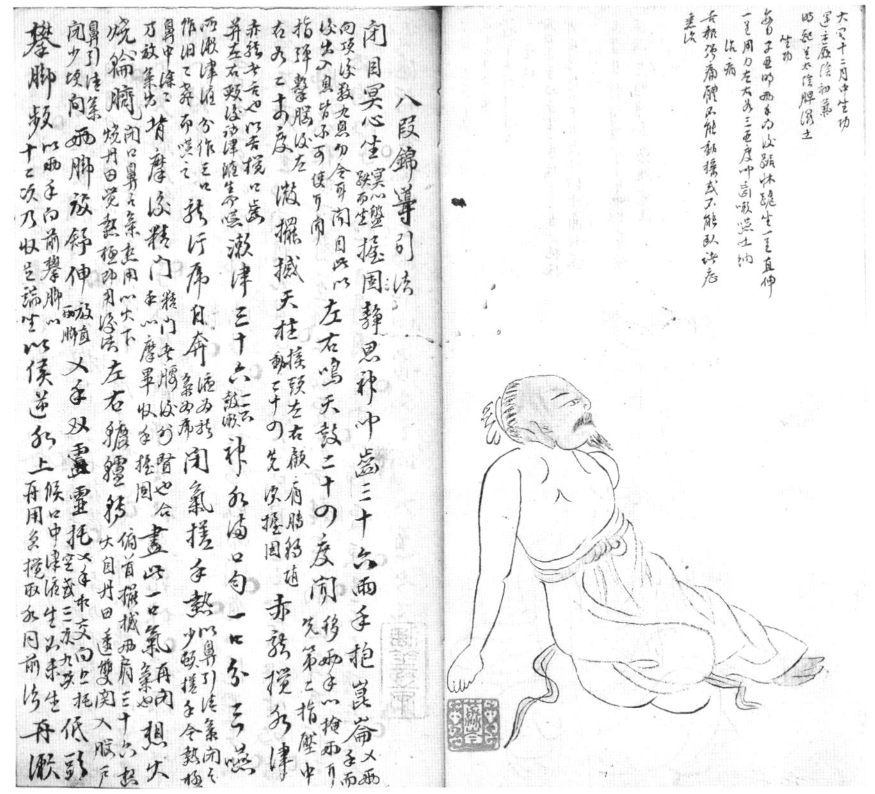

便爲上

枚乘曰欲人無聞莫若勿言欲人無知莫若勿爲

脩真要訣曰精根根而運轉氣默默而徊徊神混混往而來以

陰陰而不動又曰身外有身未爲奇特虛空粉粹方是全真

方爲至言

六字法

總訣

肝若噓時目睜精　肺知呬氣手雙擎

心呵頂上連叉手　腎吹抱取膝頭平

脾病呼時須撮口　三焦客熱卧嘻寧

六氣歌訣　病癒即止不可多之即改氣

一曰呬　呬法最靈應須秘外屬鼻根內關肺寒熱勞悶及膚瘡以斯吐納無不寧

二曰呵　呵屬心王主其舌口中乾澀身煩熱量疾深淺以呵之焦腑疾病自消滅

817 養生餘論

《養生餘論》，不分卷。清姚椿輯。書名頁有“道光丙申（1836）夏日竹幹山人借讀一過”字樣。“竹幹山人”即晚清上海青浦名醫何其偉（書田）。輯録者生平不詳。現存稿本，藏于上海圖書館。

全書輯録与養生有關的文章共計五十餘篇，主要篇目有：柳公綽《太醫箴》、唐處士孫思邈《福壽論》、吕獻可《醫銘》、莊子《達生篇》、劉禹錫《答道川薛侍郎論方書及述病》、東坡《養生微論》、張安道《養生訣》、寄子田《寄虎鉛汞説》《養生論》、蘇子由《服茯苓賦》、張文潛《錢甲醫録序》、（宋）王炎《運氣論》、劉錚翛《讀藥書漫記》、虞集《醫書集成序》、江之蘭《醫津一序》、胡天游《傷寒論後序》、顧錫銀《運氣總論》《方書録要》、朱丹溪《飲食色慾箴》、王海藏《標本陰陽論》、東垣《用藥歌訣》《古人服藥有法》、李中梓《四診心法要訣》、葉天士《精選良方補益門》、歐陽修《删正黄庭經序》《參同契》、朱子《參同契説》、幻真先生《注胎息經》、抱朴子《述先師口訣》、朱晦庵《調息箴》、老子《西升經》《陰符經》趙孟頫寫本等。如引嵇康《養生論》闡述養生的要義：“精神之於形骸，猶國之有君也。神躁於中，而形喪於外，猶君昏於上，國亂於下也……故修性以保神，安心以全身，愛憎不棲於情，憂喜不留於意，泊然無感，而體氣和平。又呼吸吐納，服食養身，使形神相親，表裏俱濟也。”引《胎息經·胎息銘》有關鼻口呼吸的養生方法：“三十六咽，一咽爲先。吐唯細細，納惟綿綿。坐卧亦爾，行亦坦然。戒於喧雜，忌以腥羶。假名胎息，實曰内丹。非袛治病，决定延年。久久行之，名列上仙。”

本書所收篇目繁雜，來源廣泛，有各種醫書的序言、名家對話問答、醫書、方書，甚至有碑帖中與養生有關的篇章，可供養生研究者參考。

養生餘論

道光丙申夏日竹隸山人借讀一過

太醫箴

柳公綽

天布寒暑不私於人品類既一高卑以均人謹好愛能保其身清静無瑕輝光以新寒暑滿天地浹肌膚于外好愛在耳目誘心知於内端潔為隄奔射猶敗氣行無間隙不在大謂天高矣氣蒙晦之謂地厚矣横流潰之飲食資身過則生患衣服稱德侈則生慢惟過與侈心必隨之氣與心流疾乃伺之畋游恣樂流情蕩志馳騁勞形叱咤傷氣不養其外前修所忌人秉氣生嗜慾以萌氣離有患氣完則成巧必喪真智實誘情醫之上者理于未然患居慮後防處事先心静樂行體和道全克

818 衛生纂要

《衛生纂要》，不分卷，四册。清劉奐編集。劉奐生平不詳。成書于清乾隆二十年（1755）。現存稿本，藏于上海中醫藥大學圖書館。

本書由《診家樞要》《經絡歌訣》《湯頭歌訣》《經驗集方》四部書組成。《診家樞要》專論脈法，依據滑伯仁所撰《診家樞要》，參考前賢諸論，臻歸精簡，詳細參訂而成。主要内容有：脈應臟腑、五臟平脈、四時平脈、三部所立、脈貴有神、脈陰陽類成諸篇。《經絡歌訣》以李東垣“經絡歌訣”十二章爲基礎，復增汪訒庵“奇經歌訣”四章，以補缺略，并對經脈運行、所主病證加以注解發揮。《湯頭歌訣》乃研考各家湯頭歌訣，重爲删輯，條分類别，列補益、發表、攻裏、涌吐、和解、表裏、消補、理氣、理血、祛風、祛寒、祛暑、利濕、潤燥、瀉火、除痰、收澀、殺蟲、癰瘍、經産類，計方二百零二首，附方一百二十二首，另附“便用集方”十一首。《經驗集方》爲草稿，收集幼科、婦科、外科等病證良方。

是書内容豐富，集四部醫書于一函，涉及内科、外科、婦科等病證辨治，對診法與經絡的理論研究及臨床實踐均有一定參考價值。

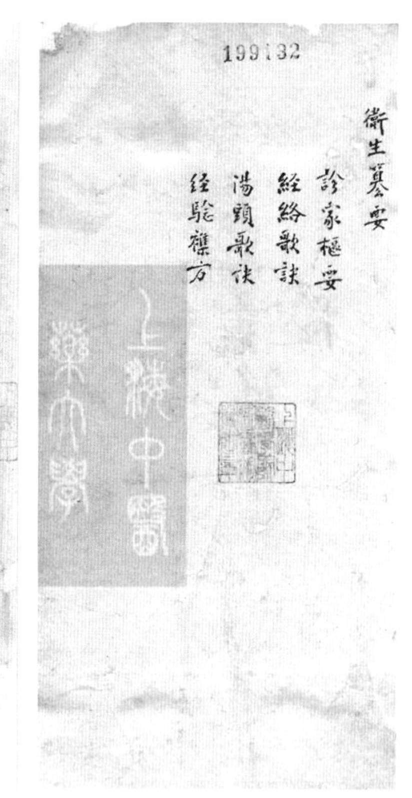

199132

衛生纂要

診家樞要

經絡歌訣

湯頭歌訣

經驗雜方

叅訂診家樞要自序

診家一書前賢所著甚夥實為後學津梁惟頭緒紛繁其間不無依稀疑似反使初學失其指歸蓋平居叅攷尚難悉數迨夫臨症倉刻之餘而加以主家惶惚失措之狀求其精確不亦難乎滑伯仁先生診家樞要一集條簡而該洞明百病之由最為善本惜乎行世未遍第其詳略之間猶未澄澈余不揣固陋究心十餘年来叅考前賢諸集臻歸精簡冗者刪缺者補深微者顯著不敢稍叅私意也
前賢使初學者觸目自明經心易熟俾臨症餘暇
疾然後劑之方藥自無毫釐千里之識敢曰小補顧高明鑒之聊以察夫區區之苦心云爾山陰禮門劉奐自識於粤東旅舍之小山藂桂讀書堂時

乾隆甲子嘉平十有七日

滑伯仁診家樞要　山陰劉奐詳細叅訂

○脉者氣血之先也氣血盛則脉盛氣血衰則脉衰氣血熱則脉數氣血寒則脉遲氣血微則脉弱氣血平則脉治又長人脉長短人脉短性急人脉急性緩人脉緩左大順男右大順女男子尺脉常弱女子尺脉常盛此皆其常也反之者逆

○左手配臟府部位

左手寸口心小腸脉所出[illegible]脉所出○左尺腎膀胱脉所出命門與腎脉通

右寸肺大腸脉所出○右關脾胃脉所出○右尺心三焦包絡脉所出

○五臟平脉

心脉浮大而散肺脉浮濇而短肝脉弦而長脾脉緩而大腎脉沉而軟滑○心合血脉心脉循血脉而行持脉指法如六菽之重按至血脉而得者為浮稍稍加力脉道粗者為大又稍加力脉道濶軟者為散○㊀肺合皮毛肺脉循

819 錦囊秘録

《錦囊秘録》,不分卷,一册。著者及抄者佚名。封面殘損,左上角有“錦囊秘”三字,且有圈删筆痕,中間所書“府宜細看”“重出宜去”八字尚可辨,另有朱印三枚漫漶不清。書中收入清代王士雄詳加刊注的《重慶堂隨筆》部分内容,據此,此書編撰與抄寫時間當晚于咸豐乙卯年(1855)。《中國中醫古籍總目》載録爲清代單鄭惠編于1856年,題作三卷。現藏于上海圖書館。

是書分爲十篇。第一、二篇分别爲《類經》卷七“經絡類”之《十二經筋結支别》和《十五别絡病刺》。第三、四篇分别爲《類經圖翼》卷五“經絡中”之《宗營衛三氣解》和《諸部經絡發明》。第五至八篇分别爲《壽世保元》卷一《臟腑論》《血氣論》《脾胃論》《五臟六腑脈病虚實》。第九篇爲《温病條辨》卷四中《九竅論》。第十篇爲清代王秉衡撰、王士雄刊注的《重慶堂隨筆》節選,含該書卷下部分章節,以及《書〈人身圖説〉後》《書〈醫林改錯〉後》《讀〈全體新論〉》。

是書均係抄録,所選内容側重于經絡、藏象與解剖,未有著者自己的學術觀點。

820 檢驗秘録

《檢驗秘録》，不分卷，一册。不著撰者，抄者佚名。書中所載均乾隆年間成案，據此當成書于清朝乾隆年間或稍後。《中國中醫古籍總目》和《中國醫籍大辭典》均未見收載。現存鈔本，藏于上海圖書館。

本書是一部法醫學著作，共十五條，依次爲驗屍、驗傷填報法、傷風、殺傷、自縊、勒死、溺死、服毒、檢骨、虚怯處受傷、縊死、中毒、屍傷總類、道路屍和檢驗備考。每條之下多有總論、各種屍檢情況的經驗總結及當時的檢驗案例（成案），合八十餘個子條目。其中“驗屍”條下的“驗傷總論”和“驗傷機要”指出屍檢的基本方法和基本原則，有綱領的性質。圍繞着各種死因，則有各種屍檢情况的經驗總結。如“勒死”條下，細分爲“辨勒死形迹”“自縊被勒辨驗”“驗自勒屍”“勒死之挣扎傷”“先被拉傷咽喉，後因他故死”“勒死繩痕不交”等情況；又如“溺死”條下，有“辨溺死形迹”“溺水致死辨驗”“辨論生前溺斃情形”“溺水數日，屍身腐爛情形”等子條目。有的條目則直接是當時法醫學鑒定的例案。如“痰壅陰脱”條，爲乾隆三十年屍檢案例；“發痧身死檢骨”條，爲乾隆四十四年案例；“受傷後凍斃”條，爲乾隆二十九年案例。

正如作者所云：“（傷）有相同之勢，惟在相驗時留心體認，庶能傷確情符。”本書强調通過屍檢的細小差异來辨别死因，“自刎與被人殺辨驗”“分晰當處被殺與殺後移屍情形”“辨自縊及死後僞作自縊形迹”“自縊被勒辨驗”“辨論生前溺斃情形”等條充分體現了這一點。“凡用刀自刎死者，持刀之手拳握必固，起手重則深，收手輕則淺，邊皮縮，有鮮血……凡死後假作生前自刎，兩邊刀路齊截，皮不縮，無血，即有血，亦是黑，持刀之手拳握不固。”“凡生前溺死者，十指甲兩鼻竅俱有泥沙，腹或全脹或半脹，兩手脚皮俱皺白……凡死後推入河内者，鼻竅指甲無泥沙，肚腹不脹，手脚不皺白，色青黑。”此類論述，至今仍有借鑒意義，可供法醫學參考。

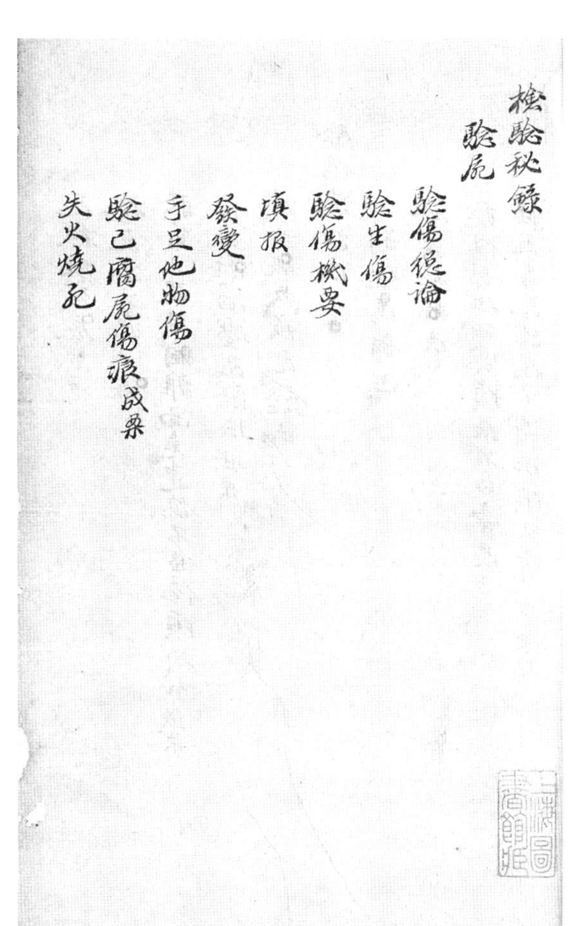

821 濟世壽人養心集

《濟世壽人養心集》，兩卷。清葛繩鎬撰。葛繩鎬，號橘井居士，咸豐至光緒年間人，生平不詳。是本封面題書名“濟世壽人養心集”，下有“橘井居士手稿”。正文首頁題“琴東葛繩鎬著”，序言末注記爲“光緒十陸年歲次庚寅菊日穀旦”及“橘井居士識”。據此，是本當爲葛繩鎬（橘井居士）1890年手稿本。現藏于上海圖書館，爲館藏善本。

上卷首録“養心集目録”，有“序”“望氣”“頭面氣色歌”“傷寒驗舌辯證”“傷寒論”“傷寒汗後不解例”等三十四門。除序言外，皆論述内科症治。次録序言，云“余因青雲不遂”，而潛心岐黄之術，“參閲《金匱》《尚論》諸書，以及當世之奇方，究心二十餘年”，始窺醫學堂奥，試之于臨床而屢驗，“聊爲發其竅要，以示後人捷徑，作登堂入室之行燈”，記其著書之由。另言“故名之曰‘養心集’，既以自養，亦以覘運用之妙，存乎一心，庶斯民同登壽域耳”，以闡釋書名之意。下卷亦首録“養心集目録”，次録“諸血症”“出血分經絡部位”“五臟六腑氣血總論”“治血歌括”“不治症”“婦女經帶崩淋胎漏惡露等證”“安胎歌括”等，共三十三門。其中前十三門論述内科、婦科、外科病症及治療，後十八門爲葛氏内、婦科臨證驗案，最後兩門爲“危脱見症”和“應驗雜方”。

葛氏精通仲景學説，對傷寒病症見解獨到，發揚《内經》“熱病者，皆傷寒之類”的觀點，指出“凡傷寒者，以風寒温暑之邪，皆以傷寒而通稱之也，總以風爲本，而熱爲標。風從火化，火從風熾，故俗云風火病也”。他認爲“南方風氣柔弱，恒多濕熱，凡春冬温病，夏秋暑邪，皆傷寒稱之，而正傷寒者絶少也”，并詳論傷寒之病因病機、症候、診斷、治法等。葛氏對傷寒診法頗有創見，注重望診，認爲診傷寒應“以察色觀形爲首……故臨證先看氣色，次辨舌苔，已知其痛之吉凶定位也，然後切脈審證，有無對準，是何偏見，方可用藥調治”，并詳細論述診治方法。如關于舌苔診法，葛氏詳細論述“紅色、白色、糊塗、條路、半斷、黄色、厭黑、青紫”八種舌苔主病，認爲“舌苔證類雖繁，鑑此八種情由，亦辨證之要訣也”，有一定臨床價值。此外，是本諸多篇章附有歌訣，内容涉及病症、診法、方劑等，便于學者記誦，爲該書一大特色。

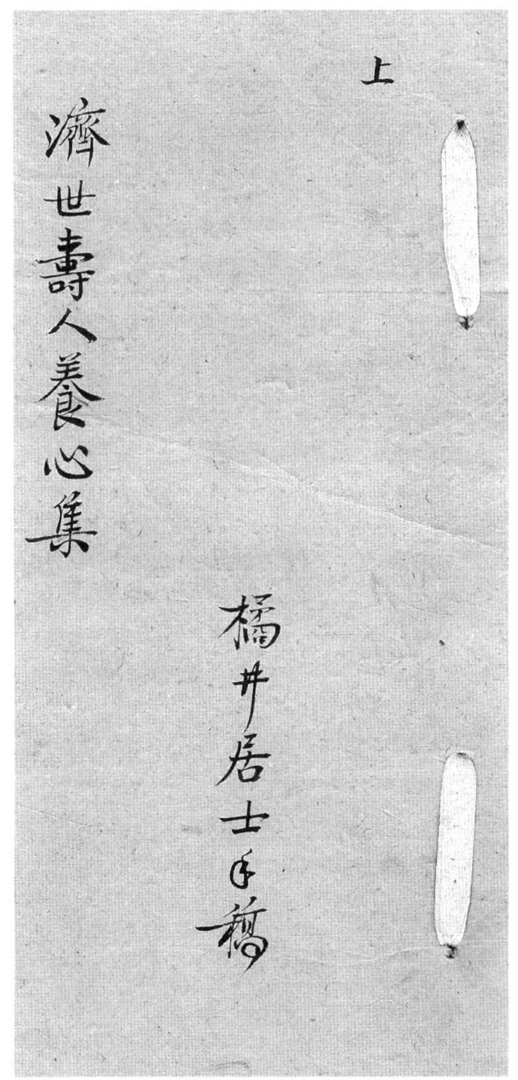
上

濟世壽人養心集

橘井居士手稿

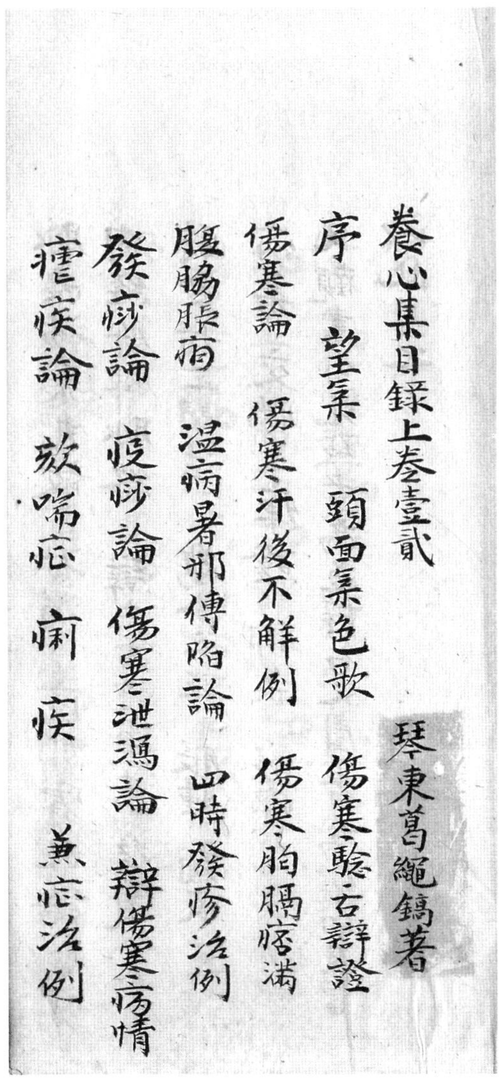
養心集目録上巻壹貳

琴東葛縄鎬著

序　望氣　頭面氣色歌　傷寒驗舌辯證

傷寒論　傷寒汗後不解例　傷寒胸膈痞満

脇腸脹痛　温病暑邪傳陷論　四時發疹治例

發痧論　疫痧論　傷寒泄瀉論　辯傷寒病情

瘧疾論　欬喘症　痢疾　兼症治例

822 藥方抄　脈訣

《藥方抄　脈訣》,不分卷,一册。無封面、書名、序跋、目録,不著抄者。現藏于上海圖書館。藏館著録爲清鈔本,書名亦藏館所定。

是本分爲“藥方抄”與“脈訣要言”兩部分。前者在治法下羅列藥物,治法有大補、瀉心火、搜肝氣、補命門火、壯陽、消三絲之火等。所羅列藥物,多者四十二味,如消痰止嗽;少者五味,如盗汗。有的藥物後有方劑,如消痰止嗽藥後有滚痰丸。有的藥物分類較爲獨特,如盗汗現代多認爲屬于陰虚,而是本盗汗藥中列入炮附子,這反映作者并不拘泥于“陰虚盗汗,陽虚自汗”的觀點。後者僅涉及浮、沉二脈與十二種兼脈。先列望舌色,“舌者心之苗。凡病具現於舌,能辨其色,症自顯然。舌尖主心,舌中主脾胃,舌邊主肝膽,舌根主腎。若舌苔粗白,漸厚而膩,是寒邪入胃,挾濁飲而欲化火也,此時已不辨滋味矣。若苔黑者,胃火甚也”。

是本可能是臨床備忘的筆録。

搜肝氣

羌活 防風 薄荷 鈎藤鈎 肉桂去 刺蒺藜 石决明

補脾

野白术土炒 芍藥 熟地 茯苓 大棗 芡實 懷山葯 糯米 扁豆衣 料豆皮 炒丹皮 地骨皮 炒苡仁

利脾胃

之濕

白芷 茵陳 天花粉 木通 滑石 茯苓皮 丹皮 地龍 白芷 蒼术 通艸 澤瀉 瓜蔞皮

舒脾

種术 蒼术 木香 砂仁 白荳蔻 草荳蔻 肉荳蔻 良薑 藿香 紫蘇 半夏 丁香温胃 炒棗仁 穀芽 益智仁

安胎產虛

人參 野白术 丹參 前胡 黄芩 知母 白芍 木香 砂仁 生地 熟地 川斷 艾葉 製首烏 蔥白

脫肛

石榴皮 罌粟殼去蒂 蔥白燒出煙

蛇咬

青黛燒灰敷 天南星調敷 蚤休調敷 毛姑去毛醋磨塗 金鳳花汁服 昆天醋調敷

脉訣要言

浮脉主表 裏必不足 有力風熱 無力血弱 浮遲風虛
浮數風熱 浮緊風寒 浮緩風濕 浮虛傷暑 浮芤失血
浮洪虛火 浮微勞極 浮濡陰虛 浮散虛極 浮弦痰食
浮滑痰熱
沉脉主裏 主寒主積 有力痰食 無力氣鬱 沉遲虛寒
沉數熱伏 沉緊冷痛 沉緩水畜 沉牢痼冷 沉實熱極
沉弱陰虛 沉細痹濕 沉弦飲痛 沉滑宿食 沉伏吐利

823 攝生二種合鈔

《攝生二種合鈔》，不分卷，一册。爲《攝生三要》和《攝生要語》兩書的合鈔本。分别爲明代袁黄和鄧調元撰。成書于明萬曆十九年（1591）。并見于上海古籍出版社1990年出版的《氣功—養生叢書》。袁黄（约1533-1606），初名表，後更名黄，字坤儀、一字了凡，嘉善（今屬浙江）人，萬曆十四年（1586）進士，曾任兵部主事。明代著名的農學家、水利學家、曆法學家、佛學家。在醫學、音樂、幾何、數術、教育、軍事、禪學等諸多領域均有涉獵，貢獻廣泛，著有《兩行齋集》《皇都水利》《評注八代文宗》《袁了凡綱鑒》等。《攝生三要》係後人從袁氏《祈嗣真詮》中摘出的單行本。現存版本主要見于《學海類編》《攝生二種合鈔》《道藏精華録》。鄧調元，號息齋居士，生平不詳。《攝生要語》約成書于明萬曆十九年（1591）。現存明萬曆三十二年（1604）刻本，并見于《學海類編》《攝生二種合鈔》。該鈔本現藏于上海中醫藥大學圖書館。

《祈嗣真詮》原書共十篇，《攝生三要》從中摘出《聚精》《養氣》《存神》三篇。《聚精》篇謂養生者務實其精，而聚精之道有五：一曰寡欲，二曰節勞，三曰息怒，四曰戒酒，五曰慎味。末録唐代功法掩臍兜腎静坐法。《養氣》篇認爲養氣須從調息着手，篇末附養氣之胎息法。《存神》篇論道家各種存想法的利弊。認爲隨守一竅，皆可收心，苟失其宜，必有禍患。主張以空洞無涯爲元竅，以知而不守爲法則，以一念不起爲功夫。篇中亦有對禪門止觀之法的論述。《攝生要語》全書僅千餘字，收録前代攝生名言要語十五條，内容涉及飲食、勞作、房室、七情、語言行爲、衛生習慣及氣候等對人體健康的影響。如："吕氏曰：室大則多陰，基高則多陽。多陰則厥，多陽則痿。""古云：口中言少，心頭事少，肚中食少，自然睡少。依此四少，神仙可了。”

該書在一定程度上反映了明末養生學的發展狀況，有其文獻與臨床價值。

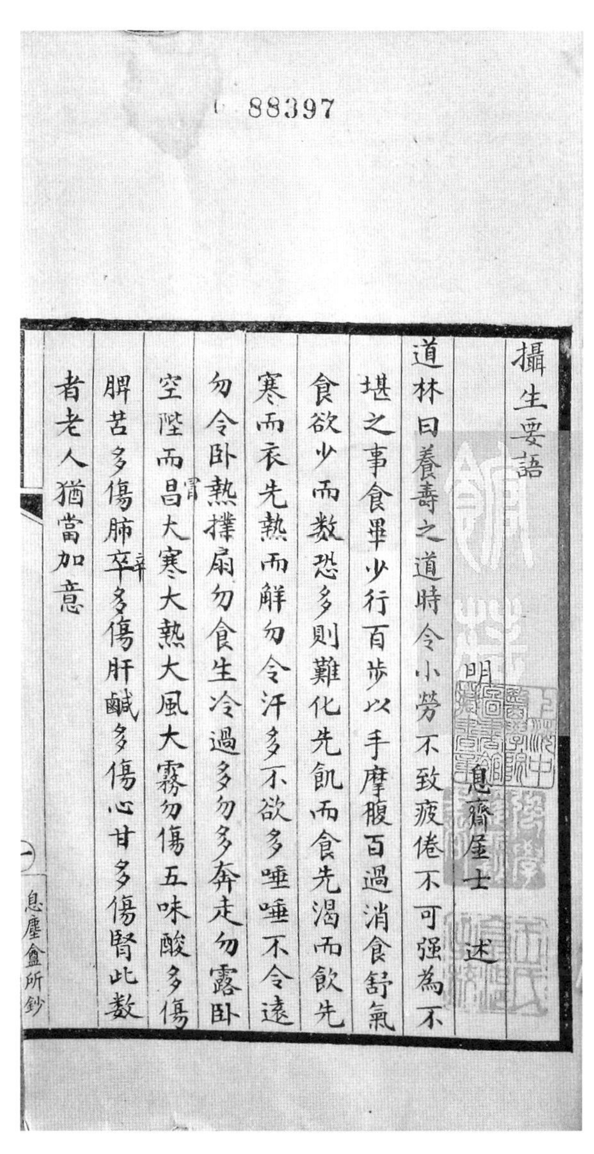

攝生要語

明　息齋居士　述

道林曰養壽之道時令小勞不致疲倦不可强為不堪之事食畢少行百步以手摩腹百過消食舒氣食欲少而数恐多則難化先飢而食先渴而飲先寒而衣先熱而鮮勿令汗多不欲多唾唾不令遠勿令卧熱撲扇勿食生冷過多勿多奔走勿露卧空陞而昌（冒）大寒大熱大風大霧勿傷五味酸多傷脾苦多傷肺卒（辛）多傷肝鹹多傷心甘多傷腎此数者老人猶當加意

一　息塵盦所鈔

而目光彩故曰遠吐不如近唾近唾不如不唾蓋唾津是人身三寶之一

閒覽曰目疾切忌洗浴令人目盲飽食沐髮冷水幷熱泔洗頭冷水濯足皆令人頭病炊湯隔宿洗體成癬宜慎

學山曰飲食有節脾土不泄調息寡言肺金自全動靜以敬心火自定寵辱不驚肝木以寧恬然無慾腎水自足

攝生三要

明　嘉善袁　黃坤儀著

一　聚精

經云腎為藏精之府又云五臟各有藏精血無停泊於其所蓋人未交感精函於血中未有形狀交感之後慾火動極而周身流行之血至命門而變為精以泄焉故以人所泄之精貯于器拌少鹽酒露一宿則復為血矣左為腎屬水右為命門屬火一水一火一龜一蛇互相橐籥膀胱為左腎之腑三焦有脂膜如掌大正與膀胱相對有二白脈自中

書名筆劃索引

一　　畫

二　　畫

三　　畫

四　　畫

五　畫

六　畫

七　畫

八　畫

九　畫

十　畫

十一畫

十　二　畫

十　三　畫

十　四　畫

十　五　畫

十　六　畫

十　七　畫

十　八　畫

十　九　畫

二十畫以上

（注：書名後爲鈔本的序號）

圖書在版編目（CIP）數據

上海地區館藏未刊中醫鈔本提要 / 段逸山主編．—上海：上海科學技術文獻出版社，2017
ISBN 978-7-5439-7242-1

Ⅰ．① 上… Ⅱ．①段… Ⅲ．①中國醫藥學—古籍—專題目錄—中國 Ⅳ．① Z88：R2

中國版本圖書館 CIP 數據核字 (2016) 第 281979 號

本書為上海高校服務國家重大戰略出版工程資助項目

責任編輯：張　軍
封面設計：趙　軍

上海地區館藏未刊中醫鈔本提要
段逸山　主編
出版發行：上海科學技術文獻出版社
地　　址：上海市長樂路 746 號
郵政編碼：200040
經　　銷：全國新華書店
印　　刷：上海中華商務聯合印刷有限公司
開　　本：787×1092　1/16
印　　張：135
插　　頁：12
版　　次：2017 年 6 月第 1 版　2017 年 6 月第 1 次印刷
書　　號：ISBN 978-7-5439-7242-1
定　　價：980.00 圓（全四冊）
http://www.sstlp.com